Brall/Kerschbaumer/Scheer/Westermann (Hrsg.)
Sozialrecht

Natalie Brall/Judith Kerschbaumer/Ulrich Scheer/
Bernd Westermann (Hrsg.)

Sozialrecht

Kompaktkommentar für die Arbeitnehmerberatung – SGB I bis SGB XII und SGG

Die Autorinnen und Autoren
Richterin am SG Dr. Katie Baldschun
RA Stefan Bell
Dr. jur. Natalie Brall
Ass. jur. Gudrun Fink
RA Christian Fraatz
RA Martin Gerlach
Dr. jur. Bettina Graue
Richter am SG Dr. jur. Sebastian Herbst
RAin Uta Holtmann
Dr. jur. Judith Kerschbaumer
Dr. jur. Michael Kossens
Robert Nazarek
Evelyn Räder
RAin Annett Reinkober
Richter am SG Thomas Reyels
Vorsitzender Richter am LSG Ulrich Scheer
Richter am SG Christian Schneider
Richter am LSG Uwe Söhngen
Fabian Szekely
Richter am LSG Bernd Westermann
RAin Regine Windirsch

BUND
VERLAG

Bibliografische Information der Deutschen Nationalbibliothek
Die Deutsche Nationalbibliothek verzeichnet diese Publikation in der Deutschen Nationalbibliografie; detaillierte bibliografische Daten sind im Internet über http://dnb.d-nb.de abrufbar.

Herstellung: Kerstin Wilke
Umschlag: Ute Weber, Geretsried
Satz: Satzbetrieb Schäper GmbH, Bonn
Druck: CPI books Ebner & Spiegel, Ulm
Printed in Germany 2013
ISBN 978-3-7663-6166-0

www.bund-verlag.de

Vorwort

Das Recht der sozialen Sicherung gewinnt in Arbeits- und Beschäftigungsbeziehungen stetig an Bedeutung. Vielfach haben Entscheidungen erhebliche, teilweise unumkehrbare sozialversicherungsrechtliche Folgen. Soziale Sicherung betrifft alle Arbeitnehmerinnen und Arbeitnehmer in vielfältiger Weise.

Das Sozial- und Sozialversicherungsrecht ist angesichts seiner weitreichenden gesellschaftspolitischen Bedeutung oftmals Gegenstand heftiger politischer Auseinandersetzungen. Infolge dessen fehlt es immer häufiger an langfristig angelegten und im Konsens gestalteten Reformen. Dies sowie die sich ständig ändernden wirtschaftlichen und finanziellen Rahmenbedingungen führen zu einer permanenten Änderung sozial- und sozialversicherungsrechtlicher Vorschriften. Das Recht der sozialen Sicherung wird damit zunehmend komplexer und komplizierter. In vielen Fällen müssen Gerichte im Nachhinein korrigierend eingreifen.

Der vorliegende Kommentar gibt – aus Arbeitnehmersicht – einen Überblick über die wichtigsten sozial- und sozialversicherungsrechtlichen Vorschriften. Er soll helfen, sich im dichten Geflecht der Vorschriften zurechtzufinden. Verweise zwischen den einzelnen Büchern des Sozialgesetzbuches sollen rechtliche Zusammenhänge verdeutlichen und allen Leserinnen und Lesern einen möglichst schnellen Überblick verschaffen. Dazu war auch eine Auswahl von Normen erforderlich, die den einzelnen Kapiteln vorangestellt ist.

Die Autorinnen und Autoren sind in der Wissenschaft, in der öffentlichen Verwaltung, bei Sozialversicherungsträgern, Gewerkschaften, Sozialverbänden und Gerichten tätig. Aufgrund ihrer täglichen Praxis sind sie daher im besonderen Maße mit der Anwendung und Umsetzung sozialrechtlicher Regelungen vertraut.

Der Kommentar berücksichtigt den Stand nach der Kabinettssitzung am 25. 9. 2012. Die darin enthaltenen Änderungen sind im Kommentar jeweils grau hinterlegt.

Autorinnen und Autoren, Herausgeberinnen und Herausgeber sowie der Verlag wünschen dem Start des »Sozialrechts für Arbeitnehmer« viel Erfolg, eine gute Aufnahme und sind für Anregungen, Kritik und Lob dankbar.

Berlin, Münster, Bochum, Oktober 2012

Dr. Natalie Brall, Dr. Judith Kerschbaumer, Ulrich Scheer, Bernd Westermann

Vorwort

Hinweis:

Die Autorinnen und Autoren unterstützen die Verwendung weiblicher und männlicher Sprachformen, haben sich jedoch wegen der besseren Verständlichkeit auf die Pluralform des Dudens verständigt. Dort, wo der Plural zu juristischen Ungenauigkeiten oder Fehlern in der Kommentierung führen würde, wurde die männliche Sprachform verwendet.

Inhaltsverzeichnis

Verzeichnis der Bearbeiterinnen und Bearbeiter

Dr. jur. Katie Baldschun	Richterin am Sozialgericht, Dortmund	§§ 147–154, 309–339 SGB III
Stefan Bell	Rechtsanwalt und Fachanwalt für Arbeitsrecht, Düsseldorf	§§ 110, 111 SGB III
Dr. jur. Natalie Brall	Juristin und Leiterin des Referats Grundsatzfragen Alterssicherung und Rentenfinanzen, BMAS, Berlin	SGB VI
Gudrun Fink	Wissenschaftliche Mitarbeiterin an der Heinrich-Heine-Universität, Düsseldorf	§§ 110, 111 SGB III
Christian Fraatz	Rechtsanwalt, Fachanwalt für Arbeitsrecht und Fachanwalt für Sozialrecht, Berlin	SGB IX
Martin Gerlach	Rechtsanwalt und Angestellter bei der Bundesagentur für Arbeit (im Bereich SGB II), Hamburg	§ 68 SGB I (Kinderzuschlag; Wohngeld)
Dr. jur. Bettina Graue	Juristin und Rechtsberaterin in der Arbeitnehmerkammer, Bremen	§ 68 SGB I (BErzGG; BEEG; BKKG) §§ 417–420 SGB III SGB XII
Dr. jur. Sebastian Herbst	Richter am Sozialgericht, Nordhausen	§§ 11–17, 38–48, 51–54, 60–67 SGB I
Uta Holtmann	Rechtsanwältin und Fachanwältin für Arbeitsrecht, Bayreuth	§§ 44, 45, 51, 52 i.V.m. 92, 53, 56–65, 67–69, 81–94, 112–129, 178, 179, 183 SGB III SGB IV

Verzeichnis der Bearbeiterinnen und Bearbeiter

Dr. jur. Judith Kerschbaumer	Rechtsanwältin und Leiterin des Bereichs Sozialpolitik in der Bundesverwaltung von ver.di, Berlin	SGB VI
Dr. jur. Michael Kossens	M.A. mult., Ministerialrat in der Niedersächsischen Staatskanzlei, Hannover	SGB XI
Robert Nazarek	Referatsleiter Sozialrecht beim Bundesvorstand des DGB, Berlin	SGG
Evelyn Räder	Assessor jur., Referentin im Ressort Arbeitsmarkt- und Sozialpolitik in der Bundesverwaltung von ver.di, Berlin	§§ 165–172, 183–198 a SGB III SGB X
Annett Reinkober	Rechtsanwältin und Angestellte bei der Bundesagentur für Arbeit (im Bereich SGB II), Hamburg	§§ 7–12 a, §§ 19–29, 31, 32 SGB II
Thomas Reyels	Richter am Sozialgericht, Düsseldorf	SGB VII (nicht §§ 7–13)
Ulrich Scheer	Vorsitzender Richter am Landessozialgericht Nordrhein-Westfalen, Essen	§§ 1–51 SGB V
Christian Schneider	Richter am Sozialgericht, Nordhausen	§§ 14–18, 56–62 SGB II
Uwe Söhngen	Richter am Landessozialgericht Nordrhein-Westfalen, Essen	§§ 95–108, 136–140, 142–146, 155, 160 i.V.m. 380, 161 SGB III
Fabian Székely	Referent in der Abteilung Sozialpolitik der Bundesgeschäftsstelle des Sozialverband Deutschland, Berlin	§§ 52–Ende SGB V
Bernd Westermann	Richter am Landessozialgericht Nordrhein-Westfalen, Essen	§§ 7–13 SGB VII
Regine Windirsch	Rechtsanwältin, Fachanwältin für Arbeitsrecht und Fachanwältin für Sozialrecht, Düsseldorf	§§ 29–39, 141, 156–159 SGB III

Abkürzungsverzeichnis

a. A.	anderer Ansicht
AA	Agentur für Arbeit
Abs.	Absatz
AGG	Allgemeines Gleichbehandlungsgesetz
AHB	Anschlussheilbehandlung
ALG	Gesetz über die Alterssicherung der Landwirte
ALG I	Arbeitslosengeld I
ALG II	Arbeitslosengeld II (»Hartz IV«)
AltEinkG	Alterseinkünftegesetz
AMNOG	Gesetz zur Neuordnung des Arzneimittelmarktes in der gesetzlichen Krankenversicherung – Arzneimittelmarktneuordnungsgesetz
AOK	Allgemeine Ortskrankenkasse
AsylbLG	Asylbewerberleistungsgesetz
ATG	Altersteilzeitgesetz
AU	Arbeitsunfähigkeitsbescheinigung
AVmEG	Altersvermögensergänzungsgesetz
BA	Bundesagentur für Arbeit
BAföG	Bundesgesetz über individuelle Förderung der Ausbildung
BAG	Bundesarbeitsgericht
BAK	Blutalkoholkonzentration
BAR	Bundesarbeitsgemeinschaft für Rehabilitation
BBiG	Berufsbildungsgesetz
BEEG	Bundeselterngeld- und Elternzeitgesetz
BErzGG	Bundeserziehungsgeldgesetz
BetrAVG	Gesetz zur Verbesserung der betrieblichen Altersvorsorge – Betriebsrentengesetz
BetrVG	Betriebsverfassungsgesetz
BFH	Bundesfinanzhof
BG Bau	Berufsgenossenschaft der Bauwirtschaft
BG ETEM	Berufsgenossenschaft Energie Textil Elektro Medienerzeugnisse
BG RCI	Berufsgenossenschaft Rohstoffe und chemische Industrie
BG Verkehr	Berufsgenossenschaft für Transport und Verkehrswirtschaft

Abkürzungsverzeichnis

BGB	Bürgerliches Gesetzbuch
BGBl.	Bundesgesetzblatt
BGHM	Berufsgenossenschaft Holz und Metall
BGHW	Berufsgenossenschaft Handel und Warendistribution
BGN	Berufsgenossenschaft Nahrungsmittel und Gastgewerbe
BGW	Berufsgenossenschaft Gesundheitsdienst und Wohlfahrtspflege
BKK	Betriebskrankenkasse
BKKG	Bundeskindergeldgesetz
BMG	Bundesministerium für Gesundheit
BSG	Bundessozialgericht
BT-Drs.	Bundestagsdrucksache
BU	Berufsunfähigkeit
BUrlG	Mindesturlaubsgesetz für Arbeitnehmer – Bundesurlaubsgesetz
BVA	Bundesversicherungsamt
BVerfG	Bundesverfassungsgericht
BVerwG	Bundesverwaltungsgericht
BVG	Gesetz über die Versorgung der Opfer des Krieges – Bundesversorgungsgesetz
BVV	Verordnung über die Berechnung, Zahlung, Weiterleitung, Abrechnung und Prüfung des Gesamtsozialversicherungsbeitrages (Beitragsverfahrensverordnung – BVV)
BZSt.	Bundeszentralamt für Steuern
bzw.	beziehungsweise
d. h.	das heißt
DA	Dienstanweisung
DGUV	Deutsche Gesetzliche Unfallversicherung
DMP	Disease-Management-Programm
DRV KBS	Knappschaftliche Rentenversicherung
EFZG	Entgeltfortzahlungsgesetz
EM	Erwerbsminderung
EM-Renten	Erwerbsminderungsrenten
EP	Entgeltpunkte
EStG	Einkommensteuergesetz
EURL/Visakodex UmsG	Gesetz zur Umsetzung aufenthaltsrechtlicher Richtlinien der Europäischen Union und zur Anpassung nationaler Rechtsvorschriften an den EU-Visakodex
evtl.	eventuell
f.	folgende
ff.	fortfolgende

G-BA	Gemeinsamer Bundesausschuss
GdB	Grad der Behinderung
gem.	gemäß
GG	Grundgesetz
ggf.	gegebenenfalls
GKG	Gerichtskostengesetz
GKV	Gesetzliche Krankenversicherung
GKV-FinG	Gesetz zur nachhaltigen und sozial ausgewogenen Finanzierung der Gesetzlichen Krankenversicherung – GKV-Finanzierungsgesetz
GKV-SV	Spitzenverband Bund der Krankenkassen
GLA	Gesamtverband der landwirtschaftlichen Alterskassen
GmSOGB	Gemeinsamer Senat der obersten Gerichtshöfe des Bundes
GOZ	Gebührenordnung für Zahnärzte
grds.	grundsätzlich
GRV	Gesetzliche Rentenversicherung
GVG	Gerichtsverfassungsgesetz
Halbs.	Halbsatz
HGB	Handelsgesetzbuch
i. d. R.	in der Regel
i. S. d.	im Sinne der/des
i. S. v.	im Sinne von
i. Ü.	Im Übrigen
i. V. m.	In Verbindung mit
IKK	Innungskrankenkasse
InsO	Insolvenzordnung
JAV	Jahresarbeitsverdienst
JStG	Jahressteuergesetz
KÄV	Kassenärztliche Vereinigung
KBS	Knappschaft
KK-InsoV	Verordnung zur Aufteilung und Geltendmachung der Haftungsbeträge durch den Spitzenverband Bund der Gesetzlichen Krankenversicherung bei Schließung oder Insolvenz einer Krankenkasse
KSchG	Kündigungsschutzgesetz
KSVG	Gesetz über die Sozialversicherung der selbständigen Künstler und Publizisten – Künstlersozialversicherungsgesetz
KVdR	Krankenversicherung der Rentner
KZBV	Kassenzahnärztliche Bundesvereinigung

Abkürzungsverzeichnis

Lj.	Lebensjahr
LPartG	Gesetz über die Eingetragene Lebenspartnerschaft – Lebenspartnerschaftsgesetz
LSG	Landessozialgericht
LSV-NOG	Gesetz zur Neuordnung der Organisation der landwirtschaftlichen Sozialversicherung – LSV-Neuordnungsgesetz
LVA	Landesversicherungsanstalt
MdE	Minderung der Erwerbsfähigkeit
Nr.	Nummer
Nrn.	Nummern
NZB	Nichtzulassungsbeschwerde
OEG	Gesetz über die Entschädigung für Opfer von Gewalttaten
PKH	Prozesskostenhilfe
RBEG	Gesetz zur Ermittlung der Regelbedarfe nach § 28 des Zwölften Buches Sozialgesetzbuch
Reha	Rehabilitation
Rn.	Randnummer
Rspr.	Rechtsprechung
S.	Seite
s.	siehe
s. o/u.	siehe oben/unten
SG	Sozialgericht
SGb	im Text für Sozialgerichtsbarkeit; in Zitatstellen und Nachweisen auch für gleichnamige Zeitschrift
SGB	Sozialgesetzbuch
SGB I	Allgemeiner Teil
SGB II	Grundsicherung für Arbeitssuchende
SGB III	Arbeitsförderung
SGB IV	Gemeinsame Vorschriften für die Sozialversicherung
SGB IX	Rehabilitation und Teilhabe behinderter Menschen
SGB V	Gesetzliche Krankenversicherung
SGB VI	Gesetzliche Rentenversicherung
SGB VII	Gesetzliche Unfallversicherung
SGB VIII	Kinder- und Jugendhilfe
SGB X	Verwaltungsverfahren und Sozialdatenschutz
SGB XI	Pflegeversicherung
SGB XII	Sozialhilfe

SGB4ÄndG 4	Viertes Gesetz zur Änderung des Vierten Buches Sozialgesetzbuch und anderer Gesetze
SGG	Sozialgerichtsgesetz
SGGArbGGÄndG	Gesetz zur Änderung des Sozialgerichtsgesetzes und des Arbeitsgerichtsgesetzes
sog.	sogenannte
SoSi	Soziale Sicherheit (*Zeitschrift*)
StGB	Strafgesetzbuch
StVereinfG 2011	Steuervereinfachungsgesetz 2011
SvEV	Sozialversicherungsentgeltverordnung
SvEV	Verordnung über die sozialversicherungsrechtliche Beurteilung von Zuwendungen des Arbeitgebers als Arbeitsentgelt – Sozialversicherungsentgeltverordnung
T-Kug	Transfer-Kurzarbeitergeld
TzBfG	Teilzeit- und Befristungsgesetz
u. a.	unter anderem
UVAV	Unfallversicherungs-Anzeigeverordnung – Verordnung über die Anzeige von Versicherungsfällen in der gesetzlichen Unfallversicherung
UVEG	Unfallversicherungs-Einordnungsgesetz
v. H.	vom Hundert
VA	Verwaltungsakt
VBG	Verwaltungs-Berufsgenossenschaft
Verk/BekuaÄndG	Gesetz zur Änderung von Vorschriften über Verkündung und Bekanntmachungen sowie der Zivilprozessordnung, des Gesetzes betreffend die Einführung der Zivilprozessordnung und der Abgabenordnung
VersAusglG	Versorgungsausgleichsgesetz
VersMedV	Versorgungsmedizin-Verordnung
VG	Verwaltungsgericht
vgl.	vergleiche
VGR	Volkswirtschaftliche Gesamtrechnungen
voll.	vollendet
VVG	Versicherungsvertragsgesetz
VwGO	Verwaltungsgerichtsordnung
VwVfG	Verwaltungsverfahrensgesetz
VwZG	Verwaltungszustellungsgesetz
WfbM	Werkstatt für behinderte Menschen

Abkürzungsverzeichnis

z. B.	zum Beispiel
Zfa	Zentrale Zulagenstelle für Altersvermögen
ZPO	Zivilprozessordnung

1. Sozialgesetzbuch (SGB) Erstes Buch (I) – Allgemeiner Teil

Vom 11. Dezember 1975 (BGBl. I. S. 3015); zuletzt geändert durch Art. 11 G v. 23. Oktober 2012 (BGBl. I S. 2246)

– Auszug –

Übersicht*

Zweiter Abschnitt
Einweisungsvorschriften

Erster Titel
Allgemeines über Sozialleistungen und Leistungsträger

§ 11 Leistungsarten

Gegenstand der sozialen Rechte sind die in diesem Gesetzbuch vorgesehenen Dienst-, Sach- und Geldleistungen (Sozialleistungen). Die persönliche und erzieherische Hilfe gehört zu den Dienstleistungen.

Inhaltsübersicht

* Hinweis: Alle gelisteten Paragraphen werden im Folgenden kommentiert. Paragraphen mit dem Zusatz *(nicht kommentiert)* sind nicht kommentiert; es ist ausschließlich der Gesetzestext abgebildet.

1. Allgemeines

1 Die Vorschrift gilt seit der Einführung des SGB I in unveränderter Form.

2 Mit dieser Vorschrift erhält der Begriff der Sozialleistungen eine **Legaldefinition**. Zuvor gab es insoweit keine gesetzlichen Bestimmungen, gleichwohl der Begriff der Sozialleistungen von der Rechtsprechung bereits verwandt und definiert wurde.[1]

3 Zu den Gesetzesmaterialien vgl. Richter in LPK-SGB I, § 11 Rn. 4.

2. Erläuterungen

4 Sozialleistungen sind die in dem (gesamten) Sozialgesetzbuch vorgesehenen Dienst-, Sach- und Geldleistungen, die zur Erfüllung der sozialen Rechte (vgl. §§ 2 ff.) gewährt werden.[2] Diese allgemeine Bestimmung findet in einigen Sozialgesetzbüchern klarstellende bzw. erläuternde Wiederholung.[3] Mit Satz 2 wird schließlich ausdrücklich klargestellt, dass auch die persönliche Betreuung und die erzieherischen Hilfen als soziale Dienstleistungen zu den Sozialleistungen gehören.

5 Insgesamt gilt, dass jeder auf dem Sozialgesetzbuch beruhende, den Empfängern unmittelbar zugute kommende Vorteil als Sozialleistung bezeichnet wird.[4] Sozialleistungen sind daher – unabhängig von der konkreten Art ihrer Erbringung – Leistungen, die ein Leistungsträger des Sozialrechts den Bürgern zur Erfüllung der in den besonderen Teilen des Sozialgesetzbuches konkretisierten sozialen Rechte erbringt.[5]

6 Beispiele für die **Annahme von Sozialleistungen**: Mönch-Kalina in jurisPK-SGB I, § 11 SGB I Rn. 23 ff. und Richter in LPK-SGB I, § 11 Rn. 6 sowie Mrozynski, SGB I, § 11 Rn. 11 ff.

Beispiele für die **Ablehnung von Sozialleistungen**: Mönch-Kalina in jurisPK-SGB I, § 11 SGB I Rn. 32 ff. und Richter in LPK-SGB I, § 11 Rn. 7 sowie Mrozynski, SGB I, § 11 Rn. 11 ff.

7 Mit § 11 werden **keine subjektiven Rechte** geregelt. Es wird vielmehr allein beschrieben, welche Leistungsarten grundsätzlich in Betracht kommen können, um die Leistungen nach den Sozialgesetzbüchern sowie den besonderen Teilen des Sozialrechts (s. § 68 SGB I) zu gewähren. Ein einklagbarer Anspruch erwächst hieraus freilich nicht.

8 Mit der gesetzlichen Definition der Sozialleistungen geht im Übrigen keine Definition hinsichtlich der einzelnen Leistungsarten einher. Eine genaue Abgrenzung zwischen Dienst-, Sach- und Geldleistungen ist damit normativ nicht bestimmt. Mit Satz 2 ist aber jedenfalls geklärt, dass die persönliche und erzieherische Hilfe zu den Dienstleistungen zählt.

---

1 Vgl. Mönch-Kalina in jurisPK-SGB I, § 11 SGB I Rn. 1 m. w. N.
2 Vgl. Richter in LPK-SGB I, § 11 Rn. 1.
3 Z. B. § 4 Abs. 1 SGB II, § 26 Abs. 1 und Abs. 4 Satz 2 SGB VII, § 10 Abs. 1 SGB XII – vgl. hierzu näher Mönch-Kalina in jurisPK-SGB I, § 11 SGB I Rn. 4 ff.
4 Vgl. Richter in LPK-SGB I, § 11 Rn. 6 m. w. N.
5 Vgl. Mönch-Kalina in jurisPK-SGB I, § 11 SGB I Rn. 22.

Die einzelnen Sozialleistungen werden nach der Form, in der sie erbracht werden, zugeordnet.[6] Dabei kann die **Abgrenzung** gerade zwischen Dienst- und Sachleistungen schwieriger ausfallen, denn schließlich wurden vor Einführung des SGB I beide Leistungen auch einheitlich als Sachleistungen bezeichnet. Darüber hinaus werden in nicht seltenen Fällen Leistungen in einer Art Kombination zwischen Dienst- und Sachleistung erbracht, sodass eine genauere Abgrenzung dieser beiden Leistungsarten schwierig ist und die Zuordnung danach zu erfolgen hat, wo der Schwerpunkt der jeweiligen Sozialleistung liegt.[7] 9

Eine **Differenzierung** der Leistungen zwischen Dienst- und Sachleistungen einerseits und Geldleistungen anderseits kann im Einzelfall **von besonderer Bedeutung** sein.[8] So gibt es in vielen Bereichen des Sozialrechts einen Vorrang von Sachleistungen.[9] Weiter ist auch zu beachten, dass die Vorschriften zur Aufrechnung und Verrechnung sowie Pfändbarkeit und Übertragbarkeit und schließlich hinsichtlich der Art und Weise der Auszahlungen bei Geldleistungen besondere Grundsätze vorsehen (vgl. §§ 47 bis 49 und 51 bis 55. Zu weiteren Besonderheiten bei Geldleistungen vgl. Richter in LPK-SGB I, § 11 Rn. 9. 10

Dienstleistungen: Der Begriff der Dienstleistungen ist umfassend zu verstehen. Hierunter fallen alle menschlichen Handlungen, die an oder gegenüber den Leistungsempfängern vorgenommen werden und ihnen unmittelbar zugute kommen – ausgenommen freilich die Übergabe von Geld oder sonstigen Sachen.[10] Umfasst sind also alle Formen der persönlichen Betreuung und Hilfe. Mit dem Satz 2 ist ausdrücklich geregelt, dass auch die persönlichen Hilfen nach §§ 4 SGB II und 10 SGB XII und die besonderen Hilfen nach §§ 25 ff. BVG sowie die im Bereich der Kinder- und Jugendhilfe vorgesehenen erzieherischen Hilfen nach §§ 27 ff. SGB VIII zu den Dienstleitungen gehören. Eine Dienstleistung kann dabei auch eine einfache Beratung nach § 14 oder Auskunft nach § 15 sein. 11

Sachleistungen: Hierunter fallen solche Leistungen, die auf die Hingabe von Sachen i. S. v. körperlichen Gegenständen i. S. d. § 90 BGB gerichtet sind oder vom Leistungsträger in Natur zu gewähren sind.[11] **Waren- oder Wertgutscheine** sind ebenfalls als Sachleistungen zu qualifizieren, da ihnen die Abstraktheit des Geldes fehlt, für jedwede geldwerte Leistung eingesetzt zu werden. 12

Geldleistungen: Bei Geldleistungen handelt es sich um alle Sozialleistungen, die in der Zahlung eines Geldbetrags bestehen.[12] Umfasst sind sämtliche Leistungen in Geld – gleich ob als Zuschuss oder Darlehen, ob als Einmalzahlung oder Dauerleistungen (z. B. auch Renten). Es ist insoweit auch unerheblich, wenn die Geldleistung nicht dem unmittelbaren Bestreiten des Lebensunterhaltes dient, sondern vielmehr Surrogat für eine selbst beschaffte Dienst- oder Sachleistung ist. 13

---

6 Vgl. BSG – 19. 09. 1979 – 9 RV 68/78.
7 Vgl. Richter in LPK-SGB I, § 11 Rn. 11.
8 Vgl. Mrozynski, SGB I, § 11 Rn. 18 ff.
9 Vgl. z. B. § 2 Abs. 2 SGB V, § 30 SGB VIII, § 36 SGB XI und § 61 SGB XII; Vorrang der Geldleistungen aber z. B. mit § 10 Abs. 3 SGB XII.
10 Vgl. Richter in LPK-SGB I, § 11 Rn. 10 m. w. N.
11 Vgl. Richter in LPK-SGB I, § 11 Rn. 11 m. w. N.
12 Vgl. BSG – 25. 06. 1985 – 9 a RV 23/83.

§ 12 Leistungsträger

Zuständig für die Sozialleistungen sind die in den §§ 18 bis 29 genannten Körperschaften, Anstalten und Behörden (Leistungsträger). Die Abgrenzung ihrer Zuständigkeit ergibt sich aus den besonderen Teilen dieses Gesetzbuchs.

Inhaltsübersicht

1. Allgemeines

1 Die Vorschrift gilt seit der Einführung des SGB I in unveränderter Form.

2 Mit dieser Vorschrift erhält der Begriff der Leistungsträger eine **Legaldefinition.** So wird für die verschiedenen Erbringer von Sozialleistungen, also die Körperschaften, Anstalten und Behörden ein einheitlicher Begriff, nämlich der des Leistungsträgers geschaffen.[13]

3 Zu den Gesetzesmaterialien vgl. Richter in LPK-SGB I, § 12 Rn. 4.

2. Erläuterungen

4 Leistungsträger ist nach § 12 jeder der in den §§ 18 bis 29 aufgeführten Träger, wenn und soweit er für die in § 11 genannten Sozialleistungen zuständig ist. Damit beinhaltet die Definition des Leistungsträgers zwei Voraussetzungen: spezielle Zuständigkeit für eine Sozialleistung und Organisation in einer der genannten öffentlich-rechtlichen Trägerstrukturen.[14]

5 Leistungsträger sind damit folgende in den §§ 18 bis 29 genannten **Körperschaften,**[15] **Anstalten**[16] und **Behörden.**[17]

- die Agenturen für Arbeit und die sonstigen Dienststellen der Bundesagentur für Arbeit,
- die kreisfreien Städte und Kreise, soweit durch Landesrecht nicht andere Träger bestimmt sind,
- der zugelassene kommunale Träger,
- die Orts-, Betriebs- und Innungskrankenkassen, die landwirtschaftlichen Krankenkassen, die Deutsche Rentenversicherung Knappschaft-Bahn-See und die Ersatzkassen,
- die bei den Krankenkassen errichteten Pflegekassen,
- die gewerblichen und die landwirtschaftlichen Berufsgenossenschaften, die Gemeindeunfallversicherungsverbände, die Feuerwehr-Unfallkassen, die Eisenbahn-Unfall-

13 Vgl. Richter in LPK-SGB I, § 12 Rn. 2.
14 Vgl. Mönch-Kalina in jurisPK-SGB I, § 12 SGB I Rn. 11.
15 Vgl. Mrozynski, SGB I, § 12 Rn. 4 f.
16 Vgl. Mrozynski, SGB I, § 12 Rn. 6.
17 Vgl. Mrozynski, SGB I, § 12 Rn. 7.

kasse, die Unfallkasse Post und Telekom, die Unfallkassen der Länder und Gemeinden, die gemeinsamen Unfallkassen für den Landes- und kommunalen Bereich und die Unfallkasse des Bundes,
- die Regionalträger, die Deutsche Rentenversicherung Bund,
- die landwirtschaftlichen Alterskassen,
- die Versorgungsämter, die Landesversorgungsämter und die orthopädischen Versorgungsstellen,
- die nach § 7 des Bundeskindergeldgesetzes bestimmten Stellen,
- die nach § 10 des Bundeserziehungsgeldgesetzes bestimmten Stellen,
- die nach § 12 des Bundeselterngeld- und Elternzeitgesetzes bestimmten Stellen,
- die durch Landesrecht für das Wohngeld bestimmten Behörden,
- die überörtlichen Träger der Sozialhilfe und die Gesundheitsämter,
- Integrationsämter.

In den §§ 18 bis 29 sind nicht nur die jeweiligen Leistungserbringer genannt, sondern vielmehr wird zunächst die jeweilige vorgesehene Sozialleistung benannt und sodann deren Leistungsverpflichteter bzw. dessen zuständige Stelle benannt. Hiernach ergibt sich folgende Zuständigkeit:[18] 6

- nach § 18 für Leistungen der Ausbildungsförderung die Agenturen für Arbeit und die sonstigen Dienststellen der Bundesagentur für Arbeit,
- nach § 19a für Leistungen der Grundsicherung für Arbeitsuchende die Agenturen für Arbeit und die sonstigen Dienststellen der Bundesagentur für Arbeit, sowie die kreisfreien Städte und Kreise, soweit durch Landesrecht nicht andere Träger bestimmt sind. In den Fällen des § 6a SGB II ist abweichend der zugelassene kommunale Träger zuständig,
- nach § 19b für Leistungen bei gleitendem Übergang älterer Arbeitnehmer in den Ruhestand die Agenturen für Arbeit und die sonstigen Dienststellen der Bundesagentur für Arbeit,
- nach § 21 für Leistungen der gesetzlichen Krankenversicherung die Orts-, Betriebs- und Innungskrankenkassen, die landwirtschaftlichen Krankenkassen, die Deutsche Rentenversicherung Knappschaft-Bahn-See und die Ersatzkassen,
- nach § 21a für Leistungen der sozialen Pflegeversicherung die bei den Krankenkassen errichteten Pflegekassen,
- nach § 21b für Leistungen bei Schwangerschaftsabbrüchen die Orts-, Betriebs- und Innungskrankenkassen, die landwirtschaftliche Krankenkasse, die Deutsche Rentenversicherung Knappschaft-Bahn-See und die Ersatzkassen,
- nach § 22 für Leistungen der gesetzlichen Unfallversicherung die gewerblichen und die landwirtschaftlichen Berufsgenossenschaften, die Gemeindeunfallversicherungsverbände, die Feuerwehr-Unfallkassen, die Eisenbahn-Unfallkasse, die Unfallkasse Post und Telekom, die Unfallkassen der Länder und Gemeinden, die gemeinsamen Unfallkassen für den Landes- und kommunalen Bereich und die Unfallkasse des Bundes,

18 Vgl. hierzu aber Mrozynski, SGB I, § 12 Rn. 8ff.

- nach § 23 für Leistungen der gesetzlichen Rentenversicherung einschließlich der Alterssicherung der Landwirte:
  - in der allgemeinen Rentenversicherung die Regionalträger, die Deutsche Rentenversicherung Bund und die Deutsche Rentenversicherung Knappschaft-Bahn-See,
  - in der knappschaftlichen Rentenversicherung die Deutsche Rentenversicherung Knappschaft-Bahn-See,
  - in der Alterssicherung der Landwirte die landwirtschaftlichen Alterskassen,
- nach § 24 für Versorgungsleistungen bei Gesundheitsschäden die Versorgungsämter, die Landesversorgungsämter und die orthopädischen Versorgungsstellen, für die besonderen Hilfen im Einzelfall die Kreise und kreisfreien Städte sowie die Hauptfürsorgestellen; wobei bei der Durchführung der Heil- und Krankenbehandlung die Träger der gesetzlichen Krankenversicherung mitwirken,
- nach § 25 für Kindergeld, Kinderzuschlag, Leistungen für Bildung und Teilhabe, Erziehungsgeld und Elterngeld:
  - bei Kindergeld, Kinderzuschlag und Leistungen für Bildung und Teilhabe die nach § 7 des Bundeskindergeldgesetzes bestimmten Stellen
  - bei Erziehungsgeld die nach § 10 des Bundeserziehungsgeldgesetzes bestimmten Stellen
  - bei Elterngeld die nach § 12 des Bundeselterngeld- und Elternzeitgesetzes bestimmten Stellen
- nach § 26 für Wohngeld die durch Landesrecht bestimmten Behörden,
- nach § 27 für Leistungen der Kinder- und Jugendhilfe die Kreise und die kreisfreien Städte, nach Maßgabe des Landesrechts auch kreisangehörige Gemeinden; wobei sie mit der freien Jugendhilfe zusammenarbeiten,
- nach § 28 für Leistungen der Sozialhilfe die Kreise und kreisfreien Städte, die überörtlichen Träger der Sozialhilfe und für besondere Aufgaben die Gesundheitsämter; wobei sie mit den Trägern der freien Wohlfahrtspflege zusammenarbeiten,
- nach § 29 bei Leistungen zur Rehabilitation und Teilhabe behinderter Menschen die in den §§ 19 bis 24, 27 und 28 genannten Leistungsträger und die Integrationsämter.

7 Die konkrete Abgrenzung der unterschiedlichen Zuständigkeiten ergibt sich dann konkret durch das jeweilige Sozialgesetzbuch respektive die besonderen Teile des Sozialgesetzbuches (s. § 68).

§ 13 Aufklärung

Die Leistungsträger, ihre Verbände und die sonstigen in diesem Gesetzbuch genannten öffentlich-rechtlichen Vereinigungen sind verpflichtet, im Rahmen ihrer Zuständigkeit die Bevölkerung über die Rechte und Pflichten nach diesem Gesetzbuch aufzuklären.

Inhaltsübersicht Rn.

1. Allgemeines

Die Vorschrift gilt seit der Einführung des SGB I in unveränderter Form. 1

Mit ihr werden die Leistungsträger, ihre Verbände und die sonstigen öffentlich-rechtlichen Vereinigungen verpflichtet, über die Rechte und Pflichten nach dem Sozialgesetzbuch aufzuklären. **Adressat** der so normierten Aufklärung ist die (gesamte) Bevölkerung, nicht also eine Einzelperson (hier sind die §§ 14 und 15 einschlägig). Diese allgemeine Aufklärungspflicht findet in einigen Sozialgesetzbüchern spezielle Regelungen.[19] Auch existieren besondere Aufklärungspflichten, die sich (erst) in einem konkret-individuellen Sachverhalt ergeben.[20] 2

Zu den Gesetzesmaterialien vgl. Reinhardt in LPK-SGB I, § 13 Rn. 4. 3

2. Erläuterungen

Zweck der Aufklärung ist es, die Inanspruchnahme der Sozialleistungen zur Verwirklichung der sozialen Rechte jedem Einzelnen möglich zu machen, und zwar auch dann, wenn bislang noch kein Bezug zu der jeweiligen Sozialleistung bestand. Jedermann soll zumindest in die Lage versetzt werden, seine sozialen Rechte selbst erkennen zu können. Daher muss jede zur Aufklärung verpflichtete Einrichtung auf eine umfassende Information der Allgemeinheit hinwirken.[21] 4

Zur Aufklärung **verpflichtet** sind alle Leistungsträger, wie sie von § 12 umfasst sind, und ihre Verbände und die sonstigen in diesem Gesetzbuch genannten öffentlich-rechtlichen Vereinigungen.[22] 5

Da weder der konkrete Aufklärungsanlass noch die möglichen Methoden und Instrumente zur Aufklärung vorgegeben sind, liegt die Verantwortung und Entscheidung darüber, wann, wer, worüber und wie aufgeklärt wird, bei den verpflichteten Trägern.[23] In Ausübung seiner Aufklärungspflicht muss jeder Leistungsträger über Rechte und Pflichten, die sich für die Bevölkerung aus seinem Zuständigkeitsbereich ergeben, nachvollziehbare und verständliche Hinweise geben. Dabei obliegt ihm aber grundsätzlich keine Verpflichtung, die Bevölkerung über bestimmte Nachteile aufzuklären, die sich z. B. aus Gesetzesneuregelungen ergeben.[24] 6

Keine Aufklärungspflicht trifft die Träger der freien Wohlfahrtspflege – sie sind keine Leistungsträger i. S. d. § 12. Ihnen steht aber gleichwohl ein Aufklärungsrecht zu, denn § 13 eröffnet den Leistungsträgern nach § 12 kein Aufklärungsmonopol.[25] 7

---

19 Vgl. hierzu Mönch-Kalina in jurisPK-SGB I, § 13 SGB I Rn. 4.

20 Z. B. Aufklärungspflicht nach § 66 Abs. 3 SGB I über Folgen fehlender Mitwirkung, siehe hierzu § 66 Rn. 15 f.; Vergleichbares gilt auch für vorherige Belehrungen hinsichtlich von Sperrzeiten nach dem SGB III bzw. Sanktionen nach dem SGB II.

21 Vgl. Reinhardt in LPK-SGB I, § 13 Rn. 5.

22 Vgl. Mrozynski, SGB I, § 13 Rn. 5.

23 Vgl. Mönch-Kalina in jurisPK-SGB I, § 13 SGB I Rn. 15.

24 Vgl. Reinhardt in LPK-SGB I, § 13 Rn. 8.

25 Vgl. Reinhardt in LPK-SGB I, § 13 Rn. 6 und Mönch-Kalina in jurisPK-SGB I, § 13 SGB I Rn. 23 sowie Mrozynski, SGB I, § 13 Rn. 8.

8 Eine Aufklärung i. S. d. Gesetzes erfolgt nicht über Werbung.[26] Vielmehr ist die Aufklärung durch öffentlich zugängliche Medien vorzunehmen. Das können sein: Informationsschriften, Merkblätter, Internetseiten, öffentliche Veranstaltungen etc. Nicht ausreichend dürften Mitgliederschreiben oder dergleichen sein. Ihnen fehlt der offene Adressatenkreis, da dieser vielmehr von vorneherein allein auf die Mitglieder begrenzt ist.

9 Unter Umständen ist es auch erforderlich, die Aufklärung in verschiedenen Sprachen vorzunehmen.[27]

10 Zu Form, Inhalt und Umfang der Aufklärung vgl. insbesondere Mrozynski, SGB I, § 13 Rn. 9 ff.

11 Eine gänzlich **unterlassene Aufklärung** hat für den jeweiligen verpflichteten Leistungsträger grundsätzlich keine haftungsrechtlichen Konsequenzen. Es ergibt sich auch kein sozialrechtlicher Herstellungsanspruch.[28] Bei einer **fehlerhaften oder unvollständigen Aufklärung** kann sich hingegen ein Schadensersatz aus der **Amtshaftung** nach § 839 Abs. 1 Satz 2 BGB i. V. m. Art. 34 GG ebenso ergeben, wie hier nun auch ein **sozialrechtlicher Herstellungsanspruch**[29] in Betracht kommt.[30]

12 Mit dem **sozialrechtlichen Herstellungsanspruch**[31] wird die Vornahme einer zulässigen Amtshandlung zur Herstellung des Zustands erreicht, der bestehen würde, wenn der Leistungsträger seine jeweilige Pflicht erfüllt hätte und es so nicht zum Fehlverhalten bzw. zur Fehldisposition gekommen wäre. Der sozialrechtliche Herstellungsanspruch ist (kostenfrei) vor den Sozialgerichten einzuklagen.

13 Der **Amtshaftungsanspruch**[32] hingegen ist auf Ersatz des negativen Schadens gerichtet. Mit ihm kann nur Schadensersatz in Geld, aber nicht die gewünschte Amtshandlung (Erlass des begünstigenden Verwaltungsaktes) erlangt werden. Der Amtshaftungsanspruch ist nach § 71 Abs. 2 Nr. 2 GVG auf dem Zivilrechtsweg vor den Landgerichten geltend zu machen. Die Kostenprivilegierung des § 138 SGG gilt hier nicht, sodass – vom Kläger zunächst grundsätzlich vorzuschießende – Gerichtskosten anfallen.

14 Da die Aufklärungspflicht hinsichtlich der gesamte Bevölkerung und nicht eines Einzelnen gilt, erwächst hieraus auch kein subjektives und einklagbares Recht eines Einzelnen auf entsprechende Aufklärung.[33]

---

26 Wie sie z. B. im Bereich der gesetzlichen Krankenversicherung üblich ist, vgl. hierzu Mönch-Kalina in jurisPK-SGB I, § 13 SGB I Rn. 32 ff. m. w. N.

27 Vgl. hierzu Reinhardt in LPK-SGB I, § 13 Rn. 10 m. w. N.

28 Vgl. hierzu m. w. N. Reinhardt in LPK-SGB I, § 13 Rn. 11; Mönch-Kalina in jurisPK-SGB I, § 13 SGB I Rn. 37 m. w. N.

29 Für eine Verletzung im Rahmen der Aufklärung strittig; vgl. hierzu nur Reinhardt in LPK-SGB I, § 13 Rn. 11 m. w. N.

30 Vgl. zum möglichen Schadenersatz m. w. N. Reinhardt in LPK-SGB I, § 13 Rn. 11; Mönch-Kalina in jurisPK-SGB I, § 13 SGB I Rn. 35 f.

31 Siehe hierzu § 14 Rn. 16 und vgl. hierzu auch Reinhardt in LPK-SGB I, § 14 Rn. 15 ff.; Mönch-Kalina in jurisPK-SGB I, § 14 SGB I Rn. 42 ff.

32 Vgl. hierzu Reinhardt in LPK-SGB I, § 14 Rn. 25; Mönch-Kalina in jurisPK-SGB I, § 14 SGB I Rn. 41.

33 Vgl. hierzu Mönch-Kalina in jurisPK-SGB I, § 13 SGB I Rn. 25 sowie Mrozynski, SGB I, § 13 Rn. 7.

§ 14 Beratung

Jeder hat Anspruch auf Beratung über seine Rechte und Pflichten nach diesem Gesetzbuch. Zuständig für die Beratung sind die Leistungsträger, denen gegenüber die Rechte geltend zu machen oder die Pflichten zu erfüllen sind.

Inhaltsübersicht

1. Allgemeines

Die Vorschrift gilt seit der Einführung des SGB I in unveränderter Form. **1**

Mit ihr wird für den (potentiellen) Leistungsberechtigten ein Recht auf Beratung begründet. Die Beratung – die sowohl Rechte als auch Pflichten betrifft – hat dabei konkret-individuell am jeweiligen Einzelfall zu erfolgen und darf sich nicht auf abstrakte Ausführungen begrenzen. **2**

Zwischen dem Leistungsträger und dem Beratungssuchenden entsteht mit der Geltendmachung des Beratungsanspruchs ein Sozialrechtsverhältnis – nicht erst mit der Begründung von konkreten Rechten und Pflichten.[34] **3**

Hintergrund der expliziten Normierung einer Beratungspflicht ist die Rechtsprechung des Bundesgerichtshofes zur Amtshaftung.[35] Der BGH führte hier aus, dass es zu den Amtspflichten des Sozialleistungsträgers gehöre, sozial schwachen Bevölkerungskreisen zur Erlangung und Wahrung der ihnen zugedachten Rechte und Pflichten nach Kräften beizustehen.[36] **4**

In den jeweiligen Büchern des Sozialgesetzbuches finden sich von der allgemeinen Beratungspflicht nach § 14 abweichend noch weitere spezielle Pflichten zur Beratung.[37] **5**

Zu den Gesetzesmaterialien vgl. Reinhardt in LPK-SGB I, § 14 Rn. 4. **6**

2. Erläuterungen

Durch die Normierung des § 14 soll eine umfassende Beratung sichergestellt werden, wobei sich diese Beratung nicht nur auf sozialrechtliche Fragen, die zur Beurteilung von aktuellen Rechten und Pflichten bedeutsam sind, erstreckt. Umfasst werden auch Fragen hinsichtlich solcher Rechte und Pflichten, die erst in der Zukunft bedeutsam werden können. Wichtig ist aber jedenfalls, dass die beratungssuchende Person ein entsprechendes berechtigtes Interesse an der Beratung hat.[38] Eine Beratung ohne jeglichen (ggf. auch entfernten) Anlass, also quasi ins Blaue hinein, wird mit § 14 nicht verlangt. **7**

Die **Beratungspflicht** trifft den Leistungsträger (siehe § 12), der jeweils zuständig ist; **8**

---

34 Vgl. Reinhardt in LPK-SGB I, § 14 Rn. 2.
35 Vgl. BGH – 26.09.1957 – III ZR 65/56.
36 Vgl. hierzu Mönch-Kalina in jurisPK-SGB I, § 14 SGB I Rn. 4.
37 Vgl. insoweit Mönch-Kalina in jurisPK-SGB I, § 14 SGB I Rn. 5 ff.
38 Vgl. Reinhardt in LPK-SGB I, § 14 Rn. 5.

dem gegenüber Rechte geltend zu machen oder Pflichten zu erfüllen sind. Voraussetzung ist also, dass der Leistungsträger sachlich und örtlich zuständig ist bzw. in Zukunft wäre.

9 Die Beratung **beinhaltet** einerseits die Vermittlung von Informationen, die ein Berechtigter zur Wahrnehmung seiner Rechte und Pflichten nach dem Sozialgesetzbuch benötigt, andererseits wird mit der Beratung darüber hinaus aber regelmäßig auch eine Empfehlung abgegeben.[39] Die Beratung selbst ist an keine bestimmte Form gebunden. Als regelmäßig schlichtes Verwaltungshandeln kann sie mündlich oder schriftlich erfolgen.[40]

10 Im **Unterschied zur Aufklärung**[41] setzt die Beratung grundsätzlich einen individuellen Kontakt mit dem Ratsuchenden voraus. Sie umfasst sodann die genaue Erfassung der konkreten Fragen sowie eine individuelle Empfehlung an den Ratsuchenden.

11 Eine **Abgrenzung** zwischen der Beratung auf der einen Seite und der **Auskunft** nach § 15[42] auf der anderen Seite lässt sich schwer darstellen. Sowohl Beratung als auch Auskunft gehen im Grundsatz davon aus, dass eine Person (nicht die Allgemeinheit) aufgrund ihres konkreten Ersuchens die gewünschte Information erhält. In Abgrenzung zur (einfachen) Auskunft kann bei der Beratung – was jedoch nicht zwingend ist – mit der Informationspreisgabe auch eine (Handlungs- oder Verhaltens-)Empfehlung verbunden sein.

12 Von der Beratung **umfasst** sind sämtliche Pflichten, die sich aus dem gesamten Sozialgesetzbuch (und dessen besonderen Teilen, § 68) ergeben. Ebenso verhält es sich bei den Rechten, wobei hier auch ein Anspruch auf Beratung über die Voraussetzungen von Ansprüchen oder Berechtigungen besteht. Der Leistungsträger hat in Ausübung seiner Beratungspflicht auf alle Gestaltungsmöglichkeiten hinzuweisen, die ein verständiger Sozialleistungsberechtigter nutzen würde. Dabei muss z. B. bei umstrittenen Rechtsfragen auch auf vom Leistungsträger abweichende – aber nicht völlig unerhebliche – Auffassungen oder Rechtsprechungen hingewiesen oder über etwaig anhängige Verfahren beim Bundessozialgericht informiert werden.[43] Nicht von der Beratungspflicht umfasst ist grundsätzlich die Umgehung von Nachteilen bei einer sich ergebenden Gesetzesänderung.

13 Der Gesetzeswortlaut bestimmt, dass **jeder** einen Anspruch auf Beratung hat. Damit besteht der Anspruch unabhängig von der Nationalität, sodass auch Ausländer und Staatenlose einen Beratungsanspruch geltend machen können.[44] Der subjektiv bestehende Anspruch auf Beratung ist mit einer Leistungsklage (§ 54 Abs. 5 SGG) einklagbar. Begehrt wird dabei nicht der Erlass eines Verwaltungsaktes, sondern schlichtes Verwaltungshandeln. Sofern das Begehren auf Beratung abgelehnt wurde, ist str., ob es sich in der Ablehnung um einen Verwaltungsakt handelt,[45] sodass hiergegen mit einer kombinierten

39 Vgl. Reinhardt in LPK-SGB I, § 14 Rn. 6.
40 Reinhardt in LPK-SGB I, § 14 Rn. 13; vgl. ausführlicher Mrozynski, SGB I, § 14 Rn. 10 ff.
41 Vgl. die Kommentierung zu § 13; zur Abgrenzung vgl. auch Mönch-Kalina in jurisPK-SGB I, § 14 SGB I Rn. 30 f.
42 Siehe § 15; zur Abgrenzung vgl. auch Mönch-Kalina in jurisPK-SGB I, § 14 SGB I Rn. 30 f.
43 Vgl. Reinhardt in LPK-SGB I, § 14 Rn. 9.
44 Vgl. Mönch-Kalina in jurisPK-SGB I, § 14 SGB I Rn. 18 ff.
45 So z. B. BSG – 12.11.1980 – 1 RA 45/79.

Anfechtungs- und Leistungsklage vorgegangen werden müsste, oder ob auch hierin kein Verwaltungsakt zu sehen ist und es bei der allgemeinen Leistungsklage bleibt.[46]

Die Beratungspflicht **entsteht**, sobald sich ein konkreter Anlass zur Beratung ergibt. Das ist zweifelsfrei dann gegeben, wenn von einem Betroffenen entsprechende Beratung begehrt wird. Ein Anlass kann sich im Übrigen – wohl aber nur ausnahmsweise – auch von Amts wegen ergeben: Bei sog. Spontan-Beratungsfällen[47] nämlich besteht regelmäßig ein enges und konkretes Verhältnis zwischen Bürger und Verwaltung, so dass aus Gründen von Treu und Glauben seitens des Bürgers darauf vertraut werden darf, dass ihm keine wichtigen Informationen vorenthalten werden.[48] **14**

Sofern der Leistungsträger seiner Beratungspflicht überhaupt nicht oder nicht vollständig nachkommt, kann der Ratsuchende die Beratung gerichtlich einklagen (vgl. Rn. 13). Wenn der Leistungsträger zwar beraten hat, diese Beratung jedoch falsch war, besteht die Möglichkeit eines **sozialrechtlichen Herstellungsanspruchs**[49] oder eines **Amtshaftungsanspruchs** nach § 839 Abs. 1 Satz 2 BGB i. V. m. Art. 34 GG.[50] **15**

Der **sozialrechtliche Herstellungsanspruch**[51] ist gesetzlich nicht normiert. Es handelt sich um ein von der Rechtsprechung entwickeltes Recht – sog. Richterrecht –, welches subsidiär eingreift, wenn einem (Leistungs-)Berechtigten durch eine Pflichtverletzung eines Leistungsträgers ein Schaden entsteht, ohne dass Schadensersatzregelungen existieren. **16**

Die **dogmatische Ableitung** des sozialrechtlichen Herstellungsanspruches ist nicht gänzlich klar. Rechtsprechung, Literatur und Verwaltungspraxis ziehen – von einander abweichend bzw. mit unterschiedlicher Gewichtung – die Grundsätze der Amtshaftung, von Treu und Glauben (vgl. § 242 BGB), der culpa in contrahendo (Verschulden bei Vertragsschluss), der positiven Forderungsverletzung (Verletzung von Pflichten aus vertraglichen als auch aus gesetzlichen Schuldverhältnissen), des venire contra factum proprium (Zuwiderhandlung gegen das eigene frühere Verhalten), des Folgenbeseitigungsanspruchs sowie des Vertrauensschutzes i. V. m. Art. 14 GG heran.[52] Im Ergebnis ist die konkrete Ableitung des Anspruches aber von nur untergeordneter Bedeutung. Denn auch das BSG setzt – nach einigen grundlegenden Entscheidungen[53] – letztlich das Bestehen eines Anspruchs hieraus als bekannt voraus, ohne noch entsprechende Ausführungen zu dessen Herleitung zu machen. Das BSG befasst sich stattdessen mit den Voraussetzungen und den Rechtsfolgen dieses Anspruchs.

---

46 Zum Meinungsstreit vgl. Reinhardt in LPK-SGB I, § 14 Rn. 12.

47 Vgl. hierzu Mönch-Kalina in jurisPK-SGB I, § 14 SGB I Rn. 32 ff. und Mrozynski, SGB I, § 14 Rn. 9.

48 Näheres hierzu vgl. Reinhardt in LPK-SGB I, § 14 Rn. 10.

49 Siehe hierzu Rn. 16.

50 Siehe hierzu § 13 Rn. 13 sowie ausführlicher Reinhardt in LPK-SGB I, § 14 Rn. 25 und Mönch-Kalina in jurisPK-SGB I, § 14 SGB I Rn. 41.

51 Vgl. hierzu Reinhardt in LPK-SGB I, § 14 Rn. 15 ff. und Mönch-Kalina in jurisPK-SGB I, § 14 SGB I Rn. 42 ff. sowie Mrozynski, SGB I, § 14 Rn. 23.

52 Vgl. hierzu Reinhardt in LPK-SGB I, § 14 Rn. 16 m. w. N.

53 Vgl. z. B. Urteile vom 14.06.1962 – 4 RJ 75/60, vom 18.12.1975 – 12 RJ 88/75 sowie vom 12.10.1979 – 12 RK 47/77.

Voraussetzungen des sozialrechtlichen Herstellungsanspruches sind:
1. das Vorliegen einer Regelungslücke (z. B. keine Wiedereinsetzung, Antragsstellung nicht nachholbar, keine Härtefallregelung vorgesehen),[54]
2. ein Sozialrechtsverhältnis oder zumindest die Anbahnung eines solchen zwischen einem Berechtigten und einem Leistungsträger,
3. die Verletzung einer Informations- oder Beratungspflicht[55] (ggf. auch Zurechnung eines Fehlverhaltens einer anderen Behörde),
4. ein Schaden beim Berechtigten (rechtlicher oder wirtschaftlicher Nachteil des Berechtigten)[56] und
5. ein Ursachenzusammenhang (nach der Theorie der wesentlichen Bedingung) zwischen der Pflichtverletzung des Leistungsträgers und dem eingetretenen Schaden.

17 Mit dem sozialrechtlichen Herstellungsanspruch wird als **Rechtsfolge** die Vornahme einer zulässigen Amtshandlung zur Herstellung des Zustands erreicht, der bestehen würde, wenn der Leistungsträger seine jeweilige Pflicht erfüllt hätte und es so nicht zum Fehlverhalten bzw. zur Fehldisposition gekommen wäre. Die nachzuholende bzw. zu ersetzende Handlung des Leistungsberechtigten einerseits wie auch die begehrte korrigierende Amtshandlung andererseits müssen grundsätzlich zulässig sein. Wegen der Bindung an Recht und Gesetz (vgl. § 31) muss sich das erzielte Ergebnis noch im Rahmen des materiellen Sozialrechts bewegen.[57] Es kann bzw. muss also nur eine rechtmäßige Amtshandlung begehrt werden. Eine solche gesetzlich zulässige Amtshandlung ist anzunehmen,[58] wenn z. B. Fristen, Leistungsanträge oder Antragsrücknahmen fingiert werden. Hingegen ist eine Amtshandlung gesetzliche unzulässig[59] – und damit nicht über den sozialrechtlichen Herstellungsanspruch fingier- oder nachholbar –, wenn das Gesetz ausdrücklich von dem Betroffenen selbst eine bestimmte Handlung fordert[60] oder eine bestimmte Eigenschaft (Verfügbarkeit, Hilfebedürftigkeit etc.) verlangt.

18 Im Rahmen der Prüfung eines Herstellungsanspruchs ist grundsätzlich auch etwaiges **Mitverschulden** zu beachten. Denn bei grober Fahrlässigkeit des Berechtigten kann die Pflichtverletzung des Leistungsträgers u. U. unbeachtlich sein, mit der Folge, dass für den geschädigten Berechtigten kein Herstellungsanspruch besteht. Das Mitverschulden kann in einem eigenständigen Prüfungspunkt oder aber im Rahmen der Kausalität geprüft werden. Bei letzterem wäre ggf. festzustellen, dass das eigene Verhalten des Berechtigten so im Vordergrund stand, dass die Pflichtverletzung des Leistungsträgers nicht mehr als wesentliche Ursache für den Schaden anerkannt werden kann.

19 Bei Vorliegen der Voraussetzungen des sozialrechtlichen Herstellungsanspruchs ist

---

54 Vgl. Mönch-Kalina in jurisPK-SGB I, § 14 SGB I Rn. 44 ff.
55 Hinsichtlich der Pflichtverletzung im Rahmen der Aufklärung str., vgl. hierzu nur Reinhardt in LPK-SGB I, § 13 Rn. 11 m. w. N.
56 Bsp. vgl. Mönch-Kalina in jurisPK-SGB I, § 14 SGB I Rn. 52.
57 Vgl. Mönch-Kalina in jurisPK-SGB I, § 14 SGB I Rn. 56.
58 Vgl. auch Mönch-Kalina in jurisPK-SGB I, § 14 SGB I Rn. 57.
59 Vgl. auch Mönch-Kalina in jurisPK-SGB I, § 14 SGB I Rn. 58.
60 Z. B. persönliche Arbeitslosmeldung nach § 141 SGB III (i. d. F. ab 1. April 2012; § 122 SGB III a. F.).

auch eine **rückwirkende Leistungserbringung** möglich, jedoch nur für einen Zeitraum von vier Jahren (§ 44 Abs. 4 SGB X analog).[61] Unter Berücksichtigung des § 45[62] als allgemeine Verjährungsvorschrift **verjährt** auch der sozialrechtliche Herstellungsanspruch binnen vier Jahren. Dabei ist (wohl) an die Kenntnis des Leistungsberechtigten von der Pflichtverletzung der Verwaltung anzuknüpfen.[63]

Der sozialrechtliche Herstellungsanspruch ist (kostenfrei) vor den Sozialgerichten einklagbar.

§ 15 Auskunft

(1) Die nach Landesrecht zuständigen Stellen, die Träger der gesetzlichen Krankenversicherung und der sozialen Pflegeversicherung sind verpflichtet, über alle sozialen Angelegenheiten nach diesem Gesetzbuch Auskünfte zu erteilen.

(2) Die Auskunftspflicht erstreckt sich auf die Benennung der für die Sozialleistungen zuständigen Leistungsträger sowie auf alle Sach- und Rechtsfragen, die für die Auskunftsuchenden von Bedeutung sein können und zu deren Beantwortung die Auskunftsstelle imstande ist.

(3) Die Auskunftsstellen sind verpflichtet, untereinander und mit den anderen Leistungsträgern mit dem Ziel zusammenzuarbeiten, eine möglichst umfassende Auskunftserteilung durch eine Stelle sicherzustellen.

(4) Die Träger der gesetzlichen Rentenversicherung können über Möglichkeiten zum Aufbau einer nach § 10 a oder Abschnitt XI des Einkommensteuergesetzes geförderten zusätzlichen Altersvorsorge Auskünfte erteilen, soweit sie dazu im Stande sind.

Inhaltsübersicht Rn.

1. Allgemeines

1 Die Vorschrift gilt seit der Einführung des SGB I, wobei zum 1. Januar 1995 Abs. 1 um die soziale Pflegeversicherung ergänzt und zum 1. Januar 2001 Abs. 4 angefügt wurde.[64]

2 Mit ihr wird für den (potentiellen) Leistungsberechtigten ein Recht auf Auskunft begründet. Die Auskunft hat dabei konkret-individuell am jeweiligen Einzelfall zu erfolgen und darf sich nicht auf abstrakte Ausführungen begrenzen. Die Auskunftspflicht entsteht aber erst, wenn seitens eines Auskunftssuchenden tatsächlich eine entsprechende Frage gestellt wird.[65]

3 Während mit Abs. 1 nicht nur der Auskunftsverpflichtete (die nach Landesrecht zuständigen Stellen, die Träger der gesetzlichen Krankenversicherung und der sozialen

61 Vgl. BSG – 09. 09. 1968 – 11 a RA 28/85 und Mönch-Kalina in jurisPK-SGB I, § 14 SGB I Rn. 61 m. w. N.
62 Siehe § 45.
63 So Reinhardt in LPK-SGB I, § 14 Rn. 24.
64 Vgl. Mönch-Kalina in jurisPK-SGB I, § 15 SGB I Rn. 1.
65 Vgl. Mönch-Kalina in jurisPK-SGB I, § 15 SGB I Rn. 15.

Pflegeversicherung), sondern auch der Gegenstand der Auskunftspflicht (alle sozialen Angelegenheiten nach diesem Gesetzbuch) normiert wird, konkretisiert und schränkt Abs. 2 die Auskunftspflicht sogleich dahingehend ein, dass sich diese nur auf die Benennung der für die Sozialleistungen zuständigen Leistungsträger sowie auf alle Sach- und Rechtsfragen, die für die Auskunftssuchenden von Bedeutung sein können und zu deren Beantwortung die Auskunftsstelle imstande ist, erstreckt. Mit Abs. 3 wird den Auskunftsverpflichteten eine Handlungsanleitung dergestalt gegeben, dass sie verpflichtet sind, untereinander und mit den anderen Leistungsträgern mit dem Ziel zusammenzuarbeiten, eine möglichst umfassende Auskunftserteilung durch eine (gemeinsame) Stelle sicherzustellen. Schließlich wird bestimmt (Abs. 4), dass die Träger der gesetzlichen Rentenversicherung – soweit sie dazu imstande sind – über Möglichkeiten zum Aufbau einer nach § 10a oder Abschnitt XI des Einkommensteuergesetzes geförderten zusätzlichen Altersvorsorge Auskünfte erteilen können.

4 In den jeweiligen Büchern des Sozialgesetzbuches finden sich von der allgemeinen Auskunftspflicht nach § 15 abweichend noch weitere spezielle Pflichten zur Auskunft.[66]

5 Die Auskunft soll in Kumulation mit der Aufklärung (§ 13) und der Beratung (§ 14) das Sozialrecht für jeden einzelnen durchschaubar und nutzbar machen. Es soll vermieden werden, dass der sozialrechtlich unerfahrene Bürger im teilweise nur schwer durchschaubaren Behörden-, Leistungs- und Zuständigkeitsgeflecht die Übersicht verliert und sich dadurch von der Geltendmachung von Rechten abgeschreckt sieht.

6 Zu den Gesetzesmaterialien vgl. Reinhardt in LPK-SGB I, § 15 Rn. 4.

2. Erläuterungen

7 Durch die Normierung des § 15 soll eine umfassende Auskunft durch die Auskunftsstellen sichergestellt werden. Diese **auskunftsverpflichteten Einrichtungen** sind neben den Trägern der gesetzlichen Krankenversicherung (§ 4 Abs. 1 und 2 SGB V) auch die Träger der sozialen Pflegeversicherung (§ 1 Abs. 3 SGB XI) und die nach Landesrecht zuständigen Stellen.[67]

8 Die **Zuständigkeit** für die Auskunft folgt unmittelbar aus den Bestimmungen der Absätze 1 und 2. Konkretisierend bestimmt Abs. 3, dass alle Auskunftsstellen gemeinsam darauf hinzuwirken haben, dass die Auskunft durch eine **gemeinsame Stelle** erfolgt. Der Auskunftssuchende soll nicht von einer Stelle zur anderen Stelle verwiesen werden.

9 Der **Inhalt**[68] der Auskunft ist grundsätzlich abhängig von der – überhaupt als Voraussetzung erforderlichen – gestellten Frage. Die Frage gibt das Maß der Auskunft vor, wobei eine unklare oder nur unvollständige Fragestellung nicht zu einer Verkürzung bzw. Beschränkung der Auskunftspflicht führt. Die Auskunftsstellen haben in solchen Fällen vielmehr auf eine sachgerechte Frageformulierung hinzuwirken.

---

66 Vgl. insoweit Mönch-Kalina in jurisPK-SGB I, § 15 SGB I Rn. 7.
67 Eine Auflistung findet sich bei Reinhardt in LPK-SGB I, § 15 Rn. 6.
68 Vgl. hierzu ausführlicher: Mönch-Kalina in jurisPK-SGB I, § 15 SGB I Rn. 24 ff. und Mrozynski, SGB I, § 15 Rn. 5 ff.

Von der Auskunft **umfasst** sind alle sozialen Angelegenheiten nach dem Sozialgesetzbuch. Die so in Abs. 1 normierte Auskunftspflicht wird mit Abs. 2 dahingehend eingeschränkt, dass sich die Auskunftspflicht nur auf die Benennung der für die Sozialleistungen zuständigen Leistungsträger sowie auf alle Sach- und Rechtsfragen erstreckt, die für die Auskunftssuchenden von Bedeutung sein können und zu deren Beantwortung die Auskunftsstelle auch tatsächlich imstande ist. Mit anderen Worten: Dem Auskunftssuchenden ist letztlich zunächst der örtlich und sachlich zuständige Leistungsträger zu benennen; dieser wiederum hat den Ratsuchenden dann nach § 14 zu beraten. Weiter soll sich (nur) bei entsprechender Bedeutung für den Auskunftssuchenden (eine solche wird aber schon beim reinen Erkundigen über Sozialleistungen anzunehmen sein) die Auskunft auch über Sach- und Rechtsfragen erstrecken, wobei dieses zur Vermeidung von Fehlinformationen und Falschauskünften und auch zur Vermeidung einer Überforderung der Auskunftsstelle nur insoweit gilt, als die entsprechende Stelle dazu auch tatsächlich imstande ist. Je näher die gestellte Frage an den Bereich der eigenen fachlichen Zuständigkeit der Auskunftsstelle heranreicht, desto größer und umfassender ist aber die Pflicht dieser Stelle.[69] **10**

Hinsichtlich der **Form** werden für die Auskunft keine bestimmten Anforderungen gestellt. Die Auskunft kann daher mündlich oder schriftlich erfolgen. Es besteht dabei aber kein Anspruch auf eine schriftliche Bestätigung einer mündlichen Auskunft.[70] Hinsichtlich der Rentenauskunft nach § 109 SGB VI gilt jedoch, dass diese grundsätzlich schriftlich erteilt wird (vgl. auch § 109 Abs. 1 SGB VI). **11**

Mit Abs. 4 wird den Trägern der Rentenversicherung ein **Ermessen** (siehe § 39) dahingehend eingeräumt, über Möglichkeiten zum Aufbau einer nach § 10 a oder Abschnitt XI des Einkommensteuergesetzes geförderte, zusätzliche Altersvorsorge Auskünfte zu erteilen. Hier kann der Träger der gesetzlichen Rentenversicherung – soweit er dazu imstande ist – Auskünfte über zusätzliche betriebliche und private (z. B. »Riester-Rente« und »Rürup-Rente«) Altersvorsorge geben. Damit soll die Möglichkeit einer neutralen und unabhängigen Auskunft, wie sie von dem jeweiligen privaten Anbieter, der regelmäßig auf einen Vertragsabschluss hinarbeiten wird, nicht ohne Weiteres erwartet werden kann, geschaffen werden. **12**

Da es sich bei dieser Auskunftspflicht des Rentenversicherungsträgers um eine Ermessensleistung handelt, kann ein entsprechender Auskunftsanspruch nur im Wege einer Feststellungsklage (§ 55 Abs. 1 Nr. 1 SGG) geltend gemacht werden.

Im Falle einer **falschen Auskunft des Rentenversicherungsträgers** kommt lediglich ein Amtshaftungsanspruch nach § 839 Abs. 1 Satz 2 BGB i. V. m. Art. 34 GG,[71] nicht jedoch ein sozialrechtlicher Herstellungsanspruch[72] in Betracht.

Zwar besteht **kein individueller Auskunftsanspruch** der Bürger, doch wird allgemein **13**

69 Vgl. Mönch-Kalina in jurisPK-SGB I, § 15 SGB I Rn. 12.

70 Vgl. Reinhardt in LPK-SGB I, § 15 Rn. 11 m. w. N.

71 Siehe hierzu § 13 Rn. 13 sowie ausführlicher Reinhardt in LPK-SGB I, § 14 Rn. 25 und Mönch-Kalina in jurisPK-SGB I, § 14 SGB I Rn. 41.

72 Siehe § 14 Rn. 16 m. w. N.

davon ausgegangen, dass im Falle eines entsprechenden Bedarfs ein Anspruch auf Auskunft im individuell benötigten Umfang besteht.[73] Dieser Anspruch ist auch mit einer Leistungsklage nach § 54 Abs. 5 SGG einklagbar. Begehrt wird dabei nicht der Erlass eines Verwaltungsaktes, sondern schlichtes Verwaltungshandeln. Auch bei einer Rentenauskunft nach § 109 SGB VI handelt es sich um einen Real- und keinen Verwaltungsakt. Sofern das Begehren auf Auskunft abgelehnt wurde, ist str., ob es sich in der Ablehnung um einen Verwaltungsakt handelt,[74] sodass hiergegen mit einer kombinierten Anfechtungs- und Leistungsklage vorgegangen werden müsste, oder ob auch hierin kein Verwaltungsakt zu sehen ist und es bei der allgemeinen Leistungsklage bleibt.[75]

14 Sofern die Auskunftsstelle ihrer Auskunftspflicht überhaupt nicht oder nicht vollständig nachkommt, kann der Auskunftssuchende die Auskunft gerichtlich einklagen (vgl. Rn. 13). Wenn der Leistungsträger zwar beraten hat, diese **Beratung jedoch falsch oder unvollständig** war, besteht die Möglichkeit eines **sozialrechtlichen Herstellungsanspruchs**[76] oder eines **Amtshaftungsanspruchs** nach § 839 Abs. 1 Satz 2 BGB i.V.m. Art. 34 GG.[77]

15 Zur Problematik des richtigen **Rechtsweges** (Sozial- oder Verwaltungsgerichtsbarkeit) vgl. Reinhardt in LPK-SGB I, § 15 Rn. 12 m.w.N.

§ 16 Antragstellung

(1) Anträge auf Sozialleistungen sind beim zuständigen Leistungsträger zu stellen. Sie werden auch von allen anderen Leistungsträgern, von allen Gemeinden und bei Personen, die sich im Ausland aufhalten, auch von den amtlichen Vertretungen der Bundesrepublik Deutschland im Ausland entgegengenommen.

(2) Anträge, die bei einem unzuständigen Leistungsträger, bei einer für die Sozialleistung nicht zuständigen Gemeinde oder bei einer amtlichen Vertretung der Bundesrepublik Deutschland im Ausland gestellt werden, sind unverzüglich an den zuständigen Leistungsträger weiterzuleiten. Ist die Sozialleistung von einem Antrag abhängig, gilt der Antrag als zu dem Zeitpunkt gestellt, in dem er bei einer der in Satz 1 genannten Stellen eingegangen ist.

(3) Die Leistungsträger sind verpflichtet, darauf hinzuwirken, dass unverzüglich klare und sachdienliche Anträge gestellt und unvollständige Angaben ergänzt werden.

Inhaltsübersicht Rn.

73 Vgl. Mönch-Kalina in jurisPK-SGB I, § 15 SGB I Rn. 30 m.w.N.
74 So z.B. BSG – 12.11.1980 – 1 RA 45/79.
75 Zum Meinungsstreit vgl. Reinhardt in LPK-SGB I, § 15 Rn. 10.
76 Siehe § 14 Rn. 16 sowie ausführlicher Reinhardt in LPK-SGB I, § 14 Rn. 15ff. und Mönch-Kalina in jurisPK-SGB I, § 14 SGB I Rn. 42ff.
77 Siehe hierzu § 13 Rn. 13 sowie ausführlicher Reinhardt in LPK-SGB I, § 14 Rn. 25 und Mönch-Kalina in jurisPK-SGB I, § 14 SGB I Rn. 41.

1. Allgemeines

Die Vorschrift gilt seit der Einführung des SGB I in unveränderter Form. 1

Sie bestimmt zunächst (Abs. 1 Satz 1), dass Anträge auf Sozialleistungen beim zuständigen Leistungsträger einzureichen sind. Mit Abs. 1 Satz 2 wird aber dargelegt, dass auch (bestimmte) andere Leistungsträger, Behörden und staatliche Einrichtungen zur Entgegennahme verpflichtet sind und die Anträge dann unverzüglich an den zuständigen Leistungsträger weiterzuleiten haben, wobei als Zeitpunkt des Antragseingangs derjenige Zeitpunkt gilt, als der Antrag bei dem unzuständigen Leistungsträger eingegangen ist (Abs. 2). Abs. 3 schließlich enthält die Verpflichtung des Leistungsträgers, darauf hinzuwirken, dass unverzüglich klare und sachdienliche Anträge gestellt und unvollständige Angaben ergänzt werden. 2

§ 16 enthält allgemeine Regelungen zur Antragstellung. In den einzelnen Sozialgesetzbüchern finden sich einige Ergänzungen; v. a. im SGB X: § 18 – Beginn des Verwaltungsverfahrens, § 20 Abs. 3 – Pflicht der Behörde zur Entgegennahme von Anträgen im eigenen Zuständigkeitsbereich, § 28 – Rückwirkung einer wiederholten Antragstellung unter bestimmten Voraussetzungen.[78] 3

Die Bedeutung klarer und allgemeiner Regelungen zur Antragstellung ergibt sich aus dem Umstand, dass die meisten Sozialleistungen antragsabhängig sind, der Antrag also zwingende Leistungsvoraussetzung ist. Durch den Antrag wird das Sozialverwaltungsverfahren überhaupt erst eingeleitet. Nur in seltenen Fällen hingegen sehen die Sozialgesetzbücher ein Verwaltungsverfahren von Amts wegen vor (vgl. z. B. § 19 Satz 2 SGB IV und § 18 SGB XII). Zur weiteren Bedeutung des Antrags, gerade auch in materiell-rechtlicher Hinsicht, also wenn der Anspruch ohne den Antrag nicht oder nur in Abhängigkeit von dem Antragszeitpunkt entstehen kann, vgl. Reinhardt in LPK-SGB I, § 16 Rn. 8 und Mönch-Kalina in jurisPK-SGB I, § 16 SGB I Rn. 26. 4

Zu den Gesetzesmaterialien vgl. Reinhardt in LPK-SGB I, § 16 Rn. 4. 5

2. Erläuterungen

Mit § 16 wird bezweckt, den Bürgern zu – den ihnen zustehenden – Sozialleistungen (§ 11) zu verhelfen. Die Abgabe des Antrags bei einem unzuständigen Leistungsträger soll dabei ebenso unbeachtlich bzw. unhinderlich sein wie ein zunächst unvollständiger oder unklarer Antrag. 6

Ein **Antrag** i. S. d. Abs. 1 Satz 1 ist eine einseitige, empfangsbedürftige öffentlich-rechtliche Willenserklärung mit dem Begehren, dass der Leistungsträger in bestimmter Weise für den Antragsteller tätig werden soll.[79] Bezüglich der Auslegung des Antrags, seines Zugangs oder seiner Anfechtung sind die zivilrechtlichen Regelungen (§§ 119, 123, 130, 7

78 Vgl. im Übrigen Mönch-Kalina in jurisPK-SGB I, § 16 SGB I Rn. 5 und Reinhardt in LPK-SGB I, § 16 Rn. 9.

79 Vgl. Reinhardt in LPK-SGB I, § 16 Rn. 6 und Mrozynski, SGB I, § 16 Rn. 4; vgl. zur Antragstellung allgemein Mönch-Kalina in jurisPK-SGB I, § 16 SGB I Rn. 16 ff.

133, 157 BGB) analog anzuwenden. Die Auslegungsregelungen erhalten größere Relevanz gerade dann, wenn zwar nicht explizit ein Antrag gestellt wird, sich aber ein solcher indirekt aus einer Erklärung oder Mitteilung etc. entnehmen lässt.

8 Bei der Auslegung von Anträgen sind die **Grundsätze der Meistbegünstigung** zu beachten.[80] Hiernach kann einem Antrag auf eine Sozialleistung zugunsten des Antragstellers zugleich auch der Antrag auf eine andere (einschlägige) Sozialleistung entnommen werden. Ein Antrag ist hiernach im Lichte einer umfassenden Antragstellung zu würdigen.

9 Eine **Form** für Anträge sieht § 16 nicht vor. Damit können Anträge grundsätzlich mündlich und schriftlich gestellt werden. Auch die Verwendung von vorgegebenen Formularen ist nicht zwingend. Jedoch ist solches grds. auch für den Antragsteller von Nutzen, weil so das Verwaltungshandeln (da routiniert) auch effektiv ablaufen kann und i. d. R. alle wichtigen Angaben, Unterlagen etc. im Formular abverlangt werden. Im Übrigen kommt der Leistungsträger durch die Zurverfügungstellung der Formulare seiner Verpflichtung nach Abs. 3 nach. Hiernach ist nämlich (ausschließlich) der Leistungsträger verpflichtet, darauf hinzuwirken, dass unverzüglich klare und sachdienliche Anträge gestellt und unvollständige Angaben ergänzt werden. Darüber hinaus ist der Leistungsträger auch nach § 17 Abs. 1 Nr. 3 verpflichtet, allgemein verständliche Antragsvordrucke zu verwenden.

10 Wie **Abs. 1** Satz 1 zunächst unzweifelhaft regelt, sind Anträge beim zuständigen Leistungsträger (§ 12), also dem Leistungsträger, der über die begehrte Leistung zu entscheiden hat, abzugeben. Darüber hinaus gilt aber im Interesse der Antragsteller, dass auch andere – an sich unzuständige – Stellen (andere Leistungsträger, alle Gemeinden, amtliche Vertretungen der Bundesrepublik Deutschland im Ausland) den Antrag entgegennehmen. Auch wenn gesetzlich nicht eindeutig geregelt, so ist aus dem Sinn und Zweck der Regelung zu folgern, dass die anderen unzuständigen Stellen den Antrag nicht unverbindlich im Sinne eines Services entgegennehmen, sondern sie vielmehr zur Entgegennahme verpflichtet sind.

Die Auflistung der **unzuständigen Stellen**, die gleichwohl den Antrag entgegennehmen (müssen), ist abschließend. Von der Verpflichtung zur Entgegennahme nicht umfasst sind (u. a.) die Träger der freien Wohlfahrts- und Jugendpflege, die Verbände von Leistungsträgern, Leistungserbringer auch nicht als Empfangsboten oder -vertreter oder öffentliche Sozialleistungsträger außerhalb des Sozialgesetzbuches und auch nicht (Sozial-) Gerichte.[81]

11 Sofern bei einer unzuständigen Stelle nach **Abs. 2** (unzuständiger Leistungsträger, unzuständige Gemeinde oder amtliche Vertretung der Bundesrepublik Deutschland) ein Antrag gestellt (auch im Sinne von abgegeben) wurde, ist diese Stelle sodann verpflichtet, den Antrag unverzüglich, also ohne schuldhaftes Zögern (§ 121 Abs. 1 BGB) an den zuständigen Leistungsträger weiterzuleiten.[82]

12 Der zuständige Leistungsträger hat den Antrag sodann regulär zu bearbeiten, wobei als Zeitpunkt der Antragstellung der Zeitpunkt gilt, an dem der Antrag bei dem unzuständigen Leistungsträger gestellt wurde. Zur Problematik der **fingierten Fristwahrung** im

80 Vgl. hierzu auch Reinhardt in LPK-SGB I, § 16 Rn. 10 m. w. N.
81 Vgl. Mönch-Kalina in jurisPK-SGB I, § 16 SGB I Rn. 33 m. w. N.
82 Vgl. Mrozynski, SGB I, § 16 Rn. 14 ff.

Sozialrecht vgl. Mönch-Kalina in jurisPK-SGB I, § 16 SGB I Rn. 43 f. und Reinhardt in LPK-SGB I, § 16 Rn. 16.

13 Sofern die Weiterleitungspflicht oder auch die Verpflichtung hinsichtlich des Hinwirkens zu vollständigen und sachgerechten Anträgen verletzt wird und sich hieraus ein Schaden ergibt, kommen ein **sozialrechtlicher Herstellungsanspruch**[83] oder ein **Amtshaftungsanspruch** nach § 839 Abs. 1 Satz 2 BGB i. V. m. Art. 34 GG[84] in Betracht.

14 Besonderheiten ergeben sich letztlich, wenn Gegenstand des Antrags **Leistungen zur Teilhabe** sind. Hier existiert mit § 14 SGB IX eine Spezialregelung, die vorsieht, dass auch ein unzuständiger Leistungsträger, bei dem ein Antrag gestellt wurde, zuständig wird, wenn er den Antrag nicht rechtzeitig an den eigentlich zuständigen Leistungsträger abgegeben bzw. weitergeleitet hat.[85]

§ 17 Ausführung der Sozialleistungen

(1) Die Leistungsträger sind verpflichtet, darauf hinzuwirken, dass

1. **jeder Berechtigte die ihm zustehenden Sozialleistungen in zeitgemäßer Weise, umfassend und zügig erhält,**
2. **die zur Ausführung von Sozialleistungen erforderlichen sozialen Dienste und Einrichtungen rechtzeitig und ausreichend zur Verfügung stehen,**
3. **der Zugang zu den Sozialleistungen möglichst einfach gestaltet wird, insbesondere durch Verwendung allgemein verständlicher Antragsvordrucke und**
4. **ihre Verwaltungs- und Dienstgebäude frei von Zugangs- und Kommunikationsbarrieren sind und Sozialleistungen in barrierefreien Räumen und Anlagen ausgeführt werden.**

(2) Hörbehinderte Menschen haben das Recht, bei der Ausführung von Sozialleistungen, insbesondere auch bei ärztlichen Untersuchungen und Behandlungen, Gebärdensprache zu verwenden. Die für die Sozialleistung zuständigen Leistungsträger sind verpflichtet, die durch die Verwendung der Gebärdensprache und anderer Kommunikationshilfen entstehenden Kosten zu tragen; § 19 Abs. 2 Satz 4 des Zehnten Buches gilt entsprechend.

(3) In der Zusammenarbeit mit gemeinnützigen und freien Einrichtungen und Organisationen wirken die Leistungsträger darauf hin, dass sich ihre Tätigkeit und die der genannten Einrichtungen und Organisationen zum Wohl der Leistungsempfänger wirksam ergänzen. Sie haben dabei deren Selbständigkeit in Zielsetzung und Durchführung ihrer Aufgaben zu achten. Die Nachprüfung zweckentsprechender Verwendung bei der Inanspruchnahme öffentlicher Mittel bleibt unberührt. Im Übrigen ergibt sich ihr Verhältnis zueinander aus den besonderen Teilen dieses Gesetzbuchs; § 97 Abs. 1 Satz 1 bis 4 und Abs. 2 des Zehnten Buches findet keine Anwendung.

---

83 Siehe hierzu § 14 Rn. 16 sowie ausführlicher Reinhardt in LPK-SGB I, § 14 Rn. 15 ff. und Mönch-Kalina in jurisPK-SGB I, § 14 SGB I Rn. 42 ff.

84 Siehe hierzu § 13 Rn. 13 sowie ausführlicher Reinhardt in LPK-SGB I, § 14 Rn. 25 und Mönch-Kalina in jurisPK-SGB I, § 14 SGB I Rn. 41.

85 Vgl. Mrozynski, SGB I, § 16 Rn. 17 ff.

Regelungsinhalt

1 Mit § 17 – der im Übrigen **keine subjektiven Rechte** einräumt[86] – liegt eine für das Verständnis des deutschen Sozialrechts grundlegende Vorschrift vor.[87] So hält Abs. 1 einerseits zu einer zügigen und vollständigen Erbringung von Sozialleistungen an und bestimmt andererseits, dass Sozialleistungsträger die Leistung gewähren und die sozialen Dienste und Einrichtungen die Leistungen ausführen bzw. erbringen. Mit Abs. 3 wird der Rechtsstatus der gemeinnützigen und freien Einrichtungen und Organisationen geklärt und im Weiteren deren Zusammenarbeit mit den Leistungsträgern geregelt.

2 Die so mit Abs. 1 und 3 gebildete **Grundstruktur des Leistungserbringungsrechts**[88] findet in den besonderen Teilen des Sozialgesetzbuches zahlreiche und individuelle Ausformungen.

3 Zu den Gesetzesmaterialien vgl. Neumann in LPK-SGB I, § 17 Rn. 5.

Dritter Abschnitt
Gemeinsame Vorschriften für alle Sozialleistungsberechtigten dieses Gesetzbuches

Zweiter Titel
Grundsätze des Leistungsrechts

§ 38 Rechtsanspruch

Auf Sozialleistungen besteht ein Anspruch, soweit nicht nach den besonderen Teilen dieses Gesetzbuchs die Leistungsträger ermächtigt sind, bei der Entscheidung über die Leistung nach ihrem Ermessen zu handeln.

Inhaltsübersicht Rn.

1. Allgemeines

1 Die Vorschrift gilt seit der Einführung des SGB I in unveränderter Form.

2 Mit dieser Vorschrift wird bzgl. der **Grundsätze des Leistungsrechts** für das gesamte Sozialgesetzbuch und seine besonderen Teile (§ 68) vorangestellt, dass auf Sozialleistungen ein Rechtsanspruch besteht. Zwar findet dieser Grundsatz seine Einschränkung dann, wenn dem Leistungsträger ipso iure Ermessen (§ 39) eingeräumt wird. Doch wird gleichwohl grundlegend das Sozialrechtsverhältnis als Rechtsverhältnis gegenseitiger Berechtig-

86 Vgl. Mrozynski, SGB I, § 17 Rn. 5.
87 Vgl. Neumann in LPK-SGB I, § 17 Rn. 1.
88 Vgl. Neumann in LPK-SGB I, § 17 Rn. 1.

ter und Verpflichteter i. S. eines Leistungsbegehrens des Bürgers gegenüber dem Leistungsträger klargestellt.[89]

3 Im Grundsatz gilt also, dass auf Sozialleistungen ein **Anspruch** besteht. Dieses bedeutet, dass – soweit die (Leistungs-)Voraussetzungen gegeben sind – der Leistungsträger eine bestimmte Leistung erbringen muss. Es wird insoweit auch von **»gebundenen Entscheidungen«** und **»Pflichtleistungen«** gesprochen.

4 Die Vorschrift ist – trotz ihrer Trageweite – lediglich als konkretisiertes Verfassungsrecht zu lesen. Ohne die Existenz der Vorschrift würde sich der Rechtsanspruch unmittelbar aus dem Rechts- und Sozialstaatsprinzip (Art. 1, 2 Abs. 1, 20 und 28 GG) ergeben.[90]

5 Zu den Gesetzesmaterialien vgl. Krahmer in LPK-SGB I, § 38 Rn. 4.

2. Erläuterungen

6 § 38 gibt den Bürgern zwar zunächst einen **Rechtsanspruch** auf eine begehrte Sozialleistung. Dies entbindet aber nicht davon, dass im Sozialgesetzbuch bzw. seinen besonderen Teilen ein entsprechender Leistungsanspruch derart normiert ist, dass sich aus einem subjektiv-öffentlichen Recht eines Bürgers eine Verpflichtung eines bestimmten Leistungsträgers zu einer bestimmten Leistung ergibt.[91] Ein solcher Anspruch löst regelmäßig eine bestimmte materiell-rechtliche Wirkung aus (z. B. Tun oder Unterlassen eines Anderen).[92]

7 Soweit derlei Anspruch besteht, ergibt sich nicht zuletzt aus dem Rechtsstaatprinzip, dass dieser Anspruch einklagbar ist, wobei vor dem Bestreiten des Klageweges regelmäßig das Verwaltungsverfahren (mit Widerspruchsverfahren) zu durchlaufen ist.

8 Gebundene Entscheidungen sind im (Sozial-)Gesetz(-buch) an der **Terminologie** »ist«, »sind«, »hat« »wird«, »muss« etc. zu erkennen.

9 Auch soweit das Gesetz grundsätzlich einen Rechtsanspruch gewährt, kann dessen tatsächliches Bestehen im konkreten Einzelfall strittig sein. Dies z. B. dann, wenn das Gesetz – i. d. R. gerichtlich (voll) überprüfbare – **unbestimmte Rechtsbegriffe** (z. B. »wichtiger Grund«, »Angemessenheit«, »besondere Härte«, »unbillige Härte«, »Zumutbarkeit« etc.) verwendet oder dem Leistungsträger einen – gerichtlich nur begrenzt überprüfbaren – **Beurteilungsspielraum** gewährt.[93]

10 Eröffnen die entsprechenden Normen der einzelnen Sozialgesetzbücher bzw. der besonderen Teile dem Leistungsträger ein **Ermessen** (siehe § 39), geht damit für den Bürger regelmäßig (nur) eine geschwächte Rechtsposition einher.[94] Dann nämlich besteht vorerst nur ein Anspruch auf pflichtgemäße Ausübung des Ermessens, (noch) nicht jedoch auf die Leistung (Tun oder Unterlassen – Letzteres bspw. Verbot der Datenoffenbarung i. S. v. § 35 SGB I i. V. m. §§ 67 ff. SGB X) selbst (siehe hierzu § 39).

---

89 Vgl. Krahmer in LPK-SGB I, § 38 Rn. 2.
90 Vgl. Wagner in jurisPK-SGB I, § 38 SGB I Rn. 5.
91 Vgl. Krahmer in LPK-SGB I, § 38 Rn. 5.
92 Vgl. Mrozynski, SGB I, § 38 Rn. 1.
93 Vgl. hierzu Krahmer in LPK-SGB I, § 38 Rn. 6; zur Abgrenzung der Begriffe vgl. auch Wagner in jurisPK-SGB I, § 39 SGB I Rn. 34 ff.
94 Vgl. Krahmer in LPK-SGB I, § 38 Rn. 5.

11 Letztlich stellt die Norm auch eine Art **Auffangtatbestand** dar. Soweit nämlich strittig ist, ob von einem Rechtsanspruch oder doch nur von einer Ermessensleistung auszugehen ist, ist der Grundsatz, dass ein Anspruch auf Sozialleistungen besteht, heranzuziehen, so dass dann regelmäßig eben – soweit gesetzlich nicht anders ausdrücklich bestimmt – von einem Rechtsanspruch auszugehen ist.[95]

§ 39 Ermessensleistungen

(1) Sind die Leistungsträger ermächtigt, bei der Entscheidung über Sozialleistungen nach ihrem Ermessen zu handeln, haben sie ihr Ermessen entsprechend dem Zweck der Ermächtigung auszuüben und die gesetzlichen Grenzen des Ermessens einzuhalten. Auf pflichtgemäße Ausübung des Ermessens besteht ein Anspruch.

(2) Für Ermessensleistungen gelten die Vorschriften über Sozialleistungen, auf die ein Anspruch besteht, entsprechend, soweit sich aus den Vorschriften dieses Gesetzbuchs nichts Abweichendes ergibt.

Inhaltsübersicht

1. Allgemeines

1 Die Vorschrift gilt seit der Einführung des SGB I in unveränderter Form.

2 Mit dieser Vorschrift wird den Leistungsträgern aufgegeben, bestimmte **rechtliche Anforderungen** bei ihrer **Ermessensausübung** zu beachten.[96]

3 So wird die wegen des Ermessens des Leistungsträgers geschwächte Rechtsposition der Bürger doch wieder dahingehend gestärkt, dass dem Leistungsträger verbindliche Regeln an die Hand gegeben und so u.a. Willkürentscheidungen ausgeschlossen werden. Der Leistungsträger hat – und darauf haben die Bürger einen (einklagbaren) Anspruch – sein Ermessen pflichtgemäß (Abs. 1 Satz 2), d.h. entsprechend des Zwecks der Ermächtigung (Abs. 1 Satz 1) auszuüben.

Mit Abs. 2 wird schließlich klargestellt, dass – soweit nicht abweichend geregelt – die Bestimmungen über Sozialleistungen, auf die ein Anspruch besteht, auch auf die Ermessensleistungen anzuwenden sind.

4 Die allgemeingültigen Regelungen des § 39 gelten für alle Sozialgesetzbücher und die besonderen Teile nach § 68.[97]

5 Besondere Bedeutung kommt der Ermessensentscheidung immer in den Fällen zu, wo es – auch nach dem Willen des Gesetzgebers – darum geht, eine stark individualisierte Entscheidung zu treffen.[98]

6 Zu den Gesetzesmaterialien vgl. Krahmer in LPK-SGB I, § 39 Rn. 4.

---

95 Vgl. Wagner in jurisPK-SGB I, § 38 SGB I Rn. 7.
96 Vgl. Krahmer in LPK-SGB I, § 39 Rn. 2.
97 Vgl. hierzu Wagner in jurisPK-SGB I, § 39 SGB I Rn. 3.
98 Z.B. im Bereich der Sozialhilfe oder Kinder- und Jugendhilfe etc., vgl. insoweit auch Krahmer in LPK-SGB I, § 39 Rn. 2.

2. Erläuterungen

Ermessen ist ein **Entscheidungsspielraum**, der einem Leistungsträger gesetzlich gewährt wird.[99] Voraussetzung für das Ermessen ist damit zwangsläufig eine ausdrückliche **gesetzliche Bestimmung** – anderenfalls gilt der Grundsatz nach § 38, dass nämlich ein Rechtsanspruch besteht. 7

Wenn den Leistungsträgern durch eine bestimmte Ermächtigungsgrundlage ein Ermessenspielraum eingeräumt wird, so haben sie diesen – und darauf haben die Bürger einen Anspruch[100] – bei der Anwendung der Norm auf den konkreten Fall **pflichtgemäß**, d. h. fehlerfrei[101] auszufüllen, wobei hier auch das **Günstigkeitsgebot** des § 2 Abs. 2 zu beachten ist. 8

Unterschieden wird regelmäßig zwischen dem **Erschließungsermessen** (also dem »Ob«) und dem **Auswahlermessen** (also dem »Wie«); vgl. Mrozynski, SGB I, § 39 Rn. 32. Wenn einem Leistungsträger beim Vorliegen bestimmter Umstände ein Erschließungsermessen eingeräumt wird, darf bzw. muss er selbst (pflichtgemäß) entscheiden, ob er überhaupt tätig wird. 9

Die meisten Ermessensregelungen berücksichtigen hingegen aber den Fall, dass bei Erfüllung des gesetzlichen Tatbestandes dem Leistungsträger gesetzlich mehrere in Betracht kommende Handlungsalternativen an die Hand gegeben werden, aus denen er wählen darf bzw. muss (Auswahlermessen). 10

Die Ermessensausübung ist jedoch nicht grenzenlos. Zur Vermeidung von willkürlichen Entscheidungen erfährt der Leistungsträger bei der Ausübung des Ermessens u. a. eine gewisse Einschränkung nach den **Grundsätzen der Selbstbindung der Verwaltung**. Hiernach kann der Leistungsträger grds. nicht willkürlich von seinen eigenen oder der sonst allgemein von den Behörden im Geltungsbereich des Gesetzes bisher in vergleichbaren Fällen eingehaltenen Praxis abweichen. Vielmehr kann durch eine bestimmte Verwaltungspraxis nach Art. 3 Abs. 1 GG eine Reduzierung des Ermessens zu Gunsten des Bürgers eintreten. Der Bürger kann bei vergleichbarem Sachverhalt darauf vertrauen, dass die Behörde entsprechend ihrer gängigen Praxis entscheidet, jedenfalls solange keine rechtfertigenden Gründe für ein Abweichen vorliegen. 11

In bestimmten Situationen wird das Ermessen des Leistungsträgers so stark eingeengt, dass nur noch eine bestimmte Entscheidung richtig, d. h. rechtsfehlerfrei ist, sog. **Ermessensreduzierung auf Null** (oder Ermessensreduktion auf Null). Eine solche Ermessenreduzierung auf Null kann sich aus der Selbstbindung der Verwaltung (vgl. Rn. 11) oder aus dem **Verhältnismäßigkeitsprinzip** ergeben.[102] Bei Letzterem kann die Abwägung aller Interessen im Einzelfall zu dem Ergebnis führen, dass nur eine einzige Entscheidung ermessensfehlerfrei getroffen werden kann. 12

Nach § 35 Abs. 1 Satz 3 SGB X muss der Verwaltungsakt bzgl. einer Ermessensent- 13

99 Vgl. Krahmer in LPK-SGB I, § 39 Rn. 5.
100 Vgl. Wagner in jurisPK-SGB I, § 39 SGB I Rn. 8 ff.
101 Vgl. Krahmer in LPK-SGB I, § 39 Rn. 6 m. w. N.
102 Vgl. Wagner in jurisPK-SGB I, § 39 SGB I Rn. 30 ff.

scheidung eine besondere **Begründung** erhalten. Hiernach muss die Begründung von Ermessensentscheidungen auch die Gesichtspunkte erkennen lassen, von denen die Behörde bei der Ausübung ihres Ermessens ausgegangen ist.

14 Ermessensentscheidungen sind nur **beschränkt gerichtlich überprüfbar**. Gerichtlich darf die Ausübung des Ermessens nur auf Rechtsfehler hin überprüft werden. D.h., es kann lediglich geprüft werden, ob der Leistungsträger von dem Ermessen in einer dem Zweck der Ermächtigung entsprechenden Weise Gebrauch gemacht und ob er die Grenzen des Ermessens nicht überschritten hat (vgl. § 54 Abs. 2 Satz 2 SGG).

15 Folgende **Ermessensfehler**[103] sind gerichtlich überprüfbar:

- **Ermessensunterschreitung (Ermessensnichtgebrauch)**: Der Leistungsträger übt sein Ermessen (ganz oder teilweise) nicht aus.
- **Ermessensüberschreitung**: Die vom Leistungsträger gewählte Rechtsfolge ist nicht mehr von der Handlungsermächtigung gedeckt.
- **Ermessensfehlgebrauch (oder Ermessensmissbrauch)**: Die Entscheidung des Leistungsträgers beruht auf Gründen, die nicht vom Gesetzeszweck gedeckt sind.

16 Das Gericht darf die Ermessensentscheidung des Leistungsträgers grundsätzlich nicht durch eine eigene Ermessensentscheidung ersetzen. Es kann – mit einer Verpflichtungs- oder Bescheidungsklage – lediglich feststellen, dass ein Ermessensfehler vorliegt und den Leistungsträger verpflichten, unter **Beachtung der Rechtsauffassung des Gerichts** neu zu entscheiden. Nur in Ausnahmefällen (Ermessensreduzierung auf Null) kann das Gericht selbst über die geltend gemachte Sozialleistung entscheiden.[104]

17 Eine Ermessensleistung erkennt man im Gesetz an der **Terminologie** »kann«, »darf« »ist berechtigt«.[105] Sofern das Gesetz jedoch den Terminus **»soll«** verwendet, handelt es sich um ein **eingeschränktes Ermessen**. Der Regelfall erfordert dann ein entsprechendes Handeln des Leistungsträgers, wohingegen er nur in atypischen Fällen davon abweichen kann.[106]

§ 40 Entstehen der Ansprüche

(1) Ansprüche auf Sozialleistungen entstehen, sobald ihre im Gesetz oder auf Grund eines Gesetzes bestimmten Voraussetzungen vorliegen.

(2) Bei Ermessensleistungen ist der Zeitpunkt maßgebend, in dem die Entscheidung über die Leistung bekanntgegeben wird, es sei denn, dass in der Entscheidung ein anderer Zeitpunkt bestimmt ist.

Literatur

Krahmer, Z. (Hrsg.), Sozialgesetzbuch I – Allgemeiner Teil – Lehr- und Praxiskommentar, 2. Auflage (Bearbeiter: Krahmer); juris Praxiskommentar SGB I, 2. Auflage, § 40 SGB I (Bearbeiter: Wagner); Mrozynski, P. (Hrsg.), SGB I – Sozialgesetzbuch I – Allgemeiner Teil – Kommentar, 4. Auflage

---

103 Vgl. ausführlicher Krahmer in LPK-SGB I, § 39 Rn. 7 ff.; Wagner in jurisPK-SGB I, § 39 SGB I Rn. 16 ff.; vgl. Mrozynski, SGB I, § 39 Rn. 34 ff.

104 Vgl. hierzu ausführlicher Krahmer in LPK-SGB I, § 39 Rn. 12.

105 Vgl. Mrozynski, SGB I, § 39 Rn. 4.

106 Vgl. Mrozynski, SGB I, § 39 Rn. 7; Wagner in jurisPK-SGB I, § 39 SGB I Rn. 11 ff.

§ 41 Fälligkeit

Soweit die besonderen Teile dieses Gesetzbuchs keine Regelung enthalten, werden Ansprüche auf Sozialleistungen mit ihrem Entstehen fällig.

Literatur

Krahmer, Z. (Hrsg.), Sozialgesetzbuch I – Allgemeiner Teil – Lehr- und Praxiskommentar, 2. Auflage (Bearbeiter: Krahmer); juris Praxiskommentar SGB I, 2. Auflage, § 41 SGB I (Bearbeiter: Wagner); Mrozynski, P. (Hrsg.), SGB I – Sozialgesetzbuch I – Allgemeiner Teil – Kommentar, 4. Auflage

§ 42 Vorschüsse

(1) Besteht ein Anspruch auf Geldleistungen dem Grunde nach und ist zur Feststellung seiner Höhe voraussichtlich längere Zeit erforderlich, kann der zuständige Leistungsträger Vorschüsse zahlen, deren Höhe er nach pflichtgemäßem Ermessen bestimmt. Er hat Vorschüsse nach Satz 1 zu zahlen, wenn der Berechtigte es beantragt; die Vorschusszahlung beginnt spätestens nach Ablauf eines Kalendermonats nach Eingang des Antrags.

(2) Die Vorschüsse sind auf die zustehende Leistung anzurechnen. Soweit sie diese übersteigen, sind sie vom Empfänger zu erstatten. § 50 Abs. 4 des Zehnten Buches gilt entsprechend.

(3) Für die Stundung, Niederschlagung und den Erlass des Erstattungsanspruchs gilt § 76 Abs. 2 des Vierten Buches entsprechend.

Inhaltsübersicht

1. Allgemeines

Die Vorschrift gilt seit Inkrafttreten des SGB I, wurde aber in der Folge mehrfach geändert.[107] 1

Vor Geltung des § 42 existierten in einzelnen Leistungsbüchern vergleichbare Regelungen zum Vorschuss, die aber so dann fast allesamt – wegen der allgemein gültigen Normierung des § 42 – aufgehoben wurden.[108] 2

Durch die Vorschussregelung soll erreicht werden, dass ein Leistungsberechtigter seine Sozialleistung (als Geldleistung) auch dann möglichst schnell erhält (vgl. auch insoweit die entsprechende Verpflichtung der Leistungsträger in § 17 Abs. 1 Nr. 1), wenn die Prüfung der (Leistungs-)Höhe noch weitere Zeit in Anspruch nimmt. 3

§ 42 ist nur dann anzuwenden, wenn der zuständige Leistungsträger und die zustehende Leistung dem Grunde nach klar sind und **lediglich die exakte Höhe noch bestimmt werden muss**. Keine Anwendung findet § 42, wenn die Zuständigkeit eines Leistungsträgers ungeklärt ist. In diesem Fall ist vielmehr § 43 (siehe § 43) einschlägig. Weder § 42 4

---

107 Vgl. hierzu Wagner in jurisPK-SGB I, § 42 SGB I Rn. 1 f.

108 Vgl. hierzu Wagner in jurisPK-SGB I, § 42 SGB I Rn. 3 und 7.

noch § 43 sind einschlägig, wenn der Anspruch dem Grunde nach nicht feststeht, wenn also z. B. noch – i. d. R. zeitaufwändige – medizinische Untersuchung oder Gutachten erfolgen müssen. Für solche Konstellation ist keine Vorausleistung vorgesehen.[109]

5 Zu den Gesetzesmaterialien vgl. Krahmer in LPK-SGB I, § 42 Rn. 4.

2. Erläuterungen

6 Mit **Abs. 1** Satz 1 steht es im **Ermessen** (siehe § 39) des Leistungsträgers, einen Vorschuss zu bewilligen, wenn einerseits die eigene Zuständigkeit und andererseits die Leistungsberechtigung dem Grunde nach feststeht,[110] aber die konkrete Leistungshöhe (ggf. mittels aufwändiger Recherchen) noch ermittelt werden muss und dies voraussichtlich längere Zeit dauern wird. Letztere Tatbestandsvoraussetzung (»voraussichtlich längere Zeit«) ist als unbestimmter Rechtsbegriff regelmäßig unter Berücksichtigung aller Umstände im Einzelfall zu bestimmen.[111]

7 Eine Vorschussleistung kommt – aufgrund der klaren gesetzlichen Bestimmung (im Unterschied zu § 43) – nur bei **Geldleistungen** (siehe § 11 Rn. 12) in Betracht.[112] Dabei ist nicht erforderlich, dass die Geldleistung unmittelbar an den Leistungsberechtigten ausgezahlt wird. Es ist vielmehr ausreichend, wenn sie an einen Dritten (Maßnahmeträger, Einrichtungen etc.) ausgezahlt wird und damit dem Leistungsberechtigten (lediglich) zugute kommt.

8 Entscheidet sich der Leistungsträger zur Vorschussleistung, hat er die Höhe der Leistung nach **pflichtgemäßem Ermessen** zu bestimmen.[113] D. h., der Leistungsträger darf einen Vorschuss nicht willkürlich festsetzen, sondern muss in einer Art Prognose bestimmen, welche Leistungshöhe zu erwarten ist. Größere Anspruchsunterdeckungen sind ebenso zu vermeiden wie nicht nur unerhebliche Überzahlungen. Den Leistungsberechtigten soll durch die Schwierigkeit der Bestimmung ihrer Leistungshöhe kein Nachteil (gravierende Nicht-Ausschöpfung ihres Anspruchs; Rückzahlungsverpflichtung bei Überzahlung) entstehen.

9 Die nach Abs. 1 Satz 1 ins Ermessen des Leistungsträgers gestellte Vorschussleistung wird zur **Pflichtleistung**, soweit es der Leistungsberechtigte explizit beantragt (Abs. 1 Satz 2). Dann sind Vorschussleistungen spätestens ab dem Monat, der der Antragstellung folgt, zu bewilligen. Hinsichtlich der Möglichkeit, einen entsprechenden Antrag zu stellen, hat der Leistungsträger den Betroffenen zu beraten (§ 14) – jedenfalls dann, wenn er nicht schon auf andere Art (z. B. Hinweis im Antragsformular) aufgeklärt wurde.

10 Die Vorschussleistung ist eine unverbindliche vorweggenommene Leistung auf eine verbindlich zustehende Leistung. Entsprechend sind die gezahlten Vorschüsse auf die zustehende Leistung anzurechnen, **Abs. 2** Satz 1. Einer Vorschussleistung ist – auch für

---

109 Vgl. hierzu Wagner in jurisPK-SGB I, § 42 SGB I Rn. 5.

110 Vgl. Krahmer in LPK-SGB I, § 42 Rn. 7 sowie Wagner in jurisPK-SGB I, § 42 SGB I Rn. 19 ff.

111 Vgl. hierzu näher Krahmer in LPK-SGB I, § 42 Rn. 8 sowie Wagner in jurisPK-SGB I, § 42 SGB I Rn. 25 f.

112 Vgl. Wagner in jurisPK-SGB I, § 42 SGB I Rn. 15 ff.; vgl. Mrozynski, SGB I, § 42 Rn. 4.

113 Vgl. hierzu Krahmer in LPK-SGB I, § 42 Rn. 9.

den Leistungsberechtigten ersichtlich – immanent, dass eben noch nicht abschließend und verbindlich entschieden wurde. Im Falle einer **Anrechnung** auf die dann ermittelte Leistung oder auch im Falle einer **Erstattung,**[114] sofern der Vorschuss trotz Ausübung pflichtgemäßen Ermessens zu hoch festgesetzt wurde, kann sich der Leistungsberechtigte nicht auf die Vertrauensschutzregelungen der §§ 45 ff. SGB X berufen.

Sofern sich der Leistungsträger trotz eines entsprechenden Antrags weigert, einen Vorschuss zu bewilligen, kann ihn der Leistungsberechtigte gerichtlich einklagen. Wenn besondere Eile geboten ist, besteht die Möglichkeit des einstweiligen Rechtsschutzes. D. h. es kommt ein Verfahren der einstweiligen Anordnung nach § 123 VwGO (Verwaltungsgerichtsbarkeit) bzw. § 86 b Abs. 2 SGG (Sozialgerichtsbarkeit) in Betracht. **11**

§ 43 Vorläufige Leistungen

(1) Besteht ein Anspruch auf Sozialleistungen und ist zwischen mehreren Leistungsträgern streitig, wer zur Leistung verpflichtet ist, kann der unter ihnen zuerst angegangene Leistungsträger vorläufig Leistungen erbringen, deren Umfang er nach pflichtgemäßen Ermessen bestimmt. Er hat Leistungen nach Satz 1 zu erbringen, wenn der Berechtigte es beantragt; die vorläufigen Leistungen beginnen spätestens nach Ablauf eines Kalendermonats nach Eingang des Antrags.

(2) Für die Leistungen nach Absatz 1 gilt § 42 Abs. 2 und 3 entsprechend. Ein Erstattungsanspruch gegen den Empfänger steht nur dem zur Leistung verpflichteten Leistungsträger zu.

(3) (aufgehoben)

Inhaltsübersicht Rn.

1. Allgemeines

Die Vorschrift gilt seit Inkrafttreten des SGB I, wurde aber in der Folge mit Wirkung zum 1. Juli 1983 geändert.[115] **1**

Vor Geltung des § 43 existierten in einzelnen Leistungsbüchern vergleichbare Regelungen für die Gewährung vorläufiger Leistungen, die auch nach Einführung des § 43 weiter gelten.[116] **2**

Ebenso wie § 42 soll auch mit § 43 eine vorläufige soziale Absicherung gewährleistet werden.[117] Es soll vermieden werden, dass sich die z. T. unklare oder schwierig bestimmbare Zuständigkeit (z. B. hinsichtlich der Leistungen für Rehabilitation) eines Leistungsträgers zum Nachteil des Leistungsberechtigten auswirkt. Der Leistungsberechtigte soll **3**

114 Abs. 2 Satz 2; vgl. hierzu Wagner in jurisPK-SGB I, § 42 SGB I Rn. 38 ff. und Mrozynski, SGB I, § 42 Rn. 18 ff.
115 Vgl. hierzu Wagner in jurisPK-SGB I, § 43 SGB I Rn. 1 f.
116 Vgl. hierzu Wagner in jurisPK-SGB I, § 43 SGB I Rn. 3 und 7 ff.
117 Vgl. Mrozynski, SGB I, § 43 Rn. 1.

nicht gezwungen sein, eigenes (Schon-)Vermögen einzusetzen oder Sozialhilfeleistungen in Anspruch zu nehmen.[118]

4 Daher wird für den Leistungsberechtigten, für den das Bestehen eines Anspruchs feststeht, der jeweilige **zuständige Leistungsträger aber noch nicht ausgemacht ist**, die Möglichkeit eröffnet, Leistungen vorläufig zu erbringen. Zur vorläufigen Leistungserbringung berechtigt (Ermessen nach Abs. 1 Satz 1) oder verpflichtet (Abs. 1 Satz 2 1. HS) ist der – von dem Leistungsberechtigten – zuerst angegangene Leistungsträger.

5 Sofern sich in der weiteren Folge herausstellt, dass der so vorläufig leistende Träger unzuständig war, kann er eine Erstattung der vorläufig erbrachten Leistungen nicht von dem Leistungsberechtigten, sondern nur vom tatsächlich zuständigen Leistungsträger verlangen (Abs. 2).

6 § 43 löst jedoch keine **Kompetenzkonflikte** in Konstellationen, in denen unklar ist, **welche Sozialleistung überhaupt zu erbringen ist**. Eine vorläufige Leistung nach § 43 kann vielmehr nur dann einsetzen, wenn überhaupt mehrere Leistungsträger für die gleiche Sozialleistung zuständig sind. Wenn lediglich feststeht, dass irgendeine Sozialleistung zu gewähren ist, kommen hingegen keine vorläufigen Leistungen in Betracht.[119] Von praktischer Relevanz ist § 43 deshalb vor allem im Bereich der Sozialhilfe, da die örtliche und sachliche Zuständigkeit in nicht seltenen Fällen problematisch sein kann.

7 Von § 43 sind auch die Konstellationen umfasst, dass der (tatsächlich) zuständige Träger sich rechtswidrig weigert, die Leistung zu erbringen.[120] Weder § 42 noch § 43 sind jedoch einschlägig, wenn der Anspruch dem Grunde nach nicht feststeht, wenn also z. B. noch – i. d. R. zeitaufwändige – medizinische Untersuchung oder Gutachten erfolgen müssen. Für solche Konstellation ist keine Vorausleistung vorgesehen.[121]

8 Zu den Gesetzesmaterialien vgl. Timme in LPK-SGB I, § 43 Rn. 4.

2. Erläuterungen

9 Vorläufige Leistungen nach § 43 erfordern zunächst unabdingbar, dass überhaupt ein Anspruch auf Sozialleistungen besteht.[122] Nicht ausreichend ist, dass lediglich ein Antrag gestellt wurde. Vielmehr ist erforderlich, dass alle Anspruchsvoraussetzungen vorliegen und nur offen bzw. ungeklärt ist, welcher Träger die Leistungen zu erbringen hat.[123] Von Letzterem ist auch dann auszugehen, wenn sich (zumindest) zwei Leistungsträger mehr oder weniger offen über ihre Zuständigkeit streiten und damit eine Leistungsverpflichtung verneinen.[124]

10 Das Kriterium des Bestehens des Anspruchs fordert nicht zwangsläufig, dass ein konkreter und eindeutig festgelegter Anspruch, dessen Art und Umfang feststeht, vor-

118 Vgl. Timme in LPK-SGB I, § 43 Rn. 2.
119 Vgl. hierzu Wagner in jurisPK-SGB I, § 43 SGB I Rn. 5 18 m. w. N.
120 Vgl. hierzu Timme in LPK-SGB I, § 43 Rn. 2.
121 Vgl. hierzu Wagner in jurisPK-SGB I, § 43 SGB I Rn. 5 und 17.
122 Vgl. Mrozynski, SGB I, § 43 Rn. 9 ff.
123 Vgl. Timme in LPK-SGB I, § 43 Rn. 5.
124 Vgl. Timme in LPK-SGB I, § 43 Rn. 9 sowie Wagner in jurisPK-SGB I, § 43 SGB I Rn. 25 ff.

liegt.[125] Soweit – was durchaus der Fall sein kann – die genaue Ausgestaltung des Anspruchs von der jeweiligen Zuständigkeit eines bestimmten Leistungsträgers abhängig ist, muss der Anspruch insoweit gerade (noch) nicht feststehen.

Hinsichtlich von **Ermessensleistungen** ist bei der Anwendung des § 43 zu beachten, dass ein – auf Antrag (Abs. 1 Satz 2 1. HS) hin geltend gemachter – Anspruch nur in Betracht kommt, soweit eine Ermessensreduzierung auf Null[126] anzunehmen ist oder eine »Sollbestimmung«[127] gegeben ist und keine Anhaltspunkte für die Annahme eines atypischen Falles ersichtlich sind.[128] **11**

Mangels einer klarstellenden Einschränkung (wie etwa bei § 42) kommt eine vorläufige Leistungsbewilligung nicht nur bei Geldleistungen,[129] sondern **auch bei Dienst- und Sachleistungen**[130] in Betracht.[131] **12**

Die vorläufige Leistungsbewilligung – gleich ob sie von Amts wegen[132] oder auf Antrag hin erfolgt[133] – muss dem Umfang nach durch Ausübung pflichtgemäßen Ermessens bestimmt werden.[134] **13**

Zur vorläufigen Leistungserbringung berechtigt (Ermessen, Abs. 1 Satz 1) oder verpflichtet (Antrag, Abs. 1 Satz 2 1. HS) ist der – von dem Leistungsberechtigten – zuerst angegangene Leistungsträger. Das muss nicht zwangsläufig der Leistungsträger sein, bei dem zuerst ein expliziter Antrag auf die begehrten Leistungen gestellt wurde. Es reicht vielmehr aus, dass ein Leistungsträger (auch schon vor einer Antragstellung) auf irgendeine Art mit dem Sachverhalt befasst wurde – sei es z. B. durch eine entsprechende Anfrage bzw. Vorsprache.[135] **14**

Die Bestimmungen des § 42 Abs. 2 und 3 hinsichtlich der **Aufrechnung** und **Erstattung** gelten für die vorläufige Leistungserbringung entsprechend, **Abs. 2** Satz 1.[136] Zu beachten ist aber, dass gegenüber dem Leistungsberechtigten eine Ausgleichsberechtigung nur für den tatsächlich zuständigen Leistungsträger besteht – nicht für den vorläufig leistenden Träger. Der vorläufig leistende Träger kann sich vielmehr nur an den endgültig zuständigen Leistungsträger halten und gegen ihn einen Erstattungsanspruch nach § 102 SGB X geltend machen.[137] **15**

Sofern sich der zuerst angegangene Leistungsträger weigert, trotz eines entsprechenden Antrags Leistungen vorläufig zu erbringen, kann ihn der Leistungsberechtigte gerichtlich **16**

---

125 Vgl. Timme in LPK-SGB I, § 43 Rn. 6.
126 Siehe hierzu § 39 Rn. 12.
127 Siehe hierzu § 39 Rn. 17.
128 Vgl. Timme in LPK-SGB I, § 43 Rn. 7; vgl. Mrozynski, SGB I, § 43 Rn. 16 ff.
129 Siehe hierzu § 11 Rn. 13.
130 Siehe hierzu § 11 Rn. 11 f.
131 Vgl. hierzu Timme in LPK-SGB I, § 43 Rn. 8 und Wagner in jurisPK-SGB I, § 43 SGB I Rn. 21.
132 Abs. 1 Satz 1; vgl. Wagner in jurisPK-SGB I, § 43 SGB I Rn. 30 f.
133 Abs. 1 Satz 2 1. HS; vgl. Wagner in jurisPK-SGB I, § 43 SGB I Rn. 32 f.
134 Siehe hierzu § 42 Rn. 8.
135 Vgl. hierzu ausführlicher Timme in LPK-SGB I, § 43 Rn. 10.
136 Siehe § 42 Rn. 10 sowie Wagner in jurisPK-SGB I, § 43 SGB I Rn. 38 ff. und Mrozynski, SGB I, § 43 Rn. 27 ff.
137 Vgl. hierzu Timme in LPK-SGB I, § 43 Rn. 15.

einklagen. Wenn besondere Eile geboten ist, besteht die Möglichkeit des einstweiligen Rechtsschutzes. D.h. es kommt ein Verfahren der einstweiligen Anordnung nach § 123 VwGO (Verwaltungsgerichtsbarkeit) bzw. § 86b Abs. 2 SGG (Sozialgerichtsbarkeit) in Betracht.

§ 44 Verzinsung

(1) Ansprüche auf Geldleistungen sind nach Ablauf eines Kalendermonats nach dem Eintritt ihrer Fälligkeit bis zum Ablauf des Kalendermonats vor der Zahlung mit vier vom Hundert zu verzinsen.

(2) Die Verzinsung beginnt frühestens nach Ablauf von sechs Kalendermonaten nach Eingang des vollständigen Leistungsantrags beim zuständigen Leistungsträger, beim Fehlen eines Antrags nach Ablauf eines Kalendermonats nach der Bekanntgabe der Entscheidung über die Leistung.

(3) Verzinst werden volle Euro-Beträge. Dabei ist der Kalendermonat mit dreißig Tagen zugrunde zu legen.

Literatur

Krahmer, Z. (Hrsg.), Sozialgesetzbuch I – Allgemeiner Teil – Lehr- und Praxiskommentar, 2. Auflage (Bearbeiter: Timme); juris Praxiskommentar SGB I, 2. Auflage, § 44 SGB I (Bearbeiter: Wagner); Mrozynski, P. (Hrsg.), SGB I – Sozialgesetzbuch I – Allgemeiner Teil – Kommentar, 4. Auflage

§ 45 Verjährung

(1) Ansprüche auf Sozialleistungen verjähren in vier Jahren nach Ablauf des Kalenderjahrs, in dem sie entstanden sind.

(2) Für die Hemmung, die Ablaufhemmung, den Neubeginn und die Wirkung der Verjährung gelten die Vorschriften des Bürgerlichen Gesetzbuchs sinngemäß.

(3) Die Verjährung wird auch durch schriftlichen Antrag auf die Sozialleistung oder durch Erhebung eines Widerspruchs gehemmt. Die Hemmung endet sechs Monate nach Bekanntgabe der Entscheidung über den Antrag oder den Widerspruch.

(4) (aufgehoben)

Inhaltsübersicht Rn.

1. Allgemeines

1 Die Vorschrift gilt seit Inkrafttreten des SGB I, in der jetzigen Fassung aber erst seit 1. Januar 2002.[138]

2 Mit dieser Vorschrift wird eine Verjährung von Sozialleistungsansprüchen geregelt. Hintergrund hierfür war die Vermeidung von Beweisnot, das Schaffen von Rechtsfrieden

138 Vgl. hierzu Wagner in jurisPK-SGB I, § 45 SGB I Rn. 1 f.

und Rechtsicherheit sowie eine Überschaubarkeit der öffentlichen Haushalte.[139] Nach Ablauf der Verjährungsfrist kann der Leistungsträger die Leistungserbringung unter Verweis auf die eingetretene Verjährung verweigern bzw. ablehnen.

Die Verjährungsfrist von vier Jahren hat auch Wirkung als **allgemeiner Rechtsgedanke**, z. B. wenn es nicht um Sozialleistungen geht.[140] 3

Bezüglich einer Hemmung, der Ablaufhemmung, des Neubeginns und der Wirkung der Verjährung wird auf die allgemeinen Regelungen des BGB verwiesen (Abs. 2), wobei mit Abs. 3 Erläuterungen dahingehend erfolgen, dass und wie sich ein Antrag auf Sozialleistungen oder ein Widerspruch hemmend auswirken. 4

Zu den Gesetzesmaterialien vgl. Timme in LPK-SGB I, § 45 Rn. 4. 5

2. Erläuterungen

Die Vorschrift gilt für **alle Sozialleistungen** i. S. d. § 11,[141] und zwar auch unabhängig davon, ob sie als einmalige oder laufende Leistungen zu erbringen sind.[142] Voraussetzung ist jedenfalls, dass auf die Sozialleistung ein Anspruch, also das Recht, von einem anderen ein Tun oder Unterlassen zu verlangen (§ 194 Abs. 1 BGB), besteht. Insoweit wird gefordert, dass der Anspruch entstanden (§ 40) und fällig (§ 41) ist.[143] 6

Die Verjährungsregelung gilt nicht nur bei Sozialleistungen, auf die ein Rechtsanspruch[144] besteht, sondern auch bei Ermessensleistungen.[145] Unter Berücksichtigung von § 40 Abs. 2, welcher normiert, dass für das Entstehen eines Anspruchs auf Ermessensleistungen der **Zeitpunkt** maßgebend ist, in dem die Entscheidung über die Leistung bekannt gegeben wird, verjähren entsprechende (Ermessens-)Ansprüche erst vom Zeitpunkt ihrer Bekanntgabe an. Bei Leistungen, auf die ein Rechtsanspruch besteht, beginnt die Verjährung ab dem Zeitpunkt, sobald ihre im Gesetz oder aufgrund eines Gesetzes bestimmten Voraussetzungen vorliegen (§ 40 Abs. 1). 7

Zum Verhältnis der Verjährungsregelung zum sozialrechtlichen Herstellungsanspruch vgl. Wagner in jurisPK-SGB I, § 45 SGB I Rn. 30 ff.

Die Verjährung **beginnt** mit dem Beginn des Jahres, welches dem Schluss des Jahres folgt, in dem der Anspruch entstanden ist (vgl. Abs. 1 i. V. m. § 199 Abs. 1 BGB). Dies ist der 1. Januar des Folgejahres. 8

Die Verjährung **endet** am 31. Dezember des vierten Kalenderjahres nach Beginn der Verjährung.[146] 9

---

139 Vgl. Timme in LPK-SGB I, § 45 Rn. 2; Wagner in jurisPK-SGB I, § 45 SGB I Rn. 12.
140 Z. B. Kostenforderung eines Krankenhauses gegen eine Krankenkasse, vgl. Timme in LPK-SGB I, § 45 Rn. 2 m. w. N. und Rn. 5.
141 Siehe § 11.
142 Vgl. Wagner in jurisPK-SGB I, § 45 SGB I Rn. 15.
143 Vgl. Timme in LPK-SGB I, § 45 Rn. 6.
144 Siehe § 38.
145 Siehe § 39.
146 Vgl. Timme in LPK-SGB I, § 45 Rn. 7.

10 Zur **Hemmung** (§ 209 BGB), der **Ablaufhemmung**, den **Neubeginn** (§ 212 BGB) und die **Wirkung** der Verjährung (§ 214 Abs. 1 BGB) vgl. die Vorschriften des BGB (§§ 203 ff.).[147]

11 Wichtig ist, dass ein Antrag (§ 16) auf eine Sozialleistung oder ein Widerspruch nicht zum Neubeginn der Verjährung führen, sondern diese (lediglich) für sechs Monate hemmen.

12 Abzugrenzen ist die Verjährung von der **Verwirkung**,[148] welche gesetzlich nicht geregelt ist. Letztere beruht auf dem allgemeinen Rechtsgrundsatz von Treu und Glauben (§ 242 BGB) und führt bei Vorliegen bestimmter Umstände zu einem Erlöschen eines Anspruchs. Solche Umstände, die eine Verwirkung auslösen, liegen vor, wenn der Verpflichtete infolge eines bestimmten Verhaltens des Berechtigten (Verwirkungsverhalten) darauf vertrauen durfte, dass dieser das Recht nicht mehr geltend machen werde (Vertrauensgrundlage), der Verpflichtete tatsächlich darauf vertraut hat, dass das Recht nicht mehr ausgeübt wird (Vertrauenstatbestand) und sich infolgedessen in seinen Vorkehrungen und Maßnahmen so eingerichtet hat (Vertrauensverhalten), dass ihm durch die verspätete Durchsetzung des Rechts ein unzumutbarer Nachteil entstehen würde.[149]

§ 46 Verzicht

(1) Auf Ansprüche auf Sozialleistungen kann durch schriftliche Erklärung gegenüber dem Leistungsträger verzichtet werden; der Verzicht kann jederzeit mit Wirkung für die Zukunft widerrufen werden.

(2) Der Verzicht ist unwirksam, soweit durch ihn andere Personen oder Leistungsträger belastet oder Rechtsvorschriften umgangen werden.

Inhaltsübersicht Rn.

1. Allgemeines

1 Die Vorschrift gilt seit Inkrafttreten des SGB I in unveränderter Form.

2 Mit Abs. 1 sind Wirksamkeitsanforderungen und die Dauer hinsichtlich eines Verzichtes von Sozialleistungen geregelt. Abs. 2 bestimmt sodann Ausnahmefälle, in welchen – trotz des Grundsatzes, dass keiner zur Inanspruchnahme von Sozialleistungen gezwungen werden darf – ein Verzicht auf Sozialleistungen nicht möglich sein soll.

3 Zu den Gesetzesmaterialien vgl. Krahmer in LPK-SGB I, § 46 Rn. 4.

---

147 Vgl. auch Timme in LPK-SGB I, § 45 Rn. 8 ff. sowie Wagner in jurisPK-SGB I, § 45 SGB I 34 ff. wie auch Mrozynski, SGB I, § 39 Rn. 11 ff.

148 Vgl. Mrozynski, SGB I, § 45 Rn. 5.

149 BSG – 29.01.1997 – 5 RJ 52/94, m. w. N.

2. Erläuterungen

Zwar versteht es sich – abgeleitet aus dem GG (Art. 1 und 2) – von selbst, dass grundsätzlich jeder Einzelne privatautonom darüber entscheiden darf, ob er Sozialleistungen in Anspruch nehmen oder auf sie verzichten möchte.[150] Dennoch bedarf es nicht nur aus Gründen der Rechtssicherheit, sondern auch zur Gewährung des Rechtsfriedens einer Regelung, die einen solchen Verzicht bzw. Anforderungen an ihn näher normiert. **4**

Ein **Verzicht** ist – in Abgrenzung zu einer vertraglichen Vereinbarung zwischen Leistungsträger und Leistungsberechtigtem – eine einseitige, gestaltende und empfangsbedürftige Willenserklärung.[151] Ein Verzicht auf Sozialleistungen[152] ist grundsätzlich nur durch **schriftliche Erklärung** (§ 126 BGB), also – zumindest – durch eigenhändige Unterschrift, möglich. Mit der Schriftform wird einerseits der Leistungsberechtigte vor übereilten und unüberlegten Handlungen bzw. Erklärungen geschützt und andererseits dem Leistungsträger für den Streitfall ein Beweismittel zur Seite gestellt. **5**

Hinsichtlich des **Zugangs** (§ 130 BGB) und der **Anfechtung** (§§ 119 ff. BGB) gelten die allgemeinen Vorschriften des BGB. **6**

Nach allgemeiner Auffassung muss der Leistungsberechtigte über die Wirkung des Verzichts und aber auch seine Widerrufmöglichkeit informiert werden – **Beratung** nach § 14.[153] **7**

Nicht vermieden werden kann, dass Sozialleistungen erst gar nicht beantragt werden[154] und damit auch die Anforderungen an den Verzicht obsolet sind. Zu beachten ist aber, dass im Bereich der Sozialhilfe eine Antragstellung nicht zwangsläufig erforderlich ist – vgl. § 18 SGB XII – und damit ggf. trotz fehlenden Antrags ein Anspruch besteht. **8**

Der Leistungsberechtigte ist an einen Verzicht nicht unbegrenzt gebunden. Vielmehr kann er den Verzicht (nur) für die Zukunft **widerrufen**.[155] Folge ist, dass der Anspruch auf die Sozialleistung wieder fällig ist. Dabei ist der Widerruf weder an eine bestimmte Form gebunden noch muss er begründet werden. Aus Beweissicherungsgründen empfiehlt sich jedoch, den Widerruf mit Zugangsnachweis (Empfangsbestätigung, Rückschein etc.) zu erklären. **9**

Abs. 2 bestimmt schließlich, wann ein Verzicht von Anfang an rechtlich **unwirksam** ist. Dies ist hiernach immer dann der Fall, soweit durch den Verzicht andere Personen oder Leistungsträger belastet (z. B. Verzicht auf eine Rente mit der Folge, dass Angehörige unterhaltsverpflichtet sind oder der Sozialhilfeträger zumindest vorübergehend Sozialhilfe gewähren muss) oder Rechtsvorschriften[156] umgangen werden. **10**

---

150 Vgl. Wagner in jurisPK-SGB I, § 46 SGB I Rn. 5.
151 Vgl. Krahmer in LPK-SGB I, § 46 Rn. 6 m. w. N.; vgl. Mrozynski, SGB I, § 46 Rn. 6 ff.
152 Siehe § 11.
153 Vgl. Krahmer in LPK-SGB I, § 46 Rn. 6.
154 Vgl. Wagner in jurisPK-SGB I, § 46 SGB I Rn. 21 ff.
155 Vgl. Mrozynski, SGB I, § 46 Rn. 15.
156 Vgl. hierzu Krahmer in LPK-SGB I, § 46 Rn. 12. Vgl. zum Verzicht im Bereich der Grundsicherung für Arbeitssuchende (SGB II) BSG – 22.03.2012 – B 4 AS 26/10 R.

§ 47 Auszahlung von Geldleistungen

Soweit die besonderen Teile dieses Gesetzbuchs keine Regelung enthalten, sollen Geldleistungen kostenfrei auf ein Konto des Empfängers bei einem Geldinstitut überwiesen oder, wenn der Empfänger es verlangt, kostenfrei an seinen Wohnsitz übermittelt werden.

Literatur

Krahmer, Z. (Hrsg.), Sozialgesetzbuch I – Allgemeiner Teil – Lehr- und Praxiskommentar, 2. Auflage (Bearbeiter: Krahmer); juris Praxiskommentar SGB I, 2. Auflage, § 47 SGB I (Bearbeiter: Pflüger); Mrozynski, P. (Hrsg.), SGB I – Sozialgesetzbuch I – Allgemeiner Teil – Kommentar, 4. Auflage

§ 48 Auszahlung bei Verletzung der Unterhaltspflicht

(1) Laufende Geldleistungen, die der Sicherung des Lebensunterhalts zu dienen bestimmt sind, können in angemessener Höhe an den Ehegatten oder die Kinder des Leistungsberechtigten ausgezahlt werden, wenn er ihnen gegenüber seiner gesetzlichen Unterhaltspflicht nicht nachkommt. Kindergeld, Kinderzuschläge und vergleichbare Rentenbestandteile (Geldleistungen für Kinder) können an Kinder, die bei der Festsetzung der Geldleistungen berücksichtigt werden, bis zur Höhe des Betrages, der sich bei entsprechender Anwendung des § 54 Abs. 5 Satz 2 ergibt, ausgezahlt werden. Für das Kindergeld gilt dies auch dann, wenn der Kindergeldberechtigte mangels Leistungsfähigkeit nicht unterhaltspflichtig ist oder nur Unterhalt in Höhe eines Betrages zu leisten braucht, der geringer ist als das für die Auszahlung in Betracht kommende Kindergeld. Die Auszahlung kann auch an die Person oder Stelle erfolgen, die dem Ehegatten oder den Kindern Unterhalt gewährt.

(2) Absatz 1 Satz 1, 2 und 4 gilt entsprechend, wenn unter Berücksichtigung von Kindern, denen gegenüber der Leistungsberechtigte nicht kraft Gesetzes unterhaltspflichtig ist, Geldleistungen erbracht werden und der Leistungsberechtigte diese Kinder nicht unterhält.

Literatur

Krahmer, Z. (Hrsg.), Sozialgesetzbuch I – Allgemeiner Teil – Lehr- und Praxiskommentar, 2. Auflage (Bearbeiter: Diebold/Schiffer-Werneburg); juris Praxiskommentar SGB I, 2. Auflage, § 48 SGB I (Bearbeiter: Didong); Mrozynski, P. (Hrsg.), SGB I – Sozialgesetzbuch I – Allgemeiner Teil – Kommentar, 4. Auflage

§ 51 Aufrechnung

(1) Gegen Ansprüche auf Geldleistungen kann der zuständige Leistungsträger mit Ansprüchen gegen den Berechtigten aufrechnen, soweit die Ansprüche auf Geldleistungen nach § 54 Abs. 2 und 4 pfändbar sind.

(2) Mit Ansprüchen auf Erstattung zu Unrecht erbrachter Sozialleistungen und mit Beitragsansprüchen nach diesem Gesetzbuch kann der zuständige Leistungsträger gegen Ansprüche auf laufende Geldleistungen bis zu deren Hälfte aufrechnen, wenn der Leistungsberechtigte nicht nachweist, dass er dadurch hilfebedürftig im Sinne der

Vorschriften des Zwölften Buches über die Hilfe zum Lebensunterhalt oder der Grundsicherung für Arbeitsuchende nach dem Zweiten Buch wird.

Inhaltsübersicht

1. Allgemeines

Die Vorschrift gilt seit Inkrafttreten des SGB I und wurde zuletzt zum 1. Januar 2005 geändert.[157] 1

Mit Abs. 1 wird die Aufrechnung, also die wechselseitige Tilgung gegenseitiger Forderungen, entsprechend des Grundgedankens der zivilrechtlichen Regelungen (§§ 387 ff. BGB) grundsätzlich zugelassen,[158] wobei sich eine Beschränkung der Höhe nach durch die Pfändungsgrenzen des § 54 Abs. 2 und 4[159] findet. 2

An die Pfändungsgrenzen nach § 54 Abs. 2 und 4 nicht gebunden ist der Leistungsträger nach Abs. 2 jedoch dann, wenn es sich um Beitragsansprüche oder Erstattungsansprüche zu Unrecht erbrachter Sozialleistungen handelt. Insoweit erfolgt eine Begrenzung durch eine bereits vorhandene oder sonst entstehende Hilfebedürftigkeit im Sinne der Vorschriften des SGB XII über die Hilfe zum Lebensunterhalt oder der Grundsicherung für Arbeitsuchende nach dem SGB II. 3

Zu den Gesetzesmaterialien vgl. Timme in LPK-SGB I, § 51 Rn. 4. 4

2. Erläuterungen

§ 51 erklärt eine Aufrechnung – in bestimmten Grenzen – grundsätzlich für zulässig, ohne sie als juristisches Konstrukt überhaupt darzustellen. Daher ist auf die zivilrechtliche Bestimmung des § 387 BGB abzustellen. Dort heißt es: »Schulden zwei Personen einander Leistungen, die ihrem Gegenstand nach gleichartig sind, so kann jeder Teil seine Forderung gegen die Forderung des anderen Teils aufrechnen, sobald er die ihm gebührende Leistung fordern und die ihm obliegende Leistung bewirken kann.« Aufrechnung ist daher die **wechselseitige Tilgung zweier sich gegenüber stehender Forderungen.**[160] 5

Geregelt wird lediglich die **Aufrechnung des Leistungsträgers** mit Ansprüchen des Leistungsberechtigten. Für den umgekehrten Fall, also dass ein Leistungsberechtigter mit dem Anspruch eines Leistungsträgers aufrechnet, gelten die allgemeinen Vorschriften der §§ 387 ff. BGB ohne die Einschränkungen des § 51.[161] 6

Die Aufrechnung bringt – als eine Art Selbstvollstreckungsakt – die sich gegenüberstehenden Forderungen zum Erlöschen. Sie kann nur erfolgen, wenn es sich bei beiden 7

157 Vgl. hierzu Pflüger in jurisPK-SGB I, § 51 SGB I Rn. 1.
158 Vgl. Timme in LPK-SGB I, § 51 Rn. 2.
159 Siehe § 54.
160 Timme in LPK-SGB I, § 51 Rn. 5 m. w. N.
161 Vgl. Pflüger in jurisPK-SGB I, § 51 SGB I Rn. 14.

gegenüberstehenden Ansprüchen um Geldleistungen, nicht auch Dienst- oder Sachleistungen handelt.[162]

8 Zu den einzelnen **Voraussetzungen der Aufrechnung** (Gegenseitigkeit, Fälligkeit, Durchsetzbarkeit – also einredefrei) vgl. Timme in LPK-SGB I, § 51 Rn. 9 ff. sowie Pflüger in jurisPK-SGB I, § 51 SGB I Rn. 17 ff. und vgl. Mrozynski, SGB I, § 51 Rn. 13 ff.

9 Der Aufrechnung muss grundsätzlich eine – bis zur letzten Tatsacheninstanz nachholbare (§ 41 Abs. 1 und 2 SGB X) – **Anhörung** vorausgehen. Das Erfordernis der vorherigen Anhörung gilt jedoch nicht, wenn die Aufrechnung einen Betrag von weniger als 70,00 Euro betrifft, § 24 Abs. 2 Nr. 7 SGB X.

10 Die Aufrechnung ist – abgesehen von Fällen des Abs. 2 – grundsätzlich in ihrer Höhe durch die **Pfändungsgrenzen** nach § 54 Abs. 2 und 4 begrenzt.[163] Mit der Begrenzung sollen soziale Härten vermieden werden.

Bei **einmaligen Geldleistungen** ist daher zu berücksichtigen, ob nach den Umständen des Falles, insbesondere nach den Einkommens- und Vermögensverhältnissen des Leistungsberechtigten, der Art des beizutreibenden Anspruchs sowie der Höhe und der Zweckbestimmung der Geldleistung, eine Pfändung der Billigkeit entsprechen würde. Wäre sie unbillig, wäre auch eine Aufrechnung unzulässig und damit rechtswidrig.[164]

Bei **laufenden Geldleistungen** richtet sich die Pfändbarkeit nach den Regelungen zur Pfändbarkeit von Arbeitseinkommen.[165]

11 **Besonderheiten** gelten nach **Abs. 2** hinsichtlich Beitragsansprüchen[166] und Erstattungsansprüchen zu Unrecht erbrachter Sozialleistungen.[167] Hier gilt die Begrenzung der Aufrechnung durch die Pfändungsgrenzen nicht. Vielmehr können entsprechende Ansprüche mit laufenden Geldleistungen bis zu deren Hälfte aufgerechnet werden. Etwas anderes gilt jedoch auch hier, wenn der Leistungsberechtigte durch die (auch nur teilweise) Aufrechnung hilfebedürftig im Sinne der Vorschriften des SGB XII über die Hilfe zum Lebensunterhalt oder der Grundsicherung für Arbeitsuchende nach dem SGB II werden würde. Dann ist eine Aufrechnung unzulässig und wäre rechtswidrig. Voraussetzung ist aber, dass – im Streitfall – die dann drohende Hilfebedürftigkeit von dem Leistungsberechtigten nachgewiesen wird.

12 Zweck der Regelung des Abs. 2 ist, dass vermieden werden soll, dass durch die Aufrechnung eines Leistungsträgers ein anderer Leistungsträger (Grundsicherungsträger nach dem SGB II oder Sozialhilfeträger nach dem SGB XII) leistungspflichtig wird, also ein Leistungsträger auf Kosten eines anderen Leistungsträgers aufrechnet.[168] Für den Fall, dass bereits Hilfebedürftigkeit nach dem SGB II oder dem SGB XII (im Sinne der Hilfe zum Lebensunterhalt) besteht, ist Abs. 2 dennoch einschlägig; Abs. 2 gilt auch bei Verstärkung der Hilfebedürftigkeit.[169]

---

162 Vgl. Timme in LPK-SGB I, § 51 Rn. 7 f.
163 Vgl. Mrozynski, SGB I, § 51 Rn. 28.
164 Vgl. Pflüger in jurisPK-SGB I, § 51 SGB I Rn. 71 ff.
165 Siehe hierzu § 54 sowie Pflüger in jurisPK-SGB I, § 51 SGB I Rn. 74 ff.
166 Vgl. Timme in LPK-SGB I, § 51 Rn. 15.
167 Vgl. Timme in LPK-SGB I, § 51 Rn. 14.
168 Vgl. Timme in LPK-SGB I, § 51 Rn. 17.
169 Vgl. Pflüger in jurisPK-SGB I, § 51 SGB I Rn. 74.

13 Die Aufrechnung muss **erklärt** werden.[170] D. h., es muss der Wille zum Ausdruck gebracht worden sein, Haupt- und Gegenforderung durch Ausübung eines einseitigen Gestaltungsrechts wechselseitig zu tilgen.[171]

14 Die Frage zur **Rechtsnatur** dieser Aufrechnungserklärung ist strittig und auch innerhalb der Senate des BSG nicht einhellig beantwortet. Jedenfalls hat nun der Große Senat[172] entschieden, dass der Leistungsträger die Rechtsfolgen einer einseitig gegenüber dem originär Sozialleistungsberechtigten ausgeführten Verrechnung von öffentlich-rechtlichen Ansprüchen mit ihm obliegenden Geldleistungen nach § 52 durch Verwaltungsakt regeln darf. Zu beachten ist jedoch, dass sich die Entscheidung auf Konstellationen nach § 52 beschränkt und ausdrücklich keine Ausführungen zur Rechtsnatur einer Aufrechnung nach § 51 SGB I bzw. sonstiger sozialrechtlicher Vorschriften beinhaltet. Damit bleibt die Rechtsnatur der Aufrechnungserklärung (Verwaltungsakt oder verwaltungsrechtliche Willenserklärung) weiterhin strittig.[173]

15 Die Rechtsnatur der Aufrechnung ist auch für den **Rechtsschutz** von Bedeutung.[174] Während gegen einen Verwaltungsakt Widerspruch eingelegt und Klage erhoben werden können, ist bei einer verwaltungsrechtlichen Willenserklärung die vorverfahrensfreie allgemeine Leistungsklage zu erheben. Während der Widerspruch gegen den Aufrechnungs-Verwaltungsakt grundsätzlich aufschiebende Wirkung hat[175] und einstweiliger Rechtsschutz insoweit nicht erforderlich ist, richtet sich dieser bei einer verwaltungsrechtlichen Willenserklärung nach § 86 b Abs. 2 SGG.

16 Zu berücksichtigen ist schließlich, dass der aufrechnende Leistungsträger **Ermessen**[176] auszuüben hat. Dabei beschränkt sich die Ermessenspflicht nicht nur auf die Frage, ob er aufrechnet, sondern auch auf den Umfang, also in welcher Höhe er aufrechnet. Denn die in Abs. 1 und 2 aufgestellten Begrenzungen sind lediglich eine Begrenzung nach oben, nicht jedoch auch Mindestanforderung nach unten.

17 In einzelnen Sozialgesetzbüchern bestehen teilweise noch Sonderregelungen hinsichtlich der Aufrechnung, die im jeweiligen Anwendungsbereich eines Buches zu beachten sind.[177]

§ 52 Verrechnung

Der für eine Geldleistung zuständige Leistungsträger kann mit Ermächtigung eines anderen Leistungsträgers dessen Ansprüche gegen den Berechtigten mit der ihm obliegenden Geldleistung verrechnen, soweit nach § 51 die Aufrechnung zulässig ist.

---

170 Vgl. § 388 Satz 1 BGB, vgl. zur Aufrechnungserklärung Pflüger in jurisPK-SGB I, § 51 SGB I Rn. 43 ff.
171 Vgl. Timme in LPK-SGB I, § 51 Rn. 19.
172 BSG – 31.08.2011 – GS 2/1.
173 Vgl. zum Meinungstand Pflüger in jurisPK-SGB I, § 51 SGB I Rn. 49 ff.
174 Vgl. Timme in LPK-SGB I, § 51 Rn. 20 sowie Pflüger in jurisPK-SGB I, § 51 SGB I Rn. 68 f.
175 Zur Ausnahme hierzu vgl. Pflüger in jurisPK-SGB I, § 51 SGB I Rn. 68.
176 Siehe § 39.
177 Vgl. Timme in LPK-SGB I, § 51 Rn. 23.

Inhaltsübersicht Rn.

1. Allgemeines

1 Die Vorschrift gilt seit Inkrafttreten des SGB I unverändert. Dies darf aber nicht darüber hinwegtäuschen, dass es indirekt doch zu Änderungen des Regelungsgehaltes gekommen ist. Dies nämlich durch die Verweisung auf § 51.[178]

2 Die Verrechnung ermöglicht, unter Verzicht auf das Kriterium der Gegenseitigkeit, dass ein Leistungsträger, der eine Geldleistung an einen Berechtigten erbringt, diese Verpflichtung mit Ansprüchen eines anderen Leistungsträgers verrechnen kann.

3 Im Unterschied zur Aufrechnung (§ 51) sind hier nicht nur ein Leistungsberechtigter und ein Leistungsträger, sondern vielmehr zwei Leistungsträger beteiligt. Während der eine Leistungsträger einen Anspruch gegen den Leistungsberechtigten hat, ist der andere Leistungsträger gegenüber dem Leistungsberechtigten verpflichtet.

4 Zu den Gesetzesmaterialien vgl. Timme in LPK-SGB I, § 52 Rn. 4.

2. Erläuterungen

5 Mit § 52 wird die Möglichkeit der Aufrechnung nach § 51 letztlich insoweit erweitert, als dass ein (leistender) Leistungsträger mit Ansprüchen anderer Leistungsträger verrechnen kann. Dies kann der leistende Leistungsträger aber nicht von sich aus, sondern nur, wenn der andere Leistungsträger sein Einverständnis hierzu erklärt hat – anderenfalls ist die Verrechnung rechtswidrig. Eine nachträgliche **Genehmigung** einer bereits erfolgten Verrechnung ist nicht möglich.[179]

6 Es entsteht ein **Dreiecksverhältnis** zwischen dem Leistungsträger, der Schuldner einer Geldleistung ist und der die Verrechnung durchführt, dem Gläubiger dieser Geldleistung, der zugleich auch Schuldner einer anderen Forderung ist, und dem Leistungsträger, der Gläubiger eben dieser Forderung ist.[180]

7 Die **Ermächtigung** des einen Leistungsträgers, dass der andere verrechnen darf, ist eine empfangsbedürftige Willenserklärung und bedarf der Schriftform (str.) oder zumindest der Mitteilung an den Leistungsberechtigten, dass ein entsprechendes Einverständnis zur Verrechnung besteht.[181]

8 Eine wirksame Ermächtigung zur Verrechnung und die hierzu korrespondierende Verrechnungserklärung erfordern neben der Bezeichnung einer bestands- und rechtskräftig festgestellten Forderung (des ermächtigten Leistungsträgers) auch die Konkreti-

178 Vgl. Timme in LPK-SGB I, § 52 Rn. 1.
179 Vgl. hierzu Timme in LPK-SGB I, § 52 Rn. 9.
180 Vgl. Timme in LPK-SGB I, § 52 Rn. 5 und Pflüger in jurisPK-SGB I, § 52 SGB I Rn. 8.
181 §§ 182 Abs. 3 i. V. m. 111 Sätze 2 und 3 BGB; str. vgl. hierzu Pflüger in jurisPK-SGB I, § 52 SGB I Rn. 18 und Mrozynski, SGB I, § 52 Rn. 5.

sierung nach Art und Umfang der Forderung, die mit der zustehenden Geldleistung verrechnet werden soll.[182]

Die Ermächtigung ist kein Verwaltungsakt und kann daher nicht isoliert angefochten werden.[183] Eine (Über-)Prüfung der Ermächtigung erfolgt inzident, wenn die Verrechnung als solche überprüft wird. 9

Die Verrechnung erfordert eine entsprechende **Erklärung**, dass verrechnet werden wird.[184] Hierbei ist zwar die **Rechtsnatur** dieser Verrechnungserklärung ähnlich strittig wie die der Aufrechnung nach § 51 (siehe § 51 Rn. 14), doch hat der Große Senat des BSG[185] nunmehr klargestellt, dass eine solche Verrechnungserklärung (auch) durch Verwaltungsakt erfolgen kann. Dieser ist dann mit Widerspruch und Klage anfechtbar. 10

Der verrechnende Leistungsträger hat **Ermessen** (siehe § 39) auszuüben. Dabei beschränkt sich die Ermessenspflicht nicht nur auf die Frage, ob er verrechnet, sondern auch auf den Umfang, also in welcher Höhe er verrechnet. Bei seiner Ermessensentscheidung wird er – in Abgrenzung zur Ermessensentscheidung bei § 51 – ebenfalls zu berücksichtigen haben, dass es um Ansprüche eines anderen Leistungsträgers geht, die verrechnet werden sollen. 11

Schließlich ist zu berücksichtigen, dass die gleichen **Zulässigkeitsvoraussetzungen** wie bei der Aufrechnung nach § 51 gelten. Dies gilt insbesondere hinsichtlich der Höhe der möglichen Verrechnung (siehe § 51). 12

Soweit erfolgreich verrechnet wurde, besteht zwischen den beteiligten Leistungsträgern ein **Ausgleichsanspruch.**[186] 13

In einzelnen Sozialgesetzbüchern bestehen teilweise noch Sonderregelungen hinsichtlich der Verrechnung, die im jeweiligen Anwendungsbereich eines Buches zu beachten sind.[187] 14

§ 53 Übertragung und Verpfändung

(1) Ansprüche auf Dienst- und Sachleistungen können weder übertragen noch verpfändet werden.

(2) Ansprüche auf Geldleistungen können übertragen und verpfändet werden

1. **zur Erfüllung oder zur Sicherung von Ansprüchen auf Rückzahlung von Darlehen und auf Erstattung von Aufwendungen, die im Vorgriff auf fällig gewordene Sozialleistungen zu einer angemessenen Lebensführung gegeben oder gemacht worden sind, oder**
2. **wenn der zuständige Leistungsträger feststellt, dass die Übertragung oder Verpfändung im wohlverstandenen Interesse des Berechtigten liegt.**

(3) Ansprüche auf laufende Geldleistungen, die der Sicherung des Lebensunterhalts zu dienen bestimmt sind, können in anderen Fällen übertragen und verpfändet wer-

---

182 Vgl. BSG – 24.07.2003 – B 4 RA 60/02 R.
183 Vgl. Timme in LPK-SGB I, § 52 Rn. 11.
184 Vgl. Pflüger in jurisPK-SGB I, § 52 SGB I Rn. 36.
185 BSG – 31.08.2011 – GS 2/10.
186 Vgl. Timme in LPK-SGB I, § 52 Rn. 15 f. sowie Pflüger in jurisPK-SGB I, § 52 SGB I Rn. 41.
187 Vgl. Timme in LPK-SGB I, § 52 Rn. 18.

den, soweit sie den für Arbeitseinkommen geltenden unpfändbaren Betrag übersteigen.

(4) Der Leistungsträger ist zur Auszahlung an den neuen Gläubiger nicht vor Ablauf des Monats verpflichtet, der dem Monat folgt, in dem er von der Übertragung oder Verpfändung Kenntnis erlangt hat.

(5) Eine Übertragung oder Verpfändung von Ansprüchen auf Geldleistungen steht einer Aufrechnung oder Verrechnung auch dann nicht entgegen, wenn der Leistungsträger beim Erwerb des Anspruchs von der Übertragung oder Verpfändung Kenntnis hatte.

(6) Soweit bei einer Übertragung oder Verpfändung Geldleistungen zu Unrecht erbracht worden sind, sind sowohl der Leistungsberechtigte als auch der neue Gläubiger als Gesamtschuldner dem Leistungsträger zur Erstattung des entsprechenden Betrages verpflichtet. Der Leistungsträger hat den Erstattungsanspruch durch Verwaltungsakt geltend zu machen.

Inhaltsübersicht Rn.

1. Allgemeines

1 Die Vorschrift gilt seit Inkrafttreten des SGB I und wurde zum 30. März 2005 zuletzt geändert.[188]

2 Mit § 53 wird dem Leistungsempfänger die Möglichkeit gegeben, über seine ihm sozialrechtlich zustehenden Geldleistungen (nicht auch Dienst- und Sachleistungen; zur Abgrenzung siehe § 11) zu verfügen, indem er sie überträgt oder verpfändet. Dabei enthält § 53 – zum Schutze der Leistungsberechtigten – auch Begrenzungen dieser Verfügungsfreiheit und bindet auch den Leistungsträger mit ein.[189]

3 In Abgrenzung zur Pfändung nach § 54 erfasst § 53 die Fälle, in denen der **Leistungsberechtigte selbst autonom** über die ihm zustehende soziale Geldleistung **verfügt.**

4 Zu den Gesetzesmaterialien vgl. Timme in LPK-SGB I, § 53 Rn. 4.

2. Erläuterungen

5 § 53 definiert weder den Begriff der Übertragung noch der Verpfändung. Daher ist – wie auch bei § 51 – auf die bürgerlich-rechtlichen Regelungen zurückzugreifen.

6 Nach § 398 BGB ist eine **Übertragung** die rechtsgeschäftliche Abtretung eines Anspruchs durch dessen Gläubiger (Zedenten) an einen anderen, den Zessionar. Die Vorschriften der §§ 398 ff. BGB sind entsprechend anzuwenden.[190]

---

188 Vgl. Pflüger in jurisPK-SGB I, § 53 SGB I Rn. 1 ff.
189 Vgl. Timme in LPK-SGB I, § 53 Rn. 2.
190 Timme in LPK-SGB I, § 53 Rn. 5.

Der Sozialleistungsberechtigte kann daher seine Ansprüche auf Geldleistung grundsätzlich formfrei an einen Dritten abtreten.[191]

Bei der **Verpfändung** handelt es sich um ein Verfügungsgeschäft, bei welchem der Leistungsberechtigte dem Pfandgläubiger zur Sicherung seiner Forderung ein Recht am Leistungsanspruch einräumt, dass dieser berechtigt ist, Befriedigung aus der Sache zu suchen.[192] 7

Wegen ihres höchstpersönlichen Charakters sind **Dienst- und Sachleistungen** sowohl von der Übertragung als auch der Verpfändung ausgenommen; gleiches gilt für Geldleistungen, die als Surrogat einer Dienst- und Sachleistung geleistet werden.[193] 8

Hinsichtlich der Geldleistungen ist zwischen **laufenden und einmaligen Geldleistungen** (werden nur einmalig gewährt, z. B. Rentenabfindungen oder Sterbegeld) zu **unterscheiden**. Insoweit gelten nach **Abs. 3** für laufende Geldleistungen **Besonderheiten**: Laufende Geldleistungen, die der Sicherung des Lebensunterhalts zu dienen bestimmt sind,[194] können übertragen und verpfändet werden, soweit sie den für Arbeitseinkommen geltenden unpfändbaren Betrag übersteigen. Damit haben die **Pfändungsvorschriften** zum Arbeitseinkommen nach §§ 850 ff. ZPO Bedeutung – dort insbesondere § 850 c ZPO.[195] 9

Für alle (auch laufende) Geldleistungen gilt **Abs. 2**, der Verfügungsmöglichkeiten unabhängig von bestehenden Pfändungsgrenzen einräumt.[196] 10

Nach **Nr. 1** ist eine Verpfändung und Übertragung immer dann grundsätzlich möglich, wenn es um die Erfüllung oder Sicherung von Vorschüssen Dritter auf die Sozialleistung geht. Erfasst sind damit Fälle, in denen ein anderer (z. B. eine Bank oder Privatperson) vorerst Geldleistungen (z. B. darlehensweise) erbringt, weil die zustehende Sozialleistung noch nicht ausbezahlt wurde.[197] Der Höhe nach ist die Übertragung oder Verpfändung auf die Aufwendungen zur angemessenen Lebensführung begrenzt.

Nr. 2 erweitert die Verfügungsmöglichkeit des Berechtigten insoweit, dass – unabhängig von Nr. 1 – eine Übertragung oder Pfändung auch dann möglich ist, wenn der zuständige Leistungsträger feststellt, dass die Übertragung oder Verpfändung im wohlverstandenen Interesse des Berechtigten liegt. Dabei wird der Leistungsträger insbesondere zu berücksichtigen haben, was der Berechtigte für die Übertragung erhält und ob dieser Ausgleich ausreichend ist.[198]

Sofern Leistungen übertragen oder verpfändet wurden, bei denen sich herausstellt, 11

---

191 Vgl. hierzu ausführlicher Timme in LPK-SGB I, § 53 Rn. 5 und Pflüger in jurisPK-SGB I, § 53 SGB I Rn. 21 ff.; a. A. unter Verweis auf die Rspr. des BSG und mit Annahme eines öffentlich-rechtlichen Vertrages: Mrozynski, SGB I, § 39 Rn. 7.
192 Vgl. §§ 1204, 1273 ff. BGB.
193 Vgl. hierzu ausführlicher Timme in LPK-SGB I, § 53 Rn. 9 sowie Pflüger in jurisPK-SGB I, § 53 SGB I Rn. 20 und Mrozynski, SGB I, § 53 Rn. 3.
194 Vgl. zu diesen Kriterium: Timme in LPK-SGB I, § 48 Rn. 7.
195 Ausführlicher Timme in LPK-SGB I, § 53 Rn. 15 und Pflüger in jurisPK-SGB I, § 53 SGB I Rn. 73 ff. sowie Mrozynski, SGB I, § 53 Rn. 35 ff.
196 Vgl. Pflüger in jurisPK-SGB I, § 53 SGB I Rn. 13 und 52 ff.
197 Vgl. hierzu Timme in LPK-SGB I, § 53 Rn. 10 f.
198 Vgl. hierzu Timme in LPK-SGB I, § 53 Rn. 13 f. und Pflüger in jurisPK-SGB I, § 53 SGB I Rn. 62.

dass sie zu Unrecht erbracht wurden, kann der Leistungsträger nach Abs. 6 sowohl von dem Leistungsberechtigten als auch vom (i. d. R. solventeren) Gläubiger **Erstattung** verlangen.[199] Der Erstattungsanspruch ist mittels Verwaltungsakt geltend zu machen.

§ 54 Pfändung

(1) Ansprüche auf Dienst- und Sachleistungen können nicht gepfändet werden.

(2) Ansprüche auf einmalige Geldleistungen können nur gepfändet werden, soweit nach den Umständen des Falles, insbesondere nach den Einkommens- und Vermögensverhältnissen des Leistungsberechtigten, der Art des beizutreibenden Anspruchs sowie der Höhe und der Zweckbestimmung der Geldleistung, die Pfändung der Billigkeit entspricht.

(3) Unpfändbar sind Ansprüche auf

1. Erziehungsgeld und vergleichbare Leistungen der Länder sowie Elterngeld bis zur Höhe der nach § 10 des Bundeselterngeld- und Elternzeitgesetzes anrechnungsfreien Beträge,

2. Mutterschaftsgeld nach § 13 Abs. 1 des Mutterschutzgesetzes, soweit das Mutterschaftsgeld nicht aus einer Teilzeitbeschäftigung während der Elternzeit herrührt, bis zur Höhe des Erziehungsgeldes nach § 5 Abs. 1 des Bundeserziehungsgeldgesetzes oder des Elterngeldes nach dem Bundeselterngeld- und Elternzeitgesetz, soweit es die anrechnungsfreien Beträge nach § 10 des Bundeselterngeld- und Elternzeitgesetzes nicht übersteigt,

2 a. Wohngeld, soweit nicht die Pfändung wegen Ansprüchen erfolgt, die Gegenstand der §§ 9 und 10 des Wohngeldgesetzes sind,

3. Geldleistungen, die dafür bestimmt sind, den durch einen Körper- oder Gesundheitsschaden bedingten Mehraufwand auszugleichen.

(4) Im Übrigen können Ansprüche auf laufende Geldleistungen wie Arbeitseinkommen gepfändet werden.

(5) Ein Anspruch des Leistungsberechtigten auf Geldleistungen für Kinder (§ 48 Abs. 1 Satz 2) kann nur wegen gesetzlicher Unterhaltsansprüche eines Kindes, das bei der Festsetzung der Geldleistungen berücksichtigt wird, gepfändet werden. Für die Höhe des pfändbaren Betrages bei Kindergeld gilt:

1. Gehört das unterhaltsberechtigte Kind zum Kreis der Kinder, für die dem Leistungsberechtigten Kindergeld gezahlt wird, so ist eine Pfändung bis zu dem Betrag möglich, der bei gleichmäßiger Verteilung des Kindergeldes auf jedes dieser Kinder entfällt. Ist das Kindergeld durch die Berücksichtigung eines weiteren Kindes erhöht, für das einer dritten Person Kindergeld oder dieser oder dem Leistungsberechtigten eine andere Geldleistung für Kinder zusteht, so bleibt der Erhöhungsbetrag bei der Bestimmung des pfändbaren Betrages des Kindergeldes nach Satz 1 außer Betracht.

2. Der Erhöhungsbetrag (Nummer 1 Satz 2) ist zugunsten jedes bei der Festsetzung des Kindergeldes berücksichtigten unterhaltsberechtigten Kindes zu dem Anteil

199 Vgl. Pflüger in jurisPK-SGB I, § 53 SGB I Rn. 101 ff.

pfändbar, der sich bei gleichmäßiger Verteilung auf alle Kinder, die bei der Festsetzung des Kindergeldes zugunsten des Leistungsberechtigten berücksichtigt werden, ergibt.

(6) In den Fällen der Absätze 2, 4 und 5 gilt § 53 Abs. 6 entsprechend.

Inhaltsübersicht

1. Allgemeines

Die Vorschrift gilt seit Inkrafttreten des SGB I und wurde zum 1. Januar 2009 zuletzt geändert.[200] 1

In Abgrenzung zu § 53 – der ein autonomes Handeln des Leistungsberechtigten voraussetzt – eröffnet § 54 die Möglichkeit, dass ein **Dritter** unter bestimmten Voraussetzungen auch ohne Zutun des Leistungsberechtigten auf deren sozialrechtliche Geldleistungen durch Pfändung **zugreift**. Dabei werden von § 54 schützenswerte Interessen des Leistungsberechtigten u. a. dadurch gewahrt, dass sich die Norm an den Pfändungsvorschriften der ZPO (§§ 850 ff. ZPO) orientiert. 2

Hinsichtlich einer Pfändung einmaliger Geldleistungen ist v. a. auf den Zweck der Geldleistung abzustellen, während bei laufenden Geldleistungen die Pfändungsgrenzen für Arbeitseinkommen als Maßstab anzusetzen sind. Für bestimmte Sozialleistungen, die in Zusammenhang mit Kindern stehen, werden Sonderregelungen getroffen. 3

Zu den Gesetzesmaterialien vgl. Timme in LPK-SGB I, § 54 Rn. 4. 4

2. Erläuterungen

§ 54 regelt allein die **Pfändung** und damit die staatliche Beschlagnahme einer Forderung mit dem Ziel, den Gläubiger des Leistungsberechtigten wegen einer Geldforderung zu befriedigen.[201] 5

Regelungen zur **Pfändung privater Geldforderung** finden sich mit den §§ 704 ff. und insbesondere §§ 828 ff. ZPO.[202] Zuständig ist nach § 828 ZPO das Amtsgericht als Vollstreckungsgericht. Die Pfändung erfolgt auf Antrag durch einen Pfändungsbeschluss (§ 829 Abs. 1 ZPO), mit welchem das Gericht dem Drittschuldner (also Leistungsträger) verbietet, an den Schuldner (Leistungsberechtigten) zu zahlen und dem Schuldner gebietet, sich jeder Verfügung über die Forderung (insbesondere ihrer Einziehung) zu enthalten.[203] 6

Die Verwertung des Pfandes erfolgt durch Überweisung der gepfändeten Forderung an den Gläubiger – wahlweise (§ 835 Abs. 1 ZPO) zur Einziehung oder an Zahlung statt.[204] 7

---

200 Vgl. Pflüger in jurisPK-SGB I, § 54 SGB I Rn. 1 ff.

201 Vgl. Timme in LPK-SGB I, § 54 Rn. 5.

202 Hinsichtlich öffentlich-rechtlicher Forderungen vgl. Timme in LPK-SGB I, § 54 Rn. 18 und Pflüger in jurisPK-SGB I, § 54 SGB I Rn. 46.

203 Vgl. Timme in LPK-SGB I, § 54 Rn. 5.

204 Zur Bedeutung vgl. Timme in LPK-SGB I, § 54 Rn. 6.

8 Gänzlich unzulässig ist die Pfändung von **Dienst- und Sachleistungen**, vgl. Abs. 1. Dieses Pfändungsverbot erstreckt sich auch auf Geldleistungen, die als Surrogat für eine Dienst- oder Sachleitung erbracht wurde.[205]

9 Die grundsätzliche Pfändbarkeit von Geldleistungen[206] wird durch die **Abs. 2 bis 5** eingeschränkt:

Bezüglich **einmaliger Geldleistungen** (werden nur einmal gewährt, z. B. Rentenabfindungen oder Sterbegeld[207]) findet sich eine Sonderregelung mit **Abs. 2**. Hiernach muss die Pfändung der Billigkeit entsprechen, wobei sich diese nicht nur, aber insbesondere an den Einkommens- und Vermögensverhältnissen des Leistungsberechtigten, der Art des beizutreibenden Anspruchs sowie der Höhe und der Zweckbestimmung der zu pfändenden Geldleistung bemisst.[208] Der Zweck der Sozialleistung steht einer Pfändung dann entgegen, wenn er über den allgemeinen sozialen Zweck, den alle Sozialleistungen erfüllen, hinausgeht und damit eine Pfändung ausschließt.[209]

Hinsichtlich **laufender Geldleistungen** bestimmt zunächst **Abs. 3**, dass bestimmte laufende Geldleistungen unpfändbar sind. Das betrifft – teilweise nur auf die Höhe beschränkt – folgende soziale Geldleistungen[210]:

- Erziehungsgeld und vergleichbare Leistungen der Länder sowie Elterngeld
- Mutterschaftsgeld nach dem Mutterschutzgesetz
- Wohngeld (soweit nicht die Pfändung wegen Ansprüchen erfolgt, die Gegenstand der §§ 9 und 10 des Wohngeldgesetzes sind) und
- Geldleistungen, die dafür bestimmt sind, den durch einen Körper- oder Gesundheitsschaden bedingten Mehraufwand auszugleichen.

Im Übrigen sind für laufende Geldleistungen nach **Abs. 4** die für das Arbeitskommen geltenden Pfändungsgrenzen zu berücksichtigen.[211]

Bezüglich **sozialrechtlicher Geldleistungen für Kinder** bestimmt schließlich **Abs. 5** eigene Sonderregelungen und Voraussetzungen.[212] Hiernach ist eine Pfändung grundsätzlich nur wegen gesetzlicher Unterhaltsansprüche eines Kindes, welches bei der Festsetzung der Geldleistungen berücksichtigt wird, möglich. Erreicht werden soll hiermit, dass dem Kind, für das die Leistung erbracht wird (z. B. Kindergeld), diese auch tatsächlich zugute kommt. Bezüglich der Höhe des pfändbaren Betrages bei Kindergeld enthält Satz 2 entsprechende Begrenzungen.[213]

10 Sofern Leistungen gepfändet wurden, bei denen sich herausstellt, dass sie zu Unrecht

---

205 Vgl. hierzu Mrozynski, SGB I, § 54 Rn. 10.
206 Vgl. Mrozynski, SGB I, § 54 Rn. 5.
207 Vgl. Pflüger in jurisPK-SGB I, § 54 SGB I Rn. 52.
208 Vgl. hierzu Timme in LPK-SGB I, § 54 Rn. 9 f. und Pflüger in jurisPK-SGB I, § 54 SGB I Rn. 51 ff.
209 Vgl. Timme in LPK-SGB I, § 54 Rn. 10.
210 Vgl. Timme in LPK-SGB I, § 54 Rn. 11 und Pflüger in jurisPK-SGB I, § 54 SGB I Rn. 57 ff.
211 Siehe hierzu § 53 Rn. 9 und vgl. Pflüger in jurisPK-SGB I, § 54 SGB I Rn. 72 ff. sowie Mrozynski, SGB I, § 54 Rn. 20 ff.
212 Vgl. Mrozynski, SGB I, § 54 Rn. 33.
213 Vgl. hierzu Timme in LPK-SGB I, § 54 Rn. 14 ff. und Pflüger in jurisPK-SGB I, § 54 SGB I Rn. 88 ff.

erbracht wurden, kann der Leistungsträger nach Abs. 6 i. V. m. § 53 Abs. 6 sowohl von dem Leistungsberechtigten als auch vom (i. d. R. solventeren) Gläubiger **Erstattung** verlangen.[214]

Zu beachten ist schließlich, dass mit Wirkung zum 1. Januar 2012 **§ 55 aufgehoben** wurde. Hiernach galt, dass bei Anweisung einer sozialrechtlichen Geldleistung auf ein Bankkonto des Leistungsberechtigten diese Gutschrift für den Zeitraum von 14 Tagen unpfändbar ist und dem Leistungsberechtigten (= Schuldner) grundsätzlich zur Verfügung stand. Ab dem 1. Januar 2012 besteht ein Kontopfändungsschutz für überwiesene Sozialleistungen nur noch im Rahmen des **Pfändungsschutzkontos** nach § 850 k Abs. 7 ZPO.[215] 11

Dritter Titel
Mitwirkung des Leistungsberechtigten

Vorbemerkung

Um das (Fort-)Bestehen von Leistungsansprüchen festzustellen oder auch zur Beendigung bzw. Verringerung des Leistungsanspruchs werden dem Leistungsberechtigten mit den §§ 60 bis 64 grundsätzlich folgende Mitwirkungspflichten auferlegt: 1

- Angabe von Tatsachen (§ 60),
- persönliches Erscheinen (§ 61),
- Duldung von ärztlichen und psychologischen Untersuchungen (§ 62),
- Teilnahme an Heilbehandlungen (§ 63),
- Teilnahme an Leistungen zur Teilhabe am Arbeitsleben (§ 64).

Diese Mitwirkungspflichten, die grundsätzlich für alle Leistungsverfahren nach dem Sozialgesetzbuch gelten, finden einerseits ihre Grenzen durch die Regelungen zur **Zumutbarkeit** (siehe § 65) und werden andererseits – zur Vermeidung wirtschaftlicher Nachteile – durch die Regelungen zum **Aufwendungsersatz** (siehe § 65 a) ergänzt. Mit den §§ 66 und 67 sind sodann die sich ergebenden Konsequenzen geregelt, wenn die erforderliche Mitwirkung (zunächst) ausbleibt. 2

Zu berücksichtigen ist, dass nach § 37 Satz 1, 1. Halbs. gilt, dass die allgemeinen Regelungen zur Mitwirkung nach § 60 ff. **nicht uneingeschränkt** für alle anderen Sozialgesetze gelten. Vielmehr haben sie nur insoweit Bedeutung, als dass in den anderen Büchern nichts Abweichendes geregelt ist. Unmittelbare Bedeutung haben die §§ 60 ff. für das SGB V, VI, VII, XI und XII – nicht jedoch hinsichtlich des SGB II (vgl. z. B. §§ 56, 58 Abs. 2, 59 SGB II) und SGB III (vgl. z. B. §§ 38, 309 SGB III). Bezüglich des SGB II und SGB III gelten die §§ 60 nur ausnahmsweise. Nämlich nur dann, wenn eine entsprechende Geltung nach Sinn und Zweck der jeweiligen im SGB II oder SGB III geregelten Mitwirkungspflicht nicht ausgeschlossen ist. 3

---

214 Vgl. Pflüger in jurisPK-SGB I, § 54 SGB I Rn. 105 ff.
215 Vgl. Pflüger in jurisPK-SGB I, § 55 SGB I Rn. 3 f. sowie Mrozynski, SGB I, § 55 Rn. 1 ff.

4 Durch die Mitwirkungspflichten wird der **Untersuchungsgrundsatz** bzw. die **Verpflichtung zur Amtsermittlung** (§ 20 SGB X) nicht aufgehoben, sondern lediglich ergänzt.

§ 60 Angabe von Tatsachen

(1) Wer Sozialleistungen beantragt oder erhält, hat

1. **alle Tatsachen anzugeben, die für die Leistung erheblich sind, und auf Verlangen des zuständigen Leistungsträgers der Erteilung der erforderlichen Auskünfte durch Dritte zuzustimmen,**
2. **Änderungen in den Verhältnissen, die für die Leistung erheblich sind oder über die im Zusammenhang mit der Leistung Erklärungen abgegeben worden sind, unverzüglich mitzuteilen,**
3. **Beweismittel zu bezeichnen und auf Verlangen des zuständigen Leistungsträgers Beweisurkunden vorzulegen oder ihrer Vorlage zuzustimmen.**

Satz 1 gilt entsprechend für denjenigen, der Leistungen zu erstatten hat.

(2) Soweit für die in Absatz 1 Satz 1 Nr. 1 und 2 genannten Angaben Vordrucke vorgesehen sind, sollen diese benutzt werden.

Inhaltsübersicht Rn.

1. Allgemeines

1 Die Vorschrift existiert seit Bestehen des SGB I und wurde zuletzt zum 1. Januar 2001 geändert.

2 Mit der Norm wird derjenige verpflichtet, die für die Leistung erheblichen Tatsachen, Änderungen und Beweismittel anzugeben, der Sozialleistungen beantragt hat oder erhält oder zu erstatten hat. Soweit Dritte entsprechende Angaben zu Tatsachen machen können, hat dem der Leistungsberechtigte zuzustimmen.

3 Zu den Gesetzesmaterialien vgl. Reinhardt in LPK-SGB I, § 60 Rn. 4.

2. Erläuterungen

4 Die Mitwirkungspflicht nach § 60 gilt nur für Leistungsverfahren nach dem Sozialgesetzbuch, also nur, wenn es um Sozialleistungen geht. Nicht umfasst sind daher z. B. Auskunftspflichten bei der Feststellung der Versicherungs- und Beitragspflicht.[216]

5 **Mitwirkungsverpflichtet** ist derjenige, der Sozialleistungen (siehe § 11) beantragt, erhält oder erstatten muss. Die Mitwirkungspflicht gilt grundsätzlich nur bei **leistungs- bzw. entscheidungserheblichen** Sachverhalten[217] und auch nur soweit, als der Leistungsträger die entsprechenden Sachverhalte nicht bereits kennt.

6 Die Mitteilungspflicht von Tatsachen (**Abs. 1 Satz 1 Nr. 1**) umfasst solche leistungs-

---

216 Vgl. Reinhardt in LPK-SGB I, § 60 Rn. 5 m. w. N.
217 Vgl. Mrozynski, SGB I, § 60 Rn. 24 ff.

relevante Sachverhalte, deren Kenntnis es dem Leistungsträger ermöglicht, eine rechtmäßige Verwaltungsentscheidung zu treffen.[218]

Soweit der Leistungsträger leistungserhebliche Tatsachen nur durch Auskunft eines Dritten erhalten kann, muss der Leistungsberechtigte dieser Auskunft des Dritten zustimmen, wenn es der Leistungsträger verlangt. **7**

Nach **Abs. 1 Satz 1 Nr. 2** muss der Mitwirkungsverpflichtete – von sich aus – unverzüglich, d. h. ohne schuldhaftes Zögern (§ 121 Abs. 1 BGB), alle Umstände, die zu einer Änderung des Sachverhaltes führen, mitteilen (z. B. Besserung des Gesundheitszustands, Änderungen im Einkommen oder Vermögen etc.). Zu beachten ist hier, dass nach § 48 Abs. 1 Satz 1 und 2 Nr. 2 SGB X ein Verwaltungsakt bei Änderungen in den tatsächlichen oder rechtlichen Verhältnissen mit Wirkung vom Zeitpunkt der Änderung der Verhältnisse aufgehoben wird, wenn der Betroffene seiner Pflicht zur Mitteilung wesentlicher für ihn nachteiliger Änderungen der Verhältnisse vorsätzlich oder grob fahrlässig nicht nachgekommen ist. **8**

Mit **Abs. 1 Satz 1 Nr. 3** schließlich besteht die Verpflichtung, Beweismittel (vgl. § 21 SGB X, z. B. Urkunden, Zeugen etc.) zu bezeichnen und ggf. nach entsprechendem Verlangen des Leistungsträgers Beweisurkunden (vgl. §§ 415 bis 444 ZPO) vorzulegen bzw. ihrer Vorlage zuzustimmen.[219] **9**

Vom Leistungsträger vorbereitete und zur Verfügung gestellte **Vordrucke** sollen zur Tatsachen- bzw. Änderungsangabe genutzt werden. Das bedeutet, dass diese Vordrucke grundsätzlich zwingend zu benutzen sind, soweit kein atypischer Fall gegeben ist.[220] **10**

Zur **Folge einer unterbliebenen Mitwirkung** siehe § 66. Hinsichtlich der **Grenzen der Mitwirkung** siehe § 65. **11**

§ 61 Persönliches Erscheinen

Wer Sozialleistungen beantragt oder erhält, soll auf Verlangen des zuständigen Leistungsträgers zur mündlichen Erörterung des Antrags oder zur Vornahme anderer für die Entscheidung über die Leistung notwendiger Maßnahmen persönlich erscheinen.

Inhaltsübersicht Rn.

1. Allgemeines

Die Vorschrift existiert seit Bestehen des SGB I unverändert. **1**

Mit der Norm wird derjenige, der Sozialleistungen beantragt hat oder erhält, verpflichtet, auf Verlangen des zuständigen Leistungsträgers persönlich zu erscheinen, um den Antrag zu erörtern oder andere erforderliche Maßnahmen vorzunehmen. **2**

Zu den Gesetzesmaterialien vgl. Reinhardt in LPK-SGB I, § 61 Rn. 4. **3**

---

218 Vgl. Reinhardt in LPK-SGB I, § 60 Rn. 5 m. w. N. sowie Mrozynski, SGB I, § 60 Rn. 22.
219 Vgl. Mrozynski, SGB I, § 60 Rn. 37.
220 Siehe § 39 Rn. 17; vgl. Reinhardt in LPK-SGB I, § 60 Rn. 12 und Mrozynski, SGB I, § 60 Rn. 38.

2. Erläuterungen

4 Die Mitwirkungspflicht nach § 61 gilt nur für Leistungsverfahren nach dem Sozialgesetzbuch, also nur, wenn es um Sozialleistungen nach § 11 geht.

5 **Mitwirkungsverpflichtet** ist (nur) derjenige, der Sozialleistungen beantragt hat oder erhält – und zwar derjenige persönlich.[221] Mit einer Vertretung durch einen Rechtsanwalt wird dieser Mitwirkungspflicht grundsätzlich nicht genüge getan.[222]

6 Die Mitwirkungspflicht gilt, soweit sie zur mündlichen Erörterung des Antrags[223] oder zur Vornahme anderer für die Entscheidung über die Leistung notwendiger Maßnahmen[224] verlangt wird. Das hierfür erforderliche **Verlangen** muss vom zuständigen Leistungsträger gegenüber dem Leistungsberechtigten entsprechend klar geäußert werden. Dem Verlangen müssen Ort, Zeit und der mit der Aufforderung verfolgte Zweck – vom objektiven Empfängerhorizont betrachtet – unmissverständlich entnommen werden können.[225]

7 Das **persönliche Erscheinen** ist an keinen bestimmten Ort, auch nicht die Geschäftsräume des zuständigen Leistungsträgers, gebunden.[226] An die Stelle des persönlichen Erscheinens kann auch ein **Hausbesuch** treten.[227]

8 Mit dem Mitwirkungsgebot wird in die allgemeine Handlungsfreiheit des Leistungsberechtigten besonders eingegriffen. Das hat auch der Gesetzgeber erkannt und seine Verpflichtung als eine Soll-Verpflichtung normiert. D.h., dass es dem Leistungsberechtigten unbenommen bleibt, besondere und atypische Gründe vorzutragen, die seine grundsätzliche Mitwirkungsverpflichtung ausnahmsweise entfallen lassen.

9 Zur **Folge einer unterbliebenen Mitwirkung** siehe § 66. Hinsichtlich der **Grenzen der Mitwirkung** siehe § 65.

10 Hinsichtlich eines möglichen **Aufwandersatzes** siehe § 65 a.

§ 62 Untersuchungen

Wer Sozialleistungen beantragt oder erhält, soll sich auf Verlangen des zuständigen Leistungsträgers ärztlichen und psychologischen Untersuchungsmaßnahmen unterziehen, soweit diese für die Entscheidung über die Leistung erforderlich sind.

Inhaltsübersicht

---

221 Vgl. ausführlicher Kampe in jurisPK-SGB I, § 61 SGB I Rn. 15 ff.

222 Vgl. Reinhardt in LPK-SGB I, § 61 Rn. 5 m.w.N. und. Mrozynski, SGB I, § 61 Rn. 8.

223 Z.B. Aufklärung des Sachverhaltes nach § 20 SGB X, Anregung eines sachdienlichen Antrags entsprechend § 16 Abs. 3; vgl. Kampe in jurisPK-SGB I, § 61 SGB I Rn. 25 ff.

224 Z.B. Inaugenscheinnahme, Beobachtung eines Gesundheitszustands des Leistungsberechtigten; Kampe in jurisPK-SGB I, § 61 SGB I Rn. 31 ff.

225 Vgl. Kampe in jurisPK-SGB I, § 61 SGB I Rn. 37 f.

226 Vgl. hierzu ausführlicher Reinhardt in LPK-SGB I, § 61 Rn. 9 sowie Kampe in jurisPK-SGB I, § 61 SGB I Rn. 19 ff.

227 Vgl. Mrozynski, SGB I, § 61 Rn. 4.

1. Allgemeines

Die Vorschrift existiert seit Bestehen des SGB I unverändert. **1**

Mit der Norm wird derjenige, der Sozialleistungen beantragt hat oder erhält, verpflichtet, sich auf Verlangen des zuständigen Leistungsträgers erforderlichen ärztlichen und psychologischen Untersuchungsmaßnahmen zu unterziehen. **2**

Zu den Gesetzesmaterialien vgl. Reinhardt in LPK-SGB I, § 62 Rn. 4. **3**

2. Erläuterungen

Die Mitwirkungspflicht nach § 62 gilt nur für Leistungsverfahren nach dem Sozialgesetzbuch, also nur, wenn es um Sozialleistungen nach § 11 geht. **4**

Mitwirkungsverpflichtet ist (nur) derjenige, der Sozialleistungen beantragt hat oder erhält – und zwar derjenige persönlich.[228] **5**

Die Mitwirkungspflicht gilt hinsichtlich ärztlicher und psychologischer Untersuchungsmaßnahmen.[229] Voraussetzung ist aber jedenfalls, dass die Untersuchungen für die Entscheidung über die Leistung **erforderlich**, d. h. also **leistungserheblich**[230] sind und vom zuständigen Leistungsträger verlangt werden. Das hierfür eben erforderliche **Verlangen** muss vom zuständigen Leistungsträger gegenüber dem Leistungsberechtigten entsprechend klar geäußert werden.[231] **6**

Mit dem Mitwirkungsgebot wird in die körperliche Integrität des Leistungsberechtigten besonders eingegriffen. Das hat auch der Gesetzgeber erkannt und seine Verpflichtung als eine Soll-Verpflichtung normiert. D. h., dass es dem Leistungsberechtigten unbenommen bleibt, besondere und atypische Gründe vorzutragen, die seine grundsätzliche Mitwirkungsverpflichtung ausnahmsweise entfallen lassen. **7**

Zur **Folge einer unterbliebenen Mitwirkung** siehe § 66. Hinsichtlich der **Grenzen der Mitwirkung** siehe § 65. **8**

Hinsichtlich eines möglichen **Aufwandersatzes** siehe § 65 a. **9**

§ 63 Heilbehandlung

Wer wegen Krankheit oder Behinderung Sozialleistungen beantragt oder erhält, soll sich auf Verlangen des zuständigen Leistungsträgers einer Heilbehandlung unterziehen, wenn zu erwarten ist, dass sie eine Besserung seines Gesundheitszustands herbeiführen oder eine Verschlechterung verhindern wird.

Inhaltsübersicht Rn.

---

228 Vgl. Reinhardt in LPK-SGB I, § 62 Rn. 9 sowie Kampe in jurisPK-SGB I, § 62 SGB I Rn. 14 ff.

229 Z. B. Beobachtungen, Messungen, Entnahmen etc.; umfasst sind auch stationäre Maßnahmen; vgl. Reinhardt in LPK-SGB I, § 62 Rn. 6 sowie Kampe in jurisPK-SGB I, § 62 SGB I Rn. 17 ff.

230 Vgl. Kampe in jurisPK-SGB I, § 62 SGB I Rn. 27 ff. sowie Mrozynski, SGB I, § 62 Rn. 8.

231 Vgl. Kampe in jurisPK-SGB I, § 62 SGB I Rn. 31 f.

1. Allgemeines

1 Die Vorschrift existiert seit Bestehen des SGB I unverändert.

2 Mit der Norm wird derjenige, der wegen Krankheit oder Behinderung Sozialleistungen beantragt hat oder erhält, verpflichtet, sich auf Verlangen des zuständigen Leistungsträgers einer Heilbehandlung zu unterziehen, wenn dadurch eine Besserung erwartet oder eine Verschlimmerung verhindert werden kann.

3 Zu den Gesetzesmaterialien vgl. Reinhardt in LPK-SGB I, § 63 Rn. 4.

2. Erläuterungen

4 Die Mitwirkungspflicht nach § 63 gilt nur für Leistungsverfahren nach dem Sozialgesetzbuch, also nur, wenn es um Sozialleistungen nach § 11 geht.

5 **Mitwirkungsverpflichtet** ist nur, wer wegen Krankheit oder Behinderung Sozialleistungen beantragt hat oder erhält.[232] Es muss also eine **Kausalität zwischen Gesundheitszustand bzw. Behinderungsgrad und der Sozialleistung bestehen**. Sozialleistungen, die aus einem anderen Grund gewährt werden (z. B. SGB II, SGB III), begründen keine Pflicht zur entsprechenden Mitwirkung nach § 63.[233]

6 Unter einer **Krankheit** bzw. **Behinderung** (gesetzliche Definition in § 2 Abs. 1 SGB IX) sind Abweichungen vom Regelzustand in körperlicher oder geistiger Hinsicht mit der Folge einer ärztlichen Behandlungsbedürftigkeit oder der Arbeitsunfähigkeit zu verstehen, wobei die Behinderung dauernd oder zumindest längerfristig bestehen muss.[234] Nicht umfasst sind **drohende** Krankheiten oder Behinderungen.

7 Die Mitwirkungspflicht[235] gilt hinsichtlich einer **Heilbehandlung**,[236] von der zu erwarten ist, dass sie eine Besserung des Gesundheitszustands[237] herbeiführen oder eine Verschlechterung verhindern wird.[238] Umfasst ist hinsichtlich der Heilbehandlung nicht nur die Duldung von ärztlichen Behandlungen, sondern auch die aktive Mitwirkung des Leistungsberechtigten (z. B. Ernährung, Bewegung, Medikamenteneinnahme etc.). Dabei muss aber eine Besserung oder Verhinderung einer Verschlechterung zu erwarten sein. Ein **Erwarten** ist ein minderer Grad der Wahrscheinlichkeit. Ist eine **Wahrscheinlichkeit** nicht anzunehmen, kommt keine entsprechende Mitwirkungspflicht in Betracht.[239]

8 Voraussetzung ist aber jedenfalls ein **Verlangen** des zuständigen Leistungsträgers. Dieses muss vom zuständigen Leistungsträger gegenüber dem Leistungsberechtigten entsprechend klar geäußert werden.[240]

---

232 Z. B. Krankenbehandlung, Kranken- und Pflegegeld, Renten wegen verminderter Erwerbsfähigkeit; vgl. Kampe in jurisPK-SGB I, § 63 SGB I Rn. 16.
233 Vgl. Reinhardt in LPK-SGB I, § 63 Rn. 5.
234 Vgl. Reinhardt in LPK-SGB I, § 63 Rn. 6.
235 Vgl. Kampe in jurisPK-SGB I, § 63 SGB I Rn. 23 ff.
236 Vgl. Mrozynski, SGB I, § 63 Rn. 5.
237 Vgl. Kampe in jurisPK-SGB I, § 63 SGB I Rn. 25 ff.
238 Vgl. Kampe in jurisPK-SGB I, § 63 SGB I Rn. 30 f.
239 Vgl. Reinhardt in LPK-SGB I, § 63 Rn. 9 und Mrozynski, SGB I, § 63 Rn. 8.
240 Vgl. Kampe in jurisPK-SGB I, § 63 SGB I Rn. 32 ff.

9 Mit dem Mitwirkungsgebot wird in die körperliche Integrität des Leistungsberechtigten besonders eingegriffen. Das hat auch der Gesetzgeber erkannt und seine Verpflichtung als eine Soll-Verpflichtung normiert. D. h., dass es dem Leistungsberechtigten unbenommen bleibt, besondere und atypische Gründe vorzutragen, die seine grundsätzliche Mitwirkungsverpflichtung ausnahmsweise entfallen lassen.

10 Zur **Folge einer unterbliebenen Mitwirkung** siehe § 66. Hinsichtlich der **Grenzen der Mitwirkung** siehe § 65.

§ 64 Berufsfördernde Maßnahmen

Wer wegen Minderung der Erwerbsfähigkeit, anerkannten Schädigungsfolgen oder wegen Arbeitslosigkeit Sozialleistungen beantragt oder erhält, soll auf Verlangen des zuständigen Leistungsträgers an Leistungen zur Teilhabe am Arbeitsleben teilnehmen, wenn bei angemessener Berücksichtigung seiner beruflichen Neigung und seiner Leistungsfähigkeit zu erwarten ist, dass sie seine Erwerbs- oder Vermittlungsfähigkeit auf Dauer fördern oder erhalten werden.

Inhaltsübersicht

1. Allgemeines

1 Die Vorschrift existiert seit Bestehen des SGB I unverändert.

2 Mit der Norm wird derjenige, der wegen Minderung der Erwerbsfähigkeit, anerkannten Schädigungsfolgen oder wegen Arbeitslosigkeit Sozialleistungen beantragt hat oder erhält, verpflichtet, auf Verlangen des zuständigen Leistungsträgers an berufsfördernden Maßnahmen teilzunehmen.

3 Zu den Gesetzesmaterialien vgl. Reinhardt in LPK-SGB I, § 64 Rn. 4.

2. Erläuterungen

4 Die Mitwirkungspflicht nach § 64 gilt nur für Leistungsverfahren nach dem Sozialgesetzbuch, also nur, wenn es um Sozialleistungen nach § 11 geht.

5 **Mitwirkungsverpflichtet**[241] ist nur, wer wegen Minderung der Erwerbsfähigkeit, anerkannten Schädigungsfolgen oder wegen Arbeitslosigkeit Sozialleistungen beantragt hat oder erhält (z. B. Verletztenrente, Beschädigtenrente, Renten wegen verminderter Erwerbsfähigkeit, Arbeitslosengeld). Es muss also eine **Kausalität** zwischen Minderung der Erwerbsfähigkeit, anerkannten Schädigungsfolgen oder der Arbeitslosigkeit auf der einen Seite und der Sozialleistung auf der anderen Seite bestehen. Sozialleistungen, die aus einem anderen Grund gewährt werden, begründen keine Pflicht zur entsprechenden Mitwirkung nach § 64.[242]

---

241 Vgl. Kampe in jurisPK-SGB I, § 64 SGB I Rn. 15 ff.
242 Vgl. Reinhardt in LPK-SGB I, § 64 Rn. 5.

6 Um eine Mitwirkungspflicht nach § 64 auszulösen, ist schon ausreichend, dass eine **Gefahr** besteht, dass ein Zustand eintritt, der die Sozialleistung erforderlich macht.[243]

7 Die Mitwirkungspflicht in Art der Teilnahme bei Leistungen zur Teilhabe am Arbeitsleben besteht nur, wenn unter angemessener Berücksichtigung der konkret-individuellen beruflichen Neigung und Leistungsfähigkeit des Leistungsberechtigten zu **erwarten** ist, dass dessen Erwerbs- oder Vermittlungsfähigkeit durch die Teilnahme auf Dauer gefördert oder erhalten wird.[244] Bei einer hier anzustellenden **Prognose**[245] sind daher Wünsche und Vorstellungen der Leistungsberechtigten ebenso zu berücksichtigen wie deren Alter, Bildungsstand und auch soziale und familiäre Verhältnisse.[246]

8 **Maßnahmen zur Teilhabe am Arbeitsleben** sind nach der **Legaldefinition** in § 33 Abs. 1 SGB IX die Leistungen, die erforderlich sind, um die Erwerbsfähigkeit behinderter oder von Behinderung bedrohter Menschen entsprechend ihrer Leistungsfähigkeit zu erhalten, zu verbessern, herzustellen oder wiederherzustellen und ihre Teilhabe am Arbeitsleben möglichst auf Dauer zu sichern.[247]

9 Voraussetzung ist aber jedenfalls ein **Verlangen** des zuständigen Leistungsträgers. Dieses muss vom zuständigen Leistungsträger gegenüber dem Leistungsberechtigten entsprechend klar geäußert werden.[248]

10 Mit dem Mitwirkungsgebot wird in die allgemeine Handlungsfreiheit des Leistungsberechtigten besonders eingegriffen. Das hat auch der Gesetzgeber erkannt und seine Verpflichtung als eine Soll-Verpflichtung normiert. D. h., dass es dem Leistungsberechtigten unbenommen bleibt, besondere und atypische Gründe vorzutragen, die seine grundsätzliche Mitwirkungsverpflichtung ausnahmsweise entfallen lassen.

11 Zur **Folge einer unterbliebenen Mitwirkung** siehe § 66. Hinsichtlich der **Grenzen der Mitwirkung** siehe § 65.

§ 65 Grenzen der Mitwirkung

(1) Die Mitwirkungspflichten nach den §§ 60 bis 64 bestehen nicht, soweit

1. **ihre Erfüllung nicht in einem angemessenen Verhältnis zu der in Anspruch genommenen Sozialleistung oder ihrer Erstattung steht oder**
2. **ihre Erfüllung dem Betroffenen aus einem wichtigen Grund nicht zugemutet werden kann oder**
3. **der Leistungsträger sich durch einen geringeren Aufwand als der Antragsteller oder Leistungsberechtigte die erforderlichen Kenntnisse selbst beschaffen kann.**

(2) Behandlungen und Untersuchungen,

1. **bei denen im Einzelfall ein Schaden für Leben oder Gesundheit nicht mit hoher Wahrscheinlichkeit ausgeschlossen werden kann,**
2. **die mit erheblichen Schmerzen verbunden sind oder**

---

243 Vgl. Reinhardt in LPK-SGB I, § 64 Rn. 6 und Mrozynski, SGB I, § 64 Rn. 5 und 6.
244 Vgl. Kampe in jurisPK-SGB I, § 64 SGB I Rn. 24 f.
245 Vgl. Mrozynski, SGB I, § 63 Rn. 8.
246 Vgl. Reinhardt in LPK-SGB I, § 64 Rn. 8.
247 Kampe in jurisPK-SGB I, § 64 SGB I Rn. 21 f.
248 Vgl. Kampe in jurisPK-SGB I, § 64 SGB I Rn. 28 ff.

3. die einen erheblichen Eingriff in die körperliche Unversehrtheit bedeuten, können abgelehnt werden.

(3) Angaben, die dem Antragsteller, dem Leistungsberechtigten oder ihnen nahestehende Personen (§ 383 Abs. 1 Nr. 1 bis 3 der Zivilprozessordnung) die Gefahr zuziehen würde, wegen einer Straftat oder einer Ordnungswidrigkeit verfolgt zu werden, können verweigert werden.

Inhaltsübersicht Rn.

1. Allgemeines

Die Vorschrift existiert seit Bestehen des SGB I und wurde zum 1. Januar 1986 zuletzt geändert.[249] 1

Mit der Norm werden der Mitwirkungspflicht Grenzen gesetzt. Es werden die Ausnahmetatbestände zur Mitwirkungspflicht explizit und abschließend geregelt. 2

Zu den Gesetzesmaterialien vgl. Reinhardt in LPK-SGB I, § 65 Rn. 4. 3

2. Erläuterungen

Das in den §§ 60 ff. zum Ausdruck kommende Mitwirkungsverlangen der Leistungsträger ist als behördliche Maßnahme dem **verfassungsrechtlichen Übermaßverbot** unterlegen.[250] Das Mitwirkungsverlangen muss daher grundsätzlich **geeignet, erforderlich und verhältnismäßig** sein. Ausdruck und Umsetzung des Übermaßverbotes findet sich in § 65. 4

Mit den Abs. 1 bis 3 wird die Mitwirkungspflicht des Leistungsberechtigten nicht gänzlich aufgehoben, sondern lediglich eingeschränkt.[251] 5

Mit **Abs. 1**[252] bestehen generell **keine Mitwirkungspflichten**, soweit 6

- ihre Erfüllung nicht in einem angemessenen Verhältnis zu der in Anspruch genommenen Sozialleistung oder ihrer Erstattung steht (**Unverhältnismäßigkeit**):
  Eine Unverhältnismäßigkeit ist regelmäßig dann anzunehmen, wenn die mit der Mitwirkung verbundenen Nachteile die Vorteile der Sozialleistung überwiegen, wobei nicht nur objektive Maßstäbe, sondern auch subjektive Gesichtspunkte zu berücksichtigen sind.[253]
- ihre Erfüllung den Betroffenen aus einem wichtigen Grund nicht zugemutet werden kann (**Unzumutbarkeit aus wichtigem Grund**):
  Sowohl das Kriterium der Zumutbarkeit als auch das Kriterium des wichtigen Grundes

---

249 Vgl. Kampe in jurisPK-SGB I, § 65 SGB I Rn. 1 f.

250 Vgl. Reinhardt in LPK-SGB I, § 65 Rn. 5 m. w. N. sowie Kampe in jurisPK-SGB I, § 65 SGB I Rn. 7 ff. und Mrozynski, SGB I, § 65 Rn. 1.

251 Vgl. insoweit Reinhardt in LPK-SGB I, § 65 Rn. 6.

252 Vgl. Kampe in jurisPK-SGB I, § 65 SGB I Rn. 10 ff.

253 Vgl. Reinhardt in LPK-SGB I, § 65 Rn. 7 m. w. N. und Bsp. sowie Kampe in jurisPK-SGB I, § 65 SGB I Rn. 13 ff. und Mrozynski, SGB I, § 65 Rn. 7 f.

sind aus Sicht des Leistungsberechtigten zu prüfen und somit stets Fragen des Einzelfalles.[254]

- sich der Leistungsträger durch einen geringeren Aufwand als der Antragsteller oder Leistungsberechtigte die erforderlichen Kenntnisse selbst beschaffen kann (kein sinnvoller Beschaffungsgrund bzw. **unverhältnismäßiger Beschaffungsaufwand**): Hiernach soll gewährleistet werden, dass der Leistungsträger bei der Sachverhaltsaufklärung immer zuerst das mildeste Mittel einsetzt. So sind bspw. auch bei mehreren in Betracht kommenden Mitwirkungshandlungen diese in der Reihenfolge ihrer Normierung im Gesetz (erst § 60, dann § 61 und dann erst §§ 62–64) abzuverlangen. Untersuchungen dürfen darüber hinaus regelmäßig nicht verlangt werden, wenn entsprechende Unterlagen schon beim anderen Leistungsträger oder bei behandelnden Ärzten vorliegen und diese im Rahmen der Amtshilfe bzw. Amtsermittlung (ggf. nach vorheriger Entbindung von der Schweigepflicht) eingeholt werden können.[255]

7 Nach **Abs. 2** gilt, dass **(Heil-)Behandlungen** (§ 63; dienen der Besserung oder Aufrechterhaltung des bestehenden Gesundheitszustands) und **Untersuchungen** (§ 62; bezwecken die Aufklärung eines Sachverhaltes, der zu einer Sozialleistung führen kann) unter bestimmten Voraussetzungen abgelehnt werden können.[256] Damit ist also zunächst erforderlich, dass der Mitwirkungsverpflichtete eine entsprechende ausdrückliche **Ablehnung** kundtut.[257] Erforderlich ist weiter, dass er sich auf einen der **abschließend aufgezählten Ausnahmetatbestände** berufen kann. Dieses sind (nur) Behandlungen und Untersuchungen,

- bei denen im Einzelfall ein Schaden (= Hervorrufen oder Steigern eines von den normalen körperlichen Funktionen abweichenden Zustands) für Leben oder Gesundheit nicht mit hoher Wahrscheinlichkeit ausgeschlossen werden kann,[258]
- die mit erheblichen Schmerzen (= das subjektive Empfinden muss objektiv nachvollziehbar sein) verbunden sind[259] oder
- die einen erheblichen Eingriff in die körperliche Unversehrtheit (= wenn Folge z. B. erhebliche Verletzungen, Entstellungen oder Unfruchtbarkeit sind; str. bei Blutentnahme und Magenspiegelung) bedeuten.[260]

8 Mit **Abs. 3**, der auf die Mitwirkung nach § 60 zugeschnitten ist und einer **ausdrücklichen Verweigerung** bedarf, sind solche Angaben nicht zu machen, die bezüglich des Leistungsberechtigten oder einer ihm nahestehenden Person (vgl. § 383 Abs. 1 Nr. 1 bis 3 ZPO) ein

254 Vgl. Reinhardt in LPK-SGB I, § 65 Rn. 8 m. w. N. und Bsp. sowie Kampe in jurisPK-SGB I, § 65 SGB I Rn. 19 ff. und Mrozynski, SGB I, § 65 Rn. 9 ff.
255 Vgl. Reinhardt in LPK-SGB I, § 65 Rn. 9 sowie Kampe in jurisPK-SGB I, § 65 SGB I Rn. 25 f. und; Mrozynski, SGB I, § 65 Rn. 13 f.
256 Vgl. Kampe in jurisPK-SGB I, § 65 SGB I Rn. 27 ff.
257 Vgl. Mrozynski, SGB I, § 65 Rn. 15.
258 Vgl. Reinhardt in LPK-SGB I, § 65 Rn. 11 sowie Kampe in jurisPK-SGB I, § 65 SGB I Rn. 30 ff. und Mrozynski, SGB I, § 65 Rn. 19 ff.
259 Reinhardt in LPK-SGB I, § 65 Rn. 12 sowie Kampe in jurisPK-SGB I, § 65 SGB I Rn. 36 f. und Mrozynski, SGB I, § 65 Rn. 19 ff.
260 Vgl. Reinhardt in LPK-SGB I, § 65 Rn. 13; ausführlich: Kampe in jurisPK-SGB I, § 65 SGB I Rn. 38 ff.; Mrozynski, SGB I, § 65 Rn. 19 ff.

Verfahren nach der StPO oder dem OWiG nach sich ziehen könnten.[261] Insoweit ist ein einfaches Verweigern der Angaben nicht ausreichend. Vielmehr müssen die Gründe für das Verweigern dargelegt werden.

§ 65 a Aufwendungsersatz

(1) Wer einem Verlangen des zuständigen Leistungsträgers nach den §§ 61 oder 62 nachkommt, kann auf Antrag Ersatz seiner notwendigen Auslagen und seines Verdienstausfalls in angemessenem Umfang erhalten. Bei einem Verlangen des zuständigen Leistungsträgers nach § 61 sollen Aufwendungen nur in Härtefällen ersetzt werden.

(2) Absatz 1 gilt auch, wenn der zuständige Leistungsträger ein persönliches Erscheinen oder eine Untersuchung nachträglich als notwendig anerkennt.

Inhaltsübersicht Rn.

1. Allgemeines

1 Die Vorschrift existiert – anders als die Mitwirkungsverpflichtungen – nicht seit Bestehen des SGB I, sondern wurde erst mit Wirkung zum 1. Januar 1981 ins SGB aufgenommen und gilt seitdem unverändert.[262]

2 Nach dieser Norm können die nach §§ 60 und 61 zur Mitwirkung aufgeforderten Leistungsberechtigten auf Antrag Ersatz ihrer durch die Mitwirkung entstanden Aufwendungen erhalten.

3 Zu den Gesetzesmaterialien vgl. Reinhardt in LPK-SGB I, § 65 a Rn. 4.

2. Erläuterungen

4 § 65 a sieht einen **Aufwendungsersatz** explizit **nur bei Mitwirkungshandlungen nach § 61 (persönliches Erscheinen) und § 62 (Untersuchungen)** vor. Für die **übrigen Mitwirkungshandlungen** nach §§ 60, 63 und 64 existiert keine vergleichbare Regelung. Jedoch können dann die entsprechenden **zu erwartenden Kosten im Rahmen der Verhältnismäßigkeitsprüfung** nach § 65 Abs. 1 Nr. 1 berücksichtigt werden.

5 Voraussetzung ist zunächst, dass der Mitwirkungsverpflichtete einem **Verlangen** des zuständigen Leistungsträgers nach den §§ 61 oder 62 nachgekommen ist.[263] Dieses bedeutet, dass an erster Stelle das Verlangen des zuständigen Leistungsträgers war und erst in der weiteren Folge die zu ersetzenden Aufwendungen entstanden sind. Für den Fall, dass der Leistungsberechtigte z. B. aus eigener Motivation heraus beim Leistungsträger erscheint oder sich einer Untersuchung unterzieht, ein entsprechendes Verlangen also zunächst nicht vorlag, enthält Abs. 2 die Möglichkeit, dass der zuständige Leistungsträger

261 Kampe in jurisPK-SGB I, § 65 SGB I Rn. 45 und Mrozynski, SGB I, § 65 Rn. 24 ff.
262 Vgl. Kampe in jurisPK-SGB I, § 65 a SGB I Rn. 1 f.
263 Vgl. Kampe in jurisPK-SGB I, § 65 a SGB I Rn. 14 ff.

das persönliche Erscheinen oder die Untersuchung **nachträglich** als notwendig (= wenn anderenfalls die Aufklärung des Sachverhaltes erheblich erschwert worden wäre) anerkennt. In diesem Fall ist dann auch ein Aufwendungsersatz ohne vorheriges Verlangen des Leistungsträgers möglich.[264]

6 Weitere Voraussetzung ist, dass der Mitwirkungsverpflichtete einen entsprechenden **Antrag** auf Aufwendungsersatz stellt.[265] Für die Antragstellung können die Regelungen des § 16 entsprechend herangezogen werden. Eine bestimmte Frist ist – mangels entsprechender Regelung – nicht zu beachten; die Grundsätze der Verwirkung (siehe § 45 Rn. 12) gelten jedoch auch hier.

7 Ersatzfähig sind zum einen die notwendigen Auslagen und zum anderen der Verdienstausfall in angemessenem Umfang.

Notwendige Auslagen sind dabei grundsätzlich solche Auslagen, die zwangsläufig anfallen (z. B. Fahrkosten oder auch Übernachtungskosten, ggf. Kosten einer Begleitperson), wobei immer nur die günstigste Variante entschädigt wird.[266]

Die Entschädigung des **Verdienstausfalles** erfordert eine konkrete Einzelfallprüfung. Es werden aber nur die Einbußen ersetzt, die durch die verhinderte Erwerbstätigkeit (vgl. §§ 14 und 15 SGB IV) entstanden sind[267] – nicht der reine Zeitaufwand.

8 Auf einen Aufwendungsersatz besteht grundsätzlich **kein Rechtsanspruch** (siehe § 38), sondern lediglich ein Anspruch auf pflichtgemäße Ausübung des Ermessens (siehe § 39). Im Rahmen seiner Ermessensausübung[268] kann der Leistungsträger z. B. bei nur geringen wirtschaftlichen Belastungen eine Erstattungsverweigerung rechtfertigen. Gleiches gilt z. B. auch dann, wenn das Verhalten des Mitwirkungsverpflichteten mitursächlich für die Kostenentstehung war.[269]

9 Hinsichtlich einer Mitwirkungspflicht nach § 61 (persönliches Erscheinen) bestimmt **Abs. 1 Satz 2**, dass es zu einem Aufwendungsersatz nur in **Härtefällen** kommen soll. Ein solcher Härtefall ist regelmäßig gegeben, wenn dem Mitwirkungsverpflichteten entsprechend seiner Einkommens- und Vermögensverhältnisse die Aufwendungen wirtschaftlich nicht zumutbar sind und das persönliche Erscheinen nicht erst durch sein vorausgegangenes Verhalten erforderlich geworden ist.[270]

10 Bei **Leistungsempfängern nach dem SGB II (und dem SGB XII)** kommt eine Ablehnung des Aufwendungsersatzes nur ausnahmsweise in Betracht.[271]

11 Der Aufwendungsersatz wird grundsätzlich nachträglich (ggf. gegen Nachweis der entstandenen Kosten) gewährt. Ausnahmsweise kann bei wirtschaftlicher Unzumutbarkeit auch ein Vorschuss geleistet werden.

264 Kampe in jurisPK-SGB I, § 65 a SGB I Rn. 17 ff.
265 Mrozynski, SGB I, § 65 a Rn. 1.
266 Bspw. nur ausnahmsweise Taxikosten; vgl. Reinhardt in LPK-SGB I, § 65 a Rn. 7 mit weiteren Bsp. sowie Kampe in jurisPK-SGB I, § 65 a SGB I Rn. 21 f.
267 Vgl. Kampe in jurisPK-SGB I, § 65 a SGB I Rn. 23 f.
268 Vgl. Kampe in jurisPK-SGB I, § 65 a SGB I Rn. 25 ff.
269 Vgl. Reinhardt in LPK-SGB I, § 65 a Rn. 9 sowie Mrozynski, SGB I, § 65 a Rn. 5 f.
270 Vgl. Reinhardt in LPK-SGB I, § 65 a Rn. 10 sowie Mrozynski, SGB I, § 65 a Rn. 9 ff.
271 Vgl. hierzu BSG – 06. 12. 2007 – B 14/7 b AS 50/06 R.

§ 66 Folgen fehlender Mitwirkung

(1) Kommt derjenige, der eine Sozialleistung beantragt oder erhält, seinen Mitwirkungspflichten nach den §§ 60 bis 62, 65 nicht nach und wird hierdurch die Aufklärung des Sachverhalts erheblich erschwert, kann der Leistungsträger ohne weitere Ermittlungen die Leistung bis zur Nachholung der Mitwirkung ganz oder teilweise versagen oder entziehen, soweit die Voraussetzungen der Leistung nicht nachgewiesen sind. Dies gilt entsprechend, wenn der Antragsteller oder Leistungsberechtigte in anderer Weise absichtlich die Aufklärung des Sachverhalts erheblich erschwert.

(2) Kommt derjenige, der eine Sozialleistung wegen Pflegebedürftigkeit, wegen Arbeitsunfähigkeit, wegen Gefährdung oder Minderung der Erwerbsfähigkeit, anerkannten Schädigungsfolgen oder wegen Arbeitslosigkeit beantragt oder erhält, seinen Mitwirkungspflichten nach den §§ 62 bis 65 nicht nach und ist unter Würdigung aller Umstände mit Wahrscheinlichkeit anzunehmen, dass deshalb die Fähigkeit zur selbständigen Lebensführung, die Arbeits-, Erwerbs- oder Vermittlungsfähigkeit beeinträchtigt oder nicht verbessert wird, kann der Leistungsträger die Leistung bis zur Nachholung der Mitwirkung ganz oder teilweise versagen oder entziehen.

(3) Sozialleistungen dürfen wegen fehlender Mitwirkung nur versagt oder entzogen werden, nachdem der Leistungsberechtigte auf diese Folge schriftlich hingewiesen worden ist und seiner Mitwirkungspflicht nicht innerhalb einer ihm gesetzten angemessenen Frist nachgekommen ist.

Inhaltsübersicht Rn.

1. Allgemeines

1 Die Vorschrift existiert seit Bestehen des SGB I und wurde zuletzt mit Wirkung zum 21. Dezember 2007 geändert.[272]

2 Mit dieser Norm kann der Leistungsträger nach unterbleibender Mitwirkung nach §§ 60 bis 62 und 65 und wenn dadurch die Sachverhaltsaufklärung erheblicher erschwert ist, die Leistung bis zur Nachholung der Mitwirkung versagen oder entziehen. Gleiches gilt, wenn der Antragsteller oder Leistungsberechtigte in anderer Weise absichtlich die Aufklärung des Sachverhalts erheblich erschwert. Vergleichbares gilt, wenn der Mitwirkungsverpflichtete seiner Verpflichtung nach §§ 62 bis 65 nicht nachkommt und es deswegen beim Leistungsfall verbleibt bzw. dieser nicht vermindert wird.

Eine Versagung bzw. Entziehung von Sozialleistungen ist jedoch nur zulässig, wenn der Verpflichtete hierauf schriftlich hingewiesen wurde und er eine ihm gesetzte Frist verstreichen ließ.

3 Zu den Gesetzesmaterialien vgl. Reinhardt in LPK-SGB I, § 66 Rn. 4.

272 Vgl. Kampe in jurisPK-SGB I, § 66 SGB I Rn. 1 ff.

2. Erläuterungen

4 § 66 sieht unter bestimmten Voraussetzungen bzw. bestimmten Mitwirkungsverletzungen vor, dass der Sozialleistungsträger die betreffende Sozialleistung versagt oder entzieht.

5 Ein **Entziehen**[273] setzt eine Entscheidung über die Bewilligung voraus und kommt daher nur bei bereits bewilligten Leistungen in Betracht. Das **Versagen**[274] hingegen kommt nur in Betracht, wenn zwar der Antrag auf die Sozialleistung gestellt wurde, über diesen aber noch nicht entschieden wurde. Die Nichtgewährung (bei Versagen) bzw. das Nicht-Mehr-Erbringen (Entzug) ist dabei grundsätzlich **vorläufiger Natur** – eben bis die erforderliche Mitwirkungshandlung nachgeholt wird.

6 Damit sind Entzug und Versagung von einer (Antrags-)Ablehnung oder auch einer Aufhebung (§ 48 SGB X) bzw. Rücknahme (§ 45 SGB X) abzugrenzen. Bei Ablehnung, Aufhebung und Rücknahme handelt es sich vielmehr um abschließende Regelungen, die zudem nicht mangels entsprechender Mitwirkung, sondern mangels Vorliegens der Anspruchsvoraussetzungen erfolgt.[275]

7 Die Versagung bzw. der Entzug soll die Mitwirkungsverpflichteten lediglich zur Mitwirkung anhalten, eine Sanktionierung soll damit nicht einhergehen.[276] Entzug und Versagung gelten nur bis zur **Nachholung der Mitwirkung**. Für die Zeit ab der Nachholung muss die Leistung – bei Vorliegen der Leistungsvoraussetzungen – (wieder) gewährt werden. Für den Zeitraum der Versagung bis zum Zeitraum der nachgeholten Mitwirkung kommt eine Leistungsbewilligung nur nach § 67 in Betracht (siehe § 67).

8 Eine Mitwirkungsverletzung ist grundsätzlich schon dann zu bejahen, wenn dem Verlangen des Leistungsträgers nur teilweise oder nur zögerlich nachgekommen wird.[277]

9 Während Abs. 1 Sorge dafür tragen will, dass die leistungsrelevanten Umstände und Tatsachen vorliegen, wird mit Abs. 2 dem wirtschaftlichen Interesse des Leistungsträgers bzw. dem versicherungsrechtlichen Gedanken der Schadensminimierung Rechnung getragen.

Denn während **Abs. 1** einen Entzug bzw. eine Versagung nur dann vorsieht, wenn den nach § 65 zumutbaren Mitwirkungspflichten nach den §§ 60 bis 62 (Angaben von Tatsachen, persönliches Erscheinen, Untersuchungen) nicht nachgekommen und hierdurch die Aufklärung des Sachverhalts erheblich erschwert wird, kommen Entzug und Versagung nach **Abs. 2** nur in Betracht, wenn nach § 65 zumutbare Mitwirkungshandlungen hinsichtlich §§ 62 bis 64 verletzt werden. Es handelt sich dabei um Untersuchungen, Heilbehandlungen und Teilnahmen an Leistungen zur Teilhabe am Arbeitsleben, welche darauf ausgerichtet sind, den Leistungsanspruch zu beseitigen bzw. zu verringern.

10 **Abs. 1 Satz 1** fordert für eine rechtmäßige Entziehung bzw. Versagung von (allen) Sozialleistungen (siehe § 11), dass anderenfalls die **Aufklärung** des Sachverhalts **erheb-**

273 Vgl. Kampe in jurisPK-SGB I, § 66 SGB I Rn. 30.
274 Vgl. Kampe in jurisPK-SGB I, § 66 SGB I Rn. 27 ff.
275 Vgl. hierzu Reinhardt in LPK-SGB I, § 66 Rn. 7 f.
276 Vgl. Reinhardt in LPK-SGB I, § 66 Rn. 9.
277 Vgl. Reinhardt in LPK-SGB I, § 66 Rn. 10.

lich erschwert ist.[278] Dies ist grundsätzlich schon immer dann zu verneinen, wenn der Leistungsträger die gewünschten Angaben bzw. Unterlagen (durch geringeren Aufwand) von einer dritten Person oder – im Wege der Amtshilfe – von einer anderen Behörde oder – im Rahmen des Amtsermittlungsgrundsatzes (§ 20 SGB X) – auf andere Weise erlangen kann.

Nach **Abs. 1 Satz 2** kommt eine Versagung bzw. Entziehung aber auch dann in Betracht, wenn der Antragsteller oder Leistungsberechtigte in anderer Weise **absichtlich** die Aufklärung des Sachverhalts erheblich erschwert. Umfasst sind hier Fälle der Beweisunterdrückung oder Beeinflussung von Zeugen oder Sachverständigen und sonstige vergleichbare Handlungen.[279] **11**

Grundsätzlich gilt, dass der Leistungsträger nicht schon bei jeglicher Mitwirkungspflichtverletzung ohne Weiteres versagen oder entziehen darf. Vielmehr muss er vorher versuchen, im Rahmen seiner **Amtsermittlungspflicht** den Sachverhalt aufzuklären. Nur dann, wenn durch die fehlende Mitwirkung die Sachverhaltsaufklärung erheblich erschwert wird, kann er entsprechend handeln. D.h., dass der Leistungsträger, bevor er sein Ermessen hinsichtlich eines Entzugs bzw. einer Versagung ausübt, immer erst positiv feststellen muss, dass die Sachverhaltsaufklärung erheblich erschwert ist.[280] **12**

Ein Versagen bzw. Entziehen der Leistungen nach **Abs. 2**[281] kommt zunächst nur in Betracht, sofern es sich um Sozialleistungen wegen Pflegebedürftigkeit, wegen Arbeitsunfähigkeit, wegen Gefährdung oder Minderung der Erwerbsfähigkeit, anerkannten Schädigungsfolgen oder wegen Arbeitslosigkeit handelt. Weitere Voraussetzung ist, dass unter Würdigung aller Umstände mit Wahrscheinlichkeit anzunehmen ist, dass gerade wegen der fehlenden Mitwirkung (in Art der Untersuchungen, Heilbehandlungen und Teilnahmen an Leistungen zur Teilhabe am Arbeitsleben, welche darauf ausgerichtet sind, den Leistungsanspruch zu beseitigen bzw. zu verringern) die Fähigkeit zur selbständigen Lebensführung, die Arbeits-, Erwerbs- oder Vermittlungsfähigkeit im Vergleich zum Ist-Zustand beeinträchtigt, d.h. verschlechtert, oder aber zumindest nicht verbessert wird, gleichwohl eine Verbesserung wahrscheinlich wäre. **13**

Eine **Wahrscheinlichkeit nach Abs. 2** erfordert vom Leistungsträger eine **Prognoseentscheidung**,[282] ob als Folge der Mitwirkungspflichtverletzung die Fähigkeit zur selbständigen Lebensführung, die Arbeits-, Erwerbs- oder Vermittlungsfähigkeit beeinträchtigt oder nicht verbessert wird und deswegen höhere Leistungen als bei Erfüllung der Mitwirkungspflicht zu erbringen sind.[283] Eine überwiegende Wahrscheinlichkeit ist nicht erforderlich. Ausreichend ist vielmehr, wenn bei vernünftiger Erwägung den für die Wahrscheinlichkeit sprechenden Umständen so viel Gewicht zukommt, dass die dagegen sprechenden Umstände vernachlässigt werden können.[284] Diese Wahrscheinlichkeit hat **14**

---

278 Vgl. hierzu Kampe in jurisPK-SGB I, § 66 SGB I Rn. 20ff.
279 Vgl. Kampe in jurisPK-SGB I, § 66 SGB I Rn. 23.
280 Vgl. Reinhardt in LPK-SGB I, § 66 Rn. 14 sowie Kampe in jurisPK-SGB I, § 66 SGB I Rn. 35.
281 Vgl. Kampe in jurisPK-SGB I, § 66 SGB I Rn. 24ff. und Mrozynski, SGB I, § 66 Rn. 21ff.
282 Vgl. Mrozynski, SGB I, § 66 Rn. 25.
283 Vgl. Reinhardt in LPK-SGB I, § 66 Rn. 17.
284 Vgl. Reinhardt in LPK-SGB I, § 66 Rn. 17.

der Leistungsträger zunächst positiv festzustellen, bevor es im Rahmen seiner Ermessensausübung zu einem Versagen oder Entziehen kommt.[285]

15 Für jegliche Versagung bzw. Entziehung – gleich ob ein Fall des Abs. 1 oder des Abs. 2 vorliegt – ist zwingende Voraussetzung, dass der Mitwirkungsverpflichtete vorher auf diese Folge schriftlich hingewiesen und ihm eine angemessene Frist gesetzt wurde, der er nicht nachgekommen ist.[286] Diese **schriftliche Rechtsfolgenbelehrung** muss klar verständlich, vollständig und richtig sein. Anderenfalls kann die Belehrung ihre Warn- und Hinweisfunktion nicht erfüllen und es kann an sie keine Rechtsfolge i. S. e. Versagung und Entziehung geknüpft werden. Als Anknüpfungspunkt für die Annahme, dass der Mitwirkungspflicht nicht oder nicht ausreichend nachgekommen wurde, ist auf den Ablauf der dem Mitwirkungsverpflichteten auferlegten **angemessenen Frist** abzustellen. Sofern eine solche Fristsetzung unterblieb oder diese nicht angemessen (= es muss die Möglichkeit bestehen, das abverlangte Verhalten ohne schuldhaftes Zögern innerhalb der Frist zu erfüllen) war, kann keine Versagung oder Entziehung erfolgen.

16 Aufgrund der nicht unerheblichen Folgen einer Verletzung der Mitwirkungspflicht muss die Aufforderung zur Mitwirkung nicht nur eine schriftliche Rechtsfolgenbelehrung und eine Fristsetzung enthalten, sondern sie muss zudem die jeweilige abgeforderte Mitwirkungshandlung konkret, ggf. unter Angabe von Ort und Zeit sowie ihrer Art nach bezeichnen. Für den Mitwirkungsverpflichteten muss die Möglichkeit bestanden haben, dass er erkennt, welche Mitwirkung von ihm verlangt wird.

17 Sowohl die Entziehung als auch die Versagung sind mit Widerspruch bzw. Klage (bei Entziehung: isolierte Anfechtungsklage; bei Versagung: kombinierte Anfechtungs- und Leistungsklage) anfechtbar.[287]

§ 67 Nachholung der Mitwirkung

Wird die Mitwirkung nachgeholt und liegen die Leistungsvoraussetzungen vor, kann der Leistungsträger Sozialleistungen, die er nach § 66 versagt oder entzogen hat, nachträglich ganz oder teilweise erbringen.

Inhaltsübersicht

1. Allgemeines

1 Die Vorschrift existiert seit Bestehen des SGB I und blieb seitdem unverändert.[288]

---

285 Vgl. Kampe in jurisPK-SGB I, § 66 SGB I Rn. 35.
286 Vgl. Reinhardt in LPK-SGB I, § 66 Rn. 19 und Kampe in jurisPK-SGB I, § 66 SGB I Rn. 32 ff. sowie Mrozynski, SGB I, § 66 Rn. 30.
287 Vgl. zum Rechtsschutz Reinhardt in LPK-SGB I, § 66 Rn. 20 sowie Kampe in jurisPK-SGB I, § 66 SGB I Rn. 36.
288 Vgl. Kampe in jurisPK-SGB I, § 67 SGB I Rn. 1.

Mit § 67 wird es dem Leistungsträger ermöglicht, versagte oder entzogene Leistungen auch für die Vergangenheit ganz oder teilweise zu erbringen. 2

Zu den Gesetzesmaterialien vgl. Reinhardt in LPK-SGB I, § 67 Rn. 4. 3

2. Erläuterungen

§ 67 ist quasi das Korrelat zu § 66. Denn während § 66 bestimmt, dass Leistungen versagt und entzogen werden können und eine (Weiter-)Bewilligung allenfalls ab dem Zeitpunkt der Nachholung der Mitwirkung in Betracht kommt, bestimmt § 67, dass bei nachgeholter Mitwirkung die **Leistungen auch für den Zeitraum zwischen Versagung bzw. Entzug bis zur Mitwirkungsnachholung** (ganz oder teilweise) erbracht werden können.[289] 4

Kein Fall des § 67 ist es, wenn die Mitwirkung nach der Frist nach § 66 Abs. 3, aber vor Bekanntgabe der Versagungs- bzw. Entziehungsentscheidung erfolgt. In diesem Fall ist vielmehr davon auszugehen, dass die Mitwirkung noch rechtzeitig erfolgte.[290] 5

Eine nachträgliche Leistungserbringung bei nachgeholter Mitwirkung[291] wird **von Amts wegen** geprüft, bedarf also keines Antrags.[292] 6

Der Leistungsträger entscheidet unter **pflichtgemäßer Ermessensausübung** (siehe § 39), ob die versagte oder entzogene Leistung nachträglich ganz oder teilweise erbracht wird.[293] Sofern dem Leistungsträger durch die verspätete Mitwirkung selbst Kosten entstanden sind, wird das im Rahmen der Ermessensausübung ebenso zu berücksichtigen sein wie die persönlichen und wirtschaftlichen Verhältnisse des Mitwirkungsverpflichteten. Gerade im Bereich von Existenzsicherungsleistungen (SGB II und SGB XII) wird in der Regel davon auszugehen sein, dass nur eine positive Entscheidung zur Nachzahlung der Leistung ermessensfehlerfrei ist. Sofern der Zweck der ursprünglichen Leistung durch den Zeitablauf gar nicht mehr erfüllt werden kann (z. B. bei Sachleistungen), wird hingegen auch eine Ablehnung einer nachträglichen Erbringung ermessensfehlerfrei sein (können). 7

Zu beachten ist freilich, dass eine Nachzahlung nur dann überhaupt in Betracht kommt, wenn die Leistungsvoraussetzungen vorliegen.[294] 8

Sofern der Leistungsträger die erforderlichen Angaben oder Unterlagen **von Dritten** erhalten hat **oder** wenn die Nachholung der Mitwirkung aus anderem Grunde **unmöglich** ist, kann keine Mitwirkung mehr verlangt werden, sodass u. U. über eine entsprechende Anwendung des § 67 die Leistungen auch nachträglich zu erbringen sind.[295] 9

---

289 Vgl. Kampe in jurisPK-SGB I, § 67 SGB I Rn. 11.
290 Vgl. Reinhardt in LPK-SGB I, § 67 Rn. 5 und Mrozynski, SGB I, § 66 Rn. 9.
291 Vgl. hierzu Kampe in jurisPK-SGB I, § 67 SGB I Rn. 13 f.; Zum Zeitpunkt, ab welchem eine Nachholung der Mitwirkung angenommen werden kann: Mrozynski, SGB I, § 67 Rn. 4 ff.
292 Vgl. Reinhardt in LPK-SGB I, § 67 Rn. 7 und Mrozynski, SGB I, § 67 Rn. 3.
293 Vgl. hierzu Kampe in jurisPK-SGB I, § 67 SGB I Rn. 17.
294 Vgl. Kampe in jurisPK-SGB I, § 67 SGB I Rn. 15 f.
295 Vgl. Reinhardt in LPK-SGB I, § 67 Rn. 8 m. w. N. und Mrozynski, SGB I, § 66 Rn. 29.

Vierter Abschnitt
Übergangs- und Schlussvorschriften

§ 68 Besondere Teile dieses Gesetzbuches

Bis zu ihrer Einordnung in dieses Gesetzbuch gelten die nachfolgenden Gesetze mit den zu ihrer Ergänzung und Änderung erlassenen Gesetzen als dessen besondere Teile:

1. das Bundesausbildungsförderungsgesetz,
2. (aufgehoben)
3. die Reichsversicherungsordnung,
4. das Gesetz über die Alterssicherung der Landwirte,
5. das Gesetz über die Krankenversicherung der Landwirte,
6. das Zweite Gesetz über die Krankenversicherung der Landwirte,
7. das Bundesversorgungsgesetz, auch soweit andere Gesetze, insbesondere
a) § 80 des Soldatenversorgungsgesetzes,
b) § 59 Abs. 1 des Bundesgrenzschutzgesetzes,
c) § 47 des Zivildienstgesetzes,
d) § 60 des Infektionsschutzgesetzes,
e) §§ 4 und 5 des Häftlingshilfegesetzes,
f) § 1 des Opferentschädigungsgesetzes,
g) §§ 21 und 22 des Strafrechtlichen Rehabilitierungsgesetzes,
h) §§ 3 und 4 des Verwaltungsrechtlichen Rehabilitierungsgesetzes,
die entsprechende Anwendung der Leistungsvorschriften des Bundesversorgungsgesetzes vorsehen,
8. das Gesetz über das Verwaltungsverfahren der Kriegsopferversorgung,
9. das Bundeskindergeldgesetz,
10. das Wohngeldgesetz,
11. (weggefallen)
12. das Adoptionsvermittlungsgesetz,
13. (aufgehoben)
14. das Unterhaltsvorschussgesetz,
15. der Erste Abschnitt des Bundeserziehungsgeldgesetzes,
15a. der erste Abschnitt des Bundeselterngeld- und Elternzeitgesetzes,
16. das Altersteilzeitgesetz,
17. der Fünfte Abschnitt des Schwangerschaftskonfliktgesetzes.
18. (weggefallen)

Bundeserziehungsgeldgesetz und Bundeselterngeld- und Elternzeitgesetz

Inhaltsübersicht Rn.

1. BErzGG und BEEG als besondere Teile des SGB

§ 68 Nr. 15 und 15 a bestimmt, dass jeweils der erste Abschnitt des BErzGG und des BEEG bis zu ihrer Einordnung in das Sozialgesetzbuch (SGB) als dessen besondere Teile gelten. Zweck des § 68 ist, die Regelungen des SGB I u. a. auch auf das Erziehungs- und Elterngeld zu übertragen.[296] An § 68 verdeutlicht sich die eigentliche gesetzgeberische Intention, nämlich die Schaffung eines einzigen Sozialgesetzbuches. Da es sich dabei aber um ein »Mammutprojekt«[297] handelt, ist die Umsetzung nur in sehr kleinen Schritten möglich, und es bedarf der Klarstellung durch eine Vorschrift wie § 68, dass diese Gesetze dem Sozialrecht zuzuordnen sind. 1

Sowohl das BErzGG als auch das BEEG sind sozialrechtliche **Leistungsgesetze.** Mit der Zahlung des Erziehungs- bzw. Elterngeldes werden familienpolitische Ziele verfolgt, denn in der entscheidenden ersten Lebensphase eines Kindes sollen Väter wie Mütter mehr Wahlmöglichkeiten haben, Familie und Beruf miteinander zu vereinbaren.[298] Die im Vordergrund stehende ideelle Funktion des Erziehungsgeldes als Anerkennung von Erziehungsleistungen durch die Gemeinschaft[299] wurde durch die Einführung des Elterngeldes zum 01.01.2007 nicht aufgehoben, jedoch sollte damit eine bessere finanzielle Absicherung von Eltern und Kindern erfolgen.[300] Während das Erziehungsgeld eine reine **Sozialleistung für Geringverdiener** ist, stellt das Elterngeld eine echte **Einkommensersatzleistung** dar.[301] 2

Durch das Inkrafttreten des BEEG am 01.01.2007 ist das BErzGG abgelöst worden, jedoch existiert in § 27 BEEG eine **Übergangsvorschrift**, die sich auf Kinder bezieht, die vor dem 01.01.2013 geboren oder aber mit dem Ziel der Adoption aufgenommen worden sind. Für diese Kinder stellt § 27 BEEG sicher, dass auf sie das BEEG in der bis zum 31.12.2012 geltenden Fassung weiter anzuwenden ist und somit nach § 27 Abs. 1 BEEG a.F. der erste (und dritte) Abschnitt des BErzGG in der bis zum 31.12.2006 geltenden Fassung noch anwendbar ist. Sie haben Anspruch auf Erziehungs-, nicht aber Elterngeld. 3

2. Entstehungsgeschichte

Das BErzGG wurde zum 01.01.1986 eingeführt und löste den in den §§ 8 a ff. MuSchG a.F. geregelten Mutterschaftsurlaub ab. Neben der Möglichkeit für Väter und Mütter, bis zur Vollendung des 3. Lebensjahres des Kindes Erziehungsurlaub als unbezahlte Frei- 4

296 Kampe in jurisPK-SGB I, § 68 Rn. 14.
297 Ebda., § 68 Rn. 15.
298 BT-Drs. 10/3792, S. 1.
299 Ebda.
300 Buchner/Becker, Einf. BEEG Rn. 2.
301 Ebener, S. 92.

stellung von der Arbeitsleistung zu nehmen, sah es ein einkommensabhängiges Erziehungsgeld in Höhe von ursprünglich 600 DM bzw. 300 € vor, welches bis zur Vollendung des 2. Lebensjahres des Kindes bezogen werden konnte. Im Jahr 2001 erhöhte der Gesetzgeber schließlich das Erziehungsgeld auf 460 € beim Bezug für 12 Monate (Budget) und auf 307 € (Regelbetrag) bei einer Inanspruchnahme für die Dauer von 24 Monaten.[302] Außerdem ersetzte er den Begriff des Erziehungsurlaubs durch die Formulierung Elternzeit, um gesellschaftlichen Vorurteilen zu begegnen, dass Familienarbeit im Erziehungsurlaub bloße Freizeit und Muße sei.[303]

5 Das BEEG ist am 01.01.2007 in Kraft getreten[304] und erfasst alle Kinder, die ab dem 01.01.2007 geboren sind. Das mit dem BEEG eingeführte Elterngeld richtet sich nach der Berufstätigkeit und Berufsfähigkeit beider Elternteile – es sichert die wirtschaftliche Existenz derjenigen Eltern ab, die sich im ersten Lebensjahr primär um die Betreuung des Kindes kümmern. Staatliche Fürsorgeleistungen sollen damit vermieden werden.[305] Darüber hinaus zielt das Elterngeld auch auf gesellschaftliche Interessen, nämlich die Steigerung der Geburtenrate,[306] denn durch das erwerbsbezogene Konzept soll das Elterngeld gerade auch sog. »Doppelverdienerpaaren« einen Anreiz bieten, Kinder zu bekommen.[307] Gleichwohl sind zusätzliche familienpolitische Maßnahmen erforderlich, um die Familiengründung zu fördern,[308] so z.B. durch den Ausbau der Kindertagesbetreuung speziell für Kinder unter drei Jahren. Mit der letzten Änderung durch das Gesetz zur Vereinfachung des Elterngeldvollzugs, das am 18.09.2012 in Kraft getreten ist, bezweckt der Gesetzgeber vor allem eine Entlastung der Länder und Kommunen bei der bisher aufwändigen Einkommensermittlung der Elterngeldberechtigten. Für die Eltern, deren Kinder ab dem 01.01.2013 geboren werden, ist die Änderung zum Teil mit erheblichen Einbußen bei der Höhe des Elterngeldes verbunden (Dau in jurisPR-SozR 20/2012 Anm. 1), denn es kommt zu einem pauschalierten Abzug von Steuern und Sozialabgaben in Anlehnung an § 153 SGB III. Mit dem pauschalierten Steuerabzug bleiben nicht nur individuelle, auf der Lohnsteuerkarte eingetragene Freibeträge zukünftig unberücksichtigt, sondern auch für behinderte Berechtigte gibt es keine Ausnahmen mehr (Dau in jurisPR-SozR 20/2012 Anm. 1).

6 Sowohl das BErzGG als auch das BEEG enthalten in ihrem ersten Abschnitt, auf den § 68 Nr. 15 und 15a Bezug nimmt, den **sozialrechtlichen Regelungsbereich**, der das Erziehungs- bzw. Elterngeld vorsieht. Im zweiten Teil findet sich demgegenüber der **arbeitsrechtliche Bereich**, der die Elternzeit bzw. den früheren Erziehungsurlaub im Verhältnis zwischen Arbeitnehmern und Arbeitgeber beinhaltet[309] und der hier aufgrund der anderen Regelungsmaterie nicht zu behandeln ist.

---

302 Buchner/Becker, Einf. BEEG, Rn. 4.
303 Vgl. BT-Drs. 14/4133, S. 10.
304 BEEG v. 05.12.2006, BGBl. I S. 2748; zuletzt geändert durch Art. 1 G v. 10.09.2012, BGBl. I, S. 1878.
305 Böttcher, § 1 Rn. 2f.
306 Waltermann, S. 258 Rn. 530.
307 Ebda.
308 Buchner/Becker, Einf. BEEG Rn. 11.
309 Willikonsky, Vorb. BEEG.

3. Anspruch auf Elterngeld und Erziehungsgeld

3.1 Voraussetzungen im Einzelnen

Elterngeld können alle Personen in Anspruch nehmen, die ihren Wohnsitz oder gewöhnlichen Aufenthalt in Deutschland haben, mit einem Kind in einem Haushalt leben, dieses Kind selbst betreuen und erziehen und keine oder keine volle Erwerbstätigkeit ausüben, § 1 Abs. 1 BEEG. Anspruchberechtigt sind nach § 1 Abs. 1 BErzGG dieselben Väter und Mütter, jedoch setzt § 1 Abs. 1 Nr. 2 BErzGG im Unterschied zu § 1 Abs. 1 Nr. 2 BEEG noch voraus, dass dem Anspruchsberechtigten das Personensorgerecht zustehen muss. Es spielt weder für das Elterngeld noch das Erziehungsgeld eine Rolle, ob die Eltern verheiratet sind oder aber in einer eheähnlichen Gemeinschaft zusammenleben. Auch die Lebenspartner i. S. d. Lebenspartnerschaftsgesetzes (LPartG) sind anspruchsberechtigt. Dies geht aus § 1 Abs. 3 BEEG hervor. Hinzu kommen Personen, die dem deutschen Sozialversicherungsrecht unterliegen oder aber vorübergehend ins Ausland versetzt, abgeordnet oder entsendet worden sind, § 1 Abs. 2 Nr. 1 BEEG sowie § 1 Abs. 2 Nr. 1 BErzGG. Entwicklungshelfer, Missionare und Personen, die nur vorübergehend bei einer zwischen- oder überstaatlichen Institution tätig sind, können ebenfalls Elterngeld beanspruchen, § 1 Abs. 2 Nr. 2 und 3 BEEG. 7

Zwar sind primär die leiblichen Eltern anspruchsberechtigt, aber auch für solche Kinder wird Elterngeld gewährt, die mit dem Ziel der Annahme als Kind in den Haushalt aufgenommen worden sind. Schließlich gibt es auch Elterngeld für diejenigen Kinder, bei denen die Anerkennung der Vaterschaft nach § 1594 Abs. 2 BGB noch nicht wirksam oder über die beantragte Vaterschaftsfeststellung gemäß § 1600 d BGB noch nicht entschieden worden ist.[310] Unter den Voraussetzungen des § 1 Abs. 7 BEEG[311] erhalten auch **nicht freizügigkeitsberechtigte Ausländer** Elterngeld, wenn sie über eine Niederlassungs- oder Aufenthaltserlaubnis verfügen. Für **freizügigkeitsberechtigte Ausländer**, die die Staatsangehörigkeit eines Mitgliedstaates des Europäischen Union, eines Vertragsstaates des Europäischen Wirtschaftsraums oder der Schweiz besitzen, gilt der Elterngeldanspruch ohne weiteres, wenn sie in Deutschland arbeiten oder wohnen.[312] 8

Das Kind muss von dem Elterngeld- bzw. Erziehungsgeldberechtigten **selbst betreut und erzogen** werden. Neben der Pflege und Versorgung ist dies u. a. gegeben beim Stillen, Füttern, Wickeln, Baden, der medizinischen Versorgung und ersten pädagogischen Maßnahmen.[313] Eine eigene Betreuung und Erziehung liegt auch dann noch vor, wenn das Kind kurzfristig, z. B. bei den Großeltern, während einer Fortbildungsveranstaltung, eines Kuraufenthalts oder eines Erholungsurlaubs von angemessener Dauer untergebracht ist.[314] § 1 Abs. 4 und 5 BEEG enthalten weitere Ausnahmen vom Gebot der eigenen Be- 9

310 Künkele in Brand (Hrsg.), S. 269 Rn. 1296.
311 Vgl. auch § 1 Abs. 6 BErzGG.
312 Ebener, S. 94 f.
313 Künkele in Brand (Hrsg.), S. 270 Rn. 1298.
314 Böttcher, § 1 Rn. 20.

treuung und Erziehung, z.B. im Fall eines Krankenhausaufenthalts des Kindes oder der anspruchsberechtigten Person.[315] Der Aufenthalt des Kindes in einer Kinderkrippe oder aber bei einer Tagesmutter ist dabei für den Anspruch grundsätzlich unschädlich.

10 Voraussetzung des Eltern- wie Erziehungsgeldes ist, dass entweder keine oder keine volle Erwerbstätigkeit ausgeübt wird. Nach § 1 Abs. 6 BEEG, liegt **keine volle Erwerbstätigkeit** vor, wenn die Arbeitszeit durchschnittlich 30 Stunden pro Woche im Durchschnitt des Monats nicht übersteigt, eine Beschäftigung zur Berufsausbildung verrichtet wird oder aber Tagespflege i.S.v. § 23 SGB VIII mit nicht mehr als fünf Kindern geleistet wird. Erfasst sind hiervon folglich auch Schüler, Studenten und Auszubildende sowie Praktikanten, Volontäre und Teilnehmer an Maßnahmen zur beruflichen Fortbildung oder Umschulung.[316] Ist ein Student zusätzlich zum Studium noch erwerbstätig, so darf er insgesamt die arbeitszeitliche Grenze von 48 Stunden wöchentlich nicht überschreiten. Eine neben dem Studium bis zu 19 Stunden wöchentlich ausgeübte Beschäftigung genügt dieser Anforderung.[317] Im Unterschied zu § 1 Abs. 6 BEEG legt demgegenüber § 2 BErzGG fest, dass derjenige keine volle Erwerbstätigkeit ausübt, dessen Arbeitszeit 30 Stunden wöchentlich nicht überschreitet. § 1 Abs. 6 BEEG flexibilisiert demnach in der Neufassung seit dem 18.09.2012 die Teilzeitarbeit während der Elternzeit (Düwell in jurisPR-ArbR 34/2012 Anm. 1).

11 Zu beachten ist, dass Eltern- und Erziehungsgeld nur auf **schriftlichen Antrag** ausgezahlt wird. Darüber hinaus wird Elterngeld lediglich für die letzten drei Monate vor dem Monat der Antragstellung gewährt, § 7 Abs. 1 BEEG. Beim Erziehungsgeld sieht § 4 Abs. 2 BErzGG ausdrücklich vor, dass es rückwirkend für höchstens sechs Monate vor der Antragstellung bewilligt wird. **Spitzenverdiener** sind nach § 1 Abs. 8 BEEG im Übrigen generell vom Elterngeldbezug ausgeschlossen: Hat die berechtigte Person im letzten abgeschlossenen Veranlagungszeitraum vor der Geburt des Kindes ein zu versteuerndes Einkommen von mehr als 250000 € als Alleinerziehende oder als Elternpaar mehr als 500000 € erzielt, so entfällt der Elterngeldanspruch vollständig.

3.2 Höhe

12 Nach § 2 Abs. 1 BEEG beträgt das Elterngeld 67 % des Einkommens aus Erwerbstätigkeit vor der Geburt des Kindes. Der Höchstbetrag liegt bei 1800 € monatlich. Ist das durchschnittliche monatliche Einkommen geringer als 1000 €, so sieht § 2 Abs. 2 BEEG eine Anhebung des Prozentsatzes von 67 % um 0,1 % je 2 €, respektive um 1 % je 20 € vor, um die das maßgebliche Einkommen den Betrag von 1000 € unterschreitet. Damit kann das Elterngeld in der Höhe bis zu 100 % betragen.

> **Beispiel:**
> Verdient jemand vor der Geburt des Kindes 800 €, so liegt das Einkommen um 200 € unter der Grenze von 1000 €. Der für die betroffene Person maßgebliche Prozentsatz wird nun-

---

315 Künkele in Brand (Hrsg.), S. 270 Rn. 1299.
316 Ebener, S. 96, 98.
317 BSG – 13.05.1998 – B 14 EG 2/97 R.

mehr wie folgt berechnet: 200 € : 20 = 10 %. Diese 10 % werden zu dem Prozentsatz in Höhe von 67 % hinzugerechnet, so dass der Person ein Anspruch auf Elterngeld in Höhe von 77 % (= 616 €) zusteht. Ist jemand auf geringfügiger Basis beschäftigt gemäß § 8 Abs. 1 Nr. 1 SGB IV und erzielt aus dieser Tätigkeit ein durchschnittliches Monatseinkommen in Höhe von 400 €, so beträgt das Eltergeld 97 %, d. h. 388 €. Ein Elterngeld in Höhe von 100 % erhält derjenige, der vor der Geburt durchschnittlich 340 € verdient hat.

Zum **Einkommen aus Erwerbstätigkeit** wird die um die Abzüge für Steuern und Sozialabgaben verminderte Summe aller positiven Einkünfte aus selbständiger und unselbständiger Arbeit, aus Land- und Forstwirtschaft sowie aus Gewerbebetrieb gerechnet.[318] Damit wird der Einkommensermittlung der steuerrechtliche Einkommensbegriff aus § 2 Abs. 1 Nr. 1 bis 4 EStG zugrunde gelegt.[319] Bei der Berechnung des Elterngeldes bleiben allerdings steuerfreie Einnahmen wie z. B. Arbeitslosengeld, Krankengeld oder Streikgeld außer Betracht.[320] Unberücksichtigt bleiben ferner Einmalzahlungen, wie z. B. Weihnachtsgratifikation, Urlaubsgeld oder Urlaubsabgeltung, eine jährliche Leistungsprämie oder eine Jubiläumszuwendung.[321] In die Elterngeldberechnung fließt demnach lediglich das laufende Arbeitseinkommen ein, zu dem auch Provisionen gehören, wenn sie mehrmals im Jahr[322] oder aber als 13. Monatsgehalt monatlich in Teilbeträgen ausgezahlt werden.[323] Bei mehreren Arbeitsverhältnissen der anspruchsberechtigten Person wird das Elterngeld schließlich auf der Basis des Einkommens aus allen Tätigkeiten ermittelt. Hinzuweisen ist außerdem darauf, dass ein **Steuerklassenwechsel**, um die Höhe des Elterngeldes zu steigern, zulässig ist und keinen Rechtsmissbrauch darstellt.[324] Dies hat sich auch mit dem Inkrafttreten des Gesetzes zur Vereinfachung des Elterngeldvollzugs am 18. 09. 2012 nicht geändert. **13**

Ist das Einkommen tatsächlich höher als 1200 €, so bestimmt § 2 Abs. 2 Satz 2 BEEG, dass der Prozentsatz von 67 % um 0,1 % je 2 € bzw. 1 % je 20 € sinkt, um die das maßgebliche Einkommen den Betrag von 1200 € überschreitet. Die **Untergrenze** liegt bei 65 %. Schließlich beträgt das Elterngeld nach § 2 Abs. 4 BEEG in jedem Fall **mindestens 300 €**. Bei **Mehrlingsgeburten** erhöht sich das auf die o. g. Weise berechnete Elterngeld um jeweils 300 € für das zweite und jedes weitere Kind, § 2 a Abs. 4 BEEG, um die mit der Mehrlingsgeburt verbundenen höheren Belastungen auszugleichen (Mehrlingszuschlag).[325] **14**

Wird von der anspruchsberechtigten Person nach der Geburt des Kindes ein **niedrigeres Einkommen** als vor der Geburt erzielt, weil Teilzeitarbeit im Umfang von im **15**

---

318 Böttcher, § 2 Rn. 2.

319 Lenz in Rancke (Hrsg.), § 2 Rn. 3. Mit der Änderung des BEEG durch das Gesetz zur Vereinfachung des Elterngeldvollzugs ist der elterngeldrechtliche Einkommensbegriff noch stärker als bisher an das Steuerrecht gebunden, vgl. Dau in jurisPR-SozR 20/2012 Anm. 1.

320 BSG – 17. 02. 2011 – B 10 EG 17/09 R; BSG – 17. 02. 2011 – B 10 EG 20/09 R; BSG – 17. 02. 2011 – B 10 EG 21/09 R.

321 Ebener, S. 104.

322 Ebda.

323 SG Münster – 25. 09. 2007 – S 2 EG 26/07.

324 BSG – 25. 06. 2009 – B 10 EG 3/08 R.

325 Willikonsky, § 2 Rn. 20.

Durchschnitt eines Monats 30 Stunden wöchentlich verrichtet wird, besteht Anspruch auf das sog. **Teilelterngeld.**[326] Das Teilelterngeld berechnet sich dabei nach dem gemäß § 2 Abs. 1 oder 2 BEEG ermittelten Prozentsatz, der auf den Differenzbetrag zwischen dem Einkommen vor der Geburt und nach der Geburt angelegt wird, § 2 Abs. 3 BEEG. Für die Zeit vor der Geburt ist dabei höchstens ein durchschnittliches monatliches Einkommen in Höhe von 2770 € netto anzusetzen.

16 Leben weitere Kinder mit dem Elterngeldberechtigten in einem Haushalt, so sieht § 2 a Abs. 1 BEEG einen sog. **Geschwisterbonus**[327] vor. Es wird differenziert nach Familien, die mit zwei Kindern unter drei Jahren zusammenleben und Familien, in deren Haushalt drei oder mehr Kinder unter sechs Jahren leben. In diesem Fall erhöht sich das Elterngeld um 10 %, jedoch mindestens um 75 €. Der Anspruch auf diesen Geschwisterbonus besteht, **solange** mindestens ein älteres Kind unter drei Jahren mit im Haushalt lebt oder aber mindestens zwei ältere Kinder unter sechs Jahren. Der Anspruch endet also mit Erreichen der jeweiligen Altersgrenze. Sinn und Zweck dieses Erhöhungsbetrags ist es, die Einkommenseinschränkungen nach der Geburt eines weiteren Kindes auszugleichen.[328] Wichtig ist, dass nach § 2 a Abs. 4 Satz 2 BEEG die Berücksichtigung der Geschwister aus einer Mehrlingsgeburt auch gilt, wenn bereits über § 2 a Abs. 4 BEEG pro Kind ein weiteres Elterngeld in Höhe von 300 € gezahlt wird (vgl. Rn. 14). Ist ein Geschwisterkind behindert i. S. v. § 2 Abs. 1 SGB IX, so ist die Altersgrenze auf 14 Jahre heraufgesetzt.

17 Nach § 3 Abs. 1 BEEG wird auf das Elterngeld das **Mutterschaftsgeld** gemäß § 200 RVO sowie der Arbeitgeberzuschuss zum Mutterschaftsgeld nach § 14 MuSchG für die Mutterschutzfristen **nach der Geburt** in voller Höhe angerechnet, d. h., Elterngeld wird erst nach dem Ablauf der Mutterschutzfrist von acht bzw. zwölf Wochen bei Früh- und Mehrlingsgeburten nach der Geburt geleistet. Außer Anrechnung bleibt demgegenüber das Mutterschaftsgeld in Höhe von 210 € gemäß § 13 Abs. 2 MuSchG zu Lasten des Bundesversicherungsamtes für privat krankenversicherte Frauen. Dies gilt nicht für den Arbeitgeberzuschuss nach § 14 MuSchG.

18 Etwaige **Unterhaltsansprüche** der elterngeldberechtigten Person werden vom Elterngeld nur insoweit berührt, als dass sie 300 € (bzw. 150 € im Fall des § 6 Satz 2 BEEG, vgl. dazu Rn. 22) überschreiten. Hintergrund ist, dass zumindest ein Elterngeld in Höhe von 300 € belassen werden soll und der Unterhalt durch die unterhaltsverpflichtete Person nicht etwa wegen des Elterngeldbezugs gekürzt werden kann.[329] Bei Mehrlingsgeburten vervielfachen sich diese Beträge um die konkrete Anzahl der Kinder.

19 Anders als beim Elterngeld ist das **Erziehungsgeld** in Höhe von 460 € monatlich als Budget (für 12 Monate) bzw. in Höhe von 307 € als Regelbetrag (für 24 Monate) nach § 5 Abs. 3 BErzGG **einkommensabhängig** ausgestaltet. Bei Ehegatten, die nicht dauernd getrennt leben, entfällt der Anspruch auf den Regelbetrag, wenn ihr jährliches Einkommen gemäß § 6 BErzGG in den ersten sechs Lebensmonaten des Kindes 30 000 € überschreitet.

326 Ebener, S. 109.
327 Lenz in Rancke (Hrsg.), § 2 Rn. 10.
328 Böttcher, § 2 Rn. 9.
329 Böttcher, § 11 Rn. 1.

Für andere Berechtigte gilt an dieser Stelle eine Einkommensgrenze von 23 000 €. Ab dem 7. Lebensmonat des Kindes verringert sich das Erziehungsgeld, wenn das Einkommen der nicht dauernd getrennt voneinander lebenden Ehegatten 16 500 € und bei anderen Berechtigten 13 500 € überschreitet. Der Anspruch auf das Budget entfällt, wenn Ehegatten mehr als 22 086 € bzw. andere Berechtigte mehr als 19 086 € Jahreseinkommen erzielen. Diese Beträge erhöhen sich jeweils um 3140 € für jedes weitere Kind des Berechtigten oder seines nicht dauernd getrennt lebenden Ehegatten, § 5 Abs. 3 Satz 4 BErzGG. Die Verringerung des Erziehungsgeldes ab dem 7. Lebensmonat erfolgt nach Maßgabe des § 5 Abs. 4 BErzGG. Eltern in eheähnlicher Lebensgemeinschaft und Lebenspartner (nach LPartG) werden bei den Einkommensgrenzen wie Ehegatten behandelt. Auch beim Erziehungsgeld werden Entgeltersatzleistungen wie z. B. das Arbeitslosengeld, Krankengeld, Verletztengeld oder vergleichbare Entgeltersatzleistungen nach dem SGB III, SGB V, SGB VI oder aber SGB VII nicht angerechnet, da sie nicht als Einkommen gelten, § 6 Abs. 1 Satz 2 BErzGG. § 6 Abs. 6 BErzGG legt außerdem fest, dass bei der berechtigten Person, die während des Bezugs von Erziehungsgeld nicht erwerbstätig ist, das Einkommen aus der vorangegangenen Beschäftigung außer Betracht bleibt. Geht sie einer Teilzeittätigkeit nach, so sind die voraussichtlichen Einkünfte aus dieser Tätigkeit maßgeblich.

3.3 Dauer

Elterngeld wird gemäß § 4 Abs. 1 BEEG ab dem Tag der Geburt bis zur Vollendung des **20** 14. Lebensmonats des Kindes gezahlt. Für adoptierte Kinder und Kinder, die mit dem Ziel der Annahme als Kind in den Haushalt aufgenommen worden sind, wird Elterngeld ab dem Tag der Aufnahme für die Dauer von 14 Monaten, längstens bis zur Vollendung des 8. Lebensjahres des Kindes, gewährt.

Das Elterngeld wird für Lebensmonate des Kindes gezahlt, und zwar in monatlichen **21** Beträgen. Ein Elternteil kann jedoch nur für die Dauer von **12 Monaten** Elterngeld beziehen. Will ein Elternpaar tatsächlich **14 Monate** Elterngeld und damit die sog. **Partnermonate**[330] in Anspruch nehmen, so ist dies nur möglich, wenn auch der andere Elternteil für die Dauer von mindestens zwei Monaten seine Erwerbstätigkeit unterbricht oder aber seine Arbeitszeit auf im Durchschnitt eines Monats 30 Stunden wöchentlich reduziert. Ausnahmsweise kann auch derjenige 14 Monate Elterngeld beanspruchen, wenn die Betreuung durch den anderen Elternteil das Kindeswohl gefährden würde, eine schwere Krankheit des anderen Elternteils vorliegt oder der Anspruchsberechtigte alleinerziehend ist und weder eine gemeinsame Wohnung mit dem anderen Elternteil besteht noch dieser mit dem Kind zusammen in einer Wohnung lebt, § 4 Abs. 3 Satz 4 BEEG. Gemäß § 4 Abs. 2 Satz 4 BEEG können die Eltern Elterngeld **abwechselnd** oder **gleichzeitig** beziehen. Dies ist ein wesentlicher Unterschied zum Erziehungsgeld, das nach § 3 BErzGG nur von einer Person in Anspruch genommen werden kann. Selbst wenn beide Elternteile die Anspruchsvoraussetzungen erfüllen, müssen sie gemäß § 3 Abs. 2 BErzGG bestimmen, wem das Erziehungsgeld gezahlt werden soll. Der gleichzeitige Bezug des Elterngelds durch beide

---

330 Lenz in Rancke (Hrsg.), § 4 Rn. 1.

Eltern trägt dem Umstand der möglichst großen Flexibilität bei der Betreuung und Erziehung des Kindes Rechnung.[331]

22 Schließlich ermöglicht § 6 Satz 2 BEEG, dass das Elterngeld auf Antrag in zwei halben Monatsbeträgen ausgezahlt werden kann. Auf diese Weise verdoppelt sich der Auszahlungszeitraum. Daraus folgt, dass sich der Bezugszeitraum auf maximal 28 Monate erstrecken kann.[332] Abzuziehen sind hiervon lediglich die nach § 3 BEEG anzurechnenden Leistungen, wie z.B. das Mutterschaftsgeld und der Arbeitgeberzuschuss zum Mutterschaftsgeld (vgl. Rn. 17).

23 Das **Erziehungsgeld** kann nach § 4 BErzGG unter Beachtung der Einkommensgrenzen des § 5 Abs. 3 BErzGG entweder als Regelbetrag für die Dauer von 24 Monaten bezogen werden oder aber als Budget für 12 Monate. Es ist schriftlich für jeweils ein Lebensjahr zu beantragen.

4. Verhältnis zu anderen Sozialleistungen

24 Das Elterngeld und vergleichbare Leistungen der Länder (Landeselterngeld in Baden-Württemberg, Bayern, Sachsen, Thüringen, das im Anschluss an das Elterngeld des Bundes nach BEEG unter bestimmten Voraussetzungen gewährt wird) bleiben grundsätzlich bis zu einer Höhe von 300 € monatlich bei Sozialleistungen, deren Zahlung von anderen Einkommen abhängig ist, unberücksichtigt. Dies geht aus § 10 Abs. 1 BEEG hervor, so dass damit dem Berechtigten 300 € zusätzlich zustehen. Einkommensabhängige Sozialleistungen i.d.S. sind z.B. Wohngeld und BaföG[333] sowie Kindergeld nach BKKG etc.[334] Nach § 10 Abs. 2 und 3 BEEG darf der Bezug von Elterngeld bis zur Höhe von 300 € nicht dafür herangezogen werden, um auf Rechtsvorschriften beruhende Leistungen anderer, auf die kein Anspruch besteht – sog. Ermessensleistungen – zu versagen. Das bedeutet, dass andere Leistungsträger sich bei der Ablehnung einer solchen Leistung nicht auf das Elterngeld berufen können. Dies bezieht sich insbesondere auf Leistungen der Versicherungsträger, z.B. Eltern-Kind-Kuren nach § 24 SGB V.[335] Durch § 10 Abs. 4 BEEG wird weiter gewährleistet, dass sich für Eltern von Mehrlingen die Freibeträge um jeweils 300 € pro Kind erhöhen. Nach § 10 Abs. 6 BEEG, gelten die Absätze 1 bis 4 auch für Sozialleistungen, auf die ein vom Einkommen abhängiger Kostenbeitrag erhoben werden kann. Ein Beispiel dafür ist § 91 SGB VIII, der sich auf Kostenbeiträge z.B. für die stationäre oder teilstationäre Unterbringung von Kindern und Jugendlichen bezieht.

25 Anders ist die Situation bei Leistungen nach dem SGB II, dem SGB XII und beim Kinderzuschlag gemäß § 6a BKKG, denn die **bisherige Anrechnungsfreiheit** wurde seit dem 01.01.2011 aufgegeben. § 10 Abs. 5 BEEG bestimmt in diesem Zusammenhang, dass Elterngeld in voller Höhe als Einkommen bei der Berechnung dieser Leistungen angerechnet wird. Demzufolge wird Elterngeld in Höhe von 300 € neben den **um diesen**

331 Buchner/Becker, § 4 Rn. 12; Waltermann, S. 258 Rn. 530.
332 Künkele in Brand (Hrsg.), S. 272 Rn. 1314.
333 Ebener, S. 120.
334 Böttcher, § 10 Rn. 4.
335 Buchner/Becker, § 10 Rn. 25.

Betrag gekürzten Sozialleistungen gezahlt. Einen Elterngeldfreibetrag in Höhe von bis zu 300 € erhalten nach § 10 Abs. 5 Satz 2 BEEG nur die sog. **Aufstocker** bei Arbeitslosengeld II nach §§ 19 ff. SGB II, Sozialhilfe und Kinderzuschlag, sofern sie vor der Geburt des Kindes erwerbstätig gewesen sind.[336] Wird die Verlängerung des Elterngeldbezugs nach § 6 Satz 2 BEEG in Anspruch genommen, so bleibt das Elterngeld als monatliches Einkommen in Höhe von 150 € anrechnungsfrei.

Beim **Erziehungsgeld** ergibt sich aus § 8 BErzGG, dass bei anderen vom Einkommen abhängigen Sozialleistungen eine Anrechnung unterbleibt. Identität besteht demgegenüber mit § 10 Abs. 2 und 3 BEEG bei den Ermessensleistungen, vgl. § 8 Abs. 2 BErzGG. § 8 Abs. 3 BErzGG stellt allerdings klar, dass im Ausland in Anspruch genommene Leistungen, die dem Erziehungsgeld und Mutterschaftsgeld vergleichbar sind, anzurechnen sind, wenn sich nicht aus dem **Vorrang des EU-Rechts** über Familienleistungen etwas anderes ergibt. 26

5. Durchsetzung des Eltern- und Erziehungsgeldes

Ist bei der zuständigen Behörde – der **Elterngeldstelle** des jeweiligen Bundeslandes – ein schriftlicher Antrag gemäß § 7 Abs. 1 BEEG auf Elterngeld eingegangen und wird dieser von der Elterngeldstelle abgelehnt, so muss der Anspruchsteller zunächst schriftlich oder zur Niederschrift bei der Elterngeldstelle **Widerspruch** einlegen. § 78 SGG setzt die Durchführung eines Widerspruchsverfahrens vor Erhebung der Klage ausdrücklich voraus. Der Widerspruch muss innerhalb eines Monats ab Zugang des Elterngeldbescheids bei der Behörde eingegangen sein. Wird der Widerspruch durch einen Widerspruchsbescheid (§ 85 Abs. 3 SGG) zurückgewiesen, so kann nach § 13 Abs. 1 BEEG beim zuständigen **Sozialgericht** in Angelegenheiten, die die Zahlung des Elterngeldes betreffen (§§ 1 bis 12 BEEG), Klage erhoben werden. Auch die Klage muss innerhalb eines Monats nach Zugang bzw. Zustellung des Widerspruchsbescheids beim Sozialgericht erhoben worden sein. **Örtlich** zuständig ist nach § 57 Abs. 1 SGG in der Regel das Sozialgericht, in dessen Bezirk der Elterngeldberechtigte seinen Wohnsitz oder Aufenthaltsort hat.[337] 27

Widerspruch und Anfechtungsklage haben im Übrigen gemäß § 13 Abs. 2 BEEG keine aufschiebende Wirkung. Dies bezieht sich auf die sog. **belastenden Verwaltungsakte**, z. B. wenn die Zahlung des Elterngeldes eingestellt oder aber reduziert wird.[338] Ist ein Rückforderungs- bzw. Aufhebungsbescheid ergangen, so würde die grundsätzlich aufschiebende Wirkung eines Widerspruchs oder einer (Anfechtungs-)Klage nach § 86 a Abs. 1 SGG dazu führen, dass die Elterngeldstelle ihre Rechtsposition zunächst nicht durchsetzen könnte. Aufgrund des kurzen Leistungszeitraums von Elterngeld befürchtete der Gesetzgeber, Rückforderungen ggf. nicht durchsetzen zu können. Deshalb hat er sich für den Ausschluss der aufschiebenden Wirkung gemäß § 13 Abs. 2 BEEG entschieden.[339] 28

§ 13 BEEG über den Rechtsweg entspricht wörtlich dem § 13 BErzGG. 29

336 Ebener, S. 121.
337 Buchner/Becker, § 13 Rn. 14; Böttcher, § 13 Rn. 4.
338 Lenz in Rancke (Hrsg.), § 13 Rn. 11.
339 Vgl. Buchner/Becker, § 13 Rn. 9.

6. Betriebs- und Personalräte

30 Für Betriebs- und Personalräte gibt es im Zusammenhang mit der Zahlung des Eltern- bzw. Erziehungsgeldes kaum ein Betätigungsfeld, da sich die allgemeinen Aufgaben nach § 80 Abs. 1 Nr. 2a und 2b BetrVG und § 68 Abs. 1 Nr. 5a BPersVG auf Fragen der Vereinbarkeit von Familie und Beruf sowie die Durchsetzung der tatsächlichen Gleichberechtigung von Frauen und Männern beziehen und damit die **arbeitsrechtlichen** Fragestellungen der Arbeitszeitgestaltung, Betriebskindergärten sowie Fördermaßnahmen zur Durchsetzung der Gleichberechtigung der Geschlechter im Betrieb und in der Dienststelle gemeint sind. Der Elterngeld- und Erziehungsgeldanspruch ist demgegenüber **sozialrechtlicher Natur** und berührt das Arbeitsverhältnis zwischen dem Elterngeldberechtigten und dem Arbeitgeber lediglich mittelbar über § 9 BEEG respektive § 12 BErzGG (Einkommens- und Arbeitszeitnachweis, Auskunftspflicht des Arbeitgebers). Der Betriebs- oder Personalrat kann hier bei Schwierigkeiten, die sich auf die erforderlichen Auskünfte durch den Arbeitgeber beziehen, aber zumindest vermittelnd tätig werden.

Bundeskindergeldgesetz

Inhaltsübersicht

1. BKKG als besonderer Teil des SGB

1 Das BKKG gilt über § 68 Nr. 9 als ein besonderer Teil des Sozialgesetzbuchs. § 68 Nr. 9 zielt auf die Übertragung der Vorschriften des im SGB I enthaltenen allgemeinen Teils u. a. auch auf das BKKG.[340] In diesem Zusammenhang stellt § 6 klar, dass derjenige, der Kindern zum Unterhalt verpflichtet ist, auch ein Recht auf die Minderung der damit verbundenen Belastungen hat. Dies wird in § 25 durch den sog. **Familienleistungsausgleich** konkretisiert, der neben dem Kindergeld nach dem BKKG auch den Kinderzuschlag, Leistungen für Bildung und Teilhabe, Erziehungs- und Elterngeld beinhaltet.[341]

2 Das Kindergeldrecht ist maßgeblich durch verschiedene Entscheidungen des BVerfG geprägt worden, denn das Gericht hat deutlich gemacht, dass Art. 6 Abs. 1 GG die Steuerfreiheit des Existenzminimums aller Familienmitglieder gebietet, um einen angemessenen

340 Kampe in jurisPK-SGB I, § 68 Rn. 14.
341 Muckel, S. 433 Rn. 21.

Familienleistungsausgleich zu gewährleisten.[342] Wenn der Gesetzgeber die steuerliche Leistungsfähigkeit von Familien durch Sozialleistungen wie z. B. das Kindergeld mindert, so muss die Freistellung von der Einkommenssteuer angemessen und realitätsgerecht sein sowie zu einer tatsächlichen Entlastung führen.[343]

Vor dem Hintergrund der Rechtsprechung hat der Gesetzgeber das Kindergeldrecht im Jahr 1996 durch das Jahressteuergesetz[344] umgestaltet und den Schwerpunkt in das **Steuerrecht** – §§ 31, 32 und 62 bis 78 EStG – verlagert.[345] Kindergeld wird danach nur noch in Ausnahmefällen als **echte Sozialleistung** nach dem BKKG gezahlt.[346] Immerhin erhalten heute ca. 99 % aller Kindergeldberechtigten das steuerrechtliche Kindergeld in Form des Kinderfreibetrags nach § 32 EStG oder als monatliche Steuervergütung nach §§ 62 ff. EStG.[347] Der **Nachrang des Kindergeldes gemäß BKKG** wird im übrigen durch § 25 Abs. 1 ausdrücklich festgelegt, denn dort ist formuliert, dass nur dann Kindergeld nach dem BKKG in Anspruch genommen werden kann, wenn der Familienleistungsausgleich gemäß § 31 EStG nicht zur Anwendung kommt. § 25 ist demnach keine Anspruchsgrundlage für das Kindergeld, sondern vielmehr die Brücke zwischen dem sozialen Recht auf Minderung der familiären Unterhaltsbelastungen für Kinder aus § 6 und dem Anspruch auf Kindergeld gemäß BKKG und EStG.[348] 3

2. Entstehungsgeschichte

Kindergeld wurde bereits 1955 durch das damalige Kindergeldgesetz vom 13. 11. 1954[349] gewährt. So erhielten Familien ab dem dritten Kind ein Kindergeld in Höhe von 25 DM und seit 1961 auch für das zweite Kind.[350] 1975 wurde schließlich das Kindergeld für das erste Kind in Höhe von 50 DM eingeführt.[351] Eine Veränderung im Familienleistungsausgleich trat 1983 in Kraft, denn das bisher einheitliche Kindergeldsystem wurde von einem **dualen System** aus Kindergeld und Kinderfreibetrag abgelöst und mündete 1992 in ein Kindergeld in Höhe von 70 DM für das erste Kind und einem Kinderfreibetrag von 4104 DM pro Kind.[352] Mit dem bereits in Rn. 3 angesprochenen Jahressteuergesetz aus dem Jahr 1996 hat der Gesetzgeber das Nebeneinander von sozialrechtlichem Kindergeld und steuerlichem Kinderfreibetrag durch § 31 EStG ersetzt mit der Folge, dass pro Kind entweder ein Anspruch auf Kindergeldzahlung oder aber auf den Kinderfreibetrag in Höhe des sächlichen Existenzminimums sowie eines Erziehungsfreibetrags für die Be- 4

342 BVerfG – 29. 05. 1990 – 1 BvL 20/84, 1 BvL 26/84, 1 BvL 4/86; vgl. auch BVerfG – 10. 11. 1998 – 2 BvR 1057/91, 2 BvR 1226/91, 2 BvR 980/91; BVerfG 08. 06. 2004 – 2 BvL 5/00.
343 BVerfG – 16. 03. 2005 – 2 BvL 7/00.
344 BGBl. I S. 1250.
345 Waltermann, S. 255 Rn. 522; Palsherm in jurisPK-SGB I, § 25 Rn. 18.
346 Muckel, S. 434 f. Rn. 23.
347 Waltermann, S. 255 f. Rn. 522.
348 Palsherm in jurisPK-SGB I, § 25 Rn. 39.
349 BGBl. I S. 333.
350 BMFSFJ Geschichte unter http://www.bmfsfj.de/BMFSFJ/Ministerium/geschichte.html.
351 Ebda.
352 Ebda.

treuung, Erziehung und Ausbildung des Kindes besteht.[353] Der Kinderfreibetrag liegt zurzeit bei 2184 € für das sächliche Existenzminimum sowie einem weiteren Freibetrag in Höhe von 1320 € für die Betreuung, Erziehung und Ausbildung des Kindes.[354]

5 Soweit Kindergeldberechtigte das Kindergeld als monatliche Steuervergütung erhalten, ist nunmehr eine Inanspruchnahme des Kinderfreibetrags ausgeschlossen. Das Finanzamt prüft allerdings nachträglich im Rahmen der Einkommenssteuererklärung, ob mit der Kindergeldzahlung das Existenzminimum des Kindes tatsächlich erreicht worden ist – ist dies nicht der Fall, so wird der steuerliche Freibetrag in Abzug gebracht und das bereits gezahlte Kindergeld mit der Steuerschuld des Kindergeldberechtigten verrechnet.[355] Es wird eine sog. **Günstigerprüfung** vorgenommen.[356] Das BKKG besteht trotz dieser Verlagerung des Kindergeldrechts in das Steuerrecht über § 68 Nr. 9 als Teil des Sozialgesetzbuchs weiter, so dass damit zwei Gesetze mit zwei unterschiedlichen Geltungsbereichen existieren.[357] Gleichwohl sind die Voraussetzungen für den Anspruch auf Kindergeld in wesentlichen Punkten identisch ausgestaltet, z. B. beim Begriff des Kindes, der Höhe des Kindergeldes, Beginn und Ende des Kindergeldes, Antragstellung etc.[358] Zwar zeichnen sich in der Rechtsprechung des Bundesfinanzhofs (BFH) und des Bundessozialgerichts (BSG) unabhängig von den inhaltlich gleichen Regelungen erhebliche Unterschiede ab, z. B. bei der Frage der Berufsausbildung, jedoch wird es eine einheitliche Linie durch einen Gemeinsamen Senat der beiden obersten Gerichte auf absehbare Zeit nicht geben.[359]

3. Anspruch auf Kindergeld

6 Der Anspruch auf Kindergeld nach dem BKKG ist auf einige wenige anspruchsberechtigte Personenkreise zugeschnitten: Es handelt sich dabei um Personen, die **nicht unbeschränkt steuerpflichtig** sind und um **Vollwaisen**. Somit erhalten die Personen, die **unbeschränkt einkommenssteuerpflichtig** sind, als solche behandelt werden oder als nicht freizügigkeitsberechtigte Ausländer über eine Niederlassungs- oder Aufenthaltserlaubnis verfügen, Kindergeld nach § 62 EStG. Für sie ist das Kindergeld eine Vorauszahlung auf die Steuererstattung.[360] So stellt das im Jahr 2008 ausgezahlte Kindergeld gemäß § 62 EStG mit 34,9 Milliarden Euro gegenüber 109 Millionen Euro nach dem BKKG den weitaus größten Teil des Kindergeldes dar.[361] Kindergeld wird sowohl nach dem EStG als auch nach dem BKKG auf **schriftlichen Antrag** bei der örtlich zuständigen **Familienkasse der Bundesagentur für Arbeit** gewährt, § 67 EStG, §§ 9 und 13 BKKG. Die örtliche

---

353 Richter in Richter/Schmidt/Klatt/Doering-Striening/Schafhausen/Köhler, S. 12 Rn. 3.
354 Palsherm in jurisPK-SGB I, § 25 Rn. 25.
355 Richter in Richter/Schmidt/Doering-Striening/Klatt/Schafhausen/Köhler, S. 13 Rn. 5.
356 Palsherm in jurisPK-SGB I, § 25 Rn. 19.
357 Felix in Baron von Maydell/Ruland/Becker (Hrsg.), § 30 Rn. 72.
358 Ebda., § 30 Rn. 75.
359 Vgl. ebda., § 30 Rn. 76.
360 Künkele in Brand (Hrsg.), S. 275 Fn. 1.
361 Conradis in Rancke (Hrsg.), Vorb. Kindergeld Rn. 2.

Zuständigkeit der jeweiligen Familienkasse richtet sich nach dem Bezirk, in dem der Berechtigte wohnt, § 13 Abs. 1 BKKG. Zu beachten ist noch, dass bei **Beschäftigten des öffentlichen Dienstes**, also Beamten und Arbeitnehmern, der Dienstherr bzw. Arbeitgeber das Kindergeld als Familienkasse auszahlt, § 72 EStG.

3.1 Voraussetzungen im Einzelnen

Nach § 1 Abs. 1 BKKG erhält derjenige für seine Kinder Kindergeld, der gemäß § 1 Abs. 1 7
und 2 EStG nicht unbeschränkt steuerpflichtig ist und auch nicht gemäß § 1 Abs. 3 EStG als unbeschränkt steuerpflichtig behandelt wird, wenn

- er in einem Arbeitsverhältnis steht, welches in der Arbeitslosenversicherung nach § 24 SGB III versicherungspflichtig ist oder aber Versicherungsfreiheit nach § 28 SGB III vorliegt oder
- er als Entwicklungshelfer Unterhaltsleistungen nach § 4 Abs. 1 Nr. 1 des Entwicklungshelfergesetzes erhält oder er als Missionar bestimmter christlicher Missionswerke tätig ist oder
- er als Beamter eine nach § 123 a BRRG, § 29 BBG oder § 20 BeamtStG im dienstlichen oder öffentlichen Interesse zugewiesene Tätigkeit bei einer Institution außerhalb Deutschlands ausübt oder
- er als Ehegatte des Mitglieds der Truppe oder des zivilen Gefolges eines NATO-Mitgliedstaates die Staatsangehörigkeit eines EU/EWR-Mitgliedstaates besitzt und in Deutschland seinen Wohnsitz oder gewöhnlichen Aufenthalt hat.

Kindergeld für sich selbst erhalten außerdem Vollwaisen oder Kinder nach § 1 Abs. 2 8
BKKG, die den Aufenthalt ihrer Eltern nicht kennen. Weitere Voraussetzung ist, dass sie in Deutschland wohnen oder ihren gewöhnlichen Aufenthalt haben und dass sie nicht bei einer anderen Person als Kind zu berücksichtigen sind.

Schließlich erhalten auch **nicht freizügigkeitsberechtigte Ausländer** nach § 1 Abs. 3 9
BKKG Kindergeld, wenn sie über eine Niederlassungs- oder Aufenthaltserlaubnis verfügen, die sie zu einer Erwerbstätigkeit berechtigt oder aber eine Aufenthaltserlaubnis aufgrund eines Krieges im Heimatland etc. besitzen und sich seit mindestens drei Jahren rechtmäßig gestattet oder geduldet in Deutschland aufhalten und erwerbstätig sind.

Darüber hinaus setzt der Anspruch auf Kindergeld für den unter Rn. 7 bis 9 genannten 10
berechtigten Personenkreis voraus, dass er mindestens ein Kind i. S. d. § 2 BKKG hat bzw. ein Kind i. d. S. ist. § 2 BKKG ist dabei die zentrale Norm des sozialrechtlichen Kindergeldes, in der § 63 i. V. m. § 32 EStG zusammengefasst worden sind.[362] Als berücksichtigungsfähige Kinder nach § 2 Abs. 1 BKKG gelten neben den eigenen Kindern auch im Haushalt aufgenommene Kinder des Ehegatten (sog. Stiefkinder), Pflegekinder oder aber im Haushalt aufgenommene Enkel. Diese Kinder müssen weiter ihren Wohnsitz oder gewöhnlichen Aufenthalt in Deutschland haben, es sei denn, es handelt sich um Pflege- oder aber Enkelkinder. Dies geht aus § 2 Abs. 5 BKKG hervor.

Das Gesetz differenziert weiter nach dem **Alter der Kinder**, die beim Anspruchs- 11

---

362 Conradis in Rancke (Hrsg.), § 63 Rn. 1.

berechtigten zu berücksichtigen sind. Während für die Kinder, die das 18. Lebensjahr noch nicht vollendet haben, grundsätzlich Kindergeld gezahlt wird,[363] werden Kinder ab dem **18. Lebensjahr** nur noch berücksichtigt, wenn sie noch nicht **21 Jahre** alt sind, kein Beschäftigungsverhältnis haben und bei einer Agentur für Arbeit im Inland als Arbeitssuchende gemeldet sind, § 2 Abs. 2 Nr. 1 BKKG. Außerdem werden sie über das 21. Lebensjahr hinaus nur dann berücksichtigt, wenn sie das **25. Lebensjahr** noch nicht vollendet haben, für einen Beruf ausgebildet werden oder sich in einer Übergangszeit von höchstens vier Monaten befinden, die sich zwischen zwei Ausbildungsabschnitten oder einem Ausbildungsabschnitt und der Ableistung des gesetzlichen Wehr- oder Zivildienstes oder als Entwicklungshelfer oder Dienstleistender im Ausland nach § 14b des ZDG befinden. Hinzu kommen die Kinder unter 25 Jahren, die ein freiwilliges soziales oder ökologisches Jahr i. S. d. Jugendfreiwilligendienstegesetzes oder einen sonstigen in § 2 Abs. 2d BKKG aufgeführten Dienst leisten.

12 Eine **Berufsausbildung** liegt immer dann vor, wenn sie für einen künftigen Beruf ausbildet, der auf Dauer den Lebensunterhalt zu gewährleisten vermag.[364] Selbst die Vermittlung von Kenntnissen, Fähigkeiten und Erfahrungen, die als Grundlage für den angestrebten Beruf dienen können,[365] z. B. ein Au-Pair-Verhältnis mit begleitendem Sprachunterricht[366] sowie eine Schulausbildung oder aber das Praktikum während eines Studiums[367] gehören zur Berufsausbildung.[368] Die **Übergangszeit** von maximal vier Monaten bei volljährigen Kindern bezieht sich u. a. auf die Zeit nach Beendigung der Schulausbildung und den Beginn eines Studiums, einer Berufsausbildung etc., aber auch auf andere Übergangszeiten, wenn der nächste Ausbildungsabschnitt oder der Beginn der Erwerbstätigkeit in dem Monat nach Ablauf des vierten vollen Kalendermonats, in dem sich das Kind nicht in Ausbildung befunden hat, beginnt.[369] Im Übrigen sind auch mehrere Übergangszeiten möglich.[370] Die Berücksichtigung von Kindern **ohne Ausbildungsplatz** setzt nicht voraus, dass das Kind bei einer Agentur für Arbeit arbeitslos gemeldet ist – es muss jedoch ein ernsthafter Ausbildungswunsch des Kindes bestehen und dies z. B. durch Bewerbungsschreiben, Absagen etc. nachgewiesen werden. Ausreichend ist, wenn das Kind bei der Berufsberatung registriert ist und diese regelmäßig in Anspruch nimmt.[371] Das **freiwillige soziale oder ökologische Jahr**, ein anderer **Freiwilligendienst** oder ein anderer **Auslandsdienst** i. S. v. § 14b ZDG müssen vom Kindergeldberechtigten nachgewiesen werden,[372] damit sie berücksichtigt werden können. Ein vergleichbarer Friedensdienst im Ausland muss demgegenüber nicht berücksichtigt werden.[373]

---

363 Künkele in Brand (Hrsg.), S. 276 Rn. 1328; Waltermann, S. 257 Rn. 526.
364 Conradis in Rancke (Hrsg.), § 63 EStG Rn. 13.
365 Ebda., § 63 EStG Rn. 14.
366 BFH – 09. 06. 1999 – VI R 33/98.
367 BFH – 09. 06. 1999 – VI R 16/99.
368 Vgl. auch Felix in Baron von Maydell/Ruland/Becker (Hrsg.), § 30 Rn. 16.
369 BFH – 15. 07. 2003 – VIII R 77/00.
370 Richter in Richter/Schmidt/Klatt/Doering-Striening/Schafhausen/Köhler, S. 18 Rn. 23.
371 Conradis in Rancke (Hrsg.), § 63 EStG Rn. 17.
372 Felix in Baron von Maydell/Ruland/Becker (Hrsg.), § 30 Rn. 19.
373 BFH – 18. 03. 2009 – III R 33/07.

Hat das Kind bereits eine erste Berufsausbildung oder ein erstes Studium absolviert und noch nicht das 25. Lebensjahr vollendet, so wird es nach § 2 Abs. 2 Satz 2 BKKG ausnahmsweise noch berücksichtigt, wenn es keiner Erwerbstätigkeit nachgeht, wobei Arbeitsverhältnisse mit bis zu 20 Stunden wöchentlich, ein Ausbildungsverhältnis oder aber eine geringfügige Beschäftigung für den Anspruch auf Zahlung des Kindergeldes keine Bedeutung haben. Der Gesetzgeber geht hier grundsätzlich von der widerlegbaren Annahme aus, dass das Kind jedenfalls im Regelfall nach Abschluss einer Erstausbildung in der Lage ist, sich selbst zu unterhalten.[374] 13

Über das 25. Lebensjahr hinaus verlängert sich der Anspruch auf Kindergeld nach § 2 Abs. 3 BKKG für die Kinder, die den gesetzlichen Grundwehr- oder Zivildienst absolviert oder sich für nicht mehr als drei Jahre freiwillig zum Wehrdienst verpflichtet haben sowie Kinder, die als Entwicklungshelfer i. S. d. § 1 Abs. 1 des Entwicklungshelfergesetzes tätig gewesen sind. Die Verlängerung umfasst die Dauer des Wehr- oder Zivildienstes bzw. der Entwicklungshilfe. Schließlich werden auch diejenigen Kinder über das 25. Lebensjahr hinaus berücksichtigt, wenn sie aufgrund einer **körperlichen, geistigen oder seelischen Behinderung** außerstande sind, sich selbst zu unterhalten. Die Behinderung muss jedoch **vor** der Vollendung des 25. Lebensjahres eingetreten sein. Für behinderte Kinder gibt es dabei **keine zeitliche Höchstgrenze** – für sie wird Kindergeld solange gewährt, bis sie in der Lage sind, ihren gesamten existenziellen Lebensbedarf selbst zu decken.[375] 14

Gibt es mehrere Personen, die das Kindergeld beanspruchen können, so stellen § 3 Abs. 1 und 2 BKKG klar, dass pro Kind nur an **eine Person** Kindergeld zu leisten ist. Es gilt das sog. **Obhutsprinzip**,[376] d. h. es wird nur demjenigen Kindergeld gezahlt, der das Kind auch in seinen Haushalt aufgenommen hat. Leben mehrere Kindergeldberechtigte, z. B. die Eltern, Großeltern oder Pflegeeltern, zusammen in einem Haushalt, so bestimmen sie denjenigen, der das Kindergeld erhalten soll. Ist das Kind bei keiner kindergeldberechtigten Person im Haushalt aufgenommen, so erhält derjenige das Kindergeld, der die höchsten Unterhaltsleistungen an das Kind erbringt, § 3 Abs. 3 BKKG. 15

3.2 Höhe, Beginn und Ende der Kindergeldzahlung

Aus § 6 Abs. 1 BKKG folgt, dass das Kindergeld für das erste und zweite Kind jeweils 184 € monatlich beträgt. Für das dritte Kind werden 190 € monatlich gezahlt. Ab dem vierten und jedem weiteren Kind erhält der Kindergeldberechtigte 215 € monatlich. Vollwaisen und andere alleinstehende Kinder i. S. v. § 1 Abs. 2 BKKG, die das Kindergeld für sich selbst erhalten, bekommen gemäß § 6 Abs. 2 BKKG 184 € monatlich. In der Höhe entspricht das Kindergeld nach dem BKKG dem Kindergeld des EStG in § 66 EStG. 16

Zu beachten ist, dass sich die jeweilige Höhe des Kindergeldes nach der Reihenfolge der Geburt richtet, denn das älteste Kind wird als das erste Kind gerechnet.[377] In der Reihen- 17

374 BT-Drs. 17/5125, S. 41.
375 Felix in Baron von Maydell/Ruland/Becker (Hrsg.), § 30 Rn. 25.
376 Künkele in Brand (Hrsg.), S. 276 Rn. 1332.
377 Conradis in Rancke (Hrsg.), § 66 EStG Rn. 2.

folge der Kinder werden auch die Kinder mitgezählt, für die ein Kindergeldanspruch besteht, für die der Anspruchsberechtigte jedoch kein Kindergeld erhalten kann, weil dieses vorrangig einem anderen Elternteil zusteht oder aber, weil die Kindergeldzahlung gemäß § 4 BKKG ausgeschlossen ist.[378] Es handelt sich hierbei um die sog. **Zählkinder**[379]). Ein typisches Beispiel sind die Kinder aus erster Ehe, die bei ihrer Mutter leben und der Vater hat in zweiter Ehe ein weiteres, z. B. drittes Kind. Für das dritte Kind wird in diesem Fall das Kindergeld in Höhe von 190 € monatlich gezahlt.

18 Nach § 5 Abs. 1 BKKG beginnt die Kindergeldzahlung in dem Monat, in dem die Anspruchsvoraussetzungen erfüllt sind und sie endet mit dem Monat, in dem sie entfallen.

3.3 Ausschluss der Kindergeldzahlung

19 Kindergeld wird nach § 4 Abs. 1 BKKG nicht gezahlt, wenn das Kind Kinderzulagen aus der **gesetzlichen Unfallversicherung** oder Kinderzuschüsse aus der **gesetzlichen Rentenversicherung** erhält. Werden für Kinder Leistungen außerhalb Deutschlands, also im Ausland, erbracht, die dem Kindergeld oder den Leistungen der Unfallversicherung oder der Rentenversicherung vergleichbar sind, so entfällt das Kindergeld ebenfalls. Keine Rolle spielt dabei, ob die dem Kindergeld vergleichbaren Leistungen aus dem Ausland geringer als das hiesige Kindergeld sind, denn ein Teilkindergeld gibt es nicht.[380] Schließlich entfällt das Kindergeld auch dann, wenn eine zwischen- oder überstaatliche Einrichtung dem Kindergeld vergleichbare Zahlungen leistet. Hiervon sind insbesondere Beschäftigte der NATO oder bei den Institutionen der Europäischen Union (Kommission, Europäisches Parlament, EuGH etc.) betroffen, die von dort kindbezogene Leistungen erhalten.[381]

20 Seit dem 01. 01. 2012 ist die Zahlung des Kindergeldes tatsächlich nicht mehr von der **Höhe des Einkommens des Kindes** abhängig. Entfiel das Kindergeld bis zum 31. 12. 2011, wenn das Kind über ein eigenes Einkommen in Höhe von 8004 € verfügte, so hat der Gesetzgeber diese Einkommensgrenze mit dem **Steuervereinfachungsgesetz** vom 01. 11. 2011[382] abgeschafft. Nunmehr kann für das Kind innerhalb der Altersgrenze grundsätzlich bis zum Abschluss einer Erstausbildung oder eines Erststudiums Kindergeld bezogen werden. Nach Auffassung des Bundesfinanzministeriums stellt jedoch bereits der Bachelor-Abschluss einen berufsqualifizierenden Abschluss des Erststudiums dar, selbst wenn im Anschluss ein konsekutiver Master studiert wird.[383] Damit ist im Ergebnis ein Kindergeld ausgeschlossen, wenn ein Bachelor absolviert worden ist. Lediglich die Kinder, die das 21. Lebensjahr noch nicht vollendet haben und arbeitssuchend bzw. aufgrund einer Behinderung außerstande sind, sich selbst zu unterhalten, werden noch berücksichtigt.[384]

---

378 Vgl. dazu Rn. 19.
379 Felix in Baron von Maydell/Ruland/Becker (Hrsg.), § 30 Rn. 30.
380 Conradis in Rancke (Hrsg.), § 65 EStG Rn. 6.
381 Felix in Baron von Maydell/Ruland/Becker (Hrsg.), § 30 Rn. 28.
382 BGBl. I S. 2131.
383 Rundschreiben des BMF v. 07. 12. 2011 – IV C 4-S 2282/07/0001-01 Rn. 19.
384 Palsherm in jurisPK-SGB I, § 25 Rn. 22.1.

4. Durchsetzung des Kindergeldes

Beim Kindergeld muss hinsichtlich des Rechtswegs differenziert werden, denn handelt es sich um das steuerrechtliche Kindergeld nach dem EStG, so ist die Abgabenordnung (AO) für das vorgeschaltete **Einspruchsverfahren** (§ 347 Abs. 1 Satz 1 Nr. 1 AO) anwendbar. Zuständiges Gericht ist hier nach § 33 Abs. 1 Nr. 1 FGO das **Finanzgericht**, welches über Rechtsstreitigkeiten entscheidet. Demgegenüber ist beim sozialrechtlichen Kindergeld gemäß § 15 BKKG das **Sozialgericht** zuständig. 21

Bei der Festsetzung des Kindergeldes handelt es sich um einen begünstigenden **Verwaltungsakt mit Dauerwirkung**,[385] über den im Fall der Bewilligung kein Bescheid ergehen muss.[386] Lehnt die zuständige Familienkasse der Bundesagentur für Arbeit aber den Kindergeldantrag ab oder entzieht sie das einmal bewilligte Kindergeld, so muss sie darüber gemäß § 14 BKKG einen **schriftlichen Bescheid** erteilen. Das Verwaltungsverfahren richtet sich dabei nach dem SGB X. Über § 62 SGB X ist vor Erhebung der Klage beim Sozialgericht das **Widerspruchsverfahren** gemäß §§ 77 bis 86 SGG durchzuführen, in dem die Recht- und Zweckmäßigkeit, z. B. des Kindergeldentzugs, nochmals durch die Familienkasse überprüft wird. Zu beachten ist, dass die **Widerspruchsfrist** lediglich **einen Monat** ab Bekanntgabe des Verwaltungsakts beträgt, § 84 Abs. 1 SGG. 22

5. Betriebs- und Personalräte

Für Betriebs- und Personalräte ist beim sozialrechtlichen Kindergeld nach dem BKKG **kein Handlungsspielraum** eröffnet. Dies ist im Zusammenhang mit dem steuerrechtlichen Kindergeld nach dem EStG anders zu beurteilen, insbesondere mit Blick auf den öffentlichen Dienst, da hier der Dienstherr bzw. öffentliche Arbeitgeber die Funktion der Familienkasse übernimmt. Personalräte haben hier nach § 68 Abs. 1 Nr. 2 BPersVG darüber zu wachen, dass die zugunsten der Beschäftigten geltenden Gesetze etc. eingehalten werden, und dies gilt auch in Bezug auf die Zahlung des Kindergeldes. Betriebsräten kommen demgegenüber beim steuerrechtlichen Kindergeld keine vergleichbaren allgemeinen Aufgaben zu, denn diese beziehen sich nach dem BetrVG in § 80 BetrVG ausschließlich auf das Verhältnis zum Arbeitgeber und dieser ist hier nicht für die Auszahlung des Kindergeldes zuständig. 23

Kinderzuschlag

Inhaltsübersicht

385 Felix in Baron von Maydell/Ruland/Becker (Hrsg.), § 30 Rn. 38.

386 Conradis in Rancke (Hrsg.), § 15 Rn. 1.

1. Kinderzuschlag und Arbeitslosengeld II/Vermeidung der Hilfebedürftigkeit

1 Der Kinderzuschlag ist normiert in § 6 a Bundeskindergeldgesetz (BKGG). Es werden pro Kind unter bestimmten Voraussetzungen maximal 140,– € von den Familienkassen gezahlt, wenn die Kinder unter 25 Jahren alt sind und durch die Zahlung die Hilfebedürftigkeit nach dem SGB II vermieden wird.

2 Der Kinderzuschlag soll zum einen verhindern, dass Familien allein wegen der Unterhaltsbelastung für ihre Kinder auf ALG II angewiesen sind, und zum anderen sollte eine Regelung getroffen werden, die einen Arbeitsanreiz durch gezielte Förderung einkommensschwacher Familien schafft.[387] § 6 trat daher ebenso wie das SGB II am 01. 01. 2005 in Kraft.

3 Den Kinderzuschlag sollen damit alle Eltern erhalten, die den Bedarf der gesamten Bedarfsgemeinschaft im Sinne des SGB II nicht durch eigenes Einkommen oder Vermögen sicherstellen können. Durch die Zielrichtung der Vermeidung der Hilfebedürftigkeit im Sinne des SGB II wird denknotwendig stark Bezug genommen auf dessen Regelungen. In der Folge wird bei Überschneidungen auf die dortigen Ausführungen verwiesen werden.

4 Der Kinderzuschlag deckt zusammen mit dem auf das Kind entfallenden Wohngeldanteil im Verhältnis zum SGB II-Bedarf diesen vollständig ab, sodass das Kind der Bedarfsgemeinschaft gemäß § 7 Abs. 3 Nr. 4 SGB II nicht mehr zugeordnet werden kann.

5 Daher wird bei jedem Antrag auf Arbeitslosengeld II der Anspruch auf möglichen Kinderzuschlag geprüft und der Berechtigte auf die Antragsstellung bei der Familienkasse und eventuell der Wohngeldstelle verwiesen.

6 Wird von vornherein nur der Kinderzuschlag bei der Familienkasse beantragt, prüft die Familienkasse eigenverantwortlich, was natürlich eine vollständige ALG II-Berechnung erfordert, da dessen Vermeidung ja Anspruchsvoraussetzung ist.

7 Erwähnenswert im Zusammenhang mit der Verzahnung von Wohngeld und Kinderzuschlag einerseits und dem damit verbundenen Ausschluss von Leistungen nach dem SGB II andererseits ist, dass seit dem 01. 04. 2011 Leistungsberechtigte gemäß § 12 a SGB II nicht mehr verpflichtet sind, Wohngeld in Anspruch zu nehmen, wenn dadurch nicht die Hilfebedürftigkeit **aller** Mitglieder der Bedarfsgemeinschaft für mindestens drei Monate entfällt. Die Grundsicherungsstelle darf also insbesondere Kinder (in Fällen sogenannten »Kinderwohngeldes«) nicht auf die Inanspruchnahme von Wohngeld verweisen, freiwillig können diese das Wohngeld natürlich weiter beantragen, um eine Schlechterstellung vermeiden zu können.

387 BT-Drs. 15/1516, S. 2.

2. Anspruchsvoraussetzungen und Prüfung

2.1 Kinder im Sinne des § 6a, § 6a Abs. 1 Nr. 1 i.V.m. Nr. 3

Es muss sich um Kinder im Sinne des § 6a handeln. Um diese Voraussetzungen zu erfüllen, muss das Kind im Haushalt des Anspruchsstellers leben, unverheiratet sein und darf das 25. Lebensjahr noch nicht vollendet haben. 8

Anders als beim Kindergeld werden damit Kinder, die nicht im Haushalt des Anspruchstellers leben, nicht berücksichtigt, worin wiederum der Sinn der Vorschrift zum Ausdruck kommt, eben keinen Lastenausgleich zu schaffen, sondern den Anspruch auf Arbeitslosengeld II zu verhindern. Unter einer Haushaltsgemeinschaft ist dabei das dauerhafte, örtlich verbundene Zusammenleben in einer gemeinsamen Familienwohnung zu verstehen. 9

Diese Haushaltsgemeinschaft muss bezüglich des Antragsstellers und des Kindes zudem eine **Bedarfsgemeinschaft** im Sinne des § 7 Abs. 3 SGB II bilden, was beispielsweise Konstellationen wie eine »Drei-Generationen-Bedarfsgemeinschaft« – jedenfalls nach den Fachlichen Hinweisen der Bundesagentur für Arbeit – ausschließt. 10

Ausgeschlossen sind damit auch Pflegekinder, da diese nicht nach § 7 Abs. 3 Nr. 4 SGB II zugeordnet werden können. Insoweit werden nur leibliche Kinder oder diesen gleichgestellte adoptierte Kinder erfasst. 11

Weiter müssen die Eltern als Antragssteller auch Anspruch auf **Kindergeld** nach dem BKGG oder dem X. Abschnitt des EStG beziehungsweise Anspruch auf vergleichbare Leistungen (etwa gemäß § 4) für ihre Kinder haben, da der Kinderzuschlag zusammen mit Kindergeld und Wohngeld den durchschnittlichen Bedarf des Kindes decken soll. 12

Da für einen Anspruch auf Kindergeld gemäß § 2 Abs. 5 das dadurch geförderte Kind seinen Wohnsitz oder gewöhnlichen Aufenthalt im Inland haben muss, ist dies auch hier mittelbar Voraussetzung.[388] 13

2.2 Mindesteinkommensgrenze

Kinderzuschlag erhält entsprechend der Zweckbestimmung nur, wer eine Mindestgrenze des Einkommens erreicht. Mit Ausnahme des Wohngeldes und des Kindergeldes müssen die berechtigten Eltern daher über ein Bruttoeinkommen (Einkommen im Sinne des § 11 Abs. 1 Satz 1 SGB II) in Höhe von 900,– € bei Paaren oder in Höhe von 600,– € bei Alleinerziehenden verfügen. 14

Ist diese Grenze erreicht, so wird der Kinderzuschlag nach § 6a gezahlt, wenn 15

- der Gesamtbedarf der Bedarfsgemeinschaft einschließlich Mehrbedarfen (zusammen mit Kinderzuschlag und ggf. Wohngeld) gedeckt ist
- oder nur der Gesamtbedarf ohne die Mehrbedarfe gedeckt ist, aber alle Mitglieder der Bedarfsgemeinschaft auf ALG II, bzw. Sozialgeld verzichten (»kleines Wahlrecht«)

und in beiden Fällen das Einkommen der Eltern plus Kinderzuschlag unter der Höchsteinkommensgrenze liegt.

388 BSG – 28.10.2009 – B 14 KG 1/09B.

16 Leistungen wie die Bedarfe für Bildung und Teilhabe nach § 28 SGB II werden nicht bedarfserhöhend mit eingerechnet, können daneben aber zusätzlich zum Kinderzuschlag bezogen werden.

2.3 Bemessungs-/Höchsteinkommensgrenze

17 Der Berechtigte darf mit Ausnahme des Wohngeldes nur über solches Einkommen und Vermögen nach §§ 11, 12 SGB II verfügen, das höchstens dem nach § 6a Abs. 4 Satz 1 maßgebenden Betrag zuzüglich dem Gesamtkinderzuschlag entspricht.

2.3.1 Bemessungsgrenze

18 Zunächst ist die Bemessungsgrenze zu ermitteln. Dies ist der Bedarf der Eltern oder des Elternteils. Dieser Bedarf, bestehend aus Regelbedarf, Mehrbedarf und Leistungen für Unterkunft und Heizung, weist jedoch die Besonderheit auf, dass entsprechend § 6a Abs. 4 Satz 2 und 3 die Leistungen für die Unterkunft nicht kopfanteilig, wie § 22 SGB II es vorsieht, ermittelt werden, sondern entsprechend des Existenzminimumberichtes der Bundesregierung anzusetzen sind. Regelmäßig ist danach der Anteil der Eltern an den Leistungen für Unterkunft und Heizung im Verhältnis zu dem der Kinder überproportional höher.

19 Danach ergibt sich für ein Elternpaar mit 2 Kindern im Haushalt beispielsweise nicht ein Anteil an den Leistungen für Unterkunft und Heizung von zwei mal 25 %, sondern 71,10 %.

Bei nur einem Kind wären es entsprechend 83,11 %.

20 Dies zuzüglich des Regelbedarfs und einem etwaigen Mehrbedarf ergibt dann die Bemessungsgrenze.

21 Zu beachten bleibt, dass im Haushalt möglicherweise ein Haushaltsmitglied lebt, welches aber der Bedarfsgemeinschaft nicht zugeordnet werden kann, z. B. ein den eigenen Bedarf deckendes Kind gemäß § 7 Abs. 3 Nr. 4 SGB II. Dann wird in einem ersten Schritt der Kopfteil aus der Gesamtmiete heraus gerechnet und erst im Anschluss der Betrag aus der Tabelle entnommen.

22 Bezüglich der Beträge für den Regelbedarf nach § 20 SGB II und die Mehrbedarfe nach § 21 SGB II wird auf die entsprechende Kommentierung verwiesen.

2.3.2 Höchsteinkommensgrenze

23 Die Bemessungsgrenze addiert mit dem Gesamtkinderzuschlag ergibt die Höchsteinkommensgrenze. Der Gesamtkinderzuschlag ist dabei die Summe der Einzelkinderzuschläge von maximal 140,– € pro Kind, jeweils vermindert um das Einkommen bzw. das anzurechnende Vermögen des Kindes. Liegt das Einkommen oder Vermögen darüber, wird davon ausgegangen, dass kein Bedarf entsteht, der durch die Zahlung von Kinderzuschlag abgewendet werden muss.

2.4 Vermeidung der Hilfebedürftigkeit der Bedarfsgemeinschaft

Weiter ist nicht nur erforderlich, dass trotz Zahlung von Kinderzuschlag Hilfebedürftigkeit im Sinne des § 9 SGB II vermieden wird, sondern ebenso, dass ohne die Zahlung Hilfebedürftigkeit gegeben wäre. Dies stellt klar, dass Personen ohne Zugang zum SGB II, also alle, die nicht gemäß § 7 SGB II einer Bedarfsgemeinschaft zuzuordnen sind, auch keinen Anspruch auf Kinderzuschlag haben. Bezüglich der Ausschlussgründe für Berechtigte nach dem AsylbLG oder Auszubildende wird auf die Kommentierung zu § 7 Abs. 4–6 verwiesen. 24

3. Höhe des Kinderzuschlags

Es sind somit zunächst die **Einzelkinderzuschläge** zu ermitteln und zu addieren. Auf diesen Gesamtkinderzuschlag ist dann gegebenenfalls das Einkommen der Eltern anzurechnen. 25

Der Kinderzuschlag beträgt gemäß § 6a Abs. 2 pro Kind maximal 140,– €. Dieser Betrag wird vermindert durch das jeweilige Einkommen oder Vermögen des Kindes, wobei Wohngeld oder Kindergeld nicht zu berücksichtigen sind. Dies kann insbesondere in Fällen der Unterhalts- oder Unterhaltsvorschusszahlung der Fall sein, wobei zunächst versucht werden muss, diese Ansprüche aufgrund der Nachrangigkeit des Kindergeldzuschlags unter dem Gesichtspunkt der Zumutbarkeit zu realisieren. 26

Beim Kindesunterhalt kann dies z. B. im Rahmen einer Beistandschaft versucht werden, beim Unterhaltsvorschuss ist zu beachten, dass dieser seitens der Jugendämter längstens 72 Monate für Kinder unter 12 Jahren gezahlt wird, wenn das Kind einen im Inland lebenden Elternteil hat, der ledig, verwitwet, geschieden oder getrennt lebend ist und keinen, den Betrag an Unterhaltsvorschuss übersteigenden, Betrag an Unterhalt erhält. 27

Wird es unterlassen, diesen Antrag trotz zumutbarer Anstrengungen zu stellen, besteht gemäß § 6a Abs. 3 Satz 3 auch kein Anspruch auf den Kinderzuschlag. 28

Ergibt sich nach der Anrechnung von Kindeseinkommen bei einem Kind ein negativer Saldo des Kinderzuschlags, ist dieser bei der Addition des Gesamtkinderzuschlags natürlich nicht zu berücksichtigen. 29

Der **Gesamtkinderzuschlag** wird schließlich vermindert um das elterliche Einkommen, wobei wieder das Kindergeld und das Wohngeld außer Betracht bleiben. 30

Es wird insoweit davon ausgegangen, dass die Eltern ihr Einkommen zunächst für ihren Eigenbedarf benötigen, ohne den Kinderzuschlag also allein aufgrund des Vorhandenseins von Kindern Hilfebedürftigkeit im Sinne des § 9 SGB II vorliegen würde. Daher wird nur das Einkommen mindernd berücksichtigt, welches die Bemessungsgrenze übersteigt. 31

Soweit das Einkommen nicht aus einer Erwerbstätigkeit stammt (z. B. Rente, Krankengeld, Arbeitslosengeld nach dem SGB III oder Kapitaleinkünfte), vermindert sich der Gesamtkinderzuschlag um den vollen Betrag, der die Bemessungsgrenze übersteigt 32

Stammt das Einkommen dagegen aus einer Erwerbstätigkeit, wird der Gesamtkinderzuschlag nur um 5,– € vermindert, für jede vollen 10,– €, um den die Bemessungsgrenze überschritten wird. Hintergrund für die stufenweise Abschmelzung beziehungsweise für die Privilegierung von Erwerbseinkommen ist es, einen Erwerbsanreiz zu schaffen. 33

34 Das dabei zugrunde gelegte **Einkommen** im Sinne des § 11 SGB II ist natürlich ein solches, welches um die Abzugsbeträge gemäß § 11 b SGB II bereinigt wurde. So erfolgt jedenfalls gemäß § 11 b Abs. 1 Nr. 6 und Abs. 2 SGB II der Abzug des Grundfreibetrages von 100,– € und des Freibetrags für Erwerbseinkommen (welcher aus dem Bruttoeinkommen ermittelt wird) vom Nettoeinkommen. Bezüglich der Einzelheiten der Einkommensbereinigung bzw. des anzurechnenden Vermögens wird auf die Kommentierung zu den §§ 11, 11 a, 11 b und 12 des SGB II verwiesen.

35 Weiterhin wird entsprechend der Regelung in § 6 a Abs. 4 Satz 5–7 noch fingiert, dass bei Einkommen, welches teilweise aus Erwerbseinkommen und teilweise aus anderem Einkommen besteht, das sonstige Einkommen quasi die Einkommensbasis bildet und das Erwerbseinkommen primär die Bemessungsgrenze überschreitet, mit der Folge, dass der Minderungsbetrag zu Gunsten des Berechtigten zunächst nur 5,– € pro 10,– € Erwerbseinkommen beträgt.[389] Auch dies ist Ausfluss der Privilegierung des Erwerbseinkommens.

36 Das Gesamtergebnis ist dann entsprechend § 11 Abs. 2 auf volle Euro zu runden.

37 **Beispiel:**
Frau A lebt mit den Kindern b (12 Jahre) und c (13 Jahre) allein. Sie verfügt über ein Bruttoeinkommen von 1700,– €, woraus sich ein Netto von 1204,– € ergibt. Das monatliche Kindergeld beträgt 184,– €.
An Miete (warm) zahlt sie insgesamt 450,– €.

38 Die Mindesteinkommensgrenze von 600,– € brutto erreicht A. Ihre Bemessungsgrenze setzt sich aus dem Regelbedarf von 374,– € als Alleinerziehende, 134,64 € Mehrbedarf für Alleinerziehende und dem erhöhten Anteil an den Kosten der Unterkunft von 61,16 %, somit 275,22 € zusammen. Dies sind insgesamt 783,86 €.

39 Ihre Höchsteinkommensgrenze sind somit diese 783,86 € addiert mit dem maximalen Kinderzuschlag für zwei Kinder von 280,– €, also 1063,86 €.

40 Die Höchsteinkommensgrenze überschreitet sie nicht, da ihr bereinigtes Einkommen ohne weitere Angaben zu Werbungskosten oder Ähnlichem nach Einkommensbereinigung im Sinne des § 11 b SGB II nur noch 874,– € (1204,– € – 100,– € Grundfreibetrag – 230,– € Freibetrag für Erwerbstätige) beträgt.

41 Aber der Kinderzuschlag wäre wegen Elterneinkommen zu mindern. Die Bemessungsgrenze von 783,86 € wird hier mit Erwerbseinkommen von 874,– € um 90,14 € überschritten. Der Gesamtkinderzuschlag von 280,– € vermindert sich also um 45,– € (9 * 5) auf 235,– €.

42 Dadurch wird auch Hilfebedürftigkeit vermieden. Insgesamt stehen 1495,– € zur Verfügung (394,– € Kindergeld, 235,– € Kinderzuschlag und 874,– € Arbeitsentgelt).

Demgegenüber beträgt der Gesamtbedarf der Bedarfsgemeinschaft nach dem SGB II monatlich 1460,64 € (Regelbedarfe 374 + 251 + 251 + Mehrbedarf Alleinerziehung 134,64 € + Leistungen für Unterkunft und Heizung von 450,– €). Der Anspruch wäre zu bewilligen.

---

389 BT-Drs. 15/1516, S. 37.

4. Bewilligung/Anspruchsbeginn/Antrag und Auszahlung

4.1 Bewilligung und Antrag

Der Kinderzuschlag ist schriftlich bei den Familienkassen zu beantragen, wobei eine rückwirkende Beantragung nicht möglich ist. Der Anspruch besteht frühestens ab dem Monat der Antragstellung, soweit die Anspruchsvoraussetzungen erfüllt sind (§ 5 Satz 1 i. V. m. § 6 a Abs. 2 Satz 4) und wirkt so lange fort, bis er abgelehnt wird oder die Bewilligung ganz aufgehoben wird. Als Antrag gilt auch die Anmeldung eines Erstattungsanspruchs durch einen Träger der Grundsicherung, wobei andererseits ein Antrag auf ALG II nicht zugleich den Antrag auf Kinderzuschlag beinhaltet. **43**

Können die für die Berechnung des Kinderzuschlags notwendigen Angaben nicht durch den SGB II-Träger geliefert werden und werden sie auch nach Aufforderung vom Berechtigten nicht erbracht, wird der Anspruch nach § 66 SGB I versagt, sofern der Berechtigte vorher darüber belehrt wurde.

Im Verhältnis zum ALG II gilt weiter, dass der Antrag auf ALG II, von dem zunächst zugunsten eines Antrags auf Kinderzuschlag abgesehen wurde, gemäß § 40 Abs. 5 SGB II in Verbindung mit § 28 SGB X unverzüglich nach Ablauf des Monats nachzuholen ist, in dem die Ablehnung des Kinderzuschlags bindend geworden ist. **44**

Bewilligt wird der Kinderzuschlag grundsätzlich für 6 Monate, er kann auch bis zu 12 Monate bewilligt werden, wenn eine Veränderung der Verhältnisse in diesem Zeitraum nicht zu erwarten ist. Bei stark schwankendem Einkommen, insbesondere aus selbstständiger Tätigkeit, aus Gewerbebetrieb und Land- und Forstwirtschaft wird das voraussichtlich zu erwirtschaftende Durchschnittseinkommen im Bewilligungsabschnitt zugrunde gelegt und nur unter dem Vorbehalt der Prüfung und eventuellen Rückforderung bewilligt. **45**

Gemäß § 10 Abs. 2 hat die Behörde die Möglichkeit, vom Arbeitgeber zur Ermittlung des maßgeblichen Einkommens eine Bescheinigung über den Arbeitslohn, die einbehaltenen Steuern und Sozialabgaben sowie den auf der Lohnsteuerkarte eingetragenen Freibetrag zu verlangen. **46**

Ansonsten gelten die Mitwirkungspflichten des § 60 für die bei dem Antragsteller oder Berechtigten berücksichtigten Kinder, für den nicht dauernd getrennt lebenden Ehegatten des Antragstellers oder Berechtigten und für die sonstigen Personen, bei denen die bezeichneten Kinder berücksichtigt werden, über § 10 Abs. 1 auch hier. Voraussetzung ist auch hier, dass die Bemühungen des Berechtigten zuvor erfolglos waren und ein Nachweis anspruchserheblicher Tatsachen anderweitig nur schwer zu erbringen ist (siehe ggf. die entsprechende Kommentierung zum SGB I). **47**

4.2 Auszahlung

Der Kinderzuschlag wird in der Regel dem Elternteil ausgezahlt, welcher auch das Kindergeld bezieht. Ein Bezug der Leistung von beiden in Trennung lebenden Elternteilen ist nicht möglich, was sich auch schon aus § 6 a Abs. 1 ergibt, welcher voraussetzt, dass das **48** betreffende Kind im Haushalt des Berechtigten lebt. Lebt das Kind im gemeinsamen Haushalt der Eltern oder im Haushalt eines Elternteiles und dessen Ehegatten, der Pflegeeltern oder Großeltern, bestimmen diese gemäß § 3 Abs. 2 untereinander den Berechtigten, wobei eine solche Erklärung im Antragsformular bereits vorgesehen ist.

49 Zuständig für die Zahlung ist dann nach § 7 die Bundesagentur für Arbeit, welche insoweit als »Familienkasse« handelt. Diese zahlt entsprechend den Weisungen des BMFSFJ monatlich den Kinderzuschlag aus. Dies geschieht durch Überweisung auf ein inländisches Konto bei einem Geldinstitut oder auch durch Übermittlung an den Wohnsitz des gewöhnlichen Aufenthalts.

5. Rechtsschutz

50 Für Streitigkeiten über den Kinderzuschlag sind die Gerichte der Sozialgerichtsbarkeit zuständig.

Wohngeld

Wohngeld als Alternativleistung z. B. zu den Leistungen nach dem SGB II unterstützt die Berechtigten bei den Wohnkosten. Gemäß § 1 Abs. 1 WoGG dient es damit »der wirtschaftlichen Sicherung angemessenen und familiengerechten Wohnens«.

Es wird entweder als Mietzuschuss oder als Lastenzuschuss für Eigentümer von selbstgenutztem Wohneigentum gezahlt.

Ob und in welcher Höhe ein Anspruch auf Wohngeld besteht, hängt davon ab, wie viele Haushaltsmitglieder zu berücksichtigen sind, wie hoch das Gesamteinkommen des Haushalts ist und wie hoch die Miete oder die Belastung ist.

Inhaltsübersicht

1. Wohnraum

Der vom WoGG umfasste Wohnraum muss als solcher zunächst zum Wohnen bestimmt 1
und hierfür nach der baulichen Anlage und Ausstattung tatsächlich geeignet sein. Es ist damit sowohl eine objektive als auch eine subjektive Komponente gegeben. So wird beispielsweise für Wohnwagen und leer stehende Gebäude das Vorliegen dieser Voraussetzungen diskutiert und bei entsprechender Nutzung im Ergebnis aber bejaht.[390]

2. Berechtigte

2.1 Mieter und Eigentümer

Berechtigt sind zunächst gemäß § 3 Abs. 1 S. 1 die Mieter einer Wohnung oder auch nur 2
eines Zimmers und die ihnen nach S. 2 gleichgestellten natürlichen Personen, soweit sie den Mietraum selbst nutzen, also auch Untermieter. Gleichgestellte Personen sind im Einzelnen:

390 Frank Hinrichs, NZM 2010, 649–651.

- zur mietähnlichen Nutzung berechtigte Personen, wie etwa Inhaber von Dauerwohnrechten
- Personen, die Wohnraum im eigenen Haus bewohnen, welches mehr als 2 Wohnungen hat. Dies können auch Miteigentümer von größeren Wohngebäuden sein.
- Personen, die in einem Heim im Sinne des Heimgesetzes oder entsprechender Gesetze der Länder nicht nur vorübergehend aufgenommen sind.
- Interessant ist hier die Negativabgrenzung: Wenn kein mietvertragliches Nutzungsverhältnis besteht, orientiert an gestaffeltem Entgelt nach Anzahl, Größe und Ausstattung, ist keine Wohngeldberechtigung in diesem Sinne gegeben. So z. B. für Jugendwohngemeinschaften im Rahmen der Jugendhilfe.[391]

3 Gemäß § 3 Abs. 2 Satz 1 ist für den Lastenzuschuss jede natürliche Person berechtigt, die Eigentum (auch Miteigentum) an selbst genutztem Wohnraum hat. Ebenso die ihr gemäß Satz 2 gleichgestellten Personen.

4 Erfüllen mehrere Personen die Voraussetzungen des Absatzes 1 oder 2 für denselben Wohnraum und sind zugleich Haushaltsmitglieder im Sinne des § 5, bestimmen diese Personen die eine wohngeldberechtigte Person.

2.2 Haushaltsmitglied eines Mieters oder Eigentümers (§ 5)

5 Auch ein Haushaltsmitglied, welches nach den §§ 7 und 8 eigentlich vom Wohngeld ausgeschlossen wäre, ist dann wohngeldberechtigt, wenn mindestens ein anderes zu berücksichtigendes Haushaltsmitglied vorhanden ist.

2.3 Ausländische Personen

6 Ausländische Personen, somit im Sinne des § 2 Abs. 1 AufenthG alle diejenigen, die keine deutschen Staatsangehörigen sind, sind wohngeldberechtigt, wenn sie sich im Bundesgebiet tatsächlich und nach Maßgabe des § 3 Abs. 5 Satz 1 Nr. 1 bis 6 berechtigt oder geduldet aufhalten.

Nicht wohngeldberechtigt sind sie dagegen wiederum, wenn sie sich zwar völkerrechtlich berechtigt im Bundesgebiet aufhalten, gleichzeitig aber von der Anwendung deutscher Vorschriften auf dem Gebiet der sozialen Sicherheit befreit sind, so zum Beispiel im Rahmen des »Zusatzabkommens zum NATO-Truppenstatut« vom 03. 08. 1959.

3. Die Haushaltsmitglieder (§§ 5–8)

7 Die Frage der Höhe des Wohngeldes orientiert sich gemäß § 4 Nr. 1 zuerst an der Anzahl der Haushaltsmitglieder. Haushaltsmitglied ist zunächst die wohngeldberechtigte Person selbst. Daneben ist auch eine Person im Sinne des § 5 Abs. 1 Nr. 1–6 Haushaltsmitglied, wenn sie mit der wohngeldberechtigten Person in einer Wohn- und Wirtschaftsgemeinschaft lebt und wenn der betreffende Wohnraum der Mittelpunkt der Lebensbeziehungen ist.

---

391 VG Düsseldorf – 31. 03. 2000 – 21 K 6602/97.

3.1 Person im Sinne des § 5 Abs. 1 Nr. 1–6

Eine solche ist 8

- der Ehegatte oder Lebenspartner nach § 1 Abs. 1 LPartG, welcher nicht dauernd getrennt lebend sein darf. Hier ist der familienrechtliche Trennungsbegriff zu verwenden.
- derjenige, der gemäß § 7 Abs. 3 Nr. 3 i. V. m. 3 a mit einem Haushaltsmitglied in einer Verantwortungs- und Einstandsgemeinschaft lebt. Hier ist gemäß § 5 Abs. 2 auf die Vermutungsregelungen des § 7 Abs. 3 a SGB II abzustellen. Dazu müssen die Personen:
  - länger als ein Jahr zusammenleben,
  - mit einem gemeinsamen Kind zusammenleben,
  - Kinder oder Angehörige im Haushalt versorgen oder
  - befugt sein, über Einkommen oder Vermögen der anderen zu verfügen.

  Bei Vorliegen einer der Voraussetzungen wechselt die Beweislast zu Lasten des Haushaltsmitgliedes auf dessen Seite.

  Sollten die Vermutung nicht gegeben sein, muss der Wille erkennbar sind, »in den Not- und Wechselfällen des Lebens füreinander sorgen und einstehen zu wollen, das heißt, dass sie zunächst den gemeinsamen Lebensbedarf sicherstellen wollen, bevor sie das persönliche Einkommen zur Befriedigung eigener Bedürfnisse verwenden. Ob eine Beistandsgemeinschaft im Ergebnis vorliegt, ist anhand einer Gesamtwürdigung aller Indizien festzustellen.[392]
- wer mit einem Haushaltsmitglied in gerader Linie ((Ur-)Großeltern, Eltern, Kinder) oder bis zum dritten Grade in der Seitenlinie verwandt oder verschwägert ist (Geschwister, Onkel, Tanten, Nichten und Neffen).
- das Pflegekind eines Hausmitgliedes ohne Rücksicht auf das Alter.
- ein Pflegeelternteil, also Personen, die berechtigt sind, das Kindergeld nach § 62 EStG oder nach § 2 Abs. 1 Nr. 2 BKGG zu erhalten.

3.2 Wohn- und Wirtschaftsgemeinschaft

Eine **Wohngemeinschaft** liegt vor, wenn Personen denselben Wohnraum im Sinne des § 2 bewohnen und in diesem den Mittelpunkt ihrer jeweiligen Lebensbeziehungen haben. Dies ist nicht gegeben, wenn beispielsweise nur Nebenräume genutzt werden.[393] 9

Wohnen beide Ehegatten oder Lebenspartner auf Dauer in einer Einrichtung im Sinne des § 13 Abs. 2 SGB XII, welche unter anderem der Pflege/Behandlung dienen kann, kann auch dann eine Wohngemeinschaft vorliegen, wenn beide getrennte Zimmer bewohnen.

Eine **Wirtschaftsgemeinschaft**, also die gegenseitige Versorgung mit dem täglichen Lebensbedarf, wird grundsätzlich bei Personen in einer Wohngemeinschaft vermutet. 10

Etwas anderes kann nur dann gelten, wenn Ehegatten, Lebenspartner zwar noch miteinander wohnen, aber getrennt leben, da der Begriff des Getrenntlebens nach § 1567

392 LSG Hamburg – 29.06.2011 – 5 AS 197/11 B ER; VG Schwerin – 13.09.2011 – 6 B 331/11.
393 VG Oldenburg – 09.01.2003 – 5 A 2654/01.

Abs. 1 BGB bzw. § 15 Abs. 5 Satz 1 LPartG voraussetzt, dass zwischen ihnen keine häusliche Gemeinschaft mehr besteht und der eine sie auch erkennbar nicht herstellen will, weil er die Lebensgemeinschaft ablehnt.

3.3 Mittelpunkt der Lebensbeziehungen

11 Den Mittelpunkt der Lebensbeziehungen bildet im Regelfall diejenige Wohnung, welche vorwiegend sowohl privat als auch beruflich genutzt wird, also in der Hauptzahl der Fälle somit die Familienwohnung bei Lebenspartnern und Eheleuten, bzw. bei minderjährigen Personen die Wohnung der Personensorgeberechtigten. Als starkes Indiz ist hier der Hauptwohnsitz zu nennen.

12 Zur Beurteilung des Mittelpunktes der Lebensbeziehungen können auch die persönlichen Beziehungen herangezogen werden. So kann er auch dort sein, wo das soziale Umfeld der Person ist, welches durch ihm nahestehende Personen (Eltern, Verlobte, …) oder Freizeitaktivitäten (Sportvereine, …) geprägt ist.

13 Bei einem Umzug nicht zum Ersten eines Monats ist jedoch ein Wohngeldantrag ab Einzug in die neue Wohnung auch bereits für den laufenden Monat möglich, auch wenn für diesen Monat für den anderen Wohnraum bereits Wohngeld geleistet wurde (§ 25).

3.4 Ausländer

14 Ausländische Personen sind nur dann Haushaltsmitglieder, wenn sie sowohl die Bedingungen des § 5 Abs. 1 Satz 2 als auch des § 3 Abs. 5 erfüllen.

3.5 Kinder mit getrennt lebenden Elternteilen

15 Haben die Eltern gemeinsames Sorgerecht, ist das Kind bei dem Elternteil zu berücksichtigen, bei welchem es den Mittelpunkt der Lebensbeziehungen hat (siehe oben).

16 Werden Kinder zu annähernd gleichen Teilen betreut, was vorliegt, wenn das zeitliche Betreuungsverhältnis mindestens im Verhältnis von einem Drittel zu zwei Dritteln steht und wird zusätzlicher Wohnraum (nicht notwendigerweise ein zusätzliches Zimmer) für die Kinderbetreuung vorgehalten, gilt das Kind bei beiden Elternteilen als Haushaltsmitglied.[394]

17 Bei der Beurteilung des Betreuungsverhältnisses sind dabei die Verhältnisse im Bewilligungszeitraum maßgebend. Eine Änderung des Betreuungsverhältnisses kann eine Änderung im Sinne des § 27 Abs. 1 Satz 1 Nr. 1 oder des Abs. 2 Satz 1 Nr. 1 sein.

18 Hat ein Elternteil zwei Kinder von unterschiedlichen Partnern, von denen er jeweils nicht nur vorübergehend dauernd getrennt lebt und mit denen er jeweils das gemeinsame Sorgerecht hat und werden die Kinder nicht zu annähernd gleichen Teilen betreut, ist gemäß § 5 Abs. 6 Satz 2 nur ein Kind, nämlich das jeweils jüngere berücksichtigungsfähig. Entsprechendes gilt für Pflegekinder und Pflegeeltern.

---

394 VG Minden – 30.06.2011 – 6 L 275/11.

3.6 Bei der Berechnung zu berücksichtigende Haushaltsmitglieder

Grundsätzlich sind sämtliche Haushaltsmitglieder zu berücksichtigen. Ausnahmen bilden die Fälle des § 6 Abs. 2 und der §§ 7 und 8. Gemäß § 11 Abs. 3 WoGG sind aber dann auch die ausgeschlossenen Mitglieder des Haushalts zumindest maßgebend für die Anteile an Miete oder Belastung und für den Anteil am Betrag für Heizkosten. 19

3.6.1 Todesfall eines Haushaltsmitglieds (§ 6 Abs. 2 Satz 1)

Stirbt ein zu berücksichtigendes Haushaltsmitglied, tritt eine Vergünstigung für den oder die Überlebenden ein. Die Verringerung der Personenzahl bleibt für maximal weitere 12 Monate nach Ende des Sterbemonats ohne Belang. Dies gilt jedoch nach § 6 Abs. 1 S. 2 Nr. 1 nicht, wenn die Wohnung innerhalb der Frist aufgegeben wird, und gilt daher auch nicht für die dann vielleicht erneute Antragsstellung in der neuen Wohnung. 20

§ 6 Abs. 2 S. 1 findet auch keine Anwendung, wenn sich die Personenzahl wieder auf den Stand vor dem Todesfall erhöht oder wenn der auf den Verstorbenen entfallene Anteil an den Kosten bereits in einer Leistung nach § 7 Abs. 1 Satz 1 berücksichtigt wird. Der Bezug dieser Leistung führt zum Ausschluss vom Wohngeld. 21

Ist also vielleicht eines von drei Haushaltsmitgliedern vom Wohngeld ausgeschlossen und bekommt beispielsweise Leistungen nach dem SGB II, erhöht sich der Anteil an den Bedarfen für die Unterkunft nach dem Sterbemonat von einem Drittel der Miete auf die Hälfte. Bei gleichbleibender Wohngeldgewährung wäre faktisch eine Überzahlung eingetreten, würde man das Wohngeld nicht ebenfalls anpassen. 22

3.6.2 Ausschluss vom Wohngeld (§ 7)

Ausgeschlossen sind alle Empfänger der in § 7 Abs. 1 Satz 1 Nr. 1 bis 9 genannten Leistungen. Insbesondere sind hier zu erwähnen der Bezug von Leistungen nach dem SGB II – auch wenn diese nur in Zuschussform für Auszubildende gemäß § 27 Abs. 3 SGB II gezahlt werden – und die Hilfe zum Lebensunterhalt nach den Vorschriften des SGB XII. 23

Sobald diese staatlichen Leistungen eben auch einen Anteil für die Unterkunft auskehren, ist der Bezug von Wohngeld ausgeschlossen, wenn die Leistungen nicht rein als Darlehen, z. B. gemäß § 24 Abs. 5 SGB II, gezahlt werden. Dies ist anhand des jeweiligen Bescheides ermittelbar. 24

In § 7 Abs. 1 S. 3 ist jedoch wiederum die Vorrangigkeit des Wohngeldes normiert, welches dann den Leistungen des SGB II, SGB XII und des Bundesversorgungsgesetzes vorgeht, wenn es die Hilfebedürftigkeit nach dem jeweiligen Gesetz insgesamt beseitigt. Das Wohngeld als aufstockende Leistung ist daneben somit nicht denkbar. Es soll verhindert werden, dass der Zweck nicht unterlaufen wird, indem der Bedarf dann anderweitig abgedeckt würde. 25

Ausgeschlossen sind auch Mitglieder der Haushaltsgemeinschaft, deren Leistungen nach § 7 Abs. 1 aufgrund einer Sanktion, welche zu einer vollständigen Minderung führt, weggefallen sind. So soll verhindert werden, dass auch der erzieherische Effekt der Sank- 26 tion gar nicht eintreten kann, wenn anstelle der ursprünglichen Leistung eine Ersatzleistung greifen würde.

27 Bezüglich der praktischen Relevanz ist zu erwähnen, dass dies im Rahmen des SGB II nur Sanktionen auf der Grundlage von Pflichtverletzungen und Meldeversäumnissen im Sinne der §§ 31 und 32 SGB II erfasst. Reine Versagungen der Leistungen etwa nach § 22 SGB II wegen unberechtigten Umzugs oder Einstellungen wegen fehlender Mitwirkung gemäß § 60 SGB I sind nicht gemeint. Trotzdem bleibt in diesen Fällen natürlich der Ausschluss nach § 7 Abs. 1 bestehen, da diese Leistungen grundsätzlich bezogen werden.

3.6.3 Dauer des Ausschlusses vom Wohngeld (§ 8)

28 Bis zur Feststellung der Berechtigung zum Bezug von Leistungen nach § 7 Abs. 1 besteht der Ausschluss vom Wohngeld für die Dauer des Verwaltungsverfahrens fort, vorbehaltlich der Vermeidung oder Beseitigung der gänzlichen Hilfebedürftigkeit durch den Bezug von Wohngeld.

Der Ausschluss gilt grundsätzlich ab dem Ersten des Monats, ab dem Leistungen nach § 7 Abs. 1 Satz 1 beantragt werden. Nach Bewilligung gilt er ab dem Ersten des Monats, für den die Leistungen bewilligt wurden. Die Alternativen nach § 8 Abs. 1 Satz 2 Nr. 1 b und 2 b dürften nach der Neuregelung des § 37 SGB II zumindest für das SGB II nicht mehr gelten, da hier die Antragsstellung immer auf den Ersten des Monats zurückwirkt.

29 Wird eine Leistung im Sinne des § 7 Abs. 1 Satz 1 WoGG abgelehnt, versagt oder entzogen bzw. wird ein entsprechender Antrag zurückgenommen, gilt der Ausschluss ab dem Zeitpunkt, von dem die Rücknahme oder Entziehung wirkt, nicht mehr. Auf Bestandskraft der Entscheidung kommt es dabei nicht an.

4. Zu berücksichtigende Miete oder Belastung (§§ 9–12)

30 Weiterhin hat die Höhe der Miete oder Belastung Auswirkungen auf die Höhe des Wohngeldes.

4.1 Miete (§ 9)

31 Zunächst wird die Miethöhe ermittelt. Gemäß § 9 Abs. 1 ist dies das Entgelt für die Gebrauchsüberlassung des Wohnraums auf Grundlage des eventuell auch mündlich vereinbarten Mietvertrags. Sind mehrere Personen im Rahmen eines gemeinsamen Mietverhältnisse aus dem Vertrag verpflichtet, sind aber nicht alle Haushaltsmitglieder im Sinne des § 5 Abs. 1–5, ist der Anteil des Einzelnen durch Quotelung des Entgelts im Verhältnis zur Anzahl der Personen zu ermitteln, solange sich aus dem Mietvertrag selbst oder aus dem Innenverhältnis nichts anderes ergibt.

4.1.1 Miethöhe (§ 9 Abs. 1)

Die Ermittlung der Miethöhe selbst wird näher erläutert in den §§ 2 ff. WoGV. Danach gehören zu den Beträgen im Sinne des § 2 Abs. 1 WoGV z. B. auch die Gebühren für Straßenreinigung, Abwasserbeseitigung und Müllabfuhr, wenn sie von dem Mieter unmittelbar an die Gemeinde bezahlt werden. 32

Eine weitere Position bilden auch sonstige **Betriebskosten** gemäß § 2 Nr. 1, 2, 3 und 7–17 BetrKV, ebenso wie **Zuschläge** im Sinne des § 26 Abs. 1 Nr. 3–5 NMV (z. B. Ausgleichszahlungen bei der Freistellung von Bindungen öffentlich geförderter Wohnungen nach § 7 WoBindG nach Nr. 3) oder **Vergütungen** für die Überlassung von üblichen Einbaumöbeln und für übliche elektrische Haushaltsgeräte. Dagegen gehören die Vergütungen für Leistungen, die nicht die eigentliche Wohnraumnutzung betreffen, insbesondere für die Überlassung einer Garage, eines Stellplatzes oder eines Hausgartens nicht zur wohngeldfähigen Miete. 33

4.1.2 Absetzungsbeträge (§ 9 Abs. 2)

Von der ermittelten Miethöhe sind dann diverse Posten abzusetzen gemäß § 9 Abs. 2: 34

Das sind zunächst die Kosten der **Wärme- bzw. Warmwasserversorgung**, abhängig davon, ob sie in den Betriebskosten enthalten sind oder nicht, also entweder

- Betriebskosten für zentrale Heizungs- und Warmwasserversorgungsanlagen sowie zentrale Brennstoffversorgungsanlagen im Sinne des § 2 Nr. 4 Buchstabe a, b und d sowie Nr. 5 Buchstabe a und c der Betriebskostenverordnung;
- sind diese nur unverhältnismäßig schwer zu ermitteln, sind jedenfalls die Pauschalen nach § 6 Abs. 2 WoGV anzusetzen oder
- Kosten für die eigenständig gewerbliche Lieferung von Wärme und Warmwasser, soweit sie den eben genannten Kosten entsprechen. Eine eigenständig gewerbliche Lieferung liegt vor, wenn die Versorgung mit Wärme und Warmwasser nicht lediglich als Teil der Verpflichtungen aus einem Miet- oder Nutzungsverhältnis erfolgt, sondern aufgrund selbständiger Vereinbarungen mit dem Vermieter oder einem Dritten. Die eigenständige Lieferung kann auch aus zentralen Heizungs- und Warmwasserversorgungsanlagen im Sinne des § 9 Abs. 2 Nr. 1 WoGG erfolgen.

Ferner gehören hierher **Untermietzuschläge**. Dies ist der vom Hauptmieter an den Vermieter zu zahlende Mehrbetrag, der die zusätzliche Abnutzung des gemieteten Wohnraums durch den Untermieter abgilt. Ist dieser nicht konkret ermittelbar, wird auch hier zumindest eine Pauschale von 2,50 € pro Person gemäß § 6 Abs. 2 Satz 1 Nr. 3 WoGV in Ansatz gebracht. 35

Auch **Zuschläge** für die Nutzung von Wohnraum zu anderen als Wohnzwecken und **Vergütungen** für die Überlassung von Möbeln mit Ausnahme üblicher Einbaumöbel sind abzusetzen. Einbaumöbel sind solche, die fest mit dem Gebäude verbunden sind; nicht erheblich ist, ob sie nur unter Zerstörung oder Beschädigung des einen oder des anderen entfernt werden können. 36

4.1.3 Sonderfälle (§ 9 Abs. 3)

37 Beim Wohnen im eigenen Haus, welches mehr als 2 Wohnungen hat, ist als Mietwert des Wohnraums nach § 7 WoGV höchstens die preisrechtlich zulässige Miete zugrunde zu legen, wenn die Vermietung des Wohnraums preisrechtlichen Vorschriften unterliegt.

38 Als Miete bei Heimbewohnern ist der maßgebende Höchstbetrag nach § 12 Abs. 1 WoGG zugrunde zu legen.

4.2 Belastung, Wohngeld-Lastenberechnung gemäß § 10, §§ 8 ff. WoGV

39 Bei der Berechnung ist die Miete oder Belastung nach den §§ 9, 10 zu berücksichtigen, soweit sie nicht die Höchstbeträge nach § 12 übersteigt oder nach § 11 Abs. 2 ausgeschlossen wird. Zur Belastung sind gemäß § 10 Abs. 1 die Kosten für den Kapitaldienst und die Bewirtschaftung von Wohnraum zu zählen.

40 Die Ermittlung erfolgt durch die jeweilige Wohngeldbehörde im Sinne des § 24, welche sie durch eine Lastenberechnung ermittelt, es sei denn, die Belastung erreicht oder übersteigt die sich aus § 12 ergebenden Höchstbeträge.

4.2.1 Inhalt der Lastenberechnung

41 Um in den Anwendungsbereich der Lastenberechnung hineinzufallen, müssen es zunächst solche Lasten sein, die sich auf selbst genutzten Wohnraum beziehen.

42 Also bei **Eigentum an einem Hausgrundstück** samt Wohnhaus eben die Lasten bezüglich diesem, bei einer Eigentumswohnung solche, die das Sondereigentum am fraglichen Wohnraum und den Miteigentumsanteil am gemeinschaftlichen Eigentum betreffen.

43 Sollten Lasten im Rahmen eines **Dauerwohnrechts** in Frage stehen, stellt § 9 Abs. 2 Nr. 2 WoGV klar, dass der vom Wohnrecht erfasste Wohnraum gemeint ist, bzw. sich die Lasten auch bei landwirtschaftlichen Betrieben natürlich nur auf den Wohnraum erstrecken.

44 Grundsätzlich umfasst sind zwar bei allen Berechtigten auch sämtliche **Nebengebäude**, Anlagen oder bauliche Einrichtungen, dies jedoch unter den Einschränkungen des § 15 WoGV. Das meint insbesondere, dass Belastungen für gewerblich oder beruflich genutzte Räume ganz außer Betracht bleiben und im Falle der Vermietung einer Garage jedenfalls eine Untergrenze von 184,– € im Jahr als Entgelt zu berücksichtigen ist.

4.2.2 Fremdmittel

45 In der Wohngeld-Lastenberechnung sind weiter die Fremdmittel und die Belastung auszuweisen. Fremdmittel sind dabei Darlehen oder noch offene Restlasten (z. B. verrentete Erschließungsbeiträge), nicht aber etwa Gehaltsvorschüsse.

46 Fremdmittel sind mit dem Nennbetrag auszuweisen, wenn sie der Finanzierung einer der in § 11 Abs. 1 Nr. 1–4 WoVG genannten Zwecken gedient haben. Diese sind im Einzelnen:

- der **Wohnungsbau** im Sinne des § 11 Abs. 1 Satz 1 Nr. 1 WoGV, also das Schaffen von Wohnraum durch
  – Baumaßnahmen, durch die Wohnraum in einem neuen selbständigen Gebäude geschaffen wird,
  – Beseitigung von Schäden an Gebäuden unter wesentlichem Bauaufwand, durch welche die Gebäude auf Dauer wieder zu Wohnzwecken nutzbar gemacht werden,
  – Änderung, Nutzungsänderung oder Erweiterung von Gebäuden, durch die unter wesentlichem Bauaufwand Wohnraum geschaffen wird, oder
  – Änderung von Wohnraum unter wesentlichem Bauaufwand zur Anpassung an geänderte Wohnbedürfnisse.
- die **Modernisierung**. Gemeint sind bauliche Maßnahmen, die
  – den Gebrauchswert des Wohnraums oder des Wohngebäudes nachhaltig erhöhen. Das sind insbesondere Maßnahmen zur Verbesserung des Zuschnitts des Wohnraums, zur Belichtung und Belüftung, des Schallschutzes, der Energieversorgung und Entwässerung, der sanitären Einrichtungen, der Beheizung und der Kochmöglichkeiten oder der Sicherheit vor Diebstahl und Gewalt;
  – die allgemeinen Wohnverhältnisse auf Dauer verbessern. Dazu können der Anbau, insbesondere soweit er zur Verbesserung der sanitären Einrichtungen oder zum Einbau eines notwendigen Aufzugs erforderlich ist, und besondere bauliche Maßnahmen, die bauliche Barrieren für Behinderte, Unfallverletzte und alte Menschen beseitigen, gehören;
  – nachhaltig Einsparungen von Energie oder Wasser bewirken. Solche bauliche Maßnahmen sind insbesondere Maßnahmen zur wesentlichen Verbesserung der Wärmedämmung von Fenstern, Außentüren, Außenwänden, Dächern, Kellerdecken und obersten Geschossdecken, zur wesentlichen Verminderung des Energieverlustes und des Energieverbrauchs der zentralen Heizungs- und Warmwasseranlagen, usw.

Auch Maßnahmen zum Zwecke der nachträglichen Errichtung oder des nachträglichen Ausbaus einer dem öffentlichen Verkehr dienenden **Verkehrsfläche** oder des nachträglichen **Anschlusses** an Versorgungs- und Entwässerungsanlagen. **47**

Zuletzt sind umfasst auch Belastungen in Zusammenhang mit dem **Kaufpreis** und den Erwerbskosten für den Gegenstand der Wohngeld-Lastenberechnung, insbesondere sind dies Gerichts- und Notarkosten, Maklerprovision, Grunderwerbsteuer, Vermessungskosten, Gebühren für Wertberechnungen und amtliche Genehmigungen sowie Kosten der Bodenuntersuchung zur Beurteilung des Grundstückswertes. **48**

Nach § 11 Abs. 1 Satz 2 WoGV gehören zu den mit dem Nennbetrag auszuweisenden Fremdmitteln auch Darlehen zur Deckung der **laufenden Aufwendungen sowie Annuitätsdarlehen** aus Mitteln öffentlicher Haushalte. **49**

Für alle diese Fremdmittel gilt zudem, dass sie ersetzt werden können durch sie ablösende andere Fremdmittel, bzw. dass sie nur Berücksichtigung finden, soweit der Kapitaldienst auch tatsächlich geleistet wird (z. B. nicht der Fall bei Stundung). Wird ein Darlehen durch ein anderes, z. B. ein zinsgünstigeres Fremdmittel ersetzt (§ 11 Abs. 2 WoGV), darf in der Wohngeld-Lastenberechnung aber nur der Teilbetrag des ursprünglichen Fremdmittels ausgewiesen werden, der bis zu dessen Ersetzung noch nicht getilgt war; **50** ein Disagio (Unterschied zwischen Darlehensbetrag und Auszahlungsbetrag) kann nicht berücksichtigt werden.

4.2.3 Belastungen

51 Als **Belastung aus dem Kapitaldienst** sind auszuweisen

- die Zinsen und laufenden Nebenleistungen, insbesondere Verwaltungskostenbeiträge der ausgewiesenen Fremdmittel,
- die Tilgungen der ausgewiesenen Fremdmittel,
- die laufenden Bürgschaftskosten der ausgewiesenen Fremdmittel,
- die Erbbauzinsen, Renten und sonstigen wiederkehrenden Leistungen zur Finanzierung der in § 11 genannten Zwecke.

52 Als **Tilgungen** sind auch die Prämien für Personenversicherungen zur Rückzahlung von Festgeldhypotheken und Bausparbeiträge anzusetzen, wenn der angesparte Betrag für die Rückzahlung von Fremdmitteln zweckgebunden ist, dann in Höhe von 2 Prozent dieser Fremdmittel. Als **Belastungen aus der Bewirtschaftung** sind Instandhaltungskosten, Betriebskosten ohne die Heizkosten und Verwaltungskosten auszuweisen, so diese geleistet werden. Weiter können **Instandhaltungs- und Betriebskosten** von 20,– € je m^2 Wohnfläche und je m^2 Nutzfläche der Geschäftsräume jährlich geltend gemacht werden, sowie die entsprechend entrichtete Grundsteuer. Als **Verwaltungskosten** aufzunehmen sind die für den Gegenstand der Wohngeld-Lastenberechnung an einen Dritten für die Verwaltung geleisteten Beträge, bis zu den in den Sätzen 1 und 2 genannten Beträgen. Darüber hinaus dürfen Bewirtschaftungskosten nicht angesetzt werden.

52a Leistet die wohngeldberechtigte Person an Stelle dieser Beträge ein **Nutzungsentgelt** an einen Dritten, wird dieses in der Wohngeld-Lastenberechnung in Höhe der Beträge nach den §§ 12 und 13 angesetzt. Werden die Beträge nach Satz 1 von der wohngeldberechtigten Person unmittelbar an den Gläubiger entrichtet und sind sie nicht im Entgelt für die Nutzung enthalten, werden auch sie hinzugerechnet.

4.2.4 Außer Betracht bleiben der Belastung

53 Nicht berücksichtigt werden dagegen

- die anteiligen Aufwendungen für Wohnraum, der ausschließlich gewerblich oder beruflich genutzt wird oder der ausschließlich einer Person, die kein Haushaltsmitglied ist, entgeltlich (z. B. bei Untervermietung) oder unentgeltlich zum Gebrauch überlassen wird. Übersteigt das Entgelt für die Gebrauchsüberlassung die auf den Wohnraum anteilig entfallende Belastung, wird es in voller Höhe von der Belastung abgezogen,
- Leistungen aus öffentlichen Haushalten, z. B. Leistungen zur Wohnkostenentlastung nach dem Wohnraumförderungsgesetz und die Eigenheimzulage (Fördergrundbetrag, Kinderzulage).

4.3 Berechnungsreihenfolge

Liegt gleichzeitig mehr als einer der in § 11 Abs. 2 Nr. 1 bis 5 WoGG genannten Umstände vor, ist die Absetzung der Beträge in der Reihenfolge der Aufzählung vorzunehmen. 54

Beispiel: 55

Die wohngeldberechtigte Person bewohnt eine Wohnung von 100 m². Die Gesamtmiete beträgt 1000 €, darin enthalten sind 100 € für Heizung und Warmwasser. Die wohngeldberechtigte Person nutzt 10 m² ausschließlich beruflich, hat 30 m² für ein Gesamtentgelt von 200 € (inklusive Kosten für Heizung und Warmwasser von 30 € [vereinbart]) untervermietet und bewohnt den restlichen Teil der Wohnung gemeinsam mit einem Mitbewohner (Gesamtentgelt 350 € inklusive Kosten für Heizung und Warmwasser von 30 €). Unter Beachtung der Berechnungsreihenfolge nach § 11 Abs. 2 WoGG sind von der Miete folgende Beträge außer Betracht zu lassen:

900 € – 90 €	Miete nach § 9 WoGG Anteil von 10 Prozent (10 m² von 100 m²) an der Miete nach § 9 WoGG für berufliche Nutzung (§ 11 Abs. 2 Nr. 1 WoGG)
810 € – 270 €	Mietanteil, der auf die zu Wohnzwecken genutzte Wohnfläche (90 m²) entfällt Anteil von einem Drittel (30 m² von 90 m²) an der Miete nach § 9 WoGG von 810 € für Untervermietung; da das Entgelt in Höhe von 170 € (200 € – 30 € [Anteil Heizung/Warmwasser] = 170 €) die anteilige Miete von 270 € nicht übersteigt, ist die anteilige Miete abzusetzen (§ 11 Abs. 2 Nr. 2 WoGG)
540 € – 320 €	Mietanteil für den Teil des Wohnraums, den die wohngeldberechtigte Person und die mitbewohnende Person gemeinsam bewohnen von 540 € entfällt auf die mitbewohnende Person nach § 11 Abs. 2 Nr. 3 WoGG die Hälfte, also 270 €; da das Entgelt in Höhe von 320 € (350 € [Gesamtentgelt] – 30 € [Anteil Heizung/Warmwasser kopfteilig] = 320 €) die anteilige Miete übersteigt, ist das Entgelt abzusetzen
220 €	Miete (§ 11 Abs. 1 Satz 1 Nr. 1 WoGG)

4.4 Höchstgrenzen (§ 12)

Die Höchstbeträge, bis zu denen Mieten oder Belastungen bezuschusst werden können, sind nach regionalen Mietniveaus gestaffelt. Es gibt dabei 6 Mietstufen. Welcher Mietenstufe die jeweilige Gemeinde angehört, ist aus Anhang zu § 1 Abs. 3 WoGV ersichtlich, welche in sich alphabetisch nach Bundesländern geordnet ist: 56

Anzahl der zu berücksichtigenden Haushalts-mitglieder	Mietenstufe	Höchstbetrag in €
1	I	292
	II	308
	III	330
	IV	358
	V	385
	VI	407
2	I	352
	II	380

…

57 **Beispiel** für die Berechnung der zu berücksichtigenden Miete:
Ein Alleinstehender bewohnt eine Wohnung in einer Gemeinde der Mietenstufe 3. Die monatliche Brutto-Kaltmiete beträgt 285 €. Der Höchstbetrag für die zuschussfähige Miete liegt hier bei 330 € und damit über der von ihm zu zahlenden monatlichen Miete. Bei der Wohngeldleistung wird daher nur die tatsächlich zu zahlende Miete von 285 € berücksichtigt.

5. Einkommen (§§ 13 ff.)

58 Um Wohngeld zu erhalten, darf das monatliche Einkommen bestimmte Beträge, die sich in der Höhe nach der Anzahl der zu berücksichtigenden (also nicht vom Wohngeld ausgeschlossenen) Haushaltsmitglieder richten, nicht überschreiten.

5.1 Errechnung des Einkommens (§ 13)

59 Es ist das monatliche Gesamteinkommen zu ermitteln. Dies ist nach § 14 ein Zwölftel des Jahreseinkommens, welches sich aus der Summe der Jahreseinkommen aller zu berücksichtigenden Haushaltsmitglieder abzüglich bestimmter Freibeträge nach § 17 und Abzugsbeträge für Unterhaltsleistungen ergibt.

5.1.1 Jahreseinkommen (§ 14)

60 Für die Berechnung des Jahreseinkommens sind die Einnahmen zu berücksichtigen, welche bei Antragstellung im Bewilligungszeitraum zu erwarten sind. Das schließt jedoch nicht aus, dass objektiv erkennbare Umstände, die der Wohngeldbehörde aber erst zu einem späteren Zeitpunkt zur Kenntnis gelangen, bei der Entscheidung berücksichtigt werden können.[395]

395 OVG Berlin-Brandenburg – 23.09.2011 – OVG 6 M 59.11.

Als das **im Bewilligungszeitraum zu erwartende Einkommen** nach § 15 Abs. 1 Satz 1 ist das Einkommen zugrunde zu legen, über dessen Höhe eine verlässliche Aussage möglich ist. Bei Haushaltsmitgliedern, die über regelmäßige Einnahmen in gleicher Höhe verfügen (z. B. Beamte, Angestellte, Rentner, Empfänger von Arbeitslosengeld), kann in der Regel von den bei der Antragstellung bekannten monatlichen Einnahmen ausgegangen werden. **61**

Als Ausgangspunkt der nach § 15 Abs. 1 Satz 1 vorzunehmenden Prognose kann nach § 15 Abs. 1 Satz 2 auch von dem Einkommen ausgegangen werden, welches vor der Antragstellung erzielt worden ist. **62**

Entscheidend ist im Wohngeldrecht der steuerrechtliche Einkommensbegriff. Erfasst wird die Summe aller positiven Einkünfte (keine Verrechnung mit Verlusten etwa aus einer Nebentätigkeit) im Sinne des § 2 Abs. 1 und 2 des Einkommensteuergesetzes zuzüglich der Einnahmen nach § 14 Abs. 2 und abzüglich der Abzugsbeträge für Steuern und Sozialversicherung gemäß § 16. Zu den Einnahmen zählen auch Einkünfte, die nicht an den Betreffenden direkt von den gesetzlich zum Unterhalt Verpflichteten ausgezahlt werden, sondern in Form von monatlichen Beiträgen zur Kranken- und Pflegeversicherung an die Versicherungsgesellschaft oder von Studiengebühren oder Semesterbeiträgen an die Hochschule bezahlt werden.[396] Auch nur **einmaliges Einkommen** ist grundsätzlich dem Jahreseinkommen zuzurechnen. Dies kann insbesondere eine Gehalts-, Renten-, Unterhaltszahlung oder eine Abfindung sein, gleichgültig ob sie in einer Summe oder in Raten geleistet wird. Nicht zum Jahreseinkommen gehören dagegen die in § 14 Abs. 3 genannten Einkünfte, Entgelte und Leistungen.

Kein einmaliges Einkommen sind jedoch die jahresbezogenen Leistungen, die einmal im Jahr in einer Summe ausgezahlt werden, wie z. B. Urlaubsgeld, Weihnachtsgeld und 13. Monatsgehalt. Diese sind als Sonderzuwendungen, Gratifikationen oder gleichartige Bezüge nach § 15 Abs. 3 aber dennoch Teil des Jahreseinkommens. **63**

Bei der Ermittlung des Jahreseinkommens bleiben zudem Steuervergünstigungen, steuerliche Freibeträge, Sonderausgaben und außergewöhnliche Belastungen gemäß § 2 Abs. 3–5 EStG unberücksichtigt. **64**

5.1.1.1 Einnahmen

Einnahmen nach § 2 Abs. 1 und Abs. 2 EStG sind bei Einkünften aus Land- und Forstwirtschaft, aus Gewerbebetrieb und aus selbständiger Arbeit der jeweilige **Gewinn** und bei Einnahmen aus nichtselbständiger Arbeit, aus Kapitalvermögen, aus Vermietung und Verpachtung oder aus sonstigen Einkünften im Sinne des § 22 EStG der **Überschuss** der Einnahmen über die Werbungskosten. **65**

Gewinn ist dabei der Unterschiedsbetrag zwischen dem Betriebsvermögen des abgeschlossenen Wirtschaftsjahres und dem jeweils vorangegangenen, vermehrt um den Wert der Entnahmen und vermindert um den Wert der Einlagen, also aller Wirtschaftsgüter (Bareinzahlungen und sonstige Wirtschaftsgüter), die der Steuerpflichtige dem Betrieb im Laufe des Wirtschaftsjahres zugeführt hat. Bei der Gewinnermittlung sind die Vorschrif- **66**

---

396 VG Aachen – 28. 06. 2011 – 6 K 1084/10.

ten über die Betriebsausgaben, über die Bewertung und über die Absetzung für Abnutzung oder Substanzverringerung zu beachten (vgl. § 4 Abs. 1 EStG).

67 Innerhalb derselben Einkunftsart werden positive und negative Faktoren berücksichtigt (z. B. bei nichtselbständiger Arbeit: Einnahmen und Werbungskosten).

68 **Abzugsfähige Aufwendungen** verringern den Gewinn oder Überschuss.

69 Bei selbständiger Tätigkeit aus Gewerbebetrieb und Einkünften aus Land- und Forstwirtschaft sind dies solche zur Sicherung und Erhaltung des Einkommens, also sogenannte Betriebsausgaben.

70 Bei Einnahmen aus den anderen Einkommensarten, insbesondere aus nichtselbständiger Arbeit sind dies die Werbungskosten. Hier sind dies insbesondere Aufwendungen im Sinne des § 9 EStG für Arbeitsmittel, für den Arbeitsweg, Beiträge zu Berufsständen und sonstigen Berufsverbänden, usw. Diese Werbungskosten sind hier mit einer Pauschale von jedenfalls 1000,– € im Jahr anzusetzen (§ 9 a EStG).

5.1.1.2 Steuerfreie Einnahmen

71 Zu den steuerpflichtigen Einkünften sind noch die gemäß **§ 14 Abs. 2** ausdrücklich aufgelisteten steuerfreien Einnahmen dem Jahreseinkommen zuzurechnen. Aufgrund der Menge der dort aufgeführten Beträge soll hier auf den Gesetzestext verwiesen werden. Als Beispiele seien genannt die in Nr. 21 aufgeführten Leistungen nach dem Unterhaltsvorschussgesetz oder die gemäß § 3 Nr. 3 EStG steuerfreien Kapitalabfindungen nach Nr. 4 d. Hervorzuheben sind weiter nach § 14 Abs. 2 Nr. 19 auch die nach § 22 Nr. 1 Satz 2 EStG dem Empfänger nicht zuzurechnenden Bezüge, die ihm von nicht zum Haushalt gehörenden Personen gewährt werden. Dies können **Darlehen** sein oder solche Zuwendungen, die der Wohngeldantragssteller als Darlehen begreift:

Erstens sind dies Zuwendungen, bei denen zivilrechtlich (§ 488 BGB) ein Darlehen nicht wirksam abgeschlossen wurde. Entfällt hier die Rückzahlungspflicht, wird die Leistungsfähigkeit endgültig gesteigert.

Zweitens sind dies für den Lebensunterhalt verwendete Zuwendungen, bei denen ein wirksamer Darlehensvertrag zwar vorliegt, aber mit deren Rückzahlung aus wirtschaftlicher Sicht nicht gerechnet werden kann bzw. wo diese vom Eintritt eines ungewissen Ereignisses abhängig gemacht wurde.[397]

Davon zu unterscheiden ist die Frage, ob gewährte Darlehen das Einkommen vermindern können. An deren Abschluss und Ernsthaftigkeit sind strenge Anforderungen zu stellen. Dies setzt etwa voraus, dass sich die Darlehensgewähr auch anhand der tatsächlichen Durchführung klar und eindeutig von einer verschleierten Schenkung abgrenzen lässt.[398]

397 VG Berlin – 13. 12. 2011 – 21 K 137.10.
398 BVerwG – 09. 12. 2011 – 5 B 28/11.

5.1.1.3 Keine Einnahmen

Zum Jahreseinkommen gehören dagegen nach § 14 Abs. 3 nicht die Einkünfte aus Vermietung und Verpachtung eines Teils des Wohnraums, für den Wohngeld beantragt wird, ebenso wie das Entgelt, welches eine den Wohnraum mitbewohnende Person (in Abgrenzung zum Untermieter) hierfür zahlt und ebenso Leistungen nach § 14 Abs. 3 Nr. 3. **72**

Diese Aufzählung ist insofern nicht abschließend, als dass weitere Einnahmen ebenfalls der Zielrichtung oder der rein zeitlichen Zuordnung nach nicht dem Jahreseinkommen zuzurechnen sind, wie z. B. Leistungen, die aufgrund des BKGG gewährt werden (also auch der Kinderzuschlag), Steuerrückzahlungen oder auch Entschädigungszahlungen für Opfer nationalsozialistischen Unrechts. **73**

5.1.2 Absetzungs- und Freibeträge (§§ 16–18)

Nach den §§ 16–18 sind weitere Beträge vom soeben ermittelten Jahreseinkommen als Frei- oder Abzugsbeträge zu berücksichtigen. **74**

5.1.2.1 Abzugsbeträge für Steuern und Sozialversicherungsbeiträge

Zunächst besteht eine pauschale Abzugsmöglichkeit in Höhe von mindestens 6 % des Jahreseinkommens. Diese erhöht sich auf 10 % bei jedem zu berücksichtigenden Haushaltsmitglied, das Pflichtbeiträge zur gesetzlichen Kranken- und Pflegeversicherung oder zur gesetzlichen Rentenversicherung oder Steuern vom Einkommen entrichtet. **75**

20 % sind bei jedem zu berücksichtigenden Haushaltsmitglied abzusetzen, welches Pflichtbeiträge zur gesetzlichen Kranken- und Pflegeversicherung und zusätzlich auch zur gesetzlichen Rentenversicherung leistet, 30 % sind es dann bei jedem Haushaltsmitglied, bei dem sämtliche Nummern des § 16 Abs. Satz 1 Nr. 1–3 zutreffen, also das Steuern vom Einkommen sowie Pflichtbeiträge zur gesetzlichen Kranken- und Pflegeversicherung und zur gesetzlichen Rentenversicherung leistet.

Zu den **Steuern vom Einkommen** gehören die Einkommensteuer, die Lohnsteuer, der Solidaritätszuschlag, die Kapitalertragsteuer und die Kirchensteuer. **Diese** müssen unabhängig von der Höhe mindestens einmal jährlich tatsächlich entrichtet worden sein. Ob sie zurückgezahlt worden sind oder zurückgezahlt werden (z. B. bei einer Einkommensteuerveranlagung), ist dagegen nicht erheblich. **76**

Erhebt der Arbeitgeber nach § 40 Abs. 1–3 EStG unter Verzicht auf die Vorlage einer Lohnsteuerkarte die Lohnsteuer mit einem je nach Fallgestaltung unterschiedlich hohen Pauschsteuersatz, ist ein pauschaler Abzug nach § 16 Abs. 1 Satz 1 Nr. 1 WoGG für die Leistung von Steuern vom Einkommen nicht vorzunehmen. Wird jedoch die pauschale Lohnsteuer vom Arbeitgeber auf den Arbeitnehmer abgewälzt (vgl. § 40 a Abs. 5 in Verbindung mit § 40 Abs. 3 Satz 2 Halbsatz 2 EStG) und dieser dann tatsächlich belastet, ist ein pauschaler Abzug nach § 16 Abs. 1 Satz 1 Nr. 1 WoGG vorzunehmen. **77**

Kirchensteuern sind die von Religionsgemeinschaften mit öffentlich-rechtlichem Status (Religionsgesellschaften im Sinne des Artikels 140 GG) in Abhängigkeit vom Ein- **78** kommen erhobenen Beiträge. Unabhängig von der Höhe der Lohn- oder Einkommensteuer erhobene Abgaben (sog. Mindest-Kirchensteuer), Kirchgeld oder Beiträge in Form von Spenden oder Umlagen zu Religionsgemeinschaften sind keine Kirchensteuern und damit keine Steuern vom Einkommen im Sinne des § 16 Abs. 1 Satz 1 Nr. 1.

79 Auf die Höhe der **Pflichtbeiträge zur gesetzlichen Kranken-, Pflege- oder Rentenversicherung** kommt es bei § 16 Abs. 1 Satz 1 nicht an. Ein Abzug nach § 16 Abs. 1 Satz 1 Nr. 2 und 3 kommt aber dann nicht in Betracht, wenn Beiträge zur gesetzlichen Kranken-, Pflege- oder Rentenversicherung ausschließlich aus Leistungen Dritter bestritten werden, die nicht zum Jahreseinkommen gehören, z. B. bei Übernahme durch den Bund nach den §§ 14 und 15 FELEG oder durch für Behinderte durch den Träger einer Einrichtung nach § 251 Abs. 2 Satz 1 Nr. 2 SGB V, § 60 Abs. 1 Satz 1 SGB XI und § 168 Abs. 1 Nr. 2 SGB VI).

80 Im Falle einer geringfügigen Beschäftigung im Sinne des § 8 SGB IV ist ein pauschaler Abzug nach § 16 Abs. 1 Satz 1 Nr. 2 und 3 nicht vorzunehmen, da der Arbeitgeber die Beiträge zur gesetzlichen Kranken-, Pflege- oder Rentenversicherung übernimmt und der Arbeitnehmer hier nicht belastet ist. Im Falle eines Arbeitsentgelts zwischen 400,01 und 800 € monatlich ist der Abzug jedoch wieder vorzunehmen, da der Arbeitnehmer die Beiträge entrichtet.

81 Laufende Beiträge zu öffentlichen oder privaten Versicherungen oder ähnlichen Einrichtungen im Sinne des § 16 Abs. 1 Satz 2 entsprechen hinsichtlich ihrer Zweckbestimmung den Pflichtbeiträgen zur gesetzlichen Kranken- und Pflegeversicherung oder gesetzlichen Rentenversicherung, wenn sie dazu beitragen sollen, für den Beitragszahler oder dessen Familie die notwendigen Maßnahmen zum Schutz, zur Erhaltung, zur Besserung und zur Wiederherstellung der Gesundheit und Leistungsfähigkeit, die wirtschaftliche Sicherung bei Krankheit, Mutterschaft, Minderung der Erwerbsfähigkeit, Pflegebedürftigkeit und Alter oder die wirtschaftliche Sicherung der Hinterbliebenen zu gewährleisten.

82 Dies sind insbesondere freiwillige Beiträge zur gesetzlichen Kranken- oder Rentenversicherung, zu einer freiwilligen Kranken- oder Pflegeversicherung, oder etwa Beiträge für eine Kapital-Lebensversicherung bzw. private Rentenversicherung. Gerade nicht gemeint sind hier Beiträge zu Sachversicherungen (z. B. zur Gebäude- und Hausratversicherung) oder Beiträge zur Haftpflichtversicherung einschließlich Kraftfahrzeughaftpflichtversicherung.

83 Ob eine Sicherung der Zweckbestimmung der gesetzlichen Rentenversicherung entspricht, ist unabhängig von der Höhe der zu erwartenden Leistungen. Wird aber bereits eine Rente wegen Alters aus der gesetzlichen Rentenversicherung oder eine Pension bezogen, entfällt die Zweckbestimmung.

Voraussetzung für den weiteren Abzug für freiwillige Beträge ist ein entsprechend erfolgter Abzug nach § 16 Abs. 1 Satz 1 Nr. 2 oder Nr. 3 WoGG. Der Abzug nach § 16 Abs. 1 Satz 2 erfolgt dann in Höhe von weiteren 10 % des sich nach den §§ 14 und 15 ergebenden Betrags bis hin zum maximalen Abzug von 30 %.

84 Ein Abzug vom Jahreseinkommen des leistenden Haushaltsmitglieds bei laufenden Beiträgen ist auch dann zulässig, wenn ein zu berücksichtigendes Haushaltsmitglied die

Beiträge zu Gunsten eines anderen zu berücksichtigenden Haushaltmitgliedes zahlt, welches aber dann auch der jeweils begünstigte im Eintrittsfalle sein muss (z. B. bei einer Kapitallebensversicherung als Begünstigter im Erlebensfalle).

Ein Abzug im Sinne des § 16 Abs. 1 Satz 2 und 4 ist nicht vorzunehmen, soweit eine im Wesentlichen beitragsfreie Sicherung oder eine Sicherung, für die Beiträge von einem Dritten geleistet werden, besteht.

5.1.2.2 Frei- und Absetzungsbeträge

Von der sich aus der jeweils aus den Jahreseinkommen der zu berücksichtigenden Haushaltsmitglieder ergebenden Summe der Jahreseinkommen können noch weitere Beträge abgezogen werden: **85**

- ein Freibetrag von 125,– € monatlich (1500,– € jährlich) für jedes schwerbehinderte zu berücksichtigende Haushaltsmitglied mit einem Grad der Behinderung von 100 oder von wenigsten 80 bei Pflegebedürftigkeit im Sinne des § 14 SGB XI und gleichzeitiger häuslicher oder teilstationärer Pflege oder Kurzzeitpflege.
- ein Freibetrag von 100,– € monatlich (1200,– € jährlich) für jedes schwerbehinderte zu berücksichtigende Haushaltsmitglied mit einem Grad der Behinderung von wenigstens 80 bei einer Pflegebedürftigkeit im Sinne des § 14 SGB XI und gleichzeitiger häuslicher oder teilstationärer Pflege oder Kurzzeitpflege.
- ein Freibetrag von 50,– € monatlich (600,– € jährlich) für jedes Kind mit eigenem Einkommen, wenn das Kind das 16., aber noch nicht das 25. Lebensjahr vollendet hat.
- ebenso ein Freibetrag von 50,– € monatlich (600,– € jährlich) für jedes Kind unter 12 Jahren, wenn die wohngeldberechtigte Person allein mit noch nicht volljährigen Haushaltsmitgliedern zusammen wohnt und wegen Erwerbstätigkeit oder Ausbildung nicht nur kurzfristig von der Wohnung abwesend ist.
- ein Abzugsbetrag in Höhe der Aufwendungen zur Erfüllung gesetzlicher Unterhaltsverpflichtungen (auch Ausgleichsleistungen für Unterhaltsvorschussleistungen) bis zu dem in einer notariell beurkundeten Unterhaltsvereinbarung festgelegten oder in einem Unterhaltstitel oder Bescheid festgestellten Betrag; ansonsten bis zu den bestimmten Höchstgrenzen in einem in § 18 genannten Umfang.

5.2 Höchstgrenze des Einkommens

Anhand der sogenannten Wohngeldtabelle lässt sich nun die Höchstgrenze des Einkommens nach vorgenannten Regeln für die jeweilige Mietenstufe unter Beachtung der Anzahl der Haushaltsmitglieder ermitteln. **86**

Die absoluten Höchstbeträge für eine Gemeinde mit Mietenstufe VI (z. B. München) wären daher:

Anzahl der zu berücksichtigenden Haushaltsmitglieder	**Grenze für das monatliche Gesamteinkommen in €**	**Entsprechendes monatliches Bruttoeinkommen (ohne Kindergeld) bei einem Verdiener vor einem pauschalen Abzug von ... % (in €)**			
		6%	**10%**	**20%**	**30%**
1	860	915	956	1075	1229
2	1170	1245	1300	1463	1671
3	1430	1521	1589	1788	2043
4	1880	2000	2089	2350	2686
5	2150	2287	2389	2688	3071
6	2410	2564	2678	3013	3443
7	2680	2851	3978	3350	3829
8	2940	3128	3267	3675	4200

Die Höchstbeträge für eine Gemeinde mit Mietenstufe I dagegen:

Anzahl der zu berücksichtigenden Haushaltsmitglieder	**Grenze für das monatliche Gesamteinkommen in €**	**Entsprechendes monatliches Bruttoeinkommen (ohne Kindergeld) bei einem Verdiener vor einem pauschalen Abzug von ... % (in €)**			
		6%	**10%**	**20%**	**30%**
1	780	830	867	975	1114
2	1050	1117	1167	1313	1500
3	1310	1394	1456	1638	1871
4	1710	1819	1900	2138	2443
5	1980	2106	2200	2475	3829
6	2240	2383	2489	2800	3200
7	2520	2681	2800	3150	3600
8	2790	2968	3100	3488	3986

6. Höhe des Wohngeldes

87 Da das Wohngeld nur einen Zuschuss zur Miete oder Belastung darstellt, muss ein Teil der Aufwendungen für den Wohnraum immer von der wohngeldberechtigten Person und von den Haushaltsmitgliedern selbst getragen werden.

6.1 Rechnungsgrößen

Auf Grundlage der bis dahin ermittelten Werte, also der Anzahl der zu berücksichtigenden Haushaltsmitglieder, der Höhe des monatlichen Gesamteinkommens und der Höhe der zu berücksichtigenden Miete kann nun der Wohngeldanspruch selbst errechnet werden. 88

Den Werten in der sogenannten Wohngeldtabelle liegt die Formel des § 19 Abs. 1 zu Grunde:

1,08 *(M–(a+b*M+c*Y)*Y) €.

»**M**« ist dabei die gerundete zu berücksichtigende monatliche Miete oder Belastung. Die Rundung folgt aus Anhang 2 zu § 19 Abs. 2. Danach wird auf den nächsten Betrag aufgerundet, bei dem der Betrag durch 10 teilbar ist, ist der Ausgangsbetrag bereits durch 10 teilbar, ändert sich nichts. Von diesem Betrag werden dann 5 € abgezogen.

»**Y**« ist das gerundete monatliche Gesamteinkommen in €. Hier ist ebenso zu runden wie bei »M«, auch werden stets 5,– € vom Ergebnis abgezogen.

»**a**«, »**b**« **und** »**c**« sind nach der Anzahl der zu berücksichtigenden Haushaltsmitglieder unterschiedene Werte und sind der Tabelle im Anhang 1 zu § 19 Abs. 1 zu entnehmen.

6.2 Rechnungsreihenfolge

Sind M und Y gerundet, werden diese Werte verglichen mit den Werten in der Tabelle der Anlage zu § 19 Abs. 2 in Rechenschritt 3. Werden diese Werte unterschritten, werden stattdessen die Werte aus der Tabelle übernommen und die Werte für M und/oder Y ersetzt. 89

Der ungerundete Mieten- oder Lastenzuschuss ergibt sich durch Einsetzen der Werte für »a«, »b« und »c« und für »M« und »Y« in die Formel nach § 19 Abs. 1 und durch Ausführen der folgenden 4 Rechenschritte:

z1 = a+b * M + c * Y,
z2 = z1 * Y,
z3 = M – z2,
z4 = 1,08 * z3.

Die Dezimalstellen sind dabei als Festkommazahlen mit zehn Nachkommastellen zu berechnen.

Zuletzt ist der ungerundete Miet- oder Lastenzuschuss auf den nächsten vollen Euro-Betrag aufzurunden, wenn der sich ohne Rundung ergebende Cent-Betrag größer als oder gleich 50 ist; er ist auf den nächsten vollen Euro-Betrag abzurunden, wenn der sich ohne Rundung ergebende restliche Cent-Betrag kleiner als 50 ist.

Beispiel:
Ehepaar mit einem Kind
Der Ehemann ist Arbeitnehmer, zahlt also die Lohnsteuer von seinem Einkommen, ebenso wie die Pflichtbeiträge zur gesetzlichen Kranken-, Pflege- und Rentenversicherung. Der Wohnort unterfällt der Mietenstufe II.

Brutto-Monatseinkommen (ohne Kindergeld)	1500 €
./. Werbungskostenpauschale	83,33 € (1/12 von 1000)
	1416,67 €
./. Pauschaler Abzug (30 %)	425,– €
	991,67 €
monatliche Bruttokaltmiete	450,– €
Höchstbetrag	451,– €
zu berücksichtigende Miete	450,– €
Mietzuschuss daher	140,– €

z1 = 0,055 + (0,0005176 * 445) + (991,67 * 0,0000325) = 0,317561275
z2 = 0,317561275 * 991,67 = 314,9159896
z3 = 445 - 314,9159896 = 130,0840104
z4 = 140,4907312, also 140,– €.

7. Kein Wohngeldanspruch (§§ 20, 21)

90 Es gibt jedoch auch Ausschlusstatbestände für den Wohngeldanspruch. So besteht dieser nicht für allein stehende Wehrpflichtige für die Dauer des Grundwehrdienstes, wenn ihnen Mietbeihilfe im Sinne des § 7 a Abs. 1 des Unterhaltssicherungsgesetzes geleistet wird. Er besteht auch nicht, wenn allen Haushaltsmitgliedern Leistungen zur Förderung der Ausbildung nach dem Bundesausbildungsförderungsgesetz zustehen oder nach den §§ 59, 101 Abs. 3 oder 104 des SGB III. Es sei denn, diese Leistungen werden lediglich als Darlehen gewährt. Sofern aber jedenfalls ein Haushaltsmitglied nicht berechtigt ist, diese Leistungen zu empfangen, etwa weil die Altersgrenze für die Ausbildungsförderung nach § 10 Abs. 3 BAföG überschritten ist, besteht der Anspruch auf Wohngeld doch wieder.

91 Zu beachten ist hier jedoch, dass anders als etwa bei § 7 Abs. 5 SGB II der § 20 Abs. 2 nicht auf die Förderungsfähigkeit der Ausbildung abstellt, sondern darauf, ob ein Anspruch im konkreten Falle auf die Ausbildungsförderung auch bestünde.[399]

92 Die Wohngeldbehörde darf die Entgegennahme und Bearbeitung eines Wohngeldantrags nicht ablehnen und die wohngeldberechtigte Person nicht an die Transferleistungsbehörden verweisen, wenn die wohngeldberechtigte Person entsprechende **Transferleistungen** (§ 7 Abs. 1 Satz 1 Nr. 1 bis 9), auf die sie einen Anspruch hat, nicht beantragt hat und nicht beanspruchen möchte, wobei aber die Grenze des § 21 gilt.

93 Dieser normiert in Nr. 1 eine **Bagatellgrenze**. Sollte der Anspruch einen Auszahlungsbetrag von unter 10,– € ergeben, besteht ein Anspruch wiederum nicht. Dasselbe gilt, wenn alle Haushaltsmitglieder nach § 21 Nr. 2 aufgrund der §§ 7, 8 vom Wohngeld ausgeschlossen sind.

94 Zuletzt kann auch **missbräuchliches Verhalten** zum Ausschluss führen. Es liegt in der Regel vor, wenn vom Standpunkt eines objektiven Betrachters aus eine Rechtsposition

399 OVG Sachsen – 03.08.2011 – 4 D 69/11.

ausschließlich zu dem Zweck geschaffen wird, die Voraussetzungen für einen anderenfalls nicht oder nicht in dieser Höhe bestehenden Anspruch zu schaffen.

Sind z. B. die Voraussetzungen für einen Wohngeldanspruch nur fingiert, wie etwa ein eigens dafür begründetes Untermietverhältnis oder wird eine mögliche Einkommenserzielung nicht wahrgenommen, bzw. werden Ansprüche nicht durchgesetzt (realisierbare Unterhaltsansprüche) kann dies zur Versagung des Anspruchs führen. Insgesamt ist daran aber kein zu strenger Maßstab zu stellen. Das Gesetz selbst nennt in § 21 Nr. 3 als rechtsmissbräuchliche Inanspruchnahme beispielhaft den Fall des Vorhandenseins erheblichen Vermögens. Dies ist dabei die Gesamtheit der in Geld messbaren Güter aller zu berücksichtigenden Haushaltsmitglieder. Einkommen und Vermögen grenzen sich grundsätzlich dadurch voneinander ab, dass Einkommen alles das ist, was jemand in der Bedarfszeit (d. h. der Zeit des Leistungsbezugs) wertmäßig dazu erhält, und Vermögen dagegen das, was er im Bewilligungszeitraum bereits hat.[400] Insofern steht der Begriff dem Vermögensbegriff im SGB II gleich. Ein erhebliches Vermögen im Sinne des § 21 Nr. 3 ist in der Regel vorhanden, wenn die Summe des verwertbaren Vermögens der zu berücksichtigenden Haushaltsmitglieder 60 000 € für das erste zu berücksichtigende Haushaltsmitglied und 30 000 € für jedes weitere zu berücksichtigende Haushaltsmitglied übersteigt. 95

8. Wie, wo und wann erhalte ich mein Wohngeld?

8.1 Antrag (§§ 22, 23)

Wohngeld wird nur der wohngeldberechtigten Person auf Antrag geleistet. Es wird dabei vermutet, dass der Antragssteller von anderen Haushaltsmitgliedern (auch wenn diese ebenso als wohngeldberechtigte Person gelten könnten) als diese bestimmt wurde. Zu stellen ist der Antrag bei der zuständigen Wohngeldbehörde der Gemeinde-, Stadt-, Amts- oder Kreisverwaltung. 96

Die Behörde ist grundsätzlich verpflichtet, Sachverhalte von Amts wegen aufzuklären (§ 20 SGB X) und ihrer Aufklärungspflicht zu genügen (§ 14). Das schließt z. B. auch die Pflicht ein, einen unkundigen Antragssteller in für ihn verständlicher Weise auf Mängel bei der Antragsstellung hinzuweisen und ihm die Möglichkeit zu eröffnen, diese Mängel zu beheben.[401] 97

Grundsätzlich gilt andererseits auch im WoGG die Pflicht zur Mitwirkung gemäß §§ 60, 66. Wird diese nicht erfüllt, kann die eine Leistung bis zur Nachholung der Mitwirkung versagt werden, wenn die Aufklärung des Sachverhalts erheblich erschwert wird. Wegen der Einzelheiten wird auf die entsprechende Kommentierung verwiesen. 98

Kosten, die im Zusammenhang mit der Stellung des Wohngeldantrags entstehen, werden grundsätzlich nicht erstattet. Es sind alle zur Entscheidung über den Antrag notwendigen Daten mitzuteilen, wobei diese Pflicht zur Auskunft alle Haushaltsmitglieder 99

400 Vgl. BVerwG – 18.02.1999 – 5 C 35.97.
401 OVG Berlin-Brandenburg – 23.09.2011 – OVG 6 M 59.11.

betrifft, ebenso aber auch Dritte, wie zum Beispiel Arbeitgeber der Haushaltsmitglieder oder mögliche Unterhaltsverpflichtete bei einer Prüfung nach § 21 Nr. 3.

100 Diese **Auskunftsersuchen** an die nach § 23 Abs. 1 Satz 1 Nr. 2 und 3 sowie Abs. 2 und 3 genannten sonstigen Personen werden gestellt, wenn die wohngeldberechtigte Person und die Haushaltsmitglieder zur Aufklärung selbst nicht in der Lage sind. Dann kann die Auskunft gegen diese Personen auch mit Zwangsmitteln durchgesetzt werden, sofern der das Zwangsmittel festsetzende Verwaltungsakt bestandskräftig geworden ist.

Über den Antrag wird durch die Wohngeldbehörde in angemessener Frist entschieden. Sollte die Bearbeitung längere Zeit in Anspruch nehmen, können auch Vorschüsse auf das künftige Wohngeld gezahlt werden.

101 Die Haushaltsmitglieder sind bis zur Entscheidung über den Antrag verpflichtet, die Wohngeldbehörde von allen Änderungen zu unterrichten, die die Leistung und Höhe des Wohngeldes beeinflussen können.

Der Bescheid enthält dann eine Rechtsbehelfsbelehrung und ist grundsätzlich der wohngeldberechtigten Person oder deren Bevollmächtigtem bekannt zu geben.

8.2 Zeitraum (§ 25)

102 Wohngeld wird im Allgemeinen für 12 Monate bewilligt. Um eine Zahlungslücke zu vermeiden, sollte eine Weiterleistung nach Ablauf der 12 Monate bereits ca. 2 Monate vor Ablauf erneut beantragt werden.

103 Der Bewilligungszeitraum beginnt am Ersten des Monats der Antragstellung. Treten die Voraussetzungen für die Wohngeldbewilligung erst zu einem späteren Zeitpunkt ein, beginnt der Bewilligungszeitraum erst in diesem Monat.

104 Wird der Wohnraum, für den Wohngeld geleistet wird, nicht ab dem Ersten eines Monats, sondern erst später im Monat tatsächlich genutzt, beginnt der Bewilligungszeitraum – wenn alle sonstigen Voraussetzungen erfüllt sind – dennoch am Ersten des Monats. Für die Berechnung des Wohngeldes ist die Miete oder Belastung in voller Höhe zugrunde zu legen, die für diesen Monat zu entrichten ist.

105 Der Bewilligungszeitraum kann jedoch auch **verkürzt oder verlängert** werden. Verkürzt werden kann er, wenn im Einzelfall ein konkreter Anlass zu der Annahme besteht, dass sich die der Bewilligung zugrunde zu legenden maßgeblichen Verhältnisse erheblich ändern werden, z. B. bei Einkommenserhöhungen über 15 % oder der Änderung der Anzahl der zu berücksichtigenden Haushaltsmitglieder. Er kann auch bis zu 18 Monaten verlängert werden, insbesondere zugunsten der Verwaltungsvereinfachung.

106 Im Falle der **Beantragung von Transferleistungen** ist die Bedarfsgemeinschaft insgesamt vom Wohngeld ausgeschlossen. Wird aber der dortige Antrag abschlägig beschieden, kann rückwirkend zum Ersten des Monats, von dem die Transferleistung abgelehnt wurde, Wohngeld bezogen werden. In diesem Falle muss das Wohngeld aber spätestens im auf die Ablehnung folgenden Monat beantragt werden.

107 Wenn ein berücksichtigtes Haushaltsmitglied während des Bezugs von Wohngeld eine Transferleistung beantragt oder erhält, wird dieser Wohngeldbescheid unwirksam (§ 28 Abs. 3), für die verbleibenden Haushaltsmitglieder kann das Wohngeld aber rückwirkend

geleistet werden, wenn der Wohngeldantrag vor Ablauf des nächsten Monats gestellt wird, der auf die Kenntnis der Unwirksamkeit des Ursprungsbescheides folgt. Die wohngeldberechtigte Person erlangt in der Regel erst Kenntnis von der Unwirksamkeit des Bewilligungsbescheides, wenn die Wohngeldbehörde sie hiervon unterrichtet.

Beispiel: **108**
Drei Haushaltsmitglieder beziehen Wohngeld. Dennoch erfolgt die Beantragung von SGB-II-Leistungen am 15.01. Der Bewilligungszeitraum im SGB II würde dann ab dem 1. Januar beginnen, der Wohngeldbescheid wird unwirksam ab 1. Februar (vgl. § 28 Abs. 3 Satz 1). Die Transferleistung wird jedoch am 10. März abgelehnt. Wohngeld wird daraufhin erneut beantragt am 15. März und bewilligt ab dem 1. Februar (vgl. § 25 Abs. 5 WoGG). Ohne die Sonderregelung des § 25 Abs. 3 Satz 3 wäre Wohngeld ab dem Monat zu leisten, von dem an die Transferleistung abgelehnt wurde; im Beispiel ab 1. Januar. Für diesen Monat wurde aber noch Wohngeld geleistet, da der Wohngeldbescheid erst ab 1. Februar unwirksam wird.

8.3 Zahlung (§ 26)

Die Zahlung des Wohngeldes erfolgt monatlich im Voraus auf ein Konto eines Haushaltsmitgliedes bei einem Geldinstitut im Inland. Ist ein solches Konto nicht vorhanden, kann das Wohngeld an den Wohnsitz der wohngeldberechtigten Person übermittelt werden; die dadurch veranlassten Kosten werden dann vom Wohngeld abgezogen. **109**

Die Zahlung des Wohngeldes an andere Haushaltsmitglieder oder an den Vermieter ist von Beginn eines Bewilligungszeitraums an möglich, ohne schriftliche Einwilligung aber muss dies zur wirtschaftlichen Sicherung des Wohnens selbst (§ 1 Abs. 1) geboten sein. Es erfolgt in der Regel, wenn zu erwarten ist, dass das Wohngeld nicht zur Zahlung der Miete oder Belastung verwendet wird oder Mietrückstände bestehen. Außerdem kann das Wohngeld für in Heimen aufgenommene Personen an den zuständigen Leistungsträger gezahlt werden. **In beiden Fällen wird** die wohngeldberechtigte Person durch Verwaltungsakt hierüber unterrichtet, unabhängig davon, ob eine Einwilligung vorlag. Wird gegen die Entscheidung, das Wohngeld nicht an die wohngeldberechtigte Person zu zahlen, Widerspruch eingelegt oder Klage erhoben, wird das Wohngeld bis zur endgültigen Entscheidung über den Widerspruch weiter an den eigentlich Wohngeldberechtigten geleistet. **110**

9. Änderungen (§ 27)

Die Höhe des Wohngelds bleibt in der Regel im Bewilligungszeitraum unverändert. Auf Antrag ist jedoch eine Erhöhung möglich, **111**

- wenn sich die Anzahl der zu berücksichtigenden Haushaltsmitglieder erhöht hat (z.B. durch Geburt eines Kindes)
- wenn die zu berücksichtigende Miete oder Belastung um mehr als 15 % gestiegen ist und dies nach der jeweiligen Höchstbetragtabelle auch noch berücksichtigungsfähig ist oder
- wenn sich das Gesamteinkommen um mehr als 15 % verringert hat

und sich dadurch das Wohngeld erhöht.

112 Auch eine Minderung des Wohngeldes von Amts wegen ist möglich,
- wenn sich die Anzahl der zu berücksichtigenden Haushaltsmitglieder verringert,
- wenn die Miete oder Belastung um mehr als 15 % vermindert wird (einseitige Mietminderungen durch den Mieter reichen dafür nicht) oder
- wenn sich das Gesamteinkommen dauerhaft (mehr als 2 Monate am Stück) um mehr als 15 % erhöht.

In diesen Fällen wird der ursprüngliche Wohngeldbescheid nach § 27 Abs. 2 in Verbindung mit § 48 SGB X aufgehoben und – bei verringertem Wohngeld – ein neuer Bescheid mit einem neuen Bewilligungszeitraum erlassen.

In diesem Zusammenhang sind die wohngeldberechtigte Person und das Haushaltsmitglied, an welches das Wohngeld gezahlt wird, gemäß § 27 Abs. 3 verpflichtet, alle Änderungen, die zu einer Minderung des Wohngeldes und zu einer Unwirksamkeit des Bewilligungsbescheides führen, unverzüglich mitzuteilen. Ansonsten kann die betreffende Person ein Bußgeld gemäß § 37 Abs. 1 Nr. 2 treffen.

10. Unwirksamkeit (§ 28)

113 Die Entscheidung über die Gewährung von Wohngeld kann auch unwirksam werden. Dies ist der Fall,
- wenn kein zu berücksichtigendes Haushaltsmitglied mehr in dem betreffenden Wohnraum den Mittelpunkt der Lebensbeziehungen hat, z. B. wenn alle zu berücksichtigenden Haushaltsmitglieder ausziehen, versterben oder den Mittelpunkt der Lebensbeziehungen nach außerhalb des betreffenden Wohnraums verlegen, trotzdem aber den Wohnraum weiterhin nutzen,
- wenn ein zu berücksichtigendes Haushaltsmitglied nach den §§ 7 und 8 Abs. 1 vom Wohngeld ausgeschlossen ist oder
- wenn das Wohngeld zweckwidrig verwendet wird, der monatliche Wohngeldbetrag ganz oder teilweise, jedoch mindestens überwiegend nicht zur Bezahlung der Miete oder zur Aufbringung der Belastung verwandt wird.

114 Bei § 28 Abs. 1 und 3 handelt es sich um gesetzliche auflösende Bedingungen. Treten bei einem zu berücksichtigenden Haushaltsmitglied während eines Bewilligungszeitraums die Voraussetzungen nach § 28 Abs. 1 oder Abs. 3 ein, wird der Bewilligungsbescheid daher kraft Gesetzes unwirksam, so dass eine Aufhebung des Bescheides nicht erforderlich ist. Die wohngeldberechtigte Person wird dann aber von der eingetretenen Unwirksamkeit des Bescheides unterrichtet.

115 Im Fall einer zweckwidrigen Verwendung nach § 28 Abs. 2 ist der betreffende Wohngeldbescheid ganz oder teilweise aufzuheben, weil der Wohngeldbescheid nicht kraft Gesetzes unwirksam wird. Es kann natürlich erneut Wohngeld unter Beachtung der Frist des § 25 beantragt werden. Auch käme in Betracht, um die zweckentsprechende Verwendung sicherzustellen, dass ab dem nächsten Monat das Wohngeld an den Vermieter direkt gezahlt wird. Dann würde eine Aufhebung nur die vor diesem Zeitpunkt liegenden Monate erfassen.

Auch hier gelten die Mitteilungspflichten für die wohngeldberechtigte Person und das

Haushaltsmitglied, an welches das Wohngeld gezahlt wird, über entscheidungserhebliche Tatsachen, ebenfalls mit der Folge einer möglichen Geldbuße nach § 37 Abs. 1 Nr. 2 bei Nichtbeachtung.

11. Rechtsbehelfe

Bei Rechtstreitigkeiten über die Höhe des Wohngeldes kann gegen den Bewilligungsbescheid als Verwaltungsakt innerhalb der Rechtsbehelfsfrist Widerspruch bei der Wohngeldstelle einlegt werden. Der Widerspruch muss begründet werden. Die Wohngeldstelle prüft die Angelegenheit dann erneut und erlässt einen Widerspruchsbescheid. Gegen diesen Widerspruchsbescheid kann beim zuständigen Verwaltungsgericht Klage erhoben werden. **116**

Die rechtliche Grundlage findet sich hierzu in der Verwaltungsgerichtsordnung (VwGO). So ist gemäß § 68 VwGO vor Erhebung einer Anfechtungsklage zunächst einmal ein Widerspruchsverfahren durchzuführen.

2. Sozialgesetzbuch (SGB) Zweites Buch (II) – Grundsicherung für Arbeitsuchende

Vom 24. Dezember 2003 (BGBl. I. S. 2594); zuletzt geändert durch Art. 1 a G v. 22. Dezember 2011 (BGBl. I S. 3057)

– Auszug –

Kapitel 2
Anspruchsvoraussetzungen

§ 7 Leistungsberechtigte

(1) Leistungen nach diesem Buch erhalten Personen, die

1. das 15. Lebensjahr vollendet und die Altersgrenze nach § 7 a noch nicht erreicht haben,

2. erwerbsfähig sind,

3. hilfebedürftig sind und

4. ihren gewöhnlichen Aufenthalt in der Bundesrepublik Deutschland haben (erwerbsfähige Leistungsberechtigte). Ausgenommen sind

1. Ausländerinnen und Ausländer, die weder in der Bundesrepublik Deutschland

Arbeitnehmerinnen, Arbeitnehmer oder Selbständige noch aufgrund des § 2 Absatz 3 des Freizügigkeitsgesetzes/EU freizügigkeitsberechtigt sind, und ihre Familienangehörigen für die ersten drei Monate ihres Aufenthalts,
2. Ausländerinnen und Ausländer, deren Aufenthaltsrecht sich allein aus dem Zweck der Arbeitsuche ergibt, und ihre Familienangehörigen,
3. Leistungsberechtigte nach § 1 des Asylbewerberleistungsgesetzes.

Satz 2 Nummer 1 gilt nicht für Ausländerinnen und Ausländer, die sich mit einem Aufenthaltstitel nach Kapitel 2 Abschnitt 5 des Aufenthaltsgesetzes in der Bundesrepublik Deutschland aufhalten. Aufenthaltsrechtliche Bestimmungen bleiben unberührt.

(2) Leistungen erhalten auch Personen, die mit erwerbsfähigen Leistungsberechtigten in einer Bedarfsgemeinschaft leben. Dienstleistungen und Sachleistungen werden ihnen nur erbracht, wenn dadurch Hemmnisse bei der Eingliederung der erwerbsfähigen Leistungsberechtigten beseitigt oder vermindert werden. Zur Deckung der Bedarfe nach § 28 erhalten die dort genannten Personen auch dann Leistungen für Bildung und Teilhabe, wenn sie mit Personen in einem Haushalt zusammenleben, mit denen sie nur deshalb keine Bedarfsgemeinschaft bilden, weil diese aufgrund des zu berücksichtigenden Einkommens oder Vermögens selbst nicht leistungsberechtigt sind.

(3) Zur Bedarfsgemeinschaft gehören
1. die erwerbsfähigen Leistungsberechtigten,
2. die im Haushalt lebenden Eltern oder der im Haushalt lebende Elternteil eines unverheirateten erwerbsfähigen Kindes, welches das 25. Lebensjahr noch nicht vollendet hat, und die im Haushalt lebende Partnerin oder der im Haushalt lebende Partner dieses Elternteils,
3. als Partnerin oder Partner der erwerbsfähigen Leistungsberechtigten
   a) die nicht dauernd getrennt lebende Ehegattin oder der nicht dauernd getrennt lebende Ehegatte,
   b) die nicht dauernd getrennt lebende Lebenspartnerin oder der nicht dauernd getrennt lebende Lebenspartner,
   c) eine Person, die mit der erwerbsfähigen leistungsberechtigten Person in einem gemeinsamen Haushalt so zusammenlebt, dass nach verständiger Würdigung der wechselseitige Wille anzunehmen ist, Verantwortung füreinander zu tragen und füreinander einzustehen.
4. die dem Haushalt angehörenden unverheirateten Kinder der in den Nummern 1 bis 3 genannten Personen, wenn sie das 25. Lebensjahr noch nicht vollendet haben, soweit sie die Leistungen zur Sicherung ihres Lebensunterhalts nicht aus eigenem Einkommen oder Vermögen beschaffen können.

(3 a) Ein wechselseitiger Wille, Verantwortung füreinander zu tragen und füreinander einzustehen, wird vermutet, wenn Partner
1. länger als ein Jahr zusammenleben,
2. mit einem gemeinsamen Kind zusammenleben,
3. Kinder oder Angehörige im Haushalt versorgen oder
4. befugt sind, über Einkommen oder Vermögen des anderen zu verfügen.

(4) Leistungen nach diesem Buch erhält nicht, wer in einer stationären Einrichtung untergebracht ist, Rente wegen Alters oder Knappschaftsausgleichsleistung oder ähnliche Leistungen öffentlich-rechtlicher Art bezieht. Dem Aufenthalt in einer stationären Einrichtung ist der Aufenthalt in einer Einrichtung zum Vollzug richterlich angeordneter Freiheitsentziehung gleichgestellt. Abweichend von Satz 1 erhält Leistungen nach diesem Buch,

1. wer voraussichtlich für weniger als sechs Monate in einem Krankenhaus (§ 107 des Fünften Buches) untergebracht ist oder
2. wer in einer stationären Einrichtung untergebracht und unter den üblichen Bedingungen des allgemeinen Arbeitsmarktes mindestens 15 Stunden wöchentlich erwerbstätig ist.

(4 a) Erwerbsfähige Leistungsberechtigte erhalten keine Leistungen, wenn sie sich ohne Zustimmung des zuständigen Trägers nach diesem Buch außerhalb des zeit- und ortsnahen Bereichs aufhalten und deshalb nicht für die Eingliederung in Arbeit zur Verfügung stehen. Die Zustimmung ist zu erteilen, wenn für den Aufenthalt außerhalb des zeit-und ortsnahen Bereichs ein wichtiger Grund vorliegt und die Eingliederung in Arbeit nicht beeinträchtigt wird. Ein wichtiger Grund liegt insbesondere vor bei

1. Teilnahme an einer ärztlich verordneten Maßnahme der medizinischen Vorsorge oder Rehabilitation,
2. Teilnahme an einer Veranstaltung, die staatspolitischen, kirchlichen oder gewerkschaftlichen Zwecken dient oder sonst im öffentlichen Interesse liegt, oder
3. Ausübung einer ehrenamtlichen Tätigkeit.

Die Zustimmung kann auch erteilt werden, wenn für den Aufenthalt außerhalb des zeit- und ortsnahen Bereichs kein wichtiger Grund vorliegt und die Eingliederung in Arbeit nicht beeinträchtigt wird. Die Dauer der Abwesenheiten nach Satz 4 soll in der Regel insgesamt drei Wochen im Kalenderjahr nicht überschreiten.

(5) Auszubildende, deren Ausbildung im Rahmen des Bundesausbildungsförderungsgesetzes oder der §§ 51, 57 und 58 des Dritten Buches dem Grunde nach förderungsfähig ist, haben über die Leistungen nach § 27 hinaus keinen Anspruch auf Leistungen zur Sicherung des Lebensunterhalts.

(6) Absatz 5 findet keine Anwendung auf Auszubildende,

1. die aufgrund von § 2 Absatz 1 a des Bundesausbildungsförderungsgesetzes keinen Anspruch auf Ausbildungsförderung oder aufgrund von § 60 des Dritten Buches keinen Anspruch auf Berufsausbildungsbeihilfe haben,
2. deren Bedarf sich nach § 12 Absatz 1 Nummer 1 des Bundesausbildungsförderungsgesetzes, nach § 62 Absatz 1 oder § 124 Absatz 1 Nummer 1 des Dritten Buches bemisst oder
3. die eine Abendhauptschule, eine Abendrealschule oder ein Abendgymnasium besuchen, sofern sie aufgrund von § 10 Absatz 3 des Bundesausbildungsförderungsgesetzes keinen Anspruch auf Ausbildungsförderung haben.

§ 7 a Altersgrenze

Personen, die vor dem 1. Januar 1947 geboren sind, erreichen die Altersgrenze mit Ablauf des Monats, in dem sie das 65. Lebensjahr vollenden. Für Personen, die nach dem 31. Dezember 1946 geboren sind, wird die Altersgrenze wie folgt angehoben:

für den Geburtsjahrgang	erfolgt eine Anhebung um … Monate	den Ablauf des Monats, in dem ein Lebensalter vollendet wird von
1947	1	65 Jahren und 1 Monat
1948	2	65 Jahren und 2 Monaten
1949	3	65 Jahren und 3 Monaten
1950	4	65 Jahren und 4 Monaten
1951	5	65 Jahren und 5 Monaten
1952	6	65 Jahren und 6 Monaten
1953	7	65 Jahren und 7 Monaten
1954	8	65 Jahren und 8 Monaten
1955	9	65 Jahren und 9 Monaten
1956	10	65 Jahren und 10 Monaten
1957	11	65 Jahren und 11 Monaten
1958	12	66 Jahren
1959	14	66 Jahren und 2 Monaten
1960	16	66 Jahren und 4 Monaten
1961	18	66 Jahren und 6 Monaten
1962	20	66 Jahren und 8 Monaten
1963	22	66 Jahren und 10 Monaten
ab 1964	24	67 Jahren.

Inhaltsübersicht

1. Der erwerbsfähige Leistungsberechtigte (Abs. 1)

1 Leistungen nach dem Zweiten Buch Sozialgesetzbuch erhält, wer erwerbsfähiger Leistungsberechtigter ist. Die Voraussetzungen werden in Abs. 1 Satz 1 Nr. 1 bis 4 legal definiert. Personen, die nach Nr. 1 das fünfzehnte Lebensjahr vollendet und die Altersgrenze nach § 7 a noch nicht erreicht haben, nach Nr. 2 erwerbsfähig sind, nach Nr. 3 der Hilfe bedürfen und nach Nr. 4 ihren gewöhnlichen Aufenthalt in der Bundesrepublik Deutschland haben, haben unmittelbaren Zugang zu der Grundsicherung für Arbeitsuchende.

1.1 Altersgrenze (Abs. 1 Satz 1 Nr. 1)

2 Der erwerbsfähige Leistungsberechtigte muss ein Mindestalter von 15 Jahren haben.

Die Inanspruchnahme von Sozialleistungen jeglicher Art und damit auch solche der Grundsicherung für Arbeitsuchende erfordert das Vorliegen der sozialrechtlichen Handlungsfähigkeit, die nach § 36 Abs. 1 Satz 1 SGB I mit der Vollendung des fünfzehnten Lebensjahres erlangt wird.

Darüber hinaus ist nach § 5 Abs. 1 JArbSchG die Beschäftigung von Kindern verboten. Kind im Sinne dieses Gesetzes ist nach § 2 Abs. 1 JArbSchG, wer noch nicht 15 Jahre alt ist. Eine Existenzsicherung während der Arbeitssuche kann daher erst mit Vollendung des 15. Lebensjahres relevant werden.

3 Auf der anderen Seite kann erwerbsfähiger Leistungsberechtigter nur sein, wer die Altersgrenze nach § 7 a noch nicht erreicht hat. Danach erhalten Personen, die vor dem 1. Januar 1947 geboren sind, die Altersgrenze mit Ablauf des Monats, in dem sie das 65. Lebensjahr vollenden. Für Personen, die nach dem 31. Dezember 1946 geboren sind, wird die Altersgrenze für jeden Geburtsjahrgang um einen Monat angehoben, so dass 1947 Geborene die Altersgrenze mit 65 Jahren und 1 Monat erreichen, bis hin zu den 1958 Geborenen, welche die Altersgrenze mit 66 Jahren erreichen. Für die folgenden Geburtsjahrgänge erfolgt eine Anhebung um weitere 2 Monate, so dass 1959 Geborene mit

66 Jahren und 2 Monaten und ab 1964 Geborene schließlich mit 67 Jahren die Altersgrenze erreichen.

Mit Erreichen der Regelaltersgrenze ist der in der gesetzlichen Rentenversicherung Versicherte nach § 235 SGB VI, bei Erfüllung der allgemeinen Wartezeit, berechtigt, die Altersrente in Anspruch zu nehmen. Diese soll nach dem Ausscheiden aus dem Erwerbsleben den Lebensunterhalt sichern. Gleichzeitig entfällt die Anspruchsberechtigung nach dem Zweiten Buch Sozialgesetzbuch als erwerbsfähiger Leistungsberechtigter, indem die Höchstaltersgrenze nach § 7 Abs. 1 Satz 1 Nr. 1 i. V. m. § 7a erreicht wird. Eine Absicherung der materiellen Existenz erfolgt über den Rentenversicherungsträger. Leistungen nach dem SGB II sind mithin entbehrlich. **4**

Etwas anderes gilt auch nicht dann, wenn ein Anspruch auf Altersrente nicht besteht oder nicht in einem ausreichenden Umfang gewährt wird. In diesem Fall kann zur Bedarfsdeckung vollständig oder ergänzend ein Antrag auf Grundsicherung im Alter nach dem Zwölften Buch Sozialgesetzbuch beantragt werden. Die Leistungsberechtigung ergibt sich nach § 41 Abs. 2 SGB XII gerade aus dem Erreichen des nach § 235 SGB VI für die Altersrente normierten Alters.

1.2 Erwerbsfähigkeit (Abs. 1 Satz 1 Nr. 2)

Die Erwerbsfähigkeit im Sinne des Zweiten Buch Sozialgesetzbuch wird in § 8 geregelt.[1] **5** Nach Abs. 1 ist erwerbsfähig, wer nicht wegen Krankheit oder Behinderung auf absehbare Zeit außerstande ist, unter den üblichen Bedingungen des allgemeinen Arbeitsmarktes mindestens drei Stunden täglich erwerbstätig zu sein. Damit entspricht die Regelung dem § 43 Abs. 2 Satz 2 SGB VI, welcher den Begriff der Erwerbsfähigkeit im Zusammenhang mit der Rente wegen Erwerbsminderung vorgibt.[2]

Als Ausländer kann dabei nur erwerbstätig sein, wem die Aufnahme einer Beschäftigung erlaubt ist oder erlaubt werden könnte, wobei die rechtliche Möglichkeit, eine Beschäftigung vorbehaltlich einer Zustimmung nach § 39 des Aufenthaltsgesetzes aufzunehmen, ausreichend ist.

1.3 Hilfebedürftigkeit (Abs. 1 Satz 1 Nr. 3)

Der Begriff der Hilfebedürftigkeit wird in § 9 Abs. 1 definiert.[3] Kann das nach dem SGB II **6** zu gewährende Existenzminimum nicht selbst gedeckt werden, weil Einkommen oder Vermögen nicht in einem bedarfsdeckenden Umfang vorhanden sind, liegt Hilfebedürftigkeit vor. Dabei sind auch Leistungen anderer Sozialleistungsträger oder die Hilfe von Angehörigen zu berücksichtigen. Kann der Lebensunterhalt dennoch nicht gedeckt werden, liegt Hilfebedürftigkeit vor.

1 Siehe Ausführungen zu § 8.
2 BT-Drs. 15/1516, S. 52.
3 Siehe Ausführungen zu § 9.

1.4 Gewöhnlicher Aufenthalt in der Bundesrepublik Deutschland (Abs. 1 Satz 1 Nr. 4)

7 Erwerbsfähiger Leistungsberechtigter kann nur sein, wer seinen gewöhnlichen Aufenthalt in der Bundesrepublik Deutschland hat.

Der Begriff des gewöhnlichen Aufenthalts wird in § 30 Abs. 3 Satz 2 SGB I, auf welchen in § 7 Abs. 1 Satz 1 Nr. 4 Bezug genommen werden soll,[4] als Ort definiert, wo sich jemand unter Umständen aufhält, die erkennen lassen, dass er an diesem Ort oder in diesem Gebiet nicht nur vorübergehend verweilt. Dabei ist nicht ein bestimmtes Haus oder eine bestimmte Wohnung gemeint, sondern die jeweilige politische Gemeinde.[5] Ein gewöhnlicher Aufenthalt kann zumindest immer dann angenommen werden, wenn der Betroffene an diesem Ort seinen Wohnsitz im Sinne des § 30 Abs. 3 Satz 1 SGB I hat.[6]

8 Zur Begründung eines gewöhnlichen Aufenthaltes ist ein dauerhafter oder längerer Aufenthalt zwar nicht erforderlich, andererseits muss sich aber der Betroffene an einem Ort bis auf Weiteres im Sinne eines zukunftsoffenen Verbleibens aufhalten und dort den Mittelpunkt seiner Lebensbeziehungen haben.[7] Daher können auch Obdachlose trotz Fehlens einer festen Unterkunft am Ort ihres dauernden Aufenthaltes einen gewöhnlichen Aufenthalt begründen.[8]

9 Nach dem Begründen ist eine ständige Anwesenheit an diesem Ort oder in diesem Gebiet nicht erforderlich.[9] Eine Abwesenheit von längerer Dauer hebt den gewöhnlichen Aufenthalt nur dann auf, wenn keine Absicht besteht, an den früheren Aufenthaltsort zurückzukehren, und der Schwerpunkt der Lebensverhältnisse verlagert wird.[10] Bei berufsbedingter Abwesenheit ist der gewöhnliche Aufenthalt an dem Ort anzunehmen, zu dem eine feste Beziehung unterhalten und an dem eine Wiederkehr auch regelmäßig aus Gründen erfolgt, die nicht unmittelbar mit ihrer Erwerbstätigkeit zusammenhängen.[11] Durch eine nur zeitweise Unterbrechung kann weder der Wohnsitz noch der gewöhnliche Aufenthalt aufgehoben oder ein zweiter gewöhnlicher Aufenthaltsort begründet werden.[12] Daher ist auch ein absehbar vorübergehender und überschaubarer Aufenthalt im Ausland unschädlich.[13] Inwieweit eine Unterbrechung des gewöhnlichen Aufenthalts zugleich den Tatbestand des § 7 Abs. 4a erfüllt und damit einen Leistungsausschluss rechtfertigt, ist gesondert zu prüfen und keine Frage der Leistungsberechtigung im Sinne des § 7 Abs. 1 Satz 1 Nr. 1 bis 4.

---

4 BT-Drs. 15/1516, S. 52.
5 BVerwG – 17.05.1973 – V C 107.72.
6 SG Berlin – 24.01.2007 – S 102 AS 3366/06.
7 SG Kassel – 01.02.2005 – S 20 AS 3/05 ER.
8 SG Kassel – 01.02.2005 – S 20 AS 3/05 ER.
9 SG Bayreuth – 03.05.2006 – S 5 AS 608/05.
10 Landessozialgericht Sachsen-Anhalt – 17.12.2010 – L 2 AS 392/10 B ER.
11 Landessozialgericht Sachsen-Anhalt – 17.12.2010 – L 2 AS 392/10 B ER.
12 BSG – 28.07.1967 – 4 RJ 411/66.
13 SG Berlin – 24.01.2007 – S 102 AS 3366/06; SG Bayreuth – 03.05.2006 – S 5 AS 608/05.

1.5 Ausgenommen von der Leistungsberechtigung (Abs. 1 Satz 2)

Ausgenommen aus dem Personenkreis der erwerbsfähigen Leistungsberechtigten sind nach Satz 2 Nr. 1 Ausländer und ihre Familienangehörigen in den ersten drei Monaten ihres Aufenthalts, wenn sie weder in der Bundesrepublik Deutschland Arbeitnehmer oder Selbstständige noch aufgrund des § 2 Abs. 3 Freizügigkeitsgesetzes/EU freizügigkeitsberechtigt sind. Freizügigkeitsberechtigung in diesem Sinne liegt vor, wenn Arbeitnehmer und selbständig Erwerbstätige vorübergehend erwerbsgemindert sind infolge von Krankheit oder einem Unfall, bei Aufnahme einer Berufsausbildung und bei unfreiwilliger Arbeitslosigkeit oder Einstellung der Selbstständigkeit aufgrund äußerer, nicht beeinflussbarer Umstände. **10**

Nicht ausgenommen sind Ausländer, die sich mit einem Aufenthaltstitel nach Kapitel 2 Abschnitt 5 des Aufenthaltsgesetzes in der Bundesrepublik Deutschland aufhalten.

Nicht leistungsberechtigt sind zudem nach S. 2 Nr. 2 Ausländer und deren Familienangehörigen, deren Aufenthaltsrecht sich allein aus dem Zweck der Arbeitssuche ergibt. **11**

Ist der Ausländer leistungsberechtigt nach § 1 AsylbLG, besteht daneben keine Leistungsberechtigung im Sinne des SGB II. Bei dem Asylbewerberleistungsgesetz handelt es sich um ein besonderes Sicherungssystem, das aus dem Asylkompromiss heraus entstanden ist und eigenständige und abschließende Regelungen zur Sicherung des Lebensunterhalts sowie zur Annahme und Durchführung von Arbeitsgelegenheiten für einen eng begrenzten Personenkreis von Ausländern enthält.[14] **12**

2. Personen in der Bedarfsgemeinschaft (Abs. 2)

Unmittelbar anspruchsberechtigt sind nach § 7 Abs. 1 Satz 1 nur die erwerbsfähigen Leistungsberechtigten. Sind die Voraussetzungen nicht erfüllt, ist der Zugang zu den staatlichen Fürsorgeleistungen dennoch möglich, wenn die Zugehörigkeit zu einer Bedarfsgemeinschaft gegeben ist. **13**

Dem erwerbsfähigen Leistungsberechtigten kommt damit eine ganz besondere Bedeutung im System der Anspruchsberechtigten zu. Er ist in jedem Fall zwingendes Erfordernis, da die Leistungen nach dem Zweiten Buch Sozialgesetzbuch stets an ihn gebunden sind. Bei Nichtvorliegen der Voraussetzungen wird die Leistungsberechtigung nur über die Zuordnung zu einer Bedarfsgemeinschaft einer Person, welche wiederum die Voraussetzungen erfüllt, hergestellt. Daher kann grundsätzlich jemand, der selbst nicht erwerbsfähiger Leistungsberechtigter ist und auch nicht einer solchen Person zugeordnet werden kann, keine Leistungen nach dem Zweiten Buch Sozialgesetzbuch beanspruchen. Gründet sich die Anspruchsberechtigung auf die Zuordnung zu einer Bedarfsgemeinschaft, erhalten auch diese Personen Geldleistungen. Dienstleistungen und Sachleistungen werden nach Abs. 2 Satz 2 jedoch nur gewährt, wenn dadurch Hemmnisse bei der Eingliederung der erwerbsfähigen Leistungsberechtigten in der Bedarfsgemeinschaft beseitigt oder vermindert werden. Personen, denen es ohnehin an der Erwerbsfähigkeit fehlt, bedürfen keiner Hilfen zur Eingliederung in den Arbeitsmarkt.

14 BT-Drs. 15/1516, S. 52.

14 Eine Ausnahme erfolgt im Hinblick auf die Leistungen nach § 28 für Bildung und Teilhabe. Diese können auch dann beansprucht werden, wenn weder die Voraussetzungen des erwerbsfähigen Leistungsberechtigten nach Abs. 1 Satz 1 erfüllt sind noch eine Zugehörigkeit zu der Bedarfsgemeinschaft einer solchen Person nach Abs. 3 besteht. Erforderlich ist jedoch, dass der die Leistungen nach § 28 Beanspruchende mit einer Person oder Personen in einem Haushalt zusammenlebt, mit denen er nur deshalb keine Bedarfsgemeinschaft bildet, weil diese aufgrund des zu berücksichtigenden Einkommens oder Vermögens nicht hilfebedürftig und deshalb nicht leistungsberechtigt sind.

15 Nach § 9 Abs. 2 Satz 3 bleiben die Bedarfe für Bildung und Teilhabe bei der Feststellung der Hilfebedürftigkeit nach der Bedarfsanteilsmethode außen vor. Dies kann zu dem Ergebnis führen, dass der Gesamtbedarf durch vorhandenes Einkommen oder Vermögen gedeckt ist, das Einkommen oder Vermögen aber nicht ausreichend ist, um die Bedarfe für Bildung und Teilhabe zu decken. Diese Leistungen betreffen typischerweise die Kinder. Handelt es sich um ein Kind, welches noch nicht das 15. Lebensjahr erreicht hat, kann es nicht selbständig Leistungen beanspruchen, da es an dem Mindestalter fehlt. Es kann auch nicht seinen Eltern zugeordnet werden, da diese mangels Hilfebedürftigkeit ebenfalls nicht die Voraussetzungen nach Abs. 1 Satz 1 erfüllen. In dieser Konstellation kann das an und für sich nicht leistungsberechtigte Kind nach Abs. 2 Satz 3 Leistungen für Bildung und Teilhabe beanspruchen.

3. Die Bedarfsgemeinschaft (Abs. 3)

3.1 Die Bedeutung der Bedarfsgemeinschaft

16 In Abs. 3 wird abschließend geregelt, wer zu einer Bedarfsgemeinschaft gehört. Mit der Zugehörigkeit wird nicht nur das Recht begründet, Leistungen zu beanspruchen. Ebenso werden die mit dem Bezug von staatlichen Fürsorgeleistungen verbundenen Pflichten begründet.

Die Zuordnung wirkt sich auch auf den individuellen Auszahlungsanspruch aus. So bemisst sich der Regelbedarf eines alleinstehenden Anspruchsberechtigten anders als der von in Partnerschaft Lebenden. Die für den Haushalt der Bedarfsgemeinschaft anfallenden Kosten für die Unterkunft und die Heizung werden kopfanteilig aufgeteilt und erhöhen den individuellen Bedarf. Von Bedeutung ist zudem, dass grundsätzlich der Einzelne mit seinem Einkommen und Vermögen für den Bedarf eines jeden in der Gemeinschaft einsteht, unabhängig davon, ob sich nach dem Zivilrecht Unterhaltsverpflichtungen ergeben.

3.2 Der erwerbsfähige Leistungsberechtigte (Abs. 3 Nr. 1)

17 Im Mittelpunkt steht der erwerbsfähige Leistungsberechtigte. Er hat unmittelbaren Zugang zu den Leistungen und kann daher auch allein eine Bedarfsgemeinschaft bilden. Entgegen dem Begriff der Gemeinschaft sind nicht mehrere Personen erforderlich. Auch der Einzelne bildet eine Ein-Person-Bedarfsgemeinschaft, wenn die Voraussetzungen nach Abs. 1 Satz 1 erfüllt sind.

Beantragen dagegen mehrere Personen Leistungen und jeder erfüllt für sich die Voraussetzungen des erwerbsfähigen Leistungsberechtigten, steht das einer Bedarfsgemeinschaft nicht entgegen. Bei der Bildung nach Abs. 3 kann jedoch nur einer erwerbsfähiger Leistungsberechtigter nach Abs. 3 Nr. 1 sein, während im Übrigen eine Zuordnung nach Abs. 3 Nr. 3 oder Nr. 4 erfolgt. 18

Bei dem rechtlichen Zusammenführen von Personen zu einer Bedarfsgemeinschaft ist zu beachten, dass die tatsächlichen Lebensverhältnisse abgebildet werden sollen. Mit der Zuordnung ist in erster Linie ein gegenseitiges Einstehen für die Bedarfe eines jeden Einzelnen verbunden. Daher sollen nur solche Personen als Gemeinschaft zusammengefasst werden, die auch tatsächlich eine solche bilden und sich gegenseitig unterstützen und füreinander einstehen. Dies ist regelmäßig gegeben, wenn die Personen zusammen leben und zusammen wirtschaften. Bei mehreren erwerbsfähigen Leistungsberechtigten ist bei der Bestimmung desjenigen nach Abs. 3 Nr. 1 derjenige zu wählen, dem möglichst alle der mit ihm die Leistung Begehrenden zuzuordnen sind. 19

Nach § 38 Abs. 1 Satz 1 wird vermutet, dass der erwerbsfähige Leistungsberechtigte bevollmächtigt ist, Leistungen nach dem Zweiten Buch Sozialgesetzbuch für die mit ihm in einer Bedarfsgemeinschaft lebenden Personen zu beantragen und entgegen zu nehmen, soweit dem keine Anhaltspunkte entgegenstehen. Für den Fall, dass mehrere erwerbsfähige Leistungsberechtigte in einer Bedarfsgemeinschaft leben, gilt diese Vermutung nach § 38 Abs. 1 Satz 2 zugunsten der Antrag stellenden Person. 20

3.3 Die Eltern des erwerbsfähigen Leistungsberechtigten (Abs. 3 Nr. 2)

Die Eltern oder ein Elternteil und auch dessen Partner gehören zu der Bedarfsgemeinschaft des unverheirateten Kindes, soweit diese Personen in einem Haushalt leben. 21

Eltern sind die natürlichen Eltern, aber auch die Adoptiveltern, welche rechtlich gleichgestellt sind. Nicht zuzuordnen sind dagegen die Pflegeeltern oder die Stiefeltern.

Das Kind muss unverheiratet sein, das heißt, es darf noch keine Ehe geschlossen haben oder muss diese bereits wieder wirksam beendet haben. Liegt lediglich eine Trennung vom Ehegatten vor, so ist das Kind noch immer verheiratet und kann trotz des Lebens im Haushalt der Eltern mit ihnen keine Bedarfsgemeinschaft bilden. 22

Ungeschriebenes Tatbestandsmerkmal ist die fehlende Erwerbsfähigkeit der Eltern, des Elternteils oder seines Partners. Dieses ergibt sich im Umkehrschluss zu § 7 Abs. 3 Nr. 4, wonach auch die Kinder des erwerbsfähigen Leistungsberechtigten sowie die seines Partners zu der Bedarfsgemeinschaft gehören. Danach liefe die Regelung des Abs. 3 Nr. 2 ins Leere, würde sie sich auch auf die erwerbsfähigen Eltern, Elternteile oder deren Partner beziehen. Ist dagegen Voraussetzung, dass sie nicht erwerbsfähig sind, werden gerade die Fälle erfasst, in denen die Bildung einer Bedarfsgemeinschaft an der mangelnden Erwerbsfähigkeit der Eltern scheitert, das im Haushalt lebende Kind jedoch die Voraussetzungen eines unmittelbar anspruchsberechtigten erwerbsfähigen Leistungsberechtigten erfüllt. Hier ist eine Zusammenfassung von Eltern oder des Elternteils nach Abs. 3 Nr. 2 möglich. Nach diesem Grundgedanken wurde auch der nicht erwerbsfähige Partner des Elternteils aufgenommen, da sie andernfalls keine Bedarfsgemeinschaft mit einem nicht erwerbs- 23 fähigen Elternteil und dessen minderjährigen unverheirateten erwerbsfähigen Kindern bilden könnten.[15]

24 Demzufolge ist das Kind in dieser Konstellation die erwerbsfähige leistungsberechtigte Person nach Abs. 3 Nr. 1 und muss die Voraussetzungen nach Abs. 1 S. 1 erfüllen. Erforderlich sind die Einhaltung der Altersgrenze, das Vorliegen der Erwerbsfähigkeit und der Hilfebedürftigkeit sowie der gewöhnliche Aufenthalt in Deutschland. Abs. 3 Nr. 2 verschärft diese Voraussetzungen noch, indem die Höchstaltersgrenze in Form des persönlichen Regelrenteneintrittsalters auf die Vollendung des 25. Lebensjahres herabgesetzt wird. Ursprünglich beschränkte sich die Regelung auf minderjährige Kinder. Demzufolge war mit Eintritt der Volljährigkeit eine Zugehörigkeit zum Haushalt der Eltern ausgeschlossen. Grund für die Anhebung ist der Einfluss der Zuordnung als Kind zu einer Bedarfsgemeinschaft auf die Höhe des zu gewährenden Regelbedarfs. Dieser ist für Kinder geringer als für alleinstehende Personen. Eine Anhebung der Altersgrenze erfolgte im Hinblick darauf, dass Kinder, die weiterhin im Haushalt der Eltern leben, nicht die Generalkosten eines Haushalts, das heißt die Bestreitung der zur allgemeinen Haushaltsführung gehörenden Aufwendungen zu tragen haben,[16] so dass ein höherer Regelbedarf nicht automatisch mit Eintritt der Volljährigkeit gerechtfertigt ist.

3.4 Die Partner (Abs. 3 Nr. 3)

25 Partner des erwerbsfähigen Leistungsberechtigten gehören unter den Voraussetzungen des § 7 Abs. 3 Nr. 3 Buchst. a bis c i. V. m. Abs. 3 a zu der Bedarfsgemeinschaft. Das ist der nicht dauernd getrennt lebende Ehegatte nach Buchst. a, die nicht dauernd getrennt lebenden Lebenspartner nach Buchst. b sowie nach Buchst. c Personen, die mit dem erwerbsfähigen Leistungsberechtigten in einer eheähnlichen Partnerschaft leben.

3.4.1 Ehegatten (Abs. 3 Nr. 3 Buchst. a)

26 Erforderlich für die Zuordnung der Ehegatten zu der Bedarfsgemeinschaft ist zunächst die wirksame Begründung der Ehe. Darüber hinaus dürfen die Ehepartner nicht voneinander getrennt lebend sein. Die Auslegung des Begriffs des Getrenntlebends erfolgt anhand von familienrechtlichen Maßstäben.[17]

27 Nach § 1567 Abs. 1 S. 1 BGB leben die Ehegatten getrennt, wenn zwischen ihnen keine häusliche Gemeinschaft besteht und ein Ehegatte sie erkennbar nicht herstellen will, weil er die eheliche Lebensgemeinschaft ablehnt. Erforderlich sind demnach eine objektive und eine subjektive Komponente des familienrechtlichen Getrenntlebens.

28 Erfolgt eine räumliche Trennung der Ehegatten etwa durch den Auszug eines Partners aus dem gemeinsamen Haushalt, liegt nach den äußeren Umständen eine Trennung vor. Es ist aber nach § 1567 Abs. 1 S. 2 BGB auch möglich, innerhalb der ehelichen Wohnung

15 BT-Drs. 15/2816, S. 12.
16 BT-Drs. 16/688, S. 13.
17 BSG – 18.02.2010 – B 4 AS 49/09 R.

getrennt voneinander zu leben und die häusliche Gemeinschaft zu beenden. In diesem Fall darf kein gemeinsamer Haushalt geführt werden und es dürfen keine wesentlichen persönlichen Beziehungen zwischen den Ehegatten bestehen.[18] Dienen äußerliche Gemeinsamkeiten der Ehegatten wie gemeinsame Mahlzeiten, Gespräche, gemeinsames Beisammensein mit den Kindern ausschließlich der Wahrnehmung des Umgangsrechts durch den Elternteil, der die Kinder nicht ständig bei sich hat, dann sind solche Gemeinsamkeiten keine ehelichen und stehen dem Getrenntleben der Ehegatten im Rechtssinne nicht entgegen.[19]

Subjektiv ist ein Trennungswille zu verlangen. Erforderlich ist der Wille zumindest eines Ehegatten, die eheliche Lebensgemeinschaft endgültig beenden und nicht wieder aufleben lassen zu wollen. Allein die räumliche Trennung, die Aufgabe der häuslichen Gemeinschaft führt nicht zur Trennung.[20] Leben die Ehegatten z. B. aus beruflichen Gründen überwiegend nicht zusammen in einem Haushalt, fehlt es jedoch an dem Willen, die Ehe zu beenden, kann nicht von einer Trennung im genannten Sinne ausgegangen werden. **29**

Umgekehrt kann jedoch auch bei einer dauerhaften räumlichen Trennung eine Bedarfsgemeinschaft vorliegen. Da § 1353 Abs. 1 BGB mit der Bestimmung einer Verpflichtung zur ehelichen Lebensgemeinschaft nur die Grundstrukturen der Ehe, nicht jedoch die Art und Weise vorgibt, in der sich das Zusammenleben der Ehegatten vollzieht, ist die häusliche Gemeinschaft zwar ein Grundelement der ehelichen Lebensgemeinschaft. Jedoch kann es bei Vereinbarung einer abweichenden Lebensgestaltung auch eine Ehe ohne räumlichen Lebensmittelpunkt geben.[21] **30**

3.4.2 Lebenspartner (Abs. 3 Nr. 3 Buchst. b)

Auch der Partner einer nach dem Lebenspartnerschaftsgesetz wirksam begründeten Gemeinschaft gehört zu der Bedarfsgemeinschaft des erwerbsfähigen Leistungsberechtigten, soweit die Partner nicht voneinander getrennt leben. Nach den zu den Ehegatten genannten Grundsätzen kann es auch hier nur auf den familienrechtlichen Begriff der Trennung ankommen.[22] **31**

3.4.3 Partner einer eheähnlichen Gemeinschaft (Abs. 3 Nr. 3 Buchst. c)

Partner in eheähnlicher Gemeinschaft gehören zur Bedarfsgemeinschaft, soweit sie in einem gemeinsamen Haushalt so zusammen leben, dass nach verständiger Würdigung ein wechselseitiger Wille der Partner anzunehmen ist, ähnlich der Ehe, Verantwortung für einander zu tragen und füreinander einzustehen. **32**

18 BGH – 14.06.1978 – IV ZR 164/77.
19 OLG Köln – 19.10.2001 – 25 WF 185/01.
20 BGH – 05.11.1980 – IVb ZR 538/80.
21 BSG – 18.02.2010 – B 4 AS 49/09 R.
22 Siehe 3.4.1.

Die Verantwortungs- und Einstehensgemeinschaft

33 Entgegen Abs. 3 Nr. 3 Buchst. a und Buchst. b, die nur über den Begriff des Getrenntlebends, welches grundsätzlich eine fehlende Haushalts- und Wirtschaftsgemeinschaft voraussetzt, dies aber nicht zwingend erfordert,[23] wird ein gemeinsamer Haushalt in Abs. 3 Nr. 3 Buchst. c für die eheähnliche Partnerschaft ausdrücklich normiert. Damit kommt die Wertung des Gesetzgebers zum Ausdruck, dass ohne räumliches Zusammenleben und gemeinsames Wirtschaften eine Bedarfsgemeinschaft grundsätzlich kaum denkbar ist, sodass die Voraussetzungen einer Bedarfsgemeinschaft unter Partnern in einer Lebenspartnerschaft nur zu bejahen sind, wenn die Partner zusammenleben und einen gemeinsamen Haushalt führen.[24] Wie bei der Ehe oder der eingetragenen Lebenspartnerschaft wird nicht starr an einem faktischen gemeinsamen Wirtschaften innerhalb einer gemeinsamen Unterkunft festgehalten. Auch innerhalb der eheähnlichen Gemeinschaft sind etwa zwei Haushalte innerhalb einer gemeinsamen Wirtschaftsführung als gemeinsamer Haushalt anzusehen, wie z. B. dann, wenn dies durch berufliche Gründe wegen der Entfernung zwischen zwei Arbeitsorten veranlasst ist.[25]

34 Gemeint ist also eine Lebensgemeinschaft, die ähnlich der Ehe auf Dauer angelegt ist, daneben keine weitere Lebensgemeinschaft gleicher Art zulässt und sich durch innere Bindungen auszeichnet, die ein gegenseitiges Einstehen der Partner füreinander begründen, also über die Beziehungen in einer reinen Haushalts- und Wirtschaftsgemeinschaft hinausgeht.[26] Dies sind sowohl die Verbindungen zwischen Mann und Frau[27] als auch diejenigen zwischen gleichgeschlechtlichen Partnern, wie auch die Berücksichtigung der Partner nach dem Lebenspartnerschaftsgesetz nach Abs. 3 Nr. 3 Buchst. b zeigt.[28]

Vermutensregelung (Abs. 3 a)

35 Bei der Feststellung des Vorliegens einer eheähnlichen Gemeinschaft trifft den Leistungsträger grundsätzlich der Amtsermittlungsgrundsatz nach § 20 Abs. 1 Satz 1 SGB X, wonach er den Sachverhalt, dass heißt die entscheidungserheblichen Tatsachen von sich aus ermitteln muss, auch wenn er nach § 20 Abs. 1 Satz 2 SGB X die Art und den Umfang der Ermittlungen selbst bestimmen kann. Bei Vorliegen bestimmter Voraussetzungen darf eine eheähnliche Lebensgemeinschaft und damit eine Bedarfsgemeinschaft vermutet werden. Auf diese Weise soll auch Leistungsmissbrauch durch falsche Angaben zu den häuslichen Verhältnissen entgegengewirkt werden.[29] Grundlage für die Vermutungsregelungen bildeten Entscheidungen des Bundesverfassungsgerichts und des Bundessozialgerichts, welche in einer Vielzahl von Entscheidungen Kriterien aufgestellt haben, die für das Vorliegen einer eheähnlichen Gemeinschaft sprechen. Dies sind insbesondere die Dauerhaftigkeit und die Kontinuität einer Beziehung, eine bestehende Haushalts- und Wirt-

---

23 BSG – 18. 02. 2010 – B 4 AS 49/09 R.
24 Landessozialgericht Berlin-Brandenburg – 06. 08. 2007 – L 5 B 873/07 AS ER.
25 Landessozialgericht Berlin-Brandenburg – 06. 08. 2007 – L 5 B 873/07 AS ER.
26 BVerfG – 17. 11. 1992 – 1 BvL 8/87.
27 BVerfG – 17. 11. 1992 – 1 BvL 8/87.
28 Landessozialgericht Berlin-Brandenburg – 14. 12. 2008 – L 20 AS 278/07.
29 BT-Drs. 16/1410, S. 19.

schaftsgemeinschaft sowie die gemeinsame Versorgung von Angehörigen.[30] Kein zwingendes Erfordernis ist dagegen, dass zwischen den Partnern geschlechtliche Beziehungen bestehen.[31] So kann in der nach Abs. 3 a genannten abschließenden Aufzählung eine Einstehens- und Verantwortungsgemeinschaft vermutet werden.

Zusammenleben von über einem Jahr (Abs. 3 a Nr. 1)

36 Der wechselseitige Wille, Verantwortung füreinander zu tragen und füreinander einzustehen, wird unter anderem vermutet, wenn die Partner länger als ein Jahr zusammenleben. Hier wird das Merkmal der Dauerhaftigkeit und Kontinuität aufgegriffen. Das LSG Berlin-Brandenburg hat entschieden, dass im Regelfall jedenfalls bei einer Dauer des Zusammenlebens von bis zu einem Jahr – von besonderen Umständen (etwa der gemeinsamen Sorge um Kinder) abgesehen – regelmäßig kein Grund für die Annahme einer eheähnlichen Gemeinschaft als Verantwortungs- und Einstehensgemeinschaft im Sinne der verfassungsgerichtlichen Rechtsprechung besteht.[32]

Zusammenleben mit einem gemeinsamen Kind (Abs. 3 a Nr. 2)

37 Weiterhin kann eine eheähnliche Partnerschaft vermutet werden, wenn die Personen in einem gemeinsamen Haushalt mit einem gemeinsamen Kind zusammenleben. Entscheidend ist, dass es sich um ein gemeinsames Kind handelt.

Gemeinsame Versorgung von Kindern und Angehörigen im Haushalt (Abs. 3 a Nr. 3)

38 Die Vermutung einer eheähnlichen Partnerschaft aufgrund der Betreuung von Angehörigen oder Kindern kann nur auf solche Fallgestaltungen Anwendung finden, in welchen die Betreuung durch die Partner so geartet ist, dass sie indizielle Bedeutung für das Bestehen einer Verantwortungs- und Einstehensgemeinschaft mit besonderer persönlicher Bindung im Sinne einer Partnerschaft gewinnt.[33] In Abgrenzung zu der Vermutungsregelung des Abs. 3 a Nr. 2 ist dies regelmäßig der Fall, wenn beide Partner die Versorgung übernehmen.

39 Mithin muss es sich – im Gegensatz zu Abs. 3 a Nr. 2 – nicht um gemeinsame Kinder der Partner handeln. Unter der genannten Voraussetzung der gemeinsamen Versorgung begründet das von einem Partner in die Beziehung mitgebrachte Kind unter Umständen eine eheähnliche Gemeinschaft und damit eine Bedarfsgemeinschaft. Die zeitweise Versorgung eines Kindes durch den neuen Partner, die gemeinsame Einnahme von Mahlzeiten, das Zubettbringen des nicht leiblichen Kindes oder gemeinsame Unternehmungen können jedoch nicht bereits zu der Annahme einer nachhaltigen Unterstützung in den Erziehungsaufgaben des einen Partners führen.[34] Erforderlich ist vielmehr die Übernahme eigenständiger Sorgeanteile.[35]

---

30 BSG – 29.04.1998 – B 7 AL 56/97 R; BSG – 17.10.2002 – B 7 AL 72/00 R.
31 BSG – 29.04.1998 – B 7 AL 56/97 R; BSG – 17.10.2002 – B 7 AL 72/00 R.
32 Landessozialgericht Berlin-Brandenburg – 18.01.2006 – L 5 B 1362/05 AS ER.
33 Landessozialgericht Niedersachsen-Bremen – 04.12.2008 – L 9 AS 467/08 ER.
34 Landessozialgericht Sachsen-Anhalt – 17.11.2009 – L 5 AS 385/09 B ER.
35 Landessozialgericht Sachsen-Anhalt – 17.11.2009 – L 5 AS 385/09 B ER.

40 Angehörige sind nach § 16 SGB X Verlobte, Ehegatten, Verwandte und Verschwägerte in gerader Linie, Geschwister, Kinder der Geschwister, Ehegatten der Geschwister und Geschwister der Ehegatten, Geschwister der Eltern und Personen, die durch ein auf längere Dauer angelegtes Pflegeverhältnis mit häuslicher Gemeinschaft wie Eltern und Kinder miteinander verbunden sind.

Gegenseitige Verfügungsbefugnis über Einkommen und Vermögen (Abs. 3 a Nr. 4)

41 Voraussetzung ist eine gegenseitige Verfügungsbefugnis über das Einkommen und Vermögen des im Haushalt lebenden Partners. Eine einseitige genügt demnach nicht. So fehlt es auch bei einem gemeinsamen Konto an der Gegenseitigkeit, wenn nur ein Kontoinhaber verfügungsbefugt ist, während der andere lediglich Kontoauszüge ausdrucken kann, jedoch nicht berechtigt ist, Geld abzuheben.[36] Auch allein die Tatsache, dass jemanden ein Konto zwecks Überweisungen zur Verfügung gestellt wird, ist, solange sich daraus nicht auch eine gegenseitige Verfügungsgewalt über das Einkommen und Vermögen des Anderen ergibt, kein Kriterium, welches geeignet ist, eine Einstehens- und Verantwortungsgemeinschaft zu vermuten.[37]

Widerlegung der Vermutensregelung

42 Die Vermutung des Vorliegens einer Einstehens- und Verantwortungsgemeinschaft kann, da es sich lediglich um eine Vermutung handelt, von dem Betroffenen widerlegt werden. Liegen die Tatbestandsvoraussetzungen des Abs. 3 a vor, sind diese also belegt, kehrt sich im Ergebnis die objektive Beweislast zu Lasten des Arbeitsuchenden um, denn der Arbeitsuchende muss dann den Beweis des Gegenteils führen.[38] Will der Arbeitsuchende die gesetzliche Vermutung widerlegen, muss er einen Vollbeweis dahingehend erbringen, dass entweder die von der Vermutungsregelung vorausgesetzten Hinweistatsachen nicht vorliegen oder aber andere Hinweistatsachen vorliegen, die die Vermutung entkräften.[39] Ausreichend ist mithin nicht das bloße Bestreiten, dass eine Lebenspartnerschaft im Sinne einer Bedarfsgemeinschaft vorliegt.

43 Wenn die Vermutung widerlegt ist und Tatsachen, die belegen, dass ein Partner zur Bedarfsgemeinschaft gehört, nicht ermittelt werden können, trägt der Leistungsträger die objektive Beweislast für die Zugehörigkeit zu einer Bedarfsgemeinschaft als Partner.[40]

Einstehens- und Verantwortungsgemeinschaft außerhalb der Vermutensregelung (Abs. 3 a)

44 Die Kriterien nach Abs. 3 a, anhand derer der innere Wille, in den Not- und Wechselfällen des Lebens füreinander einzustehen, nach außen in Erscheinung tritt, sind nur in Bezug

---

36 Landessozialgericht Hessen – 19. 11. 2007 – L 7 AS 282/07 ER.
37 Landessozialgericht Nordrhein-Westfalen – 04. 07. 2007 – L 19 B 56/07 AS ER.
38 Landessozialgericht Nordrhein-Westfalen – 08. 07. 2009 – L 7 B 141/09 AS ER.
39 Landessozialgericht Nordrhein-Westfalen – 08. 07. 2009 – L 7 B 141/09 AS ER.
40 Landessozialgericht Sachsen – 07. 01. 2011 – L 7 AS 115/09.

auf die Vermutensregelung abschließend.[41] Daneben ist es aber nicht ausgeschlossen, dass auch andere äußere Tatsachen das Vorliegen einer Einstehensgemeinschaft begründen können; dies ist vom zuständigen Leistungsträger unter Würdigung aller Umstände von Amts wegen zu prüfen und zu entscheiden.[42] Außerhalb der Vermutungsregelung, wenn also die Partner noch nicht länger als ein Jahr zusammenleben, keine Kinder oder Angehörigen versorgt werden und die Partner nicht gegenseitig über das Einkommen und Vermögen verfügen können, müssen weitere Umstände hinzutreten, wonach bei verständiger Würdigung ein wechselseitiger Wille anzunehmen ist, Verantwortung füreinander zu tragen und füreinander einzustehen. Dies ist etwa denkbar, wenn das Paar nicht erst seit kurzem zusammenlebt und bereits verlobt ist oder ein Termin für die Eheschließung bereits vereinbart ist.[43] Nicht ausreichend ist dagegen nach einer erst sehr kurzen Zeit als Paar die Schwangerschaft mit einem gemeinsamen Kind, da dies einem Zusammenleben auf Probe, wie es Abs. 3 a Nr. 1 bis zu einem Jahr ohne die Vermutung einer eheähnlichen Gemeinschaft zulässt, nicht entgegensteht.[44]

3.5 Die dem Haushalt angehörenden unverheirateten Kinder nach § 7 (Abs. 3 Nr. 4)

Ausgehend von dem erwerbsfähigen Leistungsberechtigten als Person nach Nr. 1 sind dies **45** zunächst die eigenen leiblichen Kinder. Da sich der Begriff des Kindes auch hier nach den Vorschriften des Bürgerlichen Gesetzbuches richtet, wie bei der Zuordnung der Eltern nach Abs. 3 Nr. 2, sind es die leiblichen Kinder und die Adoptivkinder, welche rechtlich gleichgestellt sind, nicht jedoch die Pflegekinder. Indem auch die Kinder der Personen nach Nr. 2, der Eltern oder des Elternteils, zugehörig sind, kann der erwerbsfähige Leistungsberechtigte über das Bindungsglied der Eltern mit seinen Geschwistern eine Bedarfsgemeinschaft bilden. Aber auch das Kind des in der Bedarfsgemeinschaft lebenden Partners eines Elternteils findet über Nr. 4 Zugang zu den Leistungen zur Sicherung des Lebensunterhalts.

Zudem werden die Kinder des Partners oder der Partnerin als Person nach Nr. 3 erfasst. Durch das gegenseitige Einstehen der Mitglieder mit dem Einkommen und Vermögen eines jeden Einzelnen für die Bedarfe aller erfolgt hier faktisch auch eine Versorgung der nicht eigenen Kinder eines neuen Partners.

Vorauszusetzen ist, dass das Kind unverheiratet ist und das 25. Lebensjahr noch nicht **46** vollendet hat. Damit entspricht der Begriff des Kindes nach Nr. 4 dem nach Nr. 2.

Voraussetzung für die Zuordnung als Kind ist die fehlende eigene Bedarfsdeckung. **47** Sind die nach dem SGB II festgestellten existenzsichernden Bedarfe wie Regelbedarf, Mehrbedarf, Bedarf für Unterkunft und Heizung oder auch die Bedarfe für Bildung und Teilhabe durch Einkommen oder Vermögen, welches dem Kind zuzuordnen ist, gedeckt,

41 BT-Drs. 16/1410, S. 19.
42 BT-Drs. 16/1410, S. 19–20.
43 SG Düsseldorf – 02.04.2007 – S 35 AS 42/07.
44 Landessozialgericht Hamburg – 28.01.2008 – L 5 B 21/08 ER AS.

ist Abs. 3 Nr. 4 nicht erfüllt und das Kind gehört nicht zu der Bedarfsgemeinschaft. Dies sind in der Regel Unterhaltsvorschussleistungen, Unterhaltszahlungen und nach § 11 Abs. 1 Satz 4 das Kindergeld, soweit es nicht vom Kind zur Bedarfsdeckung gebraucht wird. Das Kind ist dann lediglich ein nicht hilfebedürftiges Mitglied der Haushaltsgemeinschaft, mit der Folge, dass die Verteilung des überschießendes Einkommens oder Vermögens auf die anderen Mitglieder von vornherein ausscheidet, da es eben nicht mehr zur Bedarfsgemeinschaft gehört.

In der Konsequenz ist daher immer zuerst die Hilfebedürftigkeit der nach § 7 Abs. 3 Nr. 4 zugeordneten Kinder zu prüfen.

48 Die Zuordnung einer Person zu einer Bedarfsgemeinschaft als Kind ist ausgeschlossen, wenn diese bereits ein eigenes Kind hat.

4. Leistungsausschluss (Abs. 4)

49 Unabhängig davon, ob die Voraussetzungen für die Bejahung einer erwerbsfähigen leistungsberechtigten Person vorliegen, erhält keine Leistungen zur Sicherung des Lebensunterhalts, wer in einer stationären Einrichtung untergebracht ist, wobei dieser Einrichtungen zum Vollzug richterlich angeordneter Freiheitsentziehung gleichgestellt sind und wer eine Rente wegen Alters oder Knappschaftsausgleichsleistungen oder ähnliche Leistungen öffentlich-rechtlicher Art bezieht.

4.1 Bezug einer Altersrente, Knappschaftsausgleichsleistungen oder ähnliche Leistungen öffentlich-rechtlicher Art (Abs. 4 Satz 1)

50 Der erwerbsfähige Leistungsberechtigte darf sein persönliches Regelrenteneintrittsalter noch nicht erreicht haben, will er originär anspruchsberechtigt sein. Kann er aufgrund seines Alters bereits Leistungen der gesetzlichen Rentenversicherung in Anspruch nehmen oder ist er zumindest nach dem Zwölften Buch Sozialgesetzbuch berechtigt, eine Grundsicherung im Alter zu erhalten, so bedarf er nicht mehr der Leistungen nach dem Zweiten Buch Sozialgesetzbuch.

Personen, die der Bedarfsgemeinschaft eines erwerbsfähigen Leistungsberechtigten zugeordnet sind, müssen jedoch nicht zwingend selbst die Voraussetzungen nach Abs. 1 Satz 1 erfüllen, um einen Leistungsanspruch zu erhalten. Für diese Personen zieht Abs. 4 Satz 1 die Grenze, indem er diejenigen von den Leistungen ausschließt, die bereits eine anderweitige Absicherung der Existenz nach dem Erwerbsleben im Alter erfahren. Die Vorschrift bezieht sich daher nach ihrem Schutzzweck ausschlich auf den Bezug von Altersbezügen, die der Altersrente vergleichbar sind.[45]

Von den Leistungen ausgeschlossen werden danach auch die Personen, die zwar noch nicht ihr persönliches Regelrenteneintrittsalter erreicht haben, aufgrund der Regelungen des Sechsten Buches Sozialgesetzbuch ihre Altersbezüge jedoch bereits vorher in An-

45 BT-Drs. 16/1410, S. 20.

spruch nehmen können. So ist für langjährig Versicherte nach §§ 36, 236 SGB VI eine vorzeitige Inanspruchnahme nach Vollendung des 63. Lebensjahres möglich. Ähnliche Regelungen finden sich in den §§ 37, 236a SGB IV für schwerbehinderte Menschen oder auch in §§ 40, 238 SGB IV für langjährig unter Tage beschäftigte Bergleute.

4.2 Unterbringung in einer stationären Einrichtung (Abs. 4 Satz 1)

Von den Leistungen zur Sicherung des Lebensunterhalts ist ferner ausgeschlossen, wer sich in einer stationären Einrichtung aufhält. Nach der Rechtsprechung des BVerwG zu § 100 BSHG ist für die stationäre Einrichtung neben der auf Dauer angelegten Kombination von sächlichen und personellen Mitteln, die zu einem besonderen Zweck und unter der Verantwortung eines Trägers zusammengefasst wird und die für einen größeren wechselnden Personenkreis bestimmt ist,[46] unter anderem maßgeblich, dass der Träger der Einrichtung von der Aufnahme bis zur Entlassung im Rahmen eines fachlich begründeten Hilfekonzepts die Gesamtverantwortung für die tägliche Lebensführung[47] übernimmt.[48] Der Betroffene ist derart in den Tagesablauf involviert, dass er trotz des Vorliegens der Erwerbsfähigkeit, im Sinne eines geistigen und körperlichen Leistungsvermögens von mindestens drei Stunden täglich, diese nicht ausüben kann. Es liegt demnach eine fiktive Erwerbsunfähigkeit vor. 51

Für die Feststellung der Erwerbsfähigkeit nach § 8 Abs. 1 ist erforderlich, dass die Leistungsfähigkeit von mindestens drei Stunden täglich nicht durch Krankheit oder Behinderung für einen Zeitraum von mehr als sechs Monaten eingeschränkt ist. 52

4.3 Einrichtung zum Vollzug richterlich angeordneter Freiheitsentziehung (Abs. 4 Satz 1, Satz 2)

Durch das Gesetz zur Fortentwicklung der Grundsicherung für Arbeitssuchende vom 20. Juli 2006[49] wurde klarstellend Abs. 4 Satz 2 eingefügt, wonach der Aufenthalt in einer stationären Einrichtung dem Aufenthalt in einer Einrichtung zum Vollzug richterlich angeordneter Freiheitsentziehung gleichgestellt ist. 53

Vollzug richterlich angeordneter Freiheitsentziehung liegt nach der Gesetzesbegründung bei richterlich angeordneten Unterbringung gegen den Willen des Betroffenen vor, insbesondere bei dem Vollzug von Strafhaft, Untersuchungshaft, Maßregeln der Besserung und Sicherung, einstweiliger Unterbringung, der Absonderung nach dem Bundesseuchengesetz, Geschlechtskrankheitengesetz, der Unterbringung psychisch Kranker und Suchtkranker nach den Unterbringungsgesetzen der Länder sowie dann, wenn nach § 1666 BGB das Vormundschaftsgericht die erforderlichen Maßnahmen zum Wohl des Kindes trifft, wobei es der richterlich angeordneten Freiheitsentziehung gleichsteht, wenn 54

46 BVerwG – 24.02.1994 – 5 C 24/92.
47 BVerwG – 24.02.1994 – 5 C 24/92.
48 BSG – 06.09.2007 – B 14/7b AS 16/07 R.
49 BGBl. I 2006, 1706, 1707.

der Vormundschaftsrichter nach den §§ 1631 b, 1800, 1906 BGB die Unterbringung genehmigt.[50]

Nicht erfasst werden Haftstrafen in einer Justizvollzugsanstalt im offenen Vollzug.

4.4 Ausnahmen vom Leistungsausschluss (Abs. 4 Satz 3)

55 Personen, die voraussichtlich für weniger als sechs Monate in einem Krankenhaus untergebracht sind, erhalten Leistungen der Grundsicherung für Arbeitssuchende. Der Begriff des Krankenhauses richtet sich nach § 107 SGB V, wobei Einrichtungen der medizinischen Rehabilitation in diesem Zusammenhang Krankenhäusern gleichgestellt sind.[51] Der Leistungsausschluss nach Abs. 4 Satz 1 erfolgt aufgrund des Vorliegens einer fiktiven Erwerbsunfähigkeit. Der Betroffene mag zwar körperlich und geistig in der Lage sein, einer Beschäftigung von mindestens drei Stunden täglich nachzugehen, die Einbindung in den Tagesablauf der stationären Einrichtung lässt dies jedoch faktisch nicht zu. Handelt es sich bei der Einrichtung um ein Krankenhaus und ergibt die Prognose zu Beginn des Aufenthalts, dass sich dieser auf weniger als sechs Monate beschränken wird, erfolgt kein Leistungsausschluss.

56 Ferner erhält entgegen Abs. 4 Satz 1 Leistungen, wer zwar in einer stationären Einrichtung oder einer ihr gleichgestellten Einrichtung zum Vollzug richterlich angeordneter Freiheitsentziehung untergebracht ist, aber unter den üblichen Bedingungen des allgemeinen Arbeitsmarktes mindestens 15 Stunden erwerbstätig ist. Hier wird die fiktive Erwerbsunfähigkeit durch eine faktische Erwerbstätigkeit widerlegt. Damit wird dem Leistungsberechtigten die Möglichkeit eröffnet, einen Gegenbeweis anzutreten, selbst wenn die objektive Struktur der Einrichtung eine Erwerbstätigkeit im Grundsatz als unmöglich erscheinen lässt, kann der Betroffene durch tatsächliche Erwerbstätigkeit nachweisen, dass er weiterhin dem Geltungsbereich der Grundsicherung für Arbeitssuchende zuzuordnen ist.[52] Nur soweit einem Antragsteller auf Leistungen nach dem SGB II die Aufnahme eines konkreten Beschäftigungsverhältnisses erlaubt wird, kann er als Rückausnahme wiederum leistungsberechtigt sein.[53]

5. Aufenthalt außerhalb des zeit- und ortsnahen Bereichs (Abs. 4 a)

57 Nach § 77 Abs. 1 gilt § 7 Absatz 4 a in der bis zum 31. Dezember 2010 geltenden Fassung weiter bis zum Inkrafttreten einer nach § 13 Abs. 3 erlassenen Rechtsverordnung. Von der Ermächtigung hat das Bundesministerium für Arbeit und Soziales zur näheren Bestimmung des zeit- und ortsnahen Bereichs keinen Gebrauch gemacht. Nach der bis zum 31. Dezember 2010 geltenden Fassung erhält Leistungen der Grundsicherung für Arbeitssuchende nicht, wer sich ohne Zustimmung des persönlichen Ansprechpartners außer-

---

50 BT-Drs. 16/1410, S. 20.
51 BT-Drs. 16/1410, S. 20.
52 BSG – 06.09.2007 – B 14/7b AS 16/07 R.
53 BSG – 24.02.2011 – B 14 AS 81/09 R.

halb des in der Erreichbarkeits-Anordnung vom 23. Oktober 1997 (ANBA 1997, 1685), geändert durch die Anordnung vom 16. November 2001 (ANBA 2001, 1476), definierten zeit- und ortsnahen Bereiches aufhält; wobei die übrigen Bestimmungen dieser Anordnung entsprechend gelten.

Nach § 1 Abs. 1 S. 2 EAO hat der Arbeitslose sicherzustellen, dass er an jedem Werktag **58** an seinem Wohnsitz oder gewöhnlichen Aufenthalt unter der von ihm benannten Anschrift durch Briefpost erreichbar ist. Auf diese Weise soll sichergestellt werden, dass der Arbeitssuchende Vorschlägen des Arbeitsamtes zur beruflichen Eingliederung zeit- und ortsnah Folge leisten kann und in der Lage ist, unverzüglich Mitteilungen des Arbeitsamtes persönlich zur Kenntnis zu nehmen, das Arbeitsamt aufzusuchen, mit einem möglichen Arbeitgeber oder Träger einer beruflichen Eingliederungsmaßnahme in Verbindung zu treten und bei Bedarf persönlich mit diesem zusammenzutreffen und eine vorgeschlagene Arbeit anzunehmen oder an einer beruflichen Eingliederungsmaßnahme teilzunehmen.

Der Arbeitssuchende kann sich nach § 2 EAO vorübergehend auch von seinem Wohn- **59** sitz oder gewöhnlichen Aufenthalt entfernen, wenn der Leistungsträger rechtzeitig von der neuen Anschrift für die Dauer der Abwesenheit erfährt, er dennoch erreichbar im Sinne des § 1 Abs. 1 EAO ist und er sich im Nahbereich aufhält, so dass er den Vermittlungsbemühungen ohne unzumutbaren Aufwand entsprechen kann. Als Maßstab gelten die nach § 121 Abs. 4 Satz 1 und Satz 2 für eine zumutbare Beschäftigung verhältnismäßigen Pendlerzeiten. Danach ist aus personenbezogenen Gründen einem Arbeitslosen eine Beschäftigung nicht zumutbar, wenn die täglichen Pendelzeiten zwischen seiner Wohnung und der Arbeitsstätte im Vergleich zur Arbeitszeit unverhältnismäßig lang sind. Als unverhältnismäßig lang sind im Regelfall Pendelzeiten von insgesamt mehr als zweieinhalb Stunden bei einer Arbeitszeit von mehr als sechs Stunden und Pendelzeiten von mehr als zwei Stunden bei einer Arbeitszeit von sechs Stunden und weniger anzusehen.

Mit vorheriger Zustimmung kann sich nach § 3 EAO der Leistungsberechtigte bis zu **60** drei Wochen im Kalenderjahr außerhalb des zeit- und ortsnahen Bereichs aufhalten. Die Zustimmung darf jeweils nur erteilt werden, wenn durch die Zeit der Abwesenheit die berufliche Eingliederung nicht beeinträchtigt wird.

6. Leistungsausschluss von dem Grunde nach Ausbildungsförderungs- und Ausbildungsbeihilfeberechtigten (Abs. 5)

Auszubildende, deren Ausbildung im Rahmen des BAföG oder der §§ 51, 57 und 58 **61** SGB III dem Grunde nach förderungsfähig beziehungsweise beihilfefähig ist, haben über die Leistungen nach § 27 hinaus keinen Anspruch auf Leistungen zur Sicherung des Lebensunterhalts.

Personen, die aufgrund ihrer schulischen oder beruflichen Ausbildung nicht in der Lage sind, einer Erwerbstätigkeit zur Sicherung ihrer materiellen Existenz nachzugehen, erhalten eine Förderung durch das BAföG oder die Berufsausbildungsbeihilfe nach §§ 60 bis 62 SGB III. Beide Instrumente sind wie die Grundsicherung für Arbeitssuchende auf eine Existenzsicherung gerichtet und machen daher die nachrangigen Leistungen nach dem Zweiten Buch Sozialgesetzbuch entbehrlich, soweit dessen Bedarfe bereits abgedeckt sind. Dies sind vornehmlich die Bedarfe des täglichen Lebens, wie sie in dem Regelbedarf aufgehen und die Bedarfe für Unterkunft und Heizung, aber auch für Bildung. Kein Leistungsausschluss erfolgt dagegen von den in § 27 genannten Leistungen.

62 Ausreichend ist die grundsätzliche Förderungs- oder Beihilfefähigkeit der Ausbildung im Sinne des Dritten Buches Sozialgesetzbuch und des BAföG. Nicht erforderlich ist dagegen, dass der Antrag positiv beschieden wurde und tatsächlich Leistungen bezogen werden. Gründe für eine Ablehnung können bei grundsätzlich zu Leistungen berechtigenden Ausbildung insbesondere in dem Fehlen von persönlichen Voraussetzungen nach den §§ 59 f. SGB III und §§ 8 ff. BAföG liegen. D. h. es kann zu einer gänzlichen Versagung von Leistungen sowohl der Ausbildungsförderung oder -beihilfe als auch der Leistungen der Grundsicherung für Arbeitsuchende kommen.

Rückausnahmen vom Leistungsausschluss nach Abs. 5 (Abs. 6)

63 Nach § 2 Abs. 1 Nr. 1 Bafög wird die Ausbildung an weiterführenden allgemeinbildenden Schule und Berufsfachschulen, einschließlich der Klassen aller Formen der beruflichen Grundbildung, ab Klasse 10 sowie von Fach- und Fachoberschulklassen, deren Besuch eine abgeschlossene Berufsausbildung nicht voraussetzt, gefördert. Dies jedoch nur unter Erfüllung der Voraussetzungen des § 2 Abs. 1 a BAföG, dass der Auszubildende nicht bei seinen Eltern wohnt und von der Wohnung der Eltern aus eine entsprechende zumutbare Ausbildungsstätte nicht erreichbar ist. Andernfalls ist ein eigener Hausstand des Auszubildenden nur gerechtfertigt mit einem Ehepartner oder nach beendeter Ehe, sowie bei Zusammenleben mit mindestens einem Kind. Sind die Voraussetzungen des § 2 Abs. 1 a BAföG nicht erfüllt, ist der Antrag auf Ausbildungsförderung zu versagen. Gleichzeitig ist damit die Rückausnahme nach § 7 Abs. 6 Nr. 1 erfüllt. Diese Personengruppe ist von dem Leistungsausschluss nach Abs. 5 nicht betroffen.

Dies gilt auch für diejenigen, welche nach § 60 Abs. 1 SGB III keinen Anspruch auf Ausbildungsförderung haben. Danach erfolgt eine Förderung nur, soweit der Auszubildende außerhalb des Haushalts der Eltern oder eines Elternteils wohnt und die Ausbildungsstätte von der Wohnung der Eltern oder eines Elternteils aus nicht in angemessener Zeit erreichen kann. Etwas anders gilt nur dann, wenn der Auszubildende das 18. Lebensjahr vollendet hat, verheiratet oder in einer Lebenspartnerschaft verbunden ist oder war, mit mindestens einem Kind zusammenlebt oder aus schwerwiegenden sozialen Gründen nicht auf die Wohnung der Eltern oder eines Elternteils verwiesen werden kann. Scheitert es an einer dieser Erfordernisse, werden Leistungen nach dem SGB III versagt, zugleich jedoch die Voraussetzungen der Rückausnahme nach § 7 Abs. 6 Nr. 1 erfüllt, so dass die Bewilligung der Leistungen der Grundsicherung für Arbeitssuchende zumindest nicht an dem Leistungsausschluss nach § 7 Abs. 5 scheitern.

64 Nach § 7 Abs. 6 Nr. 2 erhalten Personen neben den Leistungen der Ausbildungsförderung Leistungen nach dem Zweiten Buch Sozialgesetzbuch, wenn sich ihr Bedarf nach § 12 Abs. 1 Nr. 1 BAföG oder nach § 62 Abs. 1 oder § 124 Abs. 1 Nr. 1 SGB III, welche auf § 12 Abs. 1 Nr. 1 BAföG verweisen, bemisst. Diese Personengruppen erhalten eine monatliche Förderung in Höhe von 216 Euro. Hier erfolgt zwar auch eine anderweitige Absicherung, jedoch ist diese nicht bedarfsdeckend, so dass daneben weitere Leistungen erforderlich sind. Daher sind diese Personen nicht von den Leistungen ausgeschlossen.

Eine weitere Rückausnahme betrifft die Auszubildenden, die eine Abendhauptschule, eine Abendrealschule oder ein Abendgymnasium besuchen, sofern sie aufgrund von § 10 Abs. 3 BAföG keinen Anspruch auf Ausbildungsförderung haben. In den meisten Bundesländern besteht eine Ausbildungsberechtigung abhängig von der Abschlussart jedoch nur während der letzten Halbjahre, weil erst dann daneben keine Erwerbstätigkeit mehr ausgeübt werden kann. Scheitert die Förderung an der Altersgrenze nach § 10 Abs. 3 BAföG, wonach Ausbildungsförderung grundsätzlich nicht geleistet wird, wenn der Auszubildende bei Beginn des Ausbildungsabschnitts, für den er Ausbildungsförderung beantragt hat, das 30. Lebensjahr, bei Studiengängen nach § 7 Abs. 1 a BAföG das 35. Lebensjahr vollendet hat, liegen die Voraussetzungen für eine Rückausnahme vor und der Ausbildende erhält Leistungen zur Sicherung des Lebensunterhalts nach dem Zweiten Buch Sozialgesetzbuch. **65**

§ 8 Erwerbsfähigkeit

(1) Erwerbsfähig ist, wer nicht wegen Krankheit oder Behinderung auf absehbare Zeit außerstande ist, unter den üblichen Bedingungen des allgemeinen Arbeitsmarktes mindestens drei Stunden täglich erwerbstätig zu sein.

(2) Im Sinne von Absatz 1 können Ausländerinnen und Ausländer nur erwerbstätig sein, wenn ihnen die Aufnahme einer Beschäftigung erlaubt ist oder erlaubt werden könnte. Die rechtliche Möglichkeit, eine Beschäftigung vorbehaltlich einer Zustimmung nach § 39 des Aufenthaltsgesetzes aufzunehmen, ist ausreichend.

Inhaltsübersicht Rn.

1. Begriff der Erwerbsfähigkeit (Abs. 1)

1 Unmittelbar anspruchsberechtigt ist der erwerbsfähige Leistungsberechtigte. Daher ist der Begriff der Erwerbsfähigkeit von Bedeutung. Die Definition der Erwerbsfähigkeit in Abs. 1 lehnt an die Regelung des § 43 Abs. 2 Satz 2 SGB VI an.[54]

Das SGB VI formuliert negativ, indem die Erwerbsunfähigkeit definiert wird. Versicherte sind voll erwerbsgemindert, wenn sie wegen Krankheit oder Behinderung auf nicht absehbare Zeit außerstande sind, unter den üblichen Bedingungen des allgemeinen Arbeitsmarktes mindestens drei Stunden täglich erwerbstätig zu sein.

Im Mittelpunkt steht demnach die zeitliche Komponente. Wird der Zeitrahmen von drei Stunden unterschritten, liegt Erwerbsunfähigkeit vor. Teilweise erwerbsgemindert, aber grundsätzlich erwerbsfähig, sind nach § 43 Abs. 1 Satz 2 SGB VI Versicherte, die außerstande sind, mindestens sechs Stunden täglich erwerbstätig zu sein. Nicht erwerbs-

---

54 BT-Drs. 15/1516, S. 52.

gemindert ist dagegen, wer nach § 43 Abs. 3 SGB VI mindestens sechs Stunden unter den weiteren Voraussetzungen erwerbstätig sein kann.

2 Der Hinderungsgrund für die fehlende Leistungsfähigkeit von mindestens drei Stunden täglich muss in einer Krankheit oder Behinderung liegen.

Der Begriff der Krankheit ist nach ständiger Rechtsprechung ein regelwidriger Körper- oder Geisteszustand. Eine Behinderung liegt nach § 2 Abs. 1 SGB IX vor, wenn die körperlichen Funktionen, geistigen Fähigkeiten oder die seelische Gesundheit mit hoher Wahrscheinlichkeit länger als sechs Monate von dem für das Lebensalter typischen Zustand abweichen und daher die Teilhabe am Leben in der Gesellschaft beeinträchtigt ist.

Damit können nur Beeinträchtigungen des physischen oder psychischen Leistungsvermögens zu einer Beseitigung der Erwerbsfähigkeit führen. Andere Hinderungsgründe, die ihre Ursache nicht in einer Krankheit oder Behinderung haben, sind nicht geeignet, die Erwerbsfähigkeit herabzusetzen. Andere Gründe, wie z. B. das Unterliegen der Vollzeitschulpflicht, die Pflege von Angehörigen oder die Betreuung von Kindern, können die Ausübung einer Erwerbstätigkeit faktisch unmöglich machen, sind jedoch nicht geeignet, die geforderte Leistungsfähigkeit im Sinne eines körperlichen und geistigen Könnens zu vermindern oder herabzusetzen. Im Übrigen ist es eine Frage der Zumutbarkeit der Ausübung einer Erwerbstätigkeit. So kann einer Mutter, welche ein Kind unter drei Jahren betreut, die Ausübung einer Arbeit nach § 10 Abs. 1 Nr. 3 unzumutbar sein. Die Tatsache der Betreuung hat jedoch keine Auswirkungen auf ihr körperliches oder geistiges Leistungsvermögen.

3 Erwerbsfähig kann daher auch sein, wer eine sogenannte »Arbeitsmarktrente« bezieht. Ist für den Versicherten, der noch über ein Restleistungsvermögen von mindestens drei Stunden, jedoch nicht mehr als sechs Stunden täglich verfügt, der Teilzeitarbeitsmarkt verschlossen, kann befristet eine volle Erwerbsminderungsrente gezahlt werden. Insoweit ist der rentenversicherungsrechtliche Begriff der Erwerbsfähigkeit mit dem in § 8 Abs. 1 in Bezug genommenen grundsicherungsrechtlichen Begriff nicht deckungsgleich.[55] Die Definition der Erwerbsfähigkeit lehnt sich zwar sprachlich eng an die Definition der vollen Erwerbsminderung in § 43 Abs. 2 Satz 2 SGB VI an, in der Grundsicherung für Arbeitsuchende ist die Verschlossenheit des Arbeitsmarktes für die Beurteilung der Erwerbsfähigkeit des Hilfesuchenden jedoch ohne Bedeutung.[56] Es geht hier allein um den zeitlichen Umfang, in dem eine Tätigkeit entsprechend dem positiven und dem negativen Leistungsbild (noch) auf dem allgemeinen Arbeitsmarkt ausgeübt werden kann.[57] Mit dem Vorrang der Eingliederung in Arbeit als Grundvorstellung des Gesetzgebers wäre es nicht zu vereinbaren, Personen, die zwar noch imstande sind, unter den üblichen Bedingungen des allgemeinen Arbeitsmarktes mindestens drei Stunden täglich erwerbstätig zu sein, die ihr Leistungsvermögen aber aus arbeitsmarktbezogenen Gründen aktuell nicht mehr einsetzen können, als nicht erwerbsfähig zu qualifizieren und sie damit von vornherein von Leistungen zu Eingliederung in Arbeit auszuschließen.[58]

55 BSG – 21.12.2009 – B 14 AS 42/08 R.
56 BSG – 21.12.2009 – B 14 AS 42/08 R.
57 BSG – 21.12.2009 – B 14 AS 42/08 R.
58 BSG – 21.12.2009 – B 14 AS 42/08 R.

4 Soweit die Erwerbsunfähigkeit im Rahmen der Grundsicherung für Arbeitsuchende eine Herabsetzung des Leistungsvermögens auf absehbare Zeit verlangt, ist wie im Rentenversicherungsrecht eine nicht absehbare Zeit gemeint.[59] Dafür ist eine längerfristige Prognose durchzuführen. Während eine Behinderung schon nach der Begriffsbestimmung des § 2 Abs. 1 SGB IX erst vorliegt, wenn der Zustand mit hoher Wahrscheinlichkeit für länger als sechs Monate andauert, wird für die Erwerbsunfähigkeit aufgrund einer Erkrankung in Anlehnung an das Rentenversicherungsrecht ebenfalls ein Prognosezeitraum von sechs Monaten zu Grunde gelegt. Erwerbsfähig ist auch, wer zwar in seiner Leistungsfähigkeit herabgesetzt ist, die gesundheitlichen Voraussetzungen jedoch innerhalb von sechs Monaten erfüllen wird.[60] Daher sind bei der Prognose über die Entwicklung des Leistungsbildes auch Maßnahmen zur Rehabilitation und Heilung mit einzubeziehen. Können die Hinderungsgründe in dieser Zeit nicht beseitigt werden, liegt Erwerbsunfähigkeit für eine nicht absehbare Zeit vor.

5 Beurteilungsmaßstab für die Erwerbstätigkeit, zu welcher der Betroffene fähig ist, ist nicht der konkrete dem gelernten Beruf oder dem zuletzt ausgeübten Beruf entsprechende individuelle Arbeitsmarkt, sondern der allgemeine Arbeitsmarkt. Eine Erwerbsfähigkeit ist gegeben, wenn dieser – neben den anderen Erfordernissen – unter den üblichen Bedingungen dieses allgemeinen Arbeitsmarktes zugänglich ist.

Zu den Bedingungen gehören all die Umstände, welche ein Arbeitsverhältnis näher ausgestalten. Das ist vor allem die Arbeitszeit, wie der Beginn, die Dauer und die Pausenregelung, aber auch der Ort und die Art der Erbringung der Arbeitsleistung. Kommen diese in einer Vielzahl und nicht nur vereinzelt vor, so handelt es sich um übliche Bedingungen. Ob der Arbeitsmarkt tatsächlich offene Stelle zu diesen Bedingungen bereit hält, ist ohne Bedeutung. So sind die Bedingungen von Tarifverträgen in der Regel üblich, indem sie für eine große Anzahl an Arbeitnehmern gelten.

2. Erwerbsfähigkeit von Ausländern (Abs. 2)

6 Bei der Erwerbsfähigkeit von Ausländern ist zu beachten, dass diese nur erwerbstätig im Sinne des Abs. 1 sein können, wenn ihnen die Aufnahme einer Beschäftigung erlaubt ist oder erlaubt werden könnte. Dabei genügt die rechtliche Möglichkeit, eine Beschäftigung vorbehaltlich einer Zustimmung nach § 39 des Aufenthaltsgesetzes aufzunehmen. Es kommt darauf an, dass zumindest rechtlich-theoretisch eine Zustimmung zur Aufnahme einer Beschäftigung durch die Bundesagentur für Arbeit erfolgen könnte, auch wenn in Bezug auf den konkret angestrebten Arbeitsplatz gegebenenfalls eine Vorrangprüfung dies verhindern könnte oder verhindert hat.[61] Ein sogenannter nachrangiger Arbeitsmarktzugang ist demnach ausreichend im Sinne des § 8 Absatz 2.[62]

59 Rixen, info also 2006, 153, 156.
60 BT-Drs. 15/1516, S. 52.
61 BT-Drs. 17/3404, S. 93.
62 BT-Drs. 17/3404, S. 93.

§ 9 Hilfebedürftigkeit

(1) Hilfebedürftig ist, wer seinen Lebensunterhalt nicht oder nicht ausreichend aus dem zu berücksichtigenden Einkommen oder Vermögen sichern kann und die erforderliche Hilfe nicht von anderen, insbesondere von Angehörigen oder von Trägern anderer Sozialleistungen, erhält.

(2) Bei Personen, die in einer Bedarfsgemeinschaft leben, sind auch das Einkommen und Vermögen des Partners zu berücksichtigen. Bei unverheirateten Kindern, die mit ihren Eltern oder einem Elternteil in einer Bedarfsgemeinschaft leben und die ihren Lebensunterhalt nicht aus eigenem Einkommen oder Vermögen sichern können, sind auch das Einkommen und Vermögen der Eltern oder des Elternteils und dessen in Bedarfsgemeinschaft lebender Partnerin oder lebenden Partners zu berücksichtigen. Ist in einer Bedarfsgemeinschaft nicht der gesamte Bedarf aus eigenen Kräften und Mitteln gedeckt, gilt jede Person der Bedarfsgemeinschaft im Verhältnis des eigenen Bedarfs zum Gesamtbedarf als hilfebedürftig, dabei bleiben die Bedarfe nach § 28 außer Betracht. In den Fällen des § 7 Absatz 2 Satz 3 ist Einkommen und Vermögen, soweit es die nach Satz 3 zu berücksichtigenden Bedarfe übersteigt, im Verhältnis mehrerer Leistungsberechtigter zueinander zu gleichen Teilen zu berücksichtigen.

(3) Absatz 2 Satz 2 findet keine Anwendung auf ein Kind, das schwanger ist oder sein Kind bis zur Vollendung des sechsten Lebensjahres betreut.

(4) Hilfebedürftig ist auch derjenige, dem der sofortige Verbrauch oder die sofortige Verwertung von zu berücksichtigendem Vermögen nicht möglich ist oder für den dies eine besondere Härte bedeuten würde.

(5) Leben Hilfebedürftige in Haushaltsgemeinschaft mit Verwandten oder Verschwägerten, so wird vermutet, dass sie von ihnen Leistungen erhalten, soweit dies nach deren Einkommen und Vermögen erwartet werden kann.

Inhaltsübersicht

1. Begriff der Hilfebedürftigkeit (Abs. 1)

1 Nach der in Abs. 1 enthaltenden Definition liegt Hilfebedürftigkeit vor, wenn der eigene Lebensunterhalt nicht gedeckt werden kann. Entfallen ist,[63] dass Hilfebedürftigkeit auch vorliegt, wenn der Lebensunterhalt der in der Bedarfsgemeinschaft lebenden Personen ungedeckt bleibt. Dies soll jedoch ohne Einfluss auf die materielle Rechtslage bleiben, da

63 Mit dem Gesetz zur Ermittlung von Regelbedarfen und zur Änderung des Zweiten und Zwölften Buches Sozialgesetzbuch vom 24.03.2011, BGBl. I S. 453.

bereits aus Abs. 2 deutlich wird, ob und inwieweit ein Mitglied der Bedarfsgemeinschaft unter Berücksichtigung von eigenen und fremden Einkommen oder Vermögen hilfebedürftig ist und diese Regelung insofern eine von Abs. 1 abweichende und somit ergänzende Sonderregelung darstellt.[64]

Hilfebedürftigkeit ist nicht nur anzunehmen, wenn diese nicht aus eigenen Kräften und Mitteln beseitigt werden kann, sondern auch dann, wenn die erforderlich Hilfe nicht durch andere erfolgt, wie durch andere Sozialträger. Darin kommt der Grundsatz des Forderns nach § 2 zum Ausdruck, der von dem erwerbsfähigen Leistungsberechtigten und den mit ihm in einer Bedarfsgemeinschaft lebenden Personen verlangt, dass alle Möglichkeiten zur Beendigung oder Verringerung der Hilfebedürftigkeit auszuschöpfen sind. Diese Möglichkeiten sind nicht bereits bei dem Einsatz von eigenem Einkommen oder Vermögen ausgeschöpft, vielmehr sind Leistungen anderer Sozialleistungsträger, wie Unterhaltsvorschussleistungen, eine Witwenrente, das Wohngeld oder der Kinderzuschlag in Anspruch zu nehmen. Handelt es sich nicht um zum Bezug von Leistungen der Grundsicherung für Arbeitsuchende alternative Leistungen, sondern um solche, welche zugleich beansprucht werden können, sind diese zu beanspruchen, auch wenn sich die für den Hilfesuchenden insgesamt zur Verfügung stehenden Mittel nicht erhöhen, sondern nur die Anzahl der Leistungsträger. 2

Auch die Hilfe von Angehörigen kommt in Betracht. 3

Dies zum einen durch die Unterhaltsvermutung nach Abs. 4, welche davon ausgeht, dass in einem Haushalt lebende Personen, welche nicht zugleich eine Bedarfsgemeinschaft bilden, sich gegenseitig helfen und unterstützen, soweit bei den unterstützenden Personen nicht ebenfalls Hilfebedürftigkeit zu bejahen ist.

Zum anderen kommt Hilfe auch von Angehörigen außerhalb des Haushalts in Betracht, insbesondere durch Unterhaltszahlungen. Mögliche Unterhaltsansprüche der Leistungsempfänger gehen in Höhe der erbrachten Leistungen nach § 33 auf den Leistungsträger über, welcher sie dann eigenständig geltend machen kann.

2. Berücksichtigung von Einkommen und Vermögen in der Bedarfsgemeinschaft (Abs. 2)

Verfügen die Anspruchsberechtigten über Einkommen oder Vermögen, ist dieses grundsätzlich nicht vorrangig auf den eigenen nach dem SGB II bestimmten Bedarf anzurechnen, sondern mindert grundsätzlich die Hilfebedürftigkeit aller Mitglieder der Bedarfsgemeinschaft. Diese zeichnet sich mithin dadurch aus, dass bis auf einige Ausnahmen jeder mit seinen Mitteln für alle einsteht. 4

2.1 Einkommen und Vermögen des Partners (Abs. 2 Satz 1)

Nach Abs. 2 Satz 1 betrifft dies zunächst den Partner in der Bedarfsgemeinschaft nach § 7 Abs. 3 Nr. 3, gegebenenfalls in Verbindung mit § 7 Abs. 3 a. Sein Einkommen oder Ver- 5

64 BT-Drs. 17/3404, S. 93.

mögen wird bei der Berechnung der Hilfebedürftigkeit aller Mitglieder in der Bedarfsgemeinschaft berücksichtigt. Dies gilt auch für die in der Bedarfsgemeinschaft lebenden minderjährigen unverheirateten Kinder, auch wenn diese zu dem Partner in keinem Verwandtschaftsverhältnis stehen. Damit steht nicht nur der leibliche Elternteil, welcher mit dem Kind in einer Bedarfsgemeinschaft lebt und diesem nach den Vorschriften des Bürgerlichen Gesetzbuches zum Unterhalt Verpflichtete für das Kind ein. Auch der neue Partner, welcher nicht zugleich Elternteil ist, wird über die Bedarfsanteilsmethode für das Kind in der Bedarfsgemeinschaft in die Pflicht genommen, soweit er über Mittel verfügt. Damit erfolgt die Anrechnung von Einkommen und Vermögen unabhängig von den unterhaltsrechtlichen Verpflichtungen. Zahlt der außerhalb des Haushalts lebende Elternteil Unterhalt, verringert sich der Bedarf des Kindes und somit die Einstandspflicht des neuen Partners. Fließt dagegen kein Unterhalt, kommt der Partner faktisch wie ein Unterhaltspflichtiger für das Kind auf.

6 Dies stößt auf keine verfassungsrechtlichen Bedenken. Der Gesetzgeber darf bei der Gewährung von Sozialleistungen unabhängig von bestehenden bürgerlich-rechtlichen Unterhaltspflichten die Annahme von Hilfebedürftigkeit davon abhängig machen, ob sich für den Einzelnen typisierend aus dem Zusammenleben mit anderen Personen Vorteile ergeben, die die Gewährung staatlicher Hilfe nicht oder nur noch in eingeschränktem Umfang gerechtfertigt erscheinen lassen.[65]

2.2 Einkommen und Vermögen der Eltern (Abs. 2 Satz 2 i. V. m. Abs. 3)

7 Leben Kinder (unter 25 Jahren, unverheiratet und ohne eigene Bedarfsdeckung) im Sinne des § 7 Abs. 3 Nr. 4 in einer Bedarfsgemeinschaft mit ihren Eltern, ist das Einkommen und Vermögen der Eltern oder des Elternteils sowie des Partners des Elternteils zur Beseitigung der Hilfebedürftigkeit des Kindes heranzuziehen. Da der Gesetzgeber typisierend unterstellen durfte, dass Eltern typischerweise auch nach Eintritt der Volljährigkeit für ihre im Haushalt lebenden Kinder aufkommen,[66] hält die Regelung einer verfassungsrechtlichen Überprüfung stand.

8 Eine Ausnahme von der Regelung des Abs. 2 Satz 2 enthält Abs. 3 für zwei Konstellationen.

Ist das Kind schwanger oder betreut es sein Kind bis zur Vollendung des sechsten Lebensjahres, kann das Einkommen und Vermögen der in der Bedarfsgemeinschaft lebenden Eltern, des Elternteils oder der Partnerin oder des Partners des Elternteils nicht die Hilfebedürftigkeit des Kindes verringern oder beseitigen.

An der Zuordnung des Kindes zu der Bedarfsgemeinschaft seiner Eltern nach Abs. 3 Nr. 4 ändert die Schwangerschaft des Kindes nichts, soweit die weiteren Voraussetzungen erfüllt sind. Das Kind ist jedoch hinsichtlich seiner Bedarfsdeckung auf die ihm selbst zur Verfügung stehenden Mittel verwiesen. An dem der Bedarfsgemeinschaft im Übrigen anzurechnenden Einkommen und Vermögen partizipiert das Kind nicht. Die Regelung dient

65 BSG – 13. 11. 2008 – B 14 AS 2/08 R.
66 BSG – 19. 10. 2010 – B 14 AS 51/09 R.

dem Schutz des ungeborenen Lebens und soll sicherstellen, dass schwangere Kinder nicht wegen des ansonsten üblichen Einsatzes des Elterneinkommens für die in der Bedarfsgemeinschaft lebenden Kinder zu einem Schwangerschaftsabbruch veranlasst werden.[67]

Nach der Geburt des eigenen Kindes und dessen Betreuung erfolgt ebenfalls keine Verteilung des elterlichen Einkommens und Vermögens, bis das zu betreuende Kind das sechste Lebensjahr vollendet hat. 9

Soweit das bisher nach § 7 Abs. 3 Nr. 4 der Bedarfsgemeinschaft zugeordnete Kind selbst die Voraussetzungen des erwerbsfähigen Leistungsberechtigten nach § 7 Abs. 1 S. 1 erfüllt, ist stets die Bildung einer weiteren Bedarfsgemeinschaft von Kind und eigenem Kind zu bevorzugen. Die Regelung des Abs. 3 Satz 2. erlangt daher nur dann an Bedeutung, wenn es an den Voraussetzungen des erwerbsfähigen Leistungsberechtigten in der Person des Kindes fehlt, so etwa wenn das Kind das 15. Lebensjahr noch nicht vollendet hat oder nicht erwerbsfähig ist. Hier erfolgt weiterhin eine Zuordnung zu der Bedarfsgemeinschaft der Eltern, während das eigene Kind des Kindes nicht zu der bestehenden Bedarfsgemeinschaft gehört und nicht dem Leistungsträger nach dem SGB II unterfällt. In diesem Fall erfolgt keine Umverteilung des der Bedarfsgemeinschaft im Übrigen zur Verfügung stehenden Einkommens und Vermögens.

2.3 Bedarfsanteilsmethode (Abs. 2 Satz 3)

Mit Ausnahme der Kinder nach § 7 Abs. 3 Nr. 4 und den in Abs. 3 getroffenen Regelungen muss jedes Mitglied der Bedarfsgemeinschaft dem Grunde nach mit seinem Einkommen und Vermögen für die Bedarfe aller einstehen. 10

Es erfolgt keine vorrangige eigene Bedarfsdeckung, sondern Verteilung. Dies erfolgt nach der sogenannten Bedarfsanteilsmethode nach Abs. 2 Satz 3. Ist in einer Bedarfsgemeinschaft nicht der gesamte Bedarf aus eigenen Kräften und Mitteln gedeckt, bemisst sich die Hilfebedürftigkeit des Einzelnen anhand des individuellen Bedarfs des Einzelnen im Verhältnis zum Gesamtbedarf.

Es ist demnach zunächst der Bedarf eines jeden Mitglieds der Bedarfsgemeinschaft festzustellen, dies insbesondere bei jedem Kind unter Abzug der zuzuordnenden Einkommens- und Vermögenspositionen. Im Weiteren ist der Gesamtbedarf der Bedarfsgemeinschaft festzustellen, indem die einzelnen Bedarfe zusammengezogen werden. Danach lässt sich der Anteil des Einzelnen am Bedarf aller ermitteln, der Bedarfsanteil. Der Gesamtbedarf ist um das der Bedarfsgemeinschaft anzurechnende Einkommen und Vermögen zu mindern. Die Hilfebedürftigkeit des Einzelnen errechnet sich aus seinem Bedarfsanteil an dem verminderten Gesamtbedarf. 11

Beispiel: 12

Der Gesamtbedarf einer alleinerziehenden Leistungsberechtigten mit einem zweijährigen Kind setzt sich aus zwei individuellen Ansprüchen von 508,64 € (Regelbedarf von 374 € und Mehrbedarf von 134,64 €) und 35 € (Regelbedarf von 219 € abzüglich des Kindergeldes

67 BT-Drs. 15/1516, S. 53.

von 184 €) zusammen. Der erwerbsfähige Leistungsberechtigte und sein Kind haben an dem Gesamtbedarf von 543,64 € einen unterschiedlichen Anteil, zum einen nämlich in Höhe von 93,56 % und zum anderen in Höhe von 6,44 %. Kommt nun Einkommen des alleinerziehenden Leistungsberechtigten in Höhe von 200 € hinzu, verringert sich der Gesamtbedarf auf 343,64 €. An diesem hat der erwerbsfähige Leistungsberechtigte einen Anteil von 93,56 % und mithin von 321,51 € und das Kind mit einem Anteil von 6,44 % von 22,13 €.

Auf diese Weise erfolgt eine Verminderung der Hilfebedürftigkeit auch der Personen in der Bedarfsgemeinschaft, die selbst über keinerlei Einkommen oder Vermögen verfügen. Auf der anderen Seite kann bei demjenigen, dessen Einkommen seinen individuellen Bedarf übersteigt, durch die Zugehörigkeit zur Bedarfsgemeinschaft und die Anwendung der Bedarfsanteilsmethode Hilfebedürftigkeit entstehen.

13 Nach dem Wortlaut des Abs. 2 Satz 3 müsste die Differenz zwischen Gesamtbedarf und Gesamteinkommen der Bedarfsgemeinschaft entsprechend der Bedarfsanteile auf die Mitglieder der Bedarfsgemeinschaft verteilt werden und es würde auch ein Anteil auf diejenigen entfallen, die von den Leistungen nach dem SGB II ausgeschlossen sind und die damit den auf sie entfallenden Anteil nicht geltend machen können.[68] Dies hätte eine faktische Unterdeckung des Gesamtbedarfs der Bedarfsgemeinschaft zur Folge, die vom Gesetzgeber nicht gewollt war.[69] In diesen Fällen ist daher Abs. 2 Satz 3 dahingehend auszulegen, dass als Gesamtbedarf nur der Bedarf der hilfebedürftigen Mitglieder der Bedarfsgemeinschaft anzusehen ist, welches das Einkommen der Bedarfsgemeinschaft gegenüberzustellen ist, welches sich nach Abzug des eigenen Bedarfs des nicht hilfebedürftigen Mitglieds der Bedarfsgemeinschaft ergibt.[70]

14 Nicht in die Berechnung fließen die Bedarfe nach § 28. Diese bleiben außen vor und erhöhen die nach der Bedarfsanteilsmethode errechneten individuellen Bedarfe.

Sind danach die Bedarfe aller Mitglieder der Bedarfsgemeinschaft gedeckt und stehen nur noch die Leistungen für Bildung und Teilhabe im Raum, liegt ein Fall des § 7 Abs. 2 Satz 3 vor. Danach erhalten Personen, die nach § 28 berechtigt sind, auch dann Leistungen für Bildung und Teilhabe, wenn sie mit Personen in einem Haushalt zusammenleben, mit denen sie nur deshalb keine Bedarfsgemeinschaft bilden, weil diese aufgrund des zu berücksichtigenden Einkommens oder Vermögens selbst nicht leistungsberechtigt sind. Ist über die Deckung des Gesamtbedarfs hinaus Einkommen und Vermögen vorhanden, ist dies zur Deckung der Bedarfe nach § 28 einzusetzen. Sind mehrere Personen im Sinne des § 7 Abs. 2 Satz 3 Leistungsberechtigte, erfolgt nach Abs. 2 Satz 4 eine Berücksichtigung nicht nach der Höhe der individuellen Bedarfe, sondern zu gleichen Teilen.

---

68 BSG – 15.04.2008 – B 14/7 b AS 58/06 R.
69 BSG – 15.04.2008 – B 14/7 b AS 58/06 R.
70 BSG – 15.04.2008 – B 14/7 b AS 58/06 R.

3. Unmöglichkeit oder besondere Härte der sofortigen Verwertung oder des sofortigen Verbrauchs (Abs. 4)

Hilfebedürftig ist auch, wer seinen Lebensunterhalt aus zu berücksichtigendem Vermögen sichern könnte, ihm die sofortige Verwertung oder der sofortige Verbrauch jedoch nicht möglich ist oder aufgrund einer besonderen Härte nicht zuzumuten ist. 15

Dies setzt zunächst voraus, dass überhaupt zu berücksichtigendes Vermögen vorhanden ist. Dies ist nach § 12 Abs. 1 eine Frage der vorhandenen verwertbaren Vermögensgegenstände. Nur wenn aus dem Vermögen ein Erlös erzielt werden kann, stehen tatsächlich Mittel zu Verfügung, um damit den Lebensunterhalt zu sichern. Ist die Verwertung nicht möglich, handelt es sich nicht um einen Vermögensgegenstand im Sinne des § 12 Abs. 1.

Vom Gesetz werden im Weiteren einige Vermögenspositionen gänzlich unberücksichtigt gelassen und nach § 12 Abs. 3 nicht bei der Berechnung der Hilfebedürftigkeit heranzuziehen. Nach § 12 Abs. 3 Satz 1 Nr. 6 sind Sachen und Rechte, soweit ihre Verwertung für den Betroffenen eine besondere Härte bedeuten würden, nicht zu berücksichtigen; Näheres s. § 12 Rn. 13.

Dagegen trifft Abs. 4 eine Regelung nur für das in diesem Sinne zu berücksichtigende Vermögen und fragt nach der Möglichkeit und der Zumutbarkeit der sofortige Verwertung oder des sofortigen Verbrauchs und betrifft damit lediglich die zeitlichen Aspekte der Verwertung. Bis zum Zeitpunkt der möglichen und zumutbaren Realisierung des Vermögens gilt der Betroffene als hilfebedürftig und kann nach § 24 Abs. 5 darlehensweise Leistungen der Grundsicherung für Arbeitsuchende erhalten. Dieser atypische Regelsonderbedarf soll nach Sinn und Zweck der Regelung für eine Übergangszeit bis zu einer möglichen Verwertung des Vermögens den Lebensunterhalt sicherstellen und kommt daher im Regelfall erst in Betracht, wenn der Vermögensinhaber erste Schritte zur Verwertung seines Vermögens unternommen hat.[71] Ist eine Vermögensverwertung nicht beabsichtigt, besteht für die Anwendung der Überbrückungsregelung kein Raum.[72] 16

4. Unterhaltsvermutung innerhalb der Haushaltsgemeinschaft (Abs. 5)

Innerhalb der Bedarfsgemeinschaft hat der Gesetzgeber die Gewährung von Sozialleistungen unabhängig von bestehenden bürgerlich-rechtlichen Unterhaltspflichten davon abhängig gemacht, ob sich für den Einzelnen typisierend aus dem Zusammenleben mit anderen Personen Vorteile ergeben, die die Gewährung staatlicher Hilfe nicht oder nur noch in eingeschränktem Umfang gerechtfertigt erscheinen lassen.[73] Leben die Personen zwar zusammen, bilden sie jedoch keine Bedarfsgemeinschaft, weil es an einer Zuord- 17

71 Landessozialgericht Sachsen – 06.09.2010 – L 7 AS 777/09 B ER.
72 Landessozialgericht Sachsen – 06.09.2010 – L 7 AS 777/09 B ER.
73 BSG – 13.11.2008 – B 14 AS 2/08 R.

nungsmöglichkeit nach § 7 Abs. 3 fehlt, kommt lediglich eine Haushaltsgemeinschaft in Betracht. Der Begriff der Haushaltsgemeinschaft wird gegenüber der Wohngemeinschaft dadurch gekennzeichnet, dass ihre Mitglieder nicht nur vorübergehend in einer Wohnung zusammenleben, sondern einen gemeinsamen Haushalt in der Weise führen, dass sie aus einem »Topf« wirtschaften.[74] Die Beweislast für das Vorliegen einer solchen trägt der Leistungsträger, da sich die Vermutungsregelung lediglich auf die Unterstützungsleistungen innerhalb einer Haushaltsgemeinschaft bezieht, nicht jedoch darauf, dass bei einem Zusammenwohnen stets eine Haushaltsgemeinschaft zu vermuten ist.[75]

18 Besteht die Haushaltsgemeinschaft zwischen Verwandten oder Verschwägerten, kann vermutet werden, dass sich diese Personen gegenseitig unterstützen.[76]

19 Die Leistung durch die im Haushalt lebenden Personen, welche selbst nicht hilfebedürftig sind, kann nur vermutet werden, soweit dies nach dem Einkommen und Vermögen erwartet werden kann. In welcher Höhe Einkommen vorhanden sein muss, damit eine Hilfestellung vermutet werden kann, bestimmt sich nach § 1 Abs. 2 ALG II V.

Zunächst ist nur Einkommen heranzuziehen, welches nach § 11 a zur Sicherung des Lebensunterhalts einzusetzen ist. Dieses Einkommen ist um die Absetzungsbeträge nach § 11 b zu bereinigen. Von diesem Einkommen bleibt ein Freibetrag unberücksichtigt in Höhe des doppelten Betrags des nach § 20 Abs. 2 Satz 1 maßgebenden Regelbedarfs zuzüglich der anteiligen Aufwendungen für Unterkunft und Heizung sowie darüber hinausgehend 50 Prozent der diesen Freibetrag übersteigenden bereinigten Einnahmen. Nur in Höhe des danach noch verbleibenden Einkommens kann eine Unterstützungsleistung vermutet werden.

Hinsichtlich der Berücksichtigung von Vermögen in Fällen des Abs. 5 trifft § 7 Abs. 2 ALG II V eine Regelung. Maßstab für die Beurteilung der Leistungsfähigkeit sind die Vorschriften zum Vermögen nach § 12. Danach kann nur solches Vermögen herangezogen werden, welches dem Vermögensbegriff nach § 12 Abs. 1 unterfällt, nach § 12 Abs. 3 zu berücksichtigen ist und nach § 12 Abs. 2 um die Absetzungsbeträge bereinigt ist.

§ 10 Zumutbarkeit

(1) Einer erwerbsfähigen leistungsberechtigten Person ist jede Arbeit zumutbar, es sei denn, dass

1. **sie zu der bestimmten Arbeit körperlich, geistig oder seelisch nicht in der Lage ist,**
2. **die Ausübung der Arbeit die künftige Ausübung der bisherigen überwiegenden Arbeit wesentlich erschweren würde, weil die bisherige Tätigkeit besondere körperliche Anforderungen stellt,**
3. **die Ausübung der Arbeit die Erziehung ihres Kindes oder des Kindes ihrer Partnerin oder ihres Partners gefährden würde; die Erziehung eines Kindes, das das dritte Lebensjahr vollendet hat, ist in der Regel nicht gefährdet, soweit die Betreuung in**

---

74 BSG – 19.02.2009 – B 4 AS 68/07 R; BT-Drs. 15/1516, S. 53.
75 BSG – 27.01.2009 – B 14 AS 6/08 R.
76 Zum Begriff der Verwandtschaft siehe § 1589 BGB; zum Begriff der Schwägerschaft siehe § 1590 BGB. Zum Begriff der eingetragenen Lebenspartnerschaft siehe § 11 LPartG.

einer Tageseinrichtung oder in Tagespflege im Sinne der Vorschriften des Achten Buches oder auf sonstige Weise sichergestellt ist; die zuständigen kommunalen Träger sollen darauf hinwirken, dass erwerbsfähigen Erziehenden vorrangig ein Platz zur Tagesbetreuung des Kindes angeboten wird,

4. die Ausübung der Arbeit mit der Pflege einer oder eines Angehörigen nicht vereinbar wäre und die Pflege nicht auf andere Weise sichergestellt werden kann,

5. der Ausübung der Arbeit ein sonstiger wichtiger Grund entgegensteht.

(2) Eine Arbeit ist nicht allein deshalb unzumutbar, weil

1. sie nicht einer früheren beruflichen Tätigkeit entspricht, für die die erwerbsfähige leistungsberechtigte Person ausgebildet ist oder die früher ausgeübt wurde,

2. sie im Hinblick auf die Ausbildung der erwerbsfähigen leistungsberechtigten Person als geringerwertig anzusehen ist,

3. der Beschäftigungsort vom Wohnort der erwerbsfähigen leistungsberechtigten Person weiter entfernt ist als ein früherer Beschäftigungs- oder Ausbildungsort,

4. die Arbeitsbedingungen ungünstiger sind als bei den bisherigen Beschäftigungen der erwerbsfähigen leistungsberechtigten Person,

5. sie mit der Beendigung einer Erwerbstätigkeit verbunden ist, es sei denn, es liegen begründete Anhaltspunkte vor, dass durch die bisherige Tätigkeit künftig die Hilfebedürftigkeit beendet werden kann.

(3) Die Absätze 1 und 2 gelten für die Teilnahme an Maßnahmen zur Eingliederung in Arbeit entsprechend.

Inhaltsübersicht Rn.

1. Zumutbare Arbeit in der Grundsicherung für Arbeitsuchende

Die Vorschrift konkretisiert die Grundsätze des Forderns hinsichtlich der Zumutbarkeit 1
von Tätigkeiten und Maßnahmen.[77] Nach § 2 Abs. 1 Satz 1 müssen erwerbsfähige Leistungsberechtigte und die mit ihnen in einer Bedarfsgemeinschaft lebenden Personen alle

77 BT-Drs. 15/1516, S. 53.

Möglichkeiten zur Beendigung oder Verringerung ihrer Hilfebedürftigkeit ausschöpfen. Dafür sind nach § 2 Abs. 2 in eigener Verantwortung alle Möglichkeiten zu nutzen, den Lebensunterhalt aus eigenen Mitteln und Kräften zu bestreiten, insbesondere auch durch den Einsatz der Arbeitskraft. Der Leistungsberechtigte ist gehalten, die Belastung der Allgemeinheit durch seine Hilfebedürftigkeit zu minimieren.[78] Daher ist grundsätzlich jede Arbeit zumutbar.

2. Grundsatz: Jede Arbeit ist zumutbar (Abs. 1)

2 Im Grundsatz ist dem erwerbsfähigen Leistungsberechtigten jede Arbeit zumutbar, um seinen Lebensunterhalt selbst zu bestreiten. Einen Schutz eines zuvor erlernten, bisher ausgeübten oder angestrebten Berufes gibt es im Rechtskreis des SGB II nicht. Die Beseitigung der Hilfebedürftigkeit ist vorrangiges Ziel der Grundsicherung.

Gründe, die gegen die Zumutbarkeit einer Erwerbstätigkeit sprechen, nennt Abs. 1 abschließend.[79]

2.1 Körperliche, geistige und seelische Leistungsfähigkeit (Abs. 1 Nr. 1)

3 Der erwerbsfähige Leistungsberechtigte muss in der Lage sein, eine bestimmte Arbeit auszuüben. Dies sowohl in körperlicher, geistiger als auch in seelischer Hinsicht. Eine Arbeit ist nur dann zumutbar, wenn sie dem Leistungsbild des erwerbsfähigen Leistungsberechtigten entspricht. Fehlt es an körperlichen Voraussetzungen, Kenntnissen oder Eigenschaften, welche die Ausübung einer bestimmten Tätigkeit erfordern, kann sie dem Arbeitssuchenden nicht zugemutet werden. Dies jedoch nur hinsichtlich einer Überforderung. Übersteigt das körperliche, geistige und seelische Leistungsvermögen die Anforderungen, welche eine Tätigkeit stellt, hat dies eine Unzumutbarkeit nicht zur Folge.

4 **Beispiele:**

Bei einer festgestellten teilweisen Erwerbsminderung, die eine Erwerbstätigkeit zwischen drei und sechs Stunden unter den üblichen Bedingungen des allgemeinen Arbeitsmarktes zulässt, entspricht die Ausübung einer vollschichtigen Tätigkeit nicht der Leistungsfähigkeit. Hier käme es zu einer Überforderung, welche die Unzumutbarkeit zu Folge hat.

Das Fehlen von Fachkenntnissen, welche für die Ausübung einer Erwerbstätigkeit erforderlich sind und nicht z.B. im Rahmen einer Einarbeitung vermittelt werden können, führt ebenfalls zur Unzumutbarkeit dieser Tätigkeit.

Auch die seelische Lage des Erwerbsfähigen ist von Bedeutung. Psychische Erkrankungen wie Depressionen, Burn out oder Ängste können bestimmte Arbeiten unzumutbar machen.

78 BT-Drs. 15/1516, S. 53.
79 BT-Drs. 15/1516, S. 53.

2.2 Gefährdung der bisher ausgeübten Tätigkeit Abs. (1 Nr. 2)

Auch wenn grundsätzlich jede Arbeit zumutbar ist, ist sie nicht zur Überwindung der Hilfebedürftigkeit geeignet, wenn dadurch der Weg in die bisher überwiegend ausgeübte Tätigkeit abgeschnitten wird. Zwar soll der erwerbsfähige Leistungsberechtigte alles ihm Zumutbare unternehmen, um selbst für seinen Lebensunterhalt sorgen zu können, dies jedoch nicht unter Hinnahme des Risikos, nicht mehr in seinen bisher ausgeübten Beruf zurückkehren zu können. Dies setzt voraus, dass diese bisherige Tätigkeit besondere körperliche Anforderungen gestellt hat, die durch die nun angebotene oder in Betracht kommende Arbeit gefährdet wären. 5

Beispiel:
So soll der Konzertpianist, der seine Hände und seine besonderen Fingerfertigkeiten für die Berufsausübung braucht, nicht zu groben Waldarbeiten herangezogen werden, welche die Gefahr in sich bergen, dass durch berufsbedingte Verletzungen nachhaltige Schäden entstehen, welche es unmöglich machen, wieder als Pianist zu arbeiten.

Nicht hierunter fällt die allgemeine Gefahr, nach längerer Ausübung einer berufsfremden Tätigkeit nur schwer wieder in den alten Beruf zurückkehren zu können, weil etwa die Berufserfahrung fehlt oder es neue Vorgehensweisen oder Verfahren gibt. Eine allgemeine, fortschreitende Entfremdung vom erlernten und bisher ausgeübten Beruf steht der Zumutbarkeit einer Arbeit grundsätzlich nicht entgegen.[80]

2.3 Gefährdung der Kindeserziehung (Abs. 1 Nr. 3)

Die Ausübung einer Arbeit ist unzumutbar, wenn im Haushalt ein Kind unter drei Jahren betreut wird und die Erziehung dieses Kindes durch die Aufnahme einer Erwerbstätigkeit gefährdet würde. Dabei muss es sich nicht um das eigene Kind handeln. Auch die Erziehung des Kindes des Partners erfüllt den Tatbestand des Abs. 1 Nr. 3. Sind beide Partner erwerbsfähig, kann jedoch nur einer für sich die Unzumutbarkeit einer Erwerbstätigkeit unter dem Gesichtspunkt der Kindererziehung in Anspruch nehmen. 6

Ab dem dritten Lebensjahr vermutet das Gesetz, dass bei Sicherstellung der Betreuung des Kindes in einer Tageseinrichtung, Tagespflege oder auf sonstige Weise wie z. B. durch Angehörige sichergestellt ist, keine Gefährdung vorliegt. Maßgeblich ist insofern ausschließlich die objektive Betreuungssituation[81] Daher kann auf der einen Seite auch vor Vollendung des dritten Lebensjahres eine Gefährdung des Kindes ausgeschlossen werden, wenn die Betreuung tatsächlich sichergestellt ist.[82] Andererseits kann es auch nach Vollendung des dritten Lebensjahres an der Sicherstellung der Betreuung fehlen, wenn objektiv kein Betreuungsplatz vorhanden ist oder eine Fremdbetreuung unter Aspekten des 7

80 SG Würzburg – 07. 12. 2011 – S 15 AS 852/11 ER.
81 BSG – 15. 12. 2010 – B 14 AS 92/09 R.
82 Landessozialgericht Berlin-Brandenburg – 16. 10. 2008 – L 5 AS 449/08.

Kinderwohls nicht in Betracht kommt. Kann die Fremdbetreuung nur teilweise sichergestellt werden, kommt nur eine Teilzeitbeschäftigung in Betracht, so dass darüber hinausgehende Arbeitsstunden die Zumutbarkeitsgrenze überschreiten.

2.4 Pflege von Angehörigen (Abs. 1 Nr. 4)

8 Die Übernahme der Pflege von Angehörigen kann ebenfalls zur Unzumutbarkeit der Ausübung einer Arbeit führen. Angehörige sind nach § 16 SGB X Verlobte, Ehegatten, Verwandte und Verschwägerte in gerader Linie, Geschwister, Kinder der Geschwister, Ehegatten der Geschwister und Geschwister der Ehegatten, Geschwister der Eltern und Personen, die durch ein auf längere Dauer angelegtes Pflegeverhältnis in häuslicher Gemeinschaft wie Eltern und Kinder miteinander verbunden sind. Zweck dieser Regelung ist es, die Rechtsstellung des Pflegebedürftigen nicht durch eine Arbeitsaufnahme des Pflegenden zu beeinträchtigen.[83]

9 Die Beurteilung, in welchem zeitlichen Umfang die erwerbsfähige leistungsberechtigte Person wegen der Pflegetätigkeit keiner Beschäftigung nachgehen kann, erfolgt unter Berücksichtigung des Pflegeaufwandes gemäß der Einstufungen der zu pflegenden Person nach Pflegebedürftigkeitsgraden in Anlehnung an § 15 Abs. 1 und 3 SGB XI: siehe Kommentierung zu § 15 SGB XI Rn. 6–10.

10 Kann die Pflege auf andere Weise sichergestellt werden, sei es durch entsprechende Pflegedienste oder andere Personen aus dem persönlichen Umfeld, ist die Ausübung einer Erwerbstätigkeit zumutbar. Hierbei sind nicht nur die tatsächlichen und finanziellen Verhältnisse der Leistungsberechtigten zu berücksichtigen, sondern auch die Interessen des Pflegebedürftigen, welche dahin gehen können, dass aufgrund einer intimen Pflegeverrichtung nur der Leistungsberechtigte dies übernehmen kann.[84]

2.5 Sonstiger wichtiger Grund (Abs. 1 Nr. 5)

11 Liegt kein Hinderungsgrund nach § 10 Abs. 1 Nr. 1 bis 4 vor, verbleibt der Auffangtatbestand nach Abs. 1 Nr. 5, wonach auch bei Vorliegen eines sonstigen wichtigen Grundes die Ausübung einer Erwerbstätigkeit nicht zumutbar ist. Die Anwendung soll nach den Gesetzesmaterialien restriktiv erfolgen.[85] Der einer Aufnahme der Erwerbstätigkeit entgegenstehende individuelle Grund des Erwerbsfähigen muss im Verhältnis zu den Interessen der Allgemeinheit, die die Leistungen an den Erwerbsfähigen und die Mitglieder der Bedarfsgemeinschaft aus Steuermitteln erbringt, besonderes Gewicht haben, so dass die persönlichen Interessen grundsätzlich zurückstehen.[86] Es bedarf daher einer konkreten Prüfung im Einzelfall.

---

83 VG Wiesbaden – 25.11.2008 – 6 K 914/08. WI.
84 FH BA zu § 10 Rn. 18.
85 BT-Drs. 15/1516, S. 53.
86 BT-Drs. 15/1516, S. 53.

Beispiele für einen sonstigen wichtigen Grund: 12
- der Besuch einer allgemeinbildenden Schule,[87] die Erstausbildung, die Beendigung einer Ausbildung oder das Absolvieren eines Jugendfreiwilligendienstes im Sinne des Jugendfreiwilligendienstegesetzes[88]
- eine bestehende Schul- oder Berufsschulpflicht[89]
- Mobbing und sexuelle Belästigung am Arbeitsplatz
- gehört der Leistungsberechtigte einer bestimmten Volksgruppe, anderem Kulturkreis oder Religionsgemeinschaft an, kann sich im Einzelfall ein wichtiger Grund auch hieraus ableiten, wenn zwischen der typischen Lebensweise und den kulturellen oder religiösen Konflikten und Tabus die Ausübung bestimmter Beschäftigungen nicht zumutbar ist[90]
- eine Gefährdung des Schutzes von Ehe und Familie gefährdet ist[91]
- eine Vermittlung in wegen sittenwidriger Vergütung rechtswidrige Arbeitsverhältnisse[92]

3. Fehlende Unzumutbarkeit (Abs. 2)

Abs. 2 formuliert, welche Umstände die Zumutbarkeit nicht bereits entfallen lassen. Dies betrifft insbesondere die bisherigen Bedingungen, unter welchen eine Tätigkeit ausgeübt wurde und in welchem Maße auch eine persönlich empfundene Verschlechterung hinzunehmen ist. 13

3.1 Kein Berufsschutz (Abs. 2 Nr. 1)

Einen Berufsschutz gibt es in der Grundsicherung für Arbeitssuchende nicht. Entspricht die zur Verringerung oder Beseitigung der Hilfebedürftigkeit in Betracht kommende Arbeit nicht der beruflichen Tätigkeit, in welcher eine Ausbildung erfolgte oder wie sie vor Bezug der Leistungen ausgeübt wurde, hat dies keinen Einfluss auf die Zumutbarkeit. Der erwerbsfähige Bezieher von Leistungen ist gehalten, alle ihm zur Verfügung stehenden Mittel auszuschöpfen, um seine Existenz aus eigenen Kräften und Mitteln zu sichern. Um die Bedürftigkeit zu beenden, ist auch eine berufsfremde oder nicht den Qualifizierungen entsprechende Arbeit aufzunehmen. Die Grenze zieht hier Abs. 1 Nr. 1, wonach die körperliche, geistige und seelische Leistungsfähigkeit zu beachten ist, und Abs. 1 Nr. 2, wonach der Weg zurück in den erlernten oder bisher ausgeübten Beruf möglich bleiben muss. 14

3.2 Geringwertigere Tätigkeit (Abs. 2 Nr. 2)

Neben den berufsfremden Tätigkeiten nach Abs. 2 Nr. 1 sind der erwerbsfähigen leistungsberechtigten Person auch solche Tätigkeiten zuzumuten, welche sich für sie aufgrund ihrer Ausbildung als geringwertig darstellen. So hindert eine langjährige Berufs- 15

87 SG Berlin – 29.10.2007S 104 AS 24229/07 ER.
88 FH BA zu § 10 Rn. 22.
89 FH BA zu § 10 Rn. 23.
90 FH BA zu § 10 Rn. 23.
91 FH BA zu § 10 Rn. 27.
92 SG Berlin – 01.09.2010 – S 55 AS 24521/10; SG Dortmund – 02.02.2009 – S 31 AS 317/07.

ausbildung nicht an der Aufnahme einfacher Tätigkeiten, die auch ungelernt ausgeübt werden können. Eine abgeschlossene Berufsausbildung, besondere fachliche Kenntnisse oder der Abschluss eines Hochschulstudiums führen nicht zur Unzumutbarkeit solcher Tätigkeiten.

3.3 Längerer Arbeitsweg als zu der bisher ausgeübten Tätigkeit (Abs. 2 Nr. 3)

16 Kann die Hilfebedürftigkeit durch die Aufnahme einer bestimmten Arbeit verringert oder beseitigt werden, liegt kein Hinderungsgrund vor, wenn die Arbeit vom Wohnort der erwerbsfähigen leistungsberechtigten Person weiter entfernt ist als der frühere Beschäftigungs- oder Ausbildungsort. Hierbei geht der Gesetzgeber generalisierend davon aus, dass es in der Regel keinen unerreichbaren Arbeitsplatz gibt und gegebenenfalls auch ein Umzug ins Auge zu fassen ist.[93] Auch wird wieder der Grundsatz des Forderns deutlich, der verlangt, dass alle zumutbaren Mittel ausgeschöpft werden.

Insgesamt muss es sich jedoch um einen zumutbaren Pendlerweg handeln. Heranzuziehen sind die Regelungen des § 140 SGB III, welcher die Zumutbarkeit einer Beschäftigung für Bezieher von Arbeitslosengeld I regelt, siehe die Kommentierung zu § 140 SGB III Rn. 4.

Ist tägliches Pendeln aus wirtschaftlichen Gründen unzumutbar, ist zu prüfen, ob den Leistungsberechtigten eine doppelte Haushaltsführung oder sogar Umzug zuzumuten ist.[94] Dies natürlich nur unter Beachtung der familiären und sozialen Bindungen.

3.4 Ungünstigere Arbeitsbedingungen (Abs. 2 Nr. 4)

17 Ungünstigere Arbeitsbedingungen betreffen vor allem die Arbeitszeit, den Arbeitsort und die Entlohnung. Die Ausübung eines Schichtdienstes wird in der Regel ungünstiger sein als eine gewöhnliche vollschichtige Tätigkeit oder flexible Arbeitszeiten. Ein ungünstigerer Arbeitsort, soweit nicht von Abs. 2 Nr. 3 erfasst, der verkehrstechnisch schlechter zu erreichen ist oder nach Einsatz wechselt, ändert an der Zumutbarkeit nichts. Auch ein geringeres Entgelt als in der bisherigen Beschäftigung schließt die Zumutbarkeit nicht aus. Im Rahmen der Existenzsicherung ist jedes Einkommen aus Erwerbstätigkeit in Anspruch zu nehmen. Die Grenze bilden die sittenwidrigen Beschäftigungen, welche nach Abs. 1 Nr. 5 nicht zumutbar sind.

3.5 Aufgabe einer bisherigen Tätigkeit (Abs. 2 Nr. 5)

18 Um dem Ziel einer vollständigen und nachhaltigen Beseitigung der Hilfebedürftigkeit gerecht zu werden, muss abgewogen werden, welche Tätigkeit hierzu geeignet ist und gegebenenfalls auch bei Ausübung einer abhängigen Tätigkeit im geringen Umfang oder einer Selbständigkeit auf eine andere Tätigkeit verwiesen werden, die mit höherer Wahr-

---

93 Landessozialgericht Bayern – 02.03.2009 – L 11 B 994/08 AS PKH.
94 FH BA zu § 10 Rn. 31.

scheinlichkeit zur Vermeidung der Hilfebedürftigkeit führt.[95] Dem Leistungsempfänger ist es jedenfalls dann zumutbar, eine ausgeübte selbständige Tätigkeit aufzugeben und ein Arbeitsangebot als Arbeitnehmer zu suchen und anzunehmen, wenn keine substantiierten Anhaltspunkte dafür bestehen, dass in absehbarer Zeit mit der selbständigen Tätigkeit ein ausreichendes Einkommen erzielt wird.[96]

Es wird klargestellt, dass die Aufnahme einer Arbeit nicht allein deshalb unzumutbar ist, weil dadurch eine bereits ausgeübte, aber nicht die Existenz sichernde Erwerbstätigkeit aufgegeben werden muss, und dass persönliche Interessen an der Ausübung einer bestimmten Tätigkeit gegenüber den Interessen der Allgemeinheit, die die Leistungen an den Erwerbsfähigen und die Mitglieder der Bedarfsgemeinschaft aus Steuermitteln erbringt, grundsätzlich zurückstehen.[97] Bei der im Einzelfall notwendigen Abwägung soll jedoch berücksichtigt werden, dass eine bereits ausgeübte Beschäftigung die Vorstufe zu einer Bedarf deckenden Beschäftigung sein kann oder eine ausgeübte selbständige Tätigkeit nach einem nachvollziehbaren Geschäftsplan künftig einen ausreichenden Überschuss erbringen kann.[98]

4. Maßnahmen zur Eingliederung in Arbeit (Abs. 3)

Die Zumutbarkeitsregelungen der Absätze 1 und Absätze 2 gelten nicht nur für die 19
abhängige Beschäftigung oder die selbständige Tätigkeit, sondern auch für die Maßnahmen nach den §§ 16 ff. SGB II.

§ 11 Zu berücksichtigendes Einkommen

(1) Als Einkommen zu berücksichtigen sind Einnahmen in Geld oder Geldeswert abzüglich der nach § 11 b abzusetzenden Beträge mit Ausnahme der in § 11 a genannten Einnahmen. Als Einkommen zu berücksichtigen sind auch Zuflüsse aus darlehensweise gewährten Sozialleistungen, soweit sie dem Lebensunterhalt dienen. Der Kinderzuschlag nach § 6 a des Bundeskindergeldgesetzes ist als Einkommen dem jeweiligen Kind zuzurechnen. Dies gilt auch für das Kindergeld für zur Bedarfsgemeinschaft gehörende Kinder, soweit es bei dem jeweiligen Kind zur Sicherung des Lebensunterhalts, mit Ausnahme der Bedarfe nach § 28, benötigt wird.

(2) Laufende Einnahmen sind für den Monat zu berücksichtigen, in dem sie zufließen. Zu den laufenden Einnahmen zählen auch Einnahmen, die an einzelnen Tagen eines Monats aufgrund von kurzzeitigen Beschäftigungsverhältnissen erzielt werden. Für laufende Einnahmen, die in größeren als monatlichen Zeitabständen zufließen, gilt Absatz 3 entsprechend.

(3) Einmalige Einnahmen sind in dem Monat, in dem sie zufließen, zu berücksichtigen. Sofern für den Monat des Zuflusses bereits Leistungen ohne Berücksichtigung der

95 BT-Drs. 16/10810, S. 77.
96 OVG Bremen – 01.06.2006 – S1 B 140/06.
97 BT-Drs. 16/10810, S. 77.
98 BT-Drs. 16/10810, S. 78.

einmaligen Einnahme erbracht worden sind, werden sie im Folgemonat berücksichtigt. Entfiele der Leistungsanspruch durch die Berücksichtigung in einem Monat, ist die einmalige Einnahme auf einen Zeitraum von sechs Monaten gleichmäßig aufzuteilen und monatlich mit einem entsprechenden Teilbetrag zu berücksichtigen.

Inhaltsübersicht Rn.

1. Einkommensbegriff

1.1 Einnahmen in Geld und Geldeswert (Abs. 1 Satz 1 und Satz 2)

1 Einkommen sind alle Einnahmen in Geld oder Geldeswert mit Ausnahme der in § 11 a genannten Einkommensarten und abzüglich der in § 11 b geregelten Absetzungsbeträge.

Zu den Einnahmen in Geld zählen insbesondere Einnahmen aus Erwerbstätigkeit, sowohl aus der selbständigen Tätigkeit als auch aus der abhängigen Beschäftigung. Dementsprechend können auch Lohnersatzleistungen wie z. B. Krankengeld oder ALG I Einkommen sein. Gleiches gilt für Altersbezüge wie Renten und Pensionen. Aber auch Unterhaltszahlungen und Leistungen nach dem Unterhaltsvorschussgesetz sind geeignet, die Hilfebedürftigkeit zu mindern.

Einnahmen in Geldeswert betreffen Sachleistungen, die einen bestimmten, in Geld ausdrückbaren wirtschaftlichen Wert besitzen.[99] Dies trifft auch auf das gepfändete Arbeitseinkommen zu, welches zwar nicht zur Sicherung des Lebensunterhalts eingesetzt werden kann, aber bestehende Verbindlichkeiten vermindert und somit einen geldwerten Vorteil darstellt, denn es fließt der Arbeitnehmer/in im Pfändungsmonat in demselben Maße zu und führt in demselben Maße zu einer Mehrung ihres Vermögens wie der nicht gepfändete Einkommensanteil.[100] Verbindlichkeiten sind nicht vom Einkommen abzuziehen, da dies weder gesetzlich vorgesehen ist noch dem ausdrücklich erklärten Willen des Gesetzgebers entspricht.[101]

Klargestellt wird, dass auch Zuflüsse, die ihren Grund in einer darlehensweisen Gewährung von Sozialleistungen haben, als Einkommen zu berücksichtigen sind, soweit sie dazu bestimmt sind, den Lebensunterhalt zu sichern.

2 Einkommen ist in Abgrenzung zum Vermögen alles das, was jemand innerhalb der Bedarfszeit wertmäßig dazu erhält und Vermögen alles das, was in den Bezug von Leistungen mitgebracht wird.[102] Mittel, die der Leistungsberechtigte in der Bedarfszeit erhält,

99 BSG – 02.05.2011 – B 4 KG 1/10 R.
100 SG Lübeck – 22.03.2011 – S 21 AS 198/11 ER.
101 B 17/7 b AS 10/07 R.
102 BSG – 30.07.2008 – B 14 AS 26/07 R.

sind als Zufluss in der Bedarfszeit Einkommen und Mittel, die er früher, wenn auch in einer vorangegangenen Bedarfszeit, als Einkommen bereits erhalten hat, sind Vermögen.[103] Für die Bestimmung des Zeitpunktes des Zuflusses ist von dem tatsächlichen Zufluss auszugehen, es sei denn, ein normativer Zufluss ist maßgeblich.[104] Voraussetzung für den Einsatz von Einkommen und Vermögen ist allein deren bedarfsbezogene Verwendungsmöglichkeit, nicht notwendig dagegen ist eine Zweckbestimmung, da einer aktuellen Notlage ein aktuelles Einkommen gegenüberzustellen ist, um den notwendigen Bedarf zu decken.[105]

Zu beachten ist, dass nach § 37 Abs. 2 S. 2 die Antragstellung auf den ersten des Monats zurückwirkt und damit alle Zuflüsse des Antragsmonats grundsätzlich als Einkommen zu werten sind. Damit wird dem geltenden Nachranggrundsatz stärker als bislang Rechnung getragen und Einnahmen, die vor Antragstellung im Antragsmonat zufließen, sind als Einkommen bei der Feststellung des Leistungsanspruchs zu berücksichtigen.[106] Dies setzt jedoch voraus, dass bereits zu diesem Zeitpunkt eine Anspruchsberechtigung vorlag. Für den erwerbsfähigen Leistungsberechtigten bedeutet das, dass bereits am ersten des Monats alle Voraussetzungen nach § 7 Abs. 1 erfüllt sein müssen. Andernfalls erfolgt eine taggenaue Berechnung.

1.2 Kinderzuschlag (Abs. 1 Satz 3)

Der Kinderzuschlag nach § 6 a BKGG ist als Einnahme in Geld Einkommen. Es ist jedoch nicht dem anspruchsberechtigten Elternteil anzurechnen, sondern als Einkommen des Kindes zu werten und wird mithin nach § 7 Abs. 3 Nr. 4 allein auf den Bedarf des Kindes angerechnet und beendet gegebenenfalls sogar die Hilfebedürftigkeit. Die Gewährung des Kinderzuschlags kommt nach seinen Voraussetzungen nur dann in Betracht, wenn die Elternteile oder der alleinstehende Elternteil über ein bestimmtes Mindesteinkommen verfügen, welches in einem größeren Umfang zur Deckung der eigenen Bedarfe eingesetzt werden kann. Ergibt die Berechnung, dass durch die Gewährung des Kinderzuschlags die Hilfebedürftigkeit nach § 9 vermieden wird, liegen nach § 6 a Abs. 1 Nr. 4 BKGG die Voraussetzung für die Auszahlung vor. Es fließen in die Berechnung jedoch nicht die Bedarfe nach § 28 ein. Es besteht jedoch auch bei der Gewährung von Kinderzuschlag ein Anspruch auf die Leistungen für Bildung und Teilhabe nach § 6 b BKGG. 3

1.3 Kindergeld (Abs. 1 Satz 4)

Eine ähnliche Zuordnungsregelung enthält Abs. 1 Satz 4 für das Kindergeld. Es ist ebenfalls als Einkommen des Kindes zu werten, obwohl der Elternteil der Kindergeldberechtigte ist, und kann nach § 7 Abs. 3 Nr. 4 als solches nur dessen Bedarf reduzieren. Dies gilt jedoch 4

103 BSG – 30.07.2008 – B 14 AS 26/07 R.
104 BSG – 30.07.2008 – B 14 AS 26/07 R.
105 BSG – 30.07.2008 – B 14 AS 43/07 R.
106 BT-Drs. 17/3404, S. 114.

nur, soweit es bei dem jeweiligen Kind zur Sicherung des Lebensunterhalts benötigt wird. Verfügt das Kind neben dem Kindergeld über weiteres Einkommen, welches ihm zweifelsfrei zugeordnet werden kann, deckt es möglicherweise seinen gesamten Bedarf durch eigene Mittel. Dies können insbesondere der Unterhalt des nicht im Haushalt lebenden Elternteils oder Unterhaltsvorschussleistungen, aber auch Einkommen aus Erwerbstätigkeit oder Kapitalerträgen sein. Decken diese den gesamten sozialrechtlichen Bedarf im Sinne der Grundsicherung für Arbeitssuchende, also für gewöhnlich den Regelbedarf, die Mehrbedarfe und die Bedarfe für Unterkunft und Heizung, nicht jedoch die Bedarfe nach § 28, ist das Kindergeld bei dem Kindergeldberechtigten Elternteil als Einkommen anzurechnen. Dies jedoch nur in dem Umfang, in welchem das Kind dieses selbst nicht zur Bedarfsdeckung benötigt. Erfolgt eine Überdeckung des Bedarfs durch das gesamte dem Kind zuzuordnende Einkommen, ist das Kindergeld in Höhe der Überdeckung bei dem in der Bedarfsgemeinschaft lebenden Elternteil als Einkommen anzurechnen, maximal in Höhe des vollen Kindesgeldes von 184 € für das erste und das zweite Kind, von 190 € für das dritte Kind und in Höhe von 215 € ab dem vierten Kind.

2. Laufende Einnahmen (Abs. 2)

5 Wiederkehrende Einnahmen innerhalb des Bewilligungsabschnitts sind in dem Monat als Einkommen zu berücksichtigen, in welchem sie zufließen. Dies gilt nach § 37 Abs. 2 Satz 2 auch für den Monat, in welchem die Leistungen beantragt werden, indem die Antragstellung auf den ersten des Monats zurückwirkt. Zu den laufenden Einnahmen gehören nicht nur die aus einer regelmäßigen vollschichtigen Erwerbstätigkeit, sondern auch solche, die nur an einzelnen Tagen eines Monats erzielt werden, wie z. B. im Rahmen einer geringfügigen Beschäftigung.

– Einkommen aus nichtselbständiger Tätigkeit

6 Bei der Berechnung des Einkommens aus nichtselbständiger Arbeit ist von den Bruttoeinnahmen auszugehen, von welchem die Beträge nach § 11 b abzusetzen sind. Ist bei laufenden Einnahmen im Bewilligungszeitrum zu erwarten, dass diese in unterschiedlicher Höhe zufließen, kann nach § 2 Abs. 3 ALG II V als Einkommen ein monatliches Durchschnittseinkommen zu Grunde gelegt werden, welches sich anhand des Gesamteinkommens innerhalb des Bewilligungsabschnittes verteilt auf die Monate ergibt. Soweit über die Gewährung von Leistungen zum Lebensunterhalt nach § 40 Abs. 2 Nr. 1 vorläufig entschieden wurde, ist das bei der vorläufigen Entscheidung berücksichtigte monatliche Durchschnittseinkommen bei der abschließenden Entscheidung als Einkommen zu Grunde zu legen, wenn das tatsächliche monatliche Durchschnittseinkommen das bei der vorläufigen Entscheidung zu Grunde gelegte monatliche Durchschnittseinkommen um nicht mehr als 20 Euro übersteigt.

Sind die Leistungen der Grundsicherung für Arbeitssuchende einmalig oder für kurze Zeit zu erbringen oder ist das zufließende Einkommen voraussichtlich nur für kurze Zeit anzurechnen oder duldet die Auszahlung der Leistungen im Einzelfall keinen Aufschub, kann nach § 7 ALG II V das Einkommen auch geschätzt werden.

– Einkommen aus selbständiger Tätigkeit

Bei der Berechnung des Einkommens aus selbständiger Tätigkeit ist nach § 3 Abs. 1 Satz 1 und Satz 2 ALG II V von den Betriebseinnahmen auszugehen, die im Bewilligungszeitraum tatsächlich zufließen. Wird eine Erwerbstätigkeit in diesem Sinne nur während eines Teils des Bewilligungszeitraums ausgeübt, ist das Einkommen nach § 3 Abs. 1 Satz 3 ALG II V auch nur für diesen Zeitraum zu berechnen. 7

Ist auf Grund der Art der Erwerbstätigkeit eine jährliche Berechnung des Einkommens angezeigt, soll nach § 3 Abs. 5 ALG II in die Berechnung des Einkommens aus selbständiger Tätigkeit auch das Einkommen, welches der erwerbsfähige Leistungsberechtigte innerhalb eines Zeitraums von sechs Monaten vor wiederholter Antragstellung erzielt hat, einbezogen werden, wenn der oder die erwerbsfähige Leistungsberechtigte darauf hingewiesen worden ist. Dies gilt jedoch nicht, soweit das Einkommen bereits in dem der wiederholten Antragstellung vorangegangenen Bewilligungszeitraum berücksichtigt wurde oder bei Antragstellung in diesem Zeitraum hätte berücksichtigt werden müssen.

Auch bei dem Einkommen aus selbständiger Tätigkeit kommt eine Schätzung der Höhe nach § 3 Abs. 6 ALG II V in Betracht, soweit über die Leistungen zur Sicherung des Lebensunterhalts nach § 40 Abs. 2 Nr. 1 vorläufig entschieden wird. Wird das tatsächliche Einkommen nicht innerhalb eines Zeitraums von zwei Monaten nach Ende des Bewilligungszeitraums nachgewiesen, kann das Einkommen im Bewilligungszeitrum für die abschließende Entscheidung geschätzt werden.

3. Einmalige Einnahmen (Abs. 3)

Einmalige Einnahmen sind grundsätzlich wie die laufenden in dem Monat auf den Bedarf zur Sicherung des Lebensunterhalts anzurechnen, in welchem sie zufließen. Wurden die Leistungen bereits an den Berechtigten ausgezahlt, erfolgt dagegen eine Berücksichtigung erst im Folgemonat. Ist das einmalige Einkommen nach Absetzung aller in Betracht kommenden Beträge hinsichtlich des monatlichen Bedarfs ausreichend, um die Hilfebedürftigkeit zu beseitigen, ist die einmalige Einnahme aufzuteilen, und zwar auf einen Zeitraum von sechs Monaten. In dem jeweiligen Monat mindert dann der Teilbetrag von einem Sechstel den Bedarf. Die Aufteilung auf sechs Monate gilt auch dann, wenn die Leistungsberechtigung absehbar innerhalb einer kürzeren Frist endet.[107] 8

§ 11 a Nicht zu berücksichtigendes Einkommen

(1) Nicht als Einkommen zu berücksichtigen sind

1. **Leistungen nach diesem Buch,**
2. **die Grundrente nach dem Bundesversorgungsgesetz und nach den Gesetzen, die eine entsprechende Anwendung des Bundesversorgungsgesetzes vorsehen,**
3. **die Renten oder Beihilfen, die nach dem Bundesentschädigungsgesetz für Schaden an Leben sowie an Körper oder Gesundheit erbracht werden, bis zur Höhe der vergleichbaren Grundrente nach dem Bundesversorgungsgesetz.**

---

107 BT-Drs. 17/3404, S. 94.

(2) Entschädigungen, die wegen eines Schadens, der kein Vermögensschaden ist, nach § 253 Absatz 2 des Bürgerlichen Gesetzbuchs geleistet werden, sind nicht als Einkommen zu berücksichtigen.

(3) Leistungen, die aufgrund öffentlich-rechtlicher Vorschriften zu einem ausdrücklich genannten Zweck erbracht werden, sind nur so weit als Einkommen zu berücksichtigen, als die Leistungen nach diesem Buch im Einzelfall demselben Zweck dienen. Abweichend von Satz 1 sind als Einkommen zu berücksichtigen
1. die Leistungen nach § 39 des Achten Buches, die für den erzieherischen Einsatz erbracht werden,
a) für das dritte Pflegekind zu 75 Prozent,
b) für das vierte und jedes weitere Pflegekind vollständig,
2. die Leistungen nach § 23 des Achten Buches.

(4) Zuwendungen der freien Wohlfahrtspflege sind nicht als Einkommen zu berücksichtigen, soweit sie die Lage der Empfängerinnen und Empfänger nicht so günstig beeinflussen, dass daneben Leistungen nach diesem Buch nicht gerechtfertigt wären.

(5) Zuwendungen, die ein anderer erbringt, ohne hierzu eine rechtliche oder sittliche Pflicht zu haben, sind nicht als Einkommen zu berücksichtigen, soweit
1. ihre Berücksichtigung für die Leistungsberechtigten grob unbillig wäre oder
2. sie die Lage der Leistungsberechtigten nicht so günstig beeinflussen, dass daneben Leistungen nach diesem Buch nicht gerechtfertigt wären.

Inhaltsübersicht Rn.

1. Nicht zu berücksichtigendes Einkommen

Bestimmte Leistungen werden wegen ihres Charakters oder ihrer Zweckbestimmung von der Einkommensberücksichtigung ausgenommen.[108] Dies ist insbesondere dann der Fall, wenn die Einnahmen nicht, wie die Leistungen zur Sicherung des Lebensunterhalts, zum Bestreiten einer menschenwürdigen Existenz bestimmt sind. 1

2. Nicht zu berücksichtigendes Einkommen nach Abs. 1

2.1 Leistungen nach dem SGB II (Abs. 1 Nr. 1)

Nicht als Einkommen zu berücksichtigen sind Leistungen, welche aufgrund der Vorschriften nach dem SGB II erbracht werden (also sowohl die Leistungen zur Sicherung des Lebensunterhalts nach §§ 19 ff. als auch die Leistungen zur Eingliederung in Arbeit nach den §§ 16 ff.). 2

Nicht zu den Leistungen nach dem SGB II gehören Nachzahlungen aus dem Recht der Arbeitslosenhilfe. Zum einen stellt sie mit ihrer Rechtsgrundlage nach §§ 190 ff. formal eine Leistung nach dem SGB III dar und zum anderen handelt es sich materiell-inhaltlich nicht um eine einfache Fortsetzung beziehungsweise Nachfolgeregelung zur früheren Arbeitslosenhilfe, da wesentliche Systemunterschiede bestehen.[109]

Somit sind nur Einnahmen nicht zu berücksichtigen, die ihre Rechtsgrundlage in dem Gesetz der Grundsicherung für Arbeitsuchende haben.

2.2 Grundrenten (Abs. 1 Nr. 2)

Grundrente nach dem Bundesversorgungsgesetz und nach den Gesetzen, die eine entsprechende Anwendung des Bundesversorgungsgesetzes vorsehen, haben den Zweck des Ausgleichs von gesundheitlichen und wirtschaftlichen Schäden, nicht jedoch zur Deckung des allgemeinen Lebensunterhalts. 3

Im Rahmen des Bundesversorgungsgesetzes betrifft dies Schädigungen, die durch eine militärische Dienstverrichtung, eine Kriegsgefangenschaft oder Kriegseinwirkungen entstehen. Berechtigt sind zum einen Personen, die selbst einen Schaden erlitten haben und zum anderen, soweit der Beschädigte verstorben ist, seine Hinterbliebenen.

Daneben gewähren weitere Gesetze unter Verweisung auf das Bundesversorgungsgesetz ebenfalls Entschädigungen aufgrund verschiedener Tatbestände, wie z. B. das Soldatenversorgungsgesetz, das Opferentschädigungsgesetz, Infektionsschutzgesetz, Zivildienstgesetz und das Häftlingsgesetz. Durch die Privilegierung dieser Einkommensarten wird der Betroffene davor geschützt, Leistungen, welche einen erlittenen Schaden ausgleichen sollen, zweckentfremdet für die Sicherung seiner Existenz einsetzen zu müssen und somit zugleich auf die Entschädigung zu verzichten.

108 BT-Drs. 15/1516, S. 53.
109 BSG – 21. 12. 2009 – B 14 AS 46/08 R.

2.3 Renten oder Beihilfen nach dem Bundesentschädigungsgesetz (Abs. 1 Nr. 3)

4 Renten oder Beihilfen, welche nach dem Bundesentschädigungsgesetz gezahlt werden, bleiben in einer bestimmten Höhe ebenfalls unberücksichtigt. Diese Leistungen erfolgen zum Ausgleich eines Schadens an Leben sowie an Körper und Gesundheit und sollen demnach zumindest nicht allein der Sicherung des Lebensunterhalts dienen. Dementsprechend bleiben sie in Höhe der vergleichbaren Grundrente nach dem Bundesversorgungsgesetz unberücksichtigt.

Nicht privilegiert sind Verletztenrenten aus der gesetzlichen Unfallversicherung.

3. Entschädigungen nach § 253 Abs. 2 BGB (Abs. 2)

5 Keine Berücksichtigung finden nach § 11 a Abs. 2 Entschädigungsleistungen, die wegen eines Schadens, der kein Vermögensschaden ist, nach § 253 Abs. 2 BGB geleistet werden. Derartige Zahlungen sollen nicht einen materiellen Schaden ausgleichen und den Zustand vor Eintritt des Schadensereignisses wiederherstellen. Vielmehr dient die Entschädigung als angemessener Ausgleich für diejenigen Schäden, die nicht vermögensrechtlicher Art sind und zugleich dem Gedanken Rechnung tragen sollen, dass der Schädiger dem Geschädigten Genugtuung schuldet für das, war er ihm angetan hat.[110]

4. Leistungen aufgrund öffentlich-rechtlicher Vorschriften (Abs. 3)

6 Ebenfalls nicht als Einkommen zu berücksichtigen sind Leistungen, welche aufgrund einer öffentlich-rechtlichen Vorschrift zu einem ausdrücklich genannten Zweck erbracht werden. Ist dieser ein anderer als der des Zweiten Buches Sozialgesetzbuch, dient er nämlich nicht der Sicherung einer menschenwürdigen Existenz und damit sind diese Leistungen nicht als Einkommen zu berücksichtigen. Eine allgemeine Zweckrichtung reicht hierfür nicht aus.[111] Nur wenn der ausdrücklich genannte Zweck nicht den Leistungen der Grundsicherung für Arbeitsuchende gleich ist, erfolgt keine Anrechnung.

7 Eine steuerliche Privilegierung, insbesondere von Aufwandsentschädigungen, stellt für sich genommen keine ausreichende Zweckbestimmung dar.[112] Diese werden jedoch bei den vom Einkommen abzusetzenden Beträgen nach § 11 b Abs. 2 S. 3 begünstigt.

8 Nach § 1 und § 11 Abs. 1 BAföG wird die Ausbildungsförderung für die Sicherung des Lebensunterhalts und in Höhe von 20 vom Hundert für die Deckung der Ausbildungskosten geleistet, so dass diese Leistung zwei Zweckbestimmungen in sich trägt.[113]

9 Keine besondere Zweckbestimmung kann aus den für die Zuschläge aus Nacht-, Sonn- und Feiertagsarbeit betreffenden Normen des Steuer- und Arbeitsrechts entnommen

110 GSZ 1/55.
111 BT-Drs. 17/3404, S. 94.
112 BT-Drs. 17/3404, S. 94.
113 BSG – 17.03.2009 – B 14 AS 63/07 R.

werden.[114] Diese sind mithin als Einkommen zu berücksichtigen, das zur Sicherung des Lebensunterhalts eingesetzt werden kann.

Keine Privilegierung kann aus dem Zweck des Insolvenzgeldes, wonach konkret ausgefallene Ansprüche auf Arbeitsentgelt ersetzt werden sollen, abgeleitet werden, denn mit der Gewährung der Leistung wird den Leistungsempfänger ein bestimmter Verwendungszweck nicht auferlegt, sondern er ist in der Verwendung der Leistung frei.[115] **10**

Das Bundesozialgericht hat die Frage, ob der Existenzgründungszuschuss nach § 421l SGB III a. F. eine zweckbestimmte Einnahme im Sinne des § 11a Abs. 3 sei, verneint, da dieser nach den Gesetzgebungsmaterialien einen sozial abgesicherten Start in die Selbständigkeit gewährleisten und damit sowohl der sozialen Sicherung als auch der Sicherung des Lebensunterhalts dienen soll und mithin dem selben Zweck dient wie die Leistungen der Grundsicherung für Arbeitsuchende.[116] Dies gilt auch für den Gründungszuschuss nach § 57 SGB III a. F., der bereits nach seinem Gesetzeswortlaut zur Sicherung des Lebensunterhalts und zur sozialen Sicherung gewährt wird.[117] **11**

Bei der Abwrackprämie ist von einer zweckbestimmten Leistung auszugehen, wenn darunter solche Einnahmen fallen, die einem anderen Zweck als der Sicherung des Lebensunterhalts oder der Eingliederung in den Arbeitsmarkt dienen und deren Zweck im Falle der Anrechnung vereitelt würde.[118] Die staatliche Umweltprämie dient nach der Richtlinie zur Förderung des Absatzes von Personenkraftwagen vom 20.02.2009, geändert mit Richtlinien vom 17.03.2009 und 26.06.2009[119] dazu, die Verschrottung alter und den Absatz neuer Personenkraftwagen zu fördern und so alte Personenkraftwagen mit hohen Emissionen an klassischen Schadstoffen durch neue, effizientere und sauberere Fahrzeuge zu ersetzen. **12**

Abweichend davon trifft Abs. 3 S. 2 eine Ausnahmeregelung für die Leistungen nach § 39 SGB VIII und die Leistungen nach § 23 SGB VIII. **13**

Nach § 39 SGB VIII werden Leistungen zum Unterhalt des Kindes oder des Jugendlichen bei Vollzeitpflege nach § 33 SGB VIII gewährt, welche die Kosten für den Sachaufwand und die Kosten für die Pflege und Erziehung des Kindes oder des Jugendlichen umfassen. Die Leistungen, welche für den erzieherischen Einsatz erbracht werden, sind nach Abs. 3 Satz 2 Nr. 1 trotz anderer Zweckrichtung als das SGB II aufgrund öffentlich-rechtlicher Vorschrift als Einkommen zu berücksichtigen. Für das erste und das zweite Pflegekind erfolgt keine Anrechnung. Für das dritte Pflegekind sind die Leistungen für die Pflege und Erziehung in Höhe 75 % und für das vierte und jedes weitere Pflegekind vollständig als Einkommen heranzuziehen.

Die Förderung in der Kindertagespflege nach Maßgabe von § 24 SGB VIII gewährt nach § 23 Abs. 1 SGB VIII unter anderem auch laufende Geldleistung an die Tagespflegeperson. Diese laufende Geldleistung umfasst nach § 23 Abs. 2 die Erstattung von Sachaufwendungen, ein Beitrag zur Anerkennung der Förderleistung und die Erstattung nachgewiesener **14**

114 BSG – 01.06.2010 – B 4 AS 89/09 R.
115 BSG – 13.05.2009 – B 4 AS 29/08 R.
116 B14/7b AS 16/06 R.
117 Landessozialgericht Berlin-Brandenburg – 13.02.2008 – L 32 B 59/08 AS ER.
118 Landessozialgericht Nordrhein-Westfalen – 16.06.2010 – L 12 AS 808/10 B.
119 BAnz, S. 835, 1056, 1144 und 2264.

Aufwendungen für die soziale Absicherung. Diese Leistungen sind nach Abs. 3 Satz 2 Nr. 2 als Einkommen zu berücksichtigen, da sie regelmäßig in Ausübung der Erwerbstätigkeit zufließen und zumindest die Einnahmen nach § 23 Abs. 2 Nr. 1 und 2 steuerpflichtig sind,[120] indem sie nicht von § 3 Nr. 9 EStG umfasst sind. Eine Privilegierung wie im Falle des § 39 SGB VIII für die Sachaufwendungen erfolgt nicht, da sie regelmäßig bei der Ermittlung des Einkommens aus selbständiger Arbeit nach § 3 ALG II V Berücksichtigung finden. Für die Berechnung des Einkommens sind nach § 3 Abs. 2 ALG II V von den Betriebseinnahmen, wozu nach § 3 Abs. 1 Satz 2 ALG II V als aus selbständigen Tätigkeiten erzielte Einnahmen auch die Erstattung von Sachaufwendungen gehört, wovon die tatsächlich geleisteten notwendigen Ausgaben abzusetzen sind. Insoweit stehen diese Einnahmen nicht als Einkommen aus selbständiger Tätigkeit zur Sicherung des Lebensunterhalts zur Verfügung, so dass kein Widerspruch zur Regelung des Abs. 3 Satz 2 Nr. 1 entsteht.

5. Zuwendungen der freien Wohlfahrtspflege (Abs. 4)

15 Eine Zuwendung der freien Wohlfahrtspflege liegt vor, wenn freiwillige Leistungen zu Gunsten von Hilfebedürftigen erbracht werden, und zwar bewusst unabhängig von staatlichen Leistungen und gerade auch zu dem Zweck, die Lage der Empfänger öffentlicher Fürsorgeleistungen zu verbessern.[121] Mit dem Gesetz zur Ermittlung von Regelbedarfen und zur Änderung des Zweiten und Zwölften Buches Sozialgesetzbuch vom 24.03.2011[122] kommt es für die Zuwendungen nicht mehr auf den Zweck an, sondern allein auf deren Auswirkungen auf den Lebensunterhalt.[123] Beeinflussen die Leistungen die wirtschaftliche Lage der Empfänger so günstig, dass daneben die Leistungen zur Grundsicherung für Arbeitsuchende entbehrlich werden und nicht mehr gerechtfertigt sind, erfolgt eine Berücksichtigung als Einkommen. Zu berücksichtigen ist demnach im Rahmen der Gerechtfertigkeitsprüfung die Art, der Wert, der Umfang und die Häufigkeit der Zuwendungen.[124]

6. Zuwendungen Dritter (Abs. 5)

16 Anrechnungsfrei bleiben unter den Voraussetzungen des Abs. 5 Satz 1 bestimmte Zuwendungen Dritter. Damit wurde im Wesen die Regelung des § 84 Abs. 2 SGB XII übernommen, wonach Zuwendungen, die ein anderer erbringt, ohne hierzu eine rechtliche oder sittliche Pflicht zu haben, als Einkommen außer Betracht bleiben, soweit ihre Berücksichtigung für die Leistungsberechtigten eine besondere Härte bedeuten würde.

17 Nach Nummer 1 erfolgte keine Anrechnung von Zuwendungen, die nicht auf Grundlage einer rechtlichen oder sittlichen Pflicht erbracht werden, soweit ihre Berücksichtigung

---

120 BT-Drs. 17/3404, S. 94.
121 Landessozialgericht Sachsen – 05.04.2007 – L 3 AS 22/06.
122 BGBl. I S. 453.
123 BT-Drs. 17/3404, S. 94.
124 BT-Drs. 17/3404, S. 94.

grob unbillig wäre.[125] Dies sind Fälle, bei denen eine Berücksichtigung des zugewendeten Betrages – ohne Rücksicht auf die Höhe der Zuwendung – nicht akzeptabel wäre und die Zuwendung erkennbar nicht auch zur Deckung des physischen Existenzminimums verwendet werden soll, wie z. B. Soforthilfen bei Katastrophen, gesellschaftliche Preise zur Ehrung von Zivilcourage, Ehrengaben aus öffentlichen Mitteln, Spenden aus Tombolas für bedürftige Menschen.[126] Auch die teilweise erbrachten »Begrüßungsgelder« für Neugeborene fallen unter Nummer 1; durch die Nichtberücksichtigung als Einkommen kann aber der Bedarf für die Erstausstattung bei der Geburt ganz oder teilweise gedeckt sein.[127]

Obergrenze für die Nichtberücksichtigung derartiger Zuwendungen sind die geltenden Vermögensfreibeträge, da die Zuwendung im Monat nach dem Zufluss Vermögen darstellt.[128]

Ferner sind Zuwendungen Dritter nicht zu berücksichtigen, soweit sie die Lage der **18** Leistungsberechtigten nicht so günstig beeinflussen, dass daneben eine Hilfe zur Sicherung des Lebensunterhalts nicht gerechtfertigt wäre. Hier sollen gelegentliche oder regelmäßige Zuwendungen Anderer, die üblich und auch gesellschaftlich akzeptiert sind, ohne Berücksichtigung bleiben, wie z. B. ein geringfügiges monatliches Taschengeld der Großeltern oder Urgroßeltern.[129]

7. Nicht zu berücksichtigendes Einkommen nach der ALG II V

Neben § 11 a nennt § 1 ALG II V Einkommensarten, welche nicht zur Sicherung des **19** Lebensunterhalts einzusetzen sind und deshalb bei der Prüfung der Hilfebedürftigkeit außer Betracht bleiben.

7.1 Bagatellgrenze (§ 1 Abs. 1 Nr. 1 ALG II V)

Eine Bagatellgrenze für monatliche Einnahmen beinhaltet § 1 Abs. 1 Nr. 1 ALG II V: **20** Einnahmen, die monatlich 10 € nicht überschreiben, sind nicht als Einkommen zu berücksichtigen.

7.2 § 1 Abs. 1 Nr. 2 ALG II V

Leistungen, die ausdrücklich für die bei der Leistung nach § 19 Abs. 2 S. 1 in Verbindung **21** mit § 28 Abs. 6 zu berücksichtigenden ersparten häuslichen Verbrauchsausgaben erbracht werden, sind bis zur Höhe des Betrages nach § 5 a Nr. 3 ALG II V nicht zu berücksichtigen. Bei der Inanspruchnahme der gemeinschaftlichen Mittagsverpflegung nach § 28 Abs. 6 ist bei der Prüfung der Hilfebedürftigkeit nach § 5 Nr. 3 ALG II V für die

125 BT-Drs. 17/3404, S. 94.
126 BT-Drs. 17/3404, S. 94.
127 BT-Drs. 17/3404, S. 94.
128 BT-Drs. 17/3404, S. 94.
129 BT-Drs. 17/3404, S. 95.

ersparten häuslichen Verbrauchsausgaben der in § 9 RBEG genannte Betrag von einem Euro zugrunde zu legen.

7.3 Pflegegeld (§ 1 Abs. 1 Nr. 4 ALG II V)

22 Nach § 4 Abs. 1 Satz 1 SGB XI umfassen die Leistungen der Pflegeversicherung Dienst-, Sach- und Geldleistungen für den Bedarf an Grundpflege und hauswirtschaftlicher Versorgung. Pflegebedürftige können nach § 37 Abs. 1 SGB XI anstelle der häuslichen Pflegehilfe ein Pflegegeld beantragen und damit die erforderliche Grundpflege und hauswirtschaftliche Versorgung in geeigneter Weise selbst sicherstellen. Der Zweck dieser Leistungen ist mithin nicht die Sicherung des Lebensunterhalts, sondern die Gewährleistung einer der Pflegebedürftigkeit nach § 14 SGB XI entsprechenden Versorgung. Daher sind diese Leistungen nicht als Einkommen im Rahmen der Grundsicherung für Arbeitsuchende zu berücksichtigen.

7.4 Auslandsverwendungszuschlag (§ 1 Abs. 1 Nr. 5 ALG II V)

23 Nach § 8f WSG erhalten Soldaten im Rahmen von humanitären und unterstützenden Maßnahmen im Ausland einen Auslandsverwendungszuschlag. Den Leistungszuschlag nach § 8a WSG erhalten Soldaten neben dem Wehrsold, die auf Dienstposten der Verstärkungsreserve oder Personalreserve der Streitkräfte oder als Zivilpersonal der Bundeswehr für Verwendungen im Soldatenstatus eingeplant sind, bei der Teilnahme an Wehrübungen, die jeweils länger als drei Tage andauern.

Diese Zuschläge werden für die besonderen Belastungen gezahlt, denen der Soldat ausgesetzt ist. Sie haben damit einen Ausgleichszweck und sollen nicht zur Bedarfsdeckung eingesetzt werden müssen. Daher werden diese Zuschläge nicht als Einkommen berücksichtigt.

7.5 Überbrückungsbeihilfe (§ 1 Abs. 1 Nr. 6 ALG II V)

24 Nicht zu berücksichtigen ist ferner die aus Mitteln des Bundes gezahlte Überbrückungsbeihilfe nach Artikel IX Abs. 4 des Abkommens zwischen den Parteien des Nordatlantikvertrages über die Rechtsstellung ihrer Truppen (NATO-Truppenstatut) vom 19. Juni 1951[130] an ehemalige Arbeitnehmer bei den Stationierungsstreitkräften und nach Artikel 5 des Gesetzes zu den Notenwechseln vom 25. September 1990 und 23. September 1991 über die Rechtsstellung der in Deutschland stationierten verbündeten Streitkräfte und zu den Übereinkommen vom 25. September 1990 zur Regelung bestimmter Fragen in Bezug auf Berlin vom 3. Januar 1994[131] an ehemalige Arbeitnehmer bei den alliierten Streitkräften in Berlin.

---

130 BGBl. 1961 II S. 1190.
131 BGBl. 1994 II S. 26.

7.6 Eigenheimzulage (§ 1 Abs. 1 Nr. 7 ALG II V)

Die Eigenheimzulage gehört nach § 1 Abs. 1 Nr. 7 ALG II V ebenfalls nicht zu den zu berücksichtigenden Einnahmen, wenn sie nachweislich für die Finanzierung eines nach § 12 Abs. 3 Satz 1 Nr. 4 zu eigenen Wohnzwecken genutzten Wohneigentums verwendet wird. Die Eigenheimzulage als solche gibt es seit dem Gesetz zur Abschaffung der Eigenheimzulage[132] seit dem 01.01.2006 nicht mehr. Dieses Gesetz ist letztmals anzuwenden, wenn der Anspruchsberechtigte im Fall der Herstellung vor dem 1. Januar 2006 mit der Herstellung des Objekts begonnen oder im Fall der Anschaffung die Wohnung auf Grund eines vor diesem Zeitpunkt rechtswirksam abgeschlossenen obligatorischen Vertrags oder gleichstehenden Rechtsakts angeschafft hat oder vor diesem Zeitpunkt einer Genossenschaft beigetreten ist. **25**

7.7 Kindergeld (§ 1 Abs. 1 Nr. 8 ALG II V)

Kindergeld für Kinder des Leistungsberechtigten ist dann nach § 1 Abs. 1 Nr. 8 ALG II V nicht als Einkommen zu berücksichtigen, wenn es nachweislich an das nicht im Haushalt lebende Kind weitergeleitet wird. Damit steht das Kindergeld nicht zur Verfügung, um die Bedarfe zu decken und kann sich somit nicht bedarfsreduzierend auswirken. **26**

7.8 Einkommen aus Erwerbstätigkeit bei Sozialgeldempfängern (§ 1 Abs. 1 Nr. 9 ALG II V)

Nach § 1 Abs. 1 Nr. 9 ALG II V bleibt das Einkommen von Sozialgeldempfängern in Höhe von 100 Euro unberücksichtigt, wenn es sich um Einkommen aus einer Erwerbstätigkeit handelt. In Betracht kommen hier zum einen die Kinder, welche das 15. Lebensjahr noch nicht vollendet haben und die im Rahmen des § 5 JArbSchG einer Beschäftigung nachgehen und zum anderen die dem Rechtskreis des SGB II angehörenden nicht erwerbsfähigen Leistungsberechtigten. Indem es an der Erwerbsfähigkeit bereits fehlt, wenn der Betroffene voraussichtlich innerhalb der nächsten sechs Monate nicht in der Lage ist, unter den üblichen Bedingungen des allgemeinen Arbeitsmarktes mindestens drei Stunden einer Erwerbstätigkeit nachzugehen, kann eine Beschäftigung unterhalb dieser Leistungsgrenze bis zu drei Stunden sehr wohl erfolgen. Ähnlich dem Grundfreibetrag für Erwerbsfähige nach § 11 b Abs. 2 Satz 1 bleiben 100 € dieses Erwerbseinkommens unberücksichtigt. **27**

7.9 Leistungen der Ausbildungsförderung (§ 1 Abs. 1 Nr. 10 ALG II V)

Erhält der Empfänger von Leistungen der Grundsicherung für Arbeitsuchende zugleich Leistungen der Ausbildungsförderung, bleiben diese soweit unberücksichtigt, als sie für die Fahrtkosten zur Ausbildung oder für Ausbildungsmaterial verwendet werden. Entspre- **28**

132 BGBl. I S. 3680.

chend einer Regelung in den Allgemeinen Verwaltungsvorschriften zum Bundesausbildungsförderungsgesetz (BAföG-VwV) in der Fassung vom 21. Dezember 1990[133] welche von eine Pauschale von 20 vom Hundert der BAföG-Leistungen für ausbildungsbedingte Kosten ausgeht, ist in dieser Höhe das Einkommen aus Ausbildungsförderung nach § 11 a Abs. 3 Satz 1 zu privilegieren.[134] Eine Absetzung im Sinne des § 11 b Abs. 1 Nr. 5 ist nur möglich, soweit diese Aufwendungen die Pauschale überschreiten. Von seinem Wortlaut her ist § 11 b Abs. 1 Nr. 5 zwar auf jedes Einkommen anwendbar und nicht auf Erwerbseinkommen beschränkt, welche Ausgaben im Einzelnen abzusetzen sind, ist gleichwohl nach den Besonderheiten der einzelnen Einkunftsarten zu beurteilen.[135] Es können dabei solche Ausgaben nicht als mit der Erzielung des Einkommens notwendige Ausgaben abgesetzt werden, die der Art nach bereits bei der Ermittlung des Einkommens wegen einer besonderen Zweckbestimmung berücksichtigt worden sind.[136] Wenn diese Einnahme nicht erst über den entsprechenden Mitteleinsatz des Leistungsempfängers ihre Zweckbindung erlangen kann, sondern sich die Zweckbindung nach objektiven Kriterien bestimmen lassen muss, kann deshalb eine weitergehende subjektive Zweckbestimmung bei Anwendung keine Beachtung finden.[137] Soweit also ein Teil der Ausbildungsförderung nach dem BAföG als zweckgebundene Einnahme bei der Einkommensermittlung privilegiert ist, scheidet die weitergehende Absetzung von Ausbildungskosten als notwendige Ausgabe bezogen auf die geförderte Ausbildung von vornherein aus.[138]

7.10 Verpflegung (§ 1 Abs. 1 Nr. 11 ALG II V)

29 Nach § 1 Abs. 1 Nr. 11 ALG II V ist Verpflegung, die außerhalb der Einkünfte aus nichtselbständiger nach § 2 ALG II V oder selbständiger Tätigkeit nach § 3 ALG II V und im Zusammenhang mit Wehr-, Ersatz- und Freiwilligendienstverhältnissen nach § 4 Nr. 4 ALG II breitgestellt wird, nicht als Einkommen zu berücksichtigten. Für die Berücksichtigung bei der Berechnung des Einkommens aus nichtselbständiger Tätigkeit regelt § 2 Abs. 5 im Einzelnen, dass der Wert der vom Arbeitgeber bereitgestellten Vollverpflegung mit täglich 1 % des nach § 20 maßgebenden monatlichen Regelbedarfs anzusetzen ist. Wird Teilverpflegung bereitgestellt, entfallen auf das Frühstück ein Anteil von 20 % und auf das Mittag- und Abendessen Anteile von je 40 %.

7.11 Geldgeschenke (§ 1 Abs. 1 Nr. 12 ALG II V)

30 Bei minderjährigen Leistungsberechtigten, die anlässlich der Kommunion, Firmung, Konfirmation oder vergleichbarer religiöser Feste sowie anlässlich der Jugendweihe Geldgeschenke erhalten, sind diese nicht als Einkommen zu berücksichtigen, soweit sie den

---

133 GMBl 1991, 2, 14.
134 BSG – 17.03.2009 – B 14 AS 63/07 R.
135 BSG – 17.03.2009 – B 14 AS 63/07 R.
136 BSG – 17.03.2009 – B 14 AS 63/07 R.
137 BSG – 17.03.2009 – B 14 AS 63/07 R.
138 BSG – 17.03.2009 – B 14 AS 63/07 R.

in § 12 Abs. 2 Satz 1 Nr. 1 a genannten Grundfreibetrag für Minderjährige in Höhe von 3100 € nicht überschreiten.

§ 11 b Absetzbeträge

(1) Vom Einkommen abzusetzen sind

1. auf das Einkommen entrichtete Steuern,

2. Pflichtbeiträge zur Sozialversicherung einschließlich der Beiträge zur Arbeitsförderung,

3. Beiträge zu öffentlichen oder privaten Versicherungen oder ähnlichen Einrichtungen, soweit diese Beiträge gesetzlich vorgeschrieben oder nach Grund und Höhe angemessen sind; hierzu gehören Beiträge

a) zur Vorsorge für den Fall der Krankheit und der Pflegebedürftigkeit für Personen, die in der gesetzlichen Krankenversicherung nicht versicherungspflichtig sind,

b) zur Altersvorsorge von Personen, die von der Versicherungspflicht in der gesetzlichen Rentenversicherung befreit sind,

soweit die Beiträge nicht nach § 26 bezuschusst werden,

4. geförderte Altersvorsorgebeiträge nach § 82 des Einkommensteuergesetzes, soweit sie den Mindesteigenbeitrag nach § 86 des Einkommensteuergesetzes nicht überschreiten,

5. die mit der Erzielung des Einkommens verbundenen notwendigen Ausgaben,

6. für Erwerbstätige ferner ein Betrag nach Absatz 3,

7. Aufwendungen zur Erfüllung gesetzlicher Unterhaltsverpflichtungen bis zu dem in einem Unterhaltstitel oder in einer notariell beurkundeten Unterhaltsvereinbarung festgelegten Betrag,

8. bei erwerbsfähigen Leistungsberechtigten, deren Einkommen nach dem Vierten Abschnitt des Bundesausbildungsförderungsgesetzes oder nach § 71 oder § 108 des Dritten Buches bei der Berechnung der Leistungen der Ausbildungsförderung für mindestens ein Kind berücksichtigt wird, der nach den Vorschriften der Ausbildungsförderung berücksichtigte Betrag.

Bei der Verteilung einer einmaligen Einnahme nach § 11 Absatz 3 Satz 3 sind die auf die einmalige Einnahme im Zuflussmonat entfallenden Beträge nach den Nummern 1, 2, 5 und 6 vorweg abzusetzen.

(2) Bei erwerbsfähigen Leistungsberechtigten, die erwerbstätig sind, ist anstelle der Beträge nach Absatz 1 Satz 1 Nummer 3 bis 5 ein Betrag von insgesamt 100 Euro monatlich abzusetzen. Beträgt das monatliche Einkommen mehr als 400 Euro, gilt Satz 1 nicht, wenn die oder der erwerbsfähige Leistungsberechtigte nachweist, dass die Summe der Beträge nach Absatz 1 Satz 1 Nummer 3 bis 5 den Betrag von 100 Euro übersteigt. Erhält eine leistungsberechtigte Person mindestens aus einer Tätigkeit Bezüge oder Einnahmen, die nach § 3 Nummer 12, 26, 26 a oder 26 b des Einkommensteuergesetzes steuerfrei sind, gelten die Sätze 1 und 2 mit den Maßgaben, dass jeweils an die Stelle des Betrages von 100 Euro monatlich der Betrag von 175 Euro monatlich und an die Stelle des Betrages von 400 Euro der Betrag von 175 Euro tritt. § 11 a Absatz 3 bleibt unberührt.

(3) Bei erwerbsfähigen Leistungsberechtigten, die erwerbstätig sind, ist von dem monatlichen Einkommen aus Erwerbstätigkeit ein weiterer Betrag abzusetzen. Dieser beläuft sich

1. für den Teil des monatlichen Einkommens, das 100 Euro übersteigt und nicht mehr als 1000 Euro beträgt, auf 20 Prozent und

2. für den Teil des monatlichen Einkommens, das 1000 Euro übersteigt und nicht mehr als 1200 Euro beträgt, auf 10 Prozent.

Anstelle des Betrages von 1200 Euro tritt für erwerbsfähige Leistungsberechtigte, die entweder mit mindestens einem minderjährigen Kind in Bedarfsgemeinschaft leben oder die mindestens ein minderjähriges Kind haben, ein Betrag von 1500 Euro.

Inhaltsübersicht

1. Die einzelnen Absetzungsbeträge nach Abs. 1

1 Das nach § 11 und § 11 a ermittelte Einkommen ist zur Sicherung der Existenz nur in der um die Absetzungsbeträge bereinigten Höhe heranzuziehen. Dies sind zum einen Aufwendungen, in deren Höhe dem Leistungsberechtigten sein Einkommen nicht zur Verfügung steht, indem eine tatsächliche Belastung erfolgt, wie etwa bei den auf den Einkommen zu entrichtenden Steuern, Versicherungsbeiträgen oder Werbungskosten. Zum anderen erfolgt auch die Absetzung des Freibetrages für Erwerbstätige. Dieser Betrag verbleibt dem Erwerbstätigen insoweit zur freien Verfügung, als dass der Gesetzgeber nicht erwartet, dass er zur Verminderung der Hilfebedürftigkeit eingesetzt wird. Im direkten Zusammenhang damit steht die mit dem Gesetz zur Ermittlung von Regelbedarfen und zur Änderung des Zweiten und Zwölften Buches Sozialgesetzbuch vom 24. 03. 2011[139] mit Wirkung zum 01. 01. 2011 neu eingefügten § 1 Abs. 2 Satz 4 Nr. 6, wonach zu den Auf-

139 BGBl. I S. 453.

gaben und Zielen der Grundsicherung für Arbeit auch gehört, Anreize zur Aufnahme und Ausübung einer Erwerbstätigkeit sowohl zu schaffen als auch zu erhalten.

1.1 Auf das Einkommen entrichtete Steuern nach Abs. 1 Nr. 1

Lediglich die Steuern, welche die im Bewilligungszeitraum zufließenden Einnahmen und damit das zur Sicherung des Lebensunterhalts einzusetzende Einkommen mindern, sind vor der Berechnung der Hilfebedürftigkeit abzusetzen. Vom Einkommen abhängige Steuerarten sind in erster Linie die Einkommenssteuer, die Lohnsteuer, die Kirchensteuer, der Solidaritätszuschlag, aber auch die Kapitalertragssteuer. Andere Steuerarten, welche nicht auf das erzielte Einkommen zu entrichten sind, sondern ihren Grund in anderen Tatbeständen haben, wie z. B. die Grunderwerbssteuer oder die Kraftfahrzeugsteuer, können nicht nach Abs. 1 Nr. 1 abgesetzt werden. 2

1.2 Pflichtbeiträge zur Sozialversicherung (Abs. 1 Nr. 2)

Zu den Pflichtversicherungen gehören die gesetzliche Krankenversicherung, die gesetzliche Rentenversicherung, die Pflegeversicherung, die Unfallversicherung und die Arbeitslosenversicherung. Der Versicherungspflicht unterliegen in der Regel die Arbeitnehmer, also die abhängig Beschäftigten, während selbständig Tätige grundsätzlich von der Versicherungspflicht ausgenommen sind. 3

Da die Unfallversicherung ausschließlich durch den Arbeitgeber gezahlt wird, ist sie ohne Relevanz. Für die anderen Versicherungen werden die Beiträge von Arbeitnehmern und Arbeitgebern anteilig getragen, wobei diese vor Auszahlung des Einkommens an Arbeitnehmer vom Bruttoeinkommen abgezogen und an den Leistungsträger abgeführt werden.

1.3 Beiträge zu öffentlichen oder privaten Versicherungen (Abs. 1 Nr. 3)

Über die Pflichtversicherungen hinaus sind auch private und öffentliche Versicherung vom Einkommen abzusetzen. Innerhalb der Versicherungen ist zwischen den gesetzlich vorgeschriebenen und den sonstigen nach Grund und Höhe angemessenen zu unterscheiden. 4

1.3.1 Gesetzlich vorgeschriebene Versicherungen

Nach der Gesetzesbegründung wurde auf die gefestigte Rechtsprechung zum Begriff der gesetzlich vorgeschriebenen Versicherung verwiesen und zugleich beispielhaft die Beiträge zur privaten Pflegeversicherung und Gebäudeversicherung genannt.[140] Nach Fachlichen Hinweisen der Bundesagentur für Arbeit werden die Aufwendungen für die Ge- 5

140 BT-Drs. 15/1749, S. 31.

bäudeversicherung jedoch unabhängig von einem etwaigen Einkommen den Bedarfen der Unterkunft nach § 22 zugeordnet und in diesem Rahmen übernommen.[141]

Auch die Kraftfahrzeughaftpflichtversicherung, ebenfalls eine gesetzlich vorgeschriebene Versicherung, ist absetzbar.

Auch Berufshaftpflichtversicherungen gehören zu den gesetzlich vorgeschriebenen Versicherungen, da ohne eine Deckungszusage der Versicherungsgesellschaft eine Ausübung des Berufes nicht möglich ist. Dies betrifft insbesondere die Kammerberufe, Versicherungsmakler und Finanzberater.

Diese Versicherungen sind in tatsächlich anfallender Höhe von dem Einkommen abzusetzen.

1.3.2 Sonstige Versicherungen, die nach Grund und Höhe angemessen sind

6 Darunter sind private Versicherungen zu verstehen, die der sozialen Absicherung dienen, also Versicherungen zur Vorsorge für den Fall der Krankheit und der Pflegebedürftigkeit für Personen, die in der gesetzlichen Krankenversicherung nicht nach § 5 SGB V versicherungspflichtig sind. Ebenso die Versicherungen zur Altersvorsorge für Personen, die von der Versicherungspflicht in der gesetzlichen Rentenversicherung befreit sind und daher auf andere Weise die Existenz im Alter absichern. Eine Absetzung erfolgt jedoch nur in der Höhe, wie die Beiträge nicht nach § 26 bezuschusst werden.

7 Im Übrigen gibt § 6 Abs. 1 Nr. 1 ALG II V vor, dass vom Einkommen volljähriger Leistungsberechtigter ein Betrag in Höhe von 30 € monatlich für eben die Beiträge zu privaten Versicherungen nach § 11 b Abs. 1 Satz 1 Nr. 3, die nach Grund und Höhe angemessen sind, in Abzug zu bringen sind. Mit dem festgelegten Betrag von 30 € sollen die Beiträge zu privaten Versicherungen abgedeckt werden, die bei in einfachen wirtschaftlichen Verhältnissen lebenden Bürgern in Deutschland allgemein üblich sind.[142] Eine Absetzung erfolgt jedoch nur bei vorhandenem Einkommen. Der Pauschbetrag soll gerade keine zusätzliche den Bedarf erhöhende Leistung darstellen, sondern nur dann in Abzug gebracht werden, wenn auch tatsächlich Einkommen erzielt wird.[143]

Von dem Einkommen Minderjähriger, was regelmäßig nach § 11 Abs. 1 Satz 4 das Kindergeld und im Übrigen Unterhalt oder Unterhaltsvorschuss ist, ist dagegen nach § 6 Abs. 1 Nr. 2 ALG II V der Betrag von 30 € für derartige Versicherung nur dann abzusetzen, wenn der oder die Minderjährige eine entsprechende Versicherung tatsächlich abgeschlossen hat.

1.4 Geförderte Altersvorsorgebeiträge (Abs. 1 Nr. 4)

8 Geförderte Altersvorsorgebeiträge sind nach § 82 Abs. 1 S. 1 EStG im Rahmen der in § 10 a EStG genannten Grenzen Beiträge und Tilgungsleistungen, die der im Sinne des § 79 EStG

141 FH BA zu § 11 b Rn. 133.
142 BT-Drs. 15/1516, S. 53; BSG – 07. 11. 2006 – B 7 b AS 18/06 R.
143 BSG – 07. 11. 2006 – B 7 b AS 18/06 R.

Zulageberechtigte bis zum Beginn der Auszahlungsphase zugunsten eines auf seinen Namen lautenden Vertrags leistet, der nach § 5 AltZertG zertifiziert ist. Eine Zertifizierung in diesem Sinne erfolgt, wenn die nach dem Altersvorsorgeverträge-Zertifizierungsgesetz erforderlichen Angaben und Unterlagen vorliegen, die Vertragsbedingungen den gesetzlichen Vorgaben entsprechen und der Anbieter alle erforderlichen Anforderungen erfüllt.

Eine Absetzung vom Einkommen ist jedoch nur möglich, soweit der Mindesteigenbeitrag nach § 86 EStG nicht überschritten wird.

Der Mindesteigenbeitrag beträgt seit 2008 nach § 86 Abs. 1 S. 2 EStG jährlich 4 % der Summe der erzielten beitragspflichtigen Einnahmen im Sinne des SGB VI, der bezogenen Besoldung und Amtsbezüge, in den Fällen des § 10a Abs. 1 Satz 1 Nr. 3 und Nr. 4 erzielten Einnahmen, die beitragspflichtig wären, wenn die Versicherungsfreiheit in der gesetzlichen Rentenversicherung nicht bestehen würde und bezogenen Rente wegen voller Erwerbsminderung oder Erwerbsunfähigkeit oder bezogenen Versorgungsbezüge wegen Dienstunfähigkeit in den Fällen des § 10a Abs. 1 Satz 4 EStG. Der Mindesteigenbeitrag darf jedoch den in § 10a Abs. 1 Satz 1 genannten Betrag von 2100 €, zuzüglich der Zulagen nach §§ 84 und 85 EStG, nicht überschreiten. Gehört der Ehegatte zum Personenkreis der Zulageberechtigten, berechnet sich der Mindesteigenbeitrag unter Berücksichtigung der den Ehegatten insgesamt zustehenden Zulagen. Als Sockelbetrag sind nach § 86 Abs. 1 Satz 4 EStG ab dem Jahr 2005 jährlich 60 € zu leisten, welcher nach § 86 Abs. 1 Satz 4 als Mindesteigenbeitrag zu leisten ist, wenn der errechnete hinter dem Sockelbetrag zurück bleibt.

Bei den Zulagen wird die Grundzulage nach § 84 EStG, welche jeder Zulageberechtigte grundsätzlich in Höhe von jährlich 154 € erhält und der Kinderzulage nach 85 EStG, welche für jedes Kind, für das dem Zulageberechtigten Kindergeld ausgezahlt wird, jährlich 185 € beträgt. Nach § 85 Abs. 1 Satz 2 EStG erhöht sich die Zulage für nach dem 31. Dezember 2007 geborene Kinder auf 300 €.

1.5 Die mit der Erzielung des Einkommens verbundenen notwendigen Ausgaben (Abs. 1 Nr. 5)

Bei den vom Einkommen abzusetzenden Beträgen für die Aufwendungen, welche im Zusammenhang mit der Ausübung einer Erwerbstätigkeit erfolgen, ist zwischen den Fahrtkosten und den sonstigen Werbungskosten zu unterscheiden. 9

1.5.1 Sonstige Werbungskosten

Zunächst kann jeder erwerbstätige Leistungsberechtigte nach § 11b Abs. 1 Nr. 5 in Verbindung mit § 6 Abs. 1 Nr. 3 Buchst. c ALG II V einen Pauschalbetrag in Höhe von 15,33 € monatlich als mit der Erzielung von Einkommen verbundene Ausgaben geltend machen. Vor der Fünften Verordnung zur Änderung der Arbeitslosengeld II/Sozialgeld-Verordnung vom 21. Juni 2011 errechnete sich der pauschale Absetzungsbetrag nach der Werbungskostenpauschale des § 9a Bas. 1 S. 1 Nr. 1 EStG in Höhe von einem Sechzigstel, 10 was bei einer damaligen Pauschale von 920 € den Betrag von 15,33 € ergab. Mit der Normierung eines festen Betrages in § 6 Abs. 1 Nr. 3 Buchst. a ALG II V bleibt die ALG II V von Änderungen im EStG unberührt, so dass sich die Erhöhung der Werbungskostenpauschale im Einkommenssteuergesetz nicht auf die Pauschale im SGB II auswirkt.

Die Absetzung ist jedoch nicht möglich bei Einkommen nach § 3 ALG II V aus selbständiger Arbeit, Gewerbebetrieb oder Land- und Forstwirtschaft.

1.5.2 Fahrtkosten

11 Zusätzlich zu den sonstigen Werbungskosten können bei nichtselbständiger Erwerbstätigkeit Fahrtkosten als Aufwendungen nach § 11 b Abs. 1 Nr. 5 in Abzug gebracht werden. Dies erfolgt in Höhe der tatsächlichen Aufwendungen für öffentliche Verkehrsmittel oder durch die Berücksichtigung einer Kilometerpauschale bei der Nutzung eines Kraftfahrzeuges. Diese errechnet sich nach § 6 Abs. 1 Nr. 3 Buchst. b. Für die einfache Strecke zwischen Wohnung und Arbeitsstätte sind für jeden Entfernungskilometer der kürzesten Straßenverbindung 0,20 Euro in Ansatz zu bringen. In Anlehnung an das Einkommenssteuerrecht, welches bei einer Fünf-Tage-Woche von 230 Arbeitstagen im Jahr ausgeht, werden im Monat 19 Tage angesetzt.

12 Eine Einschränkung erfolgt nach § 6 Abs. 2 ALG II V. Sofern die Berücksichtigung der errechneten Kilometerpauschale im Vergleich zu den bei Benutzung eines zumutbaren öffentlichen Verkehrsmittels anfallenden Fahrtkosten unangemessen hoch ist, sind nur diese als Pauschbetrag abzusetzen.

Die Absetzung der Kosten für öffentliche Verkehrsmittel anstatt der Kilometerpauschale für ein selbstgenutztes Fahrzeug muss dem Leistungsberechtigten überhaupt zumutbar sein. Daran kann es fehlen, wenn aufgrund der regionalen Verhältnisse die Möglichkeit der Nutzung der öffentlichen Verkehrsmittel sehr stark eingeschränkt sind oder die vom Arbeitgeber vorgeschriebenen Arbeitszeiten von den regelmäßigen Fahrtzeiten stark abweichen, etwa bei Ausübung von Schichtdienst. Aber auch die persönlichen Verhältnisse, wie die Notwendigkeit der Kombination von Erwerbstätigkeit und Kinderbetreuung können im Einzelfall zu der Unzumutbarkeit der Nutzung von öffentlichen Verkehrsmitteln führen, wenn etwa die Betreuung in der bisherigen Form durch einen länger andauernden Fahrweg nicht sichergestellt werden kann.

Die Kilometerpauschale müsste zudem im Vergleich zu den Kosten für die öffentlichen Verkehrsmittel unangemessen hoch sein. Daher ist nicht jede kostengünstigere Möglichkeit zu bevorzugen. Vielmehr ist im Einzelfall nach der persönlichen Lebenssituation eine Entscheidung zu treffen.

13 Der Leistungsberechtigte kann auf Nachweis auch höhere Aufwendungen geltend machen und ist nicht auf die durch § 6 Abs. 1 Nr. 3 gewährten Pauschalen beschränkt.

Als Werbungskosten können nur abgesetzt werden, welche notwendig mit der Erzielung des Einkommens entstehen, die Ausübung der Erwerbstätigkeit andernfalls nicht möglich wäre. Dies können Aufwendungen für die Arbeitsbekleidung oder Werkzeuge sein, sofern diese nicht vom Arbeitgeber gestellt werden. Hierunter fallen aber auch

Aufwendungen für die Betreuung von Kindern oder die doppelte Haushaltsführung, soweit diese Voraussetzung für die Ausübung einer Erwerbstätigkeit ist.

Zu beachten ist in diesem Zusammenhang jedoch die Regelung des § 11 b Abs. 2. Danach ist für die Beträge nach Abs. 1 Satz 1 Nr. 3 bis 5 insgesamt nur ein Betrag von 100 € abzusetzen, auch wenn im Einzelfall die tatsächlichen Aufwendungen höher sind. Beträgt das monatliche Einkommen mehr als 400 €, können auf Nachweis auch höhere Aufwendungen in Abzug gebracht werden.

1.6 Freibetrag für Erwerbstätige (Abs. 1 Nr. 6 i. V. m. Abs. 3)

Vom Einkommen erwerbstätiger Leistungsberechtigter ist im Weiteren ein Freibetrag nach Abs. 3 in Abzug zu bringen. 14

1.7 Aufwendungen zur Erfüllung einer gesetzlichen Unterhaltspflicht (Abs. 1 Nr. 7)

Vom Einkommen abzusetzen sind weiterhin Aufwendungen zur Erfüllung einer gesetzlichen Unterhaltsverpflichtung. Nicht jede Unterhaltszahlung, auch wenn dem Grunde nach eine gesetzliche Pflicht besteht, kann in Abzug gebracht werden. Dies geschieht nur in der Höhe, in welcher sie in einem Unterhaltsbeschluss oder einer notariell beurkundeten Unterhaltsvereinbarung festgelegt ist. Dem Betroffenen steht sein Einkommen insoweit nicht zur Verfügung, da in Höhe dieses Betrages das Einkommen aufgrund des Vorliegens eines zur Vollstreckung berechtigenden Titels der Gefahr der Pfändung unterliegt.[144] Es genügt mithin die Möglichkeit der Pfändung. Die tatsächliche Pfändbarkeit ist dagegen keine Voraussetzung. 15

Neben den zum Unterhalt verpflichtenden Beschlüssen aufgrund eines Verfahrens vor dem Familiengericht und aufgrund eines notariellen Vertrages berechtigen auch die gemäß § 59 Abs. 1 Satz 1 Nr. 3, 4 i. V. m. § 60 SGB VIII kostenfrei beim Jugendamt beschafften Urkunden zu einer Absetzung.

Eine Absetzung ist jedoch nur möglich, wenn der laufende Unterhalt auch tatsächlich gezahlt wird[145] und das Einkommen dadurch tatsächlich nicht zur Sicherung des Lebensunterhalts zur Verfügung steht. 16

1.8 Bei der Ausbildungsförderung berücksichtigtes Einkommen (Abs. 1 Nr. 8)

Bei der Bestimmung der Förderungshöhe nach dem BAföG oder nach dem SGB III ist dem ermittelten Bedarf das anzurechnende Einkommen entgegenzuhalten. Das ist neben dem Einkommen des Antragstellers auf Ausbildungsförderung auch das Einkommen seiner Eltern. Überschreitet dies nach Bereinigung um die Werbungskosten und die So- 17

144 BT-Drs. 16/1410, S. 20.
145 BSG – 30.09.2008 – B 4 AS 57/07 R.

zialpauschale die Freibeträge, vermindert es die Förderungshöhe. In der Höhe, in welcher das Einkommen des Elternteils in dem Bewilligungsbescheid auf Ausbildungsförderung zu Grunde gelegt wird, kann der Elternteil eine Absetzung von seinem Einkommen verlangen. Die Berücksichtigung von Einkommen in der Ausbildungsförderung folgt dem bürgerlichen Unterhaltsrecht und vollzieht dieses pauschaliert nach.[146] Das Ergebnis der Einkommensberücksichtigung in der Ausbildungsförderung spiegelt in etwa die nach bürgerlichem Recht zustehenden und damit einklagbaren Ansprüche wider und ist demnach den nach Abs. 1 Satz 1 Nr. 7 abziehbaren Ansprüchen vergleichbar.[147]

2. Grundfreibetrag (Abs. 2)

18 Nach Abs. 2 tritt grundsätzlich an die Stelle der Absetzungsbeträge in Form der gesetzlich vorgeschriebenen und dem Grunde und der Höhe nach angemessenen Versicherungen nach Abs. 1 Satz 1 Nr. 3, den geförderten Altersvorsorgebeträgen nach Abs. 1 Satz 1 Nr. 4 und der mit der Erzielung des Einkommens notwendigen Ausgaben nach Abs. 1 Satz 1 Nr. 5 ein Betrag von monatlich insgesamt 100 €. Hinsichtlich der Absetzung der Versicherungspauschale nach § 6 Abs. 1 Nr. 1 ALG II V bleibt dies ohne Auswirkung, da sie sich stets auf 30 € beläuft. Für die anderen Absetzungsbeträge bedeutet dies jedoch, dass auch bei tatsächlichen Belastungen, die über den Betrag von 100 € hinaus gehen, wie z. B. die Werbungskosten, welche die Pauschale nach § 6 Abs. 1 Nr. 3 Buchst. a überschreiten können, oder Fahrtkosten, eine Absetzung nur in Höhe des Grundfreibetrages erfolgt. Damit sind alle Aufwendungen im Sinne des Abs. 1 S. 1 Nr. 3 bis 5 abgegolten. Mithin ist bei der Ausübung einer Erwerbstätigkeit grundsätzlich ein Grundfreibetrag in Höhe von 100 € vom Einkommen des Leistungsberechtigten in Abzug zu bringen.

19 Abweichend davon trifft Abs. 2 Satz 2 die Regelung, dass auch über den Grundfreibetrag von 100 € hinaus Aufwendungen, soweit sie die Absetzungsbeträge nach Abs. 1 Nr. 3 bis 5 betreffen, von dem Einkommen in Abzug gebracht werden. Erforderlich ist zum einen, dass das monatlich erzielte Erwerbseinkommen über 400 € liegt und zum anderen, dass dem Leistungsberechtigten der Nachweis über diese Aufwendungen gelingt. Auf dieser Weise werden insbesondere den häufig mit der Ausübung einer Erwerbstätigkeit verbundenen Werbungskosten Rechnung getragen. Gelingt der Nachweis nicht und bleibt der Berechtigte bei einem Einkommen von über 400 € hinter dem Grundfreibetrag zurück, so sind zumindest die 100 € abzusetzen.

20 Für Personen, welche nach § 3 Nr. 12, 26, 26 a oder 26 b EStG steuerfreie Bezüge oder Einnahmen aus einer Tätigkeit haben, ist der Grundfreibetrag zu modifizieren. Dies betrifft Aufwandsentschädigungen aus öffentlichen Kassen, Einnahmen aus nebenberuflichen Tätigkeiten als Übungsleiter, Ausbilder, Erzieher, Betreuer oder vergleichbaren nebenberuflichen Tätigkeiten, aus nebenberuflichen künstlerischen Tätigkeiten oder der nebenberuflichen Pflege alter, kranker oder behinderter Menschen, sowie Aufwandsentschädigungen nach § 1835 a BGB des Vormunds für die Führung der Vormundschaft. Bei

146 BT-Drs. 16/1410, S. 21.
147 BT-Drs. 16/1410, S. 21.

Vorliegen dieser steuerfreien Einnahmen ist ein Grundfreibetrag von 175 € anstatt der 100 € für die Absetzungsbeträge nach Abs. 1 Satz 1 Nr. 3 bis 5 in Abzug zu bringen. Gleichzeitig wird die Grenze des Einkommens für die Möglichkeit der Absetzung höherer Beträge als den Grundfreibetrag auf ebenfalls 175 € herabgesetzt. Angelehnt an die Regelung des § 3 Nr. 26 EStG, der als Höchstgrenze für das steuerfreie Einkommen aus ehrenamtlicher Tätigkeit einen Betrag von jährlich 2100 € nennt, bleiben in dieser Höhe derartige Einnahmen von der Anrechnung auf den Bedarf nach dem SGB II außer Betracht, nämlich in Höhe von 175 € monatlich.

Die Begünstigung ist auf die Einkommensarten nach § 3 Nr. 12, 26, 26 a und 26 b EStG beschränkt. Die Regelung hat keine Auswirkung auf § 11 a Abs. 3, wonach Leistungen aufgrund öffentlicher Vorschriften nur soweit als Einkommen zu berücksichtigen sind, als sie demselben Zweck dienen wie die Leistungen nach dem SGB II, mit Ausnahme der Leistungen nach § 39 SGB VIII, die für den erzieherischen Einsatz erbracht werden und nach § 23 SGB VIII.

3. Freibetrag für Erwerbstätige (Abs. 3)

Mit dem Gesetz zur Ermittlung von Regelbedarfen und zur Änderung des SGB II und des SGB XII vom 24. 03. 2011[148] wurde § 1 Abs. 2 Satz 4 Nr. 6 eingefügt, wonach die Leistungen der Grundsicherung nach dem SGB II so auszurichten sind, dass Anreize zur Aufnahme und Ausübung einer Erwerbstätigkeit geschaffen und aufrechterhalten werden. Die Eingliederung erwerbsfähiger Leistungsberechtigter in Arbeit ist eines der vorrangigen Ziele, welches nur erreicht werden kann, wenn die Aufnahme und Ausübung von Erwerbstätigkeit attraktiver bleibt als die Inanspruchnahme von existenzsichernden Leistungen.[149] Der Gesetzgeber wollte sichergestellt wissen, dass erwerbstätige Personen finanziell besser gestellt sind als vergleichbare erwerbsfähige Leistungsberechtigte, die keiner Erwerbstätigkeit nachgehen, was vorrangig durch die Freibeträge für Erwerbseinkommen erreicht wird.[150] 21

Daher wurde der Freibetrag nach Abs. 3 erhöht. Dieser beläuft sich in einer ersten Stufe nach Abs. 3 Satz 2 Nr. 1 für den Teil des Bruttoeinkommens, das 100 € übersteigt und nicht mehr als 1000 € beträgt, auf 20 %, so dass sich in dieser ersten Stufe ein Freibetrag für Erwerbstätige bis zu 180 € ergeben kann. In dieser Höhe muss der Leistungsberechtigte nicht sein Einkommen zur Sicherung des Lebensunterhalts einsetzen. Das im Monat zur Verfügung stehende Einkommen der Bedarfsgemeinschaft erhöht sich dadurch.

In einer zweiten Stufe verbleibt nach Abs. 3 Satz 2 Nr. 2 ein Freibetrag von 10 % des Bruttoerwerbseinkommens, welches einen Betrag von 1000 € übersteigt und nicht mehr als 1200 € beträgt. Lebt der Erwerbstätige mit einem Kind zusammen oder hat er mindestens ein minderjähriges Kind, erhöht sich die zweite Stufe von 1200 € auf 1500 €, so dass sich der Freibetrag um maximal weitere 50 € erhöht.

148 BGBl. I S. 453.
149 BT-Drs. 17/3404, S. 91.
150 BT-Drs. 17/3404, S. 91.

Der Freibetrag nach Abs. 1 Nr. 6 in Verbindung mit Abs. 3 tritt neben die übrigen Absetzungsbeträge, insbesondere jenen nach Abs. 1 Nr. 3 bis 5 und somit neben den Grundfreibetrag von 100 € nach Abs. 2. Daher bleiben bei der Berechnungsformel die ersten 100 € des Bruttoeinkommens unberücksichtigt, da es ansonsten zu einer doppelten Begünstigung käme.

Insgesamt können als Freibetrag für Erwerbstätige maximal 230 € vom Einkommen abgesetzt werden, so dass diese als ein Mehr verbleiben.

§ 12 Zu berücksichtigendes Vermögen

(1) Als Vermögen sind alle verwertbaren Vermögensgegenstände zu berücksichtigen.

(2) Vom Vermögen sind abzusetzen

1. ein Grundfreibetrag in Höhe von 150 Euro je vollendetem Lebensjahr für jede in der Bedarfsgemeinschaft lebende volljährige Person und deren Partnerin oder Partner, mindestens aber jeweils 3100 Euro; der Grundfreibetrag darf für jede volljährige Person und ihre Partnerin oder ihren Partner jeweils den nach Satz 2 maßgebenden Höchstbetrag nicht übersteigen,

1 a. ein Grundfreibetrag in Höhe von 3100 Euro für jedes leistungsberechtigte minderjährige Kind,

2. Altersvorsorge in Höhe des nach Bundesrecht ausdrücklich als Altersvorsorge geförderten Vermögens einschließlich seiner Erträge und der geförderten laufenden Altersvorsorgebeiträge, soweit die Inhaberin oder der Inhaber das Altersvorsorgevermögen nicht vorzeitig verwendet,

3. geldwerte Ansprüche, die der Altersvorsorge dienen, soweit die Inhaberin oder der Inhaber sie vor dem Eintritt in den Ruhestand aufgrund einer unwiderruflichen vertraglichen Vereinbarung nicht verwerten kann und der Wert der geldwerten Ansprüche 750 Euro je vollendetem Lebensjahr der erwerbsfähigen leistungsberechtigten Person und deren Partnerin oder Partner, höchstens jedoch jeweils den nach Satz 2 maßgebenden Höchstbetrag nicht übersteigt,

4. ein Freibetrag für notwendige Anschaffungen in Höhe von 750 Euro für jeden in der Bedarfsgemeinschaft lebenden Leistungsberechtigten.

Bei Personen, die

1. vor dem 1. Januar 1958 geboren sind, darf der Grundfreibetrag nach Satz 1 Nummer 1 jeweils 9750 Euro und der Wert der geldwerten Ansprüche nach Satz 1 Nummer 3 jeweils 48 750 Euro,

2. nach dem 31. Dezember 1957 und vor dem 1. Januar 1964 geboren sind, darf der Grundfreibetrag nach Satz 1 Nummer 1 jeweils 9900 Euro und der Wert der geldwerten Ansprüche nach Satz 1 Nummer 3 jeweils 49 500 Euro,

3. nach dem 31. Dezember 1963 geboren sind, darf der Grundfreibetrag nach Satz 1 Nummer 1 jeweils 10 050 Euro und der Wert der geldwerten Ansprüche nach Satz 1 Nummer 3 jeweils 50 250 Euro

nicht übersteigen.

(3) Als Vermögen sind nicht zu berücksichtigen

1. angemessener Hausrat,

2. ein angemessenes Kraftfahrzeug für jede in der Bedarfsgemeinschaft lebende erwerbsfähige Person,
3. von der Inhaberin oder dem Inhaber als für die Altersvorsorge bestimmt bezeichnete Vermögensgegenstände in angemessenem Umfang, wenn die erwerbsfähige leistungsberechtigte Person oder deren Partnerin oder Partner von der Versicherungspflicht in der gesetzlichen Rentenversicherung befreit ist,
4. ein selbst genutztes Hausgrundstück von angemessener Größe oder eine entsprechende Eigentumswohnung,
5. Vermögen, solange es nachweislich zur baldigen Beschaffung oder Erhaltung eines Hausgrundstücks von angemessener Größe bestimmt ist, soweit dieses zu Wohnzwecken behinderter oder pflegebedürftiger Menschen dient oder dienen soll und dieser Zweck durch den Einsatz oder die Verwertung des Vermögens gefährdet würde,
6. Sachen und Rechte, soweit ihre Verwertung offensichtlich unwirtschaftlich ist oder für den Betroffenen eine besondere Härte bedeuten würde.

Für die Angemessenheit sind die Lebensumstände während des Bezugs der Leistungen zur Grundsicherung für Arbeitsuchende maßgebend.

(4) Das Vermögen ist mit seinem Verkehrswert zu berücksichtigen. Für die Bewertung ist der Zeitpunkt maßgebend, in dem der Antrag auf Bewilligung oder erneute Bewilligung der Leistungen der Grundsicherung für Arbeitsuchende gestellt wird, bei späterem Erwerb von Vermögen der Zeitpunkt des Erwerbs. Wesentliche Änderungen des Verkehrswertes sind zu berücksichtigen.

Inhaltsübersicht

1. Vermögensbegriff (Abs. 1)

1 Vermögen ist in Abgrenzung zum Einkommen grundsätzlich alles das, was jemand vor Beginn der Leistungsbewilligung bereits hatte.[151] Da der Antrag nach § 37 Abs. 2 Satz 2 auf den Ersten des Monats der Antragstellung zurückwirkt, soweit zu diesem Zeitpunkt die Voraussetzungen für die Gewährung von Leistungen der Grundsicherung für Arbeitssuchende vorlagen, ist in der Regel das, was vor dem Monat der Antragstellung bereits vorhanden war, Vermögen.

Dazu gehören alle verwertbaren Vermögensgegenstände. Dies können sowohl bewegliche Sachen als auch Immobilien oder Forderungen sein.[152] Sind diese vorhanden, ist zu prüfen, ob sie überhaupt verwertbar sind und nach § 12 Abs. 4 ihrem Wert nach geeignet scheinen, die Hilfebedürftigkeit zu beseitigen.

So wie für die Bedürftigkeitsprüfung im SGB II aus der Subsidiarität der staatlichen Fürsorgeleistungen folgt, dass keine Saldierung aller Aktive und Passiva erforderlich ist, bleiben bei der Feststellung vorhandener Vermögenswerte bestehende Verbindlichkeiten außer Betracht.[153] Etwas anders kann nur gelten, wenn unmittelbar auf dem fraglichen Vermögensgegenstand lastende Verbindlichkeiten im Hinblick auf eine Veräußerung nicht unberücksichtigt bleiben können, wie z. B. die Hypothek, die auf einem Grundstück lastet.[154]

2 Vermögen ist verwertbar, wenn seine Gegenstände verbraucht, übertragen und belastet werden können. Ist der Inhaber dagegen in der Verfügung über den Gegenstand beschränkt und kann er die Aufhebung der Beschränkung nicht erreichen, ist von der Unverwertbarkeit des Vermögens auszugehen.[155] Darüber hinaus enthält der Begriff der Verwertbarkeit aber auch eine tatsächliche Komponente, indem die Verwertung für den Betroffenen einen Ertrag bringen muss, durch den er, wenn auch nur kurzzeitig, seinen Lebensunterhalt bestreiten kann.[156]

Tatsächlich nicht verwertbar sind dagegen Vermögensgegenstände, für die in absehbarer Zeit kein Käufer zu finden sein wird, etwa weil Gegenstände dieser Art nicht oder nicht mehr marktgängig sind oder weil sie, wie Grundstücke infolge sinkender Immobilienpreise, über den Marktwert hinaus belastet sind.[157] Eine generelle Unverwertbarkeit im Sinne des Abs. 1 liegt vor, wenn völlig ungewiss ist, wann eine für die Verwertbarkeit notwendige Bedingung eintritt.[158] Maßgebend für die Prognose, dass ein rechtliches oder tatsächliches Verwertungshindernis wegfällt, ist im Regelfall der Zeitraum, für den die Leistungen bewilligt werden, also regelmäßig der sechsmonatige beziehungsweise zwölfmonatige Bewilligungsabschnitt nach § 41 Abs. 1 Satz 4, Satz 5.[159]

---

151 BSG – 30.07.2008 – B 14 AS 26/07 R, BSG – 30.09.2008 – B 4 AS 29/07 R.
152 BSG – 06.05.2010 – B 14 AS 2/09 R.
153 BSG – 15.04.2008 – B 14/7b AS 52/06 R.
154 BSG – 15.04.2008 – B 14/7b AS 52/06 R.
155 BSG – 06.05.2010 – B 14 AS 2/09 R.
156 BSG – 06.05.2010 – B 14 AS 2/09 R.
157 BSG – 06.05.2010 – B 4 AS 70/09 R.
158 BSG – 06.12.2007 – B 14/7b AS 46/06 R.
159 BSG – 30.08.2010 – B 4 AS 70/09 R.

Hat der Miterbe den Auseinandersetzungsanspruch nicht ernstlich geltend gemacht, besteht kein tatsächliches Verwertungshindernis.[160] Eine Interessenlage in der Gestalt, dass eine Wertsteigerung eines Grundstücks erhofft wird oder aus familiären Gründen Rücksicht geübt wird, kann nicht zu einer Unverwertbarkeit des Anspruches des Miterben führen.[161] Erst wenn feststeht, dass eine einvernehmliche Auseinandersetzung der Erbengemeinschaft durch frei vereinbarten Vertrag trotz der dann drohenden Auseinandersetzung nach den gesetzlichen Regelungen gescheitert ist, bestehen hinsichtlich des Anspruchs auf Auseinandersetzung der Erbengemeinschaft tatsächliche Verwertungshindernisse im Sinne des Abs. 1.[162] 3

2. Absetzungsbeträge (Abs. 2)

Von dem zu berücksichtigenden Vermögen sind die Freibeträge nach § 12 Abs. 2 in Abzug zu bringen. In dieser Höhe ist dem Leistungsberechtigten sein Vermögen zu lassen, ohne dass es auf die aktuelle Hilfebedürftigkeit Einfluss hat. 4

2.1 Grundfreibetrag für Volljährige (Abs. 2 Satz 1 Nr. 1)

Jeder in der Bedarfsgemeinschaft lebenden volljährigen Person und deren Partner steht ein Grundfreibetrag zu. Bei der Bestimmung der Absetzungsbeträge nach Abs. 2 Satz 1 Nr. 1 werden die Partner mithin gemeinsam betrachtet und nicht individuell. Es ist daher unschädlich, wenn der Einzelne in der Partnerschaft über Vermögen verfügt, welches seinen individuellen Grundfreibetrag übersteigt, solange mangels vorhandener Werte beim anderen Partner keine Ausschöpfung der zu belassenen Freibeträge erfolgt und das Vermögen insgesamt hinter den beiden Partnern zu gewährenden Freibeträgen zurückbleibt. 5

Verschont bleiben alle erdenklichen Vermögenswerte, ohne dass ihnen ein bestimmter Zweck oder eine bestimmte Verwendung zuzusprechen ist. Darüber hinaus kann aber auch Vermögen, welches zwar grundsätzlich nach § 12 Abs. 3 Satz 1 nicht zu berücksichtigen ist, wie etwa der angemessene Hausrat oder das angemessene Kraftfahrzuge, welches jedoch die Angemessenheitsgrenze überschreitet, in Höhe der Überschreitung durch den Grundfreibetrag aufgefangen werden. Eine isolierte Betrachtung dieser Vermögensposition unabhängig von den Freibeträgen würde zu einem Veräußerungszwang führen, obwohl der Erlös sehr wohl vom Schonvermögen nach Abs. 2 Satz 1 Nr. 1 geschützt wäre.[163] Ein Zwang zur Verwertung von Vermögensgegenständen kann nach dem Sinn und Zweck des SGB II aber immer nur dann einsetzen, wenn damit auch tatsächlich Vermögen in einer Höhe erzielt wird, das zur Beendigung der Hilfebedürftigkeit führt, 6

160 BSG – 06.05.2010 – B 14 AS 2/09 R.
161 BSG – 06.05.2010 – B 14 AS 2/09 R.
162 BSG – 06.05.2010 – B 14 AS 2/09 R.
163 BSG – 06.09.2007 – B 14/7b AS 66/06 R.

was wiederum nur anhand der Freibetragsregelung entschieden werden kann, so dass Abs. 2 und Abs. 3 zu kombinieren sind.[164]

7 Die Höhe des Grundfreibetrages für Volljährige beläuft sich auf mindestens 3100 €. Ab dem 21. Lebensjahr richtet sich die Höhe nach dem Lebensalter, indem er für jedes vollendete Lebensjahr 150 € beträgt.

Eine Obergrenze setzt Abs. 2 Satz 2 Nr. 1. Ist der Leistungsberechtigte vor dem 1. Januar 1958 geboren, darf der Grundfreibetrag nach Abs. 1 Satz 2 Nr. 1 für ihn und seinen Partner jeweils 9750 € nicht übersteigen. Vor 1958 Geborene erreichen nach § 235 Abs. 2 SGB VI im Alter von 65 Jahren und 11 Monaten das Regelrenteneintrittsalter. Eine Rente wegen Alters können diese Personen vor Vollendung des 66. Lebensjahres, mithin mit 65 Jahren beanspruchen. Daraus ergibt sich das Höchstalter im SGB II Bezug, welches multipliziert mit dem Freibetrag von 150 € zu der Höchstgrenze von 9750 € führt.

Nach dem 31. Dezember 1957 und vor dem 1. Januar 1964 Geborene erreichen das Regelrenteneintrittsalter in stufenweiser Anhebung spätestens mit Vollendung des 66. Lebensjahres und 10 Monaten, mithin vor Vollendung des 67. Lebensjahres, so dass sich die Höchstgrenze aus den 66 Lebensjahren errechnet und somit nach Abs. 1 S. 2 Nr. 2 einen Betrag von 9900 € nicht überschreiten darf.

Ab dem Geburtsjahr 1964 darf der Grundfreibetrag nach § 12 Abs. 2 Satz 2 Nr. 3 den Betrag von 10 050 € nicht überschreiten. Diese Personen können die Altersrente in der Regel nach § 35 Satz 1 SGB VI mit Vollendung des 67. Lebensjahres beanspruchen, so dass bei Multiplizieren mit dem Grundfreibetrag von 150 € sich dieser Betrag ergibt.

2.2 Grundfreibetrag für Minderjährige (Abs. 2 Satz 1 Nr. 1 a)

8 Minderjährige Leistungsberechtigte in der Bedarfsgemeinschaft haben einen Grundfreibetrag von 3100 € unabhängig von dem konkreten Alter. Hier erfolgt ausschließlich eine individuelle Betrachtung. Wird der Grundfreibetrag des Kindes nicht vollumfänglich ausgeschöpft, ist eine Übertragung auf die Eltern nicht möglich.

2.3 Nach Bundesrecht gefördertes Altersvorsorgevermögen (Abs. 2 Satz 1 Nr. 2)

9 Vom Vermögen abzusetzen ist das ausdrücklich nach Bundesrecht geförderte Altersvorsorgevermögen. Das sind die Riester-Anlageformen,[165] welche nach § 5 AltZertG zertifiziert sind.

Dieses geförderte Vermögen einschließlich seiner Erträge, wie die Zinsen, und der geförderten laufenden Altersvorsorgebeiträge ist eigenständig und ohne Obergrenze privilegiert. Der Freibetrag für die Altersvorsorge nach Abs. 2 Satz 1 Nr. 2 besteht mithin als spezieller Freibetrag neben dem Grundfreibetrag und kann zusätzlich ohne eine Begren-

---

164 BSG – 06.09.2007 – B 14/7b AS 66/06 R.
165 BT-Drs. 15/1516, S. 53.

zung der Höhe nach ausgeschöpft werden, so dass das gesamte Altersvorsorgevermögen im Sinne der Riester-Rente von der Anrechnung auf die Hilfebedürftigkeit ausgenommen ist.

Dieser Schutz entfällt jedoch, wenn der Inhaber das Altersvorsorgevermögen vorzeitig verwendet. In Betracht kommt dann allenfalls der Grundfreibetrag nach Abs. 2 Satz 1 Nr. 1 und Nr. 1 a. Ist dieser ausgeschöpft, ist das darüber hinaus vorhandene Vermögen zur Sicherung des Lebensunterhalts einzusetzen. **10**

Jeder in der Bedarfsgemeinschaft lebende Leistungsberechtigte kann diesen Freibetrag geltend machen.

2.4 Sonstiges Altersvorsorgevermögen (Abs. 2 Satz 1 Nr. 3)

Neben den Riester-Anlageformen nach Abs. 2 Satz 1 Nr. 2 ist auch sonstiges Vermögen, **11**
welches der Altersvorsorge dient, in einer bestimmten Höhe geschützt. Damit soll vermieden werden, dass der Leistungsberechtigte sein für die Altersvorsorge bestimmtes Vermögen zur Bestreitung seines Lebensunterhalts einsetzen muss.[166] Geschützt sind dabei nur geldwerte Ansprüche, die im allgemeinen Rechts- und Wirtschaftsleben ohne weiteres realisiert werden können, wie z. B. Bankguthaben und Ansprüche aus kapitalbildenden Lebensversicherungen.[167] Voraussetzung ist, dass der Inhaber die Verwertung des Vermögens vor dem Eintritt in den Ruhestand aufgrund einer unwiderruflichen vertraglichen Vereinbarung ausgeschlossen hat. Eine festgelegte zeitliche Mindestbegrenzung für den Begriff des Ruhestandesbeginns enthält das Gesetz nicht, so dass eine Altersvorsorge in diesem Sinne wohl auch weit vor Erreichen des Regelrenteneintrittsalters angenommen werden kann.[168] Die Verwertbarkeit muss durch eine unwiderrufliche Vereinbarung ausgeschlossen sein, die beinhaltet, dass das Vermögen vor dem Erreichen des Ruhestandes weder ausgezahlt, übertragen, verpfändet oder auf andere Weise genutzt werden kann.[169]

Die Kündigung eines Versicherungsnehmers regelt sich grundsätzlich nach § 168 VVG, wobei diese Vorschrift in Absatz 3 vorgibt, dass eine Kündigung nicht möglich ist bei einem für die Altersvorsorge bestimmten Versicherungsvertrag, bei dem der Versicherungsnehmer die Verwertung vor dem Eintritt in den Ruhestand ausgeschlossen wissen wollte. Dabei darf der Wert der vom Ausschluss der Verwertbarkeit betroffenen Ansprüche die in § 12 Abs. 2 Nr. 3 genannten Beträge nicht übersteigen.

Der Freibetrag für dieses sonstige Altersvorsorgevermögen besteht als spezieller Frei- **12**
betrag neben dem Grundfreibetrag nach Abs. 2 Satz 1 Nr. 1 und kann nur von den erwerbsfähigen Leistungsberechtigten in der Bedarfsgemeinschaft in Anspruch genommen werden, so dass minderjährige Kinder mindestens das 15. Lebensjahr vollendet haben müssen. Der Höhe nach dürfen die geldwerten Ansprüche 750 € je Lebensjahr der er-

166 BT-Drs. 15/1749, S. 31.
167 BT-Drs. 15/1749, S. 31.
168 Landessozialgericht Nordrhein-Westfalen – 01. 12. 2005 – L 9 B 90/05 AS ER.
169 BT-Drs. 15/1749, S. 31.

werbsfähigen leistungsberechtigten Person und deren Partner nicht übersteigen. Es erfolgt mithin eine gemeinsame Betrachtung der Partner in der Bedarfsgemeinschaft und keine individuelle, so dass bei einem Überhang an Altersvorsorgevermögen beim Einzelnen gegebenenfalls durch die dem Partner zustehenden Freibeträge nach Abs. 2 Satz 1 Nr. 3 aufgefangen werden kann.

Eine Obergrenze des Freibetrages findet sich in Abs. 2 Satz 2 Nr. 1 bis 3. Diese richtet sich wie beim Grundfreibetrag nach Abs. 2 Satz 1 Nr. 1 in Verbindung mit Satz 2 nach dem Erreichen des Regelrenteneintrittsalters und damit dem Verlassen des Rechtskreises des SGB II. Nach Abs. 2 Satz 2 Nr. 1 darf bei Personen, die vor 1958 geboren sind, der Wert der geldwerten Ansprüche nach Abs. 2 Satz 1 Nr. 3 jeweils für den erwerbsfähigen Leistungsberechtigten und seines Partners 49 500 € nicht übersteigen. Diese Personen erreichen nach § 235 Abs. 2 SGB VI im Alter von 65 Jahren und 11 Monaten das Regelrenteneintrittsalter. Sie sind nach dem SGB VI in Form der Altersrente vor Vollendung des 66. Lebensjahres anspruchsberechtigt, können also höchstens im Alter von 65 Jahren im Bezug der Grundsicherungsleistungen für Arbeitssuchende sein. Daher ergibt sich ein Höchstfreibetrag aus 750 € für 65 Lebensjahre und mithin 48 750 €.

Nach dem 31. Dezember 1957 und vor dem 1. Januar 1964 Geborene erreichen das Regelrenteneintrittsalter in stufenweiser Anhebung spätestens mit Vollendung des 66. Lebensjahres und 10 Monaten, mithin vor Vollendung des 67. Lebensjahres, so dass sich die Höchstgrenze aus 750 € für 66 Lebensjahre errechnet und somit nach Abs. 1 Satz 2 Nr. 2 ein Betrag von 49 500 € nicht überschritten werden darf.

Ab dem Geburtsjahr 1964 darf der Freibetrag für das sonstige Altersvorsorgevermögen nach Abs. 2 Satz 1 Nr. 1 nach Abs. 2 Satz 2 Nr. 3 den Betrag von 50 250 € nicht überschreiten. Diese Personen können die Altersrente in der Regel nach § 235 Abs. 1 SGB VI mit Vollendung des 67. Lebensjahres beanspruchen, so dass bei dem Multiplizieren mit dem Freibetrag von 750 € sich dieser Betrag ergibt.

2.5 Freibetrag für notwendige Anschaffungen (Abs. 2 Satz 1 Nr. 4)

13 Für jeden in der Bedarfsgemeinschaft lebenden Leistungsberechtigten ist von dem zu berücksichtigenden Vermögen ein Freibetrag in Höhe von 750 € abzusetzen. Eine Beschränkung auf die erwerbsfähigen Personen in der Bedarfsgemeinschaft erfolgt nicht, so dass auch minderjährigen Kindern unter 15 Jahren dieser Freibetrag zusteht. Im Gegensatz zum Grundfreibetrag ist der Freibetrag nach Abs. 2 Satz 1 Nr. 4 nicht an eine Person gebunden, sondern soll der gesamten Bedarfsgemeinschaft zugutekommen. Schöpfen minderjährige Leistungsberechtigte den Freibetrag für notwendige Anschaffungen nicht aus, weil sie kein oder nur ein geringes Vermögen haben, welches aufgrund des zu belassenden Grundfreibetrages nicht zur Sicherung des Lebensunterhalt einzusetzen ist, erhöht sich der Freibetrag des erwerbsfähigen Leistungsberechtigten und seines Partners um den ungenutzten Freibetrag von einmalig 750 €.

3. Nicht zu berücksichtigendes Vermögen (Abs. 3)

In einem angemessenen Umfang bleiben bestimmte Vermögensgegenstände und Vermögenswerte bei der Ermittlung der Hilfebedürftigkeit nach § 12 Abs. 3 Satz 1 außer Betracht. Sie werden nicht berücksichtigt und müssen somit nicht zur Sicherung des Lebensunterhalts eingesetzt werden. Dies jedoch nur, soweit sie angemessen sind. Nach § 12 Abs. 3 Satz 2 sind für die Angemessenheit die Lebensumstände während des Bezugs der Leistungen zur Grundsicherung für Arbeitsuchende maßgebend. Es kommt mithin nicht darauf an, ob zum Zeitpunkt der Anschaffung des Vermögensgegenstandes oder Vermögenswertes diese in Bezug auf die damalige wirtschaftliche Lage angemessen waren. Entscheidend ist allein die derzeitige Situation, in welcher der Leistungsberechtigt möglicherweise auf staatliche Fürsorgeleistungen angewiesen ist. 14

3.1 Angemessener Hausrat (Abs. 3 Satz 1 Nr. 1)

Zum Hausrat gehören die Gegenstände, die der Haushalts- und Lebensführung dienen und Teil der Wohnungseinrichtung sind. Dies sind typischerweise die Möbel, Elektrogroßgeräte und Elektrokleingeräte, Geschirr, Bücher, Wäsche im Sinne von Handtüchern und Bettwäsche, Computer und Bilder. Nicht hierzu zählen dagegen persönliche Gegenstände, wie die eigene Kleidung, Schmuck oder eine Münzsammlung. Auch Gegenstände, die der Berufsausübung dienen, fallen nicht unter den Begriff des Hausrats. 15

Da diese Gegenstände für die Lebensführung notwendig sind und gegebenenfalls bei einer Veräußerung zur Verwertung ersetzt werden müssten, sind sie nicht als Vermögen im Rahmen der Grundsicherung für Arbeitsuchende zu berücksichtigen. Dies jedoch unter der Einschränkung der Angemessenheit des Hausrats.

Die Beurteilung der Angemessenheit erfolgt anhand der derzeitigen Lebensumstände, nämlich dem Bezug von existenzsichernden Leistungen. Damit ist jedoch nicht jeder Hausratsgegenstand, der über ein Mindestmaß an Funktionalität hinausgeht, unangemessen. Vielmehr ist im Einzelfall zu beurteilen, inwieweit die Nichtberücksichtigung dieses Gegenstandes unter gleichzeitigem Bezug von Leistungen gerechtfertigt erscheint.

3.2 Angemessenes Kraftfahrzeug (Abs. 3 Satz 1 Nr. 2)

Für jede in der Bedarfsgemeinschaft lebende erwerbsfähige leistungsberechtigte Person bleibt ein angemessenes Kraftfahrzeug bei der Bestimmung der Hilfebedürftigkeit unberücksichtigt. Die Nichtberücksichtigung eines angemessenen Kraftfahrzeuges ist mithin an die Erwerbsfähigkeit gebunden. Sinn und Zweck der Privilegierung des Pkw ist es, dem erwerbsfähigen Leistungsberechtigten die Gelegenheit und Chance zu erhalten, im Falle seiner Vermittlung in Arbeit mittels eines Fahrzeugs eine Arbeitsstelle erreichen zu können.[170] 16

170 BSG – 06.09.2007 – B 14/7b AS 66/06 R.

Nicht erwerbsfähige Personen in der Bedarfsgemeinschaft, welche über ein Kraftfahrzeug verfügen, können sich nicht auf Abs. 3 Satz 1 Nr. 2 berufen. Hier kann der Pkw allenfalls unter den Grundfreibetrag nach Abs. 2 Satz 1 Nr. 1 fallen.

Ein Anhalt für die Ermittlung eines Grenzwertes für die Angemessenheit eines Kraftfahrzeuges wurde § 5 Abs. 1 KfzHV entnommen, wonach die Beschaffung für behinderte Menschen bis zu einem Betrag in Höhe des Kaufpreises, höchstens jedoch bis zu einem Betrag von 9500 € gefördert wird.[171] Da die Leistungen des SGB II sich aber grundsätzlich an den unteren 20 % der Haushalte in der Einkommens- und Verbrauchsstichprobe orientieren, war von diesem Wert von 9500 € noch ein Abschlag vorzunehmen, so dass von einem Grenzwert der Angemessenheit von 7500 € für einen Pkw auszugehen ist.[172]

3.3 Altersvorsorgevermögen von Personen, die von der Versicherungspflicht befreit sind (Abs. 3 Satz 1 Nr. 3)

17 Sind Personen von der Versicherungspflicht in der gesetzlichen Rentenversicherung befreit, kann ferner das Vermögen, welches für die Altersvorsorge bestimmt ist, in einem angemessenen Umfang unberücksichtigt bleiben.

Betroffen sind nur die von der Versicherungspflicht Befreiten im Sinne der §§ 6, 231, 231 a SGB VI. Diese Personen unterliegen grundsätzlich der Versicherungspflicht in der gesetzlichen Rentenversicherung, erfüllen jedoch die Voraussetzungen für eine Befreiung, haben diese beantragt und der Rentenversicherungsträger hat diesen positiv beschieden. Nicht hierunter fallen die Personen nach § 5 SGB VI, die von vornherein nicht der Versicherungspflicht in der gesetzlichen Rentenversicherung unterliegen. Eine verfassungswidrige Ungleichbehandlung liegt darin nicht. Es bestehen Unterschiede zwischen den beiden Gruppen von Normadressaten im Hinblick auf die von ihnen gewählten Versicherungsformen, die eine Ungleichbehandlung rechtfertigen.[173] Es unterscheidet sich die Situation der nach § 6 SGB VI von der Versicherungspflicht Befreiten grundlegend von derjenigen des Personenkreises nach § 5 SGB VI, welcher nie der Versicherungspflicht unterlag und dem es von vornherein oblag, sich eigenständig um eine entsprechende Sicherung für das Alter zu bemühen.[174]

18 Das Vermögen muss von dem Inhaber für die Altersvorsorge bestimmt sein. Erforderlich ist mithin der Wille, die Vermögenswerte mit Eintritt in den Ruhestand für die Sicherung des Lebensunterhalts einzusetzen. Dieser Wille muss durch äußere Umstände erkennbar sein, wie insbesondere die Dauer der Anlageform.

Unberücksichtigt bleibt nicht das gesamte Altersvorsorgevermögen, sondern nur jenes, welches einen angemessenen Umfang hat. Grund für die Verschonung dieser Vermögenswerte sind die fehlenden Anwartschaften dieses Personenkreises in der gesetzlichen Rentenversicherung. Ist der Leistungsberechtigte aber z. B. nach § 6 Abs. 1 Satz 1. Nr. 1 SGB VI

171 BSG – 06.09.2007 – B 14/7b AS 66/06 R.
172 BSG – 06.09.2007 – B 14/7b AS 66/06 R.
173 BSG – 07.05.2009 – B 14 AS 35/08 R.
174 BSG – 07.05.2009 – B 14 AS 35/08 R.

als Beschäftigter oder selbständig Tätiger gesetzliches Mitglied einer öffentlich-rechtlichen Versicherungseinrichtung oder Versorgungseinrichtung in der Berufsgruppe, erfährt er eine soziale Vorsorge, so dass im Einzelfall zu prüfen ist, ob eine weitergehende Absicherung im Alter geboten und im Sinne der staatlichen Fürsorgeleistungen angemessen ist.

Die Nichtberücksichtigung von Vermögen nach Abs. 3 Satz 1 Nr. 3 ist zu unterscheiden von den Absetzungsbeträgen nach Abs. 2 Satz 1 Nr. 2 und Nr. 3. Während das Altersvorsorgevermögen nach Abs. 3 Satz 1 Nr. 3 von vornherein bei der Bestimmung der Hilfebedürftigkeit außer Betracht bleibt, regelt Abs. 2 Satz 1 Nr. 2 und Nr. 3, inwieweit auch unter dem Gesichtspunkt einer Altersvorsorge zu berücksichtigendes Vermögen um bestimmte Freibeträge zu bereinigen ist.

3.4 Angemessenes selbstgenutztes Wohneigentum (Abs. 3 Satz 1 Nr. 4)

Das selbst genutzte Wohneigentum gehört zu dem nicht zu berücksichtigenden Vermögen, soweit es angemessen ist. **19**

Keine Selbstnutzung zu Wohnzwecken liegt bei einer gewerblichen Nutzung oder der Vermietung vor. Es soll der Bedarf des Wohnens gesichert werden und somit die Hilfebedürftigkeit des Leistungsberechtigten und der Personen, die mit ihm in einer Bedarfsgemeinschaft leben, in diesem Umfang dauerhaft verringert werden. Zweck dieser Regelung ist mithin nicht der Schutz der Immobilie als Vermögensgegenstand, sondern allein der Schutz des Wohnens im Sinne der Erfüllung des Grundbedürfnisses »Wohnen« und als räumlicher Lebensmittelpunkt.[175]

Nicht selbst zu Wohnzwecken genutztes Eigentum, wie unbebaute Grundstücke, gewerblich genutzte Gebäude, vermietete Häuser oder Wohnungen unterfallen daher nicht dem Schutz des Abs. 3 Satz 1 Nr. 4.

Voraussetzung ist jedoch, dass es sich um Wohneigentum, sei es in Form eines Hausgrundstückes oder einer Eigentumswohnung, von angemessener Größe handelt. Zur Bestimmung der angemessenen Größe sind die Wohnflächengrenzen des § 39 Abs. 1 Satz 1 Nr. 1 und 3 i. V. m. Abs. 2 WoBauG heranzuziehen, auch nach dem Außerkrafttreten des 2. WoBauG auf Grund von Art. 2 des Wohnungsbaureformgesetzes vom 13. September 2001.[176] Danach sollte mit öffentlichen Mitteln der Bau von angemessen großen Wohnungen gefördert werden. Für Familienheime sah § 39 Abs. 1 Satz 1 Nr. 1 WoBauG[177] eine Höchstgrenze von 130 qm vor, für Eigentumswohnungen nach § 39 Abs. 1 Satz 1 Nr. 3 WoBauG[178] waren es 120 qm. **20**

Ausgehend von 130 qm für Einfamilienhäusern und 120 qm für Eigentumswohnungen jeweils bei einem Haushalt von vier Personen ist entsprechend der in § 82 Abs. 3 Satz 1 2. WoBauG[179] in Bezug genommenen Größe von 20 qm pro Person eine Reduzie-

175 BSG – 07. 11. 2006 – B 7b AS 2/05 R.
176 BGBl. I 2376.
177 II. WobauG Fassung vom: 19. 08. 1994.
178 II. WobauG Fassung vom: 19. 08. 1994.
179 II. WobauG Fassung vom: 19. 08. 1994.

rung von jeweils 20 qm vorzunehmen, wobei bei einer Belegung mit bis zu zwei Personen die Grenze allerdings typisierend auf 90 qm beziehungsweise 80 qm festzusetzen ist.[180] Dieser Grenzwert kann allerdings nicht als quasi normative Größe herangezogen werden, sondern es bleibt vielmehr Entscheidungsspielraum für außergewöhnliche Bedarfslagen im Einzelfall.[181]

Eine Grundstücksfläche von 500 qm im städtischen und von 800 qm im ländlichen Bereich ist in der Regel als angemessen anzusehen, darüber hinaus sind auch höhere Werte als angemessen anzuerkennen, wenn diese in Bebauungsplänen festgelegt sind.[182]

3.5 Für Wohnzwecke von behinderten oder pflegebedürftigen Menschen bestimmtes Vermögen (Abs. 3 Satz 1 Nr. 5)

21 Vermögen, welches zur Beschaffung oder Erhaltung eines Hausgrundstücks von angemessener Größe bestimmt ist, kann soweit unberücksichtigt bleiben, wie es zu Wohnzwecken behinderter oder pflegebedürftiger Menschen dient oder dienen würde.

Nach der Legaldefinition des § 2 Abs. 1 Satz 1 SGB IX liegt eine Behinderung bei einer Abweichung der körperlichen Funktionen, geistigen Fähigkeiten oder der seelischen Gesundheit von dem für das Lebensalter typischen Zustand vor, welche mit hoher Wahrscheinlichkeit länger als sechs Monate andauert. Ein bestimmter Grad einer Behinderung ist nicht erforderlich.

22 Pflegebedürftig sind nach § 14 Abs. 1 SGB XI Personen, die wegen einer körperlichen, geistigen oder seelischen Krankheit oder Behinderung für die gewöhnlichen und regelmäßig wiederkehrenden Verrichtungen im Ablauf des täglichen Lebens auf Dauer, voraussichtlich für mindestens sechs Monate, in erheblichem oder höherem Maße der Hilfe bedürfen. Das Vorliegen einer bestimmten Pflegestufe wird für Abs. 3 Satz 1 Nr. 5 nicht vorausgesetzt.

23 Nicht erforderlich ist nach Abs. 3 Satz 1 Nr. 5, dass der Inhaber des nicht zu berücksichtigenden Vermögens selbst behindert oder pflegebedürftig ist. Ebenso wird nicht vorausgesetzt, dass es sich um ein Mitglied der Bedarfsgemeinschaft handeln muss oder dass es sich zumindest im Verhältnis zum Vermögensinhaber um einen Angehörigen handeln muss.

3.6 Unwirtschaftlichkeit oder besondere Härte der Verwertung (Abs. 3 Satz 1 Nr. 6)

24 Von der Berücksichtigung ausgeschlossen sind Vermögensgegenstände und Vermögenswerte, soweit deren Verwertung offensichtlich unwirtschaftlich ist oder für den Betroffenen eine besondere Härte bedeuten würde.

---

180 BSG – 07.11.2006 – B 7b AS 2/05 R.
181 BSG – 15.04.2008 – B 14/7b AS 34/06 R.
182 FH BA § 12 Rn. 27.

3.6.1 Unwirtschaftlichkeit

Eine offensichtliche Unwirtschaftlichkeit liegt nach der Rechtsprechung des BSG zur Arbeitslosenhilfe dann vor, wenn der zu erzielende Gegenwert in einem deutlichen Missverhältnis zum wirklichen Wert des zu verwertenden Vermögensgegenstandes steht oder umgekehrt liegt eine offensichtliche Unwirtschaftlichkeit dann nicht vor, wenn das Ergebnis der Verwertung vom wirklichen Wert nur geringfügig abweicht.[183] Dabei ist auf das ökonomische Kalkül eines rational handelnden Marktteilnehmers abzustellen, das heißt, es ist der derzeitige auf dem Markt vorhandene Verkehrswert für den Vermögensgegenstand zu ermitteln und dem Substanzwert gegenüberzustellen.[184] Nach den Fachlichen Hinweisen der Bundesagentur für Arbeit ist Unwirtschaftlichkeit stets dann anzunehmen, wenn im Ergebnis unter Berücksichtigung der mit der Verwertung einhergehenden Kosten der Verkehrswert über 10 % unter dem Substanzwert liegt.[185] **25**

Künftige Gewinnaussichten bleiben dabei außer Betracht.[186] Bei der Berechnung der Wirtschaftlichkeit finden zu erwartende Wertsteigerungen, Zinsen oder künftige Gewinne keinen Einzug. Die bloße Erwartung, es werde bei weiterem Zeitablauf ein höherer Zahlbetrag fällig, ist nicht geschützt.[187] Denn es ist nicht Aufgabe der Grundsicherung für Arbeitsuchende, einen Gewinn zu retten.[188] Die Verwertung eines Investmentfonds ist daher nicht offensichtlich unwirtschaftlich, wenn der Kurswert zwar deutlich gefallen ist, der Verkaufswert den Anschaffungswert aber noch immer übersteigt[189] Handelt es sich um typischerweise hochspekulative Anlageformen, wie z. B. Aktien, erfolgt eine Berücksichtigung auch unabhängig vom früheren Kaufpreis, da sich aus der Anlageform heraus bereits ein gewisses Risiko ergibt, welches nicht vom Grundsicherungsträger zu übernehmen ist. **26**

Indem stets der Lebenszuschnitt des Leistungsberechtigten während des Bezugs der Leistungen zur Grundsicherung für Arbeitsuchende maßgebend sein soll und der Grundsicherung für Arbeitssuchende nicht mehr die Funktion der Sicherung des Lebensstandards zukommt, kann auch ein Verlust von mehr als 10 % noch im Bereich des Wirtschaftlichen liegen.[190] **27**

Bei Immobilien lässt sich eine absolute Grenze nicht ziehen. Bei der Beurteilung der Unwirtschaftlichkeit der Verwertung eines Hausgrundstücks ist der bei Veräußerung zu erzielende Erlös dem zur Erstellung des Hauses aufgewendeten Gesamtbetrag gegenüberzustellen.[191] Dabei sind gewisse Verluste, insbesondere unter dem Aspekt veränderter Marktpreise und des bisher in Anspruch genommenen Wohnwertes als zumutbar anzusehen.[192]

---

183 BSG – 06.09.2007 – B 14/7b AS 66/06 R.
184 BSG – 06.09.2007 – B 14/7b AS 66/06 R.
185 FH BA § 12 Rn. 37.
186 BSG – 27.01.2009 – B 14 AS 42/07 R.
187 BSG – 14.09.2005 – B 11 a/11 AL 71/04 R.
188 SG Bremen – 18.11.2009 – S 26 AS 1898/09 ER.
189 SG Bremen – 18.11.2009 – S 26 AS 1898/09 ER.
190 BSG – 06.09.2007 – B 14/7b AS 66/06 R.
191 Landessozialgericht Sachsen – 06.09.2010 – L 7 AS 777/09 B ER.
192 Landessozialgericht Sachsen – 06.09.2010 – L 7 AS 777/09 B ER.

3.6.2 Besondere Härte

28 Das Vorliegen einer besonderen Härte der Berücksichtigung des Vermögensgegenstandes für den Leistungsberechtigten kann nur angenommen werden, wenn außergewöhnliche Umstände vorliegen. Diese müssen dem Betroffenen ein deutlich größeres Opfer abverlangen als eine einfache Härte und erst recht als die mit der Vermögensverwertung stets verbundenen Einschnitte.[193] Wann von einer besonderen Härte auszugehen ist, richtet sich nach den Umständen des Einzelfalls, wobei maßgebend solche Tatsachen sein können, die nicht bereits durch die ausdrücklichen Freistellungen und die Absetzungsbeträge nach Abs. 3. erfasst werden.[194] Dies sind Umstände, die bei anderen Leistungsberechtigten in vergleichbarer Situation regelmäßig nicht anzutreffen sind.[195]

Ein derartiger Härtefall kann nach den Gesetzesmaterialien vorliegen, wenn ein erwerbsfähiger Leistungsberechtigter kurz vor dem Rentenalter seine Ersparnisse für die Altersvorsorge einsetzen müsste, obwohl seine Rentenversicherung Lücken wegen selbständiger Tätigkeit aufweist.[196] Es kommt nach den Vorstellungen des Gesetzgebers somit nicht allein auf den Verlust der Altersvorsorge durch Verwertung und dessen Zeitpunkt an, sondern hinzukommen muss vielmehr noch eine Versorgungslücke.[197]

4. Verkehrswert (Abs. 4)

29 Das vorhandene und zu berücksichtigende Vermögen ist mit seinem Verkehrswert anzusetzen. Der Verkehrswert ist der im Geschäftsverkehr tatsächlich zu erzielende wirkliche Wert,[198] welchen der Vermögensgegenstand gegenwärtig auf dem Markt hat.[199] Unerheblich für die Ermittlung des Verkehrswertes ist das subjektive Wertempfinden. Er ist durch Auswertung aller zur Verfügung stehenden Quellen zu ermitteln, sofern es sich bei einem Vermögensgegenstand nicht um Geld oder unmittelbar auf einen Geldbetrag lautende Forderungen oder Rechte handelt.[200] Dieser gegenwärtige Verkaufspreis ist dem Substanzwert gegenüberzustellen, wobei künftige Gewinnaussichten außer Betracht bleiben[201] Für die Bewertung ist der Zeitpunkt maßgebend, in dem der Antrag auf Bewilligung oder erneute Bewilligung der Leistungen der Grundsicherung für Arbeitssuchende gestellt wird, bei späterem Erwerb von Vermögen der Zeitpunkt des Erwerbs. Wesentliche Änderungen des Verkehrswertes sind zu berücksichtigen.[202]

---

193 Landessozialgericht Sachsen – 06.09.2010 – L 7 AS 777/09 B ER.
194 Landessozialgericht Nordrhein-Westfalen – 06.04.2011 – L 12 AS 42/07.
195 B 11 b A 37/06 R.
196 BT-Drs. 15/1749, S. 32.
197 BSG – 07.05.2009 – B 14 AS 35/08 R.
198 Landessozialgericht Niedersachsen-Bremen – 10.08.2010 – L 7 AS 382/08.
199 BSG – 27.01.2009 – B 14 AS 42/07 R.
200 Landessozialgericht Thüringen – 29.09.2009 – L 9 AS 613/09 ER.
201 BSG – 27.01.2009 – B 14 AS 42/07 R.
202 BSG – 13.05.2009 – B 4 AS 58/08 R.

Beispiele: 30
- Zur Ermittlung des Verkehrswertes eines Pkw ist richtiger Maßstab der von privaten Veräußerern aktuell erzielbare Preis, für welchen Listen wie die so genannte Schwackeliste Anhaltspunkte bieten.[203] Gemäß des Grundsatzes in § 2 Abs. 1 Satz 1, wonach erwerbsfähige Leistungsberechtigte alle Möglichkeiten zur Beendigung oder Verringerung ihrer Hilfebedürftigkeit ausschöpfen müssen, scheint es sachgerecht, für die Wertermittlung den bei einem Verkauf des Kfz auf dem privaten Gebrauchtwagenmarkt erzielbaren Kaufpreis anzusetzen, soweit der Betroffenen nicht im Einzelfall ausschließlich auf einen Händler verwiesen ist, z. B. weil das Fahrzeug auf dem deutschen Markt unverkäuflich ist und nur ein Exporthändler in Betracht kommt.[204]
- Bei Häusern und Grundstücken kann der Kaufpreis zugrunde gelegt werden, sofern der Erwerb nicht bereits zu lange zurückliegt oder es zu erheblichen Veränderungen am örtlichen Immobilienmarkt gekommen ist.[205] 31

§ 12 a Vorrangige Leistungen

Leistungsberechtigte sind verpflichtet, Sozialleistungen anderer Träger in Anspruch zu nehmen und die dafür erforderlichen Anträge zu stellen, sofern dies zur Vermeidung, Beseitigung, Verkürzung oder Verminderung der Hilfebedürftigkeit erforderlich ist. Abweichend von Satz 1 sind Leistungsberechtigte nicht verpflichtet,

1. bis zur Vollendung des 63. Lebensjahres eine Rente wegen Alters vorzeitig in Anspruch zu nehmen oder

2. Wohngeld nach dem Wohngeldgesetz oder Kinderzuschlag nach dem Bundeskindergeldgesetz in Anspruch zu nehmen, wenn dadurch nicht die Hilfebedürftigkeit aller Mitglieder der Bedarfsgemeinschaft für einen zusammenhängenden Zeitraum von mindestens drei Monaten beseitigt würde.

Inhaltsübersicht Rn.

1. Grundsatz der Inanspruchnahme vorrangiger Leistungen (Satz 1)

Nach § 12 a sind Leistungsberechtigte verpflichtet, Sozialleistungen anderer Träger in Anspruch zu nehmen. Dies jedoch nur, sofern sich die Inanspruchnahme auf die Höhe der Hilfebedürftigkeit im Sinne des SGB II auswirkt. Diese muss durch die möglichen Zahlungen ganz vermieden oder beseitigt, verkürzt oder vermindert werden. 1

Zugleich entspricht die Regelung dem § 5, der die Nachrangigkeit der Grundsicherung für Arbeitssuchende gegenüber anderen Sozialleistungen anordnet. Kommt der Leistungsberechtigte seiner Pflicht zur Antragstellung und Inanspruchnahme von vorrangigen Sozialleistungen nicht nach, kann der Leistungsträger nach erfolgloser Aufforderung nach § 5 Abs. 3 einen erforderlichen Antrag stellen sowie Rechtsbehelfe und Rechtsmittel einlegen.

---

203 BSG – 06. 09. 2007 – B 14/7 b AS 66/06 R.
204 Landessozialgericht Sachsen-Anhalt – 29. 10. 2009 – L 5 AS 45/06.
205 Landessozialgericht Thüringen – 29. 09. 2009 – L 9 AS 613/09 ER.

2 Leistungen anderer Sozialleistungsträger sind insbesondere das Krankengeld als Anspruch gegenüber dem SGB V Leistungsträger, Leistungen der Rentenversicherung nach dem SGB VI, Leistungen der Unfallversicherung nach dem SGB VII, das Kindergeld nach dem BKGG und EStG, der Unterhaltsvorschuss nach dem UhVorschG und das Wohngeld nach dem WoGG.

2. Einschränkung des Grundsatzes der Inanspruchnahme vorrangiger Leistungen (Satz 2)

3 Satz 2 schränkt die Regelung in Satz 1 ein. Grundsätzlich wären in Betracht kommende Sozialleistungen ab dem frühestmöglichen Zeitpunkt in Anspruch zu nehmen, mithin die Rente wegen Alters nach dem SGB VI bereits dann, wenn sie vor dem für den Versicherten maßgeblichen Regelrenteneintrittsalter bezogen werden kann, was für den Betroffenen mit Abschlägen verbunden ist.[206] Eine dahingehende Pflicht besteht für die Altersrente nach Satz 2 Nr. 1 frühestens mit Vollendung des 63. Lebensjahres.[207] Davon unberührt bleibt das Recht der Leistungsberechtigten, selbst einen Rentenantrag zu stellen, damit sie nicht mehr alle Möglichkeiten nutzen müssen, um ihre Hilfebedürftigkeit zu überwinden.[208]

Leistungsberechtigte, deren Anspruch auf Leistungen nach dem SGB 2 vor dem 01.01.2008 entstanden ist und die das 58. Lebensjahr vor diesem Tag vollendet haben, sind nicht verpflichtet, eine geminderte Altersrente in Anspruch zu nehmen, indem der Gesetzgeber mit der Regelung des § 65 Abs. 4 eine Vertrauensregelung geschaffen hat.[209]

4 Mit dem Gesetz zur Ermittlung von Regelbedarfen und zur Änderung des Zweiten und Zwölften Buches Sozialgesetzbuch vom 24.03.2011[210] wurde die Pflicht der Leistungsberechtigten zur Inanspruchnahme der vorrangigen Leistungen Wohngeld und Kinderzuschlag auf die Fälle beschränkt, in welchen die Inanspruchnahme die Hilfebedürftigkeit aller Mitglieder der Bedarfsgemeinschaft für einen zusammenhängenden Zeitraum von mindestens drei Monaten beseitigen würde (s. § 68 SGB I – Kinderzuschlag und Wohngeld).

Die Neufassung leistet einen erheblichen Beitrag zum Abbau von Bürokratie, indem im Rahmen der Bedarfsgemeinschaft Kinder nach § 7 Abs. 3 Nr. 4 stets einschließlich ihrer Eltern und anderer Mitglieder dieser Bedarfsgemeinschaft betrachtet werden und bislang erforderliche Anträge, die zu keinem höheren Haushaltseinkommen geführt haben, wegfallen.[211] Antragskreisläufe, die bislang entstehen, weil ein Leistungsberechtigter aufgrund des Bezugs isolierten Wohngeldes in SGB-II-Bedarfsgemeinschaften zwar nicht mehr hilfebedürftig wäre, bei dem dann zu leistenden Wohngeld für den gesamten Haushalt jedoch hilfebedürftig bliebe, werden weitgehend vermieden.[212] Dies gilt sowohl

206 BT-Drs. 16/7460, S. 12.
207 BT-Drs. 16/7460, S. 12.
208 BT-Drs. 16/7460, S. 12.
209 Landessozialgericht Sachsen – 03.11.2010 – L 7 AS 677/10 B ER.
210 BGBl. I S. 453.
211 BT-Drs. 17/3404, S. 95.
212 BT-Drs. 17/3404, S. 96.

für das isolierte Wohngeld für ein Kind als auch für ein Mitglied mit Leistungsberechtigung nach dem Dritten Kapitel des SGB XII.[213]

Zudem treten Fälle, in denen erkennbar nur kurzfristig ein bedarfsdeckendes Einkommen erzielt wird und deshalb vom ALG II zum Wohngeld und zurück gewechselt wird, durch Einführung einer Drei-Monatsprognose deutlich seltener auf, was ebenfalls einen erheblichen Beitrag zum Bürokratieabbau leistet.[214] Fällt die Prognose für den Drei-Monatszeitraum negativ aus, so besteht keine Pflicht des Leistungsempfängers, Kinderzuschlag oder Wohngeld zu beantragen. Dementsprechend ist eine Aufforderung durch den Leistungsträger unzulässig und erst recht die Antragstellung auf diese Leistungen durch den Träger.[215] Gleichwohl kann der Leistungsberechtigte von der Möglichkeit der Antragstellung Gebrauch machen. Durch Beibehaltung der Möglichkeit, auf freiwilliger Basis weiterhin Wohngeld für ein weiteres Haushaltsmitglied oder Wohngeld und Kinderzuschlag für Zeiträume unterhalb von drei Monaten zu beantragen, werden auch im Einzelfall Schlechterstellungen vermieden.[216]

Kapitel 3
Leistungen

Abschnitt 1
Leistungen zur Eingliederung in Arbeit

§ 14 Grundsatz des Förderns

Die Träger der Leistungen nach diesem Buch unterstützen erwerbsfähige Leistungsberechtigte umfassend mit dem Ziel der Eingliederung in Arbeit. Die Agentur für Arbeit soll eine persönliche Ansprechpartnerin oder einen persönlichen Ansprechpartner für jede erwerbsfähige leistungsberechtigte Person und die mit dieser in einer Bedarfsgemeinschaft lebenden Personen benennen. Die Träger der Leistungen nach diesem Buch erbringen unter Beachtung der Grundsätze von Wirtschaftlichkeit und Sparsamkeit alle im Einzelfall für die Eingliederung in Arbeit erforderlichen Leistungen.

Inhaltsübersicht Rn.

213 BT-Drs. 17/3404, S. 96.
214 BT-Drs. 17/3404, S. 96.
215 BT-Drs. 17/3404, S. 95.
216 BT-Drs. 17/3404, S. 96.

1. Regelungsgehalt

1 Die Vorschrift postuliert den Grundsatz des Förderns, der dem Grundsatz des Forderns aus § 2 gegenübersteht, und formuliert somit den zweiten Pfeiler des SGB II. Sie dient als Einleitungsvorschrift für die in den folgenden Vorschriften geregelten Aktivleistungen und stellt klar, welchen Regeln diese Leistungen folgen.[217]

2. Unterstützung

2 Der Gesetzgeber stellt die Unterstützung mit dem Ziel der Eingliederung in Arbeit an den Anfang der Vorschrift. Sie vermittelt jedoch dem Einzelnen keinen Anspruch, sondern verpflichtet die in Bezug genommenen Träger aus § 6 lediglich objektiv-rechtlich zur Unterstützung.[218] Dabei wird durch den Wortlaut »unterstützen« gleichzeitig die Eigenverantwortung des Leistungsempfängers betont.[219] Es können jedoch weder Rechte aus der Vorschrift hergeleitet werden, noch dient sie als Ermächtigungsgrundlage für weitere in den §§ 16ff. unbenannte Leistungen. Subjekt der Unterstützung sind die in § 7 Abs. 1 genannten Personen. Auch diejenigen, die nach § 7 Abs. 5 von den Passivleistungen ausgeschlossen sind, sind nach dem Grundsatz des § 14 zu unterstützen. Praktische Bedeutung kommt der Vorschrift nur im Rahmen von Ermessenserwägungen und der Ausfüllung unbestimmter Rechtsbegriffe zu.[220]

3. Persönlicher Ansprechpartner

3 Der persönliche Ansprechpartner bildet einen wesentlichen Teil des vom Gesetzgeber vorgesehenen »Casemanagements«, welches jedoch als Konzept in seiner Gesamtheit im Gesetz zwar angelegt ist, jedoch seinem Inhalt nach eher unbestimmt bleibt.[221] Der persönliche Ansprechpartner ist nicht identisch mit dem Fallmanager, da insbesondere nicht jeder Leistungsempfänger eines anspruchsvollen Fallmanagements bedarf.[222] Ob es einen subjektiv-rechtlichen Anspruch auf die Benennung eines persönlichen Ansprechpartners gibt, ist umstritten,[223] wurde vom BSG jedoch abgelehnt.[224] Die praktische Bedeutung dieser Frage dürfte jedoch gering sein, da jedenfalls Einigkeit besteht, dass der Anspruch allenfalls auf Benennung eines persönlichen Ansprechpartners besteht und nicht auf einen bestimmten oder gar besser oder in bestimmter Weise qualifizierten persönlichen Ansprechpartner.[225]

---

217 Spellbrink in Eicher/Spellbrink, § 14 Rn. 1ff.
218 Spellbrink in Eicher/Spellbrink, § 14 Rn. 5.
219 BT-Drs. 15/1516, S. 54.
220 S. Knickrehm in Kommentar zum Sozialrecht, SGB II, § 14 Rn. 2.
221 Berlit in LPK-SGB II, § 14 Rn. 12ff.
222 Berlit in LPK-SGB II, § 14 Rn. 13.
223 Für den Anspruch Berlit in LPK-SGB II, § 14 Rn. 16, dagegen Spellbrink in Eicher/Spellbrink, § 14 Rn. 9.
224 BSG – 22.09.2009 – B 4 AS 13/09 R.
225 Berlit in LPK-SGB II, § 14 Rn. 16.

Vertreten wird ferner, dass durch den persönlichen Ansprechpartner der Anwendungsbereich des sozialrechtlichen Herstellungsanspruches erweitert wird.[226] Eine Auswechslung des persönlichen Ansprechpartners wird man allenfalls indirekt über die Besorgnis der Befangenheit nach § 17 SGB X erreichen können, wobei die Anforderungen an Befangenheitsgründe im Einzelnen umstritten sind.[227] Das BSG stellte jedoch klar, dass § 17 SGB X insoweit auch keinen Anspruch auf Auswechslung vermittle, sondern, dass ein erlassener Verwaltungsakt, der unter Mitwirkung des vermeintlich befangenen persönlichen Ansprechpartners zustande komme, lediglich wegen § 42 Satz 1 SGB X verfahrensfehlerhaft sei.[228]

4. Leistungserbringung

Die Grundsicherungsträger haben die Aktivleistungen nach den Grundsätzen der Wirtschaftlichkeit und Sparsamkeit zu erbringen. Hierbei handelt es sich um eine ermessenslenkende Direktive.[229] Damit ist der in der Rechtsprechung anerkannte Grundsatz in Frage gestellt, dass die Haushaltslage grundsätzlich kein Ermessenskriterium sein darf.[230] Man wird an diesem Grundsatz insoweit festhalten müssen, als dass diese Ermessenserwägung nur im Rahmen des Auswahlermessens (also des »Wie« bzw. »In welcher Höhe«) herangezogen werden darf, nicht jedoch auf Ebene des Entschließungsermessens, also auf der Ebene des »Ob« der Leistung.[231] 4

§ 15 Eingliederungsvereinbarung

(1) Die Agentur für Arbeit soll im Einvernehmen mit dem kommunalen Träger mit jeder erwerbsfähigen leistungsberechtigten Person die für ihre Eingliederung erforderlichen Leistungen vereinbaren (Eingliederungsvereinbarung). Die Eingliederungsvereinbarung soll insbesondere bestimmen,

1. welche Leistungen die oder der Erwerbsfähige zur Eingliederung in Arbeit erhält,
2. welche Bemühungen erwerbsfähige Leistungsberechtigte in welcher Häufigkeit zur Eingliederung in Arbeit mindestens unternehmen müssen und in welcher Form diese Bemühungen nachzuweisen sind,
3. welche Leistungen Dritter, insbesondere Träger anderer Sozialleistungen, erwerbsfähige Leistungsberechtigte zu beantragen haben.

Die Eingliederungsvereinbarung soll für sechs Monate geschlossen werden. Danach soll eine neue Eingliederungsvereinbarung abgeschlossen werden. Bei jeder folgenden Eingliederungsvereinbarung sind die bisher gewonnenen Erfahrungen zu berücksichtigen. Kommt eine Eingliederungsvereinbarung nicht zustande, sollen die Regelungen nach Satz 2 durch Verwaltungsakt erfolgen.

(2) In der Eingliederungsvereinbarung kann auch vereinbart werden, welche Leis-

226 Spellbrink in Eicher/Spellbrink, § 14 Rn. 12.
227 Grote-Seifert in jurisPK-SGB II, § 14 Rn. 24.
228 BSG – 22.09.2009 – B 4 AS 13/09 R.
229 Spellbrink in Eicher/Spellbrink, § 14 Rn. 13.
230 BSG – 25.10.1990 – 7 RAr 14/90; BSGE 67, 279.
231 So auch Kothe in Gagel SGB II/SGB III § 14 Rn. 26f.

tungen die Personen erhalten, die mit der oder dem erwerbsfähigen Leistungsberechtigten in einer Bedarfsgemeinschaft leben. Diese Personen sind hierbei zu beteiligen.

(3) Wird in der Eingliederungsvereinbarung eine Bildungsmaßnahme vereinbart, ist auch zu regeln, in welchem Umfang und unter welchen Voraussetzungen die oder der erwerbsfähige Leistungsberechtigte schadenersatzpflichtig ist, wenn sie oder er die Maßnahme aus einem von ihr oder ihm zu vertretenden Grund nicht zu Ende führt.

Inhaltsübersicht Rn.

1. Regelungsgehalt

1 Mit der Eingliederungsvereinbarung sollen kooperative Elemente in die Eingliederung eingeführt werden. In ihr werden für den Einzelfall die staatliche Leistungsgewährung der Mitwirkung und Eigenbemühung des Leistungsempfängers gegenübergestellt. Sie soll Rechte und Pflichten konkretisieren und die Leistungserbringung für den Einzelfall zuschneiden. Der Gesetzgeber wollte sich von »abstrakt-generellen« Regelungen zugunsten einer auf den einzelnen Hilfebedürftigen zugeschnittenen Vereinbarung verabschieden.[232] Ob vor dem Hintergrund der Alternative des Erlasses als Verwaltungsakt (§ 15 Abs. 1 Satz 6) und standardmäßigen vorformulierten Eingliederungsvereinbarungen tatsächlich von dieser eine größere Motivation des Leistungsempfängers ausgeht, da er die Vereinbarung »freiwillig« und aus Einsicht eingehe,[233] erscheint zweifelhaft.

2 Der persönliche Ansprechpartner (§ 14) sollte im Hinblick auf seine Aufgabe der »Unterstützung« (§ 4 Abs. 1 Nr. 1) an der Eingliederungsvereinbarung mitwirken, muss sie jedoch nicht notwendig auf der Seite des Grundsicherungsträgers abschließen.[234] Geregelt ist die Abschlusspflicht auf Seiten der Agentur für Arbeit in Einvernehmen mit dem kommunalen Träger, Abs. 1 Satz 1. Die Abschlusspflicht für den Leistungsempfänger ergibt sich aus § 2 Abs. 1 Satz 2. Ferner sind die wesentlichen Inhalte in Abs. 1 Satz 2

232 Spellbrink in Eicher/Spellbrink, § 15 Rn. 1.
233 So Krahmer, NDV 2006, 507.
234 S. Knickrehm in Kommentar zum Sozialrecht, SGB II, § 15 Rn. 1.

und Abs. 3 geregelt. Die Regellaufzeit ergibt sich aus Abs. 1 Satz 3. Dass und wie Leistungen für weitere Mitglieder in die Eingliederungsvereinbarung einbezogen werden können, ergibt sich aus Abs. 2. Ferner können Schadensersatzpflichten für den Abbruch einer vereinbarten Bildungsmaßnahme geregelt werden (Abs. 3). Ferner bietet Abs. 1 Satz 6 eine Ermächtigungsgrundlage für den Erlass der Eingliederungsvereinbarung als Verwaltungsakt, wenn ihr Abschluss auf Seiten des Leistungsempfängers verweigert wird.

Das Gesetz kennt ähnliche Regelungen in § 35 Abs. 4 SGB III für Arbeitslose und 3
Ausbildungssuchende. In § 12 SGB XII ist der Abschluss einer Leistungsvereinbarung für die Sozialhilfe geregelt. Die Verweigerung des Abschlusses bleibt im Rahmen der Sozialhilfe jedoch ohne Folgen,[235] während im SGB III in § 144 Abs. 1 Satz 2 Nr. 3 jedenfalls die Verhängung einer Sperrzeit für den Fall der Nichterfüllung der vereinbarten Eigenbemühungen möglich ist.[236]

2. Rechtsnatur der Eingliederungsvereinbarung

Umstritten ist, welche Rechtsnatur die Eingliederungsvereinbarung hat. Zwar hat diese 4
Frage nicht nur rein akademische Bedeutung, wird in der Praxis bisher aber kaum berücksichtigt.

Die überwiegende Meinung ordnet die Eingliederungsvereinbarung als öffentlich- 5
rechtlichen Vertrag i. S. d. §§ 53 ff. SGB X ein.[237] Innerhalb dieser Auffassung geht die h. M. davon aus, dass es sich um einen subordinationsrechtlichen Vertrag handelt[238] und verweist zur Begründung auf die Möglichkeit der Behörde, nach Abs. 1 Satz 6 die Eingliederungsvereinbarung als Verwaltungsakt zu erlassen. Teilweise wird angenommen, es handle sich um einen Vergleichsvertrag sui generis i. S. d. § 54 SGB X.[239] Auch wird teilweise die Eingliederungsvereinbarung als hinkender Austauschvertrag i. S. d. § 55 Abs. 1 SGB X verstanden.[240] Der Einordnung als öffentlich-rechtlicher Vertrag steht die Auffassung gegenüber, bei der Eingliederungsvereinbarung handle es sich um eine normsetzende[241] oder normkonkretisierende[242] öffentlich-rechtliche Handlungsform sui generis.

Das BSG hat sich zu der Frage nicht konkret geäußert. Es geht jedoch aus einer Zu- 6
sammenschau systematischer und historischer Argumente davon aus, dass der Leistungsempfänger keinen Anspruch auf Abschluss einer Eingliederungsvereinbarung hat.[243] Das Initiativrecht stünde auf Seiten der Arbeitsagentur. Sie könne – entgegen dem, was der

---

235 Berlit in LPK-SGB II, § 15 Rn. 4, 5.
236 Spellbrink in Eicher/Spellbrink, § 15 Rn. 5.
237 Berlit in LPK-SGB II, § 15 Rn. 8; Müller in Hauck/Noftz, K § 15 Rn. 11.
238 Berlit in LPK-SGB II, § 15 Rn. 8; Fuchsloch in Gagel SGB II/SGB III, § 15 Rn. 109; LSG Baden-Württemberg – 19.07.2007 – L 7 AS 689/07; LSG Bayern – 17.03.2006 – L 7 AS 118/05.
239 Eicher in Eicher/Schlegel, § 144 SGB III, Rn. 347 c ff.
240 Müller in Hauck/Noftz, § 15 Rn. 13 a.
241 S. Knickrehm in Kommentar zum Sozialrecht, SGB II, § 15 Rn. 3, 5; LSG Berlin-Brandenburg – 15.07.2008 – L 14 B 568/08 AS ER.
242 Stark in Estelmann, § 15 Rn. 23.
243 BSG – 22.09.2009 – B 4 AS 13/09 R.

Wortlaut nahelege – von Anfang an entscheiden, ob sie eine Eingliederungsvereinbarung abschließe oder diese als Verwaltungsakt erlasse.[244] Daraus wird geschlussfolgert, das BSG habe sich der Auffassung des hoheitlichen Handelns in pseudokonsensueller Form angeschlossen.[245]

7 Vor dem Hintergrund, dass der Nichtabschluss der Eingliederungsvereinbarung nach § 31 Abs. 1 Nr. 1 a) a. F. sanktionsbewährt war, nunmehr jedenfalls die Eingliederungsvereinbarung durch Erlass eines Verwaltungsaktes erzwungen werden kann, scheinen die Auffassungen, die einen öffentlich-rechtlichen Vertrag annehmen, in der Tat bedenklich, da dieser Umstand ein strukturelles Gefälle zwischen den Beteiligten schafft, der ein privatautonomes Handeln im Rahmen der in Art. 2 Abs. 1 GG verankerten Vertragsfreiheit praktisch ausschließt.[246] Mit der Begründung des BSG[247] ist davon auszugehen, dass dem Grundsicherungsträger ein nicht justiziables Wahlrecht zusteht, ob er die Eingliederungsvereinbarung als Vertrag oder Verwaltungsakt ausgestaltet. Unter Berücksichtigung des Alternativerlasses durch Verwaltungsakt hatte der Gesetzgeber bei der Schaffung der Vorschrift offensichtlich zu keinem Zeitpunkt den privatautonom handelnden Leistungsempfänger vor Augen. Es scheint daher zweifelhaft, ob die Eingliederungsvereinbarung in das Regelungsregime der §§ 53 SGB X eingepasst werden sollte. Die vom BSG angeführten systematischen und historischen Gründe sprechen dagegen. Dieser Auffassung dürfte daher zu folgen sein.[248]

3. Der Erlass als Verwaltungsakt/Anspruch auf Abschluss

8 Die Ermächtigung des Grundsicherungsträgers, nach Abs. 1 Satz 6 die Eingliederungsvereinbarung als Verwaltungsakt zu erlassen, kommt nach Ansicht des BSG[249] entgegen dem Wortlaut auch schon dann in Betracht, wenn der konsensuale Abschluss noch nicht einmal versucht wurde. Dem Grundsicherungsträger stehe insoweit ein gerichtlich nicht nachprüfbares Wahlrecht zu.[250] Das Einvernehmen des kommunalen Trägers ist – entgegen dem, was der Wortlaut nahelegt – für den Erlass des Verwaltungsaktes nicht notwendig.[251]

9 Der Leistungsbezieher hat nach Ansicht des BSG[252] jedoch demgegenüber keinen Anspruch auf Abschluss einer Eingliederungsvereinbarung. Eine gerichtliche Durchset-

244 BSG a. a. O.

245 Sonnhoff in jurisPK-SGB II, § 15 Rn. 23.2.

246 Ebenso kritisch S. Knickrehm in Kommentar zum Sozialrecht, SGB II, § 15 Rn. 4; konsequent insoweit Berlit in LPK-SGB II, § 15 Rn. 8, der eine Sanktion wegen Nichtabschlusses aus diesem Grund für verfassungswidrig hält.

247 BSG – 22.09.2009 – B 4 AS 13/09 R.

248 Die Schwierigkeiten, die diese Vorschrift aufwirft, zeigen jedenfalls, dass der Gesetzgeber mit der Eingliederungsvereinbarung des SGB II offensichtlich eher politischen Aktionismus in Gesetzesform goss, als eine saubere Dogmatik im Auge zu behalten.

249 BSG – 22.09.2009 – B 4 AS 13/09 R.

250 Kritisch Sonnhoff in jurisPK-SGB II, § 15 Rn. 18.2.

251 Wie hier: Berlit in LPK-SGB II, § 15 Rn. 40; a. A. Müller in Hauck/Noftz, § 15 Rn. 44.

252 BSG – 22.09.2009 – B 4 AS 13/09 R.

zung ist insoweit also ausgeschlossen. Ob hiermit tatsächlich ein erheblicher Einschnitt in die Rechte des Leistungsempfängers einhergeht, erscheint jedoch zweifelhaft, da die einzelnen Aktivleistungen der §§ 16 ff. ohnehin einklagbar sind.

4. Vereinbarung und Beteiligte

Dem Abschluss der Eingliederungsvereinbarung soll eine differenzierte Ermittlung der beruflichen und persönlichen Umstände des Leistungsempfängers vorausgehen. Bei Eingliederungsmaßnahmen nach dem SGB III gewonnene Erkenntnisse sollen einfließen.[253] Dem Leistungsempfänger sollte ausreichend Bedenkzeit gegeben werden und jedenfalls die Möglichkeit, auf die Vereinbarung Einfluss zu nehmen, eingeräumt werden.[254] 10

Beteiligter ist der Leistungsempfänger i. S. d. § 7 Abs. 1. Auch Mitglieder der BG, die das 15. Lebensjahr erreicht haben, sind selbständig zu beteiligen. Die Vorschrift des § 7 Abs. 1 Nr. 1 i. V. m. § 11 Abs. 1 Nr. 2 räumt ihnen eine sozialrechtliche Handlungsfähigkeit ein, die die Vorschriften der §§ 106 ff. BGB verdrängen.[255] Grundsätzlich ist mit jedem erwerbsfähigen Mitglied der Bedarfgemeinschaft eine eigene Eingliederungsvereinbarung abzuschließen. Die Möglichkeit der Einbeziehung weiterer Mitglieder der Bedarfsgemeinschaft nach Abs. 2 bezieht sich auf nicht erwerbsfähige Mitglieder, also insbesondere (unverheiratete) Kinder unter 15 Jahren.[256] Da Abs. 1 seinem Wortlaut nach nur Eingliederungsleistungen erfasst, die für die Eingliederung des erwerbsfähigen Leistungsempfängers erforderlich sind, gilt das Gleiche für nach Abs. 2 einzubeziehende Mitglieder der BG, mit der Einschränkung, dass ihnen keine Pflichten auferlegt werden können.[257] Ein Erlass der Eingliederungsvereinbarung als VA oder eine Sanktionierung gegenüber Leistungsbeziehern nach Abs. 2 ist ausgeschlossen.[258] Die Bevollmächtigungsregelung des § 38 greift vorliegend ebenfalls nicht.[259] 11

Auf Seiten des Grundsicherungsträgers ist die Arbeitsagentur im Einvernehmen mit dem kommunalen Träger Beteiligter. 12

5. Inhalt der Eingliederungsvereinbarung

5.1 Gegenstand

Rechtmäßiger Gegenstand der Eingliederungsvereinbarung dürfen nur Eingliederungsleistungen sein. Dazu gehören nach Abs. 1 Satz 1 Nr. 1 die vom Grundsicherungsträger zu gewährenden Eingliederungsleistungen und nach Nr. 2 die den Leistungsbezieher betreffenden Pflichten. Ferner nach Nr. 3 bei anderen Trägern durch den Leistungsbezieher zu 13

253 Umfassend zum Vorgehen Berlit in LPK-SGB II, § 15 Rn. 17.
254 SG Hamburg – 23. 04. 2007 – S 12 AS 820/07 ER.
255 S. Knickrehm in Kommentar zum Sozialrecht, SGBII, § 15 Rn. 12.
256 Berlit in LPK-SGB II, § 15 Rn. 46.
257 S. Knickrehm in Kommentar zum Sozialrecht, SGB II, § 15 Rn. 13.
258 S. Knickrehm in Kommentar zum Sozialrecht, SGB II, § 15 Rn. 13.
259 Spellbrink in Eicher/Spellbrink, § 15 Rn. 20.

beantragenden Leistungen. Von der Regelung in der Eingliederungsvereinbarung ausgenommen sind Passivleistungen, also Leistungen zur Sicherung des Lebensunterhaltes.[260] Die beiderseitigen Leistungen müssen hinreichend konkret bestimmt sein, da das Fordern und Fördern sich nach dem Willen des Gesetzgebers gleichrangig gegenüberstehen.[261]

5.2 Grundsicherungsträger

14 Dem Grundsicherungsträger stehen Leistungen aus dem Katalog des § 16 Abs. 1 bis 3 und §§ 16 a ff. zur Verfügung. Es muss eine konkrete Auswahl getroffen werden und die Leistungen im Hinblick auf den Leistungsempfänger hinreichend konkretisiert werden. Weder genügt es, lediglich den Gesetzeswortlaut der Leistungsvorschriften zu wiederholen,[262] noch eine bloße Auflistung von Leistungsmöglichkeiten.[263] Werden die Leistungen des Grundsicherungsträgers eher vage gehalten, die Verpflichtungen des Leistungsempfängers aber konkret festgelegt, führt dies zu einer Verwerfung, die das Fordern und Fördern nicht ausgewogen gegenüberstellt.[264]

5.3 Leistungsempfänger

15 Auf Seiten des Leistungsempfängers haben die Eigenbemühungen besondere Bedeutung. Die Eingliederungsvereinbarung hat hier festzulegen, welche Eigenbemühungen in welchem Umfang der Leistungsempfänger vorzunehmen hat und wie er diese nachzuweisen hat. Es können nur solche Eigenbemühungen festgelegt werden, die auf nach § 10 zumutbare Tätigkeiten gerichtet sind.[265] Welche Eigenbemühungen in welchem Umfang vom Leistungsempfänger zu verlangen sind, ist an den besonderen Umständen des Einzelfalls festzumachen. Dabei sind seine Fähigkeiten, seine Persönlichkeit, sein soziales Umfeld und der regionale Arbeitsmarkt in die Betrachtung und Festlegung einzubeziehen.[266] Die häufig festgelegte Anzahl von Bewerbungen, die der Leistungsempfänger nachzuweisen hat, ist ebenfalls individuell festzulegen. Eine schematische Festlegung einer Mindestzahl ist dabei verfehlt.[267] Auch darf keine unverhältnismäßig hohe Anzahl verlangt werden.[268] Ferner muss berücksichtigt werden, dass die Kosten der Bewerbung nach § 16 Abs. 1 Satz 1 i. V. m. § 46 SGB III auf 260 € jährlich beschränkt sind und die Nutzung der Regelleistung für Bewerbungskosten nur in begrenztem Umfang zu verlangen ist. Festlegungen zur

---

260 Müller in Hauck/Noftz, § 15 Rn. 23; LSG Baden-Württemberg – 22. 01. 2007 – L 13 AS 4160/06 ER-B.
261 Berlit in LPK-SGB II, § 15 Rn. 23.
262 LSG Berlin-Brandenburg – 11. 09. 2006 – L 14 B 771/06 AS ER.
263 LSG Baden-Württemberg – 22. 01. 2007 – L 13 AS 4160/06 ER-B.
264 SG Leipzig – 19. 02. 2007 – S 19 AS 392/06; zu den Einzelheiten des Konkretisierungsgrades siehe zum Meinungsstand Spellbrink in Eicher/Spellbrink, § 15 Rn. 23.
265 Berlit in LPK-SGB II, § 15 Rn. 25.
266 Spellbrink in Eicher/Spellbrink, § 15 Rn. 24.
267 SG Berlin – 12. 05. 2006 – S 37 AS 11713/05.
268 LSG Berlin-Brandenburg – 28. 08. 2007 – L 25 B 1024/07 AS PKH.

Erreichbarkeit dürften im Hinblick auf die nunmehrige gesetzliche Regelung in § 7 Abs. 4 a unzulässig sein.[269] Überspannte Anforderungen an den Nachweis von Initiativbewerbungen dürfen ebenfalls nicht gestellt werden, da der Leistungsempfänger hier in der Regel keine Eingangsbestätigungen oder formelle Absagen erhalten wird.[270] Im Hinblick auf die Amtsermittlungspflicht des Grundsicherungsträgers (§ 20 SGB X) wird man an den Nachweis allenfalls solche Anforderungen stellen können, die den Grundsicherungsträger in die Lage versetzen, dieser Pflicht nachzukommen, da die Eingliederungsvereinbarung die Darlegungs- und Beweispflicht nicht umkehren kann.[271] Die Antragstellung bei Dritten bezieht sich nur auf Eingliederungsleistungen,[272] insbesondere solche nach dem SGB III, also bspw. nicht auf einen Antrag bei der Wohngeldstelle. Die Möglichkeit des Grundsicherungsträgers, nach § 5 Abs. 3 vorzugehen, wird hierdurch nicht verdrängt. Die Sanktion des § 31 Abs. 1 Nr. 1 ist dabei ausgeschlossen.[273]

6. Geltungsdauer und Abänderungen

Die Geltungsdauer der Eingliederungsvereinbarung beträgt sechs Monate und steht damit im Einklang mit dem üblichen Bewilligungszeitraum der Leistungen zur Sicherung des Lebensunterhaltes (§ 41 Abs. 1 Satz 2). Änderungen können durch den Grundsicherungsträger innerhalb der Geltungsdauer vorgenommen werden. Nach der hier vertretenen Ansicht handelt es sich bei der Eingliederungsvereinbarung nicht um einen öffentlich-rechtlichen Vertrag, sodass der Rückgriff auf § 59 Abs. 1 SGB X mit seinen hohen Hürden nicht notwendig ist. Es dürfte vielmehr genügen, wenn die Voraussetzungen des § 48 SGB X vorliegen. 16

7. Schadensersatz

Soweit eine Bildungsmaßnahme durch den Grundsicherungsträger angeboten wird, ist er verpflichtet, Festlegungen zum Schadensersatz in die Eingliederungsvereinbarung aufzunehmen. Die Schadensersatzpflicht wird dabei konstitutiv geregelt.[274] Die Schadensersatzpflicht schließt eine Sanktion nach § 31 Abs. 1 nicht aus.[275] Den Grundsicherungsträger trifft eine Schadensminderungspflicht.[276] Der Grundsicherungsträger muss zur Durchsetzung des Anspruchs Leistungsklage erheben (§ 54 Abs. 5 SGG). Ein ersetzender Verwaltungsakt ist ausweislich der Bezugnahme nur aus Regelungen aus Abs. 1 Satz 2 nicht möglich. 17

269 So wohl auch S. Knickrehm in Kommentar zum Sozialrecht, § 15 Rn. 17.
270 Berlit in LPK-SGB II, § 15 Rn. 27.
271 S. Knickrehm in Kommentar zum Sozialrecht, SGB II, § 15 Rn. 18.
272 S. Knickrehm in Kommentar zum Sozialrecht, SGB II, § 15 Rn. 19.
273 S. Knickrehm in Kommentar zum Sozialrecht, SGB II, § 15 Rn. 19.
274 Berlit in LPK-SGB II, § 15 Rn. 50.
275 S. Knickrehm in Kommentar zum Sozialrecht, SGB II, § 15 Rn. 21.
276 Müller in Hauck/Noftz, § 15 Rn. 51.

8. Rechtsschutz

8.1 Inhalt der Regelungsvereinbarung

18 Die Möglichkeiten des Rechtsschutzes gegen die Vereinbarungen aus der Eingliederungsvereinbarung richten sich danach, welche Rechtsnatur man ihr beimisst. Geht man davon aus, es handle sich um einen öffentlich-rechtlichen Vertrag, so ist ein Rechtsschutz gegen die Eingliederungsvereinbarung selbst nicht gegeben. Die Vertreter diese Auffassung schließen sogar eine Feststellungsklage aus und verweisen auf eine umfassende Prüfung für den Fall eines Sanktionsbescheides.[277] Dies zeigt jedenfalls vom Ergebnis her eine Schwäche dieser Auffassung, da dem Leistungsempfänger zugemutet werden muss, eine Sanktion gegen sich ergehen zu lassen und sodann neben der Anfechtungsklage mangels aufschiebender Wirkung von Widerspruch und Klage auch ein einstweiliges Rechtsschutzverfahren anzustrengen. Nimmt man jedoch mit der hier vertretenen Meinung an, dass es sich bei der Eingliederungsvereinbarung um eine normersetzende öffentlich-rechtliche Handlungsform sui generis handelt, steht dem Leistungsempfänger die Möglichkeit der Anfechtungsklage offen.[278] Nicht ausgeschlossen, aber aufgrund ihrer Subsidiarität zweifelhaft ist die Möglichkeit der Feststellungsklage.[279]

8.2 Abschluss einer Eingliederungsvereinbarung/Ersetzung durch Verwaltungsakt

19 Nach der Rechtsprechung des BSG ist ein Anspruch auf Abschluss einer Eingliederungsvereinbarung nicht gegeben. Ebenfalls ist die Entscheidung des Grundsicherungsträgers, einen Verwaltungsakt zu erlassen statt eine Eingliederungsvereinbarung abzuschließen, nicht justiziabel.[280] Wurde die Eingliederungsvereinbarung durch einen VA ersetzt und will sich der Leistungsempfänger gegen einzelne ihn nur belastende Festlegungen der Eingliederungsvereinbarung wenden, so ist die Anfechtungsklage die richtige Klageart, soweit der einzelnen Festlegung Verwaltungsaktcharakter zukommt. Begehrt er andere Eingliederungsleistungen als die im VA festgelegten oder einen anderen Umfang der Leistung, so ist die kombinierte Anfechtungs- und Leistungsklage richtige Klageart.

8.3 Verweigerung des Abschlusses einer Eingliederungsvereinbarung

20 Für den Fall der Weigerung des Leistungsempfängers, eine Eingliederungsvereinbarung abzuschließen, steht dem Grundsicherungsträger die Möglichkeit der Ersetzung nach § 15

---

277 Berlit in LPK-SGB II, § 15 Rn. 58.

278 Spellbrink in Eicher/Spellbrink, § 15 Rn. 39.

279 S. Knickrehm in Kommentar zum Sozialrecht, SGB II, § 15 Rn. 11.

280 BSG – 22.09.2009 – B 4 AS 13/09 R; Eine Zusammenstellung abweichender Literaturauffassungen bei S. Knickrehm in Kommentar zum Sozialrecht, SGB II, § 15 Rn. 7.

Abs. 1 Satz 6[281] offen. Der ersetzende Verwaltungsakt kann angefochten werden und steht dann zur vollständigen gerichtlichen Überprüfung.

8.4 Sanktionen

21 Das Gesetz sieht zur Durchsetzung der Eingliederungsvereinbarung nunmehr nur noch einen Sanktionstatbestand vor. Nach § 31 Abs. 1 Nr. 1 kann eine Sanktion ergehen, wenn sich der Leistungsberechtigte weigert, in der Eingliederungsvereinbarung oder in dem diese ersetzenden Verwaltungsakt nach § 15 Absatz 1 Satz 6 festgelegte Pflichten zu erfüllen, insbesondere in ausreichendem Umfang Eigenbemühungen nachzuweisen. Neben den Sanktionen des § 31 Abs. 1 Satz 1 a) – c) kommt für dieselben Pflichten eine Anwendung von § 66 SGB I nicht in Betracht. Die Sanktionsvorschriften sind insoweit spezieller und gehen § 66 SGB I vor.[282]

§ 15a Sofortangebot

Erwerbsfähigen Personen, die innerhalb der letzten zwei Jahre laufende Geldleistungen, die der Sicherung des Lebensunterhalts dienen, weder nach diesem Buch noch nach dem Dritten Buch bezogen haben, sollen bei der Beantragung von Leistungen nach diesem Buch unverzüglich Leistungen zur Eingliederung in Arbeit angeboten werden.

Inhaltsübersicht Rn.

1. Regelungszweck

1 Das Sofortangebot soll eine schnelle Wiedereingliederung ermöglichen und einen langfristigen Leistungsbezug vermeiden. Ferner soll dadurch geprüft werden, ob die Bereitschaft zur Arbeitsaufnahme bei den in der Norm benannten Personen noch gegeben ist.[283]

2. Personenkreis

2 Die Regelung bezieht Personen ein, die Leistungen nach dem SGB II beantragen. Ihre Anspruchsberechtigung braucht daher nicht festzustehen. Einschränkend wird davon ausgegangen, dass es sich um erwerbsfähige Personen handeln muss, was im Hinblick auf den Normzweck sinnvoll erscheint.[284] In der Regel wird ihre Erwerbsfähigkeit nicht feststehen, sodass die Anwendung der Vorschrift bei Zweifeln an der Erwerbsfähigkeit

281 S.o. unter 3.
282 So auch S. Knickrehm in Kommentar zum Sozialrecht, SGB II, § 15 Rn. 10; a.A. Sonnhoff in juris-PK SGB II, § 15 Rn. 39.
283 Spellbrink, in Eicher/Spellbrink, § 15a Rn. 2.
284 Thie in LPK-SGB II, § 15a Rn. 3.

problematisch erscheint. Vom Tag der Antragstellung an in die Vergangenheit betrachtet, darf der Antragsteller zwei Jahre lang keine Leistungen nach SGB II oder SGB III bezogen haben. Die Frist ist nach § 26 SGB X i. V. m. §§ 187, 188 BGB zu berechnen. Laufende Geldleistungen sind dabei solche nach §§ 16b, 19 und 28 SGB II oder nach § 116 Nr. 1–7 SGB III.[285] Der Grund für den Nichtbezug von Leistungen ist dabei unerheblich und kann insbesondere auf einem Leistungsausschluss beruhen.[286]

3. Sofortangebot

3 Das Sofortangebot ist durch den Grundsicherungsträger unverzüglich (ohne schuldhaftes Zögern – § 121 Abs. 2 BGB) anzubieten. Ob ein Anspruch, mithin ein subjektives Recht auf das Sofortangebot besteht, ist umstritten.[287]

4 Teilweise wird vertreten, dass das Sofortangebot endgültig erbracht wird und die §§ 45, 48 SGB X keine Anwendung finden. Die Überprüfung des Sofortangebotes habe sodann bei Ablehnung durch den Antragsteller im Rahmen der Sanktionsüberprüfung zu erfolgen.[288] Jedenfalls wird man daneben jedoch eine Feststellungs- bzw. Fortsetzungsfeststellungsklage zulassen müssen.[289]

§ 16 Leistungen zur Eingliederung[290]

(1) Zur Eingliederung in Arbeit erbringt die Agentur für Arbeit Leistungen nach § 35 des Dritten Buches. Sie kann folgende Leistungen des Dritten Kapitels des Dritten Buches erbringen:

---

285 S. Knickrehm in Kommentar zum Sozialrecht, SGB II, § 15a Rn. 2.

286 Spellbrink in Eicher/Spellbrink, § 15a Rn. 2.

287 Dafür Thie in LPK-SGB II, § 15a Rn. 8; a. A. Spellbrink in Eicher/Spellbrink, § 15a Rn. 12f.

288 Thie in LPK-SGB II, § 15a Rn. 12.

289 Spellbrink in Eicher/Spellbrink, § 15a Rn. 14.

290 Gültig bis 31. 12. 2013; die ab 01. 01. 2014 gültige Fassung lautet:

§ 16 Leistungen zur Eingliederung

(1) Zur Eingliederung in Arbeit erbringt die Agentur für Arbeit Leistungen nach § 35 des Dritten Buches. Sie kann folgende Leistungen des Dritten Kapitels des Dritten Buches erbringen:

1. die übrigen Leistungen der Beratung und Vermittlung nach dem Ersten Abschnitt,
2. Leistungen zur Aktivierung und beruflichen Eingliederung nach dem Zweiten Abschnitt,
3. Leistungen zur Berufsausbildung nach dem Vierten Unterabschnitt des Dritten Abschnitts und Leistungen nach § 54a,
4. Leistungen zur beruflichen Weiterbildung nach dem Vierten Abschnitt und Leistungen nach § 131a,
5. Leistungen zur Aufnahme einer sozialversicherungspflichtigen Beschäftigung nach dem Ersten Unterabschnitt des Fünften Abschnitts.

Für Eingliederungsleistungen an erwerbsfähige behinderte Leistungsberechtigte nach diesem Buch gelten die §§ 112 bis 114, 115 Nummer 1 bis 3 mit Ausnahme berufsvorbereitender Bildungsmaßnahmen und der Berufsausbildungsbeihilfe, § 116 Absatz 1, 2 und 5, die §§ 117, 118 Satz 1 Nummer 3, Satz 2 und die §§ 127 und 128 des Dritten Buches entsprechend. § 1 Absatz 2 Nummer 4 sowie § 36 und § 81 Absatz 3 des Dritten Buches sind entsprechend anzuwenden.

(2) Soweit dieses Buch nichts Abweichendes regelt, gelten für die Leistungen nach Absatz 1 die Voraussetzungen und Rechtsfolgen des Dritten Buches mit Ausnahme der Verordnungs-

1. die übrigen Leistungen der Beratung und Vermittlung nach dem Ersten Abschnitt,
2. Leistungen zur Aktivierung und beruflichen Eingliederung nach dem Zweiten Abschnitt,
3. Leistungen zur Berufsausbildung nach dem Vierten Unterabschnitt des Dritten Abschnitts und Leistungen nach § 54 a,
4. Leistungen zur beruflichen Weiterbildung nach dem Vierten Abschnitt und Leistungen nach § 131 a
5. Leistungen zur Aufnahme einer sozialversicherungspflichtigen Beschäftigung nach dem Ersten Unterabschnitt des Fünften Abschnitts und Leistungen nach § 131.

Für Eingliederungsleistungen an erwerbsfähige behinderte Leistungsberechtigte nach diesem Buch gelten die §§ 112 bis 114, 115 Nummer 1 bis 3 mit Ausnahme berufsvorbereitender Bildungsmaßnahmen und der Berufsausbildungsbeihilfe, § 116 Absatz 1, 2 und 5, die §§ 117, 118 Satz 1 Nummer 3, Satz 2 und die §§ 127 und 128 des Dritten Buches entsprechend. § 1 Absatz 2 Nummer 4 sowie § 38 und § 81 Absatz 3 des Dritten Buches sind entsprechend anzuwenden.

(2) Soweit dieses Buch nichts Abweichendes regelt, gelten für die Leistungen nach Absatz 1 die Voraussetzungen und Rechtsfolgen des Dritten Buches mit Ausnahme der Verordnungsermächtigung nach § 47 des Dritten Buches sowie der Anordnungsermächtigungen für die Bundesagentur und mit der Maßgabe, dass an die Stelle des

---

ermächtigung nach § 47 des Dritten Buches sowie der Anordnungsermächtigungen für die Bundesagentur und mit der Maßgabe, dass an die Stelle des Arbeitslosengeldes das Arbeitslosengeld II tritt. § 44 Absatz 3 Satz 3 des Dritten Buches gilt mit der Maßgabe, dass die Förderung aus dem Vermittlungsbudget auch die anderen Leistungen nach dem Zweiten Buch nicht aufstocken, ersetzen oder umgehen darf.

(3) Abweichend von § 44 Absatz 1 Satz 1 des Dritten Buches können Leistungen auch für die Anbahnung und Aufnahme einer schulischen Berufsausbildung erbracht werden. Abweichend von § 45 Absatz 2 Satz 2 und Absatz 4 Satz 3 Nummer 3 des Dritten Buches darf bei Langzeitarbeitslosen oder bei erwerbsfähigen Leistungsberechtigten, die das 25. Lebensjahr noch nicht vollendet haben und deren berufliche Eingliederung auf Grund von schwerwiegenden Vermittlungshemmnissen besonders erschwert ist, die Teilnahme an Maßnahmen oder Teilen von Maßnahmen, die bei oder von einem Arbeitgeber durchgeführt werden, jeweils die Dauer von zwölf Wochen nicht überschreiten.

(3 a) Abweichend von § 81 Absatz 4 des Dritten Buches kann die Agentur für Arbeit unter Anwendung des Vergaberechts Träger mit der Durchführung von Maßnahmen der beruflichen Weiterbildung beauftragen, wenn die Maßnahme den Anforderungen des § 180 des Dritten Buches entspricht und

1. eine dem Bildungsziel entsprechende Maßnahme örtlich nicht verfügbar ist oder
2. die Eignung und persönlichen Verhältnisse der erwerbsfähigen Leistungsberechtigten dies erfordern.

§ 176 Absatz 2 des Dritten Buches findet keine Anwendung.

(4) Die Agentur für Arbeit als Träger der Grundsicherung für Arbeitsuchende kann die Ausbildungsvermittlung durch die für die Arbeitsförderung zuständigen Stellen der Bundesagentur wahrnehmen lassen. Das Bundesministerium für Arbeit und Soziales wird ermächtigt, durch Rechtsverordnung ohne Zustimmung des Bundesrates das Nähere über die Höhe, Möglichkeiten der Pauschalierung und den Zeitpunkt der Fälligkeit der Erstattung von Aufwendungen bei der Ausführung des Auftrags nach Satz 1 festzulegen.

(5) (weggefallen)

Arbeitslosengeldes das Arbeitslosengeld II tritt. § 44 Absatz 3 Satz 3 des Dritten Buches gilt mit der Maßgabe, dass die Förderung aus dem Vermittlungsbudget auch die anderen Leistungen nach dem Zweiten Buch nicht aufstocken, ersetzen oder umgehen darf.

(3) Abweichend von § 44 Absatz 1 Satz 1 des Dritten Buches können Leistungen auch für die Anbahnung und Aufnahme einer schulischen Berufsausbildung erbracht werden. Abweichend von § 45 Absatz 2 Satz 2 und Absatz 4 Satz 3 Nummer 3 des Dritten Buches darf bei Langzeitarbeitslosen oder bei erwerbsfähigen Leistungsberechtigten, die das 25. Lebensjahr noch nicht vollendet haben und deren berufliche Eingliederung auf Grund von schwerwiegenden Vermittlungshemmnissen besonders erschwert ist, die Teilnahme an Maßnahmen oder Teilen von Maßnahmen, die bei oder von einem Arbeitgeber durchgeführt werden, jeweils die Dauer von zwölf Wochen nicht überschreiten.

(3 a) Abweichend von § 81 Absatz 4 des Dritten Buches kann die Agentur für Arbeit unter Anwendung des Vergaberechts Träger mit der Durchführung von Maßnahmen der beruflichen Weiterbildung beauftragen, wenn die Maßnahme den Anforderungen des § 180 des Dritten Buches entspricht und
1. **eine dem Bildungsziel entsprechende Maßnahme örtlich nicht verfügbar ist oder**
2. **die Eignung und persönlichen Verhältnisse der erwerbsfähigen Leistungsberechtigten dies erfordern.**

§ 176 Absatz 2 des Dritten Buches findet keine Anwendung.

(4) Die Agentur für Arbeit als Träger der Grundsicherung für Arbeitsuchende kann die Ausbildungsvermittlung durch die für die Arbeitsförderung zuständigen Stellen der Bundesagentur wahrnehmen lassen. Das Bundesministerium für Arbeit und Soziales wird ermächtigt, durch Rechtsverordnung ohne Zustimmung des Bundesrates das Nähere über die Höhe, Möglichkeiten der Pauschalierung und den Zeitpunkt der Fälligkeit der Erstattung von Aufwendungen bei der Ausführung des Auftrags nach Satz 1 festzulegen.

(5) (weggefallen)

Inhaltsübersicht Rn.

1. Gesetzgebungshistorie

1 Mit dem Gesetz zur Neuausrichtung der arbeitsmarkpolitischen Instrumente vom 21. 12. 2008[291] wurde die ursprüngliche Vorschrift des § 16 umstrukturiert und zur bes-

---

291 BGBl. I. 2917.

seren Überschaubarkeit der Eingliederungsinstrumente und Betonung der Trennung der Leistungen nach dem SGB III und der spezielleren nach dem SGB II teilweise abgeändert und auf die Vorschriften der §§ 16 bis 16 g verteilt. Eine Anpassung insbesondere an Änderungen im SGB III erfolgte durch das Gesetz zur Verbesserung der Eingliederungschancen am Arbeitsmarkt vom 27. 12. 2011[292].

2. Normzweck

Die Vorschrift soll gewährleisten, dass der Leistungsempfänger zügig in den Arbeitsmarkt integriert wird, um so eine längerfristige oder gar dauerhafte Beziehung von Leistungen zur Sicherung des Lebensunterhalts zu vermeiden. Daher wurden zahlreiche Leistungen zur Eingliederung aus dem SGB III in das SGB II übernommen, um dem Leistungsempfänger den Zugang zum Leistungsspektrum des SGB III zu eröffnen.[293] Insoweit musste eine Kollisionsnorm geschaffen werden, die sich in § 22 Abs. 4 SGB III befindet. Danach sind Leistungen, die im SGB II für Leistungsempfänger gewährt werden, vorrangig und dürfen nicht auch nach dem SGB III erbracht werden. Erfüllt der Leistungsberechtigte daneben auch die Voraussetzungen des SGB III, können allerdings diejenigen Leistungen in Betracht kommen, die nicht in das SGB II integriert wurden. 2

3. Anspruchsberechtigte

Anspruchsberechtigt sind sämtliche Personen, die die Voraussetzungen des § 7 Abs. 1 erfüllen. Es ist nicht erforderlich, dass Leistungen zur Sicherung des Lebensunterhaltes tatsächlich gezahlt werden. Hilfebedürftigkeit muss jedoch gegeben sein.[294] Erwerbsunfähige Hilfebedürftige können nur unter den Einschränkungen des § 7 Abs. 2 Leistungen erhalten.[295] Auch Personen, die neben ALG I aufstockend ALG II-berechtigt sind, kommen als Anspruchsberechtigte in Betracht.[296] Erhalten Dritte Leistungen (Träger und Arbeitgeber) so genügt es, wenn die Hilfebedürftigkeit des mittelbar Begünstigten zu Beginn der Leistung vorlag. Ein späterer Wegfall ist unschädlich.[297] 3

4. Leistungsgrundsätze

Bei dem Verweis auf die Regelungen des SGB III handelt es sich um Rechtsgrundverweisungen, sodass auch deren Voraussetzungen vorliegen müssen. Sie sind jedoch insoweit anzupassen, dass an die Stelle von ALG das ALG II tritt, wo dessen Bezug tatbestandlich vorausgesetzt wird. Ferner ist erforderliche vorausgehende Arbeitslosigkeit durch 4

292 BGBl. I S. 2854.
293 BT-Drs. 16/10810, Nr. 5 zu Art. 2 § 16.
294 Voelzke in Hauck/Noftz, SGB II, § 16 Rn. 47, Stand 6/2007.
295 Eicher in Eicher/Spellbrink, § 16 Rn. 39.
296 S. Knickrehm in Kommentar zum Sozialrecht, SGB II, § 16 Rn. 3.
297 Eicher in Eicher/Spellbrink, § 16 Rn. 43.

Beschäftigungslosigkeit zu ersetzen.[298] Arbeitslosmeldungen und Verfügbarkeit entfallen als Tatbestandvoraussetzungen, wo es auf sie im SGB III ankäme.[299]

5 Grundsätzlich sind auch die Rechtsfolgen des SGB III anzuwenden. Ausnahme bilden jedoch gebundene Ansprüche im SGB III, sie werden nach § 16 Abs. 1 Satz 2 zu Ermessensleistungen. Ferner gelten die Verordnungsermächtigung des § 47 SGB III und Anordnungsermächtigungen der BA nicht. Umgekehrt werden durch Abs. 1 Satz 4 Ermesenleistungen der § 46 Abs. 3 SGB III (Zuweisung zur Maßnahme zur Aktivierung und beruflicher Eingliederung) und § 77 Abs. 3 SGB III (Nachträglicher Erwerb eines Hauptschulabschlusses) von einer Ermessensleistung zu einem gebundenen Anspruch.

6 Dem Verweis in Abs. 1 Satz 4 auf § 36 SGB III kommt nur klarstellende Funktion zu. Eine Erweiterung der Leistungsgrundsätze um die Vermeidung von geschlechterspezifischen Benachteiligungen und um die Frauenförderung wird durch Verweis in Abs. 1 Satz 4 auf § 1 Abs. 2 Nr. 4 SGB III erreicht. Mit diesem korrespondiert jedoch kein subjektives Recht.[300]

5. Einzelne Leistungen

7 Für die einzelnen Leistungen kann auf die Kommentierung der Vorschriften im SGB III verwiesen werden.

8 Die Neuordnung von arbeitsmarktpolitischen Instrumenten im SGB III führte in der Folge zur Änderung und teilweise zum Wegfall der Verweisungen in § 16 Absatz 1 Satz 2. Der Eingliederungszuschuss für ältere Arbeitnehmer (bisher § 421 f SGB III) geht weitgehend in die Grundnorm zum Eingliederungszuschuss über. Der Vermittlungsgutschein (bisher § 421 g SGB III) wird in die Leistungen zur Aktivierung und beruflichen Eingliederung integriert und kann nunmehr als Aktivierungs- und Vermittlungsgutschein nach § 45 Absatz 4 SGB III als Ermessensleistung erbracht werden. Weiterhin wird die Förderung beschäftigter Arbeitnehmer bei beruflicher Weiterbildung (bisher § 417 SGB III) in die Leistungen zur beruflichen Weiterbildung einbezogen. Der bisherige Verweis auf den bisherigen § 421 k SGB III entfällt trotz dessen Fortgeltung im SGB III (§ 418 SGB III). Im Unterschied zur bisherigen Systematik wird die Förderung von Berufsorientierungsmaßnahmen auch für junge Menschen aus dem Rechtskreis SGB II künftig aus Beitragsmitteln finanziert und damit in die Zuständigkeit der Bundesagentur für Arbeit als Träger der Arbeitsförderung überführt. Diese rechtskreisunabhängige Förderung für alle jungen Menschen bei einem zuständigen Träger trägt dazu bei, eine unterschiedliche Behandlung von Schülern und Doppelzuständigkeiten beim Übergang von der allgemeinbildenden Schule in den Beruf zu vermeiden.[301]

9 Hervorzuheben für Leistungsberechtigte sind insbesondere die Vermittlung (§ 35 SGB III) sowie Beauftragung Dritter mit der Vermittlung und Aktivierung (§ 46 SGB III).

---

298 S. Knickrehm in Kommentar zum Sozialrecht, SGB II, § 16 Rn. 4.
299 Eicher in Eicher/Spellbrink, § 16 Rn. 6.
300 Voelzke in Hauck/Noftz, § 16 Rn. 291.
301 BT-Drs. 17/6277, S. 114.

Ferner Berufsberatung (§§ 29–31 SGB III), Eignungsfeststellung (§ 32 SGB III) und Berufsorientierung (§ 33 SGB III, § 421 q SGB III).

Maßnahmen zur Aktivierung und beruflichen Eingliederung (§ 46 SGB III) sind ebenfalls hervorzuheben. Darüber hinaus Weiterbildungsförderung durch Kostenübernahme von Weiterbildungsmaßnahmen (§§ 77–86 SGB III). **10**

Gleichsam auch bedeutsam für Arbeitgeber sind Eingliederungszuschüsse für ältere Arbeitnehmer sowie Qualifikationszuschüsse für jüngere Arbeitnehmer (§ 421 o SGB III), daneben auch Eingliederungszuschüsse für jüngere Arbeitnehmer (§ 421 p SGB III). Ferner von Bedeutung für Arbeitgeber ist die Förderung von Berufsausbildung und der beruflichen Weiterbildung (§§ 235 a-235 c SGB III). **11**

Auch werden Leistungen an Träger erfasst. Hier ist die Förderung der Berufsausbildung nach §§ 240–246 hervorzuheben. Nicht mehr gefördert werden Arbeitsbeschaffungsmaßnahmen. **12**

Exkurs – Leistungen aus dem Vermittlungsbudget

Für die Praxis von SGB II-Leistungsempfängern am bedeutsamsten sind Leistungen aus dem Vermittlungsbudget (§ 45 SGB III), dessen Anwendungsbereich durch § 16 Abs. 3 erweitert wird (s. unter 7.). Zu berücksichtigen ist jedoch, dass diese Leistungen Leistungen zur Sicherung des Lebensunterhaltes weder aufstocken noch ersetzen sollen. Ferner dürfen auch andere Instrumente hierdurch nicht aufgestockt oder ersetzt werden. Insbesondere darf nicht im Falle des Nichtvorliegens ihrer Voraussetzungen durch Rückgriff auf das Vermittlungsbudget ihre Tatbestandvoraussetzungen umgangen werden. **13**

1. Der Leistungsberechtigte muss zunächst ausbildungssuchend, arbeitslos oder von Arbeitslosigkeit bedroht sein. Dies sind also nach § 119 SGB III insbesondere Personen, die vorübergehend nicht in einem Beschäftigungsverhältnis stehen, eine versicherungspflichtige Beschäftigung suchen und den Vermittlungsbemühungen des Leistungsträgers zur Verfügung stehen und arbeitslos gemeldet sind. Nach § 16 Abs. 2 SGB III gelten Teilnehmer an Maßnahmen der aktiven Arbeitsmarktpolitik nicht als arbeitslos. Ausbildungssuchende sind in § 15 Satz 1 SGB III legaldefiniert. Von Arbeitslosigkeit bedroht sind nach § 17 SGB III Personen, die versicherungspflichtig beschäftigt sind (vgl. §§ 24 Abs. 1 und 25 Abs. 1 SGB III), alsbald mit der Beendigung der Beschäftigung rechnen müssen und voraussichtlich nach Beendigung der Beschäftigung arbeitslos werden (für das SGB II insb. »Aufstocker«).
2. Die Leistungen müssen weiterhin der Anbahnung oder Aufnahme einer versicherungspflichtigen Beschäftigung dienen. Eine Erweitung findet sich in § 16 Abs. 3 (siehe unter 7.).
3. Die Leistung muss für die berufliche Eingliederung »notwendig« sein. Notwendig bedeutet dabei unverzichtbar. Die Bewilligung muss im Sinne einer »strengen Kausalität« maßgebliche Ursache für die Eingliederung sein.[302]

302 BSG – 27.01.2009 – B 7/7a AL 26/07 R.

14 Als Leistungen kommen insbesondere in Betracht Bewerbungskosten, Fahrten zur Berufsberatung, Vermittlung oder Eignungsfeststellung sowie zu Vorstellungsgesprächen und zum Antritt einer Arbeitsstelle.[303] Hier ist jedoch aufgrund der strengen Kausalität zu berücksichtigen, dass eine Leistung nur dann in Betracht kommen wird, wenn sonst die Stelle nicht angetreten werden kann. Konnte der Leistungsberechtigte die Stelle antreten, wird es an einer Kausalität wohl fehlen. Ebenfalls kommen Kosten für die Fahrten von der Wohnung zur Arbeitsstelle in Betracht. Hier ist jedoch zu berücksichtigen, dass diese als Werbungskosten nach § 11 b absetzbar sind, sodass für »Aufstocker« weitere Leistungen aus dem Vermittlungsbudget eine Aufstockung von Leistungen nach dem SGB II bedeuten könnten und somit ausgeschlossen wären. Denn schon wenn andere Vorschriften des SGB II oder SGB III überhaupt dem Grunde nach eine Leistung vorsehen, die auch als Leistung aus dem Vermittlungsbudget in Betracht käme, ist die Förderung nach § 45 SGB III ausgeschlossen.[304] Ferner kommen Umzugskosten sowie ggf. Kosten einer doppelten Haushaltsführung als Leistungen in Betracht sowie Kosten für Stelleninserate.

6. Rechtsfolgen

15 Nur wenige Ansprüche sind nach Abs. 1 Satz 4 als gebundene Ansprüche ausgestaltet. Hervorzuheben ist hier der Anspruch auf Vermittlung nach § 35 SGB III. Nach teilweise vertretener Auffassung ist die Anspruchsbindung auch auf die Maßnahmen zur Aktivierung und beruflichen Eingliederung nach § 46 Abs. 3 SGB III zu erweitern.[305] Ein weiterer gebundener Anspruch ist der auf Förderung des nachträglichen Erwerbs eines Hauptschulabschlusses (§ 77 Abs. 3 SGB III). Im Übrigen sind die Ansprüche auf Rechtsfolgenseite als Ermessensleistungen ausgestaltet. Dabei handelt es sich meist lediglich um ein Entschließungsermessen hinsichtlich des »Ob« der Leistung. Ein Auswahlermessen ist nur teilweise im SGB III vorgesehen und auch nur dort gegeben.[306] Vor dem Hintergrund der besonderen Verpflichtung aus § 3 Abs. 2 Satz 1 und den verschärften Sanktionsmöglichkeiten aus § 31 Abs. 5 scheint es ferner erforderlich, ein intendiertes Ermessen bei Leistungen an Jugendliche bis zum vollendeten 25. Lebensjahr anzunehmen, sodass eine Leistungsablehnung bei ihnen nur in atypischen Fällen in Betracht kommt. Hinsichtlich der Höhe sind die »angemessenen« Kosten zu übernehmen und diese nur, soweit der Arbeitgeber gleichartige Leistungen nicht oder voraussichtlich nicht erbringen wird (§ 45 Abs. 1 Satz 3 SGB III). Das bloße Bestehen einer Rechtspflicht genügt insoweit nicht.[307] Die Leistungsträger können nach § 45 Abs. 3 Satz 1 Halbs. 2 SGB III Pauschalen festlegen. Ist dies geschehen, besteht für den Leistungsträger kein Auswahlermessen mehr hinsichtlich der Leistungshöhe.[308]

303 Thie in LPK-SGB II, Anh. § 16 Rn. 11.
304 Thie in LPK-SGB II, Anh. § 16 Rn. 12.
305 S. Knickrehm in Kommentar zum Sozialrecht, SGB II, § 16 Rn. 8.
306 Eicher in Eicher/Spellbrink, § 16 Rn. 62.
307 Thie LPK-SGB II, Anh. § 16 Rn. 13.
308 Thie LPK-SGB II, Anh. § 16 Rn. 13.

7. Schulische Berufsausbildung (Abs. 3)

Der Anwendungsbereich der Leistungen aus dem Vermittlungsbudget nach § 16 Abs. 1 S. 2 i. V. m. § 45 SGB III wird durch § 16 Abs. 3 erweitert. So können solche Leistungen nicht nur zur Anbahnung oder Aufnahme eines versicherungspflichtigen Beschäftigungsverhältnisses bewilligt werden, sondern auch für die Anbahnung oder die Aufnahme einer schulischen Berufsausbildung. Diese Änderung wurde durch den Gesetzgeber aufgenommen, um dem weitgehenden Integrationsansatz des SGB II gerecht zu werden, dem gerade nicht der Versicherungsgedanke des SGB III zugrunde liege. Es soll insbesondere die Entstehung bzw. Verfestigung von Jugendarbeitslosigkeit verhindert werden.[309] Folgt man dieser Auffassung, bleibt es freilich das Geheimnis des Gesetzgebers, warum lediglich schulische Berufsausbildungen in die Vorschrift aufgenommen wurden. Es scheint vor dem Hintergrund seiner Gesetzesbegründung angebracht, die Vorschrift analog auch auf ein Hochschulstudium anzuwenden. Dass hierfür an die Jugendlichen ggf. BAföG-Leistungen zu zahlen sein werden, kann kein Grund für den Ausschluss gewesen sein, da die vom Gesetzgeber ins Auge gefassten schulischen Berufsausbildungen in der Regel durch ähnlich hohe Leistungen der Berufsausbildungsbeihilfe nach §§ 59 ff. SGB III gefördert werden. 16

§ 16 a Kommunale Eingliederungsleistungen

Zur Verwirklichung einer ganzheitlichen und umfassenden Betreuung und Unterstützung bei der Eingliederung in Arbeit können die folgenden Leistungen, die für die Eingliederung der oder des erwerbsfähigen Leistungsberechtigten in das Erwerbsleben erforderlich sind, erbracht werden:

1. **die Betreuung minderjähriger oder behinderter Kinder oder die häusliche Pflege von Angehörigen,**
2. **die Schuldnerberatung,**
3. **die psychosoziale Betreuung,**
4. **die Suchtberatung.**

Inhaltsübersicht

1. Gesetzgebungshistorie

1 Die Vorschrift wurde durch das Gesetz zur Neugliederung der arbeitsmarktpolitischen Instrumente vom 21. 12. 2008[310] aus § 16 a. F. herausgenommen und als eigenständige Regelung strukturiert. Neben der größeren Übersichtlichkeit sollte dadurch insbesondere die Trennung kommunaler Instrumente und Instrumenten der Arbeitsförderung ver-

309 BT-Drs. 16/10810 Nr. 5 zu Art. 2 § 16 Abs. 3.
310 BGBl. 2917.

deutlicht werden. Es handelt sich im Gegensatz zu der Vorgängervorschrift um einen abgeschlossenen Leistungskatalog.[311] Das Verbot der Aufstockung anderer Leistungen ist entfallen, was jedoch kaum praktische Auswirkungen hat. Die ursprünglich enthaltene Generalklausel wurde gestrichen.[312]

2. Gemeinsame Voraussetzungen

2 Leistungen nach § 16a können neben, aber auch unabhängig von Leistungen nach § 16 erbracht werden.

3 Gemeinsame Tatbestandsvoraussetzung ist, dass ein ursächlicher Zusammenhang mit den Leistungen zur Eingliederung gegeben sein muss, es darf also nicht nur zu einer Unterstützung der Lebensführung kommen. Weiterhin muss die Leistung zur Eingliederung erforderlich sein. Dies ist gegeben, wenn ein Eingliederungserfolg (Arbeitsaufnahme, Selbständigkeit oder Beibehaltung der ausgeübten Erwerbstätigkeit) mit hinreichender Sicherheit vorhergesagt werden kann.[313] Dies setzt eine Plausibilitätsprüfung voraus.[314] Grundsätzlich ist ferner Erwerbsfähigkeit und Hilfebedürftigkeit nach § 7 Abs. 1 Voraussetzung der Leistung.[315] Jedoch können auch Erwerbsunfähige unter den Voraussetzungen des § 7 Abs. 2 einen Anspruch haben.[316]

4 Auf der Rechtsfolgenseite steht dem Leistungsträger ein Ermessen zu. In der Regel wird jedoch das Entschließungsermessen (also das »Ob« der Leistung) auf Null reduziert sein, sodass ein gebundener Anspruch besteht, da die tatbestandlich zu prüfende »Erforderlichkeit« bei Bejahung auf Rechtsfolgenseite kaum noch einen Spielraum lässt.[317] Ob ein Ermessen hinsichtlich des Auswahlermessens (also des »Wie« der Leistung) ebenfalls eingeschränkt oder gar auf Null reduziert ist, ist umstritten.[318] Zu berücksichtigen sind bei der Ausübung jedenfalls angemessene Wünsche des Leistungsempfängers (§ 33 Satz 2 SGB I). Im Übrigen jedoch scheint im Hinblick darauf, dass sowohl Geld-, Dienst- als auch Sachleistungen in Betracht kommen, jedenfalls eine Ermessensreduktion auf Null nur schwer vorstellbar.

3. Einzelne Leistungsarten

5 Die Betreuung und Pflege (Nr. 1) bezweckt, die Eingliederung des Leistungsempfängers nicht an seinen persönlichen Lebensumständen scheitern zu lassen. Die Struktur dieser

311 S. Knickrehm in Kommentar zum Sozialrecht, § 16a Rn. 1.
312 Thie in LPK-SGB II, § 16a Rn. 1.
313 BSG – 23.11.2006 – B 11b AS 3/05 R.
314 BSG a.a.O., a.A. mit beachtlichen Gründen Eicher in Eicher/Spellbrink, § 16 Rn. 179, der einen nur eingeschränkt gerichtlich überprüfbaren Beurteilungsspielraum annimmt.
315 BSG – 23.11.2006 – B 11b AS 3/05 R.
316 Voelzke in Hauck/Noftz, § 16 Rn. 351, Stand 6/2008, der in diesen Fällen regelmäßig von einem gebundenen Anspruch ausgeht.
317 Thie in LPK-SGB II, § 16a Rn. 3.
318 Dies annehmend: Thie in LPK-SGB II, § 16a Rn. 3, ablehnend Voelzke in Hauck/Noftz, § 16 Rn. 345.

Leistung erlaubt es, dass sie vorübergehend auch nach Aufnahme einer Tätigkeit geleistet wird.[319] Jedoch sind Redundanzen im Hinblick auf Absetzung von Kinderbetreuungskosten nach § 11 Abs. 2 Satz 1 Nr. 5 zu vermeiden.[320] Zum Begriff der Behinderung siehe § 2 Abs. 1 Satz 1 SGB IX. Ob im Hinblick auf den Wortlaut der Norm tatsächlich auch Geldleistungen in Betracht kommen oder nicht jedenfalls Dienstleistungen vorrangig sind, erscheint zweifelhaft.[321] Leistungen nach § 16 dürfen nicht mit Hinweis auf Leistungen nach § 16a abgelehnt werden, da sie Leistungen des SGB III ergänzen, nicht ersetzen sollen.[322] Leistungen der Kinderbetreuung nach SGB VIII sind im Hinblick auf § 10 Abs. 3 Satz 2 SGB VIII nachrangig zu den Leistungen nach § 16a.[323] Vorrang haben jedoch Leistungen der häuslichen Pflege nach dem SGB XI.[324]

Im Hinblick auf die Schuldnerberatung ist nicht aus den Augen zu verlieren, dass diese **6**
– entsprechend den allgemeinen Voraussetzungen der Norm – erst mit Eintritt der Hilfebedürftigkeit geleistet werden kann und im Übrigen auch ein spezifisches Eingliederungshemmnis darstellen muss.[325]

Die psychosoziale Betreuung und die Suchberatung ist abzugrenzen von Leistungen **7**
nach dem SGB V. Es handelt sich nicht um psychotherapeutische oder sonstige medizinische Behandlung (§ 29 SGB V). Für die psychosoziale Betreuung kann auf den Katalog des § 33 Abs. 6 SGB IX zurückgegriffen werden. Es kann im Allgemeinen zu Berührungen und Überschneidungen mit Leistungen der Sozialhilfe nach §§ 53 ff. SGB XII und §§ 67 ff. SGB XII kommen. Vor dem Hintergrund, dass das SGB II diese Leistungen des SGB XII durch die Konkurrenzregel des § 5 Abs. 2 nicht ausschließt, dürfte dies jedoch unproblematisch sein.[326]

§ 16b Einstiegsgeld

(1) Zur Überwindung von Hilfebedürftigkeit kann erwerbsfähigen Leistungsberechtigten, die arbeitslos sind, bei Aufnahme einer sozialversicherungspflichtigen oder selbstständigen Erwerbstätigkeit ein Einstiegsgeld erbracht werden, wenn dies zur Eingliederung in den allgemeinen Arbeitsmarkt erforderlich ist. Das Einstiegsgeld kann auch erbracht werden, wenn die Hilfebedürftigkeit durch oder nach Aufnahme der Erwerbstätigkeit entfällt.

(2) Das Einstiegsgeld wird, soweit für diesen Zeitraum eine Erwerbstätigkeit besteht, für höchstens 24 Monate erbracht. Bei der Bemessung der Höhe des Einstiegsgeldes sollen die vorherige Dauer der Arbeitslosigkeit sowie die Größe der Bedarfs-

---

319 BT-Drs. 16/10810, S. 79.
320 S. Knickrehm in Kommentar zum Sozialrecht, § 16a Rn. 3.
321 Ebenso Thie in LPK-SGB II, § 16a Rn. 5, a. A. offenbar S. Knickrehm in Kommentar zum Sozialrecht, § 16a Rn. 3.
322 Thie in LPK-SGB II, § 16a Rn. 5.
323 Thie in LPK-SGB II, § 16a Rn. 6, der zu Recht die Nichtnennung des § 16a in der Vorschrift für ein Redaktionsversehen hält.
324 Thie in LPK-SGB II, § 16a Rn. 7.
325 S. Knickrehm in Kommentar zum Sozialrecht, § 16a Rn. 3.
326 Näheres bei Thie in LPK-SGB II, § 16a Rn. 9 ff.

gemeinschaft berücksichtigt werden, in der die oder der erwerbsfähige Leistungsberechtigte lebt.

(3) Das Bundesministerium für Arbeit und Soziales wird ermächtigt, im Einvernehmen mit dem Bundesministerium der Finanzen ohne Zustimmung des Bundesrates durch Rechtsverordnung zu bestimmen, wie das Einstiegsgeld zu bemessen ist. Bei der Bemessung ist neben der Berücksichtigung der in Absatz 2 Satz 2 genannten Kriterien auch ein Bezug zu dem für die oder den erwerbsfähigen Leistungsberechtigten jeweils maßgebenden Regelbedarf herzustellen.

Verordnung zur Bemessung von Einstiegsgeld
(Einstiegsgeld-Verordnung – ESGV)
Vom 29. Juni 2009 (BGBl. I S. 2342)

Zuletzt geändert durch Art. 8 zur Ermittlung von Regelbedarfen und zur Änd. des Zweiten und Zwölften Buches Sozialgesetzbuch vom 24. März 2011 (BGBl. I S. 453)

§ 1 Einzelfallbezogene Bemessung des Einstiegsgeldes

(1) Bei der einzelfallbezogenen Bemessung des Einstiegsgeldes ist ein monatlicher Grundbetrag zu bestimmen, dem Ergänzungsbeträge hinzugefügt werden sollen. Der monatliche Grundbetrag berücksichtigt den für erwerbsfähige Leistungsberechtigte jeweils maßgebenden Regelbedarf. Die Ergänzungsbeträge berücksichtigen die vorherige Dauer der Arbeitslosigkeit und die Größe der Bedarfsgemeinschaft, in der die oder der erwerbsfähige Leistungsberechtigte lebt.

(2) Der Grundbetrag des Einstiegsgeldes darf höchstens 50 vom Hundert des für erwerbsfähige Leistungsberechtigte maßgebenden Regelbedarfs nach § 20 des Zweiten Buches Sozialgesetzbuch betragen. Bei der Bemessung kann festgelegt werden, dass sich die Höhe des Grundbetrages innerhalb des Förderzeitraums in Abhängigkeit von der Förderdauer verändert.

(3) Bei erwerbsfähigen Leistungsberechtigten, die vor Aufnahme der mit Einstiegsgeld geförderten sozialversicherungspflichtigen oder selbständigen Erwerbstätigkeit bereits zwei Jahre oder länger arbeitslos waren, soll ein Ergänzungsbetrag gezahlt werden. Der Ergänzungsbetrag entspricht 20 vom Hundert des Regelbedarfs zur Sicherung des Lebensunterhalts nach § 20 Absatz 2 Satz 1 des Zweiten Buches Sozialgesetzbuch. Bei Personen, deren Eingliederung in Arbeit wegen in ihrer Person liegender Umstände erschwert ist, soll der Ergänzungsbetrag nach Satz 2 bereits nach einer vorherigen Dauer der Arbeitslosigkeit von mindestens sechs Monaten gezahlt werden. § 18 Absatz 2 des Dritten Buches Sozialgesetzbuch gilt für Satz 1 und Satz 3 entsprechend.

(4) Bei erwerbsfähigen Leistungsberechtigten, die mit weiteren Personen in einer Bedarfsgemeinschaft leben, soll je weiterer leistungsberechtigter Person ein Ergänzungsbetrag gezahlt werden. Der Ergänzungsbetrag entspricht 10 vom Hundert des Regelbedarfs zur Sicherung des Lebensunterhalts nach § 20 Absatz 2 Satz 1 des Zweiten Buches Sozialgesetzbuch.

(5) Das Einstiegsgeld für erwerbsfähige Leistungsberechtigte darf bei der einzelfallbezogenen Bemessung monatlich einen Gesamtbetrag nicht überschreiten, der dem Regelbedarf zur Sicherung des Lebensunterhalts nach § 20 Absatz 2 Satz 1 des Zweiten Buches Sozialgesetzbuch entspricht.

§ 2 Pauschale Bemessung des Einstiegsgeldes bei besonders zu fördernden Personengruppen

(1) Das Einstiegsgeld kann abweichend von § 1 pauschal bemessen werden, wenn dies zur Eingliederung von besonders zu fördernden Personengruppen in den allgemeinen Arbeitsmarkt erforderlich ist. Bei der Bemessung kann festgelegt werden, dass sich die Höhe des Einstiegsgeldes innerhalb des Förderzeitraums in Abhängigkeit von der Förderdauer verändert.

(2) Das Einstiegsgeld für erwerbsfähige Leistungsberechtigte darf in den Fällen des Absatzes 1 monatlich einen Betrag nicht überschreiten, der 75 vom Hundert des Regelbedarfs zur Sicherung des Lebensunterhalts nach § 20 Absatz 2 Satz 1 des Zweiten Buches Sozialgesetzbuch entspricht.

Inhaltsübersicht

1. Gesetzgebungshistorie

1 Das Einstiegsgeld war bis zum Gesetz zur Neuausrichtung der arbeitsmarktpolitischen Instrumente vom 21. 12. 2008 in § 29 geregelt. Ferner trat die Regelung des § 16 c hinzu. Das Einstiegsgeld aus § 16 b erfasst jedoch insoweit einen größeren Personenkreis, da nicht nur die Aufnahme einer selbständigen Tätigkeit, sondern auch die Aufnahme von abhängigen Tätigkeiten gefördert wird.[327]

2. Tatbestand

2.1 Erwerbsfähige Hilfebedürftige

2 Voraussetzung für die Gewährung von Einstiegsgeld ist die Hilfebedürftigkeit nach § 7 Abs. 1. Jedoch erweitert Abs. 1 Satz 2 der Vorschrift den Anwendungsbereich insoweit, dass das Einstiegsgeld auch weiter gezahlt werden kann, wenn die Hilfebedürftigkeit durch oder nach Aufnahme der Erwerbstätigkeit wegfällt. Umstritten ist, ob der Wegfall auf der Aufnahme der Erwerbstätigkeit beruhen muss.[328] Es ist jedoch nicht davon auszugehen, dass das Gesetz das Einstiegsgeld insoweit vollständig von der Hilfebedürftigkeit abkop-

327 Kritisch zum eher diffusen Anwendungsbereich Thie, LPK-SGB II, § 16 b Rn. 1 f.

328 So S. Knickrehm in Kommentar zum Sozialrecht, § 16 b Rn. 3, a. A. Thie in LPK-SGB II, § 16 b Rn. 3, der jeden Wegfall der Hilfebedürftigkeit insoweit für unschädlich ansieht.

peln wollte und die Aufnahme der Erwerbstätigkeit als eher zufällige Zäsur aufnahm. Da das Gesetz gerade an die Aufnahme der Tätigkeit als zeitliche Grenze anknüpft, wird man den eventuellen Wegfall auch hieran anknüpfen müssen. Umgekehrt wird jedoch nicht allein der Bezug von laufendem Arbeitseinkommen als einzig denkbarer Grund für den Wegfall herangezogen werden können. Es ist jedenfalls bei der Prüfung der Hilfebedürftigkeit nicht als Einkommen anzurechnen.[329]

2.2 Arbeitslosigkeit

3 Der Begriff der Arbeitslosigkeit im SGB II ist in § 53 a legaldefiniert. Es sind daher die Voraussetzungen des § 16 SGB III sinngemäß anzuwenden. Im Rahmen des SGB II wird man daher eher den Begriff »Beschäftigungslos« zu Grunde legen müssen.[330] Leistungsberechtigte müssen also eine versicherungspflichtige Tätigkeit suchen und dabei der Vermittlung zur Verfügung stehen. Daneben ist auch eine Arbeitslosmeldung erforderlich.[331] Jedenfalls ist die zeitliche Grenze des § 119 Abs. 3 SGB III nicht anzuwenden.[332]

2.3 Erwerbstätigkeit

4 Soweit eine abhängige Beschäftigung aufgenommen wird, muss diese sozialversicherungspflichtig sein. Ausgenommen sind daher auf jeden Fall geringfügige Beschäftigungen, deren Arbeitsentgelt 400 € monatlich nicht übersteigt (sog. Entgeltgeringfügigkeit – § 8 Abs. 1 Satz 1 Nr. 1 SGB IV).[333] Da § 8 SGB IV die sog. Zeitgeringfügigkeit (15-Stunden-Grenze) nicht mehr vorsieht, schließt sie ein Einstiegsgeld gerade nicht aus.[334]

5 Soweit eine selbständige Tätigkeit aufgenommen wird, muss eine Sozialversicherungspflicht nicht vorliegen. Zur Begriffsbestimmung der selbständigen Tätigkeit kann auf § 2 Abs. 1 Nr. 1–3 EStG zurückgegriffen werden. Um die selbständige Tätigkeit von der abhängigen abzugrenzen (denn für sie gilt gerade nicht die Sozialversicherungspflicht, sodass die Abgrenzung notwendig ist), kann auf § 7 Abs. 1 SGB IV zurückgegriffen werden.[335]

6 Eine Hauptberuflichkeit der selbständigen Tätigkeit wird vom Gesetzgeber ausdrücklich nur in § 16 c verlangt, sodass sie im Rahmen des § 16 b wohl keine Voraussetzung ist. Allerdings wird man zur Gleichstellung mit der abhängigen Beschäftigung und zur Vermeidung von Mitnahmeeffekten einen monatlichen Gewinn von 400 € verlangen müssen.[336]

7 Schließlich darf die Tätigkeit – im Gegensatz zu § 16 c – noch nicht aufgenommen

329 Thie in LPK-SGB II, § 16 b Rn. 3.
330 Thie in LPK-SGB II, § 16 b Rn. 4.
331 BSG – 23. 11. 2006 – B 11b AS 3/05 R, a. A. S. Knickrehm in Kommentar zum Sozialrecht, § 16 b Rn. 4.
332 Spellbrink in Eicher/Spellbrink, § 29 Rn. 14.
333 Thie in LPK-SGB II, § 16 b Rn. 5.
334 Spellbrink in Eicher/Spellbrink, § 29 Rn. 15, a. A. Thie in LPK-SGB II, § 16 b Rn. 5; LSG NRW – 30. 08. 2010 – L 19 AS 60/09.
335 Hierzu bspw. BSG – 24. 01. 2007 – B 12 KR 31/06 R.
336 S. Knickrehm in Kommentar zum Sozialrecht, § 16 b Rn. 6, a. A. Thie in LPK-SGB II, § 16 b Rn. 7, der auf die Hauptberuflichkeit abstellt.

worden sein.[337] Bei einer selbständigen Tätigkeit wird man den Tag der Gewerbeanmeldung zugrunde legen können.[338]

2.4 Erforderlichkeit

8 Das Einstiegsgeld muss zum einen zur Überwindung der Hilfebedürftigkeit erforderlich sein. Dies schließt die Förderung insbesondere aussichtsloser Projekte der Selbständigkeit aus.[339] Zur Beurteilung ist dabei die Stellungnahme einer fachkundigen Stelle erforderlich, wie sie in § 16c Abs. 3 gefordert wird. Fachkundige Stellen sind dabei solche des § 53 SGB III. Nach hier vertretener Auffassung stellt § 16c Abs. 3 eine weitere Tatbestandsvoraussetzung für alle Leistungen, mithin auch für solche aus § 16b, dar,[340] sodass es auf dieses Erfordernis ankommt.

9 Ferner muss das Einstiegsgeld zur Eingliederung in den allgemeinen Arbeitsmarkt erforderlich sein. Hier ist zu verlangen, dass eine Eingliederung in den ersten Arbeitsmarkt erfolgt.[341] Erforderlichkeit liegt vor, wenn es kein milderes Mittel gibt und keine andere Maßnahme denkbar ist, um das Ziel der Integration zu erreichen.[342]

3. Rechtsfolge

3.1 Entschließungsermessen

10 Grundsätzlich steht das »Ob« der Leistungserbringung im Ermessen des Leistungsträgers. Es wird jedoch vertreten, dass das Entschließungsermessen reduziert sei, wenn das Lohnabstandsgebot, wie es in § 28 Abs. 4 SGB XII geregelt sei, durch die aufgenommene Tätigkeit gewahrt sei.[343] Zwar wird man einräumen müssen, dass durch die Erforderlichkeitsprüfung im Tatbestand bereits Ermessenserwägungen einfließen müssen, jedoch ragt diese Wertung in das Ermessen hinein und reduziert das Auswahlermessen nicht generell auf Null. Das Lohnabstandsgebot wird zwar im Rahmen des Entschließungsermessens in die Ermessenserwägung einzubeziehen sein, jedoch scheint es unangebracht, die vollständige Ablehnung der Leistung dem Leistungsträger abzuschneiden, soweit das Lohnabstandsgebot eingehalten ist. Sind bspw. bereits mehrere Selbständigkeiten gescheitert oder fügt sich der Leistungsempfänger aufgrund seiner Persönlichkeit nur schlecht in abhängige Tätigkeiten ein, oder sind sonstige Mitnahmeeffekte abzusehen, muss eine Ablehnung möglich bleiben, insbesondere auch ohne dass der Leistungsträger auf atypische Fälle beschränkt bleibt.

---

337 BSG – 23.11.2006 – B 11b AS 3/05 R.
338 Thie in LPK-SGB II, § 16b Rn. 8.
339 S. Knickrehm in Kommentar zum Sozialrecht, § 16b Rn. 8.
340 Ebenso Thie in LPK-SGB II, § 16c Rn. 1, a.A. offenbar S. Knickrehm in Kommentar zum Sozialrecht, § 16b Rn. 8.
341 S. Knickrehm in Kommentar zum Sozialrecht, § 16b Rn. 9.
342 Spellbrink in Eicher/Spellbrink, § 29 Rn. 19.
343 Thie in LPK-SGB II, § 16b Rn. 11.

3.2 Auswahlermessen

11 Hinsichtlich der Dauer der Erbringung ist eine maximale Frist von 24 Monaten in Abs. 2 Satz 1 vorgesehen; insgesamt jedoch nur für die Dauer der Erwerbstätigkeit. Einzubeziehen ist ausweislich des Abs. 2 Satz 2 die Dauer der Arbeitslosigkeit und die Größe der Bedarfsgemeinschaft. Von der Verordnungsermächtigung in Abs. 3 wurde nunmehr Gebrauch gemacht (s. oben).

3.3 Rückabwicklung

12 Beim Einstiegsgeld handelt es sich um einen verlorenen Zuschuss, sodass eine Rückforderung nur nach § 48 SGB X für die Zukunft möglich ist, wenn die Erwerbstätigkeit beendet oder abgebrochen wird. Abs. 2 Satz 1 gibt insoweit eine Zweckbindung der Leistung vor, die bei Abbruch oder Beendigung verfehlt ist.[344]

§ 16 c Leistungen zur Eingliederung von Selbständigen

(1) Erwerbsfähige Leistungsberechtigte, die eine selbständige, hauptberufliche Tätigkeit aufnehmen oder ausüben, können Darlehen und Zuschüsse für die Beschaffung von Sachgütern erhalten, die für die Ausübung der selbständigen Tätigkeit notwendig und angemessen sind. Zuschüsse dürfen einen Betrag von 5000 Euro nicht übersteigen.

(2) Erwerbsfähige Leistungsberechtigte, die eine selbständige, hauptberufliche Tätigkeit ausüben, können durch geeignete Dritte durch Beratung oder Vermittlung von Kenntnissen und Fertigkeiten gefördert werden, wenn dies für die weitere Ausübung der selbständigen Tätigkeit erforderlich ist. Die Vermittlung von beruflichen Kenntnissen ist ausgeschlossen.

(3) Leistungen zur Eingliederung von erwerbsfähigen Leistungsberechtigten, die eine selbständige, hauptberufliche Tätigkeit aufnehmen oder ausüben, können nur gewährt werden, wenn zu erwarten ist, dass die selbständige Tätigkeit wirtschaftlich tragfähig ist und die Hilfebedürftigkeit durch die selbständige Tätigkeit innerhalb eines angemessenen Zeitraums dauerhaft überwunden oder verringert wird. Zur Beurteilung der Tragfähigkeit der selbständigen Tätigkeit soll die Agentur für Arbeit die Stellungnahme einer fachkundigen Stelle verlangen.

Inhaltsübersicht

344 S. Knickrehm in Kommentar zum Sozialrecht, § 16 b Rn. 13.

1. Gesetzgebungshistorie und Regelungszweck

Die Vorschrift des § 16c wurde mit dem Gesetz zur Neuausrichtung arbeitsmarktpolitischer Instrumente vom 21. 12. 2009[345] neu eingeführt. Die Vorschrift enthält in Abs. 3 eine Tatbestandvoraussetzung, die für alle Eingliederungsleistungen für Selbständige gilt.[346] Abs. 1 und 2 enthält eine eigene Leistung. Eine Neufassung erfolgte durch das Gesetz zur Verbesserung der Eingliederungschancen am Arbeitsmarkt vom 27. 12. 2011[347]. 1

2. Gemeinsame Tatbestandsvoraussetzungen

In eher unsystematischer Weise sind gemeinsame Tatbestandsvoraussetzungen in Abs. 3 geregelt, welche daher hier zunächst vorangestellt werden. 2

2.1 Erwerbsfähige Hilfebedürftige

Grundsätzlich kommen auch hier nur erwerbsfähige Hilfebedürftige als berechtigter Personenkreis in Betracht. Die Einschränkung aus § 16b, dass die selbständige Tätigkeit noch nicht aufgenommen wurde, ist in § 16c Abs. 1 nicht aufgenommen worden. Daher können Selbständige, die als »Aufstocker« noch Leistungen zum Lebensunterhalt beziehen oder diesbezüglich berechtigt sind, Eingliederungsleistungen insbesondere nach § 16c Abs. 2 erhalten.[348] 3

2.2 Wirtschaftliche Tragfähigkeit

Zur Beurteilung der wirtschaftlichen Tragfähigkeit soll die Stellungnahme einer fachkundigen Stelle eingeholt werden. Hierfür ist auf § 57 SGB III zurückzugreifen. Danach kommen insbesondere die IHK, Handwerkskammern, Fachverbände oder Kreditinstitute in Betracht. Von einer wirtschaftlichen Tragfähigkeit ist auszugehen, wenn jedenfalls die Betriebseinnahmen die Betriebsausgaben decken.[349] 4

2.3 Überwindung der Hilfebedürftigkeit

Es ist eine Prognose anzustellen, ob die Hilfebedürftigkeit in einem angemessenen Zeitraum überwunden werden kann. Prognosezeitraum ist dabei in der Regel 12 Monate. Bei Existenzgründern sollte eine solche von 24 Monaten in den Blick genommen werden. An 5

345 BGBl. I, 2017.

346 In Betracht kommen insoweit jedoch nur die Leistungen nach Abs. 2 und nach § 16b: Thie in LPK-SGB II, § 16c Rn. 1; LSG Chemnitz – 13.10.2009 – L 3 AS 318/09 B ER, a. A. Herold-Tews, in Löns/Herold-Tews, SGB II, § 16c Rn. 2; unklar der Gesetzgeber selbst, wenn er von einer Vorgabe für Ermessensentscheidungen spricht (BT-Drs. 16/10810, S. 80).

347 BGBl. I S. 2854.

348 S. Knickrehm in Kommentar zum Sozialrecht, § 16c Rn. 2.

349 Thie in LPK-SGB II, § 16c Rn. 2.

die Dauerhaftigkeit der Überwindung sind wohl nicht zu hohe Anforderung zu stellen, da das Gesetz gerade auch die Verringerung der Hilfebedürftigkeit ausreichen lässt.[350]

2.4 Hauptberuflichkeit

6 Die Tätigkeit muss hauptberuflich ausgeübt werden. Dies erfordert, dass der zeitliche Schwerpunkt auf der Tätigkeit liegt. Unabhängig davon kommt es jedoch nicht darauf an, in welchem Umfang die Tätigkeit den Leistungsempfänger tatsächlich in Anspruch nimmt.[351] Auf den Umfang des Einkommens kann es nur nachrangig ankommen, da die Vorschrift selbst davon ausgeht, dass Leistungen auch während einer Ausübung der Tätigkeit erbracht werden können, während der jedoch Hilfebedürftigkeit noch zwangsläufig als Anspruchsvoraussetzung gegeben sein muss.[352]

3. Leistungen nach Abs. 1

7 Die Vorschrift soll den Nachteil von selbständigen Aufstockern oder Existenzgründern ausgleichen, den sie durch geringe Rücklagen und geringe Kreditwürdigkeit erleiden.[353] Notwendig sind nur solche Sachmittel, ohne die der Betrieb nicht ausgeübt oder fortgeführt werden kann. Die Angemessenheit schränkt dies weiter auf einen Bedarfskern des SGB II ein. Spezifische Büroeinrichtungen o. ä. sollen nicht finanziert werden.[354] Die Leistung soll vorrangig als Darlehen erbracht werden.[355] Soweit ein Zuschuss erbracht wird, ist er auf 5000 € begrenzt. Ein Darlehen zwar nicht, jedoch wird ein Überschreiten dieser Summe selten in Betracht kommen, zumal dann die wirtschaftliche Tragfähigkeit wiederum gefährdet wird.

4. Leistungen nach Abs. 2

8 Der neue Absatz 2 ergänzt die auf die Beschaffung von Sachgütern beschränkte Förderung mit Darlehen und Zuschüssen um die Möglichkeit, leistungsberechtigte Selbständige im Hinblick auf die Erhaltung oder Neuausrichtung ihrer selbständigen Tätigkeit zu beraten und durch die Vermittlung von Kenntnissen und Fertigkeiten zu unterstützen, falls dadurch perspektivisch betrachtet die Hilfebedürftigkeit überwunden oder reduziert werden kann.

9 Beratung sowie Vermittlung von Kenntnissen und Fertigkeiten kommen sowohl als kumulative als auch als alternative Fördermöglichkeiten in Betracht. Die Beratung und Vermittlung von Kenntnissen und Fähigkeiten soll durch geeignete Dritte durchgeführt werden. Hiermit greift der Gesetzgeber aus der Praxis immer wieder vorgetragene Ver-

---

350 S. Knickrehm in Kommentar zum Sozialrecht, § 16c Rn. 5.
351 Thie in LPK-SGB II, § 16c Rn. 3.
352 S. Knickrehm in Kommentar zum Sozialrecht, § 16c Rn. 3.
353 Thie in LPK-SGB II, § 16c Rn. 4.
354 S. Knickrehm in Kommentar zum Sozialrecht, § 16c Rn. 7.
355 BT-Drs. 16/10810.

besserungsvorschläge auf. Dies umfasst zum Beispiel die Möglichkeiten der Durchführung eines Unternehmenschecks und einer damit eventuell verbundenen Aufbau- oder Festigungsberatung sowie die Förderung von Kenntnissen und Fertigkeiten. Die Förderung nach § 16c Absatz 2 beschränkt sich auf die Vermittlung von Qualifikationen, die erforderlich sind, um die speziell mit der Selbständigkeit verbundenen Aufgaben sowie die Rechte und Pflichten der selbständigen Tätigkeit besser wahrnehmen zu können. Davon nicht erfasst ist die Förderung von berufsfachlichen Qualifikationen. Berufliche Qualifikationen können bei arbeitslosen Hilfebedürftigen im Vorfeld der Selbständigkeit gemäß § 81 ff. SGB III gefördert werden.[356]

§ 16d Arbeitsgelegenheiten

(1) Erwerbsfähige Leistungsberechtigte können zur Erhaltung oder Wiedererlangung ihrer Beschäftigungsfähigkeit, die für eine Eingliederung in Arbeit erforderlich ist, in Arbeitsgelegenheiten zugewiesen werden, wenn die darin verrichteten Arbeiten zusätzlich sind, im öffentlichen Interesse liegen und wettbewerbsneutral sind. § 18d Satz 2 findet Anwendung.

(2) Arbeiten sind zusätzlich, wenn sie ohne die Förderung nicht, nicht in diesem Umfang oder erst zu einem späteren Zeitpunkt durchgeführt würden. Arbeiten, die auf Grund einer rechtlichen Verpflichtung durchzuführen sind oder die üblicherweise von juristischen Personen des öffentlichen Rechts durchgeführt werden, sind nur förderungsfähig, wenn sie ohne die Förderung voraussichtlich erst nach zwei Jahren durchgeführt würden. Ausgenommen sind Arbeiten zur Bewältigung von Naturkatastrophen und sonstigen außergewöhnlichen Ereignissen.

(3) Arbeiten liegen im öffentlichen Interesse, wenn das Arbeitsergebnis der Allgemeinheit dient. Arbeiten, deren Ergebnis überwiegend erwerbswirtschaftlichen Interessen oder den Interessen eines begrenzten Personenkreises dient, liegen nicht im öffentlichen Interesse. Das Vorliegen des öffentlichen Interesses wird nicht allein dadurch ausgeschlossen, dass das Arbeitsergebnis auch den in der Maßnahme beschäftigten Leistungsberechtigten zugute kommt, wenn sichergestellt ist, dass die Arbeiten nicht zu einer Bereicherung Einzelner führen.

(4) Arbeiten sind wettbewerbsneutral, wenn durch sie eine Beeinträchtigung der Wirtschaft infolge der Förderung nicht zu befürchten ist und Erwerbstätigkeit auf dem allgemeinen Arbeitsmarkt weder verdrängt noch in ihrer Entstehung verhindert wird.

(5) Leistungen zur Eingliederung in Arbeit nach diesem Buch, mit denen die Aufnahme einer Erwerbstätigkeit auf dem allgemeinen Arbeitsmarkt unmittelbar unterstützt werden kann, haben Vorrang gegenüber der Zuweisung in Arbeitsgelegenheiten.

(6) Erwerbsfähige Leistungsberechtigte dürfen innerhalb eines Zeitraums von fünf Jahren nicht länger als insgesamt 24 Monate in Arbeitsgelegenheiten zugewiesen werden. Der Zeitraum beginnt mit Eintritt in die erste Arbeitsgelegenheit.

(7) Den erwerbsfähigen Leistungsberechtigten ist während einer Arbeitsgelegenheit zuzüglich zum Arbeitslosengeld II von der Agentur für Arbeit eine angemessene

356 BT-Drs. 17/6277, S. 115.

Entschädigung für Mehraufwendungen zu zahlen. Die Arbeiten begründen kein Arbeitsverhältnis im Sinne des Arbeitsrechts und auch kein Beschäftigungsverhältnis im Sinne des Vierten Buches; die Vorschriften über den Arbeitsschutz und das Bundesurlaubsgesetz mit Ausnahme der Regelungen über das Urlaubsentgelt sind entsprechend anzuwenden. Für Schäden bei der Ausübung ihrer Tätigkeit haften die erwerbsfähigen Leistungsberechtigten wie Arbeitnehmerinnen und Arbeitnehmer.

(8) Auf Antrag werden die unmittelbar im Zusammenhang mit der Verrichtung von Arbeiten nach Absatz 1 erforderlichen Kosten, einschließlich der Kosten, die bei besonderem Anleitungsbedarf für das erforderliche Betreuungspersonal entstehen, erstattet.

Inhaltsübersicht

1. Gesetzgebungshistorie und Normzweck

1 Die Arbeitsgelegenheiten sind durch das Gesetz zur Neuausrichtung der arbeitsmarktpolitischen Instrumente vom 21. 12. 2009[357] als eigenständige Vorschrift aus § 16 a. F. ausgegliedert worden. Die ABM sind gestrichen worden, da sie nicht mehr zu den Leistungen im Rahmen des SGB II gehören sollen. Es sollte insbesondere eine Trennung zwischen Leistungen nach dem SGB III und Leistungen nach SGB II erreicht werden. Die Vorschriften der §§ 16 d und 16 e wurden durch das Gesetz zur Verbesserung von Eingliederungschancen am Arbeitsmarkt vom 27. 12. 2011 zusammengefasst[358]. Gefördert werden jetzt Arbeitsgelegenheiten mit Mehraufwandsentschädigung und Arbeitsverhältnisse durch Zuschüsse zum Arbeitsentgelt. Eine Integration in den allgemeinen Arbeitsmarkt soll im Vordergrund stehen und Fehlanreize zum Eintritt und Verbleib in diese Maßnahmen vermieden werden. Es sollen daher vor dem Einsatz von Arbeits-

357 BGBl. I, 2917.
358 BGBl. I S. 2854.

gelegenheiten und der Förderung von Arbeitsverhältnissen die Pflichtleistung der Vermittlung sowie die Ermessensleistungen zur Eingliederung, die auf eine unmittelbare Integration in den allgemeinen Arbeitsmarkt zielen, vorrangig genutzt werden. Dazu gehören auch Leistungen zur beruflichen Kenntnisvermittlung und betriebliche Maßnahmen auf der Grundlage des § 16 Absatz 1 Satz 1 in Verbindung mit den Vorschriften des Dritten Buches, insbesondere Maßnahmen zur Aktivierung und beruflichen Eingliederung. Erst wenn der Einsatz dieser Instrumente eine unmittelbare Integration in den Ausbildungs- oder Arbeitsmarkt nicht unterstützen kann, soll die Förderung von Arbeitsgelegenheiten oder von Arbeitsverhältnissen in Betracht gezogen werden.[359]

2. Arbeitsgelegenheiten

Arbeitsgelegenheiten dienen der Erhaltung und Wiedererlangung der Beschäftigungsfähigkeit und insoweit der Erzielung von Integrationsfortschritten. Sie sollen Vermittlungshemmnisse abbauen und die Chancen auf eine reguläre Beschäftigung auf dem allgemeinen Arbeitsmarkt erhöhen.[360] **2**

Vorrang vor solchen Arbeitsgelegenheiten haben Leistungen nach § 16.[361] Dies wurde nunmehr auch ausdrücklich in Abs. 5 der Vorschrift aufgenommen. Eine unzulässige Zwangsarbeit nach Art. 12 Abs. 2 und 3 GG bzw. Art. 4 Abs. 2 EMRK ist in den Arbeitsgelegenheiten nicht zu sehen. **3**

3. Leistungsberechtigte

Grundsätzlich sind auch hier nur erwerbsfähige Hilfebedürftige leistungsberechtigt. Diese müssen »keine Arbeit finden können«, jedenfalls nicht ohne fremde Hilfe.[362] Dies erfordert jedenfalls, dass die Integration in den ersten Arbeitsmarkt – auch nur vorübergehend – nicht möglich ist. Die Arbeitsgelegenheit muss zur Eingliederung geeignet und erforderlich sein. Dies ist bereits dann nicht gegeben, wenn eine Eingliederung in den allgemeinen Arbeitsmarkt möglich ist.[363] Ein Anspruch auf Schaffung einer Arbeitsgelegenheit besteht nicht. Nur ein solcher auf ermessensfehlerfreie Entscheidung.[364] **4**

4. Anforderungen an Arbeitsgelegenheiten

4.1 Zusätzlichkeit (Abs. 2)

Absatz 2 übernimmt wortgleich die Definition der Zusätzlichkeit aus § 261 Absatz 2 SGB III in der bisherigen Fassung. Eine in Arbeitsgelegenheiten verrichtete Tätigkeit ist **5**

359 BT-Drs. 17/6277.
360 BT-Drs. 17/6277, S. 115.
361 S. Knickrehm in Kommentar zum Sozialrecht, § 16 d Rn. 2.
362 Eicher in Eicher/Spellbrink, § 16 Rn. 207.
363 Voltzke in Hauck/Noftz, SGB II, § 16 Rn. 390.
364 Eicher in Eicher/Spellbrink, § 16 Rn. 205 a.

zusätzlich, wenn sie ohne die Förderung nicht, nicht in diesem Umfang oder erst zu einem späteren Zeitpunkt durchgeführt würde. Sie muss einen Bezug zum Arbeitsmarkt aufweisen, ohne dass die geförderte Tätigkeit einzelne Tätigkeiten eines Beschäftigungsverhältnisses ersetzt.[365] Kennzeichnend ist, dass die Erledigung solcher Arbeiten privatwirtschaftlich häufig nicht rentabel ist oder ausreichende Mittel dafür nicht vorhanden sind.[366]

6 Mit dem Kriterium der Zusätzlichkeit wird erreicht, dass nur Tätigkeiten gefördert werden, die die Schaffung von Tätigkeitsfeldern bedingen, die bestehende Arbeitsplätze nicht verdrängen. Arbeiten, die auf Grund einer rechtlichen Verpflichtung durchzuführen sind oder die üblicherweise von juristischen Personen des öffentlichen Rechts durchgeführt werden, sind nur förderungsfähig, wenn sie ohne die Förderung voraussichtlich erst nach zwei Jahren durchgeführt werden. Entscheidend für die Zusätzlichkeit ist damit der Zeitpunkt der Durchführung. Nach Satz 3 sind Arbeiten zur Bewältigung von Naturkatastrophen und sonstiger außergewöhnlicher Ereignisse von der Voraussetzung der Zusätzlichkeit ausgenommen. Die Vorschrift greift den Regelungsinhalt des § 270 a SGB III in der bisherigen Fassung auf.[367]

4.2 Öffentliches Interesse (Abs. 3)

7 Absatz 3 übernimmt wortgleich die Definition des öffentlichen Interesses aus § 261 Absatz 3 SGB III in der bisherigen Fassung. Arbeiten liegen im öffentlichen Interesse, wenn ihr Ergebnis der Allgemeinheit dient und die Arbeiten nicht im erwerbswirtschaftlichen Bereich durchgeführt werden. Die Arbeitsgelegenheiten dürfen nicht auf Gewinnerzielung gerichtet sein. Die steuerrechtliche Anerkennung der Gemeinnützigkeit einer juristischen Person, die Arbeitsgelegenheiten anbietet, nach §§ 51 ff. Abgabenordnung rechtfertigt nicht von vornherein die Annahme, dass die von ihr durchgeführten Arbeiten im öffentlichen Interesse liegen.[368]

8 Es genügt demnach nicht, wenn die Arbeit in erster Linie erwerbswirtschaftlichen Interessen dient oder nur für einen begrenzten Personenkreis nützlich ist. Erst recht nicht, wenn sie nur für den Hilfebedürftigen nützlich ist.[369] Auch der Umstand, dass die Arbeit überhaupt durchgeführt wird, begründet kein öffentliches Interesse. Allerdings steht einem öffentlichen Interesse nicht per se entgegen, dass diese Arbeiten sonst oder daneben durch einen privaten Träger durchgeführt werden, denn auch diese können Aufgaben im öffentlichen Interesse übernehmen.[370] Zusätzlichkeit liegt nach § 261 Abs. 2 SGB III vor, wenn sie ohne die Förderung nicht, nicht in diesem Umfang oder erst zu einem späteren Zeitpunkt durchgeführt werden.

365 S. Knickrehm in Kommentar zum Sozialrecht, § 16 d Rn. 6.
366 BSG – 12.07.1989 – 7 RAr 36/88 zu ABM.
367 BT-Drs. 17/6277, S. 115.
368 BT-Drs. 17/6277, S. 115.
369 Voelzke in Hauck/Noftz, § 16 Rn. 403.
370 S. Knickrehm in Kommentar zum Sozialrecht, § 16 d Rn. 6.

4.3 Wettbewerbsneutralität (Abs. 4)

Absatz 4 definiert die Wettbewerbsneutralität auf der Basis des § 260 Absatz 1 Nummer 3 SGB III in der bisherigen Fassung. Arbeiten sind wettbewerbsneutral, wenn durch sie eine Beeinträchtigung der Wirtschaft als Folge der Förderung nicht zu befürchten ist und Erwerbstätigkeit auf dem allgemeinen Arbeitsmarkt weder verdrängt noch in ihrer Entstehung verhindert wird. Die Arbeitsgelegenheiten sind damit geprägt von ihrer Neutralität gegenüber Funktionsfähigkeit und Entwicklungspotentialen des allgemeinen Arbeitsmarktes. Bestand und Entwicklung ungeförderter Arbeitsplätze dürfen nicht gefährdet werden. Die Bedeutung dieser Fördervoraussetzung wird mit der rechtlichen Verankerung unterstrichen.[371] **9**

4.4 Nachrangigkeit und Dauer (Abs. 5 und 6)

Absatz 5 regelt als spezielle Ausprägung des § 3 Absatz 1 Satz 3 die Nachrangigkeit von Arbeitsgelegenheiten. Die Vermittlung in Ausbildung und Arbeit nach § 16 Absatz 1 Satz 1 in Verbindung mit § 35 SGB III und die Erbringung von Ermessensleistungen zur Eingliederung in Arbeit, mit denen auf absehbare Zeit die Aufnahme einer Erwerbstätigkeit auf dem allgemeinen Arbeitsmarkt unmittelbar unterstützt werden kann, haben Vorrang vor der Zuweisung in Arbeitsgelegenheiten. Dies gilt jedoch ausweislich der Gesetzesmaterialien nicht für Förderungen nach § 16e Abs. 3. Die Teilnehmer von Arbeitsgelegenheiten können zudem jederzeit vom Jobcenter aus der Arbeitsgelegenheit abberufen werden, wenn eine andere Maßnahme zur Eingliederung vorrangig oder eine Vermittlung in Ausbildung oder Arbeit möglich ist.[372] **10**

Durch Absatz 6 wird die individuelle Zuweisungsdauer der erwerbsfähigen Leistungsberechtigten auf insgesamt 24 Monate innerhalb eines Zeitraums von fünf Jahren begrenzt. Dadurch wird verhindert, dass erwerbsfähige Leistungsberechtigte dauerhaft in Arbeitsgelegenheiten eingesetzt werden. Damit wird die Nachrangigkeit gegenüber der Eingliederung in den allgemeinen Arbeitsmarkt verdeutlicht.[373] **11**

5. Arbeitsgelegenheiten mit Mehraufwandsentschädigung (MAE) (»1-Euro-Jobs«) (Abs. 7)

5.1 Arbeitsgelegenheiten

Die Arbeitsgelegenheiten mit Mehraufwandsentschädigung sind durch ihre Zusätzlichkeit gekennzeichnet und dadurch, dass sie im öffentlichen Interesse liegen. Sie stellen keine Gegenleistung zu den Leistungen zur Sicherung des Lebensunterhaltes dar.[374] Der Um- **12**

371 BT-Drs. 17/6277, S. 116.
372 BT-Drs. 17/6277, S. 116.
373 BT-Drs. 17/6277, S. 116.
374 BSG – 16.12.2008 – B 4 AS 60/07 R.

fang einer solchen Tätigkeit bestimmt sich nach dem Förderbedarf im Einzelfall. Auch ein Umfang von 30 Stunden wöchentlich ist nicht per se geeignet, der Maßnahme die Qualität einer Arbeitsgelegenheit mit MAE abzusprechen, weil diese reguläre Arbeitsplätze verdrängen würde. Die Verdrängungswirkung geht nur von der Art der Beschäftigung aus, nicht von ihrem Umfang.[375] Hinsichtlich der gezahlten Entschädigung hat das BSG betont, dass es sich nicht um ein Entgelt oder irgendeine Gegenleistung für die geleistete Arbeit handelt, sondern dass lediglich die Mehraufwendungen bspw. für Fahrtkosten, Reinigung oder ggf. Versorgung damit ausgeglichen werden sollen. Die Mehraufwendung ist Sozialleistung und nicht nach § 11 als Einkommen anzurechnen. Sie hat jedoch aus den vorgenannten Gründen nicht so hoch zu sein, dass aus ihr – zusammen mit den Leistungen zur Sicherung des Lebensunterhaltes – ein Stundenlohn eines regulären Arbeitsverhältnisses entstünde.[376] Bei einer Arbeitsgelegenheit mit MAE entsteht ein Dreiecksrechtsverhältnis. Dazu unten.

5.2 Aufwandsentschädigung

13 Wie dargestellt, handelt es sich bei der Aufwandsentschädigung nicht um ein Entgelt oder eine Gegenleistung. Es ist vielmehr eine Sozialleistung, die Mehraufwendungen durch die Arbeitsgelegenheit ausgleichen soll; Anspruchsgegner ist insoweit der Grundsicherungsträger. Eine Anrechenbarkeit nach § 11 ist nicht gegeben.[377] Die Angemessenheit ist ein voll überprüfbarer unbestimmter Rechtsbegriff. Dem Leistungsempfänger muss es möglich sein, die Kosten für zusätzlichen Aufwand, der ihm durch die Arbeitsgelegenheit entsteht, abzudecken. Dazu gehören insbesondere Fahrtkosten, Arbeitskleidung, Wäsche, Reinigung und Ernährung. Eine an den üblichen Bedarfen orientierte Pauschalierung ist jedoch möglich.[378] Eine Pfändung unterliegt den Voraussetzungen des § 54 Abs. 4 SGB I. Die MAE sind nur zu zahlen, wenn und soweit Aufwendungen anfallen. Abwesenheit durch Krankheit, Urlaub oder ohne Grund führt zum Wegfall der Leistungen (§ 48 Abs. 1 Satz 1 SGB X).[379]

5.3 Rechtsbeziehungen

5.3.1 Zwischen Grundsicherungsträger und erwerbsfähigem Leistungsempfänger

14 Zweifelhaft ist, ob – wie unter Geltung des BSHG – der Leistungsbezieher durch Verwaltungsakt zu der Arbeitsgelegenheit herangezogen werden kann.[380] Das Angebot selbst

375 BSG a. a. O.
376 BSG – 13.11.2008 – B 14 AS 66/07 R.
377 BSG – 13.11.2008 – B 14 AS 66/07 R.
378 Voelzke in Hauck/Noftz, SGB II, § 16 Rn. 441.
379 So jetzt wohl BSG – 22.08.2011 – B 4 AS 1/10 R; – 13.04.2011 – B 14 AS 98/10 R.
380 Zum BSHG BVerwG NVwT-RR 1989, 416; zweifelnd für das SGB II Eicher in Eicher/Spellbrink, § 16 Rn. 223.

ist kein Verwaltungsakt.[381] Die Rechtsbeziehungen enden mit dem im Angebot festgelegten Ende. Eine einseitige Beendigung durch den Grundsicherungsträger und auch durch den Leistungsempfänger ist möglich. Eine Beendigung der Entschädigungszahlungen ist an die Voraussetzungen des § 48 SGB X geknüpft.[382] Das Angebot muss hinreichend bestimmt sein. Es muss genau angeben, welche Art von Tätigkeit ausgeübt werden soll, den zeitlichen Umfang, dessen Verteilung sowie die Höhe der Entschädigung.[383] Ferner muss sie zumutbar i. S. d. § 10 sein.[384] Wie oben bereits ausgeführt, besteht der Anspruch auf die Mehraufwandsentschädigung gegen den Grundsicherungsträger, obwohl die Auszahlung über den Maßnahmenträger erfolgt.

Ist das Angebot nicht hinreichend bestimmt, kommt keine Rechtsbeziehung zwischen Leistungsempfänger und Maßnahmenträger zustande (5.3.2). Dann richten sich die Ansprüche auf MAE auch gegen den Grundsicherungsträger, allerdings aus dem öffentlich-rechtlichen Erstattungsanspruch. Der Maßnahmenträger hat die Arbeitskraft des Leistungsempfängers insoweit erlangt. Auch dann, wenn er sie beim Maßnahmeträger verrichtet hat. Das BSG hat diese Konstruktion ebenfalls für den Fall bejaht, in dem es an der Zusätzlichkeit der Maßnahme fehlte und mithin die Voraussetzungen der Arbeitsgelegenheit gegeben waren. In dem Fall besteht auch ein dem Grundsicherungsträger zurechenbarer Vermögensvorteil. Ein Rechtsgrund für diese Leistung kann dann zwar der Zuweisungsbescheid sein, jedoch nur, wenn dieser die Tätigkeit hinreichend bestimmt beschreibt und sich nicht zu allgemein hält. Ansonsten ist er zu unbestimmt und damit nichtig. Für diesen Fall fehlt ein Rechtsgrund, sodass der ortsübliche Lohn vom Grundsicherungsträger im Wege des öffentlich-rechtlichen Erstattungsanspruches an den Leistungsträger zu zahlen ist.[385] 15

5.3.2 Zwischen Leistungsempfänger und Maßnahmenträger

Zwischen diesen beiden entsteht zwar kein Arbeitsverhältnis im Rechtssinne, jedoch werden einzelne Vorschriften aus dem Arbeitsrecht für anwendbar erklärt (so ausdrücklich das BUrlG mit Ausnahme der Regelungen zum Urlaubsgeld, sowie Arbeitsschutzvorschriften, insb. GewO, ArbZG, JArbSchG, MuSchG, ArbstättVO, §§ 14 ff. SGB VII).[386] Das Rechtsverhältnis ist ein öffentlich-rechtliches Beschäftigungsverhältnis.[387] Vorschriften des kollektiven Arbeitsrechts sind, allenfalls mit Ausnahme der betrieblichen Mitbestimmung, nicht anwendbar.[388] In privaten Betrieben werden Mitbestimmungsrechte des Betriebsrats nach § 99 BetrVG ausgelöst, wenn Leistungsempfänger im Rahmen von 16

381 BSG – 16. 12. 2008 – B 4 AS 60/07 R.
382 Thie in LPK-SGB II, § 16 d Rn. 23.
383 BSG – 16. 12. 2008 – B 4 60/07 R.
384 LSG NRW – 11. 11. 2005 – L 19 B 89/05 AS ER.
385 BSG – 22. 08. 2011 – B 4 AS 1/10 R; – 13. 04. 2011 – B 14 AS 98/10 R.
386 Thie in LPK-SGB II, § 16 d Rn. 27.
387 BAG – 08. 11. 2006 – 5 AZB 36/06 a. A. Eicher in Eicher/Spellbrink, § 16 Rn. 239 für ein privatrechtliches Rechtsverhältnis sui generis.
388 Kritisch Thie in LPK-SGB II, § 16 d Rn. 26.

Arbeitsgelegenheiten eingestellt werden.[389] In öffentlich-rechtlichen Betrieben hängt dies von der landesrechtlichen Ausgestaltung des Personalvertretungsgesetzes ab. Das BSG stellte klar, dass auch dann, wenn die Voraussetzungen einer Arbeitsgelegenheit nicht vorliegen (weil es bspw. an der Zusätzlichkeit fehlt), zwischen dem Maßnahmenträger und dem Leistungsempfänger weder ein normales noch ein faktisches Arbeitsverhältnis zustande kommt, mithin auch kein Anspruch auf den (ortsüblichen) Arbeitslohn gegen den Maßnahmenträger besteht. Vielmehr besteht ein öffentlich-rechtlicher Erstattungsanspruch hinsichtlich der Arbeitsleistung gegen den Grundsicherungsträger.[390]

17 Der Maßnahmenträger ist Verwaltungshelfer und hat ein Weisungsrecht gegenüber dem Leistungsempfänger. Er kann Einzelheiten mit diesem auch zusätzlich vertraglich regeln.[391] Im Krankheitsfalle ist der Leistungsberechtigte berechtigt, der Arbeitsgelegenheit fern zu bleiben. Dies ergibt sich aus § 10 Abs. 1 Nr. 1 (Unzumutbarkeit). Dies ist jedenfalls dem Grundsicherungsträger nach § 56 anzuzeigen. Für Streitigkeiten hinsichtlich dieser Rechtsbeziehungen sind die Sozialgerichte zuständig.

5.3.3 Grundsicherungsträger und Maßnahmenträger

18 Hierbei handelt es sich um einen öffentlich-rechtlichen Vertrag nach § 55 SGB X. Der Maßnahmenträger muss die von ihm angebotenen Beschäftigungen beschreiben und ist verpflichtet, den Leistungsbezieher entsprechend dieser Beschreibung zu beschäftigen. Ferner ist er verpflichtet, leistungsrelevante Informationen an den Grundsicherungsträger weiterzuleiten (Urlaub, Fehlzeiten, Krankheit).[392] Der Grundsicherungsträger hat geeignete Leistungsempfänger anzubieten und muss entsprechende Weisungsrechte einräumen. Die vertraglichen Vereinbarungen müssen § 17 Abs. 2 genügen.[393] Bei Streitigkeiten sind die Sozialgerichte zuständig.

5.4 Sanktionen

19 Bei einem rechtmäßigen Angebot entsteht für den Leistungsempfänger die Obliegenheit, entsprechend der Vorgaben die Arbeit aufzunehmen und den Anweisungen des Maßnahmeträgers Folge zu leisten, soweit sie einen Bezug zur Arbeit haben.[394] Bei einem hinreichend bestimmten Angebot und einer ausreichenden Rechtsfolgenbelehrung führt die vorzeitige Beendigung der Maßnahme ohne wichtigen Grund zu einer Leistungskürzung.[395]

---

389 BAG – 02.10.2007 – 1 ABR 60/06.
390 BSG – 22.08.2011 – B 4 AS 1/10 R.
391 S. Knickrehm in Kommentar zum Sozialrecht, § 16d Rn. 10.
392 Thie in LPK-SGB II, § 16d Rn. 36.
393 S. Knickrehm in Kommentar zum Sozialrecht, § 16d Rn. 9.
394 Thie in LPK-SGB II, § 16d Rn. 33.
395 Näheres siehe die Kommentierung zu §§ 31 ff.

6. Kosten (Abs. 8)

20 Absatz 8 regelt die Kostenerstattung an natürliche oder juristische Personen oder Personengesellschaften für die Durchführung von Arbeitsgelegenheiten. Die antragsbezogene Kostenerstattung setzt die Zuweisung einer erwerbsfähigen leistungsberechtigten Person im Sinne von Absatz 1 voraus. Für allgemeinen Verwaltungsaufwand, der üblicherweise bei der Durchführung von Arbeitsgelegenheiten entsteht, insbesondere für Sach- und Personalkosten, werden auf Antrag pauschal 30 € je Teilnehmer und Fördermonat erstattet. Die pauschalierte Bezuschussung vermindert den Verwaltungsaufwand gegenüber der Ermittlung der Verwaltungskosten im Einzelfall. Soweit denjenigen, die Arbeitsgelegenheit durchführen, zusätzlicher personeller Aufwand für eine Betreuung von erwerbsfähigen Leistungsberechtigten mit besonderem Anleitungsbedarf entsteht, können weitere Zuschüsse erbracht werden. Maßgeblich ist der für die besondere Betreuung anfallende Personalaufwand. Die Zuschussmöglichkeit ist auf 120 € je Teilnehmer und Monat begrenzt.

§ 16e Förderung von Arbeitsverhältnissen

(1) Arbeitgeber können auf Antrag für die Beschäftigung von zugewiesenen erwerbsfähigen Leistungsberechtigten durch Zuschüsse zum Arbeitsentgelt gefördert werden, wenn zwischen dem Arbeitgeber und der erwerbsfähigen leistungsberechtigten Person ein Arbeitsverhältnis begründet wird.

(2) Der Zuschuss nach Absatz 1 richtet sich nach der Leistungsfähigkeit des erwerbsfähigen Leistungsberechtigten und beträgt bis zu 75 Prozent des berücksichtigungsfähigen Arbeitsentgelts. Berücksichtigungsfähig sind das zu zahlende Arbeitsentgelt und der pauschalierte Anteil des Arbeitgebers am Gesamtsozialversicherungsbeitrag abzüglich des Beitrags zur Arbeitsförderung. Einmalig gezahltes Arbeitsentgelt ist nicht berücksichtigungsfähig. § 91 Absatz 2 des Dritten Buches gilt entsprechend.

(3) Eine erwerbsfähige leistungsberechtigte Person kann einem Arbeitgeber zugewiesen werden, wenn

1. **sie langzeitarbeitslos im Sinne des § 18 des Dritten Buches ist und in ihren Erwerbsmöglichkeiten durch mindestens zwei weitere in ihrer Person liegende Vermittlungshemmnisse besonders schwer beeinträchtigt ist,**
2. **sie für einen Zeitraum von mindestens sechs Monaten verstärkte vermittlerische Unterstützung nach § 16 Absatz 1 Satz 1 unter Einbeziehung der übrigen Eingliederungsleistungen nach diesem Buch erhalten hat,**
3. **eine Erwerbstätigkeit auf dem allgemeinen Arbeitsmarkt für die Dauer der Zuweisung ohne die Förderung voraussichtlich nicht möglich ist und**
4. **für sie innerhalb eines Zeitraums von fünf Jahren Zuschüsse an Arbeitgeber nach Absatz 1 höchstens für eine Dauer von 24 Monaten erbracht werden. Der Zeitraum beginnt mit dem ersten nach Absatz 1 geförderten Arbeitsverhältnis.**

(4) Die Bundesagentur soll die erwerbsfähige leistungsberechtigte Person umgehend abberufen, wenn sie diese in eine zumutbare Arbeit oder Ausbildung vermitteln kann oder die Förderung aus anderen Gründen beendet wird. Die erwerbsfähige leistungsberechtigte Person kann das Arbeitsverhältnis ohne Einhaltung einer Frist kündigen,

wenn sie eine Arbeit oder Ausbildung aufnimmt, an einer Maßnahme der Berufsausbildung oder beruflichen Weiterbildung teilnehmen kann oder nach Satz 1 abberufen wird. Der Arbeitgeber kann das Arbeitsverhältnis ohne Einhaltung einer Frist kündigen, wenn die Arbeitnehmerin oder der Arbeitnehmer nach Satz 1 abberufen wird.

(5) Eine Förderung ist ausgeschlossen, wenn zu vermuten ist, dass der Arbeitgeber

1. die Beendigung eines anderen Beschäftigungsverhältnisses veranlasst hat, um eine Förderung nach Absatz 1 zu erhalten, oder

2. eine bisher für das Beschäftigungsverhältnis erbrachte Förderung ohne besonderen Grund nicht mehr in Anspruch nimmt.

Inhaltsübersicht Rn.

1. Gesetzgebungshistorie und Regelungszweck

1 Die Vorschrift wurde durch das Gesetz zur Neuausrichtung der arbeitsmarktpolitischen Instrumente vom 21.12.2008[396] wortgleich aus § 16a übernommen. Eine wesentliche Änderung erfolgte durch das Gesetz zur Erleichterung der Eingliederung am Arbeitsmarkt vom 27.12.2011[397]. Sie nimmt nunmehr die früher in § 16d geregelten Arbeitsgelegenheiten in der Entgeltvariante in ihre Regelung auf und wurde neu strukturiert.

2 Die Vorschrift soll über die Möglichkeiten des § 16 hinaus Beschäftigungsverhältnisse subventionieren, die für die Privatwirtschaft nicht lukrativ sind und damit insbesondere arbeitsmarktferne Leistungsempfänger vor Verfestigung von Arbeitslosigkeit zu schützen, da diese auch bei bester wirtschaftlicher Entwicklung wohl nicht mehr in reguläre Arbeitsverhältnisse zu vermitteln sind.[398] Es sollen sozialversicherungspflichtige Tätigkeiten entstehen und gefördert werden, jedoch ohne Versicherungspflicht in der Arbeitsförderung, denn diese ist explizit nicht gegeben (§ 27 Abs. 3 Nr. 5c SGB III), um zu vermeiden, einen Anreiz für den Erwerb von Ansprüchen auf ALG I zu unterbinden.[399]

3 Hervorzuheben ist, dass die Vorschrift in ihrer Gesamtheit dem Leistungsempfänger keinerlei subjektiven Rechte vermittelt. Seine Begünstigung ist ein reiner Rechtsreflex.[400]

2. Förderung von Arbeitsverhältnissen (Abs. 1 und 2)

4 Die Absätze 1 und 2 enthalten (in Verkehrung der üblichen Systematik) die Rechtsfolge zu den Tatbestandsvoraussetzungen in Abs. 3 (siehe dazu unter 3.).

396 BGBl. I, 2917, 2929.
397 BGBl. I S. 2854.
398 BT-Drs. 16/5717, S. 1.
399 BT-Drs. 16/1515, S. 10.
400 Voelzke in Hauck/Noftz, SGB II, § 16 Rn. 55, Stand 4/2008.

Absatz 1 ermöglicht die Förderung von Arbeitsverhältnissen durch Zuschüsse an Arbeitgeber, wenn ihnen Leistungsberechtigte zugewiesen wurden (vgl. dazu unter 3.). Es handelt sich um eine Ermessensvorschrift. 5

Die Förderung muss vom Arbeitgeber beantragt werden. 6

Die geförderten Arbeitsverhältnisse sind mit Ausnahme der Arbeitsförderung (§ 27 Abs. 3 Nr. 5 SGB III) sozialversicherungspflichtig. Eine Förderung ist möglich, wenn zwischen Arbeitgeber und der erwerbsfähigen leistungsberechtigten Person ein Arbeitsverhältnis begründet wird. 7

Abs. 2 bestimmt abschließend die Höhe der Förderung. Sie dürfte bis zur Höhe der Deckelung im Auswahlermessen der Behörde liegen. Sie richtet sich nach der Leistungsfähigkeit der erwerbsfähigen leistungsberechtigten Person und kann bis zu 75 % des berücksichtigungsfähigen Arbeitsentgelts betragen. Die Förderung wird als Zuschuss geleistet. Der Zuschuss muss der verminderten individuellen Leistungsfähigkeit der erwerbsfähigen leistungsberechtigten Person entsprechen und ist dementsprechend geringer als die Obergrenze festzulegen, wenn die Leistungsfähigkeit höher eingeschätzt wird. Die über den Zuschuss hinausgehenden Kosten des Arbeitsverhältnisses sind vom Arbeitgeber zu tragen, der hierfür auch Drittmittel einsetzen kann. Eine aufstockende Förderung durch die Agentur für Arbeit, beispielsweise durch Maßnahmekostenpauschalen, ist nicht möglich. Bewilligung und Festlegung des monatlichen Förderbetrags sind entsprechend den Regelungen des Dritten Buches zum Eingliederungszuschuss vorzunehmen. 8

3. Zuweisung von Leistungsberechtigten (Abs. 3)

Begünstigte sind Arbeitgeber, also alle natürlichen oder juristischen Personen gleich welcher Rechtsform und rechtlicher Organisierung. Auch gleichviel ob gewinnorientiert oder gemeinnützig.[401] 9

Die Förderung eines Arbeitsverhältnisses ist gegenüber den übrigen Eingliederungsleistungen nach diesem Buch nachrangig. Die Nachrangigkeit stellt sicher, dass nur diejenigen erwerbsfähigen Leistungsberechtigten zuschussgeförderte Arbeitsverhältnisse eingehen, die auf absehbare Zeit voraussichtlich keine Chance haben, auf dem allgemeinen Arbeitsmarkt einen nicht geförderten Arbeitsplatz zu finden.[402]

Nach Nr. 1 müssen neben der Vollendung des 18. Lebensjahres und der Langzeitarbeitslosigkeit, welche in § 18 Abs. 2 SGB III legaldefiniert ist, Vermittlungshemmnisse vorliegen. Dabei kommen vor allem ein Migrationshintergrund, Lebensalter, geringer Bildungsstatus, Vorstrafen oder gesundheitliche Einschränkungen in Betracht.[403] Maßgeblicher Zeitpunkt ist der Beginn der Beschäftigung.[404] 10

Ferner muss er nach Nr. 2 6 Monate Eingliederungsleistungen nach § 16 oder sonstige Eingliederungsleistungen nach dem SGB II erhalten haben (sog. »Aktivierungsphase). 11

---

401 Eicher in Eicher/Spellbrink, § 16a Rn. 13, a. A. Voelzke in Hauck/Noftz, SGB II, § 16a Rn. 18.
402 BT-Drs. 17/6722.
403 BT-Drs. 16/5715, S. 7.
404 Voelzke in Hauck/Noftz, § 16a Rn. 28ff.

12 Es muss weiterhin nach Nr. 3 eine Prognoseentscheidung darüber getroffen werden, dass eine Erwerbstätigkeit auf dem allgemeinen Arbeitsmarkt für die Dauer der Zuweisung ohne die Förderung voraussichtlich ausgeschlossen ist. Es muss die Annahme gerechtfertigt sein, dass aufgrund der Vermittlungshemmnisse auch mit den Eingliederungsleistungen aus § 16 keine Eingliederung in den allgemeinen Arbeitsmarkt möglich ist. Es handelt sich um einen gerichtlich nur beschränkt nachprüfbaren Beurteilungsspielraum.[405]

13 Nach Nr. 4 dürfen innerhalb eines Zeitraums von fünf Jahren ab Beginn des ersten Arbeitsverhältnisses für eine erwerbsfähige leistungsberechtigte Person höchstens für einen Zeitraum von 24 Monaten auf der Grundlage des § 16e Zuschüsse erbracht werden. Die Zuschüsse, die innerhalb des Zeitraums von fünf Jahren an mehrere Arbeitgeber erbracht wurden, sind bei der Ermittlung dieser Förderungshöchstdauer zusammenzurechnen. Die Förderhöchstdauer verhindert, dass erwerbsfähige Leistungsberechtigte dauerhaft in geförderten Arbeitsverhältnissen eingesetzt werden.[406]

4. Abberufung und Kündigung (Abs. 4)

14 Abs. 4 greift die Regelung zu den Arbeitsbeschaffungsmaßnahmen des § 269 SGB III in der bisherigen Fassung auf. Sie regelt die Möglichkeit der Abberufung und Beendigung des Arbeitsverhältnisses. Die Abberufungsmöglichkeit ist Ausdruck der Nachrangigkeit der geförderten Beschäftigung gegenüber regulärer Beschäftigung. Der Arbeitgeber sowie die Arbeitnehmer müssen die Möglichkeit haben, das Arbeitsverhältnis ohne Einhaltung einer Kündigungsfrist zu beenden, wenn der Arbeitnehmer eine nicht geförderte Arbeit auf dem allgemeinen Arbeitsmarkt aufnehmen kann.[407]

5. Ausschluss (Abs. 5)

15 Die Vorschrift enthält eine Beweiserleichterung. Es ist nur ein geringer Grad an Sicherheit zu fordern.[408]

6. Rechtsfolge

16 Rechtsfolge ist die Förderfähigkeit nach Abs. 1 und 2. Ein Entschließungsermessen dürfte in der Regel auf Null reduziert sein, da die Leistungsvoraussetzungen besonders streng sind.[409]

405 Thie in LPK-SGB II, § 16e Rn. 9.
406 BT-Drs. 17/6277, S. 117.
407 BT-Drs. 17/6277, S. 117.
408 S. Knickrehm in Kommentar zum Sozialrecht, § 16e Rn. 23.
409 Thie, LPK-SGB II, § 16e Rn. 16.

§ 16f Freie Förderung

(1) Die Agentur für Arbeit kann die Möglichkeiten der gesetzlich geregelten Eingliederungsleistungen durch freie Leistungen zur Eingliederung in Arbeit erweitern. Die freien Leistungen müssen den Zielen und Grundsätzen dieses Buches entsprechen.

(2) Die Ziele der Leistungen sind vor Förderbeginn zu beschreiben. Eine Kombination oder Modularisierung von Inhalten ist zulässig. Die Leistungen der Freien Förderung dürfen gesetzliche Leistungen nicht umgehen oder aufstocken. Ausgenommen hiervon sind Leistungen für

1. Langzeitarbeitslose und

2. erwerbsfähige Leistungsberechtigte, die das 25. Lebensjahr noch nicht vollendet haben und deren berufliche Eingliederung auf Grund von schwerwiegenden Vermittlungshemmnissen besonders erschwert ist,

bei denen in angemessener Zeit von in der Regel sechs Monaten nicht mit Aussicht auf Erfolg auf einzelne Gesetzesgrundlagen dieses Buches oder des Dritten Buches zurückgegriffen werden kann. Bei Leistungen an Arbeitgeber ist darauf zu achten, Wettbewerbsverfälschungen zu vermeiden. Projektförderungen im Sinne von Zuwendungen sind nach Maßgabe der §§ 23 und 44 der Bundeshaushaltsordnung zulässig. Bei längerfristig angelegten Förderungen ist der Erfolg regelmäßig zu überprüfen und zu dokumentieren.

Inhaltsübersicht

1. Gesetzgebungshistorie und Regelungszweck

1 Die Vorschrift wurde durch das Gesetz zur Neuausrichtung der arbeitsmarktpolitischen Instrumente vom 21.12.2008[410] aus dem § 16 a.F. herausgelöst und als eigenständige Norm neu gefasst. Sie ersetzt die damals als »ergänzende Leistungen« bezeichnete Regelung. Eine Erweiterung fand mit dem Gesetz zur Verbesserung der Eingliederungschancen am Arbeitsmarkt vom 27.11.2011[411] statt.

2 Eine ähnliche Regelung findet sich in § 10 SGB III. Die Vorschrift ist weit gefasst und ihre Systematik kaum erkennbar. Tatbestand und Ermessensgrenzen sind kaum voneinander zu unterscheiden und verteilen sich auf beide Absätze.

410 BGBl. I S. 2917.
411 BGBl. I S. 2854.

2. Tatbestand

3 Die Vorschrift ist insoweit unklar, als es keine klare Trennung von Tatbestand und Rechtsfolgen gibt. Die meisten Voraussetzungen der Norm werden – zu Recht – als Einschränkung des Ermessens und damit auf Rechtsfolgenseite eingeordnet.[412]

4 Der Vorschrift in ihrer Gesamtheit und ihrer systematischen Stellung wird man daher auf Tatbestandsseite allenfalls entnehmen müssen, dass es sich bei der begehrten bzw. beabsichtigten Leistung um eine Eingliederungsleistung handeln muss, mithin eine Leistung, die die Hilfebedürftigkeit jedenfalls langfristig verringert oder beseitigt.[413] Ferner muss, wie bei allen Eingliederungsleistungen, Hilfebedürftigkeit und Erwerbsfähigkeit nach § 7 Abs. 1 vorliegen. Erwerbsunfähige können nur unter den Voraussetzungen des § 7 Abs. 2 Leistungsempfänger sein.

5 Neben dem Hilfebedürftigen selbst kommen nach Abs. 2 Satz 5 auch Arbeitgeber als Leistungsempfänger in Betracht. Darüber hinaus auch »Projekte« nach Abs. 2 Satz 6. Dies ermöglich Projekte anderer Träger i. S. d. § 21 SGB III oder Projekte in eigener Trägerschaft zu finanzieren.[414] Der Verweis auf §§ 23 und 44 BHO und den dortigen Voraussetzungen bedeutet, dass das Zuwendungsrecht zu prüfen ist, sodass eine Zuwendung nur erfolgen kann, wenn hieran ein erhebliches Interesse besteht, welches ohne die Zuwendung nicht oder nicht im notwendigen Umfang befriedigt werden kann (§ 23 BHO). Der Gesetzgeber ging selbst davon aus, dass die Durchführung rechtmäßiger Projektförderungen wegen der Komplexität des Zuwendungsrechtes schwierig sei, weshalb die Einrichtung einer Abwicklungs- und Abrechnungsstelle empfohlen wird.[415]

3. Rechtsfolge

6 Die Leistung steht vollständig im Entschließungs- und Auswahlermessen des Trägers. Die Ermessensausübung wird dabei jedoch durch bestimmte Anforderungen des Gesetzes flankiert, die bei seiner Ausübung zu beachten sind.

7 1. Zunächst müssen sich Förderungen in den Zielen und Grundsätzen des SGB II halten (Abs. 1 Satz 2). Diese ergeben sich insbesondere aus §§ 1 und 3. Es muss daher Vermeidung, Verminderung oder Überwindung von Hilfebedürftigkeit beabsichtigt sein. Da nach der hier vertretenen Ansicht dies jedoch bereits Gegenstand des Tatbestandes ist, erlangt wohl insbesondere § 3 Abs. 1 Satz 3 Bedeutung, nachdem vorrangiges Ziel die Aufnahme einer Erwerbstätigkeit sein muss. Ferner sind über § 16 Abs. 1 auch die Grundsatzentscheidungen zur Arbeitsmarktpolitik Ziele und Grundsätze im Sinne des SGB II.[416]

8 2. Weiterhin ist das Ermessen des Trägers durch das Verbot der Umgehung oder Aufstockung aus Abs. 2 Satz 3 eingeschränkt. Dies bedeutet vor allem, das nicht Leistun-

412 Vgl. nur Thie in LPK-SGB II, § 16f Rn. 3ff.
413 So wohl auch S. Knickrehm in Kommentar zum Sozialrecht, § 16f Rn. 6.
414 S. Knickrehm in Kommentar zum Sozialrecht, § 16f Rn. 14.
415 BT-Drs. 16/10810 Nr. 8 zu § 16f.
416 S. Knickrehm in Kommentar zum Sozialrecht, § 16f Rn. 7.

gen nach §§ 16 bis 16e unter erleichterten Voraussetzungen einfach nach § 16f bewilligt werden können. Auch darf ihr Umfang nicht erweitert werden. Auch dürfen die Kataloge der Leistungen nach § 16 Abs. 1 und § 16a nicht erweitert werden. Es darf also nicht auf Leistungen des SGB III zurückgegriffen werden, die in § 16 Abs. 1 nicht erwähnt sind und auch keine weiteren Leistungen aus dem kommunalen Bereich.[417]

Eine Ausnahme hiervon regelt jedoch sogleich Abs. 2 Satz 4 und 5. Danach gelten diese Einschränkungen nicht für Langzeitarbeitslose sowie erwerbsfähige Leistungsberechtigte, die das 25. Lebensjahr noch nicht vollendet haben und deren berufliche Eingliederung aufgrund von schwerwiegenden Vermittlungshemmnissen besonders erschwert ist. Für die Definition der Langzeitarbeitslosen kann auf § 18 Abs. 2 SGB III zurückgegriffen werden – mithin also (angepasst an das SGB II) Personen, die mindestens 12 Monate ohne Beschäftigung sind. Für die Berechnung der Jahresfrist wird man auf eine Arbeitslosmeldung oder die Dauer des Leistungsbezuges bzw. den Zeitpunkt des Erstantrags abstellen können. Die Regelungen zur Verfügbarkeit aus dem SGB III sind jedoch nicht anzuwenden.[418] Für die beschriebenen schwerwiegenden Vermittlungshemmnisse bei Jugendlichen kommen vor allem ein Migrationshintergrund, geringer Bildungsstatus, Vorstrafen oder gesundheitliche Einschränkungen in Betracht. Die Aufhebung der Einschränkung betrifft vor allem Leistungserweiterung von § 16 Abs. 1 i.V.m. §§ 217ff. SGB III und § 16e, mithin also Lohnkostenzuschüsse. Aufgrund der auch für Langzeitarbeitslose geltenden Einschränkung von Leistungen an Arbeitgeber nach Abs. 2 Satz 6 scheint der Anwendungsbereich dieser Rückausnahme gering, da wenig Fälle denkbar sind, in denen erweiterte Lohnkostenzuschüsse nicht wettbewerbsverzerrend wirken.[419] **9**

Erlaubt sind dem Träger als weitere Rückausnahme jedoch Kombinationen und Modularisierungen von Leistungen nach Abs. 2 Satz 2. Werden Leistungsinhalte der Vorschriften über die Eingliederung daher kombiniert oder modularisiert, stellt dies keine Aufstockung oder Umgehung dar. Insbesondere der Begriff der Modularisierung bleibt insoweit jedoch relativ unklar und kann zur Aushöhlung des Verbotes der Aufstockung und Umgehung beitragen. **10**

4. Sonstige Pflichten des Leistungsträgers

Abs. 2 Satz 1 und Satz 8 regeln Dokumentationspflichten der Leistungsträger. Die Ziele der Förderung sollen zu Beginn der Leistung beschrieben werden. Sie dient der Überprüfbarkeit der Förderung für den Leistungsempfänger und für Dritte. Sie stellt keine Voraussetzung der Leistung dar, sondern verpflichtet den Leistungsträger nur objektiv-rechtlich. Ihre Verletzung ist kein Grund zu Leistungsverweigerung. Ob ihre Verletzung jedoch tatsächlich dazu führt, dass eine Sanktionsmöglichkeit nach § 31 Abs. 1 Satz Nr. 2 oder Nr. 3 entfällt, wenn der Leistungsempfänger die Eingliederungsmaßnahme nicht wahrnimmt,[420] er- **11**

417 Thie in LPK-SGB II, § 16f Rn. 3.
418 Zum Ganzen S. Knickrehm in Kommentar zum Sozialrecht, § 16f Rn. 12.
419 Thie in LPK-SGB II, § 16f Rn. 5.
420 So S. Knickrehm in Kommentar zum Sozialrecht, § 16f Rn. 9.

scheint jedoch zweifelhaft. Nach Abs. 2 Satz 8 regelt sodann eine Dokumentationspflicht und Kontrollpflicht bei längerfristig angelegten Förderungen.

§ 16g Förderung bei Wegfall der Hilfebedürftigkeit

(1) Entfällt die Hilfebedürftigkeit der oder des Erwerbsfähigen während einer Maßnahme zur Eingliederung, kann sie weiter gefördert werden, wenn dies wirtschaftlich erscheint und die oder der Erwerbsfähige die Maßnahme voraussichtlich erfolgreich abschließen wird. Die Förderung soll als Darlehen erbracht werden.

(2) Für die Dauer einer Förderung des Arbeitgebers oder eines Trägers durch eine Geldleistung nach § 16 Absatz 1 und § 16e können auch Leistungen nach dem Dritten Kapitel und § 46 Absatz 1 Satz 1 Nummer 5 des Dritten Buches oder nach § 16a Nummer 1 bis 4 und § 16b erbracht werden, wenn die Hilfebedürftigkeit der oder des Erwerbsfähigen aufgrund des zu berücksichtigenden Einkommens entfallen ist. Während der Förderdauer nach Satz 1 gilt § 15 entsprechend.

Inhaltsübersicht Rn.

1. Gesetzgebungsgeschichte und Regelungsgehalt

1 § 16g wurde mit dem Gesetz zur Neuausrichtung der arbeitsmarktpolitischen Instrumente eingefügt und ersetzt die Regelungen der Abs. 4 und 5 des § 16 a. F. In Abs. 1 der Vorschrift wird der Wegfall der Hilfebedürftigkeit während einer **Maßnahme** geregelt. Abs. 2 regelt den Wegfall der Hilfebedürftigkeit durch eine **Leistung**. Während der Gesetzgeber diese Begriffe in § 16f noch vermengt und synonym verwendet, trennt er hier in dieser Vorschrift nunmehr begrifflich.

2. Darlehensweise Weiterförderung (Abs. 1)

2 Es muss zunächst eine Maßnahme vorliegen. Dies erfordert eine Leistung, die ein definiertes Ziel hat, welches in der planmäßigen Vermittlung von Kenntnissen und Fertigkeiten liegt. Dieses muss vor der Maßnahme definiert sein. Ferner muss auch der zeitliche und örtliche Rahmen vorher feststehen.[421] Nicht erfasst von der Regelung sind Maßnahmen, die durch einmalige Leistung erbracht sind und solche, die gerade auf Fortdauer bei Entfallen der Hilfebedürftigkeit ausgerichtet sind (bspw. Einstiegsgeld nach § 16d).[422] Ferner sind auch solche Maßnahmen nicht erfasst, die unter den Voraussetzungen des SGB III weiter gefördert sind, wenn und soweit diese Voraussetzungen gegeben sind.[423] Dieses Ziel der Maßnahme muss nach Wegfall der Hilfebedürftigkeit nach § 7 Abs. 1 noch

421 Thie in LPK-SGB II, § 16g Rn. 3.
422 Voelzke in Hauck/Noftz, § 16 Rn. 457.
423 Eicher in Eicher/Spellbrink, § 16 Rn. 247.

erfolgreich erreichbar sein. Dies erfordert eine gerichtlich voll überprüfbare Prognoseentscheidung des Leistungsträgers.[424] Ferner muss dies wirtschaftlich sein. Dies bedeutet, dass der erreichbare Zweck der Maßnahme noch im Verhältnis zu den bereits entstandenen und noch entstehenden Kosten steht.[425]

Auf Rechtsfolgenseite steht dem Träger ein Entschließungsermessen zu. Wird die Leistung gewährt, so liegt ein intendiertes Ermessen im Hinblick auf die Darlehensgewährung vor, sodass ein Zuschuss nur in atypischen Fällen in Betracht kommt. Hinsichtlich der Höhe und der Dauer steht dem Träger kein Ermessen zu. Die Förderung hat in voller Höhe bis zum Ende der Maßnahme zu erfolgen. **3**

3. Eingliederungsleistung nach Wegfall der Hilfebedürftigkeit nach Abs. 2

Erfasst von dieser Regelung sind Fallgestaltungen, in denen bei Subventionen an den Arbeitgeber die Hilfebedürftigkeit des Leistungsempfängers wegfällt. Also insbesondere Leistungen nach § 16 Abs. 1 i.V.m. SGB III, Arbeitsgelegenheiten gegen Arbeitsentgelt nach § 16 d oder bei Leistungen nach § 16 e. Ursache für den Wegfall der Hilfebedürftigkeit muss das aufgrund der geförderten Leistung erzielte Einkommen i.S.d. § 11 gewesen sein. Ob dies allein oder zusammen mit vom Leistungsempfänger selbst oder sonstigen Mitgliedern der Bedarfsgemeinschaft erzielten anrechenbaren Einkommen erfolgt, ist unerheblich.[426] **4**

Rechtsfolge ist, dass die Leistungen weiter zu gewähren sind, jedoch dann nach anderen Vorschriften. Werden sie nach dem SGB III weiter gefördert, tritt ein Trägerwechsel ein. Es handelt sich um eine Rechtsgrundverweisung, sodass die jeweiligen Voraussetzungen der Vorschriften – mit Ausnahme der Hilfebedürftigkeit – vorliegen müssen.[427] Die Leistung steht im Entschließungs- und Auswahlermessen des Grundsicherungsträgers, wobei regelmäßig von einer Ermessensreduktion auf Null auszugehen sein wird.[428] **5**

Abs. 2 Satz 3 regelt, dass die Frage der Weiterförderung in der Eingliederungsvereinbarung Eingang finden soll. **6**

§ 17 Einrichtungen und Dienste für Leistungen zur Eingliederung

(1) Zur Erbringung von Leistungen zur Eingliederung in Arbeit sollen die zuständigen Träger der Leistungen nach diesem Buch eigene Einrichtungen und Dienste nicht neu schaffen, soweit geeignete Einrichtungen und Dienste Dritter vorhanden sind, ausgebaut oder in Kürze geschaffen werden können. Die zuständigen Träger der Leistungen nach diesem Buch sollen Träger der freien Wohlfahrtspflege in ihrer Tätigkeit auf dem Gebiet der Grundsicherung für Arbeitsuchende angemessen unterstützen.

(2) Wird die Leistung von einem Dritten erbracht und sind im Dritten Buch keine Anforderungen geregelt, denen die Leistung entsprechen muss, sind die Träger der

---

424 Dazu BSG – 11.05.2000 – B 7 AL 18/99 R.
425 Thie in LPK-SGB II, § 16g Rn. 4.
426 Thie in LPK-SGB II, § 16g Rn. 9.
427 Thie in LPK-SGB II, § 16g Rn. 11.
428 Thie in LPK-SGB II, § 16g Rn. 13.

Leistungen nach diesem Buch zur Vergütung für die Leistung nur verpflichtet, wenn mit dem Dritten oder seinem Verband eine Vereinbarung insbesondere über
1. Inhalt, Umfang und Qualität der Leistungen,
2. die Vergütung, die sich aus Pauschalen und Beträgen für einzelne Leistungsbereiche zusammensetzen kann, und
3. die Prüfung der Wirtschaftlichkeit und Qualität der Leistungen
besteht. Die Vereinbarungen müssen den Grundsätzen der Wirtschaftlichkeit, Sparsamkeit und Leistungsfähigkeit entsprechen.

Regelungsinhalt

1 Die Vorschrift stellt heraus, dass der Grundsicherungsträger auf vorhandene Strukturen und Träger zurückgreifen soll und zur Erbringung von Eingliederungsleistungen nur subsidiär selbst neue Einrichtungen schaffen soll (Abs. 1). Er soll insbesondere Träger der freien Wohlfahrtpflege auf dem Gebiet der Grundsicherung angemessen unterstützen.

2 Abs. 2 regelt sodann insbesondere für Aufgaben, die in Abs. 1 genannt sind, Vereinbarungen mit Trägern zu schließen, die Leistungen erbringen, welche nicht nach dem SGB III an Voraussetzungen geknüpft sind.[429] Ferner werden Grundsätze für den Inhalt solcher Vereinbarungen aufgestellt.

§ 18 Örtliche Zusammenarbeit

(1) Die Agenturen für Arbeit arbeiten bei der Erbringung von Leistungen zur Eingliederung in Arbeit unter Berücksichtigung ihrer Aufgaben nach dem Dritten Buch mit den Beteiligten des örtlichen Arbeitsmarktes, insbesondere den Gemeinden, den Kreisen und Bezirken, den Trägern der freien Wohlfahrtspflege, den Vertretern der Arbeitgeber sowie der Arbeitnehmerinnen und Arbeitnehmer sowie den Kammern und berufsständischen Organisationen zusammen, um die gleichmäßige oder gemeinsame Durchführung von Maßnahmen zu beraten oder zu sichern und Leistungsmissbrauch zu verhindern oder aufzudecken. Die örtlichen Träger der Sozialhilfe sind verpflichtet, mit den Agenturen für Arbeit zusammenzuarbeiten.

(1 a) Absatz 1 gilt für die kommunalen Träger und die zugelassenen kommunalen Träger entsprechend.

(2) Die Leistungen nach diesem Buch sind in das regionale Arbeitsmarktmonitoring der Agenturen für Arbeit nach § 9 Absatz 2 des Dritten Buches einzubeziehen.

(3) Die Agenturen für Arbeit sollen mit Gemeinden, Kreisen und Bezirken auf deren Verlangen Vereinbarungen über das Erbringen von Leistungen zur Eingliederung nach diesem Gesetz mit Ausnahme der Leistungen nach § 16 Absatz 1 schließen, wenn sie den durch eine Rechtsverordnung festgelegten Mindestanforderungen entsprechen. Satz 1 gilt nicht für die zugelassenen kommunalen Träger.

(4) Das Bundesministerium für Arbeit und Soziales wird ermächtigt, ohne Zustimmung des Bundesrates durch Rechtsverordnung zu bestimmen, welchen Anforderungen eine Vereinbarung nach Absatz 3 mindestens genügen muss.

---

429 S. Knickrehm in Kommentar zum Sozialrecht, § 17 Rn. 3.

Verordnung
über die Mindestanforderungen an die Vereinbarungen
über Leistungen der Eingliederung nach dem Zweiten Buch Sozialgesetzbuch
(Mindestanforderungs-Verordnung)
Vom 4. November 2004

§ 1 Grundsatz

Die Agenturen für Arbeit sollen mit Gemeinden, Kreisen und Bezirken ohne Vergabeverfahren auf deren Verlangen zur Durchführung der Grundsicherung für Arbeitsuchende Vereinbarungen über das Erbringen von Leistungen zur Eingliederung in Arbeit mit Ausnahme der Leistungen nach § 16 Abs. 1 des Zweiten Buches Sozialgesetzbuch schließen, wenn die Vereinbarungen den Mindestanforderungen des § 2 entsprechen.

§ 2 Mindestanforderungen

Eine Vereinbarung über das Erbringen von Eingliederungsleistungen muss mindestens

1. eine Beschreibung von Inhalt, Umfang und Qualität der Leistungen (Leistungsvereinbarung),
2. eine verbindliche Regelung über die Vergütung, die sich aus Pauschalen und Beträgen für einzelne Leistungsbereiche zusammensetzt (Vergütungsvereinbarung),
3. überprüfbare Anforderungen an die Überprüfung von Wirtschaftlichkeit und Qualität der Leistungen (Prüfungsvereinbarung)

sowie Regelungen über Mitteilungspflicht, Befristung und Kündigung beinhalten.

§ 3 Leistungsvereinbarung

Die Leistungsvereinbarung muss die wesentlichen Leistungsmerkmale festlegen. Dies sind mindestens

1. die Beschreibung der zu erbringenden Leistung,
2. Ziel und Qualität der Leistung,
3. die Qualifikation des Personals,
4. die erforderliche räumliche, sächliche und personelle Ausstattung und
5. die Verpflichtung, im Rahmen des Leistungsangebotes Leistungsberechtigte aufzunehmen.

§ 4 Vergütungsvereinbarung

Die Vergütungsvereinbarung muss den Grundsätzen der Wirtschaftlichkeit und Sparsamkeit entsprechen. Die Gemeinde, der Kreis oder der Bezirk haben jeweils nach längstens sechs Monaten die Kosten für die erbrachten Leistungen abzurechnen.

§ 5 Prüfungsvereinbarung

Die Prüfungsvereinbarung muss mindestens das Recht der Agentur für Arbeit beinhalten, die Wirtschaftlichkeit und die Qualität der Leistung zu prüfen und mit Leistungen zu vergleichen, die von Dritten zur Erreichung des mit der Leistung verfolgten Ziels angeboten oder durchgeführt werden; sie muss insbesondere das Recht auf

1. das Betreten von Grundstücken und Geschäftsräumen während der üblichen Öffnungszeit,

2. *Einsicht in maßnahmebetreffende Unterlagen und Aufzeichnungen und*
3. *Befragung der Maßnahmeteilnehmer*

zur Prüfung der Leistungen umfassen.

§ 6 Mitteilungspflicht

Eine Vereinbarung über das Erbringen von Eingliederungsleistungen muss mindestens die Verpflichtung der Gemeinde, des Kreises oder des Bezirkes enthalten, der Agentur für Arbeit alle Tatsachen mitzuteilen, von denen sie oder er Kenntnis erhält und die für die in § 31 des Zweiten Buches Sozialgesetzbuch vorgesehenen Rechtsfolgen erheblich sind.

§ 7 Befristung

Die Befristung darf fünf Jahre nicht übersteigen. Eine neue Vereinbarung darf nur abgeschlossen werden, wenn

1. *die Prüfung nach § 5 ergeben hat, dass die Anforderungen an Wirtschaftlichkeit und Qualität erfüllt worden sind und*
2. *das mit der Leistung angestrebte Ziel auf dem Arbeitsmarkt, die Beschäftigung und die individuelle Beschäftigungsfähigkeit erreicht wurde; dies wird vermutet, wenn die erbrachten Eingliederungsleistungen in einem Leistungsvergleich unter Berücksichtigung regionaler Besonderheiten wenigstens durchschnittliche Ergebnisse erzielt haben.*

§ 8 Kündigung

Eine Vereinbarung über das Erbringen von Eingliederungsleistungen muss vorsehen, dass die Vereinbarung

1. *bei einer wesentlichen und voraussichtlich nachhaltigen Änderung der Verhältnisse, die im Zeitpunkt der Vereinbarung vorgelegen haben, mit einer Frist von höchstens einem Jahr und*
2. *aus wichtigem Grund ohne Frist gekündigt werden kann.*

Abschnitt 2
Leistungen zur Sicherung des Lebensunterhalts

Unterabschnitt 1
Leistungsanspruch

§ 19 Arbeitslosengeld II, Sozialgeld und Leistungen für Bildung und Teilhabe

(1) Erwerbsfähige Leistungsberechtigte erhalten Arbeitslosengeld II. Nichterwerbsfähige Leistungsberechtigte, die mit erwerbsfähigen Leistungsberechtigten in einer Bedarfsgemeinschaft leben, erhalten Sozialgeld, soweit sie keinen Anspruch auf Leistungen nach dem Vierten Kapitel des Zwölften Buches haben. Die Leistungen umfassen den Regelbedarf, Mehrbedarfe und den Bedarf für Unterkunft und Heizung.

(2) Leistungsberechtigte haben unter den Voraussetzungen des § 28 Anspruch auf

Leistungen für Bildung und Teilhabe, soweit sie keinen Anspruch auf Leistungen nach dem Vierten Kapitel des Zwölften Buches haben. Soweit für Kinder Leistungen zur Deckung von Bedarfen für Bildung und Teilhabe nach § 6 b des Bundeskindergeldgesetzes gewährt werden, haben sie keinen Anspruch auf entsprechende Leistungen zur Deckung von Bedarfen nach § 28.

(3) Die Leistungen zur Sicherung des Lebensunterhalts werden in Höhe der Bedarfe nach den Absätzen 1 und 2 erbracht, soweit diese nicht durch das zu berücksichtigende Einkommen und Vermögen gedeckt sind. Zu berücksichtigendes Einkommen und Vermögen deckt zunächst die Bedarfe nach den §§ 20, 21 und 23, darüber hinaus die Bedarfe nach § 22. Sind nur noch Leistungen für Bildung und Teilhabe zu leisten, deckt weiteres zu berücksichtigendes Einkommen und Vermögen die Bedarfe in der Reihenfolge der Absätze 2 bis 7 nach § 28.

Inhaltsübersicht Rn.

1. Arbeitslosengeld II und Sozialgeld (Abs. 1)

Die Leistungen zur Sicherung des Lebensunterhalts unterscheiden sich nach Arbeitslosengeld II und dem Sozialgeld. Während die erwerbsfähigen Leistungsberechtigten das Arbeitslosengeld II erhalten, können die nichterwerbsfähigen Leistungsberechtigten in der Bedarfsgemeinschaft Sozialgeld beanspruchen. Zu beachten ist, dass Sozialgeld nur bezogen werden kann, wenn kein Anspruch auf Leistungen der Grundsicherung im Alter und bei Erwerbslosigkeit nach dem Vierten Kapitel des SGB XII besteht. 1

Nach § 41 Abs. 1 SGB XII sind Älteren und dauerhaft voll erwerbsgeminderte Personen mit gewöhnlichen Aufenthalt in Deutschland auf Antrag Grundsicherungsleistungen zu gewähren, soweit der notwendige Lebensunterhalt nicht aus Einkommen und Vermögen bestritten werden kann. 2

Leistungsberechtigt wegen Alters ist nach § 41 Abs. 2 SGB XII, wer das Regelrenteneintrittsalter, welches den Regelungen des § 7 a und dem in § 235 SGB VI normierten Regelrenteneintrittsalter entspricht, näheres zur Kommentierung in § 7 a und in § 235 SGB VI.

Einen Anspruch auf Grundsicherung wegen einer dauerhaften Erwerbsminderung nach § 41 Abs. 1 SGB XII hat nach § 41 Abs. 3 SGB XII, wer das 18. Lebensjahr vollendet hat und unabhängig von der jeweiligen Arbeitsmarktlage voll erwerbsgemindert im Sinne des § 43 Abs. 2 SGB VI ist, indem er wegen Krankheit oder Behinderung auf nicht absehbare Zeit außerstande ist, unter den üblichen Bedingungen des allgemeinen Arbeitsmarktes mindestens drei Stunden täglich erwerbstätig zu sein. Erforderlich ist zudem, dass die Wiederherstellung der Erwerbsfähigkeit unwahrscheinlich ist. 3

Ist ein Anspruch auf Leistungen der Grundsicherung nach diesen Vorschriften des SGB XII zu bejahen, bleibt daneben kein Raum für einen Anspruch auf Sozialgeld nach §§ 19 in Verbindung mit § 23.

4 Umfasst werden sowohl vom Arbeitslosengeld II als auch vom Sozialgeld nach Abs. 1 Satz 3 der Regelbedarf, in Betracht kommende Mehrbedarfe und die Bedarfe für Unterkunft und Heizung. Die Zusammenfassung mehrerer Bedarfe zu einer Leistung trägt dem Umstand Rechnung, dass sich die Leistungshöhe grundsätzlich nur durch eine umfassende Berücksichtigung der Bedarfe und der Reihenfolge der Berücksichtigung von Einkommen und Vermögen nach Absatz 3 feststellen lässt.[430] Inhaltlich entsprechen sich die Leistungen insoweit.

2. Leistungen für Bildung und Teilhabe (Abs. 2)

5 Nicht umfasst vom Arbeitslosengeld II und Sozialgeld sind dagegen die Leistungen für Bildung und Teilhabe nach § 28. Diese erhalten Leistungsberechtigte unabhängig davon, ob sie erwerbsfähig sind oder nicht.[431] Sie werden nach Abs. 2 unter den in § 28 geregelten Voraussetzungen gewährt. Notwendig ist auch hier, dass keine Anspruchsberechtigung nach dem Vierten Kapitel des SGB XII vorliegt, also aufgrund des Alters oder einer dauerhafter Erwerbsminderung Grundsicherungsleistungen beanspruch werden können. Ebenfalls keine Leistungen für Bildung und Teilhabe nach diesem Buch erhalten Kinder, deren Bedarfe für Bildung und Teilhabe bereits nach § 6b BKGG gedeckt werden, da es sonst zu einer doppelten Inanspruchnahme käme.

3. Bei der Höhe der Leistungen zu berücksichtigendes Einkommen und Vermögen (Abs. 3)

6 Die konkrete Höhe des Anspruchs auf Arbeitslosengeld II bzw. Sozialgeld richtet sich nach dem zu berücksichtigenden und auf die Bedarfe anzurechnenden Einkommen oder Vermögen. Diese reduzieren die bestehenden Bedarfe entsprechend. Dabei ist vorhandenes Einkommen und Vermögen zunächst auf die Bedarfe nach §§ 20, 21 und 23 anzurechnen, die Regelbedarfe unter Berücksichtigung der Sonderregelungen für das Sozialgeld und die Mehrbedarfe. Sind darüber hinaus noch Mittel beim Leistungsberechtigten vorhanden, reduzieren diese die Bedarfe für Unterkunft und Heizung nach § 22.

Erst wenn diese Bedarfe gedeckt sind, ist im Weiteren vorhandenes Einkommen oder Vermögen für die Deckung der Bedarfe für Bildung und Teilhabe zu verwenden. Daher kann ein Anspruch nach § 28 auch dann bestehen, wenn die regelmäßigen Bedarfe des Arbeitslosengeldes II und Sozialgeldes gedeckt sind und damit grundsätzlich eine Hilfebedürftigkeit nicht vorliegt. Innerhalb des § 28 erfolgt eine Anrechnung in der Reihenfolge der Absätze 2 bis 7. Das Einkommen und Vermögen verringert vorrangig die Hilfebedürftigkeit in Bezug auf Schulausflüge und Klassenfahrten nach § 28 Abs. 2, bevor die Hilfebedürftigkeit hinsichtlich der gemeinschaftlichen Mittagsverpflegung zu verneinen ist.

430 BT-Drs. 17/3404, S. 97.
431 BT-Drs. 17/3404, S. 97.

Unterabschnitt 2
Arbeitslosengeld II und Sozialgeld

§ 20 Regelbedarf zur Sicherung des Lebensunterhalts

(1) Der Regelbedarf zur Sicherung des Lebensunterhalts umfasst insbesondere Ernährung, Kleidung, Körperpflege, Hausrat, Haushaltsenergie ohne die auf die Heizung und Erzeugung von Warmwasser entfallenden Anteile sowie persönliche Bedürfnisse des täglichen Lebens. Zu den persönlichen Bedürfnissen des täglichen Lebens gehört in vertretbarem Umfang eine Teilhabe am sozialen und kulturellen Leben in der Gemeinschaft. Der Regelbedarf wird als monatlicher Pauschalbetrag berücksichtigt. Über die Verwendung der zur Deckung des Regelbedarfs erbrachten Leistungen entscheiden die Leistungsberechtigten eigenverantwortlich; dabei haben sie das Eintreten unregelmäßig anfallender Bedarfe zu berücksichtigen.

(2) Als Regelbedarf werden bei Personen, die alleinstehend oder alleinerziehend sind oder deren Partnerin oder Partner minderjährig ist, monatlich 364 Euro anerkannt. Für sonstige erwerbsfähige Angehörige der Bedarfsgemeinschaft werden als Regelbedarf anerkannt

1. monatlich 275 Euro, sofern sie das 18. Lebensjahr noch nicht vollendet haben,
2. monatlich 291 Euro in den übrigen Fällen.

(3) Abweichend von Absatz 2 Satz 1 ist bei Personen, die das 25. Lebensjahr noch nicht vollendet haben und ohne Zusicherung des zuständigen kommunalen Trägers nach § 22 Absatz 5 umziehen, bis zur Vollendung des 25. Lebensjahres der in Absatz 2 Satz 2 Nummer 2 genannte Betrag als Regelbedarf anzuerkennen.

(4) Haben zwei Partner der Bedarfsgemeinschaft das 18. Lebensjahr vollendet, ist als Regelbedarf für jede dieser Personen ein Betrag in Höhe von monatlich 328 Euro anzuerkennen.

(5) Die Regelbedarfe nach den Absätzen 2 bis 4 sowie nach § 23 Nummer 1 werden jeweils zum 1. Januar eines Jahres entsprechend § 28 a des Zwölften Buches in Verbindung mit der Verordnung nach § 40 Satz 1 Nummer 1 des Zwölften Buches angepasst. Für die Neuermittlung der Regelbedarfe findet § 28 des Zwölften Buches in Verbindung mit dem Regelbedarfs-Ermittlungsgesetz entsprechende Anwendung. Das Bundesministerium für Arbeit und Soziales gibt jeweils spätestens zum 1. November eines Kalenderjahres die Höhe der Regelbedarfe, die für die folgenden zwölf Monate maßgebend sind, im Bundesgesetzblatt bekannt.

Bekanntmachung über die Höhe der Regelbedarfe nach § 20 Absatz 5 des Zweiten Buches Sozialgesetzbuch für die Zeit ab 1. Januar 2012

Nach § 20 Absatz 5 Satz 3 des Zweiten Buches Sozialgesetzbuch – Grundsicherung für Arbeitsuchende – in der Fassung der Bekanntmachung vom 13. Mai 2011 (BGBl. I S. 850) wird hiermit Folgendes bekannt gemacht:

Als Regelbedarfe nach § 20 Absatz 2 bis 4 sowie nach § 23 Nummer 1 des Zweiten Buches Sozialgesetzbuch (SGB II) werden für die Zeit ab 1. Januar 2012 anerkannt:

1. *für eine Person, die alleinstehend oder alleinerziehend ist oder deren Partnerin oder Partner minderjährig ist, monatlich 374 Euro (§ 20 Absatz 2 Satz 1 SGB II);*

2. *für sonstige erwerbsfähige Angehörige der Bedarfsgemeinschaft, sofern sie das 18. Lebensjahr noch nicht vollendet haben, monatlich 287 Euro (§ 20 Absatz 2 Satz 2 Nummer 1 in Verbindung mit § 77 Absatz 4 Nummer 1 SGB II);*
3. *für sonstige erwerbsfähige Angehörige der Bedarfsgemeinschaft, sofern sie das 18. Lebensjahr vollendet haben, sowie für Personen, die das 25. Lebensjahr noch nicht vollendet haben und ohne Zusicherung des zuständigen kommunalen Trägers nach § 22 Absatz 5 umziehen, bis zur Vollendung des 25. Lebensjahres, monatlich 299 Euro (§ 20 Absatz 2 Satz 2 Nummer 2 und § 20 Absatz 3 SGB II);*
4. *für zwei Partner der Bedarfsgemeinschaft, die das 18. Lebensjahr vollendet haben, für jede dieser Personen ein Betrag in Höhe von monatlich 337 Euro (§ 20 Absatz 4 SGB II);*
5. *für eine Person bis zur Vollendung des sechsten Lebensjahres monatlich 219 Euro (§ 23 Nummer 1 erste Alternative SGB II);*
6. *für eine Person vom Beginn des siebten bis zur Vollendung des 14. Lebensjahres monatlich 251 Euro (§ 23 Nummer 1 zweite Alternative in Verbindung mit § 77 Absatz 4 Nummer 3 SGB II);*
7. *für Leistungsberechtigte im 15. Lebensjahr monatlich 287 Euro (§ 23 Nummer 1 dritte Alternative in Verbindung mit § 77 Absatz 4 Nummer 4 SGB II).*

Inhaltsübersicht Rn.

1. Leistungsumfang des Regelbedarfs (Abs. 1)

1 Der Regelbedarf dient insbesondere zur Deckung der laufenden, regelmäßig wiederkehrenden Bedarfe. Er sichert das soziokulturelle Existenzminimum.[432] Dazu gehören insbesondere die Bedarfe für Ernährung, Kleidung, Körperpflege und Hausrat. Auch die Kosten für die Haushaltsenergie ohne die auf die Heizung und Erzeugung von Warmwasser entfallenden Anteile sind von dem zur Verfügung stehenden Regelbedarf zu tragen. Dies bedeutet, dass insbesondere Energiekosten für die Kochfeuerung und Beleuchtung aus dem Regelbedarf zu bestreiten sind und nicht als Bestandteil der Aufwendungen für Unterkunft und Heizung gesondert übernommen werden.[433]

Ferner werden in dem Regelbedarf auch die Bedürfnisse des täglichen Lebens berücksichtigt, wozu in einem vertretbaren Umfang auch die Teilhabe am sozialen und kulturellen Leben in der Gemeinschaft gehört.

432 BT-Drs. 15/1516, S. 56.
433 BT-Drs. 16/1410, S. 23.

Die Höhe des Regelbedarfs ergibt sich nach dem Regelbedarfsermittlungsgesetz. Nach dem Statistikmodell werden die Regelbedarfe auf der Grundlage von empirisch ermittelten Verbrauchsausgaben und den Entscheidungen des Gesetzgebers über deren Relevanz für die Gewährleistung eines menschenwürdigen Existenzminimums für die einzelnen zu betrachtenden Haushaltskonstellationen ermittelt.[434] Die regelbedarfsrelevanten Ausgaben erstrecken sich auf 12 verschiedene Abteilungen. Dies sind Nahrungsmittel und alkoholfreie Getränke (Abteilung 1), Bekleidung und Schuhe (Abteilung 3), Wohnen, Energie und Wohnungsinstandhaltung (Abteilung 4), Innenausstattung, Haushaltsgeräte und -gegenstände (Abteilung 5), Gesundheitspflege (Abteilung 6), Verkehr (Abteilung 7), Nachrichtenübermittlung (Abteilung 8), Freizeit, Unterhaltung, Kultur (Abteilung 9), Bildung (Abteilung 10), Beherbergungs- und Gaststättendienstleistungen (Abteilung 11) und andere Waren (Abteilung 12). 2

Der Regelbedarf wird pauschal gewährt. Dabei müssen sich die Leistungsberechtigten nicht an die ermittelten Verbrauchswerte halten, sondern können frei über den Einsatz der für den Regelbedarf gedachten Leistung entscheiden.[435] 3

2. Regelbedarf für Alleinstehende, Alleinerziehende, Personen mit einem minderjährigen Partner und sonstige Angehörige der Bedarfsgemeinschaft (Abs. 2)

2.1 Alleinstehende, Alleinerziehende und Personen mit einem minderjährigen Partner

Personen, die alleinstehend, alleinerziehend sind oder mit einem minderjährigen Partner zusammenleben, werden nach § 20 Abs. 2 Satz 1 in Verbindung mit der Bekanntmachung über die Höhe der Regelbedarfe nach § 20 Abs. 5 für die Zeit ab 1. Januar 2012[436] 374,00 € zuerkannt. 4

Alleinstehend ist eine Person, die ohne einen Partner lebt. Alleinerziehend ist eine Person, wenn sie ohne nachhaltige Unterstützung des anderen Elternteils oder einer anderen Person, die sich gleich einem Elternteil beteiligt, allein die Pflege und Erziehung des Kindes übernimmt. Unter der Pflege und Erziehung ist die vollumfängliche Sorge um das Kind zu verstehen, sowohl in materieller als auch in seelischer Hinsicht. Mithin eine Person, die zwar nicht allein in einem Haushalt lebt, sondern womöglich mit einer oder mehreren weiteren erwachsenen Personen zusammenlebt, aber nicht von einem Partner unterstützt wird.

Ebenfalls 374,00 € erhalten Personen, die selbst volljährig sind und mit einem minderjährigen Partner zusammenleben. Der minderjährige Partner wiederum ist sonstiger erwerbsfähiger Angehöriger in der Bedarfsgemeinschaft und erhält abhängig von der Volljährigkeit den Regelbedarf nach Abs. 2 Satz 2.

---

434 BT-Drs. 17/3404, S. 51.
435 BT-Drs. 17/3404, S. 97.
436 BGBl. I S. 2093.

2.2 Sonstige erwerbsfähige Angehörige

5 Im Übrigen in der Bedarfsgemeinschaft lebende erwerbsfähige Angehörige werden nicht als alleinstehend betrachtet, auch wenn sie keinen Partner haben, sondern als sonstige erwerbsfähige Angehörige. Im Weiteren wird unterschieden, ob sie das 18. Lebensjahr bereits vollendet haben oder nicht.

Nach Abs. 2 Satz 2 Nr. 1 in Verbindung mit § 77 Abs. 4 Nr. 1 und RBBek 2012 erhalten die sonstigen minderjährigen erwerbsfähigen Angehörigen in der Bedarfsgemeinschaft 287,00 €. Ab Vollendung des 18. Lebensjahres wird ihnen nach Abs. 2 Satz 2 Nr. 1 in Verbindung mit RBBek 2012 monatlich ein Regelbedarf von 299,00 € gewährt.

3. Regelbedarf für unter 25-Jährige, die ohne Zustimmung des kommunalen Trägers umziehen (Abs. 3)

6 Zieht der sonstige erwerbsfähige Angehörige als Kind aus der Bedarfsgemeinschaft seiner Eltern aus, ohne zuvor die Zusicherung des kommunalen Träger nach § 22 Abs. 5 einzuholen, erhält er nicht den Regelbedarf eines alleinstehenden erwerbsfähigen Leistungsberechtigten, sondern nach Abs. 3 in Verbindung mit RBBek 2012 den für sonstige erwerbsfähige Angehörige, welche das 18. Lebensjahr bereits vollendet haben. Jugendliche sollen, wenn sie ohne Zusicherung des kommunalen Trägers aus dem Haushalt der Eltern ausziehen, bis zur Vollendung des 25. Lebensjahres den gleichen Regelbedarf erhalten, der ihnen gewährt worden wäre, wenn sie weiterhin mit den Eltern eine Bedarfsgemeinschaft gebildet hätten.[437] Diese Regelung soll zusammen mit § 22 Abs. 2a den Anreiz vermindern, auf Kosten der Allgemeinheit eine eigene Wohnung bei gleichzeitigem Bezug des vollen Regelbedarfs zu beziehen.[438] Die Regelung ist nur auf Personen anzuwenden, die zum Zeitpunkt des Umzuges Leistungen beantragt haben oder erhalten.[439] Das Zusicherungserfordernis gilt nicht für Personen, die das 25. Lebensjahr noch nicht vollendet haben, und die bereits vor dem Umzug oder jedenfalls ab dem Zeitpunkt des Umzuges hilfebedürftig und damit leistungsberechtigt waren, jedoch keine Leistungen zur Sicherung des Lebensunterhaltes erhielten oder beantragten.[440]

4. Regelbedarf für volljährige Partner (Abs. 4)

7 Leben zwei volljährige Partner in der Bedarfsgemeinschaft im Sinne von § 7 Abs. 3 Nr. 3, kann jeder Partner nach Abs. 4 in Verbindung mit RBBek 2012 monatlich einen Regelbedarf von 337,00 € beanspruchen. Grund für den verringerten Regelbedarf gegenüber Alleinstehenden oder Alleinerziehenden ist der durch das gemeinsame Wirtschaften entstehende Synergieeffekt. Ziel des SGB II ist nur die Sicherung des Lebensunterhalts für

437 BT-Drs. 16/688, S. 14.
438 BT-Drs. 16/688, S. 14.
439 Landessozialgericht Sachsen – 02.07.2009 – L 3 AS 128/08.
440 Landessozialgericht Sachsen – 02.07.2009 – L 3 AS 128/08.

nach dem SGB II leistungsberechtigte Personen.[441] Dementsprechend kann Abs. 4 grundsätzlich nur Konstellationen erfassen, in denen beide volljährige Angehörige der Bedarfsgemeinschaft dem Leistungssystem des SGB II unterfallen.[442] Soweit darüber hinaus Abs. 4 auch dann Anwendung findet, wenn eben nicht beide Partner Leistungen der Grundsicherung für Arbeitsuchende erhalten, bedarf es eines sachlichen Grundes.[443] Dies sind insbesondere die Fälle des Leistungsausschlusses eines Partners von den Leistungen nach dem SGB II, wie z. B. der Bezug einer Altersrente nach § 7 Abs. 4 S. 1 oder die Bezieher von Leistungen nach dem Asylbewerberleistungsgesetz, aber auch bei vorrangiger Inanspruchnahme der Leistungen nach dem SGB XII gegenüber dem Sozialgeld nach § 23. Hier könnte es, je nach Höhe der Auszahlungen an den nicht im SGB II Bezug befindlichen Partner, bei einer Gewährung eines für einen Partner maßgeblichen Regelbedarfs zu einer Unterdeckung der Bedarfe kommen. Für die fast gleich laufenden Leistungen nach dem SGB XII kommt dies in Betracht.[444] Auf gemischte Bedarfsgemeinschaften, in denen der Nichtleistungsberechtigte nach dem SGB II keinen dem Regelbedarf entsprechenden Betrag erhält, wie dies bei Leistungsberechtigten nach § 3 AsylbLG der Fall ist, kann Abs. 4 nicht angewandt werden.[445] Diese Leistungen bleiben der Höhe nach hinter denen des SGB II zurück. Hier ist dem im SGB II Bezug befindlichen Partner ein Regelbedarf nach Abs. 2 S. 1 für Alleinstehende zuzusprechen. Anders jedoch, wenn die Leistung auf § 2 Abs. 1 AsylbLG beruht. Danach ist abweichend von den §§ 3 bis 7 SGB XII auf diejenigen Leistungsberechtigten entsprechend anzuwenden, die über eine Dauer von insgesamt 48 Monaten Leistungen nach § 3 AsylbLG erhalten haben und die Dauer des Aufenthalts nicht rechtsmissbräuchlich selbst beeinflusst haben. Hier wird also wieder ein dem Regelbedarf im SGB II entsprechender Betrag gewährt, so dass für beide Partner der Bedarf von 337,00 € maßgeblich ist.

5. Anpassung der Regelbedarfe (Abs. 5)

Die Änderung der Vorschrift beinhaltet die Anpassung an den Neuermittlungs- und Fortschreibungsmechanismus im SGB XII und setzt die Entscheidung des Bundesverfassungsgerichts um.[446] Die Regelbedarfe werden jeweils zum 1. Januar eines Jahres entsprechend § 28 a SGB XII in Verbindung mit der Verordnung nach § 40 Satz 1 Nr. 1 SGB XII angepasst. Die Neuermittlung richtet sich nach § 28 SGB XII in Verbindung mit dem Regelbedarfsermittlungsgesetz. 8

441 BSG – 06. 10. 2011 – B 14 AS 171/10 R.
442 BSG – 06. 10. 2011 – B 14 AS 171/10 R.
443 Landessozialgericht Berlin-Brandenburg – 14. 04. 2010 – L 10 AS 1228/09.
444 BSG – 16. 10. 2007 – B 8/9b SO 2/06 R.
445 Landessozialgericht Berlin-Brandenburg – 14. 04. 2010 – L 10 AS 1228/09; BSG – 06. 10. 2011 – B 14 AS 171/10 R.
446 BT-Drs. 17/3404, S. 97.

§ 21 Mehrbedarfe

(1) Mehrbedarfe umfassen Bedarfe nach den Absätzen 2 bis 6, die nicht durch den Regelbedarf abgedeckt sind.

(2) Bei werdenden Müttern wird nach der zwölften Schwangerschaftswoche ein Mehrbedarf von 17 Prozent des nach § 20 maßgebenden Regelbedarfs anerkannt.

(3) Bei Personen, die mit einem oder mehreren minderjährigen Kindern zusammenleben und allein für deren Pflege und Erziehung sorgen, ist ein Mehrbedarf anzuerkennen

1. in Höhe von 36 Prozent des nach § 20 Absatz 2 maßgebenden Bedarfs, wenn sie mit einem Kind unter sieben Jahren oder mit zwei oder drei Kindern unter 16 Jahren zusammenleben, oder
2. in Höhe von 12 Prozent des nach § 20 Absatz 2 maßgebenden Bedarfs für jedes Kind, wenn sich dadurch ein höherer Prozentsatz als nach der Nummer 1 ergibt, höchstens jedoch in Höhe von 60 Prozent des nach § 20 Absatz 2 maßgebenden Regelbedarfs.

(4) Bei erwerbsfähigen behinderten Leistungsberechtigten, denen Leistungen zur Teilhabe am Arbeitsleben nach § 33 des Neunten Buches sowie sonstige Hilfen zur Erlangung eines geeigneten Platzes im Arbeitsleben oder Eingliederungshilfen nach § 54 Absatz 1 Satz 1 Nummer 1 bis 3 des Zwölften Buches erbracht werden, wird ein Mehrbedarf von 35 Prozent des nach § 20 maßgebenden Regelbedarfs anerkannt. Satz 1 kann auch nach Beendigung der dort genannten Maßnahmen während einer angemessenen Übergangszeit, vor allem einer Einarbeitungszeit, angewendet werden.

(5) Bei Leistungsberechtigten, die aus medizinischen Gründen einer kostenaufwändigen Ernährung bedürfen, wird ein Mehrbedarf in angemessener Höhe anerkannt.

(6) Bei Leistungsberechtigten wird ein Mehrbedarf anerkannt, soweit im Einzelfall ein unabweisbarer, laufender, nicht nur einmaliger besonderer Bedarf besteht. Der Mehrbedarf ist unabweisbar, wenn er insbesondere nicht durch die Zuwendungen Dritter sowie unter Berücksichtigung von Einsparmöglichkeiten der Leistungsberechtigten gedeckt ist und seiner Höhe nach erheblich von einem durchschnittlichen Bedarf abweicht.

(7) Bei Leistungsberechtigten wird ein Mehrbedarf anerkannt, soweit Warmwasser durch in der Unterkunft installierte Vorrichtungen erzeugt wird (dezentrale Warmwassererzeugung) und deshalb keine Bedarfe für zentral bereitgestelltes Warmwasser nach § 22 anerkannt werden. Der Mehrbedarf beträgt für jede im Haushalt lebende leistungsberechtigte Person jeweils

1. 2,3 Prozent des für sie geltenden Regelbedarfs nach § 20 Absatz 2 Satz 1 oder Satz 2 Nummer 2, Absatz 3 oder 4,
2. 1,4 Prozent des für sie geltenden Regelbedarfs nach § 20 Absatz 2 Satz 2 Nummer 1 oder § 23 Nummer 1 bei Leistungsberechtigten im 15. Lebensjahr,
3. 1,2 Prozent des Regelbedarfs nach § 23 Nummer 1 bei Leistungsberechtigten vom Beginn des siebten bis zur Vollendung des 14. Lebensjahres oder
4. 0,8 Prozent des Regelbedarfs nach § 23 Nummer 1 bei Leistungsberechtigten bis zur Vollendung des sechsten Lebensjahres,

soweit nicht im Einzelfall ein abweichender Bedarf besteht oder ein Teil des angemessenen Warmwasserbedarfs nach § 22 Absatz 1 anerkannt wird.

(8) Die Summe des insgesamt anerkannten Mehrbedarfs nach den Absätzen 2 bis 5 darf die Höhe des für erwerbsfähige Leistungsberechtigte maßgebenden Regelbedarfs nicht übersteigen.

Inhaltsübersicht Rn.

1. Leistungsumfang der Mehrbedarfe (Abs. 1)

In welchen typisierten Lebenslagen ein Mehr an den regelmäßigen Bedarfen nach § 20 anerkannt ist, regelt § 21, der in den Absätzen 2 bis 6 eine abschließende Aufzählung vornimmt. 1

2. Mehrbedarf aufgrund einer Schwangerschaft (Abs. 2)

Den Mehrbedarf können sowohl Bezieher von Arbeitslosengeld II als auch von Sozialgeld erhalten. Es wird nicht ein konkreter Bedarf ermittelt, sondern ein pauschaler Prozentsatz des nach § 20 Abs. 2 bis Abs. 4 zu gewährenden Regelbedarfs als Mehrbedarf anerkannt. Die Berechnung erfolgt nach § 41 Abs. 2 auf zwei Dezimalstellen. Demnach errechnet sich der Mehrbedarf von Alleinstehenden und Alleinerziehenden aus dem Regelbedarf von 374 € und für einen volljährigen Partner aus 337 €. Die Bemessung des Mehrbedarfs für werdende Mütter in Höhe von 17 % der maßgeblichen Regelbedarfs begegnet auch im Fall der Schwangerschaft eines volljährigen, unverheirateten, erwerbsfähigen Kindes vor Vollendung des 25. Lebensjahres, welches der Bedarfsgemeinschaft der im Haushalt lebenden Eltern angehört und nur einen Regelbedarf von 299 € erhält, keinen verfassungsrechtlichen Bedenken.[447] 2

3. Mehrbedarf aufgrund von Alleinerziehung (Abs. 3)

Leben Personen mit einem oder mehreren minderjährigen Kindern zusammen in einem Haushalt, entsteht bei der alleinigen Erziehung ein Mehr an den von dem Regelbedarf umfassten Bedarfen. Die Regelung entspricht der Mehrbedarfsregelung der Sozialhilfe.[448] 3

---

447 SG Halle (Saale) – 16.11.2010 – S 16 AS 2526/07.
448 BT-Drs. 15/1516, S 57.

Minderjähriges Kind

4 Erfasst werden zunächst die natürlichen und die adoptierten Kinder, welche ohnehin nach § 7 Abs. 3 der Bedarfsgemeinschaft des im Haushalt lebenden Elternteils zuzuordnen sind. Darüber hinaus ist der Mehrbedarf wegen Alleinerziehung auch bei Pflege und Erziehung von Kindern zu berücksichtigen, mit denen der Begünstigte keine Bedarfsgemeinschaft bildet.[449] Abweichend von § 7 Abs. 3 Nr. 4 kommt es bei Prüfung des Abs. 3 nur auf das Zusammenleben mit Kindern in einer Haushaltsgemeinschaft an, sodass der Mehrbedarf auch beansprucht werden kann für Personen, die Pflegekinder in ihren Haushalt aufgenommen haben und allein betreuen.[450]

Alleinerziehend

5 Alleinerziehend ist eine Person, wenn sie ohne nachhaltige Unterstützung des anderen Elternteils oder einer anderen Person, die sich gleich einem Elternteil beteiligt, allein die Pflege und Erziehung des Kindes übernimmt. Unter der Pflege und Erziehung ist die vollumfängliche Sorge um das Kind zu verstehen, sowohl in materieller als auch in seelischer Hinsicht.

Wenn der Vater eines Kindes nur an zwei Tagen in der Woche bei Pflege und Erziehung des Kindes mitwirken kann, so kann nicht ohne weiteres davon ausgegangen werden, dass er in erheblichem Umfang mitwirkt und deshalb kein Anspruch auf einen Mehrbedarf besteht.[451] Muss der eine Elternteil den Alltag überwiegend allein bewältigen und kann der andere Elternteil die Betreuung nur in einem geringeren Umfang leisten, bestehen die den Mehrbedarf rechtfertigenden Einschränkungen der Lebensführung fort, weil der den Mehrbedarfszuschlag in Anspruch nehmende Elternteil in den wesentlichen Zeiten der Woche – an allen Werktagen – anderen Verpflichtungen nicht (z. B. Behördengänge, Arztbesuche) oder nur eingeschränkt (Einkäufe) nachgehen kann.[452] Insoweit ist die vorliegende Konstellation vergleichbar mit Fällen, in denen bei geschiedenen Elternteilen der nicht mit dem Kind zusammenlebende Elternteil ein zivilrechtliches Umgangsrecht wahrnimmt.[453]

Ein Anspruch auf einen Mehrbedarf wegen Alleinerziehung besteht andererseits nicht, wenn das mit dem minderjährigen Kind allein zusammenlebende Elternteil jedenfalls an den Wochenenden auf die Hilfe und Unterstützung des anderen Elternteils zurückgreifen kann und unter der Woche die Möglichkeit hat, den Vater bei seinen regelmäßigen Besuchen oder auch telefonisch in Betreuungs- und Erziehungsfragen zu beteiligen und auch seinen Rat einzuholen.[454] Diese Situation ist grundsätzlich nicht anders als die von Familien, in denen einer der Partner erwerbstätig ist und tagsüber nicht zur Beratung in Erziehungsfragen zur Verfügung steht.[455]

---

449 BSG – 27.01.2009 – B 14/7b AS 8/07 R.
450 BSG – 27.01.2009 – B 14/7b AS 8/07 R.
451 Landessozialgericht Niedersachsen-Bremen – 13.05.2008 – L 9 AS 119/08 ER.
452 Landessozialgericht Niedersachsen-Bremen – 13.05.2008 – L 9 AS 119/08 ER.
453 Landessozialgericht Niedersachsen-Bremen – 13.05.2008 – L 9 AS 119/08 ER.
454 Landessozialgericht Berlin-Brandenburg – 15.09.2010 – L 20 AS 902/10 B PKH.
455 Landessozialgericht Berlin-Brandenburg – 15.09.2010 – L 20 AS 902/10 B PKH.

Es kommt daher auf die tatsächlichen Verhältnisse an. So kann ein Mehrbedarf auch dann bejaht werden, wenn der im Haushalt lebende Ehegatte wegen einer schweren Behinderung keinen wesentlichen Beitrag mehr zur Pflege und Erziehung der Kinder leisten kann.[456]

Echtes Wechselmodell

Ein hälftiger Mehrbedarf kann zuerkannt werden, wenn sich geschiedene und getrennt wohnende Eltern bei der Pflege und Erziehung des gemeinsamen Kindes in größeren, mindestens eine Woche umfassenden Intervallen abwechseln und sich die anfallenden Kosten in etwa hälftig teilen.[457] Ist ein Elternteil in geringerem als hälftigen zeitlichen Umfang für die Pflege und Betreuung des Kindes zuständig, so steht die Leistung allein dem anderen Elternteil zu.[458] Die Zuerkennung des hälftigen Mehrbedarfs erscheint auch dann nicht gerechtfertigt, wenn sich Betreuung in kürzeren als wöchentlichen Intervallen vollzieht.[459] 6

Alternativberechnung

Ist der Tatbestand der Alleinerziehung gegeben, ist eine alternative Berechnung nach Abs. 3 Nr. 1 und Abs. 3 Nr. 2 vorzunehmen. Befindet sich in der Haushaltsgemeinschaft ein Kind unter sieben Jahren oder zwei oder drei Kinder unter 16 Jahren, so ist ein Mehrbedarf in Höhe von 36 Prozent des maßgebenden Regelbedarfs zu gewähren. Es sei denn, die Berechnung nach Abs. 3 Nr. 2, wonach für jedes in der Haushaltsgemeinschaft lebende Kind unabhängig vom Alter 12 Prozent des maßgebenden Regelbedarfs beansprucht werden können, führt zu einem höheren Prozentsatz. Jedoch beläuft sich der maximale Prozentsatz dabei auf 60. Berechnungsgrundlage ist wiederum der individuelle Regelbedarf. 7

4. Mehrbedarf für erwerbsfähige behinderte Leistungsberechtigte (Abs. 4)

Erwerbsfähige behinderte Leistungsberechtigte erhalten einen Mehrbedarf, wenn sie bestimmte Leistungen zur Teilhabe am Arbeitsleben erhalten. 8

Erforderlich ist das Vorliegen der Erwerbsfähigkeit im Sinne des § 8. Diese musst trotz einer Behinderung (siehe § 2 SGB IX) vorliegen. Der Grad einer Schwerstbehinderung ist nicht erforderlich.

Bei den an den Betroffenen erbrachten Leistungen muss es sich um solche nach § 33 SGB IX handeln, die erbracht werden, um die Erwerbsfähigkeit behinderter oder von Behinderung bedrohter Menschen entsprechend ihrer Leistungsfähigkeit zu erhalten, zu verbessern, herzustellen oder wiederherzustellen und ihre Teilhabe am Arbeitsleben möglichst auf Dauer zu sichern. Hierzu gehören auch die Eingliederungshilfen nach § 54

456 SG Ulm – 14.07.2010 – S 8 AS 3142/09.
457 BSG – 03.03.2009 – B 4 AS 50/07 R.
458 BSG – 03.03.2009 – B 4 AS 50/07 R.
459 BSG – 03.03.2009 – B 4 AS 50/07 R.

Abs. 1 Satz 1 Nr. 1 bis 3 SGB XII zu einer angemessenen Schulbildung, zur schulischen Ausbildung und zur Ausbildung für eine sonstige angemessene Tätigkeit. Erforderlich ist die tatsächliche Gewährung dieser Leistungen, die grundsätzliche Anspruchsberechtigung ist nicht ausreichend. Vorausgesetzt wird eine regelförmige Maßnahme, die grundsätzlich geeignet ist, einen Mehrbedarf beim Betroffenen auszulösen. Eine derartige Begrenzung des aufgeführten Leistungsspektrums nach § 21 Abs. 4 Satz 1 folgt aus Satz 2 der Vorschrift, welcher mit der Formulierung, dass eine weitere Gewährung des Mehrbedarfs auch während einer angemessenen Übergangszeit nach Beendigung der in Satz 1 genannten Maßnahmen möglich ist, die Leistungserbringung innerhalb eines organisatorischen Rahmens verlangt.[460] Bei Weitergewährung nach Einstellung der Leistungen und Hilfen nach § 21 Abs. 4 Satz 2 handelt es sich um eine Ermessensentscheidung. Beispielhaft wird von dem Gesetz der Fall der Einarbeitungszeit genannt.

Die Höhe des Mehrbedarfs beträgt 35 % des maßgebenden Regelbedarfs, so dass sich die genaue Höhe nach der individuellen Regelbedarfshöhe nach § 20 Abs. 2 bis 4 i.V.m. § 77 Abs. 4 Nr. 1 in Verbindung mit RBBek 2012 richtet.

5. Mehrbedarf für Ernährung (Abs. 5)

9 Der Mehrbedarf für Ernährung ist zu gewähren, wenn aufgrund einer Krankheit höhere Aufwendungen für die Nahrung erforderlich sind, so dass der im Regelbedarf enthaltene Satz überschritten wird und der bestehende Bedarf für Nahrung nicht gedeckt werden kann.

Zu beachten ist, dass nicht jede Erkrankung den Mehrbedarf auslöst, sondern nur jene, welche eine kostenaufwändigere Ernährung nach sich ziehen. So ist er bei einigen Krankheitsbildern zu verneinen. Nach dem aktuellen Stand der Ernährungsmedizin ist etwa bei Hyperlipidämie (Erhöhung der Blutfette), Hyperurikämie (Erhöhung der Harnsäure im Blut), Gicht (Erkrankung durch Harnsäureablagerungen), Hypertonie (Bluthochdruck), kardinale und renale Ödeme (Gewebswasseransammlungen bei Herz- oder Nierenerkrankungen), Diabetes mellitus (Zuckerkrankheit – Typ II und Typ I, konventionell und intensiviert konventionell behandelt), Ulcus duodeni (Geschwür am Zwölffingerdarm), Ulcus ventriculi (Magengeschwür), Neurodermitis (Überempfindlichkeit von Haut und Schleimhäuten auf genetischer Basis) und Leberinsuffizienz regelmäßig eine vollwertige Kost für die günstige Beeinflussung des Krankheitsbildes durch die Ernährung angezeigt.[461] Die Aufwendungen dafür sind bereits von dem im Regelbedarf enthaltenen Satz für die Ernährung umfasst.[462]

10 Bei verzehrenden (konsumierenden) Erkrankungen mit erheblichen körperlichen Auswirkungen, wie z.B. fortschreitendem/fortgeschrittenem Krebsleiden, HIV/AIDS, Multipler Sklerose (degenerative Erkrankung des Zentralnervensystems) sowie schweren Verläufen entzündlicher Darmerkrankungen wie Morbus Crohn und Colitis ulcerosa,

460 BSG – 22.03.2010 – B 4 AS 59/09 R.
461 Empfehlungen des Deutschen Vereins …, S. 11.
462 Empfehlungen des Deutschen Vereins …, S. 11–12.

kann im Einzelfall ein erhöhter Ernährungsbedarf vorliegen, wenn es sich um einen schweren Verlauf handelt.[463] Gleiches gilt für andere Erkrankungen, die mit einer gestörten Nährstoffaufnahme bzw. Nährstoffverwertung – Malabsorption/Maldigestion – einhergehen.[464]

Aufgrund der Ernährungserfordernisse ist zudem bei Niereninsuffizienz im Rahmen einer eiweißdefinierten Kost, Niereninsuffizienz mit Dialysediät sowie Zöliakie bzw. Sprue (Durchfallerkrankung wegen Überempfindlichkeit gegenüber Klebereiweiß Gluten) ein Mehrbedarf zu bejahen.[465]

Der Deutsche Verein – für öffentliche und private Fürsorge – gibt auch Empfehlungen zur angemessenen Höhe des zu gewährenden Mehrbedarfs in Form eines bestimmten Prozentsatzes des jeweils maßgeblichen Regelbedarfs.

Art der Erkrankung[466]	**Erläuterung**	**Krankenkostzulage**
Niereninsuffizienz (Nierenversagen)	Eiweißdefinierte Kost	10 %
Niereninsuffizienz mit Hämodialysebehandlung	Dialysediät	20 %
Zöliakie/Sprue (Durchfallerkrankung bedingt durch Überempfindlichkeit gegenüber Klebereiweiß)	Glutenfreie Kost	20 %
Krebs (bösartiger Tumor)	Mehrbedarf aufgrund einer verzehrenden Krankheit	10 %
HIV-Infektion/AIDS	Mehrbedarf aufgrund einer verzehrenden Krankheit	10 %
Multiple Sklerose (degenerative Erkrankung des Zentralnervensystems, häufig schubweise verlaufend)	Mehrbedarf aufgrund einer verzehrenden Krankheit	10 %
Colitis ulcerosa (mit Geschwürbildungen einhergehende Erkrankung der Dickdarmschleimhaut)	Mehrbedarf aufgrund einer verzehrenden Krankheit	10 %
Morbus Crohn (Erkrankung des Magen-Darmtrakts mit Neigung zur Bildung von Fisteln und Verengungen)	Mehrbedarf aufgrund einer verzehrenden Krankheit	10 %

463 Empfehlungen des Deutschen Vereins …, S. 12.
464 Empfehlungen des Deutschen Vereins …, S. 12.
465 Empfehlungen des Deutschen Vereins …, S. 13.
466 FH BA zu § 21 Anlage.

11 Die Empfehlungen entbinden jedoch nicht von der aufgrund des Amtsermittlungsgrundsatzes nach § 20 SGB X vorzunehmenden Prüfung im Einzelfall, welche aufgrund der Besonderheiten auch eine Krankenkostzulage für eine Erkrankung bejahen, die im Katalog der Empfehlungen nicht vorgesehen ist oder die Höhe des zu gewährenden Mehrbedarfs von den Empfehlungen abweicht.[467] Maßgeblich ist stets der Betrag, mit dem der medizinisch begründete, tatsächliche Kostenaufwand für eine Ernährung ausgeglichen werden kann, die von dem Regelbedarf nicht gedeckt ist, was im Zweifel durch ernährungswissenschaftliche Stellungnahmen oder Gutachten zu ermitteln ist.[468]

6. Im Einzelfall unabweisbarer besonderer Mehrbedarf (Abs. 6)

12 Nach der Gesetzesbegründung entsteht der Anspruch bei einem längerfristigen und dauerhaften Bedarf, der so erheblich ist, dass der Leistungsberechtigte ohne staatliche Fürsorgeleistungen nicht mehr sein Existenzminimum sichern kann.[469] Unabweisbar ist ein Bedarf deshalb nicht schon dann, wenn er für denjenigen, der den Anspruch geltend macht, günstig ist, sondern es ist vielmehr erforderlich, dass bei Verzicht auf die beanspruchte Leistung das menschenwürdige Existenzminimum nicht sichergestellt ist.[470]

Der zusätzliche Anspruch ist unter den Aspekten des nicht erfassten atypischen Bedarfs sowie eines ausnahmsweise höheren, überdurchschnittlichen Bedarfs angesichts seiner engen und strikten Tatbestandsvoraussetzungen auf wenige Fälle begrenzt.[471] Ein Anspruch auf Übernahme dieses individuellen Mehrbedarfs kann nämlich nur dann entstehen, wenn es sich um einen regelmäßig wiederkehrenden, dauerhaften, längerfristigen, unabweisbaren atypischen oder um einen ausnahmsweise überdurchschnittlichen Bedarf handelt, wobei für die Beurteilung der Regelmäßigkeit auf den Bewilligungszeitraum abzustellen ist.[472] Der atypische und überdurchschnittliche Mehrbedarf ist vorrangig durch alle verfügbaren Mittel zu decken, insbesondere durch Leistungen anderer Leistungsträger, Zuwendungen Dritter und Einsparmöglichkeiten.[473] Die Leistungsberechtigten haben nach § 20 Abs. 1 Satz 4 in ihrem Ausgabeverhalten das Eintreten unregelmäßig anfallender Bedarfe zu berücksichtigen.

Anwendungsfälle der Härtefallklausel des Abs. 6 können z.B. dauerhaft benötigte Hygienemittel bei bestimmten Erkrankungen (z.B. HIV, Neurodermitis), Putz- bzw. Haushaltshilfe für Rollstuhlfahrer und Kosten zur Wahrnehmung des Umgangsrechts bei getrennt lebenden Eltern[474] sein.[475] Nicht erfasst werden sollen dagegen die Praxis-

---

467 BSG – 27.02.2008 – B 14/7b AS 64/06 R.
468 BSG – 27.02.2008 – B 14/7b AS 64/06 R.
469 BT-Drs. 17/1465, S. 8.
470 Landessozialgericht Schleswig-Holstein – 26.10.2010 – L 3 AS 181/10 B ER, L 3 AS 181/10 B ER PKH.
471 BT-Drs. 17/1465, S. 8.
472 BT-Drs. 17/1465, S. 9.
473 BT-Drs. 17/1465, S. 8.
474 Landessozialgericht Rheinland-Pfalz – 24.11.2010 – L 1 SO 133/10 B ER.
475 BT-Drs. 17/1465, S. 8.

gebühr, Schulmaterialien und Schulverpflegung, Bekleidung bzw. Schuhe in Über- oder Untergrößen, nicht von § 21 Abs. 5 SGB II umfasster krankheitsbedingter Ernährungsaufwand, Brille, Zahnersatz und orthopädische Schuhe.[476]

7. Mehrbedarf für die Warmwasseraufbereitung (Abs. 7)

In der Regel erfolgt die Warmwasseraufbereitung zentral in Verbindung mit der Heizung auf der Basis von Gas, Öl oder Solarenergie. Eine Übernahme der Aufwendungen erfolgt mit der Gewährung der Bedarfe für Unterkunft und Heizung. In den Fällen der dezentralen Warmwassererzeugung durch einen Elektro-Kleinspeicher und Elektro-Durchlauferhitzer wären dagegen die Kosten aus dem Regelbedarf zu tragen. Um eine Benachteiligung der Betroffenen zu vermeiden, können sie einen Mehrbedarf beanspruchen, soweit nicht bereits eine Anerkennung nach § 22 erfolgt. Die Höhe des Mehrbedarfs richtet sich nach dem jeweils maßgebenden Regelbedarf, wobei sie sich nicht nur aus einem bestimmten Prozentsatz errechnet, sondern sich auch der Prozentsatz danach bestimmt. Dieser ist gestaffelt und beläuft sich von 0,8 % bis 2,3 %. Nur in Einzelfällen, in denen nachweislich ein anderer Bedarf besteht, wird nur oder auch dieser übernommen. 13

8. Begrenzung der Mehrbedarfe (Abs. 8)

Die Mehrbedarfe nach den Absätzen 2 bis 5 dürfen die Höhe des jeweils maßgeblichen Regelbedarfs nicht übersteigen. 14

§ 22 Bedarfe für Unterkunft und Heizung

(1) Bedarfe für Unterkunft und Heizung werden in Höhe der tatsächlichen Aufwendungen anerkannt, soweit diese angemessen sind. Erhöhen sich nach einem nicht erforderlichen Umzug die angemessenen Aufwendungen für Unterkunft und Heizung, wird nur der bisherige Bedarf anerkannt. Soweit die Aufwendungen für die Unterkunft und Heizung den der Besonderheit des Einzelfalles angemessenen Umfang übersteigen, sind sie als Bedarf so lange anzuerkennen, wie es der oder dem alleinstehenden Leistungsberechtigten oder der Bedarfsgemeinschaft nicht möglich oder nicht zuzumuten ist, durch einen Wohnungswechsel, durch Vermieten oder auf andere Weise die Aufwendungen zu senken, in der Regel jedoch längstens für sechs Monate. Eine Absenkung der nach Satz 1 unangemessenen Aufwendungen muss nicht gefordert werden, wenn diese unter Berücksichtigung der bei einem Wohnungswechsel zu erbringenden Leistungen unwirtschaftlich wäre.

(2) Als Bedarf für die Unterkunft werden auch unabweisbare Aufwendungen für Instandhaltung und Reparatur bei selbst bewohntem Wohneigentum im Sinne des § 12 Absatz 3 Satz 1 Nummer 4 anerkannt, soweit diese unter Berücksichtigung der im laufenden sowie den darauffolgenden elf Kalendermonaten anfallenden Aufwen-

476 BT-Drs. 17/1465, S. 8.

dungen insgesamt angemessen sind. Übersteigen unabweisbare Aufwendungen für Instandhaltung und Reparatur den Bedarf für die Unterkunft nach Satz 1, kann der kommunale Träger zur Deckung dieses Teils der Aufwendungen ein Darlehen erbringen, das dinglich gesichert werden soll.

(3) Rückzahlungen und Guthaben, die dem Bedarf für Unterkunft und Heizung zuzuordnen sind, mindern die Aufwendungen für Unterkunft und Heizung nach dem Monat der Rückzahlung oder der Gutschrift; Rückzahlungen, die sich auf die Kosten für Haushaltsenergie beziehen, bleiben außer Betracht.

(4) Vor Abschluss eines Vertrages über eine neue Unterkunft soll die erwerbsfähige leistungsberechtigte Person die Zusicherung des für die Leistungserbringung bisher örtlich zuständigen kommunalen Trägers zur Berücksichtigung der Aufwendungen für die neue Unterkunft einholen. Der kommunale Träger ist zur Zusicherung verpflichtet, wenn der Umzug erforderlich ist und die Aufwendungen für die neue Unterkunft angemessen sind; der für den Ort der neuen Unterkunft örtlich zuständige kommunale Träger ist zu beteiligen.

(5) Sofern Personen, die das 25. Lebensjahr noch nicht vollendet haben, umziehen, werden Bedarfe für Unterkunft und Heizung für die Zeit nach einem Umzug bis zur Vollendung des 25. Lebensjahres nur anerkannt, wenn der kommunale Träger dies vor Abschluss des Vertrages über die Unterkunft zugesichert hat. Der kommunale Träger ist zur Zusicherung verpflichtet, wenn

1. die oder der Betroffene aus schwerwiegenden sozialen Gründen nicht auf die Wohnung der Eltern oder eines Elternteils verwiesen werden kann,
2. der Bezug der Unterkunft zur Eingliederung in den Arbeitsmarkt erforderlich ist oder
3. ein sonstiger, ähnlich schwerwiegender Grund vorliegt.

Unter den Voraussetzungen des Satzes 2 kann vom Erfordernis der Zusicherung abgesehen werden, wenn es der oder dem Betroffenen aus wichtigem Grund nicht zumutbar war, die Zusicherung einzuholen. Bedarfe für Unterkunft und Heizung werden bei Personen, die das 25. Lebensjahr noch nicht vollendet haben, nicht anerkannt, wenn diese vor der Beantragung von Leistungen in eine Unterkunft in der Absicht umziehen, die Voraussetzungen für die Gewährung der Leistungen herbeizuführen.

(6) Wohnungsbeschaffungskosten und Umzugskosten können bei vorheriger Zusicherung durch den bis zum Umzug örtlich zuständigen kommunalen Träger als Bedarf anerkannt werden; eine Mietkaution kann bei vorheriger Zusicherung durch den am Ort der neuen Unterkunft zuständigen kommunalen Träger als Bedarf anerkannt werden. Die Zusicherung soll erteilt werden, wenn der Umzug durch den kommunalen Träger veranlasst oder aus anderen Gründen notwendig ist und wenn ohne die Zusicherung eine Unterkunft in einem angemessenen Zeitraum nicht gefunden werden kann. Eine Mietkaution soll als Darlehen erbracht werden.

(7) Soweit Arbeitslosengeld II für den Bedarf für Unterkunft und Heizung geleistet wird, ist es auf Antrag der leistungsberechtigten Person an den Vermieter oder andere Empfangsberechtigte zu zahlen. Es soll an den Vermieter oder andere Empfangsberechtigte gezahlt werden, wenn die zweckentsprechende Verwendung durch die

leistungsberechtigte Person nicht sichergestellt ist. Das ist insbesondere der Fall, wenn

1. Mietrückstände bestehen, die zu einer außerordentlichen Kündigung des Mietverhältnisses berechtigen,
2. Energiekostenrückstände bestehen, die zu einer Unterbrechung der Energieversorgung berechtigen,
3. konkrete Anhaltspunkte für ein krankheits- oder suchtbedingtes Unvermögen der leistungsberechtigten Person bestehen, die Mittel zweckentsprechend zu verwenden, oder
4. konkrete Anhaltspunkte dafür bestehen, dass die im Schuldnerverzeichnis eingetragene leistungsberechtigte Person die Mittel nicht zweckentsprechend verwendet.

Der kommunale Träger hat die leistungsberechtigte Person über eine Zahlung der Leistungen für die Unterkunft und Heizung an den Vermieter oder andere Empfangsberechtigte schriftlich zu unterrichten.

(8) Sofern Arbeitslosengeld II für den Bedarf für Unterkunft und Heizung erbracht wird, können auch Schulden übernommen werden, soweit dies zur Sicherung der Unterkunft oder zur Behebung einer vergleichbaren Notlage gerechtfertigt ist. Sie sollen übernommen werden, wenn dies gerechtfertigt und notwendig ist und sonst Wohnungslosigkeit einzutreten droht. Vermögen nach § 12 Absatz 2 Satz 1 Nummer 1 ist vorrangig einzusetzen. Geldleistungen sollen als Darlehen erbracht werden.

(9) Geht bei einem Gericht eine Klage auf Räumung von Wohnraum im Falle der Kündigung des Mietverhältnisses nach § 543 Absatz 1, 2 Satz 1 Nummer 3 in Verbindung mit § 569 Absatz 3 des Bürgerlichen Gesetzbuchs ein, teilt das Gericht dem örtlich zuständigen Träger nach diesem Buch oder der von diesem beauftragten Stelle zur Wahrnehmung der in Absatz 8 bestimmten Aufgaben unverzüglich Folgendes mit:

1. den Tag des Eingangs der Klage,
2. die Namen und die Anschriften der Parteien,
3. die Höhe der monatlich zu entrichtenden Miete,
4. die Höhe des geltend gemachten Mietrückstandes und der geltend gemachten Entschädigung und
5. den Termin zur mündlichen Verhandlung, sofern dieser bereits bestimmt ist.

Außerdem kann der Tag der Rechtshängigkeit mitgeteilt werden. Die Übermittlung unterbleibt, wenn die Nichtzahlung der Miete nach dem Inhalt der Klageschrift offensichtlich nicht auf Zahlungsunfähigkeit der Mieterin oder des Mieters beruht.

Inhaltsübersicht Rn.

1. Angemessene Kosten für Unterkunft und Heizung (Abs. 1 Satz 1)

1 Leistungen für Unterkunft und Heizung sind integraler Bestandteil des Arbeitslosengeldes II, das den Bedarf für Unterkunft und Heizung als nicht mehr abtrennbaren Teil enthält.[477] Die Prüfung, welcher Betrag als Bedarf für Unterkunft und Heizung zu berücksichtigen ist, erfolgt wie die Ermittlung der Leistungen für Unterkunft und Heizung nach bisherigem Recht: Zunächst werden die Aufwendungen ermittelt und auf ihre Angemessenheit geprüft und bei Angemessenheit werden sie in der Folge berücksichtigt.[478]

1.1 Begriff der Unterkunft

2 Unterkunft im Sinne dieser Vorschrift sind bei tatsächlicher Nutzung alle baulichen Anlagen oder Teile hiervon, die tatsächlich geeignet sind, vor den Unbilden der Witterung zu schützen und ein Mindestmaß an Privatheit einschließlich der Möglichkeiten sicherzustellen, persönliche Gegenstände zu verwahren.[479]

Gesichert werden soll das Grundbedürfnis des Wohnens. Daher können bei der Berechnung der Hilfebedürftigkeit nur die Aufwendungen einer Unterkunft herangezogen werden, welche tatsächlich selbst zu eigenen Wohnzwecken genutzt wird.[480]

3 Im Einzelfall muss es sich jedoch nicht um eine bauliche Anlage handeln. So kann auch ein zu Wohnzwecken genutztes Wohnmobil als Unterkunft im Sinne des § 22 dienen.[481] Nicht maßgeblich ist dabei für den Begriff der Unterkunft, dass die dauerhafte Nutzung eines Wohnmobils oder Wohnwagens im öffentlichen Straßenraum ordnungsrechtlich als Sondernutzung wohl unzulässig wäre.[482] Es ist den Grundsicherungsträgern und auch den Gerichten der Sozialgerichtsbarkeit im Regelfall verwehrt, gegenüber den Antragstellern eigenständige ordnungsrechtliche Prüfungen vorzunehmen und insofern in der Rolle einer Sonderordnungsbehörde die jeweilige Unterkunft zu bewerten.[483] Etwas anderes könnte allenfalls dann gelten, wenn die zuständige Ordnungsbehörde eingreift und die Nutzung eines Wohnmobils zu Wohnzwecken im öffentlichen Straßenraum untersagt.[484]

---

477 BT-Drs. 17/3404, S. 98.
478 BT-Drs. 17/3404, S. 98.
479 Landessozialgericht Hessen – 28.10.2009 – L 7 AS 326/09 B ER.
480 Landessozialgericht Baden-Württemberg – 12.05.2006 – L 8 AS 1692/06 ER-B.
481 Landessozialgericht Berlin-Brandenburg – 12.10.2007 – L 19 B 1700/07 AS ER; BSG – 17.06.2010 – B 14 AS 79/09 R.
482 BSG – 17.06.2010 – B 14 AS 79/09 R.
483 BSG – 17.06.2010 – B 14 AS 79/09 R.
484 BSG – 17.06.2010 – B 14 AS 79/09 R.

1.2 Höhe der Aufwendungen der Unterkunft

Aufwendungen für Unterkunft und Heizung werden wie in der Sozialhilfe in tatsächlicher, angemessener Höhe berücksichtigt.[485] Mit der Satzungsermächtigung des § 22a können die Länder die Kreise und kreisfreien Städte durch Gesetz ermächtigen oder verpflichten, durch Satzung zu bestimmen, in welcher Höhe Aufwendungen für Unterkunft und Heizung in ihrem Gebiet angemessen sind. 4

Soweit von dieser Ermächtigung kein Gebrauch gemacht wird, setzt die Prüfung der Angemessenheit eine Einzelfallprüfung voraus, für die die für die Bemessung des Wohngeldes bestimmten tabellarischen pauschalierten Höchstbeträge keine valide Basis bilden und allenfalls als ein gewisser Richtwert Berücksichtigung finden können, wenn alle Erkenntnismöglichkeiten erschöpft sind.[486] Für die Angemessenheit einer Unterkunft ist vielmehr zunächst deren maßgebliche Größe zu bestimmen, und zwar typisierend (mit der Möglichkeit von Ausnahmen) anhand der landesrechtlichen Ausführungsbestimmungen über die Förderung des sozialen Mietwohnungsbaus.[487] Sodann ist der Wohnstandard festzustellen, wobei lediglich von einem im unteren Segment liegender Ausstattungsgrad der Wohnung auszugehen ist.[488] Als Vergleichsmaßstab ist regelmäßig die Miete am Wohnort heranzuziehen.[489] Folglich variiert die Angemessenheit regional, orientiert sich aber regelmäßig am Mietspiegel.

Zu den übernahmefähigen Aufwendungen gehören alle Belastungen des Leistungsberechtigten, welche er bedienen muss, um den Bedarf des Wohnens für sich und die Personen, die mit ihm in einer Bedarfsgemeinschaft leben, zu sichern. 5

Handelt es sich um einen gemieteten Wohnraum, gehören zu den anzuerkennenden Aufwendungen die Nettokaltmiete, die Heizkosten und die Nebenkosten. Aber auch andere Zahlungsverpflichtungen, die sich aus dem Mietvertrag ergeben, können zur Sicherung des Bedarfs des Wohnens übernommen werden. So gehören auch die Kosten einer Modernisierungsmaßnahme zur vertraglich geschuldeten Miete, soweit der Vermieter diese im Sinne des § 559 BGB auf den Mieter abwälzt.[490]

Bewohnt der Betroffene dagegen Wohnungseigentum in Form ein selbstgenutztes Hausgrundstückes oder einer Eigentumswohnung, welche nach § 12 Abs. 3 Satz 1 Nr. 4 nicht zu berücksichtigen wären, können auch die dem Eigentümer entstehenden Aufwendungen, welche im Zusammenhang mit dem Wohnen anfallen, übernommen werden. Hierzu zählen insbesondere alle notwendigen Ausgaben, die auch bei der Berechnung der Einkünfte aus Vermietung und Verpachtung abzusetzen sind,[491] wie etwa Beiträge zur Wohngebäudeversicherung, Grundsteuern, Wasser- und Abwassergebühren und ähn-

485 BT-Drs. 15/1516, S. 68.
486 BSG – 07.11.2006 – B 7b AS 18/06 R.
487 BSG – 07.11.2006 – B 7b AS 10/06 R.
488 BSG – 07.11.2006 – B 7b AS 10/06 R.
489 BSG – 07.11.2006 – B 7b AS 10/06 R.
490 BSG – 19.10.2010 – B 14 AS 2/10 R.
491 BSG – 07.07.2011 – B 14 AS 51/10 R.

liche Aufwendungen im jeweils maßgebenden Bewilligungszeitraum.[492] Dazu gehören aber auch bei finanziertem Eigentum die aufgrund der Darlehensverbindlichkeit entstehenden Zinsleistungen. Tilgungsleistungen werden dagegen nicht übernommen. Andernfalls käme es zu einer Vermögensbildung auf Grundlage steuerfinanzierter Leistungen. Etwas anderes kann nur dann geltend, wenn der Leistungsberechtigte andernfalls gezwungen wäre, seine Wohnung aufzugeben.[493] In diesem Fall können Tilgungsleistungen als Bestandteil der Finanzierungskosten vom Grundsicherungsträger bis zur Höhe der angemessenen Kosten einer Mietwohnung als Kosten der Unterkunft übernommen werden.[494]

Hinsichtlich der Angemessenheit wird im Vergleich zur Mietwohnung bei dem Wohneigentum keine Unterscheidung vorgenommen. Auch richtet sie sich nach der Angemessenheit nach den genannten Kriterien, so dass Aufwendungen bis zur Höhe einer angemessenen Miete übernommen werden.

Bei Nutzung eines Wohnmobils als einzige Unterkunft sind unter entsprechender Anwendung des § 7 Abs. 2 der Verordnung zu § 82 SGB XII die angemessenen Aufwendungen für die Beheizung ebenso wie die Kraftfahrzeugsteuer und die Kosten der Kraftfahrzeughaftpflichtversicherung als Neben- beziehungsweise Betriebskosten zu berücksichtigen, wenn ohne sie die Nutzung zu Wohnzwecken in der konkret durchgeführten Form nicht möglich wäre.[495]

2. Nicht erforderlicher Umzug (Abs. 1 Satz 2)

6 Erhöhen sich nach einem nicht erforderlichen Umzug die angemessenen Aufwendungen für Unterkunft und Heizung, wird nur der bisherige Bedarf anerkannt. Damit soll das Ausreizen der kommunalen Angemessenheitsgrenzen verhindert werden. Erfolgt während des Leistungsbezuges ein Umzug in eine andere Unterkunft, obwohl keine Umstände vorliegen, welche einen solchen Umzug erforderlich machen, und führt dieser Umzug künftig zu höheren Belastungen für den Grundbedarf des Wohnens, werden nur die Aufwendungen in der bisherigen Höhe anerkannt. Dies gilt selbst und gerade dann, wenn die neue Unterkunft innerhalb der Angemessenheitsgrenzen liegt. Allein ein beabsichtigter Gewinn an Fläche oder Wohnkomfort, etwa durch bessere Ausstattung oder ruhigere Lage, kann die Erforderlichkeit eines Umzuges bei ansonsten unveränderten Umständen in der Regel nicht begründen.[496] Eine Erforderlichkeit liegt für gewöhnlich vor, wenn der Leistungsberechtigte z. B. eine Arbeit aufnimmt und das Erreichen des Arbeitsplatzes von dem bisherigen Wohnsitz nicht zumutbar ist. Auch die Trennung kann einen Umzug erforderlich machen.

Der Bezug von staatlichen Fürsorgeleistungen soll nicht für eine Besserstellung der persönlichen Lebenssituation genutzt werden, nur weil die vorherige Unterkunft unter

---

492 BSG – 03.03.2011 – B 4 AS 38/08 R.
493 BSG – 18.06.2008 – B 14/11b AS 67/06 R.
494 BSG – 18.06.2008 – B 14/11b AS 67/06 R.
495 BSG – 17.06.2010 – B 14 AS 79/09 R.
496 Landessozialgericht Baden-Württemberg – 11.08.2011 – L 12 AS 3144/11 ER-B.

der im Bezug von Leistungen bestehenden Angemessenheitsgrenze liegt. Die Absenkung der Leistungen für Unterkunft und Heizung auf die vor einem Umzug zu tragenden Aufwendungen ist allerdings dann nicht zulässig, wenn im Monat der Eingehung des Mietvertrags keine Hilfebedürftigkeit im Sinne des SGB 2 bestand.[497]

3. Unangemessene Aufwendungen für Unterkunft und Heizung (Abs. 1 Satz 3, Satz 4)

Übersteigen die Aufwendungen für Unterkunft und Heizung bei Eintritt in den Bezug von Leistungen zur Grundsicherung für Arbeitssuchende die angemessene Höhe, sind sie als Bedarf des Wohnens zunächst dennoch in voller Höhe anzuerkennen. Dies jedoch nur für eine Übergangszeit von längstens sechs Monaten. 7

Der Leistungsberechtigte und die mit ihm in der Bedarfsgemeinschaft lebenden Personen sind in dieser Zeit gehalten, soweit es ihnen möglich und zumutbar ist, die Kosten abzusenken und damit wieder in die Angemessenheitsgrenzen zu gelangen. Als Möglichkeiten für eine Kostensenkung nennt das Gesetz beispielhaft den Wohnungswechsel, also die Anmietung einer neuen Immobilie und die Vermietung, wohl insbesondere in Form der Untervermietung.

Allein die typischerweise mit einem Umzug verbundenen Mehraufwendungen und der Verlust des engen sozialen Umfelds machen einen Umzug nicht unzumutbar.[498] Unzumutbarkeit kann sich jedoch aus einer vom Durchschnitt abweichenden Belastungssituation ergeben, wie Gebrechlichkeit bei hohem Alter, einer aktuellen schweren Erkrankung, einer ärztlich bestätigten akuten schweren seelischen Belastungssituation.[499] Unzumutbar können ein Umzug oder eine Untervermietung auch bei ohnehin aus einem anderen Grund in nächster Zeit anstehendem Wechsel der Unterkunft oder bei mit hoher Wahrscheinlichkeit feststehendem alsbaldigem Ausscheiden aus dem Leistungsbezug sein.[500]

Mit dem Gesetz zur Ermittlung von Regelbedarfen und zur Änderung des Zweiten und Zwölften Buches Sozialgesetzbuch vom 24.03.2011[501] wurde Abs. 1 um den Satz 4 ergänzt. Eine Aufforderung des Leistungsträgers zur Senkung der unangemessenen Aufwendungen muss danach nicht in jedem Fall erfolgen. Wären die aufgrund eines Wohnungswechsels zu erbringenden Leistungen im Verhältnis zu den ersparten Aufwendungen für Unterkunft und Heizung unverhältnismäßig, kann von einer Kostensenkungsaufforderung abgesehen werden. Dies wird in der Regel der Fall sein, wenn absehbar ist, dass die leistungsberechtigte Person in naher Zukunft aus dem Leistungsbezug ausscheidet, weil eine Arbeit aufgenommen wird oder der Rentenbezug unmittelbar bevorsteht.[502] Bei der anzustellenden Prognoseentscheidung sind die Umstände des Einzelfalles zu berücksichtigen.[503] 8

497 BSG – 30.08.2010 – B 4 AS 10/10 R.
498 SG Berlin – 22.04.2010 – S 128 AS 11433/08.
499 SG Berlin – 22.04.2010 – S 128 AS 11433/08.
500 SG Berlin – 22.04.2010 – S 128 AS 11433/08.
501 BGBl. I S. 453.
502 BT-Drs. 17/3404, S. 98.
503 BT-Drs. 17/3404, S. 98.

Neben der voraussichtlichen Dauer des Leistungsbezuges sind die Höhe der unangemessenen Miete und die Kosten eines Wohnungswechsels zu berücksichtigen. Da die Grundsicherung für Arbeitsuchende auf einen vorübergehenden Leistungsbezug angelegt ist, bleibt eine Kostensenkungsaufforderung zu einem späteren Zeitpunkt aufgrund einer geänderten Prognose möglich.[504] Damit besteht für den kommunalen Träger ausdrücklich die Möglichkeit, auch unangemessen hohe Aufwendungen für Unterkunft und Heizung zu übernehmen.[505] Die Vorschrift dient ausschließlich den Interessen der kommunalen Träger und begründet keine subjektiven Rechte zugunsten der Leistungsberechtigten.[506]

4. Aufwendungen für Instandhaltungen und Reparaturen (Abs. 2)

9 Handelt es sich bei der Unterkunft um selbst bewohntes Wohneigentum, welches nach § 12 Abs. 3 Satz 1 Nr. 4 bei der Ermittlung der Hilfebedürftigkeit nicht zu berücksichtigen ist, werden als Bedarf für Unterkunft und Heizung auch unabweisbare Aufwendungen für Instandhaltung und Reparatur übernommen.

Voraussetzung ist, dass diese Aufwendungen tatsächlich anfallen, weil sie unabweisbar sind. Unabweisbar sind dabei nur zeitlich besonders dringliche Aufwendungen, die absolut unerlässlich sind.[507] Damit unterfallen Maßnahmen, welche lediglich der Verbesserung des Standards der selbst genutzten Immobilie dienen, nicht dem Begriff der unabweisbaren Aufwendung.[508]

Nach ständiger Rechtsprechung des Bundessozialgerichts müssen Eigentümer und Mieter bei der Beurteilung der Angemessenheit der Aufwendungen für Unterkunft und Heizung nach den gleichen Grundsätzen behandelt werden.[509] Die Vorschrift regelt daher einerseits die Übernahme von unabweisbaren Aufwendungen für Instandhaltung und Reparatur bei selbst bewohntem Wohneigentum, begrenzt die zu berücksichtigenden Aufwendungen aber andererseits auf die innerhalb von zwölf Monaten insgesamt als angemessen übernahmefähigen Unterkunftskosten, die auch bei Mietern berücksichtigt werden könnten.[510] Soweit die Aufwendungen im laufenden und in den darauffolgenden elf Kalendermonaten insgesamt angemessen sind, werden sie übernommen. Ist dies nicht der Fall, kann der kommunale Träger den ungedeckten Bedarf als Darlehen erbringen, welches dann dinglich gesichert werden soll.

Sind dagegen die Kosten der Unterkunft bereits ohne Reparatur- oder Instandhaltungskosten unangemessen, so sind keine weiteren Kosten durch den Grundsicherungsträger zu übernehmen.[511]

---

504 BT-Drs. 17/3404, S. 98.
505 BT-Drs. 17/3404, S. 98.
506 BT-Drs. 17/3404, S. 98.
507 BT-Drs. 17/3404, S. 98.
508 BSG – 03.03.2009 – B 4 AS 38/08 R.
509 BT-Drs. 17/3404, S. 98.
510 BT-Drs. 17/3404, S. 98.
511 Landessozialgericht Sachsen-Anhalt – 03.08.2011 – L 2 AS 242/11 B ER.

5. Rückzahlungen im Zusammenhang mit den Aufwendungen für Unterkunft und Heizung (Abs. 3)

Absatz 3 regelt den Fall von Rückzahlungen oder Bildung von Guthaben, welche im Zusammenhang mit dem Bedarf für Unterkunft und Heizung entstehen. Dies können die Nebenkostenabrechnungen aus einem Mietverhältnis oder die Abrechnungen mit Versorgungsunternehmen sein, welche bei der Jahresabrechnung unter Zugrundelegung der monatlichen Abschlagszahlungen eine Überzahlung festgestellt haben. Die Rückzahlung oder das Guthaben reduzieren dann den Bedarf für Unterkunft und Heizung in dem Monat, der auf die Rückzahlung oder die Gutschrift erfolgt. Die Vorschrift findet nur dann Anwendung, wenn dem Leistungsberechtigten eine Rückzahlung oder ein Guthaben auch zufließt, über das er tatsächlich verfügen kann.[512] 10

Keine Reduzierung des Bedarfs erfolgt bei Rückzahlungen, die sich auf die Kosten der Haushaltsenergie beziehen. Der Strom ist von dem Leistungsberechtigten aus dem ihm zur Verfügung stehenden Regelbedarf zu decken. Somit kann eine entsprechende Gutschrift auch nur ihm zu Gute kommen. Gleichwohl sind Stromkostenerstattungen nicht als Einkommen zu berücksichtigen, da die Vorauszahlungen an den Energieversorger aus den Mitteln der Grundsicherung geleistet wurden.[513]

Soweit Rückzahlungen oder Guthaben auf Vorauszahlungen beruhen, die von dem Leistungsträger nicht berücksichtigt oder für die keine Leistungen erbracht worden sind, widerspricht es dem Sinn und Zweck der Vorschrift, eine vollständige Verrechnung vorzunehmen.[514] Vielmehr ist die Rückzahlung entsprechend aufzuteilen.[515] Dies hat gleichermaßen dann zu gelten, wenn Leistungen z. B. wegen der Verhängung einer Sanktion nicht erbracht wurden, wie im Falle der Leistungsbewilligung an nur einige Mitglieder der Haushaltsgemeinschaft.[516]

6. Zusicherung des kommunalen Trägers zur Übernahme (Abs. 4)

Die Regelung des Absatzes 4 schafft eine Obliegenheit des erwerbsfähigen Leistungsberechtigten, sich bei einem Wechsel der Unterkunft vom Grundsicherungsträger eine Zusicherung hinsichtlich der Berücksichtigung der Aufwendungen für die neue Unterkunft einzuholen, wobei der für den Ort der neuen Unterkunft örtlich zuständige kommunale Träger zu beteiligen ist. Es handelt sich nicht um eine Voraussetzung für die Übernahme der Bedarfe für Unterkunft und Heizung.[517] Das Zusicherungsverfahren hat vielmehr eine Aufklärungs- und Warnfunktion.[518] Es soll verhindern, dass ein Leistungs- 11

512 SG Bremen – 01.12.2009 – S 23 AS 2179/09 ER.
513 SG Neuruppin – 17.09.2010 – S 18 AS 1063/09 WA.
514 Landessozialgericht Berlin-Brandenburg – 22.06.2011 – L 28 AS 1198/09.
515 Landessozialgericht Berlin-Brandenburg – 22.06.2011 – L 28 AS 1198/09.
516 Landessozialgericht Berlin-Brandenburg – 22.06.2011 – L 28 AS 1198/09.
517 BSG – 07.11.2006 – B 7b AS 10/06 R.
518 Landessozialgericht Nordrhein-Westfalen – 16.03.2011 – L 19 AS 1563/10 B.

bezieher ohne zureichenden Grund umzieht und/oder unangemessenen Wohnraum anmietet.[519]

Als ein der Bewilligung vorgeschalteter Verwaltungsakt kann mit einer Zusicherung zudem grundsätzlich nur dasjenige geregelt werden, was auch durch einen nachfolgenden Verwaltungsakt konkret erfasst werden könnte.[520] Bezogen auf die Kosten der Unterkunft und Heizung betrifft dies die tatsächliche Erbringung von SGB II-Leistungen in einer bestimmten Höhe, nicht die Feststellung einer Anspruchsvoraussetzung für einen höheren Leistungsanspruch.[521] Dabei ist die Angemessenheit der Kosten der Unterkunft und Heizung nicht abstrakt, sondern einzelfallbezogen zu beurteilen.[522]

Eine Pflicht zur Zusicherung besteht, wenn der Umzug erforderlich ist und die Aufwendungen für die neue Unterkunft angemessen sind. Erforderlich ist der Umzug, wenn der Grundbedarf des Wohnens im Sinne einer menschenwürdigen Existenz nicht gesichert ist. Dies ist z. B. dann der Fall, wenn der Leistungsberechtigte in einer Wohnung der untersten Ausstattung lebt, ohne sich bei Eingang des Mietverhältnisses über den Standard bewusst zu sein.[523] Auch für die Bedarfsgemeinschaft zu beengte Wohnverhältnisse können im jeweiligen Einzelfall einen Umzug erforderlich machen. Die Angemessenheit der Kosten der neuen Unterkunft richtet sich nach Abs. 1 Satz 1.

7. Umzug von unter 25-Jährigen (Abs. 5)

12 Ursache hoher Kosten ist unter anderem der Erstbezug einer eigenen Wohnung durch Personen, die entweder bislang wegen Unterstützung innerhalb einer Haushaltsgemeinschaft keinen Anspruch hatten oder als Teil der Bedarfsgemeinschaft niedrigere Leistungen bezogen haben.[524] Betroffen sind Personen unter 25 Jahren, die erstmals aus dem elterlichen Haushalt heraus eine eigene Wohnung beziehen wollen.[525] Die Anerkennung der Bedarfe für die neue Unterkunft wird von einer Zusicherung des kommunalen Trägers über die Übernahme der Aufwendungen vor dem Abschluss des Vertrages abhängig gemacht. Liegt eine solche Zusicherung nicht vor, werden die Bedarfe für Unterkunft und Heizung nicht als Teil des ALG II bewilligt. Auf diese Weise soll verhindert werden, dass sonstige Angehörige in der Bedarfsgemeinschaft ohne konkreten Anlass durch die Begründung eines eigenen Hausstandes die Kosten der Allgemeinheit erhöhen. Hier ist im Gegensatz zu Absatz 4 die Zusicherung des Leistungsträgers Voraussetzung für die Übernahme der Kosten.

In bestimmten Konstellationen ist der kommunale Träger nach § 22 Abs. 5 Satz 2 zur Zusicherung verpflichtet.

---

519 Landessozialgericht Nordrhein-Westfalen – 16.03.2011 – L 19 AS 1563/10 B.
520 BSG – 06.04.2011 – B 4 AS 5/10 R.
521 BSG – 06.04.2011 – B 4 AS 5/10 R.
522 BSG – 06.04.2011 – B 4 AS 5/10 R.
523 Landessozialgericht Sachsen-Anhalt – 31.03.2011 – L 5 AS 359/10 B ER.
524 BT-Drs. 16/688, S. 14.
525 BT-Drs. 16/688, S. 14.

Schwerwiegende soziale Gründe

13 Kann der unter 25-Jährige aus schwerwiegenden sozialen Gründen nicht auf die Wohnung der Eltern oder eines Elternteils verwiesen werden, ist die Zusicherung zur Übernahme der Aufwendungen für die neue Unterkunft zu erteilen.

Zur Eingliederung in den Arbeitsmarkt erforderlich

14 Eine Zusicherung hat auch dann zu erfolgen, wenn Leistungsberechtigte, die das 25. Lebensjahr noch nicht vollendet haben, eine eigene Wohnung beziehen, um eine Ausbildung zu beginnen oder in ein Arbeitsverhältnis einzutreten. Handelt es sich aufgrund der Entfernung zwischen der elterlichen Wohnung und dem Ausbildungs- oder Arbeitsplatz nicht um eine zumutbare Beschäftigung im Sinne des § 140 Abs. 4 Satz 2 und Satz 3 SGB III, weil die Pendlerzeiten unverhältnismäßig lang sind, ist ein Umzug angezeigt. Als unverhältnismäßig lang sind im Regelfall Pendelzeiten von insgesamt mehr als zweieinhalb Stunden bei einer Arbeitszeit von mehr als sechs Stunden und Pendelzeiten von mehr als zwei Stunden bei einer Arbeitszeit von sechs Stunden und weniger anzusehen. Sind in einer Region unter vergleichbaren Arbeitnehmern längere Pendelzeiten üblich, bilden diese den Maßstab. Zudem muss natürlich die Möglichkeit bestehen, durch eigene oder öffentliche Verkehrsmittel die Strecke zurückzulegen. Bieten die örtlichen Strukturen z. B. kein ausreichend ausgeprägtes Verkehrsnetz, kann auch unterhalb dieser Pendlerzeiten ein Umzug zur Eingliederung in den Arbeitsmarkt erforderlich und der kommunale Träger zur Zusicherung verpflichtet sein.

Vorliegen eines sonstigen, ähnlich schwerwiegenden Grundes

15 Als Auffangtatbestand dient Abs. 5 Satz 2 Nr. 3. Ist es dem Betroffenen aus sonstigen ähnlich schwerwiegenden Gründen, wie sie in Abs. 5 Satz 2 Nr. 1 und Nr. 2 genannt sind, nicht zumutbar, auf den elterlichen Haushalt verwiesen zu werden, ist ebenfalls eine Zusicherung durch den kommunalen Träger zu erteilen.

16 Kann die persönliche Situation des unter 25-Jährigen einer der Tatbestandsalternativen des Abs. 5 Satz 2 zugeordnet werden, war es dem Betroffenen aber aus einem wichtigen Grund nicht möglich, die Zusicherung einzuholen, kann im Einzelfall von dem Erfordernis abgesehen werden. Es müssen zum einen die genannten Gründe vorliegen, die den kommunalen Träger zur Zusicherung verpflichten.[526] Damit sind materielle Gesichtspunkte angesprochen. Zum anderen muss aber auch die Unzumutbarkeit, die Zusicherung einzuholen, gegeben sein.[527] Hierbei handelt es sich insbesondere um ein zeitliches Element.[528] Die Einholung der Zusicherung ist nur dann aus wichtigem Grunde unzumutbar, wenn eine Entscheidung des Leistungsträgers wegen der besonderen Dringlichkeit des Auszugs nicht rechtzeitig eingeholt werden kann.[529]

17 Eine zur Vorbeugung des Leitungsmissbrauchs geschaffene Regelung enthält Abs. 5

---

526 SG Reutlingen – 18.12.2007 – S 2 AS 2399/07.
527 SG Reutlingen – 18.12.2007 – S 2 AS 2399/07.
528 SG Reutlingen – 18.12.2007 – S 2 AS 2399/07.
529 SG Berlin – 19.06.2006 – S 103 AS 3267/06 ER.

Satz 4. Bei Personen, die das 25. Lebensjahr vollendet haben, werden die Aufwendungen für Unterkunft und Heizung auch beim erstmaligen Bezug von Leistungen zur Grundsicherung nicht übernommen, wenn vor Antragstellung mit der Absicht ein eigener Hausstand begründet wurde, die Voraussetzungen für die Gewährung von Leistungen herbeizuführen. Während Abs. 5 Satz 1 und 2 die Personen erfasst, die bereits im Leistungsbezug sind und ohne konkreten Anlass aus dem elterlichen Haushalt ausziehen und mithin die für sie notwendigen Kosten zur Deckung des Lebensunterhalts erhöhen, will Abs. 5 Satz 4 diejenigen erfassen, die sich in der gleichen Situation befinden, mit dem Unterschied, dass erst aus dem eigenen Hausstand heraus Leistungen beantragt werden. Erfolgt der Auszug mit der Absicht, die Voraussetzungen für die erstmalige Bewilligung zu schaffen, sind die Kosten für die Unterkunft und Heizung ebenfalls nicht anzuerkennen. Die Absicht erfordert ein finales, auf den Erfolg gerichtetes Verhalten; die Herbeiführung für die Leistungsgewährung muss das für den Umzug prägende Motiv gewesen sein. Es genügt nicht, wenn der Leistungsbezug lediglich beiläufig verfolgt oder anderen Umzugszwecken untergeordnet und in diesem Sinne nur billigend in Kauf genommen wird.[530]

8. Wohnungsbeschaffungs- und Umzugskosten (Abs. 6)

18 Aufwendungen die im Zusammenhang mit der Beschaffung und Bezug einer neuen Unterkunft anfallen, können als Bedarf anerkannt werden. Wohnungsbeschaffungskosten sind nur Aufwendungen, die mit dem Finden und Anmieten der Wohnung verbunden sind.[531] Der Maklerlohn kann nur in Ausnahmefällen zu den Wohnungsbeschaffungskosten gehören, wenn die Beauftragung eines Maklers zum Finden und Anmieten einer angemessenen Wohnung unvermeidbar ist.[532] Soweit die neue Unterkunft angemessen ist, gehört eine anfallende Mietkaution zu den Wohnungsbeschaffungskosten. Sie soll als Darlehen erbracht werden.

Die Umzugskosten sind im Interesse einer klaren Abgrenzung zu den Leistungen für die Unterkunft und die Heizung auf die eigentlichen Kosten des Umzugs, wie die Kosten für Transport, Hilfskräfte, erforderliche Versicherungen, Benzin und Verpackungsmaterial zu begrenzen.[533] Der erwerbsfähige Leistungsberechtigte ist jedoch grundsätzlich gehalten, die Kosten eines Umzugs im Wege der Selbsthilfe zu minimieren.[534]

19 Die Übernahme diese Bedarfe erfolgt nur bei vorheriger Zusicherung des bisher örtlich zuständigen Grundsicherungsträgers. Diese soll erteilt werden, wenn der Umzug durch den kommunalen Träger veranlasst oder aus anderen Gründen notwendig ist.

Entsprechen die bisherigen Bedarfe für Unterkunft und Heizung nicht den Angemessenheitsgrenzen nach Abs. 1 Satz 1 und wurde der Leistungsberechtigte dementsprechend nach Abs. 1 Satz 3 aufgefordert, diese Kosten zu senken, kann dies auch durch einen Umzug

530 Landessozialgericht Sachsen – 02.07.2009 – L 3 AS 128/08.
531 BSG – 16.12.2008 – B 4 AS 49/07 R.
532 BSG – 18.02.2012 – B 4 AS 28/09 R.
533 BSG – 16.12.2008 – B 4 AS 49/07 R.
534 BSG – 06.05.2010 – B 14 AS 7/09 R.

in eine angemessene Unterkunft erfolgen. Der kommunale Träger hat den Wohnungswechsel somit selbst veranlasst. Daher soll die Zusicherung zur Übernahme der Wohnungsbeschaffungs- und Umzugskosten erteilt werden, wenn ohne die Zusicherung eine Unterkunft in einem angemessenen Zeitraum nicht gefunden werden kann.

Ebenso verhält es sich in den Fällen, in welchen der Umzug aus anderen Gründen notwendig war. Von einem notwendigen Umzug kann ausgegangen werden, wenn er vernünftigerweise gerechtfertigt ist, wenn ein plausibler, nachvollziehbarer und verständlicher Grund vorliegt.[535] Ein solcher Grund kann in dem Schutz der Gesundheit der Bewohner einer Immobilie liegen, wenn die Unterkunft unter erheblichen baulichen Mängeln leidet und dadurch eine Gefahr in sich birgt.[536] Nicht ausreichend ist dagegen, dass ein Umzug vielleicht sinnvoll oder zumindest wünschenswert wäre.[537]

Zusicherungsfähig ist der Umzug nur dann, wenn nicht nur der Auszug aus der **20**
bisherigen Wohnung erforderlich geworden ist, sondern auch der Bezug einer neuen Wohnung erfolgt, welche den Angemessenheitskriterien entspricht.[538] Voraussetzung ist daher, dass die konkreten Gegebenheiten der angestrebten neuen Wohnung bekannt sind, da der Grundsicherungsträger nur so in die Lage versetzt wird, neben der Erforderlichkeit des Auszugs die Angemessenheit der neuen Wohnung zu prüfen und eine entsprechende Zusicherung zu erteilen.[539]

9. Direktzahlung der Bedarfe für Unterkunft und Heizung an einen Dritten (Abs. 7)

Um den Bedarf des Wohnens zu sichern besteht die Möglichkeit, die anerkannten Auf- **21**
wendungen direkt an den Vermieter oder eine empfangsberechtigte Person zu zahlen, um zu verhindern, dass die zur Verfügung stehenden Mittel zweckentfremdet verwendet werden und aufgrund der Nichtzahlung Wohnungslosigkeit entsteht.

Dies ist zum einen durch einen Antrag der leistungsberechtigten Person selbst möglich. Damit wird eine Verpflichtung zur Auszahlung an Dritte geschaffen, für welche jedoch lediglich eine Empfangsberechtigung begründet wird, nicht aber Rechte und Pflichten von Vermietern oder anderen Empfangsberechtigten gegenüber dem Leistungsträger entstehen.[540]

Eine Direktzahlung an Dritte ohne Antrag des Leistungsberechtigten soll erfolgen, wenn die vom Grundsicherungsträger gewährten Leistungen zur Deckung des Grundbedarfs des Wohnens nicht zweckentsprechend eingesetzt werden und dieser Bedarf des Wohnens ungedeckt bleibt. In Abs. 7 Satz 3 werden Regelbeispiele für eine nicht zweckentsprechende Verwendung genannt, welche Anlass für eine Direktzahlung an Dritte geben.

---

535 Landessozialgericht Sachsen – 25.01.2010 – L 3 AS 700/09 B ER.
536 SG Neubrandenburg – 27.07.2009 – S 13 ER 186/09 AS.
537 Landessozialgericht Sachsen – 25.01.2010 – L 3 AS 700/09 B ER.
538 Landessozialgericht Nordrhein-Westfalen – 21.02.2011 – L 19 AS 1930/10 B.
539 Landessozialgericht Berlin-Brandenburg – 25.01.2011 – L 14 AS 2337/10 B ER.
540 BT-Drs. 17/3404, S. 98.

Mietrückstände

22 Nach Abs. 7 Satz 3 Nr. 1 ist eine zweckentsprechende Verwendung nicht sichergestellt bei bestehenden Mietrückständen, die zu einer außerordentlichen Kündigung des Mietverhältnisses berechtigen. Wenn der Mieter für zwei aufeinander folgende Termine mit der Entrichtung der Miete oder eines nicht unerheblichen Teils der Miete in Verzug ist oder in einem Zeitraum, der sich über mehr als zwei Termine erstreckt, mit der Entrichtung der Miete in Höhe eines Betrages in Verzug ist, der die Miete für zwei Monate erreicht, besteht für den Vermieter nach § 543 Abs. 2 Satz 1 Nr. 3 BGB die Möglichkeit der fristlosen Kündigung.

Energiekostenrückstände

23 Nach Abs. 7 Satz 3 Nr. 2 besteht Anlass, die Sicherstellung der zweckentsprechenden Verwendung anzuzweifeln, wenn Energiekostenrückstände in einem Umfang bestehen, dass die Unterbrechung der Energieversorgung für den Haushalt zu befürchten ist. Dies ist der Fall, wenn der Zahlungsverzug Leistungsberechtigter das Energieversorgungsunternehmen zu einer Unterbrechung oder fristlosen Kündigung der Energieversorgung berechtigt,[541] im Sinne von §§ 19 und 21 der Verordnung zum Erlass von Regelungen für die Grundversorgung von Haushaltskunden und die Ersatzversorgung im Energiebereich vom 26. Oktober 2006.[542]

Krankheits- oder suchtbedingtes Unvermögen zur zweckentsprechenden Verwendung

24 Liegt aufgrund konkreter Anhaltspunkte die Gefahr der zweckwidrigen Verwendung der staatlichen Fürsorgeleistungen in einem krankheitsbedingten oder suchtbedingten Unvermögen, soll die Bedarfsdeckung durch die Zahlung an den Vermieter selbst oder einen empfangsberechtigten Dritten sichergestellt werden. Vom Vorliegen konkreter Anhaltspunkte für ein krankheits- oder suchtbedingtes Unvermögen zur künftigen sachgerechten Mittelverwendung durch Leistungsberechtigte kann erst dann ausgegangen werden, wenn Leistungsberechtigte in der Vergangenheit ALG II, soweit es für Bedarfe für Unterkunft und Heizung geleistet wurde, nicht zweckentsprechend verwendet hat, z. B. wegen einer bestehenden Drogen- oder Alkoholabhängigkeit.[543] Die Regelungen tragen dem Umstand Rechnung, dass die Zahlung an Dritte die Gefahr birgt, Leistungsberechtigte zu entmündigen oder als Entmündigung wahrgenommen zu werden.[544] Durch eine vorschnelle Leistungsgewährung an Dritte würde die Zielsetzung des SGB II, die Eigenverantwortung der Leistungsberechtigten zu stärken, konterkariert werden.[545]

541 BT-Drs. 17/3404, S. 99.
542 BGBl. I S. 2391.
543 BT-Drs. 17/3404, S. 99.
544 BT-Drs. 17/3404, S. 99.
545 BT-Drs. 17/3404, S. 99.

Eintragung im Schuldnerverzeichnis

Liegt eine Eintragung im Schuldnerverzeichnis vor und bestehen konkrete Anhaltspunkte, 25 dass diese Person die Mittel nicht zweckentsprechend verwendet, kann die Sicherstellung des Bedarfs des Wohnens ebenfalls durch die Überweisung an einen Dritten erfolgen. Es ist mithin zunächst eine Eintragung im Schuldnerverzeichnis im Sinne des § 915 ZPO Voraussetzung. Diese erfolgt durch das Vollstreckungsgericht, wenn eine Person in einem anhängigen Verfahren die eidesstattliche Versicherung nach § 807 ZPO abgegeben hat oder gegen die nach § 901 ZPO die Haft angeordnet ist. In dieses Schuldnerverzeichnis sind auch die Personen aufzunehmen, die eine eidesstattliche Versicherung nach § 284 der Abgabenordnung oder vor einer Verwaltungsvollstreckungsbehörde abgegeben haben. Im Weiteren muss in der Vergangenheit das ALG II, welches die Bedarfe für Unterkunft und Heizung decken sollte, nicht zweckentsprechend eingesetzt worden sein.[546] Die Eintragung in das Schuldnerverzeichnis in Verbindung mit einer in der Vergangenheit wiederholt zweckwidrigen Verwendung begründen die konkrete Gefahr einer künftig missbräuchlichen Verwendung.[547] Die Interessen Leistungsberechtigter sind durch die Regelungen zur Löschung der Eintragung nach § 915 a ZPO hinreichend gewahrt.[548]

Entscheidet sich der kommunale Träger, ob auf Antrag des Leistungsberechtigten oder 26 aus gegebenem Anlass, die Zahlung der Leistungen für Unterkunft und Heizung direkt an den Vermieter oder einen empfangsberechtigten Dritten vorzunehmen, ist dies dem Leistungsberechtigten schriftlich mitzuteilen. Die Informationspflicht stärkt die Rechte der leistungsberechtigten Person und dient der Vermeidung von Wohnungslosigkeit sowie der Wohnungssicherung.[549] Die leistungsberechtigte Person wird hierdurch darüber informiert, ab welchem Zeitpunkt die Verpflichtung zur Zahlung des Mietzinses vom kommunalen Träger erfüllt wird.[550]

10. Schuldenübernahme im Zusammenhang mit der Unterkunft (Abs. 8)

Nach Abs. 8 besteht die Möglichkeit, dass Schulden des Leistungsberechtigten, die im 27 Zusammenhang mit den Aufwendungen für Unterkunft und Heizung stehen, vom Grundsicherungsträger übernommen werden. Die Gewährung steht im Ermessen des Leistungsträgers und ist bei einer Leistung in Geld als Darlehen zu erbringen.

Die Übernahme kann nach Abs. 8 Satz 1 erfolgen, soweit dadurch der Bedarf des Wohnens gesichert wird oder eine vergleichbare Notlage beseitigt wird. Zu dem Bedarf des Wohnens gehören die nach Abs. 1 genannten Aufwendungen für die Unterkunft und Heizung, aber gerade nicht solche, welche dem Regelbedarf unterfallen. Daher können Stromschulden grundsätzlich nicht die Abdeckung des Bedarfs des Wohnens gefährden. Demnach käme allenfalls eine Darlehensgewährung nach § 24 Abs. 1 in Betracht, welcher

546 BT-Drs. 17/3404, S. 99.
547 BT-Drs. 17/3404, S. 99.
548 BT-Drs. 17/3404, S. 99.
549 BT-Drs. 17/3404, S. 99.
550 BT-Drs. 17/3404, S. 99.

die darlehensweise Gewährung in Fällen zulässt, in denen ein von dem Regelbedarf umfasster unabweisbarer Bedarf vorliegt. Die Leistungen nach dem SGB II sollen jedoch den aktuellen Bedarf zur Sicherung des Lebensunterhaltes decken, nicht aber in der Vergangenheit entstandene Verbindlichkeiten ablösen.[551]

Anders kann es sich jedoch dann verhalten, wenn die Zahlungsrückstände so umfangreich sind, dass die Nichtversorgung mit Haushaltsenergie zu befürchten ist. Indem nach Abs. 8 Satz 1 die Übernahme von Schulden auch erfolgen kann, soweit dies zur Behebung einer der Wohnungslosigkeit vergleichbaren Notlage gerechtfertigt ist, kann eine darlehensweise Leistung der Stromschulden möglich sein. Die drohende Stromsperre ist als eine vergleichbare Situation anzusehen, da die Nutzung von Haushaltsenergie sich unmittelbar auf die Wohnsituation einer Bedarfsgemeinschaft auswirkt.[552] Es kann daher auch eine Übernahme dieser Verbindlichkeiten in Betracht kommen, soweit es sich nicht nur um Rückstände handelt, sondern um solche, die zu einer Versagung der Versorgung berechtigen. Die Entscheidung liegt dabei im Ermessen des Leistungsträgers, welches nicht automatisch mit der bevorstehenden Stromsperre dahingehend reduziert wird, dass allein eine Schuldenübernahme ermessensfehlerfrei wäre, sondern durchaus auf Selbsthilfemöglichkeiten verwiesen werden darf.[553]

28 Eingeschränkt ist das Ermessen nach Abs. 8 Satz 2, wenn die Übernahme der Schulden gerechtfertigt und notwendig ist und sonst die Wohnungslosigkeit droht. Hier sollen die Schulden übernommen werden. Das heißt nur bei Vorliegen von atypischen Umständen kann von einer Übernahme abgesehen werden.

Dies kann der Fall sein, wenn die Kosten für die konkret bewohnte Unterkunft abstrakt unangemessen sind und der Verlust dieser konkreten Unterkunft nicht droht, weil etwa eine neue angemessene Unterkunft konkret verfügbar und damit anmietbar ist und die Schulden durch unwirtschaftliches Verhalten des Leistungsberechtigten oder sein zweckwidriges Verhalten entstanden sind.[554] Hier fehlt es an dem Tatbestandsmerkmal der drohenden Wohnungslosigkeit.[555]

29 Der Übernahme der Schulden im Zusammenhang mit der Unterkunft vorgeschaltet ist die Pflicht des Leistungsberechtigten möglicherweise vorhandenes, aber nach § 12 Abs. 3 Satz 1 Nr. 1 nicht zur Sicherung des Lebensunterhalts einzusetzendes Vermögen für die Tilgung dieser Schulden in Anspruch zu nehmen. Dies ist der Grundfreibetrag, welcher jedem volljährigen Leistungsberechtigten in Höhe von 150 € für jedes Lebensjahr belassen wird.

11. Räumungsklage (Abs. 9)

30 Das Sicherungssystem des Abs. 9 soll Wohnungslosigkeit des Leistungsberechtigten verhindern. Geht bei einem Gericht eine Klage auf Räumung von Wohnraum im Falle der

551 Landessozialgericht Rheinland-Pfalz – 27.12.2010 – L 3 AS 557/10 B ER.
552 Landessozialgericht Rheinland-Pfalz – 27.12.2010 – L 3 AS 557/10 B ER.
553 Landessozialgericht Schleswig-Holstein – 13.01.2012 – L 3 AS 233/11 B ER.
554 BSG – 17.06.2010 – B 14 AS 58/09 R.
555 BSG – 17.06.2010 – B 14 AS 58/09 R.

Kündigung des Mietverhältnisses nach § 543 Abs. 1, 2 Satz 1 Nr. 3 in Verbindung mit § 569 Abs. 3 BGB ein, teilt das Gericht dem örtlich zuständigen Träger oder der von diesem beauftragten Stelle zur Wahrnehmung alle notwendigen Daten mit, um eine Wohnungslosigkeit zu verhindern, wie den Tag des Eingangs der Klage, die Namen und die Anschriften der Parteien, die Höhe der monatlich zu entrichtenden Miete, die Höhe des geltend gemachten Mietrückstandes und der geltend gemachten Entschädigung und den Termin zur mündlichen Verhandlung, sofern dieser bereits bestimmt ist. Außerdem kann der Tag der Rechtshängigkeit mitgeteilt werden. Die Übermittlung unterbleibt, wenn die Nichtzahlung der Miete nach dem Inhalt der Klageschrift offensichtlich nicht auf Zahlungsunfähigkeit der Mieterin oder des Mieters beruht, da in diesem Fall einer Wohnungslosigkeit durch die Zahlung von Mietrückständen nicht entgegen gewirkt werden kann.

§ 23 Besonderheiten beim Sozialgeld

Beim Sozialgeld gelten ergänzend folgende Maßgaben:

1. **Der Regelbedarf beträgt bis zur Vollendung des sechsten Lebensjahres 213 Euro, bis zur Vollendung des 14. Lebensjahres 242 Euro und im 15. Lebensjahr 275 Euro;**
2. **Mehrbedarfe nach § 21 Absatz 4 werden auch bei behinderten Menschen, die das 15. Lebensjahr vollendet haben, anerkannt, wenn Leistungen der Eingliederungshilfe nach § 54 Absatz 1 Nummer 1 und 2 des Zwölften Buches erbracht werden;**
3. **§ 21 Absatz 4 Satz 2 gilt auch nach Beendigung der in § 54 Absatz 1 Nummer 1 und 2 des Zwölften Buches genannten Maßnahmen;**
4. **bei nicht erwerbsfähigen Personen, die voll erwerbsgemindert nach dem Sechsten Buch sind, wird ein Mehrbedarf von 17 Prozent der nach § 20 maßgebenden Regelbedarfe anerkannt, wenn sie Inhaberin oder Inhaber eines Ausweises nach § 69 Absatz 5 des Neunten Buches mit dem Merkzeichen G sind; dies gilt nicht, wenn bereits ein Anspruch auf einen Mehrbedarf wegen Behinderung nach § 21 Absatz 4 oder nach der vorstehenden Nummer 2 oder 3 besteht.**

Bekanntmachung über die Höhe der Regelbedarfe nach § 20 Absatz 5 des Zweiten Buches Sozialgesetzbuch für die Zeit ab 1. Januar 2012

Nach § 20 Absatz 5 Satz 3 des Zweiten Buches Sozialgesetzbuch – Grundsicherung für Arbeitsuchende – in der Fassung der Bekanntmachung vom 13. Mai 2011 (BGBl. I S. 850) wird hiermit Folgendes bekannt gemacht:

Als Regelbedarfe nach § 20 Absatz 2 bis 4 sowie nach § 23 Nummer 1 des Zweiten Buches Sozialgesetzbuch (SGB II) werden für die Zeit ab 1. Januar 2012 anerkannt:

1. *für eine Person, die alleinstehend oder alleinerziehend ist oder deren Partnerin oder Partner minderjährig ist, monatlich 374 Euro (§ 20 Absatz 2 Satz 1 SGB II);*
2. *für sonstige erwerbsfähige Angehörige der Bedarfsgemeinschaft, sofern sie das 18. Lebensjahr noch nicht vollendet haben, monatlich 287 Euro (§ 20 Absatz 2 Satz 2 Nummer 1 in Verbindung mit § 77 Absatz 4 Nummer 1 SGB II);*
3. *für sonstige erwerbsfähige Angehörige der Bedarfsgemeinschaft, sofern sie das 18. Lebensjahr vollendet haben, sowie für Personen, die das 25. Lebensjahr noch nicht vollendet*

haben und ohne Zusicherung des zuständigen kommunalen Trägers nach § 22 Absatz 5 umziehen, bis zur Vollendung des 25. Lebensjahres, monatlich 299 Euro (§ 20 Absatz 2 Satz 2 Nummer 2 und § 20 Absatz 3 SGB II);

4. *für zwei Partner der Bedarfsgemeinschaft, die das 18. Lebensjahr vollendet haben, für jede dieser Personen ein Betrag in Höhe von monatlich 337 Euro (§ 20 Absatz 4 SGB II);*
5. *für eine Person bis zur Vollendung des sechsten Lebensjahres monatlich 219 Euro (§ 23 Nummer 1 erste Alternative SGB II);*
6. *für eine Person vom Beginn des siebten bis zur Vollendung des 14. Lebensjahres monatlich 251 Euro (§ 23 Nummer 1 zweite Alternative in Verbindung mit § 77 Absatz 4 Nummer 3 SGB II);*
7. *für Leistungsberechtigte im 15. Lebensjahr monatlich 287 Euro (§ 23 Nummer 1 dritte Alternative in Verbindung mit § 77 Absatz 4 Nummer 4 SGB II).*

Inhaltsübersicht Rn.

1. Regelbedarf von Sozialgeldempfängern (Nr. 1)

1 Abweichend von § 20 Abs. 2 bis 4 beträgt der Regelbedarf von nichterwerbsfähigen Mitgliedern in der Bedarfsgemeinschaft bis zur Vollendung des sechsten Lebensjahres, mithin bis einschließlich 5 Jahre nach Nr. 1 erste Alternative in Verbindung mit Nr. 5 RBBek 2012 monatlich 219 €. Für eine Person vom Beginn des siebten bis zur Vollendung des 14. Lebensjahres wird ein Regelbedarf in Höhe von 251 € gewährt nach Nr. 1 zweite Alternative in Verbindung mit § 77 Abs. 4 Nr. 3 und Nr. 6 RBBek 2012. Leistungsberechtigte Sozialgeldempfänger im 15. Lebensjahr erhalten monatlich 287 € nach Nr. 1 dritte Alternative in Verbindung mit § 77 Abs. 4 Nr. 4 und Nr. 7 RBBek 2012.

2. Mehrbedarf aufgrund einer Behinderung (Nr. 2, 3, 4)

2 Nach § 21 Abs. 4 erhalten erwerbsfähige Leistungsberechtigte, welche Leistungen zur Teilhabe am Arbeitsleben erhalten, einen Mehrbedarf in Höhe von 35 % des für die betroffene Person maßgebenden Regelbedarfs. Der Mehrbedarf ist damit grundsätzlich an die Erwerbsfähigkeit geknüpft. Nicht erwerbsfähige Leistungsberechtigte, welche Sozialgeld beanspruchen können, haben ebenfalls einen Anspruch auf diesen Mehrbedarf, soweit Leistungen der Eingliederungshilfe nach § 54 Abs. 1 Nr. 1 und Nr. 2 SGB XII erbracht werden. Dies sind neben den Leistungen der Eingliederungshilfe nach den §§ 26, 33, 41 und 55 SGB IX insbesondere nach § 54 Abs. 1 Nr. 1 Hilfen zu einer angemessenen Schulbildung, vor allem im Rahmen der allgemeinen Schulpflicht und zum Besuch weiterführender Schulen einschließlich der Vorbereitung hierzu und nach Nr. 2 Hilfe zur schulischen Ausbildung für einen angemessenen Beruf einschließlich des Besuchs einer Hochschule. Es kommt auf die tatsächliche Erbringung dieser Leistungen an. Nach § 21 Abs. 4 Satz 1 kann auch nach Beendigung der in § 21 Abs. 4 Satz 1 genannten Maßnahmen zur Teilhabe am Arbeitsleben der Mehrbedarf weiterhin für eine angemes-

sene Übergangszeit gewährt werden, vor allem während einer Einarbeitungszeit. Dies gilt nach Nr. 3 auch für die Beendigung der in § 54 Abs. 1 Nr. 1 und Nr. 2 SGB XII genannten Maßnahmen.

Einen weiteren Mehrbedarf aufgrund einer Behinderung, jedoch nur in Höhe von 17 % des maßgebenden Regelbedarfs erhalten darüber hinaus diejenigen erwerbsunfähigen Personen, die nach dem SGB VI voll erwerbsgemindert sind. Nach § 43 Abs. 2 Satz 2 SGB VI ist voll erwerbsgemindert, wer wegen Krankheit oder Behinderung auf nicht absehbare Zeit außerstande ist, unter den üblichen Bedingungen des allgemeinen Arbeitsmarktes mindestens drei Stunden täglich erwerbstätig zu sein. Voll erwerbsgemindert sind danach auch Personen, die nach § 1 Satz 1 Nr. 2 wegen Art oder Schwere der Behinderung nicht auf dem allgemeinen Arbeitsmarkt tätig sein können und die bereits vor Erfüllung der allgemeinen Wartezeit voll erwerbsgemindert waren, in der Zeit einer nicht erfolgreichen Eingliederung in den allgemeinen Arbeitsmarkt. Verfügen diese Personen über einen Ausweis nach § 69 Abs. 5 SGB IX mit dem Merkzeichen G, kann der Mehrbedarf geltend gemacht werden. 3

Keine Anwendung findet Nr. 4, wenn bereits ein Anspruch auf einen Mehrbedarf wegen einer Behinderung nach § 21 Abs. 4 oder nach Nr. 2 oder Nr. 3 besteht.

Unterabschnitt 3
Abweichende Leistungserbringung und weitere Leistungen

§ 24 Abweichende Erbringung von Leistung

(1) Kann im Einzelfall ein vom Regelbedarf zur Sicherung des Lebensunterhalts umfasster und nach den Umständen unabweisbarer Bedarf nicht gedeckt werden, erbringt die Agentur für Arbeit bei entsprechendem Nachweis den Bedarf als Sachleistung oder als Geldleistung und gewährt der oder dem Leistungsberechtigten ein entsprechendes Darlehen. Bei Sachleistungen wird das Darlehen in Höhe des für die Agentur für Arbeit entstandenen Anschaffungswertes gewährt. Weiter gehende Leistungen sind ausgeschlossen.

(2) Solange sich Leistungsberechtigte, insbesondere bei Drogen- oder Alkoholabhängigkeit sowie im Falle unwirtschaftlichen Verhaltens, als ungeeignet erweisen, mit den Leistungen für den Regelbedarf nach § 20 ihren Bedarf zu decken, kann das Arbeitslosengeld II bis zur Höhe des Regelbedarfs für den Lebensunterhalt in voller Höhe oder anteilig in Form von Sachleistungen erbracht werden.

(3) Nicht vom Regelbedarf nach § 20 umfasst sind Bedarfe für

1. **Erstausstattungen für die Wohnung einschließlich Haushaltsgeräten,**
2. **Erstausstattungen für Bekleidung und Erstausstattungen bei Schwangerschaft und Geburt sowie**
3. **Anschaffung und Reparaturen von orthopädischen Schuhen, Reparaturen von therapeutischen Geräten und Ausrüstungen sowie die Miete von therapeutischen Geräten.**

Leistungen für diese Bedarfe werden gesondert erbracht. Leistungen nach Satz 2 werden auch erbracht, wenn Leistungsberechtigte keine Leistungen zur Sicherung des Lebensunterhalts einschließlich der angemessenen Kosten für Unterkunft und Heizung benötigen, den Bedarf nach Satz 1 jedoch aus eigenen Kräften und Mitteln nicht voll decken können. In diesem Fall kann das Einkommen berücksichtigt werden, das Leistungsberechtigte innerhalb eines Zeitraumes von bis zu sechs Monaten nach Ablauf des Monats erwerben, in dem über die Leistung entschieden wird. Die Leistungen für Bedarfe nach Satz 1 Nummer 1 und 2 können als Sachleistung oder Geldleistung, auch in Form von Pauschalbeträgen, erbracht werden. Bei der Bemessung der Pauschalbeträge sind geeignete Angaben über die erforderlichen Aufwendungen und nachvollziehbare Erfahrungswerte zu berücksichtigen.

(4) Leistungen zur Sicherung des Lebensunterhalts können als Darlehen erbracht werden, soweit in dem Monat, für den die Leistungen erbracht werden, voraussichtlich Einnahmen anfallen.

(5) Soweit Leistungsberechtigten der sofortige Verbrauch oder die sofortige Verwertung von zu berücksichtigendem Vermögen nicht möglich ist oder für sie eine besondere Härte bedeuten würde, sind Leistungen als Darlehen zu erbringen. Die Leistungen können davon abhängig gemacht werden, dass der Anspruch auf Rückzahlung dinglich oder in anderer Weise gesichert wird.

(6) In Fällen des § 22 Absatz 5 werden Leistungen für Erstausstattungen für die Wohnung nur erbracht, wenn der kommunale Träger die Übernahme der Leistungen für Unterkunft und Heizung zugesichert hat oder vom Erfordernis der Zusicherung abgesehen werden konnte.

Inhaltsübersicht Rn.

1. Darlehensweise Leistungsgewährung (Abs. 1)

1 Mit der Erbringung des Regelbedarfs sollen alle im Rahmen des Regelbedarfsermittlungsgesetzes ermittelten Bedarfe zur Sicherung des Lebensunterhalts, wie Nahrungsmittel, alkoholfreie Getränke, Bekleidung und Schuhe, Wohnen, Energie, Haushaltsgeräte, Gesundheitspflege und Verkehr abgedeckt sein. Zusätzlich soll der Betroffene mit dem zur Verfügung stehenden Regelbedarf in der Weise wirtschaften, dass auch in einem kleinen Umfang Rücklagen für Bedarfsspitzen gebildet werden können. Kann im Einzelfall dennoch ein vom Regelbedarf umfasster Bedarf nicht gedeckt werden und ist dieser nach den Umständen unabweisbar, werden bei einem entsprechenden Nachweis auf Antrag Sach- oder Geldleistungen erbracht und es wird dem Leistungsberechtigten ein entsprechendes

Darlehen gewährt. Unabweisbar ist ein Bedarf dann, wenn die Bedarfsdeckung unaufschiebbar ist, nicht dagegen, wenn er mit geringen Mitteln oder durch ein Ausweichen auf eine andere Bedarfsdeckung befriedigt werden kann.[556]

Die Gewährung eines Darlehens anstatt der bedingungslosen Übernahme der entstandenen Bedarfe ist verfassungsgemäß. Hat der Leistungsempfänger entgegen der Intention des Gesetzes für größere einmalige Anschaffungen keine Rücklagen gebildet, so hat der Leistungsträger im Fall eines unabweisbaren Bedarfs ein Darlehen zu gewähren.[557] Nach § 42 a Abs. 2 Satz 1 werden Rückzahlungsansprüche aus Darlehen, solange Darlehensnehmer Leistungen zur Sicherung des Lebensunterhalts beziehen, ab dem Monat, der auf die Auszahlung folgt, durch monatliche Aufrechnung in Höhe von 10 % des maßgebenden Regelbedarfs getilgt. Konsequenterweise verringert sich der Regelbedarf damit für die Zukunft, so dass die unterlassene Rücklage im Ergebnis nachträglich gebildet wird.[558] Bei Sachleistungen wird das Darlehen in Höhe des für die Agentur für Arbeit entstandenen Anschaffungswertes gewährt. Weitergehende Leistungen sind ausgeschlossen. 2

Aufwendungen für ein Kraftfahrzeug

Die Aufwendungen für den Erwerb und die Unterhaltung eines Kraftfahrzeugs zählen nicht zu den von dem Regelbedarf umfassten Bedarfen, so dass für Kraftfahrzeugreparaturkosten kein Darlehen gewährt werden kann.[559] Aus der Privilegierung eines angemessenen Kraftfahrzeuges als Schonvermögen nach § 12 Abs. 3 Satz 1 Nr. 2 folgt nichts anderes.[560] Unabhängig hiervon handelt es sich regelmäßig auch nicht um einen unabweisbaren Bedarf zur Sicherung des Lebensunterhalts, sondern um die allgemeine Mobilität des erwerbsfähigen Leistungsberechtigten, welche auch anderweitig sichergestellt werden kann.[561] 3

Aufwendungen für den Erwerb von Grundeigentum

Weil Aufwendungen für die Wohnung nicht dazu gehören, rechnen auch Aufwendungen für den Erwerb und den Erhalt der Unterkunft nicht zu dem von dem Regelbedarf umfassten Bedarf.[562] Begehrt der Leistungsberechtigte zur Abwendung der Zwangsvollstreckung und zum vollständigen Erwerb einer Eigentumswohnung die Gewährung eines Darlehens, so ist der geltend gemachte Bedarf als Unterkunftsbedarf zu qualifizieren.[563] Für nicht von dem Regelbedarf umfasste Bedarfe scheidet eine abweichende Erbringung von Leistungen aus.[564] 4

556 Landessozialgericht Baden-Württemberg – 13.12.2010 – L 13 AS 4732/10 B.
557 Landessozialgericht Sachsen-Anhalt – 09.03.2011 – L 5 AS 151/08 NZB.
558 Landessozialgericht Sachsen-Anhalt – 09.03.2011 – L 5 AS 151/08 NZB.
559 BSG – 10.05.2011 – B 4 AS 11/10 R.
560 BSG – 10.05.2011 – B 4 AS 11/10 R.
561 BSG – 10.05.2011 – B 4 AS 11/10 R.
562 Landessozialgericht Sachsen-Anhalt – 16.03.2011 – L 5 AS 450/10 B.
563 Landessozialgericht Sachsen-Anhalt – 16.03.2011 – L 5 AS 450/10 B.
564 Landessozialgericht Sachsen-Anhalt – 16.03.2011 – L 5 AS 450/10 B.

Kosten der Sterilisation

5 Zwar sind die Kosten der Ausübung von Sexualität sowie die damit verbundenen Verhütungskosten von dem Regelbedarf erfasst, weshalb grundsätzlich der Anwendungsbereich des § 24 Abs. 1 eröffnet ist, jedoch nur bei einem unabweisbaren Bedarf, wenn die Bedarfsdeckung unaufschiebbar ist.[565] Nicht unabweisbar ist dagegen ein Bedarf, wenn er mit geringen Mitteln oder durch ein Ausweichen auf eine andere Bedarfsdeckung befriedigt werden kann, so etwa durch den Einsatz von Verhütungsmitteln anstatt einer Sterilisation. Da es sich um übliche, geeignete Methoden mit nicht bloß fraglichem Erfolg handelt, besteht ein Anspruch auf Übernahme der Kosten derjenigen Verhütungsmethode, die die höchste Erfolgswahrscheinlichkeit bietet, nicht.[566]

2. Erbringung von Sachleistungen (Abs. 2)

6 Verhält sich der Leistungsbezieher unwirtschaftlich, kann das ALG II des Betroffenen bis zur Höhe des Regelbedarfs in voller Höhe oder anteilig in Form von Sachleistungen erbracht werden. Ein unwirtschaftliches Verhalten in diesem Sinne liegt vor bei einem verschwenderischen, sinnlosen und mit normalen Maßstäben überhaupt nicht zu vereinbarenden Umgang mit den bereitgestellten Mitteln.[567] Dadurch soll die Deckung der Bedarfe zur Sicherung des Lebensunterhalts in den Fällen gewährleistet sein, in welchen der Betroffene aus welchen Gründen auch immer nicht in der Lage ist, die ausgekehrten Leistungen in Form von Geldleistungen entsprechend einzusetzen. Dies kommt insbesondere bei dem Vorliegen einer Drogen- oder Alkoholabhängigkeit in Betracht, da typischerweise die vorhandenen Mittel zur Befriedigung der Sucht und nicht für die Lebenshaltungskoten eingesetzt werden.

Die Alkohol- oder Drogenabhängigkeit muss nicht ärztlich dokumentiert sein, sondern es reicht aus, wenn dem Träger der Mangel an der Bedarfsdeckung bekannt wird,[568] indem typischerweise die ausgezahlten Leistungen innerhalb weniger Tage aufgebraucht sind.

3. Nicht vom Regelbedarf umfasster Bedarf (Abs. 3)

7 Nach Abs. 3 können zusätzlich zum ALG II, welches Regelbedarf, Mehrbedarf und Bedarfe für Unterkunft und Heizung umfasst, weitere Leistungen gewährt werden, welche gerade nicht von dem Regelbedarf nach § 20 umfasst sind. Dies ist die Erstausstattung für die Wohnung einschließlich der Haushaltsgeräte, die Erstausstattung für Bekleidung, die Erstausstattung bei Schwangerschaft und Geburt sowie die Anschaffung und Reparaturen von orthopädischen Schuhen, Reparaturen von therapeutischen Geräten und Ausrüstungen sowie die Miete für solche Geräte. Diese Leistungen nach Abs. 3 sind nach § 37 Abs. 1 Satz 2 gesondert von dem Leistungsberechtigten zu beantragen. Sie können auch dann

565 Landessozialgericht Baden-Württemberg – 13.12.2010 – L 13 AS 4732/10 B.
566 Landessozialgericht Baden-Württemberg – 13.12.2010 – L 13 AS 4732/10 B.
567 Landessozialgericht Berlin-Brandenburg – 22.01.2008 – L 28 B 53/08 AS ER.
568 FH BA § 24 Rn. 13.

beansprucht werden, wenn Hilfebedürftigkeit hinsichtlich der Deckung des regelmäßigen Lebensunterhalts nicht besteht, weil die Bedarfe des ALG II durch vorhandenes Einkommen oder Vermögen gedeckt sind, aber die Leistungsfähigkeit nicht für die in Abs. 3 Satz 1 genannten Bedarfe ausreicht. In diesen Fällen wird das Einkommen berücksichtigt, welche der Leistungsberechtigte innerhalb eines Zeitraums von bis zu sechs Monaten nach Ablauf des Monats erwerben wird, in dem über die Leistung entschieden wird.

3.1 Erstausstattung für die Wohnung (Abs. 3 Satz 1 Nr. 1)

Zweck der Leistungen ist die Ausstattung mit wohnraumbezogenen Gegenständen, die eine geordnete Haushaltsführung und ein an den herrschenden Lebensgewohnheiten orientiertes Wohnen ermöglichen.[569] Daher gehören nur solche Gegenstände, die der Befriedigung grundlegender Bedürfnisse wie Essen, Schlafen und Aufenthalt dienen, nicht aber bestimmten Freizeitbeschäftigungen oder Unterhaltungs- und Informationsbedürfnissen, wie z. B. ein Fernsehgerät dazu.[570] Ebenso wenig gehört ein Wäschetrockner zum notwendigen Lebensunterhalt und ist damit auch nicht Bestandteil einer Erstausstattung für Wohnungen.[571] **8**

Entscheidend für die Auslegung des Begriffs der Erstausstattung ist, ob ein Bedarf für die Ausstattung einer Wohnung besteht, der nicht bereits durch vorhandene Möbel und andere Einrichtungsgegenstände gedeckt ist.[572] Er ist abzugrenzen vom Erhaltungs- beziehungsweise Ergänzungsbedarf und vom Ersatz defekter Gegenstände.[573] **9**

Auch der Bedarf für die Erstausstattung für die Wohnung einschließlich der Haushaltsgeräte ist als bedarfsbezogen zu verstehen, das heißt, entscheidend ist, ob erstmals ein Bedarf für die Ausstattung einer Wohnung entsteht.[574] Eine solche Situation kann insbesondere bei der Neubegründung eines Haushalts[575] oder aber aufgrund von Ereignissen wie einem Wohnungsbrand gegeben sein. **10**

Beim Auszug von sonstigen erwerbsfähigen Angehörigen aus dem Haushalt der Eltern ohne vorherige Zusicherung des kommunalen Trägers, also in den Fällen des § 22 Abs. 5, werden Leistungen für Erstausstattungen für die Wohnung nur erbracht, wenn der kommunale Träger die Übernahme der Leistungen für Unterkunft und Heizung zugesichert hat oder vom Erfordernis der Zusicherung abgesehen werden konnte.

Die Leistungen können als Sach- oder Geldleistung, auch in Form von Pauschalbeträgen, erbracht werden. Bei der Bemessung der Pauschalbeträge sind geeignete Angaben über die erforderlichen Aufwendungen und nachvollziehbare Erfahrungswerte zu berücksichtigen.

---

569 BSG – 20.08.2009 – B 14 AS 45/08 R.
570 BSG – 24.02.2011 – B 14 AS 75/10 R.
571 Landessozialgericht Berlin-Brandenburg – 11.04.2011 – L 28 AS 190/09 NZB.
572 BSG – 24.02.2011 – B 14 AS 75/10 R.
573 Landessozialgericht Hamburg – 10.02.2011 – L 5 AS 84/08.
574 BSG – 19.09.2008 – B 14 AS 64/07 R.
575 BSG – 19.09.2008 – B 14 AS 64/07 R.

3.2 Erstausstattung Kleidung, Schwangerschaft und Geburt nach Abs. 3 Satz 1 Nr. 2

Erstausstattung Kleidung

11 Entscheidend ist bezogen auf die Erstausstattung mit Bekleidung, ob auf Grund eines besonderen Umstandes erstmals ein Bedarf für die Ausstattung entsteht.[576] Er setzt deshalb voraus, dass so gut wie keine Kleidung für die jetzige Bedarfssituation vorhanden ist, wie es etwa nach längerer Haft oder Obdachlosigkeit oder infolge starker Gewichtsveränderungen der Fall sein kein.[577] Demgegenüber unterfallen die Kosten für die laufende Anschaffung und Instandhaltung der Kleidung ausdrücklich dem Regelbedarf.[578] Dies gilt auch für Kinder, die zwar mit jedem Wachstumsschritt einen Bedarf für ein bestimmtes Kleidungsstück in einer bestimmten Größe »erstmalig« haben, so dass Kleidungsstücke wegen des Wachstums und erhöhten Verschleißes in kurzen Zeitabschnitten zu ersetzen sind, was jedoch gerade zu dem regelmäßigen Bedarf von Kindern gehört.[579] Die Ausstattung eines Kindes mit Bekleidung ist laufend, wenn auch in engeren zeitlichen Abständen als bei Erwachsenen zu ergänzen, je nachdem welches Kleidungsstück zu welchem Zeitpunkt von ihm nicht mehr getragen werden kann, so dass dieser Bedarf mit dem Regelbedarf abzudecken ist.[580]

Erstausstattung Schwangerschaft und Geburt

12 Spezifisch schwangerschaftsbedingt ist die Bekleidungsanschaffung dann, wenn aus der Funktionsbeschreibung des Bekleidungsteiles, wie z. B. Umstandsbekleidung, seines besonderen Zuschnittes, wie z. B. bei einem Cape oder aufgrund der Bekleidungsgröße, wie z. B. eine Übergröße hervorgeht, dass diese Kleidung extra wegen der körperlichen Veränderungen am Ende der Schwangerschaft benötigt wird.[581]

Die Säuglingserstausstattung umfasst insbesondere Babybekleidung, Kinderwagen, Kinderbett oder Wickeltisch. Die Leistungen für Erstausstattung Schwangerschaft und Geburt dürfen bei Geschwisterkindern niedriger ausfallen als bei ersten Kindern, weil davon auszugehen ist, dass bei zweiten oder weiteren Kindern auf das bereits Vorhandene zurückgegriffen werden kann.[582] Dabei ist nicht danach zu unterscheiden, ob das Geschwisterkind ein anderes Geschlecht hat, da es nicht allgemeinüblich ist, dass Säuglinge je nach Geschlecht unterschiedlich gekleidet werden.[583]

Ein Kindersitz für das Auto ist für einen Säugling grundsätzlich nicht erforderlich, auch wenn er im Falle des Transports eines Kindes im Auto gesetzlich vorgeschrieben ist.

13 Die Leistungsgewährung steht im pflichtgemäßen Ermessen des Leistungsträgers.

---

576 BSG – 23.02.2010 – B 14 AS 81/08 R.
577 Landessozialgericht Rheinland-Pfalz – 01.10.2008 – L 5 B 342/08 AS.
578 BSG – 23.02.2010 – B 14 AS 81/08 R.
579 BSG – 23.02.2010 – B 14 AS 81/08 R.
580 BSG – 23.02.2010 – B 14 AS 81/08 R.
581 SG Wiesbaden – 19.10.2006 – S 12 AS 427/06 ER.
582 SG Bremen – 27.02.2009 – S 23 AS 255/09 ER.
583 SG Bremen – 27.02.2009 – S 23 AS 255/09 ER.

Dieser kann zum einen die Gewährung von Geldleistungen ganz ausschließen und den jeweiligen Antragsteller auf die Gewährung von Sachleistungen verweisen.[584]

3.3 Orthopädische Schuhe und therapeutische Geräte nach Abs. 3 Satz 1 Nr. 3

Übernommen werden die Anschaffung und Reparaturen von orthopädischen Schuhen, Reparaturen von therapeutischen Geräten und Ausrüstungen sowie die Miete von therapeutischen Geräten. Die Anschaffung wird in Höhe des vom Leistungsberechtigten zu tragenden Eigenanteils übernommen. Sind die Kosten für die Reparatur oder Miete unwirtschaftlich, ist insbesondere zu prüfen, ob ein vorrangiger Anspruch auf Beschaffung der Geräte und Ausrüstungen gegen einen anderen Sozialleistungsträger besteht.[585] **14**

Nach § 33 Abs. 1 SGB V haben Versicherte Anspruch auf Versorgung mit orthopädischen Hilfsmitteln, die im Einzelfall erforderlich sind, um den Erfolg der Krankenbehandlung zu sichern, einer drohenden Behinderung vorzubeugen oder eine Behinderung auszugleichen, soweit die Hilfsmittel nicht als allgemeine Gebrauchsgegenstände des täglichen Lebens anzusehen sind. Dies sind aber in der Regel Schuhe. Nach der Verordnung über die Versorgung mit Hilfsmitteln und über Ersatzleistungen nach dem Bundesversorgungsgesetz (Orthopädieverordnung – OrthV) ist daher geregelt, für welche Schuhe und unter Heranziehung welchen Eigenanteils Leistungen für orthopädische Schuhe beansprucht werden können.

4. Leistungserbringung bei voraussichtlichen Einnahmen (Abs. 4)

Nach der Zuflusstheorie gelten Einnahmen in dem Monat als Einkommen, in welchem sie dem Leistungsberechtigten zufließen, da sie genau dann zur Sicherung seines Lebensunterhalts eingesetzt werden können. Dies trifft jedoch auch dann zu, wenn mit den Einnahmen, etwa aus Erwerbstätigkeit bei Arbeitsaufnahme, erst am Ende des Monats zu rechnen ist. Bei ausreichend hohem Verdienst ist die Hilfebedürftigkeit im Sinne des SGB II für diesen Monat beseitigt. Tatsächlich stehen jedoch keine Mittel zur Sicherung des Lebensunterhalts bis zum Ende des Monats zur Verfügung. Die Regelung des Abs. 4 soll insbesondere die Fälle erfassen, in denen im Voraus bekannt ist, dass die Hilfebedürftigkeit wegen späteren Einkommenszuflusses oder Vermögenszuwachses für den Monat vermindert oder ausgeschlossen werden wird.[586] So ist insbesondere im Monat einer Arbeitsaufnahme der Lebensunterhalt unabhängig von der Fälligkeit des Arbeitsentgelts sichergestellt[587] **15**

Durch die Formulierung, dass die Leistungen als Darlehen erbracht werden können, eröffnet sich für den Leistungsträger Ermessen. Dieses reduziert sich jedoch bei einer existenziellen Unterdeckung auf null, so dass eine Leistungsgewährung zu erfolgen hat.[588]

---

584 Landessozialgericht Mecklenburg-Vorpommern – 21.12.2007 – L 8 B 301/07 ER.
585 BT-Drs. 17/3404, S. 103.
586 BT-Drs. 15/2997, S. 24.
587 BT-Drs. 15/2997, S. 24.
588 SG Bremen – 09.06.2009 – S 23 AS 937/09 ER.

5. Darlehensweise Leistungserbringung (Abs. 5)

16 Verfügt der Leistungsberechtigte über Vermögen, welches nicht nach § 12 Abs. 3 nicht zu berücksichtigen ist und nicht unter die Freibeträge nach § 12 Abs. 2 fällt, liegt eine Hilfebedürftigkeit grundsätzlich nicht vor und die Leistungen wären zu versagen. Eine zumindest darlehensweise Gewährung kommt jedoch dann in Betracht, wenn der sofortige Verbrauch oder die sofortige Verwertung des Vermögens, welches den Lebensunterhalt sichern soll, nicht möglich ist oder eine besondere Härte bedeuten würde.

Der Verbrauch oder die Verwertung ist nicht auf die Veräußerung des Vermögensgegenstandes beschränkt. So kann der Anspruch auf darlehensweise Leistungsgewährung auch versagt werden, wenn vorhandenes Grundeigentum bei einer Bank beliehen werden kann.[589]

Mit dem Merkmal der besonderen Härte besteht die Möglichkeit, jenseits der nur wirtschaftlichen Kriterien weitere Umstände zu berücksichtigen, die die Verwertung des Vermögensgegenstandes unzumutbar erscheinen lassen.[590]

Die Leistungen können davon abhängig gemacht werden, dass der Anspruch auf Rückzahlung dinglich oder auf andere Weise gesichert wird.

17 Das SGB II enthält keine Regelung, die Abs. 5 dahingehend einschränkt, dass ein Darlehen nur für einen eng begrenzten Zeitraum bewilligt werden kann.[591] Nach den Fachlichen Hinweisen der Bundesagentur für Arbeit wird die Laufzeit des Darlehens zunächst in der Regel auf einen Bewilligungsabschnitt begrenzt.[592] Die Entscheidung über die Verwertbarkeit des Vermögens ist jeweils zu Beginn eines neuen Bewilligungsabschnitts ohne Bindung an die vorangegangene Einschätzung zu überprüfen.[593]

§ 25 Leistungen bei medizinischer Rehabilitation der Rentenversicherung und bei Anspruch auf Verletztengeld aus der Unfallversicherung

Haben Leistungsberechtigte dem Grunde nach Anspruch auf Übergangsgeld bei medizinischen Leistungen der gesetzlichen Rentenversicherung, erbringen die Träger der Leistungen nach diesem Buch die bisherigen Leistungen als Vorschuss auf die Leistungen der Rentenversicherung weiter; dies gilt entsprechend bei einem Anspruch auf Verletztengeld aus der gesetzlichen Unfallversicherung. Werden Vorschüsse länger als einen Monat geleistet, erhalten die Träger der Leistungen nach diesem Buch von den zur Leistung verpflichteten Trägern monatliche Abschlagszahlungen in Höhe der Vorschüsse des jeweils abgelaufenen Monats. § 102 des Zehnten Buches gilt entsprechend.

Regelungsinhalt

Leistungen zur Sicherung des Lebensunterhalts werden nur als Vorschuss erbracht, wenn der Betroffene einen Anspruch auf Übergangsgeld gegenüber der gesetzlichen Rentenversicherung nach §§ 20, 21 SGB VI hat. Für den Lebensunterhalt kommt das SGB II auf,

589 SG Lüneburg – 05.03.2007 – S 24 AS 14/07 ER.
590 Landessozialgericht Nordrhein-Westfalen – 01.06.2010 – L 6 AS 15/09.
591 Landessozialgericht Nordrhein-Westfalen – 04.03.2011 – L 7 AS 25/11 B ER.
592 FH BA § 24 Rn. 36.
593 FH BA § 12 Rn. 9.

obwohl an sich einen anderen Träger die Zuständigkeit trifft. Der zu zahlende Vorschuss bezieht sich mithin auf die eigentlich durch den Rentenversicherungsträger zu erbringenden Leistungen. Der Anspruch des vorläufig leistenden Leistungsträgers richtet sich nach § 102 SGB X in entsprechender Anwendung, wonach einem Leistungsträger, der aufgrund gesetzlicher Vorschriften vorläufig Sozialleistungen erbracht hat, der zur Leistung verpflichtete Leistungsträger erstattungspflichtig ist. Von dem Erstattungsanspruch sind ausschließlich die Leistungen an einen Arbeitslosengeld II-Bezieher mit Anspruch auf Übergangsgeld gegenüber der gesetzlichen Rentenversicherung umfasst, nicht dagegen die Ausgaben für weitere Mitglieder einer Bedarfsgemeinschaft.[594] Die übrigen Mitglieder der Bedarfsgemeinschaft erhalten ihre Leistungen nach dem SGB II weiterhin als Zuschuss, da der SGB II-Träger insoweit nicht für die gesetzliche Rentenversicherung in Vorleistung tritt, kann ihm auch kein entsprechender Ersatzanspruch zustehen.[595]

§ 26 Zuschuss zu Versicherungsbeiträgen

(1) Für Bezieherinnen und Bezieher von Arbeitslosengeld II oder Sozialgeld, die in der gesetzlichen Krankenversicherung weder versicherungspflichtig noch familienversichert sind und die für den Fall der Krankheit

1. **bei einem privaten Krankenversicherungsunternehmen versichert sind, gilt § 12 Absatz 1 c Satz 5 und 6 des Versicherungsaufsichtsgesetzes,**
2. **freiwillig in der gesetzlichen Krankenversicherung versichert sind, wird für die Dauer des Leistungsbezugs der Beitrag übernommen; für Personen, die allein durch den Beitrag zur freiwilligen Versicherung hilfebedürftig würden, wird der Beitrag im notwendigen Umfang übernommen.**

Der Beitrag wird ferner für Personen im notwendigen Umfang übernommen, die in der gesetzlichen Krankenversicherung versicherungspflichtig sind und die allein durch den Krankenversicherungsbeitrag hilfebedürftig würden.

(2) Für Bezieherinnen und Bezieher von Arbeitslosengeld II oder Sozialgeld, die in der sozialen Pflegeversicherung weder versicherungspflichtig noch familienversichert sind, werden für die Dauer des Leistungsbezugs die Aufwendungen für eine angemessene private Pflegeversicherung im notwendigen Umfang übernommen. Satz 1 gilt entsprechend, soweit Personen allein durch diese Aufwendungen hilfebedürftig würden. Für Personen, die in der sozialen Pflegeversicherung versicherungspflichtig sind und die allein durch den Pflegeversicherungsbeitrag hilfebedürftig würden, wird der Beitrag im notwendigen Umfang übernommen.

(3) Die Bundesagentur zahlt den Zusatzbeitrag zur gesetzlichen Krankenversicherung nach § 242 des Fünften Buches für Personen, die allein durch diese Aufwendungen hilfebedürftig würden, in der erforderlichen Höhe.

(4) Der Zuschuss nach Absatz 1 Satz 1 Nummer 1 sowie nach Absatz 2 Satz 1 und 2 ist an das Versicherungsunternehmen zu zahlen, bei dem die leistungsberechtigte Person versichert ist.

594 SG Fulda – 28. 10. 2009 – S 3 R 227/08.
595 SG Fulda – 28. 10. 2009 – S 3 R 227/08.

Inhaltsübersicht Rn.

1. In der gesetzlichen Krankenversicherung Nichtversicherungspflichtige (Abs. 1)

1 Leistungsberechtigte, die Arbeitslosengeld II oder Sozialgeld beziehen, können einen Zuschuss zu Versicherungsbeiträgen für die Absicherung im Fall der Krankheit erhalten. Dies betrifft jedoch nur die Personen, die nicht bereits durch die gesetzliche Krankenversicherung in der Form abgesichert sind, dass sie versicherungspflichtig oder familienversichert sind.

Besteht eine private Krankenversicherung oder eine freiwillige Versicherung in der gesetzlichen Krankenkasse, wird für die Dauer des Leistungsbezuges der Beitrag in angemessener Höhe übernommen.

1.1 Bei einem privaten Krankenversicherungsunternehmen Versicherte (Abs. 1 Satz 1 Nr. 1)

2 Für privat Krankenversicherte richtet sich die Höhe des angemessenen Beitrages nach dem sogenannten Basistarif. Dieser bietet auf dem Gebiet der privaten Krankenversicherungen ein nach Art, Umfang und Höhe mit den Leistungen der gesetzlichen Krankenversicherung vergleichbaren Versicherungsschutz. Nach § 12 Abs. 1 c VAG darf der Beitrag den Höchstbeitrag der gesetzlichen Krankenversicherung nicht übersteigen. Eine Versicherung im Basistarif ist eine angemessene Versicherung im Sinne des SGB II.

Nach § 12 Abs. 1 c S. 4 VAG halbiert sich der Beitrag zum Basistarif, wenn ansonsten eine Hilfebedürftigkeit im Sinne des SGB II entsteht. Führt auch dieser verminderte Beitrag weiterhin zu einer Hilfebedürftigkeit, beteiligt sich nach § 12 Abs. 1 c S. 5 VAG der zuständige Träger. Steht die Hilfebedürftigkeit nicht in Abhängigkeit zum Versicherungsbeitrag, gilt nach § 12 Abs. 1 c S. 5 der Satz 4 VAG entsprechend, der zuständige Träger zahlt den Beitrag, der auch für einen Bezieher von ALG II in der gesetzlichen Krankenkasse zu tragen ist. Dieser ist in der Regel niedriger als der an die Versicherung zu zahlende Beitrag. Der Betroffene kann sich jedoch nicht darauf berufen, nur in Höhe der Beiträge zur gesetzlichen Krankenversicherung verpflichtet zu sein, da nach § 12 Abs. 1 c S. 6 in Verbindung mit Satz 4 VAG nur eine Begrenzung auf die Hälfte des Basistarifes in Betracht kommt. Auf diese Weise bleiben Beiträge zur privaten Krankenversicherung ungedeckt. Diese planwidrige Regelungslücke ist durch eine analoge Anwendung der Regelung des § 26 Abs. 1 Satz 1 Nr. 2 Halbs. 1 zu lösen, wonach für Bezieher von Arbeitslosengeld II für die Dauer des Leistungsbezuges der Beitrag zur freiwilligen Krankenversicherung ohne höhenmäßige Begrenzung übernommen wird.[596] Es ist daher der halbierte Basistarif nach § 12 Abs. 1 c S. 3 VAG in vollem Umfang zu übernehmen, höhere Beiträge jedoch nicht. In diesen Fällen kommt auch keine Absetzung vom Einkommen nach § 11 b Abs. 1 Satz 1 Nr. 3 a in Betracht, da eine Versicherung außerhalb des Basistarifes keine angemessene Krankenversicherung in diesem Sinne ist.[597]

1.2 In der gesetzlichen Krankenversicherung freiwillig Versicherte (Abs. 1 Satz 1 Nr. 2)

Nach § 9 Abs. 1 SGB V kommt eine freiwillige Versicherung in der gesetzlichen Kranken- 3
versicherung für Personen in Betracht, die als Mitglieder aus der Versicherungspflicht ausgeschieden sind und in den letzten fünf Jahren vor dem Ausscheiden mindestens vierundzwanzig Monate oder unmittelbar vor dem Ausscheiden ununterbrochen mindestens zwölf Monate versichert waren, deren Familienversicherung nach § 10 SGB V erloschen ist, die erstmals eine Beschäftigung im Inland aufnehmen und nach § 6 Abs. 1 Nr. 1 SGB V versicherungsfrei sind, schwerbehinderte Menschen im Sinne des Neunten Buches, wenn sie, ein Elternteil, ihr Ehegatte oder ihr Lebenspartner in den letzten fünf Jahren vor dem Beitritt mindestens drei Jahre versichert waren, Arbeitnehmer, deren Mitgliedschaft durch Beschäftigung im Ausland oder bei einer zwischenstaatlichen oder überstaatlichen Organisation endete, Spätaussiedler und Personen, die in der Vergangenheit laufende Leistungen zum Lebensunterhalt nach dem Bundessozialhilfegesetz bezogen haben.

Praktische Anwendung findet die Vorschrift nur auf die Bezieher von Sozialgeld, da Arbeitslosengeld II-Empfänger mit dem Bezug der Leistungen der Versicherungspflicht in der gesetzlichen Krankenversicherung unterliegen. Für die Dauer des Leistungsbezuges wird der Beitrag vollständig übernommen. Eine Begrenzung der Höhe nach, wie bei der privaten Krankenversicherung, erfolgt hier nicht.

Für Personen, die allein durch den Beitrag zur freiwilligen Versicherung hilfebedürftig würden, wird der Beitrag im notwendigen Umfang übernommen. Notwendig ist der Umfang in Höhe des nicht gedeckten Bedarfes, soweit sich dieser aus den zu entrichtenden Beiträgen ergibt.

Der Beitrag wird ferner für Personen im notwendigen Umfang übernommen, die in der gesetzlichen Krankenversicherung versicherungspflichtig sind und die allein durch den Krankenversicherungsbeitrag hilfebedürftig würden.

2. In der sozialen Pflegeversicherung weder Versicherungspflichtige noch Familienversicherte (Abs. 2)

Die Übernahme der Aufwendungen für eine angemessene private Pflegeversicherung setzt 4
zunächst voraus, dass der Bezieher von staatlichen Fürsorgeleistungen nach dem SGB II in

596 BSG – 18.01.2011 – B 4 AS 108/10 R.
597 FH BA § 26 Rn. 28.

der sozialen Pflegeversicherung weder versicherungspflichtig noch familienversichert ist. Ist dies der Fall, können Beiträge zu der privaten Pflegeversicherung in einem angemessenen Umfang übernommen werden. Von einer Angemessenheit ist auszugehen, wenn die Leistungen der privaten Pflegeversicherung der sozialen nach dem SGB XI entspricht und insbesondere eine Absicherung für den Fall der häuslichen Pflege, teil- und vollstationäre Pflege und Kurzzeitpflege bietet.

Reicht das vorhandene Einkommen oder Vermögen aus, um die Hilfebedürftigkeit zu beseitigen, blieben jedoch die Beiträge zur Pflegeversicherung ungedeckt, wird der Beitrag in dem Umfang übernommen, der notwendig ist, um die Hilfebedürftigkeit zu beseitigen.

3. Zusatzbeitrag zur gesetzlichen Krankenversicherung (Abs. 3)

5 Ergibt sich eine Hilfebedürftigkeit allein durch die Aufwendungen für den Zusatzbeitrag zur gesetzlichen Krankenversicherung nach § 242 SGB V, wird dieser durch die Bundesagentur in der erforderlichen Höhe gezahlt, um die Hilfebedürftigkeit zu verhindern.

§ 27 Leistungen für Auszubildende

(1) Auszubildende im Sinne des § 7 Absatz 5 erhalten Leistungen zur Sicherung des Lebensunterhalts nach Maßgabe der folgenden Absätze. Die Leistungen für Auszubildende gelten nicht als Arbeitslosengeld II.

(2) Leistungen werden in Höhe der Mehrbedarfe nach § 21 Absatz 2, 3, 5 und 6 und in Höhe der Leistungen nach § 24 Absatz 3 Nummer 2 erbracht, soweit die Mehrbedarfe nicht durch zu berücksichtigendes Einkommen oder Vermögen gedeckt sind.

(3) Erhalten Auszubildende Berufsausbildungsbeihilfe oder Ausbildungsgeld nach dem Dritten Buch oder Leistungen nach dem Bundesausbildungsförderungsgesetz oder erhalten sie diese nur wegen der Vorschriften zur Berücksichtigung von Einkommen und Vermögen nicht und bemisst sich deren Bedarf nach § 61 Absatz 1, § 62 Absatz 2, § 116 Absatz 3, § 123 Absatz 1 Nummer 1 und 4, § 124 Absatz 1 Nummer 2 des Dritten Buches oder nach § 12 Absatz 1 Nummer 2 und Absatz 2, § 13 Absatz 1 in Verbindung mit Absatz 2 Nummer 1 des Bundesausbildungsförderungsgesetzes, erhalten sie einen Zuschuss zu ihren angemessenen Aufwendungen für Unterkunft und Heizung (§ 22 Absatz 1 Satz 1), soweit der Bedarf in entsprechender Anwendung des § 19 Absatz 3 ungedeckt ist. Satz 1 gilt nicht, wenn die Berücksichtigung des Bedarfs für Unterkunft und Heizung nach § 22 Absatz 5 ausgeschlossen ist.

(4) Leistungen können als Darlehen für Regelbedarfe, Bedarfe für Unterkunft und Heizung und notwendige Beiträge zur Kranken- und Pflegeversicherung erbracht werden, sofern der Leistungsausschluss nach § 7 Absatz 5 eine besondere Härte bedeutet. Für den Monat der Aufnahme einer Ausbildung können Leistungen entsprechend § 24 Absatz 4 erbracht werden. Leistungen nach den Sätzen 1 und 2 sind gegenüber den Leistungen nach den Absätzen 2 und 3 nachrangig.

(5) Unter den Voraussetzungen des § 22 Absatz 8 können Auszubildenden auch Leistungen für die Übernahme von Schulden erbracht werden.

Inhaltsübersicht

1. Leistungen für Personen nach § 7 Abs. 5

Auszubildende, deren Ausbildung im Rahmen des BAföG oder der §§ 57 ff. SGB III dem Grunde nach förderungsfähig ist, haben über die Leistungen nach § 27 hinaus grundsätzlich keinen Anspruch auf Leistungen zur Sicherung des Lebensunterhalts. Die Ausnahmen regelt § 7 Abs. 6, der in drei Konstellationen eine Rückausnahme von dem Leistungsausschluss vorsieht. 1

Auch wenn mit den zusätzlichen Leistungen nach § 27 Bedarfe abgedeckt werden sollen, welche inhaltlich auch das ALG II abdeckt, wie einige Mehrbedarfe nach § 21 oder Aufwendungen für die Unterkunft nach § 22, gelten die zu gewährenden Leistungen nicht als ALG II. Damit wird sichergestellt, dass durch diese zusätzlichen Leistungen trotz des eigentlichen Ausschlusses keine Sozialversicherungspflicht eintritt.[598]

Es wird davon ausgegangen, dass Auszubildende einen Anspruch auf vorrangige Ausbildungsförderung haben.[599] Da die förderungsfähige Ausbildung den Betroffenen derart in Anspruch nimmt, dass er keiner Erwerbstätigkeit zur Sicherung der materiellen Existenz nachgehen kann, wird diese durch die Förderungsleistungen nach dem BAföG beziehungsweise dem SGB III gesichert, so dass darüber hinausgehende Bedarfe ohnehin nicht entstehen sollten. In bestimmten Fällen ist es jedoch zur Sicherung des Lebensunterhalts und der Ausbildung erforderlich, an Auszubildende ergänzende Leistungen der Grundsicherung für Arbeitsuchende zu erbringen, insbesondere dann, wenn die bestehenden Bedarfe zur Sicherung der Existenz nicht hinreichend durch die Ausbildungsförderung abgedeckt sind.[600] 2

Dabei sollen Auszubildende nicht besser oder schlechter als Personen gestellt werden, die grundsätzlich einen Anspruch auf ALG II haben, weshalb Leistungen an Auszubildende wie beim ALG II nur erbracht werden, soweit die Auszubildenden die Bedarfe nicht durch zu berücksichtigendes Einkommen oder Vermögen selbst decken.[601]

2. Mehrbedarfe und einmalige Leistungen (Abs. 2)

Die Leistungen zur Sicherung des Lebensunterhalts sollen von den Leistungen der Ausbildungsförderung freigehalten werden, soweit sich der Hilfebedarf im Hinblick auf den Lebensunterhalt aus der Ausübung einer Ausbildung ergibt, so dass nur die Leistungen 3

598 BT-Drs. 17/3404, S. 103.
599 BT-Drs. 17/3404, S. 103.
600 BT-Drs. 17/3404, S. 103.
601 BT-Drs. 17/3404, S. 103.

ausgeschlossen sind, die einen ausbildungsbedingten Bedarf abdecken.[602] Ein Mehrbedarf, der unabhängig von der Ausbildung aufgrund einer besonderen Lebenssituation entsteht, ist dagegen durch den SGB II-Leistungsträger zu erbringen.[603] Mit dem Gesetz zur Ermittlung von Regelbedarfen und zur Änderung des Zweiten und Zwölften Buches Sozialgesetzbuch vom 24.03.2011[604] wurde in Absatz 2 erstmalig der Anspruch von Auszubildenden auf Mehrbedarfe nach § 21 und für Leistungen nach § 24 Abs. 3 Satz 1 Nr. 2 geregelt.[605]

4 Es können die Mehrbedarfe nach § 21 Abs. 2, 3, 5 und 6 von denen nach § 7 Abs. 5 von den Leistungen ausgeschlossenen Personen beansprucht werden. Dies betrifft somit den Mehrbedarf für werdende Mütter, für Alleinerziehende, für die Notwendigkeit einer kostenaufwendigen Ernährung und für unabweisbaren, laufenden, nicht nur einmaligen besonderen Bedarf. Diese Bedarfe sind nicht ausbildungsgeprägt und mithin nicht durch die Förderung nach BAföG oder SGB III abgedeckt.

Ein Anspruch besteht nicht auf den Mehrbedarf nach § 21 Abs. 4 für behinderte Leistungsberechtigte, da dieser nur erbracht wird, wenn gleichzeitig ein Anspruch auf Teilhabeleistungen nach § 33 SGB IX, also Leistungen zur Teilhabe am Arbeitsmarkt, besteht und der Mehrbedarf somit im Gegensatz zu den anderen Mehrbedarfen durchaus ausbildungsgeprägt ist.[606] Soweit behinderte erwerbsfähige Auszubildende ausbildungsgeprägte Mehrbedarfe haben, werden diese durch andere, besondere Teilhabeleistungen gedeckt.[607]

5 Darüber hinaus können nach § 7 Abs. 5 von den Leistungen zur Sicherung des Lebensunterhalts ausgeschlossene Auszubildende nach § 24 Abs. 3 Satz 1 Nr. 2 auch eine Erstausstattung für Bekleidung und eine Erstausstattung bei Schwangerschaft und Geburt beanspruchen. Andere einmalige gesonderte Leistungen, wie etwa die Erstausstattung für die Wohnung einschließlich der Haushaltsgeräte nach § 24 Abs. 3 Satz 1 Nr. 1 werden dagegen vollumfänglich vom Leistungsausschluss erfasst, da derartige Bedarfe von der Ausbildungsförderung berücksichtigt werden. Nicht ausbildungsbezogen sind Umstände, die von der Ausbildungssituation unabhängig sind und herkömmlicherweise mit der Ausbildung nichts zu tun haben, in der Person des Leistungsberechtigten liegende Umstände wie Behinderungen, Krankheiten, Schwangerschaft, Kindererziehung und Kinderpflege, so dass daraus entstehende Bedarfe neben der Ausbildungsförderung erbracht werden.[608]

3. Zuschüsse zu den Aufwendungen für Unterkunft und Heizung (Abs. 3)

6 Die Vorschrift des Abs. 3 entspricht der früheren Regelung des § 22 Abs. 7, welcher ebenfalls einen Zuschuss zu den Aufwendungen von Unterkunft und Heizung für Auszubildende vorsah, die eine Berufsausbildungsbeihilfe oder Ausbildungsgeld nach dem

602 BSG – 06.09.2007 – B 14/7b AS 36/06 R.
603 BSG – 06.09.2007 – B 14/7b AS 36/06 R.
604 BGBl. I S. 453.
605 BT-Drs. 17/3404, S. 103.
606 BT-Drs. 17/3404, S. 103.
607 BT-Drs. 17/3404, S. 103.
608 Landessozialgericht Baden-Württemberg – 18.12.2009 – L 12 AS 1702/09.

SGB III oder nach dem BAföG erhalten. Diese Leistungen zur Existenzsicherung während der Ausbildung werden regelmäßig pauschaliert gewährt, was im Einzelfall zu einer Unterdeckung der vorhandenen Bedarfe und damit zu der Gefährdung der Existenzsicherung mit der möglichen Folge eines Ausbildungsabbruches führen kann.[609] Mit dem Gesetz zur Ermittlung von Regelbedarfen und zur Änderung des Zweiten und Zwölften Buches Sozialgesetzbuch vom 24. 03. 2011[610] erfolgte eine Ergänzung des Wortlauts dahingehend, dass nunmehr auch Auszubildende, die zwar grundsätzlich einen Anspruch auf Ausbildungsförderung haben, jedoch wegen in der Ausbildungsförderung berücksichtigten Einkommens oder Vermögens der Höhe nach keinen Anspruch haben, ebenfalls einen Zuschuss erhalten können.[611] Der Personenkreis war bislang auf Grund der Voraussetzung, dass Leistungen der Ausbildungsförderung bezogen werden müssen, nicht berücksichtigt.[612] Mit dieser Voraussetzung sollen die Träger der Grundsicherung für Arbeitsuchende aber nur von der Prüfung entlastet werden, ob es sich noch um eine nach den Regelungen der Ausbildungsförderung förderungsfähige Ausbildung handelt.[613]

Einen Zuschuss zu den Kosten der Unterkunft, welche grundsätzlich durch die Förderungsleistungen nach dem SGB III oder BAföG gedeckt sind, können nur diejenigen beanspruchen, deren Bedarf sich nach§ 61 Abs. 1, § 62 Abs. 2, § 116 Abs. 3, § 123 Abs. 1 Nr. 1 und 4, § 124 Abs. 1 Nr. 2 SGB II oder nach § 12 Abs 1 Nr. 2 und Abs. 2, § 13 Abs. 1 i. V. m. Abs. 2 Nr. 1 BAföG bemisst. **7**

Auch im Rahmen des Zuschusses zu den Wohnraumkosten muss es sich um eine Unterkunft im Sinne von § 22 handeln. Das heißt, es muss sich um zu eigenen Wohnzwecken genutzte Räumlichkeiten handeln, welche sich hinsichtlich ihrer Aufwendungen und Größe innerhalb der Angemessenheitsgrenzen befinden. **8**

Zieht ein Leistungsberechtigter, der das 25. Lebensjahr noch nicht vollendet hat, aus dem elterlichen Haushalt aus, ohne dass der kommunale Träger die Übernahme der künftigen Aufwendungen für das Wohnen zugesichert hat, ist die Übernahme der Bedarfe für Unterkunft und Heizung nach § 22 Abs. 5 ausgeschlossen, wobei der kommunale Träger in bestimmten Fällen zu einer solchen Zusicherung verpflichtet ist. Unter den gleichen Voraussetzungen entfällt auch der Zuschuss zur Deckung des Bedarfs für Unterkunft und Heizung nach Abs. 3.

4. Darlehensweise Leistungsgewährung (Abs. 4)

Kann eine Bedarfsdeckung nach § 27 Abs. 2 oder Abs. 3 durch die Inanspruchnahme der Leistung für Mehrbedarfe nach § 21 Abs. 2, 3, 5 und 6 oder der Gewährung einer Erstausstattung für Kleidung oder bei Schwangerschaft und Geburt nach § 24 Abs. 3 Satz 1 Nr. 2, sowie den Zuschuss zu den Aufwendungen der Unterkunft nicht gesichert werden, **9**

609 BT-Drs. 16/1410, S. 24.
610 BGBl. I S. 453.
611 BT-Drs. 17/3404, S. 103.
612 BT-Drs. 17/3404, S. 103.
613 BT-Drs. 17/3404, S. 103.

kommt eine darlehensweise Gewährung von Leistungen für Regelbedarfe, Bedarfe für Unterkunft und Heizung und die notwendigen Beiträge zur Kranken- und Pflegeversicherung in Betracht. Vorausgesetzt, der Leistungsausschluss nach § 7 Abs. 5 würde im Einzelfall eine besondere Härte bedeuten. Ein besonderer Härtefall liegt stets nur dann vor, wenn die Folgen des Anspruchsausschlusses über das Maß hinausgehen, das regelmäßig mit der Versagung von Hilfe zum Lebensunterhalt für eine Ausbildung verbunden ist und auch mit Rücksicht auf den Gesetzeszweck, die Grundsicherung für Arbeitssuchende von den finanziellen Lasten einer Ausbildungsförderung freizuhalten, als übermäßig hart erscheinen.[614]

Dies kommt in Betracht, wenn wegen einer Ausbildungssituation Bedarf an Hilfe zur Sicherung des Lebensunterhalts entstanden ist, der nicht durch BAföG oder Ausbildungsbeihilfe gedeckt werden kann und wenn deswegen begründeter Anlass für die Annahme besteht, die vor dem Abschluss stehende Ausbildung werde nicht beendet und damit drohe das Risiko zukünftiger Erwerbslosigkeit, verbunden mit weiter bestehender Hilfebedürftigkeit.[615]

10 Steht der Betroffene kurz vor der Aufnahme einer Ausbildung und damit kurz vor der Anspruchsberechtigung auf Förderungsleistungen, können die Leistungen zur Sicherung des Lebensunterhalts entsprechend § 24 Abs. 4 als Darlehen erbracht werden, soweit in dem Monat, für den die Leistungen erbracht werden, voraussichtlich die Einnahmen anfallen.

5. Schuldenübernahme im Zusammenhang mit Unterkunft und Heizung (Abs. 5)

11 In Abs. 5 ist eine Schuldenübernahme im Zusammenhang mit den Aufwendungen für Unterkunft und Heizung nach § 22 Abs. 8 vorgesehen, welche an sich jedoch die Gewährung von ALG II voraussetzt. Genau daran fehlt es jedoch gerade bei Auszubildenden, welche nach § 7 Abs. 5 von den Leistungen der Grundsicherung für Arbeitssuchende ausgeschlossen sind. Da jedoch auch sie zumindest einen Zuschuss zu den Aufwendungen im Zusammenhang mit der Unterkunft beanspruchen können, zieht dies auch die Schuldenübernahme im Zusammenhang mit der Unterkunft nach sich. Voraussetzung ist mithin die Gewährung des Zuschusses nach Abs. 3. Liegt diese Voraussetzung vor, können auch Schulden übernommen werden, soweit dies zur Sicherung der Unterkunft oder zur Behebung einer vergleichbaren Notlage gerechtfertigt ist. Sie sollen zudem übernommen werden, wenn dies gerechtfertigt und notwendig ist und sonst Wohnungslosigkeit einzutreten droht. Geldleistungen sollen dabei als Darlehen erbracht werden. Insoweit kann auf die Kommentierung zu § 22 Abs. 8 verwiesen werden.

---

614 BVerwG – 14.10.1993 – 5 C 16/91.

615 Landessozialgericht Sachsen – 28.06.2010 – L 7 AS 337/10 B ER.

Unterabschnitt 4
Leistungen für Bildung und Teilhabe

§ 28 Bedarfe für Bildung und Teilhabe

(1) Bedarfe für Bildung und Teilhabe am sozialen und kulturellen Leben in der Gemeinschaft werden bei Kindern, Jugendlichen und jungen Erwachsenen neben dem Regelbedarf nach Maßgabe der Absätze 2 bis 7 gesondert berücksichtigt. Bedarfe für Bildung werden nur bei Personen berücksichtigt, die das 25. Lebensjahr noch nicht vollendet haben, eine allgemein- oder berufsbildende Schule besuchen und keine Ausbildungsvergütung erhalten (Schülerinnen und Schüler).

(2) Bei Schülerinnen und Schülern werden die tatsächlichen Aufwendungen anerkannt für
1. Schulausflüge und
2. mehrtägige Klassenfahrten im Rahmen der schulrechtlichen Bestimmungen.

Für Kinder, die eine Kindertageseinrichtung besuchen, gilt Satz 1 entsprechend.

(3) Für die Ausstattung mit persönlichem Schulbedarf werden bei Schülerinnen und Schülern 70 Euro zum 1. August und 30 Euro zum 1. Februar eines jeden Jahres berücksichtigt.

(4) Bei Schülerinnen und Schülern, die für den Besuch der nächstgelegenen Schule des gewählten Bildungsgangs auf Schülerbeförderung angewiesen sind, werden die dafür erforderlichen tatsächlichen Aufwendungen berücksichtigt, soweit sie nicht von Dritten übernommen werden und es der leistungsberechtigten Person nicht zugemutet werden kann, die Aufwendungen aus dem Regelbedarf zu bestreiten.

(5) Bei Schülerinnen und Schülern wird eine schulische Angebote ergänzende angemessene Lernförderung berücksichtigt, soweit diese geeignet und zusätzlich erforderlich ist, um die nach den schulrechtlichen Bestimmungen festgelegten wesentlichen Lernziele zu erreichen.

(6) Bei Teilnahme an einer gemeinschaftlichen Mittagsverpflegung werden die entstehenden Mehraufwendungen berücksichtigt für
1. Schülerinnen und Schüler und
2. Kinder, die eine Tageseinrichtung besuchen oder für die Kindertagespflege geleistet wird.

Für Schülerinnen und Schüler gilt dies unter der Voraussetzung, dass die Mittagsverpflegung in schulischer Verantwortung angeboten wird. In den Fällen des Satzes 2 ist für die Ermittlung des monatlichen Bedarfs die Anzahl der Schultage in dem Land zugrunde zu legen, in dem der Schulbesuch stattfindet.

(7) Bei Leistungsberechtigten bis zur Vollendung des 18. Lebensjahres wird ein Bedarf zur Teilhabe am sozialen und kulturellen Leben in der Gemeinschaft in Höhe von insgesamt 10 Euro monatlich berücksichtigt für
1. Mitgliedsbeiträge in den Bereichen Sport, Spiel, Kultur und Geselligkeit,
2. Unterricht in künstlerischen Fächern (zum Beispiel Musikunterricht) und vergleichbare angeleitete Aktivitäten der kulturellen Bildung und
3. die Teilnahme an Freizeiten.

Inhaltsübersicht Rn.

1. Der Personenkreis (Abs. 1)

1 § 28 regelt, für welche Bedarfe Leistungen für Bildung und Teilhabe erbracht werden, damit gesellschaftliche Teilhabe und Bildungsteilhabe sichergestellt wird.[616] Die Bedarfe werden als eigenständige Bedarfe neben dem Regelbedarf anerkannt, um durch zielgerichtete Leistungen eine stärkere Integration bedürftiger Kinder und Jugendlicher in die Gemeinschaft zu erreichen.[617] Bildung und Teilhabe am sozialen und kulturellen Leben sind erforderlich, um die materielle Basis für Chancengerechtigkeit herzustellen.[618] Anspruchsgrundlage für die Leistungen für Bildung und Teilhabe, die vorbehaltlich des § 19 Abs. 3 Satz 3 in Höhe der jeweiligen Bedarfe selbständig gewährt werden, ist § 19.[619]

2 Die Bedarfe für Bildung und Teilhabe werden gesondert neben dem Regelbedarf erbracht und können sowohl von Arbeitslosengeld II Berechtigten als auch von Sozialgeldempfängern beansprucht werden. In Abs. 1 wird der Personenkreis bestimmt, welcher die in Abs. 2 bis 7 im Einzelnen genannten Leistungen beanspruchen kann. Berechtigte der Leistungen zur Teilhabe am sozialen kulturellen Leben in der Gemeinschaft sind Schüler. Der Begriff der Schüler unterscheidet sich von dem schulrechtlichen Begriff.[620] Im Rechtskreis der Grundsicherung für Arbeitsuchende sind dies Kinder, Jugendliche oder junge Erwachsene, die das 25. Lebensjahr noch nicht vollendet haben und eine Schule mit dem Ziel eines allgemeinbildenden oder berufsbildenden Abschlusses besuchen.

2. Eintägige Schulausflüge und mehrtägige Klassenfahrten (Abs. 2)

3 Im Rahmen der Leistungen für Bildung und Teilhabe werden bei Schülern die tatsächlichen Aufwendungen für eintägige Schulausflüge und für mehrtägige Klassenfahrten übernommen. Die Vorschrift soll die gleichberechtigte Teilnahme aller Schüler an diesen Veranstaltungen ohne Rücksicht auf die wirtschaftliche Situation ihrer Eltern sicherstellen.[621] Weil das Fernbleiben von schulischen Gemeinschaftsveranstaltungen Kinder und Jugend-

616 BT-Drs. 17/3404, S. 104.
617 BT-Drs. 17/3404, S. 104.
618 BT-Drs. 17/3404, S. 104.
619 BT-Drs. 17/3404, S. 104.
620 BT-Drs. 17/3404, S. 104.
621 BT-Drs. 17/3404, S. 104.

liche in ihrer Entwicklungsphase besonders nachhaltig negativ prägen kann, dient die Vorschrift in besonderem Maße der Teilhabe am sozialen und kulturellen Leben in der Gemeinschaft.[622] Die mit der Regelung verbundenen Ziele können nur erreicht werden, wenn die Aufwendungen für Klassenfahrten und Schulausflüge in tatsächlicher Höhe berücksichtigt werden.[623] So wurde auch in der Rechtsprechung die vollständige Übernahme dieser Kosten, im Hinblick auf die Klassenfahrten, ohne eine Obergrenze angenommen.[624]

Wann ein Schulausflug oder eine mehrtägige Klassenfahrt vorliegt, richtet sich nach den schulrechtlichen Bestimmungen. So liegt nach dem sächsischen Schulrecht eine Klassenfahrt nur vor, wenn sich eine Klasse oder ein Kurs, die oder der durch einen gemeinsam unterrichteten Lehrstoff während des gesamten Schuljahres im Sinne eines fachbezogenen Unterrichtsverbundes zusammengefasst ist, gemeinsam auf Fahrt begibt.[625] 4

Von dieser Rechtsgrundlage nicht erfasst sind Kosten, die nicht zu den eigentlichen Kosten der Klassenfahrt gehören oder nicht von dieser als Sonderbedarf verursacht werden,[626] wie z. B. Proviant oder Taschengeld, da diese aus dem Regelbedarf zu bestreiten sind.[627]

3. Ausstattung mit persönlichem Schulbedarf (Abs. 3)

Für die Ausstattung mit persönlichem Schulbedarf werden bei Schülern 70 € zum 1. August und 30 € zum 1. Februar eines jeden Jahres berücksichtigt. 5

Diese Leistung dient insbesondere dem Erwerb von Gegenständen zur persönlichen Ausstattung für die Schule, wie z. B. Schulranzen, Schulrucksack, Turnzeug, Turnbeutel, Blockflöte und für Schreib-, Rechen- und Zeichenmaterialien.

Die Höhe des anerkannten persönlichen Schulbedarfs ist pauschaliert, da wegen der höchst unterschiedlichen Anforderungen, die in den Ländern, in den jeweiligen Schulformen und sogar an einzelnen Schulen an die persönliche Schulausstattung gestellt werden, im Rahmen der Massenverwaltung einen nicht zu leistenden Aufwand bedeuten würde, den jeweiligen Bedarf konkret zu ermitteln.[628]

Leistungen für Bildung und Teilhabe unter Anerkennung dieses Bedarfs werden nicht erst erbracht, wenn sich die Hilfebedürftigkeit des Schülers oder eines Elternteils aus der Gegenüberstellung von Leistungen zur Sicherung des Lebensunterhalts und zu berücksichtigendem Einkommen und Vermögen ergibt, vielmehr ist der Bedarf nach Abs. 3 selbst geeignet, die Bedürftigkeit auszulösen.[629] Dadurch wird vermieden, dass Schüler aus Haushalten im Bezug von ALG II über mehr Mittel verfügen als Schüler aus Haus-

622 BT-Drs. 17/3404, S. 104.
623 BT-Drs. 17/3404, S. 104.
624 BSG – 13.11.2008 – B 14 AS 36/07 R.
625 SG Dresden – 20.07.2011 – S 32 AS 2163/09.
626 Landessozialgericht Baden-Württemberg – 22.06.2010 – L 13 AS 678/10.
627 Landessozialgericht Nordrhein-Westfalen – 04.02.2008 – L 20 B 8/08 AS ER.
628 BT-Drs. 17/3404, S. 105.
629 BT-Drs. 17/3404, S. 105.

halten im unteren Einkommenssegment, die nicht auf ergänzende Leistungen der Grundsicherung für Arbeitsuchende angewiesen sind.[630]

4. Kosten der Schülerbeförderung (Abs. 4)

6 Zu den Leistungen für Bildung und Teilhabe gehören nach Abs. 4 auch die Kosten der Schulbeförderung. Insbesondere in Flächenkreisen und in größeren Städten können die nächstgelegenen Schulen häufig in zumutbarer Weise nur mit öffentlichen Verkehrsmitteln erreicht werden, wobei die hierdurch entstehenden Kosten durch den Regelbedarf nicht ausreichend gedeckt werden können.[631] Erstattet werden nur die Mehraufwendungen für die Fahrt mit öffentlichen Verkehrsmitteln zur nächstgelegenen Schule des gewählten Bildungsgangs der Primarstufe, Sekundarstufe I und II.[632] Es sei denn, der Schulweg ist in zumutbarer Weise zu Fuß oder mit dem Fahrrad zurücklegbar.[633]

5. Lernförderung (Abs. 5)

7 Bei Schülern wird eine schulische Angebote ergänzende angemessene Lernförderung berücksichtigt, soweit diese geeignet und zusätzlich erforderlich ist, um die nach den schulrechtlichen Bestimmungen festgelegten wesentlichen Lernziele zu erreichen.

Auch mit der Aufnahme in den Gesetzestext bleibt die außerschulische Lernförderung nach den Gesetzesmaterialien nur in Ausnahmefällen geeignet und erforderlich und damit notwendig.[634] Zudem soll sie der Regel nur kurzzeitig notwendig sein, um vorübergehende Lernschwächen zu beheben und dass unmittelbare schulische Angebot lediglich ergänzen.[635]

8 Die Geeignetheit und Erforderlichkeit der Lernförderung bezieht sich auf das wesentliche Lernziel, das sich wiederum im Einzelfall je nach Schulform und Klassenstufe aus den schulrechtlichen Bestimmungen des jeweiligen Landes ergibt und in der Regel die Versetzung in die nächste Klassenstufe beziehungsweise ein ausreichendes Leistungsniveau sein wird.[636]

9 Sollte Lernförderung erforderlich sein und stehen unmittelbare schulische Angebote nicht oder nicht ausreichend zur Verfügung, sollen vorhandene schulnahe Strukturen für die Lernförderung genutzt werden, da diese am ehesten geeignet sind, die jeweiligen Schwächen der Schüler zu beheben.[637]

Angemessen ist Lernförderung, wenn sie im Rahmen der örtlichen Angebotsstruktur auf kostengünstige Anbieterstrukturen zurückgreift.[638] Die Angemessenheit der Höhe

---

630 BT-Drs. 17/3404, S. 105.
631 BT-Drs. 17/3958, S. 18.
632 BT-Drs. 17/3958, S. 18.
633 BT-Drs. 17/3958, S. 18.
634 BT-Drs. 17/3404, S. 105.
635 BT-Drs. 17/3404, S. 105.
636 BT-Drs. 17/3404, S. 105.
637 BT-Drs. 17/3404, S. 105.
638 BT-Drs. 17/3404, S. 105.

der Vergütung richtet sich ferner nach der konkret benötigten Lernförderung und den ortsüblichen Sätzen.[639]

6. Gemeinschaftliche Mittagsverpflegung (Abs. 6)

Bei Schülern im Sinne des Abs. 1 werden nach Abs. 6 Satz 1 Nr. 1 bei der Teilnahme an einer gemeinschaftlichen Mittagsverpflegung die entstehenden Mehraufwendungen berücksichtigt. Die Teilnahme an einer Gemeinschaftsverpflegung ist ein wichtiges Element der sozialen Teilhabe in der Schule.[640] Die Möglichkeit, ebenso wie andere an Gemeinschaftsangeboten teilnehmen zu können, verhindert Ausgrenzungsprozesse und eventuelle Auswirkungen auf den schulischen Erfolg.[641] Mit der Vorschrift wird der Tatsache Rechnung getragen, dass das Schulmittagessen im Regelfall höhere Kosten verursacht, als im Regelbedarf für die Mittagsverpflegung enthalten sind.[642] Diese Kosten sollen ausgeglichen werden, damit Schüler, die auf Leistungen angewiesen sind, nicht faktisch von der schulischen Mittagsverpflegung ausgeschlossen werden, sondern Teilhabe ermöglicht wird.[643] Dabei wird berücksichtigt, dass das Schulmittagessen konzeptionell nicht allein dem Zweck der Nahrungsaufnahme dient, sondern daneben auch eine sozialintegrative Funktion besitzt.[644] **10**

Die Bedarfsbemessung der Höhe nach erfolgt anhand der durchschnittlichen Anzahl der Tage, an denen Schüler an einer Schule mit angebotener Gemeinschaftsverpflegung die Leistung in Anspruch nehmen können.[645]

Entsprechendes gilt nach Abs. 5 Satz 1 Nr. 2 für die gemeinschaftliche Mittagsverpflegung von Kindern in einer Tageseinrichtung oder in einer Tagespflege.

7. Leistungen zur Teilhabe am sozialen und kulturellen Leben (Abs. 7)

Leistungsberechtigte im Sinne des Abs. 1, die das 18. Lebensjahr noch nicht vollendet haben, wird ein weiterer Bedarf für Bildung und Teilhalbe in Höhe von monatlich 10 € zuerkannt. Dieser soll die Teilhabe am sozialen und kulturellen Leben in der Gemeinschaft sichern. Kindern und Jugendlichen wird hierdurch ein Budget zur Verfügung gestellt, mit dem sie ein ihren Wünschen und Fähigkeiten entsprechendes Angebot wahrnehmen können. Dieses neben den Regelbedarfen zu berücksichtigende Budget ist pauschaliert. **11**

Abgedeckt werden soll mit dem weiteren Bedarf nach § 28 Abs. 7 Nr. 1 der Mitgliedsbeitrag für Aktivitäten in den Bereichen Sport, Spiel, Kultur und Geselligkeit. Der im Auftrag des Bundesinstituts für Sportwissenschaft, der Deutschen Sporthochschule Köln **12**

639 BT-Drs. 17/3404, S. 105.
640 BT-Drs. 17/3404, S. 106.
641 BT-Drs. 17/3404, S. 106.
642 BT-Drs. 17/3404, S. 106.
643 BT-Drs. 17/3404, S. 106.
644 BT-Drs. 17/3404, S. 106.
645 BT-Drs. 17/3404, S. 106.

und des Deutschen Olympischen Sportbundes herausgegebene Sportentwicklungsbericht 2009/2010 geht bei der Hälfte aller Sportvereine von jährlichen Mitgliedsbeiträgen für Kinder und Jugendliche von 25 € bis 30 € im Jahr aus. Damit reicht das gewährte Budget regelmäßig noch aus, auch andere Aktivitäten zur gesellschaftlichen Teilhabe in Anspruch zu nehmen.[646]

13 Auch für den Unterricht in den künstlerischen Fächern wie z. B. Musik und für vergleichbare angeleitete Aktivitäten der kulturellen Bildung kann nach § 28 Abs. 7 Nr. 2 der monatliche Betrag von 10 € eingesetzt werden. Musikunterricht kann in Musik- und Volkshochschulen erteilt werden. Als Anbieter kommen aber auch Privatpersonen in Betracht, die über entsprechende Qualifikationen verfügen.[647] Unter die vergleichbaren Aktivitäten der kulturellen Bildung fallen insbesondere die Angebote von Volkshochschulen, Theaterworkshops und vergleichbare Gemeinschaftsveranstaltungen ebenso wie museumspädagogische Angebote und Aktivitäten zur Stärkung der Medienkompetenz.[648]

14 Zudem soll mit dem zur Verfügung gestellten Budget nach Abs. 7 Nr. 3 die Teilnahme an Freizeiten ermöglicht werden.

15 Der in Abs. 7 aufgeführte Katalog ist abschließend.[649] Nicht dazu gehören beispielsweise Kinoveranstaltungen.[650] Sie haben lediglich ein geringes Potential bei der Einbindung in soziale Gemeinschaftsstrukturen und dienen überwiegend der Unterhaltung.[651]

§ 29 Erbringung der Leistungen für Bildung und Teilhabe

(1) Leistungen zur Deckung der Bedarfe nach § 28 Absatz 2 und 5 bis 7 werden erbracht durch Sach- und Dienstleistungen, insbesondere in Form von personalisierten Gutscheinen oder Direktzahlungen an Anbieter von Leistungen zur Deckung dieser Bedarfe (Anbieter); die kommunalen Träger bestimmen, in welcher Form sie die Leistungen erbringen. Die Bedarfe nach § 28 Absatz 3 und 4 werden jeweils durch Geldleistungen gedeckt. Die kommunalen Träger können mit Anbietern pauschal abrechnen.

(2) Werden die Bedarfe durch Gutscheine gedeckt, gelten die Leistungen mit Ausgabe des jeweiligen Gutscheins als erbracht. Die kommunalen Träger gewährleisten, dass Gutscheine bei geeigneten vorhandenen Anbietern oder zur Wahrnehmung ihrer eigenen Angebote eingelöst werden können. Gutscheine können für den gesamten Bewilligungszeitraum im Voraus ausgegeben werden. Die Gültigkeit von Gutscheinen ist angemessen zu befristen. Im Fall des Verlustes soll ein Gutschein erneut in dem Umfang ausgestellt werden, in dem er noch nicht in Anspruch genommen wurde.

(3) Werden die Bedarfe durch Direktzahlungen an Anbieter gedeckt, gelten die Leistungen mit der Zahlung als erbracht. Eine Direktzahlung ist für den gesamten Bewilligungszeitraum im Voraus möglich.

---

646 BT-Drs. 17/3404, S. 106.
647 BT-Drs. 17/3404, S. 106.
648 BT-Drs. 17/3404, S. 106.
649 BT-Drs. 17/3404, S. 106.
650 BT-Drs. 17/3404, S. 106.
651 BT-Drs. 17/3404, S. 106.

(4) Im begründeten Einzelfall kann ein Nachweis über eine zweckentsprechende Verwendung der Leistung verlangt werden. Soweit der Nachweis nicht geführt wird, soll die Bewilligungsentscheidung widerrufen werden.

Inhaltsübersicht Rn.

1. Art der Leistungserbringung (Abs. 1)

Wie die Leistungen für Bildung und Teilhabe zu erbringen sind, regelt § 29. Nach Abs. 1 werden zur Deckung der Bedarfe nach § 28 Abs. 2 und 5 bis 7 durch Sach- und Dienstleistungen erbracht. Dies erfolgt insbesondere mittels personalisierter Gutscheine oder durch Direktzahlungen an den jeweiligen Anbieter der genannten Leistungen. Letztlich obliegt es dem kommunalen Träger, genaue Regelungen zur Leistungserbringung zu schaffen, so dass sich für die Leistungen für Bildung und Teilhabe regionale Unterschiede ergeben, allerdings nur hinsichtlich der Art und nicht der Höhe. 1

Die Bedarfe nach § 28 Abs. 3 und Abs. 4, also die Ausstattung mit dem persönlichen Schulbedarf und die Übernahme von Schülerbeförderungskosten, werden ausschließlich durch Geldleistungen erbracht. Insbesondere hinsichtlich der Zahlung von 100 € zur Ausstattung mit dem persönlichen Schulbedarf haben die Erfahrungen gezeigt, dass die Ausstattung der Schüler im Bezug existenzsichernder Leistungen nicht hinter der Ausstattung ihrer Altersgenossen zurückbleibt.[652]

2. Leistungserbringung durch Gutscheine (Abs. 2)

Soweit die Bedarfe durch Gutscheine gedeckt werden, hat der kommunale Träger zu gewährleisten, dass diese bei geeigneten vorhandenen Anbietern oder zur Wahrnehmung ihrer eigenen Angebote eingelöst werden. Die Erbringung der Gutscheine kann für den gesamten Bewilligungszeitraum im Voraus erfolgen. Dieser umfasst nach § 41 Abs. 1 Satz 3 regelmäßig sechs Monate und kann nach § 41 Abs. 1 Satz 4 auch zwölf Monate erfassen, wenn mit Veränderungen innerhalb des Bewilligungsabschnittes nicht zu rechnen ist. Grund für diese Gewährung im Voraus ist, dass Kinder und Jugendlich bis zur Höhe des geregelten Budgets während des Bewilligungszeitraums über den Zeitpunkt der Einlösung der Gutscheine und die Inanspruchnahme der Angebote frei entscheiden sollen.[653] Gleichzeitig sind die Gutscheine in ihrer Gültigkeit zu befristen. Die Befristung dient der Zuordnung zur gegenwärtigen Hilfebedürftigkeit und zu den Haushaltsjahren.[654] 2

652 BT-Drs. 17/3404, S. 107.
653 BT-Drs. 17/3404, S. 109.
654 BT-Drs. 17/3404, S. 109.

3 Da der Leistungserfolg mit der Ausgabe des Gutscheins als eingetreten gilt, wäre der Träger der Leistungen für Bildung und Teilhabe ohne die Regelung des § 29 Abs. 2 Satz 5 bei Verlust eines solchen Gutscheins nicht zur Neuausstellung verpflichtet.[655]

3. Direktzahlung an den Anbieter (Abs. 3)

4 Neben den Gutscheinen kann die Leistung auch durch eine direkte Zahlung an den Anbieter der Leistungen für Bildung und Teilhabe erfolgen. Ähnlich wie bei den Gutscheinen wird die zweckentsprechende Verwendung gesichert, indem die Leistung nicht als Geldbetrag zweckentfremdet verwendet werden kann, sondern ausschließlich der Bedarf an Bildung und Teilhabe abgedeckt wird. Die Leistung selbst gilt mit der Zahlung nach Abs. 4 als erbracht.

4. Nachweis über die zweckentsprechende Verwendung (Abs. 4)

5 Grundsätzlich ist davon auszugehen, dass soweit ein Bedarf nach § 28 besteht, die dafür beantragten Leistungen auch zweckentsprechend verwendet werden. Steht die zweckentsprechende Verwendung der Leistungen im Einzelfall in Frage, so kann aus begründetem Anlass heraus der Nachweis der zweckentsprechenden Verwendung durch den Leistungsträger verlangt werden.

Unterabschnitt 5
Sanktionen

§ 31 Pflichtverletzungen

(1) Erwerbsfähige Leistungsberechtigte verletzen ihre Pflichten, wenn sie trotz schriftlicher Belehrung über die Rechtsfolgen oder deren Kenntnis

1. sich weigern, in der Eingliederungsvereinbarung oder in dem diese ersetzenden Verwaltungsakt nach § 15 Absatz 1 Satz 6 festgelegte Pflichten zu erfüllen, insbesondere in ausreichendem Umfang Eigenbemühungen nachzuweisen,

2. sich weigern, eine zumutbare Arbeit, Ausbildung, Arbeitsgelegenheit nach § 16d oder eine mit einem Beschäftigungszuschuss nach § 16e geförderte Arbeit aufzunehmen, fortzuführen oder deren Anbahnung durch ihr Verhalten verhindern,

3. eine zumutbare Maßnahme zur Eingliederung in Arbeit nicht antreten, abbrechen oder Anlass für den Abbruch gegeben haben.

Dies gilt nicht, wenn erwerbsfähige Leistungsberechtigte einen wichtigen Grund für ihr Verhalten darlegen und nachweisen.

(2) Eine Pflichtverletzung von erwerbsfähigen Leistungsberechtigten ist auch anzunehmen, wenn

---

655 BT-Drs. 17/3404, S. 109.

1. sie nach Vollendung des 18. Lebensjahres ihr Einkommen oder Vermögen in der Absicht vermindert haben, die Voraussetzungen für die Gewährung oder Erhöhung des Arbeitslosengeldes II herbeizuführen,
2. sie trotz Belehrung über die Rechtsfolgen oder deren Kenntnis ihr unwirtschaftliches Verhalten fortsetzen,
3. ihr Anspruch auf Arbeitslosengeld ruht oder erloschen ist, weil die Agentur für Arbeit das Eintreten einer Sperrzeit oder das Erlöschen des Anspruchs nach den Vorschriften des Dritten Buches festgestellt hat, oder
4. sie die im Dritten Buch genannten Voraussetzungen für das Eintreten einer Sperrzeit erfüllen, die das Ruhen oder Erlöschen eines Anspruchs auf Arbeitslosengeld begründen.

Inhaltsübersicht Rn.

1. Allgemeines

Nach § 2 unterliegen die Empfänger von Leistungen der Grundsicherung für Arbeitssuchende dem Grundsatz des Förderns und Forderns. Danach ist der Leistungsberechtigte gehalten, alle ihm zur Verfügung stehenden Mittel einzusetzen, um eine Beendigung oder Verringerung seiner Hilfebedürftigkeit herbeizuführen, insbesondere durch den Erhalt oder die Aufnahme einer Erwerbstätigkeit. Dieser Grundsatz wird durch die Regelungen über die Minderung des Auszahlungsanspruches nach §§ 31 ff. konkretisiert. Aus systematischen Gründen wird das Vorliegen einer Pflichtverletzung für die aufgeführten Fallkonstellationen teilweise fingiert, da die sanktionierten Handlungen zum Teil zeitlich vor dem Eintritt in den Leistungsbezug nach dem SGB II liegen.[656] 1

656 BT-Drs. 17/3404, S. 111.

2. Pflichtverletzungen nach Abs. 1

2.1 Verweigerung der Erfüllung der Pflichten aus der Eingliederungsvereinbarung (Abs. 1 Satz 1 Nr. 1)

2 Die erste Tatbestandsgruppe betrifft das pflichtwidrige Verhalten des erwerbsfähigen Leistungsberechtigten im Zusammenhang mit der Eingliederungsvereinbarung nach § 15. Der Leistungsträger soll nach § 15 Abs. 1 Satz 2 mit jeder erwerbsfähigen leistungsberechtigten Person die für ihre Eingliederung erforderlichen Leistungen vereinbaren und insbesondere bestimmen, welche Leistungen der Leistungsträger und welche der erwerbsfähige Leistungsberechtigte zur Eingliederung in Arbeit erbringen wird. Kommt eine solche Vereinbarung nicht zustande, sollen nach § 15 Abs. 1 Satz 6 die in der Eingliederungsvereinbarung erfassten Regelungen durch Verwaltungsakt erfolgen.

Ein Verstoß gegen diese Regelungen stellt eine Pflichtverletzung dar. Dies betrifft sowohl die einvernehmlich geschlossene Eingliederungsvereinbarung als auch jene aus dem sie ersetzenden Verwaltungsakt. Dies wurde mit Gesetz zur Ermittlung von Regelbedarfen und zur Änderung des Zweiten und Zwölften Buches Sozialgesetzbuch vom 24. 03. 2011[657] klargestellt. Nicht mehr sanktionsfähig ist die Weigerung, eine solche Eingliederungsvereinbarung zu unterzeichnen.

2.2 Verweigerung, eine zumutbare Arbeit, Ausbildung oder Arbeitsgelegenheit nach § 16d oder eine mit einem Beschäftigungszuschuss nach § 16e geförderte Arbeit aufzunehmen, fortzuführen oder Verhinderung von deren Anbahnung (Abs. 1 Satz 1 Nr. 2)

3 Ferner wurde mit dem Gesetz zur Ermittlung von Regelbedarfen und zur Änderung des Zweiten und Zwölften Buches Sozialgesetzbuch vom 24. 03. 2011[658] in Abs. 1 Satz 1 Nr. 2 klargestellt, dass die Verweigerung der Aufnahme oder Fortführung einer nach § 10 Abs. 1 und Abs. 2 zumutbaren Arbeit, Ausbildung, Arbeitsgelegenheit bzw. einer mit einem Beschäftigungszuschuss nach § 16e geförderten Arbeit in jedem Fall zu einer Sanktion führt und nicht davon abhängig ist, ob dies jeweils in der Eingliederungsvereinbarung vereinbart oder zumindest in dem diese ersetzenden Verwaltungsakt geregelt wurde.[659]

4 Der Verweigerungshandlung, eine zumutbare Arbeit, Ausbildung oder Arbeitsgelegenheit nach § 16d oder eine mit einem Beschäftigungszuschuss nach § 16e geförderte Arbeit aufzunehmen, muss notwendigerweise ein entsprechendes Angebot vorausgehen, wobei dieses nicht vom Leistungsträger stammen muss, sondern sich auch um eine Beschäftigungs- oder Ausbildungsmöglichkeit handeln kann, auf die der Leistungsberechtigte selbst aufmerksam geworden ist.[660]

657 BGBl. I S. 453.
658 BGBl. I S. 453.
659 BT-Drs. 17/3404, S. 111.
660 SG Hamburg – 18. 10. 2006 – S 59 AS 1982/06 ER.

Der Weigerung der Aufnahme gleich steht die Verhinderung der Anbahnung eines Ausbildungs- oder Beschäftigungsverhältnisses durch ein vorwerfbares Verhalten des erwerbsfähigen Leistungsberechtigten. Hierunter fällt das alkoholisierte Erscheinen zum Vorstellungsgespräch, eine bewusst unzureichende Vorbereitung auf das Vorstellungsgespräch oder mangelhafte Bewerbungsunterlagen, wenn diese nach Inhalt und Form so abschreckend oder widersprüchlich sind, dass der Arbeitgeber die Bewerbung von vornherein gemeinhin als unbeachtlich oder offensichtlich unernst gemeint behandelt.[661]

2.3 Nichtantritt, Abbruch einer zumutbaren Maßnahme zur Eingliederung in Arbeit sowie Veranlassung des Abbruchs (Abs. 1 Satz 1 Nr. 3)

Eine Pflichtverletzung liegt auch dann vor, wenn der erwerbsfähige Leistungsberechtigte **5** eine nach § 10 Abs. 3 in Verbindung mit § 10 Abs. 1 und Abs. 2 zumutbare Maßnahme zur Eingliederung in Arbeit gar nicht erst antritt, nach Antritt abbricht oder zumindest den Anlass für den Abbruch gegeben hat. Verhalten, welches den Anlass zu einem Abbruch gibt, kann bewusst unangemessenes und provokantes Benehmen sein, wodurch die erfolgreiche Teilnahme gefährdet oder die Durchführung gestört wird.

In Abs. 1 Satz 1 Nr. 3 wurde mit dem Gesetz zur Ermittlung von Regelbedarfen und zur Änderung des Zweiten und Zwölften Buches Sozialgesetzbuch vom 24.03.2011[662] eine offensichtliche Regelungslücke beseitigt. Denn nach dem bisherigen Wortlaut erfolgte eine Sanktionierung nur bei Abbruch der Maßnahme oder Veranlassung des Abbruchs, nicht jedoch bei einem Nichtantritt der Maßnahme.[663]

2.4 Schriftliche Rechtsfolgenbelehrung oder Kenntnis der Rechtsfolge (Abs. 1 Satz 1)

Die Wirksamkeit einer schriftlichen Rechtsfolgenbelehrung setzt voraus, dass sie konkret, **6** richtig und vollständig ist, zeitnah im Zusammenhang erfolgt und dem erwerbsfähigen Leistungsberechtigten in verständlicher Form erläutert wird, welche unmittelbaren und konkreten Auswirkungen sich für ihn ergeben, wenn kein wichtiger Grund für das pflichtwidrige Verhalten vorliegt.[664]

Künftig kann eine Pflichtverletzung im Sinne der Vorschrift auch vorliegen, wenn der **7** Leistungsberechtigte die Rechtsfolgen seines Verhaltens kannte. Der Nachweis einer schriftlichen Rechtsfolgenbelehrung braucht in diesem Fall nicht geführt werden.[665] Davon ist regelmäßig auszugehen, wenn wegen einer gleichartigen Pflichtverletzung bereits einmal eine Sanktion eingetreten ist, wobei sich die Kenntnis von den Rechtsfolgen aufgrund konkreter Anhaltspunkte auch aus anderen Umständen ergeben kann.[666]

661 BSG – 05.09.2006 – B 7a AL 14/05 R.
662 BGBl. I S. 453.
663 BT-Drs. 17/3404, S. 111.
664 BSG – 17.12.2009 – B 4 AS 30/09 R; BSG – 16.12.2008 – B 4 AS 60/07 R; BSG – 15.12.2010 – B 14 AS 92/09 R.
665 BT-Drs. 17/3404, S. 111.
666 FH BA § 31 Rn. 15.

2.5 Wichtiger Grund (Abs. 1 Satz 2)

8 Keine Pflichtverletzung nach Abs. 1 Satz 1 Nr. 1 bis 3 liegt nur vor, wenn der erwerbsfähige Leistungsberechtigte für sein Verhalten einen wichtigen Grund darlegen und nachweisen kann. Es tritt eine Beweislastumkehr ein. Für die Pflichtverletzungen nach Abs. 1 Satz 1 Nr. 1 bis 3, welche die Fortführung oder die Aufnahme eines Beschäftigungs- oder Ausbildungsverhältnisses und dahin führende Maßnahmen betreffen, wird der wichtige Grund regelmäßig in der fehlenden Zumutbarkeit der Arbeit, der Ausbildung oder der Maßnahme im Sinne des § 10 Abs. 1 und Abs. 2 liegen. Da es sich um steuerfinanzierte staatliche Fürsorgeleistungen handelt, ist grundsätzlich jede Arbeit zumutbar, soweit sie dem Leistungsbild entspricht, die Rückkehr in die bisherige Tätigkeit nicht erschwert, die Ausübung der Erziehung eines Kindes oder der Pflege eines Angehörigen nicht entgegensteht und kein sonstiger wichtiger Grund vorliegt.

Für die Aufgabe einer Arbeit oder Ausbildung kommt ein wichtiger Grund immer dann in Betracht, wenn Umstände vorliegen, die nach verständigem Ermessen die Fortsetzung des Beschäftigungs- oder Ausbildungsverhältnisses nicht mehr zumutbar erscheinen lassen, wie es insbesondere der Fall ist, wenn Tatsachen vorliegen, die arbeitsrechtlich eine fristlose Beendigung ermöglichen würden.[667]

3. Pflichtverletzungen nach Abs. 2

3.1 Absichtliche Verminderung des Einkommens oder Vermögens (Abs. 2 Nr. 1)

9 Eine Pflichtverletzung des erwerbsfähigen Leistungsberechtigten liegt vor, wenn er bereits volljährig ist und vorhandenes Einkommen oder Vermögen mit der Absicht vermindert, die Voraussetzungen für die Hilfebedürftigkeit nach § 9 Abs. 1 zu schaffen oder diese zu erhöhen.

Das Handeln muss subjektiv absichtlich im Sinne des direkten Vorsatzes, des dolus directus ersten Grades erfolgt sein.[668] Erforderlich ist also das zielgerichtete Wollen, der Leistungsberechtigte muss die Gewährung oder Erhöhung bewusst bezwecken, wobei es nicht schadet, wenn er dabei noch andere Ziele verfolgt.[669] Dafür reicht weder ein objektiv unwirtschaftliches Verhalten angesichts bevorstehender Bedürftigkeit, noch reicht ein einfach vorsätzliches Verhalten, bei dem sich der Leistungsberechtigte zwar über den Minderungseffekt im Klaren war, diesen aber nicht zielgerichtet im Sinne einen alles andere dominierenden Ziels anstrebte.[670] Soweit die Herbeiführung oder Erhöhung des Auszahlungsanspruches nur als willkommener Nebeneffekt erscheint und nicht Motivation des Handelns war, fehlt es der Absicht und damit an der Erfüllung eines Sanktions-

667 SG Berlin – 26.08.2010 – S 185 AS 24298/10 ER.
668 SG Aurich – 06.10.2006 – S 15 AS 394/06 ER.
669 SG Aurich – 06.10.2006 – S 15 AS 394/06 ER.
670 SG Aurich – 06.10.2006 – S 15 AS 394/06 ER; Landessozialgericht Berlin-Brandenburg – 29.12.2009 – L 14 AS 1865/09 B ER.

tatbestandes nach Abs. 2 Nr. 1. Es könnte jedoch eine Pflichtverletzung nach Abs. 2 Nr. 2 wegen unwirtschaftlichen Verhaltens vorliegen.

3.2 Unwirtschaftliches Verhalten (Abs. 2 Nr. 2)

Unwirtschaftliches Verhalten im Sinne der unter Abs. 2 Nr. 2 genannten Pflichtverletzung **10**
liegt dann vor, wenn ein erwerbsfähiger Leistungsberechtigter unter Berücksichtigung der ihm durch die Allgemeinheit gewährten Hilfe bei allen oder einzelnen seiner Handlungen jede wirtschaftlich vernünftige Betrachtungsweise vermissen lässt und dadurch weitere Hilfebedürftigkeit auslöst.[671] Ein unkluges Haushalten erfüllt mithin den Tatbestand nicht, sondern erst ein auffälliges Misswirtschaften. Dies kann etwa vorliegen, wenn der zur Verfügung stehende Regelbedarf innerhalb von wenigen Tagen aufgebraucht ist und die Bedarfe für den Lebensunterhalt ungedeckt bleiben.

Erforderlich ist eine vorherige Belehrung des erwerbsfähigen Leistungsberechtigten darüber, dass dieses Verhalten in der Zukunft zu einer Minderung des ALG II führen kann, so dass dieser sein Fehlverhalten erkennen und regulieren kann. Erst bei dem Wissen um den sanktionsbegründenden Charakter des unwirtschaftlichen Verhaltens und dessen Fortsetzen kann eine Minderung des ALG II eintreten. Liegt ein unwirtschaftliches Verhalten ohne vorherige Belehrung vor, besteht die Möglichkeit nach § 24 Abs. 2, das ALG II bis zur Höhe des Regelbedarfs für den Lebensunterhalt in voller Höhe oder anteilig in Form von Sachleistungen zu erbringen.

3.3 Eintritt einer Sperrzeit mit der Folge des Ruhens oder Erlöschens des Anspruchs auf ALG I (Abs. 2 Nr. 3)

Erhält der nach den §§ 136 ff. SGB III Arbeitslosengeld I-Anspruchsberechtigte eine **11**
Sperrzeit oder ist sein Anspruch erloschen, liegt in der Erfüllung des Sperrzeittatbestandes zugleich eine Pflichtverletzung im Sinne Abs. 2 Nr. 3.

Hat der Arbeitnehmer sich versicherungswidrig verhalten, ohne dafür einen wichtigen Grund zu haben, ruht nach § 159 Abs. 1 Satz 1 SGB III der Anspruch für die Dauer einer Sperrzeit. Diese kann je nach versicherungswidrigem Verhalten nach § 159 Abs. 3 bis 6 SGB III zwischen einer und 12 Wochen betragen. Wenn der Arbeitslose Anlass für den Eintritt von Sperrzeiten mit einer Dauer von insgesamt mindestens 21 Wochen gegeben hat, der Arbeitslose über den Eintritt der Sperrzeiten schriftliche Bescheide erhalten hat und auf die Rechtsfolgen des Eintritts von Sperrzeiten mit einer Dauer von insgesamt mindestens 21 Wochen hingewiesen worden ist, erlischt nach § 161 Abs. 2 SGB III der Anspruch auf ALG I.

Während der Sperrzeit und bei Erlöschen des Anspruchs stehen dem Arbeitslosengeld I-Anspruchsberechtigten keine Mittel zur Sicherung des Lebensunterhalts zur Verfügung, so dass er bei Erfüllung der Anspruchsvoraussetzungen auf die Bewilligung von Leistungen zur Sicherung des Lebensunterhalts nach dem SGB II angewiesen ist. Das versiche-

671 FH BA § 31 Rn. 23.

rungswidrige Verhalten im Rechtskreis des SGB III bleibt im Rechtskreis des SGB II jedoch nicht unberücksichtigt, sondern schlägt durch, indem es eine sanktionsbegründende Pflichtverletzung nach Abs. 2 Nr. 3 darstellt. Voraussetzung ist jedoch, dass die Agentur für Arbeit als für die Arbeitslosenversicherung zuständiger Träger eine entsprechende bindende Feststellung getroffen hat.[672]

12 Bei durch die Agentur für Arbeit festgestellten Sperrzeiten wegen verspäteter Arbeitsuchendmeldung nach § 159 Abs. 1 Nr. 7 SGB III kann eine Minderung durch den Leistungsträger nicht vorgenommen werden, da diese nur den erwerbsfähigen Leistungsberechtigten betreffen, der neben dem Arbeitslosengeld I ergänzend auf Arbeitslosengeld II-Leistungen angewiesen ist, da eine Person, die bedarfsdeckendes Arbeitslosengeld bezieht, wegen einer einwöchigen Sperrzeit kaum ergänzendes ALG II beanspruchen dürfte.[673] Selbst wenn wegen des einwöchigen Ruhens des Arbeitslosengeldes ALG II beantragt wird, geht die Sanktion nach Ablauf der Sperrzeit ins Leere und hätte keine Auswirkungen mehr.[674] Bei dem Bezieher von ergänzenden Grundsicherungsleistungen für Arbeitssuchende käme es hingegen zu einer 3-monatigen Minderung des ergänzenden ALG II, was zu einer nicht zu rechtfertigenden Benachteiligung führen würde.[675]

13 Ebenfalls kein Durchschlag vom SGB III in das SGB II findet statt bei einer Sperrzeit aufgrund von Meldeversäumnissen nach § 159 Abs. 1 Nr. 6 SGB III, da die Höhe und Dauer der Sanktion nach §§ 31 a, 31 b von 30 % des maßgebenden Regelbedarfs für einen Zeitraum von drei Monaten eine unverhältnismäßige Folge gegenüber einer einwöchigen Sperrzeit im SGB III und einer Minderung von lediglich 10 % des maßgebenden Regelbedarfs bei Meldeversäumnissen im Bereich des SGB II nach § 32 Abs. 1 wäre.[676]

3.4 Erfüllung der Voraussetzungen für den Eintritt einer Sperrzeit, die das Ruhen oder Erlöschen des Anspruchs auf ALG I begründen (Abs. 2 Nr. 4)

14 Erfüllt der erwerbsfähige Leistungsberechtigte einen Tatbestand des § 159 Abs. 1 SGB III und verhält sich somit versicherungswidrig, so dass eine Sperrzeit eintreten würde, erfüllt er jedoch gar nicht die Voraussetzung für die Auszahlung von Arbeitslosengeld I, weil er etwa die Anwartschaftszeit im Sinne des §§ 137 Abs. 1 Nr. 3 in Verbindung mit 142 SGB III nicht erreicht hat, so kann er auch keine Sperrzeit erhalten. Dennoch bleibt das Verhalten nicht unberücksichtigt und führt sehr wohl im Leistungsrecht des SGB II zu einer Minderung des ALG II. Hier ist die Prüfung dem Grundsicherungsträger überlassen. Einer Feststellung des SGB III-Leistungsträgers, dass bei einem Anspruch auf Arbeitslosengeld I eine Sperrzeit eingetreten wäre oder zum Erlöschen des Anspruches geführt hätte, gibt es nicht und ist nicht Voraussetzung des Abs. 2 Nr. 4.

---

672 BT-Drs. 15/1516, S. 61.
673 FH BA § 31 Rn. 25.
674 FH BA § 31 Rn. 25.
675 FH BA § 31 Rn. 25.
676 FH BA § 31 Rn. 26.

Während Abs. 2 Nr. 3 die Fälle erfasst, in denen eine Sperrzeit nach dem Arbeitsförderungsrecht tatsächlich verhängt worden ist, ist in Abs. 2 Nr. 4 geregelt, dass eine Sperrzeit nur deshalb nicht festgestellt werden kann, weil bei dem Betroffenen die Voraussetzungen für einen Anspruch auf Arbeitslosengeld I nicht gegeben sind.[677] Auf diese Weise soll sichergestellt werden, dass der Ruhens- oder Erlöschenstatbestand wegen einer im Geltungsbereich des SGB III eingetretenen Sperrzeit nicht folgenlos bleibt, wenn zwischenzeitlich ein Anspruch auf ALG II dem Grunde nach entstanden ist.[678] Ist das dem Leistungsberechtigten abverlangte Verhalten bereits in § 31 Abs. 1 geregelt und liegt keine Beziehung zum Rechtskreis des SGB III vor, so ist der Grundsicherungsträger nicht berechtigt, das ALG II wegen des Vorliegens der Voraussetzungen für den Eintritt einer Sperrzeit abzusenken.[679]

§ 31 a Rechtsfolgen bei Pflichtverletzungen

(1) Bei einer Pflichtverletzung nach § 31 mindert sich das Arbeitslosengeld II in einer ersten Stufe um 30 Prozent des für die erwerbsfähige leistungsberechtigte Person nach § 20 maßgebenden Regelbedarfs. Bei der ersten wiederholten Pflichtverletzung nach § 31 mindert sich das Arbeitslosengeld II um 60 Prozent des für die erwerbsfähige leistungsberechtigte Person nach § 20 maßgebenden Regelbedarfs. Bei jeder weiteren wiederholten Pflichtverletzung nach § 31 entfällt das Arbeitslosengeld II vollständig. Eine wiederholte Pflichtverletzung liegt nur vor, wenn bereits zuvor eine Minderung festgestellt wurde. Sie liegt nicht vor, wenn der Beginn des vorangegangenen Minderungszeitraums länger als ein Jahr zurückliegt. Erklären sich erwerbsfähige Leistungsberechtigte nachträglich bereit, ihren Pflichten nachzukommen, kann der zuständige Träger die Minderung der Leistungen nach Satz 3 ab diesem Zeitpunkt auf 60 Prozent des für sie nach § 20 maßgebenden Regelbedarfs begrenzen.

(2) Bei erwerbsfähigen Leistungsberechtigten, die das 25. Lebensjahr noch nicht vollendet haben, ist das Arbeitslosengeld II bei einer Pflichtverletzung nach § 31 auf die für die Bedarfe nach § 22 zu erbringenden Leistungen beschränkt. Bei wiederholter Pflichtverletzung nach § 31 entfällt das Arbeitslosengeld II vollständig. Absatz 1 Satz 4 und 5 gilt entsprechend. Erklären sich erwerbsfähige Leistungsberechtigte, die das 25. Lebensjahr noch nicht vollendet haben, nachträglich bereit, ihren Pflichten nachzukommen, kann der Träger unter Berücksichtigung aller Umstände des Einzelfalles ab diesem Zeitpunkt wieder die für die Bedarfe nach § 22 zu erbringenden Leistungen gewähren.

(3) Bei einer Minderung des Arbeitslosengeldes II um mehr als 30 Prozent des nach § 20 maßgebenden Regelbedarfs kann der Träger auf Antrag in angemessenem Umfang ergänzende Sachleistungen oder geldwerte Leistungen erbringen. Der Träger hat Leistungen nach Satz 1 zu erbringen, wenn Leistungsberechtigte mit minderjährigen Kindern in einem Haushalt leben. Bei einer Minderung des Arbeitslosengeldes II um

677 BSG – 17. 12. 2009 – B 4 AS 20/09 R.
678 BSG – 17. 12. 2009 – B 4 AS 20/09 R.
679 BSG – 17. 12. 2009 – B 4 AS 20/09 R.

mindestens 60 Prozent des für den erwerbsfähigen Leistungsberechtigten nach § 20 maßgebenden Regelbedarfs soll das Arbeitslosengeld II, soweit es für den Bedarf für Unterkunft und Heizung nach § 22 Absatz 1 erbracht wird, an den Vermieter oder andere Empfangsberechtigte gezahlt werden.

(4) Für nichterwerbsfähige Leistungsberechtigte gilt Absatz 1 und 3 bei Pflichtverletzungen nach § 31 Absatz 2 Nummer 1 und 2 entsprechend.

Inhaltsübersicht

1. Höhe der Minderung (Abs. 1)

1 Das Vorliegen von Pflichtverletzungen nach den Tatbeständen des § 31 Abs. 1 oder Abs. 2 führt zu einer Minderung des ALG II. Für die Höhe der Minderung ist zwischen einer ersten, einer ersten wiederholten und einer oder mehreren weiteren Pflichtverletzungen zu unterscheiden.

1.1 Erste Pflichtverletzung (Abs. 1 Satz 1)

2 Eine erste Pflichtverletzung liegt vor, wenn der erwerbsfähige Leistungsberechtigte einen Tatbestand nach § 31 Abs. 1 Nr. 1 bis 3 oder nach § 31 Abs. 2 Nr. 1 bis 4 erfüllt hat. Diese Pflichtverletzung führt zu einer Absenkung des gesamten Arbeitslosengeld II-Anspruchs in einer Höhe von 30 % des für den erwerbsfähigen Leistungsberechtigten nach § 20 maßgebenden Regelbedarfs. Gemindert wird mithin nicht lediglich der an den Leistungsberechtigten auszuzahlende Regelbedarf in Höhe von 20 %, sondern um einen Betrag, der sich unabhängig von der Auszahlungshöhe aus einem Prozentsatz des zu gewährenden Regelbedarfs errechnet. Verfügt der Leistungsberechtigte über Einkommen, welches nach § 19 Abs. 3 Satz 2 zunächst die Bedarfe nach den §§ 20, 21 und 23 deckt, so dass möglicherweise lediglich noch die Bedarfe für Unterkunft nach § 22 ungedeckt bleiben, ist dieser verbleibende Bedarf um einen Betrag zu reduzieren, welcher sich aus 30 % der für den Leistungsberechtigten maßgebenden Regelbedarfs errechnet. Handelt es sich um einen Alleinstehenden, so bemisst sich der maßgebende Regelbedarf auf 374 €, so dass der Auszahlungsanspruch um einen Betrag von 112,20 € zu mindern ist. Ist die Minderung für einen volljährigen Partner in der Bedarfsgemeinschaft zu ermitteln, so sind 337,00 € als Berechnungsgrundlage heranzuziehen, so dass um einen Betrag von 101,10 € zu mindern ist. Liegt der Auszahlungsanspruch aufgrund von Einkommen unter dem Minderungsbetrag, erfolgt faktisch eine Minderung auf null.

1.2 Erste wiederholte Pflichtverletzung (Abs. 1 Satz 2 in Verbindung mit Satz 4 und Satz 5)

Nach Abs. 1 Satz 4 liegt eine wiederholte Pflichtverletzung nur vor, wenn bereits zuvor eine Minderung festgestellt wurde und der Beginn des vorangegangenen Minderungszeitraums länger als ein Jahr zurückliegt. 3

Um mehr Rechtsklarheit zu schaffen und unnötige Gerichtsverfahren zu vermeiden, wurde mit dem Gesetz zur Ermittlung von Regelbedarfen und zur Änderung des Zweiten und Zwölften Buches Sozialgesetzbuch vom 24.03.2011[680] ergänzend geregelt, dass der Eintritt einer wiederholten Pflichtverletzung auf der nächsthöheren Stufe erst eintreten kann, wenn die vorangegangene Sanktionsentscheidung bekannt gegeben wurde.[681] Ist der Sanktionsbescheid nicht wirksam, so kann es sich bei einer erneuten Pflichtverletzung nicht um eine wiederholte handeln, sondern um eine weitere erste. Bei einer zeitlichen Überlappung von zwei ersten Pflichtverletzungen werden diese nicht addiert.

Verletzt der erwerbsfähige Leistungsberechtigte seine Pflichten zweimal in Folge, ohne dass es sich bei der zweiten Pflichtverletzung um eine wiederholte handelt, da der Sanktionsbescheid nicht zuvor wirksam geworden ist, und kommt es so zu jeweils zwei Minderungen in Höhe von 30 % des maßgebenden Regelbedarfs, erfolgt bei einer Überlappung der Sanktionen keine Addition. Vielmehr verbleibt es auch in der Zeit, in welcher sowohl wegen der ersten Pflichtverletzung in Höhe von 30 % zu mindern wäre, als auch zugleich wegen der zweiten in Höhe von 30 %, bei einer einzigen 30-prozentigen Minderung.

Unter Berücksichtigung des Grundsatzes der Verhältnismäßigkeit regelt Abs. 1 Satz 5, dass die verstärkte Sanktionierung nur eintritt, wenn die erste wiederholte oder weitere wiederholte Pflichtverletzung innerhalb eines Jahres seit Beginn des vorangegangenen Sanktionszeitraums begangen wird.[682] Entscheidend ist damit der Beginn des letzten Sanktionszeitraums und nicht der letzte Zeitpunkt, zu welchem das ALG II gemindert wurde. Wurde innerhalb eines Jahres keine Pflichtverletzung gleicher Art nach § 31 begangen, kann es sich bei einer weiteren nicht um eine wiederholte, sondern nur um eine erste handeln, welche erneut die Frist von einem Jahr auslöst, innerhalb derer jede weitere Pflichtverletzung eine erste wiederholte oder eine weitere wiederholte ist. 4

Bei Vorliegen einer ersten wiederholten Pflichtverletzung nach § 31 ist das ALG II um einen Betrag von 60 % des für den erwerbsfähigen Leistungsberechtigten maßgebenden Regelbedarfs zu mindern. Es ist nicht erforderlich, dass dieselbe Pflichtverletzung begangen wurde, z. B. zweimal die Aufnahme einer Arbeit verweigert wurde. Ausreichend ist, dass zwei Pflichtverletzungen vorliegen, die entweder den Tatbeständen des § 31 Abs. 1 oder des Abs. 2 zuzuordnen sind. Eine wiederholte Pflichtverletzung kommt demnach in Betracht, wenn nach der Weigerung der Fortführung einer Erwerbstätigkeit im Sinne des § 31 Abs. 1 Satz 1 Nr. 1 eine zumutbare Maßnahme nach § 31 Abs. 1 Satz 1 Nr. 3 nicht 5

680 BGBl. I S. 453.
681 BT-Drs. 17/3404, S. 111.
682 BT-Drs. 16/1410, S. 25.

angetreten wurde, aber auch wenn als zweite Pflichtverletzung ein unwirtschaftliches Verhalten nach § 31 Abs. 2 Nr. 2 vorliegt.

Die Höhe des Betrages, um welchen in diesem Fall sanktioniert wird, errechnet sich wiederum aus dem jeweils nach § 20 maßgebenden Regelbedarf. In dieser Höhe ist das gesamte ALG II, also der Regelbedarf, die Mehrbedarfe und die Bedarfe für Unterkunft und Heizung zu mindern.

1.3 Eine weitere wiederholte Pflichtverletzung (Abs. 1 Satz 3)

6 Folgen auf die erste und die erste wiederholte Pflichtverletzungen weitere, so entfällt bei jeder weiteren das ALG II gänzlich. Eine weitere wiederholte Pflichtverletzung liegt dabei wiederum nur dann vor, wenn bereits eine wiederholte Pflichtverletzung beschieden, also eine Minderung aufgrund einer wiederholten eingetreten ist und die weitere wiederholte Pflichtverletzung innerhalb des Jahreszeitraums nach Abs. 1 Satz 5 erfolgte.

2. Begrenzung der Minderung auf 60 % (Abs. 1 Satz 6)

7 Wurde das Arbeitslosengeld II nach Abs. 1 Satz 3 gemindert und ist damit vollständig entfallen, kann unter bestimmten Voraussetzungen die Minderung auf die vorherige Stufe zurückgeführt werden, so dass sich die Sanktionshöhe auf 60 % des für den erwerbsfähigen Leistungsberechtigten maßgebenden Regelbedarfs beschränkt. Hierbei handelt es sich um eine Ermessenentscheidung.

Erforderlich ist die nachträgliche Bereitschaft, den Pflichten nachzukommen. Da es sich um ein subjektives Merkmal handelt, muss dieses nach außen erkennbar werden, und zwar durch die Erklärung darüber. Die rein formale Äußerung über die künftige Besserungsabsicht genügt dafür nicht. Zu fordern ist zumindest eine ernsthafte und glaubhafte Erklärung des erwerbsfähigen Leistungsberechtigten, dass er künftig bereit ist, seinen Obliegenheiten nachzukommen.

Der Zeitpunkt, ab wann die Milderung eintritt, ist derjenige, zu welchem der Betroffene seine Erklärung abgibt. Eine rückwirkende Rückführung der Sanktionshöhe erfolgt nicht. Hat der Sanktionszeitraum bereits begonnen, so verbleibt es in der Vergangenheit bei der Minderung nach Abs. 3 Satz 3, dem Wegfall des gesamten ALG II. Die Milderung erfolgt dann nur für den noch verbleibenden Sanktionszeitraum.

3. Rechtsfolgen der Pflichtverletzung nach § 31 für Personen unter 25 Jahren (Abs. 2)

8 Für erwerbsfähige Leistungsberechtigte unter 25 Jahren gelten besondere Regelungen. Es ist dringend erforderlich, bei jungen Menschen von vornherein der Langzeitarbeitslosigkeit entgegenzuwirken, im Bereich der Sanktionen erfolgt dies durch schärfere Rechtsfolgen als bei den über 25-jährigen erwerbsfähigen Leistungsberechtigten.[683]

683 BT-Drs. 15/1516, S. 61.

Bei einer ersten Pflichtverletzung nach § 31 ist das Arbeitslosengeld II nach Abs. 2 Satz 1 auf die Bedarfe für Unterkunft und Heizung zu beschränken. Das »Ob« der Sanktion steht nicht im Ermessen des Leistungsträgers. Es handelt sich hierbei um eine gebundene Entscheidung. Bei Vorliegen der Voraussetzungen erfolgt eine Sanktionierung. In den Fällen, in welchen faktisch nur noch eine Auszahlung von Leistungen zur Deckung der Bedarfe für Unterkunft und Heizung erfolgt, weil der Berechtigte über Einkommen verfügt, welches nach § 19 Abs. 3 Satz 2 zunächst auf die Bedarfe nach den §§ 20, 21 und 23 anzurechnen ist, läuft eine Sanktion ins Leere. Es wird nicht auf die Bedarfe für Unterkunft und Heizung gemindert und dann das Einkommen auf diese Bedarfe angerechnet, sondern es verbleibt dann bei der bisherigen Auszahlungshöhe.

Bereits bei der ersten wiederholten Pflichtverletzung ordnet Abs. 2 Satz 2 den vollständigen Wegfall des ALG II an. Der Betroffene erhält keine Leistungen zur Sicherung des Lebensunterhalts mehr. **9**

Für das Vorliegen einer wiederholten Pflichtverletzung gelten nach Abs. 2 Satz 3 die Regelungen des Abs. 1 Satz 4 und 5 entsprechend. Die zweite Pflichtverletzung innerhalb eines Jahreszeitraums seit Beginn des Sanktionszeitraums der ersten Pflichtverletzung ist nur dann eine wiederholte, wenn die erste Sanktion aufgrund der ersten Pflichtverletzung bereits beschieden wurde.

Auch bei erwerbsfähigen Leitungsberechtigten unter 25 Jahren ist ab einer Sanktionierung in der zweiten Stufe eine Milderung der Sanktion möglich. Erklärt sich der Betroffene nachträglich bereit, den Pflichten nachzukommen, kann unter Berücksichtigung aller Umstände des Einzelfalls die Sanktion auf die erste Stufe zurückgeführt werden, so dass ab dem Zeitpunkt der Erklärung wieder die Bedarfe für Unterkunft und Heizung erbracht werden können.

4. Ergänzende Sachleistungen oder geldwerte Leistungen (Abs. 3)

Im Falle einer eingetretenen Sanktionierung um mehr als 30 % des nach § 20 maßgebenden Regelbedarfs können auf Antrag sowohl über als auch unter 25-jährige erwerbsfähige Leistungsberechtigte ergänzende Sachleistungen oder geldwerte Leistungen erhalten. Diese Leistungen beziehen sich dem Volumen nach nur auf die Leistungshöhe des ALG II, die weniger als 30 vom Hundert der maßgebenden Regelleistung umfasst.[684] Hierdurch wird sichergestellt, dass den Betroffenen stets ausreichend Mittel zur Verfügung stehen, um ihnen ein menschenwürdiges Existenzminimum zu gewährleisten.[685] **10**

Es sind derartige Leistungen zu erbringen, wenn der Leistungsberechtigte mit minderjährigen Kindern in einem Haushalt zusammenlebt. Damit wird die bisher als Sollvorschrift ausgestaltete Regelung zur Erbringung von Sachleistungen an Bedarfsgemeinschaften mit minderjährigen Kindern durch das Gesetz zur Ermittlung von Regelbedarfen und zur Änderung des Zweiten und Zwölften Buches Sozialgesetzbuch vom 24. 03. 2011[686] **11**

684 BT-Drs. 15/1516, S. 61.
685 BT-Drs. 17/3404, S. 112.
686 BGBl. I S. 453.

als Verpflichtung zur Leistungserbringung ausgestaltet.[687] Hierdurch soll das Existenzminimum von minderjährigen Kindern besonders gesichert werden, die ohne ihr eigenes Zutun Gefahr laufen, von der Leistungskürzung eines Mitglieds ihrer Bedarfsgemeinschaft mit betroffen zu werden.[688] In der Summe des verbleibenden Regelbedarfs und dem Wert der Sachleistung soll dem Leistungsberechtigten mindestens der im Regelbedarf insgesamt für Ernährung, für Gesundheitspflege und für Hygiene und Körperpflege vorgesehene Anteil verbleiben.[689]

12 Bei einer Minderung des Arbeitslosendgeldes II um mindestens 60 % des für den erwerbsfähigen Leistungsberechtigten nach § 20 maßgebenden Regelbedarfs soll nach Abs. 3 Satz 3 das ALG II, soweit es für den Bedarf für Unterkunft und Heizung nach § 22 Abs. 1 erbracht wird, an den Vermieter oder andere Empfangsberechtigte gezahlt werden. Auf diese Weise soll sichergestellt werden, dass der Anteil der Transferleistungen, der für die Unterkunft und Heizung gedacht ist, auch tatsächlich bei Vermietern und anderen Empfangsberechtigten, wie z. B. Energieversorgungsunternehmen, ankommt.[690] Eine Direktüberweisung des für die Unterkunft und Heizung gewährten Teils des ALG II an Dritte kommt nur für den individuellen Anspruch des Betroffenen in Betracht, da nur für ihn die Minderung des ALG II um mindestens 60 % des für den erwerbsfähigen Leistungsberechtigten nach § 20 maßgebenden Regelbedarfs die konkrete Gefahr birgt, dass Leistungen für Unterkunft und Heizung nicht zweckentsprechend verwendet werden.[691]

5. Pflichtverletzungen von nichterwerbsfähigen Leistungsberechtigten (Abs. 4)

13 Bei der Feststellung von Pflichtverletzungen spricht das Gesetz im § 31 von dem erwerbsfähigen Leistungsberechtigten. Die meisten Obliegenheiten können auch nur von einem erwerbsfähigen Leistungsberechtigten verletzt werden, weil sie im Zusammenhang mit der Aufnahme oder der Ausübung einer Ausbildung, Beschäftigung oder Maßnahme zur Integration in Arbeit stehen. Von einer Erwerbstätigkeit unabhängige Pflichten sind die Tatbestände des § 31 Abs. 1 Nr. 1 und Nr. 2. Das betrifft zum einen die volljährigen nicht erwerbsfähigen Personen, welche ihr Einkommen oder Vermögen in der Absicht vermindern, die Voraussetzungen für die Gewährung oder Erhöhung des ALG II herbeizuführen und zum anderen die nichterwerbsfähigen Leistungsberechtigten, die trotz Rechtsfolgenbelehrung oder deren Kenntnis ein unwirtschaftliches Verhalten fortsetzen. Liegt eine solche Pflichtverletzung vor, gelten die Regelungen des Abs. 1 und 3 entsprechend. Es erfolgt demnach wie bei den erwerbsfähigen Leistungsberechtigten eine stufenweise Absenkung des Sozialgeldes, welches wie das ALG II nach § 19 Abs. 1 Satz 3 den Regelbedarf,

---

687 BT-Drs. 17/3404, S. 112.
688 BT-Drs. 17/3404, S. 112.
689 FH BA § 31 Rn. 43.
690 BT-Drs. 17/3404, S. 112.
691 BT-Drs. 17/3404, S. 112.

die Mehrbedarfe und die Bedarfe für Unterkunft und Heizung umfasst. Eine erste Pflichtverletzung hat eine Minderung um 30 % des maßgebenden Regelbedarfs nach § 20 zur Folge. Eine erste wiederholte Pflichtverletzung, die innerhalb eines Jahreszeitraums seit Beginn des vorangegangenen Minderungszeitraums stattfindet, führt, soweit die vorherige Pflichtverletzung bereits durch eine Sanktion beschieden wurde, zu einer Absenkung um 60 % des maßgebenden Regelbedarfs. Jede weitere wiederholte Pflichtverletzung lässt den Anspruch auf Sozialgeld gänzlich entfallen. Ist der Fall eingetreten, besteht die Möglichkeit nach Abs. 1 Satz 4, dass der Sozialgeldempfänger sich bereit erklärt, künftig seinen Obliegenheiten nachzukommen. Im Anschluss daran kann die Sanktion abgemildert und auf die vorherige 60-prozentige Stufe zurückgeführt werden.

Entsprechend anwendbar sind zudem die Regelungen zur Erbringung von ergänzenden Sachleistungen bei einer eingetretenen Minderung nach Abs. 3.

§ 31 b Beginn und Dauer der Minderung

(1) Der Auszahlungsanspruch mindert sich mit Beginn des Kalendermonats, der auf das Wirksamwerden des Verwaltungsaktes folgt, der die Pflichtverletzung und den Umfang der Minderung der Leistung feststellt. In den Fällen des § 31 Absatz 2 Nummer 3 tritt die Minderung mit Beginn der Sperrzeit oder mit dem Erlöschen des Anspruchs nach dem Dritten Buch ein. Der Minderungszeitraum beträgt drei Monate. Bei erwerbsfähigen Leistungsberechtigten, die das 25. Lebensjahr noch nicht vollendet haben, kann der Träger die Minderung des Auszahlungsanspruchs in Höhe der Bedarfe nach den §§ 20 und 21 unter Berücksichtigung aller Umstände des Einzelfalls auf sechs Wochen verkürzen. Die Feststellung der Minderung ist nur innerhalb von sechs Monaten ab dem Zeitpunkt der Pflichtverletzung zulässig.

(2) Während der Minderung des Auszahlungsanspruchs besteht kein Anspruch auf ergänzende Hilfe zum Lebensunterhalt nach den Vorschriften des Zwölften Buches.

Inhaltsübersicht Rn.

1. Beginn der Minderung (Abs. 1 Satz 1 und Satz 2)

Der Auszahlungsanspruch mindert sich mit Beginn des Kalendermonats, der auf das Wirksamwerden des die Sanktion aussprechenden Verwaltungsaktes folgt, welcher die konkrete Pflichtverletzung und den Umfang der Minderung der Leistung feststellt. Ein Verwaltungsakt wird gegenüber demjenigen, für den er bestimmt ist oder der von ihm betroffen wird, in dem Zeitpunkt wirksam, in dem er ihm bekannt gegeben wird. 1

Nach § 39 Nr. 1 haben Widerspruch und Anfechtungsklage gegen einen Verwaltungsakt, der die Pflichtverletzung und die Minderung des Auszahlungsanspruchs feststellt, keine aufschiebende Wirkung. Die Minderung beginnt danach stets zum Ersten des darauffolgenden Monats. Etwas anderes gilt nur für die Pflichtverletzung nach § 31 Abs. 2

Nr. 3, wenn der Betroffene grundsächlich Anspruch auf Arbeitslosengeld I hat, jedoch eine Sperrzeit nach den Vorschriften des SGB III festgestellt wurde, so dass er auf die Leistungen nach dem SGB II angewiesen ist. Der in dem entsprechenden Bescheid für den Beginn des Ruhens oder des Erlöschens des Anspruchs zu Grunde gelegte Zeitraum wird für die Sanktion übernommen. Hier erfolgt eine Ausnahme von dem Grundsatz des Sanktionsbeginns am nächsten Ersten des Monats nach Wirksamwerden des Verwaltungsaktes.

2. Dauer der Minderung (Abs. 1 Satz 3)

2 Unabhängig davon, ob es sich um eine erste, eine erste wiederholte oder eine weitere wiederholte Pflichtverletzung handelt, dauert jede Minderung egal in welcher Höhe grundsätzlich drei Monate an. Liegen zwei erste Pflichtverletzungen vor, weil die erste noch nicht beschieden wurde und die folgende daher keine wiederholte sein kann, und überschneiden sich die zwei dreimonatigen Minderungszeiträume, erfolgt für die Zeit der Überlappung keine Addition.[692] Fraglich ist, ob beide Zeiträume nebeneinander ablaufen, mit der Maßgabe, dass es zwar nicht zu einer Erhöhung des Sanktion, aber bei einer versetzten Überschneidung zu einer Verlängerung des Sanktionszeitraums dadurch kommt, dass nach Auslaufen der ersten Sanktion noch eine zweite erste im Raum steht.

3 Eine Ausnahme macht Abs. 1 Satz 4 zur Dauer der Sanktion für erwerbsfähige Leistungsberechtigte, die das 25. Lebensjahr noch nicht vollendet haben. Hier kann der Träger die Minderung des Auszahlungsanspruches in Höhe der Bedarfe nach den §§ 20 und 21 unter Berücksichtigung aller Umstände des Einzelfalls auf 6 Wochen verkürzen. Dies können sowohl Umstände in der Person des Betroffenen selbst sein als auch äußere Umstände, welche das Ermessen lenken. Zeigt der Betroffene Bereitschaft, künftig entgegen dem bisherigen Verhalten aktiv an der Integration mitzuwirken oder droht der Jugendliche durch die fehlenden Leistungen abzurutschen, kann die Verkürzung auf 6 Wochen in Betracht kommen. Hierbei handelt es sich um eine Ermessensentscheidung, welche mit der Absenkung des ALG II zu verbinden ist. Fehlt es der angefochtenen Verwaltungsentscheidung über eine Absenkung des Regelbedarfs an der erforderlichen Ermessensausübung, so bestehen ernstliche Zweifel an der Rechtmäßigkeit des Bescheides.[693]

3. Feststellung der Minderung (Abs. 1 Satz 5)

4 Mit dem Gesetz zur Ermittlung von Regelbedarfen und zur Änderung des Zweiten und Zwölften Buches Sozialgesetzbuch vom 24. 03. 2011[694] wurde geregelt, dass die Feststellung der Minderung durch den Leistungsträger innerhalb eines Zeitraumes von sechs Monaten zu erfolgen hat. Andernfalls bleibt das Verhalten des Leistungsberechtigten ohne

692 BSG – 09. 11. 2010 – B 4 AS 27/10 R.
693 Landessozialgericht Nordrhein-Westfalen – 14. 03. 2008 – L 7 B 27/08 AS ER.
694 BGBl. I S. 453.

Folgen. Durch ein zügiges Reagieren des Leistungsträgers auf die Pflichtverletzung soll ein zeitlicher Zusammenhang zwischen der Pflichtverletzung und dem Eintritt einer Sanktion hergestellt werden, so dass dem Leistungsberechtigten die Ursächlichkeit seines pflichtwidrigen Verhaltens für die Minderung der Leistungen vor Augen geführt wird.[695]

4. Ausschluss von Leistungen nach dem SGB XII (Abs. 2)

Die Leistungen zur Sicherung des Lebensunterhalts sichern das menschenwürdige Existenzminimum. Daher könnte es bei einer Minderung dieses Existenzminimums in Betracht kommen, die Differenz durch Leistungen nach dem SGB XII aufzufüllen. Damit würde jedoch jede Sanktion ins Leere laufen. Daher ordnet Abs. 2 an, dass während der Minderung des Auszahlungsanspruchs kein Anspruch auf ergänzende Hilfe zum Lebensunterhalt nach dem SGB XII besteht. **5**

§ 32 Meldeversäumnisse

(1) Kommen Leistungsberechtigte trotz schriftlicher Belehrung über die Rechtsfolgen oder deren Kenntnis einer Aufforderung des zuständigen Trägers, sich bei ihm zu melden oder bei einem ärztlichen oder psychologischen Untersuchungstermin zu erscheinen, nicht nach, mindert sich das Arbeitslosengeld II oder das Sozialgeld jeweils um 10 Prozent des für sie nach § 20 maßgebenden Regelbedarfs. Dies gilt nicht, wenn Leistungsberechtigte einen wichtigen Grund für ihr Verhalten darlegen und nachweisen.

(2) Die Minderung nach dieser Vorschrift tritt zu einer Minderung nach § 31 a hinzu. § 31 a Absatz 3 und § 31 b gelten entsprechend.

Inhaltsübersicht

1. Einladung zum Meldetermin

Nach § 59 sind die Vorschriften über die allgemeine Meldepflicht nach § 309 SGB III entsprechend anzuwenden. **1**

Danach hat sich der Arbeitslose während der Zeit, für die er Anspruch auf Arbeitslosengeld erhebt, bei der Agentur für Arbeit oder einer sonstigen Dienststelle der Bundesagentur persönlich zu melden oder zu einem ärztlichen oder psychologischen Untersuchungstermin zu erscheinen, wenn die Agentur für Arbeit ihn dazu auffordert. Die

695 BT-Drs. 17/3404, S. 112.

Zwecke, aufgrund derer eine Aufforderung zur Meldung erfolgen kann, sind abschließend in § 309 Abs. 2 Nr. 1 bis 5 genannt.

2. Schriftliche Belehrung über die Rechtsfolgen

2 Die Wirksamkeit einer schriftlichen Rechtsfolgenbelehrung setzt voraus, dass sie konkret, richtig und vollständig ist, zeitnah im Zusammenhang erfolgt sowie dem erwerbsfähigen Leistungsberechtigten in verständlicher Form erläutert, welche unmittelbaren und konkreten Auswirkungen sich für ihn ergeben, wenn kein wichtiger Grund für das pflichtwidrige Verhalten vorliegt.[696] Funktion der Rechtsfolgenbelehrung ist es, den erwerbsfähigen Leistungsberechtigten über die Folgen, nämlich die Absenkung des ALG II, zu informieren und ihn in allgemeiner Form vorzuwarnen, was nur mittels einer verständlichen Belehrung verwirklicht werden kann.[697] Künftig kann eine Pflichtverletzung im Sinne der Vorschrift auch vorliegen, wenn der Leistungsberechtigte die Rechtsfolgen seines Verhaltens kannte, so dass der Nachweis über eine schriftliche Rechtsfolgenbelehrung in diesem Fall nicht geführt werden muss.[698] Davon ist regelmäßig auszugehen, wenn wegen einer gleichartigen Pflichtverletzung bereits einmal eine Sanktion eingetreten ist, wobei sich die Kenntnis von den Rechtsfolgen aufgrund konkreter Anhaltspunkte auch aus anderen Umständen ergeben kann.[699]

3. Zugang der Einladung zu einem Meldetermin

3 Eine Sanktion ist nur begründet, wenn der Leistungsberechtigte trotz schriftlicher Belehrung über die Rechtsfolgen einer Meldeaufforderung nicht folgt und hierfür keinen wichtigen Grund nachweist. Dies setzt indes mindestens voraus, dass der erwerbsfähige Leistungsberechtigte über den Meldetermin, den Meldeort und den Meldezweck informiert ist, ihm also eine hinreichend bestimmte Aufforderung zur Meldung gemäß § 59 in Verbindung mit § 309 Abs. 1 Satz 1 SGB II bekannt gegeben wurde.[700] Ob eine Meldeaufforderung dem Adressaten überhaupt zugegangen ist, muss indes der zuständige Grundsicherungsträger nachweisen, wenn der Zugang einer derartigen Aufforderung zur Meldung bestritten wird.[701]

Eine Vermutung für den Zugang eines mit einfachem Brief übersandten Schreibens besteht nicht.[702] Vom Adressaten eines angeblich nicht eingetroffenen einfachen Briefes kann auch nicht mehr verlangt werden als ein schlichtes Bestreiten, das Schreiben erhalten zu haben.

---

696 BSG – 17.12.2009 – B 4 AS 30/09 R; BSG – 16.12.2008 – B 4 AS 60/07 R; BSG 15.12.2010 – B 14 AS 92/09 R.
697 BSG – 17.12.2009 – B 4 AS 30/09 R.
698 BT-Drs. 17/3404, S. 111.
699 FH BA § 31 Rn. 15.
700 Landessozialgericht Berlin-Brandenburg – 16.01.2008 – L 28 B 2119/07 AS ER.
701 Landessozialgericht Sachsen – 16.12.2008 – L 7 B 613/08 AS-ER.
702 BVerfG – 15.05.1991 – 1 BvR 1441/90.

4. Wichtiger Grund (Abs. 1 Satz 2)

Ein wichtiger Grund für die Nichtwahrnehmung eines Meldetermins kann die Arbeitsunfähigkeit des Betroffenen sein. Ist der Meldepflichtige am Meldetermin arbeitsunfähig, so wirkt nach § 309 Abs. 3 Satz 2 SGB III die Meldeaufforderung auf den ersten Tag der Arbeitsfähigkeit fort, wenn die Agentur für Arbeit dies in der Meldeaufforderung bestimmt. Diese Regelung kann den Eindruck erwecken, dass die Arbeitsunfähigkeit des Leistungsberechtigten die Meldepflicht entfallen lässt.[703] Aus einer Arbeitsunfähigkeitsbescheinigung ergibt sich in der Regel jedoch nur, dass der Betroffene aus gesundheitlichen Gründen die ihm zumutbaren Beschäftigungen nicht ausüben kann, nicht dagegen ergibt sich daraus notwendig, dass die Erkrankung der Wahrnehmung eines Meldetermins entgegensteht.[704] Jedenfalls in Fällen, in denen begründete Anhaltspunkte dafür vorliegen, dass die bescheinigte Arbeitsunfähigkeit nicht gleichzeitig die Unfähigkeit zur Wahrnehmung eines Meldetermins begründet und der Leistungsträger den Betroffenen zuvor darauf hingewiesen hat, dass eine »Arbeitsunfähigkeitsbescheinigung« nicht ausreicht, um die krankheitsbedingte Unfähigkeit zur Wahrnehmung des Meldetermins nachzuweisen, lässt eine bestehende Arbeitsunfähigkeit die Meldepflicht nicht entfallen.[705] Da es sich bei dem Begriff der Arbeitsunfähigkeit zudem um einen Rechtsbegriff handelt, dessen Voraussetzungen anhand ärztlich erhobener Befunde festzustellen sind, besteht im Streitfall schon keine Bindung an den Inhalt der von dem Vertragsarzt ausgestellten Arbeitsunfähigkeitsbescheinigung.[706] Entsprechend ist auch die mit einer Arbeitsunfähigkeit regelmäßig verbundene Vermutung, dass ein Meldetermin aus gesundheitlichen Gründen nicht wahrgenommen werden kann, im Streitfall von den Sozialgerichten zu überprüfen.[707] 4

Die Wahrnehmung eines Arzttermins kann im Einzelfall einen wichtigen Grund für die Versäumung eines Termins darstellen. Dies jedoch nur, soweit es sich um einen notfallmäßigen oder aus sonstigen Gründen unaufschiebbaren Termin handelt.[708] In allen anderen Fällen wie etwa einer routinemäßigen Untersuchung wird es regelmäßig an der Dringlichkeit und damit an der Wichtigkeit des Grundes fehlen. 5

Wurde der Termin versäumt und zu einem späteren Zeitpunkt nachgeholt, kommt der Einwand des Leistungsberechtigten in Betracht, dass es sich um kein sanktionsfähiges Meldeversäumnis handelt, da der Termin, wenn auch verspätet, wahrgenommen wurde. Der Einwand des Leistungsempfängers, er habe den versäumten Termin nachgeholt, vermag das Vorliegen eines wichtigen Grundes jedoch nicht zu begründen. Das eigen- 6

703 Landessozialgericht Rheinland-Pfalz – 23.07.2009 – L 5 AS 131/08, nachgehend BSG – 09.11.2010 – B 4 AS 27/10 R.

704 Landessozialgericht Rheinland-Pfalz – 23.07.2009 – L 5 AS 131/08, nachgehend BSG – 09.11.2010 – B 4 AS 27/10 R.

705 Landessozialgericht Rheinland-Pfalz – 23.07.2009 – L 5 AS 131/08, nachgehend BSG – 09.11.2010 – B 4 AS 27/10 R.

706 BSG – 09.11.2010 – B 4 AS 27/10 R.

707 BSG – 09.11.2010 – B 4 AS 27/10 R.

708 Landessozialgericht Rheinland-Pfalz – 23.07.2009 – L 5 AS 131/08.

mächtige Verschieben eines Meldetermins, ohne jegliche Absprache mit dem Leistungsträger, stellt keinen wichtigen Grund dar.[709]

7 Durchaus ein wichtiger Grund auf Seiten des erwerbsfähigen Leistungsberechtigten liegt vor, wenn der vom Leistungsträger zur Meldung vorgegebene Termin mit den Arbeitszeiten, welche aufgrund eines Arbeitsverhältnisses für den Betroffenen gelten, kollidiert. Hatte der Leistungsempfänger zum Zeitpunkt des Meldetermins seiner beruflichen Tätigkeit nachzugehen, so hat er den Meldetermin aus wichtigem Grund versäumt.[710]

8 Darüber hinaus kommen auch weitere im Einzelfall zu würdigende wichtige Gründe für das Nichterscheinen zu einem Meldetermin in Betracht. So kann die Verpflichtung, Angehörige zu pflegen, soweit die Pflege für die Zeit nicht anders sichergestellt ist oder zu Zeiten, in denen diese notwendig ist, einen wichtigen Grund für die Versäumung eines Termins darstellen. Auch Krankheiten in der Familie können die Anwesenheit des Eingeladenen erfordern. Todesfälle können ebenfalls einen wichtigen Grund darstellen. Allerdings bedarf es in allen Fällen hierzu eines konkreten und individuellen Vortrags.[711]

5. Höhe der Minderung (Abs. 1 Satz 1)

9 Rechtsfolge des Meldeversäumnisses ist eine Minderung des Arbeitslosengeldes II oder des Sozialgeldes, welches nach § 19 Abs. 1 Satz 3 den Regelbedarf, die Mehrbedarfe und die Bedarfe für Unterkunft und Heizung umfasst, in Höhe von jeweils 10 % des für den erwerbsfähigen oder nichterwerbsfähigen Leistungsberechtigten maßgebenden Regelbedarfs nach § 20. Hier erfolgt eine Verschärfung der Sanktion nicht durch ein Stufensystem, da es ein wiederholtes Meldeversäumnis, welches einen vorangegangenen Sanktionsbescheid erfordert, nicht gibt. Vielmehr begründet jedes Meldeversäumnis für sich eine Minderung in Höhe von 10 %. Auch wenn es sich bei jedem Meldeversäumnis um gleichartige sanktionsbegründende Tatbestände handelt, werden bei einer Überlappung der Sanktionszeiträume die Minderungen addiert, so dass es bei eng aufeinanderfolgenden Meldeversäumnissen aus zwei 10-prozentigen Sanktionen zu einer Minderung von 20 % kommen kann.

6. Ergänzende Sachleistungen oder geldwerte Leistungen (Abs. 2 Satz 2)

10 Nach Abs. 2 Satz 2 gelten die Regelungen des § 31 a Abs. 3 für die Meldeversäumnisse entsprechend. Beträgt die Minderungshöhe aufgrund mehrerer Meldeversäumnisse mehr als 30 % des nach § 20 maßgebenden Regelbedarfs, können auf Antrag ergänzende Sachleistungen oder geldwerte Leistungen erbracht werden. Eine solche Sanktionshöhe würde nur bei mindestens vier Meldeversäumnissen innerhalb eines kurzen Zeitraums relevant werden, da andernfalls die Sanktion des ersten Meldeversäumnisses ausgelaufen wäre oder, was wohl relevanter ist, wenn zu einer sanktionierten Pflichtverletzung nach § 31

709 SG Potsdam – 18.08.2009 – L 46 AS 218/09.
710 SG Bremen – 02.03.2009 – S 23 AS 267/09 ER.
711 SG Reutlingen – 20.11.2007 – S 12 AS 3858/07 ER.

ein Meldeversäumnis hinzutritt. Beide Sanktionen aus den unterschiedlichen Wertungsblöcken des § 31 und des § 32 können nach Abs. 2 Satz 1 addiert werden. Die ergänzenden Sachleistungen oder geldwerten Leistungen beziehen sich dem Volumen nach nur auf die Leistungshöhe des ALG II, die weniger als 30 vom Hundert des maßgebenden Regelbedarfs umfasst.[712] Hierdurch wird sichergestellt, dass den Betroffenen stets ausreichend Mittel zur Verfügung stehen, um ihnen ein menschenwürdiges Existenzminimum zu gewährleisten.[713]

Es sind derartige Leistungen zu erbringen, wenn der Leistungsberechtigte mit minderjährigen Kindern in einem Haushalt zusammenlebt. Damit wird die bisher als Sollvorschrift ausgestaltete Regelung zur Erbringung von Sachleistungen an Bedarfsgemeinschaften mit minderjährigen Kindern durch das Gesetz zur Ermittlung von Regelbedarfen und zur Änderung des Zweiten und Zwölften Buches Sozialgesetzbuch vom 24.03.2011[714] als Verpflichtung zur Leistungserbringung ausgestaltet.[715] Hierdurch soll das Existenzminimum von minderjährigen Kindern besonders gesichert werden, die ohne ihr eigenes Zutun Gefahr laufen, von der Leistungskürzung eines Mitglieds ihrer Bedarfsgemeinschaft mit betroffen zu werden.[716] In der Summe des verbleibenden Regelbedarfs und dem Wert der Sachleistung soll dem Leistungsberechtigten mindestens der im Regelbedarf insgesamt für Ernährung, für Gesundheitspflege und für Hygiene und Körperpflege vorgesehene Anteil verbleiben.[717] **11**

Führt eine Sanktion aufgrund eines oder mehrerer Meldeversäumnisse allein oder nach Abs. 2 Satz 1 in Kombination mit einer Pflichtverletzung nach § 31 zu einer Minderung des Arbeitslosendgeldes II um mindestens 60 % des für den erwerbsfähigen Leistungsberechtigten nach § 20 maßgebenden Regelbedarfs, soll nach § 31 a Abs. 3 Satz 3 das ALG II, soweit es für den Bedarf für Unterkunft und Heizung nach § 22 Abs. 1 erbracht wird, an den Vermieter oder andere Empfangsberechtigte gezahlt werden. Auf diese Weise soll sichergestellt werden, dass der Anteil der Transferleistungen, der für die Unterkunft und Heizung gedacht ist, auch tatsächlich bei Vermietern und anderen Empfangsberechtigten, wie z.B. Energieversorgungsunternehmen, ankommt.[718] Eine Direktüberweisung des für die Unterkunft und Heizung gewährten Teils des ALG II an Dritte kommt nur für den individuellen Anspruch des Betroffenen in Betracht, da nur für ihn die Minderung des ALG II um mindestens 60 % des für den erwerbsfähigen Leistungsberechtigten nach § 20 maßgebenden Regelbedarfs die konkrete Gefahr birgt, dass Leistungen für Unterkunft und Heizung nicht zweckentsprechend verwendet werden.[719] **12**

712 BT-Drs. 15/1516, S. 61.
713 BT-Drs. 17/3404, S. 112.
714 BGBl. I S. 453.
715 BT-Drs. 17/3404, S. 112.
716 BT-Drs. 17/3404, S. 112.
717 FH BA § 31 Rn. 43.
718 BT-Drs. 17/3404, S. 112.
719 BT-Drs. 17/3404, S. 112.

7. Beginn und Dauer der Minderung (Abs. 2 Satz 2)

13 Nach Abs. 2 Satz 2 gelten die Regelungen zum Beginn und zur Dauer einer Minderung nach § 31 b für die Meldeversäumnisse entsprechend.

Der Auszahlungsanspruch mindert sich aufgrund eines Meldeversäumnisses mit Beginn des Kalendermonats, der auf das Wirksamwerden des die Sanktion aussprechenden Verwaltungsaktes folgt, welcher konkret das zu sanktionierende Verhaltung und den Umfang der Minderung feststellt. Ein Verwaltungsakt wird gegenüber demjenigen, für den er bestimmt ist oder der von ihm betroffen wird, in dem Zeitpunkt wirksam, indem er ihm bekannt gegeben wird. Zu beachten ist, dass Widerspruch und Anfechtungsklage gegen den Sanktionsbescheid nach § 39 Nr. 1 keine aufschiebende Wirkung haben und die Minderung des Auszahlungsanspruches damit stets am Ersten des Folgemonats nach Zugang des Bescheides eintritt. Gleichwohl bleibt die Entscheidung gerichtlich überprüfbar.

14 Die Minderung aufgrund eines Meldeversäumnisses dauert jeweils drei Monate für jedes festgestellte Versäumnis. Dies kann bei einer kurzen Folge mehrerer Meldeversäumnisse zu einer zeitweisen Überlappung der Sanktionszeiträume führen. Läuft bereits eine 10-prozentige Sanktion aufgrund eines Meldeversäumnisses und kommt ab dem zweiten Sanktionsmonat eine weitere dreimonatige Sanktion aufgrund eines Meldeversäumnisses hinzu, überlappen sich die Sanktionen für einen Zeitraum von zwei Monaten. Danach endet die Sanktion aufgrund des ersten Meldeversäumnisses und lediglich die Sanktion aufgrund des zweiten Meldeversäumnisses läuft danach noch für einen Monat weiter. In dem Zeitraum der Überlappung der zwei Sanktionen aufgrund eines Meldeversäumnisses kommt es zu einer Addition, so dass in dem ersten Sanktionsmonat lediglich eine Minderung von 10 % des maßgebenden Regelbedarfs erfolgt. Im zweiten Sanktionsmonat, in welchem auch der Beginn der zweiten Sanktion ist, wird der Auszahlungsanspruch um zweimal 10 % und somit um 20 % gemindert. Nach Ende des ersten Sanktionszeitraums verbleibt noch ein Monat aufgrund der ersten Sanktion mit einer Minderung um 10 %.

15 Auch für eine Sanktionierung aufgrund eines Meldeversäumnisses ist die Feststellung der Minderung nur innerhalb eines Zeitraums von sechs Monaten nach dem Zeitpunkt des Säumnisses zulässig. Nach Ablauf dieser Frist bleibt das Fehlverhalten für den Betroffenen ohne negative Folgen. Wie bei den Pflichtverletzungen soll durch diese Regelung ein für den Leistungsberechtigten nachvollziehbarer Zusammenhang zwischen dem Fehlverhalten und der darauf folgenden Minderung des Auszahlungsanspruchs hergestellt werden.[720]

16 Sind die dem Betroffenen zur Sicherung seines Lebensunterhalts zur Verfügung gestellten Mittel durch die Minderung des Auszahlungsanspruches beschränkt, können nicht spiegelbildlich ergänzende Leistungen nach dem SGB XII zur Sicherung der materiellen Existenz beansprucht werden.

---

720 BT-Drs. 17/3404, S. 112.

Kapitel 8
Mitwirkungspflichten

§ 56 Anzeige- und Bescheinigungspflicht bei Arbeitsunfähigkeit

(1) Erwerbsfähige Leistungsberechtigte, die Leistungen zur Sicherung des Lebensunterhalts beantragt haben oder beziehen, sind verpflichtet, der Agentur für Arbeit
1. eine eingetretene Arbeitsunfähigkeit und deren voraussichtliche Dauer unverzüglich anzuzeigen und
2. spätestens vor Ablauf des dritten Kalendertages nach Eintritt der Arbeitsunfähigkeit eine ärztliche Bescheinigung über die Arbeitsunfähigkeit und deren voraussichtliche Dauer vorzulegen.

Die Agentur für Arbeit ist berechtigt, die Vorlage der ärztlichen Bescheinigung früher zu verlangen. Dauert die Arbeitsunfähigkeit länger als in der Bescheinigung angegeben, so ist der Agentur für Arbeit eine neue ärztliche Bescheinigung vorzulegen. Die Bescheinigungen müssen einen Vermerk des behandelnden Arztes darüber enthalten, dass dem Träger der Krankenversicherung unverzüglich eine Bescheinigung über die Arbeitsunfähigkeit mit Angaben über den Befund und die voraussichtliche Dauer der Arbeitsunfähigkeit übersandt wird. Zweifelt die Agentur für Arbeit an der Arbeitsunfähigkeit der oder des erwerbsfähigen Leistungsberechtigten, so gilt § 275 Absatz 1 Nummer 3 b und Absatz 1 a des Fünften Buches entsprechend.

(2) Die Bundesagentur erstattet den Krankenkassen die Kosten für die Begutachtung durch den Medizinischen Dienst der Krankenversicherung nach Absatz 1 Satz 5. Die Bundesagentur und der Spitzenverband Bund der Krankenkassen vereinbaren das Nähere über das Verfahren und die Höhe der Kostenerstattung; der Medizinische Dienst des Spitzenverbands Bund der Krankenkassen ist zu beteiligen. In der Vereinbarung kann auch eine pauschale Abgeltung der Kosten geregelt werden.

Inhaltsübersicht Rn.

1. Regelungsgehalt

Die Norm stellt eine Konkretisierung der allgemeinen Mitwirkungspflicht nach § 60 Abs. 1 Nr. 2 SGB I dar. Sie untergliedert sich in Anzeige und Nachweispflicht. Zweck ist es, dem Grundsicherungsträger mitzuteilen, dass einer Erwerbsobliegenheit nach § 2 nicht nachgekommen werden kann und Eingliederungsleistungen nach § 16 ff. nicht bewilligt werden können. 1

2. Pflichten

Verpflichtet sind solche Personen, die ALG II beantragt haben oder beziehen. Soweit für sie der Antrag durch die Vertretungsfiktion nach § 38 gestellt wurde, nur, wenn sie 2 hiervon Kenntnis haben.[721] Die Anzeigepflicht besteht vom ersten Tag der Arbeitsunfähigkeit an und hat unverzüglich (d. h. ohne schuldhaftes Zögern – § 121 BGB) zu erfolgen und umfasst die Pflicht, die Arbeitsunfähigkeit an sich und deren voraussichtliche Dauer anzuzeigen, nicht hingegen die Diagnose. In § 2 Abs. 3 der Arbeitsunfähigkeits-Richtlinien ist festgelegt, dass Arbeitslose arbeitsunfähig sind, wenn sie aufgrund ihrer Erkrankung nicht mehr in der Lage sind, leichte Tätigkeiten in einem zeitlichen Umfang zu verrichten, für den sie sich bei der Agentur für Arbeit zur Verfügung gestellt haben; dabei ist es unerheblich, welcher Tätigkeit der Versicherte vor der Arbeitslosigkeit nachging. Für die Beurteilung der Arbeitsunfähigkeit beschäftigungsloser Bezieher von ALG II treffen die Arbeitsunfähigkeits-Richtlinien keine ausdrücklichen Regelungen. Grundsätzlich muss entsprechend der Zielsetzung des SGB II darauf abgestellt werden, ob die Erkrankung dazu führt, dass der Hilfebedürftige überhaupt nicht oder nur auf die Gefahr hin, seinen Zustand zu verschlimmern, fähig ist, eine leidensgerechte im Sinne von § 10 zumutbare Tätigkeit jedweder Art auszuüben.[722] Nach Ablauf von drei Kalendertagen ist eine ärztliche Bescheinigung vorzulegen. Es kommt nicht darauf an, dass die Arbeitsunfähigkeit bis zu diesem Tage andauert. Also eine auch nur eintägige Arbeitsunfähigkeit ist durch ärztliche Bescheinigung nachzuweisen.[723] Nach Abs. 1 Satz 2 kann der Grundsicherungsträger die Vorlage auch eher verlangen. Das Verlangen liegt in seinem Ermessen. Dauert die Arbeitsunfähigkeit über die in der ersten vorgelegten Bescheinigung angegeben Zeit an, ist eine weitere vorzulegen (Abs. 1 Satz 3). Abs. 1 Satz 4 stellt die Information der Krankenkassen sicher, ist jedoch nach der Neuregelung von § 25 überflüssig.[724]

3 Der später in die Vorschrift eingefügte Abs. 1 Satz 5 ermöglicht es dem Grundsicherungsträger, bei Zweifeln an der Arbeitsunfähigkeit eine gutachterliche Stellungnahme des medizinischen Dienstes der Krankenkasse anzufordern. Der Verweis auf § 275 Abs. 1 a SGB V nimmt Bezug auf die dort geregelten Fälle der auffällig häufigen oder häufigen nur kurz dauernden Arbeitsunfähigkeitszeiten. Der Katalog des § 275 Abs. 1 a SGB V ist nicht abschließend.

3. Folgen der Pflichtverletzung

4 Erfährt der Grundsicherungsträger von der Arbeitsunfähigkeit auf andere Weise, kann er nach schriftlichem Hinweis auf die Rechtsfolgen nach §§ 66 Abs. 1, Abs. 3 und 37 Satz 1 SGB I die Leistungen nach dem SGB II versagen. Kommt der Leistungsempfänger aufgrund einer durch den medizinischen Dienst erwiesenermaßen vorgeschobenen »Arbeitsunfähigkeit« seinen Erwerbsobliegenheiten nicht nach, kommen Sanktionen nach § 31 Abs. 1 Nr. 1 in Betracht. Eine Ordnungswidrigkeit nach § 63 stellt die Pflichtverletzung jedoch nicht dar.[725]

---

721 Birk in LPK-SGB II, § 56 Rn. 2.
722 Für das SGB III so BSG – 19.09.2002 – B 1 KR 11/02 R.
723 Umkehrschluss aus § 5 EntGFG: Estelmann in Estelmann, SGB II, § 56 Rn. 45; a. A. Birk in LPK-SGB II, § 56 Rn. 4.
724 Blüggel in Eicher/Spellbrink, § 56 Rn. 18.
725 Blüggel in Eicher/Spellbrink, § 56 Rn. 20.

§ 57 Auskunftspflicht von Arbeitgebern

Arbeitgeber haben der Agentur für Arbeit auf deren Verlangen Auskunft über solche Tatsachen zu geben, die für die Entscheidung über einen Anspruch auf Leistungen nach diesem Buch erheblich sein können; die Agentur für Arbeit kann hierfür die Benutzung eines Vordrucks verlangen. Die Auskunftspflicht erstreckt sich auch auf Angaben über das Ende und den Grund für die Beendigung des Beschäftigungsverhältnisses.

Regelungsinhalt

Die Vorschrift hat neben § 312 SGB III kaum eine eigenständige Bedeutung. Der Grundsicherungsträger kann vom Arbeitgeber eine vereinfachte Arbeitsbescheinigung verlangen. Die Angaben müssen entsprechend Satz 2 insbesondere Auskunft über Ende und Grund der Beendigung des Beschäftigungsverhältnisses geben. Dies kann für Sanktionen nach § 31 Abs. 1 Nr. 1 c relevant sein. Es sind Vordrucke zu verwenden. Die Verletzung der Pflicht stellt eine Ordnungswidrigkeit nach § 63 Abs. 2 dar. Ggf. besteht nach § 62 Nr. 2 eine Schadensersatzpflicht. 1

§ 58 Einkommensbescheinigung

(1) Wer jemanden, der laufende Geldleistungen nach diesem Buch beantragt hat oder bezieht, gegen Arbeitsentgelt beschäftigt, ist verpflichtet, diesem unverzüglich Art und Dauer dieser Erwerbstätigkeit sowie die Höhe des Arbeitsentgelts oder der Vergütung für die Zeiten zu bescheinigen, für die diese Leistung beantragt worden ist oder bezogen wird. Dabei ist der von der Agentur für Arbeit vorgesehene Vordruck zu benutzen. Die Bescheinigung ist der- oder demjenigen, die oder der die Leistung beantragt hat oder bezieht, unverzüglich auszuhändigen.

(2) Wer eine laufende Geldleistung nach diesem Buch beantragt hat oder bezieht und gegen Arbeitsentgelt beschäftigt wird, ist verpflichtet, dem Arbeitgeber den für die Bescheinigung des Arbeitsentgelts vorgeschriebenen Vordruck unverzüglich vorzulegen.

Regelungsinhalt

Die Vorschrift enthält zum einen die Pflicht des Leistungsempfängers zur Vorlage des Vordruckes des Grundsicherungsträgers bei seinem Arbeitgeber, wenn er im Bezugszeitraum Arbeitsentgelt erzielt oder erwartet (Abs. 2). Die Vorlagepflicht für Selbständige bei ihren Auftraggebern wurde abgeschafft, um ihnen wirtschaftliche Nachteile hierdurch zu ersparen. Der Vordruck muss durch den Arbeitgeber nach Abs. 1 Satz 1 und 2 hinsichtlich Art und Dauer der Tätigkeit und insbesondere Höhe des Arbeitsentgeltes ausgefüllt werden und nach Satz 3 dem Leistungsempfänger wieder ausgehändigt werden. Dieser hat ihn an den Grundsicherungsträger weiterzuleiten, der dadurch in die Lage versetzt werden soll, das Einkommen nach §§ 11 ff., 30 korrekt anzurechnen. Die Verletzung der Pflicht stellt nach § 63 Abs. 1 Nr. 2 und 3 eine Ordnungswidrigkeit dar. 1

§ 59 Meldepflicht

Die Vorschriften über die allgemeine Meldepflicht, § 309 des Dritten Buches, und über die Meldepflicht bei Wechsel der Zuständigkeit, § 310 des Dritten Buches, sind entsprechend anzuwenden.

Regelungsinhalt

1 Die Vorschrift erklärt die §§ 309 und 310 des SGB III für das SGB II für anwendbar. Nach diesen Vorschriften hat sich der Arbeitslose für den Zeitraum, in dem er Arbeitslosengeld beansprucht, nach Aufforderung bei der Agentur für Arbeit zu melden und zu Untersuchungsterminen zu erscheinen.

2 Voraussetzung ist daher auch im Rahmen des SGB II, dass der Grundsicherungsträger zur Meldung auffordert. Diese Aufforderung stellt einen Verwaltungsakt dar.[726] Die Meldeaufforderung liegt im Ermessen des Grundsicherungsträgers und unterliegt damit auch besonders dem Verhältnismäßigkeitsgrundsatz. So wird die Aufforderung nur dann ermessensfehlerfrei sein, wenn mildere Mittel, insbesondere schriftliche Äußerungen, nicht in Betracht kommen.[727] Die Meldezwecke aus § 309 Abs. 2 SGB III sind auch für das SGB II abschließend. In Betracht kommen daher Berufsberatung, die Vermittlung von Arbeit oder Ausbildung, die Vorbereitung aktiver Arbeitsförderungsleistung, die Vorbereitung von Entscheidungen im Leistungsverfahren und die Prüfung der Voraussetzungen für den Leistungsanspruch. Im Falle eines Umzuges des Leistungsempfängers in den Zuständigkeitsbereich eines anderen Grundsicherungsträgers (§ 36) hat sich der Leistungsempfänger bei diesem unverzüglich nach § 59 SGB II i. V. m. § 310 SGB III zu melden. Dem Leistungsempfänger sind die Reisekosten, die ihm zur Wahrnehmung des Termins entstehen, nach § 59 und § 310 Abs. 5 SGB III in der Regel zu erstatten, das Ermessen des Grundsicherungsträgers ist insoweit auf null reduziert.[728]

3 Die Verletzung der Meldepflicht nach Aufforderung kann bei Vorliegen der übrigen Voraussetzungen zu einer Sanktion nach § 31 Abs. 2 und 3 führen. Die Verletzung der Pflicht nach § 310 SGB III ist jedoch sanktionslos.[729] Ebenfalls stellt die Verletzung der Pflichten keine Ordnungswidrigkeit nach § 63 dar.

§ 60 Auskunftspflicht und Mitwirkungspflicht Dritter

(1) Wer jemandem, der Leistungen nach diesem Buch beantragt hat oder bezieht, Leistungen erbringt, die geeignet sind, diese Leistungen nach diesem Buch auszuschließen oder zu mindern, hat der Agentur für Arbeit auf Verlangen hierüber Auskunft zu erteilen, soweit es zur Durchführung der Aufgaben nach diesem Buch erforderlich ist.

(2) Wer jemandem, der eine Leistung nach diesem Buch beantragt hat oder bezieht, zu Leistungen verpflichtet ist, die geeignet sind, Leistungen nach diesem Buch aus-

726 Birk in LPK-SGB II, § 59 Rn. 2.
727 Birk in LPK-SGB II, § 59 Rn. 2.
728 BSG – 06. 12. 2007 – B 14/7b AS 50/06 R.
729 Birk in LPK-SGB II, § 59 Rn. 6.

zuschließen oder zu mindern, oder wer für ihn Guthaben führt oder Vermögensgegenstände verwahrt, hat der Agentur für Arbeit auf Verlangen hierüber sowie über damit im Zusammenhang stehendes Einkommen oder Vermögen Auskunft zu erteilen, soweit es zur Durchführung der Aufgaben nach diesem Buch erforderlich ist. § 21 Absatz 3 Satz 4 des Zehnten Buches gilt entsprechend. Für die Feststellung einer Unterhaltsverpflichtung ist § 1605 Absatz 1 des Bürgerlichen Gesetzbuchs anzuwenden.

(3) Wer jemanden, der

1. Leistungen nach diesem Buch beantragt hat oder bezieht oder dessen Partnerin oder Partner oder

2. nach Absatz 2 zur Auskunft verpflichtet ist,

beschäftigt, hat der Agentur für Arbeit auf Verlangen über die Beschäftigung, insbesondere über das Arbeitsentgelt, Auskunft zu erteilen, soweit es zur Durchführung der Aufgaben nach diesem Buch erforderlich ist.

(4) Sind Einkommen oder Vermögen der Partnerin oder des Partners zu berücksichtigen, haben

1. dieser Partner,

2. Dritte, die für diese Partnerin oder diesen Partner Guthaben führen oder Vermögensgegenstände verwahren,

der Agentur für Arbeit auf Verlangen hierüber Auskunft zu erteilen, soweit es zur Durchführung der Aufgaben nach diesem Buch erforderlich ist. § 21 Absatz 3 Satz 4 des Zehnten Buches gilt entsprechend.

(5) Wer jemanden, der Leistungen nach diesem Buch beantragt hat, bezieht oder bezogen hat, beschäftigt, hat der Agentur für Arbeit auf Verlangen Einsicht in Geschäftsbücher, Geschäftsunterlagen und Belege sowie in Listen, Entgeltverzeichnisse und Entgeltbelege für Heimarbeiterinnen oder Heimarbeiter zu gewähren, soweit es zur Durchführung der Aufgaben nach diesem Buch erforderlich ist.

Inhaltsübersicht

1. Regelungsgehalt und -zweck

Die Norm regelt die Pflicht Dritter, in der Regel nicht am Sozialrechtsverhältnis Beteiligter, Auskünfte gegenüber dem Grundsicherungsträger (§ 6) auf dessen Verlangen hin zu erteilen. Das Auskunftsersuchen ist Verwaltungsakt.[730] Seine sofortige Vollziehung kann 1

730 LSG Berlin-Brandenburg – 14.06.2007 – L 28 B 769/07 AS ER.

auf Antrag des Begünstigten nach § 86a Abs. 2 Nr. 5 SGG angeordnet werden. Die Auskunftspflichten aus § 60 haben alle einen Bezug zur Bedarfs-, Einkommens und Vermögensberechnung und sollen Leistungsmissbrauch vorbeugen. Soweit die Zustimmung zur Einholung dieser Auskünfte durch den Leistungsempfänger notwendig ist, ist dieser nach § 60 Abs. 1 S. 1 Nr. 1 SGB I hierzu verpflichtet. Ähnliche Regelungen finden sich in §§ 315 und 319 SGB III sowie § 36 SGB XII. Nicht vorgesehen sind in der Vorschrift Auskünfte von Personen im Haushalt nach § 9 Abs. 5 sowie Personen, gegen die Ansprüche nach § 34 in Betracht kommen.[731]

2. Grenzen

2 Teilweise wird vertreten, dass Auskünfte von Dritten stets der Zustimmung des Leistungsempfängers bedürfen, da sonst in sein Recht auf informationelle Selbstbestimmung aus Art. 2 Abs. 1 i.V.m. Art 1 Abs. 1 GG unverhältnismäßig eingegriffen werde.[732] Insoweit sei die Frage, ob § 60 SGB II spezieller sei als § 60 SGB I (der ein Zustimmungserfordernis statuiert). hinfällig, da eine verfassungskonforme Auslegung die Zustimmung ohnehin erforderlich mache. Dem ist jedoch nicht zuzustimmen. Die Auskünfte, die von Dritten verlangt werden können, betreffen allesamt lediglich die Sozialsphäre des Leistungsempfängers und berühren weder seine Privat- noch eine Intimsphäre. Ferner ist zu berücksichtigen, dass es sich überwiegend um Informationen handelt, derer sich der Leistungsempfänger gegenüber den betroffenen Dritten bereits freiwillig entäußert hat. Darüber hinaus entlastet es den Leistungsempfänger gegenüber dem Grundsicherungsträger, da er nicht alle Auskünfte selbst einholen muss. Dem gegenüber steht das Interesse an der präventiven Verhütung von Leistungsmissbrauch und die Funktionstüchtigkeit des Sozialstaates aus Art. 20 GG. Dem Gesetzgeber steht bei der Einschränkung von Grundrechten aus Gründen des Sozialstaatsprinzips ein weiter Spielraum zu.[733] Der Eingriff in die informationelle Selbstbestimmung scheint vor diesem Hintergrund gerechtfertigt. Allerdings sind die Auskunftspflichten Dritter von verfassungswegen als auf die in § 60 genannten beschränkt. Darüber hinaus bietet auch die Amtsermittlungspflicht des Grundsicherungsträgers nach § 20 SGB X keine weiteren Auskunftsberechtigungen.[734]

3. Erforderlichkeit

3 Die Auskunftsrechte des Grundsicherungsträgers beschränken sich auf die erforderlichen Auskünfte. Nicht erfasst sind daher von vornherein Auskünfte, die unter keinem denkbaren Gesichtspunkt Einfluss auf die Leistungen nach dem SGB II haben können.[735] Zeitlich sind die Auskünfte auf den Zeitraum des Leistungsbezugs begrenzt. Sachlich müssen sie einen Bezug zu den Leistungen aufweisen und können nicht für das Ordnungs-

731 Zum Meinungsstand hierzu Schoch in LPK-SGB II, § 60 Rn. 5.
732 Schoch in LPK-SGB II, § 60 Rn. 10.
733 Jarass/Pieroth, GG, Art. 20 Rn. 122ff. m.w.N.
734 Ebenso Schoch in LPK-SGB II, § 60 Rn. 16; a.A. Estelmann § 60 Rn. 12.
735 Schoch in LPK-SGB II, § 60 Rn. 18.

widrigkeitsverfahren erfolgen oder für die Durchsetzung zivilrechtlicher Ansprüche.[736] Ferner sind Auskünfte nicht erforderlich, wenn sie auf anderem Wege einfacher, ggf. mit geringerer Eingriffintensität erlangt werden können und zum anderen dann, wenn sie lediglich der Arbeitserleichterung der Behörde dienen.[737]

4. Auskunftspflicht bei Leistungserbringung (Abs. 1)

Verpflichtet sind sämtliche Leistungsträger, die Leistungen erbringen, die auf SGB II-Leistungen anrechenbar sind. Auf die Rechtsgrundlage der Erbringung kommt es dabei nicht an. In Betracht kommen daher insbesondere die Familienkassen, Renten-, Unfall- und Krankenversicherungen im Hinblick auf Renten oder Krankengeld, Landkreise im Hinblick auf Wohngeld, Unterhaltsvorschuss und Leistungen nach dem SGB XII sowie BaföG-Behörden. Auskunftsberechtigt sind die Arbeitsagentur bzw. die nach § 44 b berechtigten gemeinsamen Einrichtungen oder die nach § 6 a optierenden Kommunen.[738] 4

5. Auskunftspflicht bei Leistungsverpflichtung und Guthaben

Die Verpflichtung aus Abs. 1 wird wiederholt, soweit nur eine Verpflichtung zu Leistungen besteht, die Einfluss auf Leistungen nach dem SGB II haben. Also für den Fall, dass diese noch nicht ausgezahlt wurden. 5

Ferner haben Dritte, die für den Leistungsempfänger Guthaben führen oder Vermögen verwahren, entsprechende Auskünfte zu erteilen. Betroffen sind daher insbesondere Geld- und Kreditinstitute, die Einkommen und Vermögen des Leistungsempfängers in allen denkbaren Anlageformen führen.[739] Ferner sind sie zur Auskunft dazu verpflichtet, ob und in welchem Umfang aus dem angelegten Vermögen weiteres Einkommen oder Vermögen erzielt wurde, also insbesondere Zinseinnahmen und Anlagengewinne. Soweit für die Auskunftserteilung Kosten entstehen, können diese nach Abs. 2 Satz 3 nach § 21 Abs. 3 S. 4 SGB X erstattet werden. 6

Weiterhin sind Finanzbehörden im Rahmen des § 21 Abs. 4 SGB X zu Auskünften verpflichtet. Hierbei wird vertreten, dass § 60 lex specialis zu § 21 Abs. 4 SGB X sei, was dazu führe, dass Auskünfte hinsichtlich Personen nach § 9 Abs. 5 und § 34 ff. durch den Grundsicherungsträger von den Finanzbehörden nicht verlangt werden können.[740] Dies scheint zweifelhaft vor dem Hintergrund, dass der Gesetzgeber zu Finanzbehörden schlechterdings gar keine Regelung in § 60 aufgenommen hat. Es ist insoweit nicht erkennbar, dass er hier eine abschließende speziellere Regelung treffen wollte, sodass diese Lücke durch die reguläre Anwendung von § 21 Abs. 4 SGB X zu schließen ist. Weitere Auskunftsansprüche finden sich in § 39 Abs. 3 Satz 1 Nr. 1 StVG gegenüber der Kfz-Zulassungsstelle und in § 45 Abs. 3 EStG gegenüber dem Bundesamt für Finanzen hinsichtlich Zinsertragssteuern. 7

736 Schoch in LPK-SGB II, § 60 Rn. 18.
737 Schoch in LPK-SGB II, § 60 Rn. 19.
738 Blüggel in Eicher/Spellbrink, § 61 Rn. 7.
739 BT-Drs. 15/1516, S. 66.
740 Schoch in LPK-SGB II, § 60 Rn. 24.

Weiterhin kann durch die Bezugnahme auf § 1605 Abs. 1 BGB der Grundsicherungsträger von denjenigen Auskunft verlangen, die familienrechtlich zum Unterhalt verpflichtet sind. Die Vorschrift des § 1605 BGB erfasst dabei nur Verwandte in gerader Linie, jedoch ist sie auch gegenüber Ehegatten berechtigt, da der Gesetzeswortlaut nur den Umfang der Mitwirkungspflicht regelt und nicht den Personenkreis.[741] Die Verpflichteten müssen auf Verlangen entsprechend die Höhe ihrer Einkünfte durch Belege, insbesondere Bescheinigungen des Arbeitgebers, nachweisen. Der Auskunftsanspruch entfällt nur, wenn bindend feststeht, dass ein Unterhaltsanspruch nicht besteht.[742] Im Zweifel sind die Auskünfte zu erteilen. Da § 60 Abs. 2 nur auf den ersten Absatz von § 1605 Bezug nimmt, ist klargestellt, dass die Einschränkung aus Abs. 2 nicht gilt.[743] Der Anwendungsbereich wird durch § 60 Abs. 4 Satz 1 Nr. 1 auf Einkommen und Vermögen der Partner erweitert.

6. Auskunftspflicht von Arbeitgebern (Abs. 3)

8 Die Vorschrift verpflichtet Arbeitgeber zur Auskunft über gezahltes Arbeitsentgelt für die Dauer eines Beschäftigungsverhältnisses i. S. d. § 7 SGB IV mit einer der dort genannten Personen. Die Vorschrift dürfte versehentlich zu weit gefasst sein, wenn sie Auskunftspflichten über das Arbeitsentgelt der Guthabens- und Vermögensführer (Kreditinstituten) aufnimmt. Jedenfalls ist eine solche Auskunft nicht erforderlich im Sinne des Gesetzes.[744] Aus dem Umkehrschluss aus Abs. 2 ergibt sich, dass Arbeitgeber keinen Anspruch auf Entschädigung nach § 21 Abs. 3 Satz 4 SGB X haben, was auch durch ihre erhöhte Sozialpflicht zu rechtfertigen ist.[745]

7. Auskunftspflicht von Partnern und Dritten (Abs. 4)

9 Nach dieser Vorschrift sind Partner des Leistungsempfängers hinsichtlich ihres Einkommens und Vermögens zur Auskunft verpflichtet, sowie Dritte, die deren Guthaben führen oder Vermögen verwahren. Partner sind Personen i. S. d. § 7 Abs. 3 Nr. 3. Ob der Dritte Partner im Sinne des Gesetzes ist, muss jedenfalls in Form von erheblichen Indizien bzw. gewichtigen Anhaltspunkten feststehen.[746] Die Auffassung, es müsse zunächst die vollziehbare Feststellung der Partnereigenschaft durch Verwaltungsakt getroffen werden,[747] scheint überzogen. Die betroffenen Personen können eine Entschädigung nach § 21 Abs. 3 Satz 4 SGB X verlangen.

741 Meyerhoff in jurisPK-SGB II, § 60 Rn. 37.
742 BSG – 16. 08. 1989 – 7 RAr 82/88.
743 Schoch in LPK-SGB II, § 60 Rn. 27.
744 Schoch in LPK-SGB II, 3 60 Rn. 32.
745 BSG – 18. 05. 1995 – 7 RAr 2/95.
746 LSG Baden-Württemberg – 19. 07. 2007 – L 7 AS 1703/06; LSG Niedersachsen-Bremen – 20. 04. 2007 – L 13 AS 40/07 ER.
747 So Schoch in LPK-SGB II, § 60 Rn. 34.

8. Einsichtnahme in Unterlagen (Abs. 5)

Wer (ehemalige) Leistungsempfänger oder Personen, die Leistungen beantragt haben, beschäftigt, hat auf Verlangen Einblick in die in der Vorschrift genannten Geschäftsunterlagen zu gewähren. Aufgrund der erheblichen Reichweite dieser Vorschrift und der Berührung von Interessen des Arbeitgebers müssen solche Auskünfte subsidiär zu den Auskünften in den vorherigen Absätzen sein, sodass eine Erforderlichkeit im Sinne des Gesetzes nur gegeben ist, wenn andere Auskünfte nicht oder nicht vollständig zu erlangen waren, oder widersprüchlich oder sonst unklar sind.[748] Die Vorschrift vermittelt dem Grundsicherungsträger kein Betretungsrecht für die Räumlichkeiten des Arbeitgebers. Verweigert er das Betreten, muss er die Unterlagen jedoch herausgeben. Erlaubt er die Einsichtnahme in seine Räumlichkeiten, muss er die Unterlagen jedoch dann nicht herausgeben.[749] Die Behörde muss sich insoweit Kopien machen oder Abschriften fertigen.[750] **10**

9. Pflichtverletzung

Wer keine oder falsche Auskünfte erteilt, ist zum Schadensersatz nach § 62 verpflichtet bzw. begeht eine Ordnungswidrigkeit nach § 63, die mit einer Geldbuße geahndet wird. Auswirkungen auf den Leistungsanspruch des Leistungsempfängers darf sie jedoch nicht haben. **11**

§ 61 Auskunftspflichten bei Leistungen zur Eingliederung in Arbeit

(1) Träger, die eine Leistung zur Eingliederung in Arbeit erbracht haben oder erbringen, haben der Agentur für Arbeit unverzüglich Auskünfte über Tatsachen zu erteilen, die Aufschluss darüber geben, ob und inwieweit Leistungen zu Recht erbracht worden sind oder werden. Sie haben Änderungen, die für die Leistungen erheblich sind, unverzüglich der Agentur für Arbeit mitzuteilen.

(2) Die Teilnehmerinnen und Teilnehmer an Maßnahmen zur Eingliederung sind verpflichtet,

1. **der Agentur für Arbeit auf Verlangen Auskunft über den Eingliederungserfolg der Maßnahme sowie alle weiteren Auskünfte zu erteilen, die zur Qualitätsprüfung benötigt werden, und**
2. **eine Beurteilung ihrer Leistung und ihres Verhaltens durch den Maßnahmeträger zuzulassen.**

Die Maßnahmeträger sind verpflichtet, ihre Beurteilungen der Teilnehmerin oder des Teilnehmers unverzüglich der Agentur für Arbeit zu übermitteln.

Inhaltsübersicht Rn.

748 Meyerhoff in jurisPK-SGB II, § 60 Rn. 52.
749 Schoch in LPK-SGB II, § 60 Rn. 36; a. A. Estelmann, § 60 Rn. 53.
750 Voelzke in: Hauck/Noftz, SGB III, § 319 Rn. 8.

1. Regelungsinhalt und -zweck

1 Die Auskunftspflichten flankieren die Eingliederungsmaßnahmen in §§ 16 ff. und sollen die Rechtmäßigkeit der Leistungserbringung sicherstellen. Ferner soll sie den Träger der Grundsicherung für Arbeitsuchende in die Lage versetzen, Maßnahmen der Eingliederung aktiv zu begleiten und bei Bedarf einzugreifen, um den Maßnahmeerfolg zu sichern.[751] Sie sollen dem Grundsicherungsträger darüber hinaus ermöglichen, im Rahmen seiner Vermittlungstätigkeit die Stärken und Schwächen des Leistungsempfängers in seine Anstrengungen einzubeziehen und ggf. weitere passende Eingliederungsmaßnahmen auszuwählen.[752] Ähnliche Regelungen finden sich in § 318 SGB III und §§ 75 ff. SGB XII.

2. Auskunftspflichten der Maßnahmenträger (Abs. 1)

2 Auskunftsberechtigt ist nach dem Wortlaut die Agentur für Arbeit. Werden ihre Aufgaben durch eine gemeinsame Einrichtung wahrgenommen (§ 44 b), so geht dieses Recht auf diese über. Gleiches gilt für Optionskommunen (§ 6 a).

3 Verpflichtet sind nach Abs. 1 Träger, die eine Leistung zur Eingliederung in Arbeit erbringen. Gemeint sind hier sämtliche Träger, die Eingliederungsleistungen nach §§ 16 ff. erbringen.[753] Hierzu gehören auch Arbeitgeber, die Leistungen, insbesondere Lohnzuschüsse (§ 16 e) zugunsten von Leistungsempfängern erhalten.[754] Aufgrund der Beschränkung der Auskünfte auf diejenigen, die leistungsrelevant sind, sind auch Leistungserbringer nach § 16 a (problematisch insoweit psychosoziale Beratung und Suchtberatung) zur Auskunft verpflichtet.[755] Soweit die Agentur für Arbeit selbst Leistungserbringer ist, erübrigt sich eine Auskunftspflicht.

4 Welche Auskünfte genau zu erteilen sind, hält das Gesetz relativ vage. Zunächst muss es sich um Tatsachen handeln, mithin keine Werturteile oder gar Rechtsansichten.[756] Diese müssen einen Leistungsbezug aufweisen. In Betracht kommen insbesondere Informationen über Fehlzeiten, ein Maßnahmenabbruch und Umstände, die Zweifel an der Erwerbsfähigkeit aufkommen lassen. Ob darüber hinaus auch Auskünfte über den Zufluss von Einkommen bzw. das Vorhandensein von Vermögen erfasst sind,[757] erscheint vor dem Hintergrund des Zwecks der Vorschrift zweifelhaft und muss wohl bei verfassungs-

---

751 BT-Drs. 15/1516, S. 66.
752 Voelzke in Hauck/Noftz, § 61 Rn. 6.
753 A. A. Wiesner in Linhart/Adolph, § 61 Rn. 8, der die Vorschrift auf Leistungen nach § 16 Abs. 1 a. F. beschränkt.
754 Meyerhoff in jurisPK-SGB II, § 61 Rn. 15.
755 Ebenso Meyerhoff in jurisPK-SGB II, § 61 Rn. 17.
756 Schoch in LPK-SGB II, § 61 Rn. 8.
757 So bspw. Meyerhoff in jurisPK-SGB II, § 61 Rn. 19.

konformer Auslegung der Norm im Hinblick auf das informationelle Selbstbestimmungsrecht unterbleiben.[758] Aufgrund des Eingriffs in die informationelle Selbstbestimmung ist die verfassungskonforme Begrenzung der Vorschrift generell notwendig. Es ist daher Auskunft nur über solche Umstände zu erteilen, die ersichtlich einen Leistungsbezug zu den Eingliederungsmaßnahmen haben. Solche, die nur möglicherweise einen solchen Bezug aufweisen oder bloße Verdachtsmomente genügen daher nicht.[759] Überzogen scheint es jedoch darüber hinaus, den Leistungsempfänger von der Auskunft zu informieren und ihm die Möglichkeit der Mitwirkung einzuräumen.[760] Die Auskünfte sind unverzüglich zu erteilen, mithin ohne schuldhaftes Zögern (§ 121 Abs. 1 BGB).

3. Mitteilungspflicht des Maßnahmeteilnehmers (Abs. 2 Nr. 1)

Die Vorschrift benennt in Abs. 2 ausdrücklich Maßnahmen zur Eingliederung und in Abs. 1 Leistungen zur Eingliederung. Damit ist der Anwendungsbereich des Abs. 2 auf Leistungen nach § 16 Abs. 1 i. V. m. mit dem SGB III begrenzt; und zwar für Maßnahmen der beruflichen Weiterbildung (sechster Abschnitt des Vierten Kapitels des SGB III), an berufsvorbereitenden Bildungsmaßnahmen (fünfter Abschnitt des vierten Kapitels) und an Maßnahmen der beruflichen Aus- und Weiterbildung Behinderter (siebter Abschnitt des vierten Kapitels). Ferner dürften auch die Arbeitsgelegenheiten nach § 16d hierunter fallen.[761] Auskünfte sind hinsichtlich des Eingliederungserfolgs zu erteilen, also insbesondere, welche Fähigkeiten und Kenntnisse vermittelt werden konnten,[762] ferner Qualitätskriterien, die insoweit einen Bezug zu § 17 Abs. 2 Nr. 1 und Nr. 3 aufweisen. 5

4. Leistungs- und Verhaltensbeurteilung (Abs. 2 Nr. 2 und Satz 2)

Die Vorschrift verpflichtet Teilnehmer, eine Leistungs- und Verhaltensbeurteilung zuzulassen. Beschränkt ist der Anwendungsbereich auf die oben unter 3. genannten Maßnahmen. Es soll hierbei insbesondere durch eine realistische Leistungseinschätzung die spätere Vermittlung unterstützt werden[763] und die Zweckmäßigkeit weiterer Eingliederungsmaßnahmen geprüft werden. Ob eine Verpflichtung zur vorherigen Eröffnung gegenüber dem Leistungsempfänger besteht,[764] erscheint zweifelhaft. Der Maßnahmeträger hat nach Zustimmung diese Auskünfte nach Abs. 2 Satz 2 sodann unverzüglich (ohne schuldhaftes Zögern – § 121 Abs. 1 BGB) an den Grundsicherungsträger weiterzuleiten. 6

758 Schoch in LPK-SGB II, § 61 Rn. 12.
759 So aber Stark in Estelmann, § 60 Rn. 13.
760 So aber Schoch in LPK-SGB II, § 61 Rn. 10.
761 Meyerhoff in jurisPK-SGB II, § 61 Rn. 22.
762 Meyerhoff in jurisPK-SGB II, § 61 Rn. 23.
763 Meyerhoff in jurisPK-SGB II, § 61 Rn. 25.
764 So Schoch in LPK-SGB II, § 61 Rn. 17.

5. Pflichtverletzung

7 Verletzt ein privater Träger seine Pflichten, kann dies als Ordnungswidrigkeit nach § 63 Abs. 1 Nr. 4 verfolgt werden. Öffentliche Träger sind hiervon ausgenommen. Eine Schadensersatzpflicht entsteht nicht.

§ 62 Schadensersatz

Wer vorsätzlich oder fahrlässig
1. eine Einkommensbescheinigung nicht, nicht richtig oder nicht vollständig ausfüllt,
2. eine Auskunft nach § 57 oder § 60 nicht, nicht richtig oder nicht vollständig erteilt,
ist zum Ersatz des daraus entstehenden Schadens verpflichtet.

Inhaltsübersicht Rn.

1. Regelungsgehalt und -zweck

1 Mit der Vorschrift sollen Schäden ausgeglichen werden, die durch Überzahlung an den Leistungsempfänger eingetreten sind. Sie kann neben einen Erstattungsanspruch treten.[765] Sie soll weder der Durchsetzung von Mitwirkungspflichten noch der Bestrafung oder Erziehung des Arbeitgebers dienen.[766]

2. Systematik

2 Die Vorschrift des § 62 ist abschließend und verdrängt andere Ansprüche bspw. aus §§ 823, 826 BGB.[767] Ferner ist ein Rückgriff des in Anspruch genommenen Arbeitgebers gegen die Arbeitnehmer ausgeschlossen, da sonst die Voraussetzungen der Aufhebungsvorschriften der §§ 45 ff. SGB X umgangen würden.[768] Umgekehrt ist ein Rückgriff der in Anspruch genommenen Arbeitnehmer gegen den Arbeitgeber, der bspw. eine Einkommensbescheinigung falsch oder unvollständig ausgefüllt hat, möglich, jedoch ist er im Rahmen seiner Schadensminderungspflicht gehalten, zuvor eine aus diesem Grund rechtswidrige Bewilligung durch Widerspruch und Klage anzufechten.[769]

765 BT-Drs. 15/1516, S. 66.
766 BSG SozR 4100 § 145 Nr. 1.
767 Zu § 321 SGB III: Voelzke in Hauck/Noftz, SGB III, § 321 Rn. 4;
768 Voelzke in Hauck/Noftz, SGB II, § 62 Rn. 3, 4.
769 Voelzke in Hauck/Noftz, SGB II, § 62 Rn. 5.

3. Tatbestand

3.1 Pflichtverletzung

Es müssen zunächst die Pflichten aus §§ 57, 58 oder 60 verletzt worden sein. Dabei muss geprüft werden, ob die Pflichten tatsächlich dem Grunde nach bestanden und ob die fehlerhafte Auskunft tatsächlich vom Umfang der Auskunftspflicht erfasst war. Entsteht nur deshalb ein Schaden, weil sich der Grundsicherungsträger auf eine fehlerhafte Auskunft verlassen hat, die von der Auskunftspflicht nicht erfasst war, liegt keine tatbestandliche Pflichtverletzung vor.[770] Es muss eine fehlerhafte, also unrichtige Auskunft vorliegen. Dies ist der Fall, wenn eine eindeutige Frage falsch beantwortet wurde.[771] Tatbestandlich erfasst sind ferner das vollständige Unterlassen einer Auskunft oder das unvollständige Erteilen. Von der Vorschrift nicht ausdrücklich erwähnt ist die nicht rechtzeitige Angabe von Tatsachen. Der Vergleich mit § 63 zeigt jedoch, dass auch dies erfasst sein muss. Sie stellt eine besondere Form der Nichterteilung von Auskünften dar.[772] Es müssen gerade Tatsachen falsch bzw. nicht oder unvollständig angegeben worden sein. Rechtsansichten oder Werturteile gehören nicht dazu.[773] Soweit Einkommensbescheinigungen durch Vordrucke eingeholt werden (§ 58 Abs. 1 Satz 2; § 57 Satz 1) müssen diese klar und einfach gestaltet werden, damit typische Fehler beim Ausfüllen vermieden werden.[774] Beruht die falsche Angabe auf einem fehlerhaften Verständnis eines im Vordruck verwendeten Rechtsbegriffes, liegt keine Pflichtverletzung vor.[775] 3

3.2 Verschulden

Es muss darüber hinaus ein Verschulden, mithin also Vorsatz oder Fahrlässigkeit vorliegen. Einfache Fahrlässigkeit genügt. Es sind alle Arten des Vorsatzes, mithin als Absicht, bewusstes Wissen sowie das für möglich Halten und billigend in Kauf nehmen (bedingter Vorsatz) umfasst. Fahrlässig handelt, wer die im Verkehr erforderliche Sorgfalt außer Acht lässt (§ 276 Abs. 1 Satz 2 BGB). Werden Dritte durch die zur Auskunft verpflichtete Person herangezogen, also insbesondere Mitarbeiter usw., handeln sie also mit deren Wissen und Wollen in ihrem Pflichtenkreis, so sind sie Erfüllungsgehilfen nach § 278 BGB, deren Verschulden ihr im Rahmen des § 62 zugerechnet wird. Eine Exkulpationsmöglichkeit wie in § 831 BGB (Sorgfältige Auswahl) besteht im Rahmen dieser Vorschrift nicht.[776] 4

---

770 Zu § 145 AFG: BSG – 12.02.1980 – 7 RAr 26/79; BSG – 11.01.1989 – 7 RAr 88/87.
771 Schoch in LPK-SGB II, § 62 Rn. 11.
772 Blüggel in Eicher/Spellbrink, § 62 Rn. 6.
773 BSG – 28.06.1991 – 11 RAr 117/90.
774 BSG – 30.01.1990 – 11 RAr 11/89.
775 BSG – 11.01.1989 – 7 RAr 88/87.
776 BSG – 20.10.1983 – 7 RAr 41/82; Voelzke in Hauck/Noftz, SGB II, § 62 Rn. 17.

3.3 Kausaler Schaden

5 Es muss ferner dem Grundsicherungsträger ein kausaler Schaden entstanden sein. Ein Schaden liegt in der Regel in einer Leistungsgewährung an den Leistungsempfänger, die diesem materiell-rechtlich nicht oder nicht in diese Höhe zusteht.[777] Ein solcher entsteht auch dann, wenn dem Grundsicherungsträger die Aufhebung und Erstattung nach §§ 45 ff. SGB X möglich ist.[778] Der Schaden kann auch nur in der zu Unrecht erbrachten Leistung bestehen; nicht darüber hinaus in zusätzlichen Verwaltungskosten oder Zinsen.[779] Dies folgt aus dem Schutzzweck der Norm, die nur Überzahlungen an den Leistungsempfänger ausgleichen soll.

3.4 Mitverschulden

6 Entsprechend § 254 BGB ist ein eventuelles Mitverschulden zu berücksichtigen.[780] Ein solches schließt den Anspruch jedoch nicht vollständig aus, sondern mindert lediglich den Umfang des zu ersetzenden Schadens.[781] So wird die ungeprüfte Übernahme von Auskünften durch die Mitarbeiter der Behörde als schadenminderndes Mitverschulden angesehen.[782] Ferner können evidente Mängel im Auskunftsersuchen des Grundsicherungsträgers den Schadensersatzanspruch minimieren oder ganz beseitigen.[783] Auch das Versäumnis des Grundsicherungsträgers, einen eventuellen Erstattungsanspruch nach §§ 45 ff. SGB X geltend zu machen, kann den Anspruch mindern oder ausschließen.[784] Dies gilt allerdings dann nicht, wenn die Voraussetzungen der Vorschriften nicht vorliegen oder nur schwer nachweisbar sind.[785] Auch ist der Grundsicherungsträger gehalten, noch offene Zahlungen auf eine rechtswidrige Bewilligung hin zu stoppen.

4. Rechtsfolge

7 Rechtsfolge des Anspruches ist die Leistung von Schadensersatz. Der Schadensersatzanspruch ist öffentlich-rechtlicher Natur.[786] Der Anspruch ist, mangels Rechtsgrundlage, nicht zu verzinsen.[787]

Die Verjährung richtet sich nach §§ 195, 199 BGB. Verjährungsfrist beträgt mithin drei Jahre.[788]

777 Schoch in LPK-SGB II, § 62 Rn. 15.
778 Schoch in LPK-SGB II, § 62 Rn. 15.
779 Meyerhoff in jurisPK-SGB II, § 62 Rn. 20.
780 BSG – 20.10.1983 – 7 RAr 41/82.
781 Vgl. zu § 145 AFG: BSG – 30.01.1990 – 11 RAr 11/89.
782 BSG – 20.10.1983 – 7 RAr 41/82; zweifelnd Voelzke in Hauck/Noftz SGB III, § 321 Rn. 22.
783 Meyerhoff in jurisPK-SGB II, § 62 Rn. 19.
784 Estelmann, § 62 Rn. 15.
785 BSG – 20.10.1983 – 7 RAr 41/82.
786 BSG – 11.01.1989 – 7 RAr 88/87.
787 BSG – 18.12.1979 – 2 RU 3/79.
788 Meyerhoff in jurisPK-SGB II, § 62 Rn. 25.

5. Geltendmachung

Der Schadensersatzanspruch ist vor den Sozialgerichten geltend zu machen (§ 51 Nr. 4 SGG).[789] Umstritten und durch die Rechtsprechung bisher nicht abschließen geklärt ist, ob die Ansprüche durch Verwaltungsakt geltend zu machen sind[790] oder im Rahmen einer Leistungsklage.[791] Da das BSG erkennen ließ, dass die Leistungsklage nur als Ausnahme in diesem Fall zuzulassen sei, scheint eine Tendenz zur Geltendmachung durch Verwaltungsakt gegeben zu sein.[792] 8

789 BSG – 30.01.1990 – 11 RAr 11/89.
790 So BSG – 28.06.1991 – 11 RAr 117/90.
791 So noch BSG – 12.02.1980 – 7 RAr 26/79.
792 Zum Ganzen Schoch in LPK-SGB II, § 62 Rn. 24.

3. Sozialgesetzbuch (SGB) Drittes Buch (III) – Arbeitsförderung

Vom 24. März 1997 (BGBl. I S. 594); zuletzt geändert durch Art. 2 G v. 23. Oktober 2012 (BGBl. I S. 2246)

– Auszug –

Übersicht

Drittes Kapitel
Aktive Arbeitsförderung

Erster Abschnitt
Beratung und Vermittlung

Erster Unterabschnitt
Beratung

§ 29 Beratungsangebot

(1) Die Agentur für Arbeit hat jungen Menschen und Erwachsenen, die am Arbeitsleben teilnehmen oder teilnehmen wollen, Berufsberatung und Arbeitgebern Arbeitsmarktberatung anzubieten.

(2) Art und Umfang der Beratung richten sich nach dem Beratungsbedarf der oder des Ratsuchenden.

(3) Die Agentur für Arbeit soll bei der Beratung die Kenntnisse über den Arbeitsmarkt des europäischen Wirtschaftsraumes und die Erfahrungen aus der Zusammenarbeit mit den Arbeitsverwaltungen anderer Staaten nutzen.

§ 30 Berufsberatung

Die Berufsberatung umfasst die Erteilung von Auskunft und Rat

1. zur Berufswahl, zur beruflichen Entwicklung und zum Berufswechsel,
2. zur Lage und Entwicklung des Arbeitsmarktes und der Berufe,
3. zu den Möglichkeiten der beruflichen Bildung,
4. zur Ausbildungs- und Arbeitsstellensuche,
5. zu Leistungen der Arbeitsförderung,
6. zu Fragen der Ausbildungsförderung und der schulischen Bildung, soweit sie für die Berufswahl und die berufliche Bildung von Bedeutung sind.

§ 31 Grundsätze der Berufsberatung

(1) Bei der Berufsberatung sind Neigung, Eignung und Leistungsfähigkeit der Ratsuchenden sowie die Beschäftigungsmöglichkeiten zu berücksichtigen.

(2) Die Agentur für Arbeit kann sich auch nach Beginn einer Berufsausbildung oder nach der Aufnahme einer Arbeit um Auszubildende oder Arbeitnehmerinnen und Arbeitnehmer bemühen, wenn diese ihr Einverständnis erklärt haben, und sie beraten, soweit dies für die Festigung des Ausbildungs- oder Arbeitsverhältnisses erforderlich ist.

§ 32 Eignungsfeststellung

Die Agentur für Arbeit soll Ratsuchende mit deren Einverständnis ärztlich und psychologisch untersuchen und begutachten, soweit dies für die Feststellung der Berufseignung oder Vermittlungsfähigkeit erforderlich ist.

§ 33 Berufsorientierung

Die Agentur für Arbeit hat Berufsorientierung durchzuführen

1. zur Vorbereitung von jungen Menschen und Erwachsenen auf die Berufswahl und
2. zur Unterrichtung der Ausbildungssuchenden, Arbeitsuchenden, Arbeitnehmerinnen und Arbeitnehmer und Arbeitgeber.

Dabei soll sie umfassend Auskunft und Rat geben zu Fragen der Berufswahl, über die Berufe und ihre Anforderungen und Aussichten, über die Wege und die Förderung der beruflichen Bildung sowie über beruflich bedeutsame Entwicklungen in den Betrieben, Verwaltungen und auf dem Arbeitsmarkt.

§ 34 Arbeitsmarktberatung

(1) Die Arbeitsmarktberatung der Agentur für Arbeit soll die Arbeitgeber bei der Besetzung von Ausbildungs- und Arbeitsstellen unterstützen. Sie umfasst die Erteilung von Auskunft und Rat

1. zur Lage und Entwicklung des Arbeitsmarktes und der Berufe,
2. zur Besetzung von Ausbildungs- und Arbeitsstellen,
3. zur Gestaltung von Arbeitsplätzen, Arbeitsbedingungen und der Arbeitszeit von Auszubildenden sowie Arbeitnehmerinnen und Arbeitnehmern,
4. zur betrieblichen Aus- und Weiterbildung,
5. zur Eingliederung von förderungsbedürftigen Auszubildenden und von förderungsbedürftigen Arbeitnehmerinnen und Arbeitnehmern,
6. zu Leistungen der Arbeitsförderung.

(2) Die Agentur für Arbeit soll die Beratung nutzen, um Ausbildungs- und Arbeitsstellen für die Vermittlung zu gewinnen. Sie soll auch von sich aus Kontakt zu den Arbeitgebern aufnehmen und unterhalten.

Zweiter Unterabschnitt
Vermittlung

§ 35 Vermittlungsangebot

(1) Die Agentur für Arbeit hat Ausbildungsuchenden, Arbeitsuchenden und Arbeitgebern Ausbildungsvermittlung und Arbeitsvermittlung (Vermittlung) anzubieten. Die Vermittlung umfasst alle Tätigkeiten, die darauf gerichtet sind, Ausbildungsuchende mit Arbeitgebern zur Begründung eines Ausbildungsverhältnisses und Arbeitsuchende mit Arbeitgebern zur Begründung eines Beschäftigungsverhältnisses zusammenzuführen. Die Agentur für Arbeit stellt sicher, dass Ausbildungsuchende und Arbeitslose, deren berufliche Eingliederung voraussichtlich erschwert sein wird, eine verstärkte vermittlerische Unterstützung erhalten.

(2) Die Agentur für Arbeit hat durch Vermittlung darauf hinzuwirken, dass Ausbildungsuchende eine Ausbildungsstelle, Arbeitsuchende eine Arbeitsstelle und Arbeitgeber geeignete Auszubildende sowie geeignete Arbeitnehmerinnen und Arbeit-

nehmer erhalten. Sie hat dabei die Neigung, Eignung und Leistungsfähigkeit der Ausbildungsuchenden und Arbeitsuchenden sowie die Anforderungen der angebotenen Stellen zu berücksichtigen.

(3) Die Agentur für Arbeit hat Vermittlung auch über die Selbstinformationseinrichtungen nach § 40 Absatz 2 im Internet durchzuführen. Soweit es für diesen Zweck erforderlich ist, darf sie die Daten aus den Selbstinformationseinrichtungen nutzen und übermitteln.

§ 36 Grundsätze der Vermittlung

(1) Die Agentur für Arbeit darf nicht vermitteln, wenn ein Ausbildungs- oder Arbeitsverhältnis begründet werden soll, das gegen ein Gesetz oder die guten Sitten verstößt.

(2) Die Agentur für Arbeit darf Einschränkungen, die der Arbeitgeber für eine Vermittlung hinsichtlich Geschlecht, Alter, Gesundheitszustand, Staatsangehörigkeit oder ähnlicher Merkmale des Ausbildungsuchenden und Arbeitsuchenden vornimmt, die regelmäßig nicht die berufliche Qualifikation betreffen, nur berücksichtigen, wenn diese Einschränkungen nach Art der auszuübenden Tätigkeit unerlässlich sind. Die Agentur für Arbeit darf Einschränkungen, die der Arbeitgeber für eine Vermittlung aus Gründen der Rasse oder wegen der ethnischen Herkunft, der Religion oder Weltanschauung, einer Behinderung oder der sexuellen Identität des Ausbildungsuchenden und der Arbeitsuchenden vornimmt, nur berücksichtigen, soweit sie nach dem Allgemeinen Gleichbehandlungsgesetz zulässig sind. Im Übrigen darf eine Einschränkung hinsichtlich der Zugehörigkeit zu einer Gewerkschaft, Partei oder vergleichbaren Vereinigung nur berücksichtigt werden, wenn

1. es sich um eine Ausbildungs- oder Arbeitsstelle in einem Tendenzunternehmen oder -betrieb im Sinne des § 118 Absatz 1 Satz 1 des Betriebsverfassungsgesetzes handelt und
2. die Art der auszuübenden Tätigkeit diese Einschränkung rechtfertigt.

(3) Die Agentur für Arbeit darf in einem durch einen Arbeitskampf unmittelbar betroffenen Bereich nur dann vermitteln, wenn der Arbeitsuchende und der Arbeitgeber dies trotz eines Hinweises auf den Arbeitskampf verlangen.

(4) Die Agentur für Arbeit ist bei der Vermittlung nicht verpflichtet zu prüfen, ob der vorgesehene Vertrag ein Arbeitsvertrag ist. Wenn ein Arbeitsverhältnis erkennbar nicht begründet werden soll, kann die Agentur für Arbeit auf Angebote zur Aufnahme einer selbständigen Tätigkeit hinweisen; Absatz 1 gilt entsprechend.

§ 37 Potenzialanalyse und Eingliederungsvereinbarung

(1) Die Agentur für Arbeit hat unverzüglich nach der Ausbildungsuchendmeldung oder Arbeitsuchendmeldung zusammen mit der oder dem Ausbildungsuchenden oder der oder dem Arbeitsuchenden die für die Vermittlung erforderlichen beruflichen und persönlichen Merkmale, beruflichen Fähigkeiten und die Eignung festzustellen (Potenzialanalyse). Die Potenzialanalyse erstreckt sich auch auf die Feststellung, ob und durch welche Umstände die berufliche Eingliederung voraussichtlich erschwert sein wird.

(2) In einer Eingliederungsvereinbarung, die die Agentur für Arbeit zusammen mit der oder dem Ausbildungsuchenden oder der oder den Arbeitsuchenden trifft, werden für einen zu bestimmenden Zeitraum festgelegt

1. das Eingliederungsziel,
2. die Vermittlungsbemühungen der Agentur für Arbeit,
3. welche Eigenbemühungen zur beruflichen Eingliederung die oder der Ausbildungsuchende oder die oder der Arbeitsuchende in welcher Häufigkeit mindestens unternehmen muss und in welcher Form diese nachzuweisen sind,
4. die vorgesehenen Leistungen der aktiven Arbeitsförderung.

Die besonderen Bedürfnisse behinderter und schwerbehinderter Menschen sollen angemessen berücksichtigt werden.

(3) Der oder dem Ausbildungsuchenden oder der oder dem Arbeitsuchenden ist eine Ausfertigung der Eingliederungsvereinbarung auszuhändigen. Die Eingliederungsvereinbarung ist sich ändernden Verhältnissen anzupassen; sie ist fortzuschreiben, wenn in dem Zeitraum, für den sie zunächst galt, die Ausbildungsstellensuche oder Arbeitsuche nicht beendet wurde. Sie ist spätestens nach sechsmonatiger Arbeitslosigkeit, bei arbeitslosen und ausbildungsuchenden jungen Menschen spätestens nach drei Monaten, zu überprüfen. Kommt eine Eingliederungsvereinbarung nicht zustande, sollen die nach Absatz 2 Satz 1 Nummer 3 erforderlichen Eigenbemühungen durch Verwaltungsakt festgesetzt werden.

§ 38 Rechte und Pflichten der Ausbildung- und Arbeitsuchenden

(1) Personen, deren Ausbildungs- oder Arbeitsverhältnis endet, sind verpflichtet, sich spätestens drei Monate vor dessen Beendigung persönlich bei der Agentur für Arbeit arbeitsuchend zu melden. Liegen zwischen der Kenntnis des Beendigungszeitpunktes und der Beendigung des Arbeits- oder Ausbildungsverhältnisses weniger als drei Monate, haben sie sich innerhalb von drei Tagen nach Kenntnis des Beendigungszeitpunktes zu melden. Zur Wahrung der Frist nach den Sätzen 1 und 2 reicht eine Anzeige unter Angabe der persönlichen Daten und des Beendigungszeitpunktes aus, wenn die persönliche Meldung nach terminlicher Vereinbarung nachgeholt wird. Die Pflicht zur Meldung besteht unabhängig davon, ob der Fortbestand des Ausbildungs- oder Arbeitsverhältnisses gerichtlich geltend gemacht oder vom Arbeitgeber in Aussicht gestellt wird. Die Pflicht zur Meldung gilt nicht bei einem betrieblichen Ausbildungsverhältnis. Im Übrigen gelten für Ausbildung- und Arbeitsuchende die Meldepflichten im Leistungsverfahren nach den §§ 309 und 310 entsprechend.

(2) Ausbildung- und Arbeitsuchende, die Dienstleistungen der Bundesagentur in Anspruch nehmen, haben dieser die für eine Vermittlung erforderlichen Auskünfte zu erteilen, Unterlagen vorzulegen und den Abschluss eines Ausbildungs- oder Arbeitsverhältnisses unter Benennung des Arbeitgebers und seines Sitzes unverzüglich mitzuteilen. Sie können die Weitergabe ihrer Unterlagen von deren Rückgabe an die Agentur für Arbeit abhängig machen oder ihre Weitergabe an namentlich benannte Arbeitgeber ausschließen. Die Anzeige- und Bescheinigungspflichten im Leistungsverfahren bei Arbeitsunfähigkeit nach § 311 gelten entsprechend.

(3) Die Arbeitsvermittlung ist durchzuführen
1. **solange die oder der Arbeitsuchende Leistungen zum Ersatz des Arbeitsentgelts bei Arbeitslosigkeit oder Transferkurzarbeitergeld beansprucht oder**
2. **bis bei Meldepflichtigen nach Absatz 1 der angegebene Beendigungszeitpunkt des Ausbildungs- oder Arbeitsverhältnisses erreicht ist.**

Im Übrigen kann die Agentur für Arbeit die Vermittlung einstellen, wenn die oder der Arbeitsuchende die ihr oder ihm nach Absatz 2 oder der Eingliederungsvereinbarung oder dem Verwaltungsakt nach § 37 Abs. 3 Satz 4 obliegenden Pflichten nicht erfüllt, ohne dafür einen wichtigen Grund zu haben. Die oder der Arbeitsuchende kann die Arbeitsvermittlung erneut nach Ablauf von zwölf Wochen in Anspruch nehmen.

(4) Die Ausbildungsvermittlung ist durchzuführen
1. **bis die oder der Ausbildungsuchende in Ausbildung, schulische Bildung oder Arbeit einmündet oder sich die Vermittlung anderweitig erledigt oder**
2. **solange die oder der Ausbildungsuchende dies verlangt.**

Absatz 3 Satz 2 gilt entsprechend.

§ 39 Rechte und Pflichten der Arbeitgeber

(1) Arbeitgeber, die Dienstleistungen der Bundesagentur in Anspruch nehmen, haben die für eine Vermittlung erforderlichen Auskünfte zu erteilen und Unterlagen vorzulegen. Sie können deren Überlassung an namentlich benannte Ausbildung- und Arbeitsuchende ausschließen oder die Vermittlung darauf begrenzen, dass ihnen Daten von geeigneten Ausbildungs- und Arbeitsuchenden überlassen werden.

(2) Die Agentur für Arbeit soll dem Arbeitgeber eine Arbeitsmarktberatung anbieten, wenn sie erkennt, dass eine gemeldete freie Ausbildungs- oder Arbeitsstelle durch ihre Vermittlung nicht in angemessener Zeit besetzt werden kann. Sie soll diese Beratung spätestens nach drei Monaten anbieten.

(3) Die Agentur für Arbeit kann die Vermittlung zur Besetzung einer Ausbildungs- oder Arbeitsstelle einstellen, wenn
1. **sie erfolglos bleibt, weil die Arbeitsbedingungen der angebotenen Stelle gegenüber denen vergleichbarer Ausbildungs- oder Arbeitsstellen so ungünstig sind, dass sie den Ausbildung- oder Arbeitsuchenden nicht zumutbar sind, und die Agentur für Arbeit den Arbeitgeber darauf hingewiesen hat,**
2. **der Arbeitgeber keine oder unzutreffende Mitteilungen über das Nichtzustandekommen eines Ausbildungs- oder Arbeitsvertrages mit einer oder einem vorgeschlagenen Ausbildungsuchenden oder einer oder einem vorgeschlagenen Arbeitsuchenden macht und die Vermittlung dadurch erschwert wird,**
3. **die Stelle auch nach erfolgter Arbeitsmarktberatung nicht besetzt werden kann, jedoch frühestens nach Ablauf von sechs Monaten, die Ausbildungsvermittlung jedoch frühestens drei Monate nach Beginn eines Ausbildungsjahres.**

Der Arbeitgeber kann die Vermittlung erneut in Anspruch nehmen.

Literatur

Bettina Schmidt, Sozialrecht in der arbeitsrechtlichen Praxis, 2011; Gagel SGB II/SGB III Grundsicherung und Arbeitsförderung, 41. Ergänzungslieferung März 2011; Niesel/Brand SGB III Sozialgesetzbuch Arbeitsförderung, 5. Auflage 2010; Mutschler u.a. (Hrsg.), Nomoskommentar Sozialgesetzbuch III, Arbeitsförderung, 3. Auflage 2008

Regelungsinhalt

1 Die Agentur für Arbeit wird durch die Regelung in §§ 29–34 verpflichtet, aktiv Beratung durchzuführen.

Die Beratung richtet sich an Jugendliche und Erwachsene, die bereits am Arbeitsmarkt sind oder dort tätig werden wollen. Sie findet durch Berufsberatung i. S. d. § 30 statt. Da die Berufsberatung gemäß § 31 auch die Eignung des Betreffenden berücksichtigen soll, kann nach § 32 mit Zustimmung eine ärztliche oder psychologische Untersuchung stattfinden. Um die Berufswahl vorzubereiten, soll Berufsorientierung nach § 33 auch durch bis zu vierwöchige Maßnahmen betrieben werden.

Ergänzend soll die Arbeitsmarktberatung der Arbeitgeber gem. § 34 erfolgen.

Es besteht keine Verpflichtung des Betroffenen, bei den Beratungsbemühungen mitzuwirken.

Wie die Beratung durchgeführt wird, obliegt dem Ermessen der Agentur für Arbeit. Es besteht lediglich ein Anspruch auf Ausübung fehlerfreien Ermessens. Falsche Beratung kann zu einem Schadensersatzanspruch über den sozialrechtlichen Herstellungsanspruch oder einen Amtshaftungsanspruch nach § 839 BGB i. V. m. Art. 34 GG führen (§ 14 Rn. 16 ff.).

Die Bestimmungen zur Vermittlung in §§ 35 bis 40 betreffen die originäre Aufgabe der Agentur für Arbeit, Menschen in Arbeit zu vermitteln. § 35 regelt hierzu, dass Vermittlung zu erfolgen hat, und § 36 beschreibt den gesetzlichen Rahmen, in dem Arbeitsvermittlung erfolgen darf. So ist die Vermittlung in gesetzeswidrige oder gegen die guten Sitten verstoßende Arbeitsverhältnisse nicht zulässig. Ohne Zustimmung des Betroffenen darf gem. § 36 Abs. 3 keine Vermittlung als Streikbrecher erfolgen. § 37 beschreibt die Erstellung einer Potentialanalyse und die abzuschließende Eingliederungsvereinbarung, von der der Betroffene eine Abschrift erhält.

Die Arbeitgeber, die Arbeitskräfte vermittelt erhalten wollen, sind nach § 39 zur Mitwirkung verpflichtet und sind von der Agentur für Arbeit zu beraten. Auch hier ist die Sanktion bei Unterbleiben der Mitwirkung das Einstellen der Bemühungen durch die Agentur für Arbeit.

§ 38 Rechte und Pflichten der Ausbildung- und Arbeitsuchenden

Gesetzestext s. o.

Inhaltsübersicht Rn.

Literatur

Leitfaden zur frühzeitigen Arbeitssuchendmeldung (§ 38 Abs. 1 SGB III Rechte und Pflichten der Ausbildung- und Arbeitssuchenden) Stand 21. 12. 2009; www.arbeitsagentur.de

1. Normzweck und allgemeiner Inhalt

§ 38 Abs. 1 legt seit dem 01. 05. 2007 als Nachfolgeregelung zu § 37 b die Verpflichtungen 1
von Menschen, deren Arbeits- oder Ausbildungsverhältnis beendet wird, fest. Diese müssen sich innerhalb bestimmter Fristen arbeitssuchend melden. Zweck der Regelung ist, der Agentur für Arbeit durch frühzeitige Kenntnis der drohenden Arbeitslosigkeit zu ermöglichen, sofort mit ihren Vermittlungsbemühungen zu beginnen.

§ 38 Abs. 2 regelt die Verpflichtungen der Arbeits-/Ausbildungssuchenden, erforderliche Auskünfte zu erteilen und Unterlagen einzureichen, um die Vermittlungsbemühungen zu unterstützen.

Die Abs. 3 und 4 legen die Anspruchsvoraussetzungen für die Arbeitsvermittlung und deren Dauer fest. Auch sind Bedingungen geregelt, bei deren Eingreifen die Agentur für Arbeit die Vermittlung einstellen kann.

2. Beendigung des Arbeits-/Ausbildungsverhältnisses

Nur Arbeitnehmer und Auszubildende in außerbetrieblichen Ausbildungen unterliegen 2
der Regelung des § 38 Abs. 1.

Auszubildende in betrieblichen Ausbildungen sind nicht verpflichtet, sich zu melden, da wegen der möglichen Übernahme in ein Arbeitsverhältnis der Eintritt der Arbeitslosigkeit nicht feststeht. Eine Übernahme kann aber in der Regel erst nach Bestehen der Abschlussprüfung finalisiert werden, so dass eine frühzeitige Meldung zu einem erheblichen, möglicherweise sinnlosen Verwaltungsaufwand führen würde.

Beschäftigungen im Rahmen des Jugendfreiwilligendienstes fallen nicht unter § 38.[1]

Das Arbeits-/Ausbildungsverhältnis wird durch Kündigung des Arbeitgebers oder der 3
Arbeitnehmer bzw. Auszubildenden zum Ende der Kündigungsfrist beendet. Maßgeblich ist die benannte Kündigungsfrist, auch wenn diese möglicherweise materiellrechtlich unzutreffend ist.

Bei einem Aufhebungsvertrag endet das Arbeitsverhältnis mit dem dort festgelegten Zeitpunkt.

Entsprechendes gilt für ein zeitlich befristetes Arbeitsverhältnis. Dieses endet an dem 4
Tag, der im Arbeitsvertrag benannt ist.

---

1 Leitfaden zur frühzeitigen Arbeitssuchendmeldung (§ 38 Abs. 1 SGB III Rechte und Pflichten der Ausbildung- und Arbeitssuchenden), S. 13 zu 2.11.

Ein Arbeitsverhältnis mit einer Zweckbefristung endet zwei Wochen nach der Mitteilung der Zweckerreichung durch den Arbeitgeber (§ 15 Abs. 2 TzBfG).

> **Beispiel:**
> Wird also eine Arbeitnehmerin als Krankheitsvertretung eingestellt und teilt ihr der Arbeitgeber am 07.05.2012 die Wiederaufnahme der Tätigkeit durch die vertretene Arbeitnehmerin mit, endet das Arbeitsverhältnis mit Ablauf des 21.05.2012.

5 Bei einer Änderungskündigung endet das Arbeitsverhältnis nur, wenn die Arbeitnehmerin das Änderungsangebot nicht, auch nicht unter Vorbehalt gem. § 2 KSchG, angenommen hat. Die Annahme unter Vorbehalt muss gemäß der Rechtsprechung des BAG[2] innerhalb der Kündigungsfrist, spätestens innerhalb von drei Wochen nach Zugang der Kündigung gegenüber dem Arbeitgeber erklärt werden.

6 Die Auffassung, eine unwiderrufliche Freistellung der Arbeitnehmer von der Arbeitspflicht bei Fortzahlung der Vergütung sei als Beendigung des Beschäftigungsverhältnisses dem Ende des Arbeitsverhältnisses gleichzusetzen,[3] was zur Konsequenz hätte, dass schon mit der Freistellung die Obliegenheit des § 38 Abs. 1 eingriffe, wird nicht geteilt. Der Wortlaut der Regelung ist eindeutig. Entscheidender Ansatzpunkt ist das Ende des Arbeitsverhältnisses, und dieses tritt mit Ablauf des letzten Tages der vom Arbeitgeber in der Kündigungserklärung gewählten Frist ein.[4]

3. Meldefristen

7 § 38 Abs. 1 kennt zwei Fristen. Die Regelfrist ist die Frist von drei Monaten vor Beendigung des Arbeitsverhältnisses. Liegen zwischen der Kenntnis von der Beendigung und der Beendigung weniger als drei Monate, greift eine 3-Tagesfrist ein. Damit sind die Unsicherheiten der Altregelung des § 37 b, nach der eine »unverzügliche« Meldung erforderlich war, zumindest insoweit beseitigt.

3.1 3-Monatsfrist

8 Die Meldung muss im Regelfall spätestens drei Monate vor dem Ende des Arbeitsverhältnisses erfolgen. Die Meldung kann früher erfolgen.[5]

Die Berechnung der Frist richtet sich nach § 26 SGB X, §§ 187 Abs. 2 Satz 1, 188 Abs. 2 BGB. Die Meldung muss also spätestens an dem Tag erfolgen, der dem letzten Tag des Arbeitsverhältnisses vor drei Monaten entspricht. Ist dieser Tag ein Samstag, Sonntag oder gesetzlicher Feiertag, endet die Frist erst am folgenden Werktag (§ 26 SGB X).

---

2 BAG – 17.06.1998 – 2 AZR 336/97, Rn. 16.

3 Winkler in Gagel SGB III, § 38 Rn. 12; s. auch BSG – 24.09.2008 – B 12 KR 22/07 sowie § 143 Rn. 8 zur Frage der Differenzierung zwischen Beschäftigungs- und Arbeitsverhältnis.

4 Dies gilt auch, wenn im Rahmen eines nachfolgenden Kündigungsrechtsstreits ein anderer Termin festgelegt oder festgestellt werden sollte.

5 BSG – 28.08.2007 – B7/7 a AL 56/06 R, Rn. 14.

Beispiel:
Endet das Arbeitsverhältnis also am 30.06.2012, müsste die Meldung an sich spätestens am 31.03.2012 erfolgen. Dies ist jedoch ein Samstag, so dass der letzte Termin für die fristgerechte Meldung Montag, der 02.04.2012 ist.

3.2 3-Tagesfrist

Diese Frist ist in allen Fällen maßgeblich, bei denen zwischen der Kenntnis von der Beendigung und der Beendigung weniger als drei Monate liegen. 9

Die Kenntnis besteht bei Kündigungen mit deren Zugang. Nach § 623 BGB ist für den Fristbeginn bei Kündigungen der Zugang der schriftlichen Kündigung entscheidend. Bei Aufhebungsverträgen ist der Zeitpunkt der Unterschrift unter den Vertrag maßgeblich.

Die 3-Tagesfrist gilt bei Kündigungen mit kürzeren Kündigungsfristen als drei Monaten, außerordentlichen, fristlosen Kündigungen und Aufhebungsverträgen, die das Arbeitsverhältnis mit kürzeren Fristen als drei Monaten beenden.

Entsprechendes gilt für Befristung von Arbeitsverhältnissen auf drei bzw. unter drei Monate. Ist das Arbeitsverhältnis vom 01.04.2012 bis zum 30.06.2012 befristet, ist die Kenntnis von der Beendigung bereits bei Abschluss des Arbeitsvertrags vorhanden, so dass seit dem Tag des Vertragsabschlusses die Pflicht zur Meldung innerhalb von 3 Tagen besteht. 10

Bei zweckbefristeten Arbeitsverhältnissen entsteht die Kenntnis von der Beendigung mit dem Tag der Mitteilung der Zweckerreichung durch den Arbeitgeber.[6]

Bei Änderungskündigungen besteht die Kenntnis von der Beendigung nach zutreffender Auffassung nicht schon mit Zugang der Kündigung, sondern dann, wenn entweder das Änderungsangebot abgelehnt wurde oder die 3-Wochenfrist zur Annahme unter Vorbehalt verstrichen ist. Erst zu diesem Zeitpunkt besteht die Kenntnis von der Beendigung. 11

Beispiel:
Kündigt der Arbeitgeber also am 01.05.2012 das Arbeitsverhältnis zum 30.06.2012 und bietet gleichzeitig die Fortsetzung des Arbeitsverhältnisses zu geänderten Bedingungen an, muss die Meldung bei der Bundesagentur nach Zugang der Kündigung nur dann innerhalb von drei Tagen erfolgen, wenn die Arbeitnehmerin die Weiterbeschäftigung zu geänderten Bedingungen ausdrücklich ablehnt. In diesem Fall besteht bei Zugang der Kündigung auch Kenntnis von der Beendigung des Arbeitsverhältnisses. Ist die Annahme der geänderten Bedingungen auch unter Vorbehalt noch möglich – wie im Beispielsfall bis zum Ablauf des 22.05.2012 –, besteht noch keine Kenntnis von der Beendigung. Die 3-Tagesfrist beginnt aber spätestens am 22.05.2012.[7]

Auch die Berechnung der 3-Tagesfrist läuft gem. § 26 SGB X, §§ 187 Abs. 2 Satz 1, 188 Abs. 2 BGB, die Frist endet also nach drei Kalendertagen. 12

---

6 S. Rn. 4.

7 Die Streitfrage ist in der Rechtsprechung noch nicht geklärt. Für die Gegenmeinung könnte sprechen, dass die Pflicht zur Arbeitssuchendmeldung auch besteht, wenn der Fortbestand des Arbeitsverhältnisses vom Arbeitgeber in Aussicht gestellt wurde.

Beginnt die Frist mit Zugang der Kündigung am 30.04.2012, läuft sie danach mit Ablauf des 03.05.2012 aus. Allerdings gilt nach dem Leitfaden der Arbeitsagentur zur frühzeitigen Arbeitssuchendmeldung die Besonderheit, dass Tage mit fehlender Dienstbereitschaft der Arbeitsagentur sowie Tage, an denen Arbeitnehmer aus objektiven Gründen wie z.B. Krankheit, Auslandsaufenthalt, fehlende Freistellung durch den Arbeitgeber verhindert sind, nicht in die Frist von drei Tagen eingerechnet werden. Dies bedeutet im Beispielsfall, da die Arbeitsagentur am Feiertag (01.05.2012) nicht dienstbereit ist, dass die Frist erst am 04.05.2012 ausliefe.

Geht die Kündigung an einem Freitag zu, ist die 3-Tagesfrist eigentlich am Montag zu Ende. Wegen der Regelung im Leitfaden zur frühzeitigen Arbeitslosmeldung ist eine Meldung jedoch bis einschließlich Mittwoch noch fristgerecht.

Beispiel:
Erfolgt die Kenntnis der Kündigung zum 30.06.2012 am 24.05.2012, müsste die Meldung an sich bis zum 27.05.2012 erfolgen. § 26 SGB X bestimmt jedoch, dass dann, wenn das Fristende auf einen Samstag, Sonntag oder gesetzlichen Feiertag fällt, die Frist erst am folgenden Werktag endet. Der 27.05.2012 ist ein Sonntag, der 28.05.2012 ist ein gesetzlicher Feiertag (Pfingstmontag). Im Beispielsfall endet die Frist daher erst am Dienstag, dem 29.05.2012.

4. Meldepflicht

13 Die Meldepflicht ist keine Rechtspflicht, deren Einhaltung erzwungen werden kann. Es handelt sich um eine Obliegenheit, deren Verletzung eine Sperrfrist zur Folge hat. Zu den Einzelheiten s. Rn. 22.

14 Die Meldepflicht besteht unabhängig davon, ob zum Zeitpunkt der Beendigung oder der Kenntnis von der Beendigung eine Beschäftigung beim Arbeitgeber erfolgt. Sie gilt daher auch während der Elternzeit, des Wehr- oder Zivildienstes oder des Bezuges befristeter voller Erwerbsminderungsrente.

15 Die Pflicht zur Arbeitssuchendmeldung besteht unabhängig davon, ob der Fortbestand des Arbeits-/Ausbildungsverhältnisses gerichtlich geltend wird oder die Fortsetzung vom Arbeitgeber in Aussicht gestellt wird. Die Einreichung einer Kündigungsschutzklage oder einer Entfristungsklage ändert somit ebenso wie die Mitteilung, bei besserer Konjunktur werde das Arbeitsverhältnis fortgesetzt, nichts an der Meldepflicht.

16 Haben Arbeitnehmer eine unmittelbar an die Beendigung des Arbeitsverhältnisses anknüpfende Anschlussbeschäftigung, dies ist auch die Beschäftigung in einer Transfergesellschaft gem. § 111,[8] oder eine entsprechende feste Zusage, bleibt zwar nach zutreffender Auffassung die Pflicht zur Meldung bestehen.[9] Der Verstoß hat allerdings keine Konsequenz, da die Verletzung der Meldepflicht immer nur bezogen auf das letzte Arbeitsverhältnis Wirkung zeigen kann.

Problematisch ist der Fall, dass ein Arbeitnehmer eine feste Zusage auf eine Anschluss-

8 S. dazu die Kommentierung zu § 111 SGB III Rn. 2.

9 Leitfaden zur frühzeitigen Arbeitssuchendmeldung (§ 38 Abs. 1 SGB III Rechte und Pflichten der Ausbildung- und Arbeitssuchenden), S. 8 zu 2.4.1.

tätigkeit hatte, diese sich aber zerschlägt und die nachfolgende Meldung nach § 38 Abs. 1 verspätet ist.[10]

Sollte eine Meldung aus objektiven Gründen nicht möglich sein, so muss diese spätestens am ersten Tag nach Wegfall des Hinderungsgrundes erfolgen. Objektive Gründe können die Erkrankung oder der urlaubs- oder arbeitsbedingte Auslandsaufenthalt sein. Das Vorliegen der Gründe ist durch Unterlagen zu belegen.[11] **17**

4.1 Inhalt und Form der Meldung

Vom Grundsatz her ist immer eine persönliche Meldung erforderlich. **18**

Es reicht nach dem Leitfaden der Agentur für Arbeit zur frühzeitigen Arbeitssuchendmeldung jedoch eine Anzeige zur Fristwahrung, die schriftlich, auch per Fax/E-Mail oder als Online-Anzeige über die JOBBÖRSE[12] erfolgen kann. Auch die telefonische Meldung ist trotz Änderung des Gesetzestextes weiter zulässig. Alle Möglichkeiten setzen aber die nachfolgende persönliche Arbeitssuchendmeldung nach Terminvereinbarung bei der Agentur für Arbeit voraus, damit eine wirksame Meldung vorliegt.

Lässt sich aus wichtigem Grund, z. B. wegen fehlender Freistellung durch den Arbeitgeber unter Verstoß gegen § 629 BGB oder wegen Auslandsaufenthalts während des Laufes des Arbeitsverhältnisses kein Termin zur persönlichen Meldung finden, genügt nach dem Leitfaden zur frühzeitigen Arbeitssuchendmeldung S. 5 die persönliche Meldung am ersten Tag der Arbeitslosigkeit.

4.2 Ort der Meldung

Die Meldung kann bei jeder Agentur für Arbeit vorgenommen werden. **19**

Eine Meldung bei der ARGE (Träger gem. SGB II) genügt auch am letzten Tag der Frist des § 38 Abs. 1, wenn diese an die Agentur für Arbeit verweist und dort am Folgetag (bzw. nach Wegfall eines wichtigen Hinderungsgrundes[13]) die persönliche Arbeitssuchendmeldung nachgeholt wird.

4.3 Kenntnis der Meldepflicht

Die Meldepflicht nach § 38 gehört nicht zum allgemein präsenten Wissen von Arbeitssuchenden.[14] Daher kann eine Obliegenheitspflichtverletzung mit der Konsequenz einer Sperrfrist (s. Rn. 22) nur vorgeworfen werden, wenn zumindest Fahrlässigkeit vorliegt, **20**

---

10 S. dazu Rn. 22.

11 Leitfaden zur frühzeitigen Arbeitssuchendmeldung (§ 38 Abs. 1 SGB III Rechte und Pflichten der Ausbildung- und Arbeitssuchenden), S. 15 zu 3.1.

12 www.arbeitsagentur.de, allerdings wird von diesem Weg aufgrund fehlender Nachweisbarkeit abgeraten.

13 S. Rn. 18.

14 BSG – 17.10.2007 – B 11a/7a AL 72/06, Rn. 19; LSG NRW – 21.09.2004 – L 1 AL 51/04, Rn. 23 ff; LSG NRW – 12.04.2005 – 1 AL 9/05 Rn. 22 ff.

weil die Meldepflicht bekannt war oder der Betroffene sie hätte kennen müssen. Das »Kennen müssen« ist anzunehmen, wenn sich ein entsprechender Hinweis aus

- der Kündigung oder dem Aufhebungsvertrag
- einem ab 7/2003 erstellten Aufhebungsbescheid/Leistungsnachweis
- einem seit dem 01. 07. 2003 erhaltenen Merkblatt für Arbeitslose bzw. zur frühzeitigen Arbeitssuchendmeldung ergibt[15]

und der Arbeitssuchende die erhaltenen Hinweise im Rahmen seiner Gesamtpersönlichkeit verstehen konnte.[16]

21 Hat der Arbeitgeber in einer Kündigung oder einem Aufhebungsvertrag oder einem befristeten Arbeitsverhältnis nicht oder nicht ordnungsgemäß auf die Regelung des § 38 SGB III hingewiesen, liegt daher nur dann kein versicherungswidriges Verhalten vor, wenn die arbeitssuchende Person bisher in ihrem Berufsleben noch keinen Antrag auf Arbeitslosengeld gestellt hatte oder die vorherige Arbeitslosigkeit vor dem 30. 06. 2003 lag und beendet war.

Bei nicht ordnungsgemäßer Belehrung über die Pflichten aus § 38 Abs. 1 kann der Arbeitssuchende sich i. d. R. auf die Hinweise des Arbeitgebers verlassen. Dies gilt jedoch nicht, wenn Anhaltspunkte für Zweifel an der Richtigkeit bestehen. Zweifel können sich aus anderslautenden Hinweisen der Agentur für Arbeit oder eines anderen Arbeitgebers ergeben.[17] Dann muss die arbeitssuchende Person sich bei der Agentur für Arbeit erkundigen.[18] Unterlässt sie dies, liegt Fahrlässigkeit im oben genannten Sinne vor.

Eine Verpflichtung der Agentur für Arbeit, auf die Obliegenheit nach § 38 Abs. 1 hinzuweisen, soll nach der Rechtsprechung nicht bestehen.[19]

5. Folgen des Meldepflichtverstoßes

22 Folge eines verschuldeten Meldepflichtverstoßes ist die Verhängung einer Sperrfrist gem. § 144 Abs. 6[20] von einer Woche und die entsprechende Kürzung des Arbeitslosengeldanspruchs.

Hatte der Arbeitssuchende eine feste Zusage auf eine Anschlusstätigkeit, die sich aber zerschlägt, ist die deshalb verspätete Meldung nach diesseitiger Auffassung nicht sperrfristbewehrt. Zur Begründung ist darauf hinzuweisen, dass auch bei der Arbeitsaufgabe in derartigen Fällen nach der Rechtsprechung,[21] der sich auch die Agentur für Arbeit in ihren Dienstanweisungen angeschlossen hat, keine Sperrfrist verhängt wird. Es wäre aber ein Wertungswiderspruch, wenn dies bei einem deutlich geringer zu bewertenden Meldepflichtverstoß angenommen würde.[22]

---

15 DA der Bundesagentur zu ehemals § 144, jetzt § 159 Abs. 1 Satz 2 Nr. 7 SGB III (144, 73).
16 BSG – 17. 10. 2007 – B 11 a/7a AL 72/06, Rn. 19.
17 LSG Hessen – 25. 09. 2009 – L 7 AL 199/08, Rn. 24 f.
18 LSG NRW – 20. 02. 2008 – L 12 AL 120/06, Rn. 30.
19 BSG – 17. 10. 2007 B 11 a/7 a AL 72/06 R, Rn. 15; BSG – 28. 08. 2007 – B 7/7 a AL 56/06 R, Rn. 16.
20 S. hierzu die Erläuterungen zu § 151 SGB III Rn. 13, 23, 33.
21 BSG NZA 1987, 180; NJW 1989, 3036 (3037).
22 Brand in Niesel/Brand § 38 Rn. 5.

Fußt ein Meldepflichtverstoß auf einer fehlerhaften Belehrung durch den Arbeitgeber, ist ein Schadensersatzanspruch gegen den Arbeitgeber möglich. Dieser haftet zwar nach herrschender Meinung[23] nicht, wenn er entgegen § 2 Abs. 2 Nr. 3 die Belehrung ganz unterlässt; wenn der Arbeitgeber aber einen Hinweis aufnimmt, muss dieser zutreffend sein.[24] Verbreitet findet sich durch die Arbeitgeber noch der Hinweis auf die Vorgängerregelung des § 37b, wonach eine unverzügliche Meldung erforderlich war. Da »unverzüglich« je nach Einzelfall länger sein kann als drei Tage, wird in den Fällen einer entsprechend falschen Belehrung nicht nur gegen den Sperrfristbescheid Widerspruch einzulegen sein, sondern auch unter Beachtung von evtl. einschlägigen Verfallfristen ein Schadensersatzanspruch gegen den Arbeitgeber geltend zu machen sein. 23

6. Pflichten des Ausbildungs-/Arbeitssuchenden

Arbeitssuchende sind aufgrund des Verweises in § 38 Abs. 1 Satz 6 auf § 309 verpflichtet, der Einladung der Agentur für Arbeit zu einem bestimmten Termin Folge zu leisten. Wird dieser Verpflichtung, ohne dass ein wichtiger Grund (z. B. Krankheit) vorliegt, nicht Genüge getan, droht eine Sperrfrist (s. Rn. 22). 24

Aufgrund des Verweises in § 38 Abs. 1 Satz 6 auf § 310 besteht die Verpflichtung, spätestens eine Woche vor einem Umzug die neue Anschrift mitzuteilen. § 310 ist lediglich eine Ordnungsvorschrift. Ein Verstoß hiergegen bleibt ohne Sanktion.[25]

Nach der aufgrund des Verweises in § 38 Abs. 2 Satz 3 anwendbaren Vorschrift des § 311 besteht die Pflicht, eine eingetretene Arbeitsunfähigkeit und deren Dauer unverzüglich anzuzeigen und spätestens vor Ablauf des dritten Kalendertages[26] eine ärztliche Bescheinigung vorzulegen. Eine Sanktion ist für die nicht unter § 38 Abs. 3 Satz 1 fallenden Arbeitssuchenden durch Einstellung der Vermittlung möglich (s. Rn. 28). Ob darüber hinaus weitere Sanktionen möglich sind, wird unterschiedlich beurteilt. Hierbei ist zwischen einem Verstoß gegen die Anzeigepflicht des § 311 Satz 1 Nr. 1[27] und einem Verstoß gegen die Nachweispflicht des § 311 Satz 1 Nr. 2[28] zu differenzieren.

23 BAG – 29.9.2005 – 8 AZR 571/04, Rn. 15 ff. m. w. N.
24 Koch in Schaub § 19 Rn. 9.
25 Steinmeyer in Gagel § 310 SGB III Rn. 7 ff.
26 Hier gilt also ein andere Frist als nach dem EFZG, nach dem erst nach Ablauf des 3. Kalendertages die Vorlage einer Arbeitsunfähigkeitsbescheinigung erforderlich ist (§ 5 EFZG).
27 Nach Düe in Niesel/Brand § 311 Rn. 6 stellt dies eine Ordnungswidrigkeit nach § 404 Abs. 2 Nr. 26 SGB III dar. Die Gegenansicht (Steinmeyer in Gagel, § 311 Rn. 15; Siefert in NK-SGB III § 311 Rn. 16 ff.) verneint dies zutreffend mit Hinweis darauf, dass nur solche Tatbestände als Ordnungswidrigkeit zu ahnden seien, für die im Gesetz unmittelbar eine Sanktionsmöglichkeit vorgesehen sei. Zudem ist streitig, ob die Leistung nach § 66 SGB I entzogen werden kann (bejahend Siefert in Nomoskommentar-SGB III § 311 Rn. 20, verneinend so zutreffend Steinmeyer in Gagel § 311 Rn. 15).
28 Der Ordnungswidrigkeitentatbestand des § 404 Abs. 2 Nr. 26 SGB III ist hier nicht einschlägig, allerdings ist wiederum streitig, ob ein Entzug der Leistungen nach § 66 SGB I möglich ist (bejahend Nomoskommentar § 311 Rn. 23 f.; verneinend so zutreffend Steinmeyer in Gagel § 311 Rn. 24 ff.).

25 Alle Ausbildungs- und Arbeitsuchenden haben nach § 38 Abs. 2 die für eine Vermittlung erforderlichen Auskünfte zu erteilen, Unterlagen vorzulegen und den Abschluss eines Ausbildungs- oder Arbeitsvertrags unter Bezeichnung des Arbeitgebers und dessen Sitzes unverzüglich mitzuteilen. Die Verletzung dieser Pflicht ist jedoch für die unter § 38 Abs. 3 Nr. 1 und 2 benannten Arbeitsuchenden nicht sanktioniert. Für die übrigen Arbeits-/Ausbildungssuchenden kann durch Einstellung der Vermittlung sanktioniert werden (s. Rn. 28).

26 § 38 Abs. 2 Satz 2 dient dem Schutz des Arbeitsuchenden z. B. im bestehenden Arbeitsverhältnis. Allerdings darf nicht die Weitergabe an alle potentiellen Arbeitgeber ausgeschlossen und damit die Vermittlung unmöglich gemacht werden. Eine Sanktion ist nur für die nicht unter § 38 Abs. 3 Satz 1 fallenden Arbeitsuchenden durch Einstellung der Vermittlung möglich (s. Rn. 28).

7. Pflicht zur Ausbildungs-/Arbeitssuche

27 Die Agentur für Arbeit ist verpflichtet, die Arbeitsvermittlung für die in § 38 Abs. 3 Ziff. 1 und 2 genannten Arbeits-/Ausbildungssuchenden durchzuführen, also für

- Arbeitslosengeldbezieher,
- Bezieher von Transferkurzarbeitergeld gem. § 111,
- Arbeitsuchende i. S. d. § 38 Abs. 1; melden diese sich vor dem letzten Tag der Frist bereits arbeitsuchend, besteht keine Pflicht zur Vermittlung.

Eine Sanktion bei Verstoß gegen die Verpflichtung ist nicht geregelt.

28 Die Arbeitsvermittlung kann für alle übrigen Arbeitsuchenden, also z. B. diejenigen ohne Arbeitslosengeldbezug, die Vermittlung durch angreifbaren Verwaltungsakt einstellen, wenn die in § 38 Abs. 3 Satz 2 aufgezählten Pflichten ohne wichtigen Grund des Arbeitsuchenden verletzt werden. Widerspruch und Klage haben aufschiebende Wirkung (§ 86 a Abs. 1 SGG).

Wird die Vermittlung eingestellt, erlischt auch die Arbeitslosmeldung[29] und daraus folgend ist die Zeit der Beschäftigungslosigkeit keine Anrechnungszeit i. S. d. § 58 Abs. 1 Satz 1 Nr. 3 SGB VI mehr. Auch können für unter 21-Jährige Probleme beim Kindergeld entstehen.[30] Damit sind bisher nicht gegebene Sanktionen gegenüber nicht ernsthaft suchenden Arbeitsuchenden möglich.

Nach bestandskräftiger Einstellung der Vermittlung kann erst nach Ablauf von zwölf Wochen die Arbeitsvermittlung erneut in Anspruch genommen werden.

29 Lediglich für Ausbildungssuchende ist die Dauer der Vermittlungsverpflichtung geregelt, und zwar so lange, bis ein Ausbildungsplatz gefunden wurde, die Vermittlung in eine schulische Bildung oder Arbeit einmündet bzw. der Auszubildende die Vermittlung verlangt. Für Arbeitsuchende ergibt sich die Dauer der Vermittlungsbemühung bereits aus der Voraussetzung des Anspruchs. Dieser besteht z. B. bis zum Auslaufen des Arbeitslosengeldes.

---

29 S. Kommentierung zu § 141 SGB III Rn. 12–13.

30 Zu den Einzelheiten Winkler in Gagel § 38 SGB III Rn. 41.

Auch für Ausbildungssuchende kann die Vermittlung wegen Pflichtverstoßes i. S. v. § 38 Abs. 3 Satz 2 (s. o. Rn. 27) eingestellt werden, allerdings ist wegen der auf Absatz 3 Satz 2 reduzierten Verweisung davon auszugehen, dass Auszubildende die Vermittlung sofort wieder verlangen können und so die geschilderten negativen Konsequenzen vermeiden können.

Zweiter Abschnitt
Aktivierung und berufliche Eingliederung

§ 44 Förderung aus dem Vermittlungsbudget

(1) Ausbildungsuchende, von Arbeitslosigkeit bedrohte Arbeitsuchende und Arbeitslose können aus dem Vermittlungsbudget der Agentur für Arbeit bei der Anbahnung oder Aufnahme einer versicherungspflichtigen Beschäftigung gefördert werden, wenn dies für die berufliche Eingliederung notwendig ist. Sie sollen insbesondere bei der Erreichung der in der Eingliederungsvereinbarung festgelegten Eingliederungsziele unterstützt werden. Die Förderung umfasst die Übernahme der angemessenen Kosten, soweit der Arbeitgeber gleichartige Leistungen nicht oder voraussichtlich nicht erbringen wird.

(2) Nach Absatz 1 kann auch die Anbahnung oder die Aufnahme einer versicherungspflichtigen Beschäftigung mit einer Arbeitszeit von mindestens 15 Stunden wöchentlich in einem anderen Mitgliedstaat der Europäischen Union, einem anderen Vertragsstaat des Abkommens über den Europäischen Wirtschaftsraum oder in der Schweiz gefördert werden.

(3) Die Agentur für Arbeit entscheidet über den Umfang der zu erbringenden Leistungen; sie kann Pauschalen festlegen. Leistungen zur Sicherung des Lebensunterhalts sind ausgeschlossen. Die Förderung aus dem Vermittlungsbudget darf die anderen Leistungen nach diesem Buch nicht aufstocken, ersetzen oder umgehen.

Inhaltsübersicht Rn.

1. Allgemeines

Das Vermittlungsbudget wird bei der Agentur für Arbeit geführt. Seine Mittel dienen dazu, Vermittlungshemmnisse der Antragsteller auszuräumen. **1**

Ausbildungssuchende, Arbeitslose, aber auch Personen, die von Arbeitslosigkeit bedroht sind, können einen Antrag stellen.

Die Entscheidung über das »Ob« und »Wie« der Förderung steht im pflichtgemäßen Ermessen der Agentur für Arbeit. Einen Rechtsanspruch auf die Förderung hat der Einzelne nicht. **2**

Für ihre Leistungen kann die Agentur für Arbeit Pauschalen festsetzen. Sie kann aber auch die Kosten in angemessener Höhe auf der Grundlage einer Einzelabrechnung übernehmen.

2. Fördervoraussetzungen

3 Ziel der Förderung ist die Anbahnung oder Aufnahme einer versicherungspflichtigen Beschäftigung. **Förderungsfähig** sind Beschäftigungsverhältnisse oberhalb der Geringfügigkeitsgrenze, die außerdem eine Versicherungspflicht im Bereich der Arbeitslosenversicherung begründen.

Auch die versicherungspflichtige Beschäftigung im Ausland kann gefördert werden. Dies gilt jedenfalls dann, wenn dieses Beschäftigungsverhältnis in einem Mitgliedstaat der Europäischen Union ermöglicht werden soll oder in einem Mitgliedstaat des Europäischen Wirtschaftsraums (EWiR – Island, Liechtenstein oder Norwegen) oder in der Schweiz. Gefördert werden kann die Beschäftigung im Ausland, wenn die Arbeitszeit mindestens 15 Stunden wöchentlich beträgt.

Die Förderung muss **notwendig** sein. Dies ist insbesondere der Fall, wenn mit der Förderung Eingliederungsziele einer Eingliederungsvereinbarung möglich gemacht werden sollen.

3. Art und Umfang der Förderung

4 Das Vermittlungsbudget ist keine Leistung zur Sicherung des Lebensunterhalts der Antragsteller. Es darf auch nicht eingesetzt werden, um andere Leistungen der Antragsteller nach SGB III aufzustocken oder zu ersetzen oder zu umgehen.

Mit dem Vermittlungsbudget können, sofern für die Vermittlung der Beschäftigung notwendig, Mobilitätshilfen gewährt werden, aber auch die Kosten für ein beruflich notwendiges Equipment übernommen werden. Damit können Bewerbungskosten und Kosten eines Vorstellungsgesprächs einschließlich der Reisekosten finanziert werden, auch die Kosten für die Fahrt zu einem Internet-Café, sofern der Arbeitgeber auf einer Online-Bewerbung besteht.

Erbringt der Arbeitgeber selbst diese Leistungen, ist die Förderung ausgeschlossen. Gegebenenfalls kann aus dem Vermittlungsbudget eine Vorleistung finanziert werden, so können z. B. die Fahrtkosten zum Vorstellungsgespräch als Vorschuss geleistet werden. Erhält der Antragsteller die entstandenen Fahrtkosten vom Arbeitgeber rückerstattet, hat er sie an die Agentur für Arbeit weiterzuleiten.

Mit dem Vermittlungsbudget können Kosten immer nur in angemessener Höhe übernommen werden. Ihr Einsatz muss die Aussichten auf eine erfolgreiche Vermittlung objektiv erhöhen.

§ 45 Maßnahmen zur Aktivierung und beruflichen Eingliederung

(1) Ausbildungsuchende, von Arbeitslosigkeit bedrohte Arbeitsuchende und Arbeitslose können bei Teilnahme an Maßnahmen gefördert werden, die ihre berufliche Eingliederung durch

1. Heranführung an den Ausbildungs- und Arbeitsmarkt,
2. Feststellung, Verringerung oder Beseitigung von Vermittlungshemmnissen,
3. Vermittlung in eine versicherungspflichtige Beschäftigung,
4. Heranführung an eine selbständige Tätigkeit oder
5. Stabilisierung einer Beschäftigungsaufnahme

unterstützen (Maßnahmen zur Aktivierung und beruflichen Eingliederung). Für die Aktivierung von Arbeitslosen, deren berufliche Eingliederung auf Grund von schwerwiegenden Vermittlungshemmnissen, insbesondere auf Grund der Dauer ihrer Arbeitslosigkeit, besonders erschwert ist, sollen Maßnahmen gefördert werden, die nach inhaltlicher Ausgestaltung und Dauer den erhöhten Stabilisierungs- und Unterstützungsbedarf der Arbeitslosen berücksichtigen. Versicherungspflichtige Beschäftigungen mit einer Arbeitszeit von mindestens 15 Stunden wöchentlich in einem anderen Mitgliedstaat der Europäischen Union oder einem anderen Vertragsstaat des Abkommens über den Europäischen Wirtschaftsraum sind den versicherungspflichtigen Beschäftigungen nach Satz 1 Nummer 3 gleichgestellt. Die Förderung umfasst die Übernahme der angemessenen Kosten für die Teilnahme, soweit dies für die berufliche Eingliederung notwendig ist. Die Förderung kann auf die Weiterleistung von Arbeitslosengeld beschränkt werden.

(2) Die Dauer der Einzel- oder Gruppenmaßnahmen muss deren Zweck und Inhalt entsprechen. Soweit Maßnahmen oder Teile von Maßnahmen nach Absatz 1 bei oder von einem Arbeitgeber durchgeführt werden, dürfen diese jeweils die Dauer von sechs Wochen nicht überschreiten. Die Vermittlung von beruflichen Kenntnissen in Maßnahmen zur Aktivierung und beruflichen Eingliederung darf die Dauer von acht Wochen nicht überschreiten. Maßnahmen des Dritten Abschnitts sind ausgeschlossen.

(3) Die Agentur für Arbeit kann unter Anwendung des Vergaberechts Träger mit der Durchführung von Maßnahmen nach Absatz 1 beauftragen.

(4) Die Agentur für Arbeit kann der oder dem Berechtigten das Vorliegen der Voraussetzungen für eine Förderung nach Absatz 1 bescheinigen und Maßnahmeziel und -inhalt festlegen (Aktivierungs- und Vermittlungsgutschein). Der Aktivierungs- und Vermittlungsgutschein kann zeitlich befristet sowie regional beschränkt werden. Der Aktivierungs- und Vermittlungsgutschein berechtigt zur Auswahl

1. eines Trägers, der eine dem Maßnahmeziel und -inhalt entsprechende und nach § 179 zugelassene Maßnahme anbietet,
2. eines Trägers, der eine ausschließlich erfolgsbezogen vergütete Arbeitsvermittlung in versicherungspflichtige Beschäftigung anbietet, oder
3. eines Arbeitgebers, der eine dem Maßnahmeziel und -inhalt entsprechende betriebliche Maßnahme von einer Dauer bis zu sechs Wochen anbietet.

Der ausgewählte Träger nach Satz 3 Nummer 1 und der ausgewählte Arbeitgeber nach Satz 3 Nummer 3 haben der Agentur für Arbeit den Aktivierungs- und Vermittlungsgutschein vor Beginn der Maßnahme vorzulegen. Der ausgewählte Träger nach Satz 3 Nummer 2 hat der Agentur für Arbeit den Aktivierungs- und Vermittlungsgutschein nach erstmaligem Vorliegen der Auszahlungsvoraussetzungen vorzulegen.

(5) Die Agentur für Arbeit soll die Entscheidung über die Ausgabe eines Aktivierungs- und Vermittlungsgutscheins nach Absatz 4 von der Eignung und den persönlichen Verhältnissen der Förderberechtigten oder der örtlichen Verfügbarkeit von Arbeitsmarktdienstleistungen abhängig machen.

(6) Die Vergütung richtet sich nach Art und Umfang der Maßnahme und kann aufwands- oder erfolgsbezogen gestaltet sein; eine Pauschalierung ist zulässig. § 83 Absatz 2 gilt entsprechend. Bei einer erfolgreichen Arbeitsvermittlung in versicherungspflichtige Beschäftigung durch einen Träger nach Absatz 4 Satz 3 Nummer 2 beträgt die Vergütung 2000 Euro. Bei Langzeitarbeitslosen und behinderten Menschen nach § 2 Absatz 1 des Neunten Buches kann die Vergütung auf eine Höhe von bis zu 2500 Euro festgelegt werden. Die Vergütung nach den Sätzen 3 und 4 wird in Höhe von 1000 Euro nach einer sechswöchigen und der Restbetrag nach einer sechsmonatigen Dauer des Beschäftigungsverhältnisses gezahlt. Eine erfolgsbezogene Vergütung für die Arbeitsvermittlung in versicherungspflichtige Beschäftigung ist ausgeschlossen, wenn das Beschäftigungsverhältnis

1. **von vornherein auf eine Dauer von weniger als drei Monaten begrenzt ist oder**
2. **bei einem früheren Arbeitgeber begründet wird, bei dem die Arbeitnehmerin oder der Arbeitnehmer während der letzten vier Jahre vor Aufnahme der Beschäftigung mehr als drei Monate lang versicherungspflichtig beschäftigt war; dies gilt nicht, wenn es sich um die befristete Beschäftigung besonders betroffener schwerbehinderter Menschen handelt.**

(7) Arbeitslose, die Anspruch auf Arbeitslosengeld haben, dessen Dauer nicht allein auf § 147 Absatz 3 beruht, und nach einer Arbeitslosigkeit von sechs Wochen innerhalb einer Frist von drei Monaten noch nicht vermittelt sind, haben Anspruch auf einen Aktivierungs- und Vermittlungsgutschein nach Absatz 4 Satz 3 Nummer 2. In die Frist werden Zeiten nicht eingerechnet, in denen die oder der Arbeitslose an Maßnahmen zur Aktivierung und beruflichen Eingliederung sowie an Maßnahmen der beruflichen Weiterbildung teilgenommen hat.

Inhaltsübersicht

1. Allgemeines

1 Der Personenkreis des § 44 kann erweitert gefördert werden. Die Vorschrift ermöglicht nicht nur die Förderung für die Anbahnung oder Aufnahme einer versicherungspflichtigen Beschäftigung. Sie ermöglicht auch die Förderung von Maßnahmen der aktiven Arbeitsförderung. Maßnahmen zur Aktivierung und beruflichen Eingliederung sind Maßnahmen zur

- Heranführung an den Ausbildungs- und Arbeitsmarkt,
- Feststellung, Verringerung oder Beseitigung von Vermittlungshemmnissen,

- Vermittlung in eine versicherungspflichtige Beschäftigung,
- Heranführung an eine selbständige Tätigkeit oder
- Stabilisierung einer Beschäftigungsaufnahme.

Damit soll eine Förderung ermöglicht werden, die den Antragsteller in der Vorbereitung der Arbeitssuche unterstützt, aber auch begleitet bei der Sicherung der einmal aufgenommenen Beschäftigung.

Soweit diese Maßnahmen von externen Dritten erbracht werden, z. B. in Form von Vorbereitungs- und Eignungskursen, findet das Vergaberecht Anwendung. 2

Übernommen werden nur die angemessenen Kosten der Teilnahme, und auch nur, soweit ihre Übernahme für die berufliche Eingliederung notwendig ist.

2. Art und Umfang der Leistung

Finanziert werden können die Kosten für die Teilnahme sowie aber auch die weitere Bezahlung von Arbeitslosengeld. 3

Die geförderten Kurse können berufliche Kenntnisse vermitteln, aber auch sozialpädagogische Unterstützung bieten. Ihre Dauer ist gesetzlich begrenzt. So dürfen Maßnahmen zur Vermittlung beruflicher Kenntnisse die Dauer von acht Wochen nicht überschreiten. Andere Maßnahmen, die von einem Arbeitgeber oder bei einem Arbeitgeber durchgeführt werden, dürfen die Dauer von sechs Wochen nicht überschreiten.

Maßnahmen zur Förderung der Berufsausbildung sind hiervon ausgeschlossen. 4

Auch die Maßnahmen nach § 45 sind Maßnahmen, die im pflichtgemäßen Ermessen der Agentur für Arbeit liegen. Dies bedeutet, dass die Agentur für Arbeit im Rahmen einer Ermessensentscheidung unter Abwägung der Gesamtumstände im konkreten Einzelfall prüft, ob sie eine Förderung befürwortet.

Ein einklagbarer Rechtsanspruch wird dem Antragsteller im Regelfall versagt sein.

3. Der Aktivierungs- und Vermittlungsgutschein

Erfüllt ein Antragsteller die Fördervoraussetzungen, kann die Agentur für Arbeit einen Aktivierungs- und Vermittlungsgutschein aushändigen. 5

Die Agentur für Arbeit soll dabei zuvor die Eignung, aber auch die persönlichen Verhältnisse des Antragstellers berücksichtigen.

Der Aktivierungs- und Vermittlungsgutschein kann zeitlich befristet oder regional beschränkt werden. 6

Diese Bescheinigung legt Maßnahmeziel und Maßnahmeinhalt fest. Der Betroffene kann damit einen Träger oder einen Arbeitgeber auswählen, der eine entsprechende Maßnahme anbietet; er kann sich damit aber auch an einen Träger wenden, der eine erfolgbezogen vergütete Arbeitsvermittlung anbietet. 7

Wird unter Vorlage des Gutscheins eine betriebliche Maßnahme beim Arbeitgeber angestrebt, ist eine Förderung von bis zur Dauer von sechs Wochen möglich.

Wer bereits sechs Wochen Anspruch auf ALG I hat und innerhalb von drei Monaten noch nicht vermittelt ist, kann zwingend den Anspruch auf Aushändigung des Gutscheins geltend machen zur Vorlage bei einem Träger, der eine erfolgsorientierte Arbeitsvermittlung anbietet.

4. Prämien

8 Die erfolgreiche Vermittlung in Beschäftigung wird belohnt. So erhält der Träger, der erfolgsbezogen vergütete Arbeitsvermittlung anbietet, im Falle der Vermittlung in ein versicherungspflichtiges Beschäftigungsverhältnis 2000 €.

Die Vergütung kann für die Vermittlung von Personen, die besondere Vermittlungshemmnisse aufweisen, wie Langzeitarbeitslose oder behinderte Menschen, auf 2500 € festgelegt werden.

Dabei wird zunächst eine Teilrate von 1000 € angewiesen; der Restbetrag ist fällig, wenn die Vermittlung sich als nachhaltig erwiesen hat. Das ist der Fall nach einer Dauer von sechs Monaten.

9 Missbrauch soll ausgeschlossen sein.

So entfällt der Anspruch auf Vergütung, wenn das Beschäftigungsverhältnis von vornherein auf weniger als drei Monate beschränkt ist oder die vermittelte Person bei jemandem beschäftigt wird, bei dem sie innerhalb der vorausgegangenen vier Jahre bereits mehr als drei Monate versicherungspflichtig beschäftigt war. Auf schwerbehinderte Menschen findet der Ausschlusstatbestand keine Anwendung.

10 Eine Besonderheit gilt für die Vermittlung behinderter, schwerbehinderter oder ihnen gleichgestellter Menschen.

Der Arbeitgeber kann die Kosten für eine Probebeschäftigung bis zur Dauer von drei Monaten erstattet verlangen, wenn die Probebeschäftigung die Teilhabe am Arbeitsleben verbessert oder nachhaltig sichert.

Dritter Abschnitt
Berufswahl und Berufsausbildung

Zweiter Unterabschnitt
Berufsvorbereitung

§ 51 Berufsvorbereitende Bildungsmaßnahmen

(1) Die Agentur für Arbeit kann förderungsbedürftige junge Menschen durch berufsvorbereitende Bildungsmaßnahmen fördern, um sie auf die Aufnahme einer Berufsausbildung vorzubereiten oder, wenn die Aufnahme einer Berufsausbildung wegen in ihrer Person liegender Gründe nicht möglich ist, ihnen die berufliche Eingliederung zu erleichtern.

(2) Eine berufsvorbereitende Bildungsmaßnahme ist förderungsfähig, wenn sie

1. nicht den Schulgesetzen der Länder unterliegt und

2. nach Aus- und Fortbildung sowie Berufserfahrung der Leitung und der Lehr- und

Fachkräfte, nach Gestaltung des Lehrplans, nach Unterrichtsmethode und Güte der zum Einsatz vorgesehenen Lehr- und Lernmittel eine erfolgreiche berufliche Bildung erwarten lässt.

Eine berufsvorbereitende Bildungsmaßnahme, die teilweise im Ausland durchgeführt wird, ist auch für den im Ausland durchgeführten Teil förderungsfähig, wenn dieser Teil im Verhältnis zur Gesamtdauer der berufsvorbereitenden Bildungsmaßnahme angemessen ist und die Hälfte der vorgesehenen Förderdauer nicht übersteigt.

(3) Eine berufsvorbereitende Bildungsmaßnahme kann zur Erleichterung der beruflichen Eingliederung auch allgemeinbildende Fächer enthalten und auf den nachträglichen Erwerb des Hauptschulabschlusses oder eines gleichwertigen Schulabschlusses vorbereiten.

(4) Betriebliche Praktika können abgestimmt auf den individuellen Förderbedarf in angemessenem Umfang vorgesehen werden.

§ 52 Förderungsbedürftige junge Menschen

(1) Förderungsbedürftig sind junge Menschen,

1. bei denen die berufsvorbereitende Bildungsmaßnahme zur Vorbereitung auf eine Berufsausbildung oder, wenn die Aufnahme einer Berufsausbildung wegen in ihrer Person liegender Gründe nicht möglich ist, zur beruflichen Eingliederung erforderlich ist,
2. die die Vollzeitschulpflicht nach den Gesetzen der Länder erfüllt haben und
3. deren Fähigkeiten erwarten lassen, dass sie das Ziel der Maßnahme erreichen.

(2) § 59 Absatz 1 und 3 gilt entsprechend.

§ 92 Förderungsausschluss und Rückzahlung

(1) Eine Förderung ist ausgeschlossen, wenn

1. zu vermuten ist, dass der Arbeitgeber die Beendigung eines Beschäftigungsverhältnisses veranlasst hat, um einen Eingliederungszuschuss zu erhalten, oder
2. die Arbeitnehmerin oder der Arbeitnehmer bei einem früheren Arbeitgeber eingestellt wird, bei dem sie oder er während der letzten vier Jahre vor Förderungsbeginn mehr als drei Monate versicherungspflichtig beschäftigt war; dies gilt nicht, wenn es sich um die befristete Beschäftigung besonders betroffener schwerbehinderter Menschen handelt.

(2) Der Eingliederungszuschuss ist teilweise zurückzuzahlen, wenn das Beschäftigungsverhältnis während des Förderungszeitraums oder einer Nachbeschäftigungszeit beendet wird. Dies gilt nicht, wenn

1. der Arbeitgeber berechtigt war, das Arbeitsverhältnis aus Gründen, die in der Person oder dem Verhalten der Arbeitnehmerin oder des Arbeitnehmers liegen, zu kündigen,
2. eine Kündigung aus dringenden betrieblichen Erfordernissen, die einer Weiterbeschäftigung im Betrieb entgegenstehen, berechtigt war,
3. das Arbeitsverhältnis auf das Bestreben der Arbeitnehmerin oder des Arbeitnehmers hin beendet wird, ohne dass der Arbeitgeber den Grund hierfür zu vertreten hat,

4. die Arbeitnehmerin oder der Arbeitnehmer das Mindestalter für den Bezug der gesetzlichen Altersrente erreicht hat, oder
5. der Eingliederungszuschuss für die Einstellung eines besonders betroffenen schwerbehinderten Menschen geleistet wird.
Die Rückzahlung ist auf die Hälfte des geleisteten Förderbetrags begrenzt und darf den in den letzten zwölf Monaten vor Beendigung des Beschäftigungsverhältnisses geleisteten Förderbetrag nicht überschreiten. Ungeförderte Nachbeschäftigungszeiten sind anteilig zu berücksichtigen. Die Nachbeschäftigungszeit entspricht der Förderdauer; sie beträgt längstens zwölf Monate.

Verdingungsordnung für Leistungen VOL/A Teil A

§ 1 Leistungen

Leistungen im Sinne der VOL sind alle Lieferungen und Leistungen, ausgenommen
- *Leistungen, die unter die Vergabe- und Vertragsordnung für Bauleistungen – VOB – fallen (VOB/A § 1),*
- *Leistungen, die im Rahmen einer freiberuflichen Tätigkeit1) erbracht oder im Wettbewerb mit freiberuflich Tätigen angeboten werden, soweit deren Auftragswerte die in der Vergabeverordnung festgelegten Schwellenwerte nicht erreichen; die Bestimmungen der Haushaltsordnungen bleiben unberührt,*
- *Leistungen ab der in der Vergabeverordnung festgelegten Schwellenwerte, die im Rahmen einer freiberuflichen Tätigkeit erbracht oder im Wettbewerb mit freiberuflich Tätigen angeboten werden und deren Gegenstand eine Aufgabe ist, deren Lösung nicht vorab eindeutig und erschöpfend beschrieben werden kann; diese Leistungen fallen unter die Verdingungsordnung für freiberufliche Leistungen – VOF –.*

§ 2 Grundsätze der Vergabe

1. (1) Leistungen sind in der Regel im Wettbewerb zu vergeben.
(2) Wettbewerbsbeschränkende und unlautere Verhaltensweisen sind zu bekämpfen.
2. Bei der Vergabe von Leistungen darf kein Unternehmen diskriminiert werden.
3. Leistungen sind unter ausschließlicher Verantwortung der Vergabestellen an fachkundige, leistungsfähige und zuverlässige Bewerber zu angemessenen Preisen zu vergeben.
4. Für die Berücksichtigung von Bewerbern, bei denen Umstände besonderer Art vorliegen, sind die jeweils hierüber erlassenen Rechts- und Verwaltungsvorschriften des Bundes und der Länder maßgebend.

§ 3 Arten der Vergabe

1. (1) Bei öffentlicher Ausschreibung werden Leistungen im vorgeschriebenen Verfahren nach öffentlicher Aufforderung einer unbeschränkten Zahl von Unternehmen zur Einreichung von Angeboten vergeben.
(2) Bei Beschränkter Ausschreibung werden Leistungen im vorgeschriebenen Verfahren nach Aufforderung einer beschränkten Zahl von Unternehmen zur Einreichung von Angeboten vergeben.
(3) Bei Freihändiger Vergabe werden Leistungen ohne ein förmliches Verfahren vergeben.

(4) Soweit es zweckmäßig ist, soll der Beschränkten Ausschreibung und der Freihändigen Vergabe eine öffentliche Aufforderung vorangehen, sich um Teilnahme zu bewerben (Beschränkte Ausschreibung mit öffentlichem Teilnahmewettbewerb bzw. Freihändige Vergabe mit öffentlichem Teilnahmewettbewerb).

2. öffentliche Ausschreibung muss stattfinden, soweit nicht die Natur des Geschäfts oder besondere Umstände eine Ausnahme rechtfertigen.

3. Beschränkte Ausschreibung soll nur stattfinden,

a) wenn die Leistung nach ihrer Eigenart nur von einem beschränkten Kreis von Unternehmen in geeigneter Weise ausgeführt werden kann, besonders wenn außergewöhnliche Fachkunde oder Leistungsfähigkeit oder Zuverlässigkeit erforderlich ist,

b) wenn die öffentliche Ausschreibung für den Auftraggeber oder die Bewerber einen Aufwand verursachen würde, der zu dem erreichbaren Vorteil oder dem Wert der Leistung im Missverhältnis stehen würde,

c) wenn eine öffentliche Ausschreibung kein wirtschaftliches Ergebnis gehabt hat,

d) wenn eine öffentliche Ausschreibung aus anderen Gründen (z. B. Dringlichkeit, Geheimhaltung) unzweckmäßig ist.

4. Freihändige Vergabe soll nur stattfinden,

a) wenn für die Leistung aus besonderen Gründen (z. B. besondere Erfahrungen, Zuverlässigkeit oder Einrichtungen, bestimmte Ausführungsarten) nur ***ein*** *Unternehmen in Betracht kommt,*

b) wenn im Anschluss an Entwicklungsleistungen Aufträge in angemessenem Umfang und für angemessene Zeit an Unternehmen, die an der Entwicklung beteiligt waren, vergeben werden müssen, es sei denn, dass dadurch die Wettbewerbsbedingungen verschlechtert werden,

c) wenn für die Leistungen gewerbliche Schutzrechte zugunsten eines bestimmten Unternehmens bestehen, es sei denn, der Auftraggeber oder andere Unternehmen sind zur Nutzung dieser Rechte befugt,

d) wenn bei geringfügigen Nachbestellungen im Anschluss an einen bestehenden Vertrag kein höherer Preis als für die ursprüngliche Leistung gefordert wird und von einer Ausschreibung kein wirtschaftlicheres Ergebnis zu erwarten ist. Die Nachbestellungen sollen insgesamt 20 vom Hundert des Wertes der ursprünglichen Leistung nicht überschreiten,

e) wenn Ersatzteile oder Zubehörstücke zu Maschinen, Geräten usw. vom Lieferanten der ursprünglichen Leistung beschafft werden sollen und diese Stücke in brauchbarer Ausführung von anderen Unternehmen nicht oder nicht unter wirtschaftlichen Bedingungen bezogen werden können,

f) wenn die Leistung besonders dringlich ist,

g) wenn es aus Gründen der Geheimhaltung erforderlich ist,

h) wenn die Leistung nach Art und Umfang vor der Vergabe nicht so eindeutig und erschöpfend beschrieben werden kann, dass hinreichend vergleichbare Angebote erwartet werden können,

i) wenn es sich um Leistungen handelt, die besondere schöpferische Fähigkeiten verlangen,

k) wenn die Leistungen von Bewerbern angeboten werden, die zugelassenen, mit Preis-

abreden oder gemeinsamen Vertriebseinrichtungen verbundenen Kartellen angehören und keine kartellfremden Bewerber vorhanden sind,

l) wenn es sich um Börsenwaren handelt,

m) wenn es sich um eine vorteilhafte Gelegenheit handelt,

n) wenn nach Aufhebung einer öffentlichen oder Beschränkten Ausschreibung eine erneute Ausschreibung kein wirtschaftliches Ergebnis verspricht,

o) wenn die Vergabe von Leistungen an Justizvollzugsanstalten, Einrichtungen der Jugendhilfe, Aus- und Fortbildungsstätten oder ähnliche Einrichtungen beabsichtigt ist,

p) wenn sie durch Ausführungsbestimmungen von einem Bundesminister – ggf. Landesminister – bis zu einem bestimmten Höchstwert zugelassen ist.

5. Es ist aktenkundig zu machen, weshalb von einer öffentlichen oder Beschränkten Ausschreibung abgesehen worden ist.

§ 4 Erkundung des Bewerberkreises

1. Vor einer Beschränkten Ausschreibung und vor einer Freihändigen Vergabe hat der Auftraggeber den in Betracht kommenden Bewerberkreis zu erkunden, sofern er keine ausreichende Marktübersicht hat.

2. (1) Hierzu kann er öffentlich auffordern, sich um Teilnahme zu bewerben (Teilnahmewettbewerb im Sinne von § 3 Nr. 1 Abs. 4).

(2) Bei Auftragswerten über 5000 Euro kann er sich ferner von der Auftragsberatungsstelle des Bundeslandes, in dem der Auftraggeber seinen Sitz hat, unter Beachtung von § 7 Nr. 1 geeignete Bewerber benennen lassen. Dabei ist der Auftragsberatungsstelle die zu vergebende Leistung hinreichend zu beschreiben. Der Auftraggeber kann der Auftragsberatungsstelle vorgeben, wie viele Unternehmen er benannt haben will; er kann ferner auf besondere Erfordernisse hinweisen, die von den Unternehmen zu erfüllen sind. Die Auftragsberatungsstelle soll in ihrer Mitteilung angeben, ob sie in der Lage ist, noch weitere Bewerber zu benennen. In der Regel hat der Auftraggeber die ihm benannten Unternehmen zur Angebotsabgabe aufzufordern.

3. Weitergehende Vereinbarungen, welche die Zusammenarbeit zwischen öffentlichen Auftraggebern, dem Bundesminister für Wirtschaft und Technologie und den Bundesländern bei der Vergabe öffentlicher Aufträge regeln, werden davon nicht berührt.

§ 5 Vergabe nach Losen

1. Der Auftraggeber hat in jedem Falle, in dem dies nach Art und Umfang der Leistung zweckmäßig ist, diese – z. B. nach Menge, Art – in Lose zu zerlegen, damit sich auch kleine und mittlere Unternehmen um Lose bewerben können. Die einzelnen Lose müssen so bemessen sein, dass eine unwirtschaftliche Zersplitterung vermieden wird.

2. Etwaige Vorbehalte wegen der Teilung in Lose, Umfang der Lose und mögliche Vergabe der Lose an verschiedene Bieter sind bereits in der Bekanntmachung (§ 17 Nr. 1 und 2) und bei der Aufforderung zur Angebotsabgabe (§ 17 Nr. 3) zu machen.

§ 6 Mitwirkung von Sachverständigen

1. Hält der Auftraggeber die Mitwirkung von Sachverständigen zur Klärung rein fachlicher

Fragen für zweckmäßig, so sollen die Sachverständigen in der Regel von den Berufsvertretungen vorgeschlagen werden.

2. *Sachverständige sollen in geeigneten Fällen auf Antrag der Berufsvertretungen gehört werden, wenn dem Auftraggeber dadurch keine Kosten entstehen und eine unzumutbare Verzögerung der Vergabe nicht eintritt.*
3. *Die Sachverständigen dürfen weder unmittelbar noch mittelbar an der betreffenden Vergabe beteiligt sein und beteiligt werden. Soweit die Klärung fachlicher Fragen die Erörterung von Preisen erfordert, hat sich die Beteiligung auf die Beurteilung im Sinne von § 23 Nr. 2 zu beschränken.*

§ 7 Teilnehmer am Wettbewerb

1. *(1) Inländische und ausländische Bewerber sind gleichzubehandeln. Der Wettbewerb darf insbesondere nicht auf Bewerber, die in bestimmten Bezirken ansässig sind, beschränkt werden.*
   (2) Arbeitsgemeinschaften und andere gemeinschaftliche Bewerber sind Einzelbewerbern gleichzusetzen.
2. *(1) Bei öffentlicher Ausschreibung sind die Unterlagen an alle Bewerber abzugeben, die sich gewerbsmäßig mit der Ausführung von Leistungen der ausgeschriebenen Art befassen.*
   (2) Bei Beschränkter Ausschreibung sollen mehrere – im allgemeinen mindestens drei – Bewerber zur Angebotsabgabe aufgefordert werden.
   (3) Bei Freihändiger Vergabe sollen möglichst Angebote im Wettbewerb eingeholt werden.
   (4) Bei Beschränkter Ausschreibung und Freihändiger Vergabe soll unter den Bewerbern möglichst gewechselt werden.
3. *Bei Beschränkter Ausschreibung und Freihändiger Vergabe sind regelmäßig auch kleine und mittlere Unternehmen in angemessenem Umfang zur Angebotsabgabe aufzufordern.*
4. *Von den Bewerbern können zum Nachweis ihrer Fachkunde, Leistungsfähigkeit und Zuverlässigkeit entsprechende Angaben gefordert werden, soweit es durch den Gegenstand des Auftrags gerechtfertigt ist; dabei muss der Auftraggeber die berechtigten Interessen des Unternehmens am Schutz seiner Betriebsgeheimnisse berücksichtigen.*
5. *Von der Teilnahme am Wettbewerb können Bewerber ausgeschlossen werden,*
   a) über deren Vermögen das Insolvenzverfahren oder ein vergleichbares gesetzliches Verfahren eröffnet oder die Eröffnung beantragt oder dieser Antrag mangels Masse abgelehnt worden ist,
   b) die sich in Liquidation befinden,
   c) die nachweislich eine schwere Verfehlung begangen haben, die ihre Zuverlässigkeit als Bewerber in Frage stellt,
   d) die ihre Verpflichtung zur Zahlung von Steuern und Abgaben sowie der Beiträge zur gesetzlichen Sozialversicherung nicht ordnungsgemäß erfüllt haben,
   e) die im Vergabeverfahren vorsätzlich unzutreffende Erklärungen in Bezug auf ihre Fachkunde, Leistungsfähigkeit und Zuverlässigkeit abgegeben haben.
6. *Justizvollzugsanstalten, Einrichtungen der Jugendhilfe, Aus- und Fortbildungsstätten oder ähnliche Einrichtungen sind zum Wettbewerb mit gewerblichen Unternehmen nicht zuzulassen.*

§ 8 Leistungsbeschreibung

1. (1) Die Leistung ist eindeutig und so erschöpfend zu beschreiben, dass alle Bewerber die Beschreibung im gleichen Sinne verstehen müssen und die Angebote miteinander verglichen werden können.

(2) Um eine einwandfreie Preisermittlung zu ermöglichen, sind alle sie beeinflussenden Umstände festzustellen und in den Verdingungsunterlagen anzugeben.

(3) Dem Auftragnehmer soll kein ungewöhnliches Wagnis aufgebürdet werden für Umstände und Ereignisse, auf die er keinen Einfluss hat und deren Einwirkung auf die Preise und Fristen er nicht im Voraus schätzen kann.

2. (1) Soweit die Leistung oder Teile derselben durch verkehrsübliche Bezeichnungen nach Art, Beschaffenheit und Umfang nicht hinreichend beschreibbar sind, können sie

a) sowohl durch eine Darstellung ihres Zweckes, ihrer Funktion sowie der an sie gestellten sonstigen Anforderungen

b) als auch in ihren wesentlichen Merkmalen und konstruktiven Einzelheiten, gegebenenfalls durch Verbindung der Beschreibungsarten, beschrieben werden.

(2) Erforderlichenfalls ist die Leistung auch zeichnerisch oder durch Probestücke darzustellen oder anders zu erklären, z. B. durch Hinweise auf ähnliche Leistungen.

3. (1) An die Beschaffenheit der Leistung sind ungewöhnliche Anforderungen nur so weit zu stellen, wie es unbedingt notwendig ist.

(2) Bei der Beschreibung der Leistung sind die verkehrsüblichen Bezeichnungen anzuwenden; auf einschlägige Normen kann Bezug genommen werden.

(3) Bestimmte Erzeugnisse oder Verfahren sowie bestimmte Ursprungsorte und Bezugsquellen dürfen nur dann ausdrücklich vorgeschrieben werden, wenn dies durch die Art der zu vergebenden Leistung gerechtfertigt ist.

(4) Die Beschreibung technischer Merkmale darf nicht die Wirkung haben, dass bestimmte Unternehmen oder Erzeugnisse bevorzugt oder ausgeschlossen werden, es sei denn, dass eine solche Beschreibung durch die zu vergebende Leistung gerechtfertigt ist.

(5) Bezeichnungen für bestimmte Erzeugnisse oder Verfahren (z. B. Markennamen) dürfen ausnahmsweise, jedoch nur mit dem Zusatz »oder gleichwertiger Artö, verwendet werden, wenn eine Beschreibung durch hinreichend genaue, allgemeinverständliche Bezeichnungen nicht möglich ist.

4. Wenn für die Beurteilung der Güte von Stoffen, Teilen oder Erzeugnissen die Herkunft oder die Angabe des Herstellers unentbehrlich ist, sind die entsprechenden Angaben von den Bewerbern zu fordern, soweit nötig auch Proben und Muster. Die Angaben sind vertraulich zu behandeln.

§ 9 Vergabeunterlagen, Vertragsbedingungen

1. Die Vergabeunterlagen bestehen aus dem Anschreiben (Aufforderung zur Angebotsabgabe) und den Verdingungsunterlagen.

2. In den Verdingungsunterlagen ist vorzuschreiben, dass die Allgemeinen Vertragsbedingungen für die Ausführung von Leistungen (VOL/B) Bestandteil des Vertrages werden. Das gilt auch für etwaige Zusätzliche, Ergänzende sowie Besondere Vertragsbedingungen und, soweit erforderlich, für etwaige Technische Vertragsbedingungen.

3. (1) *Die Allgemeinen Vertragsbedingungen bleiben grundsätzlich unverändert. Sie können von Auftraggebern, die ständig Leistungen vergeben, für die bei ihnen allgemein gegebenen Verhältnisse durch Zusätzliche Vertragsbedingungen ergänzt werden. Diese dürfen den Allgemeinen Vertragsbedingungen nicht widersprechen.*

   (2) *Für die Erfordernisse einer Gruppe gleich gelagerter Einzelfälle können die Allgemeinen Vertragsbedingungen und etwaige Zusätzliche Vertragsbedingungen durch Ergänzende Vertragsbedingungen ergänzt werden. Die Erfordernisse des Einzelfalles sind durch Besondere Vertragsbedingungen zu berücksichtigen. In den Ergänzenden und Besonderen Vertragsbedingungen sollen sich Abweichungen von den Allgemeinen Vertragsbedingungen auf die Fälle beschränken, für die in den Allgemeinen Vertragsbedingungen besondere Vereinbarungen ausdrücklich vorgesehen sind; sie sollen nicht weiter gehen als es die Eigenart der Leistung und ihre Ausführung erfordern.*

4. *In den Zusätzlichen, Ergänzenden und Besonderen Vertragsbedingungen sollen, soweit erforderlich, insbesondere folgende Punkte geregelt werden:*
   a) *Unterlagen (VOL/A § 22 Nr. 6 Abs. 3, VOL/B § 3, § 4 Nr. 2),*
   b) *Umfang der Leistungen, u. U. Hundertsatz der Mehr- oder Minderleistungen (VOL/B §§ 1 und 2),*
   c) *Benutzung von Lager- und Arbeitsplätzen, Zufahrtswegen, Anschlussgleisen, Wasser- und Energieanschlüssen,*
   d) *Weitervergabe an Unterauftragnehmer (VOL/B § 4 Nr. 4),*
   e) *Ausführungsfristen (VOL/A § 11, VOL/B § 5 Nr. 2),*
   f) *Anlieferungs- oder Annahmestelle, falls notwendig auch Ort, Gebäude, Raum,*
   g) *Kosten der Versendung zur Anlieferungs- oder Annahmestelle,*
   h) *Art der Verpackung, Rückgabe der Packstoffe,*
   i) *Übergang der Gefahr (VOL/B § 13 Nr. 1),*
   k) *Haftung (VOL/B §§ 7 bis 10, 13 und 14),*
   l) *Gefahrtragung bei höherer Gewalt (VOL/B § 5 Nr. 2),*
   m) *Vertragsstrafen (VOL/A § 12, VOL/B § 11),*
   n) *Prüfung der Beschaffenheit der Leistungen – Güteprüfung – (VOL/A § 8 Nr. 4, VOL/B § 12),*
   o) *Abnahme (VOL/B § 13 Nr. 2),*
   p) *Abrechnung (VOL/B §§ 15, 16 Nr. 2 und 3),*
   q) *Leistungen nach Stundenverrechnungssätzen (VOL/B § 16),*
   r) *Zahlung (VOL/B § 17),*
   s) *Sicherheitsleistung (VOL/A § 14, VOL/B § 18),*
   t) *Gerichtsstand (VOL/B § 19 Nr. 2),*
   u) *Änderung der Vertragspreise (VOL/A § 15),*
   v) *Besondere Vereinbarungen über die Mängelansprüche.*

5. *Sollen Streitigkeiten aus dem Vertrag unter Ausschluss des ordentlichen Rechtsweges im schiedsrichterlichen Verfahren ausgetragen werden, so ist es in besonderer, nur das Schiedsverfahren betreffender Urkunde zu vereinbaren, soweit nicht § 1031 Abs. 2 der Zivilprozessordnung auch eine andere Form der Vereinbarung zulässt.*

§ 10 Unteraufträge

1. *In den Verdingungsunterlagen ist festzulegen, dass der Auftragnehmer*
   a) *bei der Übertragung von Teilen der Leistung (Unterauftrag) nach wettbewerblichen Gesichtspunkten verfährt,*
   b) *dem Unterauftragnehmer auf Verlangen den Auftraggeber benennt,*
   c) *dem Unterauftragnehmer insgesamt keine ungünstigeren Bedingungen – insbesondere hinsichtlich der Zahlungsweise und Sicherheitsleistungen – stellt, als zwischen ihm und dem Auftraggeber vereinbart sind.*
2. (1) *In den Verdingungsunterlagen ist festzulegen, dass der Auftragnehmer bei der Einholung von Angeboten für Unteraufträge regelmäßig kleine und mittlere Unternehmen angemessen beteiligt.*
   (2) *Bei Großaufträgen ist in den Verdingungsunterlagen weiter festzulegen, dass sich der Auftragnehmer bemüht, Unteraufträge an kleine und mittlere Unternehmen in dem Umfang zu erteilen, wie er es mit der vertragsgemäßen Ausführung der Leistung vereinbaren kann.*

§ 11 Ausführungsfristen

1. *Die Ausführungsfristen sind ausreichend zu bemessen. Außergewöhnlich kurze Fristen sind nur bei besonderer Dringlichkeit vorzusehen.*
2. *Wenn es ein erhebliches Interesse des Auftraggebers erfordert, sind Einzelfristen für in sich abgeschlossene Teile der Leistung zu bestimmen.*
3. *Ist für die Einhaltung von Ausführungsfristen die Übergabe von Zeichnungen oder anderen Unterlagen wichtig, so soll hierfür ebenfalls eine Frist festgelegt werden.*

§ 12 Vertragsstrafen

Vertragsstrafen sollen nur für die Überschreitung von Ausführungsfristen ausbedungen werden und auch nur dann, wenn die Überschreitung erhebliche Nachteile verursachen kann. Die Strafe ist in angemessenen Grenzen zu halten.

§ 13 Verjährung der Mängelansprüche

1. *Für die Verjährung der Mängelansprüche sollen die gesetzlichen Fristen ausbedungen werden.*
2. *Andere Regelungen für die Verjährung sollen vorgesehen werden, wenn dies wegen der Eigenart der Leistung erforderlich ist. In solchen Fällen sind alle Umstände gegeneinander abzuwägen; hierbei können die in dem Wirtschaftszweig üblichen Regelungen in Betracht gezogen werden.*

§ 14 Sicherheitsleistungen

1. *Sicherheitsleistungen sind nur zu fordern, wenn sie ausnahmsweise für die sach- und fristgemäße Durchführung der verlangten Leistung notwendig erscheinen.*
2. *Die Sicherheit soll nicht höher bemessen und ihre Rückgabe nicht für einen späteren Zeitpunkt vorgesehen werden als nötig ist, um den Auftraggeber vor Schaden zu bewahren. Sie soll 5 vom Hundert der Auftragssumme nicht überschreiten.*

3. Soweit nach diesen Grundsätzen eine teilweise Rückgabe von Sicherheiten möglich ist, hat dies unverzüglich zu geschehen.

§ 15 Preise

1. (1) Leistungen sollen zu festen Preisen vergeben werden.

(2) Bei der Vergabe sind die Vorschriften über die Preise bei öffentlichen Aufträgen zu beachten.

2. Sind bei längerfristigen Verträgen wesentliche Änderungen der Preisermittlungsgrundlagen zu erwarten, deren Eintritt oder Ausmaß ungewiss ist, so kann eine angemessene Änderung der Vergütung in den Verdingungsunterlagen vorgesehen werden. Die Einzelheiten der Preisänderungen sind festzulegen.

§ 16 Grundsätze der Ausschreibung und der Informationsübermittlung

1. Der Auftraggeber soll erst dann ausschreiben, wenn alle Verdingungsunterlagen fertiggestellt sind und die Leistung aus der Sicht des Auftraggebers innerhalb der angegebenen Frist ausgeführt werden kann.

2. Ausschreibungen für vergabefremde Zwecke (z. B. Ertragsberechnungen, Vergleichsanschläge, Markterkundung) sind unzulässig.

3. Nummer 1 und 2 gelten für die Freihändige Vergabe entsprechend.

4. Die Auftraggeber geben in der Bekanntmachung oder den Vergabeunterlagen an, ob Informationen per Post, Telefax, direkt, elektronisch oder durch eine Kombination dieser Kommunikationsmittel übermittelt werden.

5. Das für die elektronische Übermittlung gewählte Netz muss allgemein verfügbar sein und darf den Zugang der Bewerber und Bieter zu den Vergabeverfahren nicht beschränken. Die dafür zu verwendenden Programme und ihre technischen Merkmale müssen

– nicht diskriminierend,

– allgemein zugänglich und

– kompatibel mit allgemein verbreiteten Erzeugnissen der Informations- und Kommunikationstechnologie sein.

6. Die Auftraggeber haben dafür Sorge zu tragen, dass den interessierten Unternehmen die Informationen über die Spezifikationen der Geräte, die für die elektronische Übermittlung der Anträge auf Teilnahme und der Angebote erforderlich sind, einschließlich Verschlüsselung zugänglich sind. Außerdem muss gewährleistet sein, dass die in Anhang II genannten Anforderungen erfüllt sind.

§ 17 Bekanntmachung, Aufforderung zur Angebotsabgabe

1. (1) öffentliche Ausschreibungen sind durch Tageszeitungen, amtliche Veröffentlichungsblätter, Fachzeitschriften oder Internetportale bekannt zu machen.

(2) Diese Bekanntmachung soll mindestens folgende Angaben enthalten:

a) Bezeichnung (Anschrift) der zur Angebotsabgabe auffordernden Stelle, der den Zuschlag erteilenden Stelle sowie der Stelle, bei der die Angebote einzureichen sind,

b) Art der Vergabe (§ 3),

c) *Art und Umfang der Leistung sowie den Ort der Leistung (z. B. Empfangs- oder Montagestelle),*
d) *etwaige Vorbehalte wegen der Teilung in Lose, Umfang der Lose und mögliche Vergabe der Lose an verschiedene Bieter,*
e) *etwaige Bestimmungen über die Ausführungsfrist,*
f) *Bezeichnung (Anschrift) der Stelle, die die Verdingungsunterlagen und das Anschreiben (Nummer 3) abgibt, sowie des Tages, bis zu dem sie bei ihr spätestens angefordert werden können,*
g) *Bezeichnung (Anschrift) der Stelle, bei der die Verdingungsunterlagen und das Anschreiben eingesehen werden können,*
h) *die Höhe etwaiger Vervielfältigungskosten und die Zahlungsweise (§ 20),*
i) *Ablauf der Angebotsfrist (§ 18),*
k) *die Höhe etwa geforderter Sicherheitsleistungen (§ 14),*
l) *die wesentlichen Zahlungsbedingungen oder Angabe der Unterlagen, in denen sie enthalten sind,*
m) *die mit dem Angebot vorzulegenden Unterlagen (§ 7 Nr. 4), die ggf. vom Auftraggeber für die Beurteilung der Eignung des Bewerbers (§ 2) verlangt werden,*
n) *Zuschlags- und Bindefrist (§ 19),*
o) *den besonderen Hinweis, dass der Bewerber mit der Abgabe seines Angebots auch den Bestimmungen über nicht berücksichtigte Angebote (§ 27) unterliegt.*

2. (1) Bei Beschränkter Ausschreibung und Freihändiger Vergabe mit öffentlichem Teilnahmewettbewerb sind die Unternehmen durch Bekanntmachung in Tageszeitungen, amtlichen Veröffentlichungsblättern, Fachzeitschriften oder Internetportalen aufzufordern, sich um Teilnahme zu bewerben.

(2) Diese Bekanntmachung soll mindestens folgende Angaben enthalten:
a) *Bezeichnung (Anschrift) der zur Angebotsabgabe auffordernden Stelle und der den Zuschlag erteilenden Stelle,*
b) *Art der Vergabe (§ 3),*
c) *Art und Umfang der Leistung sowie den Ort der Leistung (z. B. Empfangs- oder Montagestelle),*
d) *etwaige Vorbehalte wegen der Teilung in Lose, Umfang der Lose und mögliche Vergabe der Lose an verschiedene Bieter,*
e) *etwaige Bestimmungen über die Ausführungsfrist,*
f) *Tag, bis zu dem der Teilnahmeantrag bei der unter Buchstabe g) näher bezeichneten Stelle eingegangen sein muss,*
g) *Bezeichnung (Anschrift) der Stelle, bei der der Teilnahmeantrag zu stellen ist,*
h) *Tag, an dem die Aufforderung zur Angebotsabgabe spätestens abgesandt wird,*
i) *die mit dem Teilnahmeantrag vorzulegenden Unterlagen (§ 7 Nr. 4), die ggf. vom Auftraggeber für die Beurteilung der Eignung des Bewerbers (§ 2) verlangt werden,*
k) *den besonderen Hinweis, dass der Bewerber mit der Abgabe seines Angebots auch den Bestimmungen über nicht berücksichtigte Angebote (§ 27) unterliegt.*

3. (1) Bei öffentlicher und Beschränkter Ausschreibung sind die Verdingungsunterlagen den Bewerbern mit einem Anschreiben (Aufforderung zur Angebotsabgabe) zu übergeben, das alle Angaben enthält, die außer den Verdingungsunterlagen für den Entschluss zur Abgabe eines Angebots notwendig sind. Dies gilt auch für Beschränkte Ausschreibungen nach öffentlichem Teilnahmewettbewerb.

(2) Das Anschreiben soll insbesondere folgende Angaben enthalten:

a) Bezeichnung (Anschrift) der zur Angebotsabgabe auffordernden Stelle und der den Zuschlag erteilenden Stelle,

b) Art der Vergabe (§ 3),

c) Art und Umfang der Leistung sowie den Ort der Leistung (z. B. Empfangs- oder Montagestelle),

d) etwaige Vorbehalte wegen der Teilung in Lose, Umfang der Lose und mögliche Vergabe der Lose an verschiedene Bieter,

e) etwaige Bestimmungen über die Ausführungsfrist,

f) Bezeichnung (Anschrift) der Stelle, bei der die Verdingungsunterlagen eingesehen werden können, die nicht abgegeben werden,

g) genaue Aufschrift und Form der Angebote (§ 18 Nr. 2),

h) ob und unter welchen Bedingungen die Entschädigung für die Verdingungsunterlagen erstattet wird (§ 20),

i) Ablauf der Angebotsfrist (§ 18),

k) die mit dem Angebot vorzulegenden Unterlagen (§ 7 Nr. 4), die ggf. vom Auftraggeber für die Beurteilung der Eignung des Bieters (§ 2) verlangt werden,

l) die Höhe etwa geforderter Sicherheitsleistungen (§ 14),

m) sonstige Erfordernisse, die die Bewerber bei der Bearbeitung ihrer Angebote beachten müssen (§ 18 Nr. 3, § 9 Nr. 1, § 21),

n) Zuschlags- und Bindefrist (§ 19),

o) Nebenangebote (Absatz 5),

p) den besonderen Hinweis, dass der Bewerber mit der Abgabe seines Angebots auch den Bestimmungen über nicht berücksichtigte Angebote (§ 27) unterliegt.

(3) Bei Freihändiger Vergabe sind Absatz 1 und 2 – soweit zweckmäßig – anzuwenden. Dies gilt auch für Freihändige Vergabe nach öffentlichem Teilnahmewettbewerb.

(4) Auftraggeber, die ständig Leistungen vergeben, sollen die Erfordernisse, die die Bewerber bei der Bearbeitung ihrer Angebote beachten müssen, in Bewerbungsbedingungen zusammenfassen und dem Anschreiben beifügen (§§ 18, 19, 21).

(5) Wenn der Auftraggeber Nebenangebote wünscht, ausdrücklich zulassen oder ausschließen will, so ist dies anzugeben; ebenso ist anzugeben, wenn Nebenangebote ohne gleichzeitige Abgabe eines Hauptangebotes ausnahmsweise ausgeschlossen werden. Soweit der Bieter eine Leistung anbietet, die in den Verdingungsunterlagen nicht vorgesehen ist, sind von ihm im Angebot entsprechende Angaben über Ausführung und Beschaffenheit dieser Leistung zu verlangen.

(6) Die Aufforderung zur Angebotsabgabe ist bei Beschränkter Ausschreibung sowie bei Freihändiger Vergabe nach öffentlichem Teilnahmewettbewerb an alle ausgewählten Bewerber am gleichen Tag abzusenden.

4. Jeder Bewerber soll die Leistungsbeschreibung sowie die anderen Teile der Verdingungsunterlagen, die mit dem Angebot dem Auftraggeber einzureichen sind, doppelt und alle anderen für seine Preisermittlung wesentlichen Unterlagen einfach erhalten. Wenn von den Unterlagen (z. B. Muster, Proben) – außer der Leistungsbeschreibung – keine Vervielfältigungen abgegeben werden können, sind sie in ausreichender Weise zur Einsicht auszulegen.

5. *Die Namen der Bewerber, die Teilnahmeanträge gestellt haben, die Verdingungsunterlagen erhalten oder eingesehen haben, sind vertraulich zu behandeln.*
6. *(1) Erbitten Bewerber zusätzliche sachdienliche Auskünfte über die Verdingungsunterlagen und das Anschreiben, so sind die Auskünfte unverzüglich zu erteilen.*
   (2) Werden einem Bewerber wichtige Aufklärungen über die geforderte Leistung oder die Grundlagen seiner Preisermittlung gegeben, so sind sie auch den anderen Bewerbern gleichzeitig mitzuteilen.

§ 18 Form und Frist der Angebote

1. *(1) Für die Bearbeitung und Abgabe der Angebote sind ausreichende Fristen vorzusehen. Dabei ist insbesondere der zusätzliche Aufwand für die Beschaffung von Unterlagen für die Angebotsbearbeitung, Erprobungen oder Besichtigungen zu berücksichtigen.*
   (2) Bei Freihändiger Vergabe kann von der Festlegung einer Angebotsfrist abgesehen werden. Dies gilt auch für Freihändige Vergabe nach öffentlichem Teilnahmewettbewerb.
2. *(1) Bei Ausschreibungen ist in der Aufforderung zur Angebotsabgabe vorzuschreiben, dass schriftliche Angebote als solche zu kennzeichnen und ebenso wie etwaige Änderungen und Berichtigungen in einem verschlossenen Umschlag zuzustellen sind. Bei elektronischen Angeboten ist sicherzustellen, dass der Inhalt der Angebote erst mit Ablauf der für ihre Einreichung festgelegten Frist zugänglich wird.*
   (2) Bei Freihändiger Vergabe kann Absatz 1 entsprechend angewendet werden.
3. *Bis zum Ablauf der Angebotsfrist können Angebote in den in Nummer 2 genannten Formen zurückgezogen werden.*

§ 19 Zuschlags- und Bindefrist

1. *Die Zuschlagsfrist beginnt mit dem Ablauf der Angebotsfrist (§ 18).*
2. *Die Zuschlagsfrist ist so kurz wie möglich und nicht länger zu bemessen, als der Auftraggeber für eine zügige Prüfung und Wertung der Angebote benötigt. Das Ende der Zuschlagsfrist soll durch Angabe des Kalendertages bezeichnet werden.*
3. *Es ist vorzusehen, dass der Bieter bis zum Ablauf der Zuschlagsfrist an sein Angebot gebunden ist (Bindefrist).*
4. *Die Nummern 1 bis 3 gelten bei Freihändiger Vergabe entsprechend.*

§ 20 Kosten

1. *(1) Bei öffentlicher Ausschreibung dürfen für die Verdingungsunterlagen die Vervielfältigungskosten gefordert werden. In der Bekanntmachung (§ 17) ist anzugeben, wie hoch sie sind. Sie werden nicht erstattet.*
   (2) Bei Beschränkter Ausschreibung und Freihändiger Vergabe sind die Unterlagen unentgeltlich abzugeben. Eine Entschädigung (Absatz 1 Satz 1) darf nur ausnahmsweise gefordert werden, wenn die Selbstkosten der Vervielfältigung unverhältnismäßig hoch sind.

2. (1) *Für die Bearbeitung des Angebots werden keine Kosten erstattet. Verlangt jedoch der Auftraggeber, dass der Bieter Entwürfe, Pläne, Zeichnungen, Berechnungen oder andere Unterlagen ausarbeitet, insbesondere in den Fällen des § 8 Nr. 2 Abs. 1 Buchstabe a), so ist einheitlich für alle Bieter in der Ausschreibung eine angemessene Kostenerstattung festzusetzen. Ist eine Kostenerstattung festgesetzt, so steht sie jedem Bieter zu, der ein der Ausschreibung entsprechendes Angebot mit den geforderten Unterlagen rechtzeitig eingereicht hat.*
   (2) *Absatz 1 gilt für Freihändige Vergabe entsprechend.*

§ 21 Inhalt der Angebote

1. (1) *Die Angebote müssen die Preise sowie die geforderten Angaben und Erklärungen enthalten. Soweit Erläuterungen zur Beurteilung des Angebots erforderlich erscheinen, kann der Bieter sie auf besonderer Anlage seinem Angebot beifügen.*
   (2) *Die Auftraggeber haben die Integrität der Daten und die Vertraulichkeit der übermittelten Angebote auf geeignete Weise zu gewährleisten. Per Post oder direkt übermittelte Angebote sind in einem verschlossenen Umschlag einzureichen, als solche zu kennzeichnen und bis zum Ablauf der für die Einreichung vorgesehenen Frist unter Verschluss zu halten. Bei elektronisch übermittelten Angeboten ist dies durch entsprechende organisatorische und technische Lösungen nach den Anforderungen des Auftraggebers und durch Verschlüsselung sicherzustellen. Die Verschlüsselung muss bis zum Ablauf der Frist zur Einreichung der Angebote aufrecht erhalten bleiben. Die Angebote müssen unterschrieben sein, elektronisch übermittelte Angebote sind mit einer fortgeschrittenen elektronischen Signatur nach dem Signaturgesetz) und den Anforderungen des Auftraggebers oder mit einer qualifizierten elektronischen Signatur nach dem Signaturgesetz zu versehen.*
   (3) *Änderungen des Bieters an seinen Eintragungen im Angebot müssen zweifelsfrei sein.*
   (4) *Änderungen und Ergänzungen an den Verdingungsunterlagen sind unzulässig.*
   (5) *Muster und Proben des Bieters müssen als zum Angebot gehörig gekennzeichnet sein.*
2. *Etwaige Nebenangebote müssen auf besonderer Anlage gemacht und als solche deutlich gekennzeichnet werden.*
3. (1) *Der Bieter hat auf Verlangen im Angebot anzugeben, ob für den Gegenstand des Angebots gewerbliche Schutzrechte bestehen oder von dem Bieter oder anderen beantragt sind.*
   (2) *Der Bieter hat stets anzugeben, wenn er erwägt, Angaben aus seinem Angebot für die Anmeldung eines gewerblichen Schutzrechtes zu verwerten.*
4. *Arbeitsgemeinschaften und andere gemeinschaftliche Bieter haben in den Angeboten jeweils die Mitglieder zu benennen sowie eines ihrer Mitglieder als bevollmächtigten Vertreter für den Abschluss und die Durchführung des Vertrages zu bezeichnen. Fehlt eine dieser Bezeichnungen im Angebot, so ist sie vor der Zuschlagserteilung beizubringen.*
5. *Der Bieter kann schon im Angebot die Rückgabe von Entwürfen, Ausarbeitungen, Mustern und Proben verlangen, falls das Angebot nicht berücksichtigt wird (§ 27 Nr. 7).*

§ 22 Öffnung der Angebote bei Ausschreibungen; Vertraulichkeit

1. *Schriftliche Angebote sind auf dem ungeöffneten Umschlag mit Eingangsvermerk zu versehen und bis zum Zeitpunkt der Öffnung unter Verschluss zu halten. Den Eingangsvermerk soll ein an der Vergabe nicht Beteiligter anbringen. Elektronische Angebote sind entsprechend zu kennzeichnen und unter Verschluss zu halten.*
2. *(1) Die Verhandlung zur Öffnung der Angebote soll unverzüglich nach Ablauf der Angebotsfrist stattfinden.*
   (2) In der Verhandlung zur Öffnung der Angebote muss neben dem Verhandlungsleiter ein weiterer Vertreter des Auftraggebers anwesend sein.
   (3) Bieter sind nicht zuzulassen.
3. *Der Verhandlungsleiter stellt fest, ob die Angebote*
   a) ordnungsgemäß verschlossen und äußerlich gekennzeichnet bzw. verschlüsselt,
   b) bis zum Ablauf der Angebotsfrist bei der für den Eingang als zuständig bezeichneten Stelle eingegangen sind. Die Angebote werden geöffnet und in allen wesentlichen Teilen einschließlich der Anlagen gekennzeichnet.
4. *(1) Über die Verhandlung zur Öffnung der Angebote ist eine Niederschrift zu fertigen. In die Niederschrift sind folgende Angaben aufzunehmen:*
   a) Name und Wohnort der Bieter und die Endbeträge der Angebote, ferner andere den Preis betreffende Angaben,
   b) ob und von wem Nebenangebote eingereicht worden sind.
   (2) Angebote, die nicht den Voraussetzungen der Nummer 3 Satz 1 entsprechen, müssen in der Niederschrift oder, soweit sie nach Schluss der Eröffnungsverhandlung eingegangen sind, in einem Nachtrag zur Niederschrift besonders aufgeführt werden; die Eingangszeit und etwa bekannte Gründe, aus denen die Voraussetzungen der Nummer 3 Satz 1 nicht erfüllt sind, sind zu vermerken.
   (3) Die Niederschrift ist von dem Verhandlungsleiter und dem weiteren Vertreter des Auftraggebers zu unterschreiben.
5. *Die Niederschrift darf weder den Bietern noch der öffentlichkeit zugänglich gemacht werden.*
6. *(1) Die Angebote und ihre Anlagen sind sorgfältig zu verwahren und vertraulich zu behandeln. Von den nicht ordnungsgemäß oder verspätet eingegangenen Angeboten sind auch der Umschlag und andere Beweismittel aufzubewahren.*
   (2) Im Falle des § 21 Nr. 3 Abs. 2 ist sicherzustellen, dass die Kenntnis des Angebots auf die mit der Sache Befassten beschränkt bleibt.
   (3) Der Auftraggeber darf Angebotsunterlagen und die in den Angeboten enthaltenen eigenen Vorschläge eines Bieters nur für die Prüfung und Wertung der Angebote (§§ 23 und 25) verwenden. Eine darüber hinausgehende Verwendung bedarf der vorherigen schriftlichen Vereinbarung, in der auch die Entschädigung zu regeln ist.
   (4) Die Absätze 1 bis 3 gelten bei Freihändiger Vergabe entsprechend.

§ 23 Prüfung der Angebote

1. *Nicht geprüft zu werden brauchen Angebote,*
   a) die nicht ordnungsgemäß oder verspätet eingegangen sind, es sei denn, dass der nicht

ordnungsgemäße oder verspätete Eingang durch Umstände verursacht worden ist, die nicht vom Bieter zu vertreten sind,

b) die nicht unterschrieben oder mit der erforderlichen elektronischen Signatur und Verschlüsselung versehen sind (§ 21 Nr. 1 Abs. 2 Satz 5),

c) bei denen Änderungen des Bieters an seinen Eintragungen nicht zweifelsfrei sind (§ 21 Nr. 1 Abs. 3),

d) bei denen Änderungen oder Ergänzungen an den Verdingungsunterlagen vorgenommen worden sind (§ 21 Nr. 1 Abs. 4).

2. Die übrigen Angebote sind einzeln auf Vollständigkeit sowie auf rechnerische und fachliche Richtigkeit zu prüfen; ferner sind die für die Beurteilung der Wirtschaftlichkeit der einzelnen Angebote maßgebenden Gesichtspunkte festzuhalten. Gegebenenfalls sind Sachverständige (§ 6) hinzuzuziehen.

3. Das Ergebnis der Prüfung ist aktenkundig zu machen.

§ 24 Verhandlungen mit Bietern bei Ausschreibungen

1. (1) Nach Öffnung der Angebote bis zur Zuschlagserteilung darf mit den Bietern über ihre Angebote nur verhandelt werden, um Zweifel über die Angebote oder die Bieter zu beheben.

(2) Verweigert ein Bieter die geforderten Aufklärungen und Angaben, so kann sein Angebot unberücksichtigt bleiben.

2. (1) Andere Verhandlungen, besonders über Änderungen der Angebote oder Preise, sind unstatthaft.

(2) Ausnahmsweise darf bei einem Nebenangebot (§ 17 Nr. 3 Abs. 5) oder bei einem Angebot aufgrund funktionaler Leistungsbeschreibung (§ 8 Nr. 2 Abs. 1 Buchstabe a)) mit dem Bieter, dessen Angebot als das wirtschaftlichste gewertet wurde (§ 25 Nr. 3), im Rahmen der geforderten Leistung über notwendige technische Änderungen geringen Umfangs verhandelt werden. Hierbei kann auch der Preis entsprechend angepasst werden. Mit weiteren Bietern darf nicht verhandelt werden.

3. Grund und Ergebnis der Verhandlungen sind vertraulich zu behandeln und schriftlich niederzulegen.

§ 25 Wertung der Angebote

1. (1) Ausgeschlossen werden:

a) Angebote, für deren Wertung wesentliche Preisangaben fehlen (§ 21 Nr. 1 Abs. 1 Satz 1),

b) Angebote, die nicht unterschrieben sind (§ 21 Nr. 1 Abs. 2 Satz 5),

c) Angebote, in denen Änderungen des Bieters an seinen Eintragungen nicht zweifelsfrei sind (§ 21 Nr. 1 Abs. 3),

d) Angebote, bei denen Änderungen oder Ergänzungen an den Verdingungsunterlagen vorgenommen worden sind (§ 21 Nr. 1 Abs. 4),

e) Angebote, die verspätet eingegangen sind, es sei denn, dass der verspätete Eingang durch Umstände verursacht worden ist, die nicht vom Bieter zu vertreten sind,

f) Angebote von Bietern, die in Bezug auf die Vergabe eine unzulässige, wettbewerbsbeschränkende Abrede getroffen haben,

g) Nebenangebote, soweit der Auftraggeber diese nach § 17 Nr. 3 Abs. 5 ausgeschlossen hat.

(2) Außerdem können ausgeschlossen werden:

a) Angebote, die nicht die geforderten Angaben und Erklärungen enthalten (§ 21 Nr. 1 Abs. 1 Satz 1),

b) Angebote von Bietern, die von der Teilnahme am Wettbewerb ausgeschlossen werden können (§ 7 Nr. 5),

c) Nebenangebote, die nicht auf besonderer Anlage gemacht worden oder als solche nicht deutlich gekennzeichnet sind (§ 21 Nr. 2).

2. (1) Bei der Auswahl der Angebote, die für den Zuschlag in Betracht kommen, sind nur Bieter zu berücksichtigen, die für die Erfüllung der vertraglichen Verpflichtungen die erforderliche Fachkunde, Leistungsfähigkeit und Zuverlässigkeit besitzen.

(2) Erscheinen Angebote im Verhältnis zu der zu erbringenden Leistung ungewöhnlich niedrig, so überprüft der Auftraggeber vor der Vergabe des Auftrages die Einzelposten dieser Angebote. Zu diesem Zweck verlangt er in Textform vom Bieter die erforderlichen Belege. Der Auftraggeber berücksichtigt bei der Vergabe das Ergebnis dieser Überprüfung.

(3) Auf Angebote, deren Preise in offenbarem Missverhältnis zur Leistung stehen, darf der Zuschlag nicht erteilt werden.

3. Der Zuschlag ist auf das unter Berücksichtigung aller Umstände wirtschaftlichste Angebot zu erteilen. Der niedrigste Angebotspreis allein ist nicht entscheidend.

4. Nebenangebote, die der Auftraggeber bei der Ausschreibung gewünscht oder ausdrücklich zugelassen hat, sind ebenso zu werten wie die Hauptangebote. Sonstige Nebenangebote können berücksichtigt werden.

5. Die Gründe für die Zuschlagserteilung sind in den Akten zu vermerken.

§ 26 Aufhebung der Ausschreibung

1. Die Ausschreibung kann aufgehoben werden, wenn

a) kein Angebot eingegangen ist, das den Ausschreibungsbedingungen entspricht,

b) sich die Grundlagen der Ausschreibung wesentlich geändert haben,

c) sie kein wirtschaftliches Ergebnis gehabt hat,

d) andere schwerwiegende Gründe bestehen.

2. Die Ausschreibung kann unter der Voraussetzung, dass Angebote in Losen vorgesehen oder Nebenangebote nicht ausgeschlossen sind, teilweise aufgehoben werden, wenn

a) das wirtschaftlichste Angebot den ausgeschriebenen Bedarf nicht voll deckt,

b) schwerwiegende Gründe der Vergabe der gesamten Leistung an einen Bieter entgegenstehen.

3. Die Gründe für die Aufhebung der Ausschreibung sind in den Akten zu vermerken.

4. Die Bieter sind von der Aufhebung der Ausschreibung unter Bekanntgabe der Gründe (Nummer 1 Buchstabe a) bis d), Nummer 2 Buchstabe a) und b)) unverzüglich zu benachrichtigen.

5. Eine neue Ausschreibung oder eine Freihändige Vergabe ist nur zulässig, wenn die vorhergehende Ausschreibung über denselben Gegenstand ganz oder teilweise aufgehoben ist.

§ 27 Nicht berücksichtigte Angebote

1. Ein Angebot gilt als nicht berücksichtigt, wenn bis zum Ablauf der Zuschlagsfrist kein Auftrag erteilt wurde. Die Vergabestelle teilt jedem erfolglosen Bieter nach Zuschlagserteilung auf dessen schriftlichen Antrag hin unverzüglich die Ablehnung seines Angebots schriftlich mit. Dem Antrag ist ein adressierter Freiumschlag beizufügen. Der Antrag kann bereits bei Abgabe des Angebotes gestellt werden. Weiterhin muss in den Verdingungsunterlagen bereits darauf hingewiesen werden, dass das Angebot nicht berücksichtigt worden ist, wenn bis zum Ablauf der Zuschlagsfrist kein Auftrag erteilt wurde.

2. In der Mitteilung gemäß Nummer 1 Satz 2 sind zusätzlich bekannt zu geben:
a) Die Gründe für die Ablehnung (z. B. preisliche, technische, funktionsbedingte, gestalterische, ästhetische) seines Angebots. Bei der Mitteilung ist darauf zu achten, dass die Auskunft mit Rücksicht auf die Verpflichtung der Vergabestelle, die Angebote vertraulich zu behandeln (§ 22 Nr. 6 Abs. 1 Satz 1), keine Angaben aus Angeboten anderer Bieter enthält.
b) Die Anzahl der eingegangenen Angebote.
c) Der niedrigste und höchste Angebotsendpreis der nach § 23 geprüften Angebote.

3. Die zusätzliche Bekanntgabe nach Nummer 2 entfällt, wenn
a) der Zuschlagspreis unter 5000 Euro liegt oder
b) weniger als 8 Angebote eingegangen sind oder
c) der Aufforderung zur Angebotsabgabe eine funktionale Leistungsbeschreibung (§ 8 Nr. 2 Abs. 1 Buchstabe a)) zugrunde gelegen hat oder
d) das Angebot nach § 25 Nr. 1 ausgeschlossen worden ist oder nach § 25 Nr. 2 Abs. 1 nicht berücksichtigt werden konnte.

4. Ist aufgrund der Aufforderung zur Angebotsabgabe Vergabe in Losen vorgesehen, so sind zusätzlich in der Bekanntgabe nach Nummer 2 Buchstabe c) Preise zu Losangeboten dann mitzuteilen, wenn eine Vergleichbarkeit der Losangebote (z. B. gleiche Losgröße und Anzahl der Lose) gegeben ist.

5. Sind Nebenangebote eingegangen, so sind diese bei den Angaben gemäß Nummer 2 außer Betracht zu lassen; im Rahmen der Bekanntgabe nach Nummer 2 ist jedoch anzugeben, dass Nebenangebote eingegangen sind.

6. Die Mitteilungen nach Nummer 1 und 2 sind abschließend.

7. Entwürfe, Ausarbeitungen, Muster und Proben zu nicht berücksichtigten Angeboten sind zurückzugeben, wenn dies im Angebot oder innerhalb von 24 Werktagen nach Ablehnung des Angebots verlangt wird.

8. Nicht berücksichtigte Angebote und Ausarbeitungen der Bieter dürfen nur mit ihrer Zustimmung für eine neue Vergabe oder für andere Zwecke benutzt werden.

§ 28 Zuschlag

1. (1) Der Zuschlag (§ 25 Nr. 3) auf ein Angebot soll schriftlich und so rechtzeitig erteilt werden, dass ihn der Bieter noch vor Ablauf der Zuschlagsfrist erhält. Wird ausnahmsweise der Zuschlag nicht schriftlich erteilt, so ist er umgehend schriftlich zu bestätigen.
(2) Dies gilt nicht für die Fälle, in denen durch Ausführungsbestimmungen auf die Schriftform verzichtet worden ist.

2. (1) *Wird auf ein Angebot rechtzeitig und ohne Abänderungen der Zuschlag erteilt, so ist damit nach allgemeinen Rechtsgrundsätzen der Vertrag abgeschlossen, auch wenn spätere urkundliche Festlegung vorgesehen ist.*
(2) *Verzögert sich der Zuschlag, so kann die Zuschlagsfrist nur im Einvernehmen mit den in Frage kommenden Bietern verlängert werden.*

§ 29 Vertragsurkunde
Eine besondere Urkunde kann über den Vertrag dann gefertigt werden, wenn die Vertragspartner dies für notwendig halten.

§ 30 Vergabevermerk
1. *Über die Vergabe ist ein Vermerk zu fertigen, der die einzelnen Stufen des Verfahrens, die Maßnahmen, die Feststellung sowie die Begründung der einzelnen Entscheidungen enthält.*
2. *Wird auf die Vorlage zusätzlich zum Angebot verlangter Unterlagen und Nachweise verzichtet, ist dies im Vergabevermerk zu begründen.*

Inhaltsübersicht Rn.

1. Allgemeines

1 Auch berufsvorbereitende Bildungsmaßnahmen können grundsätzlich gefördert werden. Ihr Ziel ist die Aufnahme einer Ausbildung oder die berufliche Eingliederung. Für die Förderung ist unerheblich, ob ein staatlich anerkannter Beruf angestrebt wird. Maßgeblich für die Förderungsfähigkeit ist, dass der Teilnehmer durch die Maßnahme eine Berufsreife erlangt. Dies umfasst auch die Ausübung einer ungelernten Tätigkeit.

Maßnahmen, die den landesrechtlichen Schulbestimmungen unterworfen sind, z. B. das Berufsvorbereitungsjahr, sind nicht als förderungsfähig im Sinne der Vorschrift anerkannt.

2. Inhalt der Maßnahme

2 Eine berufsvorbereitende Bildungsmaßnahme kann betrieblich oder außerbetrieblich durchgeführt werden, aber auch in rein schulischer Form als theoretischer Unterricht.

3 Es können auch rein allgemeinbildende Fächer unterrichtet werden, wenn mit ihrer Vermittlung die Betroffenen auf den Erwerb des Hauptschulabschluss oder eines gleichwertigen Abschlusses vorbereitet werden.

Berufsausbildungsvorbereitung kommt Personen zugute, die aufgrund ihrer persönlichen Entwicklung den Anforderungen am Ausbildungsplatz noch nicht gewachsen sind.

Mit der Berufsausbildungsvorbereitung können auch Personen unterstützt werden, die zwar grundsätzlich die nötige Berufsreife haben, aber aus bestimmten Gründen noch keinen Ausbildungsplatz erhalten können.

3. Qualitätsanforderungen der Maßnahme

Gefördert werden können nur solche Maßnahmen, die bestimmte qualitätsbezogene Voraussetzungen erfüllen. 4

In qualitativer Hinsicht verlangt § 51 Abs. 2 Nr. 2 eine Erfolgsprognose in Bezug auf die Bildungsmaßnahme. Maßgebliche Kriterien dafür sind die Ausbildung und Berufserfahrung des Leiters und des Ausbildungs- und Betreuungspersonals, die Gestaltung des Lehrplans, die eingesetzte Unterrichtsmethode sowie die Güte der zum Einsatz vorgesehenen Lehr- und Lernmittel.

Der Unterricht ist zielgruppengerecht auszurichten. Er hat sich in Organisation und 5
Methodik an den besonderen Bedürfnissen der Teilnehmer zu orientieren. So sind besondere Entwicklungshemmnisse der Teilnehmer sowie deren intellektuelle Defizite bei der Art und Weise der Wissensvermittlung mit zu berücksichtigen.

Der Maßnahme liegt ein Lehrplan zu Grunde, aus dem ersichtlich ist, welche Inhalte in welchen Zeiträumen vermittelt werden sollen. Er muss Angaben enthalten zu den Zugangsvoraussetzungen, die unabdingbar notwendig sind, um die Maßnahme mit Aussicht auf Erfolg durchführen zu können.

Auch die Größe der Unterrichtsgruppen ist ein Qualitätsmerkmal.

Die Lehrkräfte müssen eine fachgebietsbezogene Berufserfahrung nachweisen.

Betriebliche Praktika können mit der berufsvorbereitenden Bildungsmaßnahme ver- 6
knüpft werden.

Die berufsvorbereitenden Bildungsmaßnahmen haben sich am Grundsatz der Wirt- 7
schaftlichkeit und Sparsamkeit zu orientieren. Die entstehenden Kosten müssen angemessen sein und in einem ausgewogenen Verhältnis zum Aufwand stehen.

Die Auftragsvergabe an Träger von berufsvorbereitenden Bildungsmaßnahmen erfolgt durch die Bundesagentur für Arbeit. Rechtsgrundlage ist die Verdingungsordnung für Leistungen VOL/A.[31]

Damit soll gewährleistet sein, dass keine überteuerten Bildungsmaßnahmen aus öffentlichen Mitteln finanziert werden und Aufwand und Nutzen nachvollziehbar in einem angemessenen Verhältnis zueinander stehen.

Auch die Durchführung der berufsvorbereitenden Maßnahme im Ausland kann gefördert werden, wenn ihr Anteil die Hälfte der Förderdauer nicht übersteigt.

§ 53 Vorbereitung auf einen Hauptschulabschluss im Rahmen einer berufsvorbereitenden Bildungsmaßnahme

Förderungsbedürftige junge Menschen ohne Schulabschluss haben einen Anspruch, im Rahmen einer berufsvorbereitenden Bildungsmaßnahme auf den nachträglichen Erwerb des Hauptschulabschlusses oder eines gleichwertigen Schulabschlusses vorbereitet zu werden. Die Leistung wird nur erbracht, soweit sie nicht für den gleichen Zweck durch Dritte erbracht wird. Die Agentur für Arbeit hat darauf hinzuwirken, dass sich die für die allgemeine Schulbildung zuständigen Länder an den Kosten der

31 Siehe oben.

Maßnahme beteiligen. Leistungen Dritter zur Aufstockung der Leistung bleiben anrechnungsfrei.

Regelungsinhalt

1 Die Teilnahme an einer berufsvorbereitenden Bildungsmaßnahme mit dem Ziel, den Hauptschulabschluss zu erlangen, regelt § 53 gesondert.

Wer förderungsbedürftig ist und keinen Schulabschluss hat, hat Anspruch auf Teilnahme an einer berufsvorbereitenden Bildungsmaßnahme, die auf den Erwerb des Hauptschulabschlusses oder eines gleichwertigen Schulabschlusses vorbereitet. Grundsätzlich ist diese Förderung nachrangig. Leistungen Dritter sind vorrangig dafür einzusetzen. Auf eine Beteiligung der Länder an den Kosten ist hinzuwirken.

Dritter Unterabschnitt
Berufsausbildungsbeihilfe

§ 56 Berufsausbildungsbeihilfe

(1) Auszubildende haben Anspruch auf Berufsausbildungsbeihilfe während einer Berufsausbildung, wenn

1. die Berufsausbildung förderungsfähig ist,
2. sie zum förderungsfähigen Personenkreis gehören und die sonstigen persönlichen Voraussetzungen für eine Förderung erfüllt sind und
3. ihnen die erforderlichen Mittel zur Deckung des Bedarfs für den Lebensunterhalt, die Fahrkosten und die sonstigen Aufwendungen (Gesamtbedarf) nicht anderweitig zur Verfügung stehen.

(2) Auszubildende haben Anspruch auf Berufsausbildungsbeihilfe während einer berufsvorbereitenden Bildungsmaßnahme nach § 51.

Inhaltsübersicht Rn.

1. Allgemeines

1 §§ 56 ff. regeln die individuelle Förderung der beruflichen Ausbildung.

Auszubildende, die die Fördervoraussetzungen erfüllen, haben Anspruch auf Berufsausbildungsbeihilfe (BAB).

Berufsausbildungsbeihilfe kann gewährt werden

- während einer Ausbildung, aber auch
- »nur« während einer berufsvorbereitenden Bildungsmaßnahme.

Zum Begriff der berufsvorbereitenden Bildungsmaßnahme: siehe § 51 Rn. 2.

2 **Zweck** der Berufsausbildungsbeihilfe ist es, eine berufliche Ausbildung zu ermöglichen.

Dabei ist es unerheblich, ob sie betrieblich oder außerbetrieblich durchgeführt wird. Der Ausbildungswillige soll in die Lage versetzt werden, seinen Ausbildungswunsch zu verwirklichen. Die Berufsausbildungsbeihilfe soll Auszubildenden eine Ausbildung ermöglichen nach »Eignung, Neigung und Leistung«.

Kann der Auszubildende mit der Ausbildungsvergütung seinen Lebensbedarf wegen 3
der geringen Ausbildungsvergütung nicht decken, soll ihm die Berufsausbildungsbeihilfe die nötige Aufstockung ermöglichen.

Die Leistung wird als Zuschuss gewährt und ist nicht zurückzuzahlen.

Auch für Teilnehmer an einer berufsvorbereitenden Bildungsmaßnahme soll die Berufsausbildungsbeihilfe ihren Lebensunterhalt sicherstellen.

Leistungen der Berufsausbildungsbeihilfe und Leistungen nach dem Bundesausbildungsförderungsgesetz schließen einander aus. Beide Leistungsgesetze behandeln einen vergleichbaren Lebenssachverhalt.

Neben der Unterstützung des Einzelnen verfolgen sie auch ein wirtschaftspolitisches 4
Ziel, nämlich berufliche Qualifikation zu ermöglichen, damit auch der Wirtschaft qualifiziertes Fachpersonal zur Verfügung steht.

Allerdings fördert das Bundesausbildungsförderungsgesetz nur die schulische Bildung, 5
so den Besuch von weiterführenden allgemeinbildenden Schulen, Fachhochschulen und Hochschulen. Berufliche Bildung kann damit nicht unterstützt werden.

2. Fördervoraussetzungen

Voraussetzung für die Inanspruchnahme der Berufsausbildungsbeihilfe ist, dass die Aus- 6
bildung bzw. die berufsvorbereitende Bildungsmaßnahme an sich förderungsfähig ist. Die Einzelheiten hierzu sind nachfolgend unter § 57 und § 61 dargestellt.

Der Auszubildende muss aber auch die persönlichen Voraussetzungen für eine Förderung erfüllen und im Übrigen außer Stande sein, seinen Bedarf an Kosten des Lebensunterhalts, aber auch ausbildungsbedingten Kosten aus eigenen Mitteln zu decken.

Erläuterungen zur Deckung des »Gesamtbedarfs« sind unter §§ 61, 62 dargestellt.

§ 57 Förderungsfähige Berufsausbildung

(1) Eine Berufsausbildung ist förderungsfähig, wenn sie in einem nach dem Berufsbildungsgesetz, der Handwerksordnung oder dem Seemannsgesetz staatlich anerkannten Ausbildungsberuf betrieblich oder außerbetrieblich oder nach dem Altenpflegegesetz betrieblich durchgeführt wird und der dafür vorgeschriebene Berufsausbildungsvertrag abgeschlossen worden ist.

(2) Förderungsfähig ist die erste Berufsausbildung. Eine zweite Berufsausbildung kann gefördert werden, wenn zu erwarten ist, dass eine berufliche Eingliederung dauerhaft auf andere Weise nicht erreicht werden kann und durch die zweite Berufsausbildung die berufliche Eingliederung erreicht wird.

(3) Nach der vorzeitigen Lösung eines Berufsausbildungsverhältnisses darf erneut gefördert werden, wenn für die Lösung ein berechtigter Grund bestand.

Inhaltsübersicht Rn.

1. Begriff der beruflichen Ausbildung

1 Die berufliche Ausbildung ist zu trennen von der beruflichen Weiterbildung. Die Ausbildung setzt – anders als die Weiterbildung – keinen beruflichen Abschluss voraus. Vielmehr soll sie erstmals zu einem beruflichen Abschluss führen.[32]

Das BSG bezeichnet als »Ausbildung« stets die »erste zu einem beruflichen Abschluss führende Bildungsmaßnahme«.[33]

2 Gefördert werden können nur staatlich anerkannte Ausbildungsberufe. Zu den staatlich anerkannten Ausbildungsberufen zählen jene Berufsausbildungen, die nach den Bestimmungen des Berufsausbildungsgesetzes, der Handwerksordnung, des Seemannsgesetzes oder des Altenpflegegesetzes durchgeführt werden.[34]

3 Im Sinne des BBiG sind anerkannte Lehrberufe förderungsfähig, aber auch neue Ausbildungsformen, sofern sie gemäß § 6 BBiG zugelassen sind.

Beispiele:
So gehört beispielsweise zu einem anerkannten herkömmlichen Lehrberuf die Ausbildung zum Groß- und Außenhandelskaufmann. Neuere Form einer anerkannten Ausbildung ist der Mediengestalter.[35]

Das Bundesinstitut für Berufsbildung führt ein Verzeichnis der anerkannten Ausbildungsberufe.[36]

4 Den anerkannten Berufsausbildungen liegt jeweils eine Ausbildungsordnung in Form einer Rechtsverordnung zu Grunde. Diese Ausbildungsordnung regelt

- die Bezeichnung des Ausbildungsberufes
- die Ausbildungsdauer
- das Ausbildungsberufsbild
- den Ausbildungsrahmenplan
- die Prüfungsanforderungen

5 Das **Ausbildungsberufsbild** umschreibt, welche Fertigkeiten, Kenntnisse und Fähigkeiten Gegenstand der Berufsausbildung sind.

Der Ausbildungsrahmenplan legt die zeitliche Abfolge fest, innerhalb derer die Fertigkeiten und Kenntnisse während der Ausbildung erworben werden müssen.

6 Bei den **Handwerksberufen** zählen zu den anerkannten Berufsausbildungen sowohl

32 So BSG in BSGE 37, 163; SozR 4100 § 41 Nr. 34.
33 So BSG in BSGE 37, 163; SozR 4100 § 41 Nr. 34.
34 Zu den Rechtsgrundlagen: z. B. § 4 BBiG; Schiffsmechaniker-AusbildungsVO.
35 Ausbildungsverzeichnis unter http://www.2.bibb.de/tools/aab/aabberufeliste.php.
36 Ebda.

die zulassungspflichtigen Handwerke als auch die zulassungsfreien Handwerke und die handwerksähnlichen Gewerbe.[37]

Als Berufsausbildung in der Seeschifffahrt, die grundsätzlich förderfähig ist, gilt die Ausbildung zum Schiffsmechaniker. Ihre Grundlagen regelt die Schiffsmechaniker-Ausbildungsverordnung. **7**

Nicht zu den als förderfähig anerkannten Berufsausbildungen gehört eine Ausbildung im öffentlichen Dienst, dem ein öffentlich-rechtlich geprägtes Dienstverhältnis zugrunde liegt. In diesem Fall findet das Berufsbildungsgesetz keine Anwendung. **8**

Die Ausbildung kann nicht gefördert werden.[38]

1.1 Betriebliche und außerbetriebliche Ausbildung

Grundsätzlich will die betriebliche Ausbildung gewährleisten, dass die Ausbildung praxisorientiert erfolgt. Dies kann geschehen in Betrieben der Wirtschaft, aber auch in Unternehmen der freien Berufe oder Einrichtungen des öffentlichen Dienstes, sofern es sich um ein privatrechtlich begründetes Ausbildungsverhältnis handelt.[39] **9**

Wird die Ausbildung außerbetrieblich durchgeführt, geschieht dies typischerweise in einer außerbetrieblichen Ausbildungsstätte, wie sie unter anderem von den Industrie- und Handelskammern, aber auch von den Verbänden der freien Wohlfahrtspflege vorgehalten werden. Auch diese Form der Ausbildung ist grundsätzlich förderungsfähig. **10**

Ausgenommen bleibt nur die schulische Ausbildung. **11**

Beschränkt sich die Wissensvermittlung auf theoretische Inhalte, so handelt es sich in der Regel um eine schulische Ausbildung, die grundsätzlich nicht gefördert werden kann. Dies gilt auch, wenn ein berufsbezogener Fachunterricht abgehalten wird.

Beispiele:
So gilt die Ausbildung zur **Krankenschwester/Krankenpfleger** als schulische Ausbildung und nicht als betriebliche Ausbildung. Unbestritten steht zwar auch eine angehende Krankenschwester/Krankenpfleger in einem privatrechtlichen Ausbildungsvertrag zum Arbeitgeber, was für eine Einordnung als betriebliche Ausbildung spricht. Auch ist die Krankenschwester während der Dauer der Ausbildung zum Zweck der praktischen Ausbildung in einem Krankenhaus eingegliedert. Gleichwohl findet wegen § 22 Krankenpflegegesetz das BBiG auf die Ausbildung zur Krankenschwester/Krankenpfleger keine Anwendung.
Gleiches gilt für weitere **Medizinalfachberufe** – z. B. der Beruf des **Physiotherapeuten** oder des **Logopäden** –, deren Ausbildung insgesamt als schulisch und nicht als betrieblich eingestuft wird. Damit scheiden sie aus dem Kreis der förderungsfähigen Ausbildung aus.[40]
Ausdrücklich aufgenommen wurde in den Kreis der förderfähigen Ausbildung der Beruf zur **Altenpflegerin**, sofern die Ausbildung nach dem Altenpflegegesetz betrieblich durchgeführt wird.

---

37 Zulassungspflichtige Handwerke s. Anlage A zur HwO; zulassungsfreie Handwerke s. Anlage B Abschnitt 1 zur HwO; handwerksähnliche Gewerbe s. Anlage B Abschnitt 2 zur HwO.

38 Nach BSG – 18. 10. 1991 – 9 b Rar 15/90 ist es verfassungskonform, die Förderung auf reglementierte Berufsbildung zu beschränken. Art. 12 GG und Art. 3 GG sind dadurch nicht verletzt.

39 BSG SozR 4100 § 40 Nr. 13.

40 BVerwGE 81, 242/247.

2. Fördervoraussetzungen

12 Damit die Ausbildung förderungsfähig ist, ist nicht nur Voraussetzung, dass sie zu einem anerkannten beruflichen Abschluss führt. Vielmehr muss sie unter den vorgeschriebenen Mindestvoraussetzungen absolviert werden.

So ist ein schriftlicher Berufsausbildungsvertrag erforderlich. Der Ausbildungsvertrag muss den Mindestinhalt des § 11 Abs. 1 BBiG erfüllen.

Der Ausbildungsvertrag muss Angaben enthalten zur Art, der sachlichen und zeitlichen Gliederung der Berufsausbildung sowie dem Ziel der Berufsausbildung, insbesondere zur Berufstätigkeit, für die ausgebildet werden soll.

13 Außerdem:

- Beginn und Dauer der Berufsausbildung
- Ausbildungsmaßnahmen außerhalb der Ausbildungsstätte
- Dauer der regelmäßigen täglichen Ausbildungszeit
- Dauer der Probezeit
- Zahlung und Höhe der Vergütung
- Dauer des Urlaubs
- Voraussetzungen, unter denen der Berufsausbildungsvertrag gekündigt werden kann
- allgemeiner Hinweis auf die Tarifverträge, Betriebsvereinbarungen oder Dienstvereinbarungen, die auf das Berufsausbildungsverhältnis anzuwenden sind.

14 Erfüllt der Ausbildungsvertrag nicht die vorgeschriebenen Formerfordernisse, kann eine Förderung abgelehnt werden.[41]

15 Für die angestrebte Berufsausbildung existiert eine Ausbildungsordnung, eine Ausbildungsvergütung muss geschuldet sein, ein geeigneter Ausbilder muss die Ausbildung gewährleisten und der Besuch der Berufsschule muss sichergestellt sein.[42]

16 Ist das Berufsausbildungsverhältnis ordnungsgemäß im dafür vorgesehenen Verzeichnis eingetragen, ist anzunehmen, dass die Formerfordernisse gewahrt sind. Die Ausbildung ist förderungsfähig.

3. Die erstmalige Ausbildung

17 Wer bereits einen Berufsabschluss erlangt hat, kann in der Regel nicht mehr für eine weitere Ausbildung gefördert werden. Eine zweite Berufsausbildung kann nur gefördert werden, wenn anders die berufliche Eingliederung nicht erreicht werden kann. Aber auch derjenige, der über eine langjährige berufliche Erfahrung auf dem Gebiet eines anerkannten Ausbildungsberufs verfügt, ohne einen Ausbildungsabschluss abgelegt zu haben, ist nicht förderungsfähig.

Wer jedoch nur Hilfstätigkeiten auf dem allgemeinen Arbeitsmarkt ausgeübt hat, kann noch eine Förderung in Anspruch nehmen.

---

41 LSG Saarland – 29.01.1998 – L 6/1 Ar 112/96.
42 BSG SozR 3-4100 § 40 Nr. 2.

Auch wer eine Berufsausbildung abgebrochen hat, kann noch eine geförderte Erstausbildung beginnen, jedenfalls wenn er keine verwertbaren beruflichen Kenntnisse damit erworben hat.

Die Gründe für den Abbruch der Ausbildung sind maßgeblich.

Bricht der Auszubildende eine begonnene Erstausbildung aus einem »wichtigen Grunde« im Sinne von § 626 BGB ab, stellt dies im Zweifel auch einen **»berechtigten« Grund** im Sinn von § 57 Abs. 3 dar.

> **Beispiel:**
> X bricht seine Erstausbildung beim Arbeitgeber A ab, weil er dort nachweislich nachhaltig Schikanen und Erniedrigungen ausgesetzt war.

Fraglich ist, ob es auch einen »berechtigten« Grund darstellt, wenn der Auszubildende nach Beginn der Erstausbildung einen anderen Berufswunsch verspürt; in diesem Fall dürfte eine Förderung nur in Betracht kommen, wenn der Auszubildende zusätzliche gewichtige Umstände anführt, die annehmen lassen, dass es sich nicht um bloße »Unlust« handelt, sondern Eignungsmängel oder das Fehlen anderer persönlicher Voraussetzungen den Erfolg der Ausbildung ernsthaft gefährdet erscheinen lassen. 18

§ 58 Förderung im Ausland

(1) Eine Berufsausbildung, die teilweise im Ausland durchgeführt wird, ist auch für den im Ausland durchgeführten Teil förderungsfähig, wenn dieser Teil im Verhältnis zur Gesamtdauer der Berufsausbildung angemessen ist und die Dauer von einem Jahr nicht übersteigt.

(2) Eine betriebliche Berufsausbildung, die vollständig im angrenzenden Ausland oder in den übrigen Mitgliedstaaten der Europäischen Union durchgeführt wird, ist förderungsfähig, wenn

1. **eine nach Bundes- oder Landesrecht zuständige Stelle bestätigt, dass die Berufsausbildung einer entsprechenden betrieblichen Berufsausbildung gleichwertig ist,**
2. **die Berufsausbildung im Ausland dem Erreichen des Bildungsziels und der Beschäftigungsfähigkeit besonders dienlich ist und**
3. **die oder der Auszubildende vor Beginn der Berufsausbildung insgesamt drei Jahre ihren oder seinen Wohnsitz im Inland hatte.**

Regelungsinhalt

Die berufliche Ausbildung kann gefördert werden, wenn sie teilweise im Ausland stattfindet. Dabei darf der Auslandsaufenthalt die Dauer von **einem Jahr** insgesamt nicht überschreiten. Außerdem muss der Auslandsaufenthalt im Verhältnis zur Gesamtdauer der Maßnahme zeitlich angemessen sein. 1

> **Beispiel:**
> Wer eine 3-jährige Ausbildung absolviert, die u. a. Kenntnisse im Bereich des Kochens und der Lebensmittelzubereitung vorsieht, kann allenfalls auf eine Förderung im Ausland zum Erwerb

ausländischer Kochkenntnisse für die Dauer von maximal einem Jahr hoffen; anderenfalls wäre der Auslandsaufenthalt im Verhältnis zur Gesamtdauer der Maßnahme nicht mehr angemessen.

2 Im Einzelfall kann eine betriebliche Ausbildung, die vollständig im angrenzenden Ausland oder in den übrigen Mitgliedstaaten der Europäischen Union durchgeführt wird, ebenfalls gefördert werden. Dies gilt nicht für Maßnahmen der Berufsvorbereitung.

Damit eine Ausbildung im Ausland gefördert werden kann, ist es erforderlich, dass der Nachweis erbracht wird, dass die Ausbildung einer entsprechenden betrieblichen Ausbildung gleichwertig ist. Außerdem muss der Auslandsaufenthalt dem Erreichen des Bildungsziels und der Beschäftigungsfähigkeit besonders dienlich sein. Dies setzt voraus, dass der Antragsteller besondere spezifische Kenntnisse durch die Absolvierung der Ausbildung im Ausland erlangen kann. Dabei dürfen diese spezifischen Kenntnisse nicht nur eine Aufwertung seiner persönlichen Qualifikation zur Folge haben. Sie müssen vielmehr auch zu einer echten Verbesserung der anschließenden Vermittelbarkeit führen.

Für die Förderung seiner Ausbildung im Ausland ist ferner Voraussetzung, dass der Auszubildende vor Beginn der Ausbildung insgesamt drei Jahren seinen Wohnsitz im Inland hatte.

§ 59 Förderungsfähiger Personenkreis

(1) § 8 Absatz 1, 2, 4 und 5 des Bundesausbildungsförderungsgesetzes gilt entsprechend.

(2) Geduldete Ausländerinnen und Ausländer (§ 60 a des Aufenthaltsgesetzes), die ihren ständigen Wohnsitz im Inland haben, werden während einer betrieblich durchgeführten Berufsausbildung gefördert, wenn sie sich seit mindestens vier Jahren ununterbrochen rechtmäßig, gestattet oder geduldet im Bundesgebiet aufhalten.

(3) Im Übrigen werden Ausländerinnen und Ausländer gefördert, wenn

1. **sie selbst sich vor Beginn der Berufsausbildung insgesamt fünf Jahre im Inland aufgehalten haben und rechtmäßig erwerbstätig gewesen sind oder**
2. **zumindest ein Elternteil während der letzten sechs Jahre vor Beginn der Berufsausbildung sich insgesamt drei Jahre im Inland aufgehalten hat und rechtmäßig erwerbstätig gewesen ist, im Übrigen von dem Zeitpunkt an, in dem im weiteren Verlauf der Berufsausbildung diese Voraussetzungen vorgelegen haben; von dem Erfordernis der Erwerbstätigkeit des Elternteils während der letzten sechs Jahre kann abgesehen werden, wenn sie aus einem von ihm nicht zu vertretenden Grunde nicht ausgeübt worden ist und er im Inland mindestens sechs Monate erwerbstätig gewesen ist; ist die oder der Auszubildende in den Haushalt einer oder eines Verwandten aufgenommen, so kann diese oder dieser zur Erfüllung dieser Voraussetzungen an die Stelle des Elternteils treten, sofern die oder der Auszubildende sich in den letzten drei Jahren vor Beginn der Berufsausbildung rechtmäßig im Inland aufgehalten hat.**

§ 60 Sonstige persönliche Voraussetzungen

(1) Die oder der Auszubildende wird bei einer Berufsausbildung nur gefördert, wenn sie oder er

1. außerhalb des Haushalts der Eltern oder eines Elternteils wohnt und

2. die Ausbildungsstätte von der Wohnung der Eltern oder eines Elternteils aus nicht in angemessener Zeit erreichen kann.

(2) Absatz 1 Nummer 2 gilt nicht, wenn die oder der Auszubildende

1. 18 Jahre oder älter ist,

2. verheiratet oder in einer Lebenspartnerschaft verbunden ist oder war,

3. mit mindestens einem Kind zusammenlebt oder

4. aus schwerwiegenden sozialen Gründen nicht auf die Wohnung der Eltern oder eines Elternteils verwiesen werden kann.

Inhaltsübersicht

1. Allgemeines

Die Förderung kann grundsätzlich Deutschen und Ausländern zugute kommen. 1

Als Deutsche gelten Personen, die die deutsche Staatsangehörigkeit im Sinne des Art. 116 GG haben. 2

Bei Ausländern ist zu prüfen, welchen Status sie haben. Berechtigte sind solche Ausländer, die den Status heimatloser Ausländer haben, aber auch Ausländer, die als Asylberechtigte anerkannt sind oder aber Abschiebungsschutz genießen. 3

Berechtigte sind aber auch Ausländer, die im Besitz einer Niederlassungserlaubnis sind und ihren gewöhnlichen Aufenthalt im Inland haben sowie ausländische Flüchtlinge, sofern sie nicht nur vorübergehend zum Aufenthalt in der Bundesrepublik Deutschland berechtigt sind.

Ausländer, die ihren Wohnsitz in Deutschland haben und Kind eines Deutschen oder Ehegatten eines Deutschen sind, können ebenfalls die Fördermöglichkeiten in Anspruch nehmen ebenso wie Ausländer, die die Freizügigkeit nach dem Freizügigkeitsgesetz der EU genießen.

2. Besondere Ausländer

Geduldete Ausländer mit ständigem Wohnsitz im Inland können gefördert werden, wenn sie sich mindestens vier Jahre ununterbrochen rechtmäßig im Inland aufhalten. 4

Unabhängig von dem ausländerrechtlichen Status können solche Ausländer eine förderungsfähige betriebliche Berufsausbildung in Anspruch nehmen, wenn sie sich fünf Jahre im Inland aufgehalten haben und rechtmäßig erwerbstätig waren bzw. wenn ein Elternteil während der letzten sechs Jahre sich insgesamt drei Jahre in Deutschland aufgehalten hat und rechtmäßig erwerbstätig gewesen ist. Dabei soll genügen, dass diese

Fördervoraussetzungen zumindest im Verlauf der Ausbildung eintreten. Fehlt es an der Ausübung der rechtmäßigen Erwerbstätigkeit eines Elternteils, so ist dies für die Förderung dann unschädlich, wenn die Erwerbstätigkeit aus einem von dem Elternteil nicht zu vertretenden Grund unterblieb.

Beispiel: Erkrankung

Allerdings muss er mindestens sechs Monate erwerbstätig gewesen sein. Auch die Aufnahme bei Verwandten genügt; sie können an Stelle eines Elternteils treten. Der Geförderte selbst muss sich drei Jahre rechtmäßig im Inland aufgehalten haben.

5 Unabdingbare Voraussetzung für eine Förderung ist, dass zu erwarten ist, dass der oder die so Geförderte nach der Ausbildung voraussichtlich im Inland rechtmäßig erwerbstätig sein wird.

3. Persönliche Fördervoraussetzungen einer beruflichen Ausbildung

6 Entscheidendes Kriterium für eine Förderung der beruflichen Ausbildung im Sinne der Vorschriften des SGB III ist, dass Auszubildende außerhalb des elterlichen Haushalts beziehungsweise außerhalb des Haushalts eines Elternteils wohnen und die Ausbildungsstätte von dieser Wohnung aus nicht in angemessener Zeit erreichen können.

Dies schließt umgekehrt eine Förderung für jenen Personenkreis aus, der im Haushalt der Eltern wohnt und von dort aus auch die Ausbildungsstätte in zumutbarer Weise erreichen kann.

7 Auf verfassungsrechtliche Bedenken weist Stegmann hin.[43] Insbesondere zeigt sich hier unter dem Gesichtspunkt der Gleichbehandlung ein kaum zu rechtfertigender Unterschied zur schulischen Förderung. Bei der Förderung nach BaföG besteht Anspruch auf Förderung unabhängig davon, ob Studierende noch auf das Wohnen in der elterlichen Wohnung verwiesen werden können oder nicht.

Fraglich ist, ab welcher Entfernung die Wegstrecke zur Ausbildungsstätte als unzumutbar einzustufen ist. Das BVerwG orientiert sich an § 2 BaföG und erkennt als zumutbar an, wenn an drei Wochentagen eine Wegstrecke von insgesamt zwei Stunden aufzuwenden ist.

8 Unabhängig von der zurückzulegenden Wegstrecke kann jedoch die berufliche Ausbildung dann gefördert werden, wenn Auszubildende eine gewisse selbständige Lebensstellung erlangt haben.

Dies wird angenommen,

- wenn Auszubildende das 18. Lebensjahr vollendet haben,
- verheiratet sind oder waren oder in einer Lebenspartnerschaft leben,
- mit mindestens einem Kind zusammenleben.

Dabei berücksichtigt das Gesetz, dass Volljährige, aber auch Verheiratete oder Geschiedene sowie Personen, die selbst Verantwortung für ein Kind in ihrem Haushalt über-

43 BSG – 28. 11. 2007 – B 11 a AL 39/06 R.

nehmen, förderwürdig sind, ohne dass es auf die Wohnverhältnisse im Elternhaus maßgeblich ankommen darf.

Einen Sonderfall der Förderung begründet noch die Härteklausel. Insbesondere in den Fällen, in denen das Eltern-Kind-Verhältnis nachhaltig gestört ist und der Auszubildende deshalb nicht mehr im Elternhaus wohnt, darf dies nicht dazu führen, dass Berufsausbildungsförderung versagt wird. **9**

Wer aus schwerwiegenden sozialen Gründen nicht auf die Wohnung der Eltern oder eines Elternteils verwiesen werden kann, soll von der Förderung nicht ausgenommen werden.

Gänzlich anders definiert sind die persönlichen Fördervoraussetzungen für die Aufnahme einer berufsvorbereitenden Bildungsmaßnahme. Hier wird nicht auf die Selbständigkeit der Lebensstellung abgestellt. Entscheidend ist vielmehr, dass die Maßnahme erforderlich ist zur Vorbereitung auf eine Berufsausbildung oder zur beruflichen Eingliederung. Hinzutreten muss eine gewisse Erfolgsaussicht der Maßnahme. Dies setzt voraus, dass der Antragsteller persönliche Eignungsmerkmale mitbringt wie z. B. eine hinreichende geistige und körperliche Verfassung, aber auch charakterliche Anforderungen erfüllt. **10**

Im Einzelfall kann die Ungeeignetheit des Teilnehmers sich erst während der Maßnahme herausstellen. Der Träger der Maßnahme kann zu der Überzeugung kommen, dass der Teilnehmer eben nicht über die nötigen Teilnahmevoraussetzungen verfügt, sei es, dass er dem Unterricht nicht folgen kann aufgrund intellektueller Defizite oder weil er nicht die nötige Konzentration mitbringt. Die letzte Entscheidung über die Eignungsvoraussetzungen liegt jedoch bei der Agentur für Arbeit (§ 52).

§ 61 Bedarf für den Lebensunterhalt bei Berufsausbildung

(1) Ist die oder der Auszubildende während der Berufsausbildung außerhalb des Haushalts der Eltern oder eines Elternteils untergebracht, wird der jeweils geltende Bedarf für Studierende nach § 13 Absatz 1 Nummer 1 des Bundesausbildungsförderungsgesetzes zugrunde gelegt. Der Bedarf erhöht sich für die Unterkunft um 149 Euro monatlich. Soweit Mietkosten für Unterkunft und Nebenkosten nachweislich den Betrag nach Satz 2 übersteigen, erhöht sich der dort genannte Bedarf um bis zu 75 Euro monatlich.

(2) Ist die oder der Auszubildende bei der oder dem Ausbildenden mit voller Verpflegung untergebracht, werden abweichend von Absatz 1 als Bedarf für den Lebensunterhalt die Werte der Sozialversicherungsentgeltverordnung für Verpflegung und Unterbringung oder Wohnung zuzüglich 90 Euro monatlich für sonstige Bedürfnisse zugrunde gelegt.

(3) Ist die oder der Auszubildende mit voller Verpflegung in einem Wohnheim oder einem Internat untergebracht, werden abweichend von Absatz 1 als Bedarf für den Lebensunterhalt die im Rahmen der §§ 78a bis 78g des Achten Buches vereinbarten Entgelte für Verpflegung und Unterbringung ohne sozialpädagogische Begleitung zuzüglich 90 Euro monatlich für sonstige Bedürfnisse zugrunde gelegt. Als Bedarf für den Lebensunterhalt von Auszubildenden unter 18 Jahren werden zusätzlich die Entgelte für die sozialpädagogische Begleitung zugrunde gelegt, soweit diese nicht von Dritten erstattet werden.

§ 62 Bedarf für den Lebensunterhalt bei berufsvorbereitenden Bildungsmaßnahmen

(1) Ist die oder der Auszubildende während einer berufsvorbereitenden Bildungsmaßnahme im Haushalt der Eltern oder eines Elternteils untergebracht, wird der jeweils geltende Bedarf für Schülerinnen und Schüler nach § 12 Absatz 1 Nummer 1 des Bundesausbildungsförderungsgesetzes zugrunde gelegt.

(2) Ist die oder der Auszubildende außerhalb des Haushalts der Eltern oder eines Elternteils untergebracht, werden als Bedarf für den Lebensunterhalt 391 Euro monatlich zugrunde gelegt. Soweit Mietkosten für Unterkunft und Nebenkosten nachweislich 58 Euro monatlich übersteigen, erhöht sich der in Satz 1 genannte Bedarf um bis zu 74 Euro monatlich.

(3) Ist die oder der Auszubildende mit voller Verpflegung in einem Wohnheim oder einem Internat untergebracht, werden abweichend von Absatz 2 als Bedarf für den Lebensunterhalt die im Rahmen der §§ 78 a bis 78 g des Achten Buches vereinbarten Entgelte für Verpflegung und Unterbringung ohne sozialpädagogische Begleitung zuzüglich 90 Euro monatlich für sonstige Bedürfnisse zugrunde gelegt. Als Bedarf für den Lebensunterhalt von Auszubildenden unter 18 Jahren werden zusätzlich die Entgelte für die sozialpädagogische Begleitung zugrunde gelegt, soweit diese nicht von Dritten erstattet werden.

Verordnung über die sozialversicherungsrechtliche Beurteilung von Zuwendungen des Arbeitgebers als Arbeitsentgelt

§ 1 Dem sozialversicherungspflichtigen Arbeitsentgelt nicht zuzurechnende Zuwendungen

(1) Dem Arbeitsentgelt sind nicht zuzurechnen:

1. *einmalige Einnahmen, laufende Zulagen, Zuschläge, Zuschüsse sowie ähnliche Einnahmen, die zusätzlich zu Löhnen oder Gehältern gewährt werden, soweit sie lohnsteuerfrei sind; dies gilt nicht für Sonntags-, Feiertags- und Nachtarbeitszuschläge, soweit das Entgelt, auf dem sie berechnet werden, mehr als 25 Euro für jede Stunde beträgt,*
2. *sonstige Bezüge nach § 40 Abs. 1 Satz 1 Nr. 1 des Einkommensteuergesetzes, die nicht einmalig gezahltes Arbeitsentgelt nach § 23 a des Vierten Buches Sozialgesetzbuch sind,*
3. *Einnahmen nach § 40 Abs. 2 des Einkommensteuergesetzes,*
4. *Beiträge nach § 40 b des Einkommensteuergesetzes in der am31. Dezember 2004 geltenden Fassung, die zusätzlich zu Löhnen und Gehältern gewährt werden; dies gilt auch für darin enthaltene Beiträge, die aus einer Entgeltumwandlung (§ 1 Abs. 2 Nr. 3 des Betriebsrentengesetzes) stammen,*

4 a. *Zuwendungen nach § 3 Nr. 56 und § 40 b des Einkommensteuergesetzes, die zusätzlich zu Löhnen und Gehältern gewährt werden und für die Satz 3 und 4 nichts Abweichendes bestimmen,*

5. *Beträge nach § 10 des Entgeltfortzahlungsgesetzes,*
6. *Zuschüsse zum Mutterschaftsgeld nach § 14 des Mutterschutzgesetzes,*
7. *in den Fällen des § 3 Abs. 3 der vom Arbeitgeber insoweit übernommene Teil des Gesamtsozialversicherungsbeitrags,*

8. *Zuschüsse des Arbeitgebers zum Kurzarbeitergeld und Saison-Kurzarbeitergeld, soweit sie zusammen mit dem Kurzarbeitergeld 80 Prozent des Unterschiedsbetrages zwischen dem Sollentgelt und dem Ist-Entgelt nach § 106 des Dritten Buches Sozialgesetzbuch nicht übersteigen,*
9. *steuerfreie Zuwendungen an Pensionskassen, Pensionsfonds oder Direktversicherungen nach § 3 Nr. 63 Satz 1 und 2 des Einkommensteuergesetzes im Kalenderjahr bis zur Höhe von insgesamt 4 Prozent der Beitragsbemessungsgrenze in der allgemeinen Rentenversicherung; dies gilt auch für darin enthaltene Beträge, die aus einer Entgeltumwandlung (§ 1 Abs. 2 Nr. 3 des Betriebsrentengesetzes) stammen,*
10. *Leistungen eines Arbeitgebers oder einer Unterstützungskasse an einen Pensionsfonds zur Übernahme bestehender Versorgungsverpflichtungen oder Versorgungsanwartschaften durch den Pensionsfonds, soweit diese nach § 3 Nr. 66 des Einkommensteuergesetzes steuerfrei sind,*
11. *steuerlich nicht belastete Zuwendungen des Beschäftigten zugunsten von durch Naturkatastrophen im Inland Geschädigten aus Arbeitsentgelt einschließlich Wertguthaben,*
12. *Sanierungsgelder der Arbeitgeber zur Deckung eines finanziellen Fehlbetrages an die Einrichtungen, für die Satz 3 gilt,*
13. *Sachprämien nach § 37a des Einkommensteuergesetzes,*
14. *Zuwendungen nach § 37b Abs. 1 des Einkommensteuergesetzes, soweit die Zuwendungen an Arbeitnehmer eines Dritten erbracht werden und diese Arbeitnehmer nicht Arbeitnehmer eines mit dem Zuwendenden verbundenen Unternehmens sind,*
15. *vom Arbeitgeber getragene oder übernommene Studiengebühren für ein Studium des Beschäftigten, soweit sie steuerrechtlich kein Arbeitslohn sind.*

Die in Satz 1 Nr. 2 bis 4 genannten Einnahmen, Beiträge und Zuwendungen sind nicht dem Arbeitsentgelt zuzurechnen, soweit der Arbeitgeber die Lohnsteuer mit einem Pauschsteuersatz erheben kann und er die Lohnsteuer nicht nach den Vorschriften des § 39b oder § 39c des Einkommensteuergesetzes erhebt. Die Summe der in Satz 1 Nr. 4a genannten Zuwendungen nach § 3 Nr. 56 und § 40b des Einkommensteuergesetzes, höchstens jedoch monatlich 100 Euro, sind bis zur Höhe von 2,5 Prozent des für ihre Bemessung maßgebenden Entgelts dem Arbeitsentgelt zuzurechnen, wenn die Versorgungsregelung mindestens bis zum 31. Dezember 2000 vor der Anwendung etwaiger Nettobegrenzungsregelungen eine allgemein erreichbare Gesamtversorgung von mindestens 75 Prozent des gesamtversorgungsfähigen Entgelts und nach dem Eintritt des Versorgungsfalles eine Anpassung nach Maßgabe der Entwicklung der Arbeitsentgelte im Bereich der entsprechenden Versorgungsregelung oder gesetzlicher Versorgungsbezüge vorsieht; die dem Arbeitsentgelt zuzurechnenden Beiträge und Zuwendungen vermindern sich um monatlich 13,30 Euro. Satz 3 gilt mit der Maßgabe, dass die Zuwendungen nach § 3 Nr. 56 und § 40b des Einkommensteuergesetzes dem Arbeitsentgelt insoweit zugerechnet werden, als sie in der Summe monatlich 100 Euro übersteigen.

(2) In der gesetzlichen Unfallversicherung und in der Seefahrt sind auch lohnsteuerfreie Zuschläge für Sonntags-, Feiertags- und Nachtarbeit dem Arbeitsentgelt zuzurechnen; dies gilt in der Unfallversicherung nicht für Erwerbseinkommen, das bei einer Hinterbliebenenrente zu berücksichtigen ist.

*§ 2 **Verpflegung, Unterkunft und Wohnung als Sachbezug***
(1) Der Wert der als Sachbezug zur Verfügung gestellten Verpflegung wird auf monatlich 219 Euro festgesetzt. Dieser Wert setzt sich zusammen aus dem Wert für
1. Frühstück von 47 Euro,
2. Mittagessen von 86 Euro und
3. Abendessen von 86 Euro.

(2) Für Verpflegung, die nicht nur dem Beschäftigten, sondern auch seinen nicht bei demselben Arbeitgeber beschäftigten Familienangehörigen zur Verfügung gestellt wird, erhöhen sich die nach Absatz 1 anzusetzenden Werte je Familienangehörigen,
1. der das 18. Lebensjahr vollendet hat, um 100 Prozent,
2. der das 14., aber noch nicht das 18. Lebensjahr vollendet hat, um 80 Prozent,
3. der das 7., aber noch nicht das 14. Lebensjahr vollendet hat, um 40 Prozent und
4. der das 7. Lebensjahr noch nicht vollendet hat, um 30 Prozent.

Bei der Berechnung des Wertes ist das Lebensalter des Familienangehörigen im ersten Entgeltabrechnungszeitraum des Kalenderjahres maßgebend. Sind Ehegatten bei demselben Arbeitgeber beschäftigt, sind die Erhöhungswerte nach Satz 1 für Verpflegung der Kinder beiden Ehegatten je zur Hälfte zuzurechnen.

(3) Der Wert einer als Sachbezug zur Verfügung gestellten Unterkunft wird auf monatlich 212 Euro festgesetzt. Der Wert der Unterkunft nach Satz 1 vermindert sich
1. bei Aufnahme des Beschäftigten in den Haushalt des Arbeitgebers oder bei Unterbringung in einer Gemeinschaftsunterkunft um 15 Prozent,
2. für Jugendliche bis zur Vollendung des 18. Lebensjahres und Auszubildende um 15 Prozent und
3. bei der Belegung
a) mit zwei Beschäftigten um 40 Prozent,
b) mit drei Beschäftigten um 50 Prozent und
c) mit mehr als drei Beschäftigten um 60 Prozent.

Ist es nach Lage des einzelnen Falles unbillig, den Wert einer Unterkunft nach Satz 1 zu bestimmen, kann die Unterkunft mit dem ortsüblichen Mietpreis bewertet werden; Absatz 4 Satz 2 gilt entsprechend.

(4) Für eine als Sachbezug zur Verfügung gestellte Wohnung ist als Wert der ortsübliche Mietpreis unter Berücksichtigung der sich aus der Lage der Wohnung zum Betrieb ergebenden Beeinträchtigungen anzusetzen. Ist im Einzelfall die Feststellung des ortsüblichen Mietpreises mit außergewöhnlichen Schwierigkeiten verbunden, kann die Wohnung mit 3,70 Euro je Quadratmeter monatlich, bei einfacher Ausstattung (ohne Sammelheizung oder ohne Bad oder Dusche) mit 3,00 Euro je Quadratmeter monatlich bewertet werden. Bestehen gesetzliche Mietpreisbeschränkungen, sind die durch diese Beschränkungen festgelegten Mietpreise als Werte anzusetzen. Dies gilt auch für die vertraglichen Mietpreisbeschränkungen im sozialen Wohnungsbau, die nach den jeweiligen Förderrichtlinien des Landes für den betreffenden Förderjahrgang sowie für die mit Wohnungsfürsorgemitteln aus öffentlichen Haushalten geförderten Wohnungen vorgesehen sind. Für Energie, Wasser und sonstige Nebenkosten ist der übliche Preis am Abgabeort anzusetzen.

(5) Werden Verpflegung, Unterkunft oder Wohnung verbilligt als Sachbezug zur Verfü-

gung gestellt, ist der Unterschiedsbetrag zwischen dem vereinbarten Preis und dem Wert, der sich bei freiem Bezug nach den Absätzen 1 bis 4 ergeben würde, dem Arbeitsentgelt zuzurechnen.

(6) Bei der Berechnung des Wertes für kürzere Zeiträume als einen Monat ist für jeden Tag ein Dreißigstel der Werte nach den Absätzen 1 bis 5 zugrunde zu legen. Die Prozentsätze der Absätze 2 und 3 sind auf den Tageswert nach Satz 1 anzuwenden. Die Berechnungen werden jeweils auf 2 Dezimalstellen durchgeführt; die zweite Dezimalstelle wird um 1 erhöht, wenn sich in der dritten Dezimalstelle eine der Zahlen 5 bis 9 ergibt.

§ 3 Sonstige Sachbezüge

(1) Werden Sachbezüge, die nicht von § 2 erfasst werden, unentgeltlich zur Verfügung gestellt, ist als Wert für diese Sachbezüge der um übliche Preisnachlässe geminderte übliche Endpreis am Abgabeort anzusetzen. Sind auf Grund des § 8 Abs. 2 Satz 8 des Einkommensteuergesetzes Durchschnittswerte festgesetzt worden, sind diese Werte maßgebend. Findet § 8 Abs. 2 Satz 2, 3, 4 oder 5 oder Abs. 3 Satz 1 des Einkommensteuergesetzes Anwendung, sind die dort genannten Werte maßgebend. § 8 Abs. 2 Satz 9 des Einkommensteuergesetzes gilt entsprechend.

(2) Werden Sachbezüge, die nicht von § 2 erfasst werden, verbilligt zur Verfügung gestellt, ist als Wert für diese Sachbezüge der Unterschiedsbetrag zwischen dem vereinbarten Preis und dem Wert, der sich bei freiem Bezug nach Absatz 1 ergeben würde, dem Arbeitsentgelt zuzurechnen.

(3) Waren und Dienstleistungen, die vom Arbeitgeber nicht überwiegend für den Bedarf seiner Arbeitnehmer hergestellt, vertrieben oder erbracht werden und die nach § 40 Abs. 1 Satz 1 Nr. 1 des Einkommensteuergesetzes pauschal versteuert werden, können mit dem Durchschnittsbetrag der pauschal versteuerten Waren und Dienstleistungen angesetzt werden; dabei kann der Durchschnittsbetrag des Vorjahres angesetzt werden. Besteht das Beschäftigungsverhältnis nur während eines Teils des Kalenderjahres, ist für jeden Tag des Beschäftigungsverhältnisses der dreihundertsechzigste Teil des Durchschnittswertes nach Satz 1 anzusetzen. Satz 1 gilt nur, wenn der Arbeitgeber den von dem Beschäftigten zu tragenden Teil des Gesamtsozialversicherungsbeitrags übernimmt. Die Sätze 1 bis 3 gelten entsprechend für Sachzuwendungen im Wert von nicht mehr als 80 Euro, die der Arbeitnehmer für Verbesserungsvorschläge sowie für Leistungen in der Unfallverhütung und im Arbeitsschutz erhält. Die mit einem Durchschnittswert angesetzten Sachbezüge, die in einem Kalenderjahr gewährt werden, sind insgesamt dem letzten Entgeltabrechnungszeitraum in diesem Kalenderjahr zuzuordnen.

*§ **4** (weggefallen)*

Inhaltsübersicht Rn.

1. Vorbemerkung

1 Auch hier differenzieren die gesetzlichen Regelungen zwischen dem Bedarf für den Lebensunterhalt bei beruflicher Ausbildung und dem Bedarf für den Lebensunterhalt bei berufsvorbereitenden Bildungsmaßnahmen.

2. Bedarf für den Lebensunterhalt bei beruflicher Ausbildung

2 Der Bedarf der Auszubildenden für ihren Lebensunterhalt bestimmt sich bei Unterbringung außerhalb des elterlichen Haushalts nach den Grundsätzen des Bedarfs für Studierende nach dem BAföG.

§ 13 BaföG findet Anwendung. Danach beträgt der Bedarf zum Lebensunterhalt für Studierende, die eine abgeschlossene Berufsausbildung vorweisen und Fachschulklassen, Abendgymnasien oder Kollegs besuchen, 348 € monatlich, beim Besuch höherer Fachschulen, Akademien oder Hochschulen – deren Besuch keine abgeschlossene Berufsausbildung voraussetzt – 373 € monatlich. Für Unterkunft bei den Eltern werden zusätzlich 49 € gezahlt, bei auswärtiger Unterkunft 224 €.

3 Wohnen Auszubildende außerhalb, können sie diesen Bedarf für den Lebensunterhalt um die Kosten der Unterkunft aufstocken um 149 €. Reicht dies nicht und sind die tatsächlichen Kosten für Unterkunft und Nebenkosten höher, können sie eine weitere Aufstockung um bis zu 75 € monatlich geltend machen.

Damit können sie maximal soviel Unterstützung für Unterkunft geltend machen wie Studierende, jedoch müssen sie dafür den konkreten Kostennachweis erbringen.

Verfügen Auszubildende über eine Unterbringung beim Ausbildenden mit voller Verpflegung, so ermittelt sich der Bedarf für den Lebensunterhalt – Verpflegung und Unterbringung – nach der Sozialversicherungsentgeltverordnung.[44] Für sonstige Bedürfnisse werden zusätzlich 90 € zu Grunde gelegt.

4 Erfolgt die Unterbringung mit voller Verpflegung in einem Wohnheim oder Internat, so werden als Bedarf für den Lebensunterhalt die amtlich festgesetzten Kosten für Verpflegung und Unterbringung zu Grunde gelegt. Für sonstige Bedürfnisse werden monatlich 90 € zusätzlich gezahlt.

5 Für Minderjährige zählt auch notwendige sozialpädagogische Begleitung zum Bedarf.

3. Bedarf für den Lebensunterhalt bei berufsvorbereitenden Bildungsmaßnahmen

6 Für Teilnehmer an einer berufsvorbereitenden Bildungsmaßnahme, die noch im Haushalt der Eltern oder eines Elternteils wohnen, gilt der Bedarf eines Schülers im Sinn des § 12 Abs. 1 Nr. 1 BafoG.

Dieser Bedarf beträgt derzeit für Schüler von Berufsfachschulen mit abgeschlossener Berufsausbildung 216 €, für die gleiche Personengruppe, die eine Abendhauptschule,

44 Siehe oben.

Berufsaufbauschule, Abendrealschule oder Fachoberschulklasse besuchen, 391 € monatlich.

Für die auswärtige Unterkunft können Schüler einer weiterführenden allgemeinbildenden Schule/Berufsfachschule oder Fach- und Fachoberschulklasse monatlich 465 € geltend machen, andere Schüler von Schulen, deren Besuch eine abgeschlossene Berufsausbildung voraussetzt, können dafür 543 € geltend machen.

Erfolgt für die Teilnehmer einer berufsvorbereitenden Bildungsmaßnahme die Unterbringung mit voller Verpflegung in einem Wohnheim oder Internat, so werden als Bedarf für den Lebensunterhalt die amtlich festgesetzten Kosten für Verpflegung und Unterbringung zu Grunde gelegt. Für sonstige Bedürfnisse werden monatlich 90 € zusätzlich gezahlt. Für Minderjährige kann zusätzlich notwendige sozialpädagogische Begleitung veranschlagt werden. 7

Diese Regelung ist identisch mit der Bedarfsermittlung im Rahmen beruflicher Ausbildung. Abweichendes gilt jedoch, wenn die Teilnehmer einer berufsvorbereitenden Bildungsmaßnahme außerhalb des elterlichen Haushalts wohnen. Für sie wird als Bedarf aktuell ein Betrag von 391 € monatlich für den Lebensunterhalt zu Grunde gelegt.

Darin enthalten sind für Unterkunft und Nebenkosten monatlich 58 €. Nur wenn diese im Einzelfall überschritten werden, erhöht sich der Bedarf um bis zu 74 € monatlich.

Maximal also kann der Teilnehmer 465 € monatlich geltend machen.

§ 63 Fahrkosten

(1) Als Bedarf für Fahrkosten werden folgende Kosten der oder des Auszubildenden zugrunde gelegt:

1. Kosten für Fahrten zwischen Unterkunft, Ausbildungsstätte und Berufsschule (Pendelfahrten),

2. bei einer erforderlichen auswärtigen Unterbringung Kosten für die An- und Abreise und für eine monatliche Familienheimfahrt oder anstelle der Familienheimfahrt für eine monatliche Fahrt einer oder eines Angehörigen zum Aufenthaltsort der oder des Auszubildenden.

Eine auswärtige Unterbringung ist erforderlich, wenn die Ausbildungsstätte vom Familienwohnort aus nicht in angemessener Zeit erreicht werden kann.

(2) Abweichend von Absatz 1 Nummer 2 werden bei einer Förderung im Ausland folgende Kosten der oder des Auszubildenden zugrunde gelegt:

1. bei einem Ausbildungsort innerhalb Europas die Kosten für eine Hin- und Rückreise je Ausbildungshalbjahr,

2. bei einem Ausbildungsort außerhalb Europas die Kosten für eine Hin- und Rückreise je Ausbildungsjahr.

In besonderen Härtefällen können die notwendigen Aufwendungen für eine weitere Hin- und Rückreise zugrunde gelegt werden.

(3) Die Fahrkosten werden in Höhe des Betrags zugrunde gelegt, der bei Benutzung des zweckmäßigsten regelmäßig verkehrenden öffentlichen Verkehrsmittels in der niedrigsten Klasse zu zahlen ist; bei Benutzung sonstiger Verkehrsmittel wird für

Fahrkosten die Höhe der Wegstreckenentschädigung nach § 5 Absatz 1 des Bundesreisekostengesetzes zugrunde gelegt. Bei nicht geringfügigen Fahrpreiserhöhungen hat auf Antrag eine Anpassung zu erfolgen, wenn der Bewilligungszeitraum noch mindestens zwei weitere Monate andauert. Kosten für Pendelfahrten werden nur bis zur Höhe des Betrags zugrunde gelegt, der nach § 86 insgesamt erbracht werden kann.

§ 64 Sonstige Aufwendungen

(1) Bei einer Berufsausbildung wird als Bedarf für sonstige Aufwendungen eine Pauschale für Kosten der Arbeitskleidung in Höhe von 12 Euro monatlich zugrunde gelegt.

(2) Bei einer berufsvorbereitenden Bildungsmaßnahme werden als Bedarf für sonstige Aufwendungen bei Auszubildenden, deren Schutz im Krankheits- oder Pflegefall nicht anderweitig sichergestellt ist, die Beiträge für eine freiwillige Krankenversicherung ohne Anspruch auf Krankengeld und die Beiträge zur Pflegepflichtversicherung bei einem Träger der gesetzlichen Kranken- und Pflegeversicherung oder, wenn dort im Einzelfall ein Schutz nicht gewährleistet ist, bei einem privaten Krankenversicherungsunternehmen zugrunde gelegt.

(3) Bei einer Berufsausbildung und einer berufsvorbereitenden Bildungsmaßnahme werden als Bedarf für sonstige Aufwendungen die Kosten für die Betreuung der aufsichtsbedürftigen Kinder der oder des Auszubildenden in Höhe von 130 Euro monatlich je Kind zugrunde gelegt. Darüber hinaus können sonstige Kosten anerkannt werden,

1. **soweit sie durch die Berufsausbildung oder die Teilnahme an der berufsvorbereitenden Bildungsmaßnahme unvermeidbar entstehen,**
2. **soweit die Berufsausbildung oder die Teilnahme an der berufsvorbereitenden Bildungsmaßnahme andernfalls gefährdet ist und**
3. **wenn die Aufwendungen von der oder dem Auszubildenden oder ihren oder seinen Erziehungsberechtigten zu tragen sind.**

Inhaltsübersicht

1. Fahrkosten

1 Als Fahrkosten können übernommen werden die Kosten für

- die Pendelfahrten: das sind die Fahrten zwischen Unterkunft, Ausbildungsstätte und Berufsschule.

2 Ist eine auswärtige Unterbringung erforderlich, können außerdem als Fahrkosten die Kosten übernommen werden

- für die Anreise und Abreise zur Ausbildungsstätte sowie für eine monatliche Familienheimfahrt.

Alternativ können jene Kosten erstattet werden, die einem Angehörigen einmal pro Monat entstehen, um den Auszubildenden am Ort seiner auswärtigen Unterbringung zu besuchen.

Hält sich der Auszubildende für die Ausbildung im Ausland auf, so kann eine Heimfahrt (Hin- und Rückreise) innerhalb Europas einmal pro Ausbildungshalbjahr, bei einem Aufenthalt außerhalb Europas einmal pro Ausbildungsjahr gefördert werden.

Für die Pendelfahrt kann der Teilnehmer den eigenen Pkw benützen oder öffentliche **3**
Verkehrsmittel. Dabei ist das zweckmäßigste öffentliche Verkehrsmittel zu benutzen mit dem günstigsten Tarif. Wird der Fahrpreis erhöht und dauert der Bewilligungszeitraum noch mindestens zwei Monate, kann der Antragsteller eine Anpassung verlangen.

Die Kostenerstattung bei Benutzung des eigenen Pkw richtet sich nach der Wegstreckenentschädigung des Bundesreisekostengesetzes (§ 5 Abs. 1). Danach sind 0,20 € pro km erstattungsfähig; 0,30 € werden erstattet, wenn an der Benutzung des »Fahrzeugs ein erhebliches dienstliches Interesse« besteht. Das wird der Fall sein, wenn eine ungünstige, unzumutbare lange Verkehrsverbindung im Öffentlichen Nahverkehr besteht.

Jedoch gilt auch für den Auszubildenden, dass die Kosten für Pendelfahrten nicht in unbegrenzter Höhe förderfähig sind. Eine Höchstgrenze bildet hier die Grenze des § 86. Sie dürfen der Höhe nach nicht höher sein, als es die erstattungsfähigen Kosten einer auswärtigen Unterkunft wären. Dafür liegt die Grenze – Unterbringung und Verpflegung eingeschlossen – bei monatlich maximal 476 €.

2. Sonstige Aufwendungen

Für Arbeitskleidung sieht das Gesetz eine Erstattung in Höhe von 12 € monatlich vor. **4**

Als sonstige Aufwendungen ist auch der Krankenversicherungsschutz beziehungsweise **5**
die Pflegeversicherungsabsicherung anerkannt für Personen, die an einer berufsvorbereitenden Bildungsmaßnahme teilnehmen, wenn der Versicherungsschutz anderweitig nicht hergestellt werden kann. Der Anspruch auf Krankengeld soll ausgeschlossen bleiben.

Sowohl bei Ausbildung als auch bei berufsvorbereitenden Bildungsmaßnahmen sollen außerdem solche Kosten übernommen werden, die unvermeidbar durch die Maßnahmen bedingt sind. Würden sie nicht übernommen, wäre der Erfolg der Maßnahme gefährdet. Dabei handelt es sich um Aufwendungen, die vom Auszubildenden oder seinem Erziehungsberechtigten zu tragen sind.

Als Kosten für die Betreuung aufsichtsbedürftiger Kinder des Auszubildenden werden monatlich pro Kind 130 € übernommen.

§ 65 Besonderheiten beim Besuch des Berufsschulunterrichts in Blockform

(1) Für die Zeit des Berufsschulunterrichts in Blockform wird ein Bedarf zugrunde gelegt, der für Zeiten ohne Berufsschulunterricht zugrunde zu legen wäre.

(2) Eine Förderung allein für die Zeit des Berufsschulunterrichts in Blockform ist ausgeschlossen.

Regelungsinhalt

Ob im Rahmen einer Berufsausbildung der Berufsschulunterricht in Blockform statt- **1**
findet, richtet sich nach den Bestimmungen der Länder.

Die Förderung durch Berufsausbildungsbeihilfe soll dadurch aber nicht gefährdet oder verkürzt werden.

Findet blockweiser Unterricht statt, wirkt sich das beispielsweise auf die Berechnung von Fahrtkosten aus.

Die Vorschrift stellt klar, dass bei blockweisem Unterricht Fahrkosten fiktiv als Bedarf zugrunde gelegt werden können; das sind Fahrtkosten, die entstünden, wenn an diesen Tagen kein Blockunterricht stattfände und der Teilnehmer zur Arbeit bzw. zur Ausbildungsstätte fahren würde.

Auf die Rechtsprechung des Bundessozialgerichts vom 06. 05. 2009 – B 11 Al 37/07R – sei ausdrücklich hingewiesen.

§ 67 Einkommensanrechnung

(1) Auf den Gesamtbedarf sind die Einkommen der folgenden Personen in der Reihenfolge ihrer Nennung anzurechnen:

1. der oder des Auszubildenden,

2. der Person, mit der die oder der Auszubildende verheiratet oder in einer Lebenspartnerschaft verbunden ist und von der sie oder er nicht dauernd getrennt lebt, und

3. der Eltern der oder des Auszubildenden.

(2) Für die Ermittlung des Einkommens und dessen Anrechnung sowie die Berücksichtigung von Freibeträgen gelten § 11 Absatz 4 sowie die Vorschriften des Vierten Abschnitts des Bundesausbildungsförderungsgesetzes mit den hierzu ergangenen Rechtsverordnungen entsprechend. Abweichend von

1. § 21 Absatz 1 des Bundesausbildungsförderungsgesetzes werden Werbungskosten der oder des Auszubildenden auf Grund der Berufsausbildung nicht berücksichtigt;

2. § 22 Absatz 1 des Bundesausbildungsförderungsgesetzes ist das Einkommen der oder des Auszubildenden maßgebend, das zum Zeitpunkt der Antragstellung absehbar ist; Änderungen bis zum Zeitpunkt der Entscheidung sind zu berücksichtigen;

3. § 23 Absatz 3 des Bundesausbildungsförderungsgesetzes bleiben 58 Euro der Ausbildungsvergütung und abweichend von § 25 Absatz 1 des Bundesausbildungsförderungsgesetzes zusätzlich 567 Euro anrechnungsfrei, wenn die Ausbildungsstätte von der Wohnung der Eltern oder eines Elternteils aus nicht in angemessener Zeit erreicht werden kann;

4. § 23 Absatz 4 Nummer 2 des Bundesausbildungsförderungsgesetzes werden Leistungen Dritter, die zur Aufstockung der Berufsausbildungsbeihilfe erbracht werden, nicht angerechnet.

(3) Bei einer Berufsausbildung im Betrieb der Eltern, der Ehefrau oder des Ehemanns oder der Lebenspartnerin oder des Lebenspartners ist für die Feststellung des Einkommens der oder des Auszubildenden mindestens die tarifliche Bruttoausbildungsvergütung als vereinbart zugrunde zu legen oder, soweit eine tarifliche Regelung nicht besteht, die ortsübliche Bruttoausbildungsvergütung, die in diesem Ausbildungsberuf bei einer Berufsausbildung in einem fremden Betrieb geleistet wird.

(4) Für an berufsvorbereitenden Bildungsmaßnahmen Teilnehmende wird von einer Anrechnung des Einkommens abgesehen. Satz 1 gilt nicht für Einkommen der Teilnehmenden aus einer nach diesem Buch oder vergleichbaren öffentlichen Programmen geförderten Maßnahme.

(5) Das Einkommen der Eltern bleibt außer Betracht, wenn ihr Aufenthaltsort nicht bekannt ist oder sie rechtlich oder tatsächlich gehindert sind, im Inland Unterhalt zu leisten. Das Einkommen ist ferner nicht anzurechnen, soweit ein Unterhaltsanspruch nicht besteht oder dieser verwirkt ist.

Regelungsinhalt

Ist der Gesamtbedarf (Lebensunterhalt, Unterkunft, Verpflegung) des Antragstellers ermittelt, so ist zu prüfen, inwieweit er eigenes Einkommen vorrangig einzusetzen hat. Dies gilt auch für das Einkommen seines nicht dauernd von ihm getrennt lebenden Ehegatten, des Lebenspartners oder seiner Eltern. 1

Im Wesentlichen wird hier verwiesen auf die Rechtslage zum Bundesausbildungsförderungsgesetz. 2

Dabei sind folgende Ausnahmen im Rahmen der Förderung von Ausbildung nach den Vorschriften des SGB III zu beachten:

- Werbungskosten, die der Auszubildende aufgrund der Ausbildung hat, werden nicht berücksichtigt.

Maßgeblich sind seine Einkommensverhältnisse, wie sie für die Zukunft absehbar sind. Damit kann eine zu erwartende Ausbildungsvergütung als anrechenbares Einkommen beachtet werden und seine Bedürftigkeit mindern. Ändert sich sein Einkommen bis zum Zeitpunkt der endgültigen Entscheidung, so sind diese Änderungen ebenfalls zu berücksichtigen.

- Ist die auswärtige Unterbringung notwendig weil die Ausbildungsstätte nicht in angemessener Zeit erreicht werden kann, bleiben 58 € der Ausbildungsvergütung anrechnungsfrei. 567 € bleiben anrechnungsfrei von dem Einkommen, das Eltern, Ehegatte oder Lebenspartner erzielt.
- Leistungen Dritter, die zur Aufstockung der Berufsausbildungsbeihilfe erbracht werden, werden nicht angerechnet.
- Bei Teilnehmern einer berufsvorbereitenden Bildungsmaßnahme wird von der Einkommensanrechnung gänzlich abgesehen, ausgenommen das Einkommen wird erzielt aufgrund einer Maßnahme aus einem öffentlich geförderten Programm oder aus Fördermitteln des SGB III.

Absolviert der Antragsteller die berufliche Ausbildung im Betrieb eines Angehörigen – etwa Eltern, Ehegatten oder Lebenspartner – hat er sich zumindest fiktiv das Einkommen anrechnen zu lassen, das der tariflichen oder ortsüblichen Bruttoausbildungsvergütung entspricht. 3

Dadurch soll vermieden werden, dass durch die familiäre Bindung unentgeltlich Arbeitsleistung vom Auszubildenden erbracht wird und gleichzeitig Fördervoraussetzungen aus öffentlichen Mitteln genutzt werden können.

4 Im Übrigen gelten die Regelungen über die Unterhaltsverpflichtung nach dem Bürgerlichen Gesetzbuch. Sie sind vorrangig zu Unterhalt verpflichtet.

Ihr Einkommen ist nicht anzurechnen, sofern der Unterhaltsanspruch nicht besteht oder verwirkt ist.

Das Einkommen der Eltern bleibt auch außer Betracht, wenn ihr Aufenthaltsort nicht bekannt ist oder sie rechtlich oder tatsächlich daran gehindert sind, im Inland Unterhalt zu leisten.

§ 68 Vorausleistung von Berufsausbildungsbeihilfe

(1) Macht die oder der Auszubildende glaubhaft, dass ihre oder seine Eltern den nach den Vorschriften dieses Buches angerechneten Unterhaltsbetrag nicht leisten, oder kann das Einkommen der Eltern nicht berechnet werden, weil diese die erforderlichen Auskünfte nicht erteilen oder Urkunden nicht vorlegen, und ist die Berufsausbildung, auch unter Berücksichtigung des Einkommens der Ehefrau oder des Ehemanns oder der Lebenspartnerin oder des Lebenspartners im Bewilligungszeitraum, gefährdet, so wird nach Anhörung der Eltern ohne Anrechnung dieses Betrags Berufsausbildungsbeihilfe geleistet. Von der Anhörung der Eltern kann aus wichtigem Grund abgesehen werden.

(2) Ein Anspruch der oder des Auszubildenden auf Unterhaltsleistungen gegen ihre oder seine Eltern geht bis zur Höhe des anzurechnenden Unterhaltsanspruchs zusammen mit dem unterhaltsrechtlichen Auskunftsanspruch mit der Zahlung der Berufsausbildungsbeihilfe auf die Agentur für Arbeit über. Die Agentur für Arbeit hat den Eltern die Förderung anzuzeigen. Der Übergang wird nicht dadurch ausgeschlossen, dass der Anspruch nicht übertragen, nicht verpfändet oder nicht gepfändet werden kann. Ist die Unterhaltsleistung trotz des Rechtsübergangs mit befreiender Wirkung an die Auszubildende oder den Auszubildenden gezahlt worden, hat die oder der Auszubildende diese insoweit zu erstatten.

(3) Für die Vergangenheit können die Eltern der oder des Auszubildenden nur von dem Zeitpunkt an in Anspruch genommen werden, ab dem

1. die Voraussetzungen des bürgerlichen Rechts vorgelegen haben oder
2. sie bei dem Antrag auf Ausbildungsförderung mitgewirkt haben oder von ihm Kenntnis erhalten haben und darüber belehrt worden sind, unter welchen Voraussetzungen dieses Buch eine Inanspruchnahme von Eltern ermöglicht.

(4) Berufsausbildungsbeihilfe wird nicht vorausgeleistet, soweit die Eltern bereit sind, Unterhalt entsprechend einer nach § 1612 Absatz 2 des Bürgerlichen Gesetzbuchs getroffenen Bestimmung zu leisten.

(5) Die Agentur für Arbeit kann den auf sie übergegangenen Unterhaltsanspruch im Einvernehmen mit der oder dem Unterhaltsberechtigten auf diese oder diesen zur gerichtlichen Geltendmachung rückübertragen und sich den geltend gemachten Unterhaltsanspruch abtreten lassen. Kosten, mit denen die oder der Unterhaltsberechtigte dadurch selbst belastet wird, sind zu übernehmen.

Regelunginhalt

Grundsätzlich soll der Unterhaltsanspruch, den der Auszubildende gegen seine Eltern hat, vorrangig durchgesetzt werden. 1

Dieser Anspruch ist der Höhe nach auf die zu ermittelnde Berufsausbildungsbeihilfe anzurechnen. Im Einzelfall kann es jedoch bei der Ermittlung des Unterhaltsanspruchs sowie bei seiner Durchsetzung zu Schwierigkeiten kommen.

Leisten die Eltern den an sich begründeten Unterhaltsbetrag nicht oder kann der Anspruch nicht errechnet werden, da die Eltern die erforderlichen Auskünfte zu ihrem Einkommen nicht erteilen beziehungsweise die nötigen Urkunden nicht vorlegen, wird die Berufsausbildungsbeihilfe ohne Berücksichtigung dieser Leistungen errechnet. Die Agentur für Arbeit tritt in Vorleistung. 2

Voraussetzung ist, dass anderenfalls bei weiterer Verzögerung die Ausbildung gefährdet wäre. Außerdem darf der fehlende Unterhalt auch nicht durch Leistungen des Ehegatten oder Lebenspartners ausgeglichen werden können. Es genügt, dass der Auszubildende diese Lage glaubhaft macht. Die Agentur für Arbeit hört vor der endgültigen Berechnung der Berufsausbildungsbeihilfe die Eltern hierzu an.

Von der Anhörung kann sie aus wichtigem Grund absehen. 3

Ein wichtiger Grund kann in Betracht kommen, wenn anderenfalls schon die Aufnahme der Ausbildung gefährdet wäre und die Anhörung einen unzumutbaren zeitlichen Aufschub bedeuten würde.

Fördert die Agentur für Arbeit die Berufsausbildung und leistet sie Berufsausbildungsbeihilfe, gehen sowohl der Auskunftsanspruch des Auszubildenden gegen seine Eltern als auch der Unterhaltszahlungsanspruch auf die Behörde über, soweit er anzurechnen ist.

Der Übergang des Anspruchs ist den Eltern anzuzeigen. Leisten sie dennoch mit befreiender Wirkung an den Auszubildenden – also an ihr Kind –, hat der Auszubildende den Betrag der Agentur für Arbeit zu erstatten.

Eine rückwirkende Inanspruchnahme der Eltern als Unterhaltsverpflichtete setzt voraus, dass sie ordnungsgemäß in Verzug gesetzt wurden. Sie müssen von ihrer Unterhaltsverpflichtung Kenntnis haben. Ihnen muss unmissverständlich klar gewesen sein, dass hier ein Unterhaltsanspruch des Auszubildenden besteht.

Diese Kenntnisnahme wird auch unterstellt ab dem Zeitpunkt, zu dem Eltern bei dem Antrag auf Ausbildungsförderung mitgewirkt haben oder jedenfalls Kenntnis davon erhalten haben und über die Bedeutung der Ausbildungsförderung für den Unterhaltsanspruch belehrt wurden.

Ein Anspruch auf Vorausleistung der Berufsausbildungsbeihilfe entfällt, wenn Eltern bereit sind, Unterhalt zu gewähren.

Der Unterhaltsanspruch, der kraft Gesetzes auf die Agentur für Arbeit übergegangen ist, kann von dieser an den Auszubildenden rückübertragen werden zu dem Zweck, dass dieser gegen seine Eltern den Unterhaltsanspruch gerichtlich durchsetzt. Soweit der Unterhaltsberechtigte bei der Durchsetzung seines Unterhaltsanspruchs mit Kosten belastet ist, wird die Behörde sie übernehmen.

§ 69 Dauer der Förderung

(1) Anspruch auf Berufsausbildungsbeihilfe besteht für die Dauer der Berufsausbildung oder die Dauer der berufsvorbereitenden Bildungsmaßnahme. Über den Anspruch wird bei Berufsausbildung in der Regel für 18 Monate, im Übrigen in der Regel für ein Jahr (Bewilligungszeitraum) entschieden.

(2) Für Fehlzeiten besteht in folgenden Fällen Anspruch auf Berufsausbildungsbeihilfe:

1. bei Krankheit längstens bis zum Ende des dritten auf den Eintritt der Krankheit folgenden Kalendermonats, im Fall einer Berufsausbildung jedoch nur, solange das Berufsausbildungsverhältnis fortbesteht,

2. für Zeiten einer Schwangerschaft oder nach der Entbindung, wenn

a) bei einer Berufsausbildung nach den Bestimmungen des Mutterschutzgesetzes Anspruch auf Fortzahlung der Ausbildungsvergütung oder Anspruch auf Mutterschaftsgeld besteht oder

b) bei einer berufsvorbereitenden Bildungsmaßnahme die Maßnahme nicht länger als 14 Wochen, im Fall von Früh- oder Mehrlingsgeburten nicht länger als 18 Wochen (§ 3 Absatz 2 und § 6 Absatz 1 des Mutterschutzgesetzes) unterbrochen wird,

3. wenn bei einer Berufsausbildung die oder der Auszubildende aus einem sonstigen Grund der Berufsausbildung fernbleibt und die Ausbildungsvergütung weitergezahlt oder an deren Stelle eine Ersatzleistung erbracht wird oder

4. wenn bei einer berufsvorbereitenden Bildungsmaßnahme ein sonstiger wichtiger Grund für das Fernbleiben der oder des Auszubildenden vorliegt.

Regelungsinhalt

1 Anspruch auf Berufsausbildungsbeihilfe besteht – sowohl im Rahmen der Ausbildung als auch im Rahmen berufsvorbereitender Bildungsmaßnahmen – für die jeweilige Dauer.

Der Bewilligungszeitraum, d. h. für welche Dauer im Voraus über den Anspruch entschieden wird, ist davon unabhängig und einheitlich vorgegeben. Er beträgt in der Regel bei beruflicher Ausbildung 18 Monate, im Übrigen ein Jahr.

Dies gilt auch für die Dauer eines Berufsschulunterrichts in Blockform. Eine Förderung ausschließlich für die Zeit des Berufsschulunterrichts in Blockform ist ausgeschlossen (§ 65 Abs. 2).

Fehlzeiten können jedoch zu einer Unterbrechung oder Einstellung der Zahlungen führen. Nicht jede Fehlzeit führt zum Wegfall des Anspruchs.

2 So bleibt der Anspruch auf Berufsausbildungsbeihilfe trotz Fehlzeiten in folgenden Fällen aufrechterhalten:

- Im Falle einer Krankheit längstens bis zum Ende des dritten Kalendermonats, der auf den Eintritt der Krankheit folgt. Dieser Anspruch endet früher, wenn das Ausbildungsverhältnis früher endet.
- In Zeiten der Schwangerschaft und Entbindung:
  – Bei einer beruflichen Ausbildung wird weiterhin die Berufsausbildungsbeihilfe

gezahlt, solange die Schwangere Anspruch hat auf Fortzahlung der Ausbildungsvergütung oder auf Mutterschaftsgeld.

- Bei einer berufsvorbereitenden Bildungsmaßnahme dürfen Schwangerschaft und Entbindung zu keiner längeren Unterbrechung als 14 Wochen führen, im Falle von Frühgeburten oder Mehrlingsgeburten 18 Wochen.

Für den Auszubildenden ist sein Fernbleiben ebenfalls unschädlich und lässt seinen Anspruch auf Berufsausbildungsbeihilfe unberührt, sofern er weiterhin Ausbildungsvergütung erhält beziehungsweise entsprechende Lohnersatzleistung. 3

Dies gilt z. B. für den Fall der arbeitsunfähigen Erkrankung. Der Auszubildende wird Entgeltfortzahlung erhalten und anschließend Krankengeld.

Der Teilnehmer an einer berufsvorbereitenden Bildungsmaßnahme bedarf für sein Fernbleiben eines wichtigen Grundes. Nur dann kann er den Anspruch auf Berufsausbildungsbeihilfe aufrechterhalten.

Hinweis: 4

Eine weitere Sonderregelung enthält § 70.

Grundsätzlich sollen Arbeitslose, die an einer geförderten Maßnahme teilnehmen, dadurch keinen finanziellen Nachteil erleiden. Hat der Arbeitslose nämlich Anspruch auf Arbeitslosengeld und ist dieser Anspruch höher, als es die übliche Bedarfsermittlung ergäbe, so wird Berufsausbildungsbeihilfe in Höhe des Arbeitslosengeldes gezahlt.

Für die Anrechnung zusätzlich erzielter Einkünfte gelten die Anrechnungsbestimmungen, wie sie bei Anrechnung von Einkommen auf Arbeitslosengeld I – Ansprüchen gelten.

Vierter Abschnitt
Berufliche Weiterbildung

§ 81 Grundsatz

(1) Arbeitnehmerinnen und Arbeitnehmer können bei beruflicher Weiterbildung durch Übernahme der Weiterbildungskosten gefördert werden, wenn

1. die Weiterbildung notwendig ist, um sie bei Arbeitslosigkeit beruflich einzugliedern, eine ihnen drohende Arbeitslosigkeit abzuwenden oder weil bei ihnen wegen fehlenden Berufsabschlusses die Notwendigkeit der Weiterbildung anerkannt ist,

2. die Agentur für Arbeit sie vor Beginn der Teilnahme beraten hat und

3. die Maßnahme und der Träger der Maßnahme für die Förderung zugelassen sind.

Als Weiterbildung gilt die Zeit vom ersten Tag bis zum letzten Tag der Maßnahme mit Unterrichtsveranstaltungen, es sei denn, die Maßnahme ist vorzeitig beendet worden.

(2) Anerkannt wird die Notwendigkeit der Weiterbildung bei Arbeitnehmerinnen und Arbeitnehmern wegen fehlenden Berufsabschlusses, wenn sie

1. über einen Berufsabschluss verfügen, jedoch auf Grund einer mehr als vier Jahre ausgeübten Beschäftigung in an- oder ungelernter Tätigkeit eine dem Berufsabschluss entsprechende Beschäftigung voraussichtlich nicht mehr ausüben können, oder

2. nicht über einen Berufsabschluss verfügen, für den nach bundes- oder landesrechtlichen Vorschriften eine Ausbildungsdauer von mindestens zwei Jahren festgelegt ist; Arbeitnehmerinnen und Arbeitnehmer ohne einen solchen Berufsabschluss, die noch nicht drei Jahre beruflich tätig gewesen sind, können nur gefördert werden, wenn eine Berufsausbildung oder eine berufsvorbereitende Bildungsmaßnahme aus in ihrer Person liegenden Gründen nicht möglich oder nicht zumutbar ist.

Zeiten der Arbeitslosigkeit, der Kindererziehung und der Pflege eines Angehörigen der Pflegestufe I bis III stehen Zeiten einer Beschäftigung nach Satz 1 Nummer 1 gleich.

(3) Arbeitnehmerinnen und Arbeitnehmer werden durch Übernahme der Weiterbildungskosten zum nachträglichen Erwerb des Hauptschulabschlusses oder eines gleichwertigen Schulabschlusses gefördert, wenn

1. sie die Voraussetzungen für die Förderung der beruflichen Weiterbildung nach Absatz 1 erfüllen und
2. zu erwarten ist, dass sie an der Maßnahme erfolgreich teilnehmen werden.

Absatz 2 Satz 1 Nummer 2 zweiter Halbsatz gilt entsprechend. Die Leistung wird nur erbracht, soweit sie nicht für den gleichen Zweck durch Dritte erbracht wird. Die Agentur für Arbeit hat darauf hinzuwirken, dass sich die für die allgemeine Schulbildung zuständigen Länder an den Kosten der Maßnahme beteiligen. Leistungen Dritter zur Aufstockung der Leistung bleiben anrechnungsfrei.

(4) Der Arbeitnehmerin oder dem Arbeitnehmer wird das Vorliegen der Voraussetzungen für eine Förderung bescheinigt (Bildungsgutschein). Der Bildungsgutschein kann zeitlich befristet sowie regional und auf bestimmte Bildungsziele beschränkt werden. Der von der Arbeitnehmerin oder vom Arbeitnehmer ausgewählte Träger hat der Agentur für Arbeit den Bildungsgutschein vor Beginn der Maßnahme vorzulegen. Die Agentur für Arbeit kann auf die Ausstellung eines Bildungsgutscheins bei beschäftigten Arbeitnehmerinnen und Arbeitnehmern verzichten, wenn der Arbeitgeber und die Arbeitnehmerin oder der Arbeitnehmer damit einverstanden sind.

(5) Für die berufliche Weiterbildung von Arbeitnehmerinnen und Arbeitnehmern, bei denen die Notwendigkeit der Weiterbildung wegen eines fehlenden Berufsabschlusses nach Absatz 2 anerkannt ist, können Arbeitgeber durch Zuschüsse zum Arbeitsentgelt gefördert werden, soweit die Weiterbildung im Rahmen eines bestehenden Arbeitsverhältnisses durchgeführt wird. Die Zuschüsse können bis zur Höhe des Betrags erbracht werden, der sich als anteiliges Arbeitsentgelt für weiterbildungsbedingte Zeiten ohne Arbeitsleistung errechnet; dieses umfasst auch den darauf entfallenden pauschalierten Arbeitgeberanteil am Gesamtsozialversicherungsbeitrag.

Verordnung über die Voraussetzungen und das Verfahren zur Akkreditierung von fachkundigen Stellen und zur Zulassung von Trägern und Maßnahmen der Arbeitsförderung nach dem Dritten Buch Sozialgesetzbuch

§ 1 Akkreditierungsverfahren

Bei der Prüfung nach § 177 Absatz 2 Satz 1 Nummer 2 des Dritten Buches Sozialgesetzbuch berücksichtigt die Akkreditierungsstelle insbesondere, ob die bei der Zertifizierungsstelle mit der Zulassung von Trägern und Maßnahmen beauftragten Personen umfassende Kenntnisse der Fachbereiche nach § 5 Absatz 1 Satz 3 sowie hinsichtlich Inhalt und Durchführung von Maßnahmen nach den §§ 45 sowie 81 und 82 des Dritten Buches Sozialgesetzbuch haben.

§ 2 Trägerzulassung

(1) Ein Träger ist nach § 178 Nummer 1 des Dritten Buches Sozialgesetzbuch leistungsfähig und zuverlässig, wenn insbesondere seine finanzielle und fachliche Leistungsfähigkeit gewährleistet ist und keine Tatsachen vorliegen, die seine Unzuverlässigkeit oder die der für die Führung der Geschäfte bestellten Personen darlegen. Damit die fachkundige Stelle die Leistungsfähigkeit des Trägers beurteilen kann, erhält sie von dem Träger grundsätzlich folgende Angaben und Nachweise:

1. *eine Erklärung, ob über sein Vermögen ein Insolvenzverfahren eröffnet, beantragt oder die Eröffnung mangels Masse abgelehnt wurde,*
2. *eine Darstellung seiner Organisations- und Personalstruktur sowie der Eignung dieser Strukturen für die Durchführung von Maßnahmen der Arbeitsförderung,*
3. *eine Darstellung der Eignung seiner von den Teilnehmenden zu nutzenden Räumlichkeiten und*
4. *eine Übersicht über sein aktuelles Angebot an Maßnahmen.*

Damit die fachkundige Stelle die Zuverlässigkeit des Trägers beurteilen kann, erhält sie von dem Träger grundsätzlich folgende Angaben und Nachweise:

1. *bei natürlichen Personen Name, Geburtsdatum, Geburtsort, zustellungsfähige Anschrift, Anschrift des Geschäftssitzes und der Zweigstellen, von denen aus die Maßnahmen der Arbeitsförderung angeboten werden sollen, sowie bei juristischen Personen und Personengesellschaften Name, Geburtsdatum und Geburtsort der Vertreterinnen oder der Vertreter nach Gesetz, Satzung oder Gesellschaftsvertrag, Anschrift des Geschäftssitzes und der Zweigstellen, von denen die Maßnahmen der Arbeitsförderung angeboten werden sollen und soweit der Träger in das Vereins- oder Handelsregister eingetragen ist, einen entsprechenden Auszug,*
2. *eine Erklärung des Trägers, der gesetzlichen Vertreterin oder des gesetzlichen Vertreters oder bei juristischen Personen oder nicht rechtsfähigen Personenvereinigungen der nach Gesetz, Satzung oder Gesellschaftsvertrag zur Vertretung oder Geschäftsführung Berechtigten über Vorstrafen, anhängige Strafverfahren, staatsanwaltschaftliche Ermittlungsverfahren und Gewerbeuntersagungen innerhalb der letzten fünf Jahre.*

(2) Die Fähigkeit des Trägers, die Eingliederung der Teilnehmenden nach § 178 Nummer 2 des Dritten Buches Sozialgesetzbuch zu unterstützen, setzt insbesondere voraus, dass er bei der Durchführung von Maßnahmen Lage und Entwicklung des Ausbildungs- und Arbeitsmarktes berücksichtigt. Damit die fachkundige Stelle diese Fähigkeit des Trägers beurteilen kann, erhält sie von dem Träger grundsätzlich folgende Angaben und Nachweise:

1. *eine Darstellung von Art und Umfang der Zusammenarbeit mit Akteuren des Ausbildungs- und Arbeitsmarktes vor Ort,*
2. *eine Darstellung der Methoden, mit denen der Träger aktuelle arbeitsmarktrelevante Entwicklungen berücksichtigt,*
3. *eine Übersicht der im jeweiligen Fachbereich nach § 5 Absatz 1 Satz 3 bereits durchgeführten Maßnahmen und deren arbeitsmarktliche Ergebnisse und*
4. *Bewertungen des Trägers durch Teilnehmende und Betriebe.*

(3) Damit die fachkundige Stelle beurteilen kann, ob die Aus- und Fortbildung sowie Berufserfahrung der Leitung sowie der Lehr- und Fachkräfte nach § 178 Nummer 3 des Dritten Buches Sozialgesetzbuch eine erfolgreiche Durchführung einer Maßnahme erwarten lassen, erhält sie von dem Träger grundsätzlich folgende Angaben und Nachweise:

1. zur Person sowie zur Aus- und Weiterbildung der Leitung sowie der Lehr- und Fachkräfte, einschließlich ihres beruflichen Werdegangs und ihrer praktischen Berufserfahrung im Fachbereich,
2. zur pädagogischen Eignung der Lehr- und Fachkräfte, einschließlich ihrer methodisch-didaktischen Kompetenz, und
3. Bewertungen der Lehr- und Fachkräfte durch Teilnehmende.

(4) Ein System zur Sicherung der Qualität nach § 178 Nummer 4 des Dritten Buches Sozialgesetzbuch liegt vor, wenn durch zielgerichtete und systematische Verfahren und Maßnahmen die Qualität der Leistungen gewährleistet und kontinuierlich verbessert wird. Damit die fachkundige Stelle das Vorliegen der Voraussetzungen beurteilen kann, erhält sie von dem Träger eine Dokumentation grundsätzlich

1. zu einem kundenorientierten und auf Eingliederung in den Ausbildungs- und Arbeitsmarkt gerichteten Leitbild,
2. zur Unternehmensorganisation und -führung, einschließlich der Festlegung von Unternehmenszielen und der Durchführung eigener Prüfungen zur Funktionsweise des Unternehmens,
3. zu einem zielorientierten Konzept zur Qualifizierung und Fortbildung der Leitung und der Lehr- und Fachkräfte,
4. zu Zielvereinbarungen, einschließlich der Messung der Zielerreichung und der Steuerung fortlaufender Optimierungsprozesse auf Grundlage erhobener Kennzahlen und Indikatoren,
5. zur Berücksichtigung arbeitsmarktlicher Entwicklungen bei Konzeption und Durchführung von Maßnahmen der Arbeitsförderung,
6. zu den Methoden zur Förderung der individuellen Entwicklungs-, Eingliederungs- und Lernprozesse der Teilnehmenden,
7. zu den Methoden der Bewertung der durchgeführten Maßnahmen sowie ihrer arbeitsmarktlichen Ergebnisse,
8. zur Art und Weise der kontinuierlichen Zusammenarbeit mit Dritten und der ständigen Weiterentwicklung dieser Zusammenarbeit und
9. zu einem systematischen Beschwerdemanagement, einschließlich der Berücksichtigung regelmäßiger Befragungen der Teilnehmenden.

(5) Die vertraglichen Vereinbarungen nach § 178 Nummer 5 des Dritten Buches Sozialgesetzbuch sollen vorsehen, dass den Teilnehmenden nach Abschluss der Maßnahme eine Teilnahmebescheinigung mit Angaben zum Inhalt, zeitlichen Umfang und Ziel der Maßnahme ausgehändigt wird.

(6) Die Prüfung, ob die Voraussetzungen für die Zulassung für den Fachbereich nach § 5 Absatz 1 Satz 3 Nummer 6 vorliegen, beschränkt sich auf die in § 178 des Dritten Buches Sozialgesetzbuch und in dieser Verordnung festgelegten Anforderungen an Träger.

(7) Sofern der Träger im Einzelfall keine Angaben aus seiner bisherigen Tätigkeit machen kann, hat er gegenüber der fachkundigen Stelle in geeigneter Weise darzulegen, wie die jeweilige Anforderung erfüllt werden wird.

§ 3 Maßnahmezulassung

(1) Eine Maßnahme lässt nach § 179 Absatz 1 Satz 1 Nummer 1 des Dritten Buches Sozialgesetzbuch eine erfolgreiche Teilnahme erwarten, wenn

1. *Ziele, Dauer und Inhalte der Maßnahme jeweils auf die Voraussetzungen der Zielgruppe und das Maßnahmeziel hin konzipiert sind und*
2. *sie aktuelle Entwicklungen des Ausbildungs- und Arbeitsmarktes berücksichtigt.*

(2) Die Bundesagentur für Arbeit veröffentlicht jährlich die durchschnittlichen Kostensätze nach § 179 Absatz 1 Satz 2 und § 180 Absatz 3 Satz 1 Nummer 3 des Dritten Buches Sozialgesetzbuch.

(3) Bei der Prüfung nach § 179 Absatz 1 Satz 1 Nummer 3 des Dritten Buches Sozialgesetzbuch, ob die Kosten einer Maßnahme angemessen sind, berücksichtigt die fachkundige Stelle insbesondere die Maßnahmekonzeption, einschließlich ihrer Kalkulation.

(4) Bei der Prüfung, ob die Kosten einer Maßnahme nach § 45 Absatz 4 Satz 3 Nummer 1 des Dritten Buches Sozialgesetzbuch die durchschnittlichen Kostensätze nach § 179 Absatz 1 Satz 2 des Dritten Buches Sozialgesetzbuch nicht unverhältnismäßig übersteigen, sind die Besonderheiten der Maßnahme und ihre inhaltliche Qualität zu berücksichtigen.

(5) Soweit eine Maßnahme zugelassen werden soll, für deren Durchführung eine Berechtigung erforderlich ist, ist diese der fachkundigen Stelle vorzulegen.

(6) Die fachkundige Stelle kann Maßnahmebausteine zulassen. Die Zulassung gilt auch für eine aus zugelassenen Maßnahmebausteinen bestehende Maßnahme, wenn der Träger gewährleistet, dass diese Maßnahme individuell auf die Bedürfnisse der Teilnehmenden und des Ausbildungs- und Arbeitsmarktes abgestimmt ist, und sie die Voraussetzungen des § 45 oder der §§ 81 und 82 des Dritten Buches Sozialgesetzbuch erfüllt.

§ 4 Ergänzende Anforderungen an Maßnahmen der beruflichen Weiterbildung

(1) Soweit Maßnahmen der beruflichen Weiterbildung nach den §§ 81 und 82 des Dritten Buches Sozialgesetzbuch zugelassen werden sollen, die auf Berufsabschlüsse in anerkannten Ausbildungsberufen oder bundes- oder landesrechtlich geregelten Berufen vorbereiten, ist der fachkundigen Stelle eine Bestätigung der zuständigen Stelle oder der zuständigen Aufsichtsbehörde über die Eignung des Trägers als Ausbildungsstätte vorzulegen.

(2) Die Bundesagentur für Arbeit soll ihre Zustimmung nach § 180 Absatz 3 Satz 1 Nummer 3 des Dritten Buches Sozialgesetzbuch von einem besonderen arbeitsmarktpolitischen Interesse an der Maßnahme und dem Nachweis notwendiger überdurchschnittlicher technischer, organisatorischer oder personeller Aufwendungen für die Durchführung der Maßnahme abhängig machen.

§ 5 Zulassungsverfahren

(1) Im Rahmen der Trägerzulassung prüft die fachkundige Stelle das Vorliegen der Anforderungen des § 2 Absatz 1 bis 6 ortsbezogen und bezogen auf den jeweiligen Fachbereich. Die ortsbezogene Prüfung bezieht die Standorte des Trägers mit ein. Die jeweiligen Fachbereiche sind:

1. *Maßnahmen zur Aktivierung und beruflichen Eingliederung nach § 45 Absatz 1 Satz 1 Nummer 1 bis 5 des Dritten Buches Sozialgesetzbuch,*

2. ausschließlich erfolgsbezogen vergütete Arbeitsvermittlung in versicherungspflichtige Beschäftigung nach § 45 Absatz 4 Satz 3 Nummer 2 des Dritten Buches Sozialgesetzbuch,
3. Maßnahmen der Berufswahl und Berufsausbildung nach dem Dritten Abschnitt des Dritten Kapitels des Dritten Buches Sozialgesetzbuch,
4. Maßnahmen der beruflichen Weiterbildung nach dem Vierten Abschnitt des Dritten Kapitels des Dritten Buches Sozialgesetzbuch,
5. Transferleistungen nach den §§ 110 und 111 des Dritten Buches Sozialgesetzbuch,
6. Maßnahmen zur Teilhabe behinderter Menschen am Arbeitsleben nach dem Siebten Abschnitt des Dritten Kapitels des Dritten Buches Sozialgesetzbuch.

(2) Im Rahmen der Maßnahmezulassung prüft die fachkundige Stelle das Vorliegen der Anforderungen der §§ 3 und 4 ortsbezogen. Absatz 1 Satz 2 gilt entsprechend.

(3) Die Referenzauswahl nach § 181 Absatz 3 des Dritten Buches Sozialgesetzbuch beruht auf einer unabhängigen, repräsentativen Stichprobenauswahl der fachkundigen Stelle. Die Referenzauswahl kann durchgeführt werden für die Prüfung von Maßnahmen, deren Kosten die Durchschnittskostensätze nach § 179 Absatz 1 Satz 2 oder § 180 Absatz 3 Satz 1 Nummer 3 des Dritten Buches Sozialgesetzbuch nicht übersteigen.

(4) Die Dauer der Zulassung von Maßnahmen richtet sich nach den voraussichtlichen Entwicklungen am Ausbildungs- und Arbeitsmarkt. Sie soll auf längstens drei Jahre befristet werden. Sie kann auf längstens fünf Jahre befristet werden, sofern die Entwicklung auf dem Ausbildungs- und Arbeitsmarkt voraussichtlich keine wesentlichen Auswirkungen auf die Maßnahme hat.

(5) Änderungen, die der Träger der fachkundigen Stelle nach § 181 Absatz 5 Satz 2 in Verbindung mit § 177 Absatz 4 des Dritten Buches Sozialgesetzbuch mitzuteilen hat, sind insbesondere solche, die die Standorte des Trägers, seine Fachbereiche und die Durchführung der Maßnahme betreffen.

(6) Dem Zertifikat nach § 181 Absatz 6 Satz 2 Nummer 1 des Dritten Buches Sozialgesetzbuch zur Zulassung des Trägers ist eine Anlage beizufügen, in der die Standorte mit den jeweiligen Fachbereichen aufgeführt sind und die fortlaufend aktualisiert wird. Satz 1 gilt entsprechend für die Zertifikate nach § 181 Absatz 6 Satz 2 Nummer 2 und 3 des Dritten Buches Sozialgesetzbuch.

(7) § 181 Absatz 7 des Dritten Buches Sozialgesetzbuch gilt für eine aus zugelassenen Maßnahmebausteinen bestehende Maßnahme entsprechend. Die von der fachkundigen Stelle nach § 181 Absatz 7 des Dritten Buches Sozialgesetzbuch zu setzende Frist ist so zu wählen, wie es erforderlich ist, um die rechtlichen Anforderungen schnellstmöglich zu erfüllen und die erneute Durchführung nicht rechtmäßiger Maßnahmen zu verhindern.

(8) Die Prüfung der Durchführung von Maßnahmen und die Beobachtung des Erfolgs dieser Maßnahmen obliegen nach § 183 des Dritten Buches Sozialgesetzbuch allein der Agentur für Arbeit. Die fachkundige Stelle prüft im Rahmen des § 181 Absatz 7 des Dritten Buches Sozialgesetzbuch, ob die ihr gemäß § 183 Absatz 4 des Dritten Buches Sozialgesetzbuch mitgeteilten Erkenntnisse Auswirkungen auf die Zulassung haben.

§ 6 Zusammenarbeit
(1) Die Akkreditierungsstelle, die fachkundigen Stellen und die Bundesagentur für Arbeit arbeiten in allen Fragen der Zulassung von Trägern und Maßnahmen vertrauensvoll zusammen.

(2) Die Bundesagentur für Arbeit kann den fachkundigen Stellen Umsetzungshinweise zur Verfügung stellen, die diese bei der Prüfung berücksichtigen. Sie hat dabei die Empfehlungen des Beirats nach § 182 des Dritten Buches Sozialgesetzbuch zu beachten.

§ 7 Übergangsregelung
Empfehlungen des Anerkennungsbeirats nach der Anerkennungs- und Zulassungsverordnung – Weiterbildung vom 16. Juni 2004 (BGBl. I S. 1100) in der bis zum 31. März 2012 gültigen Fassung gelten bis zum Wirksamwerden neuer Empfehlungen fort, sofern sie nicht den gesetzlichen Regelungen des Dritten Buches Sozialgesetzbuch und dieser Verordnung widersprechen.

§ 8 Inkrafttreten, Außerkrafttreten
Diese Verordnung tritt am Tag nach der Verkündung in Kraft. Gleichzeitig tritt die Anerkennungs- und Zulassungsverordnung – Weiterbildung vom 16. Juni 2004 (BGBl. I S. 1100), die durch Artikel 453 der Verordnung vom 31. Oktober 2006 (BGBl. I S. 2407) geändert worden ist, außer Kraft.

Inhaltsübersicht

1. Allgemeines

Auch die berufliche Weiterbildung kann von der Agentur für Arbeit gefördert werden. **1**
Die Fördervoraussetzungen regelt § 81 Abs. 1 Satz 1 Nr. 1–3.

Es handelt sich um eine Ermessensleistung der Agentur für Arbeit.[45]

Voraussetzung ist, dass die Weiterbildung als notwendig anerkannt ist. **2**

Notwendig ist sie für Arbeitnehmer, um sie bei Arbeitslosigkeit beruflich einzugliedern oder um drohende Arbeitslosigkeit abzuwenden. Aber auch für Antragsteller, denen ein Berufsabschluss fehlt, kann die Notwendigkeit der Weiterbildung anerkannt werden.

Die Förderung besteht in der Übernahme der Weiterbildungskosten. Für den Umfang **3**
der Weiterbildungskosten wird auf § 83 verwiesen.

Die Agentur für Arbeit übernimmt die Weiterbildungskosten, wenn Antragsteller die **4**
Fördervoraussetzungen erfüllen. Vor Beginn der Teilnahme an der Maßnahme hat eine Beratung durch die Agentur für Arbeit zu erfolgen. Sie bescheinigt die Fördervoraussetzung durch einen Bildungsgutschein.

---

45 Stratmann in Niese, Komm. SGB III § 77 Rn. 5.

Der Bildungsgutschein kann zeitlich befristet oder regional beschränkt und nur für bestimmte Bildungsziele ausgestellt sein.

Der Träger der Maßnahme hat der Agentur für Arbeit den Bildungsgutschein vor Beginn der Maßnahme vorzulegen.

5 Die Übernahme von Weiterbildungskosten ist auch möglich für den nachträglichen Erwerb des Hauptschulabschlusses oder eines gleichwertigen Schulabschlusses. Auch hierfür ist notwendig, dass der Antragsteller die genannten Voraussetzungen in seiner Person erfüllt.

Außerdem muss eine positive Prognose die erfolgreiche Teilnahme an der Maßnahme erwarten lassen.

2. Fördervoraussetzungen

2.1 Arbeitslosigkeit (Abs. 1 Satz 1 Nr. 1)

6 Gefördert werden kann, wer **arbeitslos ist und ohne Teilnahme an einer Maßnahme beruflich nicht eingegliedert** werden kann.

Arbeitslos ist, wer nicht in einem Beschäftigungsverhältnis steht, Eigenbemühungen anstrengt zur Beendigung der Arbeitslosigkeit und den Vermittlungsbemühungen der Agentur für Arbeit zur Verfügung steht.[46]

Für Arbeitslose sind Weiterbildungsmaßnahmen notwendig, sofern sie erforderlich sind. Stehen andere Möglichkeiten der beruflichen Eingliederung und der Verbesserung der Eingliederungschancen zur Verfügung, so ist die Notwendigkeit zu verneinen.

7 Wer als nicht vermittelbar gilt, ist grundsätzlich förderwürdig. Dabei können die Gründe für die Vermittlungshemmnisse unterschiedlich sein. Der Antragsteller kann nicht vermittelbar sein, weil er bereits langzeitarbeitslos ist oder aber über berufliche Kenntnisse und Fertigkeiten verfügt, die auf dem Arbeitsmarkt nicht mehr nachgefragt werden.

Die Rechtsprechung stellt aber nicht nur auf die Lage am allgemeinen Arbeitsmarkt ab. Nach der Rechtsprechung des Bundessozialgerichts sind auch individuelle Vermittlungshemmnisse zu berücksichtigen.[47]

8 Endete beispielsweise für den Betroffenen das letzte Beschäftigungsverhältnis »im Streit« oder ist bekannt, dass der Antragsteller engagierter Betriebsrat war, kann sich dies für diesen Einzelfall als Vermittlungshemmnis erweisen.

Geförderte Weiterbildung kann notwendig werden.

9 Nach der Rechtsprechung des Bundessozialgerichts soll die berufliche Weiterbildung aber nur gefördert werden, wenn die Maßnahme zu einer echten positiven Beschäftigungsprognose führt.[48]

Die Agentur für Arbeit hat eine ex ante Betrachtung anzustellen, bei der sie prüft, ob

---

46 Siehe Erl. zu § 119 Rn. 21 ff.

47 BSG – 03.07.2003 – B 7 AL 66/02 R – SozR 4-4300 § 77 Nr. 1.

48 BSG SozR 4100 § 44 Nr. 21; BSG SozR 4-4300 § 77 Nr. 1.

begründete Aussicht besteht, dass der Antragsteller nach der Teilnahme an der Bildungsmaßnahme einen angemessenen Dauerarbeitsplatz erlangen kann.[49]

Bei ihrer Prognose hat die Agentur für Arbeit eine Vorausschau für die nächsten sechs bis 12 Monate zu treffen.[50]

Fehleinschätzungen gehen nicht zu Lasten der Antragsteller. Kann also der Antragsteller trotz Teilnahme an der Maßnahme später keinen geeigneten Dauerarbeitsplatz erlangen, muss er die Kosten der Weiterbildung nicht zurückzahlen.[51] Bei der Einschätzung der Vermittlungsmöglichkeiten hat die Agentur für Arbeit einen Beurteilungsspielraum. **10**

Gefördert werden können auch Arbeitnehmer, die **von Arbeitslosigkeit bedroht** sind. Dafür genügt nicht die Angst vor dem üblichen Risiko des Arbeitsplatzverlustes. Vielmehr muss die Bedrohung unmittelbar sein. **11**

Sie ist unmittelbar, wenn das Beschäftigungsende in absehbarer Zeit bevorsteht. Anlass kann eine bevorstehende Betriebsschließung sein oder die alsbaldige Beendigung des befristeten Beschäftigungsverhältnisses durch Fristablauf. Im Übrigen ist auf die Legaldefinition des § 17 zu verweisen.

Förderungswürdig ist auch, wer **keinen beruflichen Abschluss** hat. Mit der Förderung der beruflichen Weiterbildung sollen die Vermittlungschancen dieser Personengruppe verbessert werden. **12**

Dazu gehören auch Personen, die zwar über einen Berufsabschluss verfügen, aber länger als 4 Jahre in einer anderweitigen Beschäftigung tätig waren, in der sie nur angelernte bzw. ungelernte Tätigkeit ausgeübt haben. Zeiten der Kinderbetreuung und Pflege von Angehörigen sind gleichgestellt. **13**

Damit werden Personen in den Kreis der Förderwürdigen aufgenommen, die zwar über einen förmlichen Abschluss verfügen, die erworbenen Kenntnisse, Fähigkeiten und Fertigkeiten jedoch voraussichtlich nicht mehr einsetzen können (§ 81 Abs. 2 Nr. 1).

Ohne Berufsabschluss sind Personen, die keine Ausbildung nachweisen können, für die nach den landesrechtlichen oder bundesrechtlichen Vorschriften eine mindestens zweijährige Dauer festgeschrieben ist. Hierzu gehört beispielsweise der Abschluss zum Altenpflegehelfer, wenn eine nur einjährige Ausbildung vorausgeht.

Nicht erforderlich ist, dass die Weiterbildungsmaßnahme selbst zu einem förmlichen beruflichen Abschluss führt. **14**

Eine Einschränkung der Förderfähigkeit sieht das Gesetz für Arbeitnehmer ohne Berufsabschluss vor. Wer ohne Berufsabschluss noch nicht drei Jahre beruflich tätig gewesen ist, kann nur unter Einschränkungen die Förderung in Anspruch nehmen. So soll verhindert werden, dass Arbeitnehmer erst gar keinen Berufsabschluss machen und sich dann direkt und unmittelbar über Maßnahmen staatlich geförderter Weiterbildung weiterqualifizieren. **15**

Für diese Personen ist vorgesehen, dass ihnen die Möglichkeit der Förderung der Weiterbildung nur eröffnet ist, wenn eine berufliche Ausbildung/berufsvorbereitende

---

49 BSG SozR 4100 § 44 Nr. 21; SozR 4_4300 § 77 Nr. 1.
50 BSG SozR 4100 § 42 Nr. 12.
51 BSG SozR 2200 § 1276 Nr. 6.

Bildungsmaßnahme nicht möglich oder nicht zumutbar ist. Entscheidend ist, dass die Gründe hierfür in der Person des Arbeitnehmers liegen.

Beispiel: der Arbeitnehmer ist regional gebunden und findet keinen Ausbildungsplatz.

2.2 Beratung (Abs. 1 Satz 1 Nr. 2)

16 Die Antragsteller sind vor Beginn der Teilnahme an der Weiterbildungsmaßnahme zwingend von der Agentur für Arbeit zu beraten. Mit der Beratung soll sichergestellt werden, dass für die Antragsteller auch nur tatsächlich solche Maßnahmen gefördert werden, die für sie geeignet und arbeitsmarktpolitisch zweckmäßig sind.[52]

Nicht ausreichend ist, dass die Antragsteller Wünsche für eine bestimmte Weiterbildung äußern. Die Beratung hat einer Förderung zwingend vorauszugehen. Sie kann auch nicht nachträglich – nachdem die Antragsteller bereits Teilnehmer einer Maßnahme geworden sind – nachgeholt werden.

17 Einen Verstoß gegen das Grundrecht auf freie Berufswahl beziehungsweise gegen den Gleichbehandlungsgrundsatz sah das Bundesverfassungsgericht darin nicht.[53]

Eine ausdrückliche Zustimmung der Agentur für Arbeit vor Teilnahmebeginn ist entbehrlich.[54] Allerdings wird die Agentur für Arbeit als Leistungsträger den notwendigen Bildungsgutschein wohl nicht erteilen, wenn sie die Maßnahme insgesamt für ungeeignet oder unzweckmäßig hält.

2.3 Zulassung (Abs. 1 Satz 1 Nr. 3)

18 Eine geförderte Weiterbildung ist nur zulässig, wenn sowohl die Weiterbildungsmaßnahme als auch der Weiterbildungsträger für die Weiterbildung förmlich zugelassen sind.

Das Zulassungsverfahren für Maßnahme und Träger richtet sich nach den §§ 84, 85 in Verbindung mit der »Verordnung über das Verfahren zur Anerkennung von fachkundigen Stellen sowie zur Zulassung von Trägern und Maßnahmen der beruflichen Weiterbildung nach dem Dritten Buch Sozialgesetzbuch (Verordnung über die Voraussetzungen und das Verfahren zur Akkreditierung von fachkundigen Stellen und zur Zulassung von Trägern und Maßnahmen der Arbeitsförderung nach dem Dritten Buch Sozialgesetzbuch: Akkreditierungs- und Zulassungsverordnung Arbeitsförderung – AZAV; hat am 6. April 2012 die AZWV abgelöst).[55]

19 Die zuständige Zertifizierungsstelle übernimmt die Zertifizierung von Träger und Maßnahme in einem eigens vorgesehenen Zertifizierungsverfahren, an dessen Ende ein Verwaltungsakt steht.

---

52 Schmidt in Eicher/Schlegel SGB III § 77 Rn. 32 und 51.
53 BVerfG – 19.05.2005 – 1 BvR 2792/04, SozR 4-4300 § 77 Nr. 3.
54 Anders noch: § 77 i. d. F. bis zum 01.01.2003.
55 Abgedruckt siehe oben.

§ 82 Förderung besonderer Arbeitnehmerinnen und Arbeitnehmer

Arbeitnehmerinnen und Arbeitnehmer können bei beruflicher Weiterbildung durch volle oder teilweise Übernahme der Weiterbildungskosten gefördert werden, wenn

1. **sie bei Beginn der Teilnahme das 45. Lebensjahr vollendet haben,**
2. **sie im Rahmen eines bestehenden Arbeitsverhältnisses für die Zeit der Teilnahme an der Maßnahme weiterhin Anspruch auf Arbeitsentgelt haben,**
3. **der Betrieb, dem sie angehören, weniger als 250 Beschäftigte hat,**
4. **die Maßnahme außerhalb des Betriebs, dem sie angehören, durchgeführt wird,**
5. **Kenntnisse und Fertigkeiten vermittelt werden, die über ausschließlich arbeitsplatzbezogene kurzfristige Anpassungsfortbildungen hinausgehen, und**
6. **die Maßnahme und der Träger der Maßnahme für die Förderung zugelassen sind.**

§ 81 Absatz 4 gilt. Der Bildungsgutschein kann in Förderhöhe und Förderumfang beschränkt werden. Bei der Feststellung der Zahl der Beschäftigten sind Teilzeitbeschäftigte mit einer regelmäßigen wöchentlichen Arbeitszeit von nicht mehr als zehn Stunden mit 0,25, von nicht mehr als 20 Stunden mit 0,50 und von nicht mehr als 30 Stunden mit 0,75 zu berücksichtigen.

Regelungsinhalt

Die Vorschrift will Weiterbildungsförderung älterer Arbeitnehmer ermöglichen. Anders als die Vorgängervorschrift des § 417 gilt die Regelung unbefristet. 1

Auch die teilweise Übernahme von Weiterbildungskosten und damit auch die anteilige Förderung ist möglich.

Förderfähig sind auch Maßnahmen, in denen allgemeinbildende und berufliche Kenntnisse und Qualifikationen vermittelt werden. Durch sie muss die Beschäftigungsfähigkeit insgesamt verbessert werden.

§ 83 Weiterbildungskosten

(1) Weiterbildungskosten sind die durch die Weiterbildung unmittelbar entstehenden

1. **Lehrgangskosten und Kosten für die Eignungsfeststellung,**
2. **Fahrkosten,**
3. **Kosten für auswärtige Unterbringung und Verpflegung,**
4. **Kosten für die Betreuung von Kindern.**

(2) Leistungen können unmittelbar an den Träger der Maßnahme ausgezahlt werden, soweit Kosten bei dem Träger unmittelbar entstehen. Soweit ein Bescheid über die Bewilligung von unmittelbar an den Träger erbrachten Leistungen aufgehoben worden ist, sind diese Leistungen ausschließlich von dem Träger zu erstatten.

Regelungsinhalt

Zu den Weiterbildungskosten gehören 1

- Lehrgangskosten und Kosten für die Eignungsfeststellung
- Fahrkosten

- Kosten für auswärtige Unterbringung und Verpflegung
- Kosten für die Betreuung von Kindern

2 Das Gesetz sieht vor, dass Zahlungen auch direkt an den Träger der Maßnahme geleistet werden, wenn die Kosten unmittelbar bei ihm entstehen (§ 83 Abs. 2 Satz 1).

Daher ist es nur folgerichtig, dass im Falle der Aufhebung des Bewilligungsbescheids ausschließlich der Träger der Maßnahme zur Rückerstattung verpflichtet ist (§ 83 Abs. 2 Satz 2).

3 Die Kosten der Weiterbildung umfassen neben den eigentlichen Lehrgangskosten auch Kosten der allgemeinen Lebensführung.

Sie sind jedoch nur erstattungsfähig, wenn sie einen »engen oder spezifischen« Zusammenhang mit der Bildungsmaßnahme aufweisen.[56]

> **Beispiel:**
> X nimmt an einer geförderten Weiterbildung teil. Für die Betreuung seiner drei Kinder hatte er schon immer eine Tagesmutter, zumal auch seine Ehefrau ganztags berufstätig ist.
> X wird im Rahmen der Weiterbildung nicht darlegen können, dass die Kosten der Kindesbetreuung entstanden sind in einem spezifischen Zusammenhang mit der begonnenen geförderten Weiterbildungsmaßnahme.

4 Etwas anderes gilt, wenn speziell die Teilnahme an der Weiterbildungsmaßnahme die Sicherstellung der Kindesbetreuung erforderlich macht und anderenfalls die erfolgreiche Durchführung der Bildungsmaßnahme gefährdet wäre.

5 Nicht übernommen werden können solche Aufwendungen, die erforderlich würden, um dem Teilnehmer überhaupt erst die Qualifikation zur Teilnahme an der Weiterbildung zu vermitteln.

> **Beispiel:**
> Kosten für den Erwerb des Führerscheins als Voraussetzung für die Ablegung der Meisterprüfung im KFZ-Handwerk.[57]

6 Die Übernahme von Weiterbildungskosten entfällt für die Tage, an denen der Arbeitnehmer krankheitsbedingt an der Maßnahme nicht teilnimmt.

> **Beispiel:**
> X nimmt an der Weiterbildungsmaßnahme teil. Für die Dauer von zwei Wochen ist er krankheitsbedingt jedoch daran gehindert. Da er zuhause ist, entfallen auch Aufwendungen für die Kinderbetreuung.

7 Wird die Maßnahme ganz abgebrochen, kann die Agentur für Arbeit bereits geleistete Weiterbildungskosten zurückverlangen. Dem hat ein Aufhebungsbescheid nach § 48 SGB X vorauszugehen.

Hat der Betroffene den Abbruch der Maßnahme nicht zu vertreten, dürfte aber eine Rückforderung ausgeschlossen sein.

---

56 BSG SozR 4100 § 45 Nr. 3 S. 6.
57 Hierzu: BSG SozR 4100 § 45 Nr. 3.

§ 84 Lehrgangskosten

(1) Lehrgangskosten sind Lehrgangsgebühren einschließlich

1. der Kosten für erforderliche Lernmittel, Arbeitskleidung und Prüfungsstücke,
2. der Prüfungsgebühren für gesetzlich geregelte oder allgemein anerkannte Zwischen- und Abschlussprüfungen sowie
3. der Kosten für eine notwendige Eignungsfeststellung.

(2) Lehrgangskosten können auch für die Zeit vom Ausscheiden einer Teilnehmerin oder eines Teilnehmers bis zum planmäßigen Ende der Maßnahme übernommen werden, wenn

1. die Teilnehmerin oder der Teilnehmer wegen Arbeitsaufnahme vorzeitig ausgeschieden ist,
2. das Arbeitsverhältnis durch Vermittlung des Trägers der Maßnahme zustande gekommen ist und
3. eine Nachbesetzung des frei gewordenen Platzes in der Maßnahme nicht möglich ist.

Regelungsinhalt

Unter Lehrgangskosten versteht man zuvörderst die Gebühren für den Lehrgang. Dies sind jene Schulungsaufwendungen, die unmittelbar beim Träger der Maßnahme entstehen. Dazu zählen die Kosten für Lernmittel, Arbeitskleidung, Prüfungsstücke und Prüfungsgebühren, aber auch die Kosten für die notwendige Eignungsfeststellung. 1

Scheidet ein Teilnehmer vorzeitig aus dem Lehrgang aus, weil er über den Träger der Maßnahme ein Arbeitsverhältnis vermittelt bekam, bezahlt die Agentur für Arbeit dem Maßnahmeträger gleichwohl die vollständigen Lehrgangskosten bis zur planmäßigen Beendigung des Lehrgangs, wenn eine Nachbesetzung des freigewordenen Platzes in der Maßnahme nicht möglich ist. 2

Lernmittel sind »Hilfen für die Teilnehmer« wie Sachbücher oder auch Kleingeräte in der handwerklichen Weiterbildung. Demgegenüber sind Lehrmittel »Unterrichtshilfen in der Hand des Lehrers«.[58] Sie dienen der Unterrichtsausstattung. Dazu können technische Geräte zählen wie z. B. Laptop mit Beamer oder Videos zur Vermittlung des Unterrichtsstoffs. Aufwendungen für Lehrmittel sind keine Lehrgangskosten und daher nicht erstattungsfähig. 3

Kosten für Arbeitskleidung sind dann erstattungsfähig, wenn es sich um Schutzkleidung handelt oder spezifische Berufsbekleidung. 4

Ist vor Beginn der Maßnahme eine Eignungsuntersuchung zwingend vorgeschrieben, z. B. eine ärztliche Untersuchung, werden auch diese Kosten von der Agentur für Arbeit übernommen.

58 Stratmann in Niese, Komm. SGB III § 80 Rn. 4.

§ 85 Fahrkosten

Für Übernahme und Höhe der Fahrkosten gilt § 63 Absatz 1 und 3 entsprechend.

Regelungsinhalt

1 Die Erstattung der Fahrkosten liegt im Ermessen der Agentur für Arbeit. Diese Fahrkosten können übernommen werden für Pendelfahrten. Gemeint sind die Fahrten zwischen Wohnung und Bildungsstätte.

2 Ist eine auswärtige Unterbringung zur Durchführung der Maßnahme erforderlich, können Fahrkosten übernommen werden für die Anreise und Abreise sowie für eine monatliche Familienheimfahrt. Alternativ können jene Kosten erstattet werden, die einem Angehörigen einmal pro Monat entstehen, um den Teilnehmer der Weiterbildung am Ort seiner auswärtigen Unterbringung zu besuchen.

Den Begriff des Angehörigen regelt § 16 Abs. 5 SGB X. Nicht-eheliche Lebenspartner zählen nicht dazu.

3 Auch im Fall der auswärtigen Unterbringung sollen die Kosten vom Ort der Unterkunft zur Bildungsstätte als Pendelfahrt gelten und somit erstattungsfähig sein.[59]

Allerdings gelten Höchstgrenzen. Sie werden nur erstattet bis zur Höhe des Betrags, der bei auswärtiger Unterbringung für Unterbringung und Verpflegung zu leisten wäre. Diese Höchstsätze regelt § 86. Danach sind für die Kosten der Unterbringung monatlich maximal 340 € erstattungsfähig und für die Kosten der Verpflegung monatlich maximal 136 €, zusammen 476 €.

4 Für die Pendelfahrt kann der Teilnehmer den eigenen Pkw benützen oder öffentliche Verkehrsmittel. Dabei ist das zweckmäßigste öffentliche Verkehrsmittel zu benutzen mit dem günstigsten Tarif.

Die Kostenerstattung bei Benutzung des eigenen Pkw richtet sich nach der Wegstreckenentschädigung des Bundesreisekostengesetzes (§ 5 Abs. 1).

Beispiel:

Für auswärtige Unterbringung und Verpflegung sind monatlich maximal 476 € erstattungsfähig.

X nimmt an einer Weiterbildungsmaßnahme teil und pendelt dafür täglich mit dem Intercity von Nürnberg nach München, 2. Klasse. Die Monatsfahrkarte kostet ihn 600 €. X wird nicht die gesamten Aufwendungen für die Pendelfahrten erstattet bekommen, sondern maximal 476 €.

Auch bei Benutzung des eigenen Pkw werden dem X nicht die vollen Kosten erstattet. Nach dem Bundesreisekostengesetz beträgt die Entfernungspauschale für jeden vollen Kilometer 0,20 €, ausnahmsweise 0,30 €, wenn ein besonderes dienstliches Interesse an der Pkw-Nutzung begründet ist.

Auch hier kann X keine höheren Reisekosten geltend machen, als der maximale Kostenerstattungsanspruch beträgt.

---

59 Hengelhaupt in Hauck/Noftz § 81 Rn. 32.

§ 86 Kosten für auswärtige Unterbringung und für Verpflegung

Ist eine auswärtige Unterbringung erforderlich, so kann

1. **für die Unterbringung je Tag ein Betrag in Höhe von 31 Euro gezahlt werden, je Kalendermonat jedoch höchstens 340 Euro, und**
2. **für die Verpflegung je Tag ein Betrag in Höhe von 18 Euro gezahlt werden, je Kalendermonat jedoch höchstens 136 Euro.**

Regelungsinhalt

Bei auswärtiger Unterbringung können sowohl die Kosten des Wohnaufenthalts als auch die Kosten für Verpflegung erstattet werden. Auch die Übernahme dieser Kosten stellt eine Ermessensentscheidung der Agentur für Arbeit dar. 1

Auswärtige Unterbringung bedeutet, dass der Teilnehmer nur für die Dauer der Weiterbildung eine Unterkunft am Ort der Bildungsstätte bezieht. Diese Kosten kann er im Rahmen der Höchstgrenzen von der Agentur für Arbeit erstattet verlangen. Dies gilt allerdings nicht, wenn der Teilnehmer seinen Wohnsitz insgesamt verlegt. Dies würde bedeuten, dass er auch seinen Lebensmittelpunkt verlagert.

Ist es im Rahmen der Weiterbildung notwendig, eine weitere Unterkunft – z. B. zur Ableistung eines Betriebspraktikums – in einem weiteren Ort zu begründen, so sind auch diese Kosten erstattungsfähig.[60]

Die Höhe der erstattungsfähigen Kosten ist gesetzlich festgelegt, wobei die Sätze getrennt ausgewiesen sind für Unterbringung und Verpflegung. 2

Der mögliche Kostenersatz für die Unterbringung beträgt 31 € pro Tag, je Kalendermonat höchstens 340 €. Der Kostenersatz für die Verpflegung beträgt 18 € pro Tag, je Kalendermonat höchstens 136 €.

§ 87 Kinderbetreuungskosten

Kosten für die Betreuung der aufsichtsbedürftigen Kinder der Arbeitnehmerin oder des Arbeitnehmers können in Höhe von 130 Euro monatlich je Kind übernommen werden.

Regelungsinhalt

Soweit durch die Teilnahme an der Maßnahme zusätzliche Kinderbetreuungskosten entstehen, können diese ebenfalls von der Agentur für Arbeit übernommen werden. Hier sieht das Gesetz pro Kind eine Kostenübernahme in Höhe von monatlich 130 € vor. 1

Als betreuungsbedürftig gelten aufsichtsbedürftige Kinder. Die Betreuung kann sowohl durch eine Tagesmutter als auch durch eine Kindertagesstätte beziehungsweise einen Kindergarten stattfinden. 2

Bei der notwendigen Kinderbetreuung muss es sich nicht zwingend um leibliche Kinder handeln. Entscheidend ist, dass die Kinder im Haushalt des Antragstellers leben.

60 Schmidt in Eicher-Schlegel § 82 Rn. 26.

Streitig ist, bis zu welcher Lebensaltersgrenze des Kindes eine Kinderbetreuung geltend gemacht werden kann. Hier wird zum Teil die Ansicht vertreten, dass nur für Kinder bis zum 15. Lebensjahr der Anspruch des § 87 geltend gemacht werden kann.[61]

Fünfter Abschnitt
Aufnahme einer Erwerbstätigkeit

Erster Unterabschnitt
Sozialversicherungspflichtige Beschäftigung

§ 88 Eingliederungszuschuss

Arbeitgeber können zur Eingliederung von Arbeitnehmerinnen und Arbeitnehmern, deren Vermittlung wegen in ihrer Person liegender Gründe erschwert ist, einen Zuschuss zum Arbeitsentgelt zum Ausgleich einer Minderleistung erhalten (Eingliederungszuschuss).

§ 89 Höhe und Dauer der Förderung

Die Förderhöhe und die Förderdauer richten sich nach dem Umfang der Einschränkung der Arbeitsleistung der Arbeitnehmerin oder des Arbeitnehmers und nach den Anforderungen des jeweiligen Arbeitsplatzes (Minderleistung). Der Eingliederungszuschuss kann bis zu 50 Prozent des zu berücksichtigenden Arbeitsentgelts und die Förderdauer bis zu zwölf Monate betragen.

§ 90 Eingliederungszuschuss für behinderte und schwerbehinderte Menschen

(1) Für behinderte und schwerbehinderte Menschen kann der Eingliederungszuschuss bis zu 70 Prozent des zu berücksichtigenden Arbeitsentgelts und die Förderdauer bis zu 24 Monate betragen.

(2) Für schwerbehinderte Menschen im Sinne des § 104 Absatz 1 Nummer 3 Buchstabe a bis d des Neunten Buches und ihnen nach § 2 Absatz 3 des Neunten Buches von den Agenturen für Arbeit gleichgestellte behinderte Menschen, deren Vermittlung wegen in ihrer Person liegender Gründe erschwert ist (besonders betroffene schwerbehinderte Menschen), kann der Eingliederungszuschuss bis zu 70 Prozent des zu berücksichtigenden Arbeitsentgelts und die Förderdauer bis zu 60 Monate betragen. Die Förderdauer kann bei besonders betroffenen schwerbehinderten Menschen, die das 55. Lebensjahr vollendet haben, bis zu 96 Monate betragen.

(3) Bei der Entscheidung über Höhe und Dauer der Förderung von schwerbehinderten und besonders betroffenen schwerbehinderten Menschen ist zu berücksichtigen, ob der schwerbehinderte Mensch ohne gesetzliche Verpflichtung oder über die

61 Hengelhaupt in Hauck/Noftz § 83 Rn. 39.

Beschäftigungspflicht nach dem Teil 2 des Neunten Buches hinaus eingestellt und beschäftigt wird.

(4) Nach Ablauf von zwölf Monaten ist die Höhe des Eingliederungszuschusses um zehn Prozentpunkte jährlich zu vermindern. Sie darf 30 Prozent des zu berücksichtigenden Arbeitsentgelts nicht unterschreiten. Der Eingliederungszuschuss für besonders betroffene schwerbehinderte Menschen ist erst nach Ablauf von 24 Monaten zu vermindern.

§ 91 Zu berücksichtigendes Arbeitsentgelt und Auszahlung des Zuschusses

(1) Für den Eingliederungszuschuss ist zu berücksichtigen

1. das vom Arbeitgeber regelmäßig gezahlte Arbeitsentgelt, soweit es das tarifliche Arbeitsentgelt oder, wenn eine tarifliche Regelung nicht besteht, das für vergleichbare Tätigkeiten ortsübliche Arbeitsentgelt nicht übersteigt und soweit es die Beitragsbemessungsgrenze in der Arbeitsförderung nicht überschreitet, sowie
2. der pauschalierte Anteil des Arbeitgebers am Gesamtsozialversicherungsbeitrag.

Einmalig gezahltes Arbeitsentgelt ist nicht zu berücksichtigen.

(2) Der Eingliederungszuschuss wird zu Beginn der Maßnahme in monatlichen Festbeträgen für die Förderdauer festgelegt. Die monatlichen Festbeträge werden vermindert, wenn sich das zu berücksichtigende Arbeitsentgelt verringert.

§ 92 Förderungsausschluss und Rückzahlung

(1) Eine Förderung ist ausgeschlossen, wenn

1. zu vermuten ist, dass der Arbeitgeber die Beendigung eines Beschäftigungsverhältnisses veranlasst hat, um einen Eingliederungszuschuss zu erhalten, oder
2. die Arbeitnehmerin oder der Arbeitnehmer bei einem früheren Arbeitgeber eingestellt wird, bei dem sie oder er während der letzten vier Jahre vor Förderungsbeginn mehr als drei Monate versicherungspflichtig beschäftigt war; dies gilt nicht, wenn es sich um die befristete Beschäftigung besonders betroffener schwerbehinderter Menschen handelt.

(2) Der Eingliederungszuschuss ist teilweise zurückzuzahlen, wenn das Beschäftigungsverhältnis während des Förderungszeitraums oder einer Nachbeschäftigungszeit beendet wird. Dies gilt nicht, wenn

1. der Arbeitgeber berechtigt war, das Arbeitsverhältnis aus Gründen, die in der Person oder dem Verhalten der Arbeitnehmerin oder des Arbeitnehmers liegen, zu kündigen,
2. eine Kündigung aus dringenden betrieblichen Erfordernissen, die einer Weiterbeschäftigung im Betrieb entgegenstehen, berechtigt war,
3. das Arbeitsverhältnis auf das Bestreben der Arbeitnehmerin oder des Arbeitnehmers hin beendet wird, ohne dass der Arbeitgeber den Grund hierfür zu vertreten hat,
4. die Arbeitnehmerin oder der Arbeitnehmer das Mindestalter für den Bezug der gesetzlichen Altersrente erreicht hat, oder
5. der Eingliederungszuschuss für die Einstellung eines besonders betroffenen schwerbehinderten Menschen geleistet wird.

Die Rückzahlung ist auf die Hälfte des geleisteten Förderbetrags begrenzt und darf den in den letzten zwölf Monaten vor Beendigung des Beschäftigungsverhältnisses geleisteten Förderbetrag nicht überschreiten. Ungeförderte Nachbeschäftigungszeiten sind anteilig zu berücksichtigen. Die Nachbeschäftigungszeit entspricht der Förderdauer; sie beträgt längstens zwölf Monate.

Regelungsinhalt

1 Um die Vermittlungschancen für Menschen mit Vermittlungshemmnissen zu erhöhen, können Arbeitgeber einen Eingliederungszuschuss erhalten. Der Eingliederungszuschuss wird gezahlt von der Agentur für Arbeit als Zuschuss zum Arbeitsentgelt.

Damit sollen Minderleistungen der Arbeitnehmer ausgeglichen werden.

Der Eingliederungszuschuss kann bis zu 50 % des berücksichtigungsfähigen Arbeitsentgelts betragen und bis zur Dauer von zwölf Monaten gezahlt werden.

2 Für behinderte und schwerbehinderte Menschen ist eine höhere sowie längere Förderung möglich.

Der Zuschuss kann dann bis zu 70 % des berücksichtigungsfähigen Entgelts betragen für eine Förderdauer von bis zu 24 Monaten.

Sogenannte besonders betroffene schwerbehinderte Menschen können mit einem Eingliederungszuschuss gefördert werden in Höhe von bis zu 70 % des Arbeitsentgelts und bis zur Dauer von 60 Monaten.

Hat der Betroffene das 55. Lebensjahr vollendet, ist sogar eine Förderdauer bis zu 96 Monaten möglich.

3 Die Gewährung des Eingliederungszuschusses ist eine Ermessensentscheidung. Maßgebliches Entscheidungskriterium ist auch der Umstand, ob der Arbeitgeber den Schwerbehinderten bzw. besonders betroffenen Schwerbehinderten einstellt, ohne gesetzlich dazu verpflichtet zu sein, so z. B. weil er bereits die Quote der pflichtgemäßen Besetzung mit schwerbehinderten Menschen in seinem Betrieb erfüllt.

4 Der Eingliederungszuschuss ist der Höhe nach orientiert am geschuldeten Arbeitsentgelt.

Allerdings ist das für die Bemessung des Eingliederungszuschusses gedeckelt. Maßgeblich ist das tarifliche oder für eine vergleichbare Tätigkeit ortsübliche Entgelt. Es darf die Beitragsbemessungsgrenze in der Arbeitsförderung nicht überschreiten.

5 Der Eingliederungszuschuss wird nach Ablauf von zwölf Monaten jährlich um zehn Prozentpunkte abgesenkt, für besonders betroffene schwerbehinderte Menschen nach Ablauf von 24 Monaten.

6 Einer missbräuchlichen Inanspruchnahme ist vorzubeugen.

Daher erhält keine Förderung, wenn die Vermutung besteht, dass der Arbeitgeber ein Beschäftigungsverhältnis nur beendet hat, um den Eingliederungszuschuss zu erhalten. Aber auch dann, wenn der zu fördernde Arbeitnehmer während der letzten vier Jahre mehr als drei Monate bei dem selben Arbeitgeber versicherungspflichtig beschäftigt war, der jetzt Antrag auf Eingliederungszuschuss stellt, ist die Förderung ausgeschlossen.

Ausnahmen gelten für befristete Beschäftigungsverhältnisse besonders betroffener Schwerbehinderter.

Endet das Beschäftigungsverhältnis vorzeitig, kann es zu Rückzahlungsverpflichtungen kommen. 7

Allerdings gilt dies nicht, wenn der Arbeitgeber personenbedingte, verhaltensbedingte oder dringende betriebliche Gründe für die Beendigung hatte. Dazu zählt nicht nur schuldhaftes Fehlverhalten des Arbeitnehmers. In dem Fall kann gekündigt werden, ohne dass der Arbeitgeber den Eingliederungszuschuss zurückzahlen muss.

Aber auch wenn der Arbeitnehmer die geschuldete Arbeit wegen seiner gesundheitlichen Befindlichkeit nicht erbringen kann, kann gekündigt werden, ohne dass Rückzahlungspflichten ausgelöst werden.

Beendet der Arbeitnehmer seinerseits das Arbeitsverhältnis und hat der Arbeitgeber hierfür keinen Anlass gegeben, kommt es auch nicht zur Rückzahlungsverpflichtung. 8

Die Rückzahlungspflicht ist begrenzt auf die Hälfte des Förderbetrags. Absolut darf die Rückzahlungsforderung den geleisteten Betrag der letzten zwölf Monate vor Beendigung nicht überschreiten. 9

Vorzeitig ist das Beschäftigungsverhältnis beendet, wenn es in der eigentlichen Förderphase endet oder aber in der sog. Nachbeschäftigungszeit. Diese ist so lang wie die Förderphase, maximal zwölf Monate.

Eine vergleichbare Regelung enthält § 54 a.

Auch der Arbeitgeber kann gefördert werden, der eine betriebliche Einstiegsqualifizierung anbietet. 10

Sie kann der Ausbildung dienen, aber auch als Berufsausbildungsvorbereitung durchgeführt werden.

Der Zuschuss zur monatlichen Vergütung kann bis zu 216 € betragen. Die Förderdauer liegt zwischen sechs und zwölf Monaten. Voraussetzung ist, dass ein Ausbildungsverhältnis zugrunde liegt, das die Anforderungen des § 26 BBiG erfüllt oder eine entsprechende Berufsausbildungs-Vorbereitungsmaßnahme. In der Regel wird nur die in Vollzeit durchgeführte Einstiegsqualifizierung gefördert; Teilzeitmaßnahmen können gefördert werden, wenn der Antragsteller wegen Kindererziehung oder Pflege von Familienangehörigen die Maßnahme im Umfang von wenigstens 20 Wochenstunden angeht.

Mit der Einstiegsqualifizierung sollen die Auszubildenden gefördert werden, die eine nur eingeschränkte Vermittlungsperspektive haben. Grund hierfür kann eine Lernbehinderung sein oder mangelnde Ausbildungsreife. Ein Missbrauch der Förderung ist auszuschließen. 11

Daher ist die Förderung ausgeschlossen, wenn der Auszubildende in dem antragstellenden Betrieb bereits eine Maßnahme durchlaufen hat oder innerhalb der letzten drei Jahre dort beschäftigt war. Im Betrieb der Eltern oder des Lebenspartners/Ehepartners ist keine Förderung möglich.

Zweiter Unterabschnitt
Selbständige Tätigkeit

§ 93 Gründungszuschuss

(1) Arbeitnehmerinnen und Arbeitnehmer, die durch Aufnahme einer selbständigen, hauptberuflichen Tätigkeit die Arbeitslosigkeit beenden, können zur Sicherung des Lebensunterhalts und zur sozialen Sicherung in der Zeit nach der Existenzgründung einen Gründungszuschuss erhalten.

(2) Ein Gründungszuschuss kann geleistet werden, wenn die Arbeitnehmerin oder der Arbeitnehmer

1. **bis zur Aufnahme der selbständigen Tätigkeit einen Anspruch auf Arbeitslosengeld hat, dessen Dauer bei Aufnahme der selbständigen Tätigkeit noch mindestens 150 Tage beträgt und nicht allein auf § 147 Absatz 3 beruht,**
2. **der Agentur für Arbeit die Tragfähigkeit der Existenzgründung nachweist und**
3. **ihre oder seine Kenntnisse und Fähigkeiten zur Ausübung der selbständigen Tätigkeit darlegt.**

Zum Nachweis der Tragfähigkeit der Existenzgründung ist der Agentur für Arbeit die Stellungnahme einer fachkundigen Stelle vorzulegen; fachkundige Stellen sind insbesondere die Industrie- und Handelskammern, Handwerkskammern, berufsständische Kammern, Fachverbände und Kreditinstitute.

(3) Der Gründungszuschuss wird nicht geleistet, solange Ruhenstatbestände nach den §§ 156 bis 159 vorliegen oder vorgelegen hätten.

(4) Die Förderung ist ausgeschlossen, wenn nach Beendigung einer Förderung der Aufnahme einer selbständigen Tätigkeit nach diesem Buch noch nicht 24 Monate vergangen sind; von dieser Frist kann wegen besonderer in der Person der Arbeitnehmerin oder des Arbeitnehmers liegender Gründe abgesehen werden.

(5) Geförderte Personen, die das für die Regelaltersrente im Sinne des Sechsten Buches erforderliche Lebensjahr vollendet haben, können vom Beginn des folgenden Monats an keinen Gründungszuschuss erhalten.

§ 94 Dauer und Höhe der Förderung

(1) Als Gründungszuschuss wird für die Dauer von sechs Monaten der Betrag geleistet, den die Arbeitnehmerin oder der Arbeitnehmer als Arbeitslosengeld zuletzt bezogen hat, zuzüglich monatlich 300 Euro.

(2) Der Gründungszuschuss kann für weitere neun Monate in Höhe von monatlich 300 Euro geleistet werden, wenn die geförderte Person ihre Geschäftstätigkeit anhand geeigneter Unterlagen darlegt. Bestehen begründete Zweifel an der Geschäftstätigkeit, kann die Agentur für Arbeit verlangen, dass ihr erneut eine Stellungnahme einer fachkundigen Stelle vorgelegt wird.

Inhaltsübersicht

1. Allgemeines

Mit der Gewährung eines Gründungszuschusses soll die Aufnahme einer selbständigen Tätigkeit vormals Arbeitsloser gefördert werden. 1

Die selbständige Tätigkeit muss hauptberuflich ausgeübt werden.

Dabei kann die Förderung in zwei Schritten gewährt werden. In der **ersten Förderphase** wird ein Gründungszuschuss zunächst für sechs Monate gewährt; daran kann sich eine **zweite Förderphase** von neun Monaten anschließen.

Der Anspruch auf Gründungszuschuss ist nicht als Pflichtleistung, sondern vollständig als Ermessensleistung ausgestaltet. Es steht im Ermessen der Behörde, ob sie die Förderung gewähren will, die Höhe des Zuschusses ist hingegen bindend vorgeschrieben.

Der Gründungszuschuss kann nur gewährt werden, wenn bestimmte Tatbestandsvoraussetzungen gegeben sind. Dazu zählen: 2

- Der Antragsteller hat Anspruch auf Entgeltersatzleistungen nach SGB III oder übte eine Beschäftigung aus, die als Arbeitsbeschaffungsmaßnahme nach SGB III gefördert wurde.
- Der Antragsteller hat bei Aufnahme der selbständigen Tätigkeit seine Ansprüche nach SGB III (Arbeitslosengeld I) noch nicht ausgeschöpft, sondern verfügt noch über einen Restanspruch von mindestens 150 Tagen.
- Der Antragsteller hat der Agentur für Arbeit die Tragfähigkeit der Existenzgründung nachgewiesen.
- Der Antragsteller hat seine Kenntnisse und Fähigkeiten zur Ausübung der selbständigen Tätigkeit dargelegt.

2. Fördervoraussetzungen

Der Gründungszuschuss dient dazu, dem Antragsteller den Lebensunterhalt zu sichern in der Zeit nach der Existenzgründung, in der aus der neuen selbständigen Tätigkeit noch keine nachhaltigen Einkünfte erzielt werden können. 3

Damit eine Förderung nach den genannten Bestimmungen möglich ist, ist Voraussetzung, dass der Antragsteller Leistungen nach SGB III bezieht, die an die Beschäftigungslosigkeit anknüpfen. Außerdem muss er im Zeitpunkt der Aufnahme der selbständigen Tätigkeit noch über einen Restanspruch auf Arbeitslosengeld I im Umfang von mindestens 150 Tagen verfügen.

> **Beispiel:**
> Wer beispielsweise wegen Arbeitslosigkeit einen Anspruch auf Arbeitslosengeld I im Umfang von 12 Monaten hat, muss sich frühzeitig entscheiden, ob er die Selbständigkeit anstrebt. Nur ein rechtzeitiges Handeln sichert ihm die Chance, überhaupt einen Anspruch auf Förderung nach den genannten Bestimmungen geltend machen zu können.

Er muss schließlich nachweisen, dass er die selbständige Tätigkeit nicht nur anstrebt, sondern aufgenommen hat.

Eine selbständige Tätigkeit gilt als aufgenommen, wenn »erstmals eine unmittelbare, auf berufsmäßigen Erwerb gerichtete und der Gewinnerzielung dienende Handlung mit

Außenwirkung vorgenommen wird.«[62] Indizien dafür können die Gewerbeanzeige sein, aber auch die Anzeige beim zuständigen Finanzamt.

Eine Förderung kommt grundsätzlich nur in Betracht, wenn der Antragsteller die Tragfähigkeit seiner Existenzgründung nachweist. Zu diesem Zweck hat er der Agentur für Arbeit ein vollständiges Unternehmenskonzept vorzulegen, das von der Industrie- und Handelskammer oder einem Wirtschaftsprüfer oder Steuerberater erstellt wurde. Die Kosten hierfür trägt der Antragsteller. Die Agentur für Arbeit überprüft die Tragfähigkeit. Dabei prüft sie, ob der Antragsteller voraussichtlich nach einer angemessenen Anlaufzeit auf Dauer aus der selbständigen Tätigkeit ein angemessenes Einkommen erzielt.

Außerdem hat der Antragsteller einen Nachweis für seine Befähigung zu führen. Zu diesem Zweck hat er der Agentur für Arbeit Qualifikationsnachweise vorzulegen, z.B. Fort- und Weiterbildungsnachweise.

4 Hervorzuheben ist, dass die nach alter Rechtslage gültige Vorschrift des § 57 Abs. 2 Satz 3 ersatzlos weggefallen ist. Hat die Agentur für Arbeit begründete Zweifel, ob der Antragsteller über die nötigen Kenntnisse und Fähigkeiten verfügt, muss sie den Antrag auf Förderung nach pflichtgemäßem Ermessen ablehnen. Es gibt jetzt nicht mehr die Möglichkeit, dem Antragsteller ein gesondertes Eignungsfeststellungsverfahren anzubieten.

3. Ausschluss der Förderung

5 Der Antragsteller hat keinen Anspruch auf Förderung, wenn ein Ruhenstatbestand im Sinne der §§ 156 bis 159 vorliegt.

Könnte also der Antragsteller aus den gesetzlichen Gründen kein Arbeitslosengeld I beziehen, so kann er diesen Leistungsausschluss nicht umgehen, indem er Gründungszuschuss geltend macht. Keinen Anspruch auf Gründungszuschuss hat derjenige, der bereits einmal gefördert worden ist, wenn nach Beendigung der Förderung noch keine 24 Monate vergangen sind. Ausnahmen von diesem Ausschlusstatbestand sind möglich aus besonderen Gründen in der Person des Antragstellers, so z.B. im Falle von Krankheit oder Unfall.

6 Scheitert der Antragsteller also mit dem Versuch der Selbständigkeit, ohne dass er das Scheitern zu vertreten hat, ist eine erneute Förderung auch vor Ablauf von 24 Monaten möglich. Hat er hingegen keine Aufträge oder erfüllt sein Unternehmen nicht seine unternehmerischen Erwartungen, dann kommt eine Verkürzung der 24-Monate-Frist nicht in Betracht.

Eine Förderung ist auch ausgeschlossen ab dem Monat, in dem der Antragsteller die Regelaltersgrenze erreicht.

4. Dauer und Höhe der Förderung

7 Gewährt die Agentur für Arbeit den Gründungszuschuss, so beträgt die Bezugsdauer in der ersten Förderphase sechs Monate. Daran kann sich eine weitere Förderphase von neun Monaten anschließen.

---

62 LSG Rheinland-Pfalz in NZS 2002, 382; vgl. auch BSG SGb 2006, 474.

Für die Dauer der sechs Monate erhält der Antragsteller ALG I sowie zuzüglich monatlich 300 €. Darüber hinaus kann dem Antragsteller als Gründungszuschuss für weitere neun Monate der Betrag von monatlich 300 € gewährt werden. Der Antragsteller hat allerdings seine Geschäftstätigkeit anhand geeigneter Unterlagen darzulegen. Bei Zweifeln kann die Agentur für Arbeit erneut eine fachkundige Stellungnahme verlangen.

Erster Unterabschnitt
Kurzarbeitergeld

Erster Titel
Regelvoraussetzungen

§ 95 Anspruch

Arbeitnehmerinnen und Arbeitnehmer haben Anspruch auf Kurzarbeitergeld, wenn
1. ein erheblicher Arbeitsausfall mit Entgeltausfall vorliegt,
2. die betrieblichen Voraussetzungen erfüllt sind,
3. die persönlichen Voraussetzungen erfüllt sind und
4. der Arbeitsausfall der Agentur für Arbeit angezeigt worden ist.

Arbeitnehmerinnen und Arbeitnehmer in Betrieben nach § 101 Absatz 1 Nummer 1 haben in der Schlechtwetterzeit Anspruch auf Kurzarbeitergeld in Form des Saison-Kurzarbeitergeldes.

Inhaltsübersicht Rn.

1. Funktion und Bedeutung des Kurzarbeitergeldes (Kug)

Das Kug ist eine Leistung der aktiven Arbeitsförderung, auf die ein **Rechtsanspruch** besteht (§ 3 Abs. 3 Nr. 5). Es wird durch **Beiträge** finanziert (§§ 341 ff.), denn es gehört nicht zu den nach §§ 354 ff. umlage- oder steuerfinanzierten Leistungen. 1

Kug ist bei Kurzarbeit zu gewähren. Diese liegt vor, wenn Arbeitsausfälle den Arbeitgeber berechtigen, die betriebsübliche Arbeitszeit vorübergehend zu kürzen und diese Kürzung mit einem Verdienstausfall der Arbeitnehmer verbunden ist.[63] Durch die Zahlung von Kug wird dieser Verdienstausfall teilweise ausgeglichen. Es wird eine **Sonderform der Arbeitslosigkeit** abgesichert, die man als vorübergehende Teilarbeitslosigkeit im Rahmen eines fortbestehenden Arbeitsverhältnisses – nicht zu verwechseln mit der 2

63 Bieback in Gagel § 95 Rn. 124.

Teilarbeitslosigkeit i. S. d. § 162 – bezeichnen kann.[64] Die unmittelbare **sozialpolitische Funktion** des Kug liegt demnach darin, bei Eintritt dieser »Teilarbeitslosigkeit« im oben genannten Sinne den Lebensunterhalt der Arbeitnehmer durch **Lohnersatz** sicherzustellen.[65]

3 **Arbeitsmarktpolitisch** ist von besonderer Bedeutung, dass durch die Leistung von Kug bei fortbestehenden **Arbeitsverhältnissen** diese **erhalten und stabilisiert** werden können. Damit wird die den Arbeitnehmer belastende Unsicherheit seiner beruflichen Existenz vermindert.[66]

4 **Wirtschaftspolitisch** hat Kug die Funktion, **Betrieben** in bestimmten Krisenzeiten bei finanzieller Entlastung die eingearbeitete **Belegschaft zu erhalten**. Es dient dem Ausgleich kurzfristiger konjunktureller Schwankungen und der Überbrückung betrieblicher, durch die allgemeine wirtschaftliche Entwicklung verursachter Strukturveränderungen.[67] Diese Zielsetzung, die letztlich zu einer mittelbaren Subventionierung der Betriebe führt, steht allerdings in einem latenten Spannungsverhältnis zu dem mit der wirtschaftlichen Betätigungsfreiheit verbundenen Betriebs- und Wirtschaftsrisikos des einzelnen Unternehmers. Dieses Betriebs- und Wirtschaftsrisiko soll durch die Gewährung von Kug nicht gemindert werden. Daneben bestehen Sonderformen des Kug, nämlich das Saison-Kug nach § 101 (vgl. Kommentierung dort) und – mit einer ganz anderen Zielrichtung – das **Transferkug** nach §§ 110, 111 (vgl. Kommentierung dort).

5 In der **gerichtlichen Praxis** spielt Kug im Vergleich zu anderen Lohnersatzleistungen kaum eine Rolle. Dies mag daran liegen, dass die wirtschaftliche Situation von Betrieben, die Kug für ihre Arbeitnehmer in Anspruch nehmen wollen, es in der Regel nicht zulassen wird, sich auf einen langwierigen Rechtsstreit einzulassen.

2. Systematik und Struktur der gesetzlichen Regelungen

6 Die **einzelnen Anspruchsvoraussetzungen** des Kug werden in § 95 in vier Ziffern zunächst aufgezählt. Danach haben Arbeitnehmer einen Rechtsanspruch auf Kug, wenn

1. ein erheblicher Arbeitsausfall mit Entgeltausfall vorliegt,
2. die betrieblichen Voraussetzungen erfüllt sind,
3. die persönlichen Voraussetzungen erfüllt sind und
4. der Arbeitsausfall der Agentur für Arbeit angezeigt worden ist.

Die konkrete tatbestandliche Beschreibung der Voraussetzungen erfolgt in den §§ 96–99. Die Ausnahme bildet das Tatbestandmerkmal »Entgeltausfall« in § 96 Nr. 1, das zwar ebenfalls allgemeine Leistungsvoraussetzung ist, dessen Bedeutung jedoch aus der Systematik und dem Sinn und Zweck der Vorschriften erschlossen werden muss. Danach ist nur dann von einem beachtlichen **Entgeltausfall** auszugehen, wenn die Anordnung von **Kurzarbeit arbeitsrechtlich statthaft** war. Aus der Formulierung »Arbeitsausfall mit

64 Bieback in Gagel vor § 95 Rn. 5 und § 95 Rn. 8.
65 So auch Bieback in Gagel § 95 Rn. 6 ff.; Bayerisches LSG – 01.07.2009 – L 9 AL 109/09 B ER.
66 BSG – 29.04.1998 – B 7 AL 102/97 R, SozR 3-4100 § 64 Nr. 4.
67 BSG – 29.04.1998 – B 7 AL 102/97 R, SozR 3-4100 § 64 Nr. 4.

Entgeltausfall« in § 95 Nr. 1 ist zu schließen, dass der **Arbeitsausfall**, also die Kurzarbeit, **kausal** für den Entgeltausfall sein muss.[68] Ist die Anordnung der Kurzarbeit nicht wirksam erfolgt, liegt diese Kausalität nicht vor. Denn dann befindet sich der Arbeitgeber im **Gläubigerverzug**, wenn er die Arbeitsleistung nicht annimmt. Der Anspruch des Arbeitnehmers auf Entgelt bleibt nach § 615 Satz 1 BGB bestehen.

Ergänzend enthält § 95 Satz 2 den klarstellenden Hinweis, dass Arbeitnehmer in Betrieben nach § 101 Abs. 1 Nr. 1 in der Schlechtwetterzeit Anspruch auf Kurzarbeitergeld in Form des Saison-Kurzarbeitergeldes haben. 7

3. Entgeltausfall aufgrund wirksamer Anordnung von Kurzarbeit

Die wirksame Anordnung von Kurzarbeit durch den Arbeitgeber setzt voraus, dass diese arbeitsrechtlich zulässig ist.[69] Als Rechtsgrundlagen kommen Tarifverträge, Betriebsvereinbarungen oder individualrechtliche Regelungen in Betracht. Daneben enthält § 19 KSchG – soweit ersichtlich – die einzige **gesetzliche Regelung zur Einführung von Kurzarbeit**. Praktische Bedeutung hat § 19 KSchG indes nur für nicht tarifgebundene Arbeitnehmer in betriebsratslosen Betrieben.[70] 8

Die Einführung von **Kurzarbeit auf individualrechtlicher Ebene** ist ebenfalls kaum praktikabel. Selten wird von vornherein im Arbeitsvertrag die Einführung von Kurzarbeit unter genauer Formulierung der Voraussetzungen der Einführung geregelt sein. Ebenso selten dürfte es dem Arbeitgeber gelingen, unmittelbar vor Einführung der Kurzarbeit mit allen betroffenen Arbeitnehmern eine Änderung des Arbeitsvertrags bezüglich der Arbeitszeit zu vereinbaren. Über sein Direktionsrecht vermag der Arbeitgeber Kurzarbeit ebenfalls nicht einzuführen, da dadurch das Kündigungsschutzrecht umgangen würde.[71] Die grundsätzlich bestehende Möglichkeit der Änderungskündigung erweist sich wiederum wegen der unterschiedlichen Kündigungsfristen als unpraktikabel. Zudem geht der Arbeitgeber das Risiko ein, dass der Arbeitnehmer das Arbeitsverhältnis enden lässt. 9

Die Einführung von Kurzarbeit erfolgt daher in der Regel auf der Grundlage von **Tarifverträgen** und **Betriebsvereinbarungen**.[72] Betriebsverfassungsrechtlich besteht nach § 87 Abs. 1 Nr. 3 BetrVG ein echtes Mitbestimmungsrecht des Betriebsrats bei der vorübergehenden Verkürzung der Arbeitszeit und damit bei der Einführung von Kurzarbeit – allerdings nur, soweit eine gesetzliche oder tarifvertragliche Regelung nicht besteht. Die Umsetzung dieses Mitbestimmungsrechts erfolgt in der Regel durch Betriebsvereinbarungen, die nicht selten ergänzend zu allgemein gehaltenen Tarifverträgen abgeschlossen werden.[73] 10

---

68 So auch Estelmann in Eicher/Schlegel § 169 Rn. 3; Boecken RdA 2000, 7, 13.

69 So die ganz h. M., vgl. Bieback in Gagel § 95 Rn. 131, 180; Boecken RdA 2000, 7, 8 ff.

70 Vgl. Deinert in Kittner/Däubler/Zwanziger, Kündigungsschutzrecht, § 19 KSchG Rn. 2.

71 So bereits BAG – 15. 12. 1961 – 1 AZR 207/59, AP Nr 1 zu § 615 Kurzarbeit; vgl. auch Boecken RdA 2000, 7, 8; Stevens-Bartol AiB 2002, 493.

72 Ausführlich dazu Bieback in Gagel § 95 Rn. 139 ff.

73 Bieback in Gagel § 95 Rn. 152 ff.; zur Sondersituation in Betrieben ohne Betriebsrat vgl. Wendeling-Schröder DB 2002, 206, 209 f.

4. Verfahrensrechtliche Fragen

11 Obwohl der einzelne Arbeitnehmer nach § 95 Inhaber des Anspruchs auf Kug ist, sind die **wesentlichen Verfahrenshandlungen** vom **Arbeitgeber** oder von der **Betriebsvertretung** vorzunehmen. So sind nach § 99 Abs. 1 Satz 2 allein der Arbeitgeber oder die Betriebsvertretung, also Betriebsrat oder Personalrat, berechtigt, den Arbeitsausfall anzuzeigen und nur diese können einen konkreten Leistungsantrag nach § 323 Abs. 2 stellen.

12 Die sachliche Legitimation für diese Beschränkung liegt in den Besonderheiten des Kug-Anspruchs: Dieser hängt von **betriebsbezogenen Voraussetzungen** ab (vgl. §§ 96, 97), die der einzelne Arbeitnehmer nicht kompetent darlegen oder nachweisen kann. Der Zweck des Kug erfordert zudem eine rasche Entscheidung der Verwaltung, die ein vereinfachtes Verfahren voraussetzt. Eine Beteiligung aller betroffenen Arbeitnehmer würde das Verfahren wesentlich erschweren.[74]

13 Deshalb geht die Rechtsprechung davon aus, dass **Arbeitgeber und Betriebsvertretung** treuhänderisch als **Verfahrens- bzw. Prozessstandschafter** die Rechte der Arbeitnehmer wahrnehmen. Eine notwendige Beteiligung der Arbeitnehmer im Verwaltungs- oder Gerichtsverfahren soll dadurch ausgeschlossen sein.[75]

14 Jedoch ist die **Betriebsvertretung** notwendig zu beteiligen, wenn der Arbeitgeber die Verfahren betreibt und umgekehrt der Arbeitgeber, wenn die Betriebsvertretung den Arbeitsausfall angezeigt oder Kug beantragt hat. Weil der Betriebsvertretung materiellrechtlich eine bedeutende **Kontrollfunktion** zukommt, hat eine Entscheidung der BA rechtsgestaltende Wirkung sowohl gegenüber Arbeitgeber als auch gegenüber der Betriebsvertretung. Im Gerichtsverfahren kann eine Entscheidung gegenüber Arbeitgeber und Betriebsvertretung nur einheitlich im i. S. d. § 75 Abs. 2 SGG ergehen, was eine notwendige **Beiladung** zur Folge hat.[76] Betreibt die Betriebsvertretung das Verfahren, ist darüber hinaus zu beachten, dass sie im Hinblick auf § 320 Abs. 1 Satz 2 die Zahlung des Kug an den Arbeitgeber und nicht an sich selbst zu beantragen hat.

§ 96 Erheblicher Arbeitsausfall

(1) Ein Arbeitsausfall ist erheblich, wenn

1. **er auf wirtschaftlichen Gründen oder einem unabwendbaren Ereignis beruht,**
2. **er vorübergehend ist,**
3. **er nicht vermeidbar ist und**
4. **im jeweiligen Kalendermonat (Anspruchszeitraum) mindestens ein Drittel der in dem Betrieb beschäftigten Arbeitnehmerinnen und Arbeitnehmer von einem Entgeltausfall von jeweils mehr als 10 Prozent ihres monatlichen Bruttoentgelts betroffen ist; der Entgeltausfall kann auch jeweils 100 Prozent des monatlichen Bruttoentgelts betragen.**

---

74 So bereits BSG – 29.08.1974 – 7 RAr 35/72.

75 BSG – 08.11.2001 – B 11 AL 19/01; BSG – 25.05.2005 – B 11 a/11 AL 15/04 R.

76 So bereits BSG – 29.08.1974 – 7 RAr 35/72; BSG – 08.11.2001 – B 11 AL 19/01.

Bei den Berechnungen nach Satz 1 Nummer 4 sind Auszubildende nicht mitzuzählen.

(2) Ein Arbeitsausfall beruht auch auf wirtschaftlichen Gründen, wenn er durch eine Veränderung der betrieblichen Strukturen verursacht wird, die durch die allgemeine wirtschaftliche Entwicklung bedingt ist.

(3) Ein unabwendbares Ereignis liegt insbesondere vor, wenn ein Arbeitsausfall auf ungewöhnlichen, von dem üblichen Witterungsverlauf abweichenden Witterungsverhältnissen beruht. Ein unabwendbares Ereignis liegt auch vor, wenn ein Arbeitsausfall durch behördliche oder behördlich anerkannte Maßnahmen verursacht ist, die vom Arbeitgeber nicht zu vertreten sind.

(4) Ein Arbeitsausfall ist nicht vermeidbar, wenn in einem Betrieb alle zumutbaren Vorkehrungen getroffen wurden, um den Eintritt des Arbeitsausfalls zu verhindern. Als vermeidbar gilt insbesondere ein Arbeitsausfall, der

1. überwiegend branchenüblich, betriebsüblich oder saisonbedingt ist oder ausschließlich auf betriebsorganisatorischen Gründen beruht,
2. durch die Gewährung von bezahltem Erholungsurlaub ganz oder teilweise verhindert werden kann, soweit vorrangige Urlaubswünsche der Arbeitnehmerinnen und Arbeitnehmer der Urlaubsgewährung nicht entgegenstehen, oder
3. durch die Nutzung von im Betrieb zulässigen Arbeitszeitschwankungen ganz oder teilweise vermieden werden kann.

Die Auflösung eines Arbeitszeitguthabens kann von der Arbeitnehmerin oder dem Arbeitnehmer nicht verlangt werden, soweit es

1. vertraglich ausschließlich zur Überbrückung von Arbeitsausfällen außerhalb der Schlechtwetterzeit (§ 101 Absatz 1) bestimmt ist und den Umfang von 50 Stunden nicht übersteigt,
2. ausschließlich für die in § 7c Absatz 1 des Vierten Buches genannten Zwecke bestimmt ist,
3. zur Vermeidung der Inanspruchnahme von Saison-Kurzarbeitergeld angespart worden ist und den Umfang von 150 Stunden nicht übersteigt,
4. den Umfang von 10 Prozent der ohne Mehrarbeit geschuldeten Jahresarbeitszeit einer Arbeitnehmerin oder eines Arbeitnehmers übersteigt oder
5. länger als ein Jahr unverändert bestanden hat.

In einem Betrieb, in dem eine Vereinbarung über Arbeitszeitschwankungen gilt, nach der mindestens 10 Prozent der ohne Mehrarbeit geschuldeten Jahresarbeitszeit je nach Arbeitsanfall eingesetzt werden, gilt ein Arbeitsausfall, der im Rahmen dieser Arbeitszeitschwankungen nicht mehr ausgeglichen werden kann, als nicht vermeidbar.

Inhaltsübersicht

1. Struktur des § 96

1 § 96 Abs. 1 definiert unter der Überschrift »erheblicher Arbeitsausfall« das durch Kug **abgesicherte Risiko** und damit ein zentrales Merkmal des Kug-Anspruchs. Darunter sind verschiedene allgemeine Voraussetzungen erfasst. Der Arbeitsausfall ist erheblich, wenn er

- auf wirtschaftlichen Gründen oder auf einem unabwendbaren Ereignis beruht (§ 96 Abs. 1 Nr. 1),
- vorübergehend ist (§ 96 Abs. 1 Nr. 2),
- unvermeidbar ist (§ 96 Abs. 1 Nr. 3)
- und die sog Ausfallquote i. S. d. § 96 Abs. 1 Nr. 4 erfüllt ist.

2 In § 196 Abs. 2 und Abs. 3 werden die Tatbestandsmerkmale »wirtschaftliche Gründe« und »unabwendbares Ereignis«, die in Abs. 1 Nr. 1 genannt sind, weiter konkretisiert. § 96 Abs. 4 umschreibt den Begriff »Vermeidbarkeit«, der in § 96 Abs. 1 Nr. 3 verwendet wird.

2. Gründe für den Arbeitsausfall

2.1 Wirtschaftliche Gründe

3 Eine genaue Beschreibung der wirtschaftlichen Gründe, die kausal für den Arbeitsausfall sein müssen, findet sich im Gesetz nicht. In § 96 Abs. 2 wird lediglich klargestellt, dass ein Arbeitsausfall auch auf wirtschaftlichen Gründen beruht, wenn er durch eine Veränderung der betrieblichen Strukturen verursacht wird, die durch die allgemeine wirtschaftliche Entwicklung bedingt ist. Als Anknüpfungspunkt für die Auslegung kommt vor allem die wirtschaftspolitische Zielsetzung des Kug in Betracht: Es dient dem Ausgleich kurzfristiger konjunktureller Schwankungen und der Überbrückung durch die allgemeine wirtschaftliche Entwicklung verursachter betrieblicher Strukturveränderungen. Demgegenüber soll es nicht den Ausleseprozess in der Wirtschaft stören und zu Wettbewerbsverzerrungen führen. Daraus folgt, dass wirtschaftliche Gründe i. S. d. § 96 Abs. 1 Nr. 1 nur solche sind, die **nicht in den Verantwortungsbereich des einzelnen Betriebs fallen**. In Betracht kommen nur **allgemeine Ursachen**, auf deren Eintritt der Betrieb keinen Einfluss hat, weil sie auf der **gesamtwirtschaftlichen Entwicklung** beruhen.[77]

4 Von Bedeutung sind also **konjunkturelle und strukturelle Störungen der Gesamtwirtschaftslage**, die konkret beispielsweise zu Auftragsrückgängen, fehlenden Exportabsätzen, Roh- oder Werkstoffmängeln, aber auch zum Wegfall von Transportmöglich-

77 Ausführlich dazu BSG – 29. 04. 1998 – B 7 AL 102/97 R.

keiten führen können.[78] Wirtschaftliche Gründe i. S. d. § 96 Abs. 1 Nr. 1 liegen indes nicht vor, wenn ein Arbeitsausfall wesentlich darauf beruht, dass ein Produkt (Fall des BSG: Rheumabandagen aus Katzenfell) aus der Mode kommt.[79]

2.2 Unabwendbares Ereignis

Soweit der Arbeitsausfall auf einem unabwendbaren Ereignis beruht, sind wirtschaftliche Gründe ausnahmsweise ohne Bedeutung. Ein unabwendbares Ereignis ist anzunehmen, wenn Grund für den Arbeitsausfall ein **objektiv feststellbares Ereignis** ist, das auch durch die äußerste, nach den Umständen des Falles gebotene Sorgfalt durch den Arbeitgeber oder seine Mitarbeiter nicht abzuwenden war.[80] Beispielhaft genannt werden in § 96 Abs. 3 ungewöhnliche, dem üblichen Witterungsverlauf nicht entsprechende Witterungsgründe, etwa Hochwasser, sowie behördliche oder behördlich anerkannte Maßnahmen, die vom Arbeitgeber nicht zu vertreten sind. 5

Allerdings soll den Betrieben nicht die Verantwortung dafür abgenommen werden, auch bereits vor einem Arbeitsausfall alles in ihrer Kraft stehende zu tun, um den Arbeitsausfall zu vermeiden.[81] Deshalb ist von einem strengen, **objektiven Fahrlässigkeitsmaßstab** auszugehen bei der Beurteilung, was dem Arbeitgeber an **präventiven Maßnahmen** zumutbar ist. Das BSG verlangt ein sachgemäßes, geistesgegenwärtiges Handeln, das erheblich über dem allgemeinem Maßstab der im Verkehr erforderlichen Sorgfalt liegt, also zwar keine absolute Unvermeidbarkeit, aber gewissermaßen ein Idealverhalten.[82] 6

3. Vorübergehender Arbeitsausfall

Arbeitsausfall, der zu einem Anspruch auf allgemeines Kug führt, darf nach § 96 Abs. 1 Nr. 2 nur vorübergehend sein. Hier liegt einer der wesentlichen **Unterschiede** des normalen **Kug** zum **Transferkurzarbeitergeld** nach § 111. Nur im Falle eines vorübergehenden Arbeitsausfalls kann das Ziel erreicht werden, dem Arbeitnehmer den Arbeitsplatz und dem Arbeitgeber die eingearbeitete Belegschaft zu erhalten. 7

Ein vorübergehender Arbeitsausfall ist dann anzunehmen, wenn mit einer gewissen Wahrscheinlichkeit voraussehbar ist, dass **in absehbarer Zeit** wieder mit dem **Übergang zur Vollarbeit** zu rechnen ist.[83] Zur Bestimmung dieser Zeitdauer kommt als sachgerechtes Kriterium die Bezugsfrist des § 104 Abs. 1 für das allgemeine Kug von sechs Monaten in Betracht, soweit diese durch Rechtsverordnung verlängert ist, auch dieser längere Zeitraum. 8

---

78 Vgl. BSG – 29. 04. 1998 – B 7 AL 102/97 R; BSG – 15. 12. 2005 – B 7 a AL 10/05 R.
79 Vgl. BSG – 15. 12. 2005 – B 7 a AL 10/05 R.
80 BSG – 29. 10. 1997 – 7 RAr 48/96; BSG – 15. 12. 2005 – B 7 a AL 10/05 R.
81 BSG – 29. 10. 1997 – 7 RAr 48/96.
82 BSG – 29. 10. 1997 – 7 RAr 48/96.
83 BSG – 17. 05. 1983 – 7 RAr 13/82, m. w. N.; Bieback in Gagel § 96 Rn. 72 ff.

4. Unvermeidbarkeit des Arbeitsausfalls

4.1 Grundsätze

9 Nach § 96 Abs. 4 Satz 1 ist ein Arbeitsausfall nicht vermeidbar, wenn in einem Betrieb alle **zumutbaren Vorkehrungen** getroffen wurden, um den Eintritt des Arbeitsausfalls zu verhindern. Es handelt sich dabei um eine Art Schadensminderungspflicht, die neben dem Betriebsinhaber auch die Arbeitnehmer und die Betriebsvertretung trifft.[84] Zur Vermeidung von Arbeitsausfällen konkret in Betracht kommende wirtschaftliche **Maßnahmen** sind insbesondere

- räumlich und wirtschaftlich vertretbare Arbeit auf Lager,
- Vorratshaltung von Roh- und Betriebsstoffen,
- Umstellung auf andere Energiequellen, Zulieferer, Betriebsstoffe oder Transportwege,
- Erledigung oder das Vorziehen von Aufräumungs- oder Instandsetzungsarbeiten.[85]

4.2 Allgemein ausgeschlossene Ursachen

10 § 96 Abs. 4 Satz 2 nennt verschiedene **Regelbeispiele** (»insbesondere«) dafür, wann ein Arbeitsausfall als vermeidbar gilt. Nach § 96 Abs. 4 Satz 2 Nr. 1 ist dies der Fall, wenn ein Arbeitsausfall überwiegend **branchenüblich, betriebsüblich** oder **saisonbedingt** ist oder ausschließlich auf **betriebsorganisatorischen Gründen** beruht. Diese Gründe werden dem Betriebsrisiko des Arbeitgebers zugeordnet, weil sie vorhersehbar sind, deshalb Vorsorgemaßnahmen getroffen und entsprechende Arbeitsausfälle einkalkuliert werden können.

11 Ein **branchenüblicher Arbeitsausfall** ist anzunehmen, wenn er aufgrund der Eigenart des Wirtschafts- und Geschäftszweiges, dem der Betrieb angehört, mit einer gewissen Regelmäßigkeit eintritt. Bei einem **betriebsüblichen Arbeitsausfall** liegt die zu fordernde gewisse Regelmäßigkeit in der Eigenart des Betriebs. Dies ist nach der Rechtsprechung des BSG bei Arbeitsausfällen in **Zeit- bzw. Leiharbeitsfirmen** der Fall, so dass für diese Kug nicht gezahlt werden kann.[86] Tritt der Arbeitsausfall mit gewisser Regelmäßigkeit immer zur selben Jahreszeit ein, ist von einem saisonbedingten Arbeitsausfall auszugehen, der allerdings einen Anspruch auf Saison-Kug begründen kann (vgl. Kommentierung zu § 101). Die Grenzen sind fließend. Ebenso gibt es Überschneidungen. So sind betriebsübliche Arbeitsausfälle häufig auch branchen- oder saisonüblich, beispielsweise im Baugewerbe (Witterung) oder in der Süßwarenindustrie (Oster- oder Weihnachtsnachfrage). Gemeinsames Merkmal der genannten Gründe ist jedoch, dass sie mit einer gewissen Regelmäßigkeit eintreten.

12 Schließlich sind **betriebsorganisatorische Gründe** solche, die die Produktion in zeitlicher oder organisatorischer Hinsicht betreffen, beispielsweise Inventuraufnahme, Umorganisation der Arbeitsabläufe oder Umstellung der Produktion.[87]

---

84 BSG – 29.04.1998 – B 7 AL 102/97: Bieback in Gagel § 170 Rn. 107 ff.
85 Vgl Bieback in Gagel § 96 Rn. 120; GA-Kug Ziff. 2.7 Abs. 2.
86 BSG – 21.07.2009 – B 7 AL 3/08 R.
87 Bieback in Gagel § 96 Rn. 135; GA-Kug Ziff. 2.8.1 Abs. 14 f.

4.3 Urlaubsgewährung

Als vermeidbar gilt der Arbeitsausfall, wenn die **Kurzarbeit** bei Gewährung von bezahltem **Erholungsurlaub** ganz oder teilweise vermieden werden kann (§ 96 Abs. 4 Satz 2 Nr. 3). Weitere Voraussetzung ist, dass vorrangige Urlaubswünsche der Arbeitnehmer der Urlaubsgewährung nicht entgegenstehen. Diese Formulierung knüpft an die Regelung in § 7 Abs. 1 BUrlG an, wonach allerdings Urlaubswünsche unberücksichtigt bleiben können, wenn dringende betriebliche Belange entgegenstehen. Die Notwendigkeit von Kurzarbeit kann ein solcher betrieblicher Grund sein.[88] Zu bedenken ist auch, dass die grundsätzliche Pflicht, Arbeitsausfälle zu vermeiden, die Arbeitnehmer ebenso trifft wie den Arbeitgeber. Daher prüft die BA im Zusammenhang mit der Gewährung von Erholungsurlaub zu Recht insbesondere, ob Urlaub während der Kurzarbeit aufgrund einer Urlaubsliste, des Urlaubsplans oder aufgrund von Betriebsferien einzubringen wäre und ob noch Ansprüche auf übertragenen Urlaub, oder kurz vor Ablauf des Urlaubsjahres für einzelne Arbeitnehmer noch restliche Urlaubsansprüche, bestehen.[89] 13

4.4 Nutzung von Arbeitszeitschwankungen

Ein Arbeitsausfall gilt auch dann als vermeidbar, wenn er bei **Nutzung von im Betrieb zulässigen Arbeitszeitschwankungen** vermieden werden kann (§ 96 Abs. 4 Satz 2 Nr. 3). Damit soll nach der Gesetzesbegründung neueren Tarifverträgen Rechnung getragen werden, die viele Betriebe in die Lage versetzen, durch **Anpassung der Arbeitszeiten an die jeweilige Auftragslage** kurzfristig auf eine bessere oder schlechtere Auslastung ihrer Kapazitäten zu reagieren.[90] Von den zahlreichen besonderen Arbeitszeitgestaltungsmöglichkeiten hatte der Gesetzgeber das **Modell des Zeitkorridors** im Auge. Wird allerdings nach dem betrieblichen Arbeitszeitmodell mindestens 10 % der ohne Mehrarbeit geschuldeten Jahresarbeitszeit für einen unterschiedlichen Arbeitsanfall eingesetzt, gilt ein Arbeitsausfall als nicht vermeidbar, wenn er im Rahmen der Arbeitszeitschwankungen nicht mehr ausgeglichen werden kann (§ 96 Abs. 4 Satz 4). Mit dieser Regelung will der Gesetzgeber Betriebe begünstigen, in denen in dem genannten Umfang Arbeitszeitschwankungen vereinbart wurden.[91] 14

Die **Privilegierung nach § 96 Abs. 4 Satz 4** tritt bei einer regelmäßigen wöchentlichen Arbeitszeit von 36 Stunden beispielsweise bereits dann ein, wenn ein Arbeitszeitkorridor von 32 bis zu 40 Stunden vereinbart ist, da hier mindestens 10 % (vier Stunden) der regelmäßigen Arbeitszeit eingesetzt werden, um Schwankungen auszugleichen. 15

88 So auch Bieback in Gagel § 96 Rn. 151 a.
89 GA-Kug Ziff. 2.8.2 Abs. 3.
90 Begründung zum AFRG BT-Drs. 13/4941, S 184 zu Abs. 4.
91 Ebda.

4.5 Bedeutung von Arbeitszeitguthaben

16 Nach § 96 Abs. 4 Satz 3 kann in bestimmten Fällen vom **Arbeitnehmer** nicht verlangt werden, dass er ein **Arbeitszeitguthaben auflöst**. Grundsätzlich ist hierbei zunächst zu beachten, dass die Auflösung individueller Arbeitszeitguthaben nur im **Rahmen der konkreten betrieblichen oder einzelvertraglichen Regelungen zulässig** ist. Dies folgt aus dem Hinweis in § 96 Abs. 4 Satz 3 auf die im Betrieb zulässigen Arbeitszeitschwankungen, der darauf hindeutet, dass nur rechtlich zulässige und umgesetzte Arbeitszeitmodelle von Bedeutung sind.[92] Stehen also arbeitsrechtliche Regelungen einer Auflösung entgegen, so kann, auch ohne dass einer der in § 96 Abs. 4 Satz 3 Nr. 1–5 genannten Fälle vorliegt, eine Auflösung nicht verlangt werden.[93]

17 Arbeitsrechtlich dürfte die Auflösung von Arbeitszeitguthaben im Allgemeinen immer dann nicht verlangt werden können, wenn diese vorrangig das Ziel haben, dem **Arbeitnehmer mehr Zeitsouveränität** einzuräumen, also weitgehend seiner freien Verfügung unterliegen.[94] Das wird vor allem bei Gleitzeitmodellen angenommen und solchen Modellen, die sich davon ableiten oder vergleichbar sind.[95] Überwiegt hingegen das **betriebliche Interesse an dem Arbeitszeitmodell**, z. B. weil es stark die aktuelle Kapazitätsauslastung berücksichtigt, kann auch der Abbau von Guthaben zur Vermeidung von Arbeitsausfall verlangt werden. In diesen Fällen werden dann die durch § 96 Abs. 4 Satz 3 Nr. 1–5 aufgrund besonderer Interessenlagen der Arbeitnehmer gezogenen **Grenzen** relevant. Durch die Ziffern 1 bis 3 werden besondere **Zwecksetzungen** von Arbeitszeitmodellen berücksichtigt. Die Ziffern 4 und 5 ziehen die Grenze der **generellen Unzumutbarkeit** bei der Auflösung von Arbeitszeitguthaben.[96]

5. Ausfallquote

18 Schließlich setzt ein erheblicher Arbeitsausfall voraus, dass eine bestimmte Ausfallquote erreicht wird. Im jeweiligen Kalendermonat (Anspruchszeitraum) muss mindestens **ein Drittel** der im Betrieb beschäftigten Arbeitnehmer von einem Entgeltausfall von jeweils mehr als **zehn %** ihres monatlichen Bruttoentgelts betroffen sein (§ 96 Abs. 1 Nr. 4). Damit wird als **betriebliche Größe** eine sog. **Bagatellgrenze** gezogen. Ein Arbeitsausfall unterhalb dieser Grenze soll nach der Konzeption vom Arbeitgeber allein bewältigt werden können.

19 Maßstab für die Bestimmung der Bagatellgrenze ist der Betrieb oder die Betriebsabteilung (vgl. § 97). Ein Drittel der beschäftigen Arbeitnehmer muss die Lohnausfallquote erreichen. Dabei sind nach dem Wortlaut **alle beschäftigen Arbeitnehmer mit Ausnahme der Auszubildenden** mitzuzählen. Es ist von dem regelmäßigen **betriebsüblichen Beschäftigungsvolumen** auszugehen, welches beispielsweise in Betriebs- oder

---

92 So Bieback in Gagel § 96 Rn. 156.
93 So auch GA-Kug 2.9.
94 So Bieback in Gagel § 96 Rn. 165.
95 Ebda.
96 Zu den Einzelheiten vgl. GA-Kug Ziff. 2.9.1 ff.

Stellenplänen festgehalten ist. Beschäftigte, die sich im üblichen Jahresurlaub befinden, die nur kurzfristig erkrankt sind oder die zur Teilnahme an Bildungsmaßnahmen beurlaubt wurden, ohne hierfür Anspruch auf Unterhaltsgeld oder Übergangsgeld zu haben, zählen mit.

Die Betroffenheit eines Drittels der Beschäftigten ist nach § 96 Abs. 1 Nr. 4 Mindestvoraussetzung, so dass das Drittel vollständig erreicht sein muss. Eine **Abrundung kommt nicht in Betracht**.[97] 20

Bei diesem Drittel der Beschäftigten muss der **Entgeltausfall** durch die Kurzarbeit mehr als **10 % des monatlichen Bruttoentgelts** betragen. Dieser Entgeltausfall ist nach § 106 für jeden einzelnen der betroffenen Beschäftigten zu ermitteln. Klarstellend hat der Gesetzgeber nunmehr geregelt, dass auch ein Entgeltausfall von 100 % (»Kurzarbeit-Null«) der Einbeziehung nicht entgegensteht.[98] Die Betriebsbezogenheit der Bagatellgrenze bedeutet zudem, dass auch Arbeitnehmer, die einen **Arbeitsausfall von weniger als 10 %** erleiden, einen Anspruch auf Kug haben, wenn alle weiteren Anspruchsvoraussetzungen erfüllt sind.[99] 21

§ 97 Betriebliche Voraussetzungen

Die betrieblichen Voraussetzungen sind erfüllt, wenn in dem Betrieb mindestens eine Arbeitnehmerin oder ein Arbeitnehmer beschäftigt ist. Betrieb im Sinne der Vorschriften über das Kurzarbeitergeld ist auch eine Betriebsabteilung.

Inhaltsübersicht Rn.

1. Betriebsbegriff

Nach § 97 Satz 1 sind die betrieblichen Voraussetzungen zum Bezug von Kug erfüllt, wenn in dem Betrieb regelmäßig mindestens ein Arbeitnehmer beschäftigt ist. Der Begriff »Betrieb« wird im SGB III nicht weiter definiert. In Anlehnung an die arbeitsgerichtliche Rechtsprechung versteht man unter einem Betrieb die **organisatorische Einheit**, innerhalb derer ein Unternehmer allein oder in Gemeinschaft mit Hilfe sächlicher und sonstiger Mittel bestimmte **arbeitstechnische Zwecke fortgesetzt verfolgt**.[100] Der Betrieb ist also als technisch-organisatorische Einheit anzusehen, in Abgrenzung zum Unternehmen, das eine wirtschaftlich-organisatorische Einheit darstellt.[101] 1

Bei der Begriffsbestimmung sind allerdings **Besonderheiten des Kug**, insbesondere dessen Zweckrichtung mit zu berücksichtigen. Es geht um die **Abgrenzung von Risikobereichen:** In welcher technisch-organisatorischen Einheit ist das Risiko eines Arbeits- 2

97 GA-Kug Ziff. 2.11.
98 Zweifelnd insoweit noch BSG – 14.09.2010 – B 7 AL 21/09 R.
99 GA-Kug Ziff. 2.11.
100 BSG – 30.05.1978 – 7/12 RAr 100/76; BSG – 20.01.1982 – 10/8b RAr 9/80; BSG – 25.04.1991 – 11 RAr 21/89.
101 BSG – 30.05.1978 – 7/12 RAr 100/76; BSG – 25.04.1991 – 11 RAr 21/89.

ausfalls noch aufzufangen und ab wann ist es geboten, dieses Risiko der Versichertengemeinschaft zu überantworten?[102] Deshalb muss bei der Begriffsbestimmung einer einheitlichen personalpolitischen Leitung und Organisation besonderes Gewicht beigemessen werden. Denn diese versetzt den Arbeitgeber in die Lage, gerade durch Personalentscheidungen das Risiko des Arbeitsausfalls herbeizuführen oder zu vermeiden.[103]

3 Weil allerdings nach § 97 Satz 2 die Betriebsabteilung dem Betrieb gleichsteht, stellen sich die wesentlichen Abgrenzungsfragen erst bei der Bestimmung des Begriffs »Betriebsabteilung«. Denn wenn problematisch ist, ob eine Einheit noch als eigenständiger Betrieb anzusehen ist, genügt die Feststellung, dass zumindest eine Betriebsabteilung vorliegt.[104]

4 Aus der Funktion des Kug, bei vorübergehenden Arbeitsausfällen dem Betrieb und den Arbeitnehmern die Arbeitsplätze zu erhalten, ergibt sich, dass der Gegenstand des Betriebs bzw. der **Betriebszweck** in diesem Regelungszusammenhang **ohne Bedeutung** sind. Die Gewährung von Kug kommt deshalb nicht nur für Betriebe mit wirtschaftlichen Zielsetzungen in Betracht, sondern auch für solche, die überwiegend kulturelle, soziale oder ähnliche Zwecke verfolgen.[105]

5 Auch ob eine **Arbeitsgemeinschaft mehrerer Unternehmen**, beispielsweise in der Bauindustrie, als Betrieb angesehen werden kann, ist danach zu beurteilen, ob eine einheitliche personalpolitische Organisation und Leitung vorliegt.[106] Die Möglichkeit einer solchen einheitlichen personalpolitischen Organisation und Leitung ist auch Maßstab dafür, ob mehrere räumlich getrennte Betriebsstätten als ein Betrieb zu werten sind. Dabei kommt es wesentlich auf die Entfernung an.[107]

2. Betriebsabteilung

6 Nach § 97 Satz 2 ist auch eine Betriebsabteilung ein Betrieb im Sinne der Vorschriften über das Kug. Sinn und Zweck dieser Gleichstellung ist es, die Gewährung von Kug bereits zu ermöglichen, wenn der Arbeitsausfall nur in einem Teil des Betriebs die Ausfallquote des § 96 Abs. 1 Nr. 4 erreicht. Das ist dann gerechtfertigt, wenn aufgrund der **Eigenheit der Abteilung besondere Risiken** bestehen, die nicht ohne weiteres über den Gesamtbetrieb aufgefangen werden können.[108] Eine Betriebsabteilung ist deshalb dann anzunehmen, wenn ein räumlich, personell und organisatorisch vom Gesamtbetrieb abgrenzbarer Betriebsteil vorliegt, der mit eigenen technischen Betriebsmitteln in der Regel einen eigenen Betriebszweck verfolgt.[109]

7 Anders als aus arbeitsrechtlicher Sicht ist ein **eigener Betriebszweck der Abteilung nicht unbedingt erforderlich**. Der Zielsetzung der Kug-Regelungen wird auch dann

102 Vgl Bieback in Gagel § 97 Rn. 7 ff.
103 So auch Bieback in Gagel § 97 Rn. 12.
104 Vgl Bieback in Gagel § 97 Rn. 6.
105 BSG – 30.05.1978 – 7/12 RAr 100/76.
106 GA-Kug Ziff. 3.1 Abs. 3.
107 Bieback in Gagel § 97 Rn. 15; GA-Kug Ziff. 3.1 Abs. 4.
108 Vgl Bieback in Gagel § 97 Rn. 5 und 21.
109 BSG – 20.01.1982 – 10/8 b RAr 9/80; BSG – 29.04.1998 – B 7 AL 102/97 R.

Rechnung getragen, wenn die Abteilung lediglich einen Hilfszweck erfüllt oder der Zweck mit dem des Gesamtbetriebs identisch ist, beispielsweise im Falle einer eigenständigen Filiale.[110]

§ 98 Persönliche Voraussetzungen

(1) Die persönlichen Voraussetzungen sind erfüllt, wenn

1. die Arbeitnehmerin oder der Arbeitnehmer nach Beginn des Arbeitsausfalls eine versicherungspflichtige Beschäftigung

a) fortsetzt,

b) aus zwingenden Gründen aufnimmt oder

c) im Anschluss an die Beendigung eines Berufsausbildungsverhältnisses aufnimmt,

2. das Arbeitsverhältnis nicht gekündigt oder durch Aufhebungsvertrag aufgelöst ist und

3. die Arbeitnehmerin oder der Arbeitnehmer nicht vom Kurzarbeitergeldbezug ausgeschlossen ist.

(2) Die persönlichen Voraussetzungen sind auch erfüllt, wenn die Arbeitnehmerin oder der Arbeitnehmer während des Bezugs von Kurzarbeitergeld arbeitsunfähig wird, solange Anspruch auf Fortzahlung des Arbeitsentgelts im Krankheitsfall besteht oder ohne den Arbeitsausfall bestehen würde.

(3) Die persönlichen Voraussetzungen sind nicht erfüllt bei Arbeitnehmerinnen und Arbeitnehmern

1. während der Teilnahme an einer beruflichen Weiterbildungsmaßnahme mit Bezug von Arbeitslosengeld oder Übergangsgeld, wenn diese Leistung nicht für eine neben der Beschäftigung durchgeführte Teilzeitmaßnahme gezahlt wird,

2. während des Bezugs von Krankengeld sowie

3. während der Zeit, in der sie von einem privaten Krankenversicherungsunternehmen, von einem Beihilfeträger des Bundes, von einem sonstigen öffentlich-rechtlichen Träger von Kosten in Krankheitsfällen auf Bundesebene, von dem Träger der Heilfürsorge im Bereich des Bundes, von dem Träger der truppenärztlichen Versorgung oder von einem öffentlich-rechtlichen Träger von Kosten in Krankheitsfällen auf Landesebene, soweit Landesrecht dies vorsieht, Leistungen für den Ausfall von Arbeitseinkünften im Zusammenhang mit einer nach den §§ 8 und 8 a des Transplantationsgesetzes erfolgenden Spende von Organen oder Geweben beziehen.

(4) Die persönlichen Voraussetzungen sind auch nicht erfüllt, wenn und solange Arbeitnehmerinnen und Arbeitnehmer bei einer Vermittlung nicht in der von der Agentur für Arbeit verlangten und gebotenen Weise mitwirken. Arbeitnehmerinnen und Arbeitnehmer, die von einem erheblichen Arbeitsausfall mit Entgeltausfall betroffen sind, sind in die Vermittlungsbemühungen der Agentur für Arbeit einzubeziehen. Hat die Arbeitnehmerin oder der Arbeitnehmer trotz Belehrung über die Rechts-

110 Vgl Bieback in Gagel § 97 Rn. 24.

folgen eine von der Agentur für Arbeit angebotene zumutbare Beschäftigung nicht angenommen oder nicht angetreten, ohne für dieses Verhalten einen wichtigen Grund zu haben, sind die Vorschriften über die Sperrzeit beim Arbeitslosengeld entsprechend anzuwenden.

Inhaltsübersicht Rn.

1. Versicherungspflichtig beschäftigte Arbeitnehmer

1 Ein Anspruch auf Kug setzt in der Person der anspruchsberechtigten Arbeitnehmer nach § 98 Abs. 1 Nr. 1 zunächst voraus, dass diese nach Beginn des Arbeitsausfalls eine versicherungspflichtige Beschäftigung
a) fortsetzen,
b) aus zwingenden Gründen aufnehmen oder
c) im Anschluss an die Beendigung eines Berufsausbildungsverhältnisses aufnehmen.
Eine versicherungspflichtige Beschäftigung liegt nach § 25 Abs. 1 vor, wenn Personen gegen Arbeitsentgelt oder zu ihrer Berufsausbildung beschäftigt sind. Durch diese Voraussetzung wird der Charakter des **Kug als Versicherungsleistung** unterstrichen, aber auch festgeschrieben, dass die Gewährung von Kug im Unterschied zu den meisten anderen Versicherungsleistungen **keine Anwartschaftszeiten voraussetzt.**

2 Von einer **Fortsetzung des Beschäftigungsverhältnisses** i. S. d. § 98 Abs. 1 Nr. 1 Buchst. a ist immer dann auszugehen, wenn es vor Beginn der Kurzarbeit bestanden hat und auch danach die Beschäftigung weitergeführt wird. Ist das Beschäftigungsverhältnis zum Zeitpunkt der Einführung der Kurzarbeit unterbrochen, beispielsweise wegen Krankheit, unbezahlten Urlaubs oder Erziehungszeit, kommt dem keine Bedeutung zu, wenn, wie in den genannten Beispielsfällen, das Arbeits- oder Ausbildungsverhältnis nicht unterbrochen war, sondern ruhte.[111] Die Gewährung von Kug kommt dann mit Wiederaufnahme der Beschäftigung in Betracht.

3 Beginnt ein Arbeitnehmer **nach Einführung der Kurzarbeit** ein versicherungspflichtiges Beschäftigungsverhältnis, erfüllt er die persönlichen Voraussetzungen, wenn zwingende Gründe für diese **Arbeitsaufnahme** vorliegen (§ 98 Abs. 1 Nr. 1 Buchst. b). Solche Gründe sind u. a. anzunehmen, wenn für die Weiterführung des Betriebs unentbehrliche Fachkräfte im Betrieb selbst nicht gewonnen werden können.[112]

4 Schließlich ist die **Aufnahme einer Beschäftigung im Anschluss an die Beendigung eines Berufsausbildungsverhältnisses** durch § 98 Abs. 1 Nr. 1 Ziff. c ausdrücklich als besonderer Grund anerkannt, durch den die persönlichen Voraussetzungen ebenfalls

111 Estelmann in Eicher/Schlegel, § 172 Rn. 42 ff.
112 GA-Kug Ziff. 4.3 Abs. 2.

erfüllt werden. Unschädlich sind Zeiten der Nichtbeschäftigung von bis zu drei Monaten zwischen dem Ende der Ausbildung und dem Beginn der Beschäftigung.[113]

2. Fortbestehendes Arbeitsverhältnis

Die persönlichen Voraussetzungen sind nach § 98 Abs. 1 Nr. 2 nur dann erfüllt, wenn das **Arbeitsverhältnis nicht gekündigt oder durch Aufhebungsvertrag aufgelöst** ist, also fortbesteht. Seinen Grund hat dies darin, dass bei einer Kündigung oder einem Aufhebungsvertrag die mit dem Kug verfolgte arbeitsmarktpolitische Zielrichtung der Erhaltung des Beschäftigungsverhältnisses nicht mehr verwirklicht werden kann und damit die mit dem Kug verbundene Befreiung der Betriebe von Entgeltzahlungspflichten nicht länger aufrechtzuerhalten ist.[114] Deshalb kommt es auch nicht darauf an, von wem zu verantworten ist, dass das Arbeitsverhältnis nicht weiter fortbesteht. Selbst eine Eigenkündigung des Arbeitnehmers lässt die persönlichen Voraussetzungen entfallen.[115] **5**

Auch in Fällen, in denen zwar eine Kündigung ausgesprochen wurde, diese jedoch vom Arbeitnehmer mit einer **Kündigungsschutzklage** angegriffen wird, kommt für die **Dauer des Prozesses** die Bewilligung von Kug in Betracht, weil bis zur endgültigen Entscheidung zumindest die Möglichkeit der Erhaltung des Arbeitsplatzes besteht.[116] **6**

Wird eine den Ausfallzeitraum berührende **Kündigung** durch Urteil oder Vergleich schließlich für **unwirksam** erklärt, steht fest, dass das Arbeitsverhältnis durchgehend fortbestand und damit die persönlichen Voraussetzungen für den Bezug von Kug insoweit jedenfalls vorlagen.[117] Sollte der Arbeitnehmer während des Verfahrens tatsächlich nicht beschäftigt gewesen sein, kommt ein Anspruch auf Kug für diese Zeit allerdings nur dann in Betracht, wenn die Freistellung nach einem **Angebot des Arbeitnehmers** ausdrücklich wegen der Kurzarbeit erfolgte. Nur dann kann nämlich die Kurzarbeit und nicht die erfolgte Kündigung kausal für einen möglichen Entgeltausfall gewesen sein.[118] **7**

Auch **befristete Arbeitsverhältnisse**, die im Ausfallzeitraum enden,[119] und Arbeitsverhältnisse mit Arbeitnehmern, die lediglich eine **befristete Arbeitserlaubnis** oder einen entsprechend beschränkten Aufenthaltstitel nach dem AufG besitzen, sind als nicht gekündigte bzw. nicht aufgelöste Arbeitsverhältnisse anzusehen. **8**

3. Allgemeine Ausschlussgründe

Nach § 98 Abs. 1 Nr. 3 darf der Arbeitnehmer nicht vom Kug ausgeschlossen sein. Näheres hierzu ergibt sich aus den Abs. 2–4. So regelt § 98 Abs. 2 zunächst, dass die persönlichen Voraussetzungen auch erfüllt sind bei Eintritt von Arbeitsunfähigkeit wäh- **9**

113 GA-Kug Ziff. 4.4.
114 Begründung zum AFRG BT-Drs. 13/4941, S. 185.
115 BSG – 21.11.2002 – B 11 AL 17/02 R.
116 Bieback in Gagel § 98 Rn. 39.
117 BSG – 08.06.1989 – 7 RAr 15/87; LSG Niedersachsen – 29.06.2000 – L 7 AL 362/99.
118 BSG – 08.06.1989 – 7 RAr 15/87; LSG Niedersachsen – 29.06.2000 – L 7 AL 362/99.
119 Vgl. Bieback in Gagel § 98 Rn. 33.

rend des Bezugs von Kug. Voraussetzung ist die Fortzahlung des Arbeitsentgelts nach dem EFZG oder ein Anspruch hierauf, falls kein Arbeitsausfall eingetreten wäre.[120] Ein Ausschlussgrund besteht insoweit nicht.

10 Ausgeschlossen sind gemäß § 98 Abs. 3 Nr. 1 und 2 Arbeitnehmer, die als Teilnehmer an einer beruflichen Weiterbildungsmaßnahme **Arbeitslosengeld bei beruflicher Weiterbildung** oder **Übergangsgeld** beziehen, wenn diese Leistung nicht für eine neben der Beschäftigung durchgeführte Teilzeitmaßnahme gezahlt wird. Ferner sind Arbeitnehmer ausgeschlossen, die **Krankengeld** beziehen. Durch diese Regelungen sollen **Doppelleistungen verhindert** werden.

11 Hinsichtlich des **Krankengeldbezugs** ist von Bedeutung, wann die **Arbeitsunfähigkeit** eingetreten ist und ob ein Anspruch auf Entgeltfortzahlung im Krankheitsfall besteht. Ist die Arbeitsunfähigkeit eingetreten, **bevor im Betrieb kurzgearbeitet wurde**, und besteht kein Anspruch auf Entgeltfortzahlung oder ist dieser erschöpft, gelten keine Besonderheiten: Ein Anspruch auf Krankengeld schließt den Anspruch auf Kug aus. Besteht für die Zeit der Kurzarbeit noch ein Anspruch auf Entgeltfortzahlung, richtet sich dieser gemäß § 4 Abs. 3 EFZG nach dem gekürzten Arbeitsentgelt und wird durch ein sog **Teilkrankengeld** in Höhe des sonst zu gewährenden Kug ergänzt (§ 47 b Abs. 4 SGB V).[121] Auch in diesem Falle ist ein Anspruch auf Kug ausgeschlossen.

4. Fehlende Mitwirkung bei der Vermittlung als Ausschlussgrund

12 Nach § 98 Abs. 4 Satz 1 sind Arbeitnehmer ausgeschlossen, wenn und solange sie bei einer Vermittlung nicht in der von der Arbeitsagentur verlangten und gebotenen Weise mitwirken. Denn Arbeitnehmer, die von einem erheblichen Arbeitsausfall betroffen sind, müssen nach § 98 Abs. 4 Satz 2 in die **Vermittlungsbemühungen der Arbeitsagentur** einbezogen werden. Diese zunächst allgemein formulierte Mitwirkungsobliegenheit wird in § 98 Abs. 4 S 3 konkretisiert: Der Tatbestand, den das SGB III im Zusammenhang mit Arbeitslosengeld in § 159 Abs. 1 Satz 2 Nr. 2 als »**Sperrzeit bei Arbeitsablehnung**« bezeichnet, wird nachgezeichnet und die entsprechende Anwendung der Vorschriften über die Sperrzeit angeordnet.

13 Der **Umfang der Mitwirkungspflicht** bei einer Vermittlung ergibt sich aus der speziellen Regelung in § 38: Es sind die für die Vermittlung erforderlichen Auskünfte zu erteilen und Unterlagen vorzulegen. Was an Auskünften und Unterlagen erforderlich ist, wird man anhand des § 35 zu bestimmen haben. Neben der Mitwirkungspflicht nach § 98 Abs. 4 Satz 1 besteht die allgemeine Pflicht, sich auf Aufforderung der Arbeitsagentur zu melden und zu einer ärztlichen oder psychologischen Untersuchung zu erscheinen.

---

120 Instruktiv zu den insoweit denkbaren verschiedenen Konstellationen Estelmann in Eicher/Schlegel § 172 Rn. 64 ff.

121 Estelmann in Eicher/Schlegel § 172 Rn. 66 ff.

§ 99 Anzeige des Arbeitsausfalls

(1) Der Arbeitsausfall ist bei der Agentur für Arbeit, in deren Bezirk der Betrieb seinen Sitz hat, schriftlich anzuzeigen. Die Anzeige kann nur vom Arbeitgeber oder der Betriebsvertretung erstattet werden. Der Anzeige des Arbeitgebers ist eine Stellungnahme der Betriebsvertretung beizufügen. Mit der Anzeige ist glaubhaft zu machen, dass ein erheblicher Arbeitsausfall besteht und die betrieblichen Voraussetzungen für das Kurzarbeitergeld erfüllt sind.

(2) Kurzarbeitergeld wird frühestens von dem Kalendermonat an geleistet, in dem die Anzeige über den Arbeitsausfall bei der Agentur für Arbeit eingegangen ist. Beruht der Arbeitsausfall auf einem unabwendbaren Ereignis, gilt die Anzeige für den entsprechenden Kalendermonat als erstattet, wenn sie unverzüglich erstattet worden ist.

(3) Die Agentur für Arbeit hat der oder dem Anzeigenden unverzüglich einen schriftlichen Bescheid darüber zu erteilen, ob auf Grund der vorgetragenen und glaubhaft gemachten Tatsachen ein erheblicher Arbeitsausfall vorliegt und die betrieblichen Voraussetzungen erfüllt sind.

Inhaltsübersicht Rn.

1. Allgemeines zur Arbeitsausfallanzeige

1 Die Anzeige des Arbeitsausfalls ist ebenfalls eine **materiell-rechtliche Anspruchsvoraussetzung** für das Kug (§ 95 Nr. 4). Verfahrensrechtlich beginnt mit der Arbeitsausfallanzeige die erste Stufe des zweistufig gestalteten Verwaltungsverfahrens, das sog **Anzeigeverfahren**. Abgeschlossen wird diese Stufe mit dem Erlass eines **Anerkennungsbescheids** (§ 99 Abs. 3). Es folgt das Antragsverfahren, das die konkrete Bewilligung und Zahlung von Kug zum Ziel hat.[122]

2 Nach § 99 Abs. 1 Satz 1 ist der Arbeitsausfall bei der Arbeitsagentur, in dessen Bezirk der Betrieb liegt, schriftlich anzuzeigen. Es ist die **Schriftform** einzuhalten und die **Anzeige** muss **der Arbeitsagentur zugehen**, wie sich aus § 99 Abs. 2 Satz 1 ergibt. Unwirksam sind demnach mündliche, insbesondere telefonische Arbeitsausfallanzeigen. Neben dem Brief und dem Telefax sind auch andere elektronische Übersendungsformen zuzulassen, die einen schriftlichen Ausdruck ermöglichen. Die Anzeige muss bei der Arbeitsagentur eingehen, in deren Bezirk der Betrieb oder der ihm gleichstehende Betriebsteil liegt.

3 Die Anzeige kann nach § 99 Abs. 1 Satz 2 nur vom **Arbeitgeber** oder der **Betriebsvertretung** erstattet werden. Wegen der kollektiv-rechtlichen Bedeutung des Kug ist der einzelne Arbeitnehmer – obwohl Leistungsberechtigter – nicht zur Anzeigeerstattung befugt. Arbeitgeber und Betriebsvertretung nehmen treuhänderisch als **Verfahrensstandschafter** die Rechte der Arbeitnehmer wahr. Zwar soll nach § 99 Abs. 1 Satz 2 der Anzeige des Arbeitgebers eine **Stellungnahme der Betriebsvertretung** beigefügt sein. Ihr Fehlen führt jedoch nicht zur Unwirksamkeit der Anzeige, denn die Verpflichtung, die Betriebs-

122 Vgl. dazu BSG – 14.09.2010 – B 7 AL 21/09 R.

vertretung einzuschalten, besteht im Interesse der Arbeitnehmer, die durch eine Unwirksamkeit u. U. Nachteile erleiden könnten.[123]

4 Inhaltlich sind mit der Anzeige gem. § 99 Abs. 1 Satz 4 das Vorliegen eines erheblichen Arbeitsausfalls und die **betrieblichen Voraussetzungen für das Kug glaubhaft zu machen**. Die Angaben sollten möglichst unter Verwendung des von der Bundesagentur zur Verfügung gestellten Vordrucks gemacht werden. Jedoch ist es zur Wirksamkeit bereits ausreichend, dass die Anzeige die Mitteilung enthält, ab einem bestimmten Tage werde Kurzarbeit eingeführt.[124] Es ist dann Sache der BA, unter Berücksichtigung des Rechtsgedankens aus § 16 Abs. 3 SGB I darauf hinzuwirken, dass unvollständige Angaben ergänzt werden. Insbesondere muss klar sein, ob in dem gesamten Betrieb oder nur in einer Betriebsabteilung Kurzarbeit eingeführt werden soll, denn eine sich auf den gesamten Betrieb erstreckende Arbeitsausfallanzeige ersetzt nicht die Anzeige des Arbeitsausfalls nur in einer Betriebsabteilung.[125]

2. Rechtsfolgen der Anzeige

5 Nach § 99 Abs. 2 Satz 1 wird Kug grundsätzlich frühestens von dem Kalendermonat an geleistet, in dem die Anzeige beim Arbeitsamt eingegangen ist. Durch die Anzeige wird daher der **frühestmögliche Beginn der Kug-Zahlung** bestimmt. Gleichzeitig wird dadurch auch der frühestmögliche **Beginn der Kug-Bezugsdauer** festgelegt, mit der die Gesamtdauer des Kug-Bezugs begrenzt wird. Nach § 104 Abs. 1 Satz 3 beginnt die Bezugsfrist mit dem ersten Kalendermonat, für den in einem Betrieb Kug gezahlt wird. Die Regelung knüpft daran an, dass die Bemessung des Kug nach dem SGB III aus Vereinfachungsgründen allein auf der Grundlage des Entgeltausfalls in einem vollen Kalendermonat erfolgt.[126]

6 Beruht der angezeigte Arbeitsausfall auf einem **unabwendbaren Ereignis**, kann die Anzeige sogar für den **zurückliegenden Monat**, in dem das Ereignis eingetreten ist, als erstattet gelten (§ 99 Abs. 2 Satz 2). Voraussetzung ist in diesem Fall, dass die Anzeige unverzüglich, d.h. in Anlehnung an den Rechtsgedanken des § 121 BGB ohne schuldhaftes Zögern, erfolgt.[127] Die unverzügliche Absendung der Anzeige per Post ist ausreichend.[128]

§ 100 Kurzarbeitergeld bei Arbeitskämpfen

(1) § 160 über das Ruhen des Anspruchs auf Arbeitslosengeld bei Arbeitskämpfen gilt entsprechend für den Anspruch auf Kurzarbeitergeld bei Arbeitnehmerinnen und Arbeitnehmern, deren Arbeitsausfall Folge eines inländischen Arbeitskampfes ist, an dem sie nicht beteiligt sind.

(2) Macht der Arbeitgeber geltend, der Arbeitsausfall sei die Folge eines Arbeitskampfes, so hat er dies darzulegen und glaubhaft zu machen. Der Erklärung ist eine

123 Vgl. BSG – 30.05.1978 – 7/12 RAr 100/76; Bieback in Gagel § 99 Rn. 43.
124 Vgl. GA-Kug Ziff. 5.1. Abs. 1.
125 BSG – 21.01.1987 – 7 RAr 76/85.
126 Bieback in Gagel § 99 Rn. 52.
127 Bieback in Gagel § 99 Rn. 55.
128 Vgl. GA-Kug Ziff. 5.3. Abs. 2.

Stellungnahme der Betriebsvertretung beizufügen. Der Arbeitgeber hat der Betriebsvertretung die für die Stellungnahme erforderlichen Angaben zu machen. Bei der Feststellung des Sachverhalts kann die Agentur für Arbeit insbesondere auch Feststellungen im Betrieb treffen.

(3) Stellt die Agentur für Arbeit fest, dass ein Arbeitsausfall entgegen der Erklärung des Arbeitgebers nicht Folge eines Arbeitskampfes ist, und liegen die Voraussetzungen für einen Anspruch auf Kurzarbeitergeld allein deshalb nicht vor, weil der Arbeitsausfall vermeidbar ist, wird das Kurzarbeitergeld insoweit geleistet, als die Arbeitnehmerin oder der Arbeitnehmer Arbeitsentgelt (Arbeitsentgelt im Sinne des § 115 des Zehnten Buches) tatsächlich nicht erhält. Bei der Feststellung nach Satz 1 hat die Agentur für Arbeit auch die wirtschaftliche Vertretbarkeit einer Fortführung der Arbeit zu berücksichtigen. Hat der Arbeitgeber das Arbeitsentgelt trotz des Rechtsübergangs mit befreiender Wirkung an die Arbeitnehmerin oder den Arbeitnehmer oder an einen Dritten gezahlt, hat die Empfängerin oder der Empfänger des Kurzarbeitergeldes dieses insoweit zu erstatten.

Inhaltsübersicht

1. Normzweck und allgemeiner Inhalt

§ 100 Abs. 1 ordnet die entsprechende Anwendung des § 160 über das **Ruhen des Anspruchs auf Arbeitslosengeld bei Arbeitskämpfen** an. § 160 Abs. 1 Satz 1 formuliert den sog **Neutralitätsgrundsatz**. Dieser besagt, dass durch Leistungen der Bundesagentur nicht in Arbeitskämpfe eingegriffen werden darf. Der Grundsatz beruht auf der aus Art. 9 Abs. 3 GG (**Koalitionsfreiheit**) abzuleitenden allgemeinen Neutralitätspflicht des Staates. Weil Arbeitskampfmaßnahmen eher selten zu Arbeitslosigkeit, aber durchaus zu Arbeitsausfällen i. S. v. § 96 führen können, liegt die wesentliche Bedeutung des § 160 im Regelungszusammenhang des Kug (vgl. im Einzelnen Kommentierung zu § 160). 1

Der Verweis auf § 160 erfolgt ausdrücklich nur »für den Anspruch auf Kug bei Arbeitnehmern und Arbeitnehmerinnen, deren Arbeitsausfall Folge eines inländischen Arbeitskampfes ist, an dem er nicht beteiligt ist« (§ 100 Abs. 1 a. E.), also für die Fallgruppe der **mittelbar betroffenen Arbeitnehmer** i. S. d. § 160 Abs. 3. Nicht anwendbar ist deshalb § 160 Abs. 2, der das Ruhen von Arbeitslosengeld anordnet, wenn der Arbeitnehmer am Arbeitskampf beteiligt ist. Bei der aktiven Teilnahme an einem Arbeitskampf kommt die Gewährung von Kug aber ohnehin nicht in Betracht, weil hier der Arbeitsausfall nicht auf wirtschaftlichen Gründen oder einem unabwendbaren Ereignis i. S. d. § 96 Abs. 1 Nr. 1 beruht.[129] Wegen der weiteren Einzelheiten wird auch insoweit auf die Kommentierung zu § 160 verwiesen. 2

§ 100 Abs. 2 u. Abs. 3 bezwecken für den Regelungsbereich des Kug die Sicherung der 3

129 Vgl. Bieback in Gagel § 100 Rn. 7 m. w. N.

Neutralität der Bundesagentur im Arbeitskampf im **Interesse der Arbeitnehmerseite**. Es soll verhindert werden, dass Arbeitgeber einen arbeitskampfbedingten Arbeitsausfall lediglich behaupten, um sich auf diese Weise mittelbar am Arbeitskampf zu beteiligen.[130] Die besonderen verfahrensrechtlichen Regelungen in § 100 Abs. 2 und die Möglichkeit, das Kug auf der Grundlage des § 100 Abs. 3 als **Gleichwohlzahlung** zu erbringen, schützen die Arbeitnehmer und ihre Tarifvertragsparteien vor Beeinträchtigungen, die aus einer eventuellen Befangenheit des Arbeitgebers[131] herrühren könnten. Denn der Arbeitgeber wird bei einer mittelbaren Betroffenheit durch einen Arbeitskampf nach den Grundsätzen des **Arbeitskampfrisikos** nur dann von der Lohnzahlungspflicht frei, wenn es für ihn technisch unmöglich oder wirtschaftlich unvertretbar ist, die Produktion fortzuführen.[132]

2. Darlegungs- und Beweislast nach Abs. 2

4 Macht der Arbeitgeber – mit dem Ziel, Kug-Zahlungen zu verhindern – geltend, der Arbeitsausfall sei Folge eines Arbeitskampfes, so hat er dies darzulegen und glaubhaft zu machen (§ 100 Abs. 2 Satz 1). Er hat eine Stellungnahme der Betriebsvertretung beizufügen und dieser gegenüber alle für die Stellungnahme erforderlichen Angaben zu machen (§ 100 Abs. 2 Satz 2 und Satz 3). Darüber hinaus erhält die Arbeitsagentur die Befugnis, Feststellungen zum Sachverhalt auch im Betrieb zu treffen (§ 100 Abs. 2 Satz 4). Dem Schutzzweck der Vorschrift und diesen **gesteigerten Darlegungspflichten** entspricht es, die **objektive Beweislast** darüber, ob der Arbeitsausfall Folge des Arbeitskampfes ist und darüber, ob er vermeidbar war oder nicht, jeweils dem Arbeitgeber aufzuerlegen.[133]

5 Stellt die Arbeitsagentur fest, dass der Arbeitsausfall nicht Ergebnis eines Arbeitskampfes ist, kommt ein Ruhen des Anspruchs auf Kug nach § 100 Abs. 1 i. V. m. § 160 nicht in Betracht. Liegen alle Anspruchsvoraussetzungen des Kug vor, ist **Kug nach den allgemeinen Vorschriften** zu gewähren.

3. Gleichwohlgewährung nach Abs. 3

6 Ergänzend regelt § 100 Abs. 3 Satz 1 den Fall, dass die Anspruchsvoraussetzungen des Kug nur deshalb nicht vorliegen, weil der **Arbeitsausfall vermeidbar** war. In diesem Fall ist Kug »gleichwohl« zu leisten, wenn der Arbeitnehmer Arbeitsentgelt tatsächlich nicht erhält, etwa weil der Arbeitgeber sich im Hinblick auf einen Arbeitskampf nicht zur Zahlung verpflichtet sieht. Zwar knüpft die Regelung an die BAG-Rechtsprechung zum Arbeitskampfrisiko an, dennoch besteht kein Anlass, den Begriff »Vermeidbarkeit« abweichend von § 96 Abs. 1 Nr. 3 auszulegen, so dass auf die entsprechenden Ausführungen verwiesen werden kann. Allerdings ist nach § 100 Abs. 3 Satz 2 auch die **wirtschaftliche Vertretbarkeit** zu berücksichtigen.

---

130 Vgl. Bieback in Gagel § 100 Rn. 2.
131 So Estelmann in Eicher/Schlegel § 174 Rn. 5 ff.
132 Vgl. Bieback in Gagel § 174 Rn. 8 f. unter Hinweis auf die Rechtsprechung des BAG.
133 Vgl. Bieback in Gagel § 100 Rn. 21.

Soweit die BA Leistungen nach § 100 Abs. 3 erbringt, gehen nach Maßgabe des § 115 SGB X die Ansprüche der Arbeitnehmer auf Arbeitsentgelt auf sie über. Hat der Arbeitgeber das Arbeitsentgelt trotz dieses **Rechtsübergangs** mit befreiender Wirkung an den Arbeitnehmer oder einen Dritten gezahlt, hat der Empfänger des Kug dieses insoweit zu erstatten (§ 100 Abs. 3 Satz 3). 7

§ 101 Saison-Kurzarbeitergeld

(1) Arbeitnehmerinnen und Arbeitnehmer haben in der Zeit vom 1. Dezember bis zum 31. März (Schlechtwetterzeit) Anspruch auf Saison-Kurzarbeitergeld, wenn

1. sie in einem Betrieb beschäftigt sind, der dem Baugewerbe oder einem Wirtschaftszweig angehört, der von saisonbedingtem Arbeitsausfall betroffen ist,

2. der Arbeitsausfall nach Absatz 5 erheblich ist,

3. die betrieblichen Voraussetzungen des § 97 sowie die persönlichen Voraussetzungen des § 98 erfüllt sind und

4. der Arbeitsausfall der Agentur für Arbeit nach § 99 angezeigt worden ist.

(2) Ein Betrieb des Baugewerbes ist ein Betrieb, der gewerblich überwiegend Bauleistungen auf dem Baumarkt erbringt. Bauleistungen sind alle Leistungen, die der Herstellung, Instandsetzung, Instandhaltung, Änderung oder Beseitigung von Bauwerken dienen. Ein Betrieb, der überwiegend Bauvorrichtungen, Baumaschinen, Baugeräte oder sonstige Baubetriebsmittel ohne Personal Betrieben des Baugewerbes gewerblich zur Verfügung stellt oder überwiegend Baustoffe oder Bauteile für den Markt herstellt, sowie ein Betrieb, der Betonentladegeräte gewerblich zur Verfügung stellt, ist kein Betrieb des Baugewerbes.

(3) Erbringt ein Betrieb Bauleistungen auf dem Baumarkt, wird vermutet, dass er ein Betrieb des Baugewerbes im Sinne des Absatzes 2 Satz 1 ist. Satz 1 gilt nicht, wenn gegenüber der Bundesagentur nachgewiesen wird, dass Bauleistungen arbeitszeitlich nicht überwiegen.

(4) Ein Wirtschaftszweig ist von saisonbedingtem Arbeitsausfall betroffen, wenn der Arbeitsausfall regelmäßig in der Schlechtwetterzeit auf witterungsbedingten oder wirtschaftlichen Gründen beruht.

(5) Ein Arbeitsausfall ist erheblich, wenn er auf witterungsbedingten oder wirtschaftlichen Gründen oder einem unabwendbaren Ereignis beruht, vorübergehend und nicht vermeidbar ist. Als nicht vermeidbar gilt auch ein Arbeitsausfall, der überwiegend branchenüblich, betriebsüblich oder saisonbedingt ist. Wurden seit der letzten Schlechtwetterzeit Arbeitszeitguthaben, die nicht mindestens ein Jahr bestanden haben, zu anderen Zwecken als zum Ausgleich für einen verstetigten Monatslohn, bei witterungsbedingtem Arbeitsausfall oder der Freistellung zum Zwecke der Qualifizierung aufgelöst, gelten im Umfang der aufgelösten Arbeitszeitguthaben Arbeitsausfälle als vermeidbar.

(6) Ein Arbeitsausfall ist witterungsbedingt, wenn

1. er ausschließlich durch zwingende Witterungsgründe verursacht ist und

2. an einem Arbeitstag mindestens eine Stunde der regelmäßigen betrieblichen Arbeitszeit ausfällt (Ausfalltag).

Zwingende Witterungsgründe liegen nur vor, wenn es auf Grund von atmosphärischen Einwirkungen (insbesondere Regen, Schnee, Frost) oder deren Folgewirkungen technisch unmöglich, wirtschaftlich unvertretbar oder für die Arbeitnehmerinnen und Arbeitnehmer unzumutbar ist, die Arbeiten fortzuführen. Der Arbeitsausfall ist nicht ausschließlich durch zwingende Witterungsgründe verursacht, wenn er durch Beachtung der besonderen arbeitsschutzrechtlichen Anforderungen an witterungsabhängige Arbeitsplätze vermieden werden kann.

(7) Eine Anzeige nach § 99 ist nicht erforderlich, wenn der Arbeitsausfall ausschließlich auf unmittelbar witterungsbedingten Gründen beruht.

(8) Die weiteren Vorschriften über das Kurzarbeitergeld sind anzuwenden.

§ 102 Ergänzende Leistungen

(1) Arbeitnehmerinnen und Arbeitnehmer haben Anspruch auf Wintergeld als Zuschuss-Wintergeld und Mehraufwands-Wintergeld und Arbeitgeber haben Anspruch auf Erstattung der von ihnen zu tragenden Beiträge zur Sozialversicherung, soweit für diese Zwecke Mittel durch eine Umlage aufgebracht werden.

(2) Zuschuss-Wintergeld wird in Höhe von bis zu 2,50 Euro je ausgefallener Arbeitsstunde gezahlt, wenn zu deren Ausgleich Arbeitszeitguthaben aufgelöst und die Inanspruchnahme des Saison-Kurzarbeitergeldes vermieden wird.

(3) Mehraufwands-Wintergeld wird in Höhe von 1,00 Euro für jede in der Zeit vom 15. Dezember bis zum letzten Kalendertag des Monats Februar geleistete berücksichtigungsfähige Arbeitsstunde an Arbeitnehmerinnen und Arbeitnehmer gezahlt, die auf einem witterungsabhängigen Arbeitsplatz beschäftigt sind. Berücksichtigungsfähig sind im Dezember bis zu 90 Arbeitsstunden, im Januar und Februar jeweils bis zu 180 Arbeitsstunden.

(4) Die von den Arbeitgebern allein zu tragenden Beiträge zur Sozialversicherung für Bezieherinnen und Bezieher von Saison-Kurzarbeitergeld werden auf Antrag erstattet.

(5) Die Absätze 1 bis 4 gelten im Baugewerbe ausschließlich für solche Arbeitnehmerinnen und Arbeitnehmer, deren Arbeitsverhältnis in der Schlechtwetterzeit nicht aus witterungsbedingten Gründen gekündigt werden kann.

Inhaltsübersicht

1. Zweck des Saison-Kug

1 § 101 regelt für **Betriebe des Baugewerbes** eine Sonderform des Kug, das Saison-Kug. Ziel ist die Bekämpfung der Winterarbeitslosigkeit und Förderung der ganzjährigen Beschäftigung in der Bauwirtschaft. Durch diese Leistung ist im Jahre 2006 die so genannte Winterbauförderung abgelöst worden. Ergänzt wird die Leistung Saison-Kug durch besondere Wintergeldleistungen nach § 102. Welche Wirtschaftszweige konkret der Rege-

lung des § 101 unterfallen und weitere Einzelheiten zu den Leistungen nach § 102 sind in der auf der Grundlage des § 109 Abs. 2 und Abs. 3 erlassenen Baubetriebe-Verordnung[134] und Winterbeschäftigungs-Verordnung[135] geregelt. Soweit Arbeitnehmer des Gerüstbauerhandwerks betroffen sind, gelten gem. § 133 bis zum 31.03.2015 befristete Sonderregelungen sowohl hinsichtlich der Saison-Kug als auch bezüglich der ergänzenden Leistungen.

Grundsätzlich sind nach § 101 Abs. 8 die allgemeinen Bestimmungen zum Kug auch auf das Saison-Kug anzuwenden. Doch enthalten die Abs. 1 bis 7 zahlreiche Sonderregelungen, die nur übersichtsweise erläutert werden können. Von Bedeutung ist des Weiteren § 104 Abs. 4, der Sonderregelungen zum Leistungsumfang enthält. So sind Zeiten des Bezuges von Saison-Kug nicht auf die Bezugsdauer des normalen Kug anzurechnen. **2**

2. Besonderheiten gegenüber dem normalen Kug

Saison-Kug wird nur in der so genannten Schlechtwetterzeit vom 01.12. bis 31.03. erbracht (Abs. 1 Satz 1). Es kommt in Betracht für Betriebe des Baugewerbes i. S. d. Abs. 2 und 3 und wird geleistet bei saisonbedingtem Arbeitsausfall (Abs. 4), der erheblich i. S. v. Abs. 5 sein muss. Im Übrigen müssen aber nach § 101 Abs. 1 Nr. 3 die betrieblichen Voraussetzungen des § 97 und die persönlichen Voraussetzungen des § 98 vorliegen. **3**

Nach § 101 Abs. 7 ist eine Arbeitsausfallanzeige nicht erforderlich, wenn der Arbeitsausfall »ausschließlich und unmittelbar« auf witterungsbedingten Gründen beruht. Erforderlich bleiben aber die Glaubhaftmachung der Anspruchsvoraussetzungen und der Antrag auf Leistungen. **4**

Ausdrücklich nicht Voraussetzung für den Anspruch auf Saison-Kug ist eine bestimmte Ausfallquote, wie sie in § 96 Abs. 1 Nr. 4 (10 % Entgeltausfall bei einem Drittel der Arbeitnehmer) für das normale Kug vorgesehen ist. **5**

3. Ergänzende Leistungen nach § 102

§ 102 sieht ergänzend zum Saison-Kug besondere Wintergeldleistungen vor, die auf das bis zum Jahre 2006 gewährte Wintergeld zurückgehen. Arbeitnehmer können Anspruch auf **Zuschuss-Wintergeld** und Mehraufwandswintergeld haben.[136] Dabei bezweckt das Zuschuss-Wintergeld, das in Höhe von 2,50 € pro ausgefallener Arbeitsstunde gezahlt wird, wenn zu deren Ausgleich Arbeitszeitguthaben aufgelöst werden (§ 102 Abs. 2), einen Anreiz zur stärkeren Nutzung solcher Guthaben. Saison-Kug wird in diesen Fällen nicht gezahlt. **6**

Durch das **Mehraufwandswintergeld**, das in Höhe von 1,00 € pro berücksichtigungsfähiger Arbeitsstunden nach Maßgabe des § 102 Abs. 3 gezahlt wird, sollen witterungsbedingte Mehraufwendungen ausgeglichen und damit ein Anreiz zur Weiterarbeit geschaffen werden. **7**

Außerdem werden den Arbeitgebern die von ihnen zu tragenden **Beiträge** zur Sozial- **8**

---

134 Vom 28.10.1980; aktuell in der Fassung des Gesetzes v. 20.12.2011 (BGBl. I 2854) – Art. 37.
135 Vom 24.04.2006; aktuell in der Fassung des Gesetzes v. 20.12.2011 (BGBl. I 2854) – Art. 46.
136 Ausführlich dazu Bieback in Gagel, § 102 Rn. 2 ff.

versicherung für Bezieher von Saison-Kug erstattet, wenn Mittel hierfür durch eine Umlage aufgebracht werden (§ 102 Abs. 1 i. V. m. Abs. 4).

§ 103 Kurzarbeitergeld für Heimarbeiterinnen und Heimarbeiter

(1) Anspruch auf Kurzarbeitergeld haben auch Heimarbeiterinnen und Heimarbeiter, wenn sie ihren Lebensunterhalt ausschließlich oder weitaus überwiegend aus dem Beschäftigungsverhältnis als Heimarbeiterin oder Heimarbeiter beziehen und soweit nicht nachfolgend Abweichendes bestimmt ist.

(2) An die Stelle der im Betrieb beschäftigten Arbeitnehmerinnen und Arbeitnehmer treten die für den Auftraggeber beschäftigten Heimarbeiterinnen und Heimarbeiter. Im Übrigen tritt an die Stelle des erheblichen Arbeitsausfalls mit Entgeltausfall der erhebliche Entgeltausfall und an die Stelle des Betriebs und des Arbeitgebers der Auftraggeber; Auftraggeber kann eine Gewerbetreibende oder ein Gewerbetreibender oder eine Zwischenmeisterin oder ein Zwischenmeister sein. Ein Entgeltausfall ist erheblich, wenn das Entgelt der Heimarbeiterin oder des Heimarbeiters im Anspruchszeitraum um mehr als 20 Prozent gegenüber dem durchschnittlichen monatlichen Bruttoentgelt der letzten sechs Kalendermonate vermindert ist.

(3) Eine versicherungspflichtige Beschäftigung als Heimarbeiterin oder Heimarbeiter gilt während des Entgeltausfalls als fortbestehend, solange

1. **der Auftraggeber bereit ist, der Heimarbeiterin oder dem Heimarbeiter so bald wie möglich Aufträge in dem vor Eintritt der Kurzarbeit üblichen Umfang zu erteilen, und**
2. **die Heimarbeiterin oder der Heimarbeiter bereit ist, Aufträge im Sinne der Nummer 1 zu übernehmen.**

Regelungsinhalt

1 Auch Heimarbeiter haben nach § 103 Abs. 1 Satz 1 Anspruch auf Kug, wenn sie ihren **Lebensunterhalt** ausschließlich oder weitaus überwiegend aus dem **Beschäftigungsverhältnis als Heimarbeiter** beziehen. Von einem weitaus überwiegenden Bestreiten des Lebensunterhaltes aus der Beschäftigung als Heimarbeiter ist auszugehen, wenn zwei Drittel der Gesamteinkünfte aus der Heimarbeit stammen. In § 103 Abs. 2 und 3 werden **begriffliche Besonderheiten** geregelt So gilt nach § 103 Abs. 3 eine versicherungspflichtige **Beschäftigung** als Heimarbeiter als **fortbestehend**, solange der Auftraggeber bereit ist, dem Heimarbeiter so bald wie möglich Aufträge in dem vor Eintritt der Kurzarbeit üblichen Umfang zu erteilen, und solange der Heimarbeiter bereit ist, solche Aufträge zu übernehmen.[137]

§ 104 Dauer

(1) Kurzarbeitergeld wird für den Arbeitsausfall für eine Dauer von längstens sechs Monaten von der Agentur für Arbeit geleistet. Die Bezugsdauer gilt einheitlich für alle in einem Betrieb beschäftigten Arbeitnehmerinnen und Arbeitnehmer. Sie beginnt

137 Ausführlich dazu Estelmann in Eicher/Schlegel § 176 Rn. 37 ff.

mit dem ersten Kalendermonat, für den in einem Betrieb Kurzarbeitergeld vom Arbeitgeber gezahlt wird.

(2) Wird innerhalb der Bezugsdauer für einen zusammenhängenden Zeitraum von mindestens einem Monat kein Kurzarbeitergeld gezahlt, verlängert sich die Bezugsdauer um diesen Zeitraum.

(3) Sind seit dem letzten Kalendermonat, für den Kurzarbeitergeld gezahlt worden ist, drei Monate vergangen und liegen die Voraussetzungen für einen Anspruch auf Kurzarbeitergeld erneut vor, beginnt eine neue Bezugsdauer.

(4) Saison-Kurzarbeitergeld wird abweichend von den Absätzen 1 bis 3 für die Dauer des Arbeitsausfalls während der Schlechtwetterzeit von der Agentur für Arbeit geleistet. Zeiten des Bezugs von Saison-Kurzarbeitergeld werden nicht auf die Bezugsdauer für das Kurzarbeitergeld angerechnet. Sie gelten nicht als Zeiten der Unterbrechung im Sinne des Absatzes 3.

§ 105 Höhe

Das Kurzarbeitergeld beträgt

1. für Arbeitnehmerinnen und Arbeitnehmer, die beim Arbeitslosengeld die Voraussetzungen für den erhöhten Leistungssatz erfüllen würden, 67 Prozent,
2. für die übrigen Arbeitnehmerinnen und Arbeitnehmer 60 Prozent

der Nettoentgeltdifferenz im Anspruchszeitraum.

§ 106 Nettoentgeltdifferenz

(1) Die Nettoentgeltdifferenz entspricht der Differenz zwischen

1. dem pauschalierten Nettoentgelt aus dem Soll-Entgelt und
2. dem pauschalierten Nettoentgelt aus dem Ist-Entgelt.

Soll-Entgelt ist das Bruttoarbeitsentgelt, das die Arbeitnehmerin oder der Arbeitnehmer ohne den Arbeitsausfall in dem Anspruchszeitraum erzielt hätte, vermindert um Entgelt für Mehrarbeit. Ist-Entgelt ist das Bruttoarbeitsentgelt, das die Arbeitnehmerin oder der Arbeitnehmer in dem Anspruchszeitraum tatsächlich erzielt hat, zuzüglich aller zustehenden Entgeltanteile. Arbeitsentgelt, das einmalig gezahlt wird, bleibt bei der Berechnung von Soll-Entgelt und Ist-Entgelt außer Betracht. Soll-Entgelt und Ist-Entgelt sind auf den nächsten durch 20 teilbaren Euro-Betrag zu runden. § 153 über die Berechnung des Leistungsentgelts beim Arbeitslosengeld gilt mit Ausnahme der Regelungen über den Zeitpunkt der Zuordnung der Lohnsteuerklassen und den Steuerklassenwechsel für die Berechnung der pauschalierten Nettoentgelte beim Kurzarbeitergeld entsprechend.

(2) Erzielt die Arbeitnehmerin oder der Arbeitnehmer aus anderen als wirtschaftlichen Gründen kein Arbeitsentgelt, ist das Ist-Entgelt um den Betrag zu erhöhen, um den das Arbeitsentgelt aus diesen Gründen gemindert ist. Arbeitsentgelt, das unter Anrechnung des Kurzarbeitergeldes gezahlt wird, bleibt bei der Berechnung des Ist-Entgelts außer Betracht. Bei der Berechnung der Nettoentgeltdifferenz nach Absatz 1 bleiben auf Grund von kollektivrechtlichen Beschäftigungssicherungsvereinbarungen durchgeführte vorübergehende Änderungen der vertraglich vereinbarten Arbeitszeit außer Betracht; die Sätze 1 und 2 sind insoweit nicht anzuwenden.

(3) Erzielt die Arbeitnehmerin oder der Arbeitnehmer für Zeiten des Arbeitsausfalls ein Entgelt aus einer anderen während des Bezugs von Kurzarbeitergeld aufgenommenen Beschäftigung, selbständigen Tätigkeit oder Tätigkeit als mithelfende Familienangehörige oder mithelfender Familienangehöriger, ist das Ist-Entgelt um dieses Entgelt zu erhöhen.

(4) Lässt sich das Soll-Entgelt einer Arbeitnehmerin oder eines Arbeitnehmers in dem Anspruchszeitraum nicht hinreichend bestimmt feststellen, ist als Soll-Entgelt das Arbeitsentgelt maßgebend, das die Arbeitnehmerin oder der Arbeitnehmer in den letzten drei abgerechneten Kalendermonaten vor Beginn des Arbeitsausfalls in dem Betrieb durchschnittlich erzielt hat, vermindert um Entgelt für Mehrarbeit. Ist eine Berechnung nach Satz 1 nicht möglich, ist das durchschnittliche Soll-Entgelt einer vergleichbaren Arbeitnehmerin oder eines vergleichbaren Arbeitnehmers zugrunde zu legen. Änderungen der Grundlage für die Berechnung des Arbeitsentgelts sind zu berücksichtigen, wenn und solange sie auch während des Arbeitsausfalls wirksam sind.

(5) Die Absätze 1 bis 4 gelten für Heimarbeiterinnen und Heimarbeiter mit der Maßgabe, dass als Soll-Entgelt das durchschnittliche Bruttoarbeitsentgelt der letzten sechs abgerechneten Kalendermonate vor Beginn des Entgeltausfalls zugrunde zu legen ist. War die Heimarbeiterin oder der Heimarbeiter noch nicht sechs Kalendermonate für den Auftraggeber tätig, so ist das in der kürzeren Zeit erzielte Arbeitsentgelt maßgebend.

Inhaltsübersicht

1. Normzweck und allgemeiner Inhalt

1 Durch die §§ 104–106 wird der **Leistungsumfang** des Kug bestimmt. Während § 104 die Dauer regelt, bestimmt § 105, dass Grundlage für die Höhe die so genannte Nettoentgeltdifferenz ist, die in § 106 näher definiert wird.

2. Beginn und Zeitraum des Kug-Bezugs

2.1 Bezugsdauer

2 Beginn und Zeitraum des Kug-Bezugs werden durch die Bezugsdauer bestimmt. Nur für den Arbeitsausfall während der Bezugsdauer wird Kug geleistet (§ 104 Abs. 1 Satz 1). Maßgebend für die Bezugsdauer sind die **betrieblichen Verhältnisse**, denn die Bezugsdauer gilt gem. § 104 Abs. 1 Satz 2 **einheitlich** für alle in einem Betrieb beschäftigten Arbeitnehmer. Dadurch wird der kollektive Bezug des Kug unterstrichen und der Leistungsanspruch des einzelnen Arbeitnehmers unabhängig von den persönlichen Voraussetzungen begrenzt.

Die Bezugsdauer beginnt stets mit dem ersten Kalendermonat, für den in einem Betrieb Kug gezahlt wird, und läuft deshalb auch kalendermäßig ab. Weil in § 96 Abs. 1 Nr. 4 der jeweilige **Kalendermonat als Anspruchszeitraum** definiert wird, ist diese Regelung zwingend. Der frühestmögliche Beginn der Bezugsdauer wird durch die Arbeitsausfallanzeige nach § 99 bestimmt. Der tatsächliche Beginn ist allerdings auch von der Antragstellung abhängig, denn erst diese kann zum Bezug von Kug führen. Denkbar ist, dass trotz Arbeitsausfalls und Arbeitsausfallanzeige in einem Kalendermonat der Antrag auf Kug erst ab dem Folgemonat gestellt wird. Zweckmäßig erscheint diese Vorgehensweise insbesondere dann, wenn der Arbeitsausfall im ersten Kalendermonat eher gering ist, beispielsweise weil erst gegen Ende des Monats Kurzarbeit eingeführt wird und absehbar ist, dass die Bezugsdauer voll ausgeschöpft werden könnte. 3

Kug ist von seiner Zielsetzung her eine vorübergehende Leistung. Deshalb ist die Bezugsdauer und damit die **Anspruchsdauer begrenzt:** Sie beträgt nach § 104 Abs. 1 Satz 1 längstens sechs Monate. Allerdings kann aufgrund der Verordnungsermächtigung in § 109 Abs. 1 Nr. 2 durch Rechtsverordnung die Bezugsdauer verlängert werden, und zwar bis zur Dauer von zwölf Monaten, wenn auf dem Arbeitsmarkt in bestimmten Wirtschaftszweigen oder Bezirken außergewöhnliche Verhältnisse bestehen, sowie bis zur Dauer von 24 Monaten, wenn außergewöhnliche Verhältnisse auf dem gesamten Arbeitsmarkt vorliegen. Gegenwärtig ist die Bezugsdauer für Kug-Ansprüche, die ab dem 01.01.2012 entstanden sind bzw. entstehen, nicht verlängert. Die in der Verordnung vom 29.05.2009[138] geregelte Verlängerung für Ansprüche, die bis 31.12.2009 (24 Monate Bezugsdauer), im Jahre 2010 (18 Monate Bezugsdauer) und im Jahre 2011 (12 Monate Bezugsdauer) entstanden sind, ist nicht fortgeführt worden. 4

2.2 Verlängerung der Bezugsdauer und neuer Anspruch

Wenn innerhalb der Bezugsdauer für einen zusammenhängenden Zeitraum von mindestens einem Monat Kug nicht geleistet wird, verlängert sich die Bezugsdauer um diesen Zeitraum (§ 104 Abs. 2). Das Gesetz stellt an dieser Stelle zwar nicht ausdrücklich auf den Kalendermonat ab. Jedoch ergibt sich aus der Systematik der Bestimmungen, dass nur der Kalendermonat gemeint sein kann. Allein diese Sichtweise entspricht im Übrigen der ausdrücklichen Absicht des Gesetzgebers, mit dem SGB III die Bemessung und Berechnung des Kug zu vereinfachen.[139] 5

Rechtsfolge der Nichtleistung von Kug während der Bezugsdauer ist die **Verlängerung der Bezugsfrist** um die Monate, für die nicht geleistet worden ist. Eine wiederholte Nichtleistung ist möglich. 6

Eine **neue Bezugsdauer** beginnt nach § 104 Abs. 3, wenn seit dem letzten Kalendermonat, für den Kug geleistet worden ist, drei Monate vergangen sind und die Anspruchsvoraussetzungen erneut vorliegen. Nach der Gesetzesbegründung wird dadurch zum 7

138 BGBl. I, 1223 in der Fassung des Gesetzes vom 20.12.2011 (BGBl. I, 2854) – Art. 44.

139 Vgl Begründung zum AFRG BT-Drs. 13/4941, S. 183 f.; wie hier auch Bieback in Gagel § 177 Rn. 25 f.; so auch GA-Kug Ziff. 10.1 Abs. 3.

Ausdruck gebracht, dass nach **dreimonatiger Unterbrechung** von einem **neuen Leistungstatbestand** auszugehen ist.[140] Spätestens also nach dieser Frist von drei Kalendermonaten ist der Versicherungsfall, der zur Leitungsgewährung führte, als abgeschlossen zu betrachten.

3. Höhe

3.1 Grundsätze der Berechnung

8 Die Höhe des Kug wird auf der Grundlage der §§ 105 und 106 ermittelt. Orientierungspunkt ist die **Höhe des Arbeitslosengeldes**, denn in den genannten Vorschriften wird mittelbar oder unmittelbar auf die Berechnungsvorschriften zum Arbeitslosengeld Bezug genommen (§ 105 Nr. 1, § 106 Abs. 1 Satz 6). Die **Berechnung** im Einzelnen **erfolgt in folgenden Schritten:**

1. Abzustellen ist stets auf die Verhältnisse im **Anspruchszeitraum**, d. h. jeweils auf den Kalendermonat, in dem der angezeigte Arbeitsausfall eingetreten ist (§ 95 Abs. 1 Nr. 4 i. V. m. § 106 Abs. 1 Satz 2 und Satz 3).
2. Es ist das Bruttoarbeitsentgelt zu ermitteln, das der Arbeitnehmer ohne den Arbeitsausfall in diesem Kalendermonat erzielt hätte (**Soll-Entgelt**, § 106 Abs. 1 Satz 2).
3. Es ist das Bruttoarbeitsentgelt zu ermitteln, dass der Arbeitnehmer wegen der Kurzarbeit in diesem Kalendermonat tatsächlich erzielt hat (**Ist-Entgelt**, § 106 Abs. 1 Satz 3).
4. Diese Beträge sind jeweils auf den nächsten durch 20 teilbaren Euro-Betrag zu **runden** (§ 106 Abs. 1 Satz 5).
5. Aus den beiden Beträgen sind jeweils **Nettobeträge** zu bilden. Dies erfolgt entsprechend den Regelungen zum Arbeitslosengeld nicht einzelfallbezogen, sondern unter Berücksichtigung bestimmter pauschalierter Abzüge (pauschaliertes Nettoentgelt, § 106 Abs. 1 Nr. 1 und Nr. 2 i. V. m. §§ 106 Abs. 1 Satz 6, 153). Grundlage sind die gem. § 109 Abs. 1 Nr. 1 zu erstellenden Tabellen.
6. Die zu bildende Differenz aus diesen Nettoentgelten (**Nettoentgeltdifferenz** § 179 Abs. 1 Satz 1) ist schließlich die Grundlage, um die konkrete Höhe des zu bewilligenden Kug zu ermitteln. § 105 stellt auf diese Nettoentgeltdifferenz ab.

9 Kug beträgt bei Arbeitnehmern, die beim Arbeitslosengeld die Voraussetzungen für den erhöhten **Leistungssatz** erfüllen würden (Arbeitnehmer mit Kindern i. S. d. § 149 Nr. 1) 67 % dieser Differenz, bei den übrigen Arbeitnehmern 60 % dieser Differenz.

3.2 Einzelfragen

10 Als **Soll-Entgelt** im Sinne des Berechnungsschritts 2 ist lediglich das **erzielte beitragspflichtige Entgelt** zu berücksichtigen. **Entgelt für Mehrarbeit**, das erzielt worden wäre, ist herauszurechnen. Denn Mehrarbeit könnte auch ohne Kurzarbeit abgebaut werden, so

140 Begründung zum AFRG BT-Drs. 13/4941, S. 187 zu Abs. 3.

dass insoweit keine Schutzbedürftigkeit besteht. **Entgelt, das einmalig gezahlt wird**, bleibt ebenfalls außer Betracht (§ 106 Abs. 1 Satz 4).

Bei Arbeitnehmern, die kein monatliches Entgelt erhalten, sondern **Stundenlohn** beziehen, ist das Soll-Entgelt zu ermitteln, indem der Stundenlohn sowie regelmäßige Zulagen, die nicht auf Mehrarbeit entfallen, mit der betriebsüblichen monatlichen Stundenzahl multipliziert werden. Wird der Stundenlohn als Leistungslohn **(Akkordlohn)** gezahlt, ist der während der Kurzarbeit erzielte Akkorddurchschnittslohn mit der betriebsüblichen Stundenzahl zu multiplizieren. Ist der Akkorddurchschnittslohn gerade wegen der Kurzarbeit gemindert, muss das Soll-Entgelt nach § 106 Abs. 4 Satz 1 oder 2 bestimmt werden: Danach ist entweder das Arbeitsentgelt maßgebend, das der Arbeitnehmer in den letzten drei abgerechneten Kalendermonaten vor Beginn des Arbeitsausfalls, vermindert um Entgelt für Mehrarbeit, in dem Betrieb durchschnittlich erzielt hat (Satz 1) oder, falls eine solche Berechnung nicht möglich ist, das durchschnittliche Sollentgelt eines vergleichbaren Arbeitnehmers (Satz 2). 11

Als **Ist-Entgelt** im Sinne des Berechnungsschritts 3 ist ebenfalls zunächst nur das **erzielte beitragspflichtige Entgelt** zu berücksichtigen. Einmalzahlungen bleiben auch bei der Ermittlung des Ist-Entgelts außer Betracht. Jedoch ist das Ist-Entgelt **zuzüglich** aller dem Arbeitnehmer **zustehenden Entgeltanteile** zu bestimmen. 12

Nach § 106 Abs. 2 Satz 1 ist das Ist-Entgelt allerdings entsprechend zu erhöhen, wenn der Arbeitnehmer aus anderen als wirtschaftlichen Gründen kein Arbeitsentgelt erzielt. Beispielhaft nennt die Gesetzesbegründung Entgeltausfälle bei **unbezahltem Sonderurlaub** oder wegen **Bummelei**.[141] Durch die Erhöhung des Ist-Entgelts werden im Rahmen der Berechnung des Kug diese **Entgeltausfälle neutralisiert**, vermögen also nicht den Anspruch auf Kug zu erhöhen. 13

Nicht zu einer Erhöhung des Ist-Entgelts führt **Arbeitsentgelt**, das **unter Anrechnung des Kug** gezahlt wird (§ 106 Abs. 2 Satz 2), also Zuschüsse oder Aufstockungsleistungen, wie sie in verschiedenen Tarifverträgen vorgesehen sind. 14

Nimmt der Arbeitnehmer **während des Arbeitsausfalls** eine **Beschäftigung**, selbständige Tätigkeit oder Tätigkeit als mithelfender Familienangehöriger auf und erzielt er damit ein Entgelt, ist dieses dem Ist-Entgelt hinzuzurechnen (§ 106 Abs. 3). Daraus ergibt sich im Umkehrschluss, dass der Verdienst aus einer Tätigkeit, die bereits vor Eintritt des Arbeitsausfalls ausgeübt wurde, nicht anzurechnen ist. Es gilt die Vermutung, dass solches Einkommen nicht für Zeiten des Arbeitsausfalls erzielt wird.[142] 15

Zur Ermittlung des **pauschalierten Nettoarbeitsentgelts und der Nettoentgeltdifferenz** sind im Schritt 5 aus Soll- und Ist-Entgelt – nach der Rundung auf den nächsten durch 20 teilbaren Euro-Betrag – jeweils **Nettobeträge** zu bilden. § 106 Abs. 1 Satz 6 verweist insoweit auf die Vorschriften beim Arbeitslosengeld über die Berechnung des **Leistungsentgelts**. 16

Die Differenz zwischen dem pauschalierten Nettoentgelt aus dem Soll-Entgelt und dem pauschalierten Nettoentgelt aus dem Ist-Entgelt ergibt die **Nettoentgeltdifferenz**. 17

141 Begründung zum AFRG BT-Drs. 13/4941, S. 187.
142 Vgl. Begründung zum AFRG BT-Drs. 13/4941, S. 187.

Die Höhe des Kug-Anspruchs orientiert sich dann genau an der Höhe des ALG: Nach § 105 beträgt sie bei Arbeitnehmern, die beim Arbeitslosengeld die Voraussetzungen für den erhöhten Leistungssatz erfüllen würden, 67 % und für die übrigen Arbeitnehmer 60 % der Nettoentgeltdifferenz im Anspruchszeitraum (vgl. auch Kommentierung zu § 149).

18 Nach § 106 Abs. 4 Satz 3 sind **Änderungen der Grundlage der Berechnung** des Arbeitsentgelts zu berücksichtigen, wenn und solange sie auch während des Arbeitsausfalls wirksam sind. Insbesondere bei **rückwirkenden Entgelterhöhungen** durch neue Tarifverträge stellt sich die Frage, unter welchen Voraussetzungen diese zu berücksichtigen sind. Der Anknüpfungspunkt Arbeitsausfall, der nicht weiter eingeschränkt ist, legt es nahe, allein auf die zeitliche Parallelität zwischen der Bezugsfrist des Kug-Anspruchs und der Änderung abzustellen. Entgegen der Auffassung der BA[143] sind daher Änderungen des Arbeitsentgelts rückwirkend auch dann zu berücksichtigen, wenn über bereits abgerechnete Anspruchszeiträume schon bindend entschieden wurde, soweit diese Änderungen in die Bezugsfrist hineinreichen.

§ 107 Anwendung anderer Vorschriften

(1) 1) § 159 Absatz 1 Satz 2 Nummer 6 über das Ruhen des Anspruchs auf Arbeitslosengeld wegen Sperrzeiten bei Meldeversäumnis gilt für den Anspruch auf Kurzarbeitergeld entsprechend.

(2) § 156 über das Ruhen des Anspruchs auf Arbeitslosengeld bei Zusammentreffen mit anderen Sozialleistungen gilt für den Anspruch auf Kurzarbeitergeld entsprechend für die Fälle, in denen eine Altersrente als Vollrente zuerkannt ist.

Regelungsinhalt

1 § 107 erklärt in Abs. 1 die Vorschrift § 159 Abs. 1 Satz 2 Nr. 6 über das **Ruhen** des Anspruchs auf Arbeitslosengeld bei **Sperrzeiten bei Meldeversäumnissen** und in Abs. 2 die Vorschrift § 156 über das Zusammentreffen mit **anderen Sozialleistungen** für entsprechend anwendbar. Bereits in verschiedenen anderen Vorschriften, aber jeweils in einem speziellen Regelungszusammenhang, werden Regelungen, die das Arbeitslosengeld betreffen, für anwendbar erklärt, so in §§ 98 Abs. 3, 100 Abs. 1 und 106 Abs. 1 Satz 6. Durch § 107 werden diese Vorschriften abschließend ergänzt.

2 Aus dem Verweis auf die Sperrzeiten bei Meldeversäumnissen ergibt sich, dass auch für den Bezieher von Kug die **allgemeine Pflicht** besteht, sich nach Aufforderung beim Arbeitsamt zu melden und zu einer ärztlichen oder psychologischen Untersuchung zu erscheinen. Wegen der Einzelheiten kann auf die Darstellung zu den Ruhensvorschriften beim Arbeitslosengeld verwiesen werden.

3 Soweit § 156 für anwendbar erklärt wird, ist zu beachten, dass der Bezug von Arbeitslosengeld bei beruflicher Weiterbildung, Übergangsgeld und Krankengeld bereits nach § 98 Abs. 2 Nr. 1 und 2 den gleichzeitigen Bezug von Kug ausschließt. Auch bei anderen in § 156 genannten Leistungen dürfte Kug bereits deshalb nicht in Betracht kommen, weil es

143 GA-Kug Ziff. 12.2.2 Abs. 10.

an einem Arbeitsausfall i. S. d. § 96 mit Entgeltausfall fehlt. Weil bei einer **Altersteilrente** nach § 42 Abs. 2 SGB VI noch Arbeit möglich ist, die auch im Sinne der Kug-Vorschriften ausfallen kann, beschränkt § 107 Abs. 2 die Anwendung des § 156 Abs. 1 Nr. 4 auf die Fälle, in denen eine Altersvollrente zuerkannt ist.

Auf die sonstigen Vorschriften, die das Ruhen des Anspruchs bei einer **Sperrzeit** regeln, nimmt § 107 ausdrücklich nicht Bezug. Daraus folgt, dass weitere Sperrzeiten über die spezielle Regelung in § 98 Abs. 3 hinaus während des Kug-Bezugs nicht eintreten können. **4**

§ 108 Verfügung über das Kurzarbeitergeld

(1) § 48 des Ersten Buches zur Auszahlung von Leistungen bei Verletzung der Unterhaltspflicht ist nicht anzuwenden.

(2) Für die Zwangsvollstreckung in den Anspruch auf Kurzarbeitergeld gilt der Arbeitgeber als Drittschuldner. Die Abtretung oder Verpfändung des Anspruchs ist nur wirksam, wenn der Gläubiger sie dem Arbeitgeber anzeigt.

(3) Hat ein Arbeitgeber oder eine von ihm bestellte Person durch eine der in § 45 Absatz 2 Satz 3 des Zehnten Buches bezeichneten Handlungen bewirkt, dass Kurzarbeitergeld zu Unrecht geleistet worden ist, so ist der zu Unrecht geleistete Betrag vom Arbeitgeber zu ersetzen. Sind die zu Unrecht geleisteten Beträge sowohl vom Arbeitgeber zu ersetzen als auch von der Bezieherin oder dem Bezieher der Leistung zu erstatten, so haften beide als Gesamtschuldner.

(4) Wird über das Vermögen eines Arbeitgebers, der von der Agentur für Arbeit Beträge zur Auszahlung an die Arbeitnehmerinnen und Arbeitnehmer erhalten hat, diese aber noch nicht ausgezahlt hat, das Insolvenzverfahren eröffnet, so kann die Agentur für Arbeit diese Beträge als Insolvenzgläubigerin zurückverlangen.

Regelungsinhalt

In § 108 werden zusammenfassend verschiedene **Sonderfragen** geregelt, die sich daraus ergeben, dass das Kug nicht unmittelbar, sondern über den Arbeitgeber an die leistungsberechtigten Arbeitnehmer ausgezahlt wird. **1**

Durch § 108 Abs. 1 wird für das Kug die sog »**Abzweigung**« von Leistungen zugunsten Unterhaltsberechtigter nach § 48 SGB I ausgeschlossen. Ohne Zustimmung des Arbeitnehmers ist deshalb eine Auszahlung von Kug an Unterhaltsberechtigte nicht zulässig. **2**

Soll eine **Zwangsvollstreckung** in den Kug-Anspruch erfolgen, gilt nach § 108 Abs. 2 Satz 1 der Arbeitgeber als Drittschuldner und nicht die eigentlich zur Leistung verpflichtete Agentur für Arbeit. Ein Pfändungs- und Überweisungsbeschluss ist deswegen auch dem Arbeitgeber und nicht der Agentur für Arbeit zuzustellen. Dieser Regelung entsprechend ist auch eine Abtretung oder rechtsgeschäftliche **Verpfändung** des Anspruchs auf Kug nicht der Agentur für Arbeit, sondern ebenfalls dem Arbeitgeber anzuzeigen (§ 108 Abs. 2 Satz 2). **3**

§ 108 Abs. 3 Satz 1 normiert ergänzend zu § 321 Nr. 3 einen weiteren öffentlich-rechtlichen **Schadensersatzanspruch** der Agentur für Arbeit gegen den Arbeitgeber. Die **Sonderregelung** ist deshalb erforderlich, weil eine auf § 45 SGB X gestützte Rücknahme **4** der Kug-Bewilligung gegenüber dem Arbeitgeber in der Regel ohne Folge wäre: Der Arbeitgeber hat für sich keine Leistungen empfangen und ist deshalb nach § 50 SGB X nicht erstattungspflichtig. Die Arbeitnehmer sind wiederum nur dann erstattungspflichtig, wenn auch ihr Vertrauen nicht schutzwürdig ist. Rechtsgrundlage für einen Erstattungsanspruch gegenüber den Arbeitnehmern ist nämlich § 50 Abs. 2 SGB X, der die entsprechende Anwendung der §§ 45 und 48 SGB X und damit eben auch die Bestimmungen zum Vertrauensschutz vorsieht.[144] Weil die Arbeitnehmer am Verfahren aber praktisch nicht beteiligt sind, kommt ein Anspruch ihnen gegenüber kaum in Betracht.

5 Schließlich sieht § 108 Abs. 4 vor, dass die Agentur für Arbeit als **Insolvenzgläubiger** Beträge zurückverlangen kann, wenn der Arbeitgeber Kug-Zahlungen erhalten, diese aber noch nicht an die Arbeitnehmer ausgezahlt hat und über sein Vermögen das Insolvenzverfahren eröffnet wird.

Sechster Abschnitt
Verbleib in Beschäftigung

Zweiter Unterabschnitt
Transferleistungen

Vorbemerkung zu §§ 110, 111 SGB III

Inhaltsübersicht Rn.

1. Normzweck und Kritik

1 Die Regelungen der §§ 216a, 216b (jetzt §§ 110, 111) wurden durch das Dritte Gesetz für moderne Dienstleistungen am Arbeitsmarkt vom 23.12.2003,[145] besser bekannt als »Hartz 3« in das Gesetz eingefügt, gleichzeitig wurde die Förderungsdauer von 24 auf zwölf Monate gesenkt mit der Begründung, einer bisher praktizierten Form der Frühverrentung entgegenzuwirken, weil das Strukturkurzarbeitergeld zur Finanzierung einer längeren Nichterwerbsphase rentennaher Arbeitnehmer zu Lasten der Versichertengemeinschaft genutzt worden sei.

Durch das Gesetz zur Verbesserung der Eingliederungschancen am Arbeitsmarkt[146] vom 27.12.2011 wurden die Regelungen der §§ 216a und 216b in die §§ 110, 111 überführt. Diese traten am 01.04.2012 in Kraft.

2 Durch das Gesetz für bessere Beschäftigungschancen am Arbeitsmarkt vom 24.10.2010

---

144 Ausführlich dazu Bieback in Gagel § 95 Rn. 109ff.
145 BGBl. I 2003, 2865.
146 BGBl. I 2011, 2854–2926.

(»Beschäftigungschancengesetz«[147]) ist die vorherige Beratung der Betriebsparteien (in erster Linie Betriebsrat und Arbeitgeber) durch die Arbeitsagentur zwingende Voraussetzung der Gewährung sowohl von Transfermaßnahmen gemäß § 110 als auch von Transfer-Kurzarbeitergeld (T-Kug) gemäß § 111 geworden. Diese umstrittene Neuregelung[148] soll sicherstellen, dass die Arbeitsagenturen frühzeitig über Transferleistungen beraten können. Darüber hinaus soll nach der ab 01.01.2011 gültigen »Geschäftsanweisung der Bundesagentur für Arbeit« in der Fassung von Juni 2011 (GA) auch bei der Festlegung konkreter Qualifizierungsmaßnahmen die Arbeitsagentur beteiligt werden, um Einvernehmen zwischen Träger der Transfermaßnahme und Arbeitsagentur herzustellen. Hierdurch würden Divergenzen zu regionalen Arbeitsmarktentwicklungen und vorhandenen Bildungszielplanungen der Arbeitsagentur vermieden. Ziel sei es, eine Qualifizierung am Bedarf vorbei zu vermeiden. Es besteht allerdings die Gefahr, dass Qualifizierungsmaßnahmen von der Arbeitsagentur abgelehnt werden, weil genügend Nachfrage bei gewerblichen Arbeitsvermittlern für nicht weiter qualifizierte Arbeitnehmer besteht. Dem wird ein Betriebsrat in dem Transfersozialplan gegensteuern müssen.

Eine weitere erhebliche Änderung wurde in § 38 Abs. 3 Nr. 1 vorgenommen, wonach **3** für Arbeitnehmer, die sich gemäß § 111 Abs. 4 Nr. 3 lit. a) arbeitssuchend gemeldet haben (als persönliche Voraussetzung für die Gewährung von T-Kug), die Arbeitsvermittlung durchzuführen ist. Dies führt zu einer »Doppelzuständigkeit« der Arbeitsagentur für die Vermittlung der betroffenen Arbeitnehmer.[149] Die GA stellt hierzu ausdrücklich fest, dass die Verpflichtung der Arbeitsagentur zur Vermittlung nicht durch die jetzt in § 111 Abs. 7 enthaltene Verpflichtung des Arbeitgebers, den geförderten Arbeitnehmern Vermittlungsvorschläge zu unterbreiten, geschmälert werde. Damit wird allerdings den betroffenen Arbeitnehmern die Entscheidung für den Wechsel in eine Transfergesellschaft erheblich erschwert, wenn nicht unmöglich gemacht: Arbeitnehmer können sich nicht mehr darauf verlassen, die in einem Transfersozialplan geregelte Verweildauer in der Transfergesellschaft auch tatsächlich in Anspruch nehmen zu können.

Beispiel:

Ein Arbeitnehmer mit einer Kündigungsfrist von 7 Monaten verzichtet auf die Einhaltung dieser Frist zugunsten einer Verweildauer und Förderung in der Transfergesellschaft von zwölf Monaten. Bei einer (üblichen) Aufstockung des T-Kug auf 80 % seines bisherigen Nettoentgelts ist das auch rechnerisch nicht mit einem Einkommensverlust verbunden, wenn Vermittlungen auf einen zumutbaren Arbeitsplatz fehlgeschlagen sind und dieser Zeitrahmen ausgeschöpft wird. Nunmehr muss er jedoch damit rechnen, schon nach kürzester Zeit von der Arbeitsagentur auf einen von dieser als zumutbar angesehenen Arbeitsplatz vermittelt zu werden. Diese Perspektive wird vielen Arbeitnehmern nicht unbedingt attraktiv erscheinen.

---

147 BGBl. I 2010, 1417–1421.

148 Vgl. etwa Thannheißer, AiB 2011, 86 (88); ders., AiB 2011, 222; Homburg, AiB 2011, 11 (12); Paulsen, AuA 2010, 640 (642).

149 Kritisch hierzu Knuth, Soziale Sicherheit 2010, 300 (305); Winkler, info also 2011, 14 (16).

2. Transferleistungen: Transferagentur und Transfergesellschaft

4 Transfermaßnahmen gemäß § 110 und T-Kug gemäß § 111 sind im Wesentlichen (zu den Ausnahmen s. § 110 Rn. 9) Elemente eines Transfersozialplans und besser bekannt unter der Bezeichnung »Transferagentur« (§ 110) und »Transfergesellschaft« (§ 111, auch Auffang-, Beschäftigungs- oder Qualifizierungsgesellschaft genannt). Damit wird die Abgrenzung zum reinen Abfindungssozialplan gekennzeichnet, der bei der Beendigung eines Arbeitsverhältnisses im Falle einer Betriebsänderung nur eine Abfindung als Ausgleich für den Verlust des Arbeitsplatzes vorsieht.

Transferagentur und Transfergesellschaft gemeinsam ist ihr Ziel, von Arbeitslosigkeit bedrohten Arbeitnehmern den Übergang in ein neues Arbeitsverhältnis zu ermöglichen durch die zur Verfügung stehenden Transferleistungen wie z. B. Profiling und Qualifizierungsmaßnahmen.

5 Die Transferagentur entfaltet ihre Tätigkeit im Laufe des gekündigten, aber noch fortbestehenden Arbeitsverhältnisses und kann umso erfolgreicher wirken, je länger die Kündigungsfrist der betroffenen Arbeitnehmer ist. Die Transferagentur ist das Mittel der Wahl, wenn der Zeitpunkt einer geplanten Betriebsänderung die Dauer der Kündigungsfristen übersteigt (Beispiel: geplante Schließung eines Betriebs oder Betriebsteils zum 30.06. des Folgejahres, Information des Betriebsrats im September des Vorjahres, längste Kündigungsfrist fünf Monate).

Die Teilnahme an einer Transfergesellschaft setzt demgegenüber in der Regel die Beendigung des ursprünglichen Arbeitsverhältnisses durch Aufhebungsvertrag und den unmittelbar anschließenden Abschluss eines neuen, befristeten Arbeitsverhältnisses mit dem jeweiligen Träger voraus (sog. dreiseitiger Vertrag). Sie bietet sich insbesondere dann an, wenn eine Betriebsänderung aus wirtschaftlichen Gründen möglichst kurzfristig durchgeführt werden muss, die betroffenen Arbeitnehmer jedoch über Kündigungsfristen verfügen, die über den Zeitpunkt der geplanten Betriebsänderung hinausgehen (Beispiel: geplante Schließung eines Betriebs oder Betriebsteils zum 30.06., Information des Betriebsrats im März, längste Kündigungsfrist sieben Monate).

6 Weder die Transferagentur noch die Transfergesellschaft verfolgen das Ziel, den von Arbeitslosigkeit bedrohten Arbeitnehmern »anstelle« von Abfindungen beschäftigungswirksame Maßnahmen zu gewähren.[150] Da die Teilnahme der betroffenen Arbeitnehmer an einer Maßnahme immer freiwillig ist, sollte vielmehr der Anspruch auf eine Sozialplanabfindung unabhängig sein von der Teilnahme eines Arbeitnehmers an der Transferagentur oder Transfergesellschaft. Es ist deshalb dringend davon abzuraten, die Abfindung bei einer solchen Teilnahme ganz oder teilweise zu reduzieren. Es besteht nämlich die nicht nur entfernte Möglichkeit, dass Arbeitnehmer auf beschäftigungswirksame Transferleistungen verzichten zugunsten einer (höheren) Abfindung. Die dadurch erzielte Ersparnis reduziert dann jedoch nur das Sozialplanvolumen zugunsten des Arbeitgebers.

7 Größte Sorgfalt ist geboten bei der Auswahl eines Trägers für die Transferagentur oder Transfergesellschaft. Insbesondere die Transfergesellschaft, die ja zur endgültigen und kaum

---

150 So Rolfs in ErfK, 12. Aufl., § 216 a Rn. 1; Grimmke in Eicher/Schlegel § 216 a Rn. 3.

anfechtbaren Beendigung des ursprünglichen Arbeitsverhältnisses führt, birgt große Risiken.[151] Im Zweifelsfalle sollten Betriebsräte Auskunft bei ihren Organisationen einholen.

§ 110 Transfermaßnahmen

(1) Nehmen Arbeitnehmerinnen und Arbeitnehmer, die auf Grund von Betriebsänderungen oder im Anschluss an die Beendigung eines Berufsausbildungsverhältnisses von Arbeitslosigkeit bedroht sind, an Transfermaßnahmen teil, wird diese Teilnahme gefördert, wenn

1. sich die Betriebsparteien im Vorfeld der Entscheidung über die Einführung von Transfermaßnahmen, insbesondere im Rahmen ihrer Verhandlungen über einen die Integration der Arbeitnehmerinnen und Arbeitnehmer fördernden Interessenausgleich oder Sozialplan nach § 112 des Betriebsverfassungsgesetzes, von der Agentur für Arbeit beraten lassen haben,

2. die Maßnahme von einem Dritten durchgeführt wird,

3. die Maßnahme der Eingliederung der Arbeitnehmerinnen und Arbeitnehmer in den Arbeitsmarkt dienen soll,

4. die Durchführung der Maßnahme gesichert ist.

Transfermaßnahmen sind alle Maßnahmen zur Eingliederung von Arbeitnehmerinnen und Arbeitnehmern in den Arbeitsmarkt, an deren Finanzierung sich Arbeitgeber angemessen beteiligen. Als Betriebsänderung gilt eine Betriebsänderung im Sinne des § 111 des Betriebsverfassungsgesetzes unabhängig von der Unternehmensgröße und unabhängig davon, ob im jeweiligen Betrieb das Betriebsverfassungsgesetz anzuwenden ist.

(2) Die Förderung wird als Zuschuss geleistet. Der Zuschuss beträgt 50 Prozent der erforderlichen und angemessenen Maßnahmekosten, jedoch höchstens 2500 Euro je geförderter Arbeitnehmerin oder gefördertem Arbeitnehmer.

(3) Eine Förderung ist ausgeschlossen, wenn die Maßnahme dazu dient, die Arbeitnehmerin oder den Arbeitnehmer auf eine Anschlussbeschäftigung im gleichen Betrieb oder in einem anderen Betrieb des gleichen Unternehmens vorzubereiten oder, falls das Unternehmen einem Konzern angehört, in einem Betrieb eines anderen Konzernunternehmens des Konzerns vorzubereiten. Durch die Förderung darf der Arbeitgeber nicht von bestehenden Verpflichtungen entlastet werden. Von der Förderung ausgeschlossen sind Arbeitnehmerinnen und Arbeitnehmer des öffentlichen Dienstes mit Ausnahme der Beschäftigten von Unternehmen, die in selbständiger Rechtsform erwerbswirtschaftlich betrieben werden.

(4) Während der Teilnahme an Transfermaßnahmen sind andere Leistungen der aktiven Arbeitsförderung mit gleichartiger Zielsetzung ausgeschlossen.

Inhaltsübersicht

151 Bell, Ein Plädoyer für den Transfersozialplan, AiB 2008, 537 f.

1. Normzweck und Überblick

1 § 110 verfolgt das Ziel, von Arbeitslosigkeit bedrohten Arbeitnehmern den nahtlosen Übergang in ein neues Arbeitsverhältnis zu ermöglichen und damit die Kosten für das Arbeitslosengeld zu verringern.[152]

2 Abs. 1 bestimmt den Kreis der Förderungsberechtigten, die Voraussetzungen für den Anspruch auf Förderung und weist auf die möglichen Transfermaßnahmen hin.

Abs. 2 legt die Höhe der Förderung fest; Abs. 3 regelt, unter welchen Voraussetzungen eine Förderung ausgeschlossen ist (Subventionsverbot) und Abs. 4 enthält das Verbot von gleichartigen Leistungen während der Transfermaßnahmen.

2. Anspruchsvoraussetzungen

2.1 Persönliche Voraussetzungen

3 Anspruch auf Förderung haben Arbeitnehmer, die von Arbeitslosigkeit bedroht sind; gemäß § 17 Nr. 1 also alle versicherungspflichtig Beschäftigten (§ 25), darüber hinaus alle sonstigen Versicherungspflichtigen i. S. d. § 26.[153] Sie müssen »auf Grund einer Betriebsänderung« von Arbeitslosigkeit bedroht sein. § 110 Abs. 1 S. 3 verweist insoweit auf § 111 BetrVG.

4 Eine Betriebsänderung i. S. d. § 111 S. 3 BetrVG liegt in Unternehmen mit in der Regel mehr als 20 wahlberechtigten Arbeitnehmern vor bei folgenden Tatbeständen:

- Einschränkung und Stilllegung des ganzen Betriebs oder von wesentlichen Betriebsteilen,
- Verlegung des ganzen Betriebs oder von wesentlichen Betriebsteilen,
- Zusammenschluss mit anderen Betrieben oder die Spaltung von Betrieben,
- Grundlegende Änderungen der Betriebsorganisation, des Betriebszwecks oder der Betriebsanlagen,
- Einführung grundlegend neuer Arbeitsmethoden und Fertigungsverfahren.

5 Häufig erfüllt eine geplante Maßnahme des Arbeitgebers gleichzeitig mehrere der genannten Tatbestände. Jedenfalls gelten alle diese Tatbestände ohne weiteres als mitbestimmungspflichtige Betriebsänderungen; der Eintritt von wesentlichen Nachteilen für die Belegschaft oder Teile davon wird vom BetrVG unterstellt.[154] Der Betriebsrat kann deshalb auch dann

152 BT-Drs. 15/1515, S. 91.
153 Welkoborsky NZS 2004, 509 ff.; a. A. Rolfs in ErfK § 216 a Rn. 8.
154 Fitting u. a., 25. Aufl., § 111 Rn. 62.

Interessenausgleichsverhandlungen und den Abschluss eines Sozialplans verlangen, wenn der Arbeitgeber den Eintritt von Nachteilen infolge der Betriebsänderung abstreitet.

6 Maßgebend für die Frage, wann von »wesentlichen Betriebsteilen« i. S. d. § 111 Nr. 1 und Nr. 2 BetrVG oder »grundlegenden« Änderungen bzw. Einführungen gemäß § 111 Nr. 4 und Nr. 5 BetrVG auszugehen ist, sind die sog. Schwellenwerte des § 17 KSchG.[155] Die Schwellenwerte des § 112 a BetrVG, die deutlich höher ausfallen, sind für Betriebsänderungen i. S. d. § 111 BetrVG nicht von Bedeutung.

7 Stellt sich die vom Arbeitgeber geplante Maßnahme als reine Personalreduzierung dar, ohne dass z. B. die Stilllegung eines Betriebsteils oder eine Änderung der Betriebsorganisation vorliegt, kommt es für die Frage, ob überhaupt eine Betriebsänderung i. S. d. § 111 BetrVG vorliegt, ebenfalls auf die Schwellenwerte des § 17 KSchG an.[156] Erreicht die Anzahl der betroffenen Arbeitnehmer deshalb die in § 17 KSchG genannten Werte, hat der Betriebsrat Anspruch auf Interessenausgleichsverhandlungen. Liegt die Zahl der betroffenen Arbeitnehmer jedoch gleichzeitig unter den (deutlich höheren) Schwellenwerten des § 112 a BetrVG, so kann lediglich ein Sozialplan nicht erzwungen werden.[157] Auch in diesem Fall kommt jedoch eine Förderung von Transfermaßnahmen in Betracht (§ 110 Abs. 1 Nr. 1).

8 Transfermaßnahmen können auch gegen den Willen eines Arbeitgebers durchgesetzt werden,[158] da die Einigungsstelle gemäß § 112 Abs. 5 Nr. 2 a BetrVG Transferleistungen zu berücksichtigen hat.

9 Abweichend von § 111 BetrVG kommt es gemäß § 110 Abs. 1 S. 3 jedoch weder auf die Größe des Unternehmens noch auf die Anwendbarkeit des BetrVG im jeweiligen Betrieb an. Transfermaßnahmen werden deshalb auch in Kleinunternehmen mit weniger als 20 Arbeitnehmern gefördert sowie in Unternehmen, in denen das BetrVG überhaupt nicht zur Anwendung kommt, wie z. B. die von Religionsgemeinschaften und ihren karitativen oder erzieherischen Einrichtungen beschäftigten Arbeitnehmern.

10 »Von Arbeitslosigkeit bedroht« sind alle Arbeitnehmer, die der Arbeitgeber zu kündigen beabsichtigt, ohne dass es bereits zur Kündigung oder zum Abschluss eines Aufhebungsvertrags gekommen sein muss. Ausreichend ist z. B. eine Liste der Arbeitnehmer, die dem Betriebsrat zur Vorbereitung der Interessenausgleichs- oder Sozialplanverhandlungen überreicht wird.[159] Die bloße Möglichkeit, unter Umständen den Arbeitsplatz zu verlieren, reicht jedoch nicht aus.

11 Die Wirksamkeit einer vom Arbeitgeber geplanten Kündigung ist keine Voraussetzung für die Förderungsfähigkeit von Transfermaßnahmen, weil die Arbeitsagenturen nicht mit der teilweise schwierigen Prüfung der Wirksamkeit der Kündigung belastet werden sollen. Ausnahmen sind allenfalls bei offensichtlich unwirksamen Kündigungen vorstellbar, wie z. B. die Kündigung von Schwerbehinderten oder Schwangeren ohne Zustimmung der zuständigen Behörde.[160] Auch Arbeitnehmer, die laut Arbeitsvertrag oder

155 Fitting u. a., 25. Aufl., § 111 Rn. 73 m. w. N.
156 BAG – 28. 03. 2006 – 1 ABR 5/05, AP Nr. 12 zu § 112 a BetrVG 1972.
157 BAG a. a. O.
158 Rolfs in ErfK § 216 a Rn. 35.
159 Krodel in Niesel/Brand § 216 a Rn. 9.
160 Rolfs in ErfK § 216 a Rn. 11 m. w. N.

Tarifvertrag eigentlich unkündbar sind, können deshalb von Arbeitslosigkeit bedroht sein, weil eine außerordentliche Kündigung (mit sozialer Auslauffrist) aus wirtschaftlichen Gründen von der Rechtsprechung anerkannt wird.[161] Arbeitnehmer sind auch nicht verpflichtet, Kündigungsschutzklage einzureichen oder ihre Weiterbeschäftigung auf einem zumutbaren, freien Arbeitsplatz im Betrieb gerichtlich geltend zu machen. Eine solche Rechtspflicht besteht nicht.[162]

12 »Bedroht« von Arbeitslosigkeit sind alle Arbeitnehmer, die nach Beendigung des Arbeitsverhältnisses voraussichtlich arbeitslos werden. Dies dürften alle Arbeitnehmer sein, die nicht aufgrund ihres Alters und ihrer Qualifikation und unter Berücksichtigung der tatsächlichen Situation auf dem Arbeitsmarkt sofort im Anschluss ein neues Arbeitsverhältnis begründen können.[163] Auch Arbeitnehmer, die im Anschluss an das Arbeitsverhältnis eine selbständige Tätigkeit planen, können gefördert werden. Die Transfermaßnahmen sind dann allerdings auf die Maßnahmen beschränkt, die der Selbständigkeit nützlich sind.[164]

13 Das Gesetz gilt auch für Arbeitnehmer, die im Anschluss an ein Berufsausbildungsverhältnis von Arbeitslosigkeit bedroht sind. Es gilt insofern das unter Rn. 11 Gesagte; die Beendigung des Ausbildungsverhältnisses und die drohende Arbeitslosigkeit müssen jedoch nicht in einem Zusammenhang mit einer Betriebsänderung stehen.

14 Ausgeschlossen von der Förderung sind gemäß § 110 Abs. 3 S. 3 die Arbeitnehmer des öffentlichen Dienstes mit Ausnahme der Beschäftigten von Unternehmen, die in selbständiger Rechtsform erwerbswirtschaftlich betrieben werden.

15 Der Anspruch auf Förderung von Transfermaßnahmen ist zwar ein Individualanspruch der betroffenen Arbeitnehmer, die Geltendmachung kann jedoch gemäß § 323 Abs. 2 nur durch den Arbeitgeber oder die Arbeitnehmervertretung (Betriebsrat, Bordvertretung gemäß § 115 BetrVG, See-Betriebsrat gemäß § 116 BetrVG, Arbeitnehmervertretungen gemäß § 117 BetrVG oder kirchliche Mitarbeitervertretungen) und muss schriftlich erfolgen.

2.2 Voraussetzungen der Transfermaßnahmen

2.2.1 Beratung durch die Arbeitsagentur

16 Die vorherige Beratung der Betriebsparteien (Arbeitgeber und Arbeitnehmervertretung) ist zwingende Voraussetzung des Anspruchs auf Förderung von Transfermaßnahmen. Damit soll sichergestellt werden, dass die Arbeitsagenturen die Betriebsparteien frühzeitig über sinnvolle Maßnahmen zur Vermeidung von Arbeitslosigkeit beraten können. Die Arbeitnehmervertretung sollte deshalb die örtlich zuständige Arbeitsagentur (in der Regel die Arbeitsagentur, in deren Bezirk sich der betroffene Betrieb befindet) so schnell wie

161 Zuletzt BAG – 30.09.2004 – 8 AZR 462/03.
162 Rolfs in ErfK § 216a Rn. 13; Bepler in Gagel § 216a Rn. 36.
163 A.A. Brandts in Niesel/Brand § 17 Rn. 9; Rolfs in ErfK § 216a Rn. 12.
164 Rolfs in ErfK § 216a Rn. 14.

möglich über die bevorstehenden Interessenausgleichs- und Sozialplanverhandlungen unterrichten, wenn Transferleistungen seitens der Arbeitnehmervertretung für sinnvoll erachtet werden.

2.2.2 Zulässige Transfermaßnahmen

Das Gesetz spricht nur von Transfermaßnahmen, ohne diese im Einzelnen zu benennen. 17
Zulässig sind alle Maßnahmen zur Eingliederung von Arbeitnehmern, die erfolgversprechend sind. Das Gesetz will es den Betriebsparteien ermöglichen, die für den Einzelfall beste Lösung zu finden.[165]

Unverzichtbar sind Profiling-Maßnahmen, mit deren Hilfe die Leistungsfähigkeit, die 18
Vermittlungschancen und der Qualifikationsbedarf der Arbeitnehmer festgestellt werden. Bewerbungstraining, Unterstützung bei einer geplanten Selbständigkeit (s. o. Rn. 12) und Qualifizierungsmaßnahmen können ebenfalls förderungsfähige Transfermaßnahmen darstellen.[166]

Neben der Einigung auf einen möglichst qualifizierten Träger sollten die in Frage 19
kommenden bzw. nach Beratung der Arbeitsagentur sinnvoll erscheinenden Transfermaßnahmen im Interessenausgleich oder Sozialplan präzise bezeichnet werden, um spätere Konflikte zu vermeiden.

Als **Beispiel** mag der folgende Vorschlag dienen: 20

> **Transfermaßnahmen**
>
> Die Betriebsparteien beschließen, dass (Unternehmen) die (Träger) mit der Trägerschaft für eine Transfermaßnahme nach § 110 SGB III beauftragt. In die Transfermaßnahme werden alle betroffenen Arbeitnehmer aufgenommen, sofern sie dies wünschen.
>
> Die Transfermaßnahme beginnt am … und endet am … Innerhalb dieser Transfermaßnahme werden den Arbeitnehmern folgende Leistungen angeboten:
>
> - Präsenz der *(Träger)* und damit verbundene Beratungsmöglichkeit für alle Arbeitnehmer
> - individuelle Betreuung (insbesondere Profiling, Erstellung von Bewerbungsunterlagen nach Bedarf, Ermittlung des individuellen Qualifikationsbedarfs, Beratung und Coaching)
> - individuelles Bewerbertraining
> - Vermittlung (Akquisition von freien Stellen, Profilabgleich, Beratung und Unterstützung bei der Vorbereitung von Bewerbungsgesprächen, Unterstützung bei Terminvereinbarungen)
>
> Für Profiling, Beratungen, Coachings, Bewerbungsgespräche, Qualifizierungsmaßnahmen und andere innerhalb dieser Transfermaßnahme anfallenden Leistungen werden die Arbeitnehmer von ihrer Verpflichtung zur Arbeitsleistung freigestellt.
>
> Sämtliche Kosten für diese Transfermaßnahmen trägt (*Unternehmen*) aus dem Transferbudget unter Beteiligung der Arbeitsagentur. (*Unternehmen*) stellt für diese Transfermaßnahme netto 5000 € pro Arbeitnehmer aus dem Transferbudget zur Verfügung, netto 2500 € hiervon stehen in einem Pool für Qualifizierungsmaßnahmen zur Verfügung. Die Einzelheiten regelt der Kooperationsvertrag zwischen (*Unternehmen*) und der (*Träger*).

165 Rolfs NZA 1998, 17 ff.
166 Rolfs in ErfK § 216 Rn. 24.

2.2.3 Höhe der Förderung

21 Die Förderung wird gemäß § 110 Abs. 2 als Zuschuss gewährt und beträgt 50 % der Kosten, jedoch höchstens 2500 € je gefördertem Arbeitnehmer. Die vorherige Beratung durch die Arbeitsagentur (s. o. Rn. 16) gewährleistet, dass die im Interessenausgleich oder Sozialplan vereinbarten Transfermaßnahmen »erforderlich und angemessen« sind. Der unter Rn. 20 vorgestellte Mustertext für eine Vereinbarung in einem Sozialplan beinhaltet somit einen eigenen Beitrag des Arbeitgebers in Höhe von 5000 €, wovon 2500 € für einen Pool für Qualifizierungsmaßnahmen zur Verfügung stehen. Die Arbeitsagentur fördert diese Transfermaßnahmen mit 50 %, hier jedoch nur 2500 € (Höchstgrenze), so dass insgesamt 7500 € pro Arbeitnehmer zur Verfügung stehen. Eine Auszahlung dieses Betrags an die Arbeitnehmer im Falle des Verzichts auf Teilnahme an den Transfermaßnahmen kommt nicht in Frage (vgl. Vorbemerkung Rn. 3).

3. Durchführung durch Dritten

22 Die Transfermaßnahmen des § 110 müssen gemäß § 110 Abs. 1 Satz 1 Nr. 2 durch einen Dritten durchgeführt werden, also eine sog. Transferagentur.[167] Dritter ist jeder vom Arbeitgeber verschiedene, rechtlich selbständige Rechtsträger. Zulässig ist jedoch eine finanzielle Abhängigkeit der Transferagentur vom Arbeitgeber, solange rechtliche Selbständigkeit gewährleistet ist.[168] Auch konzernverbundene Transferagenturen sind deshalb möglich.

23 Die Durchführung der Transfermaßnahmen muss gemäß § 110 Abs. 1 Satz 1 Nr. 4 gesichert sein. Die beauftragte Transferagentur muss fachlich, räumlich und personell in der Lage sein, die Transfermaßnahmen auch tatsächlich und mit Erfolg bis zum geplanten Ende durchzuführen.[169] Der Arbeitgeber muss die Finanzierung sicherstellen. In der Regel wird der Kooperationsvertrag zwischen Arbeitgeber und Transferagentur die Frage der Finanzierung und Sicherung z. B. vor Insolvenz zu klären haben.

4. Ausschluss wegen Subventionsverbot

24 § 110 Abs. 3 verbietet die Förderung von Transfermaßnahmen, wenn hierdurch Arbeitnehmer nur auf die Weiterbeschäftigung im gleichen Betrieb oder einem anderen Betrieb des Unternehmens oder des Konzerns vorbereitet werden sollen. Damit soll verhindert werden, dass Unternehmen oder Konzerne Transfermaßnahmen zur Finanzierung eigener beruflicher Fortbildung nutzen und sich somit gegenüber Konkurrenten Wettbewerbsvorteile verschaffen.[170]

25 Ergibt sich allerdings nachträglich, beispielsweise aufgrund unvorhersehbarer wirt-

---

167 Rolfs in ErfK § 216 a Rn. 27 m. w. N.
168 Krodel in Niesel/Brand § 216 a Rn. 14.
169 Rolfs in ErfK § 216 a Rn. 28.
170 BT-Drs. 15/1515, S. 91.

schaftlicher Rahmenbedingungen, die Möglichkeit einer Weiterbeschäftigung eines geförderten Arbeitnehmers, ist dies ausnahmsweise zulässig und die Rückforderung des Förderungszuschusses ausgeschlossen.[171]

5. Ausschluss gleichartiger Leistungen

Die gleichzeitige Gewährung anderer Leistungen der Arbeitsförderung neben Transfermaßnahmen gemäß § 110 ist nach § 110 Abs. 4 ausgeschlossen. Dies betrifft z.B. die Förderung der beruflichen Weiterbildung (§ 81 ff.) und die Gewährung von T-Kug in einer Transfergesellschaft (§ 111). Nicht ausgeschlossen ist es jedoch, für einen Teil der durch eine Betriebsänderung betroffenen Arbeitnehmer Transfermaßnahmen gemäß § 110 und für einen anderen Teil T-Kug in einer Transfergesellschaft vorzusehen. Zulässig ist auch, das vor Inanspruchnahme des T-Kug erforderliche Profiling (s.o. Rn. 18) als geförderte Transfermaßnahme gemäß § 110 mit Hilfe der Arbeitsagentur durchzuführen.[172] **26**

§ 111 Transferkurzarbeitergeld

(1) Um Entlassungen von Arbeitnehmerinnen und Arbeitnehmern zu vermeiden und ihre Vermittlungsaussichten zu verbessern, haben diese Anspruch auf Kurzarbeitergeld zur Förderung der Eingliederung bei betrieblichen Restrukturierungen (Transferkurzarbeitergeld), wenn

1. **und solange sie von einem dauerhaften unvermeidbaren Arbeitsausfall mit Entgeltausfall betroffen sind,**
2. **die betrieblichen Voraussetzungen erfüllt sind,**
3. **die persönlichen Voraussetzungen erfüllt sind,**
4. **sich die Betriebsparteien im Vorfeld der Entscheidung über die Inanspruchnahme von Transferkurzarbeitergeld, insbesondere im Rahmen ihrer Verhandlungen über einen die Integration der Arbeitnehmerinnen und Arbeitnehmer fördernden Interessenausgleich oder Sozialplan nach § 112 des Betriebsverfassungsgesetzes, von der Agentur für Arbeit beraten lassen haben und**
5. **der dauerhafte Arbeitsausfall der Agentur für Arbeit angezeigt worden ist.**

Die Agentur für Arbeit leistet Transferkurzarbeitergeld längstens für 12 Monate.

(2) Ein dauerhafter Arbeitsausfall liegt vor, wenn aufgrund einer Betriebsänderung im Sinne des § 110 Abs. 1 S. 3 die Beschäftigungsmöglichkeiten für Arbeitnehmerinnen und Arbeitnehmer nicht nur vorübergehend entfallen. Der Entgeltausfall kann auch jeweils 100 % des monatlichen Bruttoentgelts betragen.

(3) Die betrieblichen Voraussetzungen für die Gewährung von Transferkurzarbeitergeld sind erfüllt, wenn

1. **in einem Betrieb Personalanpassungsmaßnahmen aufgrund einer Betriebsänderung durchgeführt werden,**

---

171 Bepler in Gagel § 216 a Rn. 80.
172 Welkoborsky in HK-Arbeitsrecht § 216 a Rn. 29.

2. die von Arbeitsausfall betroffenen Arbeitnehmerinnen und Arbeitnehmer in einer betriebsorganisatorisch eigenständigen Einheit zusammengefasst werden, um Entlassungen zu vermeiden und ihre Eingliederungschancen zu verbessern,
3. die Organisation und Mittelausstattung der betriebsorganisatorisch eigenständigen Einheit den angestrebten Integrationserfolg erwarten lassen und
4. ein System zur Sicherung der Qualität angewendet wird.

Wird die betriebsorganisatorisch eigenständige Einheit von einem Dritten durchgeführt, tritt an die Stelle der Voraussetzung nach Satz 1 Nummer 4 die Trägerzulassung nach § 178.

(4) Die persönlichen Voraussetzungen sind erfüllt, wenn die Arbeitnehmerin oder der Arbeitnehmer

1. von Arbeitslosigkeit bedroht ist,
2. nach Beginn des Arbeitsausfalls eine versicherungspflichtige Beschäftigung fortsetzt oder im Anschluss an die Beendigung eines Berufsausbildungsverhältnisses aufnimmt,
3. vor der Überleitung in die betriebsorganisatorisch eigenständige Einheit aus Anlass der Betriebsänderung
   (a) sich bei der Agentur für Arbeit arbeitssuchend meldet und
   (b) an einer arbeitsmarktlich zweckmäßigen Maßnahme zur Feststellung der Eingliederungsaussichten teilgenommen hat; können in berechtigten Ausnahmefällen trotz Mithilfe der Agentur für Arbeit die notwendigen Feststellungsmaßnahmen nicht rechtzeitig durchgeführt werden, sind dies im unmittelbaren Anschluss an die Überleitung innerhalb eines Monats nachzuholen.

§ 98 Absatz 2 bis 4 gilt entsprechend.

(5) Arbeitnehmerinnen und Arbeitnehmer des Steinkohlenbergbaus, denen Anpassungsgeld gemäß § 5 des Steinkohlefinanzierungsgesetzes gezahlt werden kann, haben vor der Inanspruchnahme des Anpassungsgeldes Anspruch auf Transferkurzarbeitergeld.

(6) Für die Anzeige des Arbeitsausfalls gilt § 99 Absatz 1, 2 Satz 1 und Absatz 3 entsprechend. Der Arbeitsausfall ist bei der Agentur für Arbeit anzuzeigen, in deren Bezirk der personalabgebende Betrieb seinen Sitz hat.

(7) Während des Bezugs von Transferkurzarbeitergeld hat der Arbeitgeber den geförderten Arbeitnehmerinnen und Arbeitnehmern Vermittlungsvorschläge zu unterbreiten. Stellt der Arbeitgeber oder die Agentur für Arbeit fest, dass Arbeitnehmerinnen oder Arbeitnehmer Qualifizierungsdefizite aufweisen, soll der Arbeitgeber geeignete Maßnahmen zur Verbesserung der Eingliederungsaussichten anbieten. Als geeignet gelten insbesondere

1. Maßnahmen der beruflichen Weiterbildung, für die und für deren Träger eine Zulassung nach dem Fünften Kapitel vorliegt, oder
2. eine zeitlich begrenzte, längstens sechs Monate dauernde Beschäftigung zum Zwecke der Qualifizierung bei einem anderen Arbeitgeber.

Bei der Festlegung von Maßnahmen nach Satz 3 ist die Agentur für Arbeit zu beteiligen. Nimmt die Arbeitnehmerin oder der Arbeitnehmer während der Beschäf-

tigung in einer betriebsorganisatorisch eigenständigen Einheit an einer Qualifizierungsmaßnahme teil, deren Ziel die anschließende Beschäftigung bei einem anderen Arbeitgeber ist, und wurde das Ziel der Maßnahme nicht erreicht, steht die Rückkehr der Arbeitnehmerin oder des Arbeitnehmers in den bisherigen Betrieb dem Anspruch auf Transferkurzarbeitergeld nicht entgegen.

(8) Der Anspruch ist ausgeschlossen, wenn Arbeitnehmerinnen und Arbeitnehmer nur vorübergehend in der betriebsorganisatorisch eigenständigen Einheit zusammengefasst werden, um anschließend einen anderen Arbeitsplatz in dem gleichen oder einem anderen Betrieb des Unternehmens oder, falls das Unternehmen einem Konzern angehört, einen Arbeitsplatz in einem Betrieb eines anderen Konzernunternehmens des Konzerns zu besetzen.

§ 110 Absatz 3 Satz 3 gilt entsprechend.

(9) Der Arbeitgeber übermittelt der Agentur für Arbeit monatlich mit dem Antrag auf Transferkurzarbeitergeld die Namen und die Sozialversicherungsnummern der Bezieherinnen und Bezieher von Transferkurzarbeitergeld, die bisherige Dauer des Transferkurzarbeitergeldbezugs, Daten über die Altersstruktur sowie die Abgänge in Erwerbstätigkeit. Mit der ersten Übermittlung sind zusätzlich Daten über die Struktur der betriebsorganisatorisch eigenständigen Einheit sowie die Größe und die Betriebsnummer des personalabgebenden Betriebs mitzuteilen.

(10) Soweit nichts Abweichendes geregelt ist, sind die für das Kurzarbeitergeld geltenden Vorschriften des Ersten Unterabschnitts anzuwenden, mit Ausnahme der ersten beiden Titel und des § 109 Absatz 1 Nummer 2 und Absatz 2 bis 4.

Inhaltsübersicht

1. Normzweck und Erläuterung

1 Das T-Kug bezweckt die Vermeidung von Arbeitslosigkeit durch die Vermittlung der betroffenen Arbeitnehmer auf freie Arbeitsplätze in anderen Unternehmen oder Konzernen. Zu diesem Zweck werden die Arbeitnehmer in einer sog. betriebsorganisatorisch eigenständigen Einheit (beE) zusammengefasst, dort möglichst qualifiziert und weitervermittelt. Die Vermittlung auf Arbeitsplätze in anderen Unternehmen auf Dauer, also nicht befristet oder bei einem gewerblichen Arbeitnehmerverleiher, ist das eigentliche Ziel. Dem ist beizupflichten: Insbesondere für Arbeitnehmer mit Vermittlungshindernissen, also solchen in fortgeschrittenem Alter, ohne (ausreichende) Qualifikation oder mit einer Behinderung i. S. d. SGB IX ist beim Verlust des Arbeitsplatzes infolge einer Betriebsänderung eine auch noch so hohe Abfindung deutlich weniger interessant als ein neuer Arbeitsplatz.

2 Die beE wird in der Regel durch eine Transfergesellschaft (siehe § 110, Vorbemerkung Rn. 4 f.) getragen, möglich ist aber auch die Weiterbeschäftigung in dem abgebenden Betrieb.[173] Erforderlich ist lediglich eine klare Trennung zu den im Betrieb verbleibenden sonstigen Arbeitnehmern. Entscheidend hierfür ist, dass die beE nicht denselben Arbeitszweck erfüllt wie der restliche Betrieb und eine erkennbare räumliche und organisatorische Trennung erfolgt.[174] Allerdings stellt der Gesetzgeber für diesen Fall besondere Anforderungen an den Betrieb (§ 111 Abs. 3 Nr. 4), aus Gründen der Qualitätssicherung und um Mitnahmeeffekte zu verhindern. Im Folgenden wird deshalb nur noch der Begriff der Transfergesellschaft verwandt.

2. Anspruchsvoraussetzungen, Bezugsdauer

3 § 111 Abs. 1 definiert den Begriff des T-Kug und benennt die einzelnen Anspruchsvoraussetzungen, die dann in den nachfolgenden Absätzen konkretisiert werden:

- Die Arbeitnehmer müssen von einem dauerhaften unvermeidbaren Arbeitsausfall mit Entgeltausfall betroffen sein (§ 111 Abs. 1 Nr. 1, Abs. 2),
- die betrieblichen Voraussetzungen müssen vorliegen (§ 111 Abs. 1 Nr. 2, Abs. 3),
- die persönlichen Voraussetzungen müssen vorliegen (§ 111 Abs. 1 Nr. 3, Abs. 4),
- die Betriebsparteien müssen sich vorab von der Arbeitsagentur beraten lassen (§ 111 Abs. 1 Nr. 4)
- der dauerhafte Arbeitsausfall muss der Arbeitsagentur angezeigt worden sein (§ 111 Abs. 1 Nr. 5, Abs. 6)

4 T-Kug wird für längstens 12 Monate geleistet (§ 111 Abs. 1 Satz 2). In einem Sozialplan können für die betroffenen Arbeitnehmer auch kürzere Leistungszeiträume (Verweildauer) vereinbart werden, wobei allerdings darauf zu achten ist, dass das Ziel der Arbeitsvermittlung (s. Rn. 1) gewährleistet bleibt. Je kürzer die Verweildauer, umso geringer die Chancen auf Qualifizierungsmaßnahmen und Vermittlung. Es empfiehlt sich deshalb die

---

173 Bieback in BeckOK § 216 b Rn. 4.

174 Krodel in Niesel/Brand § 216 b Rn. 11; Rolfs in ErfK § 216 b Rn. 13.

Vereinbarung einer Verweildauer in Höhe der doppelten Kündigungsfrist, mindestens jedoch 6 Monate (s. Rn. 30). Die Höhe des T-Kug entspricht der des Arbeitslosengeldes.

3. Persönliche Voraussetzungen

3.1 Von Arbeitslosigkeit bedroht

Arbeitnehmer müssen gemäß § 111 Abs. 1 Nr. 3, Abs. 4 »von Arbeitslosigkeit bedroht« sein. Es gelten dieselben Voraussetzungen wie im Falle der Transfermaßnahmen gemäß § 110, siehe dort Rn. 10–12. 5

3.2 Fortsetzung versicherungspflichtiger Beschäftigung

Die Arbeitnehmer müssen gemäß § 111 Abs. 4 Nr. 2 nach Beginn des Arbeitsausfalls eine versicherungspflichtige Beschäftigung fortsetzen oder im Anschluss an die Beendigung eines Berufsausbildungsverhältnisses aufnehmen. Diesem Erfordernis wird in der Regel durch den Abschluss eines dreiseitigen Vertrags (siehe § 110, Vorbemerkung Rn. 5) Rechnung getragen. Bei dem befristeten Arbeitsverhältnis mit der Transfergesellschaft handelt es sich um ein solches versicherungspflichtiges Beschäftigungsverhältnis. 6

Weder eine Kündigung noch der Abschluss eines Aufhebungsvertrags schließen die Fortsetzung eines versicherungspflichtigen Beschäftigungsverhältnisses aus,[175] jedenfalls solange die Arbeitnehmer anschließend in eine rechtlich selbständige Transfergesellschaft eintreten.[176] § 111 Abs. 4 Satz 2 verweist nur auf § 98 Abs. 2–4; ein nicht gekündigtes oder nicht durch Aufhebungsvertrag aufgelöstes Arbeitsverhältnis als fehlende persönliche Voraussetzung ist jedoch in § 98 Abs. 1 Nr. 2 geregelt und wird deshalb von der Verweisung nicht erfasst. Im Hinblick auf den Zweck des Gesetzes (s. Rn. 1) spricht deshalb nichts dagegen, wenn vor Ablauf der Kündigungsfrist trotz Kündigung oder Aufhebungsvertrag noch ein dreiseitiger Vertrag abgeschlossen wird, da auch in diesen Fällen die Entlassung von Arbeitnehmern gemäß § 111 Abs. 1 Satz 1 vermieden wird. Insbesondere beim vorherigen Abschluss eines Aufhebungsvertrags ist die gegenteilige Auffassung auch mit dem Grundsatz der Vertragsautonomie kaum zu vereinbaren. Erforderlich ist allerdings, dass die vorherige Kündigung bzw. der Aufhebungsvertrag als Folge derselben Betriebsänderung entstanden, die zu den Personalanpassungsmaßnahmen gemäß § 111 Abs. 3 Nr. 1 führten. 7

3.3 Meldung als Arbeitssuchender

§ 110 Abs. 4 Nr. 3 a verpflichtet die Arbeitnehmer, sich vor der »Überleitung« in eine Transfergesellschaft bei der Arbeitsagentur arbeitssuchend zu melden. Der Begriff der Überleitung ist unpassend, weil die an einer Transfergesellschaft interessierten Arbeit- 8

175 A. A. Krodel in Niesel/Brand § 216 b Rn. 14; Rolfs in ErfK § 216 b Rn. 15.
176 So auch Estelmann in Eicher/Schlegel § 216 b Rn. 108.

nehmer durch die Abgabe einer Willenserklärung und den Abschluss eines Arbeitsvertrags vom abgebenden Arbeitgeber in die Transfergesellschaft (und zwar freiwillig) wechseln und nicht »übergeleitet« werden. Richtigerweise wird deshalb die Meldung bei der Arbeitsagentur als arbeitssuchend vor Abschluss des dreiseitigen Vertrags erfolgen müssen.

9 Wer sich arbeitssuchend gemeldet hat, unterliegt der Arbeitsvermittlung gemäß § 38 Abs. 3 Nr. 1, gleichzeitig jedoch auch der Kontrolle durch die Transfergesellschaft, die gemäß § 111 Abs. 7 mit der Arbeitsagentur zusammenarbeitet. Diese »Doppelzuständigkeit« (s. Vorbemerkung Rn. 3) kann zu erheblichen Problemen führen und die Attraktivität der Transfergesellschaft für die Arbeitnehmer drastisch beeinträchtigen.[177] Vor allem ist zu bemängeln, dass sich Arbeitnehmer nicht mehr darauf verlassen können, während der im Sozialplan für sie ausgehandelten Verweildauer die Leistungen der Transfergesellschaft (z. B. Qualifizierungsmaßnahmen und Arbeitsvermittlung) in Anspruch nehmen zu können. Wird ihnen nämlich von der Arbeitsagentur eine gemäß § 140 zumutbare Beschäftigung angeboten, so entfällt der Anspruch auf T-Kug bei Ablehnung.

3.4 Profiling-Maßnahme

10 Vor dem Wechsel der Arbeitnehmer in die Transfergesellschaft müssen sie an einer »arbeitsmarktlich zweckmäßigen Maßnahme zur Feststellung der Eingliederungsaussichten teilgenommen« haben. Es handelt sich hierbei um die Vorschaltung einer sog. Profiling-Maßnahme.[178] Diese ist unerlässlich, um die individuellen Fähigkeiten, Leistungsvermögen und Entwicklungspotential der einzelnen Arbeitnehmer festzustellen. Nur so lassen sich die Vermittlungschancen analysieren und die erforderlichen Qualifizierungsmaßnahmen identifizieren.

11 Die Profiling-Maßnahme kann durch einen Zuschuss gemäß § 110 gefördert werden, wenn sie von einem Dritten durchgeführt wird.[179] Dieser Dritte kann auch der spätere Träger der Transfergesellschaft sein, sofern die Profiling-Maßnahme vor Beginn des T-Kug durchgeführt wird.

3.5 Ausschluss doppelter Leistung

12 Der Verweis auf § 98 Abs. 2–4 soll in den dort genannten Fällen doppelten Leistungsbezug vermeiden.[180] Ausgeschlossen ist T-Kug, wenn der Arbeitnehmer an einer beruflichen Weiterbildungsmaßnahme mit Bezug von Arbeitslosengeld oder Übergangsgeld teilnimmt (§ 98 Abs. 3 Nr. 1). Erkranken Arbeitnehmer während des Bezugs von T-Kug, wird dieses fortgezahlt, solange der Anspruch auf Entgeltfortzahlung besteht, ist jedoch ausgeschlossen, wenn dann Krankengeld bezogen wird.[181]

---

177 Vgl. Knuth, Soziale Sicherheit 2010, 305; Winkler, info also 2011, 16.
178 Krodel in Niesel/Brand § 216b Rn. 22.
179 Rolfs in ErfK § 216b Rn. 23; Mengel/Ullrich BB 2005, 1109f.
180 Krodel in Niesel/Brand § 216b Rn. 21; Rolfs in ErfK § 216b Rn. 20.
181 Vgl. Rolfs in ErfK a. a. O. m. w. N.

3.6 Sonderregelung für Beschäftigte des Steinkohlebergbaus

§ 111 Abs. 5 beruht auf dem sog. »Kohlekompromiss«, der eine Beendigung des subventionierten Steinkohleabbaus im Jahre 2018 vorsieht. Arbeitnehmer des Steinkohlebergbaus haben danach Anspruch auf T-Kug, wenn sie im Anschluss daran Anpassungsgeld gemäß § 5 Steinkohlefinanzierungsgesetz erhalten. **13**

4. Betriebliche Voraussetzungen

4.1 Dauerhafter unvermeidbarer Arbeits- und Entgeltausfall

Während beim Kurzarbeitergeld ein nur vorübergehender Arbeitsausfall genügt, kommt die Gewährung von T-Kug nur bei einem dauerhaften Arbeitsausfall in Betracht. Der Arbeitsausfall muss also endgültig sein und den Wegfall von Arbeitsplätzen zur Folge haben.[182] Dauerhaft in diesem Sinne ist der Arbeitsausfall, wenn davon auszugehen ist, dass der betroffene Betrieb die Kapazitäten nicht mehr im bisherigen Umfang benötigt.[183] Ein Zeitrahmen hierfür existiert nicht; da allerdings Kurzarbeitergeld für 6 Monate gewährt wird, liegt nahe, dass mindestens die Dauer von 6 Monaten überschritten werden muss.[184] In der Praxis spielt die Frage eine eher untergeordnete Rolle. Betriebsräte werden in der Regel mit einer endgültigen und dauerhaften Personalreduzierung konfrontiert. **14**

Ein Arbeitsausfall infolge einer Betriebsänderung ist grundsätzlich als unvermeidbar anzusehen.[185] Diese Frage hat in der Praxis keine weitere Bedeutung. **15**

4.2 Personalreduzierung/Betriebsänderung

Voraussetzung für die Gewährung von T-Kug sind »Personalanpassungsmaßnahmen« aufgrund einer Betriebsänderung. § 111 verweist ebenso wie auch § 110 auf die Vorschriften des BetrVG. Es gelten die entsprechenden Ausführungen unter § 110 Rn. 4–8. **16**

Unter Personalanpassungsmaßnahmen sind Personalreduzierungen zu verstehen. Dies sind alle betriebsbedingten Beendigungstatbestände, also die Kündigung durch den Arbeitgeber, Aufhebungsverträge und vom Arbeitgeber veranlasste Eigenkündigungen.[186] **17**

4.3 Zusammenfassung in beE

Die von der Betriebsänderung betroffenen Arbeitnehmer müssen in einer beE, in der Regel also einer Transfergesellschaft (zum Begriff s. Rn. 2) zusammengefasst werden, um Entlassungen zu vermeiden und ihre Eingliederungschancen zu verbessern. Da die in die **18**

---

182 Krodel in Niesel/Brand § 216b Rn. 6.
183 BT-Drs. 15/1515, S. 92.
184 Rolfs in ErfK § 216b Rn. 6; Bieback in BeckOK § 216b Rn. 1 geht von einem Zeitraum vom 12 Monaten aus.
185 Krodel in Niesel/Brand § 216b Rn. 8; Rolfs in ErfK § 216b Rn. 7.
186 Bieback in Gagel § 216b Rn. 53; Rolfs in ErfK § 216b Rn. 10.

Transfergesellschaft hinübergewechselten Arbeitnehmer dort (befristet) weiterbeschäftigt werden, sind ihre Entlassungen durch Abschluss des dreiseitigen Vertrags vermieden worden. Allein dadurch werden jedoch ihre Eingliederungschancen nicht verbessert. Dies zu gewährleisten obliegt der Transfergesellschaft selbst. Betriebsräte werden darauf zu achten haben, dass die Aufgaben der Transfergesellschaft im Sozialplan präzise und umfassend beschrieben werden, um dieses Ziel auch tatsächlich zu erreichen.

4.4 Qualitätssicherung

19 § 111 Abs. 3 Nr. 3 und Nr. 4 wurden durch das Beschäftigungschancengesetz neu eingefügt und sollen sicherstellen, dass die vom ehemaligen Arbeitgeber beauftragte Transfergesellschaft oder die im Betrieb geschaffene eigenständige Einheit (beE) die organisatorische und finanzielle Gewähr für eine erfolgreiche Arbeitsvermittlung (»angestrebten Integrationserfolg«, § 111 Abs. 3 Nr. 3) bietet.[187]

20 Voraussetzung für eine erfolgreiche Vermittlungstätigkeit ist vor allem eine ausreichende Infrastruktur hinsichtlich der Anzahl der in die Transfergesellschaft gewechselten Arbeitnehmer. Die Transfergesellschaft muss für alle Transferleistungen – Profiling, Qualifizierungsmaßnahmen, Vermittlung – über die erforderliche Ausstattung, insbesondere im personellen Bereich, verfügen. Hierzu zählt z. B. die Gewährleistung eines Betreuungsschlüssels von mindestens 1:50, also mindestens einem Betreuer für je 50 Arbeitnehmer.[188]

21 Problematisch kann die von der Bundesagentur für Arbeit geforderte Anwendung von Anreizsystemen zur frühzeitigen Arbeitsaufnahme sein. Hierbei darf das eigentliche Ziel (s. Rn. 1) nicht aus den Augen gelassen werden: nicht die schnellstmögliche Vermittlung auf den erstbesten Arbeitsplatz ist das Ziel, sondern die Vermittlung eines nachhaltigen und festen, also unbefristeten Arbeitsplatzes möglichst nicht bei einem gewerblichen Verleiher. Ein Betriebsrat wird dies bei den Sozialplanverhandlungen zu berücksichtigen haben.

22 Durch die Regelung zur ausreichenden Mittelausstattung wird gewährleistet, dass der Träger einer Transfergesellschaft die Fähigkeit hat, seinen Verbindlichkeiten nachzukommen.[189] Für außenstehende Dritte wie Arbeitnehmer oder Betriebsräte ist dies kaum zu beurteilen. Grundsätzlich gilt, dass von der Arbeitsagentur selbst oder Gewerkschaften empfohlene Träger alle Voraussetzungen für eine erfolgreiche Arbeit erfüllen.

5. Vermittlungsvorschläge/Qualifizierungsmaßnahmen

23 Die Transfergesellschaft hat den Arbeitnehmern gemäß § 111 Abs. 7 Vermittlungsvorschläge zu unterbreiten. Der weitverbreiteten Praxis, Arbeitnehmer in eine Transfergesellschaft abzuschieben und dort bis zum Ablauf der Verweildauer nur zu »parken«, will der Gesetzgeber damit entgegenwirken. Es soll dem Vermittlungsvorrang gemäß § 4 ein größeres

187 BT-Drs. 17/1945, S. 15.
188 BT-Drs. 17/1945, S. 15.
189 BT-Drs. 17/1945, S. 15.

Gewicht verliehen werden.[190] Darüber hinaus soll durch die Einbindung des Trägers der Transfergesellschaft die Anzahl der anzubietenden Arbeitsplätze erhöht werden, da den Arbeitsagenturen nicht alle offenen Stellen gemeldet werden. In der Praxis hat sich das bewährt. Transfergesellschaften, deren Träger vor Ort gut vernetzt sind, können unter Umständen beachtliche Vermittlungserfolge verbuchen.[191]

Arbeitnehmer mit Qualifizierungsdefiziten sollen geeignete Maßnahmen zur Verbesserung der Eingliederungsaussichten angeboten werden. Welche Maßnahme als geeignet anzusehen ist, richtet sich nach den Umständen des Einzelfalls und wird vom Gesetz nicht festgelegt. In Frage kommen z. B. betriebliche und betriebsnahe Weiterbildungs- und Qualifizierungsangebote sowie gemäß § 111 Abs. 7 Nr. 2 sog. »Schnupperbeschäftigungen«.[192] 24

Fraglich ist allerdings, wer letztendlich darüber zu entscheiden hat, ob eine Qualifizierungsmaßnahme geeignet ist und nach welchen Kriterien die Entscheidung getroffen wird. Die Qualifizierungsmaßnahmen der Transfergesellschaften werden nicht von den Arbeitsagenturen gefördert, sondern allein durch den Arbeitgeber finanziert (eventuell mit Zuschüssen der EU). Es ist deshalb nicht nachvollziehbar, woraus die Bundesagentur für Arbeit in ihrer GA die Berechtigung ableitet, die Zertifizierungshoheit über Träger und Qualifizierungsmaßnahmen zu haben.[193] 25

Die Gefahr ist nicht von der Hand zu weisen, dass Qualifizierungsmaßnahmen von den Arbeitsagenturen abgelehnt werden, weil kurzfristig ein Arbeitsplatz auch ohne solche Weiterbildung angeboten werden kann und dadurch Förderungsmittel eingespart werden.

Unschädlich für den Anspruch auf T-Kug ist es, wenn Arbeitnehmer im Anschluss an Qualifizierungsmaßnahmen wieder bei dem ursprünglichen Arbeitgeber beschäftigt werden, solange die Qualifizierungsmaßnahmen auf die Eingliederung bei einem anderen Arbeitgeber abzielten und dieses Ziel nicht erreicht wurde.[194] 26

6. Subventionsverbot

Der Anspruch auf T-Kug ist ausgeschlossen, wenn es dadurch zu einer Wettbewerbsverzerrung kommt. Es gelten die Ausführungen unter § 110 Rn. 24–25. 27

7. Informationspflicht der Transfergesellschaft

Die Transfergesellschaft trifft eine besondere Informationspflicht gemäß § 111 Abs. 9. Dadurch soll die Transparenz im Leistungssystem erhöht werden, weil die Arbeitsagenturen nunmehr monatlich statistische Meldungen zu wirkungsrelevanten Daten erhalten.[195] 28

---

190 Rolfs in ErfK § 216 b Rn. 27 m. w. N.
191 Vgl. Bell, Ein Plädoyer für den Transfersozialplan, AiB 2008, 537 ff.
192 Krodel in Niesel/Brand § 216 b Rn. 27; Rolfs in ErfK § 216 b Rn. 27.
193 So auch Knuth, Soziale Sicherheit 2010, 304; Paulsen, AuA 2010, 640 ff.
194 Krodel in Niesel/Brand § 216 b Rn. 29; Rolfs in ErfK § 216 b Rn. 30.
195 Vgl. BT-Drs. 17/1945, S. 16; kritisch hierzu Knuth, Soziale Sicherheit 2010, 306.

8. Regeln für einen Transfersozialplan

29 Wie auch bei Transfermaßnahmen gemäß § 110 handelt es sich beim T-Kug zwar um einen individualrechtlichen Anspruch der Arbeitnehmer, der jedoch gemäß § 323 Abs. 2 nur durch den Arbeitgeber oder den Betriebsrat geltend gemacht werden kann (s. § 110 Rn. 15). Entscheidend für die Ausstattung der Transfergesellschaft ist jedoch der Sozialplan selbst. Hierauf wird der Betriebsrat in besonderem Maße zu achten haben.

30 Unbedingt zu regelnde Punkte sind

- individuelle Verweildauer
- Aufstockung des T-Kug
- Zumutbarkeit angebotener Arbeitsplätze
- Qualifizierungsmaßnahmen
- Rückkehrrecht

In allen Fällen kann die beteiligte Arbeitsagentur beratend zur Seite stehen und gegebenenfalls Bedenken anmelden.

31 Ein wesentlicher Faktor bei den Sozialplanverhandlungen sind Kosten der Transfergesellschaft. Diese müssen von den in Frage kommenden Trägern zunächst anhand der (wahrscheinlich) betroffenen Arbeitnehmer berechnet werden, damit von ihnen kalkulierte Angebote unterbreitet werden können. Qualität, insbesondere bei der personellen Ausstattung (Beraterschlüssel, s. Rn. 20) ist der Vorzug zu geben. Möglicherweise fallen die Kosten einer Transfergesellschaft auch überhaupt nicht ins Gewicht: muss eine Betriebsänderung sehr kurzfristig durchgeführt werden und sind vor allem Arbeitnehmer mit längeren Kündigungsfristen betroffen, können die eingesparten Personalkosten die einer auch gut ausgestatteten Transfergesellschaft durchaus erreichen. In jedem Fall aber muss sich der Betriebsrat fragen, ob die Chance auf Vermittlung in ein festes, nachhaltiges Arbeitsverhältnis oder eine Abfindung mehr im Interesse der betroffenen Arbeitnehmer liegt.

9. Europarecht

32 Bei T-Kug handelt es sich um eine gem. Art. 107 Abs. 2 AEUV zulässige Sozialleistung, da das T-Kug auf die Verhinderung von Arbeitslosigkeit ausgerichtet ist. Zu einer gegen Wettbewerbsregeln verstoßenden staatlichen Beihilfe i. S. d. Art. 107 Abs. 1 AEUV kann die Gewährung von T-Kug jedoch im Einzelfall werden, wenn Arbeitnehmer in erheblichem Umfang in eine Transfergesellschaft abgeschoben werden, um dem in wirtschaftlichen Schwierigkeiten befindlichen Unternehmen Personalkosten zu ersparen und die Arbeitnehmer in der Transfergesellschaft nur »geparkt«, also nicht ausreichend qualifiziert und vermittelt werden.[196]

196 Estelmann in Eicher/Schlegel § 216 b Rn. 139 m. w. N.

Siebter Abschnitt
Teilhabe behinderter Menschen am Arbeitsleben

Erster Unterabschnitt
Grundsätze

§ 112 Teilhabe am Arbeitsleben

(1) Für behinderte Menschen können Leistungen zur Förderung der Teilhabe am Arbeitsleben erbracht werden, um ihre Erwerbsfähigkeit zu erhalten, zu verbessern, herzustellen oder wiederherzustellen und ihre Teilhabe am Arbeitsleben zu sichern, soweit Art oder Schwere der Behinderung dies erfordern.

(2) Bei der Auswahl der Leistungen sind Eignung, Neigung, bisherige Tätigkeit sowie Lage und Entwicklung des Arbeitsmarktes angemessen zu berücksichtigen. Soweit erforderlich, ist auch die berufliche Eignung abzuklären oder eine Arbeitserprobung durchzuführen.

§ 113 Leistungen zur Teilhabe

(1) Für behinderte Menschen können erbracht werden

1. allgemeine Leistungen sowie

2. besondere Leistungen zur Teilhabe am Arbeitsleben und diese ergänzende Leistungen.

(2) Besondere Leistungen zur Teilhabe am Arbeitsleben werden nur erbracht, soweit nicht bereits durch die allgemeinen Leistungen eine Teilhabe am Arbeitsleben erreicht werden kann.

§ 114 Leistungsrahmen

Die allgemeinen und besonderen Leistungen richten sich nach den Vorschriften des Zweiten bis Fünften Abschnitts, soweit nachfolgend nichts Abweichendes bestimmt ist.

Regelungsinhalt

Nach den Vorschriften der §§ 112 ff. – Siebter Abschnitt – können behinderte Menschen Leistungen zur beruflichen Rehabilitation erhalten. Damit soll ihnen Teilhabe am Arbeitsleben ermöglicht werden. 1

Auch das SGB IX enthält Vorschriften, die die Teilhabe Behinderter am Arbeitsleben regeln, § 33 Abs. 1 und Abs. 4 SGB IX.

Nach den Vorschriften des SGB III können Leistungen erbracht werden, die wegen Art oder Schwere der Behinderung erforderlich sind, um die Erwerbsfähigkeit des Behinderten zu erhalten, zu bessern, herzustellen oder wiederherzustellen.

So soll die Teilhabe der behinderten Menschen am Arbeitsleben gesichert werden. Die Leistungen der beruflichen Rehabilitation können an die bisherige Tätigkeit anknüpfen. Vorhandene Qualifikationen und Fähigkeiten, Fertigkeiten können gesichert oder ausgebaut werden. Das Leistungsrestvermögen des behinderten Menschen soll optimal ausgeschöpft werden.

Dem Wortlaut nach stellen Leistungen nach § 112 Abs. 1 eine Ermessensleistung dar. Nach herrschender Meinung und der Rechtsprechung des Bundessozialgerichts[197] besteht jedoch für den behinderten Menschen ein zwingender Anspruch auf Leistungsgewährung; nur die Auswahl der Leistungen (»wie«) steht im Ermessen des Leistungsträgers.

2 Bei der Entscheidung, welche Leistungen erbracht werden sollen, sind Eignung, Neigung, bisherige Tätigkeit sowie Lage und Entwicklung des Arbeitsmarktes angemessen zu berücksichtigen.

Um die persönliche Eignung des Antragstellers festzustellen, ist sein Leistungsvermögen zu ermitteln. Dafür ist zu prüfen, welche Leistungsdefizite aufgrund körperlicher, geistiger oder seelischer Beeinträchtigungen bestehen. Dies schließt ein, die berufliche Eignung abzuklären oder eine Arbeitserprobung durchzuführen. § 112 Abs. 2 Satz 2 sieht beides ausdrücklich vor.

3 Die Gewährung dieser Leistungen wird unterschieden in allgemeine und besondere Leistungen. Dabei sind vorrangig allgemeine Leistungen zu erbringen. Besondere Leistungen sind Leistungen, die dem besonderen behindertenspezifischen Bedarf gerecht werden. Sie werden von der Agentur für Arbeit nur erbracht, soweit nicht bereits durch die allgemeinen Leistungen eine Teilhabe am Arbeitsleben erreicht werden kann (§ 113 Abs. 2).

Zweiter Unterabschnitt
Allgemeine Leistungen

§ 115 Leistungen

Die allgemeinen Leistungen umfassen

1. **Leistungen zur Aktivierung und beruflichen Eingliederung,**
2. **Leistungen zur Förderung der Berufsvorbereitung und Berufsausbildung einschließlich der Berufsausbildungsbeihilfe,**
3. **Leistungen zur Förderung der beruflichen Weiterbildung,**
4. **Leistungen zur Förderung der Aufnahme einer selbständigen Tätigkeit.**

§ 116 Besonderheiten

(1) Leistungen zur Aktivierung und beruflichen Eingliederung können auch erbracht werden, wenn behinderte Menschen nicht arbeitslos sind und durch diese Leistungen eine dauerhafte Teilhabe am Arbeitsleben erreicht werden kann.

(2) Förderungsfähig sind auch berufliche Aus- und Weiterbildungen, die im Rahmen des Berufsbildungsgesetzes oder der Handwerksordnung abweichend von den Ausbildungsordnungen für staatlich anerkannte Ausbildungsberufe oder in Sonderformen für behinderte Menschen durchgeführt werden.

---

197 BSGE 68, 167 ff. (169).

(3) Anspruch auf Berufsausbildungsbeihilfe besteht auch, wenn der behinderte Mensch während der Berufsausbildung im Haushalt der Eltern oder eines Elternteils wohnt. In diesen Fällen beträgt der allgemeine Bedarf 316 Euro monatlich. Er beträgt 397 Euro, wenn der behinderte Mensch verheiratet ist, eine Lebenspartnerschaft führt oder das 21. Lebensjahr vollendet hat.

(4) Eine Verlängerung der Ausbildung über das vorgesehene Ausbildungsende hinaus, eine Wiederholung der Ausbildung ganz oder in Teilen oder eine erneute Berufsausbildung wird gefördert, wenn Art oder Schwere der Behinderung es erfordern und ohne die Förderung eine dauerhafte Teilhabe am Arbeitsleben nicht erreicht werden kann.

(5) Berufliche Weiterbildung kann auch gefördert werden, wenn behinderte Menschen

1. nicht arbeitslos sind,
2. als Arbeitnehmerinnen oder Arbeitnehmer ohne Berufsabschluss noch nicht drei Jahre beruflich tätig gewesen sind oder
3. einer längeren Förderung als nichtbehinderte Menschen oder einer erneuten Förderung bedürfen, um am Arbeitsleben teilzuhaben oder weiter teilzuhaben.

Förderungsfähig sind auch schulische Ausbildungen, deren Abschluss für die Weiterbildung erforderlich ist.

Inhaltsübersicht

1. Allgemeine Leistungen (§ 115)

Die allgemeinen Leistungen umfassen 1
- Leistungen zur Aktivierung und beruflichen Eingliederung,
- Leistungen zur Förderung der Aufnahme einer selbständigen Tätigkeit,
- Leistungen zur Förderung der Berufsausbildung,
- Leistungen zur Förderung der beruflichen Weiterbildung.

Diese Aufzählung in § 115 ist abschließend.

Einen Schwerpunkt der Förderleistungen bilden die Maßnahmen der Aus- und Wei- 2
terbildung. Bestehen für den behinderten Menschen besondere Teilnahmeerschwernisse, können zusätzliche Maßnahmen der Unterstützung beansprucht werden.

2. Leistungen zur Aktivierung und beruflichen Eingliederung (§ 116 Abs. 1)

Vermittlungsunterstützende Leistungen sind auch Hilfen zu Verbesserung der Mobilität 3
oder Angebot eines Bewerbungstrainings. Sie können auch erbracht werden, wenn der

behinderte Mensch nicht arbeitslos ist und durch vermittlungsunterstützende Leistungen eine dauerhafte Teilhabe am Arbeitsleben erreicht werden kann.

3. Besondere Formen der Aus- und Weiterbildung

4 Der Erwerb eines erfolgreichen Berufsausbildungsabschlusses richtet sich nach dem Berufsbildungsgesetz oder den Bestimmungen der Handwerksordnung.

Kann der behinderte Mensch wegen seiner Behinderung den Abschluss nach diesen Vorschriften nicht erlangen, ist es möglich, die Aus- oder Weiterbildung in behindertengerechten Einrichtungen wie z. B. Berufsbildungswerken zu absolvieren.

> **Hinweis:**
> Auch das Berufsbildungsgesetz sowie die Handwerksordnung kennen Sondervorschriften speziell für behinderte Auszubildende.

4. Berufsausbildungsbeihilfe (§ 116 Abs. 3)

5 Berufsausbildungsbeihilfe ist für Auszubildende eine Leistung nach § 59. Sie wird üblicherweise gewährt, wenn die Auszubildenden während der Ausbildung zwingend nicht mehr im elterlichen Haushalt wohnen können. Für Behinderte wird der Kreis der anspruchsberechtigten Auszubildenden erweitert.

6 Sie haben auch Anspruch auf Berufsausbildungsbeihilfe, wenn sie während der beruflichen Ausbildung im Haushalt der Eltern oder eines Elternteils wohnen. Der allgemeine Bedarf beträgt monatlich 316 €. Für Verheiratete sowie Behinderte, die in einer Lebenspartnerschaft leben oder das einundzwanzigste Lebensjahr vollendet haben, beträgt der Bedarf monatlich 397 €.

5. Ausbildungsverlängerung (§ 116 Abs. 4)

7 Kommt es wegen Art oder Schwere der Behinderung zu einer Verzögerung der Ausbildung oder scheitert der Behinderte, so ist er keineswegs von weiterer Förderung ausgeschlossen. Er kann die Abschlussprüfung zu einem späteren als dem vorgesehenen Zeitpunkt ablegen oder auch die Ausbildung ganz oder in Teilen wiederholen. Er kann auch eine erneute berufliche Ausbildung beginnen. Voraussetzung ist, dass ohne diese Förderung eine dauerhafte Teilhabe am Arbeitsleben nicht erreicht werden kann.

6. Berufliche Weiterbildung (§ 116 Abs. 5)

8 Die Teilnahme an beruflicher Weiterbildung ist für behinderte Menschen auch förderungsfähig, wenn sie nicht arbeitslos sind. Sie sind förderfähig, wenn sie beispielsweise im bestehenden Arbeitsverhältnis die geschuldete Tätigkeit nicht mehr verrichten können.

9 Wer keinen Berufsabschluss hat, kann an einer geförderten Maßnahme der beruflichen Weiterbildung teilnehmen, auch wenn er noch nicht drei Jahre beruflich tätig gewesen ist.

Hier weicht die Rechtslage zu Gunsten behinderter Arbeitnehmer von der Regelung des § 81 Abs. 2 Nr. 2 ab, wie sie für nicht-behinderte Arbeitnehmer gilt.

Ebenso wie bei der Ausbildung kann dem Behinderten bei der beruflichen Weiterbildung sowohl die Verlängerung als auch die Wiederholung ermöglicht werden.

Förderungsfähig sind auch schulische Ausbildungen, deren Abschluss für die Weiterbildung erforderlich ist. 10

Dritter Unterabschnitt
Besondere Leistungen

Erster Titel
Allgemeines

§ 117 Grundsatz

(1) Die besonderen Leistungen sind anstelle der allgemeinen Leistungen insbesondere zur Förderung der beruflichen Aus- und Weiterbildung, einschließlich Berufsvorbereitung, sowie blindentechnischer und vergleichbarer spezieller Grundausbildungen zu erbringen, wenn

1. Art oder Schwere der Behinderung oder die Sicherung der Teilhabe am Arbeitsleben die Teilnahme an
   a) einer Maßnahme in einer besonderen Einrichtung für behinderte Menschen oder
   b) einer sonstigen, auf die besonderen Bedürfnisse behinderter Menschen ausgerichteten Maßnahme

   unerlässlich machen oder

2. die allgemeinen Leistungen die wegen Art oder Schwere der Behinderung erforderlichen Leistungen nicht oder nicht im erforderlichen Umfang vorsehen.

In besonderen Einrichtungen für behinderte Menschen können auch Aus- und Weiterbildungen außerhalb des Berufsbildungsgesetzes und der Handwerksordnung gefördert werden.

(2) Leistungen im Eingangsverfahren und im Berufsbildungsbereich der Werkstätten für behinderte Menschen werden nach § 40 des Neunten Buches erbracht.

§ 118 Leistungen

Die besonderen Leistungen umfassen

1. das Übergangsgeld,
2. das Ausbildungsgeld, wenn ein Übergangsgeld nicht gezahlt werden kann,
3. die Übernahme der Teilnahmekosten für eine Maßnahme.

Die Leistungen können auf Antrag auch als Teil eines trägerübergreifenden Persönlichen Budgets erbracht werden; § 17 Absatz 2 bis 4 des Neunten Buches in Verbindung mit der Budgetverordnung und § 159 des Neunten Buches gelten entsprechend.

Zweiter Titel
Übergangsgeld und Ausbildungsgeld

§ 119 Übergangsgeld

Behinderte Menschen haben Anspruch auf Übergangsgeld, wenn

1. die Voraussetzung der Vorbeschäftigungszeit für das Übergangsgeld erfüllt ist und
2. sie an einer Maßnahme der Berufsausbildung, der Berufsvorbereitung einschließlich einer wegen der Behinderung erforderlichen Grundausbildung, der individuellen betrieblichen Qualifizierung im Rahmen der Unterstützten Beschäftigung nach § 38 a des Neunten Buches oder an einer Maßnahme der beruflichen Weiterbildung teilnehmen, für die die besonderen Leistungen erbracht werden.

Im Übrigen gelten die Vorschriften des Kapitels 6 des Teils 1 des Neunten Buches, soweit in diesem Buch nichts Abweichendes bestimmt ist. Besteht bei Teilnahme an einer Maßnahme, für die die allgemeinen Leistungen erbracht werden, kein Anspruch auf Arbeitslosengeld bei beruflicher Weiterbildung, erhalten die behinderten Menschen Übergangsgeld in Höhe des Arbeitslosengeldes, wenn sie bei Teilnahme an einer Maßnahme, für die die besonderen Leistungen erbracht werden, Übergangsgeld erhalten würden.

§ 120 Vorbeschäftigungszeit für das Übergangsgeld

(1) Die Voraussetzung der Vorbeschäftigungszeit für das Übergangsgeld ist erfüllt, wenn der behinderte Mensch innerhalb der letzten drei Jahre vor Beginn der Teilnahme

1. mindestens zwölf Monate in einem Versicherungspflichtverhältnis gestanden hat oder
2. die Voraussetzungen für einen Anspruch auf Arbeitslosengeld erfüllt und Leistungen beantragt hat.

(2) Der Zeitraum von drei Jahren gilt nicht für behinderte Berufsrückkehrende. Er verlängert sich um die Dauer einer Beschäftigung als Arbeitnehmerin oder Arbeitnehmer im Ausland, die für die weitere Ausübung des Berufes oder für den beruflichen Aufstieg nützlich und üblich ist, längstens jedoch um zwei Jahre.

§ 121 Übergangsgeld ohne Vorbeschäftigungszeit

Ein behinderter Mensch kann auch dann Übergangsgeld erhalten, wenn die Voraussetzung der Vorbeschäftigungszeit nicht erfüllt ist, jedoch innerhalb des letzten Jahres vor Beginn der Teilnahme

1. durch den behinderten Menschen ein Berufsausbildungsabschluss auf Grund einer Zulassung zur Prüfung nach § 43 Absatz 2 des Berufsbildungsgesetzes oder § 36 Absatz 2 der Handwerksordnung erworben worden ist oder
2. sein Prüfungszeugnis auf Grund einer Rechtsverordnung nach § 50 Absatz 1 des Berufsbildungsgesetzes oder § 40 Absatz 1 der Handwerksordnung dem Zeugnis über das Bestehen der Abschlussprüfung in einem nach dem Berufsbildungsgesetz oder der Handwerksordnung anerkannten Ausbildungsberuf gleichgestellt worden ist.

Der Zeitraum von einem Jahr verlängert sich um Zeiten, in denen der behinderte

Mensch nach dem Erwerb des Prüfungszeugnisses bei der Agentur für Arbeit arbeitslos gemeldet war.

§ 122 Ausbildungsgeld

(1) Behinderte Menschen haben Anspruch auf Ausbildungsgeld während
1. einer Berufsausbildung oder berufsvorbereitenden Bildungsmaßnahme einschließlich einer Grundausbildung,
2. einer individuellen betrieblichen Qualifizierung im Rahmen der Unterstützten Beschäftigung nach § 38 a des Neunten Buches und
3. einer Maßnahme im Eingangsverfahren oder Berufsbildungsbereich einer Werkstatt für behinderte Menschen,

wenn Übergangsgeld nicht gezahlt werden kann.

(2) Für das Ausbildungsgeld gelten die Vorschriften über die Berufsausbildungsbeihilfe entsprechend, soweit nachfolgend nichts Abweichendes bestimmt ist.

§ 123 Bedarf bei Berufsausbildung

(1) Als Bedarf werden bei einer Berufsausbildung zugrunde gelegt
1. bei Unterbringung im Haushalt der Eltern oder eines Elternteils 316 Euro monatlich, wenn der behinderte Mensch unverheiratet oder nicht in einer Lebenspartnerschaft verbunden ist und das 21. Lebensjahr noch nicht vollendet hat, im Übrigen 397 Euro monatlich,
2. bei Unterbringung in einem Wohnheim, Internat, bei der oder dem Ausbildenden oder in einer besonderen Einrichtung für behinderte Menschen 104 Euro monatlich, wenn die Kosten für Unterbringung und Verpflegung von der Agentur für Arbeit oder einem anderen Leistungsträger übernommen werden,
3. bei anderweitiger Unterbringung und Kostenerstattung für Unterbringung und Verpflegung 230 Euro monatlich, wenn der behinderte Mensch unverheiratet oder nicht in einer Lebenspartnerschaft verbunden ist und das 21. Lebensjahr noch nicht vollendet hat, im Übrigen 265 Euro monatlich und
4. bei anderweitiger Unterbringung ohne Kostenerstattung für Unterbringung und Verpflegung d er jeweils nach § 13 Absatz 1 Nummer 1 des Bundesausbildungsförderungsgesetzes geltende Bedarf zuzüglich 149 Euro monatlich für die Unterkunft; soweit Mietkosten für Unterkunft und Nebenkosten nachweislich diesen Betrag übersteigen, erhöht sich dieser Bedarf um bis zu 75 Euro monatlich.

(2) Für einen behinderten Menschen, der das 18. Lebensjahr noch nicht vollendet hat, wird anstelle des Bedarfs nach Absatz 1 Nummer 4 ein Bedarf in Höhe von 316 Euro monatlich zugrunde gelegt, wenn
1. er die Ausbildungsstätte von der Wohnung der Eltern oder eines Elternteils aus in angemessener Zeit erreichen könnte oder
2. Leistungen der Jugendhilfe nach dem Achten Buch erbracht werden, die mit einer anderweitigen Unterbringung verbunden sind.

§ 124 Bedarf bei berufsvorbereitenden Bildungsmaßnahmen, bei Unterstützter Beschäftigung und bei Grundausbildung

(1) Bei berufsvorbereitenden Bildungsmaßnahmen, Unterstützter Beschäftigung und bei Grundausbildung wird folgender Bedarf zugrunde gelegt:

1. bei Unterbringung im Haushalt der Eltern oder eines Elternteils der jeweils nach § 12 Absatz 1 Nummer 1 des Bundesausbildungsförderungsgesetzes geltende Bedarf,
2. bei anderweitiger Unterbringung außerhalb eines Wohnheims oder Internats ohne Kostenerstattung für Unterbringung und Verpflegung 391 Euro monatlich; soweit Mietkosten für Unterkunft und Nebenkosten nachweislich 58 Euro monatlich übersteigen, erhöht sich dieser Bedarf um bis zu 74 Euro monatlich,
3. bei anderweitiger Unterbringung außerhalb eines Wohnheims oder Internats und Kostenerstattung für Unterbringung und Verpflegung 172 Euro monatlich.

(2) Für einen behinderten Menschen, der das 18. Lebensjahr noch nicht vollendet hat, wird anstelle des Bedarfs nach Absatz 1 Nummer 2 ein Bedarf in Höhe von 204 Euro monatlich zugrunde gelegt, wenn

1. er die Ausbildungsstätte von der Wohnung der Eltern oder eines Elternteils aus in angemessener Zeit erreichen könnte oder
2. für ihn Leistungen der Jugendhilfe nach dem Achten Buch erbracht werden, die die Kosten für die Unterkunft einschließen.

(3) Bei Unterbringung in einem Wohnheim, Internat oder in einer besonderen Einrichtung für behinderte Menschen ist ein Bedarf wie bei einer Berufsausbildung zugrunde zu legen.

§ 125 Bedarf bei Maßnahmen in anerkannten Werkstätten für behinderte Menschen

Als Bedarf werden bei Maßnahmen in einer Werkstatt für behinderte Menschen im ersten Jahr 63 Euro monatlich und danach 75 Euro monatlich zugrunde gelegt.

§ 126 Einkommensanrechnung

(1) Das Einkommen, das ein behinderter Mensch während einer Maßnahme in einer anerkannten Werkstatt für behinderte Menschen erzielt, wird nicht auf den Bedarf angerechnet.

(2) Anrechnungsfrei bei der Einkommensanrechnung bleibt im Übrigen das Einkommen

1. des behinderten Menschen aus Waisenrenten, Waisengeld oder aus Unterhaltsleistungen bis zu 242 Euro monatlich,
2. der Eltern bis zu 2909 Euro monatlich, des verwitweten Elternteils oder, bei getrennt lebenden Eltern, das Einkommen des Elternteils, bei dem der behinderte Mensch lebt, ohne Anrechnung des Einkommens des anderen Elternteils, bis zu 1813 Euro monatlich und
3. der Ehegattin oder des Ehegatten oder der Lebenspartnerin oder des Lebenspartners bis zu 1813 Euro monatlich.

Dritter Titel
Teilnahmekosten für Maßnahmen

§ 127 Teilnahmekosten für Maßnahmen

(1) Teilnahmekosten bestimmen sich nach den §§ 33, 44, 53 und 54 des Neunten Buches. Sie beinhalten auch weitere Aufwendungen, die wegen Art und Schwere der Behinderung unvermeidbar entstehen, sowie Kosten für Sonderfälle der Unterkunft und Verpflegung.

(2) Die Teilnahmekosten nach Absatz 1 können Aufwendungen für erforderliche eingliederungsbegleitende Dienste während der und im Anschluss an die Maßnahme einschließen.

§ 128 Sonderfälle der Unterbringung und Verpflegung

Werden behinderte Menschen auswärtig untergebracht, aber nicht in einem Wohnheim, Internat, einer besonderen Einrichtung für behinderte Menschen oder bei der oder dem Ausbildenden mit voller Verpflegung, so wird ein Betrag in Höhe von 269 Euro monatlich zuzüglich der nachgewiesenen behinderungsbedingten Mehraufwendungen erbracht.

Vierter Titel
Anordnungsermächtigung

§ 129 Anordnungsermächtigung

Die Bundesagentur wird ermächtigt, durch Anordnung das Nähere über Voraussetzungen, Art, Umfang und Ausführung der Leistungen in Übereinstimmung mit den für die anderen Träger der Leistungen zur Teilhabe am Arbeitsleben geltenden Regelungen zu bestimmen.

Inhaltsübersicht

1. Allgemeines

Anstelle der allgemeinen Leistungen sind besondere Leistungen zu erbringen, wenn Art oder Schwere der Behinderung dies erfordern. Erforderlich werden die besonderen Leistungen, wenn Art oder Schwere der Behinderung oder die Sicherung der Teilhabe am Arbeitsleben es unerlässlich machen, dass eine Maßnahme in einer besonderen Einrichtung für behinderte Menschen durchgeführt wird. Dort können auch geförderte Aus- und Weiterbildungen außerhalb der Ausbildungswege des Berufsbildungsgesetzes und der Handwerksordnung gefördert werden. 1

Besondere Leistungen sind auch zu erbringen, wenn die Teilnahme an einer Maßnahme unerlässlich ist, die speziell auf die besonderen Bedürfnisse behinderter Menschen ausgerichtet ist.

Was besondere Leistungen sind, zählt § 118 auf:

- Übergangsgeld (nach §§ 160 bis 162)
- Ausbildungsgeld, wenn ein Übergangsgeld nicht erbracht werden kann
- Übernahme der Teilnahmekosten für eine Maßnahme

2 Um den Lebensunterhalt des behinderten Menschen für die Dauer der Maßnahme zu sichern, kann Übergangsgeld gezahlt werden.

In der Regel ist Voraussetzung für die Leistung, dass der Antragsteller Vorbeschäftigungszeiten nachweisen kann.

Er muss vor Beginn der Teilnahme innerhalb der letzten drei Jahre mindestens zwölf Monate in einem Versicherungspflichtverhältnis gestanden haben.

Entscheidend ist, dass der Antragsteller die Voraussetzungen für den Anspruch auf Arbeitslosengeld erfüllt und auch Leistungen beantragt hat.

Übergangsgeld wird in Höhe des Arbeitslosengeldes bezahlt.

Im Einzelfall ist der Nachweis der Vorbeschäftigungszeiten entbehrlich. So kann auch der Behinderte Übergangsgeld beanspruchen, der innerhalb des letzten Jahres vor Beginn der Maßnahme einen ordentlichen Berufsabschluss erworben hat oder ein gleichwertiges Prüfungszeugnis vorlegen kann.

War er zunächst arbeitslos, ist der Anspruch auf Übergangsgeld durch die Zeit der Arbeitslosigkeit nicht gefährdet.

Die einjährige Frist verlängert sich um die Zeiten, in denen der behinderte Mensch im Anschluss bei der Agentur für Arbeit arbeitslos gemeldet war.

3 Grundsätzlich schließen sich der Anspruch auf Übergangsgeld und der Anspruch auf Ausbildungsgeld gegenseitig aus. Das Ausbildungsgeld ist nachrangig.

Erbracht wird das Ausbildungsgeld

- während einer beruflichen Ausbildung,
- während einer berufsvorbereitenden Bildungsmaßnahme (einschließlich einer Grundausbildung)
- während einer individuellen betrieblichen Qualifizierung im Rahmen der unterstützten Beschäftigung nach § 38 a SGB IX (§ 122 Abs. 1 Nr. 2),
- während einer Maßnahme im Eingangsverfahren oder Berufs-Bildungsbereich einer Werkstatt für behinderte Menschen (§ 122 Abs. 1 Nr. 3).

4 Die Höhe des Ausbildungsgeldes richtet sich nach dem Bedarf.

Lebt der behinderte Mensch während der beruflichen Ausbildung im Haushalt der Eltern oder eines Elternteils, beträgt sein Bedarf monatlich 316 €.

Für Verheiratete oder Behinderte, die in einer Lebenspartnerschaft leben oder das einundzwanzigste Lebensjahr vollendet haben, beträgt der Bedarf 397 € monatlich.

Erfolgt die Unterbringung während der Ausbildung in einem Wohnheim, Internat, beim Ausbildenden oder in einer besonderen Einrichtung für behinderte Menschen, so mindert sich der Bedarf auf monatlich 104 €, vorausgesetzt die Kosten für Unterbringung und Verpflegung werden von der Agentur für Arbeit oder einem anderen Leistungsträger erbracht.

Bei anderweitiger Unterbringung und Kostenerstattung für Unterbringung und Verpflegung beträgt der Bedarf 230 € monatlich.

Für Verheiratete oder Behinderte, die in einer Lebenspartnerschaft leben oder das einundzwanzigste Lebensjahr vollendet haben, beträgt er in diesem Falle 265 € monatlich.

Bei anderweitiger Unterbringung **ohne** Kostenerstattung für Unterbringung und Verpflegung gilt das Bundesausbildungsförderungsgesetz. Es wird auf die Erläuterung bei § 62 verwiesen. Dieser Bedarf erhöht sich um 149 € monatlich für die Unterkunft. Übersteigen die Kosten für Unterkunft und Nebenkosten nachweislich diesen Betrag, erhöht sich der Bedarf um bis zu 75 € monatlich.

Im letzteren Falle gilt eine Sonderregelung für einen behinderten Menschen, der das 18. Lebensjahr noch nicht vollendet hat. Es wird ein Bedarf in Höhe von 316 € monatlich zu Grunde gelegt, wenn

- er die Ausbildungsstätte von der Wohnung der Eltern oder eines Elternteils aus in angemessener Zeit erreichen könnte oder
- Leistungen der Jugendhilfe nach dem Achten Buch gewährt werden, die mit einer anderweitigen Unterbringung verbunden sind.

Abweichend geregelt ist die Höhe des Ausbildungsgeldes bei Teilnahme an berufsvorbereitenden Bildungsmaßnahmen, unterstützter Beschäftigung und Grundausbildung. 5

Lebt der behinderte Mensch während der Teilnahme im Haushalt der Eltern oder eines Elternteils, gilt als Bedarf § 12 Abs. 1 Nr. 1 BaföG.

Bei anderweitiger Unterbringung **ohne** Kostenerstattung für Unterbringung und Verpflegung beträgt der Bedarf 391 € monatlich. Übersteigen die Kosten für Unterkunft und Nebenkosten nachweislich 58 € monatlich, erhöht sich der Bedarf um bis zu 74 € monatlich.

Bei anderweitiger Unterbringung und Kostenerstattung für Unterbringung und Verpflegung beträgt der Bedarf 172 € monatlich.

Auch in diesen Fällen gilt eine Sonderregelung für den behinderten Menschen, der das 18. Lebensjahr noch nicht vollendet hat.

So mindert sich sein Bedarf bei anderweitiger Unterbringung ohne Kostenerstattung für Unterbringung und Verpflegung auf 204 € monatlich, wenn

- er die Ausbildungsstätte von der Wohnung der Eltern oder eines Elternteils aus in angemessener Zeit erreichen könnte oder
- Leistungen der Jugendhilfe nach dem Achten Buch gewährt werden, die die Kosten für die Unterkunft einschließen.

Ist der behinderte Mensch in einem Wohnheim, Internat oder in einer besonderen Einrichtung untergebracht, so ist der Bedarf während der Teilnahme an der berufsvorbereitenden Bildungsmaßnahme derselbe wie der bei einer beruflichen Ausbildung. 6

Eine weitere Sonderregelung zur Ermittlung des Bedarfs gilt für Maßnahmen in anerkannten Werkstätten für Behinderte. So werden im ersten Jahr 63 € monatlich und danach 75 € monatlicher Bedarf zugrunde gelegt. Diese Personengruppe, die eine Maßnahme in einer anerkannten Behindertenwerkstatt absolviert, muss sich etwaiges Einkommen auf den Bedarfssatz nicht anrechnen lassen.

Im Übrigen gelten folgende Anrechnungsbestimmungen:

Der behinderte Mensch muss sich eigene Einkünfte grundsätzlich auf die Bedarfssätze anrechnen lassen. Anrechnungsfrei verbleibt jedoch

- Einkommen des behinderten Menschen aus Waisenrenten, Waisengeld oder aus Unterhaltsleistungen bis 242 € monatlich
- Einkommen der Eltern bis 2909 € monatlich, des verwitweten Elternteils oder bei getrennt lebenden Eltern das Einkommen des Elternteils, bei dem der behinderte Mensch lebt, ohne Anrechnung des Einkommens des anderen Elternteils bis 1813 € monatlich und
- das Einkommen des Ehegatten oder Lebenspartners bis 1813 € monatlich.

2. Teilnahmekosten (§ 127)

7 Die Vorschrift bestimmt, dass für behinderte Menschen außerhalb des SGB III die Leistungen des SGB IX (§§ 33, 44, 53, 54) Anwendung finden. Danach sind für behinderte Menschen weitere Aufwendungen erstattungsfähig, sofern sie erforderlich sind, um Teilhabe am Arbeitsleben möglich zu machen.

Der Leistungskatalog ist umfassend. Er umfasst Hilfen zur Erhaltung und Erlangung eines Arbeitsplatzes, wie z.B. Trainingsmaßnahmen, Beratung, Vermittlung, aber auch die Gewährung von Gründungszuschüssen sowie medizinische, psychologische und pädagogische Hilfen, soweit sie im Einzelfall erforderlich sind. Erwähnenswert sind zusätzliche Maßnahmen, die die Aufnahme von Arbeit erleichtern sollen. Dazu zählt Kraftfahrzeughilfe nach der Kraftfahrzeughilfeverordnung.

8 Bei Vorliegen der persönlichen Voraussetzungen können Leistungen gewährt werden sowohl zur Beschaffung eines Kraftfahrzeugs als auch für eine behinderungsbedingte Zusatzausstattung.

Für die Beschaffung eines Kraftfahrzeugs ist ein maximaler Förder-Höchstbetrag von 9500 € vorgesehen. Sogar ein höherer Förderbetrag ist denkbar, wenn Art oder Schwere der Behinderung ein Kraftfahrzeug mit höherem Kaufpreis zwingend erfordern.

In der Regel werden die Leistungen als Zuschüsse erbracht, wobei sich der Zuschuss nach dem Einkommen des behinderten Menschen richtet.

3. Sonderfälle der Unterbringung und Verpflegung (§ 128)

9 Ist der behinderte Mensch auswärtig untergebracht ohne Aufenthalt in einem Wohnheim, Internat, der besonderen Einrichtung oder beim Ausbildenden, so hat er Anspruch auf 269 € monatlich. Mit dem Betrag sind die regelmäßigen Kosten der Unterbringung und Verpflegung zu decken. Fallen durch die Behinderung bedingte zusätzliche konkrete Mehraufwendungen an, sind diese zuzüglich zu übernehmen.

§ 136 Anspruch auf Arbeitslosengeld

(1) Arbeitnehmerinnen und Arbeitnehmer haben Anspruch auf Arbeitslosengeld

1. bei Arbeitslosigkeit oder

2. bei beruflicher Weiterbildung.

(2) Wer das für die Regelaltersrente im Sinne des Sechsten Buches erforderliche

Lebensjahr vollendet hat, hat vom Beginn des folgenden Monats an keinen Anspruch auf Arbeitslosengeld.

§ 137 Anspruchsvoraussetzungen bei Arbeitslosigkeit

(1) Anspruch auf Arbeitslosengeld bei Arbeitslosigkeit hat, wer

1. arbeitslos ist,

2. sich bei der Agentur für Arbeit arbeitslos gemeldet und

3. die Anwartschaftszeit erfüllt hat.

(2) Bis zur Entscheidung über den Anspruch kann die antragstellende Person bestimmen, dass der Anspruch nicht oder zu einem späteren Zeitpunkt entstehen soll.

Regelungsinhalt

Die §§ 136, 137 (bis 31.03.2012: §§ 117, 118) betreffen den Anspruch auf Arbeitslosengeld. Die Systematik geht auf das Dritte Gesetz für moderne Dienstleistungen am Arbeitsmarkt vom 23.12.2003[198] zurück. Seit dem 01.01.2005 enthält § 117 a.F. in Abs. 1 als Neuerung den Hinweis, dass es nunmehr zwei Formen von Arbeitslosengeld gibt, das Arbeitslosengeld bei Arbeitslosigkeit und das – neue – Arbeitslosengeld bei beruflicher Weiterbildung. Das Arbeitslosengeld bei beruflicher Weiterbildung ersetzt das Unterhaltsgeld, das bisher als Lohnersatzleistung während der Teilnahme an Weiterbildungsmaßnahmen gezahlt wurde. Einzelheiten sind in § 144 (§ 124 a a.F.) geregelt. 1

Nach § 136 Abs. 2 werden beide Formen des Arbeitslosengeldes in keinem Fall über den Monat hinaus geleistet, in dem das Mindestalter für die Regelaltersrente (§§ 35, 235 SGB VI) vollendet wird. 2

Die Anspruchsvoraussetzungen für das Arbeitslosengeld bei Arbeitslosigkeit werden in § 137 (§ 118 a.F.) genannt und in den §§ 138–143 konkretisiert. Der Arbeitslose muss, um einen Anspruch auf Arbeitslosengeld bei Arbeitslosigkeit zu haben, 3

- arbeitslos sein (§ 138),
- sich bei der Agentur für Arbeit arbeitslos gemeldet (§ 141) und
- die Anwartschaftszeit erfüllt haben (§§ 142, 143).

Ausdrücklich keine materielle Anspruchsvoraussetzung mehr ist die Antragstellung. Ihr kommt über § 323 Abs. 1 nur noch verfahrensrechtliche Bedeutung zu,[199] wenngleich in der Arbeitslosmeldung gem. § 323 Abs. 1 Satz 2 im Zweifel auch die Antragstellung zu sehen ist.

§ 138 Arbeitslosigkeit

(1) Arbeitslos ist, wer Arbeitnehmerin oder Arbeitnehmer ist und

1. nicht in einem Beschäftigungsverhältnis steht (Beschäftigungslosigkeit),

2. sich bemüht, die eigene Beschäftigungslosigkeit zu beenden (Eigenbemühungen), und

3. den Vermittlungsbemühungen der Agentur für Arbeit zur Verfügung steht (Verfügbarkeit).

---

198 BGBl. I 2848.

199 Vgl. BSG – 21.06.2001 – B 7 AL 54/00 R.

(2) Eine ehrenamtliche Betätigung schließt Arbeitslosigkeit nicht aus, wenn dadurch die berufliche Eingliederung der oder des Arbeitslosen nicht beeinträchtigt wird.

(3) Die Ausübung einer Beschäftigung, selbständigen Tätigkeit, Tätigkeit als mithelfende Familienangehörige oder mithelfender Familienangehöriger (Erwerbstätigkeit) schließt die Beschäftigungslosigkeit nicht aus, wenn die Arbeits- oder Tätigkeitszeit (Arbeitszeit) weniger als 15 Stunden wöchentlich umfasst; gelegentliche Abweichungen von geringer Dauer bleiben unberücksichtigt. Die Arbeitszeiten mehrerer Erwerbstätigkeiten werden zusammengerechnet.

(4) Im Rahmen der Eigenbemühungen hat die oder der Arbeitslose alle Möglichkeiten zur beruflichen Eingliederung zu nutzen. Hierzu gehören insbesondere

1. **die Wahrnehmung der Verpflichtungen aus der Eingliederungsvereinbarung,**
2. **die Mitwirkung bei der Vermittlung durch Dritte und**
3. **die Inanspruchnahme der Selbstinformationseinrichtungen der Agentur für Arbeit.**

(5) Den Vermittlungsbemühungen der Agentur für Arbeit steht zur Verfügung, wer

1. **eine versicherungspflichtige, mindestens 15 Stunden wöchentlich umfassende zumutbare Beschäftigung unter den üblichen Bedingungen des für sie oder ihn in Betracht kommenden Arbeitsmarktes ausüben kann und darf,**
2. **Vorschlägen der Agentur für Arbeit zur beruflichen Eingliederung zeit- und ortsnah Folge leisten kann,**
3. **bereit ist, jede Beschäftigung im Sinne der Nummer 1 anzunehmen und auszuüben, und**
4. **bereit ist, an Maßnahmen zur beruflichen Eingliederung in das Erwerbsleben teilzunehmen.**

Inhaltsübersicht

1. Normzweck und allgemeiner Inhalt

1 § 138 (bis zum 31. 03. 2012: § 119) definiert die Anspruchsvoraussetzungen der Entgeltersatz- und Versicherungsleistung Arbeitslosengeld. Durch den Begriff Arbeitslosigkeit wird das versicherte **Risiko der Arbeitslosenversicherung** beschrieben, also der Versicherungsfall, der den Anspruch auf Arbeitslosengeld (Leistungsfall) auszulösen vermag. Damit wird das spezielle Risiko abgegrenzt, bei dessen Eintritt die Versichertengemeinschaft der Arbeitslosenversicherung Schutz bietet.

2 Der Begriff Arbeitslosigkeit ist gekennzeichnet durch die drei in Abs. 1 Nr. 1–3 genannten Voraussetzungen Beschäftigungslosigkeit, Eigenbemühungen und Verfügbarkeit, die in den Absätzen 3–5 näher definiert werden. Abs. 2 enthält zuvor – aus gesellschaftspolitischen Gründen – die Klarstellung, dass eine ehrenamtliche Betätigung Arbeitslosigkeit im Allgemeinen nicht ausschließt. Entfallen ist durch die Neufassung des § 119 a. F. ab 01. 01. 2005 die unübersichtliche Verschachtelung der seit dem 01. 01. 1998 geltenden

Regelungen mit zusätzlichen Begrifflichkeiten wie »Beschäftigungssuche«, »Arbeitsfähigkeit« und »Arbeitsbereitschaft«.[200] Während im AFG die Begriffe Arbeitslosigkeit (§ 101 AFG) und Verfügbarkeit (§ 103 AFG) noch als zwei nebeneinander stehende Anspruchsvoraussetzungen des Arbeitslosengeldanspruchs enthalten waren, ist die Verfügbarkeit mit dem Inkrafttreten des SGB III neben der Beschäftigungslosigkeit Tatbestandsmerkmal der Arbeitslosigkeit geworden, ergänzt durch das zusätzliche Merkmal der Eigenbemühungen. Diese zusätzliche Voraussetzung ist das eigentlich Neue, nicht nur im Rahmen des Begriffs Arbeitslosigkeit, sondern im gesamten Konzept des SGB III: Die Verantwortung des Einzelnen, selbst für seine Wiedereingliederung zu sorgen und damit zur Beendigung des Versicherungsfalles beizutragen, wird hervorgehoben.

2. Beschäftigungslosigkeit

Nach § 119 Abs. 1 Nr. 1 i. V. m. Abs. 3 ist beschäftigungslos, wer nicht in einem Beschäf- 3
tigungsverhältnis steht, also keine Beschäftigungen, selbständige Tätigkeiten oder Tätigkeiten als mithelfender Familienangehöriger in einem Umfang von 15 Stunden wöchentlich oder mehr verrichtet. Der zentrale Tatbestand, der Arbeitslosigkeit ausschließt, ist das »normale« Beschäftigungsverhältnis. Der Begriff der Beschäftigung wird im Allgemeinen in Anlehnung an **§ 7 Abs. 1 SGB IV** als nichtselbständige Arbeit, insbesondere in einem Arbeitsverhältnis verstanden, die gekennzeichnet ist durch eine **persönliche Abhängigkeit** des Arbeitnehmers von einem Arbeitgeber. Charakteristisch hierfür sind die Verfügungsbefugnis des Arbeitgebers (Direktionsrecht) und die Dienstbereitschaft des Arbeitnehmers.[201] Anhaltpunkte dafür sind eine Eingliederung des Arbeitnehmers in den Betrieb des Arbeitgebers und seine Unterordnung unter das Weisungsrecht in Bezug auf Zeit, Dauer, Ort und Art der Arbeitsausführung. Damit ist im Wesentlichen das Beschäftigungsverhältnis im beitragsrechtlichen Sinne umschrieben, so wie es gem. § 25 als typisches Versicherungspflichtverhältnis der Erfüllung der Anwartschaftszeit (§ 142; bis 30.04.2012: § 123) dient.

Das BSG hat allerdings einen besonderen, allein für das Leistungsrecht maßgebenden 4
Begriff des Beschäftigungsverhältnisses geprägt, zu dem es über eine »funktionsdifferente Auslegung« des Begriffs Beschäftigungsverhältnis gelangt.[202] Dieses **Beschäftigungsverhältnis im leistungsrechtlichen Sinne** unterscheidet sich sowohl vom Beschäftigungsverhältnis im beitragsrechtlichen Sinne als auch vom allgemeinen Begriff des Arbeitsverhältnisses. Als Anspruchsvoraussetzung für Leistungen bei Arbeitslosigkeit hat der Begriff des Beschäftigungsverhältnisses nämlich die Funktion, das durch die Leistungen gedeckte Risiko zu bestimmen. Das gebietet es, in bestimmten Fällen trotz eines bestehenden Beschäftigungsverhältnisses im beitragsrechtlichen Sinne und trotz eines bestehenden

200 Vgl. die Gegenüberstellung des alten und neuen Rechts mit Schaubildern bei Söhngen in Eicher/Schlegel § 119 Rn. 2, 3 und 15.

201 Vgl. etwa BSG – 18.04.1991 – 7 RAr 106/90; BSG – 09.09.1993 – 7 RAr 96/92.

202 Grundlegend BSG – 28.09.1993 – 11 RAr 69/92; zuletzt BSG – 03.06.2004 – B 11 AL 70/03; BSG – 09.02.2006 – B 7 a/7 AL 58/05 R.

Arbeitsverhältnisses leistungsrechtlich bereits von der Beendigung des Beschäftigungsverhältnisses auszugehen, wenn tatsächlich Arbeitsleistung und Arbeitsentgelt nicht mehr erbracht werden,[203] also keine tatsächliche Eingliederung in den Betrieb mehr vorliegt.

5 Ob eine Eingliederung in den Betrieb nicht mehr vorliegt, eine Arbeitsleistung also nicht mehr erbracht wird, ist stets anhand der tatsächlichen Verhältnisse unter Berücksichtigung der **Gesamtumstände** des Einzelfalles zu beurteilen. Erklärungen von Arbeitgeber und Arbeitnehmer, die auf die Beendigung eines Beschäftigungsverhältnisses hinzielen, haben zwar Indizwirkung, müssen aber den tatsächlichen Gegebenheiten entsprechen.[204] Ohne Bedeutung ist daher der rechtliche Bestand des Arbeitsverhältnisses. Beschäftigungslosigkeit ist deshalb mit der tatsächlichen Nichtbeschäftigung des Versicherten gegeben, unabhängig vom Bestehen oder Nichtbestehen eines Arbeitsverhältnisses im Sinne des Arbeitsrechts.[205] Der Eintritt von Beschäftigungslosigkeit trotz fortbestehendem Arbeitsverhältnis kommt immer dann in Betracht, wenn Arbeitgeber, Arbeitnehmer oder auch beide übereinstimmend von einer fehlenden Verfügungsbefugnis des Arbeitgebers im Rahmen des fortbestehenden Arbeitsverhältnisses ausgehen.

6 Eine **Nichtinanspruchnahme der Verfügungsbefugnis** liegt typischerweise vor, wenn nach einer arbeitgeberseitigen Kündigung der Arbeitgeber von einer Beendigung des Arbeitsverhältnisses ausgeht und den Arbeitnehmer nicht mehr tätig werden lässt. Stellt sich die Kündigung später als nicht rechtmäßig dar oder endet das Arbeitsverhältnis zu einem späteren Termin, lag gleichwohl Beschäftigungslosigkeit während der Zeit der Nichtbeschäftigung trotz bestehendem Arbeitsverhältnis vor.[206] Die Bewilligung von Leistungen erfolgt dann in der Regel als so genannte Gleichwohlgewährung nach § 157 Abs. 3.

7 Das gilt auch, wenn arbeitsrechtlich eine **Suspendierung** – etwa wegen des Verdachts einer Straftat – vorliegt oder der Arbeitnehmer nach dem Ausspruch der Kündigung bis zum Ablauf der Kündigungsfrist »freigestellt« wird. In beiden Fällen gibt der Arbeitgeber in der Regel zu erkennen, nicht mehr von seiner Verfügungsbefugnis Gebrauch machen zu wollen.

8 Beschäftigungslosigkeit liegt des Weiteren vor, wenn der Arbeitnehmer nicht mehr dienstbereit ist, also nicht zur Arbeit erscheint, und damit zu erkennen gibt, die Verfügungsbefugnis des Arbeitgebers nicht mehr anzuerkennen.

9 Auch wenn die fehlende Dienstbereitschaft auf einer unmittelbaren **Beteiligung an einem Streik** beruht oder der Arbeitgeber zum Arbeitskampfmittel der Aussperrung greift und dadurch zum Ausdruck bringt, vorübergehend von der Verfügungsbefugnis keinen Gebrauch zu machen, liegt Beschäftigungslosigkeit vor. In diesen Fällen dürfte ein Leistungsanspruch allerdings in der Regel nach § 160 Abs. 2 (bis 30.04.2012: § 146 Abs. 2) ruhen. Eine mittelbare Betroffenheit vom Arbeitskampf i. S. d. § 160 Abs. 3 führt hingegen nicht zur Beschäftigungslosigkeit, da weder der Arbeitnehmer nicht dienstbereit ist, noch der Arbeitgeber auf seine Verfügungsbefugnis verzichtet.

---

203 BSG – 28.09.1993 – 11 RAr 69/92; zuletzt BSG – 03.06.2004 – B 11 AL 70/03 m.w.N.; zum Sperrzeitrecht grundlegend BSG – 25.04.2002 – B 11 AL 65/01 R; zum Fall einer unwiderruflichen Freistellung bei bestehenden Arbeitsverhältnis BSG – 24.09.2008 – B 12 KR 22/07 R.

204 Vgl. BSG – 09.09.1993 – 7 RAr 96/92; BSG – 28.09.1993 – 11 RAr 69/92.

205 BSG – 03.06.2004 – B 11 AL 70/03.

206 Vgl. BSG – 03.06.2004 – B 11 AL 70/03.

Nach § 138 Abs. 3 schließen Erwerbstätigkeiten die Beschäftigungslosigkeit dann nicht aus, wenn sie weniger als 15 Stunden wöchentlich umfassen. Unschädlich sind also **kurzzeitige Erwerbstätigkeiten**, die nach der Aufzählung in Abs. 3 Satz 1 im Rahmen eines Beschäftigungsverhältnisses, als selbständige Tätigkeit oder als mithelfender Familienangehöriger ausgeübt werden können. Der Begriff »Beschäftigung« ist auch in diesem Zusammenhang »leistungsrechtlich« entsprechend den oben gemachten Ausführungen zu verstehen. Eine Ausnahme bilden nur die nach § 27 Abs. 2 Nrn. 2 u 3 – abweichend von § 8 SGB IV – auch bei einer wöchentlichen Arbeitszeit von weniger als 15 Stunden nicht versicherungsfreien Beschäftigungen im Rahmen von Kurzarbeit oder stufenweiser Wiedereingliederung nach § 74 SGB V und § 28 SGB IX. Um Wertungswidersprüche zu vermeiden – Arbeitslosigkeit trotz versicherungspflichtiger Beschäftigung – unterfallen solche Beschäftigungen wegen ihrer Versicherungspflichtigkeit nicht dem Abs. 3.[207] 10

Arbeitszeiten verschiedener **Tätigkeiten** sind nach § 138 Abs. 3 Satz 2 **zusammenzurechnen.** Ob die Zeitgrenze von 15 Wochenstunden erreicht oder überschritten wird, ist zu Beginn der Beschäftigung oder ab dem Zeitpunkt einer Änderung vorausschauend zu beurteilen. Die Merkmale und Umstände, wie sie bei Beginn der Beschäftigung vorgelegen haben, bleiben auch dann maßgebend, wenn die Beurteilung erst nach Beendigung der Beschäftigung erfolgt.[208] Erforderlich ist somit eine gerichtlich voll überprüfbare Prognose. Deren wichtigste Grundlage stellt die vertragliche Vereinbarung über den Umfang der Arbeitszeit dar. Nach dem Gesetzeswortlaut kommt es auf die Verteilung der Arbeitszeit innerhalb der Woche nicht an, so dass beispielsweise eine Tätigkeit von zwei Stunden pro Tag in der Woche ebenso unschädlich ist wie eine Tätigkeit von jeweils sieben Stunden an zwei Tagen in der Woche. Was als Arbeitszeit zu zählen ist, ergibt sich für normale Beschäftigungsverhältnisse aus den allgemeinen arbeitsrechtlichen Grundsätzen. Zur Arbeitszeit gehören danach Wege auf dem Betriebsgelände, bezahlte Pausen und in der Regel Zeiten der Arbeitsbereitschaft, aber auch Zeiten der Vor- und Nacharbeiten bei bestimmten Berufsgruppen, wie Lehrern, Dozenten und Musikern. 11

Nach § 138 Abs. 3 Satz 1 Hs. 2 bleiben **gelegentliche Abweichungen von geringer Dauer** unberücksichtigt bei der Ermittlung der Beschäftigungszeit. Beide Merkmale – also die Gelegentlichkeit der Abweichung und deren geringe Dauer – müssen kumulativ vorliegen. Eine gelegentliche Abweichung liegt vor, wenn sie nicht vorhersehbar ist und daher nicht regelmäßig auftritt.[209] Die Abweichung ist von geringer Dauer, wenn der Zeitraum der Überschreitung der Zeitgrenze nur kurz ist. Der Begriff »von geringer Dauer« ist auf die Gesamtdauer der Erwerbstätigkeit zu beziehen. Wird diese auf unbestimmte Zeit ausgeübt, so ist jedenfalls ein Zeitraum bis zu drei Wochen, bei monatlicher Abrechnung bis zu einem Monat, als von geringer Dauer anzusehen.[210] Bei befristeten Arbeitsverhältnissen ist von entsprechend kürzeren Zeiträumen auszugehen. 12

---

207 Vgl. nur Steinmeyer in Gagel, § 119 Rn. 109 ff.
208 BSG – 15. 12. 1999 – B 11 AL 53/99 R, m. w. N.).
209 Vgl. BSG – 14. 07. 1988 – 11/7 RAr 41/87.
210 Vgl. BSG – 14. 07. 1988 – 11/7 RAr 41/87.

3. Eigenbemühungen

13 § 138 Abs. 4 konkretisiert durch drei **Beispielsfälle**, was das Gesetz unter Eigenbemühungen im Einzelnen versteht. Als Rechtsfolge unzureichender Eigenbemühungen sieht § 159 Abs. 1 Satz 2 Nr. 3 nunmehr den Eintritt einer Sperrzeit vor, die nach § 159 Abs. 5 zwei Wochen beträgt. Nach dem Bestreben des Gesetzgebers soll aufgrund dieser Regelung bei unzureichenden Eigenbemühungen der Leistungsanspruch nicht entfallen, ebenso wenig wie in anderen Fällen versicherungswidrigen Verhaltens.[211] Näheres zu den Eigenbemühungen kann die BA aufgrund der Ermächtigung in § 164 Nr. 1 (bis 30.04.2012: § 152 Nr. 1) durch Anordnung bestimmen, wovon bisher jedoch noch keinen Gebrauch gemacht wurde.

14 Die Regelung zu den Eigenbemühungen wirft in systematischer Hinsicht Probleme auf: Sind Eigenbemühungen i.S.d. § 138 Abs. 1 Nr. 2 nun ein Tatbestandmerkmal der Arbeitslosigkeit und damit **Anspruchsvoraussetzung** der Leistung Arbeitslosengeld **oder** handelt es sich um eine gesetzliche Verpflichtung i. S. einer **Obliegenheit** des Anspruchsstellers, die nicht erzwingbar ist, sondern bei Verletzung (lediglich) besonders geregelte Sanktionen (Sperrzeit) auslöst. Eine den Wortlaut des § 138 Abs. 1 Nr. 2 einerseits und § 138 Abs. 1 Satz 2 Nr. 3 andererseits ernst nehmende Auslegung wird beides zu bejahen haben: Liegt der Tatbestand des § 138 Abs. 1 Satz 2 Nr. 3 vor, nämlich ein – trotz Belehrung über die Rechtsfolgen – fehlender Nachweis von Eigenbemühungen, welche von der Arbeitsagentur ausdrücklich gefordert wurden, ist lediglich von einem versicherungswidrigen Verhalten (vgl. § 138 Abs. 1 Satz 1) auszugehen, mit der Folge einer Sperrzeit. Weil demgegenüber der vollständige Verlust des Zahlungsanspruchs durch fehlende Arbeitslosigkeit viel schwerwiegender ist, müssen unzureichende Eigenbemühungen, die diese Rechtsfolge eintreten lassen, ebenfalls schwerwiegender sein: Vorstellbar ist der Fall, dass der Anspruchssteller von vornherein generell eigene Aktivitäten zur Überwindung seiner Beschäftigungslosigkeit ablehnt. Dies dürfte etwa dann anzunehmen sein, wenn nur bestimmte Eigenbemühungen – beispielsweise die Mitwirkung bei der Vermittlung durch Dritte i.S.d. § 138 Abs. 4 Nr. 2 – generell abgelehnt werden.[212]

15 Zu den Eigenbemühungen zählt nach § 138 Abs. 4 Nr. 1 die Wahrnehmung der Verpflichtung aus einer Eingliederungsvereinbarung, in der nach § 37 Abs. 2 Nr. 3 konkrete Eigenbemühungen festgelegt werden können, und die Inanspruchnahme der Selbstinformationssysteme der Agentur für Arbeit.

4. Verfügbarkeit

16 **Sinn und Zweck** der Anspruchsvoraussetzung »Verfügbarkeit« ist es, klarzustellen, dass nur, wer auf dem Arbeitsmarkt überhaupt einsetzbar ist, den Versicherungsfall »Arbeitslosigkeit« verwirklicht. Es ist zu unterscheiden zwischen »objektiver Verfügbarkeit«

---

211 BT-Drs. 15/1515, S. 83.

212 Vgl. zur ähnlichen Problematik der Abgrenzung von Sperrzeittatbestand und fehlender Verfügbarkeit auch BSG – 11.01.1990 – 7 RAr 46/89; BSG – 29.06.1995 – 11 RAr 47/94.

(§ 138 Abs. 5 Nr. 1), »Erreichbarkeit« (§ 138 Abs. 5 Nr. 2) und »subjektiver Verfügbarkeit«. Letztere wird weiter unterteilt und ist beschrieben als die Bereitschaft, Beschäftigungen anzunehmen und auszuüben (§ 138 Abs. 5 Nr. 3) und an Maßnahmen zur beruflichen Eingliederung in das Erwerbsleben teilzunehmen (§ 138 Abs. 5 Nr. 4).

Die **objektive Verfügbarkeit** bezieht sich im Sinne eines faktischen Könnens und eines rechtlichen Dürfens auf das Ausüben einer versicherungspflichtigen, mindestens 15 Stunden wöchentlich umfassenden zumutbaren Beschäftigung unter den üblichen Bedingungen des in Betracht kommenden Arbeitsmarktes. Konkret bedeutet »Können«, dass der Arbeitslose aktuell durch nichts gehindert sein darf, eine nach Maßgabe des § 140 (bis 30.04.2012: § 121) zumutbare versicherungspflichtige Beschäftigung aufzunehmen. Hinderungsgründe können etwa gesundheitliche Einschränkungen sein oder andere von den Anspruchstellern ausgeübte Tätigkeiten. Möglich sind aber ehrenamtliche Betätigungen (vgl. § 138 Abs. 2) und Weiterbildungen, soweit sie sich im Rahmen des § 139 bewegen. Dem »ausüben dürfen« einer Beschäftigung können ausländerrechtliche Beschäftigungshindernisse oder andere gesetzliche, behördliche oder gerichtliche Verbote entgegenstehen. **17**

»**Erreichbar**« ist nach § 138 Abs. 5 Nr. 2, wer Vorschlägen der Arbeitsagentur zur beruflichen Eingliederung zeit- und ortsnah Folge leisten kann. Konturen erhalten diese unbestimmten Rechtsbegriffe durch die Festlegungen der Erreichbarkeits-Anordnung (EAO) vom 23.10.1997,[213] zuletzt geändert durch AO vom 28.09.2008.[214] Besonders bedeutsam ist § 1 Abs. 1 Satz 2 EAO, der von der arbeitslosen Person fordert, sicherzustellen, dass die Arbeitsagentur sie persönlich an jedem Werktag an ihrem Wohnsitz oder gewöhnlichen Aufenthalt unter der von ihr benannten Anschrift (Wohnung) durch Briefpost erreichen kann. Die dadurch statuierte Residenzpflicht – der Arbeitslose ist im Allgemeinen verpflichtet, einmal am Tag persönlich seine Post durchzusehen – erscheint anachronistisch im Multimediazeitalter. Sie ist von der höchstrichterlichen Rechtsprechung bisher aber (noch) nicht in Frage gestellt worden.[215] Allerdings steht es nach § 3 Abs. 1 Satz 1 EAO der Verfügbarkeit bis zu drei Wochen im Kalenderjahr nicht entgegen, wenn der Arbeitslose ortsabwesend ist und die Arbeitsagentur vorher ihre Zustimmung erteilt hat. Diese Abweichung von den Regelungen zur Mindesturlaubsdauer ist nach der Rechtsprechung des BSG nicht zu beanstanden, da zwischen Leistungsempfängern und Arbeitnehmern hinreichende sachliche Unterschiede bestehen.[216] **18**

Unter **subjektiver Verfügbarkeit** ist die nach § 138 Abs. 5 Nrn. 3 u. 4 geforderte **Bereitschaft** zu verstehen, Beschäftigungen anzunehmen und auszuüben bzw. an Eingliederungsmaßnahmen teilzunehmen. Während das faktische Können und rechtliche Dürfen als Voraussetzung der Verfügbarkeit anhand objektiv feststellbarer Kriterien bestimmbar sind, bezieht sich der Begriff »Bereitschaft« auf die innere Einstellung des Arbeitslosen, also auf ein subjektives Kriterium, enthält mithin ein subjektives Element der Verfügbar- **19**

---

213 Amtliche Nachrichten der Bundesagentur für Arbeit – ANBA – S. 1685.
214 ANBA 12/08 S. 5.
215 Vgl. BSG – 20.06.2001 – B 11 AL 10/01 R; BSG – 09.02.2006 – B 7 a AL 58/05 R.
216 So BSG – 10.08.2000 – B 11 AL 101/99 R.

keit. Solche subjektiven Umstände (innere Tatsachen) können nur durch die Indizwirkung »äußerer Tatsachen« festgestellt werden. Hierzu gehören in erster Linie Erklärungen und Angaben im Zusammenhang mit der Arbeitslosmeldung und darüber hinaus Erklärungen zur Arbeitsbereitschaft während der Arbeitslosigkeit. Rückschlüsse auf die subjektive Verfügbarkeit lassen sich daneben auch ableiten aus dem Verhalten des Arbeitslosen im Rahmen der Eigenbemühungen und aus seinen konkreten Reaktionen auf Eingliederungsvorschläge.

20 Besondere Probleme hinsichtlich der subjektiven Verfügbarkeit ergeben sich, wenn der Arbeitslose **gesundheitliche Leistungseinschränkungen** geltend macht und subjektiv – etwa im Hinblick auf ein parallel laufendes Rentenverfahren – sogar der Auffassung ist, kein Leistungsvermögen mehr zu besitzen. Solange das tatsächliche Leistungsvermögen noch nicht geklärt ist, muss sich der Arbeitslose vorab wenigstens bereit erklären, im Rahmen des ärztlich festzustellenden Leistungsvermögens tätig werden zu wollen. Tut er dies nämlich nicht und stellt sich heraus, dass noch ein die objektive Verfügbarkeit begründendes Leistungsvermögen vorhanden war, läge subjektive Verfügbarkeit nicht vor. Auch ein Anspruch nach § 145 wäre nicht gegeben, weil noch keine verminderte Leistungsfähigkeit i. S. d. des § 145 Abs. 1 Nr. 1 vorgelegen hätte. In diesen Konstellationen sind wegen der gravierenden Rechtsfolgen besonders strenge Anforderungen an die Beratungspflichten der Arbeitsagenturen zu stellen, um den Arbeitslosen vor leichtfertigen leistungsschädlichen Erklärungen zu schützen.

§ 139 Sonderfälle der Verfügbarkeit

(1) Nimmt eine leistungsberechtigte Person an einer Maßnahme nach § 45 oder an einer Berufsfindung oder Arbeitserprobung im Sinne des Rechts der beruflichen Rehabilitation teil, leistet sie vorübergehend zur Verhütung oder Beseitigung öffentlicher Notstände Dienste, die nicht auf einem Arbeitsverhältnis beruhen, übt sie eine freie Arbeit im Sinne des Artikels 293 Absatz 1 des Einführungsgesetzes zum Strafgesetzbuch oder auf Grund einer Anordnung im Gnadenwege aus oder erbringt sie gemeinnützige Leistungen oder Arbeitsleistungen nach den in Artikel 293 Absatz 3 des Einführungsgesetzes zum Strafgesetzbuch genannten Vorschriften oder auf Grund deren entsprechender Anwendung, so schließt dies die Verfügbarkeit nicht aus.

(2) Bei Schülerinnen, Schülern, Studentinnen oder Studenten einer Schule, Hochschule oder sonstigen Ausbildungsstätte wird vermutet, dass sie nur versicherungsfreie Beschäftigungen ausüben können. Die Vermutung ist widerlegt, wenn die Schülerin, der Schüler, die Studentin oder der Student darlegt und nachweist, dass der Ausbildungsgang die Ausübung einer versicherungspflichtigen, mindestens 15 Stunden wöchentlich umfassenden Beschäftigung bei ordnungsgemäßer Erfüllung der in den Ausbildungs- und Prüfungsbestimmungen vorgeschriebenen Anforderungen zulässt.

(3) Nimmt eine leistungsberechtigte Person an einer Maßnahme der beruflichen Weiterbildung teil, für die die Voraussetzungen nach § 81 nicht erfüllt sind, schließt dies die Verfügbarkeit nicht aus, wenn
1. die Agentur für Arbeit der Teilnahme zustimmt und
2. die leistungsberechtigte Person ihre Bereitschaft erklärt, die Maßnahme abzubre-

chen, sobald eine berufliche Eingliederung in Betracht kommt, und zu diesem Zweck die Möglichkeit zum Abbruch mit dem Träger der Maßnahme vereinbart hat.

(4) Ist die leistungsberechtigte Person nur bereit, Teilzeitbeschäftigungen auszuüben, so schließt dies Verfügbarkeit nicht aus, wenn sich die Arbeitsbereitschaft auf Teilzeitbeschäftigungen erstreckt, die versicherungspflichtig sind, mindestens 15 Stunden wöchentlich umfassen und den üblichen Bedingungen des für sie in Betracht kommenden Arbeitsmarktes entsprechen. Eine Einschränkung auf Teilzeitbeschäftigungen aus Anlass eines konkreten Arbeits- oder Maßnahmeangebotes ist nicht zulässig. Die Einschränkung auf Heimarbeit schließt die Verfügbarkeit nicht aus, wenn die Anwartschaftszeit durch eine Beschäftigung als Heimarbeiterin oder Heimarbeiter erfüllt worden ist und die leistungsberechtigte Person bereit und in der Lage ist, Heimarbeit unter den üblichen Bedingungen auf dem für sie in Betracht kommenden Arbeitsmarkt auszuüben.

Inhaltsübersicht Rn.

1. Normzweck und allgemeiner Inhalt

§ 139 (bis 31.03.2012: § 120) regelt **unterschiedliche Sonderfälle der Verfügbarkeit.** Die Abs. 1 und 3 beziehen sich auf Betätigungen, die an sich aufgrund des zeitlichen Umfangs die Verfügbarkeit nach § 138 Abs. 1 Nr. 3, Abs. 5 in der Regel ausschließen. Für diese Fälle wird zugunsten der leistungsberechtigten Person die **Verfügbarkeit fingiert**, mit der Folge, dass ein Leistungsanspruch trotz entsprechender Betätigungen bestehen kann. Nach § 139 Abs. 1 gilt dies für Maßnahmen zur Aktivierung und beruflichen Eingliederung nach § 44 und für Berufsfindungsmaßnahmen nach dem Recht der beruflichen Rehabilitation, aber auch für bestimmte im öffentlichen Interesse liegende Dienste und Arbeitsleistungen sowie Tätigkeiten im Zusammenhang mit strafrechtlichen Sanktionen. Abs. 3 ermöglicht darüber hinaus die Teilnahme an Maßnahmen der beruflichen Weiterbildung, für die die Voraussetzungen nach § 81 nicht erfüllt sind, die also nicht als Weiterbildungsmaßnahmen gefördert werden. 1

§ 139 Abs. 2 normiert eine **gesetzliche Vermutung** der fehlenden Verfügbarkeit bei Schülern und Studenten einer Schule, Hochschule oder sonstigen Ausbildungsstätte. Die Widerlegung dieser Vermutung ist nur nach Maßgabe des § 139 Abs. 2 Satz 2 möglich. Ein vollständiger Ausschluss dieser Personengruppe von Ansprüchen auf Arbeitslosengeld würde gegen Art 3 Abs. 1 GG verstoßen.[217] 2

§ 139 Abs. 4 schließlich enthält eine weitergehende **Konkretisierung des Begriffs der Verfügbarkeit**, also weder eine gesetzliche Fiktion noch eine gesetzliche Vermutung. Diese Konkretisierung betrifft ausdrücklich nur die Bereitschaft, Beschäftigungen auf- 3

---

217 Vgl. BVerfG – 18.11.1986 – 1 BvL 29/83 u.a.

zunehmen, also die subjektive Verfügbarkeit nach § 138 Abs. 5 Nr. 3. Nach § 139 Abs. 4 reicht es aus, wenn diese Bereitschaft sich nur auf **Teilzeitbeschäftigungen** und **Heimarbeit** bezieht. Diese Beschränkung der subjektiven Verfügbarkeit ist nicht abhängig vom Vorliegen besonderer Voraussetzungen, wie etwa Kinderbetreuung oder vorhergehende Teilzeitbeschäftigung. Zweck dieser Regelung ist es, aus arbeitsmarktpolitischen Gesichtspunkten sinnvolle Teilzeitarbeit zu fördern.[218]

2. Verfügbarkeit von Schülern und Studenten

4 § 139 Abs. 2 regelt den Konflikt, der sich ergibt, wenn Schüler und Studenten einerseits ihre **Ausbildung** betreiben, andererseits aber parallel dazu **Leistungen der Arbeitslosenversicherung** zum Bestreiten des Lebensunterhaltes in Anspruch nehmen wollen. Praktische Bedeutung hat die Regelung vor allem für Studenten und für Schüler, die den so genannten zweiten Bildungsweg beschreiten. Diese dürften am ehesten in der Lage gewesen sein, die Anwartschaftszeit zu erfüllen, d. h., innerhalb der Rahmenfrist von zwei Jahren vor Erfüllung der Anspruchsvoraussetzungen zwölf Monate in einem Versicherungspflichtverhältnis gestanden zu haben (§§ 142, 143).

5 Nach § 139 Abs. 2 Satz 2 ist die Vermutung der fehlenden Verfügbarkeit nach Satz 1 widerlegt, wenn der Arbeitslose darlegt und nachweist, dass der Ausbildungsgang die Ausübung einer **versicherungspflichtigen**, mindestens 15 Stunden wöchentlich umfassenden **Beschäftigung** bei ordnungsgemäßer Erfüllung der in den Ausbildungs- und Prüfungsbestimmungen vorgeschriebenen Anforderungen zulässt. Zu beachten ist die Sonderregelung des § 27 Abs. 4 (»Werkstudentenprivileg«), durch die Tätigkeiten von Schülern und Studenten in einem weiteren Rahmen von der Versicherungspflicht freigestellt werden. Ausgangspunkt für die Beurteilung, ob eine Beschäftigung während des Studiums nicht der Versicherungspflicht unterliegt, ist die Frage, ob der Student trotz der Beschäftigung seinem Erscheinungsbild nach Student bleibt. Dies ist der Fall, wenn das Studium weiterhin die Hauptsache und die Beschäftigung die Nebensache ist, der Student also etwa arbeitet, um sein Studium zu finanzieren und nicht – wie im umgekehrten Falle – neben der Arbeit studiert.[219] Nur im letzteren Fall kann die Vermutung der fehlenden Verfügbarkeit widerlegt sein und es kommt die Bewilligung von Arbeitslosengeld in Betracht. Stets sind alle Umstände des Einzelfalles zu berücksichtigen.

3. Verfügbarkeit bei der Teilnahme an einer nichtgeförderten Bildungsmaßnahme

6 § 139 Abs. 3 enthält eine Sonderregelung zur Verfügbarkeit bei der Teilnahme an **Bildungsmaßnahmen**. Nimmt der Leistungsberechtigte an einer Maßnahme der beruflichen Weiterbildung teil, schließt das aufgrund der **tatsächlichen Bindungen** – jedenfalls bei einer Vollzeitmaßnahme – das »ausüben können« einer Beschäftigung aus. Es fehlt die

218 Vgl. BT-Drs. 15/1515, S. 83.
219 Grundlegend dazu BSG – 11. 11. 2003 – B 12 KR 24/03 R; B 12 KR 26/03 R und B 12 KR 5/03 R.

»aktuelle Verfügbarkeit«. Wird die Maßnahme der beruflichen Weiterbildung nach § 81 gefördert, ist der Ausschluss der Verfügbarkeit unproblematisch, denn der Teilnehmer erhält zu Sicherung seines Lebensunterhaltes Arbeitslosengeld bei Weiterbildung nach § 144, das einsetzt, wenn die Anspruchsvoraussetzungen für Arbeitslosengeld bei Arbeitslosigkeit wegen der Weiterbildung nicht erfüllt sind. Wird die Maßnahme allerdings nicht gem. § 81 gefördert, konnte der Teilnehmer an einer solchen Maßnahme seinen Lebensunterhalt nach der bis zum 31.12.2003 geltenden Rechtslage in der Regel nicht durch Lohnersatzleistungen nach dem SGB III sicherstellen. Aufgrund der Fiktion der Verfügbarkeit unter den Voraussetzungen des § 139 Abs. 3 können nun auch diese Personen Arbeitslosengeld bei Arbeitslosigkeit beziehen.[220]

Voraussetzung für die Fiktion ist, dass die Agentur für Arbeit der Teilnahme an der **7** konkreten Bildungsmaßnahme zustimmt (§ 139 Abs. 3 Nr. 1). Diese Zustimmung ist vor Beginn der Teilnahme einzuholen. Ferner muss der Leistungsberechtigte seine Bereitschaft erklären, die Maßnahme abzubrechen, sobald eine berufliche Eingliederung in Betracht kommt. Er muss aus diesem Grund die Möglichkeit zum Abbruch mit dem Träger der Maßnahme vereinbart haben (§ 139 Abs. 3 Nr. 2).

4. Teilzeitbeschäftigungen

§ 139 Abs. 4 betrifft Fälle, in denen der Leistungsberechtigte nur bereit ist, Teilzeitbeschäf- **8** tigungen auszuüben. Diese Einschränkungen der **subjektiven Verfügbarkeit** schließt die Verfügbarkeit als Anspruchsvoraussetzung für das Arbeitslosengeld nicht aus, wenn die Einschränkungen noch eine versicherungspflichtige und mindestens 15 Stunden wöchentlich umfassende Beschäftigung zulässt, die den üblichen Bedingungen des in Betracht kommenden Arbeitsmarktes entspricht. Der Grund für diese Beschränkung ist unerheblich.

Die angestrebte **Teilzeittätigkeit** muss also **arbeitsmarktüblich** sein, d.h., sie muss **9** nicht nur hinsichtlich der Lage und Verteilung der Arbeitszeit, sondern eben auch im Hinblick auf die konkrete Beschränkung der Arbeitszeit den üblichen Bedingungen des Arbeitsmarkes entsprechen. Die hier anzuwendenden Maßstäbe sind die gleichen, die im Rahmen der Prüfung der allgemeinen Verfügbarkeit auf der Grundlage des § 138 Abs. 5 Nr. 1 gelten: Üblich sind nach ständiger Rechtsprechung im Allgemeinen Bedingungen, wenn sie nicht nur in Einzel- oder Ausnahmefällen, sondern nach der tatsächlichen Übung auf dem Arbeitsmarkt in nennenswertem Umfang vorhanden sind. Entscheidend ist insoweit nicht, ob den Arbeitsagenturen entsprechende Vermittlungsaufträge vorliegen oder freie Arbeitsplätze bekannt sind, sondern ob es Arbeitsplätze dieser Art, seien sie besetzt oder frei, überhaupt in nennenswertem Umfang gibt.[221]

Nicht zulässig ist nach § 139 Abs. 4 Satz 2 eine Einschränkung auf Teilzeitbeschäftigun- **10** gen aus Anlass konkreter Arbeits- oder Maßnahmeangebote. Eine solche Einschränkung wird stets dann anzunehmen sein, wenn ein enger zeitlicher Zusammenhang zwischen

220 Vgl. zu den Einzelheiten Söhngen in Eicher/Schlegel § 120 Rn. 71 ff.
221 Vgl. BSG – 21.04.1993 – 11 RAr 25/92.

einem konkreten Arbeits- oder Maßnahmeangebot und der Einschränkung besteht und die Einschränkung dieses Angebot unzumutbar machen würde. Aus der Unzulässigkeit der Einschränkung folgt, dass das konkrete Arbeits- oder Maßnahmeangebot zumutbar bleibt, so dass unter den weiteren Voraussetzungen des § 159 eine Sperrzeit eintreten kann.

11 Mit der Beschränkung der subjektiven Verfügbarkeit auf Teilzeitarbeit verbunden ist aufgrund der Regelung in § 151 Abs. 5 stets eine Verkürzung des Leistungsanspruchs. Denn wenn der Arbeitslose nicht mehr bereit ist, die im Bemessungszeitraum durchschnittlich auf die Woche entfallende Zahl von Arbeitsstunden zu leisten, vermindert sich das Bemessungsentgelt für die Zeit der Einschränkung entsprechend (näher dazu Kommentierung zu § 151).

§ 140 Zumutbare Beschäftigungen

(1) Einer arbeitslosen Person sind alle ihrer Arbeitsfähigkeit entsprechenden Beschäftigungen zumutbar, soweit allgemeine oder personenbezogene Gründe der Zumutbarkeit einer Beschäftigung nicht entgegenstehen.

(2) Aus allgemeinen Gründen ist eine Beschäftigung einer arbeitslosen Person insbesondere nicht zumutbar, wenn die Beschäftigung gegen gesetzliche, tarifliche oder in Betriebsvereinbarungen festgelegte Bestimmungen über Arbeitsbedingungen oder gegen Bestimmungen des Arbeitsschutzes verstößt.

(3) Aus personenbezogenen Gründen ist eine Beschäftigung einer arbeitslosen Person insbesondere nicht zumutbar, wenn das daraus erzielbare Arbeitsentgelt erheblich niedriger ist als das der Bemessung des Arbeitslosengeldes zugrunde liegende Arbeitsentgelt. In den ersten drei Monaten der Arbeitslosigkeit ist eine Minderung um mehr als 20 Prozent und in den folgenden drei Monaten um mehr als 30 Prozent dieses Arbeitsentgelts nicht zumutbar. Vom siebten Monat der Arbeitslosigkeit an ist einer arbeitslosen Person eine Beschäftigung nur dann nicht zumutbar, wenn das daraus erzielbare Nettoeinkommen unter Berücksichtigung der mit der Beschäftigung zusammenhängenden Aufwendungen niedriger ist als das Arbeitslosengeld.

(4) Aus personenbezogenen Gründen ist einer arbeitslosen Person eine Beschäftigung auch nicht zumutbar, wenn die täglichen Pendelzeiten zwischen ihrer Wohnung und der Arbeitsstätte im Vergleich zur Arbeitszeit unverhältnismäßig lang sind. Als unverhältnismäßig lang sind im Regelfall Pendelzeiten von insgesamt mehr als zweieinhalb Stunden bei einer Arbeitszeit von mehr als sechs Stunden und Pendelzeiten von mehr als zwei Stunden bei einer Arbeitszeit von sechs Stunden und weniger anzusehen. Sind in einer Region unter vergleichbaren Beschäftigten längere Pendelzeiten üblich, bilden diese den Maßstab. Ein Umzug zur Aufnahme einer Beschäftigung außerhalb des zumutbaren Pendelbereichs ist einer arbeitslosen Person zumutbar, wenn nicht zu erwarten ist, dass sie innerhalb der ersten drei Monate der Arbeitslosigkeit eine Beschäftigung innerhalb des zumutbaren Pendelbereichs aufnehmen wird. Vom vierten Monat der Arbeitslosigkeit an ist einer arbeitslosen Person ein Umzug zur Aufnahme einer Beschäftigung außerhalb des zumutbaren Pendelbereichs in der Regel zumutbar. Die Sätze 4 und 5 sind nicht anzuwenden, wenn dem

Umzug ein wichtiger Grund entgegensteht. Ein wichtiger Grund kann sich insbesondere aus familiären Bindungen ergeben.

(5) Eine Beschäftigung ist nicht schon deshalb unzumutbar, weil sie befristet ist, vorübergehend eine getrennte Haushaltsführung erfordert oder nicht zum Kreis der Beschäftigungen gehört, für die die Arbeitnehmerin oder der Arbeitnehmer ausgebildet ist oder die sie oder er bisher ausgeübt hat.

Inhaltsübersicht Rn.

1. Normzweck und allgemeiner Inhalt

§ 140 (bis 31.03.2012: § 121) regelt die **Zumutbarkeit von Beschäftigungen**. Bedeutung kommt der Vorschrift erst in anderen Regelungszusammenhängen zu. Im **Sperrzeitrecht** wird an die Zumutbarkeit von Beschäftigungen oder Maßnahmen angeknüpft bei der Beurteilung, ob ein versicherungswidriges Verhalten im Sinne des § 159 Abs. 1 Satz 2 vorliegt. Ob **Arbeitslosigkeit** als Anspruchsvoraussetzung für Arbeitslosengeld vorliegt, hängt ebenfalls davon ab, ob eine zumutbare Beschäftigung ausgeübt werden kann und darf, bzw. die Bereitschaft besteht, eine solche anzunehmen (§ 138 Abs. 5 Nr. 1 und 3). Im Einzelnen stellt § 140 Abs. 1 auf **allgemeine und personenbezogene Gründe** ab, die für die Zumutbarkeit einer Beschäftigung bestimmend sein können. Abs. 2 nennt beispielhaft allgemeine Gründe, Abs. 3 personenbezogene Gründe, die auf das erzielbare Arbeitsentgelt abstellen und Abs. 4 personenbezogene Gründe, die sich auf die räumliche Mobilität (Fahrzeiten, Umzug) beziehen. Schließlich werden in Abs. 5 beispielhaft besondere Umstände genannt, die nach der Auffassung des Gesetzgebers keine Unzumutbarkeit zu begründen vermögen. Die Vorschrift macht wegen der Weite der zumutbaren Beschäftigung deutlich, dass der arbeitslose Leistungsempfänger letztlich keinen besonderen Berufsschutz geltend machen kann. Gleichwohl sind bei den Vermittlungsbemühungen der Arbeitsagenturen die Vermittlungsgrundsätze der §§ 35 und 36 zu beachten, insbesondere also auch Neigung und Eignung des Arbeitsuchenden zu berücksichtigen. **1**

2. Allgemeine Gründe

Ob allgemeine Gründe eine Beschäftigung unzumutbar machen, ist stets im **konkreten Einzelfall** zu prüfen. Solche Gründe liegen vor, wenn die Beschäftigung gegen gesetzliche, tarifliche oder in Betriebsvereinbarungen festgelegte Bestimmungen über Arbeitsbedingungen oder gegen Bestimmungen des Arbeitsschutzes verstößt (§ 140 Abs. 2). Unzumutbar sind daher Beschäftigungen mit einer **sittenwidrigen Entlohnung**, was von den Arbeitsagenturen angenommen wird bei einem Arbeitsentgelt, das um 30 % und mehr unter dem tariflichen oder ortsüblichen Arbeitsentgelt liegt.[222] Beachtlich sind bei der **2**

222 GA zu § 140 Ziff. 140.4.

Auslegung in diesem Zusammenhang auch verfassungsrechtliche Vorgaben, etwa das Sozialstaatsprinzip (Art. 20 Abs. 1 GG) und das Grundrecht auf Berufsfreiheit (Art 12 GG).[223]

3. Personenbedingte Gründe

3 In § 140 Abs. 3 werden die dem Arbeitslosen personenbezogen zumutbaren **Verdiensteinbußen** geregelt. Diese betragen in den ersten drei Monaten der Arbeitslosigkeit bis zu 20 % des (Brutto-)Arbeitsentgelts, ausgehend von dem der Bemessung des Arbeitslosengeldes zu Grunde liegenden Bemessungsentgelt. Vom dritten bis zum sechsten Monat beträgt diese Quote 30 %. Schließlich ist vom siebten Monat der Arbeitslosigkeit an eine Beschäftigung bereits zumutbar, wenn das daraus erzielbare Nettoeinkommen abzüglich der Werbungskosten nicht niedriger ist als das Arbeitslosengeld. Ab dem siebten Monat werden somit nicht mehr die verschiedenen Bruttoeinkommen miteinander verglichen. Vielmehr ist prognostisch abzustellen auf das mutmaßlich **erzielbare Nettoeinkommen**, das mit dem bewilligten Arbeitslosengeld zu vergleichen ist. Überschreitet das erzielbare Nettoeinkommen das bewilligte Arbeitslosengeld auch nur geringfügig, so ist die Beschäftigung nach der Intention des § 140 Abs. 3 zwar zumutbar. Indes ist in diesen Fällen besonders kritisch zu prüfen, ob sich eine Unzumutbarkeit nicht aus allgemeinen Gründen ergibt, etwa weil eine sittenwidrige Entlohnung vorliegt oder aber zwingende gesetzliche (Mindestlohn) oder tarifliche Regelungen nicht eingehalten wurden.

4 § 140 Abs. 4 stellt bezogen auf die **räumliche Mobilität** des Arbeitslosen ebenfalls enorme Anforderungen. So ist eine Beschäftigung (erst) dann nicht mehr zumutbar, wenn Pendelzeiten von insgesamt mehr als zweieinhalb Stunden bei einer Arbeitszeit von mehr als sechs Stunden und Pendelzeiten von mehr als zwei Stunden bei einer Teilzeitarbeit von sechs Stunden und weniger mit der Beschäftigung verbunden sind. Außerdem hält das Gesetz einen Umzug bereits in den ersten drei Monaten der Arbeitslosigkeit für zumutbar, wenn nicht zu erwarten ist, dass der Arbeitslose innerhalb der ersten drei Monate der Arbeitslosigkeit eine Beschäftigung innerhalb des zumutbaren Pendelbereichs aufnehmen wird. Nach dem dritten Monat der Arbeitslosigkeit ist ein Umzug im Grundsatz immer zumutbar. Allerdings ist ein Umzug dann nicht zumutbar, wenn ihm ein wichtiger Grund entgegensteht, der sich insbesondere aus familiären Bindungen ergeben kann (§ 140 Abs. 4 Satz 6 und 7). Zu berücksichtigen sind also stets die besonderen Umstände des Einzelfalles. In Betracht kommt im Übrigen auch vorübergehend eine getrennte Haushaltsführung, was in § 140 Abs. 5 ausdrücklich erwähnt ist.

5 § 140 Abs. 5 stellt darüber hinaus klar, dass auch eine **befristete Beschäftigung** im Grundsatz zumutbar ist. Gleiches gilt für eine unterqualifizierte Beschäftigung. Zumutbar ist schließlich nach der Rechtsprechung des BSG auch eine Tätigkeit bei einer Leih- oder Zeitarbeitsfirma.[224]

---

223 Vgl. nur Estelmann in Eicher/Schlegel § 121 Rn. 125 ff.
224 Vgl. BSG – 08.11.2001 – B 11 AL 31/01 R.

§ 141 Persönliche Arbeitslosmeldung

(1) Die oder der Arbeitslose hat sich persönlich bei der zuständigen Agentur für Arbeit arbeitslos zu melden. Eine Meldung ist auch zulässig, wenn die Arbeitslosigkeit noch nicht eingetreten, der Eintritt der Arbeitslosigkeit aber innerhalb der nächsten drei Monate zu erwarten ist.

(2) Die Wirkung der Meldung erlischt

1. bei einer mehr als sechswöchigen Unterbrechung der Arbeitslosigkeit,

2. mit der Aufnahme der Beschäftigung, selbständigen Tätigkeit, Tätigkeit als mithelfende Familienangehörige oder als mithelfender Familienangehöriger, wenn die oder der Arbeitslose diese der Agentur für Arbeit nicht unverzüglich mitgeteilt hat.

(3) Ist die zuständige Agentur für Arbeit am ersten Tag der Beschäftigungslosigkeit der oder des Arbeitslosen nicht dienstbereit, so wirkt eine persönliche Meldung an dem nächsten Tag, an dem die Agentur für Arbeit dienstbereit ist, auf den Tag zurück, an dem die Agentur für Arbeit nicht dienstbereit war.

Inhaltsübersicht Rn.

Literatur

Dienstanweisung der Bundesagentur für Arbeit zu ehemals § 122 SGB Stand 9/2008, www.bundesagentur.de

1. Normzweck und allgemeiner Inhalt

§ 141 Abs. 1 Satz 1 regelt seit dem 01.08.1999 die Verpflichtung des Arbeitslosen, sich persönlich arbeitslos zu melden, wenn der Versicherungsfall der Arbeitslosigkeit tatsächlich eingetreten ist. Durch die Arbeitslosmeldung soll sichergestellt werden, dass die Agentur für Arbeit vom tatsächlichen Versicherungsfall der Arbeitslosigkeit Kenntnis erlangt, dessen Voraussetzungen überprüfen kann und erst dann Leistungen erbringt. Damit soll der Vorrang der Vermittlung nach § 4 gesichert und die Leistung von Arbeitslosengeld vermieden bzw. gekürzt werden. 1

Mit der Regelung des § 141 Abs. 1 Satz 2, der die Meldung schon drei Monate vor Eintritt der Arbeitslosigkeit zulässt, wird zum einen der Zweck verfolgt, frühzeitig mit Vermittlungsbemühungen beginnen zu können, aber auch, die übergangslose Leistung von Arbeitslosengeld nach Ende des Arbeitsverhältnisses zu gewährleisten.

Da unter den Vorgängerregelungen Zweifel hinsichtlich der Wirkungsdauer der persönlichen Arbeitslosmeldung bestanden, hat der Gesetzgeber nunmehr in § 141 Abs. 2 abschließend die beiden Fälle geregelt, in denen die persönliche Arbeitslosmeldung ihre Wirkung verliert. Dabei durchbricht der Tatbestand des § 141 Abs. 2 Nr. 2 die Grundregelung des § 141 Abs. 2 Nr. 1. Hintergrund ist die Sanktionierung jeder Form der Schwarzarbeit.

Die nach der Vorgängerregelung bis zum 01. 08. 1999 bestehende Verpflichtung, sich alle drei Monate bei der Agentur für Arbeit persönlich zu melden, wurde wegen des erheblichen Verwaltungsaufwands und wegen der den Leistungsmissbrauch vorbeugenden Regelung des § 309 aufgehoben.

Die Regelung des § 141 Abs. 3 hat den Zweck, Nachteile für Arbeitslose zu vermeiden, die aus Gründen, die die Agentur für Arbeit zu vertreten hat, den Verpflichtungen aus § 141 Abs. 1 Satz 1 nicht nachkommen können.

2. Arbeitslosmeldung

2 Die Arbeitslosmeldung ist eine der Voraussetzungen für den Anspruch auf Arbeitslosengeld (§ 137). Es handelt sich um eine reine Tatsachenanzeige und keine Willenserklärung. Sie kann daher nach Erreichen des mit ihr mitgeteilten Zeitpunkts der Arbeitslosigkeit[225] weder zurückgenommen noch kann sie angefochten werden.

Es besteht lediglich im Rahmen des § 137 Abs. 2 die Möglichkeit, über den Beginn des Arbeitslosengeldanspruchs zu disponieren. Der Arbeitslose, der in ein paar Tagen nach Ende des Arbeitsverhältnisses z. B. das 50. Lebensjahr vollendet, kann also bestimmen, dass sein Arbeitslosengeldanspruch erst mit Vollendung des 50. Lebensjahres beginnen soll und sich damit nach § 147 Abs. 2 den längeren Arbeitslosengeldanspruch sichern.

Die Agentur für Arbeit ist verpflichtet, den Arbeitslosen entsprechend zu beraten. Wird dies unterlassen, können Ansprüche aus dem sozialrechtlichen Herstellungsanspruch entstehen.[226]

Ab der Arbeitslosmeldung unterliegt der Arbeitslose den Mitwirkungspflichten gem. §§ 60 ff. SGB I.

2.1 Persönliche Meldung

3 Es bedarf der persönlichen Vorsprache. Die telefonische oder schriftliche Meldung reicht nicht.

Eine Vertretung durch Dritte ist nicht möglich. Eine Ausnahme von diesem Grundsatz besteht nach § 145 Abs. 1 Satz 3 für leistungsgeminderte Personen, die wegen gesundheitlicher Gründe nicht in der Lage sind, sich persönlich zu melden. In diesen Fällen kann ein Vertreter die Arbeitslosmeldung übernehmen. Sobald der Gesundheitszustand es zulässt, ist die persönliche Arbeitslosmeldung nachzuholen, damit die Meldung des Vertreters ihre Wirkung nicht verliert. In der Praxis ist auf entsprechende Beweisbarkeit der gesundheitlichen Gründe durch ärztliche Atteste oder zumindest Zeugen zu achten.

225 DA zu ehemals § 122 SGB III 2.1 Abs. 3.

226 BSG – 26. 10. 1994 – 11 RAr 5/94, SozR 3-1200; § 14 Nr. 16, s. Kommentierung zu § 14 Rn. 16 ff. SGB I.

2.2 Inhalt der Meldung

Es muss zu erkennen sein, dass die Agentur für Arbeit aufgesucht wird, um den Versicherungsfall der Arbeitslosigkeit anzuzeigen. Die bloße Entgegennahme von Antragsunterlagen durch den Betroffenen ohne weitere Erklärungen genügt nicht.[227] Abzugrenzen ist die Arbeitslosmeldung vom Vermittlungsauftrag (§ 35 ff.), der von jedem Arbeitssuchenden ohne Rücksicht auf den Bestand eines Arbeitsverhältnisses erteilt werden kann. Die Aufforderung an die Agentur für Arbeit, Vermittlungsbemühungen zu beginnen, stellt keine Arbeitslosmeldung dar. 4

Auch die Arbeitssuchendmeldung gem. § 38 SGB stellt keine Arbeitslosmeldung dar. Eine Ausnahme wird für THW-Helfer nach dem THW-Helfergesetz angenommen, die sich wegen eines plötzlichen Auslandseinsatzes nicht mehr persönlich arbeitslos melden können.[228]

In der Praxis wird oftmals die Abgabe der verschiedenen o.g. Erklärungen bei einer persönlichen Vorsprache im Zusammenhang mit dem bevorstehenden Eintritt der Beschäftigungslosigkeit verbunden.

2.3 Zeitpunkt der Meldung

Die Meldung hat spätestens am ersten Tag der Arbeitslosigkeit zu erfolgen, um den Arbeitslosengeldanspruch ab dem ersten Tag der Arbeitslosigkeit sicherzustellen. 5

Sie kann bereits erfolgen, wenn noch nicht alle anderen Anspruchsvoraussetzungen des § 137 SGB vorliegen; nach § 141 Abs. 1 Satz 2 jedoch längstens drei Monate vor dem zu erwartenden Eintritt der Arbeitslosigkeit. Wird das Arbeitsverhältnis durch Kündigung des Arbeitgebers zum 31. 05. 2012 beendet, kann eine Arbeitslosmeldung, die den Anspruch auf Arbeitslosengeld begründet, frühestens zum 01. 03. 2012 erfolgen, da dann der Eintritt der Arbeitslosigkeit innerhalb der nächsten drei Monate zu erwarten ist. Dies gilt auch für den Fall, dass eine Kündigungsschutzklage eingereicht wurde, über die noch nicht rechtskräftig entschieden ist.

3. Zuständige Arbeitsagentur

Welche Agentur für Arbeit zuständig ist, ergibt sich aus § 327 Abs. 1. Die Meldung kann bei der Agentur für Arbeit erfolgen, in deren Bezirk der Arbeitslose seinen Wohnsitz oder gewöhnlichen Aufenthaltsort bei Eintritt der leistungsbegründenden Tatbestände, also auch der Arbeitslosmeldung, hat. Erfolgt die Meldung bei einer unzuständigen Agentur, hat diese an die zuständige Agentur für Arbeit zu verweisen.[229] 6

Die Meldung bei einer anderen Behörde führt trotz § 16 SGB I nicht zum Entstehen

227 Landessozialgericht Hessen – 29. 4. 1993 – L 6 Ar 462/92.
228 DA zu ehemals § 122 2.1. Abs. 2 a Stand 9/2008.
229 Unterlässt die Behörde dies schuldhaft, macht sich die BA ggf. gem. § 839 BGB i. V. m. Art. 34 GG (Amtshaftung) schadensersatzpflichtig, vgl. Brand in Niesel/Brand § 122 Rn. 5.

des Anspruchs auf Arbeitslosengeld, da es sich bei der Meldung um die Mitteilung einer Tatsache und nicht um einen Antrag auf Sozialleistungen handelt.[230]

4. Wirkung der Arbeitslosmeldung

7 Die Meldung als eine der Anspruchsvoraussetzungen für das Arbeitslosengeld wirkt ausschließlich für die Zukunft. Eine rückwirkende Arbeitslosmeldung löst für die Vergangenheit keine Ansprüche aus. Ist das Arbeitsverhältnis z. B. zum 31.05.2012 beendet worden und meldet sich der Arbeitslose erst am 15.06. arbeitslos, entsteht der Anspruch auf Arbeitslosengeld erst ab dem 15.06.2012, vorausgesetzt, auch die übrigen Voraussetzungen nach § 137 SGB II liegen vor.

8 Eine Ausnahme von diesem Grundsatz ist in § 141 Abs. 3 normiert. Die Regelung ergibt sich aus dem Grundgedanken, dass der Arbeitslose nicht benachteiligt werden darf, der sich aus Gründen, die die Agentur für Arbeit zu vertreten hat, nicht am ersten Tag der Beschäftigungslosigkeit arbeitslos melden kann. Meldet sich dieser Betroffene am nächsten Tag, an dem die Agentur für Arbeit wieder dienstbereit ist, arbeitslos, greift zu seinen Gunsten eine Fiktion ein. Ist das Arbeitsverhältnis also zum 30.09.2012 gekündigt worden und will sich der Arbeitslose am Montag, den 01.10.2012, arbeitslos melden, kann die Meldung aber z. B. wegen einer Betriebsversammlung, die zu einer ganztägigen Schließung der Räume der Agentur für Arbeit führt, nicht erfolgen, wirkt die am 02.10.2012 erfolgte Arbeitslosmeldung ab dem 01.10.2012, so dass, wenn die übrigen Voraussetzungen des § 137 vorliegen, ab dem 01.10.2012 Arbeitslosengeld gezahlt wird. Es sei denn, der Arbeitslose bestimmt etwas anderes. Nach § 137 Abs. 2 kann der Arbeitslose nämlich bis zur Entscheidung über seinen Antrag bestimmen, ab welchem Tag der Anspruch tatsächlich entstehen soll.

9 Die Regelung des § 141 Abs. 3 ist entsprechend anzuwenden, wenn die Arbeitslosmeldung aus Gründen, die der Sphäre der Agentur für Arbeit zuzurechnen sind, nicht erfolgen konnte. Wird z. B. der Arbeitslose fälschlich darüber informiert, dass am ersten Tag der Arbeitslosigkeit keine Dienstbereitschaft der Agentur für Arbeit bestehe und meldet er sich aus diesem Grunde einen Tag später, greift die Fiktion nach zutreffender Meinung[231] ebenfalls ein. Für die Praxis muss sichergestellt werden, dass ein derartiger Hinweis beweisbar ist.

Nach der Dienstanweisung zu § 141 greift die Regelung des § 141 Abs. 3 auch ein, wenn der Arbeitslose sich rechtzeitig beim SGB II Träger gemeldet hat und dieser ihn nicht auf das Erfordernis der persönlichen Arbeitslosmeldung bei der Agentur für Arbeit hingewiesen hat.[232]

Inwieweit die Regelung analog auf den Fall angewandt werden kann, dass gravierende Gründe, die in der Sphäre des Arbeitslosen liegen, die Meldung verhindern, ist umstritten.[233] So hat z. B. das Hessische LSG[234] im Falle des Arbeitslosen, der sich bei Insolvenz

230 BSG – 19.03.1986 – 7 RAr 48/84, SozR 4100 § 105 Nr. 2.
231 Steinmeyer in Gagel § 122 Rn. 39, Brand in Niesel/Brand § 122 Rn. 13.
232 DA zu ehemals § 122 SGB III 2.1 Abs. 2 und 2.2 Abs. 4.
233 Steinmeyer in Gagel § 122 Rn. 38 f.
234 Landessozialgericht Hessen – 19.03.1984 – L 10 Ar 799/81.

des Arbeitgebers auf einer ausländischen Baustelle befindet, der späteren Arbeitslosmeldung Rückwirkung beigemessen.

Die Arbeitslosmeldung als Anspruchsvoraussetzung ist im Zusammenhang mit der Dauer des Arbeitslosengeldanspruchs gem. § 147 bedeutsam. Meldet sich der Arbeitslose kurz vor Vollendung des 55. Lebensjahres, hat er lediglich einen Anspruch auf 15 Monate Arbeitslosengeld, wartet er den 55. Geburtstag ab, um sich arbeitslos zu melden, besteht der Anspruch auf 18 Monate.[235] 10

Auch im Zusammenhang mit dem Eintritt von Sperrzeitfolgen kann die Arbeitslosmeldung entscheidend sein (§ 148 Abs. 2 Satz 2).[236]

Im Zusammenhang mit der Sicherung der Rentenansprüche und der Krankenversicherung gewinnt die Arbeitslosmeldung eine vom Leistungsbezug des Arbeitslosengeldes unabhängige Bedeutung. Zeiten der gemeldeten Arbeitslosigkeit sind Anrechnungszeiten i. S. d. SGB VI, so dass auch ohne Leistungsbezug die Arbeitslosmeldung erfolgen sollte.[237] 11

Zudem haben privat Krankenversicherte gem. § 205 Abs. 2 VVG die Möglichkeit, eine Krankheitskosten-, Krankentagegeld- oder eine Pflegekrankenversicherung innerhalb von 3 Monaten rückwirkend zu dem Zeitpunkt zu kündigen, in dem sie kraft Gesetzes kranken- und pflegeversicherungspflichtig werden. Dies ist ab dem Bezug des Arbeitslosengeldes der Fall (vgl. § 5 Abs. 2 Nr. 1 SGB V). Auch aus diesem Grund ist eine frühzeitige Arbeitslosmeldung zu empfehlen.

5. Erlöschen der Wirkung der Arbeitslosmeldung

Durch die Regelung des § 141 Abs. 2 wird der Arbeitslosmeldung eine bestimmte zeitliche Wirksamkeit zugesprochen, indem geregelt wird, in welchen Fällen die Wirkung der Meldung erlischt. Damit ist die Problematik der früheren Rechtsprechung des BSG zur Wirkung der Arbeitslosmeldung nur für einen Versicherungsfall entschärft. Solange die Arbeitslosmeldung wirksam ist, muss sie für die erneute Inanspruchnahme von Arbeitslosengeld nicht wiederholt werden. 12

Durch die Ablehnung eines Antrages auf Arbeitslosengeld erlischt die Wirkung der Arbeitslosmeldung nicht.

Ab Eintritt eines Erlöschenstatbestandes i. S. d. § 141 Abs. 2 fällt die Wirkung der Meldung für die Zukunft weg. Es muss eine neue Arbeitslosmeldung erfolgen, auch wenn möglicherweise die Leistungen der Agentur für Arbeit noch gar nicht eingestellt wurden. 13

Für die Zeit vor dem Erlöschen der Arbeitslosmeldung bleibt der Leistungsbezug rechtmäßig.

---

235 Sind in einem derartigen Fall Beratungsfehler der Behörde gegeben, kann der sozialrechtliche Wiederherstellungsanspruch eingreifen (s. dazu im Einzelnen Steinmeyer in Gagel § 122 Rn. 62 ff.).

236 Zu den Einzelheiten s. Steinmeyer in Gagel § 122 Rn. 29 ff.

237 S. zu den Einzelheiten Steinmeyer in Gagel § 122 Rn. 53 ff.

5.1 Unterbrechung der Arbeitslosigkeit

14 Die Wirkung der Arbeitslosmeldung erlischt bei mehr als sechswöchiger Unterbrechung der Arbeitslosigkeit. Aus welchem Grund die Arbeitslosigkeit unterbrochen wird, ist unerheblich. Dass kann z. B. die fehlende Verfügbarkeit (§ 138 Abs. 5), insbesondere wegen kurzfristig angezeigter Beschäftigung, Urlaubs-, Krankheits- oder Kurzeiten oder der Wegfall der Beschäftigungssuche (§ 139 Abs. 4) sein, weil der Arbeitslose seine Eigenbemühungen einstellt.

15 Der Sechswochenzeitraum muss zusammenhängend gegeben sein, um die Wirkung der Arbeitslosmeldung entfallen zu lassen. Die Wirkung der Arbeitslosmeldung erlischt nach Ablauf des 6-Wochenzeitraums. Erfolgt die Unterbrechung also am 01. 06. 2012, erlischt die Wirkung der Meldung am 13. 07. 2012. Wird der 6-Wochenzeitraum auch nur durch einen Tag, in dem die fehlenden Voraussetzungen wieder gegeben sind, unterbrochen, bleibt die Wirkung der Arbeitslosmeldung bestehen. Teilt der Arbeitslose z. B. am 01. 06. 2012 mit, er stehe der Arbeitsvermittlung nicht mehr zur Verfügung und erklärt er am 12. 07. 2012 gegenüber der AA, er stehe jetzt doch wieder zur Verfügung, um am 13. 07. 2012 erneut zu erklären, jetzt nicht mehr zur Verfügung zu stehen, liegt der durchgehende 6-Wochenzeitraum nicht vor und die Arbeitslosmeldung verliert ihre materielle Wirksamkeit nicht.

5.2 Aufnahme einer Beschäftigung

16 Nimmt der Arbeitslose eine Beschäftigung auf, die die Arbeitslosigkeit unterbricht und zeigt er dies nicht unverzüglich an, erlischt die Arbeitslosmeldung.

Beschäftigungen in diesem Sinne sind solche gem. § 138 Abs. 3, also die Aufnahme eines Arbeitsverhältnisses, einer versicherungsfreien Tätigkeit i. S. d. § 27,[238] selbständige Tätigkeit oder die Tätigkeit als mithelfender Familienangehöriger, die 15 Stunden oder mehr in der Woche umfasst.

Die unverzügliche Anzeige erfolgt, wenn die Meldung, die auch schriftlich oder per E-Mail möglich ist, ohne schuldhaftes Zögern[239] erfolgt. Dies bedeutet, dass eine genaue Frist nicht vorgeschrieben ist und dem Arbeitslosen eine angemessene Zeit zur Reaktion verbleiben muss. Als Regel kann eine Frist von drei Tagen angenommen werden, innerhalb derer die Meldung der Aufnahme der Beschäftigung erfolgen muss, allerdings bleibt immer der Einzelfall entscheidend.

5.3 Erklärung des Arbeitslosen

17 Ein vom Gesetz nicht geregelter, aber von der Rechtsprechung des BSG ebenfalls erfasster Fall des Erlöschens der Arbeitslosmeldung soll gegeben sein, wenn der Arbeitslose von Anfang an oder nachträglich die Wirkung seiner Arbeitslosmeldung eindeutig und ohne Vorbehalt auf den Zeitpunkt begrenzt, zu dem er eine andere Tätigkeit aufnehmen will.

---

238 BSG – 09. 02. 2006 – B 7a AL 58/05 R.
239 § 121 Abs. 1 BGB.

Teilt der Arbeitslose z. B. bei der Arbeitslosmeldung am 01. 06. 2012 mit, dass er zum 15. 08. 2012 einen Arbeitsvertrag bei einem neuen Arbeitgeber abgeschlossen habe, beschränkt sich die Arbeitslosmeldung auf den angegebenen Zeitraum.[240] Sollte sich daher die Arbeitsaufnahme nachträglich zerschlagen oder verschieben, ist dringend eine neue Arbeitslosmeldung erforderlich, damit der Anspruch auf Arbeitslosengeld fortbesteht.

§ 142 Anwartschaftszeit

(1) Die Anwartschaftszeit hat erfüllt, wer in der Rahmenfrist (§ 143) mindestens zwölf Monate in einem Versicherungspflichtverhältnis gestanden hat. Zeiten, die vor dem Tag liegen, an dem der Anspruch auf Arbeitslosengeld wegen des Eintritts einer Sperrzeit erloschen ist, dienen nicht zur Erfüllung der Anwartschaftszeit.

(2) Für Arbeitslose, die die Anwartschaftszeit nach Absatz 1 nicht erfüllen sowie darlegen und nachweisen, dass

1. **sich die in der Rahmenfrist zurückgelegten Beschäftigungstage überwiegend aus versicherungspflichtigen Beschäftigungen ergeben, die auf nicht mehr als zehn Wochen im Voraus durch Arbeitsvertrag zeit- oder zweckbefristet sind, und**
2. **das in den letzten zwölf Monaten vor der Beschäftigungslosigkeit erzielte Arbeitsentgelt die zum Zeitpunkt der Anspruchsentstehung maßgebliche Bezugsgröße nach § 18 Absatz 1 des Vierten Buches nicht übersteigt,**

gilt bis zum 31. Dezember 2014, dass die Anwartschaftszeit sechs Monate beträgt. § 27 Absatz 3 Nummer 1 bleibt unberührt.

Inhaltsübersicht Rn.

1. Normzweck und allgemeiner Inhalt

§ 142 (bis 31. 03. 2012: § 121) regelt durch die Definition der Anwartschaftszeit, die gem. 1
§ 137 Abs. 1 Nr. 3 eine der **Anspruchsvoraussetzungen für Arbeitslosengeld** bei Arbeitslosigkeit ist, dass ein Arbeitsloser der Gemeinschaft der Versicherten eine bestimmte Zeitdauer und innerhalb eines bestimmten Zeitrahmens (Rahmenfrist nach § 143) angehört haben muss, um einen Anspruch auf Arbeitslosengeld zu erwerben. Es wird dadurch einerseits der Kreis der Anspruchsberechtigten beschränkt. Andererseits beginnt mit Erfüllung der Anwartschaftszeit der verfassungsrechtlich gewährleistete **Eigentumsschutz** des Art. 14 Abs. 1 GG. Mit der Erfüllung der Anwartschaftszeit ist nämlich die Rechtsposition des Versicherten so gefestigt, dass er bei Eintritt von Arbeitslosigkeit damit rechnen kann, Arbeitslosengeld zu beziehen. Allerdings ist zu beachten, dass eine bereits erfüllte Anwartschaftszeit wegen der Rahmenfrist allein durch Zeitablauf wieder verloren gehen kann. Es handelt sich um eine fließende Anwartschaft.[241]

240 BSG – 07. 09. 2000 – B 7 AL 2/00 R.

241 Vgl. Söhngen in Eicher/Schlegel § 123 Rn. 1.

2. Regelfall: Anwartschaftszeit von zwölf Monaten

2 Im Regelfall muss der Arbeitslose zur Erfüllung der Anwartschaftszeit mindestens 12 Monate in einem **Versicherungspflichtverhältnis** gestanden haben (Abs. 1). Nach **§ 24 Abs. 1** stehen Personen in einem Versicherungspflichtverhältnis, die als Beschäftigte oder aus sonstigen Gründen versicherungspflichtig sind. Den Personenkreis der Beschäftigten umschreibt § 25, den der sonstigen Versicherungspflichtigen § 26. Eine Versicherungspflicht nach § 26 wird etwa durch der Bezug von Mutterschaftsgeld (§ 26 Abs. 2 Nr. 1 Alt 1), Zeiten der Erziehung und Betreuung eines Kindes bis zum dritten Lebensjahr (§ 26 Abs. 2 a) und durch den Bezug einer Rente wegen voller Erwerbsminderung (§ 26 Abs. 2 Nr. 3) begründet, wenn vor dem Beginn der Zeiten Versicherungspflicht bestanden hat.

3 Außerdem besteht seit dem 01. 02. 2006 gem. § 28 a für verschiedene Personengruppen (Pflegepersonen, Selbständige und Beschäftigte in einem Nicht-EU-Staat) erstmals die Möglichkeit, unter bestimmten Voraussetzungen ein **Versicherungspflichtverhältnis auf Antrag** zu begründen.[242]

4 Die **Mindestzeit** von zwölf Monaten muss nicht durch zusammenhängende Zeiten erreicht werden. Unterbrechungen sind zulässig. Allerdings dienen nach Abs. 1 Satz 2 Zeiten, die vor dem Tag liegen, an dem der Anspruch auf Arbeitslosengeld wegen des Eintritts einer Sperrzeit erloschen ist (§ 161 Abs. 1 Nr. 2), nicht zur Erfüllung der Anwartschaftszeit.

5 Ein **Versicherungspflichtverhältnis** kann nur dann zur Erfüllung der Anwartschaftszeit führen, wenn es **tatsächlich** – seiner Art nach – **bestanden hat**. D. h. Leistungsrecht und Beitragsrecht fallen in der Arbeitslosenversicherung auseinander: Einerseits steht die fehlende Entrichtung von Beiträgen im Rahmen eines Versicherungspflichtverhältnisses einem Anspruch auf Leistungen nicht entgegen. Andererseits vermag die tatsächliche Zahlung von Beiträgen im Falle eines nicht bestehenden Versicherungspflichtverhältnisses eine Anwartschaftszeit nicht zu begründen. Es gibt keine so genannte Formalversicherung. Die Arbeitslosenversicherung soll nur dem vom Gesetzgeber als schutzwürdig angesehenen Personenkreis zugutekommen.[243]

6 Allerdings kann ein Versicherungspflichtverhältnis in diesem beitragsrechtlichen Sinne (vgl. hierzu bereits oben § 138) bestehen, obwohl eine Arbeitsleistung nicht (mehr) erbracht wird. Von Bedeutung ist dies u. a. bei einer unwiderruflichen **Freistellung von der Arbeit** trotz bestehendem Arbeitsverhältnis, wenn bereits eine Einigung über das Ende des Arbeitsverhältnisses getroffen worden ist. Hierzu hat das BSG ausgeführt, dass die tatsächliche Arbeitsleistung durch andere Umstände ersetzt werden kann, insbesondere, wenn das Arbeitsverhältnis bereits in der Vergangenheit tatsächlich vollzogen worden war. Dies hat es überzeugend mit dem Schutzzweck der Sozialversicherung begründet.[244]

---

242 Dazu Winkel, SozSich 2006, S. 15; Wenner, SozSich 2006, S. 200.
243 Dazu BSG – 06.02.1992 – 7 RAr 134/90; BSG – 29.01.2008 – B 7/7a AL 70/06 R.
244 Vgl. BSG – 24.09.2008 – B 12 KR 22/07 R – m. w. N. zur bisherigen Rechtsprechung.

3. Verkürzte Anwartschaftszeit nach Abs. 2

Für einen begrenzten Personenkreis – nach der Gesetzesbegründung Kulturschaffende und Künstler[245] – lässt der zum 01.08.2009 neu geschaffene Abs. 2 eine verkürzte **Anwartschaftszeit** von nur **6 Monaten** zu. Voraussetzung ist, dass die Regelanwartschaftszeit von zwölf Monaten nicht erfüllt wird, aber mit einer gewissen Regelmäßigkeit Kurzbeschäftigungen ausgeübt wurden (Abs. 2 Nr. 1). Zudem darf der Verdienst eine bestimmte Entgeltgrenze nicht überschreiten (Abs. 2 Nr. 2). Diese komplizierte Ausnahmeregelung war zunächst lediglich bis zum 01.08.2012 anwendbar.[246] Durch Art. 4a des Psych-Entgeltgesetzes vom 21. Juli 2012[247] ist der Zeitraum der Anwendbarkeit bis zum 31.12.2014 verlängert worden. Im Übrigen wird in Abs. 2 Satz 1 Nr. 1 nun auf bis zu zehn Wochen (bisher: sechs Wochen) befristete Beschäftigungen abgestellt. 7

§ 143 Rahmenfrist

(1) Die Rahmenfrist beträgt zwei Jahre und beginnt mit dem Tag vor der Erfüllung aller sonstigen Voraussetzungen für den Anspruch auf Arbeitslosengeld.

(2) Die Rahmenfrist reicht nicht in eine vorangegangene Rahmenfrist hinein, in der die oder der Arbeitslose eine Anwartschaftszeit erfüllt hatte.

(3) In die Rahmenfrist werden Zeiten nicht eingerechnet, in denen die oder der Arbeitslose von einem Rehabilitationsträger Übergangsgeld wegen einer berufsfördernden Maßnahme bezogen hat. In diesem Fall endet die Rahmenfrist spätestens fünf Jahre nach ihrem Beginn.

Inhaltsübersicht

1. Normzweck und allgemeiner Inhalt

§ 143 (bis 31.03.2012: § 123) definiert den Begriff Rahmenfrist, der ein **Tatbestandsmerkmal der in § 142 geregelten Anwartschaftszeit** ist. Während § 142 grundsätzlich festlegt, dass ein Arbeitsloser der Gemeinschaft der Versicherten eine bestimmte Zeitdauer und innerhalb eines bestimmten Zeitrahmens angehört haben muss, um einen Arbeitslosengeldanspruch zu haben, konkretisiert § 143 diesen Zeitrahmen. Nicht nur ein bestimmter Umfang von Versicherungszeiten ist Anspruchsvoraussetzung, sondern auch, dass diese Versicherungszeiten noch eine gewisse **zeitliche Nähe zum Eintritt des Versicherungsfalles** der Arbeitslosigkeit aufweisen, also nicht allzu lange zurückliegen. Der durch die Arbeitslosenversicherung geschützte Personenkreis wird mithin über die Zeitschiene weiter eingegrenzt. Dies hat zur Folge, dass eine bereits erfüllte Anwartschaftszeit allein durch Zeitablauf wieder verloren gehen kann (vgl. auch Kommentierung zu § 142). 1

245 Vgl. BT-Drs. 15/13424, 32 f.

246 Zu den Einzelheiten vgl. Söhngen in Eicher/Schlegel § 123 Rn. 42 a ff.

247 BGBl. I, S. 1613.

2 § 143 Abs. 2 bestimmt, dass die Rahmenfrist nicht in eine vorangegangene Rahmenfrist hineinreichen darf. Die Regelung trägt damit dem allgemeinen Rechtsgrundsatz Rechnung, dass ein Versicherungspflichtverhältnis nicht mehrmals eine Anwartschaftszeit begründen kann. Es soll nicht auf Tatbestände abgestellt werden, die bereits für einen früheren Anspruch auf Arbeitslosengeld bestimmend waren.[248]

3 Schließlich wird mit § 143 Abs. 3 durch die **Ausweitung der Rahmenfrist** die soziale Sicherung für solche Arbeitnehmer erhöht, die an einer berufsfördernden Maßnahme zur Rehabilitation teilgenommen und Übergangsgeld bezogen haben.

2. Dauer, Beginn und Lage der Rahmenfrist

4 Die Rahmenfrist beträgt zwei Jahre. § 124 Abs. 1 in der bis zum 31. 12. 2004 geltenden Fassung sah noch eine Rahmenfrist von drei Jahren vor, die der Gesetzgeber nicht mehr für geboten hielt.[249] Die Rahmenfrist beginnt mit dem **Tag vor der Erfüllung aller sonstigen Voraussetzungen** für den Anspruch auf Arbeitslosengeld. »Sonstige«, also neben der Anwartschaftszeit erforderliche Voraussetzungen sind nach § 137 das Vorliegen von Arbeitslosigkeit und die persönliche Arbeitslosmeldung. Mit »Anspruch« ist in diesem Zusammenhang (nur) gemeint, dass ein Anspruch dem Grunde nach entsteht (so genanntes **Stammrecht** auf Arbeitslosengeld).[250] Dieses Stammrecht ist zu unterscheiden von der Berechtigung, auch eine konkrete Zahlung verlangen zu können, die nicht zwingend mit dem Stammrecht verbunden ist.[251] Deshalb sind Ruhenstatbestände, beispielsweise der Eintritt einer Sperrzeit oder die Anrechnung einer Abfindung, für den Beginn der Rahmenfrist nicht von Bedeutung, wenn das Stammrecht und damit der »Anspruch« entstanden ist.

5 Wenn also Arbeitslosengeld – etwa während eines Kündigungsschutzverfahrens – zunächst im Wege der **Gleichwohlgewährung** nach § 157 Abs. 3 (vgl. dazu Kommentierung zu § 157) erbracht wird, ist das Stammrecht und damit der Anspruch i. S. d. § 137 entstanden. In diesen Fällen kann der Arbeitslose sehr oft trotz bereits eingetretener Arbeitslosigkeit noch Arbeitsentgelt oder eine Urlaubsabgeltung beanspruchen, so dass der Anspruch an sich nach § 157 Abs. 1 oder Abs. 2 ruht. Arbeitslosengeld wird aber »gleichwohl« gewährt, weil der Arbeitslose tatsächlich keine Leistungen von seinem Arbeitgeber erhält. Nach der ständigen Rechtsprechung des BSG erfolgt auch in diesen Fällen keine vorläufige Gewährung oder eine Zahlung unter Vorbehalt, sondern es wird ein Anspruch endgültig zugesprochen.[252] Die Rahmenfrist und die Anwartschaftszeit werden ebenso wie der Bemessungszeitraum endgültig festgelegt. Eine nachträgliche Korrektur erfolgt selbst dann nicht, wenn der Arbeitgeber später das beanspruchte Entgelt

248 Vgl. BSG – 01. 04. 1993 – 7 RAr 68/92.

249 BT-Drs. 15/1515, S. 84; vgl. – auch zur Kritik an der Neuregelung – Söhngen in Eicher/Schlegel, § 124 Rn. 22, 26.

250 So bereits zum AFG BSG – 09. 08. 1990 – 11 RAr 141/88.

251 Vgl. etwa BSG – 21. 06. 2001 – B 7 AL 54/00 R; ausführlich Spellbrink in Eicher/Schlegel, § 118 Rn. 23 f.

252 Vgl. BSG – 20.06. 2002 – B 7 AL 108/01 R.

noch zahlt. Allerdings verlängert sich der Anspruch auf Arbeitslosengeld um die Tage, für die die Bundesagentur Zahlungen des Arbeitgebers erhält (vgl. Kommentierung zu § 148). Die Zeit des fortbestehenden Arbeitsverhältnisses mit Anspruch auf Arbeitsentgelt dient der Begründung einer neuen Anwartschaft. Soweit der Arbeitslose dadurch Nachteile hat, weil z. B. eine höhere Anspruchsdauer (vgl. § 147 Abs. 1 u. 2) nachträglich nicht mehr festgesetzt wird, sind diese Nachteile durch den Vorteil einer raschen Zahlung der Leistung gerechtfertigt.[253]

Kein Stammrecht entsteht allerdings, wenn der Arbeitslose zum Zeitpunkt der Arbeitslosmeldung und Eintritt der Arbeitslosigkeit die Anwartschaftszeit noch nicht erfüllt hat. Meldet sich der Versicherte arbeitslos, bevor die Anwartschaftszeit erfüllt ist, beginnt daher auch noch keine Rahmenfrist. Diese beginnt vielmehr erst dann, wenn auch die Anwartschaftszeit als Voraussetzung für den Anspruch auf Arbeitslosengeld erfüllt ist,[254] was etwa Arbeitnehmern zugutekommt, die zu einem Zeitpunkt gekündigt werden, zu dem die Anwartschaftszeit nicht erfüllt ist, bei denen sich aber das Arbeitsverhältnis und damit auch die Anwartschaftszeit in Folge eines Kündigungsschutzverfahrens verlängert. **6**

3. Ausnahmeregelung bei Bezug von Übergangsgeld

Nach § 143 Abs. 3 werden Zeiten nicht in die Rahmenfrist eingerechnet, in denen der Arbeitslose von einem Rehabilitationsträger **Übergangsgeld** wegen einer berufsfördernden Maßnahme bezogen hat. Dies bedeutet in der Sache eine Verlängerung der Rahmenfrist auf bis zu fünf Jahre und hat seinen Grund darin, dass der Bezug von Übergangsgeld während einer berufsfördernden Maßnahme – anders als der Bezug von Übergangsgeld während einer medizinischen Rehabilitation (§ 26 Abs. 2 Nr. 1) – keinen Versicherungspflichttatbestand darstellt. Ohne die Regelung in Abs. 3 wäre ein Bezug von Arbeitslosengeld nach dem Ende einer berufsfördernden Maßnahme nur möglich, wenn diese kürzer als ein Jahre wäre. **7**

§ 144 Anspruchsvoraussetzungen bei beruflicher Weiterbildung

(1) Anspruch auf Arbeitslosengeld hat auch, wer die Voraussetzungen für einen Anspruch auf Arbeitslosengeld bei Arbeitslosigkeit allein wegen einer nach § 81 geförderten beruflichen Weiterbildung nicht erfüllt.

(2) Bei einer Arbeitnehmerin oder einem Arbeitnehmer, die oder der vor Eintritt in die Maßnahme nicht arbeitslos war, gelten die Voraussetzungen eines Anspruchs auf Arbeitslosengeld bei Arbeitslosigkeit als erfüllt, wenn sie oder er

1. **bei Eintritt in die Maßnahme einen Anspruch auf Arbeitslosengeld bei Arbeitslosigkeit hätte, der weder ausgeschöpft noch erloschen ist, oder**
2. **die Anwartschaftszeit im Fall von Arbeitslosigkeit am Tag des Eintritts in die Maßnahme der beruflichen Weiterbildung erfüllt hätte; insoweit gilt der Tag des Eintritts in die Maßnahme als Tag der persönlichen Arbeitslosmeldung.**

---

253 Näher dazu Söhngen in Eicher/Schlegel, § 124 Rn. 28.

254 So BSG – 03.06.2004 – B 11 AL 70/03.

Inhaltsübersicht

1. Normzweck

1 § 144 (bis 31.03.2012: § 124a) beruht darauf, dass mit dem Dritten Gesetz für moderne Dienstleistungen am Arbeitsmarkt vom 23.12.2003[255] ab dem 01.01.2005 das Arbeitslosengeld und **frühere Unterhaltsgeld** zu einer einheitlichen Versicherungsleistung Arbeitslosengeld bei Arbeitslosigkeit und Arbeitslosengeld bei beruflicher Weiterbildung zusammengefasst worden sind (§§ 116 Nr. 1, 117 Abs. 1 jeweils in der bis zum 31.03.2012 geltenden Fassung; jetzt § 136 Abs. 1). Die Leistung Unterhaltsgeld ist vollständig in die rechtlichen Strukturen des bisherigen Arbeitslosengeldes eingefügt worden und als eigene Leistung bei Weiterbildung entfallen.[256] Ziel dieser Zusammenfassung war die Vereinfachung des Leistungsrechts.[257]

2. Allgemeiner Inhalt

2 § 144 Abs. 1 enthält die Grundnorm mit dem Regelungsinhalt, dass – positiv formuliert – ein Anspruch auf Arbeitslosengeld (auch) besteht, obwohl eine nach § 81 geförderte berufliche Weiterbildung stattfindet; die berufliche **Weiterbildung** muss der **alleinige Grund** sein dafür, dass nach § 137 kein Anspruch auf Arbeitslosengeld bei Arbeitslosigkeit besteht. Ein solcher Anspruch ist regelmäßig ausgeschlossen, weil während der Weiterbildung keine Verfügbarkeit nach § 138 Abs. 5 und damit keine Arbeitslosigkeit vorliegen (vgl. auch Kommentierung zu § 139 Rn. 6).

3 Beginnt ein Arbeitnehmer die geförderte **Weiterbildung, ohne** dass er zuvor **arbeitslos** war, gilt nach § 144 Abs. 2 der Tag des Eintritts in die Maßnahme als Tag der persönlichen Arbeitslosmeldung und auch insoweit die Weiterbildung als alleinige Ursache für den fehlenden Leistungsanspruch nach § 137.

4 Ausdrücklich nicht geregelt sind in § 144 die Einzelheiten zum **Umfang des Anspruchs** auf Arbeitslosengeld bei beruflicher Weiterbildung. Diese ergeben sich in gleicher Weise, wie das für das Arbeitslosengeld bei Arbeitslosigkeit der Fall ist, aus den **§§ 145–161**. Eine Sonderregelung enthält allein § 155 Abs. 4 zur Anrechnung von Einkünften.

§ 145 Minderung der Leistungsfähigkeit

(1) Anspruch auf Arbeitslosengeld hat auch eine Person, die allein deshalb nicht arbeitslos ist, weil sie wegen einer mehr als sechsmonatigen Minderung ihrer Leistungsfähigkeit versicherungspflichtige, mindestens 15 Stunden wöchentlich umfassende Beschäftigungen nicht unter den Bedingungen ausüben kann, die auf dem für sie in

---

255 BGBl. I, 2848.
256 Vgl. BT-Drs. 15/1515, S. 82.
257 Vgl. zu den Einzelheiten Söhngen, SGb 2005, 261 ff.

Betracht kommenden Arbeitsmarkt ohne Berücksichtigung der Minderung der Leistungsfähigkeit üblich sind, wenn eine verminderte Erwerbsfähigkeit im Sinne der gesetzlichen Rentenversicherung nicht festgestellt worden ist. Die Feststellung, ob eine verminderte Erwerbsfähigkeit vorliegt, trifft der zuständige Träger der gesetzlichen Rentenversicherung. Kann sich die leistungsgeminderte Person wegen gesundheitlicher Einschränkungen nicht persönlich arbeitslos melden, so kann die Meldung durch eine Vertreterin oder einen Vertreter erfolgen. Die leistungsgeminderte Person hat sich unverzüglich persönlich bei der Agentur für Arbeit zu melden, sobald der Grund für die Verhinderung entfallen ist.

(2) Die Agentur für Arbeit hat die leistungsgeminderte Person unverzüglich aufzufordern, innerhalb eines Monats einen Antrag auf Leistungen zur medizinischen Rehabilitation oder zur Teilhabe am Arbeitsleben zu stellen. Stellt sie diesen Antrag fristgemäß, so gilt er im Zeitpunkt des Antrags auf Arbeitslosengeld als gestellt. Stellt die leistungsgeminderte Person den Antrag nicht, ruht der Anspruch auf Arbeitslosengeld vom Tag nach Ablauf der Frist an bis zum Tag, an dem sie einen Antrag auf Leistungen zur medizinischen Rehabilitation oder zur Teilhabe am Arbeitsleben oder einen Antrag auf Rente wegen Erwerbsminderung stellt. Kommt die leistungsgeminderte Person ihren Mitwirkungspflichten gegenüber dem Träger der medizinischen Rehabilitation oder der Teilhabe am Arbeitsleben nicht nach, so ruht der Anspruch auf Arbeitslosengeld von dem Tag nach Unterlassen der Mitwirkung bis zu dem Tag, an dem die Mitwirkung nachgeholt wird. Satz 4 gilt entsprechend, wenn die leistungsgeminderte Person durch ihr Verhalten die Feststellung der Erwerbsminderung verhindert.

(3) Wird der leistungsgeminderten Person von einem Träger der gesetzlichen Rentenversicherung wegen einer Maßnahme zur Rehabilitation Übergangsgeld oder eine Rente wegen Erwerbsminderung zuerkannt, steht der Bundesagentur ein Erstattungsanspruch entsprechend § 103 des Zehnten Buches zu. Hat der Träger der gesetzlichen Rentenversicherung Leistungen nach Satz 1 mit befreiender Wirkung an die leistungsgeminderte Person oder einen Dritten gezahlt, hat die Empfängerin oder der Empfänger des Arbeitslosengeldes dieses insoweit zu erstatten.

Inhaltsübersicht Rn.

1. Normzweck und allgemeiner Inhalt

§ 145 (bis 31.03.2012: § 125) enthält die in der Praxis sehr bedeutsame »**Nahtlosigkeitsregelung**«. Sie soll sicherstellen, dass in ihrer Leistungsfähigkeit geminderte Anspruchsteller auch dann Leistungen erhalten können, wenn der Rentenversicherungsträger und die Arbeitsverwaltung das **Leistungsvermögen unterschiedlich beurteilen** und die Anspruchsvoraussetzungen sowohl für Arbeitslosengeld als auch für eine Versichertenrente wegen Erwerbsminderung jeweils ablehnen. Das sind die Fälle, in denen der Rentenver- 1 sicherungsträger eine verminderte Erwerbsfähigkeit verneint, die Arbeitsagentur eine solche aber annimmt. § 145 löst diesen Kompetenzkonflikt dadurch, dass er – zu Lasten der Arbeitsverwaltung – unter bestimmten Voraussetzungen die ggf. nicht vorliegende Leistungsfähigkeit und damit die Verfügbarkeit als Anspruchsvorrausetzung für das Arbeitslosengeld bei Arbeitslosigkeit fingiert, solange bis der Rentenversicherungsträger hierzu Feststellungen getroffen hat.

2 § 145 Abs. 1 regelt die allgemeinen Voraussetzungen für die Anwendbarkeit der Nahtlosigkeitsregelung, Abs. 2 beschreibt die besonderen Mitwirkungspflichten desjenigen, der Ansprüche geltend macht, und Abs. 3 regelt sich möglicherweise ergebende Erstattungsansprüche der Leistungsträger untereinander, was für den Arbeitslosen aber keine besondere Bedeutung hat.

2. Anspruch bei Minderung der Leistungsfähigkeit

3 § 145 Abs. 1 betrifft nur das Verhältnis Rentenversicherungsträger zu Arbeitsverwaltung. Er greift ein bei einer **mehr als sechsmonatigen Leistungseinschränkung**. Hiervon abzugrenzen sind die Fälle kürzerer Zeiträume einer Leistungseinschränkung oder sonstige Fälle bestehender Arbeitsunfähigkeit (vgl. dazu auch § 146). In diesen Fällen besteht in der Regel keine Anspruchslücke, weil zunächst für sechs Wochen die Leistungsfortzahlung bei Arbeitsunfähigkeit nach § 146 durch die Arbeitsagentur und anschließend die Zahlung von Krankengeld durch die Krankenversicherung zu erfolgen hat.

4 § 145 ist auch nach der Zahlung von **Krankengeld** für den Maximalzeitraum von 78 Wochen, also nach der Aussteuerung, anzuwenden. Ausgeschlossen ist die Zahlung von Leistungen nach § 145 nur dann, wenn zweifelsfrei davon auszugehen ist, dass die bestehende Leistungseinschränkung innerhalb von sechs Monaten behoben werden kann.[258]

5 Anspruchsvoraussetzung ist neben der Leistungseinschränkung, dass der **Rentenversicherungsträger** eine verminderte Erwerbsfähigkeit im Sinne der gesetzlichen Rentenversicherung noch nicht festgestellt hat. Sobald die verminderte Erwerbsfähigkeit festgestellt ist, scheidet der Anspruch nach § 145 also aus. Ab diesem Zeitpunkt sieht der Gesetzgeber keine Rechtfertigung mehr dafür, dass die Arbeitslosenversicherung für den Lebensunterhalt einzutreten hat. In der Regel wird dann der Rentenversicherungsträger Leistungen erbringen. Liegen die Leistungsvoraussetzung trotz festgestellter verminderter Erwerbsfähigkeit nicht vor, etwa weil die Wartezeit nicht erfüllt ist, haben andere Leistungsträger einzustehen, etwa der Sozialhilfe- oder Grundsicherungsträger.

6 Als **Rechtsfolge** sieht § 145 Abs. 1 Satz 1 vor, dass bis zur Feststellung trotz der fehlenden Arbeitslosigkeit ein Anspruch auf Arbeitslosengeld besteht. Die **objektive Verfügbarkeit** – und nur diese – als Voraussetzung der Arbeitslosigkeit wird insoweit **fingiert**. Es besteht ein Anspruch auf Arbeitslosengeld nach § 145 auch dann, wenn der Rentenversicherungsträger eine verminderte Erwerbsfähigkeit verneint hat, der Anspruchsteller sich hiergegen aber noch wehrt.[259] In Betracht kommt des Weiteren, dass – trotz

---

258 So bereits zum AFG BSG – 26.05.1977 – 12 RAr 13/77.
259 Vgl. BSG – 09.09.1999 – B 11 AL 13/99 R, noch zu § 105 a AFG.

festgestellter verminderter Erwerbsfähigkeit – die Arbeitsagentur in eigener Zuständigkeit noch ein Restleistungsvermögen feststellt, das ausreicht, um Arbeitslosigkeit nach § 138 zu bejahen. In diesen Fällen kann ein – u. U. nach § 151 Abs. 5 geminderter – Leistungsanspruch nach § 137 bestehen, ohne dass § 145 zur Anwendung kommt.

Besonders geregelt ist in § 145 Abs. 1, dass abweichend vom Grundsatz der persönlichen Arbeitslosmeldung die **Arbeitslosmeldung** auch **durch einen Vertreter** für den Anspruchssteller erfolgen kann, wenn dieser durch seine Leistungseinschränkung hieran gehindert ist. **7**

3. Mitwirkungspflichten des Anspruchstellers

Nach § 145 Abs. 2 besteht für die leistungsgeminderte Person die Pflicht, innerhalb eines **8**
Monats nach Aufforderung durch die Arbeitsagentur einen **Antrag auf Leistungen zur medizinischen Rehabilitation** oder zur Teilhabe am Arbeitsleben zu stellen. Sinn der Regelung ist es, ein Verfahren zur Klärung der Leistungsfähigkeit in Gang zu bringen, an dessen Ende eine Entscheidung des Rentenversicherungsträgers zur Leistungsfähigkeit steht, der auch den Anspruch nach § 145 beendet. Wird dieser Antrag nicht gestellt oder kommt die leistungsgeminderte Person im Rahmen der Reha- oder Teilhabemaßnahmen ihren Mitwirkungspflichten nicht nach, ruht der Anspruch nach § 145. Gleiches gilt, wenn sie durch ihr Verhalten die Feststellung der Erwerbsfähigkeit verhindert. Das Ruhen endet, wenn die Mitwirkung nachgeholt wird (§ 145 Abs. 3 Satz 4).

§ 146 Leistungsfortzahlung bei Arbeitsunfähigkeit

(1) Wer während des Bezugs von Arbeitslosengeld infolge Krankheit unverschuldet arbeitsunfähig oder während des Bezugs von Arbeitslosengeld auf Kosten der Krankenkasse stationär behandelt wird, verliert dadurch nicht den Anspruch auf Arbeitslosengeld für die Zeit der Arbeitsunfähigkeit oder stationären Behandlung mit einer Dauer von bis zu sechs Wochen (Leistungsfortzahlung). Als unverschuldet im Sinne des Satzes 1 gilt auch eine Arbeitsunfähigkeit, die infolge einer durch Krankheit erforderlichen Sterilisation durch eine Ärztin oder einen Arzt oder infolge eines nicht rechtswidrigen Abbruchs der Schwangerschaft eintritt. Dasselbe gilt für einen Abbruch der Schwangerschaft, wenn die Schwangerschaft innerhalb von zwölf Wochen nach der Empfängnis durch eine Ärztin oder einen Arzt abgebrochen wird, die Schwangere den Abbruch verlangt und der Ärztin oder dem Arzt durch eine Bescheinigung nachgewiesen hat, dass sie sich mindestens drei Tage vor dem Eingriff von einer anerkannten Beratungsstelle beraten lassen hat.

(2) Eine Leistungsfortzahlung erfolgt auch im Fall einer nach ärztlichem Zeugnis erforderlichen Beaufsichtigung, Betreuung oder Pflege eines erkrankten Kindes der oder des Arbeitslosen mit einer Dauer von bis zu zehn Tagen, bei alleinerziehenden Arbeitslosen mit einer Dauer von bis zu 20 Tagen für jedes Kind in jedem Kalenderjahr, wenn eine andere im Haushalt der oder des Arbeitslosen lebende Person diese Aufgabe nicht übernehmen kann und das Kind das zwölfte Lebensjahr noch nicht vollendet hat oder behindert und auf Hilfe angewiesen ist. Arbeitslosengeld wird

jedoch für nicht mehr als 25 Tage, für alleinerziehende Arbeitslose für nicht mehr als 50 Tage in jedem Kalenderjahr fortgezahlt.

(3) Die Vorschriften des Fünften Buches, die bei Fortzahlung des Arbeitsentgelts durch den Arbeitgeber im Krankheitsfall sowie bei Zahlung von Krankengeld im Fall der Erkrankung eines Kindes anzuwenden sind, gelten entsprechend.

Inhaltsübersicht

1. Normzweck

1 § 146 (bis 31.03.2012: § 126) hat den Zweck, bei **kurzfristigen Erkrankungen** – ähnlich den Regelungen im Entgeltfortzahlungsgesetz – den Arbeitslosengeldbeziehern für sechs Wochen den Anspruch zu erhalten, um ihnen einen Wechsel der Sozialleistungsträger zu ersparen. Wirtschaftlich ist dies für die Arbeitslosen ohne Bedeutung, weil die Höhe des Krankengeldes bei vorangegangenem Arbeitslosengeldbezug der des Arbeitslosengeldes entspricht (§ 47b SGB V).

2. Allgemeiner Inhalt

2 Der Anspruch auf Leistungsfortzahlung besteht nach § 146 Abs. 1 bei **Arbeitsunfähigkeit**, stationärer Behandlung, Sterilisation und bei einem Schwangerschaftsabbruch. Entsprechend den Regelungen im SGB V zum Krankengeld muss die Arbeitsunfähigkeit unverschuldet sein.

3 Bezugspunkt für die Beurteilung der Arbeitsunfähigkeit sind bei einer Erkrankung während des Arbeitslosengeldbezugs die Beschäftigungen, für die sich der Arbeitslose zur Verfügung gestellt hat. Einen darüber hinausgehenden krankenversicherungsrechtlichen »Berufsschutz« gibt es nicht.[260]

4 Die in § 146 Abs. 2 zur begrenzten Leistungsfortzahlung bei der **Betreuung und Pflege eines Kindes** genannten Voraussetzungen folgen weitgehend dem entsprechenden Anspruch auf Krankengeld nach § 45 Abs. 1 und Abs. 2 SGB V. Auch im Übrigen sind gem. § 146 Abs. 3 die Vorschriften des SGB V bei Fortzahlung des Arbeitsentgelts durch den Arbeitgeber im Krankheitsfall sowie bei Zahlung von Krankengeld im Fall der Erkrankung eines Kindes entsprechend anwendbar. Auf die entsprechenden Kommentierungen zum SGB V wird Bezug genommen.

260 BSG – 04.04.2006 – B 1 KR 21/05 R.

Viertes Kapitel
Arbeitslosengeld und Insolvenzgeld

Erster Abschnitt
Arbeitslosengeld

Dritter Unterabschnitt
Anspruchsdauer

§ 147 Grundsatz

(1) Die Dauer des Anspruchs auf Arbeitslosengeld richtet sich nach

1. der Dauer der Versicherungspflichtverhältnisse innerhalb der um drei Jahre erweiterten Rahmenfrist und

2. dem Lebensalter, das die oder der Arbeitslose bei der Entstehung des Anspruchs vollendet hat.

Die Vorschriften des Ersten Unterabschnitts zum Ausschluss von Zeiten bei der Erfüllung der Anwartschaftszeit und zur Begrenzung der Rahmenfrist durch eine vorangegangene Rahmenfrist gelten entsprechend.

(2) Die Dauer des Anspruchs auf Arbeitslosengeld beträgt

nach Versicherungspflichtverhältnissen mit einer Dauer von insgesamt mindestens … Monaten	und nach Vollendung des … Lebensjahres	… Monate
12		6
16		8
20		10
24		12
30	50.	15
36	55.	18
48	58.	24

(3) Bei Erfüllung der Anwartschaftszeit nach § 142 Absatz 2 beträgt die Dauer des Anspruchs auf Arbeitslosengeld unabhängig vom Lebensalter

nach Versicherungspflichtverhältnissen mit einer Dauer von insgesamt mindestens … Monaten	… Monate
6	3
8	4
10	5

Abweichend von Absatz 1 sind nur die Versicherungspflichtverhältnisse innerhalb der Rahmenfrist des § 143 zu berücksichtigen.

(4) Die Dauer des Anspruchs verlängert sich um die Restdauer des wegen Entstehung eines neuen Anspruchs erloschenen Anspruchs, wenn nach der Entstehung des erloschenen Anspruchs noch nicht fünf Jahre verstrichen sind; sie verlängert sich längstens bis zu der dem Lebensalter der oder des Arbeitslosen zugeordneten Höchstdauer.

Inhaltsübersicht Rn.

Literatur

Geiger, Anmerkung zu LSG NRW L 1 AL 62/06, info also 2010, S. 20 ff.; Winkler, Kleine Anwartschaftszeit und Sonderregelungen zur Kurzarbeit – Änderungen des SGB III, info also 2009, S. 201 ff.; Mayer, Die Bezugsdauer von Arbeitslosengeld I für Ältere, SozSich 2007, S. 434 ff.; Geschäftsanweisung der Bundesagentur für Arbeit zu § 147, Stand 04/2012, www.arbeitsagentur.de (unter Veröffentlichungen>Weisungen>Arbeitslosengeld I)

1. Normzweck und allgemeiner Inhalt

1 Die Vorschrift regelt den Zeitraum, für den Versicherte einen Anspruch auf Arbeitslosengeld haben. Dabei hängt die Dauer, für die Arbeitslose Arbeitslosengeld erhalten, grundsätzlich vom Lebensalter und der Dauer der bisherigen Versicherungspflichtverhältnisse ab. Für die Berechnung spielt auch hier die Rahmenfrist im Sinne des § 143 eine Rolle. Die Anspruchsdauer ist gestaffelt von sechs Monaten bis zu 18 Monaten, der höchstmöglichen Anspruchsdauer für ältere Arbeitslose. Die Dauer kann sich verlängern, wenn noch ein Restanspruch aus einem früheren Leistungsfall besteht, der erloschen ist, weil ein neuer Anspruch entstanden ist. Zweck der Vorschrift ist es, das Verhältnis von Beitragszeiten zur Anspruchsdauer zu regeln, um dem Versicherungsgedanken Rechnung zu tragen. Arbeitnehmer, die ab einem Alter von 50 arbeitslos werden, erhalten einen weitergehenden Schutz.

2. Entstehungsgeschichte

2 § 147 (bis zum 31. 03. 2012: § 127) ist in seiner ursprünglichen Form zum 01. 01. 1998 als Nachfolgeregelung des § 106 AFG eingeführt worden. Damals war die Anspruchsdauer von sechs bis 32 Monaten in Zweimonatsschritten gestaffelt. Ihre wesentlichste Änderung

erfuhr die Vorschrift durch die so genannten Hartz-Reformen.[261] Mit Wirkung zum 01.01.2004 wurde die Anspruchsdauer auf regelmäßig zwölf Monate reduziert, lediglich Arbeitslose ab einem Alter von 55 Jahren konnten danach länger (nämlich bis zu 18 Monate) Arbeitslosengeld erhalten.[262] Diese erhebliche Kürzung der Anspruchsdauer wurde begleitet von Übergangsregelungen, die insbesondere schon erworbene Anwartschaften absichern sollten. Seit 2005 haben Arbeitslose, die den – nun erheblich kürzeren – Anspruch auf Arbeitslosengeld verbraucht haben, bei bestehender Hilfebedürftigkeit lediglich noch einen Anspruch auf Grundsicherung nach dem SGB II. Die Anspruchsverkürzung wurde bis zum 31.12.2010 durch einen Zuschlag zum Arbeitslosengeld II abgefedert – ihn erhielten Leistungsbezieher in den ersten zwei Jahren nach Ende des Arbeitslosengeldbezugs in einer vom vorherigen Arbeitslosengeld abhängigen Höhe (maximal 160 € im ersten und 80 € im zweiten Jahr). Seit 2008 haben ältere Arbeitslose wieder bis zu 24 Monate lang einen Anspruch auf Arbeitslosengeld.

Ebenfalls bis zum 31.12.2003 existierten Sonderregelungen für Wehrdienst- und Zivildienstleistende sowie Saisonarbeiter in § 127 Abs. 3a und 4 a.F. Übergangsregelungen fanden sich in §§ 434j ff. a.F. 3

In Zusammenhang mit der Einführung der verkürzten Anwartschaftszeit für kurzzeitig Beschäftigte gemäß § 142 Abs. 2 enthält § 147 in Absatz 3 nunmehr eine Sonderregelung für diese Anspruchsinhaber, die bereits bei kürzeren Versicherungspflichtverhältnissen einen dann auch kürzeren Anspruch von drei bis fünf Monaten haben. Die verkürzte Anwartschaftszeit gilt bis zum 31.12.2014. 4

Die Verlängerung der Anspruchsdauer durch einen nicht verbrauchten Restanspruch war bereits im AFG geregelt, allerdings mit dem Unterschied, dass zur Geltung des AFG und bis zum 31.12.2003 auch im § 127 Abs. 4 a.F. der alte Restanspruch noch sieben Jahre geltend gemacht werden konnte. 5

3. Voraussetzungen der Anspruchsdauer (Abs. 1)

3.1 Dauer der Versicherungspflichtverhältnisse

Die Anspruchsdauer richtet sich einerseits nach der Dauer der Versicherungspflichtverhältnisse in der um drei Jahre erweiterten Rahmenfrist. Die Rahmenfrist bemisst sich nach § 143 (vgl. Kommentierung dort) und beträgt zwei Jahre; es ist also ein Zeitraum von fünf Jahren zugrundezulegen. Die Frist beginnt wie in § 143 mit dem Tag vor Erfüllung sämtlicher Anspruchsvoraussetzungen. Auch die weiteren Vorschriften zur Anwartschaftszeit finden gemäß § 147 Abs. 1 Satz 2 bei der Fristberechnung entsprechende Anwendung. 6

Die Zeiten der Versicherungspflichtverhältnisse, die in diesen fünf Jahren zurückgelegt wurden, sind zu addieren. Versicherungspflichtverhältnisse sind solche im Sinne der 7

261 U.a. das Dritte und das Vierte Gesetz für moderne Dienstleistungen am Arbeitsmarkt v. 23. bzw. 24. Dezember 2003, BGBl. I S. 2848 bzw. 2954, sowie das Gesetz zu Reformen am Arbeitsmarkt v. 24. Dezember 2003, BGBl. I S. 3002.

262 Zur Verfassungsmäßigkeit der Regelung BSG – 14.09.2010 – B 7 AL 23/09 R.

§§ 24 ff., also insbesondere Beschäftigungsverhältnisse, für die Versicherungspflicht besteht, sowie die in § 26 als »Sonstige Versicherungspflichtige« gesondert genannten Fallgruppen (etwa Zeiten mit Bezug von Krankengeld oder Rente wegen voller Erwerbsminderung oder Kindererziehungszeiten unter den jeweils aufgeführten Voraussetzungen.

3.2 Lebensalter

8 Zweites Kriterium ist das Lebensalter, wobei es auf die Vollendung des Lebensjahres ankommt, d. h. den Ablauf des letzten Tages vor dem Geburtstag. Entscheidend ist das Lebensalter bei Entstehung des Anspruchs, das ist der Zeitpunkt, an dem erstmals alle Anspruchsvoraussetzungen gemäß § 137 erfüllt sind. Gemeint ist also die Entstehung des so genannten Stammrechts, dagegen ist nicht entscheidend, ob an diesem Tag bereits ein Auszahlungsanspruch entsteht.[263] Entstehung des Anspruchs (als Stammrecht) und Beginn des Auszahlungsanspruchs können – etwa wegen Ruhens gemäß § 156 ff. – zeitlich auseinanderfallen. § 137 Abs. 2 ermöglicht es Arbeitslosen zu bestimmen, dass ihr Anspruch zu einem späteren Zeitpunkt entstehen soll. Dadurch können sie u. a. die Anspruchsdauer beeinflussen, nämlich dann, wenn die nächste Altersstufe demnächst erreicht wird und dies als Zeitpunkt der Anspruchsentstehung bestimmt wird. Die Agentur für Arbeit muss über diese Möglichkeit beraten. Nach eigener Weisungslage wendet die Agentur § 141 Abs. 3 (Rückwirkung der Arbeitslosmeldung) zugunsten der Arbeitslosen nicht an, wenn dadurch eine höhere Lebensaltersstufe erreicht wird.

4. Dauer

4.1 Regelmäßige Dauer (Abs. 2)

9 Die Dauer des Arbeitslosengeldanspruchs ist in Absatz 2 der Vorschrift tabellarisch dargestellt. Dauer der Versicherungspflichtverhältnisse und Dauer des Anspruchs stehen auf den sieben Stufen jeweils im Verhältnis 2:1: Wer in der Rahmenfrist zwölf Monate in einem Versicherungspflichtverhältnis stand, erhält danach sechs Monate Arbeitslosengeld, für die regelmäßige Anspruchsdauer von zwölf Monaten müssen mindestens 24 Monate Versicherungspflichtverhältnisse vorliegen. Ab einem Alter von 50 besteht dann die Möglichkeit, länger als zwölf Monate Arbeitslosengeld zu erhalten, d. h. erst ab dieser Altersstufe spielt das Lebensalter überhaupt erst eine Rolle, nämlich in den Stufen 50, 55 und 58 Jahren. Die Anspruchsdauer ist in Monaten bestimmt, wobei gemäß § 339 ein Monat 30 Kalendertagen entspricht und nach den Vorgaben des § 154 gezahlt wird. In ihren Geschäftsanweisungen rechnet die Bundesagentur beispielhaft die Anspruchsdauer von acht Monaten vor: Dies entspricht 240 Kalendertagen und einem Leistungsbezug vom 01.03. bis 30.10.[264]

263 LSG Nordrhein-Westfalen – 24. 11. 2011 – L 9 AL 65/11.

264 Anders rechnet Striebinger, in Gagel, SGB III, § 127 Rn. 28, bei zwölf Monaten Anspruchsdauer.

4.2 Dauer bei verkürzter Anwartschaftszeit (Abs. 3)

Bis zum 31.12.2014 gibt es die verkürzte Anwartschaftszeit nach § 142 Abs. 2 von sechs Monaten für kurzzeitig befristet Beschäftigte (siehe § 142 Rn. 7), die sich auch auf die Anspruchsdauer auswirkt: Nach der Tabelle in § 147 Abs. 3 haben Arbeitslose, die die kurze Anwartschaftszeit erfüllen, bei Versicherungspflichtverhältnissen von sechs, acht und zehn Monaten einen Anspruch von drei, vier und fünf Monaten. In diesem Fall gilt für die Ermittlung der Versicherungspflichtverhältnisse jedoch nur die Rahmenfrist von zwei Jahren nach § 143, die nicht verlängert wird. 10

5. Verlängerung um Restanspruch (Abs. 4)

Wenn ein neuer Anspruch erworben wird, weil die Voraussetzungen der §§ 137 ff. erneut vorliegen und insbesondere die Anwartschaftszeit dadurch neu erfüllt wird, dass ein Versicherter etwa aus dem laufenden Arbeitslosengeldbezug eine neue versicherungspflichtige Beschäftigung aufnimmt, erlischt der alte Anspruch (vgl. § 161). Wenn zwischen dem Entstehen dieses alten Anspruchs und dem Entstehen des neuen noch nicht fünf Jahre vergangen sind, wird der noch nicht verbrauchte Anspruch der Dauer des neuen hinzugerechnet. Allerdings bleibt es maximal bei der Anspruchsdauer, die in Absatz 2 für das Lebensalter vorgesehen sind. 11

Beispiel:
Der A ist ab dem 01.01.2010 Arbeitslosengeld für zwölf Monate bewilligt worden. Am 01.10.2010 nimmt sie ein versicherungspflichtiges Beschäftigungsverhältnis auf, das am 31.12.2011 beendet wird. Sie erhält ab 01.01.2012 Arbeitslosengeld für neun Monate (sechs Monate gemäß § 147 Abs. 2, weil sie 15 Monate in einem Versicherungspflichtverhältnis gestanden hat, plus drei Monate des nicht verbrauchten alten Anspruchs gemäß § 147 Abs. 4).

Die Verlängerung der Anspruchsdauer durch den Restanspruch gilt auch für die in § 147 Abs. 3 geregelten kürzeren Ansprüche bei verkürzter Anwartschaftszeit.

§ 148 Minderung der Anspruchsdauer

(1) Die Dauer des Anspruchs auf Arbeitslosengeld mindert sich um

1. **die Anzahl von Tagen, für die der Anspruch auf Arbeitslosengeld bei Arbeitslosigkeit erfüllt worden ist,**
2. **jeweils einen Tag für jeweils zwei Tage, für die ein Anspruch auf Teilarbeitslosengeld innerhalb der letzten zwei Jahre vor der Entstehung des Anspruchs erfüllt worden ist,**
3. **die Anzahl von Tagen einer Sperrzeit wegen Arbeitsablehnung, unzureichender Eigenbemühungen, Ablehnung oder Abbruch einer beruflichen Eingliederungsmaßnahme, Meldeversäumnis oder verspäteter Arbeitsuchendmeldung,**
4. **die Anzahl von Tagen einer Sperrzeit wegen Arbeitsaufgabe; in Fällen einer Sperrzeit von zwölf Wochen mindestens jedoch um ein Viertel der Anspruchsdauer, die der oder dem Arbeitslosen bei erstmaliger Erfüllung der Voraussetzungen für den Anspruch auf Arbeitslosengeld nach dem Ereignis, das die Sperrzeit begründet, zusteht,**

5. **die Anzahl von Tagen, für die der oder dem Arbeitslosen das Arbeitslosengeld wegen fehlender Mitwirkung (§ 66 des Ersten Buches) versagt oder entzogen worden ist,**
6. **die Anzahl von Tagen der Beschäftigungslosigkeit nach der Erfüllung der Voraussetzungen für den Anspruch auf Arbeitslosengeld, an denen die oder der Arbeitslose nicht arbeitsbereit ist, ohne für sein Verhalten einen wichtigen Grund zu haben,**
7. **jeweils einen Tag für jeweils zwei Tage, für die ein Anspruch auf Arbeitslosengeld bei beruflicher Weiterbildung nach diesem Buch erfüllt worden ist,**
8. **die Anzahl von Tagen, für die ein Gründungszuschuss in der Höhe des zuletzt bezogenen Arbeitslosengeldes geleistet worden ist.**

(2) In den Fällen des Absatzes 1 Nr. 5 und 6 mindert sich die Dauer des Anspruchs auf Arbeitslosengeld höchstens um vier Wochen. In den Fällen des Absatzes 1 Nummer 3 und 4 entfällt die Minderung für Sperrzeiten bei Abbruch einer beruflichen Eingliederungsmaßnahme oder Arbeitsaufgabe, wenn das Ereignis, das die Sperrzeit begründet, bei Erfüllung der Voraussetzungen für den Anspruch auf Arbeitslosengeld länger als ein Jahr zurückliegt. In den Fällen des Absatzes 1 Nummer 7 unterbleibt eine Minderung, soweit sich dadurch eine Anspruchsdauer von weniger als einem Monat ergibt. Ist ein neuer Anspruch entstanden, erstreckt sich die Minderung nur auf die Restdauer des erloschenen Anspruchs (§ 147 Abs. 4).

Inhaltsübersicht

Literatur

Jahn, SGB für die Praxis, AFG Teil 1, Loseblatt, Stand März 2012; Winkler, Die verschleierte Leistungskürzung – Arbeitslosengeld bei beruflicher Weiterbildung, info also 2006, 65; Geschäftsanweisung der Bundesagentur für Arbeit zu § 148, Stand 04/2012, www.arbeitsagentur.de (unter Veröffentlichungen>Weisungen>Arbeitslosengeld I)

1. Normzweck und allgemeiner Inhalt

1 Die den Versicherten nach den Vorgaben des § 147 zustehende Dauer des Anspruchs auf Arbeitslosengeld mindert sich durch verschiedene Tatbestände. Der Anspruch ist zeitlich beschränkt, deshalb bedarf es einer Regelung dazu, auf welche Weise und in welchen Fällen er verbraucht wird. Umgekehrt verringert sich die Anspruchsdauer gerade nur in den benannten Fällen, nicht jedoch etwa bei allen Ruhenstatbeständen der §§ 156 ff. Die Vorschrift regelt zum einen die Minderungen durch Erfüllung eines Anspruchs (Num-

mern 1, 2, 7, 8), zum anderen Minderungen, durch die Arbeitslose für bestimmte Verhaltensweisen sanktioniert werden (Nummern 3 bis 6).

2. Entstehungsgeschichte

§ 148 (bis zum 31.03.2012: § 128) ist ebenso wie § 127 a.F. zum 01.01.1998 eingeführt worden. Vorläufer war § 110 AFG, der zuletzt fünf Minderungstatbestände nannte. Die Änderungen, die die Vorschrift seither erfuhr, waren im Wesentlichen Folgeänderungen zu Reformen anderer Normen, so z.B. die Einführung des Teilarbeitslosengeldes oder die Ersetzung des früheren Unterhaltsgeldes durch das Arbeitslosengeld bei Weiterbildung sowie die Entwicklung des Überbrückungsgeldes zum Gründungszuschuss. Als Verschärfung im Vergleich zu früheren Regelungen anzusehen sind die vollständige Minderung durch Erfüllung auch bei erzieltem Nebeneinkommen und die Minderung bei verspäteter Arbeitsuchendmeldung, bei der sich noch bis 30.12.2005 nicht die Anspruchsdauer, sondern das Arbeitslosengeld betragsmäßig minderte (§ 140 a.F., wobei hier betragsmäßig ein größerer Nachteil für den Arbeitslosen als nach aktueller Rechtslage entstehen konnte). Auch die Minderung bei verspäteter Arbeitsuchendmeldung stellt eine Folgeänderung dar, nämlich zur Einführung der entsprechenden Sperrzeit (§ 144 Abs. 1 Satz 2 Nr. 7 a.F.) zum 01.01.2006. 2

3. Minderungstatbestände (Abs. 1)

3.1 Erfüllung (Nr. 1)

Die Anspruchsdauer mindert sich um die Anzahl von Tagen, für die der Anspruch auf Arbeitslosengeld erfüllt worden ist. Erfüllung ist das Bewirken der Leistung (vgl. § 362 BGB). Die Leistung »Zahlung des Arbeitslosengeldes« wird gemäß § 337 regelmäßig durch Überweisung auf das vom Berechtigten angegebene inländische Bankkonto bewirkt. Hat ein Arbeitsloser also für einen Monat Arbeitslosengeld erhalten, hat sich sein Anspruch von ursprünglich 360 Tagen auf 330 Tage verringert. Das gilt auch, wenn gemäß § 146 das Arbeitslosengeld bei Arbeitsunfähigkeit weitergezahlt wird.[265] 3

Erfüllung tritt immer dann ein, wenn aufgrund eines wirksamen Bewilligungsbescheides geleistet wird, selbst dann, wenn kein Anspruch bestand. Wurde zu Unrecht gezahlt, tritt die Erfüllung und damit die Minderung nur dann nicht ein, wenn der Bewilligungsbescheid nach §§ 45, 48 SGB X aufgehoben wird. Erfüllt wird der Anspruch auf Arbeitslosengeld durch Zahlung für einen konkreten Zeitraum[266] und nicht durch Zahlung für eine bestimmte Anzahl von Tagen. 4

Auch wenn das Arbeitslosengeld nicht an den Arbeitslosen, sondern an Dritte im Wege der Abzweigung (§§ 48, 49 SGB I) oder Verpfändung (§§ 53, 54 SGB I) gezahlt wird, oder 5

---

265 Zu Bedenken gegen die Minderung in diesen Fällen: Valgolio, in Hauck/Noftz, SGB III, § 128 Rn. 13f.

266 LSG Hessen – 21.05.2010 – L 7 AL 108/09.

es aufgerechnet oder verrechnet (§§ 51, 52 SGB I) wird, tritt Erfüllung ein. Das gilt auch gemäß § 107 SGB X bei Erstattungsansprüchen unter verschiedenen Leistungsträgern.

6 Erfüllt wird der Anspruch auf Arbeitslosengeld auch durch die sog. Gleichwohlgewährung gemäß §§ 157, 158: Wird Arbeitslosengeld gezahlt, obwohl der Arbeitslose noch einen Anspruch auf Arbeitsentgelt oder Urlaubsabgeltung hat, weil der Arbeitgeber (noch) nicht leistet, verringert sich auch dadurch der Anspruch. Denn auch die Gleichwohlgewährung ist rechtmäßige Zahlung von Arbeitslosengeld. Erstatten der Arbeitgeber oder der Arbeitslosengeldbezieher später das Arbeitslosengeld an die Bundesagentur (§ 115 SGB X oder § 157 Abs. 3 Satz 2), stellt die Gleichwohlgewährung jedoch keine Erfüllung dar mit der Folge, dass auch die Anspruchsdauer nicht gemindert wird. In der Praxis werden die Tage der Gleichwohlgewährung nach der Erstattungszahlung dem Anspruch wieder »gutgeschrieben«.[267] Es bleibt aber dann bei der Minderung, wenn die Bundesagentur den Anspruch gegen den Arbeitgeber nicht beitreibt, auch wenn insoweit Erfolgsaussicht besteht.[268] Arbeitslosen soll in diesen Fällen nur die Möglichkeit bleiben, selbst gegen den Arbeitgeber auf Zahlung an die Bundesagentur zu klagen.[269]

3.2 Teilarbeitslosengeld (Nr. 2)

7 Auch wenn Teilarbeitslosengeld im Sinne des § 162 gezahlt wird, mindert sich die Anspruchsdauer, allerdings nur im Verhältnis 2:1. Erhielt jemand also innerhalb von zwei Jahren vor Entstehung des nachfolgenden Anspruchs 30 Tage Teilarbeitslosengeld, ist der Anspruch dadurch um 15 Tage verringert. Die Vorschrift enthält damit eine pauschalierende Betrachtungsweise, wobei nach den Geschäftsanweisungen der BA bei einer ungeraden Zahl von Bezugstagen zugunsten der Arbeitslosen abgerundet wird (bei 27 Tagen Teilarbeitslosengeld wird um 13 gemindert).

3.3 Sperrzeiten (Nr. 3 und 4)

8 In den Nummern 3 und 4 findet sich die Umsetzung der Minderung der Anspruchsdauer durch den Eintritt von Sperrzeiten. Sie stellt neben dem Ruhen des Anspruchs (§ 159 Abs. 1 Satz 1) die zweite Sanktionsfolge bei versicherungswidrigem Verhalten dar. In der Praxis ist die Anspruchsminderung mitunter die einzige Sanktionsfolge, nämlich dann, wenn die Sperrzeit und damit das Ruhen vor Anspruchsbeginn liegen, etwa weil ein Arbeitsloser sich erst später arbeitslos meldet.[270] Grundsätzlich gilt, dass sich die Anspruchsdauer um die Anzahl von Tagen mindert, die der Sperrzeit entsprechen. § 159 Abs. 3 bis 6 ordnet Sperrzeiten mit einer Dauer zwischen mindestens einer Woche und höchstens zwölf Wochen an (siehe § 159 Rn. 30ff.).

---

267 Ggf. wird nicht der gesamte Zeitraum gutgeschrieben, wenn der Anspruch auf Arbeitsentgelt nicht in voller Höhe befriedigt wird, vgl. GA 148.10.
268 BSG – 11.06.1987 – 7 RAr 16/86 noch zum AFG.
269 BSG – 29.11.1988 – 11/7 RAr 97/87; kritisch dazu Striebinger, in Gagel, SGB III, § 148 Rn. 18.
270 BSG – 12.04.1987 – 7 RAr 28/83.

In Nummer 3 ist die Minderung für die Sperrzeiten bei Arbeitsablehnung, unzureichenden Eigenbemühungen, Ablehnung oder Abbruch einer beruflichen Eingliederungsmaßnahme, Meldeversäumnis und verspäteter Arbeitsuchendmeldung (§ 159 Abs. 1 Satz 2 Nrn. 2 bis 7) zusammengefasst. Hier gilt, dass die Minderung immer der Anzahl der Tage der Sperrzeit entspricht, also z. B. 14 Tage bei unzureichenden Eigenbemühungen. Die Sperrzeiten bei Meldeversäumnis von Arbeitsuchenden in der sog. Aktionszeit, also vor Beschäftigungslosigkeit (vgl. § 38 Abs. 1 Satz 6), und bei verspäteter Arbeitsuchendmeldung wirken sich nur durch die Minderung der Anspruchsdauer negativ für Arbeitslose aus, wenn man der Ansicht folgt, dass in diesen Fällen die Sperrzeit gemäß § 159 Abs. 2 regelmäßig vor Anspruchsbeginn liegt.[271] Bedenken dürften nach wie vor gegen die Sperrzeit bei verspäteter Arbeitsuchendmeldung insbesondere wegen der Minderungsfolge bestehen. Die Entscheidung des BSG[272] zur Verfassungsmäßigkeit hatte noch die Vorgängerregelung des § 140 zum Inhalt, der eine Kürzung des Anspruchs bei verspäteter Meldung vorsah. In seiner Entscheidung hatte das BSG insbesondere darauf abgestellt, dass die Sanktion verschuldensabhängig und deshalb dem Grundsatz der Verhältnismäßigkeit genüge getan sei. 9

Bei einer Sperrzeit wegen Arbeitsaufgabe wird der Grundsatz, dass die Dauer der Sperrzeit der Dauer der Minderung entspricht, zulasten der Arbeitslosen durchbrochen: § 148 Abs. 1 Nr. 4 ordnet an, dass bei einer Sperrzeit von zwölf Wochen – dem Regelfall gemäß § 159 Abs. 3 – die Anspruchsdauer sich mindestens um ein Viertel mindert. Diese schärfere Sanktionierung wirkt sich rechnerisch allerdings erst ab einer Anspruchsdauer von mindestens 340 Tagen aus, weil dann ein Viertel mehr beträgt als zwölf Wochen (ein Viertel von 340 Tagen entspricht 85 Tagen, zwölf Wochen entsprechen 84 Tagen). Die Anspruchsdauer bezieht sich auf diejenige, die sich nach dem Sperrzeitereignis nach den Vorgaben des § 147 berechnet, also nach den Tabellen in § 147 Abs. 2 oder 3 SGB II und eventuell unter Hinzurechnung eines alten Anspruchs gemäß § 147 Abs. 4. Ein Viertel Minderung bedeutet danach im äußersten Fall eine Minderung um 180 Tage (bei einem Anspruch von 24 Monaten). 10

Trotz Sperrzeit, die mitsamt der Ruhensfolge kraft Gesetzes eintritt, ohne dass es der gesonderten Feststellung bedarf,[273] mindert sich gemäß § 148 Abs. 2 Satz 2 die Anspruchsdauer nicht, wenn in Fällen Abbruch einer Eingliederungsmaßnahme oder Arbeitsaufgabe das Sperrzeitereignis länger als ein Jahr vor Erfüllung der Anspruchsvoraussetzungen zurückliegt. Die Bundesagentur wendet diese Einschränkung der Minderung zugunsten der Arbeitslosen auch bei verspäteter Arbeitssuchendmeldung und Arbeitsablehnung in der Aktionszeit an,[274] wobei unklar bleibt, auf welches Ereignis die Bundesagentur in diesen Fällen abstellt. Denkbar ist nämlich zum einen die unterlassene Meldung bzw. die Ablehnung, zum anderen der Eintritt der Arbeitslosigkeit.[275] 11

---

271 Voelzke, NZS 2005, 281, 282.
272 BSG – 28.08.2007 – B 7/7a AL 56/06 R.
273 Vgl. Kommentierung zu § 159; Striebinger, in Gagel, SGB III, § 148 Rn. 21.
274 GA 148.16a.
275 Winkler, in Gagel, SGB III, § 144 Rn. 212.

3.4 Versagung und Entziehung (Nr. 5)

12 Die §§ 60 ff. SGB I normieren Mitwirkungspflichten von Leistungsbeziehern und Personen, die Sozialleistungen beantragen (siehe §§ 60 ff. SGB I). § 66 SGB I eröffnet den Trägern die Möglichkeit, bei fehlender oder unzureichender Mitwirkung Leistungen zu versagen oder zu entziehen. Hat die BA eine solche Entscheidung getroffen, folgt daraus gemäß § 148 Abs. 1 Nr. 5 die Minderung des Anspruchs für die Anzahl der Tage, in denen das Arbeitslosengeld versagt oder entzogen ist. Es muss in dieser Zeit jedoch grundsätzlich ein Anspruch bestanden haben.

13 Die Minderung nach dieser Vorschrift wirkt sich nur aus, wenn für den Zeitraum der mangelhaften Mitwirkung Leistungen versagt bleiben. Werden sie hingegen nachträglich erbracht, weil die geforderte Mitwirkungshandlung nachgeholt wird (§ 67 SGB I), tritt die Minderung aufgrund Erfüllung ein (§ 148 Abs. 1 Nr. 1).

14 Die Minderung wegen Versagung oder Entziehung setzt einen entsprechenden Bescheid voraus. Sie ist auf eine Höchstdauer von vier Wochen (= 28 Tagen) beschränkt (§ 148 Abs. 2 Satz 1), allerdings nur bezogen auf den konkreten Fall, so dass in der gesamten Bezugsdauer auch mehrere Minderungen denkbar sind, die dann die Vier-Wochen-Grenze überschreiten.[276]

3.5 Fehlende Arbeitsbereitschaft (Nr. 6)

15 Eine Minderung des Anspruchs ist auch bei fehlender Arbeitsbereitschaft vorgesehen: Die Anspruchsdauer mindert sich um die Anzahl von Tagen der Beschäftigungslosigkeit, an denen der Arbeitslose nicht arbeitsbereit ist, ohne für sein Verhalten einen wichtigen Grund zu haben. Die Arbeitsbereitschaft bezieht sich auf die sog. subjektive Verfügbarkeit gemäß § 138 Abs. 5 Nr. 3 und 4 (siehe § 138 Rn. 19). Fehlt es an der subjektiven Verfügbarkeit, ist also ein Arbeitsloser nicht bereit, jede zumutbare Beschäftigung von mindestens 15 Wochenstunden anzunehmen und auszuüben, liegen nicht sämtliche Anspruchsvoraussetzungen vor, so dass der Arbeitslose in diesem Zeitraum keinen Anspruch auf Arbeitslosengeld hat. § 148 Abs. 1 Nr. 6 geht indes noch weiter, indem die Minderung der Anspruchsdauer angeordnet wird. Nach dem Wortlaut gilt die Minderung für alle Fälle fehlender Arbeitsbereitschaft während der Beschäftigungslosigkeit. Allerdings soll die Vorschrift ihrem Zweck nach lediglich Manipulationen sanktionieren und verhindern.[277] Gemeint sind Fälle, in denen Arbeitslose allein deshalb nicht mehr verfügbar sind und das Ende (bzw. die Unterbrechung) der Verfügbarkeit der BA gegenüber anzeigen, um sich Eingliederungsmaßnahmen zu entziehen. Die BA gibt deshalb vor, dass § 148 Abs. 1 Nr. 6 »in aller Regel nur dann anzuwenden (ist), wenn die Leistungsgewährung allein deshalb beendet wurde, weil der Arbeitslose die Verfügbarkeit nach § 119 Abs. 5 Nr. 3 gezielt aufgehoben hat, um Eingliederungsbemühungen der AA zu vermeiden«.[278] Kein Raum für

276 Striebinger, in Gagel, SGB III, § 148 Rn. 35.
277 LSG Nordrhein-Westfalen – 23.08.2010 – L 19 AL 136/10 m.w.N. aus der Literatur.
278 GA 148.19.

die Minderung soll demgegenüber bleiben, wenn jemand seinen Status als Arbeitsloser »ohne erkennbare Manipulationsabsicht« aufhebt. Bei einem Aufenthalt außerhalb des zeit- und ortsnahen Bereichs entfällt die objektive Verfügbarkeit (vgl. § 138 Abs. 5 Nr. 2), ohne dass automatisch auch die Arbeitsbereitschaft entfallen muss. Die BA ermittelt daher in diese Richtung auch in diesen Fällen nur, wenn Anhaltspunkte für Manipulationsabsichten bestehen.[279]

Die Minderung tritt nur ein, wenn kein wichtiger Grund für die fehlende subjektive Verfügbarkeit besteht. Die Frage, ob ein wichtiger Grund vorliegt, kann wie bei der Sperrzeit unter Abwägung der Interessen der Versichertengemeinschaft mit den feststellbaren Individualinteressen beantwortet werden.[280] Das Prüfschema der BA zeigt sich dabei als nicht ganz trennscharf, denn liegt ein wichtiger Grund vor, dürfte es in der Regel auch an einer Manipulationsabsicht fehlen. **16**

Auch die Minderung wegen fehlender Arbeitsbereitschaft ist – pro Fall – auf vier Wochen beschränkt (§ 148 Abs. 2 Satz 1). **17**

3.6 Erfüllung bei beruflicher Weiterbildung (Nr. 7)

Weil seit dem 01.01.2005 Arbeitslosengeld als einheitliche Versicherungsleistung auch bei beruflicher Weiterbildung geleistet wird (§§ 136 Abs. 1 Nr. 2, 144), bedarf es auch insoweit einer Regelung zur Minderung durch Erfüllung. Die Minderung durch Erfüllung tritt nur im Verhältnis 2:1 ein, also je zwei Tage Zahlung Arbeitslosengeld bei Weiterbildung mindert sich der Anspruch um einen Tag. Damit wird dem Zweck der Leistung Rechnung getragen, der neben der Entgeltersatzfunktion die Förderungsfunktion durch Weiterbildung betont.[281] **18**

Die Minderung findet ihr Ende durch die Vorgabe des § 148 Abs. 2 Satz 3: Der Anspruch wird nicht (mehr) gemindert, wenn dadurch nur eine Anspruchsdauer von unter einem Monat (= 30 Tagen) verbliebe. Diese Einschränkung schützt Arbeitslose in Weiterbildung, die nach deren Ende nicht sofort einen Arbeitsplatz finden. Allerdings soll dies nur für die Minderung durch Erfüllung gelten, nicht jedoch für andere Minderungstatbestände, insbesondere die sanktionierenden nach § 148 Abs. 1 Nr. 3 bis 6.[282] **19**

3.7 Gründungszuschuss (Nr. 8)

Der Gründungszuschuss gemäß §§ 93 f. wird zum Teil ebenfalls als Entgeltersatzleistung – allerdings mit dem besonderen Förderziel der Aufnahme einer selbständigen Tätigkeit – gewährt und entspricht der Höhe nach dem zuletzt bezogenen Arbeitslosengeld zuzüglich eines Betrages in Höhe von 300 € für die soziale Absicherung. Die Zeit, in der Grün- **20**

---

279 GA 148.21.
280 LSG Nordrhein-Westfalen – 23.08.2010 – L 19 AL 136/10.
281 Zum weiteren gesetzgeberischen Zweck der »Funktionsfähigkeit« der BA: LSG Nordrhein-Westfalen – 09.12.2004 – L 9 AL 92/04.
282 GA 148.7.

dungszuschuss geleistet worden ist, mindert ebenfalls die Anspruchsdauer. Für den Umfang der Minderung ist nicht die Höhe des Gründungszuschusses erheblich, sondern die Zahl der Tage, für die der Gründungszuschuss in der Höhe des zuletzt bezogenen Arbeitslosengeldes geleistet worden ist. Damit bleibt der Zuschuss zur Sozialversicherung außer Betracht, und der Empfänger eines Gründungszuschusses wird im Hinblick auf die Minderung nicht anders behandelt als der Arbeitslosengeldbezieher.

21 Erhält jemand einen Gründungszuschuss nach § 33 Abs. 3 Nr. 5 SGB IX von einem anderen Träger, mindert dies die Anspruchsdauer auf Arbeitslosengeld nicht.[283]

4. Begrenzung und Ausschluss der Minderung (Abs. 2)

22 § 148 Abs. 2 enthält Vorgaben über den maximalen Umfang einer Minderung oder deren Ausschluss in bestimmten Fällen, die bei den einzelnen Minderungstatbeständen erläutert werden.

5. Verfahrensrecht

23 Die Minderung muss nicht durch Verwaltungsakt festgestellt werden, denn sie tritt kraft Gesetzes ein. Bei einer Minderung gemäß § 148 Abs. 1 Nr. 3 und 4 wegen des Eintritts einer Sperrzeit erlässt die BA gleichwohl in der Praxis regelmäßig Bescheide, durch die der Eintritt der Sperrzeit und die entsprechende Anspruchsminderung festgestellt werden. Dieser sogenannte »isolierte Sperrzeitbescheid« bildet mit dem Bescheid, mit dem über den Leistungsanspruch des Arbeitslosen für diesen Zeitraum entschieden wird, eine Einheit, der durch Widerspruch und Klage (kombinierte Anfechtungs- und Leistungsklage) überprüft werden kann.[284]

Vierter Unterabschnitt
Höhe des Arbeitslosengeldes

§ 149 Grundsatz

Das Arbeitslosengeld beträgt

1. für Arbeitslose, die mindestens ein Kind im Sinne des § 32 Absatz 1, 3 bis 5 des Einkommensteuergesetzes haben, sowie für Arbeitslose, deren Ehegattin, Ehegatte, Lebenspartnerin oder Lebenspartner mindestens ein Kind im Sinne des § 32 Absatz 1, 4 und 5 des Einkommensteuergesetzes hat, wenn beide Ehegatten oder Lebenspartner unbeschränkt einkommensteuerpflichtig sind und nicht dauernd getrennt leben, 67 Prozent (erhöhter Leistungssatz),

---

283 GA 148.22c.

284 Ausführlich, auch zu der Möglichkeit, nur gegen die Minderung vorzugehen, Karmanski in Niesel/Brand, SGB III, § 144 Rn. 178 ff.

2. für die übrigen Arbeitslosen 60 Prozent (allgemeiner Leistungssatz)

des pauschalierten Nettoentgelts (Leistungsentgelt), das sich aus dem Bruttoentgelt ergibt, das die oder der Arbeitslose im Bemessungszeitraum erzielt hat (Bemessungsentgelt).

§ 150 Bemessungszeitraum und Bemessungsrahmen

(1) Der Bemessungszeitraum umfasst die beim Ausscheiden aus dem jeweiligen Beschäftigungsverhältnis abgerechneten Entgeltabrechnungszeiträume der versicherungspflichtigen Beschäftigungen im Bemessungsrahmen. Der Bemessungsrahmen umfasst ein Jahr; er endet mit dem letzten Tag des letzten Versicherungspflichtverhältnisses vor der Entstehung des Anspruchs.

(2) Bei der Ermittlung des Bemessungszeitraums bleiben außer Betracht

1. Zeiten einer Beschäftigung, neben der Übergangsgeld wegen einer Leistung zur Teilhabe am Arbeitsleben, Teilübergangsgeld oder Teilarbeitslosengeld geleistet worden ist,
2. Zeiten einer Beschäftigung als Freiwillige oder Freiwilliger im Sinne des Jugendfreiwilligendienstegesetzes oder des Bundesfreiwilligendienstgesetzes, wenn sich die beitragspflichtige Einnahme nach § 344 Absatz 2 bestimmt,
3. Zeiten, in denen Arbeitslose Elterngeld oder Erziehungsgeld bezogen oder nur wegen der Berücksichtigung von Einkommen nicht bezogen haben oder ein Kind unter drei Jahren betreut und erzogen haben, wenn wegen der Betreuung und Erziehung des Kindes das Arbeitsentgelt oder die durchschnittliche wöchentliche Arbeitszeit gemindert war,
4. Zeiten, in denen Arbeitslose eine Pflegezeit nach § 3 Absatz 1 Satz 1 des Pflegezeitgesetzes in Anspruch genommen haben sowie Zeiten einer Familienpflegezeit oder Nachpflegephase nach dem Familienpflegezeitgesetz, wenn wegen der Pflege das Arbeitsentgelt oder die durchschnittliche wöchentliche Arbeitszeit gemindert war; insoweit gilt § 151 Absatz 3 Nummer 2 nicht,
5. Zeiten, in denen die durchschnittliche regelmäßige wöchentliche Arbeitszeit auf Grund einer Teilzeitvereinbarung nicht nur vorübergehend auf weniger als 80 Prozent der durchschnittlichen regelmäßigen Arbeitszeit einer vergleichbaren Vollzeitbeschäftigung, mindestens um fünf Stunden wöchentlich, vermindert war, wenn die oder der Arbeitslose Beschäftigungen mit einer höheren Arbeitszeit innerhalb der letzten dreieinhalb Jahre vor der Entstehung des Anspruchs während eines sechs Monate umfassenden zusammenhängenden Zeitraums ausgeübt hat.

Satz 1 Nummer 5 gilt nicht in Fällen einer Teilzeitvereinbarung nach dem Altersteilzeitgesetz, es sei denn, das Beschäftigungsverhältnis ist wegen Zahlungsunfähigkeit des Arbeitgebers beendet worden.

(3) Der Bemessungsrahmen wird auf zwei Jahre erweitert, wenn

1. der Bemessungszeitraum weniger als 150 Tage mit Anspruch auf Arbeitsentgelt enthält,
2. in den Fällen des § 142 Absatz 2 der Bemessungszeitraum weniger als 90 Tage mit Anspruch auf Arbeitsentgelt enthält oder

3. es mit Rücksicht auf das Bemessungsentgelt im erweiterten Bemessungsrahmen unbillig hart wäre, von dem Bemessungsentgelt im Bemessungszeitraum auszugehen.

Satz 1 Nummer 3 ist nur anzuwenden, wenn die oder der Arbeitslose dies verlangt und die zur Bemessung erforderlichen Unterlagen vorlegt.

§ 151 Bemessungsentgelt

(1) Bemessungsentgelt ist das durchschnittlich auf den Tag entfallende beitragspflichtige Arbeitsentgelt, das die oder der Arbeitslose im Bemessungszeitraum erzielt hat. Arbeitsentgelte, auf die die oder der Arbeitslose beim Ausscheiden aus dem Beschäftigungsverhältnis Anspruch hatte, gelten als erzielt, wenn sie zugeflossen oder nur wegen Zahlungsunfähigkeit des Arbeitgebers nicht zugeflossen sind.

(2) Außer Betracht bleiben Arbeitsentgelte,

1. die Arbeitslose wegen der Beendigung des Arbeitsverhältnisses erhalten oder die im Hinblick auf die Arbeitslosigkeit vereinbart worden sind,
2. die als Wertguthaben einer Vereinbarung nach § 7 b des Vierten Buches nicht nach dieser Vereinbarung verwendet werden.

(3) Als Arbeitsentgelt ist zugrunde zu legen

1. für Zeiten, in denen Arbeitslose Kurzarbeitergeld oder eine vertraglich vereinbarte Leistung zur Vermeidung der Inanspruchnahme von Saison-Kurzarbeitergeld bezogen haben, das Arbeitsentgelt, das Arbeitslose ohne den Arbeitsausfall und ohne Mehrarbeit erzielt hätten,
2. für Zeiten einer Vereinbarung nach § 7 b des Vierten Buches das Arbeitsentgelt, das Arbeitslose für die geleistete Arbeitszeit ohne eine Vereinbarung nach § 7 b des Vierten Buches erzielt hätten; für Zeiten einer Freistellung das erzielte Arbeitsentgelt.

(4) Haben Arbeitslose innerhalb der letzten zwei Jahre vor der Entstehung des Anspruchs Arbeitslosengeld bezogen, ist Bemessungsentgelt mindestens das Entgelt, nach dem das Arbeitslosengeld zuletzt bemessen worden ist.

(5) Ist die oder der Arbeitslose nicht mehr bereit oder in der Lage, die im Bemessungszeitraum durchschnittlich auf die Woche entfallende Zahl von Arbeitsstunden zu leisten, vermindert sich das Bemessungsentgelt für die Zeit der Einschränkung entsprechend dem Verhältnis der Zahl der durchschnittlichen regelmäßigen wöchentlichen Arbeitsstunden, die die oder der Arbeitslose künftig leisten will oder kann, zu der Zahl der durchschnittlich auf die Woche entfallenden Arbeitsstunden im Bemessungszeitraum. Einschränkungen des Leistungsvermögens bleiben unberücksichtigt, wenn Arbeitslosengeld nach § 145 geleistet wird. Bestimmt sich das Bemessungsentgelt nach § 152, ist insoweit die tarifliche regelmäßige wöchentliche Arbeitszeit maßgebend, die bei Entstehung des Anspruchs für Angestellte im öffentlichen Dienst des Bundes gilt.

§ 152 Fiktive Bemessung

(1) Kann ein Bemessungszeitraum von mindestens 150 Tagen mit Anspruch auf Arbeitsentgelt innerhalb des auf zwei Jahre erweiterten Bemessungsrahmens nicht festgestellt werden, ist als Bemessungsentgelt ein fiktives Arbeitsentgelt zugrunde zu

legen. In den Fällen des § 142 Absatz 2 gilt Satz 1 mit der Maßgabe, dass ein Bemessungszeitraum von mindestens 90 Tagen nicht festgestellt werden kann.

(2) Für die Festsetzung des fiktiven Arbeitsentgelts ist die oder der Arbeitslose der Qualifikationsgruppe zuzuordnen, die der beruflichen Qualifikation entspricht, die für die Beschäftigung erforderlich ist, auf die die Agentur für Arbeit die Vermittlungsbemühungen für die Arbeitslose oder den Arbeitslosen in erster Linie zu erstrecken hat. Dabei ist zugrunde zu legen für Beschäftigungen, die

1. eine Hochschul- oder Fachhochschulausbildung erfordern (Qualifikationsgruppe 1), ein Arbeitsentgelt in Höhe von einem Dreihundertstel der Bezugsgröße,
2. einen Fachschulabschluss, den Nachweis über eine abgeschlossene Qualifikation als Meisterin oder Meister oder einen Abschluss in einer vergleichbaren Einrichtung erfordern (Qualifikationsgruppe 2), ein Arbeitsentgelt in Höhe von einem Dreihundertsechzigstel der Bezugsgröße,
3. eine abgeschlossene Ausbildung in einem Ausbildungsberuf erfordern (Qualifikationsgruppe 3), ein Arbeitsentgelt in Höhe von einem Vierhundertfünfzigstel der Bezugsgröße,
4. keine Ausbildung erfordern (Qualifikationsgruppe 4), ein Arbeitsentgelt in Höhe von einem Sechshundertstel der Bezugsgröße.

§ 153 Leistungsentgelt

(1) Leistungsentgelt ist das um pauschalierte Abzüge verminderte Bemessungsentgelt. Abzüge sind

1. eine Sozialversicherungspauschale in Höhe von 21 Prozent des Bemessungsentgelts,
2. die Lohnsteuer, die sich nach dem vom Bundesministerium der Finanzen auf Grund des § 51 Absatz 4 Nummer 1 a des Einkommensteuergesetzes bekannt gegebenen Programmablaufplan bei Berücksichtigung der Vorsorgepauschale nach § 39 b Absatz 2 Satz 5 Nummer 3 Buchstabe a bis c des Einkommensteuergesetzes zu Beginn des Jahres, in dem der Anspruch entstanden ist, ergibt und
3. der Solidaritätszuschlag.

Bei der Berechnung der Abzüge nach Satz 2 Nummer 2 und 3 sind

1. Freibeträge und Pauschalen, die nicht jeder Arbeitnehmerin oder jedem Arbeitnehmer zustehen, nicht zu berücksichtigen und
2. der als Lohnsteuerabzugsmerkmal gebildete Faktor nach § 39 f des Einkommensteuergesetzes zu berücksichtigen.

Für die Feststellung der Lohnsteuer wird die Vorsorgepauschale mit folgenden Maßgaben berücksichtigt:

1. für Beiträge zur Rentenversicherung als Beitragsbemessungsgrenze die für das Bundesgebiet West maßgebliche Beitragsbemessungsgrenze,
2. für Beiträge zur Krankenversicherung der ermäßigte Beitragssatz nach § 243 des Fünften Buches,
3. für Beiträge zur Pflegeversicherung der Beitragssatz des § 55 Absatz 1 Satz 1 des Elften Buches.

(2) Die Feststellung der Lohnsteuer richtet sich nach der Lohnsteuerklasse, die zu Beginn des Jahres, in dem der Anspruch entstanden ist, als Lohnsteuerabzugsmerkmal gebildet war. Spätere Änderungen der als Lohnsteuerabzugsmerkmal gebildeten Lohnsteuerklasse werden mit Wirkung des Tages berücksichtigt, an dem erstmals die Voraussetzungen für die Änderung vorlagen.

(3) Haben Ehegatten die Lohnsteuerklassen gewechselt, so werden die als Lohnsteuerabzugsmerkmal neu gebildeten Lohnsteuerklassen von dem Tag an berücksichtigt, an dem sie wirksam werden, wenn
1. die neuen Lohnsteuerklassen dem Verhältnis der monatlichen Arbeitsentgelte beider Ehegatten entsprechen oder
2. sich auf Grund der neuen Lohnsteuerklassen ein Arbeitslosengeld ergibt, das geringer ist als das Arbeitslosengeld, das sich ohne den Wechsel der Lohnsteuerklassen ergäbe.

Bei der Prüfung nach Satz 1 ist der Faktor nach § 39 f des Einkommensteuergesetzes zu berücksichtigen; ein Ausfall des Arbeitsentgelts, der den Anspruch auf eine lohnsteuerfreie Entgeltersatzleistung begründet, bleibt bei der Beurteilung des Verhältnisses der monatlichen Arbeitsentgelte außer Betracht.

§ 154 Berechnung und Leistung

Das Arbeitslosengeld wird für Kalendertage berechnet und geleistet. Ist es für einen vollen Kalendermonat zu zahlen, ist dieser mit 30 Tagen anzusetzen.

Inhaltsübersicht

Literatur

Jahn, SGB für die Praxis, AFG Teil 1, Loseblatt, Stand März 2012; Geiger, Aktuelle europarechtliche Entwicklungen zu Ansprüchen auf Arbeitslosenunterstützung, info also 2004, S. 58 ff.; Winkel, Berücksichtigung der Steuerklasse »IV-Faktor« beim Arbeitslosengeld I benachteiligt Ledige, SozSich 2011, S. 263 ff.; Rixen, Anmerkung zu BSG vom 8.2.2007, B 7 a AL 38/06 R, SGb 2008, S. 31 ff.; Geschäftsanweisungen der Bundesagentur für Arbeit zum Arbeitslosengeld, Stand 04/2012, www.arbeitsagentur.de (unter Veröffentlichungen>Weisungen>Arbeitslosengeld I)

1. Normzweck und allgemeiner Inhalt

1 Die §§ 149 bis 153 (bis 31.03.2012 noch §§ 127 ff.) sind die einschlägigen Normen über die Höhe des Arbeitslosengeldes. Weil das Arbeitslosengeld eine Versicherungsleistung ist, gilt grundsätzlich, dass seine Höhe vom zuletzt vor Eintritt der Arbeitslosigkeit

erzielten Arbeitsentgelt abhängt. Das Arbeitslosengeld ist Entgeltersatzleistung. Allerdings hat es der gesetzlichen Systematik nach und auch durch verfassungsrechtliche Vorgaben[285] nur eingeschränkt die Funktion, den bisherigen Lebensstandard zu sichern.[286] Die Höhe des dem Arbeitslosen zustehenden Anspruchs wird in vier Schritten ermittelt: Zunächst wird der Bemessungszeitraum bestimmt (§ 150), aus dem sodann das Bemessungsentgelt ermittelt wird, das den Bezug zum vorherigen Arbeitsentgelt herstellt (§ 151). Im dritten Schritt wird daraus das pauschalierte Nettoentgelt errechnet, also das um pauschale Abzüge bereinigte Bemessungsentgelt (§ 153). Dem eigentlichen Anspruch entspricht schließlich ein Auszahlungsbetrag in Höhe von 60 bzw. 67 % (§ 149).[287]

Die Bestimmung der Höhe des Anspruchs erfolgt also weitgehend in einer pauschalierenden Betrachtungsweise: Dies findet insbesondere darin seinen Ausdruck, dass das Gesetz bei der Berechnung vom pauschalierten Nettoentgelt ohne Berücksichtigung individueller Belastungen ausgeht und sodann in nur zwei Gruppen unterschiedet, namentlich in Arbeitslose mit und ohne Kinder. **2**

Keinen unmittelbaren Zusammenhang zum zuletzt erzielten Erwerbseinkommen hat die Höhe des Arbeitslosengeldes in Fällen der so genannten fiktiven Bemessung (§ 152). Hatte ein Arbeitsloser in den zwei Jahren vor Ende des letzten Versicherungspflichtverhältnisses keine 150 Tage Anspruch auf Arbeitsentgelt, greift die fiktive Bemessung ein, die nach Qualifikationsgruppen eingeteilt ist. Diese wiederum orientieren sich maßgeblich daran, in welche Beschäftigung der Arbeitslose vermittelt werden kann, also an einem in die Zukunft gerichteten Kriterium. **3**

§ 154 ist eine technische Regelung zur Berechnung der Anspruchshöhe, die zum einen das sog. Tagesprinzip festlegt und zum anderen bestimmt, dass ein voller Kalendermonat immer mit 30 Tagen anzusetzen ist. **4**

2. Entwicklung der Vorschriften

Auch die Regelungen zur Höhe des Arbeitslosengeldes haben ihre bedeutendsten Veränderungen in neuerer Zeit durch die so genannten Hartz-Reformen, in diesem Fall insbesondere durch das Dritte Gesetz für moderne Dienstleistungen am Arbeitsmarkt v. 23. Dezember 2003[288] erfahren. Sie sollten vor allem der Vereinfachung dienen, indem pauschalierende Betrachtungsweisen und Anwendungsvorschriften die vormals ausgeprägte Einzelfallgestaltung ablösten. Das Ziel einer Verwaltungsvereinfachung ist dadurch zulasten der materiellen Einzelfallgerechtigkeit umgesetzt worden.[289] Im Zuge der Neuregelungen des SGB III zum 01.04.2012 haben die Vorschriften im Wesentlichen neue Nummern erhalten und sprachliche Änderungen im Sinne des gender mainstreaming erfahren. **5**

---

285 Grundlegend zu Funktion und verfassungsrechtlichem Schutz des Arbeitslosengeldes BVerfG – 12.02.1986 – 1 BvL 39/83.
286 Zur Lebensstandardsicherung Valgolio, in Hauck/Noftz, SGB III, § 130 Rn. 6.
287 Einen Arbeitslosengeldrechner bietet die BA auf www.pub.arbeitsagentur.de/alt.html an.
288 BGBl. I S. 2848.
289 Brand, in Niesel/Brand, SGB III, Vorbem. §§ 129–134, Rn. 1.

3. Bemessungszeitraum und Bemessungsrahmen (§ 150)

6 Für die Höhe des Arbeitslosengeldes ist das zuletzt vor Eintritt der Arbeitslosigkeit erzielte Arbeitsentgelt entscheidend. Auf welchen Zeitraum insoweit zurückzugreifen ist, regelt § 150. Die Vorschrift verwendet dazu die Begriffe des Bemessungszeitraums und des Bemessungsrahmens.

7 Der Bemessungsrahmen stellt dabei die rein zeitliche Begrenzung dar. Gemäß § 150 Abs. 1 Satz 2 umfasst der Bemessungsrahmen ein Jahr. Beginn und Ende des Jahres wird im Wege der Rückrechnung ermittelt: Endzeitpunkt des Jahreszeitraumes ist der letzte Tag des letzten Versicherungspflichtverhältnisses vor Entstehung des Anspruchs (zur Entstehung des Anspruchs siehe § 137 Rn. 2). Für den Bemessungsrahmen spielen dabei sämtliche Versicherungspflichtverhältnisse im Sinne der §§ 24 ff. eine Rolle, also nicht nur dasjenige aus Beschäftigung. Vom Ende des letzten Versicherungspflichtverhältnisses wird kalendermäßig nach den üblichen Vorgaben zur Fristberechnung (vgl. § 26 SGB X) ein Jahr zurückgerechnet.

Beispiel:
A ist versicherungspflichtig beschäftigt vom 01.01.2008 bis zum 30.09.2011 und erhält bis zum 31.10.2011 Krankengeld. Am 20.11.2011 meldet er sich arbeitslos. Der Bemessungsrahmen umfasst die Zeit vom 01.11.2010 bis zum 31.10.2011.

Begriff und Funktion des Bemessungsrahmens sind von der Rechtsprechung entwickelt worden[290] und mit den weiteren umfassenden Änderungen zum 01.01.2005 in das Gesetz aufgenommen worden.

8 Innerhalb des Bemessungsrahmens ist der Bemessungszeitraum zu ermitteln. Dieser umfasst die beim Ausscheiden aus dem jeweiligen Beschäftigungsverhältnis abgerechneten Entgeltabrechnungszeiträume der versicherungspflichtigen Beschäftigungen im Bemessungsrahmen (§ 150 Abs. 1 Satz 1). Für den Bemessungszeitraum sind – anders als für den Bemessungsrahmen – nur versicherungspflichtige Beschäftigungen relevant, nicht jedoch andere Versicherungspflichtverhältnisse. Zudem muss es sich um Zeiten handeln, für die ein Anspruch auf Arbeitsentgelt bestand.

9 Diejenigen Zeiträume, für die das Entgelt des Arbeitslosen beim Ausscheiden aus der Beschäftigung bereits abgerechnet ist und die innerhalb des einjährigen Bemessungsrahmens liegen, bilden den Bemessungszeitraum. Abgerechnet bedeutet, dass der Arbeitgeber das für diesen Zeitraum erarbeitete Arbeitsentgelt vollständig errechnet hat, so dass es ohne weitere Rechenoperationen an den Arbeitnehmer ausgezahlt werden kann, ohne dass allerdings die Auszahlung bereits tatsächlich erfolgt sein muss.[291] Die Entgelte müssen mit dem Ende der Tätigkeit abgerechnet sein, so dass spätere Abrechnungen nicht rückwirkend einem früheren Abrechnungszeitraum zugeordnet werden können.[292] Abzustellen ist dabei zudem immer auf den betriebsüblichen Abrechnungszeitraum (in der Regel der

---

290 BSG – 25.06.1999 – B 7 AL 16/98 R; BSG – 25.01.1996 – B 7 AL 90/94.
291 BSG – 21.07.1977 – B 7 RAr 102/76; GA 150.10.
292 BSG – 08.07.2009 – B 11 AL 14/08 R; abl. Anmerkung Pohl, Sgb 2010, 535.

Monat, aber auch davon abweichende, etwa wochenweise, Abrechnungsmodalitäten kommen in Betracht). Dies wird unter anderem dann relevant, wenn ein Abrechnungszeitraum nur teilweise in den Bemessungsrahmen fällt, etwa der Lohnabrechnungsmonat Januar, wenn der Bemessungsrahmen erst am 20.01. beginnt. Nach der Rechtsprechung des BSG bleibt dieser Abrechnungszeitraum für den Bemessungszeitraum außer Betracht.[293]

Nicht alle Zeiten, die nach der Definition des § 150 Abs. 1 zum Bemessungszeitraum **10** gehören könnten, werden berücksichtigt. Absatz 2 zählt fünf Fallgruppen von Zeiten auf, die für die Ermittlung des Bemessungszeitraums außer Betracht bleiben. Zweck der Regelung ist es, nachteilige Ergebnisse für Arbeitslose auszuschließen, die in bestimmten Zeiten während des Bemessungsrahmens kein oder nur ein geringeres Entgelt als bis dahin erwirtschaftet haben. Hervorzuheben sind insoweit die nicht zu berücksichtigenden Zeiten wegen der Betreuung eines Kindes bzw. bei Bezug von Erziehungs- oder Elterngeld (§ 150 Abs. 2 Satz 1 Nr. 3).[294] Diese Zeiten sollen nicht zu einem Nachteil für die Betreuenden bei späterer Arbeitslosigkeit führen, wenn nur ein geringerer Verdienst aus Beschäftigung erzielt wurde. Allerdings führt diese Vorschrift, die einen möglicherweise bestehenden Einkommensnachteil ausgleichen soll, nach der Rechtsprechung des BSG[295] nicht dazu, dass der Bemessungsrahmen durch Zeiten der Kindererziehung verlängert wird mit der Folge, dass bei weniger als 150 Tagen mit Anspruch auf Arbeitsentgelt Arbeitslosengeld fiktiv und nicht nach dem vor der Erziehungszeit erzielten Einkommen berechnet wird.

Ebenfalls unberücksichtigt bleiben gemäß § 150 Abs. 1 Satz 2 Nr. 5 Teilzeitbeschäfti- **11** gungen, wenn Arbeitslose in einem Zeitraum von dreieinhalb Jahren vor Entstehung des Anspruchs mindestens sechs Monate am Stück mit einer höheren Arbeitszeit gearbeitet haben und dann im Bemessungsrahmen ihre Arbeitszeit nicht nur vorübergehend, d. h. mindestens drei Monate,[296] auf weniger als 80 % im Vergleich zur durchschnittlichen Arbeitszeit einer vergleichbaren Vollzeitbeschäftigung und mindestens um fünf Stunden wöchentlich reduziert haben. Damit soll die Bereitschaft Beschäftigter zu Teilzeitarbeit erhöht werden.[297] Nach der Rechtsprechung des BSG[298] führt diese Vorschrift jedoch nicht dazu, dass der Bemessungsrahmen über den erweiterten Rahmen von zwei Jahren (§ 150 Abs. 3) hinaus verlängert werden kann. Die Vollzeittätigkeit muss also in den längstens zweijährigen Rahmen hineinragen, damit die Schutzvorschrift des § 150 Abs. 1 Satz 2 Nr. 5 angewendet werden kann.

Die Geschäftsanweisungen der Bundesagentur sehen im Hinblick auf die außer Be- **12** tracht bleibenden Zeiten eine Art Günstigkeitsprüfung vor: Zeiten nach § 150 Abs. 2 sind

---

293 BSG – 01.06.2006 – B 7a AL 86/05 R; BSG – 08.07.2009 – B 11 AL 14/08 R; so auch GA 150.7.

294 Nicht zu verwechseln ist die Nichtberücksichtigung dieser Zeiten allerdings mit der Frage, ob Zeiten der Kindererziehung Versicherungspflichtzeiten und damit anwartschaftsbegründend sind (vgl. § 26 Abs. 2 a SGB III, zur Anwartschaft § 142 Rn. 2 ff.).

295 BSG – 25.08.2011 – B 11 AL 19/10 R, mit ausführlicher Begründung und weiteren Nachweisen auch zum Nichtannahmebeschluss einer entsprechenden Verfassungsbeschwerde bzw. unzulässigen Vorlagebeschlüssen an das BVerfG.

296 GA 150.21a.

297 BT-Drs. 12/7565, S. 16 (zu § 112 AFG).

298 BSG – 06.05.2009 – B 11 AL 7/08 R; BSG – 16.12.2009 – B 7 AL 39/08 R.

dann entgegen dem Gesetzeswortlaut zu berücksichtigen, wenn dies für den Arbeitslosen günstiger ist.[299]

13 Bestand im einjährigen Bemessungsrahmen für eine zu kurze Zeit, nämlich für weniger als 150 Tage, Anspruch auf Arbeitsentgelt, wird der Bemessungsrahmen gemäß § 150 Abs. 3 Satz 1 Nr. 1 auf zwei Jahre erweitert. Zweck dieser Vorschrift ist es, die Zahl der Fälle fiktiver Bemessung (siehe Rn. 24 ff.) zu begrenzen. Für Arbeitslose, die ihren Arbeitslosengeldanspruch auf die verkürzte Anwartschaft gemäß § 142 Abs. 2 (siehe § 142 Rn. 7) gründen, gilt eine Mindestzahl von Tagen mit Anspruch auf Arbeitsentgelt von 90, um den Besonderheiten dieser Beschäftigungsverhältnisse Rechnung zu tragen.

14 Der Bemessungsrahmen wird auch dann auf zwei Jahre erweitert, wenn es mit Rücksicht auf das Bemessungsentgelt im erweiterten Rahmen unbillig hart wäre, vom Bemessungsentgelt im Bemessungszeitraum (gemeint ist derjenige im nur einjährigen Bemessungsrahmen) auszugehen, § 150 Abs. 3 Satz 1 Nr. 2. Zu vergleichen ist das Arbeitsentgelt, das im einjährigen Bemessungsrahmen erzielt wurde, mit dem, das in den letzten zwei Jahren erzielt wurde. Zu einer unbilligen Härte kommt es, wenn das bei einem Jahr zugrundezulegende Arbeitsentgelt von dem in den letzten zwei Jahren erzielten nach unten abweicht. Auf den Grund der Abweichung kommt es nicht an, denkbar sind Lohnverzicht, Wegfall von hohen Provisions- oder Sonderzahlungen, Arbeitszeitreduzierung etc. Die Bundesagentur nimmt unbillige Härte pauschal bei einer Differenz von mindestens zehn % an.[300] In der Rechtsprechung wird das Tatbestandsmerkmal der unbilligen Härte unterschiedlich ausgefüllt, zum Teil rein rechnerisch,[301] zum Teil anhand weiterer Kriterien.[302] Das BSG hat letzteres jedoch abgelehnt und eine unbillige Härte erst bei Entgeltunterschieden ab zehn % bejaht.[303] Zur früheren Rechtslage hat es zudem verlangt, dass die Zeiten mit höherem Entgelt überwiegen müssen.[304] Weil die Vorschrift insoweit umformuliert worden ist, dürfte es hingegen nicht mehr darauf ankommen, wie lange das höhere Entgelt bezogen wurde.[305]

15 Die Möglichkeit, eine unbillige Härte nach diesen Vorgaben zu prüfen und ggf. den erweiterten Bemessungsrahmen anzusetzen, liegt in der Entscheidungsgewalt der Arbeitslosen, denn gemäß § 150 Abs. 3 Satz 2 ist die Härtefallregelung nur anzuwenden, wenn der Arbeitslose dies verlangt.[306] Insoweit bestehen aber auf Seiten der Arbeitsagentur Beratungspflichten. Die Arbeitslosen müssen ihrerseits die zur Bemessung erforderlichen Unterlagen vorlegen.

---

299 GA 150.11.

300 GA 150.35: unbillige Härte liegt vor, wenn das Bemessungsentgelt aus dem erweiterten Bemessungsrahmen das um 10 % erhöhte Bemessungsentgelt übersteigt, mit Beispielrechnung.

301 LSG Baden-Württemberg – 06.03.2009 – L 8 AL 3880/08.

302 LSG Nordrhein-Westfalen – 04.03.2009 – L 12 AL 66/08; LSG Sachsen-Anhalt – 25.08.2009 – L 2 AL 84/06.

303 BSG – 01.03.2011 – B 7 AL 9/09 R; BSG – 24.11.2010 – B 11 AL 30/09 R.

304 BSG – 02.09.2004 – B 7 AL 68/03 R.

305 Rolfs, in Gagel, SGB III, § 150 Rn. 7.

306 Die Bundesagentur soll sie immer vornehmen, wenn Anhaltspunkte für unbillige Härte vorliegen, vgl. GA 150.37.

4. Bemessungsentgelt

4.1 Arbeitsentgelt

Ist der Bemessungszeitraum nach den Vorgaben des § 150 bestimmt, kann das Bemessungsentgelt errechnet werden: Es ist das durchschnittlich auf den Tag entfallende beitragspflichtige Arbeitsentgelt, das der Arbeitslose im Bemessungszeitraum erzielt hat (§ 151 Abs. 1 Satz 2). **16**

Arbeitsentgelt ist danach nur aus einer (oder mehreren) versicherungspflichtigen Beschäftigung und bis zur Beitragsbemessungsgrenze gemäß § 341[307] heranzuziehen. Abgestellt wird auf das Bruttoarbeitsentgelt. Zur Definition dessen, was Arbeitsentgelt ist, muss auf § 14 SGB IV sowie die Sozialversicherungsentgeltverordnung (SvEV) zurückgegriffen werden. Grundsätzlich gilt, dass zum Arbeitsentgelt alle laufenden oder einmaligen Einnahmen zählen, unabhängig von ihrer Bezeichnung und der Frage, ob ein Rechtsanspruch auf sie besteht. Die SvEV stellt zur Abgrenzung dessen, was nicht dem Arbeitsentgelt im sozialversicherungsrechtlichen Sinne zuzurechnen ist, darauf ab, ob Zuwendungen lohnsteuerfrei sind. Dies entspricht § 17 SGB IV, der dem Gesetzgeber aufgibt, eine möglichst weitgehende Übereinstimmung zwischen Steuerrecht und Sozialversicherungsrecht sicherzustellen. Die Bundesagentur geht in der Praxis von dem vom Arbeitgeber bescheinigten Entgelt aus.[308] **17**

Ausdrücklich nicht zu berücksichtigen sind gemäß § 151 Abs. 2 Nr. 1 Entgelte, die Arbeitslose wegen der Beendigung des Arbeitsverhältnisses erhalten oder die im Hinblick auf die Arbeitslosigkeit vereinbart worden sind. Immer dann, wenn ein kausaler Zusammenhang zwischen dem Ende des Beschäftigungsverhältnisses und der Leistung steht, wird diese nicht berücksichtigt. Darunter fallen etwa Abfindungen und Urlaubsabgeltungen,[309] aber auch Lohn- und Gehaltserhöhung vor Ende der Beschäftigung, die sachlich nicht begründbar sind. Auch Wertguthaben aus Vereinbarungen aus Arbeitszeitregelungen (§ 7 b ff. SGB IV, siehe dort Rn. 1 ff.), das entgegen der Vereinbarung ausgezahlt wird oder nicht mehr gezahlt werden kann, bleibt unberücksichtigt, vgl. § 151 Abs. 2 Nr. 2. **18**

Das Arbeitsentgelt muss »erzielt« sein. Erzielt ist Arbeitsentgelt zunächst dann, wenn es den Arbeitslosen zugeflossen ist, also zur Verfügung steht (sog. Zuflusstheorie). Gemäß § 151 Abs. 1 Satz 2 gilt Arbeitsentgelt zudem dann als erzielt, wenn Arbeitslose beim Ausscheiden aus dem Beschäftigungsverhältnis darauf Anspruch hatten und es zugeflossen oder nur wegen Zahlungsunfähigkeit des Arbeitgebers nicht zugeflossen ist. Geregelt sind dadurch Fälle, in denen Arbeitsentgelt erst nach dem Ausscheiden zufließt, obwohl der Anspruch darauf schon zum Zeitpunkt des Beschäftigungsendes bestand. Diese Re- **19**

---

307 Es wird Bezug genommen auf die Beitragsbemessungsgrenze der Rentenversicherung (2012 West: 67 200 € im Jahr bzw. 5600 € im Monat bzw. 186,67 € pro Kalendertag; 2012 Ost: 57 600 € im Jahr bzw. 4800 € im Monat bzw. 160 € pro Kalendertag).

308 GA 151.1; Beispiele für Arbeitsentgelte Brand, in Niesel/Brand, § 131 Rn. 6; Valgolio, in Hauck/Noftz, SGB III, § 131 Rn. 20.

309 LSG Bayern – 26.03.2009 – L 8 AL 200/08.

gelung setzt gesetzlich die Rechtsprechung des BSG[310] zur sog. kombinierten Anspruchs- und Zuflusstheorie um, nach der auch diejenigen Teile des Arbeitsentgelts zu berücksichtigen sind, die Beschäftigten nach dem Ausscheiden infolge nachträglicher Vertragserfüllung zufließen. Denn es sollen Arbeitslose nicht schlechter gestellt werden, deren Entgeltanspruch rechtswidrig durch den Arbeitgeber nicht rechtzeitig erfüllt wird. Es bleibt aber dabei, dass der Zeitraum abgerechnet sein muss, denn sonst gehört er nicht zum Bemessungszeitraum (siehe Rn. 9). Erfasst werden daher Fälle der nachträglichen Vertragserfüllung, wenn also die Zahlung einer bereits bestehenden Verpflichtung zugeordnet werden kann.[311] Dem späteren Zufluss muss die Bundesagentur dann durch Änderung der Bewilligung (in der Regel gemäß § 48 SGB X) Rechnung tragen. Auf den tatsächlichen Zufluss kommt es nur dann nicht an, wenn der Arbeitgeber zahlungsunfähig ist und das Arbeitsentgelt allein aus diesem Grund nicht gezahlt worden ist. Damit soll Missbrauch durch nachträgliche Regelungen zwischen Arbeitgeber und Arbeitnehmer zulasten der Bundesagentur abgewehrt werden.[312]

20 Bemessungsentgelt ist das durchschnittlich auf den Tag entfallende Arbeitsentgelt. Die erzielten Arbeitsentgelte im Bemessungszeitraum sind also zu addieren und die Summe sodann durch die Anzahl der Kalendertage mit Anspruch auf Arbeitsentgelt zu dividieren.

> **Beispiel:**
> Bemessungszeitraum 01.01. bis 31.12.2011 mit einem monatlich gleichbleibenden Entgelt in Höhe von 2000 € brutto ergibt ein tägliches Bemessungsentgelt in Höhe von 65,75 € (2000 × 12/365 = 65,75 € nach Anwendung der Rundungsvorschrift gemäß § 338 Abs. 2).

Die Frage, ob bei einem Bemessungszeitraum von einem ganzen Jahr in Anwendung von § 339 das Jahr mit 360 Tagen oder wegen § 154 Satz 1 mit 365 anzusetzen ist, hat das BSG zugunsten der Division durch 365 entschieden.[313]

21 Das so ermittelte Bemessungsentgelt wird in zwei gesetzlich geregelten Fällen nicht zur Berechnung der Anspruchshöhe zugrundegelegt:

22 Gemäß § 151 Abs. 4 gibt es einen Bestandsschutz für Arbeitslose, die innerhalb der letzten zwei Jahre vor Entstehung des nun zu berechnenden Anspruchs Arbeitslosengeld bezogen haben, das aus einem höheren Bemessungsentgelt als der neue Anspruch errechnet wurde – also in Fällen, in denen vor der vorherigen Arbeitslosigkeit ein höheres Entgelt erzielt worden war als vor der jetzigen. Maßgeblich ist in diesen Fällen immer das höhere Bemessungsentgelt (»mindestens«). Voraussetzung ist mindestens ein Tag mit tatsächlichem Bezug von Arbeitslosengeld.[314] Umstritten ist, ob die Höhe rechtmäßig festgestellt sein muss oder ob auch ein zu hoch errechnetes Bemessungsentgelt für den neuen Anspruch gilt.[315]

---

310 BSG – 28.06.1995 – 7 RAr 102/94.
311 Brand, in Niesel/Brand, § 131 Rn. 12.
312 BSG – 08.02.2007 – B 7a AL 28/06 R.
313 BSG – 06.05.2009 – B 11 AL 7/08 R.
314 GA 151.39.
315 Für die Bindungswirkung einer bestandskräftigen, auch rechtswidrigen höheren Bewilligung LSG Niedersachsen-Bremen – 31.05.2006 – L 7 AL 161/03; a.A. LSG Schleswig-Holstein – 26.09.2008 – L 3 AL 81/07.

Der Bestandsschutz kommt natürlich nur dann zum tragen, wenn überhaupt ein neuer Anspruch erworben wurde und nicht ohnehin – wegen Nichterfüllen der Anwartschaftszeit – aus dem alten Anspruch weiterbewilligt wird.

Gemäß § 151 Abs. 5 vermindert sich das Bemessungsentgelt, wenn der Arbeitslose nicht mehr bereit oder in der Lage ist, die im Bemessungszeitraum durchschnittlich auf die Woche entfallende Zahl von Arbeitsstunden zu leisten. Hat ein Arbeitsloser z. B. 40 Wochenstunden in seinem Beschäftigungsverhältnis gearbeitet, stellt sich bei der Bundesagentur jedoch nur für 20 Stunden zur Verfügung, wobei die Gründe dafür grundsätzlich unerheblich sind, mindert sich das Bemessungsentgelt in diesem Fall um die Hälfte. Das gilt nicht in Fällen der sog. Nahtlosigkeitsregelung gemäß § 145 (siehe dort Rn. 1 ff.). Die Vermittler der Bundesagentur sind angewiesen, Arbeitslose über die Folgen der reduzierten Verfügbarkeit unverzüglich zu belehren.[316] Zudem muss bei einem gutachterlich festgestellten »Korridor« des Leistungsvermögens (z. B. »drei bis sechs Stunden täglich«) die höchste Zahl von Leistungsstunden zugrunde gelegt werden.[317] 23

4.2 Fiktive Bemessung

Nur wenn im Bemessungsrahmen von einem bzw. maximal zwei Jahren (Rn. 7 ff.) mindestens 150 Tage[318] mit Anspruch auf Arbeitsentgelt feststellbar sind, erhalten Arbeitslose Arbeitslosengeld, das über das Bemessungsentgelt von der Höhe der zuvor erzielten Einkünfte abhängig ist. Sind nicht genügend Tage mit Anspruch auf Arbeitsentgelt feststellbar (etwa nach Zeiten mit Krankengeldbezug oder Erziehungszeiten[319]), ist gemäß § 152 Abs. 1 ein fiktives Arbeitsentgelt zugrunde zu legen. 24

Das fiktive Arbeitsentgelt richtet sich nach der Beschäftigung, in die der Arbeitslose vermittelt werden soll. Die Bundesagentur muss also zunächst bestimmen, in welche Beschäftigung der Arbeitslose zu vermitteln ist (»auf die die Agentur für Arbeit die Vermittlungsbemühungen in erster Linie zu erstrecken hat«). Dabei muss sie nach den Vorgaben des § 35 Abs. 2 Satz 2 Neigung, Eignung und Leistungsfähigkeit der Arbeitsuchenden berücksichtigen. Die Vermittlungsbemühungen dürfen sich nach den Vorstellungen des Gesetzgebers auf das in Betracht kommende Arbeitsangebot beziehen.[320] Die Agentur gibt vor, dass diejenige Tätigkeit maßgebend ist, mit der der Arbeitslose bestmöglich eingegliedert werden kann.[321] Allerdings hängt die Bestimmung der Tätigkeit, in die Arbeitslose am besten vermittelt werden können, maßgeblich von ihrer Qualifikation ab, so dass diese das ausschlaggebende Kriterium für die Einordnung ist.[322] 25

§ 152 Abs. 2 legt vier Qualifikationsgruppen fest, die sich anhand der Notwendigkeit einer bestimmten Ausbildung bzw. Ausbildungsform voneinander abgrenzen: Zur Qua- 26

316 GA 151.47.
317 GA 151.46.
318 In Fällen der verkürzten Anwartschaftszeit (§ 142 SGB III) mindestens 90 Tage.
319 BSG – 25.08.2011 – B 11 AL 19/10 R.
320 BT-Drs. 15/1515, S. 86.
321 GA 152.3.
322 Rolfs, in Gagel, SGB III, § 152 Rn. 13.

lifikationsgruppe 1 gehören Beschäftigungen, für die eine Hochschul- oder Fachhochschulausbildung erforderlich ist, zur Qualifikationsgruppe 2 Beschäftigungen, die einen Fachschulabschluss, den Nachweis über eine abgeschlossene Qualifikation als Meister oder einen Abschluss in einer vergleichbaren Einrichtung erfordern, zur Qualifikationsgruppe 3 Beschäftigungen, die eine abgeschlossene Ausbildung in einem Ausbildungsberuf erfordern, und schließlich zur Qualifikationsstufe 4 solche Beschäftigungen, die keine Ausbildung erfordern.

27 Der jeweiligen Gruppe ist sodann ein abgestuftes Arbeitsentgelt in Höhe eines bestimmten Prozentsatzes der durch Rechtsverordnung kalenderjährlich festgelegten Bezugsgröße[323] zugeordnet, nämlich zwischen einem Sechshundertstel in Gruppe 4 (entspricht 2012 einem Bemessungsentgelt von 52,50 € in den alten Bundesländern) und einem Dreihundertstel in Gruppe 1 (entspricht 2012 einem Bemessungsentgelt von 105 € in den alten Bundesländern).

28 Die fiktive Bemessung ist wie viele andere der für die Arbeitslosenversicherung maßgeblichen Vorschriften seit 2005 durch die Maßgabe der Vereinfachung durch pauschalierende Betrachtung geprägt. Ausdruck dafür ist das an bestimmten Prozentsätzen der Bezugsgröße orientierte fiktive Arbeitsentgelt, das die Leistungsbemessung nach dem erzielbaren Tariflohn abgelöst hat. Das BSG hat die neue Methode und auch die Höhe der gewählten Entgeltstufen für angemessen gehalten.[324] Die fiktive Bemessung kann, wie für jede Pauschalbetrachtung typisch, im Einzelfall positive oder negative Folgen haben. Von Vorteil ist die Regelung des § 152 für diejenigen, die trotz bestimmter Qualifikation vor dem Bemessungsrahmen ein sehr niedriges Arbeitsentgelt erzielt haben. Umgekehrt benachteiligt die fiktive Bemessung Arbeitslose, die ohne oder mit geringerer formaler Qualifikation gut entlohnt in qualifizierten Beschäftigungen gearbeitet haben, vor ihrer Arbeitslosigkeit aber keine 150 Tage mit Arbeitsentgeltanspruch im Bemessungsrahmen erreichen und deshalb nach Stufe 3 oder 4 fiktiv bemessen werden. Die Frage, ob die fiktive Bemessung nach Kindererziehungszeiten gegen das Grundgesetz verstößt, hat das BSG verneint,[325] das Bundesverfassungsgericht hat eine Verfassungsbeschwerde und zwei Normenkontrollverfahren als unzulässig angesehen.[326]

5. Leistungsentgelt

29 Vom nach den Vorgaben des § 152 ermittelten Bemessungsentgelt werden pauschale Abzüge vorgenommen. Daraus ergibt sich das Leistungsentgelt (§ 153). Abgezogen werden eine Sozialversicherungspauschale in Höhe von 21 % des Bemessungsentgeltes, die Lohnsteuer und der Solidaritätszuschlag.

---

323 2012: 31 500 € West; 26 880 € Ost. Nach den GA ist nicht der Wohnort, sondern der Tagespendelbereich zugrunde zu legen; sind Beschäftigungen im Tagespendelbereich sowohl in den alten als auch in den neuen Bundesländern erreichbar, gilt die Bezugsgröße West.

324 BSG – 29.05.2008 – B 11a/7a AL 64/06 R; BSG – 21.07.2009 – B 7 AL 23/08 R.

325 BSG – 25.08.2011 – B 11 AL 19/10 R; BSG – 29.05.2008, B 11a AL 23/07 R; siehe auch Rn. 10.

326 BVerfG – 11.03.2010 – 1 BvR 2909/08; BVerfG – 14.03.2011 – 1 BvL 13/07; BVerfG – 10.03.2010 – 1 BvL 11/07.

Die Lohnsteuer richtet sich gemäß § 153 Abs. 1 Nr. 2 nach dem sog. Programmablaufplan, der vom Bundesministerium für Finanzen zur Erstellung der Lohnsteuertabellen für das Jahr bekannt gegeben worden ist (vgl. § 51 Abs. 4 Nr. 1 a EStG), in dem der Anspruch entstanden ist. Die Bekanntgabe des Programmablaufplans hat die Bekanntgabe der Lohnsteuertabellen ersetzt. 30

Bei den durch § 153 Abs. 1 vorgeschriebenen Abzügen handelt es sich um pauschale Abzüge, die eine einfache und schnelle Berechnung in möglichst großer Übereinstimmung mit dem Gleichheitsgebot ermöglichen sollen.[327] Konsequent ist es daher, dass gemäß § 153 Abs. 1 Satz 3 Nr. 1 Freibeträge und Pauschalen, die nicht jedem Arbeitnehmer zustehen, nicht zu berücksichtigen sind. 31

Die Lohnsteuer richtet sich in erster Linie nach der Steuerklasse. Bis 2010 war die Steuerklasse in die Lohnsteuerkarte eingetragen, und diese Eintragung war auch für die Feststellung der für das Leistungsentgelt geltenden Steuerklasse maßgeblich (§ 133 Abs. 2 a. F.). Wegen der Umstellung auf das elektronische Abrufverfahren (Elektronische Lohnsteuerabzugsmerkmale, ElStAM), das wohl im Jahr 2013 an den Start geht, sind im Jahr 2010 letztmalig Steuerkarten ausgegeben worden, deren Eintragungen im Übergangszeitraum weitergelten. Das SGB III stellt in seiner Neuformulierung seit 01.01.2012 bereits auf die Steuerklasse ab, die als Lohnsteuerabzugsmerkmal gebildet war (§ 153 Abs. 2 bzw. § 133 Abs. 2 a. F.). Bis zur Einführung des elektronischen Verfahrens soll der Bundesagentur die Steuerklasse durch die Vorlage der Lohnsteuerkarte 2010 bzw. der Ersatzbescheinigung nachgewiesen werden.[328] Zu berücksichtigen ist gemäß § 153 Abs. 1 Satz 3 Nr. 2 auch der sogenannte Faktor gemäß § 39f. EStG für Ehegatten mit Steuerklasse IV. 32

Bei der Ermittlung des Leistungsentgeltes ist auf die Steuerklasse abzustellen, die zu Beginn des Jahres, in dem der Anspruch entstanden ist, gebildet war. Änderungen in der Lohnsteuerklasse sind gemäß § 153 Abs. 2 Satz 3 von dem Tag an zu berücksichtigen, an dem die Voraussetzungen für eine Änderung (§ 39 Abs. 5 und 6 EsStG) vorliegen. 33

Eine Sonderform der Änderung der Steuerklasse ist der Steuerklassewechsel bei Ehepaaren. Für dessen Berücksichtigung formuliert § 153 Abs. 3 besondere Voraussetzungen: Im Wesentlichen gilt, dass ein Steuerklassewechsel bei Ehegatten berücksichtigt wird, wenn die neuen Steuerklassen entweder dem »Verhältnis der monatlichen Arbeitsentgelte beider Ehegatten entsprechen«, also der Wechsel zweckmäßig ist,[329] oder wenn durch die neue Steuerklasse ein niedrigerer Anspruch auf Arbeitslosengeld besteht.[330] Nachdem das BSG in mehreren Entscheidungen[331] hohe Hürden für die Aufhebung der Arbeitslosengeldbewilligung wegen eines Lohnsteuerklassewechsels insbesondere im Hinblick auf die 34

327 Brand, in Niesel/Brand, SGB III, § 133 Rn. 3.

328 GA 153.11.

329 Eine zweckmäßige Steuerklassekombination führt zum geringsten gemeinsamen Lohnsteuerabzug oder zumindest zu einem geringeren als vorher, so GA 153.22 und 153.23 unter Verweis auf BSG – 04.09.2001 – B 7 AL 84/00 R. Zur Prüfung der Zweckmäßigkeit wird auf die Tabellen zur Steuerklassenwahl abgestellt, veröffentlicht etwa auf www.bundesfinanzministerium.de.

330 BSG – 27.09.1989 – 11 RAr 57/88 (zu § 113 AFG).

331 BSG – 01.04.2004 – B 7 AL 36/03 R; BSG – 29.08.2002 – B 11 AL 87/01 R.

Hinweispflichten der BA gesetzt hat, hat diese entsprechende Hinweise auf Mitteilungspflichten und Folgen eines Steuerklassewechsels in ihr Merkblatt 1 aufgenommen.

6. Leistungssatz

35 Das Arbeitslosengeld, also der eigentliche Anspruch, beträgt schließlich 60 bzw. 67 % des Leistungsentgeltes. Der erhöhte Leistungssatz von 67 % steht gemäß § 149 Nr. 1 Arbeitslosen zu, die mindestens ein Kind im Sinne des § 32 EStG haben, sowie solchen, deren Ehegatte oder Lebenspartner ein Kind in diesem Sinne hat, wenn die Partner unbeschränkt einkommensteuerpflichtig sind und nicht dauernd getrennt leben.[332] Alle anderen Arbeitslosen erhalten Arbeitslosengeld nach dem allgemeinen Leistungssatz in Höhe von 60 % des Leistungsentgeltes (§ 149 Nr. 2).

7. Berechnung und Leistung

36 Seit dem 01. 01. 2005 gilt in der Arbeitslosenversicherung gemäß § 154 (§ 134 a. F.) das Tagesprinzip, das die wochenweise Berechnung abgelöst hat. Seither ist für den gesamten Anspruch und insbesondere für alle Berechnungsschritte zur Ermittlung der Anspruchshöhe auf den einzelnen Kalendertag abzustellen.

37 Gemäß § 154 Satz 2 ist ein Kalendermonat mit 30 Tagen anzusetzen, wenn für einen vollen Kalendermonat Arbeitslosengeld zu zahlen ist. Der monatliche Anspruch ist also – trotz des Tagesprinzips – gleichbleibend hoch, unabhängig davon, ob der konkrete Monat 28, 30 oder 31 Kalendertage hat. Ausgezahlt wird gemäß § 337 Abs. 2 monatlich nachträglich.

Fünfter Unterabschnitt
Minderung des Arbeitslosengeldes, Zusammentreffen des Anspruchs mit sonstigem Einkommen und Ruhen des Anspruchs

§ 155 Anrechnung von Nebeneinkommen

(1) Übt die oder der Arbeitslose während einer Zeit, für die ihr oder ihm Arbeitslosengeld zusteht, eine Erwerbstätigkeit im Sinne des § 138 Absatz 3 aus, ist das daraus erzielte Einkommen nach Abzug der Steuern, der Sozialversicherungsbeiträge und der Werbungskosten sowie eines Freibetrags in Höhe von 165 Euro in dem Kalendermonat der Ausübung anzurechnen. Handelt es sich um eine selbständige Tätigkeit, eine Tätigkeit als mithelfende Familienangehörige oder mithelfender Familienangehöriger, sind pauschal 30 Prozent der Betriebseinnahmen als Betriebsausgaben abzusetzen, es sei denn, die oder der Arbeitslose weist höhere Betriebsausgaben nach.

---

332 Wesentliche Änderungen haben sich ab 2012 durch das Steuervereinfachungsgesetz 2011 bei der Berücksichtigung volljähriger Kinder insofern ergeben, als die Grenze für Einkünfte und Bezüge weggefallen ist, vgl. § 32 Abs. 4 und 5 EStG.

(2) Hat die oder der Arbeitslose in den letzten 18 Monaten vor der Entstehung des Anspruchs neben einem Versicherungspflichtverhältnis eine Erwerbstätigkeit (§ 138 Absatz 3) mindestens zwölf Monate lang ausgeübt, so bleibt das Einkommen bis zu dem Betrag anrechnungsfrei, der in den letzten zwölf Monaten vor der Entstehung des Anspruchs aus einer Erwerbstätigkeit (§ 138 Absatz 3) durchschnittlich auf den Monat entfällt, mindestens jedoch ein Betrag in Höhe des Freibetrags, der sich nach Absatz 1 ergeben würde.

(3) Leistungen, die eine Bezieherin oder ein Bezieher von Arbeitslosengeld bei beruflicher Weiterbildung

1. vom Arbeitgeber oder dem Träger der Weiterbildung wegen der Teilnahme oder
2. auf Grund eines früheren oder bestehenden Arbeitsverhältnisses ohne Ausübung einer Beschäftigung für die Zeit der Teilnahme

erhält, werden nach Abzug der Steuern, des auf die Arbeitnehmerin oder den Arbeitnehmer entfallenden Anteils der Sozialversicherungsbeiträge und eines Freibetrags von 400 Euro monatlich auf das Arbeitslosengeld angerechnet.

Inhaltsübersicht Rn.

1. Normzweck und allgemeiner Inhalt

1 § 155 (bis 31.03.2012: § 141) regelt, auf welche Weise während der Arbeitslosigkeit erzieltes Nebeneinkommen auf das Arbeitslosengeld angerechnet wird. Unterschieden wird danach, ob es sich um »**neuen**« **Nebenverdienst** (Abs. 1) oder um »**alten**« **Nebenverdienst** handelt, also um solchen, der auch schon vor Eintritt der Arbeitslosigkeit vorhanden war (Abs. 2). Eine Sonderregelung mit weitergehender Privilegierung enthält Abs. 3 für bestimmte Leistungen, die während einer beruflichen Weiterbildung gezahlt werden.

2 Sinn und Zweck der Anrechnungsregelungen ist es, einerseits einen gewissen **Anreiz** zur Aufnahme einer Nebentätigkeit mit dem damit verbundenen Kontakt zur Arbeitswelt zu schaffen. Andererseits soll aber der dem Arbeitslosen zusammen mit dem Arbeitslosengeld verbleibende Betrag auch nicht so hoch sein, dass er den Wunsch nach einer Vollzeitstelle zurückdrängen könnte. Soweit nach Abs. 2 eine weitergehende Anrechnungsfreiheit besteht, berücksichtigt dies, dass der bisherige Lebensstandard durch den »alten« Nebenverdienst mitbestimmt war. Der höhere Freibetrag nach Abs. 3 schließlich soll den Anreiz, an Weiterbildungsmaßnahmen teilzunehmen, erhöhen.

2. Normalfall der Anrechnung nach Abs. 1

3 § 155 Abs. 1 bezieht sich auf nichtselbständige und selbständige Erwerbstätigkeiten, die allerdings lediglich in einem Umfang von in der Regel **weniger als 15 Stunden in Monat**

ausgeübt werden dürfen. Es muss stets weiterhin Beschäftigungslosigkeit i. S. v. § 138 Abs. 3 als Voraussetzung der Anspruchsvoraussetzung Arbeitslosigkeit (vgl. dazu Kommentierung zu § 138) vorliegen. Einkünfte, die nicht aus einer Tätigkeit (sogenanntes müheloses Einkommen) herrühren, z. B. Zinsen aus Kapitalvermögen, werden von der Vorschrift nicht erfasst.

4 Die **Ermittlung des anrechenbaren Betrags** erfolgt nach § 155 Abs. 1 Satz 1 in der Weise, dass vom Bruttoverdienst die Sozialversicherungsbeiträge, die Werbungskosten und die zu zahlenden Steuern abzuziehen sind, sowie zusätzlich ein Freibetrag in Höhe von 165 € im Kalendermonat. Für die Höhe des Freibetrag ist es ohne Bedeutung, ob Arbeitslosengeld für den gesamten Monat oder nur für einen Teil des Monats bezogen wird.[333] Ergänzt wird diese Regelung durch § 155 Abs. 1 Satz 2 für selbständige Tätigkeiten und Tätigkeiten als mithelfende Familienangehörige. Bei diesen Tätigkeiten ist es erlaubt, zuvor pauschal 30 % der Betriebseinnahmen als Betriebsausgaben abzusetzen. Höhere Betriebsausgaben können bei entsprechendem Nachweis berücksichtigt werden.

3. Einkünfte aus vor der Arbeitslosigkeit ausgeübten Nebentätigkeiten

5 § 155 Abs. 2 bezieht sich auf sogenannten »alten« Nebenverdienst, d. h. auf solchen Nebenverdienst, der vor der Arbeitslosigkeit schon mit einer gewissen Regelmäßigkeit erzielt wurde und daher den **Lebensstandard** des Arbeitslosen geprägt hat. Soweit in den letzten 18 Monaten vor der Entstehung des Arbeitslosengeldanspruchs neben einem Versicherungspflichtverhältnis eine Erwerbstätigkeit von unter 15 Stunden in der Woche mindestens zwölf Monate lang ausgeübt wurde, bleibt das Einkommen bis zum monatlichen Durchschnittsbetrag der letzten zwölf Monate anrechnungsfrei.

6 Als **Mindestbetrag** bleibt ein Verdienst in Höhe des Freibetrags nach § 155 Abs. 1 (165 €) anrechnungsfrei. Dies ist von Bedeutung, wenn der Durchschnittbetrag, der sich errechnet, niedriger ist als der aktuell erzielte Nebenverdienst. Durch diese Regelung ist sichergestellt, dass der Arbeitslose, der schon vor Eintritt der Arbeitslosigkeit einen Nebenverdienst erzielt hat, bezüglich der Anrechnung nicht schlechter gestellt ist, als derjenige, der eine »neue« Nebentätigkeit aufnimmt.

7 Setzt der Arbeitslose eine vor Eintritt der Arbeitslosigkeit bereits ausgeübte Nebentätigkeit fort und nimmt er zusätzliche eine weitere – neue – Nebentätigkeit auf, können ihm die beiden Freibeträge nach Abs. 1 und Abs. 2 sogar nebeneinander zustehen,[334] natürlich immer vorausgesetzt, dass durch beide Tätigkeiten zusammen nicht die 15-Stundengrenze nach § 138 Abs. 3 überschritten wird.

4. Besonderheiten bei Arbeitslosengeld bei beruflicher Weiterbildung

8 Schließlich werden nach § 155 Abs. 3 bei dem Bezug von Arbeitslosengeld bei beruflicher Weiterbildung **Einkünfte in noch stärkerem Maße von der Anrechnung freigestellt,**

333 Vgl. GA zu § 155 Ziff. 7.0. Abs. 5.
334 BSG – 05.09.2006 – B 7a AL 88/05 R.

nämlich unter Berücksichtigung eines Freibetrags in Höhe von 400 €. Dabei muss es sich aber um Einkünfte handeln, die in einem **Zusammenhang zu der Weiterbildung** stehen. Genannt werden im Gesetz zum einen Leistungen, etwa in Form einer Ausbildungsvergütung, die vom Arbeitgeber oder vom Träger der Weiterbildung wegen der Teilnahme gezahlt werden (§ 155 Abs. 3 Nr. 1). Zum anderen sind privilegiert Leistungen, die auf Grund eines früheren oder bestehenden Arbeitsverhältnisses ohne Ausübung einer Beschäftigung für die Zeit der Teilnahme erbracht werden (§ 155 Abs. 3 Nr. 2), etwa aufgrund von Tarifverträgen oder Transfervereinbarungen.

§ 156 Ruhen des Anspruchs bei anderen Sozialleistungen

(1) Der Anspruch auf Arbeitslosengeld ruht während der Zeit, für die ein Anspruch auf eine der folgenden Leistungen zuerkannt ist:

1. Berufsausbildungsbeihilfe für Arbeitslose,

2. Krankengeld, Versorgungskrankengeld, Verletztengeld, Mutterschaftsgeld oder Übergangsgeld nach diesem oder einem anderen Gesetz, dem eine Leistung zur Teilhabe zugrunde liegt, wegen der keine ganztägige Erwerbstätigkeit ausgeübt wird,

3. Rente wegen voller Erwerbsminderung aus der gesetzlichen Rentenversicherung oder

4. Altersrente aus der gesetzlichen Rentenversicherung oder Knappschaftsausgleichsleistung oder ähnliche Leistungen öffentlich-rechtlicher Art.

Ist der oder dem Arbeitslosen eine Rente wegen teilweiser Erwerbsminderung zuerkannt, kann sie ihr oder er sein Restleistungsvermögen jedoch unter den üblichen Bedingungen des allgemeinen Arbeitsmarktes nicht mehr verwerten, hat die Agentur für Arbeit die Arbeitslose oder den Arbeitslosen unverzüglich aufzufordern, innerhalb eines Monats einen Antrag auf Rente wegen voller Erwerbsminderung zu stellen. Wird der Antrag nicht gestellt, ruht der Anspruch auf Arbeitslosengeld vom Tag nach Ablauf der Frist an bis zu dem Tag, an dem der Antrag gestellt wird.

(2) Abweichend von Absatz 1 ruht der Anspruch

1. im Fall der Nummer 2 nicht, wenn für denselben Zeitraum Anspruch auf Verletztengeld und Arbeitslosengeld nach § 146 besteht,

2. im Fall der Nummer 3 vom Beginn der laufenden Zahlung der Rente an und

3. im Fall der Nummer 4

a) mit Ablauf des dritten Kalendermonats nach Erfüllung der Voraussetzungen für den Anspruch auf Arbeitslosengeld, wenn der oder dem Arbeitslosen für die letzten sechs Monate einer versicherungspflichtigen Beschäftigung eine Teilrente oder eine ähnliche Leistung öffentlich-rechtlicher Art zuerkannt ist,

b) nur bis zur Höhe der zuerkannten Leistung, wenn die Leistung auch während einer Beschäftigung und ohne Rücksicht auf die Höhe des Arbeitsentgelts gewährt wird.

Im Fall des Satzes 1 Nummer 2 gilt § 145 Absatz 3 entsprechend.

(3) Die Absätze 1 und 2 gelten auch für einen vergleichbaren Anspruch auf eine andere Sozialleistung, den ein ausländischer Träger zuerkannt hat.

(4) Der Anspruch auf Arbeitslosengeld ruht auch während der Zeit, für die die oder der Arbeitslose wegen ihres oder seines Ausscheidens aus dem Erwerbsleben Vorruhestandsgeld oder eine vergleichbare Leistung des Arbeitgebers mindestens in Höhe von 65 Prozent des Bemessungsentgelts bezieht.

Inhaltsübersicht Rn.

Literatur

Dienstanweisung der Bundesagentur für Arbeit zu ehemals § 142 SGB III Stand 11/2009; www.arbeitsagentur.de

1. Normzweck und allgemeiner Inhalt

1 § 156 regelt das Ruhen des Arbeitslosengeldanspruchs bei gleichzeitiger Zahlung anderer Sozialleistungen, um einen Doppelbezug zu vermeiden. Weiterer Zweck ist, diejenigen von Leistungen der Arbeitsagenturen abzukoppeln, die am Erwerbsleben aus gesundheitlichen oder Altersgründen nicht mehr teilnehmen und entsprechende Sozialleistungen, auch ausländischer Sozialleistungsträger, erhalten. Stellt die Agentur für Arbeit fest, dass der Arbeitslose voll erwerbsgemindert ist und bezieht er bereits Teilrente wegen der Erwerbsminderung,[335] muss sie den Erwerbslosen auffordern, Rente wegen voller Erwerbsminderung[336] zu beantragen. Wird der Antrag trotz Fristsetzung nicht gestellt, ruht das Arbeitslosengeld bis zum Tag der tatsächlichen Antragstellung. Um das Ziel des Ausschlusses von Doppelleistungen vollumfänglich zu erreichen, führen auch Zahlungen von Arbeitgebern nach Beendigung des Arbeitsverhältnisses, die den Unterhalt des Erwerbslosen ohne Arbeitsleistung sicherstellen, gem. § 156 Abs. 4 zum Ruhen des Arbeitslosengeldes.

2. Zu berücksichtigende Sozialleistungen

2 Die Sozialleistungen,[337] die zur Verwirklichung des o. g. Zwecks zu berücksichtigen sind, werden in § 156 Abs. 1 abschließend aufgezählt.

335 S. hierzu die Kommentierung zu § 43 SGB VI.
336 S. hierzu die Kommentierung zu § 43 SGB VI.
337 S. dortige Kommentierung.

Es handelt sich insbesondere um:

- Berufsausbildungsbeihilfe gem. § 70
- Krankengeld wegen Arbeitsunfähigkeit gem. § 44 SGB V
- Verletztengeld nach einem Berufsunfall gem. § 45 SGB VII
- Mutterschaftsgeld gem. § 13 MuSchG während der Schutzfristen
- Übergangsgeld nach § 119 ff. SGB III, § 20 SGB VI, § 49 SGB VII, wenn der Arbeitslose wegen der Leistung zur Teilhabe keine ganztägige Erwerbstätigkeit ausüben kann
- Volle Erwerbsminderungsrente gem. 43 Abs. 2 SGB VI[338]
- Vorzeitige Altersrente,[339] Knappschaftsausgleichsleistungen gem. § 239 SGB VI oder entsprechende Zahlungen[340] zur Sicherung des Ruhestandes, wie die Ruhegehaltzahlungen an Beamte[341] oder Berufssoldaten.[342]

3. Ausländische Sozialleistungen

Aus Gleichbehandlungsgesichtspunkten ruht das Arbeitslosengeld gem. § 156 Abs. 3 auch bei vergleichbaren Leistungen ausländischer Sozialleistungsträger, z. B. bei erhöhter Invalidenrente aus Dänemark oder italienischer Altersrente für Frauen ab dem 55. Lebensjahr. Welche Leistungen im Einzelnen erfasst sind, ergibt sich aus Ziff. 1.4.4. der DA der Bundesagentur für Arbeit zu ehemals § 142 sowie deren Anlage 3. 3

4. Vorruhestandsgeld

Nach § 156 Abs. 4 ruht der Anspruch auf Arbeitslosengeld, wenn der Arbeitslose aufgrund einer Vereinbarung zwischen ihm und seinem ehemaligen Arbeitgeber wegen des Ausscheidens aus dem Erwerbsleben eine monatliche Ersatzleistung in Höhe von mindestens 65 % des Bemessungsentgeltes gem. § des § 152 Abs. 2, also für 2012 monatlich mindestens 1706,25 € (West) bzw. 1456 € (Ost) erhält. Eine niedrigere Zahlung oder eine Zahlung, die nicht wegen Ausscheidens aus dem Erwerbsleben erbracht wird, führt nicht zum Ruhen. 4

5. Ruhen

Ruhen bedeutet, dass der Anspruch auf das Arbeitslosengeld in voller Höhe erhalten bleibt, eine Zahlung aber, solange die andere Sozialleistung zuerkannt wurde[343] und 5

338 Die Rente wegen voller Erwerbsminderung nach § 13 des Gesetzes über die Landwirte (ALG) ist keine Rente der gesetzlichen Rentenversicherung.

339 Wegen § 136 Abs. 2 SGB III, nach dem Arbeitslosengeld nach Vollendung des 65. Lebensjahres nicht mehr beansprucht werden kann.

340 S. zur Rechtsprechung des BSG im Einzelnen Striebinger in Gagel, SGB III, § 142 Rn. 45 f. sowie DA zu ehemalig § 142 SGB III 142.26–142.31 und Anlage 5.

341 § 42 Abs. 4 BBG.

342 § 44 ff. Soldatengesetz.

343 Zuerkennen bedeutet, dass ein positiver Bescheid ergangen sein muss.

auch tatsächlich gezahlt wird, nicht erfolgt. Erst wenn die andere Sozialleistung aufgrund eines zuerkennenden Bescheides nicht mehr gezahlt wird, lebt der Zahlungsanspruch auf Arbeitslosengeld wieder auf.

6 Während des Ruhens besteht aus dem Anspruch auf Arbeitslosengeld kein Krankenversicherungsschutz nach § 5 Abs. 1 Nr. 2 SGB V. Allerdings wirkt sich dies nicht aus, da die Krankenversicherung aus der anderen Sozialleistung besteht. Für einen Monat besteht nach dem Ende eines Arbeitsverhältnisses der nachwirkende Krankenversicherungsschutz nach § 19 Abs. 2 S. 1 SGB V.

7 Bei Bezug einer der in § 156 Abs. 1 genannten Leistungen ruht das Arbeitslosengeld vollständig. Dies soll auch dann keinen verfassungsrechtlichen Bedenken unterliegen, wenn die andere Sozialleistung geringer ist als das Arbeitslosengeld.[344] Offen gelassen hat das BSG bisher, ob dieser Grundsatz auch gilt, wenn die andere Sozialleistung nicht ausreicht, um den Lebensunterhalt sicherzustellen.[345] Diesseits wird die Position vertreten, dass der Anspruch auf Arbeitslosengeld, da es sich um einen erarbeiteten Versicherungsanspruch handelt, lediglich in der Höhe ruht, in der die andere Sozialleistung tatsächlich erbracht wird.

6. Abweichende Regelungen

8 § 156 Abs. 2 regelt Abweichungen vom grundsätzlichen Ruhen nach § 156 Abs. 1.

Das Ruhen greift bei der Leistung von Kranken- oder Verletztengeld nach § 156 Abs. 2 Nr. 1 so lange nicht ein, als ein Anspruch auf diese Zahlungen aus § 146 besteht, da Sinn und Zweck dieser Regelung ist, für die ersten sechs Wochen der Arbeitsunfähigkeit keine Änderung des Sozialleistungsträgers[346] herbeizuführen. Nimmt der Arbeitslose z. B. eine Nebentätigkeit auf (8 Std. pro Woche, 300 €) und wird er nach 2 Wochen arbeitsunfähig, besteht wegen der Regelung des § 3 Abs. 3 EFZG noch kein Anspruch auf Entgeltfortzahlung gegen den Arbeitgeber, aber ein Anspruch auf Krankengeld gegen die Krankenkasse und ein Anspruch auf Leistungsfortzahlung nach § 146. Der zweite Anspruch ist vorrangig.

Nach § 156 Abs. 2 Nr. 2 ruht der Anspruch auf Arbeitslosengeld erst ab dem Tag, an dem die laufende Rentenzahlung beginnt und nicht ab dem Tag der Bewilligung, der oftmals deutlich früher liegt.

9 § 156 Abs. 2 Nr. 3 regelt Ausnahmen von dem Grundsatz, dass das Arbeitslosengeld bei Bezug von Altersrente und ähnlichen Leistungen i. S. d. § 156 Abs. 1 Nr. 4 ruht.

Hat der Arbeitslose neben seinem Beschäftigungsverhältnis in den letzten sechs Monaten unmittelbar vor der Arbeitslosigkeit Teilrente bezogen, ruht das Arbeitslosengeld erst mit Ablauf des dritten Monats nach Eintritt der Vollrente, um dem Arbeitslosen den Übergang zu erleichtern (§ 156 Abs. 2 Nr. 3 a).

Bei Renten, die auch während einer Beschäftigung und ohne Rücksicht auf die Höhe des Arbeitsentgelts gewährt werden, ruht das Arbeitslosengeld nur in Höhe der tatsäch-

344 BSG – 20.09.2001 – B 11 AL 35/01 R.
345 BSG – 03.11.1976 – 7 RAr 104/75, SozR 2-4100 § 118 Nr. 3.
346 BSG – 24.05.1984 – 7 RAr 97/83, SozR 2-4100 § 105 b Nr. 1.

lichen Leistung gem. § 156 Abs. 2 Nr. 3 b. Dabei handelt es sich z. B. um Überbrückungsgeld der Seemannskasse gem. § 143 SGB VII oder Knappschaftsausgleichsleistungen.[347]

7. Antrag auf volle Erwerbsminderungsrente

§ 156 Abs. 1 Satz 2 bestimmt, dass die Agentur für Arbeit in folgenden Fällen vom Arbeitslosen nach vorheriger Anhörung die Stellung eines Antrags auf volle Erwerbsminderungsrente verlangen kann: **10**
- der Arbeitslose bezieht eine Rente wegen teilweiser Erwerbsminderung gem. § 43 SGB VI
- oder Rente wegen teilweiser Erwerbsminderung in den Fällen der Berufsunfähigkeit gem. § 240 SGB VI

und
- kann sein Restleistungsvermögen auf dem allgemeinen Arbeitsmarkt nach Feststellungen der Agentur für Arbeit nicht mehr vermarkten.

Stellt der Arbeitslose trotz gesetzter Frist den Antrag auf volle Erwerbsminderungsrente nicht, ruht der Anspruch auf Arbeitslosengeld ab dem Tag, der dem Fristablauf folgt, bis zum Tag, an dem der Antrag gestellt wurde. Es handelt sich dabei nicht um eine Strafe, sondern um die Sicherung einer Obliegenheit des Arbeitslosen.

8. Entsprechende Anwendung

§ 156 SGB III gilt entsprechend für: **11**
- den Gründungszuschuss gem. § 57 Abs. 3
- Teilarbeitslosengeld § 150 Abs. 2
- Arbeitslosengeld bei beruflicher Weiterbildung § 117 Abs. 1 Nr. 2
- eingeschränkt für Kurzarbeitergeld § 180 Satz 2

§ 157 Ruhen des Anspruchs bei Arbeitsentgelt und Urlaubsabgeltung

(1) Der Anspruch auf Arbeitslosengeld ruht während der Zeit, für die die oder der Arbeitslose Arbeitsentgelt erhält oder zu beanspruchen hat.

(2) Hat die oder der Arbeitslose wegen Beendigung des Arbeitsverhältnisses eine Urlaubsabgeltung erhalten oder zu beanspruchen, so ruht der Anspruch auf Arbeitslosengeld für die Zeit des abgegoltenen Urlaubs. Der Ruhenszeitraum beginnt mit dem Ende des die Urlaubsabgeltung begründenden Arbeitsverhältnisses.

(3) Soweit die oder der Arbeitslose die in den Absätzen 1 und 2 genannten Leistungen (Arbeitsentgelt im Sinne des § 115 des Zehnten Buches) tatsächlich nicht erhält, wird das Arbeitslosengeld auch für die Zeit geleistet, in der der Anspruch auf Arbeitslosengeld ruht. Hat der Arbeitgeber die in den Absätzen 1 und 2 genannten Leistungen trotz des Rechtsübergangs mit befreiender Wirkung an die Arbeitslose, den Arbeits-

347 Gem. § 239 SGB VI; weitere Beispiele s. Düe in Niesel/Brand – Düe § 142 Rn. 44.

losen oder an eine dritte Person gezahlt, hat die Bezieherin oder der Bezieher des Arbeitslosengeldes dieses insoweit zu erstatten.

Inhaltsübersicht

Literatur

Dienstanweisung der Bundesagentur für Arbeit zu ehemals § 143 SGB III Stand 4/2011, www.arbeitsagentur.de

1. Normzweck und allgemeiner Inhalt

1 Zweck der Regelung ist, den gleichzeitigen Bezug von Leistungen aus dem Arbeitsverhältnis und Arbeitslosengeld auszuschließen. § 157, der in wesentlichen Teilen § 117 AFG entspricht, regelt daher in Abs. 1 und 2, welche Zahlungen auf der Grundlage eines Arbeitsverhältnisses das Ruhen des dem Grunde nach bestehenden Arbeitslosengeldanspruchs bewirken. Es handelt sich dabei um die Zahlung von Arbeitsentgelt und die Urlaubsabgeltung. In § 157 Abs. 3 wird der Anspruch auf Gleichwohlgewährung festgeschrieben, also der Anspruch auf Zahlung von Arbeitslosengeld trotz Vorliegen des Ruhenstatbestandes, wenn die Zahlung des Arbeitsentgelts oder der Urlaubsabgeltung tatsächlich nicht erfolgt. Schließlich wird die Erstattungspflicht des Arbeitnehmers geregelt, wenn der Arbeitgeber, obwohl der Anspruch auf die Gehaltszahlung in Höhe des im Rahmen der Gleichwohlgewährung gezahlten Arbeitslosengeldes nach § 115 SGB X auf die Agentur für Arbeit übergegangen ist, an den Arbeitnehmer oder einen Dritten gezahlt hat und dadurch der Zahlungsanspruch des Arbeitnehmers erfüllt wurde.

2. Arbeitsentgelt

2 Als Arbeitsentgelt im Sinne des § 157 Abs. 1 sind die Ansprüche und zeitlich zuzuordnenden Zahlungen aus dem bestehenden, wenn auch möglicherweise zumindest wegen seiner Beendigung umstrittenen Arbeitsverhältnisses zu verstehen. Es handelt sich also z. B. um die monatlichen Gehaltszahlungen und auch die Ansprüche auf Entgeltfortzahlung bei Arbeitsunfähigkeit, nicht aber um Nachzahlungen für die Zeit vor Eintritt der Arbeitslosigkeit oder Entgelt, das nicht für eine eindeutig zeitlich zuzuordnende Arbeitsleistung erbracht wird, wie z. B. Jahressonderzahlungen, Jubiläumszahlungen oder Erfindervergütungen.

3 In einer Abfindung kann Arbeitsentgelt im Sinne des § 157 Abs. 1 enthalten sein, wenn eine Vereinbarung getroffen wird, dass das Arbeitsverhältnis gegen Zahlung einer Abfin-

dung aufgelöst wird und gleichzeitig auf Arbeitsentgelt verzichtet wird.[348] Dieser Fall tritt ein, wenn ein Arbeitsverhältnis, für das z. B. eine Kündigungsfrist von vier Monaten gilt, zum Ende des laufenden Monats aufgelöst wird und gleichzeitig eine Abfindung gezahlt wird.

In der Abfindung ist kein Arbeitsentgelt enthalten, wenn für die geregelte Zeit des Arbeitsverhältnisses ein Entgeltzahlungsanspruch ausgeschlossen ist, z. B. weil der Arbeitnehmer arbeitsunfähig war und Ansprüche auf Entgeltfortzahlung nicht mehr bestehen.[349]

Das Ausbildungsverhältnis ist auch ein Arbeitsverhältnis im Sinne dieser Vorschrift.[350]

3. Urlaubsabgeltung

Hat der Arbeitnehmer nach der rechtlichen Beendigung des Arbeitsverhältnisses noch Urlaubsansprüche, die nicht in natura gewährt wurden, entsteht nach § 7 Abs. 4 BUrlG ein Anspruch auf Abgeltung, also »Auszahlung« der Urlaubsansprüche. Diese Regelung gilt für den gesetzlichen Urlaub in Höhe von 20 Kalendertagen bei der 5-Tage-Woche und in der Regel auch für darüber hinausgehende Ansprüche auf tarifvertraglich oder arbeitsvertraglich gewährten Urlaub, es sei denn, aus der jeweiligen Regelung ergäbe sich etwas anderes. **4**

Grundsätzlich ist der gesetzliche Urlaubsanspruch im laufenden Kalenderjahr zu gewähren und nur in den Fällen der dringenden betrieblichen oder in der Person der Arbeitnehmer liegenden Gründen auf das folgende Jahr, nach dem BUrlG bis zum 31.30., zu übertragen. Eine Ausnahme gilt nach der Rechtsprechung des EuGH[351] und des BAG[352] für den Fall, dass wegen einer langanhaltenden Erkrankung der Urlaub nicht genommen werden kann. Ist der Arbeitnehmer also seit 2 Jahren krank, konnte daher keinen Urlaub nehmen und wird das Arbeitsverhältnis dann, ohne dass der Arbeitnehmer wieder gesund wird, beendet, ist – vorbehaltlich evtl. einzuhaltender Verfall- oder Ausschlussfristen – der gesamte wegen der Arbeitsunfähigkeit noch bestehende Urlaub abzugelten. **5**

4. Gleichzeitig bestehender Arbeitslosengeldanspruch

Voraussetzung für ein Eingreifen der Regelung des § 157 Abs. 1 und 2 ist, dass neben dem Anspruch auf Entgelt oder Urlaubsabgeltung ein Anspruch auf Arbeitslosengeld besteht. **6**

4.1 § 157 Abs. 1

Ein gleichzeitiger Anspruch auf Arbeitsentgelt und Arbeitslosengeld ist gegeben, wenn das Arbeitsverhältnis, wenn auch möglicherweise bestritten, fortbesteht, weil ansonsten kein Anspruch auf Arbeitsentgelt bestünde und gleichzeitig Beschäftigungslosigkeit i. S. d. **7**

---

348 BSG – 23.06.1981 – 7 RAr 29/80, 2-SozR 4100 § 117 Nr. 6; Landessozialgericht Hessen – 23.07.2004 – L 10 AL 442/02, zit. nach Gagel § 143 Rn. 28.
349 DA zu ehemals § 143 S. 10 143.5.
350 DA zu ehemals § 143 S. 9 143.1.
351 EuGH – 20.01.2009 – C-350/06.
352 BAG – 24.03.2009 – 9 AZR 983/07.

§ 138 Abs. 1 Nr. 1 vorläge. Diese Voraussetzung ist nach der Rechtsprechung des BSG erfüllt, wenn das sog. Beschäftigungsverhältnis beendet ist.

8 Die Differenzierung zwischen Beschäftigungs- und Arbeitsverhältnis ist zwar in der Literatur angezweifelt worden, scheint aber gefestigte Rechtsprechung des BSG zu sein.

Das BSG unterscheidet zwei Arten des Beschäftigungsverhältnisses. Zum einen gibt es das leistungsrechtliche Beschäftigungsverhältnis,[353] das unabhängig vom Bestand des Arbeitsverhältnisses endet, wenn die Beschäftigung des Arbeitnehmers tatsächlich beendet wurde und das für die Regelung des Absatzes 1 maßgeblich ist.

Davon abzugrenzen ist das beitragsrechtliche Beschäftigungsverhältnis,[354] das trotz tatsächlichem Wegfall der Beschäftigung z. B. bei unwiderruflicher Freistellung und Fortzahlung der Vergütung fortbestehen kann und das sich mit dem Bestehen des Arbeitsverhältnisses deckt. Das beitragsrechtliche Beschäftigungsverhältnis endet mit dem Arbeitsverhältnis nach Ablauf der Kündigungsfrist oder wegen einer Vereinbarung der Parteien des Arbeitsvertrags. Das beitragsrechtliche Beschäftigungsverhältnis ist für die Beschäftigungslosigkeit i. S. d. § 138 Abs. 1 Nr. 1 und damit für die Regelung des § 157 Abs. 1 nicht maßgeblich.

9 Mit Beendigung des leistungsrechtlichen Beschäftigungsverhältnisses besteht Beschäftigungslosigkeit i. S. d. § 138 Abs. 1, auch wenn die Beendigung des Arbeitsverhältnisses noch offen ist. Die Fälle des Auseinanderfallens von der Beendigung des leistungsrechtlichen Beschäftigungsverhältnisses und Ende des Arbeitsverhältnisses sind insbesondere die Folgenden:

- Kündigung unter Formverstoß (fehlende Schriftform), Kündigungsschutzklage und Arbeitsangebot der Arbeitnehmer
- Fehlende schriftliche Vereinbarung einer Befristung und Entfristungsklage der Arbeitnehmer (§§ 16, 17 TzBfG)
- Sozialwidrige Kündigung durch den Arbeitgeber, Kündigungsschutzklage der Arbeitnehmer
- Unberechtigte außerordentliche Kündigung des Arbeitgebers und Kündigungsschutzklage
- Nichteinhaltung der Kündigungsfrist und Kündigungsschutzklage der Arbeitnehmer
- Geltendmachung eines Zurückbehaltungsrechts an der Arbeitskraft gem. § 273, BGB durch die Arbeitnehmer z. B. wegen Mobbings oder sexueller Belästigung oder gem. § 320 BGB aufgrund Zahlungsverzugs.

10 Der Arbeitslosengeldanspruch entsteht mit Beendigung des Beschäftigungsverhältnisses bei § 157 Abs. 1, wenn auch die sonstigen Voraussetzungen des § 137 gegeben sind.

4.2 § 157 Abs. 2

11 § 157 Abs. 2 greift immer erst nach Beendigung des Arbeitsverhältnisses ein und ist von der Frage des Fortbestehens des Beschäftigungsverhältnisses unabhängig. Wird das Ar-

353 BSG – 24. 09. 2008 – B 12 KR 22/07 R.
354 BSG a. a. O.

beitsverhältnis also von einer der Parteien zum 31.05.2012 rechtswirksam beendet, stellt sich die Frage der Urlaubsabgeltung und damit gleichzeitig bestehender Arbeitslosengeldansprüche immer erst ab dem 01.06.2012.

5. Ruhen des Arbeitslosengeldanspruchs

Der Anspruch auf Arbeitslosengeld ruht nach § 157 Abs. 1, solange ein Anspruch auf Arbeitsentgelt besteht, also nach Ende des leistungsrechtlichen Beschäftigungsverhältnisses längstens bis zur Beendigung des Arbeitsverhältnisses. 12

Wegen der Urlaubsabgeltung gem. § 157 Abs. 2 ruht das Arbeitslosengeld nach Beendigung des Arbeitsverhältnisses bis zum letzten fiktiven Urlaubstag. Ist also bei der 5-Tage-Woche eine Urlaubsabgeltung von 7 Tagen zu gewähren und endet das Arbeitsverhältnis am 31.05.2012, ruht das Arbeitslosengeld bis zum 11.05.2012 einschließlich. Samstage und Sonntage zählen bei der 5-Tage-Woche nicht mit, Wochenfeiertage gelten aber als Urlaubstage, da sie außerhalb des Arbeitsverhältnisses nicht mehr als Feiertage vergütet werden.[355]

Die Regelung gilt auch, wenn der Arbeitnehmer bei Beendigung des Arbeitsverhältnisses arbeitsunfähig erkrankt ist.[356]

Das Ruhen nach § 157 Abs. 1 läuft zeitgleich mit dem Ruhen bei Zahlung einer Abfindung nach § 158, da beide Ruhenstatbestände den identischen Zweck, nämlich Vermeidung der Parallelzahlung von Arbeitslosengeld und Arbeitsentgelt dienen. 13

Das Ruhen nach § 157 Abs. 2 und das Abfindungsruhen nach § 158 laufen zeitlich nacheinander ab.[357]

6. Gleichwohlgewährung

Das Arbeitslosengeld ruht nur, soweit Arbeitnehmer die Entgeltzahlung bzw. die Urlaubsabgeltung tatsächlich vom Arbeitgeber erhalten. 14

Weigert sich der Arbeitgeber, die Zahlung zu erbringen, hat der Arbeitnehmer gem. § 157 Abs. 3 einen Anspruch auf Zahlung des Arbeitslosengeldes aus dem Grundsatz der Gleichwohlgewährung.

Der Anspruch auf Gleichwohlgewährung besteht nicht, wenn der Arbeitgeber für die Zeit bis zur Beendigung des Arbeitsverhältnisses nur einen Teil des Arbeitsentgelts zahlt, z. B., weil über die Höhe Streit besteht oder der Arbeitgeber nicht zahlungsfähig ist. Dann besteht nur die Möglichkeit, bei Vorliegen der sonstigen Voraussetzungen Leistungen nach dem SGB II zu beantragen.

Mit der Zahlung der Gleichwohlgewährung wird der Anspruch auf Arbeitslosengeld verbraucht.

355 BSG – 29.03.2001 – B 7 AL 14/00 R.
356 SG Berlin – 03.07.2009 – S 58 AL 5008/08.
357 BSG – 27.04.1998 – B 11 AL 217/97 B, zit. nach Winkler in Gagel, SGB III, § 143 Rn. 53.

7. Erstattungsanspruch der Bundesagentur für Arbeit bei Gleichwohlgewährung

15 Der Anspruch auf Arbeitsentgelt und Urlaubsabgeltung, der im Zeitpunkt der Arbeitslosengeldzahlung noch nicht erfüllt ist, geht kraft Gesetzes gem. § 115 SGB X in Höhe des gezahlten Arbeitslosengeldes auf die Agentur für Arbeit über. Diese tritt in die Rechtstellung der Arbeitnehmer ein, die mit ihrer Zustimmung die Ansprüche gegen den Arbeitgeber im Wege der gewillkürten Prozessstandschaft gerichtlich geltend machen können, da sie ein schutzwürdiges Interesse an dem Prozessgegenstand haben.[358]

Leistet die Agentur für Arbeit Gleichwohlgewährung, obwohl der Arbeitgeber bereits an die Arbeitnehmer ausgezahlt hat, besteht nur die Rückforderungsmöglichkeit gem. §§ 45, 50 SGB X[359] gegenüber den Arbeitnehmern.

16 Nach dem Forderungsübergang kann der Arbeitgeber in Höhe des Arbeitslosengeldes mit befreiender Wirkung nur noch an die Agentur für Arbeit zahlen. Leistet er dennoch an die Arbeitnehmer, muss er noch einmal an die Agentur für Arbeit zahlen und kann nur versuchen, die Zahlung von den Arbeitnehmern zurückzufordern, die sich auf Entreicherung berufen können. Die Agentur für Arbeit kann aber die Zahlung an die Arbeitnehmer genehmigen mit der Konsequenz, dass die Arbeitnehmer nach § 157 Abs. 3 Satz 2 das Arbeitslosengeld an die Agentur für Arbeit zu erstatten haben, ohne sich auf den Wegfall der Bereicherung berufen zu können.[360]

§ 158 Ruhen des Anspruchs bei Entlassungsentschädigung

(1) Hat die oder der Arbeitslose wegen der Beendigung des Arbeitsverhältnisses eine Abfindung, Entschädigung oder ähnliche Leistung (Entlassungsentschädigung) erhalten oder zu beanspruchen und ist das Arbeitsverhältnis ohne Einhaltung einer der ordentlichen Kündigungsfrist des Arbeitgebers entsprechenden Frist beendet worden, so ruht der Anspruch auf Arbeitslosengeld von dem Ende des Arbeitsverhältnisses an bis zu dem Tag, an dem das Arbeitsverhältnis bei Einhaltung dieser Frist geendet hätte. Diese Frist beginnt mit der Kündigung, die der Beendigung des Arbeitsverhältnisses vorausgegangen ist, bei Fehlen einer solchen Kündigung mit dem Tag der Vereinbarung über die Beendigung des Arbeitsverhältnisses. Ist die ordentliche Kündigung des Arbeitsverhältnisses durch den Arbeitgeber ausgeschlossen, so gilt bei

1. zeitlich unbegrenztem Ausschluss eine Kündigungsfrist von 18 Monaten,

2. zeitlich begrenztem Ausschluss oder Vorliegen der Voraussetzungen für eine fristgebundene Kündigung aus wichtigem Grund die Kündigungsfrist, die ohne den Abschluss der ordentlichen Kündigung maßgebend gewesen wäre.

Kann der Arbeitnehmerin oder dem Arbeitnehmer nur bei Zahlung einer Entlassungsentschädigung ordentlich gekündigt werden, so gilt eine Kündigungsfrist von einem Jahr. Hat die oder der Arbeitslose auch eine Urlaubsabgeltung (§ 157 Absatz 2) erhalten oder zu beanspruchen, verlängert sich der Ruhenszeitraum nach Satz 1 um die

358 BAG – 19.03.2008 – 5 AZR 432/07; BAG – 23.09.2009 – 5 AZR 518/08.
359 BSG – 14.07.1994 – 7 RAr 104/93, SozR 3-4100 Nr. 9, 10, 11.
360 BSG – 14.09.1990 – 7 RAr 128/89, BSG SozR 3-4100 § 117 Nr. 3.

Zeit des abgegoltenen Urlaubs. Leistungen, die der Arbeitgeber für eine arbeitslose Person, deren Arbeitsverhältnis frühestens mit Vollendung des 55. Lebensjahres beendet wird, unmittelbar für deren Rentenversicherung nach § 187 a Absatz 1 des Sechsten Buches aufwendet, bleiben unberücksichtigt. Satz 6 gilt entsprechend für Beiträge des Arbeitgebers zu einer berufsständischen Versorgungseinrichtung.

(2) Der Anspruch auf Arbeitslosengeld ruht nach Absatz 1 längstens ein Jahr. Er ruht nicht über den Tag hinaus,

1. **bis zu dem die oder der Arbeitslose bei Weiterzahlung des während der letzten Beschäftigungszeit kalendertäglich verdienten Arbeitsentgelts einen Betrag in Höhe von 60 Prozent der nach Absatz 1 zu berücksichtigenden Entlassungsentschädigung als Arbeitsentgelt verdient hätte,**
2. **an dem das Arbeitsverhältnis infolge einer Befristung, die unabhängig von der Vereinbarung über die Beendigung des Arbeitsverhältnisses bestanden hat, geendet hätte, oder**
3. **an dem der Arbeitgeber das Arbeitsverhältnis aus wichtigem Grund ohne Einhaltung einer Kündigungsfrist hätte kündigen können.**

Der nach Satz 2 Nummer 1 zu berücksichtigende Anteil der Entlassungsentschädigung vermindert sich sowohl für je fünf Jahre des Arbeitsverhältnisses in demselben Betrieb oder Unternehmen als auch für je fünf Lebensjahre nach Vollendung des 35. Lebensjahres um je 5 Prozent; er beträgt nicht weniger als 25 Prozent der nach Absatz 1 zu berücksichtigenden Entlassungsentschädigung. Letzte Beschäftigungszeit sind die am Tag des Ausscheidens aus dem Beschäftigungsverhältnis abgerechneten Entgeltabrechnungszeiträume der letzten zwölf Monate; § 150 Absatz 2 Satz 1 Nummer 3 und Absatz 3 gilt entsprechend. Arbeitsentgeltkürzungen infolge von Krankheit, Kurzarbeit, Arbeitsausfall oder Arbeitsversäumnis bleiben außer Betracht.

(3) Hat die oder der Arbeitslose wegen Beendigung des Beschäftigungsverhältnisses unter Aufrechterhaltung des Arbeitsverhältnisses eine Entlassungsentschädigung erhalten oder zu beanspruchen, gelten die Absätze 1 und 2 entsprechend.

(4) Soweit die oder der Arbeitslose die Entlassungsentschädigung (Arbeitsentgelt im Sinne des § 115 des Zehnten Buches) tatsächlich nicht erhält, wird das Arbeitslosengeld auch für die Zeit geleistet, in der der Anspruch auf Arbeitslosengeld ruht. Hat der Verpflichtete die Entlassungsentschädigung trotz des Rechtsübergangs mit befreiender Wirkung an die Arbeitslose, den Arbeitslosen oder an eine dritte Person gezahlt, hat die Bezieherin oder der Bezieher des Arbeitslosengeldes dieses insoweit zu erstatten.

Inhaltsübersicht

Literatur

Dienstanweisung der Bundesagentur für Arbeit zu ehemals § 143 a SGB III Stand 9/2009, www.arbeitsagentur.de

1. Normzweck und allgemeiner Inhalt

1 § 158 entspricht im Wesentlichen der Regelung des § 117 Abs. 2–4 AFG und regelt, in welchen Fällen die Zahlung bzw. die Verpflichtung zur Zahlung einer Abfindung oder sonstigen Entschädigung im Zusammenhang mit der Beendigung eines Arbeitsverhältnisses zum Ruhen des Arbeitslosengeldes führt. Der Arbeitslose, der durch eine Entlassungsentschädigung wirtschaftlich abgesichert ist, soll für den Fall, dass er auf die Einhaltung von Kündigungsfristen oder einen besonders vereinbarten Kündigungsschutz verzichtet, nicht zu Lasten der Versichertengemeinschaft parallel Arbeitslosengeld erhalten. Das Arbeitslosengeld ruht unter Berücksichtigung von Kündigungsfristen, Alter und Beschäftigungsdauer sowie der Höhe der Abfindung unter Berücksichtigung des bisherigen Verdienstes für maximal ein Jahr. Erhält der Arbeitslose die Entlassungsentschädigung nicht, wird ihm im Rahmen der Gleichwohlgewährung Arbeitslosengeld gezahlt.

2. Voraussetzungen des Ruhens

2 Das Arbeitslosengeld ruht nach § 158, wenn zwei Voraussetzungen kumulativ erfüllt sind:

- es erfolgt die Zahlung einer Entlassungsentschädigung wegen der Beendigung des Arbeitsverhältnisses oder es besteht ein entsprechender Anspruch

und

- das Arbeitsverhältnis endet ohne Einhaltung der anzuwendenden Kündigungsfrist.

Bei diesen Voraussetzungen wird unwiderlegbar vermutet, dass die Entschädigung nicht nur für den Verlust des sozialen Besitzstandes gezahlt wird, sondern auch Arbeitsentgeltansprüche abdeckt.[361]

3. Entlassungsentschädigung

3 Entlassungsentschädigung ist unabhängig von ihrer Bezeichnung[362] und Rechtsgrundlage[363] jede Leistung, die Arbeitnehmer wegen der vorzeitigen Beendigung des Arbeitsverhältnisses vom Arbeitgeber erhalten; also z. B.

361 Düe in Niesel/Brand § 143 a Rn. 4 m. w. N.
362 BSG – 14. 03. 1996 – 7 RAr 24/95.
363 Düe in Niesel/Brand § 143 a Rn. 8.

- Abfindungen
- Leistungen für die betriebliche Altersversorgung
- Aufstockungsleistungen
- Verzicht auf ein Arbeitgeberdarlehen
- weitere Zurverfügungstellung von verbilligter Werkswohnung
- Schadensersatzansprüche der Arbeitnehmer nach § 628 Abs. 2 BGB im Zusammenhang mit einer unberechtigten außerordentlichen Kündigung.[364]

Unerheblich ist, ob die Entlassungsentschädigung erst im Zusammenhang mit einem Kündigungsschutzverfahren vereinbart wurde, sich aus einem Sozialplan ergibt oder erst durch einen Betriebserwerber nach einem Betriebsübergang gezahlt wird. Auch wenn das Geld den Arbeitnehmern gar nicht zufließt, weil der Arbeitgeber mit Gegenforderungen aufrechnet, liegt eine Entlassungsentschädigung vor.

Eine Leistung erfolgt wegen der Beendigung des Arbeitsverhältnisses, wenn die Arbeitnehmer die Leistung ohne die Beendigung nicht erhalten hätten. Allerdings ist eine Kausalität zwischen der Vorzeitigkeit der Beendigung des Arbeitsverhältnisses und der Entlassungsentschädigung nach der Rechtsprechung des BSG[365] nicht erforderlich. Es liegt also die erforderliche Kausalität auch vor, wenn die Entlassungsentschädigung auch bei fristgerechter Beendigung gezahlt worden wäre.[366]

Ein Arbeitsverhältnis kann vor seinem Vollzug beendet werden und eine zu berücksichtigende Entlassungsentschädigung gezahlt werden.[367]

Keine Entlassungsentschädigung sind Ansprüche auf Zahlungen, die Arbeitnehmer 4
während des Laufes des Arbeitsverhältnisses verdient haben, wie z. B.:

- planmäßige Zahlung aus der betrieblichen Altersversorgung
- Erfindervergütung
- rückständiger Arbeitslohn
- Urlaubsabgeltung
- Treueprämien
- Jubiläumsgelder
- ausgeschüttete Gewinnanteile
- Karenzentschädigungen wegen eines vertraglichen Wettbewerbsverbotes
- Turboprämien, die für die Beendigung der Tätigkeit in einer Transfergesellschaft durch Aufnahme einer betrieblichen Tätigkeit gezahlt werden.

Nach § 158 Abs. 1 Satz 6 sind für Arbeitnehmer, deren Arbeitsverhältnis frühestens mit 5
Vollendung des 55. Lebensjahres endet, Zahlungen des Arbeitgebers unmittelbar in die Rentenversicherung zum Ausgleich der Rentenminderung wegen vorzeitiger Inanspruchnahme einer Rente nicht als Entlassungsentschädigungen anzusehen. Entsprechendes gilt bei Zahlungen in berufsständische Versorgungseinrichtungen. Dies sind z. B. die Versorgungswerke der Rechtsanwälte oder Apotheker.

---

364 BSG – 13.03.1990 – 11 Rar 69/89, SozR 3-4100 § 117 Nr. 2.
365 BSG – 21.09.1995 – 11 RAr 41/9, SozR 3-4100 § 117 Nr. 12.
366 Kritisch zu dieser Rechtsprechung Gagel in Gagel § 143 a Rn. 42.
367 BSG – 14.02.1978 – 7 RAr 57/76, SozR 2-4100 § 117 Nr. 2.

4. Einhaltung der ordentlichen Kündigungsfrist

6 Die vom Arbeitgeber einzuhaltende ordentliche Kündigungsfrist ergibt sich aus dem Arbeitsvertrag, einem anwendbaren Tarifvertrag oder der Regelung des § 622 BGB. Es ist auch der Endtermin, also z. B. das Monatsende oder das Quartalsende maßgeblich. Es gilt das jeweils für die Arbeitnehmer Günstigste.

Beispiel:
Ist ein Arbeitnehmer seit zehn Jahren im Betrieb und ist im Arbeitsvertrag eine Kündigungsfrist von sechs Monaten zum Quartal vereinbart, gilt diese Kündigungsfrist, auch wenn nach § 622 Abs. 2 Nr. 4 eine Kündigungsfrist von vier Monaten zum Monatsende gälte.

Im Falle einer Insolvenz verkürzen sich die Kündigungsfristen für den Insolvenzverwalter, der in die Position des Arbeitgebers eintritt, auf maximal drei Monate.

Entscheidend ist die objektive Rechtslage, so dass unerheblich ist, ob die Arbeitsvertragsparteien möglicherweise von einer unzutreffenden kürzeren Kündigungsfrist ausgegangen sind.

4.1 Zeitlich unbefristeter Kündigungsausschluss

7 Tarifverträge regeln teilweise den Ausschluss ordentlicher Kündigungen, wenn der Arbeitnehmer ein bestimmtes Alter erreicht hat. So regelt z. B. § 34 TVöD einen entsprechenden Ausschluss. Auch könnte in einem Arbeitsvertrag die Kündigung des Arbeitgebers ausgeschlossen sein, weil der Arbeitsvertrag auf Lebenszeit geschlossen wird. In diesen Fällen ist nach § 158 Abs. 1 Satz 3 Nr. 1 eine fiktive Kündigungsfrist von 18 Monaten anzunehmen, wenn das Arbeitsverhältnis trotzdem gegen Zahlung einer Abfindung beendet wird. Wird in einer Vereinbarung eines Arbeitnehmers, der ordentlich unkündbar ist und dessen Arbeitsverhältnis nicht aus wichtigem Grund mit sozialer Auslauffrist kündbar ist, also eine Kündigungsfrist von 18 Monaten eingehalten, ist auch bei Zahlung einer Abfindung der Regelungsbereich des § 158 nicht berührt und ein Ruhen des Arbeitslosengeldes kann aus dieser Bestimmung nicht folgen.

4.2 Zeitlich begrenzter Kündigungssauschluss

8 Zeitlich ausgeschlossen ist die Kündigung bei allen Arbeitnehmern, die einem besonderen Kündigungsschutz unterfallen. Es handelt sich insbesondere um folgende Fälle:

- Betriebsratsmitglieder § 15 KSchG,
- Schwangere § 9 MuSchG,
- Schwerbehinderte § 85 SGB IX,
- Arbeitnehmer mit befristeten Arbeitsverhältnissen, wenn der Arbeitsvertrag keine ordentliche Kündigungsmöglichkeit vorsieht.[368]

---

368 DA zu ehemals § 143 S. 17 zu 143 a 37; BSG – 12.12.1984 – 7 Rar 87,83, SozR 2-4100 § 117 Nr. 13.

In diesen Fällen ist die maßgebliche Kündigungsfrist diejenige, die ohne den Ausschluss der Kündigungsfrist gegolten hätte.

Beispiel:
Ist also z. B. ein befristeter Arbeitsvertrag für zwei Jahre abgeschlossen worden und enthält der Arbeitsvertrag keine Regelung, dass das Arbeitsverhältnis vor Ablauf der Befristung durch Kündigung beendet werden kann, gilt die tarifvertragliche Kündigungsfrist, oder, wenn kein Tarifvertrag Anwendung findet, § 622 BGB. Wird diese Frist eingehalten, ist der Regelungsbereich des § 158 nicht berührt.

4.3 Fristgebundene Kündigung aus wichtigem Grund

Ist eine ordentliche Kündigung tarifvertraglich oder arbeitsvertraglich nicht mehr möglich, besteht nach der Rechtsprechung des BAG in Ausnahmefällen die Möglichkeit, außerordentlich unter Einhaltung der ohne den Ausschluss anwendbaren Kündigungsfrist zu kündigen, wenn die Weiterbeschäftigung der Arbeitnehmer zu einer unzumutbaren Belastung des Arbeitgebers führen würde.[369] Dies ist insbesondere bei betriebsbedingten Gründen der Fall, z. B. wenn der Betrieb stillgelegt wird und eine andere Einsatzmöglichkeit für die geschützten Arbeitnehmer nicht besteht oder sie diese ablehnen und die Arbeitnehmer trotz Umorganisation nicht weiter beschäftigt werden können. Auch eine krankheitsbedingte Beeinträchtigung infolge Alkoholkonsums kann im Einzelfall als wichtiger Grund bei einem unkündbaren Arbeitnehmer in Frage kommen,[370] wenn bei der umfassenden Interessenabwägung tatsächlich die Interessen des Arbeitgebers überwiegen sollten. 9

In diesen Fällen ist die maßgebliche Kündigungsfrist nach § 158 Abs. 1 Satz 3 Nr. 2 ebenfalls die Kündigungsfrist, die ohne den Ausschluss nach Arbeitsvertrag, Tarifvertrag oder dem Gesetz maßgebend wäre. Wird diese Kündigungsfrist eingehalten, ist der Ruhenstatbestand des § 158 nicht gegeben.

4.4 Ordentliche Kündigung bei Zahlung einer Entlassungsentschädigung

Manche Tarifverträge sehen vor, dass ein Arbeitsverhältnis bei bestimmten Voraussetzungen nur bei Zahlung einer Entlassungsentschädigung beendet werden kann. Eine derartige Regelung wäre auch einzelvertraglich möglich. In diesem Fall ordnet § 158 Abs. 1 Satz 4 als ordentliche Kündigungsfrist eine fiktive Kündigungsfrist von zwölf Monaten an, die eingehalten werden muss, damit der Ruhenstatbestand des § 158 nicht eingreift.[371] 10

5. Beginn und Dauer des Ruhens – Grundsatz

Maßgeblich ist der Tag des Zugangs der Kündigung; wurde das Arbeitsverhältnis durch eine Vereinbarung aufgelöst, der Tag, an dem die Vereinbarung abgeschlossen wurde. Wurde 11

369 BAG – 05. 02. 1998 – 2 AZR 227/97.
370 BAG – 16. 09. 1999 – 2 AZR 123/99.
371 Zur Kritik an dieser Regelung s. Gagel in Gagel § 143 a Rn. 61 n.

sowohl eine Kündigung ausgesprochen als auch nachfolgend z. B. im Kündigungsschutzprozess eine Vereinbarung abgeschlossen, so ist der Tag der Kündigung entscheidend.[372]

Der Zeitraum des Ruhens läuft kalendermäßig ab[373] und dauert vom Grundsatz her bis zu dem Zeitpunkt, in dem die anzuwendende Kündigungsfrist bei ihrem Einhalten abgelaufen wäre. Wird also das Arbeitsverhältnis am 31. 05. 2012 zum 30. 06. 2012 beendet, obwohl nach dem Arbeitsvertrag eine dreimonatige Kündigungsfrist einzuhalten wäre, ruht das Arbeitslosengeld bis zum 31. 08. 2012, es sei denn, aus einer der übrigen in § 158 geltenden Gründe (s. u. Rn. 12–15) ergibt sich ein kürzerer Ruhenszeitraum.

Das Arbeitslosengeld ruht maximal für ein Jahr. Selbst wenn die fiktive Kündigungsfrist des § 158 Abs. 1 Satz 3 Nr. 1 Anwendung findet, weil die Kündigung auf Dauer ausgeschlossen war, gilt diese Obergrenze.

5.1 Ruhen bei Zahlung einer Entlassungsentschädigung

12 Das Arbeitslosengeld ruht nach § 158 Abs. 2 Nr. 1 so lange, bis ein bestimmter Betrag der Bruttoabfindung unter Berücksichtigung des vorherigen Verdienstes verbraucht worden wäre. Übernimmt der Arbeitgeber die Steuern auf die Entlassungsentschädigung, wird die Abfindung also als »Nettoabfindung« vereinbart, ist der gezahlte Betrag um die Steuern zu erhöhen. Zahlt der Arbeitgeber wegen Aufrechnung Beträge nicht aus, wirken sich diese erhöhend auf den Gesamtbruttobetrag aus. Die Kosten, die die Arbeitnehmer einsetzten mussten, um eine Abfindung zu erreichen, also z. B. Rechtsanwaltsgebühren und Gerichtskosten, können von der Abfindung nicht abgezogen werden.[374]

Von dem Gesamtbruttobetrag ist der sich aus der nachfolgend dargestellten Tabelle ergebende Vomhundertsatz zu berücksichtigen:

	Lebensalter am Ende des Arbeitsverhältnisses					
Betriebs- oder Unternehmenszugehörigkeit	unter 40 Jahre	ab 40 Jahre	ab 45 Jahre	ab 50 Jahre	ab 55 Jahre	ab 60 Jahre
weniger als 5 Jahre	60	55	50	45	40	35
5 und mehr Jahre	55	50	45	40	35	30
10 und mehr Jahre	50	45	40	35	30	25
15 und mehr Jahre	45	40	35	30	25	25
20 und mehr Jahre	40	35	30	25	25	25
25 und mehr Jahre	35	30	25	25	25	25
30 und mehr Jahre		25	25	25	25	25
35 und mehr Jahre			25	25	25	25

372 DA zu ehemals § 143 a SGB III, S. 24 143 a. 68.
373 Düe in Niesel/Brand § 143 a Rn. 29.
374 DA zu ehemals § 143 a SGB III, S. 20 143 a 48 ff.

Beispiel:
Ist also eine 47-jährige Arbeitnehmerin seit acht Jahren in einem Unternehmen, sind von einer Bruttoabfindung in Höhe von 15 000 € 45 %, also 6750 € zu berücksichtigen.

Die Dauer der Betriebs- oder Unternehmenszugehörigkeit ist nach den gleichen Grundsätzen zu berechnen, die bei der Bestimmung der ordentlichen Kündigungsfrist zugrunde zu legen sind.[375] Fällt der Geburtstag der Arbeitnehmerin auf den ersten Tag nach Ende des Arbeitsverhältnisse, soll nach § 187 Abs. 2 BGB das höhere Lebensalter zugrunde zu legen sein.[376] **13**

Es ist festzustellen, wieviel der Arbeitnehmer an einem Tag in seinem vorherigen Arbeitsverhältnis verdient hat. Die Berechnung erfolgt wie die Berechnung des Bemessungsentgelts gem. § 132, wobei die Entgeltabrechnungszeiträume der letzten 52 Wochen zu Grunde zu legen sind. Bei festem Monatsgehalt ergibt sich das kalendertägliche Entgelt durch Division des auf den Bemessungszeitraum entfallenden Entgelts durch die Anzahl der Kalendertage dieses Zeitraums. Sodann ist festzustellen, wie viele Tage das Arbeitslosengeld nach dieser Bestimmung ruht,[377] indem der anrechenbare Anteil der Entlassungsentschädigung durch das Entgelt pro Kalendertag geteilt wird.

5.2 Ruhen bei Befristung

War das Arbeitsverhältnis befristet, endet das Ruhen auf jeden Fall mit Ablauf der vereinbarten Befristung. Dies ist nicht der Fall, wenn ein ursprünglich unbefristetes Arbeitsverhältnis in ein befristetes Arbeitsverhältnis umgewandelt wird. Dann ist die Umwandlung als Vereinbarung über die Beendigung des Arbeitsverhältnisses anzusehen und es greift die Grundregel des § 158, wonach das Ruhen nach Ablauf der ordentlichen Kündigungsfrist endet.[378] **14**

5.3 Ruhen bei Möglichkeit der außerordentlichen Kündigung

Der Ruhenszeitraum verkürzt sich auf den Tag, an dem der Arbeitgeber das Arbeitsverhältnis außerordentlich hätte kündigen können.[379] Unerheblich ist, dass er die Kündigung auch tatsächlich ausspricht. Dann ist nicht anzunehmen, dass eine Entlassungsentschädigung Vergütungsbestandteile für die Zeit nach der Kündigung enthält.[380] Die Arbeitnehmer müssen einen entsprechenden Sachverhalt vortragen, was in der Praxis nicht oft der Fall sein wird. **15**

375 Düe in Niesel/Brand § 143 a Rn. 34.
376 DA zu ehemals § 143 a SGB III, S. 21 143 a. 54.
377 S. zu den einzelnen Berechnungsschritten Anlage 1 zu DA ehemals § 143 a.
378 DA zu ehemals § 143 a SGB III, S. 23 143 a.66.
379 Gagel in Gagel § 143 a Rn. 89.
380 Düe in Niesel/Brand § 143 a Rn. 40.

5.4 Verhältnis der Ruhenstatbestände zueinander

16 Es ist immer der für die Arbeitnehmer günstigste Termin anzusetzen.[381]

6. Entsprechende Anwendung bei Beendigung des Beschäftigungsverhältnisses

17 § 158 Abs. 3 sieht eine entsprechende Anwendung der Absätze 1 und 2 vor, wenn die Zahlung einer Entlassungsentschädigung erfolgt oder vereinbart wird, dass das Beschäftigungsverhältnis beendet wird und das Arbeitsverhältnis pro forma aufrecht erhalten bleibt, z. B. um Ansprüche auf betriebliche Altersversorgung zu sichern.[382]

7. Gleichwohlgewährung

18 Erhält der Arbeitnehmer die Entlassungsentschädigung tatsächlich nicht, wird das Arbeitslosengeld trotz des Ruhenstatbestandes nach § 158 Abs. 4 Satz 1 gewährt.[383]

Hat der Arbeitgeber die Entlassungsentschädigung schon vor der Zahlung von Arbeitslosengeld geleistet, ist für eine Gleichwohlgewährung kein Raum mehr. Die Korrektur fehlerhafter Bewilligungsbescheide kann ausschließlich nach § 45 SGB X erfolgen. Um diese Konsequenz zu vermeiden, werden die Arbeitgeber bereits bei Bewilligung des Arbeitslosengeldes auf einen etwaigen Anspruchsübergang gem. § 115 SGB X und dessen Wirkung hingewiesen.

§ 159 Ruhen des Anspruchs bei Sperrzeit

(1) Hat die Arbeitnehmerin oder der Arbeitnehmer sich versicherungswidrig verhalten, ohne dafür einen wichtigen Grund zu haben, ruht der Anspruch für die Dauer einer Sperrzeit. Versicherungswidriges Verhalten liegt vor, wenn

1. **die oder der Arbeitslose das Beschäftigungsverhältnis gelöst oder durch ein arbeitsvertragswidriges Verhalten Anlass für die Lösung des Beschäftigungsverhältnisses gegeben oder dadurch vorsätzlich oder grob fahrlässig die Arbeitslosigkeit herbeigeführt hat (Sperrzeit bei Arbeitsaufgabe),**
2. **die bei der Agentur für Arbeit als arbeitsuchend gemeldete (§ 38 Absatz 1) oder die arbeitslose Person trotz Belehrung über die Rechtsfolgen eine von der Agentur für Arbeit unter Benennung des Arbeitgebers und der Art der Tätigkeit angebotene Beschäftigung nicht annimmt oder nicht antritt oder die Anbahnung eines solchen Beschäftigungsverhältnisses, insbesondere das Zustandekommen eines Vorstellungsgespräches, durch ihr Verhalten verhindert (Sperrzeit bei Arbeitsablehnung),**
3. **die oder der Arbeitslose trotz Belehrung über die Rechtsfolgen die von der Agentur für Arbeit geforderten Eigenbemühungen nicht nachweist (Sperrzeit bei unzureichenden Eigenbemühungen),**

---

381 DA zu ehemals § 143 a SGB III, S. 23, 143 a 65.
382 Düe in Niesel/Brand § 143 a Rn. 43.
383 S. zur Gleichwohlgewährung auch § 157 Rn. 13.

4. die oder der Arbeitslose sich weigert, trotz Belehrung über die Rechtsfolgen an einer Maßnahme zur Aktivierung und beruflichen Eingliederung (§ 45) oder einer Maßnahme zur beruflichen Ausbildung oder Weiterbildung oder einer Maßnahme zur Teilhabe am Arbeitsleben teilzunehmen (Sperrzeit bei Ablehnung einer beruflichen Eingliederungsmaßnahme),
5. die oder der Arbeitslose die Teilnahme an einer in Nummer 4 genannten Maßnahme abbricht oder durch maßnahmewidriges Verhalten Anlass für den Ausschluss aus einer dieser Maßnahmen gibt (Sperrzeit bei Abbruch einer beruflichen Eingliederungsmaßnahme),
6. die oder der Arbeitslose einer Aufforderung der Agentur für Arbeit, sich zu melden oder zu einem ärztlichen oder psychologischen Untersuchungstermin zu erscheinen (§ 309), trotz Belehrung über die Rechtsfolgen nicht nachkommt oder nicht nachgekommen ist (Sperrzeit bei Meldeversäumnis),
7. die oder der Arbeitslose der Meldepflicht nach § 38 Absatz 1 nicht nachgekommen ist (Sperrzeit bei verspäteter Arbeitsuchendmeldung).

Die Person, die sich versicherungswidrig verhalten hat, hat die für die Beurteilung eines wichtigen Grundes maßgebenden Tatsachen darzulegen und nachzuweisen, wenn diese Tatsachen in ihrer Sphäre oder in ihrem Verantwortungsbereich liegen.

(2) Die Sperrzeit beginnt mit dem Tag nach dem Ereignis, das die Sperrzeit begründet, oder, wenn dieser Tag in eine Sperrzeit fällt, mit dem Ende dieser Sperrzeit. Werden mehrere Sperrzeiten durch dasselbe Ereignis begründet, folgen sie in der Reihenfolge des Absatzes 1 Satz 2 Nummer 1 bis 7 einander nach.

(3) Die Dauer der Sperrzeit bei Arbeitsaufgabe beträgt zwölf Wochen. Sie verkürzt sich

1. auf drei Wochen, wenn das Arbeitsverhältnis innerhalb von sechs Wochen nach dem Ereignis, das die Sperrzeit begründet, ohne eine Sperrzeit geendet hätte,
2. auf sechs Wochen, wenn
   a) das Arbeitsverhältnis innerhalb von zwölf Wochen nach dem Ereignis, das die Sperrzeit begründet, ohne eine Sperrzeit geendet hätte oder
   b) eine Sperrzeit von zwölf Wochen für die arbeitslose Person nach den für den Eintritt der Sperrzeit maßgebenden Tatsachen eine besondere Härte bedeuten würde.

(4) Die Dauer der Sperrzeit bei Arbeitsablehnung, bei Ablehnung einer beruflichen Eingliederungsmaßnahme oder bei Abbruch einer beruflichen Eingliederungsmaßnahme beträgt

1. im Fall des erstmaligen versicherungswidrigen Verhaltens dieser Art drei Wochen,
2. im Fall des zweiten versicherungswidrigen Verhaltens dieser Art sechs Wochen,
3. in den übrigen Fällen zwölf Wochen.

Im Fall der Arbeitsablehnung oder der Ablehnung einer beruflichen Eingliederungsmaßnahme nach der Meldung zur frühzeitigen Arbeitsuche (§ 38 Absatz 1) im Zusammenhang mit der Entstehung des Anspruchs gilt Satz 1 entsprechend.

(5) Die Dauer einer Sperrzeit bei unzureichenden Eigenbemühungen beträgt zwei Wochen.

(6) Die Dauer einer Sperrzeit bei Meldeversäumnis oder bei verspäteter Arbeitsuchendmeldung beträgt eine Woche.

Inhaltsübersicht Rn.

Literatur

DA der Bundesagentur für Arbeit zu ehemals § 121, Stand 12/2007, www.arbeitsagentur.de; DA der Bundesagentur für Arbeit zu ehemals § 144, Stand4/2011, www.arbeitsagentur.de

1. Normzweck und allgemeiner Inhalt

1 § 159 ist eine Sanktionsnorm für versicherungswidriges Verhalten und soll sicherstellen, dass die Versicherten, die ihre Arbeitslosigkeit oder deren Andauern verursacht haben, zumindest teilweise von den Leistungen, die allen Versicherten zustehen, ausgeschlossen werden, um die Versichertengemeinschaft zu schützen.

Da der Entzug von beitragsfinanzierten Leistungen betroffen ist, werden in Abs. 1 abschließend die Tatbestände benannt, bei deren Vorliegen eine Sperrzeit verhängt werden darf. Auch wenn dem Grunde nach ein entsprechendes versicherungswidriges Verhalten vorliegt, bedarf es jedoch jeweils der Prüfung, ob der Versicherte für sein Verhalten einen wichtigen Grund hatte. Dabei muss der Versicherte alle Tatsachen, die in seiner Sphäre bzw. seinem Verantwortungsbereich liegen, vortragen und beweisen. Liegt ein wichtiger Grund vor, ist die Anordnung einer Sperrzeit nicht rechtmäßig.

In Abs. 2 werden Beginn und Ende der Sperrzeit sowie in den Abs. 3 bis 6 die Dauer der Sperrzeit bei den verschiedenen versicherungswidrigen Verhalten geregelt.

2. Versicherungswidriges Verhalten

In § 159 Abs. 1 werden abschließend die Verhaltensweisen aufgeführt, die der Gesetzgeber als sanktionswürdig angesehen hat. 2

2.1 Arbeitsaufgabe, Abs. 1 Nr. 1

Dieser Tatbestand betrifft jedes versicherungspflichtige Arbeitsverhältnis inklusive der Berufsausbildungsverhältnisse. Selbständige, auch wenn sie gemäß § 28 a versicherungspflichtig sind, werden nicht erfasst. 3

Die Arbeitsaufgabe knüpft an die Lösung des leistungsrechtlichen Beschäftigungsverhältnisses[384] an und kann durch

- Kündigung durch die Arbeitnehmer,
- Aufhebungsvertrag

oder

- einen sog. Beteiligungssachverhalt[385] erfolgen.

Voraussetzung für alle einschlägigen Beendigungssachverhalte ist, dass das Beschäftigungsverhältnis nicht ohne Beteiligung der Arbeitnehmer beendet worden wäre und ein aktives Verhalten der Arbeitnehmer gegeben ist.

Wann eine Kündigung vorliegt oder ein Aufhebungsvertrag, ist in der Regel nicht schwer festzustellen. Hierzu kann auf die einschlägige arbeitsrechtliche Literatur verwiesen werden. 4

Schwieriger ist die Feststellung eines zu sanktionierenden Beteiligungssachverhaltes. Dieser liegt z. B. vor, wenn der Arbeitnehmer nicht mehr zur Arbeit erscheint und sich arbeitslos meldet. Dann hat der Arbeitnehmer das Beschäftigungsverhältnis beendet. Weitere Fälle eines Beteiligungssachverhaltes sind:

- vorhergehende Absprache über eine nachfolgende Arbeitgeberkündigung ggf. unter Vereinbarung weiterer Konditionen,
- nach Ausspruch der arbeitgeberseitigen Kündigung erfolgt die Festlegung der Auflösung und ihre Konditionen in einem Abwicklungsvertrag,
- die von den Arbeitnehmern angeregten Arbeitgeberkündigungen.

Nicht als Beteiligungssachverhalt betrachtet wird die Hinnahme einer Kündigung des Arbeitgebers[386] oder die Akzeptanz einer rechtmäßigen ordentlichen Arbeitgeberkündigung auch bei Entgegennahme einer Entlassungsentschädigung.[387] Entsprechendes gilt für eine Kündigung nach § 1 a KSchG,[388] unabhängig davon, ob die zugrunde liegende Kündigung rechtmäßig ist. 5

Kein Beteiligungssachverhalt ist der Widerspruch gegen einen Betriebsübergang nach § 613 a BGB, auch wenn aufgrund des Widerspruchs eine Kündigung erfolgt.

384 S. zum Beschäftigungsverhältnis § 158 SGB III Rn. 8.
385 DA zu ehemals § 144 SGB III, S. 31, 144. 12 ff.
386 BSG – 25.04.2002 – B 11 AL 89/01, R SozR 3-4100, § 119 Nr. 24.
387 S. zur Entlassungsentschädigung § 158 SGB III Rn. 3–5.
388 Winkler in Gagel, SGB III § 144, Rn. 49 f.

Die Ablehnung verschlechternder Arbeitsbedingungen im Zusammenhang mit einer Änderungskündigung ist kein Beteiligungssachverhalt, auch wenn aufgrund der Kündigung das Arbeitsverhältnis beendet wird.[389]

6 Wird eine offensichtlich rechtswidrige Kündigung von den Arbeitnehmern akzeptiert, überprüft die Agentur für Arbeit, ob ein Beteiligungssachverhalt gegeben ist. Eine Kündigung ist offensichtlich rechtwidrig, wenn

- die maßgebliche Kündigungsfrist nicht eingehalten wurde oder
- die Arbeitnehmer nur noch aus wichtigem Grund kündbar sind[390] oder
- die Arbeitnehmer besonderen Kündigungsschutz genießen.[391]

In diesen Fällen überprüft die Agentur für Arbeit sämtliche mündliche/schriftliche Vereinbarungen der Arbeitsvertragsparteien und bewertet das Verhalten der Arbeitnehmer, um festzustellen, ob ein Beteiligungssachverhalt vorliegt. Ist dies der Fall, greifen die Sperrzeitregelungen ein.

7 Unter § 159 Abs. 1 Nr. 1 fällt auch die von den Arbeitnehmern durch vertragswidriges Verhalten verursachte Lösung des Arbeitgebers vom Arbeitsverhältnis. Dies sind die Fälle der verhaltensbedingten Kündigung, die in der Regel nur nach vorheriger Abmahnung rechtmäßig ist, also z. B. die Kündigung wegen wiederholten Zuspätkommens nach einschlägiger Abmahnung.

Liegt eine arbeitsrechtlich erforderliche Abmahnung nicht vor, ist eine trotzdem ausgesprochene Kündigung nicht sperrzeitbewehrt, da die Beschäftigungslosigkeit nicht grob fahrlässig herbeigeführt ist. Die Arbeitnehmer müssen mit einer Kündigung ohne einschlägige Abmahnung nicht rechnen.[392]

Ausnahmsweise kann auch eine personenbedingte Kündigung sperrzeitrelevant sein, wenn z. B. ein Berufskraftfahrer aufgrund einer nicht krankheitsbedingten außerdienstlichen Trunkenheitsfahrt die Fahrerlaubnis entzogen wird.[393]

8 Der Auflösungssachverhalt muss für die Arbeitslosigkeit kausal sein, damit eine Sperrzeit verhängt werden darf. Liegt z. B. in einem befristeten Arbeitsverhältnis ein vertragswidriges Verhalten vor, dass der Arbeitgeber aber nicht für die Begründung einer Beendigung nutzt, sondern das Arbeitsverhältnis einfach auslaufen lässt, liegt die erforderliche Kausalität nicht vor.

2.2 Arbeitsablehnung, Abs. 1 Nr. 2

9 Voraussetzung für diesen Tatbestand ist das Vorliegen eines Arbeitsangebots durch die Agentur für Arbeit. Erfasst sind auch Angebote für Berufsausbildungsverhältnisse. Der betroffene Kreis sind Arbeitslose i. S. d. § 138 und diejenigen, die sich nach § 38 arbeitssuchend gemeldet haben. Die Agentur für Arbeit muss in ihrem Angebot den Arbeitgeber

389 DA zu ehemals § 144 III, S. 30, 144.9.
390 S. § 158 SGB III Rn. 7.
391 S. § 158 SGB III Rn. 8.
392 BSG – 06.03.2003 – B 11 AL 69/02, Gründe II 2.3.
393 BSG – 06.03.2003 – B 11 AL 69/02, Gründe II 2.2 S. 7; umstritten, s. weitere Stellungnahmen Winkler in Gagel SGB III § 144 Rn. 70.

und die Tätigkeit benannt haben sowie den Arbeitslosen über die Sperrzeitfolge belehrt haben. Sanktioniert wird der Arbeitslose, der ohne wichtigen Grund

- das Zustandekommen eines Vorstellungsgesprächs verhindert, indem er z. B. nicht hingeht oder sich nicht meldet, um das Gespräch zu verabreden,
- das Arbeitsangebot nicht annimmt, indem er z. B. die Unterschrift unter den Arbeitsvertrag verweigert
  oder
- nach Abschluss des Arbeitsvertrags z. B. am ersten Arbeitstag nicht erscheint.

2.3 Unzureichende Eigenbemühungen, Abs. 1 Nr. 3

Die Verpflichtung zur Eigenbemühung ergibt sich aus § 138 Abs. 1 Nr. 3 i. V. m. Abs. 4. **10**
Werden nach erfolgter Aufforderung Eigenbemühungen ohne wichtigen Grund nicht, nicht rechtzeitig oder nur unzureichend nachgewiesen, greift der Tatbestand des § 159 Abs. 1 Nr. 3 ein. Dann scheidet eine gleichzeitige Anwendung des § 66 Abs. 1 SGB I wegen fehlender Mitwirkung aus.

Voraussetzung ist, dass die Eigenbemühungen konkretisiert wurden, z. B. der Nachweis von 5 Bewerbungen gefordert wurde, und der Nachweis zu einem bestimmten Termin gefordert wurde. Zudem ist eine Rechtsfolgenbelehrung erforderlich.

Weigert sich der Arbeitslose ganz oder teilweise überhaupt, Eigenbemühungen durchzuführen, wird keine Sperrfrist verhängt, sondern der Anspruch auf Arbeitslosengeld nach § 138 Abs. 1 Nr. 2 i. V. m. § 137 Abs. 1 Nr. 1 abgelehnt.

2.4 Ablehnung und Abbruch beruflicher Eingliederungsmaßnahmen, Abs. 1 Nr. 4 und 5

Die Regelung des § 159 Abs. 1 Nr. 4 und 5 betrifft berufliche Eingliederungsmaßnahmen: **11**

- Maßnahmen zur Eignungsfeststellung und Trainingsmaßnahmen i. S. d. § 48
- Maßnahmen zur beruflichen Aus- und Weiterbildung gemäß §§ 73 ff., 81 ff.
- Maßnahmen zur Teilhabe am Arbeitsleben für behinderte Menschen gemäß §§ 112 ff.
- Nicht umfasst ist die Ablehnung eines Ausbildungsverhältnisses, da dies gegen die freie Berufswahl nach Art. 12 GG verstieße.[394]
- Mangels Konkretisierung ist die Ablehnung oder Nichteinlösung eines Bildungsgutscheins nicht erfasst.

Sanktioniert wird die Weigerung, an einer entsprechenden Maßnahme teilzunehmen, oder deren Abbruch. Erforderlich ist jeweils, dass kein wichtiger Grund für das Verhalten vorliegt und eine vorherige Rechtsfolgenbelehrung erteilt wurde.

Der Abbruch einer Maßnahme ohne wichtigen Grund wird sanktioniert. Entsprechendes gilt für ein maßnahmewidriges Verhalten, das zu einem Abbruch, auch ggf. von Seiten des Trägers führt. Ein entsprechendes Verhalten ist gegeben, wenn der Arbeitslose **12**

- schuldhaft den Ablauf der Maßnahme beeinträchtigt,

---

394 BSG – 13.03.1990 – 11 Rar 69/88, SozR 3-4100, § 119 Nr. 2 S. 7.

- den Maßnahmeerfolg gefährdet,
- dem Träger der Verbleib des Arbeitslosen in der Maßnahme nicht zugemutet werden kann.

Diese Voraussetzungen sind z. B. gegeben, wenn der Arbeitslose den Unterricht erheblich stört, wiederholt unentschuldigt fehlt oder die Unterrichtsordnung grob missachtet.

2.5 Meldeversäumnis, Abs. 1 Nr. 6

13 Arbeitslose und nach § 38 arbeitssuchend Gemeldete unterliegen den Meldepflichten des § 309.

Wurden die Betroffenen durch die Agentur für Arbeit zu einem der in § 309 genannten Zwecke aufgefordert, sich zu melden und kommen sie dieser Aufforderung ohne wichtigen Grund nicht nach, greift die Sanktionsnorm ein. Voraussetzung ist der rechtzeitige und wirksame Zugang der Meldeaufforderung, der durch die Agentur für Arbeit zu beweisen ist.

2.6 Verspätete Arbeitssuchendmeldung, Abs. 1 Nr. 7

14 Nach § 38 besteht die Verpflichtung des zukünftigen Arbeitslosen, sich rechtzeitig bei der Agentur für Arbeit zu melden. Verstößt der Arbeitnehmer ohne wichtigen Grund gegen diese Verpflichtungen, wird eine Sperrzeit verhängt.

3. Wichtiger Grund

15 Wichtig sind alle objektiv vorliegenden Gründe, die es im Rahmen einer umfassenden Interessenabwägung unter Berücksichtigung aller Umstände des Einzelfalls unzumutbar erscheinen lassen, den Sperrzeitsachverhalt zu vermeiden. Die Interessen des Arbeitslosen sind mit den Interessen der Gemeinschaft der Beitragszahler abzuwägen. Der Arbeitslose muss darlegen, was er unternommen hat, den Versicherungsfall zu vermeiden bzw. nach hinten zu verschieben. Insbesondere gehören hierzu auch ein frühzeitiger Vermittlungsauftrag und frühzeitige Eigenbemühungen.

Irrt sich der Betroffene über das Vorliegen eines wichtigen Grundes, verhindert dies nicht eine Sanktion, allerdings ist dann eine besondere Härte i. S. d. § 159 Abs. 3 zu prüfen.

3.1 Arbeitsaufgabe

16 Ein wichtiger Grund bei der Aufgabe einer Tätigkeit liegt insbesondere vor, wenn

- die von den Arbeitnehmern geforderte Arbeit gegen gesetzliche Bestimmungen oder die guten Sitten verstößt, also z. B. Verstöße gegen das ArbzG gefordert werden,
- die Entlohnung sittenwidrig ist, also mindestens 30 % unter dem maßgeblichen Tariflohn oder der üblichen Vergütung i. S. d. § 612 Abs. 2 BGB liegt,
- Insolvenz des Arbeitgebers eingetreten ist,
- erheblicher psychischer Druck oder Mobbing/sexuelle Belästigung am Arbeitsplatz vorlag,

- eine Beschäftigung zur Begründung oder Aufrechterhaltung oder Wiederherstellung einer ehelichen Gemeinschaft oder eingetragenen Lebenspartnerschaft aufgegeben wird. Dabei ist jedoch zu berücksichtigen, dass ein wichtiger Grund nur anerkannt wird, wenn keine Möglichkeit bestand, dass Sperrzeitereignis auf einen späteren Zeitpunkt zu verlegen. Will z. B. ein Arbeitsloser am 01. 05. 2012 zu seinem Partner ziehen, ist eine Kündigung zum 28. 02. 2012 nicht zu akzeptieren, wenn eine Kündigung auch zum 31. 03. 2012 erfolgen konnte,
- eine Erziehungsgemeinschaft mit dem leiblichen Elternteil (wieder)hergestellt werden soll oder mit einem Partner, wenn dies zum Wohle des Kindes ist,
- eine eheähnliche Gemeinschaft fortgesetzt werden soll,[395]
- ein Aufhebungsvertrag oder eine Auflösung eines Arbeitsverhältnisses im Zusammenhang mit der Tätigkeit in einer Transfergesellschaft gem. § 111[396] erfolgt,
- eine unbefristete Beschäftigung für eine befristete Beschäftigung aufgegeben wird, wenn entweder die konkrete Aussicht auf ein dauerhaftes Beschäftigungsverhältnis besteht[397] oder ein zeitnaher Wechsel (max. ein Monat Unterbrechung) in eine Tätigkeit, in einem anderen Berufsfeld mit zusätzlichen Fertigkeiten, früher erworbener höherer Qualifikation oder mindestens 10 % höherem Arbeitsentgelt erfolgt; die Aufgabe eines Leiharbeitsverhältnisses in ein reguläres befristetes Arbeitsverhältnis wird akzeptiert, wenn die befristete Beschäftigung mindestens für zwei Monate gegeben ist,[398]
- ein unbefristetes Arbeitsverhältnis in ein Altersteilzeitverhältnis umgewandelt wurde und der Arbeitslose nach fachkundiger Beratung davon ausgehen konnte, bei Ende der Altersteilzeit ungekürzte Altersrente zu erhalten.[399]

Wird das Arbeitsverhältnis durch einen Aufhebungsvertrag oder einen Abwicklungsvertrag[400] außergerichtlich aufgehoben, liegt ein wichtiger Grund vor, wenn folgende Voraussetzungen kumulativ gegeben sind: **17**

- eine Kündigung durch den Arbeitgeber wurde mit Sicherheit in Aussicht gestellt und
- die drohende Arbeitgeberkündigung würde auf betriebliche Gründe gestützt und
- die Arbeitgeberkündigung hätte bei Einhaltung der einschlägigen Kündigungsfrist das Arbeitsverhältnis zum gleichen Zeitpunkt oder früher beendet und
- die Arbeitnehmer waren nicht unkündbar[401] und
- eine Abfindung von mindestens 0,25 bis 0,5 Bruttomonatsgehältern[402] pro Beschäftigungsjahr wird gezahlt.

Wird eine höhere oder niedrigere Abfindung als in Rn. 17 aufgeführt vereinbart, kann trotzdem ein wichtiger Grund für den Abschluss eines Aufhebungs- oder Abwicklungs- **18**

---

395 S. zu den Einzelheiten DA zu ehemals § 144 SGB III S. 45, 144/95.

396 S. zu den Einzelheiten DA zu ehemals § 144 SGB III S. 45 f, 144/97, 98 a, 99.

397 BSG – 20. 12. 2004 – B 7 AL 98/03 R, Leitsätze.

398 BSG – 12. 07. 2006 – B 11a AL 55/05 R und 73/05 R, Leitsätze.

399 BSG – 21. 07. 2009 – B 7 Al 6/08 R, Leitsätze 3.

400 Ein Abwicklungsvertrag erfolgt nach Ausspruch einer Kündigung zur Regelung der Einzelheiten der Beendigung des Arbeitsverhältnisses.

401 S. hierzu § 157 SGB III Rn. 7.

402 In Anlehnung an den Gedanken des § 1 a KSchG.

vertrags vorliegen, wenn die übrigen obigen Voraussetzungen gegeben sind mit der Maßgabe, dass die Arbeitgeberkündigung aus nicht verhaltensbedingten Gründen rechtmäßig gewesen wäre bzw. war. Die Rechtmäßigkeit wird nach den allgemeinen arbeitsrechtlichen Regelungen auch unter Berücksichtigung der Sozialauswahl überprüft.[403] Hinzu kommen muss, dass

- durch den Aufhebungsvertrag Nachteile für das berufliche Fortkommen verhindert wurden, was darzulegen ist und bei unter 58-jährigen Arbeitnehmern in der Regel der Fall ist[404]
  oder
- bei Abwarten der Kündigung finanzielle Nachteile zu besorgen wären. Dies ist der Fall, wenn für Aufhebungsverträge höhere Abfindungen zugesagt werden als im Falle der Kündigung.[405] Die Abfindung bei einem Aufhebungsvertrag muss mindestens 10 % höher sein als bei einer Kündigung.

19 Wird nach Ausspruch einer Kündigung ohne vorherige Absprache[406] in einem arbeitsgerichtlichen Kündigungsschutzverfahren ein Vergleich vereinbart, hat dies keine Sperrzeit zur Folge,[407] unabhängig davon, wie hoch die Abfindung ist. Es kann davon ausgegangen werden, dass für einen gerichtlichen Vergleich ein wichtiger Grund vorliegt, da die Beschäftigungslosigkeit nicht mehr zu vermeiden ist, insbesondere wenn der Vorschlag durch das Arbeitsgericht erfolgt.[408] Dies gilt auch für einen nach § 278 ZPO im schriftlichen Verfahren protokollierten Vergleich.[409]

3.2 Arbeitsablehnung

20 Hier sind neben den bei der Arbeitsaufgabe angegebenen Gründen, die entsprechend Anwendung finden, insbesondere folgende Gründe als wichtig anerkannt worden:

- Angebot von tarifwidriger Entlohnung bei Tarifbindung des Arbeitslosen, also bei allgemeinverbindlichen Tarifverträgen oder Mitgliedschaft in der Gewerkschaft;
- Angebot sittenwidriger Entlohnung;[410]
- eine Beschäftigung, die mit einem kostenlosen Praktikum beginnen soll, kann abgelehnt werden.[411]

Die Vermittlung in ein Leiharbeitsverhältnis ist i. d. R. nicht unzumutbar, der Einzelfall ist entscheidend.[412]

---

403 S. z. B. Kommentierung von Oetker in ErfK § 1 KSchG.
404 BSG – 12.07.2006 – B 11aAL 47/05 R, Leitsätze und Rn. 16.
405 BSG – 12.07.2006 – B 11a AL 47/05 R, Rn. 16.
406 Ansonsten liegt ein sperrfristbewehrter Beteiligungssachverhalt vor, s. o. Rn. 4.
407 DA zu ehemals § 144 SGB III S. 32, 144.19.
408 BSG – 17.10.2007 – B 11a AL 51/06R, Rn. 39.
409 Gaul/Niklas, Neue Grundsätze zur Sperrzeit bei Aufhebungsvertrag, Abwicklungsvereinbarung und gerichtlichem Vergleich, NZA 2008, 137, 142 f. m. w. N.
410 Ein Arbeitsentgelt, dass 30 % und mehr unter dem tariflichen oder dem ortsüblichen Arbeitsentgelt liegt; s. im Einzelnen DA zu ehemals § 121 SGB III.
411 Landessozialgericht Hessen – 24.04.2006 – L 7/10 AL 174/04, juris.
412 BSG – 08.11.2001 – B 11 AL 31/01 R, Leitsätze.

3.3 Unzureichende Eigenbemühungen

Hier wird ein wichtiger Grund bei längerer Arbeitsunfähigkeit oder bei Fehlen der finanziellen Mittel angenommen.[413] 21

3.4 Ablehnung und Abbruch beruflicher Eingliederungsmaßnahmen

Ein wichtiger Grund liegt vor, wenn die Maßnahme wegen unzumutbar hoher Eigenbeteiligung abgelehnt wird. Dies wird bei über 15 € monatlich angenommen.[414] 22

3.5 Meldeversäumnis

Ein Meldeversäumnis ist dann von einem wichtigen Grund gedeckt, wenn unter Berücksichtigung der Interessenabwägung die Meldung nicht möglich oder nicht zumutbar war. Dies ist z. B. der Fall, wenn 23

- ein Arbeitgeber die Vorstellung zu einem bestimmten Termin fordert und dieser sich mit der Meldepflicht überschneidet,
- ein unvorhergesehener Ausfall öffentlicher Verkehrsmittel oder ein Verkehrsunfall die Wahrnehmung verhindert,
- der Arbeitgeber die Arbeitnehmer während der Arbeitszeit nicht freistellt.

3.6 Verspätete Arbeitssuchendmeldung

In diesem Zusammenhang liegt ein wichtiger Grund vor, wenn unter Berücksichtigung der Abwägung der Interessen dem Arbeitnehmer und der Versichertengemeinschaft die Meldung nach § 38 nicht zumutbar war. Dies ist z. B. der Fall, wenn 24

- der Arbeitslose die Meldepflicht nicht kannte und sie auch nicht aus einer entsprechenden Belehrung durch die Agentur für Arbeit oder eine frühere Arbeitslosigkeit kennen musste,[415] 25
- wenn der Arbeitnehmer im Anschluss an das Arbeitsverhältnis eine selbständige Tätigkeit aufnimmt, eine Aus- oder Weiterbildung beginnt oder wegen Pflege-, Erziehungs- oder Betreuungszeiten oder innerhalb der Schutzfristen des MuSchG nicht zur Arbeitsvermittlung zur Verfügung steht. 26

4. Sperrzeit

Die Sperrzeit führt zum Ruhen des Arbeitslosengeldanspruchs[416] für die Dauer der Sperrzeit. Zusätzlich wird der Anspruch auf Arbeitslosengeld verkürzt. Bei der Sperrzeit wegen Arbeitsaufgabe wird die Anspruchsdauer um ein Viertel (§ 148 Abs. 1 Nr. 4) gekürzt. 27

---

413 DA zu ehemals § 144 SGB III, S. 52, 144117.
414 DA zu ehemals § 144 SGB III, S. 52, 144118.
415 BSG – 25.05.2005 – B 11a/11 AL 81/04 R, S. 7.
416 Zum Ruhen s. § 156 Rn. 5 ff.

Beispiel:
Wird also bei einem älteren Arbeitnehmer, der nach § 147 Abs. 2 einen Anspruch auf 24 Monate Arbeitslosengeld hat, wegen eines Aufhebungsvertrags vom 01.05.2012 zum 31.05.2012 eine 12-wöchige Sperrzeit verhängt, so ruht das Arbeitslosengeld vom 02.05.2012 bis zum 25.07.2012 und das danach beginnende Arbeitslosengeld wird von 24 Monaten auf 18 Monate reduziert.
Diese Folge tritt nur dann nicht ein, wenn der Arbeitslose sich mehr als 1 Jahr später, also im Beispielsfall erst am 03.05.2013 arbeitslos meldet (§ 148 Abs. 2 Satz 2). Ob dies im Einzelfall sinnvoll ist, muss jeweils genau überprüft werden, zumal in der Regel wirtschaftliche Zwänge eine sofortige Meldung erforderlich machen. Allerdings ist auch die AA verpflichtet, einen Arbeitslosen über entsprechende Gestaltungsmöglichkeiten aufzuklären und steht bei Falschberatung mit dem sozialrechtlichen Herstellungsanspruch ein.[417]

28 Bei Sperrzeiten wegen Arbeitsablehnung und Ablehnung oder Abbruch einer beruflichen Eingliederungsmaßnahme wird die Anspruchsdauer um die Dauer der Sperrzeit verkürzt (§ 148 Abs. 1 Nr. 3). Wird also am 04.06.2012 das erste Mal eine berufliche Eingliederungsmaßnahme ohne wichtigen Grund abgelehnt, erfolgt die Verhängung einer Sperrzeit von drei Wochen. Für die Zeit vom 05.06.2012 bis zum 26.06.2012 einschließlich ruht der Anspruch auf Arbeitslosengeld, und gleichzeitig wird der Restanspruch auf Arbeitslosengeld um drei Wochen gekürzt.

29 Der Anspruch auf Arbeitslosengeld erlischt insgesamt nach § 161, wenn nach Entstehung des Anspruchs mit Bescheiden Sperrzeiten von insgesamt mindestens 21 Wochen trotz entsprechender Belehrung verhängt wurden. Diese Tatsache sollte jeder Berechtigte nicht aus den Augen verlieren.

4.1 Dauer

30 Die Dauer der Sperrzeit ist in § 159 Abs. 3 und 4 abhängig vom Tatbestand, auf dem die Sperrzeit beruht, geregelt.

Die Regelsperrzeit bei Aufgabe der Beschäftigung ohne wichtigen Grund beträgt 12 Wochen. Sie verkürzt sich wegen des auch in diesem Zusammenhang zu beachtenden Übermaßverbotes bei Arbeitsverhältnissen, die unabhängig von dem Sachverhalt, auf dem die Sperrzeit beruht, in naher Zukunft geendet hätten. Dabei handelt sich insbesondere um befristete oder auflösend bedingte Arbeitsverhältnisse.

Beispiel:
Wird also ein bis zum 31.08.2012 befristetes Arbeitsverhältnis zum 31.07.2012 ohne wichtigen Grund durch Aufhebungsvertrag aufgelöst, dauert die Sperrzeit drei Wochen (§ 159 Abs. 3 Nr. 1). Wird in diesem Fall das Arbeitsverhältnis zum 30.06.2012 aufgelöst, beträgt die Sperrzeit sechs Wochen (§ 159 Abs. 3 Nr. 2 a)).

31 Die Sperrzeit kann nach § 159 Abs. 3 2 b) bei Vorliegen einer besonderen Härte auf sechs Wochen verkürzt werden. Eine besondere Härte liegt vor, wenn das Vorbringen des Ar-

417 Zum sozialrechtlichen Herstellungsanspruch s. § 14 SGB I Rn. 16 ff.

beitslosen zwar noch keinen wichtigen Grund begründen kann, aber die Verhängung einer Sperrzeit in voller Höhe als nicht gerechtfertigt erscheinen lassen. Dies kann z. B. der Fall sein, wenn der Arbeitslose sich auf eine falsche Information seines öffentlich-rechtlichen Arbeitgebers stützen kann,[418] der ihm mitgeteilt hat, dass er aus einem bestimmten Grund, der aber tatsächlich nicht als wichtiger anerkannt wird, das Arbeitsverhältnis aufgeben dürfe. Eine besondere Härte kann auch vorliegen, wenn der Betroffene seinen Gesundheitszustand aus der Laiensphäre falsch einschätzt und daher seinen Arbeitsplatz aufgibt.[419] Nicht als wichtiger Grund sind besondere Belastungen wegen einer angespannten finanziellen Situation oder die Unterhaltspflicht vielen Menschen gegenüber anerkannt.[420]

Bei den Sperrfristen wegen Arbeitsablehnung, Ablehnung oder Abbruch einer beruflichen Eingliederungsmaßnahme können nach § 159 Abs. 4 unterschiedlich lange Sperrzeiten verhängt werden. Die Sperrfristen betragen drei, sechs oder zwölf Wochen und die jeweilige Dauer hängt davon ab, um das wievielte sperrzeitbewehrte einschlägige Verhalten es sich handelt. Wird zum zweiten Mal ohne einen wichtigen Grund die Annahme eines Arbeitsverhältnisses abgelehnt, beträgt die Sperrzeit z. B. sechs Wochen. **32**

Bei unzureichenden Eigenbemühungen werden zwei Wochen Sperrzeit und bei den Meldeversäumnissen des § 159 Abs. 1 Nr. 6 und 7 jeweils eine Woche verhängt. **33**

4.2 Beginn und Ende

Die Sperrzeit beginnt grundsätzlich mit dem Tag nach dem Ereignis, das die Sperrzeit begründet (§ 159 Abs. 2 Satz 1). **34**

Beispiel:
Wird also ein Arbeitsverhältnis außerordentlich und fristlos am 02.08.2012 gekündigt, beginnt die Sperrzeit am 03.08.2012.

Die Sperrzeit tritt kraft Gesetzes ein und läuft kalendermäßig ab, unabhängig davon, ob, wann und wie lange der Arbeitslose ohne die Sperrzeit Arbeitslosengeld wegen Arbeitslosigkeit erhält oder erhalten würde. **35**

Es kann also im Einzelfall sinnvoll sein, erst zu einem späteren Zeitpunkt Arbeitslosengeld zu beantragen, um die Auswirkungen einer Sperrzeit abzumildern. Allerdings bleibt die Anspruchsminderung gemäß § 148 Abs. 1 Nr. 3 auch bei späterer Meldung in der Regel bestehen.[421]

Darüber hinaus kann es auch sinnvoll sein, das Beschäftigungsverhältnis[422] durch eine vereinbarte unwiderrufliche Freistellung zu beenden.

418 SG Berlin – 07.04.1993 – S 53 Ar 2268/92, juris.
419 Winkler in Gagel, SGB III, § 144 Rn. 223.
420 DA zu ehemals § 144 S. 56 ff.
421 S. zur Anspruchsminderung § 159 Rn. 26; § 148 Rn. 3–21.
422 S. zum Beschäftigungsverhältnis § 157 Rn. 7 ff.

Beispiel:
Wird ein Arbeitsverhältnis z.B. durch einen nicht mit einem wichtigen Grund versehenen Aufhebungsvertrag zum 31.08.2012 aufgelöst und der Arbeitnehmer in dieser Regelung einvernehmlich unwiderruflich ab dem 01.06.2012 von der Verpflichtung zur Arbeitsleistung freigestellt, endet das Beschäftigungsverhältnis mit Abschluss des Aufhebungsvertrages und die Sperrzeit läuft ab dem 01.06.2012. Der Arbeitslose erhält nach dem Ende des Arbeitsverhältnisses ab dem 01.09.2012 Arbeitslosengeld. Die Kürzung der Anspruchsdauer nach § 148 Abs. 1 Nr. 4[423] bleibt aber bestehen.

5. Beweislast

36 Mit der Sperrzeit wird in durch Beiträge erworbene und auch grundgesetzlich geschützte Rechtspositionen eingegriffen. Daher muss die AA den Sachverhalt und insbesondere das Eingreifen wichtiger Gründe von Amts wegen ermitteln und prüfen. Allerdings ist der Arbeitslose gehalten, alle Tatsachen, die nur er kennt oder die aus seiner Sphäre stammen, darzulegen und nachzuweisen. Ist ein Sachverhalt aufgrund des Verschuldens des Arbeitslosen nicht mehr aufklärbar, z. B. weil er wichtige Gründe deutlich verspätet vorgebracht hat oder er Unterlagen weggeworfen hat, trifft den Arbeitslosen das Nachweisrisiko. Das bedeutet, dass ein wichtiger Grund dann nicht angenommen werden kann.

6. Weitere sozialversicherungsrechtliche Konsequenzen einer Sperrzeit

37 Der Arbeitslose ist gemäß § 5 Abs. 1 Nr. 2 SGB V während des ersten Monats einer Sperrzeit nicht krankenversicherungspflichtig. Es besteht aus § 19 Abs. 2 SGB V ein nachgehender Anspruch auf Sachleistung der gesetzlichen Krankenversicherung. Ab Beginn des zweiten Monats bis zum Ende der Sperrzeit besteht Versicherungspflicht in der Krankenversicherung mit der Folge, dass Leistungen der Krankenkasse erbracht werden.

Erkrankt der Arbeitslose während einer Sperrzeit, ruht aber der Anspruch auf Krankengeld (§ 49 Abs. 1 Nr. 3 a SGB V) genauso wie das Arbeitslosengeld.

Besteht eine Arbeitsunfähigkeit schon vor dem Ende des Arbeitsverhältnisses und geht diese über das Ende des Arbeitsverhältnisses hinaus, besteht der Anspruch auf Krankengeld auch bei einem versicherungswidrigen Verhalten, das eine Sperrzeit begründete, fort. Dies gilt auch, wenn wegen Ende des Arbeitsverhältnisses bei fortbestehender Arbeitsunfähigkeit kein Anspruch auf Entgeltfortzahlung gegen den Arbeitgeber mehr besteht.

In der Rentenversicherung wird der einen vollen Monat umfassende Zeitraum einer Sperrzeit nicht als Anrechnungszeit[424] berücksichtigt, so dass Einbußen nur durch freiwillige Zahlungen ausgeglichen werden können. Die Zeiten einer Sperrzeit sind aber ein Überbrückungstatbestand.

---

423 S. o. § 159 Rn. 26 f.
424 Winkler in Gagel § 144 Rn. 236 m. w. N.

§ 160 Ruhen bei Arbeitskämpfen

(1) Durch die Leistung von Arbeitslosengeld darf nicht in Arbeitskämpfe eingegriffen werden. Ein Eingriff in den Arbeitskampf liegt nicht vor, wenn Arbeitslosengeld Arbeitslosen geleistet wird, die zuletzt in einem Betrieb beschäftigt waren, der nicht dem fachlichen Geltungsbereich des umkämpften Tarifvertrags zuzuordnen ist.

(2) Ist die Arbeitnehmerin oder der Arbeitnehmer durch Beteiligung an einem inländischen Arbeitskampf arbeitslos geworden, so ruht der Anspruch auf Arbeitslosengeld bis zur Beendigung des Arbeitskampfes.

(3) Ist die Arbeitnehmerin oder der Arbeitnehmer durch einen inländischen Arbeitskampf arbeitslos geworden, ohne an dem Arbeitskampf beteiligt gewesen zu sein, so ruht der Anspruch auf Arbeitslosengeld bis zur Beendigung des Arbeitskampfes nur, wenn der Betrieb, in dem die oder der Arbeitslose zuletzt beschäftigt war,

1. dem räumlichen und fachlichen Geltungsbereich des umkämpften Tarifvertrags zuzuordnen ist oder
2. nicht dem räumlichen, aber dem fachlichen Geltungsbereich des umkämpften Tarifvertrags zuzuordnen ist und im räumlichen Geltungsbereich des Tarifvertrags, dem der Betrieb zuzuordnen ist,
   a) eine Forderung erhoben worden ist, die einer Hauptforderung des Arbeitskampfes nach Art und Umfang gleich ist, ohne mit ihr übereinstimmen zu müssen, und
   b) das Arbeitskampfergebnis aller Voraussicht nach in dem räumlichen Geltungsbereich des nicht umkämpften Tarifvertrags im Wesentlichen übernommen wird.

Eine Forderung ist erhoben, wenn sie von der zur Entscheidung berufenen Stelle beschlossen worden ist oder auf Grund des Verhaltens der Tarifvertragspartei im Zusammenhang mit dem angestrebten Abschluss des Tarifvertrags als beschlossen anzusehen ist. Der Anspruch auf Arbeitslosengeld ruht nach Satz 1 nur, wenn die umkämpften oder geforderten Arbeitsbedingungen nach Abschluss eines entsprechenden Tarifvertrags für die Arbeitnehmerin oder den Arbeitnehmer gelten oder auf sie oder ihn angewendet würden.

(4) Ist bei einem Arbeitskampf das Ruhen des Anspruchs nach Absatz 3 für eine bestimmte Gruppe von Arbeitslosen ausnahmsweise nicht gerechtfertigt, so kann der Verwaltungsrat bestimmen, dass ihnen Arbeitslosengeld zu leisten ist.

(5) Die Feststellung, ob die Voraussetzungen nach Absatz 3 Satz 1 Nummer 2 Buchstabe a und b erfüllt sind, trifft der Neutralitätsausschuss (§ 380). Er hat vor seiner Entscheidung den Fachspitzenverbänden der am Arbeitskampf beteiligten Tarifvertragsparteien Gelegenheit zur Stellungnahme zu geben.

(6) Die Fachspitzenverbände der am Arbeitskampf beteiligten Tarifvertragsparteien können durch Klage die Aufhebung der Entscheidung des Neutralitätsausschusses nach Absatz 5 und eine andere Feststellung begehren. Die Klage ist gegen die Bundesagentur zu richten. Ein Vorverfahren findet nicht statt. Über die Klage entscheidet das Bundessozialgericht im ersten und letzten Rechtszug. Das Verfahren ist vorrangig zu erledigen. Auf Antrag eines Fachspitzenverbandes kann das Bundessozialgericht eine einstweilige Anordnung erlassen.

§ 380 Neutralitätsausschuss

(1) Der Neutralitätsausschuss, der Feststellungen über bestimmte Voraussetzungen über das Ruhen des Arbeitslosengeldes bei Arbeitskämpfen trifft, besteht aus

1. drei Mitgliedern, die der Gruppe der Arbeitnehmerinnen und Arbeitnehmer im Verwaltungsrat angehören,

2. drei Mitgliedern, die der Gruppe der Arbeitgeber im Verwaltungsrat angehören, sowie

3. der oder dem Vorsitzenden des Vorstands.

Die Gruppe der Arbeitnehmerinnen und Arbeitnehmer sowie die Gruppe der Arbeitgeber bestimmen die sie jeweils vertretenden Personen mit einfacher Mehrheit. Vorsitzende oder Vorsitzender ist die oder der Vorsitzende des Vorstands. Sie oder er vertritt den Neutralitätsausschuss vor dem Bundessozialgericht.

(2) Die Vorschriften, die die Organe der Bundesagentur betreffen, gelten entsprechend, soweit Besonderheiten des Neutralitätsausschusses nicht entgegenstehen.

Inhaltsübersicht

1. Normzweck und Entstehungsgeschichte

1 § 160 (bis 31.03.2012: § 146) regelt durch die Anordnung des Ruhens von Arbeitslosengeldansprüchen bei Arbeitskämpfen den so genannten **Neutralitätsgrundsatz**: Durch Leistungen der Bundesagentur darf nicht in Arbeitskämpfe eingegriffen werden. Damit wird die verfassungsrechtlich aus Art. 9 Abs. 3 GG (Koalitionsfreiheit) abzuleitende allgemeine Neutralitätspflicht des Staates einfachgesetzlich konkretisiert.[425] Die wesentliche Bedeutung des § 160 liegt in seiner entsprechenden Anwendung beim Kurzarbeitergeld, die in § 100 (bis 31.03.2012: § 174) angeordnet ist. Denn Arbeitskampfmaßnahmen führen eher selten zu Arbeitslosigkeit, aber durchaus zu Arbeitsausfällen im Sinne der Vorschriften zum Kurzarbeitergeld (vgl. auch Kommentierung zu § 100).

2 § 160 entspricht dem § 116 AFG, der als so genannter »**Streikparagraf**« in die Rechtsgeschichte eingegangen ist. Der Gesetzgeber hatte Streiks in der Metallindustrie, die im Jahre 1984 zur Einführung der 35-Stunden-Woche geführt hatten, zum Anlass genommen, die ursprüngliche Fassung des § 116 AFG zu novellieren. Begleitet von heftigen Auseinandersetzungen im politischen Raum sowie in der wissenschaftlichen Diskussion ist durch das Gesetz zur Sicherung der Neutralität der Bundesanstalt für Arbeit bei Arbeitskämpfen vom 15.05.1985[426] insbesondere der Ruhenstatbestand für mittelbar vom Arbeitskampf betroffene Arbeitnehmer (Abs. 3–6 des § 116 AFG/§ 146 a.F./§ 160) neu gefasst und erweitert worden.[427]

---

425 Vgl. BSG – 04.10.1994 – 7 KlAr 1/93.
426 BGBl. I S. 740.
427 Vgl. Deinert, AuR 2010, S. 290, 292 f.; ausführlich mit umfassender Literaturübersicht Hennig/Heuer/Kühl/Henke, Kommentar zum Arbeitsförderungsgesetz, § 116 Anm. 1.2, 1.4.

Das BVerfG[428] und das BSG[429] haben die Regelung als **verfassungsgemäß** erachtet. Die Rechtslage scheint durch die Rechtsprechung weitgehend geklärt. Soweit ersichtlich sind § 116 AFG und die entsprechenden Bestimmungen in SGB III nach dem letzten Urteil des BSG vom 24.07.1996[430] nicht mehr Gegenstand gerichtlicher Entscheidungen gewesen. 3

Doch hat das BVerfG in seiner Entscheidung eine Art **Beobachtungpflicht für den Gesetzgeber** begründet. Wenn es in tatsächlicher und rechtlicher Hinsicht unsicher werde, ob die Vorschrift bei künftigen Arbeitskämpfen zu einer solchen Ungleichheit der Kampfstärke der Tarifvertragsparteien führe, dass Verhandlungen auf einer ausgeglichenen Basis nicht mehr möglich seien, bestehe Handlungsbedarf. Für diesen Fall wäre nach Auffassung des BVerfG der Gesetzgeber aufgefordert, entsprechende Maßnahmen zur Sicherung der Tarifautonomie zu treffen. Geschehe dies nicht, bleibe es Aufgabe der Gerichte, die geltenden Regeln im Lichte des Art. 9 Abs. 3 GG auszulegen und anzuwenden.[431] Mit guten Gründen wird eine solche Nachbesserung im Hinblick darauf angemahnt, dass schon die Gefahr einer nachteiligen Auslegung Auswirkung auf die derzeitigen Arbeitskampfstrategien und damit auf die Kampfparität haben kann.[432] 4

2. Allgemeiner Inhalt der Vorschrift und Neutralitätsgrundsatz

§ 160 Abs. 1 Satz 1 formuliert zunächst ausdrücklich den Neutralitätsgrundsatz, nämlich dass nicht durch die Gewährung von Arbeitslosengeld in Arbeitskämpfe eingegriffen werden darf. Dieser Grundsatz wird in § 160 Abs. 1 Satz 2 und in den Abs. 2 u. 3 konkretisiert: Nach Abs. 2 soll der Anspruch auf Arbeitslosengeld immer ruhen, wenn die Arbeitslosigkeit durch **Beteiligung an einem inländischen Arbeitskampf** eingetreten, mithin unmittelbar durch den Arbeitskampf verursacht worden ist. Die Gewährung von Arbeitslosgeld in diesem Falle sieht der Gesetzgeber also stets als Eingriff in den Arbeitskampf an. 5

3. Ruhen bei mittelbarer Beteiligung an einem Arbeitskampf

Ob der Anspruch eines nicht am Arbeitskampf beteiligten, also nur mittelbar vom Arbeitskampf betroffenen Arbeitnehmers ruht (Abs. 3), hängt nach der gesetzlichen Konzeption im Grundsatz davon ab, ob der Arbeitnehmer bei Durchsetzung der **Arbeitskampfziele** am Ergebnis partizipieren wird. In diesem Zusammenhang räumt § 160 Abs. 4 dem Verwaltungsrat der Bundesagentur die Befugnis ein, in besonderen Fällen zu bestimmen, dass ein Ruhen nach Abs. 3 nicht eintritt. 6

Der dem Abs. 3 zugrunde liegende Partizipationsgedanke wird für verschiedene Fallgruppen konkretisiert: Für ausgeschlossen hält der Gesetzgeber eine solche Partizipation, wenn die von Arbeitslosigkeit betroffenen Arbeitnehmer in einem Betrieb beschäftigt 7

---

428 BVerfG – 04.07.1995 – 1 BvF 2/86, u.a., BVerfGE 92, 365 ff.
429 BSG – 04.10.1994 – 7 KlAr 1/93.
430 BSG – 24.07.1996 – 7 KlAr 1/95, SozR 3-4100 § 116 Nr. 4.
431 BVerfG – 04.07.1995 – 1 BvF 2/86 u.a., BVerfGE 92, 365, 402.
432 Deinert, AuR 2010, S. 290, 298.

sind, der **nicht dem fachlichen Geltungsbereich des umkämpften Tarifvertrags zuzuordnen** ist (**Fallgruppe 1**). In diesen Fällen kommt ein Ruhen des Leistungsanspruches wegen des Arbeitskampfes nicht in Betracht. Das folgt aus der Teilkonkretisierung des Neutralitätsgrundsatzes in § 160 Abs. 1 Satz 2: Ein Eingriff in den Arbeitskampf liegt ausdrücklich nicht vor, wenn Leistungen an Arbeitnehmer in Betrieben außerhalb des fachlichen Geltungsbereichs des umkämpften Tarifvertrags erbracht werden.

8 Die **Fallgruppe 2** umfasst die von Arbeitslosigkeit betroffenen Arbeitnehmer in **Betrieben, die dem räumlichen und fachlichen Geltungsbereich des umkämpften Tarifvertrags zuzuordnen** sind. Für diese Fallgruppe ordnet § 160 Abs. 3 Satz 1 Nr. 1 ausdrücklich das Ruhen des Leistungsanspruchs an. Hinzukommen muss nach § 160 Abs. 3 Satz 3 allerdings, dass die umkämpften oder geforderten Arbeitsbedingungen nach Abschluss eines entsprechenden Tarifvertrags für den Arbeitnehmer gelten oder auf ihn angewendet würden (**persönliche Partizipation**). In dieser Regelung wird der Partizipationsgedanke besonders deutlich.

9 Die **Fallgruppe 3** schließlich betrifft von Arbeitslosigkeit betroffene Arbeitnehmer in Betrieben, die zwar **dem fachlichen, nicht aber dem räumlichen Geltungsbereich des umkämpften Tarifvertrags zuzuordnen** sind. Ob ein Ruhen des Anspruchs eintritt, hängt hier im Unterschied zur Fallgruppe 2 von weiteren besonderen Voraussetzungen ab, die neben der persönlichen Partizipation i. S. d. § 160 Abs. 3 Satz 3 gegeben sein müssen. § 160 Abs. 3 Satz 1 Nr. 2 fordert, dass im räumlichen Geltungsbereich des Tarifvertrags, dem der Betrieb zuzuordnen ist, eine Forderung erhoben worden ist, die einer Hauptforderung des Arbeitskampfes nach Art und Umfang gleich ist, ohne mit ihr übereinstimmen zu müssen. Außerdem ist Voraussetzung, dass das Arbeitskampfergebnis aller Voraussicht nach in dem räumlichen Geltungsbereich des nicht umkämpften Tarifvertrags im Wesentlichen übernommen wird (§ 160 Abs. 3 Satz 1 Nr. 2b). In der Beurteilung, ob diese Voraussetzungen einer mittelbaren Partizipation vorliegen, liegt die wesentliche Schwierigkeit der Anwendung der Vorschrift.[433]

10 Zu entscheiden hierüber hat nach Maßgabe der verfahrensrechtlichen Regelung in § 146 Abs. 5 allein der **Neutralitätsausschuss** (§ 380). Abs. 6 regelt einen speziellen Rechtsschutz gegen die Entscheidung des Neutralitätsausschusses. Es besteht eine Sonderzuständigkeit des BSG in erster und letzter Instanz.

Sechster Unterabschnitt
Erlöschen des Anspruchs

§ 161 Erlöschen des Anspruchs

(1) Der Anspruch auf Arbeitslosengeld erlischt

1. mit der Entstehung eines neuen Anspruchs,

2. wenn die oder der Arbeitslose Anlass für den Eintritt von Sperrzeiten mit einer

433 Ausführlich dazu Deinert, AuR 2010, S. 290, 297 f.

Dauer von insgesamt mindestens 21 Wochen gegeben hat, über den Eintritt der Sperrzeiten schriftliche Bescheide erhalten hat und auf die Rechtsfolgen des Eintritts von Sperrzeiten mit einer Dauer von insgesamt mindestens 21 Wochen hingewiesen worden ist; dabei werden auch Sperrzeiten berücksichtigt, die in einem Zeitraum von zwölf Monaten vor der Entstehung des Anspruchs eingetreten sind und nicht bereits zum Erlöschen eines Anspruchs geführt haben.

(2) Der Anspruch auf Arbeitslosengeld kann nicht mehr geltend gemacht werden, wenn nach seiner Entstehung vier Jahre verstrichen sind.

Inhaltsübersicht

1. Normzweck und allgemeiner Inhalt

1 § 161 (bis 31.03.2012: § 147) regelt in Abs. 1, unter welchen Voraussetzungen der Anspruch auf Arbeitslosengeld erlischt, nämlich wenn ein neuer Anspruch entstanden ist (Nr. 1) und wenn eine Sperrzeit von mindestens 21 Wochen bewirkt wurde (Nr. 2). Erlöschen des Anspruchs bedeutet in diesem Zusammenhang, dass das so genannte **Stammrecht** (vgl. dazu die Kommentierung zu § 143) nicht mehr besteht, ein Erlöschen also auch eintreten kann, wenn aktuell kein Arbeitslosengeld gezahlt wird. Der Anspruch muss zuvor entstanden und noch nicht vollständig i. S. von § 148 verbraucht sein. Darüber hinaus enthält Abs. 2 eine Ausschlussfrist zur Geltendmachung eines Anspruchs auf Arbeitslosengeld.

2. Erlöschensgründe

2 § 161 Abs. 1 Nr. 1 regelt den Fall, dass ein neuer Anspruch entstanden ist. Das ist der Fall, wenn eine neue (beitragspflichtige) Beschäftigung aufgenommen wird bzw. aufgrund anderer Tatbestände Beitragspflicht eintritt und dadurch eine **neue Anwartschaftszeit** (vgl. § 142) erfüllt wird. Die Erlöschenswirkung des Restanspruchs wird durch die Verlängerung der Anspruchsdauer nach § 147 Abs. 4 (vgl. die Kommentierung dort) aufgefangen.

3 Nach § 161 Abs. 1 Nr. 2 erlischt der Anspruch auf Arbeitslosengeld auch beim Erreichen eines »**Sperrzeitkontos**« von 21 Wochen. Der »Sperrzeitkontostand«, der zum Erlöschen des Anspruchs führt, war zum 01.01.2003 von 24 Wochen auf 21 Wochen verkürzt worden. Seit dem 01.01.2004 zählen darüber hinaus Sperrzeiten mit, die in einem Zeitraum von zwölf Monaten **vor** der Entstehung des Anspruchs eingetreten sind. Durch diese Verschärfung werden sogar Fälle denkbar, in denen der Anspruch auf Arbeitslosengeld bereits vor der ersten Zahlung erloschen ist. So ist es möglich, dass eine Sperrzeit wegen Arbeitsaufgabe das »Konto« bereits mit zwölf Wochen belastet und Sperrzeiten wegen Arbeitsablehnung bereits vor Eintritt der Arbeitslosigkeit verwirklicht werden (zu den Einzelheiten vgl. Kommentierung zu § 159).

4 Ist der Anspruch auf Arbeitslosengeld wegen des Eintritts von Sperrzeiten von mindestens 21 Wochen erloschen, kann ein neuer Anspruch erst wieder mit einer **neuen Anwartschaftszeit** entstehen, d. h. in der Regel erst wieder nach 12 Monaten Beschäftigung. Noch verschärft wird diese Wirkung des § 161 Abs. 1 Nr. 2 durch § 142 Abs. 1 Satz 2, wonach Anwartschaftszeiten, die noch nicht Grundlage eines Leistungsanspruchs waren, praktisch mit erlöschen, weil sie nicht mehr der Erfüllung einer Anwartschaftszeit dienen können.[434]

5 Allerdings bestehen **verfahrensrechtliche Sicherungen**, die die Arbeitslosen vor der Erlöschenswirkung kaum schützen, jedenfalls aber warnen können. Voraussetzung für das Erlöschen des Arbeitslosengeldanspruchs ist nämlich, dass über den Eintritt der Sperrzeiten schriftliche Bescheide ergangen sind und auf die Rechtsfolge des Erlöschens bei Sperrzeiten von 21 Wochen hingewiesen wurde. Die Anforderungen, die das BSG an die Rechtmäßigkeit der Rechtsfolgenbelehrung stellt, sind zu Recht streng. Diese muss konkret, richtig, vollständig und verständlich sein, weil sie nur so ihre Warnfunktion erfüllen kann.[435]

6 Nicht erforderlich ist, dass die vorhergehenden Sperrzeitbescheide schon **bindend** sind, wenn ein weiterer Sperrzeittatbestand verwirklicht wird.[436] Jedoch kann die Erlöschenswirkung nur eintreten, wenn diese später bindend werden. Wird ein bindender früherer Sperrzeitbescheid inhaltlich in Frage gestellt und wird dies der Erlöschenswirkung entgegengehalten, so ist dieser frühere Bescheid auf der Grundlage des § 44 SGB X zu überprüfen.[437]

3. Ausschlussfrist nach Abs. 2

7 § 161 Abs. 2 regelt, dass ein Anspruch auf Arbeitslosengeld nach Ablauf von vier Jahren nach seiner Entstehung nicht mehr geltend gemacht werden kann. In der Sache handelt es sich nicht um einen Erlöschenstatbestand, sondern um eine **materielle Ausschlussfrist**. Diese läuft – ohne dass sie gehemmt oder unterbrochen werden könnte – kalendermäßig ab. Etwas anderes hat das BSG aus verfassungsrechtlichen Gründen bisher nur für den Sonderfall anerkannt, dass die Vierjahresfrist während des Beschäftigungsverbots nach dem MuSchG abgelaufen wäre,[438] und eine spätere Geltendmachung für möglich gehalten. Demgegenüber ist es für den Ablauf der Frist ohne Bedeutung, wenn innerhalb der Frist Mutterschaftsgeld oder Elterngeld bezogen wird.[439]

---

434 Zu den verfassungsrechtlichen Bedenken gegenüber dieser Regelung vgl. Söhngen in Eicher/Schlegel, § 123 Rn. 40 ff.
435 Vgl. dazu BSG – 13.05.1987 – 7 RAr 90/85; zuletzt BSG – 01.06.2006 – B 7a AL 26/05 R.
436 BSG – 20.03.1980 – 7 RAr 4/79.
437 Vgl. dazu BSG – 21.03.2002 – B 7 AL 44/01 R.
438 BSG – 21.10.2003 – B 7 AL 28/03 R.
439 So BSG – 19.01.2005 – B 11a/11 AL 11/04 R, noch zum Erziehungsgeld.

Zweiter Abschnitt
Insolvenzgeld

Vorbemerkungen

Inhaltsübersicht

1. Normzweck

Die umlagefinanzierte (§§ 358 ff.) Insolvenzversicherung dient dem Schutz des Arbeitsentgeltanspruchs von im Inland beschäftigten Arbeitnehmern bei Zahlungsunfähigkeit des Arbeitgebers. Ist ein Arbeitgeber zahlungsunfähig und haben Arbeitnehmer deshalb ihre Löhne bzw. Gehälter nur noch teilweise oder gar nicht mehr erhalten, zahlt die Agentur für Arbeit unter bestimmten Voraussetzungen die ausstehenden Entgeltansprüche an die betroffenen Arbeitnehmer in Form von Insolvenzgeld. Das Insolvenzgeld ersetzt den Arbeitnehmern als steuerfreie Sozialleistung aus der Arbeitslosenversicherung das tatsächlich erarbeitete Arbeitsentgelt in Höhe des Nettoentgelts für einen Drei-Monats-Zeitraum. Die Regelung kann über die Entgeltsicherung hinaus einen Zeitgewinn für die Sanierung des Unternehmens und die Erhaltung von Arbeitsplätzen bedeuten, da die Arbeitnehmer auch bei Nichtzahlung des Arbeitsentgelts bis zu drei Monate abgesichert sind. Daneben werden die Sozialversicherungsträger vor Beitragsausfällen geschützt: Neben dem Insolvenzgeld an den Arbeitnehmer zahlt die Agentur für Arbeit auf Antrag der zuständigen Einzugsstelle (Krankenkasse) auch die für den Insolvenzgeld-Zeitraum rückständigen Pflichtbeiträge zur gesetzlichen Kranken-, Renten- und sozialen Pflegeversicherung sowie die Beiträge zur Arbeitslosenversicherung (§ 175). **1**

2. Allgemeines

Nach den §§ 165 ff. haben Arbeitnehmer in den drei in § 165 Abs. 1 genannten Insolvenzereignissen Anspruch auf Insolvenzgeld, wenn sie für die letzten drei Monate des Arbeitsverhältnisses vor dem Insolvenzereignis noch Anspruch auf Arbeitsentgelt haben. **2**

3. Verhältnis zu anderen Regelungen

Das Insolvenzgeld ergänzt den Schutz des Arbeitsentgelts durch die InsO (s. dazu § 165 Rn. 3). Abgerundet werden die Regelungen durch den arbeitsrechtlichen Schutz des Arbeitsentgelts durch § 613 a BGB im Falle des Betriebsübergangs.[440] **3**

---

440 Verhältnis zu Europarecht s. Krodel in Niesel/Brand, § 183 Rn. 7 ff.

§ 165 Anspruch

(1) Arbeitnehmerinnen und Arbeitnehmer haben Anspruch auf Insolvenzgeld, wenn sie im Inland beschäftigt waren und bei einem Insolvenzereignis für die vorausgegangenen drei Monate des Arbeitsverhältnisses noch Ansprüche auf Arbeitsentgelt haben. Als Insolvenzereignis gilt

1. die Eröffnung des Insolvenzverfahrens über das Vermögen des Arbeitgebers,

2. die Abweisung des Antrags auf Eröffnung des Insolvenzverfahrens mangels Masse oder

3. die vollständige Beendigung der Betriebstätigkeit im Inland, wenn ein Antrag auf Eröffnung des Insolvenzverfahrens nicht gestellt worden ist und ein Insolvenzverfahren offensichtlich mangels Masse nicht in Betracht kommt.

Auch bei einem ausländischen Insolvenzereignis haben im Inland beschäftigte Arbeitnehmerinnen und Arbeitnehmer einen Anspruch auf Insolvenzgeld.

(2) Zu den Ansprüchen auf Arbeitsentgelt gehören alle Ansprüche auf Bezüge aus dem Arbeitsverhältnis. Als Arbeitsentgelt für Zeiten, in denen auch während der Freistellung eine Beschäftigung gegen Arbeitsentgelt besteht (§ 7 Absatz 1 a des Vierten Buches), gilt der Betrag, der auf Grund der schriftlichen Vereinbarung zur Bestreitung des Lebensunterhalts im jeweiligen Zeitraum bestimmt war. Hat die Arbeitnehmerin oder der Arbeitnehmer einen Teil ihres oder seines Arbeitsentgelts nach § 1 Absatz 2 Nummer 3 des Betriebsrentengesetzes umgewandelt und wird dieser Entgeltteil in einem Pensionsfonds, in einer Pensionskasse oder in einer Direktversicherung angelegt, gilt die Entgeltumwandlung für die Berechnung des Insolvenzgeldes als nicht vereinbart, soweit der Arbeitgeber keine Beiträge an den Versorgungsträger abgeführt hat.

(3) Hat eine Arbeitnehmerin oder ein Arbeitnehmer in Unkenntnis eines Insolvenzereignisses weitergearbeitet oder die Arbeit aufgenommen, besteht der Anspruch auf Insolvenzgeld für die dem Tag der Kenntnisnahme vorausgegangenen drei Monate des Arbeitsverhältnisses.

(4) Anspruch auf Insolvenzgeld hat auch der Erbe der Arbeitnehmerin oder des Arbeitnehmers.

(5) Der Arbeitgeber ist verpflichtet, einen Beschluss des Insolvenzgerichts über die Abweisung des Antrags auf Insolvenzeröffnung mangels Masse dem Betriebsrat oder, wenn kein Betriebsrat besteht, den Arbeitnehmerinnen und Arbeitnehmern unverzüglich bekannt zu geben.

Inhaltsübersicht

1. Voraussetzungen (Abs. 1)

Arbeitnehmer müssen für die vorausgegangenen drei Monate vor einem Insolvenzereignis noch **Anspruch auf Arbeitsentgelt** haben. Haben die Arbeitnehmer einen Teil ihres Arbeitsentgelts gemäß § 1 Abs. 2 Nr. 3 BetrAVG umgewandelt und wird dieser Entgeltanteil in den Durchführungswegen Pensionsfonds, Pensionskasse oder Direktversicherung verwendet (s. § 1 BetrAVG), gilt, soweit der Arbeitgeber keine Beträge an den Versorgungsträger abgeführt hat, für die Berechnung des Insolvenzgeldes die Entgeltumwandlung als nicht vereinbart.[441] 1

Anspruchsberechtigte sind nur Arbeitnehmer, die in einem inländischen Beschäftigungsverhältnis stehen; nur sie können Anspruch auf Gewährung von Insolvenzgeld haben. Dazu gehören auch Heimarbeiter, beschäftigte Studierende und Schüler, Auszubildende sowie geringfügig Beschäftigte (s. zu § 8, SGB IV Rn. 1–6). Auf das Bestehen eines sozialversicherungspflichtigen Beschäftigungsverhältnisses kommt es daher nicht an. Das Insolvenzgeld kommt grundsätzlich nur im Inland wohnenden oder sich ständig aufhaltenden Arbeitnehmern zugute. Aber auch nach § 4 SGB IV ins Ausland entsandte Arbeitnehmer (s. zu §§ 4, 5 SGB IV Rn. 1–3) sind bei Erfüllung der sonstigen Anspruchsvoraussetzungen durch Insolvenzgeld geschützt.[442] 2

Satz 2: Es muss eines der drei in der Norm genannten **Insolvenzereignisse** eintreten. Andere Insolvenzereignisse, wie z. B. die Anordnung der vorläufigen Insolvenzverwaltung im Eröffnungsverfahren (§§ 21 Abs. 2 Nr. 1, 22 InsO) begründen keinen Anspruch auf Insolvenzgeld. Zu den Voraussetzungen eines Vorschusses auf das Insolvenzgeld s. § 168. Zu den Voraussetzungen einer Vorfinanzierung des Arbeitsentgeltanspruchs s. § 170 Rn. 5. 3

Nr. 1: Eröffnung des Insolvenzverfahrens über das Vermögen des Arbeitgebers: Unter Eröffnung des Insolvenzverfahrens ist die Eröffnung nach deutschem Recht im Inland zu verstehen. Nach **Satz 3** wird die Eröffnung im Ausland gleichgestellt. Das Insolvenzverfahren wird durch Beschluss des zuständigen Insolvenzgerichts (Amtsgericht) eröffnet (§§ 2, 27 InsO), durch den auch ein Insolvenzverwalter eingesetzt wird und der öffentlich bekannt gemacht wird (§ 30 InsO). Der Zeitpunkt des mit der Unterzeichnung wirksamen Eröffnungsbeschlusses (Ausstellungsdatum) ist maßgebend für den Insolvenzgeldzeitraum.[443] Er bleibt es auch, wenn der Beschluss im Beschwerdeverfahren zurückgenommen oder aufgehoben wird.[444] Übt der Arbeitgeber nur eine geringfügige selbständige Tätigkeit aus (§ 304 InsO) und erfolgte die Eröffnung des Insolvenzverfahrens nach §§ 311 f. i. V. m. § 27 InsO, ist Insolvenzereignis der Tag, an dem das vereinfachte Insolvenzverfahren eröffnet wird.[445] 4

Nr. 2: Abweisung des Antrags auf Eröffnung des Insolvenzverfahrens mangels Masse: Ein Insolvenzverfahren über das Vermögen des Arbeitgebers wird mangels Masse dann 5

---

441 Eingefügt mit Wirkung zum 12. 12. 2006 durch Art. 2 Nr. 1 des Gesetzes zur Änderung des Betriebsrentengesetzes und andere Gesetze – 02. 12. 2006 – BGBl. I 2006 Nr. 56, S. 2743.
442 BSG – 29. 07. 1982 – B 10 RAr 9/81.
443 BSG – 18. 12. 2003 – B 11 AL 27/03 R.
444 Peters-Lange in Gagel, § 165 SGB III Rn. 34.
445 Krodel in Niesel/Brand, § 183 Rn. 39.

nicht eröffnet, wenn eine die Verfahrenskosten deckende Masse fehlt (§ 26 Abs. 1 Satz 1 InsO). Zu den Massekosten zählen die Gerichtskosten für das Insolvenzverfahren sowie die Vergütung des (vorläufigen) Insolvenzverwalters (§ 26 a InsO) und der Mitglieder des Gläubigerausschusses (§ 54 InsO). Nur die Abweisung des Insolvenzantrags mangels Masse, nicht etwa die Abweisung wegen sonstiger Umstände kann das maßgebende Insolvenzereignis sein.[446] Maßgebend für den Insolvenzgeldzeitraum ist auch hier das Datum des Gerichtsbeschlusses.

6 **Nr. 3**: Das Insolvenzereignis der vollständigen Beendigung der Betriebstätigkeit im Inland liegt nur dann vor, wenn der Arbeitgeber dauerhaft keine dem Betriebszweck dienenden Tätigkeiten mehr ausübt. Nicht erforderlich ist eine Betriebsstilllegung oder Betriebsunterbrechung, sondern nur die Beendigung der Tätigkeit des bisherigen Arbeitgebers.[447] Die vollständige Einstellung der Betriebstätigkeit durch den Arbeitgeber liegt jedoch nur dann vor, wenn er alle den Betriebszwecken dienlichen Tätigkeiten, ausgenommen reine Erhaltungs-, Abwicklungs- und Liquidationsarbeiten, eingestellt hat.[448] Es kommt auf das Gesamtbild des Einzelfalles unter Berücksichtigung des konkreten Betriebszwecks an. Die Einstellung der Betriebstätigkeit liegt nicht vor, wenn der Arbeitgeber mehrere Betriebe hat und nicht in allen die Betriebstätigkeit einstellt, da sich dann die Indizienwirkung für die Zahlungsunfähigkeit des Arbeitgebers nicht entfalten kann.[449]

7 Bis zur vollständigen Beendigung der Betriebstätigkeit darf kein Antrag auf Eröffnung des Insolvenzverfahrens gestellt worden sein. Wird am Tag der Betriebsstilllegung ein Insolvenzantrag gestellt, schließt er ein Insolvenzereignis nach Nr. 3 aus. Folge ist, dass der spätere Beschluss des Insolvenzgerichts über die Abweisung des Antrags auf Eröffnung des Insolvenzverfahrens mangels Masse nach Nr. 2 das maßgebende Insolvenzereignis ist.[450] Wird zunächst ein Antrag auf Eröffnung des Insolvenzverfahrens gestellt und später die Betriebstätigkeit vollständig eingestellt, dann aber der Insolvenzeröffnungsantrag zurückgenommen, wirkt diese Rücknahme ex tunc. Das maßgebliche Insolvenzereignis ist damit die vollständige Einstellung der Betriebstätigkeit.[451]

8 Im Zeitpunkt der vollständigen Beendigung der Betriebstätigkeit darf ein Insolvenzverfahren mangels Masse offensichtlich nicht in Betracht kommen. Der Arbeitnehmer trägt als Antragsteller des Insolvenzgeldes die Feststellungslast für die Masselosigkeit. Es reicht aus, wenn alle äußeren Tatsachen und insofern der Anschein für eine Zahlungsunfähigkeit des Arbeitgebers sprechen.[452] Indizien für Masselosigkeit sind offenstehende Gehaltsforderungen, Kündigungen unter Hinweis auf Zahlungsunfähigkeit, Versäumnisurteile über Gehaltsforderungen, erfolglose Vollstreckungsversuche etc. Für das Tatbestandsmerkmal der Offensichtlichkeit ist darauf abzustellen, ob sich für einen unvoreingenommenen

---

446 BSG – 22.09.1993 – 10 RAr 9/91.
447 BSG – 30.04.1981 – 10/8b/12 RAr 11/79.
448 BSG – 05.06.1981 – 10/8b RAr 3/80.
449 BSG – 29.02.1984 – 10 RAr 14/82.
450 BSG – 08.02.2001 – B 11 AL 27/00 R.
451 BSG – 30.10.1991 – 10 RAr 3/91.
452 BSG – 04.03.1999 – B 11/10 AL 3/98 R.

objektiven Betrachter aus äußeren Tatsachen der Eindruck und insofern der Anschein ergibt, dass ein Insolvenzverfahren mangels Masse nicht in Betracht kommt.[453]

Zwischen den drei genannten Insolvenzereignissen besteht kein Rangverhältnis. Es kommt allein auf das Ereignis an, durch das die Zahlungsunfähigkeit des Arbeitgebers erstmals zutage getreten ist.[454] Der Insolvenzgeldanspruch wird durch das zeitlich früheste der drei Insolvenzereignisse ausgelöst. Dieses schafft für später eingetretene Insolvenzereignisse eine Sperrwirkung.[455] Jede Änderung der Verhältnisse nach dem erstmaligen Eintritt eines Insolvenzereignisses ist daher unbeachtlich. 9

Ein neues Insolvenzereignis tritt nach der Rspr. des BSG grundsätzlich nicht ein, solange die auf einem bestimmten Insolvenzereignis beruhende Zahlungsunfähigkeit des Arbeitgebers andauert. Eine andauernde Zahlungsunfähigkeit in diesem Sinne ist so lange anzunehmen, wie er nicht in der Lage ist, seine fälligen Geldschulden im Allgemeinen zu erfüllen. Sie endet nicht bereits dann, wenn der Schuldner einzelne Zahlungsverpflichtungen wieder erfüllt.[456] Für eine erneute Zahlungsfähigkeit genügt es daher nicht, wenn die Betriebstätigkeit fortgeführt wird und die laufenden Verbindlichkeiten wie z. B. Lohnansprüche befriedigt werden. Vielmehr muss grundsätzlich auch hinsichtlich der Altschulden eine Sanierungsregelung getroffen sein.[457] Nach einer aktuellen Entscheidung des SG Karlsruhe sind jedoch die Insolvenzgeldvorschriften des SGB III europarechtskonform dahingehend auszulegen, dass ein zweites formelles Insolvenzereignis nach förmlichem Abschluss einer Insolvenzplanüberwachung (§§ 284, 260, 268 Abs. 1 Nr. 2 InsO) zur Begründung eines neuen Insolvenzgeldanspruchs führt.[458]

Satz 3: Auch ausländische Insolvenzereignisse können für im Inland beschäftigte Arbeitnehmer einen Insolvenzgeldanspruch begründen. Die vollständige Beendigung der Betriebstätigkeit nach Satz 2 Nr. 3 liegt nur dann vor, wenn ein ausländisches Unternehmen den Betrieb in seinen inländischen Niederlassungen in einer Weise beendet, die ein inländisches Insolvenzverfahren ermöglicht hätte.[459] 10

2. Insolvenzgeld-Zeitraum

Der Insolvenzgeld-Zeitraum umfasst die letzten drei Monate des Arbeitsverhältnisses vor dem Insolvenzereignis. Der Tag des Insolvenzereignisses wird bei der Berechnung des Insolvenzgeldzeitraumes nicht mitgerechnet (§ 26 SGB X i. V. m. §§ 187 Abs. 1, 188 Abs. 2 BGB). 11

Hat das Arbeitsverhältnis bereits vor dem Insolvenzereignis geendet, umfasst der Insolvenzgeld-Zeitraum die letzten drei Monate des Arbeitsverhältnisses. Auch Ansprüche 12

453 Zuletzt: LSG Berlin-Brandenburg – 03.05.2012 – L 18 AL 54/11.
454 BSG – 17.12.1975 – 7 RAr 17/75.
455 BSG – 30.10.1991 – a. a. O.; BSG – 8.2.2001 a. a. O.
456 Zuletzt: BSG – 29.05.2008 – B 11a AL 57/06 R.
457 BSG – 11.01.1989 – 10 RAr 7/87; vgl. Krodel in Niesel/Brand, SGB III, 5. Aufl. 2010, § 183 Rn. 37 m. w. N.
458 SG Karlsruhe – 08.05.2012 – S 16 AL 4404/10 unter Berufung auf die Richtlinie 2008/94/EG über den Schutz der Arbeitnehmer bei Zahlungsunfähigkeit des Arbeitgebers.
459 BSG – 08.02.2002 – B 11 AL 30/00 R.

bereits ausgeschiedener Arbeitnehmer sind ohne Verkürzung der Anspruchsdauer geschützt. Im Falle einer Freistellung ist für die Bestimmung des Insolvenzgeldzeitraumes nicht der letzte Arbeitstag, sondern ebenfalls das (spätere) Ende des Arbeitsverhältnisses maßgebend.[460] Wichtig: Eine Kündigung ist nur rechtswirksam, wenn sie schriftlich erfolgte (§ 623 BGB).

13 Die Ermittlung des Insolvenzgeld-Zeitraumes wird anhand der folgenden Beispiele dargestellt:

Beispiel 1:
Die letzte Lohnzahlung erfolgte für den Januar. Das Insolvenzereignis tritt am 1. Juni ein. Gleichzeitig endet das Arbeitsverhältnis. Das Insolvenzgeld wird für den Zeitraum 1. März bis 31. Mai gezahlt.

Beispiel 2:
Die letzte Lohnzahlung erfolgte für den Januar. Das Insolvenzereignis tritt am 1. Juni ein. Das Arbeitsverhältnis endet zum 30. Juni. Das Insolvenzgeld wird für den Zeitraum 1. März bis 31. Mai gezahlt.

Beispiel 3:
Die letzte Lohnfortzahlung erfolgte für den Mai. Das Arbeitsverhältnis endet zum 30. September. Das Insolvenzereignis tritt am 15. November ein. Das Insolvenzgeld wird für den Zeitraum 1. Juli bis 30. September gezahlt.

14 **Abs. 3**: Wenn ein Arbeitnehmer in Unkenntnis eines Insolvenzereignisses weitergearbeitet oder die Arbeit aufgenommen hat, gilt Folgendes: Es sind die drei Monate des Arbeitsverhältnisses maßgebend, die mit dem letzten Arbeits-, Urlaubs- oder Krankheitstag vor dem Tag der Kenntnisnahme des Insolvenzereignisses enden. Unter Weiterarbeit ist nicht nur das tatsächliche Arbeiten zu verstehen, sondern auch Fälle der Aufrechterhaltung des Arbeitsverhältnisses mit Entgeltansprüchen, also auch die Freistellung von der Arbeitspflicht oder der Annahmeverzug des Arbeitgebers.

Beispiel 4:
Die letzte Lohnfortzahlung erfolgte für den Mai. Das Insolvenzereignis tritt am 1. November ein, der Arbeitnehmer erhält jedoch erst am 18. Dezember Kenntnis davon. Das Insolvenzgeld wird für den Zeitraum 18. September bis 17. Dezember gezahlt.

15 Arbeitnehmer, deren Arbeitsverhältnis ohne Arbeitsleistung und ohne Lohnzahlung fortbesteht (z.B. im Falle einer Freistellung), können unabhängig von einem etwaigen Insolvenzgeldanspruch Arbeitslosengeld bei der Agentur für Arbeit an ihrem Wohnsitz beantragen (s. zu § 137 Rn. 2). Der Bezug von Arbeitslosengeld während des Insolvenzgeldzeitraumes vermindert nicht die Anspruchsdauer auf Arbeitslosengeld.

16 Arbeitnehmer erhalten auch für die Zeit der Entgeltfortzahlung im Krankheitsfalle auf

---

460 Zuletzt: BSG – 25.08.2008 – B 11 AL 64/08 B.

Antrag Krankengeld von der gesetzlichen Krankenkasse bei Zahlungsunfähigkeit ihres Arbeitgebers.

Wird Arbeitslosengeld oder Krankengeld für denselben Zeitraum gewährt, für den das Insolvenzgeld beansprucht werden kann, wird die gezahlte Leistung auf das Insolvenzgeld angerechnet und lediglich der verbleibende Differenzbetrag zum höheren entgangenen Nettoarbeitsentgelt an den Arbeitnehmer ausgezahlt.[461] **17**

3. Entgeltforderungen in der Insolvenz

Für Entgeltforderungen in der Insolvenz relevant sind vor allem die Vorschriften im Insolvenzrecht, die die Abwicklung von Arbeitsverhältnissen nach Eröffnung des Insolvenzverfahrens regeln (§§ 113 bis 128 InsO). Grundprinzip dieser Regelungen ist, dass Arbeitsverhältnisse über den Zeitpunkt der Verfahrenseröffnung hinaus fortbestehen und nicht etwa automatisch beendet werden. Dadurch kommt es bei der insolvenzrechtlichen Behandlung von Entgeltforderungen der Arbeitnehmer zu einer Zweiteilung bei Entgeltansprüchen: Zu unterscheiden ist zwischen Forderungen, die für die Zeit nach Eröffnung des Insolvenzverfahrens geschuldet werden (Masseverbindlichkeiten i. S. v. § 55 Abs. 1 Nr. 1 und 2 InsO) und sonstigen Entgeltansprüchen (Insolvenzforderungen i. S. v. § 38 InsO). Lohn- und Gehaltsforderungen aus der Zeit vor der Insolvenz können Arbeitnehmer nur im Rahmen des Insolvenzverfahrens verfolgen (§ 87 InsO) und müssen diese beim Insolvenzverwalter anmelden (§ 174 InsO). Bei Zahlungsunfähigkeit des Arbeitgebers greift ggf. der Schutz des Insolvenzgeldes. Masseforderungen sind demgegenüber bevorrechtigt, d. h. Massegläubiger stehen mit ihren Forderungen zunächst besser da als Insolvenzgläubiger. Kann der Arbeitgeber bis zur Eröffnung des Insolvenzverfahrens bzw. der Insolvenzverwalter im Zeitraum bis zur Beendigung des Arbeitsverhältnisses jedoch dennoch kein Entgelt aus der Insolvenzmasse zahlen, haben Arbeitnehmer auch im Falle der Freistellung wegen noch bestehender Entgeltansprüche an sich keinen Anspruch auf Arbeitslosengeld. § 157 Abs. 3 bestimmt jedoch, dass ungeachtet des Ruhens des Arbeitslosengeldanspruchs gleichwohl eine Leistungspflicht der Agentur für Arbeit dann besteht, wenn die Arbeitnehmer trotz des Anspruchs auf das Arbeitsentgelt oder die Urlaubsabgeltung die Leistung nicht erhalten (Gleichwohlgewährung). Obwohl die Arbeitnehmer eigentlich noch Ansprüche gegen den Arbeitgeber haben, die aber meist nicht schnell durchsetzbar sind, werden sie vom Gesetz her so behandelt – im Verhältnis zur Agentur für Arbeit – als hätten sie keine Ansprüche mehr. Die Ansprüche der Arbeitnehmer gehen dabei in Höhe des geschuldeten Arbeitsentgelts auf die Bundesagentur für Arbeit über (§ 115 SGB X). Zahlt der Arbeitgeber bzw. Insolvenzverwalter den geschuldeten Betrag ganz oder teilweise an die Bundesagentur für Arbeit zurück, werden die von der Zahlung abgedeckten Tage nicht mehr auf die Bezugsdauer des Arbeitslosengeldes angerechnet. Der Bezug von Arbeitslosengeld während des Insolvenzgeldzeitraumes vermindert hingegen nicht die Anspruchsdauer auf Arbeitslosengeld. **18**

Mit Eröffnung des Insolvenzverfahrens nimmt der Insolvenzverwalter die Position des Arbeitgebers ein. Am Bestand des Arbeitsverhältnisses ändert sich grundsätzlich nichts. **19**

---

461 BSG – 26.07.1999 – B 11/10 AL 5/89 B.

Allerdings ist der Insolvenzverwalter bei Vorliegen der Voraussetzungen berechtigt, betriebsbedingte Kündigungen auszusprechen. Dabei beträgt die Kündigungsfrist maximal drei Monate zum Monatsende (§ 113 InsO). Durch sie werden etwaige längere gesetzliche Kündigungsfristen nach § 622 BGB oder solche aufgrund eines Tarifvertrages außer Kraft gesetzt mit der Konsequenz, dass selbst tarifrechtlich »unkündbare« Arbeitsverhältnisse binnen drei Monaten gekündigt werden können. Gleiches gilt auch für befristete Arbeitsverhältnisse. Wird Entgelt für die Zeit nach Eröffnung des Insolvenzverfahrens geschuldet, sind unter den Voraussetzungen von § 55 InsO die Zahlungsansprüche der Arbeitnehmer als Masseverbindlichkeiten (§ 53 InsO) bevorzugt – und zwar in voller Vergütungshöhe – aus der Insolvenzmasse zu begleichen.[462]

4. Ansprüche auf Arbeitsentgelt (Abs. 2)

20 Durch das Insolvenzgeld wird der arbeitsrechtliche Anspruch auf Arbeitsentgelt geschützt, das den Arbeitnehmer im Insolvenzgeldzeitraum (s. § 165 Rn. 2) zustand. Grundlage ist das laufende Arbeitsentgelt, d. h. der Bruttoverdienst der Arbeitnehmer, den diese für bestimmte Zeitabschnitte erhalten.[463] Bezüge aus dem Arbeitsverhältnis sind alle Leistungen des Arbeitgebers, die eine Gegenleistung für die Arbeitsleistung der Arbeitnehmer aus dem Arbeitsverhältnis darstellen.[464] Unter Arbeitsentgelt i. S. d. Abs. 2 sind grundsätzlich alle Bezüge aus dem Arbeitsverhältnis zu verstehen, die im Insolvenzgeldzeitraum kalendertägig erarbeitet und noch durchsetzbar sind. Unerheblich ist, wann der Entgeltanspruch fällig oder bezifferbar war. Ist der Arbeitsentgeltanspruch im Insolvenzgeldzeitraum erarbeitet worden, ist er insolvenzgeldfähig; wurde er außerhalb dieses Zeitraumes erarbeitet, ist er nicht – auch nicht anteilig – insolvenzgeldfähig.[465] Ist der Entgeltanspruch nur teilweise im Insolvenzgeldzeitraum erarbeitet worden, ist er auch nur insoweit zu berücksichtigen (z. B. Überstunden).

21 Zeiten, in denen der Anspruch auf Arbeitsentgelt nach § 12 S. 4 KSchG trotz erfolgreicher Kündigungsschutzklage entfällt, weil Arbeitnehmer ein neues Arbeitsverhältnis eingegangen ist, sind nicht Zeiten eines Arbeitsverhältnisses im Sinne der Regelung.[466] Ein fortdauerndes Arbeitsverhältnis zwischen Arbeitnehmer und Insolvenzfirma wird im Übrigen jedoch nicht durch die Arbeitsaufnahme bei einem anderen Arbeitgeber beendet. Die Arbeitnehmer müssen sich lediglich das in diesem Arbeitsverhältnis erzielte Arbeitsentgelt auf ihren Vergütungsanspruch gem. § 615 BGB anrechnen lassen.[467]

22 Jährliche Sonderzahlungen, deren Erarbeitung bestimmten Zeiträumen zuzuordnen ist, sind anteilig zu 3/12 insolvenzgeldfähig. Dies gilt auch dann, wenn die Fälligkeit der Sonderzahlung erst an einem Stichtag nach dem Insolvenzereignis eintritt. Eine aufgrund tariflicher Regelung oder betrieblicher Übung allen an einem Stichtag in einem ungekün-

---

462 S. i. Ü. Linck, in Schaub, Arbeitsrechtshandbuch, § 93 Arbeitsrecht in der Insolvenz.
463 BAG – 26.09.2001 – 5 AZR 539/00.
464 BSG – 18.1.1990 – 10 RAr 10/89.
465 Erarbeitungsprinzip, ständige Rspr. des BSG, so BSG – 20.6.2001 – B 11 AL 3/01 R.
466 BSG – 18.12.2003 a. a. O.
467 BSG a. a. O. Fußnote 21.

digten Arbeitsverhältnis stehenden Arbeitnehmer grundsätzlich ungekürzt zustehende Jahressonderzahlung ist nicht einzelnen Monaten zuzuordnen.[468] Eine solche, nicht einzelnen Monaten zuzuordnende Jahressonderzahlung ist nicht insolvenzgeldfähig, wenn der für die Jahressonderzahlung aufgrund Tarifvertrages oder betrieblicher Übung maßgebliche Auszahlungstag nicht in den Insolvenzgeldzeitraum fällt. Liegt der Stichtag jedoch innerhalb des Insolvenzgeldzeitraumes, ist sie in voller Höhe insolvenzgeldfähig.[469]

Zum insolvenzgeldfähigen Arbeitsentgelt gehört unter bestimmten Umständen auch das Urlaubsgeld, wie das BSG mehrfach entschieden hat.[470] Für die Zuordnung zum Insolvenzgeldzeitraum kommt es hier maßgeblich darauf an, wann das Urlaubsgeld erarbeitet worden ist. Ausschlaggebend sind der arbeitsrechtliche Entstehungsgrund und die Zweckbestimmung der Leistung. Sollen mit dem Urlaubsgeld urlaubsbedingte Mehraufwendungen ausgeglichen werden und wird es als Teil der Urlaubsvergütung nur gezahlt, wenn tatsächlich Urlaub gewährt wird, ist es auch nur für Urlaubstage im Insolvenzgeldzeitraum zu zahlen.[471] Wird das Urlaubsgeld hingegen unabhängig vom Urlaub gezahlt, ist es dann zu zahlen, wenn es sich ganz oder anteilig den dem Insolvenzereignis vorausgehenden drei Monaten zuordnen lässt. Lässt sich das Urlaubsgeld nicht einzelnen Monaten zurechnen, ist es als Arbeitsentgelt insolvenzgeldfähig, wenn der Auszahlungsstichtag in den Insolvenzgeldzeitraum fällt. Ist dies nicht der Fall, wird das Urlaubsgeld überhaupt nicht berücksichtigt.[472] 23

Bei variablen Entgeltanteilen aufgrund von Zielvereinbarungen handelt es sich ebenfalls um Bezüge aus dem Arbeitsverhältnis.[473] Entgeltanteile, deren Höhe vom Erreichen persönlicher und unternehmensbezogener Ziele abhängt, stellen keine Sondervergütung, sondern laufendes Arbeitsengelt dar, das die Arbeitnehmer für ein bestimmtes Jahr erhalten.[474] 24

Auch Wertguthaben, d. h. Ansprüche aus Verträgen mit flexibler Arbeitszeitgestaltung, sind als Arbeitsentgelt durch Insolvenzgeld geschützt. Das BSG hat entschieden, dass das Guthaben aus einem Arbeitszeitkonto für den Insolvenzgeldzeitraum geschuldet wird, wenn es in diesem Zeitraum erarbeitet wird oder bestimmungsgemäß zu verwenden ist.[475] Die Arbeitnehmer haben Anspruch auf Insolvenzgeld für das Arbeitsentgelt, das sie in den drei geschützten Monaten erarbeitet haben, auch wenn es nach den vertraglichen Vereinbarungen erst in späteren Zeiten auszuzahlen war. Fallen in den Insolvenzgeldzeitraum arbeitsfreie Zeiten, für die Arbeitsentgelt aus dem Wertguthaben zu zahlen gewesen wäre, so ist auch dieses Entgelt geschützt. Provisionsansprüche sind dann geschützt, wenn alle Voraussetzungen für ihre Auszahlung im Insolvenzgeldzeitraum erfüllt sind.[476] 25

468 BSG – 02.11.2000 – B 11 AL 87/99 R.
469 Alles-oder-nichts-Prinzip, BSG – 02.11.2000 a. a. O.
470 So BSG – 17.03.1993 – 10 RAr 7/91.
471 BSG – 01.12.1976 – 7 RAr 136/75.
472 Zuletzt BSG – 18.03.2004 – B 11 AL 57/03 R.
473 BSG – 23.03.2006 – B 11 a AL 29/05 R; zum Begriff s. Rn. 4.
474 Linck in Schaub, Arbeitsrechtshandbuch, § 77 Rn. 6.
475 BSG – 25.06.2002 – B 11 AL 90/01 R.
476 BSG – 24.03.1983 – 10 RAr 15/81.

26 Kein Arbeitsentgelt i. S. der Regelung sind Betriebsrenten, da Insolvenzgeld nur laufendes Arbeitsentgelt absichert. Direktversicherungsbeiträge zählen nicht zum Arbeitsentgelt, sondern zur betrieblichen Altersversorgung nach § 1 BetrAVG.[477] Der Anspruch der Arbeitnehmer auf Barauszahlung eines umgewandelten Entgelts (§ 1 Abs. 2 Nr. 3 BetrAVG) geht durch die Vereinbarung einer Entgeltumwandlung endgültig unter und wird durch einen Versorgungsanspruch ersetzt. **Abs. 2 Satz 3** trifft eine Regelung für den Fall, dass der Arbeitgeber keine Beiträge an den Versorgungsträger abgeführt hat. Der umgewandelte Entgeltteil in den genannten Durchführungsformen der betrieblichen Altersversorgung wird mittels gesetzlicher Fiktion wie Arbeitsentgelt behandelt, obwohl der Anspruch der Arbeitnehmer auf Barauszahlung des umgewandelten Entgelts durch die Vereinbarung der Entgeltumwandlung nach der Rspr. des BAG untergeht.[478]

27 Die insolvenzgeldfähigen Arbeitsentgelte müssen durchsetzbar sein. Nicht durchsetzbar sind alle Ansprüche, die erfüllt, verwirkt oder durch Ablauf gesetzlicher, tariflicher oder vertraglicher Ausschlussfristen ausgeschlossen sind.

5. Beantragung

28 Das Insolvenzgeld muss innerhalb von zwei Monaten nach dem Insolvenzereignis oder seit der Kenntnis vom Insolvenzereignis, wenn die Unkenntnis unverschuldet ist, von den Arbeitnehmern beantragt werden, § 324 Abs. 3. Eine unverschuldete Fristversäumung liegt vor, wenn die Arbeitnehmer sich nicht mit der erforderlichen Sorgfalt gemäß § 276 BGB um die Durchsetzung ihrer Ansprüche bemüht haben.[479] Die Frist beginnt mit der Unterschrift des Richters unter den Eröffnungsbeschluss, den Abweisungsbeschluss mangels Masse[480] oder die vollständige Beendigung der Betriebstätigkeit (s. unter Rn. 1) zu laufen. Die Frist berechnet sich nach § 26 SGB X i. V. m. §§ 187 Abs. 1, 188 Abs. 2 BGB. Die Zweimonatsfrist ist eine materielle Ausschlussfrist, d. h. der Anspruch erlischt mit Fristversäumung.

29 Zuständig ist gemäß § 327 Abs. 3 die Agentur für Arbeit, in deren Bezirk die für den Arbeitgeber zuständige Lohnabrechnungsstelle liegt. Hat der Arbeitgeber im Inland keine Lohnabrechnungsstelle, ist die Agentur zuständig, in dessen Bezirk das Insolvenzgericht seinen Sitz hat.

30 Der Antrag auf Insolvenzgeld wird von der Agentur für Arbeit erst bearbeitet, wenn eine vom Insolvenzverwalter bzw. vom Arbeitgeber ausgestellte Insolvenzgeldbescheinigung vorliegt. Sie wird von der Agentur für Arbeit angefordert. Um das Verfahren zu beschleunigen, kann eine Insolvenzgeldbescheinigung auch vom Arbeitnehmer selbst bei der Insolvenzverwaltung bzw. beim Arbeitgeber beschafft und dem Antrag auf Insolvenzgeld gleich beifügt werden.

---

477 Krodel in Niesel/Brandt, § 183 Rn. 72.
478 BAG – 26.06.1990 – 3 AZR 641/88.
479 BSG – 26.08.1983 – 10 RAr 1/82; BSG – 22.09.1993 – 10 RAr 11/91.
480 BSG – 26.08.1983 a. a. O.

§ 166 Anspruchsausschluss

(1) Arbeitnehmerinnen und Arbeitnehmer haben keinen Anspruch auf Insolvenzgeld für Ansprüche auf Arbeitsentgelt, die

1. sie wegen der Beendigung des Arbeitsverhältnisses oder für die Zeit nach der Beendigung des Arbeitsverhältnisses haben,

2. sie durch eine nach der Insolvenzordnung angefochtene Rechtshandlung oder eine Rechtshandlung, die im Fall der Eröffnung des Insolvenzverfahrens anfechtbar wäre, erworben haben oder

3. die Insolvenzverwalterin oder der Insolvenzverwalter wegen eines Rechts zur Leistungsverweigerung nicht erfüllt.

(2) Soweit Insolvenzgeld gezahlt worden ist, obwohl dies nach Absatz 1 ausgeschlossen ist, ist es zu erstatten.

Inhaltsübersicht

1. Normzweck

1 Der Arbeitnehmer soll nicht mehr erhalten, als er ohne Insolvenz verdient hätte. Die Vorschrift bezweckt die Vermeidung missbräuchlicher Inanspruchnahme von Insolvenzgeld.

2. Ausgeschlossene Arbeitsentgeltansprüche (Abs. 1)

2 Zu **Nr. 1** gehören vor allem Abfindungen,[481] bei denen zu prüfen ist, ob sie versteckt insolvenzgeldfähiges Arbeitsentgelt enthalten,[482] aber auch Entschädigungen wegen Wettbewerbsbeschränkungen (§ 74 Abs. HGB). Das nur aus Anlass der Beendigung zu beanspruchende Arbeitsentgelt ist nicht ausgeschlossen, weil es während der Beschäftigung erarbeitet wurde.[483] Vom Ausschluss erfasst wird auch die Urlaubsabgeltung.[484] Der Ausschluss des Entgeltanspruchs für die Zeit nach der Beendigung des Arbeitsverhältnisses (Nr. 1 Halbs. 2) entspricht dem Schutzgedanken des Insolvenzgeldes, Ansprüche auf Arbeitsentgelt nur bis zur Beendigung des Arbeitsverhältnisses zu sichern. Nicht ausgeschlossen ist die nachträgliche Tariflohnerhöhung.[485] Von der **Nr. 2** sind anfechtbare Rechtsgeschäfte nach § 132 InsO erfasst, die vom Arbeitgeber nach Zahlungsunfä-

481 Dazu: Peters-Lange/Gagel, Arbeitsförderrechtliche Konsequenzen aus § 1 a KSchG, NZA 2005, 740 ff., 743 f., die den unzureichenden Schutz von Abfindungen nach § 1 a KSchG durch Insolvenzgeld als mit Europarecht unvereinbar ansehen.

482 Krodel in Niesel/Brandt, § 183 Rn. 64.

483 Gewinnausschüttungen, Prämien, s. Krodel in Niesel/Brandt, § 184 Rn. 3.

484 BSG – 20.02.2009 – B 11 AL 71/01 R; ebenso ein Schadensersatzanspruch wegen eines nicht gewährten Ersatzurlaubs, BSG – 06.05.2009 – B 11 AL 12/08 R.

485 Krodel in Niesel/Brandt, § 184 Rn. 5.

higkeit oder Eröffnungsantrag geschlossen wurden, Gläubiger unmittelbar benachteiligen und von Arbeitnehmer in Kenntnis der Zahlungsunfähigkeit oder des Eröffnungsantrags eingegangen wurden. Erforderlich ist hierfür positive Kenntnis. Hauptfall sind rückwirkende Lohnerhöhungen oder Vereinbarungen höherer Sonderzahlungen ohne entsprechende Gegenleistung. Die **Nr. 3** betrifft Fälle, in denen eine Insolvenzanfechtung wegen Versäumnis der zweijährigen Verjährungsfrist nicht mehr möglich ist, der Insolvenzverwalter aber dennoch ein Leistungsverweigerungsrecht hat (§ 146 Abs. 2 InsO). Übt er diese aus, entfällt der Insolvenzgeldanspruch insoweit. Im Übrigen stehen dem Insolvenzverwalter alle dem Arbeitgeber zustehenden Einwendungen zu, die ein Leistungsverweigerungsrecht (§§ 272, 232 BGB) begründen.

3. Erstattung (Abs. 2)

3 Die Regelung stellt eine besondere Rechtsgrundlage zum Erlass von Erstattungsbescheiden dar, ohne dass die Voraussetzungen von § 45 SGB X zu prüfen sind. Vertrauensprüfungen und Ermessensausübung (s. auch § 330) sind daher nicht erforderlich.

§ 167 Höhe

(1) Insolvenzgeld wird in Höhe des Nettoarbeitsentgelts gezahlt, das sich ergibt, wenn das auf die monatliche Beitragsbemessungsgrenze (§ 341 Absatz 4) begrenzte Bruttoarbeitsentgelt um die gesetzlichen Abzüge vermindert wird.

(2) Ist die Arbeitnehmerin oder der Arbeitnehmer

1. **im Inland einkommensteuerpflichtig, ohne dass Steuern durch Abzug vom Arbeitsentgelt erhoben werden, oder**
2. **im Inland nicht einkommensteuerpflichtig und unterliegt das Insolvenzgeld nach den für sie oder ihn maßgebenden Vorschriften nicht der Steuer,**

sind vom Arbeitsentgelt die Steuern abzuziehen, die bei einer Einkommensteuerpflicht im Inland durch Abzug vom Arbeitsentgelt erhoben würden.

Inhaltsübersicht Rn.

1. Regelhöhe (Abs. 1)

1 Da das Insolvenzgeld den dem Insolvenzgeldzeitraum zugeordneten rückständigen Arbeitslohn (s. dazu § 165 Rn. 4) sichern soll, entspricht diese Leistung dem vollen noch ausstehenden Nettolohn. Das Insolvenzgeld wird in Höhe des Nettoarbeitsentgelts geleistet, dass sich ergibt, wenn der Bruttolohn um die gesetzlichen Abzüge[486] gemindert wird. Begrenzt wird das Arbeitsentgelt durch die monatliche Beitragsbemessungsgrenze, die sich aus § 341 Abs. 4 i.V.m. §§ 159 ff. SGB VI ergibt. Kirchensteuer ist nur bei tatsächlich kirchensteuerpflichtigen Arbeitnehmer abzuziehen. Das Nettoarbeitsentgelt

486 Dazu Krodel in Niesel/Brandt, § 185 Rn. 3.

ist durch die Anwendung der Lohnsteuertabellen zu ermitteln. Der Lohnsteuerjahresausgleich bleibt ebenso unberücksichtigt wie individuelle Steuerfreibeträge.[487] Das Insolvenzgeld gelangt jedoch nur dann zur Auszahlung, wenn keine anderen Leistungen in Abzug zu bringen sind,[488] wie z. B. vorschussweise bezogenes Insolvenzgeld oder Arbeitslosengeld, und es den Arbeitnehmern noch zusteht (keine Abtretung oder Pfändung).

2. Sonderfälle (Abs. 2)

Nr. 1: Die Regelung betrifft den Abzug fiktiver Steuern bei Arbeitnehmern, die zwar im Inland einkommenssteuerpflichtig sind, aber dem Lohnsteuerabzugsverfahren nicht unterliegen (z. B. Gesellschafter einer OHG oder KG). Nach der **Nr. 2** haben ausländische Arbeitnehmer, die als Grenzgänger oder sonst vorübergehend im Inland tätig und im Inland von der Steuerpflicht befreit sind, einen Anspruch auf Auszahlung des Insolvenzgeldes in Höhe des Bruttoarbeitsentgelts. Dies gilt aber nicht, wenn das Insolvenzgeld im Ausland nicht zu versteuern ist. In diesen Fällen erfolgt ebenfalls ein Abzug fiktiver Steuern. 2

§ 168 Vorschuss

Die Agentur für Arbeit kann einen Vorschuss auf das Insolvenzgeld leisten, wenn

1. die Eröffnung des Insolvenzverfahrens über das Vermögen des Arbeitgebers beantragt ist,

2. das Arbeitsverhältnis beendet ist und

3. die Voraussetzungen für den Anspruch auf Insolvenzgeld mit hinreichender Wahrscheinlichkeit erfüllt werden.

Die Agentur für Arbeit bestimmt die Höhe des Vorschusses nach pflichtgemäßem Ermessen. Der Vorschuss ist auf das Insolvenzgeld anzurechnen.

Er ist zu erstatten,

1. wenn ein Anspruch auf Insolvenzgeld nicht zuerkannt wird oder

2. soweit ein Anspruch auf Insolvenzgeld nur in geringerer Höhe zuerkannt wird.

Inhaltsübersicht Rn.

1. Normzweck

Die schwierige Feststellung der Vermögenslage des Arbeitgebers führt häufig zu Verzögerungen bei der Entscheidung über die Eröffnung des Insolvenzverfahrens. Die durch den oft schon längeren Arbeitsentgeltausfall im Lebensstandard gefährdeten Arbeitnehmer 1

487 BSG – 10.08.1988 – 10 RAr 5/87.

488 Dazu Krodel in Niesel/Brandt, § 185 Rn. 5.

sollen daher bereits vor der Eröffnung des Insolvenzverfahrens oder der Ablehnung der Eröffnung mangels Masse einen Vorschuss auf das Insolvenzgeld erhalten können.

2. Verhältnis zu anderen Regelungen

2 Die Vorschussregelung tritt **vor** Eintritt des Insolvenzereignisses an die Stelle der allgemeinen Regelung in **§ 42 SGB I** (§ 37 SGB I). Nach Eröffnung des Insolvenzverfahrens richtet sich eine Vorschussgewährung grundsätzlich nach § 42 SGB I.[489] § 168 verdrängt als speziellere Regelung auch die vorläufige Entscheidung nach **§ 328 Abs. 1 Nr. 3**, wenn vor Eintritt des Insolvenzereignisses Insolvenzgeld gezahlt werden soll.[490]

3. Voraussetzungen und Höhe (S. 1 und 2)

3 **Satz 1**: Die Agentur für Arbeit kann in Ausübung pflichtgemäßen Ermessens (**Satz 2**) einen Vorschuss in bestimmter Höhe auf das Insolvenzgeld gewähren. Der Vorschuss kann auch bereits vor der Eröffnung des Insolvenzverfahrens (bzw. vor der Abweisung des Insolvenzantrages mangels Masse) ausgezahlt werden, wenn die Voraussetzungen des Satzes 1 erfüllt sind. Das Insolvenzverfahren über das Vermögen des Arbeitgebers muss beantragt sein. Das Arbeitsverhältnis muss rechtlich und tatsächlich beendet sein. Die Kündigung oder Freistellung allein genügt nicht. Zudem müssen die Voraussetzungen für den Anspruch auf Insolvenzgeld mit hinreichender Wahrscheinlichkeit erfüllt werden. Diese drei Voraussetzungen müssen kumulativ erfüllt sein.[491]

4 Für die Gewährung eines Vorschusses müssen die Höhe des Arbeitsentgeltes sowie die Dauer und der Umfang des rückständigen Arbeitsentgeltes durch folgende Unterlagen nachgewiesen werden:

- die letzte vollständige Arbeitsentgeltabrechnung oder eine gleichwertige Bescheinigung,
- eine schriftliche Erklärung der (vorläufigen) Insolvenzverwaltung, des Arbeitgebers, der Lohnbuchhaltung oder der Betriebsvertretung, für welchen Zeitraum und in welchem Umfang der Arbeitgeber Arbeitsentgelt schuldet.

5 Eine Vorschusszahlung ist nicht möglich:

- wenn die Frage der Arbeitnehmereigenschaft noch nicht geklärt ist,
- solange das Arbeitsverhältnis tatsächlich und rechtlich nicht beendet ist und noch kein Insolvenzereignis vorliegt
- für Zeiten, für die Entgeltersatzleistungen (z. B. Arbeitslosengeld) beantragt wurden,
- für Zeiten mit Anspruch auf Arbeitsentgelt aus einer neuen, mehr als geringfügigen Beschäftigung,
- für Zeiträume, für die der Arbeitsentgeltanspruch (z. B. aufgrund einer Abtretung) einem Dritten zusteht.

---

489 Bundesagentur für Arbeit, Insolvenzgeld-DA, 13. Ergänzung November 2010, zu § 186 Rn. 5 Abs. 1.

490 LSG Nordrhein-Westfalen – 12.04.2000 – L 12 AL 164/99.

491 Im Einzelnen Krodel in Niesel/Brandt, § 186 Rn. 4 ff.

4. Anrechnung (S. 3)

6 Der Vorschuss wird auf das Insolvenzgeld angerechnet. Der Insolvenzgeldanspruch erlischt durch Verrechnung (§ 52 SGB I) bzw. durch Aufrechnung (§ 51 SGB I), ohne dass die Grenzen des § 51 SGB I einzuhalten sind. Auf die Rückabwicklung des Vorschusses finden die allgemeinen Regelungen der §§ 45 ff., 50 SGB X keine Anwendung, es besteht daher kein Vertrauensschutz.

5. Erstattung (S. 4)

7 Das vorschussweise gezahlte Insolvenzgeld ist zu erstatten, wenn ein Anspruch auf Insolvenzgeld nicht oder nur in geringerer Höhe zuerkannt wird. Die Vorschrift ist gegenüber § 50 SGB X lex specialis.[492] Es besteht kein Vertrauensschutz, da der Vorschussempfänger weiß, dass es sich um eine vorläufige Leistung handelt. Im Einzelfall kann der Erstattungsanspruch aber gestundet, niedergeschlagen oder erlassen werden.[493]

§ 169 Anspruchsübergang

Ansprüche auf Arbeitsentgelt, die einen Anspruch auf Insolvenzgeld begründen, gehen mit dem Antrag auf Insolvenzgeld auf die Bundesagentur über. § 165 Absatz 2 Satz 3 gilt entsprechend. Die gegen die Arbeitnehmerin oder den Arbeitnehmer begründete Anfechtung nach der Insolvenzordnung findet gegen die Bundesagentur statt.

Inhaltsübersicht Rn.

1. Normzweck

1 Die Norm trifft Regelungen zur Rechtsstellung der Bundesagentur für Arbeit bei Beantragung von Insolvenzgeld.

2. Voraussetzungen des Anspruchsübergangs

2 **Satz 1**: Abweichend von § 115 SGB X lässt die Regelung die Bundesagentur für Arbeit schon mit Antragstellung und nicht erst mit der Leistung von Insolvenzgeld in die Rechte des Arbeitnehmers eintreten, damit durch das Insolvenzgeld weder Arbeitnehmer noch Insolvenzmasse bereichert werden. Haben die Arbeitnehmer vor Beantragung von Insolvenzgeld Klage wegen ausstehender Arbeitsentgeltansprüche im Insolvenzgeldzeitraum erhoben, hat der Anspruchsübergang nach Satz 1 mit der Antragsstellung gemäß § 265 Abs. 2 ZPO keine Auswirkungen auf die Prozessführungsbefugnis. Die Arbeitnehmer

492 Dazu LSG Berlin-Brandenburg – 13.07.2006 – L 12 AL 68/04.

493 Krodel in Niesel/Brandt, § 186 Rn. 12.

müssen jedoch Leistung an die Bundesagentur für Arbeit verlangen. Nach der Rspr. geht der Anspruch auf das Bruttoarbeitsentgelt einschließlich des Lohnsteueranteils über.[494]

3 **Satz 2:** Die Vorschrift verweist auf § 165 Abs. 2 S. 3 (s. § 165 Rn. 26), d. h. sie bestimmt, dass zu den insolvenzgeldfähigen Ansprüchen auf Arbeitsentgelt, die mit dem Antrag auf Insolvenzgeld auf die Bundesagentur für Arbeit übergehen, auch diese mittels gesetzlicher Fiktion wie Arbeitsentgelt behandelten umgewandelten Entgeltanteile gehören.

4 **Satz 3:** Der Übergang der Arbeitsentgeltansprüche auf die Bundesagentur für Arbeit wirkt sich auch auf die Insolvenzanfechtung aus (§§ 129 ff. InsO). Die gegenüber den Arbeitnehmer begründete Insolvenzanfechtung (166 Rn. 2) ist gegenüber der Bundesagentur für Arbeit geltend zu machen.

§ 170 Verfügungen über das Arbeitsentgelt

(1) Soweit die Arbeitnehmerin oder der Arbeitnehmer vor Antragstellung auf Insolvenzgeld Ansprüche auf Arbeitsentgelt einem Dritten übertragen hat, steht der Anspruch auf Insolvenzgeld diesem zu.

(2) Von einer vor dem Antrag auf Insolvenzgeld vorgenommenen Pfändung oder Verpfändung des Anspruchs auf Arbeitsentgelt wird auch der Anspruch auf Insolvenzgeld erfasst.

(3) Die an den Ansprüchen auf Arbeitsentgelt bestehenden Pfandrechte erlöschen, wenn die Ansprüche auf die Bundesagentur übergegangen sind und diese Insolvenzgeld an die berechtigte Person erbracht hat.

(4) Der neue Gläubiger oder Pfandgläubiger hat keinen Anspruch auf Insolvenzgeld für Ansprüche auf Arbeitsentgelt, die ihm vor dem Insolvenzereignis ohne Zustimmung der Agentur für Arbeit zur Vorfinanzierung der Arbeitsentgelte übertragen oder verpfändet wurden. Die Agentur für Arbeit darf der Übertragung oder Verpfändung nur zustimmen, wenn Tatsachen die Annahme rechtfertigen, dass durch die Vorfinanzierung der Arbeitsentgelte ein erheblicher Teil der Arbeitsstellen erhalten bleibt.

Inhaltsübersicht

1. Normzweck

1 Die Norm regelt die Anspruch-Inhaberschaft bei Verfügungen über den Arbeitsentgeltanspruch in der Zeit vor Stellung des Insolvenzgeldantrages (Abs. 1), die Mitpfändung des Insolvenzgeldanspruchs (Abs. 2), das Erlöschen des Pfandrechts am Entgeltanspruch beim Übergang auf die Bundesagentur für Arbeit (Abs. 3) und die Vorfinanzierung des

494 BSG – 20.06.2001 – B 11 AL 97/00 R; a. A. Peters-Lange in Gagel, § 187 Rn. 8.

Arbeitsentgelts mit Hilfe des Insolvenzgeldes (Abs. 4). Dritte können nach dem Erwerb des rückständigen Anspruchs auf Arbeitsentgelt einen Anspruch auf Insolvenzgeld haben (Abs. 2) oder unter den Voraussetzungen des Abs. 2 die Auszahlung des den Arbeitnehmer zustehenden Insolvenzgeldes an sich ganz oder teilweise verlangen (Abs. 3). Durch die Verklammerung von Arbeitsentgeltanspruch und Insolvenzgeldanspruch (Akzessorietät) wird sichergestellt, dass der Insolvenzgeldanspruch immer auch dem jeweiligen Inhaber der Arbeitsentgeltforderung zusteht. Die Abs. 1 und 2 werden durch Abs. 4 Satz 1 insoweit eingeschränkt, als in den dort genannten Fällen Übertragungen und Verpfändungen von Ansprüchen auf Arbeitsentgelt für den daraus Berechtigten keinen Anspruch auf Insolvenzgeld begründen.

2. Übertragung des Arbeitsentgeltanspruchs (Abs. 1)

Anstelle der Arbeitnehmer haben Dritte Anspruch auf Insolvenzgeld, wenn ihnen vor 2
Stellung des Insolvenzgeldantrags der Anspruch auf das Arbeitsentgelt kraft Gesetzes (§ 412 BGB, § 115 SGB X), kraft Hoheitsaktes (§ 33 SGB II, § 93 Abs. 1 SGB XII) oder durch Abtretung (§ 398 ff. BGB) übertragen wurde.[495] Zu den Hauptanwendungsfällen des gesetzlichen Forderungsübergangs gehört die Gleichwohlgewährung nach § 157 Abs. 3 (§ 165 Rn. 18).

3. Pfändung und Verpfändung (Abs. 2)

Pfandrechte an einem Arbeitsentgeltanspruch entstehen durch Verpfändung (§ 1273 3
BGB) oder gerichtliche Pfändung (§§ 829 ff., 850 ff. ZPO). Die Regelung stellt sicher, dass sich Pfandrechte schon vor Stellung des Insolvenzgeldantrags auch auf den Insolvenzgeldanspruch erstrecken, ohne dass die Kenntnis der Agentur für Arbeit Wirksamkeitsvoraussetzung ist.[496]

4. Erlöschen von Pfandrechten (Abs. 3)

Die Vorschrift schützt die Arbeitsagentur im Hinblick auf die gemäß § 169 übergegange- 4
nen Arbeitsentgeltansprüche davor, dass der Pfandgläubiger wegen weitergehender Arbeitsentgeltansprüche gegen diese vorgeht: Die Pfandrechte des Dritten aus der Verpfändung oder Pfändung erlöschen, sobald sie Insolvenzgeld an den Berechtigen gezahlt hat.

5. Vorfinanzierung des Arbeitsentgeltanspruchs (Abs. 4)

Eine Vorfinanzierung der Arbeitsentgeltansprüche dient dazu, die Arbeitnehmer durch 5
Lohnzahlung möglichst geschlossen und zum Zwecke der Aufrechterhaltung der Be-

495 S. im Einzelnen Krodel in Niesel/Brandt, § 188 Rn. 4 ff.

496 S. im Einzelnen Krodel in Niesel/Brandt, § 188 Rn. 12 ff.; zu den Grundsätzen der Pfändung von Arbeitsentgelt Peters-Lange in Gagel, § 188 Rn. 32 ff.

triebsgemeinschaft zur befristeten Weiterarbeit anzuhalten, auch wenn die Mittel für die Lohnzahlung beim Arbeitgeber gegenwärtig nicht greifbar sind. Um einerseits arbeitsplatzerhaltende Sanierungen beteiligter Gläubigerbanken und Unternehmen durch eine Vorfinanzierung der Arbeitsentgelte zu ermöglichen, andererseits aber eine missbräuchliche Inanspruchnahme der Insolvenzgeld-Versicherung zu verhindern, besteht ein Anspruch auf Insolvenzgeld aus einem vor dem Insolvenzereignis zur Vorfinanzierung übertragenen oder verpfändeten Anspruch auf Arbeitsentgelt nur dann, wenn die Arbeitsagentur der Übertragung oder Verpfändung zugestimmt hat. Die Zustimmung soll an eine positive Prognoseentscheidung über den Erhalt von Arbeitsplätzen im Rahmen eines Sanierungsversuchs geknüpft sein.

6 Die Vorschrift greift grundsätzlich auch während der vorläufigen Eigenverwaltung gemäß § 270a InsO sowie der vorläufigen Eigenverwaltung unter einem Schutzschirm gemäß § 270b InsO, wie die Ergänzung der Insolvenzgeld-DA infolge des Gesetzes zur weiteren Erleichterung der Sanierung von Unternehmen – ESUG – vom 07.12.2011[497] klarstellt. Die Gewährung von Insolvenzgeld hängt auch im Fall einer vorläufigen Eigenverwaltung unter einem Schutzschirm vom Eintritt eines Insolvenzereignisses ab (vgl. § 270b Abs. 4 InsO). Kommt es daher zu einer Sanierung des Unternehmens, ohne dass das Gericht die Eröffnung des Insolvenzverfahrens anordnet oder den Antrag auf Eröffnung des Insolvenzverfahrens mangels Masse ablehnt, scheidet die Gewährung von Insolvenzgeld, ggf. auch trotz vorheriger Genehmigung der Vorfinanzierung, aus.[498]

§ 171 Verfügungen über das Insolvenzgeld

Nachdem das Insolvenzgeld beantragt worden ist, kann der Anspruch auf Insolvenzgeld wie Arbeitseinkommen gepfändet, verpfändet oder übertragen werden. Eine Pfändung des Anspruchs vor diesem Zeitpunkt wird erst mit dem Antrag wirksam.

Inhaltsübersicht Rn.

1. Normzweck

1 Nach allgemeinen Regelungen (§§ 48, 49 SGB I) kommt eine Auszahlung des Insolvenzgeldes an Dritte nicht in Betracht, weil Insolvenzgeld keine laufende Leistung ist. Die §§ 53ff. SGB I finden gemäß § 37 SGB I keine Anwendung. Im Anwendungsbereich der Norm wird der Insolvenzgeld-Anspruch jedoch wie Arbeitsentgelt behandelt. Es unterliegt daher den Pfändungsbeschränkungen nach §§ 850ff. ZPO.

497 BGBl. I S. 2582.
498 Bundesagentur für Arbeit, Insolvenzgeld-DA zu § 188 Rn. 3.2 Abs. 1.

2. Voraussetzungen von Pfändung, Verpfändung und Übertragung (Satz 1 und 2)

Satz 1: Vor Stellung des Insolvenzgeldantrags kann der Anspruch auf Insolvenzgeld nicht übertragen, verpfändet oder gepfändet werden. Dagegen kann der Anspruch auf Insolvenzgeld, der wirtschaftlich an die Stelle des nicht erfüllten Anspruchs auf Arbeitsentgelt gemäß Satz 1 **nach** Stellung des Insolvenzgeld-Antrags tritt, selbständig durch Abtretung oder Verpfändung übertragen werden. Dritte können daher nach Antragstellung durch die Arbeitnehmer deren Anspruch auf Insolvenzgeld im Rahmen der Übertragung/Verpfändung unmittelbar erwerben. 2

Zur Antragstellung nach **Satz 2** s. Bundesagentur für Arbeit, Insolvenzgeld-DA zu § 189 Rn. 2 sowie Verfahren Rn. 2).

§ 172 Datenaustausch und Datenübermittlung

(1) Ist der insolvente Arbeitgeber auch in einem anderen Mitgliedstaat der Europäischen Union tätig, teilt die Bundesagentur dem zuständigen ausländischen Träger von Leistungen bei Zahlungsunfähigkeit des Arbeitgebers das Insolvenzereignis und die im Zusammenhang mit der Erbringung von Insolvenzgeld getroffenen Entscheidungen mit, soweit dies für die Aufgabenwahrnehmung dieses ausländischen Trägers erforderlich ist. Übermittelt ein ausländischer Träger der Bundesagentur entsprechende Daten, darf sie diese Daten zwecks Zahlung von Insolvenzgeld nutzen.

(2) Die Bundesagentur ist berechtigt, Daten über gezahltes Insolvenzgeld für jede Empfängerin und jeden Empfänger durch Datenfernübertragung an die in § 32b Absatz 3 des Einkommensteuergesetzes bezeichnete Übermittlungsstelle der Finanzverwaltung zu übermitteln.

Regelungsinhalt

Abs. 1 regelt seit dem 23.12.2003[499] den Datenaustausch zwischen der Bundesagentur für Arbeit und den Mitgliedstaaten der Europäischen Union im Zusammenhang mit der Insolvenz des auch in anderen Mitgliedsstaaten tätigen insolventen Arbeitgebers. **Satz 1** ermächtigt die Bundesagentur für Arbeit zum Schutz der betroffenen Arbeitnehmer zur Datenübermittlung an den zuständigen ausländischen Leistungsträger bei Zahlungsunfähigkeit des Arbeitgebers, soweit der Leistungsträger diese Daten zur eigenen Aufgabenwahrnehmung benötigt. **Satz 2** ermächtigt umgekehrt die Bundesagentur für Arbeit, derartige Daten im Zusammenhang mit der Erbringung von Insolvenzgeld vom ausländischen Leistungsträger zu erfragen und die übermittelten Daten für die eigene Entscheidung über das Insolvenzgeld zu nutzen. **Abs. 2** ermächtigt die Bundesagentur für Arbeit, der Verpflichtung zur Fernübermittlung von Daten über geleistetes Insolvenzgeld an die Finanzverwaltung nach § 32b Abs. 4 EStG nachzukommen. 1

499 BGBl. I 2848.

Fünftes Kapitel
Zulassung von Trägern und Maßnahmen

§ 178 Trägerzulassung

Ein Träger ist von einer fachkundigen Stelle zuzulassen, wenn
1. er die erforderliche Leistungsfähigkeit und Zuverlässigkeit besitzt,
2. er in der Lage ist, durch eigene Bemühungen die berufliche Eingliederung von Teilnehmenden in den Arbeitsmarkt zu unterstützen,
3. Leitung, Lehr- und Fachkräfte über Aus- und Fortbildung sowie Berufserfahrung verfügen, die eine erfolgreiche Durchführung einer Maßnahme erwarten lassen,
4. er ein System zur Sicherung der Qualität anwendet und
5. seine vertraglichen Vereinbarungen mit den Teilnehmenden angemessene Bedingungen insbesondere über Rücktritts- und Kündigungsrechte enthalten.

Inhaltsübersicht Rn.

1. Allgemeines

1 Es ist zu gewährleisten, dass der Bildungsträger die notwendige Eignung aufweist, die den Erfolg der Weiterbildung garantiert. Dies setzt voraus, dass sowohl der Träger, aber auch die Maßnahme selbst bestimmte Qualitätsmerkmale erfüllen. Die Qualitätskriterien regeln die §§ 178, 179 in Verbindung mit der »Verordnung über das Verfahren zur Anerkennung von fachkundigen Stellen sowie zur Zulassung von Trägern und Maßnahmen der beruflichen Weiterbildung nach dem Dritten Buch Sozialgesetzbuch (Akkreditierungs- und Zulassungsverordnung Arbeitsförderung – AZAV).[500]

2 Anbieter der geförderten Maßnahme haben sich einem Zulassungsverfahren zu stellen. Sie können einen Antrag auf Zertifizierung stellen.

Zuständig für das Verfahren ist die Zertifizierungsstelle. Bei ihr handelt es sich um eine fachkundige Stelle, die von der Bundesagentur für Arbeit als Zertifizierungsstelle anerkannt wurde. Die Anforderungen für die Anerkennung als Zertifizierungsstelle regelt § 1 AZAV.

Hervorzuheben ist, dass die fachkundige Stelle unabhängig sein muss und nicht mit den Antragstellern wirtschaftlich oder organisatorisch verflochten sein darf.

3 Von besonderer Bedeutung ist auch, dass die fachkundige Stelle intern über ein System der Qualitätssicherung und Qualitätsentwicklung verfügt, das anerkannten Regeln der Technik entspricht.

Die Zertifizierungsstelle entscheidet über die Zulassung eines Trägers auf Antrag in einem förmlichen Verwaltungsverfahren.

---

500 Abgedruckt unter § 81 SGB III.

2. Eignungskriterien

Die Träger der Bildungsmaßnahme sind nur zuzulassen, wenn die Zertifizierungsstelle ihre Eignung festgestellt hat. 4

Dafür hat sie das Vorhandensein folgender Zulassungsvoraussetzungen zu überprüfen:

- Erforderliche Leistungsfähigkeit des Trägers der Maßnahme (§ 178 Nr. 1)
- Eigene Vermittlungsbemühungen des Trägers der Maßnahme (§ 178 Nr. 2)
- Berufliche Qualität des Leiters und der Lehrkräfte (§ 178 Nr. 3)
- System der Qualitätssicherung beim Träger (§ 178 Nr. 4)
- Angemessene Vertragsbedingungen (§ 178 Nr. 5)

2.1 Leistungsfähigkeit des Trägers (§§ 178 Nr. 1, § 2 Abs. 1 AZAV)

Die Leistungsfähigkeit des Trägers setzt voraus, dass seine finanzielle und fachliche Leistungsfähigkeit gewährleistet ist. Es dürfen keine Tatsachen vorliegen, die die Unzuverlässigkeit des Trägers oder seiner Leitung begründen. Er hat eine Erklärung abzugeben, ob Vorstrafen bestehen, strafrechtliche Ermittlungsverfahren schwebten oder eine Gewerbeuntersagung verhängt wurde innerhalb der letzten fünf Jahre. 5

Maßgebliche Beurteilungskriterien für seine Eignung sind neben der Angabe personenbezogener Daten des Trägers eine Übersicht über das aktuelle Angebot an Bildungsmaßnahmen. Bietet der Träger die Teilnahme an Maßnahmen an, die zum Abschluss eines anerkannten Ausbildungsberufs befähigen, hat der Träger die Eignung der Ausbildungsstätte ebenfalls nachzuweisen.

Außerdem sind insbesondere Angaben zu machen über

- die Eignung der Unterrichtsräume
- die Organisations- und Personalstruktur
- das aktuelle Angebot an Maßnahmen

2.2 Vermittlungsbemühungen des Trägers (§§ 178 Nr. 2, § 2 Abs. 2 AZAV)

Ein weiteres Qualitätsmerkmal ist die Kompetenz des Maßnahmeträgers, die Teilnehmer in geeigneter Weise zu vermitteln. Dies setzt voraus, dass er bei der Entwicklung seiner Bildungsangebote Lage und Entwicklung des Arbeitsmarktes berücksichtigt und die Teilnehmer bei der Vermittlung in Arbeit unterstützt. 6

Gegenüber der Zertifizierungsstelle muss der Träger Angaben machen insbesondere

- zur Zusammenarbeit mit Betrieben und Berufsverbänden
- zur Berücksichtigung arbeitsmarktrelevanter Entwicklungen
- zu Bewertungen des Trägers durch Teilnehmende und Betriebe

7 Er muss aber auch Angaben machen zur Auswertung aktueller arbeitsmarkt-relevanter Daten. Insbesondere ist der Träger gehalten, zu den arbeitsmarktlichen Ergebnissen bereits abgeschlossener Maßnahmen Angaben zu machen, sowohl was die erfolgreiche Eingliederung von Teilnehmern betrifft als auch Ergebnisse einer Evaluation der abgeschlossenen Maßnahmen durch die Teilnehmer im Hinblick auf die arbeitsmarktliche Verwertbarkeit. Damit soll sichergestellt sein, dass der Träger der Maßnahme einen eigenen Beitrag leistet und auch leisten kann zur erfolgreichen Vermittlung der Maßnahmeteilnehmer.

2.3 Berufliche Qualität des Leiters und der Lehrkräfte (§§ 178 Nr. 3, § 2 Abs. 3 AZAV)

8 Sowohl die Leitung des Bildungsträgers als auch die zum Einsatz kommenden Lehrkräfte sollen über die nötige Aus- und Fortbildung verfügen, aber auch über hinreichende Berufserfahrung. Daher hat der Träger gegenüber der Zertifizierungsstelle auch Angaben zu machen zu

- der allgemeinen fachlichen und pädagogischen Eignung sowie der Berufserfahrung der Beratungs- und Lehrkräfte
- Lebensläufe mit den genauen Angaben zu Ausbildung und beruflichem Werdegang sind beizufügen
- praktischen Erfahrungen im Fachgebiet
- methodisch-didaktischen Qualifikationen
- Erfahrungen in der Erwachsenenbildung
- regelmäßigen fachlichen und pädagogischen Weiterbildungen der Lehrkräfte
- Teilnehmerbewertungen zu den Lehrkräften

2.4 Qualitätssicherungssystem (§§ 178 Nr. 4, § 2 Abs. 4 AZAV)

9 Der Träger als Antragsteller hat gegenüber der Zertifizierungsstelle zu dokumentieren, dass er über ein »zielgerichtetes und systematisches Verfahren zur Qualitätssicherung« verfügt. So soll gewährleistet sein, dass auch beim Bildungsträger eine kontinuierliche, nach vorne gerichtete dynamische Qualitätssicherung stattfindet. Hierfür hat er darzulegen

- ein kundenorientiertes Leitbild
- die Berücksichtigung arbeitsmarktlicher Entwicklungen bei Konzeption und Durchführung von Bildungsmaßnahmen
- Art und Weise der Festlegung von Unternehmenszielen, Lehr- und Lernzielen, Methoden einschließlich der Bewertungsmethoden des Eingliederungserfolgs
- Methoden zur Förderung der individuellen Lernprozesse
- regelmäßige Evaluierung der angebotenen Maßnahmen mittels anerkannter Methoden
- Unternehmensorganisation und -führung
- Durchführung von eigenen Prüfungen zur Funktionsweise des Unternehmens
- Bereitschaft zur Zusammenarbeit mit externen Fachkräften zur Qualitätsentwicklung
- Zielvereinbarungen, Messung des Grades der Zielerreichung und der Steuerung fort-

laufender Optimierungsprozesse auf der Grundlage erhobener Kennzahlen oder Indikatoren

Der Maßnahmeträger hat seinem Antrag auf Zulassung zwingend eine Dokumentation über die Einhaltung dieser Vorgaben beizufügen. Nur so kann überprüft werden, ob systematisch angewandte Qualitätssicherung beim Antragsteller stattfindet. Die Einhaltung dieser Kriterien ist auch Voraussetzung für eine Zertifizierung nach DIN EN ISO 9000; 9001:200. 10

§ 179 Maßnahmezulassung

(1) Eine Maßnahme ist von der fachkundigen Stelle zuzulassen, wenn sie

1. **nach Gestaltung der Inhalte, der Methoden und Materialien ihrer Vermittlung sowie der Lehrorganisation eine erfolgreiche Teilnahme erwarten lässt und nach Lage und Entwicklung des Arbeitsmarktes zweckmäßig ist,**
2. **angemessene Teilnahmebedingungen bietet und die räumliche, personelle und technische Ausstattung die Durchführung der Maßnahme gewährleisten und**
3. **nach den Grundsätzen der Wirtschaftlichkeit und Sparsamkeit geplant und durchgeführt wird, insbesondere die Kosten und die Dauer angemessen sind; die Dauer ist angemessen, wenn sie sich auf den Umfang beschränkt, der notwendig ist, um das Maßnahmeziel zu erreichen.**

Die Kosten einer Maßnahme nach § 45 Absatz 4 Satz 3 Nummer 1 sind angemessen, wenn sie sachgerecht ermittelt worden sind und sie die für das jeweilige Maßnahmeziel von der Bundesagentur jährlich ermittelten durchschnittlichen Kostensätze einschließlich der von ihr beauftragten Maßnahmen nicht unverhältnismäßig übersteigen.

(2) Eine Maßnahme, die im Ausland durchgeführt wird, kann nur zugelassen werden, wenn die Durchführung im Ausland für das Erreichen des Maßnahmeziels besonders dienlich ist.

Inhaltsübersicht

1. Allgemeines

Nicht nur der Träger, sondern auch die angebotenen Maßnahmen haben aber bestimmte Mindestkriterien zu erfüllen. Die angebotene Maßnahme muss zweckmäßig und von angemessener Dauer sein. Sie muss angemessene Teilnahmebedingungen bieten und am Ende mit einem Zeugnis abschließen, das Auskunft gibt über den Inhalt des vermittelten Lehrstoffs. Dabei sind die Grundsätze der Wirtschaftlichkeit und Sparsamkeit zu beachten. 1

Nach Möglichkeit sind betriebliche Lernphasen vorzusehen, wenn dies dem Wiedereingliederungserfolg förderlich ist. 2

2. Zweckmäßigkeit der Maßnahme (§ 179 Abs. 1 Nr. 1)

3 Die geförderte Maßnahme muss erwarten lassen, dass den Teilnehmern eine erfolgreiche Weiterbildung vermittelt wird. Maßgebliche Grundlage dafür sind sowohl die theoretischen Lehrgangsinhalte als auch die Lehrorganisation.

Lehrgangsziele und Inhalte müssen zielgruppengerecht konzipiert sein. Ihre räumliche, personelle und technische Umsetzung muss gewährleistet sein.

Ziel, Dauer und Inhalt der Maßnahme muss jeweils für die Zielgruppe konzipiert sein. Eine Maßnahme, die auf eine berufliche Tätigkeit vorbereitet, für die am regionalen oder überregionalen Arbeitsmarkt keine Nachfrage besteht, ist auch nicht an der aktuellen Entwicklung des Arbeitsmarkts orientiert. Sie ist nicht zweckmäßig.[501]

3. Angemessene Teilnahmebedingungen (§ 179 Abs. 1 Satz 1 Nr. 2)

4 Angemessene Teilnahmebedingungen sollen die Teilnehmer vor unangemessenen wirtschaftlichen Nachteilen schützen. Dies setzt angemessene Vertragsbedingungen voraus. So hat sich die Höhe der Lehrgangsgebühren an den tatsächlichen Aufwendungen zu orientieren. Für den Fall der Kündigung des Vertrags oder des Rücktritts vom Vertrag soll der Teilnehmer nur in verhältnismäßigem Umfang zum Ersatz herangezogen werden können, insbesondere wenn die Maßnahme nicht mutwillig, sondern aus sachlichem Grund vom Teilnehmer vorzeitig beendet wird. Eine Beschränkung der vorzeitigen Beendigung auf die Kündigung aus wichtigem Grund ist unzulässig.[502]

4. Zeugnis (§ 2 Abs. 5 AZAV)

5 Der Träger der Maßnahme soll am Ende den Erfolg der Teilnahme in einem Zeugnis dokumentieren. Dabei soll das Zeugnis auch Auskunft erteilen über den Inhalt des vermittelten Lehrstoffes. So sollen die Vermittlungschancen der Teilnehmer verbessert werden. Sie können das Zeugnis ihren Bewerbungen beilegen.

5. Grundsätze der Wirtschaftlichkeit und Sparsamkeit (§ 179 Abs. 1 Satz 1 Nr. 3)

6 Das Gebot der Wirtschaftlichkeit und Sparsamkeit bedeutet für den Träger der Maßnahme, dass sich der Kostenansatz der Maßnahme zu orientieren hat an den von der Bundesagentur für Arbeit jährlich ermittelten durchschnittlichen Kostensätzen für das jeweilige Bildungsziel. Dabei stehen Kosten und Dauer der Maßnahme in einer Relation.

7 Die Dauer der Maßnahme ist angemessen, wenn sie sich auf den für das Erreichen des Bildungsziels erforderlichen Umfang beschränkt.

---

501 BSG SozR 3-4460 § 10 Nr. 2.

502 BSG SozR 4460 § 6 Nr. 8.

Nur die notwendige Dauer der Maßnahme kann gefördert werden. Die Notwendigkeit entscheidet sich nach dem Umfang ihrer Inhalte.

In Vollzeit durchgeführte Maßnahmen, die am Ende zum Abschluss in einem allgemein anerkannten Ausbildungsberuf führen, sind in der Regel der Dauer nach nicht angemessen, wenn die Maßnahme genauso lange dauert wie die vorgeschriebene Ausbildungszeit. In dem Fall gilt nur die Vollzeitmaßnahme als angemessen (und damit förderungsfähig), deren Dauer gegenüber der Dauer einer entsprechenden Berufsausbildung um mindestens 1/3 verkürzt ist. **8**

Beispiel:
Dauert die Erstausbildung zur Bürokauffrau drei Jahre und will die ungelernte X zur Überwindung von Vermittlungshemmnissen an einer geförderten Maßnahme teilnehmen mit dem Ziel der Weiterbildung zur Bürokauffrau, so gilt die Maßnahme nur als angemessen, wenn sie nicht länger als zwei Jahre dauert.

Der Gesetzgeber geht davon aus, dass Teilnehmer an beruflichen Weiterbildungsmaßnahmen befähigt sind, in kürzerer Zeit und komprimierter zu lernen als die typischen Auszubildenden einer Erstausbildung.[503]

In Berufen, für die eine Verkürzung der Ausbildungsdauer generell ausgeschlossen ist, **9** kann die beabsichtigte Weiterbildungsmaßnahme dennoch gefördert werden für die Dauer von 2/3 der Maßnahme. Es muss dann sichergestellt sein, dass für die Maßnahme bis zu ihrer endgültigen Beendigung Dritte die Finanzierung übernehmen. Das kann der Ausbildungsbetrieb sein. Vor Beginn der Weiterbildungsmaßnahme muss die Finanzierung aber gesichert sein, damit der Teilnehmer nicht gezwungen ist, wegen fehlender Mittel vorzeitig die Maßnahme abzubrechen. Die bis zu diesem Zeitpunkt erbrachten Finanzierungshilfen durch die Agentur für Arbeit wären dann auch verloren.

6. Maßnahmeziele

Grundsätzlich können Maßnahmen zugelassen werden, die an vorhandene Kenntnisse, **10** Fertigkeiten und Fähigkeiten anknüpfen mit dem Ziel, sie zu erhalten, zu erweitern, der technischen Entwicklung anzupassen oder einen beruflichen Aufstieg zu ermöglichen. Aber es können auch Maßnahmen zugelassen werden, die (erstmalig) einen beruflichen Abschluss vermitteln oder zu einer anderen beruflichen Tätigkeit befähigen.

Damit ermöglicht es das Gesetz, Personen zu fördern, die früher erworbene berufliche Kenntnisse, die sie in ihrer derzeitigen Tätigkeit nicht benötigen, aktualisieren können und so gegebenenfalls in den früher erworbenen Beruf zurückkehren können.

Am Ende der Maßnahme muss nicht zwingend ein förmlicher beruflicher Abschluss **11** stehen. Ausreichend ist auch, wenn der Teilnehmer in die Lage versetzt wird, eine andere als die bisherige Tätigkeit auszuüben.

503 BT-Drs. 13/4941, S. 171.

Beispiel:
X hatte eine Fachausbildung in der Landwirtschaft. In seinem Beruf findet er in der Landwirtschaft keine Stelle mehr. Er nimmt an einer Maßnahme teil, die ihm die notwendigen Kenntnisse vermittelt, um künftig als Vertriebsfachmann im Futtermittelbereich tätig zu sein.

12 Als Maßnahme **nicht** zugelassen sind solche Maßnahmen, die überwiegend Wissen vermitteln, das den Wissensinhalten der allgemeinbildenden Schulen beziehungsweise berufsqualifizierenden Studiengängen an Hochschulen entspricht. Auch Maßnahmen mit nicht berufsbezogenen Inhalten sind ausgeschlossen.

13 Nicht mehr ausgeschlossen sind Maßnahmen, deren Inhalte der Aufnahme einer selbständigen Tätigkeit dienen.[504]

§ 183 Qualitätsprüfung

(1) Die Agentur für Arbeit kann die Durchführung einer Maßnahme nach § 176 Abs. 2 prüfen und deren Erfolg beobachten. Sie kann insbesondere

1. von dem Träger der Maßnahme sowie den Teilnehmenden Auskunft über den Verlauf der Maßnahme und den Eingliederungserfolg verlangen und

2. die Einhaltung der Voraussetzungen für die Zulassung des Trägers und der Maßnahme prüfen, indem sie Einsicht in alle die Maßnahme betreffenden Unterlagen des Trägers nimmt.

(2) Die Agentur für Arbeit ist berechtigt, zum Zweck nach Absatz 1 Grundstücke, Geschäfts- und Unterrichtsräume des Trägers während der Geschäfts- oder Unterrichtszeit zu betreten. Wird die Maßnahme bei einem Dritten durchgeführt, ist die Agentur für Arbeit berechtigt, die Grundstücke, Geschäfts- und Unterrichtsräume des Dritten während dieser Zeit zu betreten. Stellt die Agentur für Arbeit bei der Prüfung der Maßnahme hinreichende Anhaltspunkte für Verstöße gegen datenschutzrechtliche Vorschriften fest, soll sie die zuständige Kontrollbehörde für den Datenschutz hiervon unterrichten.

(3) Die Agentur für Arbeit kann vom Träger die Beseitigung festgestellter Mängel innerhalb einer angemessenen Frist verlangen. Die Agentur für Arbeit kann die Geltung des Aktivierungs- und Vermittlungsgutscheins oder des Bildungsgutscheins für einen Träger ausschließen und die Entscheidung über die Förderung aufheben, wenn

1. der Träger dem Verlangen nach Satz 1 nicht nachkommt,

2. die Agentur für Arbeit schwerwiegende und kurzfristig nicht zu behebende Mängel festgestellt hat,

3. die in Absatz 1 genannten Auskünfte nicht, nicht rechtzeitig oder nicht vollständig erteilt werden oder

4. die Prüfungen oder das Betreten der Grundstücke, Geschäfts- und Unterrichtsräume durch die Agentur für Arbeit nicht geduldet werden.

(4) Die Agentur für Arbeit teilt der fachkundigen Stelle und der Akkreditierungsstelle die nach den Absätzen 1 bis 3 gewonnenen Erkenntnisse mit.

504 Hinweis zur fr. Rechtslage: § 87 Abs. 2 Nr. 3 SGB III a. F. (bis 2002) schloss eine Förderung von Maßnahmen aus, die die Aufnahme einer selbständigen Tätigkeit zum Ziel hatten.

Regelungsinhalt

Die Agentur für Arbeit hat das Recht, Maßnahmen der Qualitätssicherung durchzuführen. Zu diesem Zweck werden ihr Überwachungs- und Kontrollrechte eingeräumt. 1

Das Ziel der Qualitätssicherung ist zum einen die Sicherstellung von Qualitätsstandards beim Träger der Maßnahme. Zum anderen dient die Qualitätssicherung dazu, den Eingliederungserfolg für die Teilnehmer einzuschätzen. Damit die Agentur für Arbeit die Maßnahmen der Qualitätssicherung durchführen kann, ist sie befugt, 2

- Auskunft zu verlangen:
  sowohl vom Träger der Maßnahme als auch von den Teilnehmern kann die Agentur für Arbeit Auskunft verlangen über den Verlauf der Maßnahme und den Eingliederungserfolg.
- Einsicht in die Unterlagen zu nehmen:
  die Agentur für Arbeit kann verlangen, dass ihr der Träger der Maßnahme alle Unterlagen vorlegt, die die zu überprüfende Maßnahme betreffen.

Dabei wird die Agentur für Arbeit zu prüfen haben, ob die Maßstäbe an Träger und Maßnahme der §§ 178, 179 eingehalten sind.

Beispiel:
- Die Agentur für Arbeit kann überprüfen, ob die Maßnahme auch tatsächlich von ausreichend qualifizierten Lehrkräften durchgeführt wird.
- Die Agentur für Arbeit kann überprüfen, ob die Maßnahme tatsächlich an den vorgegebenen Tagen auch vollständig durchgeführt wurde.
- Die Agentur für Arbeit kann überprüfen, ob der zeitlich vorgegebene Rahmen für den jeweils nächsten Lernfortschritt auch eingehalten wird.

§ 183 Abs. 2 ermächtigt die Agentur für Arbeit ausdrücklich dazu, zur Wahrnehmung dieses Zwecks »Grundstücke, Geschäfts- und Unterrichtsräume« zu den üblichen Geschäftszeiten beziehungsweise Unterrichtszeiten zu betreten. Das gleiche Recht hat sie gegenüber einem Dritten, sofern dort die Maßnahme durchgeführt wird. 3

Beispiel:
Eine Weiterbildungsmaßnahme wird teilweise in einem Lehrbetrieb durchgeführt.

Bestehen hinreichende Anhaltspunkte für eine Verletzung datenschutzrechtlicher Vorschriften, so soll die zuständige Kontrollbehörde unterrichtet werden. 4

Stellt die Agentur für Arbeit bei ihrer Überprüfung Mängel fest, so kann sie in einem abgestuften Verfahren vorgehen. 5

Ein Mangel liegt vor, wenn die Durchführung der Maßnahme von den vorgegebenen Qualitätsstandards objektiv abweicht. Dabei genügt für den Begriff des Mangels nicht jede geringfügige Abweichung. Entscheidend ist, dass der Träger seine Leistung nicht gemäß der vorgelegten Unterlagen erbringt **und** dies »die Qualität, den Erfolg oder die Verwertbarkeit der vermittelten Qualifikation nicht nur geringfügig mindert oder ganz aufhebt.«[505] In diesem Fall kann die Agentur für Arbeit zunächst vom Träger der Maßnahme die Beseitigung der Mängel verlangen.

Sie kann ihr Abhilfeverlangen mit Fristsetzung verbinden. Dem Träger ist innerhalb einer angemessenen Frist Gelegenheit zu geben, den Mangel abzustellen. Tut er dies nicht, ist ein erneutes Abhilfeverlangen entbehrlich.

In dem Fall kann die Agentur für Arbeit für diesen Träger die Geltung des Bildungsgutscheins ausschließen und die Entscheidung über die Förderung aufheben.

Diese schwere Folge hat sie auch aus Gründen der Rechtssicherheit dem Träger der Maßnahme zusammen mit der Fristsetzung zur Mängelbeseitigung rechtzeitig anzudrohen.

6 Das gleiche Recht hat sie, wenn

- beim Träger schwerwiegende und kurzfristig nicht behebbare Mängel festgestellt werden
- der Träger die geforderten Auskünfte nicht, nicht rechtzeitig oder nicht vollständig erteilt
- der Träger die Prüfungen und das Betreten der Grundstücke, Geschäfts- und Unterrichtsräume nicht duldet.

Auch für die Teilnehmer bliebe ein solches Vorgehen nicht ohne Konsequenzen. Die Agentur für Arbeit hat die Teilnehmer unverzüglich darüber zu unterrichten, wenn sie die Förderung aufhebt.

Ansprüche der Teilnehmer z. B. auf Erstattung der Weiterbildungskosten enden mit dem Tag des Wirksamwerdens der Entscheidung.

7 Die gewonnenen Erkenntnisse werden von der Agentur für Arbeit der Zertifizierungsstelle übermittelt. So soll gewährleistet sein, dass diese rechtzeitig bei künftigen Vergabeverfahren qualitätsorientiert handeln kann.

Achtes Kapitel
Pflichten

Erster Abschnitt
Pflichten im Leistungsverfahren

Erster Unterabschnitt
Meldepflichten

§ 309 Allgemeine Meldepflicht

(1) Arbeitslose haben sich während der Zeit, für die sie einen Anspruch auf Arbeitslosengeld erheben, bei der Agentur für Arbeit oder einer sonstigen Dienststelle der Bundesagentur persönlich zu melden oder zu einem ärztlichen oder psychologischen Untersuchungstermin zu erscheinen, wenn die Agentur für Arbeit sie dazu auffordert

505 DA-FbW Nr. 86.2.

(allgemeine Meldepflicht). Die Meldung muss bei der in der Aufforderung zur Meldung bezeichneten Stelle erfolgen. Die allgemeine Meldepflicht besteht auch in Zeiten, in denen der Anspruch auf Arbeitslosengeld ruht.

(2) Die Aufforderung zur Meldung kann zum Zwecke der
1. Berufsberatung,
2. Vermittlung in Ausbildung oder Arbeit,
3. Vorbereitung aktiver Arbeitsförderungsleistungen,
4. Vorbereitung von Entscheidungen im Leistungsverfahren und
5. Prüfung des Vorliegens der Voraussetzungen für den Leistungsanspruch

erfolgen.

(3) Die meldepflichtige Person hat sich zu der von der Agentur für Arbeit bestimmten Zeit zu melden. Ist der Meldetermin nach Tag und Tageszeit bestimmt, so ist die meldepflichtige Person der allgemeinen Meldepflicht auch dann nachgekommen, wenn sie sich zu einer anderen Zeit am selben Tag meldet und der Zweck der Meldung erreicht wird. Ist die meldepflichtige Person am Meldetermin arbeitsunfähig, so wirkt die Meldeaufforderung auf den ersten Tag der Arbeitsfähigkeit fort, wenn die Agentur für Arbeit dies in der Meldeaufforderung bestimmt.

(4) Die notwendigen Reisekosten, die der meldepflichtigen Person und einer erforderlichen Begleitperson aus Anlass der Meldung entstehen, können auf Antrag übernommen werden, soweit sie nicht bereits nach anderen Vorschriften oder auf Grund anderer Vorschriften dieses Buches übernommen werden können.

§ 310 Meldepflicht bei Wechsel der Zuständigkeit

Wird für die Arbeitslose oder den Arbeitslosen nach der Arbeitslosmeldung eine andere Agentur für Arbeit zuständig, hat sie oder er sich bei der nunmehr zuständigen Agentur für Arbeit unverzüglich zu melden.

Zweiter Unterabschnitt
Anzeige- und Bescheinigungspflichten

§ 311 Anzeige- und Bescheinigungspflicht bei Arbeitsunfähigkeit

Wer Arbeitslosengeld oder Übergangsgeld beantragt hat oder bezieht, ist verpflichtet, der Agentur für Arbeit
1. eine eingetretene Arbeitsunfähigkeit und deren voraussichtliche Dauer unverzüglich anzuzeigen und
2. spätestens vor Ablauf des dritten Kalendertages nach Eintritt der Arbeitsunfähigkeit eine ärztliche Bescheinigung über die Arbeitsunfähigkeit und deren voraussichtliche Dauer vorzulegen.

Die Agentur für Arbeit ist berechtigt, die Vorlage der ärztlichen Bescheinigung früher zu verlangen. Dauert die Arbeitsunfähigkeit länger als in der Bescheinigung angegeben, so ist der Agentur für Arbeit eine neue ärztliche Bescheinigung vorzulegen. Die Bescheinigungen müssen einen Vermerk der behandelnden Ärztin oder des behandelnden Arztes darüber enthalten, dass dem Träger der Krankenversicherung unverzüglich eine Bescheinigung über die Arbeitsunfähigkeit mit Angaben über den Befund und die voraussichtliche Dauer der Arbeitsunfähigkeit übersandt wird.

§ 312 Arbeitsbescheinigung

(1) Bei Beendigung eines Beschäftigungsverhältnisses hat der Arbeitgeber alle Tatsachen zu bescheinigen, die für die Entscheidung über den Anspruch auf Arbeitslosengeld oder Übergangsgeld erheblich sein können (Arbeitsbescheinigung); dabei hat er den von der Bundesagentur hierfür vorgesehenen Vordruck zu benutzen. In der Arbeitsbescheinigung sind insbesondere

1. die Art der Tätigkeit der Arbeitnehmerin oder des Arbeitnehmers,
2. Beginn, Ende, Unterbrechungen und Grund für die Beendigung des Beschäftigungsverhältnisses und
3. das Arbeitsentgelt und die sonstigen Geldleistungen, die die Arbeitnehmerin oder der Arbeitnehmer erhalten oder zu beanspruchen hat,

anzugeben. Die Arbeitsbescheinigung ist der Arbeitnehmerin oder dem Arbeitnehmer vom Arbeitgeber bei Beendigung des Beschäftigungsverhältnisses auszuhändigen.

(2) Macht der Arbeitgeber geltend, die Arbeitslosigkeit sei die Folge eines Arbeitskampfes, so hat er dies darzulegen, glaubhaft zu machen und eine Stellungnahme der Betriebsvertretung beizufügen. Der Arbeitgeber hat der Betriebsvertretung die für die Stellungnahme erforderlichen Angaben zu machen.

(3) Für Zwischenmeisterinnen, Zwischenmeister und andere Auftraggeber von Heimarbeiterinnen und Heimarbeitern sowie für Leistungsträger, Unternehmen und Stellen, die Beiträge nach diesem Buch für Bezieherinnen und Bezieher von Sozialleistungen, Krankentagegeld oder Leistungen für den Ausfall von Arbeitseinkünften im Zusammenhang mit einer nach den §§ 8 und 8 a des Transplantationsgesetzes erfolgenden Spende von Organen und Geweben zu entrichten haben, gelten die Absätze 1 und 2 entsprechend.

(4) Nach Beendigung des Vollzuges einer Untersuchungshaft, Freiheitsstrafe, Jugendstrafe oder freiheitsentziehenden Maßregel der Besserung und Sicherung oder einer einstweiligen Unterbringung nach § 126 a der Strafprozessordnung hat die Vollzugsanstalt dem Entlassenen eine Bescheinigung über die Zeiten auszustellen, in denen er innerhalb der letzten sieben Jahre vor der Entlassung als Gefangener versicherungspflichtig war.

§ 312 a Arbeitsbescheinigung für Zwecke des über- und zwischenstaatlichen Rechts

(1) Der Arbeitgeber hat auf Verlangen der Bundesagentur für Arbeit alle Tatsachen zu bescheinigen, deren Kenntnis für die Entscheidung über einen Anspruch auf Leistungen bei Arbeitslosigkeit eines von der Verordnung erfassten Staates notwendig ist und zu deren Bescheinigung die Bundesagentur für Arbeit nach Artikel 54 der Verordnung (EG) Nr. 987/2009 des Europäischen Parlaments und des Rates vom 16. September 2009 zur Festlegung der Modalitäten für die Durchführung der Verordnung (EG)

Nr. 883/2004 über die Koordinierung der Systeme der sozialen Sicherheit (ABl. L 284 vom 30. 10. 2009, S. 1) verpflichtet ist. Der Arbeitgeber hat dabei den von der Bundesagentur für Arbeit hierfür vorgesehenen Vordruck zu benutzen. Die Sätze 1 und 2 gelten entsprechend für Bescheinigungspflichten der Bundesagentur für Arbeit gegenüber einem ausländischen Träger nach anderen Regelungen des über- oder zwischenstaatlichen Rechts. Die Bescheinigungspflichten umfassen nur Daten, zu deren Aufbewahrung der Arbeitgeber nach deutschen Rechtsvorschriften verpflichtet ist.

(2) Die Bescheinigungspflicht gilt auch in den Fällen des § 312 Absatz 3 und 4.

§ 313 Nebeneinkommensbescheinigung

(1) Wer eine Person, die Berufsausbildungsbeihilfe, Ausbildungsgeld, Arbeitslosengeld oder Übergangsgeld (laufende Geldleistungen) beantragt hat oder bezieht, gegen Arbeitsentgelt beschäftigt oder dieser Person gegen Vergütung eine selbständige Tätigkeit überträgt, ist verpflichtet, dieser Person unverzüglich Art und Dauer der Beschäftigung oder der selbständigen Tätigkeit sowie die Höhe des Arbeitsentgelts oder der Vergütung für die Zeiten zu bescheinigen, für die diese Leistung beantragt worden ist oder bezogen wird. Dabei ist der von der Bundesagentur vorgesehene Vordruck zu benutzen. Die Bescheinigung über das Nebeneinkommen ist der Bezieherin oder dem Bezieher der Leistung vom Dienstberechtigten oder Besteller unverzüglich auszuhändigen.

(2) Wer eine laufende Geldleistung beantragt hat oder bezieht und Dienst- oder Werkleistungen gegen Vergütung erbringt, ist verpflichtet, dem Dienstberechtigten oder Besteller den für die Bescheinigung des Arbeitsentgelts oder der Vergütung vorgeschriebenen Vordruck unverzüglich vorzulegen.

(3) Die Absätze 1 und 2 gelten für Personen, die Kurzarbeitergeld beziehen oder für die Kurzarbeitergeld beantragt worden ist, entsprechend.

§ 314 Insolvenzgeldbescheinigung

(1) Die Insolvenzverwalterin oder der Insolvenzverwalter hat auf Verlangen der Agentur für Arbeit für jede Arbeitnehmerin und jeden Arbeitnehmer, für die oder den ein Anspruch auf Insolvenzgeld in Betracht kommt, Folgendes zu bescheinigen:

1. die Höhe des Arbeitsentgelts für die letzten drei Monate des Arbeitsverhältnisses, die der Eröffnung des Insolvenzverfahrens vorausgegangen sind, sowie
2. die Höhe der gesetzlichen Abzüge und derjenigen Leistungen, die zur Erfüllung der Ansprüche auf Arbeitsentgelt erbrachten worden sind.

Das Gleiche gilt hinsichtlich der Höhe von Entgeltteilen, die gemäß § 1 Abs. 2 Nr. 3 des Betriebsrentengesetzes umgewandelt und vom Arbeitgeber nicht an den Versorgungsträger abgeführt worden sind. Dabei ist anzugeben, ob der Entgeltteil in einem Pensionsfonds, in einer Pensionskasse oder in einer Direktversicherung angelegt und welcher Versorgungsträger für die betriebliche Altersversorgung gewählt worden ist. Es ist auch zu bescheinigen, inwieweit die Ansprüche auf Arbeitsentgelt gepfändet, verpfändet oder abgetreten sind. Dabei ist von der Bundesagentur vorgesehene Vordruck zu benutzen. Wird die Insolvenzgeldbescheinigung durch die Insolvenzverwalterin oder den Insolvenzverwalter nach § 36a des Ersten Buches übermittelt, sind zusätzlich die Anschrift und die Daten des Überweisungsweges mitzuteilen.

(2) In den Fällen, in denen ein Insolvenzverfahren nicht eröffnet wird oder nach § 207 der Insolvenzordnung eingestellt worden ist, sind die Pflichten der Insolvenzverwalterin oder des Insolvenzverwalters vom Arbeitgeber zu erfüllen.

Dritter Unterabschnitt
Auskunftspflichten

§ 315 Allgemeine Auskunftspflicht Dritter

(1) Wer einer Person, die eine laufende Geldleistung beantragt hat oder bezieht, Leistungen erbringt, die geeignet sind, die laufende Geldleistung auszuschließen oder zu mindern, hat der Agentur für Arbeit auf Verlangen hierüber Auskunft zu erteilen, soweit es zur Durchführung der Aufgaben nach diesem Buch erforderlich ist.

(2) Wer einer Person, die eine laufende Geldleistung beantragt hat oder bezieht, zu Leistungen verpflichtet ist, die geeignet sind, die laufende Geldleistung auszuschließen oder zu mindern, oder für diese Person Guthaben führt oder Vermögensgegenstände verwahrt, hat der Agentur für Arbeit auf Verlangen hierüber sowie über das Einkommen oder Vermögen dieser Person Auskunft zu erteilen, soweit es zur Durchführung der Aufgaben nach diesem Buch erforderlich ist. § 21 Abs. 3 Satz 4 des Zehnten Buches gilt entsprechend. Für die Feststellung einer Unterhaltsverpflichtung ist § 1605 Abs. 1 des Bürgerlichen Gesetzbuchs anzuwenden.

(3) Wer eine Person beschäftigt, die

1. selbst oder deren Ehegattin, Ehegatte, Lebenspartnerin oder Lebenspartner eine laufende Geldleistung beantragt hat oder bezieht oder
2. nach Absatz 2 zur Auskunft verpflichtet ist,

hat der Agentur für Arbeit auf Verlangen über die Beschäftigung, insbesondere über das Arbeitsentgelt, Auskunft zu erteilen, soweit es zur Durchführung der Aufgaben nach diesem Buch erforderlich ist.

(4) Die Absätze 1 bis 3 gelten entsprechend, wenn jemand anstelle einer laufenden Geldleistung Kurzarbeitergeld bezieht oder für ihn Kurzarbeitergeld beantragt worden ist.

(5) Sind bei einer Bedürftigkeitsprüfung Einkommen oder Vermögen der Ehegattin oder des Ehegatten, der Lebenspartnerin oder des Lebenspartners oder der Partnerin oder des Partners einer eheähnlichen Gemeinschaft zu berücksichtigen, hat diese oder dieser der Agentur für Arbeit auf Verlangen hierüber Auskunft zu erteilen, soweit es zur Durchführung der Vorschriften dieses Buches erforderlich ist. Haben die Ehegattin oder der Ehegatte, die Lebenspartnerin oder der Lebenspartner oder die Partnerin oder der Partner einer eheähnlichen Gemeinschaft Dritte beauftragt, für diese oder diesen das Guthaben zu führen oder Vermögensgegenstände zu verwahren, haben sie entsprechend Auskunft zu erteilen. § 21 Absatz 3 Satz 4 des Zehnten Buches gilt entsprechend.

§ 316 Auskunftspflicht bei Leistung von Insolvenzgeld

(1) Der Arbeitgeber, die Insolvenzverwalterin oder der Insolvenzverwalter, die Arbeitnehmerinnen oder Arbeitnehmer sowie sonstige Personen, die Einblick in die Arbeitsentgeltunterlagen hatten, sind verpflichtet, der Agentur für Arbeit auf Verlangen alle Auskünfte zu erteilen, die für die Durchführung der §§ 165 bis 171, 175, 320 Absatz 2, des § 327 Absatz 3 erforderlich sind.

(2) Der Arbeitgeber, die Arbeitnehmerinnen und Arbeitnehmer sowie sonstige Personen, die Einblick in die Arbeitsentgeltunterlagen hatten, sind verpflichtet, der Insolvenzverwalterin oder dem Insolvenzverwalter auf Verlangen alle Auskünfte zu erteilen, die diese oder dieser für die Insolvenzgeldbescheinigung nach § 314 benötigt.

§ 317 Auskunftspflicht bei Kurzarbeitergeld und Wintergeld

Wer Kurzarbeitergeld oder Wintergeld bezieht oder für wen diese Leistungen beantragt worden sind, hat dem zur Errechnung und Auszahlung der Leistungen Verpflichteten auf Verlangen die erforderlichen Auskünfte zu erteilen.

§ 318 Auskunftspflicht bei Maßnahmen der beruflichen Aus- oder Weiterbildung, Leistungen zur Teilhabe am Arbeitsleben, zur Aktivierung und beruflichen Eingliederung

(1) Arbeitgeber und Träger, bei denen eine Maßnahme der beruflichen Aus- und Weiterbildung, eine Leistung zur Teilhabe am Arbeitsleben oder eine Maßnahme nach § 45 durchgeführt wurde oder wird, haben der Agentur für Arbeit unverzüglich Auskünfte über Tatsachen zu erteilen, die Aufschluss darüber geben, ob und inwieweit Leistungen zu Recht erbracht worden sind oder werden. Sie haben Änderungen, die für die Leistungen erheblich sind, unverzüglich der Agentur für Arbeit mitzuteilen.

(2) Personen, die bei Teilnahme an Maßnahmen der beruflichen Aus- oder Weiterbildung oder einer Maßnahme nach § 45 gefördert werden oder gefördert worden sind, sind verpflichtet,

1. der Agentur für Arbeit oder dem Träger der Maßnahme auf Verlangen Auskunft über den Eingliederungserfolg der Maßnahme sowie alle weiteren Auskünfte zu erteilen, die zur Qualitätsprüfung nach § 183 benötigt werden, und
2. eine Beurteilung ihrer Leistung und ihres Verhaltens durch den Träger zuzulassen.

Träger sind verpflichtet,

1. ihre Beurteilungen der Teilnehmerin oder des Teilnehmers unverzüglich der Agentur für Arbeit zu übermitteln,
2. der für die einzelne Teilnehmerin oder den einzelnen Teilnehmer zuständigen Agentur für Arbeit kalendermonatlich die Fehltage der Teilnehmerin oder des Teilnehmers sowie die Gründe für die Fehltage mitzuteilen; dabei haben sie den von der Bundesagentur vorgesehenen Vordruck zu benutzen.

§ 319 Mitwirkungs- und Duldungspflichten

(1) Wer eine Leistung der Arbeitsförderung beantragt, bezogen hat oder bezieht oder wer jemanden, bei dem dies der Fall ist oder für den eine Leistung beantragt wurde,

beschäftigt oder mit Arbeiten beauftragt, hat der Bundesagentur, soweit dies zur Durchführung der Aufgaben nach diesem Buch erforderlich ist, Einsicht in Lohn-, Meldeunterlagen, Bücher und andere Geschäftsunterlagen und Aufzeichnungen und während der Geschäftszeit Zutritt zu seinen Grundstücken und Geschäftsräumen zu gewähren. Werden die Unterlagen nach Satz 1 bei einem Dritten verwahrt, ist die Bundesagentur zur Durchführung der Aufgaben nach diesem Buch berechtigt, auch dessen Grundstücke und Geschäftsräume während der Geschäftszeit zu betreten und Einsicht in diese Unterlagen zu nehmen.

(2) In automatisierten Dateien gespeicherte Daten hat der Arbeitgeber auf Verlangen und auf Kosten der Agenturen für Arbeit auszusondern und auf maschinenverwertbaren Datenträgern oder in Listen zur Verfügung zu stellen. Der Arbeitgeber darf maschinenverwertbare Datenträger oder Datenlisten, die die erforderlichen Daten enthalten, ungesondert zur Verfügung stellen, wenn die Aussonderung mit einem unverhältnismäßigen Aufwand verbunden wäre und überwiegende schutzwürdige Interessen der Betroffenen nicht entgegenstehen. In diesem Fall haben die Agenturen für Arbeit die erforderlichen Daten auszusondern. Die übrigen Daten dürfen darüber hinaus nicht verarbeitet und genutzt werden. Sind die zur Verfügung gestellten Datenträger oder Datenlisten zur Durchführung der Aufgaben nach diesem Buch nicht mehr erforderlich, sind sie unverzüglich zu vernichten oder auf Verlangen des Arbeitgebers zurückzugeben.

Vierter Unterabschnitt
Sonstige Pflichten

§ 320 Berechnungs-, Auszahlungs-, Aufzeichnungs- und Anzeigepflichten

(1) Der Arbeitgeber hat der Agentur für Arbeit auf Verlangen die Voraussetzungen für die Erbringung von Kurzarbeitergeld und Wintergeld nachzuweisen. Er hat diese Leistungen kostenlos zu errechnen und auszuzahlen. Dabei hat er beim Kurzarbeitergeld von den Lohnsteuerabzugsmerkmalen in dem maßgeblichen Antragszeitraum auszugehen; auf Grund einer Bescheinigung der für die Arbeitnehmerin oder den Arbeitnehmer zuständigen Agentur für Arbeit hat er den erhöhten Leistungssatz auch anzuwenden, wenn für ein Kind ein Kinderfreibetrag nicht als Lohnsteuerabzugsmerkmal gebildet ist.

(2) Die Insolvenzverwalterin oder der Insolvenzverwalter hat auf Verlangen der Agentur für Arbeit das Insolvenzgeld zu errechnen und auszuzahlen, wenn ihr oder ihm dafür geeignete Arbeitnehmerinnen oder Arbeitnehmer des Betriebs zur Verfügung stehen und die Agentur für Arbeit die Mittel für die Auszahlung des Insolvenzgeldes bereitstellt. Für die Abrechnung ist der von der Bundesagentur vorgesehene Vordruck zu benutzen. Kosten werden nicht erstattet.

(3) Arbeitgeber, in deren Betrieben Wintergeld geleistet wird, haben für jeden Arbeitstag während der Dauer der beantragten Förderung Aufzeichnungen über die

im Betrieb oder auf der Baustelle geleisteten sowie die ausgefallenen Arbeitsstunden zu führen. Arbeitgeber, in deren Betrieben Saison-Kurzarbeitergeld geleistet wird, haben diese Aufzeichnungen für jeden Arbeitstag während der Schlechtwetterzeit zu führen. Die Aufzeichnungen nach Satz 1 und 2 sind vier Jahre aufzubewahren.

(4) (weggefallen)

(4a) Der Arbeitgeber hat der Agentur für Arbeit die Voraussetzungen für die Erbringung von Leistungen zur Förderung der Teilnahme an Transfermaßnahmen nachzuweisen. Auf Anforderung der Agentur für Arbeit hat der Arbeitgeber das Ergebnis von Maßnahmen zur Feststellung der Eingliederungsaussichten mitzuteilen.

(5) Arbeitgeber, in deren Betrieben ein Arbeitskampf stattfindet, haben bei dessen Ausbruch und Beendigung der Agentur für Arbeit unverzüglich Anzeige zu erstatten. Die Anzeige bei Ausbruch des Arbeitskampfes muss Name und Anschrift des Betriebes, Datum des Beginns der Arbeitseinstellung und Zahl der betroffenen Arbeitnehmerinnen und Arbeitnehmer enthalten. Die Anzeige bei Beendigung des Arbeitskampfes muss außer Name und Anschrift des Betriebes, das Datum der Beendigung der Arbeitseinstellung, die Zahl der an den einzelnen Tagen betroffenen Arbeitnehmerinnen und Arbeitnehmer sowie die Zahl der durch Arbeitseinstellung ausgefallenen Arbeitstage enthalten.

Zweiter Abschnitt
Schadensersatz bei Pflichtverletzungen

§ 321 Schadensersatz

Wer vorsätzlich oder fahrlässig

1. eine Arbeitsbescheinigung nach § 312, eine Nebeneinkommensbescheinigung nach § 313 oder eine Insolvenzgeldbescheinigung nach § 314 nicht, nicht richtig oder nicht vollständig ausfüllt,
2. eine Auskunft auf Grund der allgemeinen Auskunftspflicht Dritter nach § 315, der Auskunftspflicht bei beruflicher Aus- und Weiterbildung und bei einer Leistung zur Teilhabe am Arbeitsleben nach § 318 oder der Auskunftspflicht bei Leistung von Insolvenzgeld nach § 316 nicht, nicht richtig oder nicht vollständig erteilt,
3. als Arbeitgeber seine Berechnungs-, Auszahlungs-, Aufzeichnungs- und Mitteilungspflichten bei Kurzarbeitergeld, Wintergeld und Leistungen zur Förderung von Transfermaßnahmen nach § 320 Abs. 1 Satz 2 und 3, Abs. 3 und 4a nicht erfüllt,
4. als Insolvenzverwalterin oder Insolvenzverwalter die Verpflichtung zur Errechnung und Auszahlung des Insolvenzgeldes nach § 320 Abs. 2 Satz 1 nicht erfüllt,

ist der Bundesagentur zum Ersatz des daraus entstandenen Schadens verpflichtet.

Dritter Abschnitt
Verordnungsermächtigung und Anordnungsermächtigung

§ 321 a Verordnungsermächtigung

Das Bundesministerium für Arbeit und Soziales wird ermächtigt, durch Rechtsverordnung mit Zustimmung des Bundesrates das Nähere über Art und Umfang der Pflichten nach dem Zweiten bis Vierten Unterabschnitt des Ersten Abschnitts sowie dem Zweiten Abschnitt dieses Kapitels einschließlich des zu beachtenden Verfahrens und der einzuhaltenden Fristen zu bestimmen.

§ 322 Anordnungsermächtigung

Die Bundesagentur wird ermächtigt, durch Anordnung Näheres über die Meldepflicht der Arbeitslosen zu bestimmen. Sie kann auch bestimmen, inwieweit Einrichtungen außerhalb der Bundesagentur auf ihren Antrag zur Entgegennahme der Meldung zuzulassen sind.

Inhaltsübersicht

Literatur

Becker, Unfallversicherungsschutz für meldepflichtige Personen nach dem SGB II und SGB III, Sozialrecht aktuell 2009, S. 95 ff.; Britschgi/Windirsch, Damit es weitergeht. Wichtige Papiere zum Ende des Arbeitsverhältnisses, AiB 2007, S. 605 ff.; Hoehl, Zur Arbeitsbescheinigung nach § 312 SGB III, NZS 2005, S. 631 ff.; Korinth, Herausgabe von Arbeitspapieren, ArbRB 2004, S. 62 ff.; Marschner, Letzter Akt einer Beschäftigung, AuA 2004, S. 28 ff.

1. Normzweck und allgemeiner Inhalt

Das Achte Kapitel des SGB III regelt Pflichten für verschiedene Personengruppen, die mit dem Regelungssystem der Arbeitslosenversicherung in Kontakt kommen. Das sind in erster Linie natürlich Arbeitslose selbst, aber auch Arbeitgeber, Insolvenzverwalter und weitere Dritte, die ansonsten nicht in unmittelbarer Rechtsbeziehung zur Arbeitsagentur stehen, auf deren Mitwirkung die Bundesagentur für Arbeit jedoch zur Leistungsgewährung angewiesen ist. Die §§ 309 ff. bestimmen, welche Pflichten in welchen Fällen bestehen. Bei Verletzungen einer dieser Pflichten kommen gemäß § 321 zum Teil Schadensersatzansprüche der Bundesagentur in Betracht, zum Teil sind Pflichtverletzungen bußgeldbewehrt (§ 404). Arbeitslose werden bei der Verletzung ihrer Meldepflicht unter den weiteren Voraussetzungen des § 159 mit dem Eintritt einer Sperrzeit sanktioniert. 1

Insbesondere die Pflichten Dritter zur Bescheinigung und zur Auskunft dienen der Beschleunigung und Vereinfachung des Bewilligungsverfahrens und teilweise der Beweissicherung. Sie ergänzen damit die Amtsermittlungspflicht der Bundesagentur für Arbeit durch Indienstnahme[506] Dritter, deren Zulässigkeit sich aus der erhöhten »Sozialpflichtigkeit« etwa von Arbeitgebern ergibt.[507] 2

2. Entstehungsgeschichte

Insbesondere die Ausgestaltung der Meldepflicht der Arbeitslosen gemäß § 309 hat sich im Vergleich zu früheren Vorgaben entwickelt, vor allem besteht seit einigen Jahren nicht mehr das Erfordernis der turnusmäßigen Meldung, sondern lediglich auf Aufforderung der Bundesagentur für Arbeit. Im Übrigen haben die Vorschriften in den letzten Jahren keine wesentlichen Änderungen erfahren. Die Bescheinigungspflicht der Arbeitgeber gemäß § 312 ist erweitert worden. Auch die Auskunftspflichten bei Maßnahmen (§ 318) und die Mitwirkungs- und Duldungspflichten (§ 319) sind durch das Dritte Gesetz für moderne Dienstleistungen am Arbeitsmarkt[508] zum 01.01.2004 zum Teil ausgeweitet worden. 3

3. Meldepflicht der Arbeitslosen

3.1 Allgemeine Meldepflicht (§ 309)

3.1.1 Inhalt und Anwendungsbereich

§ 309 Abs. 1 definiert die allgemeine Meldepflicht der Arbeitslosen. Sie ist zu unterscheiden von der Arbeitssuchendmeldung gemäß § 38 und der persönlichen Arbeitslosmeldung gemäß § 141. Die allgemeine Meldepflicht bedeutet, dass Arbeitslose sich bei der Agentur 4

506 Zur Indienstnahme des Arbeitgebers vgl. etwa BAG – 15.01.1992 – 5 AZR 15/91.
507 Krodel, in Niesel/Brand, SGB III, § 315 Rn. 2.
508 V. 23.12.2003, BGBl. I S. 2848.

für Arbeit oder einer sonstigen Dienststelle persönlich zu melden haben, wenn die Agentur für Arbeit sie dazu auffordert. Die Meldepflicht besteht in der Zeit, in der Arbeitslose einen Anspruch auf Arbeitslosengeld erheben. Damit kommt es nicht darauf an, dass Arbeitslosengeld tatsächlich (schon) bezogen wird, so dass die Meldepflicht auch in Zeiten besteht, für die etwa noch um den Anspruch gestritten wird. Umgekehrt kann auch der Verzicht eines Arbeitslosen auf den Arbeitslosengeldanspruch für den Tag des Meldetermins seine Pflicht nicht entfallen lassen. Entscheidend ist mithin nur, dass der Arbeitslose im Zeitpunkt des Meldetermins einen Anspruch auf Arbeitslosengeld erhoben hat.[509] Ausdrücklich geregelt ist, dass die Meldepflicht auch in Zeiten besteht, in denen der Anspruch auf Arbeitslosengeld ruht, § 309 Abs. 1 Satz 3.

5 Die Meldepflicht gemäß § 309 ist von den allgemeinen Mitwirkungspflichten nach §§ 60 ff. SGB I, insbesondere von der Pflicht zum persönlichen Erscheinen gemäß § 61 SGB I, zu unterscheiden. Aus § 37 SGB I folgt, dass jedenfalls für Zeiten, in denen ein Anspruch auf Arbeitslosengeld erhoben wird, die spezialgesetzliche Regelung des § 309 mit ihren auch engeren Voraussetzungen vor allem zu den Meldezwecken vorrangig ist und die Pflicht aus § 61 SGB I verdrängt.[510]

3.1.2 Aufforderung

6 Voraussetzung für die Meldepflicht ist die Aufforderung durch die Bundesagentur für Arbeit. Die Aufforderung an die Arbeitslosen, sich zu melden, ist an keine Form gebunden, d.h. sie kann auch mündlich ergehen, allerdings ist in der Praxis die schriftliche Aufforderung üblich. Die Aufforderung muss den Meldezweck, den Meldeort und den Meldezeitpunkt benennen. Weil der Eintritt einer Sperrzeit bei einem Meldeversäumnis davon abhängig ist, dass die oder der Arbeitslose zuvor über die Rechtsfolgen belehrt worden ist (§ 159 Abs. 1 Satz 2 Nr. 6), muss die Meldeaufforderung zudem die Rechtsfolgen bei Nichterscheinen zum Meldetermin konkret benennen.

7 Die Aufforderung ist Verwaltungsakt im Sinne des § 31 SGB X[511] und muss daher jedenfalls bekannt gegeben werden. Zur Frage des Zugangs und dessen Nachweises ist daher auf die Grundsätze und Regelungen aus dem allgemeinen Verfahrensrecht abzustellen (siehe §§ 31 ff. SGB X). Weil sie Verwaltungsakt ist, kann die Meldeaufforderung mit Widerspruch und Anfechtungsklage angefochten werden, die jedoch gemäß § 336 a Nr. 3 keine aufschiebende Wirkung haben. Effektiven Rechtsschutz gegen eine Meldeaufforderung dürfte allein der einstweilige Rechtsschutz bieten, weil sich die Meldeaufforderung mit Ablauf des Meldetermins gemäß § 39 Abs. 2 SGB X erledigt, was regelmäßig vor einer Klage in der Hauptsache der Fall sein wird. Zum Teil wird jedoch das

509 BSG – 25.04.1996 – 11 RAr 81/95.

510 Düe, in Niesel/Brand, SGB III, § 309 Rn. 3 f.; Winkler, in Gagel, SGB III, § 309 Rn. 37 ff., der für eine auch darüber hinausgehende »strikte Trennung« ist; a.A. LSG Schleswig-Holstein – 22.09.2000 – L 3 AL 10/00; sowie Voelzke, in Hauck/Noftz, SGB III, § 309 Rn. 7 ff.

511 Die VA-Qualität lässt sich auch aus § 336 a Nr. 3 SGB III schließen und ist mittlerweile auch vom BSG unter Verweis auf die vergleichbare Vorschrift des § 39 Nr. 4 SGB II so gesehen worden, BSG – 19.12.2011 – B 14 AS 146/11 B.

Vorliegen eines Anordnungsgrundes und/oder Rechtsschutzbedürfnisses für ein Eilverfahren bezweifelt.[512]

3.1.3 Meldezwecke

Die Aufforderung zur Meldung kann und muss zu einem der in § 309 Abs. 2 genannten Zwecke erfolgen. Die Aufzählung dort wird als abschließend angesehen.[513] Meldezwecke sind zum einen die Berufsberatung (Nr. 1), die Vermittlung in Ausbildung oder Arbeit (Nr. 2) und die Vorbereitung aktiver Arbeitsförderungsleistungen (Nr. 3). Was genau unter diesen Zwecken zu verstehen ist, ergibt sich aus den Vorschriften des Allgemeinen Teils bzw. zur Aktiven Arbeitsförderung (vgl. §§ 3, 30, 31, 35, 36). **8**

Die Meldezwecke nach Nr. 4 und 5 betreffen etwas abstrakter das Leistungsverfahren. **9** Zum einen kann die Aufforderung zum Zweck der Vorbereitung von Entscheidungen im Leistungsverfahren erfolgen, also in Fällen, in denen vor einer Entscheidung ein Gespräch mit der oder dem Arbeitslosen notwendig oder sinnvoll ist.[514] Zum anderen kann Meldezweck die Prüfung des Vorliegens der Voraussetzungen für den Leistungsanspruch – etwa die Verfügbarkeit – sein. Insbesondere dieser Meldezweck soll Kontrollmöglichkeiten gegen Leistungsmissbrauch eröffnen.[515] Die Zwecke nach Nr. 4 und 5 dürften im Einzelfall nicht immer deutlich voneinander abzugrenzen sein, was jedoch, da beide zulässig sind, im Ergebnis folgenlos ist.

Der Meldezweck muss in der Meldeaufforderung – zumindest stichwortartig[516] – benannt werden. **10**

Die ärztliche oder psychologische Untersuchung ist zwar in § 309 Abs. 2 nicht aufgezählt. **11** Die Möglichkeit, Arbeitslose zu diesem Zweck zur Meldung aufzufordern, ergibt sich jedoch aus § 309 Abs. 1. Allerdings besteht bei einer solchen Aufforderung nur die Pflicht, zum Untersuchungstermin zu erscheinen, nicht jedoch auch die Pflicht, sich der Untersuchung zu unterziehen.[517]

3.1.4 Meldung

Der Arbeitslose hat sich bei der in der Aufforderung bezeichneten Stelle zu der von der **12** Bundesagentur für Arbeit bestimmten Zeit zu melden (§ 309 Abs. 1 Satz 2, Abs. 3 Satz 1). Die Meldung hat persönlich zu erfolgen, d.h. der Arbeitslose muss in Person erscheinen.

---

512 Winkler, in Gagel, SGB III, § 309 Rn. 44; ein Rechtsschutzbedürfnis bejahend LSG Berlin-Brandenburg – 21.07.2011 – L 14 AS 999/11 B ER.

513 Düe, in Niesel/Brand, SGB III, § 309 Rn. 10; LSG Baden-Württemberg – 18.02.2005 – L 8 AL 4106/03; so wohl auch GA 159.55.

514 Winkler, in Gagel, SGB III, § 309 Rn. 19.

515 Düe, in Niesel/Brand, SGB III, § 309 Rn. 11.

516 LSG Baden-Württemberg – 18.02.2005 – L 8 AL 4106/03; LSG Berlin-Brandenburg – 21.07.2011 – L 14 AS 999/11 B ER.

517 Düe, in Niesel/Brand, SGB III, § 309 Rn. 17; keinen Rechtsgrund für die Durchführung einer Untersuchung sieht auch Voelzke, in Hauck/Noftz, SGB III, § 309 Rn. 29.

Ob Arbeitslose bei einer Meldeaufforderung nur zum Erscheinen oder auch zu einer Mitwirkung verpflichtet sind, ist umstritten.[518]

13 Meldestellen können die Agentur für Arbeit oder sonstige Dienststellen sowie bei Untersuchungsterminen Ärzte, Psychologen oder Krankenhäuser sein. Der Zeitpunkt der Meldung muss sich aus der Aufforderung ergeben. Mit einer Meldung am selben Tag, jedoch zu einer späteren als der angegebenen Uhrzeit, ist die Meldepflicht dann erfüllt, wenn der Meldezweck noch erreicht wird (§ 309 Abs. 3 Satz 2), also regelmäßig dann, wenn das Gespräch mit dem Vermittler noch stattfinden kann.

14 Für den Fall, dass die meldepflichtige Person zum in der Aufforderung genannten Zeitpunkt arbeitsunfähig erkrankt ist, wirkt die Aufforderung auf den ersten Tag der Arbeitsfähigkeit fort, wenn dies in der Aufforderung so bestimmt ist (§ 309 Abs. 3 Satz 3), d. h. sie muss sich dann am ersten Tag nach der Arbeitsunfähigkeit melden. Voraussetzung ist, dass die Bundesagentur für Arbeit dies in der Meldeaufforderung ausdrücklich anordnet. Diese Regelung scheint zu unterstellen, dass bei Arbeitsunfähigkeit keine Meldepflicht besteht bzw. ein erheblicher Grund vorliegt, der Pflicht nicht nachzukommen. Nach der Rechtsprechung des BSG ist jedoch Arbeitsunfähigkeit nicht in jedem Fall gleichbedeutend mit einer krankheitsbedingten Unfähigkeit, zu einem Meldetermin nicht zu erscheinen.[519]

3.1.5 Kosten

15 Die notwendigen Reisekosten, die Arbeitslosen entstehen, um die Meldepflicht zu erfüllen, können unter den Voraussetzungen des § 309 Abs. 4 von der Bundesagentur für Arbeit übernommen werden.

3.1.6 Rechtsfolgen

16 Kommt der Arbeitslose einer rechtmäßigen Meldeaufforderung nicht nach, tritt gemäß § 159 Abs. 1 Satz 2 Nr. 6, Abs. 6 eine Sperrzeit von einer Woche ein, weil es sich dabei nach der gesetzlichen Definition um versicherungswidriges Verhalten handelt (siehe § 159 Rn. 13). Voraussetzung dafür ist aber, dass über diese Rechtsfolge hinreichend belehrt worden ist und der Arbeitslose keinen wichtigen Grund für das Meldeversäumnis hat.[520]

17 Nach den Geschäftsanweisungen der Bundesagentur für Arbeit ist »bei erneutem (gemeint: ab dem dritten) Meldeversäumnis ohne wichtigen Grund die Bewilligung der Leistung mit Wirkung für die Zukunft aufzuheben«.[521] Begründet wird dies damit, dass in dem Fall die Verfügbarkeit im Sinne des § 138 Abs. 1 Nr. 3 entfallen sei. Eine gesetzliche Grundlage findet sich für diese Praxis aber weder in § 309 noch in § 138. Sie begegnet auch deshalb Bedenken, weil die Rechtsfolge eines Meldeversäumnisses in § 159, nämlich

518 Keine weitergehende Verpflichtung als das Erscheinen sieht Düe, in Niesel/Brand, SGB III, § 309 Rn. 18; das LSG Bayern ist der Auffassung, das »kurze wortlose Erscheinen« zum Meldetermin sei keine Erfüllung der Meldepflicht, LSG Bayern – 03.01.2011 – L 7 AS 921/10 B ER.

519 BSG – 09.11.2010 – B 4 AS 27/10 R.

520 Zum wichtigen Grund siehe § 159 Rn. 23.

521 GA 159.58.

durch Eintritt einer Sperrzeit, ausdrücklich geregelt ist und die Aufhebung der Leistungsbewilligung eine zusätzliche Sanktion darstellt. Ob Verfügbarkeit und damit eine Voraussetzung des Arbeitslosengeldanspruchs entfallen ist, ist daher im Einzelfall nach den Vorgaben des § 138 zu prüfen.[522]

3.2 Meldepflicht bei Zuständigkeitswechsel (§ 310)

Ändert sich die Zuständigkeit nach § 327, haben sich Arbeitslose bei der nunmehr zuständigen Agentur unverzüglich, d. h. ohne schuldhaftes Zögern zu melden. Diese Meldung muss nicht persönlich erfolgen.[523] Eine Verletzung dieser Pflicht zieht mangels ausdrücklicher gesetzlicher Regelung keine Sanktionen nach sich. Unter Umständen kann die unterbliebene Meldung bei Zuständigkeitswechsel aber Zweifel an der Verfügbarkeit begründen.[524] 18

4. Bescheinigungspflichten

4.1 Bescheinigungspflicht des Arbeitgebers (§ 312)

Arbeitgeber sind verpflichtet, bei Beendigung des Beschäftigungsverhältnisses eine Arbeitsbescheinigung auszustellen. Die Arbeitsbescheinigung dient der Beschleunigung des Bewilligungsverfahrens und der Beweissicherung.[525] 19

4.1.1 Inhalt der Arbeitsbescheinigung

Gemäß § 312 sind in der Arbeitsbescheinigung alle Tatsachen zu bescheinigen, die für die Entscheidung über den Anspruch auf Arbeitslosengeld oder Übergangsgeld erheblich sein können. Welche Tatsachen dies mindestens sind, zählt § 312 Abs. 1 Satz 2 auf: Art der Tätigkeit, Beginn, Ende, Unterbrechungen und Grund für die Beendigung des Beschäftigungsverhältnisses sowie das Arbeitsentgelt und die sonstigen Geldleistungen, die der Arbeitnehmer zu beanspruchen hat. Weil der Arbeitgeber für die Bescheinigung den Vordruck der Bundesagentur zu verwenden hat (§ 312 Abs. 1 Satz 1 2. Halbs.), ist bereits dadurch vorgegeben, welche Angaben regelmäßig notwendig sind. Nach einer entsprechenden Vereinbarung ist auch die Nutzung maschineller Bescheinigungen möglich.[526] 20

Zu bescheinigen sind nur Tatsachen, nicht jedoch rechtliche Einschätzungen oder Wertungen des Arbeitgebers. Erfragt werden dürfen jedoch Tatsachen in »einfachen, schlichten Rechtsbegriffen des Arbeitslebens«, die jedem Arbeitgeber geläufig sind,[527] 21

---

522 Zu einem Fall, in dem auf fehlende subjektive Arbeitsbereitschaft nach Nichterscheinen zu einem Termin und unterlassener Mitteilung der Hinderungsgründe geschlossen wurde: LSG Hessen – 22.03.1976 – L 1 Ar 336/75.
523 Düe, in Niesel/Brand, SGB III, § 310 Rn. 3.
524 Steinmeyer, in Gagel, SGB III, § 310, Rn. 14.
525 Düe, in Niesel/Brand, SGB III § 312 Rn. 2.
526 Anhang 2 zu den GA, 312.8.
527 BSG – 11.01.1989 – 7 RAr 88/87.

also etwa Begriffe wie Entlassungsentschädigung, Abfindung, Urlaubsabgeltung oder auch ordentliche und außerordentliche Kündigung.[528] Was gefragt werden darf, ist vor allem für mögliche Schadensersatzansprüche der Bundesagentur für Arbeit gegen den Arbeitgeber gemäß § 321 Nr. 1 von Bedeutung, denn eine Arbeitsbescheinigung kann nur dann »nicht richtig« ausgefüllt sein, wenn der Arbeitgeber überhaupt verpflichtet war, die entsprechende Angabe zu machen (siehe Rn. 38 ff.). Das ist dann nicht der Fall, wenn es sich nicht um eine Tatsache, sondern um eine rechtliche Wertung handelt, die über den einfachen Rechtsbegriff des Arbeitslebens hinausgeht.[529]

4.1.2 Aushändigung an Arbeitnehmer

22 Die Arbeitsbescheinigung ist dem Arbeitnehmer bei Beendigung des Beschäftigungsverhältnisses auszuhändigen, § 312 Abs. 1 Satz 3. Gemeint ist das Beschäftigungsverhältnis im leistungsrechtlichen Sinne, die Arbeitsbescheinigung muss also ausgehändigt werden, wenn der Arbeitnehmer tatsächlich nicht mehr arbeitet. Auf das rechtliche Ende des Arbeitsverhältnisses kommt es nicht an.

23 Der Arbeitgeber muss die Arbeitsbescheinigung dem Arbeitnehmer aushändigen, also übergeben oder zusenden. Es handelt sich dabei um eine Pflicht des Arbeitgebers, so dass umgekehrt keine Verpflichtung des Arbeitnehmers besteht, sich die Arbeitsbescheinigung zu beschaffen.[530]

4.1.3 Rechtsnatur der Pflicht

24 Die Pflicht des Arbeitgebers, die Arbeitsbescheinigung auszustellen und dem Arbeitnehmer auszuhändigen, stellt eine öffentlich-rechtliche Pflicht dar, die gegenüber der Bundesagentur für Arbeit besteht. Die Pflicht umfasst die rechtzeitige und inhaltlich richtige Ausstellung der Bescheinigung. Allerdings ist die Bundesagentur für Arbeit nicht an die bescheinigten Tatsachen gebunden. Sobald das Leistungsverfahren eröffnet ist, also regelmäßig wenn ein Antrag auf Arbeitslosengeld gestellt ist, muss die Bundesagentur für Arbeit die leistungsrechtlichen Voraussetzungen von Amts wegen ermitteln. Das heißt dann auch, dass sie den Inhalt der Bescheinigung überprüfen muss, sofern Anhaltspunkte für ihre Unrichtigkeit bestehen.[531]

25 Inhaberin des Anspruchs gegen den Arbeitgeber ist also zunächst die Bundesagentur für Arbeit, während der Arbeitnehmer nach der gesetzlichen Regelung des § 312 nur insoweit in dieses Rechtsverhältnis eingebunden ist, als ihm die Bescheinigung auszuhändigen ist. Nach der Rechtsprechung des BAG gestaltet jedoch die öffentlich-rechtliche Pflicht des Arbeitgebers, die Arbeitsbescheinigung rechtzeitig und inhaltlich richtig aus-

528 BSG – 16.10.1991 – 11 RAr 119/90.
529 Beispiele aus der Rechtsprechung bei Düe, in Niesel/Brand, SGB III § 312 Rn. 9.
530 Es besteht also – anderes als bei anderen Arbeitspapieren – keine Holschuld der Arbeitnehmer (Steinmeyer, in Gagel, SGB III, § 312, Rn. 21).
531 Steinmeyer, in Gagel, SGB III, § 312, Rn. 48.

zustellen, das Verhältnis zwischen Arbeitgeber und Arbeitnehmer, namentlich die Fürsorgepflicht des Arbeitgebers.[532] Auch der Arbeitnehmer hat daher durchsetzbare Ansprüche gegen den Arbeitgeber in Zusammenhang mit der Arbeitsbescheinigung. Umgekehrt hat jedoch der Arbeitgeber kein Zurückbehaltungsrecht.

4.1.4 Durchsetzung der Ansprüche

Weil die Pflicht des Arbeitgebers eine öffentlich-rechtliche ist, die zugleich das privatrechtliche Rechtsverhältnis zwischen Arbeitnehmer und Arbeitgeber gestaltet,[533] wird der Rechtsweg zur Durchsetzung der verschiedenen Ansprüche als geteilt[534] angesehen: Für den Anspruch auf Erteilung der Arbeitsbescheinigung sind die Arbeitsgerichte zuständig,[535] wenn es um Berichtigungen des Inhaltes geht, ist der Rechtsweg zu den Sozialgerichten eröffnet.[536] **26**

Für eine Klage gegen den Arbeitgeber auf Aushändigung oder Berichtigung der Arbeitsbescheinigung wird allenfalls für den Arbeitnehmer ein Rechtsschutzbedürfnis bestehen. Die Bundesagentur für Arbeit kann ihren Anspruch gegen den Arbeitgeber durch Verwaltungsakt durchsetzen und diesen vollstrecken. Klagt ein Arbeitnehmer, verneinen die Sozialgerichte in der Regel ebenfalls das Rechtsschutzbedürfnis, weil es im laufenden Verwaltungsverfahren auf Bewilligung von Arbeitslosengeld einen einfacheren und schnelleren Weg gibt.[537] Denn die Bundesagentur für Arbeit muss die Anspruchsvoraussetzungen von Amts wegen prüfen, dazu gehört auch, die notwendigen Tatsachen über den Arbeitgeber zu ermitteln. Sind Arbeitslose mit dem Ergebnis nicht einverstanden, weil die Bundesagentur für Arbeit bei der Entscheidung über den Arbeitslosengeldanspruch aus ihrer Sicht unrichtige Tatsachen zugrundegelegt hat, kann in einem Klageverfahren auf (höheres) Arbeitslosengeld der Arbeitgeber als Zeuge vernommen werden. **27**

4.1.5 Sonderfälle

Die Absätze 2 bis 4 des § 312 regeln Besonderheiten in Zusammenhang mit der Arbeitsbescheinigung. Höhere Anforderungen werden an Arbeitgeber gestellt, die geltend machen, die Arbeitslosigkeit sei Folge eines Arbeitskampfes, § 312 Abs. 2: Die dem zugrundeliegenden Tatsachen müssen dann konkret dargelegt und glaubhaft gemacht werden (§ 294 ZPO), zudem muss eine Stellungnahme der Betriebsvertretung beigefügt werden. **28**

Arbeitsbescheinigungen sind schließlich auch für Heimarbeiter, Empfänger von Sozialleistungen und Krankentagegeld sowie für Haftentlassene (§ 312 Abs. 3 und 4) auszustellen. **29**

---

532 U.a. BAG – 15.01.1992 – 5 AZR 15/91.

533 »Doppelnatur der Rechte und Pflichten«, Steinmeyer, in Gagel, SGB III, § 312, Rn. 19, 62.

534 Ausführlich, auch zur Kritik daran, Steinmeyer, in Gagel, SGB III, § 312, Rn. 62 ff. (im Ergebnis für Zuständigkeit der Sozialgerichte); a.A. Hoehl, NZS 2005, S. 631 ff. (im Ergebnis für Zuständigkeit der Arbeitsgerichte).

535 Vgl. zuletzt etwa BAG – 30.08.2000 – 5 AZB 12/00.

536 Vgl. zuletzt etwa LSG Berlin-Brandenburg – 12.08.2010 – L 8 AL 222/10 B.

537 BSG – 12.12.1990 – 11 RAr 43/88, offen gelassen für die Zeit, in der noch kein Bewilligungsverfahren läuft, dazu Steinmeyer, in Gagel, SGB III, § 312, Rn. 76 ff.

4.2 Sonstige Bescheinigungspflichten (§§ 311, 313, 314)

30 Arbeitslose sind gemäß § 311 verpflichtet, eine eingetretene Arbeitsunfähigkeit sowie ihre voraussichtliche Dauer der Bundesagentur für Arbeit unverzüglich anzuzeigen. Zudem müssen sie in diesem Fall spätestens vor Ablauf des dritten Kalendertages nach Eintritt der Arbeitsunfähigkeit eine ärztliche Bescheinigung vorlegen. Die Bundesagentur für Arbeit kann die Vorlage der Bescheinigung früher verlangen, sie hat insoweit Ermessen auszuüben. Die Anzeige der Arbeitsunfähigkeit konkretisiert die Mitwirkungspflichten von Arbeitslosen und ist erforderlich, weil bei Arbeitsunfähigkeit grundsätzlich die Verfügbarkeit im Sinne des § 138 Abs. 5 entfällt und Arbeitslosengeld nur unter den Voraussetzungen des § 146 weitergezahlt wird.

31 Die Pflicht, eine Nebeneinkommensbescheinigung (§ 313) auszustellen, trifft Arbeitgeber und Auftraggeber von Selbständigen und ist vergleichbar mit der Pflicht des § 312. Sie entsteht, wenn Beschäftigte oder Auftragnehmer laufende Geldleistungen nach dem SGB III[538] beantragt haben oder – wenn Leistungen schon bezogen werden – mit Aufnahme der Tätigkeit. Auch hier besteht die Pflicht, den Vordruck der Bundesagentur für Arbeit zu verwenden und die Bescheinigung dem Leistungsbezieher auszuhändigen. Die Bescheinigungspflicht des Arbeitgebers korrespondiert mit der Pflicht des Leistungsbeziehers, dem Dienstberechtigten oder Besteller den Vordruck unverzüglich vorzulegen (§ 313 Abs. 2).

32 Die Insolvenzgeldbescheinigung im Sinne des § 314 ist wichtiges Element im Verfahren auf Bewilligung von Insolvenzgeld gemäß §§ 165 ff. (siehe dort), denn die Bundesagentur für Arbeit legt bei der Prüfung des Anspruchs auf Insolvenzgeld und insbesondere seiner Höhe in der Praxis die Angaben in der Insolvenzgeldbescheinigung ungeprüft zugrunde. Die Pflicht zur Erteilung der Insolvenzgeldbescheinigung trifft den Insolvenzverwalter, nur wenn ein Insolvenzverfahren nicht eröffnet oder wieder eingestellt worden ist, ist der Arbeitgeber verpflichtet (§ 314 Abs. 2). Anders als die übrigen Bescheinigungspflichten entsteht die Pflicht gemäß § 314 nur auf Verlangen der Agentur für Arbeit. Zu bescheinigen sind im Wesentlichen die Höhe des Arbeitsentgeltes der letzten drei Monate vor Eröffnung des Insolvenzverfahrens sowie die Höhe der gesetzlichen Abzüge und derjenigen Leistungen, die zur Erfüllung der Arbeitsentgeltansprüche erbracht worden sind. Für die Durchsetzung des Anspruchs auf Erteilung oder Berichtigung der Insolvenzgeldbescheinigung gelten dieselben Maßgaben wie für die Arbeitsbescheinigung (siehe Rn. 26 f.).

5. Auskunfts- und sonstige Pflichten (§§ 315–320)

33 Für das sozialrechtliche Verwaltungsverfahren regelt das SGB X allgemein die »Zusammenarbeit der Leistungsträger mit Dritten«, darunter auch die Auskunftspflichten Dritter. Die Regelungen der §§ 98 ff. SGB X werden für die Arbeitslosenversicherung durch die §§ 315 bis 318 ergänzt, konkretisiert und zum Teil ersetzt.

538 In § 313 Abs. 1 SGB III abschließend aufgezählt: Berufsausbildungsbeihilfe, Ausbildungsgeld, Arbeitslosengeld, Übergangsgeld und (über § 131 Abs. 3 SGB III) Kurzarbeitergeld.

Weitreichende Auskunftspflichten regelt dabei der § 315, der Leistungserbringer im weitesten Sinne (Abs. 1), Leistungs- und Unterhaltsverpflichtete (Abs. 2), Führer von Konten und Vermögensgegenständen[539] (Abs. 2), Arbeitgeber (Abs. 3) sowie Ehegatten, Lebenspartner und Partner eheähnlicher Gemeinschaften (Abs. 5) zur Erteilung bestimmter Auskünfte verpflichtet. Voraussetzung ist zum einen, dass eine Person eine laufende Geldleistung im Sinne des § 313[540] oder Kurzarbeitergeld bezieht oder beantragt hat. Zum anderen muss die Auskunft für die Durchführung der Aufgaben nach dem SGB III erforderlich sein. Damit muss sich die Entscheidung der Bundesagentur für Arbeit, ob die entsprechenden Auskünfte eingeholt werden, am Grundsatz der Verhältnismäßigkeit orientieren.[541] Die Auskunftspflicht besteht zudem nur auf Verlangen der Bundesagentur für Arbeit und beschränkt sich auf Auskünfte über Tatsachen. Die Auskunftspflicht von Ehegatten und Partnern bzw. über deren Vermögensverhältnisse gemäß § 315 Abs. 5 besteht nur in Fällen einer Bedürftigkeitsprüfung. Die Vorschrift war insbesondere für die Gewährung von Arbeitslosenhilfe relevant. Laufende Geldleistungen, die Bedürftigkeit voraussetzen, sind aktuell noch die Berufsausbildungsbeihilfe gemäß §§ 56 ff. und das Ausbildungsgeld gemäß § 122. **34**

Auskunftspflichten werden durch § 316 dem Insolvenzverwalter gegenüber der Bundesagentur für Arbeit sowie Arbeitgebern und Arbeitnehmern gegenüber dem Insolvenzverwalter auferlegt. Weitere Auskunftspflichten treffen Arbeitnehmer, die Kurzarbeitergeld oder Wintergeld beziehen oder für die diese beantragt sind (§ 317), sowie Träger von und Teilnehmer an Aus-, Weiterbildungs- und Eingliederungsmaßnahmen (§ 318). **35**

Weitreichende Pflichten zur Mitwirkung, Duldung, Aufzeichnung etc. werden schließlich insbesondere Arbeitgebern durch die §§ 319, 320 auferlegt. **36**

6. Rechtsfolgen bei Verstößen

Verletzungen der in §§ 309 ff. normierten Pflichten bleiben regelmäßig nicht folgenlos. Die Sanktionen sind jedoch unterschiedlich und hängen unter anderem davon ab, ob die Person, die eine ihr auferlegte Pflicht verletzt, unmittelbar in das Leistungssystem des SGB III einbezogen ist oder nicht: Arbeitslose, die die Meldepflicht gemäß § 309 verletzen, müssen mit dem Eintritt einer Sperrzeit rechnen (§ 159, siehe oben Rn. 16), also mit einer Konsequenz, die sich unmittelbar auf den Leistungsanspruch auswirkt. **37**

6.1 Schadensersatz (§ 321)

Zum Schadensersatz verpflichtet sind hingegen Dritte, die über die Pflichten zur Bescheinigung, Auskunft etc. durch die Bundesagentur für Arbeit in Dienst genommen werden. § 321 begründet einen öffentlich-rechtlichen Schadensersatzanspruch der Bundesagentur für Arbeit gegen Arbeitgeber, Insolvenzverwalter und zur Auskunft verpflichtete Dritte. **38**

539 Also im Wesentlichen Banken und Sparkassen.
540 Siehe Fn. 538.
541 Krodel, in Niesel/Brand, SGB III, § 315 Rn. 5.

Die Vorschrift normiert verschiedene Pflichtverletzungstatbestände: Eine Pflicht verletzt, wer eine Bescheinigung (§§ 312, 313, 314) nicht, nicht richtig oder nicht vollständig ausfüllt (Nr. 1) oder eine Auskunft (§§ 315, 316, 318) nicht, nicht richtig oder nicht vollständig erteilt (Nr. 2). Auch die Nichterfüllung der Pflichten der Arbeitgeber und des Insolvenzverwalters gemäß § 320 begründen einen Schadensersatzanspruch gegen diese Personen (Nr. 3 und 4).

39 Der Umfang der Pflichten, wie er in §§ 312 ff. geregelt ist, begrenzt auch die möglichen Verletzungshandlungen: Weil etwa keine gesetzliche Verpflichtung besteht, in der Arbeits- oder Insolvenzgeldbescheinigung rechtliche Wertungen abzugeben, kann eine fehlerhafte rechtliche Wertung auch keine Pflichtverletzung darstellen (siehe oben Rn. 21). Die Verletzungshandlung »nicht richtiges Ausfüllen« kann sich daher nur auf Tatsachen und einfache Rechtsbegriffe der Alltagssprache beziehen.

40 Die in § 321 genannten Personen haften für Vorsatz und Fahrlässigkeit (auch leichte) und auch für Erfüllungsgehilfen, ohne dass sie sich auf die sorgfältige Auswahl und Überwachung dieser Hilfspersonen berufen können.[542] Allerdings wird die Frage, ob Verschulden vorliegt, auch davon beeinflusst, ob etwa durch den von der Bundesagentur für Arbeit vorgegebenen Fragebogen unrichtige Angaben hervorgerufen werden oder die Erläuterungen unverständlich sind. Zudem ist auch an Mitverschulden der Bundesagentur für Arbeit zu denken, wenn sie im Bewilligungsverfahren unrichtige Angaben ungeprüft zugrundelegt, obwohl Zweifel sich aufdrängen.[543]

41 Der Anspruch ist auf Ersatz des aus der Pflichtverletzung entstandenen Schadens gerichtet. Dieser liegt regelmäßig in Überzahlungen an den Leistungsberechtigten; den Ersatz von Verwaltungskosten und Zinsen kann die Bundesagentur für Arbeit hingegen nicht verlangen.[544] Der Bundesagentur für Arbeit obliegt eine Schadensminderungspflicht, d. h. sie muss zunächst versuchen, etwaige Überzahlungen vom Empfänger zurückzufordern,[545] was unter den Voraussetzungen der §§ 45, 48, 50 SGB X i. V. m. § 330 möglich ist.

42 Zur Durchsetzung des Schadensersatzanspruchs ist der Rechtsweg zu den Sozialgerichten eröffnet. Ob der Anspruch gegen Arbeitgeber etc. jedoch durch Verwaltungsakt geltend gemacht werden kann oder unmittelbar mit der Leistungsklage einzuklagen ist, ist noch nicht endgültig entschieden.[546]

6.2 Bußgeld (§ 404)

43 Verletzungen der Pflichten gemäß §§ 312 ff. stellen bei Vorsatz oder Fahrlässigkeit zudem teilweise Ordnungswidrigkeiten dar (§ 404 Abs. 2 Nr. 19 bis 25), die mit Geldbußen bis zu 2000 € geahndet werden können (§ 404 Abs. 3).

---

542 BSG – 09. 09. 1986 – 7 RAr 77/84.

543 BSG – 20. 10. 1983 – 7 RAr 41/82.

544 Winkler, in Gagel, SGB III, § 321 Rn. 11 f.

545 So etwa BSG – 20. 10. 1983 – 7 RAr 41/82; einschränkend SG Dortmund – 18. 07. 2002 – S 27 AL 39/01.

546 Zugunsten Verwaltungsakt BSG – 30. 01. 1990 – 11 RAr 11/89; zum Streitstand Winkler, in Gagel, SGB III, § 321 Rn. 21 ff.

Neuntes Kapitel
Gemeinsame Vorschriften für Leistungen

Erster Abschnitt
Antrag und Fristen

§ 323 Antragserfordernis

(1) Leistungen der Arbeitsförderung werden auf Antrag erbracht. Arbeitslosengeld gilt mit der persönlichen Arbeitslosmeldung als beantragt, wenn die oder der Arbeitslose keine andere Erklärung abgibt. Leistungen der aktiven Arbeitsförderung können auch von Amts wegen erbracht werden, wenn die Berechtigten zustimmen. Die Zustimmung gilt insoweit als Antrag.

(2) Kurzarbeitergeld, Leistungen zur Förderung der Teilnahme an Transfermaßnahmen und ergänzende Leistungen nach § 102 sind vom Arbeitgeber schriftlich unter Beifügung einer Stellungnahme der Betriebsvertretung zu beantragen. Der Antrag kann auch von der Betriebsvertretung gestellt werden. Mit einem Antrag auf Saison-Kurzarbeitergeld oder ergänzende Leistungen nach § 102 sind die Namen, Anschriften und Sozialversicherungsnummern der Arbeitnehmerinnen und Arbeitnehmer mitzuteilen, für die die Leistung beantragt wird. Saison-Kurzarbeitergeld oder ergänzende Leistungen nach § 102 sollen bis zum 15. des Monats beantragt werden, der dem Monat folgt, in dem die Tage liegen, für die die Leistungen beantragt werden.

§ 324 Antrag vor Leistung

(1) Leistungen der Arbeitsförderung werden nur erbracht, wenn sie vor Eintritt des leistungsbegründenden Ereignisses beantragt worden sind. Zur Vermeidung unbilliger Härten kann die Agentur für Arbeit eine verspätete Antragstellung zulassen.

(2) Berufsausbildungsbeihilfe, Ausbildungsgeld und Arbeitslosengeld können auch nachträglich beantragt werden. Kurzarbeitergeld und ergänzende Leistungen nach § 102 sind nachträglich zu beantragen.

(3) Insolvenzgeld ist abweichend von Absatz 1 Satz 1 innerhalb einer Ausschlussfrist von zwei Monaten nach dem Insolvenzereignis zu beantragen. Wurde die Frist aus nicht selbst zu vertretenden Gründen versäumt, wird Insolvenzgeld geleistet, wenn der Antrag innerhalb von zwei Monaten nach Wegfall des Hinderungsgrundes gestellt worden ist. Ein selbst zu vertretender Grund liegt vor, wenn sich Arbeitnehmerinnen und Arbeitnehmer nicht mit der erforderlichen Sorgfalt um die Durchsetzung ihrer Ansprüche bemüht haben.

§ 325 Wirkung des Antrages

(1) Berufsausbildungsbeihilfe und Ausbildungsgeld werden rückwirkend längstens vom Beginn des Monats an geleistet, in dem die Leistungen beantragt worden sind.

(2) Arbeitslosengeld wird nicht rückwirkend geleistet. Ist die zuständige Agentur für Arbeit an einem Tag, an dem die oder der Arbeitslose Arbeitslosengeld beantragen

will, nicht dienstbereit, so wirkt ein Antrag auf Arbeitslosengeld in gleicher Weise wie eine persönliche Arbeitslosmeldung zurück.

(3) Kurzarbeitergeld und ergänzende Leistungen nach § 102 sind für den jeweiligen Kalendermonat innerhalb einer Ausschlussfrist von drei Kalendermonaten zu beantragen; die Frist beginnt mit Ablauf des Monats, in dem die Tage liegen, für die die Leistungen beantragt werden.

(4) (weggefallen)

(5) Leistungen zur Förderung der Teilnahme an Transfermaßnahmen sind innerhalb einer Ausschlussfrist von drei Monaten nach Ende der Maßnahme zu beantragen.

§ 326 Ausschlussfrist für Gesamtabrechnung

(1) Für Leistungen an Träger hat der Träger der Maßnahme der Agentur für Arbeit innerhalb einer Ausschlussfrist von sechs Monaten die Unterlagen vorzulegen, die für eine abschließende Entscheidung über den Umfang der zu erbringenden Leistungen erforderlich sind (Gesamtabrechnung). Die Frist beginnt mit Ablauf des Kalendermonats, in dem die Maßnahme beendet worden ist.

(2) Erfolgt die Gesamtabrechnung nicht rechtzeitig, sind die erbrachten Leistungen von dem Träger in dem Umfang zu erstatten, in dem die Voraussetzungen für die Leistungen nicht nachgewiesen worden sind.

Zweiter Abschnitt
Zuständigkeit

§ 327 Grundsatz

(1) Für Leistungen an Arbeitnehmerinnen und Arbeitnehmer, mit Ausnahme des Kurzarbeitergeldes, des Wintergeldes, des Insolvenzgeldes und der Leistungen zur Förderung der Teilnahme an Transfermaßnahmen, ist die Agentur für Arbeit zuständig, in deren Bezirk die Arbeitnehmerin oder der Arbeitnehmer bei Eintritt der leistungsbegründenden Tatbestände ihren oder seinen Wohnsitz hat. Solange die Arbeitnehmerin oder der Arbeitnehmer sich nicht an ihrem oder seinem Wohnsitz aufhält, ist die Agentur für Arbeit zuständig, in deren Bezirk die Arbeitnehmerin oder der Arbeitnehmer bei Eintritt der leistungsbegründenden Tatbestände ihren oder seinen gewöhnlichen Aufenthalt hat.

(2) Auf Antrag der oder des Arbeitslosen hat die Agentur für Arbeit eine andere Agentur für Arbeit für zuständig zu erklären, wenn nach der Arbeitsmarktlage keine Bedenken entgegenstehen oder die Ablehnung für die Arbeitslose oder den Arbeitslosen eine unbillige Härte bedeuten würde.

(3) Für Kurzarbeitergeld, ergänzende Leistungen nach § 102 und Insolvenzgeld ist die Agentur für Arbeit zuständig, in deren Bezirk die für den Arbeitgeber zuständige Lohnabrechnungsstelle liegt. Für Insolvenzgeld ist, wenn der Arbeitgeber im Inland keine Lohnabrechnungsstelle hat, die Agentur für Arbeit zuständig, in deren Bezirk

das Insolvenzgericht seinen Sitz hat. Für Leistungen zur Förderung der Teilnahme an Transfermaßnahmen ist die Agentur für Arbeit zuständig, in deren Bezirk der Betrieb des Arbeitgebers liegt.

(4) Für Leistungen an Arbeitgeber, mit Ausnahme der Erstattung von Beiträgen zur Sozialversicherung für Personen, die Saison-Kurzarbeitergeld beziehen, ist die Agentur für Arbeit zuständig, in deren Bezirk der Betrieb des Arbeitgebers liegt.

(5) Für Leistungen an Träger ist die Agentur für Arbeit zuständig, in deren Bezirk das Projekt oder die Maßnahme durchgeführt wird.

(6) Die Bundesagentur kann die Zuständigkeit abweichend von den Absätzen 1 bis 5 auf andere Dienststellen übertragen.

Inhaltsübersicht

Literatur

Kruse u. a., SGB III Arbeitsförderung, Lehr- und Praxiskommentar, 2008; Peters-Lange, Der Einfluss der neueren EuGH-Rechtsprechung auf das deutsche Insolvenzgeldrecht, info also 2007, S. 51 ff.

1. Normzweck und allgemeiner Inhalt

Die gesetzlichen Vorgaben für das Leistungsverfahren im Sozial- und Sozialversicherungs- **1**
recht sind im Wesentlichen in den allgemeinen Teilen des SGB, namentlich im SGB I, IV[547] und X, und damit außerhalb des Regelungssystems des jeweiligen Leistungsrechts geregelt. Neben der Vereinfachung und Übersichtlichkeit steckt vor allem der Gedanke dahinter, dass wesentliche Verfahrensgrundsätze, die letztlich auf grundgesetzlichen Vorgaben (Sozialstaatsprinzip, Gesetzesbindung der Verwaltung) fußen, allgemeingültig sind und für alle Leistungssysteme gelten. Das Verwaltungsverfahren steht dabei im Span-

547 Das Vierte Buch enthält die Vorschriften für die Durchführung der Sozialversicherung und ist damit nicht auf sämtliche Leistungsverfahren des Sozialrechts anwendbar.

nungsfeld von Verwaltungseffizienz und Gesetzesverwirklichung[548] im Sinne der Verwirklichung der dem Einzelnen durch Gesetz zugestandenen (Leistungs-)Rechte. Das Neunte Kapitel des SGB III enthält weitere – zum Teil konkretisierende oder abweichende – verfahrensrechtliche Vorgaben für das Recht der Arbeitsförderung, die den Besonderheiten der dort gewährten Leistungen Rechnung tragen sollen.

2 Die §§ 323 bis 326 regeln das Antragsverfahren und gestalten das allgemeine Antragserfordernis, das in § 19 SGB IV geregelt ist, aus. Hierbei gilt grundsätzlich: Leistungen werden (nur) auf Antrag erbracht, der Antrag muss bis zu einem bestimmten Zeitpunkt, nämlich regelmäßig vor dem leistungsbegründenden Ereignis, gestellt werden, und es bedarf einer Regelung, in welchen Fällen Leistungen auch rückwirkend erbracht werden.

3 Zu diesen Grundsätzen gibt es Ausnahmen, je nachdem, um welche Leistungen der Arbeitsförderung es geht. Zum Teil unübersichtlich sind zudem die Regelungen, soweit sie sich auf die zeitlichen Vorgaben beziehen, also Fristen im engeren Sinne regeln oder die Frage, ab wann bzw. für welche Zeiträume geleistet wird.[549] Fristenregelungen etwa sind in § 324 (für das Insolvenzgeld), § 325 (Kurzarbeitergeld, Leistungen nach § 102, Leistungen zur Förderung der Teilnahme an Transfermaßnahmen) und § 326 (Leistungen an Träger) enthalten.

2. Entwicklung der Vorschriften

4 Der Antrag auf Arbeitslosengeld und auf die weiteren Leistungen der Arbeitsförderung hat seit 01.01.1998 nur noch verfahrensrechtliche Bedeutung, d.h. er ist selbst keine Anspruchsvoraussetzung mehr. Zuvor war der Antrag Teil der Voraussetzungen zur Entstehung des Anspruchs (§ 100 AFG). Nunmehr ist es etwa für den Anspruch auf Arbeitslosengeld so, dass das sog. Stammrecht, also das Bestehen des Anspruchs dem Grunde nach, zu dem Zeitpunkt entsteht, wenn alle Voraussetzungen des § 137 Abs. 1 vorliegen. Davon zu unterscheiden ist der eigentliche Leistungsanspruch, also der Anspruch der Arbeitslosen auf Zahlung des Arbeitslosengeldes in einer bestimmten Höhe, der vom Antrag abhängt. Allerdings ist zeitgleich auch geregelt worden, dass der Antrag auf Arbeitslosengeld mit der persönlichen Arbeitslosmeldung (siehe § 141) als gestellt gilt, so dass in der Praxis häufig beide Zeitpunkte (Entstehen des Stammrechts und Leistungsanspruch) zusammenfallen.

5 § 324 bündelt die Regelungen zum Zeitpunkt der Antragstellung, die unter Geltung des AFG zum Teil in einzelnen Anordnungen geregelt waren.

6 Zum 01.04.2012 sind auch die §§ 323ff. teilweise geschlechtergerecht umformuliert und wegen der teilweisen Neunummerierung redaktionell angepasst worden.

548 Pilz, in Gagel, SGB III, vor § 323 Rn. 15, dort auch ausführliche Darstellung der Verfahrensgrundsätze.

549 Hünecke, in Gagel, SGB III, § 324 Rn. 1ff.

3. Antragserfordernis (§ 323)

3.1 Leistungen auf Antrag

§ 323 stellt die Grundnorm für das Antragserfordernis dar, die dem § 19 SGB IV entspricht. Es gilt für sämtliche Leistungen der Arbeitsförderung, also nach der Definition des § 3 Abs. 1 für sämtliche Leistungen des Dritten und Vierten Kapitels. Wer berechtigt ist, einen Antrag zu stellen, ergibt sich grundsätzlich aus dem Anspruch, der erhoben wird: Der Anspruchsinhaber kann (und muss) den Antrag stellen, wobei er sich – anders als bei der Arbeitslosmeldung – auch vertreten lassen kann. Nur für Kurzarbeitergeld, die Leistungen zur Förderung der Teilnahme an Transfermaßnahmen und die ergänzenden Leistungen nach § 102 ergibt sich aus § 323 Abs. 2 ausdrücklich, wer den Antrag zu stellen hat, nämlich Arbeitgeber oder Betriebsvertretung. Für die übrigen Leistungen ergibt es sich aus der jeweiligen Anspruchsnorm. **7**

Der Antrag ist eine empfangsbedürftige Willenserklärung, die gegenüber der (zuständigen) Agentur für Arbeit abzugeben ist. Sie ist – außer nach den Vorgaben des § 323 Abs. 2 – grundsätzlich an keine Form gebunden, d. h. sie kann mündlich oder schriftlich erfolgen und gilt als Antrag, wenn erkennbar ist, dass ein solcher gewollt ist. Die Bundesagentur für Arbeit als Empfänger des Antrags kann in den Grenzen des § 60 SGB I zwar die Verwendung von Formularen verlangen. Dies stellt aber lediglich eine Ausprägung der Mitwirkungspflicht im Leistungsverfahren dar und beeinflusst nicht die Frage, ob überhaupt ein Antrag gestellt worden ist. Der Antrag selbst ist unabhängig von der Verwendung eines Vordrucks und dessen Abgabe. Er ist gemäß § 19 SGB X grundsätzlich in deutscher Sprache zu stellen, Ausnahmen ergeben sich jedoch aus § 19 Abs. 2 SGB X. **8**

Als Willenserklärung kann und muss der Antrag bzw. eine entsprechende Erklärung ausgelegt werden. Die Behörde muss also den wirklichen Willen des Erklärenden erforschen. Dazu gehört zunächst zu ermitteln, ob überhaupt ein Antrag gewollt ist, und im weiteren, welche Leistungen begehrt werden. Dabei spielt der Grundsatz der Meistbegünstigung eine wesentliche Rolle: Auszugehen ist bei der Auslegung von dem Antrag, der die optimale Folge (Leistung) für den Antragsteller nach sich zieht und die jeder vernünftige Antragsteller bei sachgerechter Beratung gestellt hätte.[550] In ihren Geschäftsanweisungen gibt die Bundesagentur für Arbeit selbst vor, dass ein ausgedrücktes Leistungsbegehren »zugleich einen Antrag auf jede Leistung, die bei Arbeitslosigkeit in Betracht kommen kann«, beinhaltet.[551] **9**

An die Erklärung sind keine hohen Anforderungen zu stellen. Trotzdem kann die Auslegung von Erklärungen an ihre Grenzen kommen. Das Antragsverfahren ist jedoch geprägt vom Erfordernis der Beratung. Berät die Behörde nicht oder falsch über in Betracht kommende Leistungen und stellt deshalb ein Berechtigter einen entsprechenden Antrag nicht, kommt der sozialrechtliche Herstellungsanspruch in Betracht. Durch ihn wird der Berechtigte so gestellt, als hätte er den erforderlichen Antrag rechtzeitig gestellt.[552] **10**

---

550 BSG – 10. 03. 1994 – 7 RAr 38/93; Radüge, in Hauck/Noftz, SGB III, § 309 Rn. 13.
551 Geschäftsanweisungen Anhang 1, 323–325.1.
552 Zum Herstellungsanspruch Stratmann, in Niesel/Brand, SGB III, § 323 Anh. Rn. 28 ff. m. w. N.

11 Die Erklärung ist empfangsbedürftig, muss also gegenüber der Bundesagentur für Arbeit abgegeben werden. § 327 regelt, welche Agentur jeweils örtlich zuständig ist. Gemäß § 16 SGB I ist allerdings jeder Sozialleistungsträger und jede Gemeinde zur Annahme von Anträgen und unverzüglichen Weiterleitung an die zuständige Stelle verpflichtet (siehe § 16 SGB I Rn. 10 ff.), so dass sowohl ein Antrag bei der örtlich unzuständigen Agentur als auch bei einem sachlichen unzuständigen Leistungsträger als wirksamer Antrag zu behandeln und weiterzuleiten ist. Zeitpunkt der Antragstellung ist dann nicht der Eingang bei der zuständigen Agentur, sondern bei der weiterleitenden Stelle.[553]

12 Die Antragstellung ist an sich an keinen Zeitpunkt gebunden. Allerdings ergeben sich Konsequenzen für den Leistungsanspruch aus den Fristen, die für einige Ansprüche bestehen (siehe Rn. 28 ff., 37 ff.), oder im Hinblick auf den Leistungszeitraum (siehe Rn. 34 ff.).

13 Ob ein Antrag gestellt und auf welche Leistung er gerichtet ist, muss derjenige beweisen, der den Anspruch geltend macht. Ihm obliegt die sogenannte objektive Beweislast,[554] d. h. nur dann, wenn Behörde oder Gericht dies nicht im Wege ihrer Amtsermittlung feststellen können, geht die Nichterweislichkeit zulasten des Anspruchstellers.

3.2 Antrag und Arbeitslosmeldung

14 Eine Sonderregelung für den Antrag auf Arbeitslosengeld enthält § 323 Abs. 1 Satz 2: Danach gilt der Antrag, der nicht mehr Anspruchsvoraussetzung ist (siehe Rn. 4), mit der persönlichen Arbeitslosmeldung gemäß § 141 als gestellt, es sei denn, der Arbeitslose gibt eine andere Erklärung ab. Obwohl das Gesetz ausdrücklich von Arbeitslosen spricht, gilt diese Antragsfiktion auch für Beschäftigte, die sich arbeitslos melden, wenn der Eintritt der Arbeitslosigkeit innerhalb der nächsten drei Monate zu erwarten ist.[555] Umgekehrt soll die Arbeitsagentur Antragsteller, die sich noch nicht persönlich arbeitslos gemeldet haben, unverzüglich darüber unterrichten, dass der Leistungsanspruch von der persönlichen Arbeitslosmeldung abhängig ist.[556]

3.3 Leistungserbringung von Amts wegen

15 Abweichend vom für die Sozialversicherung typischen Antragserfordernis eröffnet § 323 Abs. 1 Satz 3 und 4 die Möglichkeit, Leistungen der aktiven Arbeitsförderung von Amts wegen zu erbringen. Diese Möglichkeit gibt es also für sämtliche Leistungen des Dritten Kapitels sowie für das Arbeitslosengeld bei beruflicher Weiterbildung (vgl. § 3 Abs. 2). Systematik und Funktion dieser Vorschrift sind auf den ersten Blick nicht ganz klar, denn die Berechtigten müssen nach dem Wortlaut zustimmen, und die Zustimmung gilt sodann als Antrag. Erklärbar ist die Konstruktion aus der Pflicht der Bundesagentur für Arbeit zur Beratung und Betreuung, aus der sich dann die Verpflichtung ergeben kann,

553 BSG – 26. 01. 2000 – B 13 RJ 37/98 R, auch zum Herstellungsanspruch.

554 Striebinger, in Gagel, SGB III, § 323 Rn. 30.

555 Stratmann, in Niesel/Brand, SGB III, § 323 Rn. 16, unter Verweis auf § 122 Abs. 1 Satz 2 SGB III a. F. (jetzt § 141 Abs. 1 Satz 2 SGB III).

556 Geschäftsanweisungen Anhang 1, 323–325.2.

von Amts wegen tätig zu werden.[557] Gegen den Willen der Berechtigten darf sie hingegen nicht tätig werden, so dass die Zustimmung notwendig ist. Die Antragsfiktion dürfte Bedeutung für die Wahrung von Fristen haben.[558]

3.4 Antrag auf KuG etc.

Für bestimmte Leistungen schreibt § 323 Abs. 2 abweichend vom geschilderten Grundsatz, dass der Antrag keine Form einhalten muss (siehe Rn. 8), Schriftlichkeit und weitere Voraussetzung bei der Antragstellung vor: Kurzarbeitergeld, Leistungen zur Förderung der Teilnahme an Transfermaßnahmen und ergänzende Leistungen nach § 102 sind vom Arbeitgeber (oder der Betriebsvertretung) schriftlich und unter Beifügung einer Stellungnahme der Betriebsvertretung zu beantragen. Für Anträge auf Saison-Kurzarbeitergeld und die Leistungen nach § 102 sind bestimmte weitere Angaben zu machen, zudem enthält der Absatz für diese beiden Leistungen eine Soll-Vorschrift im Hinblick auf die Frist, in der der Antrag zu stellen ist. Der Antrag auf die genannten Leistungen ist der zweite Teil des grundsätzlich zweistufigen Verfahrens (Anzeige und Antrag, siehe etwa § 99 Rn. 1). 16

4. Antrag vor Leistung (§ 324)

Gemäß § 324 Abs. 1 Satz 1 werden Leistungen der Arbeitsförderung nur erbracht, wenn sie vor Eintritt des leistungsbegründenden Ereignisses beantragt worden sind. Die amtliche Überschrift »Antrag vor Leistung« ist also als verkürzend zu betrachten. Verständlich wird die Bedeutung der Norm für die Leistungen nach dem SGB III zum einen durch die Bestimmung dessen, was »leistungsbegründendes Ereignis« ist, zum anderen durch die in Absatz 2 vorgesehenen Ausnahmen von der Regel. 17

4.1 Zeitpunkt der Antragstellung

Der Antrag auf Leistungen der Arbeitsförderung muss regelmäßig vor dem leistungsbegründenden Ereignis gestellt werden. Das leistungsbegründende Ereignis ist im Gesetz nicht definiert. Es ist nicht gleichbedeutend mit dem Versicherungsfall, der im Sozialversicherungsrecht vom Leistungsfall abgegrenzt wird. Versicherungsfall in der Arbeitslosenversicherung ist der Eintritt der Arbeitslosigkeit und der damit einhergehende Wegfall der Erwerbsgrundlage als dasjenige Risiko, dessen Eintritt das SGB III absichern soll. Der Leistungsfall tritt demgegenüber ein, wenn alle Voraussetzungen zur Gewährung des Anspruchs erfüllt sind. Daher kann zur Feststellung, was das leistungsbegründende Ereignis ist, auf das letzte Ereignis abzustellen sein, das den Leistungsfall auslöst,[559] oder auf dasjenige, das im Zentrum des Regelungszieles steht.[560] 18

557 Stratmann, in Niesel/Brand, SGB III, § 323 Rn. 18 f.
558 Striebinger, in Gagel, SGB III, § 323 Rn. 34.
559 Stratmann, in Niesel/Brand, SGB III, § 324 Rn. 5.
560 Hünecke, in Gagel, SGB III, § 324 Rn. 12.

19 Zweck dieser Regelung ist es, der Bundesagentur für Arbeit die Möglichkeit zu geben, ihre Aufgabe der Förderung und Beratung zur Eingliederung in Arbeit sachgerecht und zeitnah zu erfüllen. Sie kann insbesondere die Auswahl der Leistungen der aktiven Arbeitsförderung nach den Maßgaben des § 7 überhaupt nur dann treffen, wenn sie vorher einbezogen wird. Umgekehrt soll die Regelung dem Schutz der Arbeitslosen dienen, die davor bewahrt werden, dass sie Maßnahmen ergreifen, für die die Bundesagentur für Arbeit dann nicht als Leistungsträger eintritt.[561]

20 Zur Geltung des § 45 in seiner bis zum 31. 12. 2008 geltenden Form (Anspruch auf Leistungen zur Beratung und Vermittlung) existierte eine Anordnung, nach der ein einmal gestellter Antrag auf diese Leistungen bis zur Aufnahme der Beschäftigung gültig blieb und folglich nicht für jede neue Bewerbung und die Übernahme der durch sie entstehenden Kosten erneut gestellt werden musste.[562] Durch die Neuregelung der § 45 ff. (jetzt §§ 44 ff.) ist diese Vereinfachung jedoch hinfällig geworden.

21 Aus § 324 Abs. 1 Satz 1 folgt, dass Leistungen für Sachverhalte vor Antragstellung regelmäßig nicht gewährt werden. Von diesem Grundsatz gibt es Ausnahmen im § 324 selbst (Rn. 26 ff.), so dass der Grundsatz im Ergebnis nur bei einigen Leistungen der aktiven Arbeitsförderung im Sinne des § 3 Abs. 2 zum Tragen kommt. Eine Ausnahme eröffnet zudem § 28 SGB X: Danach kann ein nachgeholter Antrag bis zu einem Jahr zurückwirken, wenn von der Stellung des Antrags abgesehen wurde, weil eine andere Sozialleistung beantragt, aber versagt wurde.

4.2 Unbillige Härte

22 Weil die Vorschrift für die Leistungen, auf die sie anwendbar ist, eine starre zeitliche Vorgabe setzt, deren unbeschränkte Anwendung in manchen Fällen zu ungerechten Ergebnissen führen würde, gibt es die Härtefallklausel gemäß § 324 Abs. 1 Satz 2: Danach kann die Agentur für Arbeit zur Vermeidung unbilliger Härten eine verspätete Antragstellung zulassen. Aus dem Standort der Härtefallregel ergibt sich, dass die Zulassung des verspäteten Antrags sich nur auf Fälle bezieht, in denen ein Antrag nach dem leistungsbegründenden Ereignis gestellt worden ist, nicht jedoch bei Versäumung sonstiger Fristen.[563]

23 Die Härtefallklausel stellt eine spezialgesetzliche Regelung der Wiedereinsetzung in den vorigen Stand (§ 27 SGB X) dar und verdrängt auch den sozialrechtlichen Herstellungsanspruch.[564] Ihre Ausformung und das Regelungsziel tragen den Schutzrichtungen dieser Rechtsinstitute ausreichend Rechnung, denn in allen Fällen ist die Rechtsfolge darauf gerichtet, Leistungsberechtigte so zu stellen, als sei die unterlassene oder verspätete Handlung – hier: der Antrag – (rechtzeitig) erfolgt.

24 Voraussetzung ist, dass durch die Zulassung des eigentlich verspäteten Antrags eine

---

561 Stratmann, in Niesel/Brand, SGB III, § 324 Rn. 3; siehe auch Gesetzesbegründung BT-Drs. 13/4941, S. 212.

562 Anordnung zur UBV vom 10. 04. 2003, dazu BSG – 12. 05. 2011 – B 11 AL 25/10 R.

563 Stratmann, in Niesel/Brand, SGB III, § 324 Rn. 8; Hünecke, in Gagel, SGB III, § 324 Rn. 16; BSG – 05. 02. 2004 – B 11 AL 47/03 R.

564 BSG – 08. 02. 2007 – B 7a AL 22/06 R.

unbillige Härte vermieden wird. Der Begriff der unbilligen Härte ist ausfüllungsbedürftig. Wann eine unbillige Härte vorliegt, ist in jedem Einzelfall gesondert zu prüfen (und von den Gerichten zu überprüfen). Die Bundesagentur für Arbeit hat eine Güterabwägung vorzunehmen zwischen dem Anspruch der Berechtigten auf Erhalt der jeweiligen Leistung und dem Interesse der Versichertengemeinschaft. Einzubeziehen ist auch der Sinn und Zweck[565] der vorherigen Antragstellung, nämlich Arbeitslose sachgerecht zu beraten und Leistungen danach auszuwählen, wie sie bestmöglich der Eingliederung in Arbeit dienen. Einzustellen in die Abwägung ist das Verschulden des Antragstellers und in jedem Fall das Verhalten der Behörde: Sobald auf Behördenseite ein Beratungsfehler o. ä. vorliegt, wird regelmäßig eine unbillige Härte vorliegen,[566] wollte man den Antrag mit Verweis auf die Verspätung ablehnen. Zugunsten des Antragstellers ist zudem zu erwägen, ob die Folgen des Anspruchsverlustes erheblich sind,[567] was vor allem der Fall ist, wenn ansonsten Sozialhilfebedürftigkeit[568] eintritt.

Ist eine unbillige Härte zu bejahen, kann die Bundesagentur für Arbeit eine verspätete Antragstellung zulassen. Die Bundesagentur für Arbeit hat nach dem Wortlaut also eine Ermessensentscheidung darüber zu treffen, ob sie den Antrag zulässt, also nicht wegen Verspätung ablehnt. Die Ermessensentscheidung ist gerichtlich zwar nur eingeschränkt überprüfbar, jedoch sind in der Praxis Fälle schwer vorstellbar, in denen eine unbillige Härte bejaht, die Zulassung des Antrags nach fehlerfreier Ermessensentscheidung aber abgelehnt wird. Weil die Bundesagentur für Arbeit über die Zulassung des verspäteten Antrags entscheiden muss, kommt im Streitfall nur eine Bescheidungsklage in Betracht.[569] Wurden jedoch Beratungspflichten verletzt, ist von einer Ermessensreduzierung auf Null auszugehen, d. h. die Bundesagentur für Arbeit muss dann den Antrag zulassen.[570] 25

4.3 Nachträgliche Antragstellung bei ALG, BAB etc.

Der Grundsatz »Antrag vor leistungsbegründendem Ereignis« gilt nicht für Berufsausbildungsbeihilfe, Ausbildungsgeld, Arbeitslosengeld, Kurzarbeitergeld, die ergänzenden Leistungen nach § 102 und das Insolvenzgeld. Bis auf die letztgenannte Leistung ergibt sich das zum einen aus § 324 Abs. 2, zum anderen aus der Systematik und dem Sinn und Zweck der jeweiligen Leistung. Würde etwa § 324 Abs. 1 Satz 1 auf das Arbeitslosengeld angewendet, müsste der Antrag gestellt werden, bevor die Voraussetzungen des § 137 vorliegen, also konkret vor Eintritt der Arbeitslosigkeit. Das wäre – etwa bei fristlosen Kündigungen – gar nicht immer möglich. Zudem ist es beim Arbeitslosengeld nicht notwendig, der Bundesagentur für Arbeit die Möglichkeit sachgerechter und zeitnaher Beratung vor der Leistung einzuräumen, denn Sinn und Zweck der Leistung Arbeitslosengeld ist die finanzielle Sicherung der Lebensgrundlage, nicht die Eingliederung in Arbeit. 26

565 Hünecke, in Gagel, SGB III, § 324 Rn. 17.
566 Ebda.
567 Radüge, in Hauck/Noftz, SGB III, § 324 Rn. 12.
568 Leitherer, in Eicher/Schlegel, SGB III, § 324 Rn. 32.
569 LSG Bayern – 08.03.2012 – L 10 AL 137/10.
570 BSG – 08.02.2007 – B 7a AL 22/06 R.

27 Auch die Erklärung dafür, dass Kurzarbeitergeld und die Leistungen nach § 102 (vgl. § 324 Abs. 2 Satz 2) sowie das Insolvenzgeld[571] nachträglich zu beantragen sind, ergibt sich aus der Natur der Leistungen: Für diese Leistungen müssen die Ereignisse, die die Leistung begründen (Arbeitsausfall, Insolvenzereignis etc.) bereits eingetreten sein, damit der Anspruch und seine Höhe überhaupt geprüft werden können.

4.4 Antrag auf Insolvenzgeld

28 Die Voraussetzungen für den Anspruch auf Insolvenzgeld sind in §§ 165 ff. geregelt (siehe Kommentierung dort). Eine auch in der Praxis zentrale Vorschrift für die Gewährung des Insolvenzgeldes findet sich zudem in § 324 Abs. 3, der eine Ausschlussfrist zur Beantragung des Insolvenzgeldes festlegt: Der Antrag muss innerhalb von zwei Monaten nach dem Insolvenzereignis beantragt werden. Insolvenzereignis ist die Eröffnung des Insolvenzverfahrens, die Abweisung des Eröffnungsantrags mangels Masse oder die vollständige Beendigung der Betriebstätigkeit im Inland, wenn ein Antrag auf Eröffnung des Insolvenzverfahrens nicht gestellt worden ist und ein Insolvenzverfahren offensichtlich mangels Masse nicht in Betracht kommt (§ 165 Abs. 1, siehe auch § 165 Rn. 3 ff.). Die gesetzliche Frist widerspricht Europarecht grundsätzlich nicht.[572]

29 Die Frist beginnt durch das Insolvenzereignis zu laufen, ohne dass weitere Umstände hinzutreten müssen. Nach der überwiegenden Meinung ist sie auch nicht abhängig von der Kenntnis des Arbeitnehmers.[573] Sie berechnet sich nach den allgemeinen Vorgaben des § 26 Abs. 1 SGB X, der auf die bürgerlich-rechtlichen Vorgaben verweist. Wird beispielsweise am 05.01. das Insolvenzverfahren eröffnet, endet die Frist zur Beantragung des Insolvenzgeldes am 05.03. um 24 Uhr. Ausschlussfrist bedeutet, dass der Anspruch erlischt, wenn die Frist versäumt wird[574] (zur Nachfrist Rn. 31 ff.).

30 Das Insolvenzgeld wird in der Regel (siehe Rn. 27) nach dem Insolvenzereignis beantragt. Dies muss aber nicht so sein und ist auch nicht durch das Gesetz vorgegeben. Weil ein Antrag auf Insolvenzgeld auch schon früher und vor allem formlos gestellt werden kann, ist auch hierfür die Auslegung von Anträgen bzw. Vorsprachen von Arbeitnehmern oder Arbeitslosen bei der Bundesagentur für Arbeit von Bedeutung (siehe Rn. 9). Denn wenn sich Anhaltspunkte dafür ergeben, dass nicht nur ein Anspruch auf Arbeitslosengeld geltend gemacht wird, sondern auch Insolvenzgeld in Betracht kommt, ist die Willenserklärung eines Arbeitnehmers unter Umständen auch als Antrag auf Insolvenzgeld auszulegen, selbst dann, wenn noch gar kein Insolvenzereignis vorliegt.[575] Der Antrag kann zudem auch durch Dritte – also etwa den Betriebsrat – gestellt werden, wenn sie durch den Arbeitnehmer dazu bevollmächtigt sind.

31 Wenn die Zweimonatsfrist versäumt wird, ohne dass der Arbeitnehmer dies zu ver-

---

571 Siehe aber auch Rn. 30.
572 BSG – 17.10.2007 – 11a AL 75/07 B.
573 Vgl. etwa LSG Hessen – 24.04.2006 – L 9 AL 118/04 m.w.N. zur Literatur und die Rechtsprechung des BSG zum alten Recht.
574 Stratmann, in Niesel/Brand, SGB III, § 324 Rn. 18.
575 Stratmann, in Niesel/Brand, SGB III, § 324 Rn. 16.

treten hat, gewährt das Gesetz durch § 324 Abs. 3 Satz 2 eine Nachfrist. Sie beträgt ebenfalls zwei Monate und beginnt, wenn der Hinderungsgrund weggefallen ist. Praktisch bedeutsam ist diese spezielle Regelung einer Wiedereinsetzungsmöglichkeit in Fällen, in denen Arbeitnehmer erst wesentlich später Kenntnis vom Insolvenzereignis erlangen. Die Nachfrist kommt allerdings dann nicht in Betracht, wenn Arbeitnehmer noch innerhalb der eigentlichen Antragsfrist den Antrag stellen können, auch wenn sie etwa erst wenige Tage vor Ablauf dieser Frist Kenntnis vom Insolvenzereignis erlangen. Denn dann sind sie nicht daran gehindert, den Antrag rechtzeitig zu stellen. Etwas anderes kann gelten, wenn der Arbeitnehmer sich auf die Auskunft einer rechtskundigen Person verlässt, die nicht über die Frist informiert.[576]

Was ein selbst zu vertretender Grund ist, definiert § 324 Abs. 3 Satz 3: Er liegt vor, **32**
wenn sich Arbeitnehmer nicht mit der erforderlichen Sorgfalt um die Durchsetzung ihrer Ansprüche bemüht haben. Anzulegen ist ein objektiver Maßstab, d.h. Arbeitnehmer müssen die nach den Umständen erforderliche und nach ihrer Persönlichkeit zumutbare Sorgfalt anwenden. Dazu kann auch gehören, Rechtsrat einzuholen. Der anzulegende Sorgfaltsmaßstab wird auch durch Europarecht geprägt, nämlich dahingehend, dass die Ausübung der eingeräumten Rechte nicht übermäßig erschwert werden darf.[577]

Auch das Verschulden eines Dritten kann dazu führen, dass die Nachfrist nicht zu **33**
gewähren ist. Wenn für den Arbeitnehmer ein Dritter tätig wird, kommt eine Zurechnung dessen Verschuldens zulasten des Arbeitnehmers in Betracht. Die Zurechnung ist vom konkreten Einzelfall abhängig und bestimmt sich vor allem danach, welchen Auftrag der Vertreter hatte.[578] Beauftragt ein Arbeitnehmer etwa einen Rechtsanwalt mit der Wahrnehmung seiner Interessen, kommt es (nur) dann auf dessen Kenntnis und Verschulden bei der Fristversäumung an, wenn auch Ansprüche auf Insolvenzgeld vom Mandat umfasst waren. Das wird dann der Fall gewesen sein, wenn der Auftrag allgemein auf Durchsetzung sämtlicher in Betracht kommender Ansprüche gerichtet ist, hingegen nicht, wenn es um ganz konkrete Ansprüche – etwa gegen den Arbeitgeber – gehen soll.[579] Problematischer sind die Fälle, in denen der Arbeitgeber oder Insolvenzverwalter die Insolvenzgeldanträge stellen (sollen).[580]

5. Wirkung des Antrags (§ 325)

Die amtliche Überschrift des § 325 ist missverständlich. Tatsächlich regelt die Vorschrift **34**
nicht die Wirkung des Antrags, sondern vielmehr die Frage der Rückwirkung des Antrags oder, noch besser ausgedrückt, den Leistungsbeginn[581] bei bestimmten Leistungsarten.

576 LSG Sachsen-Anhalt – 22.09.2011 – L 2 AL 87/08; anhängig beim BSG – B 11 AL 27/11 R.
577 LSG Hessen – 24.03.2011 – L 1 AL 89/10; Anm. Winkler, info also 2010, 217.
578 BSG – 29.10.1992 – 10 RAr 14/91.
579 LSG Sachsen-Anhalt – 22.09.2011 – L 2 AL 87/08; auch in diesen Fällen ein umfassenderes Mandat annehmend wohl LSG Nordrhein-Westfalen – 23.06.2009 – L 1 AL 61/07.
580 Einzelfälle etwa SG Kassel – 07.11.2007 – S 7 AL 2474/04; LSG Nordrhein Westfalen – 12.01.2012 – L 16 AL 264/10.
581 Stratmann, in Niesel/Brand, SGB III, § 325 Rn. 2.

Dies gilt zudem nur für die Absätze 1 und 2, im Übrigen beinhaltet die Norm weitere Ausschlussfristen (siehe Rn. 3).

5.1 BAB und Ausbildungsgeld

35 Berufsausbildungsbeihilfe und Ausbildungsgeld können abweichend vom Grundsatz »Antrag vor leistungsbegründendem Ereignis« (siehe Rn. 26) nachträglich beantragt werden, vgl. § 324 Abs. 2. Gemäß § 325 Abs. 1 werden sie zudem auch für Zeiten vor Antragstellung geleistet, nämlich rückwirkend für den ganzen Monat, in dem der Antrag gestellt worden ist. Beginnt die Ausbildung am 01.08. und stellt ein Auszubildender am 20.09. einen Antrag auf BAB, erhält er – wenn die übrigen Voraussetzungen vorliegen – BAB ab 01.09.

5.2 Arbeitslosengeld

36 Arbeitslosengeld wird erst ab Antragstellung geleistet. § 325 Abs. 2 Satz 1 hat daher in erster Linie klarstellende Bedeutung, indem hier ausdrücklich normiert wird, dass Arbeitslosengeld nicht rückwirkend geleistet wird. Notwendig ist die Klarstellung, weil § 324 Abs. 2 es erlaubt, Arbeitslosengeld nachträglich (also nach dem leistungsbegründenden Ereignis, siehe Rn. 18) zu beantragen. Der Antrag kann also später gestellt werden, Arbeitslosengeld wird aber nicht für Zeiten vor Antragstellung geleistet, auch wenn in diesen Zeiten die materiellen Voraussetzungen bereits vorgelegen haben.[582] Eine Ausnahme besteht nur dann, wenn die Bundesagentur für Arbeit an dem Tag nicht dienstbereit ist, an dem der Arbeitslose Arbeitslosengeld beantragen will. Dann wirkt gemäß § 325 Abs. 2 Satz 2 i. V. m. § 141 Abs. 3 der Antrag, der am ersten Tag der Dienstbereitschaft gestellt wird, auf den Tag zurück, an dem die Bundesagentur für Arbeit nicht dienstbereit war. Will ein Arbeitsloser also an einem Samstag Arbeitslosengeld beantragen und stellt dann am Montag darauf den Antrag, erhält er Leistungen bereits ab Samstag.

5.3 Fristen für KUG, § 102, Transfermaßnahmen

37 In den Absätzen 3 und 4 enthält § 325 Ausschlussfristen für bestimmte Leistungsarten. Kurzarbeitergeld und die ergänzenden Leistungen nach § 102, die gemäß § 324 Abs. 2 nachträglich zu beantragen sind, müssen innerhalb einer Ausschlussfrist von drei Monaten beantragt werden. Die Frist bezieht sich jeweils auf den Monat, für den diese Leistungen begehrt werden, und beginnt mit dessen Ablauf. Im Bereich des Kurzarbeitergeldes sind Anzeige und Antrag zu unterscheiden, sie können aber miteinander verbunden werden.[583] Leistungen zur Förderung der Teilnahme an Transfermaßnahmen sind innerhalb von drei Monaten nach Ende der Maßnahme zu beantragen.

---

582 In der Praxis nur denkbar, wenn bei der persönlichen Arbeitslosmeldung ein Antrag ausdrücklich nicht gestellt wurde, vgl. § 323 Abs. 1 Satz 1 SGB III und Rn. 14.

583 Zu den Voraussetzungen BSG – 06.04.2000 – B 11 AL 81/99 R.

Bei Versäumung der Ausschlussfristen kommt weder eine Wiedereinsetzung in den vorigen Stand im Sinne des § 27 SGB X noch die Zulassung verspäteter Antragstellung wegen unbilliger Härte gemäß § 324 Abs. 1 Satz 2 in Betracht.[584] Anhaltspunkte für die Verfassungswidrigkeit der Ausschlussfrist bestehen nicht.[585] **38**

6. Frist für Träger (§ 326)

Maßnahmeträger, die Leistungen der Bundesagentur für Arbeit erhalten, müssen der Bundesagentur für Arbeit gemäß § 326 innerhalb einer Ausschlussfrist von sechs Monaten nach Ablauf des Kalendermonats, in dem die Maßnahme beendet worden ist, die sog. Gesamtabrechnung vorlegen, also die Unterlagen, die für eine abschließende Entscheidung über den Umfang der zu erbringenden Leistung erforderlich sind. Rechtsfolge bei nicht rechtzeitiger Vorlage der Gesamtabrechnung ist eine Erstattungspflicht des Trägers: Er hat die ihm erbrachten Leistungen in dem Umfang zu erstatten, in dem ihre Voraussetzungen nicht nachgewiesen worden sind (§ 326 Abs. 2). **39**

7. Zuständigkeit (§ 327)

§ 327 soll die örtliche Zuständigkeit[586] im Bereich des Leistungsrechts zusammenfassend und an zentraler Stelle regeln. Zu unterscheiden ist für die örtliche Zuständigkeit im Wesentlichen danach, wer Empfänger der jeweiligen Leistung ist. **40**

Die Absätze 1 bis 3 regeln örtliche Zuständigkeiten für Leistungen an Arbeitnehmer. Die Überschrift »Leistungen an Arbeitnehmer« des Vierten Kapitels des SGB III ist im Zuge der Neuregelungen zum 01. 04. 2012 entfallen. Die allgemeine Zuständigkeitsregelung des § 327 Abs. 1 für die Leistungen an Arbeitnehmer bezieht sich jedoch auf dieselben Leistungen, die nunmehr im Dritten (Aktive Arbeitsförderung) und Vierten Kapitel (Arbeitslosengeld und Insolvenzgeld) geregelt sind. Zuständig ist für diese Leistungen grundsätzlich die Agentur, in deren Bezirk der Arbeitnehmer den Wohnsitz hat. Ausnahmen gelten für die Leistungen Kurzarbeitergeld, Wintergeld, Insolvenzgeld und zur Förderung der Teilnahme an Transfermaßnahmen (Rn. 44). Der Wohnsitz wird nach den Vorgaben des § 30 Abs. 3 Satz 1 SGB I bestimmt, der Meldung an einer Adresse kommt dabei Indizwirkung zu.[587] Hält sich ein Arbeitnehmer nicht am Wohnsitz auf oder hat er keinen Wohnsitz,[588] ist die Agentur zuständig, in deren Bezirk er seinen gewöhnlichen Aufenthalt hat. Der gewöhnliche Aufenthalt wird in § 30 Abs. 3 Satz 2 SGB I definiert. **41**

---

584 BSG – 05. 02. 2004 – B 11 AL 47/03 R (zum Wintergeld); LSG Baden-Württemberg – 16. 02. 2011 – L 3 AL 2195/10 (zum Kurzarbeitergeld).

585 LSG Nordrhein-Westfalen – 06. 07. 2011 – L 16 AL 88/11.

586 Enthält aber zum Teil auch Regelungen der sachlichen Zuständigkeit, vgl. Hengelhaupt, in Hauck/Noftz, SGB III, § 327 Rn. 59; Eicher, in Eischer/Schlegel, SGB III, § 327 Rn. 7.

587 Striebinger, in Gagel, SGB III, § 327 Rn. 18.

588 Striebinger, in Gagel, SGB III, § 327 Rn. 30.

42 Abzustellen ist zur Bestimmung der örtlich zuständigen Agentur auf den »Eintritt der leistungsbegründenden Tatbestände«: Entscheidend ist also der Zeitpunkt, zu dem die Anspruchsvoraussetzungen erfüllt sind. Allerdings ist eine Agentur, die in Anspruch genommen wird, auch dann zuständig, wenn sie feststellt, dass eine Anspruchsvoraussetzung nicht vorliegt.[589] Wechseln Arbeitslose während des Leistungsbezugs ihren Wohnsitz, sieht § 327 Abs. 1 dafür keine ausdrückliche Regelung vor. Es besteht gemäß § 310 eine Meldepflicht bei der nunmehr zuständigen Agentur (vgl. §§ 309 – 322 Rn. 18), so dass das Gesetz offenbar von einem Wechsel der Zuständigkeit ausgeht.[590] Die Bundesagentur für Arbeit sieht in der Mitteilung eines Umzugs den sinngemäßen Antrag auf Übertragung der Zuständigkeit im Sinne des § 327 Abs. 2.[591]

43 Auf Antrag des Arbeitslosen hat die zuständige Agentur eine andere Agentur für zuständig zu erklären, wenn nach der Arbeitsmarktlage keine Bedenken bestehen oder die Ablehnung für den Arbeitslosen eine unbillige Härte bedeuten würde, § 327 Abs. 2. Eine unbillige Härte ist vor allem dann anzunehmen, wenn grundrechtlich geschützte Bereiche betroffen sind (vor allem Art. 6 und 12 GG).[592] Die Entscheidung über die sog. Zuständigkeitserklärung steht, wenn die Voraussetzungen vorliegen, nicht im Ermessen der Bundesagentur für Arbeit. Ein Antrag in diesem Sinne kann auch konkludent vorliegen, wenn jemand Leistungen bei einer an sich unzuständigen Agentur beantragt.

44 Für weitere Leistungen an Arbeitnehmer, namentlich Kurzarbeitergeld, ergänzende Leistungen nach § 102 und Insolvenzgeld, ist die Agentur zuständig, in deren Bezirk die für den Arbeitgeber zuständige Lohnabrechnungsstelle liegt – also die Stelle, die die Lohnunterlagen führt, das ist der Ort, an dem sich die Lohnunterlagen üblicherweise und dauerhaft befinden.[593] Hat bei einem Anspruch auf Insolvenzgeld der Arbeitgeber keine Lohnabrechnungsstelle im Inland, ist der Sitz des Insolvenzgerichts maßgeblich. Auf den Sitz des Betriebes des Arbeitgebers kommt es für die Leistungen zur Förderung der Teilnahme an Transfermaßnahmen oder – hilfsweise – auch bei den anderen in § 327 Abs. 3 genannten Leistungen an, wenn die Lohnabrechnungsstelle nicht im Inland liegt.[594] Besteht bei Ansprüchen auf Insolvenzgeld weder eine inländische Lohnabrechnungsstelle noch die Zuständigkeit eines Insolvenzgerichts mit Sitz im Inland, soll nach den Durchführungsanweisungen der Bundesagentur für Arbeit die Agentur zuständig sein, in deren Bezirk der Arbeitnehmer seinen Wohnsitz hat.[595]

45 Der Betriebssitz des Arbeitgebers ist ebenfalls maßgeblich für die Zuständigkeit bei den Leistungen an Arbeitgeber, § 327 Abs. 4, mit Ausnahme der Erstattung von Beiträgen zur Sozialversicherung bei Saison-Kurzarbeitergeld. Betrieb ist dabei nach arbeitsrechtlicher Begrifflichkeit die organisatorische Einheit, innerhalb der ein Unternehmer mit Hilfe

---

589 Stratmann, in Niesel/Brand, § 327 Rn. 7.
590 So auch Striebinger, in Gagel, SGB III, § 327 Rn. 10; a. A. Stratmann, in Niesel/Brand, § 327 Rn. 9.
591 GA zum Arbeitslosengeld, Anhang 1, 327/310.12.
592 Striebinger, in Gagel, SGB III, § 327 Rn. 41.
593 Hengelhaupt, in Hauck/Noftz, SGB III, § 327 Rn. 146.
594 Winkler, in LPK-SGB III, § 327 Rn. 19; Striebinger, in Gagel, SGB III, § 327 Rn. 43.
595 DA Insolvenzgeld 3. Abs. 5.

sächlicher oder sonstiger Mittel bestimmte arbeitstechnische Zwecke fortgesetzt verfolgt.[596] Maßgeblich ist die einheitliche Organisation und Leitung.[597]

Bei Leistungen an Träger knüpft die örtliche Zuständigkeit an den Ort der Durchführung des Projektes oder der Maßnahme an. Entscheidend ist, wo der Schwerpunkt der Maßnahme liegt; häufig ist es der Sitz des Trägers.[598] 46

Dritter Abschnitt
Leistungsverfahren in Sonderfällen

§ 328 Vorläufige Entscheidung

(1) Über die Erbringung von Geldleistungen kann vorläufig entschieden werden, wenn

1. die Vereinbarkeit einer Vorschrift dieses Buches, von der die Entscheidung über den Antrag abhängt, mit höherrangigem Recht Gegenstand eines Verfahrens bei dem Bundesverfassungsgericht oder dem Gerichtshof der Europäischen Gemeinschaften ist,

2. eine entscheidungserhebliche Rechtsfrage von grundsätzlicher Bedeutung Gegenstand eines Verfahrens beim Bundessozialgericht ist oder

3. zur Feststellung der Voraussetzungen des Anspruchs einer Arbeitnehmerin oder eines Arbeitnehmers auf Geldleistungen voraussichtlich längere Zeit erforderlich ist, die Voraussetzungen für den Anspruch mit hinreichender Wahrscheinlichkeit vorliegen und die Arbeitnehmerin oder der Arbeitnehmer die Umstände, die einer sofortigen abschließenden Entscheidung entgegenstehen, nicht zu vertreten hat.

Umfang und Grund der Vorläufigkeit sind anzugeben. In den Fällen des Satzes 1 Nr. 3 ist auf Antrag vorläufig zu entscheiden.

(2) Eine vorläufige Entscheidung ist nur auf Antrag der berechtigten Person für endgültig zu erklären, wenn sie nicht aufzuheben oder zu ändern ist.

(3) Auf Grund der vorläufigen Entscheidung erbrachte Leistungen sind auf die zustehende Leistung anzurechnen. Soweit mit der abschließenden Entscheidung ein Leistungsanspruch nicht oder nur in geringerer Höhe zuerkannt wird, sind auf Grund der vorläufigen Entscheidung erbrachte Leistungen zu erstatten; auf Grund einer vorläufigen Entscheidung erbrachtes Kurzarbeitergeld und Wintergeld ist vom Arbeitgeber zurückzuzahlen.

(4) Absatz 1 Satz 1 Nr. 3 und Satz 2 und 3, Absatz 2 sowie Absatz 3 Satz 1 und 2 sind für die Erstattung von Arbeitgeberbeiträgen zur Sozialversicherung entsprechend anwendbar.

---

596 Etwa BSG – 14.12.2000 – B 11 AL 19/00 R; BSG – 04.06.1998 – B 12 KR 5/97 R.

597 Hengelhaupt, in Hauck/Noftz, SGB III, § 327 Rn. 161 m.w.N.

598 Striebinger, in Gagel, SGB III, § 327 Rn. 46.

§ 329 Einkommensberechnung in besonderen Fällen
Die Agentur für Arbeit kann das zu berücksichtigende Einkommen nach Anhörung der oder des Leistungsberechtigten schätzen, soweit Einkommen nur für kurze Zeit zu berücksichtigen ist.

§ 330 Sonderregelungen für die Aufhebung von Verwaltungsakten
(1) Liegen die in § 44 Abs. 1 Satz 1 des Zehnten Buches genannten Voraussetzungen für die Rücknahme eines rechtswidrigen nicht begünstigenden Verwaltungsaktes vor, weil er auf einer Rechtsnorm beruht, die nach Erlass des Verwaltungsaktes für nichtig oder für unvereinbar mit dem Grundgesetz erklärt oder in ständiger Rechtsprechung anders als durch die Agentur für Arbeit ausgelegt worden ist, so ist der Verwaltungsakt, wenn er unanfechtbar geworden ist, nur mit Wirkung für die Zeit nach der Entscheidung des Bundesverfassungsgerichts oder ab dem Bestehen der ständigen Rechtsprechung zurückzunehmen.

(2) Liegen die in § 45 Abs. 2 Satz 3 des Zehnten Buches genannten Voraussetzungen für die Rücknahme eines rechtswidrigen begünstigenden Verwaltungsaktes vor, ist dieser auch mit Wirkung für die Vergangenheit zurückzunehmen.

(3) Liegen die in § 48 Abs. 1 Satz 2 des Zehnten Buches genannten Voraussetzungen für die Aufhebung eines Verwaltungsaktes mit Dauerwirkung vor, ist dieser mit Wirkung vom Zeitpunkt der Änderung der Verhältnisse aufzuheben. Abweichend von § 48 Abs. 1 Satz 1 des Zehnten Buches ist mit Wirkung vom Zeitpunkt der Änderung der Verhältnisse an ein Verwaltungsakt auch aufzuheben, soweit sich das Bemessungsentgelt auf Grund einer Absenkung nach § 200 Abs. 3 zu Ungunsten der Betroffenen oder des Betroffenen ändert.

(4) Liegen die Voraussetzungen für die Rücknahme eines Verwaltungsaktes vor, mit dem ein Anspruch auf Erstattung des Arbeitslosengeldes durch Arbeitgeber geltend gemacht wird, ist dieser mit Wirkung für die Vergangenheit zurückzunehmen.

(5) (weggefallen)

§ 331 Vorläufige Zahlungseinstellung
(1) Die Agentur für Arbeit kann die Zahlung einer laufenden Leistung ohne Erteilung eines Bescheides vorläufig einstellen, wenn es Kenntnis von Tatsachen erhält, die kraft Gesetzes zum Ruhen oder zum Wegfall des Anspruchs führen und wenn der Bescheid, aus dem sich der Anspruch ergibt, deshalb mit Wirkung für die Vergangenheit aufzuheben ist. Soweit die Kenntnis nicht auf Angaben desjenigen beruht, der die laufende Leistung erhält, sind ihm unverzüglich die vorläufige Einstellung der Leistung sowie die dafür maßgeblichen Gründe mitzuteilen, und es ist ihm Gelegenheit zu geben, sich zu äußern.

(2) Die Agentur für Arbeit hat eine vorläufig eingestellte laufende Leistung unverzüglich nachzuzahlen, soweit der Bescheid, aus dem sich der Anspruch ergibt, zwei Monate nach der vorläufigen Einstellung der Zahlung nicht mit Wirkung für die Vergangenheit aufgehoben ist.

§ 332 Übergang von Ansprüchen

(1) Die Agentur für Arbeit kann durch schriftliche Anzeige an die leistungspflichtige Person bewirken, dass Ansprüche einer erstattungspflichtigen Person auf Leistungen zur Deckung des Lebensunterhalts, insbesondere auf

1. Renten der Sozialversicherung,
2. Renten nach dem Bundesversorgungsgesetz sowie Renten, die nach anderen Gesetzen in entsprechender Anwendung des Bundesversorgungsgesetzes gewährt werden,
3. Renten nach dem Gesetz zur Regelung der Rechtsverhältnisse der unter Artikel 131 des Grundgesetzes fallenden Personen,
4. Unterhaltsbeihilfe nach dem Gesetz über die Unterhaltsbeihilfe für Angehörige von Kriegsgefangenen,
5. Unterhaltshilfe nach dem Lastenausgleichsgesetz,
6. Mutterschaftsgeld oder auf Sonderunterstützung nach dem Mutterschutzgesetz,
7. Arbeitsentgelt aus einem Arbeitsverhältnis, das während des Bezugs der zurückzuzahlenden Leistung bestanden hat,

in Höhe der zurückzuzahlenden Leistung auf die Bundesagentur übergehen, es sei denn, die Bundesagentur hat insoweit aus dem gleichen Grund einen Erstattungsanspruch nach den §§ 102 bis 105 des Zehnten Buches. Der Übergang beschränkt sich auf Ansprüche, die der rückzahlungspflichtigen Person für den Zeitraum in der Vergangenheit zustehen, für den die zurückzuzahlenden Leistungen gewährt worden sind. Hat die rückzahlungspflichtige Person den unrechtmäßigen Bezug der Leistung vorsätzlich oder grob fahrlässig herbeigeführt, so geht in den Fällen nach Satz 1 Nr. 1 bis 5 auch der Anspruch auf die Hälfte der laufenden Bezüge auf die Agentur für Arbeit insoweit über, als die rückzahlungspflichtige Person dieses Teils der Bezüge zur Deckung ihres Lebensunterhalts und des Lebensunterhalts ihrer unterhaltsberechtigten Angehörigen nicht bedarf.

(2) Die leistungspflichtige Person hat ihre Leistungen in Höhe des nach Absatz 1 übergegangenen Anspruchs an die Bundesagentur abzuführen.

(3) Wer nach Absatz 1 Satz 1 Nummer 1 bis 5 leistungspflichtig ist, hat den Eingang eines Antrags auf Rente, Unterhaltsbeihilfe oder Unterhaltshilfe der Agentur für Arbeit mitzuteilen, von der die Antragstellerin oder der Antragsteller zuletzt Leistungen nach diesem Buch bezogen hat. Die Mitteilungspflicht entfällt, wenn der Bezug dieser Leistungen im Zeitpunkt der Antragstellung länger als drei Jahre zurückliegt. Bezüge für eine zurückliegende Zeit dürfen an die Antragstellerin oder den Antragsteller frühestens zwei Wochen nach Abgang der Mitteilung an die Bundesagentur ausgezahlt werden, falls bis zur Auszahlung eine Anzeige der Agentur für Arbeit nach Absatz 1 nicht vorliegt.

(4) Der Rechtsübergang wird nicht dadurch ausgeschlossen, dass der Anspruch nicht übertragen, verpfändet oder gepfändet werden kann.

§ 333 Aufrechnung

(1) Wurde eine Entgeltersatzleistung zu Unrecht bezogen, weil der Anspruch wegen der Anrechnung von Nebeneinkommen gemindert war oder wegen einer Sperrzeit ruhte, so kann die Agentur für Arbeit mit dem Anspruch auf Erstattung gegen einen Anspruch auf die genannten Leistungen abweichend von § 51 Abs. 2 des Ersten Buches in voller Höhe aufrechnen.

(2) Der Anspruch auf Rückzahlung von Leistungen kann gegen einen Anspruch auf Rückzahlung zu Unrecht entrichteter Beiträge zur Arbeitsförderung aufgerechnet werden.

(3) Die Bundesagentur kann mit Ansprüchen auf Winterbeschäftigungs-Umlage, auf Rückzahlung von Kurzarbeitergeld und von ergänzenden Leistungen nach § 102, die vorläufig erbracht wurden, gegen Ansprüche auf Kurzarbeitergeld, Winterausfallgeld und Wintergeld, die vom Arbeitgeber verauslagt sind, aufrechnen; insoweit gilt der Arbeitgeber als anspruchsberechtigt.

§ 334 Pfändung von Leistungen

Bei Pfändung eines Geldleistungs- oder Erstattungsanspruchs gilt die Agentur für Arbeit, die über den Anspruch entschieden oder zu entscheiden hat, als Drittschuldner im Sinne der §§ 829 und 845 der Zivilprozessordnung.

§ 335 Erstattung von Beiträgen zur Kranken-, Renten- und Pflegeversicherung

(1) Wurden von der Bundesagentur für eine Bezieherin oder für einen Bezieher von Arbeitslosengeld oder Unterhaltsgeld Beiträge zur gesetzlichen Krankenversicherung gezahlt, so hat die Bezieherin oder der Bezieher dieser Leistungen der Bundesagentur die Beiträge zu ersetzen, soweit die Entscheidung über die Leistung rückwirkend aufgehoben und die Leistung zurückgefordert worden ist. Hat für den Zeitraum, für den die Leistung zurückgefordert worden ist, ein weiteres Krankenversicherungsverhältnis bestanden, so erstattet diejenige Stelle, an die die Beiträge aufgrund der Versicherungspflicht nach § 5 Absatz 1 Nummer 2 des Fünften Buches gezahlt wurden, der Bundesagentur die für diesen Zeitraum entrichteten Beiträge; die Bezieherin oder der Bezieher wird insoweit von der Ersatzpflicht nach Satz 1 befreit; § 5 Abs. 1 Nr. 2 zweiter Halbsatz des Fünften Buches gilt nicht. Werden die beiden Versicherungsverhältnisse bei verschiedenen Krankenkassen durchgeführt und wurden in dem Zeitraum, in dem die Versicherungsverhältnisse nebeneinander bestanden, Leistungen von der Krankenkasse erbracht, bei der die Bezieherin oder der Bezieher nach § 5 Abs. 1 Nr. 2 des Fünften Buches versicherungspflichtig war, so besteht kein Beitragserstattungsanspruch nach Satz 2. Die Bundesagentur, der Spitzenverband Bund der Krankenkassen (§ 217 a des Fünften Buches) und das Bundesversicherungsamt in seiner Funktion als Verwalter des Gesundheitsfonds können das Nähere über die Erstattung der Beiträge nach den Sätzen 2 und 3 durch Vereinbarung regeln. Satz 1 gilt entsprechend, soweit die Bundesagentur Beiträge, die für die Dauer des Leistungsbezuges an ein privates Versicherungsunternehmen zu zahlen sind, übernommen hat.

(2) Beiträge für Versicherungspflichtige nach § 5 Abs. 1 Nr. 2 des Fünften Buches, denen eine Rente aus der gesetzlichen Rentenversicherung oder Übergangsgeld von einem nach § 251 Abs. 1 des Fünften Buches beitragspflichtigen Rehabilitationsträger gewährt worden ist, sind der Bundesagentur vom Träger der Rentenversicherung oder vom Rehabilitationsträger zu ersetzen, wenn und soweit wegen der Gewährung von Arbeitslosengeld oder Unterhaltsgeld ein Erstattungsanspruch der Bundesagentur gegen den Träger der Rentenversicherung oder den Rehabilitationsträger besteht. Satz 1 ist entsprechend anzuwenden in den Fällen, in denen der oder dem Arbeitslosen von einem Träger der gesetzlichen Rentenversicherung wegen einer Leistung zur medizinischen Rehabilitation oder zur Teilhabe am Arbeitsleben Übergangsgeld oder eine Rente wegen verminderter Erwerbsfähigkeit zuerkannt wurde (§ 125 Abs. 3) sowie im Falle des Übergangs von Ansprüchen der oder des Arbeitslosen auf den Bund (§ 203). Zu ersetzen sind

1. vom Rentenversicherungsträger die Beitragsanteile der versicherten Rentnerin oder des versicherten Rentners und desTrägers der Rentenversicherung, die diese ohne die Regelung dieses Absatzes für dieselbe Zeit aus der Rente zu entrichten gehabt hätten,
2. vom Rehabilitationsträger der Betrag, den er als Krankenversicherungsbeitrag hätte leisten müssen, wenn die versicherte Person nicht nach § 5 Abs. 1 Nr. 2 des Fünften Buches versichert gewesen wäre.

Der Träger der Rentenversicherung und der Rehabilitationsträger sind nicht verpflichtet, für dieselbe Zeit Beiträge zur Krankenversicherung zu entrichten. Die versicherte Person ist abgesehen von Satz 3 Nr. 1 nicht verpflichtet, für dieselbe Zeit Beiträge aus der Rente zur Krankenversicherung zu entrichten.

(3) Der Arbeitgeber hat der Bundesagentur die im Falle des § 157 Absatz 3 geleisteten Beiträge zur Kranken- und Rentenversicherung zu ersetzen, soweit er für dieselbe Zeit Beiträge zur Kranken- und Rentenversicherung der Arbeitnehmerin oder des Arbeitnehmers zu entrichten hat. Er wird insoweit von seiner Verpflichtung befreit, Beiträge an die Kranken- und Rentenversicherung zu entrichten. Die Sätze 1 und 2 gelten entsprechend für den Zuschuss nach § 257 des Fünften Buches.

(4) Hat auf Grund des Bezuges von Arbeitslosengeld oder Unterhaltsgeld nach § 157 Absatz 3 eine andere Krankenkasse die Krankenversicherung durchgeführt als diejenige Kasse, die für das Beschäftigungsverhältnis zuständig ist, aus dem die Leistungsempfängerin oder der Leistungsempfänger Arbeitsentgelt bezieht oder zu beanspruchen hat, so erstatten die Krankenkassen einander Beiträge und Leistungen wechselseitig.

(5) Für die Beiträge der Bundesagentur zur sozialen Pflegeversicherung für Versicherungspflichtige nach § 20 Abs. 1 Satz 2 Nr. 2 des Elften Buches sind die Absätze 1 bis 3 entsprechend anzuwenden.

§ 336 Leistungsrechtliche Bindung

Stellt die Deutsche Rentenversicherung Bund im Verfahren nach § 7a Abs. 1 des Vierten Buches die Versicherungspflicht nach diesem Buch durch Verwaltungsakt fest, ist die Bundesagentur hinsichtlich der Zeiten, für die der die Versicherungspflicht feststellende Verwaltungsakt wirksam ist, an diese Feststellung leistungsrechtlich gebunden.

§ 336 a Wirkung von Widerspruch und Klage

Die aufschiebende Wirkung von Widerspruch und Klage entfällt

1. bei Entscheidungen, die Arbeitsgenehmigungen-EU aufheben oder ändern,
2. bei Entscheidungen, die die Berufsberatung nach § 288 a untersagen,
3. bei Aufforderungen nach § 309, sich bei der Agentur für Arbeit oder einer sonstigen Dienststelle der Bundesagentur persönlich zu melden.

Bei Entscheidungen über die Herabsetzung oder Entziehung laufender Leistungen gelten die Vorschriften des Sozialgerichtsgesetzes (§ 86 a Abs. 2 Nr. 2).

Vierter Abschnitt
Auszahlungen von Geldleistungen

§ 337 Auszahlung im Regelfall

(1) Geldleistungen werden auf das von der leistungsberechtigten Person angegebene inländische Konto bei einem Geldinstitut überwiesen. Geldleistungen, die an den Wohnsitz oder gewöhnlichen Aufenthalt der leistungsberechtigten Person übermittelt werden, sind unter Abzug der dadurch veranlassten Kosten auszuzahlen. Satz 2 gilt nicht, wenn die leistungsberechtigte Person nachweist, dass ihr die Einrichtung eines Kontos bei einem Geldinstitut ohne eigenes Verschulden nicht möglich ist.

(2) Laufende Geldleistungen werden regelmäßig monatlich nachträglich ausgezahlt.

(3) Andere als laufende Geldleistungen werden mit der Entscheidung über den Antrag auf Leistung oder, soweit der oder dem Berechtigten Kosten erst danach entstehen, zum entsprechenden Zeitpunkt ausgezahlt. Insolvenzgeld wird nachträglich für den Zeitraum ausgezahlt, für den es beantragt worden ist. Weiterbildungskosten und Teilnahmekosten werden, soweit sie nicht unmittelbar an den Träger der Maßnahme erbracht werden, monatlich im voraus ausgezahlt.

(4) Zur Vermeidung unbilliger Härten können angemessene Abschlagszahlungen geleistet werden.

Fünfter Abschnitt
Berechnungsgrundsätze

§ 338 Allgemeine Berechnungsgrundsätze

(1) Berechnungen werden auf zwei Dezimalstellen durchgeführt, wenn nichts Abweichendes bestimmt ist.

(2) Bei einer auf Dezimalstellen durchgeführten Berechnung wird die letzte Dezi-

malstelle um 1 erhöht, wenn sich in der folgenden Dezimalstelle eine der Zahlen 5 bis 9 ergeben würde.

(3) (weggefallen)

(4) Bei einer Berechnung wird eine Multiplikation vor einer Division durchgeführt.

§ 339 Berechnung von Zeiten

Für die Berechnung von Leistungen wird ein Monat mit 30 Tagen und eine Woche mit sieben Tagen berechnet. Bei der Anwendung der Vorschriften über die Erfüllung der für einen Anspruch auf Arbeitslosengeld erforderlichen Anwartschaftszeit sowie der Vorschriften über die Dauer eines Anspruchs auf Arbeitslosengeld nach dem Ersten Abschnitt des Vierten Kapitels dieses Buches entspricht ein Monat 30 Kalendertagen. Satz 2 gilt entsprechend bei der Anwendung der Vorschriften über die Erfüllung der erforderlichen Vorbeschäftigungszeiten sowie der Vorschrift über die Dauer des Anspruchs auf Übergangsgeld im Anschluss an eine abgeschlossene Leistung zur Teilhabe am Arbeitsleben.

Inhaltsübersicht Rn.

Literatur

Kruse u. a., SGB III Arbeitsförderung, Lehr- und Praxiskommentar, 2008

1. Normzweck und allgemeiner Inhalt

1 Die §§ 328 ff. enthalten weitere verfahrensrechtliche Regelungen für das Leistungssystem des Arbeitsförderungsrechts, die sich zum Teil als Konkretisierung, aber auch als Abweichung des allgemeinen Verfahrensrechts, wie es SGB I, IV und X ausprägen, darstellen (vgl. §§ 323 bis 327 Rn. 1). Insbesondere im Bereich der vorläufigen Leistungserbringung und der Aufhebung zunächst zugestandener Leistungsansprüche gelten andere, teilweise vereinfachte Regeln, die zum Teil den Interessen der Leistungsberechtigten, zum Teil jedoch auch dem Interesse der Verwaltung Rechnung tragen.

2. Vorläufige Entscheidung (§ 328)

2.1 Inhalt der Vorschrift

2 Der in § 20 SGB X normierte Untersuchungsgrundsatz gibt der Behörde auf, den Sachverhalt von Amts wegen zu ermitteln, namentlich alle für den Einzelfall bedeutsamen und für die Beteiligten günstigen Umstände festzustellen. Die Leistungsberechtigten haben dabei Mitwirkungspflichten (vgl. §§ 60 ff. SGB I, § 21 SGB X). Grundsätzlich gilt zudem, dass ein endgültiger Leistungsbescheid nur ergehen darf, wenn die Sach- und Rechtslage geklärt ist,[599] also sämtliche Anspruchsvoraussetzungen festgestellt sind. Weil allerdings die Ermittlung wesentlicher Voraussetzungen in manchen Fällen viel Zeit beanspruchen

599 U. a. BSG – 28.06.1990 – 4 RA 57/89.

kann, besteht für die Sozialleistungsträger die Möglichkeit und unter Umständen die Verpflichtung, Leistungen einstweilig zu erbringen.[600] Das gilt auch für die Bundesagentur für Arbeit. § 328 soll die schnelle Entscheidung über Geldleistungen im Arbeitsförderungsrecht ermöglichen, um Mittel kurzfristig verfügbar zu machen.[601] Dies kann auch im Interesse der Bundesagentur für Arbeit liegen, denn die nähere Ausgestaltung der vorläufigen Bewilligung vereinfacht auch die Rückabwicklung, wenn sich die Tatsachen im Nachhinein anders darstellen als zunächst angenommen.[602]

Vorläufige Entscheidungen dürfen nach dem eindeutigen Gesetzeswortlaut nur über die Erbringung von Geldleistungen ergehen, also nicht im Bereich anderer Leistungen (Berufsberatung, Vermittlung o. ä.). Zudem sind nur Leistungen der Bundesagentur für Arbeit vom Anwendungsbereich erfasst, so dass keine vorläufigen Entscheidungen etwa über Erstattungsforderungen, die die Bundesagentur für Arbeit selbst gegen Leistungsbezieher erhebt, getroffen werden dürfen. Ob die Bundesagentur für Arbeit auch eine vorläufige Ablehnung von Leistungen auf § 328 stützen kann, wird unterschiedlich beurteilt,[603] der Fall dürfte jedoch in der Praxis ohnehin die Ausnahme darstellen. 3

2.2 Voraussetzungen

Die Voraussetzungen der vorläufigen Entscheidung lassen sich im Wesentlichen in zwei Fallgruppen einteilen: Bei laufender gerichtlicher Überprüfung einer Vorschrift oder Rechtsfrage (§ 328 Abs. 1 Satz 1 Nrn. 1 und 2) oder bei noch nicht abschließend geklärter Tatsachenlage (§ 328 Abs. 1 Satz 1 Nr. 3). 4

Wird die Vereinbarkeit einer Vorschrift des SGB III[604] mit höherrangigem Recht in einem Verfahren vor dem Europäischen Gerichtshof oder dem Bundesverfassungsgericht überprüft und ist diese Vorschrift auch für die Entscheidung über den konkreten Anspruch erheblich, kann die Bundesagentur für Arbeit vorläufig entscheiden. Das Gleiche gilt, wenn eine Rechtsfrage, die im Leistungsfall entscheidungserheblich ist, bei dem BSG anhängig ist.[605] Die Rechtsfrage, die in diesem Fall nicht auf eine Norm des SGB III beschränkt ist, muss grundsätzliche Bedeutung haben. Ob man zur Bestimmung der grundsätzlichen Bedeutung auf die Maßstäbe für § 160 SGG zurückgreifen kann, ist fraglich. Die Anforderungen sollten jedenfalls nicht zu hoch gesetzt werden, weil die Vorschrift gerade eine schnelle Entscheidung ermöglichen soll. Grundsätzliche Bedeu- 5

600 Als Vorschuss oder vorläufige Leistung, allgemein geregelt in §§ 42, 43 SGB I, vgl. Kommentierung dort.

601 Düe, in Niesel/Brand, SGB III, § 328 Rn. 2.

602 Zur Rückabwicklung Rn. 13 f.; ob die Vorschrift eine Entlastung der Verwaltung bezweckt, ist umstritten, vgl. Pilz, in Gagel, SGB III, § 328 Rn. 2; zumindest einen »Nebenzweck« sieht Hengelhaupt, in Hauck/Noftz, SGB III, § 328 Rn. 43.

603 Dafür u. a. Pilz, in Gagel, SGB III, § 328 Rn. 10; dagegen u. a. Düe, in Niesel/Brand, SGB III, § 328 Rn. 4.

604 Oder einer in Bezug genommener Norm, vgl. Düe, in Niesel/Brand, SGB III, § 328 Rn. 12.

605 Anhängige Rechtsfragen abrufbar auf http://www.bsg.bund.de.

tung dürfte immer dann anzunehmen sein, wenn die Frage über den Einzelfall hinaus Bedeutung hat und höchstrichterlich noch nicht geklärt ist.[606]

6 Eine vorläufige Entscheidung kann – wird sie beantragt: muss – ergehen, wenn zur Feststellung des Anspruchs eines Arbeitnehmers voraussichtlich längere Zeit erforderlich ist, § 328 Abs. 1 Satz 1 Nr. 3. Im Unterschied zu den Nummern 1 und 2 geht es hier um Tatsachen, die ungeklärt sind, aber zu den Voraussetzungen für die Bewilligungsentscheidung gehören (z. B. die Höhe des Bemessungsentgeltes oder die Voraussetzungen für das Ruhen des Anspruchs etwa wegen einer Sperrzeit). Was unter »längere Zeit« zu verstehen ist, ergibt sich aus dem Gesetz nicht. Zur Beurteilung dieser unbestimmten Voraussetzung im Einzelfall muss aber vordringlich der Sinn und Zweck der Vorschrift berücksichtigt werden, nämlich das Interesse der Leistungsberechtigten an einer schnellen Entscheidung und Verfügbarkeit der Mittel. Zu den weiteren Voraussetzungen gehört, dass die Voraussetzungen für den Anspruch mit hinreichender Wahrscheinlichkeit vorliegen, es muss also mehr dafür als dagegen sprechen.[607] Zudem darf der Arbeitnehmer die Umstände, die der sofortigen abschließenden Entscheidung entgegen stehen, nicht zu vertreten haben. Zu vertreten hat er dies jedenfalls dann, wenn die abschließende Entscheidung an der mangelnden Mitwirkung scheitert.[608]

2.3 Vorläufige Entscheidung

7 Die Entscheidung, ob und in welcher Höhe Leistungen vorläufig erbracht werden, steht im Ermessen der Bundesagentur für Arbeit. Das gilt nicht, wenn in einem Fall des § 328 Abs. 1 Satz 1 Nr. 3 der Arbeitslose die vorläufige Entscheidung beantragt: Gemäß § 328 Abs. 1 Satz 3 muss die Bundesagentur für Arbeit dann vorläufig entscheiden; Ermessen ist ihr nur noch hinsichtlich der Höhe und der Dauer eingeräumt. Zudem sind Fälle denkbar, in denen – auch ohne Antrag – das Ermessen über das Ob der vorläufigen Entscheidung auf Null reduziert ist: Regelmäßig ist dies bei anzurechnendem Nebeneinkommen der Fall, das schwankend und monatlich nicht exakt vorhersehbar ist. Eine endgültige Bewilligung mit einem gleichbleibenden Einkommensbetrag im Wege einer Schätzung wäre dann unzulässig.[609] Die Bundesagentur für Arbeit muss auch vorläufig bewilligen, wenn ansonsten Sozialhilfebedürftigkeit einträte.[610] Die Bundesagentur für Arbeit ist zudem verpflichtet, die tatsächlichen Kenntnisse, die sie zum Zeitpunkt der vorläufigen Entscheidung bereits hat, bei ihrer Entscheidung über Höhe und Dauer zu berücksichtigen.

8 § 328 Abs. 1 Satz 2 gibt der Bundesagentur für Arbeit konkrete Begründungspflichten bei vorläufigen Entscheidungen auf: Umfang und Grund der Vorläufigkeit sind anzugeben. Das heißt, aus dem Bescheid muss hervorgehen, worauf sich die Vorläufigkeit be-

---

606 Düe, in Niesel/Brand, SGB III, § 328 Rn. 13, der allerdings zusätzlich auf Klärungsbedürftigkeit und -fähigkeit abstellt; vgl. auch Pilz, in Gagel, SGB III, § 328 Rn. 19 ff., der sich ebenfalls für geringe Anforderungen ausspricht.

607 Pilz, in Gagel, SGB III, § 328 Rn. 25.

608 Hengelhaupt, in Hauck/Noftz, SGB III, § 328 Rn. 141.

609 BSG – 25. 06. 1998 – B 7 AL 2/98 R.

610 Pilz, in Gagel, SGB III, § 328 Rn. 30.

zieht, welcher Teil der Bewilligung also noch nicht endgültig sein soll, und welcher Grund dafür besteht. Vorläufig oder endgültig können dabei nur die Verfügungen eines Bewilligungsbescheids sein, also die eigentlichen Regelungsgegenstände. In einem Bescheid, mit dem Arbeitslosengeld bewilligt wird, sind das regelmäßig der Leistungsbeginn, die Dauer und die Höhe des Anspruchs sowie die Zeiträume, für die Leistungen ausgezahlt werden. Zum Verfügungssatz gehören hingegen nicht einzelne Elemente oder Anspruchsvoraussetzungen (etwa die Verfügbarkeit oder die Höhe anzurechnenden Einkommens).

Als Grund für die Vorläufigkeit kommen nur die in § 328 Abs. 1 Satz 1 Nrn. 1 bis 3 genannten Gründe in Betracht. Aus Gründen der Klarheit ist es ratsam anzugeben, welche Vorschrift oder Rechtsfrage geklärt bzw. welche konkrete Anspruchsvoraussetzung noch ermittelt werden muss. **9**

Die Regelungsgegenstände des Bescheides, die nicht unter den Vorbehalt der Vorläufigkeit gestellt werden, müssen als endgültig und damit nach den Vorgaben des § 77 SGG als bindend angesehen werden. Folgen ergeben sich daraus insbesondere für die Möglichkeit, späteren Feststellungen oder Änderungen Rechnung zu tragen (siehe Rn. 14). Deshalb ist es wichtig, dass eindeutig erkennbar ist, welcher Teil des Bescheides vorläufig sein soll (»Umfang der Vorläufigkeit«). Abzustellen ist auf den Empfängerhorizont. Unklarheiten, welche Regelung nur vorläufig gelten soll, gehen zulasten der Bundesagentur für Arbeit mit der Folge, dass eine endgültige Bewilligung vorliegt.[611] **10**

2.4 Endgültige Entscheidung

Die vorläufige Entscheidung ist nur auf Antrag der berechtigten Person für endgültig zu erklären. Diese Regelung des § 328 Abs. 2, die bestätigt, dass die Norm insgesamt auch der Entlastung der Verwaltung dienen soll, führt dazu, dass es zum Teil bei vorläufigen Bewilligungen bleiben kann, ohne dass eine abschließende, der Bindungswirkung unterliegende endgültige Entscheidung getroffen wird.[612] **11**

Eine endgültige Entscheidung ergeht also auf Antrag oder wenn der Grund für die Vorläufigkeit wegfällt.[613] Der Grund für die Vorläufigkeit entfällt, wenn die Rechtsfrage geklärt oder sämtliche Voraussetzungen ermittelt sind. Dies hat die Bundesagentur für Arbeit zu überwachen.[614] Von Amts wegen endgültig festzusetzen ist in dem Fall, wenn die vorläufige Entscheidung unrichtig und daher zu ändern (§ 328 Abs. 2 2. Halbsatz) ist. Änderung in diesem Sinne kann auch die Ablehnung sein.[615] **12**

Mit der endgültigen Entscheidung wird festgesetzt, ob und in welcher Höhe ein Anspruch besteht. Leistungen, die aufgrund der vorläufigen Entscheidung erbracht wor- **13**

---

611 Ein »normaler« VA, Düe, in Niesel/Brand, SGB III, § 328 Rn. 21; LSG Bayern – 01.09.2011 – L 9 AL 204/10 B PKH; zum Ganzen Hengelhaupt, in Hauck/Noftz, SGB III, § 328 Rn. 152 ff., 163 ff.

612 Näher dazu, auch zu daraus resultierenden Beratungspflichten Hengelhaupt, in Hauck/Noftz, SGB III, § 328 Rn. 199 ff.

613 Pilz, in Gagel, SGB III, § 328 Rn. 38 ff.

614 Hengelhaupt, in Hauck/Noftz, SGB III, § 328 Rn. 191.

615 Pilz, in Gagel, SGB III, § 328 Rn. 45.

den sind, sind auf die endgültig zuerkannten Leistungen anzurechnen. Die in § 328 Abs. 3 Satz 1 geregelte Anrechnungsvorschrift stellt eine gesetzlich angeordnete Form der Erfüllung dar.[616] Ist der endgültig festgestellte Leistungsanspruch niedriger als vorläufig bewilligt, sind die zu viel erbrachten Leistungen gemäß § 328 Abs. 3 Satz 2 zu erstatten. Bei Kurzarbeitergeld und Wintergeld trifft die Erstattungspflicht den Arbeitgeber. Die Vorschrift geht als speziellere der Erstattungspflicht nach § 50 SGB X vor. Die Erstattungspflicht unterliegt keinen weiteren Voraussetzungen. Obwohl in der Vorschrift selbst dafür keine gesetzliche Grundlage oder ein entsprechender Verweis existiert, kommen bei der Erstattungsverpflichtung auch Stundung, Niederschlagung oder die Berücksichtigung einer besonderen Härte in Betracht.[617]

14 Entgegen der missverständlichen Formulierung[618] in § 328 Abs. 2 ist keine Aufhebung im Sinne der §§ 45, 48 SGB X erforderlich, wenn eine andere als die vorläufige Entscheidung über den Anspruch ergehen soll. Daher ist weder Vertrauensschutz zu prüfen, noch ist der Bundesagentur für Arbeit Ermessen eingeräumt. Die Rückabwicklung insbesondere bei zu Unrecht erbrachten Leistungen ist also erheblich einfacher als bei endgültigen Bewilligungsbescheiden. Auch deshalb muss genau erkennbar sein, welcher Gegenstand der Entscheidung nur vorläufig geregelt worden ist und ob insoweit Umfang und Grund ausreichend begründet worden sind (siehe Rn. 8).

15 Der endgültige Bescheid erledigt den vorläufigen Bescheid auf andere Weise im Sinne des § 39 Abs. 2 SGB X. Er wird nach der Rechtsprechung des BSG Gegenstand eines Klageverfahrens gegen einen vorläufigen Bescheid, weil er diesen im Sinne des § 96 SGG ersetzt.[619]

2.5 Rechtsschutz

16 Gegen die Entscheidung der Bundesagentur für Arbeit, nur vorläufig zu bewilligen, muss Rechtsschutz gewährt werden, denn wird ein vorläufiger Bescheid nicht angefochten und daher bestandskräftig, kann der Adressat in einem späteren Verfahren nicht mehr geltend machen, der Bescheid habe nicht vorläufig ergehen dürfen.[620] Zudem sind auch die einzelnen Regelungsgegenstände eines vorläufigen Bewilligungsbescheides überprüfbar.

17 Soll es nur gegen die Vorläufigkeit gehen, ist gegen diese Verfügung Widerspruch und (isolierte) Anfechtungsklage denkbar.[621] Das BSG hält es auch bei vorläufigen Bescheiden für nicht grundsätzlich unzulässig, auf endgültige (höhere) Leistungen zu klagen.[622] Wenn die Voraussetzungen für eine vorläufige Entscheidung nicht vorliegen oder das Ermessen im Hinblick auf die vorläufige Entscheidung (Ob und Höhe der Leistungen) auf

---

616 Pilz, in Gagel, SGB III, § 328 Rn. 5.

617 Allerdings erst im Einziehungsverfahren gemäß § 76 SGB IV; vgl. etwa BSG – 15.08.2002 – B 7 AL 24/01 R.

618 Düe, in Niesel/Brand, SGB III, § 328 Rn. 24.

619 BSG – 10.05.2011 – B 4 AS 139/10 R; vgl auch Düe, in Niesel/Brand, SGB III, § 328 Rn. 31.

620 BSG – 15.08.2002 – B 7 AL 24/01 R; Hengelhaupt, in Hauck/Noftz, SGB III, § 328 Rn. 157.

621 Düe, in Niesel/Brand, SGB III, § 328 Rn. 31.

622 BSG – 10.05.2011 – B 4 AS 139/10 R; BSG – 06.04.2011 – B 4 AS 119/10 R, Anm. Wehrhahn, jurisPR-SozR 3/2012 Anm. 6.

Null reduziert ist, soll mit der kombinierten Anfechtungs- und Leistungsklage die Beantragung der (endgültigen) Leistung selbst zulässig sein.

Grundsätzlich ist aber die kombinierte Anfechtungs- und Verpflichtungsklage die richtige Klageart gegen vorläufige Bewilligungsbescheide, wenn es zugleich um höhere oder länger dauernde Leistungen gehen soll. Denn die Entscheidung über die vorläufige Bewilligung steht im Ermessen der Bundesagentur für Arbeit, so dass regelmäßig nur die Verpflichtung der Bundesagentur für Arbeit zum Erlass eines neuen Bescheides unter Beachtung der Rechtsauffassung des Gerichts in Betracht kommt. **18**

Ein einfacherer Weg – insbesondere, wenn der Sachverhalt inzwischen geklärt ist – kann darin liegen, bei der Bundesagentur für Arbeit einen Antrag auf endgültige Entscheidung zu stellen und ggf. gegen diese Entscheidung Rechtsschutz zu suchen. **19**

3. Einkommensberechnung in besonderen Fällen (§ 329)

3.1 Inhalt der Vorschrift

Aus Vereinfachungsgründen gibt § 329 der Bundesagentur für Arbeit die Möglichkeit der Schätzung von Einkommen, falls aufwändige Ermittlungen nicht angemessen sind.[623] Diese Vorschrift dient vor allem der Beschleunigung des Verfahrens. Auf dieser Grundlage kann bereits eine endgültige Entscheidung getroffen werden, auch wenn das genaue Einkommen nicht ermittelt ist. **20**

3.2 Voraussetzungen und Entscheidung

Ist für den Leistungsanspruch Einkommen zu berücksichtigen (vgl. § 155), dessen Höhe ungewiss ist, kann die Bundesagentur für Arbeit das Einkommen schätzen. Es muss sich allerdings um Einkommen handeln, das nur kurze Zeit[624] zu berücksichtigen ist, ansonsten kommt eine vorläufige Entscheidung nach § 328 in Betracht.[625] **21**

Zur Schätzung des Einkommens muss angehört werden. Weil gemäß § 24 SGB X die entscheidungserheblichen Tatsachen mitzuteilen sind, muss die Bundesagentur für Arbeit angeben, auf welcher Grundlage sie die Schätzung vornehmen wird und von welchem Rahmen sie ausgeht. **22**

Die Entscheidung, ob sie das Einkommen schätzt, liegt im Ermessen der Bundesagentur für Arbeit und ist nur eingeschränkt überprüfbar.[626] Die Schätzung selbst und ihr Ergebnis unterliegen hingegen der gerichtlichen Kontrolle. Die Bundesagentur für Arbeit hat eine Prognoseentscheidung zu treffen und muss dabei alle ihr zur Verfügung stehenden Informationen berücksichtigen.[627] **23**

623 Pilz, in Gagel, SGB III, § 329 Rn. 1.
624 Bis zu zwei Monate, Düe, in Niesel/Brand, SGB III, § 328 Rn. 4.
625 BSG – 25.06.1998 – B 7 AL 2/98 R.
626 Hengelhaupt, in Hauck/Noftz, SGB III, § 329 Rn. 20 ff.
627 Pilz, in Gagel, SGB III, § 329 Rn. 5.

4. Sonderregelungen für die Aufhebung von Verwaltungsakten (§ 330)

4.1 Inhalt der Vorschrift

24 Nach den allgemeinen Verfahrensvorschriften des SGB X ist die Behörde berechtigt und zum Teil verpflichtet, Verwaltungsakte nach ihrem Erlass und auch nach Bestandskraft aufzuheben, wodurch ihre Bindungswirkung durchbrochen wird. Die näheren Voraussetzungen dazu regeln die §§ 44 ff. SGB X. Im Bereich der Arbeitsverwaltung existieren in § 330 besondere Vorschriften für die Aufhebung[628] von Bescheiden, die teilweise die Voraussetzungen einer Aufhebungsentscheidung erleichtern, teilweise die Wirkungen der Aufhebung beschränken. Diese spezielleren Regelungen, die sämtlich das Verwaltungsverfahren zugunsten der Bundesagentur für Arbeit vereinfachen, sind erst zum 01.01.1994 durch die Vorgängervorschrift des § 152 AFG eingeführt worden. Sie sind im Vergleich zu den allgemeinen Aufhebungsregeln des SGB X für Empfänger von Leistungen nach dem SGB III nachteilig und nehmen damit eine gewisse Sonderrolle im Sozialleistungsrecht ein. Der Gesetzgeber hat dies mit den Besonderheiten des Arbeitsförderungsrechts begründet, in dem Leistungen kurzfristig erbracht und wieder beendet würden und Überzahlungen praktisch nicht zu vermeiden seien.[629]

4.2 Rücknahme nach § 44 SGB X (Abs. 1)

25 § 44 SGB X verpflichtet Sozialleistungsträger, rechtswidrige belastende[630] Verwaltungsakte auch nach Bestandskraft aufzuheben und gegebenenfalls nicht erbrachte Sozialleistungen nachzuzahlen. Dahinter steckt ein allgemeiner Rechtsgedanke, dass trotz entgegenstehender Bindungswirkung rechtswidrig vorenthaltene Leistungen auch später[631] noch erbracht werden können und sollen. Leistungsempfänger haben insoweit einen Anspruch auf Neufeststellung (im Einzelnen SGB X, § 44 Rn. 1 ff.).

26 § 330 Abs. 1 schränkt diesen Anspruch im Bereich des Arbeitsförderungsrechts im Hinblick auf die Wirkung der Neufeststellung ein. Während im allgemeinen Verfahrensrecht der rechtswidrige Verwaltungsakt mit Wirkung für die Vergangenheit, also grundsätzlich unbeschränkt[632] zurückzunehmen ist, wird hier für bestimmte Fälle eine zeitliche Grenze gesetzt: Wenn ein Bescheid der Bundesagentur für Arbeit deshalb rechtswidrig ist, weil er auf einer Rechtsnorm beruht, die nach Erlass des Verwaltungsaktes für nichtig oder unvereinbar mit dem Grundgesetz erklärt wird oder in ständiger Rechtsprechung anders ausgelegt wird als durch die Bundesagentur für Arbeit, ist er nur mit Wirkung für die Zeit nach der Entscheidung des BVerfG oder ab dem Entstehen der ständigen Rechtsprechung

628 Hier verstanden als Oberbegriff für Aufhebung und Rücknahme.
629 BT-Drs. 12/5502, S. 37.
630 Belastend in diesem Sinne ist auch ein Bewilligungsbescheid, der der Höhe nach unzutreffende Leistungen gewährt.
631 Für einen Zeitraum von vier Jahren rückwirkend, § 44 Abs. 4 SGB X.
632 Für die nachträgliche Erbringung gilt die Vier-Jahres-Grenze, Fn. 63.

zurückzunehmen. Das heißt also, dass der Anspruch der Arbeitslosen auf Neufeststellung und ggf. Nachzahlung vorenthaltener Leistungen erst ab diesem Zeitpunkt besteht.

Diese Einschränkung gilt nur in den im Gesetz benannten Fällen und bezieht sich auf diejenigen Fallgruppen des § 44 SGB X, in denen das Recht unrichtig angewandt worden ist. In der einen Alternative muss das BVerfG die Nichtigkeit oder Unvereinbarkeit einer bestimmten Norm mit dem Grundgesetz durch Urteil feststellen. In der anderen Alternative muss sich eine ständige Rechtsprechung entwickelt haben, die eine Norm anders auslegt als bis dahin die Bundesagentur für Arbeit. Dieser Fall ist schwieriger zu bestimmen. Die Auslegung durch die Bundesagentur für Arbeit muss generell, also in der Regel durch zentrale Weisung (Durchführungsanweisungen u. ä.) bestanden haben und nicht nur durch einzelne örtliche Agenturen praktiziert worden sein.[633] Eine anderslautende ständige Rechtsprechung im Sinne einer verbindlichen Akzeptanz entwickelt sich regelmäßig durch das BSG.[634] 27

Gegen die die Rechte insbesondere von Arbeitslosen insoweit erheblich einschränkende Vorschrift hat das BSG keine verfassungsrechtlichen Bedenken erhoben.[635] Allerdings wird zu Recht kritisiert, dass auf diese Weise auch eindeutig gesetzeswidrige Rechtsauffassungen der Bundesagentur für Arbeit »stabilisiert« werden.[636] Das BSG plädiert für eine enge Auslegung: Die Einschränkung gilt nur für Überprüfungsverfahren, die erst nach Entstehung der ständigen Rechtsprechung begonnen werden (sog. Trittbrettfahrer).[637] 28

4.3 Rücknahme nach § 45 SGB X (Abs. 2)

Rechtswidrige begünstigende Verwaltungsakte können nur unter den engen Voraussetzungen des § 45 Abs. 2 bis 4 SGB X zurückgenommen werden (mit der Folge der Erstattungspflicht gemäß § 50 Abs. 1 SGB X, wenn Leistungen bereits erbracht sind). Insbesondere ist Vertrauensschutz des Begünstigten zu prüfen und Ermessen auszuüben. Im Bereich des SGB III gilt dies nicht, wenn der Begünstigte bösgläubig war, also einer der Tatbestände des § 45 Abs. 2 Satz 3 Nrn. 1 bis 3 SGB X vorliegt: Dann muss die Bundesagentur für Arbeit den begünstigenden Bescheid mit Wirkung für die Vergangenheit und für die Zukunft[638] zurücknehmen. Unter der Formulierung »mit Wirkung für die Vergangenheit« ist die rückwirkende Aufhebung für bereits abgelaufene Zeiträume zu verstehen. Abzustellen ist insoweit auf den Zeitpunkt, an dem der Aufhebungsbescheid bekannt gegeben wird. 29

Auch diese Vorschrift entlastet die Verwaltung zum Nachteil der Leistungsberechtigten. Umstände des Einzelfalls werden, weil die Bundesagentur für Arbeit eine gebundene Entscheidung ohne Ermessenserwägung zu treffen hat, nicht berücksichtigt. Auf die 30

633 »Bundeseinheitliche Praxis«, BSG – 15. 12. 2010 – B 14 AS 61/09 R.
634 BSG – 29. 06. 2000 – B 11 AL 99/99 R, unter Umständen schon bei einer Entscheidung; zu anderen Fällen und den Schwierigkeiten damit Pilz, in Gagel, SGB III, § 330 Rn. 18 f.
635 BSG – 29. 06. 2000 – B 11 AL 99/99 R.
636 Pilz, in Gagel, SGB III, § 330 Rn. 2, 19 a.
637 BSG – 08. 02. 2007 – B 7 AL 2/06 R.
638 Düe, in Niesel/Brand, SGB III, § 330 Rn. 23.

einzelne Person und die besonderen Umstände kommt es jedoch für die Frage an, ob die Voraussetzungen vorliegen, um Bösgläubigkeit anzunehmen: § 45 Abs. 2 Satz 3 Nrn. 2 und 3 SGB X verlangen mindestens grobe Fahrlässigkeit des Betroffenen im Verwaltungsverfahren, der vorsätzlich oder grob fahrlässig unrichtige oder unvollständige Angaben gemacht (Nr. 2) oder die Fehlerhaftigkeit des Leistungsbescheides erkannt haben muss (Nr. 3). Hierbei kommt es auf die persönliche Urteils- und Kritikfähigkeit, das Einsichtsvermögen und Verhalten des Einzelnen und die besonderen Umstände des Falles an.[639] Grob fahrlässig handelt dabei, wer die erforderliche Sorgfalt in besonders schwerem Maße verletzt, also einfachste, ganz naheliegende Überlegungen nicht anstellt und nicht beachtet, was jedem einleuchten muss.[640] Hat die Bundesagentur für Arbeit in beigefügten Merkblättern oder Antragsformularen deutlich und verständlich auf Pflichten und Voraussetzungen hingewiesen, kann Arbeitslosen im Regelfall Kenntnis oder grob fahrlässige Unkenntnis vorgeworfen werden.[641]

31 Weil die Bundesagentur für Arbeit bei dieser Aufhebungsentscheidung kein Ermessen ausüben muss, ist es zudem unschädlich, wenn sie ihre Entscheidung über die Aufhebung für die Vergangenheit auf eine falsche Rechtsgrundlage stützt: Wenn statt § 45 Abs. 2 Satz 3 SGB X ein Fall des § 48 Abs. 1 Satz 2 SGB X vorgelegen hat (Rn. 32 ff.), stellt dies nur einen Fehler der Begründung dar, die Rechtsgrundlage kann dann ausgewechselt werden.[642]

4.4 Aufhebung nach § 48 SGB X (Abs. 3)

32 Die Voraussetzungen für eine Aufhebung von Dauerverwaltungsakten, zu denen Bewilligungsbescheide über Arbeitslosengeld, Berufsausbildungsbeihilfe, Gründungszuschuss etc. gehören, regelt zunächst § 48 SGB X. Er eröffnet die Möglichkeit, Änderungen in den rechtlichen oder tatsächlichen Verhältnissen Rechnung zu tragen. Es ist zu unterscheiden, ob für die Zukunft und/oder die Vergangenheit[643] Änderungen eingetreten sind und der Bescheid insoweit (also ggf. auch teilweise) aufgehoben werden soll.

33 Für die Zukunft ist bei Änderung der Verhältnisse immer aufzuheben, es handelt sich um eine gebundene Entscheidung. Für die Vergangenheit ist eine Aufhebung unter den Voraussetzungen des § 48 Abs. 1 Satz 2 SGB X regelmäßig möglich: Bei Vorliegen einer der Voraussetzungen »soll« aufgehoben werden, d. h. nur in atypischen Fällen ist bei der Entscheidung über die Aufhebung für die Vergangenheit Ermessen auszuüben.[644] Die Bundesagentur für Arbeit hingegen hat, dies ist Inhalt des § 330 Abs. 3, auch in atypischen Fällen keine Ermessenserwägungen anzustellen, sondern trifft eine gebundene Entscheidung auch für die Vergangenheit.

---

639 Subjektiver Fahrlässigkeitsmaßstab, BSG – 09. 02. 2006 – B 7a AL 58/05 R; BSG – 24. 04. 1997 – 11 RAr 89/96.
640 Hengelhaupt, in Hauck/Noftz, § SGB III, § 330 Rn. 249.
641 BSG – 24. 04. 1997 – 11 RAr 89/96.
642 BSG – 20. 10. 2005 – B 7a AL 18/05 R.
643 Zur Abgrenzung Rn. 29.
644 Wiesner, in von Wulffen, SGB X, § 48 Rn. 20.

Weil in beiden Fällen keine Ermessensentscheidung zu treffen ist, kann die Begründung für die Aufhebung nach § 45 Abs. 2 Satz 3 SGB X oder 48 Abs. 1 Satz 2 SGB X ausgetauscht werden (siehe Rn. 31). 34

4.5 Rücknahme bei Erstattungspflicht des Arbeitgebers (Abs. 4)

§ 330 Abs. 4 regelt die Besonderheiten für die Rücknahme von Bescheiden, mit denen Ansprüche gegen den Arbeitgeber auf Erstattung von Arbeitslosengeld nach § 147 a geltend gemacht werden. Die Vorschrift des § 147 a ist zum 01. 04. 2012 weggefallen. 35

5. Vorläufige Zahlungseinstellung (§ 331)

5.1 Inhalt der Vorschrift

Die Bundesagentur für Arbeit kann Zahlungen einer laufenden Leistung (Arbeitslosengeld, Berufsausbildungsbeihilfe etc.) vorläufig einstellen. Die Voraussetzungen dafür regelt § 331. Die Vorschrift wurde erst zum 01. 01. 1998 eingeführt, obgleich die Praxis der Zahlungseinstellung schon vorher, also ohne Ermächtigungsgrundlage existierte. 36

Die Möglichkeit der vorläufigen Zahlungseinstellung soll vor Überzahlungen schützen.[645] Obwohl nach der Gesetzesbegründung dadurch der mit einem förmlichen Rückforderungsverfahren verbundene »Aufwand für Leistungsempfänger und Verwaltung« vermieden werden soll,[646] dient die Vorschrift doch ihrem Wesen nach dem Schutz der Verwaltung bzw. der Versichertengemeinschaft davor, bei Überzahlungen nicht dem Risiko ausgesetzt zu sein, dass Rückforderungen gegen den Empfänger nicht realisierbar sind. Im allgemeinen Verfahrensrecht finden sich keine vergleichbaren Regelungen.[647] 37

5.2 Voraussetzungen

Nur die Zahlung laufender, nicht jedoch einmaliger Leistungen kann vorläufig eingestellt werden. Die Hürden für eine vorläufige Zahlungseinstellung sind als hoch anzusehen. 38

Die Bundesagentur für Arbeit muss zunächst Kenntnis von Tatsachen haben. Das heißt einerseits, dass rechtliche Fehler eines Bescheides oder eine neue rechtliche Einschätzung nicht zur Zahlungseinstellung berechtigen. Zudem muss sie Kenntnisse haben, ein bloßer Verdacht reicht nicht aus.[648] Diese Tatsachen müssen zur Folge haben, dass der Anspruch kraft Gesetzes ruht oder wegfällt (z. B. der Eintritt einer Sperrzeit oder die Aufnahme einer mehr als 15-stündigen Beschäftigung). Die Folge muss kraft Gesetzes eintreten, d. h. die Zahlungseinstellung ist ausgeschlossen, wenn dem eine Ermessensentscheidung der Bundesagentur für Arbeit vorwegzugehen hat. 39

---

645 Pilz, in Gagel, SGB III, § 331 Rn. 1.
646 BT-Drs. 13/4941, S. 213.
647 Pilz, in Gagel, SGB III, § 331 Rn. 4.
648 Winkler, LPK-SGB III, § 331 Rn. 5; Radüge, in Hauck/Noftz, SGB III, § 331 Rn. 9.

40 Schließlich müssen die Voraussetzungen für eine Aufhebung für die Vergangenheit vorliegen, und zwar als gebundene Entscheidung. Dem Wortlaut nach (»Ruhen und Wegfall des Anspruchs«) wird auf die Formulierungen des § 48 SGB X abgestellt,[649] denkbar ist aber auch eine Aufhebung für die Vergangenheit nach § 45 Abs. 2 Satz 3 SGB X i. V. m. § 330 Abs. 2.[650] Das umfasst sämtliche Fälle der Bösgläubigkeit und der Einkommenserzielung.

5.3 Verfahren

41 Liegen die Voraussetzungen vor, kann die Bundesagentur für Arbeit die Zahlung vorläufig einstellen. Die »Kann«-Formulierung kann entweder die Befugnis meinen oder der Bundesagentur für Arbeit die Notwendigkeit einer Ermessensentscheidung vorgeben.[651] Für die Ermessensentscheidung spricht, dass nicht ersichtlich ist, aus welchem Grund die Bundesagentur für Arbeit gebunden sein soll, Zahlungen vorläufig einzustellen. Allerdings darf die Zahlung ohne Erteilung eines Bescheides eingestellt werden, so dass die Ausübung von Ermessen schwer nachprüfbar ist. Die Zahlungseinstellung ist nach überwiegender Auffassung kein Verwaltungsakt.[652]

42 Dem Leistungsempfänger sind die Zahlungseinstellung und die Gründe dafür unverzüglich mitzuteilen, es sei denn, die Kenntnisse der Bundesagentur für Arbeit beruhen auf seinen Angaben. Dem Betroffenen ist zudem Gelegenheit zur Stellungnahme zu geben, dies entspricht der Anhörung im Sinne des § 24 SGB X.

43 Aus § 331 Abs. 2 ergibt sich eine unverzügliche Nachzahlungspflicht der einbehaltenen Leistungen, wenn die Bundesagentur für Arbeit den Bewilligungsbescheid nicht zwei Monate nach der Zahlungseinstellung aufgehoben hat. Zudem hat die Zahlung der bewilligten Leistungen für die Zeit ab dann unmittelbar wieder einzusetzen.[653]

44 Bei rechtswidriger vorläufiger Zahlungseinstellung kann im Rahmen der Leistungsklage auf Zahlung der mit dem Bewilligungsbescheid zuerkannten Leistungen geklagt werden, weil nach hier vertretener Auffassung (Rn. 41) die Zahlungseinstellung kein Verwaltungsakt ist. Eilrechtsschutz bietet der Antrag auf Erlass einer einstweiligen Anordnung gemäß § 86 b Abs. 2 SGG.

---

649 Pilz, in Gagel, SGB III, § 331 Rn. 5.

650 Düe, in Niesel/Brand, SGB III, § 328 Rn. 5; a. A. SG Berlin – 20.01.2006 – S 103 AS 169/06 ER.

651 Offen gelassen von LSG Berlin-Brandenburg – 07.01.2008 – L 26 B 2288/07 AS ER; dafür SG Potsdam – 22.11.2007 – S 31 AS 4112/07 ER; Winkler, LPK-SGB III, § 331 Rn. 10; Eicher/Schlegel, § 331 Rn. 7; Pilz, in Gagel, SGB III, § 331 Rn. 11.

652 Eicher/Schlegel, SGB III, § 331 Rn. 5; Winkler, LPK-SGB III, § 331 Rn. 10; Radüge, in Hauck/Noftz, SGB III, § 331 Rn. 13.

653 Pilz, in Gagel, SGB III, § 331 Rn. 1.

6. Übergang von Ansprüchen (§ 332)

6.1 Inhalt der Vorschrift

Hat die Bundesagentur für Arbeit gegen einen Leistungsempfänger einen Erstattungsanspruch (etwa weil Arbeitslosengeld überzahlt worden ist), kann sie bestimmte Ansprüche, die der Leistungsempfänger gegen Dritte hat, auf sich überleiten. Die Voraussetzungen und das Verfahren regelt § 332. Die Vorschrift erleichtert die Durchsetzung von Erstattungsforderungen, die zumeist auf Grundlage des § 50 Abs. 1 SGB X bestehen. **45**

Abzugrenzen ist der Anspruchsübergang von den Erstattungsregeln der §§ 102 ff. SGB X, die für Leistungsträger untereinander gelten und vorrangig sind. Einen gesetzlichen Forderungsübergang regelt zudem auch § 115 SGB X, der insbesondere für die Fälle der sog. Gleichwohlgewährung (siehe § 157 Rn. 15 f.) bedeutsam ist, in denen kein Erstattungsanspruch gegen den Arbeitslosen besteht, und der deshalb einen anderen Anwendungsbereich hat. **46**

6.2 Voraussetzungen

Damit ein Anspruch einer erstattungspflichtigen Person gegen einen Dritten auf die Bundesagentur für Arbeit übergeht, müssen folgende Voraussetzungen erfüllt sein: Die Bundesagentur für Arbeit muss die Überleitung dem Dritten schriftlich anzeigen (Überleitungsanzeige), es muss ein wirksamer Erstattungsanspruch der Bundesagentur für Arbeit gegen den Leistungsempfänger bestehen, dieser muss gegen den Dritten einen Anspruch auf Leistungen zur Deckung des Lebensunterhalts haben, und schließlich müssen beide Ansprüche (Erstattungsforderung und Leistungsanspruch gegen den Dritten) für denselben Zeitraum bestehen. **47**

Die Überleitungsanzeige gegenüber dem Dritten, der Sozialleistungsträger oder Privatperson (etwa Arbeitgeber) sein kann, muss schriftlich erfolgen und die Höhe des Anspruchs beziffern, der übergeleitet werden soll.[654] Auch der erstattungspflichtigen Person gegenüber ist die Überleitung bekannt zu geben, denn in ihre Rechte wird eingegriffen. Sie muss daher vorher gemäß § 24 SGB X angehört werden. Ihr gegenüber stellt die Überleitungsanzeige einen Verwaltungsakt dar, der mit Widerspruch und Anfechtungsklage angefochten werden kann, die wiederum aufschiebende Wirkung haben. **48**

Die Erstattungspflicht muss aufgrund eines wirksamen Bescheides – regelmäßig gemäß § 50 SGB X nach Aufhebung einer Bewilligung – bestehen. Der Erstattungsbescheid muss nicht bestandskräftig sein, ihm dürfen jedoch keine Einreden (Verjährung, Verwirkung etc.) entgegenstehen.[655] **49**

Übergeleitet werden können öffentlich-rechtliche oder privatrechtliche Ansprüche. Es muss sich um Ansprüche auf Leistungen zur Deckung des Lebensunterhalts handeln. Beispiele dafür nennt § 332 Abs. 1 selbst, namentlich Renten, Mutterschaftsgeld oder Ar- **50**

---

654 Düe, in Niesel/Brand, SGB III, § 332 Rn. 4.
655 Pilz, in Gagel, SGB III, § 332 Rn. 7.

beitsentgelt; die Aufzählung ist jedoch nicht abschließend. Ansprüche auf Leistungen, die anderen Zwecken dienen, können nicht übergeleitet werden, etwa Ansprüche auf Kindergeld, Pflegegeld, Wohngeld oder Verletztenrente.[656] Die Möglichkeit der Überleitung ist hingegen nicht davon abhängig, ob der Anspruch übertragen oder verpfändet werden darf, § 332 Abs. 4.

51 Der Zeitraum, für den die Bundesagentur für Arbeit eine Erstattungsforderung geltend macht, und der, für den ein Anspruch auf Leistungen zur Deckung des Lebensunterhalts besteht, muss deckungsgleich sein. Eine Ausnahme regelt § 332 Abs. 1 Satz 3: Ist der Betroffene zur Erstattung verpflichtet, weil er die unrechtmäßige Zahlung vorsätzlich oder grob fahrlässig herbeigeführt hat, gehen auch Ansprüche auf laufende Leistungen auf die Bundesagentur für Arbeit über. Gemeint sind hier Fälle, in denen die Aufhebung der Bewilligung gemäß § 45 Abs. 2 Satz 3 Nr. 1 oder 2 SGB X oder § 48 Abs. 1 Satz 2 Nr. 2 SGB X erfolgt ist, also der Rückzahlungspflichtige die Überzahlung verursacht hat und ihm dabei mindestens grobe Fahrlässigkeit vorgeworfen werden kann. Ansprüche auf laufende Geldleistungen gehen jedoch gemäß § 332 Abs. 1 Satz 3 maximal zur Hälfte auf die Bundesagentur für Arbeit über und nur, soweit sie nicht zur Deckung des Lebensunterhalts – auch der unterhaltsberechtigten Angehörigen – benötigt werden. Hier ist eine Bedürftigkeitsprüfung nach Maßstab des SGB II oder XII durchzuführen.[657]

6.3 Verfahren

52 Die Bundesagentur für Arbeit hat bei der Entscheidung, ob sie Ansprüche auf sich überleitet, Ermessen auszuüben. Dabei ist einerseits das Interesse des Erstattungspflichtigen, seinen Anspruch zu behalten, und andererseits das Interesse an der Durchsetzung der Erstattungsforderung, insbesondere die Notwendigkeit ihrer Sicherung, zu berücksichtigen.

53 Gegen die Überleitungsanzeige kann der eigentliche Anspruchsinhaber Widerspruch und Anfechtungsklage erheben (Rn. 48). Sie haben aufschiebende Wirkung.

54 Die Bundesagentur für Arbeit wird Inhaberin des Anspruchs. Es handelt sich also um einen Gläubigerwechsel im Sinne des BGB. Die Bundesagentur für Arbeit wird jedoch nur Gläubigerin des Zahlungsanspruchs, ein etwaiges Stammrecht (etwa bei Rentenansprüchen) verbleibt bei der erstattungspflichtigen Person.[658] Der Höhe nach ist der Anspruch maßgeblich, wie er im Erstattungsbescheid beziffert ist. Der Erstattungsbescheid hat insoweit Tatbestandswirkung.[659]

55 § 332 Abs. 2 stellt klar, dass die leistungspflichtige dritte Person die Leistung nach Überleitung an die Bundesagentur für Arbeit zu zahlen hat. Bestimmte Leistungsträger sind gemäß § 332 Abs. 3 verpflichtet, der Bundesagentur für Arbeit mitzuteilen, wenn bei ihnen Anträge auf Rente, Unterhaltsbeihilfe oder Unterhaltshilfe eingehen, und mit der Auszahlung für zurückliegende Zeiträume zwei Wochen zu warten.

656 Eicher/Schlegel, § 332 Rn. 42; Pilz, in Gagel, SGB III, § 332 Rn. 9ff., mit weiteren Beispielen.
657 Düe, in Niesel/Brand, SGB III, § 332 Rn. 12.
658 Düe, in Niesel/Brand, SGB III, § 332 Rn. 8.
659 Pilz, in Gagel, SGB III, § 332 Rn. 26; BSG – 31.08.1977 – 1 RA 137/75.

7. Aufrechnung (§ 333)

7.1 Inhalt der Vorschrift

§ 333 stellt eine Sonderregelung für die Möglichkeit der Aufrechnung gemäß § 51 SGB I dar (siehe § 51 SGB I Rn. 5 ff.). Sie gibt der Bundesagentur für Arbeit insbesondere weitergehende Rechte im Hinblick auf die Höhe der Aufrechnung, als dies nach § 51 Abs. 2 SGB I zulässig ist, für Rückforderungen wegen des Eintritts einer Sperrzeit und Anrechnung von Nebeneinkommen. Begründet wird dies zum einen mit dem Sanktionszweck der Sperrzeit, zum anderen damit, dass bei Nebeneinkommen ausreichende Mittel zur Verfügung stehen.[660] **56**

Geregelt werden zudem die Möglichkeit der Aufrechnung bei Ansprüchen auf Rückzahlung von Beiträgen (Abs. 2) und bei bestimmten Leistungsarten wie Kurzarbeitergeld u. ä. (Abs. 3). **57**

7.2 Aufrechnung gegen Entgeltersatzleistung in voller Höhe (Abs. 1)

Die Bundesagentur für Arbeit kann einen Erstattungsanspruch gegen den Empfänger einer Entgeltersatzleistung (Arbeitslosengeld und die weiteren Leistungen gemäß § 3 Abs. 4) abweichend von § 51 Abs. 2 SGB I in voller Höhe gegen einen Anspruch auf Entgeltersatzleistung aufrechnen, wenn der Erstattungsanspruch darauf beruht, dass der Leistungsempfänger die Leistungen zu unrecht bezogen hat, weil der Anspruch wegen einer Sperrzeit ruhte oder wegen der Anrechnung von Nebeneinkommen gemindert war. Das Ruhen wegen Sperrzeit ist in § 159, die Anrechnung von Nebeneinkommen in § 155 geregelt. Die Bundesagentur für Arbeit muss also wegen eines der beiden Tatbestände die Bewilligungsentscheidung nach §§ 45 oder 48 SGB X aufgehoben und einen Erstattungsbescheid gemäß § 50 SGB X erlassen haben. **58**

Die Aufrechnung muss dem Leistungsempfänger gegenüber erklärt werden. Ob dies durch Verwaltungsakt geschehen muss oder darf, ist umstritten.[661] Sofern die Bundesagentur für Arbeit sich jedoch der Form des Verwaltungsaktes bedient, kann dieser mit Widerspruch und Anfechtungsklage angegriffen werden. Jedenfalls muss die Bundesagentur für Arbeit bei der Entscheidung, ob sie von der Möglichkeit der Aufrechnung in voller Höhe Gebrauch macht, Ermessen ausüben. Aufhebungs- und Erstattungsbescheid und Aufrechnungserklärung können in einem Bescheid miteinander verbunden werden. **59**

7.3 Aufrechnung gegen Beitragsrückzahlung (Abs. 2)

Ein Anspruch auf Erstattung von Leistungen kann gegen einen Anspruch auf Rückzahlung zu Unrecht entrichteter Beiträge (§ 351) ebenfalls in voller Höhe aufgerechnet **60**

---

660 Düe, in Niesel/Brand, SGB III, § 333 Rn. 4; letzteres dürfte jedoch nicht immer der Fall sein, dies kann bei der Ermessensentscheidung berücksichtigt werden.

661 Zum aktuellen Meinungsstand: Eicher/Schlegel, § 332 Rn. 14 ff.

werden. Die Vorschrift hat lediglich klarstellenden Charakter,[662] weil Beitragserstattungsansprüche ohnehin nicht den Einschränkungen des § 51 Abs. 2 SGB I unterliegen.

7.4 Aufrechnung mit Ansprüchen gegen den Arbeitgeber (Abs. 3)

61 Sind Arbeitgeber zur Zahlung von Winterbeschäftigungs-Umlage oder Rückzahlung von Kurzarbeitergeld oder ergänzenden Leistungen nach § 102 verpflichtet, kann die Bundesagentur für Arbeit mit diesen Ansprüchen gegen Ansprüche auf Kurzarbeitergeld, Winterausfallgeld und Wintergeld aufrechnen, denn insoweit – also bezogen auf diese Leistungen – gilt der Arbeitgeber als anspruchsberechtigt. Die Stellung des Arbeitgebers als Anspruchsinhaber wird also durch § 333 Abs. 3 fingiert (»gilt«). Die Regelung ist notwendig, weil nur so die sog. Aufrechnungslage entstehen kann. Ohne die Fiktion sind die Arbeitnehmer Inhaber des Anspruchs auf Kurzarbeitergeld etc.

8. Pfändung von Leistungen (§ 334)

62 § 334 ist eine reine Zuständigkeitsbestimmung.[663] Sie legt fest, wer im Zwangsvollstreckungsrecht nach der ZPO bei Pfändung als Drittschuldner gilt, nämlich die örtliche Arbeitsagentur, die über den Anspruch entschieden oder zu entscheiden hat. Dies ist wichtig für die Zustellung des Pfändungs- und Überweisungsbeschlusses.

9. Erstattung von Beiträgen zur Krankenversicherung, Rentenversicherung, Pflegeversicherung (§ 335)

9.1 Inhalt der Vorschrift

63 Die Versicherungspflicht von Beziehern von Arbeitslosengeld oder Unterhaltsgeld in der Kranken- und Pflegeversicherung ist nicht im SGB III, sondern in den Vorschriften des jeweiligen Leistungsrechts geregelt (vgl. § 5 Abs. 1 Nr. 2 SGB V und § 20 Abs. 1 Nr. 2 SGB XI). Die Versicherungspflicht besteht auch für die Zeiträume weiter, für die ein Bewilligungsbescheid rückwirkend aufgehoben und Arbeitslosengeld oder Unterhaltsgeld zurückgefordert wird. Durch § 335 hat die Bundesagentur für Arbeit jedoch die Möglichkeit, die Beiträge, die sie zur Kranken- und Pflegeversicherung für solche Zeiträume entrichtet hat, ersetzt zu erhalten. Die Vorschrift steht daher in engem Zusammenhang mit Aufhebungs- und Erstattungsbescheiden.

9.2 Erstattungspflicht des Leistungsempfängers (Abs. 1)

64 Bezieher von Arbeitslosengeld oder Unterhaltsgeld haben der Bundesagentur für Arbeit die entrichteten Beiträge zur gesetzlichen Krankenversicherung zu ersetzen, wenn die

662 Düe, in Niesel/Brand, SGB III, § 333 Rn. 7.
663 Düe, in Niesel/Brand, SGB III, § 334 Rn. 2.

Bewilligungsentscheidung über ALG oder Uhg rückwirkend aufgehoben und die Leistung zurückgefordert wird. Voraussetzung für die Ersatzpflicht ist also ein wirksamer Aufhebungs- und Erstattungsbescheid (§§ 45, 48, 50 SGB X). Nach der Rechtsprechung des BSG, das den Wortlaut insoweit zugunsten der Leistungsempfänger eng auslegt, muss es durch pflichtwidriges Verhalten des Arbeitslosen zur Überzahlung gekommen sein.[664] Die Ersatzpflicht besteht auch, wenn die Bundesagentur für Arbeit statt der Beiträge zur gesetzlichen Krankenversicherung die Zahlung von Beiträgen für eine private Krankenversicherung übernommen hat, § 335 Abs. 1 Satz 5 SGG.

§ 335 Abs. 1 Satz 2 bis 4 regeln die Erstattungspflicht, wenn zwei Krankenversicherungsverhältnisse im selben Zeitraum bestanden. Dann ist der Leistungsempfänger nur selbst zur Beitragserstattung verpflichtet, wenn die Versicherung bei zwei verschiedenen Krankenkassen bestand und diejenige, bei der die Pflichtversicherung als Arbeitsloser bestand, Leistungen erbracht hat. Ansonsten findet die Erstattung untereinander bzw. über den Gesundheitsfonds statt. 65

9.3 Erstattungspflicht des Rentenversicherungs- bzw. Rehaträgers (Abs. 3)

§ 335 Abs. 3 regelt im Einzelnen Erstattungsansprüche der Bundesagentur für Arbeit gegen den Träger der Rentenversicherung und den Rehabilitationsträger in den Fällen, in denen von diesen ebenfalls Leistungen erbracht worden sind und diese vorrangig sind. Es gilt der Grundsatz, dass dem Erstattungsanspruch der Bundesagentur für Arbeit in Bezug auf Leistungen der Erstattungsanspruch in Bezug auf die Beiträge folgt.[665] 66

9.4 Erstattungspflicht bei Gleichwohlgewährung (Abs. 3 und 4)

In Fällen der sog. Gleichwohlgewährung gemäß § 157 Abs. 3 muss der Arbeitgeber, der für die Zeit KV-Beiträge zu entrichten hätte, der Bundesagentur für Arbeit die durch sie geleisteten Beiträge ersetzen. In der Höhe, in der er der Bundesagentur für Arbeit die Beiträge ersetzt, wird er selbst von seiner Verpflichtung zur Beitragsabführung für diesen Zeitraum frei. 67

§ 335 Abs. 4 regelt in Fällen, in denen bei Gleichwohlgewährung zwei Krankenkassen beteiligt sind, deren Ausgleich untereinander. 68

9.5 Anwendung auf Beiträge zur Pflegeversicherung (Abs. 5)

§ 335 Abs. 5 ordnet an, dass die Vorschriften zur Erstattung der Krankenversicherungsbeiträge in den Absätzen 1 bis 3 auch auf die von der Bundesagentur für Arbeit entrichteten Beiträge zur Pflegeversicherung anzuwenden sind. 69

664 BSG – 21.11.2002 – B 11 AL 79/01 R.
665 Pilz, in Gagel, SGB III, § 335 Rn. 29.

10. Leistungsrechtliche Bindung (§ 336)

10.1 Inhalt der Vorschrift

70 § 336 regelt, in welchem Fall die Bundesagentur für Arbeit bei ihrer Prüfung der leistungsrechtlichen Voraussetzungen an die Feststellung eines anderen Sozialversicherungsträgers im Hinblick auf die Versicherungspflicht gebunden ist. In dieser Form existiert die Vorschrift erst seit dem 01. 01. 2005. Sie soll unterschiedliche Feststellungen im Hinblick auf die Versicherungspflicht vermeiden und Beschäftigten Sicherheit geben, dass die festgestellte Versicherungspflicht auch – bei Vorliegen der sonstigen Voraussetzungen – für den Anspruch auf Arbeitslosengeld gilt. Denn grundsätzlich prüft jeder Sozialversicherungsträger das Bestehen eines Versicherungspflichtverhältnisses eigenständig (vgl. §§ 24 ff., 142) und ohne an die Feststellungen anderer Träger gebunden zu sein. Das kann dazu führen, dass zwar Beiträge auch zur Arbeitslosenversicherung für eine Person abgeführt werden, die Bundesagentur für Arbeit bei späterer Arbeitslosigkeit aber trotzdem zu einer anderen Beurteilung kommt, ob ein Versicherungspflichtverhältnis vorgelegen hat: Die Zahlung von Beiträgen begründet keinen Versicherungsschutz, selbst dann nicht, wenn die Einzugsstelle das Bestehen der Versicherungspflicht festgestellt hat.[666]

71 Die leistungsrechtliche Bindung wird hier nur für das Verfahren nach § 7 a Abs. 1 SGB IV angeordnet, so dass es in vielen weiteren Fällen bei der geschilderten Problematik bleibt.[667]

10.2 Voraussetzung und Reichweite

72 Die Bindungswirkung tritt ein, wenn die Deutsche Rentenversicherung im Verfahren nach § 7 a SGB IV die Versicherungspflicht feststellt. Die Entscheidung darüber, ob Versicherungspflicht – bzw. Beschäftigung – vorliegt, erfolgt auf schriftlichen Antrag der Beteiligten. Ein solcher Antrag muss gemäß § 7 a Abs. 1 SGB IV von der Einzugsstelle gestellt werden, wenn sie die Meldung erhält, dass der Beschäftigte Ehegatte, Lebenspartner oder Abkömmling des Arbeitgebers oder geschäftsführender Gesellschafter einer GmbH ist (§ 7 a Abs. 1 Satz 2 SGB IV). Voraussetzung für die Bindung ist, dass die DRV die Versicherungspflicht durch Verwaltungsakt feststellt. Eine negative Feststellung entfaltet keine Bindungswirkung.[668]

73 An die Feststellung nach § 7 a SGB IV ist die Bundesagentur für Arbeit gebunden, ohne dass es ihrer Beteiligung bedarf (anders bis zum 31. 12. 2004).

---

666 BSG – 04. 09. 1979 – 7 RAr 57/78; 18. 04. 1991 – 7 RAr 32/90; 06. 02. 1992 – 7 RAr 134/90; kritisch dazu Rolfs, in Gagel, SGB III, § 336 Rn. 5 ff.

667 Eicher/Schlegel, SGB III, § 336 Rn. 41 f., fordert daher eine analoge Anwendung der Vorschrift, wenn Einzugsstelle oder RV-Träger über die Versicherungspflicht entschieden haben.

668 Düe, in Niesel/Brand, SGB III, Rn. 7.

11. Wirkung von Widerspruch und Klage (§ 336 a)

11.1 Inhalt der Vorschrift

Im Sozialrecht haben Widerspruch und Klage grundsätzlich aufschiebende Wirkung. Das bedeutet, dass der angefochtene Verwaltungsakt nicht vollzogen werden darf, sondern ein Schwebezustand eintritt, in dem keine vollendeten Tatsachen geschaffen werden dürfen.[669] Von dem auch aus dem Verwaltungsverfahrensrecht bekannten Grundsatz der aufschiebenden Wirkung, den § 86 a Abs. 1 Satz 1 SGG festschreibt, gibt es schon im SGG einige Ausnahmen (§ 86 a Abs. 2 SGG). Ausdrücklich ist in § 86 a Abs. 2 Nr. 4 SGG darauf verwiesen, dass in anderen durch Bundesgesetz vorgeschriebenen Fällen die aufschiebende Wirkung entfällt. Solche weiteren Fälle regelt § 336 a. **74**

11.2 Entfallen der aufschiebenden Wirkung

Seit 01.04.2012 entfällt die aufschiebende Wirkung von Widerspruch und Klage im Arbeitsförderungsrecht gemäß § 336 a SGB III noch in drei ausdrücklich genannten Fällen: Bei Aufhebungs- oder Änderungsbescheiden zu Arbeitsgenehmigungen-EU, bei der Untersagung von Berufsberatung gemäß § 288 a und bei Meldeaufforderungen gemäß § 309. Die Arbeitsgenehmigung-EU nach § 284 benötigen nur noch bulgarische und rumänische Staatsangehörige. Zum Rechtsschutz gegen Meldeaufforderungen siehe §§ 309–322 Rn. 7. **75**

Bei § 336 a Satz 2 handelt es sich um eine eigentlich überflüssige Verweisung[670] auf die allgemeinen Regeln. § 86 a Abs. 2 Nr. 2 SGG ordnet an, dass die aufschiebende Wirkung auch bei Entscheidungen der Bundesagentur für Arbeit über die Herabsetzung und Entziehung laufender Leistungen entfällt. Dies ist praktisch bedeutsam, weil darunter Aufhebungs- und Änderungsbescheide fallen, zumindest solche für die Zukunft,[671] die etwa das Arbeitslosengeld betreffen. In diesen Fällen muss, um die Vollziehung zunächst zu verhindern, ein Antrag auf Aussetzung der Vollziehung bei der Bundesagentur für Arbeit (§ 86 a Abs. 3 SGG) oder auf Anordnung der aufschiebenden Wirkung bei Gericht (§ 86 b Abs. 1 Nr. 2 SGG) gestellt werden. Gegen Erstattungsbescheide haben Widerspruch und Anfechtungsklage hingegen aufschiebende Wirkung, weil diese vom Wortlaut des § 336 a Satz 2 und des § 86 a Abs. 2 Nr. 2 SGG nicht erfasst sind. **76**

12. Auszahlung (§ 337)

12.1 Inhalt der Vorschrift

Die Vorschrift regelt die Modalitäten der Auszahlung von Leistungen und insbesondere die Fälligkeit der bewilligten Geldleistungen. Sie ist damit die speziellere Regel zu § 41 **77**

---

669 Keller, in Meyer-Ladewig/Keller/Leitherer, SGG, § 86 a Rn. 4 f.; BSG – 11.03.2009 – B 6 KA 15/08 R m. w. N.

670 Pilz, in Gagel, SGB III, § 336 a Rn. 12.

671 Keller, in Meyer-Ladewig/Keller/Leitherer, SGG, § 86 a Rn. 14 m. w. N.

SGB I. Zudem enthält sie eine Härtefallregelung, die die Zahlung von Abschlägen ermöglicht.

12.2 Zahlungsweise (Abs. 1)

78 Im Regelfall werden Geldleistungen auf ein inländisches Bankkonto überwiesen. Dafür gilt gemäß § 47 SGB I Kostenfreiheit. Wenn Geldleistungen nicht auf ein Konto überwiesen, sondern an den Wohnsitz oder Aufenthaltsort des Empfängers übermittelt werden sollen, werden die dadurch entstehenden Kosten gemäß § 337 Abs. 1 Satz 2 von der Leistung abgezogen. Das gilt jedoch nicht, wenn die leistungsberechtigte Person nachweist, dass sie kein Konto bei einem Geldinstitut einrichten kann und sie dafür kein Verschulden trifft.

12.3 Fälligkeit der Zahlungen (Abs. 2 und 3)

79 Allgemein gilt, dass Ansprüche auf Sozialleistungen mit ihrem Entstehen fällig werden, vgl. § 41 SGB I. Allerdings kann in den besonderen Teilen des Sozialrechts Abweichendes geregelt werden. Für laufende Geldleistungen nach dem SGB III (Arbeitslosengeld, BAB etc.) bestimmt § 337 Abs. 2 zum einen, dass sie monatsweise ausgezahlt werden. Zum anderen wird der Zeitpunkt der Fälligkeit der monatlichen Zahlung festgelegt: Arbeitslosengeld und ähnliche Leistungen werden nachträglich für den jeweiligen Monat gezahlt, also regelmäßig am Monatsende.

80 Andere als laufende Leistungen werden gemäß § 337 Abs. 3 mit der Entscheidung über den Antrag oder spätestens zu dem Zeitpunkt, an dem den Berechtigten die Kosten entstehen, fällig. Insolvenzgeld wird immer nachträglich gezahlt. Im Voraus werden lediglich Weiterbildungs- und Teilnahmekosten erbracht, es sei denn, die Bundesagentur für Arbeit rechnet mit dem Träger direkt ab (vgl. § 337 Abs. 3 Satz 3).

12.4 Abschlagszahlungen

81 Die Bundesagentur für Arbeit kann auf die zu gewährenden Leistungen vor Fälligkeit gemäß § 337 Abs. 3 einen Abschlag zahlen, damit unbillige Härten vermieden werden. Unbillige Härte ist dann anzunehmen, wenn keine ausreichenden Mittel zum Bestreiten des Lebensunterhalts zur Verfügung stehen, der Anspruchsinhaber also hilfebedürftig nach dem SGB II ist.[672] Die Entscheidung über die Gewährung eines Abschlags steht im Ermessen der Behörde, sowohl in Bezug auf das »Ob« als auch auf die Höhe.

672 Düe, in Niesel/Brand, SGB III, § 337 Rn. 9.

13. Berechnungsgrundsätze (§§ 338, 339)

13.1 Inhalt der Vorschriften

In den Berechnungsgrundsätzen sind die Vorgaben niedergelegt, die die Bundesagentur für Arbeit bei sämtlichen Rechenoperationen anzuwenden hat. Die Vorschriften dienen zum einen dazu, Berechnungen zu vereinfachen und praktikable Ergebnisse zu erzielen, zum anderen zu einer einheitlichen Verfahrensweise. Zweck der Einführung des Monatsprinzips in das Arbeitsförderungsrecht war unter anderem die Verfahrensvereinfachung; in Kombination mit der in § 339 verankerten Regelung, dass ein Monat gleichbleibend mit 30 Tagen anzusetzen ist, führte dies im Vergleich zu früher zum Teil auch zu Leistungskürzungen.[673] **82**

13.2 Rechenschritte und Rundung (§ 338)

Berechnungen werden auf zwei Dezimalstellen durchgeführt, d. h. es wird bis zur zweiten Stelle hinter dem Komma gerechnet. Das gilt für alle Berechnungen, nicht nur für Geldbeträge.[674] Die zweite Dezimalstelle ist jeweils zu runden. Die gesetzliche Regelung in § 338 Abs. 2 entspricht dem kaufmännischen Auf- und Abrunden. **83**

Vorgegeben wird zudem, dass eine Multiplikation vor einer Division durchzuführen ist, § 338 Abs. 4. Diese Vorgabe ist wegen der Rundungsvorschrift erforderlich, weil ansonsten unterschiedliche Ergebnisse erzielt werden könnten. **84**

13.3 Berechnung von Leistungen und Zeiten (§ 339)

§ 339 regelt, dass bei der Leistungsberechnung ein Monat mit 30 Tagen berechnet wird. Besteht ein Leistungsanspruch also für einen ganzen Monat, werden immer 30 Tage angesetzt, unabhängig davon, ob es sich um einen Kalendermonat mit 28, 30 oder 31 Tagen handelt. Das gilt ebenfalls für die Berechnung der Anwartschaftszeit[675] und die Dauer des Anspruchs.[676] Für jeweils 30 Tage in einem Versicherungspflichtverhältnis wird also ein Monat gutgeschrieben.[677] Auch bei der Berechnung von Vorbeschäftigungszeiten und der Anspruchsdauer bei Übergangsgeld gilt dies entsprechend. Die Vorschrift wird hingegen nicht bei der Berechnung des Bemessungsentgelts angewendet[678] mit der Folge, dass bei einem Entgeltabrechnungszeitraum von einem vollen Jahr das Entgelt durch 365 und nicht durch 360 (30 × 12) geteilt wird. **85**

Eine Woche wird bei der Berechnung von Leistungen mit sieben Tagen berechnet, § 339 Abs. 1 Satz 2. Das gilt immer dann, wenn eine gesetzliche Vorschrift den Begriff der **86**

---

673 Bohle, info also 1998, S. 62 f.; siehe auch Ruhm, NZS 1999, S. 81 ff.
674 Düe, in Niesel/Brand, SGB III, § 338 Rn. 3.
675 Vgl. § 142 SGB III.
676 Vgl. § 147 SGB III Rn. 9.
677 Kallert, in Gagel, SGB III, § 339 Rn. 6 unter Verweis auf BSG – 17.05.2001 – B 7 AL 42/00 R.
678 BSG – 06.05.2009 – B 11 AL 7/08 R, siehe auch § 149–154 SGB III Rn. 20.

Woche verwendet.[679] Diese Regel ist bedeutsam etwa beim Eintritt einer Sperrzeit, deren Dauer gemäß § 159 Abs. 3 bis 6 nach Wochen bestimmt ist, die Minderungsfolge gemäß § 148 tritt jedoch tageweise ein.

Dreizehntes Kapitel
Sonderregelungen

Zweiter Abschnitt
Ergänzungen für übergangsweise mögliche Leistungen und zeitweilige Aufgaben

§ 417 Entgeltsicherung für ältere Arbeitnehmerinnen und Arbeitnehmer

(1) Arbeitnehmerinnen und Arbeitnehmer, die das 50. Lebensjahr vollendet haben und ihre Arbeitslosigkeit durch Aufnahme einer versicherungspflichtigen Beschäftigung beenden oder vermeiden, haben Anspruch auf Leistungen der Entgeltsicherung, wenn sie

1. einen Anspruch auf Arbeitslosengeld von mindestens 120 Tagen haben oder geltend machen könnten,
2. ein Arbeitsentgelt beanspruchen können, das den tariflichen oder, wenn eine tarifliche Bindung der Vertragsparteien nicht besteht, den ortsüblichen Bedingungen entspricht und
3. eine monatliche Nettoentgeltdifferenz von mindestens 50 Euro besteht.

Die Nettoentgeltdifferenz entspricht dem Unterschiedsbetrag zwischen dem pauschalierten Nettoentgelt, das sich aus dem der Bemessung des Arbeitslosengeldes zu Grunde liegenden Arbeitsentgelt ergibt, und dem niedrigeren pauschalierten Nettoentgelt der aufgenommenen Beschäftigung.

(2) Die Entgeltsicherung wird für die Dauer von zwei Jahren gewährt. Kann die Entgeltsicherung nur für eine kürzere Dauer als nach Satz 1 erbracht werden, so ist innerhalb von zwei Jahren nach Aufnahme dieser Beschäftigung die Entgeltsicherung für die Dauer des noch verbleibenden Anspruchs erneut zu gewähren, wenn die Voraussetzungen nach Absatz 1 Satz 1 Nr. 2 und 3 vorliegen, soweit ein neuer Anspruch nach Absatz 1 nicht entstanden ist. Zeiten der Beschäftigung, in denen Leistungen der Entgeltsicherung bezogen werden, begründen keinen Anspruch nach Absatz 1.

(3) Die Entgeltsicherung wird geleistet als Zuschuss zum Arbeitsentgelt und als zusätzlicher Beitrag zur gesetzlichen Rentenversicherung. Der Zuschuss zum Arbeitsentgelt beträgt im ersten Jahr nach Aufnahme der Beschäftigung 50 Prozent und im zweiten Jahr 30 Prozent der monatlichen Nettoentgeltdifferenz. Der zusätzliche Beitrag zur gesetzlichen Rentenversicherung wird nach § 163 Abs. 9 des Sechsten Buches bemessen und von der Bundesagentur entrichtet; § 173 gilt entsprechend. Bei der

679 Eicher/Schlegel, SGB III, § 339 Rn. 30.

Feststellung der für die Leistungen der Entgeltsicherung maßgeblichen Tatsachen gilt § 313 entsprechend. Wesentliche Änderungen des Arbeitsentgelts während des Bezugs der Leistungen der Entgeltsicherung werden berücksichtigt.

(4) Weicht die regelmäßige vereinbarte Arbeitszeit der Beschäftigung während des Bezugs der Leistungen der Entgeltsicherung von der regelmäßigen vereinbarten Arbeitszeit der Beschäftigung vor Eintritt der Arbeitslosigkeit ab, ist das Verhältnis der Abweichung auf die Höhe der Leistungen anzuwenden. Wird durch die Aufnahme einer mit Entgeltsicherung geförderten Beschäftigung Arbeitslosigkeit vermieden, so wird für das Verhältnis der Abweichung die regelmäßige vereinbarte Arbeitszeit aus der vorangegangenen Beschäftigung zu Grunde gelegt.

(5) Die Entgeltsicherung ist ausgeschlossen, wenn

1. bei einem Wechsel in eine betriebsorganisatorisch eigenständige Einheit nach § 111 ein geringeres Arbeitsentgelt als bisher vereinbart wurde oder
2. der Arbeitnehmerinnen und Arbeitnehmer eine Rente wegen Alters aus der gesetzlichen Rentenversicherung oder eine ähnliche Leistung öffentlich-rechtlicher Art bezieht.

(6) In Zeiten, in denen der Arbeitnehmerinnen und Arbeitnehmer Kurzarbeitergeld, Krankengeld, Versorgungskrankengeld, Verletztengeld, Übergangsgeld oder Krankentagegeld von einem privaten Krankenversicherungsunternehmen bezieht, werden die Leistungen der Entgeltsicherung unverändert erbracht.

(7) Vom 1. Januar 2012 an finden diese Regelungen nur noch Anwendung, wenn der Anspruch auf Entgeltsicherung vor diesem Tag entstanden ist. Bei erneuter Antragstellung werden die Leistungen längstens bis zum 31. Dezember 2013 gewährt.

§ 418 Tragung der Beiträge zur Arbeitsförderung bei Beschäftigung älterer Arbeitnehmerinnen und Arbeitnehmer

(1) Arbeitgeber, die ein Beschäftigungsverhältnis mit einer zuvor arbeitslosen Person, die das 55. Lebensjahr vollendet hat, erstmalig begründen, werden von der Beitragstragung befreit. Die versicherungspflichtig beschäftigte Person trägt die Hälfte des Beitrages, der ohne die Regelung des Satzes 1 zu zahlen wäre.

(2) Vom 1. Januar 2008 an ist Absatz 1 nur noch für Beschäftigungsverhältnisse anzuwenden, die vor dem 1. Januar 2008 begründet worden sind.

§ 419 Sonderregelungen zu Kurzarbeitergeld, Qualifizierung und Arbeitslosengeld

(1) Kurzarbeitergeld nach § 95 wird bis zum 31. Dezember 2011 mit folgenden Maßgaben geleistet:

1. dem Arbeitgeber werden auf Antrag 50 Prozent der von ihm allein zu tragenden Beiträge zur Sozialversicherung in pauschalierter Form erstattet,
2. für Zeiten der Teilnahme von Arbeitsausfall betroffenen Arbeitnehmerinnen und Arbeitnehmern an einer berücksichtigungsfähigen beruflichen Qualifizierungsmaßnahme, bei der die Teilnahme nicht der Rückkehr zur regelmäßigen wöchentlichen Arbeitszeit oder der Erhöhung der Arbeitszeit entgegensteht, werden dem

Arbeitgeber die von ihm allein zu tragenden Beiträge zur Sozialversicherung für den jeweiligen Kalendermonat auf Antrag in voller Höhe in pauschalierter Form erstattet, wenn der zeitliche Umfang der Qualifizierungsmaßnahme mindestens 50 Prozent der Ausfallzeit beträgt; berücksichtigungsfähig sind alle beruflichen Qualifizierungsmaßnahmen, die mit öffentlichen Mitteln gefördert werden; nicht öffentlich geförderte Qualifizierungsmaßnahmen sind berücksichtigungsfähig, wenn ihre Durchführung weder im ausschließlichen oder erkennbar überwiegenden Interesse des Unternehmens liegt noch der Arbeitgeber gesetzlich zur Durchführung verpflichtet ist,
3. für ab dem 1. Januar 2009 durchgeführte Kurzarbeit werden dem Arbeitgeber ab dem siebten Kalendermonat des Bezugs von Kurzarbeitergeld auf Antrag 100 Prozent der von ihm allein zu tragenden Beiträge zur Sozialversicherung in pauschalierter Form erstattet,
4. innerhalb der Bezugsdauer werden Zeiträume, in denen Kurzarbeitergeld nicht geleistet wird, auf Antrag des Arbeitgebers abweichend von § 104 Absatz 2 und 3 nicht als Unterbrechung gewertet.

Für die Pauschalierung wird die Sozialversicherungspauschale nach § 153 Absatz 1 Satz 2 Nummer 1 abzüglich des Beitrages zur Arbeitsförderung zu Grunde gelegt.

(2) Kurzarbeitergeld nach § 95 und Saison-Kurzarbeitergeld nach § 101 werden bis zum 31. Dezember 2011 mit folgenden Maßgaben geleistet:
1. neben den in § 96 Absatz 1 Satz 1 Nummer 4 genannten Voraussetzungen ist ein Arbeitsausfall auch dann erheblich, wenn im jeweiligen Kalendermonat weniger als ein Drittel der in dem Betrieb beschäftigten Arbeitnehmerinnen und Arbeitnehmer von einem Entgeltausfall betroffen ist, soweit dieser jeweils mehr als 10 Prozent ihres monatlichen Bruttoentgelts betrifft,
2. § 96 Absatz 4 Satz 2 Nummer 3 gilt nicht für den Fall negativer Arbeitszeitsalden,
3. bei der Berechnung der Nettoentgeltdifferenz nach § 106 Absatz 1 bleiben auf Grund von kollektivrechtlichen Beschäftigungssicherungsvereinbarungen ab dem 1. Januar 2008 durchgeführte vorübergehende Änderungen der vertraglich vereinbarten Arbeitszeit außer Betracht; § 106 Absatz 2 findet insoweit keine Anwendung.

(3) § 354 gilt bis zum 31. Dezember 2011 mit der Maßgabe, dass die Aufwendungen für die Erstattung der von den Arbeitgebern allein zu tragenden Beiträge zur Sozialversicherung für Bezieherinnen und Bezieher von Saison-Kurzarbeitergeld nach § 102 Absatz 4 zu 50 Prozent von der Bundesagentur gezahlt werden. Fällt der siebte Monat des Bezugs von Kurzarbeitergeld in die Schlechtwetterzeit, werden ab diesem Monat die in Satz 1 genannten Aufwendungen zu 100 Prozent von der Bundesagentur gezahlt.

(4) (weggefallen)

(5) (weggefallen)

(6) (weggefallen)

(7) Bei der Ermittlung des Bemessungsentgelts ist § 151 mit der Maßgabe anzuwenden, dass für Zeiten, in denen die durchschnittliche regelmäßige wöchentliche Arbeitszeit der oder des Arbeitslosen auf Grund einer Beschäftigungssicherungsvereinbarung, die ab dem 1. Januar 2008 geschlossen oder wirksam geworden ist, vermindert war, als

Arbeitsentgelt das Arbeitsentgelt zu Grunde zu legen ist, das die oder der Arbeitslose ohne diese Vereinbarung und ohne Mehrarbeit erzielt hätte; insoweit gilt § 150 Absatz 2 Satz 1 Nummer 4 nicht. Satz 1 gilt für Zeiten bis zum 31. März 2012.

§ 420 Versicherungsfreiheit von Bürgerarbeit und Quartiersarbeit

Versicherungsfrei sind Personen in einer Beschäftigung, die im Rahmen

1. **eines Modellprojekts »Bürgerarbeit« auf der Grundlage des Interessenbekundungsverfahrens des Bundesministeriums für Arbeit und Soziales zur Durchführung von Modellprojekten »Bürgerarbeit« vom 19. April 2010 (BAnz. S. 1541) oder**
2. **des Handlungsfeldes »Quartiersarbeit« im Bundesprogramm des Europäischen Sozialfonds »Bildung, Wirtschaft, Arbeit im Quartier (BIWAQ)« des Bundesministeriums für Verkehr, Bau und Stadtentwicklung auf der Grundlage der Förderrichtlinie vom 1. Dezember 2010 (BAnz. S. 4219)**

durch Zuwendungen des Bundes gefördert wird. Diese Regelung tritt am 31. Dezember 2014 außer Kraft.

Inhaltsübersicht

1. Einleitung

Das 13. Kapitel und hier der 2. Abschnitt des SGB III beinhaltet der Überschrift zufolge Ergänzungen für übergangsweise mögliche Leistungen und zeitweilige Aufgaben durch die Bundesagentur für Arbeit. Es handelt sich zum einen um die Entgeltsicherung und um die Tragung der Beiträge zur Arbeitsförderung bei Beschäftigung älterer Arbeitnehmer (§§ 417 und 418), zum anderen um Sonderregelungen zu Kurzarbeitergeld, Qualifizie- 1 rung und Arbeitslosengeld sowie die Versicherungsfreiheit der Bürgerarbeit und Quartiersarbeit (§§ 419 und 420).

2 Die Vorschriften der §§ 417 bis 420 gehören zu den **Sonderregelungen** am Ende des SGB III. Diese Regelungen sind **allesamt befristet** ausgestaltet und dienen der **Erprobung neuer Modelle,**[680] um arbeitslose und von Arbeitslosigkeit bedrohte ältere Arbeitnehmer, Arbeitnehmer in Kurzarbeit und Bürger- sowie Quartiersarbeit speziell zu fördern. Dabei bedient sich der Gesetzgeber unterschiedlicher Instrumente, die nicht nur in der Unterstützung älterer Arbeitnehmer durch die Entgeltsicherung aus § 417 zum Ausdruck kommen, sondern auch Arbeitgeber durch Übernahme der Beiträge zur Arbeitsförderung in §§ 418 und 419 sichern, um Arbeitsplätze zu erhalten.

3 Der Modellcharakter der Bürger- und Quartiersarbeit ist bereits in der Formulierung des § 420 enthalten, denn dort heißt es in Satz 1 Nr. 1 Modellprojekt »Bürgerarbeit«, und in der Nr. 2 ist im Zusammenhang mit der Quartiersarbeit vom Handlungsfeld im Bundesprogramm des Europäischen Sozialfonds »Bildung, Wirtschaft, Arbeit im Quartier (BIWAQ)« des Bundesministeriums für Verkehr, Bau und Stadtentwicklung die Rede. Sowohl mit der Bürger- als auch der Quartiersarbeit sollen arbeitslose erwerbsfähige Hilfebedürftige in den allgemeinen Arbeitsmarkt integriert werden.[681] Arbeitgeber, insbesondere Gemeinden, Städte und Kreise, erhalten **Zuwendungen des Bundes** nach §§ 23 und 44 der Bundeshaushaltsordnung (BHO) zur Finanzierung der Lohnkosten und Sozialversicherungsabgaben des jeweiligen Bürgerarbeitsplatzes mit Ausnahme der Arbeitslosenversicherung, wobei ein Teil dieser Zuwendungen durch den **Europäischen Sozialfond** der Europäischen Union erstattet wird.[682]

4 Nach Ablauf des Erprobungszeitraums sollen die o. g. neuen Instrumente der Arbeitsförderung evaluiert werden. Diese Auswertung bildet schließlich die Grundlage für die gesetzgeberische Entscheidung, ob eines der Modelle dauerhaft ins SGB III übernommen werden kann.[683] Schon aus den §§ 280 bis 283 geht hervor, dass neben der Erstellung von Arbeitsmarktstatistiken auch die Arbeitsmarkt- und Berufsforschung sowie eine Arbeitsmarktberichterstattung zu den weiteren Aufgaben der Bundesagentur für Arbeit gehören. Diese mit dem Job-AQTIV-Gesetz vom 10. 12. 2001[684] eingeführten Verbesserungen der Auswertungsmöglichkeiten stellen die Basisinformationen zur Verfügung, um die Auswirkungen des Instrumentariums einschätzen zu können und damit den gesetzgeberischen Entscheidungsprozess voranzubringen.

2. Entstehungsgeschichte

5 § 417, der die Entgeltsicherung für ältere Arbeitnehmer ab Vollendung des 50. Lebensjahres beinhaltet, ist durch das Erste Gesetz für moderne Dienstleistungen am Arbeits-

680 Vgl. dazu Sauer in Jahn (Hrsg.), § 421 j Rn. 2 q; Brandts in Niesel/Brand, § 421 j Rn. 38 und § 421 k Rn. 13.
681 Bundesverwaltungsamt, S. 4.
682 Bundesverwaltungsamt, S. 4, 7.
683 Sauer in Jahn (Hrsg.), § 421 j Rn. 2 q; Brandts in Niesel/Brand, § 421 j Rn. 38.
684 BGBl. I S. 3443.

markt vom 23. 12. 2002[685] als § 421 j a. F. geschaffen worden und zum 01. 01. 2003 in Kraft getreten. Mit dem Gesetz zur Verbesserung der Beschäftigungschancen älterer Menschen vom 19. 04. 2007[686] wurde die Regelung neu gefasst. Durch das Gesetz zur Verbesserung der Eingliederungschancen am Arbeitsmarkt vom 20. 12. 2011[687] ist das SGB III insgesamt neu geordnet und geändert worden – der ehemalige § 421 j hat hierdurch keine inhaltlichen Veränderungen erfahren, sondern bloß eine neue Zählung sowie die Anpassung der in Bezug genommenen Vorschriften erhalten. § 417 n. F. geht auf die Vorschläge der sog. **Hartz-Kommission** zurück[688] und gehört zur »Initiative 50 plus« der Bundesregierung.[689] Die Regelung wird als **Kombilohn für Ältere**[690] bezeichnet und hat erhebliche Kritik, insbesondere mit Blick auf die Erosion versicherungspflichtiger Arbeitsverhältnisse, Begünstigung von Mitnahmeeffekten, Erhaltung des Niedriglohnsektors, Verdrängung der Eigeninitiative etc. erfahren.[691] Nach § 417 Abs. 7 muss der Anspruch auf Entgeltsicherung bereits vor dem 01. 01. 2012 entstanden und beantragt worden sein. Die Leistung selbst wird dabei nur noch bis zum 31. 12. 2013 gewährt, so dass ab dem 01. 01. 2012 nur noch Anträge auf Wiederbewilligung der Entgeltsicherung möglich sind.[692]

§ 418 stellt Arbeitgeber von der Zahlung ihrer Beiträge zur Arbeitsförderung frei, wenn **6**
sie mit einem zuvor arbeitslosen Arbeitnehmer, der das 55. Lebensjahr vollendet hat, erstmalig ein Arbeitsverhältnis begründen. Auch diese Regelung ist als § 421 k a. F. durch das Erste Gesetz für moderne Dienstleistungen am Arbeitsmarkt zum 01. 01. 2003 in Kraft getreten. Im Zuge des Gesetzes zur Verbesserung der Eingliederungschancen am Arbeitsmarkt vom 20. 12. 2011 wurde der ehemalige § 421 k zu § 418 n. F. ohne weitere inhaltliche Änderungen mit Ausnahme der Anpassung an die neue Zählung im SGB III. Auch § 418 folgt den Vorschlägen der Hartz-Kommission und soll Arbeitgebern einen erhöhten Anreiz bieten, ältere Arbeitnehmer einzustellen.[693] Aus § 418 Abs. 2 ergibt sich schließlich, dass die Befreiung der Arbeitgeber von der Beitragspflicht ab dem 01. 01. 2008 nur noch dann möglich ist, wenn das Arbeitsverhältnis vor dem 01. 01. 2008 begründet worden ist.

§ 419 zu Sonderregelungen des Kurzarbeitergeldes, zur Qualifizierung und zum Ar- **7**
beitslosengeld geht auf das Gesetz zur Sicherung von Beschäftigung und Stabilität in Deutschland vom 02. 03. 2009[694] zurück und ist zum 01. 02. 2009 als § 421 t a. F. in Kraft getreten. Eine Neufassung erfolgte bereits zum 01. 07. 2009 durch das Gesetz zur Änderung des Vierten Buches Sozialgesetzbuch, zur Erleichterung einer Versorgungsausgleichskasse und zur Änderung anderer Gesetze vom 15. 07. 2009.[695] Mit dem Gesetz

---

685 BGBl. I S. 4607.
686 BGBl. I S. 538.
687 BGBl. I S. 2854.
688 Waltermann, S. 199 Rn. 403 a.
689 Becker in Mutschler/Bartz/Schmidt-De Caluwe (Hrsg.), § 421 j Rn. 1.
690 BT-Drs. 16/3793, S. 9.
691 Vgl. zur Kritik Waltermann, S. 199 Rn. 403 m. w. N.
692 Arbeitslosenprojekt TuWas (Hrsg.), S. 591.
693 Schlegel/Becker in Eicher/Schlegel, § 421 k Rn. 1 f.
694 BGBl. I S. 416.
695 BGBl. I S. 1939.

zur Verbesserung der Eingliederungschancen am Arbeitsmarkt vom 20. 12. 2011[696] wurden die Absätze 1, 2 und 3 einer Änderung unterzogen.[697] Seit dem 01. 04. 2012 ist § 421 t a. F. in § 419 n. F. aufgegangen. § 419 enthält mehrere Befristungsregelungen, die im Einzelnen unter dem Gliederungspunkt 5. behandelt werden.

8 § 420 zur Bürger- und Quartiersarbeit beruht auf dem Interessenbekundungsverfahren des Bundesministeriums für Arbeit und Soziales (BMAS) vom 19. 04. 2010[698] sowie auf der Förderrichtlinie zur Quartiersarbeit des Bundesministeriums für Verkehr, Bau und Stadtentwicklung (BMVBS) vom 01. 12. 2010.[699] Bürger- und Quartiersarbeit wurde zum 01. 01. 2011 eingeführt – die Versicherungsfreiheit wurde in § 421 u a. F. festgelegt und durch die Änderungen des SGB III zum 01. 04. 2012 in § 420 n. F. verankert. Nach § 420 Satz 2 tritt die Regelung zum 31. 12. 2014 außer Kraft.

9 Insgesamt zeichnen sich die §§ 417 bis 420 durch sehr unterschiedliche Regelungskomplexe aus, die nur am Rand etwas miteinander zu tun haben, denn die Gemeinsamkeiten liegen lediglich in ihrem Sonderregelungsstatus und dem Ziel, Arbeitslosigkeit zu vermeiden (§ 417, § 419) bzw. Anreize für die Einstellung von arbeitslosen älteren Arbeitnehmern (§ 418) und arbeitslosen erwerbsfähigen Hilfebedürftigen (§ 420) zu vermitteln. Die hieraus folgenden Schnittmengen, z. B. die Förderung älterer Arbeitnehmer zur Verhinderung von Arbeitslosigkeit oder Verbesserung der Einstellungschancen, erklären schließlich die Zusammenfassung der Vorschriften im zweiten Abschnitt des 13. Kapitels im SGB III.

3. Entgeltsicherung für ältere Arbeitnehmer

10 Die als Kombilohn bezeichnete Entgeltsicherung für ältere Arbeitnehmer in § 417 bezieht sich auf Arbeitnehmer ab Vollendung des 50. Lebensjahres. Im Unterschied zum Arbeitslosengeldanspruch, der das durch die Arbeitslosigkeit ausfallende Einkommen sichert, ersetzt die Entgeltsicherung den Entgeltverlust, der dem Arbeitnehmer dadurch entsteht, dass er eine neue, aber geringer entlohnte Beschäftigung aufnimmt.[700] Die Regelung bietet demnach Anreize zur Aufnahme einer schlechter bezahlten Arbeit, denn die arbeitsmarktpolitischen Gründe der Aufstockung des Arbeitsentgelts und der Beiträge zur gesetzlichen Rentenversicherung zielen auf die Steigerung der Erwerbstätigenquote älterer Arbeitnehmer und den Abbau der Arbeitslosigkeit in dieser Altersgruppe.[701] Es geht mithin um die **Eingliederung Älterer in den ersten Arbeitsmarkt**, die nicht durch eine etwaige Verlängerung der Bezugsdauer von Arbeitslosengeld erreicht werden kann, sondern vielmehr durch die Anreizfunktion solcher Instrumente wie der Entgeltsicherung.[702]

---

696 BGBl. I S. 2854.
697 Sauer in Jahn (Hrsg.), § 421 t Rn. 1.
698 BAnz. S. 1541.
699 BAnz. S. 4219.
700 Becker in Mutschler/Bartz/Schmidt-De Caluwe (Hrsg.), § 421 j Rn. 2.
701 BT-Drs. 15/25, S. 34.
702 Kohte, AnwBl 2008, 575, 577.

Als längerfristige Lösung ist der Kombilohn als Entgeltsubventionierung jedoch kritisch zu bewerten.[703]

§ 417 ist in insgesamt sieben Absätze gegliedert, die von den Anspruchsvoraussetzungen in Absatz 1 bis hin zur Befristung der Regelung in Absatz 7 reichen. Während Absatz 2 die Förderungsdauer festlegt, beziehen sich die Absätze 3 und 4 auf die Leistung selbst und ihren Umfang. Absatz 5 enthält die Ausschlussgründe für die Inanspruchnahme der Entgeltsicherung und Absatz 6 regelt das Zusammentreffen mit anderen Leistungen. 11

3.1 Voraussetzungen

Die Entgeltsicherung setzt nach § 417 Abs. 1 zunächst voraus, dass der Arbeitnehmer das **50. Lebensjahr vollendet** hat. Diese Altersgrenze muss erreicht sein, wenn die Beschäftigung aufgenommen wird. Auf den Abschluss des Arbeitsvertrags kommt es dabei nicht an. Wird die Altersgrenze erst nach der Aufnahme der Tätigkeit erreicht, so begründet dies keinen Anspruch auf Entgeltsicherung.[704] 12

Voraussetzung ist weiter, das entweder bereits **Arbeitslosigkeit** besteht oder aber, dass **Arbeitslosigkeit droht**. Nach § 16 liegt Arbeitslosigkeit dann vor, wenn der Arbeitslose vorübergehend nicht in einem Beschäftigungsverhältnis steht, er eine versicherungspflichtige Arbeit sucht und zu diesem Zweck den Vermittlungsbemühungen der Agentur für Arbeit zur Verfügung steht und er sich bei der Agentur für Arbeit arbeitslos gemeldet hat. § 138 Abs. 1 entspricht dieser Definition im Wesentlichen, stellt aber ausdrücklich auch auf die Eigenbemühungen des Arbeitslosen zur Beendigung der Arbeitslosigkeit ab. Aus § 17 ergibt sich außerdem, was der Gesetzgeber unter einer drohenden Arbeitslosigkeit versteht: Es handelt sich um Personen, die (noch) versicherungspflichtig beschäftigt sind, aber alsbald mit der Beendigung ihres Beschäftigungsverhältnisses und voraussichtlich mit ihrer Arbeitslosigkeit nach dem Ende der aktuellen Tätigkeit rechnen müssen. 13

§ 417 Abs. 1 knüpft an die Entgeltsicherung die weitere Bedingung, dass durch die **Aufnahme einer versicherungspflichtigen Tätigkeit** die Arbeitslosigkeit oder die bevorstehende Arbeitslosigkeit beendet bzw. vermieden werden kann. Ob Versicherungspflicht vorliegt, richtet sich nach den §§ 24 ff. Eine geringfügige Beschäftigung, die gemäß § 27 Abs. 2 S. 1 SGB III i. V. m. § 8 SGB IV versicherungsfrei ist, ist ausgeschlossen. Daran ändert auch die Aufnahme einer weiteren geringfügigen Beschäftigung nichts, wenn ausschließlich durch die Zusammenrechnung der beiden geringfügigen Beschäftigungsverhältnisse Versicherungspflicht durch Überschreitung der 400-Euro-Grenze aus § 8 Abs. 1 Nr. 1 SGB IV eintritt.[705] Darüber hinaus kann auch derjenige die Entgeltsicherung nicht beanspruchen, der als Beamter eine versicherungsfreie Beschäftigung i. S. v. § 27 Abs. 1 Nr. 1 aufnimmt.[706] Demgegenüber sind versicherungspflichtige Tätigkeiten, die in 14

703 Waltermann, NJW 2008, 2529, 2536.
704 Becker in Eicher/Schlegel, § 421 j Rn. 33 f.
705 Becker in Eicher/Schlegel (Hrsg.), § 421 j Rn. 37.
706 LSG Baden-Württemberg – 28. 5. 2010 – L 12 AL 3116/09.

einem der europäischen Mitgliedstaaten der EU aufgenommen werden, von § 417 erfasst.[707]

15 § 417 Abs. 1 Nr. 1 setzt weiter voraus, dass der Arbeitnehmer bei der Aufnahme der Beschäftigung noch mindestens einen Anspruch von **120 Tagen Arbeitslosengeld** hat oder diesen geltend machen könnte. Hiermit ist nicht der Anspruch auf Zahlung des Arbeitslosengeldes gemeint, sondern vielmehr das sog. **Stammrecht,**[708] so dass die Ruhenstatbestände des SGB III, z. B. Ruhen des Arbeitslosengeldanspruchs bei Urlaubsabgeltung aus § 157 Abs. 2, die Entgeltsicherung nicht ausschließen. Maßgeblich ist allein, dass die Mindestanspruchsdauer von 120 Tagen noch geltend gemacht werden könnte.[709]

16 Nach § 417 Abs. 1 Nr. 2 muss das aus der aufgenommenen Beschäftigung resultierende Arbeitsentgelt den **tariflichen** oder, wenn eine tarifliche Bindung der Vertragsparteien nicht besteht, den **ortsüblichen Bedingungen** entsprechen. Damit soll verhindert werden, dass die Arbeitsvertragsparteien zum Nachteil der Arbeitslosenversicherung nur deshalb ein geringeres Entgelt vereinbaren, um für den älteren Arbeitnehmer höhere Sozialleistungen zu erzielen.[710] Demzufolge muss zunächst das Vorliegen eines Tarifvertrags geprüft werden, bevor auf das ortsübliche Arbeitsentgelt abgestellt werden kann. Liegt kein Tarifvertrag vor oder besteht keine Tarifbindung, so ist das ortsübliche Gehalt entscheidend, welches am Ort des Betriebs oder aber in der Region für die jeweiligen bzw. vergleichbaren Tätigkeiten gewöhnlich gezahlt wird.[711]

17 Schließlich bestimmt § 417 Abs. 1 Nr. 3, dass eine monatliche **Nettoentgeltdifferenz von mindestens 50 €** zwischen dem früheren Arbeitsentgelt und dem aktuellen Gehalt bestehen muss. § 417 Abs. 1 S. 2 konkretisiert die Berechnung der Nettoentgeltdifferenz dahingehend, dass sie sich aus dem Unterschiedsbetrag zwischen dem pauschalierten Nettoentgelt, welches der Bemessung des Arbeitslosengeldes zugrunde liegt, und dem niedrigeren Nettoentgelt aus der aufgenommenen Beschäftigung ergibt. Damit sollen insbesondere die Zahlung von Bagatellbeträgen im Rahmen der Entgeltsicherung vermieden und der Verwaltungsaufwand minimiert werden.[712]

3.2 Förderungsdauer

18 Die Entgeltsicherung wird nach § 417 Abs. 2 S. 1 maximal für die **Dauer von zwei Jahren**[713] gewährt. Wird diese Förderungshöchstdauer nicht ausgeschöpft, weil der Arbeitnehmer z. B. aufgrund eines befristeten Arbeitsvertrags vorher ausscheidet, kann nach § 417 Abs. 2 S. 2 die restliche Dauer bei erneuter Aufnahme einer versicherungspflichtigen Beschäftigung noch in Anspruch genommen werden. Allerdings muss diese neue Tätigkeit

707 LSG Berlin-Brandenburg – 30.06.2009 – L 18 AL 337/08.
708 Becker in Mutschler/Bartz/Schmidt-De Caluwe (Hrsg.), § 421 j Rn. 20; Brandts in Niesel/Brand, § 421 j Rn. 12.
709 Sauer in Jahn (Hrsg.), § 421 j Rn. 12.
710 BT-Drs. 15/25, S. 34.
711 Sauer in Jahn (Hrsg.), § 421 j Rn. 15.
712 Becker in Mutschler/Bartz/Schmidt-De Caluwe (Hrsg.), § 421 j Rn. 25.
713 Das entspricht 720 Kalendertagen, vgl. Arbeitslosenprojekt TuWas (Hrsg.), S. 589.

innerhalb von zwei Jahren nach der ersten Bewilligung der Entgeltsicherung aufgenommen werden und es müssen die weiteren Bedingungen des § 417 Abs. 1 Nr. 2 und Nr. 3 erfüllt sein. Das bedeutet, dass die hiervon betroffenen Arbeitnehmer die Entgeltsicherung solange beanspruchen können, bis der Zweijahreszeitraum erschöpft ist.[714]

Zu beachten ist noch, dass der Zeitraum der Leistungen der Entgeltsicherung keinen neuen Anspruch auf Entgeltsicherung entstehen lässt, § 417 Abs. 2 S. 3. Entgeltsicherung berührt im übrigen nicht den Anspruch auf Arbeitslosengeld, denn Entgeltsicherungszeiten begründen nicht nur Ansprüche auf Arbeitslosengeld, sondern schmälern auch den Bezugszeitraum für Arbeitslosengeld nach § 147 nicht.[715] 19

3.3 Förderungshöhe und Abweichungen der Arbeitszeit

§ 417 Abs. 3 S. 1 stellt zunächst klar, dass die Entgeltsicherung zum einen als **Zuschuss zum Arbeitsentgelt** und zum anderen als zusätzlicher **Beitrag zur gesetzlichen Rentenversicherung** geleistet wird. So beträgt der Zuschuss zum Arbeitsentgelt im ersten Jahr der Beschäftigungsaufnahme 50 % und im zweiten Jahr 30 % der monatlichen Nettoentgeltdifferenz. Ab dem dritten Beschäftigungsjahr entfällt die Entgeltsicherung und der Arbeitnehmer muss faktisch mit dem geringeren Einkommen auskommen. Die Berechnung des Zuschusses erfolgt auf der Basis der Feststellung des pauschalierten Nettoentgelts der vorangegangenen Tätigkeit, welches der Bemessung des Arbeitslosengeldes zugrunde liegt (§§ 149 ff.). Im zweiten Schritt wird das pauschalierte Nettoentgelt aus der aufgenommenen Beschäftigung errechnet, um schließlich die Differenz aus beiden Nettoentgelten festzustellen. Von dieser Differenz erhält der Arbeitnehmer die Hälfte im ersten Beschäftigungsjahr und ab dem zweiten Jahr nur noch 30 %.[716] 20

§ 417 Abs. 4 trägt dem Umstand Rechnung, dass auch die **Arbeitszeit** die Nettoentgeltdifferenz beeinflusst. Weicht die Arbeitszeit der früheren Tätigkeit von der der neuen Arbeit ab, so muss es hierfür einen Ausgleich geben. Entsteht der Einkommensverlust dadurch, dass der Arbeitnehmer das geringere Gehalt der neuen Beschäftigung durch Erhöhung seiner Arbeitszeit auszugleichen versucht, so verliert er dadurch seinen Anspruch auf Entgeltsicherung nicht.[717] Anders verhält es sich, wenn der Einkommensverlust bloß auf der Reduzierung der Arbeitszeit durch den Arbeitnehmer beruht, denn dies ist an sich nicht förderfähig.[718] Nach § 417 Abs. 4 sind die voneinander abweichenden Arbeitszeiten zueinander ins Verhältnis zu setzen. War die frühere Arbeitszeit länger, so ist die Höhe der Entgeltsicherung um denselben Faktor zu verringern. War demgegenüber die frühere Arbeitszeit kürzer, ist die Entgeltsicherungsleistung entsprechend zu erhöhen.[719] § 417 Abs. 4 S. 2 legt schließlich fest, dass im Fall der Vermeidung der Arbeitslosigkeit durch die Aufnahme der neuen Beschäftigung für das Verhältnis der Abweichung 21

---

714 Brandts in Niesel/Brand, § 421 j Rn. 24.
715 Sauer in Jahn (Hrsg.), § 421 j Rn. 24.
716 Vgl. dazu Brandts in Niesel/Brand, § 421 j Rn. 28 ff.
717 Becker in Mutschler/Bartz/Schmidt-De Caluwe (Hrsg.), § 421 j Rn. 50.
718 Ebda.
719 Sauer in Jahn (Hrsg.), § 421 j Rn. 33.

die regelmäßig vereinbarte Arbeitszeit aus der vorangegangenen Beschäftigung zugrunde gelegt wird.

22 Der von der Bundesagentur für Arbeit zu leistende zusätzliche Beitrag zur gesetzlichen Rentenversicherung richtet sich nach § 163 Abs. 9 SGB VI. Danach wird ein Rentenversicherungsbeitrag in Höhe von 90 % in Bezug auf das frühere höhere Arbeitsentgelt entrichtet.[720] Die entsprechende Anwendung des § 173 in § 417 Abs. 3 S. 3 stellt außerdem sicher, dass auch die Arbeitnehmer, die von der Versicherungspflicht in der gesetzlichen Rentenversicherung befreit sind, einen zusätzlichen Beitrag zur Altersversorgung durch die Bundesagentur für Arbeit durch Übernahme der Beiträge für eine öffentliche Versicherungs- oder Versorgungseinrichtung einer Berufsgruppe (z. B. Ärzte) oder aber für ein Versicherungsunternehmen erhalten.[721] Nach § 173 Abs. 3 S. 1 ist die Höhe der zu übernehmenden Beiträge jedoch begrenzt auf den Beitrag, den die Bundesagentur für Arbeit ohne die Befreiung von der Versicherungspflicht tatsächlich für die gesetzliche Rentenversicherung zu tragen hätte.

3.4 Ausschluss der Entgeltsicherung

23 Die Gründe, die einem Anspruch auf Entgeltsicherung entgegenstehen, sind im Einzelnen in § 417 Abs. 5 festgehalten. Die hier genannten Ausschlussgründe sind abschließend zu verstehen, denn eine beispielhafte Aufzählung fehlt hier. Nach § 417 Abs. 5 Nr. 1 ist die Entgeltsicherung ausgeschlossen, wenn der Arbeitnehmer in eine betriebsorganisatorisch eigenständige Einheit wechselt und gemäß § 111 ein geringeres Arbeitsentgelt vereinbart worden ist. Mit dieser Vorschrift will der Gesetzgeber verhindern, dass Arbeitgeber die Arbeitnehmer aus der früheren Beschäftigung herausdrängen durch Weiterbeschäftigung in einer betriebsorganisatorisch eigenständigen Einheit, um die Entgeltsicherung als Ausgleich für die finanziellen Einbußen der Arbeitnehmer beim Bezug von Transferkurzarbeitergeld zu nutzen.[722]

24 Nach § 417 Abs. 5 Nr. 2 ist die Entgeltsicherung ferner ausgeschlossen, wenn der Arbeitnehmer eine Rente wegen Alters aus der gesetzlichen Rentenversicherung oder eine ähnliche Leistung öffentlich-rechtlicher Art bezieht. Dabei handelt es sich allein um die **vorgezogenen Altersrenten**, denn die Entgeltsicherungsleistung ist an den Anspruch auf Arbeitslosengeld gebunden, der mit Erreichen der Regelaltersrente i. S. d. SGB VI gemäß § 136 Abs. 2 erlischt.[723]

3.5 Zusammentreffen mit anderen Leistungen

25 § 417 Abs. 6 bestimmt, dass die Arbeitnehmer, die Kurzarbeitergeld, Krankengeld, Versorgungskrankengeld, Verletztengeld, Übergangsgeld oder Krankentagegeld von einem

720 Sauer in Jahn (Hrsg.), § 421 j Rn. 28.
721 Brandts in Niesel/Brand, § 421 j Rn. 35.
722 BT-Drs. 15/25, S. 36.
723 Vgl. auch Brandts in Niesel/Brand, § 421 j Rn. 19.

privaten Krankenversicherungsunternehmen beziehen, gleichwohl weiter Leistungen der Entgeltsicherung erhalten. Hintergrund der Regelung ist die Reduzierung des Verwaltungsaufwands,[724] der mit einer Leistungsunterbrechung oder Veränderung verbunden wäre. Die von § 417 Abs. 6 erfassten Situationen beziehen sich u. a. auf Arbeitsunfälle, Krankheit und nicht vom Arbeitnehmer zu vertretenden Arbeitsausfall.[725]

3.6 Antragserfordernis und Bescheinigung des Arbeitgebers

Auch wenn das Antragserfordernis in § 417 keine Erwähnung findet, bedarf es bei Leistungen der **aktiven Arbeitsförderung**, zu denen u. a. auch die Entgeltsicherung gehört,[726] eines Antrags nach § 323 Abs. 1 S. 1. Dies hat auch das BSG in seiner Entscheidung vom 08. 02. 2007[727] deutlich gemacht und gleichzeitig betont, dass die Bundesagentur für Arbeit schon bei der Arbeitslosmeldung den zum damaligen Zeitpunkt bereits älteren Arbeitnehmer auf die Möglichkeit der Entgeltsicherung bei Aufnahme einer geringer entlohnten Tätigkeit hätte hinweisen müssen. § 323 Abs. 1 S. 3 formuliert zwar, dass die Leistungen der aktiven Arbeitsförderung mit Zustimmung des Berechtigten auch von Amts wegen erbracht werden können, dies ist jedoch nur in Ausnahmefällen gegeben.[728] Ihrer gesteigerten Hinweispflicht auf die Entgeltsicherungsleistung genügt die Bundesagentur für Arbeit jedenfalls nicht schon durch die Veröffentlichung eines entsprechenden Merkblatts auf ihrer Homepage oder aber der bloßen Aushändigung des Merkblatts.[729] 26

Nach **§ 324 Abs. 1 muss der Antrag auf Entgeltsicherung** grundsätzlich **vor Eintritt des leistungsbegründenden Ereignisses**, also vor der Aufnahme der geringer entlohnten versicherungspflichtigen Tätigkeit, gestellt werden. Zur Vermeidung unbilliger Härten kann die Agentur für Arbeit aber auch eine verspätete Antragstellung zulassen. Dies geht aus § 324 Abs. 1 S. 2 hervor. Eine unbillige Härte i. S. d. Vorschrift liegt aber auch dann vor, wenn die verspätete Antragstellung das Resultat der fehlerhaften oder aber unterbliebenen Beratung durch die Agentur für Arbeit ist.[730] Auch das BSG hat in seiner Entscheidung vom 08. 02. 2007[731] klargestellt, dass ein unterbliebener Hinweis der Agentur für Arbeit auf das Förderinstrument der Entgeltsicherung bei der Arbeitslosmeldung im Regelfall bewirkt, dass die verspätete Antragstellung zuzulassen ist. Werden also neue arbeitsmarktpolitische Förderinstrumente eingeführt, so trifft die Agentur für Arbeit eine **Pflicht zur Spontanberatung**.[732] Anderenfalls muss sie verspätete Anträge zulassen. 27

724 Sauer in Jahn (Hrsg.), § 421 j Rn. 42.
725 Becker in Mutschler/Bartz/Schmidt-De Caluwe (Hrsg.), § 421 j Rn. 44; Sauer in Jahn (Hrsg.), § 421 j Rn. 42.
726 Ebda., § 421 j Rn. 73.
727 BSG – 08. 02. 2007 – B 7a AL 22/06 R.
728 Brandts in Niesel/Brand, § 421 j Rn. 37.
729 Becker in Eicher/Schlegel, § 421 j Rn. 94 f.
730 SG Dresden – 25. 09. 2008 – S 35 AL 311/06.
731 BSG – 08. 02. 2007 – B 7a AL 22/06 R.
732 Hänlein in jurisPR-SozR 18/2007 Anm. 3.

28 § 417 Abs. 3 S. 4 nimmt Bezug auf § 313. Danach hat der Arbeitgeber, der einen älteren Arbeitnehmer gegen Arbeitsentgelt beschäftigt, dem Arbeitnehmer unverzüglich eine **Bescheinigung** über die Art und Dauer der Beschäftigung sowie die Höhe der Vergütung auszustellen. Nur auf diese Weise ist gewährleistet, dass die Agentur für Arbeit auch alle für sie maßgeblichen Tatsachen rechtzeitig und vollständig erfährt, die sie zur Feststellung der Entgeltsicherungsleistungen konkret benötigt.[733]

4. Tragung der Beiträge zur Arbeitsförderung bei Beschäftigung älterer Arbeitnehmer

29 Mit § 418, der den ehemaligen § 421 k abgelöst hat, werden Arbeitgeber von den Beiträgen zur Arbeitslosenversicherung befreit, wenn sie mit einem Arbeitnehmer, der das 55. Lebensjahr vollendet hat, erstmalig ein Arbeitsverhältnis begründen. Anders als § 417 bezieht sich § 418 ausschließlich auf den **Arbeitgeber**, denn § 418 Abs. 1 S. 2 stellt klar, dass der Arbeitnehmer nicht von der Beitragsbefreiung erfasst ist. Dieses arbeitsmarktpolitische Förderinstrument soll die Lohnnebenkosten der Arbeitgeber senken und damit Anreize zur Beschäftigung der Altersgruppe der 55-Jährigen und älteren Arbeitnehmer schaffen.[734] Der Vorschrift kommt ein **Doppelcharakter**[735] zu, da sie sowohl dem Beitrags- als auch dem Leistungsrecht der Arbeitsförderung zuzurechnen ist.[736] In § 418 Abs. 2 findet sich die **Befristungsregelung**, denn die Beitragsbefreiung für Arbeitgeber gilt nur für solche Beschäftigungsverhältnisse, die vor dem 01.01.2008 begründet worden sind. Demnach werden nur noch die sog. »Altfälle«[737] gefördert.

4.1 Voraussetzungen

30 § 418 Abs. 1 setzt zunächst voraus, dass der Arbeitgeber mit einer zuvor arbeitslosen Person ein Arbeitsverhältnis begründet. Dabei wird Arbeitslosigkeit in § 16 und 138 definiert – diese muss unmittelbar vor der Aufnahme der Beschäftigung bestanden haben. Ein nahtloser Übergang aus einem früheren Arbeitsverhältnis in die neue Beschäftigung erfüllt die Voraussetzungen des § 418 Abs. 1 dementsprechend nicht.[738] Zum geförderten Personenkreis gehören außerdem nur Arbeitnehmer, die das 55. Lebensjahr vollendet haben. Die Förderung endet aber in dem Zeitpunkt, in dem der Arbeitnehmer die Altersgrenze für den Bezug der Regelaltersrente gemäß SGB VI erreicht hat.[739]

31 Da es sich um die **erstmalige Beschäftigung** bei diesem Arbeitgeber handeln muss, darf in der Vergangenheit kein Arbeitsverhältnis zwischen den Parteien bestanden haben.

733 Becker in Eicher/Schlegel, § 421 j Rn. 91.
734 Waltermann, NJW 2008, 2529, 2536; Brandts in Niesel/Brand, § 421 k Rn. 2.
735 Becker in Mutschler/Bartz/Schmidt-De Caluwe (Hrsg.), § 421 k Rn. 1.
736 Vgl. auch Brandts in Niesel/Brand, § 421 k Rn. 2.
737 Waltermann, S. 199 Rn. 403 a.
738 Schlegel/Becker in Eicher/Schlegel, § 421 k Rn. 21.
739 Brandts in Niesel/Brand, § 421 k Rn. 6.

Damit soll verhindert werden, dass Arbeitgeber ältere Arbeitnehmer zunächst entlassen, um dann später unter Mitnahme des »Spareffektes« des § 418 wiederum ein Arbeitsverhältnis zu begründen.[740] Die vom Gesetzgeber intendierte Missbrauchsabwehr ist gleichwohl rechtspolitisch unbefriedigend, weil eine normative Festlegung, was unter »erstmaliger Beschäftigung« zu verstehen ist, fehlt und deshalb auch der Arbeitnehmer von der Förderung ausgenommen ist, der früher schon einmal, z. B. als Schüler oder Student für einige Wochen, bei diesem Arbeitgeber beschäftigt gewesen ist.[741] Das neu zu begründende Beschäftigungsverhältnis muss außerdem der Versicherungspflicht gemäß §§ 24 ff. unterliegen.[742] In Zweifelsfällen ist über § 7 Abs. 1 SGB IV festzustellen, ob ein Beschäftigungsverhältnis, d. h. eine nichtselbständige Tätigkeit nach Weisungen und eine Eingliederung in die Arbeitsorganisation des Weisungsgebers, vorliegt.

Liegen die o. g. Voraussetzungen vor, so wird der Arbeitgeber von seiner Beitragspflicht frei. Aus § 346 Abs. 1 folgt, dass Arbeitgeber und Arbeitnehmer die Beiträge zur Arbeitslosenversicherung je zur Hälfte zu tragen haben. § 418 Abs. 1 befreit nur den Arbeitgeber von seiner (hälftigen) Beitragslast, nicht dagegen den Arbeitnehmer. Seinen Beitrag hat der Arbeitgeber zusammen mit den übrigen Sozialversicherungsbeiträgen an die zuständige Krankenkasse als Einzugsstelle gemäß § 28 h Abs. 1 SGB IV abzuführen.[743] 32

Da § 418 Abs. 1 keine zeitliche Grenze enthält und die Förderung lediglich durch das Erreichen des Regelrentenalters begrenzt ist (vgl. Rn. 30 und § 28 Abs. 1 Nr. 1), wird die Beitragsbefreiung des Arbeitgebers für die gesamte Dauer des Arbeitsverhältnisses gewährt. Förderfälle sind demzufolge bis etwa Mitte 2018 möglich,[744] wenn die letztmögliche Inanspruchnahme der Regelung nach § 418 Abs. 2 bis zum 31. 12. 2007 zugrunde gelegt wird. 33

4.2 Verfahren

Die Befreiung des Arbeitgebers von der Beitragslast tritt nicht etwa automatisch mit Begründung des Arbeitsverhältnisses mit dem älteren Arbeitnehmer ein. Vielmehr bedarf es auch hier eines **Antrags** gemäß § 323 Abs. 1. Dieser muss in der Regel **vor Begründung des Arbeitsverhältnisses** gestellt werden und kann nur ausnahmsweise zur Vermeidung unbilliger Härten später erfolgen, § 324 Abs. 1. Zuständig für die Befreiung ist die Agentur für Arbeit, in deren Bezirk der Arbeitgeber seinen Betrieb hat. Dies geht aus § 347 Abs. 4 hervor.[745] Die Entscheidung über die Befreiung trifft die Agentur für Arbeit mittels eines **Verwaltungsakts**.[746] Der Arbeitgeber hat im Übrigen einen Anspruch auf die Bei- 34

740 Schlegel/Becker in Eicher/Schlegel, § 421 k Rn. 23.
741 Schlegel in Eicher/Schlegel, § 421 k Rn. 25; vgl. auch Sauer in Jahn (Hrsg.), § 421 k Rn. 6.
742 Brandts in Niesel/Brand, § 421 k Rn. 7.
743 Vgl. auch Brandts in Niesel/Brand, § 421 k Rn. 9.
744 Sauer in Jahn (Hrsg.), § 421 k Rn. 12.
745 Brandts in Niesel/Brand, § 421 k Rn. 12; Becker in Mutschler/Bartz/Schmidt-De Caluwe (Hrsg.), § 421 k Rn. 18; a. A. Schlegel in Eicher/Schlegel, § 421 k Rn. 31 ff., der für die Zuständigkeit der Krankenkasse als Einzugsstelle plädiert.
746 Becker in Mutschler/Bartz/Schmidt-De Caluwe (Hrsg.), § 421 k Rn. 18.

tragsbefreiung, denn § 418 Abs. 1 ist **keine Ermessensvorschrift**. Liegen die o. g. Voraussetzungen vor, so muss ihm die Befreiung erteilt werden.

5. Sonderregelungen zu Kurzarbeitergeld, Qualifizierung und Arbeitslosengeld

35 § 419 hat den früheren § 421 t abgelöst und regelt den erleichterten Bezug von Kurzarbeitergeld, insbesondere in der Verknüpfung mit Weiterbildungsmaßnahmen.[747] Mit der Vorschrift sollen Entlassungen von Arbeitnehmern aufgrund der durch die Finanzkrise im Jahr 2008 ausgelösten konjunkturellen Schwankungen der Wirtschaft verhindert werden.[748]

36 In § 419 Abs. 1 findet sich die Erstattung der Beiträge des Arbeitgebers zur Sozialversicherung bei Kurzarbeit in Höhe von 50 % bzw. 100 %, sofern der Arbeitgeber seine Arbeitnehmer neben der Kurzarbeit qualifiziert. Mit § 419 Abs. 2 wird der Zugang zum Kurzarbeitergeld und Saison-Kurzarbeitergeld erleichtert, da der Bezug von Kurzarbeitergeld bis zum 31. 12. 2011 nicht mehr davon abhängt, dass mindestens ein Drittel der Arbeitnehmer des Betriebs von einem Entgeltausfall von mehr als 10 % betroffen ist (§ 419 Abs. 2 Nr. 1). Außerdem setzt § 419 Abs. 2 Nr. 2 nicht mehr voraus, dass Kurzarbeitergeld erst dann beansprucht werden kann, wenn die zulässigen Minusstunden im Rahmen der Arbeitszeitflexibilisierung gemacht worden sind.[749] Hinzu kommt, dass § 419 Abs. 2 Nr. 3 bei der Berechnung des Kurzarbeitergeldes vorübergehende Änderungen der Arbeitszeit durch Tarifverträge oder Betriebsvereinbarungen zur Beschäftigungssicherung außer Betracht lässt. § 419 Abs. 3 bezieht sich auf die Erstattung der Beiträge des Arbeitgebers zur Sozialversicherung bei Saison-Kurzarbeitergeld. Die Absätze 4 bis 5 wurden zum 01. 01. 2011 durch das Beschäftigtenchancengesetz vom 24. 10. 2010[750] aufgehoben, der Absatz 6 durch das Gesetz zur Verbesserung der Eingliederungschancen am Arbeitsmarkt vom 20. 12. 2011.[751] § 419 Abs. 7 legt schließlich fest, dass sich Verringerungen der Arbeitszeit, die der Arbeitnehmer zur Beschäftigungssicherung vereinbart hat, nicht negativ auf die Höhe des Arbeitslosengeldes auswirken.

37 Die Absätze 1 bis 3 des § 419 stellen vor allem Regelungen zugunsten des Arbeitgebers dar, der bei Kurzarbeit die Sozialversicherungsbeiträge bereits nach kurzer Zeit nicht mehr in voller Höhe zu tragen hat.[752] Auch die Verbindung von Kurzarbeit mit Weiterbildungsmaßnahmen zur Qualifizierung der Arbeitnehmer fördert nicht nur die betroffenen Arbeitnehmer, sondern wiederum den Arbeitgeber durch Erstattung der vollen Sozialversicherungsbeiträge vom ersten Tag an. Lediglich § 419 Abs. 7 verhindert eine Schlechterstellung des Arbeitnehmers bei der Höhe des Arbeitslosengeldes.

---

747 Bieback in Gagel/Bieback/Knickrehm, § 421 t Rn. 1.
748 Krodel in Niesel/Brand, § 421 t Rn. 1.
749 Bieback in Gagel/Bieback/Knickrehm, § 421 t Rn. 2.
750 BGBl. I S. 1417.
751 BGBl. I S. 2854.
752 Bieback in Gagel/Bieback/Knickrehm, § 421 t Rn. 5.

5.1 Voraussetzungen

5.1.1 § 419 Abs. 1

Nach **§ 419 Abs. 1 Nr. 1** erhält der Arbeitgeber bei Kurzarbeit i. S. v. § 95 auf **Antrag** 50 % der von ihm allein zu tragenden Beiträge zur Sozialversicherung in pauschalierter Form erstattet. Mit den Sozialversicherungsbeiträgen sind hier nur die Beiträge zur Kranken-, Pflege- und Rentenversicherung gemeint, denn im Fall von Kurzarbeit trägt der Arbeitgeber sowohl seine als auch die Beiträge des Arbeitnehmers in Höhe von 80 % des Unterschiedsbetrags zwischen dem Soll- und dem Ist-Entgelt allein. Dies geht aus §§ 232 a Abs. 2, 249 Abs. 2 SGB V für den Krankenversicherungsbeitrag, aus §§ 163 Abs. 6, 168 Abs. 1 Nr. 1 a SGB VI für den Rentenversicherungsbeitrag und aus §§ 57 Abs. 1 S. 1, 58 Abs. 1 S. 2 SGB XI für den Pflegeversicherungsbeitrag hervor. Beiträge zur Arbeitslosenversicherung muss der Arbeitgeber während der Kurzarbeit nicht zahlen[753] – das Versicherungspflichtverhältnis des Arbeitnehmers bleibt jedoch gemäß § 24 Abs. 3 erhalten. § 419 Abs. 1 Nr. 1 ist ausdrücklich nur bis zum 31. 12. 2011 zur Anwendung gekommen. **38**

§ 419 Abs. 1 Nr. 2 verbindet die Erstattung der Sozialversicherungsbeiträge an den Arbeitgeber in voller Höhe mit der Teilnahme der von Kurzarbeit betroffenen Arbeitnehmer an einer **berücksichtigungsfähigen beruflichen Qualifizierungsmaßnahme**. Die Teilnahme an der Maßnahme darf allerdings nicht der Rückkehr zur regelmäßigen wöchentlichen Arbeitszeit oder der Erhöhung der Arbeitszeit entgegenstehen. Darüber hinaus muss die Qualifizierungsmaßnahme vom zeitlichen Umfang her mindestens 50 % der ausgefallenen Arbeitszeit betragen. Schließlich muss es sich um eine öffentlich geförderte Maßnahme handeln. Ist die Weiterbildung nicht öffentlich gefördert, verlangt das Gesetz, dass sie nicht ausschließlich oder erkennbar im überwiegenden Interesse des Arbeitgebers liegt oder aber eine gesetzliche Verpflichtung des Arbeitgebers beinhaltet, z. B. eine Schulung über neue Produktionsmittel des Arbeitgebers oder eine Sicherheitsschulung, zu der der Arbeitgeber nach dem ASiG bzw. ArbSchG verpflichtet ist, darstellt.[754] Grundsätzlich sind die hier in Rede stehenden Weiterbildungsmaßnahmen aber weit zu verstehen, denn sie können nicht nur die beruflichen Fertigkeiten, Kenntnisse und Fähigkeiten erweitern, sondern auch einen beruflichen Abschluss oder eine Beförderung erst möglich machen.[755] Nicht erforderlich ist es im Übrigen, dass die Weiterbildungsmaßnahme und der Träger nach der **Anerkennungs- und Zulassungsverordnung-Weiterbildung** vom 16. 06. 2004[756] anerkannt sind.[757] Wird die Maßnahme jedoch betriebsintern und ggf. sogar mit eigenem Personal des Arbeitgebers durchgeführt, so müssen aber die allgemeinen Qualitätsstandards erfüllt sein, insbesondere durch Vorlage eines Qualifizierungsplans.[758] Wenn diese Voraussetzungen vorliegen, so erstattet die Bundesagentur für Arbeit dem **39**

---

753 Arbeitslosenprojekt TuWas (Hrsg.), S. 437.
754 Bieback in Gagel/Bieback/Knickrehm, § 421 t Rn. 21; Hoehl in Eicher/Schlegel, § 421 t Rn. 8.
755 BT-Drs. 16/11740, S. 31.
756 AZWV, BGBl. I S. 1100.
757 Krodel in Niesel/Brand, § 421 t Rn. 4.
758 BT-Drs. 16/11740, S. 31; Krodel in Niesel/Brand, § 421 t Rn. 4.

Arbeitgeber die Sozialversicherungsbeiträge auf **Antrag** in pauschalierter Form zu 100 % ab dem Monat, in dem die Qualifizierungsmaßnahme neben der Kurzarbeit durchgeführt wird.

40 **§ 419 Abs. 1 Nr. 3** bestimmt, dass dem Arbeitgeber für Kurzarbeit, die ab dem 01.01.2009 durchgeführt wird, die von ihm allein zu tragenden Sozialversicherungsbeiträge ab dem 7. Monat des Bezugs von Kurzarbeitergeld zu 100 % in pauschalierter Form erstattet werden. Auch hierbei bedarf es eines Antrags des Arbeitgebers, der mit dem Antrag auf Erstattung des Kurzarbeitergeldes verbunden werden kann.[759]

41 Nach **§ 419 Abs. 1 Nr. 4** werden schließlich Zeiträume, in denen Kurzarbeitergeld nicht geleistet wird, auf Antrag des Arbeitgebers abweichend von § 104 Abs. 2 und 3 nicht als Unterbrechung der Bezugsdauer der Erstattung der Sozialversicherungsbeiträge gewertet. Dies setzt wiederum einen entsprechenden Antrag des Arbeitgebers voraus. Nach § 104 Abs. 2 verlängert sich eigentlich der Zeitraum für den Bezug von Kurzarbeitergeld bei Unterbrechungen der Kurzarbeit von mindestens einem Monat. § 104 Abs. 3 bestimmt außerdem, dass, wenn seit dem letzten Kalendermonat, für den Kurzarbeitergeld bezogen worden ist, drei Monate vergangen sind und die Voraussetzungen für den Bezug von Kurzarbeitergeld erneut vorliegen, eine neue Bezugsdauer beginnt. Mit § 419 Abs. 1 Nr. 4 werden diese Regelungen außer Kraft gesetzt, da der Gesetzgeber damit gewährleisten will, dass **keine neue Anzeige des Arbeitsausfalls** durch den Arbeitgeber notwendig ist. Die Bundesagentur für Arbeit ist lediglich gehalten, den Arbeitgeber darauf hinzuweisen, dass der Antrag nach § 419 Abs. 1 Nr. 4 zur Folge hat, dass die Bezugsfrist für Kurzarbeitergeld entgegen § 104 Abs. 3 nicht erneut zu laufen beginnt.[760]

42 Mit **§ 419 Abs. 1 S. 2** soll die Erstattung der Sozialversicherungsbeiträge an den Arbeitgeber so schnell und unbürokratisch wie möglich erfolgen[761] – deshalb wird die Sozialversicherungspauschale gemäß § 153 Abs. 1 S. 2 Nr. 1 nach Abzug der Beiträge zur Arbeitsförderung herangezogen.

5.1.2 § 419 Abs. 2

43 **§ 419 Abs. 2** erleichtert den Bezug von Kurzarbeitergeld und Saison-Kurzarbeitergeld bis zum 31.12.2011. So stellt **§ 419 Abs. 1 Nr. 1** klar, dass neben den Voraussetzungen des § 96 Abs. 1 S. 1 Nr. 4 ein Arbeitsausfall auch dann erheblich ist, wenn im jeweiligen Monat weniger als ein Drittel der im Betrieb beschäftigten Arbeitnehmer von einem Entgeltausfall betroffen ist und dieser Entgeltausfall mehr als 10 % des monatlichen Bruttoentgelts beträgt. Der aus § 96 Abs. 1 S. 1 Nr. 4 resultierende Schwellenwert von einem Drittel der Arbeitnehmer des Betriebs – sog. Drittelerfordernis – entfällt demnach. Abgrenzungsschwierigkeiten bei der Frage, welche Betriebsabteilungen mitzurechnen sind, insbesondere im Bereich der Zeitarbeitsbranche, werden somit vermieden.[762]

759 Krodel in Niesel/Brand, § 421 t Rn. 5.
760 Hoehl in Eicher/Schlegel, § 421 t Rn. 10 b m. w. N.
761 Krodel in Niesel/Brand, § 421 t Rn. 7.
762 Krodel in Niesel/Brand, § 421 t Rn. 8; Bieback in Gagel/Bieback/Knickrehm, § 421 t Rn. 31.

Mit **§ 419 Abs. 2 Nr. 2** wird § 96 Abs. 4 S. 2 Nr. 3 ausgeklammert, denn grundsätzlich kann danach Kurzarbeitergeld nur dann beantragt werden, wenn der Betrieb zunächst die zulässigen Minusstunden ausgenutzt hat. **Minusstunden** müssen demzufolge nicht eingesetzt werden, um Kurzarbeit anzuordnen und Kurzarbeitergeld zu beziehen. Dem Arbeitgeber bleibt jedoch die Möglichkeit erhalten, auf freiwilliger Basis die Minusstunden zur Vermeidung der Kurzarbeit zu vergüten.[763] **44**

Nach **§ 419 Abs. 2 Nr. 3** bleiben bei der Berechnung der Nettoentgeltdifferenz gemäß § 106 Abs. 1 aufgrund von **kollektivrechtlichen Beschäftigungssicherungsvereinbarungen** ab dem 01.01.2008 durchgeführte vorübergehende Änderungen der vertraglich vereinbarten Arbeitszeit außer Betracht. Diese Regelung legt fest, dass bei der Bemessung des Kurzarbeitergeldes unmittelbar vor der Kurzarbeit in Kraft getretene Arbeitszeitänderungen, die auf einem **Tarifvertrag** oder aber einer **Betriebsvereinbarung** beruhen, keinen Einfluss auf die Höhe des Kurzarbeitgeldes haben. Maßstab für das Kurzarbeitergeld ist also das Arbeitsentgelt, welches der Arbeitnehmer ohne die Arbeitszeitänderung erhalten hätte.[764] Als kollektivrechtliche Vereinbarungen der Tarifvertrags- bzw. der Betriebspartner müssen der jeweilige Tarifvertrag oder die Betriebsvereinbarung der Beschäftigungssicherung dienen. Dabei ist es nicht erforderlich, dass die Beschäftigungssicherung schon im Wortlaut zum Ausdruck kommt – vielmehr reicht es, wenn sich diese aus dem Sinn und Zweck der Regelung ergibt.[765] Schließlich muss die Veränderung der Arbeitszeit vorübergehend sein. Das bedeutet, dass es sich um **zeitlich befristete Regelungen** handeln muss.[766] **45**

5.1.3 § 419 Abs. 3

Diese Vorschrift bezieht sich auf das **Saison-Kurzarbeitergeld**. Danach gilt § 354, der die **Winterbeschäftigungs-Umlage** beinhaltet, bis zum 31.12.2011 mit der Maßgabe, dass die Aufwendungen für die Erstattung der von den Arbeitgebern allein zu tragenden Sozialversicherungsbeiträge für die Bezieher von Saison-Kurzarbeitergeld gemäß § 102 Abs. 4 zu 50 % von der Bundesagentur für Arbeit gezahlt werden, **§ 419 Abs. 3 S. 1**. Mit der Regelung wird gewährleistet, dass die Sozialversicherungsbeiträge bei den Empfängern von Saison-Kurzarbeitergeld nicht aus der o.g. Umlage finanziert werden, sondern immerhin die Hälfte der Sozialversicherungsbeiträge von der Bundesagentur für Arbeit getragen wird.[767] Ziel ist die Entlastung der Arbeitgeber, insbesondere der Baubranche, die in den Wintermonaten auf das Saison-Kurzarbeitergeld wegen des schlechten Wetters angewiesen sind.[768] **46**

Fällt der siebte Monat des Bezugs von Kurzarbeitergeld in die Schlechtwetterzeit, so werden dem Arbeitgeber die Sozialversicherungsbeiträge in voller Höhe von der Bundes- **47**

---

763 Bieback in Gagel/Bieback/Knickrehm, § 421 t Rn. 34.
764 Krodel in Niesel/Brand, § 421 t Rn. 10.
765 Bieback in Gagel/Bieback/Knickrehm, § 421 t Rn. 36.
766 Hoehl in Eicher/Schlegel, § 421 t Rn. 17.
767 Bieback in Gagel/Bieback/Knickrehm, § 421 t Rn. 37.
768 Krodel in Niesel/Brand, § 421 t Rn. 10 a; Hoehl in Eicher/Schlegel, § 421 t Rn. 19.

agentur für Arbeit erstattet, **§ 419 Abs. 3 S. 2**. Auch hierdurch wird eine erhebliche Entlastung des umlagefinanzierten Systems beim Saison-Kurzarbeitergeld erreicht.[769]

5.1.4 § 419 Abs. 7

48 § 419 Abs. 7 SGB III ist eine Sonderregel in Bezug auf die **Höhe des Arbeitslosengeldes**. Grundsätzlich wird die Höhe des Arbeitslosengeldes nämlich nach § 151 ermittelt, d. h. es wird ein pauschaliertes Nettoentgelt zugrunde gelegt, welches sich aus dem Bemessungsentgelt (Bruttogehalt) im Bemessungszeitraum errechnet. Der Bemessungszeitraum umfasst regelmäßig die beim Ausscheiden des Arbeitnehmers abgerechneten Entgelte in einem versicherungspflichtigen Arbeitsverhältnis des letzten Jahres vor dem Tag, an dem der Anspruch auf Arbeitslosengeld entstanden ist. Dies geht aus § 150 hervor. § 419 Abs. 7 stellt hiervon eine **Ausnahme** dar,[770] denn haben Arbeitnehmer auf der Basis einer Beschäftigungssicherungsvereinbarung ihre durchschnittliche regelmäßige wöchentliche Arbeitszeit verkürzt, die ab dem 01. 01. 2008 geschlossen oder wirksam geworden ist, so wird der Berechnung des Arbeitslosengeldes das vor der Arbeitszeitverkürzung erzielte Arbeitsentgelt ohne Mehrarbeit zugrunde gelegt. Die **Beschäftigungssicherungsvereinbarung** kann dabei sowohl **auf arbeitsvertraglicher als auch auf kollektivrechtlicher Grundlage** getroffen worden sein.[771] Die Vorschrift findet bis zum 31. 03. 2012 Anwendung.

5.2 Verfahren

49 Während die Absätze 1 und 3 des § 419 auf Kurzarbeit und den Antrag der Arbeitgebers zur Erstattung der Sozialversicherungsbeiträge bezogen sind, stellt § 419 Abs. 7 für die Bundesagentur für Arbeit eine **spezielle Berechnungsgrundlage** für die Höhe des Arbeitslosengeldes des Arbeitnehmers zur Verfügung. Voraussetzung ist, dass der Arbeitnehmer arbeitslos ist und einen Antrag auf Arbeitslosengeld gestellt hat. Die Bundesagentur für Arbeit hat hier **von Amts wegen** zu prüfen, ob der Arbeitnehmer aufgrund einer Beschäftigungssicherungsvereinbarung die Arbeitszeit reduziert hat, um sich den Arbeitsplatz zu erhalten.

50 Bei Kurzarbeit existiert die Besonderheit, dass nach § 323 Abs. 2 nicht nur der Arbeitgeber berechtigt ist, einen Antrag auf Kurzarbeitergeld zu stellen, sondern auch der Betriebsrat (§ 323 Abs. 2 S. 2). Das **Antragsrecht des Betriebsrats** trägt dem Umstand Rechnung, dass damit verhindert werden kann, dass Arbeitgeber anstelle der Kurzarbeit mit Kurzarbeitergeld betriebsbedingte Kündigungen vorziehen,[772] um Kosten einzusparen. Der Arbeitnehmer hat demgegenüber jedoch kein eigenes Antragsrecht.[773] Für die

---

769 Bieback in Gagel/Bieback/Knickrehm, § 421 t Rn. 37.
770 Ebda., § 421 t Rn. 45.
771 Hoehl in Eicher/Schlegel, § 421 t Rn. 23.
772 Arbeitslosenprojekt TuWas (Hrsg.), S. 435.
773 BSG – 25. 05. 2005 – B 11a/11 AL 15/04 R; Bundesagentur für Arbeit (Hrsg.), Geschäftsanweisung Kurzarbeit, Nürnberg 2012, 94.

Erstattung der Sozialversicherungsbeiträge an Arbeitgeber i. S. v. § 419 Abs. 1 und 3 gilt das Antragsrecht des Betriebsrats allerdings nicht, denn die Regelung ist insoweit eindeutig formuliert. Hier bleibt es beim alleinigen Antragsrecht des Arbeitgebers.

Zuständig für die Zahlung des Arbeitslosengeldes an den Arbeitnehmer ist grundsätzlich die Agentur für Arbeit, in deren Bezirk der Arbeitnehmer seinen Wohnsitz hat, § 327 Abs. 1. Im Fall von Kurzarbeitergeld ist jedoch die Agentur für Arbeit zuständig, in deren Bezirk die für den Arbeitgeber zuständige Lohnabrechnungsstelle liegt. Nach § 327 Abs. 4 ist für die Erstattung der Sozialversicherungsbeiträge an den Arbeitgeber bei Kurzarbeitergeld mit Ausnahme des Saison-Kurzarbeitergeldes die Agentur für Arbeit zuständig, in deren Bezirk der Betrieb des Arbeitgebers liegt. **51**

Wird der Antrag des Arbeitgebers abgelehnt, so hat er die Möglichkeit des **Widerspruchs** (§§ 78 ff. SGG) und nachfolgend der **Klage beim Sozialgericht** (§§ 87 ff. SGG), sofern auch der Widerspruch zurückgewiesen wird. Dies gilt selbstverständlich auch für den Arbeitnehmer, der die für ihn günstigere Berechnungsgrundlage aus § 419 Abs. 7 für sich in Anspruch nehmen will. **52**

6. Versicherungsfreiheit von Bürgerarbeit und Quartiersarbeit

6.1 Bürgerarbeit

§ 420 Nr. 1 bezieht sich auf die Bürgerarbeit, die als Modellprojekt durch Zuwendungen des Bundes gefördert wird (vgl. Rn. 3). Die Bürgerarbeit selbst ist eine **sozialversicherungspflichtige Beschäftigung**, die auf die spätere **Integration erwerbsfähiger Hilfebedürftiger** i. S. d. SGB II in den allgemeinen Arbeitsmarkt zielt.[774] Nach § 420 Nr. 1 ist Bürgerarbeit in der Arbeitslosenversicherung nicht versicherungspflichtig. Dabei spielt es keine Rolle, dass es sich um ein normales Arbeitsverhältnis i. S. v. § 7 Abs. 1 SGB IV handelt, in dem mindestens 15 Wochenstunden (vgl. § 138 Abs. 3) gearbeitet werden.[775] Die **Versicherungsfreiheit der Bürgerarbeit in der Arbeitslosenversicherung** soll nach der gesetzgeberischen Vorstellung Fehlanreize zu vermeiden helfen, damit durch sie keine neuen Ansprüche auf Arbeitslosengeld aufgebaut werden.[776] **53**

Die Bürgerarbeit beinhaltet vier Bausteine – Beratung, Vermittlung, Qualifizierung und Förderung[777] – und sie beginnt grundsätzlich mit einer mindestens sechsmonatigen **Aktivierungsphase** der von der Grundsicherungsstelle vermittelten arbeitslosen Arbeitnehmer, die Leistungen nach § 7 SGB II beziehen.[778] Gefolgt wird die Aktivierungsphase von der **Beschäftigungsphase**. **54**

Als geförderter Arbeitsplatz für die Dauer von maximal 36 Monaten setzt Bürgerarbeit zunächst voraus, dass die wöchentliche Arbeitszeit 30 Stunden umfasst und ein monat- **55**

---

774 Fuchs in Gagel/Bieback/Knickrehm, § 421 u.
775 Arbeitslosenprojekt TuWas (Hrsg.), S. 140.
776 BT-Drs. 17/2454, S. 2.
777 Fuchs in Gagel/Bieback/Knickrehm, § 421 u.
778 Bundesverwaltungsamt, S. 7.

liches Bruttoarbeitsentgelt von mindestens 900 € zu zahlen ist. Es ist aber auch möglich, Beschäftigungen mit 20 Wochenstunden und einer Vergütung von mindestens 600 € brutto einzurichten.[779] Gefördert wird daneben auch der Arbeitgeberanteil zur Sozialversicherung mit Ausnahme der Arbeitslosenversicherung, so dass die aus dem Modellprojekt resultierende Zuwendung an Arbeitgeber 1080 € bei 30 Wochenstunden und bei 20 Wochenstunden 720 € beträgt.[780]

56 Bürgerarbeitsplätze müssen auf **zusätzliche** und **im öffentlichen Interesse** liegende Tätigkeiten bezogen sein, da reguläre Beschäftigungsverhältnisse durch die Bürgerarbeit nicht verdrängt werden sollen.[781] Zusätzlich bedeutet in diesem Zusammenhang, dass es sich um Arbeiten handeln muss, die ohne die Förderung nicht, nicht in diesem Umfang oder nicht innerhalb des vorgesehenen Förderzeitraums durchgeführt werden würden.[782] Ein öffentliches Interesse an der Tätigkeit liegt vor, wenn die Arbeitsergebnisse der Allgemeinheit dienen. Dies ist ausgeschlossen, wenn erwerbswirtschaftliche Interessen oder Interessen eines begrenzten Personenkreises im Vordergrund stehen. Die Gemeinnützigkeit eines Maßnahmeträgers genügt der Anforderung einer »Tätigkeit im öffentlichen Interesse« allein nicht.[783] Auch die bloße Schaffung eines Arbeitsverhältnisses für eine erwerbsfähige und im SGB II-Leistungsbezug stehende Person reicht nicht für die Annahme eines öffentlichen Interesses. Vielmehr muss der Arbeitgeber als Empfänger der Zuwendung plausibel und ausführlich darlegen, worin das konkrete öffentliche Interesse an der Wahrnehmung dieser Aufgaben besteht.[784]

57 Die unter Rn. 55 ausgeführten Zuwendungen werden durch das **Bundesverwaltungsamt auf Antrag** des Arbeitgebers gewährt. Dabei muss die Grundsicherungsstelle bestätigen, dass sie von der Förderfähigkeit des Bürgerarbeitsplatzes ausgeht und dass das regionale Förderkontingent noch nicht ausgeschöpft ist.[785] Die Anträge zur Einrichtung von Bürgerarbeitsplätzen mussten spätestens bis zum 31.12.2011 beim Bundesverwaltungsamt eingegangen sein, damit eine Besetzung der Arbeitsplätze zum 01.07.2012 erfolgen konnte. Die Förderung der Bürgerarbeit läuft am 31.12.2014 aus, § 420 S. 2.

6.2 Quartiersarbeit

58 Auch die Quartiersarbeit, die durch den Bund auf der Basis der **Förderrichtlinie zum ESF-Programm »Bildung, Wirtschaft, Arbeit im Quartier (BIWAQ)«** vom 01.12.2010[786] gefördert wird, ist in der Arbeitslosenversicherung versicherungsfrei, **§ 420 Nr. 2**. Das Programm dient städtebaulichen Investitionen, um aus der Verbindung von verbesserten Lebens- und Wohnverhältnissen mit arbeitsmarktpolitischen Maßnahmen z.B. Jugend-

779 Bundesverwaltungsamt, S. 4.
780 Bundesverwaltungsamt, S. 4.
781 Bundesverwaltungsamt, S. 5.
782 Bundesverwaltungsamt, S. 5.
783 Bundesverwaltungsamt, S. 6f.
784 Bundesverwaltungsamt, S. 7.
785 Bundesverwaltungsamt, S. 10.
786 BAnz. S. 4219.

liche und langzeitarbeitslose Menschen in benachteiligten Quartieren zu fördern.[787] Die Projekte sollen dabei langfristig angelegt sein, um die Integration langzeitarbeitsloser Personen in Arbeit, den Übergang von Jugendlichen von der Schule in den Beruf bzw. von der Ausbildung in Arbeit sowie die Stärkung der örtlichen Wirtschaft zu erreichen.[788]

Wie bei der Bürgerarbeit auch werden durch die Quartiersarbeit **sozialversicherungspflichtige Arbeitsverhältnisse** mit Ausnahme der Arbeitslosenversicherung zugunsten von langzeitarbeitslosen erwerbsfähigen Beziehern von Leistungen nach dem SGB II gefördert. Der jeweilige Quartiersarbeitsplatz muss eine Arbeitszeit von 30 Stunden wöchentlich bei einer Vergütung von mindestens 900 € brutto monatlich zur Verfügung stellen.[789] In Betracht kommt ein Bürgerarbeitsplatz vorrangig für Langzeitarbeitslose, die älter als 25 Jahre sind und nach einer mindestens sechsmonatigen Aktivierungsphase nicht in den ersten Arbeitsmarkt vermittelt werden konnten.[790] **59**

Zuwendungsempfänger können nur Kommunen und Kreise sein, die zur Einrichtung von Quartiersarbeitsplätzen mit den Grundsicherungsstellen zusammenzuarbeiten haben, wobei die Arbeitsplätze im zusätzlichen und öffentlichen Interesse liegen müssen (vgl. dazu Rn. 56). Die Zuwendung umfasst einen monatlichen Förderbetrag von 900 € als Zuschuss zum Arbeitsentgelt und einen Zuschuss zu den Sozialversicherungsbeiträgen ohne Arbeitslosenversicherung in Höhe von 180 €.[791] Es gelten insoweit dieselben Bedingungen wie bei der Bürgerarbeit, so dass im Einzelfall auch Quartiersarbeitsplätze mit 20 Wochenstunden bei einer Vergütung in Höhe von 600 € monatlich möglich sind. Der Zuschuss beläuft sich in diesem Fall auf 720 € monatlich. Ein Quartiersarbeitsplatz wird längstens für die Dauer von 36 Monaten gefördert.[792] Das Modellprojekt der Quartiersarbeit endet am 31. 12. 2014, § 420 S. 2. **60**

Die Quartiersarbeit setzt wie die Bürgerarbeit einen **Antrag beim Bundesverwaltungsamt** der antragsberechtigten Kommunen und Kreise voraus. Die inhaltliche Steuerung und Koordinierung des Programms erfolgt aber durch das Bundesministerium für Verkehr, Bau und Stadtentwicklung (BMVBS) in Zusammenarbeit mit dem Bundesinstitut für Bau-, Stadt- und Raumforschung (BBSR). Ein Anspruch der Antragsteller auf Bewilligung der Zuwendungen für die Einrichtung von Quartiersarbeitsplätzen besteht jedoch nicht, denn die Bewilligung steht unter dem Vorbehalt ausreichender Haushaltsmittel und der positiven Begutachtung der eingereichten Projektvorschläge.[793] **61**

7. Betriebs- und Personalräte

Für Betriebsräte ist zumindest im Hinblick auf die **Kurzarbeit** ein Betätigungsfeld eröffnet, denn sie können über §§ 80 Abs. 1 Nr. 1, 87 Abs. 1 Nr. 3 BetrVG in Verbindung mit **62**

787 Arbeitslosenprojekt TuWas (Hrsg.), S. 140.
788 BAnz. 2010, S. 4219.
789 BAnz. 2010, S. 4219.
790 BT-Drs. 17/6764, S. 20.
791 BAnz. 2010, S. 4220.
792 BAnz. 2010, S. 4220.
793 BAnz. 2010, S. 4221.

§§ 99 Abs. 1, 323 Abs. 2 S. 2 bei der Agentur für Arbeit Kurzarbeit anzeigen und Kurzarbeitergeld beantragen, ohne dass es dafür einer Einwilligung oder aber Stellungnahme des Arbeitgebers bedarf.[794] Für Personalräte gilt dieses Antrags- bzw. Anzeigerecht dagegen nicht, denn anders als Betriebsräte haben sie bei der Anordnung von Kurzarbeit kein Mitbestimmungsrecht aus § 75 Abs. 3 Nr. 1 BPersVG.[795]

63 Im Zusammenhang mit der Zielsetzung der Entgeltsicherung aus § 417 und des § 418, ältere Arbeitnehmer ab Vollendung des 50. bzw. 55. Lebensjahres zu fördern, kann der Betriebsrat über § 80 Abs. 1 Nr. 6 i. V. m. § 99 Abs. 1 BetrVG u. a. bei der beabsichtigten Einstellung neuer Mitarbeiter beim Arbeitgeber auf die Einstellung des älteren Arbeitnehmers hinwirken. Gleiches gilt für den Personalrat nach § 68 Abs. 1 Nr. 4 i. V. m. § 75 Abs. 1 Nr. 1 BPersVG.

64 Der Betriebs- und Personalrat ist schließlich auch für die Belange der im Rahmen eines Bürger- oder Quartiersarbeitsplatzes beschäftigten Arbeitnehmer zuständig.

---

794 Arbeitslosenprojekt TuWas (Hrsg.), S. 435; Bundesagentur für Arbeit (Hrsg.), Geschäftsanweisung Kurzarbeitergeld, Nürnberg 2012, 94 f.

795 BAG – 10. 10. 2006 – 1 AZR 811/05.

4. Sozialgesetzbuch (SGB) Viertes Buch (IV) – Gemeinsame Vorschriften für die Sozialversicherung

Vom 12. November 2009 (BGBl. I. S. 370, 3973), zuletzt geändert durch Art. 12 a G v. 19. Oktober 2012 (BGBl. I S. 2192)

– Auszug –

Erster Abschnitt
Grundsätze und Begriffsbestimmungen

Erster Titel
Geltungsbereich und Umfang der Versicherung

§ 2 Versicherter Personenkreis

(1) Die Sozialversicherung umfasst Personen, die kraft Gesetzes oder Satzung (Versicherungspflicht) oder auf Grund freiwilligen Beitritts oder freiwilliger Fortsetzung der Versicherung (Versicherungsberechtigung) versichert sind.

(1 a) Deutsche im Sinne der Vorschriften über die Sozialversicherung und die Arbeitsförderung sind Deutsche im Sinne des Artikels 116 des Grundgesetzes.

(2) In allen Zweigen der Sozialversicherung sind nach Maßgabe der besonderen Vorschriften für die einzelnen Versicherungszweige versichert

1. Personen, die gegen Arbeitsentgelt oder zu ihrer Berufsausbildung beschäftigt sind,
2. behinderte Menschen, die in geschützten Einrichtungen beschäftigt werden,
3. Landwirte.

(3) Deutsche Seeleute, die auf einem Seeschiff beschäftigt sind, das nicht berechtigt ist, die Bundesflagge zu führen, werden auf Antrag des Reeders

1. in der gesetzlichen Kranken-, Renten- und Pflegeversicherung versichert und in die Versicherungspflicht nach dem Dritten Buch einbezogen,
2. in der gesetzlichen Unfallversicherung versichert, wenn der Reeder das Seeschiff der Unfallverhütung und Schiffssicherheitsüberwachung durch die Berufsgenos-

senschaft für Transport und Verkehrswirtschaft unterstellt hat und der Staat, dessen Flagge das Seeschiff führt, dem nicht widerspricht.

Für deutsche Seeleute, die ihren Wohnsitz oder gewöhnlichen Aufenthalt im Inland haben und auf einem Seeschiff beschäftigt sind, das im überwiegenden wirtschaftlichen Eigentum eines deutschen Reeders mit Sitz im Inland steht, ist der Reeder verpflichtet, einen Antrag nach Satz 1 Nummer 1 und unter den Voraussetzungen des Satzes 1 Nummer 2 einen Antrag nach Satz 1 Nummer 2 zu stellen. Der Reeder hat auf Grund der Antragstellung gegenüber den Versicherungsträgern die Pflichten eines Arbeitgebers. Ein Reeder mit Sitz im Ausland hat für die Erfüllung seiner Verbindlichkeiten gegenüber den Versicherungsträgern einen Bevollmächtigten im Inland zu bestellen. Der Reeder und der Bevollmächtigte haften gegenüber den Versicherungsträgern als Gesamtschuldner; sie haben auf Verlangen entsprechende Sicherheit zu leisten.

(4) Die Versicherung weiterer Personengruppen in einzelnen Versicherungszweigen ergibt sich aus den für sie geltenden besonderen Vorschriften.

§ 3 Persönlicher und räumlicher Geltungsbereich

Die Vorschriften über die Versicherungspflicht und die Versicherungsberechtigung gelten,

1. soweit sie eine Beschäftigung oder eine selbständige Tätigkeit voraussetzen, für alle Personen, die im Geltungsbereich dieses Gesetzbuchs beschäftigt oder selbständig tätig sind,
2. soweit sie eine Beschäftigung oder eine selbständige Tätigkeit nicht voraussetzen, für alle Personen, die ihren Wohnsitz oder gewöhnlichen Aufenthalt im Geltungsbereich dieses Gesetzbuchs haben.

§ 4 Ausstrahlung

(1) Soweit die Vorschriften über die Versicherungspflicht und die Versicherungsberechtigung eine Beschäftigung voraussetzen, gelten sie auch für Personen, die im Rahmen eines im Geltungsbereich dieses Gesetzbuchs bestehenden Beschäftigungsverhältnisses in ein Gebiet außerhalb dieses Geltungsbereichs entsandt werden, wenn die Entsendung infolge der Eigenart der Beschäftigung oder vertraglich im Voraus zeitlich begrenzt ist.

(2) Für Personen, die eine selbständige Tätigkeit ausüben, gilt Absatz 1 entsprechend.

§ 5 Einstrahlung

(1) Soweit die Vorschriften über die Versicherungspflicht und die Versicherungsberechtigung eine Beschäftigung voraussetzen, gelten sie nicht für Personen, die im Rahmen eines außerhalb des Geltungsbereichs dieses Gesetzbuchs bestehenden Beschäftigungsverhältnisses in diesen Geltungsbereich entsandt werden, wenn die Entsendung infolge der Eigenart der Beschäftigung oder vertraglich im Voraus zeitlich begrenzt ist.

(2) Für Personen, die eine selbständige Tätigkeit ausüben, gilt Absatz 1 entsprechend.

§ 6 Vorbehalt abweichender Regelungen

Regelungen des über- und zwischenstaatlichen Rechts bleiben unberührt.

Inhaltsübersicht Rn.

1. Allgemeines

Grundsätzlich gelten die Vorschriften über die Versicherungspflicht und die Versicherungsberechtigung, die an eine Beschäftigung oder selbständige Tätigkeit anknüpfen, für alle Personen, die im Geltungsbereich des Sozialgesetzbuchs IV entsprechend tätig sind. Subsidiär finden diese Vorschriften Anwendung, wenn der entsprechende Anknüpfungstatbestand an eine Beschäftigung oder selbständige Tätigkeit nicht vorausgesetzt wird, auf Personen, die ihren Wohnsitz oder gewöhnlichen Aufenthalt im Geltungsbereich des SGB IV haben. Auf die Staatsangehörigkeit kommt es nicht an. Damit findet im Grundsatz das Territorialitätsprinzip Anwendung. Allerdings erfährt es zahlreiche Ausnahmen und Durchbrechungen. 1

2. Ausstrahlung

Wird für die Anwendung der sozialversicherungsrechtlichen Bestimmungen eine Beschäftigung vorausgesetzt, soll der Schutz der Sozialversicherung und die dazugehörigen Normen auch Anwendung finden auf solche Personen, die entsandt wurden. Sie sind nicht im Geltungsbereich des Gesetzes tätig. Voraussetzung ist allerdings, dass die Entsendung 2

- infolge der Eigenart der Beschäftigung
- oder vertraglich im voraus

zeitlich begrenzt ist.

Bei der Entsendung begibt sich der Beschäftigte regelmäßig auf Weisung seines Arbeitgebers ins Ausland. Der Schwerpunkt der »rechtlichen und tatsächlichen Verhältnisse muss aber im Inland« liegen.[1] Dies ist der Fall, wenn hinreichende Anhaltspunkte dafür sprechen, dass der Beschäftigte nach Abschluss des Auslandseinsatzes wieder in den Geltungsbereich des Gesetzes, also ins Inland, zurückkehrt.

Auch muss sich die organisatorische Eingliederung im Betrieb des Arbeitgebers im Inland vollziehen. Von dort erhält der Beschäftigte seine Lohnzahlung. Dem inländischen Betrieb ist er weisungsunterworfen.

Die zeitliche Begrenzung muss vor Aufnahme der Beschäftigung bereits feststehen. Typisch sind Beschäftigungen, die der Natur der Sache nach nicht auf Dauer im Ausland angelegt sind. 3

---

1 So Kreienbohm § 4 Rn. 8.

> **Beispiel:**
> X errichtet für den deutschen Arbeitgeber eine Montageanlage in China.
> In diesem Fall ist der Aufenthalt für den Zweck der Errichtung vorab zeitlich begrenzt. Enthält der Arbeitsvertrag eine zeitliche Grenze, ist auch die einmalige Verlängerung zulässig. Wandelt sich allerdings die vorübergehende Entsendung in einen unbefristeten Auslandsaufenthalt, so endet für den Beschäftigten die Sozialversicherungspflicht zur Sozialversicherung im Sinne dieses Gesetzes.

3. Einstrahlung

4 Die Einstrahlung bildet das Gegenstück zur Ausstrahlung. Personen, die in den Geltungsbereich dieses Gesetzes aus dem Ausland entsandt werden, unterliegen nicht der Sozialversicherungspflicht, wenn ihre Entsendung infolge der Eigenart der Beschäftigung oder vertraglich im Voraus zeitlich begrenzt ist.

Hier muss die Eingliederung in der Arbeitsorganisation des ausländischen Arbeitgebers fortbestehen.

5 Daneben bleiben Regelungen des über- und zwischenstaatlichen Rechts unberührt.

Der Vorrang von sozialversicherungsrechtlichen Abkommen, sei es international oder auf der Ebene der Europäischen Gemeinschaft, ist zu beachten.

Zweiter Titel
Beschäftigung und selbständige Tätigkeit

§ 7 Beschäftigung

(1) Beschäftigung ist die nichtselbständige Arbeit, insbesondere in einem Arbeitsverhältnis. Anhaltspunkte für eine Beschäftigung sind eine Tätigkeit nach Weisungen und eine Eingliederung in die Arbeitsorganisation des Weisungsgebers.

(1 a) Eine Beschäftigung besteht auch in Zeiten der Freistellung von der Arbeitsleistung von mehr als einem Monat, wenn

1. **während der Freistellung Arbeitsentgelt aus einem Wertguthaben nach § 7 b fällig ist und**
2. **das monatlich fällige Arbeitsentgelt in der Zeit der Freistellung nicht unangemessen von dem für die vorausgegangenen zwölf Kalendermonate abweicht, in denen Arbeitsentgelt bezogen wurde.**

Satz 1 gilt entsprechend, wenn während einer bis zu dreimonatigen Freistellung Arbeitsentgelt aus einer Vereinbarung zur flexiblen Gestaltung der werktäglichen oder wöchentlichen Arbeitszeit oder dem Ausgleich betrieblicher Produktions- und Arbeitszeitzyklen fällig ist. Beginnt ein Beschäftigungsverhältnis mit einer Zeit der Freistellung, gilt Satz 1 Nummer 2 mit der Maßgabe, dass das monatlich fällige Arbeitsentgelt in der Zeit der Freistellung nicht unangemessen von dem für die Zeit der Arbeitsleistung abweichen darf, mit der das Arbeitsentgelt später erzielt werden soll. Eine Beschäftigung

gegen Arbeitsentgelt besteht während der Zeit der Freistellung auch, wenn die Arbeitsleistung, mit der das Arbeitsentgelt später erzielt werden soll, wegen einer im Zeitpunkt der Vereinbarung nicht vorhersehbaren vorzeitigen Beendigung des Beschäftigungsverhältnisses nicht mehr erbracht werden kann. Die Vertragsparteien können beim Abschluss der Vereinbarung nur für den Fall, dass Wertguthaben wegen der Beendigung der Beschäftigung auf Grund verminderter Erwerbsfähigkeit, des Erreichens einer Altersgrenze, zu der eine Rente wegen Alters beansprucht werden kann, oder des Todes des Beschäftigten nicht mehr für Zeiten einer Freistellung von der Arbeitsleistung verwendet werden können, einen anderen Verwendungszweck vereinbaren. Die Sätze 1 bis 4 gelten nicht für Beschäftigte, auf die Wertguthaben übertragen werden. Bis zur Herstellung einheitlicher Einkommensverhältnisse im Inland werden Wertguthaben, die durch Arbeitsleistung im Beitrittsgebiet erzielt werden, getrennt erfasst; sind für die Beitrags- oder Leistungsberechnung im Beitrittsgebiet und im Übrigen Bundesgebiet unterschiedliche Werte vorgeschrieben, sind die Werte maßgebend, die für den Teil des Inlandes gelten, in dem das Wertguthaben erzielt worden ist.

(1 b) Die Möglichkeit eines Arbeitnehmers zur Vereinbarung flexibler Arbeitszeiten gilt nicht als eine die Kündigung des Arbeitsverhältnisses durch den Arbeitgeber begründende Tatsache im Sinne des § 1 Absatz 2 Satz 1 des Kündigungsschutzgesetzes.

(2) Als Beschäftigung gilt auch der Erwerb beruflicher Kenntnisse, Fertigkeiten oder Erfahrungen im Rahmen betrieblicher Berufsbildung.

(3) Eine Beschäftigung gegen Arbeitsentgelt gilt als fortbestehend, solange das Beschäftigungsverhältnis ohne Anspruch auf Arbeitsentgelt fortdauert, jedoch nicht länger als einen Monat. Eine Beschäftigung gilt auch als fortbestehend, wenn Arbeitsentgelt aus einem der Deutschen Rentenversicherung Bund übertragenen Wertguthaben bezogen wird. Satz 1 gilt nicht, wenn Krankengeld, Krankentagegeld, Verletztengeld, Versorgungskrankengeld, Übergangsgeld oder Mutterschaftsgeld oder nach gesetzlichen Vorschriften Erziehungsgeld oder Elterngeld bezogen oder Elternzeit in Anspruch genommen oder Wehrdienst oder Zivildienst geleistet wird. Satz 1 gilt auch nicht für die Inanspruchnahme von Pflegezeit im Sinne des § 3 des Pflegezeitgesetzes.

(4) Beschäftigt ein Arbeitgeber einen Ausländer ohne die nach § 284 Absatz 1 des Dritten Buches erforderliche Genehmigung oder ohne die nach § 4 Absatz 3 des Aufenthaltsgesetzes erforderliche Berechtigung zur Erwerbstätigkeit, wird vermutet, dass ein Beschäftigungsverhältnis gegen Arbeitsentgelt für den Zeitraum von drei Monaten bestanden hat.

Inhaltsübersicht

1. Allgemeines

1 Die Sozialversicherungspflicht knüpft an den Begriff der Beschäftigung an. Gem. § 2 Abs. 2 Satz 1 Nr. 1 sind kraft Gesetzes Personen versichert, die gegen Arbeitsentgelt oder zu ihrer Berufsbildung beschäftigt sind.[2]

Damit ist der Begriff der Beschäftigung ein zentraler Begriff im Sozialversicherungsrecht. Er wird in den Gemeinsamen Vorschriften des SGB IV für alle Versicherungszweige »vor die Klammer« gezogen.

§ 7 Abs. 1 definiert Beschäftigung als »nichtselbständige Arbeit, insbesondere in einem Arbeitsverhältnis«. Wer abhängig beschäftigt ist, ist grundsätzlich versicherungs- und beitragspflichtig. Für den Arbeitgeber folgen daraus Zahlungspflichten, Meldepflichten, Aufzeichnungspflichten.

2. Abhängige Beschäftigung (Abs. 1)

2 Maßgebliches Kriterium für die abhängige Beschäftigung ist das Vorliegen einer persönlichen Abhängigkeit.[3] Als persönlich abhängig gilt, wer einem Arbeitgeber weisungsunterworfen ist und in die fremde Betriebsorganisation eingegliedert ist.

3 Das Weisungs- oder Direktionsrecht des Arbeitgebers bezieht sich auf Art, Zeit und Ort der Arbeit. Der Arbeitgeber kann im Rahmen seines Direktionsrechts Anordnungen treffen, mit denen er die arbeitsvertraglich geschuldete Leistung des Beschäftigten näher konkretisiert. Dabei hat er sich in den Grenzen billigen Ermessens zu halten.

4 Demgegenüber gilt als selbständig, wer »im Wesentlichen frei seine Tätigkeit gestalten und seine Arbeitszeit bestimmen kann« (so auch § 84 Abs. 1 Satz 2 HGB).

Bei hoch qualifizierten Berufsgruppen kann die Weisungsunterworfenheit gegenüber dem Arbeitgeber naturgemäß eingeschränkt sein. Dennoch gelten auch Hochqualifizierte als Beschäftigte – und damit als Sozialversicherungspflichtige –, sofern sie in den Betrieb des Arbeitgebers eingegliedert sind.

Das Bundessozialgericht umschreibt die Weisungsgebundenheit für diese Personengruppe »sie habe sich zur funktionsgerecht dienenden Teilhabe am Arbeitsleben verfeinert«.[4]

5 Kennzeichnend für die Eingliederung in die fremde Betriebsorganisation ist, dass der Arbeitgeber das Aufgabenziel vorgibt und die Betriebsmittel auf eigene Rechnung zur Verfügung stellt. Dazu zählen die Räumlichkeiten, weiteres Personal ebenso wie Ausstattung und Equipment.

Der abhängig Beschäftigte ist gegenüber dem Arbeitgeber berichts- und rechenschafts-

---

2 Typischerweise sind auch behinderte Menschen in geschützten Einrichtungen und Landwirte in der Sozialversicherung versichert (§ 2 Abs. 2 Satz 1 Nr. 2, 3 SGB IV). Die gesetzliche Aufzählung ist nicht abschließend.

3 BSG – 04.06.1998 – B 12 KR 5/97 R, SozR 3-2400 § 7 Nr. 13.

4 BSG – 04.06.1998 – B 12 KR 5/97 R, SozR 3-2400 § 7 Nr. 13.

pflichtig. In diesem Sinne gelten als abhängig beschäftigt auch Fremdgeschäftsführer einer GmbH, Betriebsärzte oder der Chefarzt eines Krankenhauses.[5]

Aber auch andere Indizien können zur Beurteilung der persönlichen Abhängigkeit herangezogen werden. Hat der Betroffene Anspruch auf einen festen Jahresurlaub, ist seine monatliche Vergütung im Wesentlichen jeweils identisch, unterliegt er einem Zeiterfassungssystem und hat er seine Arbeitsleistung höchstpersönlich zu erbringen, so sind dies gewichtige Indizien dafür, dass eine persönliche Abhängigkeit zum Arbeitgeber besteht und damit ein Beschäftigungsverhältnis im Sinne von § 7 Abs. 1 vorliegt. 6

§ 7 Abs. 1 Satz 1 nennt als weiteren Anhaltspunkt das Vorliegen eines Arbeitsverhältnisses. Liegt der Tätigkeit ein wirksamer Arbeitsvertrag zugrunde, ist dies ein gewichtiger Anhaltspunkt für die Annahme eines Beschäftigungsverhältnisses. 7

Umgekehrt kann aber auch ein sozialversicherungspflichtiges Beschäftigungsverhältnis vorliegen, obwohl der abgeschlossene Arbeitsvertrag nach den Vorschriften des BGB rechtlich unwirksam ist.

Beispiel:
X vereinbart mit dem Arbeitgeber, ohne Anmeldung zur Sozialversicherung die Arbeit zu verrichten (»Schwarzarbeit«).
Der Arbeitsvertrag der X hat den Makel der Rechtswidrigkeit (§ 134 BGB). Die Abrede enthält die Vereinbarung einer illegalen Beschäftigung; sie verstößt gegen ein gesetzliches Verbot und ist daher nichtig. Zwischen den Parteien kommt zivilrechtlich allenfalls ein faktisches Arbeitsverhältnis zustande.

Dennoch nimmt das Bundessozialgericht an, dass die Unwirksamkeit des Arbeitsvertrags der Annahme eines sozialversicherungspflichtigen Beschäftigungsverhältnisses nicht entgegensteht.[6] 8

Der Schutz der Sozialversicherung wird dem Beschäftigten, dessen Arbeitsvertrag unwirksam ist, nicht vorenthalten.

Als selbständig hingegen gilt, wer eigenes Kapital aufnimmt für die Geschäftstätigkeit, Buchführungspflichten hat und für sich selbst am Markt werbend tätig wird. Dieser Personenkreis ist in der Regel nicht versicherungs- und nicht beitragspflichtig. Eine Ausnahme bilden jene Selbständige, die sozial als besonders schutzbedürftig ausgemacht werden. Diese als »Scheinselbständige« gekennzeichnete Personengruppe wird der Rentenversicherungspflicht unterworfen. Einzelheiten hierzu regelt § 2 SGB VI. 9

3. Zur Berufsbildung Beschäftigte (Abs. 2)

Gem. § 7 Abs. 2 gilt als Beschäftigung auch der »Erwerb beruflicher Kenntnisse, Fertigkeiten oder Erfahrungen im Rahmen betrieblicher Berufsbildung«. Damit zählen unstrei- 10

5 Siehe hierzu BSG – 24. 09. 1992 – 7 Rar 12/92, SozR 3-4100 § 168 Nr. 8; BSG – 03. 02. 1994 – 12 RK 84/92, SozR 3-2940 § 3 Nr. 2 S. 9; BSG – 09. 12. 1981 – 12 RK 4/81, SozR 2400 § 2 Nr. 19.
6 BSG – 10. 08. 2000 – B 12 KR 21/98 R, SozR 3-2400 § 7 Nr. 15.

tig zu den sozialversicherungspflichtigen Beschäftigungsverhältnissen[7] die betrieblichen Bildungsmaßnahmen.

Zur betrieblichen Berufsbildung gehören Maßnahmen der Berufsbildung, die in Betrieben der Wirtschaft, in vergleichbaren Einrichtungen außerhalb der Wirtschaft, insbesondere des öffentlichen Dienstes, der Angehörigen freier Berufe und in Haushalten durchgeführt werden.

11 § 2 Abs. 1 Nr. 1 BBiG definiert die Lernorte der Berufsbildung. Dabei ist mit Berufsbildung nicht nur die Berufsausbildung im engeren Sinne gemeint. Gem. § 1 Abs. 1 BBiG gehören zur Berufsbildung auch die Berufsausbildungsvorbereitung, die berufliche Fortbildung und die berufliche Umschulung.

Zweifel bestehen bei der sozialversicherungsrechtlichen Zuordnung von Studierenden, die einen dualen Studiengang absolvieren. Einerseits sind sie an einer Hochschule eingeschrieben und gelten als Studierende. Andererseits absolvieren sie umfangreiche Praxisphasen in einem Unternehmen, in dem sie weisungsunterworfen sind und damit als Beschäftigte gelten.

Für die Abgrenzung ist die »Gemeinsame Verlautbarung der Spitzenorganisationen der Sozialversicherung zur versicherungsrechtlichen Beurteilung von Teilnehmern an dualen Studiengängen« heranzuziehen. Darin heißt es, dass für die sozialversicherungsrechtliche Beurteilung maßgebend ist, ob »ein prägender oder enger innerer Zusammenhang zwischen Studium und der Tätigkeit beim Arbeitgeber besteht und ob die praktische Ausbildung im Wesentlichen betrieblich oder nicht betrieblich geregelt und gelenkt wird.«

Wer einen praxisintegrierten Studiengang absolviert, ist einerseits Student an einer Hochschule oder Fachhochschule beziehungsweise an einer Berufsakademie. Die erworbenen theoretischen Kenntnisse werden regelmäßig durch Integration in einem Betrieb praxisorientiert vertieft.

Trotz dieser betrieblichen Anknüpfung gehen die Spitzenorganisationen der Sozialversicherung davon aus, dass für Teilnehmer eines integrierten Studiengangs keine Versicherungspflicht zur Sozialversicherung besteht. Die im Betrieb zurückgelegten Praxisphasen stellen keine Berufsausbildung dar.

12 Abweichendes gilt für Praktikanten. Praktikanten, die sich im Rahmen einer betrieblichen Berufsausbildung Kenntnisse und praktische Fertigkeiten im Betrieb aneignen, üben eine sozialversicherungspflichtige Beschäftigung aus. Sie fallen unter § 7 Abs. 1, 3.[8]

4. Versicherungspflichtig auch ohne Arbeitsleistung (Abs. 3)

13 Ein sozialversicherungspflichtiges Beschäftigungsverhältnis liegt regelmäßig nur vor, wenn der Beschäftigte auch tatsächlich Arbeitsleistung verrichtet.

14 Von diesem Grundsatz gelten zahlreiche Ausnahmen. So kann der Arbeitnehmer in

7 Abgedruckt unter http:/www.deutsche-rentenversicherung.de vom 05. 07. 2010.

8 Siehe »Gemeinsames Rundschreiben der Spitzenverbände zur versicherungs-und beitragsrechtlichen Beurteilung von beschäftigten Studenten, Praktikanten und ähnlichen Personen vom 27. 07. 2004, http://www.deutsche-rentenversicherung.de.

folgenden Fällen Arbeitsleistung zurückhalten, ohne dass das sozialversicherungspflichtige Beschäftigungsverhältnis endet:

- Inanspruchnahme von Urlaub
- Teilnahme an Fort- und Weiterbildung

Hierzu hat das Bundessozialgericht schon frühzeitig Stellung genommen und in ständiger Rechtsprechung entschieden, dass in diesen Fällen der Freistellung, in denen der Arbeitnehmer auch nicht verpflichtet ist, die Arbeitsleistung nachzuholen, gleichwohl der Sozialversicherungsschutz aufrechterhalten bleibt.[9]

Unabhängig von den genannten Ausnahmen sind kurzfristige Unterbrechungen unschädlich und führen nicht zur Beendigung eines sozialversicherungspflichtigen Beschäftigungsverhältnisses, wenn der Wegfall des Entgeltanspruchs nicht länger als einen Monat andauert. **15**

Zum Schutz der Beschäftigten nimmt das Gesetz bis zur Dauer eines Monats den Fortbestand der Sozialversicherung an, auch für den Fall, dass tatsächlich gar kein Arbeitsentgelt mehr bezahlt wird.

Gleiches gilt für die Beschäftigten, die Arbeitsentgelt aus einem der Deutschen Rentenversicherung Bund übertragenen Wertguthaben beziehen. Hier gilt der gesamte Bezugszeitraum als Beschäftigungszeit.

Unerheblich ist, ob das der Beschäftigung zu Grunde liegende Arbeitsverhältnis in Wegfall gekommen ist. Es kann fortbestehen und dennoch ist die Beschäftigung unterbrochen, so z. B. wenn der Beschäftigte unbezahlten Urlaub nimmt oder unentschuldigt der Arbeit fern bleibt. Sein Sozialversicherungsschutz bleibt bis zur Dauer von einem Monat aufrechterhalten. **16**

Bezieht der Beschäftigte Entgeltersatzleistungen, wird die einmonatige Fortdauer des Beschäftigungsverhältnisses nicht fingiert. Entgeltersatzleistungen sind Krankengeld, Krankentagegeld oder Verletztengeld, Versorgungskrankengeld, Mutterschaftsgeld, Übergangsgeld, Erziehungsgeld oder Elterngeld. Wer solche Entgeltersatzleistungen bezieht, dessen Beschäftigungsverhältnis ist unterbrochen. **17**

Die Beschäftigung ist auch unterbrochen, wenn die Beschäftigten Elternzeit nehmen, Wehrdienst oder Zivildienst leisten oder Pflegezeit in Anspruch nehmen.

Die Frage der Unterbrechung des Beschäftigungsverhältnisses ist maßgeblich für die Meldepflichten und für die Feststellung sozialversicherungspflichtiger Beschäftigungszeiten. Ist die Unterbrechung innerhalb der genannten Frist nur kurzzeitig, hat der Arbeitgeber hierüber keine Meldung abzugeben. Unterbrechungen von mehr als einem Monat sind meldepflichtig. Die Beitragspflicht entfällt. **18**

Einen Sonderfall regelt § 7 Abs. 4. Beschäftigt der Arbeitgeber einen Ausländer ohne ordnungsgemäße Arbeitserlaubnis oder Aufenthaltserlaubnis, gilt die gesetzliche Vermutung, dass ein Beschäftigungsverhältnis gegen Arbeitsentgelt für den Zeitraum von drei Monaten bestanden hat. Die illegale Beschäftigung bringt die Beitragspflicht nicht in Wegfall. **19**

Eine besondere Fallkonstellation führte in der Vergangenheit zu Rechtsunsicherheit. So war streitig, ob eine Vereinbarung zwischen Arbeitgeber und Arbeitnehmer im Zuge **20**

9 BSG – 18.04.1991 – 7 Rar 106/90, SozR 3-4100 § 104 Nr. 6.

von Verhandlungen über die Aufhebung des Arbeitsverhältnisses mit dem Inhalt, dass der Arbeitnehmer unwiderruflich bis zum Ablauf der Kündigungsfrist von Arbeitsleitung freigestellt sein soll, die sozialversicherungspflichtige Beschäftigung mit sofortiger Wirkung beendet oder auch in diesem Falle die endgültige Beendigung der sozialversicherungspflichtigen Beschäftigung erst mit der rechtlichen Beendigung des Arbeitsverhältnisses eintreten sollte. In der Regel wollen die Parteien mit einer Freistellungsvereinbarung gewährleisten, dass der Arbeitnehmer für die Dauer der Kündigungsfrist keine Arbeit anbieten und auch nicht zur Arbeit erscheinen muss, der Arbeitgeber seinerseits den Arbeitnehmer auch nicht mehr nehmen muss. Gleichwohl verpflichtet sich der Arbeitgeber für den Zeitraum bis zur rechtlichen Beendigung des Arbeitsverhältnisses, die regelmäßig geschuldete monatliche Vergütung zu bezahlen.

21 In zwei Entscheidungen hat das Bundessozialgericht geurteilt, dass eine unwiderrufliche einvernehmliche Freistellung dazu führt, dass das Beschäftigungsverhältnis »am letzten Arbeitstag« endet.[10] Das BSG hat hierzu ausgeführt, dass Beschäftigungslosigkeit durch die tatsächliche Nichtbeschäftigung gekennzeichnet ist, unabhängig vom Bestehen eines Arbeitsverhältnisses im Sinne des Arbeitsrechts. So hat es darauf hingewiesen, dass die Freistellung bei Fortzahlung von Arbeitsentgelt geradezu ein typisches Beispiel dafür sei, dass es rechtlich möglich ist, arbeitslos zu sein, obwohl das Arbeitsverhältnis noch besteht und erst nach Ablauf der Kündigungsfrist endet.

Für den Beschäftigten/Arbeitnehmer bedeutet dies, dass er zwar noch für die Dauer von fünf Monaten ein Arbeitsverhältnis hat, er jedoch wegen der vorgezogenen Freistellung nicht mehr kranken-, renten- und arbeitslosenversichert ist.

22 Von dieser Rechtsprechung ist der 12. Senat in seiner Entscheidung vom 24.09.2008[11] abgerückt.

Er bestätigt, dass ein sozialversicherungspflichtiges Beschäftigungsverhältnis auch dann vorliegen kann, wenn bei fortlaufender Zahlung des Arbeitsentgelts der Arbeitnehmer einvernehmlich und unwiderruflich bis zum Ende des Arbeitsverhältnisses von der Arbeitsleistung freigestellt ist. Damit lässt auch die unwiderrufliche Freistellung den Bestand des sozialversicherungspflichtigen Beschäftigungsverhältnisses unberührt.

5. Freistellung länger als ein Monat (Abs. 1 a)

23 Phasen der Freistellung von **mehr als einem Monat** lassen das sozialversicherungspflichtige Beschäftigungsverhältnis unberührt, wenn

- während der Freistellung Arbeitsentgelt aus einem Wertguthaben bezogen wird und
- das monatlich fällige Arbeitsentgelt während der Freistellung nicht unangemessen abweicht von dem für die vorausgegangenen 12 Kalendermonate geleisteten Arbeitsentgelt.

10 BSG – 25.04.2002 – B 11 AL 65/01, SozR 3-4300 § 144 Nr. 8; BSG – 18.12.2003 – B 11 AL 35/03 R, B 12 KR 22/07 R.

11 BSG – 24.09.2008 – B 12 KR 22/07, SozR 4-2400 § 7 Nr. 9; BSG – 24.09.2008 – B 12 KR 27/07, SozR 2400 § 7 Nr. 10.

Die Möglichkeit der Flexibilisierung von Arbeitszeit macht es erforderlich, dass sichergestellt ist, dass Arbeitnehmer hierdurch keinen sozialversicherungsrechtlichen unvorhergesehenen Nachteil erleiden.

Die Möglichkeiten der arbeitsvertraglichen Flexibilisierung von Arbeitszeit müssen ihre Entsprechung im Sozialversicherungsrecht finden.[12] Näheres hierzu regelt ein Gemeinsames Rundschreiben der Spitzenorganisationen der Sozialversicherung vom 31.03.2009[13] sowie ein Frage-/Antwortkatalog vom 13.04.2010, zusammengestellt ebenfalls von den Spitzenorganisationen der Sozialversicherung.[14]

Sinn der Regelung ist es, zuzulassen, dass flexible Arbeitszeitregelungen zwischen Arbeitgeber und Arbeitnehmer schriftlich vereinbart werden können und dabei das Beschäftigungsverhältnis im sozialversicherungsrechtlichen Sinne auch fortbesteht, obwohl der Arbeitnehmer tatsächlich keine Arbeitsleistung erbringt. Voraussetzung ist, dass das Arbeitsentgelt aus einem Wertguthaben ermittelt wird. Zum Begriff »Wertguthaben« wird auf die Ausführungen unter § 7b verwiesen. **24**

Kennzeichnend ist jedenfalls, dass der Arbeitnehmer Arbeitsleistung im Voraus erbracht hat, für die er die Freistellung in Anspruch nimmt.

Zum Begriff der »Freistellung« hat das BSG in zwei Entscheidungen Erläuterungen abgegeben. Auf die Urteile des BSG wird ausdrücklich Bezug genommen.[15] Darin stellt das BSG klar, dass nicht nur Altersteilzeit nach dem Blockmodell von der Vorschrift erfasst ist, sondern alle Modelle, die eine Freistellung von der Arbeitspflicht vorsehen bei durchgehender Entgeltzahlung auf der Grundlage von Wertguthaben. **25**

Keinesfalls genügt es für den Aufbau von Wertguthaben, dass der Arbeitnehmer im Rahmen einer flexiblen Arbeitszeitregelung auf seinem Arbeitszeitkonto aufgebuchte Mehrarbeit- oder Überstunden abbauen möchte oder im Rahmen von innerbetrieblichen Gleitzeitmodellen einen Arbeitszeitausgleich anstrebt.[16] Es müssen im Einzelnen die Voraussetzungen des § 7b gegeben sein. Der Arbeitgeber und der Beschäftigte müssen eine Wertguthabenvereinbarung abschließen; diese muss zwingend eine Freistellung von der Arbeitsleistung bei durchgehender Entgeltzahlung bei gleichzeitiger Vor- und Nacharbeit vorsehen. **26**

Der Fortbestand des gesetzlichen Sozialversicherungsverhältnisses in der Freistellungsphase setzt außerdem voraus, dass das Arbeitsentgelt, welches in der Freistellungsphase gezahlt wird, der Höhe nach nicht unangemessen abweicht von der zuvor gezahlten Vergütung in den vorausgegangenen 12 Kalendermonaten. **27**

---

12 Siehe »Flexi II« Gesetz zur Verbesserung der Rahmenbedingungen für die Absicherung flexibler Arbeitszeitrahmen und zur Änderung anderer Gesetze in BGBl 2008, 2940.

13 »Sozialrechtliche Absicherung flexibler Arbeitszeitregelungen; Auswirkungen des Gesetzes zur Verbesserung der Rahmenbedingungen für die Absicherung flexibler Arbeitszeitregelungen und zur Änderung anderer Gesetze auf das Versicherungs-Beitrags- und Melderecht«, nachzulesen unter www.deutsche-rentenversicherung.de.

14 Nachzulesen unter www.deutsche-rentenversicherung.de.

15 BSG – 24.09.2008 – B 12 KR 22/07 und B 12 KR 27/07, nachzulesen unter SozR 4-2400 § 7 Nr. 9 und SozR 4-2400 § 7 Nr. 10.

16 Hauck-Haines § 7 SGB IV Rn. 34.

Nicht unumstritten ist, was als »noch angemessen« zu gelten hat. Das Arbeitsentgelt der Freistellungsphase gilt als noch angemessen, wenn es monatlich mindestens 70 % und maximal 130 % des durchschnittlich gezahlten Arbeitsentgelts der unmittelbar vorausgegangenen 12 Kalendermonate der Arbeitsphase beträgt.[17]

Beispiel:
Der Beschäftigte B. verdiente in der Arbeitsphase durchschnittlich monatlich 1500 €. In der Freistellungsphase beträgt sein monatliches durchschnittliches Arbeitsentgelt 750 €. Damit beträgt sein monatliches Arbeitsentgelt in der Freistellungsphase nur 50 % des Entgelts der vorausgegangenen 12 Kalendermonate. Es ist der Höhe nach nicht mehr angemessen; B. muss befürchten, dass im Hinblick auf die Freistellungsphase sein Beschäftigungsverhältnis im sozialversicherungsrechtlichen Sinne als beendet gilt.

28 Seit 01. 01. 2009 können auch geringfügig Beschäftigte in einer Arbeitsphase Wertguthaben aufbauen für die Inanspruchnahme in einer nachfolgenden Freistellungsphase.

Auch hier kommt es darauf an, dass das gezahlte Arbeitsentgelt als angemessen zu bewerten ist. Im Hinblick auf die Geringfügigkeitsgrenze kann also das vergleichbare Entgelt nur in einem Rahmen bis zu 400 € monatlich liegen.

6. Freistellung zu Beginn/vorzeitige Beendigung (Abs. 1 a)

29 Ein höheres Risiko stellt es dar, wenn ein Beschäftigungsverhältnis mit einer Freistellung beginnt beziehungsweise eine Freistellung nicht mehr vollständig ausgeschöpft werden kann, weil z. B. das Beschäftigungsverhältnis vorzeitig endet. Hier lässt es das Gesetz zu, dass dennoch ein sozialversicherungspflichtiges Beschäftigungsverhältnis angenommen wird, auch wenn zunächst der Beschäftigte keine Arbeitsleistung erbringt und die Verpflichtung zur Arbeitsleistung gleichsam nachgeschaltet ist.

Auch hier ist eine Angemessenheitsprüfung durchzuführen über die Höhe der Vergütung in der Arbeitsphase und in der Freistellungsphase. Entscheidend ist, dass das in der Freistellungsphase gezahlte Entgelt in einem angemessenen Verhältnis zu dem Arbeitsentgelt steht, das später erzielt werden soll.

30 Gleiches gilt auch, wenn das Beschäftigungsverhältnis mit einer Freistellungsphase beginnt und in der nachgelagerten geplanten Arbeitsphase die Arbeitsleistung nicht erbracht werden kann, weil es zu einer vorzeitigen Beendigung des Beschäftigungsverhältnisses gekommen ist. Hier entfällt der Sozialversicherungsschutz, der in der Freistellungsphase erworben wurde, auch nicht rückwirkend. Es handelt sich um sozialversicherungspflichtige Beschäftigung, obwohl de facto gar keine Arbeitsleistung zugrundeliegt. Voraussetzung ist allerdings, dass die vorzeitige Beendigung bei Vereinbarung der Freistellungsphase nicht vorhersehbar war. Ob den Beschäftigten an der vorzeitigen Beendigung ein Verschulden trifft, ist für das Sozialversicherungsrecht unerheblich.

17 So Schlegel/Voelzke SGB IV 2011 § 7 Abs. 1 a Rn. 29.

Beispiel:
X nimmt ein sozialversicherungspflichtiges Beschäftigungsverhältnis auf. Vereinbarungsgemäß beginnt er mit einer Phase der Freistellung von sechs Monaten. Hierfür erhält er ein angemessenes Arbeitsentgelt. Dann soll das Beschäftigungsverhältnis in die Arbeitsphase übergehen.
Bereits nach einem Monat erhält X die Kündigung wegen schuldhaften Fehlverhaltens. Ihm wird Schlamperei und Unpünktlichkeit vorgeworfen.

Zweifelsohne wird X gegen die Kündigung aus arbeitsrechtlicher Sicht vorgehen im Wege der Kündigungsschutzklage. Aus sozialversicherungsrechtlichen Erwägungen müsste er keine Kündigungsschutzklage erheben, auch wenn ihn – möglicherweise – an der vorzeitigen Beendigung des Beschäftigungsverhältnisses ein Verschulden trifft. Der Sozialversicherungsschutz bliebe ihm erhalten und würde auch nicht rückwirkend entzogen.

7. Der »Störfall«

Nicht ausgeschlossen ist, dass ein erworbenes Wertguthaben nicht mehr zweckbestimmt verwendet werden kann. Insbesondere können der Eintritt einer Erwerbsminderung, das Erreichen der Regelaltersgrenze oder der Tod des Arbeitnehmers es unmöglich machen, Wertguthaben für die Zeit der Arbeitsfreistellung zu verwenden. Dieses Wertguthaben darf aber nicht verloren gehen. Es muss demjenigen zugutekommen, der das Geld angespart hat, im Falle des Todes gegebenenfalls den Erben.[18] **31**

Über eine andere Zweckverwendung müssten sich die Parteien zu Beginn der Vereinbarung einigen, nachträglich ist sie nicht mehr möglich.

Etwas anderes gilt zu den Zeitguthaben aus Gleitzeitkonten. Sie verfallen üblicherweise und gehen nicht auf den Rechtsnachfolger über.

Hinzuweisen ist noch auf eine besondere eher arbeitsrechtliche Schutzbestimmung in § 7 Abs. 1 b. **32**

Grundsätzlich ist nämlich die Flexibilisierung der Arbeitszeit für den Beschäftigten freiwillig. Stimmt er im Einzelfall einem entsprechenden Angebot zur Flexibilisierung von Arbeitszeit nicht zu, kann der Arbeitgeber diesen Umstand nicht als Grund für eine betriebsbedingte Kündigung heranziehen.

§ 7 a Anfrageverfahren[19]

(1) Die Beteiligten können schriftlich eine Entscheidung beantragen, ob eine Beschäftigung vorliegt, es sei denn, die Einzugsstelle oder ein anderer Versicherungsträger hatte im Zeitpunkt der Antragstellung bereits ein Verfahren zur Feststellung einer Beschäftigung eingeleitet. Die Einzugsstelle hat einen Antrag nach Satz 1 zu stellen, wenn sich aus der Meldung des Arbeitgebers (§ 28 a) ergibt, dass der Beschäftigte Ehegatte, Lebenspartner oder Abkömmling des Arbeitgebers oder geschäftsführender Gesell-

18 Hauck-Haines § 7 Rn. 37.
19 Anm. d. Verf.: = Statusfeststellungsverfahren.

schafter einer Gesellschaft mit beschränkter Haftung ist. Über den Antrag entscheidet abweichend von § 28h Absatz 2 die Deutsche Rentenversicherung Bund.

(2) Die Deutsche Rentenversicherung Bund entscheidet auf Grund einer Gesamtwürdigung aller Umstände des Einzelfalles, ob eine Beschäftigung vorliegt.

(3) Die Deutsche Rentenversicherung Bund teilt den Beteiligten schriftlich mit, welche Angaben und Unterlagen sie für ihre Entscheidung benötigt. Sie setzt den Beteiligten eine angemessene Frist, innerhalb der diese die Angaben zu machen und die Unterlagen vorzulegen haben.

(4) Die Deutsche Rentenversicherung Bund teilt den Beteiligten mit, welche Entscheidung sie zu treffen beabsichtigt, bezeichnet die Tatsachen, auf die sie ihre Entscheidung stützen will, und gibt den Beteiligten Gelegenheit, sich zu der beabsichtigten Entscheidung zu äußern.

(5) Die Deutsche Rentenversicherung Bund fordert die Beteiligten auf, innerhalb einer angemessenen Frist die Tatsachen anzugeben, die eine Widerlegung begründen, wenn diese die Vermutung widerlegen wollen.

(6) Wird der Antrag nach Absatz 1 innerhalb eines Monats nach Aufnahme der Tätigkeit gestellt und stellt die Deutsche Rentenversicherung Bund ein versicherungspflichtiges Beschäftigungsverhältnis fest, tritt die Versicherungspflicht mit der Bekanntgabe der Entscheidung ein, wenn der Beschäftigte

1. zustimmt und
2. er für den Zeitraum zwischen Aufnahme der Beschäftigung und der Entscheidung eine Absicherung gegen das finanzielle Risiko von Krankheit und zur Altersvorsorge vorgenommen hat, die der Art nach den Leistungen der gesetzlichen Krankenversicherung und der gesetzlichen Rentenversicherung entspricht.

Der Gesamtsozialversicherungsbeitrag wird erst zu dem Zeitpunkt fällig, zu dem die Entscheidung, dass eine Beschäftigung vorliegt, unanfechtbar geworden ist.

(7) Widerspruch und Klage gegen Entscheidungen, dass eine Beschäftigung vorliegt, haben aufschiebende Wirkung. Eine Klage auf Erlass der Entscheidung ist abweichend von § 88 Absatz 1 des Sozialgerichtsgesetzes nach Ablauf von drei Monaten zulässig.

Inhaltsübersicht

1. Allgemeines

1 Im Einzelfall kann es schwierig sein, zutreffend zu bewerten, ob ein sozialversicherungspflichtiges Beschäftigungsverhältnis vorliegt oder nicht. Gehen der Arbeitgeber und der Beschäftigte irrtümlich davon aus, es liege **kein** sozialversicherungspflichtiges Beschäftigungsverhältnis vor, so kann dies vor allem für den Arbeitgeber nachträglich zu hohen

Belastungen führen. Er muss unter Umständen Sozialversicherungsbeiträge rückwirkend nachzahlen, und zwar bis zu einem Zeitraum von vier Jahren.

Aber auch für den Beschäftigten ist Rechtssicherheit zu schaffen. Er muss wissen, ob er der gesetzlichen Sozialversicherung unterfällt und damit Rentenversicherungsschutz, Krankenversicherungsschutz, aber auch Arbeitslosenversicherungsschutz genießt. Außerdem muss gewährleistet sein, dass über die Frage der Sozialversicherungspflichtigkeit eine einheitliche Entscheidung, bindend für alle Sozialversicherungsträger, getroffen wird. **2**

Neben den gesetzlichen Grundlagen ist Näheres geregelt in »Rundschreiben vom 13.04.2010 der Deutschen Rentenversicherung Bund«.[20] Zur Feststellung der Versicherungs- und Beitragspflicht sieht § 7 a daher ein Statusfeststellungsverfahren vor. Damit soll eine schnelle und unkomplizierte Möglichkeit geschaffen werden zur Klärung der Statusfrage. Die alleinige Zuständigkeit liegt beim Rentenversicherungsträger, DRV Bund. Ihm kommt die Funktion einer »clearing-Stelle« zu. Divergierende Entscheidungen sollen so vermieden werden. **3**

Das Statusfeststellungsverfahren kann von Amts wegen (obligatorisches Statusfeststellungsverfahren) oder auf Antrag eingeleitet werden.[21] Das Statusfeststellungsverfahren ist zwingend vorgesehen – und damit obligatorisch –, wenn aus der Meldung des Arbeitgebers ersichtlich ist, dass **4**

- der Beschäftigte Ehegatte, Lebenspartner oder Abkömmling des Arbeitgebers ist oder
- der Beschäftigte geschäftsführender Gesellschafter einer Gesellschaft mit beschränkter Haftung ist.

Diese Meldung gelangt zwar zunächst zur Einzugsstelle. Dies ist die zuständige Krankenkasse. Gem. § 28 h Abs. 2 hat sie in der Regel über die Versicherungspflicht zu entscheiden.

In den Fällen obligatorischer Statusfeststellung jedoch ist die Einzugsstelle verpflichtet, bei Kenntnis der maßgeblichen Umstände einen Antrag auf Statusfeststellung einzuleiten, über den dann ausschließlich die Deutsche Rentenversicherung Bund entscheidet.

Im Übrigen wird ein Statusfeststellungsverfahren auf Antrag einer oder beider Beteiligter eingeleitet.

Dabei muss es sich bei dem – tatsächlich oder vermeintlich – abhängigen Beschäftigten um eine natürliche Person handeln.

Ein Antragsverfahren zum Zweck der Statusfeststellung zur Deutschen Rentenversicherung Bund ist jedoch unzulässig, wenn bereits die Einzugsstelle in den Fällen nichtobligatorischer Statusfeststellung die Versicherungspflicht aufgrund der eingegangenen Meldungen prüft.

Ist ein Verfahren der Einzugsstelle zur Feststellung der Versicherungspflicht eingeleitet (§ 28 h Abs. 2), ist ein Statusfeststellungsverfahren ausgeschlossen.[22] **5**

---

20 Siehe unter http://www.deutsche-Rentenversicherung.de Stichwort: Statusfeststellung.

21 Die Statusfeststellung von Amts wegen (obligatorisches Anfrageverfahren) wurde eingeführt mit dem »Vierten Gesetz für moderne Dienstleistungen am Arbeitsmarkt« (»Hartz IV«) vom 24.12.2003, mit Wirkung zum 01.01.2005.

22 Feststellungen der Künstlersozialkasse zur Versicherungspflicht schließen die Durchführung eines Statusfeststellungsverfahrens aus; Feststellungen der Unfallversicherung zur Versicherungspflicht schließen die Durchführung eines Statusfeststellungsverfahren nicht aus.

2. Einleitung der Statusfeststellung

6 Grundsätzlich ist der Antrag auf Statusfeststellung an keine Frist gebunden. Er kann ab Beginn der Tätigkeit gestellt werden. Wird er innerhalb eines Monats nach Aufnahme der Tätigkeit gestellt und ergibt das Prüfverfahren, dass ein versicherungspflichtiges Beschäftigungsverhältnis besteht, so tritt die Versicherungspflicht mit der Bekanntgabe der Entscheidung ein. Voraussetzung ist, dass der Beschäftigte dem zustimmt und er für den Zeitraum zwischen Aufnahme der Beschäftigung und Erlass der Entscheidung eine Absicherung vorgenommen hat gegen die Risiken von Krankheit und Altersvorsorge. Die Absicherung muss ihrer Art nach den Leistungen von gesetzlicher Krankenversicherung und Rentenversicherung entsprechen.

Eine angemessene Altersabsicherung liegt nur vor, wenn aus einem vergleichbaren Versicherungsvertrag laufende Rentenbezüge zu erwarten sind. Eine einmalige Kapitalabfindung genügt dem nicht.[23]

7 Wer den Antrag stellt, muss ein entsprechendes Feststellungsinteresse haben. Hat der Antragsteller Zweifel daran, ob ein versicherungspflichtiges Beschäftigungsverhältnis besteht oder nicht, ist jedenfalls das Feststellungsinteresse gegeben.[24]

Nach der Rechtsprechung des BSG soll ein Feststellungsinteresse gegeben sein, unabhängig davon, ob das Beschäftigungsverhältnis noch besteht.[25]

Zweifel am zutreffenden Status können sich ergeben, wenn maßgebliche Umstände sich geändert haben. Mit dem Verfahren kann nicht nur die Feststellung begehrt werden, dass eine sozialversicherungspflichtige Beschäftigung vorliegt. Es kann auch umgekehrt die Feststellung begehrt werden, dass es sich bei einem vermeintlichen sozialversicherungspflichtigen Beschäftigungsverhältnis in Wahrheit um selbständige Tätigkeit handelt.

Beispiel:
Ehefrau E. ist seit 20 Jahren im Unternehmen des Ehemannes tätig. Sie bezog ein regelmäßiges Entgelt (mehr als 400 € und damit nicht nur geringfügig) und war sozialversicherungspflichtig beschäftigt.
Sie begehrt kurz vor Renteneintritt bei der Deutschen Rentenversicherung Bund die Feststellung, dass es sich bei ihrer Tätigkeit in Wahrheit um eine selbständige Tätigkeit handelt.

Ergäbe eine Würdigung der Gesamtumstände in der Sache, dass E. tatsächlich die Kriterien einer selbständigen Tätigkeit erfüllt und damit keine Beschäftigung im Sinne des Sozialversicherungsrechts vorliegt, hätte E. ihrerseits einen Anspruch auf Erstattung geleisteter Beiträge zur Rentenversicherung. Ihr Anspruch ist allerdings begrenzt auf die Beiträge der vergangenen vier Jahre (§ 26 Abs. 1 Satz 3).

---

23 Hauck-Haines § 7 a Rn. 45.
24 BSG – 04.06.2009 – B 12 R 6/08 R.
25 BSG – 04.06.2009 – B 12 KR 31/07, SozR 4-2400 § 7 a Nr. 3.

3. Durchführung des Verfahrens

Für das Verfahren gilt der Amtsermittlungsgrundsatz. Die zuständige Deutsche Rentenversicherung Bund ist befugt, die Beteiligten anzuschreiben und aufzufordern, Angaben zu machen sowie Unterlagen vorzulegen. Dabei setzt sie eine angemessene Frist zur Erledigung. **8**

Bevor sie eine Entscheidung trifft, hört sie die Beteiligten an. Dafür teilt sie ihnen mit, welche Entscheidung sie zu treffen beabsichtigt. Sie teilt die Tatsache mit, auf die sie ihre Entscheidung stützen will. Die Beteiligten erhalten Gelegenheit zur Äußerung. Der schriftliche Vorgang wird unterstützt durch Verwendung des Formvordrucks V 027.[26] Die Statusfeststellung erfolgt am Ende des Verfahrens durch Verwaltungsakt.

Es handelt sich um einen Verwaltungsakt mit Doppelwirkung.[27] In der ersten Stufe erfolgt die Feststellung, dass es sich bei dem zu prüfenden Vorgang um ein versicherungspflichtiges Beschäftigungsverhältnis handelt. Die Feststellung kann beispielsweise lauten:

> »Es wird festgestellt, dass der Antragsteller die Tätigkeit als Aushilfsfahrer bei B. seit dem 01.02.2012 im Rahmen eines Beschäftigungsverhältnisses ausübt«.

In der zweiten Stufe wird der Beginn der Versicherungspflicht festgestellt. Der Arbeitgeber weiß, ab wann er die Sozialversicherungsbeiträge schuldet. **9**

Kommt die DRV Bund bei der Statusfeststellungsprüfung auf Antrag zu dem Ergebnis, es liegt eine sozialversicherungspflichtige Beschäftigung vor, stehen den Beteiligten die Rechtsmittel offen. Widerspruch und Klage haben aufschiebende Wirkung. Die richtige Klageart ist die kombinierte Anfechtungs- und Feststellungsklage. Die Folgen, die üblicherweise an das Bestehen eines sozialversicherungspflichtigen Beschäftigungsverhältnisses knüpfen, werden bis zur Rechtskraft der Entscheidung hinausgeschoben. Erst dann wird der Gesamtsozialversicherungsbeitrag fällig. Anderes gilt für das obligatorische Anfrageverfahren. Hier ist der Arbeitgeber schon vorher bis zur endgültigen Entscheidung zur Beitragszahlung verpflichtet. **10**

4. Kriterien der Statusfeststellung – Antragsverfahren

Ob eine Beschäftigung vorliegt, entscheidet die Deutsche Rentenversicherung Bund aufgrund einer Gesamtwürdigung aller Umstände des Einzelfalles. **11**

Ein entscheidendes Kriterium für die Abgrenzung des selbständig Tätigen vom abhängig Beschäftigten ist die Weisungsgebundenheit. Wer Zeit, Ort und Art seiner Tätigkeit nicht selbst bestimmen kann, ist weisungsabhängig. Weitere Indizien sind, ob der Beschäftigte verpflichtet ist, feste Anwesenheitszeiten einzuhalten. Urlaubsansprüche und Tarifgebundenheit können ein Hinweis auf ein Beschäftigungsverhältnis sein. **12**

Wenn die Arbeiten nur mit Arbeitsmitteln erledigt werden, die der Arbeitgeber stellt,

---

26 Downloadbar unter http://www.deutsche-rentenversicherung.de/cae/servlet/contentblob/33948/publicationFile/22721/V0027_GD.pdf.

27 Schlegel/Voelzke § 7 a Rn. 35.

ist dies auch ein Hinweis auf ein Beschäftigungsverhältnis. Etwas anderes gilt, wenn der Betroffene ein eigenes unternehmerisches Risiko trägt. Das kann sich darin manifestieren, dass er nur eine Vergütung erhält, wenn er eine Arbeitsleistung mit Erfolg abschließt. Ein unternehmerisches Risiko kann sich aber auch darin zeigen, dass er selbst Betriebsmittel bereithalten muss oder eigene finanzielle Risiken eingeht.[28]

13 Nicht selten ergibt das Statusfeststellungsverfahren, dass ein vermeintlicher Arbeitnehmer tatsächlich für mehrere Arbeitgeber/Auftraggeber tätig ist. Dabei kann es sich um ein Hauptbeschäftigungsverhältnis handeln, verbunden mit einem oder mehreren gegebenenfalls auch geringfügigen Beschäftigungsverhältnissen. Es kann sich aber auch um einen Selbständigen handeln, der mehrere Auftraggeber hat.

14 Lässt sich der Status nicht vollständig klären, ist im Zweifel auf den Willen der Beteiligten abzustellen. Die Statusfeststellung war in der Vergangenheit für folgende Berufsgruppen nicht einfach zu klären:

> **Beispiel:** der Berufskraftfahrer/Frachtführer
> Hier entschied das BAG, dass Frachtführer (§ 407 ff. HGB) ein selbständiges Gewerbe betreiben. Dies soll nach Ansicht des Gerichts auch dann gelten, wenn sie in erhöhtem Maße an Zeitvorgaben der Auftraggeber gebunden sind. Dies gilt auch für Fahrer, die mit eigenem Fahrzeug nur für einen Spediteur eingesetzt sind.[29]

Zweifelhaft ist, ob der selbständige Status auch anzunehmen ist für die Fälle, in denen Fahrer während der gesamten Fahrten engmaschig überwacht und kontrolliert werden und so engen zeitlichen Vorgaben unterworfen sind, dass eine anderweitige unternehmerische Entfaltung letztlich unmöglich ist.

15 Auch die Art der ausgeübten Tätigkeit lässt keinen sicheren Schluss zu, ob es sich um eine selbständige Tätigkeit oder eine abhängige Beschäftigung handelt. So kann beispielsweise ein »freier Beruf« in beiden Formen ausgeübt werden. Entscheidend ist wiederum, wie weit die Weisungsabhängigkeit reicht und inwieweit der Betroffene in eine fremde Betriebsorganisation eingegliedert ist.

Zu den einzelnen Berufsgruppen können die Abgrenzungskriterien nachgelesen werden unter »Katalog bestimmter Berufsgruppen zur Abgrenzung zwischen abhängiger Beschäftigung und selbständiger Tätigkeit« unter www.deutsche-rentenversicherung.de.

5. Kriterien der Statusfeststellung – obligatorisches Verfahren

5.1 Familienangehörige

16 Das obligatorische Statusfeststellungsverfahren ist anzuwenden, wenn Beschäftigte gleichzeitig Familienangehörige sind. Dabei beschränkt das Gesetz die Prüfpflicht auf den Ehegatten, Lebenspartner oder Abkömmling.

Ein sozialversicherungspflichtiges Beschäftigungsverhältnis liegt dann vor, wenn der

28 Ausführliche Einzelbeispiele hierzu bei Schlegel/Voelzke § 7 Rn. 116 ff.
29 BAGE 87, 129 ff.

Angehörige ein Arbeitsentgelt für seine Arbeitsleistung erhält und dabei – wie eine fremde Arbeitskraft – den Weisungen des Arbeitgebers unterworfen ist. Die Höhe des Entgelts muss angemessen sein. Sie hat sich je nach dem Umfang der Arbeitszeit an der ortsüblichen Entlohnung zu orientieren.

Die Arbeitsleistung muss über die Unterstützungsleistungen hinausgehen, die ohnehin nach Bürgerlichem Gesetzbuch zwischen Eheleuten beziehungsweise innerhalb einer Familie gefordert werden.

Führt der Angehörige ein selbständiges Lohnkonto, ist dies ein weiteres Indiz dafür, dass es sich um ein Beschäftigungsverhältnis handelt.

5.2 Der geschäftsführende Gesellschafter einer GmbH

Auch für diese Personengruppe sieht das Gesetz zwingend ein Statusfeststellungsverfahren vor. 17 Hier fehlt es regelmäßig an der abhängigen Beschäftigung, wenn der Geschäftsführer gleichzeitig über mehr als 50 % des Kapitals verfügt. Dann nimmt er eine beherrschende Stellung ein. Damit kann er Weisungen der Gesellschafterversammlung verhindern. Für geschäftsführende Gesellschafter, die keine beherrschende Stellung innehaben, bestimmt sich ihr Status nach den allgemeinen Kriterien. Hier ist dann entscheidend, inwieweit sie Einfluss auf Beschlüsse der Gesellschafterversammlung haben und so im wahrsten Sinn des Wortes eine unabhängige Stellung einnehmen; in dem Fall gelten sie nicht als abhängig beschäftigt.

§ 7 b Wertguthabenvereinbarung

Eine Wertguthabenvereinbarung liegt vor, wenn

1. **der Aufbau des Wertguthabens auf Grund einer schriftlichen Vereinbarung erfolgt,**
2. **diese Vereinbarung nicht das Ziel der flexiblen Gestaltung der werktäglichen oder wöchentlichen Arbeitszeit oder den Ausgleich betrieblicher Produktions- und Arbeitszeitzyklen verfolgt,**
3. **Arbeitsentgelt in das Wertguthaben eingebracht wird, um es für Zeiten der Freistellung von der Arbeitsleistung oder der Verringerung der vertraglich vereinbarten Arbeitszeit zu entnehmen,**
4. **das aus dem Wertguthaben fällige Arbeitsentgelt mit einer vor oder nach der Freistellung von der Arbeitsleistung oder der Verringerung der vertraglich vereinbarten Arbeitszeit erbrachten Arbeitsleistung erzielt wird und**
5. **das fällige Arbeitsentgelt insgesamt 400 Euro monatlich übersteigt, es sei denn, die Beschäftigung wurde vor der Freistellung als geringfügige Beschäftigung ausgeübt. Nach dem Gesetzentwurf vom 25. 09. 2012 (Bundestagsdrucksache 17/10773) künftig: 450 Euro.**

§ 7 c Verwendung von Wertguthaben

(1) Das Wertguthaben auf Grund einer Vereinbarung nach § 7 b kann in Anspruch genommen werden

1. **für gesetzlich geregelte vollständige oder teilweise Freistellungen von der Arbeits-**

leistung oder gesetzlich geregelte Verringerungen der Arbeitszeit, insbesondere für Zeiten,
a) in denen der Beschäftigte nach § 3 des Pflegezeitgesetzes vom 28. Mai 2008 (BGBl. I S. 874, 896) in der jeweils geltenden Fassung einen pflegebedürftigen nahen Angehörigen in häuslicher Umgebung pflegt,
b) in denen der Beschäftigte nach § 15 des Bundeselterngeld- und Elternzeitgesetzes ein Kind selbst betreut und erzieht,
c) für die der Beschäftigte eine Verringerung seiner vertraglich vereinbarten Arbeitszeit nach § 8 des Teilzeit- und Befristungsgesetzes verlangen kann; § 8 des Teilzeit- und Befristungsgesetzes gilt mit der Maßgabe, dass die Verringerung der Arbeitszeit auf die Dauer der Entnahme aus dem Wertguthaben befristet werden kann,

2. für vertraglich vereinbarte vollständige oder teilweise Freistellungen von der Arbeitsleistung oder vertraglich vereinbarte Verringerungen der Arbeitszeit, insbesondere für Zeiten,
a) die unmittelbar vor dem Zeitpunkt liegen, zu dem der Beschäftigte eine Rente wegen Alters nach dem Sechsten Buch bezieht oder beziehen könnte oder
b) in denen der Beschäftigte an beruflichen Qualifizierungsmaßnahmen teilnimmt.

(2) Die Vertragsparteien können die Zwecke, für die das Wertguthaben in Anspruch genommen werden kann, in der Vereinbarung nach § 7b abweichend von Absatz 1 auf bestimmte Zwecke beschränken.

§ 7d Führung und Verwaltung von Wertguthaben

(1) Wertguthaben sind als Arbeitsentgeltguthaben einschließlich des darauf entfallenden Arbeitgeberanteils am Gesamtsozialversicherungsbeitrag zu führen. Die Arbeitszeitguthaben sind in Arbeitsentgelt umzurechnen.

(2) Arbeitgeber haben Beschäftigte mindestens einmal jährlich in Textform über die Höhe ihres im Wertguthaben enthaltenen Arbeitsentgeltguthabens zu unterrichten.

(3) Für die Anlage von Wertguthaben gelten die Vorschriften über die Anlage der Mittel von Versicherungsträgern nach dem Vierten Titel des Vierten Abschnitts entsprechend, mit der Maßgabe, dass eine Anlage in Aktien oder Aktienfonds bis zu einer Höhe von 20 Prozent zulässig und ein Rückfluss zum Zeitpunkt der Inanspruchnahme des Wertguthabens mindestens in der Höhe des angelegten Betrages gewährleistet ist. Ein höherer Anlageanteil in Aktien oder Aktienfonds ist zulässig, wenn
1. dies in einem Tarifvertrag oder auf Grund eines Tarifvertrages in einer Betriebsvereinbarung vereinbart ist oder
2. das Wertguthaben nach der Wertguthabenvereinbarung ausschließlich für Freistellungen nach § 7c Absatz 1 Nummer 2 Buchstabe a in Anspruch genommen werden kann.

§ 7e Insolvenzschutz

(1) Die Vertragsparteien treffen im Rahmen ihrer Vereinbarung nach § 7b durch den Arbeitgeber zu erfüllende Vorkehrungen, um das Wertguthaben einschließlich des

darin enthaltenen Gesamtsozialversicherungsbeitrages gegen das Risiko der Insolvenz des Arbeitgebers vollständig abzusichern, soweit

1. ein Anspruch auf Insolvenzgeld nicht besteht und wenn
2. das Wertguthaben des Beschäftigten einschließlich des darin enthaltenen Gesamtsozialversicherungsbeitrages einen Betrag in Höhe der monatlichen Bezugsgröße übersteigt.

In einem Tarifvertrag oder auf Grund eines Tarifvertrages in einer Betriebsvereinbarung kann ein von Satz 1 Nummer 2 abweichender Betrag vereinbart werden.

(2) Zur Erfüllung der Verpflichtung nach Absatz 1 sind Wertguthaben unter Ausschluss der Rückführung durch einen Dritten zu führen, der im Fall der Insolvenz des Arbeitgebers für die Erfüllung der Ansprüche aus dem Wertguthaben für den Arbeitgeber einsteht, insbesondere in einem Treuhandverhältnis, das die unmittelbare Übertragung des Wertguthabens in das Vermögen des Dritten und die Anlage des Wertguthabens auf einem offenen Treuhandkonto oder in anderer geeigneter Weise sicherstellt. Die Vertragsparteien können in der Vereinbarung nach § 7 b ein anderes, einem Treuhandverhältnis im Sinne des Satzes 1 gleichwertiges Sicherungsmittel vereinbaren, insbesondere ein Versicherungsmodell oder ein schuldrechtliches Verpfändungs- oder Bürgschaftsmodell mit ausreichender Sicherung gegen Kündigung.

(3) Keine geeigneten Vorkehrungen sind bilanzielle Rückstellungen sowie zwischen Konzernunternehmen (§ 18 des Aktiengesetzes) begründete Einstandspflichten, insbesondere Bürgschaften, Patronatserklärungen oder Schuldbeitritte.

(4) Der Arbeitgeber hat den Beschäftigten unverzüglich über die Vorkehrungen zum Insolvenzschutz in geeigneter Weise schriftlich zu unterrichten, wenn das Wertguthaben die in Absatz 1 Satz 1 Nummer 2 genannten Voraussetzungen erfüllt.

(5) Hat der Beschäftigte den Arbeitgeber schriftlich aufgefordert, seinen Verpflichtungen nach den Absätzen 1 bis 3 nachzukommen und weist der Arbeitgeber dem Beschäftigten nicht innerhalb von zwei Monaten nach der Aufforderung die Erfüllung seiner Verpflichtung zur Insolvenzsicherung des Wertguthabens nach, kann der Beschäftigte die Vereinbarung nach § 7 b mit sofortiger Wirkung kündigen; das Wertguthaben ist nach Maßgabe des § 23 b Absatz 2 aufzulösen.

(6) Stellt der Träger der Rentenversicherung bei der Prüfung des Arbeitgebers nach § 28 p fest, dass

1. für ein Wertguthaben keine Insolvenzschutzregelung getroffen worden ist,
2. die gewählten Sicherungsmittel nicht geeignet sind im Sinne des Absatzes 3,
3. die Sicherungsmittel in ihrem Umfang das Wertguthaben um mehr als 30 Prozent unterschreiten oder
4. die Sicherungsmittel den im Wertguthaben enthaltenen Gesamtsozialversicherungsbeitrag nicht umfassen,

weist er in dem Verwaltungsakt nach § 28 p Absatz 1 Satz 5 den in dem Wertguthaben enthaltenen und vom Arbeitgeber zu zahlenden Gesamtsozialversicherungsbeitrag aus. Weist der Arbeitgeber dem Träger der Rentenversicherung innerhalb von zwei Monaten nach der Feststellung nach Satz 1 nach, dass er seiner Verpflichtung nach Absatz 1 nachgekommen ist, entfällt die Verpflichtung zur sofortigen Zahlung des

Gesamtsozialversicherungsbeitrages. Hat der Arbeitgeber den Nachweis nach Satz 2 nicht innerhalb der dort vorgesehenen Frist erbracht, ist die Vereinbarung nach § 7b als von Anfang an unwirksam anzusehen; das Wertguthaben ist aufzulösen.

(7) Kommt es wegen eines nicht geeigneten oder nicht ausreichenden Insolvenzschutzes zu einer Verringerung oder einem Verlust des Wertguthabens, haftet der Arbeitgeber für den entstandenen Schaden. Ist der Arbeitgeber eine juristische Person oder eine Gesellschaft ohne Rechtspersönlichkeit haften auch die organschaftlichen Vertreter gesamtschuldnerisch für den Schaden. Der Arbeitgeber oder ein organschaftlicher Vertreter haften nicht, wenn sie den Schaden nicht zu vertreten haben.

(8) Eine Beendigung, Auflösung oder Kündigung der Vorkehrungen zum Insolvenzschutz vor der bestimmungsgemäßen Auflösung des Wertguthabens ist unzulässig, es sei denn, die Vorkehrungen werden mit Zustimmung des Beschäftigten durch einen mindestens gleichwertigen Insolvenzschutz abgelöst.

(9) Die Absätze 1 bis 8 finden keine Anwendung gegenüber dem Bund, den Ländern, Gemeinden, Körperschaften, Stiftungen und Anstalten des öffentlichen Rechts, über deren Vermögen die Eröffnung des Insolvenzverfahrens nicht zulässig ist, sowie solchen juristischen Personen des öffentlichen Rechts, bei denen der Bund, ein Land oder eine Gemeinde kraft Gesetzes die Zahlungsfähigkeit sichert.

§ 7f Übertragung von Wertguthaben

(1) Bei Beendigung der Beschäftigung kann der Beschäftigte durch schriftliche Erklärung gegenüber dem bisherigen Arbeitgeber verlangen, dass das Wertguthaben nach § 7b

1. auf den neuen Arbeitgeber übertragen wird, wenn dieser mit dem Beschäftigten eine Wertguthabenvereinbarung nach § 7b abgeschlossen und der Übertragung zugestimmt hat,
2. auf die Deutsche Rentenversicherung Bund übertragen wird, wenn das Wertguthaben einschließlich des Gesamtsozialversicherungsbeitrages einen Betrag in Höhe des Sechsfachen der monatlichen Bezugsgröße übersteigt; die Rückübertragung ist ausgeschlossen.

Nach der Übertragung sind die mit dem Wertguthaben verbundenen Arbeitgeberpflichten vom neuen Arbeitgeber oder von der Deutschen Rentenversicherung Bund zu erfüllen.

(2) Im Fall der Übertragung auf die Deutsche Rentenversicherung Bund kann der Beschäftigte das Wertguthaben für Zeiten der Freistellung von der Arbeitsleistung und Zeiten der Verringerung der vertraglich vereinbarten Arbeitszeit nach § 7c Absatz 1 sowie auch außerhalb eines Arbeitsverhältnisses für die in § 7c Absatz 1 Nummer 2 Buchstabe a genannten Zeiten in Anspruch nehmen. Der Antrag ist spätestens einen Monat vor der begehrten Freistellung schriftlich bei der Deutschen Rentenversicherung Bund zu stellen; in dem Antrag ist auch anzugeben, in welcher Höhe Arbeitsentgelt aus dem Wertguthaben entnommen werden soll; dabei ist § 7 Absatz 1a Satz 1 Nummer 2 zu berücksichtigen.

(3) Die Deutsche Rentenversicherung Bund verwaltet die ihr übertragenen Wert-

guthaben einschließlich des darin enthaltenen Gesamtsozialversicherungsbeitrages als ihr übertragene Aufgabe bis zu deren endgültiger Auflösung getrennt von ihrem sonstigen Vermögen treuhänderisch. Die Wertguthaben sind nach den Vorschriften über die Anlage der Mittel von Versicherungsträgern nach dem Vierten Titel des Vierten Abschnitts anzulegen. Die der Deutschen Rentenversicherung Bund durch die Übertragung, Verwaltung und Verwendung von Wertguthaben entstehenden Kosten sind vollständig vom Wertguthaben in Abzug zu bringen und in der Mitteilung an den Beschäftigten nach § 7 d Absatz 2 gesondert auszuweisen.

Inhaltsübersicht Rn.

1. Allgemeines

1 Grundsätzlich ist Voraussetzung für die Annahme einer sozialversicherungspflichtigen Beschäftigung, dass der Beschäftigte tatsächlich auch Arbeitsleistung erbringt. Nur ausnahmsweise kann davon abgesehen werden, ohne dass der Schutz der Sozialversicherung gefährdet ist.

2 Der Gesetzgeber wollte insbesondere bestimmte Zeiten der Freistellung von der Sozialversicherung unschädlich gestalten. Insbesondere längerfristig geplante Phasen der Freistellung unterbrechen die Sozialversicherungspflichtigkeit nicht. Dafür wurde der Begriff der »Wertguthaben« und »Wertguthabenvereinbarung« eingeführt.

3 Unter engen gesetzlichen Voraussetzungen kann der Arbeitnehmer Wertguthaben aufbauen im Rahmen flexibler Arbeitszeitgestaltung und sie in der Freistellung einbringen; die Fiktion der sozialversicherungspflichtigen Beschäftigung bleibt aufrechterhalten. Allerdings sind die Voraussetzungen eng.

2. Voraussetzungen einer Wertguthabenvereinbarung

4 Eine Wertguthabenvereinbarung liegt nur vor,

- wenn der Aufbau des Wertguthabens auf Grund einer schriftlichen Vereinbarung erfolgt: es handelt sich um einen schriftlich abgeschlossenen Vertrag zwischen dem Beschäftigten und dem Arbeitgeber. Beide Parteien müssen die Vertragsurkunde unterschreiben.
- Vertragsziel muss es sein, dass die Parteien mehr ausgleichen wollen als nur übliche innerhalb von Gleitzeitvereinbarung erworbene Arbeitszeitguthaben. Ziel darf es nicht sein, Zeitausgleiche zu schaffen im Rahmen eines flexiblen Arbeitszeitmodells. Gemeint sind nur die so genannten echten Freistellungsfälle. Nur jene Arbeitszeitguthaben werden in Wertguthaben umgewandelt, bei denen auch dann die Fälligkeit des Sozialversicherungsbeitrags auf den Zeitraum der Freistellungsphase hinausgeschoben wird.
- Die Parteien einigten sich darauf, dass Arbeitsentgelt in das Wertguthaben eingebracht wird, um es für Zeiten der Freistellung zu entnehmen.

- Die Arbeitsleistung dafür hat der Beschäftigte vor oder nach der Freistellungsphase erbracht.
- Im Regelfall hat das fällige Arbeitsentgelt 400 € monatlich zu übersteigen. Eine Ausnahme gilt nur, wenn die Beschäftigung vor der Freistellung bereits als geringfügige Beschäftigung ausgestaltet war.

5 Es wird im Übrigen auf die Regelungen zum Wertguthaben in den §§ 7b ff. verwiesen.

§ 8 Geringfügige Beschäftigung und geringfügige selbständige Tätigkeit

(1) Eine geringfügige Beschäftigung liegt vor, wenn

1. das Arbeitsentgelt aus dieser Beschäftigung regelmäßig im Monat 400 Euro nicht übersteigt,

Nach dem Gesetzentwurf vom 25.09.2012 (Bundestagsdrucksache 17/10773) künftig: 450 Euro.

2. die Beschäftigung innerhalb eines Kalenderjahres auf längstens zwei Monate oder 50 Arbeitstage nach ihrer Eigenart begrenzt zu sein pflegt oder im Voraus vertraglich begrenzt ist, es sei denn, dass die Beschäftigung berufsmäßig ausgeübt wird und ihr Entgelt 400 Euro im Monat übersteigt.

Nach dem Gesetzentwurf vom 25.09.2012 (Bundestagsdrucksache 17/10773) künftig: 450 Euro.

(2) Bei der Anwendung des Absatzes 1 sind mehrere geringfügige Beschäftigungen nach Nummer 1 oder Nummer 2 sowie geringfügige Beschäftigungen nach Nummer 1 mit Ausnahme einer geringfügigen Beschäftigung nach Nummer 1 und nicht geringfügige Beschäftigungen zusammenzurechnen. Eine geringfügige Beschäftigung liegt nicht mehr vor, sobald die Voraussetzungen des Absatzes 1 entfallen. Wird beim Zusammenrechnen nach Satz 1 festgestellt, dass die Voraussetzungen einer geringfügigen Beschäftigung nicht mehr vorliegen, tritt die Versicherungspflicht erst mit dem Tag ein, an dem die Entscheidung über die Versicherungspflicht nach § 37 des Zehnten Buches durch die Einzugsstelle nach § 28i Satz 5 oder einen anderen Träger der Rentenversicherung bekannt gegeben wird. Dies gilt nicht, wenn der Arbeitgeber vorsätzlich oder grob fahrlässig versäumt hat, den Sachverhalt für die versicherungsrechtliche Beurteilung der Beschäftigung aufzuklären.

(3) Die Absätze 1 und 2 gelten entsprechend, soweit anstelle einer Beschäftigung eine selbständige Tätigkeit ausgeübt wird. Dies gilt nicht für das Recht der Arbeitsförderung.

§ 8a Geringfügige Beschäftigung in Privathaushalten

Werden geringfügige Beschäftigungen ausschließlich in Privathaushalten ausgeübt, gilt § 8. Eine geringfügige Beschäftigung im Privathaushalt liegt vor, wenn diese durch einen privaten Haushalt begründet ist und die Tätigkeit sonst gewöhnlich durch Mitglieder des privaten Haushalts erledigt wird.

Inhaltsübersicht

1. Begriff

Eine geringfügige Beschäftigung liegt vor, wenn der Beschäftigte **1**

- entweder aus einer Beschäftigung ein Arbeitsentgelt erzielt, das regelmäßig monatlich 400 €[30] nicht übersteigt (§ 8 Abs. 1 Nr. 1 SGB IV) oder
- die Beschäftigung innerhalb eines Kalenderjahres auf längstens zwei Monate oder 50 Arbeitstage nach ihrer Eigenart begrenzt zu sein pflegt oder im Voraus vertraglich begrenzt ist.

Ausnahme: Die Beschäftigung wird berufsmäßig ausgeübt und ihr Entgelt übersteigt 400 €[31] im Monat (§ 8 Abs. 1 Nr. 2 SGB IV).

Liegt eine geringfügige Beschäftigung vor, entfällt die ansonsten angeordnete Beitragspflicht. Der Beschäftigte genießt grundsätzlich Versicherungsfreiheit. **2**

Im Falle des § 8 Abs. 1 Nr. 1 SGB IV knüpft die Geringfügigkeit der Beschäftigung an die Entgeltgeringfügigkeit an, im Falle von § 8 Abs. 1 Nr. 2 SGB IV knüpft die Geringfügigkeit an die Eigenart der Beschäftigung und an die Zeitgeringfügigkeit an.

Für den Arbeitgeber bedeutet dies allerdings nicht in jedem Fall, dass er von jeglicher Beitragsleistung frei ist. So hat er im Falle des § 8 Abs. 1 Nr. 1 SGB IV, wenn sich die geringfügige Beschäftigung aus der Geringfügigkeit des Entgelts ableitet, Pauschalbeiträge abzuführen, und zwar zur **3**

- Krankenversicherung: der Arbeitgeber führt für den geringfügig Beschäftigten einen Pauschalbeitrag ab von 13 % zur Krankenversicherung.
  Wichtig: ein Leistungsanspruch gegen die Krankenkasse, also ein Krankenversicherungsschutz, erwächst dem geringfügig Beschäftigten hieraus nicht.
- Rentenversicherung: der Arbeitgeber entrichtet einen Pauschalbeitrag von 15 %.

Zu den Neuregelungen: s. SGB VI Kap. 9. **4**

Keine Beiträge sind zur Arbeitslosenversicherung und Pflegeversicherung zu leisten. Trotz der Abführung von Pauschalbeiträgen entsteht für den geringfügig Beschäftigten aber kein Versicherungsschutz zur Krankenversicherung. Er hat keinen Anspruch auf Sachleistungen wie etwa medizinische Heilbehandlung. Seinen Krankenversicherungsschutz muss er anderweitig herstellen. **5**

§ 8 Abs. 2 regelt, unter welchen Voraussetzungen keine geringfügige Beschäftigung mehr vorliegt. Eine geringfügige Beschäftigung entfällt, wenn mehrere geringfügige Beschäftigungen ausgeübt werden und das Arbeitsentgelt zusammen mehr als 400 €[32] monatlich beträgt. **6**

---

30 Nach dem Gesetzentwurf vom 25.09.2012 (BT-Drs. 17/10773) künftig 450 €.
31 Nach dem Gesetzentwurf vom 25.09.2012 (BT-Drs. 17/10773) künftig 450 €.
32 Nach dem Gesetzentwurf vom 25.09.2012 (BT-Drs. 17/10773) künftig 450 €.

2. Geringfügige Beschäftigung wegen Geringfügigkeit des Entgelts (§ 8 Abs. 1 Nr. 1)

7 Eine geringfügige Beschäftigung liegt vor, wenn das Arbeitsentgelt regelmäßig monatlich 400 €[33] nicht übersteigt. Zur Ermittlung des regelmäßig durchschnittlichen Arbeitsentgelts sind auch Sonderzahlungen wie Weihnachtsgeld und Urlaubsgeld heranzuziehen.[34] Auf den Umfang der regelmäßigen wöchentlichen Arbeitszeit kommt es nicht mehr an. Galt bis zum 31.03.2003 für die Annahme einer geringfügigen Beschäftigung eine Wochenarbeitszeit von höchstens 15 Stunden, so ist diese Stundenbegrenzung weggefallen.

8 Ob eine geringfügige Beschäftigung vorliegt, ist anhand einer Prognose einzuschätzen. Das BSG[35] stellt darauf ab, was die Parteien miteinander vereinbart haben, aber auch wie der Arbeitgeber in der Vergangenheit vergleichbare Arbeitsverhältnisse behandelt hat. Erweist sich die Prognose im Nachhinein als unzutreffend, so ändert dies zunächst für die Vergangenheit nichts an der Einordnung des Beschäftigungsverhältnisses als geringfügiges Beschäftigungsverhältnis.[36] Zu den Neuregelungen siehe SGB VI, Kap. 9.

3. Geringfügige Beschäftigung wegen Zeitgeringfügigkeit (§ 8 Abs. 1 Nr. 2)

9 Eine geringfügige Beschäftigung liegt auch vor, wenn die Dauer der Beschäftigung bestimmte Zeitgrenzen nicht überschreitet. Dies gilt, wenn die Beschäftigung innerhalb eines Kalenderjahres auf längstens zwei Monate oder 50 Arbeitstage nach ihrer Eigenart begrenzt zu sein pflegt oder im Voraus vertraglich begrenzt ist.

Der 2-Monats-Zeitraum ist heranzuziehen, wenn die Beschäftigung an mindestens fünf Tagen pro Woche ausgeübt wird. Wird die Beschäftigung an weniger als fünf Tagen pro Woche ausgeübt, ist die Zeitgrenze von 50 Arbeitstagen maßgeblich. Anders als nach § 8 Abs. 1 Nr. 1 kommt es auf die Höhe des Arbeitsentgelts nicht an. Typischerweise fallen unter die Vorschrift Beschäftigungsverhältnisse, die saisonal bedingt – und damit von vornherein begrenzt – sind oder die nur für bestimmte, zeitlich begrenzte Projekte vorgesehen sind.

Beispiel:
X arbeitet längstens zwei Monate pro Kalenderjahr als Erntehelfer.
Y wird längstens für die Dauer von 50 Tagen beschäftigt zur Abwicklung von Aufräumarbeiten.

10 Allerdings gilt auch für den Kurzzeitbeschäftigten dann keine Versicherungsfreiheit, wenn die Beschäftigung berufsmäßig ausgeübt wird und er monatlich mehr als 400 € verdient. In dem Fall liegt keine geringfügige Beschäftigung vor. Mit dieser Einschränkung soll

---

33 Nach dem Gesetzentwurf vom 25.09.2012 (BT-Drs. 17/10773) künftig 450 €.
34 BSG – 28.02.1984 – 12 RK 21/83, SozR 2100 § 8 Nr. 4.
35 BSG 25.02.1997 – 12 RK 51/96 – SozR 3-2500 § 6 Nr. 15.
36 So bereits BSG – 23.04.1974 – 4 RJ 335/72, SozR 2200 § 1228 Nr. 1 S. 2.

verhindert werden, dass Beschäftigte gezielt ein kurzzeitiges Beschäftigungsverhältnis an das andere reihen, ohne der Versicherungspflicht unterworfen zu sein.

Berufsmäßige Ausübung liegt vor, wenn der Beschäftigte mit Ausübung der Tätigkeit seinen Lebensunterhalt finanziert. Dann hat die kurzzeitige Beschäftigung nicht mehr den Charakter der Geringfügigkeit.

4. Mehrere geringfügige Beschäftigungsverhältnisse (§ 8 Abs. 2)

§ 8 Abs. 2 regelt das Zusammentreffen mehrerer geringfügiger Beschäftigungsverhältnisse beziehungsweise eines geringfügigen Beschäftigungsverhältnisses mit einem versicherungspflichtigen (Haupt-)Beschäftigungsverhältnis. **11**

4.1 Addition mehrerer geringfügiger Beschäftigungsverhältnisse

Übt der Beschäftigte mehrere geringfügige Beschäftigungsverhältnisse aus, werden diese zusammengerechnet. **12**

Grundsätzlich können nur jeweils Beschäftigungsverhältnisse nach § 8 Abs. 1 Nr. 1 **oder** Beschäftigungsverhältnisse nach § 8 Abs. 1 Nr. 2 zusammengerechnet werden. Ergibt die Zusammenrechnung der geringfügigen Beschäftigungsverhältnissen nach § 8 Abs. 1 Nr. 1 ein höheres Arbeitsentgelt als die zulässige Höchstgrenze von 400 €[37] monatlich, unterliegt jedes dieser Beschäftigungsverhältnisse der uneingeschränkten Versicherungspflicht. Es entsteht die Beitragspflicht nach den allgemeinen Vorschriften des Beitragsrechts. Gleiches gilt, wenn die Zusammenrechnung von Beschäftigungsverhältnissen nach § 8 Abs. 1 Nr. 2 ergibt, dass die zeitliche Höchstgrenze von zwei Monaten pro Kalenderjahr beziehungsweise 50 Arbeitstage überschritten wird. Auch hier kann für jedes Beschäftigungsverhältnis die uneingeschränkte Sozialversicherungspflicht entstehen.

Beispiel:
X arbeitet in der Gebäudereinigung und verdient regelmäßig monatlich 250 € bei Arbeitgeber A. Außerdem arbeitet X noch bei Arbeitgeber B und verdient dort regelmäßig ebenfalls 250 €.

In dem Fall ist die Entgeltgrenze von 400 €[38] monatlich überschritten. Beide Beschäftigungsverhältnisse sind auf der Grundlage von je 250 € monatliches Arbeitsentgelt der Sozialversicherungspflicht unterworfen.

Problematischer ist die Frage, unter welchen Voraussetzungen Versicherungspflicht für ein zunächst geringfügiges Beschäftigungsverhältnis entsteht, wenn es mit einem sozialversicherungspflichtigen Hauptbeschäftigungsverhältnis zusammentrifft. **13**

37 Nach dem Gesetzentwurf vom 25.09.2012 (BT-Drs. 17/10773) künftig 450 €.
38 Nach dem Gesetzentwurf vom 25.09.2012 (BT-Drs. 17/10773) künftig 450 €.

4.2 Zusammentreffen von sozialversicherungspflichtigem (Haupt-)Beschäftigungsverhältnis mit geringfügigem Beschäftigungsverhältnis (§ 8 Abs. 2 Satz 1)

14 Wird ein sozialversicherungspflichtiges Beschäftigungsverhältnis ausgeübt und daneben nur ein weiteres geringfügiges Beschäftigungsverhältnis nach § 8 Abs. 1 Nr. 1, so hat eine Zusammenrechnung zu unterbleiben. Dieses eine geringfügige Beschäftigungsverhältnis kann neben der sozialversicherungspflichtigen Haupt-Beschäftigung ausgeübt werden und löst keine Sozialversicherungspflicht aus.

15 Anders ist es, wenn neben dem sozialversicherungspflichtigen Hauptbeschäftigungsverhältnis mehrere geringfügige Beschäftigungsverhältnisse nach § 8 Abs. 1 Nr. 1 zusätzlich ausgeübt werden. Hier ist der Wortlaut des § 8 Abs. 2 Satz 2 nicht eindeutig.

16 Zum Teil wird die Auffassung vertreten, sämtliche neben der Hauptbeschäftigung ausgeübten geringfügigen Beschäftigungsverhältnisse seien zusammenzurechnen. Zusammen mit dem Entgelt aus dem sozialversicherungspflichtigen Hauptbeschäftigungsverhältnis errechnet sich dann die Bemessungsgrundlage für die Beiträge, die dann zur Sozialversicherung fällig werden.[39]

17 Nach anderer Ansicht bleibt von mehreren neben dem sozialversicherungspflichtigen Hauptbeschäftigungsverhältnis ausgeübten geringfügigen Beschäftigungsverhältnissen im Sinn des § 8 Abs. 1 Nr. 1 eines weiterhin sozialversicherungsfrei. So käme der Beschäftigte in den Genuss, zumindest bis zur Höhe von 400 €[40] monatlich sich zusätzlich diesen Betrag zu verdienen, ohne hiervon weitere Beiträge an die Sozialversicherung leisten zu müssen. Streitig ist, ob dem Beschäftigten ein Wahlrecht zusteht, welches der mehreren geringfügigen Beschäftigungsverhältnisse er von der Zusammenrechnung ausnehmen möchte.[41]

5. Geringfügige Beschäftigung im Privathaushalt

18 Auf geringfügige Beschäftigungen im Privathaushalt finden die beschriebenen Regelungen ebenfalls entsprechende Anwendung. Beschäftigte in Privathaushalten, deren monatliches Arbeitsentgelt aus dieser Beschäftigung regelmäßig 400 €[42] nicht übersteigt, gelten als geringfügig beschäftigt.

Eine geringfügige Beschäftigung im Privathaushalt wird angenommen,

- wenn die Beschäftigung durch einen privaten Haushalt begründet ist: nicht darunter fallen Beschäftigungen in privaten Haushalten, die durch Dienstleistungsagenturen begründet sind.
- Die Tätigkeit muss sonst gewöhnlich durch Mitglieder des privaten Haushalts erledigt werden: die Art der Tätigkeit wird also auf haushaltstypische Verrichtungen beschränkt, wie z. B. Putzen, Kochen, Wäsche waschen.

---

39 Hierzu aus der Lit.: Schlegel in jurisPK-SGB IV, § 8 Rn. 56.
40 Nach dem Gesetzentwurf vom 25.09.2012 (BT-Drs. 17/10773) künftig 450 €.
41 Hierzu: Schlegel in jurisPK-SGB IV, § 8 Rn. 60.
42 Nach dem Gesetzentwurf vom 25.09.2012 (BT-Drs. 17/10773) künftig 450 €.

Auch für geringfügig Beschäftigte im Privathaushalt muss der Arbeitgeber Pauschalbeträge abführen, allerdings sind diese niedriger. Sie betragen nur je 5 % zur Kranken- und Rentenversicherung. Bei einem Entgelt von 400 € werden damit 40 € monatlich fällig. 19

Für die Meldung und Abführung der Beiträge gilt das Haushaltsscheckverfahren.

§ 9 Beschäftigungsort

(1) Beschäftigungsort ist der Ort, an dem die Beschäftigung tatsächlich ausgeübt wird.

(2) Als Beschäftigungsort gilt der Ort, an dem eine feste Arbeitsstätte errichtet ist, wenn Personen

1. **von ihr aus mit einzelnen Arbeiten außerhalb der festen Arbeitsstätte beschäftigt werden oder**
2. **außerhalb der festen Arbeitsstätte beschäftigt werden und diese Arbeitsstätte sowie der Ort, an dem die Beschäftigung tatsächlich ausgeübt wird, im Bezirk desselben Versicherungsamts liegen.**

(3) Sind Personen bei einem Arbeitgeber an mehreren festen Arbeitsstätten beschäftigt, gilt als Beschäftigungsort die Arbeitsstätte, in der sie überwiegend beschäftigt sind.

(4) Erstreckt sich eine feste Arbeitsstätte über den Bezirk mehrerer Gemeinden, gilt als Beschäftigungsort der Ort, an dem die Arbeitsstätte ihren wirtschaftlichen Schwerpunkt hat.

(5) Ist eine feste Arbeitsstätte nicht vorhanden und wird die Beschäftigung an verschiedenen Orten ausgeübt, gilt als Beschäftigungsort der Ort, an dem der Betrieb seinen Sitz hat. Leitet eine Außenstelle des Betriebs die Arbeiten unmittelbar, ist der Sitz der Außenstelle maßgebend. Ist nach den Sätzen 1 und 2 ein Beschäftigungsort im Geltungsbereich dieses Gesetzbuchs nicht vorhanden, gilt als Beschäftigungsort der Ort, an dem die Beschäftigung erstmals im Geltungsbereich dieses Gesetzbuchs ausgeübt wird.

(6) In den Fällen der Ausstrahlung gilt der bisherige Beschäftigungsort als fortbestehend. Ist ein solcher nicht vorhanden, gilt als Beschäftigungsort der Ort, an dem der Betrieb, von dem der Beschäftigte entsandt wird, seinen Sitz hat.

(7) Gelten für einen Arbeitnehmer auf Grund über- oder zwischenstaatlichen Rechts die deutschen Rechtsvorschriften über soziale Sicherheit und übt der Arbeitnehmer die Beschäftigung nicht im Geltungsbereich dieses Buches aus, gilt Absatz 6 entsprechend. Ist auch danach kein Beschäftigungsort im Geltungsbereich dieses Buches gegeben, gilt der Arbeitnehmer als in Berlin (Ost) beschäftigt.

§ 10 Beschäftigungsort für besondere Personengruppen

(1) Für Personen, die ein freiwilliges soziales Jahr oder ein freiwilliges ökologisches Jahr im Sinne des Jugendfreiwilligendienstegesetzes leisten, gilt als Beschäftigungsort der Ort, an dem der Träger des freiwilligen sozialen Jahres oder des freiwilligen ökologischen Jahres seinen Sitz hat.

(2) Für Entwicklungshelfer gilt als Beschäftigungsort der Sitz des Trägers des Entwicklungsdienstes. Für auf Antrag im Ausland versicherte Personen gilt als Beschäftigungsort der Sitz der antragstellenden Stelle.

(3) Für Seeleute gilt als Beschäftigungsort der Heimathafen des Seeschiffs. Ist ein

Heimathafen im Geltungsbereich dieses Gesetzbuchs nicht vorhanden, gilt als Beschäftigungsort Hamburg.

§ 11 Tätigkeitsort

(1) Die Vorschriften über den Beschäftigungsort gelten für selbständige Tätigkeiten entsprechend, soweit sich nicht aus Absatz 2 Abweichendes ergibt.

(2) Ist eine feste Arbeitsstätte nicht vorhanden und wird die selbständige Tätigkeit an verschiedenen Orten ausgeübt, gilt als Tätigkeitsort der Ort des Wohnsitzes oder des gewöhnlichen Aufenthalts.

Inhaltsübersicht Rn.

1. Allgemeines

1 Die Bestimmung des Beschäftigungsorts ist maßgeblich für die Bestimmung der örtlichen Zuständigkeit der Versicherungsträger.

Der Beschäftigungsort entscheidet in der Renten- und Krankenversicherung darüber, welche Krankenkasse örtlich zuständig ist bzw. bei welchem Regionalträger der Rentenversicherung die örtliche Zuständigkeit liegt.

2 Die korrekte Ermittlung der örtlichen Zuständigkeit hat auch Auswirkungen auf die Ermittlung der Beitragsbemessungsgrenze und der Bezugsgröße, die zwischen »Ost« und »West« noch immer divergieren. Anknüpfungspunkt ist im Prinzip der Ort der tatsächlichen Beschäftigung.

Für Personen, die nicht regelmäßig an einem bestimmten Ort beschäftigt sind, wird auf die »feste Arbeitsstelle« abgestellt.

Sie gilt als Beschäftigungsort für den, der mit einzelnen Arbeiten außerhalb dieser festen Arbeitsstelle beschäftigt wird oder zwar außerhalb der Arbeitsstätte beschäftigt wird, aber der Ort der Verrichtung und der Sitz der Arbeitsstätte im selben Zuständigkeitsbezirk des Versicherungsträgers gelegen sind.

Unterhält der Arbeitgeber mehrere feste Arbeitsstätten, gilt als Beschäftigungsort und damit als Anknüpfungspunkt für die örtliche Zuständigkeit jene, an der überwiegend die Beschäftigung erfolgt.

Unterhält der Arbeitgeber eine Arbeitsstätte, die sich aber über mehrere Gemeinden erstreckt, ist die Zuständigkeit am Ort der Arbeitsstätte mit dem wirtschaftlichen Schwerpunkt. Der dürfte regelmäßig am Ort der Firmenleitung sein.

3 Nur wenn keine feste Arbeitsstätte existiert und der Ort der Tätigkeit wechselt (»Beschäftigung an verschiedenen Orten«), wird für die örtliche Zuständigkeit abgestellt auf den Sitz des Betriebs.

Dabei kann im Einzelfall auch die Außenstelle des Betriebs Anknüpfungspunkt sein. Besonderheiten gelten schließlich bei Beschäftigungen mit Auslandsbezug.

2. Der Beschäftigungsort

2.1 Der tatsächliche Beschäftigungsort

Unabhängig vom Abschluss des Arbeitsvertrags und der arbeitsvertraglichen Bindung ist zunächst zu bestimmen, an welchem Ort der Beschäftigte seine Beschäftigung ausübt. Gemeint ist die Gemeinde, in der die Person Arbeitsleistung verrichtet. 4

Beispiel:
X ist an mehreren Baustellen in München beschäftigt, die in verschiedenen Stadtteilen liegen. Beschäftigungsort ist München.

2.2 Die feste Arbeitsstätte

Die feste Arbeitsstätte ist, abweichend von § 9 Abs. 1, der Bezugspunkt für die örtliche Zuständigkeit. 5

Für den Begriff der Arbeitsstätte wird auf § 2 Abs. 1 ArbeitsstättenVO zurückgegriffen. Danach kann die Arbeitsstätte sowohl in einem Gebäude liegen als auch im Freien. Sie ist nicht nur für kurze Zeit installiert und bietet Räume, die zur Nutzung als Arbeitsplatz vorgesehen sind.

Beispiel:
Der Baucontainer auf der Baustelle, der auch für den Bauleiter als Büro vor Ort dient.

Für den, der von einer so eingerichteten Arbeitsstätte aus seine Arbeit aufnimmt und einzelne Arbeitsleistungen auch außerhalb verrichtet, aber dann wieder an den Ort der Arbeitsstätte zurückkehrt, liegt der Beschäftigungsort am Ort der Arbeitsstätte. 6

Beispiel:
Der Getränke-Auslieferfahrer, der immer wieder ans Getränkedepot zurückkehrt, da er von dort aus Ladung und Ware, aber auch Einsatz und Zeitpläne erhält.

Aber auch wenn der Beschäftigte nicht nur vereinzelt, sondern ständig seine Arbeitsleistung außerhalb der Arbeitsstätte erbringt, soll die Arbeitsstätte maßgeblicher Anknüpfungspunkt sein. Voraussetzung ist, dass die tatsächliche Beschäftigung im selben Bezirk erfolgt, in dem die Arbeitsstätte liegt. 7

Beispiel:
Die Vertriebsgesellschaft V beschäftigt von ihrer Arbeitsstätte in N. aus Mitarbeiter, die Kunden zu Hause aufsuchen. Diese Tätigkeit beschränkt sich auf Kunden im selben Zuständigkeitsbezirk, wie er für die Arbeitsstätte der V gilt.

3. Keine feste Arbeitsstätte

8 Denkbar ist die Ausübung von Beschäftigung ohne jede feste Arbeitsstätte.

Die Beschäftigung wird an verschiedenen Orten ausgeübt.

> **Beispiel:** Putzkolonne
> Führt die Putzkolonne ihre Reinigungsarbeiten an verschiedenen Beschäftigungsorten durch, z. B. in Objekten in verschiedenen Gemeinden, ist für die Zuständigkeit auf den Sitz des Betriebes abzustellen. Dann gilt er als Beschäftigungsort.

9 Der Begriff des Betriebs ist nicht zu verwechseln mit dem Begriff der Arbeitsstätte.

Als Betrieb ist die organisatorische Einheit zu verstehen, innerhalb derer ein Unternehmer allein oder in Gemeinschaft mit Hilfe sächlicher oder sonstiger Mittel bestimmte arbeitstechnische Zwecke verfolgt. Gemeint ist nicht der Sitz des Unternehmens, sondern jene Betriebsstätte, von der aus der Arbeitgeber seine organisatorische Lenkungsfunktion ausübt.

Die Betriebsführung nimmt das arbeitgeberseitige Weisungsrecht wahr. Kann also über den Begriff der Arbeitsstätte keine Zuständigkeit ermittelt werden, so insbesondere weil die Einsatzorte der Beschäftigten ständig wechseln und auswärts liegen, entscheidet der Sitz des Betriebs, welcher örtliche Versicherungsträger zuständig ist.

Im Einzelfall kann es auch die Außenstelle eines Betriebs sein.

Die Außenstelle selbst ist nicht der eigentliche Betrieb. aber sie kann Weisungsrechte gegenüber den Beschäftigten wahrnehmen.

> **Beispiel:**
> Sitz der Bauunternehmung U ist München. Für ein Bauprojekt im Raum Regensburg hat sie in Regensburg eine Außenstelle eingerichtet. Diese Außenstelle koordiniert die Arbeiten und Einsätze der Beschäftigten.
> Die Gemeinde ist Regensburg, die als Beschäftigungsort fingiert wird, und zwar auch für die Beschäftigten, deren Einsatz in Niederbayern oder Oberfranken liegt.

4. Beschäftigungsort mit Auslandsbezug

10 Schließlich gibt es Beschäftigte, die im Inland tätig sind, aber deren Arbeitgeber im Inland keinen Betrieb unterhält und auch keine Arbeitsstätte aufweist.

> **Beispiel:**
> A ist tätig für eine österreichische Firma und vertreibt deren Produkte in Deutschland. Seine Weisungen erhält er aus Österreich; eine Arbeitsstätte oder einen Betriebssitz unterhält die Firma in Deutschland nicht.

In dem Fall bestimmt sich die örtliche Zuständigkeit des Versicherungsträgers nach dem »Ort, an dem die tatsächliche Beschäftigung zum ersten Mal ausgeübt wurde« (§ 9 Abs. 5 Satz 3).

Hat A beispielsweise erstmals in Stuttgart seine Verkaufstätigkeit aufgenommen, wäre Stuttgart zuständiger Anknüpfungsort.

Wer im Ausland tätig wird, unterliegt nach den Grundsätzen der Ausstrahlung der Sozialversicherungspflichtigkeit. 11

Für die örtliche Zuständigkeit verbleibt es beim bisherigen Beschäftigungsort. Dieser muss nach den beschriebenen Kriterien ermittelt werden.

Ist dies nicht möglich, kommt es auf den Sitz des Betriebs an, von dem aus der Beschäftigte ins Ausland entsandt wurde.

Neu ist die Auffangregelung des § 9 Abs. 7. 12

Kommt es bei einer Tätigkeit im Ausland nicht zur Ermittlung des inländischen Beschäftigungsorts, z. B. weil nach Entsendung der Betriebssitz in Deutschland aufgelöst wurde, sichern aber zwischenstaatliche Abkommen oder europäische Verträge die Versicherungspflichtigkeit im Inland, so kommt Berlin (Ost) als örtliche Auffangzuständigkeit in Betracht.

Hinweis:
Bei besonderen Personengruppen wird (ausnahmsweise) zur Ermittlung der örtlichen Zuständigkeit auf den Sitz des Trägers abgestellt.

Dies gilt für Personen, die ein freiwilliges soziales Jahr oder freiwilliges ökologisches Jahr im Sinn des Jugendfreiwilligendienstes ableisten sowie für Beschäftigte im Entwicklungsdienst.

Hier ist maßgeblich der Sitz des Trägers des Entwicklungsdienstes.

Für Seeleute ist es der Heimathafen ihres Schiffes, im Zweifel Hamburg.

Eine Besonderheit gilt für die Ermittlung des Beschäftigungsorts bei Selbständigen. 13

Hier ist die Ermittlung der örtlichen Zuständigkeit des Rentenversicherungsträgers von Bedeutung. Primär ist auch für diese Personengruppe darauf abzustellen, wo die selbständige Tätigkeit faktisch ausgeübt wird.

Fehlt es an einer festen Arbeitsstätte und verrichtet der Selbständige seine Aufträge an wechselnden Einsatzorten, kommt als Auffangzuständigkeit sein Wohnsitz in Betracht bzw. der Ort seines gewöhnlichen Aufenthalts.

Dritter Titel
Arbeitsentgelt und sonstiges Einkommen

§ 18 Bezugsgröße

(1) Bezugsgröße im Sinne der Vorschriften für die Sozialversicherung ist, soweit in den besonderen Vorschriften für die einzelnen Versicherungszweige nichts Abweichendes bestimmt ist, das Durchschnittsentgelt der gesetzlichen Rentenversicherung im vorvergangenen Kalenderjahr, aufgerundet auf den nächsthöheren, durch 420 teilbaren Betrag.

(2) Die Bezugsgröße für das Beitrittsgebiet (Bezugsgröße [Ost]) verändert sich zum 1. Januar eines jeden Kalenderjahres auf den Wert, der sich ergibt, wenn der für das vorvergangene Kalenderjahr geltende Wert der Anlage 1 zum Sechsten Buch durch den für das Kalenderjahr der Veränderung bestimmten vorläufigen Wert der Anlage 10 zum Sechsten Buch geteilt wird, aufgerundet auf den nächsthöheren, durch 420 teilbaren Betrag.

(3) Beitrittsgebiet ist das in Artikel 3 des Einigungsvertrages genannte Gebiet.

Regelungsinhalt

1 § 18 regelt die maßgebliche Bezugsgröße für die Zweige der Sozialversicherung, vorbehaltlich etwaiger Sondervorschriften. Die Bezugsgröße hat praktische Bedeutung im Beitragsrecht, aber auch im Leistungsrecht. Sie wird herangezogen z. B. für die Berechnung der Hinzuverdienstgrenzen bei vorgezogener Altersteilrente oder Erwerbsminderungsrente.

Für die gesetzliche Kranken- und Pflegeversicherung gilt seit 01. 01. 2001 für das gesamte Bundesgebiet eine einheitliche Bezugsgröße.

2 Im Übrigen weicht die Bezugsgröße, gültig für die alten Bundesländer und West-Berlin, von der Bezugsgröße in den neuen Bundesländern noch ab.

Die Bezugsgröße bildet einen Referenzwert ab. Der wird ermittelt auf der Grundlage des Durchschnittsentgelts in der gesetzlichen Rentenversicherung. Die Entwicklung der Bruttolöhne ist also maßgeblich für die Höhe der Bezugsgröße. Sie wird vom Bundesministerium für Arbeit und Soziales für jedes Kalenderjahr im Voraus mit Zustimmung des Bundesrates bestimmt und ihr Wert veröffentlicht in der Sozialversicherung-Rechengrößenverordnung.[43]

---

43 **Verordnung über maßgebende Rechengrößen der Sozialversicherung für 2012**
§ 1 Durchschnittsentgelt in der Rentenversicherung
(1) Das Durchschnittsentgelt für das Jahr 2010 beträgt 31 144 Euro.
(2) Das vorläufige Durchschnittsentgelt für das Jahr 2012 beträgt 32 446 Euro.
(3) Die Anlage 1 zum Sechsten Buch Sozialgesetzbuch wird entsprechend ergänzt.
§ 2 Bezugsgröße in der Sozialversicherung
(1) Die Bezugsgröße im Sinne des § 18 Absatz 1 des Vierten Buches Sozialgesetzbuch beträgt im Jahr 2012 jährlich 31 500 Euro und monatlich 2625 Euro.
(2) Die Bezugsgröße (Ost) im Sinne des § 18 Absatz 2 des Vierten Buches Sozialgesetzbuch beträgt im Jahr 2012 jährlich 26 880 Euro und monatlich 2240 Euro.
§ 3 Beitragsbemessungsgrenzen in der Rentenversicherung
(1) Die Beitragsbemessungsgrenzen betragen im Jahr 2012
1. in der allgemeinen Rentenversicherung jährlich 67 200 Euro und monatlich 5600 Euro,
2. in der knappschaftlichen Rentenversicherung jährlich 82 800 Euro und monatlich 6900 Euro.
Die Anlage 2 zum Sechsten Buch Sozialgesetzbuch wird für den Zeitraum »1. 1. 2012 – 31. 12. 2012« um die Jahresbeträge ergänzt.
(2) Die Beitragsbemessungsgrenzen (Ost) betragen im Jahr 2012
1. in der allgemeinen Rentenversicherung jährlich 57 600 Euro und monatlich 4800 Euro,
2. in der knappschaftlichen Rentenversicherung jährlich 70 800 Euro und monatlich 5900 Euro.

Für das Jahr 2012 beträgt die Bezugsgröße zur Kranken- und Pflegeversicherung einheitlich 2625 €; für die Rentenversicherung und Arbeitslosenversicherung gilt als Bezugsgröße in den alten Bundesländern ebenso 2625 €, in den neuen Bundesländern sind es 2240 €.

Nur ergänzend sei darauf hingewiesen, dass vom Begriff der Bezugsgröße der Begriff der Bemessungsgrundlage zu unterscheiden ist. Sie legt die Entgeltgrenze der monatlichen Einkommen fest, bis zu der zwingend die Pflicht zur Versicherung in der gesetzlichen Sozialversicherung besteht. Die Bemessungsgrundlage zur Kranken- und Pflegeversicherung beträgt im Jahr 2012 einheitlich 3825 €; für die Rentenversicherung und Arbeitslosenversicherung liegt die Beitragsbemessungsgrundlage in den alten Bundesländern im Jahr 2012 bei 5600 €, in den neuen Bundesländern bei 4800 €.

Zweiter Abschnitt
Leistungen und Beiträge

Erster Titel
Leistungen

§ 19 Leistungen auf Antrag oder von Amts wegen

Leistungen in der gesetzlichen Kranken- und Rentenversicherung, nach dem Recht der Arbeitsförderung sowie in der sozialen Pflegeversicherung werden auf Antrag erbracht, soweit sich aus den Vorschriften für die einzelnen Versicherungszweige nichts Abweichendes ergibt. Leistungen in der gesetzlichen Unfallversicherung werden von Amts wegen erbracht, soweit sich aus den Vorschriften für die gesetzliche Unfallversicherung nichts Abweichendes ergibt.

Die Anlage 2a zum Sechsten Buch Sozialgesetzbuch wird für den Zeitraum »1. 1. 2012–31. 12. 2012« um die Jahresbeträge ergänzt.

§ 4 Jahresarbeitsentgeltgrenze in der Krankenversicherung

(1) Die Jahresarbeitsentgeltgrenze nach § 6 Absatz 6 des Fünften Buches Sozialgesetzbuch für das Jahr 2012 beträgt 50 850 Euro.

(2) Die Jahresarbeitsentgeltgrenze nach § 6 Absatz 7 des Fünften Buches Sozialgesetzbuch für das Jahr 2012 beträgt 45 900 Euro.

§ 5 Werte zur Umrechnung der Beitragsbemessungsgrundlagen des Beitrittsgebiets

Die Anlage 10 zum Sechsten Buch Sozialgesetzbuch wird wie folgt ergänzt:

Jahr	Umrechnungswert	vorläufiger Umrechnungswert
»2010	1,1726	
2012		1,1754«.

§ 6 Inkrafttreten

Diese Verordnung tritt am 1. Januar 2012 in Kraft.

Regelungsinhalt

1 In der Regel gilt im Geltungsbereich der Sozialversicherung das Antragsprinzip. Wer einen Anspruch auf Leistungen nach dem Recht der Rentenversicherung, Krankenversicherung, Pflegeversicherung oder Arbeitslosenversicherung geltend macht, hat dies durch rechtzeitige Antragstellung zu tun. In der Regel ist der Antrag – schon aus Beweisgründen – schriftlich zu stellen. Amtliche Vordrucke können die Antragstellung erleichtern.

2 Die Antragstellung kann auch die Verjährung von Ansprüchen hemmen. Der Antrag gilt als gestellt, wenn er beim zuständigen Versicherungsträger eingeht. Aber über den Kreis der eigentlichen Versicherungsträger hinaus sind auch Versicherungsämter und Gemeinden zur Entgegennahme des Antrags legitimiert.

Antragsbefugt ist der Anspruchsinhaber oder sein Vertreter.

Beispiel:
Der alte Herr X hätte aufgrund seiner gesundheitlichen Befindlichkeit Anspruch auf Leistungen aus der Pflegeversicherung. Diesen Antrag kann nur er oder sein Betreuer als Vertreter stellen. Das Pflegeheim selbst kann nicht für ihn diesen Antrag stellen. Es kann allenfalls auf eine Antragstellung hinwirken.

3 Am Ende des Verwaltungsverfahrens ergeht ein Bescheid. Die beantragte Leistung kann gewährt oder abgelehnt werden. Gegen den ablehnenden Bescheid ist Rechtsmittel zulässig.

Der Antragsteller kann Widerspruch sowie Klage erheben zum Sozialgericht, sofern dem Widerspruch nicht abgeholfen wird.

4 Andere Regeln gelten für das Recht der gesetzlichen Unfallversicherung.

Hier ist über die Leistungen von Amts wegen zu entscheiden. So soll die zuständige Berufsgenossenschaft zeitnah prüfen, welche Unfallfolgen – nach Art und Schwere – der Beschäftigte erlitten hat.

So kann sie alsbald über Rentenberechtigung oder Verletztengeld entscheiden. Die medizinischen Sachverhaltsermittlungen hierüber betreibt sie von Amts wegen. Sie veranlasst die Einholung der notwendigen medizinischen Gutachten.

Der Unfallversicherungsträger muss in dieser Hinsicht tätig werden, wenn er z. B. durch die Unfallanzeige des Arbeitgebers Kenntnis von dem Unfallereignis erhält.

5 Auch bei einem Tätigwerden von Amts wegen muss der Versicherte aber mitwirken. Er darf das Verwaltungsverfahren nicht behindern und hat Auskünfte und Befundberichte zur Verfügung zu stellen, sofern sie sich in seinen Händen befinden.

Verzögert er selbst die Ermittlungen oder verhindert er über einen langen Zeitraum durch eigene Untätigkeit den Fortgang des Verfahrens, kann er seine Ansprüche so verwirken.

Zweiter Titel
Beiträge

§ 20 Aufbringung der Mittel, Gleitzone

(1) Die Mittel der Sozialversicherung einschließlich der Arbeitsförderung werden nach Maßgabe der besonderen Vorschriften für die einzelnen Versicherungszweige durch Beiträge der Versicherten, der Arbeitgeber und Dritter, durch staatliche Zuschüsse und durch sonstige Einnahmen aufgebracht.

(2) Eine Gleitzone im Sinne dieses Gesetzbuches liegt bei einem Beschäftigungsverhältnis vor, wenn das daraus erzielte Arbeitsentgelt zwischen 400,01 Euro und 800,00 Euro im Monat liegt und die Grenze von 800,00 Euro im Monat regelmäßig nicht überschreitet; bei mehreren Beschäftigungsverhältnissen ist das insgesamt erzielte Arbeitsentgelt maßgebend.

Nach dem Gesetzentwurf vom 25. 09. 2012 (Bundestagsdrucksache 17/10773) lautet Abs. 2 künftig:

Eine Gleitzone im Sinne dieses Gesetzbuches liegt bei einem Beschäftigungsverhältnis mit einem daraus erzielten Arbeitsentgelt von 450,01 Euro bis 850,00 Euro im Monat vor, das die Grenze von 850,00 Euro im Monat regelmäßig nicht überschreitet; bei mehreren Beschäftigungsverhältnissen ist das insgesamt erzielte Arbeitsentgelt maßgebend.

(3) Der Arbeitgeber trägt abweichend von den besonderen Vorschriften für Beschäftigte für die einzelnen Versicherungszweige den Gesamtsozialversicherungsbeitrag allein, wenn

1. **Versicherte, die zu ihrer Berufsausbildung beschäftigt sind, ein Arbeitsentgelt erzielen, das auf den Monat bezogen 325 Euro nicht übersteigt, oder**
2. **Versicherte ein freiwilliges soziales Jahr oder ein freiwilliges ökologisches Jahr im Sinne des Jugendfreiwilligendienstegesetzes oder einen Bundesfreiwilligendienst nach dem Bundesfreiwilligendienstgesetz leisten.**

Wird infolge einmalig gezahlten Arbeitsentgelts die in Satz 1 genannte Grenze überschritten, tragen die Versicherten und die Arbeitgeber den Gesamtsozialversicherungsbeitrag von dem diese Grenze übersteigenden Teil des Arbeitsentgelts jeweils zur Hälfte; in der gesetzlichen Krankenversicherung gilt dies nur für den um den Beitragsanteil, der allein vom Arbeitnehmer zu tragen ist, reduzierten Beitrag.

Inhaltsübersicht Rn.

1. Allgemeines

1 Die Gleitzonenregelung wurde eingeführt mit dem Zweiten Gesetz für moderne Dienstleistungen am Arbeitsmarkt vom 23.12.2002. Als »Gleitzone« bezeichnet man die Be-

schäftigungsverhältnisse, bei denen das monatliche Arbeitsentgelt zwischen 400,01 € brutto und 800 € brutto liegt. Ab 2013 werden die Grenzen für die Gleitzonen um 50 € angehoben. Siehe dazu SGB VI, Kap. 9.

Die Lohnhöchstgrenze in der Gleitzone liegt bei 800 € brutto monatlich.

2 Innerhalb der Grenzen dieses Niedriglohnsektors schafft das Gesetz eine Ausnahme von dem Grundsatz, dass die Beiträge zur Sozialversicherung – im Prinzip – hälftig vom Arbeitgeber und Arbeitnehmer zu tragen sind. Vielmehr soll für Verdienste innerhalb dieser Vergütungsgrenzen für den Arbeitnehmer ein Anreiz geschaffen werden, Arbeit aufzunehmen. Im Gegenzug wird der Arbeitnehmer bei einer Vergütung innerhalb der genannten Grenzen nicht mit dem üblichen Arbeitnehmeranteil des fälligen Sozialversicherungsbeitrags in voller Höhe belastet. Seine Heranziehung zur Sozialversicherung erfolgt vielmehr schrittweise.

2. Durchführung der »Gleitzone«[44]

3 Die Berechnung des Sozialversicherungsbeitrags für Vergütungen innerhalb der Gleitzone ist nicht unkompliziert. Arbeitgeber und Arbeitnehmer schulden nicht den hälftigen Anteil des jeweiligen Sozialversicherungsbeitrags zu den einzelnen Sozialversicherungszweigen wie – im Wesentlichen – sonst üblich. Vielmehr unterscheiden sich die Beiträge für Arbeitgeber und Arbeitnehmer der Höhe nach. Zur Berechnung wird neben der tatsächlichen Vergütung eine fiktive Vergütung errechnet, die als Beitragsbemessungsgrundlage herangezogen wird.

Der Berechnung liegt folgende so genannte Gleitzonenformel zu Grunde:

$F \times 400 + (2\text{-}F) \times (AE\text{-}400)$.

»AE« steht für Arbeitsentgelt. F ist der Faktor, der sich ergibt, wenn der Wert 25 von 100 durch den durchschnittlichen Gesamtsozialversicherungsbeitragssatz des Kalenderjahres, in dem der Anspruch auf das Arbeitsentgelt entstanden ist, geteilt wird. Der Faktor F beträgt für das Jahr 2012 0,7491.

> **Beispiel:**
> A verdient monatlich 600 €. Im Rahmen der Gleitzonenregelung wird seiner Beitragsbemessung »nur« folgender Betrag zugrunde gelegt:
> $0{,}7491 \times 400 + (2 - 0{,}7491) \times (600 - 400) = 549{,}82$ €.

4 Zur Ermittlung des Arbeitnehmeranteils wird nicht die tatsächlich bezahlte Vergütung von 600 € monatlich zu Grunde gelegt, sondern nur die nach der Gleitzonenformel ermittelte Bemessungsgrundlage in Höhe von 549,82 €.

Für das Jahr 2012 errechnet sich hieraus folgender Gesamtsozialversicherungsbeitrag:

---

44 Aufgrund der Neuregelungen ab 2013 (siehe Bundestagsdrucksache 17/10773) ändert sich auch die sog. Gleitzonenformel. Zu den Neuregelungen siehe SGB VI, Kap. 9.

- in der Rentenversicherung:
  – 19,6 %[45] von 549,82 € ergibt den Betrag von 107,76 €.
- in der Krankenversicherung:
  – 15,5 % (nicht ermäßigter Beitragssatz) von 549,82 € ergibt den Betrag von 85,22 €.
- in der Pflegeversicherung:
  – 1,95 % zzgl. 0,25 % für Kinderlose (= 2,2 %) ergibt den Betrag von 12,10 €.
- in der Arbeitslosenversicherung:
  – 3 % von 549,82 € ergibt den Betrag von 16,50 €.

Der so ermittelte Gesamtsozialversicherungsbeitrag wird aber nicht hälftig von Arbeitnehmer und Arbeitgeber getragen. Vielmehr errechnet sich die anteilige Belastung wie folgt: **5**

Für die Beiträge zur gesetzlichen Krankenversicherung und Pflegeversicherung bezahlt der Arbeitgeber die Hälfte des Beitrags, der der Höhe nach fällig würde, wenn die tatsächliche Vergütung zu zahlen wäre. Im Beispielsfall hat der Arbeitgeber daher auf Grundlage der tatsächlich gezahlten Vergütung in Höhe von 600 € seinen jeweiligen Arbeitgeberanteil zu entrichten.

Dies bedeutet für seine Beitragslast im Einzelnen:

- für die Rentenversicherung:
  – er muss die Hälfte von 19,6 % aus 600 € bezahlen, mithin 58,80 €
- für die Krankenversicherung:
  – (bei nicht ermäßigtem Beitragssatz) er muss 7,3 % Arbeitgeberanteil bezahlen von insgesamt 15,5 % aus 600 €, mithin 43,80 €.
- für die Pflegeversicherung:
  – er muss die Hälfte von 1,95 % aus 600 € bezahlen, mithin 5,85 €.
  – Der Zuschlag für Kinderlose in Höhe von zusätzlichen 0,25 % ist vom Arbeitnehmer allein zu tragen.
- für die Arbeitslosenversicherung:
  – er muss die Hälfte von 3 % aus 600 € bezahlen, mithin 9 €.

Diese geschuldeten Arbeitgeberanteile – aus einer Vergütung von 600 € – werden abgezogen von dem jeweiligen Sozialversicherungsbeitrag, wie er sich aus der ermittelten fiktiven Berechnungsgrundlage ergibt. Auf den Arbeitnehmeranteil entfallen nach dieser Berechnung noch die offenen Differenzbeträge, und zwar **6**

- für die Rentenversicherung: 48,96 €
- für die Krankenversicherung: 41,42 €
- für die Pflegeversicherung: 12,10 €
- für die Arbeitslosenversicherung:16,50 €

3. Auswirkungen auf die Leistungsansprüche

Nachteile drohen dem Beschäftigten durch die abgesenkten Arbeitnehmeranteile in der Rentenversicherung. Er erzielt nur verminderte Anwartschaften, da eben nicht der volle **7**

45 Unterstellt wird nachfolgend ein Beitragssatz von 19,6 % zur gesetzlichen Rentenversicherung. Dieser kann sich jährlich ändern!

Rentenversicherungsbeitrag abgeführt wird. Um diesen Nachteil zu vermeiden, wird dem Beschäftigten eine Aufstockungsoption eingeräumt. Dann wird für die Beitragsbemessung statt der verminderten Einnahmen das volle Arbeitsentgelt zu Grunde gelegt. Auf diese Weise erwirbt der Beschäftigte mehr Entgeltpunkte, seine Rentenanwartschaft erhöht sich.

Die Aufstockungsoption wird ausgeübt

- durch schriftliche Erklärung des Beschäftigten gegenüber dem Arbeitgeber
- nur mit Wirkung für die Zukunft
- bei mehreren Beschäftigungen nur einheitlich
- mit bindender Wirkung für die Dauer der Beschäftigungen.

8 Im Rahmen der gesetzlichen Krankenversicherung führt die Gleitzonenregelung nicht zu Nachteilen des Beschäftigten. Sein Anspruch auf medizinische Sachleistungen bleibt unberührt. Für die Berechnung des Krankengeldanspruchs wird auf das tatsächlich erzielte Arbeitsentgelt abgestellt, das regelmäßig höher ist als die fiktive Beitragsbemessungsgrundlage. Im Übrigen wird hierzu auf die Ausführungen bei § 47 SGB V verwiesen.

9 Ähnliches gilt für die Arbeitslosenversicherung. Auch das Arbeitslosengeld beziehungsweise andere Leistungen des SGB III, deren Höhe sich nach den zuletzt bezogenen Entgelten richtet, errechnen sich auf der Grundlage des tatsächlichen Arbeitsentgelts. Die Besonderheiten zu den Entgeltabzügen nach der Gleitzonenregelung sind nicht zu berücksichtigen. Insoweit wird auf die Ausführungen bei § 136 SGB III verwiesen.

4. Alleinige Beitragslast des Arbeitgebers

10 In besonderen gesetzlich vorgesehenen Ausnahmefällen trägt der Arbeitgeber die Beitragslast des Gesamtsozialversicherungsbeitrags allein. Dies gilt für folgende Personenkreise:

a. Versicherte, die zu ihrer Berufsausbildung beschäftigt sind und ein Arbeitsentgelt erzielen, das monatlich 325 € nicht übersteigt.
b. Versicherte, die
   - ein freiwilliges soziales Jahr,
   - ein freiwilliges ökologisches Jahr im Sinne des Jugendfreiwilligendienstegesetzes, oder
   - Bundesfreiwilligendienst nach dem Bundesfreiwilligendienstgesetz leisten.

11 Wer eine Berufsausbildung absolviert, unterliegt grundsätzlich der Versicherungspflicht; er kann auch bei geringer Ausbildungsvergütung nicht Versicherungsfreiheit für sich in Anspruch nehmen. Auch wenn die Ausbildungsvergütung weniger als 400 € beträgt, wird das Ausbildungsverhältnis in sozialversicherungsrechtlicher Hinsicht nicht nach den Vorschriften der geringfügigen Beschäftigungsverhältnisse behandelt.

Bis zu einer Vergütung von 325 € wird der Auszubildende aber nicht mit Arbeitnehmeranteilen belastet. Die Beitragslast trägt allein der Arbeitgeber. Ab einer Ausbildungsvergütung in Höhe von monatlich 325,01 € wird jedoch auch der Auszubildende mit den üblichen anteiligen Beiträgen zur Sozialversicherung belastet. Er kann für sich weder die Grundsätze der versicherungsfreien geringfügigen Beschäftigung in Anspruch nehmen noch verlangen, dass sein Beschäftigungsverhältnis nach den Regeln der Gleitzonenregelung behandelt wird.

Auf den ersten Blick erscheint dieses Ergebnis ungerecht. Der Auszubildende wird überproportional stärker belastet als andere Beschäftigte mit einer Vergütung von mehr als 325 € monatlich. 12

Das BSG sieht darin jedoch keine verfassungsrechtlich bedenkliche Ungleichbehandlung. Zur Begründung beruft es sich darauf, dass im Vordergrund der Ausbildungszweck stehe, das Entgelt daher nicht allein »marktorientiertes Äquivalent einer Arbeitsleistung« sei.[46]

Erhält der Auszubildende eine Einmalzahlung und wird somit die Grenze von 325 € überschritten, wird auch er zur Hälfte zum Gesamtsozialversicherungsbeitrag herangezogen aus jenem Betrag, der die Summe von 325 € übersteigt. 13

Beispiel:
Der Auszubildende A erhält eine Ausbildungsvergütung von 300 € monatlich. Im Dezember erhält er 500 € extra als Einmalzahlung, insgesamt 800 €.
Damit wird er aus dem den Sockelbetrag von 325 € übersteigenden Differenzbetrag in Höhe von 475 € hälftig zum Sozialversicherungsbeitrag in den einzelnen Versicherungszweigen herangezogen.
Ob er sich dann auf die Vorteile der Gleitzonenregelung berufen kann, ist streitig.[47]

Abweichendes gilt für den Personenkreis unter Ziff. b. 14

Diese Versicherten verrichten freiwillige Dienste, bei denen die Erwerbsabsicht nicht im Vordergrund steht. Wer ein soziales Jahr absolviert, erhält regelmäßig Sachbezüge in Form von Verpflegung, Arbeitskleidung und unentgeltlicher Unterkunft sowie ein Taschengeld. Diese – im Wesentlichen – Naturalleistungen gelten ebenfalls als grundsätzlich beitragspflichtige Vergütung. Ihre Umrechnung erfolgt nach der Sozialversicherungsentgelt-Verordnung. Die Beitragslast trifft ausschließlich den Arbeitgeber. Auf die 325 €-Grenze kommt es dabei nicht an.

§ 21 Bemessung der Beiträge

Die Versicherungsträger haben die Beiträge, soweit diese von ihnen festzusetzen sind, so zu bemessen, dass die Beiträge zusammen mit den anderen Einnahmen

1. **die gesetzlich vorgeschriebenen und zugelassenen Ausgaben des Versicherungsträgers decken und**
2. **sicherstellen, dass die gesetzlich vorgeschriebenen oder zugelassenen Betriebsmittel und Rücklagen bereitgehalten werden können.**

Regelungsinhalt

Nicht nur in rechtlicher Hinsicht, sondern auch politisch ist die Bemessung der Höhe der Beiträge häufig im Streit. Jährliche Anpassungen nach oben, aber auch nach unten sind die Regel; dies gilt für alle Zweige der Sozialversicherung. 1

46 BSG – 15.07.2009 – B 12 KR 14/08, Soz R 4–2500 § 7 Nr. 1.
47 Schlegel/Voelzke § 20 Rn. 61.

2 Die Höhe der Rentenversicherungsbeiträge setzt der Gesetzgeber fest. Gleiches gilt für die Höhe der Beiträge zur Arbeitslosenversicherung und Pflegeversicherung. Eine Sonderstellung nahmen insoweit die gesetzlichen Krankenversicherungen ein. Sie konnten ihre Beiträge durch Satzung selbst bestimmen. Dies führte zu höchst unterschiedlichen Krankenversicherungsbeiträgen innerhalb der gesetzlichen Krankenversicherungen. Seit dem Jahr 2009 setzt auch hier der Bundesgesetzgeber die allgemeinen Beitragssätze bundeseinheitlich fest. Er beträgt aktuell 15,5 %, der ermäßigte Beitragssatz beträgt 14,9 %. Allerdings haben die gesetzlichen Krankenversicherer das Recht, Zusatzbeiträge von ihren Mitgliedern zu erheben. Deren Höhe können sie selbst festsetzen.

3 Insgesamt müssen die Beiträge so bemessen sein, dass einerseits die gesetzlich vorgeschriebenen und zugelassenen Ausgaben des Versicherungsträgers gedeckt sind und gleichzeitig sichergestellt ist, dass die gesetzlich vorgeschriebenen oder zugelassenen Betriebsmittel und Rücklagen bereitgehalten werden können.

So gilt einerseits das Verbot der Gewinnerzielung. Die Beiträge dürfen nicht dazu führen, dass der Sozialversicherungsträger Gewinne erwirtschaftet und hortet. Andererseits ist etwaigen Deckungslücken entgegenzuwirken.

Grundsätzlich ist es dem Träger der Sozialversicherung verboten, zur Schließung etwaiger Deckungslücken Darlehen aufzunehmen. Vielmehr ist dann durch rechtzeitige Beitragserhöhung zu reagieren.

Dritter Abschnitt
Meldepflichten des Arbeitgebers, Gesamtsozialversicherungsbeitrag

Zweiter Titel
Verfahren und Haftung bei der Beitragszahlung

§ 28d Gesamtsozialversicherungsbeitrag

Die Beiträge in der Kranken- oder Rentenversicherung für einen kraft Gesetzes versicherten Beschäftigten oder Hausgewerbetreibenden sowie der Beitrag aus Arbeitsentgelt aus einer versicherungspflichtigen Beschäftigung nach dem Recht der Arbeitsförderung werden als Gesamtsozialversicherungsbeitrag gezahlt. Satz 1 gilt auch für den Beitrag zur Pflegeversicherung für einen in der Krankenversicherung kraft Gesetzes versicherten Beschäftigten. Die nicht nach dem Arbeitsentgelt zu bemessenden Beiträge in der landwirtschaftlichen Krankenversicherung für einen kraft Gesetzes versicherten Beschäftigten gelten zusammen mit den Beiträgen zur Rentenversicherung und Arbeitsförderung im Sinne des Satzes 1 ebenfalls als Gesamtsozialversicherungsbeitrag.

§ 28e Zahlungspflicht, Vorschuss

(1) Den Gesamtsozialversicherungsbeitrag hat der Arbeitgeber und in den Fällen der nach § 7f Absatz 1 Satz 1 Nummer 2 auf die Deutsche Rentenversicherung Bund

übertragenen Wertguthaben die Deutsche Rentenversicherung Bund zu zahlen. Die Zahlung des vom Beschäftigten zu tragenden Teils des Gesamtsozialversicherungsbeitrags gilt als aus dem Vermögen des Beschäftigten erbracht. Ist ein Träger der Kranken- oder Rentenversicherung oder die Bundesagentur für Arbeit der Arbeitgeber, gilt der jeweils für diesen Leistungsträger oder, wenn eine Krankenkasse der Arbeitgeber ist, auch der für die Pflegekasse bestimmte Anteil am Gesamtsozialversicherungsbeitrag als gezahlt; dies gilt für die Beiträge zur Rentenversicherung auch im Verhältnis der Träger der Rentenversicherung untereinander.

(2) Für die Erfüllung der Zahlungspflicht des Arbeitgebers haftet bei einem wirksamen Vertrag der Entleiher wie ein selbstschuldnerischer Bürge, soweit ihm Arbeitnehmer gegen Vergütung zur Arbeitsleistung überlassen worden sind. Er kann die Zahlung verweigern, solange die Einzugsstelle den Arbeitgeber nicht gemahnt hat und die Mahnfrist nicht abgelaufen ist. Zahlt der Verleiher das vereinbarte Arbeitsentgelt oder Teile des Arbeitsentgelts an den Leiharbeitnehmer, obwohl der Vertrag nach § 9 Nummer 1 des Arbeitnehmerüberlassungsgesetzes unwirksam ist, so hat er auch den hierauf entfallenden Gesamtsozialversicherungsbeitrag an die Einzugsstelle zu zahlen. Hinsichtlich der Zahlungspflicht nach Satz 3 gilt der Verleiher neben dem Entleiher als Arbeitgeber; beide haften insoweit als Gesamtschuldner.

(2a) Für die Erfüllung der Zahlungspflicht, die sich für den Arbeitgeber knappschaftlicher Arbeiten im Sinne von § 134 Absatz 4 des Sechsten Buches ergibt, haftet der Arbeitgeber des Bergwerkbetriebes, mit dem die Arbeiten räumlich und betrieblich zusammenhängen, wie ein selbstschuldnerischer Bürge. Der Arbeitgeber des Bergwerksbetriebes kann die Befriedigung verweigern, solange die Einzugsstelle den Arbeitgeber der knappschaftlichen Arbeiten nicht gemahnt hat und die Mahnfrist nicht abgelaufen ist.

(3) Für die Erfüllung der Zahlungspflicht des Arbeitgebers von Seeleuten nach § 13 Absatz 1 Satz 2 haften Arbeitgeber und Reeder als Gesamtschuldner.

(3a) Ein Unternehmer des Baugewerbes, der einen anderen Unternehmer mit der Erbringung von Bauleistungen im Sinne des § 101 Absatz 2 des Dritten Buches beauftragt, haftet für die Erfüllung der Zahlungspflicht dieses Unternehmers oder eines von diesem Unternehmer beauftragten Verleihers wie ein selbstschuldnerischer Bürge. Satz 1 gilt entsprechend für die vom Nachunternehmer gegenüber ausländischen Sozialversicherungsträgern abzuführenden Beiträge. Absatz 2 Satz 2 gilt entsprechend.

(3b) Die Haftung nach Absatz 3a entfällt, wenn der Unternehmer nachweist, dass er ohne eigenes Verschulden davon ausgehen konnte, dass der Nachunternehmer oder ein von ihm beauftragter Verleiher seine Zahlungspflicht erfüllt. Ein Verschulden des Unternehmers ist ausgeschlossen, soweit und solange er Fachkunde, Zuverlässigkeit und Leistungsfähigkeit des Nachunternehmers oder des von diesem beauftragten Verleihers durch eine Präqualifikation nachweist, die die Eignungsvoraussetzungen nach § 8 der Vergabe- und Vertragsordnung für Bauleistungen Teil A in der Fassung der Bekanntmachung vom 20. März 2006 (BAnz. Nr. 94a vom 18. Mai 2006) erfüllt.

(3c) Ein Unternehmer, der Bauleistungen im Auftrag eines anderen Unternehmers erbringt, ist verpflichtet, auf Verlangen der Einzugstelle Firma und Anschrift dieses

Unternehmers mitzuteilen. Kann der Auskunftsanspruch nach Satz 1 nicht durchgesetzt werden, hat ein Unternehmer, der einen Gesamtauftrag für die Erbringung von Bauleistungen für ein Bauwerk erhält, der Einzugsstelle auf Verlangen Firma und Anschrift aller Unternehmer, die von ihm mit der Erbringung von Bauleistungen beauftragt wurden, zu benennen.

(3 d) Absatz 3 a gilt ab einem geschätzten Gesamtwert aller für ein Bauwerk in Auftrag gegebenen Bauleistungen von 275 000 Euro. Für die Schätzung gilt § 3 der Vergabeverordnung vom 9. Januar 2001 (BGBl. I S. 110), die zuletzt durch Artikel 3 Absatz 1 des Gesetzes vom 16. Mai 2001 (BGBl. I S. 876) geändert worden ist.

(3 e) Die Haftung des Unternehmers nach Absatz 3 a erstreckt sich in Abweichung von der dort getroffenen Regelung auf das von dem Nachunternehmer beauftragte nächste Unternehmen, wenn die Beauftragung des unmittelbaren Nachunternehmers bei verständiger Würdigung der Gesamtumstände als ein Rechtsgeschäft anzusehen ist, dessen Ziel vor allem die Auflösung der Haftung nach Absatz 3 a ist. Maßgeblich für die Würdigung ist die Verkehrsanschauung im Baubereich. Ein Rechtsgeschäft im Sinne dieser Vorschrift, das als Umgehungstatbestand anzusehen ist, ist in der Regel anzunehmen,

a) wenn der unmittelbare Nachunternehmer weder selbst eigene Bauleistungen noch planerische oder kaufmännische Leistungen erbringt oder
b) wenn der unmittelbare Nachunternehmer weder technisches noch planerisches oder kaufmännisches Fachpersonal in nennenswertem Umfang beschäftigt oder
c) wenn der unmittelbare Nachunternehmer in einem gesellschaftsrechtlichen Abhängigkeitsverhältnis zum Hauptunternehmer steht.

Besonderer Prüfung bedürfen die Umstände des Einzelfalles vor allem in den Fällen, in denen der unmittelbare Nachunternehmer seinen handelsrechtlichen Sitz außerhalb des Europäischen Wirtschaftsraums hat.

(3 f) Der Unternehmer kann den Nachweis nach Absatz 3 b Satz 2 anstelle der Präqualifikation auch durch Vorlage einer Unbedenklichkeitsbescheinigung der zuständigen Einzugsstelle für den Nachunternehmer oder den von diesem beauftragten Verleiher erbringen. Die Unbedenklichkeitsbescheinigung enthält Angaben über die ordnungsgemäße Zahlung der Sozialversicherungsbeiträge und die Zahl der gemeldeten Beschäftigten. Die Bundesregierung berichtet unter Beteiligung des Normenkontrollrates über die Wirksamkeit und Reichweite der Generalunternehmerhaftung für Sozialversicherungsbeiträge im Baugewerbe, insbesondere über die Haftungsfreistellung nach Satz 1 und nach Absatz 3 b, den gesetzgebenden Körperschaften im Jahr 2012.

(4) Die Haftung umfasst die Beiträge und Säumniszuschläge, die infolge der Pflichtverletzung zu zahlen sind, sowie die Zinsen für gestundete Beiträge (Beitragsansprüche).

(5) Die Satzung der Einzugsstelle kann bestimmen, unter welchen Voraussetzungen vom Arbeitgeber Vorschüsse auf den Gesamtsozialversicherungsbeitrag verlangt werden können.

§ 28 g Beitragsabzug
Der Arbeitgeber und in den Fällen der nach § 7 f Absatz 1 Satz 1 Nummer 2 auf die Deutsche Rentenversicherung Bund übertragenen Wertguthaben die Deutsche Rentenversicherung Bund hat gegen den Beschäftigten einen Anspruch auf den vom Beschäftigten zu tragenden Teil des Gesamtsozialversicherungsbeitrags. Dieser Anspruch kann nur durch Abzug vom Arbeitsentgelt geltend gemacht werden. Ein unterbliebener Abzug darf nur bei den drei nächsten Lohn- oder Gehaltszahlungen nachgeholt werden, danach nur dann, wenn der Abzug ohne Verschulden des Arbeitgebers unterblieben ist. Die Sätze 2 und 3 gelten nicht, wenn der Beschäftigte seinen Pflichten nach § 28 o Absatz 1 vorsätzlich oder grob fahrlässig nicht nachkommt oder er den Gesamtsozialversicherungsbeitrag allein trägt oder solange der Beschäftigte nur Sachbezüge erhält.

Dritter Titel
Auskunfts- und Vorlagepflicht, Prüfung, Schadensersatzpflicht und Verzinsung

§ 28 o Auskunfts- und Vorlagepflicht des Beschäftigten
(1) Der Beschäftigte hat dem Arbeitgeber die zur Durchführung des Meldeverfahrens und der Beitragszahlung erforderlichen Angaben zu machen und, soweit erforderlich, Unterlagen vorzulegen; dies gilt bei mehreren Beschäftigungen sowie bei Bezug weiterer in der gesetzlichen Krankenversicherung beitragspflichtiger Einnahmen gegenüber allen beteiligten Arbeitgebern.

(2) Der Beschäftigte hat auf Verlangen den zuständigen Versicherungsträgern unverzüglich Auskunft über die Art und Dauer seiner Beschäftigungen, die hierbei erzielten Arbeitsentgelte, seine Arbeitgeber und die für die Erhebung von Beiträgen notwendigen Tatsachen zu erteilen und alle für die Prüfung der Meldungen und der Beitragszahlung erforderlichen Unterlagen vorzulegen. Satz 1 gilt für den Hausgewerbetreibenden, soweit er den Gesamtsozialversicherungsbeitrag zahlt, entsprechend.

Inhaltsübersicht

1. Begriff des Gesamtsozialversicherungsbeitrags

Als Gesamtsozialversicherungsbeitrag bezeichnet man die Beiträge für Versicherungs- 1
pflichtige zur Kranken-, Renten- und Pflegeversicherung sowie zur Arbeitslosenversicherung.

Der Beitrag beträgt aktuell in der Rentenversicherung 19,6 %, in der Krankenversicherung beträgt der allgemeine Beitragssatz 15,5 %, der ermäßigte 14,9 %. Für die Pflegeversicherung gilt (noch) ein Beitragssatz von 1,95 % sowie ein Zuschlag für Kinderlose in

Höhe von 0,25 Prozentpunkten. Der Beitrag zur Arbeitslosenversicherung wurde zuletzt von 2,8 % angehoben auf 3 %.

2 Auch die im Rahmen geringfügiger Beschäftigungsverhältnisse fällig werdenden Pauschalbeiträge gehören zum Gesamtsozialversicherungsbeitrag. Gleiches gilt für die im Umlageverfahren fällig werdenden Beiträge zur Entgeltfortzahlungsversicherung im Falle von Krankheit und Mutterschaft.[48]

Die Insolvenzgeldumlage gehört gem. § 358 SGB III auch zum Gesamtsozialversicherungsbeitrag.

3 Nicht zum Gesamtsozialversicherungsbeitrag gehören die Beiträge zur Unfallversicherung sowie Beiträge zur Alterssicherung der Landwirte.

4 Geht ein Statusfeststellungsverfahren voraus, wird der Gesamtsozialversicherungsbeitrag fällig, sobald der Bescheid über die Statusfeststellung unanfechtbar geworden ist. Ist noch keine Rechtskraft eingetreten, kann der Arbeitgeber auch den Arbeitnehmeranteil zurückhalten.

5 Abweichendes gilt bei einem von Amts wegen eingeleiteten Statusverfahren. Der Gesamtsozialversicherungsbeitrag wird sofort fällig. Auf die Rechtskraft der Entscheidung im Statusfeststellungsverfahren kommt es nicht an.

6 Bemessungsgrundlage für den Gesamtsozialversicherungsbeitrag ist die Summe der beitragspflichtigen Arbeitsentgelte. Die Beiträge werden für alle Beschäftigten vom Arbeitgeber in einer Summe abgeführt.

2. Lohnabzugsverfahren (§ 28 g)

7 Für den Gesamtsozialversicherungsbeitrag haftet grundsätzlich der Arbeitgeber. Er ist alleiniger Beitragsschuldner (§ 28 e Abs. 1). Im Innenverhältnis ist aber der Arbeitnehmer, vorbehaltlich geringfügiger Ausnahmen,[49] wirtschaftlich zur Hälfte an der Beitragszahlung beteiligt. Der Arbeitgeber hat gegen den Beschäftigten einen Anspruch auf den Teil des Gesamtsozialversicherungsbeitrags, der vom Beschäftigten zu tragen ist. Dies geschieht im Lohnabzugsverfahren, das in § 28 g SGB IV geregelt ist.

8 Der Arbeitgeber kann den Anspruch nur geltend machen als Abzug vom Arbeitsentgelt. Der Arbeitnehmer muss den Abzug von seinem Arbeitsentgelt dulden. Die Beiträge, die im Wege des Lohnabzugsverfahrens abgezogen werden, müssen der Höhe nach dem Abrechnungszeitraum, für den der Lohn bezahlt wurde, entsprechen. Rückwirkend kann der Arbeitgeber diesen Anspruch im Innenverhältnis nur begrenzt durchsetzen. War der Lohnabzug unterblieben, so kann der Arbeitgeber nur bei den nächsten drei Lohn- oder Gehaltszahlungen den Abzug nachholen. Im Übrigen ist ihm der Rückgriff im Innenverhältnis versperrt. Dann hat er auch noch den Arbeitnehmeranteil zu tragen.

9 Die Vorschrift schützt so den Arbeitnehmer vor überraschend hohen Lohnabzügen. Der Arbeitgeber kann nicht im Nachhinein den Arbeitnehmer im Übermaß belasten und für vergangene Zeiträume Arbeitnehmeranteile zur Sozialversicherung abziehen. Er kann

48 § 10 AAG; siehe BSG – 30. 10. 2002 – B 1 KR 19/01 R, SozR 3-2400 § 28 p Nr. 1.
49 Siehe zu den Abweichungen: Zuschlag für Kinderlose zum Beitrag der Pflegeversicherung.

auch nicht vor dem Arbeitsgericht seinen Erstattungsanspruch gegen den Arbeitnehmer klageweise geltend machen. Für Streitigkeiten wegen Lohnabzugs sind die Sozialgerichte zuständig.

Ein unbegrenzter Rückgriff ist ausnahmsweise zulässig, wenn 10

- der Lohnabzug unterblieben ist, ohne dass den Arbeitgeber ein Verschulden trifft oder
- der Beschäftigte bestimmte Pflichten nach § 28 o vorsätzlich oder grob fahrlässig verletzt hat oder
- der Beschäftigte den Gesamtsozialversicherungsbeitrag allein zu tragen hat oder
- der Beschäftigte nur Sachbezüge erhält.

In diesen Fällen ist ein zeitlich unbegrenzter Beitragsabzug zulässig.

Den Arbeitgeber trifft kein Verschulden dafür, dass der Abzug unterblieb, wenn beispielsweise der Beschäftigte seinerseits Auskunfts- und Vorlagepflichten gegenüber dem Arbeitgeber verletzt hat. Der Beschäftigte ist verpflichtet, aktiv mitzuwirken, um die zutreffenden Verhältnisse zu ermitteln, die für die Feststellung der Versicherungs- und Beitragspflicht maßgeblich sind. So ist der Beschäftigte gegenüber dem Arbeitgeber zur Auskunft verpflichtet über die nötigen Angaben, die zur Durchführung des Meldeverfahrens sowie der Beitragszahlung erforderlich sind. Dazu zählen auch Angaben über weitere Beschäftigungen oder die Aufnahme einer oder mehrerer zusätzlicher geringfügiger Beschäftigungen. Die Mitteilungen sind notwendig, um die Höhe des Sozialversicherungsbeitrags zutreffend zu ermitteln. 11

Der Beschäftigte hat diese Angaben durch Unterlagen zu belegen. Hat er mehrere Beschäftigungsverhältnisse, obliegt ihm diese Verpflichtung auch gegenüber allen Arbeitgebern. 12

Die gleichen Verpflichtungen treffen den Beschäftigten auch gegenüber den zuständigen Versicherungsträgern, wenn diese es verlangen. Auch ihnen hat er unverzüglich Auskunft zu erteilen, was die Art und Dauer seiner Beschäftigungen anbelangt, die Höhe der Arbeitsentgelte, die Arbeitgeber sowie die Tatsachen, die für die Beitragserhebung maßgeblich sind. Auch gegenüber dem Versicherungsträger hat der Beschäftigte seine Angaben durch Unterlagen zu belegen.

3. Zahlungspflicht des Arbeitgebers (§ 28 e)

Der Arbeitgeber hat den Gesamtsozialversicherungsbeitrag zu zahlen. Dies ordnet § 28 e Abs. 1 ausdrücklich an. Damit wird der Arbeitgeber – und nur er – zum Schuldner des Gesamtsozialversicherungsbeitrags. Er haftet außerdem auch für Säumniszuschläge und Zinsen. 13

Soweit der Arbeitgeber den Arbeitnehmeranteil im Wege des Lohnabzugsverfahrens abführt, gilt dieser Teil als aus dem Vermögen des Beschäftigten erbracht.

Wird über das Vermögen des Arbeitgebers das Insolvenzverfahren öffnet, so können jene Arbeitnehmeranteile vom Insolvenzverwalter nicht zur Masse zurückgefordert werden. Es handelt sich schließlich um Vermögen des Arbeitnehmers.

Ist der Arbeitgeber selbst ein Träger der Sozialversicherung, etwa der Krankenversicherung, Rentenversicherung oder die Bundesagentur für Arbeit, müssen die Beiträge nicht eigens eingezogen werden, um dann an den Träger weitergeleitet zu werden. Vielmehr gilt eine Zahlungsfiktion: die Beiträge gelten als gezahlt. 14

15 Besonderheiten gelten bei Leiharbeitsverhältnissen.

Beispiel:
Die Firma S. betreibt ein Leiharbeitsunternehmen. Sie betreibt gewerbsmäßige Arbeitnehmerüberlassung. An das Unternehmen U verleiht sie den Arbeitnehmer X gegen Vergütung.

Hier ist grundsätzlich zu unterscheiden zwischen erlaubter gewerbsmäßiger Arbeitnehmerüberlassung und unerlaubter gewerbsmäßiger Arbeitnehmerüberlassung. Erlaubte gewerbsmäßige Arbeitnehmerüberlassung liegt vor, wenn der Verleiher die behördliche Erlaubnis hat, Arbeitnehmerüberlassung zu betreiben. Der Verleiher hält Arbeitnehmer vor, die er an Entleiherbetriebe ausleiht.

Der Verleiher selbst bleibt Arbeitgeber und damit Schuldner der Sozialversicherungsbeiträge. Der Arbeitnehmer, der im Betrieb des Entleihers tätig wird, ist dessen Direktionsrecht nur insoweit unterworfen, als es um die Tätigkeit vor Ort und die Eingliederung in den Betrieb geht. Er schließt mit dem Entleiher kein Arbeitsverhältnis. Handelt es sich im Beispielsfall um einen Fall erlaubter Arbeitnehmerüberlassung, kommt zwischen U und X kein Arbeitsverhältnis zustande. Die Beitragszahlungspflicht verbleibt bei der Firma S. Nur mit ihr hat X einen Arbeitsvertrag.

16 Allerdings verbleibt beim Entleiher ein Haftungsrisiko. Sollte der Arbeitgeber seiner Beitragszahlungspflicht nicht nachkommen, nimmt das Gesetz den Entleiher auf Zahlung der Sozialversicherungsbeiträge in die Haftung wie einen selbstschuldnerischen Bürgen. Der Hinweis auf das Recht der selbstschuldnerischen Bürgschaft bedeutet, dass der Entleiher der zuständigen Einzugsstelle nicht entgegenhalten kann, sie möge doch ihr Glück zunächst beim Arbeitgeber versuchen und dort eine Beitreibung der Sozialversicherungsbeiträge veranlassen.

Ebenso wie der selbstschuldnerische Bürge kann der Entleiher nicht die Einrede der Vorausklage erheben. Allerdings kann er Zahlungen verweigern, bis die Einzugsstelle den Verleiher als Beitragsschuldner zumindest angemahnt hat und die gesetzte Frist noch nicht abgelaufen ist.

17 Anders ist die Rechtslage bei der so genannten illegalen Arbeitnehmerüberlassung. Hier fingiert das Arbeitnehmerüberlassungsgesetz – § 10 Abs. 1 AÜG – das Zustandekommen eines Arbeitsverhältnisses zwischen Entleiher und Leiharbeitnehmer. Damit wird der Entleiher zum Schuldner des Gesamtsozialversicherungsbeitrags. Aber auch der illegale Verleiher haftet in dem Fall. Zahlt er das vereinbarte Arbeitsentgelt an den Leiharbeitnehmer, obwohl der Arbeitnehmerüberlassungsvertrag unwirksam ist, muss er die Gesamtsozialversicherungsbeiträge hieraus an die Einzugsstelle abführen.

Beide – Verleiher und Entleiher – gelten im Sinne des Sozialversicherungsrechts im Falle der illegalen Arbeitnehmerüberlassung als Arbeitgeber. Das Gesetz ordnet ihre gesamtschuldnerische Haftung an (§ 28 e Abs. 2 Satz 4 2. Halbs.).

18 Besonderheiten gelten für das Baugewerbe. § 28 e regelt in den Absätzen 3 a bis 3 f umfassend die Haftung für Sozialversicherungsbeiträge, wenn der Hauptunternehmer zur Durchführung des Bauvorhabens einen oder weitere Subunternehmer oder Nachunternehmer beauftragt.

Grundsätzlich haftet der Generalunternehmer dafür, dass von ihm beauftragte Subunternehmer oder weitere Unter-Unternehmer ihrer Zahlungspflicht nachkommen und den Gesamtsozialversicherungsbeitrag abführen.

Auch der Generalunternehmer haftet – ähnlich wie der Entleiher bei der erlaubten Arbeitnehmerüberlassung – wie ein selbstschuldnerischer Bürge. Auch er hat die Möglichkeit, darauf zu verweisen, dass die Einzugsstelle zunächst den Schuldner/Subunternehmer anmahnt und bis zum Ablauf der gesetzten Zahlungsfrist ihn – den Generalunternehmer – nicht in Anspruch nimmt.

Die Generalunternehmerhaftung gilt ab einem geschätzten Gesamtwert des Auftrags in Höhe von 275 000 € nach Maßgabe der Vergabeordnung.

Allerdings kann der Hauptunternehmer der Haftung entgehen. Seine Haftung soll **19** entfallen, wenn er den Nachweis führt, dass er ohne eigenes Verschulden davon ausgehen konnte, dass der Nachunternehmer beziehungsweise von jenem weiter beauftragte Verleiher ihrer jeweiligen Zahlungspflicht auch nachkommen. Diesen Nachweis kann der Hauptunternehmer durch eine sogenannte Präqualifikation führen oder durch eine sogenannte Unbedenklichkeitsbescheinigung der zuständigen Einzugsstelle. Die Einzugsstellen erteilen zeitnah auf Antrag Unbedenklichkeitsbescheinigungen. Damit soll der Nachweis der Eignung und Zuverlässigkeit im Sinne der Eignungsvoraussetzungen nach § 8 der Vergabe-und Vertragsordnung für Bauleistungen Teil A erbracht sein.

Sowohl der Hauptunternehmer (Generalunternehmer) als auch sämtliche Subunter- **20** nehmer (Nachunternehmer) müssen der zuständigen Einzugsstelle die Firma nebst Anschrift mitteilen, die sie beauftragt haben beziehungsweise von der sie beauftragt wurden.

Auch etwaigen Umgehungsversuchen hat das Gesetz einen Riegel vorgeschoben. So kommt es zu einer Haftungserweiterung zulasten des Hauptunternehmers, wenn der Subunternehmer ein weiteres Subunternehmen mit der Erledigung und Durchführung des Vorhabens beauftragt und diese Beauftragung »bei verständiger Würdigung der Gesamtumstände« sich als ein Rechtsgeschäft darstellt, das nur dem Zweck dient, die Haftung, wie sie in Absatz 3 a geregelt ist, aufzulösen. Zur Beurteilung soll die Verkehrsanschauung im Bauwesen herangezogen werden (§ 3 Abs. 3 e).

Indizien für ein Umgehungsgeschäft liegen vor, wenn der unmittelbare Nachunter- **21** nehmer

- selbst weder eigene Bauleistungen noch planerische oder kaufmännische Leistungen erbringt
- weder technisches noch planerisches oder kaufmännisches Fachpersonal im nennenswerten Umfang beschäftigt
- in einem gesellschaftsrechtlichen Abhängigkeitsverhältnis zum Hauptunternehmer steht.

Hat der unmittelbare Nachunternehmer seinen handelsrechtlichen Sitz außerhalb des **22** Europäischen Wirtschaftsraums, soll besonderer Prüfungsanlass bestehen.

Die Fälligkeit des Gesamtsozialversicherungsbeitrags regelt § 23. Beiträge, bemessen **23** nach dem Arbeitsentgelt, werden am drittletzten Bankarbeitstag des Monats fällig, in dem die zu Grunde liegende Beschäftigung ausgeübt wird. Nach § 28 e Abs. 5 kann aber die Satzung der Einzugsstelle bestimmen, dass unter bestimmten Voraussetzungen vom Arbeitgeber auch Vorschüsse auf den Gesamtsozialversicherungsbeitrag erhoben werden können.

Dritter Abschnitt
Meldepflichten des Arbeitgebers, Gesamtsozialversicherungsbeitrag

Zweiter Titel
Verfahren und Haftung bei der Beitragszahlung

§ 28h Einzugsstellen[50]

(1) Der Gesamtsozialversicherungsbeitrag ist an die Krankenkassen (Einzugsstellen) zu zahlen. Die Einzugsstelle überwacht die Einreichung des Beitragsnachweises und die Zahlung des Gesamtsozialversicherungsbeitrags. Beitragsansprüche, die nicht rechtzeitig erfüllt worden sind, hat die Einzugsstelle geltend zu machen.

(2) Die Einzugsstelle entscheidet über die Versicherungspflicht und Beitragshöhe in der Kranken-, Pflege- und Rentenversicherung sowie nach dem Recht der Arbeitsförderung; sie erlässt auch den Widerspruchsbescheid. Soweit die Einzugsstelle die Höhe des Arbeitsentgelts nicht oder nicht ohne unverhältnismäßig großen Verwaltungsaufwand ermitteln kann, hat sie dieses zu schätzen. Dabei ist für das monatliche Arbeitsentgelt des Beschäftigten das am Beschäftigungsort ortsübliche Arbeitsentgelt mit zu berücksichtigen. Die nach § 28i Satz 5 zuständige Einzugsstelle prüft die Einhaltung der Arbeitsentgeltgrenze bei geringfügiger Beschäftigung nach den §§ 8 und 8a und entscheidet bei deren Überschreiten über die Versicherungspflicht in der Kranken-, Pflege- und Rentenversicherung sowie nach dem Recht der Arbeitsförderung; sie erlässt auch den Widerspruchsbescheid.

(2a) Die Krankenkasse teilt dem Arbeitgeber oder anderen Meldepflichtigen im Falle mehrerer beitragspflichtiger Einnahmen folgende Daten durch gesicherte und verschlüsselte Datenübertragung mit:

1. **ob ein Sozialausgleich durchzuführen ist und das für die Beitragsbemessung nach § 242b Absatz 3 des Fünften Buches anzuwendende Verfahren,**
2. **in den Fällen des § 20 Absatz 2 das der Berechnung zugrunde liegende Gesamtentgelt und**
3. **in den Fällen des § 22 Absatz 2 Satz 1 das der Berechnung zugrunde zu legende Gesamtentgelt; diese Mitteilung erfolgt ab dem 1. Januar 2013 für Entgelte, die dem laufenden Abrechnungszeitraum zuzuordnen sind, monatlich.**

(3) Bei Verwendung eines Haushaltsschecks vergibt die Einzugsstelle im Auftrag der Bundesagentur für Arbeit die Betriebsnummer des Arbeitgebers, berechnet den Gesamtsozialversicherungsbeitrag und die Umlagen nach dem Aufwendungsausgleichsgesetz und zieht diese vom Arbeitgeber im Wege des Lastschriftverfahrens ein. Die Einzugsstelle meldet bei Beginn und Ende der Beschäftigung und zum Jahresende der

---

50 Gültig ab 01.01.2013. Geändert wurde gegenüber der bis 31.12.2012 gültigen Fassung Abs. 2a Nr. 3. Dieser lautete: »3. in den Fällen des § 22 Absatz 2 Satz 1 das der Berechnung zugrunde liegende Gesamtentgelt; diese Mitteilung erfolgt einmal jährlich zum 30. April des Kalenderjahres.«

Datenstelle der Träger der Rentenversicherung die für die Rentenversicherung und die Bundesagentur für Arbeit erforderlichen Daten eines jeden Beschäftigten. Die Einzugsstelle teilt dem Beschäftigten den Inhalt der abgegebenen Meldung schriftlich mit.

(4) Bei Verwendung eines Haushaltsschecks bescheinigt die Einzugsstelle dem Arbeitgeber zum Jahresende

1. den Zeitraum, für den Beiträge zur Rentenversicherung gezahlt wurden, und
2. die Höhe des Arbeitsentgelts (§ 14 Absatz 3), des von ihm getragenen Gesamtsozialversicherungsbeitrags und der Umlagen.

§ 28i Zuständige Einzugsstelle

Zuständige Einzugsstelle für den Gesamtsozialversicherungsbeitrag ist die Krankenkasse, von der die Krankenversicherung durchgeführt wird. Für Beschäftigte, die bei keiner Krankenkasse versichert sind, werden Beiträge zur Rentenversicherung und zur Arbeitsförderung an die Einzugsstelle gezahlt, die der Arbeitgeber in entsprechender Anwendung des § 175 Absatz 3 Satz 2 des Fünften Buches gewählt hat. Zuständige Einzugsstelle ist in den Fällen des § 28f Absatz 2 die nach § 175 Absatz 3 Satz 3 des Fünften Buches bestimmte Krankenkasse. Zuständige Einzugsstelle ist in den Fällen des § 2 Absatz 3 die Deutsche Rentenversicherung Knappschaft-Bahn-See. Bei geringfügigen Beschäftigungen ist zuständige Einzugsstelle die Deutsche Rentenversicherung Knappschaft-Bahn-See als Träger der Rentenversicherung.

Regelungsinhalt

Der Gesamtsozialversicherungsbeitrag ist an die Krankenkassen als Einzugsstelle zu bezahlen. 1 Ihnen obliegt das Beitragseinzugsverfahren für die Beiträge zur Kranken-, Pflege- und Rentenversicherung sowie nach dem Recht der Arbeitsförderung (Arbeitslosenversicherung). Zuständige Einzugsstelle für den Gesamtsozialversicherungsbeitrag ist die Krankenkasse, von der die Krankenversicherung durchgeführt wird. Mit dieser Vereinheitlichung soll die Erhebung des Gesamtsozialversicherungsbeitrags vereinfacht werden. Intern leitet die Krankenkasse dann die Beiträge an den eigentlichen Empfänger – den Träger der Pflegeversicherung, der Rentenversicherung und der Bundesagentur für Arbeit – weiter, wobei die Weitergabe arbeitstäglich durchgeführt wird.

Die Krankenkassen als Einzugsstelle haben die Aufgabe, die Einreichung der Beitrags- 2 nachweise sowie die Rechtzeitigkeit der Zahlungseingänge zu überwachen. Ist der Arbeitgeber mit der Zahlung in Verzug, kann die Einzugsstelle den Anspruch geltend machen, gegebenenfalls auch mit Zwangsmaßnahmen, denen regelmäßig ein Verwaltungsakt vorausgeht.

Die Einzugsstellen entscheiden auch, ob für einen Arbeitnehmer überhaupt Versiche- 3 rungspflicht besteht und legen die Beitragshöhe fest. Dies gilt für alle vier Zweige der Sozialversicherung. Gleichzeitig ist die Einzugsstelle auch Widerspruchsbehörde. Kann die Einzugsstelle die Höhe des Arbeitsentgeltes nicht oder nur schwer ermitteln, hat sie zu schätzen. Bei der Schätzung berücksichtigt sie das am Beschäftigungsort ortsübliche Arbeitsentgelt.

4 Eine wichtige Aufgabe kommt der Einzugsstelle in Verbindung mit den geringfügigen Beschäftigungsverhältnissen zu. Die Einzugsstelle prüft, ob bei Vorliegen mehrerer geringfügiger Beschäftigungsverhältnisse die zulässigen Arbeitsentgeltgrenzen noch eingehalten sind oder bereits überschritten sind. Dann entsteht volle Versicherungspflicht.

5 Hat ein Arbeitnehmer mehrere beitragspflichtige Einnahmen, teilt die Krankenkasse im Wege der verschlüsselten Datenübertragung dem Arbeitgeber oder anderen Meldepflichtigen folgende Angaben mit, nämlich

- ob ein Sozialausgleich durchzuführen ist und das für die Beitragsbemessung nach § 242b Abs. 3 des Fünften Buches anzuwendende Verfahren,
- in den Fällen des § 20 Abs. 2 das der Berechnung zu Grunde liegende Gesamtentgelt und
- in den Fällen des § 22 Abs. 2 Satz 1 das der Berechnung zu Grunde liegende Gesamtentgelt; diese Mitteilung erfolgt einmal jährlich zum 30. April des Kalenderjahres.

6 Ausnahmen von der Zuständigkeit der Krankenkasse als Einzugsstelle gibt es für die geringfügigen Beschäftigungsverhältnisse. Hier ist die zuständige Einzugsstelle die Deutsche Rentenversicherung Knappschaft-Bahn-See als Träger der Rentenversicherung.

7 Für geringfügig Beschäftigte in Privathaushalten ist das Haushalts-Scheckverfahren vorgesehen. Hier erfolgt der Beitragseinzug über die Krankenkasse als Einzugsstelle.

Die Einzugsstelle vergibt im Auftrag der Bundesagentur für Arbeit die Betriebsnummer des Arbeitgebers, berechnet den Gesamtsozialversicherungsbeitrag und die Umlage nach dem Aufwendungsausgleichsgesetz und zieht diese vom Arbeitgeber im Wege des Lastschriftverfahren ein. Zu Beginn und Ende der Beschäftigung sowie zum Jahresende übermittelt sie die Daten eines jeden Beschäftigten der Rentenversicherung.

Aber auch der Arbeitgeber erhält zum Jahresende eine Bescheinigung, die den Zeitraum, für den Beiträge zur Rentenversicherung gezahlt wurden und die Höhe des Arbeitsentgelts, des Gesamtsozialversicherungsbeitrags und der Umlagen bestätigt.

8 Ausnahmsweise kann es an der Benennung einer Krankenkasse als Einzugsstelle fehlen. Dies gilt vor allem dann, wenn jemand nicht gesetzlich krankenversichert ist. Hier kann der Arbeitgeber die Krankenkasse wählen. Sie kann ihre Zuständigkeit nicht ablehnen. Beiträge zur Rentenversicherung sowie der Arbeitsförderung sind an sie zu bezahlen.

Dritter Abschnitt
Meldepflichten des Arbeitgebers, Gesamtsozialversicherungsbeitrag

Erster Titel
Meldungen des Arbeitgebers und ihre Weiterleitung

§ 28 a Meldepflicht[51]

(1) Der Arbeitgeber oder ein anderer Meldepflichtiger hat der Einzugsstelle für jeden in der Kranken-, Pflege-, Rentenversicherung oder nach dem Recht der Arbeitsförderung kraft Gesetzes Versicherten

1. **bei Beginn der versicherungspflichtigen Beschäftigung,**
2. **bei Ende der versicherungspflichtigen Beschäftigung,**
3. **bei Eintritt eines Insolvenzereignisses,**
4. **(weggefallen)**
5. **bei Änderungen in der Beitragspflicht,**
6. **bei Wechsel der Einzugsstelle,**
7. **bei Anträgen auf Altersrenten oder Auskunftsersuchen des Familiengerichts in Versorgungsausgleichsverfahren,**
8. **bei Unterbrechung der Entgeltzahlung,**
9. **bei Auflösung des Arbeitsverhältnisses,**
10. **bei Beschäftigung bei mehreren Arbeitgebern, für unständig Beschäftigte, in den Fällen des § 242 b Absatz 2 Satz 4 des Fünften Buches und in den Fällen, in denen der oder die Beschäftigte weitere in der gesetzlichen Krankenversicherung beitragspflichtige Einnahmen erzielt, soweit bekannt,**
11. **(weggefallen)**

Nach dem Gesetzentwurf vom 25. 09. 2012 (Bundestagsdrucksache 17/10773) wird Abs. 1 Nummer 11 wie folgt gefasst:

11. **bei Antrag des geringfügig Beschäftigten nach § 6 Absatz 1 b des Sechsten Buches auf Befreiung von der Versicherungspflicht,**
12. **bei einmalig gezahltem Arbeitsentgelt, soweit es nicht in einer Meldung aus anderem Anlass erfasst werden kann,**
13. **bei Beginn der Berufsausbildung,**
14. **bei Ende der Berufsausbildung,**
15. **bei Wechsel von einer Betriebsstätte im Beitrittsgebiet zu einer Betriebsstätte im Übrigen Bundesgebiet oder umgekehrt,**
16. **bei Beginn der Altersteilzeitarbeit,**
17. **bei Ende der Altersteilzeitarbeit,**

---

51 Gültig ab 01. 01. 2013. Geändert wurde im Vergleich zur bis zum 31. 12. 2012 geltenden Fassung Abs. 3 Satz 3, der lautete »Arbeitgeber, die Mitglied einer landwirtschaftlichen Berufsgenossenschaft mit Ausnahme der Gartenbau-Berufsgenossenschaft sind, haben Meldungen nach Satz 2 Nummer 2 Buchstabe c, f, g und h nicht zu erstatten.«

18. bei Änderung des Arbeitsentgelts, wenn die in § 8 Absatz 1 Nummer 1 genannte Grenze über- oder unterschritten wird,
19. bei nach § 23b Absatz 2 bis 3 gezahltem Arbeitsentgelt oder
20. bei Wechsel von einem Wertguthaben, das im Beitrittsgebiet und einem Wertguthaben, das im Übrigen Bundesgebiet erzielt wurde,

eine Meldung durch gesicherte und verschlüsselte Datenübertragung aus systemgeprüften Programmen oder mittels maschinell erstellter Ausfüllhilfen zu erstatten.

(2) Der Arbeitgeber hat jeden am 31. Dezember des Vorjahres Beschäftigten nach Absatz 1 zu melden (Jahresmeldung).

(3) Die Meldungen enthalten für jeden Versicherten insbesondere
1. seine Versicherungsnummer, soweit bekannt,
2. seinen Familien- und Vornamen,
3. sein Geburtsdatum,
4. seine Staatsangehörigkeit,
5. Angaben über seine Tätigkeit nach dem Schlüsselverzeichnis der Bundesagentur für Arbeit,
6. die Betriebsnummer seines Beschäftigungsbetriebes,
7. die Beitragsgruppen,
8. die zuständige Einzugsstelle und
9. den Arbeitgeber.

Zusätzlich sind anzugeben
1. bei der Anmeldung
   a) die Anschrift,
   b) der Beginn der Beschäftigung,
   c) sonstige für die Vergabe der Versicherungsnummer erforderliche Angaben,
   d) die Angabe, ob zum Arbeitgeber eine Beziehung als Ehegatte, Lebenspartner oder Abkömmling besteht,
   e) die Angabe, ob es sich um eine Tätigkeit als geschäftsführender Gesellschafter einer Gesellschaft mit beschränkter Haftung handelt,
   f) die Angabe der Staatsangehörigkeit,
2. bei der Abmeldung und bei der Jahresmeldung
   a) eine Namens-, Anschriften- oder Staatsangehörigkeitsänderung, soweit diese Änderung nicht schon anderweitig gemeldet ist,
   b) das in der Rentenversicherung oder nach dem Recht der Arbeitsförderung beitragspflichtige Arbeitsentgelt in Euro,
   c) das in der Unfallversicherung beitragspflichtige Arbeitsentgelt in Euro und die geleisteten Arbeitsstunden,
   d) der Zeitraum, in dem das angegebene Arbeitsentgelt erzielt wurde,
   e) Wertguthaben, die auf die Zeit nach Eintritt der Erwerbsminderung entfallen,
   f) die Unfallversicherungsmitgliedsnummer seines Beschäftigungsbetriebs,
   g) die Betriebsnummer des zuständigen Unfallversicherungsträgers,
   h) die anzuwendende Gefahrtarifstelle,
3. (weggefallen)

4. bei der Meldung nach Absatz 1 Nummer 19
   a) das Arbeitsentgelt in Euro, für das Beiträge gezahlt worden sind,
   b) im Falle des § 23 b Absatz 2 der Kalendermonat und das Jahr der nicht zweckentsprechenden Verwendung des Arbeitsentgelts, im Falle der Zahlungsunfähigkeit des Arbeitgebers jedoch der Kalendermonat und das Jahr der Beitragszahlung.

Arbeitgeber, die Mitglied der landwirtschaftlichen Berufsgenossenschaft sind und für deren Beitragsberechnung der Arbeitswert keine Anwendung findet, haben Meldungen nach Satz 2 Nummer 2 Buchstabe c, f, g und h nicht zu erstatten.

(3 a) Die Datenstelle der Träger der Rentenversicherung übermittelt für Zwecke der Berechnung der Umlage nach § 152 des Siebten Buches nach Eingang der Jahresmeldung die Daten nach Absatz 3 Satz 2 Nummer 2 Buchstaben c und h zusammengefasst für jeden Arbeitgeber an den zuständigen Träger der gesetzlichen Unfallversicherung. Dabei sind die Arbeitsentgelte den Gefahrtarifstellen zuzuordnen.

(4) Arbeitgeber haben den Tag des Beginns eines Beschäftigungsverhältnisses spätestens bei dessen Aufnahme an die Datenstelle der Träger der Rentenversicherung nach Satz 2 zu melden, sofern sie Personen in folgenden Wirtschaftsbereichen oder Wirtschaftszweigen beschäftigen:

1. im Baugewerbe,
2. im Gaststätten- und Beherbergungsgewerbe,
3. im Personenbeförderungsgewerbe,
4. im Speditions-, Transport- und damit verbundenen Logistikgewerbe,
5. im Schaustellergewerbe,
6. bei Unternehmen der Forstwirtschaft,
7. im Gebäudereinigungsgewerbe,
8. bei Unternehmen, die sich am Auf- und Abbau von Messen und Ausstellungen beteiligen,
9. in der Fleischwirtschaft.

Die Meldung enthält folgende Angaben über den Beschäftigten:

1. den Familien- und die Vornamen,
2. die Versicherungsnummer, soweit bekannt, ansonsten die zur Vergabe einer Versicherungsnummer notwendigen Angaben (Tag und Ort der Geburt, Anschrift),
3. die Betriebsnummer des Arbeitgebers und
4. den Tag der Beschäftigungsaufnahme.

Die Meldung wird in der Stammsatzdatei nach § 150 Absatz 1 und 2 des Sechsten Buches gespeichert. Die Meldung gilt nicht als Meldung nach Absatz 1 Satz 1 Nummer 1.

(4 a) Der Meldepflichtige erstattet die Meldungen nach Absatz 1 Satz 1 Nummer 10 jeweils monatlich an die zuständige Krankenkasse. In der Meldung sind anzugeben:

1. die Versicherungsnummer, soweit bekannt, ansonsten die zur Vergabe einer Versicherungsnummer notwendigen Angaben (Tag und Ort der Geburt, Anschrift),
2. Familien- und Vorname,
3. die Betriebsnummer des Beschäftigungsbetriebes und

4. das in der gesetzlichen Rentenversicherung beitragspflichtige Arbeitsentgelt in Eurocent, abweichend hiervon in den Fällen des § 20 Absatz 2 das tatsächlich erzielte Arbeitsentgelt.

(5) Der Meldepflichtige hat der zu meldenden Person den Inhalt der Meldung in Textform mitzuteilen; dies gilt nicht, wenn die Meldung ausschließlich auf Grund einer Veränderung der Daten für die gesetzliche Unfallversicherung erfolgt.

(6) Soweit der Arbeitgeber eines Hausgewerbetreibenden Arbeitgeberpflichten erfüllt, gilt der Hausgewerbetreibende als Beschäftigter.

(6 a) Beschäftigt ein Arbeitgeber, der

1. im privaten Bereich nichtgewerbliche Zwecke oder
2. mildtätige, kirchliche, religiöse, wissenschaftliche oder gemeinnützige Zwecke im Sinne des § 10 b des Einkommensteuergesetzes

verfolgt, Personen versicherungsfrei geringfügig nach § 8, kann er auf Antrag abweichend von Absatz 1 Meldungen auf Vordrucken erstatten, wenn er glaubhaft macht, dass ihm eine Meldung auf maschinell verwertbaren Datenträgern oder durch Datenübertragung nicht möglich ist.

(7) Der Arbeitgeber hat der Einzugsstelle für einen im privaten Haushalt Beschäftigten anstelle einer Meldung nach Absatz 1 unverzüglich eine vereinfachte Meldung (Haushaltsscheck) mit den Angaben nach Absatz 8 Satz 1 zu erstatten, wenn das Arbeitsentgelt (§ 14 Absatz 3) aus dieser Beschäftigung regelmäßig 400 Euro im Monat nicht übersteigt. Der Arbeitgeber hat der Einzugsstelle eine Einzugsermächtigung zum Einzug des Gesamtsozialversicherungsbeitrags zu erteilen. Der Haushaltsscheck ist vom Arbeitgeber und vom Beschäftigten zu unterschreiben. Die Absätze 2 bis 5 gelten nicht.

Nach dem Gesetzentwurf vom 25. 09. 2012 (BT-Drs. 17/10773) künftig 450 €.

(8) Der Haushaltsscheck enthält

1. den Familiennamen, Vornamen, die Anschrift und die Betriebsnummer des Arbeitgebers,
2. den Familiennamen, Vornamen, die Anschrift und die Versicherungsnummer des Beschäftigten; kann die Versicherungsnummer nicht angegeben werden, ist das Geburtsdatum des Beschäftigten einzutragen,
3. die Angabe, ob der Beschäftigte im Zeitraum der Beschäftigung bei mehreren Arbeitgebern beschäftigt ist, und
4. a) bei einer Meldung bei jeder Lohn- oder Gehaltszahlung den Zeitraum der Beschäftigung, das Arbeitsentgelt (§ 14 Absatz 3) für diesen Zeitraum sowie am Ende der Beschäftigung den Zeitpunkt der Beendigung,
   b) bei einer Meldung zu Beginn der Beschäftigung deren Beginn und das monatliche Arbeitsentgelt (§ 14 Absatz 3),
   c) bei einer Meldung wegen Änderung des Arbeitsentgelts (§ 14 Absatz 3) den neuen Betrag und den Zeitpunkt der Änderung,
   d) bei einer Meldung am Ende der Beschäftigung den Zeitpunkt der Beendigung,
   e) bei Erklärung des Verzichts auf Versicherungsfreiheit nach § 5 Absatz 2 Satz 2 des Sechsten Buches den Zeitpunkt des Verzichts.

Nach dem Gesetzentwurf vom 25.09.2012 (Bundestagsdrucksache 17/10773) wird Abs. 8 Nr. e wie folgt gefasst und Nr. f neu ergänzt:

e) bei Erklärung des Verzichts auf Versicherungsfreiheit nach § 230 Absatz 7 Satz 2 des Sechsten Buches den Zeitpunkt des Verzichts,

f) bei Antrag auf Befreiung von der Versicherungspflicht nach § 6 Absatz 1 b des Sechsten Buches den Tag des Zugangs des Antrags beim Arbeitgeber.

Bei sich anschließenden Meldungen kann von der Angabe der Anschrift des Arbeitgebers und des Beschäftigten abgesehen werden.

(9) Die Absätze 1 bis 8 gelten entsprechend für versicherungsfrei geringfügig Beschäftigte.

(10) Der Arbeitgeber hat für Beschäftigte, die nach § 6 Absatz 1 Nummer 1 des Sechsten Buches von der Versicherungspflicht befreit und Mitglied einer berufsständischen Versorgungseinrichtung sind, die Meldungen nach den Absätzen 1, 2 und 9 zusätzlich an die Annahmestelle der berufsständischen Versorgungseinrichtungen zu erstatten; dies gilt nicht für Meldungen nach Absatz 1 Satz 1 Nummer 10. Die Datenübermittlung hat durch gesicherte und verschlüsselte Datenübertragung aus systemgeprüften Programmen oder mittels systemgeprüfter maschinell erstellter Ausfüllhilfen zu erfolgen. Zusätzlich zu den Angaben nach Absatz 3 enthalten die Meldungen die Mitgliedsnummer des Beschäftigten bei der Versorgungseinrichtung. Die Absätze 5 bis 6a gelten entsprechend.

(11) Der Arbeitgeber hat für Beschäftigte, die nach § 6 Absatz 1 Nummer 1 des Sechsten Buches von der Versicherungspflicht befreit und Mitglied in einer berufsständischen Versorgungseinrichtung sind, der Annahmestelle der berufsständischen Versorgungseinrichtungen monatliche Meldungen zur Beitragserhebung zu erstatten. Absatz 10 Satz 2 gilt entsprechend. Diese Meldungen enthalten für den Beschäftigten

1. die Mitgliedsnummer bei der Versorgungseinrichtung oder, wenn die Mitgliedsnummer nicht bekannt ist, die Personalnummer beim Arbeitgeber, den Familien- und Vornamen, das Geschlecht und das Geburtsdatum,
2. den Zeitraum, für den das Arbeitsentgelt gezahlt wird,
3. das beitragspflichtige ungekürzte laufende Arbeitsentgelt für den Zahlungszeitraum,
4. das beitragspflichtige ungekürzte einmalig gezahlte Arbeitsentgelt im Monat der Abrechnung,
5. die Anzahl der Sozialversicherungstage im Zahlungszeitraum,
6. den Beitrag, der bei Firmenzahlern für das Arbeitsentgelt nach Nummer 3 und 4 anfällt,
7. die Betriebsnummer der Versorgungseinrichtung,
8. die Betriebsnummer des Beschäftigungsbetriebes,
9. den Arbeitgeber,
10. den Ort der Betriebsstätte,
11. den Monat der Abrechnung.

Soweit nicht aus der Entgeltbescheinigung des Beschäftigten zu entnehmen ist, dass die Meldung erfolgt ist und welchen Inhalt sie hatte, gilt Absatz 5.

(12) Der Arbeitgeber hat auch für ausschließlich nach § 2 Absatz 1 Nummer 1 des Siebten Buches versicherte Beschäftigte mit beitragspflichtigem Entgelt Meldungen nach den Absätzen 1 und 3 Satz 2 Nummer 2 abzugeben.

(13) Die Künstlersozialkasse hat für die nach dem Künstlersozialversicherungsgesetz krankenversicherungspflichtigen Mitglieder monatlich eine Meldung an die zuständige Krankenkasse (§ 28i) durch Datenübermittlung mit den für den Nachweis der Beitragspflicht notwendigen Angaben, insbesondere die Versicherungsnummer, den Namen und Vornamen, den beitragspflichtigen Zeitraum, die Höhe des der Beitragspflicht zu Grunde liegenden Arbeitseinkommens, ein Kennzeichen über die Ruhensanordnung gemäß § 16 Absatz 2 des Künstlersozialversicherungsgesetzes sowie ein Kennzeichen in den Fällen des § 242b Absatz 2 Satz 4 des Fünften Buches und den Verweis auf die Versicherungspflicht in der Rentenversicherung des Versicherten zu übermitteln. Den Übertragungsweg und die Einzelheiten des Verfahrens wie den Aufbau des Datensatzes regeln die Künstlersozialkasse und der Spitzenverband Bund der Krankenkassen in gemeinsamen Grundsätzen entsprechend § 28b Absatz 2. Bei der Nutzung allgemein zugänglicher Netze sind dem jeweiligen Stand der Technik entsprechende Verschlüsselungsverfahren zu verwenden.

Inhaltsübersicht Rn.

1. Allgemeines

1 Die Vorschrift regelt das Melderecht und Meldeverfahren innerhalb der Sozialversicherung. Der Arbeitgeber hat umfassende Meldepflichten gegenüber der Einzugsstelle über die bei ihm Beschäftigten. Dies gilt auch für Beschäftigte in Privathaushalten, wenngleich das Meldeverfahren für diese Personengruppe durch Einführung des Haushaltsscheckverfahrens vereinfacht ist.

2 Die Meldungen erfolgen durch elektronische Datenübertragung. Dieses Verfahren wurde kraft Gesetzes erweitert und erstreckt sich auf das Meldeverfahren zur gesetzlichen Unfallversicherung, den berufsständischen Versorgungseinrichtungen (z. B. Rechtsanwaltskammer) sowie der Künstlersozialkasse.

3 Entgeltdaten werden vom Arbeitgeber mittels des Elena-Verfahrens übermittelt an den Träger der Rentenversicherung. Die Verletzung der Meldepflicht durch den Arbeitgeber ist bußgeldbewehrt (§ 111). Dies gilt, wenn die Meldung nicht, nicht richtig, nicht vollständig oder nicht rechtzeitig erteilt wird.

2. Inhalt der Meldepflicht

Der Inhalt der Meldepflicht ist umfassend. Es wird auf die enumerative Aufzählung in § 28 a verwiesen. Grundsätzlich entsteht die Meldepflicht mit der Begründung des Beschäftigungsverhältnisses. So ist der Einzugsstelle insbesondere der Beginn, aber auch das Ende der versicherungspflichtigen Beschäftigung zu melden. **4**

Auch andere Umstände, die den Bestand des Arbeitsverhältnisses berühren, sind meldepflichtig, so z. B. Beginn und Ende der Altersteilzeitarbeit, aber auch die Auflösung des Arbeitsverhältnisses. Diese Meldung geht über die Mitteilung des reinen Beendigungszeitpunkts hinaus. Die Auflösung des Arbeitsverhältnisses trifft eine Aussage auch zur Art der Beendigung. So kann das Arbeitsverhältnis durch Tod, aber auch Aufhebungsvertrag aufgelöst worden sein. **5**

Meldepflichtig ist auch die Beschäftigung bei mehreren Arbeitgebern, soweit bekannt. Auch der Kreis der sogenannten »unständig Beschäftigten« wird eigens in die Meldepflichten aufgenommen. **6**

Wird erworbenes Wertguthaben nicht bestimmungsgemäß verwendet, so ist das entsprechende Arbeitsentgelt mitzuteilen, für das dann Beiträge fällig werden. **7**

Änderungen der Höhe des Arbeitsentgelts sind ebenfalls meldepflichtig. Dabei ist von besonderer Bedeutung, ob die Geringfügigkeitsgrenze unterschritten oder überschritten wird. **8**

Auch Unterbrechungszeiträume sind meldepflichtig. Zeitphasen, in denen kein Arbeitsentgelt gezahlt wird, aber gegebenenfalls andere Bezüge wie z. B Krankengeld oder Mutterschaftsgeld oder Erziehungsgeld, lassen das Beschäftigungsverhältnis im sozialversicherungsrechtlichen Sinne fortbestehen. **9**

Der Arbeitgeber hat – neben den anlassbezogenen Meldepflichten – die Pflicht zur Abgabe von Jahresmeldungen. Die Jahresmeldung erfolgt bis zum 15.04. des Folgejahres. So kann auch einmalig gezahltes Arbeitsentgelt berücksichtigt werden. Die Jahresmeldung erfasst alle, die am 31. Dezember des Vorjahres beim Arbeitgeber beschäftigt waren. Inhaltlich umfasst die Jahresmeldung unter anderem die Versicherungsnummer des Versicherten. Der Arbeitgeber erfährt die Versicherungsnummer in der Regel aus dem Sozialversicherungsausweis, den ihm der Beschäftigte zu Beginn der Beschäftigung vorzulegen hat. **10**

Zu den meldepflichtigen Daten gehören auch die Personenstandsdaten des Beschäftigten, aber auch die Angabe der Betriebsnummer sowie Angaben über seine Tätigkeit nach dem Schlüsselverzeichnis der Bundesagentur für Arbeit.

Wie bereits vorne unter § 7 erläutert, sind insbesondere auch darüber Angaben zu machen, ob **11**

- zum Arbeitgeber eine Beziehung als Ehegatte, Lebenspartner oder Abkömmling besteht bzw.
- ob es sich um eine Tätigkeit als geschäftsführender Gesellschafter einer Gesellschaft mit beschränkter Haftung handelt.

Das Arbeitsentgelt ist differenziert anzugeben. Dies gilt für das beitragspflichtige Entgelt zur Rentenversicherung ebenso wie für das beitragspflichtige Entgelt zur Unfallversicherung. **12**

Eine taggenaue Meldepflicht besteht für besondere Wirtschaftszweige. Dazu zählen unter anderem das Baugewerbe, das Gaststätten-und Beherbergungsgewerbe, das Personenbeförderungsgewerbe, aber auch Gebäudereinigung und Fleischwirtschaft. Die Aufzählung findet sich in § 28 a Abs. 4. Mit der sofortigen Meldepflicht soll der illegalen Beschäftigung entgegengetreten werden.

13 Besonders hinzuweisen ist auf die monatliche Meldepflicht für Personen, die bei mehreren Arbeitgebern beschäftigt sind sowie die unständig Beschäftigten. Ihre Versicherungsnummer, Familienname und Vorname, Betriebsnummer des Beschäftigungsbetriebs und das zur Rentenversicherung beitragspflichtige Arbeitsentgelt ist anzugeben. Ausdrücklich ist der Meldepflichtige verpflichtet, den Meldeinhalt der zu meldenden Person – also seinem Beschäftigten – in Textform mitzuteilen.

14 Eine Ausnahme von der Verpflichtung zur maschinellen Datenübertragung lässt § 28 a Abs. 6 a zu. Unter engen Voraussetzungen wird bestimmten Arbeitgebern auf Antrag gestattet, ihre Meldung in Papierform abzugeben. Dazu zählen

- Arbeitgeber, die im privaten Bereich nichtgewerbliche Zwecke verfolgen oder
- Arbeitgeber, die mildtätige, kirchliche, religiöse, wissenschaftliche oder gemeinnützige Zwecke im Sinne des § 10 b EStG verfolgen.

Beschäftigt ein solcher Arbeitgeber Personen versicherungsfrei geringfügig (§ 8), kann er auf Antrag die Meldungen auch auf Vordrucken erstatten. Er muss glaubhaft machen, dass ihm eine Meldung durch Datenübertragung oder auf maschinell verwertbaren Datenträgern nicht möglich ist.

3. Meldungen im Haushaltsscheckverfahren

3.1 Allgemeines

15 Mit Wirkung zum 01. 04. 2003 war das Haushaltsscheckverfahren eingeführt worden. Es ermöglicht ein erleichtertes Meldeverfahren für Beschäftigte in privaten Haushalten, deren monatliches Arbeitsentgelt 400 €[52] nicht übersteigt; siehe dazu Vorbemerkung zu Kap. 9 in SGB VI.

Eine geringfügige Beschäftigung im Privathaushalt liegt vor, wenn sie durch den privaten Haushalt begründet ist und die Tätigkeit gewöhnlich durch Mitglieder des privaten Haushalts erledigt wird. Dazu zählen auch Tätigkeiten wie Gartenarbeiten oder die Versorgung pflegebedürftiger Personen. Die Einzelheiten hierzu sind nachzulesen unter www.minijob-zentrale.de unter der Rubrik »Privathaushalte als Arbeitgeber/Haushaltsscheckverfahren/Katalog der Tätigkeiten im Haushaltsscheckverfahren«.

Beispiel:
Frau X beschäftigt als »Zugehfrau« eine Frau Z, die ihr im Haushalt hilft und gleichzeitig bei der Betreuung des dementen Ehemannes der Frau X hilft. Die Vergütung beträgt monatlich weniger als 400 €[53].

---

52 Nach dem Gesetzentwurf vom 25. 09. 2012 (BT-Drs. 17/10773) künftig 450 €.
53 Nach dem Gesetzentwurf vom 25. 09. 2012 (BT-Drs. 17/10773) künftig 450 €.

Frau X kann die Meldung ihrer Haushaltshilfe im Haushaltsscheckverfahren abgeben. Aber Vorsicht: Sollte Frau Z. mehrere Arbeitgeber haben – etwa weil sie in der Nachbarschaft ebenfalls geringfügig beschäftigt in den Privathaushalten haushaltsnahe Dienstleistungen erbringt –, kann, wegen der Addition der Einkünfte, eine Meldepflicht nach § 28 a Abs. 1 bis 3 SGB IV entstehen. 16

Zuständige Einzugsstelle ist die DRV Knappschaft-Bahn-See. Der Arbeitgeber erteilt zum Einzug des Gesamtsozialversicherungsbeitrags eine Einzugsermächtigung. Der Haushaltsscheck wird vom Arbeitgeber und dem Beschäftigten unterschrieben. 17

3.2 Inhalt des Haushaltsscheckverfahrens

Die Angaben im Haushaltsscheck sind aufgezählt in § 28 a Abs. 8. Neben den üblichen Angaben zu den Personenstandsdaten und der Betriebsnummer sind folgende meldepflichtige Umstände besonders hervorzuheben: 18

die Angabe, ob der Beschäftigte im Zeitraum der Beschäftigung bei mehreren Arbeitgebern beschäftigt ist und den Zeitpunkt des Verzichts, wenn der Versicherte erklärt hat, auf Versicherungsfreiheit zu verzichten.

Beispiel:
Die Haushaltshilfe H, deren regelmäßige monatliche Vergütung 400 €[54] nicht übersteigt, erklärt gegenüber ihrem Arbeitgeber, auf die Versicherungsfreiheit zur Rentenversicherung verzichten zu wollen. Diese Verzichtserklärung hat sowohl versicherungsrechtliche als auch beitrags- und melderechtliche Konsequenzen.
Zu den Einzelheiten wird verwiesen auf die Ausführungen zu § 8.

Auf dem Haushaltsscheck muss die Verzichtserklärung angegeben sein. Nur so kann die Einzugsstelle ermitteln, ob und in welcher Höhe ein Aufstockungsbetrag fällig wird. 19

Hinweis:
Für Beschäftigte, die Mitglied in einem berufsständischen Versorgungswerk sind, sind in vergleichbarer Weise Meldungen abzugeben. Gleiches gilt für Versicherte in der Künstlersozialkasse.

4. Gemeinsame Grundsätze

Die Einzugsstelle ist zuständig für die Durchführung des Meldeverfahrens. Ihre Aufgabe ist es, einerseits die Meldungen entgegenzunehmen und sie andererseits rechtzeitig an die Datenstelle des Trägers der Rentenversicherung weiterzuleiten. Dabei hat die Einzugsstelle auch die Funktion, dafür zu sorgen, dass die Meldungen rechtzeitig erstattet werden und inhaltlich vollständig und richtig sind. 20

Die Ausgestaltung des Meldeverfahrens obliegt dem Spitzenverband des Bundes der Krankenkassen, der Deutschen Rentenversicherung Bund, der Bundesagentur für Arbeit 21

54 Nach dem Gesetzentwurf vom 25.09.2012 (BT-Drs. 17/10773) künftig 450 €.

und der Deutschen Gesetzlichen Unfallversicherung e. V. Er ist vom Gesetzgeber ermächtigt, bundeseinheitlich gemeinsame Grundsätze aufzustellen in Bezug auf eine Vereinheitlichung der Schlüsselzahlen für Personengruppen, Beitragsgruppen und Abgabegründe der Meldungen. Auch der Aufbau der einzelnen Datensätze für die Übermittlung von Meldungen und Beitragsnachweisen, Eingangsbestätigungen, Fehlermeldungen, Rückmeldungen der Sozialversicherungsträger an die Arbeitgeber soll anhand gemeinsamer Grundsätze einheitlich gehandhabt werden.

22 Ohne Beteiligung der Gesetzlichen Unfallversicherung ist der Gemeinsame Spitzenverband auch zuständig für die bundeseinheitliche Gestaltung des Haushaltsschecks sowie der im Haushaltsscheckverfahren zu erteilenden Einzugsermächtigung.

23 Die Deutsche Rentenversicherung Knappschaft-Bahn-See kann für ihren Bereich eigene Schlüsselzahlen erstellen, betreff Personengruppen, Beitragsgruppen und Abgabegründe der Meldungen.

5. Einzelheiten zur DEÜV

24 Die Einzelheiten zur Durchführung der Meldepflicht regelt die Datenerfassungs- und Übermittlungsverordnung (DEÜV), die zum 01. 01. 1999 in Kraft getreten ist. Sie löste die Datenerfassungs-Verordnung (DEVO) vom 24. 11. 1972 und die Datenübermittlung-Verordnung (DÜVO) vom 18. 12. 1972 ab. Mit ihr soll eine Vereinfachung des Meldeverfahrens und eine Reduzierung des Verwaltungsaufwands erzielt werden.

Verordnung über die Erfassung und Übermittlung von Daten für die Träger der Sozialversicherung

Vom 23. Januar 2006 (BGBl. I S. 152; zuletzt geändert durch Art. 17 G vom 22. Dezember 2011 (BGBl. I S. 3057)

§ 1 Grundsatz

Die Vorschriften dieser Verordnung gelten für die Meldungen auf Grund des § 28 a des Vierten Buches Sozialgesetzbuch, des § 200 Abs. 1 des Fünften Buches Sozialgesetzbuch, der §§ 190 bis 194 und 281 c des Sechsten Buches Sozialgesetzbuch und des § 27 Abs. 2 des Zweiten Gesetzes über die Krankenversicherung der Landwirte sowie für den Beitragsnachweis nach § 28f Abs. 3 Satz 1 des Vierten Buches Sozialgesetzbuch. Die Meldungen und Beitragsnachweise für die jeweils beteiligten Träger der Sozialversicherung sind gemeinsam zu erstatten.

§ 2 Meldepflichtige

Meldungen sind zu erstatten von

1. *dem Arbeitgeber,*
2. *Personen, die wie ein Arbeitgeber Beiträge auf Grund gesetzlicher Vorschriften zahlen,*
3. *(weggefallen)*
4. *dem Bundesministerium der Verteidigung oder den von ihm bestimmten Stellen und dem Bundesamt für den Zivildienst,*
5. *den Leistungsträgern.*

§ 3 Zu meldender Personenkreis

Meldungen sind zu erstatten für

1. *Beschäftigte, die kranken-, pflege-, renten- oder nach dem Recht der Arbeitsförderung versicherungspflichtig sind,*
2. *Beschäftigte, für die Beitragsanteile zur Rentenversicherung oder nach dem Recht der Arbeitsförderung zu zahlen sind,*
3. *geringfügig Beschäftigte,*
4. *Leiharbeitnehmer,*
5. *Bezieher von Entgeltersatzleistungen oder von Arbeitslosengeld II,*
6. *Wehr- und Zivildienstleistende.*

Den Beschäftigten stehen Personen gleich, für die ein anderer wie ein Arbeitgeber Beiträge auf Grund gesetzlicher Vorschriften zahlt.

§ 4 (weggefallen)

§ 5 Allgemeine Vorschriften

(1) Meldungen sind nach den Verhältnissen des Zeitpunktes zu erstatten, auf den sich die Meldung bezieht. Dies gilt insbesondere bei Änderung des Namens, der Staatsangehörigkeit oder der Anschrift eines Beschäftigten.

(2) Meldungen können zusammen erstattet werden, soweit diese Verordnung es zulässt.

(3) Meldungen über Zeiträume, die sich über das Ende eines Kalenderjahres hinaus erstrecken, sind getrennt für jedes Kalenderjahr zu erstatten. Für gemeldete Zeiträume dürfen keine weiteren Meldungen erstattet werden, soweit diese Verordnung nichts anderes zulässt.

(4) Beitragspflichtiges Arbeitsentgelt ist in vollen Beträgen zu melden. Beträge nach dem Komma von mehr als 49 sind nach oben, von weniger als 50 nach unten auf den nächsten vollen Betrag zu runden.

(5) Wurde die für eine Meldung notwendige Betriebsnummer einem Betrieb noch nicht zugeteilt, hat der Arbeitgeber diese Betriebsnummer für den Betrieb des Beschäftigungsortes bei der zuständigen Stelle der Bundesagentur für Arbeit zu beantragen; spätere Änderungen der Betriebsdaten sind vom Arbeitgeber dieser Stelle unverzüglich zu melden.

(6) Alle persönlichen Angaben für Meldungen sind amtlichen Unterlagen, die Versicherungsnummer ist dem Sozialversicherungsausweis zu entnehmen.

(7) Ist bei einer Anmeldung die Versicherungsnummer nicht bekannt, sind die für die Vergabe der Versicherungsnummer erforderlichen Angaben, insbesondere der vollständige Name, der Geburtsname, das Geburtsdatum, der Geburtsort, das Geschlecht, die Staatsangehörigkeit und die Anschrift aufzunehmen.

(8) Bei erstmaliger Aufnahme einer versicherungspflichtigen Beschäftigung im Geltungsbereich dieser Verordnung durch einen Angehörigen eines anderen Mitgliedstaates der Europäischen Union oder eines Staates, für den das Abkommen über den Europäischen Wirtschaftsraum gilt, sind außerdem das Geburtsland sowie die Versicherungsnummer des Landes der Staatsangehörigkeit einzutragen.

(9) Der Meldepflichtige hat eine Mehrfachbeschäftigung zu melden.

(10) Meldungen, die Angaben über Arbeitsentgelt enthalten, sind gesondert zu kenn-

zeichnen, wenn der zu meldende Zeitraum Arbeitsentgelt nach den Vorschriften der Gleitzone (§ 20 Abs. 2 des Vierten Buches Sozialgesetzbuch) enthält.

(11) Die Meldungen müssen die Betriebsnummer der Krankenkasse des Beschäftigten enthalten.

§ 6 Anmeldung

Der Beginn einer versicherungspflichtigen Beschäftigung ist mit der ersten folgenden Lohn- und Gehaltsabrechnung, spätestens innerhalb von sechs Wochen nach ihrem Beginn, zu melden.

§ 7 Sofortmeldung

Der Tag des Beginns eines Beschäftigungsverhältnisses ist in den in § 28a Abs. 4 Satz 1 bis 3 des Vierten Buches Sozialgesetzbuch genannten Wirtschaftsbereichen oder Wirtschaftszweigen spätestens bei Beschäftigungsaufnahme an die Datenstelle der Träger der Rentenversicherung zu melden.

§ 8 Abmeldung

(1) Das Ende einer versicherungspflichtigen Beschäftigung ist mit der nächsten folgenden Lohn- und Gehaltsabrechnung, spätestens innerhalb von sechs Wochen nach ihrem Ende, zu melden.

(2) Eine An- und eine Abmeldung können innerhalb der Frist des § 6 zusammen erstattet werden, wenn bis zur Abmeldung noch keine Anmeldung erfolgt ist.

(3) Bei einer in § 28a Abs. 1 Nr. 18 des Vierten Buches Sozialgesetzbuch bezeichneten Änderung des Arbeitsentgelts sind eine Ab- und eine Anmeldung innerhalb der Frist des § 6 zusammen zu erstatten.

§ 8a Meldung bei Eintritt eines Insolvenzereignisses

Der Arbeitgeber oder die mit der Insolvenzabwicklung betraute Person hat für freigestellte Beschäftigte für den Zeitraum bis zum Tag vor Eröffnung eines Insolvenzverfahrens oder Nichteröffnung mangels Masse eine Abmeldung mit der nächsten folgenden Lohn- und Gehaltsabrechnung, spätestens aber nach sechs Wochen abzugeben.

§ 9 Unterbrechungsmeldung

(1) Wird eine versicherungspflichtige Beschäftigung durch Wegfall des Anspruchs auf Arbeitsentgelt für mindestens einen Kalendermonat unterbrochen und wird eine der in § 7 Abs. 3 Satz 3 des Vierten Buches Sozialgesetzbuch genannten Leistungen bezogen, Elternzeit in Anspruch genommen oder Wehrdienst oder Zivildienst geleistet, ist für den Zeitraum bis zum Wegfall des Entgeltanspruchs innerhalb von zwei Wochen nach Ablauf des ersten Kalendermonats eine Unterbrechungsmeldung zu erstatten. Endet die Beschäftigung während der Unterbrechung, ist eine Abmeldung nach § 8 zu erstatten.

(2) Endet in den Fällen des Absatzes 1 die Beschäftigung in dem auf den Wegfall des Entgeltanspruchs folgenden Kalendermonat, ist für den Zeitraum bis zum Wegfall innerhalb von sechs Wochen nach dem Ende der Beschäftigung eine Unterbrechungsmeldung zu erstatten. Das Ende der Beschäftigung ist nach § 8 zu melden.

§ 10 Jahresmeldung

(1) Eine Jahresmeldung ist für jeden am 31. Dezember eines Jahres versicherungspflichtig Beschäftigten mit der ersten folgenden Lohn- und Gehaltsabrechnung, spätestens bis zum 15. April des folgenden Jahres, zu erstatten. Die Jahresmeldung entfällt, wenn zum 31. Dezember eine Meldung nach §§ 8, 9 oder § 12 zu erstatten ist.

(2) Arbeitsentgelt ist nur insoweit zu melden, als es nicht schon gemeldet wurde.

§ 11 Meldung von einmalig gezahltem Arbeitsentgelt

(1) Der Arbeitgeber hat beitragspflichtiges einmalig gezahltes Arbeitsentgelt zusammen mit dem beitragspflichtigen laufend gezahlten Arbeitsentgelt zu melden.

(2) Der Arbeitgeber hat beitragspflichtiges einmalig gezahltes Arbeitsentgelt mit der ersten folgenden Lohn- und Gehaltsabrechnung, spätestens innerhalb von sechs Wochen nach der Zahlung, gesondert zu melden, wenn

1. *eine Meldung nach den §§ 8 bis 10 oder § 12 für das Kalenderjahr, dem das Arbeitsentgelt zuzuordnen ist, nicht mehr erfolgt,*
2. *die folgende Meldung nach den §§ 8 bis 10 oder § 12 kein beitragspflichtiges laufend gezahltes Arbeitsentgelt enthält oder*
3. *für das beitragspflichtige laufend und einmalig gezahlte Arbeitsentgelt unterschiedliche Beitragsgruppen gelten.*

(3) Der Arbeitgeber hat beitragspflichtiges einmalig gezahltes Arbeitsentgelt gesondert melden, wenn die Auszahlung während einer nach § 9 gemeldeten Unterbrechung der Beschäftigung oder während des Bezuges einer nach § 38 gemeldeten Entgeltersatzleistung erfolgt.

(4) Der Arbeitgeber hat in der Unfallversicherung beitragspflichtiges Arbeitsentgelt spätestens innerhalb von sechs Wochen nach der Zahlung gesondert zu melden, wenn eine Meldung aus anderem Grund für das Kalenderjahr, dem das Arbeitsentgelt zuzuordnen ist, nicht mehr erfolgt.

§ 11 a Meldungen von Arbeitsentgelt bei flexiblen Arbeitszeitregelungen

(1) Arbeitsentgelt nach § 23 b Abs. 2 bis 3 des Vierten Buches Sozialgesetzbuch ist mit der ersten folgenden Lohn- und Gehaltsabrechnung gesondert zu melden, wenn es nicht nach § 7 c oder § 7 f Abs. 2 Satz 1 des Vierten Buches Sozialgesetzbuch verwendet wird.

(2) Der Wechsel von einem Wertguthaben, das im Beitrittsgebiet erzielt wurde, zu einem Wertguthaben, das im übrigen Bundesgebiet erzielt wurde, und umgekehrt ist mit der ersten folgenden Lohn- und Gehaltsabrechnung nach dem Wechsel taggenau zu melden.

(3) Wird im selben Zeitraum ein Wertguthaben aufgelöst und Arbeitsentgelt gezahlt, ist das Wertguthaben nur dann gesondert unter der Angabe, ob es im Beitritts- oder im übrigen Bundesgebiet erzielt worden ist, zu melden, wenn nicht beide zusammen im Beitrittsgebiet oder zusammen im übrigen Bundesgebiet erzielt worden sind.

§ 11 b Meldung von Arbeitsentgelten bei Mehrfachbeschäftigung sowie bei Bezug von weiteren beitragspflichtigen Einnahmen

Teilt der oder die Beschäftigte oder die zuständige Krankenkasse dem Arbeitgeber mit, dass der oder die Beschäftigte eine weitere Beschäftigung aufgenommen hat oder eine andere sozial-

versicherungspflichtige Einnahme erzielt, ist mit der ersten folgenden Lohn- und Gehaltsabrechnung nach Beschäftigungsaufnahme oder Erzielung der sozialversicherungspflichtigen Einnahme monatlich eine Entgeltmeldung nach § 28 a Absatz 1 Satz 1 Nummer 10 des Vierten Buches Sozialgesetzbuch an die zuständige Krankenkasse zu melden, erstmals spätestens innerhalb von sechs Wochen nach diesem Zeitpunkt. Die Meldepflicht besteht, solange die Voraussetzungen nach § 28 a Absatz 1 Satz 1 Nummer 10 des Vierten Buches Sozialgesetzbuch vorliegen.

§ 12 Sonstige Meldungen

(1) Eine Ab- und eine Anmeldung sind zu erstatten, wenn die bisher gemeldete Beitragsgruppe, der Personengruppenschlüssel oder die Krankenkasse des Beschäftigten sich ändert oder dieser von einer Betriebsstätte im Beitrittsgebiet zu einer Betriebsstätte im übrigen Bundesgebiet oder umgekehrt wechselt.

(2) In den Fällen, in denen ein Berufsausbildungsverhältnis einem Beschäftigungsverhältnis bei demselben Arbeitgeber vorausgeht oder folgt, ist der Tag des Endes oder des Beginns der Beschäftigung und der Berufsausbildung zu melden. Als Beginn einer Berufsausbildung kann auch der Erste des Monats, in dem die Berufsausbildung beginnt, und als Ende der Letzte des Monats, in dem die Berufsausbildung endet, gemeldet werden. Eine Meldung nach Satz 1 und 2 entfällt, wenn eine Meldung nach Absatz 1 zu erstatten ist.

(3) Absatz 2 gilt entsprechend für den Beginn und das Ende einer Altersteilzeit.

(4) Die Meldungen sind innerhalb der Frist des § 6 zu erstatten. Meldungen nach Absatz 1 oder 2 sind nicht zu erstatten, wenn Meldungen nach §§ 6, 8 oder § 9 erfolgen.

(5) Eine Meldung nach § 194 des Sechsten Buches Sozialgesetzbuch ist mit der nächsten Lohn und Gehaltsabrechnung zu erstatten. Ist zu diesem Zeitpunkt eine Meldung nach § 10 noch nicht erfolgt, ist diese zum gleichen Zeitpunkt zu erstatten.

§ 13 Meldungen für geringfügig Beschäftigte

Für die Meldungen einer geringfügigen Beschäftigung nach § 8 des Vierten Buches Sozialgesetzbuch gelten § 5 Abs. 1 bis 7 und 9 und die §§ 6 und 8 bis 12 entsprechend.

§ 14 Stornierung

(1) Meldungen sind unverzüglich zu stornieren, wenn sie nicht zu erstatten waren, bei einer unzuständigen Einzugsstelle erstattet wurden oder unzutreffende Angaben über die Zeit der Beschäftigung, das beitragspflichtige Arbeitsentgelt, den Abgabegrund, die Beitragsgruppen, den Personengruppenschlüssel, den Tätigkeitsschlüssel oder die Betriebsnummer des Arbeitgebers enthalten. Satz 1 gilt auch, wenn unzutreffende Angaben zum in der Unfallversicherung beitragspflichtigen Arbeitsentgelt, der Unfallversicherungsmitgliedsnummer des Beschäftigungsbetriebes, der Betriebsnummer des zuständigen Unfallversicherungsträgers oder der anzuwendenden Gefahrtarifstelle in der Meldung enthalten sind.

(2) Ist zum Zeitpunkt der Stornierung die Versicherungsnummer noch nicht bekannt, hat die Stornierung die für die Vergabe der Versicherungsnummer notwendigen Angaben zu enthalten.

***§ 15** (weggefallen)*

§ 16 Grundsatz
Eine Meldung nach dem Zweiten Abschnitt erfolgt durch Datenübertragung. Es sind geeignete Maßnahmen zur Sicherstellung von Datenschutz und Datensicherheit nach dem jeweiligen Stand der Technik vorzusehen. Bei der Nutzung allgemein zugänglicher Netze sind Verschlüsselungsverfahren anzuwenden.

§ 17 Datenübertragung
(1) Auf die Verfahren zur Datenübertragung sind die DIN-Normen anzuwenden, die in den Grundsätzen für Datenübermittlung und Datenträgeraustausch des Bundesministeriums des Innern aufgeführt sind (BAnz. Nr. 179 b vom 24. September 1997). Die DIN-Normen sind bei der Beuth-Verlag GmbH, Burggrafenstraße 6, 10787 Berlin, beziehbar und beim Bundesarchiv, Potsdamer Straße 1, 56075 Koblenz, für jedermann zugänglich und archivmäßig gesichert niedergelegt.

(1 a) Die Daten können im eXTra-Standard übertragen werden, wie er im Bundesanzeiger vom 27. Oktober 2010 (BAnz. S. 3562) veröffentlicht ist. Die Beschreibung des eXTra-Standards ist für alle zugänglich und kann kostenfrei bei der Deutschen Rentenversicherung Bund abgerufen werden. Für welche Verfahren der eXTra-Standard angewendet werden kann, wird in den Gemeinsamen Grundsätzen nach § 28 b Absatz 2 des Vierten Buches Sozialgesetzbuch festgelegt.

(2) Abweichend von Absatz 1 hat die Zulassungsstelle im Zulassungsbescheid Ausnahmen zu gestatten, wenn allgemein gebräuchliche Datenübertragungstechniken verwendet werden, die die gleiche Datensicherheit gewährleisten, und die Weiterverarbeitung durch die Annahmestelle wirtschaftlich zumutbar ist.

§ 18 Grundsatz
Arbeitgeber dürfen Meldungen nach den §§ 23 c, 28 a, 97 Absatz 1 des Vierten Buches Sozialgesetzbuch, nach § 202 des Fünften Buches Sozialgesetzbuch sowie Beitragsnachweise nach § 28 f Absatz 3 des Vierten Buches Sozialgesetzbuch nur durch Datenübertragung mittels zugelassener systemgeprüfter Programme oder maschinell erstellter Ausfüllhilfen übermitteln. Dies gilt auch, wenn ein Rechenzentrum oder eine vergleichbare Einrichtung für mehrere Arbeitgeber oder für mehrere Betriebe eines Arbeitgebers die Lohn- und Gehaltsunterlagen führt.

§ 19 Antrag
Für maschinell geführte Lohn- und Gehaltsabrechnungsprogramme und maschinell erstellte Ausfüllhilfen ist vor dem erstmaligen Einsatz eine Systemprüfung zu beantragen. Der Antrag auf Systemprüfung ist an die von dem Spitzenverband Bund der Krankenkassen bestimmte Stelle zu richten. Das Nähere zum Antragsverfahren regeln die gemeinsamen Grundsätze nach § 22.

§ 20 Systemprüfung
(1) Maschinell geführte Lohn- und Gehaltsabrechnungsprogramme sind vor ihrem Einsatz auf die korrekte Ausführung der Lohn- und Gehaltsabrechnungsverfahren, Erstellung und Annahme der Meldungen und der technischen Sicherheit der Verfahren nach § 16 Satz 2 und 3 zu prüfen. Grundlage hierfür sind die Vorschriften dieser Verordnung sowie der Beitrags-

verfahrensverordnung in der jeweils geltenden Fassung. Über die Prüfung ist ein Protokoll zu erstellen, das bis zur Erteilung einer neuen Zulassung aufzubewahren ist.

(2) Werden Programme für die Lohn- und Gehaltsabrechnung oder die Erstellung und Annahme von Meldungen mit Auswirkungen auf die Verarbeitungsergebnisse verändert oder durch neue Programme ersetzt, ist vor ihrem Einsatz eine erneute Prüfung zu beantragen. Diese Prüfung kann auch in vereinfachter Form anhand von speziellen Testaufgaben durchgeführt werden.

(3) Erfüllt ein Programm nicht die Voraussetzungen der Systemprüfung oder wird ein Programm verändert, ohne diese Änderung zur Prüfung der prüfenden Stelle vorzulegen, ist die Zulassung des Programms zu versagen oder unverzüglich zu entziehen.

(4) Die Einzelheiten zur Durchführung der Systemprüfung und die Beteiligung der Rentenversicherungsträger regeln die gemeinsamen Grundsätze nach § 22.

(5) Die Absätze 1 bis 4 gelten für maschinell erstellte Ausfüllhilfen entsprechend.

§ 21 Zulassungsbescheid

Der Antragsteller erhält das Prüfprotokoll und einen Zulassungsbescheid vom Spitzenverband Bund der Krankenkassen. Diese sind vom Antragsteller aufzubewahren. Die Zulassung legt die für die ordnungsgemäße Durchführung der Datenübertragung einzuhaltenden Voraussetzungen fest. Einzelheiten regeln die gemeinsamen Grundsätze nach § 22.

§ 22 Gemeinsame Grundsätze

Einzelheiten der Systemprüfung, insbesondere die Beteiligung der betroffenen Sozialversicherungsträger, die Zulassungsvoraussetzungen, die Übernahme, Prüfung und Korrektur von Daten und das Verfahren zur Weiterleitung der Daten regeln der Spitzenverband Bund der Krankenkassen, die Deutsche Rentenversicherung Bund und die Bundesagentur für Arbeit einvernehmlich in gemeinsamen Grundsätzen. Die Bundesvereinigung der Deutschen Arbeitgeberverbände ist anzuhören.

§ 23 Annahmestelle, Zeitpunkt

(1) Die Meldungen sind an die zuständige Annahmestelle zu erstatten.

(2) Stellt die Annahmestelle bei Annahme der Meldung Mängel fest, die die Annahme der Daten beeinträchtigen, insbesondere dass die Datensätze unvollständig sind, hat sie die Meldung zurückzuweisen. Der Arbeitgeber, das Rechenzentrum oder die vergleichbare Einrichtung ist über die festgestellten Mängel durch Datenübertragung zu unterrichten. Die Mängel sind unverzüglich zu beheben und die zurückgewiesenen Meldungen erneut zu erstatten.

(3) Die Einzelheiten regeln die gemeinsamen Grundsätze nach § 22.

§ 24 (weggefallen)

§ 25 Unterrichtung des Arbeitnehmers

(1) Der Arbeitgeber hat dem Beschäftigten mindestens einmal jährlich bis zum 30. April eines Jahres für alle im Vorjahr durch Datenübertragung erstatteten Meldungen eine maschinell erstellte Bescheinigung zu übergeben, die inhaltlich getrennt alle gemeldeten Daten ohne die

Angaben für die gesetzliche Unfallversicherung wiedergeben muss. Bei Auflösung des Arbeitsverhältnisses ist die Bescheinigung unverzüglich nach Abgabe der letzten Meldung auszustellen.

(2) Die Bescheinigung kann auf den üblichen Lohn- und Gehaltsabrechnungen erteilt werden. Der Arbeitgeber hat den Inhalt der Bescheinigung wie Lohnunterlagen zu behandeln und bis zum Ablauf des auf die letzte Prüfung nach § 28p des Vierten Buches Sozialgesetzbuch folgenden Kalenderjahres aufzubewahren.

§ 26 Beitragsnachweise

Der Beitragsnachweis nach § 28f Abs. 3 Satz 1 des Vierten Buches Sozialgesetzbuch ist rechtzeitig einzureichen. Die §§ 2, 3, 5 Abs. 1, §§ 14, 16 bis 23, 31 Abs. 1 und 3 bis 5, §§ 32, 33 Abs. 1, 2 und 6, § 38 Abs. 1, 2 und 4 und § 40 Abs. 1 bis 3 gelten entsprechend.

§§ 27 und 28 *(weggefallen)*

§§ 29 und 30 *(weggefallen)*

§ 31 Sonderregelungen

(1) Für die Meldungen der Versicherten der knappschaftlichen Rentenversicherung sowie für Meldungen der nach § 129 Abs. 1 Nr. 5 des Sechsten Buches Sozialgesetzbuch genannten Seeleute gelten besondere Datensätze. Die Meldungen enthalten zusätzliche Angaben für die knappschaftliche Rentenversicherung oder über Berufsgruppe, Fahrzeuggruppe, Patent sowie zur Beschäftigung auf im Internationalen Seeschifffahrtsregister eingetragenen Schiffen.

(2) Die Betriebsnummer für Meldepflichtige, die Versicherte nach Absatz 1 zu melden haben, wird von der Deutschen Rentenversicherung Knappschaft-Bahn-See im Einvernehmen mit der Bundesagentur für Arbeit vergeben.

(3) Die Deutsche Rentenversicherung Knappschaft-Bahn-See stellt auf der Grundlage der gemeinsamen Grundsätze nach § 22 eigene Grundsätze für die Datensätze nach Absatz 1 auf, die die für sie geltenden Sonderregelungen berücksichtigen. Satz 1 gilt entsprechend für die Regelungen zur Systemprüfung im Sinne der §§ 18 bis 21.

(4) Prüfende Stelle nach § 19 ist für Systeme, mit denen Meldungen nach Absatz 1 erstattet werden, die Deutsche Rentenversicherung Knappschaft-Bahn-See.

§ 32 Weiterleitung von Daten

(1) Jede Weiterleitung von Daten zwischen den Einzugsstellen, dem Bundesversicherungsamt als Träger des Gesundheitsfonds, den Kranken- und Pflegekassen, den Rentenversicherungsträgern und der Bundesagentur für Arbeit erfolgt durch Datenübertragung.

(2) § 16 Satz 2 und 3 und § 17 Abs. 1 gilt entsprechend.

(3) Die Einzelheiten regeln die gemeinsamen Grundsätze nach § 22.

§ 33 Übernahme und Prüfung der Daten durch die Einzugsstellen

(1) Die Annahmestelle prüft die Meldungen auf Vollständigkeit und Richtigkeit, insbesondere darauf, dass die Meldungen nur die zugelassenen Zeichen, Schlüsselzahlen und sonstigen vorgesehenen Angaben enthalten.

(2) Ist die Annahmestelle nicht die zuständige Einzugsstelle, hat sie an diese die Meldungen nach dem Dritten Abschnitt unverzüglich nach der Prüfung nach Absatz 1 weiterzuleiten.

(3) Die Einzugsstelle hat die für die Durchführung des Meldeverfahrens erforderlichen Daten in eine maschinell geführte Datei (Bestandsdatei) aufzunehmen. Sie bereitet die jeweils eingehenden Daten auf und gleicht die angegebene Versicherungsnummer mit der Bestandsdatei maschinell ab. Bei Meldungen nach den §§ 8 bis 10 sind der Beginn der Beschäftigung und die Beitragsgruppe zu prüfen. Bei der Prüfung festgestellte Unstimmigkeiten klärt die Einzugsstelle mit den Beteiligten auf.

(4) Die Einzugsstelle hat unverzüglich die Vergabe einer Versicherungsnummer bei der Rentenversicherung zu beantragen, wenn eine Anmeldung keine Versicherungsnummer enthält und diese nicht aus der Bestandsdatei ermittelt werden kann. Sie leitet die Versicherungsnummer unverzüglich durch Datenübertragung nach Erhalt an die Arbeitgeber weiter.

(5) Die Einzugsstelle hat die Daten der fehlerfreien Meldungen in eine automatisierte Datei zu übernehmen.

(6) Den Umfang und die Einzelheiten der Prüfungen nach den Absätzen 1 bis 3, das Verfahren der Fehlerbehandlung und die Überwachung der erneuten Erstattung zurückgewiesener Meldungen regeln die gemeinsamen Grundsätze nach § 22.

§ 34 Datenweiterleitung

(1) Die Einzugsstelle hat die geprüften Daten innerhalb von fünf Arbeitstagen nach Eingang an die Datenstelle der Träger der Rentenversicherung weiterzuleiten.

(2) In den Fällen des § 33 Abs. 4 unterbleibt die Weiterleitung, bis die Versicherungsnummer mitgeteilt wird.

***§ 35** (weggefallen)*

§ 36 Aufgaben der Datenstelle der Träger der Rentenversicherung

(1) Die Datenstelle der Träger der Rentenversicherung führt eine maschinelle Stammsatzdatei.

(2) Die Datenstelle der Träger der Rentenversicherung kann unvollständige und fehlerhafte Daten zurückweisen. Sie hat die für die Durchführung der Rentenversicherung erforderlichen Daten aus den an sie erstatteten oder weitergeleiteten Meldungen unverzüglich an den zuständigen Träger der Rentenversicherung weiterzuleiten. Werden bei der Übernahme von Daten in das Versicherungskonto Unstimmigkeiten festgestellt, hat der zuständige Träger der Rentenversicherung diese mit den beteiligten Stellen aufzuklären.

(3) Die Datenstelle der Träger der Rentenversicherung hat die für die Aufgabenerfüllung der Bundesagentur für Arbeit erforderlichen Daten unverzüglich weiterzuleiten.

***§ 37** (weggefallen)*

§ 38 Entgeltersatzleistungen

(1) Die Leistungsträger haben Zeiträume, in denen Personen nach § 3 Satz 1 Nr. 3 oder 4 oder § 4 Abs. 3 Satz 1 Nr. 1 des Sechsten Buches Sozialgesetzbuch versicherungspflichtig sind

und eine der in diesen Vorschriften genannten Leistungen, Eingliederungshilfe für Spätaussiedler, Leistungen, die die Bundesagentur für Arbeit nach dem Altersteilzeitgesetz anstelle des Arbeitgebers erbringt, oder Arbeitslosenbeihilfe beziehen, unter Angabe der der Leistung zugrunde liegenden beitragspflichtigen Einnahmen zu melden. Die Zeiten sind jeweils für das Beitrittsgebiet und das übrige Bundesgebiet zu kennzeichnen.

(2) Die Meldungen sind innerhalb eines Monats nach dem Ende der in Absatz 1 genannten Zeiträume nach den Vorschriften des Sechsten Abschnitts an die in § 34 Abs. 1 genannten Stellen zu erstatten. § 5 Abs. 6 und 7 und § 32 Abs. 1 gelten entsprechend.

(3) § 5 Abs. 3 gilt entsprechend. § 12 Abs. 5 gilt entsprechend; die Meldung ist innerhalb eines Monats nach dem Verlangen des Rentenantragstellers zu erstatten.

(4) Stornierungen von Meldungen sind von der Stelle vorzunehmen, die die Meldung abgegeben hat.

(5) Die meldende Stelle hat dem Versicherten bis zum 30. April eines Jahres eine Bescheinigung über den Inhalt der Meldungen des vergangenen Kalenderjahres zu erteilen. Die Bescheinigung ist zu einem früheren Zeitpunkt zu erteilen, wenn der Versicherte sie vorher benötigt.

§ 39 Anrechnungszeiten, Sperrzeiten

(1) Die Krankenkassen melden dem zuständigen Rentenversicherungsträger Anrechnungszeiten ihrer Mitglieder nach § 58 Abs. 1 Satz 1 Nr. 1 und 2 und Zeiten des Schulbesuches nach § 58 Abs. 1 Nr. 4 des Sechsten Buches Sozialgesetzbuch.

(2) Die Bundesagentur für Arbeit meldet dem zuständigen Rentenversicherungsträger Anrechnungszeiten nach § 58 Abs. 1 Satz 1 Nr. 3, 3a und für berufsvorbereitende Bildungsmaßnahmen nach Nr. 4 des Sechsten Buches Sozialgesetzbuch und Sperrzeiten nach § 159 des Dritten Buches Sozialgesetzbuch sowie Zeiten nach § 38 Abs. 3 des Dritten Buches Sozialgesetzbuch, in denen der Arbeitsuchende die Vermittlung durch die Agentur für Arbeit nicht in Anspruch nehmen konnte. Der zuständige Leistungsträger meldet dem zuständigen Rentenversicherungsträger Anrechnungszeiten nach § 58 Absatz 1 Satz 1 Nummer 6 des Sechsten Buches Sozialgesetzbuch.

(3) Anrechnungszeiten nach den Absätzen 1 und 2, die länger als ein Kalenderjahr andauern, sind bis zum 30. April des folgenden Jahres dem zuständigen Rentenversicherungsträger zu melden. Satz 1 gilt nicht, wenn in der genannten Frist eine Meldung nach Absatz 1 oder 2 abgegeben worden ist.

(4) Der Versicherte kann bei dem zuständigen Rentenversicherungsträger die Vormerkung einer Anrechnungszeit beantragen, wenn er nicht Mitglied einer Krankenkasse ist oder es sich um Zeiten eines Fachschul- oder Hochschulbesuches nach § 58 Abs. 1 Satz 1 Nr. 4 des Sechsten Buches Sozialgesetzbuch handelt. Das Gleiche gilt, wenn die Krankenkasse einen Antrag nach Absatz 1 abgelehnt hat, weil sie eine Anrechnungszeit nicht feststellen kann.

(5) § 38 Abs. 2, 4 und 5 gilt entsprechend.

(6) Die Krankenkassen und die Bundesagentur für Arbeit sind an Erklärungen der Rentenversicherungsträger zu Rechtsfragen von grundsätzlicher Bedeutung gebunden.

§ 40 Zeiten des Wehr- und Zivildienstes

(1) Das Bundesministerium der Verteidigung oder die von ihm bestimmten Stellen und das Bundesamt für den Zivildienst melden die Zeiträume, in denen Personen nach § 3 Satz 1 Nr. 2 und 2a des Sechsten Buches Sozialgesetzbuch versicherungspflichtig sind; dabei sind Dienstzeiten im Beitrittsgebiet besonders zu kennzeichnen. Der Beginn und das Ende einer Unterbrechung der Dienstzeit unter Wegfall der Geld- und Sachbezüge sind gesondert zu melden.

(2) In den Meldungen nach Absatz 1 Satz 1 ist zusätzlich das beitragspflichtige Arbeitsentgelt nach § 166 Abs. 1 Nr. 1 zweiter und dritter Halbsatz des Sechsten Buches Sozialgesetzbuch anzugeben, wenn die Personen eine Verdienstausfallentschädigung nach dem Unterhaltssicherungsgesetz oder Dienstbezüge aufgrund eines Wehrdienstverhältnisses besonderer Art nach § 6 des Einsatz-Weiterverwendungsgesetzes erhalten. § 38 Abs. 4 gilt entsprechend.

(3) § 34 Abs. 1 gilt entsprechend. Die Einzelheiten des Verfahrens der Datenübertragung sind zwischen den beteiligten Stellen einvernehmlich zu regeln.

(4) Der Wehr- oder Zivildienstleistende hat spätestens bei Dienstantritt der Dienststelle seine Versicherungsnummer unter Vorlage des Sozialversicherungsausweises anzugeben. § 5 Abs. 7 gilt entsprechend; die Vergabedaten sind an die Datenstelle der Träger der Rentenversicherung weiterzuleiten.

(5) Die §§ 25 und 38 Abs. 5 gelten entsprechend.

§ 40a Zeiten einer besonderen Auslandsverwendung

(1) Das Bundesministerium der Verteidigung oder die von ihm bestimmte Stelle meldet die Zeiträume, für die die Voraussetzungen für Zuschläge an Entgeltpunkten für Zeiten einer besonderen Auslandsverwendung nach § 76e des Sechsten Buches Sozialgesetzbuch vorliegen.

(2) § 5 Absatz 3 und § 38 Absatz 2, 4 und 5 gelten entsprechend.

§ 41 Ordnungswidrigkeiten

Ordnungswidrig im Sinne des § 111 Abs. 1 Nr. 8 des Vierten Buches Sozialgesetzbuch handelt, wer vorsätzlich oder leichtfertig

1. *ohne Zulassung nach § 18 Satz 1, auch in Verbindung mit Satz 2, Datenübertragung betreibt,*
2. *einer einzuhaltenden Voraussetzung nach § 21 Satz 3 zuwiderhandelt,*
3. *entgegen § 25 Abs. 1 Satz 1 eine Bescheinigung nicht, nicht richtig, nicht vollständig oder nicht rechtzeitig übergibt oder*
4. *entgegen § 25 Abs. 2 Satz 2 den Inhalt der Bescheinigung nicht oder nicht für die vorgeschriebene Dauer aufbewahrt.*

§ 42 Beitragsnachweisverfahren für sonstige Beiträge

§ 26 gilt entsprechend für Beitragszahlungen und Beitragsweiterleitungen nach § 252 Abs. 2 des Fünften Buches Sozialgesetzbuch.

Zweiter Titel
Verfahren und Haftung bei der Beitragszahlung

§ 28 f Aufzeichnungspflicht, Nachweise der Beitragsabrechnung und der Beitragszahlung[55]

(1) Der Arbeitgeber hat für jeden Beschäftigten, getrennt nach Kalenderjahren, Entgeltunterlagen im Geltungsbereich dieses Gesetzes in deutscher Sprache zu führen und bis zum Ablauf des auf die letzte Prüfung (§ 28 p) folgenden Kalenderjahres geordnet aufzubewahren. Satz 1 gilt nicht hinsichtlich der Beschäftigten in privaten Haushalten. Die landwirtschaftliche Krankenkasse kann wegen der mitarbeitenden Familienangehörigen Ausnahmen zulassen. Für die Aufbewahrung der Beitragsabrechnungen und der Beitragsnachweise gilt Satz 1.

(1 a) Bei der Ausführung eines Dienst- oder Werkvertrages im Baugewerbe hat der Unternehmer die Entgeltunterlagen und die Beitragsabrechnung so zu gestalten, dass eine Zuordnung der Arbeitnehmer, des Arbeitsentgelts und des darauf entfallenden Gesamtsozialversicherungsbeitrags zu dem jeweiligen Dienst- oder Werkvertrag möglich ist.

(2) Hat ein Arbeitgeber die Aufzeichnungspflicht nicht ordnungsgemäß erfüllt und können dadurch die Versicherungs- oder Beitragspflicht oder die Beitragshöhe nicht festgestellt werden, kann der prüfende Träger der Rentenversicherung den Beitrag in der Kranken-, Pflege- und Rentenversicherung und zur Arbeitsförderung von der Summe der vom Arbeitgeber gezahlten Arbeitsentgelte geltend machen. Satz 1 gilt nicht, soweit ohne unverhältnismäßig großen Verwaltungsaufwand festgestellt werden kann, dass Beiträge nicht zu zahlen waren oder Arbeitsentgelt einem bestimmten Beschäftigten zugeordnet werden kann. Soweit der prüfende Träger der Rentenversicherung die Höhe der Arbeitsentgelte nicht oder nicht ohne unverhältnismäßig großen Verwaltungsaufwand ermitteln kann, hat er diese zu schätzen. Dabei ist für das monatliche Arbeitsentgelt eines Beschäftigten das am Beschäftigungsort ortsübliche Arbeitsentgelt mitzuberücksichtigen. Der prüfende Träger der Rentenversicherung hat einen auf Grund der Sätze 1, 3 und 4 ergangenen Bescheid insoweit zu widerrufen, als nachträglich Versicherungs- oder Beitragspflicht oder Versicherungsfreiheit festgestellt und die Höhe des Arbeitsentgelts nachgewiesen werden. Die von dem Arbeitgeber auf Grund dieses Bescheides geleisteten Zahlungen sind insoweit mit der Beitragsforderung zu verrechnen.

(3) Der Arbeitgeber hat der Einzugsstelle einen Beitragsnachweis zwei Arbeitstage vor Fälligkeit der Beiträge durch Datenübertragung zu übermitteln; dies gilt nicht hinsichtlich der Beschäftigten in privaten Haushalten bei Verwendung von Haushalts-

---

55 Gültig ab 01. 01. 2013. Geändert wurden im Vergleich zur bis zum 31. 12. 2012 geltenden Fassung Absatz 1 Satz 3 und Absatz 4 Satz 2. Abs. 1 Satz 3 lautete: »Die landwirtschaftlichen Krankenkassen können …«. Abs. 4 Satz 2 lautete: »Dies gilt auch für Arbeitgeber, die den Gesamtsozialversicherungsbeitrag an mehrere Betriebskrankenkassen oder landwirtschaftliche Krankenkassen zu zahlen haben, gegenüber dem jeweiligen Bundesverband.«

schecks. Übermittelt der Arbeitgeber den Beitragsnachweis nicht zwei Arbeitstage vor Fälligkeit der Beiträge, so kann die Einzugsstelle das für die Beitragsberechnung maßgebende Arbeitsentgelt schätzen, bis der Nachweis ordnungsgemäß übermittelt wird. Der Beitragsnachweis gilt für die Vollstreckung als Leistungsbescheid der Einzugsstelle und im Insolvenzverfahren als Dokument zur Glaubhaftmachung der Forderungen der Einzugsstelle. Im Beitragsnachweis ist auch die Steuernummer des Arbeitgebers anzugeben, wenn der Beitragsnachweis die Pauschsteuer für geringfügig Beschäftigte enthält. In den Fällen des § 242b des Fünften Buches ist zusätzlich der Betrag gesondert nachzuweisen, der ohne die Durchführung des Sozialausgleichs zu zahlen gewesen wäre.

(4) Arbeitgeber, die den Gesamtsozialversicherungsbeitrag an mehrere Orts- oder Innungskrankenkassen zu zahlen haben, können bei
1. dem jeweils zuständigen Bundesverband oder
2. einer Orts- oder Innungskrankenkasse

(beauftragte Stelle) für die jeweilige Kassenart beantragen, dass der beauftragten Stelle der jeweilige Beitragsnachweis eingereicht wird. Dies gilt auch für Arbeitgeber, die den Gesamtsozialversicherungsbeitrag an mehrere Betriebskrankenkassen zu zahlen haben, gegenüber dem jeweiligen Bundesverband. Gibt die beauftragte Stelle dem Antrag statt, hat sie die zuständigen Einzugsstellen zu unterrichten. Im Falle des Satzes 1 erhält die beauftragte Stelle auch den Gesamtsozialversicherungsbeitrag, den sie arbeitstäglich durch Überweisung unmittelbar an folgende Stellen weiterzuleiten hat:
1. die Beiträge zur Kranken- und Pflegeversicherung an die zuständigen Einzugsstellen,
2. die Beiträge zur Rentenversicherung gemäß § 28k,
3. die Beiträge zur Arbeitsförderung an die Bundesagentur für Arbeit.

Die beauftragte Stelle hat die für die zuständigen Einzugsstellen bestimmten Beitragsnachweise an diese weiterzuleiten. Die Träger der Pflegeversicherung, der Rentenversicherung und die Bundesagentur für Arbeit können den Beitragsnachweis sowie den Eingang, die Verwaltung und die Weiterleitung ihrer Beiträge bei der beauftragten Stelle prüfen. § 28q Absatz 2 und 3 sowie § 28r Absatz 1 und 2 gelten entsprechend.

(5) Abweichend von Absatz 1 Satz 1 sind die am 31. Dezember 1991 im Beitrittsgebiet vorhandenen Entgeltunterlagen mindestens bis zum 31. Dezember 2011 vom Arbeitgeber aufzubewahren. Die Pflicht zur Aufbewahrung erlischt, wenn der Arbeitgeber die Entgeltunterlagen dem Betroffenen aushändigt oder die für die Rentenversicherung erforderlichen Daten bescheinigt, frühestens jedoch mit Ablauf des auf die letzte Prüfung der Träger der Rentenversicherung bei dem Arbeitgeber folgenden Kalenderjahres, und wenn ein Unternehmen aufgelöst wird.

Dritter Titel
Auskunfts- und Vorlagepflicht, Prüfung, Schadensersatzpflicht und Verzinsung

§ 28 q Prüfung bei den Einzugsstellen und den Trägern der Rentenversicherung[56]

(1) Die Träger der Rentenversicherung und die Bundesagentur für Arbeit prüfen bei den Einzugsstellen die Durchführung der Aufgaben, für die die Einzugsstellen eine Vergütung nach § 28 l Absatz 1 erhalten, mindestens alle vier Jahre. Satz 1 gilt auch im Verhältnis der Deutschen Rentenversicherung Bund zur Künstlersozialkasse. Die Deutsche Rentenversicherung Bund speichert in der in § 28 p Absatz 8 Satz 1 genannten Datei Daten aus dem Bescheid des Trägers der Rentenversicherung nach § 28 p Absatz 1 Satz 5, soweit dies für die Prüfung bei den Einzugsstellen nach Satz 1 erforderlich ist. Sie darf diese Daten nur für die Prüfung bei den Einzugsstellen verarbeiten und nutzen.

(1 a) Die Träger der Rentenversicherung und die Bundesagentur für Arbeit prüfen bei den Einzugsstellen für das Bundesversicherungsamt als Verwalter des Gesundheitsfonds im Hinblick auf die Krankenversicherungsbeiträge im Sinne des § 28 d Absatz 1 Satz 1 die Geltendmachung der Beitragsansprüche, den Einzug, die Verwaltung, die Weiterleitung und die Abrechnung der Beiträge entsprechend § 28 l Absatz 1 Satz 1 Nummer 1 und 2. Absatz 1 Satz 3 und 4 gilt entsprechend. Die mit der Prüfung nach Satz 1 befassten Stellen übermitteln dem Bundesversicherungsamt als Verwalter des Gesundheitsfonds die zur Geltendmachung der in § 28 r Absatz 1 und 2 bezeichneten Rechte erforderlichen Prüfungsergebnisse. Die durch die Aufgabenübertragung und -wahrnehmung entstehenden Kosten sind den Trägern der Rentenversicherung und der Bundesagentur für Arbeit aus den Einnahmen des Gesundheitsfonds zu erstatten. Die Einzelheiten des Verfahrens und der Vergütung vereinbaren die Träger der Rentenversicherung und die Bundesagentur für Arbeit mit dem Bundesversicherungsamt als Verwalter des Gesundheitsfonds.

(2) Die Einzugsstellen haben die für die Prüfung erforderlichen Unterlagen bis zur nächsten Einzugsstellenprüfung aufzubewahren und bei der Prüfung bereitzuhalten.

(3) Die Einzugsstellen sind verpflichtet, bei der Darlegung der Kassen- und Rechnungsführung aufklärend mitzuwirken und bei Verfahren, die mit Hilfe automatischer Einrichtungen durchgeführt werden, angemessene Prüfhilfen zu leisten. Der Spitzenverband Bund der Krankenkassen, die Deutsche Rentenversicherung Bund und die Bundesagentur für Arbeit treffen entsprechende Vereinbarungen. Die Deutsche Rentenversicherung Knappschaft-Bahn-See und die landwirtschaftliche Krankenkasse können dabei ausgenommen werden.

(4) Die Prüfung erstreckt sich auf alle Stellen, die Aufgaben der in Absatz 1 genannten Art für die Einzugsstelle wahrnehmen. Die Absätze 2 und 3 gelten insoweit für diese Stellen entsprechend.

---

56 Gültig ab 01.01.2013. Geändert wurde im Vergleich zu der bis 31.12.2012 geltenden Fassung Abs. 3 Satz 3. Dieser lautete: »Die Deutsche Rentenversicherung Knappschaft-Bahn-See und die landwirtschaftlichen Krankenkassen können dabei ausgenommen werden.«

(5) Die Einzugsstellen und die Bundesagentur für Arbeit prüfen gemeinsam bei den Trägern der Rentenversicherung deren Aufgaben nach § 28 p mindestens alle vier Jahre. Die Prüfung kann durch Abruf der Arbeitgeberdateien (§ 28 p Absatz 8) im automatisierten Verfahren durchgeführt werden. Bei geringfügigen Beschäftigungen gelten die Sätze 1 und 2 nicht für die Deutsche Rentenversicherung Knappschaft-Bahn-See als Einzugsstelle.

Regelungsinhalt

1 Der Arbeitgeber hat umfassende Aufzeichnungspflichten einzuhalten. So hat er für jeden Beschäftigten Lohnunterlagen zu führen. Die Lohnunterlagen sind für jeden Beschäftigten getrennt nach Kalenderjahren zu führen in deutscher Sprache. Beitragsabrechnungen und Beitragsnachweise sind hinzuzufügen.[57] Diese Verpflichtung gilt nicht für Beschäftigte in privaten Haushalten.

Die Aufzeichnungspflicht soll es im Falle einer Betriebsprüfung dem Träger der Rentenversicherung ermöglichen, nachzuhalten, ob der Arbeitgeber seinen Meldepflichten nachkommt und der Gesamtsozialversicherungsbeitrag der Höhe nach korrekt abgeführt wird. Die Prüfung erfolgt mindestens alle vier Jahre.

2 Die Einzugsstelle kann auf den Träger der Rentenversicherung in dem Sinne einwirken, wenn sie eine Betriebsprüfung für erforderlich hält. Der Arbeitgeber hat auch Aufzeichnungen zu führen über jene Beschäftigte, für die er gar keine Sozialversicherungsbeiträge abführt.

Beispiel:
Kurzfristig Beschäftigte, die versicherungsfrei sind.

Nur so kann der Arbeitgeber auf Verlangen des Rentenversicherungsträgers Auskunft erteilen über Art und Dauer der Beschäftigung, ihren Beginn und Ende sowie der Zusammensetzung des Entgelts. Diese Umstände sind maßgeblich, wenn es um die Feststellung geht, ob überhaupt ein Sozialversicherungsbeitrag zu zahlen ist und in welcher Höhe.

3 Der Arbeitgeber hat monatliche Beitragsabrechnungen über seine Beschäftigten zu führen, aus denen die Höhe der Vergütung, die namentliche Zuordnung zum Beschäftigten, Beitragsgruppenzuordnung, die Sozialversicherungstage und der Gesamtsozialversicherungsbeitrag hervorgehen.

4 Verletzt der Arbeitgeber seine Aufzeichnungspflichten oder führt er die Unterlagen nicht gesetzeskonform, so hat dies Konsequenzen. Verstößt der Arbeitgeber gegen die Aufzeichnungspflichten, so ist dieses Verhalten bußgeldbewehrt. Es stellt eine Ordnungswidrigkeit dar (§ 111).

5 Kann infolge der fehlerhaften Aufzeichnung im Rahmen einer Betriebsprüfung der Rentenversicherungsträger die zuverlässige Beitragshöhe für den einzelnen Beschäftigten nicht zuverlässig ermitteln, hat der Betriebsprüfer das Recht, zur Beitragsbemessung **alle**

57 Siehe hierzu die Hinweise in der BVV, dort § 8.

Entgelte heranzuziehen. Der Betriebsprüfer kann in dem Fall auf dieser Grundlage einen Summenbeitragsbescheid erlassen. Dies ist nur zulässig, wenn ansonsten nach Ausschöpfen aller Feststellungsmöglichkeiten den Prüfern keine personenbezogene Zuordnung möglich ist. Kann auch die Summe der Arbeitsentgelte nicht ohne unverhältnismäßig hohen Verwaltungsaufwand ermittelt werden, sind die Prüfer berechtigt, entsprechende Schätzungen vorzunehmen.

Bei seiner Schätzung hat der Prüfer die Höhe der Entgelte am Ortsüblichen auszurichten. Dem Arbeitgeber bleibt die Möglichkeit, durch nachträgliche Angaben die Höhe des durch Schätzung ermittelten Arbeitsentgelts zu widerlegen. Bereits erlassene Bescheide wird der Rentenversicherungsträger in dem Fall widerrufen. Ist es infolge der überhöhten Schätzung zu einer Überzahlung gekommen, wird der betroffene Arbeitgeber aber die Beiträge nicht zurücküberwiesen erhalten. Vielmehr werden sie mit der tatsächlichen Beitragsschuld verrechnet. 6

Auch gegenüber der Einzugsstelle hat der Arbeitgeber strenge Fristen zu beachten. Er ist verpflichtet, zwei Arbeitstage vor Fälligkeit der Einzugsstelle einen Beitragsnachweis durch Datenübertragung zu übermitteln. Versäumt er die Frist, kann auch hier die Einzugsstelle anhand einer Schätzung die Beitragsberechnung vornehmen. 7

Arbeitgeber, die für Beschäftigte im Privathaushalt am so genannten Haushaltsscheckverfahren teilnehmen, sind ausgenommen. 8

Zu ergänzen ist, dass Arbeitgeber, die an sich an mehrere Einzugsstellen Beiträge zu überweisen haben, aus Gründen der Vereinfachung beantragen können, den Gesamtsozialversicherungsbeitrag an eine beauftragte Stelle abführen zu dürfen. »Beauftragte Stelle« kann der jeweilige Bundesverband oder eine Orts- oder Innungskrankenkasse für die jeweilige Kassenart sein. 9

Die Betriebsprüfung selbst erstreckt sich darauf, zu überprüfen, ob der Arbeitgeber seinen Meldepflichten (§ 28 a) nachgekommen ist. Der Arbeitgeber muss die erforderlichen Unterlagen vorlegen, die die Prüfer benötigen, um die Richtigkeit der Beitragsberechnung und Beitragszahlung zu ermitteln.[58] Dabei geht es nicht nur um die Beiträge zur Sozialversicherung im engeren Sinne. Die Betriebsprüfung ermittelt auch, ob die fälligen Umlagen (so z. B. nach dem AufwendungsausgleichsGesetz) korrekt abgeführt wurden. Der Arbeitgeber kann sich im Rahmen der Betriebsprüfung auch nicht unwissend und desinteressiert stellen. Er hat Prüfhilfen zu leisten. Einzelheiten hierzu regelt die Beitragsverfahrensverordnung (BVV). Daher hat der Arbeitgeber z. B. Abrechnungsprogramme, die er benutzt, bereitzuhalten und technisch dem Betriebsprüfer verfügbar zu halten. Auch einen Abgleich mit Prüfberichten der Finanzbehörden muss er möglich machen. 10

Wegen der geltenden vierjährigen Verjährungsfrist wird sich die Betriebsprüfung rückwirkend längstens auf diesen Zeitraum erstrecken. 11

Der Prüftermin wird dem Arbeitgeber vorab mitgeteilt. So wird er in die Lage versetzt, die nötigen Unterlagen bereitzuhalten. Üblicherweise findet die Prüfung in seinen Geschäftsräumen statt. Dabei hat der Arbeitgeber die Prüfung zu dulden.[59] 12

58 Einzelheiten hierzu regelt die BVV.

59 BSG – 04.08.2004 – L 9 KR 31/02.

Kommt es am Ende der Betriebsprüfung zu dem Ergebnis, dass der Arbeitgeber zu Nachzahlungen verpflichtet ist oder künftig Beiträge in anderer Höhe als bisher zu bezahlen hat, erlässt der Rentenversicherungsträger einen entsprechenden Bescheid.

Vor Anlass des belastenden Verwaltungsaktes muss dem Beitragsschuldner Gelegenheit zur Anhörung gegeben werden.

Ein Widerspruch hat keine aufschiebende Wirkung. Will der Arbeitgeber die sofortige Fälligkeit etwaiger Nachforderungen verhindern, muss er die Aussetzung der Vollziehung beantragen, notfalls im Eilverfahren.

5. Sozialgesetzbuch (SGB) Fünftes Buch (V) – Gesetzliche Krankenversicherung

Vom 20. Dezember 1988 (BGBl. I 2477); zuletzt geändert durch Art. 3 G v. 23. Oktober 2012 (BGBl. I S. 2246)

– Auszug –

Übersicht

Erstes Kapitel
Allgemeine Vorschriften

§ 1 Solidarität und Eigenverantwortung

Die Krankenversicherung als Solidargemeinschaft hat die Aufgabe, die Gesundheit der Versicherten zu erhalten, wiederherzustellen oder ihren Gesundheitszustand zu bessern. Die Versicherten sind für ihre Gesundheit mitverantwortlich; sie sollen durch eine gesundheitsbewusste Lebensführung, durch frühzeitige Beteiligung an gesundheitlichen Vorsorgemaßnahmen sowie durch aktive Mitwirkung an Krankenbehandlung und Rehabilitation dazu beitragen, den Eintritt von Krankheit und Behinderung zu vermeiden oder ihre Folgen zu überwinden. Die Krankenkassen haben den Versicherten dabei durch Aufklärung, Beratung und Leistungen zu helfen und auf gesunde Lebensverhältnisse hinzuwirken.

Inhaltsübersicht

1. Inhalt und systematischer Zusammenhang

1 Die Vorschrift ist im Zusammenhang mit den Vorschriften des 1. Kapitels (§§ 1–4 a) zu sehen, die tragende Grundsätze über die Art und Weise der Leistungserbringung und die Finanzierung der GKV aufstellen. Die Krankenkassen werden ferner zur Zusammenarbeit

untereinander und mit anderen Einrichtungen und zu einer sparsamen Betriebsführung verpflichtet.[1]

§ 1 enthält die Grundsätze über die solidarischen Aufgaben der Krankenkasse und die Eigenverantwortung des Versicherten.[2] 2

§ 1 und die übrigen Vorschriften des ersten Kapitels begründen keinen eigenständigen Anspruch, sondern sind bei der Anwendung der Regelungen des SGB V heranzuziehen.[3] Die Rechtsprechung nutzt die Regelung – und die im weiteren durch § 2 Abs. 2 SGB I bestehende – Möglichkeit zur Auslegung und Konkretisierung unbestimmter Rechtsbegriffe lediglich zurückhaltend. Dies mag auch daran liegen, dass das gesellschaftliche Verständnis davon, was unter solidarischem und eigenverantwortlichem Handeln zu verstehen ist, unterschiedlich ausgestaltet ist. 3

Für Landwirte, Künstler[4] und Publizisten bestehen gesonderte Gesetze. 4

2. Krankenversicherung als Solidargemeinschaft (Satz 1)

Die GKV folgt der Einsicht, dass eine solidarische Gesellschaft[5] niemanden schutzlos Hunger, Krankheit, Obdachlosigkeit oder ähnlichen Entbehrungen preisgeben darf. Zugleich wird der Erkenntnis Rechnung getragen, dass sich dieses Ziel kaum aufgrund der freiwilligen Verpflichtung des Einzelnen, sondern nur durch eine aufgrund gesetzlicher Regelungen geschaffene Verpflichtung zur Mitgliedschaft in der GKV (Zwangsversicherung) erreichen lässt. Die Beteiligung der Arbeitgeber an der Finanzierung ist Ausdruck des Solidaritätsprinzips. 5

Die Solidargemeinschaft tritt ein für durch Krankheit (versichertes Risiko) entstehende Aufwendungen und Verdienstausfälle, ohne dass es auf die Ursache der Erkrankung ankommt. Ausgenommen sind die Folgen eines Arbeitsunfalls oder einer Berufskrankheit, insoweit hat die Unfallversicherung einzutreten (§ 11 Abs. 5). Praktisch soll jedem Versichertem unabhängig von seiner finanziellen Leistungsfähigkeit die medizinische Versorgung gewährt werden, die zur Erhaltung seiner Gesundheit oder zur Wiederherstellung oder Verbesserung des Gesundheitszustandes erforderlich und angemessen ist. Die GKV ist jedoch nicht verpflichtet, alles zu leisten, was an Mitteln zur Erhaltung oder Wiederherstellung der Gesundheit verfügbar ist.[6] 6

1 BT-Drs. 11/2237, S. 157.
2 BT-Drs. 11/2237, S. 157.
3 BT-Drs. 11/2237, S. 157.
4 Zur Definition vgl. § 2 KSVG: Künstler im Sinne dieses Gesetzes ist, wer Musik, darstellende oder bildende Kunst schafft, ausübt oder lehrt. Publizist im Sinne dieses Gesetzes ist, wer als Schriftsteller, Journalist oder in ähnlicher Weise publizistisch tätig ist oder Publizistik lehrt.
5 Vgl. dazu John Kenneth Galbraith, Die solidarische Gesellschaft ist keine Utopie, Entwurf für eine nicht gehaltene Rede zum 1. Mai von Arne Arnemann.
6 BVerfG – 06. 12. 2005 – 1 BvR 347/98, BVerfGE 115, 25 = SozR 4-2500 § 27 Nr. 5 Rn. 26; 27.

3. Eigenverantwortung

7 Versicherte werden für die Erhaltung ihrer Gesundheit soweit für verantwortlich angesehen, wie sie darauf Einfluss haben.[7] Was dem Einzelnen abverlangt werden kann, bestimmt sich nach dessen Einsichts- und Leistungsfähigkeit und ist bei Kindern, älteren oder behinderten Personen anders als bei gesunden Versicherten zu beurteilen. Vom Versicherten wird, wie § 1 Satz 2 2. Halbsatz deutlich macht, allgemein eine gesundheitsbewusste Lebensführung, eine frühzeitige Beteiligung an gesundheitlichen Vorsorgemaßnahmen sowie eine aktive Mitwirkung an Krankenbehandlung und Rehabilitation gefordert.

Die Mitwirkung an der Krankenbehandlung kann nicht erzwungen werden. Nach § 62 SGB I soll sich derjenige, der Sozialleistungen beantragt oder erhält, auf Verlangen des zuständigen Leistungsträgers ärztlichen und psychologischen Untersuchungsmaßnahmen unterziehen, soweit diese für die Entscheidung über die Leistung erforderlich sind. Gem. § 63 SGB I soll sich ferner derjenige, der wegen Krankheit oder Behinderung Sozialleistungen beantragt oder erhält, auf Verlangen des zuständigen Leistungsträgers einer Heilbehandlung unterziehen, wenn zu erwarten ist, dass sie eine Besserung seines Gesundheitszustands herbeiführen oder eine Verschlechterung verhindern wird. Es handelt sich hierbei um sog. Obliegenheiten, d.h. der Versicherte ist nicht verpflichtet, sich untersuchen zu lassen bzw. an einer Heilbehandlung teilzunehmen, er muss vielmehr damit rechnen, die beantragte Sozialleistung nicht zu erhalten, wenn er einem entsprechenden Verlangen des Versicherungsträgers nicht nachkommt.

8 In der Vergangenheit diente der Hinweis auf die Eigenverantwortung in erster Linie dazu, die Versicherten verstärkt an den Kosten der Krankenbehandlung zu beteiligten,[8] z.B. soll die Erhebung der sog. Praxisgebühr (§ 28 Abs. 4) die Eigenverantwortung des Versicherten stärken.[9] Die Zuzahlungen (etwa bei Arznei- und Verbandmittel – § 31 Abs. 3, Heilmitteln – § 32 Abs. 1, Hilfsmitteln – § 33 Abs. 2, Krankenhausbehandlung – § 39 Abs. 4; Zahnersatz § 55 Abs. 1) summieren sich zu einer erheblichen Beteiligung der Versicherten an der Kosten der Krankenbehandlung. Neben den Beiträgen erhalten die Krankenkassen so namhafte Geldbeträge.[10]

Die Grenze zwischen dem, was dem Versicherten im Rahmen seiner Eigenverantwortung als finanzielle Beteiligung an den Kosten der Krankenbehandlung zugemutet werden kann und den Kosten, die generell die Solidargemeinschaft zu tragen hat, lässt sich nicht sicher ziehen. Ihre konkrete Bestimmung obliegt dem Gesetzgeber. Ihm ist es im Rahmen seines Gestaltungsspielraums zur Sicherung des Bestandes der GKV grundsätzlich erlaubt, den Versicherten über den »normalen« Krankenversicherungsbeitrag hinaus zur Entlastung der Krankenkassen und zur Stärkung des Kostenbewusstseins in der Form von Zuzahlungen zu bestimmten Leistungen zu beteiligen.[11]

---

7 BT-Drs. 11/2237, S. 157.
8 Vgl. u.a. BT-Drs. 15/1525, S. 71.
9 BT-Drs. 15/1525, S. 83.
10 Vgl. BVerfG – 18.07.2005 – 2 BvF 2/01, SozR 4-2500 § 266 Nr. 8.
11 BSG – 25.06.2009 – B 3 KR 3/08 R, SozR 4-2500 § 28 Nr. 3 zur Verfassungsmäßigkeit der Praxisgebühr mit weiteren Hinweisen zur Rechtsprechung des Bundesverfassungsgerichts.

4. Gesundheit

Das SGB V sieht generell davon ab, die Begriffe Gesundheit und Krankheit zu definieren. Der Rechtsprechung und der Praxis bleibt es überlassen, diese Begriffe näher zu umschreiben.[12] 9

5. Versicherte

Versicherungspflichtig ist der in § 5 genannte Personenkreis. Weiterhin gehören dazu die freiwillig Versicherten (§ 9) und die (mit-)versicherten Familienangehörigen (§ 10). 10

6. Aufklärung und Beratung (Satz 3)

Die Krankenkassen sind wie alle Sozialleistungsträger allgemein zur Aufklärung (§ 13 SGB I), zur Beratung (§ 14 SGB I) sowie zur Auskunft (§ 15 SGB I) verpflichtet. Neben dieser allgemeinen Verpflichtung werden die Krankenkassen durch Satz 3 angehalten, die Versicherten in die Lage zu versetzen, die von ihnen eigenverantwortlich wahrzunehmenden Aufgaben (gesundheitsbewusste Lebensführung, Beteiligung an Vorsorgemaßnahmen, aktive Mitwirkung an Krankenbehandlung und Rehabilitation) kompetent erfüllen zu können. 11

§ 2 Leistungen

(1) Die Krankenkassen stellen den Versicherten die im Dritten Kapitel genannten Leistungen unter Beachtung des Wirtschaftlichkeitsgebots (§ 12) zur Verfügung, soweit diese Leistungen nicht der Eigenverantwortung der Versicherten zugerechnet werden. Behandlungsmethoden, Arznei- und Heilmittel der besonderen Therapierichtungen sind nicht ausgeschlossen. Qualität und Wirksamkeit der Leistungen haben dem allgemein anerkannten Stand der medizinischen Erkenntnisse zu entsprechen und den medizinischen Fortschritt zu berücksichtigen.

(1 a) Versicherte mit einer lebensbedrohlichen oder regelmäßig tödlichen Erkrankung oder mit einer zumindest wertungsmäßig vergleichbaren Erkrankung, für die eine allgemein anerkannte, dem medizinischen Standard entsprechende Leistung nicht zur Verfügung steht, können auch eine von Absatz 1 Satz 3 abweichende Leistung beanspruchen, wenn eine nicht ganz entfernt liegende Aussicht auf Heilung oder auf eine spürbare positive Einwirkung auf den Krankheitsverlauf besteht. Die Krankenkasse erteilt für Leistungen nach Satz 1 vor Beginn der Behandlung eine Kostenübernahmeerklärung, wenn Versicherte oder behandelnde Leistungserbringer dies beantragen. Mit der Kostenübernahmeerklärung wird die Abrechnungsmöglichkeit der Leistung nach Satz 1 festgestellt.

(2) Die Versicherten erhalten die Leistungen als Sach- und Dienstleistungen, soweit dieses oder das Neunte Buch nichts Abweichendes vorsehen. Die Leistungen können

---

12 BT-Drs. 11/2237, S. 157.

auf Antrag auch als Teil eines trägerübergreifenden Persönlichen Budgets erbracht werden; § 17 Abs. 2 bis 4 des Neunten Buches in Verbindung mit der Budgetverordnung und § 159 des Neunten Buches finden Anwendung. Über die Erbringung der Sach- und Dienstleistungen schließen die Krankenkassen nach den Vorschriften des Vierten Kapitels Verträge mit den Leistungserbringern.

(3) Bei der Auswahl der Leistungserbringer ist ihre Vielfalt zu beachten. Den religiösen Bedürfnissen der Versicherten ist Rechnung zu tragen.

(4) Krankenkassen, Leistungserbringer und Versicherte haben darauf zu achten, dass die Leistungen wirksam und wirtschaftlich erbracht und nur im notwendigen Umfang in Anspruch genommen werden.

Inhaltsübersicht Rn.

1. Inhalt und systematischer Zusammenhang

1 Die Vorschrift enthält die Grundsätze über den Inhalt der Leistungen und über die Art, in welcher Weise sie von den Krankenkassen zu erbringen sind.[13] Es handelt sich wie bei den übrigen Vorschriften des 1. Kapitels (§ 1–4 a) um eine so genannte Einweisungsvorschrift, die bei der Leistungsgewährung zu beachten ist; eine Konkretisierung bzw. ein konkreter Anspruch ergibt sich grundsätzlich erst im Zusammenhang mit weiteren Vorschriften des SGB V.

Eine Konkretisierung erfährt durch die Vorschrift das Sachleistungsprinzip, weil die Leistungen »wirksam«, »wirtschaftlich« sein müssen sowie »dem allgemein anerkannten Stand der medizinischen Erkenntnisse zu entsprechen« und »den medizinischen Fortschritt zu berücksichtigen« haben.[14]

2. Leistungserbringung

2 Krankenkassen (vgl. dazu § 4) stellen als Träger der GKV die in den §§ 11–68 genannten Leistungen zur Verfügung. Zutreffend wird man davon ausgehen müssen, dass die Krankenkassen mittelbar auch dafür Sorge tragen müssen, dass den Versicherten möglichst

13 BT-Drs. 11/2237, S. 157.
14 Plagemann, jurisPK-SGB V, § 2 Rn. 20.

wohnortnah Kontaktmöglichkeiten (zur Krankenkasse) und eine ausreichende Anzahl von Leistungserbringern zur Verfügung stehen.[15]

2.1 Wirtschaftlichkeitsgebot (Abs. 1)

Die Leistungsgewährung steht unter dem Vorbehalt der Wirtschaftlichkeit. Das Wirtschaftlichkeitsgebot (§ 12) ist eines der tragenden Prinzipien der GKV. Nach § 12 Abs. 1 müssen Leistungen ausreichend, zweckmäßig und wirtschaftlich sein; sie dürfen das Maß des Notwendigen nicht überschreiten. Leistungen, die nicht notwendig oder unwirtschaftlich sind, können Versicherte nicht beanspruchen, dürfen die Leistungserbringer nicht bewirken und die Krankenkassen nicht bewilligen.[16] 3

2.2 Eigenverantwortung (Abs. 1)

Damit wird zum Ausdruck gebracht, dass die GKV nicht für alle Leistungen, die der Gesundheit dienen, als Kostenträger in Betracht kommt. Der Hinweis darf allerdings nicht so verstanden werden, dass die Krankenkassen befugt sind, den Leistungskatalog über das geltende Recht hinaus einzuschränken.[17] Vgl. zur Eigenverantwortung auch § 1 Rn. 7. 4

3. Besondere Therapierichtungen (Abs. 1)

§ 1 Abs. 1 verdeutlicht, dass neben der Schulmedizin die Behandlungsmethoden, die Arznei- und Heilmittel der besonderen Therapierichtungen nicht grundsätzlich vom Leistungskatalog der GKV ausgeschlossen sein sollen. Das Gesetz lässt offen, welche »besonderen Therapierichtungen« gemeint sind. § 34 Abs. 3 lässt den Schluss zu, dass zumindest die homöopathische, die phytotherapeutische und die anthroposophische Therapierichtung dazu zählen. 5

4. Qualität und Wirksamkeit der Leistungen (Abs. 1)

Die Versicherten können Leistungen mit hohem (Qualitäts-)Standard verlangen. Dies erscheint angesichts ihrer Beitragsleistung und der Folgen, die die Krankenbehandlung oftmals für die körperliche Unversehrtheit hat (z. B. bei Operationen), selbstverständlich, wird jedoch durch § 2 Abs. 1 Satz 3 nochmals hervorgehoben. In Konkretisierung dieses herausragenden Merkmals[18] der Krankenversicherung sind Krankenkassen und die Leistungserbringer verpflichtet, eine bedarfsgerechte und gleichmäßige, dem allgemein anerkannten Stand der medizinischen Erkenntnisse entsprechende Versorgung der Versicherten zu gewährleisten (§ 70 Abs. 1). 6

---

15 Krauskopf, SGB V, § 2 Rn. 3.
16 Vgl. dazu im Einzelnen die Anmerkungen zu § 12 SGB V.
17 BT-Drs. 11/2237, S. 157.
18 Dalichau, SGB V, § 2 II.

7 Qualitätsstandard ist der allgemein anerkannte Stand der medizinischen Erkenntnisse. Damit sind Leistungen ausgeschlossen, die mit wissenschaftlich nicht anerkannten Methoden erbracht werden. In der Praxis ist es oftmals schwierig, festzustellen, ob die begehrte Leistung dem allgemein anerkannten Stand der medizinischen Erkenntnisse entspricht. So ist der Anspruch auf Krankenbehandlung (§ 27) unter Berücksichtigung des allgemein anerkannten Standes der medizinischen Erkenntnisse zu erfüllen, er ist aber nicht darauf gerichtet, nur von einem ganz bestimmten – aus Sicht des Versicherten am besten qualifizierten – Arzt behandelt zu werden.[19]

Die Leistungserbringer (Vertragsärzte, medizinische Versorgungszentren, Krankenhäuser, Erbringer von Vorsorgeleistungen oder Rehabilitationsmaßnahmen) haben die Qualität der Leistungen zu sichern und weiterzuentwickeln (§ 135 a). Welche Maßnahmen im Einzelnen zur Qualitätssicherung für die vertragsärztliche Versorgung und für zugelassene Krankenhäuser getroffen werden müssen, bestimmt der Gemeinsame Bundesausschuss durch Richtlinien nach § 92 Abs. 1 Satz 2 Nr. 13.[20]

8 Die Wirksamkeit der Leistung bemisst sich danach, ob sie grundsätzlich geeignet ist, z. B. die für die Krankheit erforderlichen therapeutischen Wirkungen zu erzielen.

5. Leistungen bei lebensbedrohlicher Erkrankung (Abs. 1 a)

9 Im Anschluss an die Rechtsprechung des BVerfG[21] stellt die Regelung klar, dass Versicherte mit einer lebensbedrohlichen Erkrankung, für die eine allgemein anerkannte, dem medizinischen Standard entsprechende Leistung nicht zur Verfügung steht, eine dem Standard nicht entsprechende Leistung beanspruchen können, wenn Aussicht auf Heilung oder eine spürbare positive Einwirkung auf den Krankheitsverlauf besteht.[22]

6. Sachleistungsprinzip (Abs. 2)

6.1 Allgemeines

10 § 2 Abs. 2 legt das Sachleistungsprinzip als Leistungsmaxime fest.[23] Der Versicherte erhält die Leistungen der Krankenversicherung unmittelbar vom Leistungserbringer (z. B. dem Arzt), ohne dafür eine unmittelbare finanzielle Gegenleistung erbringen zu müssen. Allerdings ist er auch verpflichtet, sich nur von solchen Leistungserbringern (z. B. vom sog. Vertragsarzt) behandeln zu lassen, die aufgrund gesetzlicher oder vertraglicher Regelungen (mit der Krankenkasse) verpflichtet sind, Sachleistungen zu erbringen (§ 2 Abs. 2 Satz 3).

Die Berechtigung zur Inanspruchnahme von Leistungen muss der Versicherte durch Vorlage der Krankenversichertenkarte (früher Krankenschein) nachweisen (§ 15 Abs. 2).

19 BSG – 22.01.2009 – B 3 KR 47/08 B.
20 Z. B. »Qualitätsprüfungs-Richtlinie vertragsärztliche Versorgung« vom 18. April 2006, Bundesanzeiger 2006 S. 5141.
21 BVerfG – 06.12.2005 – BvR 347/98.
22 BR-Drs. 456/11.
23 BT-Drs. 11/2237, S. 157.

Die Krankenkasse ihrerseits hat sicherzustellen, dass der Versicherte sich die notwendige Leistung verschaffen kann (Sicherstellungsauftrag/Verschaffungspflicht[24]/Garantiehaftung[25]). Wesentlicher Vorteil des Sachleistungsprinzips ist es, dass nicht der einzelne Versicherte, sondern die Krankenkassen – im Wesentlichen über Verträge (§ 2 Abs. 2 Satz 3) – Qualitätsstandards gegenüber den Leistungserbringern (z. B. Ärzten, Krankenhäusern, Apotheken, Krankengymnasten) festlegen müssen und mit einem angemessenen Preis-Leistungsverhältnis durchzusetzen haben.[26]

Die Krankenkasse darf anstelle der Sach- oder Dienstleistung Kosten nur erstatten, wenn es das SGB V oder das SGB IX vorsieht (§ 13 Abs. 1). Die insoweit wichtigste Regelung findet sich in § 13 Abs. 3. Danach hat die Krankenkasse, wenn sie eine unaufschiebbare Leistung nicht rechtzeitig erbringen konnte oder eine Leistung zu Unrecht abgelehnt hat, dem Versicherten für die selbstbeschaffte Leistung die entstandenen Kosten zu erstatten. Gem. § 17 Abs. 2 muss die Krankenkasse bei Auslandsbeschäftigung dem Arbeitgeber die entstandenen Kosten für die Krankenhandlung bis zu der Höhe erstatten, in der sie ihr im Inland entstanden wären. **11**

6.2 Persönliches Budget

Nach § 17 Abs. 2 SGB IX können auf Antrag Leistungen zur Teilhabe auch durch ein Persönliches Budget[27] ausgeführt werden, um den Leistungsberechtigten in eigener Verantwortung ein möglichst selbstbestimmtes Leben zu ermöglichen. Von Bedeutung ist die Vorschrift für Menschen mit Behinderung oder chronischen Erkrankungen, die regelmäßig wiederkehrende Leistungen benötigen. Sie können durch das Persönliche Budget selbst entscheiden, welche Hilfen sie überhaupt und wann sie diese Hilfen in Anspruch nehmen. Dadurch, dass die Leistungsberechtigten über einen längeren Zeitraum in der Regel eine Geldleistung erhalten, entstehen für sie sachliche, zeitliche und soziale Dispositionsspielräume, die den maßgeblichen Anreiz der Inanspruchnahme des Persönlichen Budgets ausmachen.[28] Die Ausführung von Leistungen in Form Persönlicher Budgets, der Inhalt Persönlicher Budgets sowie das Verfahren und die Zuständigkeit der beteiligten Leistungsträger werden durch die Budgetverordnung[29] geregelt. Zu beachten ist, dass sich das Leistungsverhältnis ändert; vertragliche Regelungen bestehen nicht mehr zwischen der Krankenkasse und dem Leistungserbringer, sondern Vertragspartner des Leistungserbringers ist unmittelbar der Leistungsempfänger (Versicherter). Dementsprechend müssen sich Versicherte im Streitfall mit dem Leistungserbringer auseinandersetzen. **12**

24 BSG – 07.08.1991 – 1 RR 7/88, SozR 3-2200 § 321 Nr. 1.
25 BSG – 16.12.1993 – 4 RK 5/92, SozR 3-2500 § 13 Nr. 4.
26 Bürgerversicherung statt Kopfpauschale, Gemeinsame Erklärung für ein solidarisches Gesundheitssystem der Zukunft, DGB Bundesvorstand, Abt. Sozialpolitik, Juli 2011, S. 11.
27 Siehe auch unter http://www.budget.bmas.de.
28 BT-Drs. 15/1514, S. 72.
29 http://www.gesetze-im-internet.de/budgetv.

7. Vielfalt der Leistungserbringer (Abs. 3)

13 Die Krankenkassen sind grundsätzlich gehalten, mit jedem Leistungserbringer Verträge zu schließen. Die Wahlfreiheit, also die Möglichkeit, zwischen mehreren Anbietern einer Leistung auswählen zu können, ist für das Vertrauensverhältnis zwischen Versicherten und Leistungserbringer zwingend erforderlich und steht in enger Beziehung zu § 33 SGB I.[30]

14 Den religiösen Bedürfnissen ist Rechnung zu tragen. Der Wunsch nach einer Behandlung entsprechend der religiösen Überzeugung lässt jedoch nicht das Wirtschaftlichkeitsgebot des § 12 entfallen.[31] Das Interesse der Versichertengemeinschaft an einer möglichst wirtschaftlichen Behandlung muss im Einzelfall abgewogen werden gegen das Interesse des Versicherten an einer seiner religiösen Überzeugung entsprechenden Behandlung. Im Rahmen dieser Abwägung ist die Krankenkasse gegebenenfalls verpflichtet zu prüfen, welche wohnortnahen und kostengünstigen Behandlungsmöglichkeiten bestehen, die dem religiösen Bedürfnis des Versicherten gerecht werden.[32]

8. Wirtschaftlichkeitsgebot (Abs. 4)

15 Alle Beteiligten werden verpflichtet, die Leistungen sparsam und wirtschaftlich zu erbringen und nur im notwendigen Umfang in Anspruch zu nehmen.[33]

§ 2a Leistungen an behinderte und chronisch kranke Menschen

Den besonderen Belangen behinderter und chronisch kranker Menschen ist Rechnung zu tragen.

Inhaltsübersicht Rn.

1. Inhalt und systematischer Zusammenhang

1 Die Vorschrift soll integrationsorientierend wirken. Es gilt, die Belange chronisch kranker und behinderter Menschen im Sinne von mehr Teilhabe zu berücksichtigen, ihnen Selbstbestimmung zu ermöglichen und durch Behinderungen bzw. chronische Krankheit bedingte Nachteile auszugleichen.[34]

2 Die Regelung richtet sich u.a. an die Krankenkassen, die z.B. bei der Auswahl von Leistungserbringern und dem Angebot von Beratungsleistungen den besonderen Bedürf-

30 BT-Drs. 11/2237, S. 158.
31 BSG – 02.11.2007 – B 1 KR 11/07 R, SozR 4-2500 § 60 Nr. 3.
32 Vgl. Landessozialgericht Sachsen – 12.07.2006 – L 1 KR 57/03.
33 BT-Drs. 11/2237, S. 158.
34 BT-Drs. 15/1525, S. 79.

nissen von behinderten und chronisch kranken Menschen Rechnung tragen sollen.[35] Unmittelbar lassen sich Ansprüche aus § 2 a nicht ableiten, der Vorschrift kommt jedoch Verdeutlichungsfunktion und der Charakter einer Auslegungsregel zu.[36] Als Auslegungsregel führt sie dazu, im Zweifel eine Auslegung zugunsten eines behinderten oder chronisch kranken Menschen vorzunehmen.[37] Bei der Beurteilung der Grenzen der Mitwirkungspflicht gem. § 65 Abs. 1 Nr. 2 SGB I ist die Grenze der Zumutbarkeit bei dem in § 2 a genannten Personenkreis schneller erreicht.[38]

2. Behinderte Menschen

Menschen sind behindert, wenn ihre körperliche Funktion, geistige Fähigkeit oder seelische Gesundheit mit hoher Wahrscheinlichkeit länger als sechs Monate von dem für das Lebensalter typischen Zustand abweichen und daher ihre Teilhabe am Leben in der Gesellschaft beeinträchtigt ist (§ 2 Abs. 1 SGB IX). Die Anerkennung der Schwerbehinderteneigenschaft ist nicht notwendig. 3

3. Chronische Erkrankungen

Die so genannte Chroniker-Richtlinie des Gemeinsamen Bundesausschusses[39] definiert, wer als schwerwiegend chronisch krank gilt. Danach gelten Personen als schwerwiegend chronisch krank, die sich nachweislich wegen derselben Krankheit in ärztlicher Dauerbehandlung befinden und 4

- pflegebedürftig sind (Pflegestufe 2 oder 3) oder
- bei denen ein Grad der Behinderung (GdB) von mindestens 60 oder eine Minderung der Erwerbsfähigkeit (MdE) von mindestens 60 % vorliegt oder
- bei denen eine kontinuierliche medizinische Versorgung erforderlich ist, ohne die nach ärztlicher Einschätzung eine lebensbedrohliche Verschlimmerung, eine Verminderung der Lebenserwartung oder eine dauerhafte Beeinträchtigung der Lebensqualität zu erwarten ist.

§ 3 Solidarische Finanzierung

Die Leistungen und sonstigen Ausgaben der Krankenkassen werden durch Beiträge finanziert. Dazu entrichten die Mitglieder und die Arbeitgeber Beiträge, die sich in der Regel nach den beitragspflichtigen Einnahmen der Mitglieder richten. Für versicherte Familienangehörige werden Beiträge nicht erhoben.

---

35 Krauskopf, SGB V, § 2 a Rn. 4.

36 Vgl. zur ähnlichen Regelung des § 27 Abs. 1 Satz 2: BSG – 20.01.2005 – B 3 KR 9/03, SozR 4-2500 § 112 Nr. 4.

37 Dalichau, SGB V, § 2 a II.

38 Plagemann in jurisPK-SGB V, § 2 a SGB V, Rn. 24.

39 In der Fassung vom 22.01.2004, veröffentlicht im Bundesanzeiger 2004; Nr. 18: S. 1 343, zuletzt geändert am 19.06.2008, veröffentlicht im Bundesanzeiger; Nr. 124: S. 3 017 in Kraft getreten am 20.08.2008.

Inhaltsübersicht Rn.

1. Inhalt und systematischer Zusammenhang

1 Die Vorschrift konkretisiert das Solidaritätsprinzip.[40] In der sozialstaatlichen Ordnung des Grundgesetzes (Sozialstaatsprinzip, Art. 20 Abs. 1 GG) gehört es zu den Grundaufgaben des Staates, den Einzelnen in Fällen von Krankheit Schutz zu gewähren.[41] Es handelt sich um eine sog. Einweisungsvorschrift, d. h. konkrete Ansprüche lassen sich aus der Vorschrift allein nicht ableiten. Konkrete Regelungen über die Finanzierung der GKV finden sich im achten Kapitel (§§ 220–274).

2. Beiträge (Satz 1)

2 Gem. § 220 Abs. 1 werden die Mittel der Krankenversicherung durch Beiträge und sonstige Einnahmen aufgebracht. Aus den Beiträgen müssen alle Leistungen – auch Ausgaben für Krankengeldzahlungen und Verwaltungskosten bestritten werden. Die Höhe der Beiträge bemisst sich nach den beitragspflichtigen Einnahmen der Mitglieder (§ 223 Abs. 2). Die Beiträge richten sich damit nach dem Einkommen der Mitglieder und – anders als in der Privaten Krankenversicherung – nicht nach dem versicherten Risiko. Welche Einnahmen der Mitglieder beitragspflichtig sind, regeln die Vorschriften der §§ 226 bis 240. Regelungen über die Höhe der Beiträge (Beitragssatz) finden sich in §§ 241 bis 248. Wer – mit welchem Anteil – die Beiträge zu tragen hat, bestimmen die Vorschriften §§ 249 bis 251.

3. Mitglieder und Arbeitgeber (Satz 2)

3 Mitglied der GKV sind der in §§ 5 bis 8 kraft Gesetzes versicherte Personenkreis, die freiwillig Versicherten (§ 9) und die mitversicherten Familienangehörigen (§ 10).

4 Arbeitgeber ist, wer einen Arbeitnehmer beschäftigt und von diesem Arbeitsleistungen beanspruchen und ihm Weisungen erteilen kann.[42]

40 BT-Drs. 11/2237, S. 158.
41 BVerfG – 06. 12. 2005 – 1 BvR 347/98, SozR 4-2500 § 27 Nr. 5.
42 BAG – 08. 12. 1982 – 5 AZR 275/80.

4. Solidarische Finanzierung

4.1 Allgemein

Ausdruck der solidarischen Finanzierung ist die Bemessung der Beiträge aufgrund der wirtschaftlichen Leistungsfähigkeit der Mitglieder (Ausgleich zwischen leistungsfähigeren und weniger leistungsfähigen Versicherten). Die Mitgliedschaft besteht ohne Rücksicht auf Alter, Geschlecht oder das (bei Eintritt in die Krankenversicherung) bestehende Krankheitsrisiko. Ausfluss des Solidaritätsprinzip ist ferner die beitragsfreie Versicherung von Familienangehörigen gem. § 10 und die Beteiligung der Arbeitgeber an der Finanzierung der Aufgaben der GKV. 5

Zuzahlungen (z.B. Praxisgebühr – § 28 Abs. 4; für Medikamente – § 31 Abs. 3; für Hilfsmittel – § 33 Abs. 8; für die Krankenhausbehandlung – § 39 Abs. 4, Fahrkosten – § 60 Abs. 2), Leistungsausschlüsse (z.B. für Brillen – § 33 Abs. 2) und kassenindividuelle Zusatzbeiträge (§ 242) haben in den vergangenen Jahren dazu geführt, dass Versicherte und Patienten fast 60 % und die Arbeitgeber nur noch 40 % der Gesundheitskosten tragen.[43] 6

Der Grundsatz der paritätischen Finanzierung der GKV, d.h. dass Arbeitgeber und Arbeitnehmer jeweils den Beitrag zur Hälfte tragen, wurde zum 01.07.2005 aufgegeben.[44] Heute trägt gem. § 249 Abs. 1 der beitragspflichtige Arbeitnehmer grundsätzlich einen um 0,9 Beitragssatzpunkte höheren Beitrag als der Arbeitgeber. Die Abkehr von der paritätischen Finanzierung ist nach Auffassung des BSG[45] verfassungsrechtlich nicht zu beanstanden.[46] Denn nach der Rechtsprechung des BVerfG[47] ist die Finanzierbarkeit der GKV in einem Sozialstaat ein überragend wichtiges Gemeinschaftsgut, dem Gesetzgeber erwächst daraus bei der Festlegung und Ausgestaltung sozialpolitischer Ziele ein weiter Gestaltungsspielraum. Die Bestimmung von Inhalt und Reichweiche einer »solidarischen Finanzierung« der GKV ist damit letztlich auch abhängig von politischen Kräfte- und Mehrheitsverhältnissen. 7

Die Schutzbedürftigkeit einzelner Personengruppen (z.B. Studenten, Rentner), denen mit geringen Beiträgen ein voller Krankenversicherungsschutz gesichert werden soll, ist ebenso eine Seite der »solidarischen Finanzierung« wie die Höhe der Beitragsmessungsgrenze, die es einkommensstarken Personen mit höheren beitragspflichtigen Einnahmen letztlich erlaubt, sich nicht an der (Mit-)Finanzierung der GKV zu beteiligen. Die Beitragsbemessungsgrenze führt allerdings zu einer politisch willkürlichen Einschränkung

---

43 Bürgerversicherung statt Kopfpauschale, Gemeinsame Erklärung für ein solidarisches Gesundheitssystem der Zukunft, DGB Bundesvorstand, Abt. Sozialpolitik, Juli 2011, S. 20.

44 Einführung des (heute nicht mehr geltenden) § 241 a SGB V durch Art. 1 Nr. 145 des Gesetzes zur Anpassung der Finanzierung von Zahnersatz vom 15.12.2004 mit Wirkung vom 01.07.2005, BGBl. I 2003, 2190.

45 BSG – 18.07.2007 – B 12 R 21/06 R, SozR 4-2500 § 241 a Nr. 1; BSG – 21.01.2009 – B 12 R 11/06 R, SozR 4-2500 § 241 a Nr. 2 für die Abschaffung der hälftigen Beitragstragung durch den Rentenversicherungsträger.

46 Verfassungsbeschwerde zur Verfassungsmäßigkeit des zusätzlichen Krankenversicherungsbeitrags für Rentner gem. §§ 247, 249 a SGB V ist noch beim BVerfG anhängig, Az: 1 BvR 1298/09.

47 U.a. BVerfG – 13.09.2005 – 2 BvF 2/03, SozR 4-2500 § 266 Nr. 9.

der solidarischen Finanzierung der GKV.[48] Im Rahmen einer solidarischen Finanzierung der GKV wäre ebenso zu prüfen, ob neben den Einkünften aus versicherungspflichtiger Beschäftigung andere Einkünfte – etwa aus Vermietung oder Kapitalanlagen – zur Bemessung der beitragspflichtigen Einnahmen herangezogen werden können.[49]

4.2 Familienversicherung (Satz 3)

8 § 3 Satz 3 hat rein deklaratorischen Charakter und hebt lediglich einen Aspekt der solidarischen Finanzierung besonders hervor. Die Angehörigen eines Mitglieds sind – ohne eigene Beiträge zu zahlen – mit-/familienversichert und haben unter den gesetzlichen Voraussetzungen Anspruch auf die gleichen Leistungen.[50]

Zweites Kapitel
Versicherter Personenkreis

Erster Abschnitt
Versicherung kraft Gesetzes

§ 5 Versicherungspflicht

(1) Versicherungspflichtig sind

1. Arbeiter, Angestellte und zu ihrer Berufsausbildung Beschäftigte, die gegen Arbeitsentgelt beschäftigt sind,

2. Personen in der Zeit, für die sie Arbeitslosengeld oder Unterhaltsgeld nach dem Dritten Buch beziehen oder nur deshalb nicht beziehen, weil der Anspruch ab Beginn des zweiten Monats bis zur zwölften Woche einer Sperrzeit (§ 159 des Dritten Buches) oder ab Beginn des zweiten Monats wegen einer Urlaubsabgeltung (§ 157 Absatz 2 des Dritten Buches) ruht; dies gilt auch, wenn die Entscheidung, die zum Bezug der Leistung geführt hat, rückwirkend aufgehoben oder die Leistung zurückgefordert oder zurückgezahlt worden ist,

2a. Personen in der Zeit, für die sie Arbeitslosengeld II nach dem Zweiten Buch beziehen, soweit sie nicht familienversichert sind, es sei denn, dass diese Leistung nur darlehensweise gewährt wird oder nur Leistungen nach § 24 Absatz 3 Satz 1 des Zweiten Buches bezogen werden; dies gilt auch, wenn die Entscheidung, die zum Bezug der Leistung geführt hat, rückwirkend aufgehoben oder die Leistung zurückgefordert oder zurückgezahlt worden ist,

3. Landwirte, ihre mitarbeitenden Familienangehörigen und Altenteiler nach nä-

48 Bürgerversicherung statt Kopfpauschale, Gemeinsame Erklärung für ein solidarisches Gesundheitssystem der Zukunft, DGB Bundesvorstand, Abt. Sozialpolitik, Juli 2011, S. 19.

49 Vgl. Krauskopf, SGB V, § 3 Rn. 6.

50 Im Einzelnen siehe Erläuterungen zu § 10.

herer Bestimmung des Zweiten Gesetzes über die Krankenversicherung der Landwirte,

4. Künstler und Publizisten nach näherer Bestimmung des Künstlersozialversicherungsgesetzes,

5. Personen, die in Einrichtungen der Jugendhilfe für eine Erwerbstätigkeit befähigt werden sollen,

6. Teilnehmer an Leistungen zur Teilhabe am Arbeitsleben sowie an Abklärungen der beruflichen Eignung oder Arbeitserprobung, es sei denn, die Maßnahmen werden nach den Vorschriften des Bundesversorgungsgesetzes erbracht,

7. behinderte Menschen, die in anerkannten Werkstätten für behinderte Menschen oder in Blindenwerkstätten im Sinne des § 143 des Neunten Buches oder für diese Einrichtungen in Heimarbeit tätig sind,

8. behinderte Menschen, die in Anstalten, Heimen oder gleichartigen Einrichtungen in gewisser Regelmäßigkeit eine Leistung erbringen, die einem Fünftel der Leistung eines voll erwerbsfähigen Beschäftigten in gleichartiger Beschäftigung entspricht; hierzu zählen auch Dienstleistungen für den Träger der Einrichtung,

9. Studenten, die an staatlichen oder staatlich anerkannten Hochschulen eingeschrieben sind, unabhängig davon, ob sie ihren Wohnsitz oder gewöhnlichen Aufenthalt im Inland haben, wenn für sie auf Grund über- oder zwischenstaatlichen Rechts kein Anspruch auf Sachleistungen besteht, bis zum Abschluss des vierzehnten Fachsemesters, längstens bis zur Vollendung des dreißigsten Lebensjahres; Studenten nach Abschluss des vierzehnten Fachsemesters oder nach Vollendung des dreißigsten Lebensjahres sind nur versicherungspflichtig, wenn die Art der Ausbildung oder familiäre sowie persönliche Gründe, insbesondere der Erwerb der Zugangsvoraussetzungen in einer Ausbildungsstätte des Zweiten Bildungswegs, die Überschreitung der Altersgrenze oder eine längere Fachstudienzeit rechtfertigen,

10. Personen, die eine in Studien- oder Prüfungsordnungen vorgeschriebene berufspraktische Tätigkeit ohne Arbeitsentgelt verrichten, sowie zu ihrer Berufsausbildung ohne Arbeitsentgelt Beschäftigte; Auszubildende des Zweiten Bildungswegs, die sich in einem förderungsfähigen Teil eines Ausbildungsabschnitts nach dem Bundesausbildungsförderungsgesetz befinden, sind Praktikanten gleichgestellt,

11. Personen, die die Voraussetzungen für den Anspruch auf eine Rente aus der gesetzlichen Rentenversicherung erfüllen und diese Rente beantragt haben, wenn sie seit der erstmaligen Aufnahme einer Erwerbstätigkeit bis zur Stellung des Rentenantrags mindestens neun Zehntel der zweiten Hälfte des Zeitraums Mitglied oder nach § 10 versichert waren,

11 a. Personen, die eine selbständige künstlerische oder publizistische Tätigkeit vor dem 1. Januar 1983 aufgenommen haben, die Voraussetzungen für den Anspruch auf eine Rente aus der Rentenversicherung erfüllen und diese Rente beantragt haben, wenn sie mindestens neun Zehntel des Zeitraums zwischen dem 1. Januar 1985 und der Stellung des Rentenantrags nach dem Künstler-

sozialversicherungsgesetz in der gesetzlichen Krankenversicherung versichert waren; für Personen, die am 3. Oktober 1990 ihren Wohnsitz im Beitrittsgebiet hatten, ist anstelle des 1. Januar 1985 der 1. Januar 1992 maßgebend.

12. Personen, die die Voraussetzungen für den Anspruch auf eine Rente aus der gesetzlichen Rentenversicherung erfüllen und diese Rente beantragt haben, wenn sie zu den in § 1 oder § 17 a des Fremdrentengesetzes oder zu den in § 20 des Gesetzes zur Wiedergutmachung nationalsozialistischen Unrechts in der Sozialversicherung genannten Personen gehören und ihren Wohnsitz innerhalb der letzten 10 Jahre vor der Stellung des Rentenantrags in das Inland verlegt haben,

13. Personen, die keinen anderweitigen Anspruch auf Absicherung im Krankheitsfall haben und
    a) zuletzt gesetzlich krankenversichert waren oder
    b) bisher nicht gesetzlich oder privat krankenversichert waren, es sei denn, dass sie zu den in Absatz 5 oder den in § 6 Abs. 1 oder 2 genannten Personen gehören oder bei Ausübung ihrer beruflichen Tätigkeit im Inland gehört hätten.

(2) Der nach Absatz 1 Nr. 11 erforderlichen Mitgliedszeit steht bis zum 31. Dezember 1988 die Zeit der Ehe mit einem Mitglied gleich, wenn die mit dem Mitglied verheiratete Person nicht mehr als nur geringfügig beschäftigt oder geringfügig selbständig tätig war. Bei Personen, die ihren Rentenanspruch aus der Versicherung einer anderen Person ableiten, gelten die Voraussetzungen des Absatzes 1 Nr. 11 oder 12 als erfüllt, wenn die andere Person diese Voraussetzungen erfüllt hatte.

(3) Als gegen Arbeitsentgelt beschäftigte Arbeiter und Angestellte im Sinne des Absatzes 1 Nr. 1 gelten Bezieher von Vorruhestandsgeld, wenn sie unmittelbar vor Bezug des Vorruhestandsgeldes versicherungspflichtig waren und das Vorruhestandsgeld mindestens in Höhe von 65 vom Hundert des Bruttoarbeitsentgelts im Sinne des § 3 Abs. 2 des Vorruhestandsgesetzes gezahlt wird.

(4) Als Bezieher von Vorruhestandsgeld ist nicht versicherungspflichtig, wer im Ausland seinen Wohnsitz oder gewöhnlichen Aufenthalt in einem Staat hat, mit dem für Arbeitnehmer mit Wohnsitz oder gewöhnlichem Aufenthalt in diesem Staat keine über- oder zwischenstaatlichen Regelungen über Sachleistungen bei Krankheit bestehen.

(4 a) Auszubildende, die im Rahmen eines Berufsausbildungsvertrages nach dem Berufsbildungsgesetz in einer außerbetrieblichen Einrichtung ausgebildet werden, stehen den Beschäftigten zur Berufsausbildung im Sinne des Absatzes 1 Nr. 1 gleich. Teilnehmer an dualen Studiengängen stehen den Beschäftigten zur Berufsausbildung im Sinne des Absatzes 1 Nummer 1 gleich. Als zu ihrer Berufsausbildung Beschäftigte im Sinne des Absatzes 1 Nr. 1 gelten Personen, die als nicht satzungsmäßige Mitglieder geistlicher Genossenschaften oder ähnlicher religiöser Gemeinschaften für den Dienst in einer solchen Genossenschaft oder ähnlichen religiösen Gemeinschaft außerschulisch ausgebildet werden.

(5) Nach Absatz 1 Nr. 1 oder 5 bis 12 ist nicht versicherungspflichtig, wer hauptberuflich selbständig erwerbstätig ist.

(5 a) Nach Absatz 1 Nr. 2 a ist nicht versicherungspflichtig, wer unmittelbar vor dem Bezug von Arbeitslosengeld II privat krankenversichert war oder weder gesetzlich noch privat krankenversichert war und zu den in Absatz 5 oder den in § 6 Abs. 1 oder 2 genannten Personen gehört oder bei Ausübung seiner beruflichen Tätigkeit im Inland gehört hätte. Satz 1 gilt nicht für Personen, die am 31. Dezember 2008 nach § 5 Abs. 1 Nr. 2 a versicherungspflichtig waren, für die Dauer ihrer Hilfebedürftigkeit.

(6) Nach Absatz 1 Nr. 5 bis 7 oder 8 ist nicht versicherungspflichtig, wer nach Absatz 1 Nr. 1 versicherungspflichtig ist. Trifft eine Versicherungspflicht nach Absatz 1 Nr. 6 mit einer Versicherungspflicht nach Absatz 1 Nr. 7 oder 8 zusammen, geht die Versicherungspflicht vor, nach der die höheren Beiträge zu zahlen sind.

(7) Nach Absatz 1 Nr. 9 oder 10 ist nicht versicherungspflichtig, wer nach Absatz 1 Nr. 1 bis 8, 11 oder 12 versicherungspflichtig oder nach § 10 versichert ist, es sei denn, der Ehegatte, der Lebenspartner oder das Kind des Studenten oder Praktikanten ist nicht versichert. Die Versicherungspflicht nach Absatz 1 Nr. 9 geht der Versicherungspflicht nach Absatz 1 Nr. 10 vor.

(8) Nach Absatz 1 Nr. 11 oder 12 ist nicht versicherungspflichtig, wer nach Absatz 1 Nr. 1 bis 7 oder 8 versicherungspflichtig ist. Satz 1 gilt für die in § 190 Abs. 11 a genannten Personen entsprechend. Bei Beziehern einer Rente der gesetzlichen Rentenversicherung, die nach dem 31. März 2002 nach § 5 Abs. 1 Nr. 11 versicherungspflichtig geworden sind, deren Anspruch auf Rente schon an diesem Tag bestand und die bis zu diesem Zeitpunkt nach § 10 oder nach § 7 des Zweiten Gesetzes über die Krankenversicherung der Landwirte versichert waren, aber nicht die Vorversicherungszeit des § 5 Abs. 1 Nr. 11 in der seit dem 1. Januar 1993 geltenden Fassung erfüllt hatten und deren Versicherung nach § 10 oder nach § 7 des Zweiten Gesetzes über die Krankenversicherung der Landwirte nicht von einer der in § 9 Abs. 1 Nr. 6 genannten Personen abgeleitet worden ist, geht die Versicherung nach § 10 oder nach § 7 des Zweiten Gesetzes über die Krankenversicherung der Landwirte der Versicherung nach § 5 Abs. 1 Nr. 11 vor.

(8 a) Nach Absatz 1 Nr. 13 ist nicht versicherungspflichtig, wer nach Absatz 1 Nr. 1 bis 12 versicherungspflichtig, freiwilliges Mitglied oder nach § 10 versichert ist. Satz 1 gilt entsprechend für Empfänger laufender Leistungen nach dem Dritten, Vierten, Sechsten und Siebten Kapitel des Zwölften Buches und für Empfänger laufender Leistungen nach § 2 des Asylbewerberleistungsgesetzes. Satz 2 gilt auch, wenn der Anspruch auf diese Leistungen für weniger als einen Monat unterbrochen wird. Der Anspruch auf Leistungen nach § 19 Abs. 2 gilt nicht als Absicherung im Krankheitsfall im Sinne von Absatz 1 Nr. 13, sofern im Anschluss daran kein anderweitiger Anspruch auf Absicherung im Krankheitsfall besteht.

(9) Kommt eine Versicherung nach den §§ 5, 9 oder 10 nach Kündigung des Versicherungsvertrages nicht zu Stande oder endet eine Versicherung nach den §§ 5 oder 10 vor Erfüllung der Vorversicherungszeit nach § 9, ist das private Krankenversicherungsunternehmen zum erneuten Abschluss eines Versicherungsvertrages verpflichtet, wenn der vorherige Vertrag für mindestens fünf Jahre vor seiner Kündigung ununterbrochen bestanden hat. Der Abschluss erfolgt ohne Risikoprüfung zu

gleichen Tarifbedingungen, die zum Zeitpunkt der Kündigung bestanden haben; die bis zum Ausscheiden erworbenen Alterungsrückstellungen sind dem Vertrag zuzuschreiben. Wird eine gesetzliche Krankenversicherung nach Satz 1 nicht begründet, tritt der neue Versicherungsvertrag am Tag nach der Beendigung des vorhergehenden Versicherungsvertrages in Kraft. Endet die gesetzliche Krankenversicherung nach Satz 1 vor Erfüllung der Vorversicherungszeit, tritt der neue Versicherungsvertrag am Tag nach Beendigung der GKV in Kraft. Die Verpflichtung nach Satz 1 endet drei Monate nach der Beendigung des Versicherungsvertrages, wenn eine Versicherung nach den §§ 5, 9 oder 10 nicht begründet wurde. Bei Beendigung der Versicherung nach den §§ 5 oder 10 vor Erfüllung der Vorversicherungszeiten nach § 9 endet die Verpflichtung nach Satz 1 längstens zwölf Monate nach der Beendigung des privaten Versicherungsvertrages. Die vorstehenden Regelungen zum Versicherungsvertrag sind auf eine Anwartschaftsversicherung in der privaten Krankenversicherung entsprechend anzuwenden.

(10) nicht belegt

(11) Ausländer, die nicht Angehörige eines Mitgliedstaates der Europäischen Union, Angehörige eines Vertragsstaates des Abkommens über den Europäischen Wirtschaftsraum oder Staatsangehörige der Schweiz sind, werden von der Versicherungspflicht nach Absatz 1 Nr. 13 erfasst, wenn sie eine Niederlassungserlaubnis oder eine Aufenthaltserlaubnis mit einer Befristung auf mehr als zwölf Monate nach dem Aufenthaltsgesetz besitzen und für die Erteilung dieser Aufenthaltstitel keine Verpflichtung zur Sicherung des Lebensunterhalts nach § 5 Abs. 1 Nr. 1 des Aufenthaltsgesetzes besteht. Angehörige eines anderen Mitgliedstaates der Europäischen Union, Angehörige eines anderen Vertragsstaates des Abkommens über den Europäischen Wirtschaftsraum oder Staatsangehörige der Schweiz werden von der Versicherungspflicht nach Absatz 1 Nr. 13 nicht erfasst, wenn die Voraussetzung für die Wohnortnahme in Deutschland die Existenz eines Krankenversicherungsschutzes nach § 4 des Freizügigkeitsgesetzes/EU ist. Bei Leistungsberechtigten nach dem Asylbewerberleistungsgesetz liegt eine Absicherung im Krankheitsfall bereits dann vor, wenn ein Anspruch auf Leistungen bei Krankheit, Schwangerschaft und Geburt nach § 4 des Asylbewerberleistungsgesetzes dem Grunde nach besteht.

Inhaltsübersicht

1. Inhalt und systematischer Zusammenhang

Versicherungspflicht bedeutet für den Großteil der Bevölkerung soziale Absicherung im Krankheitsfall. Nur Versicherte haben Anspruch auf Leistungen, z. B. auf Krankenbehandlung, Heil- und Hilfsmittel oder Krankengeld. Dabei kann für den Leistungsumfang entscheidend sein, nach welcher Ziffer der in Absatz 1 aufgezählten Personengruppen Versicherungspflicht besteht. So haben die nach § 5 Abs. 1 Nr. 2 a, 5, 9, 10 sowie die nach § 10 Versicherten keinen Anspruch auf Krankengeld (§ 44 Abs. 2). Liegt Versicherungspflicht in GKV vor, so besteht auch Versicherungspflicht in der gesetzlichen Pflegeversicherung (§ 20 SGB XI). **1**

Grundsätzlich tritt die Versicherungspflicht in der Krankenversicherung ein, wenn die gesetzlichen Voraussetzungen erfüllt sind und Ausschlussgründe nicht vorliegen. Für den Eintritt der Versicherungspflicht ist damit nicht Voraussetzung, ob eine Meldung zur Krankenkasse erfolgt. Es bedarf ebenso wenig eines Antrages oder der Beitragszahlung. Nach § 7 a SGB IV (Entscheidung, ob eine Beschäftigung vorliegt) sowie nach § 8 Abs. 2 Satz 3 SGB IV (Wegfall geringfügiger Beschäftigung) besteht Versicherungspflicht jedoch erst nach einer förmlichen Entscheidung. **2**

Wichtigste Ausnahme von der Versicherungspflicht ist das Überschreiten der Versicherungspflichtgrenze (Jahresarbeitsentgeltgrenze). Arbeitnehmer, deren regelmäßiges Arbeitsentgelt die Jahresarbeitsentgeltgrenze übersteigt, sind krankenversicherungsfrei (§ 6 Abs. 1 Nr. 1). Die Jahresarbeitsentgeltgrenze ergibt sich aus § 6 Abs. 6 (allgemeine Jahresarbeitsentgeltgrenze) und aus § 6 Abs. 7 (besondere Jahresarbeitsentgeltgrenze). Die Bundesregierung setzt die Jahresarbeitsentgeltgrenze – jährlich – durch Rechtsverordnung fest (§ 6 Abs. 6 Satz 4).[51] **3**

Übersicht: Prüfung der Versicherungspflicht: **4**
Ausgangpunkt der Prüfung ist § 5.
Ist eine der Fallkonstellationen des § 5 Abs. 1 gegeben? Wenn ja:
Prüfen von Ausschlussgründen:

- Selbständige Tätigkeit
- Versicherungsfreiheit (§ 6)
- Versicherungsfreiheit bei geringfügiger Beschäftigung (§ 7 Abs. 1 i.V. mit § 8 Abs. 1 Nr. 1 SGB IV
- Befreiung von der Versicherungspflicht (§ 8)

51 Siehe auch § 6 Rn. 5.

2. Beginn, Ende und Fortbestehen der Versicherungspflicht

2.1 Beginn

5 Ist Versicherungspflicht grundsätzlich gegeben, regelt § 186 den Beginn der Mitgliedschaft: Z.B. beginnt gem. § 186 Abs. 1 die Mitgliedschaft versicherungspflichtig Beschäftigter mit dem Tag des Eintritts in das Beschäftigungsverhältnis. Der Abschluss des Arbeitsvertrages allein begründet noch kein Beschäftigungsverhältnis und damit noch keine Versicherungspflicht. Unerheblich ist es, aus welchen Gründen die Beschäftigung aufgenommen wird. Daher steht – soweit die gesetzlichen Voraussetzungen vorliegen – der Versicherungspflicht grundsätzlich nicht entgegen, wenn der Zweck der Beschäftigung darin liegt, sich einen vorher nicht bestehenden oder günstigen Krankenversicherungsschutz zu verschaffen.

6 Die Rechtsfigur des missglückten Arbeitsversuchs ist seit Inkrafttreten des SGB V (am 01.01.1989) nicht mehr anzuwenden.[52] Das BSG verneint die Krankenversicherungspflicht jedoch, wenn ein Arbeitsverhältnis nur zum Schein oder in der Absicht begründet wird, die Tätigkeit unter Berufung auf die bestehende Arbeitsunfähigkeit nicht anzutreten oder alsbald wieder aufzugeben.[53]

7 Die Mitgliedschaft in der GKV beginnt auch dann, wenn die Beschäftigung wegen einer Erkrankung nicht zu dem im Arbeitsvertrag vorgesehenen Zeitpunkt aufgenommen werden kann, sofern der Arbeitnehmer einen Anspruch auf Fortzahlung des Arbeitsentgelts hat.[54]

2.2 Fortbestehen der Versicherungspflicht

8 Die Versicherungspflicht knüpft an ein Beschäftigungsverhältnis. Es kommt daher für die Frage des Versicherungsschutzes entscheidend auf den Fortbestand des Beschäftigungsverhältnisses an. Ob eine Beschäftigung vorliegt und unter welchen Voraussetzungen sie fortbesteht, regelt u.a. § 7 SGB IV. So besteht für die Dauer der Altersteilzeitarbeit grundsätzlich Krankenversicherungspflicht nach § 5 Abs. 1 Nr. 1 (§ 7 Abs. 1a SGB IV). Nach § 192 besteht die Mitgliedschaft über das gem. § 190 eingetretene Ende hinaus fort; z.B. bei Teilnahme an einem rechtmäßigen Arbeitskampf, bei Bezug von Krankengeld oder Verletztengeld.

9 Mit dem Ende der Mitgliedschaft erlischt grundsätzlich der Anspruch auf Leistungen (§ 19 Abs. 1).

Ein versicherungspflichtiges Beschäftigungsverhältnis besteht auch ohne tatsächliche Entgeltzahlung dann weiter, wenn der Arbeitgeber die Arbeitnehmer bei Insolvenz des

52 BSG – 04.12.1997 – 12 RK 3/97. Ein missglückter Arbeitsversuch lag vor, wenn objektiv feststand, dass der Beschäftigte bei Aufnahme der Arbeit zu ihrer Verrichtung nicht fähig war oder er die Arbeit nur unter schwerwiegender Gefährdung seiner Gesundheit würde verrichten können und wenn er die Arbeit vor Ablauf einer wirtschaftlich ins Gewicht fallenden Zeit aufgegeben hatte (BSG SozR 2200 § 165 Nr. 33).

53 BSG – 29.09.1998 – B 1 KR 10/96 R.

54 BT-Drs. 13/9741, S. 12.

Arbeitgebers freistellt[55] oder der Arbeitgeber während eines Kündigungsschutzprozesses die angebotene Arbeit nicht annimmt und dementsprechend auch nicht entlohnt.[56]

Versicherungspflicht kann auch dann vorliegen, wenn bei fortlaufender Zahlung des Arbeitsentgelts der Arbeitnehmer einvernehmlich und unwiderruflich bis zum Ende des Arbeitsverhältnisses von der Arbeitsleistung freigestellt wird.[57] **10**

Beispiel:
Arbeitsgerichtlicher Vergleich am 20.03.2012. Danach wird das Arbeitsverhältnis aus betriebsbedingten Gründen mit Ablauf des 31.07.2012 aufgehoben und der Arbeitnehmer bis dahin von der Verpflichtung zur Arbeitsleistung freigestellt. Im Ergebnis: Versicherungsschutz in der GKV jedenfalls bis zum 31.07.2012.

Nicht versicherungspflichtig beschäftigt sind Arbeitnehmer, die für einen Zeitraum, in dem sie nicht gearbeitet haben, vom Arbeitsgericht noch Gehalt zugesprochen erhalten und der Arbeitgeber sich in diesem Zeitraum nicht in Annahmeverzug befand.[58] **11**

Beispiel:
Tatsächliche Arbeitsleistung im Juni 2011 eingestellt; Annahmeverzug des Arbeitgebers endet am 30.09.2011; Arbeitnehmer hat nach dem Urteil des Arbeitsgerichts Anspruch auf Gehalt bis zum 31.12.2011. Im Ergebnis: Versicherungsschutz in der GKV nur bis zum 30.09.2011.

2.3 Ende

§ 190 regelt im Einzelnen den Zeitpunkt, zu dem die Mitgliedschaft endet. Z.B. endet nach § 190 Abs. 2 die Mitgliedschaft versicherungspflichtig Beschäftigter mit Ablauf des Tages, an dem das Beschäftigungsverhältnis gegen Arbeitsentgelt endet. **12**

3. Einzelne Versicherungstatbestände

3.1 Gegen Arbeitsentgelt Beschäftigte (Abs. 1 Nr. 1, Abs. 3–4 a)

3.1.1 Beschäftigung

Der Begriff des Beschäftigungsverhältnisses ist weitergehender als der Begriff des Arbeitsverhältnisses; er erfasst somit auch Fälle, in denen ein Arbeitsverhältnis nicht vorliegt (z.B. bei GmbH-Geschäftsführern).[59] Nach § 7 Abs. 1 SGB IV ist Beschäftigung die **13**

55 BSG – 26.11.1985 – 12 RK 51/83.
56 BSG – 25.09.1981 – 12 RK 58/80.
57 BSG – 24.09.2008 – B 12 KR 22/07 R.
58 BSG – 12.10.2000 – B 12 KR 2/00 R.
59 Rundschreiben, GKV Spitzenverband, Deutsche Rentenversicherung Bund, Bundesagentur für Arbeit vom 13.04.2010 www.aok-business.de/Rundschreiben/2010/rds_20100413_Statusfest stellung.pdf.

nichtselbständige Arbeit, insbesondere in einem Arbeitsverhältnis. Anhaltspunkte für eine Beschäftigung sind eine Tätigkeit nach Weisungen und eine Eingliederung in die Arbeitsorganisation des Weisungsgebers. Wesentliches Kriterium für eine versicherungspflichtige Beschäftigung ist die persönliche Abhängigkeit des Arbeitnehmers vom Arbeitgeber.[60] Bei einer Beschäftigung in einem fremden Betrieb ist dies der Fall, wenn die Beschäftigten in den Betrieb eingegliedert sind und sie dabei einem Zeit, Dauer, Ort und Art der Ausführungen umfassenden Weisungsrecht des Arbeitgebers unterliegen.

14 Demgegenüber ist eine selbständige Tätigkeit vornehmlich durch das eigene Unternehmerrisiko, das Vorhandensein einer eigenen Betriebsstätte, der Verfügungsmöglichkeit über die eigene Arbeitskraft und die im Wesentlichen frei gestaltete Tätigkeit und Arbeitszeit gekennzeichnet.[61]

Ob jemand abhängig beschäftigt oder selbständig tätig ist, hängt davon ab, welche Merkmale überwiegen. Erforderlich ist es in jedem Einzelfall, das Gesamtbild der Arbeitsleistung zu betrachten (Gesamtbetrachtung). Weichen die vertraglichen Vereinbarungen von den tatsächlichen Verhältnissen ab, so sind letztere maßgeblich.[62]

3.1.2 Berufsausbildung

15 Als Beschäftigung gilt auch der Erwerb beruflicher Kenntnisse, Fertigkeiten oder Erfahrungen im Rahmen betrieblicher Berufsbildung (§ 7 Abs. 2 SGB IV). Bei einem durch Gesetze und Verordnungen geregelten Ausbildungsgang bestehen an einer Berufsausbildung regelmäßig keine Zweifel. Andererseits kann in den Fällen, in denen der Ausbildungsgang durch Gesetze und Verordnungen geregelt ist, nur eine diesen Vorgaben entsprechende Ausbildung als Berufsausbildung anerkannt werden. Was demnach als Berufsausbildung angesehen werden kann, bleibt schwerlich zu konkretisieren und ist letztlich abhängig von den Umständen des Einzelfalles.

Gibt es für eine bestimmte berufliche Tätigkeit keinen vorgeschriebenen, allgemein anerkannten oder üblichen Ausbildungsweg, so ist nach der Rechtsprechung[63] unter Berufsausbildung nur der Erwerb von Kenntnissen und Fähigkeiten zu verstehen, die für die Ausübung des Berufs notwendig sind.

Selbst wenn das Entgelt unter der Geringfügigkeitsgrenze liegt, kann eine Beschäftigung im Rahmen der betrieblichen Ausbildung nicht als Minijob ausgeübt werden.

3.1.3 Arbeitsentgelt

16 Die Beschäftigung muss gegen Arbeitsentgelt erfolgen. Nach § 14 Abs. 1 Satz 1 SGB IV gehören zum Arbeitsentgelt alle laufenden oder einmaligen Einnahmen aus einer Beschäftigung, gleichgültig, ob ein Rechtsanspruch auf die Einnahmen besteht, unter welcher

60 BSG – 18. 12. 2001 – B 12 KR 8/01 R.
61 BSG – 12. 02. 2004 – B 12 KR 26/02 R.
62 BSG – 12. 02. 2004 – B 12 KR 26/02 R.
63 BSG – 25. 04. 1984 – 10 RKg 2/83.

Bezeichnung oder in welcher Form sie geleistet werden und ob sie unmittelbar aus der Beschäftigung oder im Zusammenhang mit ihr erzielt werden.

3.1.4 Ergänzende Regelungen (Abs. 3–4 a)

§ 5 Abs. 3 ordnet die Versicherungspflicht von Vorruhestandsgeldbeziehern[64] an und stellt diese den gegen Arbeitsentgelt Beschäftigten gleich. Davon ausgenommen sind Vorruhestandsgeldbezieher mit Wohnsitz im Ausland (Abs. 4). **17**

§ 5 Abs. 4 a Satz 1 stellt klar,[65] dass Auszubildende, die im Rahmen eines Berufsausbildungsvertrages nach dem Berufsbildungsgesetz in einer außerbetrieblichen Einrichtung ausgebildet werden, nach § 5 Abs. 1 Nr. 1 versicherungspflichtig sind. **18**

§ 5 Abs. 4 a Satz 2 stellt Teilnehmer an allen Formen von dualen Studiengängen während der gesamten Dauer des Studienganges, d. h. sowohl während der Praxisphasen als auch während der Studienphasen, als Beschäftigte unter Versicherungsschutz. Die Regelung trägt der Tatsache Rechnung, dass einheitliches Merkmal dualer Studiengänge die enge Verzahnung zwischen theoretischem Unterricht an der Hochschule oder Akademie und der praktischen Phasen im Ausbildungsbetrieb, das hohe Maß an Praxisphasen sowie typischerweise die Zahlung einer Vergütung vom Arbeitgeber an die Studierenden ist.[66] **19**

Stellen sich im Rahmen eines sog. praxisintegrierten dualen Studiums die berufspraktischen Phasen als Bestandteil des Studiums dar, so begründen sie keine Versicherungspflicht wegen einer Beschäftigung zur Berufsausbildung bei dem Praktikumsbetrieb.

3.2 Bezieher von Arbeitslosengeld oder Unterhaltsgeld (Abs. 1 Nr. 2)

Gem. § 186 Abs. 2 a beginnt die Mitgliedschaft der Bezieher von Arbeitslosengeld mit dem Tag, von dem an Leistung bezogen wird. »Beziehen« heißt jedoch nicht, dass das Arbeitslosengeld tatsächlich gezahlt worden ist (z. B. auf dem Konto eingegangen). Entscheidend ist der mit dem Bewilligungsbescheid ausgewiesene Zeitpunkt, ab dem gezahlt werden soll. Krankenversicherungspflicht besteht frühestens ab persönlicher Meldung bei der Arbeitsagentur, da Leistungen wegen Arbeitslosigkeit nur auf Antrag und nach persönlicher Meldung erbracht werden (§§ 136, 141 SGB III). **20**

Gem. § 190 Abs. 12 endet die Mitgliedschaft der Bezieher von Arbeitslosengeld mit Ablauf des letzten Tages, für den die Leistung bezogen wird. Wird die Bewilligung des Arbeitslosengeldes rückwirkend aufgehoben, so ändert dies nichts an der für den zurückliegenden Zeitraum bestehenden Krankenversicherungspflicht (§ 5 Abs. 1 Nr. 2 letzter Satzteil).[67] **21**

Bei Verhängung einer Sperrzeit (§ 159 SGB III) wird zwar kein Arbeitslosengeld aus- **22**

---

64 VRG wurde durch das Altersteilzeitgesetz (Gesetz zur Förderung eines gleitenden Übergangs in den Ruhestand v. 23.07.1996, BGBl. I 1996, 1078) ersetzt.
65 BT-Drs. 14/6944, S. 52.
66 BT-Drs. 17/6764, S. 20 f.
67 BSG – 21.09.1983 – 8 RK 24/82.

gezahlt, dass hindert jedoch – ausnahmsweise – nicht den Versicherungsschutz. Denn nach § 5 Abs. 1 Nr. 2 Halbs. 1 2. Satzteil gilt das Arbeitslosengeld ab Beginn des zweiten Monats bis zur zwölften Woche einer Sperrzeit als bezogen. Bis zum Ende des ersten Monats besteht Versicherungsschutz nach § 19 Abs. 2. Dementsprechend können nach dem Ausscheiden aus der Versicherungspflicht (z. B. wegen Beendigung des Arbeitsverhältnisses) Leistungen noch für einen Monat nach der Mitgliedschaft in Anspruch genommen werden.

3.3 Bezieher von Arbeitslosengeld II (Abs. 1 Nr. 2 a)

23 Bezieher von ALG II sind grundsätzlich krankenversichert. Beginn und Ende der Mitgliedschaft sind in § 186 Abs. 2 a bzw. § 190 Abs. 12 geregelt. Wie beim Arbeitslosengeld kommt es auf die Zahlung der Leistung an. Ebenso bleibt die Krankenversicherung bestehen, wenn der Bescheid über die Bewilligung rückwirkend aufgehoben oder die Leistung zurückgefordert oder zurückgezahlt worden ist (Absatz 1 Nr. 2 a letzter Satzteil).

24 Zu beachten sind jedoch vier Ausnahmen, bei denen Versicherungspflicht nach Abs. 2 a nicht eintritt:

- Die Leistung wird nur darlehensweise gewährt (§ 7 Abs. 5 Satz 2 SGB II, § 9 Abs. 5 SGB II, § 16 Abs. 4 SGB II).
- Es werden nur Leistungen nach § 24 Abs. 3 Satz 1 SGB II gewährt.
- Es besteht eine Familienversicherung nach § 10.
- Wenn der Arbeitslose unmittelbar[68] vor dem Bezug von ALG II privat krankenversichert war oder weder gesetzlich noch privat krankenversichert war und zu den in Absatz 5 oder den in § 6 Abs. 1 oder 2 genannten Personen gehört oder bei Ausübung seiner beruflichen Tätigkeit im Inland gehört hätte (§ 5 Abs. 5 a).[69]

Zum Versicherungs-, Beitrags- und Melderecht der Bezieher von ALG II siehe auch »Gemeinsames Rundschreiben der Spitzenverbände der Krankenkassen und der Bundesagentur für Arbeit Stand: 26. Januar 2007«.[70]

3.4 Teilnehmer an Leistungen zur Teilhabe am Arbeitsleben (Abs. 1 Nr. 6)

25 Leistungen zur Teilhabe am Arbeitsleben sind nur Maßnahmen nach den §§ 5 Nr. 2 SGB IX; 33 SGB IX, die von einem der Rehabilitationsträger i. S. des § 6 Abs. 1 Nr. 2–7 SGB IX erbracht werden.[71] Versicherungspflicht gem. § 5 Abs. 1 Nr. 6 besteht nicht, wenn entsprechende Maßnahmen nach den Vorschriften des Bundesversorgungsgesetzes (vgl. § 26 BVG) erbracht werden. Ausreichend ist die Teilnahme an der Maßnahme, wie aus § 186 Abs. 5 geschlossen werden kann.

68 Zum Begriff der Unmittelbarkeit: LSG Berlin-Brandenburg – 11.03.2011 – L 1 KR 326/10, anhängig beim BSG unter B 12 KR 11/11 R.

69 Bestandsschutz für diejenigen Bezieher von Arbeitslosengeld II, die am 01.01.2009 bereits gesetzlich pflichtversichert waren (§ 5 Abs. 5 a Satz 2).

70 http://www.vdek.com/versicherte/Mitgliedschafts-Beitragsrecht/alg2/index.htm.

71 Vgl. BSG – 26.03.1998 – B 12 KR 14/97 R.

3.5 Menschen in Behindertenwerkstätten (Abs. 1 Nr. 7)

Menschen sind behindert, wenn ihre körperliche Funktion, geistige Fähigkeit oder seelische Gesundheit mit hoher Wahrscheinlichkeit länger als sechs Monate von dem für das Lebensalter typischen Zustand abweichen und daher ihre Teilhabe am Leben in der Gesellschaft beeinträchtigt ist (§ 2 SGB IX Abs. 1 Satz 1). Eine Werkstatt für behinderte Menschen ist eine Einrichtung zur Teilhabe behinderter Menschen am Arbeitsleben und zur Eingliederung in das Arbeitsleben (§ 136 Abs. 1 Satz 1 SGB IX). Für die Versicherungspflicht ist allein die Beschäftigung in einer Werkstatt ausreichend, ob und in welcher Form Arbeitsentgelt gezahlt wird, ist nicht entscheidend.[72] Es muss jedoch von dem behinderten Menschen ein Mindestmaß wirtschaftlich verwertbarer Arbeitsleistung erwartet werden können.[73] **26**

Die in einer Werkstatt für Behinderte beschäftigten Personen unterliegen auch dann der Versicherungspflicht nach § 5 Abs. 1 Nr. 7, wenn sie nicht im Arbeitsbereich, sondern im Arbeitstrainingsbereich eingesetzt werden.[74]

3.6 Behinderte Menschen in sonstigen Einrichtungen (Abs. 1 Nr. 8)

Die »sonstige Einrichtung« muss geeignet sein, behinderte Menschen zu betreuen (z.B. Heil- oder Pflegeanstalt). Allgemeine Krankhäuser sind keine Einrichtungen im Sinne der Ziff. 8.[75] Da die Leistungen in gewisser Regelmäßigkeit erbracht werden müssen, reichen gelegentliche, vom aktuellen Leistungsvermögen des behinderten Menschen abhängige Arbeiten nicht aus. **27**

3.7 Studenten (Abs. 1 Nr. 9)

Die Versicherung beginnt mit der Immatrikulation, d.h. der Einschreibung an der Hochschule. Soweit das Studium nicht vorher beendet wird, endet die Versicherung mit Abschluss des 14. Fachsemesters, spätestens jedoch mit Vollendung des dreißigsten Lebensjahres.[76] Die Altersgrenze kann überschritten werden, wenn es die Art der Ausbildung (z.B. langwierige Studiengänge, die parallele Studienabschlüsse notwendig machen) oder familiäre oder persönliche Gründe erfordern. Die familiären oder persönlichen Gründe, die eine Überschreitung der Altersgrenze rechtfertigen, müssen von solcher Art und von solchem Gewicht sein, dass sie bei objektiver Betrachtungsweise die Aufnahme eines Studiums oder seinen Abschluss verhindern oder als unzumutbar erscheinen lassen.[77] **28**

---

72 BSG – 10.09.1987 – 12 RK 42/86.
73 Rückschluss aus § 136 Abs. 2 SGB IX, da ansonsten dem behinderten Menschen die Werkstatt nicht offen steht.
74 BSG – 14.02.2001 – B 1 KR 1/00 R.
75 BSG – 28.10.1981 – 12 RK 29/80.
76 BSG – 30.09.1992 – 12 RK 35/91: Gegen die zeitliche Befristung bestehen keine verfassungsrechtlichen Bedenken.
77 BSG – 30.09.1992 – 12 RK 8/91.

Liegen in der Person des Studenten die Voraussetzungen für die Familienversicherung vor, so ist diese gegenüber einer Pflichtversicherung als Student vorrangig (§ 5 Abs. 7).

3.8 Praktikanten und Gleichgestellte (Abs. 1 Nr. 10)

29 Erfasst von der Vorschrift werden nur Praktika, die in einer Studien- oder Prüfungsordnung vorgeschrieben sind (Pflichtpraktikum). Es kommt nicht darauf an, ob das Praktikum vor, während oder nach dem Studium absolviert werden muss. Wer während eines Praktikums als Student eingeschrieben ist, bleibt als Student versicherungspflichtig (§ 5 Abs. 7 Satz 2). Versicherungspflicht nach Nr. 10 besteht nur für Praktikanten, die kein Arbeitsentgelt erhalten. Wird Arbeitsentgelt gezahlt, kommt Krankenversicherungspflicht nach Abs. 1 Nr. 1 in Betracht. Bei Studenten besteht in diesen Fällen, also wenn Arbeitsentgelt gezahlt wird, jedoch grundsätzlich Versicherungsfreiheit nach § 6 Abs. 1 Nr. 3.

30 Den Praktikanten sind Auszubildende ohne Arbeitsentgelt und Auszubildende des Zweiten Bildungsweges gleichgestellt. Zum zweiten Bildungsweg rechnen Ausbildungen allgemeinbildender Art, die einen sonst an allgemeinbildenden Schulen zu erreichenden Ausbildungsabschluss vermitteln und den Zugang zu einer berufsqualifizierenden Ausbildung erst eröffnen; Berufsfachschulen gehören nicht dazu.[78]

3.9 Rentner (Abs. 1 Nr. 11, 11 a, 12; Abs. 2)

31 Die Krankenversicherung der Rentner (KVdR) setzt zunächst voraus, dass ein Anspruch auf Rente besteht und ein Rentenantrag gestellt wurde. Es muss ein Anspruch auf Renten aus der gesetzlichen Rentenversicherung – auf eine der in § 33 SGB VI genannten Renten – bestehen. Renten etwa aus der Unfallversicherung werden ebenso wenig erfasst wie Renten einer Versorgungseinrichtung.[79] Anspruch auf eine Rente aus dem Ausland führt zur Krankenversicherungspflicht, wenn dies in über- oder zwischenstaatlichem Recht vorgesehen ist.

32 Des Weiteren muss die Vorversicherungszeit (Neun-Zehntel-Belegung) erfüllt sein: In der zweiten Hälfte des Zeitraums zwischen der erstmaligen Aufnahme einer Erwerbstätigkeit bis zur der Stellung des Rentenantrages muss der Antragsteller mindestens 9/10 der Zeit in der GKV pflichtversichert, freiwillig versichert oder familienversichert (§ 10) gewesen sein.[80]

33 Schwierigkeiten kann die Frage aufwerfen, wann erstmals eine Erwerbstätigkeit aufgenommen worden ist. Der Begriff »Erwerbstätigkeit« umfasst jede sowohl im Inland wie im Ausland ausgeübte und Erwerbszwecken dienende Tätigkeit.[81] Nicht als erstmalige Aufnahme einer Erwerbstätigkeit gelten z. B. der Beginn des Wehr- oder Zivildienstes

---

78 BSG – 07. 11. 1995 – 12 RK 38/94.

79 BSG – 03. 09. 1998 – B 12 KR 21/97 R.

80 Die Regelung über die Vorversicherungszeit verstößt nicht gegen Art. 3 Abs. 1 GG: BVerfG – 15. 3. 2000 – 1 BvL 16/96; BSG – 04. 06. 2009 – B 12 KR 26/07 R.

81 BSG – 08. 11. 1983 – 12 RK 12/83.

oder geringfügige Beschäftigungen, die krankenversicherungsfrei waren.[82] Zeiten einer privaten Krankenversicherung genügen für die Neun-Zehntel-Belegung nicht.[83] Die für die Berechnung der Vorversicherungszeit erforderliche Rahmenfrist endet auch dann mit der Rentenantragstellung, wenn zwischen Rentenantragstellung und Rentenbeginn weitere geeignete Versicherungszeiten, z. B. auf Grund einer Pflichtversicherung wegen abhängiger Beschäftigung, zurückgelegt werden.[84] Wer die Vorversicherungszeit nicht erfüllt, muss sich freiwillig in der GKV oder privat krankenversichern.[85]

Zu beachten ist, dass Rentner bzw. Rentenantragsteller ihren Wohnsitz in der Bundes- **34**
republik Deutschland haben müssen (§ 3 Nr. 2 SGB IV Territorialitätsprinzip). Ausnahmen bestehen jedoch gem. § 6 SGB IV für Wohnorte im Europäischen Wirtschaftsraum (EWR) und in der Schweiz,[86] darüber hinaus für Wohnsitze in Staaten, mit denen die Bundesrepublik Deutschland Abkommen über Soziale Sicherheit geschlossen hat.[87]

Die Mitgliedschaft beginnt in der Regel mit dem Rentenantrag (§ 186 Abs. 9) und **35**
Erfüllung der Vorversicherungszeit. In der Praxis erfolgt seitens der Krankenkasse keine Prüfung der Voraussetzungen für die beantragte Rente. Da stets Unsicherheit besteht, ob dem Rentenantrag entsprochen wird, besteht ohnehin gem. § 189 auch für Rentenantragsteller die Mitgliedschaft in der GKV. Dementsprechend sind auch diejenigen krankenversichert, über deren Rentenantrag bei Beendigung des Arbeitsverhältnisses noch nicht entschieden worden ist.

Gem. § 5 Abs. 2 Satz 2 gilt bei Rentenantragstellern oder Beziehern einer Rente, die aus **36**
der Rentenversicherung eines anderen abgeleitet wird (z. B. bei Hinterbliebenen), die Vorversicherungszeit als erfüllt, wenn die andere Person (z. B. der verstorbene Versicherte) diese Voraussetzungen erfüllt hatte.

Gem. § 5 Abs. 1 Nr. 11 a gelten für Künstler und Publizisten die allgemeinen Voraus- **37**
setzungen wie unter § 5 Abs. 1 Nr. 11. Die Vorversicherungszeit kann jedoch innerhalb einer verkürzten Rahmenfrist erfüllt werden.

Für den in § 5 Abs. 1 Nr. 12 genannten Personenkreis (Fremdrentner – Aus- bzw. Übersiedler – Verfolgte) gilt keine Vorversicherungszeit; sie müssen jedoch mindestens 10 Jahre vor der Rentenantragstellung ihren Wohnsitz (§ 30 Abs. 3 SGB I) in der Bundesrepublik Deutschland verlegt haben. Es genügt nicht, den Wohnsitz erst nach Rentenantragstellung zu verlegen.[88]

---

82 Weitere Bespiele: Rundschreiben vom 01.04. 2002 der Spitzenverbände der Krankenkassen, des Verbandes Deutscher Rentenversicherungsträger zur Krankenversicherung und Pflegeversicherung der Rentner, Seite 19.

83 BSG – 03.09.1998 – B 12 KR 21/97 R, SozR 3-2500 § 5 Nr. 39.

84 BSG – 04.06.2009 – B 12 KR 26/07 R.

85 Siehe weiter zur Information: Deutsche Rentenversicherung, Merkblatt Krankenversicherung der Rentner (KVdR) und Pflegversicherung, http://www.deutsche-rentenversicherung.de/SharedDocs/de/Inhalt/04_Formulare_Publikationen/01_formulare/02_rente/großdruckvordruck.

86 Es gelten die EG Verordnungen Nr. 883/2004 und 987/2009.

87 Z. B. Bosnien-Herzegowina, Kroatien, Mazedonien, Montenegro, Serbien, Türkei, Tunesien; siehe zur Information weiter: Spitzenverband der GKV, Meine Krankenversicherung bei Wohnort im Ausland, http://www.dvka.de/oeffentlicheSeiten/Publikationen/MerkblattRentner.htm.

88 BSG – 29.09.1994 – 12 RK 86/92.

3.10 Personen ohne Absicherung im Krankheitsfall (Abs. 1 Nr. 13; Abs. 11)

38 Nach Auffassung des Gesetzgebers soll es für alle Einwohner ohne Absicherung im Krankheitsfall einen Versicherungsschutz in der gesetzlichen oder privaten Krankenversicherung geben.[89] Dementsprechend sind alle Personen mit Wohnsitz (§ 30 Abs. 3 SGB I) oder gewöhnlichem Aufenthalt in der Bundesrepublik Deutschland, die ohne anderweitige Absicherung im Krankheitsfall sind, in der GKV pflichtversichert, wenn sie zuletzt gesetzlich versichert waren oder gar keinen Anspruch im Fall der Erkrankung haben.

39 Ohne Anspruch auf anderweitige Absicherung im Krankheitsfall sind insbesondere die nicht gesetzlich oder privat krankenversicherten Personen, die

- keinen Anspruch auf Hilfe bei Krankheit nach § 40 SGB VIII, § 48 SGB XII, § 264,
- keinen Anspruch auf Gesundheitsfürsorge nach dem Strafvollzugsgesetz oder
- keinen Anspruch auf sonstige Gesundheitsfürsorge haben,
- nicht beihilfeberechtigt sind,
- keinem Sondersystem angehören und
- keinen Anspruch auf Krankenbehandlung nach dem Bundesversorgungsgesetz, dem Bundesentschädigungsgesetz oder vergleichbaren gesetzlichen Regelungen

haben.

40 Die Versicherungspflicht gem. § 5 Abs. 1 Nr. 13 tritt kraft Gesetzes ein und setzt weder den Abschluss eines Vertrages voraus noch die Kenntnis von der Versicherungspflicht. Die Mitgliedschaft beginnt gem. § 186 Abs. 11 Satz 1 mit dem ersten Tag ohne anderweitigen Anspruch auf Absicherung im Krankheitsfall im Inland.

In Ergänzung zu Abs. 1 Nr. 13 regelt § 5 Abs. 11, unter welchen Voraussetzungen Ausländer in diese Versicherungspflicht einbezogen sind.

41 Der Zeit ohne Absicherung im Krankheitsfall muss eine Versicherung in der GKV nicht unmittelbar vorausgegangen sein. Das Merkmal »zuletzt« dient lediglich der Abgrenzung zwischen GKV und privater Krankenversicherung.

42 Von der Versicherungspflicht nach § 5 Abs. 1 Nr. 13 werden u. a. erfasst:

- Beihilfeberechtigte Personen, die über keine ergänzende Krankheitskostenvollversicherung über den von der Beihilfe nicht übernommenen Kostenteil verfügen, werden als Personen ohne Absicherung im Krankheitsfall angesehen. Sie fallen unter die Versicherungspflicht nach Abs. 1 Nr. 13, sofern sie zuletzt gesetzlich krankenversichert waren.
- Personen mit nachgehendem Versicherungsschutz nach § 19 Abs. 2: Nach § 5 Abs. 8 a Satz 4 gilt der Anspruch auf Leistungen (nachgehende Leistungsansprüche längstens für einen Monat) nicht als Absicherung im Krankheitsfall, sofern im Anschluss daran kein anderweitiger Anspruch auf Absicherung im Krankheitsfall besteht.

43 Keine Versicherungspflicht nach § 5 Abs. 1 Nr. 13 besteht in folgenden Fällen:

- Wer nach Abs. 1 Nr. 1 bis 12 versicherungspflichtig, wer freiwilliges Mitglied oder wer nach § 10 familienversichert ist oder wer Empfänger laufender Leistungen nach dem 3., 4., 6. und 7. Kapitel des SGB XII oder Empfänger laufender Leistungen nach § 2 des Asylbewerberleistungsgesetzes (AsylbLG) ist (§ 5 Abs. 8 a Satz 1 und 2).

---

89 BT-Drs. 16/3100, S. 86.

- In Fällen, in denen ein anderweitiger Versicherungsschutz besteht, z. B. wenn aufgrund gewährter laufender Hilfe zum Lebensunterhalt nach dem 3. Kapitel des SGB XII ein Krankenhilfeanspruch damit einhergeht. Ein Empfang solcher Leistungen ist bereits dann anzunehmen, wenn in absehbarer Zeit die Gewährung laufender Leistungen erwartet werden kann.[90] Für Leistungsberechtigte nach dem Asylbewerberleistungsgesetz besteht ein anderweitiger Anspruch auf Absicherung im Krankheitsfall nach § 4 des Asylbewerberleistungsgesetzes.
- Für Personen, für die aufgrund über- und zwischenstaatlichen Rechts ein Anspruch auf Sachleistungen besteht, verfügen über eine anderweitige Absicherung im Krankheitsfall.[91]
- Für hauptberuflich selbständige Personen.
- Für Personen, für die nach § 6 Abs. 1 und Abs. 2 Versicherungsfreiheit besteht.

4. Hauptberuflich selbständige Erwerbstätigkeit (Abs. 5)

Wer hauptberuflich selbständig erwerbstätig ist, ist nicht gem. § 5 Abs. 1 Nr. 1 oder 5 bis 12 versicherungspflichtig (§ 5 Abs. 5). Maßgeblich für die Abgrenzung von versicherungspflichtiger Beschäftigung und versicherungsfreier Selbständigkeit ist § 7 Abs. 1 SGB IV. Selbständig erwerbstätig ist, wer mit Gewinnerzielungsabsicht eine Tätigkeit in der Land- und Forstwirtschaft, in einem Gewerbebetrieb oder eine freiberufliche Arbeit in persönlicher Unabhängigkeit und auf eigene Rechnung und Gefahr ausübt.[92] Hauptberuflich ist eine selbständige Erwerbstätigkeit, wenn sie von der wirtschaftlichen Bedeutung und dem zeitlichen Aufwand her die übrigen Erwerbstätigkeiten zusammen deutlich übersteigt und den Mittelpunkt der Erwerbstätigkeit darstellt.[93] **44**

§ 6 Versicherungsfreiheit

(1) Versicherungsfrei sind

1. Arbeiter und Angestellte, deren regelmäßiges Jahresarbeitsentgelt die Jahresarbeitsentgeltgrenze nach den Absätzen 6 oder 7 übersteigt; Zuschläge, die mit Rücksicht auf den Familienstand gezahlt werden, bleiben unberücksichtigt,

1 a. nicht-deutsche Besatzungsmitglieder deutscher Seeschiffe, die ihren Wohnsitz oder gewöhnlichen Aufenthalt nicht in einem Mitgliedstaat der Europäischen Union, einem Vertragsstaat des Abkommens über den Europäischen Wirtschaftsraum oder der Schweiz haben,

2. Beamte, Richter, Soldaten auf Zeit sowie Berufssoldaten der Bundeswehr und sonstige Beschäftigte des Bundes, eines Landes, eines Gemeindeverbandes, einer Gemeinde, von öffentlich-rechtlichen Körperschaften, Anstalten, Stiftungen oder Verbänden öffentlich-rechtlicher Körperschaften oder deren Spitzenverbänden,

---

90 LSG Nordrhein-Westfalen – 17.09.2009 – L 16 (5) KR 206/08.
91 BT-Drs. 16/3100, S. 94.
92 BSG – 04.06.2009 – B 12 KR 3/08 R.
93 BT-Drs. 11/2237, S. 159.

wenn sie nach beamtenrechtlichen Vorschriften oder Grundsätzen bei Krankheit Anspruch auf Fortzahlung der Bezüge und auf Beihilfe oder Heilfürsorge haben,
3. Personen, die während der Dauer ihres Studiums als ordentliche Studierende einer Hochschule oder einer der fachlichen Ausbildung dienenden Schule gegen Arbeitsentgelt beschäftigt sind,
4. Geistliche der als öffentlich-rechtliche Körperschaften anerkannten Religionsgesellschaften, wenn sie nach beamtenrechtlichen Vorschriften oder Grundsätzen bei Krankheit Anspruch auf Fortzahlung der Bezüge und auf Beihilfe haben,
5. Lehrer, die an privaten genehmigten Ersatzschulen hauptamtlich beschäftigt sind, wenn sie nach beamtenrechtlichen Vorschriften oder Grundsätzen bei Krankheit Anspruch auf Fortzahlung der Bezüge und auf Beihilfe haben,
6. die in den Nummern 2, 4 und 5 genannten Personen, wenn ihnen ein Anspruch auf Ruhegehalt oder ähnliche Bezüge zuerkannt ist und sie Anspruch auf Beihilfe im Krankheitsfalle nach beamtenrechtlichen Vorschriften oder Grundsätzen haben,
7. satzungsmäßige Mitglieder geistlicher Genossenschaften, Diakonissen und ähnliche Personen, wenn sie sich aus überwiegend religiösen oder sittlichen Beweggründen mit Krankenpflege, Unterricht oder anderen gemeinnützigen Tätigkeiten beschäftigen und nicht mehr als freien Unterhalt oder ein geringes Entgelt beziehen, das nur zur Beschaffung der unmittelbaren Lebensbedürfnisse an Wohnung, Verpflegung, Kleidung und dergleichen ausreicht,
8. Personen, die nach dem Krankheitsfürsorgesystem der Europäischen Gemeinschaften bei Krankheit geschützt sind.

(2) Nach § 5 Abs. 1 Nr. 11 versicherungspflichtige Hinterbliebene der in Absatz 1 Nr. 2 und 4 bis 6 genannten Personen sind versicherungsfrei, wenn sie ihren Rentenanspruch nur aus der Versicherung dieser Personen ableiten und nach beamtenrechtlichen Vorschriften oder Grundsätzen bei Krankheit Anspruch auf Beihilfe haben.

(3) Die nach Absatz 1 oder anderen gesetzlichen Vorschriften mit Ausnahme von Absatz 2 und § 7 versicherungsfreien oder von der Versicherungspflicht befreiten Personen bleiben auch dann versicherungsfrei, wenn sie eine der in § 5 Abs. 1 Nr. 1 oder Nr. 5 bis 13 genannten Voraussetzungen erfüllen. Dies gilt nicht für die in Absatz 1 Nr. 3 genannten Personen, solange sie während ihrer Beschäftigung versicherungsfrei sind.

(3 a) Personen, die nach Vollendung des 55. Lebensjahres versicherungspflichtig werden, sind versicherungsfrei, wenn sie in den letzten fünf Jahren vor Eintritt der Versicherungspflicht nicht gesetzlich versichert waren. Weitere Voraussetzung ist, dass diese Personen mindestens die Hälfte dieser Zeit versicherungsfrei, von der Versicherungspflicht befreit oder nach § 5 Abs. 5 nicht versicherungspflichtig waren. Der Voraussetzung nach Satz 2 stehen die Ehe oder die Lebenspartnerschaft mit einer in Satz 2 genannten Person gleich. Satz 1 gilt nicht für Personen, die nach § 5 Abs. 1 Nr. 13 versicherungspflichtig sind.

(4) Wird die Jahresarbeitsentgeltgrenze überschritten, endet die Versicherungspflicht mit Ablauf des Kalenderjahres, in dem sie überschritten wird. Dies gilt nicht, wenn das Entgelt die vom Beginn des nächsten Kalenderjahres an geltende Jahresarbeitsentgeltgrenze nicht übersteigt. Rückwirkende Erhöhungen des Entgelts werden

dem Kalenderjahr zugerechnet, in dem der Anspruch auf das erhöhte Entgelt entstanden ist.

(5) (weggefallen)

(6) Die Jahresarbeitsentgeltgrenze nach Absatz 1 Nr. 1 beträgt im Jahr 2003 45 900 Euro. Sie ändert sich zum 1. Januar eines jeden Jahres in dem Verhältnis, in dem die Bruttolöhne und -gehälter je Arbeitnehmer (§ 68 Abs. 2 Satz 1 des Sechsten Buches) im vergangenen Kalenderjahr zu den entsprechenden Bruttolöhnen und -gehältern im vorvergangenen Kalenderjahr stehen. Die veränderten Beträge werden nur für das Kalenderjahr, für das die Jahresarbeitsentgeltgrenze bestimmt wird, auf das nächsthöhere Vielfache von 450 aufgerundet. Die Bundesregierung setzt die Jahresarbeitsentgeltgrenze in der Rechtsverordnung nach § 160 des Sechsten Buches Sozialgesetzbuch fest.

(7) Abweichend von Absatz 6 Satz 1 beträgt die Jahresarbeitsentgeltgrenze für Arbeiter und Angestellte, die am 31. Dezember 2002 wegen Überschreitens der an diesem Tag geltenden Jahresarbeitsentgeltgrenze versicherungsfrei und bei einem privaten Krankenversicherungsunternehmen in einer substitutiven Krankenversicherung versichert waren, im Jahr 2003 41 400 Euro. Absatz 6 Satz 2 bis 4 gilt entsprechend.

(8) Der Ausgangswert für die Bestimmung der Jahresarbeitsentgeltgrenze für das Jahr 2004 beträgt für die in Absatz 6 genannten Arbeiter und Angestellten 45 594,05 Euro und für die in Absatz 7 genannten Arbeiter und Angestellten 41 034,64 Euro.

(9) (weggefallen)

Inhaltsübersicht

1. Inhalt und systematischer Zusammenhang

§ 6 schließt den Versicherungsschutz (der GKV) für Personen aus, die nach Auffassung des Gesetzgebers nicht schutzbedürftig sind oder als Mitglied eines anderen Versorgungssystems (z. B. als Beamte) bereits anderweitig Anspruch auf Krankenversicherungsschutz besitzen. Von Versicherungsfreiheit als Ausnahme von der Versicherungspflicht kann nur unter den im Gesetz eindeutig bestimmten Voraussetzungen ausgegangen werden.[94] Wer trotz bestehender Versicherungsfreiheit nicht auf den Schutz der GKV verzichten will, hat unter den Voraussetzungen des § 9 Abs. 1 die Möglichkeit, sich freiwillig zu versichern. 1

Versicherungsfreiheit beim Überscheiten der Jahresarbeitsentgeltgrenze bedeutet im Ergebnis jedoch auch, dass – insbesondere »besserverdienende« Beschäftigte als Beitrags- 2

94 BSG – 25. 05. 2011 – B 12 KR 9/09 R.

zahler ausfallen. Insoweit zieht der Gesetzgeber durch die Jahresarbeitsentgeltgrenze (§ 6 Abs. 6 und 7) auch eine Grenze zwischen gesetzlicher und privater Krankenversicherung. Bei Zuordnung bestimmter Personenkreise zur gesetzlichen (Pflicht-)Versicherung einerseits und der privaten Versicherung andererseits hat der Gesetzgeber jedoch einen erheblichen Gestaltungsspielraum. Ihm obliegt es, zu bestimmen, welcher Personenkreis zur Bildung einer leistungsfähigen Solidargemeinschaft erforderlich ist und welche Personen deren Schutz benötigen.[95]

3 § 6 Abs. 3 a erschwert für Personen den Zugang zur GKV, die sich frühzeitig für eine Absicherung in der privaten Krankenversicherung entschieden haben und nunmehr z. B. durch Veränderungen in der Höhe ihres Arbeitsentgelts die Voraussetzungen für die Pflichtversicherung in der GKV erfüllen würden. Dies dient dem Schutz der Solidargemeinschaft der gesetzlich Versicherten. Die Solidargemeinschaft soll keine Leistungen für diejenigen erbringen müssen, die in der Vergangenheit zu keinem Zeitpunkt einen eigenen Beitrag zu den Solidarlasten geleistet haben.[96] Langzeitarbeitslose, die nach dem Bezug von Sozialhilfe eine versicherungspflichtige Beschäftigung aufnehmen, werden von der Regelung nicht erfasst. Dies gilt auch für Personen, die nach einem längeren Auslandsaufenthalt wieder eine versicherungspflichtige Beschäftigung im Inland aufnehmen (z. B. Entwicklungshelfer).[97]

4 Da Versicherungspflicht in der GKV nach § 20 Abs. 1 SGB XI zur Versicherungspflicht in der sozialen Pflegeversicherung führt, besteht bei Versicherungsfreiheit in der GKV grundsätzlich auch keine Versicherungspflicht in der sozialen Pflegeversicherung.

2. Einzelne Tatbestände der Versicherungsfreiheit

2.1 Überschreiten der Jahresarbeitsentgeltgrenze (Abs. 1 Nr. 1)

5 Versicherungsfrei sind Arbeiter und Angestellte, deren regelmäßiges Jahresarbeitsentgelt die Jahresarbeitsentgeltgrenze übersteigt. Die Jahresarbeitsentgeltgrenze bestimmt sich nach § 6 Abs. 6 Nr. 1. Sie wird von der Bundesregierung nach § 160 SGB VI durch Rechtsverordnung jährlich neu festgelegt (§ 6 Abs. 6 Satz 3).[98] § 6 Abs. 7 enthält eine Vertrauensschutzregelung für Arbeiter und Angestellte, die bereits am 31. 12. 2002 wegen Überschreitens der seinerzeit geltenden Jahresarbeitsentgeltgrenze versicherungsfrei und privat versichert waren.

6 Individuell muss die Höhe des regelmäßigen Jahresarbeitsentgelts ermittelt werden. Dabei ist der Begriff des Arbeitsentgelts, wie er in § 14 Abs. 1 SGB IV definiert ist, zugrunde zu legen. Danach sind alle laufenden oder einmaligen Einnahmen aus einer Beschäftigung zu berücksichtigen. Nicht entscheidend ist, ob das geschuldete Arbeits-

---

95 BVerfG – 03. 04. 2001 – 1 BvR 1681/94, 1 BvR 2491/94, 1 BvR 24/95.
96 BT-Drs. 14/1245, S. 59.
97 BT-Drs. 14/1245, S. 60.
98 Aktuelle Rechengrößen der Sozialversicherung siehe unter http://www.ak-sozialpolitik.de/seiten/03_service.htm.

entgelt tatsächlich gezahlt wurde, es den Arbeitnehmern also zugeflossen ist. Es gilt das Entstehungsprinzip und nicht das Zuflussprinzip.[99]

Als regelmäßig können Einnahmen dann angesehen werden, wenn mit ihrer Zahlung wahrscheinlich gerechnet werden kann.[100] Zu den regelmäßigen Einnahmen gehören daher neben dem Arbeitsentgelt auch Einmalzahlungen, u. a. das Weihnachtsgeld, jedoch nicht die Zahlung für Überstunden, wenn diese nicht regelmäßig in bestimmtem Umfang anfallen. Nicht berücksichtigt werden Zuschläge, die mit Rücksicht auf den Familienstand gezahlt werden (§ 6 Abs. 1 Nr. 1 2. Halbs.). Ob das regelmäßige Arbeitsentgelt aus der Beschäftigung die maßgebende Jahresarbeitsentgeltgrenze übersteigt, ist in einer vorausschauenden Betrachtungsweise auf der Grundlage der gegenwärtigen und bei normalem Verlauf für ein Zeitjahr zu erwartenden Einkommensverhältnisse festzustellen.[101]

Gem. § 6 Abs. 4 endet die Versicherungspflicht, wenn die Jahresarbeitsentgeltgrenze überschritten wird, mit Ablauf des Kalenderjahres. Wird allerdings im folgenden Kalenderjahr die (neue) Jahresarbeitsentgeltgrenze nicht überschritten, bleibt es bei der Versicherungspflicht (§ 6 Abs. 4 Satz 2). **7**

Demgegenüber tritt bei Absinken des Entgelts auf die Grenze oder darunter sogleich Versicherungspflicht ein.[102]

Nach § 6 Abs. 4 Satz 3 endet – bei rückwirkender Erhöhung des Arbeitsentgelts – die Krankenversicherungspflicht mit Ablauf des Kalenderjahres, in dem der Anspruch auf das erhöhte Arbeitsentgelt entstanden ist. Eine in 2012 vereinbarte Gehaltserhöhung für 2011 wird daher erst bei der Ermittlung der Jahresarbeitsentgeltgrenze für 2012 berücksichtigt und führt nicht zur möglichen Versicherungsfreiheit in 2011.

Endet die Versicherungspflicht, so endet gem. § 190 Abs. 3 SGB V zu diesem Zeitpunkt die Mitgliedschaft in der GKV nur, wenn innerhalb von zwei Wochen nach Hinweis der Krankenkasse über die Austrittsmöglichkeit der Austritt erklärt wird. Wird der Austritt nicht erklärt, setzt sich die Mitgliedschaft als freiwillige Mitgliedschaft fort, es sei denn, die Voraussetzungen der freiwilligen Versicherung nach § 9 Absatz 1 Satz 1 Nr. 1 sind nicht erfüllt. **8**

2.2 Beamte und gleichgestellte Personen (Abs. 1 Nr. 2)

Für Beamte, Richter, Zeit- oder Berufssoldaten besteht grundsätzlich Versicherungsfreiheit; sie haben Kraft bundes- oder landesrechtlicher Regelungen Anspruch auf Versorgung im Krankheitsfall und bedürfen daher nicht des Schutzes der GKV. Dies gilt auch für sonstige Beschäftigte des Bundes, eines Landes, eines Gemeindeverbandes, einer Gemeinde, von öffentlich-rechtlichen Körperschaften, Anstalten, Stiftungen oder Verbänden öffentlich-rechtlicher Körperschaften oder deren Spitzenverbänden, wenn sie nach be- **9**

---

99 BSG – 14. 07. 2004 – B 12 KR 7/04 R.
100 BSG – 25. 02. 1966 – 3 RK 53/63.
101 BSG – 31. 08. 1976 – 12/3/12 RK 21/74; Rundschreiben RS 2010/593 des GKV Spitzenverbandes vom 07. 12. 2010 unter 1.2.
102 BSG – 29. 06. 1993 – 12 RK 48/91.

amtenrechtlichen Vorschriften oder Grundsätzen bei Krankheit Anspruch auf Fortzahlung der Bezüge und auf Beihilfe oder Heilfürsorge haben. Ob diese Voraussetzungen vorliegen, lässt sich in der Regel mit Hilfe des Arbeitsvertrages oder der für diesen Personenkreis geltenden tarifrechtlichen Vereinbarungen beantworten.

Die Voraussetzungen für die Versicherungsfreiheit liegen nicht (mehr) vor, wenn Beamte oder gleichgestellte Personen keinen Anspruch auf Dienstbezüge haben, z. B. wegen Beurlaubung aus familiären Gründen.[103]

2.3 Werkstudenten (Abs. 1 Nr. 3)

10 Studenten sind versicherungsfrei, wenn sie während der Dauer ihres Studiums[104] gegen Arbeitsentgelt beschäftigt sind (sog. Werkstudentenprivileg). Die nach § 5 Abs. 1 Nr. 9 bestehende Krankenversicherung bleibt bestehen[105] und das erzielte Arbeitsentgelt wird bei der Beitragsberechnung nicht berücksichtigt. Es reicht nicht aus, als ordentlicher Studierender an einer Hochschule eingeschrieben zu sein, sondern hinzukommen muss, dass das Studium Zeit und Arbeitskraft überwiegend in Anspruch nimmt (die Betreffenden müssen ihrem Erscheinungsbild nach Studenten und nicht Arbeitnehmer sein).[106] Teilnehmer an einem »berufsintegrierten Studiengang«, die nach Abschluss einer Berufsausbildung eine Beschäftigung in dem erlernten Beruf während des Semesters als Teilzeitbeschäftigung und während der Semesterferien als Vollzeitbeschäftigung ausüben, sind nicht als Werkstudent versicherungs- und beitragsfrei.[107]

Studierende sind auch dann in einer Beschäftigung während des Studiums versicherungsfrei, wenn sie wegen Überschreitens der Altersgrenze nicht mehr in der Krankenversicherung der Studierenden versicherungspflichtig sind.[108]

2.4 Personen im Ruhestand (Abs. 1 Nr. 6)

11 Für Beamte (Nr. 2) und ähnliche Personen (Nr. 4 und 5) bleibt die Versicherungsfreiheit auch mit Eintritt in den Ruhestand bestehen. Der Wechsel in die gesetzliche Krankenversicherung wird als ungerechtfertigt angesehen,[109] weil dieser Personenkreis sich in der Vergangenheit nicht an den Solidarlasten beteiligt hat.

---

103 BSG – 23. 10. 1996 – 4 RK 1/96.

104 BSG – 29. 09. 1992 – 12 RK 31/91: Studium kann auch das Zweitstudiums oder ein Erweiterungsstudium sein.

105 Vgl. – auch zum Vorrang einer Familienversicherung – § 5 Rn. 28.

106 BSG – 10. 12. 1998 – B 12 KR 22/97 R; BSG – 11. 11. 2003 – B 12 KR 5/03 R.

107 BSG – 10. 12. 1998 – B 12 KR 22/97 R; BSG – 11. 03. 2009 – B 12 KR 20/07 R; vgl. zur sog. dualen Ausbildung auch § 5 Abs. 4 a.

108 BSG – 23. 09. 1999 – B 12 KR 1/99 R.

109 BT-Drs. 11/2237, S. 160.

3. Hinterbliebene (Abs. 2)

Besteht ein Anspruch auf Hinterbliebenenrente aus der Gesetzlichen Rentenversicherung, folgt dem unter den Voraussetzungen des § 5 Abs. 1 Nr. 11 Versicherungspflicht in der GKV. Davon macht § 6 Abs. 2 für Hinterbliebene der in § 6 Abs. 1 Nr. 2, 4 bis 6 genannten Personen eine Ausnahme. Der Rentenanspruch muss sich aus der Versicherung des Verstorben ableiten, d. h. bei einem Rentenanspruch aus eigener Versicherung wird § 5 Abs. 1 Nr. 11 nicht verdrängt. Voraussetzung ist ferner, dass die Hinterbliebenen Anspruch auf Beihilfe nach beamtenrechtlichen Vorschriften oder Grundsätzen haben. **12**

Gem. § 6 Abs. 3 ist § 6 Abs. 2 von der absoluten Versicherungsfreiheit[110] ausgenommen. Dies führt dazu, dass § 6 Abs. 2 eine Versicherung gem. § 5 Abs. 1 Nr. 1 wegen einer eigenen Beschäftigung des Hinterbliebenen nicht ausschließt.

4. Absolute Versicherungsfreiheit (Abs. 3)

§ 6 Abs. 3 regelt die absolute Versicherungsfreiheit, d. h. versicherungsfreie Personen bleiben auch dann versicherungsfrei, wenn sie in ihrer Person einen Tatbestand (§ 5 Abs. 1 Nr. 1 und Nr. 5 bis 13) erfüllen, der zur Versicherungspflicht führen würde. Ausgenommen sind nur Hinterbliebene (§ 6 Abs. 2) und die bei geringfügiger Beschäftigung versicherungsfreien Personen (§ 7). Ferner sind gem. § 6 Abs. 3 Satz 2 von der absoluten Versicherungsfreiheit gegen Entgelt beschäftigte Studierende ausgenommen, weil sich ihre Versicherungsfreiheit nur auf die während des Studiums ausgeübte Beschäftigung erstrecken soll,[111] ihnen soll der kostengünstige Versicherungsschutz nicht verloren gehen. **13**

§ 7 Versicherungsfreiheit bei geringfügiger Beschäftigung

(1) Wer eine geringfügige Beschäftigung nach §§ 8, 8 a des Vierten Buches ausübt, ist in dieser Beschäftigung versicherungsfrei; dies gilt nicht für eine Beschäftigung

1. im Rahmen betrieblicher Berufsbildung,
2. nach dem Jugendfreiwilligendienstegesetz,
3. nach dem Bundesfreiwilligendienstgesetz.

§ 8 Abs. 2 des Vierten Buches ist mit der Maßgabe anzuwenden, dass eine Zusammenrechnung mit einer nicht geringfügigen Beschäftigung nur erfolgt, wenn diese Versicherungspflicht begründet.

(2) Personen, die am 31. März 2003 nur in einer Beschäftigung versicherungspflichtig waren, die die Merkmale einer geringfügigen Beschäftigung nach den §§ 8, 8 a des Vierten Buches erfüllt, und die nach dem 31. März 2003 nicht die Voraussetzungen für eine Versicherung nach § 10 erfüllen, bleiben in dieser Beschäftigung versicherungspflichtig. Sie werden auf ihren Antrag von der Versicherungspflicht befreit. § 8 Abs. 2 gilt entsprechend mit der Maßgabe, dass an die Stelle des Zeitpunkts des Beginns der Versicherungspflicht der 1. April 2003 tritt. Die Befreiung ist auf die jeweilige Beschäftigung beschränkt.

---

110 Siehe Rn. 13.
111 BT-Drs. 11/2237, S. 160.

(3) Personen, die am … [einsetzen: Tag vor Inkrafttreten dieses Gesetzes] in einer mehr als geringfügigen Beschäftigung versicherungspflichtig waren, die die Merkmale einer geringfügigen Beschäftigung in der ab … [einsetzen: Tag des Inkrafttretens dieses Gesetzes] geltenden Fassung der §§ 8 oder 8 a des Vierten Buches erfüllt, bleiben in dieser Beschäftigung längstens bis zum 31. Dezember 2014 versicherungspflichtig, sofern sie nicht die Voraussetzungen für eine Versicherung nach § 10 erfüllen und solange das Arbeitsentgelt 400,00 Euro monatlich übersteigt. Sie werden auf ihren Antrag von der Versicherungspflicht nach Satz 1 befreit. § 8 Absatz 2 gilt entsprechend mit der Maßgabe, dass an die Stelle des Zeitpunkts des Beginns der Versicherungspflicht der … [einsetzen: Tag des Inkrafttretens dieses Gesetzes] tritt.[112]

Inhaltsübersicht Rn.

1. Inhalt und systematischer Zusammenhang

1 § 7 regelt einen weiteren Tatbestand der Versicherungsfreiheit. Danach sind geringfügig Beschäftigte versicherungsfrei. Für solche nach § 8 Abs. 1 Nr. 1 SGB IV oder § 8 a SGB IV versicherungsfreie Beschäftigte hat der Arbeitgeber gem. § 249 b Beiträge (von 13 % bzw. 5 % des Arbeitsentgelts) zu tragen.

Aufgrund der Versicherungsfreiheit besteht kein Anspruch auf Leistungen der Krankenversicherung, was zur weiteren unzureichenden sozialen Absicherung der geringfügig Beschäftigten beiträgt. Zumindest steht gem. § 10 Abs. 1 Nr. 5 eine geringfügige Beschäftigung der Familienversicherung nicht entgegen.

2 § 7 Abs. 2 schafft eine Übergangsregelung (Bestandsschutzregelung) für Personen, die am 31. 03. 2003 nur in einer Beschäftigung versicherungspflichtig waren und die danach nicht die Voraussetzungen für eine Versicherung nach § 10 erfüllen.

2a § 7 Abs. 3 wird eine Übergangsregelung (Bestandsschutzregelung) für Personen schaffen, die bis zur Rechtsänderung mehr als geringfügig entlohnt beschäftigt und damit in der gesetzlichen Krankenversicherung pflichtversichert waren. Diese können die Versicherungspflicht – übergangsweise für bis zu zwei Jahre – aufrechterhalten. Liegen die Voraussetzungen für die Familienversicherung vor, bleibt die Versicherungspflicht für die Beschäftigung nicht bestehen. Auf Antrag können sich diese Beschäftigten auch von der Versicherungspflicht befreien lassen.

112 Neu eingefügt wird Abs. 3 – entsprechend dem Gesetzesentwurf BT-Drucksache 17/10773 vom 25. 09. 2012 zu Änderungen im Bereich der geringfügigen Beschäftigung. Der Bundestag hat am 27. 09. 2012 nach erster Beratung beschlossen, den Entwurf an die zuständigen Ausschüsse zu überweisen. Die Neuregelung musste somit bei Redaktionsschluss noch vom Bundestag verabschiedet werden. Im Zeitpunkt des Redaktionsschlusses war noch nicht absehbar, ob die Neuregelungen tatsächlich zum 01. 01. 2013 oder einem späteren Zeitpunkt in Kraft treten werden.

2. Voraussetzungen für die Versicherungsfreiheit

Es muss sich um eine Beschäftigung handeln, die die Voraussetzungen des § 8 SGB IV oder des § 8 a SGB IV (Geringfügige Beschäftigung in Privathaushalten) erfüllt. Danach setzt eine geringfügige Beschäftigung u. a. voraus, dass das Arbeitsentgelt regelmäßig 400 € im Monat nicht übersteigt. 3

Nach § 8 Abs. 2 Satz 1 SGB IV werden mehrere geringfügige (kurzfristige) Beschäftigungen für die Geringfügigkeitsgrenzen zusammengerechnet. Werden die Entgelt- oder Zeitgrenzen überschritten, besteht regelmäßig Krankenversicherungspflicht nach § 5 Abs. 1 Nr. 1.

3. Ausnahmen von der Versicherungsfreiheit

3.1 Ausnahme nach Abs. 1 Satz 1 2. Halbs.

Ausgenommen von der Versicherungsfreiheit sind Beschäftigungen, die ihrer Art nach regelmäßig mit einem geringen Verdienst verbunden sind, wo es jedoch gerechtfertigt erscheint, die Beschäftigten nicht dem Schutz der gesetzlichen Krankenversicherung zu entziehen. 4

Nach der Regelung sind Beschäftigungen im Rahmen einer betrieblichen Berufsausbildung von der Versicherungsfreiheit ausgeschlossen. Die betriebliche Berufsausbildung (auch duale Berufsausbildung) ist grundsätzlich dadurch gekennzeichnet, dass der praktische Teil der Ausbildung in einem Betrieb stattfindet, der theoretische Teil der Ausbildung hingegen in der Berufsschule vermittelt wird.[113]

Von Beschäftigungen nach dem Jugendfreiwilligendienstegesetz ist das sog. soziale Jahr (§ 3 JFGD) und das freiwillige ökologisches Jahr (§ 4 JFGD) umfasst.

Im Bundesfreiwilligendienst engagieren sich Frauen und Männer für das Allgemeinwohl, insbesondere im sozialen, ökologischen und kulturellen Bereich sowie im Bereich des Sports, der Integration und des Zivil- und Katastrophenschutzes (§ 1 BFDG).

3.2 Ausnahme nach Abs. 1 Satz 2

§ 7 Abs. 1 Satz 2 enthält eine Ausnahme von der grundsätzlichen Versicherungsfreiheit geringfügiger Beschäftigungen.[114] Üben Arbeitnehmer eine Hauptbeschäftigung (d. h. eine nicht geringfügige Beschäftigung) und daneben eine geringfügige Beschäftigung aus, werden die Arbeitsentgelte beider Beschäftigungen zusammengerechnet, wenn in der Hauptbeschäftigung bereits Versicherungspflicht besteht. Wird durch die Addition beider Arbeitsentgelte die Jahresarbeitsentgeltgrenze (§ 6 Abs. 6, Abs. 7) überschritten, führt diese für beide Beschäftigungen zur Versicherungsfreiheit gem. § 6 Abs. 1 Nr. 1. 5

---

113 Http://www.arbeitsagentur.de/nn_26142/zentraler-Content/A04-Vermittlung/A042-Vermittlung/Allgemein/Ausbildung-im-Betrieb.html#d1.1.

114 BT-Drs. 14/280, S. 13.

§ 8 Befreiung von der Versicherungspflicht

(1) Auf Antrag wird von der Versicherungspflicht befreit, wer versicherungspflichtig wird

1. wegen Änderung der Jahresarbeitsentgeltgrenze nach § 6 Abs. 6 Satz 2 oder Abs. 7,

1 a. durch den Bezug von Arbeitslosengeld oder Unterhaltsgeld (§ 5 Abs. 1 Nr. 2) und in den letzten fünf Jahren vor dem Leistungsbezug nicht gesetzlich krankenversichert war, wenn er bei einem Krankenversicherungsunternehmen versichert ist und Vertragsleistungen erhält, die der Art und dem Umfang nach den Leistungen dieses Buches entsprechen,

2. durch Aufnahme einer nicht vollen Erwerbstätigkeit nach § 2 des Bundeserziehungsgeldgesetzes oder nach § 1 Abs. 6 des Bundeselterngeld- und Elternzeitgesetzes während der Elternzeit; die Befreiung erstreckt sich nur auf die Elternzeit,

2 a. durch Herabsetzung der regelmäßigen Wochenarbeitszeit während der Pflegezeit nach § 3 des Pflegezeitgesetzes oder der Familienpflegezeit nach § 2 des Familienpflegezeitgesetzes; die Befreiung erstreckt sich nur auf die Dauer der Pflegezeit oder die Dauer der Familienpflegezeit und der Nachpflegephase nach § 3 Absatz 1 Nummer 1 Buchstabe c des Familienpflegezeitgesetzes,

3. weil seine Arbeitszeit auf die Hälfte oder weniger als die Hälfte der regelmäßigen Wochenarbeitszeit vergleichbarer Vollbeschäftigter des Betriebes herabgesetzt wird; dies gilt auch für Beschäftigte, die im Anschluss an ihr bisheriges Beschäftigungsverhältnis bei einem anderen Arbeitgeber ein Beschäftigungsverhältnis aufnehmen, das die Voraussetzungen des vorstehenden Halbsatzes erfüllt, sowie für Beschäftigte, die im Anschluss an die Zeiten des Bezugs von Elterngeld oder der Inanspruchnahme von Elternzeit oder Pflegezeit oder Familienpflegezeit und Nachpflegephase ein Beschäftigungsverhältnis im Sinne des ersten Teilsatzes aufnehmen, das bei Vollbeschäftigung zur Versicherungsfreiheit nach § 6 Absatz 1 Nummer 1 führen würde; Voraussetzung ist ferner, dass der Beschäftigte seit mindestens fünf Jahren wegen Überschreitens der Jahresarbeitsentgeltgrenze versicherungsfrei ist; Zeiten des Bezugs von Erziehungsgeld oder Elterngeld oder der Inanspruchnahme von Elternzeit oder Pflegezeit oder Familienpflegezeit und Nachpflegephase werden angerechnet,

4. durch den Antrag auf Rente oder den Bezug von Rente oder die Teilnahme an einer Leistung zur Teilhabe am Arbeitsleben (§ 5 Abs. 1 Nr. 6, 11 oder 12),

5. durch die Einschreibung als Student oder die berufspraktische Tätigkeit (§ 5 Abs. 1 Nr. 9 oder 10),

6. durch die Beschäftigung als Arzt im Praktikum,

7. durch die Tätigkeit in einer Einrichtung für behinderte Menschen (§ 5 Abs. 1 Nr. 7 oder 8).

(2) Der Antrag ist innerhalb von drei Monaten nach Beginn der Versicherungspflicht bei der Krankenkasse zu stellen. Die Befreiung wirkt vom Beginn der Versicherungspflicht an, wenn seit diesem Zeitpunkt noch keine Leistungen in Anspruch genommen wurden, sonst vom Beginn des Kalendermonats an, der auf die Antragstellung folgt. Die Befreiung kann nicht widerrufen werden.

Inhaltsübersicht Rn.

Literatur

Wirges, Einzelprobleme der Reichweite der Befreiung von der Versicherungspflicht gemäß § 8 SGB V, SGb 2005, 14

1. Inhalt und systematischer Zusammenhang

§ 8 sieht für einzelne Tatbestände die Befreiung von der Versicherungspflicht vor. Typischerweise bestand zuvor Versicherungsfreiheit, z. B. wegen Überschreitens der Jahresarbeitsentgeltgrenze (§ 6 Abs. 6), während aktuell Versicherungspflicht nach § 5 eingetreten ist. Die Befreiung rechtfertigt sich, weil davon ausgegangen werden kann, dass derjenige, der bisher nicht Mitglied der GKV gewesen ist, auch weiterhin andere Möglichkeiten des Versicherungsschutzes besitzt.[115] Die Befreiungstatbestände sind eng auszulegen; nur unter den im Gesetz genannten Voraussetzungen kommt ein Befreiungsrecht in Betracht. Eine mögliche finanzielle Belastung durch die (eintretende) Versicherungspflicht ist kein Grund für eine Befreiung von der Versicherungspflicht.[116] Ob die gesetzlichen Voraussetzungen für die Befreiung (weiter) vorliegen, können auch die Arbeitnehmer durch die Krankenkasse förmlich entscheiden lassen. 1

2. Einzelne Befreiungstatbestände (Abs. 1)

2.1 Änderung der Jahresarbeitsentgeltgrenze (Nr. 1)

Die Versicherungspflicht muss aufgrund der Änderung der Jahresarbeitsentgeltgrenze (§ 6 Abs. 6 Satz 2; Abs. 7) eintreten (z. B. bei gleich bleibendem Jahresarbeitsentgelt, liegt dieses unter der zum Jahresanfang neu festgelegten Jahresarbeitsentgeltgrenze). Zu beachten ist, dass im umgekehrten Fall – das Arbeitsentgelt sinkt unter die Jahresarbeitsentgeltgrenze – kein Anspruch auf Befreiung von der Versicherungspflicht besteht. Mit der Aufnahme einer neuen Beschäftigung, bei der das Einkommen unterhalb der Jahresarbeitsentgeltgrenze liegt, endet grundsätzlich die bisherige Versicherungsfreiheit.[117] Arbeitnehmer bleiben, wenn sie einmal auf ihren Antrag hin von der Versicherungspflicht befreit worden sind, für die Dauer des Beschäftigungsverhältnisses (bis zur Beendigung 2

---

115 Bezieher von Arbeitslosengeld haben den Versicherungsschutz nachzuweisen (§ 8 Abs. 1 Nr. 1 a).
116 BSG – 27.01.2000 – B 12 KR 16/99 R.
117 LSG Baden-Württemberg – 12.07.2006 – L 5 KR 4868/05.

der Beschäftigung) an die Entscheidung gebunden. D.h. Arbeitnehmer werden nicht versicherungspflichtig, wenn sich im laufenden Beschäftigungsverhältnis erneut die Situation ergibt, dass ihr Jahresarbeitsentgelt unter die Jahresarbeitsentgeltgrenze fällt.[118]

2.2 Bezug von Arbeitslosengeld (Nr. 1 a)[119]

3 Es werden nur Arbeitslosengeld-Bezieher erfasst, nicht Bezieher von ALG II. Denn gem. § 5 Abs. 5 a können Bezieher von ALG II, die unmittelbar vor dem Leistungsbezug privat krankenversichert waren oder die unmittelbar vor dem Leistungsbezug weder gesetzlich noch privat krankenversichert waren, aber als hauptberuflich selbständig Erwerbstätige oder als versicherungsfreie Personen zu dem Personenkreis gehören, der grundsätzlich der privaten Krankenversicherung zuzuordnen ist, nicht mehr versicherungspflichtig in der GKV werden. Daher ist eine Befreiungsmöglichkeit für bisher privat krankenversicherte ALG-II-Bezieher nicht erforderlich.[120]

Ebenfalls nicht erfasst werden ältere Arbeitslose, weil sie bereits gem. § 6 Abs. 3 a nach Vollendung des 55. Lebensjahres und fehlender gesetzlicher Versicherung in den letzten 5 Jahren versicherungsfrei sind.

4 § 8 Abs. 1 Nr. 1 setzt voraus, dass in den letzten 5 Jahren keine Versicherung in der GKV bestanden hat; also der Arbeitslosengeld-Bezieher darf weder versicherungspflichtiges Mitglied noch freiwillig und auch nicht familienversichert gewesen sein. Im Übrigen ist der Nachweis einer Krankenversicherung notwendig, deren Leistungen den Leistungen nach dem SGB V entsprechen. Ein vergleichbarer Schutz setzt u. a. voraus, dass Arbeitslosengeld-Bezieher im Krankheitsfall nahtlos, im Anschluss an ihren sechswöchigen Anspruch auf Fortzahlung des Arbeitslosengeldes, einen Anspruch auf Krankentagegeld haben.[121]

2.3 Elternzeit (Nr. 2)

5 Durch eine nach § 2 BErzGG oder § 1 Abs. 6 BEEG zulässige, nicht volle Erwerbstätigkeit tritt in der Regel Krankenversicherungspflicht ein. Für die kurze Dauer der Elternzeit erscheint ein Wechsel der Eltern, die zuvor versicherungsfrei waren, in die gesetzliche Krankenversicherung nicht angebracht. Mit dem Ende der Elternzeit endet auch die Befreiung von der Versicherungspflicht,[122] so dass bei Fortsetzung der Beschäftigung nach Ende der Elternzeit Versicherungspflicht besteht.

---

118 Vgl. BSG – 08.12.1999 – B 12 KR 12/99 R.
119 Seit dem 01.01.2005 wird kein Unterhaltsgeld, sondern Arbeitslosengeld bei beruflicher Weiterbildung gezahlt (§ 136 Abs. 1 Nr. 2 SGB III).
120 BT-Drs. 16/3100, S. 96.
121 Vgl. BT-Drs. 14/1245, S. 60.
122 Vgl. BT-Drs. 10/3792, S. 22.

2.4 Reduzierung der Arbeitszeit (Nr. 3)

§ 8 Abs. 1 Nr. 3 räumt bei Herabsetzung der Arbeitszeit das Recht ein, von der Versicherungspflicht in der Krankenversicherung befreit zu werden. Ein solches Recht besteht nur, wenn unmittelbar zuvor eine versicherungsfreie Beschäftigung bestand. Das BSG[123] hat einen Anspruch auf Befreiung von der Versicherungspflicht verneint, wenn vorher wegen eines unbezahlten Sonderurlaubs die entgeltliche Beschäftigung für mehr als einen Monat unterbrochen war. 6

Voraussetzung ist, dass die Versicherungsfreiheit (bei einer Vollzeitbeschäftigung) gerade auf der Überschreitung der Jahresarbeitsentgeltgrenze (§ 6 Abs. 1 Nr. 1) beruht. In diesem Sinne muss die Versicherungsfreiheit in den letzten 5 Jahren – gerechnet vom Zeitpunkt der Reduzierung der Arbeitszeit – bestanden haben.[124] 7

Nehmen Arbeitnehmer im Anschluss an die Inanspruchnahme von Eltern- oder Pflegezeit eine Teilzeitbeschäftigung auf, so besteht für diese ebenfalls ein Anspruch auf Befreiung von der Versicherungspflicht, wenn bei Vollbeschäftigung Versicherungsfreiheit nach § 6 Abs. 1 Nr. 1 bestehen würde. Für diesen Personenkreis werden auf den Fünfjahreszeitraum die Zeiten des Bezugs von Erziehungsgeld oder Elterngeld oder der Inanspruchnahme von Elternzeit oder Pflegezeit oder Familienpflegezeit und Nachpflegephase angerechnet. 8

2.5 Rentenantragsteller (Nr. 4)

Nach § 8 Abs. 1 Nr. 4 wird von der Versicherungspflicht befreit, wer durch den Antrag auf Rente oder den Bezug von Rente oder die Teilnahme an einer Leistung zur Teilhabe am Arbeitsleben (§ 5 Abs. 1 Nr. 6, Nr. 11 oder Nr. 12) versicherungspflichtig wird. Zu beachten ist, dass Befreiungsrecht beim erstmaligen Eintritt der Versicherungspflicht ausgeübt werden muss. Wird nach Beendigung eines (versicherungsfreien) Arbeitsverhältnisses z. B. Rente wegen Erwerbsminderung bezogen und damit die Möglichkeit eröffnet, sich von der Versicherungspflicht befreien zu lassen, so kann das Befreiungsrecht nur zu diesem Zeitpunkt und nicht später z. B. beim Wechsel zur Altersrente ausgeübt werden. Ein erneutes Befreiungsrecht besteht trotz Änderung der Rentenart dann nicht.[125] 9

3. Antragserfordernis (Abs. 2)

Der Antrag auf Befreiung ist nach § 8 Abs. 2 Satz 1 innerhalb von 3 Monaten nach Beginn der Versicherungspflicht bei der Krankenkasse zu stellen. Für die Fristberechnung gelten § 26 SGB X und §§ 187 ff. BGB. Ob wegen Versäumung der Antragsfrist auf Befreiung eine Wiedereinsetzung (§ 27 SGB X) in den vorigen Stand in Betracht kommt, ist streitig. Das BSG[126] hat dies verneint, wenn die Fristversäumung auf der Unkenntnis der Befrei- 10

123 BSG – 27.01.2000 – B 12 KR 16/99 R.
124 BSG – 14.07.2003 – B 12 KR 14/03 B.
125 BSG – 24.06.2008 – B 12 KR 28/07 R.
126 BSG – 09.02.1993 – 12 RK 28/92.

ungsregelung beruht. Da die Frist des § 8 Abs. 2 eine Wiedereinsetzung nicht schlechthin ausschließt,[127] ist Wiedereinsetzung in den vorigen Stand zu gewähren, wenn man ohne Verschulden verhindert war, die Frist einzuhalten.

11 Für den Antrag nach § 8 Abs. 2 Satz 1 reicht aus, dass man aus einem Schreiben an die Krankenkasse erkennen kann, dass die Befreiung von der Versicherungspflicht begehrt wird.[128]

12 Die Krankenkasse entscheidet, ohne dass ihr ein Ermessen zusteht, d. h. wenn die gesetzlich normierten Voraussetzungen vorliegen, ist dem Antrag auf Befreiung zu entsprechen.

13 Die Befreiung wirkt vom Beginn der Versicherungspflicht an, wenn seit diesem Zeitpunkt noch keine Leistungen in Anspruch genommen wurden, sonst vom Beginn des Kalendermonats an, der auf die Antragstellung folgt (§ 8 Abs. 2 Satz 2 SGB V).

Die Befreiung kann gem. § 8 Abs. 2 Satz 3 SGB V nicht widerrufen werden, d. h. die Entscheidung der Krankenkassen ist nur dann rückgängig zu machen, wenn sie nicht rechtmäßig ergangen ist.

Zweiter Abschnitt
Versicherungsberechtigung

§ 9 Freiwillige Versicherung

(1) Der Versicherung können beitreten

1. **Personen, die als Mitglieder aus der Versicherungspflicht ausgeschieden sind und in den letzten fünf Jahren vor dem Ausscheiden mindestens vierundzwanzig Monate oder unmittelbar vor dem Ausscheiden ununterbrochen mindestens zwölf Monate versichert waren; Zeiten der Mitgliedschaft nach § 189 und Zeiten, in denen eine Versicherung allein deshalb bestanden hat, weil Arbeitslosengeld II zu Unrecht bezogen wurde, werden nicht berücksichtigt,**
2. **Personen, deren Versicherung nach § 10 erlischt oder nur deswegen nicht besteht, weil die Voraussetzungen des § 10 Abs. 3 vorliegen, wenn sie oder der Elternteil, aus dessen Versicherung die Familienversicherung abgeleitet wurde, die in Nummer 1 genannte Vorversicherungszeit erfüllen,**
3. **Personen, die erstmals eine Beschäftigung im Inland aufnehmen und nach § 6 Absatz 1 Nummer 1 versicherungsfrei sind; Beschäftigungen vor oder während der beruflichen Ausbildung bleiben unberücksichtigt,**
4. **schwerbehinderte Menschen im Sinne des Neunten Buches, wenn sie, ein Elternteil, ihr Ehegatte oder ihr Lebenspartner in den letzten fünf Jahren vor dem Beitritt mindestens drei Jahre versichert waren, es sei denn, sie konnten wegen ihrer Behinderung diese Voraussetzung nicht erfüllen; die Satzung kann das Recht zum Beitritt von einer Altersgrenze abhängig machen,**

---

127 Vgl. dazu BSG – 25.10.1988 – 12 RK 22/87.
128 BSG – 23.02.1973 – 3 RK 71/70.

5. Arbeitnehmer, deren Mitgliedschaft durch Beschäftigung im Ausland oder bei einer zwischenstaatlichen oder überstaatlichen Organisation endete, wenn sie innerhalb von zwei Monaten nach Rückkehr in das Inland oder nach Beendigung ihrer Tätigkeit bei der zwischenstaatlichen oder überstaatlichen Organisation wieder eine Beschäftigung aufnehmen,
6. innerhalb von sechs Monaten nach dem Eintritt der Versicherungspflicht Bezieher einer Rente der gesetzlichen Rentenversicherung, die nach dem 31. März 2002 nach § 5 Abs. 1 Nr. 11 versicherungspflichtig geworden sind, deren Anspruch auf Rente schon an diesem Tag bestand, die aber nicht die Vorversicherungszeit nach § 5 Abs. 1 Nr. 11 in der seit dem 1. Januar 1993 geltenden Fassung erfüllt hatten und die deswegen bis zum 31. März 2002 freiwillige Mitglieder waren,
7. innerhalb von sechs Monaten nach ständiger Aufenthaltnahme im Inland oder innerhalb von drei Monaten nach Ende des Bezugs von Arbeitslosengeld II Spätaussiedler sowie deren gemäß § 7 Abs. 2 Satz 1 des Bundesvertriebenengesetzes leistungsberechtigte Ehegatten und Abkömmlinge, die bis zum Verlassen ihres früheren Versicherungsbereichs bei einem dortigen Träger der gesetzlichen Krankenversicherung versichert waren.

Für die Berechnung der Vorversicherungszeiten nach Satz 1 Nr. 1 gelten 360 Tage eines Bezugs von Leistungen, die nach § 339 des Dritten Buches berechnet werden, als zwölf Monate.

(2) Der Beitritt ist der Krankenkasse innerhalb von drei Monaten anzuzeigen,
1. im Falle des Absatzes 1 Nr. 1 nach Beendigung der Mitgliedschaft,
2. im Falle des Absatzes 1 Nr. 2 nach Beendigung der Versicherung oder nach Geburt des Kindes,
3. im Falle des Absatzes 1 Satz 1 Nummer 3 nach Aufnahme der Beschäftigung,
4. im Falle des Absatzes 1 Nr. 4 nach Feststellung der Behinderung nach § 68 des Neunten Buches,
5. im Falle des Absatzes 1 Nummer 5 nach Rückkehr in das Inland oder nach Beendigung der Tätigkeit bei der zwischenstaatlichen oder überstaatlichen Organisation.

(3) Kann zum Zeitpunkt des Beitritts zur gesetzlichen Krankenversicherung nach Absatz 1 Nr. 7 eine Bescheinigung nach § 15 Abs. 1 oder 2 des Bundesvertriebenengesetzes nicht vorgelegt werden, reicht als vorläufiger Nachweis der vom Bundesverwaltungsamt im Verteilungsverfahren nach § 8 Abs. 1 des Bundesvertriebenengesetzes ausgestellte Registrierschein und die Bestätigung der für die Ausstellung einer Bescheinigung nach § 15 Abs. 1 oder 2 des Bundesvertriebenengesetzes zuständigen Behörde, dass die Ausstellung dieser Bescheinigung beantragt wurde.

Inhaltsübersicht

1. Inhalt und systematischer Zusammenhang

1 § 9 räumt einem begrenzten Personenkreis ein, sich in der GKV freiwillig zu versichern. Grundsätzlich erhalten das Recht zur freiwilligen Versicherung nur Personen, bei denen die Voraussetzungen für die Zugehörigkeit zur GKV (z. B. die Versicherungspflicht oder die Familienversicherung) weggefallen sind.[129] Dies und die Voraussetzungen der Vorschrift im Einzelnen – z. B. die Vorversicherungszeit des Abs. 1 Nr. 1 oder des Abs. 1 Nr. 2 – verdeutlichen, dass es zum Schutz der Solidargemeinschaft – vor unzumutbaren Belastungen – nur einen erschwerten Zugang zur freiwilligen Versicherung geben soll.[130]

2 Besteht Versicherungspflicht, ist das Recht zur freiwilligen Versicherung grundsätzlich ausgeschlossen.[131] § 188 Abs. 1 und 2 regelt, wann die freiwillige Mitgliedschaft beginnt. Nach § 188 Abs. 3 ist der Beitritt schriftlich zu erklären. Zu beachten ist, dass der Beitritt nach § 9 Abs. 1 Nr. 1–5 innerhalb von 3 Monaten zu erklären ist (§ 9 Abs. 2).[132] Das Ende der freiwilligen Mitgliedschaft bestimmt sich nach § 191. Nach § 191 Nr. 2 endet die freiwillige Versicherung mit Beginn einer Pflichtmitgliedschaft.

3 Nach § 20 Abs. 3 SGB XI sind freiwillige Mitglieder der GKV versicherungspflichtig in der sozialen Pflegeversicherung. Allerdings besteht gem. § 22 Abs. 1 SGB XI die Möglichkeit, sich von der Versicherungspflicht in der Pflegeversicherung befreien zu lassen.

4 Nach § 240 Abs. 1 wird für freiwillige Mitglieder die Beitragsbemessung einheitlich durch den Spitzenverband Bund der Krankenkassen geregelt. Dabei ist sicherzustellen, dass die Beitragsbelastung die gesamte wirtschaftliche Leistungsfähigkeit des freiwilligen Mitglieds berücksichtigt. Gem. § 257 Abs. 1 erhalten freiwillig in der GKV versicherte Beschäftigte, die nur wegen Überschreitens der Jahresarbeitsentgeltgrenze versicherungsfrei sind, von ihrem Arbeitgeber als Beitragszuschuss den Betrag, den der Arbeitgeber bei Versicherungspflicht des Beschäftigten zu tragen hätte.

2. Einzelne Beitrittstatbestände (Abs. 1)

2.1 Weiterversicherung ausgeschiedener Mitglieder (Nr. 1)

5 Beitrittsberechtigt ist, wer schon einmal gesetzlich versichert war und aus einer Krankenkasse im Inland[133] ausgeschieden ist. Es muss eine Vorversicherungszeit erfüllt sein. D. h., entweder muss

- in den letzten fünf Jahren vor dem Ausscheiden aus der Versicherungspflicht (ins-

---

129 BT-Drs. 11/2237, S. 160.

130 Vgl. BT-Drs. 12/3608, S. 76.

131 Ausnahme u. a.: Versicherungspflicht nach § 5 Abs. 1 Nr. 13.

132 Zur Wiedereinsetzung in den vorigen Stand: BSG – 11.05.1993 – 12 RK 36/90, LSG Berlin – 03.09.2003 – L 15 KR 31/01.

133 BT-Drs. 11/2237, S. 160: Das Ausscheiden aus einem ausländischen Versicherungsträger berechtigt nicht zum Beitritt; zu beachten sind jedoch zwischenstaatliche Abkommen, die ein Beitrittsrecht einräumen.

gesamt, nicht unbedingt zusammenhängend) mindestens 24 Monate eine Versicherung bestanden haben oder
- unmittelbar vor dem Ausscheiden aus der Versicherungspflicht muss (zusammenhängend) mindestens 12 Monate eine Versicherung bestanden haben.

Die Frist für die Vorversicherungszeit von 12 Monaten ist nach § 26 Abs. 1 SGB X i. V. mit §§ 188 Abs. 2 2. Alt., § 187 Abs. 2 BGB zu berechnen. Selbst wenn nur ein Tag an der Vorversicherungszeit fehlt, besteht kein Recht zur freiwilligen Versicherung.[134] Für Arbeitslosengeldbezieher reichen allerdings gem. § 9 Abs. 1 Satz 2 auch 360 Tage, wenn die von der Bundesagentur erhaltene Leistung nach § 339 SGB III berechnet wurde. 6

Der Beitritt ist nach § 9 Abs. 2 Nr. 1 innerhalb von 3 Monaten nach Beendigung der Mitgliedschaft anzuzeigen. Die freiwillige Versicherung beginnt – gegebenenfalls rückwirkend – mit dem Tag nach dem Ausscheiden aus der Versicherungspflicht. 7

2.2 Erloschene Familienversicherung (Nr. 2)

Familienmitglieder, deren Familienversicherung erlischt (z. B. weil sie eine selbständige Tätigkeit aufnehmen), haben das Recht zur freiwilligen Versicherung. Ein derartiges Recht kann dem Familienglied auch dann eingeräumt werden, wenn die Familienversicherung entfällt, weil das Mitglied, aus dessen Mitgliedschaft die Familienversicherung abgeleitet wird, ausscheidet.[135] 8

Nach § 10 Abs. 3 ist die Familienversicherung für Kinder ausgeschlossen, bei denen ein Elternteil »besserverdient« und daher nicht der GKV angehört.[136] Es muss wie bei Nr. 1 eine Vorversicherungszeit erfüllt sein. Dabei kommt es nicht darauf an, ob das Familienmitglied oder der Elternteil, aus dessen Versicherung die Familienversicherung abgeleitet wird, die Vorversicherungszeit erfüllt. 9

Die Frist zur Erklärung des Beitritts (§ 9 Abs. 2 Nr. 2) beginnt im Falle des Erlöschens der Familienversicherung mit dem letzten Tag, an dem die Familienversicherung besteht oder im Fall des § 10 Abs. 3 mit der Geburt eines Kindes. 10

2.3 Überschreiten der Jahresentgeltgrenze (Nr. 3)

Von der Regelung werden (nur) Berufsanfänger erfasst, die mit Aufnahme ihrer ersten (!) Beschäftigung ein Arbeitsentgelt oberhalb der Jahresarbeitsentgeltgrenze erzielen. Nicht berücksichtigt werden Beschäftigungen vor oder während der beruflichen Ausbildung. 11

Die Frist zur Erklärung des Beitritts (§ 9 Abs. 2 Nr. 3) beginnt mit dem Tag nach der Aufnahme einer Beschäftigung, mit der ein Arbeitsentgelt oberhalb der Jahresarbeitsentgeltgrenze erzielt wird.

---

134 BSG – 19.06.2001 – B 12 KR 37/00 R.
135 Baier in Krauskopf § 9 SGB V Rn. 9.
136 Vgl. § 10 Rn. 9 f.

2.4 Schwerbehinderte Menschen (Nr. 4)

12 Beitrittsberechtigt sind Personen, bei denen gem. § 69 SGB IX das Vorliegen einer Behinderung festgestellt worden ist. Schwerbehindert sind Menschen, wenn bei ihnen ein Grad der Behinderung von wenigstens 50 vorliegt (§ 2 Abs. 2 SGB IX). Ihnen gleichgestellt sind behinderte Menschen mit einem Grad der Behinderung von weniger als 50, aber wenigstens 30, wenn sie infolge ihrer Behinderung ohne die Gleichstellung einen geeigneten Arbeitsplatz i. S. des § 73 nicht erlangen oder nicht behalten können (§ 2 Abs. 3 SGB IX).

Es muss eine Vorversicherungszeit erfüllt werden, d. h. in den letzten 5 Jahren vor dem Beitritt muss der Schwerbehinderte, ein Elternteil, der Ehepartner oder der Lebenspartner mindestens (insgesamt) drei Jahre versichert gewesen sein.

13 Die Vorversicherungszeit ist entbehrlich, wenn sie wegen der Behinderung nicht erfüllt werden konnte. D.h. es bestand innerhalb der Rahmenfrist (5 Jahre) – ausschließlich wegen der Behinderung – keine andere Möglichkeit zur Versicherung in der GKV. Die Vorversicherungszeit muss auch dann erfüllt sein, wenn es dem schwerbehinderten Menschen z.B. trotz seiner Erkrankung möglich gewesen wäre, fristgerecht nach § 9 Abs. 1 Nr. 1 der Versicherung beizutreten und damit rückwirkend ab Beendigung einer Pflichtversicherung eine freiwillige Mitgliedschaft zu begründen.[137]

Die Frist zur Erklärung des Beitritts (§ 9 Abs. 2 Nr. 4) beginnt mit dem Tag der Bekanntgabe des Bescheides über die Feststellung der Schwerbehinderteneigenschaft nach § 68 SGB IX.

2.5 Freiwillige Versicherung für Rentner (Nr. 6)

14 Es handelt sich um eine Regelung, die ausschließlich Rentner betrifft, die die durch das Gesundheitsstrukturgesetz von 1992 verschärften Voraussetzungen für den Eintritt der Versicherungspflicht als Rentner nicht erfüllt haben und auf Grund der Rechtsprechung des BVerfG[138] ab dem 01. 04. 2002 als Rentner versicherungspflichtig werden. Sie erhalten ein Beitrittsrecht zur GKV.[139]

Dritter Abschnitt
Versicherung der Familienangehörigen

§ 10 Familienversicherung

(1) Versichert sind der Ehegatte, der Lebenspartner und die Kinder von Mitgliedern sowie die Kinder von familienversicherten Kindern, wenn diese Familienangehörigen

1. ihren Wohnsitz oder gewöhnlichen Aufenthalt im Inland haben,

137 BSG – 28.05.2008 – B 12 KR 16/07 R.
138 BVerfG – 15.03.2000 – 1 BvL 16/96.
139 BT-Drs. 14/8099, S. 3.

2. nicht nach § 5 Abs. 1 Nr. 1, 2, 3 bis 8, 11 oder 12 oder nicht freiwillig versichert sind,
3. nicht versicherungsfrei oder nicht von der Versicherungspflicht befreit sind; dabei bleibt die Versicherungsfreiheit nach § 7 außer Betracht,
4. nicht hauptberuflich selbständig erwerbstätig sind und
5. kein Gesamteinkommen haben, das regelmäßig im Monat ein Siebtel der monatlichen Bezugsgröße nach § 18 des Vierten Buches überschreitet; bei Renten wird der Zahlbetrag ohne den auf Entgeltpunkte für Kindererziehungszeiten entfallenden Teil berücksichtigt; für geringfügig Beschäftigte nach § 8 Abs. 1 Nr. 1, § 8 a des Vierten Buches beträgt das zulässige Gesamteinkommen 400 Euro.
Neu gefasst wird Absatz 1 Satz 1 Nummer 5 lauten wie folgt – entsprechend dem Gesetzentwurf vom 25. 09. 2012, BT-Drs. 17/10773: … für geringfügig Beschäftigte nach § 8 Abs. 1 Nr. 1, § 8 a des Vierten Buches beträgt das zulässige Gesamteinkommen 450 Euro.[140]

Eine hauptberufliche selbständige Tätigkeit im Sinne des Satzes 1 Nr. 4 ist nicht deshalb anzunehmen, weil eine Versicherung nach § 1 Abs. 3 des Gesetzes über die Alterssicherung der Landwirte vom 29. Juli 1994 (BGBl. I S. 1890, 1891) besteht. Das Gleiche gilt bis zum 31. Dezember 2013 für eine Tagespflegeperson, die bis zu fünf gleichzeitig anwesende, fremde Kinder in Tagespflege betreut. Ehegatten und Lebenspartner sind für die Dauer der Schutzfristen nach § 3 Abs. 2 und § 6 Abs. 1 des Mutterschutzgesetzes sowie der Elternzeit nicht versichert, wenn sie zuletzt vor diesen Zeiträumen nicht gesetzlich krankenversichert waren.

(2) Kinder sind versichert
1. bis zur Vollendung des achtzehnten Lebensjahres,
2. bis zur Vollendung des dreiundzwanzigsten Lebensjahres, wenn sie nicht erwerbstätig sind,
3. bis zur Vollendung des fünfundzwanzigsten Lebensjahres, wenn sie sich in Schul- oder Berufsausbildung befinden oder ein freiwilliges soziales Jahr oder ein freiwilliges ökologisches Jahr im Sinne des Jugendfreiwilligendienstegesetzes oder Bundesfreiwilligendienst nach dem Bundesfreiwilligendienstgesetz leisten; wird die Schul- oder Berufsausbildung durch Erfüllung einer gesetzlichen Dienstpflicht des Kindes unterbrochen oder verzögert, besteht die Versicherung auch für einen der Dauer dieses Dienstes entsprechenden Zeitraum über das fünfundzwanzigste Lebensjahr hinaus; dies gilt ab dem 1. Juli 2011 auch bei einer Unterbrechung oder Verzögerung durch den freiwilligen Wehrdienst nach Abschnitt 7 des Wehrpflichtgesetzes, einen Freiwilligendienst nach dem Bundesfreiwilligendienstgesetz, dem Jugendfreiwil-

---

140 Entwurf eines Gesetzes zu Änderungen im Bereich der geringfügigen Beschäftigung – BT-Drucksache 17/10773. Der Bundestag hat am 27.09.2012 nach erster Beratung beschlossen, den Entwurf an die zuständigen Ausschüsse zu überweisen. Die Neuregelung musste somit bei Redaktionsschluss noch vom Bundestag verabschiedet werden. Im Zeitpunkt des Redaktionsschlusses war noch nicht absehbar, ob die Neuregelungen tatsächlich zum 01.01.2013 oder einem späteren Zeitpunkt in Kraft treten werden.
Die Geringfügigkeitsgrenze von 400 € wird voraussichtlich ab 01.01.2013 für alle Formen geringfügiger Beschäftigungen auf 450 € angehoben (§§ 8 Abs. 1 Nr. 1 und 2 SGB IV).

ligendienstegesetz oder einen vergleichbaren anerkannten Freiwilligendienst oder durch eine Tätigkeit als Entwicklungshelfer im Sinne des § 1 Absatz 1 des Entwicklungshelfer-Gesetzes für die Dauer von höchstens zwölf Monaten,

4. ohne Altersgrenze, wenn sie als behinderte Menschen (§ 2 Abs. 1 Satz 1 des Neunten Buches) außerstande sind, sich selbst zu unterhalten; Voraussetzung ist, dass die Behinderung zu einem Zeitpunkt vorlag, in dem das Kind nach Nummer 1, 2 oder 3 versichert war.

(3) Kinder sind nicht versichert, wenn der mit den Kindern verwandte Ehegatte oder Lebenspartner des Mitglieds nicht Mitglied einer Krankenkasse ist und sein Gesamteinkommen regelmäßig im Monat ein Zwölftel der Jahresarbeitsentgeltgrenze übersteigt und regelmäßig höher als das Gesamteinkommen des Mitglieds ist; bei Renten wird der Zahlbetrag berücksichtigt.

(4) Als Kinder im Sinne der Absätze 1 bis 3 gelten auch Stiefkinder und Enkel, die das Mitglied überwiegend unterhält, sowie Pflegekinder (§ 56 Abs. 2 Nr. 2 des Ersten Buches). Kinder, die mit dem Ziel der Annahme als Kind in die Obhut des Annehmenden aufgenommen sind und für die die zur Annahme erforderliche Einwilligung der Eltern erteilt ist, gelten als Kinder des Annehmenden und nicht mehr als Kinder der leiblichen Eltern. Stiefkinder im Sinne des Satzes 1 sind auch die Kinder des Lebenspartners eines Mitglieds.

(5) Sind die Voraussetzungen der Absätze 1 bis 4 mehrfach erfüllt, wählt das Mitglied die Krankenkasse.

(6) Das Mitglied hat die nach den Absätzen 1 bis 4 Versicherten mit den für die Durchführung der Familienversicherung notwendigen Angaben sowie die Änderung dieser Angaben an die zuständige Krankenkasse zu melden. Der Spitzenverband Bund der Krankenkassen legt für die Meldung nach Satz 1 ein einheitliches Verfahren und einheitliche Meldevordrucke fest.

Inhaltsübersicht

Literatur

Wenner, Soziale und rechtliche Lage der Lebenspartnerschaft, SozSich 2000, 267

1. Inhalt und systematischer Zusammenhang

§ 10 stellt Familienangehörige, für die selbst nach § 5 keine Mitgliedschaft besteht, unter den Schutz der GKV. Die Familienangehörigen sind zwar nicht selbst Mitglied der Krankenversicherung, können jedoch Leistungen selbst – z. B. gegenüber der Krankenkasse oder im sozialgerichtlichen Verfahren – geltend machen.[141] Weil Familienangehörige nicht selbst Mitglied der Krankenversicherung sind, endet ihre Mitgliedschaft auch, wenn die Mitgliedschaft des Stammversicherten endet.[142] Fallen die persönlichen oder sachlichen Voraussetzungen für die Familienversicherung weg, besteht gem. § 9 Abs. 1 Satz 1 Nr. 2 die Möglichkeit der freiwilligen Versicherung. 1

2. Persönliche Voraussetzungen der Familienversicherung

Nach § 10 Abs. 1 sind familienversichert der Ehegatte, der Lebenspartner, die Kinder von Mitgliedern sowie die Kinder von familienversicherten Kindern. Ehegatte ist, wer mit dem Mitglied aufgrund einer nach deutschem Recht geschlossenen oder als gültig anerkannten Ehe verheiratet ist,[143] ausreichend ist, dass die Ehe (noch) formal besteht, ein Zusammenleben ist nicht erforderlich. Die Voraussetzungen für die Lebenspartnerschaft ergeben sich aus § 1 LPartG.[144] Die persönlichen Voraussetzungen erfüllt nicht, wer mit dem Mitglied verlobt ist oder in eheähnlicher Gemeinschaft lebt.[145] 2

2.1 Kinder

Erfasst werden die leiblichen Kinder (§ 1591 ff. BGB) und die adoptierten Kinder (§ 1741 ff. BGB). Nach § 10 Abs. 1 Satz 1 sind auch Kinder von familienversicherten Kindern – die Enkelkinder des Mitgliedes – versichert. 3

§ 10 Abs. 4 erweitert den Kreis der Kinder, die familienversichert sein können. Als Kinder gelten danach u. a. auch Stiefkinder und Enkel, die das Mitglied überwiegend unterhält. Der vom (Stamm-)Mitglied erbrachte Unterhalt überwiegt nur dann, wenn er höher liegt als die Hälfte des gesamten Lebensbedarfs des Kindes.[146]

Für Pflegekinder und in der Phase (vor der Adoption), in der das Ziel der Annahme eines Kindes besteht, ist eine Unterhaltsgewährung nicht erforderlich.

---

141 Zur Beitragspflicht siehe § 223 Rn. 1.
142 Vgl. LSG NRW – 04. 03. 2010 – L 5 KR 22/07.
143 LSG NRW – 04. 03. 2010 – L 5 KR 22/07.
144 § 1 Abs. 1 Satz 1 LPartG: Zwei Personen gleichen Geschlechts, die gegenüber dem Standesbeamten persönlich und bei gleichzeitiger Anwesenheit erklären, miteinander eine Partnerschaft auf Lebenszeit führen zu wollen (Lebenspartner), begründen eine Lebenspartnerschaft.
145 BSG – 10. 05. 1990 – 12/3 RK 23/88.
146 BSG – 30. 08. 1994 – 12 RK 41/92.

2.2 Altersgrenzen (Abs. 2)

4 Kinder sind grundsätzlich nur bis zur Vollendung des 18. Lebensjahres familienversichert (§ 10 Abs. 2 Nr. 1). Ist das Kind nicht erwerbstätig, verlängert sich die Frist bis zur Vollendung des 23. Lebensjahres (§ 10 Abs. 2 Nr. 2). Die Familienversicherung bleibt bei Kindern bis zur Vollendung des 25. Lebensjahres erhalten, wenn sie sich gem. § 10 Abs. 2 Nr. 3 in Schul- oder Berufsausbildung befinden oder ein freiwilliges soziales Jahr oder ein freiwilliges ökologisches Jahr im Sinne des Jugendfreiwilligendienstegesetzes oder Bundesfreiwilligendienst nach dem Bundesfreiwilligendienstgesetz leisten.

5 Haben diese Kinder eine gesetzliche Dienstpflicht (z. B. Wehr- oder Zivildienst) abgeleistet, verlängert sich die Familienversicherung über das 25. Lebensjahr hinaus um die Dauer der Zeit, die die Ausbildung durch den Dienst unterbrochen wurde. Bei freiwilligen Dienstleistungen gilt dies ebenfalls mit der Maßgabe, dass über das 25. Lebensjahr eine Verlängerung der Berechtigung zur Familienversicherung um 12 Monate in Betracht kommt.

6 Unter Schulausbildung wird in der Regel der Besuch allgemeinbildender und weiterführender Schulen verstanden. Schulausbildung liegt auch vor, wenn das Kind, ohne einen Beruf auszuüben, allgemeinbildenden Schulunterricht in Privat- oder Abendkursen mit dem Ziel erhält, eine staatlich anerkannte Abschlussprüfung abzulegen.[147]

7 Befindet sich das Kind in einem durch Gesetze und Verordnungen geregelten Ausbildungsgang, bestehen an einer Berufsausbildung regelmäßig keine Zweifel. Andererseits kann in den Fällen, in denen der Ausbildungsgang durch Gesetze und Verordnungen geregelt ist, nur eine diesen Vorgaben entsprechende Ausbildung als Berufsausbildung im Sinne von § 10 Abs. 2 Nr. 3 anerkannt werden. Gibt es für eine bestimmte berufliche Tätigkeit keinen vorgeschriebenen, allgemein anerkannten oder üblichen Ausbildungsweg, so ist nach der Rechtsprechung[148] unter Berufsausbildung nur der Erwerb von Kenntnissen und Fähigkeiten zu verstehen, die für die Ausübung des Berufs notwendig sind. Was demnach als Berufsausbildung angesehen werden kann, bleibt schwerlich zu konkretisieren und ist letztlich abhängig von den Umständen des Einzelfalles.

8 Familienversichert sind – ohne Altersgrenze – behinderte Kinder gem. § 2 Abs. 1 Satz 1 SGB IX, die außerstande sind, sich selbst zu unterhalten. Das behinderte Kind darf infolge der Behinderung nicht in der Lage sein, sich durch Arbeit das Existenzminimum zu verdienen.[149] Ein behindertes Kind ist auch dann imstande, sich selbst zu unterhalten, wenn es zwar keiner Erwerbstätigkeit nachgehen kann, es jedoch noch andere Einkünfte, z. B. eine Rente wegen Erwerbsminderung, hat.[150] Die Behinderung muss nach § 10

---

147 BSG – 25.04.1984 – 10 RKg 2/83.

148 BSG – 25.04.1984 – 10 RKg 2/83, mit Hinweis darauf, dass eine Beschäftigung als »au-pair«-Mädchen im Ausland allein keine Berufsausbildung etwa für eine Beschäftigung als Auslandskorrespondentin ist. Berufsausbildung allerdings dann, wenn »au-pair«-Tätigkeit mit einer regelmäßigen Ausbildung an einer Sprachschule verbunden ist (BSG – 29.10 1969 – 12 RJ 440/63).

149 BSG – 14.08.1984 – 10 RKg 6/83.

150 BSG – 27.04.1978 – 8/12 RKg 14/7.

Abs. 2 Nr. 2. Halbs. bereits vor dem 18. Lebensjahr (Nr. 1) oder vor Ablauf des Verlängerungszeitraums nach Nr. 2 oder Nr. 3 vorgelegen haben.

2.3 Ausschluss der Versicherung (Abs. 3)

Die Familienversicherung ist für Kinder ausgeschlossen, bei denen ein Elternteil »besserverdient« und daher nicht der GKV angehört. Die Akzeptanz der Familienversicherung bei den Mitgliedern der gesetzlichen Krankenkassen wäre gefährdet, wenn z. B. Kinder eines versicherungspflichtigen mit niedrigem Arbeitsentgelt teilzeitbeschäftigten Elternteils zu niedrigen Beiträgen des Mitglieds beitragsfrei mitversichert wären, während der privat versicherte Elternteil nicht am solidarischen Ausgleich teilnimmt, obwohl sein hohes Gesamteinkommen auch den Krankenversicherungsschutz für die Kinder ermöglichen würde.[151] 9

Voraussetzung ist, dass (der besserverdienende) Ehegatte/Lebenspartner mit dem Kind verwandt ist. Ferner muss sein Gesamteinkommen (vgl. dazu § 16 SGB IV) regelmäßig im Monat ein Zwölftel der Jahresarbeitsentgeltgrenze (vgl. § 6 Abs. 6) übersteigen. Im Vergleich dazu muss das Gesamteinkommen des Mitglieds (von dem die Familienversicherung abgeleitet werden soll) niedriger sein. Demensprechend sind die Einkommensverhältnisse beider Elternteile zu ermitteln. Gem. § 6 Abs. 1 Nr. 1 bleiben bei der Ermittlung des jeweiligen Gesamteinkommens Zuschläge, die mit Rücksicht auf den Familienstand gezahlt werden, unberücksichtigt. 10

3. Sachliche Voraussetzungen der Familienversicherung

3.1 Wohnsitz oder gewöhnlicher Aufenthalt im Inland (Abs. 1 Nr. 1)

Eine Familienversicherung setzt voraus, dass der Angehörige seinen Wohnsitz oder gewöhnlichen Aufenthalt im Inland hat. Nach § 30 Abs. 3 SGB I besteht der Wohnsitz dort, wo eine Person eine Wohnung unter solchen Umständen hat, die darauf schließen lassen, dass sie die Wohnung beibehalten und benutzen wird. Den gewöhnlichen Aufenthalt hat eine Person dort, wo sie sich unter Umständen aufhält, die erkennen lassen, dass sie an diesem Ort oder in diesem Gebiet nicht nur vorübergehend verweilt. Asylbewerber, deren Aufenthalt nur zur Durchführung des Asylverfahrens gestattet ist, können in der Krankenversicherung familienversichert sein.[152] Ein Wohnsitz im EU-Ausland steht einem Wohnsitz in der Bundesrepublik Deutschland gleich. 11

3.2 Keine Versicherungspflicht des Angehörigen (Abs. 1 Nr. 2)

Besteht für das Familienmitglied eine Versicherung gem. § 5 Abs. 1 Nr. 1, Nr. 2 oder nach Nrn. 3 bis 8 oder nach Nr. 11 oder Nr. 12, ist eine Familienversicherung ausgeschlossen (sog. Subsidiarität der Familienversicherung). Das Gleiche gilt für freiwillig Versicherte 12

151 BSG – 25.01.2001- B 12 KR 12/00 R.
152 BSG – 30.04.1997 – 12 RK 30/96.

(z. B.: § 9). Sie können jedoch durch Austrittserklärung ihre Mitgliedschaft beenden (§ 191 Nr. 4), um so in den Schutz der Familienversicherung zu gelangen.[153]

Vorrangig ist die Familienversicherung gegenüber

- einer Pflichtversicherung von Personen, die ALG II beziehen (§ 5 Nr. 2a),
- einer Pflichtversicherung von Studenten (§ 5 Nr. 9),
- einer Pflichtversicherung von Praktikanten(§ 5 Nr. 10) und
- dem nachgehenden Versicherungsschutz gem. § 19 Abs. 2 Satz 1 (§ 19 Abs. 2 Satz 2).

3.3 Keine Versicherungsfreiheit oder keine Befreiung von der Versicherungspflicht (Abs. 1 Nr. 3)

13 Die Familienversicherung ist für diejenigen ausgeschlossen, die versicherungsfrei sind (z. B. § 6) oder von der Versicherung befreit sind (z. B. § 8). Eine aus familiären Gründen ohne Dienstbezüge beurlaubte, mit einem gesetzlich Krankenversicherten verheiratete Beamtin, die keinen anderweitigen Krankenversicherungsschutz besitzt, ist für die Dauer der Beurlaubung grundsätzlich nicht versicherungsfrei und daher familienversichert.[154]

Geringfügig Beschäftigte, die versicherungsfrei sind (§ 7), können grundsätzlich familienversichert sein.

3.4 Keine selbständige Erwerbstätigkeit (Nr. 4)

14 Eine hauptberufliche selbständige Erwerbstätigkeit schließt die Familienversicherung aus. Hauptberuflich ist eine selbständige Erwerbstätigkeit, wenn sie von der wirtschaftlichen Bedeutung und dem zeitlichen Aufwand her die übrigen Erwerbstätigkeiten zusammen deutlich übersteigt und den Mittelpunkt der Erwerbstätigkeit darstellt.[155] Selbstständig erwerbstätig ist, wer mit Gewinnerzielungsabsicht eine Tätigkeit in der Land- und Forstwirtschaft, in einem Gewerbebetrieb oder eine freiberufliche Arbeit in persönlicher Unabhängigkeit und auf eigene Rechnung und Gefahr ausübt.[156]

Sonderreglungen enthalten § 10 Abs. 1 Satz 2 und 3. Nach § 10 Abs. 1 Satz 3 gilt (befristet bis zum 31. 12. 2013) die Betreuung von bis zu fünf Kindern in der Tagespflege nicht als selbständige Tätigkeit.

3.5 Kein Gesamteinkommen über der monatlichen Bezugsgröße (Nr. 5)

15 Werden die in § 10 Abs. 1 Nr. 5 genannten Einkommensgrenzen überschritten, ist die Familienversicherung ausgeschlossen. Das Gesamteinkommen ist gem. § 16 SGB IV die Summe der Einkünfte im Sinne des Einkommensteuerrechts. Zu den regelmäßigen Einkünften gehören auch Zahlungen, die wiederkehrend einmal im Jahr gezahlt werden (z. B.

---

153 BSG – 29. 06. 1993 – 12 RK 48/91.
154 BSG – 23. 10. 1996 – 4 RK 1/96.
155 BT-Drs. 11/2237, S. 159.
156 BSG – 04. 06. 2009 – B 12 KR 3/08 R.

Urlaubsgeld, Weihnachtszuwendung); sie sind bei der Ermittlung des monatlichen Gesamteinkommens gleichmäßig auf alle Monate zu verteilen.[157]

Die Familienversicherung wird für die Zeit nach dem Erhalt einer einmaligen Abfindung wegen Beendigung des Arbeitsverhältnisses nicht ausgeschlossen. Eine Einmalzahlung, die dem Begriff des Gesamteinkommens unterfällt, kann nicht für nachfolgende Monate als anteilig bezogen angesehen werden. Die Abfindungssumme darf daher nicht entsprechend dem vorher erzielten Arbeitsentgelt auf mehrere Monate verteilt werden.[158] **16**

4. Mutterschutz und Elternzeit

Nach § 10 Abs. 1 Satz 4 ist für die Dauer der Schutzfristen nach § 3 Abs. 2 und § 6 Abs. 1 MuSchG (Beschäftigungsverbote vor bzw. nach der Entbindung)) sowie der Elternzeit (§§ 15, 16 BEEG) für Ehegatten oder Lebenspartner die Familienversicherung nicht möglich, wenn sie zuvor nicht gesetzlich krankenversichert waren. D. h., dass bislang privat krankenversicherte Personen, die zuletzt vor Beginn der Schutzfristen nach dem Mutterschutzgesetz oder vor Inanspruchnahme von Erziehungsurlaub versicherungsfrei oder von der Versicherungspflicht befreit waren, während der Schutzfristen und Beurlaubungszeit weiterhin privat krankenversichert bleiben. Die Solidargemeinschaft soll nicht mit der Finanzierung der mit der Mutterschaft entstehenden Krankenkassenausgaben für bislang privat Versicherte belastet werden.[159] **17**

5. Wahl der Krankenkasse (Abs. 5)

Geregelt wird der Fall, dass für ein Kind der Anspruch auf Familienversicherung in Person beider Elternteile erfüllt ist, diese jedoch bei unterschiedlichen Krankenkassen versichert sind. Das Gesetz räumt jedem Mitglied ein, die Krankenkasse zu wählen, lässt aber offen, was geschieht, wenn sich z. B. die Eltern nicht auf eine ihrer Krankenkassen einigen können oder gar keine Entscheidung treffen. An eine Frist oder ein bestimmte Form ist die Erklärung nicht gebunden; sie kann daher auch mündlich erteilt werden.[160] **18**

6. Mitwirkungspflicht des Stammmitglieds (Abs. 6)

Nach § 10 Abs. 6 ist das (Stamm-)Mitglied verpflichtet, der Krankenkasse gegenüber alle für die Durchführung der Familienversicherung notwendigen Angaben zu machen. Auch eingetretene Änderungen muss das Mitglied der zuständigen Krankenkasse melden. Angaben, die das (Stamm-)Mitglied nicht machen kann, kann die Krankenkasse gem. § 289 von der familienversicherten Person erheben.[161] **19**

---

157 BSG – 22. 07. 1981 – 3 RK 7/80.
158 BSG – 09. 10. 2007 – B 5b/8 KN 1/06 KR R.
159 BT-Drs. 14/1245, S. 61.
160 Siehe auch § 173 Rn. 2.
161 Siehe auch § 289 Rn. 2.

Drittes Kapitel
Leistungen der Krankenversicherung

Erster Abschnitt
Übersicht über die Leistungen

§ 11 Leistungsarten

(1) Versicherte haben nach den folgenden Vorschriften Anspruch auf Leistungen
1. (weggefallen)
2. zur Verhütung von Krankheiten und von deren Verschlimmerung sowie zur Empfängnisverhütung, bei Sterilisation und bei Schwangerschaftsabbruch (§§ 20 bis 24 b),
3. zur Früherkennung von Krankheiten (§§ 25 und 26),
4. zur Behandlung einer Krankheit (§§ 27 bis 52),
5. des Persönlichen Budgets nach § 17 Abs. 2 bis 4 des Neunten Buches.

(2) Versicherte haben auch Anspruch auf Leistungen zur medizinischen Rehabilitation sowie auf unterhaltssichernde und andere ergänzende Leistungen, die notwendig sind, um eine Behinderung oder Pflegebedürftigkeit abzuwenden, zu beseitigen, zu mindern, auszugleichen, ihre Verschlimmerung zu verhüten oder ihre Folgen zu mildern. Leistungen der aktivierenden Pflege nach Eintritt von Pflegebedürftigkeit werden von den Pflegekassen erbracht. Die Leistungen nach Satz 1 werden unter Beachtung des Neunten Buches erbracht, soweit in diesem Buch nichts anderes bestimmt ist.

(3) Bei stationärer Behandlung umfassen die Leistungen auch die aus medizinischen Gründen notwendige Mitaufnahme einer Begleitperson des Versicherten oder bei stationärer Behandlung in einem Krankenhaus nach § 108 die Mitaufnahme einer Pflegekraft, soweit Versicherte ihre Pflege nach § 66 Absatz 4 Satz 2 des Zwölften Buches durch von ihnen beschäftigte besondere Pflegekräfte sicherstellen.

(4) Versicherte haben Anspruch auf ein Versorgungsmanagement insbesondere zur Lösung von Problemen beim Übergang in die verschiedenen Versorgungsbereiche; dies umfasst auch die fachärztliche Anschlussversorgung. Die betroffenen Leistungserbringer sorgen für eine sachgerechte Anschlussversorgung des Versicherten und übermitteln sich gegenseitig die erforderlichen Informationen. Sie sind zur Erfüllung dieser Aufgabe von den Krankenkassen zu unterstützen. In das Versorgungsmanagement sind die Pflegeeinrichtungen einzubeziehen; dabei ist eine enge Zusammenarbeit mit Pflegeberatern und Pflegeberaterinnen nach § 7 a des Elften Buches zu gewährleisten. Das Versorgungsmanagement und eine dazu erforderliche Übermittlung von Daten darf nur mit Einwilligung und nach vorheriger Information des Versicherten erfolgen. Soweit in Verträgen nach den §§ 140 a bis 140 d nicht bereits entsprechende Regelungen vereinbart sind, ist das Nähere im Rahmen von Verträgen mit sonstigen Leistungserbringern der gesetzlichen Krankenversicherung und mit Leistungserbringern nach dem Elften Buch sowie mit den Pflegekassen zu regeln.

(5) Auf Leistungen besteht kein Anspruch, wenn sie als Folge eines Arbeitsunfalls

oder einer Berufskrankheit im Sinne der gesetzlichen Unfallversicherung zu erbringen sind. Dies gilt auch in den Fällen des § 12 a des Siebten Buches.

(6) Die Krankenkasse kann in ihrer Satzung zusätzliche vom Gemeinsamen Bundesausschuss nicht ausgeschlossene Leistungen in der fachlich gebotenen Qualität im Bereich der medizinischen Vorsorge und Rehabilitation (§§ 23, 40), der künstlichen Befruchtung (§ 27 a), der zahnärztlichen Behandlung ohne die Versorgung mit Zahnersatz (§ 28 Absatz 2), bei der Versorgung mit nicht verschreibungspflichtigen apothekenpflichtigen Arzneimitteln (§ 34 Absatz 1 Satz 1), mit Heilmitteln (§ 32) und Hilfsmitteln (§ 33), im Bereich der häuslichen Krankenpflege (§ 37) und der Haushaltshilfe (§ 38) sowie Leistungen von nicht zugelassenen Leistungserbringern vorsehen. Die Satzung muss insbesondere die Art, die Dauer und den Umfang der Leistung bestimmen; sie hat hinreichende Anforderungen an die Qualität der Leistungserbringung zu regeln. Die zusätzlichen Leistungen sind von den Krankenkassen in ihrer Rechnungslegung gesondert auszuweisen.

Inhaltsübersicht

1. Inhalt und systematischer Zusammenhang

1 § 11 Abs. 1 gibt eine Übersicht über die unterschiedlichen Leistungen der Krankenversicherung. Ansprüche auf die genannten Leistungen ergeben sich erst aus den Vorschriften, auf die in den Ziffern 2 bis 5 im Einzelnen verwiesen wird.

2 § 11 Abs. 2 ergänzt den Leistungskatalog mit dem Anspruch auf medizinische Rehabilitation. Die eigenständige Regelung verdeutlicht zugleich, dass die Rehabilitation nicht der Krankenbehandlung (und der Vorsorge) zugerechnet werden kann, sondern eigene Ziele verfolgt. Rehabilitation hat die Aufgabe, den Folgen von Krankheiten in Form von Fähigkeitsstörungen und Beeinträchtigungen vorzubeugen, sie zu beseitigen oder zu bessern oder deren wesentliche Verschlechterung abzuwenden.[162] Inhalt und Umfang der Leistungen zur medizinischen Rehabilitation werden durch §§ 40 f. und §§ 26 ff. SGB IX konkretisiert. Weitere Einzelheiten regelt die Richtlinie des Gemeinsamen Bundesausschusses über Leistungen zur medizinischen Rehabilitation (Rehabilitations-Richtlinie).[163]

3 § 11 Abs. 3 stellt klar, dass zu den Leistungen bei stationärer Behandlung auch der Anspruch auf Übernahme der Kosten für eine Begleitperson rechnet.

4 Versicherte haben gem. § 11 Abs. 4 Anspruch auf ein Versorgungsmanagement. Dabei geht es vor allem um die Koordination und Abstimmung, um für Patienten einen reibungslosen Übergang zwischen Akutversorgung, Rehabilitation und Pflege zu ermöglichen. Die jeweiligen Leistungserbringer (Vertragsärzte, Krankenhäuser, Rehabilitations- und Pflegeeinrichtungen) haben dazu die erforderlichen Informationen auszutauschen

162 BT-Drs. 12/1245, S. 61.
163 Vom 16.03.2004, Bundesanzeiger 2004 S. 6769, in Kraft getreten am 01.04.2004 zuletzt geändert am 22.01.2009, Bundesanzeiger 2009 S. 2131, in Kraft getreten am 19.06.2009.

und unterstützt durch die jeweilige Krankenkasse eine sachgerechte Anschlussversorgung der Versicherten sicherzustellen.[164] Dazu gehört auch das Entlassungsmanagement gem. § 39 Abs. 1 Satz 4, das Probleme beim Übergang in die Versorgung nach der Krankenhausbehandlung lösen soll. Die Durchführung soll durch qualifiziertes Personal, insbesondere Pflegefachkräfte, erfolgen, die koordinierend mit den behandelnden Krankenhausärzten, den stationär Pflegenden, dem sozialen Dienst, der jeweiligen Krankenkasse, den Angehörigen und den Vertragsärzten oder den aufnehmenden Einrichtungen zusammenarbeiten.[165]

5 § 11 Abs. 5 Satz 1 begründet eine ausschließliche Zuständigkeit der Unfallversicherungsträger. Bei Arbeitsunfällen oder Berufskrankheiten (im Sinne der gesetzlichen Unfallversicherung) besteht für die Versicherten kein Anspruch auf Leistungen der GKV.

§ 11 Abs. 5 Satz 2 stellt klar, dass die vorrangige Leistungspflicht der gesetzlichen Unfallversicherung auch gilt, wenn bei Spendern von Blut-, Organ-, Organteilen- oder Gewebe Gesundheitsschäden eintreten, die über die regelmäßig entstehenden Beeinträchtigungen hinausgehen und in ursächlichem Zusammenhang mit der Spende stehen.[166]

Die Krankenkasse kann gem. § 11 Abs. 6 in ihrer Satzung zusätzliche Leistungen vorsehen, soweit sie nicht vom Gemeinsamen Bundesausschuss ausgeschlossen wurden.

2. Ausschließliche Zuständigkeit der Unfallversicherungsträger (Abs. 5)

6 Nach § 11 Abs. 5 besteht auf Leistungen der Krankenversicherung kein Anspruch, wenn sie als Folge eines Arbeitsunfalls oder einer Berufskrankheit im Sinne der gesetzlichen Unfallversicherung zu erbringen sind. Die Zuständigkeitsbereiche von Krankenversicherung und Unfallversicherung sollen damit klar abgrenzt werden.[167] Bedarf der Versicherte wegen der Folgen eines Arbeitsunfalls oder einer Berufskrankheit der Behandlung, so erhält er Leistungen ausschließlich auf Kosten des Unfallversicherungsträgers (der zuständigen Berufsgenossenschaft). Ist eine Behandlung von unfallbedingten und von unfallfremden Gesundheitsstörungen notwendig, bleibt die Krankenversicherung zuständig, denn von § 11 Abs. 5 wird nur die Leistungsgewährung aufgrund einer (allein) in den Bereich der Unfallversicherung gehörenden Gesundheitsstörung erfasst.[168] Arbeitsbedingte Erkrankungen, die nicht Folge eines Arbeitsunfalls oder einer Berufskrankheit sind, werden auf Kosten der GKV behandelt. Stellt sich später heraus, dass kein Arbeitsunfall vorlag und hat der Unfallversicherungsträger Leistungen erbracht, so besteht seinerseits ein Erstattungsanspruch gegen die Krankenkasse (§ 105 SGB X).

7 Für das geltende Recht ist noch nicht ausdrücklich entschieden, ob Versicherte, die Verletztengeld (vom Unfallversicherungsträger) erhalten, daneben einen Anspruch auf den sog. Krankengeldspitzbetrag haben, d.h. den Anteil des Krankengeldes, der den

164 BT-Drs. 16/3100, S. 96f.
165 BT-Drs. 16/8525, S. 105.
166 BT-Drs. 17/9773, S. 36.
167 BT-Drs. 11/2237, S 163, zu § 11 Abs. 3.
168 BSG – 26.10.1998 – B 2 U 34/97 R.

Zahlbetrag des Verletztengeldes übersteigt. Die Rechtsprechung[169] geht offenbar davon aus, dass der Krankengeldanspruch nicht allein wegen des nach § 11 Abs. 5 bestehenden Vorrangs von Leistungen der Unfallversicherung ausgeschlossen ist. Bis zum 31. 12. 2004 sah § 49 Abs. 1 Nr. 3 a ausdrücklich vor, dass das Krankengeld ruht, solange Versicherte Verletztengeld beziehen. Dementsprechend bestand auch kein Anspruch auf den Krankengeldspitzbetrag.[170] Mit dem Gesetz zur Vereinfachung der Verwaltungsverfahren (Verwaltungsvereinfachungsgesetz) hat der Gesetzgeber allerdings in § 49 Abs. 1 Nr. 3 a das Wort »Verletztengeld« gestrichen. Dabei ist er davon ausgegangen, dass es sich um eine bloße redaktionelle Änderung handele. Denn ein Anspruch auf Leistungen der GKV bestehe nach § 11 Abs. 4 (jetzt § 11 Abs. 5) nicht, wenn sie als Folge eines Arbeitsunfalls oder einer Berufskrankheit im Sinne der gesetzlichen Unfallversicherung zu erbringen seien. Das Bundessozialgericht habe ausdrücklich bestätigt, dass ein Anspruch auf Verletztengeld in den o. a. Fällen auch nicht dem Grunde nach bestehe.[171]

Zweiter Abschnitt
Gemeinsame Vorschriften

§ 12 Wirtschaftlichkeitsgebot

(1) Die Leistungen müssen ausreichend, zweckmäßig und wirtschaftlich sein; sie dürfen das Maß des Notwendigen nicht überschreiten. Leistungen, die nicht notwendig oder unwirtschaftlich sind, können Versicherte nicht beanspruchen, dürfen die Leistungserbringer nicht bewirken und die Krankenkassen nicht bewilligen.

(2) Ist für eine Leistung ein Festbetrag festgesetzt, erfüllt die Krankenkasse ihre Leistungspflicht mit dem Festbetrag.

(3) Hat die Krankenkasse Leistungen ohne Rechtsgrundlage oder entgegen geltenden Recht erbracht und hat ein Vorstandsmitglied hiervon gewusst oder hätte es hiervon wissen müssen, hat die zuständige Aufsichtsbehörde nach Anhörung des Vorstandsmitglieds den Verwaltungsrat zu veranlassen, das Vorstandsmitglied auf Ersatz des aus der Pflichtverletzung entstandenen Schadens in Anspruch zu nehmen, falls der Verwaltungsrat das Regressverfahren nicht bereits von sich aus eingeleitet hat.

Inhaltsübersicht

169 BSG – 08. 11. 2005 – B 1 KR 33/03 R.
170 BSG – 25. 06. 2002 – B 1 KR 13/01 R.
171 BT-Drs. 15/4228, S. 26.

1. Inhalt und systematischer Zusammenhang

1 Jede Tätigkeit der öffentlichen Verwaltung hat den Grundsatz der Sparsamkeit und Wirtschaftlichkeit zu beachten, d.h. die Aufgaben sind mit möglichst wenigen (finanziellen) Mitteln zu erfüllen bzw. mit den vorhandenen Mitteln ist der größte mögliche Nutzen zu erzielen.[172] Diesem Grundsatz entspricht das in § 12 für die gesetzliche Krankenversicherung normierte Wirtschaftlichkeitsgebot. Danach müssen die Leistungen ausreichend, zweckmäßig und wirtschaftlich sein; sie dürfen das Maß des Notwendigen nicht überschreiten. Nur unter Beachtung dieses Grundsatzes dürfen die Krankenkassen den Versicherten Leistungen zur Verfügung stellen (siehe auch § 2 Abs. 1 Satz 1; § 4 Abs. 4; § 70 Abs. 1). Auf Leistungen, die nicht notwendig oder unwirtschaftlich sind, haben Versicherte keinen Anspruch. Verfassungsrechtlich ist es nicht zu beanstanden, dass die gesetzliche Krankenversicherung dem Versicherten Leistungen nur unter Beachtung des Wirtschaftlichkeitsgebots zur Verfügung stellt.[173] Einzelne gesetzliche Regelungen können, soweit sie auf die Zweckmäßigkeit bzw. Erforderlichkeit der Leistung abstellen, als Konkretisierung des Grundsatzes der Wirtschaftlichkeit angesehen werden, z.B. § 28 Abs. 1 Satz 1 (ärztliche und zahnärztliche Behandlung), § 33 Abs. 1 Satz 1 (Hilfsmittel), § 39 Abs. 1 Satz 2 (Krankenhausbehandlung), § 40 Abs. 1 (Leistungen zur medizinischen Rehabilitation) oder § 43 Abs. 1 Nr. 1 (ergänzende Leistungen zur Rehabilitation).

2. Normzweck und Grenzen

2 Das Wirtschaftlichkeitsgebot markiert – unter Berücksichtigung der Belastbarkeit der Beitragszahler und der Leistungsfähigkeit der Volkswirtschaft – die finanziellen Grenzen, die der Leistungspflicht der GKV gezogen werden.[174] Zwischen notwendiger Versorgung einerseits und der finanziellen Belastung der Beitragszahler andererseits soll es einen Ausgleich schaffen und so die finanzielle Stabilität der GKV sicherstellen.

3 Das führt nicht dazu, dass Leistungen oder eine Behandlung allein wegen der damit verbundenen hohen Kosten abgelehnt werden dürfen. Leistungen bzw. Behandlungsmethoden können nach § 12 Abs. 1 nur dann ausgeschlossen werden, wenn andere – finanziell günstigere – Leistungen zur Verfügung stehen. Wenn hingegen nur eine Methode eine reale Chance zur Erreichung des Behandlungsziels bietet, dann besteht grundsätzlich ungeachtet der Kosten Anspruch auf gerade diese Behandlungsmaßnahme.[175]

---

172 BSG – 29.02.1984 – 8 RK 27/82.
173 BVerfG – 06.12.2005 – 1 BvR 347/98.
174 BVerfG – 30.06.2008 – 1 BvR 1665/07.
175 BSG – 20.03.1996 – 6 RKa 62/94.

3. Merkmale des Wirtschaftlichkeitsgebots im Einzelnen

3.1 Ausreichende Leistung

Ausreichend ist die Leistung grundsätzlich, wenn sie – unter Einhaltung von Qualität und eines Mindeststandards – die Chance eines Heilerfolgs bietet. Dies lässt sich nicht generell, sondern nur im Einzelfall bestimmen.[176] **4**

3.2 Zweckmäßigkeit

Zweckmäßig ist eine Leistung, wenn andere Behandlungsmöglichkeiten aus medizinischen Gründen ausscheiden[177] und die Leistung ihrer Wirkung nach geeignet ist, ein bestimmtes Behandlungsziel zu erreichen.[178] Bei hergebrachten Untersuchungs- und Behandlungsmethoden kann die Zweckmäßigkeit regelmäßig unterstellt werden. Problematisch ist die Beurteilung der Zweckmäßigkeit bei neuen Untersuchungs- und Behandlungsmethoden. § 135 sieht vor, dass neue Untersuchungs- und Behandlungsmethoden nur erbracht werden dürfen, wenn der Gemeinsame Bundesausschuss in Richtlinien nach § 92 Abs. 1 Satz 2 Nr. 5 Empfehlungen abgegeben hat. Nach entsprechender Empfehlung kann die Zweckmäßigkeit einer Behandlungsmethode ebenfalls unterstellt werden. **5**

Fehlt es für eine Behandlungsmethode an einer Empfehlung des Gemeinsamen Bundesausschusses, kann ausnahmsweise eine Leistungspflicht der Krankenkasse bestehen, wenn die fehlende Anerkennung einer neuen Untersuchungs- oder Behandlungsmethode darauf zurückzuführen ist, dass das Verfahren vor dem Bundesausschuss trotz Erfüllung der für eine Überprüfung notwendigen formalen und inhaltlichen Voraussetzungen nicht oder nicht zeitgerecht durchgeführt wird (sog. »Systemversagen«).[179] **6**

Im Falle einer lebensbedrohlichen oder regelmäßig tödlich verlaufenden Erkrankung kann die Empfehlung des Gemeinsamen Bundesausschusses entbehrlich sein, wenn bei der neuen Behandlungsmethode die nicht ganz fern liegende Aussicht auf Heilung oder wenigstens auf eine spürbar positive Einwirkung auf den Krankheitsverlauf besteht.[180] **7**

3.3 Maß des Notwendigen

Es besteht generell kein Anspruch auf die optimale Versorgung, sondern nur auf Leistungen, die unentbehrlich oder unvermeidlich[181] sind, um das Behandlungsziel zu erreichen. Für die Versorgung z. B. mit Hilfsmitteln (§ 33) heißt das, dass das Hilfsmittel nur dann notwendig (erforderlich) ist, wenn kein kostengünstigeres und zumindest gleich- **8**

---

176 BSG – 28.06.1983 – 8 RK 22/81.
177 BSG – 21.11.1991 – 3 RK 8/90.
178 Wagner in Krauskopf, § 12 Rn. 6.
179 BSG – 19.02.2003 – B 1 KR 18/01 R.
180 BVerfG – 06.12.2005 – 1 BvR 347/98.
181 BSG – 26.10.1982 – 3 RK 28/82.

geeignetes Hilfsmittel zur Verfügung steht. Ist ein Behinderungsausgleich auch mit einem kostengünstigeren, anderen Hilfsmittel erreichbar, ist es nicht notwendig.[182]

3.4 Wirtschaftlich

9 Im Sinne einer Kosten-Nutzen-Relation ist zu prüfen, ob mit den gegebenen Mitteln der größtmögliche Nutzen erzielt werden kann oder wie ein bestimmter Zweck mit den geringstmöglichen Mitteln erreicht werden kann.[183] Für die Versorgung z. B. mit Hilfsmitteln heißt das, dass eine begründbare, angemessene Relation zwischen Kosten und Gebrauchsvorteil des Hilfsmittels bestehen muss. Die durch das Hilfsmittel zu erzielende Wirkung (Ausgleich der Behinderung bei der Lebensbetätigung im Rahmen der allgemeinen Grundbedürfnisse, verbunden mit eventuellen therapeutischen Nebeneffekten) muss in Relation zum Anschaffungspreis gesetzt werden.[184]

§ 13 Kostenerstattung

(1) Die Krankenkasse darf anstelle der Sach- oder Dienstleistung (§ 2 Abs. 2) Kosten nur erstatten, soweit es dieses oder das Neunte Buch vorsieht.

(2) Versicherte können anstelle der Sach- oder Dienstleistungen Kostenerstattung wählen. Hierüber haben sie ihre Krankenkasse vor Inanspruchnahme der Leistung in Kenntnis zu setzen. Der Leistungserbringer hat die Versicherten vor Inanspruchnahme der Leistung darüber zu informieren, dass Kosten, die nicht von der Krankenkasse übernommen werden, von dem Versicherten zu tragen sind. Eine Einschränkung der Wahl auf den Bereich der ärztlichen Versorgung, der zahnärztlichen Versorgung, den stationären Bereich oder auf veranlasste Leistungen ist möglich. Nicht im Vierten Kapitel genannte Leistungserbringer dürfen nur nach vorheriger Zustimmung der Krankenkasse in Anspruch genommen werden. Eine Zustimmung kann erteilt werden, wenn medizinische oder soziale Gründe eine Inanspruchnahme dieser Leistungserbringer rechtfertigen und eine zumindest gleichwertige Versorgung gewährleistet ist. Die Inanspruchnahme von Leistungserbringern nach § 95 b Absatz 3 Satz 1 im Wege der Kostenerstattung ist ausgeschlossen. Anspruch auf Erstattung besteht höchstens in Höhe der Vergütung, die die Krankenkasse bei Erbringung als Sachleistung zu tragen hätte. Die Satzung hat das Verfahren der Kostenerstattung zu regeln. Sie kann dabei Abschläge vom Erstattungsbetrag für Verwaltungskosten in Höhe von höchstens 5 Prozent in Abzug bringen. Im Falle der Kostenerstattung nach § 129 Absatz 1 Satz 5 sind die der Krankenkasse entgangenen Rabatte nach § 130 a Absatz 8 sowie die Mehrkosten im Vergleich zur Abgabe eines Arzneimittels nach § 129 Absatz 1 Satz 3 und 4 zu berücksichtigen; die Abschläge sollen pauschaliert werden. Die Versicherten sind an ihre Wahl der Kostenerstattung mindestens ein Kalendervierteljahr gebunden.

(3) Konnte die Krankenkasse eine unaufschiebbare Leistung nicht rechtzeitig er-

182 BSG – 29.09.1997 – 8 RKn 27/96.
183 BSG – 29.02.1984 – 8 RK 27/82.
184 BSG – 13.05.1998 – B 8 KN 13/97 R.

bringen oder hat sie eine Leistung zu Unrecht abgelehnt und sind dadurch Versicherten für die selbstbeschaffte Leistung Kosten entstanden, sind diese von der Krankenkasse in der entstandenen Höhe zu erstatten, soweit die Leistung notwendig war. Die Kosten für selbstbeschaffte Leistungen zur medizinischen Rehabilitation nach dem Neunten Buch werden nach § 15 des Neunten Buches erstattet.

(4) Versicherte sind berechtigt, auch Leistungserbringer in einem anderen Mitgliedstaat der Europäischen Union, einem anderen Vertragsstaat des Abkommens über den Europäischen Wirtschaftsraum oder der Schweiz anstelle der Sach- oder Dienstleistung im Wege der Kostenerstattung in Anspruch zu nehmen, es sei denn, Behandlungen für diesen Personenkreis im anderen Staat sind auf der Grundlage eines Pauschbetrages zu erstatten oder unterliegen auf Grund eines vereinbarten Erstattungsverzichts nicht der Erstattung. Es dürfen nur solche Leistungserbringer in Anspruch genommen werden, bei denen die Bedingungen des Zugangs und der Ausübung des Berufes Gegenstand einer Richtlinie der Europäischen Gemeinschaft sind oder die im jeweiligen nationalen System der Krankenversicherung des Aufenthaltsstaates zur Versorgung der Versicherten berechtigt sind. Der Anspruch auf Erstattung besteht höchstens in Höhe der Vergütung, die die Krankenkasse bei Erbringung als Sachleistung im Inland zu tragen hätte. Die Satzung hat das Verfahren der Kostenerstattung zu regeln. Sie hat dabei ausreichende Abschläge vom Erstattungsbetrag für Verwaltungskosten und fehlende Wirtschaftlichkeitsprüfungen vorzusehen sowie vorgesehene Zuzahlungen in Abzug zu bringen. Ist eine dem allgemein anerkannten Stand der medizinischen Erkenntnisse entsprechende Behandlung einer Krankheit nur in einem anderen Mitgliedstaat der Europäischen Union oder einem anderen Vertragsstaat des Abkommens über den Europäischen Wirtschaftsraum möglich, kann die Krankenkasse die Kosten der erforderlichen Behandlung auch ganz übernehmen.

(5) Abweichend von Absatz 4 können in einem anderen Mitgliedstaat der Europäischen Union, einem anderen Vertragsstaat des Abkommens über den Europäischen Wirtschaftsraum oder der Schweiz Krankenhausleistungen nach § 39 nur nach vorheriger Zustimmung durch die Krankenkassen in Anspruch genommen werden. Die Zustimmung darf nur versagt werden, wenn die gleiche oder eine für den Versicherten ebenso wirksame, dem allgemein anerkannten Stand der medizinischen Erkenntnisse entsprechende Behandlung einer Krankheit rechtzeitig bei einem Vertragspartner der Krankenkasse im Inland erlangt werden kann.

(6) § 18 Abs. 1 Satz 2 und Abs. 2 gilt in den Fällen der Absätze 4 und 5 entsprechend.

Inhaltsübersicht Rn.

Literatur

Wenner, Zur Kostenerstattung für Krankenbehandlungen in der Europäischen Union, SozSich 2005, 33

1. Inhalt und systematischer Zusammenhang

1 In der GKV gilt das sog. Sachleistungsprinzip (§ 2 Abs. 2).[185] Danach haben die Krankenkassen die Versicherungsleistungen grundsätzlich als Natural- und nicht als Barleistungen zu erbringen, d. h. der Versicherte muss die Leistung nicht vorfinanzieren. Diesen Grundsatz wiederholt § 13 Abs. 1 und stellt klar, dass nur in den im SGB V oder SGB IX vorgesehen Fällen eine Barleistung, d. h. eine Kostenerstattung erfolgen darf.

2 § 13 Abs. 2 eröffnet allen Versicherten – unter den dort näher beschriebenen Voraussetzungen – die Möglichkeit, anstatt der Sachleistung Kostenerstattung zu wählen (Maßnahme zur Stärkung der Patientensouveränität[186]). Die Regelung spielt keine große Rolle, da angesichts des Risikos, dass die Versicherten erhebliche Restkosten selbst tragen müssen, von dieser Wahlmöglichkeit nur wenig Gebrauch gemacht wird.[187]

3 Die für die Versicherten wichtigste Regelung über die Kostenerstattung findet sich in § 13 Abs. 3. Danach haben Versicherte (in zwei Fällen) Anspruch auf Kostenerstattung,

- wenn die Krankenkasse sie wegen der Dringlichkeit nicht selbst erbringen konnte oder
- die Leistung zu Unrecht abgelehnt wurde.

4 Der Europäische Gerichtshof sah die europarechtlich garantierte Dienstleistungsfreiheit durch das Sachleistungsprinzip der deutschen GKV verletzt.[188] Dieser Rechtsprechung tragen § 17 Abs. 4 (für die ambulante Krankenbehandlung im EG- und EWR-Ausland), § 17 Abs. 5 (für die Krankenhausbehandlung im EG- und EWR-Ausland) und § 17 Abs. 6 Rechnung.

2. Ausnahmen vom Sachleistungsprinzip

5 Als Ausnahme vom Sachleistungsprinzip sieht das Gesetz eine Kostenerstattung in folgenden Fällen vor:

- § 13 Abs. 2 Satz 2
- § 13 Abs. 3 Satz 2 (selbstbeschaffte Leistungen zur medizinischen Rehabilitation)
- § 13 Abs. 4 (ambulante Krankenbehandlung im EG- und EWR-Ausland)
- § 13 Abs. 5 (Krankenhausbehandlung im EG- und EWR-Ausland)
- § 17 (Auslandsbeschäftigung von Mitgliedern)
- § 18 Abs. 1 und 2 (qualitativ erforderliche Krankenbehandlung im Ausland)
- § 18 Abs. 3 (vorübergehender Auslandsaufenthalt – außerhalb der EG- und des EWR-Auslands

185 Vgl auch Ausführungen zu § 2 Rn. 9.
186 BT-Drs. 15/1525, S. 72.
187 Vgl. auch Hinweis auf den Bericht des BMG vom 25.03.2009, BT-Drs. 17/3696, S. 56.
188 U. a. EuGH – 28.04.1998 C-158/96 (Kohl); EuGH – 28.04.1998 – C-120/95 (Decker).

- § 37 Abs. 4 (Kosten für eine selbstbeschaffte häusliche Krankenpflege)
- § 38 Abs. 4 (Kosten für eine selbstbeschaffte Haushaltshilfe)

Weitere Ansprüche auf Kostenerstattung sieht das Gesetz nicht vor. Die allgemeinen richterrechtlichen Grundsätze über den sozialrechtlichen Herstellungsanspruch[189] können einen Kostenerstattungsanspruch nicht begründen.[190] Für eine selbstbeschaffe Leistung besteht auch dann kein Erstattungsanspruch, wenn sie gegenüber der Sachleistung kostengünstiger ist.[191]

3. Kostenerstattung nach Abs. 3

Da der Kostenerstattungsanspruch an die Stelle eines an sich gegebenen Sachleistungsanspruchs tritt, kann er nur bestehen, soweit die selbstbeschaffte Leistung ihrer Art nach zu den Leistungen gehört, welche die gesetzlichen Krankenkassen als Sach- oder Dienstleistung zu erbringen haben.[192] Daher können grundsätzlich die Kosten für nicht zugelassene Arzneimittel,[193] für Arzneimittel, die für die Behandlung anderer Erkrankungen zugelassen sind (sog. off-label-use) oder die Kosten für eine neue Untersuchungs- und Behandlungsmethode nicht erstattet werden. **6**

Die Rechtsprechung macht jedoch auch Ausnahmen. So kann zwar ein zugelassenes Arzneimittel grundsätzlich nicht zu Lasten der Krankenversicherung in einem Anwendungsgebiet verordnet werden, auf das sich die Zulassung nicht erstreckt. Davon kann ausnahmsweise abgewichen werden (off-label-use), wenn es bei einer schweren Krankheit keine Behandlungsalternative gibt und nach wissenschaftlicher Erkenntnis die begründete Aussicht besteht, dass mit dem Medikament ein Behandlungserfolg erzielt werden kann.[194] **7**

Nach § 135 dürfen neue Untersuchungs- und Behandlungsmethoden nur erbracht werden, wenn der Gemeinsame Bundesausschuss in Richtlinien nach § 92 Abs. 1 Satz 2 Nr. 5 Empfehlungen über den diagnostischen und therapeutischen Nutzen der neuen Methode sowie deren medizinische Notwendigkeit und Wirtschaftlichkeit abgegeben hat. Liegt eine solche Empfehlung nicht vor, gehört die neue Untersuchungs- und Behandlungsmethode nicht zum Leistungskatalog mit der Folge, dass Kosten nicht erstattet werden können. Ausnahmsweise sind gem. § 2 Abs. 1 a[195] die Kosten zur erstatten, wenn **8**

- eine lebensbedrohliche oder regelmäßig tödlich verlaufende Erkrankung vorliegt,

---

189 BSG – 04.04.2006 – B 1 KR 5/05 R: Der sozialrechtliche Herstellungsanspruch greift nach den allgemeinen richterrechtlichen Grundsätzen bei einer dem zuständigen Sozialleistungsträger zuzurechnenden Pflichtverletzung ein, durch welche dem Berechtigten ein sozialrechtlicher Nachteil oder Schaden entstanden ist. Auf der Rechtsfolgenseite muss durch die Vornahme einer Amtshandlung des Trägers ein Zustand hergestellt werden können, der bestehen würde, wenn die Pflichtverletzung nicht erfolgt wäre.

190 BSG – 04.04.2006 – B 1 KR 5/05 R.

191 Vgl. BSG – 25.05.2000 – B 8 KN 3/99 KR R.

192 BSG – 09.12.1997 – 1 RK 23/95.

193 BSG – 28.03.2000 – B 1 KR 11/98 R.

194 BSG – 19.03.2002 – B 1 KR 37/00 R.

195 BR-Drs. 456/11: Regelung dient der Klarstellung des Geltungsumfangs des so genannten »Nikolausbeschlusses« des BVerfG vom 06.12.2005 – BvR 347/98.

- für diese Krankheit eine allgemein anerkannte, medizinischem Standard entsprechende Behandlung nicht zur Verfügung steht und
- für die neue, nicht allgemein anerkannte Behandlungsmethode eine nicht ganz fern liegende Aussicht auf Heilung oder spürbare positive Einwirkung auf den Krankheitsverlauf besteht.

9 Die Versicherten sind so zu stellen, als hätten sie die geschuldete Leistung als Sachleistung der Krankenkasse erhalten. Kosten, die sie auch bei Leistungsbewilligung hätten selbst tragen müssen, sind nicht zu erstatten.[196]

10 Die Beweislast für die Notwendigkeit einer nach Ablehnung durch die Krankenkasse selbstbeschafften Leistung trifft grundsätzlich die Versicherten.[197] D. h. können die Versicherten nicht beweisen, dass die Leistung, die sie sich selbst beschafft haben, tatsächlich notwendig war, so haben sie die Kosten zu tragen.

3.1 Unaufschiebbare Leistungen

11 Ein Kostenerstattungsanspruch besteht, wenn die Krankenkasse eine unaufschiebbare Leistung nicht rechtzeitig erbringen konnte. Unaufschiebbar ist eine Leistung nicht nur im Notfall, sondern dann, wenn es dem Versicherten – aus medizinischen oder anderen Gründen – nicht möglich oder nicht zuzumuten gewesen ist, vor der Beschaffung der Leistung die Krankenkasse einzuschalten.[198]

3.2 Rechtswidrige Ablehnung einer Sach- oder Dienstleistung

12 § 13 Abs. 3 2. Alt. gibt den Versicherten das Recht, sich die Leistungen selbst zu beschaffen. Der Anspruch auf Kostenerstattung setzt allerdings zwingend voraus, dass die Krankenkasse vor der Selbstbeschaffung über den Leistungsantrag entschieden hat,[199] d. h. die Kosten dürfen erst nach Ablehnung durch die Krankenkasse entstanden sein. Die Kosten für eine selbstbeschaffte Leistung, bei der zuvor durch den Arzt oder den Versicherten die Krankenkasse nicht eingeschaltet worden ist, sind nicht erstattungsfähig. Nach Auffassung des BSG[200] ist ein Antrag bei der Krankenkasse selbst dann nicht entbehrlich, wenn die Ablehnung des Leistungsbegehrens – etwa auf Grund von Erfahrungen aus anderen Fällen – von vornherein feststeht.

3.3 Kostenerstattung bei Rehabilitationsleistungen (Abs. 3 Satz 2)

13 Geregelt wird die Erstattung selbstbeschaffter Leistungen zur medizinischen Rehabilitation. Soweit die Krankenkasse Leistungen zur Rehabilitation zu erbringen hat, ist sie – aber

---

196 BSG – 04. 04. 2006 – B 1 KR 5/05 R.
197 BSG – 30. 10. 2002 – B 1 KR 31/01 R.
198 BSG – 25. 09. 2000 – B 1 KR 5/99 R.
199 BSG – 14. 12. 2006 – B 1 KR 8/06 R.
200 BSG – 20. 05. 2003 – B 1 KR 9/03 R.

auch die Versicherten – an die Verfahrensregelungen des § 15 SGB IX gebunden. Kann die Krankenkasse nicht innerhalb der in § 14 Abs. 2 SGB IX genannten Fristen entscheiden und erfolgt keine entsprechende Mitteilung oder liegen keine Gründe für eine verzögerte Leistung vor, kann der Versicherte der Krankenkasse eine angemessene Frist setzen und dabei erklären, dass er sich nach Ablauf der Frist die erforderliche Leistung selbst beschafft (§ 15 Abs. 1 Satz 2 SGB IX). Nach Ablauf der Frist haben Versicherte das Recht, sich die erforderliche Leistung selbst zu beschaffen. Die Krankenkasse ist dann gem. § 15 Abs. 1 Satz 3 SGB IX verpflichtet, die Aufwendungen für die Leistung zu erstatten. Die Erstattungspflicht besteht auch, wenn die Krankenkasse eine unaufschiebbare Leistung nicht rechtzeitig erbringen kann oder eine Leistung zu Unrecht abgelehnt hat (§ 15 Abs. 1 Satz 4 SGB IX).

4. Kostenerstattung im EG- und EWR-Ausland

Nach der Rechtsprechung des EuGH[201] gelten die Grundsätze des freien Warenverkehrs (Artikel 28 EG-Vertrag) und der Dienstleistungsfreiheit (Artikel 49 EG-Vertrag) auch im Bereich der sozialen Sicherheit mit der Konsequenz, dass sich Versicherte Versicherungsleistungen gegen Kostenerstattung zu Lasten öffentlich-rechtlicher Versicherungsträger selbst beschaffen können. Diese Rechtsprechung wird durch § 13 Abs. 4–6 in das deutsche Recht umgesetzt. Versicherte können damit auch Leistungen in anderen Mitgliedstaaten der Europäischen Gemeinschaft sowie in anderen Vertragsstaaten des Abkommens über den Europäischen Wirtschaftsraum (EWR-Abkommen) in Anspruch nehmen. Sie haben dann einen Anspruch auf Kostenerstattung.[202] **14**

4.1 Ambulante Behandlung (Abs. 4)

Versicherte, die sich im EG- und EWR-Ausland (und der Schweiz) behandeln lassen oder dort z.B. mit Hilfsmittel versorgt werden, haben einen Anspruch auf Erstattung der Aufwendungen. Grundsätzlich sind nur solche Leistungen erstattungsfähig, auf die im Inland ein Anspruch auf Sach- oder Dienstleistung besteht (»anstelle«). Die Leistungen brauchen zuvor nicht von der Krankenkasse genehmigt werden. Ausgenommen von dieser Kostenerstattung sind gem. § 13 Abs. 4 Satz 1 2. Halbs. sog. Residenten, d.h. Versicherte, für die die inländischen Krankenkassen für die notwendige medizinische Versorgung dieser Versicherten in einem anderen Mitgliedstaat einen Pauschbetrag bezahlen. **15**

Aus Gründen des Gesundheitsschutzes[203] dürfen nach § 13 Abs. 4 Satz 2 nur solche Leistungserbringer in Anspruch genommen werden, bei denen entweder die Bedingungen des Zugangs und der Ausübung des Berufes Gegenstand einer Richtlinie der Europäischen Gemeinschaft sind oder es sich um Leistungserbringer handelt, die im jeweiligen **16**

201 EuGH – 28.04.1998 – »Kohll« (C-158/96) und »Decker« (C-120/95); 12.07.2001 – »Smits und Peerbooms« (C-157/99); 13.05.2003 »Müller-Fauré/van Riet« (C-385/99).
202 BT-Drs. 15/1525, S. 80ff.
203 BT-Drs. 15/1525, S. 81.

nationalen System der Krankenversicherung zur Versorgung der Versicherten berechtigt sind.

17 Das Verfahren der Kostenerstattung im Einzelnen hat die Krankenkasse in ihrer Satzung zu regeln (§ 14 Abs. 4 Satz 4). Erstattet werden die Kosten, die die Krankenkasse bei Erbringung als Sachleistung im Inland zu tragen hätte (§ 14 Abs. 4 Satz 3). Da zudem noch Abschläge für Verwaltungskosten und fehlende Wirtschaftlichkeitsprüfungen hinzukommen (§ 14 Abs. 4 Satz 5), besteht für die Versicherten das Risiko, einen Teil der entstandenen Kosten selbst tragen zu müssen.

18 Hiervon macht § 14 Abs. 4 Satz 6 eine Ausnahme für den Fall, dass im Inland keine dem allgemein anerkannten Stand der medizinischen Erkenntnisse entsprechende Behandlung einer Krankheit möglich ist. Sodann kann die Krankenkasse die Kosten der erforderlichen Behandlung auch ganz übernehmen. Das setzt allerdings regelmäßig voraus, dass vor Aufnahme der Behandlung im Ausland die inländische Krankenkasse entschieden hat, dass diese Art Krankheit nicht im Inland behandelbar ist.[204]

4.2 Krankenhausleistungen (Abs. 5)

19 Krankenhausbehandlungen – gleichgültig ob vollstationär, teilstationär, vor- und nachstationär oder ambulant – im EG- und EWR-Ausland (und der Schweiz) bedürfen der vorherigen Zustimmung der Krankenkasse. Es besteht ein Vorrang zu Gunsten der Versorgung im Inland.[205] Denn die Krankenkasse kann die Zustimmung gem. § 13 Abs. 5 Satz 2 versagen, wenn die gleiche oder eine für den Versicherten ebenso wirksame, dem allgemein anerkannten Stand der medizinischen Erkenntnisse entsprechende Behandlung rechtzeitig bei einem Vertragspartner der Krankenkasse im Inland erlangt werden kann.

4.3 Krankengeld und Begleitperson (Abs. 6)

20 Die entsprechende Geltung der Regelung des § 18 Abs. 1 Satz 2 führt dazu, dass ein gegebenenfalls bestehender Anspruch auf Krankengeld – entgegen § 16 Abs. 1 Nr. 1 – nicht ruht.

Nach § 13 Abs. 6 i. V. mit § 18 Abs. 2 steht es im Ermessen (»kann«) der Krankenkasse, ob weitere Kosten für den Versicherten und für eine erforderliche Begleitperson ganz oder teilweise übernommen werden.

§ 17 Leistungen bei Beschäftigung im Ausland

(1) Mitglieder, die im Ausland beschäftigt sind und während dieser Beschäftigung erkranken, erhalten die ihnen nach diesem Kapitel und nach den Vorschriften des Zweiten Abschnitts des Zweiten Buches der Reichsversicherungsordnung zustehenden Leistungen von ihrem Arbeitgeber. Satz 1 gilt entsprechend für die nach § 10 versicher-

---

204 BT-Drs. 15/1525, S. 81.
205 BT-Drs. 15/1525, S. 82.

ten Familienangehörigen, soweit sie das Mitglied für die Zeit dieser Beschäftigung begleiten oder besuchen.

(2) Die Krankenkasse hat dem Arbeitgeber die ihm nach Absatz 1 entstandenen Kosten bis zu der Höhe zu erstatten, in der sie ihr im Inland entstanden wären.

(3) Die zuständige Krankenkasse hat dem Reeder die Aufwendungen zu erstatten, die ihm nach § 48 Abs. 2 des Seemannsgesetzes entstanden sind.

Inhaltsübersicht

Literatur

Fuchs, Das neue Recht der Auslandskrankenbehandlung, NZS 2004, 225; Nowak/Bollin, Leistungspflicht des Arbeitgebers bei Beschäftigung von privat krankenversicherten Arbeitnehmern im Ausland, NZS 2010, 668

1. Inhalt und systematischer Zusammenhang

Gem. § 16 Abs. 1 Nr. 1 ruht der Anspruch auf Leistungen, solange Versicherte sich im Ausland aufhalten. Von diesem Grundsatz macht § 17 eine Ausnahme; der Versicherte hat gegen den Arbeitgeber einen Anspruch auf Leistungen der GKV (sog. Leistungsaushilfe). 1

Bei Beschäftigungen außerhalb Deutschlands kommt es jedoch für die Frage der Weitergeltung des deutschen Sozialversicherungsrechts zunächst darauf an, ob Regelungen des über- und zwischenstaatlichen Rechts anwendbar sind. Dies wird aus § 30 Abs. 2 SGB I hergeleitet, wonach Regelungen des über- und zwischenstaatlichen Rechts unberührt bleiben. Zum überstaatlichen Recht gehören insbesondere das Europäische Gemeinschaftsrecht[206] und das Recht des Europäischen Wirtschaftsraums. Zum zwischenstaatlichen Recht zählen vor allem die zwischen der Bundesrepublik Deutschland und einzelnen Staaten geschlossenen Sozialversicherungsabkommen. Im Ergebnis heißt das, dass § 17 nur dann Anwendung findet, wenn sich für Versicherte aus überstaatlichem oder zwischenstaatlichem Recht keine Ansprüche auf Leistungen der GKV herleiten lassen.[207, 208] Im Falle der Beschäftigung im EU-/EWR-Ausland oder in der Schweiz haben Versicherte gem. § 13 Abs. 4 bis 6 einen Anspruch auf Kostenerstattung. 2

206 Z. B. VO (EG) 883/2004 und die dazu erlassene Durchführungsverordnung 987/2009.

207 Ob sich der Arbeitnehmer nicht trotz bestehender Ansprüche aus über- und zwischenstaatlichen Regelungen auch an den Arbeitgeber wenden kann ist streitig, so Radüge in Sommer, SGB V, § 17 SGB V, Rn. 16; vgl. auch BSG – 27.09.2005 – B 1 KR 13/04 R.

208 Ein Überblick, ob und wenn ja in welchem Umfang im Leistungsfall Ansprüche bei Krankheit bestehen findet sich unter: http://www.bkk.de/arbeitgeber/neu-lexikon-sv-und-steuerrecht/?tx_bkklexikon_pi1[bkkl-item]=159842,0; siehe auch: Homepage der deutschen Verbindungsstelle Krankenversicherung Ausland unter www.dvka.de.

2. Voraussetzungen und Umfang des Anspruchs

3 Der Anspruch nach § 17 Abs. 1 setzt voraus:

- Mitgliedschaft in der GKV
- Beschäftigungsverhältnis im Ausland

Da die Mitgliedschaft in der deutschen GKV an ein Beschäftigungsverhältnis im Inland anknüpft, bleibt die Mitgliedschaft regelmäßig nur bei einer Entsendung ins Ausland gem. § 4 Abs. 1 SGB IV bestehen. Dementsprechend muss die Beschäftigung entweder infolge der Eigenart der Beschäftigung oder vertraglich im Voraus zeitlich begrenzt sein. Wohnen Versicherte bereits bei Beschäftigungsbeginn im ausländischen Beschäftigungsstaat und bildet dieser Staat (dauerhaft) ihren Lebensmittelpunkt, scheidet ein Rückgriff auf sozialversicherungsrechtlich begründete Ansprüche gegen den Arbeitgeber nach § 17 Abs. 1 aus.[209]

Kehrt der Beschäftigte (z. B. wegen Urlaubs) ins Inland zurück oder macht er in einem anderen Land als dem Beschäftigungsland Urlaub, besteht kein Anspruch nach § 17.

4 Der Beschäftigte hat Anspruch auf Leistungen (siehe § 11), die er auch im Inland von der GKV erhalten würde. Der Höhe nach sind die Leistungen jedoch nicht begrenzt, so dass der Arbeitgeber auch Kosten zu tragen hat, die über den Kosten einer Behandlung im Inland liegen.

3. Leistungen an Familienangehörige

5 Nach § 17 Abs. 1 Satz 2 haben Familienangehörige ebenfalls einen Anspruch auf Leistungsaushilfe, wenn sie nach § 10 versichert sind und sie sich mit dem Mitglied während dessen Beschäftigung ebenfalls im Ausland aufhalten (Besuch des Mitglieds reicht aus). Ist das Familienmitglied aufgrund eigener Versicherungspflicht versichert, besteht kein Anspruch auf Leistungsaushilfe,[210] das Familienmitglied muss sich dann gegebenenfalls selbst (privat) versichern.

4. Kostenerstattung

6 Der Arbeitgeber hat gem. § 17 Abs. 2. gegen die Krankenkassen einen Anspruch auf Erstattung der Krankenbehandlungskosten, die er für einen Beschäftigten übernommen hat. Der Erstattungsanspruch des Arbeitgebers ist jedoch begrenzt. Er erhält die Kosten nur bis zur der Höhe erstattet, die für die Behandlung im Inland entstanden wären.

In der Seeschifffahrt besteht nur ein eingeschränkter Erstattungsanspruch des Arbeitgebers (Reeders). Die Kosten, die der Reeder gem. § 42 Abs. 1 Seemannsgesetz für die Krankenfürsorge des Besatzungsmitglied hat, sind nicht erstattungsfähig. Nur für die Krankengeldleistung gem. § 48 Abs. 2 sieht § 17 Abs. 3 einen Erstattungsanspruch vor.

---

209 BSG – 27.09.2005 – B 1 KR 13/04 R.

210 BSG – 28.09.2010 – B 1 KR 2/10 R.

Hat der Versicherte die Kosten der Krankenbehandlung selbst getragen, kann er die Kostenerstattung unmittelbar von der Krankenkasse verlangen.[211]

§ 19 Erlöschen des Leistungsanspruchs

(1) Der Anspruch auf Leistungen erlischt mit dem Ende der Mitgliedschaft, soweit in diesem Gesetzbuch nichts Abweichendes bestimmt ist.

(1 a) Endet die Mitgliedschaft durch die Schließung oder Insolvenz einer Krankenkasse, gelten die von dieser Krankenkasse getroffenen Leistungsentscheidungen mit Wirkung für die aufnehmende Krankenkasse fort. Hiervon ausgenommen sind Leistungen aufgrund von Satzungsregelungen. Beim Abschluss von Wahltarifen, die ein Mitglied zum Zeitpunkt der Schließung in vergleichbarer Form bei der bisherigen Krankenkasse abgeschlossen hatte, dürfen von der aufnehmenden Krankenkasse keine Wartezeiten geltend gemacht werden. Die Vorschriften des Zehnten Buches, insbesondere zur Rücknahme von Leistungsentscheidungen, bleiben hiervon unberührt.

(2) Endet die Mitgliedschaft Versicherungspflichtiger, besteht Anspruch auf Leistungen längstens für einen Monat nach dem Ende der Mitgliedschaft, solange keine Erwerbstätigkeit ausgeübt wird. Eine Versicherung nach § 10 hat Vorrang vor dem Leistungsanspruch nach Satz 1.

(3) Endet die Mitgliedschaft durch Tod, erhalten die nach § 10 versicherten Angehörigen Leistungen längstens für einen Monat nach dem Tode des Mitglieds.

Inhaltsübersicht

1. Inhalt und systematischer Zusammenhang

Nach § 40 Abs. 1 SGB I entstehen Ansprüche auf Sozialleistungen, sobald ihre im Gesetz oder auf Grund eines Gesetzes bestimmten Voraussetzungen vorliegen. Versicherte haben daher Anspruch auf Leistungen der GKV (§ 11), sobald sie Mitglied der Krankenkasse geworden sind; Mitgliedschaft beginnt regelmäßig mit Eintritt der Versicherungspflicht (§ 186; § 189) oder dem Beitritt zur freiwilligen Versicherung (§ 188).[212] § 19 verdeutlicht, dass der Anspruch auf Leistungen grundsätzlich nur bis zum Ende der Mitgliedschaft besteht. § 190 regelt, wann die Mitgliedschaft Versicherungspflichtiger endet; § 191 regelt das Ende der Mitgliedschaft in der freiwilligen Versicherung. **1**

Zu fragen ist stets, ob die Mitgliedschaft nicht unter den Voraussetzungen der §§ 192, 193 fortbesteht. Nach § 192 Abs. 1 Nr. 2 bleibt die Mitgliedschaft erhalten, solange Anspruch auf Krankengeld besteht oder Krankengeld tatsächlich in Anspruch genommen **2**

211 BSG – 09.03.1982 – 3 RK 64/80.

212 Versicherte sind nicht immer auch Mitglieder, z. B. sind nach § 10 (mit-)versicherte Familienangehörige keine Mitglieder.

wird. § 19 Abs. 1 findet nur dann Anwendung, wenn die über § 192 Abs. 1 Nr. 2 fortbestehende Mitgliedschaft endet.

3 Nach dem Ende der Mitgliedschaft besteht nur noch dann ein Anspruch auf eine Leistung, wenn das Gesetz diese ausdrücklich vorsieht. Derartige Regelungen finden sich u. a. in § 19 Abs. 2 und Abs. 3.

4 § 19 Abs. 1 a stellt klar, dass im Falle eines Kassenwechsels anlässlich einer Schließung oder Insolvenz einer Krankenkasse ein nahtloser Versicherungsschutz gewährt wird und Leistungsentscheidungen der geschlossenen Krankenkasse fortgelten.[213]

2. Erlöschen des Anspruchs (Abs. 1)

5 Der Anspruch auf Leistungen erlischt mit dem Ende der Mitgliedschaft. Zu fragen ist stets, ob die Mitgliedschaft im Zeitpunkt, in dem die Leistung erbracht werden soll, noch besteht. Besteht keine Mitgliedschaft mehr, so besteht kein Anspruch auf Leistungen, selbst dann nicht, wenn der Grund für eine Behandlung (Versicherungsfall) bereits vorher, also während bestehender Mitgliedschaft eingetreten ist.[214]

3. Ausnahmen

6 § 19 Abs. 1 2. Halbs. lässt Ausnahmen zu. In vom Gesetz ausdrücklich festgelegten Ausnahmefällen haben Versicherte damit einen Leistungsanspruch, obwohl die Mitgliedschaft zur GKV nicht mehr besteht.

3.1 Nachgehender Versicherungsschutz (Abs. 2)

7 Versicherungspflichtige (also nicht freiwillig Versicherte) haben gem. § 19 Abs. 2 einen nachgehenden Versicherungsschutz von längstens einem Monat. Die Vorschrift soll soziale Härten vermeiden, indem bei kurzfristigen Beschäftigungslücken der Krankenversicherungsschutz vorübergehend bestehen bleibt.[215]

8 Von diesem nachgehenden Versicherungsschutz werden mitversicherte Familienangehörige erfasst, sie haben damit ebenfalls längstens für einen Monat – nach dem Ausscheiden des Mitglieds, von dem die Familienversicherung abgeleitet wird – noch Anspruch auf Leistungen.

9 Der nachgehende Versicherungsschutz setzt ferner voraus, dass keine Erwerbstätigkeit ausgeübt wird. Wird eine selbständige Tätigkeit oder eine geringfügige Erwerbstätigkeit[216] ausgeübt, besteht kein nachgehender Versicherungsschutz.

10 Endet die Mitgliedschaft in der GKV und besteht ein Anspruch auf Versicherung in der Familienversicherung (§ 10), so geht dieser Anspruch dem Anspruch nach § 19 Abs. 2

213 BR-Drs. 456/11, S. 75.
214 BSG – 18.05.2011 – B 3 KR 7/10 R.
215 LSG Berlin-Brandenburg – 10.04.2008 – L 24 KR 173/07.
216 Vgl. dazu BT-Drs. 11/2237, S. 166.

Satz 1 vor, d.h. die Krankenkasse des Mitglieds, von dem die Familienversicherung abgeleitet wird, wird leistungspflichtig. Die Nachrangigkeit des Versicherungsschutzes nach § 19 Abs. 2 besteht im Übrigen immer, wenn es keine Sicherungslücke (mehr) gibt, weil z.B. unmittelbar im Anschluss an die bisherige Pflichtmitgliedschaft oder zu einem späteren Zeitpunkt innerhalb der Monatsfrist ein neues Versicherungsverhältnis begründet wird.[217]

Beispiel für die Fristberechnung: 11
Ende der Mitgliedschaft am 07.06.2012, Fristbeginn: 08.06.2012, Fristende: 07.07.2012.

3.2 Nachgehender Versicherungsschutz für Familienversicherte (Abs. 3)

Mit dem Tod des Mitglieds, von dem die Versicherung abgeleitet wird, endet auch die 12
Familienversicherung. § 19 Abs. 3 gewährt dem bisher familienversicherten Angehörigen einen nachgehenden Versicherungsschutz von längstens einem Monat. Während dieser Zeit müssen die Voraussetzungen des § 10 weiter vorliegen.

Dritter Abschnitt
Leistungen zur Verhütung von Krankheiten, betriebliche Gesundheitsförderung und Prävention arbeitsbedingter Gesundheitsgefahren, Förderung der Selbsthilfe

§ 20 a Betriebliche Gesundheitsförderung

(1) Die Krankenkassen erbringen Leistungen zur Gesundheitsförderung in Betrieben (betriebliche Gesundheitsförderung), um unter Beteiligung der Versicherten und der Verantwortlichen für den Betrieb die gesundheitliche Situation einschließlich ihrer Risiken und Potenziale zu erheben und Vorschläge zur Verbesserung der gesundheitlichen Situation sowie zur Stärkung der gesundheitlichen Ressourcen und Fähigkeiten zu entwickeln und deren Umsetzung zu unterstützen. § 20 Abs. 1 Satz 3 gilt entsprechend.

(2) Bei der Wahrnehmung von Aufgaben nach Absatz 1 arbeiten die Krankenkassen mit dem zuständigen Unfallversicherungsträger zusammen. Sie können Aufgaben nach Absatz 1 durch andere Krankenkassen, durch ihre Verbände oder durch zu diesem Zweck gebildete Arbeitsgemeinschaften (Beauftragte) mit deren Zustimmung wahrnehmen lassen und sollen bei der Aufgabenwahrnehmung mit anderen Krankenkassen zusammenarbeiten. § 88 Abs. 1 Satz 1 und Abs. 2 des Zehnten Buches und § 219 gelten entsprechend.

§ 20 b Prävention arbeitsbedingter Gesundheitsgefahren

(1) Die Krankenkassen unterstützen die Träger der gesetzlichen Unfallversicherung bei ihren Aufgaben zur Verhütung arbeitsbedingter Gesundheitsgefahren. Insbesonde-

217 BSG – 26.06.2007 – B 1 KR 8/07 R.

re unterrichten sie diese über die Erkenntnisse, die sie über Zusammenhänge zwischen Erkrankungen und Arbeitsbedingungen gewonnen haben. Ist anzunehmen, dass bei einem Versicherten eine berufsbedingte gesundheitliche Gefährdung oder eine Berufskrankheit vorliegt, hat die Krankenkasse dies unverzüglich den für den Arbeitsschutz zuständigen Stellen und dem Unfallversicherungsträger mitzuteilen.

(2) Zur Wahrnehmung der Aufgaben nach Absatz 1 arbeiten die Krankenkassen eng mit den Trägern der gesetzlichen Unfallversicherung zusammen. Dazu sollen sie und ihre Verbände insbesondere regionale Arbeitsgemeinschaften bilden. § 88 Abs. 1 Satz 1 und Abs. 2 des Zehnten Buches und § 219 gelten entsprechend.

Inhaltsübersicht Rn.

Literatur

Giesert, Fördermöglichkeiten im ganzheitlichen betrieblichen Gesundheitsmanagement, AiB 2012, 336–340

1. Inhalt und systematischer Zusammenhang

1 Grundsätzlich ist die Krankenversicherung nur verpflichtet, im Versicherungsfall, z. B. im Fall von Krankheit und Arbeitsunfähigkeit, Leistungen zu erbringen. Das Risiko zu erkranken kann jedoch vielfach durch entsprechende vorbeugende Maßnahmen wesentlich reduziert werden. §§ 20a und 20b tragen insoweit dem Umstand Rechnung, dass die berufliche Tätigkeit Leben und Gesundheit in besonderer Weise gefährden und daher den Krankenkassen ermöglicht werden soll, den Gesundheitszustand der Versicherten unter deren aktiver Beteiligung zu verbessern und gesundheitlichen Beeinträchtigungen frühzeitig und wirksam entgegenzuwirken, anstatt sie kostenintensiv zu kurieren.[218] Unmittelbare Rechtsansprüche der Versicherten begründen die Vorschriften nicht.

2 Zu beachten ist, dass die Verhütung von arbeitsbedingten Gesundheitsgefahren primär Aufgabe der gesetzlichen Unfallversicherung ist (§ 1 Nr. 1 SGB VII). Diesen Grundsatz wollen §§ 20a, 20b nicht in Frage stellen. Zur Erfüllung der ihnen nach diesen Vorschriften zugewiesenen Aufgaben haben die Krankenkassen vielmehr mit dem Träger der gesetzlichen Unfallversicherung (den Berufsgenossenschaften) zusammenzuarbeiten (§ 20a Abs. 2 und § 20b Abs. 2). § 20b Abs. 1 Satz 1 hebt nochmals hervor, dass die Krankenkassen die Träger der gesetzlichen Unfallversicherung bei ihren Aufgaben zur Verhütung arbeitsbedingter Gesundheitsgefahren unterstützen.

---

218 Gemeinsame und einheitliche Handlungsfelder und Kriterien der Spitzenverbände der Krankenkassen zur Umsetzung von §§ 20 und 20a SGB V vom 21.06.2000 in der Fassung vom 02.06.2008 S. 6.

Gem. § 20 werden die Krankenkassen verpflichtet, für die Wahrnehmung ihrer Aufgaben nach den §§ 20 a und 20 b einen Teil[219] ihrer Einnahmen einzusetzen. 3

Die Spitzenverbände der Krankenkassen haben einheitliche Handlungsfelder und Kriterien festgelegt, die für Maßnahmen der betrieblichen Gesundheitsförderung durch die Krankenkassen verbindlich gelten.[220]

1.1 § 20 a

Nach dem Willen des Gesetzgebers werden die Krankenkassen durch § 20 a verpflichtet, 4
bei der betrieblichen Gesundheitsförderung unter Einbeziehung aller Beteiligten Prozesse zur gesundheitsgerechten Gestaltung der betrieblichen Umwelt zu initiieren und die notwendigen Kompetenzen zu vermitteln, um die persönliche Gesundheit und Lebensqualität zu verbessern.[221] Dazu sollen sie mit der zuständigen Berufsgenossenschaft (als Träger der Unfallversicherung) zusammenarbeiten (§ 20 a Abs. 2). Für die Leistungen bedarf es weder eines individuellen Bedarfs einzelner Beschäftigter des Betriebes, noch muss der Versicherungsfall (z. B. Krankheit) eingetreten sein. Vielmehr werden die Krankenkassen verpflichtet, Leistungen zur Vermeidung eines Versicherungsfalls zu erbringen.

1.2 § 20 b

§ 20 b schafft zur Verhütung von arbeitsbedingten Gesundheitsgefahren einen Rahmen 5
für die Zusammenarbeit von Krankenkassen mit den Trägern der gesetzlichen Unfallversicherung. Abs. 1 begründet insbesondere Pflichten zur Sammlung und Weitergabe von Informationen; Abs. 2 regelt mögliche Organisationsformen zur Erfüllung der sich aus Abs. 1 ergebenden Aufgaben.

Die Informationspflicht der Krankenkassen trägt dem Umstand Rechnung, dass im Falle der Erkrankung von Arbeitnehmern in erster Linie die Krankenkassen leistungspflichtig sind und daher primär dort Erkenntnisse über Krankheitsursachen gewonnen werden können.

2. Regelungen im Einzelnen

2.1 § 20 a

Nach § 20 a Abs 1. haben die Krankenkassen die Aufgabe, die gesundheitliche Situation 6
(einschließlich der Risiken und Potentiale) von Versicherten im Betrieb zu erheben. Die Krankenkassen können dazu z. B. die Arbeitsunfähigkeitszeiten analysieren, Gefährdun-

---

219 Basisbetrag im Jahr 2006: 2,74 €; dieser Betrag ist jährlich entsprechend der prozentualen Veränderung der monatlichen Bezugsgröße nach § 18 Abs. 1 des Vierten Buches anzupassen.

220 Gemeinsame und einheitliche Handlungsfelder und Kriterien der Spitzenverbände der Krankenkassen zur Umsetzung von §§ 20 und 20 a SGB V vom 21. 06. 2000 in der Fassung vom 02. 06. 2008.

221 BT-Drs. 16/3100, S. 98.

gen ermitteln und beurteilen, arbeitsmedizinische Untersuchung veranlassen bzw. auswerten, Beschäftigte im Hinblick auf Belastungen und gesundheitliche Beschwerden befragen.[222] Auf der Grundlage der gewonnenen Erkenntnisse entwickeln die Krankenkassen Vorschläge zur Verbesserung der Gesundheit und unterstützen die Umsetzung präventiver und gesundheitsförderlicher Ansätze im Betrieb.

7 Dies geschieht unter Beteiligung der Versicherten und der Verantwortlichen im Betrieb. Zu letzteren gehören in erster Linie der Unternehmer/Arbeitgeber (vgl. § 21 Abs. 1 SGB VII/§ 4 ArbSchG), aber auch die in § 13 ArbSchG genannten Personen, insbesondere die Personen, denen der Arbeitgeber gem. § 13 Abs. 2 ArbSchG ihm obliegende Aufgaben nach dem Arbeitsschutzgesetz überträgt. Grundsätzlich werden die Aufgaben nach § 20 a nur übernommen, wenn beide Sozialpartner eingebunden sind, datenschutzrechtliche Belange berücksichtigt werden sowie ein integriertes Konzept der betrieblichen Gesundheitsförderung vorliegt.[223]

8 § 20 a Abs. 2 enthält eine Regelung, wie die in Abs. 1 beschriebenen Aufgaben wahrgenommen werden sollen. Insbesondere werden die Krankenkassen zur Zusammenarbeit mit dem Unfallversicherungsträger verpflichtet. Da im Betrieb regelmäßig unterschiedliche Krankenkassen vertreten sind, ermöglicht § 20 a Abs. 2 die Bildung von Arbeitsgemeinschaften. Die Leistungen sollen von mehreren Kassen erbracht werden, was allerdings nicht ausschließt, dass in Einzelfällen Maßnahmen von einer Krankenkasse in alleiniger Verantwortung erbracht werden.[224]

9 Zur näheren Ausgestaltung der Zusammenarbeit verweist § 20 a Abs. 2 Satz 3 auf § 219 (Bildung von Arbeitsgemeinschaften) und § 88 SGB X (Beauftragung eines anderen Leistungsträgers oder des Verbandes, dem der Leistungsträger angehört).

2.2 § 20 b

10 § 20 b Abs. 1 Satz 1 verpflichtet die Krankenkassen allgemein, die Träger der gesetzlichen Unfallversicherung bei der Wahrnehmung ihrer Aufgaben zur Verhütung arbeitsbedingter Gesundheitsgefahren zu unterstützen. Dies wird durch § 20 b Abs. 1 Satz 2 und Satz 3 konkretisiert. Danach sind die Krankenkassen zur Weitergabe von Erkenntnissen über den Zusammenhang zwischen Erkrankungen und Arbeitsbedingungen an die Träger der gesetzlichen Unfallversicherung verpflichtet.

11 § 20 b Abs. 2 verpflichtet die Krankenkassen und die Träger der gesetzlichen Unfallversicherung zu einer engen Zusammenarbeit und schafft die organisatorischen Grundlagen, um die Arbeit zu erfüllen. Zur näheren Ausgestaltung der Zusammenarbeit verweist § 20 b Abs. 2 Satz 3 auf § 219 (Bildung von Arbeitsgemeinschaften) und § 88 SGB X (Beauftragung eines anderen Leistungsträgers oder des Verbandes, dem der Leistungsträger angehört).

---

222 Vgl. Gemeinsame und einheitliche Handlungsfelder und Kriterien der Spitzenverbände der Krankenkassen S. 58.

223 Gemeinsame und einheitliche Handlungsfelder und Kriterien der Spitzenverbände der Krankenkassen S. 59.

224 BT-Drs. 16/3100, S. 98.

§ 23 Medizinische Vorsorgeleistungen

(1) Versicherte haben Anspruch auf ärztliche Behandlung und Versorgung mit Arznei-, Verband-, Heil- und Hilfsmitteln, wenn diese notwendig sind,

1. eine Schwächung der Gesundheit, die in absehbarer Zeit voraussichtlich zu einer Krankheit führen würde, zu beseitigen,
2. einer Gefährdung der gesundheitlichen Entwicklung eines Kindes entgegenzuwirken,
3. Krankheiten zu verhüten oder deren Verschlimmerung zu vermeiden oder
4. Pflegebedürftigkeit zu vermeiden.

(2) Reichen bei Versicherten die Leistungen nach Absatz 1 nicht aus, kann die Krankenkasse aus medizinischen Gründen erforderliche ambulante Vorsorgeleistungen in anerkannten Kurorten erbringen. Die Satzung der Krankenkasse kann zu den übrigen Kosten, die Versicherten im Zusammenhang mit dieser Leistung entstehen, einen Zuschuss von bis zu 13 € täglich vorsehen. Bei ambulanten Vorsorgeleistungen für versicherte chronisch kranke Kleinkinder kann der Zuschuss nach Satz 2 auf bis zu 21 € erhöht werden.

(3) In den Fällen der Absätze 1 und 2 sind die §§ 31 bis 34 anzuwenden.

(4) Reichen bei Versicherten die Leistungen nach Absatz 1 und 2 nicht aus, kann die Krankenkasse Behandlung mit Unterkunft und Verpflegung in einer Vorsorgeeinrichtung erbringen, mit der ein Vertrag nach § 111 besteht. Die Krankenkasse führt statistische Erhebungen über Anträge auf Leistungen nach Satz 1 und Absatz 2 sowie deren Erledigung durch.

(5) Die Krankenkasse bestimmt nach den medizinischen Erfordernissen des Einzelfalls Art, Dauer, Umfang, Beginn und Durchführung der Leistungen nach Absatz 4 sowie die Vorsorgeeinrichtung nach pflichtgemäßem Ermessen. Leistungen nach Absatz 4 sollen für längstens drei Wochen erbracht werden, es sei denn, eine Verlängerung der Leistung ist aus medizinischen Gründen dringend erforderlich. Satz 2 gilt nicht, soweit der Spitzenverband Bund der Krankenkassen nach Anhörung der für die Wahrnehmung der Interessen der ambulanten und stationären Vorsorgeeinrichtungen auf Bundesebene maßgeblichen Spitzenorganisationen in Leitlinien Indikationen festgelegt und diesen jeweils eine Regeldauer zugeordnet hat; von dieser Regeldauer kann nur abgewichen werden, wenn dies aus dringenden medizinischen Gründen im Einzelfall erforderlich ist. Leistungen nach Absatz 2 können nicht vor Ablauf von drei, Leistungen nach Absatz 4 können nicht vor Ablauf von vier Jahren nach Durchführung solcher oder ähnlicher Leistungen erbracht werden, deren Kosten auf Grund öffentlich-rechtlicher Vorschriften getragen oder bezuschusst worden sind, es sei denn, eine vorzeitige Leistung ist aus medizinischen Gründen dringend erforderlich.

(6) Versicherte, die eine Leistung nach Absatz 4 in Anspruch nehmen und das achtzehnte Lebensjahr vollendet haben, zahlen je Kalendertag den sich nach § 61 Satz 2 ergebenden Betrag an die Einrichtung. Die Zahlung ist an die Krankenkasse weiterzuleiten.

(7) Medizinisch notwendige stationäre Vorsorgemaßnahmen für versicherte Kinder, die das 14. Lebensjahr noch nicht vollendet haben, sollen in der Regel für vier bis sechs Wochen erbracht werden.

(8) (weggefallen)

(9) (weggefallen)

Inhaltsübersicht Rn.

1. Inhalt und systematischer Zusammenhang

1 Die Krankenversicherung hat u. a. die Aufgabe, die Gesundheit der Versicherten zu erhalten (§ 1). Dies verdeutlicht, dass Leistungen grundsätzlich auch dann gewährt werden sollen, wenn zwar noch kein behandlungsbedürftiger Zustand (z. B. eine Krankheit im Sinne des § 27) gegeben ist, er jedoch ohne Tätigwerden der Krankenkasse einzutreten droht (»in absehbarer Zeit voraussichtlich zu einer Krankheit führen würde«).

2 Der Ansatz, vorbeugend – präventiv – einzuschreiten, findet sich auch in anderen Zweigen der Sozialversicherung. So haben die Unfallversicherungsträger mit allen geeigneten Mitteln u. a. für die Verhütung von Arbeitsunfällen, Berufskrankheiten und arbeitsbedingten Gesundheitsgefahren zu sorgen (§ 14 Abs. 1 SGB VII); die Rentenversicherung erbringt z. B. Leistungen zur medizinischen Rehabilitation, um Beeinträchtigungen der Erwerbsfähigkeit der Versicherten oder ihr vorzeitiges Ausscheiden aus dem Erwerbsleben zu verhindern (§ 15 Abs. 1 SGB VI).

3 Vorsorgeleistungen der Krankenversicherung haben u. a. das Ziel, die Neuerkrankungsrate von Krankheiten zu senken.[225] Dementsprechend gewährt die gesetzliche Krankenversicherung den Versicherten mit § 23 Abs. 1 einen vorbeugenden Gesundheitsschutz, indem Versicherte einen Anspruch auf ärztliche Behandlung, Versorgung mit Arznei-, Verband-, Heil- und Hilfsmitteln haben. Wenn dies nicht ausreicht, besteht nach § 23 Abs. 2 ein Anspruch auf ambulante Vorsorgeleistungen in einem anerkannten Kurort oder nach § 23 Abs. 4 ein Anspruch auf stationäre Vorsorgeleistungen.

---

225 Ziff 2.1 Gemeinsame Rahmenempfehlung für ambulante und stationäre Vorsorge- und Rehabilitationsleistungen auf der Grundlage des § 111 a SGB V, siehe unter http://www.vdek.com/vertragspartner/vorsorge-rehabilitation/grundsatzpapiere/rahmenempfehlung/index.htm.

Wesentliche Voraussetzung für die Gewährung von Vorsorgeleistungen ist, dass der aktuelle (möglicherweise schon geschwächte) Gesundheitszustand des Versicherten sich in naher Zukunft weiter – bis hin zur behandlungsbedürftigen Krankheit – zu verschlechtern droht.[226] Vorsorgeleistungen nach § 23 setzen somit keine (Grund-)Erkrankung voraus. Anders bei Leistungen zur medizinischen Rehabilitation gem. § 40: Sie setzen eine behandlungsbedürftige (Grund-)Erkrankung voraus. 4

Die »Gemeinsame Rahmenempfehlung für ambulante und stationäre Vorsorge- und Rehabilitationsleistungen auf der Grundlage des § 111 a SGB V«[227] regelt u. a. Einzelheiten der Leistungsanforderungen und der Leistungserbringung. 5

2. Voraussetzungen des Leistungsanspruchs

2.1 Allgemein

Versicherte (§§ 5, 9, 10) haben nach § 23 Abs. 1 Anspruch auf ärztliche Behandlung und Versorgung mit Arznei-, Verband-, Heil- und Hilfsmitteln, wenn diese notwendig sind, 6

- um eine Schwächung der Gesundheit, die in absehbarer Zeit voraussichtlich zu einer Krankheit führen würde, zu beseitigen (Nr. 1),
- einer Gefährdung der gesundheitlichen Entwicklung eines Kindes entgegenzuwirken (Nr. 2),
- Krankheiten zu verhüten oder deren Verschlimmerung zu vermeiden (Nr. 3) oder
- Pflegebedürftigkeit zu vermeiden (Nr. 4).

Wie bei medizinischen Reha-Maßnahmen[228] stehen die Leistungen in einem Stufenverhältnis: 7

- Zunächst kommen ambulante Leistungen am Wohnort (§ 23 Abs. 1) in Betracht;
- wenn diese nicht ausreichen, können ambulante Vorsorgeleistungen in anerkannten Kurorten (§ 23 Abs. 2) erbracht werden.
- Reicht keine dieser Maßnahmen aus, kann die Krankenkasse eine Behandlung mit Unterkunft und Verpflegung in einer Vorsorgeeinrichtung erbringen (§ 23 Abs. 4). Im Ergebnis heißt das, dass die ambulanten Behandlungsmöglichkeiten ausgeschöpft sein müssen.

Mütter und Väter haben gem. § 24 Abs. 1 Satz 4 i. V. mit § 23 Abs. 4 Satz 1 auch dann Anspruch auf stationäre medizinische Vorsorgemaßnahmen, ohne dass ambulante Behandlungsmöglichkeiten ausgeschöpft worden sind. 8

2.2 Medizinische Notwendigkeit

Die medizinische Vorsorge muss notwendig (erforderlich) sein. D. h. die Behandlung muss eine reale Chance bieten, dem Gesundheitsrisiko entgegenzuwirken. Dementspre- 9

---

226 Vgl. BSG – 22.04.2009 – B 3 KR 11/07 R.

227 Siehe unter http://www.vdek.com/vertragspartner/vorsorge-rehabilitation/grundsatzpapiere/rahmenempfehlung/index.htm.

228 Siehe § 40 Rn. 1.

chend wird eine Maßnahme abgelehnt werden, wenn bei vorausschauender Betrachtung der Erfolg der Maßnahme nicht nur zweifelhaft ist, sondern die Möglichkeit eines Erfolges nicht bejaht, d. h. nicht erwartet werden kann.

3. Ambulante Vorsorge am Wohnort (Abs. 1)

3.1 Abs. 1 Nr. 1

10 Geschwächt im Sinne von § 23 Abs. 1 Nr. 1 ist die (körperliche oder seelische[229]) Gesundheit, wenn sie im Hinblick auf die drohende Erkrankung so angegriffen ist, dass sie alltäglichen gesundheitlichen Belastungen nicht mehr standhalten kann.[230] D. h. der Allgemeinzustand der Versicherten muss so labil sein, dass bei gleichbleibender beruflicher und außerberuflicher Belastung der Ausbruch einer Krankheit[231] nicht auszuschließen ist.[232] Damit sind alle Veränderungen des Gesundheitszustandes erfasst, die langsam, schleichend fortschreiten.

3.2 Abs. 1 Nr. 2

11 Bei den Leistungen, die Kindern[233] als medizinische Vorsorgeleistungen zur Verfügung gestellt werden können, muss es sich um solche handeln, die der Gefährdung der körperlichen und seelischen Gesundheit des Kindes entgegenwirken. Die Verhütung anderer Gefährdungen gehört nicht zu den Aufgaben der GKV.[234]

3.3 Abs. 1 Nr. 3

12 Während bei § 23 Abs. 1 Nr. 1 bereits eine »Schwächung der Gesundheit« vorliegt, erfasst § 23 Abs. 1 Nr. 3 (1. Alternative) – weitergehend – solche ernsthaften Risiken (z. B. genetisch bedingte Krankheitsanlagen), bei denen aufgrund konkreter Anhaltspunkte der ernstliche Verdacht einer künftig ausbrechenden und durch Maßnahmen der Krankheitsvorbeugung (z. B. der Früherkennung) einzudämmenden oder aufzuhaltenden Krankheit besteht.[235]

13 § 23 Abs. 1 Nr. 3 (2. Alternative: »Verschlimmerung zu vermeiden«) ist schwerlich abzugrenzen von dem nach § 27 Abs. 1 bestehenden Anspruch auf Behandlung einer Krankheit, um »ihre Verschlimmerung zu verhüten«. Abzustellen ist auf den Zweck der Behandlung, d. h. darauf, ob die Leistungserbringung den Zweck einer Krankenbehand-

229 BT-Drs. 11/2237, S. 168.
230 BSG – 22. 04. 2009 – B 3 KR 11/07 R.
231 Zum Krankheitsbegriff siehe § 27 Rn. 6 ff.
232 BT-Drs. 11/2237, S. 168.
233 Versicherten bis zur Vollendung des 18. Lebensjahres.
234 BT-Drs. 11/2237, S. 168.
235 BSG – 22. 04. 2009 – B 3 KR 11/07 R.

lung (dann § 27) oder andererseits die Leistungserbringung dem Zweck gesundheitlicher Vorsorge dient (dann § 23).[236]

3.4 Abs. 1 Nr. 4

14 Zur Vermeidung von Pflegebedürftigkeit (vgl. § 14 Abs. 1 SGB XI) dürften in erster Linie Heil- und Hilfsmittel in Betracht kommen.[237]

3.5 Umfang des Leistungsanspruchs

15 Versicherte haben Anspruch auf ärztliche Behandlung (§ 28) sowie auf die in § 31 (Arznei- und Verbandmittel), § 32 (Heilmittel) und § 33 (Hilfsmittel) genannten Leistungen. Es müssen die dort im Einzelnen genannten Voraussetzungen vorliegen. D.h., dass Arznei-, Heil- und Hilfsmittel nicht gem. § 34 von der Versorgung ausgeschlossen sein dürfen. Im Weiteren sind die einschlägigen Richtlinien zu beachten, u.a.:

- Richtlinie des Gemeinsamen Bundesausschusses über die Verordnung von Arzneimitteln in der vertragsärztlichen Versorgung (Arzneimittel-Richtlinie/AM-RL),[238]
- Richtlinie des Gemeinsamen Bundesausschusses über die Verordnung von Heilmitteln in der vertragsärztlichen Versorgung (Heilmittel-Richtlinie/HeilM-RL),[239]
- Richtlinie des Gemeinsamen Bundesauschusses über die Verordnung von Hilfsmitteln in der vertragsärztlichen Versorgung (Hilfsmittel-Richtlinie/HilfsM-RL).[240]

Für die Versicherten bestehen die in § 28 Abs. 4, § 31 Abs. 3, § 32 Abs. 2 und § 33 Abs. 8 genannten Zuzahlungspflichten.

4. Ambulante Vorsorge in einem anerkannten Kurort (Abs. 2)

16 Nach § 23 Abs. 2 kann[241] die Krankenkasse, wenn die ambulanten Vorsorgeleistungen am Wohnort nicht ausreichen, aus medizinischen Gründen erforderliche ambulante Vorsorgeleistungen in anerkannten Kurorten erbringen.

Dem Versicherten stehen, wie sich aus § 23 Abs. 2 Satz 1 ergibt, auch am Kurort die Leistungen nach § 27 Abs. 1 (ärztliche Behandlung, Arznei-, Verband-, Heil- und Hilfs-

236 So BSG – 22.04.2009 – B 3 KR 11/07 R, ohne jedoch damit ein eindeutiges Abgrenzungskriterium zu finden.

237 BT-Drs. 11/2237, S. 168.

238 In der Fassung vom 18.12.2008/22.01.2009 veröffentlicht im Bundesanzeiger 2009, Nr. 49a. Zuletzt geändert am 19.01.2012, veröffentlicht BAnz AT 30.04.2012 B3 in Kraft getreten am 01.05.2012, siehe unter http://www.g-ba.de/informationen/richtlinien/3/.

239 In der Fassung vom 20.01.2011/19.05.2011, veröffentlicht im Bundesanzeiger 2011; Nr. 96 (S. 2247). in Kraft getreten am 01.07. 2011, siehe unter http://www.g-ba.de/informationen/richtlinien/12/.

240 In der Neufassung vom 21.12.2011/15.03.2012, veröffentlicht im Bundesanzeiger am 10.04.2012 (BAnz AT 10.04.2012 B2) in Kraft getreten am 01.04.2012, siehe unter http://www.g-ba.de/informationen/richtlinien/13/.

241 Die ambulante Vorsorgeleistung ist daher eine Ermessensleistung.

mittel) zu. Unterkunft und Verpflegung müssen sich die Versicherten auf ihre Kosten beschaffen. Die Satzung der Krankenkasse kann jedoch einen Zuschuss bis zu 13 € (für chronisch kranke Kleinkinder einen Zuschuss bis zu 21 €) kalendertäglich vorsehen.

5. Stationäre Vorsorge in einer Vorsorgeeinrichtung (Abs. 4)

17 Reichen ambulante Maßnahmen nicht aus, so kann die Krankenkasse gem. § 23 Abs. 4 Behandlung mit Unterkunft und Verpflegung in einer Vorsorgeeinrichtung gewähren. Als Vorsorgeeinrichtung kann nur eine Einrichtung angesehen werden, die die Voraussetzungen des § 107 Abs. 2 erfüllt. Insbesondere muss sichergestellt sein, dass die Behandlung fachlich-medizinisch unter ständiger ärztlicher Verantwortung und unter Mitwirkung von besonders geschultem Personal erfolgt. Mit einer solchen Vorsorgeeinrichtung (in der Regel eine sog. Kurklinik) muss ein die Krankenkasse bindender Versorgungsvertrag[242] bestehen.

18 Die Krankenkasse übernimmt die Kosten für Unterkunft, Verpflegung, die Behandlung durch die Ärzte der Vorsorgeeinrichtung sowie die Kosten für Arznei-, Verband- und Heilmittel.[243] Unter den Voraussetzungen des § 60 haben Versicherte einen Anspruch auf Fahrkostenerstattung.

6. Dauer und Wiederholung der Leistungen

6.1 Dauer

19 Die (ambulanten) Leistungen nach § 27 Abs. 1 können – solange sie medizinisch notwendig sind – grundsätzlich zeitlich unbegrenzt in Anspruch genommen werden. Allerdings ergeben sich aus den Heil- und Hilfsmittel-Richtlinien des Gemeinsamen Bundesausschusses[244] Begrenzungen. So sieht z. B. bei Wirbelsäulenerkrankungen der Heilmittelkatalog[245] für das Heilmittel »allgemeine Krankengymnastik« eine Gesamtverordnungsmenge von bis zu 6 Einheiten vor, wobei die Krankengymnastik mindestens 2 × wöchentlich erfolgen soll (Frequenzempfehlung).

Gem. § 27 Abs. 5 Satz 2 sollen Leistungen für längstens 3 Wochen erbracht werden, es sei denn, eine Verlängerung der Leistung ist aus medizinischen Gründen dringend erforderlich. Für versicherte Kinder, die das 14. Lebensjahr noch nicht vollendet haben, sollen stationäre Vorsorgeleistungen in der Regel für vier bis sechs Wochen erbracht werden.

---

242 Die Landesverbände der Krankenkassen und die Ersatzkassen gemeinsam schließen mit Wirkung für ihre Mitgliedskassen einheitliche Versorgungsverträge.

243 Regelmäßig besteht aufgrund des Versorgungsvertrages ein pauschaler Pflegesatz, der alle diese Leistungen umfasst.

244 Http://www.g-ba.de/informationen/richtlinien.

245 2. Teil der Richtlinie: Zuordnung der Heilmittel zu Indikationen (Heilmittelkatalog) Stand: 20.01.2011/19.05.2011 – zur Richtlinie des Gemeinsamen Bundesausschusses über die Verordnung von Heilmitteln in der vertragsärztlichen Versorgung (Heilmittel-Richtlinie/HeilM-RL).

6.2 Wartefrist

Nach § 23 Abs. 5 Satz 4 können ambulante Vorsorgeleistungen erst nach Ablauf von 3 Jahren, Leistungen nach § 27 Abs. 4 (stationäre Vorsorge) können erst nach Ablauf von 4 Jahren nochmals gewährt werden. Die Frist beginnt am Tag nach Beendigung der Vorsorgemaßnahme. Eine erneute Maßnahme vor Ablauf der Frist kommt nur in Betracht, wenn eine vorzeitige Leistung aus medizinischen Gründen (z. B. drohende Gesundheitsschäden) dringend erforderlich ist. 20

7. Verfahrensregelungen

Die Gewährung von Vorsorgeleistungen setzt einen Antrag des Versicherten voraus, der in der Regel unter Beifügung der – ebenfalls erforderlichen – ärztlichen Verordnung gestellt wird. Vor Entscheidung holt die Krankenkasse eine Beurteilung des Medizinischen Dienstes ein (§ 275 Abs. 2 Nr. 1). Nach § 23 Abs. 5 Satz 1 bestimmt die Krankenkasse im Falle stationärer Leistungen nach pflichtgemäßem Ermessen Art, Dauer, Umfang, Beginn und Durchführung der Leistung sowie die Vorsorgeeinrichtung. Ermessen steht der Krankenkasse damit nur hinsichtlich des »Wie« der Leistungserbringung zu, während bei Vorliegen der gesetzlichen Voraussetzungen eine Reha-Maßnahme gewährt werden muss. Die Krankenkasse teilt dem Versicherten ihre Entscheidung mit und begründet gegebenenfalls Abweichungen von der Verordnung. Die Mitteilung an die Versicherten erfolgt als schriftlicher Verwaltungsakt, gegen den Widerspruch möglich ist. 21

Für Maßnahmen der ambulanten Vorsorge sind Zuzahlungen gem. §28 Abs. 4, § 31 Abs. 3, § 32 Abs. 2 und § 33 Abs. 8 zu leisten. Nach § 23 Abs. 6 i. V. mit § 61 Satz 2 haben Versicherte – nach Vollendung des 18. Lebensjahres – 10 € je Kalendertag (also auch für den Tag der Aufnahme und den Tag der Entlassung[246]) an Zuzahlung zu leisten. 22

Fünfter Abschnitt
Leistungen bei Krankheit

Erster Teil
Krankenbehandlung

§ 27 Krankenbehandlung

(1) Versicherte haben Anspruch auf Krankenbehandlung, wenn sie notwendig ist, um eine Krankheit zu erkennen, zu heilen, ihre Verschlimmerung zu verhüten oder Krankheitsbeschwerden zu lindern. Die Krankenbehandlung umfasst

1. **Ärztliche Behandlung einschließlich Psychotherapie als ärztliche und psychotherapeutische Behandlung,**

246 Vgl. BSG – 19. 02. 2002 – B 1 KR 32/00 R.

2. zahnärztliche Behandlung,
2 a. Versorgung mit Zahnersatz einschließlich Zahnkronen und Suprakonstruktionen,
3. Versorgung mit Arznei-, Verband-, Heil- und Hilfsmitteln,
4. häusliche Krankenpflege und Haushaltshilfe,
5. Krankenhausbehandlung,
6. Leistungen zur medizinischen Rehabilitation und ergänzende Leistungen.

Bei der Krankenbehandlung ist den besonderen Bedürfnissen psychisch Kranker Rechnung zu tragen, insbesondere bei der Versorgung mit Heilmitteln und bei der medizinischen Rehabilitation. Zur Krankenbehandlung gehören auch Leistungen zur Herstellung der Zeugungs- oder Empfängnisfähigkeit, wenn diese Fähigkeit nicht vorhanden war oder durch Krankheit oder wegen einer durch Krankheit erforderlichen Sterilisation verlorengegangen war.

(1 a) Spender von Organen oder Geweben (Spender) haben bei einer nach den §§ 8 und 8 a des Transplantationsgesetzes erfolgenden Spende von Organen oder Geweben zum Zwecke der Übertragung auf Versicherte (Entnahme bei lebenden Spendern) Anspruch auf Leistungen der Krankenbehandlung. Dazu gehören die ambulante und stationäre Behandlung der Spender, die medizinisch erforderliche Vor- und Nachbetreuung, Leistungen zur medizinischen Rehabilitation sowie die Erstattung des Ausfalls von Arbeitseinkünften als Krankengeld nach § 44 a und erforderlicher Fahrkosten; dies gilt auch für Leistungen, die über die Leistungen nach dem Dritten Kapitel dieses Gesetzes, auf die ein Anspruch besteht, hinausgehen, soweit sie vom Versicherungsschutz des Spenders umfasst sind. Zuzahlungen sind von den Spendern nicht zu leisten. Zuständig für Leistungen nach den Sätzen 1 und 2 ist die Krankenkasse der Empfänger von Organen oder Gewebe (Empfänger). Für die Behandlung von Folgeerkrankungen der Spender ist die Krankenkasse der Spender zuständig, sofern der Leistungsanspruch nicht nach § 11 Absatz 5 ausgeschlossen ist. Ansprüche nach diesem Absatz haben auch nicht gesetzlich krankenversicherte Personen. Die Krankenkasse der Spender ist befugt, die für die Leistungserbringung nach den Sätzen 1 und 2 erforderlichen personenbezogenen Daten an die Krankenkasse oder das private Krankenversicherungsunternehmen der Empfänger zu übermitteln; dies gilt auch für personenbezogene Daten von nach dem Künstlersozialversicherungsgesetz Krankenversicherungspflichtigen. Die nach Satz 7 übermittelten Daten dürfen nur für die Erbringung von Leistungen nach den Sätzen 1 und 2 verarbeitet und genutzt werden. Die Datenverarbeitung und Nutzung nach den Sätzen 7 und 8 darf nur mit schriftlicher Einwilligung der Spender, der eine umfassende Information vorausgegangen ist, erfolgen.

(2) Versicherte, die sich nur vorübergehend im Inland aufhalten, Ausländer, denen eine Aufenthaltserlaubnis nach § 25 Abs. 4 bis 5 des Aufenthaltsgesetzes erteilt wurde, sowie

1. asylsuchende Ausländer, deren Asylverfahren noch nicht unanfechtbar abgeschlossen ist,
2. Vertriebene im Sinne des § 1 Abs. 2 Nr. 2 und 3 des Bundesvertriebenengesetzes sowie Spätaussiedler im Sinne des § 4 des Bundesvertriebenengesetzes, ihre Ehegatten, Lebenspartner und Abkömmlinge im Sinne des § 7 Abs. 2 des Bundesvertrie-

benengesetzes haben Anspruch auf Versorgung mit Zahnersatz, wenn sie unmittelbar vor Inanspruchnahme mindestens ein Jahr lang Mitglied einer Krankenkasse (§ 4) oder nach § 10 versichert waren oder wenn die Behandlung aus medizinischen Gründen ausnahmsweise unaufschiebbar ist.

Inhaltsübersicht Rn.

1. Inhalt und systematischer Zusammenhang

§ 27 fasst zusammen, welche Ansprüche auf medizinische Versorgung den Versicherten im Falle von Krankheit zustehen (Leistungskatalog). Klargestellt wird, dass die Behandlung nicht nur die Heilung der Krankheit, sondern auch die Diagnose (»erkennen«), die Verhütung ihrer Verschlimmerung oder auch nur die Linderung der Beschwerden umfasst. Die in § 27 Abs. 1 Nr. 1–Nr. 6 genannten Leistungsarten werden in den folgen Vorschriften (§§ 27 a–43 a) konkretisiert. Im Weiteren sind die Richtlinien des Gemeinsamen Bundesausschusses zu beachten. Sie legen grundsätzlich den Umfang der den Versicherten von der Krankenkasse geschuldeten Leistungen verbindlich fest.[247] **1**

§ 27 Abs. 1 Satz 3 soll das Bewusstsein dafür sensibilisieren, dass psychisch Kranke einer speziellen Behandlung bedürfen. Dem ist durch die Aufnahme der Psychotherapie als ärztliche und psychotherapeutische Behandlung[248] in § 27 Abs. 1 Nr. 1 Rechnung getragen worden.[249] **2**

Den Umfang der Krankenbehandlung zur Herstellung oder Wiederherstellung der Zeugungs- oder Empfängnisfähigkeit regelt § 27 Abs. 1 Satz 4. **3**

§ 27 Abs. 1 a stellt die bisherige Praxis der Krankenkassen zu Leistungen für Spender von Organen oder Geweben auf eine gesetzliche Grundlage. Die Leistungen der Krankenbehandlung umfassen die im Rahmen des Transplantationsgesetzes erfolgende Spende von Organen oder Geweben einschließlich der medizinisch erforderlichen Vor- und Nachbetreuung. Dazu gehören auch Fahrtkosten sowie Leistungen zur medizinischen Reha- **3 a**

---

247 Vgl. u. a. BSG – 17. 02. 1010 – B 1 KR 10/09 R.

248 Gesetz über die Berufe des Psychologischen Psychotherapeuten und des Kinder- und Jugendlichenpsychotherapeuten, zur Änderung des Fünften Buches Sozialgesetzbuch und anderer Gesetze v. 16. 06. 1998, BGBl. I 1998, 1311.

249 §§ 28 Abs. 3, 37 a regeln die psychotherapeutische Versorgung, ebenfalls zu beachten sind die gem. § 92 Abs. 6 a erlassenen Psychotherapie-Richtlinien (siehe unter: www.g-ba.de/informationen/richtlinien).

bilitation. Arbeitseinkünfte, die dem Spender entgehen, werden gem. § 44a erstattet. Zuständig für Leistungen an die Spender ist die Krankenkasse der Empfänger.[250]

4 Abgrenzungsschwierigkeiten gibt es z.B. bei Pflegemaßnahmen, die einerseits wegen einer Krankheit erforderlich werden (mit der möglichen Folge der Leistungspflicht der Krankenversicherung) und anderseits im Zusammenhang mit der Pflegebedürftigkeit stehen (mit der Folge der Leistungspflicht der Pflegeversicherung); z. B. Maßnahmen zur Reinigung und Freihaltung der Atemwege bei einem an Mukoviszidose[251] erkrankten Kind. Nach der Rechtsprechung[252] gehören zur Behandlungspflege – die unter den Voraussetzungen des § 37 von der Krankenkasse bezahlt werden muss – alle Pflegemaßnahmen,

- die durch eine bestimmte Erkrankung verursacht werden,
- speziell auf den Krankheitszustand des Versicherten ausgerichtet sind und
- dazu beitragen, die Krankheit zu heilen, ihre Verschlimmerung zu verhüten oder Krankheitsbeschwerden zu verhindern oder zu lindern.

Wenn die Hilfeleistung mit einer der in § 14 Abs. 4 SGB XI genannten Verrichtungen der Grundpflege untrennbar verbunden ist oder im engen zeitlichen Zusammenhang mit einer Verrichtung durchgeführt werden muss, erhöht sie den Bedarf an Grundpflege, mit der Folge, dass grundsätzlich die Pflege- und nicht die Krankenversicherung einzustehen hat. In diesem Sinne hat das BSG[253] Maßnahmen zur Reinigung und Freihaltung der Atemwege bei Mukoviszidosekranken der Behandlungspflege und nicht der Grundpflege zugerechnet.

5 Anspruch auf Leistungen, die nicht der Krankenbehandlung, sondern der sozialen Integration oder der gesundheitsbewussten Lebensführung dienen (z.B. therapeutisches Reiten), besteht nicht.[254]

2. Krankheit

2.1 Begriff

6 Versicherte[255] haben bei Krankheit Anspruch auf Behandlung. Der Gesetzgeber hat darauf verzichtet, den Begriff der Krankheit im Gesetz zu definieren, weil sein Inhalt ständigen Änderungen unterliegt.[256] Die Rechtsprechung[257] versteht unter Krankheit einen regelwidrigen Körper- oder Geisteszustand, der die Notwendigkeit ärztlicher Heilbehandlung oder – zugleich oder allein – Arbeitsunfähigkeit zur Folge hat. Regelwidrig ist ein Zustand, wenn er von der Norm, vom Leitbild des gesunden Menschen, abweicht.[258]

---

250 BT-Drs. 17/9773, S. 36f.
251 Angeborene Stoffwechselerkrankung.
252 BSG – 20.05.2003 – B 1 KR 23/01 R.
253 BSG – 29.04.1999 – B 3 P 13/98 R.
254 Vgl. BSG – 19.03.2002 – B 1 KR 36/00 R.
255 Dazu gehören Versicherungspflichtige (§ 5), die nicht versicherungsfrei (§§ 6, 7) oder auf Antrag von der Versicherungspflicht befreit sind (§ 8) sind, freiwillig Versicherte (§ 9), Familienversicherte (§ 10).
256 BR-Drs 200/88, S. 170.
257 U.a. BSG – 28.09.2010 – B 1 KR 1/02 R.
258 U.a. BSG – 19.02.2003 – B 1 KR 1/02 R.

Nicht jede körperliche Unregelmäßigkeit kann als Krankheit angesehen werden. Erforderlich ist vielmehr, dass der Versicherte in seinen Körperfunktionen beeinträchtigt wird oder dass er an einer Abweichung vom Regelfall leidet, die entstellend wirkt.[259] So stellt z. B. nicht bereits jede Abweichung von der Idealnorm des Gebisses sowie des Mundes und Rachenraumes schon eine »Regelwidrigkeit« dar. Vielmehr kann erst dann von einem regelwidrigen Körperzustand ausgegangen werden, wenn der Kiefer eine seiner wesentlichen Funktionen, nämlich das Beißen, Kauen und Artikulieren der Sprache nicht in befriedigendem Umfang erfüllen kann.[260] 7

2.2 Einzelfälle

- **Übergewicht (Adipositas)** 8
  Das BSG[261] hat darauf hingewiesen, dass es in der Medizin umstritten ist, ob bereits der Übergewichtigkeit ein Krankheitswert zukommt. Bei starkem Übergewicht (im Allgemeinen ab einem BMI[262] größer oder gleich 30) steht jedoch eine Behandlung mit dem Ziel der Gewichtsreduktion außer Frage, weil andernfalls ein erhöhtes Risiko für das Auftreten von Begleit- und Folgeerkrankungen (z. B. Stoffwechselkrankheiten, Herz- und Kreislauferkrankungen, Atemwegserkrankungen) besteht.
  Chirurgische Eingriffe zur Gewichtsreduktion (z. B. der Einsatz eines sog. Magenbandes) sind grundsätzlich von der Leistungspflicht der Krankenversicherung umfasst. Zu beachten ist jedoch, dass durch eine solche Operation in ein funktionell intaktes Organ eingegriffen und dieses regelwidrig verändert wird. Daher bedarf diese Art der (mittelbaren) Behandlung der Krankheit einer speziellen Rechtfertigung. Dazu sind abzuwägen:
  – die Art und Schwere der Erkrankung,
  – die Dringlichkeit der Intervention,
  – die Risiken und
  – der zu erwartende Nutzen der Therapie sowie
  – etwaige Folgekosten für die Krankenversicherung.[263]
- **Drogenabhängigkeit** ist wie Alkoholabhängigkeit (Trunksucht) eine Krankheit im Sinne der GKV.[264] 9
- **Entstellung/Aussehen** 10
  Ist eine Krankheit, wenn der objektive Zustand einer körperlichen Auffälligkeit von so beachtlicher Erheblichkeit ist, dass sie die Teilhabe am Leben in der Gemeinschaft gefährdet.[265] Das subjektive Empfinden eines Versicherten vermag die Regelwidrigkeit

259 U. a. BSG – 28.02.2008 – B 1 KR 19/07 R, im Rahmen der Kosten wegen einer einseitigen Brustvergrößerung.
260 BSG – 20.10.1972 – 3 RK 93/71.
261 BSG – 19.02.2003 – B 1 KR 1/02 R.
262 Body-Mass-Index (BMI) – Körpermasseindex für die Bewertung des Körpergewichts.
263 BSG – 19.02.2003 – B 1 KR 1/02 R.
264 BSG – 05.07.1995 – 1 RK 6/95.
265 BSG – 28.02.2008 – B 1 KR 19/07 R.

und die daraus abgeleitete Behandlungsbedürftigkeit seines Zustandes nicht zu bestimmen.[266]

11 • **Kahlköpfigkeit**

Ist eine Krankheit, wenn die Funktion »Neubildung und Wachstum der Haare« fehlt und die Kahlköpfigkeit eine entstellende Wirkung hat. Letzteres ist bei Frauen der Fall, weil die Kahlköpfigkeit es einer Frau erschwert oder gar unmöglich macht, sich frei und unbefangen unter den Mitmenschen zu bewegen.[267]

Bei Männern ist das Aussehen und die soziale Stellung weder auf beruflichem noch auf gesellschaftlichem Gebiet durch einen mehr oder minder starken Haarausfall beeinträchtigt, so dass bei Männern der Haarausfall keine wesentliche Beeinträchtigung ihrer äußeren Erscheinung darstellt.[268]

12 • **Brustgröße**

Die Krankenkasse muss keine brustvergrößernde Operation gewähren, wenn die Versicherte wegen ihres als »zu klein« empfundenen Busens ausschließlich psychisch erkrankt ist.[269]

Die Mammahypertrophie (übergroße Brüste) selbst stellt keine behandlungsbedürftige Krankheit dar. Bestehen schwerwiegende orthopädische Beschwerden, die mittelbar durch eine Brustverkleinerung behandelt werden sollen, so müssen zuvor alle konservativen orthopädischen Behandlungsmaßnahmen erfolglos ausgeschöpft worden sein.[270]

13 • Die **erektile Dysfunktion** ist eine Krankheit.[271]

14 • **Disproportionierter Kleinwuchs (Mikrosomie)**

Kleinwuchs kann als Krankheit angesehen werden, wenn bei einem (mitteleuropäischen) Mann die Köpergröße weniger als 151 cm beträgt.[272]

Die GKV ist jedoch nicht verpflichtet, zur Behebung einer psychischen Störung die Kosten für eine Beinverlängerung zu tragen, solange der Körperzustand im Normbereich liegt. Liegt wegen vermeintlich zu geringer Körpergröße eine psychische Störung vor, so ist sie mit den Mitteln der Psychiatrie und Psychotherapie zu behandeln.[273]

15 • **Sprachstörung:** Soweit sie psychisch bedingt ist und nur durch ärztlich überwachte Fachkräfte – z. B. Psychologen, Logopäden – behoben werden kann, ist sie eine Krankheit.[274]

16 • Eine **Lese- und Rechtschreibschwäche (Legasthenie)** ist keine Krankheit im Sinne der GKV, soweit sie nicht eine ärztliche Behandlung erforderlich macht.[275]

---

266 BSG – 28.09.2010 – B 1 KR 5/10 R.
267 BSG – 23.07.2002 – B 3 KR 66/01 R.
268 Hessisches LSG – 27.11.2003 – L 1 KR 818/03.
269 BSG – 19.10.2004 – B 1 KR 3/03 R.
270 LSG Nordrhein-Westfalen – 21.09.2011 – L 11 KR 33/09.
271 BSG – 30.09.1999 – B 8 KN 9/98 KR R.
272 LSG Nordrhein-Westfalen – 19.05.2011 – L 2 KN 273/07 KR.
273 BSG – 10.02.1993 – 1 RK 14/92.
274 BSG – 28.02.1980 – 8a RK 13/79.
275 Bay. LSG – 23.03.2006 – L 4 KR 279/04.

3. Beschränkung der Leistungspflicht

Die Krankenkassen stellen ihre Leistungen im durch § 2 Abs. 1 und § 12 Abs. 1[276] vorgesehenen Rahmen zur Verfügung. Danach besteht generell nur Anspruch auf diejenige ärztliche Behandlung und Versorgung mit Arzneimitteln, welche nach den Regeln der ärztlichen Kunst – nach Maßgabe des allgemein anerkannten Standes der medizinischen Erkenntnisse – notwendig, ausreichend und zweckmäßig, insgesamt somit wirtschaftlich ist. 17

3.1 Notwendigkeit (Behandlungsbedürftigkeit)

§ 27 Abs. 1 Satz 1 beschränkt die Leistungspflicht bei Krankheiten auf solche Behandlungen, die notwendig sind. 18

Es muss neben dem regelwidrigen Körper- oder Geisteszustand Behandlungsbedürftigkeit und/oder Arbeitsunfähigkeit[277] bestehen (sog. zweigliedriger Krankheitsbegriff).

Notwendig ist die Krankenbehandlung, wenn die Leistung der natürlichen körperlichen und/oder geistigen Funktionen in einem so beträchtlichen Maße eingeschränkt ist, dass ihre Wiederherstellung der Mithilfe des Arztes bedarf.[278] »Mithilfe des Arztes« erfolgt auch durch eine Leistung anderer Personen, z.B. durch einen Physiotherapeuten, denn eine solche Leistung darf gem. § 15 Abs. 1 nur erbracht werden, wenn sie vom Arzt angeordnet und von ihm verantwortet wird. Das setzt nicht voraus, dass der Versicherte bereits unter besonderen Schmerzen oder Beschwerden leidet. Es reicht aus, wenn der regelwidrige Körperzustand sich unbehandelt wahrscheinlich verschlimmern wird und dem am besten durch eine möglichst frühzeitige Behandlung entgegengewirkt werden kann.[279] 19

3.2 Erreichbarkeit eines der Behandlungsziele

Eine Krankenbehandlung ist nur dann notwendig, wenn eines der in § 27 Abs. 1 genannten Behandlungsziele (Erkennen, Heilen, Lindern, Verschlimmerung verhindern)[280] erreicht werden kann. Vorrangiges Behandlungsziel ist die Heilung der Krankheit, während die Verhütung einer Verschlimmerung oder die Linderung von Krankheitsbeschwerden regelmäßig nachrangige Behandlungsziele sind.[281] Eine Krankenbehandlung zu Lasten der Krankenkassen muss daher auch dann erfolgen, wenn eine Heilung oder Besserung des Leidens oder Entlassung aus dem Krankenhaus nicht mehr zu erwarten sind. Es genügt, dass sich der Behandlungserfolg auf die Verhütung einer Verschlimmerung, die Linderung von Beschwerden oder die Verlängerung des Lebens erstreckt.[282] 20

---

276 Vgl. Anmerkungen zu § 2 Rn. 6ff., zu § 12 Rn. 4ff.
277 Zur Arbeitsunfähigkeit siehe § 44 Rn. 24ff.
278 BSG – 30.09.1999 – B 8 KN 9/98. KR R.
279 BSG – 20.10.1972 – 3 RK 93/71.
280 Weitere Behandlungsziele: Herstellung der Zeugungs- oder Empfängnisfähigkeit (§ 27 Abs. 1 Satz 4), Herbeiführung einer Schwangerschaft (§ 27a).
281 BSG – 20.03.1996 – 6 RKa 62/94.
282 BSG – 10.10.1978 – 3 RK 81/77.

21 Um eines der Behandlungsziele zu erreichen, muss eine geeignete, erfolgversprechende (d. h. als wirksam und zweckmäßig anerkannte) Therapie zur Verfügung stehen. Die allein auf allgemeine Erwägungen gestützte (hypothetische) Möglichkeit eines Heilerfolges begründet keine Leistungspflicht der Krankenkasse.[283] Die Prüfung und Entscheidung darüber, ob eine angewandte Untersuchungs- oder Behandlungsmethode – nach dem allgemein anerkannten Stand der medizinischen Erkenntnisse – erfolgversprechend ist, obliegt nach der Rechtsprechung[284] nicht der Krankenkasse oder den Gerichten, sondern dem Gemeinsamen Bundesausschuss nach § 91.[285]

3.3 Neue Untersuchungs- und Behandlungsmethoden

22 Der Anspruch auf Krankenbehandlung umfasst lediglich solche Leistungen, die zweckmäßig und wirtschaftlich sind und deren Qualität und Wirksamkeit dem allgemein anerkannten Stand der medizinischen Erkenntnisse entsprechen (§ 2 Abs. 1 und § 12 Abs. 1). Bei (vertrags-)ärztlicher bzw. zahnärztlicher Behandlung besteht ein Anspruch auf neue – bislang nicht zur Versorgung gehörenden[286] – Untersuchungs- und Behandlungsmethoden gem. § 135 Abs. 1 Satz 1 grundsätzlich nur dann, wenn der Gemeinsame Bundesausschuss in Richtlinien nach § 92 Abs. 1 Satz 2 Nr. 5 eine positive Empfehlung über den diagnostischen und therapeutischen Nutzen der Methode abgegeben hat.[287] Im Rahmen der Krankenhausbehandlung können gem. § 137 c Abs. 1 neue Untersuchungs- und Behandlungsmethoden zum Leistungsumfang der GKV gehören, solange sie nicht durch eine Richtlinie des Gemeinsamen Bundesausschusses ausgeschlossen worden sind. Eine Leistungspflicht der Krankenkasse kann ausnahmsweise bestehen, wenn die fehlende Anerkennung einer neuen Untersuchungs- oder Behandlungsmethode darauf zurückzuführen ist, dass das Verfahren vor dem Bundesausschuss trotz Erfüllung der für eine Überprüfung notwendigen formalen und inhaltlichen Voraussetzungen nicht oder nicht zeitgerecht durchgeführt wurde (sog Systemversagen).[288]

23 Das BVerfG[289] hat für lebensbedrohliche oder regelmäßig tödlich verlaufende Erkrankungen unter Hinweis auf Art. 2 GG und das Sozialstaatsprinzip festgestellt, dass für eine bislang nicht anerkannte Behandlungsmethode ein Leistungsanspruch gegen die Krankenkasse besteht, wenn folgende drei Voraussetzungen kumulativ erfüllt sind:

- Es liegt eine lebensbedrohliche oder regelmäßig tödlich verlaufende Erkrankung vor.
- Bezüglich dieser Krankheit steht eine allgemein anerkannte, medizinischem Standard entsprechende Behandlung nicht zur Verfügung.

---

283 BSG – 06.10.1999 – B 1 KR 13/97 R.
284 BSG – 19.02.2003 – B 1 KR 1/02 R.
285 § 135 für die Bewertung von Untersuchungs- und Behandlungsmethoden in der vertragsärztlichen und vertragszahnärztlichen Versorgung; § 137 c für die Bewertung von Untersuchungs- und Behandlungsmethoden im Krankenhaus.
286 Vgl. dazu BSG – 16.09.1997 – 1 RK 32/95.
287 BSG – 16.12.2008 – B 1 KR 11/08 R.
288 BSG – 07.11.2006 – B 1 KR 24/06 R.
289 BVerfG – 06.12.2005 – 1 BvR 347/98.

- Bezüglich der beim Versicherten ärztlich angewandten (neuen, nicht allgemein anerkannten) Behandlungsmethode besteht eine »auf Indizien gestützte«, nicht ganz fern liegende Aussicht auf Heilung oder wenigstens auf eine spürbare positive Einwirkung auf den Krankheitsverlauf.

Im Anschluss an diese Rechtsprechung stellt § 2 Abs. 1a nunmehr ebenfalls klar, dass Versicherte mit einer lebensbedrohlichen Erkrankung, für die eine allgemein anerkannte, dem medizinischen Standard entsprechende Leistung nicht zur Verfügung steht, eine dem Standard nicht entsprechende Leistung beanspruchen können, wenn Aussicht auf Heilung oder eine spürbare positive Einwirkung auf den Krankheitsverlauf besteht.[290]

4. Leistungsarten (Abs. 1 Nr. 1–6)

§ 27 Abs. 1 Satz 2 legt den Umfang der zur Krankenbehandlung gehörenden Leistungen abschließend fest.[291] Die Krankenkassen sind damit grundsätzlich auf die in der Vorschrift genannten Leistungen beschränkt, dies gilt selbst dann, wenn andere – aber vom Gesetzgeber selbst nicht eingeführte – Leistungen (Stellvertreterleistungen) kostengünstiger erscheinen.[292] **24**

5. Wartezeit bei Zahnersatz (Abs. 2)

Grundsätzlich besteht ein Anspruch auf Krankenbehandlung auch für Krankheiten, die bereits vor Beginn des Versichertenverhältnisses bestanden haben,[293] sodass die Leistungen der Krankenkasse mit Beginn der Mitgliedschaft in Anspruch genommen werden können. Davon macht § 27 Abs. 2 nur für die Versorgung mit Zahnersatz[294] eine Ausnahme. Zur Begründung hat der Gesetzgeber darauf verwiesen, dass Leistungen der Krankenkassen bei der Versorgung mit Zahnersatz häufig sehr aufwendig seien. Es liege im Interesse einer gleichmäßigen Belastung der Beitragszahler, wenn diese Leistungen von Personen, die sich erst seit kurzem oder in der Regel nur vorübergehend im Inland aufhielten, erst nach einer angemessenen Wartezeit in Anspruch genommen werden könnten.[295] **25**

Die Regelung erfasst: **26**

- Personen, die sich nur vorübergehend im Inland aufhalten. Also Personen, die in Deutschland keinen Wohnsitz haben, sondern bei denen sich aus den Umständen erkennen lässt, dass sie nur vorübergehend in der Bundesrepublik Deutschland verweilen (vgl. § 30 Abs. 3 SGB I)
- Ausländer, denen eine Aufenthaltserlaubnis nach § 25 Abs. 4 und 5 des Aufenthaltsgesetzes erteilt wurde

---

290 Siehe auch § 2 Rn. 9 und § 13 Rn. 8.
291 BT-Drs. 11/2237, S. 170.
292 Vgl. BSG – 25.06.2002 – B 1 KR 22/01 R.
293 BSG – 20.11.2001 – B 1 KR 31/99 R.
294 Vgl. zur Versorgung mit Zahnersatz auch die Erläuterungen zu § 57.
295 BT-Drs. 12/3608, S. 78.

- Asylsuchende Ausländer,[296] deren Asylverfahren noch nicht unanfechtbar abgeschlossen ist. Eine Versorgung mit Zahnersatz erfolgt nur, soweit dies im Einzelfall aus medizinischen Gründen unaufschiebbar ist (§ 4 Abs. 1 Satz 2 AsylbLG).
- Vertriebene gem. § 1 Abs. 1 Nr. 2 BVFG (Umsiedler) und gem. § 1 Abs. 1 Nr. 3 BVFG (Aussiedler)
- Spätaussiedler (§ 4 BVFG), sowie deren Ehegatten, Lebenspartner und Abkömmlinge (§ 7 Abs. 2 BVFG).

27 Wartefrist: Unmittelbar vor Inanspruchnahme der Leistung muss mindestens ein Jahr lang Mitgliedschaft in einer Krankenkasse oder eine Versicherung im Rahmen der Familienversicherung (§ 10) bestanden haben.

Ohne Wartezeit besteht ein Anspruch auf Versorgung mit Zahnersatz, wenn die Behandlung unaufschiebbar ist (§ 27 Abs. 2 am Ende). Vor der Entscheidung, ob ein Ausnahmefall vorliegt, ist der Medizinische Dienst (§ 275) zu hören.[297]

§ 32 Heilmittel

(1) Versicherte haben Anspruch auf Versorgung mit Heilmitteln, soweit sie nicht nach § 34 ausgeschlossen sind. Für nicht nach Satz 1 ausgeschlossene Heilmittel bleibt § 92 unberührt.

(1 a) Versicherte mit langfristigem Behandlungsbedarf haben die Möglichkeit, sich auf Antrag die erforderlichen Heilmittel von der Krankenkasse für einen geeigneten Zeitraum genehmigen zu lassen. Das Nähere, insbesondere zu den Genehmigungsvoraussetzungen, regelt der Gemeinsame Bundesausschuss in den Richtlinien nach § 92 Absatz 1 Satz 2 Nummer 6. Über die Anträge ist innerhalb von vier Wochen zu entscheiden; ansonsten gilt die Genehmigung nach Ablauf der Frist als erteilt. Soweit zur Entscheidung ergänzende Informationen des Antragstellers erforderlich sind, ist der Lauf der Frist bis zum Eingang dieser Informationen unterbrochen.

(2) Versicherte, die das achtzehnte Lebensjahr vollendet haben, haben zu den Kosten der Heilmittel als Zuzahlung den sich nach § 61 Satz 3 ergebenden Betrag an die abgebende Stelle zu leisten. Dies gilt auch, wenn Massagen, Bäder und Krankengymnastik als Bestandteil der ärztlichen Behandlung (§ 27 Satz 2 Nr. 1) oder bei ambulanter Behandlung in Krankenhäusern, Rehabilitations- oder anderen Einrichtungen abgegeben werden. Die Zuzahlung für die in Satz 2 genannten Heilmittel, die als Bestandteil der ärztlichen Behandlung abgegeben werden, errechnet sich nach den Preisen, die für die Krankenkasse des Versicherten nach § 125 für den Bereich des Vertragsarztsitzes vereinbart sind. Bestehen insoweit unterschiedliche Preisvereinbarungen, hat die Krankenkasse einen durchschnittlichen Preis zu errechnen. Die Krankenkasse teilt die anzuwendenden Preise den Kassenärztlichen Vereinigungen mit, die die Vertragsärzte darüber unterrichten.

---

296 Zur Krankenhilfe nach dem Asylbewerberleistungsgesetz siehe: www.fluechtlingsinfo-berlin.de/fr/arbeitshilfen/krankenhilfe_asylblg.doc.

297 Vgl. BT-Drs. 12/3608, S. 78.

Inhaltsübersicht Rn.

1. Inhalt und systematischer Zusammenhang

1 Nach § 27 Abs. 1 Satz 2 Nr. 3 sind Heilmittel vom Anspruch auf Krankenbehandlung umfasst. Die konkreten Voraussetzungen für diesen Anspruch regeln die §§ 32, 34. Zu fragen ist stets, ob die Versorgung mit einem Heilmittel nicht gem. § 34 ausgeschlossen ist. Der Gemeinsame Bundesausschuss hat gem. § 92 Abs. 1 Satz 2 Nr. 6 und Abs. 6 i. V. mit § 138 die Heilmittel-Richtlinie[298] (HeilM-RL) beschlossen. Sie soll der Sicherung einer nach den Regeln der ärztlichen Kunst und unter Berücksichtigung des allgemein anerkannten Standes der medizinischen Erkenntnisse ausreichenden, zweckmäßigen und wirtschaftlichen Versorgung der Versicherten mit Heilmitteln dienen.

2 Aufgrund von § 3 Abs. 4 HeilM-RL sind im Heilmittelkatalog[299] im Einzelnen geregelt

- die Indikationen, bei denen Heilmittel verordnungsfähig sind,
- die Art der verordnungsfähigen Heilmittel bei diesen Indikationen und
- die Menge der verordnungsfähigen Heilmittel sowie
- die Besonderheiten bei Wiederholungsverordnungen (Folgeverordnungen).

Durch die HeilM-RL wird die Versorgung mit Heilmitteln auf Kosten der GKV ebenfalls eingeschränkt.

3 Durch die Regelung des § 32 Abs. 1 a wird Versicherten, die langfristig Heilmittelbehandlungen benötigen (z. B. Menschen mit schweren Behinderungen oder chronisch Kranken) die Möglichkeit eingeräumt, sich die erforderlichen Heilmittel für einen geeigneten Zeitraum von ihrer Krankenkasse genehmigen zu lassen.[300]

2. Heilmittel

4 Nach § 2 Abs. 2 Satz 1 HeilM-RL sind Heilmittel persönlich zu erbringende medizinische Leistungen.[301] Darunter fallen

---

298 Richtlinie des Gemeinsamen Bundesausschusses über die Verordnung von Heilmitteln in der vertragsärztlichen Versorgung (Heilmittel-Richtlinie/HeilM-RL) in der Fassung vom 20.01.2011/19.05.2011, veröffentlicht im Bundesanzeiger 2011; Nr. 96 (S. 2247) in Kraft getreten am 01.07.2011; siehe unter http://www.g-ba.de/informationen/richtlinien/12/.

299 Zweiter Teil, Zuordnung der Heilmittel zu Indikationen (Heilmittelkatalog). Zuordnung der Heilmittel zu Indikationen nach § 92 Abs. 6 Satz 1 Nr. 2 SGB V; siehe unter http://www.g-ba.de/informationen/richtlinien/12/.

300 BT-Drs. 17/6906, S. 54.

301 Nach § 30 SGB VII sind Heilmittel alle ärztlich verordneten Dienstleistungen, die einem Heilzweck dienen oder einen Heilerfolg sichern und nur von entsprechend ausgebildeten Personen erbracht werden dürfen.

- Maßnahmen der Physikalischen Therapie, z. B. Massage (§ 18 HeilM-RL) oder Bewegungstherapie (§ 19 HeilM-RL),
- weiter Maßnahmen der Podologischen Therapie – Fußpflege – z. B. Nagelbearbeitung oder Hornhautabtragung (§ 28 Abs. 4 HeilM-RL),
- Maßnahmen der Stimm-, Sprech- und Sprachtherapie (§ 31 bis § 33 HeilM-RL) und
- Maßnahmen der Ergotherapie (§ 36 bis § 40 HeilM-RL).

Charakteristisch für Heilmittel ist danach, dass sie als Dienstleistung (Ausnahme: § 32 Abs. 2 Satz 2 und 3) von nichtärztlichen Leistungserbringern (§ 124) erbracht werden. Demgegenüber versteht man unter Hilfsmitteln (§ 33) alle sächlichen medizinischen Mittel.[302]

3. Anspruchsvoraussetzungen

5 Das Heilmittel muss gem. § 73 Abs. 2 Nr. 7 vom (Vertrags-)Arzt verordnet worden sein. Durch die ärztliche Verordnung erfolgt die Konkretisierung auf ein bestimmtes Heilmittel.[303] Nach § 8 HeilM-RL können Versicherte ohne ständige erneute Überprüfung des Behandlungsbedarfs eine langfristige Genehmigung von Heilmittelbehandlungen von ihrer gesetzlichen Krankenkasse bekommen.[304]

Nur im Notfall oder wenn es den Versicherten – aus medizinischen oder anderen Gründen – nicht möglich oder nicht zuzumuten gewesen ist, vor der Beschaffung einen Arzt einzuschalten, kann auf die Verordnung verzichtet und Heilmittel selbst beschafft werden. Unter den Voraussetzungen des § 13 Abs. 3 besteht sodann ein Anspruch auf Kostenerstattung.

4. Begrenzung des Leistungsanspruchs

6 Kein Anspruch besteht auf solche Heilmittel, die durch die HeilM-RL ausgeschlossen sind (§ 5 HeilM-RL). Der Katalog nichtverordnungsfähiger Heilmittel ist als Anlage Bestandteil der HeilM-RL.[305] Die dort genannten Heilmittel sind im Rahmen der GKV nicht verordnungsfähig. Die Übersicht wird in regelmäßigen Abständen – dem Stand der medizinischen Erkenntnisse folgend – ergänzt oder aktualisiert (§ 5 Satz 3 HeilM-RL).

7 Nach § 138 dürfen neue Heilmittel nur verordnet werden, wenn der Gemeinsame Bundesausschuss zuvor ihren therapeutischen Nutzen anerkannt und in den Richtlinien nach § 92 Abs. 1 Satz 2 Nr. 6 Empfehlungen für die Sicherung der Qualität bei der Leistungserbringung abgegeben hat.

5. Zuzahlung

8 Gem. § 32 Abs. 2 i. V. mit § 61 Satz 3 haben Versicherte, die das 18. Lebensjahr vollendet haben, 10 v. H. der Kosten für das Heilmittel sowie 10 € je Verordnung zu tragen.

---

302 BSG – 28.06.2001 – B 3 KR 3/00 R.
303 BSG – 16.12.1993 – 4 RK 5/92.
304 So jetzt auch gesetzlich in § 32 Abs. 1 a geregelt.
305 Siehe unter http://www.g-ba. de/informationen/richtlinien/12/.

Lediglich für Massagen, Bäder und Krankengymnastik gilt nach § 32 Abs. 2 Satz 2, dass Versicherte die Zuzahlung auch dann leisten müssen, wenn Massagen, Bäder und Krankengymnastik Bestandteil der ärztlichen Behandlung oder ambulanter Behandlung in Krankenhäusern, Rehabilitations- oder anderen Einrichtungen sind.

§ 33 Hilfsmittel

(1) Versicherte haben Anspruch auf Versorgung mit Hörhilfen, Körperersatzstücken, orthopädischen und anderen Hilfsmitteln, die im Einzelfall erforderlich sind, um den Erfolg der Krankenbehandlung zu sichern, einer drohenden Behinderung vorzubeugen oder eine Behinderung auszugleichen, soweit die Hilfsmittel nicht als allgemeine Gebrauchsgegenstände des täglichen Lebens anzusehen oder nach § 34 Abs. 4 ausgeschlossen sind. Der Anspruch auf Versorgung mit Hilfsmitteln zum Behinderungsausgleich hängt bei stationärer Pflege nicht davon ab, in welchem Umfang eine Teilhabe am Leben der Gemeinschaft noch möglich ist; die Pflicht der stationären Pflegeeinrichtungen zur Vorhaltung von Hilfsmitteln und Pflegehilfsmitteln, die für den üblichen Pflegebetrieb jeweils notwendig sind, bleibt hiervon unberührt. Für nicht durch Satz 1 ausgeschlossene Hilfsmittel bleibt § 92 Abs. 1 unberührt. Der Anspruch umfasst auch die notwendige Änderung, Instandsetzung und Ersatzbeschaffung von Hilfsmitteln, die Ausbildung in ihrem Gebrauch und, soweit zum Schutz der Versicherten vor unvertretbaren gesundheitlichen Risiken erforderlich, die nach dem Stand der Technik zur Erhaltung der Funktionsfähigkeit und der technischen Sicherheit notwendigen Wartungen und technischen Kontrollen. Wählen Versicherte Hilfsmittel oder zusätzliche Leistungen, die über das Maß des Notwendigen hinausgehen, haben sie die Mehrkosten und dadurch bedingte höhere Folgekosten selbst zu tragen.

(2) Versicherte haben bis zur Vollendung des 18. Lebensjahres Anspruch auf Versorgung mit Sehhilfen entsprechend den Voraussetzungen nach Absatz 1. Für Versicherte, die das 18. Lebensjahr vollendet haben, besteht der Anspruch auf Sehhilfen, wenn sie auf Grund ihrer Sehschwäche oder Blindheit, entsprechend der von der Weltgesundheitsorganisation empfohlenen Klassifikation des Schweregrades der Sehbeeinträchtigung, auf beiden Augen eine schwere Sehbeeinträchtigung mindestens der Stufe 1 aufweisen; Anspruch auf therapeutische Sehhilfen besteht, wenn diese der Behandlung von Augenverletzungen oder Augenerkrankungen dienen. Der Gemeinsame Bundesausschuss bestimmt in Richtlinien nach § 92, bei welchen Indikationen therapeutische Sehhilfen verordnet werden. Der Anspruch auf Versorgung mit Sehhilfen umfasst nicht die Kosten des Brillengestells.

(3) Anspruch auf Versorgung mit Kontaktlinsen besteht für anspruchsberechtigte Versicherte nach Absatz 2 nur in medizinisch zwingend erforderlichen Ausnahmefällen. Der Gemeinsame Bundesausschuss bestimmt in den Richtlinien nach § 92, bei welchen Indikationen Kontaktlinsen verordnet werden. Wählen Versicherte statt einer erforderlichen Brille Kontaktlinsen und liegen die Voraussetzungen des Satzes 1 nicht vor, zahlt die Krankenkasse als Zuschuss zu den Kosten von Kontaktlinsen höchstens den Betrag, den sie für eine erforderliche Brille aufzuwenden hätte. Die Kosten für Pflegemittel werden nicht übernommen.

(4) Ein erneuter Anspruch auf Versorgung mit Sehhilfen nach Absatz 2 besteht für Versicherte, die das vierzehnte Lebensjahr vollendet haben, nur bei einer Änderung der Sehfähigkeit um mindestens 0,5 Dioptrien; für medizinisch zwingend erforderliche Fälle kann der Gemeinsame Bundesausschuss in den Richtlinien nach § 92 Ausnahmen zulassen.

(5) Die Krankenkasse kann den Versicherten die erforderlichen Hilfsmittel auch leihweise überlassen. Sie kann die Bewilligung von Hilfsmitteln davon abhängig machen, dass die Versicherten sich das Hilfsmittel anpassen oder sich in seinem Gebrauch ausbilden lassen.

(6) Die Versicherten können alle Leistungserbringer in Anspruch nehmen, die Vertragspartner ihrer Krankenkasse sind. Hat die Krankenkasse Verträge nach § 127 Abs. 1 über die Versorgung mit bestimmten Hilfsmitteln geschlossen, erfolgt die Versorgung durch einen Vertragspartner, der den Versicherten von der Krankenkasse zu benennen ist. Abweichend von Satz 2 können Versicherte ausnahmsweise einen anderen Leistungserbringer wählen, wenn ein berechtigtes Interesse besteht; dadurch entstehende Mehrkosten haben sie selbst zu tragen.

(7) Die Krankenkasse übernimmt die jeweils vertraglich vereinbarten Preise.

(8) Versicherte, die das 18. Lebensjahr vollendet haben, leisten zu jedem zu Lasten der gesetzlichen Krankenversicherung abgegebenen Hilfsmittel als Zuzahlung den sich nach § 61 Satz 1 ergebenden Betrag zu dem von der Krankenkasse zu übernehmenden Betrag an die abgebende Stelle. Der Vergütungsanspruch nach Absatz 7 verringert sich um die Zuzahlung; § 43 b Abs. 1 Satz 2 findet keine Anwendung. Die Zuzahlung bei zum Verbrauch bestimmten Hilfsmitteln beträgt 10 vom Hundert des insgesamt von der Krankenkasse zu übernehmenden Betrags, jedoch höchstens 10 Euro für den gesamten Monatsbedarf.

(9) Absatz 1 Satz 5 gilt entsprechend für Intraokularlinsen beschränkt auf die Kosten der Linsen.

Inhaltsübersicht

1. Inhalt und systematischer Zusammenhang

Nach § 27 Abs. 1 Satz 2 Nr. 3 sind Hilfsmittel vom Anspruch auf Krankenbehandlung umfasst. Die konkreten Voraussetzungen für diesen Anspruch regelt § 33. In Ergänzung ist stets zu fragen, ob die Versorgung mit einem Hilfsmittel nicht gem. § 34 ausgeschlossen ist. 1

Der Gemeinsame Bundesausschuss hat gem. § 92 Abs. 1 Satz 2 Nr. 6 die Hilfsmittel-Richtlinie (HilfsM-RL)[306] beschlossen. Die Hilfsmittel-Richtlinie enthält u. a. Regelungen darüber, welche Produkte als Hilfsmittel angesehen werden (§ 2 HilfsM-RL), aus welchen Gründen sie verordnet werden können (§ 3 HilfsM-RL) sowie Regelungen über die Verordnung von Brillen/Kontaktlinsen (§ 12 ff. HilfsM-RL) und Hörgeräten (§ 18 HilfsM-RL). Die Richtlinie ist für die Versicherten, die Krankenkassen, die an der vertragsärztlichen Versorgung teilnehmenden Ärzte und ärztlich geleiteten Einrichtungen sowie die Leistungserbringer verbindlich (§ 1 Abs. 2 HilfsM-RL). 2

Daneben erstellt der Spitzenverband Bund der Krankenkassen gem. § 139 ein systematisch strukturiertes Hilfsmittelverzeichnis.[307] Dieses führt die von der Leistungspflicht der Krankenkassen umfassten Hilfsmittel auf. Es ist aber nicht abschließend (§ 4 Abs. 1 Satz 2 HilfsM-RL), so dass ein Anspruch nicht deshalb ausgeschlossen ist, weil das Hilfsmittel nicht im Hilfsmittelverzeichnis aufgeführt ist.[308] 3

2. Hilfsmittel

Nach § 33 Abs. 1 gehören zu den Hilfsmitteln Hörhilfen, Körperersatzstücke (z. B. Prothesen für Arme oder Beine), orthopädische und andere Hilfsmittel sowie nach § 33 Abs. 2 und 3 Sehhilfen. Hilfsmittel sind alle ärztlich verordneten Sachen, die den Erfolg der Heilbehandlung sichern oder die Folgen von Gesundheitsschäden mildern oder ausgleichen.[309] 4

Eine Definition findet sich in § 2 HilfsM-RL. Danach sind Hilfsmittel sächliche Mittel oder technische Produkte, die 5

- individuell gefertigt oder
- als serienmäßig hergestellte Ware in unverändertem Zustand oder
- als Basisprodukt mit entsprechender handwerklicher Zurichtung, Ergänzung bzw. Abänderung

von den Leistungserbringern abgegeben werden.

Zu den Hilfsmitteln rechnen weiter

- solche sächlichen Mittel oder technischen Produkte, die dazu dienen, Arzneimittel oder andere Therapeutika, die zur inneren Anwendung bestimmt sind, in den Körper zu bringen (z. B. bestimmte Spritzen oder Inhalationsgeräte),

---

306 Richtlinie des Gemeinsamen Bundesauschusses über die Verordnung von Hilfsmitteln in der vertragsärztlichen Versorgung (Hilfsmittel-Richtlinie/HilfsM-RL), in der Neufassung vom 21. 12. 2011/15. 03. 2012 veröffentlicht im Bundesanzeiger am 10. 04. 2012 (BAnz AT 10. 04. 2012 B2) in Kraft getreten am 01. 04. 2012.

307 Siehe unter https://hilfsmittel. gkv-spitzenverband. de/HimiWeb/produktliste–input. action.

308 BSG – 03. 08. 2006 – B 3 KR 25/05 R.

309 BSG – 30. 01. 2001 – B 3 KR 6/00 R.

- Zubehörteile, ohne die die Basisprodukte nicht oder nicht zweckentsprechend betrieben werden können.

3. Krankenbehandlung und Behinderungsausgleich

6 Hilfsmittel können zu Lasten der Krankenkassen verordnet werden, wenn sie im Einzelfall erforderlich sind, um
- den Erfolg der Krankenbehandlung zu sichern,
- einer Behinderung vorzubeugen oder
- eine Behinderung bei der Befriedigung von Grundbedürfnissen des täglichen Lebens auszugleichen.

3.1 Erfolg der Krankenbehandlung sichern

6a Das Hilfsmittel muss unmittelbar dazu dienen, eine Krankheit zu behandeln; z. B. Orthesen/Schienen zur Behandlung von Frakturen von Ober- und Unterschenkel oder Gehhilfen (Krücken), um nach Unfällen oder Operationen ein Bein oder einen Körperabschnitt zu entlasten.

3.2 Behinderung vorbeugen

7 Gem. § 2 Abs. 1 SGB IX sind Menschen behindert, wenn ihre körperliche Funktion, geistige Fähigkeit oder seelische Gesundheit mit hoher Wahrscheinlichkeit länger als sechs Monate von dem für das Lebensalter typischen Zustand abweichen und daher ihre Teilhabe am Leben in der Gesellschaft beeinträchtigt ist. Sie sind von Behinderung bedroht, wenn die Beeinträchtigung zu erwarten ist.

3.3 Behinderung ausgleichen

3.3.1 Unmittelbarer Behinderungsausgleich

8 Gegenstand des Behinderungsausgleichs sind solche Hilfsmittel, die auf den Ausgleich der Behinderung selbst gerichtet sind, also zum unmittelbaren Ersatz der ausgefallenen Funktionen dienen, z. B. eine Beinprothese. Für diesen unmittelbaren Behinderungsausgleich gilt das Gebot eines möglichst weitgehenden Ausgleichs des Funktionsdefizits, und zwar unter Berücksichtigung des aktuellen Stands des medizinischen und technischen Fortschritts.[310] Solange ein Ausgleich der Behinderung nicht vollständig im Sinne des Gleichziehens mit einem gesunden Menschen erreicht ist, kann die Versorgung mit einem fortschrittlichen, technisch weiterentwickelten Hilfsmittel nicht mit der Begründung abgelehnt werden, der bisher erreichte Versorgungsstandard sei ausreichend.[311]

---

310 BSG – 17. 12. 2009 – B 3 KR 20/08 R.

311 BSG – 16. 09. 2004 – B 3 KR 20/04 R, zu einer Oberschenkelprothese mit dem Kniegelenksystem C-Leg.

3.3.2 Mittelbarer Behinderungsausgleich

9 Dem Behinderungsausgleich dienen jedoch auch solche Hilfsmittel, die die direkten und indirekten Folgen der Behinderung ausgleichen (z. B. Rollator bei eingeschränkter Gehfähigkeit). In diesen Fällen ist jedoch grundsätzlich ergänzend zu prüfen, ob das Hilfsmittel die Auswirkungen der Behinderung im täglichen Leben beseitigt oder mildert. D. h., das (Hilfs-)Mittel muss nur dann zur Verfügung gestellt werden, wenn es bei einem Grundbedürfnis des täglichen Lebens »Hilfe leistet«.[312] Zu den Grundbedürfnissen des täglichen Lebens gehören:

- Gehen,
- Stehen,
- Greifen,
- Sehen,
- Hören,
- Nahrungsaufnahme,
- Ausscheiden,
- (elementare) Körperpflege,
- selbständiges Wohnen,
- Erschließen eines gewissen körperlichen und geistigen Freiraums,[313]
- Teilnahme am gesellschaftlichen Leben.

Aus dem Recht auf ein selbstbestimmtes Leben einschließlich der Schaffung eines eigenen geistigen Freiraums und der Teilnahme am gesellschaftlichen Leben lässt sich das Grundbedürfnis auf Information ableiten. Dem Informationsbedürfnis ist umfassend Rechnung zu tragen. Dementsprechend kann ein Blinder nicht auf Rundfunk und Audiotheken verwiesen werden, sondern muss mit solchen Hilfsmitteln (z. B. einer Braille-Zeile) ausgestattet werden, die ihm auch die schlichte Zeitungslektüre oder die Kenntnisnahme von Telefonnummern, Telefonrechnungen, Arzneibeipackzetteln und Formularen ermöglicht.[314]

Die Frage, ob das Hilfsmittel die Auswirkungen der Behinderung im täglichen Leben beseitigt oder mildert und damit ein Grundbedürfnis betrifft, ist – wie die Vielzahl von Entscheidungen[315] belegt – im Einzelfall schwierig zu beantworten.

10 Versicherte können nicht auf die Mithilfe ihrer Familienangehörigen verwiesen werden. Mit den Regelungen der GKV lässt sich keine generelle vorrangige Selbsthilfe bzw. Hilfe von Angehörigen gegenüber Versicherungsansprüchen begründen.[316]

11 Im Rahmen des mittelbaren Behinderungsausgleichs geht es nicht um einen Ausgleich im Sinne des vollständigen Gleichziehens mit einem gesunden Menschen. Denn Aufgabe der GKV ist allein die medizinische Rehabilitation, d. h. die möglichst weitgehende

312 BSG – 16.09.2004 – B 3 KR 19/03 R.
313 Vgl. BSG – 29.09.1997 – 8 RKn 27/96.
314 BSG – 16.04.1998 – B 3 KR 6/97 R.
315 Übersicht u. a. bei – BKK Hilfsmittel – Rechtsprechung, siehe unter http://www.bkk.de; – Ambulante Dienste e. V., siehe unter http://www.adberlin.com/urteile/hilfsmittel.html.
316 BSG – 17.01.1996 – 3 RK 38/94.

Wiederherstellung der Gesundheit und der Organfunktionen einschließlich der Sicherung des Behandlungserfolges, um ein selbständiges Leben führen und die Anforderungen des Alltags meistern zu können. Eine darüber hinausgehende berufliche oder soziale Rehabilitation ist Aufgabe anderer Sozialleistungssysteme.[317] Hilfsmittel, die dazu dienen, lediglich die Folgen und Auswirkungen der Behinderung auf beruflichem, wirtschaftlichem und privatem Gebiet zu beseitigen oder zu mildern, müssen daher nicht von gesetzlichen Krankenkassen zur Verfügung gestellt werden.[318]

4. Ausschluss von der Versorgung

12 Nach § 33 Abs. 1 Satz 1 2. Halbsatz besteht kein Anspruch auf solche Hilfsmittel,

- die Gebrauchsgegenstände des täglichen Lebens oder
- die nach § 34 ausgeschlossenen

sind.

4.1 Gebrauchsgegenstände des täglichen Lebens

13 Was unter dem Begriff des allgemeinen Gebrauchsgegenstands des täglichen Lebens zu verstehen ist, lässt sich nicht für jeden Gegenstand, der als erforderliches Hilfsmittel in Betracht kommt, einheitlich beantworten. Wenn der Gegenstand im Wesentlichen der Behandlung einer Krankheit bzw. dem Ausgleich einer Behinderung dient, folgt daraus die Leistungspflicht der Krankenkasse. Ist ein Gegenstand für alle Menschen oder jedenfalls ihre Mehrzahl unentbehrlich oder besitzt ihn die Mehrzahl der Menschen unabhängig von etwaigen Krankheiten oder Behinderungen aus sonstigen Gründen, kann stets von einem allgemeinen Gebrauch dieses Gegenstandes gesprochen werden,[319] in diesen Fällen besteht kein Kostenanspruch gegen die Krankenkasse.

14 Neben der Verbreitung des Gegenstands kann ein niedriger Preis als Indiz für einen Gebrauchsgegenstand des täglichen Lebens gewertet werden, weil bei niedrigem Preis eher davon ausgegangen werden kann, dass sich der Versicherte den Gegenstand auch ohne Krankheit angeschafft hätte.[320] Dementsprechend kann nicht gleichbleibend für die Zukunft von der Hilfsmitteleigenschaft eines Gegenstands ausgegangen werden. Erfährt der Gegenstand im Laufe der Zeit eine größere Verbreitung oder kann er, anders als in der Vergangenheit, wesentlich billiger erworben werden, ist ein Anspruch auf Versorgung zu Lasten der Krankenkasse fraglich.[321]

15 Weiter problematisch ist die Übernahme der Kosten für Gegenstände, die sowohl Hilfsmittel als auch Gebrauchsgegenstände des täglichen Lebens sind, z. B. orthopädische Schuhe; antiallergene Kissenbezüge oder PC-Lese-Sprechgerät. In Fällen einer derartigen

---

317 BSG – 10.03.2011 – B 3 KR 9/10 R.
318 BSG – 08.06.1994 – 3/1 RK 13/93.
319 BSG – 17.01.1996 – 3 RK 39/94.
320 BSG – 17.01.1996 – 3 RK 39/94.
321 Vgl. insoweit zur Versorgung mit einem Telefax-Gerät: BSG – 17.01.1996 – 3 RK 39/94.

Doppelfunktion muss die Krankenkasse einen Kostenanteil übernehmen, wenn die Kosten, die für die »Umrüstung« des Gebrauchsgegenstandes zum Hilfsmittel erforderlich sind, einen überwiegenden Teil der Gesamtkosten ausmachen. Die Beschaffungskosten müssen dann im Verhältnis des festgestellten Herstellungsaufwands auf den Versicherten und die Krankenkasse aufgeteilt werden.[322]

Beispiel:
Entfallen z. B. von den Herstellungskosten in Höhe von 200 € auf die »Umrüstung zum Hilfsmittel« 120 € und beträgt der Ladenpreis 400 €, so hätte der Versicherte, wenn er sich den Gegenstand zu diesem Preis selbst beschafft hat, einen Kostenerstattungsanspruch gegen die Krankenkasse in Höhe von 240 €[323] (abzüglich einer eventuellen Zuzahlung).[324]

Bei besonders aufwendigen Geräten (z. B. PC-Lese-Sprechgerät) kommt jedoch eine volle Belastung der Versicherten auch dann nicht in Betracht, wenn die auf die Hilfsmittelfunktion entfallenden Kosten nicht überwiegen.[325]

4.2 Ausschluss gem. § 34

Nach § 34 Abs. 4 kann das Bundesministerium für Gesundheit durch Rechtsverordnung **16**
mit Zustimmung des Bundesrates Hilfsmittel von geringem oder umstrittenem therapeutischen Nutzen oder geringem Abgabepreis bestimmen, deren Kosten die Krankenkasse nicht übernimmt. Davon wurde mit der »Verordnung über Hilfsmittel von geringem therapeutischen Nutzen oder geringem Abgabepreis in der GKV« (KVHilfsmV) Gebrauch gemacht.[326] Danach sind z. B. Kompressionsstücke für Waden und Oberschenkel von der Versorgung ausgeschlossen.

5. Instandhaltung

Der Anspruch auf Hilfsmittel umfasst auch die notwendige Änderung, Instandsetzung und **17**
Ersatzbeschaffung (§ 33 Abs. 1 Satz 4). Soweit zum Betrieb eines Gerätes, das als Hilfsmittel geleistet wird, auch eine Energieversorgung gehört, ist diese ebenfalls von der Krankenkasse zu übernehmen.[327] Energieversorgung (Batterien) bei Hörgeräten für Versicherte, die das 18. Lebensjahr vollendet haben, ist durch § 2 Ziff. 11 KVHilfsmV von der Leistungspflicht der Krankenkasse ausgeschlossen.

---

322 BSG – 10.05.1995 – 1 RK 18/94.
323 Von den Herstellungskosten (200 €) entfallen 60 v. H. auf die »Umrüstung«, demensprechend muss die Krankenkasse auch 60 v. H. der Anschaffungskosten (400 €) = 240 € tragen.
324 Beispiel nach BSG – 10.05.1995 – 1RK 18/94.
325 BSG – 23.08.1995 – 3 RK 7/95.
326 Verordnung über Hilfsmittel von geringem therapeutischen Nutzen oder geringem Abgabepreis in der gesetzlichen Krankenversicherung vom 13.12.1989 (BGBl. I S. 2237), die durch Artikel 1 der Verordnung vom 17.01.1995 (BGBl. I S. 44) geändert worden ist.
327 BSG – 06.02.1997 – 3 RK 12/96.

Bei Versorgung mit einem Elektrorollstuhl muss die Krankenkasse auch die Kosten für eine gesetzlich vorgeschriebene Haftpflichtversicherung tragen.[328]

18 Nach § 3 KVHilfsmV sind Reparaturen von Brillengestellen für Versicherte, die das 18. Lebensjahr vollendet haben, einschließlich Aufarbeitung einer vorhandenen Fassung ausdrücklich von der Versorgung ausgeschlossen und müssen daher von den Versicherten selbst bezahlt werden.

§ 33 Abs. 1 Satz 5 stellt klar, dass in Fällen, in denen die Versicherten ein über das notwendige Maß hinaus gehendes Hilfsmittel wählen, nicht nur die Mehrkosten bei der Anschaffung, sondern auch etwaige höhere Folgekosten selbst zu zahlen haben.

6. Versorgung mit Sehhilfen

19 § 33 Abs. 2 begrenzt den Leistungsanspruch bei der Versorgung mit Sehhilfen (u.a. Brillen, Lupen, Fernrohrbrillen) auf Kinder und Jugendliche bis zur Vollendung des 18. Lebensjahres sowie auf schwer sehbeeinträchtigte Versicherte. Auf Sehhilfen haben Erwachsene unter den Voraussetzungen des § 33 Abs. 2 daher nur einen eingeschränkten Anspruch. Selbst dann umfasst der Anspruch auf Versorgung mit Sehhilfen nicht die Kosten des Brillengestells (§ 33 Abs. 2 Satz 4).

20 Bei Erwachsenen wird der Leistungsanspruch auf zwingend medizinisch notwendige Ausnahmefälle begrenzt.

Derartige Ausnahmen liegen dann vor, wenn Versicherte aufgrund ihrer Sehschwäche oder Blindheit, entsprechend der von der Weltgesundheitsorganisation (WHO) empfohlenen Klassifikation des Schweregrades der Sehbeeinträchtigung,[329] auf beiden Augen eine schwere Sehbeeinträchtigung mindestens der Stufe 1 aufweisen. Nach dem Kodierungsschlüssel gemäß der ICD-10[330] betrifft dies Versicherte, die

- unter Sehschwäche beider Augen (Diagnoseschlüssel H54.2),
- Blindheit eines Auges und Sehschwäche des anderen Auges (Diagnoseschlüssel H54.1) oder
- Blindheit beider Augen (Diagnoseschlüssel H54.0) leiden.[331]

Einzelheiten u.a. zur Verordnungsfähigkeit von Sehhilfen sind in §§ 12 ff. HilfsM-RL geregelt. So ist gem. § 17 zur Behandlung einer Augenverletzung oder Augenerkrankung die Verordnung therapeutischer Sehhilfen möglich.

21 Kontaktlinsen können gem. § 33 Abs. 3 nur bei den in § 15 Abs. 3 HilfsM-RL aufgeführten Indikationen verordnet werden. Liegen diese Voraussetzungen nicht vor und wählt der Versicherte gleichwohl Kontaktlinsen, zahlt die Krankenkasse als Zuschuss zu den Kosten von Kontaktlinsen höchstens den Betrag, den sie für eine erforderliche Brille aufzuwenden hätte (§ 33 Abs. 3 Satz 3).

---

328 BSG – 14.09.1994 – 3/1 RK 56/93.
329 WHO Technical Report Series No. 518, 1973.
330 ICD = International Statistical Classification of Diseases and Related Health Problems (Internationale statistische Klassifikation der Krankheiten und verwandter Gesundheitsprobleme).
331 BT-Drs. 15/1525, S. 85.

7. Versorgung mit Hörhilfen

Die Versorgung mit Hörgeräten dient dem unmittelbaren Behinderungsausgleich. Es besteht Anspruch auf die Versorgung mit Hörgeräten, die nach dem Stand der Medizintechnik (§ 2 Abs. 1 Satz 3) die bestmögliche Angleichung an das Hörvermögen Gesunder erlauben und damit im allgemeinen Alltagsleben einen erheblichen Gebrauchsvorteil gegenüber anderen Hörhilfen bieten.[332] 22

8. Verfahren

Hilfsmittel müssen gem. § 73 Abs. 2 Nr. 7 von (Vertrags-)Ärzten verordnet werden. 23
Verordnet der Arzt ein Hilfsmittel, das nicht im Hilfsmittelverzeichnis aufgeführt ist, so bedarf dies der gesonderten Begründung (§ 7 Abs. 3 Satz 5 HilfsM-RL). Die Krankenkasse kann gem. § 275 Abs. 3 Nr. 1 in geeigneten Fällen den Medizinischen Dienst mit der Prüfung der Erforderlichkeit des Hilfsmittels und der Beratung des Versicherten beauftragen.

Das Hilfsmittel überlässt die Krankenkasse den Versicherten leihweise (§ 33 Abs. 5). In 24
den Fällen, in denen das Hilfsmittel individuell angepasst werden muss, wird vornehmlich der Eigentumserwerb durch die Versicherten in Betracht kommen.

Das Hilfsmittel müssen sich Versicherte bei einem Leistungserbringer besorgen, der 25
Vertragspartner der Krankenkasse ist (§ 33 Abs. 6). Soweit die Versicherten nicht sicher sind, ob etwa ein Sanitätshaus Vertragspartner ihrer Krankenkasse ist, hat die Krankenkasse Auskunft zu erteilen und den Versicherten einen Vertragspartner zu benennen.

Nach § 33 Abs. 8 i. V. mit § 61 Satz 1 leisten Versicherte, die das 18. Lebensjahr voll- 26
endet haben, für jedes Hilfsmittel als Zuzahlung 10 v. H. des Abgabepreises, mindestens 5 €, höchstens jedoch 10 €. Die Zuzahlung für solche Hilfsmittel, die zum Verbrauch bestimmt sind (z. B. Inkontinenzhilfen – u. a. Windeln) beträgt 10 v. H. des insgesamt von der Krankenkasse zu übernehmenden Betrags, jedoch höchstens 10 € für den gesamten Monatsbedarf (§ 33 Abs. 8. Satz 3).

§ 40 Leistungen zur medizinischen Rehabilitation

(1) Reicht bei Versicherten eine ambulante Krankenbehandlung nicht aus, um die in § 11 Abs. 2 beschriebenen Ziele zu erreichen, erbringt die Krankenkasse aus medizinischen Gründen erforderliche ambulante Rehabilitationsleistungen in Rehabilitationseinrichtungen, für die ein Versorgungsvertrag nach § 111 besteht, oder, soweit dies für eine bedarfsgerechte, leistungsfähige und wirtschaftliche Versorgung der Versicherten mit medizinischen Leistungen ambulanter Rehabilitation erforderlich ist, durch wohnortnahe Einrichtungen. Leistungen nach Satz 1 sind auch in stationären Pflegeeinrichtungen nach § 72 Abs. 1 des Elften Buches zu erbringen.

(2) Reicht die Leistung nach Absatz 1 nicht aus, erbringt die Krankenkasse stationäre Rehabilitation mit Unterkunft und Verpflegung in einer nach § 20 Abs. 2 a des

332 BSG – 17. 12. 2009 – B 3 KR 20/08 R.

Neunten Buches zertifizierten Rehabilitationseinrichtung, mit der ein Vertrag nach § 111 besteht. Wählt der Versicherte eine andere zertifizierte Einrichtung, mit der kein Versorgungsvertrag nach § 111 besteht, so hat er die dadurch entstehenden Mehrkosten zu tragen. Die Krankenkasse führt nach Geschlecht differenzierte statistische Erhebungen über Anträge auf Leistungen nach Satz 1 und Absatz 1 sowie deren Erledigung durch.

(3) Die Krankenkasse bestimmt nach den medizinischen Erfordernissen des Einzelfalls Art, Dauer, Umfang, Beginn und Durchführung der Leistungen nach den Absätzen 1 und 2 sowie die Rehabilitationseinrichtung nach pflichtgemäßem Ermessen. Leistungen nach Absatz 1 sollen für längstens 20 Behandlungstage, Leistungen nach Absatz 2 für längstens drei Wochen erbracht werden, es sei denn, eine Verlängerung der Leistung ist aus medizinischen Gründen dringend erforderlich. Satz 2 gilt nicht, soweit der Spitzenverband Bund der Krankenkassen nach Anhörung der für die Wahrnehmung der Interessen der ambulanten und stationären Rehabilitationseinrichtungen auf Bundesebene maßgeblichen Spitzenorganisationen in Leitlinien Indikationen festgelegt und diesen jeweils eine Regeldauer zugeordnet hat; von dieser Regeldauer kann nur abgewichen werden, wenn dies aus dringenden medizinischen Gründen im Einzelfall erforderlich ist. Leistungen nach den Absätzen 1 und 2 können nicht vor Ablauf von vier Jahren nach Durchführung solcher oder ähnlicher Leistungen erbracht werden, deren Kosten auf Grund öffentlich-rechtlicher Vorschriften getragen oder bezuschusst worden sind, es sei denn, eine vorzeitige Leistung ist aus medizinischen Gründen dringend erforderlich. § 23 Abs. 7 gilt entsprechend. Die Krankenkasse zahlt der Pflegekasse einen Betrag in Höhe von 3072 Euro für pflegebedürftige Versicherte, für die innerhalb von sechs Monaten nach Antragstellung keine notwendigen Leistungen zur medizinischen Rehabilitation erbracht worden sind. Satz 6 gilt nicht, wenn die Krankenkasse die fehlende Leistungserbringung nicht zu vertreten hat. Die Krankenkasse berichtet ihrer Aufsichtsbehörde jährlich über Fälle nach Satz 6.

(4) Leistungen nach den Absätzen 1 und 2 werden nur erbracht, wenn nach den für andere Träger der Sozialversicherung geltenden Vorschriften mit Ausnahme des § 31 des Sechsten Buches solche Leistungen nicht erbracht werden können.

(5) Versicherte, die eine Leistung nach Absatz 1 oder 2 in Anspruch nehmen und das achtzehnte Lebensjahr vollendet haben, zahlen je Kalendertag den sich nach § 61 Satz 2 ergebenden Betrag an die Einrichtung. Die Zahlungen sind an die Krankenkasse weiterzuleiten.

(6) Versicherte, die das achtzehnte Lebensjahr vollendet haben und eine Leistung nach Absatz 1 oder 2 in Anspruch nehmen, deren unmittelbarer Anschluss an eine Krankenhausbehandlung medizinisch notwendig ist (Anschlussrehabilitation), zahlen den sich nach § 61 Satz 2 ergebenden Betrag für längstens 28 Tage je Kalenderjahr an die Einrichtung; als unmittelbar gilt der Anschluss auch, wenn die Maßnahme innerhalb von 14 Tagen beginnt, es sei denn, die Einhaltung dieser Frist ist aus zwingenden tatsächlichen oder medizinischen Gründen nicht möglich. Die innerhalb des Kalenderjahres bereits an einen Träger der gesetzlichen Rentenversicherung geleistete kalendertägliche Zahlung nach § 32 Abs. 1 Satz 2 des Sechsten Buches sowie die nach

§ 39 Abs. 4 geleistete Zahlung sind auf die Zahlung nach Satz 2 anzurechnen. Die Zahlungen sind an die Krankenkasse weiterzuleiten.

(7) Der Spitzenverband Bund der Krankenkassen legt unter Beteiligung der Arbeitsgemeinschaft nach § 282 (Medizinischer Dienst der Spitzenverbände der Krankenkassen) Indikationen fest, bei denen für eine medizinisch notwendige Leistung nach Absatz 2 die Zuzahlung nach Absatz 6 Satz 1 Anwendung findet, ohne dass es sich um Anschlussrehabilitation handelt. Vor der Festlegung der Indikationen ist den für die Wahrnehmung der Interessen der stationären Rehabilitation auf Bundesebene maßgebenden Organisationen Gelegenheit zur Stellungnahme zu geben; die Stellungnahmen sind in die Entscheidung einzubeziehen.

Inhaltsübersicht

1. Inhalt und systematischer Zusammenhang

Gem. § 7 Satz 1 SGB IX finden für alle Leistungen zur Teilhabe – zu denen die medizinische Rehabilitationsmaßnahme gehört – die Vorschriften des SGB IX Anwendung, soweit sich aus den für den jeweiligen Rehabilitationsträger geltenden Leistungsgesetzen nichts Abweichendes ergibt. Nach § 7 Satz 2 SGB IX richten sich die Voraussetzungen für die Leistungen zur Teilhabe nach den für den jeweiligen Rehabilitationsträger geltenden Leistungsgesetzen. § 40 regelt für den Bereich der Krankenversicherung die Voraussetzungen (und den Inhalt) für medizinische Rehabilitationsmaßnahmen. § 40 Abs. 1 und Abs. 2 verdeutlichen, dass die Leistungen zur Krankenbehandlung in einem Stufenverhältnis stehen: 1

- Zunächst soll die Krankenbehandlung ambulant erfolgen. Wenn dies nicht ausreicht bzw. ausreichen würde, sind
- ambulante Rehabilitationsmaßnahmen zu erbringen und erst wenn dies nicht ausreicht bzw. ausreichen würde, ist
- die stationäre Rehabilitationsmaßnahme zu erbringen.

Bereits aus § 6 Abs. 1 Nr. 1 SGB IX ergibt sich, dass die gesetzlichen Krankenkassen ausschließlich für Leistungen nach § 5 Nr. 1 SGB IX (Leistungen zur medizinischen Rehabilitation) und nach § 5 Nr. 3 SGB IX (unterhaltssichernde und andere ergänzende Leistungen) zuständig sind.[333] Für andere, nicht medizinisch notwendige und erforderliche (Reha-)Leistungen besteht daher keine Zuständigkeit der Krankenversicherung. So trägt die Krankenversicherung nicht die Kosten für eine berufliche Rehabilitation (z. B. Umschulung, Weiterbildung, berufliche Trainingsmaßnahmen) oder eine soziale Rehabilitation, z. B. für betreutes Wohnen (§ 55 Abs. 2 Nr. 6 SGB IX). Für die berufliche Neuorientierung oder die Qualifizierung von Erwerbstätigen ist der Rentenversicherungsträger (§ 16 SGB VI) zuständig. Nach § 112 SGB III kann die Bundesagentur für Arbeit für behinderte Menschen Leistungen zur Förderung der Teilhabe am Arbeitsleben erbringen.

2 Weitere Regelungen für Leistungen zur Rehabilitation finden sich in § 41 (Medizinische Rehabilitation für Mütter und Väter), § 42 (Belastungserprobung und Arbeitstherapie) und § 43 a (Ergänzende Leistungen zur Rehabilitation).

Die strikte Ausrichtung auf Leistungen zur medizinischen Rehabilitation macht nochmals § 43 Abs. 1 Nr. 1 deutlich. Danach kann die Krankenkasse als ergänzende Leistungen zur Rehabilitation nur solche Leistungen erbringen, die nicht zu den Leistungen zur Teilhabe am Arbeitsleben oder zu den Leistungen zur allgemeinen sozialen Eingliederung gehören.

3 Während Rehabilitationsmaßnahmen eine behandlungsbedürftige Erkrankung voraussetzen, verfolgen ambulante Vorsorgeleistungen (§ 23 Abs. 2) regelmäßig das Ziel, eine Verschlechterung des Gesundheitszustands vor Eintritt einer behandlungsbedürftigen Krankheit zu verhindern. Bei den ambulanten Vorsorgeleistungen (z. T. werden diese auch als Badekuren bezeichnet) nimmt der Versicherte in einem anerkannten Kurort (Kur-)Therapien (z. B. Thermen, Fango) in Anspruch.

4 Bei Gewährung von Leistungen zur Rehabilitation müssen die Regelungen der gem. § 92 Abs. 1 Nr. 8 vom Gemeinsamen Bundesausschuss beschlossenen Richtlinie über Leistungen zur medizinischen Rehabilitation (Rehabilitations-Richtlinie)[334] beachtet werden.

2. Allgemeine Voraussetzungen

2.1 Keine Zuständigkeit anderer Sozialversicherungsträger

5 Nach § 40 Abs. 4 werden ambulante oder stationäre Leistungen zur Rehabilitation nur erbracht, wenn eine entsprechende Leistung nicht von einem anderen Sozialleistungsträger erbracht werden kann. Die Zuständigkeit der gesetzlichen Unfallversicherung und der gesetzlichen Rentenversicherung schließt die Leistungspflicht der Krankenkasse grundsätzlich aus.

6 Wird eine Rehabilitation aufgrund eines Arbeitsunfalles oder einer Berufskrankheit notwendig, erbringt der Unfallversicherungsträger (Berufsgenossenschaft, Unfallkasse) Leistungen zur medizinischen Rehabilitation (§ 27 Abs. 1 Nr. 7 SGB VII, § 33 SGB VII). In diesen Fällen ergibt sich die ausschließliche Zuständigkeit des Unfallversicherungs-

333 Vgl. auch BSG – 26.06.2007 – B 1 KR 36/06 R.

334 Vom 16.03.2004, veröffentlicht im Bundesanzeiger 2004 S. 6769, in Kraft getreten am 01.04.2004, zuletzt geändert am 22.01.2009, veröffentlicht im Bundesanzeiger 2009 S. 2131, in Kraft getreten am 19.01.2009, siehe unter http://www.g-ba.de/informationen/richtlinien/23/.

trägers bereits aus § 11 Abs. 5. Danach besteht kein Anspruch auf Leistungen, wenn sie als Folge eines Arbeitsunfalls oder einer Berufskrankheit im Sinne der gesetzlichen Unfallversicherung zu erbringen sind.

Der Rentenversicherungsträger erbringt gem. § 9, § 15, § 31 SGB VI Leistungen zur medizinischen Rehabilitation, um den Auswirkungen einer Krankheit auf die Erwerbsfähigkeit der Versicherten entgegenzuwirken oder sie zu überwinden. Ziel ist es, Beeinträchtigungen der Erwerbsfähigkeit oder ein vorzeitiges Ausscheiden aus dem Erwerbsleben zu verhindern oder Versicherte möglichst wieder dauerhaft in das Erwerbsleben einzugliedern (§ 9 Abs. 1 SGB VI). Erfüllt der oder die Versicherte die persönlichen und versicherungsrechtlichen Voraussetzungen nach dem SGB VI, ist nicht die Krankenkasse, sondern der Rentenversicherungsträger für die Gewährung medizinischer Leistungen zur Rehabilitation zuständig. **7**

Etwas anderes gilt jedoch z. B. für Nachsorgeleistungen bei Krebserkrankungen. Die Träger der Rentenversicherung können als sonstige Leistungen zur Rehabilitation nach § 31 Abs. 1 Satz 1 Nr. 3 SGB VI onkologische Nachsorgeleistungen bei malignen Geschwulst- und Systemerkrankungen erbringen.[335] Für diese und die anderen in § 31 SGB VI genannten Leistungen besteht eine Leistungspflicht der Krankenversicherung, obwohl auch ein anderer Leistungsträger (z. B. der Rentenversicherungsträger) sie erbringen kann.

Die Versorgungsverwaltung erbringt gem. § 11 Abs. 1 Nr. 6 BVG und der Sozialhilfeträger nach § 48 SGB XII Leistungen zur medizinischen Rehabilitation. **8**

2.2 Besonderheit bei Abhängigkeitserkrankungen

Die Zuständigkeit und das Verfahren bei der Bewilligung von Leistungen für Alkohol-, Medikamenten- und Drogenabhängige (Abhängigkeitskranke) haben Krankenkassen und Rentenversicherungsträger in der Vereinbarung »Abhängigkeitserkrankungen« vom 04. 05. 2001[336] geregelt. Die Behandlung von Abhängigkeitserkrankungen beginnt regelmäßig mit einer Entzugsbehandlung. Sie wird durchgeführt, um die Rehabilitationsfähigkeit zu erreichen (§ 4 Abs. 1 Vereinbarung »Abhängigkeitserkrankungen«). Die Entzugsbehandlung erfolgt zu Lasten der Krankenkasse (§ 5 Abs. 2 Vereinbarung »Abhängigkeitserkrankungen«). An die Entzugsbehandlung soll sich eine erforderliche Entwöhnungsbehandlung (ambulant oder stationär[337]) nahtlos anschließen (§ 4 Abs. 2 Vereinbarung »Abhängigkeitserkrankungen«). Gem. § 5 Abs. 1 Nr. 1 Vereinbarung »Abhängigkeitserkrankungen« ist für die Bewilligung der Entwöhnungsbehandlung der Rentenversicherungsträger zuständig, wenn die persönlichen und versicherungsrechtlichen Voraussetzungen nach §§ 9 bis 11 SGB VI (§§ 7 und 8 ALG) erfüllt sind. Wenn diese **9**

335 Vgl. Gemeinsame Richtlinien der Träger der Rentenversicherung nach § 31 Abs. 1 Satz 1 Nr. 3 SGB VI für die Erbringung von onkologischen Nachsorgeleistungen bei malignen Geschwulst- und Systemerkrankungen (Ca-Richtlinien) vom 4. Juli 1991 unter: http://www.deutsche-rentenversicherung-regional.de/Raa/Raa.do?f=SGB6_31ANL5.

336 Siehe unter http://www.vdek.com/vertragspartner/vorsorge-rehabilitation/grundsatzpapiere/abhaengigkeitserkrankung/index.htm.

337 §§ 1 Abs. 3, 3 Abs. 3 und Anlage 3 der Vereinbarung »Abhängigkeitserkrankungen«.

Voraussetzungen nicht, jedoch die Voraussetzungen der §§ 27 und 40 vorliegen, ist die Krankenkasse zuständig (§ 5 Abs. 1 Nr. 2 Vereinbarung »Abhängigkeitserkrankungen«).

2.3 Medizinische Notwendigkeit

10 Es muss eine Krankheit vorliegen,[338] die Rehabilitationsbedürftigkeit, Rehabilitationsfähigkeit der Versicherten und eine positive Rehabilitationsprognose voraussetzt.

Nach § 8 Rehabilitations-Richtlinie[339] besteht Rehabilitationsbedürftigkeit, wenn aufgrund einer körperlichen, geistigen oder seelischen Schädigung voraussichtlich nicht nur vorübergehende alltagsrelevante Beeinträchtigungen der Aktivität vorliegen, durch die in absehbarer Zeit eine Beeinträchtigung der Teilhabe droht oder Beeinträchtigungen der Teilhabe bereits bestehen.

Rehabilitationsfähig sind Versicherte, wenn sie aufgrund ihrer somatischen und psychischen Verfassung die für die Durchführung und Mitwirkung bei der Leistung zur medizinischen Rehabilitation notwendige Belastbarkeit und Motivation oder Motivierbarkeit besitzen (§ 9 Rehabilitations-Richtlinie). Der Erfolg der Leistung zur medizinischen Rehabilitation muss aus medizinischer Sicht wahrscheinlich sein (Rehabilitationsprognose – § 10 Rehabilitations-Richtlinie).

Nach Verordnung durch den Arzt (§ 73 Abs. 2 Satz 1 Nr. 5 und 7) wird die Krankenkasse durch den Medizinischen Dienst prüfen lassen, ob die vorstehenden Voraussetzungen erfüllt sind (§ 275 Abs. 1 Nr. 2, Abs. 2 Nr. 1).

3. Ambulante Rehabilitationsleistungen (Abs. 1)

3.1 Allgemein

11 Die ambulante Rehabilitation ermöglicht es, Versicherte in die Rehabilitation einzubeziehen, die trotz medizinischer Notwendigkeit aus persönlichen Gründen eine stationäre Rehabilitation nicht in Anspruch nehmen können.[340] Die Krankenkasse übernimmt die Kosten für die ärztliche Behandlung, für Arznei- und Heilmittel und für therapeutische Maßnahmen (z. B. Krankengymnastik, Bewegungstherapie, Sprachtherapie oder Arbeits- und Beschäftigungstherapie), jedoch keine Kosten für Unterkunft und Verpflegung.

Leistungen der medizinischen Rehabilitation können nicht nur in wohnortnahen Einrichtungen, sondern auch als mobile Rehabilitationsleistungen erbracht werden

---

338 Vgl. dazu § 27 Rn. 6 ff.

339 Richtlinie des Gemeinsamen Bundesausschusses über Leistungen zur medizinischen Rehabilitation (Rehabilitations-Richtlinie) vom 16. 03. 2004, veröffentlicht im Bundesanzeiger 2004 S. 6769, in Kraft getreten am 01. 04. 2004, zuletzt geändert am 22. 01. 2009, veröffentlicht im Bundesanzeiger 2009 S. 2131, in Kraft getreten am 19. 06. 2009, siehe http://www.g-ba.de/informationen/richtlinien/.

340 Rahmenempfehlungen zur ambulanten medizinischen Rehabilitation vom 22. 01. 2004, siehe unter http://www.vdek.com/vertragspartner/vorsorge-rehabilitation/amb_reha/bar-konzept/index.htm.

(»durch«[341] wohnortnahe Einrichtungen). Die mobile Rehabilitation ist eine Sonderform der ambulanten Rehabilitation, bei der das medizinische Rehabilitationsangebot in häuslicher Umgebung erfolgt.[342]

12 Die ambulanten Leistungen erfolgen in Rehabilitationseinrichtungen, mit denen die Krankenkasse einen Versorgungsvertrag (§ 111) geschlossen hat, oder durch wohnortnahe Einrichtungen, wenn dies für eine bedarfsgerechte, leistungsfähige und wirtschaftliche Versorgung erforderlich ist.

Gem. § 40 Abs. 1 Satz 2 können ambulante Rehabilitationsmaßnahmen für Versicherte, die in Alters- und Pflegeheimen stationär untergebracht sind, auch in diesen Pflegeeinrichtungen erfolgen; dies geschieht sodann in erster Linie als mobile Rehabilitation.

3.2 Besonderheit bei Abhängigkeitserkrankungen

13 Ob eine Rehabilitation bei Abhängigkeitserkrankungen ambulant, ganztägig ambulant, stationär oder in einer Kombination dieser Leistungsformen durchgeführt werden soll, ist u. a. abhängig von Art und Ausmaß der Schädigungen. Eine ambulante Maßnahme setzt voraus, dass sich eine anerkannte ambulante Einrichtung in Wohnortnähe befindet.[343]

In der Anlage 3 zur »Vereinbarung Abhängigkeitserkrankungen« vom 04. 05. 2001[344] sind unter Ziffer 1 die Kriterien aufgeführt, unter denen eine ambulante Rehabilitation (Entwöhnung) in Betracht kommt. U. a. setzt das voraus, dass

- das soziale Umfeld der Abhängigkeitskranken (noch) stabilisierende/unterstützende Funktion hat,
- die Abhängigkeitskranken beruflich (noch) ausreichend integriert sind,[345]
- die Reintegration in das Erwerbsleben durch eine wohnortnahe Rehabilitation unterstützt wird und ausreichende Mobilität vorhanden ist (d. h., die tägliche An- und Abfahrt z. B. mit öffentlichen Verkehrsmitteln ist möglich und die Einrichtung innerhalb einer angemessenen Zeit – ca. 45 Minuten – von der Wohnung aus zu erreichen).

4. Stationäre Rehabilitationsleistungen (Abs. 2)

14 Eine stationäre Rehabilitation ist angezeigt, wenn wegen Art oder Ausmaß der Schädigungen eine ambulante Rehabilitation nicht in Betracht kommt oder eine stark ausgeprägte Multimorbidität oder die Notwendigkeit der Herausnahme aus dem sozialen

341 BT-Drs. 16/3100, S. 106.

342 BT-Drs. 16/3100, S. 106.

343 Ziff. 2.1 Gemeinsames Rahmenkonzept der Deutschen Rentenversicherung und der Gesetzlichen Krankenversicherung zur ambulanten medizinischen Rehabilitation Abhängigkeitskranker vom 3. Dezember 2008, siehe unter http://www.vdek.com/vertragspartner/vorsorge-rehabilitation/grundsatzpapiere/abhaengigkeitserkrankung/index.htm.

344 Siehe unter http://www.vdek.com/vertragspartner/vorsorge-rehabilitation/grundsatzpapiere/abhaengigkeitserkrankung/index.htm.

345 Arbeitslosigkeit, fehlende Erwerbstätigkeit oder Langzeitarbeitsunfähigkeit schließen eine ambulante Entwöhnung nicht aus (Ziff. 1.4. Anlage 3 zur »Vereinbarung Abhängigkeitserkrankungen«).

Umfeld besteht.[346] Zur Erreichung der Behandlungsziele muss eine ständige ärztliche Verantwortung erforderlich sein.[347]

Ziff. 2 der Anlage 3 Vereinbarung »Abhängigkeitserkrankungen«[348] enthält Kriterien, bei deren Vorliegen Abhängigkeitskranke stationäre Leistungen erhalten sollen. So kommt eine stationäre Rehabilitation (Entwöhnung) u. a. insbesondere in Betracht, wenn schwere Störungen auf seelischem, körperlichem oder sozialem Gebiet bestehen, eine stabile Wohnsituation nicht vorhanden ist oder der Abhängigkeitskranke nicht bereit oder nicht in der Lage ist, während der ambulanten Entwöhnung abstinent zu leben und insbesondere suchtmittelfrei am ambulanten Therapieprogramm teilzunehmen.

5. Dauer und Wiederholung von Reha-Maßnahmen (Abs. 3)

5.1 Dauer

15 Ambulante Leistungen zur Rehabilitation sollen für längstens 20 Behandlungstage gewährt werden. Diese Regeldauer (»sollen«) kann, wenn es das Rehabilitationsziel notwendig macht, verlängert werden. Dies wird regelmäßig bei Abhängigkeitserkrankungen der Fall sein. Ausdrücklich sieht § 7 der Vereinbarung »Abhängigkeitserkrankungen« vor, dass medizinische Leistungen zur Rehabilitation für den Zeitraum erbracht werden, der erforderlich ist, um das Rehabilitationsziel zu erreichen.

16 Stationäre Leistungen zur Rehabilitation sollen längstens bis 3 Wochen gewährt werden. Eine Verlängerung ist möglich, wenn dies aus medizinischen Gründen dringend erforderlich ist. Bei Erkrankungen (Suchterkrankungen, psychischen, psychosomatischen und neurologischen Erkrankungen und Leistungen der geriatrischen Rehabilitation), die von vornherein erwarten lassen, dass das Rehabilitationsziel in der Regel nicht durch eine 3-wöchige Rehabilitationsleistung zu erreichen ist, kann bereits bei der Erstbewilligung eine längere Dauer als bis zu 3 Wochen festgelegt werden.[349]

17 Gem. § 40 Abs. 3 Satz 5 i. V. mit § 23 Abs. 7 sollen stationäre Vorsorgemaßnahmen für versicherte Kinder, die das 14. Lebensjahr noch nicht vollendet haben, in der Regel für vier bis sechs Wochen erbracht werden. Bei Jugendlichen kommt aufgrund ihrer medizinischen und entwicklungsspezifischen Besonderheiten ebenfalls von vornherein in der Regel eine Dauer von 4 Wochen in Betracht.[350]

---

346 Vgl. Gemeinsame Rahmenempfehlung für ambulante und stationäre Vorsorge- und Rehabilitationsleistungen auf der Grundlage des § 111 a SGB V, siehe unter http://www.vdek.com/vertragspartner/vorsorge-rehabilitation/grundsatzpapiere/rahmenempfehlung/index.htm.

347 Vgl. BSG – 26.06.2007 – B 1 KR 36/06 R.

348 Siehe unter http://www.vdek.com/vertragspartner/vorsorge-rehabilitation/grundsatzpapiere/abhaengigkeitserkrankung/index.htm.

349 Siehe dazu Ziff. 7 Gemeinsame Rahmenempfehlung für ambulante und stationäre Vorsorge- und Rehabilitationsleistungen auf der Grundlage des § 111 a SGB V, siehe unter http://www.vdek.com/vertragspartner/vorsorge-rehabilitation/grundsatzpapiere/rahmenempfehlung/index.htm.

350 Siehe ebda.

5.2 Wiederholung

Werden Kosten für die Reha-Maßnahme von einem Sozialversicherungsträger (Krankenversicherung, Rentenversicherung, Unfallversicherung, Versorgungsverwaltung, Sozialhilfeträgers) getragen, so können gem. § 40 Abs. 3 Satz 4 Leistungen zur ambulanten oder stationären Rehabilitation erst nach Ablauf von vier Jahren nochmals gewährt werden. Etwas anderes gilt nur, wenn eine vorzeitige Leistung aus medizinischen Gründen dringend erforderlich ist. **18**

Die Frist[351] beginnt am Tag nach Beendigung der Reha-Maßnahme.

6. Zuzahlung (Abs. 5 bis 7)

Gem. § 40 Abs. 5 Satz 1 i. V. mit § 61 Satz 2 haben Versicherte – nach Vollendung des 18. Lebensjahres – 10 € je Kalendertag (also auch für den Tag der Aufnahme und den Tag der Entlassung[352]) an Zuzahlung zu leisten. **19**

§ 40 Abs. 6 begrenzt die Zuzahlung bei einer Anschlussrehabilitation (Behandlung im Anschluss an eine Krankenhausbehandlung) auf 28 Tage. Gem. § 40 Abs. 6 i. V. mit § 39 Abs. 4 erfolgt eine Anrechnung bereits im Krankenhaus geleisteter Zuzahlungen.

Nach § 40 Abs. 7 kommt eine begrenzte Zuzahlung für 28 Tage auch bei bestimmten indikationsspezifischen Rehabilitationsleitungen in Betracht. Die (Spitzenverbände der) Krankenkassen haben in einer Vereinbarung über »Indikationen für die Erhebung der verminderten Zuzahlung gem. § 40 Abs. 7 bei ambulanten und stationären Rehabilitationsmaßnahmen« vom 16. 10. 1997 in der Fassung vom 01. 01. 2004[353] Indikationen für die Erhebung der verminderten Zuzahlung beschlossen. So besteht z. B. eine auf 28 Tage begrenzte Zuzahlungspflicht bei Entwöhnungsbehandlungen wegen einer Alkohol-, Medikamenten- und Drogenabhängigkeit, psychischen sowie bei schweren und chronischen Erkrankungen. **20**

7. Ergänzende Leistungen

Die Leistungen zur medizinischen Rehabilitation werden ergänzt durch **21**

- Gewährung von Krankengeld (§ 44 Abs. 1 Nr. 1, 44 Abs. 1),
- die Übernahme der erforderlichen Reisekosten (Fahr-, Verpflegungs- und Übernachtungskosten) (§§ 44 Abs. 1 Nr. 5, 53 SGB IX),
- die Übernahme der Kosten für eine Betriebs- oder Haushaltshilfe und der Kinderbetreuungskosten (§§ 44 Abs. 1 Nr. 6, 54 SGB IX, § 38),
- die Übernahme der Kosten für die aus medizinischen Gründen notwendige Mitaufnahme einer Begleitperson (§ 11 Abs. 3).

---

351 Berechnung der Frist gem. § 26 Abs. 1 SGB X i. V. mit den §§ 187 Abs. 1, 188 Abs. 2, 3 BGB.

352 Vgl. auch BSG – 19. 02. 2002 – B 1 KR 32/00 R.

353 Siehe unter: http://www.gkv-spitzenverband.de/krankenversicherung/rehabilitation/richtlinien_und_vereinbarungen/richtlinien_und_vereinbarungen.jsp.

8. Verfahrensregelungen

22 Die Gewährung von Reha-Leistungen setzt einen Antrag der Versicherten voraus, der in der Regel unter Beifügung der – ebenfalls erforderlichen – ärztlichen Verordnung gestellt wird. Vor Entscheidung holt die Krankenkasse eine Beurteilung des Medizinischen Dienstes ein und, soweit erforderlich, weitere Unterlagen.[354]

Nach § 40 Abs. 3 Satz 1 bestimmt die Krankenkasse sodann nach pflichtgemäßem Ermessen Art, Dauer, Umfang, Beginn und Durchführung der Leistung sowie die Rehabilitationseinrichtung. Ermessen steht der Krankenkasse damit nur hinsichtlich des »Wie« der Leistungserbringung zu, während bei Vorliegen der gesetzlichen Voraussetzungen eine Reha-Maßnahme gewährt werden muss.

23 Gem. § 9 Abs. 1 Satz 1 SGB IX hat die Krankenkasse bei ihrer Entscheidung – unter Berücksichtigung der persönlichen Lebenssituation, des Alters, des Geschlechts, der Familie sowie der religiösen und weltanschaulichen Bedürfnisse – den berechtigten Wünschen der Versicherten zu entsprechen. Die Krankenkasse teilt dem Versicherten und dem verordnenden Vertragsarzt ihre Entscheidung mit und begründet gegebenenfalls Abweichungen von der Verordnung.[355] Die Mitteilung an die Versicherten erfolgt als schriftlicher Verwaltungsakt, gegen den Widerspruch möglich ist.

§ 42 Belastungserprobung und Arbeitstherapie

Versicherte haben Anspruch auf Belastungserprobung und Arbeitstherapie, wenn nach den für andere Träger der Sozialversicherung geltenden Vorschriften solche Leistungen nicht erbracht werden können.

Inhaltsübersicht Rn.

1. Inhalt und systematischer Zusammenhang

1 Arbeitstherapie und Belastungserprobung dienen der Hilfe solcher Versicherter, die durch Krankheit derart beeinträchtigt sind, dass sie nicht mehr arbeiten können. Arbeitstherapie und Belastungserprobung können ambulant oder stationär erbracht werden.

2. Allgemeine Voraussetzungen

2 Versicherte haben Anspruch auf eine Arbeitstherapie oder Belastungserprobung, wenn sie (entsprechend § 11 Abs. 2 Satz 1) erforderlich ist, um eine Krankheit abzuwenden, zu

354 Vgl. § 12 Rehabilitations-Richtlinie, siehe http://www.g-ba.de/informationen/richtlinien/.
355 Ebda.

beseitigen, zu mindern, ihre Verschlimmerung zu verhüten oder ihre Folgen zu mildern. Der (Vertrags-)Arzt muss die Arbeitstherapie oder die Belastungserprobung verordnen (§ 73 Abs. 2 Satz 1 Nr. 5 und 7). Die Maßnahmen nach § 42 sind sodann bei der Krankenkasse zu beantragen. Die Krankenkasse entscheidet – gegebenenfalls nach Prüfung durch den Medizinischen Dienst der Krankenversicherung (§ 275 Abs. 2 Nr. 2) – nach den medizinischen Erfordernissen des Einzelfalls über Art, Dauer, Umfang, Beginn und Durchführung der Leistungen sowie die Rehabilitationseinrichtung nach pflichtgemäßem Ermessen.[356]

Die Maßnahmen müssen nach einem ärztlichen Behandlungsplan unter ständiger ärztlicher Verantwortung und unter Mitwirkung von besonders geschultem Personal erbracht werden (vgl. § 107 Abs. 2).

3. Belastungserprobung

Mit der Belastungserprobung soll in erster Linie festgestellt werden, ob und wieweit Versicherte gesundheitlich den Anforderungen ihres bisherigen (ggf. auch eines anderen Berufs) gewachsen sind. Die Prüfung beschränkt sich nicht auf die körperliche Leistungsfähigkeit, sondern umfasst auch das psychische, intellektuelle und praktische Potential der Versicherten. Ziel der Belastungserprobung ist es, die Möglichkeiten für eine berufliche (Wieder-)Eingliederung realistisch einzuschätzen.[357] 3

4. Arbeitstherapie

Arbeitstherapie verfolgt in erster Linie einen medizinischen Zweck, d. h. die Arbeit dient nicht primär Produktions-, sondern Therapieinteressen.[358] Sie nutzt den Erwerb und die Verbesserung von Grundarbeitsfähigkeiten, um Krankheiten in einem umfassenden Sinne zu behandeln. Die Arbeitstherapie soll neben Grundfertigkeiten insbesondere Grundfähigkeiten, die allgemeine Voraussetzungen für die Ausübung einer Erwerbstätigkeit sind (namentlich Motivation, Konzentrationsfähigkeit, Beständigkeit, Regelmäßigkeit, Pünktlichkeit, Durchsetzungs- und Kooperationsfähigkeit verbessern.[359] Vorrangiges Ziel ist es, die Arbeitsfähigkeit wieder herzustellen bzw. die Chancen für eine berufliche Eingliederung zu erhöhen. 4

Die Beschäftigungstherapie hat das Ziel, krankheitsbedingt eingeschränkte oder verloren gegangene Funktionen wiederherzustellen oder zu verbessern. Die Beschäftigungstherapie zählt zu den Heilmitteln (§ 32).[360]

---

356 Vgl. BSG – 13.09.2011 – B 1 KR 25/10 R.
357 Siehe auch http://www.tk.de/tk/leistungen-a-z/b/belastungserprobung-und-arbeitstherapie/35116.
358 Vgl. BSG – 13.09.2011 – B 1 KR 25/10 R.
359 BSG – 13.09.2011 – B 1 KR 25/10 R.
360 Vgl. BSG – 28.09.2006 – B 3 KR 28/05 R; so auch ausdrücklich § 30 SGB VII für die Unfallversicherung.

5. Keine Zuständigkeit anderer Sozialversicherungsträger

5 Arbeitstherapie und Belastungserprobung werden auf Kosten der Krankenkasse nur erbracht, wenn der Leistungskatalog anderer Sozialversicherungsträger diese nicht umfasst.

Wird eine Maßnahme i. S. des § 42 aufgrund eines Arbeitsunfalles oder einer Berufskrankheit notwendig, erbringt der Unfallversicherungsträger (Berufsgenossenschaft, Unfallkasse) Leistungen zur medizinischen Rehabilitation (§ 27 Abs. 1 Nr. 7 SGB VII, § 33 SGB VII). In diesen Fällen ergibt sich die ausschließliche Zuständigkeit des Unfallversicherungsträgers bereits aus § 11 Abs. 5. Danach besteht kein Anspruch auf Leistungen, wenn sie als Folge eines Arbeitsunfalls oder einer Berufskrankheit im Sinne der gesetzlichen Unfallversicherung zu erbringen sind.

6 Erfüllt der Versicherte die persönlichen und versicherungsrechtlichen Voraussetzungen nach dem SGB VI, ist nicht die Krankenkasse, sondern der Rentenversicherungsträger (§ 9, § 15, § 31 SGB VI) für die Gewährung der Arbeitstherapie und Belastungserprobung zuständig.

Die Krankenkasse bleibt jedoch leistungspflichtig, wenn die Belastungserprobung oder Arbeitstherapie im Rahmen einer von ihr finanziell getragenen stationären Behandlung nach § 39 (Krankenhausbehandlung) oder nach § 40 Abs. 2 (stationäre Reha-Maßnahme) erfolgt.

Zweiter Teil
Krankengeld

§ 44 Krankengeld

(1) Versicherte haben Anspruch auf Krankengeld, wenn die Krankheit sie arbeitsunfähig macht oder sie auf Kosten der Krankenkasse stationär in einem Krankenhaus, einer Vorsorge- oder Rehabilitationseinrichtung (§ 23 Abs. 4, §§ 24, 40 Abs. 2 und § 41) behandelt werden.

(2) Keinen Anspruch auf Krankengeld haben

1. **die nach § 5 Abs. 1 Nr. 2 a, 5, 6, 9, 10 oder 13 sowie die nach § 10 Versicherten; dies gilt nicht für die nach § 5 Abs. 1 Nr. 6 Versicherten, wenn sie Anspruch auf Übergangsgeld haben, und für Versicherte nach § 5 Abs. 1 Nr. 13, soweit sie abhängig beschäftigt und nicht nach den §§ 8 und 8 a des Vierten Buches geringfügig beschäftigt sind,**
2. **hauptberuflich selbständig Erwerbstätige, es sei denn, das Mitglied erklärt gegenüber der Krankenkasse, dass die Mitgliedschaft den Anspruch auf Krankengeld umfassen soll (Wahlerklärung),**
3. **Versicherte nach § 5 Absatz 1 Nummer 1, die bei Arbeitsunfähigkeit nicht mindestens sechs Wochen Anspruch auf Fortzahlung des Arbeitsentgelts auf Grund des Entgeltfortzahlungsgesetzes, eines Tarifvertrags, einer Betriebsvereinbarung oder anderer vertraglicher Zusagen oder auf Zahlung einer die Versicherungspflicht**

begründenden Sozialleistung haben, es sei denn, das Mitglied gibt eine Wahlerklärung ab, dass die Mitgliedschaft den Anspruch auf Krankengeld umfassen soll. Dies gilt nicht für Versicherte, die nach § 10 des Entgeltfortzahlungsgesetzes Anspruch auf Zahlung eines Zuschlags zum Arbeitsentgelt haben,

4. Versicherte, die eine Rente aus einer öffentlich-rechtlichen Versicherungseinrichtung oder Versorgungseinrichtung ihrer Berufsgruppe oder von anderen vergleichbaren Stellen beziehen, die ihrer Art nach den in § 50 Abs. 1 genannten Leistungen entspricht. Für Versicherte nach Satz 1 Nr. 4 gilt § 50 Abs. 2 entsprechend, soweit sie eine Leistung beziehen, die ihrer Art nach den in dieser Vorschrift aufgeführten Leistungen entspricht.

Für die Wahlerklärung nach Satz 1 Nummer 2 und 3 gilt § 53 Absatz 8 Satz 1 entsprechend. Für die nach Nummer 2 und 3 aufgeführten Versicherten bleibt § 53 Abs. 6 unberührt.

(3) Der Anspruch auf Fortzahlung des Arbeitsentgelts bei Arbeitsunfähigkeit richtet sich nach arbeitsrechtlichen Vorschriften.

Inhaltsübersicht Rn.

Literatur

Becker, Konturen des Begriffs der Arbeitsunfähigkeit, SozSich 2004, 134–139; Göbel, Die Pflichten des Versicherten bei Meinungsverschiedenheiten zwischen Vertragsarzt und Medizinischem Dienst der Krankenkasse; Legde, Anmerkung zu dem Urteil des BSG vom 26. 06. 2007 – B 1 KR 8/07 R, SGb 2008, 412; Linde, SGB II, SGB III, SGB V und SGB VI – Sozialabbau geht Schritt für Schritt, Aspekte der Beendigung von Arbeitsverhältnissen 2010, 241

1. Normzweck

1 §§ 44 ff. regeln die Voraussetzungen für den Bezug von Krankengeld.

§§ 44, 45 regeln die Frage, ob überhaupt ein Krankengeldanspruch besteht (Anspruch dem Grunde nach), § 46 beantwortet die Frage, wann dieser Anspruch entsteht. Die Regelungen für die Dauer des Krankengeldbezugs finden sich in § 48. Höhe und Berechnung wird durch die §§ 47 bis 47 b geregelt. Die §§ 49 bis 51 bestimmen, unter welchen Voraussetzungen, trotz des grundsätzlich bestehenden Anspruchs, aber gleichzeitigen Bezugs anderer Sozialleistungen der Anspruch ruht (§ 49), ausgeschlossen ist (§ 50 Abs. 1) oder gekürzt wird (§ 50 Abs. 2). § 51 regelt den Wegfall des Krankengeldes; vor allem für den Fall, dass trotz Aufforderung durch die Krankenkasse kein Antrag auf Maßnahmen zur Rehabilitation gestellt wird.

2 Das Krankengeld soll die wirtschaftlichen Folgen im Falle von Krankheit absichern (vgl. § 4 Abs. 2 Satz 1 Nr. 2 SGB I), es hat daher Entgeltersatzfunktion[361] und trägt zur Verwirklichung sozialer Sicherheit (§ 1 Abs. 1 Satz 1 SGB I) bei.

Im Zusammenhang mit den Vorschriften der §§ 44 ff. sind weiter von Bedeutung:

- § 3 EntgFG (Anspruch auf Entgeltfortzahlung im Krankheitsfall)
- § 146 SGB III (Leistungsfortzahlung bei Arbeitsunfähigkeit Arbeitsloser)
- § 45 SGB VII (Zahlung von Verletztengeld im Falle von Arbeitsunfähigkeit aufgrund eines Arbeitsunfalls oder einer Berufskrankheit).

Leistungen nach diesen Vorschriften haben ebenfalls Entgeltersatzfunktion; sie schließen daher den Bezug von Krankengeld aus.

Krankengeld steht gem. § 44 Abs. 1 grundsätzlich jedem Versicherten zu. Ausnahmen – nach dem bereits kein Anspruch auf Krankengeld entstehen kann – finden sich in § 44 Abs. 2.

2. Anspruch auf Krankengeld (Abs. 1)

3 Im Wesentlichen müssen zwei Voraussetzungen erfüllt sein:

- Zunächst muss Versicherungsschutz in der GKV bestehen.
- Hinzukommen muss eine der folgenden Alternativen:
  - durch Krankheit verursachte Arbeitsunfähigkeit,
  - stationäre Krankenhausbehandlung auf Kosten der Krankenkasse oder
  - stationäre Behandlung in einer Vorsorge- oder Rehabilitationseinrichtung auf Kosten der Krankenkasse.

2.1 Versicherungsschutz in der GKV

4 Die Entstehung des Anspruchs auf Krankengeld setzt regelmäßig die Mitgliedschaft zur Versicherung voraus.[362] Mitgliedschaft (§ 186) besteht bei Versicherungspflicht. Die Ver-

361 U. a. BSG – 06. 11. 2008 – B 1 KR 28/07; BSG – 21. 06. 2011 – B 1 KR 15/10 R.
362 BSG – 05. 10. 1977 – 3 RK 35/75.

sicherteneigenschaft muss zum Zeitpunkt des Eintritts der Arbeitsunfähigkeit vorliegen. Wer in der GKV versichert ist, regeln die §§ 5 ff.

Unter Berücksichtigung der in § 44 Abs. 2 geregelten Ausnahmen haben Anspruch auf Krankengeld: **5**

- versicherungspflichtig Beschäftigte (§ 5 Abs. 1 Nr. 1)
- Bezieher von Arbeitslosengeld (§ 5 Abs. 1 Nr. 2)
- Versicherte nach dem KVLG (§ 5 Abs. 1 Nr. 3)
- Künstler und Publizisten (§ 5 Abs. 1 Nr. 4)
- Teilnehmer an berufsfördernden Maßnahmen mit Anspruch auf Übergangsgeld (§ 5 Abs. 1 Nr. 6)
- versicherungspflichtige Behinderte (§ 5 Abs. 1 Nr. 7 und 8)
- abhängig Beschäftigte, bisher Nichtversicherte, die nicht nach den §§ 8 und 8 a SGB IV geringfügig beschäftigt sind (§ 5 Abs. 1 Nr. 13, § 44 Abs. 2 Nr. 1 2. Halbs.)
- selbständig Erwerbstätige, die gegenüber der Krankenkasse erklärt haben, dass die Mitgliedschaft den Anspruch auf Krankengeld umfassen soll (Wahlerklärung, § 44 Abs. 2 Nr. 2)
- Versicherte nach § 5 Abs. 1 Nr. 1, die bei Arbeitsunfähigkeit nicht mindestens sechs Wochen Anspruch auf Fortzahlung ihres Arbeitsentgelts und eine Wahlerklärung abgegeben haben, dass die Mitgliedschaft den Anspruch auf Krankengeld umfassen soll (§ 44 Abs. 2 Satz 1 Nr. 3)

2.2 Einzelfälle

In folgenden Fällen könnte der Versicherungsschutz der GKV problematisch sein: **6**

- **Bezieher von Arbeitslosengeld** **7**
  Arbeitsunfähig erkrankte Arbeitslose haben gem. § 146 SGB III bis zur Dauer von sechs Wochen weiter Anspruch auf Arbeitslosengeld (Leistungsfortzahlung). Während dieser Zeit ruht der Krankengeldanspruch gem. § 49 Abs. 1 Nr. 3 a. Endet der Anspruch auf Arbeitslosengeld wegen Erreichens der Anspruchshöchstdauer, so besteht weiter Mitgliedschaft in der GKV mit der Folge, dass ab diesem Zeitpunkt Krankengeld gezahlt wird. Dies gilt auch dann, wenn der Versicherte anschließend kein ALG II beantragt bzw. bezieht.[363]
- **Behinderte** **8**
  Die in einer Werkstatt für Behinderte beschäftigten Personen unterliegen auch dann der Versicherungspflicht nach § 5 Abs. 1 Nr. 7, wenn sie nicht im Arbeitsbereich, sondern im Arbeitstrainingsbereich eingesetzt werden. Voraussetzung ist jedoch, dass sie Arbeitsentgelt i. S. von § 14 Abs. 1 SGB IV erhalten. Daran wird regelmäßig die Zahlung von Krankengeld scheitern, wenn nur ein Ausbildungsgeld gezahlt wird.[364]

---

363 BSG – 02. 11. 2007 – B 1 KR 38/06 R: Denn § 192 Abs. 1 Nr. 2 SGB V lässt nach seinem klaren Wortlaut das bloße Bestehen eines Krankengeldanspruchs auch ohne dessen Zahlbarkeit ausreichen.

364 BSG – 14. 2. 2001 – B 1 KR 1/00 R.

Denn Anspruch auf Krankengeld besteht grundsätzlich nur, wenn dem Behinderten ein Anspruch auf beitragspflichtiges Arbeitsentgelt entgeht.

9 • **Rentner**

Für Bezieher einer Rente wegen voller Erwerbsminderung, Erwerbsunfähigkeit oder Vollrente wegen Alters besteht gem. § 50 Abs. 1 Nr. 1 kein Anspruch auf Krankengeld. Soweit Bezieher einer Rente wegen teilweiser Erwerbsfähigkeit oder wegen Berufsunfähigkeit jedoch einer zulässigen Tätigkeit nachgehen, besteht auf der Grundlage dieser (»Neben«-)Tätigkeit unter den Voraussetzungen der §§ 5 ff. Versicherungspflicht.[365]

10 • **Streik und Aussperrung**

Bei rechtmäßigem Streik oder Aussperrung gilt das Beschäftigungsverhältnis gem. § 7 Abs. 2 SGB IV als fortbestehend, jedoch nicht länger als einen Monat.

11 • **Unbezahlter Urlaub**

Nach § 9 BUrlG werden die durch ärztliches Zeugnis nachgewiesenen Tage der Arbeitsunfähigkeit auf den Jahresurlaub nicht angerechnet, wenn der Arbeitnehmer während des Urlaubs erkrankt. Ob dem Versicherten bei unbezahltem Urlaub Krankengeld zusteht, hängt davon ab, wann die Arbeitsunfähigkeit eingetreten ist.

- Besteht schon **bei Beginn** des unbezahlten Urlaubs Arbeitsunfähigkeit – mit bis dahin erfolgtem Krankengeldbezug, so endet die versicherungspflichtige Beschäftigung am Tag vor Beginn des unbezahlten Urlaubs. Denn nach 7 Abs. 3 Satz 3 SGB IV gilt die Fiktion des § 7 Abs. 3 Satz 1 SGB IV (der Fortbestand der Beschäftigung gegen Arbeitsentgelt für einem Monat) nicht im Falle des Bezugs von Krankengeld. Zwar besteht gem. § 192 Abs. 1 Nr. 2 die Mitgliedschaft weiter. Diese Vorschrift verlängert jedoch lediglich die Mitgliedschaft, fingiert jedoch keinen Tatbestand versicherungspflichtiger Beschäftigung, so dass Mitgliedschaften nach § 192 Abs. 1 Nr. 2 ihrerseits keinen Anspruch auf Krankengeld begründen können.[366] Bei Eintritt der Arbeitsunfähigkeit **während des ersten Monats** nach Antritt des unbezahlten Urlaubs besteht ein Krankengeldanspruch. Denn das Beschäftigungsverhältnis gilt gem. § 7 Abs. 2 SGB IV als fortbestehend, jedoch nicht länger als einen Monat. Tritt die Arbeitsunfähigkeit **nach mehr als einem Monat** ein, so besteht wegen fehlender Versicherungspflicht kein Krankengeldanspruch. Es empfiehlt sich, für den Wiederbeginn des Beschäftigungsverhältnisses einen festen Termin zu vereinbaren. Besteht sodann zu diesem Termin Arbeitsunfähigkeit und ein Anspruch auf Entgeltfortzahlung, wird angenommen, dass ab dem vereinbarten Zeitpunkt der Wiederaufnahme ein Beschäftigungsverhältnis vorliegt und die Mitgliedschaft in der GKV beginnt.[367] Bei Wiederaufnahme der Beschäftigung ruht der Anspruch auf Krankengeld gem. § 49 Abs. 1 Nr. 1 wegen der Entgeltfortzahlung. Endet diese, besteht ein Anspruch auf Krankengeld.

365 Vgl. auch BSG – 21.09.1983 – 8 RK 1/82.
366 BSG – 08.08.1995 – RK 21/94.
367 Baier in Krauskopf, SGB V, § 186 Rn 8.

- **Lücke in den Feststellungen über die Arbeitsunfähigkeit** 12

Beispiel:
Am 27.01.2012 wird Arbeitsunfähigkeit bis zum 05.02.2012 bescheinigt. Die Folgebescheinigung bestätigt Arbeitsunfähigkeit vom 07.02.2012 bis 18.02.2012. Es besteht eine Lücke in den Feststellungen über die Arbeitsunfähigkeit für den 06.02.2012. Wenn nicht jeweils vor Ablauf der bescheinigten Arbeitsunfähigkeit ärztlicherseits erneut weiterhin Arbeitsunfähigkeit festgestellt wird, steht dem Betroffenen hierfür grundsätzlich Krankengeld nicht zu. Das wiederum bewirkt, dass auch die Mitgliedschaft nach § 192 Abs. 1 Nr. 2 SGB V mangels Krankengeldanspruchs am 06. und 07.02.2012 mit Ablauf des 05.02.2012 endete. Bei der erneuten Feststellung der Arbeitsunfähigkeit am 07.02.2012 (und in der Folgezeit) können mangels einer (noch) Krankengeldansprüche umfassenden Mitgliedschaft keine neuen Ansprüche auf Krankengeld begründet werden.[368]

Etwas anders würde nur im Falle gelten, dass eine unterbliebene ärztliche Feststellung der Arbeitsunfähigkeit ausnahmsweise rückwirkend nachgeholt werden durfte.[369]

- **Gesundheitliche Untauglichkeit** (Missglückter Arbeitsversuch[370]) 13
Mit dem Hinweis, es habe schon bei Arbeitsaufnahme objektiv festgestanden, dass der Arbeitnehmer die Tätigkeit aus gesundheitlichen Gründen nicht ausüben kann, kann die Versicherungspflicht nicht verneint werden. Einen derartig »missglückten Arbeitsversuch« kennt das SGB V nicht.[371] Grundsätzlich besteht daher auch in diesen Fällen Anspruch auf Krankengeld.[372]

3. Krankheit

Krankheit i. S. des § 44 Abs. 1 ist ein regelwidriger Zustand des Körpers, des Geistes oder der Seele, der entweder die Notwendigkeit einer Heilbehandlung und/oder Arbeitsunfähigkeit zur Folge hat. Es genügt das Bedürfnis nach ärztlicher Behandlung, diese muss nicht tatsächlich in Anspruch genommen werden. Ein Anspruch auf Krankengeld kann deshalb schon oder noch bestehen, wenn der regelwidrige Zustand des Versicherten keiner ärztlichen Behandlung – mehr – bedarf, etwa nach Abschluss des Heilverfahrens oder bei einer behebbaren, keine Beschwerden verursachenden Körperverletzung (Beinamputation).[373] 14

3.1 Einzelfälle

Die Krankheit muss dazu führen, dass der Versicherte die Arbeitsleistung nicht erbringen kann. Wenn andere Gründe ursächlich für die Arbeitsverhinderung sind, besteht kein Anspruch auf Krankengeld. Dies ist in folgenden Fällen problematisch: 15

368 BSG – 02.11.2007 – B 1 KR 38/06 R; BSG – 06.11.2008 – B 1 KR 37/07 R.
369 BSG – 08.11.2005 – B 1 KR 30/04 R.
370 Vgl zum Begriff § 5 Rn 6.
371 BSG – 04.12.1997 – 12 RK 3/97.
372 Anders im Falle des Missbrauchs, vgl die Erläuterungen zu § 5 Rn. 6.
373 BSG – 23.11.1971 – 3 RK 26/70.

16 • **Arbeitsunfall (Berufskrankheit)**
Wenn die Krankheit durch einen Arbeitsunfall oder eine Berufskrankheit verursacht worden ist, besteht bereits wegen der vorrangigen Leistungspflicht der Unfallversicherung (§ 11 Abs. 5) kein Anspruch auf Krankengeld.

17 • **Arbeitsweg**
Kann der Weg von und zu der Arbeitsstätte nicht zurückgelegt werden, wird Arbeitsunfähigkeit angenommen.[374]

18 • **Arztbesuch oder eine Therapiemaßnahme**
Nach § 3 Abs. 2 Arbeitsunfähigkeits-Richtlinien liegt für Zeiten, in denen ärztliche Behandlungen zu diagnostischen oder therapeutischen Zwecken stattfinden, grundsätzlich keine Arbeitsunfähigkeit vor.

19 • **Reparaturzeit von Hilfsmittel**
Die Krankheit eines Versicherten, dessen Beinprothese wegen eines Defekts zur Reparatur gegeben werden muss, ist wesentlich mitwirkende Ursache für seine Arbeitsunfähigkeit. Der Versicherte hat deshalb für die Reparaturzeit Anspruch auf Krankengeld.[375]

20 • **Schönheitsoperation, Piercing, Tätowierung**
Die infolge einer medizinisch nicht notwendigen Schönheitsoperation, eines Piercings oder einer Tätowierung entstehenden Gesundheitsstörungen führen grundsätzlich zum Anspruch von Krankengeld. Gem. § 52 Abs. 2 hat die Krankenkasse die Versicherten jedoch in angemessener Höhe an den Kosten zu beteiligen und das Krankengeld für die Dauer dieser Behandlung ganz oder teilweise zu versagen oder zurückzufordern. Da sich Versicherte, die derartige Maßnahmen durchführen lassen, aus eigenem Entschluss gesundheitlichen Risiken aussetzen, ist es nicht sachgerecht, diese Risiken durch die Versichertengemeinschaft abzudecken.[376]

21 • **Schwangerschaft**
Nach § 3 Abs. 2 Arbeitsunfähigkeits-Richtlinien liegt keine Arbeitsunfähigkeit vor, wenn Beschäftigungsverbote nach dem Mutterschutzgesetz (Zeugnis nach § 3 Abs. 1 MuSchG) ausgesprochen werden. In diesen Fällen besteht Anspruch auf Mutterschutzlohn nach § 11 MuSchG. Bestehen aufgrund der Schwangerschaft gesundheitliche Probleme, die die Arbeitnehmerin an der Arbeitsleistung hindern, ist Arbeitsunfähigkeit anzunehmen, mit der Folge der Entgeltfortzahlung und anschließender Zahlung von Krankengeld.[377]

22 • **Schwangerschaftsabbruch und Sterilisation**
Nach § 24b Abs. 2 Satz 2 besteht Anspruch auf Krankengeld, wenn Versicherte – ausschließlich – wegen einer durch Krankheit erforderlichen Sterilisation oder wegen eines nicht rechtswidrigen Abbruchs der Schwangerschaft arbeitsunfähig werden, es sei denn, es besteht ein Anspruch nach § 44 Abs. 1 – etwa wegen stationärer Behandlung.

23 • **Stufenweise Wiedereingliederung (§ 74 SGB V)**
Die gesundheitliche Möglichkeit, die bisherige Tätigkeit teilweise wieder auszuüben,

374 Für arbeitsunfähige Arbeitslose SG Dortmund – 26.01.2005 – S 13 KR 293/03.
375 BSG – 23.11.1971 – 3 RK 26/70; § 3 Arbeitsunfähigkeits-Richtlinien.
376 BT-Drs. 16/3100, S. 108.
377 LSG Baden-Württemberg – 31.01.2003 – L 4 KR 2790/01.

macht den Versicherten nicht arbeitsfähig. Es gibt keine Teilarbeitsunfähigkeit oder eine prozentual zu bemessende Arbeitsunfähigkeit.[378] Soweit für die Arbeitsleistung ein Entgelt bezahlt wird, ruht gem. § 49 Abs. 1 Nr. 1 der Anspruch auf Krankengeld.

4. Arbeitsunfähigkeit

Der Bezug von Krankengeld setzt Arbeitsunfähigkeit voraus. Arbeitsunfähigkeit ist nach der ständigen Rechtsprechung des BSG gegeben, wenn der Versicherte seine zuletzt unmittelbar vor Eintritt der Arbeitsunfähigkeit (Versicherungsfall) konkret ausgeübte Arbeit wegen Krankheit nicht (weiter) verrichten kann. Es kommt nicht darauf an, dass er trotz der gesundheitlichen Beeinträchtigung möglicherweise noch eine andere Tätigkeit ausüben könnte.[379] Arbeitsunfähigkeit liegt auch vor, wenn auf Grund eines bestimmten Krankheitszustandes, der für sich allein noch keine Arbeitsunfähigkeit bedingt, absehbar ist, dass aus der Ausübung der Tätigkeit für die Gesundheit oder die Gesundung abträgliche Folgen erwachsen, die Arbeitsunfähigkeit unmittelbar hervorrufen.[380] **24**

Um eine möglichst bundesweit einheitliche Beurteilungspraxis zu schaffen, werden die Grundsätze zur Arbeitsunfähigkeit in den Arbeitsunfähigkeits-Richtlinien geregelt.[381] Die Richtlinien können zur Auslegung des Gesetzes herangezogen werden. Es bleibt aber zu beachten, dass sie im Rang unter dem Gesetz stehen und nur die Vertragsärzte binden. Dem Gemeinsamen Bundesausschusses steht zwar gem. § 92 Abs. 1 Nr. 7 die Kompetenz zu, Richtlinien zur Beurteilung der Arbeitsunfähigkeit zu beschließen, die Voraussetzungen für die Gewährung von Krankengeld kann er jedoch nicht ändern.[382] **25**

4.1 Maßgebliche Tätigkeit bei fortbestehendem Arbeitsverhältnis

Maßgeblich für die Beantwortung der Frage, ob Arbeitsunfähigkeit besteht, ist die Tätigkeit, die Versicherte ausüben müssten, wenn sie nicht krank geworden wären. Ausschlaggebend sind die besonderen Bedingungen der zuletzt verrichteten Arbeit, nicht etwa die Art der Tätigkeit als solche.[383] D. h. einem kaufmännischen Angestellten, der bei seiner Tätigkeit schwere Lasten heben und tragen muss, kann nicht entgegen gehalten werden, er könne – mit der Folge fehlender Arbeitsunfähigkeit – noch als kaufmännischer Angestellter arbeiten, weil mit dieser Tätigkeit üblicherweise leichte körperliche Arbeit verbunden ist. **26**

---

378 LSG Sachsen-Anhalt – 15.04.2010 – L 10 KR 58/05.

379 BSG – 14.02.2001 – B 1 KR 30/00 R.

380 § 2 Abs. 1 Satz 3 Arbeitsunfähigkeits-Richtlinien.

381 Richtlinien des Gemeinsamen Bundesausschusses über die Beurteilung der Arbeitsunfähigkeit und die Maßnahmen zur stufenweisen Wiedereingliederung (Arbeitsunfähigkeits-Richtlinien) nach § 92 Abs. 1 Satz 2 Nr. 7 SGB V, in der Fassung vom 01.12.2003 veröffentlicht im Bundesanzeiger 2004; Nr. 61: S. 6501, zuletzt geändert am 19.09. 2006, veröffentlicht im Bundesanzeiger Nr. 241: S. 7356, in Kraft getreten am 23.12.2006, http://www.g-ba.de/informationen/richtlinien/.

382 BSG – 26.06.2007 – B 1 KR 37/06 R.

383 BSG – 07.08.1991 – 1/3 RK 28/89; § 2 Abs. 1 Arbeitsunfähigkeits-Richtlinien.

27 Allerdings ist auch im Rahmen eines fortbestehenden Arbeitsverhältnisses die Beendigung der Arbeitsunfähigkeit möglich, obwohl die letzte konkrete Arbeit (der Arbeitsplatz) nicht wieder aufgenommen werden kann. Das ist der Fall, wenn Versicherten vom Arbeitgeber in Ausübung seines Direktionsrechts ein anderer Arbeitsplatz im Betrieb zugewiesen wird, dem sie gesundheitlich gewachsen sind und die sie im Rahmen ihres Arbeitsverhältnisses wahrzunehmen haben. Zu fragen ist jedoch stets, ob der Arbeitsvertrag dem Arbeitgeber im konkreten Fall einen Spielraum bei der Bestimmung von Art und Ort der Arbeitsleistung belässt.[384]

4.2 Arbeitsunfähigkeit und Beendigung des Arbeitsverhältnisses

28 Bei Eintritt der Arbeitsunfähigkeit vor Beendigung des Arbeitsverhältnisses bleibt für die Beurteilung der Arbeitsunfähigkeit – ausnahmsweise – die zuletzt ausgeübte bzw. eine gleichartige Tätigkeit maßgebend, wenn die Versicherten bereits zum Zeitpunkt des Ausscheidens aus dem Beschäftigungsverhältnis Krankengeld bezogen haben.[385] Gem. § 192 Abs. 1 Nr. 2 bleibt die Mitgliedschaft in der GKV (und damit die Grundlage für den Krankengeldanspruch) erhalten, solange u. a. Anspruch auf Krankengeld besteht. Daran ändert sich nichts, wenn die Versicherten sich arbeitslos melden und der Anspruch auf Arbeitslosengeld ruht (§ 158 Abs. 1 Nr. 2 SGB III).

4.3 Arbeitsunfähigkeit und Arbeitslosigkeit

29 Tritt während eines Arbeitslosengeldbezuges Arbeitsunfähigkeit ein, wird das Arbeitslosengeld zunächst für sechs Wochen fortgezahlt (§ 146 Abs. 1 Satz 1 SGB III). Ob Arbeitsunfähigkeit besteht, beurteilt sich bei erkrankten Versicherten während bestehender Arbeitslosigkeit nicht mehr im Hinblick auf die letzte versicherungspflichtig ausgeübte Beschäftigung. Arbeitslose (die in der GKV versichert sind – § 5 Abs. 1 Nr. 2) werden als arbeitsunfähig angesehen, wenn sie auf Grund gesundheitlicher Einschränkungen nicht mehr in der Lage sind, Arbeiten zu verrichten, für die sie sich der Arbeitsverwaltung zwecks Vermittlung zur Verfügung gestellt haben. Maßstab für die Beurteilung der krankheitsbedingten Arbeitsunfähigkeit eines arbeitslosen Versicherten sind alle Beschäftigungen, für die er sich der Arbeitsverwaltung zwecks Vermittlung zur Verfügung gestellt hat und die ihm arbeitslosenversicherungsrechtlich zumutbar sind. Die Zumutbarkeit ist insoweit auch krankenversicherungsrechtlich an § 140 SGB III zu messen.[386] Solange der erkrankte Arbeitslose noch Tätigkeiten ausüben kann, die ihm (als gesunder) gem. 140 SGB III zumutbar wären, besteht keine Arbeitsunfähigkeit.

30 Das BSG geht davon aus, dass (versicherte) Arbeitslose Versicherungsschutz mit Krankengeld ausschließlich benötigen, wenn sie die Geldleistungen der Arbeitslosenversicherung nicht mehr erhalten können. Das Krankengeld wird nicht als Ersatz für Lohnausfall,

384 BSG – 07. 08. 1991 – 1/3 RK 28/89.
385 BSG – 04. 04. 2006 – B 1 KR 21/05 R.
386 Vgl. BSG – 22. 03. 2005 – B 1 KR 22/04 R.

sondern als Ersatz für eine entgehende Leistung wegen Arbeitslosigkeit angesehen.[387] Diese Grundsätze gelten ab Beginn der Arbeitslosigkeit, also auch schon in den ersten 6 Monaten der Arbeitslosigkeit.[388]

5. Arbeitsunfähigkeitsbescheinigung

Die Arbeitsunfähigkeit ist durch eine ärztlich ausgestellte Bescheinigung nachzuweisen. 31
Die ärztliche Feststellung der Arbeitsunfähigkeit ist gem. § 46 Satz 1 Nr. 2 materielle Anspruchsvoraussetzung für einen Anspruch auf Krankengeld; d.h. ohne ärztliche Feststellung besteht kein Anspruch auf Krankengeld dem Grunde nach.[389] Einzelheiten regelt die Arbeitsunfähigkeits-Richtlinie.[390]

Die Ausstellung der Arbeitsunfähigkeitsbescheinigung gehört zur vertragsärztlichen 32
Versorgung (§ 73 Abs. 2 Nr. 9).[391] Gem. § 5 Abs. 3 Arbeitsunfähigkeits-Richtlinie soll die Arbeitsunfähigkeit grundsätzlich erst für die Zeit ab Inanspruchnahme des Arztes bescheinigt werden. Eine rückwirkende Bescheinigung über das Fortbestehen der Arbeitsunfähigkeit ist ausnahmsweise und lediglich nach gewissenhafter Prüfung und in der Regel nur bis zu zwei Tagen zulässig. Nach § 5 Abs. 3 Arbeitsunfähigkeits-Richtlinie ist Arbeitsunfähigkeit auch für arbeitsfreie Tage, z.B. Samstage, Sonntage, Feiertage, Urlaubstage oder arbeitsfreie Tagen auf Grund einer flexiblen Arbeitszeitregelung (sog. Brückentage) zu bescheinigen.

Nach § 2 Abs. 5 Arbeitsunfähigkeits-Richtlinie setzt die Beurteilung der Arbeitsunfähigkeit die Befragung des Versicherten durch den Arzt zur aktuell ausgeübten Tätigkeit und den damit verbundenen Anforderungen und Belastungen voraus. Ebenso sind die Vertragsärzte nach § 5 Abs. 1 Arbeitsunfähigkeits-Richtlinie (Arbeitsunfähigkeitsbescheinigung) und § 6 Abs. 1 Arbeitsunfähigkeits-Richtlinie (Bescheinigung über die Auszahlung von Krankengeld) verpflichtet, die (mit den Spitzenverbänden der Krankenkassen) vereinbarten Vordrucke zu verwenden. Für die Feststellung der Arbeitsunfähigkeit kommt es jedoch nicht auf die Verwendung der Vordrucke (eine förmliche Arbeitsunfähigkeitsbescheinigung) an. Es genügt, wenn ein Arzt die medizinischen Voraussetzungen für die Arbeitsunfähigkeit festgestellt hat,[392] z.B. in einem Attest.

5.1 Obliegenheit des Versicherten

Die Vorlage einer Arbeitsunfähigkeitsbescheinigung zur Meldung der Arbeitsunfähigkeit 33
gehört zu den Obliegenheiten des Versicherten; die Folgen einer unterbliebenen oder nicht rechtzeitigen ärztlichen Feststellung oder Meldung sind deshalb grundsätzlich vom

387 BSG – 22.03.2005 – B 1 KR 22/04 R.
388 BSG – 04.04.2006 – B 1 KR 21/05 R.
389 LSG Mecklenburg-Vorpommern – 13.02.2002 – L 4 KR 18/01.
390 Siehe unter http://www.g-ba.de/informationen/richtlinien/.
391 Über § 31 Bundesmantelvertrag-Ärzte sind die Vertragsärzte verpflichtet, die Arbeitsunfähigkeits-Richtlinie zu beachten.
392 BSG – 24.02.1976 – 5 RKn 26/75.

Versicherten zu tragen.[393] Das Unterlassen der ärztlichen Feststellung darf einem Anspruch auf Krankengeld jedoch nicht entgegengehalten werden, wenn die rechtzeitige Feststellung oder Meldung der Arbeitsunfähigkeit durch Umstände verhindert oder verzögert wurde, die nicht dem Verantwortungsbereich des Versicherten zuzurechnen sind, z. B. bei Handlungs- oder Geschäftsunfähigkeit des Betroffenen[394] (z. B. nach schwerem Unfall) oder aufgrund von Organisationsmängeln im Bereich der Krankenkasse.[395]

34 Ist die Arbeitsunfähigkeit befristet festgestellt worden, müssen für die Weitergewährung von Krankengeld alle Voraussetzungen – also auch die ärztliche Feststellung der Arbeitsunfähigkeit – (erneut) vorliegen. Der Versicherte muss selbst die notwendigen Schritte unternehmen, um die mögliche Arbeitsunfähigkeit feststellen zu lassen und seine Ansprüche zu wahren (sog. Obliegenheit des Versicherten: d. h. er ist nicht verpflichtet, eine Arbeitsunfähigkeitsbescheinigung vorzulegen, kann im Falle der Nichtvorlage jedoch auch keine Ansprüche auf Krankengeld geltend machen).

5.2 Beweiswert der ärztlichen Bescheinigung

35 Die Krankenkasse ist an den Inhalt einer ärztlichen Bescheinigung über die Arbeitsunfähigkeit nicht gebunden. Der ärztlichen Bescheinigung kommt lediglich die Bedeutung einer ärztlich-gutachtlichen Stellungnahme zu, die die Grundlage für die Entscheidung der Krankenkasse bildet.[396] Hat die Krankenkasse Zweifel an der Richtigkeit der Bescheinigung, kann sie nach § 275 Abs. 1 Nr. 3b ein Gutachten des Medizinischen Dienstes der Krankenversicherung einholen. Nach § 7 Abs. 2 Arbeitsunfähigkeits-Richtlinie ist das Gutachten des Medizinischen Dienstes grundsätzlich verbindlich. Bestehen zwischen dem Vertragsarzt und dem Medizinischen Dienst Meinungsverschiedenheiten, kann der Vertragsarzt unter schriftlicher Darlegung seiner Gründe bei der Krankenkasse eine erneute Entscheidung auf der Basis eines Zweitgutachtens beantragen.

Hat der Arzt »bis auf Weiteres« Arbeitsunfähigkeit bescheinigt, kann die Krankenkasse nicht von den Versicherten verlangen, alle 14 Tage einen erneuten Nachweis zu erbringen.[397]

36 Ist der Beginn der Arbeitsunfähigkeit streitig – etwa im Klageverfahren vor dem Sozialgericht –, ist die ärztliche Arbeitsunfähigkeitsbescheinigung ein Beweismittel wie jedes andere, sodass der durch sie bescheinigte Inhalt durch andere Beweismittel (Sachverständigengutachten) widerlegt werden kann.

Die Versicherten müssen den Nachweis führen, dass die Arbeitsunfähigkeit vorliegt und zu dem von ihnen behaupteten Zeitpunkt eingetreten ist. Nach den Grundsätzen über die objektive Beweislast haben sie die nachteiligen Folgen (keine Zahlung von Krankengeld) zu tragen, wenn sich ihre Arbeitsunfähigkeit nicht feststellen lässt.[398] Eine Beweis-

393 BSG – 08.11.2005 – B 1 KR 30/04 R.
394 BSG – 05.05.2009 – B 1 KR 20/08 R.
395 BSG – 28.10.1981 – 3 RK 59/80.
396 BSG – 08.11.2005 – B 1 KR 18/04 R.
397 LSG Niedersachsen-Bremen – 11.01.2011 – L 4 KR 446/09.
398 U. a. BSG – 08.11.2005 B 1 KR 18/04 R.

lastumkehr kann in Betracht kommen, wenn eine Krankenkasse die Feststellung der Arbeitsunfähigkeit eines Versicherten vereitelt oder zumindest erheblich erschwert.[399]

5.3 Fehlbeurteilung der Arbeitsunfähigkeit durch den behandelnden Arzt oder den Medizinischen Dienst

Haben der Medizinische Dienst oder ein Vertragsarzt Versicherte für arbeitsfähig angesehen und erweist sich diese Feststellung im Nachhinein als objektiv unrichtig, kann durchaus auch rückwirkend ein Krankengeldanspruch bestehen. Unterlaufen dem behandelnden Vertragsarzt oder dem Medizinischen Dienst im Rahmen der Beurteilung der medizinischen Voraussetzungen der Arbeitsunfähigkeit – auch ohne ein Verschulden – objektive Fehler zu Lasten der Versicherten, die erst zu einem späteren Zeitpunkt deutlich werden (z. B. weil die diagnostischen Erkenntnisse Dritter ihnen erst später zugänglich geworden sind), so muss zum Schutz der Versicherten dieser Fehler auch noch nachträglich behoben werden.[400] **37**

Das BSG hat jedoch ausdrücklich den Ausnahmecharakter dieser Möglichkeit betont und die rückwirkende Gewährung von Krankengeld an enge Voraussetzungen geknüpft. Der Fehler muss im Verantwortungsbereich der Krankenkasse liegen. Die Versicherten müssen alles in ihrer Macht Stehende und ihnen Zumutbare getan haben, um ihre Ansprüche zu wahren. Sie müssen die Fehlbeurteilung der Arbeitsunfähigkeit unverzüglich – spätestens innerhalb einer Woche – nach Kenntnisnahme ihrer Krankenkasse melden. »Ins Blaue hinein« aufgestellte Behauptungen, die frühere ärztliche Beurteilung sei unzutreffend, reichen nicht aus, um die bisherigen Feststellungen zu erschüttern.[401] **38**

6. Eintritt der Arbeitsunfähigkeit im Ausland

Solange sich Versicherte im Ausland aufhalten, ruht nach § 16 Abs. 1 Nr. 1 der Anspruch auf Krankengeld; das gilt jedoch nach § 30 Abs. 2 SGB I nicht, wenn sich aus über- und zwischenstaatlichen Regelungen etwas anders ergibt. **39**

Gem. Art. 21 Abs. 2 EGV 883/2004 haben Versicherte, die in einem anderen als dem zuständigen Mitgliedstaat wohnen oder sich dort aufhalten, Anspruch auf Krankengeld. Im Einvernehmen zwischen der Krankenkasse und dem Träger des Wohn- oder Aufenthaltsorts kann Krankengeld vom Träger des Wohn- oder Aufenthaltsorts nach den deutschen Rechtsvorschriften für Rechnung der zuständigen (deutschen) Krankenkasse erbracht werden. **40**

Das Verfahren zum Nachweis der Arbeitsunfähigkeit durch Vorlage einer entsprechenden Bescheinigung ist in Art. 27 EGV 987/2009 geregelt. Nach Art. 27 Abs. 1 EGV 987/2009 müssen sich Versicherte eine Arbeitsunfähigkeitsbescheinigung von dem sie (im Ausland) behandelnden Arzt ausstellen lassen. Die Bescheinigung muss die voraussicht- **41**

---

399 LSG Berlin – 21.04.2004 – L 15 KR 172/01.
400 BSG – 08.11.2005 – B 1 KR 30/04 R.
401 BSG – 08.11.2005 – B 1 KR 30/04 R.

liche Dauer der Arbeitsunfähigkeit angeben. Die Bescheinigung müssen Versicherte an die zuständige deutsche Krankenkasse übersenden (Art. 27 Abs. 2 EGV 987/2009).

Stellen die im EU-Ausland behandelnden Ärzte keine Arbeitsunfähigkeitsbescheinigungen aus, müssen sich die Versicherten unmittelbar an den im Ausland zuständigen Versicherungsträger[402] wenden, der sodann die ärztliche Beurteilung und die Ausstellung der Arbeitsunfähigkeitsbescheinigung veranlasst (Art. 27 Abs. 3 EGV 987/2009). Der Krankenkasse steht es gem. Art. 27 Abs. 6 EGV 987/2009 frei, die Versicherten durch einen Arzt ihrer Wahl untersuchen zu lassen.

42 Für Länder außerhalb der EU sind zunächst die Regelungen gegebenenfalls bestehender Sozialversicherungsabkommen ausschlaggebend.[403] Im Übrigen unterliegt eine im Ausland ausgestellte Arbeitsunfähigkeitsbescheinigung den gleichen Beweisregeln wie eine in der Bundesrepublik Deutschland ausgestellte Bescheinigung.[404]

7. Stationäre Behandlung

43 Anspruch auf Krankengeld haben die Versicherten auch während einer stationären Behandlung im Krankenhaus (§ 39) sowie bei Behandlungen in Vorsorge- oder Rehabilitationseinrichtungen. Von letzteren werden Behandlungen nach § 23 Abs. 3, § 24 (Medizinische Vorsorge für Mütter und Väter), § 40 Abs. 2 und § 41 (Medizinische Rehabilitation für Mütter und Väter) erfasst. Es bedarf keiner ärztlichen Bescheinigung der Arbeitsunfähigkeit, weil bei stationärer Behandlung offenkundig ist, dass die Versicherten gehindert sind, ihren Lebensunterhalt durch die zuletzt ausgeübte Erwerbstätigkeit zu bestreiten.[405] Von daher besteht auch bei teil- sowie vor- und nachstationärer Behandlung Arbeitsunfähigkeit, wenn Versicherte durch die Krankenhausbehandlung ihrer Erwerbstätigkeit nicht nachgehen können.[406]

44 Die Behandlung muss auf Kosten der Krankenkasse erfolgen, sodass entsprechende Behandlungen anderer Versicherungsträger (Rentenversicherungsträger, Berufsgenossenschaft) nicht zum Anspruch auf Krankengeld führen. Bereits der Wortlaut des Gesetzes (»oder«) verdeutlicht, dass Arbeitsunfähigkeit nicht bestehen muss, für den Anspruch auf Krankengeld genügt die stationäre Behandlung.

---

402 Die Deutsche Verbindungsstelle Krankenversicherung – Ausland – http://www.dvka.de/oeffentlicheSeiten/DVKA.htm – informiert mit Merkblättern über den Krankenversicherungsschutz im Ausland. Dort finden sich auch die Anschriften des zuständigen ausländischen Versicherungsträgers.

403 Übersicht über Länder, mit denen die Bundesrepublik Deutschland Sozialversicherungsabkommen geschlossen hat, unter http://www.tk.de/tk/entsendungen/sozialversicherungsrecht/bilaterale-abkommen/213118.

404 Vgl. Rn 35 f.

405 BSG – 26.06.2007 – B 1 KR 37/06 R.

406 So noch nicht von der Rechtsprechung entschieden.

8. Ausschluss und Beschränkung des Anspruchs (Abs. 2)

Keinen Anspruch auf Krankengeld haben: **45**

- Bezieher von Arbeitslosengeld II (§ 5 Abs. 1 Nr. 2a, § 44 Abs. 2 Nr. 1),
- Personen, die in Einrichtungen der Jugendhilfe für eine Erwerbstätigkeit befähigt werden sollen (§ 5 Abs. 1 Nr. 5, § 44 Abs. 2 Nr. 1),
- Teilnehmer an berufsfördernden Maßnahmen zur Rehabilitation *ohne* Anspruch auf Übergangsgeld (§ 5 Abs. 1 Nr. 6. § 44 Abs. 2 Nr. 1),
- Studenten (§ 5 Abs. 1 Nr. 9, § 44 Abs. 2 Nr. 1),
- Personen, die eine in Studien- oder Prüfungsordnungen vorgeschriebene berufspraktische Tätigkeit ohne Arbeitsentgelt verrichten (§ 5 Abs. 1 Nr. 10 1. Halbs., § 44 Abs. 2 Nr. 1),
- Personen, die zu ihrer Berufsausbildung *ohne* Arbeitsentgelt beschäftigt werden (§ 5 Abs. 1 Nr. 10 1. Halbs., § 44 Abs. 2 Nr. 1),
- Auszubildende des Zweiten Bildungsweges, die sich in einem förderungsfähigen Teil eines Ausbildungsabschnitts nach dem Bundesausbildungsförderungsgesetz befinden (§ 5 Abs. 1 Nr. 10 2. Halbs., § 44 Abs. 2 Nr. 1),
- familienversicherte Ehegatten und Kindern (§ 10, § 44 Abs. 2 Nr. 1),
- Personen, die keinen anderweitigen Anspruch auf Absicherung im Krankheitsfall haben und zuletzt gesetzlich krankenversichert waren oder bisher nicht gesetzlich oder privat krankenversichert waren und nicht wegen § 5 Abs. 5 oder § 6 Abs. 1, 2 nicht versicherungspflichtig bzw. versicherungsfrei sind (§ 5 Abs. 1 Nr. 13, § 44 Abs. 2 Nr. 1),
- hauptberuflich selbständig Erwerbstätige, die *keine* Wahlerklärung abgegeben haben (§ 44 Abs. 2 Nr. 2),
- Versicherte nach § 5 Abs. 1 Nr. 1, die bei Arbeitsunfähigkeit nicht mindestens sechs Wochen Anspruch auf Fortzahlung ihres Arbeitsentgelts und *keine* Wahlerklärung abgegeben haben (§ 44 Abs. 2 Satz 1 Nr. 3)
- Versicherte, deren Lebensunterhalt durch eine Rente aus einer öffentlich-rechtlichen Versicherungseinrichtung oder Versorgungseinrichtung ihrer Berufsgruppe oder einer anderen vergleichbaren Stelle sichergestellt ist, die ihrer Art nach den in § 50 Abs. 1 SGB V genannten Leistungen (Rente aus der gesetzlichen Rentenversicherung, eines Ruhegehaltes, eines Vorruhestandsgeldes oder vergleichbare Leistungen) entspricht (§ 44 Abs. 2 Satz 1 Nr. 4).

8.1 Wahlerklärung

Hauptberuflich selbständig Erwerbstätige und Versicherte, die bei Arbeitsunfähigkeit nicht mindestens sechs Wochen Anspruch auf Fortzahlung ihres Arbeitsentgelts haben, können gegenüber der Krankenkasse erklären, dass die Mitgliedschaft den Anspruch auf Krankengeld umfassen soll. Gibt das Mitglied eine entsprechende Wahlerklärung ab, entsteht der Krankengeldanspruch ab der 7. Woche der Arbeitsunfähigkeit (§ 46 Satz 2); die Beiträge richten sich nach dem allgemeinen Beitragssatz. Die Erklärung bindet den Versicherten mindestens 3 Jahre (§ 44 Abs. 2 Satz 2 i. V. mit § 53 Abs. 8 Satz 1). **46**

8.2 Wahltarife

47 Für hauptberuflich selbständig Erwerbstätige und Versicherte, die bei Arbeitsunfähigkeit nicht mindestens sechs Wochen Anspruch auf Fortzahlung ihres Arbeitsentgelts haben, muss die Krankenkasse gem. § 53 Abs. 6 in ihrer Satzung gemeinsame Tarife sowie Tarife für die nach dem Künstlersozialversicherungsgesetz Versicherten anbieten, die einen Anspruch auf Krankengeld entsprechend § 46 Satz 1 oder zu einem späteren Zeitpunkt entstehen lassen, für die Versicherten nach dem Künstlersozialversicherungsgesetz jedoch spätestens mit Beginn der dritten Woche der Arbeitsunfähigkeit.[407]

9. Anspruch auf Fortzahlung des Arbeitsentgelts (Abs. 3)

48 Die Vorschrift weist zur Information auf die arbeitsrechtlichen Regelungen hin und hat keine eigenständige Bedeutung.[408]

10. Verwaltungsverfahren

49 Ein Antrag (auf Zahlung von Krankengeld) ist für den Anspruch auf Krankengeld nicht erforderlich. Es ist jedoch für die Einleitung des Verwaltungsverfahrens unabdingbar, dass die Krankenkasse von der bestehenden Arbeitsunfähigkeit erfährt. In der Regel geschieht dies durch Übersendung der Arbeitsunfähigkeitsbescheinigung. Versicherungspflichtige Arbeitnehmer können darauf vertrauen, dass der Vertragsarzt seiner Verpflichtung aus § 5 Abs. 1 S. 5 EFZG, die Arbeitsunfähigkeit der Krankenkasse zu melden, nachkommt. Dies gilt selbst dann, wenn er den für die Krankenkasse bestimmten Vordruck den Versicherten aushändigt.[409]

50 Die Entscheidung über die Zahlung von Krankengeld erfolgt durch Verwaltungsakt, wobei grundsätzlich kein entsprechender schriftlicher Bescheid erteilt wird, sondern die Bewilligung »schlüssig« durch die Auszahlung erfolgt. Das Krankengeld wird in diesen Fällen befristet bis zum Zeitpunkt gewährt, bis zu dem die ärztliche Bescheinigung Arbeitsunfähigkeit ausweist. Wird das Krankengeld abschnittsweise gewährt, ist das Vorliegen der leistungsrechtlichen Voraussetzungen des Krankgeldes für jeden weiteren Bewilligungsabschnitt neu zu prüfen.[410]

§ 44 a Krankengeld bei Spende von Organen oder Geweben

Spender von Organen oder Geweben nach § 27 Absatz 1 a haben Anspruch auf Krankengeld, wenn eine im Rahmen des Transplantationsgesetzes erfolgende Spende von Organen oder Geweben an Versicherte sie arbeitsunfähig macht. Das Krankengeld wird den Spendern von der Krankenkasse der Empfänger in Höhe des vor Beginn der

407 Siehe § 53 Rn. 19.
408 BT-Drs. 11/2237, S. 181.
409 LSG Nordrhein-Westfalen – 26.08.2004 – L 16 KR 324/03.
410 BSG – 22.03.2005 – B 1 KR 22/04 R.

Arbeitsunfähigkeit regelmäßig erzielten Nettoarbeitsentgelts oder Arbeitseinkommens bis zur Höhe des Betrages der kalendertäglichen Beitragsbemessungsgrenze geleistet. Für nach dem Künstlersozialversicherungsgesetz versicherungspflichtige Spender ist das ausgefallene Arbeitseinkommen im Sinne von Satz 2 aus demjenigen Arbeitseinkommen zu berechnen, das der Beitragsbemessung für die letzten zwölf Kalendermonate vor Beginn der Arbeitsunfähigkeit im Hinblick auf die Spende zugrunde gelegen hat. § 44 Absatz 3, § 47 Absatz 2 bis 4, die §§ 47 b, 49 und 50 gelten entsprechend; Ansprüche nach § 44 sind gegenüber Ansprüchen nach dieser Vorschrift ausgeschlossen. Ansprüche nach dieser Vorschrift haben auch nicht gesetzlich krankenversicherte Personen.

§ 45 Krankengeld bei Erkrankung des Kindes

(1) Versicherte haben Anspruch auf Krankengeld, wenn es nach ärztlichem Zeugnis erforderlich ist, dass sie zur Beaufsichtigung, Betreuung oder Pflege ihres erkrankten und versicherten Kindes der Arbeit fernbleiben, eine andere in ihrem Haushalt lebende Person das Kind nicht beaufsichtigen, betreuen oder pflegen kann und das Kind das zwölfte Lebensjahr noch nicht vollendet hat oder behindert und auf Hilfe angewiesen ist. § 10 Abs. 4 und § 44 Absatz 2 gelten.

(2) Anspruch auf Krankengeld nach Absatz 1 besteht in jedem Kalenderjahr für jedes Kind längstens für 10 Arbeitstage, für alleinerziehende Versicherte längstens für 20 Arbeitstage. Der Anspruch nach Satz 1 besteht für Versicherte für nicht mehr als 25 Arbeitstage, für alleinerziehende Versicherte für nicht mehr als 50 Arbeitstage je Kalenderjahr.

(3) Versicherte mit Anspruch auf Krankengeld nach Absatz 1 haben für die Dauer dieses Anspruchs gegen ihren Arbeitgeber Anspruch auf unbezahlte Freistellung von der Arbeitsleistung, soweit nicht aus dem gleichen Grund Anspruch auf bezahlte Freistellung besteht. Wird der Freistellungsanspruch nach Satz 1 geltend gemacht, bevor die Krankenkasse ihre Leistungsverpflichtung nach Absatz 1 anerkannt hat, und sind die Voraussetzungen dafür nicht erfüllt, ist der Arbeitgeber berechtigt, die gewährte Freistellung von der Arbeitsleistung auf einen späteren Freistellungsanspruch zur Beaufsichtigung, Betreuung oder Pflege eines erkrankten Kindes anzurechnen. Der Freistellungsanspruch nach Satz 1 kann nicht durch Vertrag ausgeschlossen oder beschränkt werden.

(4) Versicherte haben ferner Anspruch auf Krankengeld, wenn sie zur Beaufsichtigung, Betreuung oder Pflege ihres erkrankten und versicherten Kindes der Arbeit fernbleiben, sofern das Kind das zwölfte Lebensjahr noch nicht vollendet hat oder behindert und auf Hilfe angewiesen ist und nach ärztlichem Zeugnis an einer Erkrankung leidet,

a) die progredient verläuft und bereits ein weit fortgeschrittenes Stadium erreicht hat,
b) bei der eine Heilung ausgeschlossen und eine palliativmedizinische Behandlung notwendig oder von einem Elternteil erwünscht ist und
c) die lediglich eine begrenzte Lebenserwartung von Wochen oder wenigen Monaten erwarten lässt.

Der Anspruch besteht nur für ein Elternteil. Absatz 1 Satz 2 und Absatz 3 gelten entsprechend.

(5) Anspruch auf unbezahlte Freistellung nach den Absätzen 3 und 4 haben auch Arbeitnehmer, die nicht Versicherte mit Anspruch auf Krankengeld nach Absatz 1 sind.

Inhaltsübersicht

Literatur

Hoppmann/Epping, Entgeltersatzleistungen ohne »klassischen« Versicherungsfall, WzS 2000, 289

1. Inhalt und systematischer Zusammenhang der Regelung

1 Grundsätzlich liegt bei Beaufsichtigung, Betreuung oder Pflege eines erkrankten Kindes Arbeitsunfähigkeit nicht vor (§ 3 Abs. 2 Arbeitsunfähigkeits-Richtlinien), sodass auch kein Anspruch auf Krankengeld besteht. § 45 gewährt dem Versicherten einen Anspruch auf Krankengeld (Kinderpflegekrankengeld), selbst wenn er nicht erkrankt und arbeitsunfähig ist, aber aufgrund der Beaufsichtigung, Betreuung oder Pflege seines erkrankten Kindes an der Arbeitsleistung gehindert wird.

2 Zu beachten ist § 11 Abs. 3, der der Mutter oder dem Vater des Kindes bei stationärer Mitaufnahme als Begleitperson einen Anspruch auf Verdienstausfall[411] gewährt.

Besteht ein Anspruch auf Entgeltfortzahlung, geht dieser einem Anspruch nach § 45 vor.[412]

Hat das Kind einen Schulunfall erlitten, trägt die gesetzliche Unfallversicherung die Kosten der medizinischen Versorgung. In diesen Fällen besteht nach § 45 Abs. 4 SGB VII ein Anspruch auf Kinderpflegeverletztengeld.

Hervorzuheben ist, dass Abs. 3 einen arbeitsrechtlichen Anspruch auf Freistellung von der Arbeit gewährt.

---

411 Vgl. auch LSG Berlin – 12.03.1986 – L 9 KR 29/85, mit Hinweis auf einen Anspruch auf Krankengeld.

412 BAG – 31.07.2002 – 10 AZR 578/01.

2. Voraussetzungen des Anspruchs (Abs. 1)

2.1 Versicherte

Anspruchsberechtigt sind Versicherte,[413] die einer Beschäftigung nachgehen. Dazu gehören auch freiwillig versicherte Selbständige, soweit sie einen Anspruch auf Krankengeld haben. Im Übrigen haben alle nach § 44 Abs. 2 vom Krankengeldanspruch ausgeschlossenen Versicherten keinen Anspruch auf das Kinderpflegekrankengeld (§ 45 Abs. 1 Satz 2). 3

2.2 Versichertes Kind

Das Kind muss selbst versichert sein,[414] was regelmäßig über die Familienversicherung gem. § 10 der Fall sein wird. Jedoch kann das Kind, z. B. aufgrund der Zahlung einer Waisenrente, selbst versichert sein. Gem. § 45 Abs. 1 Satz 2 i. V. mit § 10 Abs. 4 gelten als Kinder auch Stiefkinder (dazu zählen auch die Kinder des Lebenspartners) und Enkel, die vom Versicherten überwiegend unterhalten werden, ebenso Pflegekinder (§ 56 Abs. 2 Nr. 2 SGB I). Kinder, die mit dem Ziel der Annahme als Kind in die Obhut des Annehmenden aufgenommen sind und für die die zur Annahme erforderliche Einwilligung der Eltern erteilt ist, gelten als Kinder des Annehmenden und nicht mehr als Kinder der leiblichen Eltern. 4

2.3 Altersgrenze, Behinderung und Hilfebedarf

Das Kind darf das zwölfte Lebensjahr noch nicht vollendet haben. Diese Altersgrenze entfällt, wenn das Kind behindert oder auf Hilfe angewiesen ist. Nach § 2 Abs. 1 SGB IX sind Menschen behindert, wenn ihre körperliche Funktion, geistige Fähigkeit oder seelische Gesundheit mit hoher Wahrscheinlichkeit länger als sechs Monate von dem für das Lebensalter typischen Zustand abweichen und daher ihre Teilhabe am Leben in der Gesellschaft beeinträchtigt ist. 5

Hilfebedarf besteht, wenn ein Kind regelmäßig gegenüber einem gesunden gleichaltrigen Kind besonderer Unterstützung bedarf.

2.4 Krankheit des Kindes und Betreuungsbedarf

Krankheit ist ein regelwidriger Körper- oder Geisteszustand, der die Notwendigkeit ärztlicher Heilbehandlung zur Folge hat.[415] Die Erkrankung muss ursächlich sein für die notwendige Beaufsichtigung, Betreuung oder Pflege. Pflege und Betreuung sind umfassend zu verstehen, die Begleitung zum Arzt gehört ebenso dazu wie die allgemeine Versorgung des Kindes. 6

---

413 Vgl. dazu die Ausführungen zu § 44 Rn. 4.
414 Diese Beschränkung ist verfassungsgemäß, BSG – 31.03.1998 – 1 KR 9/96 R.
415 BSG – 28.09.2010 – B 1 KR 5/10 R zu § 27 SGB V.

2.5 Keine andere Betreuungsperson

7 Die Beaufsichtigung, Betreuung oder Pflege darf keiner anderen, im selben Haushalt lebenden Person möglich sein. Unter Haushalt ist die häusliche, wohnungsmäßige, familienhafte Wirtschaftsführung zu verstehen,[416] so dass es auf die verwandtschaftliche Beziehung nicht ankommt. Der anderen Person muss die Beaufsichtigung, Betreuung oder Pflege auch zumutbar sein. Das muss in jedem Einzelfall unter Berücksichtigung der persönlichen Verhältnisse und Fähigkeiten der Betreuungsperson einerseits und des Betreuungs- bzw. Pflegebedürfnisses des Kindes ermittelt werden.

2.6 Ärztliches Zeugnis

8 Die ärztliche Bescheinigung bedarf keiner konkreten Form; jeder Arzt, nicht nur der Vertragsarzt kann sie ausstellen. Dem Wortlaut des Gesetzes nach muss sie jedoch Aufschluss darüber geben, dass der Versicherte zur Beaufsichtigung, Betreuung oder Pflege eines erkrankten Kindes der Arbeit fernbleiben muss.

3. Dauer des Anspruchs (Abs. 2)

9 Für jedes Kind besteht ein Anspruch auf Kinderpflegekrankengeld für 10 Arbeitstage im Kalenderjahr. Sind beide Elternteile versichert, hat jeder einen Anspruch von 10 Tagen Kinderpflegekrankengeld. Die Übertragung von Ansprüchen zwischen versicherten Ehegatten ist möglich, wenn ein Ehegatte die Betreuung aus beruflichen Gründen nicht übernehmen kann.[417] Voraussetzung ist jedoch, dass der Ehegatte, der bereits seinen Anspruch aufgebraucht hat, vom Arbeitgeber gem. § 45 Abs. 3 (nochmals) freigestellt wird.

Für Alleinerziehende sieht das Gesetz einen Anspruch von 20 Kalendertagen vor. Um zu den »allein erziehenden Versicherten« zu gehören, genügt es, Elternteil eines Kindes zu sein und faktisch alleinstehend zu sein, d.h. allein mit dem Kind in einem Haushalt zu leben. Dies gilt selbst dann, wenn man gemeinsam mit einem anderen das Sorgerecht innehat.[418]

4. Höhe und Berechnung des Kinderpflegekrankengeldes

10 Die Höhe des Kinderpflegekrankengeldes wird nach § 47 berechnet. Allerdings ist das Kinderpflegekrankengeld nicht wie das Krankengeld nach Kalendertagen, sondern nach Arbeitstagen zu berechnen. Letztlich führt dies jedoch auch dazu, dass der Versicherte die Entgeltersatzleistung (Kinderpflegekrankengeld) für die Tage erhält, an denen er wegen der Beaufsichtigung, Betreuung oder Pflege des Kindes kein Arbeitsentgelt erzielen konn-

---

416 BSG – 30.03.2000 – B 3 KR 23/99 R.
417 Besprechungsergebnis der Spitzenverbände der Krankenkassen vom 29.06.1994 – DOK 1994, S. 656.
418 BSG – 26.06.2007 – B 1 KR 33/06 R.

te. Das Kinderpflegekrankengeld wird[419] mit dem ersten Tag des Fernbleibens von der Arbeit gezahlt.

5. Freistellungsanspruch (Abs. 3)

§ 45 Abs. 3 gewährt den Versicherten einen arbeitsrechtlichen Anspruch auf Freistellung von der Arbeit, der nicht durch Vereinbarung mit dem Arbeitgeber ausgeschlossen werden darf (§ 45 Abs. 3 Satz 3). Zu prüfen ist jeweils, ob möglicherweise aufgrund des Arbeitsvertrages, einer Betriebsvereinbarung oder aufgrund tarifvertraglicher Regelungen ein Anspruch auf Freistellung unter Fortzahlung des Arbeitsentgelts besteht. Dieser Anspruch geht dem Anspruch auf unbezahlte Freistellung aus § 45 Abs. 3 vor. **11**

Fraglich ist, ob nach der bezahlten Freistellung noch ein Anspruch auf unbezahlte Freistellung besteht. Dies wird wohl zu verneinen sein, die Tage einer bezahlten Freistellung werden auf die Anspruchsdauer nach § 45 Abs. 2 angerechnet.[420] **12**

Der arbeitsrechtliche Anspruch auf Freistellung besteht auch für Versicherte, die keinen Anspruch auf Krankengeld haben (§ 45 Abs. 5).

6. Betreuung schwerstkranker Kinder (Abs. 4)

Nach § 45 Abs. 5 besteht bei schwerer, unheilbarer Erkrankung des Kindes für einen (!) Elternteil Anspruch auf Krankengeld ohne zeitliche Begrenzung. Das Kind muss nicht im Haushalt des Versicherten leben, denn der Anspruch soll insbesondere auch in den Fällen bestehen, in denen das Kind stationär in einem Kinderhospiz versorgt wird oder eine palliativ-medizinische Behandlung in einem Krankenhaus erhält.[421] Daher ist es auch nicht entscheidend, ob eine andere im Haushalt lebende Person die Betreuung übernehmen könnte. **13**

Das notwendige ärztliche Zeugnis muss sich auf den zusätzlichen schwerwiegenden Erkrankungszustand und die begrenzte Lebenserwartung erstrecken.

§ 46 Entstehen des Anspruchs auf Krankengeld

Der Anspruch auf Krankengeld entsteht

1. **bei Krankenhausbehandlung oder Behandlung in einer Vorsorge- oder Rehabilitationseinrichtung (§ 23 Abs. 4, §§ 24, 40 Abs. 2 und § 41) von ihrem Beginn an,**
2. **im Übrigen von dem Tag an, der auf den Tag der ärztlichen Feststellung der Arbeitsunfähigkeit folgt.**

Für die nach dem Künstlersozialversicherungsgesetz Versicherten sowie für Versicherte, die eine Wahlerklärung nach § 44 Absatz 2 Satz 1 Nummer 2 abgegeben haben, entsteht der Anspruch von der siebten Woche der Arbeitsunfähigkeit an. Der Anspruch auf Krankengeld für die in Satz 2 genannten Versicherten nach dem Künst-

419 BSG – 22.10.1980 – 3 RK 56/79.
420 Wagner in GK-SGB V, § 45 Rn. 26.
421 BT-Drs. 14/9031, S. 3.

lersozialversicherungsgesetz entsteht bereits vor der siebten Woche der Arbeitsunfähigkeit zu dem von der Satzung bestimmten Zeitpunkt, spätestens jedoch mit Beginn der dritten Woche der Arbeitsunfähigkeit, wenn der Versicherte bei seiner Krankenkasse einen Tarif nach § 53 Abs. 6 gewählt hat.

Inhaltsübersicht

Literatur

Legde, Anmerkung zu dem Urteil des BSG vom 26.06.2007 – B 1 KR 8/07 R, SGb 2008, 412

1. Inhalt und systematischer Zusammenhang der Regelung

1 § 46 Satz 1 regelt, ab welchem Zeitpunkt Krankengeld zu zahlen ist. Die Sätze 2 und 3 treffen besondere Regelungen für die Personen, die nach dem Künstlersozialversicherungsgesetz versichert sind. § 46 Satz 1 Ziff. 2 verdeutlich, dass es – über die Voraussetzungen des § 44 hinaus – für den Anspruch auf Krankengeld entscheidend auf die Feststellung der Arbeitsunfähigkeit ankommt.[422] Für die Feststellung der Arbeitsunfähigkeit und die entsprechende ärztliche Bescheinigung sind die Arbeitsunfähigkeits-Richtlinien[423] zu beachten.

Beruht die Arbeitsunfähigkeit auf einem Arbeitsunfall oder einer Berufskrankheit, besteht gem. § 45 SGB VII ein Anspruch auf Verletztengeld. Das Verletztengeld wird von dem Tag an gezahlt, an dem die Arbeitsunfähigkeit ärztlich festgestellt wird – § 46 Abs. 1 SGB VII.

In der Praxis ist die Bedeutung der Regelung eher gering.[424] Denn der Anspruch auf Krankengeld für die versicherungspflichtigen Arbeitnehmer setzt grundsätzlich einen Anspruch auf Entgeltfortzahlung voraus, sodass regelmäßig bereits vor Beginn der Krankengeldzahlung Arbeitsunfähigkeit festgestellt worden sein muss.

2. Beginn bei Krankenhaus- oder vergleichbarer Behandlung (Satz 1 Nr. 1)

2 Das Krankengeld wird – ohne dass Arbeitsunfähigkeit vorliegen muss – gewährt mit Beginn folgender Behandlungen:

- Krankenhausbehandlung (§ 39)

---

422 Siehe auch § 44 Rn. 31 ff.

423 Richtlinien des Gemeinsamen Bundesausschusses über die Beurteilung der Arbeitsunfähigkeit und die Maßnahmen zur stufenweisen Wiedereingliederung (Arbeitsunfähigkeits-Richtlinien) nach § 92 Abs. 1 Satz 2 Nr. 7 SGB V, in der Fassung vom 01.12.2003 veröffentlicht im Bundesanzeiger 2004; Nr. 61: S. 6501 zuletzt geändert am 19.09.2006, veröffentlicht im Bundesanzeiger Nr. 241: S. 7356, in Kraft getreten am 23.12.2006, http://www.g-ba.de/informationen/richtlinien/.

424 BT-Drs. 11/2237, S. 181 zu § 45.

- medizinische Vorsorgeleistungen in einer Vorsorgeeinrichtung (§ 23 Abs. 4)
- medizinische Vorsorge für Mütter und Väter (§ 24)
- stationäre medizinische Rehabilitation (§ 40 Abs. 2)
- medizinische Rehabilitation für Mütter und Väter (§ 41)

Die Krankenbehandlung muss auf Kosten der Krankenkasse erfolgen. Der stationäre Aufenthalt in einem Privatkrankenhaus reicht nicht aus, wenn der Patient dem Krankenhaus nicht als Kassenpatient gegenüber tritt, sondern als Privatversicherter.[425] 3

Nach § 39 wird Krankenhausbehandlung vollstationär, teilstationär, vor- und nachstationär (§ 115a) sowie ambulant (§ 115b) erbracht. Im Falle bloßer ambulanter Behandlung besteht jedoch kein Krankengeldanspruch (§ 44 verlangt die stationäre Behandlung), so dass noch Arbeitsunfähigkeit hinzutreten muss. In diesen Fällen besteht jedoch – anders als nach § 46 Satz 1 Nr. 2 – bereits am Tag der ambulanten Krankenhausbehandlung Anspruch auf Krankengeld. 4

3. Beginn bei Arbeitsunfähigkeit (Satz 1 Nr. 2)

Das Krankengeld wird ab dem Tag nach der Feststellung der Arbeitsunfähigkeit gezahlt. Damit besteht ein Karenztag, regelmäßig der Tag, an dem der Arzt aufgesucht wird, der die Arbeitsunfähigkeit feststellt. Entscheidend ist der Tag der tatsächlichen ärztlichen Feststellung, nicht der bescheinigte Beginn der Arbeitsunfähigkeit.[426] Es ist für den Krankengeldanspruch unerheblich, wenn der Arzt an dem Tag, an dem er die Feststellung der Arbeitsunfähigkeit trifft, einen früheren Beginn der Arbeitsunfähigkeit bescheinigt.[427] Für die Versicherten heißt das, dass sie spätestens am letzten Tag ihrer Arbeitsunfähigkeit erneut den Arzt aufsuchen müssen, damit sie nahtlos Krankengeld weiter erhalten.[428] 5

4. Beginn bei Arbeitsunfähigkeit von Künstlern und Publizisten (Satz 2 und 3)

Die in der Künstlersozialversicherung Versicherten haben einen Anspruch auf Krankengeld erst nach 6 Wochen Karenzzeit, ab dem Beginn der 7. Woche der Arbeitsunfähigkeit. Anders als nach § 46 Satz 1 Nr. 2 kommt es nicht auf den Zeitpunkt der ärztlichen Feststellung der Arbeitsunfähigkeit an, sondern – dem Wortlaut des Gesetzes entsprechend – auf den Beginn der Arbeitsunfähigkeit. 6

Nach § 56 Abs. 6 Satz 1 ist die Krankenkasse verpflichtet, für die nach dem Künstlersozialversicherungsgesetz Versicherten einen Tarif anzubieten, der einen Anspruch auf Krankengeld entsprechend spätestens mit Beginn der dritten Woche der Arbeitsunfähigkeit entstehen lässt. Wählen die in der Künstlersozialversicherung Versicherten einen solchen Tarif, wird Krankengeld gem. § 46 Satz 3 bereits spätestens mit Beginn der dritten Woche der Arbeitsunfähigkeit gezahlt. 7

---

425 LSG Berlin-Brandenburg – 05. 12. 2008 – L 1 KR 75/07.
426 Siehe zur Arbeitsunfähigkeitsbescheinigung auch § 44 Rn. 31 ff.
427 BSG – 26. 06. 2007 – B 1 KR 37/06 R.
428 Siehe auch § 44 Rn. 12.

§ 47 Höhe und Berechnung des Krankengeldes

(1) Das Krankengeld beträgt 70 vom Hundert des erzielten regelmäßigen Arbeitsentgelts und Arbeitseinkommens, soweit es der Beitragsberechnung unterliegt (Regelentgelt). Das aus dem Arbeitsentgelt berechnete Krankengeld darf 90 vom Hundert des bei entsprechender Anwendung des Absatzes 2 berechneten Nettoarbeitsentgelts nicht übersteigen. Für die Berechnung des Nettoarbeitsentgelts nach Satz 2 ist der sich aus dem kalendertäglichen Hinzurechnungsbetrag nach Absatz 2 Satz 6 ergebende Anteil am Nettoarbeitsentgelt mit dem Vomhundertsatz anzusetzen, der sich aus dem Verhältnis des kalendertäglichen Regelentgeltbetrages nach Absatz 2 Satz 1 bis 5 zu dem sich aus diesem Regelentgeltbetrag ergebenden Nettoarbeitsentgelt ergibt. Das nach Satz 1 bis 3 berechnete kalendertägliche Krankengeld darf das sich aus dem Arbeitsentgelt nach Absatz 2 Satz 1 bis 5 ergebende kalendertägliche Nettoarbeitsentgelt nicht übersteigen. Das Regelentgelt wird nach den Absätzen 2, 4 und 6 berechnet. Das Krankengeld wird für Kalendertage gezahlt. Ist es für einen ganzen Kalendermonat zu zahlen, ist dieser mit dreißig Tagen anzusetzen. Bei der Berechnung des Regelentgelts nach Satz 1 und des Nettoarbeitsentgelts nach den Sätzen 2 und 4 sind die für die jeweilige Beitragsbemessung und Beitragstragung geltenden Besonderheiten der Gleitzone nach § 20 Abs. 2 des Vierten Buches nicht zu berücksichtigen.

(2) Für die Berechnung des Regelentgelts ist das von dem Versicherten im letzten vor Beginn der Arbeitsunfähigkeit abgerechneten Entgeltabrechnungszeitraum, mindestens das während der letzten abgerechneten vier Wochen (Bemessungszeitraum) erzielte und um einmalig gezahltes Arbeitsentgelt verminderte Arbeitsentgelt durch die Zahl der Stunden zu teilen, für die es gezahlt wurde. Das Ergebnis ist mit der Zahl der sich aus dem Inhalt des Arbeitsverhältnisses ergebenden regelmäßigen wöchentlichen Arbeitsstunden zu vervielfachen und durch sieben zu teilen. Ist das Arbeitsentgelt nach Monaten bemessen oder ist eine Berechnung des Regelentgelts nach den Sätzen 1 und 2 nicht möglich, gilt der dreißigste Teil des im letzten vor Beginn der Arbeitsunfähigkeit abgerechneten Kalendermonat erzielten und um einmalig gezahltes Arbeitsentgelt verminderten Arbeitsentgelts als Regelentgelt. Wenn mit einer Arbeitsleistung Arbeitsentgelt erzielt wird, das für Zeiten einer Freistellung vor oder nach dieser Arbeitsleistung fällig wird (Wertguthaben nach § 7b des Vierten Buches), ist für die Berechnung des Regelentgelts das im Bemessungszeitraum der Beitragsberechnung zugrundeliegende und um einmalig gezahltes Arbeitsentgelt verminderte Arbeitsentgelt maßgebend; Wertguthaben, die nicht gemäß einer Vereinbarung über flexible Arbeitszeitregelungen verwendet werden (§ 23b Abs. 2 des Vierten Buches), bleiben außer Betracht. Bei der Anwendung des Satzes 1 gilt als regelmäßige wöchentliche Arbeitszeit die Arbeitszeit, die dem gezahlten Arbeitsentgelt entspricht. Für die Berechnung des Regelentgelts ist der dreihundertsechzigste Teil des einmalig gezahlten Arbeitsentgelts, das in den letzten zwölf Kalendermonaten vor Beginn der Arbeitsunfähigkeit nach § 23a des Vierten Buches der Beitragsberechnung zugrunde gelegen hat, dem nach Satz 1 bis 5 berechneten Arbeitsentgelt hinzuzurechnen.

(3) Die Satzung kann bei nicht kontinuierlicher Arbeitsverrichtung und -vergütung abweichende Bestimmungen zur Zahlung und Berechnung des Krankengel-

des vorsehen, die sicherstellen, dass das Krankengeld seine Entgeltersatzfunktion erfüllt.

(4) Für Seeleute gelten als Regelentgelt die beitragspflichtigen Einnahmen nach § 233 Abs. 1. Für Versicherte, die nicht Arbeitnehmer sind, gilt als Regelentgelt der kalendertägliche Betrag, der zuletzt vor Beginn der Arbeitsunfähigkeit für die Beitragsbemessung aus Arbeitseinkommen maßgebend war. Für nach dem Künstlersozialversicherungsgesetz Versicherte ist das Regelentgelt aus dem Arbeitseinkommen zu berechnen, das der Beitragsbemessung für die letzten zwölf Kalendermonate vor Beginn der Arbeitsunfähigkeit zugrunde gelegen hat; dabei ist für den Kalendertag der dreihundertsechzigste Teil dieses Betrages anzusetzen. Die Zahl dreihundertsechzig ist um die Zahl der Kalendertage zu vermindern, in denen eine Versicherungspflicht nach dem Künstlersozialversicherungsgesetz nicht bestand oder für die nach § 234 Abs. 1 Satz 3 Arbeitseinkommen nicht zugrunde zu legen ist. Die Beträge nach § 226 Abs. 1 Satz 1 Nr. 2 und 3 bleiben außer Betracht.

(5) (weggefallen)

(6) Das Regelentgelt wird bis zur Höhe des Betrages der kalendertäglichen Beitragsbemessungsgrenze berücksichtigt.

Inhaltsübersicht

1. Inhalt und systematischer Zusammenhang der Regelung

1 § 47 und § 47 b bilden ein geschlossenes Regelungssystem zur Höhe und Berechnung des Krankengeldes.[429] Während § 47 die allgemeinen Bestimmungen enthält, regelt § 47 b zwei Gruppen von Ausnahmen. Wesentliche Grundlage für die Berechnung ist das Regelentgelt (Abs. 1). Die Berechnung des Regelentgelts wird

- für versicherte Arbeitnehmer (Versicherungspflicht gem. § 5 Abs. 1 Nr. 1) in den Abs. 1 und 2,
- für Versicherte, die nicht Arbeitnehmer sind, in Abs. 4 Satz 2 und
- für Künstler/Publizisten in Abs. 4 Sätze 3, 4 geregelt.

§ 47 Abs. 4 Satz 1 trifft eine Sonderregelung für Seeleute. Gestaltungsraum kraft Satzung besteht gem. § 47 Abs. 3. Die Höhe und Berechnung des Krankengeldes für Bezieher von Arbeitslosengeld, Unterhaltsgeld oder Kurzarbeitergeld richtet sich nach § 47 b.

§ 47 a enthält lediglich Regelungen für die Berechnung des Krankengeldes in der Übergangszeit vom 01. 01. 1997 bis zum 21. 06. 2000.

2 Das Krankengeld wird gem. § 50 SGB IX angepasst (dynamisiert). Diese Vorschrift sieht eine für alle Entgeltersatzleistungen einheitliche Anpassungsregelung vor.[430] Angepasst wird die Berechnungsgrundlage (§ 50 Abs. 1 Satz 1 SGB IX, beim Krankengeld somit das Regelentgelt).

3 Nach § 52 kann die Krankenkasse das Krankengeld ganz oder teilweise versagen oder zurückfordern, wenn sich die Versicherten die Krankheit vorsätzlich oder bei einem vom ihnen begangenen Verbrechen oder vorsätzlichen Vergehen (Abs. 1) oder die Krankheit z. B. durch eine Schönheitsoperation, eine Tätowierung oder ein Piercing (Abs. 2) zugezogen haben.

4 Das Rundschreiben der Spitzenverbände der Krankenkassen und der Spitzenverbände der Unfallversicherungsträger zur Berechnung, Höhe und Zahlung des Krankengeldes und Verletztengeldes vom 29. 11. 2005[431] dient der einheitlichen Verwaltungspraxis der Krankenkassen.

---

429 BSG – 05. 05. 2009 – B 1 KR 16/08 R; instruktiv auch BSG – 21. 02. 2006 – B 1 KR 11/05 R.
430 BT-Drs. 14/5074, S. 110, 118.
431 Siehe unter http://www.vdek.com/versicherte/Leistungen/kranken-verletztengeld/kranken_verletztengeld/kranken-verletztengeld.pdf.

2. Berechnung des Krankengeldes

2.1 Kalendertage als Grundlage

Krankengeld wird gem. § 47 Abs. 1 Satz 6 für Kalendertage gezahlt, somit auch für Tage, die keine Arbeitstage sind. Diejenigen, deren Arbeitsunfähigkeit am Freitag festgestellt wird, erhalten Krankengeld auch für den arbeitsfreien Samstag und Sonntag. Der Kalendermonat ist unabhängig von seiner tatsächlichen Länge mit 30 Tagen anzusetzen (§ 47 Abs. 1 Satz 7). 5

2.2 Berechnungsschritte – Übersicht

1. Schritt: 6

Ermittlung von 70 % des täglichen Regelentgeltes (siehe unter 3.)

a) Bemessungszeitraum	Abs. 2 Satz 1
b) Ermittlung des laufenden täglichen Regelentgeltes	Abs. 2 Sätze 1–5
c) Ermittlung des Hinzurechnungsbetrages der Einmalzahlungen	Abs. 2 Satz 6
d) Ermittlung des kumulierten Regelentgeltes (Summe aus b) und c)	Abs. 2 Satz 6
e) Ermittlung des Höchstregelentgeltes	
f) Vergleich des kumulierten Regelentgeltes mit dem Höchstregelentgelt	Abs. 6
g) Ermittlung von 70 % des Regelentgeltes	

2. Schritt:

Vergleichsberechnung – Ermittlung von 90 % des Nettoarbeitsentgeltes (siehe unter 4.)

a) Ermittlung des Nettoarbeitsentgeltes
b) Ermittlung des laufenden täglichen Nettoarbeitsentgeltes ohne Einmalzahlungen
c) Ermittlung des Verhältnisses des kalendertäglichen Nettoarbeitsentgeltes zum kalendertäglichen Arbeitsentgelt
d) Anlegen des ermittelten Prozentsatzes von c) auf den kalendertäglichen Hinzurechnungsbetrag von 1 a) (= Nettohinzurechnungsbetrag der Einmalzahlungen)
e) Ermittlung des kumulierten Nettoarbeitsentgeltes (Summe b) und d))
f) Ermittlung von 90 % des (kumulierten) Nettoarbeitsentgeltes

3. Schritt:

Vergleich 70 % des Regelentgeltes mit 90 % des kumulierten Nettoarbeitsentgeltes (Abs. 1 Satz 2) (siehe unter 5.)

Vergleich der Beträge von 1. f) und 2. d) (maßgeblich ist der niedrigere Betrag)

4. Schritt:

Vergleichsberechnung – Vergleich mit 100 % des Nettoarbeitsentgeltes ohne Einmalzahlungen (Abs. 1 Satz 4) (siehe unter 6.)

Vergleich mit dem Betrag von 3., mit dem Betrag von 2. b)

3. Ermittlung von 70 % des täglichen Regelentgeltes (1. Schritt)

3.1 Versicherungsverhältnis und Änderung des Inhalts des Arbeitsverhältnisses

7 Der Anspruch auf Krankengeld richtet sich grundsätzlich nach der Art des zum Zeitpunkt des Eintritts der Arbeitsunfähigkeit bestehenden Versicherungsverhältnisses.[432] Bei mehreren Versicherungsverhältnissen, die jeweils für sich eine Versicherungs- und Beitragspflicht in der Krankenversicherung nach § 5 Abs. 1 Satz 1 Nr. 1 begründeten, sind daher alle Arbeitsentgelte für die Berechnung des Krankengeldes heranzuziehen.[433]

8 Auf das im letzten abgerechneten Kalendermonat vor Beginn der Arbeitsunfähigkeit erzielte Entgelt ist auch dann abzustellen, wenn bereits vor oder mit Beginn der Arbeitsunfähigkeit eine Änderung des Arbeitsverhältnisses (z. B. Übergang von Voll- zur Teilzeitarbeit) eingetreten ist.[434] Das gilt auch für Arbeitsplatzumbesetzungen und bei Beendigung des Probearbeitsverhältnisses.[435]

9 Wird ein arbeitsunfähiger Versicherter irrtümlich arbeitsfähig geschrieben und nimmt er daraufhin noch einmal für kurze Zeit die Arbeit auf, so bemisst sich das nach der Zwischenbeschäftigung erneut zu zahlende Krankengeld zumindest dann nach dem Arbeitsentgelt vor Beginn der (»ersten«) Arbeitsunfähigkeit, wenn dieses höher als dasjenige gewesen ist, das der Versicherte während der Arbeitsunfähigkeit verdient hat.

3.2 Bemessungszeitraum

10 Bemessungszeitraum ist der letzte vor Beginn der Arbeitsunfähigkeit abgerechnete Entgeltabrechnungszeitraum, mindestens die letzten abgerechneten vier Wochen (Abs. 2 Satz 1). Ausreichend ist es, das für einen Teil des Bemessungszeitraums Arbeitsentgelt abgerechnet wurde.

3.3 Entgeltabrechnungszeitraum

11 Entgeltabrechnungszeitraum ist der Zeitraum, in dem der Arbeitgeber Lohn oder Gehalt abrechnet, in der Regel der Kalendermonat. Abgerechnet ist ein Gehaltsabrechnungszeitraum bzw. ein Kalendermonat dann, wenn der Arbeitgeber das in diesem Zeitraum erzielte Arbeitsentgelt vollständig errechnet hat, so dass es ohne weiteres ausgezahlt oder überwiesen werden kann.[436]

---

432 BSG – 30. 12. 2004 – B 1 KR 27/03 B.

433 BSG – 21. 03. 1974 – 8 RU 81/73; LSG Berlin-Brandenburg – 18. 02. 2010 – L 9 KR 432/06.

434 BSG – 25. 06. 1991 – 1/3 RK 6/90.

435 Rundschreiben der Spitzenverbände der Krankenkassen und der Spitzenverbände der Unfallversicherungsträger zur Berechnung, Höhe und Zahlung des Krankengeldes und Verletztengeldes vom 29. 11. 2005.

436 BSG – 25. 06. 1991 – 1/3 RK 6/90.

Ist bei einem Arbeitgeberwechsel noch kein neuer Entgeltzeitraum abgerechnet worden, bleibt der letzte abgerechnete Entgeltzeitraum vor Eintritt der Arbeitsunfähigkeit (beim alten Arbeitgeber) maßgebend.[437] Werden Versicherte vor Ablauf des Bemessungszeitraums arbeitsunfähig, bemisst sich die Höhe des Krankengeldes nach einer Schätzung des Entgelts, wobei die individuellen Einkommensverhältnisse des Versicherten zu berücksichtigen sind.[438] Bei einer kurz nach Aufnahme einer Aushilfstätigkeit eintretenden Arbeitsunfähigkeit ist für das Arbeitsentgelt der vereinbarte Lohn zugrunde zu legen. 12

3.4 Regelentgelt

Das Regelentgelt wird nach den Absätzen 2, 4 und 6 berechnet (§ 47 Abs. 1 Satz 5). 13

Regelentgelt ist das Arbeitsentgelt und das Arbeitseinkommen, das der Beitragsberechnung unterliegt (§ 47 Abs. 1 Satz 1).

3.4.1 Arbeitsentgelt

Zum Arbeitsentgelt gehören gem. § 14 Abs. 1 SGB IV alle laufenden oder einmaligen Einnahmen aus einer Beschäftigung. Das Arbeitsentgelt muss der Beitragsberechnung unterliegen. Denn die Beitragserhebung berechtigt die Versicherten im Gegenzug, im Versicherungsfall Naturalleistungen von ihrer Krankenkasse zu verlangen.[439] 14

Welche Einnahmen beitragspflichtig sind, regeln §§ 220 ff., 226 ff. Zu beachten ist ebenfalls die Verordnung über die sozialversicherungsrechtliche Beurteilung von Zuwendungen des Arbeitgebers als Arbeitsentgelt (Sozialversicherungsentgeltverordnung – SvEV[440]). Der Katalog des § 1 SvEV enthält eine Übersicht, welche Einnahmen nicht dem Arbeitsentgelt zugerechnet werden. 15

Zum Arbeitsentgelt rechnen z. B.:

- Urlaubsentgelt[441] nach § 11 BUrlG.[442]
- Monatlich (!) ausgezahltes Urlaubsgeld: Sollte – ausnahmsweise – Urlaubsgeld monatlich ausgezahlt werden, ist es als Arbeitsentgelt zu berücksichtigen.[443]
- Die Entgeltfortzahlung für die Zeit einer früheren (!) Arbeitsunfähigkeit ist als Arbeitsentgelt zu berücksichtigen, anders als die Entgeltfortzahlung, die der Krankengeldgewährung unmittelbar vorausgegangen ist und auf derselben ununterbrochenen Arbeitsunfähigkeit beruht.[444]

---

437 LSG Saarland – 22. 06. 2005 – L 2 KR 24/03.
438 BSG – 30. 05. 2006 – B 1 KR 19/05 R.
439 BSG – 14. 12. 2006 – B 1 KR 5/06 R.
440 Sozialversicherungsentgeltverordnung vom 21. 12. 2006 (BGBl. I S. 3385), zuletzt geändert durch Artikel 48 des Gesetzes vom 20.12. 2011 (BGBl. I s. 2854) http://www.gesetze-im-internet.de/svev/_1.html.
441 Nicht zu verwechseln mit dem Urlaubsgeld (das regelmäßig als Einmalzahlung gewährt wird).
442 BSG – 20. 01. 1982 – 3 RK 7/81.
443 BSG – 03. 03. 1994 – 1 RK 17/93.
444 Vgl. BSG – 20. 01. 1982 – 3 RK 7/81.

- »Struktur-Kurzarbeitergeld«: Beziehen Versicherte bei »Kurzarbeit Null« in einer Auffanggesellschaft »Struktur-Kurzarbeitergeld«, bemisst sich hiernach das Regelentgelt für die Krankengeldberechnung.[445]
- Sog. Aufstockungszahlungen, die Arbeitnehmer nach Insolvenz neben dem Transferkurzarbeitergeld gezahlt werden.[446]

16 Die Höhe des Arbeitsentgelts wird der Krankenkasse durch die Verdienstbescheinigung des Arbeitgebers nachgewiesen.

3.4.2 Erzieltes Arbeitsentgelt

17 Grundsätzlich muss das Arbeitsentgelt den Versicherten zugeflossen sein (Zuflussprinzip/Bezugs-bzw. Referenzmethode[447]). Nachträgliche, d.h. außerhalb des Bemessungszeitraums eintretende – Änderungen des den Versicherten gewährten Arbeitsentgelts sind unbeachtlich. Dementsprechend führen nicht realisierte Entgeltansprüche, Erhöhungen oder Absenkungen des Arbeitsentgelts oder Steuerrückerstattungen, die erst nach Beginn der Arbeitsunfähigkeit eintreten sind, zu keinem höheren »erzielten Arbeitsentgelt« und damit nicht zu einem höheren Krankengeld.[448]

18 Einschränkend hat das BSG[449] allerdings festgestellt, dass bei der Bemessung des Krankengeldes auch zunächst vorenthaltenes Arbeitsentgelt zu berücksichtigen ist, das dem Versicherten – insbesondere aufgrund eines erfolgreich geführten Kündigungsschutzprozesses – für den maßgeblichen Bemessungszeitraum zur nachträglichen Vertragserfüllung zugeflossen ist.

3.4.3 Tariflohnerhöhung

19 Rückwirkende Erhöhungen des Arbeitsentgelts werden bei der Regelentgeltberechnung berücksichtigt, wenn auf das erhöhte Arbeitsentgelt zum Zeitpunkt des Eintritts der Arbeitsunfähigkeit bereits ein Rechtsanspruch bestand. Der Arbeits- oder Tarifvertrag, der den erhöhten Entgeltanspruch begründet, muss also vor Beginn der Arbeitsunfähigkeit geschlossen worden sein. Unter dieser Voraussetzung ist bei der Regelentgeltberechnung der Betrag des erhöhten Arbeitsentgelts zu berücksichtigen, der auf den Bemessungszeitraum entfällt.[450]

---

445 BSG – 14.12.2006 – B 1 KR 9/06 R.
446 LSG Nordrhein-Westfalen – 03.10.2011 – L 5 KR 327/11.
447 BSG – 14.12.2006 – B 1 KR 5/06R.
448 BSG – 24.05.2007 – B 1 KR 3/07 R.
449 BSG – 16.02.2005 – B 1 KR 19/03 R.
450 Spitzenverbände der Krankenkassen, Gemeinsames Rundschreiben zur Berechnung, Höhe und Zahlung des Krankengeldes und des Krankengeldes bei Erkrankung des Kindes von SGB III-Leistungsbeziehern; Stand: 21.12.2009.

3.4.4 Besonderheiten

- Seeleute 20
  Nach § 47 Abs. 4 Satz 1 gelten für Seeleute als Regelentgelt die beitragspflichtigen Einnahmen nach § 233 Abs. 1. Renten und Versorgungsbezüge werden – obwohl beitragspflichtig – nicht bei der Berechnung der Einnahmen berücksichtigt (§ 47 Abs. 4 Satz 5).
- Nichtarbeitnehmer 21
  Dabei handelt es sich in erster Linie um freiwillig versicherte Selbständige; aber auch Teilnehmer an Leistungen zur Teilhabe am Arbeitsleben werden als Nichtarbeiter angesehen.[451] Gem. § 47 Abs. 4 Satz 2 gilt als Regelentgelt der kalendertägliche Betrag, der zuletzt vor Beginn der Arbeitsunfähigkeit für die Beitragsbemessung maßgebend war. Bei Teilnehmern an Leistungen zur Teilhabe am Arbeitsleben ist daher das zuvor gezahlte Übergangsgeld maßgebend.[452] Renten und Versorgungsbezüge werden – obwohl beitragspflichtig – nicht bei der Berechnung der Einnahmen berücksichtigt (§ 47 Abs. 4 Satz 5).
- Künstler/Publizisten 22
  Nach § 47 Abs. 4 Satz 3 SGB V ist das Regelentgelt aus dem Arbeitseinkommen zu berechnen, das der Beitragsbemessung für die letzten zwölf Kalendermonate vor Beginn der AU zugrunde gelegen hat; dabei ist für den Kalendertag der dreihundertsechzigste Teil dieses Betrages anzusetzen. Es ist damit ein längerer Bemessungszeitraum zu berücksichtigen. Renten und Versorgungsbezüge werden – obwohl beitragspflichtig – nicht bei der Berechnung der Einnahmen berücksichtigt (§ 47 Abs. 4 Satz 5).
- Versicherungspflichtige Beschäftigte in der Gleitzone 23
  Dies sind versicherungspflichtig Beschäftigte, die zwischen 401,01 und 800,00 € monatlich an Arbeitsentgelt erhalten (§ 20 Abs. 2 SGB IV). Gem. § 47 Abs. 1 Satz 8 berechnet sich das Krankengeld – ohne Rücksicht auf die (beitragsrechtlichen) Besonderheiten des § 20 Abs. 2 SGB IV – nach dem tatsächlich bezogenen Arbeitsentgelt.
- Flexible Arbeitszeit (Abs. 2 Sätze 4 und 5)[453] 24
  Die Regelungen sollen sicherstellen, dass bei der Berechnung des Krankengeldes nur Arbeitsentgelt berücksichtigt wird, das die Versicherten tatsächlich erhalten haben.[454] Nicht ausgezahltes Arbeitsentgelt für die Freistellungsphase (Wertguthaben) wird nicht berücksichtigt. Wird das Wertgutachten aufgelöst und zahlt der Arbeitgeber wegen vereinbarter rückwirkender Beseitigung einer Altersteilzeitregelung nachträglich Arbeitsentgelt, führt dies nicht rückwirkend zu einem Anspruch auf ein höheres Krankengeld.

---

451 Vgl. auch BSG – 05.05.2009 – B 1 KR 16/08 R.

452 BSG – 05.05.2009 – B 1 KR 16/08 R.

453 Siehe dazu auch Gemeinsame Verlautbarungen der Spitzenverbände der Krankenversicherung zur Berechnung des Krankengeldes bei flexiblen Arbeitszeitregelungen vom 19.04.2007, http://www.vdek.com/versicherte/Leistungen/kranken-verletztengeld/berechnung_kg_flex_arbeitszeit/index.htm.

454 BT-Drs. 13/9818, S. 13.

25 • Ruhen des Arbeitslosengeldanspruchs
Das Krankenversicherungsrecht enthält keine Regelung über Höhe und Berechnung des Krankengelds bei Eintritt von Arbeitsunfähigkeit, während der Anspruch auf Arbeitslosengeld ruht. In diesem Fall sind die versicherten Arbeitslosen so zu behandeln wie Arbeitslose mit Leistungsbezug, das Arbeitsentgelt ist daher fiktiv zu berechnen.[455]

3.5 Ermittlung der regelmäßigen wöchentlichen Arbeitszeit

26 Bei Berechnung der regelmäßigen wöchentlichen Arbeitszeit sind Überstunden einzubeziehen, wenn sie regelmäßig erbracht worden sind. Die Regelmäßigkeit ist zu bejahen, wenn in den letzten abgerechneten 3 Monaten oder 13 Wochen (Referenzzeitraum) in jedem Monat mindestens eine Überstunde geleistet worden ist.[456]

3.6 Ermittlung des täglichen Regelentgeltes (Abs. 2 Sätze 1–5)

27 Steht die Höhe des im Bemessungszeitraum erzielten Arbeitsentgelts fest, so wird das tägliche Regelentgelt wie folgt ermittelt:

3.6.1 Arbeitsentgelt ist nach Tagen/Wochen bemessen (Abs. 2 Satz 2)

28
$$\frac{\begin{array}{c}\text{Arbeitsentgelt im}\\ \text{Bemessungszeitraum}\\ 2800{,}00\ €\end{array}}{\begin{array}{c}\text{Zahl der Stunden,}\\ \text{für die es gezahlt wurde}\\ 160\ \text{Stunden}\end{array}} \times \frac{\begin{array}{c}\text{regelmäßige wöchentliche}\\ \text{Arbeitszeit}\\ 40\ \text{Stunden}\end{array}}{7} = \begin{array}{c}\text{Regelentgelt}\\ 100{,}00\ €\end{array}$$

3.6.2 Arbeitsentgelt ist nach Monaten bemessen (Abs. 2 Satz 3 1. Alternative)

29 (Z. B. bei Angestellten mit Monatsgehalt)

$$\begin{array}{c}\text{Arbeitsentgelt im}\\ \text{Bemessungszeitraum}\\ 2850{,}00\ €\end{array} : 30 = \begin{array}{c}\text{Regelentgelt}\\ 100{,}00\ €\end{array}$$

Auf diese Weise ist das Regelentgelt auch zu berechnen, wenn eine Berechnung nach den Sätzen 1 und 2 nicht möglich ist (§ 47 Abs. 2 Satz 3 2. Alternative), z. B. im Falle von Akkord- oder Stücklöhnen.

455 LSG NRW – 31. 01. 2002 – L 16 KR 40/01.
456 BSG – 01. 06. 1994 – 7 RAr 40/93.

3.7 Ermittlung des Hinzurechnungsbetrages der Einmalzahlungen

Nach § 23 a Abs. 1 Satz 1 SGB IV sind Einmalzahlungen Zuwendungen, die dem Arbeitsentgelt zuzurechnen sind und nicht für die Arbeit in einem einzelnen Entgeltabrechnungszeitraum gezahlt werden. Haben die Versicherten z.B. im Dezember Weihnachtsgeld erhalten und wäre dieser Monat der letzte vor Beginn der Arbeitsunfähigkeit abgerechnete Entgeltabrechnungszeitraum, so würde ein auf dieser Basis berechnetes Krankengeld nicht dem tatsächlich wegen krankheitsbedingter Arbeitsunfähigkeit entgangenem Arbeitsentgelt entsprechen. Daher sind Einmalzahlungen gem. § 47 Abs. 2 Satz 2 und 3 vom erzielten Arbeitsentgelt abzuziehen. Andererseits erscheint es nicht gerechtfertigt, Einmalzahlungen völlig unberücksichtigt zu lassen. Denn sie sind zum einen Teil ihrer wirtschaftlichen Leistungsfähigkeit, zum anderen zahlen die Versicherten für einmalig gezahltes Arbeitsentgelt Sozialversicherungsbeiträge.[457] 30

Beispiel:

Einmalzahlung Dezember (Weihnachtsgeld) 2520,00 €	:	360	=	Hinzurechnungsbetrag 7,00 €

3.8 Ermittlung des kumulierten Regelentgeltes (Abs. 2 Satz 6)

Gem. § 47 Abs. 2 Satz 6 wird der 360. Teil der Einmalzahlung dem nach 47 Abs. 2 Satz 1–5 ermittelten Arbeitsentgelt hinzugerechnet (= kumuliertes Regelentgelt). 31

Beispiel:

Regelentgelt 100,00 €	+	Hinzurechnungsbetrag 7,00 €	=	kumuliertes Regelentgelt 107,00 €

3.9 Ermittlung des Höchstregelentgeltes

Das (kumulierte) Regelentgelt wird nur bis zur Höhe der kalendertäglichen Beitragsbemessungsgrenze[458] berücksichtigt. Beitragsbemessungsgrenze für den Kalendertag ist der 360. Teil der Jahresarbeitsentgeltgrenze. 32

Beispiel:

Beitragsbemessungsgrenze 2012 45 900,00 €	:	360	=	Höchstregelentgelt 127,50 €

457 BVerfG – 11.01.1995 – 1 BvR 892/88: Es ist mit dem allgemeinen Gleichheitssatz (Art 3 Abs. 1 GG) unvereinbar, dass einmalig gezahltes Arbeitsentgelt (Weihnachtsgeld, Urlaubsgeld usw.) zu Sozialversicherungsbeiträgen herangezogen wird, ohne dass es bei der Berechnung von kurzfristigen Lohnersatzleistungen (beispielsweise Arbeitslosengeld, Krankengeld und Übergangsgeld) berücksichtigt wird.

458 Legaldefinition in § 223 Abs. 3.

3.10 Vergleich des kumulierten Regelentgeltes mit dem Höchstregelentgelt

33 **Beispiel:**

(kumuliertes) Regelentgelt	Höchstregelentgelt	maßgebender Betrag
107,00 €	127,50 €	107,00 €

3.11 Ermittlung von 70 % des kumulierten Regelentgeltes

34 Liegt das ermittelte kumulierte Regelentgelt nicht höher als das Höchstregelentgelt, sind davon kalendertäglich 70 % als Krankengeld zu zahlen.

Beispiel:

70	×	kumuliertes Regelentgelt 107,00 €	:	100	=	tägliches Krankengeld 74,90 €

4. Ermittlung von 90 % des Nettoarbeitsentgeltes (2. Schritt)

35 Gegenüberzustellen sind die errechneten 70 % des kumulierten Regelentgeltes mit 90 % des kumulierten Nettoarbeitsentgeltes. Denn gem. § 47 Abs. 1 Satz 2 darf das aus dem Arbeitsentgelt berechnete Krankengeld 90 % des Nettoarbeitsentgelts nicht übersteigen. Mit dieser Begrenzung des Krankengelds auf das Nettoarbeitsentgelt soll verhindert werden, dass der Versicherte während der Zeit seiner Arbeitsunfähigkeit effektiv ein höheres Einkommen hat als vorher.[459]

4.1 Ermittlung des Nettoarbeitsentgeltes

36 Das Nettoarbeitsentgelt ist das dem Versicherten im letzten abgerechneten Entgeltzeitraum gezahlte und um Sozialversicherungsbeiträge sowie Lohnsteuer verminderte Arbeitsentgelt.[460] Das Bruttoentgelt ist nur um gesetzliche Abzüge zu mindern, Beiträge zur freiwilligen Kranken-, Pflege- oder Rentenversicherung führen nicht zu einem Abzug.

Beispiel:

Brutto:	2 850,00 €
Rentenversicherung (19,6 %)	279,31 €
Arbeitslosenversicherung (3 %)	42,75 €
Pflegeversicherung (2,2 %)	34,92 €
Krankenversicherung (15,5 %)	233,70 €
Lohnsteuer (Kl. III)	203,00 €
Soli-Zuschlag	8,20 €
Kirchensteuer	18,27 €

459 BSG – 06. 02. 1991 – 1/3 RK 3/89.
460 BSG – 05. 07. 2005 – B 1 KR 7/04 R.

Abzug insgesamt	820,15
Netto	**2029,85 €**

4.2 Ermittlung des täglichen Nettoarbeitsentgeltes

Beispiel: 37

Netto-Arbeitsentgelt im Bemessungszeitraum 2029,85 €	:	30	=	Nettoarbeitsentgelt 67,66 €

4.3 Ermittlung des Verhältnisses des kalendertäglichen Nettoarbeitsentgelts zum kalendertäglichen Brutto-Arbeitsentgelt

Das tägliche Einmalzahlungs-Nettoarbeitsentgelt ist nicht nach dem individuellen, auf Einmalzahlungen entfallenden Nettoarbeitsentgelt zu ermitteln, sondern pauschal nach Maßgabe § 47 Abs. 1 Satz 3. Es ist zunächst der prozentuale Anteil des kalendertäglichen laufenden Nettoarbeitsentgelts am kalendertäglichen laufenden Bruttoarbeitsentgelt zu ermitteln. 38

Beispiel:

Nettoarbeitsentgelt 67,66 €	:	Regelentgelt 100,00 €	×	100 %	=	prozentualer Anteil 67,66 %

4.4 Anlegen des ermittelten Prozentsatzes auf die kalendertäglichen Einmalzahlungen

Der sich ergebende Prozentsatz ist auf die kalendertäglichen Einmalzahlungen (hier: 7,00 €) anzulegen. Dieses ergibt den auf den Kalendertag entfallenden pauschalierten Netto-Hinzurechnungsbetrag für Einmalzahlungen. 39

Beispiel:

prozentualer Anteil 67,66 %	×	Hinzurechnungs-betrag (brutto) 7,00 €	:	100 %	=	Netto-Hinzurechnungsbetrag 4.74 €

4.5 Ermittlung des kumulierten (täglichen) Nettoarbeitsentgeltes

Die pauschalierten kalendertäglichen Netto-Einmalzahlungen sind dem tatsächlichen Nettoarbeitsentgelt hinzuzurechnen. 40

Beispiel:

Nettoarbeitsentgelt 67,66 €	+	Netto-Hinzurechnungsbetrag 4,74 €	=	kumuliertes Nettoarbeitsentgelt 72,40 €

4.6 Ermittlung von 90 % des (kumulierten) Nettoarbeitsentgeltes

41

90	×	kumuliertes Nettoarbeitsentgelt 72,40 €	:	100	=	65,16 €

5. Vergleichsberechnung – Vergleich 70 % des Regelentgeltes mit 90 % des kumulierten Nettoarbeitsentgeltes (3. Schritt)

42 Zu vergleichen ist der Betrag des (kumulierten) Regelentgelts (hier 74,90 €) mit dem Betrag des (kumulierten) Nettoarbeitsentgelts (hier 65,16 €). Die Höhe des Krankengeldes richtet sich nach dem niedrigeren Betrag, da es nach § 47 Abs. 1 Satz 2 90 % des Nettoarbeitsentgelts nicht übersteigen darf.

Beispiel:

(kumuliertes) Regelentgelt	(kumuliertes) Nettoarbeitsentgelt	maßgebender Betrag
74,90 €	65,16 €	65,16 €

6. Vergleichsberechnung – Vergleich mit 100 % des Nettoarbeitsentgeltes ohne Einmalzahlungen (4. Schritt)

6.1 Regelfall

43 Das Krankengeld (d.h. der niedrigere Betrag, wie er sich aus dem Vergleich der 70 % des kumulierten Regelentgeltes und der 90 % des kumulierten Nettoarbeitsentgeltes ergibt – hier 65,16 €) darf das Nettoarbeitsentgelt ohne Einmalzahlungen (hier: 67,66 €) nicht übersteigen. Damit soll sichergestellt werden, dass die Krankengeldbezieher – im Referenzzeitraum von vier Wochen bzw. einem Monat vor Eintritt der Arbeitsunfähigkeit – gegenüber anderen Arbeitnehmern keinen Vorteil erlangen.[461] Es geht dabei um die Fälle, in denen die Versicherten trotz krankheitsbedingter Arbeitsunfähigkeit sowohl einen Anspruch auf Krankengeld (aus einem kumulierten pauschalierten kalendertäglichen Nettoarbeitsentgelt) hätten als auch ihren (arbeitsrechtlichen) Anspruch auf Gewährung der Einmalzahlungen weitgehend behalten.

44 **Beispiel:**
Das 13. Monatsgehalt wird im Dezember auch gezahlt, wenn Arbeitnehmer im Mai und im Juni arbeitsunfähig gewesen sind.

In einem solchen Fall träte durch die Kumulation verbleibender krankheitsunabhängig zustehender Einmalzahlungsansprüche mit dem »hohen« Krankengeldanspruch eine Übersicherung ein.[462]

---

461 BR-Drs. 14/4371, S. 16.
462 BSG – 21.02.2006 – B 1 KR 11/05 R.

Maßgebend für die Höhe des zu zahlenden Krankengeldes ist der sich im Vergleich ergebende niedrigere Betrag. 45

100 % des Nettoarbeitsentgeltes ohne Einmalzahlungen	Betrag aus Vergleich 70 % des Regelentgeltes mit 90 % des kumulierten Nettoarbeitsentgeltes	maßgebender Betrag
67,66 €	65,16 €	65,16 €

6.2 Ausnahme

Die Gefahr einer »Übersicherung« besteht dann nicht mehr, wenn die Arbeitnehmer zu mehr als einem Drittel Einmalzahlungen erhalten haben, die bei länger dauernder krankheitsbedingter Arbeitsunfähigkeit nicht mehr zu zahlen sind. Im Wege einer verfassungskonformen Reduktion des § 47 Abs. 1 Satz 4 ist in diesen Fällen das Krankengeld aus 100 % des Nettoarbeitsentgeltes ohne Einmalzahlungen zu zahlen.[463] 46

Begrenzung des Krankengeldes auf 100 % des Nettoarbeitsentgeltes: 47

Ja: wenn sich die Einmalzahlungen zu mindestens zwei Dritteln aus Vergütungsbestandteilen zusammensetzen, die der Arbeitgeber im Falle krankheitsbedingter Arbeitsunfähigkeit allenfalls kürzen, aber nicht gänzlich verweigern darf

Nein: wenn die Arbeitnehmer zu mehr als einem Drittel Einmalzahlungen erhalten hat, die bei länger dauernder krankheitsbedingter Arbeitsunfähigkeit nicht mehr zu zahlen sind. Vergleichsberechnung nach 6. ist nicht erforderlich

§ 47 b Höhe und Berechnung des Krankengeldes bei Beziehern von Arbeitslosengeld, Unterhaltsgeld oder Kurzarbeitergeld

(1) Das Krankengeld für Versicherte nach § 5 Abs. 1 Nr. 2 wird in Höhe des Betrages des Arbeitslosengeldes oder des Unterhaltsgeldes gewährt, den der Versicherte zuletzt bezogen hat. Das Krankengeld wird vom ersten Tage der Arbeitsunfähigkeit an gewährt.

(2) Ändern sich während des Bezuges von Krankengeld die für den Anspruch auf Arbeitslosengeld oder Unterhaltsgeld maßgeblichen Verhältnisse des Versicherten, so ist auf Antrag des Versicherten als Krankengeld derjenige Betrag zu gewähren, den der Versicherte als Arbeitslosengeld oder Unterhaltsgeld erhalten würde, wenn er nicht erkrankt wäre. Änderungen, die zu einer Erhöhung des Krankengeldes um weniger als zehn vom Hundert führen würden, werden nicht berücksichtigt.

(3) Für Versicherte, die während des Bezuges von Kurzarbeitergeld arbeitsunfähig erkranken, wird das Krankengeld nach dem regelmäßigen Arbeitsentgelt, das zuletzt vor Eintritt des Arbeitsausfalls erzielt wurde (Regelentgelt), berechnet.

(4) Für Versicherte, die arbeitsunfähig erkranken, bevor in ihrem Betrieb die Voraussetzungen für den Bezug von Kurzarbeitergeld nach dem Dritten Buch erfüllt sind, wird, solange Anspruch auf Fortzahlung des Arbeitsentgelts im Krankheitsfalle besteht, neben dem Arbeitsentgelt als Krankengeld der Betrag des Kurzarbeitergeldes

463 BSG – 21.02.2006 – B 1 KR 11/05 R.

gewährt, den der Versicherte erhielte, wenn er nicht arbeitsunfähig wäre. Der Arbeitgeber hat das Krankengeld kostenlos zu errechnen und auszuzahlen. Der Arbeitnehmer hat die erforderlichen Angaben zu machen.

(5) Bei der Ermittlung der Bemessungsgrundlage für die Leistungen der gesetzlichen Krankenversicherung ist von dem Arbeitsentgelt auszugehen, das bei der Bemessung der Beiträge zur gesetzlichen Krankenversicherung zugrunde gelegt wurde.

(6) In den Fällen des § 232 a Abs. 3 wird das Krankengeld abweichend von Absatz 3 nach dem Arbeitsentgelt unter Hinzurechnung des Winterausfallgeldes berechnet. Die Absätze 4 und 5 gelten entsprechend.

Inhaltsübersicht Rn.

1. Inhalt und systematischer Zusammenhang der Regelung

1 §§ 47 und 47 b regeln abschließend die Höhe und Berechnung des Krankengeldes.[464] Die Höhe des Krankengeldes für Bezieher von Arbeitslosengeld, Unterhaltsgeld[465] oder Kurzarbeitergeld berechnet sich nach § 47 b.

Nach § 47 b Abs. 1 und 2 erhalten Bezieher von Arbeitslosengeld (Versicherte gem. § 5 Abs. 1 Nr. 2 SGB V) Krankengeld in Höhe der jeweiligen Entgeltersatzleistung. Während das Krankengeld bei Beschäftigten den krankheitsbedingten Ausfall des zuvor bezogenen Arbeitsentgelts ausgleichen soll, stellt sich in der Krankenversicherung der Arbeitslosen das Krankengeld als Ersatz für eine entgehende Leistung wegen Arbeitslosigkeit dar.[466]

§ 47 b Abs. 3 bis 6 verhindern, dass durch den Bezug von Kurzarbeitergeld eine Minderung des Krankengeldes eintritt.[467]

Nach § 146 Abs. 1 SGB III haben Arbeitslose bei Arbeitsunfähigkeit oder stationärer Behandlung einen Anspruch auf Arbeitslosengeld von bis zu sechs Wochen (Leistungsfortzahlung).

---

464 BSG – 05.05.2009 – B 1 KR 16/08 R.

465 Arbeitslosengeld und Unterhaltsgeld sind durch das Dritte Gesetz für moderne Dienstleistungen am Arbeitsmarkt vom 23.12.2003 (BGBl. I S. 2848) zum 01.01.2005 zusammengeführt worden.

466 BSG – 30.12.2004 – B 1 KR 27/03.

467 BSG – 25.06.1975 – 5 RKn 3/75 (zur Vorgängervorschrift: § 164 AFG).

2. Bezieher von Arbeitslosengeld

2.1 Höhe und Berechnung des Krankengeldes (Abs. 1)

Es muss zunächst Versicherungspflicht gem. § 5 Abs. 1 Nr. 2 bestehen. Danach sind ver- **2**
sichert Bezieher von Arbeitslosengeld (oder Unterhaltsgeld) und Personen, die Arbeitslosen- oder Unterhaltsgeld nur deshalb nicht beziehen, weil der Anspruch aufgrund einer Sperrzeit (§ 159 SGB III) oder ab Beginn des zweiten Monats wegen einer Urlaubsabgeltung (§ 157 Abs. 2 SGB III) ruht.

Weiter ist Voraussetzung, dass die Arbeitsunfähigkeit während des Bezugs der Leistungen bzw. während der Sperr- oder Ruhenszeit eingetreten ist. Waren die Versicherten bereits vor Beginn der Arbeitslosigkeit arbeitsunfähig, richtet sich die Berechnung und Höhe des Arbeitslosengeldes nach § 47.

Für die Höhe des Krankengeldes ist der Zahlbetrag des Arbeitslosengeldes entschei- **3**
dend, wie er sich aus dem letzten Bescheid[468] (unmittelbar) vor Beginn der Krankengeldzahlung – also nicht zu Beginn der Arbeitsunfähigkeit – ergibt. Im Falle Leistungsfortzahlung wird das Krankengeld somit nach dem Betrag des Arbeitslosengeldes bemessen, der den Versicherten am Ende der 6. Woche gezahlt wurde.[469] Das hat zur Folge, dass kein Krankengeld gezahlt wird, wenn während der sechswöchigen Leistungsfortzahlung der Anspruch auf Arbeitslosengeld entfällt und ALG II gezahlt wird.

Nach Abs. 1 Satz 2 ist das Krankengeld vom ersten Tag der Arbeitsunfähigkeit an zu **4**
zahlen. D. h. es kommt nicht auf den Zeitpunkt der ärztlichen Feststellung der Arbeitsunfähigkeit an.

2.2 Änderung der maßgeblichen Verhältnisse (Abs. 2)

Ändern sich während des Krankengeldbezugs die für das Arbeitslosengeld maßgeblichen **5**
Verhältnisse, z. B. Änderung des Familienstandes oder der Steuerklasse, so wird – auf Antrag der Versicherten – der Betrag gezahlt, den sie bezogen hätten, wenn sie nicht arbeitsunfähig erkrankt wären (§ 47 b Abs. 2 Satz 1). Dies gilt vom Tag an, an dem sich die Verhältnisse geändert haben, jedoch nur dann, wenn sich eine Erhöhung des Krankengeldes um mindestens 10 % ergibt. Mehrere Änderungen, die für sich allein keine Erhöhung von 10 % bewirken würden, können zusammengerechnet werden.

Ergibt eine auf Antrag hin erfolgte Neuberechnung eine Minderung, so bleibt es bei der bisherigen Höhe des Krankengeldes; eine Berücksichtigung geänderter Verhältnisse zum Nachteil der Berechtigten ist nicht vorgesehen.[470]

---

468 Vgl. dazu BSG – 18. 10. 1991 – 9b RAr 18/90.

469 Mit Ablauf der Leistungsfortzahlung erhalten Arbeitslosengeldbezieher einen Aufhebungsbescheid und eine Bescheinigung für den Bezug von Krankengeld, aus der das zuletzt bezogene Arbeitslosengeld hervorgeht.

470 Winkler, info also 2000, 11 (18).

2.3 Anpassung des Krankengeldes (Dynamisierung)

6 Das Krankengeld wird nicht wie bei versicherungspflichtig Beschäftigten angepasst (dynamisiert). Der Gesetzgeber hat sich (wegen der auf absehbare Zeit angespannten Haushaltslage und aus Gründen der Verwaltungsvereinfachung) durch Änderung der Vorschrift des § 47 b ausdrücklich gegen eine Dynamisierung ausgesprochen,[471] so dass auch nicht die allgemeine Anpassungsregelung des § 50 SGB IX angewendet werden kann.[472]

3. Bezieher von Kurzarbeitergeld

7 Kurzarbeitergeld wird unter den Voraussetzungen der § 95 SGB III Kurzarbeitergeld und nach § 101 SGB III, Saison-Kurzarbeitergeld (Wintergeld) gezahlt.

3.1 Eintritt der Arbeitsunfähigkeit zeitgleich mit Beginn oder während der Kurzarbeit (Abs. 3)

8 Nach Eintritt der Arbeitsunfähigkeit zahlen für 6 Wochen (längstens jedoch bis zum Ende der Kurzarbeitperiode) der Arbeitgeber Kurzlohn und die Bundesagentur für Arbeit Kurzarbeitergeld (weiter). Anschließend haben die Versicherten Anspruch auf Krankengeld. Dieses bemisst sich nach dem regelmäßigen Arbeitsentgelt (Regelentgelt[473]), das zuletzt vor Eintritt des Arbeitsausfalls erzielt wurde (§ 47 b Abs. 3) – es ist demnach nicht wie nach § 47 Abs. 2 auf den letzten Entgeltabrechnungszeitraum vor Beginn der Arbeitsunfähigkeit abzustellen.

3.2 Eintritt der Arbeitsunfähigkeit vor Beginn der Kurzarbeit (Abs. 4)

9 Hier sind Fälle angesprochen, in denen die Arbeitsunfähigkeit bereits vor der Kurzarbeitsphase eingetreten ist. Die Versicherten erhalten in diesen Fällen zunächst (soweit ein Anspruch besteht) wie gewöhnlich Entgeltfortzahlung vom Arbeitgeber. Ab Beginn der Kurzarbeit bis zum Ende der Entgeltfortzahlung haben die Versicherten gegen den Arbeitgeber einen Anspruch auf den Kurzlohn (= Entgeltfortzahlung im Umfang der tatsächlich abgeleisteten – verkürzten – Arbeitszeit). Daneben wird zusätzlich gem. § 47 b Abs. 4 Satz 1 (Teil-)Krankengeld in Höhe des Kurzarbeitergeldes gezahlt, das sie ohne die Arbeitsunfähigkeit erhalten würden.

Endet der Anspruch auf Entgeltfortzahlung, ist den Versicherten Krankengeld gem. § 47 Abs. 2 zu zahlen.[474]

---

471 Vgl. BT-Drs. 15/25, S. 31.
472 Vay in Krauskopf, § 47 b Rn. 13.
473 S. § 47 Rn. 13 ff.
474 Spitzenverbände der Krankenkassen, Gemeinsames Rundschreiben zur Berechnung, Höhe und Zahlung des Krankengeldes und des Krankengeldes bei Erkrankung des Kindes von SGB III-Leistungsbeziehern. Stand: 21. 12. 2009, S. 24. siehe unter http://www.vdek.com/versicherte/Leistungen/kranken-verletztengeld/krankengeld_sgb3/gr_krankengeld_sgb3_leistungsbezieher_20091221.pdf.

3.3 Fehlender Anspruch auf Entgeltfortzahlung

Besteht kein Anspruch auf Entgeltfortzahlung im Krankheitsfall und tritt die Arbeitsunfähigkeit vor Beginn des Kurzarbeiter- bzw. Winterausfallgeldes ein, ist das Krankengeld nach § 47 zu berechnen. **10**

3.4 Fehlender Anspruch auf Kurzarbeitergeld

Die Höhe des Anspruchs auf Krankengeld für Arbeitnehmer, die keinen Anspruch auf Kurzarbeitergeld haben und während der Kurzarbeit arbeitsunfähig werden, ist gesetzlich nicht geregelt. Vorgeschlagen[475] wird u. a., zur Berechnung des Krankengeldes nach § 47 b Abs. 3 zu verfahren und das Krankengeld in der Höhe entsprechend § 47 auf 90 v. H. des entgangenen Nettoentgeltes zu begrenzen. **11**

§ 48 Dauer des Krankengeldes

(1) Versicherte erhalten Krankengeld ohne zeitliche Begrenzung, für den Fall der Arbeitsunfähigkeit wegen derselben Krankheit jedoch für längstens achtundsiebzig Wochen innerhalb von je drei Jahren, gerechnet vom Tage des Beginns der Arbeitsunfähigkeit an. Tritt während der Arbeitsunfähigkeit eine weitere Krankheit hinzu, wird die Leistungsdauer nicht verlängert.

(2) Für Versicherte, die im letzten Dreijahreszeitraum wegen derselben Krankheit für achtundsiebzig Wochen Krankengeld bezogen haben, besteht nach Beginn eines neuen Dreijahreszeitraums ein neuer Anspruch auf Krankengeld wegen derselben Krankheit, wenn sie bei Eintritt der erneuten Arbeitsunfähigkeit mit Anspruch auf Krankengeld versichert sind und in der Zwischenzeit mindestens sechs Monate

1. nicht wegen dieser Krankheit arbeitsunfähig waren und

2. erwerbstätig waren oder der Arbeitsvermittlung zur Verfügung standen.

(3) Bei der Feststellung der Leistungsdauer des Krankengeldes werden Zeiten, in denen der Anspruch auf Krankengeld ruht oder für die das Krankengeld versagt wird, wie Zeiten des Bezugs von Krankengeld berücksichtigt. Zeiten, für die kein Anspruch auf Krankengeld besteht, bleiben unberücksichtigt.

Inhaltsübersicht

475 Vay in Krauskopf, § 47 b Rn. 27 f.

Literatur

Becker, Konturen des Begriffs der Arbeitsunfähigkeit, SozSich 2004, 134

1. Inhalt und systematischer Zusammenhang

1 Die Vorschrift regelt die Dauer des Krankengeldanspruchs. Maßgebliche Begriffe der Regelung sind

- »wegen derselben Krankheit«,
- »hinzutretende Krankheit« und
- »Dreijahreszeitraum« (sog. »Blockfrist«).

Der Grundsatz, dass Versicherte ohne zeitliche Einschränkung Krankengeld erhalten, erfährt in Abs. 1 Satz 1 bereits eine wesentliche Beschränkung, weil wegen »derselben Krankheit« nur ein Leistungsanspruch von 78 Wochen besteht. In gleicher Weise wird die Leistung gem. § 48 Abs. 1 Satz 2 SGB V durch eine »hinzutretende Krankheit« begrenzt.

2 Unter den in Abs. 2 genannten Voraussetzungen kann der Anspruch allerdings wieder aufleben. Nach § 48 Abs. 3 werden bei der Feststellung der Leistungsdauer des Krankengeldes Zeiten, in denen der Anspruch ruht oder für die das Krankengeld versagt wird, gleichgestellt mit Zeiten des Bezugs von Krankengeld.

3 Die Leistungsbegrenzung dient in erster Linie der Risikoverteilung von Renten- und Krankenversicherung. Bei dauerhaften gesundheitlichen Einschränkungen obliegt die Leistungsgewährung der Rentenversicherung, während die gesetzliche Krankenversicherung nur für den Ausgleich des entfallenden laufenden Arbeitsentgelts bei vorübergehenden, d.h. behandlungsfähigen Gesundheitsstörungen eintritt.[476] Die Begrenzung der Leistungsdauer kann jedoch insbesondere für chronisch Kranke oder für Versicherte, die an mehreren Erkrankungen leiden (multimorbide Versicherte), zu fehlender sozialer Absicherung führen; in der Regel dann, wenn die Voraussetzungen für andere Entgeltersatzleistungen, insbesondere für eine Rente (noch) nicht erfüllt sind. Denn auch bei fehlendem Rentenanspruch besteht kein weitergehender Anspruch auf Krankengeld.[477]

4 Nach § 192 Abs. 1 Nr. 2 bleibt die Mitgliedschaft Versicherungspflichtiger erhalten, solange Anspruch auf Krankengeld besteht.

2. Leistungsbegrenzung (Abs. 1)

5 § 48 Abs. 1 enthält drei unterschiedliche Regelungen:

- Grundsatz: Das Krankengeld wird ohne zeitliche Begrenzung gewährt (1. Regelung)
- Von diesem Grundsatz sind zwei Ausnahmen zu beachten:
  - Nach § 48 Abs. 1 Satz 1 Halbs. 2 wird die Leistungsdauer auf 78 Wochen begrenzt, wenn »dieselbe Krankheit« die Arbeitsunfähigkeit bedingt (2. Regelung).

---

476 BSG – 21.06.2011 – B 1 KR 15/10 R.

477 Vgl. BVerfG – 24.03.1998 – 1 BvL 6/92.

– Nach § 48 Abs. 1 Satz 2 regelt eine weitere Leistungsbegrenzung, nämlich für den Fall, dass während der Arbeitsunfähigkeit aufgrund der ersten Erkrankung eine weitere Krankheit hinzutritt (3. Regelung).

2.1 Dreijahreszeitraum (Blockfrist)

Zeitlicher Anknüpfungspunkt ist der Dreijahreszeitraum (auch Blockfrist) genannt. Die 6
Blockfrist beginnt mit dem erstmaligen Eintritt der Arbeitsunfähigkeit (nicht nach dem Beginn der Krankengeldzahlung). Für die zugrundliegende Krankheit wird mit dem Beginn der erstmaligen Arbeitsunfähigkeit eine Kette aufeinander folgender Blockfristen ausgelöst, d. h. nach Ablauf des ersten und jedes weiteren Dreijahreszeitraumes schließt sich unmittelbar die nächste Blockfrist an (Grundsatz der starren Blockfrist).

Beispiel: 7
Eintritt der Arbeitsunfähigkeit wegen Krankheit am 25.09.2006

25.09.2006 **1. Blockfrist** 24.09.2009 → 25.09.2009 **2. Blockfrist** 24.09.2012 →
usw.

Der Dreijahreszeitraum ist entscheidend: 8

- für die Leistungsdauer. Denn Krankengeld wird im Dreijahreszeitraum für dieselbe Krankheit 78 Wochen (546 Tage) gezahlt (Abs. 1 Satz 1),
- für die hinzutretende Krankheit insoweit, als für die erste und die – während der Arbeitsunfähigkeit – hinzugetretene Erkrankung innerhalb des Dreijahreszeitraums Krankengeld ebenfalls nur für 78 Wochen gewährt wird (Abs. 1. Satz 2),
- für das Wiederaufleben des Anspruchs im weiteren (anschließenden) Dreijahreszeitraum (2. Blockfrist) (Abs. 2).

Ein neuer Dreijahreszeitraum (für eine weitere Krankheit) wird nur dann in Gang gesetzt, 9
wenn die Arbeitsunfähigkeit für die erste Krankheit beendet wurde.

In der neuen Blockfrist müssen alle Voraussetzungen für die Gewährung des Krankengeldes vorliegen. Wichtig ist daher, dass Versicherte die Arbeitsunfähigkeit melden und rechtzeitig ärztlich feststellen lassen.

2.2 Dieselbe Krankheit

Dieselbe Krankheit ist entscheidend: 10

- für die Leistungsdauer: Für dieselbe Krankheit besteht pro Blockfrist eine Anspruch von 78 Wochen
- für das Wiederaufleben des Anspruchs: Für dieselbe Krankheit lebt der Anspruch – unter den Voraussetzungen des Abs. 2 – in einer weiteren Blockfrist wieder auf.

Schwierig zu beantworten ist die Frage, wann es sich um »dieselbe Krankheit« handelt. Zur 11
Auslegung dieses Begriffes wird nicht allein vom Wortsinn ausgegangen. Vielmehr wird angenommen, dass auch unterschiedliche Gesundheitsstörungen als »dieselbe Krankheit«

im Rechtssinne angesehen werden. So hat die Rechtsprechung[478] etwa bei Gesundheitsschäden in mehreren Körperregionen infolge eine Unfalles oder aufgrund von Multimorbidität »dieselbe Krankheit« angenommen und festgestellt, dass es auch in diesen Fällen bei der Anspruchshöchstdauer von 78 Wochen innerhalb einer Blockfrist von drei Jahren verbleibt.

12 Ebenso stellen z. B. Beschwerden in mehreren Wirbelsäulenabschnitten ein einheitliches Grundleiden (Wirbelsäulenerkrankung) und damit »dieselbe Erkrankung« dar. Denn bei anatomischen Veränderungen, die immer wieder gleichartige oder ähnliche Beschwerden verursachen, handelt es sich um »dieselbe Krankheit« im Rechtssinne, selbst wenn für sich betrachtet jedes Mal ein neues, akutes Krankheitsgeschehen vorliegt.[479]

13 Auch bei unterschiedlichen Erkrankungen, die nacheinander auftreten, handelt es sich im Rechtssinne um dieselbe Krankheit, wenn der regelwidrige Körper- oder Geisteszustand auf ein medizinisch nicht ausgeheiltes Grundleiden zurückzuführen ist.[480]

14 Grundsätzlich besteht dieselbe Krankheit fort, solange Behandlungsbedürftigkeit und Arbeitsunfähigkeit nicht für eine längere Zeit behoben sind und deshalb noch nicht von einem beschwerdefreien Dauerzustand gesprochen werden kann.[481] Der regelwidrige Körper- oder Geisteszustand, der die Krankheitsursache (für das Grundleiden) bildet, braucht dabei weder ständig Krankheitserscheinungen hervorzurufen noch fortlaufend Behandlungsbedürftigkeit zu bewirken. Es genügt, wenn ein medizinisch nicht ausgeheiltes Grundleiden latent weiter besteht und nach einem beschwerdefreien oder beschwerdearmen Intervall erneut Krankheitssymptome hervorruft.[482]

15 Feststellungen zur Frage, ob »dieselbe Krankheit« vorliegt, können – in der Regel – ohne ärztlichen Sachverstand nicht getroffen werden, so dass die Krankenkasse eine Stellungnahme des behandelnden Arztes, des Medizinischen Dienstes oder ein Sachverständigengutachten einholen muss.

2.3 Hinzutretende Krankheit (Abs. 1 Satz 2)

16 Nach § 48 Abs. 1 Satz 2 verlängerte sich die Leistungsdauer von höchstens 78 Wochen innerhalb der Blockfrist auch dann nicht, wenn während der Arbeitsunfähigkeit eine weitere Krankheit hinzutritt. Die »hinzugetretene« Krankheit muss »während« des Bestehens »der Arbeitsunfähigkeit« infolge der ersten Krankheit aufgetreten sein. Es reicht aus, dass die Krankheiten zumindest an einem Tag zeitgleich nebeneinander bestanden haben.[483]

---

478 BSG – 08. 11. 2005 – B 1 KR 27/04 R.
479 BSG – 07. 12. 2004 – B 1 KR 10/03 R.
480 BSG – 21. 06. 2011 – B 1 KR 15/10 R.
481 BSG – 12. 10. 1988 – 3/8 RK 28/87.
482 BSG – 07. 12. 2004 – B 1 KR 10/03 R.
483 BSG – 08. 11. 2005 – B 1 KR 27/04 R.

Beispiel: 17

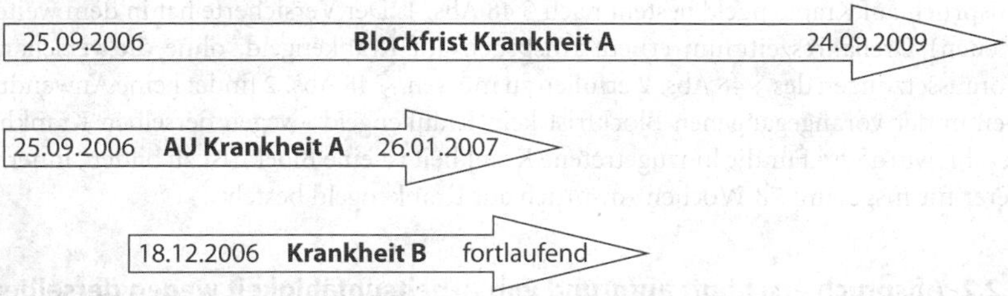

Für die erste Krankheit (Krankheit A) und für die hinzugetretene Krankheit B besteht insgesamt ein Anspruch auf Krankengeld von 78 Wochen. Beide Krankheiten bilden eine Einheit. Es ist daher auch gleichgültig, ob beide Krankheiten bis zum Ende der 78. Woche Arbeitsunfähigkeit bedingen oder nur eine von beiden Krankheiten noch Arbeitsunfähigkeit verursacht. Dementsprechend kann, obwohl sie die Blockfrist in Gang gesetzt hat, die erste Krankheit bereits auskuriert sein und Arbeitsunfähigkeit nur noch durch die hinzugetretene Erkrankung verursacht werden.

3. Wiederaufleben des Krankengeldanspruches in neuer Blockfrist (Abs. 2)

Zur Beantwortung der Frage, ob in einer beginnenden neuen Blockfrist ein Krankengeldanspruch besteht, ist zunächst danach zu unterscheiden, ob in der vorangegangenen Blockfrist der Anspruch erschöpft wurde. 18

3.1 Anspruch in der vorangegangenen Blockfrist nicht erschöpft

Wurde in der vorangegangenen Blockfrist Krankengeld für weniger als 78 Wochen gezahlt, ist im sich anschließenden Dreijahreszeitraum (weitere Blockfrist) der Krankengeldanspruch allein nach § 48 Abs. 1 zu beurteilen. Es besteht ein erneuter Anspruch auf Krankengeld mit einer Höchstbezugsdauer von 78 Wochen. 19

3.2 Anspruch in der vorangegangenen Blockfrist erschöpft

In diesem Fall ist zunächst weiter danach zu unterscheiden, 20

- ob der Anspruch auf Krankengeld erschöpft wurde, weil die Arbeitsunfähigkeit auf derselben Krankheit beruhte oder
- ob während der Arbeitsunfähigkeit der ersten Krankheit eine weitere Krankheit hinzugetreten ist.

3.2.1 Anspruch erschöpft aufgrund einer hinzugetretenen Erkrankung

Wurde der Krankengeldanspruch in der ersten Blockfrist »nur« erschöpft, weil während der Arbeitsunfähigkeit wegen der Ausgangserkrankung (Krankheit A) eine weitere Krankheit (Krankheit B) hinzugetreten ist, so beurteilt sich die Frage, ob (in der neuen Block- 21 frist) – bei weiter allein wegen der Krankheit B bestehender Arbeitsunfähigkeit – ein Anspruch auf Krankengeld besteht nach § 48 Abs. 1. Der Versicherte hat in dem weiteren (neuen) Dreijahreszeitraum erneut Anspruch auf Krankengeld, ohne die verschärften Voraussetzungen des § 48 Abs. 2 erfüllen zu müssen. § 48 Abs. 2 findet keine Anwendung, weil in der vorangegangenen Blockfrist kein Krankengeld »wegen derselben Krankheit« gezahlt wurde.[484] Für die hinzugetretene Krankheit ist eine Blockfrist zu bilden, innerhalb derer für insgesamt 78 Wochen Anspruch auf Krankengeld besteht.

3.2.2 Anspruch erschöpft aufgrund von Arbeitsunfähigkeit wegen derselben Krankheit

22 Für Versicherte, die im letzten Dreijahreszeitraum wegen derselben Krankheit für 78 Wochen Krankengeld bezogen haben, besteht gem. § 48 Abs. 2 nach Beginn eines neuen Dreijahreszeitraums ein neuer Anspruch auf Krankengeld wegen derselben Krankheit (nur), wenn

- sie bei Eintritt der erneuten Arbeitsunfähigkeit mit Anspruch auf Krankengeld versichert sind und
- in der Zwischenzeit mindestens 6 Monate nicht wegen dieser Krankheit arbeitsunfähig waren und
- erwerbstätig waren oder der Arbeitsvermittlung zur Verfügung standen.

23 Es muss eine Versicherung mit Krankengeldanspruch bestehen, d. h. die Voraussetzungen des § 44 müssen (weiter) gegeben sein. Daran fehlt es, wenn Versicherte mittlerweile andere Sozialleistungen erhalten. So führen die in § 50 Abs. 1 genannten Leistungen dazu, dass nach Beginn dieser Leistungen kein neuer Krankengeldanspruch entsteht.

24 Die Versicherten müssen gem. Abs. 2 Nr. 1 und Nr. 2 mindestens sechs Monate arbeitsfähig gewesen sein und einer Erwerbstätigkeit[485] nachgegangen sein oder der Arbeitsvermittlung zur Verfügung gestanden haben. Die Frist beginnt mit dem Ende der Arbeitsunfähigkeit, die zur Erschöpfung des Krankengeldanspruchs geführt hat. Der Zeitraum von 6 Monaten muss nicht ununterbrochen verlaufen sein, auch mehrere Zeitabschnitte, die insgesamt zu einer sechsmonatigen Arbeitsfähigkeit führen, sind ausreichend.[486]

25 Wenn Versicherte keiner Erwerbstätigkeit nachgegangen sind, ist es ausreichend, dass sie sich mindestens sechs Monate der Arbeitsvermittlung zur Verfügung gestellt haben. Gem. § 138 Abs. 5 SGB III steht den Vermittlungsbemühungen der Agentur für Arbeit zur Verfügung, wer eine versicherungspflichtige, mindestens 15 Stunden wöchentlich umfassende zumutbare Beschäftigung unter den üblichen Bedingungen des für sie oder ihn in Betracht kommenden Arbeitsmarktes ausüben kann und darf, Vorschlägen der Agentur für Arbeit zur beruflichen Eingliederung zeit- und ortsnah Folge leisten kann, bereit ist,

484 BSG – 08. 12. 1992 – 1 RK 8/9.

485 Eine geringfügige Beschäftigung wird als Ausübung einer Erwerbstätigkeit angesehen, so zumindest: Spitzenverbände der Krankenkassen, Gemeinsames Rundschreiben vom 06. 10. 1993. (Die Nachfolgeregelung »Gemeinsame Verlautbarung zur Dauer des Anspruchs auf Krankengeld nach § 48 SGB V vom 06. 03. 2007« wird noch nicht von allen Krankenkassen angewandt.).

486 Vgl. BT-Drs. 11/2237, S. 181 zu § 47.

jede Beschäftigung im Sinne der Nummer 1 anzunehmen und auszuüben, und bereit ist, an Maßnahmen zur beruflichen Eingliederung in das Erwerbsleben teilzunehmen.

Zeiträume der Erwerbstätigkeit (z. B. drei Monate) und der Arbeitslosigkeit (z. B. drei Monate) können zusammengerechnet werden. 26

4. Ruhens- und Versagenszeiten (Abs. 3)

Gem. § 48 Abs. 3 Satz 1 sind Zeiten, in denen der Anspruch ruhte (§§ 16, 49) oder versagt wurde (§ 52), so zu behandeln, als ob Krankengeld gezahlt wurde. Z. B ruht gem. § 49 Abs. 1 Nr. 1 das Krankengeld für die Zeit der Entgeltfortzahlung im Krankheitsfall. Dementsprechend ist die Zeit der Entgeltfortzahlung (nach §§ 3 f. EntgFG oder nach tarifvertraglichen Regelungen) auf die Höchstanspruchsdauer anzurechnen. Im Ergebnis führt dies dazu, dass Krankengeld faktisch für weniger als 78 Wochen ausgezahlt wird. 27

Nach § 48 Abs. 3 Satz 2 sind Zeiten, in denen kein Anspruch auf Krankengeld besteht, nicht auf die Höchstdauer anzurechnen. Auf die Bezugszeit von 78 Wochen werden Zeiten nicht angerechnet, in denen der Anspruch auf Krankengeld z. B. wegen Bewilligung einer Rente rückwirkend weggefallen ist. Dies gilt auch, wenn den Versicherten aus dem Krankengeldbezug gem. § 50 Abs. 1 Satz 2 der so genannte Spitzbetrag verbleibt.[487] 28

§ 49 Ruhen des Krankengeldes

(1) Der Anspruch auf Krankengeld ruht,

1. **soweit und solange Versicherte beitragspflichtiges Arbeitsentgelt oder Arbeitseinkommen erhalten; dies gilt nicht für einmalig gezahltes Arbeitsentgelt,**
2. **solange Versicherte Elternzeit nach dem Bundeselterngeld- und Elternzeitgesetz in Anspruch nehmen; dies gilt nicht, wenn die Arbeitsunfähigkeit vor Beginn der Elternzeit eingetreten ist oder das Krankengeld aus dem Arbeitsentgelt zu berechnen ist, das aus einer versicherungspflichtigen Beschäftigung während der Elternzeit erzielt worden ist,**
3. **soweit und solange Versicherte Versorgungskrankengeld, Übergangsgeld, Unterhaltsgeld oder Kurzarbeitergeld beziehen,**

3a. **solange Versicherte Mutterschaftsgeld oder Arbeitslosengeld beziehen oder der Anspruch wegen einer Sperrzeit nach dem Dritten Buch ruht,**

4. **soweit und solange Versicherte Entgeltersatzleistungen, die ihrer Art nach den in Nummer 3 genannten Leistungen vergleichbar sind, von einem Träger der Sozialversicherung oder einer staatlichen Stelle im Ausland erhalten,**
5. **solange die Arbeitsunfähigkeit der Krankenkasse nicht gemeldet wird; dies gilt nicht, wenn die Meldung innerhalb einer Woche nach Beginn der Arbeitsunfähigkeit erfolgt,**
6. **soweit und solange für Zeiten einer Freistellung von der Arbeitsleistung (§ 7 Abs. 1 a des Vierten Buches) eine Arbeitsleistung nicht geschuldet wird,**
7. **während der ersten sechs Wochen der Arbeitsunfähigkeit für Versicherte, die eine Wahlerklärung nach § 44 Absatz 2 Satz 1 Nummer 3 abgegeben haben.**

---

487 BSG – 08.12.1992 – 1 RK 9/92.

(2) (weggefallen)

(3) Auf Grund gesetzlicher Bestimmungen gesenkte Entgelt- oder Entgeltersatzleistungen dürfen bei der Anwendung des Absatzes 1 nicht aufgestockt werden.

(4) Erbringt ein anderer Träger der Sozialversicherung bei ambulanter Ausführung von Leistungen zur medizinischen Rehabilitation Verletztengeld, Versorgungskrankengeld oder Übergangsgeld, werden diesem Träger auf Verlangen seine Aufwendungen für diese Leistungen im Rahmen der nach § 13 Abs. 2 Nr. 7 des Neunten Buches vereinbarten gemeinsamen Empfehlungen erstattet.

Inhaltsübersicht

Literatur

Finkenbusch, Arbeitsunfähigkeit – Nachweis und Meldung gegenüber der Krankenkasse, WzS 2011, 292; Legde, Vorrangiger Anspruch des Arbeitslosen auf Krankengeld wegen Arbeitsunfähigkeit – Arbeitslosengeldbezug aufgrund Nahtlosigkeit – Ruhen des Arbeitslosengeldes oder Krankengeldes – Dauer der Leistungsfortzahlung, SGb 2005, 186–188; Rolfs/Witschen, Beschäftigung und Freistellung bei flexibler Arbeitszeit – der neue § 7 Abs. 1 a Satz2 SGB IV, NZS 2012, 241; Winkler, Probleme bei der Krankenversicherung der Arbeitslosen nach kurzen Ruhenszeiten, info also 2010, 208

1. Inhalt und systematischer Zusammenhang

1 Die in § 49 Abs. 1 genannten Tatbestände führen zum Ruhen des Krankengeldanspruchs. D. h. die Voraussetzungen für den Anspruch sind dem Grunde nach erfüllt (es besteht ein sog. Stammrecht). Der aus dem Stammrecht folgende Einzelanspruch darf jedoch nicht erfüllt und die Leistung nicht ausgezahlt werden.[488] Dem liegt die Vorstellung zugrunde, dass das Krankengeld dem Entgeltersatz dient und zu diesem Zweck nicht gezahlt werden muss, wenn andere Sozialleistungen diese Funktion übernehmen (Vermeidung eines Doppelbezugs von Leistungen mit gleicher Zweckbestimmung[489]).

2 Das Ruhen tritt kraft Gesetzes ein. Soweit Krankengeld bereits bewilligt wurde, kann die Gewährung bei Vorliegen eines Ruhenstatbestandes nur unter den Voraussetzungen der §§ 45 oder 48 SGB X aufgehoben werden.

488 Vgl. BSG – 29. 06. 1994 – 1 RK 45/93.
489 Vgl. dazu BVerfG – 09. 11. 1988 – 1 BvL 22/84, 1 BvL 71/86, 1 BvL 9/87.

Weitere Ruhenstatbestände finden sich in § 16. Bedeutung hat das Ruhen des Anspruchs für die Höchstbezugsdauer (§ 48 Abs. 3). Das Ruhen führt in diesem Zusammenhang dazu, dass Krankengeld für weniger als 78 Wochen ausgezahlt wird. 3

Während der Anspruch auf Zahlung von Krankengeld ruht, bleibt die Mitgliedschaft erhalten (§ 192 Abs. 1 Nr. 2).

2. Ruhenstatbestände (Abs. 1)

2.1 Zahlung von Arbeitsentgelt (Nr. 1)

Der Anspruch auf Krankengeld ruht, wenn Versicherte Arbeitsentgelt erhalten. Hauptanwendungsfall dürfte die Entgeltfortzahlung im Krankheitsfall (aufgrund §§ 3 ff. EntgFG oder entsprechender tarif- bzw. einzelvertraglicher Regelungen) sein. Nach § 14 Abs. 1 Satz 1 SGB IV sind Arbeitsentgelt alle laufenden oder einmaligen Einnahmen aus einer Beschäftigung. Einmalig gezahltes Arbeitsentgelt führt jedoch gem. § 48 Abs. 1 2. Halbsatz nicht zum Ruhen der Krankengeldzahlung. Nach § 23 a Abs. 1 Satz 1 SGB IV sind einmalige Einnahmen Zuwendungen, die dem Arbeitsentgelt zuzurechnen sind und nicht für die Arbeit in einem einzelnen Entgeltabrechnungszeitraum gezahlt werden. Dazu rechnen z. B. Weihnachtsgeld, Urlaubsgeld, Urlaubsabgeltungen (§ 7 Abs. 4 BUrlG).[490] 4

Das Arbeitsentgelt muss beitragspflichtig sein. Abfindungen, die wegen Beendigung einer versicherungspflichtigen Beschäftigung als Entschädigung für die Zeit danach gezahlt werden, sind kein beitragspflichtiges Arbeitsentgelt[491] und führen daher nicht zum Ruhen des Krankengeldanspruchs. 5

§ 48 Abs. 1 Nr. 1 verlangt ausdrücklich, dass Versicherte das Arbeitsentgelt »erhalten«. Entscheidend ist deshalb die tatsächliche Zahlung von Arbeitsentgelt während der gleichen Zeit (Deckungsgleichheit[492]), für die das Krankengeld beansprucht wird.[493] Wird im Rahmen einer stufenweisen Wiedereingliederung (§ 74, § 28 SGB IX) keine Arbeitsentgelt gezahlt, ruht der Anspruch auf Krankengeld nicht. Weigert sich der Arbeitgeber zu Unrecht, Entgelt fortzuzahlen, ist Krankengeld in voller Höhe zu zahlen. Die Krankenkasse hat dann gem. § 115 Abs. 1 SGB X einen Erstattungsanspruch gegen den Arbeitgeber. 6

2.2 Elternzeit (Nr. 2)

Nach § 192 Abs. 1 Nr. 2 bleibt die Mitgliedschaft erhalten, solange Elternzeit[494] genommen wird. Grundsätzlich kann daher ein Anspruch auf Krankengeld entstehen. Dieser ruht jedoch in der Zeit, in der tatsächlich Elternzeit in Anspruch genommen wird. Die Ausnahmen nennt das Gesetz im 2. Halbsatz: 7

---

490 BSG – 30.05.2006 – B 1 KR 26/05 R.
491 BSG – 21.02.1990 – 12 RK 20/88.
492 Vgl. BSG – 20.03.1984 – 8 RK 4/83, Zahlung rückständigen Gehalts führt nicht zum Ruhen des Krankengeldanspruchs.
493 BSG – 13.05.1992 – 1/3 RK 10/90.
494 Zu den Voraussetzungen für die Elternzeit siehe §§ 15, 16 BEEG.

- Danach besteht Anspruch auf Krankengeld zum einen, wenn die Arbeitsunfähigkeit vor Beginn der Elternzeit eingetreten ist.
- Zum anderen wird das Krankengeld gezahlt, wenn Versicherte während der Elternzeit eine zulässige[495] versicherungspflichtige Beschäftigung ausüben und das Krankengeld auf dieser Grundlage berechnet werden muss.

2.3 Übergangsgeld (Nr. 3)

8 Die Zahlung von Krankengeld ruht während der Zeit (»solange«), in der Versicherte Versorgungskrankengeld (§ 16 BVG), Übergangsgeld (§§ 44 Abs. 1 Nr. 1, 46 f. SGB IX; §§ 119 ff. SGB III; §§ 20 f. SGB VI; §§ 49 ff. SGB VII), Unterhaltsgeld[496] oder Kurzarbeitergeld (§§ 95 ff. SGB III) beziehen.

Das Krankengeld ruht nur, »soweit« Versorgungskrankengeld, Übergangsgeld, Unterhaltsgeld oder Kurzarbeitergeld gezahlt wird. Das führt dazu, dass der (Differenz-)Betrag, um den das Krankengeld die vorgenannten Leistungen übersteigt (sog. Krankengeldspitzbetrag), an die Versicherten ausgezahlt wird.

2.4 Arbeitslosen- und Mutterschaftsgeld (Nr. 3 a)

9 Nach § 200 Abs. 1 RVO erhalten weibliche Mitglieder Mutterschaftsgeld, wenn sie bei Arbeitsunfähigkeit Anspruch auf Krankengeld haben oder ihnen wegen der Schutzfristen nach § 3 Abs. 2 und § 6 Abs. 1 MSchG kein Arbeitsentgelt gezahlt wird. Der Anspruch auf Mutterschaftsgeld ruht, soweit und solange das Mitglied beitragspflichtiges Arbeitsentgelt oder Arbeitseinkommen erhält (§ 200 Abs. 4 RVO). Während (»solange«) des Bezuges von Mutterschaftsgeld ruht der Anspruch auf Krankengeld.

10 Nach § 156 Abs. 1 Nr. 2 SGB III ruht der Anspruch auf Arbeitslosengeld seinerseits, wenn Krankengeld bezogen wird. Andererseits ordnet § 49 Abs. 1 Nr. 3 a das Ruhen des Arbeitslosengeldanspruchs während des Krankengeldbezuges an. Dieses Konkurrenzverhältnis ist dahin aufzulösen, dass der Krankengeldanspruch nur während des Zeitraums ruht, in dem Arbeitslosengeld während der ersten sechs Wochen einer Arbeitsunfähigkeit gem. § 146 Abs. 1 SGB III fortzuzahlen ist.[497] Haben Arbeitslose nach § 145 SGB III nur wegen der sog Nahtlosigkeitsregelung[498] Anspruch auf Arbeitslosengeld, ruht der Anspruch auf Krankengeld nicht.[499]

---

495 § 15 Abs. 4 BEEG.

496 Die Nennung von Unterhaltsgeld ist überflüssig, denn die Regelung zum Unterhaltsgeld (§§ 153 f. a. F. SGB III) wurde gestrichen (Art. 1 Nr. 62 und 86 Drittes Gesetz für moderne Dienstleistungen am Arbeitsmarkt v. 23. 12. 2003, BGBl. I 2003).

497 BSG – 14. 12. 2006 – B 1 KR 6/06 R.

498 Vgl. § 145 SGB III: Danach wird mit der Nahtlosigkeitsregelung ein gesundheitliches Leistungsvermögen im Sinne von Arbeitsfähigkeit bis zum Eintritt des in der gesetzlichen Rentenversicherung versicherten Risikos der verminderten Erwerbsfähigkeit unterstellt.

499 BSG – 03. 06. 2004 – B 11 AL 55/03 R.

Ausdrücklich sieht das Gesetz vor, dass der Anspruch auf Krankengeld auch bei Verhängung einer Sperrzeit (§ 159 SGB III) ruht. Ob die Sperrzeit zu Recht verhängt wurde, hat die Krankenkasse nicht zu prüfen.

Ein Spitzbetrag wird bei Arbeitslosengeld- oder Mutterschaftsgeldanspruch nicht gezahlt.[500]

2.5 Erhalt vergleichbarer ausländischer Leistungen (Nr. 4)

Es werden nicht nur vergleichbare Leistungen nach Nr. 3 erfasst, sondern auch solche Leistungen ausländischer Versicherungsträger, die mit den in Nr. 3 a genannten Leistungen vergleichbar sind.[501] Vergleichbarkeit ist anzunehmen, wenn die ausländische Leistung in ihrem Kerngehalt den gemeinsamen und typischen Merkmalen der inländischen Leistung entspricht, d. h. nach Motivation und Funktion gleichwertig ist.[502] 11

2.6 Unterlassene Meldung der Arbeitsunfähigkeit (Nr. 5)

Die Vorschrift hat für Versicherte, die Anspruch auf Entgeltfortzahlung haben, keine große Bedeutung. Denn gem. § 5 Abs. 1 Satz 5 EFZG muss bei Arbeitnehmern, die Mitglied einer gesetzlichen Krankenkasse sind, die ärztliche Bescheinigung über das Bestehen der Arbeitsunfähigkeit einen Vermerk des behandelnden Arztes darüber enthalten, dass der Krankenkasse unverzüglich eine Bescheinigung über die Arbeitsunfähigkeit übersandt wird. Die Versicherten sind in diesem Fall nicht mehr zur Meldung der Arbeitsunfähigkeit verpflichtet, so dass es nicht schadet, wenn die vom Arzt ausgehändigte Arbeitsunfähigkeitsbescheinigung erst verspätet vorlegt wird.[503] 12

Ansonsten ruht der Krankengeldanspruch, solange die Arbeitsunfähigkeit der Krankenkasse nicht gemeldet wird. Die Arbeitsunfähigkeit muss vor jeder erneuten Inanspruchnahme/Bewilligung von Krankengeld auch dann angezeigt werden, wenn sie wegen derselben Krankheit weiter besteht. Daher muss nach einer befristeten Krankschreibung oder nach vorübergehender leistungsfreier Zeit die Arbeitsunfähigkeit erneut gemeldet werden, wenn wieder Krankengeld gezahlt werden soll.[504] 13

Die Arbeitsunfähigkeit muss gemeldet werden, d. h. sie muss der Krankenkasse schriftlich oder telefonisch mitgeteilt werden, wobei dies formlos, also auch ohne Arbeitsunfähigkeitsbescheinigung des Arztes erfolgen kann. Allerdings ist es zweckmäßig, auf die ärztliche Feststellung hinzuweisen bzw. die Arbeitsunfähigkeitsbescheinigung vorzulegen, zumal von der ärztlichen Feststellung der Arbeitsunfähigkeit die Zahlung von Krankengeld abhängig ist (§ 46 Nr. 2). 14

Die Meldung muss innerhalb einer Woche nach Beginn der Arbeitsunfähigkeit erfolgen 15

500 BT-Drs. 13/2204, S. 125.
501 Vay in Krauskopf, SozKV, SGB V, § 49 Rn. 29.
502 Vgl. BSG – 18.12.2008 – B 11 AL 32/07 R; BSG – 21.07.2009 – B 7/7a AL 36/07 R.
503 LSG NRW – 25.03.2004 – L 5 KR 149/03.
504 BSG – 08.02.2000 – B 1 KR 11/99 R.

(§ 49 Abs. 1 Nr. 5 2. Halbs.).[505] Wird die Meldung versäumt oder gelangt sie nicht bzw. nicht rechtzeitig zur Kenntnis der Krankenkasse, so gilt grundsätzlich, dass der Krankengeldanspruch selbst dann ruht, wenn die Leistungsvoraussetzungen im Übrigen zweifelsfrei gegeben sind und die Versicherten keinerlei Verschulden an dem unterbliebenen oder nicht rechtzeitigen Zugang der Meldung trifft.[506] Etwas anderes gilt insoweit nur, wenn die Meldung der Arbeitsunfähigkeit durch Umstände verhindert oder verzögert wurde, die dem Verantwortungsbereich der Krankenkasse und nicht den Versicherten zuzurechnen sind. Die Versicherten müssen davon ausgehen können, alles in ihrer Macht stehende und zumutbare getan zu haben, damit die Krankenkasse Kenntnis von ihrer Arbeitsunfähigkeit erhält.[507] Dementsprechend haben auch Versicherte, deren Arbeitsfähigkeit die Krankenkasse fehlerhaft bejaht hat, rückwirkend Anspruch auf Krankengeld.[508]

2.7 Freistellung von der Arbeitsleistung (Nr. 6)

16 Nach § 7 Abs. 1 a SGB IV besteht – unter den dort genannten weiteren Voraussetzungen – bei flexiblen Arbeitszeitregelungen eine Beschäftigung auch in Zeiten der Freistellung von der Arbeitsleistung von mehr als einem Monat. Die Regelung unterstellt, dass die Versicherten während des Freizeitblocks Anspruch auf Arbeitsentgelt haben (nämlich auf das während der Ansparphase erworbene Wertguthaben). Zur Vermeidung von Doppelleistungen soll der Anspruch auf Krankengeld deshalb ruhen. Das heißt jedoch auch, dass der Anspruch auf Krankengeld nur ruht, wenn das Wertguthaben vollständig angespart ist oder für die Freistellung von der Arbeitsleistung ausreicht.

2.8 Kurzzeitig Beschäftigte (Nr. 7)

17 Versicherte, die bei Arbeitsunfähigkeit nicht mindestens sechs Wochen Anspruch auf Fortzahlung des Arbeitsentgelts haben, können eine Wahlerklärung abgegeben, dass die Mitgliedschaft den Anspruch auf Krankengeld umfassen soll (§ 44 Abs. 1 Nr. 3). Sie haben dann einen Krankengeldanspruch, der grundsätzlich nach § 46 Satz 1 beginnen würde. Der Anspruch soll jedoch – wie bei sonstigen abhängig Beschäftigten – gem. § 49 Abs. 1 Nr. 7 in den ersten 6 Wochen ruhen.

3. Verminderung von Entgelt- oder Entgeltersatzleistungen (Abs. 3)

18 Gem. § 49 Abs. 1 Nrn. 1, 3 und 4 ruht das Krankengeld, »soweit« der Versicherte keine der dort genannten Leistungen erhält. Darüber hinaus besteht ein Anspruch auf Krankengeld (Anspruch auf sog. Krankengeldspitzbetrag). Würde z. B. Arbeitsentgelt, das dem Ver-

---

505 Z. B.: Eintritt der Arbeitsunfähigkeit am Montag, den 07.05; daraus folgt: Beginn der Frist am Dienstag, Ende der Frist am Montag, den 14.05. (§ 26 Abs. 1 und Abs. 3 SGB X i. V. mit §§ 187 Abs. 1, 188 Abs. 2 BGB).

506 BSG – 08.11.2005 – B 1 KR 30/04 R; BSG – 02.11.2007 – B 1 KR 38/06 R.

507 BSG – 02.11.2007 – B 1 KR 38/06 R.

508 BSG – 08.11.2005 – B 1 KR 30/04 R.

sicherten bei Arbeitsunfähigkeit noch zusteht, gekürzt, würde dies zu einem höheren Krankengeldspitzbetrag führen, geringe Entgelt- oder Entgeltersatzleistungen würden so kompensiert. § 49 Abs. 3 stellt daher sicher, dass gesetzliche Kürzungen von Entgelt- und Entgeltersatzleistungen im gesetzlich vorgesehenen Umfang tatsächlich vorgenommen und nicht ganz oder teilweise zu Lasten der Krankenversicherung ausgeglichen werden.[509]

4. Erstattungsanspruch anderer Sozialversicherungsträger (Abs. 4)

§ 49 Abs. 4 regelt ausschließlich Erstattungsansprüche anderer Sozialversicherungsträger gegen die Krankenkasse. 19

§ 50 Ausschluss und Kürzung des Krankengeldes

(1) Für Versicherte, die

1. **Rente wegen voller Erwerbsminderung, Erwerbsunfähigkeit oder Vollrente wegen Alters aus der gesetzlichen Rentenversicherung,**
2. **Ruhegehalt, das nach beamtenrechtlichen Vorschriften oder Grundsätzen gezahlt wird,**
3. **Vorruhestandsgeld nach § 5 Abs. 3,**
4. **Leistungen, die ihrer Art nach den in den Nummern 1 und 2 genannten Leistungen vergleichbar sind, wenn sie von einem Träger der gesetzlichen Rentenversicherung oder einer staatlichen Stelle im Ausland gezahlt werden,**
5. **vergleichbar sind, wenn sie nach den ausschließlich für das in Artikel 3 des Einigungsvertrages genannte Gebiet geltenden Bestimmungen gezahlt werden,**

beziehen, endet ein Anspruch auf Krankengeld vom Beginn dieser Leistungen an; nach Beginn dieser Leistungen entsteht ein neuer Krankengeldanspruch nicht. Ist über den Beginn der in Satz 1 genannten Leistungen hinaus Krankengeld gezahlt worden und übersteigt dieses den Betrag der Leistungen, kann die Krankenkasse den überschießenden Betrag vom Versicherten nicht zurückfordern. In den Fällen der Nummer 4 gilt das überzahlte Krankengeld bis zur Höhe der dort genannten Leistungen als Vorschuss des Trägers oder der Stelle; es ist zurückzuzahlen. Wird eine der in Satz 1 genannten Leistungen nicht mehr gezahlt, entsteht ein Anspruch auf Krankengeld, wenn das Mitglied bei Eintritt einer erneuten Arbeitsunfähigkeit mit Anspruch auf Krankengeld versichert ist.

(2) Das Krankengeld wird um den Zahlbetrag

1. **der Altersrente, der Rente wegen Erwerbsminderung oder der Landabgaberente aus der Alterssicherung der Landwirte,**
2. **der Rente wegen teilweiser Erwerbsminderung, oder Berufsunfähigkeit oder der Teilrente wegen Alters aus der gesetzlichen Rentenversicherung,**
3. **der Knappschaftsausgleichsleistung oder der Rente für Bergleute oder**
4. **einer vergleichbaren Leistung, die von einem Träger oder einer staatlichen Stelle im Ausland gezahlt wird,**

509 BT-Drs. 13/5099, S. 17.

5. von Leistungen, die ihrer Art nach den in den Nummern 1 bis 3 genannten Leistungen vergleichbar sind, wenn sie nach den ausschließlich für das in dem in Artikel 3 des Einigungsvertrages genannten Gebiets geltenden Bestimmungen gezahlt werden,

gekürzt, wenn die Leistung von einem Zeitpunkt nach dem Beginn der Arbeitsunfähigkeit oder der stationären Behandlung an zuerkannt wird.

Inhaltsübersicht Rn.

1. Inhalt und systematischer Zusammenhang

1 Die in § 50 Abs. 1 genannten Leistungen schließen die Zahlung von Krankengeld aus, weil ein zeitlich deckungsgleicher Bezug von mehreren Sozialleistungen als sozialpolitisch nicht sinnvoll angesehen wird.[510] Die genannten Leistungen führen dazu, dass der Anspruch auf Krankengeld und die Mitgliedschaft in der Krankenversicherung[511] endet. Nach § 50 Abs. 2 wird bei Zahlung der dort genannten Leistungen das Krankengeld – ähnlich wie nach § 49 Abs. 1 – gekürzt.

2 Die grundsätzlich bestehende Verpflichtung der Versicherten zur Rückzahlung ihnen nicht zustehender Sozialleistungen (§§ 48 Abs. 1 Satz 2 Nr. 3, 50 SGB X) wird durch § 50 Abs. 1 Satz 2 eingeschränkt. Im Verhältnis zu den Versicherten hat die Krankenkasse keinen Anspruch auf Rückerstattung des (zu viel) gezahlten Krankengeldes.

2. Ausschluss des Krankengeldanspruchs (Abs. 1)

2.1 Renten (Nr. 1)

3 Zu den Renten gehören:

- Rente wegen Erwerbsminderung (§ 43 SGB VI),
- Renten wegen verminderter Erwerbsfähigkeit und Bergmannsvollrenten gem. § 302 a SGB VI,
- Renten wegen verminderter Erwerbsfähigkeit gem. § 302 b SGB VI),

510 BT-Drs. 13/340, S. 9.

511 Mögliche Weiterversicherung in der Krankenversicherung der Rentner gem. § 5 Abs. 1 Nr. 12.

- Altersrenten (§ 35 SGB VI),
  - Altersrente für langjährige Versicherte (§§ 36, 236 SGB VI),
  - Altersrente für schwerbehinderte Menschen (§§ 37, 236 a SGB VI),
  - Altersrente für besonders langjährig Versicherte (§ 38 SGB VI),
  - Altersrente für langjährig unter Tage beschäftigte Bergleute (§ 40 SGB V, § 238 SGB VI),
  - Altersrente wegen Arbeitslosigkeit oder nach Altersteilzeitarbeit (§ 237 SGB VI),
  - Altersrente für Frauen (§ 237 a SGB VI).

Die Rente muss als Vollrente (§ 42 Abs. 1 SGB VI) bezogen werden. Soweit die Rente nur als Teilrente gezahlt wird (§ 42 Abs. 2 SGB VI), wird das Krankengeld nur gekürzt (§ 50 Abs. 2 Nr. 2). Es kommt nicht darauf an, ob die Rente befristet (§§ 101, 102 SGB VI) oder unbefristet (auf Dauer) gezahlt wird. 4

Wird eine Rente wegen verminderter Erwerbsfähigkeit wegen Hinzuverdienstes (§ 96 a SGB VI) nicht oder nur teilweise ausgezahlt, führt dies gleichwohl zum Ausschluss des Krankengeldanspruchs nach § 50 Abs. 1 Nr. 1.[512]

2.2 Ruhegehalt (Nr. 2) und Vorruhestandsgeld (Nr. 3)

Das Ruhegehalt muss nach beamtenrechtlichen Vorschriften oder Grundsätzen gewährt werden. Nicht erfasst werden danach betriebliche Altersversorgungen oder die Zusatzversorgung im öffentlichen Dienst; der alleinige Bezug dieser Leistungen schließt die Zahlung von Krankengeld nicht aus.[513] 5

Vorruhestandsgeld wird kaum noch gezahlt, da das Vorruhestandsgesetz nur noch anzuwenden ist, wenn die Voraussetzungen für den Anspruch erstmals vor dem 01. 01. 1989 vorgelegen haben (§ 14 VRG).

2.3 Vergleichbare (ausländische) Leistungen (Nr. 4) und Leistungen aus der ehemaligen DDR (Nr. 5)

Vergleichbarkeit mit einer (ausländischen) Leistung ist anzunehmen, wenn die (ausländische) Leistung in ihrem Kerngehalt den gemeinsamen und typischen Merkmalen der inländischen Leistung entspricht. Vergleichbarkeit kommt insbesondere in Betracht, wenn die (ausländische) Leistung an das Erreichen einer bestimmten Altersgrenze anknüpft und wenn sie als Lohnersatz gedacht ist.[514] 6

2.4 Bezug der Leistungen

Versicherte »beziehen« die in Abs. 1 Satz 1 Nr. 1–5 genannten Leistungen, wenn ihnen der zuständige Sozialleistungsträger eine solche Leistung bewilligt hat.[515] Soweit es um inlän- 7

512 BSG – 28.09.2010 – B 1 KR 31/09 R.
513 Vgl. BSG – 01.07.2003 – B 1 KR 6/02 R.
514 BSG – 18.12.2008 – B 11 AL 32/07 R; BSG – 07.2009 – B 7/7a AL 36/07 R.
515 Vgl. BSG – 28.09.2010 – B 1 KR 31/09 R.

dische Leistungen geht, erfolgt die Entscheidung durch Verwaltungsakt (mit Bescheid[516]) – z. B. der Deutschen Rentenversicherung, an den die Krankenkasse gebunden ist.[517] Die Krankenkasse kann den Bescheid weder wegen der Höhe noch wegen des Beginns der Leistung anfechten.

2.5 Beginn der Leistungen

8 Der Anspruch endet mit Beginn der in Abs. 1 Satz 1 Nr. 1–5 aufgeführten Leistungen. Das ist der Zeitpunkt, von dem an die (Renten-)Leistung tatsächlich beansprucht werden kann,[518] d. h. wenn die Leistung zur Auszahlung gelangt.[519] Auch wenn die Rente erst nachträglich bewilligt worden ist und das Krankengeld über den Beginn der Rentenleistungen hinaus gezahlt wurde, fällt der Anspruch nach § 50 Abs. 1 weg.[520]

2.6 Eingeschränkter Erstattungsanspruch (Abs. 1 Sätze 2 und 3)

9 Ist den Versicherten eine der in Abs. 1 Satz 1 Nr. 1–5 genannten Leistungen bewilligt worden, hebt die Krankenkasse die Bewilligung des Krankengeldes auf (§ 48 Abs. 1 Sätze 1 und 2 Nr. 3 SGB X). Soweit die Leistung rückwirkend bewilligt worden ist und zwischenzeitlich weiter Krankengeld gezahlt worden ist, hat die Krankenkasse gegenüber den Versicherten keinen Anspruch auf Rückzahlung des Betrages, um den das Krankengeld die (neu) bewilligte Leistung übersteigt (sog. Krankengeldspitzbetrag). Oder anders: Die Krankenkasse darf den Unterschiedsbetrag zwischen der Rentenleistung und dem bereits ausgezahlten, höheren Krankengeld nicht von den Versicherten zurückfordern.[521]

Haben die Versicherten rückwirkend eine vergleichbare Leistung eines ausländischen Sozialleistungsträgers erhalten, so gilt die Krankengeldzahlung als Vorschuss, der gem. § 50 Abs. 1 Satz 3 erleichtert zurückgefordert werden kann.

2.7 Erneuter Krankengeldanspruch

10 § 50 Abs. 1 Satz 1 2. Halbs. stellt klar, dass nach Beginn der unter Nr. 1–5 genannten Leistungen kein neuer Krankengeldanspruch entsteht. In Ergänzung dazu stellt § 50 Abs. 1 Satz 4 klar, dass bei Wegfall der genannten Leistungen ein neuer Krankengeldanspruch entsteht, wenn die weiteren Voraussetzungen für den Krankengeldanspruch erfüllt sind.[522]

---

516 Dem steht gleich eine rechtskräftige zusprechende Entscheidung eines Gerichts.
517 BSG – 01. 04. 1993 – 1 RK 10/92.
518 BSG – 09. 08. 1995 – 13 RJ 43/94.
519 Benötigt der Rentenversicherungsträger nach Bescheiderteilung noch längere Zeit bis zur tatsächlichen Zahlung der Rente, besteht gegen den Rentenversicherungsträger ein Anspruch auf Vorschuss gem. § 42 SGB I.
520 BSG – 27. 07. 2006 – B 1 KR 68/06 B.
521 BSG – 27. 07. 2006 – B 1 KR 68/06 B.
522 BT-Drs. 13/340, S. 9.

War die Höchstbezugsdauer für das Krankengeld von 78 Wochen zum Zeitpunkt der Bewilligung einer Rente nicht erreicht, lebt der Anspruch auf Krankengeld nach dem Wegfall der Rente wieder auf. Denn dem § 50 Abs. 1 Satz 4 kann nicht entnommen werden, dass bei zwischenzeitlichem Bezug einer Rente oder einer der anderen in § 50 Abs. 1 Satz 1 genannten Leistungen ein Wiederaufleben des früheren, nicht ausgeschöpften Krankengeldanspruchs ausgeschlossen sein soll.[523] **11**

3. Kürzung des Krankengeldes (Abs. 2)

Die in § 50 Abs. 2 Nr. 1–5 genannten Leistungen stellen keinen vollen Ersatz von weggefallenem Erwerbseinkommen dar und sollen dementsprechend nicht zum vollständigen Wegfall des Krankengeldanspruchs führen. Das Krankengeld wird daher nur um den Zahlbetrag der genannten Leistungen gekürzt. **12**

Erfasst werden folgende (inländische) Leistungen: **13**

- Altersrente nach § 11 ALG
- Vorzeitige Altersrente nach § 12 ALG
- Rente wegen Erwerbsminderung nach § 13 ALG
- Landabgabenrente nach § 121 ALG
- Rente wegen teilweiser Erwerbsminderung (§§ 43 Abs. 1, 240 SGB VI),
- Rente wegen Berufsunfähigkeit[524]
- Renten wegen Alters, die gem.§ 42 Abs. 2 SGB VI als Teilrente gezahlt werden
- Knappschaftsausgleichsleistung (§ 239 SGB VI)
- Rente für Bergleute (§ 45 SGB VI)

Nicht erfasst werden Leistungen berufsständischer Versorgungswerke.[525]

Voraussetzung ist, dass die Leistung von einem Zeitpunkt nach dem Beginn der Arbeitsunfähigkeit oder der stationären Behandlung an zuerkannt wird (§ 50 Abs. 2 2. Halbs.). Wird eine Leistung rückwirkend von einem Zeitpunkt an gewährt, der vor dem Beginn des Krankengeldes liegt, ist Krankengeld ungekürzt weiter zu zahlen.[526] Gekürzt wird die Rente um den Nettobetrag der Rente.[527] **14**

§ 51 Wegfall des Krankengeldes, Antrag auf Leistungen zur Teilhabe

(1) Versicherten, deren Erwerbsfähigkeit nach ärztlichem Gutachten erheblich gefährdet oder gemindert ist, kann die Krankenkasse eine Frist von zehn Wochen setzen, innerhalb der sie einen Antrag auf Leistungen zur medizinischen Rehabilitation und zur Teilhabe am Arbeitsleben zu stellen haben. Haben diese Versicherten ihren Wohnsitz oder gewöhnlichen Aufenthalt im Ausland, kann ihnen die Krankenkasse eine

---

523 BSG – 29.09.1998 – B 1 KR 5/97 R.
524 § 43 Abs. 1 SGB VI (in der bis zum 31.12.2000 geltenden Fassung) i.V. mit § 302a SGB VI bzw. § 302b SGB VI.
525 BSG – 23.04.1996 – 1 RK 19/95.
526 BSG – 18.12.1963 – 3 RK 29/63.
527 LSG Schleswig-Holstein – 19.10.2005 – L 5 KR 88/04.

Frist von zehn Wochen setzen, innerhalb der sie entweder einen Antrag auf Leistungen zur medizinischen Rehabilitation und zur Teilhabe am Arbeitsleben bei einem Leistungsträger mit Sitz im Inland oder einen Antrag auf Rente wegen voller Erwerbsminderung bei einem Träger der gesetzlichen Rentenversicherung mit Sitz im Inland zu stellen haben.

(2) Erfüllen Versicherte die Voraussetzungen für den Bezug der Regelaltersrente oder Altersrente aus der Alterssicherung der Landwirte bei Vollendung des 65. Lebensjahres, kann ihnen die Krankenkasse eine Frist von zehn Wochen setzen, innerhalb der sie den Antrag auf diese Leistung zu stellen haben.

(3) Stellen Versicherte innerhalb der Frist den Antrag nicht, entfällt der Anspruch auf Krankengeld mit Ablauf der Frist. Wird der Antrag später gestellt, lebt der Anspruch auf Krankengeld mit dem Tag der Antragstellung wieder auf.

Inhaltsübersicht

1. Inhalt und systematischer Zusammenhang

1 Sozialleistungen sind regelmäßig Antragsleistungen (§ 19 SGB IV), d. h. die Versicherten können entscheiden, ob bzw. wann sie eine Leistung in Anspruch nehmen wollen. Erfüllen die Versicherten die Voraussetzungen unterschiedlicher Sozialleistungen, etwa wegen Arbeitsunfähigkeit die Voraussetzungen für die Zahlung von Krankengeld und wegen der Vollendung des 65. Lebensjahres die Voraussetzungen für die Altersrente für schwerbehinderte Menschen (§ 37 SGB VI), so werden sie ihre Entscheidung im Wesentlichen von der zu erwartenden Höhe der jeweiligen Sozialleistung abhängig machen. Diese Wahlmöglichkeit schränkt § 51 ein. Die Regelung gibt der Krankenkasse die Möglichkeit, darauf hinzuwirken, dass die Versicherten einen Antrag auf Leistungen zur medizinischen Rehabilitation, zur Teilhabe am Arbeitsleben oder einen Rentenantrag stellen. Die Entscheidungsfreiheit der Versicherten wird eingeschränkt, weil der Anspruch auf Krankengeld entfällt, wenn sie der Aufforderung zur Antragstellung nicht nachkommen. Dies wird u. a. damit begründet, dass eine sachgerechte Abgrenzung der Leistungszuständigkeit von Kranken- und Rentenversicherung vorgenommen werden muss und bei dauerhafter Erwerbsminderung Rentenzahlungen Vorrang vor Krankengeldleistungen haben.[528]

528 BSG – 07.12.2004 – B 1 KR 6/03 R.

2. Aufforderung zur Antragstellung (Abs. 1)

2.1 Anspruch auf Krankengeld

Es muss nur der Anspruch auf Krankengeld bestehen. Selbst wenn das Krankengeld wegen Ruhens nicht ausgezahlt wird (etwa wegen Entgeltfortzahlung), kann die Krankenkasse die Versicherten zur Antragstellung auffordern. 2

2.2 Erhebliche Gefährdung oder Minderung der Erwerbsfähigkeit

Die Erwerbsfähigkeit ist erheblich gefährdet, wenn das gesundheitliche Leistungsvermögen so eingeschränkt ist, dass mit dauerhafter Minderung der Erwerbsfähigkeit zu rechnen ist. Von einer Minderung der Erwerbsfähigkeit kann ausgegangen werden, wenn die Versicherten ihren bisherigen Beruf oder ihre bisherige Tätigkeit nicht weiter ausüben können.[529] Dauerhafte Minderung der Erwerbsfähigkeit kann angenommen werden, wenn nicht zu erwarten ist, dass das Leistungsvermögen für die bisherige Tätigkeit innerhalb der Höchstanspruchsdauer für das Krankengeld von 78 Wochen[530] wieder hergestellt sein wird. 3

2.3 Ärztliches Gutachten

Die unter 2.2 genannten Voraussetzungen müssen durch ein ärztliches Gutachten festgestellt werden. Die Krankenkasse kann ihre Entscheidung nicht nur auf ein Attest oder eine Bescheinigung eines Arztes stützen.[531] Vielmehr muss sich ein Arzt umfassend und mit wissenschaftlicher Begründung zur Gefährdung oder Minderung der Erwerbsfähigkeit äußern.[532] 4

2.4 Entscheidung der Krankenkasse

Die Entscheidung steht im Ermessen[533] (»kann«) der Krankenkasse. Die Krankenkasse muss alle Umstände des Einzelfalls abwägen und die Belange der Versicherten beachten.[534] Gem. § 35 Abs. 1 Satz 3 SGB X muss ihre Entscheidung erkennen lassen, von welchen Gesichtspunkten sie sich hat leiten lassen. Der Umstand, dass das Krankengeld höher ist als eine mögliche Rentenleistung, reicht allein nicht aus, um von der Aufforderung zur Antragstellung abzusehen. Für die Versicherten und gegen eine Aufforderung zur Antragstellung 5

529 Vgl. BSG – 29.03.2006 – B 13 RJ 37/05 R.
530 Anders z.B. Brinkhoff in jurisPK-SGB V § 51 Rn. 14: Wenn die dauerhafte Minderung oder Gefährdung voraussichtlich länger als sechs Monate bestehen wird (Anlehnung an § 101 Abs. 1 SGB VI).
531 BSG – 07.08.1991 – 1/3 RK 26/90.
532 Vgl. zum Begriff des Gutachtens insoweit auch BSG – 05.02.2008 – B 2 U 8/07 R.
533 Siehe § 39 Abs. 1 SGB I.
534 BSG – 07.12.2004 – B 1 KR 6/03 R.

spricht jedoch der Umstand, dass ein später gestellter Rentenantrag zu einer erheblichen Verbesserung des Rentenanspruchs führen würde,[535] z.B. durch eine noch mögliche Erfüllung der Voraussetzungen für eine Erhöhung der Rentenbemessungsgrundlage.[536]

6 Da es sich um einen belastenden Verwaltungsakt handelt, sind die Versicherten vor der Entscheidung der Krankenkasse anzuhören (§ 24 SGB X). Die Krankenkasse muss die Versicherten (mit der Aufforderung) darüber aufklären, welche Konsequenzen für sie mit einem daraufhin gestellten Antrag anderer Sozialleistungen verbunden sind, insbesondere müssen die Versicherten über die sich als Rechtsfolge ergebende mögliche Einstellung des Krankengeldes nach Ablauf des Zehn-Wochen-Zeitraums gem. § 51 Abs. 3 informiert werden[537] und dass sie in der Folge nicht mehr ohne Folgen für den Krankengeldanspruch über ihren Rentenantrag verfügen können.[538]

7 Die Zehn-Wochen-Frist beginnt gem. § 26 Abs. 2 SGB X mit dem Tag der Bekanntgabe der Entscheidung und endet gem. § 26 Abs. 1 SGB X i. V. mit § 188 BGB, § 26 Abs. 3 SGB X nach Ablauf von zehn Wochen.

3. Aufforderung bei Auslandsaufenthalt (Abs. 1 Satz 2)

8 § 51 Abs. 1 Satz stellt klar, dass im Ausland lebende Versicherte gegenüber inländischen Versicherten nicht besser gestellt werden sollen.[539] Sie können von der Krankenkasse ebenfalls aufgefordert werden, einen Antrag auf Leistungen zur medizinischen Rehabilitation und zur Teilhabe am Arbeitsleben oder einen Antrag auf Rente wegen voller Erwerbsminderung zu stellen. Auch für diesen Personenkreis ist zu beachten, dass wegen § 8 Abs. 1 SGB IX Leistungen zur Teilhabe grundsätzlich Vorrang vor Rentenleistungen haben.

4. Rechtsfolgen der Fristsetzung (Abs. 3)

9 Wird nach Aufforderung durch die Krankenkassen (innerhalb der Frist) kein Anspruch gestellt, entfällt der Anspruch auf Krankengeld mit Ablauf der Zehn-Wochen-Frist. Wird der Antrag später gestellt, lebt der Anspruch auf Krankengeld mit dem Tag der Antragstellung wieder auf (§ 51 Abs. 3 Satz 2).

Versicherte, die einen Renten- oder Rehabilitationsantrag gestellt haben, können diesen – ohne Folgen für den Krankengeldanspruch – nur noch mit Zustimmung der Kasse wirksam zurücknehmen oder beschränken.[540] Ob die Krankenkasse ihre Zustimmung erteilt oder verweigert, entscheidet sie unter Abwägung aller Umstände des Einzelfalls und unter Beachtung der Belange der Versicherten.

10 Besonders weitreichend können die Folgen einer unterlassenen Antragsstellung in Fällen sein, in denen das Arbeitsverhältnis während des Bezugs von Krankengeld endet.

535 Die Versicherten sollten daher unbedingt eine Rentenauskunft (§ 109 SGB VI) einholen.
536 BSG – 07.12.2004 – B 1 KR 6/03 R.
537 BSG – 07.12.2004 – B 1 KR 6/03 R.
538 BSG – 09.08.1995 – 13 RJ 43/94.
539 BT-Drs. 11/2237, S. 182 (zu § 50).
540 BSG – 09.08.1995 – 13 RJ 43/94.

Dann endet mit der Einstellung der Krankengeldzahlung auch die Mitgliedschaft in der Krankenversicherung. Denn gem. § 192 Abs. 1 Nr. 2 bleibt die Mitgliedschaft nur erhalten, solange ein Anspruch auf Krankengeld besteht.

Dritter Titel
Leistungsbeschränkungen

Literatur

Matthias Bernzen, Die neue Mitteilungspflicht nach § 294a Abs. 2 SGB V und der Leistungsausschluss nach § 52 Abs. 2 SGB V – verschleiert, verschmälert, verfassungswidrig, MedR 2008, S. 549 ff.

§ 52 Leistungsbeschränkung bei Selbstverschulden

(1) Haben sich Versicherte eine Krankheit vorsätzlich oder bei einem von ihnen begangenen Verbrechen oder vorsätzlichen Vergehen zugezogen, kann die Krankenkasse sie an den Kosten der Leistungen in angemessener Höhe beteiligen und das Krankengeld ganz oder teilweise für die Dauer dieser Krankheit versagen und zurückfordern.

(2) Haben sich Versicherte eine Krankheit durch eine medizinisch nicht indizierte ästhetische Operation, eine Tätowierung oder ein Piercing zugezogen, hat die Krankenkasse die Versicherten in angemessener Höhe an den Kosten zu beteiligen und das Krankengeld für die Dauer dieser Behandlung ganz oder teilweise zu versagen oder zurückzufordern.

Regelungsinhalt

§ 52 regelt, in welchen Fällen die Krankenkasse zwar weiterhin Leistungen gewährt, der 1
Versicherte aber nach dem Grundsatz der Eigenverantwortung[541] an den Kosten der Behandlung zu beteiligen ist.

Nach Absatz 1 ist dies der Fall, wenn sich der Versicherte die Krankheit vorsätzlich oder bei einem von ihm begangenen Verbrechen oder vorsätzlichen Vergehen zugezogen hat. Liegen die Tatbestandsvoraussetzungen[542] vor, so hat die Krankenkasse im Rahmen ihres Ermessens darüber zu entscheiden, ob und in welcher Höhe sie die Versicherten an den Kosten der Behandlung angemessen beteiligt, also nicht alle Kosten dem Versicherten auferlegt,[543] bzw. das Krankengeld ganz oder teilweise versagt oder zurückfordert.

Absatz 2 greift bei Krankheiten ein, die durch medizinisch nicht indizierte ästhetische 2
Operationen, Tätowierungen oder Piercings entstanden sind. Im Gegensatz zu Absatz 1 sind die Krankenkassen verpflichtet, die Versicherten in angemessener Höhe an den Kosten der Krankheit zu beteiligen bzw. das Krankengeld für die Dauer der Behandlung

541 Lang, § 52 Rn. 1; in Becker/Kingreen, SGB V.
542 Siehe zur Auslegung der einzelnen Merkmale: LSG Sachsen – 09.10.2002 – L 1 KR 32/02.
543 Kruse, § 52 Rn. 7; in LPK-SGB V.

ganz oder teilweise zu versagen bzw. zurückzufordern. Das Merkmal medizinisch nicht indiziert ist dabei im Gesetz nicht näher konkretisiert, dürfte aber dahingehend auszulegen sein, dass es sich um medizinisch nicht notwendige Behandlungen[544] im Sinne einer wunscherfüllenden Medizin handelt.

§ 52 a Leistungsausschluss

Auf Leistungen besteht kein Anspruch, wenn sich Personen in den Geltungsbereich dieses Gesetzbuchs begeben, um in einer Versicherung nach § 5 Abs. 1 Nr. 13 oder auf Grund dieser Versicherung in einer Versicherung nach § 10 missbräuchlich Leistungen in Anspruch zu nehmen. Das Nähere zur Durchführung regelt die Krankenkasse in ihrer Satzung.

Sechster Abschnitt
Selbstbehalt, Beitragsrückzahlung

Literatur
Rolf Winkel, Die neuen Wahl-Tarife der gesetzlichen Krankenkassen – Mehr Risiken als Chancen, SozSich 2007, S. 110 ff.

§ 53 Wahltarife

(1) Die Krankenkasse kann in ihrer Satzung vorsehen, dass Mitglieder jeweils für ein Kalenderjahr einen Teil der von der Krankenkasse zu tragenden Kosten übernehmen können (Selbstbehalt). Die Krankenkasse hat für diese Mitglieder Prämienzahlungen vorzusehen.

(2) Die Krankenkasse kann in ihrer Satzung für Mitglieder, die im Kalenderjahr länger als drei Monate versichert waren, eine Prämienzahlung vorsehen, wenn sie und ihre nach § 10 mitversicherten Angehörigen in diesem Kalenderjahr Leistungen zu Lasten der Krankenkasse nicht in Anspruch genommen haben. Die Prämienzahlung darf ein Zwölftel der jeweils im Kalenderjahr gezahlten Beiträge nicht überschreiten und wird innerhalb eines Jahres nach Ablauf des Kalenderjahres an das Mitglied gezahlt. Die im dritten und vierten Abschnitt genannten Leistungen mit Ausnahme der Leistungen nach § 23 Abs. 2 und den §§ 24 bis 24 b sowie Leistungen für Versicherte, die das 18. Lebensjahr noch nicht vollendet haben, bleiben unberücksichtigt.

(3) Die Krankenkasse hat in ihrer Satzung zu regeln, dass für Versicherte, die an besonderen Versorgungsformen nach § 63, § 73 b, § 73 c, § 137 f oder § 140 a teilnehmen, Tarife angeboten werden. Für diese Versicherten kann die Krankenkasse eine Prämienzahlung oder Zuzahlungsermäßigungen vorsehen.

(4) Die Krankenkasse kann in ihrer Satzung vorsehen, dass Mitglieder für sich und ihre nach § 10 mitversicherten Angehörigen Tarife für Kostenerstattung wählen. Sie

544 Reyels, § 52 Rn. 113; in juris-PK.

kann die Höhe der Kostenerstattung variieren und hierfür spezielle Prämienzahlungen durch die Versicherten vorsehen. § 13 Abs. 2 Satz 2 und 3 gilt nicht.

(5) Die Krankenkasse kann in ihrer Satzung die Übernahme der Kosten für Arzneimittel der besonderen Therapierichtungen regeln, die nach § 34 Abs. 1 Satz 1 von der Versorgung ausgeschlossen sind, und hierfür spezielle Prämienzahlungen durch die Versicherten vorsehen.

(6) Die Krankenkasse hat in ihrer Satzung für die in § 44 Absatz 2 Nummer 2 und 3 genannten Versicherten gemeinsame Tarife sowie Tarife für die nach dem Künstlersozialversicherungsgesetz Versicherten anzubieten, die einen Anspruch auf Krankengeld entsprechend § 46 Satz 1 oder zu einem späteren Zeitpunkt entstehen lassen, für die Versicherten nach dem Künstlersozialversicherungsgesetz jedoch spätestens mit Beginn der dritten Woche der Arbeitsunfähigkeit. Von § 47 kann abgewichen werden. Die Krankenkasse hat entsprechend der Leistungserweiterung Prämienzahlungen des Mitglieds vorzusehen. Die Höhe der Prämienzahlung ist unabhängig von Alter, Geschlecht oder Krankheitsrisiko des Mitglieds festzulegen. Die Krankenkasse kann durch Satzungsregelung die Durchführung von Wahltarifen nach Satz 1 auf eine andere Krankenkasse oder einen Landesverband übertragen. In diesen Fällen erfolgt die Prämienzahlung weiterhin an die übertragende Krankenkasse. Die Rechenschaftslegung erfolgt durch die durchführende Krankenkasse oder den durchführenden Landesverband.

(7) Die Krankenkasse kann in ihrer Satzung für bestimmte Mitgliedergruppen, für die sie den Umfang der Leistungen nach Vorschriften dieses Buches beschränkt, der Leistungsbeschränkung entsprechende Prämienzahlung vorsehen.

(8) Die Mindestbindungsfrist beträgt für die Wahltarife nach den Absätzen 2, 4 und 5 ein Jahr und für die Wahltarife nach den Absätzen 1 und 6 drei Jahre; für die Wahltarife nach Absatz 3 gilt keine Mindestbindungsfrist. Die Mitgliedschaft kann frühestens zum Ablauf der Mindestbindungsfrist nach Satz 1, aber nicht vor Ablauf der Mindestbindungsfrist nach § 175 Absatz 4 Satz 1 gekündigt werden; § 175 Absatz 4 Satz 5 gilt mit Ausnahme für Mitglieder in Wahltarifen nach Absatz 6. Die Satzung hat für Tarife ein Sonderkündigungsrecht in besonderen Härtefällen vorzusehen. Die Prämienzahlung an Versicherte darf bis zu 20 vom Hundert, für einen oder mehrere Tarife einschließlich Prämienzahlungen nach § 242 30 vom Hundert der vom Mitglied im Kalenderjahr getragenen Beiträge mit Ausnahme der Beitragszuschüsse nach § 106 des Sechsten Buches sowie § 257 Abs. 1 Satz 1, jedoch nicht mehr als 600 Euro, bei einem oder mehreren Tarifen einschließlich Prämienzahlungen nach § 242 900 Euro jährlich betragen. Satz 4 gilt nicht für Versicherte, die Teilkostenerstattung nach § 14 gewählt haben. Mitglieder, deren Beiträge vollständig von Dritten getragen werden, können nur Tarife nach Absatz 3 wählen.

(9) Die Aufwendungen für jeden Wahltarif müssen jeweils aus Einnahmen, Einsparungen und Effizienzsteigerungen aus diesen Wahltarifen auf Dauer finanziert werden. Die Krankenkassen haben darüber der zuständigen Aufsichtsbehörde regelmäßig, mindestens alle drei Jahre, Rechenschaft abzulegen. Sie haben hierzu ein versicherungsmathematisches Gutachten vorzulegen über die wesentlichen versiche-

rungsmathematischen Annahmen, die der Berechnung der Beiträge und der versicherungstechnischen Rückstellungen der Wahltarife zugrunde liegen.

Inhaltsübersicht

1. Zweck und Aufbau der Vorschrift

1 § 53 eröffnet den Krankenkassen die Möglichkeit, eine Vielzahl von Wahltarifen anzubieten. Er schafft damit die notwendigen Voraussetzungen für einen Wettbewerb[545] zwischen den einzelnen Krankenkassen (neben dem für diesen Zweck ebenfalls bedeutsamen § 11 Abs. 6), da der Beitragssatz nach § 241 für alle Kassen einheitlich ist und als Wettbewerbsinstrument ausscheidet.

2 Die Absätze 1, 2, 4, 5 und 7 regeln die Wahltarife, die Krankenkassen anbieten können, aber nicht müssen. Die Absätze 2 und 6 verpflichten die Krankenkassen, die dort beschriebenen Wahltarife anzubieten. Absatz 8 regelt die Mindestbindungsfristen für diese Wahltarife und schränkt das Wahlrecht für Versicherte, deren Beiträge vollständig von Dritten getragen werden, ein. Absatz 9 regelt das Verbot der Querfinanzierung.

3 Zu beachten ist, dass die Regelungen zu den entsprechenden Wahltarifen in den Satzungen der Krankenkasse dem Gebot der Normenklarheit entsprechen müssen.[546] Des Weiteren muss der Versicherte die Teilnahme an dem Wahltarif gegenüber der Krankenkasse erklären, es handelt sich also um die Ausübung eines Gestaltungsrechts.[547] Die Teilnahme an einem Wahltarif an sich ist freiwillig.[548]

2. Arten der Wahltarife

2.1 Wahltarif Selbstbehalt

4 Absatz 1 regelt den Wahltarif »Selbstbehalt«. Er beinhaltet, dass die Mitglieder (also nicht die Versicherten[549]) einen Teil der von der Krankenkasse zu tragenden Kosten über-

545 BT-Drs. 16/3100, S. 108.
546 BSG – 19.09.2007 – B 1 A 4/06 R.
547 Lang, § 53 Rn. 5; in Becker/Kingreen, SGB V.
548 Henle, § 53 Rn. 11; in LPK-SGB V.
549 Vgl zur Differenzierung u. a. § 10 Rn. 1.

nehmen. Eine genauere Differenzierung der Art und Weise der Kostenübernahme wird nicht geregelt. Vorstellbar sind daher vor allem die Modelle einer prozentualen oder aber einer pauschalen Kostenübernahme.[550] Die Krankenkasse muss für die Teilnehmer an diesem Tarif eine Prämienzahlung vorsehen. Diese Prämienzahlung muss in angemessenem Verhältnis zum Selbstbehalt stehen.[551]

Der Wortlaut des Absatzes 1 regelt insoweit auch im Umkehrschluss zu den anderen Wahltarifen, dass es nur auf die Inanspruchnahme von Leistungen durch die Mitglieder selbst, nicht aber durch Familienversicherte nach § 10 ankommt.[552] Deren Leistungen dürfen auf den Selbstbehalt nicht angerechnet werden. 5

Im Gegensatz zu Absatz 2 trifft Absatz 1 auch keine Bestimmung darüber, ob Präventionsleistungen in den Anwendungsbereich des Selbstbehaltes fallen. Richtigerweise geht das BVA als Aufsichtsbehörde davon aus, dass Präventionsleistungen nicht unter den Selbstbehalt fallen dürfen.[553] Absatz 1 legt weiterhin fest, dass der Abrechnungszeitraum für diesen Tarif das Kalenderjahr ist. 6

2.2 Wahltarif Nichtinanspruchnahme von Leistungen

Absatz 2 regelt den Wahltarif »Nichtinanspruchnahme von Leistungen«. Er gibt den Krankenkassen die Möglichkeit, Tarife einzurichten, bei denen die Nichtinanspruchnahme von Leistungen zu Lasten der Krankenkasse zu einer Prämienzahlung führt. Teilnahmevoraussetzung ist, dass das Mitglied im betreffenden Kalenderjahr mindestens drei Monate bei der Krankenkasse versichert ist. Ausdrücklich geregelt ist auch, dass sowohl von dem Mitglied als auch bei den Mitversicherten (z. B. Familienversicherte) keine Leistungen in Anspruch genommen worden sein dürfen. 7

Nichtinanspruchnahme zu Lasten der Krankenkasse heißt, dass in Anspruch genommene Leistungen nicht zu Lasten der Krankenkassen abgerechnet sein dürfen. In Anspruch genommene Leistungen müssen also privatärztlich erbracht worden sein.[554] 8

Satz 2 regelt dabei, in welchen Fällen die Inanspruchnahme von Leistungen unschädlich ist. Dies sind die Fälle der Leistungen nach dem Dritten und Vierten Abschnitt des SGB V, also Leistungen zur Prävention, zur Früherkennung von Krankheiten und Kinderuntersuchungen. Diese Ausnahme gilt nicht für Mutter/Vater-Kind-Kuren (§ 24), Maßnahmen zur Empfängnisverhütung (§ 24 a) sowie Maßnahmen zum Schwangerschaftsabbruch bzw. zur Sterilisation (§ 24 b). 9

Des Weiteren werden in Anspruch genommene Leistungen von Versicherten, die das 18. Lebensjahr noch nicht vollendet haben, nicht berücksichtigt.

Für die Nichtinanspruchnahme werden Prämien gewährt. Die Krankenkasse ist bei der Festlegung der Prämienzahlung daran gebunden, dass die Auszahlung als Höchstgrenze 10

---

550 Schlegel, § 53 Rn. 34; in juris-PK.
551 Lang, § 53 Rn. 9; in Becker/Kingreen, SGB V.
552 BSG – 08. 11. 2011 – B 1 A 1/11 R.
553 BVA Rundschreiben vom 13. 03. 2007, II1 – 4927.6–3709/2006.
554 Schlegel, § 53 Rn. 58; in juris-PK.

1/12 der im Kalenderjahr gezahlten Beiträge nicht übersteigen darf. Im Gegensatz zu der Regelung im Absatz 8, der von den getragenen Beiträgen spricht, sind hier die gesamten Beiträge, also sowohl der Arbeitnehmer- als auch ggf. der Arbeitgeberanteil für die Berechnung zu berücksichtigen.[555]

2.3 Wahltarif Teilnahme an besonderen Versorgungsformen

11 Absatz 3 regelt den Wahltarif »Teilnahme an besonderen Versorgungsformen«. Die Krankenkassen müssen diese Tarife anbieten. Voraussetzung ist, dass die Versicherten, also nicht nur die Mitglieder,[556] an besonderen Versorgungsformen teilnehmen. Diese besonderen Versorgungsformen sind die Modellvorhaben nach § 63, die hausarztzentrierte Versorgung nach § 73 b, die besondere ärztliche Versorgung nach § 73 c, die strukturierten Behandlungsprogramme nach § 137 f (DMP) und die integrierte Versorgung nach § 140 a.

12 Die Krankenkassen haben bei diesem Wahltarif die Möglichkeit, sowohl eine Prämie als auch eine Zuzahlungsermäßigung anzubieten. Insoweit wurde bereits entschieden, dass eine Prämienzahlung durch die Versicherten ausscheidet,[557] es muss sich also um eine Prämienzahlung an die Mitglieder handeln. Zu berücksichtigen ist auch, dass die Kappungsgrenze für die Höhe der Prämienzahlung je Mitglied zu ermitteln ist, obwohl auch bloße Versicherte an dem Wahltarif teilnehmen können.[558]

13 Bietet die Krankenkasse eine Zuzahlungsermäßigung an, ist die so genannte Belastungsgrenze nach § 62 zu berücksichtigen. Eine Zuzahlungsermäßigung kann sich ggf. dahingehend auswirken, dass die Belastungsgrenze nicht mehr erreicht wird und damit die Zuzahlungsbefreiung entfällt.

2.4 Wahltarif Kostenerstattung

14 Absatz 4 regelt den Wahltarif »Kostenerstattung«. Mit diesem soll durch eine Prämienzahlung des Mitglieds für sich und seine mitversicherten Angehörigen eine Leistungsverbesserung eintreten. Welche Leistungen angeboten werden dürfen, ist umstritten. Gerichtlich wurde entschieden, dass eine höhere Kostenübernahme beim Zahnersatz angeboten werden kann.[559] Das BVA sieht auch die Leistungsausweitung hinsichtlich einer Chefarztbehandlung und eines 2-Bett-Zimmers als unproblematisch an.[560]

15 Weil weiterhin § 13 Abs. 2 Satz 1 gilt und § 53 Abs. 5 Ausnahmen für nicht im Leistungskatalog befindliche Leistungen regelt, kann aber auch vertreten werden, dass es sich lediglich um die Höhe der Vergütung der Leistungserbringer handelt.[561] Ein GKV-Versicherter

555 Schlegel, § 53 Rn. 71; in juris-PK.
556 BT-Drs. 16/3100, S. 108.
557 LSG Schleswig-Holstein – 10.12.2008 – L 5 KR 86/08 KL.
558 BT-Drs. 16/3100, S. 108.
559 LSG Nordrhein-Westfalen – 27.05.2008 – L 11 B 6/08 KR ER.
560 BVA Rundschreiben vom 13.03.2007, II1 – 4927.6-3709/2006.
561 Lang, § 53 Rdn. 15; in Becker/Kingreen, SGB V.

könnte also dem Leistungserbringer gegenüber wie ein Privatversicherter auftreten und sich dann einen Teil/den vollen Teil gegenüber der Krankenkasse erstatten lassen.

Zu beachten bei einem Wahltarif nach Absatz 4 ist auch die Möglichkeit, eine Kostenerstattung ohne wahltarifliche Bindung nach den Regelungen des § 13 Abs. 2[562] vorzunehmen. **16**

2.5 Wahltarif Arzneimittel der besonderen Therapierichtungen

Im Absatz 5 wird der Wahltarif für »Arzneimittel der besonderen Therapierichtungen« geregelt. Damit können Versicherte gegen eine Prämienzahlung Arzneimittel der besonderen Therapierichtungen (z. B. Homöopathie) zu Lasten der Krankenkasse verordnet bekommen, die im Normalfall nach § 34 Abs. 1 S. 1 als OTC-Präparate (nicht verschreibungs-, aber apothekenpflichtige Präparate) ausgeschlossen sind. **17**

Zu beachten ist, dass für diese Arzneimittel, trotz eigentlichem Versorgungsausschluss, nach § 34 Abs. 1 S. 1 durch die Anlage I der Arzneimittelrichtlinie[563] Ausnahmen vom Ausschluss festgelegt werden können. **18**

2.6 Wahltarif Individueller Krankengeldanspruch

Mit Absatz 6 wird der Wahltarif »Individueller Krankengeldanspruch« geregelt. Die Krankenkassen müssen diesen Tarif anbieten. Er ist vor allem für diejenigen Versicherten gedacht, die zwar den ermäßigten Beitragssatz nach § 243 zahlen, aber nach § 44 Abs. 2 Nr. 2 und Nr. 3 keinen Krankengeldanspruch haben. Für den Anspruch auf Krankengeld haben die Krankenkassen risikounabhängige Prämien, die durch den Versicherten zu zahlen sind, zu kalkulieren. **19**

2.7 Wahltarif für Mitglieder mit beschränktem Leistungsanspruch

Absatz 7 regelt einen Wahltarif für Mitgliedergruppen mit beschränktem Leistungsanspruch nach dem SGB V. Dies sind die so genannten Dienstordnungsangestellten nach § 14. Diese haben einen Teilkostenerstattungsanspruch. Bei diesem Wahltarif können die Krankenkassen entsprechend dem Umfang der Leistungseinschränkung eine Prämienzahlung vorsehen. Dies soll den weggefallenen ermäßigten Beitragssatz ersetzen.[564] **20**

3. Mindestbindungsfristen

Absatz 8 regelt die Mindestbindungsfristen für die Wahltarife und nimmt dabei eine Staffelung vor. Wahltarife nach Absatz 3 (»Besondere Versorgungsformen«) haben keine Mindestbindungsfrist, Wahltarife nach Absatz 2 (»Nichtinanspruchnahme von Leistun- **21**

562 Siehe § 13 Rn. 2.
563 Abrufbar unter: http://www.g-ba.de/downloads/83_691_257/AM-RL-I-OTC-2011_06_09.pdf.
564 BT-Drs. 16/3100, S. 109.

gen«), Absatz 4 (»Kostenerstattung«) und Absatz 5 (»Arzneimittel besonderer Therapierichtungen«) haben eine Mindestbindungsfrist von einem Jahr. Die Wahltarife nach Absatz 1 (»Selbstbehalt«) und Absatz 6 (»Krankengeld«) haben eine Mindestbindungsfrist von drei Jahren.

22 Durch den Verweis auf § 175 Abs. 4 Satz 5 geht das Sonderkündigungsrecht bei der Erhebung oder Erhöhung von Zusatzbeiträgen bzw. der Verringerung oder Streichung von Prämien der Mindestbindungsfrist vor. Eine Ausnahme gilt nur für den Wahltarif »Krankengeld« (Absatz 6).

23 Weiterhin muss die Satzung Regelungen für ein Sonderkündigungsrecht für die Fälle vorsehen, in denen die Mindestbindungsfrist eine außergewöhnliche Härte für die Versicherten darstellen würde. Ein solcher Härtefall kann z. B. dann vorliegen, wenn der Versicherte die zusätzliche Prämie nicht mehr aufbringen kann (z. B. als Folge von Arbeitslosigkeit) – wobei allerdings der reine finanzielle Nachteil nicht genügt.[565]

4. Höhe der Prämienzahlung

24 Absatz 8 Satz 4 beschränkt die Höhe der Prämienzahlungen auf maximal 20 % der vom Mitglied im Kalenderjahr zu zahlenden Beiträge. Damit wird klargestellt, dass der Arbeitgeberanteil nicht mit eingerechnet wird. Maximal darf dieser Betrag 600 € betragen. Beitragszuschüsse nach dem SGB IV oder § 257 Abs. 1 S. 1 werden nicht mit berücksichtigt. Absatz 2 stellt dazu einer Spezialvorschrift dar, so dass für diesen Wahltarif diese Begrenzung nicht gilt.

25 Wird mehr als ein Wahltarif gewählt oder trifft der Wahltarif/treffen die Wahltarife mit einer Prämienzahlung nach § 242 zusammen, erhöht sich die Obergrenze auf 30 % oder 900 €. Diese Grenzen gelten nicht für die Wahltarife nach Absatz 7.

5. Einschränkung der Teilnahmemöglichkeiten

26 Nach Satz 6 dürfen Mitglieder, deren Beiträge vollständig von Dritten getragen werden, nur Tarife nach Absatz 3 (»Besondere Versorgungsformen«) abschließen. Dies betrifft z. B. nach der Gesetzesbegründung auch Bezieher von ALG II,[566] wobei offen bleibt, wie genau die Prämienzahlung an die Bezieher des ALG II bei Wahltarifen nach Absatz 3 berechnet werden soll.[567]

---

565 LSG Nordrhein-Westfalen – 23.04.2009 – L 5 B 15/09 KR ER.
566 BT-Drs. 16/3100, S. 109.
567 Schlegel, § 53 Rn. 31; in juris-PK.

Siebter Abschnitt
Zahnersatz

§ 55 Leistungsanspruch

(1) Versicherte haben nach den Vorgaben in den Sätzen 2 bis 7 Anspruch auf befundbezogene Festzuschüsse bei einer medizinisch notwendigen Versorgung mit Zahnersatz einschließlich Zahnkronen und Suprakonstruktionen (zahnärztliche und zahntechnische Leistungen) in den Fällen, in denen eine zahnprothetische Versorgung notwendig ist und die geplante Versorgung einer Methode entspricht, die gemäß § 135 Abs. 1 anerkannt ist. Die Festzuschüsse umfassen 50 vom Hundert der nach § 57 Abs. 1 Satz 6 und Abs. 2 Satz 6 und 7 festgesetzten Beträge für die jeweilige Regelversorgung. Für eigene Bemühungen zur Gesunderhaltung der Zähne erhöhen sich die Festzuschüsse nach Satz 2 um 20 vom Hundert. Die Erhöhung entfällt, wenn der Gebisszustand des Versicherten regelmäßige Zahnpflege nicht erkennen lässt und der Versicherte während der letzten fünf Jahre vor Beginn der Behandlung

1. die Untersuchungen nach § 22 Abs. 1 nicht in jedem Kalenderhalbjahr in Anspruch genommen hat und
2. sich nach Vollendung des 18. Lebensjahres nicht wenigstens einmal in jedem Kalenderjahr hat zahnärztlich untersuchen lassen.

Die Festzuschüsse nach Satz 2 erhöhen sich um weitere 10 vom Hundert, wenn der Versicherte seine Zähne regelmäßig gepflegt und in den letzten zehn Kalenderjahren vor Beginn der Behandlung die Untersuchungen nach Satz 4 Nr. 1 und 2 ohne Unterbrechung in Anspruch genommen hat. Dies gilt nicht in den Fällen des Absatzes 2. Für Versicherte, die nach dem 31. Dezember 1978 geboren sind, gilt der Nachweis für eigene Bemühungen zur Gesunderhaltung der Zähne für die Jahre 1997 und 1998 als erbracht.

(2) Versicherte haben bei der Versorgung mit Zahnersatz zusätzlich zu den Festzuschüssen nach Absatz 1 Satz 2 Anspruch auf einen Betrag in jeweils gleicher Höhe, angepasst an die Höhe der für die Regelversorgungsleistungen tatsächlich anfallenden Kosten, höchstens jedoch in Höhe der tatsächlich entstandenen Kosten, wenn sie ansonsten unzumutbar belastet würden; wählen Versicherte, die unzumutbar belastet würden, nach Absatz 4 oder 5 einen über die Regelversorgung hinausgehenden gleich- oder andersartigen Zahnersatz, leisten die Krankenkassen nur den doppelten Festzuschuss. Eine unzumutbare Belastung liegt vor, wenn

1. die monatlichen Bruttoeinnahmen zum Lebensunterhalt des Versicherten 40 vom Hundert der monatlichen Bezugsgröße nach § 18 des Vierten Buches nicht überschreiten,
2. der Versicherte Hilfe zum Lebensunterhalt nach dem Zwölften Buch oder im Rahmen der Kriegsopferfürsorge nach dem Bundesversorgungsgesetz, Leistungen nach dem Recht der bedarfsorientierten Grundsicherung, Leistungen zur Sicherung des Lebensunterhalts nach dem Zweiten Buch, Ausbildungsförderung nach dem Bundesausbildungsförderungsgesetz oder dem Dritten Buch erhält oder
3. die Kosten der Unterbringung in einem Heim oder einer ähnlichen Einrichtung von einem Träger der Sozialhilfe oder der Kriegsopferfürsorge getragen werden.

Als Einnahmen zum Lebensunterhalt der Versicherten gelten auch die Einnahmen anderer in dem gemeinsamen Haushalt lebender Angehöriger und Angehöriger des Lebenspartners. Zu den Einnahmen zum Lebensunterhalt gehören nicht Grundrenten, die Beschädigte nach dem Bundesversorgungsgesetz oder nach anderen Gesetzen in entsprechender Anwendung des Bundesversorgungsgesetzes erhalten, sowie Renten oder Beihilfen, die nach dem Bundesentschädigungsgesetz für Schäden an Körper und Gesundheit gezahlt werden, bis zur Höhe der vergleichbaren Grundrente nach dem Bundesversorgungsgesetz. Der in Satz 2 Nr. 1 genannte Vomhundertsatz erhöht sich für den ersten in dem gemeinsamen Haushalt lebenden Angehörigen des Versicherten um 15 vom Hundert und für jeden weiteren in dem gemeinsamen Haushalt lebenden Angehörigen des Versicherten und des Lebenspartners um 10 vom Hundert der monatlichen Bezugsgröße nach § 18 des Vierten Buches.

(3) Versicherte haben bei der Versorgung mit Zahnersatz zusätzlich zu den Festzuschüssen nach Absatz 1 Satz 2 Anspruch auf einen weiteren Betrag. Die Krankenkasse erstattet den Versicherten den Betrag, um den die Festzuschüsse nach Absatz 1 Satz 2 das Dreifache der Differenz zwischen den monatlichen Bruttoeinnahmen zum Lebensunterhalt und der zur Gewährung eines zweifachen Festzuschusses nach Absatz 2 Satz 2 Nr. 1 maßgebenden Einnahmegrenze übersteigen. Die Beteiligung an den Kosten umfasst höchstens einen Betrag in Höhe der zweifachen Festzuschüsse nach Absatz 1 Satz 2, jedoch nicht mehr als die tatsächlich entstandenen Kosten.

(4) Wählen Versicherte einen über die Regelversorgung gemäß § 56 Abs. 2 hinausgehenden gleichartigen Zahnersatz, haben sie die Mehrkosten gegenüber den in § 56 Abs. 2 Satz 10 aufgelisteten Leistungen selbst zu tragen.

(5) Die Krankenkassen haben die bewilligten Festzuschüsse nach Absatz 1 Satz 2 bis 7, den Absätzen 2 und 3 in den Fällen zu erstatten, in denen eine von der Regelversorgung nach § 56 Abs. 2 abweichende, andersartige Versorgung durchgeführt wird.

§ 56 Festsetzung der Regelversorgung

(1) Der Gemeinsame Bundesausschuss bestimmt in Richtlinien, erstmalig bis zum 30. Juni 2004, die Befunde, für die Festzuschüsse nach § 55 gewährt werden und ordnet diesen prothetische Regelversorgungen zu.

(2) Die Bestimmung der Befunde erfolgt auf der Grundlage einer international anerkannten Klassifikation des Lückengebisses.… Inhalt und Umfang der Regelversorgungen sind in geeigneten Zeitabständen zu überprüfen und an die zahnmedizinische Entwicklung anzupassen. Der Gemeinsame Bundesausschuss kann von den Vorgaben der Sätze 5 bis 8 abweichen und die Leistungsbeschreibung fortentwickeln.

(3)–(5)…

§ 57 Beziehungen zu Zahnärzten und Zahntechnikern

(1) Der Spitzenverband Bund der Krankenkassen und die Kassenzahnärztliche Bundesvereinigung vereinbaren jeweils bis zum 30. September eines Kalenderjahres für das Folgejahr, erstmalig bis zum 30. September 2004 für das Jahr 2005, die Höhe der

Vergütungen für die zahnärztlichen Leistungen bei den Regelversorgungen nach § 56 Abs. 2 Satz 2. …

Inhaltsübersicht Rn.

1. Systematik

1 Der Siebente Abschnitt regelt den Leistungsanspruch, wenn eine Versorgung mit Zahnersatz notwendig ist. § 55 legt dabei den Leistungsumfang der Gesetzlichen Krankenversicherung (GKV) hinsichtlich der Höhe fest. § 56 beschreibt die Regelversorgung und damit, welche Leistungen die GKV erbringt. § 57 regelt die Vergütung für die Regelversorgung.

2. Anspruchsvoraussetzung

2 § 55 Abs. 1 Satz 1 legt fest, dass der Anspruch auf einen befundbezogenen Festzuschuss für Versicherte dann besteht, wenn eine medizinische Versorgung mit Zahnersatz notwendig ist und die Versorgung einer durch den G-BA anerkannten Behandlungsmethode (§ 135 Abs. 1) entspricht.

3. Höhe des Zuschusses

3 Die folgenden Sätze des Absatzes 1 regeln die Höhe des Festzuschusses. Den Grundfall stellt Satz 2 dar. Demnach beträgt der Festzuschuss 50 % der nach § 57 festgesetzten Beträge. Eine Erhöhung um weitere 20 Prozentpunkte auf 70 % erfolgt dann, wenn Eigenmaßnahmen zur Gesunderhaltung der Zähne erkennbar sind. Die Erhöhung entfällt aber, wenn eine regelmäßige Zahnpflege nicht erkennbar ist und der Versicherte sich nach Vollendung des 18. Lebensjahres nicht mindestens einmal im Kalenderjahr hat zahnärztlich untersuchen lassen. Für Versicherte zwischen dem 6. und 18. Lebensjahr gilt darüber hinaus, dass sie die Individualprophylaxe nach § 22 halbjährlich in Anspruch genommen haben müssen. Entgegen dem Wortlaut muss der Versicherte nachweisen, dass diese Ausschlussgründe nicht vorliegen.[568] Die Individualprophylaxe kann durch die Führung des Bonusheftes[569] nachgewiesen werden.

4 Daneben kann sich der Zuschuss um weitere zehn Prozentpunkte auf 80 % erhöhen, wenn in den letzten zehn Jahren vor Behandlungsbeginn eine regelmäßige Zahnpflege

568 Krasney, § 55 Rn. 65 f.; in juris-PK.
569 Nr. 13 Individualprophylaxe-Richtlinie des G-BA; http://www.g-ba.de/downloads/62_492_10/2003_06_04_IP-RL.pdf.

erkennbar ist und ohne Unterbrechung die regelmäßige Zahnuntersuchung vorgenommen wurde.

4. Härtefallregelungen

5 Absatz 2 stellt eine Härtefallregelung dar und gewährt dem Versicherten durch einen zusätzlichen Zuschuss eine vollständige Freistellung von den Kosten der Regelversorgung.[570] Voraussetzung für diesen weiteren Zuschuss ist, dass die monatlichen Bruttoeinnahmen 40 % der Bezugsgröße nach § 18 SGB IV nicht überschreiten (Nr. 1) oder aber der Versicherte die dort genannten Sozialleistungen bezieht (Nr. 2 und Nr. 3). Die Berechnung der Bruttoeinnahmen erfolgt nach Satz 3.[571] Wählen Versicherte die Möglichkeit einer gleichartigen oder andersartigen (Absatz 4 und 5) Versorgung, ist der Zuschuss auf das Doppelte des Festzuschusses begrenzt.

6 Absatz 3 modifiziert die Härtefallregelung für Versicherte, die über der Einkommensgrenze des Absatzes 2 Satz 2 Nr. 1 liegen. Auch diese können einen Anspruch auf einen weiteren Zuschuss haben. Dafür müssen allerdings die über der Härtefallgrenze liegenden Einnahmen, wenn sie mit drei multipliziert werden, geringer sein als der Festzuschuss nach Absatz 1 Satz 2 (50-Prozent-Zuschuss). Dann wird die entsprechende Differenz von der Krankenkasse erstattet. Aber auch hier wird der Betrag wie in Absatz 2 auf die Höhe des doppelten Festzuschusses nach Absatz 1 Satz 2 begrenzt.

7 Es ergeben sich die folgenden Berechnungsschritte:

1. Kosten der Regelversorgung
2. Ermittlung des Festzuschusses
3. Ermittlung des Betrags, der über der Einnahmegrenze des Absatzes 2 liegt
4. Dieser Betrag (aus Schritt 3) wird mit 3 multipliziert
5. Vom Festbetrag (Schritt 2) wird der Betrag aus Schritt 4 abgezogen
6. Ergebnis aus Schritt 5 ist der Auszahlungsbetrag

5. Anspruch bei gleichartiger und andersartiger Versorgung

8 Absatz 4 stellt klar, dass die Versicherten bei der Inanspruchnahme von Leistungen, die über die Regelversorgung im Sinne zusätzlicher Versorgungselemente hinausgehen (gleichartige Versorgung),[572] ihren Anspruch gegenüber der Krankenkasse auf den Festzuschuss nicht verlieren. Allerdings müssen sie die entstehenden Mehrkosten selbst tragen und rechnen dabei mit den Zahnärzten privatärztlich nach der GOZ ab.[573]

9 Absatz 5 regelt die andersartige Versorgung. Eine andersartige Versorgung liegt vor,

---

570 Krasney, § 55 Rn. 90; in juris-PK.

571 Siehe dazu auch: Rundschreiben der Spitzenverbände der Krankenkassen, Einnahmen zum Lebensunterhalt, vom 22./23. Januar 2008, abrufbar unter: http://www.vdek.com/versicherte/Zuzahlungen/belastungsgrenze/einnahmen_zum_lebensunterhalt.pdf.

572 Nr. 5 Absatz 1 Zahnersatz-Richtlinie des G-BA; http://www.g-ba.de/downloads/62_492_225/RL-Zahnersatz-2007_11_07.pdf.

573 Niggehoff, § 55 Rn. 34; in Becker/Kingreen, SGB V.

wenn von der Regelversorgung für den Befund abgewichen wird.[574] In diesem Fall erfolgt die Abrechnung komplett privatärztlich und der Versicherte erhält den Festzuschuss für die Behandlung entsprechend der Regelversorgung von der Krankenkasse.[575]

6. Umfang der Regelversorgung und Vergütung

§ 56 gibt dem G-BA die Kompetenz, einzelnen Befunden die entsprechende Regelversorgung zuzuordnen. Dies hat der G-BA durch die Festzuschuss-Richtlinie getan.[576] Dabei soll der Inhalt und der Umfang der Regelversorgung regelmäßig wissenschaftlichen Erkenntnissen angepasst werden (Absatz 2 Satz 11 und 12). Der § 57 gibt dem GKV-SV und der KZBV den Auftrag, die Vergütung für die Regelversorgung zu vereinbaren. 10

Achter Abschnitt
Fahrtkosten

§ 60 Fahrtkosten

(1) Die Krankenkasse übernimmt nach den Absätzen 2 und 3 die Kosten für Fahrten einschließlich der Transporte nach § 133 (Fahrkosten), wenn sie im Zusammenhang mit einer Leistung der Krankenkasse aus zwingenden medizinischen Gründen notwendig sind. Welches Fahrzeug benutzt werden kann, richtet sich nach der medizinischen Notwendigkeit im Einzelfall. Die Krankenkasse übernimmt Fahrkosten zu einer ambulanten Behandlung unter Abzug des sich nach § 61 Satz 1 ergebenden Betrages nur nach vorheriger Genehmigung in besonderen Ausnahmefällen, die der Gemeinsame Bundesausschuss in den Richtlinien nach § 92 Abs. 1 Satz 2 Nr. 12 festgelegt hat.

(2) Die Krankenkasse übernimmt die Fahrkosten in Höhe des sich nach § 61 Satz 1 ergebenden Betrages je Fahrt übersteigenden Betrages

1. **bei Leistungen, die stationär erbracht werden; dies gilt bei einer Verlegung in ein anderes Krankenhaus nur, wenn die Verlegung aus zwingenden medizinischen Gründen erforderlich ist, oder bei einer mit Einwilligung der Krankenkasse erfolgten Verlegung in ein wohnortnahes Krankenhaus,**
2. **bei Rettungsfahrten zum Krankenhaus auch dann, wenn eine stationäre Behandlung nicht erforderlich ist,**
3. **bei anderen Fahrten von Versicherten, die während der Fahrt einer fachlichen Betreuung oder der besonderen Einrichtungen eines Krankenkraftwagens bedürfen oder bei denen dies auf Grund ihres Zustandes zu erwarten ist (Krankentransport),**

---

574 Nr. 5 Absatz 2 Zahnersatz-Richtlinie des G-BA; http://www.g-ba.de/downloads/62_492_225/RL-Zahnersatz-2007_11_07.pdf.

575 Adelt, § 55 Rn. 85; LPK-SGB V.

576 Festzuschuss-Richtlinie des G-BA; http://www.g-ba.de/downloads/62_492_575/FZ-RL_2011_11_24.pdf.

4. bei Fahrten von Versicherten zu einer ambulanten Krankenbehandlung sowie zu einer Behandlung nach § 115 a oder § 115 b, wenn dadurch eine an sich gebotene vollstationäre oder teilstationäre Krankenhausbehandlung (§ 39) vermieden oder verkürzt wird oder diese nicht ausführbar ist, wie bei einer stationären Krankenhausbehandlung.

Soweit Fahrten nach Satz 1 von Rettungsdiensten durchgeführt werden, zieht die Krankenkasse die Zuzahlung in Höhe des sich nach § 61 Satz 1 ergebenden Betrages je Fahrt von dem Versicherten ein.

(3) Als Fahrkosten werden anerkannt

1. bei Benutzung eines öffentlichen Verkehrsmittels der Fahrpreis unter Ausschöpfen von Fahrpreisermäßigungen,

2. bei Benutzung eines Taxis oder Mietwagens, wenn ein öffentliches Verkehrsmittel nicht benutzt werden kann, der nach § 133 berechnungsfähige Betrag,

3. bei Benutzung eines Krankenkraftwagens oder Rettungsfahrzeugs, wenn ein öffentliches Verkehrsmittel, ein Taxi oder ein Mietwagen nicht benutzt werden kann, der nach § 133 berechnungsfähige Betrag,

4. bei Benutzung eines privaten Kraftfahrzeugs für jeden gefahrenen Kilometer den jeweils auf Grund des Bundesreisekostengesetzes festgesetzten Höchstbetrag für Wegstreckenentschädigung, höchstens jedoch die Kosten, die bei Inanspruchnahme des nach Nummer 1 bis 3 erforderlichen Transportmittels entstanden wären.

(4) Die Kosten des Rücktransports in das Inland werden nicht übernommen. § 18 bleibt unberührt.

(5) Im Zusammenhang mit Leistungen zur medizinischen Rehabilitation werden Fahr- und andere Reisekosten nach § 53 Abs. 1 bis 3 des Neunten Buches übernommen.

Inhaltsübersicht

1. Aufbau der Regelung

1 Diese Norm regelt die Übernahme der Fahrtkosten durch die Krankenkasse und unterscheidet dabei zwei Fälle. Die Krankenkasse muss die Fahrtkosten übernehmen, wenn sie im Zusammenhang mit einer Leistung aus zwingenden medizinischen Gründen notwendig ist (Abs. 1 Satz 1, Abs. 2 Satz 1). Nach Abs. 1 Satz 3 werden sie bei einer ambulanten Behandlung nur übernommen, wenn der G-BA dies festgelegt hat[577] und die Krankenkasse eine Genehmigung erteilt. Allerdings ist stets die erforderliche Zuzahlung nach § 61 abzuziehen. Abs. 3 regelt den Leistungsinhalt, Abs. 4 legt Leistungsbeschränkungen fest.

577 Zu den Voraussetzungen: Krankentransport-Richtlinie des G-BA; http://www.g-ba.de/downloads/62_492_74/RL-Khtransport-2004_12_21.pdf.

2. Gemeinsame Anspruchsvoraussetzungen

2 Die beiden Fallkonstellationen setzen voraus, dass grundsätzlich eine Leistung der Krankenkasse bestehen muss.[578] Zudem muss die Fahrt zwingend medizinisch notwendig sein. Davon ist bei Fahrten zwischen dem Aufenthaltsort und dem nächsten erreichbaren Leistungserbringer (Krankenhaus, Arzt usw.) auszugehen. Davon darf auch nicht dann abgewichen werden, wenn ein persönliches Vertrauensverhältnis zu einem anderen Leistungserbringer besteht.[579]

3. Kostenübernahmepflicht der Krankenkassen

3 Die Fahrtkosten müssen von den Krankenkassen übernommen werden, wenn der Zweck der Fahrt darin besteht, eine stationäre Leistung in Anspruch zu nehmen (Abs. 2 Satz 1 Nr. 1). Dies gilt allerdings nicht für stationäre Leistungen der medizinischen Rehabilitation. Für diese Fälle verweist Abs. 5 auf die Regelung des § 53 Abs. 1 bis 3 SGB IX.

4 Nach Abs. 2 Satz 1 Nr. 2 besteht eine Kostenübernahmepflicht, wenn es sich um eine Rettungsfahrt handelt. Dies ist dann der Fall, wenn der Versicherte auf Grund seines Zustandes mit einem Rettungsmittel (Notarztwagen oder Ähnliches) transportiert werden muss.[580]

5 Ein weiterer Zweck der Fahrt, der eine Übernahmepflicht auslöst, ist die Vermeidung oder Verkürzung einer stationären Krankenhausbehandlung (Abs. 2 Satz 2 Nr. 4). In Betracht kommen insoweit allerdings hauptsächlich Behandlungen im Sinne der §§ 115 ff. (z. B. ambulante Behandlung im Krankenhaus).[581]

6 Weiterhin muss die Krankenkasse die Kosten übernehmen, wenn ein Krankentransport notwendig ist. Ein Krankentransport liegt vor, wenn der Versicherte einer fachlichen Betreuung während des Transportes bedarf.[582] Liegt eine Fallkonstellation des Absatz 2 vor, bedarf es keiner Genehmigung der Krankenkasse.

4. Kostenübernahme bei ambulanter Behandlung

7 Für weitere Transporte zu ambulanten Behandlungen ist eine vorherige Genehmigung der Krankenkasse erforderlich.[583] Voraussetzung für eine solche Genehmigung ist eine Grunderkrankung, deren Therapie eine hohe Behandlungsfrequenz über einen längeren Zeitraum erfordert und dass die Beförderung zur Vermeidung von Schäden an Leib und Leben unerlässlich ist.[584] Als Beispiele werden onkologische Strahlen- und Chemotherapie sowie

578 BSG – 23.02.1999 – B 1 KR 1/98 R.
579 LSG Nordrhein-Westfalen – 25.02.2009 – L 16 B 1/09 KR ER.
580 § 5 Krankentransport-Richtlinie des G-BA.
581 Kingreen, § 60 Rn. 17; in Becker/Kingreen, SGB V.
582 § 6 Krankentransport-Richtlinie des G-BA.
583 § 8 Abs. 1 Krankentransport-Richtlinie des G-BA.
584 § 8 Abs. 2 Krankentransport-Richtlinie des G-BA.

die Dialyse genannt.[585] Dasselbe gilt für Versicherte der Pflegestufen II und III sowie Versicherte mit einem Schwerbehindertenausweis und den Merkzeichen »aG«, »Bl« oder »H«.[586]

5. Höhe der Kostenerstattung

8 Absatz 3 regelt, welche Verkehrsmittel benutzt werden dürfen und legt dabei auch die Reihenfolge im Sinne des Wirtschaftlichkeitsgebotes[587] fest, welche Verkehrsmittel vorrangig zu benutzen sind.[588] Demnach müssen vorrangig öffentliche Verkehrsmittel, dann Taxis/Mietwagen und erst danach Kranken- oder Rettungsfahrzeuge genutzt werden. Nach Nr. 4 gilt, dass bei Nutzung eines privaten Pkw die Kosten maximal auf die Höhe der Kosten nach Nr. 1 bis 3 beschränkt sind.

9 Die Höhe der Kosten richtet sich in den Fällen der Nutzung von Taxis oder Mietwagen bzw. von Kranken- und Rettungsfahrzeugen nach den gemäß § 133 abgeschlossenen Verträgen zwischen den Kassen und den Dienstleistern. Bei Nutzung öffentlicher Verkehrsmittel sind es die tatsächlichen Kosten unter Nutzung möglicher Ermäßigungen. Von diesen Kosten ist die Zuzahlung nach § 61 Abs. 1 Satz 1 abzuziehen.

6. Leistungsausschluss

10 Absatz 4 schließt den Anspruch ganz aus, wenn es sich um einen Rücktransport in das Inland handelt. Ob dies aus europarechtlicher Sicht haltbar ist, ist zweifelhaft.[589]

Neunter Abschnitt
Zuzahlungen, Belastungsgrenze

§ 61 Zuzahlungen

Zuzahlungen, die Versicherte zu leisten haben, betragen 10 vom Hundert des Abgabepreises, mindestens jedoch 5 Euro und höchstens 10 Euro; allerdings jeweils nicht mehr als die Kosten des Mittels. Als Zuzahlungen zu stationären Maßnahmen werden je Kalendertag 10 Euro erhoben. Bei Heilmitteln und häuslicher Krankenpflege beträgt die Zuzahlung 10 vom Hundert der Kosten sowie 10 Euro je Verordnung. Geleistete Zuzahlungen sind von dem zum Einzug Verpflichteten gegenüber dem Versicherten zu quittieren; ein Vergütungsanspruch hierfür besteht nicht.

---

585 Anlage II der Krankentransport-Richtlinie des G-BA.
586 § 8 Abs. 3 Krankentransport-Richtline des G-BA.
587 Siehe dazu § 2 Rn. 3; § 12 Rn. 4 ff.
588 Hasfeld, § 60 Rn. 95; in juris-PK.
589 Kingreen, § 60 Rn. 27; in Becker/Kingreen, SGB V.

Regelungsinhalt

§ 61 regelt, dass die Zuzahlungen, die Versicherte zu leisten haben, grundsätzlich zehn % des Abgabepreises betragen. Dies wird dann aber eingeschränkt auf eine Spanne zwischen mindestens 5, höchstens aber 10 €. Dabei dürfen aber die Kosten des Mittels insgesamt nicht überschritten werden. Von den Zuzahlungen sind Aufzahlungen, z. B. bei Arzneimitteln, deren Preise über den maßgeblichen Festbeträgen liegen, zu unterscheiden. Für diese gelten die Grenzen nicht. 1

Bei zum Verbrauch bestimmten Hilfsmitteln, wie Inkontinenzvorlagen, ist die Sonderregelung des § 33 Abs. 8 zu beachten. Demnach fällt in diesen Fällen eine Zuzahlung in Höhe von zehn % bezogen auf den gesamten Monatsbedarfs, maximal aber in Höhe von 10 € für den Monatsbedarf an. 2

Satz 2 legt bei einer stationären Versorgung eine Zuzahlung in Höhe von 10 € je Kalendertag fest. Durch den Verweis in § 28 Abs. 2 gelten diese 10 € auch als Höhe der so genannten Praxisgebühr. 3

Satz 3 bestimmt die Zuzahlungshöhe für Heilmittel und häusliche Krankenpflege. Die Zuzahlung beträgt in diesen Fällen zehn % der Kosten sowie zusätzlich 10 € pro Verordnung. 4

Satz 4 bestimmt, dass die Zuzahlung vom zum Einzug Verpflichteten, regelmäßig dem Leistungserbringer, zu quittieren ist. Dies ist vor allem wichtig, um die Belastungsgrenze des § 62 zu ermitteln. 5

§ 62 Belastungsgrenze

(1) Versicherte haben während jedes Kalenderjahres nur Zuzahlungen bis zur Belastungsgrenze zu leisten; wird die Belastungsgrenze bereits innerhalb eines Kalenderjahres erreicht, hat die Krankenkasse eine Bescheinigung darüber zu erteilen, dass für den Rest des Kalenderjahres keine Zuzahlungen mehr zu leisten sind. Die Belastungsgrenze beträgt 2 vom Hundert der jährlichen Bruttoeinnahmen zum Lebensunterhalt; für chronisch Kranke, die wegen derselben schwerwiegenden Krankheit in Dauerbehandlung sind, beträgt sie 1 vom Hundert der jährlichen Bruttoeinnahmen zum Lebensunterhalt. Abweichend von Satz 2 beträgt die Belastungsgrenze 2 vom Hundert der jährlichen Bruttoeinnahmen zum Lebensunterhalt

1. **für nach dem 1. April 1972 geborene chronisch kranke Versicherte, die ab dem 1. Januar 2008 die in § 25 Abs. 1 genannten Gesundheitsuntersuchungen vor der Erkrankung nicht regelmäßig in Anspruch genommen haben,**
2. **für nach dem 1. April 1987 geborene weibliche und nach dem 1. April 1962 geborene männliche chronisch kranke Versicherte, die an einer Krebsart erkranken, für die eine Früherkennungsuntersuchung nach § 25 Abs. 2 besteht, und die diese Untersuchung ab dem 1. Januar 2008 vor ihrer Erkrankung nicht regelmäßig in Anspruch genommen haben.**

Für Versicherte nach Satz 3 Nr. 1 und 2, die an einem für ihre Erkrankung bestehenden strukturierten Behandlungsprogramm teilnehmen, beträgt die Belastungsgrenze 1 vom Hundert der jährlichen Bruttoeinnahmen zum Lebensunterhalt. Der

Gemeinsame Bundesausschuss legt in seinen Richtlinien fest, in welchen Fällen Gesundheitsuntersuchungen ausnahmsweise nicht zwingend durchgeführt werden müssen. Die weitere Dauer der in Satz 2 genannten Behandlung ist der Krankenkasse jeweils spätestens nach Ablauf eines Kalenderjahres nachzuweisen und vom Medizinischen Dienst der Krankenversicherung, soweit erforderlich, zu prüfen. Die jährliche Bescheinigung darf nur ausgestellt werden, wenn der Arzt ein therapiegerechtes Verhalten des Versicherten, beispielsweise durch Teilnahme an einem strukturierten Behandlungsprogramm nach § 137 f, feststellt; dies gilt nicht für Versicherte, denen das Erfüllen der Voraussetzungen nach Satz 7 nicht zumutbar ist, insbesondere wegen des Vorliegens von Pflegebedürftigkeit der Pflegestufen II und III nach dem Elften Buch oder bei einem Grad der Behinderung von mindestens 60. Das Nähere regelt der Gemeinsame Bundesausschuss in seinen Richtlinien. Die Krankenkassen sind verpflichtet, ihre Versicherten zu Beginn eines Kalenderjahres auf die für sie in diesem Kalenderjahr maßgeblichen Untersuchungen nach § 25 Abs. 1 und 2 hinzuweisen. Das Nähere zur Definition einer schwerwiegenden chronischen Erkrankung bestimmt der Gemeinsame Bundesausschuss in den Richtlinien nach § 92.

(2) Bei der Ermittlung der Belastungsgrenzen nach Absatz 1 werden die Zuzahlungen und die Bruttoeinnahmen zum Lebensunterhalt der mit dem Versicherten im gemeinsamen Haushalt lebenden Angehörigen des Versicherten und des Lebenspartners jeweils zusammengerechnet. Hierbei sind die jährlichen Bruttoeinnahmen für den ersten in dem gemeinsamen Haushalt lebenden Angehörigen des Versicherten um 15 vom Hundert und für jeden weiteren in dem gemeinsamen Haushalt lebenden Angehörigen des Versicherten und des Lebenspartners um 10 vom Hundert der jährlichen Bezugsgröße nach § 18 des Vierten Buches zu vermindern. Für jedes Kind des Versicherten und des Lebenspartners sind die jährlichen Bruttoeinnahmen um den sich nach § 32 Abs. 6 Satz 1 und 2 des Einkommensteuergesetzes ergebenden Betrag zu vermindern; die nach Satz 2 bei der Ermittlung der Belastungsgrenze vorgesehene Berücksichtigung entfällt. Zu den Einnahmen zum Lebensunterhalt gehören nicht Grundrenten, die Beschädigte nach dem Bundesversorgungsgesetz oder nach anderen Gesetzen in entsprechender Anwendung des Bundesversorgungsgesetzes erhalten, sowie Renten oder Beihilfen, die nach dem Bundesentschädigungsgesetz für Schäden an Körper und Gesundheit gezahlt werden, bis zur Höhe der vergleichbaren Grundrente nach dem Bundesversorgungsgesetz. Abweichend von den Sätzen 1 bis 3 ist bei Versicherten,

1. die Hilfe zum Lebensunterhalt oder Grundsicherung im Alter und bei Erwerbsminderung nach dem Zwölften Buch oder die ergänzende Hilfe zum Lebensunterhalt nach dem Bundesversorgungsgesetz oder nach einem Gesetz, das dieses für anwendbar erklärt, erhalten,
2. bei denen die Kosten der Unterbringung in einem Heim oder einer ähnlichen Einrichtung von einem Träger der Sozialhilfe oder der Kriegsopferfürsorge getragen werden

sowie für den in § 264 genannten Personenkreis als Bruttoeinnahmen zum Lebensunterhalt für die gesamte Bedarfsgemeinschaft nur der Regelsatz des Haushaltsvor-

stands nach der Verordnung zur Durchführung des § 28 des Zwölften Buches Sozialgesetzbuch (Regelsatzverordnung) maßgeblich. Bei Versicherten, die Leistungen zur Sicherung des Lebensunterhalts nach dem Zweiten Buch erhalten, ist abweichend von den Sätzen 1 bis 3 als Bruttoeinnahmen zum Lebensunterhalt für die gesamte Bedarfsgemeinschaft nur die Regelleistung nach § 20 Abs. 2 des Zweiten Buches maßgeblich.

(3) Die Krankenkasse stellt dem Versicherten eine Bescheinigung über die Befreiung nach Absatz 1 aus. Diese darf keine Angaben über das Einkommen des Versicherten oder anderer zu berücksichtigender Personen enthalten.

(4) (weggefallen)

(5) Die Spitzenverbände der Krankenkassen evaluieren für das Jahr 2006 die Ausnahmeregelungen von der Zuzahlungspflicht hinsichtlich ihrer Steuerungswirkung und legen dem Deutschen Bundestag hierzu über das Bundesministerium für Gesundheit spätestens bis zum 30. Juni 2007 einen Bericht vor.

Literatur:

Rundschreiben der Spitzenverbände der Krankenkassen, Einnahmen zum Lebensunterhalt, vom 22./23. Januar 2008, abrufbar unter: http://www.vdek.com/versicherte/Zuzahlungen/belastungsgrenze/einnahmen_zum_lebensunterhalt.pdf.

Inhaltsübersicht Rn.

1. Regelungsinhalt

§ 62 regelt in verfassungskonformer Weise[590] die maximale Höhe der Zuzahlungsverpflichtung (Belastungsgrenze). Zuzahlungen sind dabei diejenigen Zuzahlungen, die das Gesetz bestimmt.[591] Dazu zählen z. B. nach Absatz 4 nicht die selbst zu tragenden Kosten bei der Versorgung mit Zahnersatz. 1

Die Belastungsgrenze wird dabei jeweils für ein Kalenderjahr ermittelt und bei Überschreiten der Grenze eine entsprechende Bescheinigung ausgestellt (Absatz 3), nach der keine Zuzahlungen mehr zu leisten sind. Es kommt aber auch ein rückwirkendes Erstattungsverfahren in Betracht, wenn z. B. nach Ablauf des Kalenderjahres feststellbar ist, dass die Belastungsgrenze überschritten wurde.[592] 2

2. Belastungsgrenzen

Generell beträgt die Belastungsgrenze zwei % des jährlichen Bruttoeinkommens zum Lebensunterhalt. Für chronisch Kranke, die wegen derselben schwerwiegenden Erkran- 3

590 BSG – 22. 04. 2008 – B 1 KR 18/07 R.
591 Sichert, § 62 Rn. 5; in Becker/Kingreen, SGB V.
592 Albers, § 62 Rn. 61; in juris-PK.

kung in Dauerbehandlung sind, gilt eine Belastungsgrenze von ein %. Was unter einer schwerwiegenden chronischen Erkrankung in diesem Sinne zu verstehen ist, wird vom G-BA geregelt. Demnach muss eine Erkrankung vorliegen, die einmal pro Quartal ärztlich behandelt wurde. Zusätzlich muss mindestens Pflegestufe II oder ein Grad der Behinderung bzw. eine Minderung der Erwerbsfähigkeit von mindestens 60 % vorliegen oder eine Verschlimmerung des Krankheitszustandes zu erwarten oder eine kontinuierliche medizinische Versorgung erforderlich sein.[593]

4 Diese verminderte Belastungsgrenze gilt allerdings nur dann, wenn Versicherte, die nach dem 01. 04. 1972 geboren wurden, seit dem 01. 01. 2008 regelmäßig die Vorsorgeuntersuchung nach § 25 Abs. 1 in Anspruch genommen haben (»Check-up«). Zudem müssen weibliche Versicherte, die nach dem 01. 04. 1987 geboren wurden, und männliche Versicherte, die nach dem 01. 04. 1962 geboren wurden, eine regelmäßige Krebsfrüherkennung nach § 25 Abs. 2 in Anspruch genommen haben, wenn sie an einer Krebsart erkranken, für die eine solche Früherkennungsmaßnahme existiert. Diese Regelungen stehen aber im politischen Spektrum zur Diskussion und sollen im Zuge der Umsetzung der Empfehlungen des Nationalen Krebsplanes reformiert und teilweise gestrichen werden.[594]

5 Werden diese Leistungen nicht in Anspruch genommen, gilt die verminderte Belastungsgrenze nur dann, wenn an einem bestehenden strukturierten Behandlungsprogramm der Krankenkasse für die spezielle Erkrankung teilgenommen wird oder eine Ausnahme von der Teilnahmepflicht besteht. Die Ausnahmen können darin liegen, dass ein Vorsorgepass geführt wird, in dem zumindest die Beratung über die Früherkennungsmaßnahmen vermerkt ist. Zudem können Ausnahmen vorliegen, wenn es sich um Versicherte mit schweren psychischen Erkrankungen oder geistig wesentlichen Behinderungen handelt oder Versicherte, die bereits an der Erkrankung leiden, für die die Früherkennungsmaßnahme angeboten wird.[595]

6 Weiterhin erforderlich für die Anwendung verminderte Belastungsgrenze ist der Nachweis therapiegerechten Verhaltens durch den Arzt. Dieser Nachweis entfällt bei der Teilnahme an einem strukturierten Behandlungsprogramm nach § 137 f. (DMP für Asthma bronchiale, Brustkrebs, COPD, Diabetes mellitus I und II, KHK), Versicherte mit Pflegestufe II oder III, Versicherte mit einem Grad der Behinderung oder eine Minderung der Erwerbstätigkeit von 60 % oder mehr bzw. bei Versicherten unter 18 Jahren.[596]

---

593 § 2 Abs. 2 Chroniker-Richtlinie des G-BA; http://www.g-ba.de/downloads/62_492_278/Chr-RL_2008_06_19.pdf.

594 Artikel 1 Nr. 2 des Referentenentwurfes des Krebsplan-Umsetzungsgesetzes; abrufbar unter: http://www.bmg.bund.de/fileadmin/dateien/Downloads/Gesetze_und_Verordnungen/Laufende_Verfahren/K/Krebsplan/Referentenentwurf_Krebsplan_Umsetzungsgesetz_120702.pdf.

595 § 4 Chroniker-Richtlinie des G-BA.

596 § 3 Abs. 6 Chroniker-Richtlinie des G-BA.

3. Berechnung der Belastungsgrenze

Für die Berechnung der Belastungsgrenze sind die persönlichen Einnahmen, die dem Lebensunterhalt dienen, eines Kalenderjahres maßgeblich.[597] Es muss sich aber um tatsächliche Einnahmen handeln, nicht lediglich um fiktive, also auch nicht um fingierte Mindesteinnahmen wie nach § 240 Abs. 4 Satz 2.[598] Zweckbestimmte öffentliche Zuwendungen sind nicht zu berücksichtigen.[599] 7

Bei der Berechnung der Einnahmen werden auch die Einnahmen Angehöriger oder Lebenspartner berücksichtigt. Da nicht von versicherten Angehörigen nach § 10 gesprochen wird, ist der umfassendere Angehörigenbegriff der §§ 1589, 1590 BGB (Verwandtschaft, Schwägerschaft) zu verwenden.[600] 8

Bei der Zusammenrechnung von Einnahmen muss aber für den ersten Angehörigen des bzw. der Versicherten 15 % der jährlichen Bezugsgröße nach § 18 SGB IV abgezogen werden, für jeden weiteren Angehörigen des Versicherten/des Lebenspartners weitere zehn %. Für Kinder der Versicherten oder Lebenspartner gilt dieser Minderungsbetrag nicht. Vielmehr wird der doppelte steuerrechtliche Kinderfreibetrag sowie der doppelte Freibetrag für Betreuungs- und Erziehungs- oder Ausbildungsbedarf abgezogen.[601] 9

4. Ausnahmen

Nicht einberechnet werden Grundrenten nach dem Bundesversorgungsgesetz oder in entsprechender Anwendung des BVG sowie Renten oder Beihilfen nach dem Bundesentschädigungsgesetz für Schäden an Körper und Gesundheit, jedoch maximal in Höhe der Grundrenten nach dem Bundesversorgungsgesetz. 10

Ausnahmeregelungen bestehen zudem für Versicherte, die ergänzende Hilfe zum Lebensunterhalt nach dem BVG oder entsprechend dem, BVG beziehen oder aber für Versicherte, die Grundsicherung im Alter oder Hilfe zum Lebensunterhalt nach dem SGB XII beziehen sowie für Versicherte, bei denen die Kosten für die Heimunterkunft von einem Träger der Sozialhilfe oder der Kriegsopferfürsorge übernommen werden. Für diese Versicherten wird als Einnahme der gesamten Bedarfsgemeinschaft nur der Regelsatz des Haushaltsvorstands nach der Regelsatzverordnung angerechnet. Für Versicherte, die Leistungen zur Sicherung des Lebensunterhalts nach dem SGB II beziehen, ist als Einnahme für die gesamte Bedarfsgemeinschaft der Betrag des § 20 Abs. 2 SGB II maßgeblich. 11

---

597 BSG – 19.09.2007 – B 1 KR 1/07 R.
598 BSG – 19.09.2007 – B 1 KR 1/07 R.
599 Sichert, § 62 Rn. 19; in Becker/Kingreen, SGB V.
600 Albers, § 62 Rn. 32; in juris-PK.
601 BSG – 30.06.2009 – B 1 KR 17/08 R.

Zehnter Abschnitt
Weiterentwicklung der Versorgung

§ 66 Unterstützung der Versicherten bei Behandlungsfehlern

Die Krankenkassen können die Versicherten bei der Verfolgung von Schadensersatzansprüchen, die bei der Inanspruchnahme von Versicherungsleistungen aus Behandlungsfehlern entstanden sind und nicht nach § 116 des Zehnten Buches auf die Krankenkassen übergehen, unterstützen.

Regelungsinhalt

1 Patienten können nach dieser Vorschrift von den Krankenkassen Unterstützung einfordern, wenn es um die Verfolgung von Schadensersatzansprüchen geht, etwa bei Behandlungsfehlern. Die Krankenkassen haben bei der Entscheidung, ob sie dies tun, ein Ermessen. Leisten die Krankenkassen eine entsprechende Unterstützung, können sie insbesondere den MDK einschalten (§ 275 Abs. 3 Nr. 4). Im Übrigen gibt es keine nähere gesetzliche Konkretisierung zu der Art und Weise der Unterstützung.

Viertes Kapitel
Beziehung der Krankenkassen zu den Leistungserbringern

Zweiter Abschnitt
Beziehungen zu Ärzten, Zahnärzten und Psychotherapeuten

Erster Titel
Sicherstellung der vertragsärztlichen und vertragszahnärztlichen Versorgung

§ 76 Freie Arztwahl

(1) Die Versicherten können unter den zur vertragsärztlichen Versorgung zugelassenen Ärzten, den medizinischen Versorgungszentren, den ermächtigten Ärzten, den ermächtigten oder nach § 116b an der ambulanten Versorgung teilnehmenden Einrichtungen, den Zahnkliniken der Krankenkassen, den Eigeneinrichtungen der Krankenkassen nach § 140 Abs. 2 Satz 2, den nach § 72a Abs. 3 vertraglich zur ärztlichen Behandlung verpflichteten Ärzten und Zahnärzten, den zum ambulanten Operieren zugelassenen Krankenhäusern sowie den Einrichtungen nach § 75 Abs. 9 frei wählen.

...

Regelungsinhalt

1 § 76 regelt den Grundsatz der freien Arztwahl durch die Versicherten. Allerdings beschränkt sich die Arztwahl auf zugelassene Ärzte bzw. durch andere Entscheidungen an

der Versorgung teilnehmende Leistungserbringer (z. B. durch eine Ermächtigung). Der Grundsatz der freien Arztwahl kann insbesondere durch die Einschreibung in bestimmte Versorgungsformen (wie z. B. die hausarztzentrierte Versorgung nach § 73 b) eingeschränkt werden.

Dreizehnter Abschnitt
Beteiligung von Patientinnen und Patienten, Beauftragte oder Beauftragter der Bundesregierung für die Belange der Patientinnen und Patienten

§ 140 f Beteiligung von Interessenvertretungen der Patientinnen und Patienten

(1) Die für die Wahrnehmung der Interessen der Patientinnen und Patienten und der Selbsthilfe chronisch kranker und behinderter Menschen maßgeblichen Organisationen sind in Fragen, die die Versorgung betreffen, nach Maßgabe der folgenden Vorschriften zu beteiligen.

…

§ 140 h Amt, Aufgabe und Befugnisse der oder des Beauftragten der Bundesregierung für die Belange der Patientinnen und Patienten

(1) Die Bundesregierung bestellt eine Beauftragte oder einen Beauftragten für die Belange der Patientinnen und Patienten. Der beauftragten Person ist die für die Erfüllung ihrer Aufgabe notwendige Personal- und Sachausstattung zur Verfügung zu stellen. Das Amt endet, außer im Falle der Entlassung, mit dem Zusammentreten eines neuen Bundestages.

(2) Aufgabe der beauftragten Person ist es, darauf hinzuwirken, dass die Belange von Patientinnen und Patienten besonders hinsichtlich ihrer Rechte auf umfassende und unabhängige Beratung und objektive Information durch Leistungserbringer, Kostenträger und Behörden im Gesundheitswesen und auf die Beteiligung bei Fragen der Sicherstellung der medizinischen Versorgung berücksichtigt werden. Sie setzt sich bei der Wahrnehmung dieser Aufgabe dafür ein, dass unterschiedliche Lebensbedingungen und Bedürfnisse von Frauen und Männern beachtet und in der medizinischen Versorgung sowie in der Forschung geschlechtsspezifische Aspekte berücksichtigt werden.

…

Regelungsinhalt

Im 13. Abschnitt werden die Beteiligungsrechte von Patienten (§ 140 f) sowie die Aufgabe **1**
des Beauftragten der Bundesregierung für die Belange der Patienten (§ 140 h) geregelt.

Die Beteiligungsrechte der Patienten werden nach § 140 f i. V. m. § 2 Patientenbetei- **2**
ligungsverordnung von den maßgeblichen Verbänden wahrgenommen. Dies sind der

Deutsche Behindertenrat (DBR), der Verbraucherzentrale Bundesverband, die Bundesarbeitsgemeinschaft der PatientInnenstellen sowie der Deutschen Arbeitsgemeinschaft Selbsthilfegruppen.

3 Diese Organisationen haben ein Mitberatungs- und Antrags-, aber kein Stimmrecht im G-BA nach § 91, der in seinen Richtlinien den Leistungsumfang der GKV konkretisiert (z. B. hinsichtlich der Aufnahme neuer Behandlungsmethoden in den Leistungskatalog). Daneben bestehen weitere Mitberatungsrechte in anderen Gremien, z. B. der Bedarfsplanung.

4 Daneben soll der Patientenbeauftragte nach § 140h durch eine Beteiligung bei allen Gesetzgebungs-, Verordnungs- und sonstigen wichtigen Vorhaben für eine Berücksichtigung der Patienteninteressen auch auf politischer Ebene sorgen.

Sechstes Kapitel
Organisation der Krankenkassen

Erster Abschnitt
Arten der Krankenkassen

§ 153 Schließung

Eine Betriebskrankenkasse wird von der Aufsichtsbehörde geschlossen, wenn

1. **der Betrieb schließt, für den sie errichtet worden ist und die Satzung keine Regelung nach § 173 Abs. 2 Satz 1 Nr. 4 enthält,**
2. **sie nicht hätte errichtet werden dürfen oder**
3. **ihre Leistungsfähigkeit nicht mehr auf Dauer gesichert ist.**

Die Aufsichtsbehörde bestimmt den Zeitpunkt, an dem die Schließung wirksam wird, wobei zwischen diesem Zeitpunkt und der Zustellung des Schließungsbescheids mindestens acht Wochen liegen müssen.

§ 155 Abwicklung der Geschäfte, Haftung für Verbindlichkeiten[602]

(1) Der Vorstand einer aufgelösten oder geschlossenen Betriebskrankenkasse wickelt die Geschäfte ab. Bis die Geschäfte abgewickelt sind, gilt die Betriebskrankenkasse als fortbestehend, soweit es der Zweck der Abwicklung erfordert. Scheidet ein Vorstand nach Auflösung oder Schließung aus dem Amt, bestimmt die Aufsichtsbehörde nach Anhörung des Spitzenverbandes Bund der Krankenkassen und des Landesverbandes den Abwicklungsvorstand. § 35a Abs. 7 des Vierten Buches gilt entsprechend.

(2) Der Vorstand macht die Auflösung oder Schließung öffentlich bekannt. Die Befriedigung von Gläubigern, die ihre Forderungen nicht innerhalb von sechs Monaten nach der Bekanntmachung anmelden, kann verweigert werden, wenn die Bekanntmachung einen entsprechenden Hinweis enthält. Bekannte Gläubiger sind unter Hin-

602 Gültig ab 01.01.2013. In der bis 31.12.2012 gültigen Fassung hieß es in Abs. 4 Satz 6 »… Landwirtschaftlichen Krankenkassen …«.

weis auf diese Folgen zur Anmeldung besonders aufzufordern. Die Sätze 2 und 3 gelten nicht für Ansprüche aus der Versicherung sowie für Forderungen auf Grund zwischen- oder überstaatlichen Rechts. Der Vorstand hat unverzüglich nach Zustellung des Schließungsbescheids jedem Mitglied einen Vordruck mit den für die Erklärung nach § 175 Absatz 1 Satz 1 erforderlichen und den von der gewählten Krankenkasse für die Erbringung von Leistungen benötigten Angaben sowie eine wettbewerbsneutral gestaltete Übersicht über die wählbaren Krankenkassen zu übermitteln und darauf hinzuweisen, dass der ausgefüllte Vordruck an ihn zur Weiterleitung an die gewählte Krankenkasse zurückgesandt werden kann. Er hat die einzelnen Mitgliedergruppen ferner auf die besonderen Fristen für die Ausübung des Kassenwahlrechts nach § 175 Absatz 3a hinzuweisen sowie auf die Folgen einer nicht rechtzeitigen Ausübung des Wahlrechts. Der Abwicklungsvorstand hat außerdem die zur Meldung verpflichtete Stelle über die Schließung zu informieren sowie über die Fristen für die Ausübung des Kassenwahlrechts und für die Anmeldung des Mitglieds, wenn das Wahlrecht nicht rechtzeitig ausgeübt wird.

(3) …

(4) Reicht das Vermögen einer aufgelösten oder geschlossenen Betriebskrankenkasse nicht aus, um die Gläubiger zu befriedigen, hat der Arbeitgeber die Verpflichtungen zu erfüllen. Sind mehrere Arbeitgeber beteiligt, haften sie als Gesamtschuldner. Reicht das Vermögen des Arbeitgebers nicht aus, um die Gläubiger zu befriedigen, haben die übrigen Betriebskrankenkassen die Verpflichtungen zu erfüllen. Die Sätze 1 bis 3 gelten nicht, wenn die Satzung der geschlossenen Betriebskrankenkasse eine Regelung nach § 173 Abs. 2 Satz 1 Nr. 4 enthält; in diesem Fall haben die übrigen Betriebskrankenkassen die Verpflichtungen zu erfüllen. Die Erfüllung der Verpflichtungen nach den Sätzen 3 und 4 kann nur vom Spitzenverband Bund der Krankenkassen verlangt werden, der die Verteilung auf die einzelnen Betriebskrankenkassen vornimmt und die zur Tilgung erforderlichen Beträge von den Betriebskrankenkassen anfordert. Sind die Betriebskrankenkassen zur Erfüllung dieser Verpflichtungen nicht in der Lage, macht der Spitzenverband Bund der Krankenkassen den nicht gedeckten Betrag bei allen anderen Krankenkassen mit Ausnahme der landwirtschaftlichen Krankenkasse geltend. Klagen gegen die Geltendmachung der Beträge und gegen ihre Vollstreckung haben keine aufschiebende Wirkung. Übersteigen die Verpflichtungen einer Betriebskrankenkasse ihr Vermögen zum Zeitpunkt des Inkrafttretens einer Satzungsbestimmung nach § 173 Abs. 2 Satz 1 Nr. 4, hat der Arbeitgeber den Unterschiedsbetrag innerhalb von sechs Monaten nach dem Inkrafttreten der Satzungsbestimmung auszugleichen. § 164 Abs. 2 bis 4 gilt entsprechend mit der Maßgabe, dass § 164 Abs. 3 Satz 3 nur für Beschäftigte gilt, deren Arbeitsverhältnis nicht durch ordentliche Kündigung beendet werden kann.

(5) …

§ 146a Schließung

Eine Ortskrankenkasse wird von der Aufsichtsbehörde geschlossen, wenn ihre Leistungsfähigkeit nicht mehr auf Dauer gesichert ist. Die Aufsichtsbehörde bestimmt den

Zeitpunkt, an dem die Schließung wirksam wird, wobei zwischen diesem Zeitpunkt und der Zustellung des Schließungsbescheids mindestens acht Wochen liegen müssen. § 155, mit Ausnahme von Absatz 4 Satz 9, und § 164 Abs. 2 bis 5 gelten entsprechend.

§ 163 Schließung

Eine Innungskrankenkasse wird von der Aufsichtsbehörde geschlossen, wenn

1. die Handwerksinnung, die sie errichtet hat, aufgelöst wird, eine gemeinsame Innungskrankenkasse dann, wenn alle beteiligten Handwerksinnungen aufgelöst werden,
2. sie nicht hätte errichtet werden dürfen oder
3. ihre Leistungsfähigkeit nicht mehr auf Dauer gesichert ist.

Die Aufsichtsbehörde bestimmt den Zeitpunkt, an dem die Schließung wirksam wird, wobei zwischen diesem Zeitpunkt und der Zustellung des Schließungsbescheids mindestens acht Wochen liegen müssen. Satz 1 Nr. 1 gilt nicht, wenn die Satzung der Innungskrankenkasse eine Regelung nach § 173 Abs. 2 Satz 1 Nr. 4 enthält.

§ 164 Auseinandersetzung, Abwicklung der Geschäfte, Haftung bei Verpflichtungen, Dienstordnungsangestellte

(1) Bei Auflösung und Schließung von Innungskrankenkassen gelten die §§ 154 und 155 Abs. 1 bis 3 entsprechend. Reicht das Vermögen einer aufgelösten oder geschlossenen Innungskrankenkasse nicht aus, um die Gläubiger zu befriedigen, hat die Handwerksinnung die Verpflichtungen zu erfüllen. Sind mehrere Handwerksinnungen beteiligt, haften sie als Gesamtschuldner. Reicht das Vermögen der Handwerksinnung nicht aus, um die Gläubiger zu befriedigen, haben die übrigen Innungskrankenkassen die Verpflichtungen zu erfüllen. Die Sätze 2 bis 4 gelten nicht, wenn die Satzung der geschlossenen Innungskrankenkasse eine Regelung nach § 173 Abs. 2 Satz 1 Nr. 4 enthält; in diesem Fall haben die übrigen Innungskrankenkassen die Verpflichtungen zu erfüllen. Für die Haftung nach den Sätzen 4 und 5 gilt § 155 Absatz 4 Satz 5 bis 7 und Abs. 5 entsprechend. Für die Haftung im Zeitpunkt des Inkrafttretens einer Satzungsbestimmung nach § 173 Abs. 2 Satz 1 Nr. 4 gilt § 155 Abs. 4 Satz 8 entsprechend.

(2) Die Versorgungsansprüche der am Tag der Auflösung oder Schließung einer Innungskrankenkasse vorhandenen Versorgungsempfänger und ihrer Hinterbliebenen bleiben unberührt.

(3) Die dienstordnungsmäßigen Angestellten sind verpflichtet, eine vom Landesverband der Innungskrankenkassen nachgewiesene dienstordnungsmäßige Stellung bei ihm oder einer anderen Innungskrankenkasse anzutreten, wenn die Stellung nicht in auffälligem Missverhältnis zu den Fähigkeiten der Angestellten steht. Entstehen hierdurch geringere Besoldungs- oder Versorgungsansprüche, sind diese auszugleichen. Den übrigen Beschäftigten ist bei dem Landesverband der Innungskrankenkassen oder einer anderen Innungskrankenkasse eine Stellung anzubieten, die ihnen unter Berücksichtigung ihrer Fähigkeiten und bisherigen Dienststellung zuzumuten ist. Jede Innungskrankenkasse ist verpflichtet, entsprechend ihrem Anteil an der Zahl

der Versicherten aller Innungskrankenkassen dienstordnungsmäßige Stellungen nach Satz 1 nachzuweisen und Anstellungen nach Satz 3 anzubieten; die Nachweise und Angebote sind den Beschäftigten in geeigneter Form zugänglich zu machen.

(4) Die Vertragsverhältnisse der Beschäftigten, die nicht nach Absatz 3 untergebracht werden, enden mit dem Tag der Auflösung oder Schließung. Vertragsmäßige Rechte, zu einem früheren Zeitpunkt zu kündigen, werden hierdurch nicht berührt.

(5) Für die Haftung aus den Verpflichtungen nach den Absätzen 2 bis 4 gilt Absatz 1 und § 155 Abs. 5 entsprechend.

§ 170 Schließung

Eine Ersatzkasse wird von der Aufsichtsbehörde geschlossen, wenn ihre Leistungsfähigkeit nicht mehr auf Dauer gesichert ist. Die Aufsichtsbehörde bestimmt den Zeitpunkt, an dem die Schließung wirksam wird, wobei zwischen diesem Zeitpunkt und der Zustellung des Schließungsbescheids mindestens acht Wochen liegen müssen.

§ 171 Auseinandersetzung, Abwicklung der Geschäfte, Haftung für Verpflichtungen

Bei Schließung gelten die §§ 154, 155 Abs. 1 bis 3 und § 164 Abs. 2 bis 5 entsprechend mit der Maßgabe, dass § 164 Abs. 3 Satz 3 nur für Beschäftigte gilt, deren Arbeitsverhältnis nicht durch ordentliche Kündigung beendet werden kann. Reicht das Vermögen einer geschlossenen Ersatzkasse nicht aus, um die Gläubiger zu befriedigen, gilt § 155 Abs. 4 Satz 4 bis 7 und Abs. 5 entsprechend.

Inhaltsübersicht Rn.

1. Regelungsinhalt

Der erste Abschnitt des Sechsten Kapitels regelt die verschiedenen Arten der Krankenkassen. Wichtig sind vor allem die Regelungen über die Schließung von Krankenkassen durch die zuständige Aufsichtsbehörde. 1

2. Schließung einer BKK, grundsätzliche Regelung

Die §§ 153 und 155 regeln die Voraussetzung der Schließung von BKKen und die Abwicklung der Geschäfte. BKKen werden von der zuständigen Aufsichtsbehörde geschlossen, wenn der Betrieb schließt, für den sie errichtet wurde (Satz 1 Nr. 1), sie nicht hätte errichtet werden dürfen (Satz 1 Nr. 2) oder ihre Leistungsfähigkeit nicht mehr auf Dauer gesichert ist (Satz 1 Nr. 3). Es bleibt dabei regelmäßig der Aufsichtsbehörde vorbehalten, den Zeitpunkt der Schließung zu bestimmen. Vor einer Schließung kommen weniger 2 einschneidende Maßnahmen wie die Gewährung gemeinsamer finanzieller Hilfen nach § 265a in Betracht.[603]

3 Im Falle der Auflösung oder Schließung einer Betriebskrankenkasse gilt für die Haftung und Abwicklung § 155. Demnach wandelt sich die Krankenkasse bis zur Abwicklung aller Geschäfte in eine Krankenkasse in Liquidation um (§ 155 Abs. 1 Satz 2). Hinsichtlich des Verhältnisses zu den Versicherten entfällt für diese die Pflicht, etwaige Ansprüche geltend zu machen. Auch darf die Kasse in Liquidation kein Leistungsverweigerungsrecht aus Ansprüchen aus der Versicherung geltend machen (§ 155 Abs. 2 Satz 4). Allerdings endet mit der Schließung der Kasse das eigentliche Versicherungsverhältnis, so dass der Versicherte eine neue Krankenkasse wählen muss und im Zweifel zwangsweise einer Krankenkasse zugewiesen wird (§ 175). Die bisherige Krankenkasse hat insoweit auch Aufklärungspflichten hinsichtlich der geltenden Fristen.

4 Für die Angestellten der Kasse besteht in § 155 keine Regelung, es wird aber (ähnlich wie es gesetzlich für die AOKen geregelt ist) der § 164 analog angewendet.[604]

5 Die Haftung regelt Absatz 4. Demnach haften die übrigen Betriebskrankenkassen für bestehende Verbindlichkeiten, die nicht aus dem Vermögen der geschlossenen BKK befriedigt werden können. Reicht deren Vermögen ebenfalls nicht aus, haften alle Krankenkassen. Die Durchführung obliegt immer dem GKV-SV und ist in der KKInsoV geregelt.

3. Schließung einer IKK, Regelung für Beschäftigte der Krankenkassen

6 § 163 regelt die Schließung einer IKK und lehnt sich insoweit an die Regelung zur Schließung einer BKK nach § 153 an.

7 § 164 regelt die Abwicklung der Geschäfte, die Haftung und die Fragen bezüglich der Arbeitsverhältnisse der Beschäftigten der geschlossenen IKK. Dabei wird auf die allgemeinen Regelungen zur Haftung und Abwicklung einer BKK verwiesen. Die Absätze 2 bis 5 regeln allerdings Versorgungsansprüche und das Verfahren hinsichtlich der Dienst- und Arbeitsverhältnisse. Diese Regelungen sind entsprechend auch für alle anderen Kassenarten anwendbar.

8 Nach Abs. 2 bleiben die Ansprüche der Versorgungsempfänger und der Hinterbliebenen unberührt. Allerdings müssen diese Personen zum Zeitpunkt der Schließung bereits Versorgungsempfänger oder Hinterbliebener sein. Hinsichtlich der Anwartschaften ist auf die Regelungen des § 171d (im Insolvenzfall) sowie grundsätzlich auf die Pflicht der Bildung von Deckungskapital für Altersvorsorgeverpflichtungen bis zum 31.12.2049 in § 171e hinzuweisen. Im Übrigen ergibt sich aber auch aus der Gesetzesentstehung, dass ein umfassender Schutz bezweckt war.[605]

9 Absatz 3 und 4 trifft Regelungen für die Dienst- und Arbeitsverhältnisse der Beschäftigten. Zunächst werden Regelungen für Dienstordnungsangestellte, auf die die beamten-

603 Mühlhausen, § 152–155 Rn. 9; in Becker/Kingreen, SGB V.
604 LAG Berlin-Brandenburg – 12.04.2012 – 5 Sa 142/12 (Revision anhängig, 2 AZR 477/12).
605 BT-Drs. 16/3100, S. 155.

rechtlichen Regelungen entsprechend anwendbar sind,[606] aufgestellt. Diese müssen demnach eine Stelle bei einer anderen IKK oder einem Landesverband annehmen. Dies gilt nur dann nicht, wenn die Stelle in einem auffälligen Missverhältnis zu den Fähigkeiten des Angestellten steht. Dies dürfte dann noch nicht anzunehmen sein, wenn es sich um eine um zwei Besoldungsgruppen niedrigere Stelle handelt, sofern dieselbe Laufbahngruppe vorliegt.[607] Etwa entstehende Vergütungs- und Versorgungsnachteile sind aber auszugleichen. Sollte eine solche Unterbringung nicht möglich sein, endet das Angestelltenverhältnis mit dem Tag der Schließung (Absatz 4).

Auch für die anderen Beschäftigten gilt, dass ihnen ebenso andere Stellen angeboten **10**
werden müssen, jedoch keine Pflicht zur Annahme besteht. Die angebotene Stelle muss zumutbar sein. Es werden hier dieselben Kriterien wie für die Dienstordnungsangestellten verwendet.[608] Wird kein entsprechendes Angebot unterbreitet, kann die Wirkung des Absatzes 4 (Gesetzliches Ende des Arbeitsverhältnisses) nicht eintreten.[609] Im Übrigen ist an dieser Stelle darauf hinzuweisen, dass auch eine Weiterbeschäftigung bei der Krankenkasse in Liquidation in Betracht kommt und insoweit eine Kündigung mit dem Vorliegen einer Betriebsschließung nicht begründet werden kann.[610]

4. Schließung einer Ortskrankenkasse

§ 146 a gilt dabei für die AOKen. Demnach ist der einzige Schließungsgrund die fehlende **11**
dauerhafte finanzielle Leistungsfähigkeit. Die Abwicklung folgt dabei den Regelungen der §§ 155 sowie des § 164 Abs. 2 bis 5 entsprechend.

5. Schließung einer Ersatzkasse

Die §§ 170 und 171 regeln die Schließung und die Haftung und Abwicklung von Ersatz- **12**
kassen. Es gelten die Regelungen zu den BKKen und IKKen entsprechend.

§ 171 b Insolvenz von Krankenkassen

(1) Vom 1. Januar 2010 an findet § 12 Abs. 1 Nr. 2 der Insolvenzordnung auf Krankenkassen keine Anwendung. Von diesem Zeitpunkt an gilt die Insolvenzordnung für die Krankenkassen nach Maßgabe der nachfolgenden Absätze.

(2) Wird eine Krankenkasse zahlungsunfähig oder ist sie voraussichtlich nicht in der Lage, die bestehenden Zahlungspflichten im Zeitpunkt der Fälligkeit zu erfüllen (drohende Zahlungsunfähigkeit), oder tritt Überschuldung ein, hat der Vorstand der Krankenkasse dies der zuständigen Aufsichtsbehörde unter Beifügung aussagefähiger Unterlagen unverzüglich anzuzeigen. Verbindlichkeiten der Krankenkasse, für die

---

606 Mühlhausen, § 162 – 164Rn. 13; in Becker/Kingreen, SGB V.
607 Koch, § 164 Rn. 14; in juris-PK.
608 LAG Berlin-Brandenburg – 12.04.2012 – 5 Sa 142/12 (Revision anhängig, 2 AZR 477/12).
609 Ebda.
610 Ebda.

nach § 171 d Abs. 1 der Spitzenverband Bund der Krankenkassen haftet, sind bei der Feststellung der Überschuldung nicht zu berücksichtigen.

(3) Der Antrag auf Eröffnung des Insolvenzverfahrens über das Vermögen der Krankenkasse kann nur von der Aufsichtsbehörde gestellt werden. Liegen zugleich die Voraussetzungen für eine Schließung wegen auf Dauer nicht mehr gesicherter Leistungsfähigkeit vor, soll die Aufsichtsbehörde anstelle des Antrages nach Satz 1 die Krankenkasse schließen. Stellt die Aufsichtsbehörde den Antrag nach Satz 1 nicht innerhalb von drei Monaten nach Eingang der in Absatz 2 Satz 1 genannten Anzeige, ist die spätere Stellung eines Insolvenzantrages so lange ausgeschlossen, wie der Insolvenzgrund, der zu der Anzeige geführt hat, fortbesteht. § 155 Absatz 2 Satz 5 bis 7 gilt entsprechend, wenn die Aufsichtsbehörde den Antrag auf Eröffnung des Insolvenzverfahrens gestellt hat.

(4) …

(5) Mit dem Tag der Eröffnung des Insolvenzverfahrens oder dem Tag der Rechtskraft des Beschlusses, durch den die Eröffnung des Insolvenzverfahrens mangels Masse abgelehnt worden ist, ist die Krankenkasse geschlossen mit der Maßgabe, dass die Abwicklung der Geschäfte der Krankenkasse im Fall der Eröffnung des Insolvenzverfahrens nach den Vorschriften der Insolvenzordnung erfolgt.

…

Regelungsinhalt

1 § 171 b regelt die Insolvenzfähigkeit der Krankenkasse. Nach Absatz 3 geht die Schließung der Insolvenz vor. Absatz 5 bestimmt, dass ab dem Zeitpunkt der Eröffnung des Insolvenzverfahrens nicht die sozialrechtlichen Schließungsvorschriften gelten, sondern die Krankenkasse nach den Regeln der Insolvenzordnung abgewickelt wird.

§ 171 d Haftung im Insolvenzfall

(1) Wird über das Vermögen einer Krankenkasse das Insolvenzverfahren eröffnet oder die Eröffnung mangels Masse rechtskräftig abgewiesen (Insolvenzfall), haftet der Spitzenverband Bund der Krankenkassen für die bis zum 31. Dezember 2009 entstandenen Altersversorgungs- und Altersteilzeitverpflichtungen dieser Krankenkasse und für Verpflichtungen aus Darlehen, die zur Ablösung von Verpflichtungen gegenüber einer öffentlich-rechtlichen Einrichtung zur betrieblichen Altersversorgung aufgenommen worden sind, soweit die Erfüllung dieser Verpflichtungen durch den Insolvenzfall beeinträchtigt oder unmöglich wird. Soweit der Träger der Insolvenzsicherung nach dem Betriebsrentengesetz die unverfallbaren Altersversorgungsverpflichtungen einer Krankenkasse zu erfüllen hat, ist ein Rückgriff gegen die anderen Krankenkassen oder ihre Verbände ausgeschlossen. Der Spitzenverband Bund der Krankenkassen macht die zur Erfüllung seiner Haftungsverpflichtung erforderlichen Beträge bei den übrigen Krankenkassen der Kassenart sowie bis zum 31. Dezember 2049 anteilig auch bei den Krankenkassen geltend, die aus einer Vereinigung nach § 171 a hervorgegangen sind, wenn an der Vereinigung eine Krankenkasse beteiligt war, die dieser Kassenart

angehört hat. Sind die in Satz 3 genannten Krankenkassen nicht in der Lage, die Verpflichtungen nach Satz 1 zu erfüllen, macht der Spitzenverband Bund der Krankenkassen den nicht gedeckten Betrag bei allen anderen Krankenkassen geltend. § 155 Abs. 4 Satz 7 und § 164 Abs. 2 bis 4 gelten entsprechend.

…

(3) Im Fall der Insolvenz einer Krankenkasse, bei der vor dem 1. Januar 2010 das Insolvenzverfahren nicht zulässig war, umfasst der Insolvenzschutz nach dem Vierten Abschnitt des Betriebsrentengesetzes nur die Ansprüche und Anwartschaften aus Versorgungszusagen, die nach dem 31. Dezember 2009 entstanden sind. Die §§ 7 bis 15 des Betriebsrentengesetzes gelten nicht für Krankenkassen, die auf Grund Landesgesetz Pflichtmitglied beim Kommunalen Versorgungsverband Baden-Württemberg oder Sachsen sind. Hiervon ausgenommen ist die AOK Baden-Württemberg. Falls die Mitgliedschaft endet, gilt Satz 1 entsprechend.

…

(5) Für die in § 155 Abs. 5 Satz 1 Nr. 3 und 5 genannten Ansprüche und Forderungen haften im Insolvenzfall die übrigen Krankenkassen der Kassenart. Übersteigen die Verpflichtungen nach Satz 1 1 Prozent des Gesamtbetrages der Zuweisungen, den die Krankenkassen der jeweiligen Kassenart aus dem Gesundheitsfonds jährlich erhalten, haften hierfür auch die Krankenkassen der anderen Kassenarten. § 155 Abs. 4 Satz 5 bis 7 gilt entsprechend. Soweit Krankenkassen nach Satz 1 oder Satz 2 Leistungen zu erbringen haben, gehen die Ansprüche der Versicherten und der Leistungserbringer auf sie über. Absatz 4 Satz 2 gilt entsprechend.

(6) …

Regelungsinhalt

Nach Absatz 1 haftet grundsätzlich der GKV-SV für Versorgungsverpflichtungen, die bis zum 31. 12. 2009 entstanden sind. Er macht diese Beiträge dann bei den verbliebenen Kassen der Kassenart der insolventen Kasse und nachrangig bei den übrigen Kassen geltend. Es gilt die vom BMG erlassenen KKinsoV. 1

Absatz 3 schränkt diesen Insolvenzschutz ein. Absatz 5, der für Ansprüche aus der Versicherung und Ansprüche der Leistungserbringer gilt, besagt, dass zunächst die anderen Kassen der Kassenart bis zu 1 % der kassenartbezogenen Gesamtzuweisungen aus dem Gesundheitsfonds haften, im Übrigen die anderen Krankenkassen. Die Beträge werden durch den GKV-SV geltend gemacht.[611] 2

---

611 Mühlhausen, § 171 d Rn. 13; in Becker/Kingreen, SGB V.

Zweiter Abschnitt
Wahlrechte der Mitglieder

Literatur

Spitzenverbände der Krankenkassen, Gemeinsame Verlautbarung der Spitzenverbände der Krankenkassen zum Krankenkassenwahlrecht vom 30. Juni 2008, abrufbar unter: http://www.vdek.com/arbeitgeber/Informationen/kassenwahlrecht/verlautbarung_mit_anlagen_20080630.pdf.

§ 173 Allgemeine Wahlrechte

(1) Versicherungspflichtige (§ 5) und Versicherungsberechtigte (§ 9) sind Mitglied der von ihnen gewählten Krankenkasse, soweit in den nachfolgenden Vorschriften, im Zweiten Gesetz über die Krankenversicherung der Landwirte oder im Künstlersozialversicherungsgesetz nichts Abweichendes bestimmt ist.

(2) Versicherungspflichtige und Versicherungsberechtigte können wählen

1. die Ortskrankenkasse des Beschäftigungs- oder Wohnorts,

2. jede Ersatzkasse, deren Zuständigkeit sich nach der Satzung auf den Beschäftigungs- oder Wohnort erstreckt,

3. die Betriebs- oder Innungskrankenkasse, wenn sie in dem Betrieb beschäftigt sind, für den die Betriebs- oder die Innungskrankenkasse besteht,

4. die Betriebs- oder Innungskrankenkasse, wenn die Satzung der Betriebs- oder Innungskrankenkasse dies vorsieht,

4a. die Deutsche Rentenversicherung Knappschaft-Bahn-See,

5. die Krankenkasse, bei der vor Beginn der Versicherungspflicht oder Versicherungsberechtigung zuletzt eine Mitgliedschaft oder eine Versicherung nach § 10 bestanden hat,

6. die Krankenkasse, bei der der Ehegatte oder der Lebenspartner versichert ist.

Falls die Satzung eine Regelung nach Nummer 4 enthält, gilt diese für die Gebiete der Länder, in denen Betriebe oder Innungsbetriebe bestehen und die Zuständigkeit für diese Betriebe sich aus der Satzung der Betriebs- oder Innungskrankenkasse ergibt; soweit eine Satzungsregelung am 31. März 2007 für ein darüber hinausgehendes Gebiet gegolten hat, bleibt dies unberührt; die Satzung darf das Wahlrecht nicht auf bestimmte Personen beschränken oder von Bedingungen abhängig machen. Eine Satzungsregelung nach Satz 1 Nr. 4 kann nicht widerrufen werden. Ist an der Vereinigung von Betriebskrankenkassen oder von Innungskrankenkassen eine Krankenkasse mit einer Satzungsregelung nach Satz 1 Nr. 4 beteiligt, gilt diese Satzungsregelung auch für die vereinigte Krankenkasse. Satz 1 Nr. 4 und Satz 4 gelten nicht für Betriebskrankenkassen, die für Betriebe privater Kranken- oder Lebensversicherungen errichtet oder aus einer Vereinigung mit solchen Betriebskrankenkassen hervorgegangen sind, wenn die Satzung dieser Krankenkassen am 26. September 2003 keine Regelung nach Satz 1 Nr. 4 enthalten hat.

(2a) § 2 Abs. 1 der Verordnung über den weiteren Ausbau der knappschaftlichen Versicherung in der im Bundesgesetzblatt Teil III, Gliederungsnummer 822-4, veröffentlichten bereinigten Fassung, die zuletzt durch Artikel 22 Nr. 1 des Gesetzes vom

22. Dezember 1983 (BGBl. I S. 1532) geändert worden ist, gilt nicht für Personen, die nach dem 31. März 2007 Versicherte der Deutschen Rentenversicherung Knappschaft-Bahn-See werden.

(3) Studenten können zusätzlich die Ortskrankenkasse oder jede Ersatzkasse an dem Ort wählen, in dem die Hochschule ihren Sitz hat.

(4) Nach § 5 Abs. 1 Nr. 5 bis 8 versicherungspflichtige Jugendliche, Teilnehmer an Leistungen zur Teilhabe am Arbeitsleben, behinderte Menschen und nach § 5 Abs. 1 Nr. 11 und 12 oder nach § 9 versicherte Rentner sowie nach § 9 Abs. 1 Nr. 4 versicherte behinderte Menschen können zusätzlich die Krankenkasse wählen, bei der ein Elternteil versichert ist.

(5) Versicherte Rentner können zusätzlich die Betriebs- oder Innungskrankenkasse wählen, wenn sie in dem Betrieb beschäftigt gewesen sind, für den die Betriebs- oder Innungskrankenkasse besteht.

(6) Für nach § 10 Versicherte gilt die Wahlentscheidung des Mitglieds.

(7) War an einer Vereinigung nach § 171 a eine Betriebs- oder Innungskrankenkasse ohne Satzungsregelung nach Absatz 2 Satz 1 Nr. 4 beteiligt, und gehört die aus der Vereinigung hervorgegangene Krankenkasse einem Verband der Betriebs- oder Innungskrankenkassen an, ist die neue Krankenkasse auch für die Versicherungspflichtigen und Versicherungsberechtigten wählbar, die ein Wahlrecht zu der Betriebs- oder Innungskrankenkasse gehabt hätten, wenn deren Satzung vor der Vereinigung eine Regelung nach Absatz 2 Satz 1 Nr. 4 enthalten hätte.

Regelungsinhalt

§ 173 regelt das Recht der Mitglieder, die Krankenkasse zu wählen. Das Wahlrecht ist in Abs. 1 geregelt, während der Abs. 2 die wählbaren Krankenkassen bestimmt. Aus Abs. 2 Satz 1 Nr. 5, der die Wählbarkeit der bisherigen Krankenkasse regelt, wird gefolgert, dass auch trotz Wegfalls des Wählbarkeitsgrundes ein Verbleib in der Krankenkasse möglich ist.[612] 1

Die Abs. 3 bis 6 regeln Sonderfälle. So wird z. B. in Abs. 6 bestimmt, dass für Familienversicherte nach § 10 die Wahlentscheidung des Mitglieds gilt. Sie haben also kein eigenes Wahlrecht. 2

§ 174 Besondere Wahlrechte

(1) (weggefallen)

(2) Für Versicherungspflichtige und Versicherungsberechtigte, die bei einer Betriebs- oder Innungskrankenkasse beschäftigt sind oder vor dem Rentenbezug beschäftigt waren, gilt § 173 Abs. 2 Satz 1 Nr. 3 entsprechend.

(3) Versicherungspflichtige und Versicherungsberechtigte, die bei einem Verband der Betriebs- oder Innungskrankenkassen beschäftigt sind oder vor dem Rentenbezug beschäftigt waren, können eine Betriebs- oder Innungskrankenkasse am Wohn- oder Beschäftigungsort wählen.

612 Just, § 173 Rn. 2; in Becker/Kingreen, SGB V.

(4) (weggefallen)

(5) Abweichend von § 173 werden Versicherungspflichtige nach § 5 Abs. 1 Nr. 13 Mitglied der Krankenkasse oder des Rechtsnachfolgers der Krankenkasse, bei der sie zuletzt versichert waren, andernfalls werden sie Mitglied der von ihnen nach § 173 Abs. 1 gewählten Krankenkasse; § 173 gilt.

Regelungsinhalt

1 Die Absätze 2 und 3 erweitern das Krankenkassenwahlrecht für bestimmte Personengruppen. Diese dürfen entsprechend der Vorschriften auch in solche BKKen oder IKKen wechseln, die geschlossen (im Sinne des § 173 Abs. 2 Satz 1 Nr. 3) sind,[613] solange die übrigen Voraussetzungen des § 174 erfüllt sind.

2 Nach Absatz 5 werden Versicherungspflichtige nach § 5 Abs. 1 Nr. 13 Mitglieder der Krankenkasse (bzw. des Rechtsnachfolgers der Krankenkasse), bei der sie zuletzt versichert waren. Ob dies durch die Ausübung des Wahlrechts des § 173 abgewendet werden kann, ist unklar.[614]

§ 175 Ausübung des Wahlrechts

(1) Die Ausübung des Wahlrechts ist gegenüber der gewählten Krankenkasse zu erklären. Diese darf die Mitgliedschaft nicht ablehnen oder die Erklärung nach Satz 1 durch falsche oder unvollständige Beratung verhindern oder erschweren. Das Wahlrecht kann nach Vollendung des 15. Lebensjahres ausgeübt werden.

(2) Die gewählte Krankenkasse hat nach Ausübung des Wahlrechts unverzüglich eine Mitgliedsbescheinigung auszustellen. Hat innerhalb der letzten 18 Monate vor Beginn der Versicherungspflicht oder Versicherungsberechtigung eine Mitgliedschaft bei einer anderen Krankenkasse bestanden, kann die Mitgliedsbescheinigung nur ausgestellt werden, wenn die Kündigungsbestätigung nach Absatz 4 Satz 3 vorgelegt wird. Eine Mitgliedsbescheinigung ist zum Zweck der Vorlage bei der zur Meldung verpflichteten Stelle auch bei Eintritt einer Versicherungspflicht unverzüglich auszustellen.

(2 a) Liegen der Aufsichtsbehörde Anhaltspunkte dafür vor, dass eine Krankenkasse entgegen Absatz 1 Satz 2 eine Mitgliedschaft rechtswidrig abgelehnt hat oder die Abgabe der Erklärung nach Absatz 1 Satz 1 verhindert oder erschwert, hat sie diesen Anhaltspunkten unverzüglich nachzugehen und die Krankenkasse zur Behebung einer festgestellten Rechtsverletzung und zur Unterlassung künftiger Rechtsverletzungen zu verpflichten. Als rechtswidrig ist insbesondere eine Beratung durch die angegangene Krankenkasse anzusehen, die dazu führt, dass von der Erklärung nach Absatz 1 Satz 1 ganz abgesehen wird oder diese nur unter erschwerten Bedingungen abgegeben werden kann. Die Verpflichtung der Krankenkasse nach Satz 1 ist mit der Androhung eines Zwangsgeldes von bis zu 50 000 Euro für jeden Fall der Zuwiderhandlung zu verbinden. Rechtsbehelfe gegen Maßnahmen der Aufsichtsbehörde nach den Sätzen 1

613 Blöcher, § 174 Rn. 8 ff.; in juris-PK.
614 M. w. N.: Just, § 174 Rn. 6; in Becker/Kingreen, SGB V.

und 3 haben keine aufschiebende Wirkung. Vorstandsmitglieder, die vorsätzlich oder fahrlässig nicht verhindern, dass die Krankenkasse entgegen Absatz 1 Satz 2 eine Mitgliedschaft rechtswidrig ablehnt oder die Abgabe der Erklärung nach Absatz 1 Satz 1 verhindert oder erschwert, sind der Krankenkasse zum Ersatz des daraus entstehenden Schadens als Gesamtschuldner verpflichtet. Die zuständige Aufsichtsbehörde hat nach Anhörung des Vorstandsmitglieds den Verwaltungsrat zu veranlassen, das Vorstandsmitglied in Anspruch zu nehmen, falls der Verwaltungsrat das Regressverfahren nicht bereits von sich aus eingeleitet hat.

(3) Versicherungspflichtige haben der zur Meldung verpflichteten Stelle unverzüglich eine Mitgliedsbescheinigung vorzulegen. Wird die Mitgliedsbescheinigung nicht spätestens zwei Wochen nach Eintritt der Versicherungspflicht vorgelegt, hat die zur Meldung verpflichtete Stelle den Versicherungspflichtigen ab Eintritt der Versicherungspflicht bei der Krankenkasse anzumelden, bei der zuletzt eine Versicherung bestand; bestand vor Eintritt der Versicherungspflicht keine Versicherung, hat die zur Meldung verpflichtete Stelle den Versicherungspflichtigen ab Eintritt der Versicherungspflicht bei einer nach § 173 wählbaren Krankenkasse anzumelden und den Versicherungspflichtigen unverzüglich über die gewählte Krankenkasse zu unterrichten. Für die Fälle, in denen eine Mitgliedsbescheinigung nach Satz 1 nicht vorgelegt wird und keine Meldung nach Satz 2 erfolgt, legt der Spitzenverband Bund der Krankenkassen Regeln über die Zuständigkeit fest.

(3a) Bei Schließung oder Insolvenz einer Krankenkasse haben Versicherungspflichtige spätestens innerhalb von sechs Wochen nach Zustellung des Schließungsbescheids oder der Stellung des Insolvenzantrags (§ 171b Absatz 3 Satz 1) der zur Meldung verpflichteten Stelle eine Mitgliedsbescheinigung vorzulegen. Wird die Mitgliedsbescheinigung nicht rechtzeitig vorgelegt, gilt Absatz 3 Satz 2 entsprechend mit der Maßgabe, dass die Anmeldung durch die zur Meldung verpflichtete Stelle innerhalb von weiteren zwei Wochen mit Wirkung zu dem Zeitpunkt zu erfolgen hat, an dem die Schließung wirksam wird. Bei Stellung eines Insolvenzantrags erfolgt die Meldung zum ersten Tag des laufenden Monats, spätestens zu dem Zeitpunkt, an dem das Insolvenzverfahren eröffnet oder der Antrag mangels Masse abgewiesen wird. Wird die Krankenkasse nicht geschlossen, bleibt die Mitgliedschaft bei dieser Krankenkasse bestehen. Die gewählten Krankenkassen haben der geschlossenen oder insolventen Krankenkasse unverzüglich eine Mitgliedsbescheinigung zu übermitteln. Mitglieder, bei denen keine zur Meldung verpflichtete Stelle besteht, haben der geschlossenen Krankenkasse innerhalb von drei Monaten nach dem in Satz 1 genannten Zeitpunkt eine Mitgliedsbescheinigung vorzulegen.

(4) Versicherungspflichtige und Versicherungsberechtigte sind an die Wahl der Krankenkasse mindestens 18 Monate gebunden, wenn sie das Wahlrecht ab dem 1. Januar 2002 ausüben. Eine Kündigung der Mitgliedschaft ist zum Ablauf des übernächsten Kalendermonats möglich, gerechnet von dem Monat, in dem das Mitglied die Kündigung erklärt. Die Krankenkasse hat dem Mitglied unverzüglich, spätestens jedoch innerhalb von zwei Wochen nach Eingang der Kündigung eine Kündigungsbestätigung auszustellen. Die Kündigung wird wirksam, wenn das Mitglied innerhalb

der Kündigungsfrist eine Mitgliedschaft bei einer anderen Krankenkasse durch eine Mitgliedsbescheinigung oder das Bestehen einer anderweitigen Absicherung im Krankheitsfall nachweist. Erhebt die Krankenkasse ab dem 1. Januar 2009 einen Zusatzbeitrag, erhöht sie ihren Zusatzbeitrag oder verringert sie ihre Prämienzahlung, kann die Mitgliedschaft abweichend von Satz 1 bis zur erstmaligen Fälligkeit der Beitragserhebung, der Beitragserhöhung oder der Prämienverringerung gekündigt werden. Die Krankenkasse hat ihre Mitglieder auf das Kündigungsrecht nach Satz 5 spätestens einen Monat vor erstmaliger Fälligkeit hinzuweisen. Kommt die Krankenkasse ihrer Hinweispflicht nach Satz 6 gegenüber einem Mitglied verspätet nach, verschiebt sich für dieses Mitglied die Erhebung oder die Erhöhung des Zusatzbeitrags und die Frist für die Ausübung des Sonderkündigungsrechts um den entsprechenden Zeitraum. Die Sätze 1 und 4 gelten nicht, wenn die Kündigung eines Versicherungsberechtigten erfolgt, weil die Voraussetzungen einer Versicherung nach § 10 erfüllt sind, Satz 1 gilt nicht, wenn die Kündigung erfolgt, weil keine Mitgliedschaft bei einer Krankenkasse begründet werden soll. Die Krankenkassen können in ihren Satzungen vorsehen, dass die Frist nach Satz 1 nicht gilt, wenn eine Mitgliedschaft bei einer anderen Krankenkasse der gleichen Kassenart begründet werden soll. Die Kündigung der Mitgliedschaft durch eine Person, die am 2. Februar 2007 oder später erfolgt, um in ein privates Krankenversicherungsunternehmen zu wechseln, ist unwirksam, wenn die Voraussetzungen des § 6 Abs. 1 Nr. 1 zu diesem Zeitpunkt nicht vorliegen.

(4a) Mitglieder, die einen Differenzbetrag nach § 242 Absatz 4 Satz 2 zu zahlen haben, können ihre Mitgliedschaft abweichend von Absatz 4 Satz 1 nach Maßgabe dieses Absatzes kündigen. Erhebt die Krankenkasse erstmals einen Differenzbetrag nach § 242 Absatz 4 Satz 2 oder erhöht sich dieser, kann die Mitgliedschaft bis zur erstmaligen Fälligkeit des erhobenen oder erhöhten Differenzbetrags gekündigt werden; Absatz 4 Satz 6 gilt entsprechend. Satz 2 gilt entsprechend, wenn die Zugehörigkeit zum Personenkreis nach § 242 Absatz 4 Satz 1 erstmalig oder erneut begründet wird. Mitglieder, die bereits vor dem 1. Januar 2012 einen Differenzbetrag nach § 242 Absatz 4 Satz 2 zu zahlen hatten, hat die Krankenkasse bis zum 29. Februar 2012 auf das Kündigungsrecht nach diesem Absatz hinzuweisen; das Kündigungsrecht kann bis zu einem Monat nach Zugang des Hinweises ausgeübt werden. Absatz 4 Satz 7 gilt für das Kündigungsrecht nach diesem Absatz entsprechend.

(5) Absatz 4 gilt nicht für Versicherungspflichtige, die durch die Errichtung oder Ausdehnung einer Betriebs- oder Innungskrankenkasse oder durch betriebliche Veränderungen Mitglieder einer Betriebs- oder Innungskrankenkasse werden können, wenn sie die Wahl innerhalb von zwei Wochen nach dem Zeitpunkt der Errichtung, Ausdehnung oder betrieblichen Veränderung ausüben.

(6) Der Spitzenverband Bund der Krankenkassen legt für die Meldungen und Mitgliedsbescheinigungen nach dieser Vorschrift einheitliche Verfahren und Vordrucke fest.

Inhaltsübersicht Rn.

1. Ausübung des Wahlrechts

Abs. 1 legt fest, dass das Wahlrecht mit der Vollendung des 15. Lebensjahres ausgeübt werden kann. Die Erklärung über die Ausübung des Wahlrechts hat dabei gegenüber der Krankenkasse zu erfolgen. Diese ist verpflichtet, den Versicherten aufzunehmen (Satz 2). Wird die Ausübung des Wahlrechts erschwert oder behindert, so kann die Krankenkasse nach Abs. 2 a mit Sanktionen belegt werden. 1

2. Verfahren des Krankenkassenwechsels

Abs. 2 regelt, wann die gewählte Krankenkasse eine Mitgliedschaftsbescheinigung auszustellen hat, nämlich unverzüglich. Die Mitgliedschaftsbescheinigung ist jedoch nur dann auszustellen, wenn eine Kündigungsbestätigung vorliegt (Absatz 4). 2

Nach Abs. 3 muss diese Mitgliedschaftsbescheinigung von den Versicherten bei der zur Meldung verpflichteten Stelle (§§ 198 bis 205, bei versicherungspflichtig Beschäftigten ist dies der Arbeitgeber) unverzüglich vorgelegt werden. Geschieht dies nicht binnen zwei Wochen nach dem Beginn der Versicherungspflicht, so hat diese Stelle die Versicherten bei der letzten Krankenkasse, bei der eine Versicherung bestand, anzumelden. Bestand keine letzte Krankenkasse, so darf die Stelle unter den möglichen Krankenkassen wählen. Unterlässt die Stelle dies, so wird die Wahl nach den vom GKV-SV festzulegenden Regelungen getroffen. 3

Abs. 3 a trifft Sonderregelungen für den Fall der Insolvenz bzw. der Schließung der Krankenkasse. In diesen Fällen ist spätestens sechs Wochen nach der Zustellung des Schließungsbescheids bzw. der Stellung des Insolvenzantrags der zur Meldung verpflichteten Stelle eine Mitgliedsbescheinigung vorzulegen. Wird diese Frist versäumt, tritt eine Anmeldepflicht der zur Meldung verpflichteten Stelle ein. Für Versicherte ohne zur Meldung verpflichtete Stelle gilt, dass diese binnen sechs Wochen nach dem Schließungszeitpunkt bzw. der Stellung des Insolvenzvertrags der geschlossenen bzw. insolventen Krankenkasse eine Mitgliedschaftsbescheinigung vorzulegen haben. 4

Abs. 4 legt die Mindestbindungsfrist der Versicherten auf 18 Monate fest. Dabei gilt, dass die Kündigung zum Ende des übernächsten Monats, der auf die Kündigungserklärung folgt, erklärt werden kann. Diese Kündigung wird aber nur dann wirksam, wenn innerhalb dieses Zeitraums die Mitgliedschaft bei einer anderen Krankenkasse oder ein gleichartiger Versicherungsschutz nachgewiesen wird. 5

3. Besonderes Kündigungsrecht bei Zusatzbeiträgen und Prämien

Ein besonderes Kündigungsrecht besteht dann, wenn eine Krankenkasse erstmals einen Zusatzbeitrag erhebt, diesen erhöht, eine Prämie (im Sinne des § 242 Abs. 2) absenkt oder die Prämienzahlung einstellt (Abs. 4 Satz 5). Auf dieses Kündigungsrecht muss die Kran- 6 kenkasse mindestens einen Monat vor Fälligkeit des Zusatzbeitrags oder der Prämien hinweisen. Der Hinweis darf sich dabei nicht in der reinen Wiederholung des Wortlautes der Norm erschöpfen. Vielmehr muss deutlich werden, dass ein Sonderkündigungsrecht besteht.[615] Tut sie dies nicht, so verschiebt sich der Zeitpunkt des Kündigungsrechtes, aber auch die Erhebung oder Erhöhung des Zusatzbeitrags.

4. Kündigungserleichterungen

7 Für Versicherte, die kündigen, um in eine Familienversicherung zu wechseln, gilt die Mindestbindungsfrist nicht. Für diese Versicherten entfällt auch der Nachweis der neuen Krankenversicherung.

7a Die Mindestbindungsfrist gilt auch dann nicht, wenn durch die Kündigung die Mitgliedschaft in der GKV vermieden werden soll.

5. Kündigung bei Erhebung des Differenzbetrags

8 Eine weitere Kündigungsmöglichkeit besteht nach Absatz 4a für Versicherte, die einen Differenzbetrag nach § 242 Abs. 4 Satz 2 zu zahlen haben. Für diese gilt abweichend von den allgemeinen Kündigungsregeln die 18-Monatsfrist nicht. Vielmehr können sie bis zur erstmaligen Erhebung oder Erhöhung des Differenzbetrags kündigen. Entsprechendes gilt für Versicherte, die erstmals zu dem Personenkreis gehören, der den Differenzbetrag bezahlen muss.

Dritter Titel
Mitgliedschaft und Verfassung

§ 186 Beginn der Mitgliedschaft Versicherungspflichtiger

(1) Die Mitgliedschaft versicherungspflichtig Beschäftigter beginnt mit dem Tag des Eintritts in das Beschäftigungsverhältnis.

(2) Die Mitgliedschaft unständig Beschäftigter (§ 179 Abs. 2) beginnt mit dem Tag der Aufnahme der unständigen Beschäftigung, für die die zuständige Krankenkasse erstmalig Versicherungspflicht festgestellt hat, wenn die Feststellung innerhalb eines Monats nach Aufnahme der Beschäftigung erfolgt, andernfalls mit dem Tag der Feststellung. Die Mitgliedschaft besteht auch an den Tagen fort, an denen der unständig Beschäftigte vorübergehend, längstens für drei Wochen nicht beschäftigt wird.

(2a) Die Mitgliedschaft der Bezieher von Arbeitslosengeld II nach dem Zweiten Buch und Arbeitslosengeld oder Unterhaltsgeld nach dem Dritten Buch beginnt mit dem Tag, von dem an die Leistung bezogen wird.

---

615 SG Berlin – 22.06.2011 – S 73 KR 1635/30, anhängig beim LSG Berlin-Brandenburg unter L 1 KR 209/11; a.A. LSG Baden-Württemberg – L 11 KR 3607/10 – 15.11.2011.

(3) Die Mitgliedschaft der nach dem Künstlersozialversicherungsgesetz Versicherten beginnt mit dem Tage, an dem die Versicherungspflicht auf Grund der Feststellung der Künstlersozialkasse beginnt. Ist die Versicherungspflicht nach dem Künstlersozialversicherungsgesetz durch eine unständige Beschäftigung (§ 179 Abs. 2) unterbrochen worden, beginnt die Mitgliedschaft mit dem Tage nach dem Ende der unständigen Beschäftigung. Kann nach § 9 des Künstlersozialversicherungsgesetzes ein Versicherungsvertrag gekündigt werden, beginnt die Mitgliedschaft mit dem auf die Kündigung folgenden Monat, spätestens zwei Monate nach der Feststellung der Versicherungspflicht.

(4) Die Mitgliedschaft von Personen, die in Einrichtungen der Jugendhilfe für eine Erwerbstätigkeit befähigt werden, beginnt mit dem Beginn der Maßnahme.

(5) Die Mitgliedschaft versicherungspflichtiger Teilnehmer an Leistungen zur Teilhabe am Arbeitsleben beginnt mit dem Beginn der Maßnahme.

(6) Die Mitgliedschaft versicherungspflichtiger behinderter Menschen beginnt mit dem Beginn der Tätigkeit in den anerkannten Werkstätten für behinderte Menschen, Anstalten, Heimen oder gleichartigen Einrichtungen.

(7) Die Mitgliedschaft versicherungspflichtiger Studenten beginnt mit dem Semester, frühestens mit dem Tag der Einschreibung oder der Rückmeldung an der Hochschule.

(8) Die Mitgliedschaft versicherungspflichtiger Praktikanten beginnt mit dem Tag der Aufnahme der berufspraktischen Tätigkeit. Die Mitgliedschaft von zu ihrer Berufsausbildung ohne Arbeitsentgelt Beschäftigten beginnt mit dem Tag des Eintritts in die Beschäftigung.

(9) Die Mitgliedschaft versicherungspflichtiger Rentner beginnt mit dem Tag der Stellung des Rentenantrags.

(10) Wird die Mitgliedschaft Versicherungspflichtiger zu einer Krankenkasse gekündigt (§ 175), beginnt die Mitgliedschaft bei der neugewählten Krankenkasse abweichend von den Absätzen 1 bis 9 mit dem Tag nach Eintritt der Rechtswirksamkeit der Kündigung.

(11) Die Mitgliedschaft der nach § 5 Abs. 1 Nr. 13 Versicherungspflichtigen beginnt mit dem ersten Tag ohne anderweitigen Anspruch auf Absicherung im Krankheitsfall im Inland. Die Mitgliedschaft von Ausländern, die nicht Angehörige eines Mitgliedstaates der Europäischen Union, eines Vertragsstaates des Abkommens über den Europäischen Wirtschaftsraum oder Staatsangehörige der Schweiz sind, beginnt mit dem ersten Tag der Geltung der Niederlassungserlaubnis oder der Aufenthaltserlaubnis. Für Personen, die am 1. April 2007 keinen anderweitigen Anspruch auf Absicherung im Krankheitsfall haben, beginnt die Mitgliedschaft an diesem Tag. Zeigt der Versicherte aus Gründen, die er nicht zu vertreten hat, das Vorliegen der Voraussetzungen der Versicherungspflicht nach den in Satz 1 und 2 genannten Zeitpunkten an, hat die Krankenkasse in ihrer Satzung vorzusehen, dass der für die Zeit seit dem Eintritt der Versicherungspflicht nachzuzahlende Beitrag angemessen ermäßigt, gestundet oder von seiner Erhebung abgesehen werden kann.

Regelungsinhalt

1 § 186 regelt den Beginn der Mitgliedschaft und damit im Regelfall auch den Beginn der Leistungspflicht.[616] Der Beginn der Mitgliedschaft beginnt kraft Gesetzes mit der Erfüllung der Tatbestandsvoraussetzungen für die Versicherungspflicht.[617] Nach Abs. 10 gilt bei einem Krankenkassenwechsel, dass die Mitgliedschaft am Tag nach der Wirksamkeit der Kündigung beginnt.

§ 188 Beginn der freiwilligen Mitgliedschaft

(1) Die Mitgliedschaft Versicherungsberechtigter beginnt mit dem Tag ihres Beitritts zur Krankenkasse.

(2) Die Mitgliedschaft der in § 9 Abs. 1 Nr. 1 und 2 genannten Versicherungsberechtigten beginnt mit dem Tag nach dem Ausscheiden aus der Versicherungspflicht oder mit dem Tag nach dem Ende der Versicherung nach § 10. Die Mitgliedschaft der in § 9 Abs. 1 Nr. 6 genannten Versicherungsberechtigten beginnt mit dem Eintritt der Versicherungspflicht nach § 5 Abs. 1 Nr. 11.

(3) Der Beitritt ist schriftlich zu erklären.

§ 189 Mitgliedschaft von Rentenantragstellern

(1) Als Mitglieder gelten Personen, die eine Rente der gesetzlichen Rentenversicherung beantragt haben und die Voraussetzungen nach § 5 Abs. 1 Nr. 11 und 12 und Abs. 2, jedoch nicht die Voraussetzungen für den Bezug der Rente erfüllen. Satz 1 gilt nicht für Personen, die nach anderen Vorschriften versicherungspflichtig oder nach § 6 Abs. 1 versicherungsfrei sind.

(2) Die Mitgliedschaft beginnt mit dem Tag der Stellung des Rentenantrags. Sie endet mit dem Tod oder mit dem Tag, an dem der Antrag zurückgenommen oder die Ablehnung des Antrags unanfechtbar wird.

Regelungsinhalt

1 § 189 regelt, dass Rentenantragsteller als Mitglieder gelten, sofern sie bei Bewilligung der Rente versicherungspflichtig nach § 5 Abs. 1 Nr. 11 und 12 und Abs. 2 wären, also die diesbezüglichen Voraussetzungen erfüllt haben. Nach Satz 2 ist die Mitgliedschaft nach § 189 allen anderen Versicherungspflichten nachrangig.[618]

§ 190 Ende der Mitgliedschaft Versicherungspflichtiger

(1) Die Mitgliedschaft Versicherungspflichtiger endet mit dem Tod des Mitglieds.

(2) Die Mitgliedschaft versicherungspflichtig Beschäftigter endet mit Ablauf des Tages, an dem das Beschäftigungsverhältnis gegen Arbeitsentgelt endet.

---

616 Michels, § 186 Rn. 1; in Becker/Kingreen, SGB V.

617 Siehe zum Beginn der Mitgliedschaft versicherungspflichtig Beschäftigter auch § 5 Rn. 5.

618 Siehe zum Beginn der Mitgliedschaft in der KVdR auch § 5 Rn. 31 ff.

(3) Die Mitgliedschaft von Personen, deren Versicherungspflicht nach § 6 Abs. 4 erlischt, endet zu dem in dieser Vorschrift vorgesehenen Zeitpunkt nur, wenn das Mitglied innerhalb von zwei Wochen nach Hinweis der Krankenkasse über die Austrittsmöglichkeit seinen Austritt erklärt. Wird der Austritt nicht erklärt, setzt sich die Mitgliedschaft als freiwillige Mitgliedschaft fort, es sei denn, die Voraussetzungen der freiwilligen Versicherung nach § 9 Absatz 1 Satz 1 Nummer 1 sind nicht erfüllt. Wird der Austritt nicht erklärt, setzt sich die Mitgliedschaft als freiwillige Mitgliedschaft auch fort für Personen, die mit Ablauf des 31. Dezember 2010 oder mit Ablauf des Kalenderjahres der erstmaligen Beschäftigungsaufnahme im Inland nach § 6 Absatz 4 Satz 1 aus der Versicherungspflicht ausgeschieden sind, die Voraussetzungen der freiwilligen Versicherung nach § 9 Absatz 1 Satz 1 Nummer 1 aber nicht erfüllen.

(4) Die Mitgliedschaft unständig Beschäftigter endet, wenn das Mitglied die berufsmäßige Ausübung der unständigen Beschäftigung nicht nur vorübergehend aufgibt, spätestens mit Ablauf von drei Wochen nach dem Ende der letzten unständigen Beschäftigung.

(5) Die Mitgliedschaft der nach dem Künstlersozialversicherungsgesetz Versicherten endet mit dem Tage, an dem die Versicherungspflicht auf Grund der Feststellung der Künstlersozialkasse endet; § 192 Abs. 1 Nr. 2 und 3 bleibt unberührt.

(6) Die Mitgliedschaft von Personen, die in Einrichtungen der Jugendhilfe für eine Erwerbstätigkeit befähigt werden, endet mit dem Ende der Maßnahme.

(7) Die Mitgliedschaft versicherungspflichtiger Teilnehmer an Leistungen zur Teilhabe am Arbeitsleben endet mit dem Ende der Maßnahme, bei Weiterzahlung des Übergangsgeldes mit Ablauf des Tages, bis zu dem Übergangsgeld gezahlt wird.

(8) Die Mitgliedschaft von versicherungspflichtigen behinderten Menschen in anerkannten Werkstätten für behinderte Menschen, Anstalten, Heimen oder gleichartigen Einrichtungen endet mit Aufgabe der Tätigkeit.

(9) Die Mitgliedschaft versicherungspflichtiger Studenten endet einen Monat nach Ablauf des Semesters, für das sie sich zuletzt eingeschrieben oder zurückgemeldet haben.

(10) Die Mitgliedschaft versicherungspflichtiger Praktikanten endet mit dem Tag der Aufgabe der berufspraktischen Tätigkeit. Die Mitgliedschaft von zu ihrer Berufsausbildung ohne Arbeitsentgelt Beschäftigten endet mit dem Tag der Aufgabe der Beschäftigung.

(11) Die Mitgliedschaft versicherungspflichtiger Rentner endet

1. mit Ablauf des Monats, in dem der Anspruch auf Rente wegfällt oder die Entscheidung über den Wegfall oder den Entzug der Rente unanfechtbar geworden ist, frühestens mit Ablauf des Monats, für den letztmalig Rente zu zahlen ist,
2. bei Gewährung einer Rente für zurückliegende Zeiträume mit Ablauf des Monats, in dem die Entscheidung unanfechtbar wird.

(11 a) Die Mitgliedschaft der in § 9 Abs. 1 Nr. 6 genannten Personen, die das Beitrittsrecht ausgeübt haben, sowie ihrer Familienangehörigen, die nach dem 31. März 2002 nach § 5 Abs. 1 Nr. 11 versicherungspflichtig geworden sind, deren Anspruch auf Rente schon an diesem Tag bestand, die aber nicht die Vorversicherungszeit des § 5

Abs. 1 Nr. 11 in der seit dem 1. Januar 1993 geltenden Fassung erfüllt hatten und die bis zum 31. März 2002 nach § 10 oder nach § 7 des Zweiten Gesetzes über die Krankenversicherung der Landwirte versichert waren, endet mit dem Eintritt der Versicherungspflicht nach § 5 Abs. 1 Nr. 11.

(12) Die Mitgliedschaft der Bezieher von Arbeitslosengeld II nach dem Zweiten Buch und Arbeitslosengeld oder Unterhaltsgeld nach dem Dritten Buch endet mit Ablauf des letzten Tages, für den die Leistung bezogen wird.

(13) Die Mitgliedschaft der in § 5 Abs. 1 Nr. 13 genannten Personen endet mit Ablauf des Vortages, an dem
1. ein anderweitiger Anspruch auf Absicherung im Krankheitsfall begründet wird oder
2. der Wohnsitz oder gewöhnliche Aufenthalt in einen anderen Staat verlegt wird.

Satz 1 Nr. 1 gilt nicht für Mitglieder, die Empfänger von Leistungen nach dem Dritten, Vierten, Sechsten und Siebten Kapitel des Zwölften Buches sind.

Regelungsinhalt

1 Wie § 186 regelt § 190 das Ende der Mitgliedschaft versicherungspflichtiger Personen. Grundsätzlich endet die Mitgliedschaft mit dem Tod des Mitglieds. Daneben sind für die einzelnen Versichertenpflichtgruppen besondere Beendigungstatbestände vorgesehen. So endet die Mitgliedschaft versicherungspflichtiger Beschäftigter mit dem Ablauf des Tages, an dem das Beschäftigungsverhältnis gegen Arbeitsentgelt endet.

§ 191 Ende der freiwilligen Mitgliedschaft

Die freiwillige Mitgliedschaft endet
1. mit dem Tod des Mitglieds,
2. mit Beginn einer Pflichtmitgliedschaft oder
3. mit dem Wirksamwerden der Kündigung (§ 175 Abs. 4); die Satzung kann einen früheren Zeitpunkt bestimmen, wenn das Mitglied die Voraussetzungen einer Versicherung nach § 10 erfüllt.

§ 192 Fortbestehen der Mitgliedschaft Versicherungspflichtiger

(1) Die Mitgliedschaft Versicherungspflichtiger bleibt erhalten, solange
1. sie sich in einem rechtmäßigen Arbeitskampf befinden,
2. Anspruch auf Krankengeld oder Mutterschaftsgeld besteht oder eine dieser Leistungen oder nach gesetzlichen Vorschriften Erziehungsgeld oder Elterngeld bezogen oder Elternzeit in Anspruch genommen wird,
2a. von einem privaten Krankenversicherungsunternehmen, von einem Beihilfeträger des Bundes, von sonstigen öffentlich-rechtlichen Trägern von Kosten in Krankheitsfällen auf Bundesebene, von dem Träger der Heilfürsorge im Bereich des Bundes, von dem Träger der truppenärztlichen Versorgung oder von einem öffentlich-rechtlichen Träger von Kosten in Krankheitsfällen auf Landesebene, soweit das Landesrecht dies vorsieht, Leistungen für den Ausfall von Arbeitseinkünften im Zusammenhang mit einer nach den §§ 8 und 8a des Transplantationsgesetzes

erfolgenden Spende von Organen oder Geweben bezogen werden oder diese beansprucht werden können,

3. von einem Rehabilitationsträger während einer Leistung zur medizinischen Rehabilitation Verletztengeld, Versorgungskrankengeld oder Übergangsgeld gezahlt wird oder

4. Kurzarbeitergeld nach dem Dritten Buch bezogen wird.

(2) Während der Schwangerschaft bleibt die Mitgliedschaft Versicherungspflichtiger auch erhalten, wenn das Beschäftigungsverhältnis vom Arbeitgeber zulässig aufgelöst oder das Mitglied unter Wegfall des Arbeitsentgelts beurlaubt worden ist, es sei denn, es besteht eine Mitgliedschaft nach anderen Vorschriften.

Regelungsinhalt

In den in Abs. 1 genannten Fällen besteht unabhängig von der Art der Pflichtversicherung die Mitgliedschaft fort. Nach Nr. 1 gilt dies während eines rechtmäßigen Arbeitskampfes. Darüber hinaus auch bei einem Anspruch auf Krankengeld oder Mutterschaftsgeld (Nr. 2) oder aber dem Bezug von Erziehungsgeld oder Elterngeld bzw. die Inanspruchnahme von Elternzeit (Nr. 2). Ebenso müssen die Leistungen nach Nr. 3 und Nr. 4 tatsächlich bezogen worden sein.[619] 1

§ 193 Fortbestehen der Mitgliedschaft bei Wehrdienst oder Zivildienst

(1) Bei versicherungspflichtig Beschäftigten, denen nach § 1 Abs. 2 des Arbeitsplatzschutzgesetzes Entgelt weiterzugewähren ist, gilt das Beschäftigungsverhältnis als durch den Wehrdienst nach § 4 Abs. 1 und § 6b Abs. 1 des Wehrpflichtgesetzes nicht unterbrochen. Dies gilt auch für Personen in einem Wehrdienstverhältnis besonderer Art nach § 6 des Einsatz-Weiterverwendungsgesetzes, wenn sie den Einsatzunfall in einem Versicherungsverhältnis erlitten haben.

(2) Bei Versicherungspflichtigen, die nicht unter Absatz 1 fallen, sowie bei freiwilligen Mitgliedern berührt der Wehrdienst nach § 4 Abs. 1 und § 6b Abs. 1 des Wehrpflichtgesetzes eine bestehende Mitgliedschaft bei einer Krankenkasse nicht. Die versicherungspflichtige Mitgliedschaft gilt als fortbestehend, wenn die Versicherungspflicht am Tag vor dem Beginn des Wehrdienstes endet oder wenn zwischen dem letzten Tag der Mitgliedschaft und dem Beginn des Wehrdienstes ein Samstag, Sonntag oder gesetzlicher Feiertag liegt. Absatz 1 Satz 2 gilt entsprechend.

(3) Die Absätze 1 und 2 gelten für den Zivildienst entsprechend.

(4) Die Absätze 1 und 2 gelten für Personen, die Dienstleistungen oder Übungen nach dem Vierten Abschnitt des Soldatengesetzes leisten. Die Dienstleistungen und Übungen gelten nicht als Beschäftigungen im Sinne des § 5 Abs. 1 Nr. 1 und § 6 Abs. 1 Nr. 3.

(5) Die Zeit in einem Wehrdienstverhältnis besonderer Art nach § 6 des Einsatz-Weiterverwendungsgesetzes gilt nicht als Beschäftigung im Sinne von § 5 Abs. 1 Nr. 1 und § 6 Abs. 1 Nr. 3.

---

619 Siehe u. a. § 5 Rn. 8; § 19 Rn. 2; § 44 Rn. 11,12.

Vierter Abschnitt
Meldungen

§ 199 Meldepflichten bei unständiger Beschäftigung

(1) Unständig Beschäftigte haben der nach § 179 Abs. 1 zuständigen Krankenkasse Beginn und Ende der berufsmäßigen Ausübung von unständigen Beschäftigungen unverzüglich zu melden. Der Arbeitgeber hat die unständig Beschäftigten auf ihre Meldepflicht hinzuweisen.

…

§ 201 Meldepflichten bei Rentenantragstellung und Rentenbezug

(1) Wer eine Rente der gesetzlichen Rentenversicherung beantragt, hat mit dem Antrag eine Meldung für die zuständige Krankenkasse einzureichen. Der Rentenversicherungsträger hat die Meldung unverzüglich an die zuständige Krankenkasse weiterzugeben.

…

§ 202 Meldepflichten bei Versorgungsbezügen

(1) Die Zahlstelle hat bei der erstmaligen Bewilligung von Versorgungsbezügen sowie bei Mitteilung über die Beendigung der Mitgliedschaft eines Versorgungsempfängers die zuständige Krankenkasse des Versorgungsempfängers zu ermitteln und dieser Beginn, Höhe, Veränderungen und Ende der Versorgungsbezüge unverzüglich mitzuteilen. Bei den am 1. Januar 1989 vorhandenen Versorgungsempfängern hat die Ermittlung der Krankenkasse innerhalb von sechs Monaten zu erfolgen. Der Versorgungsempfänger hat der Zahlstelle seine Krankenkasse anzugeben und einen Kassenwechsel sowie die Aufnahme einer versicherungspflichtigen Beschäftigung anzuzeigen. Die Krankenkasse hat der Zahlstelle der Versorgungsbezüge und dem Bezieher von Versorgungsbezügen unverzüglich die Beitragspflicht des Versorgungsempfängers, deren Umfang und den Beitragssatz aus Versorgungsbezügen mitzuteilen. Die Krankenkasse kann mit der Zahlstelle der Versorgungsbezüge Abweichendes vereinbaren.

…

§ 205 Meldepflichten bestimmter Versicherungspflichtiger

Versicherungspflichtige, die eine Rente der gesetzlichen Rentenversicherung oder der Rente vergleichbare Einnahmen (Versorgungsbezüge) beziehen, haben ihrer Krankenkasse unverzüglich zu melden

1. Beginn und Höhe der Rente,
2. Beginn, Höhe, Veränderungen und die Zahlstelle der Versorgungsbezüge sowie
3. Beginn, Höhe und Veränderungen des Arbeitseinkommens.

§ 206 Auskunfts- und Mitteilungspflichten der Versicherten

(1) Wer versichert ist oder als Versicherter in Betracht kommt, hat der Krankenkasse, soweit er nicht nach § 28 o des Vierten Buches auskunftspflichtig ist,

1. auf Verlangen über alle für die Feststellung der Versicherungs- und Beitragspflicht und für die Durchführung der der Krankenkasse übertragenen Aufgaben erforderlichen Tatsachen unverzüglich Auskunft zu erteilen,

2. Änderungen in den Verhältnissen, die für die Feststellung der Versicherungs- und Beitragspflicht erheblich sind und nicht durch Dritte gemeldet werden, unverzüglich mitzuteilen.

Er hat auf Verlangen die Unterlagen, aus denen die Tatsachen oder die Änderung der Verhältnisse hervorgehen, der Krankenkasse in deren Geschäftsräumen unverzüglich vorzulegen.

(2) Entstehen der Krankenkasse durch eine Verletzung der Pflichten nach Absatz 1 zusätzliche Aufwendungen, kann sie von dem Verpflichteten die Erstattung verlangen.

Regelungsinhalt

Die §§ 198 bis 206 regeln, wer gegenüber der Krankenkasse die Meldungen nach dem SGB IV zu erteilen hat. Regelmäßig ist dies nicht der Versicherte selbst. **1**

Eine Ausnahme dazu stellt § 199 für unständige Beschäftigte[620] dar. Diese haben der Krankenkasse den Beginn und das Ende der berufsmäßigen Ausübung mitzuteilen. Beginn und Ende sind dabei in den Regelungen zum Beginn und Ende der Mitgliedschaft definiert.[621] **2**

§ 201 Absatz 1 legt fest, dass mit der Rentenantragsstellung eine Meldung für die Krankenkasse abzugeben ist. Dies gilt selbst dann, wenn bereits eine andere Rente bezogen wird.[622] **3**

Bei Bezug von Versorgungsbezügen sind nach § 202 der jeweiligen Zahlstelle vom Empfänger der Leistung die Krankenkasse sowie ein Krankenkassenwechsel mitzuteilen. Auch die Aufnahme einer versicherungspflichtigen Beschäftigung muss angezeigt werden. **4**

Nach § 205 müssen versicherungspflichtige Rentner oder Bezieher von Versorgungsbezügen der zuständigen Krankenkasse die dort genannten Informationen mitteilen. Ein Verstoß gegen die Mitteilung nach Nr. 3 (Beginn, Höhe und Veränderung des Arbeitseinkommens) kann nach § 307 mit einem Bußgeld geahndet werden. **5**

Auch ein Verstoß gegen die Auskunfts- und Mitteilungspflichten nach § 206 Abs. 1 kann nach § 307 mit einem Bußgeld geahndet werden. Parallel dazu kann die Krankenkasse nach Absatz 2 auch zusätzliche Aufwendungen geltend machen. **6**

---

620 Siehe zur Definition der unständig Beschäftigten § 232 Abs. 3.

621 Siehe § 186 Abs. 2 S. 2 und § 190 Abs. 4.

622 Sichert, § 201 Rn. 2; in Becker/Kingreen, SGB V.

Achtes Kapitel
Finanzierung

Das Achte Kapitel der SGB V regelt die Fragen der Finanzierung der GKV. Dabei gliedert sich dieses Kapitel in fünf Abschnitte (Beiträge, Beitragszuschüsse, Verwendung und Verwaltung der Mittel, Finanzausgleich und Zuweisungen aus dem Gesundheitsfonds sowie Prüfung der Krankenkassen und ihrer Verbände).

Erster Abschnitt
Beiträge

Vorbemerkung

1 Der 1. Abschnitt »Beiträge« beinhaltet in seinen fünf Titeln das gesamte Beitragsrecht der GKV. Im Ersten Titel, Aufbringung der Mittel, wird bestimmt, dass sich die GKV grundsätzlich aus Beiträgen und sonstigen Einnahmen finanziert, von welchen Mitgliedern Beiträge zu zahlen sind und welche Mitglieder beitragsfrei sind.

2 Der zweite Teil behandelt die beitragspflichtigen Einnahmen der Mitglieder und stellt dabei für einzelne Mitgliedergruppen Sonderregelungen auf. Der zweite Teil ist damit der wesentliche Bezugspunkt für die Berechnung der Beiträge.

3 Der dritte Teil behandelt die Beitragssätze und den Zusatzbeitrag. Er ist damit entscheidend für die Höhe der Beiträge. Darüber hinaus beinhaltet er auch die Regelung für den Sozialausgleich.

4 Der vierte Teil, Tragung der Beiträge, legt fest, wer die Beiträge trägt, also von wem die Beiträge aufzubringen sind. Im Gegensatz dazu wird im fünften Teil geregelt, wer die Beiträge tatsächlich zu zahlen und damit an die Krankenkasse abzuführen hat.

Erster Titel
Aufbringung der Mittel

§ 220 Grundsatz

(1) Die Mittel der Krankenversicherung werden durch Beiträge und sonstige Einnahmen aufgebracht. Darlehensaufnahmen sind nicht zulässig.

(2) Der beim Bundesversicherungsamt gebildete Schätzerkreis schätzt für jedes Jahr bis zum 15. Oktober die voraussichtlichen jährlichen Einnahmen des Gesundheitsfonds und die voraussichtlichen jährlichen Ausgaben der Krankenkassen sowie die voraussichtliche Zahl der Versicherten und der Mitglieder der Krankenkassen. Diese Schätzung dient als Grundlage für die Festlegung des durchschnittlichen Zusatzbeitrags nach § 242 a für das Folgejahr.

…

Regelungsinhalt

Abs. 1 legt den Grundsatz der Mittelaufbringung fest: Die Mittel der Krankenversicherung werden durch Beiträge aufgebracht (Grundsatz der Leistungsfinanzierung durch Beiträge[623]) sowie durch sonstige Einnahmen (Satz 1). Nach Satz 2 sind Darlehensaufnahmen, auch um Ausgleich etwaiger Defizite, grundsätzlich verboten. Der Grundsatz der Beitragsfinanzierung wird damit gestärkt. Das Verbot der Darlehensaufnahme hat das BSG für die Vorgängervorschrift bestätigt.[624] Ausnahmen auf Grundlage des SGB V sind weiterhin möglich (z. B. nach § 271 – Darlehen für leistungsaushelfende Krankenkassen).[625] 1

Nach Abs. 2 ermittelt der beim BVA eingesetzte Schätzerkreis Einnahmen und Ausgaben der Krankenkassen sowie die Zahl der Mitglieder. Dies ist die Grundlage für die Bestimmung des durchschnittlichen Zusatzbeitrags durch die Rechtsverordnung des Bundesministeriums für Gesundheit nach § 242 a. 2

§ 221 Beteiligung des Bundes an Aufwendungen

(1) Der Bund leistet zur pauschalen Abgeltung der Aufwendungen der Krankenkassen für versicherungsfremde Leistungen 7,2 Milliarden Euro für das Jahr 2009 und 11,8 Milliarden Euro für das Jahr 2010 in monatlich zum ersten Bankarbeitstag zu überweisenden Teilbeträgen an den Gesundheitsfonds. Die Leistungen des Bundes erhöhen sich in den Folgejahren um jährlich 1,5 Milliarden Euro bis zu einer jährlichen Gesamtsumme von 14 Milliarden Euro.

…

Regelungsinhalt

§ 221 legt fest, dass als Ausnahme zu § 220 der Bund zur Finanzierung versicherungsfremder Leistung einen Bundeszuschuss gewährt, der 14 Mrd. € beträgt. Der Begriff der versicherungsfremden Leistungen wird dabei nicht genauer konkretisiert, soll aber gesamtgesellschaftliche Lasten, wie die beitragsfreie Mitversicherung der Kinder, umfassen.[626] 1

§ 221 a Weitere Beteiligung des Bundes für das Jahr 2011

Der Bund leistet im Jahr 2011 weitere 2 Milliarden Euro in monatlich zum ersten Bankarbeitstag zu überweisenden Teilbeträgen an den Gesundheitsfonds.

…

§ 221 b Leistungen des Bundes für den Sozialausgleich

(1) Der Bund leistet zum Sozialausgleich nach § 242 b ab dem Jahr 2015 in monatlich zum ersten Bankarbeitstag zu überweisenden Teilbeträgen Zahlungen an den Gesund-

---

623 Hasfeld, § 220 Rn. 20; in juris-PK.

624 BSG – 03. 03. 2009 – B 1 A 1/08 R.

625 Ausschussdrucksache 17(040)190 neu des BT-Ausschusses für Gesundheit, S. 56.

626 BT-Drs. 16/3100, S. 181.

heitsfonds, die der Liquiditätsreserve nach § 271 Absatz 2 zuzuführen sind. Die Höhe der Zahlungen wird im Jahr 2014 gesetzlich festgelegt. Dieser Sozialausgleich beinhaltet zusätzlich jeweils in voller Höhe die Zahlungen für die Zusatzbeiträge, die für Mitglieder nach § 242 Absatz 4 Satz 1 erhoben werden, sowie die Zahlungen für Zusatzbeiträge, die von der Bundesagentur für Arbeit nach § 26 Absatz 3 des Zweiten Buches gezahlt werden.

(2) Die Bundesregierung evaluiert die mit den Maßnahmen nach § 85 und § 87 a Absatz 2 Satz 3 in der am 1. Januar 2012 geltenden Fassung verbundenen Auswirkungen auf das Versorgungsgeschehen im Bereich der vertragszahnärztlichen und vertragsärztlichen Versorgung einschließlich der finanziellen Auswirkungen auf die gesetzliche Krankenversicherung bis zum 30. April 2014. Das Ergebnis der Evaluierungen nach Satz 1 wird bei der Festlegung der Höhe der Zahlungen des Bundes für den Sozialausgleich nach Absatz 1 Satz 2 mindernd berücksichtigt, soweit sich aus diesem Ergebnis unter Berücksichtigung von Einspareffekten Mehrausgaben des Bundes für den Sozialausgleich ergeben.

Regelungsinhalt

1 Diese beiden Vorschriften bestimmen, dass der Bund die Mittel zur Finanzierung des Sozialausgleiches nach § 242 b zur Verfügung stellt. Diese Mittel umfassen auch die Zahlung von Zusatzbeiträgen für Mitglieder nach § 242 Abs. 4 Satz 1 sowie die von der Bundesagentur für Arbeit nach § 26 Abs. 3 SGB II zu zahlenden Zusatzbeiträge. Eine dauerhafte Regelung soll erst 2014 erlassen werden. Bis dahin stehen allein die zwei Mrd. € zur Verfügung, die mit dem Haushaltsbegleitgesetz 2011[627] dem Gesundheitsfonds zur Konsolidierung zur Verfügung gestellt wurden. Eine ausdrücklich Zweckbindung dieser zwei Mrd. € hat der Gesetzgeber nicht vorgenommen. Es ist geplant, diese zwei Mrd. € bereits 2013 wieder aus dem Gesundheitsfonds zu nehmen.[628]

§ 223 Beitragspflicht, beitragspflichtige Einnahmen, Beitragsbemessungsgrenze

(1) Die Beiträge sind für jeden Kalendertag der Mitgliedschaft zu zahlen, soweit dieses Buch nichts Abweichendes bestimmt.

(2) Die Beiträge werden nach den beitragspflichtigen Einnahmen der Mitglieder bemessen. Für die Berechnung ist die Woche zu sieben, der Monat zu dreißig und das Jahr zu dreihundertsechzig Tagen anzusetzen.

(3) Beitragspflichtige Einnahmen sind bis zu einem Betrag von einem Dreihundertsechzigstel der Jahresarbeitsentgeltgrenze nach § 6 Abs. 7 für den Kalendertag zu berücksichtigen (Beitragsbemessungsgrenze). Einnahmen, die diesen Betrag übersteigen, bleiben außer Ansatz, soweit dieses Buch nichts Abweichendes bestimmt.

---

627 BT-Drs. 17/3030, S. 50.
628 BT-Drs. 17/10588.

Regelungsinhalt

§ 223 verknüpft in Abs. 1 die Beitragspflicht mit der Mitgliedschaft (§§ 186 ff.). Ausnahmen von diesem Grundsatz machen die §§ 224, 225. Die Beitragspflicht ist dabei unabhängig von einem entsprechenden Bescheid der Krankenkasse, sondern sie ergibt sich aus der allgemeinen Vorschrift des § 22 SGB IV.[629] Familienversicherte sind in diesem Zusammenhang keine Mitglieder der Krankenkasse und unterfallen damit nicht der Beitragspflicht.[630] 1

Daneben wird festgelegt, dass die Beiträge auf Grundlage der beitragspflichtigen Einnahmen erhoben werden. Auf welche Einnahmen Beiträge erhoben werden, wird in den §§ 226 bis 240 definiert. In Absatz 3 wird die Beitragsbemessungsgrenze definiert. Sie beträgt pro Tag 1/360 der Jahresarbeitsentgeltgrenze nach § 6 Abs. 7 SGB V. Beträge über der Beitragsbemessungsgrenze werden nicht verbeitragt. 2

Die Beitragsmessungsgrenze wird jährlich in der Sozialversicherungs-Rechengrößenverordnung bekanntgegeben. Für das Jahr 2012 beträgt die Beitragsbemessungsgrenze 3825 € monatlich bzw. 45 900 € jährlich.[631] 3

§ 224 Beitragsfreiheit bei Krankengeld, Mutterschaftsgeld oder Erziehungsgeld oder Elterngeld

(1) Beitragsfrei ist ein Mitglied für die Dauer des Anspruchs auf Krankengeld oder Mutterschaftsgeld oder des Bezugs von Erziehungsgeld oder Elterngeld. Die Beitragsfreiheit erstreckt sich nur auf die in Satz 1 genannten Leistungen.

...

Regelungsinhalt

§ 224 dient allein der Klarstellung. Denn weder Kranken- noch Mutterschafts-, Erziehungs- oder Elterngeld werden in den §§ 226 bis 240 als beitragspflichtige Einnahmen der Mitglieder aufgeführt. Dass während des Bezugs der obengenannten Leistungen die Mitgliedschaft fortbesteht, ergibt sich aus § 192 Abs. 1 Nr. 2. 1

§ 224 Abs. 1 Satz 1 bezieht sich allerdings auch auf Fälle des schlichten Bezugs von Kranken- und Mutterschaftsgeldes,[632] es genügt also einerseits der Anspruch ohne Bezug der Leistung, andererseits reicht aber auch der Bezug ohne Anspruch auf diese Leistung aus. 2

Im Abs. 1 Satz 2 wird festgelegt, dass nur die in Satz 1 genannten Leistungen nicht der Beitragspflicht unterliegen. Andere, daneben bestehende Einnahmen müssen regelmäßig verbeitragt werde. Nach der Gesetzesbegründung gilt dies nicht für vermögenswirksame Leistungen der Arbeitgeber.[633] Daneben gelten weitere gesetzliche Ausnahmen. So sind 3

629 Hasfeld, § 223 Rn. 22, in juris-PK.
630 Siehe dazu § 10.
631 § 4 Abs. 2 Sozialversicherungs-Rechengrößenverordnung 2012, BGBl. I 2011, S. 2421.
632 Rixen, § 224 Rn. 2, in Becker/Kingreen, SGB V.
633 Hänlein, § 224 Rn. 2; in LPK-SGB V.

Zuschüsse der Arbeitgeber zum Mutterschaftsgeld und zum Krankengeld (solange durch die Zuschüsse das Krankengeld nicht ruht) ebenfalls beitragsfrei.[634]

4 Für freiwillig versicherte Mitglieder gilt, dass trotz der Beitragsfreiheit der Leistungen nach § 224 Abs. 1 das gesetzlich fingierte Mindesteinkommen nach § 240 Abs. 4 Satz 1 zur Beitragsbemessung herangezogen wird,[635] es sei denn, § 8 der Beitragsverfahrensgrundsätze Selbstzahler[636] sieht eine entsprechende Ausnahme vor (z. B. bezüglich des Mutterschaftsgeldes).

§ 225 Beitragsfreiheit bestimmter Rentenantragsteller

Beitragsfrei ist ein Rentenantragsteller bis zum Beginn der Rente, wenn er

1. **als hinterbliebener Ehegatte oder hinterbliebener Lebenspartner eines nach § 5 Abs. 1 Nr. 11 oder 12 versicherungspflichtigen Rentners, der bereits Rente bezogen hat, Hinterbliebenenrente beantragt,**
2. **als Waise eines nach § 5 Abs. 1 Nr. 11 oder 12 versicherungspflichtigen Rentners, der bereits Rente bezogen hat, vor Vollendung des achtzehnten Lebensjahres Waisenrente beantragt oder**
3. **ohne die Versicherungspflicht nach § 5 Abs. 1 Nr. 11 oder 12 nach § 10 dieses Buches oder nach § 7 des Zweiten Gesetzes über die Krankenversicherung der Landwirte versichert wäre.**

Satz 1 gilt nicht, wenn der Rentenantragsteller Arbeitseinkommen oder Versorgungsbezüge erhält. § 226 Abs. 2 gilt entsprechend.

Regelungsinhalt

1 Die Norm regelt die Beitragsfreiheit bestimmter Rentenantragsteller, die wiederum Mitglied sein müssen. Es gibt dabei folgende Fallgruppen:

1. Der Rentenantragsteller ist Hinterbliebener eines Rentners, der nach § 5 Abs. 1 Nr. 11 oder Nr. 12 versicherungspflichtig war und bereits Rente bezogen hat (Nr. 1)
2. Der Rentenantragsteller ist Waise eines Rentners, der nach § 5 Abs. 1 Nr. 11 oder Nr. 12 versicherungspflichtig war und Rente bezogen hat. Der Waise darf dabei das 18. Lebensjahr nicht vollendet haben (Nr. 2)
3. Rentenantragssteller, die ohne die eigentliche Versicherungspflicht als Rentenantragssteller nach § 10 familienversichert wären (Nr. 3). Dabei ist es ohne Belang, welche Rente beantragt wird. Es ist aber darauf zu achten, dass mit dem Ende der potenziellen Familienversicherung auch die Beitragsfreiheit diesbezüglich endet.

Die Beitragsfreiheit nach dieser Norm gilt auf Grund des Wortlautes der Norm (Rentenantragsteller) bis zum Beginn der Rente.

2 Nach Satz 2 scheidet die Beitragsfreiheit dann aus, wenn der Rentenantragsteller

---

634 Hasfeld, § 224 Rn. 33, 34, in juris-PK.

635 BSG – 26.05.2004 – B 12 P 6/03 R.

636 Abrufbar unter: http://www.gkv-spitzenverband.de/upload/Grundsätze_Beitragsbemessung_Freiwillige_06052010_13601.pdf.

Arbeitseinkommen oder Versorgungbezüge[637] erhält. Von dieser Regelung wird wiederum eine Ausnahme gemacht. Demnach besteht Beitragsfreiheit trotzdem dann, wenn das Arbeitskommen bzw. die Versorgungsbezüge unter der Grenze des § 226 Abs. 2, also 1/20 der Bezugsgröße nach § 18 SGB IV, liegen.

Zweiter Titel
Beitragspflichtige Einnahmen der Mitglieder

§ 226 Beitragspflichtige Einnahmen versicherungspflichtig Beschäftigter

(1) Bei versicherungspflichtig Beschäftigten werden der Beitragsbemessung zugrunde gelegt

1. das Arbeitsentgelt aus einer versicherungspflichtigen Beschäftigung,
2. der Zahlbetrag der Rente der gesetzlichen Rentenversicherung,
3. der Zahlbetrag der der Rente vergleichbaren Einnahmen (Versorgungsbezüge),
4. das Arbeitseinkommen, soweit es neben einer Rente der gesetzlichen Rentenversicherung oder Versorgungsbezügen erzielt wird.

Dem Arbeitsentgelt steht das Vorruhestandsgeld gleich. Bei Auszubildenden, die in einer außerbetrieblichen Einrichtung im Rahmen eines Berufsausbildungsvertrages nach dem Berufsbildungsgesetz ausgebildet werden, steht die Ausbildungsvergütung dem Arbeitsentgelt gleich.

(2) Die nach Absatz 1 Satz 1 Nr. 3 und 4 zu bemessenden Beiträge sind nur zu entrichten, wenn die monatlichen beitragspflichtigen Einnahmen nach Absatz 1 Satz 1 Nr. 3 und 4 insgesamt ein Zwanzigstel der monatlichen Bezugsgröße nach § 18 des Vierten Buches übersteigen.

(3) Für Schwangere, deren Mitgliedschaft nach § 192 Abs. 2 erhalten bleibt, gelten die Bestimmungen der Satzung.

(4) Bei Arbeitnehmern, die gegen ein monatliches Arbeitsentgelt bis zum oberen Grenzbetrag der Gleitzone (§ 20 Absatz 2 des Vierten Buches) mehr als geringfügig beschäftigt sind, gilt der Betrag der beitragspflichtigen Einnahme nach § 163 Absatz 10 Satz 1 bis 5 und 8 des Sechsten Buches entsprechend.

Neu gefasst durch den Gesetzentwurf vom 25.09.2012, BT-Drs. 17/10773 wird Abs. 4 lauten: »... gilt der Betrag der beitragspflichtigen Einnahme nach § 163 Absatz 10 Satz 1 bis 5 und 8 oder § 276b des Sechsten Buches entsprechend.«

Inhaltsübersicht Rn.

---

637 Siehe § 229.

1. Grundsatz

1 Diese Norm regelt für den Großteil der versicherungspflichtigen Personen, den abhängig Beschäftigten, welche Einnahmen der Beitragsbemessung unterfallen. Grundsätzlich ist bei dieser wie auch bei den folgenden Normen die Beitragsbemessungsgrenze[638] zu berücksichtigen. Einnahmen, die diese Grenze übersteigen, werden nicht verbeitragt.

2. Arbeitsentgelt als Einnahme

2 Abs. 1 Nr. 1 regelt, dass das Arbeitsentgelt aus der versicherungspflichtigen Beschäftigung beitragspflichtig ist. Arbeitsentgelt umfasst alle laufenden oder einmaligen Einnahmen aus einer Beschäftigung, gleichgültig, ob ein Rechtsanspruch darauf besteht, unter welcher Bezeichnung und in welcher Form es geleistet wird oder ob es aus der Beschäftigung selbst oder in Zusammenhang mit ihr erbracht wird.[639] Dabei ist ohne Belang, ob das Arbeitsentgelt den Beschäftigten tatsächlich zugeflossen ist. Es gilt dabei das Entstehungsprinzip und nicht das Zuflussprinzip, so dass das Entstehen des Entgeltanspruchs ausreicht.[640]

3 Daneben gilt die SvEV. Diese legt z. B. fest, dass Zuwendungen an Pensionskassen dem beitragspflichtigen Arbeitsentgelt nur dann zuzurechnen sind, wenn sie vier % der Beitragsbemessungsgrenze der allgemeinen Rentenversicherung übersteigt (Vgl. § 1 Abs. 1 Nr. 9 SvEV).

3. Weitere Einnahmen

4 Nach Satz 2 und 3 wird Vorruhestandsgeld und die Ausbildungsvergütung bei einer außerbetrieblichen Ausbildung wie Arbeitsentgelt behandelt. Es gelten damit auch für diese Einnahmen die Regelungen zum Arbeitsentgelt. Bei beitragspflichtigen Einnahmen aus mehreren Versicherungsverhältnissen gilt die allgemeine Regelung des § 22 Abs. 2 SGB IV.

5 Nach Abs. 1 Nr. 2 ist neben dem Arbeitsentgelt auch der Zahlbetrag der Rente aus der gesetzlichen Rentenversicherung beitragspflichtig. Für welche Renten dies gilt, regelt § 228.[641] Für die der Rente vergleichbaren Einnahmen (Versorgungsbezüge) gilt ebenfalls die Beitragspflicht hinsichtlich der Zahlbeträge. Die entsprechende gesetzliche Regelung beinhaltet § 229.

6 Abs. 1 Nr. 4 stellt eine Regelung für den Fall zur Verfügung, dass neben einer Rente aus der gesetzlichen Rentenversicherung bzw. neben Versorgungsbezügen (Abs. 1 Nr. 2 oder Nr. 3) noch ein Arbeitseinkommen besteht. Das Arbeitseinkommen entspricht im Wesentlichen dem Gewinn aus einer selbständigen Tätigkeit.[642] Es ist dabei zu beachten, dass

638 Siehe § 223 Abs. 2.
639 Vgl. § 14 SGB IV.
640 BSG – 14.07.2004 – B 12 KR 7/04 R; Fischer, § 226 Rn. 31, in juris-PK.
641 Siehe § 228.
642 Vgl. § 15 SGB IV.

die selbständige Tätigkeit nicht hauptberuflich ausgeübt werden darf, da in diesen Fällen keine Versicherungspflicht als Arbeitnehmer bestünde.[643]

In Absatz 2 wird festgelegt, dass die Versorgungsbezüge aus Abs. 1 Nr. 3 und die Arbeitseinkommen aus Abs. 1 Nr. 4 nur dann verbeitragt werden, wenn sie insgesamt, also alle Versorgungsbezüge und Arbeitseinkommen zusammenaddiert, 1/20 der monatlichen Bezugsgröße[644] überschreiten. Für 2012 beträgt dieser Wert 131,25 €. 7

4. Sonderregelungen und Gleitzone

In Absatz 3 werden die Krankenkassen verpflichtet, für Schwangere, die nach § 192 Abs. 2 SGB V Mitglied bleiben, die beitragspflichtigen Einnahmen in der Satzung zu bestimmten. Der Krankenkasse steht dabei ein Ermessensspielraum zu, wie sie die Einnahmen bestimmt. Verfassungsrechtlich bedenklich erscheint insoweit eine Anknüpfung an das zuletzt erzielte Arbeitsentgelt.[645] 8

Absatz 4 regelt die Beitragsbemessung für Arbeitnehmer in der Gleitzone.[646] Er verweist in diesem Zusammenhang auf die entsprechende Regelung des § 163 Abs. 10 Satz 1 bis 5 sowie 8 des SGB VI.[647] Demnach wird der Beitragsbemessung ein fiktives Entgelt zu Grunde gelegt. Eine entsprechende Regelung zu der Beitragstragung findet sich in § 249 Abs. 4. 9

§ 227 Beitragspflichtige Einnahmen versicherungspflichtiger Rückkehrer in die gesetzliche Krankenversicherung und bisher nicht Versicherter

Für die nach § 5 Abs. 1 Nr. 13 Versicherungspflichtigen gilt § 240 entsprechend.

Regelungsinhalt

Für die durch die Auffangversicherungspflicht nach § 5 Abs. 1 Nr. 13 Versicherungspflichtigen[648] sind die Regeln des § 240 entsprechend anwendbar. Das bedeutet, dass die Krankenkassen die beitragspflichtigen Einnahmen in ihrer Satzung zu regeln haben.[649] 1

§ 228 Rente als beitragspflichtige Einnahmen

(1) Als Rente der gesetzlichen Rentenversicherung gelten Renten der allgemeinen Rentenversicherung sowie Renten der knappschaftlichen Rentenversicherung einschließlich der Steigerungsbeträge aus Beiträgen der Höherversicherung. Satz 1 gilt auch, wenn vergleichbare Renten aus dem Ausland bezogen werden.

643 Siehe § 5 Abs. 5.
644 Vgl. § 18 SGB IV; für die Bezugsgröße: § 2 Abs. 2 Sozialversicherungsrechengrößenverordnung 2012.
645 Rixen, § 226 Rn. 3, in Becker/Kingreen, SGB V.
646 Vgl. § 20 Abs. 2 SGB VI.
647 Vgl. zur Berechnung des beitragspflichtigen Arbeitsentgeltes die dortige Formel und Erläuterung.
648 Siehe § 5 Abs. 1 Nr. 13, Rn. 38 ff.
649 Siehe § 240.

(2) Bei der Beitragsbemessung sind auch Nachzahlungen einer Rente nach Absatz 1 zu berücksichtigen, soweit sie auf einen Zeitraum entfallen, in dem der Rentner Anspruch auf Leistungen nach diesem Buch hatte. Die Beiträge aus der Nachzahlung gelten als Beiträge für die Monate, für die die Rente nachgezahlt wird.

Regelungsinhalt

1 Absatz 1 definiert diejenigen Renten, die als Rente der gesetzlichen Rentenversicherung gelten. Dies sind nicht nur Renten der knappschaftlichen Rentenversicherung oder die Altersrenten der Allgemeinen Rentenversicherung, sondern auch die weiteren Rentenarten der GRV.[650] Durch die Überführung der Renten aus den DDR-Zusatz- und Sonderversorgungssystemen in die GRV gelten auch für diese keine Sonderregelungen.[651] Die in der Norm angesprochenen zu verbeitragendenden Steigerungsbeträge aus den Beiträgen zur Höherversicherung sind in § 269 SGB VI geregelt.

2 Mit dem seit 2011 geltenden Satz 2 werden nunmehr auch Renten von ausländischen Rentenversicherungsträgern der Beitragspflicht unterworfen. Trotz europarechtlichen Ursprungs gilt diese Regelung auch für Rentenversicherungsträger außerhalb der Europäischen Union.[652]

3 Absatz 2 regelt, dass Nachzahlungen dann der Beitragspflicht unterfallen, wenn sie für einen Zeitraum gezahlt werden, in dem eine Leistungsberechtigung (auch in Form von Familienversicherung[653]) bestand. Nach Satz 2 gelten die Nachzahlungen allerdings für denjenigen Monat, für den die Nachzahlung erfolgt. Das heißt, es sind dann auch die zu diesem Zeitpunkt geltenden Beitragsbemessungsgrenzen und Beitragssätze[654] zu beachten. Ob die Regelung auch für beitragsfreie Zeiten gilt, ist unklar.[655]

§ 229 Versorgungsbezüge als beitragspflichtige Einnahmen

(1) Als der Rente vergleichbare Einnahmen (Versorgungsbezüge) gelten, soweit sie wegen einer Einschränkung der Erwerbsfähigkeit oder zur Alters- oder Hinterbliebenenversorgung erzielt werden,

1. Versorgungsbezüge aus einem öffentlich-rechtlichen Dienstverhältnis oder aus einem Arbeitsverhältnis mit Anspruch auf Versorgung nach beamtenrechtlichen Vorschriften oder Grundsätzen; außer Betracht bleiben
   a) lediglich übergangsweise gewährte Bezüge,
   b) unfallbedingte Leistungen und Leistungen der Beschädigtenversorgung,
   c) bei einer Unfallversorgung ein Betrag von 20 vom Hundert des Zahlbetrags und
   d) bei einer erhöhten Unfallversorgung der Unterschiedsbetrag zum Zahlbetrag

---

650 Siehe zu den Rentenarten § 33 SGB VI.
651 Fischer, § 228 Rn. 14, in juris-PK.
652 BT-Drs. 17/4978, S. 20.
653 Fischer, § 228 Rn. 21, in juris-PK.
654 Siehe § 247.
655 Rixen, § 228 Rn. 3, in Becker/Kingreen, SGB V m. w. N.

der Normalversorgung, mindestens 20 vom Hundert des Zahlbetrags der erhöhten Unfallversorgung,

2. **Bezüge aus der Versorgung der Abgeordneten, Parlamentarischen Staatssekretäre und Minister,**
3. **Renten der Versicherungs- und Versorgungseinrichtungen, die für Angehörige bestimmter Berufe errichtet sind,**
4. **Renten und Landabgaberenten nach dem Gesetz über die Alterssicherung der Landwirte mit Ausnahme einer Übergangshilfe,**
5. **Renten der betrieblichen Altersversorgung einschließlich der Zusatzversorgung im öffentlichen Dienst und der hüttenknappschaftlichen Zusatzversorgung.**

Satz 1 gilt auch, wenn Leistungen dieser Art aus dem Ausland oder von einer zwischenstaatlichen oder überstaatlichen Einrichtung bezogen werden. Tritt an die Stelle der Versorgungsbezüge eine nicht regelmäßig wiederkehrende Leistung oder ist eine solche Leistung vor Eintritt des Versicherungsfalls vereinbart oder zugesagt worden, gilt ein Einhundertzwanzigstel der Leistung als monatlicher Zahlbetrag der Versorgungsbezüge, längstens jedoch für einhundertzwanzig Monate.

(2) Für Nachzahlungen von Versorgungsbezügen gilt § 228 Abs. 2 entsprechend.

Inhaltsübersicht Rn.

1. Definition der Versorgungsbezüge

Diese Norm regelt, welche Einnahmen als der Rente vergleichbare Einnahmen gelten und damit Versorgungsbezüge im Sinne dieser Vorschrift sind. Versorgungsbezüge können diese Einnahmen nur dann sein, wenn sie wegen einer Einschränkung der Erwerbsfähigkeit oder zur Alters- bzw. Hinterbliebenenversorgung erzielt werden. Die Aufzählung der Norm ist abschließend,[656] sofern es sich um versicherungspflichtige Mitglieder handelt. Für freiwillig versicherte Mitglieder gilt § 240. Parallel zu § 228 gilt auch für die Versorgungsbezüge nach § 229, dass diese nicht zwingend von einer inländischen Stelle gezahlt werden müssen (Abs. 1 S. 2). 1

Obwohl der Normtext von Bezügen und Renten spricht, sind neben diesen laufenden Leistungen auch Einmalzahlungen wie Weihnachts- und Urlaubsgeld zu berücksichtigen.[657] 2

2. Arten von Versorgungsbezügen

Abs. 1 Nr. 1 umfasst Versorgungsbezüge im beamtenrechtlichen Sinn. Als Ausnahme davon gelten lediglich die unter den Buchstaben a bis d genannten Leistungen, die nur 3

656 Fischer, § 229 Rn. 13, in juris-PK.
657 BSG – 18.03.1993 – 8 RKn 2/92.

anlassbezogen gezahlt werden. Abs. 1 Nr. 2 umfasst die Versorgungsbezüge der Abgeordneten, Parlamentarischen Staatssekretäre und der Minister. Abs. 1 Nr. 3 ordnet die Renten berufsständischer Einrichtungen, wie z. B. die Versorgungswerke der Rechtsanwälte, als Versorgungsbezüge nach § 229 ein. Abs. 1 Nr. 4 ordnet die Renten nach dem Gesetz über die Alterssicherung der Landwirte den Versorgungsbezügen zu. Ausnahme hiervon ist das Überbrückungsgeld nach § 38 ALG und die Übergangshilfe nach § 106 Abs. 6 ALG.[658]

3. Altersvorsorge als Versorgungsbezug

4 Abs. 1 Nr. 5 bezieht die Renten der betrieblichen Altersvorsorge und Zusatzversorgungssysteme in die Versorgungsbezüge ein. In ständiger Rechtsprechung geht das Bundessozialgericht dabei davon aus, dass der Begriff der betrieblichen Altersversorgung im SGB V nicht der Legaldefinition des § 1 Abs. 1 BetrAVG entspricht, sondern weiter verstanden werden muss.[659] Es muss grundsätzlich ein Zusammenhang zwischen dem System der Altersvorsorge und der Erwerbstätigkeit bestehen, die Modalitäten des konkreten Rechtserwerbs bleiben dabei unberücksichtigt.[660] Somit können auch Leistungen aus einem Sozialplan als Leistungen der betrieblichen Altersvorsorge verstanden werden, wenn sie einen entsprechenden Zweck erfüllen.[661]

5 Ebenfalls als Leistungen der Altersvorsorge gelten Überbrückungsgelder, Ausgleichszahlungen und ähnliche Leistungen zwischen Ende des Arbeitsverhältnisses und Beginn der Betriebsrente, allerdings maximal in Höhe der späteren Betriebsrente.[662]

6 Es ist unbeachtlich, ob die Leistungen von einem Arbeitgeber oder einer Institution der betrieblichen Altersvorsorge wie z. B. Pensionskassen stammen.[663]

7 Hinsichtlich der Auszahlungsweise hat das Bundesverfassungsgericht festgestellt, dass zu den Renten aus der betrieblichen Altersvorsorge auch Kapitalleistungen aus betrieblichen Direktversicherungen zählen.[664] Bedingung hierfür ist aber, dass Versicherungsnehmer der Arbeitgeber ist. In diesen Fällen ist es auch unerheblich, ob die Beiträge tatsächlich nur vom Arbeitnehmer oder der Arbeitnehmerin gezahlt wurden. Es kommt rein auf das formale Kriterium des Versicherungsnehmers an.[665] Die entsprechende Rechtsprechung des Bundessozialgerichts[666] wurde damit bestätigt.

8 Nach der Rechtsprechung des Bundesverfassungsgerichts sind die Grenzen dann erreicht, wenn nach dem Ausscheiden aus dem Erwerbsleben zwar weiterhin Beiträge in das

658 Rundschreiben der Krankenkassen vom 12. Februar 2004, abrufbar unter: http://www.ak-sozialpolitik.de/doku/05_soziales/rundschreiben/2004_02_12.pdf.
659 Zuletzt unter anderem: BSG – 05.05.2010 – B 12 KR 15/09 R m. w. N.
660 BSG – 12.11.2008 – B 12 KR 6/08 R.
661 BSG – 26.03.1996 – B 12 RK 44/94.
662 Fischer, § 229 Rn. 44, in juris-PK.
663 Zuletzt unter anderem BSG – 05.05.2010 – 12 KR 15/09 R.
664 BVerfG – 06.09.2010 – 1 BvR 739/08.
665 BVerfG – 06.09.2010 – 1 BvR 739/08.
666 BSG – 12.12.2007 – B 12 KR 6/06 R.

Altersvorsorgesystem eingezahlt wurden, der Arbeitgeber aber zu Gunsten des Arbeitnehmers aus dem Versicherungsvertrag ausgeschieden ist.[667] Das heißt, dass der Arbeitnehmer, der, sobald er aus dem Erwerbsleben ausscheidet, trotzdem Beiträge zahlt und auch Versicherungsnehmer wird, die daraus entstehenden Leistungen nicht als Versorgungsbezüge nach § 229 verbeitragen muss.

Zu den nötigen Angaben, um den genauen Anteil der Bezüge, die beitragspflichtig und die beitragsfrei sind, bestimmen zu können, gibt es bisher noch keine abschließende Rechtsprechung. Das Bundessozialgericht hat hier jedoch bereits erste Anforderungen aufgestellt.[668] Demnach muss das Versicherungsunternehmen als Zahlstelle im Sinne des § 202 den Teil der Bezüge rechnerisch ermitteln, der nach § 229 verbeitragt wird. Dazu muss es Angaben zu den Ausgangsdaten und der Methode der Berechnung machen, um die Nachvollziehbarkeit zu gewährleisten. 9

Als Versorgungsbezug im Sinne des Abs. 1 Satz 1 Nr. 5 zählt auch die Auszahlung einer Deckungsrückstellung aus einer Lebensversicherung.[669] Es muss also noch nicht zum Versicherungsfall gekommen sein. Denn insoweit ist die Deckungsrückstellung nichts anderes als die Abfindung der Anwartschaft aus dem Versicherungsvertrag. Es ist dabei ohne Belang, zu welchem Zweck die Deckungsrückstellung tatsächlich verwendet wird. Entscheidend ist der Charakter der Zahlung als solche.[670] 10

4. Beitragsberechnung, Nachzahlung

Hinsichtlich der Beitragsberechnung ist der Zahlbetrag maßgeblich.[671] Das heißt, etwaige Kürzungen sind zu berücksichtigen. Für nicht regelmäßig wiederkehrende Leistungen, also auch einmalige Leistungen wie z. B. Kapitalabfindungen gilt nach Abs. 1 Satz 3, dass ab Auszahlung der Kapitalleistung für zehn Jahre 1/120 der Kapitalleistung als Versorgungsbezug verbeitragt wird. Dies gilt allerdings nur bis zur Beitragsbemessungsgrenze nach § 223. Liegt also ein Teil der Versorgungsbezüge in dem Zehn-Jahres-Zeitraum über der Beitragsbemessungsgrenze, findet keine Verbeitragung statt. Der Zehn-Jahres-Zeitraum wird nicht verlängert. 11

Da die Versorgungsbezüge den Renten gemäß Absatz 1 gleichgestellt sind, gilt nach Absatz 2 auch für die Nachzahlungen von Versorgungsbezügen die Regelung des § 228 Abs. 2. 12

§ 230 Rangfolge der Einnahmearten versicherungspflichtig Beschäftigter

Erreicht das Arbeitsentgelt nicht die Beitragsbemessungsgrenze, werden nacheinander der Zahlbetrag der Versorgungsbezüge und das Arbeitseinkommen des Mitglieds bis zur Beitragsbemessungsgrenze berücksichtigt. Der Zahlbetrag der Rente der gesetzlichen Rentenversicherung wird getrennt von den übrigen Einnahmearten bis zur Beitragsbemessungsgrenze berücksichtigt.

---

667 BVerfG – 28.09.2010 – 1 BvR 1660/08.
668 BSG – 30.03.2011 – B 12 KR 16/10 R.
669 BSG – 25.04.2012 – B 12 KR 26/10 R.
670 BSG – 25.04.2012 – B 12 KR 26/10 R.
671 Siehe § 226.

Regelungsinhalt

1 Der Paragraph regelt, in welcher Reihenfolge die verschiedenen Einnahmearten bei versicherungspflichtigen Beschäftigten[672] verbeitragt werden, wenn das Arbeitsentgelt nicht die Beitragsbemessungsgrenze überschreitet. Demnach werden nach dem Arbeitsentgelt die Versorgungsbezüge und anschließend das Arbeitseinkommen verbeitragt, bis insgesamt die Beitragsbemessungsgrenze erreicht ist. Zu beachten ist allerdings, dass die Bagatellgrenze hier nicht gilt.[673]

2 Aus Gründen der Verwaltungsvereinfachung[674] wird parallel dazu der Zahlbetrag der Rente bis zur Beitragsbemessungsgrenze verbeitragt. Das heißt, insgesamt können nach § 230 Einnahmen bis zur doppelten Höhe der Beitragsbemessungsgrenze verbeitragt werden. Um diese Folge zu beseitigen, werden die überzahlten Beiträge nach § 231 erstattet.

§ 231 Erstattung von Beiträgen

(1) Beiträge aus Versorgungsbezügen oder Arbeitseinkommen werden dem Mitglied durch die Krankenkasse auf Antrag erstattet, soweit sie auf Beträge entfallen, um die die Versorgungsbezüge und das Arbeitseinkommen zusammen mit dem Arbeitsentgelt einschließlich des einmalig gezahlten Arbeitsentgelts die anteilige Jahresarbeitsentgeltgrenze nach § 6 Abs. 7 überschritten haben.

(2) Die zuständige Krankenkasse erstattet dem Mitglied auf Antrag die von ihm selbst getragenen Anteile an den Beiträgen aus der Rente der gesetzlichen Rentenversicherung, soweit sie auf Beträge entfallen, um die die Rente zusammen mit den übrigen der Beitragsbemessung zugrunde gelegten Einnahmen des Mitglieds die Beitragsbemessungsgrenze überschritten hat. Die Satzung der Krankenkasse kann Näheres über die Durchführung der Erstattung bestimmen. Wenn dem Mitglied auf Antrag von ihm getragene Beitragsanteile nach Satz 1 erstattet werden, werden dem Träger der gesetzlichen Rentenversicherung die von diesem insoweit getragenen Beitragsanteile erstattet.

Regelungsinhalt

1 Diese Vorschrift regelt die Rückzahlung von Beiträgen, die auf Grund des § 230 gezahlt wurden, obwohl die Beitragsbemessungsgrenze überschritten wurde. Es handelt sich also um Beiträge von versicherungspflichtigen Beschäftigten und es kann sich nur um Beiträge aus Versorgungsbezügen, Arbeitseinkommen oder der Rente aus der Gesetzlichen Rentenversicherung handeln.

2 § 231 ist eine Sonderregelung zum allgemeinen Verfahren nach § 26 SGB IV.[675] Im Gegensatz zu dieser Fallkonstellation (der Krankenkasse unterläuft bei der Beitragsberech-

---

672 Für die Rangfolge bei Rentenbeziehern siehe § 238 a.

673 Fischer, § 229 Rn. 16, in juris-PK.

674 Rixen, § 230 Rn. 2, in Becker/Kingreen, SGB V.

675 Hänlein, § 230 Rn. 1; in LPK-SGB V.

nung ein Fehler) ist bei korrekter Berechnung und Überschreiten der Beitragsbemessungsgrenze ein Antrag des Mitglieds erforderlich, um eine Rückzahlung zu erhalten.

Eine spezielle Verjährungsvorschrift existiert nicht. Da § 231 eine Spezialvorschrift zu § 26 SGB IV ist, wird angenommen, dass die 4-Jahres-Frist für die Verjährung aus § 27 SGB IV hier auch gilt.[676] Die 4-Jahres-Frist beginnt mit dem Ablauf des Jahres, in dem die Beiträge gezahlt worden sind. 3

Näheres zum Verfahren der Erstattung kann darüber hinaus auch die Satzung der Krankenkasse enthalten.

§ 232 Beitragspflichtige Einnahmen unständig Beschäftigter

(1) Für unständig Beschäftigte ist als beitragspflichtige Einnahmen ohne Rücksicht auf die Beschäftigungsdauer das innerhalb eines Kalendermonats erzielte Arbeitsentgelt bis zur Höhe von einem Zwölftel der Jahresarbeitsentgeltgrenze nach § 6 Abs. 7 zugrunde zu legen. Die §§ 226 und 228 bis 231 dieses Buches sowie § 23 a des Vierten Buches gelten.

(2) Bestanden innerhalb eines Kalendermonats mehrere unständige Beschäftigungen und übersteigt das Arbeitsentgelt insgesamt die genannte monatliche Bemessungsgrenze nach Absatz 1, sind bei der Berechnung der Beiträge die einzelnen Arbeitsentgelte anteilmäßig nur zu berücksichtigen, soweit der Gesamtbetrag die monatliche Bemessungsgrenze nicht übersteigt. Auf Antrag des Mitglieds oder eines Arbeitgebers verteilt die Krankenkasse die Beiträge nach den anrechenbaren Arbeitsentgelten.

(3) Unständig ist die Beschäftigung, die auf weniger als eine Woche entweder nach der Natur der Sache befristet zu sein pflegt oder im Voraus durch den Arbeitsvertrag befristet ist.

Regelungsinhalt

Mit dieser Norm wird die Beitragsbemessung für unständig Beschäftigte geregelt. Was unter unständige Beschäftigung zu verstehen ist, wird gesetzlich in Absatz 3 definiert. Es muss sich also um eine Beschäftigung handeln, die von Natur aus regelmäßig oder auf Grund des Arbeitsvertrags auf einen Zeitraum von kürzer als einer Woche befristet ist. Typische Gruppen unständiger Beschäftigter könne demnach Musiker in Gaststätten, Aushilfskellner, freie Mitarbeiter von Rundfunk- und Fernsehanstalten usw. sein.[677] 1

Die Abgrenzung zu geringfügig Beschäftigten nach § 8 Abs. 1 Nr. 2 SGB IV ist schwierig. Die Krankenkassen gehen dann nicht mehr von einer unständigen Beschäftigung aus, wenn der Beschäftigte nicht bloß zur Abdeckung von Auftragsspitzen, sondern regelmäßig, z. B. einmal im Monat, zum Einsatz kommt.[678] 2

676 Fischer, § 231 Rn. 30, in juris-PK.
677 Fischer, § 232, Rn. 23, in juris-PK m. w. N.
678 Rundschreiben der Krankenkassen vom 22.06 2006, abrufbar unter: http://www.lohnfix.de/fileadmin/Dokumente/Weitere_Informationen/Unstaendig%20Beschaeftigte%20Rundschreiben.pdf.

3 Die Bemessung der Beiträge erfolgt in solchen Fällen nach dem innerhalb eines Monats erzielten Arbeitsentgelt. Dabei gilt, dass mehrere Arbeitsentgelte addiert werden und die jeweiligen Arbeitgeber den entsprechenden Anteil zu tragen haben. Wird durch die Addition die Beitragsbemessungsgrenze überschritten, werden die Beiträge anteilig gekürzt.

§ 232 a Beitragspflichtige Einnahmen der Bezieher von Arbeitslosengeld, Unterhaltsgeld oder Kurzarbeitergeld

(1) Als beitragspflichtige Einnahmen gelten

1. **bei Personen, die Arbeitslosengeld oder Unterhaltsgeld nach dem Dritten Buch beziehen, 80 vom Hundert des der Leistung zugrunde liegenden, durch sieben geteilten wöchentlichen Arbeitsentgelts nach § 226 Abs. 1 Satz 1 Nr. 1, soweit es ein Dreihundertsechzigstel der Jahresarbeitsentgeltgrenze nach § 6 Abs. 7 nicht übersteigt; 80 vom Hundert des beitragspflichtigen Arbeitsentgelts aus einem nicht geringfügigen Beschäftigungsverhältnis sind abzuziehen,**
2. **bei Personen, die Arbeitslosengeld II beziehen, der dreißigste Teil des 0,3450fachen der monatlichen Bezugsgröße; in Fällen, in denen diese Personen weitere beitragspflichtige Einnahmen haben, wird der Zahlbetrag des Arbeitslosengeldes II für die Beitragsbemessung diesen beitragspflichtigen Einnahmen mit der Maßgabe hinzugerechnet, dass als beitragspflichtige Einnahmen insgesamt der in diesem Satz genannte Teil der Bezugsgröße gilt.**

Bei Personen, die Teilarbeitslosengeld oder Teilunterhaltsgeld nach dem Dritten Buch beziehen, ist Satz 1 Nr. 1 zweiter Teilsatz nicht anzuwenden. Ab Beginn des zweiten Monats bis zur zwölften Woche einer Sperrzeit oder ab Beginn des zweiten Monats eines Ruhenszeitraumes wegen einer Urlaubsabgeltung gelten die Leistungen als bezogen.

(1 a) Ist in den Fällen des Absatzes 1 Nummer 2 bei laufenden weiteren beitragspflichtigen Einnahmen zu erwarten, dass diese während des Zeitraums, für den Arbeitslosengeld II bewilligt wurde (Bewilligungszeitraum nach § 41 Absatz 1 Satz 4 des Zweiten Buches), in unterschiedlicher Höhe anfallen, kann zur Bestimmung der weiteren beitragspflichtigen Einnahmen ein monatlicher Durchschnittswert gebildet werden. Der monatliche Durchschnittswert nach Satz 1 wird gebildet, indem die zu erwartenden gesamten weiteren beitragspflichtigen Einnahmen im Bewilligungszeitraum durch die Anzahl der Monate im Bewilligungszeitraum geteilt werden. Erweist sich nach Ablauf des Bewilligungszeitraums, dass der tatsächliche monatliche Durchschnittswert von dem nach den Sätzen 1 und 2 gebildeten monatlichen Durchschnittswert um mehr als 20 Euro abweicht, ist der tatsächliche monatliche Durchschnittswert als weitere beitragspflichtige Einnahme zu berücksichtigen.

(2) Soweit Kurzarbeitergeld nach dem Dritten Buch gewährt wird, gelten als beitragspflichtige Einnahmen nach § 226 Abs. 1 Satz 1 Nr. 1 80 vom Hundert des Unterschiedsbetrages zwischen dem Sollentgelt und dem Istentgelt nach § 179 des Dritten Buches.

(3) § 226 gilt entsprechend.

Inhaltsübersicht

1. Regelungsinhalt

§ 232 a ist die Grundlage für die Ermittlung der beitragspflichtigen Einnahmen der Bezieher von ALG, ALG II und Kurzarbeitergeld. 1

2. Beitragspflichtige Einnahmen bei Bezug von ALG I

Für die Bezieher von ALG I und Unterhaltsgeld sind 80 % des täglichen Arbeitsentgelts zu berücksichtigen, welches der Beitragsbemessung für die Leistung zu Grunde liegt.[679] Wird neben dem ALG I ein Arbeitsentgelt bezogen, so wird das Bemessungsentgelt (für die Berechnung des Beitrags auf Grund des ALG I) um 80 % des daneben bezogenen, beitragspflichtigen Arbeitsentgelts gekürzt. Dies gilt allerdings nur dann, wenn dieses Arbeitsentgelt nicht aus einer geringfügigen Beschäftigung stammt. Sonderregelungen gelten dann, wenn nur Teilarbeitslosen- oder Teilunterhaltsgeld bezogen werden. In diesen Fällen wird das neben diesen Leistungen bezogene Arbeitsentgelt nicht auf das Bemessungsentgelt angerechnet. 2

3. Beitragspflichtige Einnahmen bei Bezug von ALG II

Für Bezieher von ALG II wird die Beitragsbemessung auf Grundlage der Multiplikation der monatlichen Bezugsgröße nach § 18 Abs. 1 SGB IV mit 0,345 gebildet. Für 2012 beträgt die Bemessungsgrundlage damit 905,625 € (2625,00 € × 0,345). 3

Treten neben das ALG II weitere beitragspflichtige Einnahmen, wird das beitragspflichtige Einkommen auf Grund des ALG II durch die Subtraktion dieser Einkommen von der Bemessungsgrundlage errechnet. Die Höhe der beitragspflichtigen Einnahmen überschreitet aber nie die Höhe der allgemeinen Bemessungsgrundlage. Es gilt die folgende Formel: 4

Beitragspflicht aus ALG II = Bemessungsgrundlage (Monatliche Bezugsgröße × 0,345) – beitragspflichtige Einnahmen.

Ist zu erwarten, dass die weiteren Einnahmen schwanken, so ist ein den Bewilligungszeitraum betrachtender Durchschnittswert zu ermitteln. Wird von diesem Durchschnittswert um mehr als 20 € abgewichen, kann die Höhe der weiteren Einnahmen mit Ende des Bewilligungszeitraums angepasst werden. 5

679 Vgl. zu der Bemessungsgrundlage für das Arbeitslosengeld §§ 149 bis 154 SGB III.

4. Beitragspflicht ohne Leistungsbezug

6 Ruhen die Ansprüche auf Grund einer Urlaubsabgeltung oder einer Sperre, ist für die beitragspflichtigen Einnahmen zu beachten, dass diese Sperrzeit bzw. das Ruhen für das Bemessungsentgelt für diese Leistung ohne Belang sind.

5. Beitragspflichtige Einnahmen bei Bezug von Kurzarbeitergeld

7 Für die Bezieher von Kurzarbeit gilt nach Abs. 2, dass die aus dem Kurzarbeitergeld beitragspflichtigen Einnahmen 80 % der Differenz aus Sollentgelt und Ist-Entgelt betragen.[680]

6. Entsprechende Anwendung

8 Durch den Verweis in Absatz 4 auf § 226 wird klargestellt, dass auch für Bezieher von Leistungen dieser Vorschrift die in § 226 genannten weiteren Einnahmen verbeitragt werden müssen.

§ 233 Beitragspflichtige Einnahmen der Seeleute

(1) Für Seeleute gilt als beitragspflichtige Einnahme der Betrag, der nach dem Recht der gesetzlichen Unfallversicherung für die Beitragsberechnung maßgebend ist.

(2) § 226 Abs. 1 Satz 1 Nr. 2 bis 4 und Abs. 2 sowie die §§ 228 bis 231 gelten entsprechend.

Regelungsinhalt

1 Diese Norm regelt abweichend zu den allgemeinen Normen die beitragspflichtigen Einnahmen der versicherungspflichtigen Seeleute. Die Legaldefinition der Seeleute enthält § 13 Abs. 1 S. 2 SGB IV. Die Versicherungspflicht bestimmt sich nach den allgemeinen Regelungen im SGB V. Für die beitragspflichtigen Einnahmen aus der Beschäftigung gilt § 92 SGB VII. Für die weiteren Einkunftsarten gelten nach Absatz 2 die allgemeinen Regelungen des SGB V. Da diese Norm nur für pflichtversicherte Seeleute gilt, ist § 240 für freiwillig versicherte Seeleute anzuwenden.[681]

§ 234 Beitragspflichtige Einnahmen der Künstler und Publizisten

(1) Für die nach dem Künstlersozialversicherungsgesetz versicherungspflichtigen Mitglieder wird der Beitragsbemessung der dreihundertsechzigste Teil des voraussichtlichen Jahresarbeitseinkommens (§ 12 des Künstlersozialversicherungsgesetzes), mindestens jedoch der einhundertachtzigste Teil der monatlichen Bezugsgröße nach § 18 des Vierten Buches Sozialgesetzbuch zugrunde gelegt. Für die Dauer des Bezugs

680 Vgl. § 106 SGB III.
681 Rixen, § 233 Rn. 1, in Becker/Kingreen, SGB V.

von Elterngeld oder Erziehungsgeld oder für die Zeit, in der Erziehungsgeld nur wegen des zu berücksichtigenden Einkommens nicht bezogen wird, wird auf Antrag des Mitglieds das in dieser Zeit voraussichtlich erzielte Arbeitseinkommen nach Satz 1 mit dem auf den Kalendertag entfallenden Teil zugrunde gelegt, wenn es im Durchschnitt monatlich 325 Euro übersteigt. Für Kalendertage, für die Anspruch auf Krankengeld oder Mutterschaftsgeld besteht oder für die Beiträge nach § 251 Abs. 1 zu zahlen sind, wird Arbeitseinkommen nicht zugrunde gelegt. Arbeitseinkommen sind auch die Vergütungen für die Verwertung und Nutzung urheberrechtlich geschützter Werke oder Leistungen.

(2) § 226 Abs. 1 Satz 1 Nr. 2 bis 4 und Abs. 2 sowie die §§ 228 bis 231 gelten entsprechend.

Regelungsinhalt

Für Künstler und Publizisten,[682] die nach § 1 KSVG versicherungspflichtig sind, werden die beitragspflichtigen Einnahmen geschätzt. Diese Norm gilt jedoch dann nicht, wenn eine andere, vorrangige Versicherungspflicht in der GKV besteht.[683] Für freiwillig versicherte Künstler und Publizisten gilt § 240. 1

Für diese Schätzung sind die zu erwartenden Einnahmen aus der Tätigkeit zuzüglich der Vergütung für die Verwertung und Nutzung der Werke (Abs. 1 Satz 4) zu ermitteln und der Künstlersozialkasse bis zum 01.12. eines Jahres nach § 12 Abs. 1 KSVG mitzuteilen. Für die Beitragsbemessung gilt als Mindestbezugsgröße der 180. Teil der monatlichen Bezugsgröße nach § 18 SGB IV. Für 2012 beträgt dieser Wert 437,50 €. 2

Bei zu erwartenden Änderungen des Jahresarbeitseinkommens kann nach § 12 Abs. 3 KSVG ein Veränderungsantrag für die Zukunft gestellt werden. Eine weitere Anpassungsmöglichkeit gibt es während des Bezuges von Eltern- oder Erziehungsgeld. In diesem Zeitraum wird das zu erwartende Einkommen nur dann berücksichtigt, wenn es über 325 € liegt. Beitragsfreiheit besteht in den Fällen, in denen Krankengeld oder Mutterschaftsgeld bezogen wird oder Beiträge nach § 251 Abs. 1 gezahlt werden. Daneben wird in Absatz 2 für die weiteren Einkunftsarten auf die allgemeinen Regelungen des SGB V verwiesen. 3

§ 235 Beitragspflichtige Einnahmen von Rehabilitanden, Jugendlichen und Behinderten in Einrichtungen

(1) Für die nach § 5 Abs. 1 Nr. 6 versicherungspflichtigen Teilnehmer an Leistungen zur Teilhabe am Arbeitsleben gilt als beitragspflichtige Einnahmen 80 vom Hundert des Regelentgelts, das der Berechnung des Übergangsgeldes zugrunde liegt. Das Entgelt ist um den Zahlbetrag der Rente wegen verminderter Erwerbsfähigkeit sowie um

682 Zur Definition vgl. § 2 KSVG: Künstler im Sinne dieses Gesetzes ist, wer Musik, darstellende oder bildende Kunst schafft, ausübt oder lehrt. Publizist im Sinne dieses Gesetzes ist, wer als Schriftsteller, Journalist oder in ähnlicher Weise publizistisch tätig ist oder Publizistik lehrt.

683 Rixen, § 234 Rn. 2, in Becker/Kingreen: SGB V.

das Entgelt zu kürzen, das aus einer die Versicherungspflicht begründenden Beschäftigung erzielt wird. Bei Personen, die Teilübergangsgeld nach dem Dritten Buch beziehen, ist Satz 2 nicht anzuwenden. Wird das Übergangsgeld, das Verletztengeld oder das Versorgungskrankengeld angepasst, ist das Entgelt um den gleichen Vomhundertsatz zu erhöhen. Für Teilnehmer, die kein Übergangsgeld erhalten, sowie für die nach § 5 Abs. 1 Nr. 5 Versicherungspflichtigen gilt als beitragspflichtige Einnahmen ein Arbeitsentgelt in Höhe von 20 vom Hundert der monatlichen Bezugsgröße nach § 18 des Vierten Buches.

(2) Für Personen, deren Mitgliedschaft nach § 192 Abs. 1 Nr. 3 erhalten bleibt, sind die vom zuständigen Rehabilitationsträger nach § 251 Abs. 1 zu tragenden Beiträge nach 80 vom Hundert des Regelentgelts zu bemessen, das der Berechnung des Übergangsgeldes, des Verletztengeldes oder des Versorgungskrankengeldes zugrunde liegt. Absatz 1 Satz 3 gilt.

(3) Für die nach § 5 Abs. 1 Nr. 7 und 8 versicherungspflichtigen behinderten Menschen ist als beitragspflichtige Einnahmen das tatsächlich erzielte Arbeitsentgelt, mindestens jedoch ein Betrag in Höhe von 20 vom Hundert der monatlichen Bezugsgröße nach § 18 des Vierten Buches zugrunde zu legen.

(4) § 226 Abs. 1 Satz 1 Nr. 2 bis 4 und Abs. 2 sowie die §§ 228 bis 231 gelten entsprechend; bei Anwendung des § 230 Satz 1 ist das Arbeitsentgelt vorrangig zu berücksichtigen.

Regelungsinhalt

1 Diese Norm regelt die beitragspflichtigen Einnahmen für Versicherte nach § 5 Abs. 1 Nr. 5 bis 8 sowie für Versicherte, deren Mitgliedschaft in der GKV nach 192 Abs. 1 Nr. 3 erhalten bleibt.

2 Für Versicherte nach § 5 Abs. 1 Nr. 6, Teilnehmende an Maßnahmen zur Teilhabe am Arbeitsleben, die Übergangsgeld beziehen, wird parallel zur Regelung in § 232 a 80 % des der Berechnung des Übergangsgeldes zu Grunde liegenden Regelentgelts[684] als beitragspflichtige Einnahme festgelegt. Das zu Grunde liegende Regelentgelt wird ggf. um den Zahlbetrag einer Rente wegen Erwerbsunfähigkeit gemindert. Dies gilt auch, wenn neben dem Übergangsgeld ein Arbeitsentgelt aus einer versicherungspflichtigen Beschäftigung bezogen wird. Wird lediglich Teilübergangsgelt bezogen, erfolgt keine Kürzung.

3 Bei einer Anpassung der Leistung wird das Bemessungsentgelt mit dem gleichen Prozentsatz wie die Leistung erhöht. Wird kein Übergangsgeld bezogen, gelten als Bemessungsgrundlage 20 % der monatlichen Bezugsgröße nach § 18 SGB IV. Für das Jahr 2012 beträgt dieser Wert 525 €. Diese Regelung gilt auch für Versicherte nach § 5 Abs. 1 Nr. 5, Personen, die in Einrichtungen der Jugendhilfe befähigt werden sollen.[685]

4 Für Mitglieder, deren Mitgliedschaft nach § 192 Abs. 1 Nr. 3 erhalten bleibt, werden 80 % des Regelentgelts, welches der Berechnung der Leistung zu Grunde liegt, als beitrags-

---

684 Zum Regelentgelt vgl. § 46 SGB IX.
685 Zu den Leistungen vgl. §§ 27 ff. SGB VIII.

pflichtige Einnahmen festgesetzt. Unklar ist, ob der Verweis auf Abs. 1 Satz 3 ein redaktioneller Fehler ist und nicht vielmehr die Anpassungsmöglichkeit bei Erhöhung der Leistung nach Abs. 1 Satz 4 gemeint war.[686]

Für Versicherte nach § 5 Abs. 1 Nr. 7 und Nr. 8, Menschen mit Behinderung in besonderen Einrichtungen wie Werkstätten, bestimmen sich die beitragspflichtigen Einnahmen nach dem erzielten Arbeitsentgelt. Die Mindestbeitragsbemessungsgrundlage beträgt dabei 20 % der monatlichen Bezugsgröße nach § 18 SGB IV. Für das Jahr 2012 beträgt dieser Wert 525 €. 5

Für weitere beitragspflichtige Einnahmen gelten die allgemeinen Regelungen des SGB V mit der Maßgabe, dass parallel bezogenes Arbeitsentgelt vorrangig zu berücksichtigen ist. 6

§ 236 Beitragspflichtige Einnahmen der Studenten und Praktikanten

(1) Für die nach § 5 Abs. 1 Nr. 9 und 10 Versicherungspflichtigen gilt als beitragspflichtige Einnahmen ein Dreißigstel des Betrages, der als monatlicher Bedarf nach § 13 Abs. 1 Nr. 2 und Abs. 2 des Bundesausbildungsförderungsgesetzes für Studenten festgesetzt ist, die nicht bei ihren Eltern wohnen. Änderungen des Bedarfsbetrags sind vom Beginn des auf die Änderung folgenden Semesters an zu berücksichtigen.

(2) § 226 Abs. 1 Satz 1 Nr. 2 bis 4 und Abs. 2 sowie die §§ 228 bis 231 gelten entsprechend. Die nach § 226 Abs. 1 Satz 1 Nr. 3 und 4 zu bemessenden Beiträge sind nur zu entrichten, soweit sie die nach Absatz 1 zu bemessenden Beiträge übersteigen.

Regelungsinhalt

Diese Vorschrift regelt die beitragspflichtigen Einnahmen von Studenten und Praktikanten, soweit sie nach § 5 Abs. 1 Nr. 9 und 10 versicherungspflichtig sind. Zu beachten ist in diesem Zusammenhang, dass nach § 5 Abs. 7 die Versicherungspflicht nach Nr. 9 und Nr. 10 häufig nachrangig ist.[687] 1

Für diese Versicherungspflichtigen wird nach § 236 Abs. 1 fiktiv auf den Höchstbetrag nach dem Bundesgesetz über individuelle Förderung der Ausbildung Bezug genommen. Dieser Betrag liegt nach § 13 Abs. 1 Nr. 2 und Abs. 2 Nr. 2 BAföG nach geltender Rechtslage bei 597 €. Bei einer entsprechenden Anpassung des Satzes wirkt sich dies auf die beitragspflichtigen Einnahmen erst zu Beginn des folgenden Semesters aus. Unklar ist die Situation dann, wenn sich die Studienabschnitte nicht in Semester gliedern. 2

Wie für alle Pflichtversicherte sind auch für nach § 5 Abs. 1 Nr. 9 und Nr. 10 Versicherte Einnahmen aus Renten, Versorgungsbezügen und Arbeitseinkommen beitragspflichtig. Dies gilt allerdings nur insoweit, als sie die nach Absatz 1 zu ermittelnden Beiträge übersteigen. Obwohl vom Wortlaut der Norm nicht erfasst, hat das Bundessozialgericht auch für Renten entschieden, dass sie nur dann beitragspflichtig sind, wenn sie den Höchstsatz aus Absatz 1 übersteigen.[688] 3

686 Fischer, § 234 Rn. 25, in juris-PK.
687 Vgl. § 5 Rn. 28.
688 BSG – 19. 12. 1995 – 12 RK 74/94.

§ 237 Beitragspflichtige Einnahmen versicherungspflichtiger Rentner

Bei versicherungspflichtigen Rentnern werden der Beitragsbemessung zugrunde gelegt

1. **der Zahlbetrag der Rente der gesetzlichen Rentenversicherung,**
2. **der Zahlbetrag der der Rente vergleichbaren Einnahmen und**
3. **das Arbeitseinkommen.**

§ 226 Abs. 2 und die §§ 228, 229 und 231 gelten entsprechend.

Regelungsinhalt

1 Diese Norm regelt für die nach § 5 Abs. 1 Nr. 11 und Nr. 12 versicherungspflichtigen Rentner die beitragspflichtige Einnahmen. Dass Rentner, die auf anderer Grundlage versicherungspflichtig sind, nicht dieser Norm unterfallen, ergibt sich aus den §§ 226 ff., in denen spezielle Vorschriften getroffen werden.[689]

2 Beitragspflichtige Einnahmen sind demnach der Zahlbetrag der Rente aus der GRV, der Zahlbetrag der der Rente vergleichbaren Einnahmen (Versorgungsbezüge[690]). Das Bundesverfassungsgericht hat insoweit die Rechtsprechung des BSG bestätigt, dass der Zahlbetrag auch dann maßgeblich ist, wenn die Auszahlung auf einer Abtretung im Einzelfall an einen Dritten erfolgt.[691] Verfassungsrechtlich ist die Einbeziehung von Versorgungsbezügen nicht zu beanstanden.[692] Im Übrigen wird diesbezüglich auf die Kommentierung zu § 229 verwiesen.

3 Das Arbeitseinkommen[693] versicherungspflichtiger Rentner ist ebenfalls eine beitragspflichtige Einnahme.

4 Im Übrigen gilt für die Einnahmen die Bagatellgrenze des § 226 Abs. 2 in Höhe von 1/20 der monatlichen Bezugsgröße nach § 18 SGB IV. Weiterhin werden die Regelungen der §§ 228, 229 und 231 für anwendbar erklärt.

§ 238 Rangfolge der Einnahmearten versicherungspflichtiger Rentner

Erreicht der Zahlbetrag der Rente der gesetzlichen Rentenversicherung nicht die Beitragsbemessungsgrenze, werden nacheinander der Zahlbetrag der Versorgungsbezüge und das Arbeitseinkommen des Mitglieds bis zur Beitragsbemessungsgrenze berücksichtigt.

Regelungsinhalt

1 Diese Norm regelt für versicherungspflichtige Rentner das Verhältnis der nach § 237 zusammentreffenden Einnahmearten. Zunächst wird die Rente aus der GRV für die Beitragsberechnung herangezogen. Wird damit die Beitragsbemessungsgrenze nicht er-

---

689 Hänlein, § 239 Rn. 1; in LPK-SGB V.
690 Siehe § 229 Abs. 1.
691 BVerfG – 20.08.2001 – 1 BvR 487/99.
692 Zuletzt: BVerfG – 06.09.2010 – 1 BvR 739/08.
693 Zur Definition siehe § 15 Abs. 1 SGB IV.

reicht, werden die Versorgungsbezüge beitragspflichtig. Ist dann die Beitragsbemessungsgrenze weiterhin nicht erreicht, wird das Arbeitseinkommen verbeitragt. Eine Erstattung nach § 231 eventuell überzahlter Beiträge ist möglich.[694]

§ 238 a Rangfolge der Einnahmearten freiwillig versicherter Rentner

Bei freiwillig versicherten Rentnern werden der Beitragsbemessung nacheinander der Zahlbetrag der Rente, der Zahlbetrag der Versorgungsbezüge, das Arbeitseinkommen und die sonstigen Einnahmen, die die wirtschaftliche Leistungsfähigkeit des freiwilligen Mitglieds bestimmen (§ 240 Abs. 1), bis zur Beitragsbemessungsgrenze zugrunde gelegt.

Regelungsinhalt

Für freiwillig versicherte Rentner normiert § 238 a die Reihenfolge der zu verbeitragenden Einkunftsarten und orientiert sich dabei an § 238. Das heißt, zunächst wird die Rente der GRV, dann die Versorgungsbezüge und dann das Arbeitseinkommen verbeitragt. 1

Für die freiwillig versicherten Rentner treten dazu die sonstigen Einnahmen, die die wirtschaftliche Leistungsfähigkeit nach § 240 Abs. 1 bestimmen. Zu den einzelnen Einnahmearten wird auf die Kommentierung der jeweiligen Norm verwiesen. 2

§ 239 Beitragsbemessung bei Rentenantragstellern

Bei Rentenantragstellern wird die Beitragsbemessung für die Zeit der Rentenantragstellung bis zum Beginn der Rente durch den Spitzenverband Bund der Krankenkassen geregelt. Dies gilt auch für Personen, bei denen die Rentenzahlung eingestellt wird, bis zum Ablauf des Monats, in dem die Entscheidung über Wegfall oder Entzug der Rente unanfechtbar geworden ist. § 240 gilt entsprechend.

Regelungsinhalt

Die Norm regelt für Rentenantragsteller[695] sowie für Personen, die gegen den Wegfall oder Entzug der Rente vorgegangen sind, bis zum Ende des Monats der Unanfechtbarkeit der Entscheidung über die Rente die Beitragsbemessung. 1

Die Regelung hat dabei der GKV-SV festzulegen. Durch den Verweis auf § 240 wird zum Ausdruck gebracht, dass bei diesen Regelungen die gesamte wirtschaftliche Leistungsfähigkeit zu berücksichtigen ist. Der GKV-SV wendet deshalb für den § 239 dieselben Grundsätze wie für die beitragspflichtigen Einnahmen nach § 240 an.[696] Zur Rechtmäßigkeit dieser Grundsätze ist ein Verfahren beim BSG anhängig.[697] 2

---

694 Rixen, § 238 Rn. 2, in Becker/Kingreen, SGB V.

695 Vgl. § 189 Abs. 1.

696 § 1 der Beitragsverfahrensgrundsätze Selbstzahler in der Fassung vom 06.05.2010, abrufbar unter: http://www.gkv-spitzenverband.de/upload/Grundsätze_Beitragsbemessung_Freiwillige_06052010_13601.pdf.

697 Anhängig unter: BSG – 12 KR 20/11 R.

3 Wird die Rente rückwirkend zugebilligt, ist darauf zu achten, dass überzahlte Beiträge nicht nach § 231 zurückgefordert werden. Diese Norm gilt nur für eine Überzahlung auf Grund des Zusammentreffens verschiedener Einnahmearten. Der richtige Antrag muss sich deshalb auf die allgemeine Vorschrift des § 26 SGB IV beziehen.[698]

§ 240 Beitragspflichtige Einnahmen freiwilliger Mitglieder

(1) Für freiwillige Mitglieder wird die Beitragsbemessung einheitlich durch den Spitzenverband Bund der Krankenkassen geregelt. Dabei ist sicherzustellen, dass die Beitragsbelastung die gesamte wirtschaftliche Leistungsfähigkeit des freiwilligen Mitglieds berücksichtigt.

(2) Bei der Bestimmung der wirtschaftlichen Leistungsfähigkeit sind mindestens die Einnahmen des freiwilligen Mitglieds zu berücksichtigen, die bei einem vergleichbaren versicherungspflichtig Beschäftigten der Beitragsbemessung zugrunde zu legen sind. Abstufungen nach dem Familienstand oder der Zahl der Angehörigen, für die eine Versicherung nach § 10 besteht, sind unzulässig. Der zur sozialen Sicherung vorgesehene Teil des Gründungszuschusses nach § 94 des Dritten Buches in Höhe von monatlich 300 Euro darf nicht berücksichtigt werden. Ebenfalls nicht zu berücksichtigen ist das an eine Pflegeperson weitergereichte Pflegegeld bis zur Höhe des Pflegegeldes nach § 37 Absatz 1 des Elften Buches. Die §§ 223 und 228 Abs. 2, § 229 Abs. 2 und die §§ 238 a, 247 und 248 dieses Buches sowie § 23 a des Vierten Buches gelten entsprechend.

(3) Für freiwillige Mitglieder, die neben dem Arbeitsentgelt eine Rente der gesetzlichen Rentenversicherung beziehen, ist der Zahlbetrag der Rente getrennt von den übrigen Einnahmen bis zur Beitragsbemessungsgrenze zu berücksichtigen. Soweit dies insgesamt zu einer über der Beitragsbemessungsgrenze liegenden Beitragsbelastung führen würde, ist statt des entsprechenden Beitrags aus der Rente nur der Zuschuss des Rentenversicherungsträgers einzuzahlen.

(3 a) (weggefallen)

(4) Als beitragspflichtige Einnahmen gilt für den Kalendertag mindestens der neunzigste Teil der monatlichen Bezugsgröße. Für freiwillige Mitglieder, die hauptberuflich selbständig erwerbstätig sind, gilt als beitragspflichtige Einnahmen für den Kalendertag der dreißigste Teil der monatlichen Beitragsbemessungsgrenze (§ 223), bei Nachweis niedrigerer Einnahmen jedoch mindestens der vierzigste, für freiwillige Mitglieder, die einen monatlichen Gründungszuschuss nach § 93 des Dritten Buches oder eine entsprechende Leistung nach § 16 b des Zweiten Buches erhalten, der sechzigste Teil der monatlichen Bezugsgröße. Der Spitzenverband Bund der Krankenkassen bestimmt, unter welchen Voraussetzungen darüber hinaus der Beitragsbemessung hauptberuflich selbstständig Erwerbstätiger niedrigere Einnahmen, mindestens jedoch der sechzigste Teil der monatlichen Bezugsgröße, zugrunde gelegt werden. Dabei sind insbesondere das Vermögen des Mitglieds sowie Einkommen und Vermögen von Personen, die mit dem Mitglied in Bedarfsgemeinschaft leben, zu berücksichtigen. Für

698 Fischer, § 239 Rn. 29, in juris-PK.

die Beurteilung der selbständigen Erwerbstätigkeit einer Tagespflegeperson gilt § 10 Abs. 1 Satz 2 und 3 entsprechend. Veränderungen der Beitragsbemessung auf Grund eines vom Versicherten geführten Nachweises nach Satz 2 können nur zum ersten Tag des auf die Vorlage dieses Nachweises folgenden Monats wirksam werden. Für freiwillige Mitglieder, die Schüler einer Fachschule oder Berufsfachschule oder als Studenten an einer ausländischen staatlichen oder staatlich anerkannten Hochschule eingeschrieben sind oder regelmäßig als Arbeitnehmer ihre Arbeitsleistung im Umherziehen anbieten (Wandergesellen), gilt § 236 in Verbindung mit § 245 Abs. 1 entsprechend. Satz 1 gilt nicht für freiwillige Mitglieder, die die Voraussetzungen für den Anspruch auf eine Rente aus der gesetzlichen Rentenversicherung erfüllen und diese Rente beantragt haben, wenn sie seit der erstmaligen Aufnahme einer Erwerbstätigkeit bis zur Stellung des Rentenantrags mindestens neun Zehntel der zweiten Hälfte dieses Zeitraums Mitglied oder nach § 10 versichert waren; § 5 Abs. 2 Satz 1 gilt entsprechend.

(4a) Der Beitragsbemessung für freiwillige Mitglieder sind 10 vom Hundert der monatlichen Bezugsgröße nach § 18 des Vierten Buches zugrunde zu legen, wenn der Anspruch auf Leistungen für das Mitglied und seine nach § 10 versicherten Angehörigen während eines Auslandsaufenthaltes, der durch die Berufstätigkeit des Mitglieds, seines Ehegatten, seines Lebenspartners oder eines seiner Elternteile bedingt ist, oder nach § 16 Abs. 1 Nr. 3 ruht. Satz 1 gilt entsprechend, wenn nach § 16 Abs. 1 der Anspruch auf Leistungen aus anderem Grund für länger als drei Kalendermonate ruht, sowie für Versicherte während einer Tätigkeit für eine internationale Organisation im Geltungsbereich dieses Gesetzes.

(5) Soweit bei der Beitragsbemessung freiwilliger Mitglieder das Einkommen von Ehegatten oder Lebenspartnern nach dem Lebenspartnerschaftsgesetz, die nicht einer Krankenkasse nach § 4 Absatz 2 angehören, berücksichtigt wird, ist von diesem Einkommen für jedes gemeinsame unterhaltsberechtigte Kind, für das eine Familienversicherung wegen der Regelung des § 10 Absatz 3 nicht besteht, ein Betrag in Höhe von einem Drittel der monatlichen Bezugsgröße, für nach § 10 versicherte Kinder ein Betrag in Höhe von einem Fünftel der monatlichen Bezugsgröße abzusetzen.

Inhaltsübersicht Rn.

1. Regelungsinhalt und Regelung des GKV-SV

§ 240 weist die Regelungskompetenz hinsichtlich der Festlegung der beitragspflichtigen Einnahmen dem GKV-SV zu. Dabei werden aber bestimmte Mindestanforderungen festgelegt, die der GKV-SV einzuhalten hat. Der GKV-SV hat die ihm übertragene Kompetenz durch den Erlass der Beitragsverfahrensgrundsätze Selbstzahler vom 27.10.2008 1

(Beitragsverfahrensgrundsätze Selbstzahler) ausgeübt.[699] Die Regelungen gelten nach § 1 Abs. 1 der Beitragsverfahrensgrundsätze Selbstzahler daher auch für diejenigen Regelungen, in denen der § 240 für anwendbar erklärt wird, wie z. B. §§ 227, 238 a, 239.

2 Da die Grundsätze nur durch den Vorstand des GKV-SV beschlossen wurden, bestehen Bedenken gegen hinreichende demokratische Legitimation der Regelungen.[700] Nach einer entsprechenden Entscheidung des SG Wiesbaden ist diese Rechtsfrage derzeit beim Bundessozialgericht anhängig.[701]

2. Beitragspflicht entsprechend der wirtschaftlichen Leistungspflicht

3 Der Absatz 1 konkretisiert die Mindestanforderungen an diese Grundsätze. Sie sollen die gesamte wirtschaftliche Leistungsfähigkeit des Mitglieds abbilden. Durch den Bezug auf die Leistungsfähigkeit des Mitglieds ist zudem klargestellt, dass grundsätzlich die Beitragserhebung aus den individuellen und nur in Ausnahmen aus den Familieneinkommen erfolgt.[702]

4 Diese Ausnahme konkretisiert § 2 Abs. 4 der Beitragsverfahrensgrundsätze Selbstzahler. Demnach wird bei Mitgliedern, deren Ehegatte oder Lebenspartner nach dem LPartG nicht Mitglied in der GKV ist, deren Einkommen mit in die Beitragsbemessung einbezogen. Dies gilt also hauptsächlich für Ehegatten und Lebenspartner nach dem LPartG von Beamten. Diese Regelung wurde von der Rechtsprechung bestätigt.[703]

5 In § 2 Abs. 4 Satz 3 Beitragsverfahrensgrundsätze Selbstzahler wird vom Familieneinkommen ein Betrag für jedes gemeinsame unterhaltsberechtigte Kind abgesetzt (1/5 der monatlichen Bezugsgröße für familienversicherte Kinder, 1/3 der monatlichen Bezugsgröße für alle übrigen Kinder).

6 Nach § 2 Abs. 4 Satz 4 Beitragsverfahrensgrundsätze Selbstzahler gilt diese Regelung dann nicht, wenn die Einnahmen des Mitglieds höher sind als die des Ehegatten oder Lebenspartners oder aber die Einnahmen des Mitglieds bereits allein die Hälfte der Beitragsbemessungsgrenze erreicht.

7 § 3 Abs. 1, 1 a und 1 b Beitragsverfahrensgrundsätze Selbstzahler nennen die beitragspflichtigen Einnahmen. Dies sind das Arbeitsentgelt,[704] das Arbeitseinkommen,[705] der Zahlbetrag der GRV, der Zahlbetrag von Versorgungsbezügen, die Einnahmen eines selbständig Erwerbstätigen, soweit sie steuerrechtlich als Einnahmen aus einer selbständigen Tätigkeit bewertet werden (diese gelten als Arbeitseinkommen), sowie Einnahmen aus Vermietung, Verpachtung und Kapitalerträgen nach Abzug der Werbungskosten. Daneben werden auch alle sonstigen Einnahmen und Geldmittel, die für den Lebens-

---

699 Die Fassung vom 06. 05. 2010 ist abrufbar unter: http://www.gkv-spitzenverband.de/upload/Grundsätze_Beitragsbemessung_Freiwillige_06052010_13601.pdf.
700 LSG Hessen – 21. 02. 2011 – L 1 KR 327/10 B ER.
701 SG Wiesbaden – 06. 07. 2011 – S 1 KR 52/20; anhängig beim BSG unter B 12 KR 20/11 R.
702 BSG– 19. 12. 2000 – B 12 KR 1/00 R.
703 BSG– 28. 09. 2011 – B 12 KR 9/10 R.
704 § 14 SGB IV.
705 § 15 SGB IV.

unterhalt verbraucht werden oder verbraucht werden könnten, der Beitragspflicht unterworfen (§ 3 Abs. 1 Satz 1 Beitragsverfahrensgrundsätze Selbstzahler).

Zu dem Komplex gibt es eine umfangreiche Rechtsprechung, die die explizit festgelegten Einnahmearten bestätigt hat und im Übrigen zu einzelnen Einnahmearten die Beitragspflicht bejaht oder verneint hat.[706] Demnach unterliegt die Beschädigtengrundrente nach dem Bundesversorgungsgesetz nicht der Beitragspflicht,[707] ebenso das Kindergeld[708] oder Privatentnahmen aus dem Betriebsvermögen.[709] **8**

Die beitragspflichtigen Einnahmen können nicht dadurch gemindert werden, dass ein Verlustausgleich mit anderen Einnahmearten stattfindet.[710] Es ist daher nicht möglich, Verlust aus Vermietung und Verpachtung bei der Höhe von Einnahmen aus Kapitalvermögen geltend zu machen. **9**

Durch die Verweise in § 240 Absatz 2 wird zudem konkretisiert, dass durch die Geltung der dort genannten Normen bei freiwillig Versicherten mindestens die Einnahmen der Pflichtversicherten berücksichtigt werden. Darüber hinaus wird festgelegt, dass der Gründungszuschuss nach § 94 SGB III nicht beitragspflichtig ist, ebenso nicht das an eine Pflegeperson weitergereichte Pflegegeld nach § 37 SGB XI. **10**

3. Entsprechende Anwendung allgemeiner Vorschriften

Durch die Regelung des Absatzes 3 wird die Regelung der §§ 230, 231 auch für freiwillig Versicherte nachgebildet. Dadurch wird sichergestellt, dass zumindest der Beitragszuschuss des Rentenversicherungsträgers nach § 106 SGB VI tatsächlich an die Krankenkasse gezahlt werden muss. **11**

4. Fiktiver Mindestbeitrag

Absatz 4 enthält abschließende und zwingende Regelungen für Mindesteinnahmen freiwillig Versicherter. Der Gesetzgeber hat hier bestimmte Einnahmen fingiert, um zu verhindern, dass für freiwillig Versicherte ein Versicherungsschutz zu unangemessen niedrigen Beiträgen erworben werden kann.[711] Von diesen Fiktionen darf auch dann nicht abgewichen werden, wenn sie scheinbare Härten darstellen, wie z. B. für einkommenslose Kinder.[712] Ebenso ist es aber auch ausgeschlossen, höhere Mindesteinnahmen vorzusehen.[713] **12**

Nach Satz 1 gilt die Fiktion, dass grundsätzlich Einnahmen in Höhe des 90. Teils der **13**

---

706 Bernsdorff, § 240 Rn. 12 in juris-PK m. w. N.
707 BSG – 12. 10. 1980 – 3 RK 53/79.
708 U. a. BSG – 25. 11. 1981 – 5 a/5 RKn 18/79.
709 BSG – 26. 11. 1984 – 12 RK 32/82.
710 BSG – 09. 08. 2006 – B 12 KR 8/06 R.
711 BSG – 30. 03. 2004 – B 1 KR 32/02 R m. w. N.
712 BSG – 25. 08. 2004 – B 12 P 1/04 R (zur Pflegeversicherung), BSG – 17. 05. 2001 – B 12 KR 35/00 R.
713 Rixen § 240 Rn. 11; in Becker/Kingreen SGB V.

monatlichen Bezugsgröße pro Kalendertag vorliegen. Damit beträgt die Untergrenze der beitragspflichtigen Einnahmen 1/3 der monatlichen Bezugsgröße[714] von 2625 €.

14 Satz 2 fingiert für die hauptberuflich selbständig Erwerbstätigen, dass die Mindesteinnahmen pro Kalendertag 1/30 der Beitragsbemessungsgrenze erreichen. Damit wird für diese Personengruppe immer der Höchstbeitrag der GKV angenommen (Beitragssatzberechnung auf der Grundlage der Beitragsbemessungsgrenze). Für 2012 beträgt die Beitragsbemessungsgrenze 3825 €/Monat. Verfassungsrechtlich ist diese Regelung nicht zu beanstanden.[715]

5. Geringerer Mindestbeitrag

15 Um etwaige Härten zu vermeiden, hat der Gesetzgeber einige Sonderregelungen eingeführt. So kann durch den Nachweis niedrigerer Einnahmen die Mindestgrenze auf den 40. Teil der monatlichen Bezugsgröße gesenkt werden. Der Nachweis der geringeren Einnahmen kann auf verschiedenen Wegen erfolgen, z. B. durch den Steuerbescheid oder durch eine von einem Wirtschaftsprüfer oder Steuerberater erstellte Gewinn- und Verlustrechnung.[716] Auch ein Vorauszahlungsbescheid des Finanzamtes ist ein geeignetes Beweismittel.[717]

16 Auf den 60. Teil der monatlichen Bezugsgröße werden die Mindesteinnahmen für diejenigen Mitglieder festgesetzt, die einen Gründungszuschuss nach § 93 SGB III oder eine entsprechende Leistung nach § 16 b SGB II (Einstiegsgeld) beziehen. Auch hier muss nachgewiesen werden, dass tatsächlich geringere Einnahmen bestehen. Der GKV-SV hat zudem Satz 4 entsprochen und weitere Personengruppen diesen Fallkonstellationen gleichgestellt. § 7 Abs. 4 der Beitragsverfahrensgrundsätze Selbstzahler formulieren diesbezüglich negative Kriterien, wann diese fiktiven Mindesteinnahmen nicht gelten (z. B. bei steuerpflichtigen Einkünften aus Kapitalerträgen, positiven oder negativen Einkünften aus Vermietung und Verpachtung, außer die Verwertung der Immobilie wäre unwirtschaftlich, Vermögen, welches größer ist als die 4-fache monatliche Bezugsgröße).

17 Für Tagespflegepersonen wird nach Absatz 4 Satz 5 auf den § 10 Abs. 1 Satz 2 und Satz 3 verwiesen. Dies führt dazu, dass Tagespflegepersonen nicht als freiwillig hauptberuflich selbständig Versicherte gelten, so dass nur die geringere Mindestbemessungsgrenze des Abs. 4 Satz 1 gilt.[718]

18 Für das Verfahren gilt, dass auf Grund eines Nachweises eine geringere als die fiktiven Einnahmen nur ab dem 1. Tag des folgenden Monats geltend gemacht werden können. Grundsätzlich ist aber auch eine vorläufige Beitragsfestsetzung möglich, soweit auf Grund der Aufnahme einer selbständigen Tätigkeit keine Nachweise vorgelegt werden können.[719]

---

714 § 18 SGB IV.
715 BVerfG – 22. 05. 2001 – 1 BvL 4/96.
716 Bernsdorff, § 240 Rn. 23 in juris-PK.
717 SG Düsseldorf – 08. 03. 2007 – S 8 KR 182/04.
718 Rixen, § 240 Rn. 12 in Becker/Kingreen, SGB V.
719 BSG – 22. 03. 2006 – B 12 KR 14/05 R.

6. Sonderregelungen

Für die Personengruppe nach Absatz 4 Satz 7 (Fachschüler, Schüler einer Berufsschule, Studierende usw.) gilt § 240 unter entsprechender Anwendung der § 236 und § 245. Das heißt, dass für die Bestimmung der beitragspflichtigen Einnahmen der § 236 gilt und der Beitragssatz des § 245. 19

Nach Satz 8 gilt das fiktive Mindesteinkommen nicht für Rentner der GRV, die freiwillig versichert sind und die Rentenleistung beantragt haben oder Anspruch auf Rente aus der GRV haben. Zudem knüpft diese Privilegierung daran an, dass die Versicherten in der 2. Hälfte ihres Erwerbslebens zu 9/10 in der GKV eigenständig freiwillig versichert oder familienversichert waren. Diese Personengruppe zahlt streng einkommensproportionale Beiträge.[720] 20

Nach Absatz 4a wird bei einem Ruhen des Leistungsanspruchs auf Grund einer Auslandstätigkeit oder auf Grund des § 16 Abs. 1 Nr. 3 durch einen Anspruch auf Heilvorsorge oder bei Entwicklungsdienst der Beitragsbemessung 1/20 der monatlichen Bezugsgröße zu Grunde gelegt. Diese Vorschrift gilt auch dann, wenn der Leistungsanspruch nach § 16 Abs. 1 aus anderen Gründen für länger als drei Monate ruht sowie für Versicherte internationaler Organisationen im Geltungsbereich dieses Gesetzes. 21

Dritter Titel
Beitragssätze, Zusatzbeitrag

§ 241 Allgemeiner Beitragssatz

Der allgemeine Beitragssatz beträgt 15,5 Prozent der beitragspflichtigen Einnahmen der Mitglieder.

Regelungsinhalt

Mit der durch das GKV-FinG geänderten Vorschrift beträgt der allgemeine Beitragssatz zur GKV 15,5 Prozent. Er gilt für alle Krankenkassen und kann nur durch ein Gesetz geändert werden. 1

§ 242 Kassenindividueller Zusatzbeitrag

(1) Soweit der Finanzbedarf einer Krankenkasse durch die Zuweisungen aus dem Fonds nicht gedeckt ist, hat sie in ihrer Satzung zu bestimmen, dass von ihren Mitgliedern ein einkommensunabhängiger Zusatzbeitrag erhoben wird. Von Mitgliedern, die das Sonderkündigungsrecht nach § 175 Abs. 4 Satz 5 wegen der erstmaligen Erhebung des Zusatzbeitrags fristgemäß ausgeübt haben, wird der Zusatzbeitrag nicht erhoben. Wird das Sonderkündigungsrecht wegen einer Erhöhung des Zusatzbeitrags

720 Bernsdorff, § 240 Rn. 31 in juris-PK.

ausgeübt, wird der erhöhte Zusatzbeitrag nicht erhoben. Wird die Kündigung nicht wirksam, wird der Zusatzbeitrag im vollen Umfang erhoben.

(2) Soweit die Zuweisungen aus dem Fonds den Finanzbedarf einer Krankenkasse übersteigen, kann sie in ihrer Satzung bestimmen, dass Prämien an ihre Mitglieder ausgezahlt werden. Auszahlungen dürfen erst vorgenommen werden, wenn die Krankenkasse ihrer Verpflichtung nach § 261 nachgekommen ist. Auszahlungen an Mitglieder, die sich mit der Zahlung ihrer Beiträge in Rückstand befinden, sind ausgeschlossen. Prämienauszahlungen nach Satz 1 sind getrennt von den Auszahlungen nach § 53 zu buchen und auszuweisen.

(3) Die Krankenkassen haben den Zusatzbeitrag nach Absatz 1 so zu bemessen, dass er zusammen mit den Zuweisungen aus dem Gesundheitsfonds und den sonstigen Einnahmen die im Haushaltsjahr voraussichtlich zu leistenden Ausgaben und die vorgeschriebene Auffüllung der Rücklage deckt. Ergibt sich während des Haushaltsjahres, dass die Betriebsmittel der Krankenkasse einschließlich der Zuführung aus der Rücklage zur Deckung der Ausgaben nicht ausreichen, ist der Zusatzbeitrag durch Änderung der Satzung zu erhöhen. Muss eine Kasse kurzfristig ihre Leistungsfähigkeit erhalten, so hat der Vorstand zu beschließen, dass der Zusatzbeitrag bis zur satzungsmäßigen Neuregelung erhöht wird; der Beschluss bedarf der Genehmigung der Aufsichtsbehörde. Kommt kein Beschluss zustande, ordnet die Aufsichtsbehörde die notwendige Erhöhung des Zusatzbeitrags an. Klagen gegen die Anordnung nach Satz 4 haben keine aufschiebende Wirkung.

(4) Für Mitglieder nach § 5 Absatz 1 Nummer 2 a sowie für Mitglieder, die Leistungen zur Sicherung des Lebensunterhalts nach dem Zweiten Buch erhalten und nach § 5 Absatz 1 Nummer 11 und 13 oder freiwillig versichert sind, wird der Zusatzbeitrag nach Absatz 1 Satz 1, höchstens jedoch in Höhe des Zusatzbeitrags nach § 242 a erhoben; dies gilt auch dann, wenn sie weitere beitragspflichtige Einnahmen haben. Ist der Zusatzbeitrag nach Absatz 1 Satz 1 höher als der Zusatzbeitrag nach § 242 a, kann die Krankenkasse in ihrer Satzung regeln, dass die Differenz von den in Satz 1 genannten Mitgliedern zu zahlen ist. Von Mitgliedern, die das Sonderkündigungsrecht nach § 175 Absatz 4 a fristgemäß ausgeübt haben, wird der Differenzbetrag nicht erhoben; dies gilt nicht für Differenzbeträge, die vor dem 1. Januar 2012 erhoben wurden. Wird das Sonderkündigungsrecht wegen einer Erhöhung des Differenzbetrags ausgeübt, wird der erhöhte Differenzbetrag nicht erhoben. Wird die Kündigung nicht wirksam, wird der Differenzbetrag im vollen Umfang erhoben.

(5) Abweichend von Absatz 1 Satz 1 wird ein Zusatzbeitrag nicht erhoben von

1. Mitgliedern nach § 5 Absatz 1 Nummer 5 bis 8 und Absatz 4 a Satz 1,
2. Mitgliedern, deren Mitgliedschaft nach § 192 Absatz 1 Nummer 2 oder 3 oder Absatz 2 fortbesteht,
3. Mitgliedern, die Verletztengeld nach dem Siebten Buch, Versorgungskrankengeld nach dem Bundesversorgungsgesetz oder vergleichbare Entgeltersatzleistungen beziehen,
4. Mitgliedern, deren Mitgliedschaft nach § 193 Absatz 2 bis 5 oder nach § 8 des Eignungsübungsgesetzes fortbesteht, sowie

5. **von Beschäftigten, bei denen § 20 Absatz 3 Satz 1 Nummer 1 oder 2 oder Satz 2 des Vierten Buches angewendet wird,**

soweit und solange sie keine weiteren beitragspflichtigen Einnahmen beziehen. Satz 1 Nummer 2 gilt für freiwillige Mitglieder entsprechend.

(6) Ist ein Mitglied mit der Zahlung des kassenindividuellen Zusatzbeitrags für jeweils sechs Kalendermonate säumig, so hat es der Krankenkasse zusätzlich einen Verspätungszuschlag zu zahlen, der in der Höhe auf die Summe der letzten drei fälligen Zusatzbeiträge begrenzt ist und mindestens 20 Euro beträgt. Das Nähere, insbesondere die Höhe des Verspätungszuschlags nach Satz 1, regelt die Krankenkasse in ihrer Satzung. § 24 des Vierten Buches ist neben Satz 1 nicht anzuwenden. § 242 b ist für die in Satz 1 genannten Fälle bis zur vollständigen Entrichtung der ausstehenden Zusatzbeiträge und Zahlung des Verspätungszuschlags durch das Mitglied nicht anzuwenden. Ist eine wirksame Ratenzahlungsvereinbarung zustande gekommen, hat das Mitglied ab diesem Zeitpunkt wieder Anspruch auf Sozialausgleich nach § 242 b, solange die Raten vertragsgemäß entrichtet werden. Die Krankenkasse teilt den beitragsabführenden Stellen ohne Angaben von Gründen Beginn und Ende des Zeitraums mit, in dem der Sozialausgleich nach § 242 b gemäß den Sätzen 4 und 5 nicht durchzuführen ist.

Inhaltsübersicht Rn.

1. Zusatzbeitrag

Abs. 1 dient dazu, etwaige Unterdeckungen der Ausgaben auszugleichen. Für diesen Fall hat die Krankenkasse in ihrer Satzung die Erhebung eines pauschalen (einkommensunabhängigen) Zusatzbeitrags vorzusehen bzw. einen bestehenden Zusatzbeitrag zu erhöhen. 1

Von den Mitgliedern, die auf Grund der Erhebung bzw. einer Erhöhung des Zusatzbeitrags ihr Sonderkündigungsrecht nach § 175 Abs. 4[721] ausgeübt haben, wird der Zusatzbeitrag (bei erstmaliger Erhebung) bzw. der Erhöhungsbetrag nicht erhoben. Es wird also immer nur der Beitrag erhoben, der vor der Ausübung des Sonderkündigungsrechts bestand. Wird das Sonderkündigungsrecht nicht wirksam ausgeübt (z. B. weil nicht rechtzeitig die Mitgliedschaftsbescheinigung einer neuen Krankenkasse übersandt wurde[722]), wird der Zusatzbeitrag in voller Höhe erhoben. 2

721 Siehe § 175 Abs. 4.
722 SG Oldenburg – 05. 05. 2011 – S 61 KR 270/10.

2. Prämie

3 Abs. 2 der Vorschrift regelt den Fall, dass die Zuweisungen aus dem Gesundheitsfonds die Ausgaben übersteigen. Dann können die Krankenkassen an ihre Mitglieder eine Prämie ausschütten. Auch dies muss in der Satzung geregelt werden. Diese Möglichkeit wird den Krankenkassen aber erst dann eröffnet, wenn sie ihrer Rücklageverpflichtung aus § 261 nachgekommen sind. An Mitglieder, die mit der Beitragszahlung in Rückstand sind, dürfen keine Prämien ausgeschüttet werden.

3. Höhe des Zusatzbeitrags

4 Abs. 3 regelt das Verfahren der Bestimmung der Höhe des Zusatzbeitrags und gegebenenfalls dessen unterjährige Änderung. So ist bei der Festlegung der Höhe sicherzustellen, dass die Gesamteinnahmen der Krankenkassen den voraussichtlichen Aufgaben sowie ggf. der Auffüllung der Rücklage entsprechen. Ergibt sich innerhalb des Haushaltsjahres Änderungsbedarf, so ist wiederum in der Satzung der Zusatzbeitrag zu erhöhen. In dringenden Fällen (kurzfristige Anpassung) kann der Beschluss auch vom Vorstand der Krankenkasse gefasst werden. Der Beschluss gilt bis zur satzungsgemäßen Neuregelung und bedarf der Zustimmung der Aufsichtsbehörde. Kommt auch dieser Beschluss nicht zustande, darf die Aufsichtsbehörde die Erhöhung des Zusatzbeitrags anordnen.

4. Befreiung, verminderter Zusatzbeitrag

5 In Abs. 4 wird für bestimmte Versichertengruppen eine Ausnahme von der generellen Geltung des kassenindividuellen Zusatzbeitrags gemacht. Für Versicherte nach § 5 Abs. 1 Nr. 2 a (ALG II) sowie für Mitglieder, die Leistungen zur Sicherung des Lebensunterhalts nach SGB II beziehen und gleichzeitig nach § 5 Abs. 1 Nr. 11 (Rentner der GRV und Rentenantragssteller) oder § 5 Abs. 1 Nr. 13 (bisher nicht versicherte Personen oder zuletzt in der GKV versicherte Personen Auffangtatbestand)[723] versichert sind, wird der kassenindividuelle Zusatzbeitrag zwar auch erhoben, dies gilt aber nur bis zur Höhe des durchschnittlichen Zusatzbeitrags.[724]

6 Liegt der kassenindividuelle Zusatzbeitrag über dem durchschnittlichen Zusatzbeitrag, wird nach Abs. 4 nur der durchschnittliche Zusatzbeitrag erhoben. Etwas anderes gilt dann, wenn die Krankenkasse in ihrer Satzung ausdrücklich vorsieht, dass auch von diesen Personen der kassenindividuelle Zusatzbeitrag in voller Höhe erhoben wird. Hintergrund dieser Norm ist, dass nach § 251 die Zusatzbeiträge bis zur Höhe des durchschnittlichen Zusatzbeitrags nicht vom Mitglied getragen werden müssen. Auch für Abs. 4 gilt, dass bei Ausübung des Sonderkündigungsrechts auf Grund der erstmaligen Erhebung bzw. der Erhöhung von Differenzbeträgen der Differenzbetrag nicht gezahlt werden muss. Dies gilt ebenfalls nur, wenn das Sonderkündigungsrecht tatsächlich ausgeübt wird.

---

723 Siehe zu den Voraussetzungen § 5.
724 Siehe § 242 a.

Abs. 5 statuiert, dass für die dort bestimmten Personengruppen generell kein Zusatzbeitrag erhoben wird. Dies sind 7

- Personen, die in Einrichtungen der Jugendhilfe zum Erwerbsleben befähigt werden sollen (§ 5 Abs. 1 Nr. 5),
- Teilnehmer an Leistungen zur Teilnahme am Arbeitsleben (§ 5 Abs. 1 Nr. 6[725]),
- Menschen mit Behinderungen, die in anerkannten Werkstätten tätig sind (§ 5 Abs. 1 Nr. 7[726]),
- Menschen mit Behinderungen, die in Heimen oder gleichartigen Einrichtungen eine Leistung erbringen (§ 5 Abs. 1 Nr. 8[727]),
- Auszubildende, die im Rahmen eines Vertrags nach dem Berufsausbildungsgesetz außerbetrieblich ausgebildet werden (§ 5 Abs. 4 a[728]),
- Mitglieder nach § 192 Abs. 1 Nr. 2 und 3 und Abs. 2 (also nicht diejenigen Mitglieder, deren Mitgliedschaft nur weitergilt, weil sie sich in einem rechtmäßigen Arbeitskampf befinden),
- Mitglieder, die Verletztengeld nach dem SGB VII oder Versorgungskrankengeld nach dem BVG oder eine vergleichbare Entgeltersatzleistung beziehen,
- Mitglieder, bei denen bislang die Mitgliedschaft für die Zeit des Wehrdienstes bzw. Zivildienstes fortbestand (§ 193 Abs. 2 bis 5),
- Mitglieder, die an Eignungsübungen teilnehmen (§ 8 Eignungsübungsgesetz) sowie
- Beschäftigte, die in der Berufsausbildung weniger als 325 € monatlich erhalten oder die ein freiwilliges soziales oder ökologisches Jahr oder einen Bundesfreiwilligendienst ableisten (§ 20 Abs. 3 Nr. 1 und 2 sowie Satz 2 SGB IV).

Diese Regelung gilt aber nur dann, soweit keine weiteren Einnahmen bestehen. Für Versicherte nach § 192 Abs. 1 Nr. 2 und 3 und Abs. 2 gilt die Befreiung auch dann, wenn sie lediglich freiwillig versichert sind.

5. Sanktionen

Abs. 6 regelt eine eigenständige Sanktionsmöglichkeit für die Säumnis bei der Zahlung der kassenindividuellen Zusatzbeiträge. Nach Satz 3 darf daneben der Säumniszuschlag nach § 24 SGB IV nicht verhängt werden. 8

Der Säumniszuschlag ist vom Mitglied zu zahlen, sobald es insgesamt mit sechs Zusatzbeiträgen säumig ist. Durch die Klarstellung des Wortlautes ist nunmehr festgelegt, dass es sich um einen Zeitraum von zusammenhängenden sechs Monaten handeln muss.[729] Zudem kann der Säumniszuschlag mehrfach erhoben werden,[730] das heißt, nach weiteren sechs Monaten kann ein erneuter Zuschlag erhoben werden. 9

Die Höhe des Zuschlags hat dabei die Krankenkasse in ihrer Satzung festzulegen. 10

725 Siehe § 5 Rn. 25.
726 Siehe § 5 Rn. 26.
727 Siehe § 5 Rn. 27.
728 Siehe § 5 Rn. 18.
729 BR-Drs. 581/10, S. 39.
730 BT-Drs. 17/3696, S. 70.

Mindestens muss der Säumniszuschlag allerdings 20 € betragen. Er darf aber die Höhe von drei Zusatzbeiträgen nicht überschreiten. Da die 20-€-Grenze aus Gründen der Verwaltungsvereinfachung eingeführt wurde,[731] ist anzunehmen, dass auf jeden Fall die 20 € als Säumnisgebühr gezahlt werden müssen, auch wenn dieser Betrag höher liegt als der dreifache Zusatzbeitrag.

11 Neben der Säumnisgebühr tritt als weitere Sanktion der Verlust des Sozialausgleichs nach § 242 b dazu. Der Sozialausgleich greift erst dann wieder ein, wenn die Zusatzbeiträge und der Säumniszuschlag vollständig entrichtet wurden. Eine rückwirkende Auszahlung des Sozialausgleichs findet nicht statt.[732] Hat das Mitglied eine Ratenzahlungsvereinbarung mit der Krankenkasse abgeschlossen, so ist es wieder berechtigt, am Sozialausgleich teilzunehmen. Dies gilt aber nur solange, wie die Ratenzahlungsvereinbarung eingehalten wird.

§ 242 a Durchschnittlicher Zusatzbeitrag

(1) Der durchschnittliche Zusatzbeitrag der Krankenkassen ergibt sich aus der Differenz zwischen den voraussichtlichen jährlichen Ausgaben der Krankenkassen und den voraussichtlichen jährlichen Einnahmen des Gesundheitsfonds, die für die Höhe der Zuweisungen nach den §§ 266 und 270 zur Verfügung stehen, geteilt durch die voraussichtliche um die Mitglieder nach § 242 Absatz 5 verringerte Zahl der Mitglieder der Krankenkassen, wiederum geteilt durch die Zahl 12. Zusätzlich werden die erforderlichen Mittel für die vorgeschriebene Auffüllung der Rücklage aller Krankenkassen auf den in § 261 Absatz 2 Satz 2 genannten Mindestwert berücksichtigt, soweit unerwartete außergewöhnliche Ausgabenzuwächse in der gesetzlichen Krankenversicherung eingetreten sind.

(2) Das Bundesministerium für Gesundheit legt nach Auswertung der Ergebnisse des Schätzerkreises nach § 220 Absatz 2 die Höhe des durchschnittlichen Zusatzbeitrags als Euro-Betrag für das Folgejahr im Einvernehmen mit dem Bundesministerium der Finanzen fest und gibt diesen Wert jeweils bis zum 1. November eines Kalenderjahres im Bundesanzeiger bekannt.

Regelungsinhalt

1 § 242 a legt die Berechnung des durchschnittlichen Zusatzbeitrags fest. Der durchschnittliche Zusatzbeitrag ergibt sich dabei aus der Differenz zwischen den Ausgaben der Krankenkassen und den Einnahmen des Gesundheitsfonds. Dieser Betrag wird durch alle Mitglieder, die Zusatzbeiträge zahlen müssen, geteilt und schließlich noch durch 12 dividiert. Gegebenenfalls werden bei dieser Berechnung auch Zuführungen zur Betriebsrücklage nach § 261 berücksichtigt.

Das Bundesgesundheitsministerium legt nach Auswertung der Schätzung nach § 220 Abs. 2 den durchschnittlichen Zusatzbeitrag als Eurobetrag im Einvernehmen mit dem

---

731 BR-Drs. 581/10, S. 39 – dort waren sogar 30 € als Untergrenze zur Vermeidung der Erhebung von Kleinstbeträgen vorgesehen.

732 BR-Drs. 581/10, S. 39.

Bundesfinanzministerium fest und gibt das Ergebnis im Bundesanzeiger bis zum 1. November des Vorjahres bekannt.

Die Festlegung des durchschnittlichen Zusatzbeitrags hat nur dann direkte Auswirkungen auf die Mitglieder, wenn sie einen Sozialausgleich nach § 242 b erhalten oder nach § 241 Abs. 4 grundsätzlich nur den durchschnittlichen Zusatzbeitrag zahlen müssen. Im Übrigen hat der durchschnittliche Zusatzbeitrag keine Auswirkungen auf die Beiträge der Mitglieder. 2

§ 242 b Sozialausgleich

(1) Übersteigt der durchschnittliche Zusatzbeitrag nach § 242 a 2 Prozent (Belastungsgrenze für den Sozialausgleich) der beitragspflichtigen Einnahmen des Mitglieds, so hat das Mitglied Anspruch auf einen Sozialausgleich. Der Sozialausgleich wird durchgeführt, indem der monatliche einkommensabhängige Beitragssatzanteil des Mitglieds individuell verringert wird. Die in § 23 b Absatz 2 des Vierten Buches genannten beitragspflichtigen Einnahmen bleiben bei der Durchführung des Sozialausgleichs unberücksichtigt. Die in § 226 Absatz 1 Satz 1 Nummer 3 und 4 genannten beitragspflichtigen Einnahmen werden bei der Durchführung des Sozialausgleichs Pflichtversicherter – mit Ausnahme der Mitglieder nach § 5 Absatz 1 Nummer 13 – nur berücksichtigt, wenn sie insgesamt 5 Prozent der monatlichen Bezugsgröße nach § 18 des Vierten Buches übersteigen. Im Hinblick auf die beitragspflichtigen Einnahmen nach Satz 1 gilt für Bezieherinnen und Bezieher von Arbeitslosengeld nach dem Dritten Buch § 232 a Absatz 1 Satz 1 Nummer 1 mit der Maßgabe, dass 67 Prozent des der Leistung zugrunde liegenden Arbeitsentgelts berücksichtigt werden. § 232 a Absatz 1 Satz 3 gilt entsprechend. Für diesen Personenkreis wird der Sozialausgleich in der Weise durchgeführt, dass dem Mitglied die Differenz zwischen dem monatlichen und dem verringerten Beitrag nach Absatz 2 Satz 1 vom zuständigen Leistungsträger ausgezahlt wird und der Leistungsträger eine entsprechende Verringerung des Beitrags für die Leistung vornimmt. Im Hinblick auf die beitragspflichtigen Einnahmen nach Satz 1 für Bezieherinnen und Bezieher von Kurzarbeitergeld gilt § 232 a Absatz 2 mit der Maßgabe, dass 67 Prozent des Unterschiedsbetrags zwischen dem Sollentgelt und dem Istentgelt nach § 106 des Dritten Buches berücksichtigt werden. Die individuelle Verringerung des monatlichen Beitragssatzanteils des Mitglieds nach Satz 1 bleibt bei der Berechnung des Nettoentgelts für den Erhalt von Entgeltersatzleistungen oder anderer Leistungen außer Betracht.

(2) Ein verringerter Beitragssatzanteil des Mitglieds wird von der den Beitrag abführenden Stelle ermittelt, indem die Belastungsgrenze nach Absatz 1 mit den beitragspflichtigen Einnahmen des Mitglieds vervielfacht und anschließend vom durchschnittlichen Zusatzbeitrag nach § 242 a abgezogen wird. Anschließend wird die nach Satz 1 ermittelte Überforderung vom einkommensabhängigen Beitragssatzanteil des Mitglieds abgezogen, höchstens jedoch, bis der Beitragssatzanteil des Mitglieds auf null Euro reduziert ist. Kann der Anspruch des Mitglieds auf Sozialausgleich nicht vollständig durch eine Verringerung des monatlichen einkommensabhängigen Beitragssatzanteils des Mitglieds beglichen werden, gilt für die Erstattung des ausstehenden Betrags Absatz 5 entsprechend. Im Falle des Satzes 4 ist die den Beitrag abführende

Stelle verpflichtet, das Mitglied einmalig in geeigneter schriftlicher Form auf sein Antragsrecht nach Absatz 5 Satz 1 hinzuweisen und die zuständige Krankenkasse entsprechend zu informieren. Bei einmalig gezahltem Arbeitsentgelt gilt § 23a des Vierten Buches unter Berücksichtigung der anteiligen Belastungsgrenze des laufenden Kalenderjahres entsprechend. Für den bis zur anteiligen Belastungsgrenze zu verbeitragenden Anteil der Einmalzahlung ist im Rahmen des gewährten Sozialausgleichs ein Beitrag abzuführen, der sich aus der Summe des Beitragssatzanteils des Mitglieds und der Belastungsgrenze nach Absatz 1 ergibt. Der über der anteiligen Belastungsgrenze liegende Anteil der Einmalzahlung ist mit dem für das Mitglied maßgeblichen Beitragssatz zu verbeitragen. Satz 1 gilt für die Bezieherinnen und Bezieher von Arbeitslosengeld entsprechend mit der Maßgabe, dass ein Zahlbetrag ermittelt wird, der abweichend von Satz 3 zusätzlich von der Bundesagentur für Arbeit an das Mitglied ausgezahlt wird.

(3) Hat ein Mitglied zeitgleich mehrere beitragspflichtige Einnahmen, so prüft die Krankenkasse im Hinblick auf die Summe dieser Einnahmen, ob ein Anspruch auf Sozialausgleich nach Absatz 1 besteht, und teilt dies den Beitrag abführenden Stellen mit. Besteht dieser Anspruch, teilt die Krankenkasse der den Beitrag abführenden Stelle, die den höchsten Bruttobetrag der Einnahmen gewährt, mit, dass von ihr ein verringerter Beitragssatzanteil des Mitglieds nach Absatz 2 abzuführen ist. Handelt es sich bei einer beitragspflichtigen Einnahme im Falle des Satzes 1 um eine Rente der gesetzlichen Rentenversicherung nach § 228, deren Höhe 260 Euro übersteigt, so führt abweichend von Satz 2 stets der Rentenversicherungsträger den verringerten Mitgliedsbeitrag ab. Den weiteren beitragsabführenden Stellen hat die Krankenkasse mitzuteilen, dass sie im Rahmen des gewährten Sozialausgleichs einen Beitrag abzuführen haben, der sich aus der Summe des Beitragssatzanteils des Mitglieds und der Belastungsgrenze nach Absatz 1 vervielfacht mit den beitragspflichtigen Einnahmen des Mitglieds ergibt. Abweichend von Satz 4 ergibt sich für Bezieherinnen und Bezieher von Arbeitslosengeld der zusätzlich abzuführende Betrag, um den der Zahlbetrag der Bundesagentur für Arbeit verringert wird, aus der Belastungsgrenze vervielfacht mit den beitragspflichtigen Einnahmen des Mitglieds. Für Mitglieder nach Satz 1 führt die Krankenkasse eine Überprüfung des über das Jahr durchgeführten Sozialausgleichs durch und erstattet dem Mitglied zu viel gezahlte Beiträge oder fordert zu wenig gezahlte Beiträge vom Mitglied zurück. Bei einem rückständigen Betrag unter 20 Euro ist die Nachforderung nicht zu erheben. Für einmalig gezahltes Arbeitsentgelt führen die beitragsabführenden Stellen im laufenden Kalenderjahr im Rahmen des gewährten Sozialausgleichs einen Beitrag ab, der sich aus der Summe des Beitragssatzanteils des Mitglieds und der Belastungsgrenze nach Absatz 1 ergibt.

(4) Zahlen Mitglieder ihre Beiträge selbst, wird der Sozialausgleich nach den Absätzen 1 bis 3 von der zuständigen Krankenkasse durchgeführt. Für Arbeitnehmer, die auf Grund mehrerer Beschäftigungsverhältnisse gegen ein monatliches Arbeitsentgelt bis zum oberen Grenzbetrag der Gleitzone nach § 20 Absatz 2 des Vierten Buches mehr als geringfügig beschäftigt sind, teilt die Krankenkasse den Arbeitgebern die anteiligen abzuführenden Beiträge unter Berücksichtigung des Sozialausgleichs gemäß § 28h Absatz 2a Nummer 2 des Vierten Buches mit.

(5) Abweichend von den Absätzen 2 und 3 prüft für unständig Beschäftigte die zuständige Krankenkasse auf Antrag des Mitglieds jeweils nach Ablauf von drei abgerechneten Kalendermonaten, längstens für die Dauer von zwölf abgerechneten Kalendermonaten, den Anspruch auf Sozialausgleich und erstattet dem Mitglied zu viel gezahlte Beiträge. Die Krankenkassen sind verpflichtet, unständig beschäftigte Mitglieder regelmäßig, spätestens alle zehn Monate, in geeigneter schriftlicher Form auf ihr Antragsrecht nach Satz 1 hinzuweisen.

(6) Mitglieder, von denen gemäß § 242 Absatz 5 kein Zusatzbeitrag erhoben oder deren Zusatzbeitrag nach § 251 Absatz 6 vollständig von Dritten getragen oder gezahlt wird oder die Leistungen nach dem Dritten oder Vierten Kapitel des Zwölften Buches oder nach dem Asylbewerberleistungsgesetz beziehen, haben keinen Anspruch auf einen Sozialausgleich. Bezieht ein Mitglied Leistungen nach dem Dritten oder Vierten Kapitel des Zwölften Buches oder Leistungen zur Sicherung des Lebensunterhaltes nach dem Zweiten Buch oder endet der Bezug dieser Leistungen, teilt die Krankenkasse den Beitrag abführenden Stellen ohne Angaben von Gründen Beginn und Ende des Zeitraumes mit, in dem der Sozialausgleich nicht durchzuführen ist.

...

Inhaltsübersicht

1. Regelungsinhalt

§ 242b regelt die Durchführung des Sozialausgleichs. Der Sozialausgleich greift ein, wenn die Höhe des durchschnittlichen Zusatzbeitrags[733] zwei % der beitragspflichtigen Einnahmen übersteigt (Belastungsgrenze). Damit soll einer Überforderung der einzelnen Mitglieder entgegengewirkt werden. Perspektivisch ist geplant, zur Feststellung der Überforderung nicht nur die beitragspflichtigen Einnahme, sondern alle Einnahmen zu berücksichtigen.[734] **1**

2. Ausnahmen bei der Anrechnung von Einnahmen

Abs. 1 regelt dabei genauer, welche beitragspflichtigen Einnahmen nicht bei der Berechnung der Belastungsgrenze berücksichtigt werden dürfen. Dies sind **2**

- Wertguthaben, die nicht vereinbarungsgemäß verwendet werden (§ 23b Abs. 2 SGB IV)

733 Siehe § 242a.
734 BT-Drs. 17/3040, S. 29.

- Versorgungsbezüge und Arbeitseinkommen aus selbständiger Tätigkeit von Pflichtversicherten, sofern sie 5 % der monatlichen Bezugsgröße nicht übersteigen (§ 226 Abs. 1 Satz 1 Nr. 3 und 4), diese Regelung gilt allerdings nicht für Versicherte nach § 5 Abs. 1 Nr. 13 – der Gesetzgeber hat in diesem Zusammenhang gewollt, dass generell die Versorgungsbezüge und Arbeitseinkommen bei Unterschreitung der Bagatellgrenze freigestellt sind.[735] Daher dürfte diese Regelung auch für Normen anwendbar sein, die auf den § 226 verweisen bzw. diesen entsprechend für anwendbar erklären
- Für Bezieher von ALG I nach dem SGB III gelten nur 67 % des der Leistung zu Grunde liegenden Arbeitsentgelts als Einnahme, unabhängig ob die Leistung wegen Urlaub ruht oder eine Sperre eingetreten ist
- Für Bezieher von Kurzarbeitergeld werden ebenfalls nur 67 % des Unterschiedes zwischen Soll- und Ist-Entgelt als beitragspflichtige Leistung behandelt – allerdings schließt diese Regelung die Berücksichtigung weiterer Einnahmearten nach § 226 nicht aus.[736]

3. Sozialausgleich bei ALG I und Entgeltersatzleistungen

3 Die Auszahlung des Sozialausgleiches für ALG I-Beziehende erfolgt dergestalt, dass dem Bezieher der Leistung der Sozialausgleich überwiesen wird und die Bundesagentur für Arbeit einen entsprechend geringeren Beitrag an die Krankenkasse überweist (Abs. 1 Satz 6).

4 Satz 7 stellt schließlich klar, dass der Sozialausgleich nicht zu einer Erhöhung des Nettoentgelts führt. Der Betrag, der als Sozialausgleich mit dem Nettoentgelt ausgezahlt wird, ist demnach bei der Berechnung von Entgeltersatzleistungen (z. B. Krankengeld, Mutterschaftsgeld) nicht zu berücksichtigen.

4. Berechnung des Sozialausgleichs

5 Abs. 2 regelt die Ermittlung der Höhe des Sozialausgleichs. Diese Aufgabe nimmt die die Beiträge abführende Stelle (z. B. der Arbeitgeber, die Rentenversicherung) wahr. Diese ermittelt zunächst den Betrag, der zwei % der beitragspflichtigen Einnahmen ausmacht. Dieser Betrag wird dann vom durchschnittlichen Zusatzbeitrag nach § 242 a abgezogen. Ergibt sich danach ein positiver Restbetrag, besteht der Anspruch auf einen Sozialausgleich.

6 Für den Sozialausgleich wird in einem nächsten Schritt der Arbeitnehmeranteil des Krankenkassenbeitrags um den ermittelten Betrag verringert. Der für den Sozialausgleich Berechtigte bezahlt also einen geringeren Krankenkassenbeitrag. Somit erhöht sich der Auszahlungsbetrag um eben diesen gekürzten Krankenkassenbeitrag. Dies ist der Sozialausgleich.

7 Würde sich durch die Verminderung des Arbeitnehmeranteils des Krankenkassenbeitrags ein negativer Betrag ergeben, so ist nur eine Verringerung des Beitragsanteils auf 0 durchzuführen. Für den darüber hinaus gehenden Anspruch auf Sozialausgleich gilt das

---

735 Ebda.
736 Ebda.

Antragsverfahren nach Abs. 5. Auf die Möglichkeit des Antragsverfahrens sind die Berechtigten von der die Beiträge abführenden Stelle schriftlich hinzuweisen, diese Stelle informiert auch die Krankenkasse. Der Hinweis muss nur einmalig erfolgen. Es soll ausreichen, wenn der Arbeitgeber auf dem Arbeitsentgeltnachweis einen entsprechenden Hinweis gibt oder die Rentenversicherung ein entsprechendes Informationsschreiben versendet.[737]

5. Sozialausgleich und Einmalzahlungen

Für Einmalzahlungen nach § 23 a SGB IV gilt das folgende Verfahren: 8

Zunächst wird die Belastungsgrenze ermittelt, das ist derjenige Betrag, bis zu dem ein Sozialausgleich fällig wird. Dabei ist der Wert für den Monat zu ermitteln, in dem die Einmalzahlung erfolgt. Von diesem Wert sind bereits verbeitragte Einnahmen, maximal aber in Höhe der monatlichen Belastungsgrenze abzuziehen. Ansonsten würden nicht nur die Einmalzahlungen, sondern auch wechselnde Gehaltshöhen auf das Jahr verteilt angerechnet werden können.

Der Restbetrag ist damit entscheidend. Denn bezogen auf diesen Restbetrag der Belastungsgrenze wurde bisher Sozialausgleich gezahlt. Bis zur Höhe des Restbetrags wird die Einmalzahlung deshalb mit dem allgemeinen Beitragssatz sowie mit zusätzlichen zwei Prozentpunkten verbeitragt, da dies dem bisher an den Versicherten ausgezahlten Sozialausgleich entspricht. Der über der Belastungsgrenze liegende Betrag wird nur mit dem allgemeinen Beitragssatz verbeitragt. 9

Beispiel: 10

Einkommen:	950 €/Monat
Zahlung Weihnachtsgeld im November:	800 €
Durchschnittlicher Zusatzbeitrag:	20 €
Belastungsgrenze für Januar bis November:	1000 €/Monat (20 € müssen 2 % der beitragspflichtigen Einnahmen entsprechen)
Gesamt-Belastungsgrenze:	11 000 € (1000 €/Monat × 11 Monate)
Individuelle Belastung:	10 450 € (950 € Gehalt × 11 Monate)
Verbleibender Betrag bis zur Belastungsgrenze:	550 € (11 000 € – 10,450 €)

Vom Weihnachtsgeld ist zu verbeitragen:

1. 550 € mit dem Allgemeinen Beitragssatz und zwei % wegen des bereits durchgeführten, aber durch die Zahlung des Weihnachtsgeldes nicht berechtigten Sozialausgleichs
2. 250 € mit dem Allgemeinen Beitragssatz, da dieser der Betrag ist, der über der Belastungsgrenze liegt

Würde im Dezember wiederum ein Einkommen von 950 € bezogen werden, so bestünde Anspruch auf Sozialausgleich für diesen Monat. Das Weihnachtsgeld wird nicht auf zukünftige Zeiträume verteilt.

737 BT-Drs. 17/3040, S. 30.

11 Treffen mehrere Einmalzahlungen in einem Kalenderjahr zusammen, so ist zu beachten, dass für jede Einmalzahlung eine getrennte Betrachtung vorzunehmen ist. Bei der folgenden Berechnung muss die vorherige Einmalzahlung in der Höhe bei den abzuziehenden Einnahmen berücksichtigt werden, in der diese Einmalzahlung selbst mit den zusätzlichen zwei Prozent für den Sozialausgleich verbeitragt wurde.

12 **Beispiel:**

Im obigen Fall wurde im Mai ein Urlaubsgeld von 400 € gezahlt.

Belastungsgrenze für Januar bis Mai:	5000 € (1000 € × 5 Monate)
Individuelle Belastung:	4750 € (950 € × 5 Monate)
Verbleibender Betrag bis zur Belastungsgrenze:	250 €

Vom Urlaubsgeld müssen verbeitragt werden:

1. 250 € mit dem allgemeinen Beitragssatz und den 2 % für den Sozialausgleich
2. 150 € mit dem allgemeinen Beitragssatz

Für die folgende Weihnachtsgeldberechnung ergibt sich folgende Rechnung:

Belastungsgrenze für Januar bis November:	11 000 € (1000 € × 11 Monate)
Individuelle Belastung:	10 450 € (950 € × 11 Monate)
Verbleibender Beitrag bis zur Belastungsgrenze:	550 €
Abzug auf Grund des Urlaubsgeldes:	250 € (Dieser Anteil des Urlaubsgeldes wurde bereits im Sozialausgleich verbeitragt)
Verbleiben:	300 €

Vom Weihnachtsgeld sind daher zu verbeitragen:

1. 300 € mit dem Allgemeinen Beitragssatz und zwei % wegen des bereits durchgeführten, aber eigentlich nicht berechtigten Sozialausgleiches
2. 600 € mit dem Allgemeinen Beitragssatz

13 Zu beachten ist weiterhin, dass einmalig gezahltes Entgelt in den Fällen des § 23 a Abs. 4 SGB IV dazu führt, dass die Berechnung des Sozialausgleichs für das davor liegende Jahr erneut durchgeführt werden muss.

6. Sozialausgleich bei ALG I

14 Abs. 2 regelt, dass für Bezieher von ALG I kein verminderter Beitrag, sondern ein Zahlbetrag ermittelt wird, der dann an die Bezieher auszuschütten ist. Denn für ALG I-Beziehende besteht kein Arbeitnehmeranteil, der vermindert werden könnte.

7. Mehrere Einnahmen

15 Abs. 3 regelt den Fall, dass mehrere beitragspflichtige Einnahmen zusammentreffen. Dann prüft die Krankenkasse, ob ein Anspruch auf Sozialausgleich besteht. Falls ein solcher Anspruch besteht, teilt sie der die Beiträge abführenden Stelle, die den höchsten Bruttobetrag gewährt, mit, dass der Beitrag nach Abs. 2 zu mindern ist. Eine Sonderregelung gilt

für die Fälle, in denen eine Rente der GRV bezogen wird, deren Höhe 260 € monatlich übersteigt. Dann führt die Rentenversicherung den verminderten Beitrag ab.

Die Krankenkasse teilt in beiden Fallkonstellationen den anderen beitragsabführenden Stellen mit, dass sie neben dem allgemeinen Beitragssatz die Einnahmen mit zwei % zu verbeitragen haben, da bereits der gesamte Sozialausgleich aus den Beiträgen der Rentenversicherung bzw. der anderen beitragsabführenden Stelle durchgeführt wird. Bei diesen wird die Einnahme also mit dem allgemeinen Beitragssatz und zusätzlich dem 2-Prozent-Satz verbeitragt. Ebensolches gilt auch für Einmalzahlungen nach § 23 a SGB IV. Dasselbe Verfahren wird auch bei Beziehern des ALG I angewendet, mit der Maßgabe, dass sich der zusätzlich abzuführende Beitrag aus der Belastungsgrenze abzüglich des Zahlbetrags der Bundesagentur für Arbeit ergibt. 16

Wird bis zur Mitteilung der Krankenkasse zu viel Sozialausgleich gewährt, so wird dies im nächsten Abrechnungszeitraum von der beitragsabführenden Stelle verrechnet.[738] Darüber hinaus prüft die Krankenkasse jährlich, ob der Sozialausgleich bei mehreren beitragspflichtigen Einnahmen regelgerecht durchgeführt wurde. Gegebenenfalls werden vom Mitglied zu wenig gezahlte Beiträge nachgefordert und zu viel gezahlte Beiträge erstattet. Es erfolgt also keine Nachforderung bzw. Erstattung über die beitragsabführenden Stellen. Eine Nachforderung kann jedoch erst dann erfolgen, wenn der Betrag größer oder gleich 20 € ist. 17

8. Sonderregelungen

Abs. 4 regelt, dass für Selbstzahler (z. B. freiwillig Versicherte) die zuständige Krankenkasse den Sozialausgleich nach Abs. 1 bis 3 durchführt. Die Krankenkasse ist für den Sozialausgleich auch dann zuständig, wenn ein Arbeitnehmer mehreren geringfügigen Beschäftigungen nachgeht und dabei insgesamt über dem Grenzbetrag von 800 € liegt (§ 20 Abs. 2 SGB IV). Die Krankenkasse teilt in diesen Fällen den Einzugsstellen den jeweiligen Beitrag unter Berücksichtigung des Sozialausgleichs mit. 18

Bei unständig Beschäftigten wird gemäß Abs. 5 immer der allgemeine Beitragssatz abgeführt. Die Krankenkassen haben die Betroffenen regelmäßig, spätestens alle zehn Monate, schriftlich darauf hinzuweisen, dass sie ein Recht auf Überprüfung haben. In dieser Überprüfung wird dann ermittelt, ob ein Sozialausgleich durchzuführen ist. Eine Überprüfung kann frühestens nach drei abgerechneten Monaten erfolgen, kann maximal aber die letzten abgerechneten zwölf Monate umfassen. Die Krankenkasse erstattet bei positiver Prüfung zu viel gezahlte Beiträge zurück. 19

Abs. 6 legt fest, dass für Mitglieder, die nach § 241 von der Zahlung von Zusatzbeiträgen befreit sind oder deren Beiträge nach § 251 vollständig von Dritten getragen werden, kein Sozialausgleich durchgeführt wird. Dies betrifft auch Mitglieder, die Leistungen nach dem dritten oder vierten Kapitel des SGB XII oder nach dem Asylbewerberleistungsgesetz beziehen. Zudem legt dieser Absatz fest, dass bei einem Bezug von Leistungen nach dem Dritten oder Vierten Kapitel des SGB XII, bei Bezug von Leistungen zur 20

738 BT-Drs. 17/3040, S. 31.

Sicherung des Lebensunterhaltes nach dem SGB II oder dem Ende des Bezugs dieser Leistungen der beitragsabführenden Stelle ohne Angabe von Gründen der Zeitraum über die Durchführung des Sozialausgleichs mitgeteilt wird.

§ 243 Ermäßigter Beitragssatz

Für Mitglieder, die keinen Anspruch auf Krankengeld haben, gilt ein ermäßigter Beitragssatz. Dies gilt nicht für die Beitragsbemessung nach § 240 Absatz 4 a. Der ermäßigte Beitragssatz beträgt 14,9 Prozent der beitragspflichtigen Einnahmen der Mitglieder.

Regelungsinhalt

1 Diese Vorschrift schreibt vor, dass für Mitglieder, die keinen Anspruch auf Krankengeld nach § 44 Abs. 2 haben,[739] ein ermäßigter Beitragssatz gilt. Dieser Beitragssatz beträgt 14,9 % der beitragspflichtigen Einnahmen. Der ermäßigte Beitragssatz gilt nicht in den Fällen der Beitragsbemessung nach § 240 Abs. 4 a, also für Mitglied in einem beruflich bedingten Auslandsaufenthalt.[740]

§ 244 Ermäßigter Beitrag für Wehrdienstleistende und Zivildienstleistende

(1) Bei Einberufung zu einem Wehrdienst wird der Beitrag für

1. Wehrdienstleistende nach § 193 Abs. 1 auf ein Drittel,

2. Wehrdienstleistende nach § 193 Abs. 2 auf ein Zehntel

des Beitrags ermäßigt, der vor der Einberufung zuletzt zu entrichten war. Dies gilt nicht für aus Renten der gesetzlichen Rentenversicherung, Versorgungsbezügen und Arbeitseinkommen zu bemessende Beiträge.

(2) Das Bundesministerium für Gesundheit kann im Einvernehmen mit dem Bundesministerium der Verteidigung und dem Bundesministerium der Finanzen durch Rechtsverordnung mit Zustimmung des Bundesrates für die Beitragszahlung nach Absatz 1 Satz 1 Nr. 2 eine pauschale Beitragsberechnung vorschreiben und die Zahlungsweise regeln.

(3) Die Absätze 1 und 2 gelten für Zivildienstleistende entsprechend. Bei einer Rechtsverordnung nach Absatz 2 tritt an die Stelle des Bundesministeriums der Verteidigung das Bundesministerium für Familie, Senioren, Frauen und Jugend.

Regelungsinhalt

1 Für den Wehr- und Zivildienst regelte diese Norm die Beitragsermäßigung. Die Beiträge wurden in den Fällen des § 193 Abs. 1 auf ein Drittel und in den Fällen des § 193 Abs. 2 auf ein Zehntel des vor der Einberufung zu zahlenden Beitrags reduziert. Die Regelung ist nicht anwendbar auf Renten der GRV, Versorgungsbezüge und Arbeitseinkommen. In

---

739 Siehe § 44 Abs. 2.

740 Siehe § 240 Abs. 4 a.

den Fällen des § 192 Abs. 2 kann durch Rechtsverordnung eine pauschale Beitragsberechnung vorgenommen werden.[741]

§ 245 Beitragssatz für Studenten und Praktikanten

(1) Für die nach § 5 Abs. 1 Nr. 9 und 10 Versicherungspflichtigen gelten als Beitragssatz sieben Zehntel des allgemeinen Beitragssatzes.

(2) Der Beitragssatz nach Absatz 1 gilt auch für Personen, deren Mitgliedschaft in der studentischen Krankenversicherung nach § 190 Abs. 9 endet und die sich freiwillig weiterversichert haben, bis zu der das Studium abschließenden Prüfung, jedoch längstens für die Dauer von sechs Monaten.

Regelungsinhalt

Diese Norm legt für Studierende und Praktikanten,[742] die Mitglieder sind, einen eigenen Beitragssatz in Höhe von 70 % des allgemeinen Beitragssatzes gemäß § 241 (2012: 15,5 %) fest. **1**

Nach Abs. 2 gilt dieser Beitragssatz auch für diejenigen, deren Mitgliedschaft nach § 190 Abs. 9 endet, die sich aber freiwillig weiterversichert haben. Erfasst werden diejenigen, die zwar nicht mehr als Studierende eingeschrieben sind, aber noch Prüfungen ablegen müssen. Deshalb wird der Zeitraum der Geltung des Beitragssatzes für Studierende für diese Personengruppe begrenzt bis zum Zeitpunkt der das Studium abschließenden Prüfung, längstens aber auf sechs Monate. Um in den Genuss dieser Privilegierung zu gelangen, ist es allerdings erforderlich, dass zum einen die Prüfung nach der entsprechenden Prüfungsordnung eine abschließende Prüfung ist, diese abgelegt werden kann und ernsthaft angestrebt wird, diese auch abzulegen. Ob dies tatsächlich innerhalb der sechs Monate geschieht, ist ohne Belang.[743] **2**

§ 246 Beitragssatz für Bezieher von Arbeitslosengeld II

Für Personen, die Arbeitslosengeld II beziehen, gilt als Beitragssatz der ermäßigte Beitragssatz nach § 243.

Regelungsinhalt

Für Bezieher von ALG II gilt der ermäßigte Beitragssatz in Höhe von 14,9 %. **1**

§ 247 Beitragssatz aus der Rente

Für Versicherungspflichtige findet für die Bemessung der Beiträge aus Renten der gesetzlichen Rentenversicherung der allgemeine Beitragssatz nach § 241 Anwendung. Abweichend von Satz 1 gilt bei Versicherungspflichtigen für die Bemessung der Bei-

741 KV-/PV-Pauschalbeitragsverordnung.
742 Siehe § 5 Abs. 1 Nr. 9 und 10.
743 Hasfeld, § 245 Rn. 31, in juris-PK.

träge aus ausländischen Renten nach § 228 Absatz 1 Satz 2 die Hälfte des allgemeinen Beitragssatzes zuzüglich 0,45 Beitragssatzpunkte.

§ 248 Beitragssatz aus Versorgungsbezügen und Arbeitseinkommen

Bei Versicherungspflichtigen gilt für die Bemessung der Beiträge aus Versorgungsbezügen und Arbeitseinkommen der allgemeine Beitragssatz. Abweichend von Satz 1 gilt bei Versicherungspflichtigen für die Bemessung der Beiträge aus Versorgungsbezügen nach § 229 Abs. 1 Satz 1 Nr. 4 die Hälfte des allgemeinen Beitragssatzes zuzüglich 0,45 Beitragssatzpunkte.

Regelungsinhalt

1 Bei Pflichtversicherte wird für Renten aus der GRV, für Versorgungsbezüge und für Arbeitseinkommen der allgemeine Beitragssatz nach § 241 in Höhe von 15,5 % angewendet.

2 Für Pflichtversicherte, die eine ausländische Rente (§ 228 Abs. 1 S. 2) oder die eine Rente oder Landabgabenrente nach dem ALG (§ 229 Abs. 1 S. 1 Nr. 4) erhalten, beträgt der Beitragssatz auf diese Rente die Hälfte des allgemeinen Beitragssatzes zuzüglich 0,45 Prozentpunkte. Dies ist dem Umstand geschuldet, dass die Versicherten generell vom allgemeinen Beitragssatz 0,9 Prozentpunkte allein zu tragen haben. Deshalb muss zum hälftigen Beitragssatz noch einmal die Hälfte dieser 0,9 Prozentpunkte addiert werden, damit diese beiden Einnahmegruppen nicht geringer verbeitragt werden.

Vierter Titel
Tragung der Beiträge

§ 249 Tragung der Beiträge bei versicherungspflichtiger Beschäftigung

(1) Bei versicherungspflichtig Beschäftigten nach § 5 Abs. 1 Nr. 1 und 13 trägt der Arbeitgeber die Hälfte der Beiträge des Mitglieds aus dem Arbeitsentgelt nach dem um 0,9 Beitragssatzpunkte verminderten allgemeinen oder ermäßigten Beitragssatz; im Übrigen tragen die Beschäftigten die Beiträge. Bei geringfügig Beschäftigten gilt § 249 b.

(2) Der Arbeitgeber trägt den Beitrag allein für Beschäftigte, soweit Beiträge für Kurzarbeitergeld zu zahlen sind.

(3) (weggefallen)

(4) Abweichend von Absatz 1 werden die Beiträge bei versicherungspflichtig Beschäftigten mit einem monatlichen Arbeitsentgelt innerhalb der Gleitzone nach § 20 Abs. 2 des Vierten Buches vom Arbeitgeber in Höhe der Hälfte des Betrages, der sich ergibt, wenn der um 0,9 Beitragssatzpunkte verminderte allgemeine oder ermäßigte Beitragssatz auf das der Beschäftigung zugrunde liegende Arbeitsentgelt angewendet wird, im Übrigen vom Versicherten getragen.

Neu angefügt wird nach dem Gesetzentwurf vom 25. 09. 2012, BT-Drs. 17/10773 in Absatz 4 Satz 2: »Dies gilt auch für Personen, für die § 7 Absatz 3 Anwendung findet.«

Regelungsinhalt

Diese Vorschrift regelt den Grundfall der Beitragstragung bei einer versicherungspflichtigen Beschäftigung. Dem Wortlaut nach unterfallen dieser Regelung alle Mitglieder, die nach § 5 Abs. 1 Nr. 1 oder Nr. 13 versicherungspflichtig sind. In dieser Fallkonstellation trägt der Arbeitgeber vom allgemeinen Beitragssatz nach § 241 die Hälfte des um 0,9 Prozentpunkte verminderten Satzes. Der Rest wird vom Versicherten getragen. Damit trägt der Arbeitgeber 7,3 Prozentpunkte, der Versicherte 8,2 Prozentpunkte. Diese Mehrbelastung mit 0,9 Prozentpunkten ist nicht zu beanstanden.[744] Die Beitragstragungspflicht umfasst aber nur das aus der Beschäftigung erzielte Arbeitsentgelt. 1

Für geringfügig Beschäftigte gilt abweichend § 249 b, wobei für Beschäftigte in der Gleitzone nach § 20 Abs. 2 SGB IV der Abs. 4 gilt. 2

Daneben gilt als weitere Ausnahme nach Abs. 2, dass in den Fällen, in denen Beiträge auf Kurzarbeitergeld erhoben werden, diese Beiträge vollständig von den Arbeitgebern zu tragen sind. Diese Regelung wird für freiwillig versicherte Beschäftigte während des Bezugs von Kurzarbeitergeld in § 257 Abs. 1 entsprechend angewendet. 3

Zudem trägt auch in den Fällen des § 20 Abs. 3 Satz 1 SGB IV (Beschäftigte im Rahmen einer Berufsausbildung mit monatlichem Arbeitsentgelt nicht über 325 €, Teilnehmer an einem freiwilligen sozialen oder ökologischen Jahr oder am Bundesfreiwilligendienst) der Arbeitgeber den Beitrag allein. Die Versicherungsfreiheit ergibt sich in diesen Fällen aus § 7.[745] 3 a

Des Weiteren muss § 20 Abs. 3 Satz 2 SGB IV beachtet werden. Für einmalig gezahltes Arbeitsentgelt, durch das die Grenze des § 20 Abs. 3 S. 1 SGB IV überschritten wird, bleibt es bei der Grundregel des § 249 SGB V. Das heißt, für den Betrag, der über der 325-Euro-Grenze liegt, ist § 249 Abs. 1 anwendbar so dass für diesen Beitragsanteil der Arbeitgeber 7,3 Prozentpunkte und der Versicherte 8,2 Prozentpunkte tragen. 4

Abs. 4 stellt schließlich eine Sonderregelung für Beschäftigte in der Gleitzone[746] auf. Zwar bleibt es dabei, dass der Arbeitgeber einen Beitrag von 7,3 Prozentpunkten zu tragen hat. Aus der Verbindung des Abs. 4 mit der Regelung des § 226 Abs. 4 wird aber auf die entsprechende Formel des SGB VI[747] verwiesen, so dass der Beitrag der Beschäftigten »gleitet«. Das heißt, der Beitragssatz der Beschäftigten steigt bis zum Erreichen der Obergrenze der Gleitzone auf 8,2 Prozentpunkte an. 5

§ 249 a Tragung der Beiträge bei Versicherungspflichtigen mit Rentenbezug

Bei Versicherungspflichtigen, die eine Rente nach § 228 Absatz 1 Satz 1 beziehen, trägt der Träger der Rentenversicherung die Hälfte der nach der Rente zu bemessenden Beiträge nach dem um 0,9 Beitragssatzpunkte verminderten allgemeinen Beitragssatz; im Übrigen tragen die Rentner die Beiträge. Die Beiträge aus ausländischen Renten nach § 228 Absatz 1 Satz 2 tragen die Rentner allein.

---

744 BSG – 18.07.2007 – B 12 R 21/06 R zur alten Fassung des § 241 a.
745 Siehe § 7 Rn. 4.
746 Vgl. § 20 SGB IV.
747 Vgl. § 163 Abs. 10 S. 1 bis 5 sowie 8 SGB VI.

Regelungsinhalt

1 Die Norm regelt für versicherungspflichtige Bezieher einer Rente aus der GRV,[748] dass für diese Renten ebenfalls der Grundsatz des § 249 gilt. Der Rentenversicherungsträger trägt einen Beitragssatz von 7,3 %, die Rentenbeziehenden 8,2 %. Diese unterschiedliche Beitragstragungspflicht ist nicht zu beanstanden.[749] Bei Bezug ausländischer Renten tragen die Rentner die Beiträge allein, wobei für den Beitragssatz § 247 gilt.

§ 249 b Beitrag des Arbeitgebers bei geringfügiger Beschäftigung

Der Arbeitgeber einer Beschäftigung nach § 8 Abs. 1 Nr. 1 des Vierten Buches hat für Versicherte, die in dieser Beschäftigung versicherungsfrei oder nicht versicherungspflichtig sind, einen Beitrag in Höhe von 13 vom Hundert des Arbeitsentgelts dieser Beschäftigung zu tragen. Für Beschäftigte in Privathaushalten nach § 8 a Satz 1 des Vierten Buches, die in dieser Beschäftigung versicherungsfrei oder nicht versicherungspflichtig sind, hat der Arbeitgeber einen Beitrag in Höhe von 5 vom Hundert des Arbeitsentgelts dieser Beschäftigung zu tragen. Für den Beitrag des Arbeitgebers gelten der Dritte Abschnitt des Vierten Buches sowie § 111 Abs. 1 Nr. 2 bis 4, 8 und Abs. 2 und 4 des Vierten Buches entsprechend.

Literatur

Die Spitzenorganisationen der Sozialversicherung, Richtlinien für die versicherungsrechtliche Beurteilung von geringfügiger Beschäftigung vom 14. 10. 2009, http://arbeitgeberservice. ikk-gesundplus. de/fileadmin/redaktion/PDF/Arbeitgeber/20091014–GeringfuegRL.pdf

Regelungsinhalt

1 Für geringfügig Beschäftigte nach § 8 Abs. 1 Nr. 1 SGB IV (weniger als 15 Stunden/Woche und regelmäßig nicht mehr als 400 €/Monat),[750] die in dieser Beschäftigung versicherungsfrei (§ 7) oder nicht versicherungspflichtig (§ 6) sind, hat der Arbeitgeber einen pauschalen Beitrag in Höhe von 13 % des Arbeitsentgelts dieser Beschäftigung zu tragen. Es entsteht eine Beitragspflicht ohne Leistungsanspruch, die verfassungsrechtlichen Bedenken ausgesetzt ist.[751]

2 Diese Regelung greift nur dann ein, wenn der Beschäftigte generell in der GKV versichert ist. Auf die Art dieser Versicherung kommt es nicht an, es kann sich also auch um eine Familienversicherung handeln.[752]

3 Für geringfügig Beschäftigte nach § 8 a SGB IV (Ausschließlich geringfügige Beschäftigung in Privathaushalten) haben die Arbeitgeber unter denselben Voraussetzungen einen Beitrag in Höhe von 5 % des Arbeitsentgelts zu zahlen.

---

748 Siehe § 228 Abs. 1.

749 Zuletzt u. a.: BSG – 21. 01. 2009 – B 12 R 11/06 R.

750 Vgl. zu den Voraussetzungen die dortige Kommentierung.

751 Hasfeld, § 249 b Rn. 54 ff., in juris-PK, m. w. N.

752 Rixen, § 249 b Rn. 6, in Becker/Kingreen, SGB V.

Der Verweis in Satz 3 erklärt die entsprechenden Verfahrensregeln für den Gesamtsozialversicherungsbeitrag und insbesondere auch das spezifische Bußgeldrecht für den Pauschalbeitrag für anwendbar.

§ 250 Tragung der Beiträge durch das Mitglied

(1) Versicherungspflichtige tragen die Beiträge aus

1. den Versorgungsbezügen,

2. dem Arbeitseinkommen,

3. den beitragspflichtigen Einnahmen nach § 236 Abs. 1,

sowie den Zusatzbeitrag nach § 242 allein.

(2) Freiwillige Mitglieder, in § 189 genannte Rentenantragsteller sowie Schwangere, deren Mitgliedschaft nach § 192 Abs. 2 erhalten bleibt, tragen den Beitrag allein.

(3) Versicherungspflichtige nach § 5 Abs. 1 Nr. 13 tragen ihre Beiträge mit Ausnahme der aus Arbeitsentgelt und nach § 228 Absatz 1 Satz 1 zu tragenden Beiträge allein.

Regelungsinhalt

Abs. 1 dieser Norm regelt, das Versicherungspflichtige die Beiträge aus Versorgungsbezügen (§ 229 Abs. 1), dem Arbeitseinkommen (§ 226 Abs. 1 Satz 1 Nr. 4; 237 Satz 1 Nr. 3), den beitragspflichtigen Einnahmen nach § 236 Nr. 1 (Beitragspflichtige Einnahmen der Studenten und Praktikanten) sowie des Zusatzbeitrages nach § 242 allein zu tragen haben. 1

Zu beachten sind dabei stets die Rangfolgeregelungen (§ 230 für versicherungspflichtige Beschäftigte und § 238 für versicherungspflichtige Rentner). Aus diesen Rangfolgeregelungen ergibt sich, dass nur dann aus diesen Einnahmen Beiträge zu entrichten sind, sofern die Grundeinnahmen und vorrangige andere Einnahmen die Beitragsbemessungsgrenze nicht erreicht haben.[753] Werden Beiträge überzahlt, so greifen die entsprechenden Erstattungsregelungen (§§ 231 Abs. 1, 3 232 Abs. 1 Satz 2, § 233 Abs. 2, 234 Abs. 2, 235 Abs. 4, § 236 Abs. 2 Satz 1, 237 Satz 2). 2

Nach Abs. 2 tragen freiwillige Mitglieder die Beiträge ebenfalls allein. Dies gilt auch für Rentenantragsteller nach § 189 sowie Schwangere, deren Mitgliedschaft nach § 192 Abs. 2 erhalten bleibt. Für diese Gruppen ist aber zu prüfen, ob nicht nach §§ 224, 225 Beitragsfreiheit besteht. Zudem ist § 251 Abs. 1 zu beachten, der vorrangig gilt.[754] 3

Abs. 3 regelt, dass Pflichtversicherte nach § 5 Abs. 1 Nr. 13 die Beiträge, sofern sie nicht aus Arbeitsentgelt oder einer Rente aus der GRV erhoben werden, ebenfalls allein tragen müssen. Werden Beiträge aus diesen Einnahmen erhoben, bleibt es bei der allgemeinen Vorschrift des § 249. 4

---

753 Hasfeld, § 250 Rn. 19; in juris-PK.

754 Rixen, § 250 Rn. 6; in Becker/Kingreen, SGB V.

§ 251 Tragung der Beiträge durch Dritte

(1) Der zuständige Rehabilitationsträger trägt die auf Grund der Teilnahme an Leistungen zur Teilhabe am Arbeitsleben sowie an Berufsfindung oder Arbeitserprobung (§ 5 Abs. 1 Nr. 6) oder des Bezugs von Übergangsgeld, Verletztengeld oder Versorgungskrankengeld (§ 192 Abs. 1 Nr. 3) zu zahlenden Beiträge.

(2) Der Träger der Einrichtung trägt den Beitrag allein

1. für die nach § 5 Abs. 1 Nr. 5 versicherungspflichtigen Jugendlichen,
2. für die nach § 5 Abs. 1 Nr. 7 oder 8 versicherungspflichtigen behinderten Menschen, wenn das tatsächliche Arbeitsentgelt den nach § 235 Abs. 3 maßgeblichen Mindestbetrag nicht übersteigt; im Übrigen gilt § 249 Abs. 1 und Abs. 3 entsprechend.

Für die nach § 5 Abs. 1 Nr. 7 versicherungspflichtigen behinderten Menschen sind die Beiträge, die der Träger der Einrichtung zu tragen hat, von den für die behinderten Menschen zuständigen Leistungsträgern zu erstatten.

(3) Die Künstlersozialkasse trägt die Beiträge für die nach dem Künstlersozialversicherungsgesetz versicherungspflichtigen Mitglieder. Hat die Künstlersozialkasse nach § 16 Abs. 2 Satz 2 des Künstlersozialversicherungsgesetzes das Ruhen der Leistungen festgestellt, entfällt für die Zeit des Ruhens die Pflicht zur Entrichtung des Beitrages, es sei denn, das Ruhen endet nach § 16 Abs. 2 Satz 5 des Künstlersozialversicherungsgesetzes. Bei einer Vereinbarung nach § 16 Abs. 2 Satz 6 des Künstlersozialversicherungsgesetzes ist die Künstlersozialkasse zur Entrichtung der Beiträge für die Zeit des Ruhens insoweit verpflichtet, als der Versicherte seine Beitragsanteile zahlt.

(4) Der Bund trägt die Beiträge für Wehrdienst- und Zivildienstleistende im Falle des § 193 Abs. 2 und 3 sowie für die nach § 5 Abs. 1 Nr. 2 a versicherungspflichtigen Bezieher von Arbeitslosengeld II.

(4 a) Die Bundesagentur für Arbeit trägt die Beiträge für die Bezieher von Arbeitslosengeld und Unterhaltsgeld nach dem Dritten Buch.

(4 b) Für Personen, die als nicht satzungsmäßige Mitglieder geistlicher Genossenschaften oder ähnlicher religiöser Gemeinschaften für den Dienst in einer solchen Genossenschaft oder ähnlichen religiösen Gemeinschaft außerschulisch ausgebildet werden, trägt die geistliche Genossenschaft oder ähnliche religiöse Gemeinschaft die Beiträge.

(4 c) Für Auszubildende, die in einer außerbetrieblichen Einrichtung im Rahmen eines Berufsausbildungsvertrages nach dem Berufsbildungsgesetz ausgebildet werden, trägt der Träger der Einrichtung die Beiträge.

…

(6) Den Zusatzbeitrag nach § 242 hat das Mitglied zu tragen. Abweichend von Satz 1 wird für Mitglieder, für die ein Zusatzbeitrag nach § 242 Absatz 4 Satz 1 erhoben wird, der Zusatzbeitrag aus den Mitteln der Liquiditätsreserve des Gesundheitsfonds nach § 271 Absatz 2 aufgebracht. Eine nach § 242 Absatz 4 Satz 2 erhobene Differenz zwischen dem kassenindividuellen Zusatzbeitrag und dem Zusatzbeitrag nach § 242 a ist von den in Satz 2 genannten Mitgliedern selbst zu tragen. Satz 2 gilt entsprechend für Mitglieder, deren Zusatzbeiträge nach § 26 Absatz 3 des Zweiten Buches von der Bundesagentur für Arbeit in der erforderlichen Höhe gezahlt werden.

Regelungsinhalt

Abs. 1 legt fest, dass der Rehabilitationsträger (§ 6 SGB IX) auf Grund der Teilnahme an Leistungen zur Teilhabe am Arbeitsleben sowie an Berufsfindung oder Arbeitserprobung (nach § 5 Abs. 1 Nr. 6) oder des Bezugs von Übergangsgeld, Verletztengeld oder Versorgungskrankengeld (nach § 192 Abs. 1 Nr. 3) die zu zahlenden Beiträge trägt. Abs. 1 gilt dabei ausweislich der Gesetzesbegründung als vorrangig vor der Anwendung des § 250 Abs. 2,[755] so dass auch für freiwillig Versicherte nach Abs. 1 die Träger den Beitrag zahlen. 1

Der Wortlaut lässt auch erkennen, dass es nur um solche Beiträge geht, die auf Grund der Maßnahmen bzw. des Bezugs der Leistungen bezogen werden, also Beiträge nach § 235 Abs. 1 und 2. Beiträge aus weiteren Einnahmen müssen entsprechend den allgemeinen Regeln getragen werden. 2

Nach Abs. 2 trägt der Träger der Einrichtung für versicherungspflichtige Jugendliche nach § 5 Abs. 1 die Beiträge allein. Für versicherungspflichtige Menschen mit Behinderung nach § 5 Abs. 1 Nr. 7 oder 8 gilt dies ebenfalls, allerdings nur bis zu einer Höhe von 20 % der monatlichen Bezugsgröße (§ 235 Abs. 3). Wird der Betrag überschritten, gilt die allgemeine Regelung des § 249 Abs. 1. Die soll jedoch nur für den Teil des Betrags gelten, der die Grenze überschritten hat.[756] 3

Für versicherungspflichtige Menschen mit Behinderung steht den Einrichtungsträgern ein Erstattungsanspruch gegenüber den zuständigen Leistungsträgern zu.

In Abs. 3 wird festgelegt, dass die Künstlersozialkasse für die nach dem KSVG versicherungspflichtigen Mitglieder die Beiträge trägt. Bei einem Ruhen der Leistung nach § 16 KSVG entfällt die entsprechende Beitragstragungspflicht. Das Ruhen endet rückwirkend mit der Zahlung der rückständigen Beiträge oder wenn eine entsprechende Ratenzahlung mit der Künstlersozialkasse vereinbart wurde (§ 16 Abs. 2 Satz 5 und 6 KSVG). 4

Nach Abs. 4 hat der Bund die Beiträge für versicherungspflichtige Bezieher von ALG II (§ 5 Abs. 1 Nr. 2 a) zu zahlen. Beiträge für weitere Einnahmen sind nach den allgemeinen Regelungen zu tragen.[757] 5

Gleiches gilt entsprechend Abs. 4 a für die Tragung der Beiträge der Bezieher von Arbeitslosengeld oder Unterhaltsgeld nach dem SGB III. Auch hier trägt die Beiträge die Bundesagentur für Arbeit, allerdings nur insoweit, als die Beiträge auf Grund der Leistung erhoben werden.[758] 6

Nach den Abs. 4 b und 4 c tragen für Personen, die im Rahmen eines Berufsausbildungsvertrags nach dem Berufsausbildungsgesetz ausgebildet werden oder die von einer geistlichen Genossenschaft oder ähnlichen religiösen Genossenschaft für den Dienst in dieser Genossenschaft außerbetrieblich ausgebildet werden, ohne satzungsgemäßes Mitglied zu sein, die jeweiligen Einrichtungen die Beiträge. 7

Abs. 6 legt fest, dass von der Beitragstragungspflicht der Zusatzbeitrag nach § 242 8

---

755 Rixen, § 250 Rn. 6; in Becker/Kingreen, SGB V.
756 Hasfeld, § 251 Rn. 40; in juris-PK.
757 LSG Baden-Württemberg – 22. 06. 2010 – L 11 KR 551/09.
758 Hasfeld, § 251 Rn. 50; in juris-PK.

nicht umfasst ist. Etwas Abweichendes gilt lediglich in den Fällen, in denen ein Zusatzbeitrag nach § 242 Abs. 4 Satz 1 (Begrenzung des Zusatzbeitrags auf den durchschnittlichen Zusatzbeitrag) erhoben wird. Dann ist kein Zusatzbeitrag zu zahlen, da dieser aus der Liquiditätsreserve finanziert wird. Ein darüber hinaus erhobener Differenzbetrag (§ 242 Abs. 4 Satz 2) ist von dem jeweiligen Mitglied selbst zu tragen. Für Mitglieder, deren Zusatzbeiträge nach § 26 Abs. 3 SGB II in der erforderlichen Höhe von der Bundesagentur für Arbeit übernommen wurden, gilt ebenfalls, dass diese aus der Liquiditätsreserve finanziert werden.

Fünfter Titel
Zahlung der Beiträge

§ 252 Beitragszahlung

(1) Soweit gesetzlich nichts Abweichendes bestimmt ist, sind die Beiträge von demjenigen zu zahlen, der sie zu tragen hat. Abweichend von Satz 1 zahlen die Bundesagentur für Arbeit oder in den Fällen des § 6a des Zweiten Buches die zugelassenen kommunalen Träger die Beiträge mit Ausnahme des Zusatzbeitrags nach §§ 242, 242a für die Bezieher von Arbeitslosengeld II nach dem Zweiten Buch.

(2) Die Beitragszahlung erfolgt in den Fällen des § 251 Abs. 3, 4 und 4a an den Gesundheitsfonds. Ansonsten erfolgt die Beitragszahlung an die nach § 28i des Vierten Buches zuständige Einzugsstelle. Die Einzugsstellen leiten die nach Satz 2 gezahlten Beiträge einschließlich der Zinsen auf Beiträge und Säumniszuschläge arbeitstäglich an den Gesundheitsfonds weiter. Das Weitere zum Verfahren der Beitragszahlungen nach Satz 1 und Beitragsweiterleitungen nach Satz 3 wird durch Rechtsverordnung nach den §§ 28c und 28n des Vierten Buches geregelt.

(2a) Im Falle des § 251 Absatz 6 Satz 2 erfolgt die Zahlung der Zusatzbeiträge nach § 242 Absatz 4 Satz 1 monatlich entsprechend der Anzahl dieser Mitglieder an die zuständigen Krankenkassen. Das Nähere über das Verfahren bestimmt das Bundesversicherungsamt im Benehmen mit dem Spitzenverband Bund der Krankenkassen.

(2b) Im Falle des § 251 Absatz 6 Satz 4 erfolgt die Zahlung für die Aufwendungen, die der Bundesagentur für Arbeit nach § 26 Absatz 3 des Zweiten Buches entstanden sind, jeweils spätestens am drittletzten Bankarbeitstag eines Kalenderjahres an die Bundesagentur für Arbeit. Das Nähere über das Verfahren bestimmt das Bundesversicherungsamt im Benehmen mit der Bundesagentur für Arbeit.

(3) Schuldet ein Mitglied Auslagen, Gebühren, Beiträge, den Zusatzbeitrag nach § 242, den Verspätungszuschlag nach § 242 Absatz 6, Prämien nach § 53, Säumniszuschläge, Zinsen, Bußgelder oder Zwangsgelder, kann es bei Zahlung bestimmen, welche Schuld getilgt werden soll. Trifft das Mitglied keine Bestimmung, werden die Schulden in der genannten Reihenfolge getilgt. Innerhalb der gleichen Schuldenart werden die einzelnen Schulden nach ihrer Fälligkeit, bei gleichzeitiger Fälligkeit anteilmäßig getilgt.

…

Regelungsinhalt

Abs. 1 Satz 1 stellt die Grundnorm auf, dass die Beiträge von demjenigen zu zahlen sind, der sie auch zu tragen (§§ 249 ff.) hat. Bereits Abs. 1 Satz 2, aber auch die §§ 253 bis 256 regeln die Abweichungen. Diese sind aber so umfassend, dass dem § 252 insoweit nur eine Auffangfunktion zukommt. Die Regelung betrifft hauptsächlich Versicherte und Bezieher von ALG II.[759] Daneben gilt § 252 z.B. für die Beiträge Versicherungspflichtiger aus Arbeitseinkommen und Versorgungsbezügen, soweit neben den Versorgungsbezügen keine Rente aus der GRV bezogen wird, und die weiteren Fallgruppen des § 250 Abs. 1. 1

Für die Prüfung, wer die Beiträge zu zahlen hat, ergibt sich damit folgende Prüfungsreihenfolge:[760] 2

1. Nach welcher Vorschrift (§§ 5 ff.) besteht die Versicherung in der GKV und wer trägt die Beiträge (§§ 249 ff.) aus den für diese Versicherung relevanten Einnahmen (§§ 226 ff.)?
2. Bestehen weitere beitragspflichtige Einnahmen und wer trägt die Beiträge daraus?
3. Liegt ein Ausnahmefall nach § 252 Abs. 1 Satz 2 oder den §§ 253 bis 256 vor und wer hat dann die Beiträge zu zahlen?

Abs. 1 Satz 2 legt fest, dass für Bezieher von ALG II nicht der Bund, der die Beiträge trägt,[761] sondern die Bundesagentur für Arbeit bzw. die nach § 6 a SGB II zugelassene Kommune (Optionskommune) die Beiträge zahlt. Satz 3 stellt klar, dass die zu zahlenden Beiträge nicht den kassenindividuellen Zusatzbeitrag oder den durchschnittlichen Zusatzbeitrag umfassen. 3

Im Abs. 2 finden sich Verfahrensvorschriften. So wird festgelegt, dass die Beiträge generell an die Einzugsstelle nach § 28 i SGB IV zu zahlen sind und nur in den Fällen des § 251 Abs. 3, 4, 4 a direkt an den Gesundheitsfonds. In Abs. 2 a wird geregelt, dass bei der Anwendung des § 242 Abs. 4 Satz 1 i.V.m. § 251 Abs. 6 Satz 2 (Zahlung nur des durchschnittlichen Zusatzbeitrags) aus dem Fonds direkt an die Krankenkassen zu überweisen ist. In Abs. 2 b wird geregelt, wie das Erstattungsverfahren gegenüber der Bundesagentur für Arbeit bei der Tragung von Zusatzbeiträgen nach § 251 Abs. 6 Satz 4 abläuft. 4

Abs. 3 schließlich gibt dem Mitglied ein Bestimmungsrecht. Schuldet ein Mitglied Auslagen, Gebühren, Beiträge, Zusatzbeiträge, Verspätungszuschläge nach § 242 Abs. 6, Prämien nach § 53, Säumniszuschläge, Zinsen, Bußgelder oder Zwangsgelder, so kann das Mitglied bestimmen, welche Schuld mit der Zahlung getilgt werden soll. Ohne diese Bestimmung wird die Tilgung entsprechend der angeführten Reihenfolge und innerhalb der gleichen Art nach Fälligkeit vorgenommen. 5

§ 253 Beitragszahlung aus dem Arbeitsentgelt

Für die Zahlung der Beiträge aus Arbeitsentgelt bei einer versicherungspflichtigen Beschäftigung gelten die Vorschriften über den Gesamtsozialversicherungsbeitrag nach den §§ 28 d bis 28 n und § 28 r des Vierten Buches.

---

759 Fischer, § 252 Rn. 14, 15; in juris-PK.
760 Rixen, § 252 Rn. 4; in Becker/Kingreen, SGB V.
761 Siehe § 251 Abs. 4.

Regelungsinhalt

1 Diese Norm regelt den wichtigsten Anwendungsfall der Beitragszahlungspflicht: Die Beitragszahlung aus dem Arbeitsentgelt. Die Zahlungsmodalitäten werden dabei entsprechend der §§ 28 d bis 28 n und § 28 r des SGB IV abgewickelt.

2 Tatbestandlich setzt diese Norm voraus, dass es sich um eine versicherungspflichtige Beschäftigung[762] handeln muss; die Regelung bezieht sich nur auf das Arbeitsentgelt[763] aus dieser Beschäftigung.

3 Die Vorschriften des SGB IV, auf die in dieser Norm verwiesen wird, beinhalten insbesondere die Definition des Sozialversicherungsbeitrags (§ 28 d SGB IV), die Beitragszahlungspflicht und die Haftung des Arbeitgebers (§ 28 e SGB IV), Dokumentationspflichten (§ 28 f SGB V), den Beitragsabzug des Arbeitgebers gegenüber den Arbeitnehmern (§ 28 g SGB V), die Einzugsstellen (§§ 28 h und i SGB IV) sowie die Haftungsregelung des § 28 r SGB IV.

§ 254 Beitragszahlung der Studenten

Versicherungspflichtige Studenten haben vor der Einschreibung oder Rückmeldung an der Hochschule die Beiträge für das Semester im voraus an die zuständige Krankenkasse zu zahlen. Der Spitzenverband Bund der Krankenkassen kann andere Zahlungsweisen vorsehen. Weist ein als Student zu Versichernder die Erfüllung der ihm gegenüber der Krankenkasse auf Grund dieses Gesetzbuchs auferlegten Verpflichtungen nicht nach, verweigert die Hochschule die Einschreibung oder die Annahme der Rückmeldung.

Regelungsinhalt

1 Diese Vorschrift regelt die Beitragszahlung versicherungspflichtiger Studierender. Durch den Wortlaut und den Zusammenhang mit der Einschreibung an der Hochschule ergibt sich, dass es sich nur um Studierende, nicht aber um gleichgestellte versicherte Personen nach § 5 Abs. 1 Nr. 10 handelt.[764]

2 Grundsätzlich müssen Studierende vor der Einschreibung bzw. der Rückmeldung die Beiträge für das gesamte Semester entrichten. Der GKV-SV hat von seiner Regelungskompetenz Gebrauch gemacht und in § 10 Abs. 2 Beitragsverfahrensgrundsätze Selbstzahler[765] festgelegt, dass die Beiträge dann monatlich zu erheben sind, wenn die monatliche Zahlung sichergestellt ist.

Vereinzelt wird bezüglich des Satzes 3, der bei Nichtnachweis der Versicherung gegenüber der Hochschule die Exmatrikulation bzw. die Verweigerung der Einschreibung vorschreibt, vertreten, dass diese Vorschrift rechtswidrig sei.[766]

---

762 Siehe § 5 Abs. 1 Nr. 1.

763 Vgl. § 14 SGB IV.

764 Fischer, § 254 Rn. 15; in juris-PK.

765 Http://www.gkv-spitzenverband.de/upload/Grundsätze_Beitragsbemessung_Freiwillige_06052010_13601.pdf.

766 Rixen, § 254 Rn. 5, 6; in Becker/Kingreen, SGB V.

Endet die Versicherungspflicht nach § 5 Abs. 1 Nr. 9 wegen einer anderen vorrangigen Versicherung oder der Aufgabe des Studiums, dann sind die Beiträge nach den allgemeinen Vorschriften des § 26 Abs. 2 und Abs. 3 SGB IV zurückzufordern und nicht nach § 231, da es sich dann nicht um zu viel gezahlte, sondern zu Unrecht gezahlte Beiträge handelt.[767] 3

§ 255 Beitragszahlung aus der Rente[768]

(1) Beiträge, die Versicherungspflichtige aus ihrer Rente nach § 228 Absatz 1 Satz 1 zu tragen haben, sind mit Ausnahme des Zusatzbeitrags nach § 242 von den Trägern der Rentenversicherung bei der Zahlung der Rente einzubehalten und zusammen mit den von den Trägern der Rentenversicherung zu tragenden Beiträgen an die Deutsche Rentenversicherung Bund für die Krankenkassen mit Ausnahme der landwirtschaftlichen Krankenkasse zu zahlen. Bei einer Änderung in der Höhe der Beiträge ist die Erteilung eines besonderen Bescheides durch den Träger der Rentenversicherung nicht erforderlich.

(2) Ist bei der Zahlung der Rente die Einbehaltung von Beiträgen nach Absatz 1 unterblieben, sind die rückständigen Beiträge durch den Träger der Rentenversicherung aus der weiterhin zu zahlenden Rente einzubehalten; § 51 Abs. 2 des Ersten Buches gilt entsprechend. Wird die Rente nicht mehr gezahlt, obliegt der Einzug von rückständigen Beiträgen der zuständigen Krankenkasse. Der Träger der Rentenversicherung haftet mit dem von ihm zu tragenden Anteil an den Aufwendungen für die Krankenversicherung.

(3) Soweit im Folgenden nichts Abweichendes bestimmt ist, werden die Beiträge nach den Absätzen 1 und 2 am letzten Bankarbeitstag des Monats fällig, der dem Monat folgt, für den die Rente gezahlt wird. Wird eine Rente am letzten Bankarbeitstag des Monats ausgezahlt, der dem Monat vorausgeht, in dem sie fällig wird (§ 272 a des Sechsten Buches), werden die Beiträge nach den Absätzen 1 und 2 abweichend von Satz 1 am letzten Bankarbeitstag des Monats, für den die Rente gezahlt wird, fällig. Am Achten eines Monats wird ein Betrag in Höhe von 300 Millionen Euro fällig; die im selben Monat fälligen Beträge nach den Sätzen 1 und 2 verringern sich um diesen Betrag. Die Deutsche Rentenversicherung Bund leitet die Beiträge nach den Absätzen 1 und 2 an den Gesundheitsfonds weiter und teilt dem Bundesversicherungsamt bis zum 15. des Monats die voraussichtliche Höhe der am letzten Bankarbeitstag fälligen Beträge mit.

(3 a) u. (4) (weggefallen)

Regelungsinhalt

§ 255 normiert die Beitragszahlung aus der Rente. Der Wortlaut legt dabei schon fest, dass es sich um versicherungspflichtige, damit nicht um freiwillige Bezieher einer Rente 1

767 Siehe dazu § 239 SGB V.

768 Gültig ab 01. 01. 2013. In der bis zum 31. 12. 2012 gültigen Fassung hieß es in Abs. 1 Satz 1: »… landwirtschaftliche Krankenkassen …«.

handeln muss. Dabei ist der eigentliche Grund der Versicherungspflicht unbeachtlich.[769] Da es sich um Beiträge aus der Rente handelt, ist für die Beitragspflichtigkeit der Rente § 228 maßgeblich. Demnach muss es sich um Renten aus der GRV handeln.

2 Zahlungspflichtig ist der jeweilige Träger der Rentenversicherung, der den Beitrag, den der Träger und den die Rentner zu tragen haben, zusammen an die DRV überweist. Der Beitrag des Rentners wird von seiner Rente einbehalten. Ändert sich die Höhe des Beitragssatzes, ist es nicht erforderlich, den Rentenbeziehenden über die veränderte Höhe des einbehaltenen Beitrags zu informieren (§ 255 Abs. 1 Satz 2). Wie generell gilt auch hier, dass die Zahlungspflicht des Rentenversicherungsträgers nicht die Zusatzbeiträge umfasst. Diese sind von den Mitgliedern selbst zu zahlen.

3 Abs. 2 trifft Regelungen für den Fall, dass beim Einbehalten der Beiträge des Rentners Fehler unterlaufen sind. Dann werden offenstehende Beiträge aus der Rentenzahlung beglichen. Durch die entsprechende Anwendung des § 51 SGB I gilt dies aber nur bis zur Höhe der Hälfte der zu zahlenden Rente bzw. bis zu dem Betrag, ab dem Hilfebedürftigkeit nach dem SGB XII oder SGB II bestünde.

4 Abs. 3 regelt das weitere Verfahren der Beitragszahlung zwischen der DRV und dem Gesundheitsfonds.

§ 256 Beitragszahlung aus Versorgungsbezügen

(1) Für Versicherungspflichtige, die eine Rente der gesetzlichen Rentenversicherung beziehen, haben die Zahlstellen der Versorgungsbezüge die Beiträge aus Versorgungsbezügen einzubehalten und an die zuständige Krankenkasse zu zahlen. Die zu zahlenden Beiträge werden fällig mit der Auszahlung der Versorgungsbezüge, von denen sie einzubehalten sind. Die Zahlstellen haben der Krankenkasse die einbehaltenen Beiträge nachzuweisen; § 28 f Absatz 3 Satz 5 des Vierten Buches gilt entsprechend. Die Beitragsnachweise sind von den Zahlstellen durch Datenübertragung zu übermitteln; § 202 Absatz 2 Satz 1 und 2 gilt entsprechend. Bezieht das Mitglied Versorgungsbezüge von mehreren Zahlstellen und übersteigen die Versorgungsbezüge zusammen mit dem Zahlbetrag der Rente der gesetzlichen Rentenversicherung die Beitragsbemessungsgrenze, verteilt die Krankenkasse auf Antrag des Mitglieds oder einer der Zahlstellen die Beiträge.

(2) § 255 Abs. 2 Satz 1 und 2 gilt entsprechend. Die Krankenkasse zieht die Beiträge aus nachgezahlten Versorgungsbezügen ein. Dies gilt nicht für Beiträge aus Nachzahlungen aufgrund von Anpassungen der Versorgungsbezüge an die wirtschaftliche Entwicklung. Die Erstattung von Beiträgen obliegt der zuständigen Krankenkasse. Die Krankenkassen können mit den Zahlstellen der Versorgungsbezüge Abweichendes vereinbaren.

(3) Die Krankenkasse überwacht die Beitragszahlung. Sind für die Überwachung der Beitragszahlung durch eine Zahlstelle mehrere Krankenkassen zuständig, haben sie zu vereinbaren, dass eine dieser Krankenkassen die Überwachung für die beteiligten Krankenkassen übernimmt. § 98 Abs. 1 Satz 2 des Zehnten Buches gilt entsprechend.

---

769 Rixen, § 255 Rn. 2, in Becker/Kingreen, SGB V.

(4) Zahlstellen, die regelmäßig an weniger als dreißig beitragspflichtige Mitglieder Versorgungsbezüge auszahlen, können bei der zuständigen Krankenkasse beantragen, dass das Mitglied die Beiträge selbst zahlt.

Regelungsinhalt

1 Diese Norm regelt die Zahlungspflicht für Beiträge aus Versorgungsbezügen (§ 229 Abs. 1), wenn sowohl Versicherungspflicht besteht als auch eine Rente aus der GRV bezogen wird. Ein Anspruch allein bzw. die Rentenantragstellung[770] reicht also nicht aus. Nur wenn diese Voraussetzungen vorliegen, sind die Beiträge aus Versorgungsbezügen entsprechend dieser Vorschrift zu zahlen, ansonsten gilt § 252.

2 In den Fällen des § 256 behält die Zahlstelle, also die Stelle, die die Versorgungsbezüge auszahlt,[771] die entsprechenden Beiträge ein und zahlt sie an die zuständige Krankenkasse. Die Zahlstellen sind insoweit auch gegenüber der Krankenkasse nachweispflichtig. Allerdings ist es nach Abs. 4 möglich, dass Zahlstellen, die an weniger als 30 Beitragspflichtige Versorgungsbezüge auszahlt, bei den Krankenkassen beantragen, dass die jeweiligen Mitglieder die Beiträge selbst zahlen.

3 Überschreiten mehrere Versorgungsbezüge verschiedener Zahlstellen und die Rente der GRV die Beitragsbemessungsgrenze, so kann die Krankenkasse auf Antrag des Mitglieds die Beiträge unter den Zahlungspflichtigen verteilen. Kommt es zu Fehlern beim Beitragseinbehalt und der Überweisung an die Krankenkassen, gilt das Verfahren des § 255 Abs. 2 entsprechend. Zu beachten ist, dass bei Nachzahlungen aus Versorgungsbezügen, die nicht auf Grund einer wirtschaftlichen Anpassung erfolgen, die Mitglieder und nicht die Zahlstelle die Beiträge zu zahlen haben (Abs. 2 Satz 2).

4 Abs. 3 regelt darüber hinaus Verfahrensfragen hinsichtlich der Überwachung und Durchführung der Beitragszahlung.

Zweiter Abschnitt
Beitragszuschüsse

§ 257 Beitragszuschüsse für Beschäftigte

(1) Freiwillig in der gesetzlichen Krankenversicherung versicherte Beschäftigte, die nur wegen Überschreitens der Jahresarbeitsentgeltgrenze versicherungsfrei sind, erhalten von ihrem Arbeitgeber als Beitragszuschuss den Betrag, den der Arbeitgeber entsprechend § 249 Absatz 1 oder 2 bei Versicherungspflicht des Beschäftigten zu tragen hätte. Bestehen innerhalb desselben Zeitraums mehrere Beschäftigungsverhältnisse, sind die beteiligten Arbeitgeber anteilig nach dem Verhältnis der Höhe der jeweiligen Arbeitsentgelte zur Zahlung des Beitragszuschusses verpflichtet.

770 Fischer, § 256 Rn. 14; in juris-PK.
771 Henle, § 256 Rdn. 1; in LPK-SGB V.

(2) Beschäftigte, die nur wegen Überschreitens der Jahresarbeitsentgeltgrenze oder auf Grund von § 6 Abs. 3 a versicherungsfrei oder die von der Versicherungspflicht befreit und bei einem privaten Krankenversicherungsunternehmen versichert sind und für sich und ihre Angehörigen, die bei Versicherungspflicht des Beschäftigten nach § 10 versichert wären, Vertragsleistungen beanspruchen können, die der Art nach den Leistungen dieses Buches entsprechen, erhalten von ihrem Arbeitgeber einen Beitragszuschuss. Der Zuschuss wird in Höhe des Betrages gezahlt, der sich bei Anwendung der Hälfte des um 0,9 Beitragssatzpunkte verminderten Beitragssatzes nach § 241 und der nach § 226 Absatz 1 Satz 1 Nummer 1 bei Versicherungspflicht zugrunde zu legenden beitragspflichtigen Einnahmen als Beitrag ergibt, höchstens jedoch in Höhe der Hälfte des Betrages, den der Beschäftigte für seine Krankenversicherung zu zahlen hat. Für Beschäftigte, die bei Versicherungspflicht keinen Anspruch auf Krankengeld hätten, tritt an die Stelle des Beitragssatzes nach § 241 der Beitragssatz nach § 243. Soweit Kurzarbeitergeld bezogen wird, ist der Beitragszuschuss in Höhe des Betrages zu zahlen, den der Arbeitgeber bei Versicherungspflicht des Beschäftigten entsprechend § 249 Absatz 2 zu tragen hätte, höchstens jedoch in Höhe des Betrages, den der Beschäftigte für seine Krankenversicherung zu zahlen hat. Absatz 1 Satz 2 gilt.

(2 a) Der Zuschuss nach Absatz 2 wird ab 1. Januar 2009 für eine private Krankenversicherung nur gezahlt, wenn das Versicherungsunternehmen

1. diese Krankenversicherung nach Art der Lebensversicherung betreibt,
2. einen Basistarif im Sinne des § 12 Abs. 1 a des Versicherungsaufsichtsgesetzes anbietet,
3. soweit es über versicherte Personen im brancheneinheitlichen Standardtarif im Sinne von § 257 Abs. 2 a in der bis zum 31. Dezember 2008 geltenden Fassung verfügt, sich verpflichtet, die in § 257 Abs. 2 a in der bis zum 31. Dezember 2008 geltenden Fassung in Bezug auf den Standardtarif genannten Pflichten einzuhalten,
4. sich verpflichtet, den überwiegenden Teil der Überschüsse, die sich aus dem selbst abgeschlossenen Versicherungsgeschäft ergeben, zugunsten der Versicherten zu verwenden,
5. vertraglich auf das ordentliche Kündigungsrecht verzichtet,
6. die Krankenversicherung nicht zusammen mit anderen Versicherungssparten betreibt, wenn das Versicherungsunternehmen seinen Sitz im Geltungsbereich dieses Gesetzes hat.

Der Versicherungsnehmer hat dem Arbeitgeber jeweils nach Ablauf von drei Jahren eine Bescheinigung des Versicherungsunternehmens darüber vorzulegen, dass die Aufsichtsbehörde dem Versicherungsunternehmen bestätigt hat, dass es die Versicherung, die Grundlage des Versicherungsvertrages ist, nach den in Satz 1 genannten Voraussetzungen betreibt.

(2 b) u. (2 c) (weggefallen)

(3) Für Bezieher von Vorruhestandsgeld nach § 5 Abs. 3, die als Beschäftigte bis unmittelbar vor Beginn der Vorruhestandsleistungen Anspruch auf den vollen oder anteiligen Beitragszuschuss nach Absatz 1 hatten, bleibt der Anspruch für die Dauer

der Vorruhestandsleistungen gegen den zur Zahlung des Vorruhestandsgeldes Verpflichteten erhalten. Der Zuschuss wird in Höhe des Betrages gezahlt, den der Arbeitgeber bei Versicherungspflicht des Beziehers von Vorruhestandsgeld zu tragen hätte. Absatz 1 Satz 2 gilt entsprechend.

(4) Für Bezieher von Vorruhestandsgeld nach § 5 Abs. 3, die als Beschäftigte bis unmittelbar vor Beginn der Vorruhestandsleistungen Anspruch auf den vollen oder anteiligen Beitragszuschuss nach Absatz 2 hatten, bleibt der Anspruch für die Dauer der Vorruhestandsleistungen gegen den zur Zahlung des Vorruhestandsgeldes Verpflichteten erhalten. Der Zuschuss wird in Höhe des Betrages gezahlt, der sich bei Anwendung der Hälfte des um 0,9 Beitragssatzpunkte verminderten Beitragssatzes nach § 243 und des Vorruhestandsgeldes bis zur Beitragsbemessungsgrenze (§ 223 Absatz 3) als Beitrag ergibt, höchstens jedoch in Höhe der Hälfte des Betrages, den der Bezieher von Vorruhestandsgeld für seine Krankenversicherung zu zahlen hat; Absatz 1 Satz 2 gilt entsprechend.

Inhaltsübersicht Rn.

1. Regelungsinhalt

1 Diese Vorschrift regelt die Beitragszuschüsse des Arbeitgebers für nicht in der GKV versicherungspflichtige Beschäftigte. Dabei wird unterschieden zwischen Beschäftigten, die sich freiwillig in der GKV versichern (Abs. 1) und privat Versicherten (Abs. 2, 2 a). Für Bezieher von Vorruhestandsgeld bestehen entsprechende Regelungen in Abs. 3 und in Abs. 4.

2. Beitragszuschuss für freiwillig GKV-Versicherte

2 Nach Abs. 1 sind Anspruchsberechtigte diejenigen, die freiwillig in der GKV versichert sind und nur wegen Überschreiten der Jahresarbeitsentgeltgrenze (§ 6 Abs. 1 Nr. 1) versicherungsfrei sind. Der Ausschluss anderer Personengruppen begegnet keinen verfassungsrechtlichen Bedenken.[772]

3. Anspruchshöhe der GKV-Versicherten

3 Der Anspruch ist gegenüber dem Arbeitgeber geltend zu machen und besteht in der Höhe, den der Arbeitgeber nach § 249 Abs. 1 und Abs. 2 zu tragen hätte. Demnach gilt allgemein, dass der Beitragszuschuss auf den Beitragsanteil von 7,3 % auf die Beitragsbemessungsgrenze begrenzt ist. Dies entspräche dem maximalen Arbeitgeberbeitrag. Bei

772 BSG – 10.03.1994 – 12 RK 12/93, a. A. u. a. Grimmke, § 257 Rn. 64 ff.; in juris-PK.

der Beitragszahlung für Kurzarbeitergeld entspricht der Beitragszuschuss dem kompletten Beitrag auf das Kurzarbeitergeld (entsprechend § 249 Abs. 2).

4 Bestehen mehrere Beschäftigungsverhältnisse, so ist nach Satz 2 der Beitragszuschuss anteilig dem entsprechenden Arbeitsentgelt aufzuteilen. Ob diese Regelung auch dann gilt, wenn das hinzutretende Beschäftigungsverhältnis eine geringfügige Beschäftigung ist und deshalb die Beiträge pauschal nach § 249 b getragen werden, ist in dieser Fallkonstellation bisher nicht entschieden, jedoch zweifelhaft.[773]

4. Zusätzliche Voraussetzungen für PKV-Versicherte

5 Abs. 2 stellt für die Anspruchsberechtigung für PKV-Versicherte ähnliche Kriterien wie Abs. 1 auf, verweist dazu aber auch auf einen entsprechenden Versicherungsschutz in der PKV, die in Abs. 2 a näher definiert werden.

6 Anspruchsberechtigte sind diejenigen, die wegen Überschreitung der Jahresentgeltgrenze (§ 6 Abs. 1 Nr. 1) versicherungsfrei sind (siehe dazu Abs. 1). Daneben gilt dies auch für die Versicherungsfreiheit nach § 6 Abs. 3 a (Personen, die erst nach Vollendung des 55. Lebensjahres versicherungspflichtig werden und die Vorversicherungszeit nicht erfüllen[774]) sowie für von der Versicherungspflicht Befreite (§ 8; Art. 57 GRG[775]). Zwar werden auch die Angehörigen in der Norm genannt, diese haben aber keinen Anspruch, sondern der Beschäftigte hat einen Anspruch auf Zuschuss zu einer etwaigen Mitversicherung entsprechend § 10 SGB V.[776]

7 Für einen Anspruch müssen Versicherte bei einem den Anforderungen des Abs. 2 a entsprechenden Unternehmen versichert sein und Leistungen beanspruchen können, die dem der GKV der Art nach entsprechen. Es bleibt dabei dem Versicherten überlassen, welche Leistungen er absichern will und in welchem Umfang.[777] Hinsichtlich der Anforderung an eine Absicherung von Angehörigen (entsprechend § 10) dürfte aber die Absicherung über einen eigenen Vertrag genügen.[778]

8 Diese Voraussetzung haben die Beschäftigten dem Arbeitgeber jeweils nach Ablauf von 3 Jahren durch eine Bescheinigung des Versicherungsunternehmens zu bestätigen. In dieser Bescheinigung bestätigt die Aufsichtsbehörde dem Versicherungsunternehmen, den Vorgaben des Abs. 2 a zu entsprechen.

5. Anspruchshöhe der PKV-Versicherten

9 Die Höhe des Anspruchs ist auf dieselbe Höhe wie in Abs. 1 begrenzt. Ebenfalls gilt die Regelung für Kurzarbeiter des Abs. 1. Allerdings kann dieser Beitrag weiter minimiert werden, wenn kein Krankengeldanspruch besteht, denn dann ist der Berechnung der

773 Grimmke, § 257 Rn. 81; in juris-PK.
774 Siehe § 6 Rn. 3.
775 GRG – Gesundheits-Reformgesetz vom 20. 12. 1988.
776 Rixen, § 257 Rn. 4; in Becker/Kingreen, SGB V.
777 BSG – 08. 10. 1998 – B 12 KR 19/97 R.
778 BSG – 08. 10. 1998 – B 12 KR 19/97 R.

verminderte Beitragssatz nach § 243 zu Grunde zu legen. Dieser würde um 0,9 Prozentpunkte minimiert und dann durch 2 geteilt werden, so dass sich ein Beitragssatz von 7 % ergäbe. Schließlich ist der Anspruch der Höhe nach begrenzt auf die tatsächlichen Aufwendungen. Dabei ist dann allerdings zu berücksichtigen, dass eine Absicherung der Angehörigen mit einbezogen werden muss.[779]

Die Geltendmachung des Anspruchs und auch das Verfahren bei mehreren Beschäftigungsverhältnissen richtet sich nach Abs. 1. Etwas anderes gilt nur für die Problematik der Geringbeschäftigung. Denn § 249 b richtet sich nur an GKV-Versicherte und ist hier nicht einschlägig. Der Arbeitgeber hat sich also prozentual an dem Beitragszuschuss zu beteiligen. **10**

6. Ergänzende Regelungen

Die Absätze 3 und 4 für Bezieher von Vorruhestandsgeld greifen auf die allgemeinen Regelungen der Absätze 1 und 2 zurück. Zu beachten ist, dass immer nur der Beitragssatz ohne Anspruch auf Krankengeld zu Grunde gelegt wird, da während des Vorruhestands kein Anspruch auf Krankengeld besteht. **11**

Von der Vorschrift des § 257 kann nicht, auch nicht arbeitsvertraglich, abgewichen und auf sie kann auch nicht verzichtet werden.[780] Die Fälligkeit des Anspruchs richtet sich nach der Fälligkeit des Beitrags.[781] **12**

Für den Rechtsweg ist zu beachten, dass es sich um einen Anspruch sozialrechtlichen Charakters handelt, der deshalb vor den Sozialgerichten geltend gemacht werden muss.[782] Dabei ist zu beachten, dass durch § 17 a GVG nachfolgende Gerichte an die Rechtswegklärung gebunden sind. **13**

§ 258 Beitragszuschüsse für andere Personen

In § 5 Abs. 1 Nr. 6, 7 oder 8 genannte Personen, die nach § 6 Abs. 3 a versicherungsfrei sind, sowie Bezieher von Übergangsgeld, die nach § 8 Abs. 1 Nr. 4 von der Versicherungspflicht befreit sind, erhalten vom zuständigen Leistungsträger einen Zuschuss zu ihrem Krankenversicherungsbeitrag. Als Zuschuss ist der Betrag zu zahlen, der von dem Leistungsträger als Beitrag bei Krankenversicherungspflicht zu zahlen wäre, höchstens jedoch der Betrag, der an das private Krankenversicherungsunternehmen zu zahlen ist. § 257 Abs. 2 a gilt entsprechend.

Regelungsinhalt

Diese Norm regelt, welcher weitere Personenkreis außerhalb des Anwendungsbereichs von § 257 Beitragszuschüsse zur PKV erhält. Dabei ergibt sich aus der Gesetzgebungshistorie, dass die Aufzählung des § 258 abschließend ist.[783] **1**

779 Rixen, § 257 Rn. 6; in Becker/Kingreen, SGB V.
780 BSG – 08.10.1998 – B 12 KR 19/97 R.
781 Henle, § 257 Rn. 40; in LPK-SGB V.
782 BAG – 01.06.1999 – 5 AZB 34/98; BAG – 21.01.2003 – 9 AZR 695/01.
783 Grimmke, § 258 Rn. 21; in juris-PK.

2 Zuschussberechtigt sind Rehabilitanden, die an Leistungen zur Teilnahme am Arbeitsleben teilnehmen (§ 5 Abs. 1 Nr. 6), Menschen mit Behinderung in Werkstätten oder weiteren Einrichtungen (§ 5 Abs. 1 Nr. 7 und 8), die auf Grund der fehlenden Vorversicherungszeit von 5 Jahren nach Vollendung des 55. Lebensjahres nicht mehr versicherungspflichtig werden können (§ 6 Abs. 3 a).

3 Weiterhin können Bezieher von Übergangsgeld, die sich nach § 8 Abs. 1 Nr. 4 (Befreiung durch einen Antrag auf Rente, den Bezug von Rente oder die Teilnahme an einer Leistung zur Teilhabe am Arbeitsleben) von der Versicherungspflicht haben befreien lassen, einen Zuschuss beantragen. Erforderlich ist für beide Voraussetzungen, dass die Anträge positiv beschieden wurden, d. h., das Übergangsgeld muss bezogen werden und die Befreiung von der Versicherungspflicht muss ebenfalls positiv vorliegen.[784]

4 Durch den Verweis in Satz 3 werden die Anforderung an das private Versicherungsunternehmen, bei dem die Versicherung abgeschlossen werden muss, des § 257 Abs. 2 a für entsprechend anwendbar erklärt. Hinsichtlich der Höhe des Beitragszuschusses wird dieselbe Regelung wie in § 257 Abs. 2 verwendet. Es gilt also, dass der Beitrag zu zahlen ist, der auch in der GKV zu zahlen wäre, höchstens aber maximal in Höhe der tatsächlich anfallenden Kosten. Eine Aussage zum Inhalt des Versicherungsschutzes trifft § 258 nicht. Es ist aber vertretbar, dass insoweit dieselben Anforderungen wie bei § 257 Abs. 2 vorliegen müssen.[785]

Dritter Abschnitt
Verwendung und Verwaltung der Mittel

Vorbemerkung

Der dritte Abschnitt (§§ 259 bis 264) regelt die Verwendung und Verwaltung der Mittel der Krankenkassen und steht dabei in engem Zusammenhang mit den grundsätzlichen Festlegungen in den §§ 80 bis 86 SGB IV.

§ 260 Betriebsmittel

(1) Betriebsmittel dürfen nur verwendet werden

1. für die gesetzlich oder durch die Satzung vorgesehenen Aufgaben sowie für die Verwaltungskosten; die Aufgaben der Krankenkassen als Pflegekassen sind keine gesetzlichen Aufgaben im Sinne dieser Vorschrift,

2. zur Auffüllung der Rücklage und zur Bildung von Verwaltungsvermögen.

(2) Die Betriebsmittel sollen im Durchschnitt des Haushaltsjahres monatlich das Eineinhalbfache des nach dem Haushaltsplan der Krankenkasse auf einen Monat entfallenden Betrages der Ausgaben für die in Absatz 1 Nr. 1 genannten Zwecke nicht übersteigen. Bei der Feststellung der vorhandenen Betriebsmittel sind die Forderun-

784 Grimmke, § 258 Rn. 21; in juris-PK.
785 Grimmke, § 258 Rn. 15; in juris-PK.

gen und Verpflichtungen der Krankenkasse zu berücksichtigen, soweit sie nicht der Rücklage oder dem Verwaltungsvermögen zuzuordnen sind. Durchlaufende Gelder bleiben außer Betracht.

...

§ 261 Rücklage

(1) Die Krankenkasse hat zur Sicherstellung ihrer Leistungsfähigkeit eine Rücklage zu bilden.

(2) Die Satzung bestimmt die Höhe der Rücklage in einem Vomhundertsatz des nach dem Haushaltsplan durchschnittlich auf den Monat entfallenden Betrages der Ausgaben für die in § 260 Abs. 1 Nr. 1 genannten Zwecke (Rücklagesoll). Die Rücklage muss mindestens ein Viertel und darf höchstens das Einfache des Betrages der auf den Monat entfallenden Ausgaben nach Satz 1 betragen.

(3) Die Krankenkasse kann Mittel aus der Rücklage den Betriebsmitteln zuführen, wenn Einnahme- und Ausgabeschwankungen innerhalb eines Haushaltsjahres nicht durch die Betriebsmittel ausgeglichen werden können. In diesem Fall soll die Rücklage in Anspruch genommen werden, wenn dadurch Erhöhungen des Zusatzbeitrags nach § 242 während des Haushaltsjahres vermieden werden.

(4) Ergibt sich bei der Aufstellung des Haushaltsplans, dass die Rücklage geringer ist als das Rücklagesoll, ist bis zur Erreichung des Rücklagesolls die Auffüllung der Rücklage im Regelfall mit einem Betrag in Höhe von mindestens einem Viertel des Rücklagesolls im Haushaltsplan vorzusehen.

(5) Übersteigt die Rücklage das Rücklagesoll, ist der übersteigende Betrag den Betriebsmitteln zuzuführen.

...

§ 264 Übernahme der Krankenbehandlung für nicht Versicherungspflichtige gegen Kostenerstattung

(1) Die Krankenkasse kann für Arbeits- und Erwerbslose, die nicht gesetzlich gegen Krankheit versichert sind, für andere Hilfeempfänger sowie für die vom Bundesministerium für Gesundheit bezeichneten Personenkreise die Krankenbehandlung übernehmen, sofern der Krankenkasse Ersatz der vollen Aufwendungen für den Einzelfall sowie eines angemessenen Teils ihrer Verwaltungskosten gewährleistet wird.

(2) Die Krankenbehandlung von Empfängern von Leistungen nach dem Dritten bis Neunten Kapitel des Zwölften Buches, von Empfängern laufender Leistungen nach § 2 des Asylbewerberleistungsgesetzes und von Empfängern von Krankenhilfeleistungen nach dem Achten Buch, die nicht versichert sind, wird von der Krankenkasse übernommen. Satz 1 gilt nicht für Empfänger, die voraussichtlich nicht mindestens einen Monat ununterbrochen Hilfe zum Lebensunterhalt beziehen, für Personen, die ausschließlich Leistungen nach § 11 Abs. 5 Satz 3 und § 33 des Zwölften Buches beziehen sowie für die in § 24 des Zwölften Buches genannten Personen.

(3) Die in Absatz 2 Satz 1 genannten Empfänger haben unverzüglich eine Krankenkasse im Bereich des für die Hilfe zuständigen Trägers der Sozialhilfe oder der

öffentlichen Jugendhilfe zu wählen, die ihre Krankenbehandlung übernimmt. Leben mehrere Empfänger in häuslicher Gemeinschaft, wird das Wahlrecht vom Haushaltsvorstand für sich und für die Familienangehörigen ausgeübt, die bei Versicherungspflicht des Haushaltsvorstands nach § 10 versichert wären. Wird das Wahlrecht nach den Sätzen 1 und 2 nicht ausgeübt, gelten § 28i des Vierten Buches und § 175 Abs. 3 Satz 2 entsprechend.

(4) Für die in Absatz 2 Satz 1 genannten Empfänger gelten § 11 Abs. 1 sowie die §§ 61 und 62 entsprechend. Sie erhalten eine Krankenversichertenkarte nach § 291. Als Versichertenstatus nach § 291 Abs. 2 Nr. 7 gilt für Empfänger bis zur Vollendung des 65. Lebensjahres die Statusbezeichnung »Mitglied«, für Empfänger nach Vollendung des 65. Lebensjahres die Statusbezeichnung »Rentner«. Empfänger, die das 65. Lebensjahr noch nicht vollendet haben, in häuslicher Gemeinschaft leben und nicht Haushaltsvorstand sind, erhalten die Statusbezeichnung »Familienversicherte«.

(5) Wenn Empfänger nicht mehr bedürftig im Sinne des Zwölften Buches oder des Achten Buches sind, meldet der Träger der Sozialhilfe oder der öffentlichen Jugendhilfe diese bei der jeweiligen Krankenkasse ab. Bei der Abmeldung hat der Träger der Sozialhilfe oder der öffentlichen Jugendhilfe die Krankenversichertenkarte vom Empfänger einzuziehen und an die Krankenkasse zu übermitteln. Aufwendungen, die der Krankenkasse nach Abmeldung durch eine missbräuchliche Verwendung der Karte entstehen, hat der Träger der Sozialhilfe oder der öffentlichen Jugendhilfe zu erstatten. Satz 3 gilt nicht in den Fällen, in denen die Krankenkasse auf Grund gesetzlicher Vorschriften oder vertraglicher Vereinbarungen verpflichtet ist, ihre Leistungspflicht vor der Inanspruchnahme der Leistung zu prüfen.

...

Regelungsinhalt

1 § 260 Abs. 1 Nr. 2 stellt klar, dass Ausgaben der Pflegeversicherung nicht mit Mitteln der Krankenkasse finanziert werden dürfen (Verbot der Quersubventionierung[786]). Des Weiteren wird in § 260 Abs. 2 Satz 1 die Maximalhöhe der Betriebsmittel auf das 1,5-Fache der nach dem Haushaltsplan durchschnittlichen monatlichen Ausgaben festgelegt. Der missverständliche Wortlaut ist aber dahingehend auszulegen, dass die Betriebsmittelreserve maximal eine halbe Monatsausgabe betragen darf, da zusammen mit den regelmäßigen monatlichen Einnahmen die Maximalhöhe der Betriebsmittel in Höhe von 1,5 Monatsausgaben erreicht wird.[787]

2 § 261 regelt die Rücklage der Krankenkassen und gibt ihnen die Befugnis, die Höhe der Rücklage in der Satzung zu bestimmen. Nach Abs. 2 Satz 2 besteht dabei ein Spielraum zwischen einem Viertel und einer einfachen durchschnittlichen Monatsausgabe. Ist diese Rücklage gebildet worden, besteht für die Krankenkassen die Möglichkeit, eine Prämie nach § 242 Abs. 2 auszuschütten. Des Weiteren regelt § 261, wie die Rücklage gegebenen-

786 Pfohl, § 260 Rn. 1; in Becker/Kingreen, SGB V.
787 BSG – 13.05.1982 – 8 RK 30/81.

falls aufzufüllen ist und stellt klar, dass nunmehr auch allein die Auffüllung der Rücklage zur Erhebung von Zusatzbeiträgen nach § 242 führen darf (Streichung des § 262 Abs. 4 Satz 2 alte Fassung).

Des Weiteren regelt der Abschnitt von den Landesverbänden zu verwaltende Gesamtrücklage (§ 262) das Verwaltungsvermögen der einzelnen Krankenkassen (§ 263). **3**

Als Fremdkörper in diesem Abschnitt ist § 264 zu sehen, der die Übernahme der Krankenbehandlung für nicht versicherte Personen vorsieht. Allerdings dürfte nach der Einführung der allgemeinen Versicherungspflicht in der GKV oder der PKV mit dem GKV-Wettbewerbsstärkungsgesetz (siehe nur § 5 Abs. 1 Nr. 13) der Anwendungsbereich dieser Norm gering sein.[788] Es kommen nur noch Fälle in Betracht, bei denen nach § 5 Abs. 8 a S. 2 keine Versicherungspflicht nach § 5 Abs. 1 Nr. 13 besteht. Durch den § 264 Abs. 4 werden diese Personen leistungsrechtlich den Mitgliedern der GKV weitgehend gleichgestellt (§ 11 Abs. 1 gilt entsprechend). **4**

Vierter Abschnitt
Finanzausgleich und Zuweisungen aus dem Gesundheitsfonds

Vorbemerkung

Neben Regelung zum finanziellen Ausgleich für besondere Leistungsfälle (§ 265), den finanziellen Hilfen im Falle einer Insolvenz (§ 265 a) oder aber den Zuweisungen aus dem Gesundheitsfonds (§ 266) wird in § 271 auch der Gesundheitsfonds als solcher im SGB V verankert.

§ 271 Gesundheitsfonds

(1) Das Bundesversicherungsamt verwaltet als Sondervermögen (Gesundheitsfonds) die eingehenden Beträge aus:

1. den von den Einzugsstellen nach § 28 k Abs. 1 Satz 1 des Vierten Buches und nach § 252 Abs. 2 Satz 3 eingezogenen Beiträgen für die gesetzliche Krankenversicherung,
2. den Beiträgen aus Rentenzahlungen nach § 255,
3. den Beiträgen nach § 28 k Abs. 2 des Vierten Buches,
4. der Beitragszahlung nach § 252 Abs. 2 und
5. den Bundesmitteln nach den §§ 221 und 221 a.

(2) Der Gesundheitsfonds hat eine Liquiditätsreserve aufzubauen, aus der unterjährige Schwankungen in den Einnahmen, bei der Festsetzung des einheitlichen Betrags nach § 266 Abs. 2 nicht berücksichtigte Einnahmeausfälle, die Aufwendungen für die Erhöhung der Zuweisungen nach § 272 Abs. 2 sowie die Aufwendungen für den Sozialausgleich nach § 242 b und zusätzlich die Zahlungen für die Zusatzbeiträge nach § 251 Absatz 6 Satz 2 und 4 zu decken sind. Die Liquiditätsreserve ist ab dem Jahr 2009

788 Pfohl, § 264 Rn. 1; in Becker/Kingreen, SGB V.

schrittweise aufzubauen und muss spätestens nach Ablauf des Geschäftsjahres 2012 und der jeweils folgenden Geschäftsjahre mindestens 20 Prozent der durchschnittlich auf den Monat entfallenden Ausgaben des Gesundheitsfonds betragen. Die die voraussichtlichen jährlichen Ausgaben der Krankenkassen nach § 242 a Absatz 1 Satz 1 übersteigenden jährlichen Einnahmen des Gesundheitsfonds sind der Liquiditätsreserve zuzuführen.

…

Regelungsinhalt

1 § 271 Abs. 1 stellt dabei die verschiedenen Finanzierungsquellen des Gesundheitsfonds dar. Abs. 2 Satz 2 schreibt die Bildung einer Liquiditätsreserve vor, die mindestens 20 % der durchschnittlichen Monatsausgaben betragen soll. Dabei wird in Abs. 2 Satz 1 noch einmal klargestellt, dass in dieser Mindestrücklage auch die Zahlungen für den Sozialausgleich nach § 242 a sowie für die Zusatzbeiträge nach § 251 Abs. 6 Satz 2 und Satz 4 (Zusatzbeiträge für Bezieher von ALG II) zu berücksichtigen sind.

Neuntes Kapitel
Medizinischer Dienst der Krankenversicherung

Vorbemerkung

Das neunte Kapitel enthält Regelungen zum Medizinischen Dienst der Krankenversicherung (MDK). Der erste Abschnitt regelt die Aufgaben des MDK. § 275 ist hier die wichtigste Norm, beinhaltet sie doch die Aufgaben und Pflichten des MDK. § 276 befasst sich mit der Zusammenarbeit zwischen den Krankenkassen und dem MDK und ferner mit Fragen des Datenschutzes, während § 277 Mitteilungspflichten des MDK begründet.

Der zweite Abschnitt regelt demgegenüber nur Verwaltungs- und Organisationsfragen und mit § 282 die Bildung des Medizinischen Dienstes des Spitzenverbandes Bund der Krankenkassen (MDS).

§ 275 Begutachtung und Beratung

(1) Die Krankenkassen sind in den gesetzlich bestimmten Fällen oder wenn es nach Art, Schwere, Dauer oder Häufigkeit der Erkrankung oder nach dem Krankheitsverlauf erforderlich ist, verpflichtet,

1. **bei Erbringung von Leistungen, insbesondere zur Prüfung von Voraussetzungen, Art und Umfang der Leistung, sowie bei Auffälligkeiten zur Prüfung der ordnungsgemäßen Abrechnung,**
2. **zur Einleitung von Leistungen zur Teilhabe, insbesondere zur Koordinierung der Leistungen und Zusammenarbeit der Rehabilitationsträger nach den §§ 10 bis 12 des Neunten Buches, im Benehmen mit dem behandelnden Arzt,**

3. bei Arbeitsunfähigkeit
   a) zur Sicherung des Behandlungserfolgs, insbesondere zur Einleitung von Maßnahmen der Leistungsträger für die Wiederherstellung der Arbeitsfähigkeit, oder
   b) zur Beseitigung von Zweifeln an der Arbeitsunfähigkeit

eine gutachtliche Stellungnahme des Medizinischen Dienstes der Krankenversicherung (Medizinischer Dienst) einzuholen.

(1 a) Zweifel an der Arbeitsunfähigkeit nach Absatz 1 Nr. 3 Buchstabe b sind insbesondere in Fällen anzunehmen, in denen

a) Versicherte auffällig häufig oder auffällig häufig nur für kurze Dauer arbeitsunfähig sind oder der Beginn der Arbeitsunfähigkeit häufig auf einen Arbeitstag am Beginn oder am Ende einer Woche fällt oder
b) die Arbeitsunfähigkeit von einem Arzt festgestellt worden ist, der durch die Häufigkeit der von ihm ausgestellten Bescheinigungen über Arbeitsunfähigkeit auffällig geworden ist.

Die Prüfung hat unverzüglich nach Vorlage der ärztlichen Feststellung über die Arbeitsunfähigkeit zu erfolgen. Der Arbeitgeber kann verlangen, dass die Krankenkasse eine gutachtliche Stellungnahme des Medizinischen Dienstes zur Überprüfung der Arbeitsunfähigkeit einholt. Die Krankenkasse kann von einer Beauftragung des Medizinischen Dienstes absehen, wenn sich die medizinischen Voraussetzungen der Arbeitsunfähigkeit eindeutig aus den der Krankenkasse vorliegenden ärztlichen Unterlagen ergeben.

(1 b) Der Medizinische Dienst überprüft bei Vertragsärzten, die nach § 106 Abs. 2 Satz 1 Nr. 2 geprüft werden, stichprobenartig und zeitnah Feststellungen der Arbeitsunfähigkeit. Die in § 106 Abs. 2 Satz 4 genannten Vertragspartner vereinbaren das Nähere.

(1 c) Bei Krankenhausbehandlung nach § 39 ist eine Prüfung nach Absatz 1 Nr. 1 zeitnah durchzuführen. Die Prüfung nach Satz 1 ist spätestens sechs Wochen nach Eingang der Abrechnung bei der Krankenkasse einzuleiten und durch den Medizinischen Dienst dem Krankenhaus anzuzeigen. Falls die Prüfung nicht zu einer Minderung des Abrechnungsbetrags führt, hat die Krankenkasse dem Krankenhaus eine Aufwandspauschale in Höhe von 300 Euro zu entrichten.

(2) Die Krankenkassen haben durch den Medizinischen Dienst prüfen zu lassen

1. die Notwendigkeit der Leistungen nach den §§ 23, 24, 40 und 41 unter Zugrundelegung eines ärztlichen Behandlungsplans in Stichproben vor Bewilligung und regelmäßig bei beantragter Verlängerung; der Spitzenverband Bund der Krankenkassen regelt in Richtlinien den Umfang und die Auswahl der Stichprobe und kann Ausnahmen zulassen, wenn Prüfungen nach Indikation und Personenkreis nicht notwendig erscheinen; dies gilt insbesondere für Leistungen zur medizinischen Rehabilitation im Anschluss an eine Krankenhausbehandlung (Anschlussheilbehandlung),
2. (entfällt),
3. bei Kostenübernahme einer Behandlung im Ausland, ob die Behandlung einer Krankheit nur im Ausland möglich ist (§ 18),

4. ob und für welchen Zeitraum häusliche Krankenpflege länger als vier Wochen erforderlich ist (§ 37 Abs. 1),

5. ob Versorgung mit Zahnersatz aus medizinischen Gründen ausnahmsweise unaufschiebbar ist (§ 27 Abs. 2).

(3) Die Krankenkassen können in geeigneten Fällen durch den Medizinischen Dienst prüfen lassen

1. vor Bewilligung eines Hilfsmittels, ob das Hilfsmittel erforderlich ist (§ 33); der Medizinische Dienst hat hierbei den Versicherten zu beraten; er hat mit den Orthopädischen Versorgungsstellen zusammenzuarbeiten,

2. bei Dialysebehandlung, welche Form der ambulanten Dialysebehandlung unter Berücksichtigung des Einzelfalls notwendig und wirtschaftlich ist,

3. die Evaluation durchgeführter Hilfsmittelversorgungen,

4. ob Versicherten bei der Inanspruchnahme von Versicherungsleistungen aus Behandlungsfehlern ein Schaden entstanden ist (§ 66).

Regelungsinhalt

1 Abs. 1 legt fest, in welchen Fällen die Krankenkassen den MDK einzuschalten und eine gutachterliche Stellungnahme abzufordern haben. Die angesprochenen gesetzlichen Fälle finden sich dabei z. B. in Abs. 2, aber auch außerhalb des Neunten Kapitels.[789] Darüber hinaus ergibt sich die Pflicht zu Begutachtung, wenn es nach Art, Dauer oder Häufigkeit der Erkrankung oder nach dem Krankheitsverlauf erforderlich ist. Die Krankenkassen besitzen bei der Entscheidung, ob Art, Dauer und Häufigkeit der Erkrankung eine Begutachtung erforderlich machen, einen Beurteilungsspielraum.

2 Abs. 1 Nr. 1 bis 3 beschreibt dabei den Gegenstand der Prüfung. Nach Nr. 1 (Leistungserbringung) sind alle Leistungsarten nach dem Dritten Kapitel des SGB V davon umfasst.[790] Nr. 2 umfasst die Einleitung von Leistungen zur Teilhabe (Rehabilitation).

3 Nr. 3 umfasst die Sicherung des Behandlungserfolges bei Arbeitsunfähigkeit bzw. bei Zweifeln über das Vorliegen einer Arbeitsunfähigkeit. Wann diese Zweifel anzunehmen sind, wird durch Abs. 1 a konkretisiert. Der Anlass kann dabei auf die Art der Feststellung (häufig, häufig und kurze Dauer, Arbeitsunfähigkeit häufig am Beginn bzw. am Ende der Arbeitswoche) oder auf die Person des Arztes (häufiges Ausstellen von Arbeitsunfähigkeitsbescheinigungen) bezogen sein. Bestehen Zweifel an der Arbeitsunfähigkeit und ist damit Absatz 1 a anwendbar, kann auch der Arbeitgeber insoweit eine Begutachtung durch den MDK von der Krankenkasse verlangen (Abs. 1 a Satz 3).

4 Abs. 2 legt fest, in welchen Fällen bezogen auf den Gegenstand der Prüfung eine Prüfpflicht besteht. Die entsprechenden Richtlinien zur Stichprobenprüfung hat der GKV-SV erlassen.[791]

---

789 Beyer, § 275 Rn. 8; in juris-PK.

790 Kruse, § 275 Rn 11; in LPK-SGB V.

791 Richtlinie MDK-Stichprobenprüfung http://www.gkv-spitzenverband.de/upload/MDK-Richtlinie_02072008_1551.pdf.

Abs. 3 legt die Fälle fest, in denen die Krankenkassen bei der Einschaltung des MDK ein Ermessen besitzen. Dazu zählen auch die Fälle des § 66 (Schäden durch Behandlungsfehler). 5

§ 276 Zusammenarbeit

…

(3) Für das Akteneinsichtsrecht des Versicherten gilt § 25 des Zehnten Buches entsprechend.

(4) Wenn es im Einzelfall zu einer gutachtlichen Stellungnahme über die Notwendigkeit und Dauer der stationären Behandlung des Versicherten erforderlich ist, sind die Ärzte des Medizinischen Dienstes befugt, zwischen 8.00 und 18.00 Uhr die Räume der Krankenhäuser und Vorsorge- oder Rehabilitationseinrichtungen zu betreten, um dort die Krankenunterlagen einzusehen und, soweit erforderlich, den Versicherten untersuchen zu können. In den Fällen des § 275 Abs. 3a sind die Ärzte des Medizinischen Dienstes befugt, zwischen 8.00 und 18.00 Uhr die Räume der Krankenhäuser zu betreten, um dort die zur Prüfung erforderlichen Unterlagen einzusehen.

(5) Wenn sich im Rahmen der Überprüfung der Feststellungen von Arbeitsunfähigkeit (§ 275 Abs. 1 Nr. 3b, Abs. 1a und Abs. 1b) aus den ärztlichen Unterlagen ergibt, dass der Versicherte auf Grund seines Gesundheitszustandes nicht in der Lage ist, einer Vorladung des Medizinischen Dienstes Folge zu leisten oder wenn der Versicherte einen Vorladungstermin unter Berufung auf seinen Gesundheitszustand absagt und der Untersuchung fernbleibt, soll die Untersuchung in der Wohnung des Versicherten stattfinden. Verweigert er hierzu seine Zustimmung, kann ihm die Leistung versagt werden. Die §§ 65, 66 des Ersten Buches bleiben unberührt.

…

Regelungsinhalt

§ 276 regelt die Zusammenarbeit zwischen den MDK und den Krankenkassen. Darüber hinaus enthält die Norm aber auch datenschutzrechtliche Vorschriften. 1

So regelt Abs. 3, dass die Versicherten ein Akteneinsichtsrecht nach § 25 SGB X haben. Das Einsichtsrecht ist aber nur zu gewähren, soweit die Kenntnis des Akteninhalts zur Rechtsdurchsetzung nötig ist (§ 25 Abs. 1 SGB X). 2

Abs. 4 gewährt dem MDK das Recht, die Versicherten auch in Krankenhäusern oder Vorsorge- und Rehabilitationseinrichtungen zu untersuchen. Allerdings ist dies auf die erforderlichen Fälle und auf einen Zeitraum zwischen 8:00 und 18:00 Uhr beschränkt. 3

Abs. 5 regelt den Fall, dass der MDK die Feststellungen hinsichtlich der Arbeitsunfähigkeit überprüfen soll. Demnach soll, sofern der Versicherte einem Vorladungstermin fernbleibt oder auf Grund der gesundheitlichen Situation der Termin nicht wahrgenommen werden kann, die Untersuchung in der Wohnung des Versicherten stattfinden. Der Versicherte kann dazu aber die Zustimmung verweigern. Daraus ergibt sich, dass der MDK kein Zutrittsrecht in die Wohnung hat.[792] Allerdings muss er dann mit den Folgen 4

792 Sichert, § 276 Rn. 14; in Becker/Kingreen, SGB V.

der §§ 65, 66 SGB I rechnen, also auch dem Leistungsentzug. Dabei ist stets § 66 Abs. 3 SGB I zu beachten. Demnach ist der Leistungsentzug nur dann möglich, wenn der Versicherte darauf vorher schriftlich hingewiesen wurde und er der Pflicht nicht innerhalb der ihm gesetzten angemessenen Frist nachgekommen ist.

§ 277 Mitteilungspflichten

(1) Der Medizinische Dienst hat dem an der vertragsärztlichen Versorgung teilnehmenden Arzt, sonstigen Leistungserbringern, über deren Leistungen er eine gutachtliche Stellungnahme abgegeben hat, und der Krankenkasse das Ergebnis der Begutachtung und der Krankenkasse die erforderlichen Angaben über den Befund mitzuteilen. Er ist befugt, den an der vertragsärztlichen Versorgung teilnehmenden Ärzten und den sonstigen Leistungserbringern, über deren Leistungen er eine gutachtliche Stellungnahme abgegeben hat, die erforderlichen Angaben über den Befund mitzuteilen. Der Versicherte kann der Mitteilung über den Befund an die Leistungserbringer widersprechen.

(2) Die Krankenkasse hat, solange ein Anspruch auf Fortzahlung des Arbeitsentgelts besteht, dem Arbeitgeber und dem Versicherten das Ergebnis des Gutachtens des Medizinischen Dienstes über die Arbeitsunfähigkeit mitzuteilen, wenn das Gutachten mit der Bescheinigung des Kassenarztes im Ergebnis nicht übereinstimmt. Die Mitteilung darf keine Angaben über die Krankheit des Versicherten enthalten.

Regelungsinhalt

1 Diese Norm regelt die Mitteilungspflichten des MDK. Nach Abs. 1 hat der Versicherte bei Mitteilungen des MDK an Leistungserbringer das Recht, der Weitergabe zu widersprechen. Da der Versicherte aber keinen Anspruch auf Bekanntgabe der Mitteilungen hat, dürfte diese Regelung weitestgehend ohne Bedeutung sein.

2 Nach Abs. 2 muss die Krankenkasse im Fall der Überprüfung einer Arbeitsunfähigkeitsbescheinigung sowohl dem Versicherten als auch dem Arbeitgeber das Ergebnis des MDK mitteilen, wenn dieses vom Ergebnis des Kassenarztes abweicht. Dabei muss beachtet werden, dass diese Mitteilung keine Angaben über die Krankheit enthalten darf.

Zehntes Kapitel
Versicherungs- und Leistungsdaten, Datenschutz, Datentransparenz

Vorbemerkung

Das zehnte Kapitel regelt unter anderem die spezialgesetzlichen Normen zum Schutz personenbezogener Daten und ergänzt damit die allgemeinen Vorschriften des § 35 SGB I und der §§ 67 ff. SGB X.

§ 284 Sozialdaten bei den Krankenkassen

(1) Die Krankenkassen dürfen Sozialdaten für Zwecke der Krankenversicherung nur erheben und speichern, soweit diese für

1. die Feststellung des Versicherungsverhältnisses und der Mitgliedschaft, einschließlich der für die Anbahnung eines Versicherungsverhältnisses erforderlichen Daten,
2. die Ausstellung des Berechtigungsscheines, der Krankenversichertenkarte und der elektronischen Gesundheitskarte,
3. die Feststellung der Beitragspflicht und der Beiträge, deren Tragung und Zahlung und die Durchführung des Sozialausgleichs,
4. die Prüfung der Leistungspflicht und der Erbringung von Leistungen an Versicherte einschließlich der Voraussetzungen von Leistungsbeschränkungen, die Bestimmung des Zuzahlungsstatus und die Durchführung der Verfahren bei Kostenerstattung, Beitragsrückzahlung und der Ermittlung der Belastungsgrenze,
5. die Unterstützung der Versicherten bei Behandlungsfehlern,
6. die Übernahme der Behandlungskosten in den Fällen des § 264,
7. die Beteiligung des Medizinischen Dienstes,
8. die Abrechnung mit den Leistungserbringern, einschließlich der Prüfung der Rechtmäßigkeit und Plausibilität der Abrechnung,
9. die Überwachung der Wirtschaftlichkeit der Leistungserbringung,
10. die Abrechnung mit anderen Leistungsträgern,
11. die Durchführung von Erstattungs- und Ersatzansprüchen,
12. die Vorbereitung, Vereinbarung und Durchführung von Vergütungsverträgen nach dem § 87 a,
13. die Vorbereitung und Durchführung von Modellvorhaben, die Durchführung des Versorgungsmanagements nach § 11 Abs. 4, die Durchführung von Verträgen zu integrierten Versorgungsformen und zur ambulanten Erbringung hochspezialisierter Leistungen, einschließlich der Durchführung von Wirtschaftlichkeitsprüfungen und Qualitätsprüfungen, soweit Verträge ohne Beteiligung der Kassenärztlichen Vereinigungen abgeschlossen wurden,
14. die Durchführung des Risikostrukturausgleichs (§ 266 Abs. 1 bis 6, § 267 Abs. 1 bis 6, § 268 Abs. 3) und des Risikopools (§ 269 Abs. 1 bis 3) sowie zur Gewinnung von Versicherten für die Programme nach § 137 g und zur Vorbereitung und Durchführung dieser Programme

erforderlich sind. Versichertenbezogene Angaben über ärztliche Leistungen dürfen auch auf maschinell verwertbaren Datenträgern gespeichert werden, soweit dies für die in Satz 1 Nr. 4, 8, 9, 10, 11, 12, 13, 14 und § 305 Absatz 1 bezeichneten Zwecke erforderlich ist. Versichertenbezogene Angaben über ärztlich verordnete Leistungen dürfen auf maschinell verwertbaren Datenträgern gespeichert werden, soweit dies für die in Satz 1 Nr. 4, 8, 9, 10, 11, 12, 13, 14 und § 305 Abs. 1 bezeichneten Zwecke erforderlich ist. Die nach den Sätzen 2 und 3 gespeicherten Daten sind zu löschen, sobald sie für die genannten Zwecke nicht mehr benötigt werden. Im Übrigen gelten für die Datenerhebung und -speicherung die Vorschriften des Ersten und Zehnten Buches.

(2) Im Rahmen der Überwachung der Wirtschaftlichkeit der vertragsärztlichen Versorgung dürfen versichertenbezogene Leistungs- und Gesundheitsdaten auf maschinell verwertbaren Datenträgern nur gespeichert werden, soweit dies für Stichprobenprüfungen nach § 106 Abs. 2 Satz 1 Nr. 2 erforderlich ist.

(3) Die rechtmäßig erhobenen und gespeicherten versichertenbezogenen Daten dürfen nur für die Zwecke der Aufgaben nach Absatz 1 in dem jeweils erforderlichen Umfang verarbeitet oder genutzt werden, für andere Zwecke, soweit dies durch Rechtsvorschriften des Sozialgesetzbuchs angeordnet oder erlaubt ist. Die Daten, die nach § 295 Abs. 1b Satz 1 an die Krankenkasse übermittelt werden, dürfen nur zu Zwecken nach Absatz 1 Satz 1 Nr. 4, 8, 9, 10, 11, 12, 13, 14 und § 305 Abs. 1 versichertenbezogen verarbeitet und genutzt werden und nur, soweit dies für diese Zwecke erforderlich ist; für die Verarbeitung und Nutzung dieser Daten zu anderen Zwecken ist der Versichertenbezug vorher zu löschen.

(4) Zur Gewinnung von Mitgliedern dürfen die Krankenkassen Daten erheben, verarbeiten und nutzen, wenn die Daten allgemein zugänglich sind, es sei denn, dass das schutzwürdige Interesse des Betroffenen an dem Ausschluss der Verarbeitung oder Nutzung überwiegt. Ein Abgleich der erhobenen Daten mit den Angaben nach § 291 Abs. 2 Nr. 2, 3, 4 und 5 ist zulässig. Widerspricht der Betroffene bei der verantwortlichen Stelle der Nutzung oder Übermittlung seiner Daten, ist sie unzulässig. Die Daten sind zu löschen, sobald sie für die Zwecke nach Satz 1 nicht mehr benötigt werden. Im Übrigen gelten für die Datenerhebung, Verarbeitung und Nutzung die Vorschriften des Ersten und Zehnten Buches.

Regelungsinhalt

1 § 284 zählt abschließend die Daten auf, für die von den Krankenkassen personenbezogene Daten erhoben und gespeichert werden dürfen. Die der Erhebung zu Grunde liegende Zweckbestimmung bestimmt auch den grundsätzlichen Umfang der Nutzung, für den nur Absatz 3 eine Erweiterung vorsieht. Diese Erweiterung betrifft die Fälle, in denen eine Rechtsvorschrift des Sozialgesetzbuches dies erlaubt.

§ 289 Nachweispflicht bei Familienversicherung

Für die Eintragung in das Versichertenverzeichnis hat die Krankenkasse die Versicherung nach § 10 bei deren Beginn festzustellen. Sie kann die dazu erforderlichen Daten vom Angehörigen oder mit dessen Zustimmung vom Mitglied erheben. Der Fortbestand der Voraussetzungen der Versicherung nach § 10 ist auf Verlangen der Krankenkasse nachzuweisen.

Regelungsinhalt

1 § 289 regelt die Auskunftspflicht des Angehörigen bzw. des Mitglieds (dann aber mit Einwilligung des Angehörigen) bezüglich des Vorliegens der Voraussetzungen für eine

Familienversicherung nach § 10. Demgegenüber steht die entsprechende Meldepflicht des Mitglieds gegenüber der Krankenkasse nach § 10 Abs. 6.[793]

Wird dieser Auskunftspflicht nicht nachgekommen, kann die Krankenkasse auf Grund des fehlenden Nachweises der Voraussetzungen für eine Familienversicherung die Leistung an den Angehörigen nach § 66 SGB I verweigern. 2

§ 291 a Elektronische Gesundheitskarte[794]

(1) Die Krankenversichertenkarte nach § 291 Abs. 1 wird bis spätestens zum 1. Januar 2006 zur Verbesserung von Wirtschaftlichkeit, Qualität und Transparenz der Behandlung für die in den Absätzen 2 und 3 genannten Zwecke zu einer elektronischen Gesundheitskarte erweitert.

(1 a) Werden von Unternehmen der privaten Krankenversicherung elektronische Gesundheitskarten für die Verarbeitung und Nutzung von Daten nach Absatz 2 Satz 1 Nr. 1 und Absatz 3 Satz 1 an ihre Versicherten ausgegeben, gelten Absatz 2 Satz 1 Nr. 1 und Satz 2 sowie die Absätze 3 bis 5 a, 6 und 8 entsprechend. Für den Einsatz elektronischer Gesundheitskarten nach Satz 1 können Unternehmen der privaten Krankenversicherung als Versichertennummer den unveränderbaren Teil der Krankenversichertennummer nach § 290 Abs. 1 Satz 2 nutzen. § 290 Abs. 1 Satz 4 bis 7 gilt entsprechend. Die Vergabe der Versichertennummer erfolgt durch die Vertrauensstelle nach § 290 Abs. 2 Satz 2 und hat den Vorgaben der Richtlinien nach § 290 Abs. 2 Satz 1 für den unveränderbaren Teil der Krankenversichertennummer zu entsprechen. Die Kosten zur Bildung der Versichertennummer und, sofern die Vergabe einer Rentenversicherungsnummer erforderlich ist, zur Vergabe der Rentenversicherungsnummer tragen die Unternehmen der privaten Krankenversicherung. Die Regelungen dieses Absatzes gelten auch für die Postbeamtenkrankenkasse und die Krankenversorgung der Bundesbahnbeamten.

(2) Die elektronische Gesundheitskarte hat die Angaben nach § 291 Abs. 2 zu enthalten und muss geeignet sein, Angaben aufzunehmen für

1. die Übermittlung ärztlicher Verordnungen in elektronischer und maschinell verwertbarer Form sowie
2. den Berechtigungsnachweis zur Inanspruchnahme von Leistungen in einem Mitgliedstaat der Europäischen Union, einem Vertragsstaat des Abkommens über den Europäischen Wirtschaftsraum oder der Schweiz.

§ 6 c des Bundesdatenschutzgesetzes findet Anwendung.

(3) Über Absatz 2 hinaus muss die Gesundheitskarte geeignet sein, folgende Anwendungen zu unterstützen, insbesondere das Erheben, Verarbeiten und Nutzen von

1. medizinischen Daten, soweit sie für die Notfallversorgung erforderlich sind,
2. Befunden, Diagnosen, Therapieempfehlungen sowie Behandlungsberichten in elektronischer und maschinell verwertbarer Form für eine einrichtungsübergreifende, fallbezogene Kooperation (elektronischer Arztbrief),

---

793 Siehe auch § 10 Rn. 19.

794 Gültig ab 1. 11. 2012; gültig bis 31. 12. 2012.

3. Daten zur Prüfung der Arzneimitteltherapiesicherheit,
4. Daten über Befunde, Diagnosen, Therapiemaßnahmen, Behandlungsberichte sowie Impfungen für eine fall- und einrichtungsübergreifende Dokumentation über den Patienten (elektronische Patientenakte),
5. durch von Versicherten selbst oder für sie zur Verfügung gestellte Daten,
6. Daten über in Anspruch genommene Leistungen und deren vorläufige Kosten für die Versicherten (§ 305 Abs. 2),
7. Erklärungen der Versicherten zur Organ- und Gewebespende,
8. Hinweisen der Versicherten auf das Vorhandensein und den Aufbewahrungsort von Erklärungen zur Organ- und Gewebespende sowie
9. Hinweisen der Versicherten auf das Vorhandensein und den Aufbewahrungsort von Vorsorgevollmachten oder Patientenverfügungen nach § 1901 a des Bürgerlichen Gesetzbuchs;

die Verarbeitung und Nutzung von Daten nach Nummer 1 muss auch auf der Karte ohne Netzzugang möglich sein. Die Authentizität der Erklärungen nach Satz 1 Nummer 7 muss sichergestellt sein. Spätestens bei der Versendung der Karte hat die Krankenkasse die Versicherten umfassend und in allgemein verständlicher Form über deren Funktionsweise, einschließlich der Art der auf ihr oder durch sie zu erhebenden, zu verarbeitenden oder zu nutzenden personenbezogenen Daten zu informieren. Zugriffsberechtigte nach Absatz 4 Satz 1 und Absatz 5 a Satz 1 dürfen mit dem Erheben, Verarbeiten und Nutzen von Daten der Versicherten nach Satz 1 erst beginnen, wenn die Versicherten gegenüber einem zugriffsberechtigten Arzt, Zahnarzt, Psychotherapeuten oder Apotheker dazu ihre Einwilligung erklärt haben. Die Einwilligung ist bei erster Verwendung der Karte vom Leistungserbringer oder unter dessen Aufsicht von einer Person, die bei dem Leistungserbringer oder in einem Krankenhaus als berufsmäßiger Gehilfe oder zur Vorbereitung auf den Beruf tätig ist auf der Karte zu dokumentieren; die Einwilligung ist jederzeit widerruflich und kann auf einzelne Anwendungen nach diesem Absatz beschränkt werden. Satz 4 gilt nicht, wenn Versicherte mit dem Erheben, Verarbeiten und Nutzen von Daten nach Satz 1 ohne die Unterstützung von Zugriffsberechtigten nach Absatz 4 Satz 1 und Absatz 5 a Satz 1 begonnen haben. § 6 c des Bundesdatenschutzgesetzes findet Anwendung.

(4) Zum Zwecke des Erhebens, Verarbeitens oder Nutzens mittels der elektronischen Gesundheitskarte dürfen, soweit es zur Versorgung der Versicherten erforderlich ist, auf Daten

1. nach Absatz 2 Satz 1 Nr. 1 ausschließlich
   a) Ärzte,
   b) Zahnärzte,
   c) Apotheker, Apothekerassistenten, Pharmazieingenieure, Apothekenassistenten,
   d) Personen, die
      aa) bei den unter Buchstabe a bis c Genannten oder
      bb) in einem Krankenhaus

   als berufsmäßige Gehilfen oder zur Vorbereitung auf den Beruf tätig sind, soweit dies im Rahmen der von ihnen zulässigerweise zu erledigenden Tätigkeiten erforderlich ist und der Zugriff unter Aufsicht der in Buchstabe a bis c Genannten erfolgt,

e) sonstige Erbringer ärztlich verordneter Leistungen,

2. nach Absatz 3 Satz 1 Nr. 1 bis 5 ausschließlich

a) Ärzte,

b) Zahnärzte,

c) Apotheker, Apothekerassistenten, Pharmazieingenieure, Apothekenassistenten,

d) Personen, die

aa) bei den unter Buchstabe a bis c Genannten oder

bb) in einem Krankenhaus

als berufsmäßige Gehilfen oder zur Vorbereitung auf den Beruf tätig sind, soweit dies im Rahmen der von ihnen zulässigerweise zu erledigenden Tätigkeiten erforderlich ist und der Zugriff unter Aufsicht der in Buchstabe a bis c Genannten erfolgt,

e) nach Absatz 3 Satz 1 Nr. 1 in Notfällen auch Angehörige eines anderen Heilberufs, der für die Berufsausübung oder die Führung der Berufsbezeichnung eine staatlich geregelte Ausbildung erfordert,

f) Psychotherapeuten

zugreifen. Die Versicherten haben das Recht, auf die Daten nach Absatz 2 Satz 1 und Absatz 3 Satz 1 zuzugreifen.

(5) Das Erheben, Verarbeiten und Nutzen von Daten mittels der elektronischen Gesundheitskarte in den Fällen des Absatzes 3 Satz 1 ist nur mit dem Einverständnis der Versicherten zulässig. Durch technische Vorkehrungen ist zu gewährleisten, dass in den Fällen des Absatzes 3 Satz 1 Nr. 2 bis 6 der Zugriff nur durch Autorisierung der Versicherten möglich ist. Der Zugriff auf Daten sowohl nach Absatz 2 Satz 1 Nr. 1 als auch nach Absatz 3 Satz 1 Nummer 1 bis 6 mittels der elektronischen Gesundheitskarte darf nur in Verbindung mit einem elektronischen Heilberufsausweis, im Falle des Absatzes 2 Satz 1 Nr. 1 auch in Verbindung mit einem entsprechenden Berufsausweis, erfolgen, die jeweils über eine Möglichkeit zur sicheren Authentifizierung und über eine qualifizierte elektronische Signatur verfügen; im Falle des Absatzes 3 Satz 1 Nr. 5 können die Versicherten auch mittels einer eigenen Signaturkarte, die über eine qualifizierte elektronische Signatur verfügt, zugreifen. Zugriffsberechtigte Personen nach Absatz 4 Satz 1 Nr. 1 Buchstabe d und e sowie Nr. 2 Buchstabe d und e, die über keinen elektronischen Heilberufsausweis oder entsprechenden Berufsausweis verfügen, können auf die entsprechenden Daten zugreifen, wenn sie hierfür von Personen autorisiert sind, die über einen elektronischen Heilberufsausweis oder entsprechenden Berufsausweis verfügen, und wenn nachprüfbar elektronisch protokolliert wird, wer auf die Daten zugegriffen hat und von welcher Person die zugreifende Person autorisiert wurde. Der Zugriff auf Daten nach Absatz 2 Satz 1 Nr. 1 mittels der elektronischen Gesundheitskarte kann abweichend von den Sätzen 3 und 4 auch erfolgen, wenn die Versicherten den jeweiligen Zugriff durch ein geeignetes technisches Verfahren autorisieren.

(5 a) Zum Zwecke des Erhebens, Verarbeitens oder Nutzens mittels der elektro-

nischen Gesundheitskarte dürfen, soweit es zur Versorgung erforderlich ist, auf Daten nach Absatz 3 Satz 1 Nummer 7 bis 9 ausschließlich

1. Ärzte,
2. Personen, die
   a) bei Ärzten oder
   b) in einem Krankenhaus

   als berufsmäßige Gehilfen oder zur Vorbereitung auf den Beruf tätig sind, soweit dies im Rahmen der von ihnen zulässigerweise zu erledigenden Tätigkeiten erforderlich ist und der Zugriff unter Aufsicht eines Arztes erfolgt,

in Verbindung mit einem elektronischen Heilberufsausweis, der über eine Möglichkeit zur sicheren Authentifizierung und über eine qualifizierte elektronische Signatur verfügt, zugreifen; Absatz 5 Satz 1 und 4 gilt entsprechend. Ohne Einverständnis der betroffenen Person dürfen Zugriffsberechtigte nach Satz 1 auf Daten

1. nach Absatz 3 Satz 1 Nummer 7 und 8 nur zugreifen, nachdem der Tod nach § 3 Absatz 1 Satz 1 Nummer 2 des Transplantationsgesetzes festgestellt wurde und der Zugriff zur Klärung erforderlich ist, ob die verstorbene Person in die Entnahme von Organen oder Gewebe eingewilligt hat,
2. nach Absatz 3 Satz 1 Nummer 9 nur zugreifen, wenn eine ärztlich indizierte Maßnahme unmittelbar bevorsteht und die betroffene Person nicht fähig ist, in die Maßnahme einzuwilligen.

Zum Speichern, Verändern, Sperren oder Löschen von Daten nach Absatz 3 Satz 1 Nummer 7 durch Zugriffsberechtigte nach Satz 1 ist eine technische Autorisierung durch die Versicherten für den Zugriff erforderlich. Versicherte können auf Daten nach Absatz 3 Satz 1 Nummer 7 bis 9 zugreifen, wenn sie sich für den Zugriff durch ein geeignetes technisches Verfahren authentifizieren. Sobald die technische Infrastruktur für das Erheben, Verarbeiten und Nutzen von Daten nach Absatz 3 Satz 1 Nummer 7 bis 9 flächendeckend zur Verfügung steht, haben die Krankenkassen die Versicherten umfassend über die Möglichkeiten der Wahrnehmung ihrer Zugriffsrechte zu informieren sowie allein oder in Kooperation mit anderen Krankenkassen für ihre Versicherten technische Einrichtungen zur Wahrnehmung ihrer Zugriffsrechte nach Satz 4 flächendeckend zur Verfügung zu stellen. Der Spitzenverband Bund der Krankenkassen hat über die Ausstattung jährlich einen Bericht nach den Vorgaben des Bundesministeriums für Gesundheit zu erstellen und ihm diesen erstmals zum 31. Januar 2016 vorzulegen.

(5b) Die Gesellschaft für Telematik hat Verfahren zur Unterstützung der Versicherten bei der Verwaltung von Daten nach Absatz 3 Satz 1 Nummer 7 bis 9 zu entwickeln und hierbei auch die Möglichkeit zu schaffen, dass Versicherte für die Dokumentation der Erklärung auf der elektronischen Gesundheitskarte die Unterstützung der Krankenkasse in Anspruch nehmen können. Bei diesen für die Versicherten freiwilligen Verfahren sind Rückmeldeverfahren der Versicherten über die Krankenkassen mit einzubeziehen, bei denen die Krankenkassen mit Zustimmung der Versicherten Daten nach Absatz 3 Satz 1 Nummer 7 und 8 speichern und löschen können. Über das Ergebnis der Entwicklung legt die Gesellschaft für Telematik dem

Deutschen Bundestag über das Bundesministerium für Gesundheit spätestens bis zum 30. Juni 2013 einen Bericht vor. Anderenfalls kann das Bundesministerium für Gesundheit Verfahren nach den Sätzen 1 und 2 im Rahmen eines Forschungs- und Entwicklungsvorhabens entwickeln lassen, dessen Kosten von der Gesellschaft für Telematik zu erstatten sind. In diesem Fall unterrichtet das Bundesministerium für Gesundheit den Deutschen Bundestag über das Ergebnis der Entwicklung.

(5 c) Die Länder bestimmen entsprechend dem Stand des Aufbaus der Telematikinfrastruktur

1. die Stellen, die für die Ausgabe elektronischer Heilberufs- und Berufsausweise zuständig sind, und
2. die Stellen, die bestätigen, dass eine Person
   a) befugt ist, einen der von Absatz 4 Satz 1 erfassten Berufe im Geltungsbereich dieses Gesetzes auszuüben oder, sofern für einen der in Absatz 4 Satz 1 erfassten Berufe lediglich die Führung der Berufsbezeichnung geschützt ist, die Berufsbezeichnung zu führen oder
   b) zu den sonstigen Zugriffsberechtigten nach Absatz 4 gehört.

Die Länder können zur Wahrnehmung der Aufgaben nach Satz 1 gemeinsame Stellen bestimmen. Entfällt die Befugnis zur Ausübung des Berufs, zur Führung der Berufsbezeichnung oder sonst das Zugriffsrecht nach Absatz 4, hat die jeweilige Stelle nach Satz 1 Nr. 2 oder Satz 2 die herausgebende Stelle in Kenntnis zu setzen; diese hat unverzüglich die Sperrung der Authentifizierungsfunktion des elektronischen Heilberufs- oder Berufsausweises zu veranlassen.

(6) Daten nach Absatz 2 Satz 1 Nr. 1 und Absatz 3 Satz 1 müssen auf Verlangen der Versicherten gelöscht werden; die Verarbeitung und Nutzung von Daten nach Absatz 2 Satz 1 Nr. 1 für Zwecke der Abrechnung bleiben davon unberührt. Daten nach Absatz 2 Satz 1 Nummer 1 und Absatz 3 Satz 1 Nummer 5 und 7 bis 9 können Versicherte auch eigenständig löschen. Durch technische Vorkehrungen ist zu gewährleisten, dass mindestens die letzten 50 Zugriffe auf die Daten nach Absatz 2 oder Absatz 3 für Zwecke der Datenschutzkontrolle protokolliert werden. Eine Verwendung der Protokolldaten für andere Zwecke ist unzulässig. Die Protokolldaten sind durch geeignete Vorkehrungen gegen zweckfremde Verwendung und sonstigen Missbrauch zu schützen.

(7) …

(8) Vom Inhaber der Karte darf nicht verlangt werden, den Zugriff auf Daten nach Absatz 2 Satz 1 Nr. 1 oder Absatz 3 Satz 1 anderen als den in Absatz 4 Satz 1 und Absatz 5 a Satz 1 genannten Personen oder zu anderen Zwecken als denen der Versorgung der Versicherten, einschließlich der Abrechnung der zum Zwecke der Versorgung erbrachten Leistungen, zu gestatten; mit ihnen darf nicht vereinbart werden, Derartiges zu gestatten. Sie dürfen nicht bevorzugt oder benachteiligt werden, weil sie einen Zugriff bewirkt oder verweigert haben.

(9) (weggefallen)

Regelungsinhalt

1 Hinsichtlich der elektronischen Gesundheitskarte (§ 291 a) ist zu beachten, dass nach § 291 a Abs. 3 Satz 3 die Krankenkassen ihre Versicherten umfassend und in allgemein verständlicher Form über die Funktionsweise zu informieren haben.

2 Für die Verwendung der in Abs. 3 genannten Daten (z. B. Befunde, Diagnosen etc.) ist die Einwilligung der Versicherten gegenüber dem jeweiligen Leistungserbringer erforderlich. Diese Einwilligung ist zu dokumentieren, ist jederzeit widerruflich und kann auch auf einzelne Aspekte beschränkt werden.

3 Nach Abs. 4 Satz 2 müssen die Versicherten ein Zugriffsrecht auf diese Daten haben. Abs. 6 gewährt den Versicherten schließlich ein Recht auf Löschung bestimmter Daten.

§ 304 Aufbewahrung von Daten bei Krankenkassen, Kassenärztlichen Vereinigungen und Geschäftsstellen der Prüfungsausschüsse

(1) Für das Löschen der für Aufgaben der gesetzlichen Krankenversicherung bei Krankenkassen, Kassenärztlichen Vereinigungen und Geschäftsstellen der Prüfungsausschüsse gespeicherten Sozialdaten gilt § 84 Abs. 2 des Zehnten Buches entsprechend mit der Maßgabe, dass

1. die Daten nach § 292 spätestens nach zehn Jahren,

2. Daten nach § 295 Abs. 1 a, 1 b und 2 sowie Daten, die für die Prüfungsausschüsse und ihre Geschäftsstellen für die Prüfungen nach § 106 erforderlich sind, spätestens nach vier Jahren und Daten, die auf Grund der nach § 266 Abs. 7 Satz 1 erlassenen Rechtsverordnung für die Durchführung des Risikostrukturausgleichs (§§ 266, 267) oder des Risikopools (§ 269) erforderlich sind, spätestens nach den in der Rechtsverordnung genannten Fristen

zu löschen sind. Die Aufbewahrungsfristen beginnen mit dem Ende des Geschäftsjahres, in dem die Leistungen gewährt oder abgerechnet wurden. Die Krankenkassen können für Zwecke der Krankenversicherung Leistungsdaten länger aufbewahren, wenn sichergestellt ist, dass ein Bezug zum Arzt und Versicherten nicht mehr herstellbar ist.

(2) Im Falle des Wechsels der Krankenkasse ist die bisher zuständige Krankenkasse verpflichtet, die für die Fortführung der Versicherung erforderlichen Angaben nach den §§ 288 und 292 auf Verlangen der neuen Krankenkasse mitzuteilen.

(3) Für die Aufbewahrung der Kranken- und sonstigen Berechtigungsscheine für die Inanspruchnahme von Leistungen einschließlich der Verordnungsblätter für Arznei-, Verband-, Heil- und Hilfsmittel gilt § 84 Abs. 2 und 6 des Zehnten Buches.

Regelungsinhalt

1 § 304 regelt die Aufbewahrungsfrist für Daten von Krankenkassen und anderen Stellen der gemeinsamen Selbstverwaltung. Durch den Verweis auf § 84 Abs. 2 gilt, dass die Daten nicht länger als zur Aufgabenerfüllung aufzubewahren sind, wobei in Abs. 1 Nr. 1 und Nr. 2 spezielle Fristen festgelegt werden.

§ 305 Auskünfte an Versicherte

(1) Die Krankenkassen unterrichten die Versicherten auf deren Antrag über die in einem Zeitraum von mindestens 18 Monaten vor Antragstellung in Anspruch genommenen Leistungen und deren Kosten. Die Unterrichtung über die in Anspruch genommenen ärztlichen Leistungen erfolgt getrennt von der Unterrichtung über die ärztlich verordneten und veranlassten Leistungen. Die für die Unterrichtung nach Satz 1 erforderlichen Daten dürfen ausschließlich für diesen Zweck verarbeitet und genutzt werden; eine Gesamtaufstellung der von den Versicherten in Anspruch genommenen Leistungen darf von den Krankenkassen nicht erstellt werden. Eine Mitteilung an die Leistungserbringer über die Unterrichtung des Versicherten ist nicht zulässig. Die Krankenkassen können in ihrer Satzung das Nähere über das Verfahren der Unterrichtung regeln.

(2) Die an der vertragsärztlichen Versorgung teilnehmenden Ärzte, Einrichtungen und medizinischen Versorgungszentren haben die Versicherten auf Verlangen schriftlich in verständlicher Form, direkt im Anschluss an die Behandlung oder mindestens quartalsweise spätestens vier Wochen nach Ablauf des Quartals, in dem die Leistungen in Anspruch genommen worden sind, über die zu Lasten der Krankenkassen erbrachten Leistungen und deren vorläufige Kosten (Patientenquittung) zu unterrichten. Satz 1 gilt auch für die vertragszahnärztliche Versorgung. Der Versicherte erstattet für eine quartalsweise schriftliche Unterrichtung nach Satz 1 eine Aufwandspauschale in Höhe von 1 Euro zuzüglich Versandkosten. Das Nähere regelt die Kassenärztliche Bundesvereinigung. Die Krankenhäuser unterrichten die Versicherten auf Verlangen schriftlich in verständlicher Form innerhalb von vier Wochen nach Abschluss der Krankenhausbehandlung über die erbrachten Leistungen und die dafür von den Krankenkassen zu zahlenden Entgelte. Das Nähere regelt der Spitzenverband Bund der Krankenkassen und die Deutsche Krankenhausgesellschaft durch Vertrag.

(3) Die Krankenkassen informieren ihre Versicherten auf Verlangen umfassend über in der gesetzlichen Krankenversicherung zugelassene Leistungserbringer einschließlich medizinische Versorgungszentren und Leistungserbringer in der integrierten Versorgung sowie über die verordnungsfähigen Leistungen und Bezugsquellen, einschließlich der Informationen nach § 73 Abs. 8, § 127 Abs. 3. Die Krankenkasse hat Versicherte vor deren Entscheidung über die Teilnahme an besonderen Versorgungsformen in Wahltarifen nach § 53 Abs. 3 umfassend über darin erbrachte Leistungen und die beteiligten Leistungserbringer zu informieren. § 69 Absatz 1 Satz 3 gilt entsprechend.

Regelungsinhalt

Nach § 305 können Versicherte von den Krankenkassen (Abs. 1 und 3) sowie von den Leistungserbringern (Abs. 2) verschiedene Leistungsinformationen verlangen. 1

Nach Abs. 1 erhalten die Versicherten von den Krankenkassen eine Übersicht über die von ihnen veranlassten Leistungen und Kosten im letzten Geschäftsjahr. Die Leistungserbringer werden davon nicht informiert, das Verhältnis Arzt-Patient damit nicht berührt. Die Krankenkassen können das Verfahren in ihren Satzungen regeln. 2

Nach Abs. 2 können die Versicherten von Teilnehmern an der ärztlichen Versorgung 3 nach § 95, also auch Medizinische Versorgungszentren, in schriftlicher Form spätestens 4 Wochen nach Ablauf des Quartals, in dem die Behandlung stattfand, eine Aufstellung über die erbrachten Leistungen und deren vorläufige Kosten verlangen. Dies ist die so genannte Patientenquittung. Die Versicherten haben für eine regelmäßige, quartalsweise Quittung eine Aufwandspauschale in Höhe von 1 € zzgl. Versandkosten zu zahlen. Das Nähere bestimmt die Kassenärztliche Bundesvereinigung. Entsprechendes gilt für die Krankenhäuser.

4 Nach Abs. 3 besteht schließlich ein Auskunftsanspruch der Versicherten gegenüber der Krankenkasse über die zugelassenen Leistungserbringer (auch in der integrierten Versorgung) sowie über verordnungsfähige Leistungen und deren Bezugsquellen. Vor der Einschreibung an besonderen Versorgungsformen in Wahltarifen nach § 53 Abs. 3 muss die Krankenkasse sogar informieren.

Elftes Kapitel
Straf- und Bußgeldvorschriften

§ 306 Zusammenarbeit zur Verfolgung und Ahndung von Ordnungswidrigkeiten

Zur Verfolgung und Ahndung von Ordnungswidrigkeiten arbeiten die Krankenkassen insbesondere mit der Bundesagentur für Arbeit, den Behörden der Zollverwaltung, den Rentenversicherungsträgern, den Trägern der Sozialhilfe, den in § 71 des Aufenthaltsgesetzes genannten Behörden, den Finanzbehörden, den nach Landesrecht für die Verfolgung und Ahndung von Ordnungswidrigkeiten nach dem Schwarzarbeitsbekämpfungsgesetz zuständigen Behörden, den Trägern der Unfallversicherung und den für den Arbeitsschutz zuständigen Landesbehörden zusammen, wenn sich im Einzelfall konkrete Anhaltspunkte ergeben für

1. **Verstöße gegen das Schwarzarbeitsbekämpfungsgesetz,**
2. **eine Beschäftigung oder Tätigkeit von nichtdeutschen Arbeitnehmern ohne den erforderlichen Aufenthaltstitel nach § 4 Abs. 3 des Aufenthaltsgesetzes, eine Aufenthaltsgestattung oder eine Duldung, die zur Ausübung der Beschäftigung berechtigen, oder eine Genehmigung nach § 284 Abs. 1 des Dritten Buches,**
3. **Verstöße gegen die Mitwirkungspflicht nach § 60 Abs. 1 Satz 1 Nr. 2 des Ersten Buches gegenüber einer Dienststelle der Bundesagentur für Arbeit, einem Träger der gesetzlichen Unfall- oder Rentenversicherung oder einem Träger der Sozialhilfe oder gegen die Meldepflicht nach § 8 a des Asylbewerberleistungsgesetzes,**
4. **Verstöße gegen das Arbeitnehmerüberlassungsgesetz,**
5. **Verstöße gegen die Vorschriften des Vierten und des Siebten Buches über die Verpflichtung zur Zahlung von Beiträgen, soweit sie im Zusammenhang mit den in den Nummern 1 bis 4 genannten Verstößen stehen,**
6. **Verstöße gegen Steuergesetze,**
7. **Verstöße gegen das Aufenthaltsgesetz.**

Sie unterrichten die für die Verfolgung und Ahndung zuständigen Behörden, die Träger der Sozialhilfe sowie die Behörden nach § 71 des Aufenthaltsgesetzes. Die Unterrichtung kann auch Angaben über die Tatsachen enthalten, die für die Einziehung der Beiträge zur Kranken- und Rentenversicherung erforderlich sind. Die Übermittlung von Sozialdaten, die nach den §§ 284 bis 302 von Versicherten erhoben werden, ist unzulässig.

Regelungsinhalt

§ 306 Satz 1 verpflichtet die Krankenkasse zur Zusammenarbeit mit anderen Stellen. Hinsichtlich anderer Sozialleistungsträger ist eine entsprechende Regelung bereits in § 86 SGB X enthalten. Der Umfang der konkreten Zusammenarbeit wird dabei nicht geregelt. **1**

Satz 2 regelt darüber hinaus eine Unterrichtungspflicht gegenüber den dort genannten Stellen, soweit Anhaltspunkte für die Verfolgung oder Ahndung einer Ordnungswidrigkeit bestehen. **2**

§ 307 Bußgeldvorschriften

...

(2) Ordnungswidrig handelt, wer vorsätzlich oder leichtfertig

1. a) als Arbeitgeber entgegen § 204 Abs. 1 Satz 1, auch in Verbindung mit Absatz 2 Satz 1, oder

b) entgegen § 204 Abs. 1 Satz 3, auch in Verbindung mit Absatz 2 Satz 1, oder § 205 Nr. 3 oder

c) als für die Zahlstelle Verantwortlicher entgegen § 202 Satz 1

eine Meldung nicht, nicht richtig, nicht vollständig oder nicht rechtzeitig erstattet,

2. entgegen § 206 Abs. 1 Satz 1 eine Auskunft oder eine Änderung nicht, nicht richtig, nicht vollständig oder nicht rechtzeitig erteilt oder mitteilt oder

3. entgegen § 206 Abs. 1 Satz 2 die erforderlichen Unterlagen nicht, nicht vollständig oder nicht rechtzeitig vorlegt.

(3) Die Ordnungswidrigkeit kann in den Fällen des Absatzes 1 mit einer Geldbuße bis zu fünfzigtausend Euro, in den übrigen Fällen mit einer Geldbuße bis zu Zweitausendfünfhundert Euro geahndet werden.

Regelungsinhalt

Versicherte, die gegen die Auskunfts- und Mitteilungspflichten des § 206 verstoßen, können mit einer Geldbuße von bis zu 2500 € belegt werden. **1**

6. Sozialgesetzbuch (SGB) Sechstes Buch (VI) – Gesetzliche Rentenversicherung

Vom 18. Dezember 1989 (BGBl. I S. 2261); zuletzt geändert durch Art. 14 G v. 23. Oktober 2012 (BGBl. I S. 2246)

– Auszug –

Übersicht

Das Rentenrecht des SGB VI ist komplex und mit 321 Paragraphen nebst 23 Anlagen umfangreich. Diese konnten im Rahmen eines SGB-Kompaktkommentars nicht alle abgedruckt und kommentiert werden. Um das Zurechtfinden in dieser Rechtsmaterie zu erleichtern, haben sich die Autorinnen auf die Kommentierung der zentralen Themen in 16 Kapiteln verständigt. Damit weichen sie bewusst im Interesse einer besseren praktischen Nutzbarkeit vom sonstigen Aufbau dieses Kommentars ab.

Literatur

Bergner, Kommentar zum Recht der Gesetzlichen Rentenversicherung, Sozialgesetzbuch-SGB, Loseblattkommentar; Bundesministerium für Arbeit und Soziales, Übersicht über das Sozialrecht, 9. Auflage, Bonn 2012; Deutsche Rentenversicherung, SGB VI, Texte und Erläuterungen, 15. Auflage, Berlin 2011; Deutsche Rentenversicherung Bund, Die Renten wegen verminderter Erwerbsfähigkeit – Grundsätze der Deutschen Rentenversicherung, DRV-Schriften Band 96, Dezember 2011; Eichenhofer/Rische/Schmähl, Handbuch der gesetzlichen Rentenversicherung SGB VI (HDR), 2. Auflage, Köln 2012; Eicher/Keck/Michaelis, Die Rentenversicherung im SGB, Kommentar für die Praxis, Loseblattkommentar; Hauck/Noftz, Sozialgesetzbuch, SGB VI: Gesetzliche Rentenversicherung, Loseblattkommentar; Kerschbaumer, Das Recht der gesetzlichen Rentenversicherung und die Deutsche Einheit, 1. Auflage, Wiesbaden 2011; Kreikebohm, SGB VI, Sozialgesetzbuch, Gesetzliche Rentenversicherung, Kommentar. 1. Auflage 2003; von Maydell/Ruland, Sozialrechtshandbuch, 4. Auflage 2008; Schlegel/Voelzke, juris PraxisKommentar, SGB VI – Gesetzliche Rentenversicherung – Saarbrücken 2008; Ruland/Försterling, GK-SGB VI, Gemeinschaftskommentar zum Sozialgesetzbuch – Gesetzliche Rentenversicherung, Loseblatt

Erstes Kapitel
Versicherter Personenkreis

Erster Abschnitt
Versicherung kraft Gesetzes

§ 1 Beschäftigte

Versicherungspflichtig sind

1. Personen, die gegen Arbeitsentgelt oder zu ihrer Berufsausbildung beschäftigt sind; während des Bezuges von Kurzarbeitergeld nach dem Dritten Buch besteht die Versicherungspflicht fort,

2. behinderte Menschen, die
   a) in anerkannten Werkstätten für behinderte Menschen oder in Blindenwerkstätten im Sinne des § 143 des Neunten Buches oder für diese Einrichtungen in Heimarbeit tätig sind,
   b) in Anstalten, Heimen oder gleichartigen Einrichtungen in gewisser Regelmäßigkeit eine Leistung erbringen, die einem Fünftel der Leistung eines voll erwerbsfähigen Beschäftigten in gleichartiger Beschäftigung entspricht; hierzu zählen auch Dienstleistungen für den Träger der Einrichtung,

3. Personen, die in Einrichtungen der Jugendhilfe oder in Berufsbildungswerken oder ähnlichen Einrichtungen für behinderte Menschen für eine Erwerbstätigkeit befähigt werden sollen; dies gilt auch für Personen während der individuellen betrieblichen Qualifizierung im Rahmen der Unterstützten Beschäftigung nach § 38 a des Neunten Buches,

3 a) Auszubildende, die in einer außerbetrieblichen Einrichtung im Rahmen eines Berufsausbildungsvertrages nach dem Berufsbildungsgesetz ausgebildet werden,

4. Mitglieder geistlicher Genossenschaften, Diakonissen und Angehörige ähnlicher Gemeinschaften während ihres Dienstes für die Gemeinschaft und während der Zeit ihrer außerschulischen Ausbildung.

Personen, die Wehrdienst leisten und nicht in einem Dienstverhältnis als Berufssoldat oder Soldat auf Zeit stehen, sind in dieser Beschäftigung nicht nach Satz 1 Nr. 1 versicherungspflichtig; sie gelten als Wehrdienstleistende im Sinne des § 3 Satz 1 Nr. 2 oder 2 a und Satz 4. Mitglieder des Vorstandes einer Aktiengesellschaft sind in dem Unternehmen, dessen Vorstand sie angehören, nicht versicherungspflichtig beschäftigt, wobei Konzernunternehmen im Sinne des § 18 des Aktiengesetzes als ein Unternehmen gelten. Die in Satz 1 Nr. 2 bis 4 genannten Personen gelten als Beschäftigte im Sinne des Rechts der Rentenversicherung. Teilnehmer an dualen Studiengängen stehen den Beschäftigten zur Berufsausbildung im Sinne des Satzes 1 Nummer 1 gleich.

§ 2 Selbständig Tätige

Versicherungspflichtig sind selbständig tätige

1. Lehrer und Erzieher, die im Zusammenhang mit ihrer selbständigen Tätigkeit regelmäßig keinen versicherungspflichtigen Arbeitnehmer beschäftigen,

2. Pflegepersonen, die in der Kranken-, Wochen-, Säuglings- oder Kinderpflege tätig sind und im Zusammenhang mit ihrer selbständigen Tätigkeit regelmäßig keinen versicherungspflichtigen Arbeitnehmer beschäftigen,
3. Hebammen und Entbindungspfleger,
4. Seelotsen der Reviere im Sinne des Gesetzes über das Seelotswesen,
5. Künstler und Publizisten nach näherer Bestimmung des Künstlersozialversicherungsgesetzes,
6. Hausgewerbetreibende,
7. Küstenschiffer und Küstenfischer, die zur Besatzung ihres Fahrzeuges gehören oder als Küstenfischer ohne Fahrzeug fischen und regelmäßig nicht mehr als vier versicherungspflichtige Arbeitnehmer beschäftigen,
8. Gewerbetreibende, die in die Handwerksrolle eingetragen sind und in ihrer Person die für die Eintragung in die Handwerksrolle erforderlichen Voraussetzungen erfüllen, wobei Handwerksbetriebe im Sinne der §§ 2 und 3 der Handwerksordnung sowie Betriebsfortführungen auf Grund von § 4 der Handwerksordnung außer Betracht bleiben; ist eine Personengesellschaft in die Handwerksrolle eingetragen, gilt als Gewerbetreibender, wer als Gesellschafter in seiner Person die Voraussetzungen für die Eintragung in die Handwerksrolle erfüllt,
9. Personen, die
   a) im Zusammenhang mit ihrer selbständigen Tätigkeit regelmäßig keinen versicherungspflichtigen Arbeitnehmer beschäftigen und
   b) auf Dauer und im Wesentlichen nur für einen Auftraggeber tätig sind; bei Gesellschaftern gelten als Auftraggeber die Auftraggeber der Gesellschaft.
10. (weggefallen)

Als Arbeitnehmer im Sinne des Satzes 1 Nr. 1, 2, 7 und 9 gelten
1. auch Personen, die berufliche Kenntnisse, Fertigkeiten oder Erfahrungen im Rahmen beruflicher Bildung erwerben,
2. nicht Personen, die als geringfügig Beschäftigte nach § 5 Abs. 2 Satz 2 auf die Versicherungsfreiheit verzichtet haben.

   Nr. 2 in der Fassung ab 01.01.2013[1]:

2. nicht Personen, die geringfügig beschäftigt sind,
3. für Gesellschafter auch die Arbeitnehmer der Gesellschaft.

(aufgehoben)

§ 3 Sonstige Versicherte

Versicherungspflichtig sind Personen in der Zeit,
1. für die ihnen Kindererziehungszeiten anzurechnen sind (§ 56),

1a. in der sie einen Pflegebedürftigen im Sinne des § 14 des Elften Buches nicht erwerbsmäßig wenigstens 14 Stunden wöchentlich in seiner häuslichen Umgebung pflegen (nicht erwerbsmäßig tätige Pflegepersonen), wenn der Pflegebedürftige Anspruch auf Leistungen aus der sozialen oder einer privaten Pflegeversicherung hat,

1 S. Gesetzentwurf vom 25.09.2012 (BT-Drs. 17/10773).

2. in der sie aufgrund gesetzlicher Pflicht Wehrdienst oder Zivildienst leisten,
2a. in der sie sich in einem Wehrdienstverhältnis besonderer Art nach § 6 des Einsatz-Weiterverwendungsgesetzes befinden, wenn sich der Einsatzunfall während einer Zeit ereignet hat, in der sie nach Nummer 2 versicherungspflichtig waren,
3. für die sie von einem Leistungsträger Krankengeld, Verletztengeld, Versorgungskrankengeld, Übergangsgeld oder Arbeitslosengeld beziehen, wenn sie im letzten Jahr vor Beginn der Leistung zuletzt versicherungspflichtig waren; der Zeitraum von einem Jahr verlängert sich um Anrechnungszeiten wegen des Bezugs von Arbeitslosengeld II,
4. für die sie Vorruhestandsgeld beziehen, wenn sie unmittelbar vor Beginn der Leistung versicherungspflichtig waren.

Pflegepersonen, die für ihre Tätigkeit von dem Pflegebedürftigen ein Arbeitsentgelt erhalten, das dem Umfang der Pflegetätigkeit entsprechende Pflegegeld im Sinne des § 37 des Elften Buches nicht übersteigt, gelten als nicht erwerbsmäßig tätig; sie sind insoweit nicht nach § 1 Satz 1 Nr. 1 versicherungspflichtig. Nicht erwerbsmäßig tätige Pflegepersonen, die daneben regelmäßig mehr als 30 Stunden wöchentlich beschäftigt oder selbständig tätig sind, sind nicht nach Satz 1 Nr. 1a versicherungspflichtig. Wehrdienstleistende oder Zivildienstleistende, die für die Zeit ihres Dienstes Arbeitsentgelt weitererhalten oder Leistungen für Selbständige nach § 13a des Unterhaltssicherungsgesetzes erhalten, sind nicht nach Satz 1 Nr. 2 versicherungspflichtig; die Beschäftigung oder selbständige Tätigkeit gilt in diesen Fällen als nicht unterbrochen. Trifft eine Versicherungspflicht nach Satz 1 Nr. 3 im Rahmen von Leistungen zur Teilhabe am Arbeitsleben mit einer Versicherungspflicht nach § 1 Satz 1 Nr. 2 oder 3 zusammen, geht die Versicherungspflicht vor, nach der die höheren Beiträge zu zahlen sind. Die Versicherungspflicht nach Satz 1 Nr. 3 und 4 erstreckt sich auch auf Personen, die ihren gewöhnlichen Aufenthalt im Ausland haben.

§ 4 Versicherungspflicht auf Antrag

(1) Auf Antrag versicherungspflichtig sind folgende Personen, wenn die Versicherung von einer Stelle beantragt wird, die ihren Sitz im Inland hat:
1. Entwicklungshelfer im Sinne des Entwicklungshelfer-Gesetzes, die Entwicklungsdienst oder Vorbereitungsdienst leisten,
2. Angehörige eines Mitgliedstaates der Europäischen Union, Angehörige eines Vertragsstaates des Abkommens über den Europäischen Wirtschaftsraum oder Staatsangehörige der Schweiz, die für eine begrenzte Zeit im Ausland beschäftigt sind.

Auf Antrag ihres Arbeitgebers versicherungspflichtig sind auch Angehörige eines Mitgliedstaates der Europäischen Union, Angehörige eines Vertragsstaates des Abkommens über den Europäischen Wirtschaftsraum oder Staatsangehörige der Schweiz, die im Ausland bei einer amtlichen Vertretung des Bundes oder der Länder oder bei einem Leiter, Mitglied oder Bediensteten einer amtlichen Vertretung des Bundes oder der Länder beschäftigt sind. Personen, denen für die Zeit des Dienstes oder der Beschäftigung im Ausland Versorgungsanwartschaften gewährleistet sind, gelten im Rahmen der Nachversicherung auch ohne Antrag als versicherungspflichtig.

(2) Auf Antrag versicherungspflichtig sind Personen, die nicht nur vorübergehend selbständig tätig sind, wenn sie die Versicherungspflicht innerhalb von fünf Jahren nach der Aufnahme der selbständigen Tätigkeit oder dem Ende einer Versicherungspflicht aufgrund dieser Tätigkeit beantragen.

(3) Auf Antrag versicherungspflichtig sind Personen, die

1. eine der in § 3 Satz 1 Nr. 3 genannten Sozialleistungen oder Leistungen für den Ausfall von Arbeitseinkünften nach § 3 Satz 1 Nummer 3 a beziehen und nicht nach diesen Vorschriften versicherungspflichtig sind,
2. nur deshalb keinen Anspruch auf Krankengeld haben, weil sie nicht in der gesetzlichen Krankenversicherung versichert sind oder in der gesetzlichen Krankenversicherung ohne Anspruch auf Krankengeld versichert sind, für die Zeit der Arbeitsunfähigkeit oder der Ausführung von Leistungen zur medizinischen Rehabilitation oder zur Teilhabe am Arbeitsleben, wenn sie im letzten Jahr vor Beginn der Arbeitsunfähigkeit oder der Ausführung von Leistungen zur medizinischen Rehabilitation oder zur Teilhabe am Arbeitsleben zuletzt versicherungspflichtig waren, längstens jedoch für 18 Monate.

Dies gilt auch für Personen, die ihren gewöhnlichen Aufenthalt im Ausland haben.

(3 a) Die Vorschriften über die Versicherungsfreiheit und die Befreiung von der Versicherungspflicht gelten auch für die Versicherungspflicht auf Antrag nach Absatz 3. Bezieht sich die Versicherungsfreiheit oder die Befreiung von der Versicherungspflicht auf jede Beschäftigung oder selbständige Tätigkeit, kann ein Antrag nach Absatz 3 nicht gestellt werden. Bezieht sich die Versicherungsfreiheit oder die Befreiung von der Versicherungspflicht auf eine bestimmte Beschäftigung oder bestimmte selbständige Tätigkeit, kann ein Antrag nach Absatz 3 nicht gestellt werden, wenn die Versicherungsfreiheit oder die Befreiung von der Versicherungspflicht auf der Zugehörigkeit zu einem anderweitigen Alterssicherungssystem, insbesondere einem abgeschlossenen Lebensversicherungsvertrag oder der Mitgliedschaft in einer öffentlich-rechtlichen Versicherungseinrichtung oder Versorgungseinrichtung einer Berufsgruppe (§ 6 Abs. 1 Satz 1 Nr. 1), beruht und die Zeit des Bezugs der jeweiligen Sozialleistung in dem anderweitigen Alterssicherungssystem abgesichert ist oder abgesichert werden kann.

(4) Die Versicherungspflicht beginnt

1. in den Fällen der Absätze 1 und 2 mit dem Tag, der dem Eingang des Antrags folgt, frühestens jedoch mit dem Tag, an dem die Voraussetzungen eingetreten sind,
2. in den Fällen des Absatzes 3 Satz 1 Nr. 1 mit Beginn der Leistung und in den Fällen des Absatzes 3 Satz 1 Nr. 2 mit Beginn der Arbeitsunfähigkeit oder Rehabilitation, wenn der Antrag innerhalb von drei Monaten danach gestellt wird, andernfalls mit dem Tag, der dem Eingang des Antrags folgt, frühestens jedoch mit dem Ende der Versicherungspflicht aufgrund einer vorausgehenden versicherungspflichtigen Beschäftigung oder Tätigkeit.

Sie endet mit Ablauf des Tages, an dem die Voraussetzungen weggefallen sind.

§ 5 Versicherungsfreiheit

(1) Versicherungsfrei sind

1. Beamte und Richter auf Lebenszeit, auf Zeit oder auf Probe, Berufssoldaten und Soldaten auf Zeit sowie Beamte auf Widerruf im Vorbereitungsdienst,
2. sonstige Beschäftigte von Körperschaften, Anstalten oder Stiftungen des öffentlichen Rechts, deren Verbänden einschließlich der Spitzenverbände oder ihrer Arbeitsgemeinschaften, wenn ihnen nach beamtenrechtlichen Vorschriften oder Grundsätzen Anwartschaft auf Versorgung bei verminderter Erwerbsfähigkeit und im Alter sowie auf Hinterbliebenenversorgung gewährleistet und die Erfüllung der Gewährleistung gesichert ist,
3. Beschäftigte im Sinne von Nr. 2, wenn ihnen nach kirchenrechtlichen Regelungen eine Anwartschaft im Sinne von Nr. 2 gewährleistet und die Erfüllung der Gewährleistung gesichert ist, sowie satzungsmäßige Mitglieder geistlicher Genossenschaften, Diakonissen und Angehörige ähnlicher Gemeinschaften, wenn ihnen nach den Regeln der Gemeinschaft Anwartschaft auf die in der Gemeinschaft übliche Versorgung bei verminderter Erwerbsfähigkeit und im Alter gewährleistet und die Erfüllung der Gewährleistung gesichert ist,

in dieser Beschäftigung und in weiteren Beschäftigungen, auf die die Gewährleistung einer Versorgungsanwartschaft erstreckt wird. Für Personen nach Satz 1 Nr. 2 gilt dies nur, wenn sie

1. nach beamtenrechtlichen Vorschriften oder Grundsätzen Anspruch auf Vergütung und bei Krankheit auf Fortzahlung der Bezüge haben oder
2. nach beamtenrechtlichen Vorschriften oder Grundsätzen bei Krankheit Anspruch auf Beihilfe oder Heilfürsorge haben oder
3. innerhalb von zwei Jahren nach Beginn des Beschäftigungsverhältnisses in ein Rechtsverhältnis nach Nr. 1 berufen werden sollen oder
4. in einem öffentlich-rechtlichen Ausbildungsverhältnis stehen.

Über das Vorliegen der Voraussetzungen nach Satz 1 Nr. 2 und 3 sowie nach Satz 2 und die Erstreckung der Gewährleistung auf weitere Beschäftigungen entscheidet für Beschäftigte beim Bund und bei Dienstherren oder anderen Arbeitgebern, die der Aufsicht des Bundes unterstehen, das zuständige Bundesministerium, im Übrigen die oberste Verwaltungsbehörde des Landes, in dem die Arbeitgeber, Genossenschaften oder Gemeinschaften ihren Sitz haben. Die Gewährleistung von Anwartschaften begründet die Versicherungsfreiheit von Beginn des Monats an, in dem die Zusicherung der Anwartschaften vertraglich erfolgt.

Abs. 2 in der Fassung bis 31.12.2012:

(2) Versicherungsfrei sind Personen, die

1. eine geringfügige Beschäftigung (§ 8 Abs. 1, § 8a Viertes Buch),
2. eine geringfügige selbständige Tätigkeit (§ 8 Abs. 3, § 8a Viertes Buch) oder
3. eine geringfügige nicht erwerbsmäßige Pflegetätigkeit

ausüben, in dieser Beschäftigung, selbständigen Tätigkeit oder Pflegetätigkeit; § 8 Abs. 2 des Vierten Buches ist mit der Maßgabe anzuwenden, dass eine Zusammenrechnung mit einer nicht geringfügigen Beschäftigung oder nicht geringfügigen selbständigen Tätigkeit nur erfolgt, wenn diese versicherungspflichtig ist. Satz 1 Nr. 1 gilt nicht für geringfügig Beschäftigte nach § 8 Abs. 1 Nr. 1 und § 8 a des Vierten Buches, die durch schriftliche Erklärung gegenüber dem Arbeitgeber auf die Versicherungsfreiheit verzichten; der Verzicht kann nur mit Wirkung für die Zukunft und bei mehreren geringfügigen Beschäftigungen nur einheitlich erklärt werden und ist für die Dauer der Beschäftigungen bindend. Satz 1 Nr. 1 und 2 gilt nicht für Personen, die im Rahmen betrieblicher Berufsbildung, nach dem Jugendfreiwilligendienstegesetz, nach dem Bundesfreiwilligendienstgesetz im Rahmen des Bundesfreiwilligendienstes oder nach § 1 Satz 1 Nr. 2 bis 4 beschäftigt sind, von der Möglichkeit einer stufenweisen Wiederaufnahme einer nicht geringfügigen Tätigkeit (§ 74 Fünftes Buch) Gebrauch machen oder nach § 2 Satz 1 Nr. 10 versicherungspflichtig sind. Eine nicht erwerbsmäßige Pflegetätigkeit ist geringfügig, wenn die Beitragsbemessungsgrundlage für die Pflegetätigkeit (§ 166 Abs. 2) auf den Monat bezogen 400 Euro nicht übersteigt; mehrere nicht erwerbsmäßige Pflegetätigkeiten sind zusammenzurechnen.

Abs. 2 in der Fassung ab 01. 01. 2013[2]:

(2) Versicherungsfrei sind Personen, die eine

1. Beschäftigung nach § 8 Absatz 1 Nummer 2 oder § 8 a in Verbindung mit § 8 Absatz 1 Nummer 2 des Vierten Buches,
2. geringfügige selbständige Tätigkeit nach § 8 Absatz 3 in Verbindung mit § 8 Absatz 1 oder nach § 8 Absatz 3 in Verbindung mit den §§ 8 a und 8 Absatz 1 des Vierten Buches oder
3. geringfügige nicht erwerbsmäßige Pflegetätigkeit

ausüben, in dieser Beschäftigung, selbständigen Tätigkeit oder Pflegetätigkeit. § 8 Absatz 2 des Vierten Buches ist mit der Maßgabe anzuwenden, dass eine Zusammenrechnung mit einer nicht geringfügigen selbständigen Tätigkeit nur erfolgt, wenn diese versicherungspflichtig ist. Eine nicht erwerbsmäßige Pflegetätigkeit ist geringfügig, wenn die Beitragsbemessungsgrundlage für die Pflegetätigkeit (§ 166 Absatz 2) auf den Monat bezogen 400 Euro nicht übersteigt; mehrere nicht erwerbsmäßige Pflegetätigkeiten sind zusammenzurechnen.

(3) Versicherungsfrei sind Personen, die während der Dauer eines Studiums als ordentliche Studierende einer Fachschule oder Hochschule ein Praktikum ableisten, das in ihrer Studienordnung oder Prüfungsordnung vorgeschrieben ist.

(4) Versicherungsfrei sind Personen, die

1. eine Vollrente wegen Alters beziehen,
2. nach beamtenrechtlichen Vorschriften oder Grundsätzen oder entsprechenden kirchenrechtlichen Regelungen oder nach den Regelungen einer berufsständischen Versorgungseinrichtung eine Versorgung nach Erreichen einer Altersgrenze beziehen oder die in der Gemeinschaft übliche Versorgung im Alter nach Absatz 1 Satz 1 Nr. 3 erhalten oder
3. bis zum Erreichen der Regelaltersgrenze nicht versichert waren oder nach Errei-

---

2 Grau hinterlegt sind die zukünftigen Fassungen der Gesetzestexte; die Formulierungen basieren auf dem Gesetzentwurf vom 25. 09. 2012 (Bundestagsdrucksache 17/10773).

chen der Regelaltersgrenze eine Beitragserstattung aus ihrer Versicherung erhalten haben.

Durch Art. 10 Nr. 1 des Gesetzes zur Einführung eines Bundesfreiwilligendienstes vom 28.04.2011 (BGBl. I S. 692) wurden mit Wirkung ab 03.05.2011 in Abs. 2 Satz 3 nach dem Wort »Jugendfreiwilligendienstegesetz« die Wörter », nach dem Bundesfreiwilligendienstgesetz im Rahmen des Bundes

§ 6 Befreiung von der Versicherungspflicht

(1) Von der Versicherungspflicht werden befreit

1. Beschäftigte und selbständig Tätige für die Beschäftigung oder selbständige Tätigkeit, wegen der sie aufgrund einer durch Gesetz angeordneten oder auf Gesetz beruhenden Verpflichtung Mitglied einer öffentlich-rechtlichen Versicherungseinrichtung oder Versorgungseinrichtung ihrer Berufsgruppe (berufsständische Versorgungseinrichtung) und zugleich kraft gesetzlicher Verpflichtung Mitglied einer berufsständischen Kammer sind, wenn
   a) am jeweiligen Ort der Beschäftigung oder selbständigen Tätigkeit für ihre Berufsgruppe bereits vor dem 1. Januar 1995 eine gesetzliche Verpflichtung zur Mitgliedschaft in der berufsständischen Kammer bestanden hat,
   b) für sie nach näherer Maßgabe der Satzung einkommensbezogene Beiträge unter Berücksichtigung der Beitragsbemessungsgrenze zur berufsständischen Versorgungseinrichtung zu zahlen sind und
   c) aufgrund dieser Beiträge Leistungen für den Fall verminderter Erwerbsfähigkeit und des Alters sowie für Hinterbliebene erbracht und angepasst werden, wobei auch die finanzielle Lage der berufsständischen Versorgungseinrichtung zu berücksichtigen ist,
2. Lehrer oder Erzieher, die an nichtöffentlichen Schulen beschäftigt sind, wenn ihnen nach beamtenrechtlichen Grundsätzen oder entsprechenden kirchenrechtlichen Regelungen Anwartschaft auf Versorgung bei verminderter Erwerbsfähigkeit und im Alter sowie auf Hinterbliebenenversorgung gewährleistet und die Erfüllung der Gewährleistung gesichert ist und wenn diese Personen die Voraussetzungen nach § 5 Abs. 1 Satz 2 Nr. 1 und 2 erfüllen,
3. nichtdeutsche Besatzungsmitglieder deutscher Seeschiffe, die ihren Wohnsitz oder gewöhnlichen Aufenthalt nicht in einem Mitgliedstaat der Europäischen Union, einem Vertragsstaat des Abkommens über den Europäischen Wirtschaftsraum oder der Schweiz haben,
4. Gewerbetreibende in Handwerksbetrieben, wenn für sie mindestens 18 Jahre lang Pflichtbeiträge gezahlt worden sind, ausgenommen bevollmächtigte Bezirksschornsteinfeger oder Bezirksschornsteinfegermeister.

Die gesetzliche Verpflichtung für eine Berufsgruppe zur Mitgliedschaft in einer berufsständischen Kammer im Sinne des Satzes 1 Nr. 1 gilt mit dem Tag als entstanden, an dem das die jeweilige Kammerzugehörigkeit begründende Gesetz verkündet worden ist. Wird der Kreis der Pflichtmitglieder einer berufsständischen Kammer nach dem 31. Dezember 1994 erweitert, werden diejenigen Pflichtmitglieder des berufsständischen Versorgungswerks nicht nach Satz 1 Nr. 1 befreit, die nur wegen dieser Erweiterung Pflichtmitglieder ihrer Berufskammer geworden sind. Für die Bestimmung des Tages, an dem die Erweiterung des Kreises der Pflichtmitglieder erfolgt ist, ist Satz 2 entsprechend anzuwenden. Personen, die nach bereits am 1. Januar 1995 geltenden versorgungsrechtlichen Regelungen verpflichtet sind, für die Zeit der Ableistung eines gesetzlich vorgeschriebenen Vorbereitungs- oder Anwärterdienstes Mitglied einer berufsständischen Versorgungseinrichtung zu sein, werden auch dann nach Satz 1 Nr. 1 von der Versicherungspflicht befreit, wenn eine gesetzliche Verpflichtung zur Mitgliedschaft in einer berufsständischen Kammer für die Zeit der Ableistung des Vorbereitungs- oder Anwärterdienstes nicht besteht. Satz 1 Nr. 1 gilt nicht für die in Satz 1 Nr. 4 genannten Personen.

(1 a) Personen, die nach § 2 Satz 1 Nr. 9 versicherungspflichtig sind, werden von der Versicherungspflicht befreit

1. für einen Zeitraum von drei Jahren nach erstmaliger Aufnahme einer selbständigen Tätigkeit, die die Merkmale des § 2 Satz 1 Nr. 9 erfüllt,
2. nach Vollendung des 58. Lebensjahres, wenn sie nach einer zuvor ausgeübten selbständigen Tätigkeit erstmals nach § 2 Satz 1 Nr. 9 versicherungspflichtig werden.

Satz 1 Nr. 1 gilt entsprechend für die Aufnahme einer zweiten selbständigen Tätigkeit, die die Merkmale des § 2 Satz 1 Nr. 9 erfüllt. Tritt nach Ende einer Versicherungspflicht nach § 2 Satz 1 Nr. 10 Versicherungspflicht nach § 2 Satz 1 Nr. 9 ein, wird die Zeit, in der die dort genannten Merkmale bereits vor dem Eintritt der Versicherungspflicht nach dieser Vorschrift vorgelegen haben, auf den in Satz 1 genannten Zeitraum nicht angerechnet. Eine Aufnahme einer selbständigen Tätigkeit liegt nicht vor, wenn eine bestehende selbständige Existenz lediglich umbenannt oder deren Geschäftszweck gegenüber der vorangegangenen nicht wesentlich verändert worden ist.

Absatz 1 b, der weggefallen war, wird wie folgt gefasst:

(1 b) Personen, die eine geringfügige Beschäftigung nach § 8 Absatz 1 Nummer 1 oder § 8 a in Verbindung mit § 8 Absatz 1 Nummer 1 des Vierten Buches ausüben, werden auf Antrag von der Versicherungspflicht befreit. Der schriftliche Befreiungsantrag ist dem Arbeitgeber zu übergeben. § 8 Absatz 2 des Vierten Buches ist mit der Maßgabe anzuwenden, dass eine Zusammenrechnung mit einer nicht geringfügigen Beschäftigung nur erfolgt, wenn diese versicherungspflichtig ist. Der Antrag kann bei mehreren geringfügigen Beschäftigungen nur einheitlich gestellt werden und ist für die Dauer der Beschäftigungen bindend. Satz 1 gilt nicht für Personen, die im Rahmen betrieblicher Berufsbildung, nach dem Jugendfreiwilligendienstegesetz, nach dem Bundesfreiwilligendienstgesetz im Rahmen des Bundesfreiwilligendienstes oder nach § 1 Satz 1 Nummer 2 bis 4 beschäftigt sind oder von der Möglichkeit einer stufenweisen Wiederaufnahme einer nicht geringfügigen Tätigkeit (§ 74 Fünftes Buch) Gebrauch machen.

(2) Die Befreiung erfolgt auf Antrag des Versicherten, in den Fällen des Absatzes 1 Nr. 2 und 3 auf Antrag des Arbeitgebers.

(3) Über die Befreiung entscheidet der Träger der Rentenversicherung, nachdem in den Fällen

1. des Absatzes 1 Nr. 1 die für die berufsständische Versorgungseinrichtung zuständige oberste Verwaltungsbehörde,
2. des Absatzes 1 Nr. 2 die oberste Verwaltungsbehörde des Landes, in dem der Arbeitgeber seinen Sitz hat, das Vorliegen der Voraussetzungen bestätigt hat.

Dem Absatz 3 wird folgender Satz angefügt:

In den Fällen des Absatzes 1b gilt die Befreiung als erteilt, wenn die nach § 28i Satz 5 des Vierten Buches zuständige Einzugsstelle nicht innerhalb eines Monats nach Eingang der Meldung des Arbeitgebers nach § 28a des Vierten Buches dem Befreiungsantrag des Beschäftigten widerspricht. Die Vorschriften des Zehnten Buches über die Bestandskraft von Verwaltungsakten und über das Rechtsbehelfsverfahren gelten entsprechend.

(4) Die Befreiung wirkt vom Vorliegen der Befreiungsvoraussetzungen an, wenn sie innerhalb von drei Monaten beantragt wird, sonst vom Eingang des Antrags an.

Dem Absatz 4 werden folgende Sätze angefügt:

In den Fällen des Absatzes 1b wirkt die Befreiung bei Vorliegen der Befreiungsvoraussetzungen nach Eingang der Meldung des Arbeitgebers nach § 28a des Vierten Buches bei der zuständigen Einzugsstelle rückwirkend vom Beginn des Monats an, in dem der Antrag des Beschäftigten dem Arbeitgeber zugegangen ist, wenn der Arbeitgeber den Befreiungsantrag der Einzugsstelle mit der ersten folgenden Entgeltabrechnung, spätestens aber innerhalb von sechs Wochen nach Zugang, gemeldet und die Einzugstelle innerhalb eines Monats nach Eingang der Meldung des Arbeitgebers nicht widersprochen hat. Erfolgt die Meldung des Arbeitgebers später, wirkt die Befreiung vom Beginn des auf den Ablauf der Widerspruchsfrist nach Absatz 3 folgenden Monats. In den Fällen, in denen bei einer Mehrfachbeschäftigung die Befreiungsvoraussetzungen vorliegen, hat die Einzugsstelle die weiteren Arbeitgeber über den Zeitpunkt der Wirkung der Befreiung unverzüglich durch eine Meldung zu unterrichten.

(5) Die Befreiung ist auf die jeweilige Beschäftigung oder selbständige Tätigkeit beschränkt. Sie erstreckt sich in den Fällen des Absatzes 1 Nr. 1 und 2 auch auf eine andere versicherungspflichtige Tätigkeit, wenn diese infolge ihrer Eigenart oder vertraglich im Voraus zeitlich begrenzt ist und der Versorgungsträger für die Zeit der Tätigkeit den Erwerb einkommensbezogener Versorgungsanwartschaften gewährleistet.

Zweiter Abschnitt
Freiwillige Versicherung

§ 7 Freiwillige Versicherung

(1) Personen, die nicht versicherungspflichtig sind, können sich für Zeiten von der Vollendung des 16. Lebensjahres an freiwillig versichern. Dies gilt auch für Deutsche, die ihren gewöhnlichen Aufenthalt im Ausland haben.

(2) Nach bindender Bewilligung einer Vollrente wegen Alters oder für Zeiten des Bezugs einer solchen Rente ist eine freiwillige Versicherung nicht zulässig.

Zweites Kapitel
Leistungen

Erster Abschnitt
Leistungen zur Teilhabe

Erster Unterabschnitt
Voraussetzungen für die Leistungen

§ 9 Aufgaben der Leistungen zur Teilhabe

(1) Die Rentenversicherung erbringt Leistungen zur medizinischen Rehabilitation, Leistungen zur Teilhabe am Arbeitsleben sowie ergänzende Leistungen, um

1. den Auswirkungen einer Krankheit oder einer körperlichen, geistigen oder seelischen Behinderung auf die Erwerbsfähigkeit der Versicherten entgegenzuwirken oder sie zu überwinden und
2. dadurch Beeinträchtigungen der Erwerbsfähigkeit der Versicherten oder ihr vorzeitiges Ausscheiden aus dem Erwerbsleben zu verhindern oder sie möglichst dauerhaft in das Erwerbsleben wiedereinzugliedern.

Die Leistungen zur Teilhabe haben Vorrang vor Rentenleistungen, die bei erfolgreichen Leistungen zur Teilhabe nicht oder voraussichtlich erst zu einem späteren Zeitpunkt zu erbringen sind.

(2) Die Leistungen nach Absatz 1 können erbracht werden, wenn die persönlichen und versicherungsrechtlichen Voraussetzungen dafür erfüllt sind.

§ 10 Persönliche Voraussetzungen

(1) Für Leistungen zur Teilhabe haben Versicherte die persönlichen Voraussetzungen erfüllt,

1. deren Erwerbsfähigkeit wegen Krankheit oder körperlicher, geistiger oder seelischer Behinderung erheblich gefährdet oder gemindert ist und
2. bei denen voraussichtlich
   a) bei erheblicher Gefährdung der Erwerbsfähigkeit eine Minderung der Erwerbsfähigkeit durch Leistungen zur medizinischen Rehabilitation oder zur Teilhabe am Arbeitsleben abgewendet werden kann,
   b) bei geminderter Erwerbsfähigkeit diese durch Leistungen zur medizinischen Rehabilitation oder zur Teilhabe am Arbeitsleben wesentlich gebessert oder wiederhergestellt oder hierdurch deren wesentliche Verschlechterung abgewendet werden kann,
   c) bei teilweiser Erwerbsminderung ohne Aussicht auf eine wesentliche Besserung der Erwerbsfähigkeit der Arbeitsplatz durch Leistungen zur Teilhabe am Arbeitsleben erhalten werden kann.

(2) Für Leistungen zur Teilhabe haben auch Versicherte die persönlichen Voraussetzungen erfüllt,

1. die im Bergbau vermindert berufsfähig sind und bei denen voraussichtlich durch

die Leistungen die Erwerbsfähigkeit wesentlich gebessert oder wiederhergestellt werden kann oder
2. bei denen der Eintritt von im Bergbau verminderter Berufsfähigkeit droht und bei denen voraussichtlich durch die Leistungen der Eintritt der im Bergbau verminderten Berufsfähigkeit abgewendet werden kann.

§ 11 Versicherungsrechtliche Voraussetzungen

(1) Für Leistungen zur Teilhabe haben Versicherte die versicherungsrechtlichen Voraussetzungen erfüllt, die bei Antragstellung
1. die Wartezeit von 15 Jahren erfüllt haben oder
2. eine Rente wegen verminderter Erwerbsfähigkeit beziehen.

(2) Für die Leistungen zur medizinischen Rehabilitation haben Versicherte die versicherungsrechtlichen Voraussetzungen auch erfüllt, die
1. in den letzten zwei Jahren vor der Antragstellung sechs Kalendermonate mit Pflichtbeiträgen für eine versicherte Beschäftigung oder Tätigkeit haben,
2. innerhalb von zwei Jahren nach Beendigung einer Ausbildung eine versicherte Beschäftigung oder selbständige Tätigkeit aufgenommen und bis zum Antrag ausgeübt haben oder nach einer solchen Beschäftigung oder Tätigkeit bis zum Antrag arbeitsunfähig oder arbeitslos gewesen sind oder
3. vermindert erwerbsfähig sind oder bei denen dies in absehbarer Zeit zu erwarten ist, wenn sie die allgemeine Wartezeit erfüllt haben.

§ 55 Abs. 2 ist entsprechend anzuwenden. Der Zeitraum von zwei Jahren nach Nummer 1 verlängert sich um Anrechnungszeiten wegen des Bezugs von Arbeitslosengeld II.

(2a) Leistungen zur Teilhabe am Arbeitsleben werden an Versicherte auch erbracht,
1. wenn ohne diese Leistungen Rente wegen verminderter Erwerbsfähigkeit zu leisten wäre oder
2. wenn sie für eine voraussichtlich erfolgreiche Rehabilitation unmittelbar im Anschluss an Leistungen zur medizinischen Rehabilitation der Träger der Rentenversicherung erforderlich sind.

(3) Die versicherungsrechtlichen Voraussetzungen haben auch überlebende Ehegatten erfüllt, die Anspruch auf große Witwenrente oder große Witwerrente wegen verminderter Erwerbsfähigkeit haben. Sie gelten für die Vorschriften dieses Abschnitts als Versicherte.

§ 12 Ausschluss von Leistungen

(1) Leistungen zur Teilhabe werden nicht für Versicherte erbracht, die
1. wegen eines Arbeitsunfalls, einer Berufskrankheit, einer Schädigung im Sinne des sozialen Entschädigungsrechts oder wegen eines Einsatzunfalls, der Ansprüche nach dem Einsatz-Weiterverwendungsgesetz begründet, gleichartige Leistungen eines anderen Rehabilitationsträgers oder Leistungen zur Eingliederung nach dem Einsatz-Weiterverwendungsgesetz erhalten können,

2. eine Rente wegen Alters von wenigstens zwei Drittel der Vollrente beziehen oder beantragt haben,
3. eine Beschäftigung ausüben, aus der ihnen nach beamtenrechtlichen oder entsprechenden Vorschriften Anwartschaft auf Versorgung gewährleistet ist,
4. als Bezieher einer Versorgung wegen Erreichens einer Altersgrenze versicherungsfrei sind,

4a. eine Leistung beziehen, die regelmäßig bis zum Beginn einer Rente wegen Alters gezahlt wird, oder

5. sich in Untersuchungshaft oder im Vollzug einer Freiheitsstrafe oder freiheitsentziehenden Maßregel der Besserung und Sicherung befinden oder einstweilig nach § 126a Abs. 1 der Strafprozessordnung untergebracht sind. Dies gilt nicht für Versicherte im erleichterten Strafvollzug bei Leistungen zur Teilhabe am Arbeitsleben.

(2) Leistungen zur medizinischen Rehabilitation werden nicht vor Ablauf von vier Jahren nach Durchführung solcher oder ähnlicher Leistungen zur Rehabilitation erbracht, deren Kosten aufgrund öffentlich-rechtlicher Vorschriften getragen oder bezuschusst worden sind. Dies gilt nicht, wenn vorzeitige Leistungen aus gesundheitlichen Gründen dringend erforderlich sind.

Zweiter Unterabschnitt
Umfang der Leistungen

Zweiter Titel
Leistungen zur medizinischen Rehabilitation und zur Teilhabe am Arbeitsleben

§ 15 Leistungen zur medizinischen Rehabilitation

(1) Die Träger der Rentenversicherung erbringen im Rahmen von Leistungen zur medizinischen Rehabilitation Leistungen nach den §§ 26 bis 31 des Neunten Buches, ausgenommen Leistungen nach § 26 Abs. 2 Nr. 2 und § 30 des Neunten Buches. Zahnärztliche Behandlung einschließlich der Versorgung mit Zahnersatz wird nur erbracht, wenn sie unmittelbar und gezielt zur wesentlichen Besserung oder Wiederherstellung der Erwerbsfähigkeit, insbesondere zur Ausübung des bisherigen Berufs, erforderlich und soweit sie nicht als Leistung der Krankenversicherung oder als Hilfe nach dem Fünften Kapitel des Zwölften Buches zu erbringen ist.

(2) Die stationären Leistungen zur medizinischen Rehabilitation werden einschließlich der erforderlichen Unterkunft und Verpflegung in Einrichtungen erbracht, die unter ständiger ärztlicher Verantwortung und unter Mitwirkung von besonders geschultem Personal entweder von dem Träger der Rentenversicherung selbst betrieben werden oder mit denen ein Vertrag nach § 21 des Neunten Buches besteht. Die Einrichtung braucht nicht unter ständiger ärztlicher Verantwortung zu stehen, wenn die

Art der Behandlung dies nicht erfordert. Die Leistungen der Einrichtungen der medizinischen Rehabilitation müssen nach Art oder Schwere der Erkrankung erforderlich sein.

(3) Die stationären Leistungen zur medizinischen Rehabilitation sollen für längstens drei Wochen erbracht werden. Sie können für einen längeren Zeitraum erbracht werden, wenn dies erforderlich ist, um das Rehabilitationsziel zu erreichen.

§ 16 Leistungen zur Teilhabe am Arbeitsleben

Die Träger der Rentenversicherung erbringen die Leistungen zur Teilhabe am Arbeitsleben nach den §§ 33 bis 38 des Neunten Buches sowie im Eingangsverfahren und im Berufsbildungsbereich der Werkstätten für behinderte Menschen nach § 40 des Neunten Buches.

Dritter Titel
Übergangsgeld

§ 20 Anspruch

Anspruch auf Übergangsgeld haben Versicherte, die

1. von einem Träger der Rentenversicherung Leistungen zur medizinischen Rehabilitation oder Leistungen zur Teilhabe am Arbeitsleben oder sonstige Leistungen zur Teilhabe erhalten,
2. aufgehoben
3. bei Leistungen zur medizinischen Rehabilitation oder sonstigen Leistungen zur Teilhabe unmittelbar vor Beginn der Arbeitsunfähigkeit oder, wenn sie nicht arbeitsunfähig sind, unmittelbar vor Beginn der Leistungen
   a) Arbeitsentgelt oder Arbeitseinkommen erzielt und im Bemessungszeitraum Beiträge zur Rentenversicherung gezahlt haben oder
   b) Krankengeld, Verletztengeld, Versorgungskrankengeld, Übergangsgeld, Kurzarbeitergeld, Arbeitslosengeld, Arbeitslosengeld II oder Mutterschaftsgeld bezogen haben und für die von dem der Sozialleistung zugrunde liegenden Arbeitsentgelt oder Arbeitseinkommen oder im Falle des Bezuges von Arbeitslosengeld II zuvor aus Arbeitsentgelt oder Arbeitseinkommen Beiträge zur Rentenversicherung gezahlt worden sind.

§ 21 Höhe und Berechnung

(1) Höhe und Berechnung des Übergangsgeldes bestimmen sich nach Teil 1 Kapitel 6 des Neunten Buches, soweit die Absätze 2 bis 4 nichts Abweichendes bestimmen.

(2) Die Berechnungsgrundlage für das Übergangsgeld wird für Versicherte, die Arbeitseinkommen erzielt haben, und für freiwillig Versicherte, die Arbeitsentgelt erzielt haben, aus 80 vom Hundert des Einkommens ermittelt, das den vor Beginn der Leistungen für das letzte Kalenderjahr (Bemessungszeitraum) gezahlten Beiträgen zugrunde liegt.

(3) § 49 des Neunten Buches wird mit der Maßgabe angewendet, dass Versicherte unmittelbar vor dem Bezug der dort genannten Leistungen Pflichtbeiträge geleistet haben.

(4) Versicherte, die unmittelbar vor Beginn der Arbeitsunfähigkeit oder, wenn sie nicht arbeitsunfähig sind, unmittelbar vor Beginn der medizinischen Leistungen Arbeitslosengeld bezogen und die zuvor Pflichtbeiträge gezahlt haben, erhalten Übergangsgeld bei medizinischen Leistungen in Höhe des bei Krankheit zu erbringenden Krankengeldes (§ 47 b des Fünften Buches); Versicherte, die unmittelbar vor Beginn der Arbeitsunfähigkeit oder, wenn sie nicht arbeitsunfähig sind, unmittelbar vor Beginn der medizinischen Leistungen Arbeitslosengeld II bezogen und die zuvor Pflichtbeiträge gezahlt haben, erhalten Übergangsgeld bei medizinischen Leistungen in Höhe des Betrages des Arbeitslosengeldes II.

Dies gilt nicht für Empfänger der Leistung,

a) die Arbeitslosengeld II nur darlehensweise oder
b) die nur Leistungen nach § 23 Abs. 3 Satz 1 des Zweiten Buches beziehen, oder
c) die auf Grund von § 2 Abs. 1 a des Bundesausbildungsförderungsgesetzes keinen Anspruch auf Ausbildungsförderung haben oder
d) deren Bedarf sich nach § 12 Absatz 1 Nummer 1 des Bundesausbildungsförderungsgesetzes oder nach § 62 Absatz 1 oder § 124 des Dritten Buches bemisst.

(5) Für Versicherte, die im Bemessungszeitraum eine Bergmannsprämie bezogen haben, wird die Berechnungsgrundlage um einen Betrag in Höhe der gezahlten Bergmannsprämie erhöht.

Vierter Titel
Ergänzende Leistungen

§ 28 Ergänzende Leistungen

Die Leistungen zur Teilhabe werden außer durch das Übergangsgeld ergänzt durch die Leistungen nach § 44 Abs. 1 Nr. 2 bis 6 und Abs. 2 sowie nach den §§ 53 und 54 des Neunten Buches.

Fünfter Titel
Sonstige Leistungen

§ 31 Sonstige Leistungen

(1) Als sonstige Leistungen zur Teilhabe können erbracht werden:

1. Leistungen zur Eingliederung von Versicherten in das Erwerbsleben, insbesondere nachgehende Leistungen zur Sicherung des Erfolges der Leistungen zur Teilhabe,
2. medizinische Leistungen zur Sicherung der Erwerbsfähigkeit für Versicherte, die eine besonders gesundheitsgefährdende, ihre Erwerbsfähigkeit ungünstig beeinflussende Beschäftigung ausüben,

3. Nach- und Festigungskuren wegen Geschwulsterkrankungen für Versicherte, Bezieher einer Rente sowie ihre Angehörigen,
4. stationäre Heilbehandlung für Kinder von Versicherten, Beziehern einer Rente wegen Alters, wegen verminderter Erwerbsfähigkeit oder für Bezieher einer Waisenrente, wenn hierdurch voraussichtlich eine erhebliche Gefährdung der Gesundheit beseitigt oder eine beeinträchtigte Gesundheit wesentlich gebessert oder wiederhergestellt werden kann,
5. Zuwendungen für Einrichtungen, die auf dem Gebiet der Rehabilitation forschen oder die Rehabilitation fördern.

Für Kinderheilbehandlungen findet § 12 Abs. 2 Anwendung.

(2) Die Leistungen nach Absatz 1 Satz 1 Nr. 1 setzen voraus, dass die persönlichen und versicherungsrechtlichen Voraussetzungen, die Leistungen nach Absatz 1 Satz 1 Nr. 2 und die Leistungen für Versicherte nach Absatz 1 Satz 1 Nr. 3, dass die versicherungsrechtlichen Voraussetzungen erfüllt sind, die Leistungen nach Absatz 1 Satz 1 Nr. 4, dass der Versicherte die versicherungsrechtlichen Voraussetzungen für Leistungen zur medizinischen Rehabilitation erfüllt. Sie werden nur auf Grund von Richtlinien der Deutschen Rentenversicherung Bund erbracht, die im Benehmen mit dem Bundesministerium für Arbeit und Soziales erlassen werden.

(3) Die Aufwendungen für nichtstationäre Leistungen nach Absatz 1 Satz 1 Nr. 1 sowie für sonstige Leistungen nach Absatz 1 Satz 1 Nr. 2, 4 und 5 dürfen im Kalenderjahr 7,5 vom Hundert der Haushaltsansätze für die Leistungen zur medizinischen Rehabilitation, die Leistungen zur Teilhabe am Arbeitsleben und die ergänzenden Leistungen nicht übersteigen.

Sechster Titel
Zuzahlung bei Leistungen zur medizinischen Rehabilitation und bei sonstigen Leistungen

§ 32 Zuzahlung bei Leistungen zur medizinischen Rehabilitation und bei sonstigen Leistungen

(1) Versicherte, die das 18. Lebensjahr vollendet haben und stationäre Leistungen zur medizinischen Rehabilitation in Anspruch nehmen, zahlen für jeden Kalendertag dieser Leistungen den sich nach § 40 Abs. 5 des Fünften Buches ergebenden Betrag. Die Zuzahlung ist für längstens 14 Tage und in Höhe des sich nach § 40 Abs. 6 des Fünften Buches ergebenden Betrages zu leisten, wenn der unmittelbare Anschluss der stationären Heilbehandlung an eine Krankenhausbehandlung medizinisch notwendig ist (Anschlussrehabilitation); als unmittelbar gilt auch, wenn die Maßnahme innerhalb von 14 Tagen beginnt, es sei denn, die Einhaltung dieser Frist ist aus zwingenden tatsächlichen oder medizinischen Gründen nicht möglich. Hierbei ist eine innerhalb eines Kalenderjahres an einen Träger der gesetzlichen Krankenversicherung geleistete Zuzahlung anzurechnen.

(2) Absatz 1 gilt auch für Versicherte oder Bezieher einer Rente, die das 18. Lebensjahr vollendet haben und für sich, ihre Ehegatten oder Lebenspartner sonstige stationäre Leistungen in Anspruch nehmen.

(3) Bezieht ein Versicherter Übergangsgeld, das nach § 46 Abs. 1 des Neunten Buches begrenzt ist, hat er für die Zeit des Bezugs von Übergangsgeld eine Zuzahlung nicht zu leisten.

(4) Der Träger der Rentenversicherung bestimmt, unter welchen Voraussetzungen von der Zuzahlung nach Absatz 1 oder 2 abgesehen werden kann, wenn sie den Versicherten oder Rentner unzumutbar belasten würde.

(5) Die Zuzahlung steht der Annahme einer vollen Übernahme der Aufwendungen für die Leistungen zur Teilhabe im Sinne arbeitsrechtlicher Vorschriften nicht entgegen.

Zweiter Abschnitt
Renten

Erster Unterabschnitt
Rentenarten und Voraussetzungen für einen Rentenanspruch

§ 33 Rentenarten

(1) Renten werden geleistet wegen Alters, wegen verminderter Erwerbsfähigkeit oder wegen Todes.

(2) Renten wegen Alters sind

1. Regelaltersrente,
2. Altersrente für langjährig Versicherte,
3. Altersrente für schwerbehinderte Menschen,

3a. Altersrente für besonders langjährig Versicherte,

4. Altersrente für langjährig unter Tage beschäftigte Bergleute

sowie nach den Vorschriften des Fünften Kapitels

5. Altersrente wegen Arbeitslosigkeit oder nach Altersteilzeitarbeit,
6. Altersrente für Frauen.

(3) Renten wegen verminderter Erwerbsfähigkeit sind

1. Rente wegen teilweiser Erwerbsminderung,
2. Rente wegen voller Erwerbsminderung,
3. Rente für Bergleute

sowie nach den Vorschriften des Fünften Kapitels

4. Rente wegen Berufsunfähigkeit,
5. Rente wegen Erwerbsunfähigkeit.

(4) Renten wegen Todes sind

1. kleine Witwenrente oder Witwerrente,
2. große Witwenrente oder Witwerrente,
3. Erziehungsrente,

4. Waisenrente.

(5) Renten nach den Vorschriften des Fünften Kapitels sind auch die Knappschaftsausgleichsleistung, Rente wegen teilweiser Erwerbsminderung bei Berufsunfähigkeit und Witwenrente und Witwerrente an vor dem 1. Juli 1977 geschiedene Ehegatten.

§ 34 Voraussetzungen für einen Rentenanspruch und Hinzuverdienstgrenze

(1) Versicherte und ihre Hinterbliebenen haben Anspruch auf Rente, wenn die für die jeweilige Rente erforderliche Mindestversicherungszeit (Wartezeit) erfüllt ist und die jeweiligen besonderen versicherungsrechtlichen und persönlichen Voraussetzungen vorliegen.

Absatz 2 in der Fassung bis 30. 06. 2013:

(2) Anspruch auf eine Rente wegen Alters besteht vor Erreichen der Regelaltersgrenze nur, wenn die Hinzuverdienstgrenze nicht überschritten wird. Sie wird nicht überschritten, wenn das Arbeitsentgelt oder Arbeitseinkommen aus einer Beschäftigung oder selbständigen Tätigkeit oder vergleichbares Einkommen im Monat die in Absatz 3 genannten Beträge nicht übersteigt, wobei ein 2-maliges Überschreiten um jeweils einen Betrag bis zur Höhe der Hinzuverdienstgrenze nach Absatz 3 im Lauf eines jeden Kalenderjahres außer Betracht bleibt. Nicht als Arbeitsentgelt gilt das Entgelt, das

1. eine Pflegeperson von dem Pflegebedürftigen erhält, wenn es das dem Umfang der Pflegetätigkeit entsprechende Pflegegeld im Sinne des § 37 SGB XI nicht übersteigt, oder
2. ein behinderter Mensch von dem Träger einer in § 1 Satz 1 Nummer 2 genannten Einrichtung erhält.

Absatz 2 in der Fassung ab 01. 07. 2013 (Neugefasst/geändert durch G vom ... (BGBl. I S. ...):

(2) Anspruch auf eine Rente wegen Alters als Vollrente besteht vor Erreichen der Regelaltersgrenze nur, wenn die Hinzuverdienstgrenze nicht überschritten wird. Sie wird nicht überschritten, wenn das Arbeitsentgelt oder Arbeitseinkommen oder vergleichbares Einkommen im Monat den in Absatz 3 genannten Betrag nicht übersteigt. Für die Höhe des zu berücksichtigenden Hinzuverdienstes gilt § 18 b Absatz 1 bis 3 des Vierten Buches entsprechend; für Änderungen beim Hinzuverdienst gilt § 18 d Absatz 1, 2 und 4 des Vierten Buches entsprechend. Für die Ermittlung des zu berücksichtigenden Hinzuverdienstes gelten § 18 c Absatz 1 und 2 sowie § 18 e Absatz 1, 2 und 4 bis 6 des Vierten Buches entsprechend. Wird die Hinzuverdienstgrenze überschritten, wird der Monatsbetrag der Rente um den überschreitenden Betrag gekürzt und es besteht Anspruch auf eine Teilrente. Der Anspruch besteht nicht, wenn der die Hinzuverdienstgrenze überschreitende Betrag den Monatsbetrag der Rente erreicht. Nicht als Arbeitsentgelt gilt das Entgelt, das

1. eine Pflegeperson von der pflegebedürftigen Person erhält, wenn es das dem Umfang der Pflegetätigkeit entsprechende Pflegegeld im Sinne des § 37 des Elften Buches nicht übersteigt, oder
2. ein behinderter Mensch von dem Träger einer in § 1 Satz 1 Nummer 2 genannten Einrichtung erhält.

Absatz 3 in der Fassung bis 30.06.2013:

(3) Die Hinzuverdienstgrenze beträgt

1. bei einer Rente wegen Alters als Vollrente 400 EUR,

Nr. 1 in der Fassung ab 01.01.2013:

1. bei einer Rente wegen Alters als Vollrente 450 EUR,
2. bei einer Rente wegen Alters als Teilrente von
   a) einem Drittel der Vollrente das 0,25fache,
   b) der Hälfte der Vollrente das 0,19fache,
   c) zwei Drittel der Vollrente das 0,13fache

der monatlichen Bezugsgröße, vervielfältigt mit der Summe der Entgeltpunkte (§ 66 Abs. 1 Nr. 1 bis 3) der letzten 3 Kalenderjahre vor Beginn der ersten Rente wegen Alters, mindestens jedoch mit 1,5 Entgeltpunkten.

Absatz 3 in der Fassung ab 01.07.2013 (Neugefasst/geändert durch G vom ... (BGBl. I S. ...):

(3) Die Hinzuverdienstgrenze wird errechnet, indem die höchste Summe an Entgeltpunkten (§ 66 Absatz 1 Nummer 1 bis 3) eines Kalenderjahres aus den letzten fünfzehn Kalenderjahren vor Beginn der ersten Rente wegen Alters, mindestens jedoch 0,5 Entgeltpunkte, mit einem Zwölftel des vorläufigen Durchschnittsentgelts (Anlage 1) vervielfältigt wird, abzüglich des Monatsbetrags der Vollrente wegen Alters bei Rentenbeginn. Die Hinzuverdienstgrenze beträgt mindestens 400 Euro. Sie wird jährlich zum 1. Juli neu errechnet. Ergibt sich durch ein Absinken des vorläufigen Durchschnittsentgelts eine geringere Hinzuverdienstgrenze als im Vorjahr, ist weiterhin der Vorjahreswert maßgeblich.

(4) Nach bindender Bewilligung einer Rente wegen Alters oder für Zeiten des Bezugs einer solchen Rente ist der Wechsel in eine

1. Rente wegen verminderter Erwerbsfähigkeit,
2. Erziehungsrente oder
3. andere Rente wegen Alters

ausgeschlossen.

Zweiter Unterabschnitt
Anspruchsvoraussetzungen für einzelne Renten

Erster Titel
Renten wegen Alters

§ 35 Regelaltersrente

Versicherte haben Anspruch auf Regelaltersrente, wenn sie

1. die Regelaltersgrenze erreicht und
2. die allgemeine Wartezeit erfüllt

haben. Die Regelaltersgrenze wird mit Vollendung des 67. Lebensjahres erreicht.

§ 36 Altersrente für langjährig Versicherte

Versicherte haben Anspruch auf Altersrente für langjährig Versicherte, wenn sie
1. das 67. Lebensjahr vollendet und
2. die Wartezeit von 35 Jahren erfüllt

haben. Die vorzeitige Inanspruchnahme dieser Altersrente ist nach Vollendung des 63. Lebensjahres möglich.

§ 37 Altersrente für schwerbehinderte Menschen

Versicherte haben Anspruch auf Altersrente für schwerbehinderte Menschen, wenn sie
1. das 65. Lebensjahr vollendet haben,
2. bei Beginn der Altersrente als schwerbehinderte Menschen (§ 2 Abs. 2 Neuntes Buch) anerkannt sind und
3. die Wartezeit von 35 Jahren erfüllt haben.

Die vorzeitige Inanspruchnahme dieser Altersrente ist nach Vollendung des 62. Lebensjahres möglich.

§ 38 Altersrente für besonders langjährig Versicherte

Versicherte haben Anspruch auf Altersrente für besonders langjährig Versicherte, wenn sie
1. das 65. Lebensjahr vollendet und
2. die Wartezeit von 45 Jahren erfüllt

haben.

§ 40 Altersrente für langjährig unter Tage beschäftigte Bergleute

Versicherte haben Anspruch auf Altersrente für langjährig unter Tage beschäftigte Bergleute, wenn sie
1. das 62. Lebensjahr vollendet und
2. die Wartezeit von 25 Jahren erfüllt

haben.

§ 42 Vollrente und Teilrente

(1) Versicherte können eine Rente wegen Alters in voller Höhe (Vollrente) oder als Teilrente in Anspruch nehmen.

Absatz 2 in der Fassung bis 30.06.2013:

(2) Die Teilrente beträgt1/3, die Hälfte oder 2/3 der erreichten Vollrente.

Absatz 2 durch G vom … (BGBl. I S. …) mit Wirkung ab 01.07.2013 aufgehoben.

(3) Versicherte, die wegen der beabsichtigten Inanspruchnahme einer Teilrente ihre Arbeitsleitung einschränken wollen, können von ihrem Arbeitgeber verlangen, dass er mit ihnen die Möglichkeiten einer solchen Einschränkung erörtert. Macht der Versicherte hierzu für seinen Arbeitsbereich Vorschläge, hat der Arbeitgeber zu diesen Vorschlägen Stellung zu nehmen.

Zweiter Titel
Renten wegen verminderter Erwerbsfähigkeit

§ 43 Rente wegen Erwerbsminderung

(1) Versicherte haben bis zum Erreichen der Regelaltersgrenze Anspruch auf Rente wegen teilweiser Erwerbsminderung, wenn sie

1. teilweise erwerbsgemindert sind,
2. in den letzten fünf Jahren vor Eintritt der Erwerbsminderung drei Jahre Pflichtbeiträge für eine versicherte Beschäftigung oder Tätigkeit haben und
3. vor Eintritt der Erwerbsminderung die allgemeine Wartezeit erfüllt haben.

Teilweise erwerbsgemindert sind Versicherte, die wegen Krankheit oder Behinderung auf nicht absehbare Zeit außerstande sind, unter den üblichen Bedingungen des allgemeinen Arbeitsmarktes mindestens sechs Stunden täglich erwerbstätig zu sein.

(2) Versicherte haben bis zum Erreichen der Regelaltersgrenze Anspruch auf Rente wegen voller Erwerbsminderung, wenn sie

1. voll erwerbsgemindert sind,
2. in den letzten fünf Jahren vor Eintritt der Erwerbsminderung drei Jahre Pflichtbeiträge für eine versicherte Beschäftigung oder Tätigkeit haben und
3. vor Eintritt der Erwerbsminderung die allgemeine Wartezeit erfüllt haben.

Voll erwerbsgemindert sind Versicherte, die wegen Krankheit oder Behinderung auf nicht absehbare Zeit außerstande sind, unter den üblichen Bedingungen des allgemeinen Arbeitsmarktes mindestens drei Stunden täglich erwerbstätig zu sein. Voll erwerbsgemindert sind auch

1. Versicherte nach § 1 Satz 1 Nr. 2, die wegen Art oder Schwere der Behinderung nicht auf dem allgemeinen Arbeitsmarkt tätig sein können, und
2. Versicherte, die bereits vor Erfüllung der allgemeinen Wartezeit voll erwerbsgemindert waren, in der Zeit einer nicht erfolgreichen Eingliederung in den allgemeinen Arbeitsmarkt.

Satz 3 eingefügt durch G vom ... (BGBl. I S. ...) mit Wirkung ab 01.07.2013: Eine Beschäftigung oder selbständige Tätigkeit mit einem Einkommen von nicht mehr als 400 Euro steht dem Vorliegen von voller Erwerbsminderung nicht entgegen.

(3) Erwerbsgemindert ist nicht, wer unter den üblichen Bedingungen des allgemeinen Arbeitsmarktes mindestens sechs Stunden täglich erwerbstätig sein kann; dabei ist die jeweilige Arbeitsmarktlage nicht zu berücksichtigen.

(4) Der Zeitraum von fünf Jahren vor Eintritt der Erwerbsminderung verlängert sich um folgende Zeiten, die nicht mit Pflichtbeiträgen für eine versicherte Beschäftigung oder Tätigkeit belegt sind:

1. Anrechnungszeiten und Zeiten des Bezugs einer Rente wegen verminderter Erwerbsfähigkeit,
2. Berücksichtigungszeiten,
3. Zeiten, die nur deshalb keine Anrechnungszeiten sind, weil durch sie eine versicherte Beschäftigung oder selbständige Tätigkeit nicht unterbrochen ist, wenn in den

letzten sechs Kalendermonaten vor Beginn dieser Zeiten wenigstens ein Pflichtbeitrag für eine versicherte Beschäftigung oder Tätigkeit oder eine Zeit nach Nummer 1 oder 2 liegt,
4. Zeiten einer schulischen Ausbildung nach Vollendung des 17. Lebensjahres bis zu sieben Jahren, gemindert um Anrechnungszeiten wegen schulischer Ausbildung.

(5) Eine Pflichtbeitragszeit von drei Jahren für eine versicherte Beschäftigung oder Tätigkeit ist nicht erforderlich, wenn die Erwerbsminderung aufgrund eines Tatbestandes eingetreten ist, durch den die allgemeine Wartezeit vorzeitig erfüllt ist.

(6) Versicherte, die bereits vor Erfüllung der allgemeinen Wartezeit voll erwerbsgemindert waren und seitdem ununterbrochen voll erwerbsgemindert sind, haben Anspruch auf Rente wegen voller Erwerbsminderung, wenn sie die Wartezeit von 20 Jahren erfüllt haben.

§ 45 Rente für Bergleute

(1) Versicherte haben bis zum Erreichen der Regelaltersgrenze Anspruch auf Rente für Bergleute, wenn sie
1. im Bergbau vermindert berufsfähig sind,
2. in den letzten fünf Jahren vor Eintritt der im Bergbau verminderten Berufsfähigkeit drei Jahre knappschaftliche Pflichtbeitragszeiten haben und
3. vor Eintritt der im Bergbau verminderten Berufsfähigkeit die allgemeine Wartezeit in der knappschaftlichen Rentenversicherung erfüllt haben.

(2) Im Bergbau vermindert berufsfähig sind Versicherte, die wegen Krankheit oder Behinderung nicht imstande sind,
1. die von ihnen bisher ausgeübte knappschaftliche Beschäftigung und
2. eine andere wirtschaftlich im Wesentlichen gleichwertige knappschaftliche Beschäftigung, die von Personen mit ähnlicher Ausbildung sowie gleichwertigen Kenntnissen und Fähigkeiten ausgeübt wird,

auszuüben. Die jeweilige Arbeitsmarktlage ist nicht zu berücksichtigen. Nicht im Bergbau vermindert berufsfähig sind Versicherte, die eine im Sinne des Satzes 1 Nr. 2 wirtschaftlich und qualitativ gleichwertige Beschäftigung oder selbständige Tätigkeit außerhalb des Bergbaus ausüben.

(3) Versicherte haben bis zum Erreichen der Regelaltersgrenze auch Anspruch auf Rente für Bergleute, wenn sie
1. das 50. Lebensjahr vollendet haben,
2. im Vergleich zu der von ihnen bisher ausgeübten knappschaftlichen Beschäftigung eine wirtschaftlich gleichwertige Beschäftigung oder selbständige Tätigkeit nicht mehr ausüben und
3. die Wartezeit von 25 Jahren erfüllt haben.

(4) § 43 Abs. 4 und 5 ist anzuwenden.

Dritter Titel
Renten wegen Todes

§ 46 Witwenrente und Witwerrente

(1) Witwen oder Witwer, die nicht wieder geheiratet haben, haben nach dem Tod des versicherten Ehegatten Anspruch auf kleine Witwenrente oder kleine Witwerrente, wenn der versicherte Ehegatte die allgemeine Wartezeit erfüllt hat. Der Anspruch besteht längstens für 24 Kalendermonate nach Ablauf des Monats, in dem der Versicherte verstorben ist.

(2) Witwen oder Witwer, die nicht wieder geheiratet haben, haben nach dem Tod des versicherten Ehegatten, der die allgemeine Wartezeit erfüllt hat, Anspruch auf große Witwenrente oder große Witwerrente, wenn sie

1. **ein eigenes Kind oder ein Kind des versicherten Ehegatten, das das 18. Lebensjahr noch nicht vollendet hat, erziehen,**
2. **das 47. Lebensjahr vollendet haben oder**
3. **erwerbsgemindert sind.**

Als Kinder werden auch berücksichtigt:

1. **Stiefkinder und Pflegekinder (§ 56 Abs. 2 Nr. 1 und Nr. 2 Erstes Buch), die in den Haushalt der Witwe oder des Witwers aufgenommen sind,**
2. **Enkel und Geschwister, die in den Haushalt der Witwe oder des Witwers aufgenommen sind oder von diesen überwiegend unterhalten werden.**

Der Erziehung steht die in häuslicher Gemeinschaft ausgeübte Sorge für ein eigenes Kind oder ein Kind des versicherten Ehegatten, das wegen körperlicher, geistiger oder seelischer Behinderung außerstande ist, sich selbst zu unterhalten, auch nach dessen vollendetem 18. Lebensjahr gleich.

(2 a) Witwen oder Witwer haben keinen Anspruch auf Witwenrente oder Witwerrente, wenn die Ehe nicht mindestens ein Jahr gedauert hat, es sei denn, dass nach den besonderen Umständen des Falles die Annahme nicht gerechtfertigt ist, dass es der alleinige oder überwiegende Zweck der Heirat war, einen Anspruch auf Hinterbliebenenversorgung zu begründen.

(2 b) Ein Anspruch auf Witwenrente oder Witwerrente besteht auch nicht von dem Kalendermonat an, zu dessen Beginn das Rentensplitting durchgeführt ist. Der Rentenbescheid über die Bewilligung der Witwenrente oder Witwerrente ist mit Wirkung von diesem Zeitpunkt an aufzuheben; die §§ 24 und 48 des Zehnten Buches sind nicht anzuwenden.

(3) Überlebende Ehegatten, die wieder geheiratet haben, haben unter den sonstigen Voraussetzungen der Absätze 1 bis 2 b Anspruch auf kleine oder große Witwenrente oder Witwerrente, wenn die erneute Ehe aufgelöst oder für nichtig erklärt ist (Witwenrente oder Witwerrente nach dem vorletzten Ehegatten).

(4) Für einen Anspruch auf Witwenrente oder Witwerrente gelten als Heirat auch die Begründung einer Lebenspartnerschaft, als Ehe auch eine Lebenspartnerschaft, als Witwe und Witwer auch ein überlebender Lebenspartner und als Ehegatte auch ein

Lebenspartner. Der Auflösung oder Nichtigkeit einer erneuten Ehe entspricht die Aufhebung oder Auflösung einer erneuten Lebenspartnerschaft.

§ 47 Erziehungsrente

(1) Versicherte haben bis zum Erreichen der Regelaltersgrenze Anspruch auf Erziehungsrente, wenn

1. ihre Ehe nach dem 30. Juni 1977 geschieden und ihr geschiedener Ehegatte gestorben ist,
2. sie ein eigenes Kind oder ein Kind des geschiedenen Ehegatten erziehen (§ 46 Abs. 2),
3. sie nicht wieder geheiratet haben und
4. sie bis zum Tod des geschiedenen Ehegatten die allgemeine Wartezeit erfüllt haben.

(2) Geschiedenen Ehegatten stehen Ehegatten gleich, deren Ehe für nichtig erklärt oder aufgehoben ist.

(3) Anspruch auf Erziehungsrente besteht bis zum Erreichen der Regelaltersgrenze auch für verwitwete Ehegatten, für die ein Rentensplitting durchgeführt wurde, wenn

1. sie ein eigenes Kind oder ein Kind des verstorbenen Ehegatten erziehen (§ 46 Abs. 2),
2. sie nicht wieder geheiratet haben und
3. sie bis zum Tod des Ehegatten die allgemeine Wartezeit erfüllt haben.

(4) Für einen Anspruch auf Erziehungsrente gelten als Scheidung einer Ehe auch die Aufhebung einer Lebenspartnerschaft, als geschiedener Ehegatte auch der frühere Lebenspartner, als Heirat auch die Begründung einer Lebenspartnerschaft, als verwitweter Ehegatte auch ein überlebender Lebenspartner und als Ehegatte auch der Lebenspartner.

§ 48 Waisenrente

(1) Kinder haben nach dem Tod eines Elternteils Anspruch auf Halbwaisenrente, wenn

1. sie noch einen Elternteil haben, der unbeschadet der wirtschaftlichen Verhältnisse unterhaltspflichtig ist, und
2. der verstorbene Elternteil die allgemeine Wartezeit erfüllt hat.

(2) Kinder haben nach dem Tod eines Elternteils Anspruch auf Vollwaisenrente, wenn

1. sie einen Elternteil nicht mehr haben, der unbeschadet der wirtschaftlichen Verhältnisse unterhaltspflichtig war, und
2. der verstorbene Elternteil die allgemeine Wartezeit erfüllt hat.

(3) Als Kinder werden auch berücksichtigt:

1. Stiefkinder und Pflegekinder (§ 56 Abs. 2 Nr. 1 und 2 Erstes Buch), die in den Haushalt des Verstorbenen aufgenommen waren,
2. Enkel und Geschwister, die in den Haushalt des Verstorbenen aufgenommen waren oder von ihm überwiegend unterhalten wurden.

(4) Der Anspruch auf Halb- oder Vollwaisenrente besteht längstens

1. bis zur Vollendung des 18. Lebensjahres oder
2. bis zur Vollendung des 27. Lebensjahres, wenn die Waise

a) sich in Schulausbildung oder Berufsausbildung befindet oder
b) sich in einer Übergangszeit von höchstens vier Kalendermonaten befindet, die zwischen zwei Ausbildungsabschnitten oder zwischen einem Ausbildungsabschnitt und der Ableistung des gesetzlichen Wehr- oder Zivildienstes oder der Ableistung eines freiwilligen Dienstes im Sinne des Buchstabens c liegt, oder
c) ein freiwilliges soziales Jahr oder ein freiwilliges ökologisches Jahr im Sinne des Jugendfreiwilligendienstegesetzes oder den Bundesfreiwilligendienst nach dem Bundesfreiwilligendienstgesetz leistet oder
d) wegen körperlicher, geistiger oder seelischer Behinderung außerstande ist, sich selbst zu unterhalten.

Eine Schulausbildung oder Berufsausbildung im Sinne des Satzes 1 liegt nur vor, wenn die Ausbildung einen tatsächlichen zeitlichen Aufwand von wöchentlich mehr als 20 Stunden erfordert. Der tatsächliche zeitliche Aufwand ist ohne Bedeutung für Zeiten, in denen das Ausbildungsverhältnis trotz einer Erkrankung fortbesteht und damit gerechnet werden kann, dass die Ausbildung fortgesetzt wird. Das gilt auch für die Dauer der Schutzfristen nach dem Mutterschutzgesetz.

(5) In den Fällen des Absatzes 4 Nr. 2 Buchstabe a erhöht sich die für den Anspruch auf Waisenrente maßgebende Altersbegrenzung bei Unterbrechung oder Verzögerung der Schulausbildung oder Berufsausbildung durch den gesetzlichen Wehrdienst, Zivildienst oder einen gleichgestellten Dienst um die Zeit dieser Dienstleistung, höchstens um einen der Dauer des gesetzlichen Grundwehrdienstes oder Zivildienstes entsprechenden Zeitraum. Die Ableistung eines freiwilligen Dienstes im Sinne von Absatz 4 Nr. 2 Buchstabe c ist kein gleichgestellter Dienst im Sinne von Satz 1.

(6) Der Anspruch auf Waisenrente endet nicht dadurch, dass die Waise als Kind angenommen wird.

Vierter Titel
Wartezeiterfüllung

§ 50 Wartezeiten

(1) Die Erfüllung der allgemeinen Wartezeit von fünf Jahren ist Voraussetzung für einen Anspruch auf
1. Regelaltersrente,
2. Rente wegen verminderter Erwerbsfähigkeit und
3. Rente wegen Todes.

Die allgemeine Wartezeit gilt als erfüllt für einen Anspruch auf
1. Regelaltersrente, wenn der Versicherte bis zum Erreichen der Regelaltersgrenze eine Rente wegen verminderter Erwerbsfähigkeit oder eine Erziehungsrente bezogen hat,
2. Hinterbliebenenrente, wenn der verstorbene Versicherte bis zum Tode eine Rente bezogen hat.

(2) Die Erfüllung der Wartezeit von 20 Jahren ist Voraussetzung für einen An-

spruch auf Rente wegen voller Erwerbsminderung an Versicherte, die die allgemeine Wartezeit vor Eintritt der vollen Erwerbsminderung nicht erfüllt haben.

(3) Die Erfüllung der Wartezeit von 25 Jahren ist Voraussetzung für einen Anspruch auf
1. Altersrente für langjährig unter Tage beschäftigte Bergleute und
2. Rente für Bergleute vom 50. Lebensjahr an.

(4) Die Erfüllung der Wartezeit von 35 Jahren ist Voraussetzung für einen Anspruch auf
1. Altersrente für langjährig Versicherte und
2. Altersrente für schwerbehinderte Menschen.

(5) Die Erfüllung der Wartezeit von 45 Jahren ist Voraussetzung für einen Anspruch auf Altersrente für besonders langjährig Versicherte.

§ 51 Anrechenbare Zeiten

(1) Auf die allgemeine Wartezeit und auf die Wartezeiten von 15 und 20 Jahren werden Kalendermonate mit Beitragszeiten angerechnet.

(2) Auf die Wartezeit von 25 Jahren werden Kalendermonate mit Beitragszeiten aufgrund einer Beschäftigung mit ständigen Arbeiten unter Tage angerechnet.

(3) Auf die Wartezeit von 35 Jahren werden alle Kalendermonate mit rentenrechtlichen Zeiten angerechnet.

(3 a) Auf die Wartezeit von 45 Jahren werden Kalendermonate angerechnet mit
1. Pflichtbeiträgen für eine versicherte Beschäftigung oder Tätigkeit, wobei § 55 Abs. 2 nicht für Zeiten anzuwenden ist, in denen Versicherte wegen des Bezugs von Arbeitslosengeld versicherungspflichtig waren, und
2. Berücksichtigungszeiten.

Kalendermonate, die durch Versorgungsausgleich oder Rentensplitting ermittelt werden, werden nicht angerechnet.

(4) Auf die Wartezeiten werden auch Kalendermonate mit Ersatzzeiten (Fünftes Kapitel) angerechnet.

§ 52 Wartezeiterfüllung durch Versorgungsausgleich, Rentensplitting und Zuschläge an Entgeltpunkten für Arbeitsentgelt aus geringfügiger Beschäftigung

(1) Ist ein Versorgungsausgleich in der gesetzlichen Rentenversicherung allein zugunsten von Versicherten durchgeführt, wird auf die Wartezeit die volle Anzahl an Monaten angerechnet, die sich ergibt, wenn die Entgeltpunkte für übertragene oder begründete Rentenanwartschaften durch die Zahl 0,0313 geteilt werden. Ist ein Versorgungsausgleich sowohl zugunsten als auch zu Lasten von Versicherten durchgeführt und ergibt sich hieraus nach Verrechnung ein Zuwachs an Entgeltpunkten, wird auf die Wartezeit die volle Anzahl an Monaten angerechnet, die sich ergibt, wenn die Entgeltpunkte aus dem Zuwachs durch die Zahl 0,0313 geteilt werden. Ein Versorgungsausgleich ist durchgeführt, wenn die Entscheidung des Familiengerichts wirksam ist. Ergeht eine Entscheidung zur Abänderung des Wertausgleichs nach der

Scheidung, entfällt eine bereits von der ausgleichsberechtigten Person erfüllte Wartezeit nicht. Die Anrechnung erfolgt nur insoweit, als die in die Ehezeit oder Lebenspartnerschaftszeit fallenden Kalendermonate nicht bereits auf die Wartezeit anzurechnen sind.

(1 a) Ist ein Rentensplitting durchgeführt, wird dem Ehegatten oder Lebenspartner, der einen Splittingzuwachs erhalten hat, auf die Wartezeit die volle Anzahl an Monaten angerechnet, die sich ergibt, wenn die Entgeltpunkte aus dem Splittingzuwachs durch die Zahl 0,0313 geteilt werden. Die Anrechnung erfolgt nur insoweit, als die in die Splittingzeit fallenden Kalendermonate nicht bereits auf die Wartezeit anzurechnen sind.

(2) Sind Zuschläge an Entgeltpunkten für Arbeitsentgelt aus geringfügiger versicherungsfreier Beschäftigung ermittelt, wird auf die Wartezeit die volle Anzahl an Monaten angerechnet, die sich ergibt, wenn die Zuschläge an Entgeltpunkten durch die Zahl 0,0313 geteilt wird. Zuschläge an Entgeltpunkten aus einer geringfügigen versicherungsfreien Beschäftigung, die in Kalendermonaten ausgeübt wurde, die bereits auf die Wartezeit anzurechnen sind, bleiben unberücksichtigt. Wartezeitmonate für in die Ehezeit, Lebenspartnerschaftszeit oder Splittingzeit fallende Kalendermonate einer geringfügigen versicherungsfreien Beschäftigung sind vor Anwendung von Absatz 1 oder 1 a gesondert zu ermitteln.

Neu gefasst entsprechend dem Gesetzesentwurf vom 25. 09. 2012 lautet Abs. 2 wie folgt:

(2) Sind Zuschläge an Entgeltpunkten für Arbeitsentgelt aus geringfügiger Beschäftigung, für die Beschäftigte nach § 6 Absatz 1 b von der Versicherungspflicht befreit sind, ermittelt, wird auf die Wartezeit die volle Anzahl an Monaten angerechnet, die sich ergibt, wenn die Zuschläge an Entgeltpunkten durch die Zahl 0,0313 geteilt wird. Zuschläge an Entgeltpunkten aus einer geringfügigen Beschäftigung, die in Kalendermonaten ausgeübt wurde, die bereits auf die Wartezeit anzurechnen sind, bleiben unberücksichtigt. Wartezeitmonate für in die Ehezeit, Lebenspartnerschaftszeit oder Splittingzeit fallende Kalendermonate einer geringfügigen Beschäftigung sind vor Anwendung von Absatz 1 oder 1 a gesondert zu ermitteln.

§ 53 Vorzeitige Wartezeiterfüllung

(1) Die allgemeine Wartezeit ist vorzeitig erfüllt, wenn Versicherte

1. wegen eines Arbeitsunfalls oder einer Berufskrankheit,
2. wegen einer Wehrdienstbeschädigung nach dem Soldatenversorgungsgesetz als Wehrdienstleistende oder Soldaten auf Zeit,
3. wegen einer Zivildienstbeschädigung nach dem Zivildienstgesetz als Zivildienstleistende oder
4. wegen eines Gewahrsams (§ 1 Häftlingshilfegesetz)

vermindert erwerbsfähig geworden oder gestorben sind. Satz 1 Nr. 1 findet nur Anwendung für Versicherte, die bei Eintritt des Arbeitsunfalls oder der Berufskrankheit versicherungspflichtig waren oder in den letzten zwei Jahren davor mindestens ein Jahr Pflichtbeiträge für eine versicherte Beschäftigung oder Tätigkeit haben. Die Sätze 1 und 2 finden für die Rente für Bergleute nur Anwendung, wenn der Versicherte vor Eintritt der im Bergbau verminderten Berufsfähigkeit zuletzt in der knappschaftlichen Rentenversicherung versichert war.

(2) Die allgemeine Wartezeit ist auch vorzeitig erfüllt, wenn Versicherte vor Ablauf von sechs Jahren nach Beendigung einer Ausbildung voll erwerbsgemindert geworden oder gestorben sind und in den letzten zwei Jahren vorher mindestens ein Jahr Pflichtbeiträge für eine versicherte Beschäftigung oder Tätigkeit haben. Der Zeitraum von zwei Jahren vor Eintritt der vollen Erwerbsminderung oder des Todes verlängert sich um Zeiten einer schulischen Ausbildung nach Vollendung des 17. Lebensjahres bis zu sieben Jahren.

(3) Pflichtbeiträge für eine versicherte Beschäftigung oder Tätigkeit im Sinne der Absätze 1 und 2 liegen auch vor, wenn

1. freiwillige Beiträge gezahlt worden sind, die als Pflichtbeiträge gelten, oder
2. Pflichtbeiträge aus den in § 3 und 4 genannten Gründen gezahlt worden sind oder als gezahlt gelten oder
3. für Anrechnungszeiten Beiträge gezahlt worden sind, die ein Leistungsträger mitgetragen hat.

Fünfter Titel
Rentenrechtliche Zeiten

§ 54 Begriffsbestimmungen

(1) Rentenrechtliche Zeiten sind

1. Beitragszeiten,
   a) als Zeiten mit vollwertigen Beiträgen,
   b) als beitragsgeminderte Zeiten,
2. beitragsfreie Zeiten und
3. Berücksichtigungszeiten.

(2) Zeiten mit vollwertigen Beiträgen sind Kalendermonate, die mit Beiträgen belegt und nicht beitragsgeminderte Zeiten sind.

(3) Beitragsgeminderte Zeiten sind Kalendermonate, die sowohl mit Beitragszeiten als auch Anrechnungszeiten, einer Zurechnungszeit oder Ersatzzeiten (Fünftes Kapitel) belegt sind. Als beitragsgeminderte Zeiten gelten Kalendermonate mit Pflichtbeiträgen für eine Berufsausbildung (Zeiten einer beruflichen Ausbildung).

(4) Beitragsfreie Zeiten sind Kalendermonate, die mit Anrechnungszeiten, mit einer Zurechnungszeit oder mit Ersatzzeiten belegt sind, wenn für sie nicht auch Beiträge gezahlt worden sind.

§ 55 Beitragszeiten

(1) Beitragszeiten sind Zeiten, für die nach Bundesrecht Pflichtbeiträge (Pflichtbeitragszeiten) oder freiwillige Beiträge gezahlt worden sind. Pflichtbeitragszeiten sind auch Zeiten, für die Pflichtbeiträge nach besonderen Vorschriften als gezahlt gelten.

Als Beitragszeiten gelten auch Zeiten, für die Entgeltpunkte gutgeschrieben worden sind, weil gleichzeitig Berücksichtigungszeiten wegen Kindererziehung oder Zeiten der Pflege eines pflegebedürftigen Kindes für mehrere Kinder vorliegen.

(2) Soweit ein Anspruch auf Rente eine bestimmte Anzahl an Pflichtbeiträgen für eine versicherte Beschäftigung oder Tätigkeit voraussetzt, zählen hierzu auch

1. freiwillige Beiträge, die als Pflichtbeiträge gelten, oder
2. Pflichtbeiträge, für die aus den in § 3 oder § 4 genannten Gründen Beiträge gezahlt worden sind oder als gezahlt gelten, oder
3. Beiträge für Anrechnungszeiten, die ein Leistungsträger mitgetragen hat.

§ 56 Kindererziehungszeiten

(1) Kindererziehungszeiten sind Zeiten der Erziehung eines Kindes in dessen ersten drei Lebensjahren. Für einen Elternteil (§ 56 Abs. 1 Satz 1 Nr. 3 und Abs. 3 Nr. 2 und 3 Erstes Buch) wird eine Kindererziehungszeit angerechnet, wenn

1. die Erziehungszeit diesem Elternteil zuzuordnen ist,
2. die Erziehung im Gebiet der Bundesrepublik Deutschland erfolgt ist oder einer solchen gleichsteht und
3. der Elternteil nicht von der Anrechnung ausgeschlossen ist.

(2) Eine Erziehungszeit ist dem Elternteil zuzuordnen, der sein Kind erzogen hat. Haben mehrere Elternteile das Kind gemeinsam erzogen, wird die Erziehungszeit einem Elternteil zugeordnet. Haben die Eltern ihr Kind gemeinsam erzogen, können sie durch eine übereinstimmende Erklärung bestimmen, welchem Elternteil sie zuzuordnen ist. Die Zuordnung kann auf einen Teil der Erziehungszeit beschränkt werden. Die übereinstimmende Erklärung der Eltern ist mit Wirkung für künftige Kalendermonate abzugeben. Die Zuordnung kann rückwirkend für bis zu zwei Kalendermonate vor Abgabe der Erklärung erfolgen, es sei denn, für einen Elternteil ist unter Berücksichtigung dieser Zeiten eine Leistung bindend festgestellt, ein Versorgungsausgleich oder ein Rentensplitting durchgeführt. Für die Abgabe der Erklärung gilt § 16 des Ersten Buches über die Antragstellung entsprechend. Haben die Eltern eine übereinstimmende Erklärung nicht abgegeben, ist die Erziehungszeit der Mutter zuzuordnen. Haben mehrere Elternteile das Kind erzogen, ist die Erziehungszeit demjenigen zuzuordnen, der das Kind überwiegend erzogen hat, soweit sich aus Satz 3 nicht etwas anderes ergibt.

(3) Eine Erziehung ist im Gebiet der Bundesrepublik Deutschland erfolgt, wenn der erziehende Elternteil sich mit dem Kind dort gewöhnlich aufgehalten hat. Einer Erziehung im Gebiet der Bundesrepublik Deutschland steht gleich, wenn der erziehende Elternteil sich mit seinem Kind im Ausland gewöhnlich aufgehalten hat und während der Erziehung oder unmittelbar vor der Geburt des Kindes wegen einer dort ausgeübten Beschäftigung oder selbständigen Tätigkeit Pflichtbeitragszeiten hat. Dies gilt bei einem gemeinsamen Aufenthalt von Ehegatten oder Lebenspartnern im Ausland auch, wenn der Ehegatte oder Lebenspartner des erziehenden Elternteils solche Pflichtbeitragszeiten hat oder nur deshalb nicht hat, weil er zu den in § 5 Abs. 1 und 2 genannten Personen gehörte oder von der Versicherungspflicht befreit war.

(4) Elternteile sind von der Anrechnung ausgeschlossen, wenn sie
1. während der Erziehungszeit oder unmittelbar vor der Geburt des Kindes eine Beschäftigung oder selbständige Tätigkeit im Gebiet der Bundesrepublik Deutschland ausgeübt haben, die aufgrund
   a) einer zeitlich begrenzten Entsendung in dieses Gebiet (§ 5 Viertes Buch) oder
   b) einer Regelung des zwischen- oder überstaatlichen Rechts oder einer für Bedienstete internationaler Organisationen getroffenen Regelung (§ 5 Viertes Buch)

   den Vorschriften über die Versicherungspflicht nicht unterliegt,
2. während der Erziehungszeit zu den in § 5 Absatz 4 genannten Personen gehören oder
3. während der Erziehungszeit Anwartschaften auf Versorgung im Alter nach beamtenrechtlichen Vorschriften oder Grundsätzen oder entsprechenden kirchenrechtlichen Regelungen oder nach den Regelungen einer berufsständischen Versorgungseinrichtung aufgrund der Erziehung erworben haben, die systembezogen gleichwertig berücksichtigt wird wie die Kindererziehung nach diesem Buch.

(5) Die Kindererziehungszeit beginnt nach Ablauf des Monats der Geburt und endet nach 36 Kalendermonaten. Wird während dieses Zeitraums vom erziehenden Elternteil ein weiteres Kind erzogen, für das ihm eine Kindererziehungszeit anzurechnen ist, wird die Kindererziehungszeit für dieses und jedes weitere Kind um die Anzahl an Kalendermonaten der gleichzeitigen Erziehung verlängert.

§ 57 Berücksichtigungszeiten

Die Zeit der Erziehung eines Kindes bis zu dessen vollendetem zehnten Lebensjahr ist bei einem Elternteil eine Berücksichtigungszeit, soweit die Voraussetzungen für die Anrechnung einer Kindererziehungszeit auch in dieser Zeit vorliegen. Dies gilt für Zeiten einer mehr als geringfügig ausgeübten selbständigen Tätigkeit nur, soweit diese Zeiten auch Pflichtbeitragszeiten sind.

§ 58 Anrechnungszeiten

(1) Anrechnungszeiten sind Zeiten, in denen Versicherte
1. wegen Krankheit arbeitsunfähig gewesen sind oder Leistungen zur medizinischen Rehabilitation oder zur Teilhabe am Arbeitsleben erhalten haben,

1a. nach dem vollendeten 17. und vor dem vollendeten 25. Lebensjahr mindestens einen Kalendermonat krank gewesen sind, soweit die Zeiten nicht mit anderen rentenrechtlichen Zeiten belegt sind,

2. wegen Schwangerschaft oder Mutterschaft während der Schutzfristen nach dem Mutterschutzgesetz eine versicherte Beschäftigung oder selbständige Tätigkeit nicht ausgeübt haben,
3. wegen Arbeitslosigkeit bei einer deutschen Agentur für Arbeit als Arbeitsuchende gemeldet waren und eine öffentlich-rechtliche Leistung bezogen oder nur wegen des zu berücksichtigenden Einkommens oder Vermögens nicht bezogen haben,

3a. nach dem vollendeten 17. Lebensjahr mindestens einen Kalendermonat bei einer deutschen Agentur für Arbeit als Ausbildungsuchende gemeldet waren, soweit die Zeiten nicht mit anderen rentenrechtlichen Zeiten belegt sind,

4. nach dem vollendeten 17. Lebensjahr eine Schule, Fachschule oder Hochschule besucht oder an einer berufsvorbereitenden Bildungsmaßnahme teilgenommen haben (Zeiten einer schulischen Ausbildung), insgesamt jedoch höchstens bis zu acht Jahren, oder
5. eine Rente bezogen haben, soweit diese Zeiten auch als Zurechnungszeit in der Rente berücksichtigt waren, und die vor dem Beginn dieser Rente liegende Zurechnungszeit,
6. nach dem 31. Dezember 2010 Arbeitslosengeld II bezogen haben; dies gilt nicht für Empfänger der Leistung,
   a) die Arbeitslosengeld II nur darlehensweise oder
   b) nur Leistungen nach § 24 Absatz 3 Satz 1 des Zweiten Buches bezogen haben oder
   c) die auf Grund von § 2 Absatz 1a des Bundesausbildungsförderungsgesetzes keinen Anspruch auf Ausbildungsförderung gehabt haben oder
   d) deren Bedarf sich nach § 12 Absatz 1 Nummer 1 des Bundesausbildungsförderungsgesetzes, nach § 62 Absatz 1 oder § 124 Absatz 1 Nummer 1 des Dritten Buches bemessen hat oder
   e) die versicherungspflichtig beschäftigt oder versicherungspflichtig selbständig tätig gewesen sind oder eine Leistung bezogen haben, wegen der sie nach § 3 Satz 1 Nummer 3 versicherungspflichtig gewesen sind.

Abs. 1 Nr. 6 d) und e) werden wie folgt gefasst:

   d) deren Bedarf sich nach § 12 Absatz 1 Nummer 1 des Bundesausbildungsförderungsgesetzes, nach § 62 Absatz 1 oder § 124 Absatz 1 Nummer 1 des Dritten Buches bemessen hat.
   e) (aufgehoben)

Berufsvorbereitende Bildungsmaßnahmen sind alle beruflichen Bildungsmaßnahmen, die auf die Aufnahme einer Berufsausbildung vorbereiten oder der beruflichen Eingliederung dienen, sowie Vorbereitungslehrgänge zum nachträglichen Erwerb des Hauptschulabschlusses und allgemeinbildende Kurse zum Abbau von schwerwiegenden beruflichen Bildungsdefiziten. Zeiten, in denen Versicherte nach Vollendung des 25. Lebensjahres wegen des Bezugs von Sozialleistungen versicherungspflichtig waren, sind nicht Anrechnungszeiten. Nach Vollendung des 25. Lebensjahres schließen Anrechnungszeiten wegen des Bezugs von Arbeitslosengeld II Anrechnungszeiten wegen Arbeitslosigkeit aus.

(2) Anrechnungszeiten nach Absatz 1 Satz 1 Nr. 1 und 2 bis 3a liegen nur vor, wenn dadurch eine versicherte Beschäftigung oder selbständige Tätigkeit oder ein versicherter Wehrdienst oder Zivildienst oder ein versichertes Wehrdienstverhältnis besonderer Art nach § 6 des Einsatz-Weiterverwendungsgesetzes unterbrochen ist; dies gilt nicht für Zeiten nach Vollendung des 17. und vor Vollendung des 25. Lebensjahres. Eine selbständige Tätigkeit ist nur dann unterbrochen, wenn sie ohne die Mitarbeit des Versicherten nicht weiter ausgeübt werden kann.

(3) Anrechnungszeiten wegen Arbeitsunfähigkeit oder der Ausführung der Leistungen zur medizinischen Rehabilitation oder zur Teilhabe am Arbeitsleben liegen bei

Versicherten, die nach § 4 Abs. 3 Satz 1 Nr. 2 versicherungspflichtig werden konnten, erst nach Ablauf der auf Antrag begründeten Versicherungspflicht vor.

(4) Anrechnungszeiten liegen bei Beziehern von Arbeitslosengeld oder Übergangsgeld nicht vor, wenn die Bundesagentur für Arbeit für sie Beiträge an eine Versicherungseinrichtung oder Versorgungseinrichtung, an ein Versicherungsunternehmen oder an sie selbst gezahlt haben.

(4a) Zeiten der schulischen Ausbildung neben einer versicherten Beschäftigung oder Tätigkeit sind nur Anrechnungszeiten wegen schulischer Ausbildung, wenn der Zeitaufwand für die schulische Ausbildung unter Berücksichtigung des Zeitaufwands für die Beschäftigung oder Tätigkeit überwiegt.

(5) Anrechnungszeiten sind nicht für die Zeit der Leistung einer Rente wegen Alters zu berücksichtigen.

§ 59 Zurechnungszeit

(1) Zurechnungszeit ist die Zeit, die bei einer Rente wegen Erwerbsminderung oder einer Rente wegen Todes hinzugerechnet wird, wenn der Versicherte das 60. Lebensjahr noch nicht vollendet hat.

(2) Die Zurechnungszeit beginnt

1. bei einer Rente wegen Erwerbsminderung mit dem Eintritt der hierfür maßgebenden Erwerbsminderung,
2. bei einer Rente wegen voller Erwerbsminderung, auf die erst nach Erfüllung einer Wartezeit von 20 Jahren ein Anspruch besteht, mit Beginn dieser Rente,
3. bei einer Witwenrente, Witwerrente oder Waisenrente mit dem Tod des Versicherten und
4. bei einer Erziehungsrente mit Beginn dieser Rente.

Die Zurechnungszeit endet mit Vollendung des 60. Lebensjahres.

Dritter Unterabschnitt
Rentenhöhe und Rentenanpassung

Erster Titel
Grundsätze

§ 63 Grundsätze

(1) Die Höhe einer Rente richtet sich vor allem nach der Höhe der während des Versicherungslebens durch Beiträge versicherten Arbeitsentgelte und Arbeitseinkommen.

(2) Das in den einzelnen Kalenderjahren durch Beiträge versicherte Arbeitsentgelt und Arbeitseinkommen wird in Entgeltpunkte umgerechnet. Die Versicherung eines Arbeitsentgelts oder Arbeitseinkommens in Höhe des Durchschnittsentgelts eines Kalenderjahres (Anlage 1) ergibt einen vollen Entgeltpunkt.

(3) Für beitragsfreie Zeiten werden Entgeltpunkte angerechnet, deren Höhe von

der Höhe der in der übrigen Zeit versicherten Arbeitsentgelte und Arbeitseinkommen abhängig ist.

(4) Das Sicherungsziel der jeweiligen Rentenart im Verhältnis zu einer Altersrente wird durch den Rentenartfaktor bestimmt.

(5) Vorteile und Nachteile einer unterschiedlichen Rentenbezugsdauer werden durch einen Zugangsfaktor vermieden.

(6) Der Monatsbetrag einer Rente ergibt sich, indem die unter Berücksichtigung des Zugangsfaktors ermittelten persönlichen Entgeltpunkte mit dem Rentenartfaktor und dem aktuellen Rentenwert vervielfältigt werden.

(7) Der aktuelle Rentenwert wird entsprechend der Entwicklung des Durchschnittsentgelts unter Berücksichtigung der Veränderung des Beitragssatzes zur allgemeinen Rentenversicherung jährlich angepasst.

Zweiter Titel
Berechnung und Anpassung der Renten

§ 64 Rentenformel für Monatsbetrag der Rente

Der Monatsbetrag der Rente ergibt sich, wenn

1. die unter Berücksichtigung des Zugangsfaktors ermittelten persönlichen Entgeltpunkte,
2. der Rentenartfaktor und
3. der aktuelle Rentenwert

mit ihrem Wert bei Rentenbeginn miteinander vervielfältigt werden.

§ 65 Anpassung der Renten

Zum 1. Juli eines jeden Jahres werden die Renten angepasst, indem der bisherige aktuelle Rentenwert durch den neuen aktuellen Rentenwert ersetzt wird.

§ 66 Persönliche Entgeltpunkte

(1) Die persönlichen Entgeltpunkte für die Ermittlung des Monatsbetrags der Rente ergeben sich, indem die Summe aller Entgeltpunkte für

1. Beitragszeiten,
2. beitragsfreie Zeiten,
3. Zuschläge für beitragsgeminderte Zeiten,
4. Zuschläge oder Abschläge aus einem durchgeführten Versorgungsausgleich oder Rentensplitting,
5. Zuschläge aus Zahlung von Beiträgen bei vorzeitiger Inanspruchnahme einer Rente wegen Alters oder bei Abfindungen von Anwartschaften auf betriebliche Altersversorgung *oder von Anrechten bei der Versorgungsausgleichskasse*,
6. Zuschläge an Entgeltpunkten für Arbeitsentgelt aus geringfügiger versicherungsfreier Beschäftigung,

Nr. 6 wird wie folgt gefasst:
6. Zuschläge an Entgeltpunkten für Arbeitsentgelt aus geringfügiger Beschäftigung,
7. Arbeitsentgelt aus nach § 23 b Abs. 2 Satz 1 bis 4 des Vierten Buches aufgelösten Wertguthaben,
8. Zuschläge an Entgeltpunkten aus Beiträgen nach Beginn einer Rente wegen Alters und
9. Zuschläge an Entgeltpunkten für Zeiten einer besonderen Auslandsverwendung

mit dem Zugangsfaktor vervielfältigt und bei Witwenrenten und Witwerrenten sowie bei Waisenrenten um einen Zuschlag erhöht wird.

(2) Grundlage für die Ermittlung der persönlichen Entgeltpunkte sind die Entgeltpunkte
1. des Versicherten bei einer Rente wegen Alters, wegen verminderter Erwerbsfähigkeit und bei einer Erziehungsrente,
2. des verstorbenen Versicherten bei einer Witwenrente, Witwerrente und Halbwaisenrente,
3. der zwei verstorbenen Versicherten mit den höchsten Renten bei einer Vollwaisenrente.

(3) Der Monatsbetrag einer Teilrente wird aus dem Teil der Summe aller Entgeltpunkte ermittelt, der dem Anteil der Teilrente an der Vollrente entspricht. Zuschläge an Entgeltpunkten aus Beiträgen nach Beginn einer Rente wegen Alters werden der Ermittlung der persönlichen Entgeltpunkte erst nach dem Ende der Teilrente zugrunde gelegt.

(4) Der Monatsbetrag einer nur teilweise zu leistenden Rente wegen verminderter Erwerbsfähigkeit wird aus dem Teil der Summe aller Entgeltpunkte ermittelt, der dem Anteil der teilweise zu leistenden Rente an der jeweiligen Rente in voller Höhe entspricht.

§ 67 Rentenartfaktor

Der Rentenartfaktor beträgt für persönliche Entgeltpunkte bei

1. Renten wegen Alters	1,0
2. Renten wegen teilweiser Erwerbsminderung	0,5
3. Renten wegen voller Erwerbsminderung	1,0
4. Erziehungsrenten	1,0
5. kleinen Witwenrenten und kleinen Witwerrenten bis zum Ende des dritten Kalendermonats nach Ablauf des Monats, in dem der Ehegatte verstorben ist,	1,0
anschließend	0,25
6. großen Witwenrenten und großen Witwerrenten bis zum Ende des dritten Kalendermonats nach Ablauf des Monats, in dem der Ehegatte verstorben ist,	1,0
anschließend	0,55
7. Halbwaisenrenten	0,1
8. Vollwaisenrenten	0,2.

§ 68 Aktueller Rentenwert

(1) Der aktuelle Rentenwert ist der Betrag, der einer monatlichen Rente wegen Alters der allgemeinen Rentenversicherung entspricht, wenn für ein Kalenderjahr Beiträge aufgrund des Durchschnittsentgelts gezahlt worden sind. Am 30. Juni 2005 beträgt der aktuelle Rentenwert 26,13 Euro. Er verändert sich zum 1. Juli eines jeden Jahres, indem der bisherige aktuelle Rentenwert mit den Faktoren für die Veränderung

1. der Bruttolöhne- und -gehälter je Arbeitnehmer und
2. des Beitragssatzes zur allgemeinen Rentenversicherung und
3. dem Nachhaltigkeitsfaktor

vervielfältigt wird.

(2) Bruttolöhne und -gehälter je Arbeitnehmer sind die durch das Statistische Bundesamt ermittelten Bruttolöhne und -gehälter je Arbeitnehmer ohne Personen in Arbeitsgelegenheiten mit Entschädigungen für Mehraufwendungen jeweils nach der Systematik der Volkswirtschaftlichen Gesamtrechnungen. Der Faktor für die Veränderung der Bruttolöhne- und -gehälter je Arbeitnehmer wird ermittelt, indem deren Wert für das vergangene Kalenderjahr durch den Wert für das vorvergangene Kalenderjahr geteilt wird. Dabei wird der Wert für das vorvergangene Kalenderjahr an die Entwicklung der Einnahmen der gesetzlichen Rentenversicherung angepasst, indem er mit dem Faktor vervielfältigt wird, der sich aus dem Verhältnis der Veränderung der Bruttolöhne und -gehälter je Arbeitnehmer im vorvergangenen Kalenderjahr gegenüber dem dritten zurückliegenden Kalenderjahr und der Veränderung der aus der Versichertenstatistik der Deutschen Rentenversicherung Bund ermittelten beitragspflichtigen Bruttolöhne und -gehälter je Arbeitnehmer ohne Beamte einschließlich der Bezieher von Arbeitslosengeld im vorvergangenen Kalenderjahr gegenüber dem dritten zurückliegenden Kalenderjahr ergibt.

(3) Der Faktor, der sich aus der Veränderung des Beitragssatzes zur allgemeinen Rentenversicherung ergibt, wird ermittelt, indem

1. der durchschnittliche Beitragssatz in der allgemeinen Rentenversicherung des vergangenen Kalenderjahres von der Differenz aus 100 vom Hundert und dem Altersvorsorgeanteil für das Jahr 2012 subtrahiert wird,
2. der durchschnittliche Beitragssatz in der allgemeinen Rentenversicherung für das vorvergangene Kalenderjahr von der Differenz aus 100 vom Hundert und dem Altersvorsorgeanteil für das Jahr 2012 subtrahiert wird,

und anschließend der nach Nummer 1 ermittelte Wert durch den nach Nummer 2 ermittelten Wert geteilt wird. Altersvorsorgeanteil für das Jahr 2012 ist der Wert, der im Fünften Kapitel für das Jahr 2012 als Altersvorsorgeanteil bestimmt worden ist.

(4) Der Nachhaltigkeitsfaktor wird ermittelt, indem der um die Veränderung des Rentnerquotienten im vergangenen Kalenderjahr gegenüber dem vorvergangenen Kalenderjahr verminderte Wert eins mit einem Parameter a vervielfältigt und um den Wert eins erhöht wird. Der Rentnerquotient wird ermittelt, indem die Anzahl der Äquivalenzrentner durch die Anzahl der Äquivalenzbeitragszahler dividiert wird. Die Anzahl der Äquivalenzrentner wird ermittelt, indem das aus den Rechnungsergebnissen auf 1000 Euro genau bestimmte Gesamtvolumen der Renten abzüglich

erstatteter Aufwendungen für Renten und Rententeile eines Kalenderjahres durch eine Regelaltersrente des selben Kalenderjahres aus der allgemeinen Rentenversicherung mit 45 Entgeltpunkten dividiert wird. Die Anzahl der Äquivalenzbeitragszahler wird ermittelt, indem das aus den Rechnungsergebnissen auf 1000 Euro genau bestimmte Gesamtvolumen der Beiträge aller in der allgemeinen Rentenversicherung versicherungspflichtig Beschäftigten, der geringfügig Beschäftigten (§ 8 Viertes Buch) und der Bezieher von Arbeitslosengeld eines Kalenderjahres durch den auf das Durchschnittsentgelt nach Anlage 1 entfallenden Beitrag der allgemeinen Rentenversicherung des selben Kalenderjahres dividiert wird. Die jeweilige Anzahl der Äquivalenzrentner und der Äquivalenzbeitragszahler ist auf 1000 Personen genau zu berechnen. Der Parameter a beträgt 0,25.

(5) Der nach den Absätzen 1 bis 4 anstelle des bisherigen aktuellen Rentenwerts zu bestimmende neue aktuelle Rentenwert wird nach folgender Formel ermittelt:

$$AR_t = AR_{t-1} \times \frac{BE_{t-1}}{BE_{t-2}} \times \frac{100 - AVA_{2012} - RVB_{t-1}}{100 - AVA_{2012} - RVB_{t-2}} \times \left(\left(1 - \frac{RQ_{t-1}}{RQ_{t-2}} \right) \times a + 1 \right)$$

Dabei sind:

AR_t = zu bestimmender aktueller Rentenwert ab dem 1. Juli,
AR_{t-1} = bisheriger aktueller Rentenwert,
BE_{t-1} = Bruttolöhne- und -gehälter je Arbeitnehmer im vergangenen Kalenderjahr,
BE_{t-2} = Bruttolöhne- und -gehälter je Arbeitnehmer im vorvergangenen Kalenderjahr unter Berücksichtigung der Veränderung der beitragspflichtigen Bruttolöhne- und -gehälter je Arbeitnehmer ohne Beamte einschließlich der Bezieher von Arbeitslosengeld,
AVA_{2012} = Altersvorsorgeanteil für das Jahr 2012 in Höhe von 4 vom Hundert,
RVB_{t-1} = durchschnittlicher Beitragssatz in der allgemeinen Rentenversicherung im vergangenen Kalenderjahr,
RVB_{t-2} = durchschnittlicher Beitragssatz in der allgemeinen Rentenversicherung im vorvergangenen Kalenderjahr,
RQ_{t-1} = Rentnerquotient im vergangenen Kalenderjahr,
RQ_{t-2} = Rentnerquotient im vorvergangenen Kalenderjahr.

(6) aufgehoben

(7) Bei der Bestimmung des neuen aktuellen Rentenwerts sind für das vergangene Kalenderjahr die dem Statistischen Bundesamt zu Beginn des Kalenderjahres vorliegenden Daten zu den Bruttolöhnen- und -gehältern je Arbeitnehmer und für das vorvergangene Kalenderjahr und das dritte zurückliegende Kalenderjahr die bei der Bestimmung des bisherigen aktuellen Rentenwerts verwendeten Daten zu den Bruttolöhnen und -gehältern je Arbeitnehmer zugrunde zu legen. Für die Bestimmung der beitragspflichtigen Bruttolöhne und -gehälter je Arbeitnehmer ohne Beamte einschließlich der Bezieher von Arbeitslosengeld nach Absatz 2 Satz 3 sind die der Deutschen Rentenversicherung Bund vorliegenden Daten aus der Versichertenstatistik zu verwenden. Dabei sind für das vorvergangene Kalenderjahr die zu Beginn des Kalenderjahres vorliegenden Daten zu den beitragspflichtigen Bruttolöhnen und -gehältern je Arbeitnehmer ohne

Beamte einschließlich der Bezieher von Arbeitslosengeld und für das dritte zurückliegende Kalenderjahr die bei der Bestimmung des bisherigen aktuellen Rentenwerts verwendeten Daten zu den beitragspflichtigen Bruttolöhnen und -gehältern je Arbeitnehmer ohne Beamte einschließlich der Bezieher von Arbeitslosengeld zugrunde zu legen. Bei der Ermittlung der Rentnerquotienten für das vergangene Kalenderjahr sind die der Deutschen Rentenversicherung Bund im ersten Vierteljahr des Kalenderjahres vorliegenden Daten und für das vorvergangene Kalenderjahr die bei der Bestimmung des bisherigen aktuellen Rentenwerts verwendeten Daten zu Grunde zu legen.

§ 68 a Schutzklausel

(1) Abweichend von § 68 vermindert sich der bisherige aktuelle Rentenwert nicht, wenn der nach § 68 berechnete aktuelle Rentenwert geringer ist als der bisherige aktuelle Rentenwert. Die unterbliebene Minderungswirkung (Ausgleichsbedarf) wird mit Erhöhungen des aktuellen Rentenwerts verrechnet. Die Verrechnung darf nicht zu einer Minderung des bisherigen aktuellen Rentenwerts führen.

(2) In den Jahren, in denen Absatz 1 Satz 1 anzuwenden ist, wird der Ausgleichsbedarf ermittelt, indem der nach § 68 berechnete aktuelle Rentenwert durch den bisherigen aktuellen Rentenwert geteilt wird (Ausgleichsfaktor). Der Wert des Ausgleichsbedarfs verändert sich, indem der im Vorjahr bestimmte Wert mit dem Ausgleichsfaktor des laufenden Jahres vervielfältigt wird.

(3) Ist der nach § 68 berechnete aktuelle Rentenwert höher als der bisherige aktuelle Rentenwert und ist der im Vorjahr bestimmte Wert des Ausgleichsbedarfs kleiner als 1,0000, wird der neue aktuelle Rentenwert abweichend von § 68 ermittelt, indem der bisherige aktuelle Rentenwert mit dem hälftigen Anpassungsfaktor vervielfältigt wird. Der hälftige Anpassungsfaktor wird ermittelt, indem der nach § 68 berechnete aktuelle Rentenwert durch den bisherigen aktuellen Rentenwert geteilt wird (Anpassungsfaktor) und dieser Anpassungsfaktor um 1 vermindert, durch 2 geteilt und um 1 erhöht wird. Der Wert des Ausgleichsbedarfs verändert sich, indem der im Vorjahr bestimmte Wert mit dem hälftigen Anpassungsfaktor vervielfältigt wird. Übersteigt der Ausgleichsbedarf nach Anwendung von Satz 3 den Wert 1,0000, wird der bisherige aktuelle Rentenwert abweichend von Satz 1 mit dem Faktor vervielfältigt, der sich ergibt, wenn der Anpassungsfaktor mit dem im Vorjahr bestimmten Wert des Ausgleichsbedarfs vervielfältigt wird; der Wert des Ausgleichsbedarfs beträgt dann 1,0000.

(4) Sind weder Absatz 1 noch Absatz 3 anzuwenden, bleibt der Wert des Ausgleichsbedarfs unverändert.

§ 69 Verordnungsermächtigung

(1) Die Bundesregierung hat durch Rechtsverordnung mit Zustimmung des Bundesrates den zum 1. Juli eines Jahres maßgebenden aktuellen Rentenwert und den Ausgleichsbedarf bis zum 30. Juni des jeweiligen Jahres zu bestimmen.

(2) Die Bundesregierung hat durch Rechtsverordnung mit Zustimmung des Bundesrates zum Ende eines jeden Jahres

1. für das vergangene Kalenderjahr das auf volle Euro gerundete Durchschnittsent-

gelt in Anlage 1 entsprechend der Entwicklung der Bruttolöhne und -gehälter je Arbeitnehmer (§ 68 Abs. 2 Satz 1),
2. für das folgende Kalenderjahr das auf volle Euro gerundete vorläufige Durchschnittsentgelt, das sich ergibt, wenn das Durchschnittsentgelt für das vergangene Kalenderjahr um das Doppelte des Vomhundertsatzes verändert wird, um den sich das Durchschnittsentgelt des vergangenen Kalenderjahres gegenüber dem Durchschnittsentgelt des vorvergangenen Kalenderjahres verändert hat,

zu bestimmen. Die Bestimmung soll bis zum 31. Dezember des jeweiligen Jahres erfolgen.

Dritter Titel
Ermittlung der persönlichen Entgeltpunkte

§ 70 Entgeltpunkte für Beitragszeiten

(1) Für Beitragszeiten werden Entgeltpunkte ermittelt, indem die Beitragsbemessungsgrundlage durch das Durchschnittsentgelt (Anlage 1 für dasselbe Kalenderjahr geteilt wird. Für das Kalenderjahr des Rentenbeginns und für das davorliegende Kalenderjahr wird als Durchschnittsentgelt der Betrag zugrunde gelegt, der für diese Kalenderjahre vorläufig bestimmt ist.

(2) Kindererziehungszeiten erhalten für jeden Kalendermonat 0,0833 Entgeltpunkte (Entgeltpunkte für Kindererziehungszeiten). Entgeltpunkte für Kindererziehungszeiten sind auch Entgeltpunkte, die für Kindererziehungszeiten mit sonstigen Beitragszeiten ermittelt werden, indem die Entgeltpunkte für sonstige Beitragszeiten um 0,0833 Entgeltpunkte erhöht werden, höchstens um die Entgeltpunkte bis zum Erreichen der jeweiligen Höchstwerte nach Anlage 2b.

(3) Aus der Zahlung von Beiträgen für Arbeitsentgelt aus nach § 23b Abs. 2 Satz 1 bis 4 des Vierten Buches aufgelösten Wertguthaben werden zusätzliche Entgeltpunkte ermittelt, indem dieses Arbeitsentgelt durch das vorläufige Durchschnittsentgelt (Anlage 1) für das Kalenderjahr geteilt wird, dem das Arbeitsentgelt zugeordnet ist. Die so ermittelten Entgeltpunkte gelten als Entgeltpunkte für Zeiten mit vollwertigen Pflichtbeiträgen nach dem 31. 12. 1991.

(3a) Sind mindestens 25 Jahre mit rentenrechtlichen Zeiten vorhanden, werden für nach dem Jahr 1991 liegende Kalendermonate mit Berücksichtigungszeiten wegen Kindererziehung oder mit Zeiten der nicht erwerbsmäßigen Pflege eines pflegebedürftigen Kindes bis zur Vollendung des 18. Lebensjahres Entgeltpunkte zusätzlich ermittelt oder gutgeschrieben. Diese betragen für jeden Kalendermonat
a) mit Pflichtbeiträgen die Hälfte der hierfür ermittelten Entgeltpunkte, höchstens 0,0278 an zusätzlichen Entgeltpunkten,
b) in dem für den Versicherten Berücksichtigungszeiten wegen Kindererziehung oder Zeiten der Pflege eines pflegebedürftigen Kindes für ein Kind mit entsprechenden Zeiten für ein anderes Kind zusammentreffen, 0,0278 an gutgeschriebenen Entgeltpunkten, abzüglich des Wertes der zusätzlichen Entgeltpunkte nach Buchstabe a).

Die Summe der zusätzlich ermittelten und gutgeschriebenen Entgeltpunkte ist zusammen mit den für Beitragszeiten und Kindererziehungszeiten ermittelten Entgeltpunkten auf einen Wert von höchstens 0,0833 Entgeltpunkte begrenzt.

(4) Ist für eine Rente wegen Alters die voraussichtliche beitragspflichtige Einnahme für den verbleibenden Zeitraum bis zum Beginn der Rente wegen Alters vom Rentenversicherungsträger errechnet worden (§ 194 Abs. 1 Satz 3, Abs. 2 Satz 2), sind für diese Rente Entgeltpunkte daraus wie aus der Beitragsbemessungsgrundlage zu ermitteln. Weicht die tatsächlich erzielte beitragspflichtige Einnahme von der durch den Rentenversicherungsträger errechneten voraussichtlichen beitragspflichtigen Einnahme ab, bleibt sie für diese Rente außer Betracht.

(5) Für Zeiten, für die Beiträge aufgrund der Vorschriften des Vierten Kapitels über die Nachzahlung gezahlt worden sind, werden Entgeltpunkte ermittelt, indem die Beitragsbemessungsgrundlage durch das Durchschnittsentgelt des Jahres geteilt wird, in dem die Beiträge gezahlt worden sind.

§ 71 Entgeltpunkte für beitragsfreie und beitragsgeminderte Zeiten (Gesamtleistungsbewertung)

(1) Beitragsfreie Zeiten erhalten den Durchschnittswert an Entgeltpunkten, der sich aus der Gesamtleistung an Beiträgen im belegungsfähigen Zeitraum ergibt. Dabei erhalten sie den höheren Durchschnittswert aus der Grundbewertung aus allen Beiträgen oder der Vergleichsbewertung aus ausschließlich vollwertigen Beiträgen.

(2) Für beitragsgeminderte Zeiten ist die Summe der Entgeltpunkte um einen Zuschlag so zu erhöhen, dass mindestens der Wert erreicht wird, den diese Zeiten jeweils als beitragsfreie Anrechnungszeiten wegen Krankheit und Arbeitslosigkeit, wegen einer schulischen Ausbildung und als Zeiten wegen einer beruflichen Ausbildung oder als sonstige beitragsfreie Zeiten hätten. Diese zusätzlichen Entgeltpunkte werden den jeweiligen Kalendermonaten mit beitragsgeminderten Zeiten zu gleichen Teilen zugeordnet.

(3) Für die Gesamtleistungsbewertung werden jedem Kalendermonat

1. an Berücksichtigungszeit die Entgeltpunkte zugeordnet, die sich ergeben würden, wenn diese Kalendermonate Kindererziehungszeiten wären,
2. mit Zeiten einer beruflichen Ausbildung mindestens 0,0833 Entgeltpunkte zugrunde gelegt und diese Kalendermonate insoweit nicht als beitragsgeminderte Zeiten berücksichtigt.

Bei der Anwendung von Satz 1 Nr. 2 gelten die ersten 36 Kalendermonate mit Pflichtbeiträgen für Zeiten einer versicherten Beschäftigung oder selbständigen Tätigkeit bis zur Vollendung des 25. Lebensjahres stets als Zeiten einer beruflichen Ausbildung. Eine Zuordnung an Entgeltpunkten für Kalendermonate mit Berücksichtigungszeiten unterbleibt in dem Umfang, in dem bereits nach § 70 Abs. 3 a Entgeltpunkte zusätzlich ermittelt oder gutgeschrieben worden sind. Satz 1 Nr. 2 gilt nicht für Kalendermonate mit Zeiten der beruflichen Ausbildung, für die bereits Entgeltpunkte nach Satz 1 Nr. 1 zugeordnet werden.

(4) Soweit beitragsfreie Zeiten mit Zeiten zusammentreffen, die bei einer Versorgung aus einem

1. öffentlich-rechtlichen Dienstverhältnis oder
2. Arbeitsverhältnis mit Anspruch auf Versorgung nach beamtenrechtlichen Vorschriften oder Grundsätzen oder entsprechenden kirchenrechtlichen Regelungen

ruhegehaltfähig sind oder bei Eintritt des Versorgungsfalls als ruhegehaltfähig anerkannt werden, bleiben sie bei der Gesamtleistungsbewertung unberücksichtigt.

§ 72 Grundbewertung

(1) Bei der Grundbewertung werden für jeden Kalendermonat Entgeltpunkte in der Höhe zugrunde gelegt, die sich ergibt, wenn die Summe der Entgeltpunkte für Beitragszeiten und Berücksichtigungszeiten durch die Anzahl der belegungsfähigen Monate geteilt wird.

(2) Der belegungsfähige Gesamtzeitraum umfasst die Zeit vom vollendeten 17. Lebensjahr bis zum

1. Kalendermonat vor Beginn der zu berechnenden Rente bei einer Rente wegen Alters, bei einer Rente wegen voller Erwerbsminderung, auf die erst nach Erfüllung einer Wartezeit von 20 Jahren ein Anspruch besteht, oder bei einer Erziehungsrente,
2. Eintritt der maßgebenden Minderung der Erwerbsfähigkeit bei einer Rente wegen verminderter Erwerbsfähigkeit,
3. Tod des Versicherten bei einer Hinterbliebenenrente.

Der belegungsfähige Gesamtzeitraum verlängert sich um Kalendermonate mit rentenrechtlichen Zeiten vor Vollendung des 17. Lebensjahres.

(3) Nicht belegungsfähig sind Kalendermonate mit

1. beitragsfreien Zeiten, die nicht auch Berücksichtigungszeiten sind, und
2. Zeiten, in denen eine Rente aus eigener Versicherung bezogen worden ist, die nicht auch Beitragszeiten oder Berücksichtigungszeiten sind.

§ 73 Vergleichsbewertung

Bei der Vergleichsbewertung werden für jeden Kalendermonat Entgeltpunkte in der Höhe zugrunde gelegt, die sich ergibt, wenn die Summe der Entgeltpunkte aus der Grundbewertung ohne Entgeltpunkte für

1. beitragsgeminderte Zeiten,
2. Berücksichtigungszeiten, die auch beitragsfreie Zeiten sind, und
3. Beitragszeiten oder Berücksichtigungszeiten, in denen eine Rente aus eigener Versicherung bezogen worden ist,

durch die Anzahl der belegungsfähigen Monate geteilt wird. Dabei sind von den belegungsfähigen Monaten aus der Grundbewertung die bei der Vergleichsbewertung außer Betracht gebliebenen Kalendermonate mit Entgeltpunkten abzusetzen.

§ 74 Begrenzte Gesamtleistungsbewertung

Der sich aus der Gesamtleistungsbewertung ergebende Wert wird für jeden Kalendermonat mit Zeiten einer beruflichen Ausbildung, Fachschulausbildung oder der Teilnahme an einer berufsvorbereitenden Bildungsmaßnahme auf 75 vom Hundert begrenzt. Der so begrenzte Gesamtleistungswert darf für einen Kalendermonat 0,0625

Entgeltpunkte nicht übersteigen. Zeiten einer beruflichen Ausbildung, Fachschulausbildung oder der Teilnahme an einer berufsvorbereitenden Bildungsmaßnahme werden insgesamt für höchstens drei Jahre bewertet, vorrangig die Zeiten der Fachschulausbildung und der Teilnahme an einer berufsvorbereitenden Bildungsmaßnahme. Zeiten einer Schul- oder Hochschulausbildung und Kalendermonate, die nur deshalb Anrechnungszeiten sind, weil

1. Arbeitslosigkeit nach dem 30. Juni 1978 vorgelegen hat, für die Arbeitslosengeld oder Arbeitslosengeld II nicht oder Arbeitslosengeld II nur darlehensweise gezahlt worden ist oder nur Leistungen nach § 24 Absatz 3 Satz 1 des Zweiten Buches erbracht worden sind,

1 a. Arbeitslosengeld II bezogen worden ist,

2. Krankheit nach dem 31. Dezember 1983 vorgelegen hat und nicht Beiträge gezahlt worden sind,
3. Ausbildungssuche vorgelegen hat,

werden nicht bewertet.

§ 76 Zuschläge oder Abschläge beim Versorgungsausgleich

(1) Ein zugunsten oder zulasten von Versicherten durchgeführter Versorgungsausgleich wird durch einen Zuschlag oder Abschlag an Entgeltpunkten berücksichtigt.

(2) Die Übertragung oder Begründung von Rentenanwartschaften zugunsten von Versicherten führt zu einem Zuschlag an Entgeltpunkten. Der Begründung von Rentenanwartschaften stehen gleich

1. die Wiederauffüllung geminderter Rentenanwartschaften (§ 187 Abs. 1 Nr. 1),
2. die Abwendung einer Kürzung der Versorgungsbezüge, wenn später eine Nachversicherung durchgeführt worden ist (§ 183 Abs. 1).

(3) Die Übertragung von Rentenanwartschaften zu Lasten von Versicherten führt zu einem Abschlag an Entgeltpunkten.

(4) Die Entgeltpunkte werden in der Weise ermittelt, dass der Monatsbetrag der Rentenanwartschaften durch den aktuellen Rentenwert mit seinem Wert bei Ende der Ehezeit oder Lebenspartnerschaftszeit geteilt wird. Entgeltpunkte aus einer Begründung durch externe Teilung nach § 14 des Versorgungsausgleichsgesetzes werden ermittelt, indem der vom Familiengericht nach § 222 Abs. 3 des Gesetzes über das Verfahren in Familiensachen und in den Angelegenheiten der freiwilligen Gerichtsbarkeit festgesetzte Kapitalbetrag mit dem zum Ende der Ehezeit maßgebenden Umrechnungsfaktor für die Ermittlung von Entgeltpunkten im Rahmen des Versorgungsausgleichs vervielfältigt wird. An die Stelle des Endes der Ehezeit oder Lebenspartnerschaftszeit tritt in Fällen, in denen der Versorgungsausgleich nicht Folgesache im Sinne von § 137 Abs. 2 Satz 1 Nr. 1 des Gesetzes über das Verfahren in Familiensachen und in den Angelegenheiten der freiwilligen Gerichtsbarkeit ist oder im Abänderungsverfahren der Eingang des Antrags auf Durchführung oder Abänderung des Versorgungsausgleichs beim Familiengericht, in Fällen der Aussetzung des Verfahrens über den Versorgungsausgleich der Zeitpunkt der Wiederaufnahme des Verfahrens über den Versorgungsausgleich.

(5) Ein Zuschlag an Entgeltpunkten, die sich aus der Zahlung von Beiträgen zur Begründung einer Rentenanwartschaft oder zur Wiederauffüllung einer geminderten Rentenanwartschaft ergeben, erfolgt nur, wenn die Beiträge bis zu einem Zeitpunkt gezahlt worden sind, bis zu dem Entgeltpunkte für freiwillig gezahlte Beiträge zu ermitteln sind.

(6) Der Zuschlag an Entgeltpunkten entfällt zu gleichen Teilen auf die in der Ehezeit oder Lebenspartnerschaftszeit liegenden Kalendermonate, der Abschlag zu gleichen Teilen auf die in der Ehezeit oder Lebenspartnerschaftszeit liegenden Kalendermonate mit Beitragszeiten und beitragsfreien Zeiten.

(7) Ist eine Rente um einen Zuschlag oder Abschlag aus einem durchgeführten Versorgungsausgleich zu verändern, ist von der Summe der bisher der Rente zugrunde liegenden Entgeltpunkte auszugehen.

§ 76a Zuschläge an Entgeltpunkten aus Zahlung von Beiträgen bei vorzeitiger Inanspruchnahme einer Rente wegen Alters oder bei Abfindungen einer Anwartschaft auf betriebliche Altersversorgung oder von Anrechten bei der Versorgungsausgleichskasse

(1) Entgeltpunkte aus der Zahlung von Beiträgen bei vorzeitiger Inanspruchnahme einer Rente wegen Alters werden ermittelt, indem gezahlte Beiträge mit dem zum Zeitpunkt der Zahlung maßgebenden Umrechnungsfaktor für die Ermittlung von Entgeltpunkten im Rahmen des Versorgungsausgleichs vervielfältigt werden.

(2) Entgeltpunkte aus der Zahlung von Beiträgen bei Abfindungen von Anwartschaften auf betriebliche Altersversorgung oder von Anrechten bei der Versorgungsausgleichskasse werden ermittelt, indem aus dem Abfindungsbetrag gezahlte Beiträge mit dem zum Zeitpunkt der Zahlung maßgebenden Umrechnungsfaktor für die Ermittlung von Entgeltpunkten im Rahmen des Versorgungsausgleichs vervielfältigt werden.

(3) Ein Zuschlag aus der Zahlung solcher Beiträge erfolgt nur, wenn sie bis zu einem Zeitpunkt gezahlt worden sind, bis zu dem Entgeltpunkte für freiwillig gezahlte Beiträge zu ermitteln sind.

§ 76b Zuschläge an Entgeltpunkten für Arbeitsentgelt aus geringfügiger Beschäftigung

(1) Für Arbeitsentgelt aus geringfügiger versicherungsfreier Beschäftigung, für das der Arbeitgeber einen Beitragsanteil getragen hat, werden Zuschläge an Entgeltpunkten ermittelt.

Abs. 1 wird wie folgt gefasst:

(1) Für Arbeitsentgelt aus geringfügiger Beschäftigung, für die Beschäftigte nach § 6 Absatz 1b von der Versicherungspflicht befreit sind, und für das der Arbeitgeber einen Beitragsanteil getragen hat, werden Zuschläge an Entgeltpunkten ermittelt.

(2) Die Zuschläge an Entgeltpunkten werden ermittelt, in dem das Arbeitsentgelt, das beitragspflichtig wäre, wenn die Beschäftigung versicherungspflichtig wäre, durch das Durchschnittsentgelt (Anlage 1) für dasselbe Kalenderjahr geteilt und mit dem

Verhältnis vervielfältigt wird, das dem vom Arbeitgeber gezahlten Beitragsanteil und dem Beitrag entspricht, der zu zahlen wäre, wenn das Arbeitsentgelt beitragspflichtig wäre. Für das Kalenderjahr des Rentenbeginns und für das davor liegende Kalenderjahr wird als Durchschnittsentgelt der Betrag zugrunde gelegt, der für diese Kalenderjahre vorläufig bestimmt ist.

(3) Für den Zuschlag an Entgeltpunkten gelten die §§ 75 und 124 entsprechend.

(4) Absatz 1 gilt nicht für Beschäftigte, die
1. als Bezieher einer Vollrente wegen Alters,
2. als Versorgungsbezieher
3. wegen des Erreichens der Regelaltersgrenze oder
4. wegen einer Beitragserstattung

versicherungsfrei sind.

Absatz 4 in der Fassung bis 30.06.2013:

(4) Absatz 1 gilt nicht für Beschäftigte, die
1. als Bezieher einer Vollrente wegen Alters,
2. als Versorgungsbezieher,
3. wegen des Erreichens der Regelaltersgrenze oder
4. wegen einer Beitragserstattung

versicherungsfrei sind.

Absatz 4 in der Fassung ab 01.07.2013 (Neugefasst/geändert durch G vom ... (BGBl. I S. ...):

(4) Absatz 1 gilt nicht für Beschäftigte, die wegen
1. des Bezugs einer Vollrente wegen Alters nach Erreichen der Regelaltersgrenze,
2. des Bezugs einer Versorgung,
3. des Erreichens der Regelaltersgrenze oder
4. einer Beitragserstattung

versicherungsfrei sind.

§ 76c Zuschläge oder Abschläge beim Rentensplitting

(1) Ein durchgeführtes Rentensplitting wird beim Versicherten durch Zuschläge oder Abschläge an Entgeltpunkten berücksichtigt.

(2) Zuschläge an Entgeltpunkten aus einem durchgeführten Rentensplitting entfallen zu gleichen Teilen auf die in der Splittingzeit liegenden Kalendermonate, Abschläge zu gleichen Teilen auf die in der Splittingzeit liegenden Kalendermonate mit Beitragszeiten und beitragsfreien Zeiten.

(3) Ist eine Rente um Zuschläge oder Abschläge aus einem durchgeführten Rentensplitting zu verändern, ist von der Summe der bisher der Rente zugrunde liegenden Entgeltpunkte auszugehen.

§ 76d Zuschläge an Entgeltpunkten aus Beiträgen nach Beginn einer Rente wegen Alters

Für die Ermittlung von Zuschlägen an Entgeltpunkten aus Beiträgen nach Beginn einer Rente wegen Alters gelten die Regelungen zur Ermittlung von Entgeltpunkten für

Beitragszeiten oder von Zuschlägen für Arbeitsentgelt aus geringfügiger versicherungsfreier Beschäftigung entsprechend.

§ 76 d wird wie folgt gefasst: … aus geringfügiger Beschäftigung entsprechend.

§ 77 Zugangsfaktor

(1) Der Zugangsfaktor richtet sich nach dem Alter der Versicherten bei Rentenbeginn oder bei Tod und bestimmt, in welchem Umfang Entgeltpunkte bei der Ermittlung des Monatsbetrags der Rente als persönliche Entgeltpunkte zu berücksichtigen sind.

(2) Der Zugangsfaktor ist für Entgeltpunkte, die noch nicht Grundlage von persönlichen Entgeltpunkten einer Rente waren,

1. bei Renten wegen Alters, die mit Ablauf des Kalendermonats des Erreichens der Regelaltersgrenze oder eines für den Versicherten maßgebenden niedrigeren Rentenalters beginnen, 1,0,
2. bei Renten wegen Alters, die
   a) vorzeitig in Anspruch genommen werden, für jeden Kalendermonat um 0,003 niedriger als 1,0 und
   b) nach Erreichen der Regelaltersgrenze trotz erfüllter Wartezeit nicht in Anspruch genommen werden, für jeden Kalendermonat um 0,005 höher als 1,0,
3. bei Renten wegen verminderter Erwerbsfähigkeit und bei Erziehungsrenten für jeden Kalendermonat, für den eine Rente vor Ablauf des Kalendermonats der Vollendung des 65. Lebensjahres in Anspruch genommen wird, um 0,003 niedriger als 1,0,
4. bei Hinterbliebenenrenten für jeden Kalendermonat,
   a) der sich vom Ablauf des Monats, in dem der Versicherte verstorben ist, bis zum Ablauf des Kalendermonats der Vollendung des 65. Lebensjahres des Versicherten ergibt, um 0,003 niedriger als 1,0 und
   b) für den Versicherte trotz erfüllter Wartezeit eine Rente wegen Alters nach Erreichen der Regelaltersgrenze nicht in Anspruch genommen haben, um 0,005 höher als 1,0.

Beginnt eine Rente wegen verminderter Erwerbsfähigkeit oder eine Erziehungsrente vor Vollendung des 62. Lebensjahres oder ist bei Hinterbliebenenrenten der Versicherte vor Vollendung des 62. Lebensjahres verstorben, ist die Vollendung des 62. Lebensjahres für die Bestimmung des Zugangsfaktors maßgebend. Die Zeit des Bezugs einer Rente vor Vollendung des 62. Lebensjahres des Versicherten gilt nicht als Zeit einer vorzeitigen Inanspruchnahme. Dem Beginn und der vorzeitigen oder späteren Inanspruchnahme einer Rente wegen Alters steht für die Ermittlung des Zugangsfaktors für Zuschläge an Entgeltpunkten aus Beiträgen nach Beginn einer Rente wegen Alters der Beginn einer Vollrente wegen Alters gleich.

(3) Für diejenigen Entgeltpunkte, die bereits Grundlage von persönlichen Entgeltpunkten einer früheren Rente waren, bleibt der frühere Zugangsfaktor maßgebend. Dies gilt nicht für die Hälfte der Entgeltpunkte, die Grundlage einer Rente wegen teilweiser Erwerbsminderung waren. Der Zugangsfaktor wird für Entgeltpunkte, die Versicherte bei

1. einer Rente wegen Alters nicht mehr vorzeitig in Anspruch genommen haben, um 0,003 oder

2. einer Rente wegen verminderter Erwerbsfähigkeit oder einer Erziehungsrente mit einem Zugangsfaktor kleiner als 1,0 nach Ablauf des Kalendermonats der Vollendung des 62. Lebensjahres bis zum Ende des Kalendermonats der Vollendung des 65. Lebensjahres nicht in Anspruch genommen haben, um 0,003,
3. einer Rente nach Erreichen der Regelaltersgrenze nicht in Anspruch genommen haben, um 0,005

je Kalendermonat erhöht.

(4) Bei Renten wegen verminderter Erwerbsfähigkeit und bei Hinterbliebenenrenten, deren Berechnung 40 Jahre mit den in § 51 Abs. 3 a und 4 und mit § 52 Abs. 2 genannten Zeiten zugrunde liegen, sind die Absätze 2 und 3 mit der Maßgabe anzuwenden, dass an die Stelle der Vollendung des 65. Lebensjahres die Vollendung des 63. Lebensjahres und an die Stelle der Vollendung des 62. Lebensjahres die Vollendung des 60. Lebensjahres tritt.

§ 78 Zuschlag bei Waisenrenten

(1) Der Zuschlag an persönlichen Entgeltpunkten bei Waisenrenten richtet sich nach der Anzahl an Kalendermonaten mit rentenrechtlichen Zeiten und dem Zugangsfaktor des verstorbenen Versicherten. Dabei wird der Zuschlag für jeden Kalendermonat mit Beitragszeiten in vollem Umfang berücksichtigt. Für jeden Kalendermonat mit sonstigen rentenrechtlichen Zeiten wird der Zuschlag in dem Verhältnis berücksichtigt, in dem die Anzahl der Kalendermonate mit Beitragszeiten und Berücksichtigungszeiten zur Anzahl der für die Grundbewertung belegungsfähigen Monate steht.

(2) Bei einer Halbwaisenrente sind der Ermittlung des Zuschlags für jeden Kalendermonat 0,0833 Entgeltpunkte zugrunde zu legen.

(3) Bei einer Vollwaisenrente sind der Ermittlung des Zuschlags für jeden Kalendermonat des verstorbenen Versicherten mit der höchsten Rente 0,075 Entgeltpunkte zugrunde zu legen. Auf den Zuschlag werden die persönlichen Entgeltpunkte des verstorbenen Versicherten mit der zweithöchsten Rente angerechnet.

§ 78 a Zuschlag bei Witwenrenten und Witwerrenten

(1) Der Zuschlag an persönlichen Entgeltpunkten bei Witwenrenten und Witwerrenten richtet sich nach der Dauer der Erziehung von Kindern bis zur Vollendung ihres dritten Lebensjahres. Die Dauer ergibt sich aus der Summe der Anzahl an Kalendermonaten mit Berücksichtigungszeiten wegen Kindererziehung, die der Witwe oder dem Witwer zugeordnet worden sind, beginnend nach Ablauf des Monats der Geburt, bei Geburten am Ersten eines Monats jedoch vom Monat der Geburt an. Für die ersten 36 Kalendermonate sind jeweils 0,1010 Entgeltpunkte, für jeden weiteren Kalendermonat 0,0505 Entgeltpunkte zugrunde zu legen. Witwenrenten und Witwerrenten werden nicht um einen Zuschlag erhöht, solange der Rentenartfaktor mindestens 1,0 beträgt.

(1 a) Absatz 1 gilt entsprechend, soweit Berücksichtigungszeiten nur deshalb nicht angerechnet werden, weil

1. die Voraussetzungen des § 56 Absatz 4 vorliegen,

2. die Voraussetzung nach § 57 Satz 2 nicht erfüllt wird oder
3. sie auf Grund einer Beitragserstattung nach § 210 untergegangen sind.

(2) Sterben Versicherte vor der Vollendung des dritten Lebensjahres des Kindes, wird mindestens der Zeitraum zugrunde gelegt, der zum Zeitpunkt des Todes an der Vollendung des dritten Lebensjahres des Kindes fehlt. Sterben Versicherte vor der Geburt des Kindes, werden 36 Kalendermonate zugrunde gelegt, wenn das Kind innerhalb von 300 Tagen nach dem Tod geboren wird. Wird das Kind nach Ablauf dieser Frist geboren, erfolgt der Zuschlag mit Beginn des Monats, der auf den letzten Monat der zu berücksichtigenden Kindererziehung folgt.

(3) Absatz 1 gilt nicht, wenn eine Leistung, die dem Zuschlag gleichwertig ist, nach beamtenrechtlichen Vorschriften oder Grundsätzen oder nach entsprechenden kirchenrechtlichen Regelungen erbracht wird.

Fünfter Titel
Ermittlung des Monatsbeitrags der Rente in Sonderfällen

Vierter Unterabschnitt
Zusammentreffen von Renten und Einkommen

§ 89 Mehrere Rentenansprüche

(1) Bestehen für denselben Zeitraum Ansprüche auf mehrere Renten aus eigener Versicherung, wird nur die höchste Rente geleistet. Bei gleich hohen Renten ist folgende Rangfolge maßgebend:

1. Regelaltersrente,
2. Altersrente für langjährig Versicherte
3. Altersrente für schwerbehinderte Menschen,
3a. Altersrente für besonders langjährig Versicherte,
4. Altersrente wegen Arbeitslosigkeit oder nach Altersteilzeitarbeit (Fünftes Kapitel)
5. Altersrente für Frauen (Fünftes Kapitel)
6. Altersrente für langjährig unter Tage beschäftigte Bergleute
7. Rente wegen voller Erwerbsminderung
8. Rente wegen Erwerbsunfähigkeit (Fünftes Kapitel)
9. Erziehungsrente
10. Rente wegen Berufsunfähigkeit (Fünftes Kapitel)
11. Rente wegen teilweiser Erwerbsminderung
12. Rente für Bergleute.

(2) Für den Zeitraum, für den Anspruch auf große Witwenrente oder große Witwerrente besteht, wird eine kleine Witwenrente oder eine kleine Witwerrente nicht geleistet.

(3) Besteht für denselben Zeitraum Anspruch auf mehrere Waisenrenten, wird nur die höchste Waisenrente geleistet. Bei gleich hohen Waisenrenten wird nur die zuerst beantragte Rente geleistet.

§ 96 a Rente wegen verminderter Erwerbsfähigkeit und Hinzuverdienst

Absatz 1 in der Fassung bis 30. 06. 2013:

(1) Eine Rente wegen verminderter Erwerbsfähigkeit wird nur geleistet, wenn die Hinzuverdienstgrenze nicht überschritten wird. Sie wird nicht überschritten, wenn das Arbeitsentgelt oder Arbeitseinkommen aus einer Beschäftigung oder selbständigen Tätigkeit oder vergleichbares Einkommen im Monat die in Absatz 2 genannten Beträge nicht übersteigt, wobei ein zweimaliges Überschreiten um jeweils einen Betrag bis zur Höhe der Hinzuverdienstgrenze nach Absatz 2 im Laufe eines jeden Kalenderjahres außer Betracht bleibt. Die in Satz 2 genannten Einkünfte werden zusammengerechnet. Nicht als Arbeitsentgelt gilt das Entgelt, das

1. eine Pflegeperson von dem Pflegebedürftigen erhält, wenn es das dem Umfang der Pflegetätigkeit entsprechende Pflegegeld im Sinne des § 37 des Elften Buches nicht übersteigt, oder
2. ein behinderter Mensch von dem Träger einer in § 1 Satz 1 Nr. 2 genannten Einrichtung erhält.

Absatz 1 in der Fassung ab 01. 07. 2013 (Neugefasst/geändert durch G vom … (BGBl. I S. …):

(1) Eine Rente wegen verminderter Erwerbsfähigkeit in voller Höhe wird nur geleistet, wenn die Hinzuverdienstgrenze nicht überschritten wird. Sie wird nicht überschritten, wenn das Arbeitsentgelt oder Arbeitseinkommen oder vergleichbares Einkommen im Monat den in Absatz 2 genannten Betrag nicht übersteigt. Für die Höhe des zu berücksichtigenden Hinzuverdienstes gilt § 18 b Absatz 1 bis 3 des Vierten Buches entsprechend; für Änderungen beim Hinzuverdienst gilt § 18 d Absatz 1, 2 und 4 des Vierten Buches entsprechend. Für die Ermittlung des zu berücksichtigenden Hinzuverdienstes gelten § 18 c Absatz 1 bis 3 sowie § 18 e Absatz 1 bis 3 und 4 bis 6 des Vierten Buches entsprechend. Wird die Hinzuverdienstgrenze überschritten, wird der Monatsbetrag der Rente um den überschreitenden Betrag gekürzt und die Rente nur teilweise geleistet. Die Rente wird nicht geleistet, wenn der die Hinzuverdienstgrenze überschreitende Betrag den Monatsbetrag der Rente erreicht. Nicht als Arbeitsentgelt gilt das Entgelt, das

1. eine Pflegeperson von der pflegebedürftigen Person erhält, wenn es das dem Umfang der Pflegetätigkeit entsprechende Pflegegeld im Sinne des § 37 des Elften Buches nicht übersteigt, oder
2. ein behinderter Mensch von dem Träger einer in § 1 Satz 1 Nummer 2 genannten Einrichtung erhält.«

Absatz 1 a in der Fassung bis 30. 06. 2013:

(1 a) Abhängig vom erzielten Hinzuverdienst wird

1. eine Rente wegen teilweiser Erwerbsminderung in voller Höhe oder in Höhe der Hälfte,
2. eine Rente wegen voller Erwerbsminderung in voller Höhe, in Höhe von drei Vierteln, in Höhe der Hälfte oder in Höhe eines Viertels,
3. eine Rente für Bergleute in voller Höhe, in Höhe von zwei Dritteln oder in Höhe von einem Drittel

geleistet.

Absatz 1 a durch G vom … (BGBl. I S. …) mit Wirkung ab 01. 07. 2013 aufgehoben.

Absatz 2 in der Fassung bis 30. 06. 2013:

(2) Die Hinzuverdienstgrenze beträgt

1. bei einer Rente wegen teilweiser Erwerbsminderung
   a) in voller Höhe das 0,23fache,
   b) in Höhe der Hälfte das 0,28fache

   der monatlichen Bezugsgröße, vervielfältigt mit der Summe der Entgeltpunkte (§ 66 Abs. 1 Nr. 1 bis 3) der letzten drei Kalenderjahre vor Eintritt der teilweisen Erwerbsminderung, mindestens jedoch mit 1,5 Entgeltpunkten,
2. bei einer Rente wegen voller Erwerbsminderung in voller Höhe 400 Euro,

   Neu gefasst wird Nr. 2 lauten:
2. bei einer Rente wegen voller Erwerbsminderung in voller Höhe 450 Euro,
3. bei einer Rente wegen voller Erwerbsminderung
   a) in Höhe von drei Vierteln das 0,17fache,
   b) in Höhe der Hälfte das 0,23fache,
   c) in Höhe eines Viertels das 0,28fache

   der monatlichen Bezugsgröße, vervielfältigt mit der Summe der Entgeltpunkte (§ 66 Abs. 1 Nr. 1 bis 3) der letzten drei Kalenderjahre vor Eintritt der vollen Erwerbsminderung, mindestens jedoch mit 1,5 Entgeltpunkten,
4. bei einer Rente für Bergleute
   a) in voller Höhe das 0,25fache,
   b) in Höhe von zwei Dritteln das 0,34fache,
   c) in Höhe von einem Drittel das 0,42fache

der monatlichen Bezugsgröße, vervielfältigt mit der Summe der Entgeltpunkte (§ 66 Abs. 1 Nr. 1 bis 3) der letzten drei Kalenderjahre vor Eintritt der im Bergbau verminderten Berufsfähigkeit oder der Erfüllung der Voraussetzungen nach§ 45 Abs. 3, mindestens jedoch mit 1,5 Entgeltpunkten.

Absatz 2 in der Fassung ab 01. 07. 2013 (Neugefasst/geändert durch G vom … (BGBl. I S. …):

(2) Die Hinzuverdienstgrenze wird errechnet, indem die höchste Summe an Entgeltpunkten (§ 66 Absatz 1 Nummer 1 bis 3) eines Kalenderjahres aus den letzten fünfzehn Kalenderjahren vor Eintritt der Erwerbsminderung, mindestens jedoch 0,5 Entgeltpunkte, mit einem Zwölftel des vorläufigen Durchschnittsentgelts (Anlage 1) vervielfältigt wird, abzüglich des Monatsbetrags der Rente wegen verminderter Erwerbsfähigkeit in voller Höhe bei Rentenbeginn. Die Hinzuverdienstgrenze beträgt mindestens 400 Euro. Sie wird jährlich zum 1. Juli neu errechnet. Ergibt sich durch ein Absinken des vorläufigen Durchschnittsentgelts eine geringere Hinzuverdienstgrenze als im Vorjahr, ist weiterhin der Vorjahreswert maßgeblich. Bei einer Rente für Bergleute tritt an die Stelle des Eintritts der Erwerbsminderung der Eintritt der im Bergbau verminderten Berufsfähigkeit oder die Erfüllung der Voraussetzungen nach § 45 Absatz 3.

Absatz 3 in der Fassung bis 30. 06. 2013:

(3) Bei der Feststellung eines Hinzuverdienstes, der neben einer Rente wegen teil-

weiser Erwerbsminderung oder einer Rente für Bergleute erzielt wird, stehen dem Arbeitsentgelt oder Arbeitseinkommen gleich der Bezug von
1. Krankengeld,
   a) das aufgrund einer Arbeitsunfähigkeit geleistet wird, die nach dem Beginn der Rente eingetreten ist, oder
   b) das aufgrund einer stationären Behandlung geleistet wird, die nach dem Beginn der Rente begonnen worden ist,
2. Versorgungskrankengeld,
   a) das aufgrund einer Arbeitsunfähigkeit geleistet wird, die nach dem Beginn der Rente eingetreten ist, oder
   b) das während einer stationären Behandlungsmaßnahme geleistet wird, wenn diesem ein nach Beginn der Rente erzieltes Arbeitsentgelt oder Arbeitseinkommen zugrunde liegt,
3. Übergangsgeld,
   a) dem ein nach Beginn der Rente erzieltes Arbeitsentgelt oder Arbeitseinkommen zugrunde liegt oder
   b) das aus der gesetzlichen Unfallversicherung geleistet wird, und
4. den weiteren in § 18 a Abs. 3 Satz 1 Nr. 1 des Vierten Buches genannten Sozialleistungen.

Bei der Feststellung eines Hinzuverdienstes, der neben einer Rente wegen voller Erwerbsminderung erzielt wird, steht dem Arbeitsentgelt oder Arbeitseinkommen das für denselben Zeitraum geleistete
1. Verletztengeld und
2. Übergangsgeld aus der gesetzlichen Unfallversicherung

gleich. Als Hinzuverdienst ist das der Sozialleistung zugrunde liegende monatliche Arbeitsentgelt oder Arbeitseinkommen zu berücksichtigen. Die Sätze 1 und 2 sind auch für eine Sozialleistung anzuwenden, die aus Gründen ruht, die nicht im Rentenbezug liegen. Absatz 1 Satz 3 ist nicht für geringfügiges Arbeitsentgelt oder Arbeitseinkommen anzuwenden, soweit dieses auf die sonstige Sozialleistung angerechnet wird.

Absatz 3 in der Fassung ab 01. 07. 2013 (Neugefasst/geändert durch G vom … (BGBl. I S. …):

(3) Bei einer Rente wegen teilweiser Erwerbsminderung oder einer Rente für Bergleute sind als Hinzuverdienst auch zu berücksichtigen
1. Krankengeld,
   a) das aufgrund einer Arbeitsunfähigkeit geleistet wird, die nach dem Beginn der Rente eingetreten ist, oder
   b) das aufgrund einer stationären Behandlung geleistet wird, die nach dem Beginn der Rente begonnen worden ist,
2. Versorgungskrankengeld,
   a) das aufgrund einer Arbeitsunfähigkeit geleistet wird, die nach dem Beginn der Rente eingetreten ist, oder
   b) das während einer stationären Behandlungsmaßnahme geleistet wird, wenn

diesem ein nach Beginn der Rente erzieltes Arbeitsentgelt oder Arbeitseinkommen zugrunde liegt
3. Übergangsgeld,
   a) dem ein nach Beginn der Rente erzieltes Arbeitsentgelt oder Arbeitseinkommen zugrunde liegt oder
   b) das aus der gesetzlichen Unfallversicherung geleistet wird, und
4. die weiteren in § 18 a Abs. 3 Satz 1 Nr. 1 des Vierten Buches genannten Sozialleistungen.

Bei einer Rente wegen voller Erwerbsminderung sind als Hinzuverdienst auch zu berücksichtigen
1. Verletztengeld und
2. Übergangsgeld aus der gesetzlichen Unfallversicherung.

Als Hinzuverdienst ist das der Sozialleistung zugrunde liegende Arbeitsentgelt oder Arbeitseinkommen zu berücksichtigen. Die Sätze 1 und 2 sind auch für eine Sozialleistung anzuwenden, die aus Gründen ruht, die nicht im Rentenbezug liegen.

(4) Absatz 3 wird auch für vergleichbare Leistungen einer Stelle mit Sitz im Ausland angewendet.

§ 97 Einkommensanrechnung auf Renten wegen Todes

Absatz 1 Satz 1 in der Fassung bis 31. 12. 2012:

(1) Einkommen (§§ 18 a bis 18 e Viertes Buch) von Berechtigten, das mit einer
1. Witwenrente oder Witwerrente,
2. Erziehungsrente oder
3. Waisenrente an ein über 18 Jahre altes Kind

zusammentrifft, wird hierauf angerechnet.

Absatz 1 Satz 1 in der Fassung ab 01. 01. 2013 (Neugefasst/geändert durch G vom … (BGBl. I S. …):

(1) Auf eine
1. Witwenrente oder Witwerrente,
2. Erziehungsrente oder
3. Waisenrente an ein über 18 Jahre altes Kind

wird Einkommen von Berechtigten nach Maßgabe von §§ 18 a bis 18 e und § 114 des Viertes Buches angerechnet.

Dies gilt nicht bei Witwenrenten oder Witwerrenten, solange deren Rentenartfaktor mindestens 1,0 beträgt.

(2) Anrechenbar ist das Einkommen, das monatlich
1. bei Witwenrenten, Witwerrenten oder Erziehungsrenten das 26,4fache des aktuellen Rentenwerts,
2. bei Waisenrenten das 17,6fache des aktuellen Rentenwerts

übersteigt. Das nicht anrechenbare Einkommen erhöht sich um das 5,6fache des aktuellen Rentenwerts für jedes Kind des Berechtigten, das Anspruch auf Waisenrente hat oder nur deshalb nicht hat, weil es nicht ein Kind des Verstorbenen ist. Von dem danach verbleibenden anrechenbaren Einkommen werden 40 vom Hundert angerechnet. Führt das Einkommen auch zur Kürzung oder zum Wegfall einer vergleichbaren Rente in einem Mitgliedstaat der Europäischen Union, einem Vertragsstaat des Abkommens über den Europäischen Wirtschaftsraum oder der Schweiz, ist der anrechenbare Betrag mit dem Teil zu berücksichtigen, der dem Verhältnis entspricht, in dem die Entgeltpunkte für Zeiten im Inland zu den Entgeltpunkten für alle in einem Mitgliedstaat der Europäischen Union, einem Vertragsstaat des Abkommens über den Europäischen Wirtschaftsraum und der Schweiz zurückgelegten Zeiten stehen.

(3) Für die Einkommensanrechnung ist bei Anspruch auf mehrere Renten folgende Rangfolge maßgebend:

1. Waisenrente,
2. Witwenrente oder Witwerrente,
3. Witwenrente oder Witwerrente nach dem vorletzten Ehegatten.

Die Einkommensanrechnung auf eine Hinterbliebenenrente aus der Unfallversicherung hat Vorrang vor der Einkommensanrechnung auf eine entsprechende Rente wegen Todes. Das auf eine Hinterbliebenenrente anzurechnende Einkommen mindert sich um den Betrag, der bereits zu einer Einkommensanrechnung auf eine vorrangige Hinterbliebenenrente geführt hat.

(4) Trifft eine Erziehungsrente mit einer Hinterbliebenenrente zusammen, ist der Einkommensanrechnung auf die Hinterbliebenenrente das Einkommen zugrunde zu legen, das sich nach Durchführung der Einkommensanrechnung auf die Erziehungsrente ergibt.

Neu eingefügt mit Wirkung ab 01.01.2013:

§ 97 a Einkommensanrechnung auf Rententeile aus Zuschussentgeltpunkten

Einkommensanrechnung auf Rententeile aus Zuschussentgeltpunkten

(1) Auf Rententeile aus Zuschussentgeltpunkten bei geringem Arbeitsentgelt (Zuschussrente) wird Einkommen von Berechtigten und deren nicht dauernd getrennt lebenden Ehegatten sowie nicht dauernd getrennt lebenden Lebenspartnern angerechnet.

(2) Für die Bestimmung des zu berücksichtigenden Einkommens gelten die §§ 18 a bis 18 e des Vierten Buches entsprechend. Zusätzlich zu berücksichtigen sind Leistungen, die aus der Versicherung eines Verstorbenen abgeleitet sind. Nicht zu berücksichtigen sind

1. Rententeile, die auf Entgeltpunkten für Zuschläge aus Zahlung von Beiträgen bei vorzeitiger Inanspruchnahme einer Rente wegen Alters oder bei Abfindung von Anwartschaften auf betriebliche Altersversorgung beruhen sowie
2. Einnahmen aus zusätzlicher Altersvorsorge nach § 70 a Absatz 2 Satz 1 Nummer 3.

Für die Höhe des zu berücksichtigenden Einkommens findet § 18 b Absatz 5 des Vierten Buches keine Anwendung. Sonstige Vorschriften zur Anrechnung von Einkommen und Berücksichtigung von Hinzuverdienst bleiben unberührt.

(3) Anrechenbar ist Einkommen von Berechtigten, das monatlich zusammen mit der Zuschussrente das 31fache des aktuellen Rentenwerts übersteigt. Einkommen von Ehegatten oder Partnern wird angerechnet, soweit es monatlich zusammen mit der Zuschussrente und dem Einkommen von Berechtigten das 62fache des aktuellen Rentenwerts übersteigt.

Fünfter Unterabschnitt
Beginn, Änderung und Ende von Renten

§ 99 Beginn

(1) Eine Rente aus eigener Versicherung wird von dem Kalendermonat an geleistet, zu dessen Beginn die Anspruchsvoraussetzungen für die Rente erfüllt sind, wenn die Rente bis zum Ende des dritten Kalendermonats nach Ablauf des Monats beantragt wird, in dem die Anspruchsvoraussetzungen erfüllt sind. Bei späterer Antragstellung wird eine Rente aus eigener Versicherung von dem Kalendermonat an geleistet, in dem die Rente beantragt wird.

(2) Eine Hinterbliebenenrente wird von dem Kalendermonat an geleistet, zu dessen Beginn die Anspruchsvoraussetzungen für die Rente erfüllt sind. Sie wird bereits vom Todestag an geleistet, wenn an den Versicherten eine Rente im Sterbemonat nicht zu leisten ist. Eine Hinterbliebenenrente wird nicht für mehr als zwölf Kalendermonate vor dem Monat, in dem die Rente beantragt wird, geleistet.

§ 100 Änderung und Ende

(1) Ändern sich aus tatsächlichen oder rechtlichen Gründen die Voraussetzungen für die Höhe einer Rente nach ihrem Beginn, wird die Rente in neuer Höhe von dem Kalendermonat an geleistet, zu dessen Beginn die Änderung wirksam ist. Satz 1 gilt nicht beim Zusammentreffen von Renten und von Einkommen mit Ausnahme von § 96 a.

Absatz 1 Satz 2 mit Wirkung ab 01.01.2013 aufgehoben.

Absatz 2 in der Fassung bis 30.06.2013:

(2) Eine höhere Rente als eine bisher bezogene Teilrente wird von dem Kalendermonat an geleistet, zu dessen Beginn die Anspruchsvoraussetzungen hierfür erfüllt sind, wenn sie bis zum Ende des dritten Kalendermonats nach Ablauf des Monats beantragt wird, in dem die Anspruchsvoraussetzungen erfüllt sind, bei späterer Antragstellung von dem Kalendermonat an, in dem sie beantragt wird.

(3) Fallen aus tatsächlichen oder rechtlichen Gründen die Anspruchsvoraussetzungen für eine Rente weg, endet die Rentenzahlung mit dem Beginn des Kalendermonats, zu dessen Beginn der Wegfall wirksam ist. Entfällt ein Anspruch auf Rente, weil sich die Erwerbsfähigkeit der Berechtigten nach einer Leistung zur medizinischen Rehabilitation oder zur Teilhabe am Arbeitsleben gebessert hat, endet die Rentenzahlung erst mit Beginn des vierten Kalendermonats nach der Besserung der Erwerbsfähigkeit. Die Rentenzahlung nach Satz 2 endet mit Beginn eines dem vierten Kalendermonat vorangehenden Monats, wenn zu dessen Beginn eine Beschäftigung oder selbständige Tätigkeit ausgeübt wird, die mehr als geringfügig ist.

(4) Liegen die in § 44 Abs. 1 Satz 1 des Zehnten Buches genannten Voraussetzungen für die Rücknahme eines rechtswidrigen nicht begünstigenden Verwaltungsaktes vor, weil er auf einer Rechtsnorm beruht, die nach Erlass des Verwaltungsaktes für nichtig oder für unvereinbar mit dem Grundgesetz erklärt oder in ständiger Rechtsprechung anders als durch den Rentenversicherungsträger ausgelegt worden ist, so ist der Verwaltungsakt, wenn er unanfechtbar geworden ist, nur mit Wirkung für die

Zeit ab dem Beginn des Kalendermonats nach Wirksamwerden der Entscheidung des Bundesverfassungsgerichts oder dem Bestehen der ständigen Rechtsprechung zurückzunehmen.

§ 101 Beginn und Änderung in Sonderfällen

(1) Befristete Renten wegen verminderter Erwerbsfähigkeit werden nicht vor Beginn des siebten Kalendermonats nach dem Eintritt der Minderung der Erwerbsfähigkeit geleistet.

(2)–(5) …

§ 102 Befristung und Tod

(1) Sind Renten befristet, enden sie mit Ablauf der Frist. Dies schließt eine vorherige Änderung oder ein Ende der Rente aus anderen Gründen nicht aus. Renten dürfen nur auf das Ende eines Kalendermonats befristet werden.

(2) Renten wegen verminderter Erwerbsfähigkeit und große Witwenrenten oder große Witwerrenten wegen Minderung der Erwerbsfähigkeit werden auf Zeit geleistet. Die Befristung erfolgt für längstens drei Jahre nach Rentenbeginn. Sie kann verlängert werden; dabei verbleibt es bei dem ursprünglichen Rentenbeginn. Verlängerungen erfolgen für längstens drei Jahre nach dem Ablauf der vorherigen Frist. Renten, auf die ein Anspruch unabhängig von der jeweiligen Arbeitsmarktlage besteht, werden unbefristet geleistet, wenn unwahrscheinlich ist, dass die Minderung der Erwerbsfähigkeit behoben werden kann; hiervon ist nach einer Gesamtdauer der Befristung von neun Jahren auszugehen. Wird unmittelbar im Anschluss an eine auf Zeit geleistete Rente diese Rente unbefristet geleistet, verbleibt es bei dem ursprünglichen Rentenbeginn.

(2 a) Werden Leistungen zur medizinischen Rehabilitation oder zur Teilhabe am Arbeitsleben erbracht, ohne dass zum Zeitpunkt der Bewilligung feststeht, wann die Leistung enden wird, kann bestimmt werden, dass Renten wegen verminderter Erwerbsfähigkeit oder große Witwenrenten oder große Witwerrenten wegen Minderung der Erwerbsfähigkeit mit Ablauf des Kalendermonats enden, in dem die Leistung zur medizinischen Rehabilitation oder zur Teilhabe am Arbeitsleben beendet wird.

(3) Große Witwenrenten oder große Witwerrenten wegen Kindererziehung und Erziehungsrenten werden auf das Ende des Kalendermonats befristet, in dem die Kindererziehung voraussichtlich endet. Die Befristung kann verlängert werden; dabei verbleibt es bei dem ursprünglichen Rentenbeginn.

(4) Waisenrenten werden auf das Ende des Kalendermonats befristet, in dem voraussichtlich der Anspruch auf die Waisenrente entfällt. Die Befristung kann verlängert werden; dabei verbleibt es bei dem ursprünglichen Rentenbeginn.

(5) Renten werden bis zum Ende des Kalendermonats geleistet, in dem die Berechtigten gestorben sind.

Dritter Abschnitt
Zusatzleistungen

§ 106 Zuschuss zur Krankenversicherung

(1) Rentenbezieher, die freiwillig in der gesetzlichen Krankenversicherung oder bei einem Krankenversicherungsunternehmen, das der deutschen Aufsicht unterliegt, versichert sind, erhalten zu ihrer Rente einen Zuschuss zu den Aufwendungen für die Krankenversicherung. Dies gilt nicht, wenn sie gleichzeitig in einer in- oder ausländischen gesetzlichen Krankenversicherung pflichtversichert sind.

(2) Für Rentenbezieher, die freiwillig in der gesetzlichen Krankenversicherung versichert sind, wird der monatliche Zuschuss in Höhe des halben Betrages geleistet, der sich aus der Anwendung des um 0,9 Beitragssatzpunkte verminderten allgemeinen Beitragssatzes der gesetzlichen Krankenversicherung auf den Zahlbetrag der Rente ergibt.

(3) Für Rentenbezieher, die bei einem Krankenversicherungsunternehmen versichert sind, das der deutschen Aufsicht unterliegt, wird der monatliche Zuschuss in Höhe des halben Betrages geleistet, der sich aus der Anwendung des um 0,9 Beitragssatzpunkte verminderten allgemeinen Beitragssatzes der gesetzlichen Krankenversicherung auf den Zahlbetrag der Rente ergibt. Der monatliche Zuschuss wird auf die Hälfte der tatsächlichen Aufwendungen für die Krankenversicherung begrenzt. Beziehen Rentner mehrere Renten, wird ein begrenzter Zuschuss von den Rentenversicherungsträgern anteilig nach dem Verhältnis der Höhen der Renten geleistet. Er kann auch in einer Summe zu einer dieser Renten geleistet werden.

(4) Rentenbezieher, die freiwillig in der gesetzlichen Krankenversicherung und bei einem Krankenversicherungsunternehmen versichert sind, das der deutschen Aufsicht unterliegt, erhalten zu ihrer Rente ausschließlich einen Zuschuss nach Absatz 2.

Vierter Abschnitt
Serviceleistungen

§ 109 Renteninformation und Rentenauskunft

(1) Versicherte, die das 27. Lebensjahr vollendet haben, erhalten jährlich eine schriftliche Renteninformation. Nach Vollendung des 55. Lebensjahres wird diese alle drei Jahre durch eine Rentenauskunft ersetzt. Besteht ein berechtigtes Interesse, kann die Rentenauskunft auch jüngeren Versicherten erteilt werden oder in kürzeren Abständen erfolgen.

(2) Die Renteninformation und die Rentenauskunft sind mit dem Hinweis zu versehen, dass sie auf der Grundlage des geltenden Rechts und der im Versicherungskonto gespeicherten rentenrechtlichen Zeiten erstellt sind und damit unter dem Vorbehalt künftiger Rechtsänderungen sowie der Richtigkeit und Vollständigkeit der im Versicherungskonto gespeicherten rentenrechtlichen Zeiten stehen.

(3) Die Renteninformation hat insbesondere zu enthalten:
1. Angaben über die Grundlage der Rentenberechnung,
2. Angaben über die Höhe einer Rente wegen verminderter Erwerbsfähigkeit, die zu zahlen wäre, würde der Leistungsfall der vollen Erwerbsminderung vorliegen,
3. eine Prognose über die Höhe der zu erwartenden Regelaltersrente,
4. Informationen über die Auswirkungen künftiger Rentenanpassungen,
5. eine Übersicht über die Höhe der Beiträge, die für Beitragszeiten vom Versicherten, dem Arbeitgeber oder von öffentlichen Kassen gezahlt worden sind.

(4) Die Rentenauskunft hat insbesondere zu enthalten:
1. eine Übersicht über die im Versicherungskonto gespeicherten rentenrechtlichen Zeiten,
2. eine Darstellung über die Ermittlung der persönlichen Entgeltpunkte mit der Angabe ihres derzeitigen Wertes und dem Hinweis, dass sich die Berechnung der Entgeltpunkte aus beitragsfreien und beitragsgeminderten Zeiten nach der weiteren Versicherungsbiografie richtet,
3. Angaben über die Höhe der Rente, die auf der Grundlage des geltenden Rechts und der im Versicherungskonto gespeicherten rentenrechtlichen Zeiten ohne den Erwerb weiterer Beitragszeiten
   a) bei verminderter Erwerbsfähigkeit als Rente wegen voller Erwerbsminderung,
   b) bei Tod als Witwen- oder Witwerrente,
   c) nach Erreichen der Regelaltersgrenze als Regelaltersrente

   zu zahlen wäre,
4. auf Antrag auch die Höhe der Beitragszahlung, die zum Ausgleich einer Rentenminderung bei vorzeitiger Inanspruchnahme einer Rente wegen Alters erforderlich ist, und über die ihr zugrunde liegende Altersrente; diese Auskunft unterbleibt, wenn die Erfüllung der versicherungsrechtlichen Voraussetzungen für eine vorzeitige Rente wegen Alters offensichtlich ausgeschlossen ist,
5. allgemeine Hinweise zur Erfüllung der persönlichen und versicherungsrechtlichen Voraussetzungen für einen Rentenanspruch.

(5) Auf Antrag erhalten Versicherte Auskunft über die Höhe ihrer auf die Ehezeit oder Lebenspartnerschaftszeit entfallenden Rentenanwartschaft. Diese Auskunft erhält auf Antrag auch der Ehegatte oder geschiedene Ehegatte oder der Lebenspartner oder frühere Lebenspartner eines Versicherten, wenn der Träger der Rentenversicherung diese Auskunft nach § 74 Nr. 2 Buchstabe b des Zehnten Buches erteilen darf, weil der Versicherte seine Auskunftspflicht gegenüber dem Ehegatten oder Lebenspartner nicht oder nicht vollständig erfüllt hat. Die nach Satz 2 erteilte Auskunft wird auch dem Versicherten mitgeteilt.

(6) Für die Auskunft an das Familiengericht nach § 220 Abs. 4 des Gesetzes über das Verfahren in Familiensachen und in den Angelegenheiten der freiwilligen Gerichtsbarkeit ergeben sich die nach § 39 des Versorgungsausgleichsgesetzes zu ermittelnden Entgeltpunkte aus der Berechnung einer Vollrente wegen Erreichens der Regelaltersgrenze.

Fünfter Abschnitt
Leistungen an Berechtigte im Ausland

§ 113 Höhe der Rente

(1) Die persönlichen Entgeltpunkte von Berechtigten werden ermittelt aus
1. Entgeltpunkten für Bundesgebiets-Beitragszeiten,
2. dem Leistungszuschlag für Bundesgebiets-Beitragszeiten,
3. Zuschlägen an Entgeltpunkten aus einem durchgeführten Versorgungsausgleich oder Rentensplitting,
4. Abschlägen an Entgeltpunkten aus einem durchgeführten Versorgungsausgleich oder Rentensplitting, soweit sie auf Bundesgebiets-Beitragszeiten entfallen,
5. Zuschlägen aus Zahlung von Beiträgen bei vorzeitiger Inanspruchnahme einer Rente wegen Alters oder bei Abfindung von Anwartschaften auf betriebliche Altersvorsorge,
6. Zuschlägen an Entgeltpunkten für Arbeitsentgelt aus geringfügiger versicherungsfreier Beschäftigung,

   § 113 Absatz 1 Nr. 6 wird wie folgt gefasst:

6. Zuschlägen an Entgeltpunkten für Arbeitsentgelt aus geringfügiger Beschäftigung,
7. zusätzlichen Entgeltpunkten für Arbeitsentgelt aus nach § 23 b Abs. 2 Satz 1 bis 4 des Vierten Buches aufgelösten Wertguthaben,
8. Zuschlägen an Entgeltpunkten bei Witwenrenten und Witwerrenten,
9. Zuschlägen an Entgeltpunkten aus Beiträgen nach Beginn einer Rente wegen Alters und
10. Zuschlägen an Entgeltpunkten für Zeiten einer besonderen Auslandsverwendung.

Bundesgebiets-Beitragszeiten sind Beitragszeiten, für die Beiträge nach Bundesrecht nach dem 08. 05. 1945 gezahlt worden sind, und die diesen im Fünften Kapitel gleichgestellten Beitragszeiten.

(2) Der Zuschlag an persönlichen Entgeltpunkten bei Waisenrenten von Berechtigten wird allein aus Bundesgebiets-Beitragszeiten ermittelt.

(3) Die persönlichen Entgeltpunkte von Berechtigten, die nicht Angehörige eines Mitgliedstaates der Europäischen Union, Angehörige eines Vertragsstaates des Abkommens über den Europäischen Wirtschaftsraum oder Staatsangehörige der Schweiz sind, werden zu 70 vom Hundert berücksichtigt. Satz 1 gilt nicht bei Hinterbliebenenrenten, wenn der verstorbene Versicherte Angehöriger eines Mitgliedstaates der Europäischen Union, Angehöriger eines Vertragsstaates des Abkommens über den Europäischen Wirtschaftsraum oder Staatsangehöriger der Schweiz war.

(4) Absatz 3 Satz 1 gilt nicht für Berechtigte, die Inhaber
1. einer in der Bundesrepublik Deutschland ausgestellten Blauen Karte EU nach der Richtlinie 2009/50/EG des Rates vom 25. Mai 2009 über die Bedingungen für die Einreise und den Aufenthalt von Drittstaatsangehörigen zur Ausübung einer hochqualifizierten Beschäftigung (ABl. L 155 vom 18. 06. 2009, S. 17) oder
2. einer Niederlassungserlaubnis nach § 19 des Aufenthaltsgesetzes

sind oder waren, und deren Hinterbliebene.

Sechster Abschnitt
Durchführung

Erster Unterabschnitt
Beginn und Abschluss des Verfahrens

§ 115 Beginn

(1) Das Verfahren beginnt mit dem Antrag, wenn nicht etwas anderes bestimmt ist. Eines Antrags bedarf es nicht, wenn eine Rente wegen der Änderung der tatsächlichen oder rechtlichen Verhältnisse in niedrigerer als der bisherigen Höhe zu leisten ist.

(2) Anträge von Witwen oder Witwern auf Zahlung eines Vorschusses auf der Grundlage der für den Sterbemonat an den verstorbenen Ehegatten geleisteten Rente gelten als Anträge auf Leistung einer Witwenrente oder Witwerrente.

(3) Haben Versicherte bis zum Erreichen der Regelaltersgrenze eine Rente wegen verminderter Erwerbsfähigkeit oder eine Erziehungsrente bezogen, ist anschließend eine Regelaltersrente zu leisten, wenn sie nicht etwas anderes bestimmen. Haben Witwen oder Witwer bis zum Erreichen der Altersgrenze für eine große Witwenrente oder große Witwerrente eine kleine Witwenrente oder kleine Witwerrente bezogen, ist anschließend eine große Witwenrente oder große Witwerrente zu leisten.

(4) Leistungen zur medizinischen Rehabilitation oder zur Teilhabe am Arbeitsleben können auch von Amts wegen erbracht werden, wenn die Versicherten zustimmen. Die Zustimmung gilt als Antrag auf Leistungen zur medizinischen Rehabilitation oder zur Teilhabe am Arbeitsleben.

(5) Rentenauskünfte werden auch von Amts wegen erteilt.

(6) Die Träger der Rentenversicherung sollen die Berechtigten in geeigneten Fällen darauf hinweisen, dass sie eine Leistung erhalten können, wenn sie diese beantragen. In Richtlinien der Deutschen Rentenversicherung Bund kann bestimmt werden, unter welchen Voraussetzungen solche Hinweise erfolgen sollen.

§ 116 Besonderheiten bei Leistungen zur Teilhabe

(1) (weggefallen)

(2) Der Antrag auf Leistungen zur medizinischen Rehabilitation oder zur Teilhabe am Arbeitsleben gilt als Antrag auf Rente, wenn Versicherte vermindert erwerbsfähig sind und

1. ein Erfolg von Leistungen zur medizinischen Rehabilitation oder zur Teilhabe am Arbeitsleben nicht zu erwarten ist oder
2. Leistungen zur medizinischen Rehabilitation oder zur Teilhabe am Arbeitsleben nicht erfolgreich gewesen sind, weil sie die verminderte Erwerbsfähigkeit nicht verhindert haben.

(3) Ist Übergangsgeld gezahlt worden und wird nachträglich für denselben Zeitraum der Anspruch auf eine Rente wegen verminderter Erwerbsfähigkeit festgestellt, gilt dieser Anspruch bis zur Höhe des gezahlten Übergangsgeldes als erfüllt. Übersteigt das Übergangsgeld den Betrag der Rente, kann der übersteigende Betrag nicht zurückgefordert werden.

Dritter Unterabschnitt
Rentensplitting

§ 120 a Grundsätze für das Rentensplitting unter Ehegatten

(1) Ehegatten können gemeinsam bestimmen, dass die von ihnen in der Ehe erworbenen Ansprüche auf eine anpassungsfähige Rente zwischen ihnen aufgeteilt werden (Rentensplitting unter Ehegatten).

(2) Die Durchführung des Rentensplittings unter Ehegatten ist zulässig, wenn
1. die Ehe nach dem 31. Dezember 2001 geschlossen worden ist oder
2. die Ehe am 31. Dezember 2001 bestand und beide Ehegatten nach dem 1. Januar 1962 geboren sind.

(3) Anspruch auf Durchführung des Rentensplittings unter Ehegatten besteht, wenn
1. erstmalig beide Ehegatten Anspruch auf Leistung einer Vollrente wegen Alters aus der gesetzlichen Rentenversicherung haben oder
2. erstmalig ein Ehegatte Anspruch auf Leistung einer Vollrente wegen Alters aus der gesetzlichen Rentenversicherung und der andere Ehegatte die Regelaltersgrenze erreicht hat oder
3. ein Ehegatte verstirbt, bevor die Voraussetzungen der Nummern 1 und 2 vorliegen. In diesem Fall kann der überlebende Ehegatte das Rentensplitting unter Ehegatten allein herbeiführen.

(4) Anspruch auf Durchführung des Rentensplittings unter Ehegatten besteht nur, wenn am Ende der Splittingzeit
1. in den Fällen von Absatz 3 Nr. 1 und 2 bei beiden Ehegatten und
2. im Fall von Absatz 3 Nr. 3 beim überlebenden Ehegatten

25 Jahre an rentenrechtlichen Zeiten vorhanden sind. Im Fall von Satz 1 Nr. 2 gilt als rentenrechtliche Zeit auch die Zeit vom Zeitpunkt des Todes des verstorbenen Ehegatten bis zum Erreichen der Regelaltersgrenze des überlebenden Ehegatten in dem Verhältnis, in dem die Kalendermonate an rentenrechtlichen Zeiten des überlebenden Ehegatten in der Zeit von seinem vollendeten 17. Lebensjahr bis zum Tod des verstorbenen Ehegatten zu allen Kalendermonaten in dieser Zeit stehen.

(5) Anspruch auf Durchführung des Rentensplittings unter Ehegatten besteht nicht, wenn der überlebende Ehegatte eine Rentenabfindung erhalten hat.

(6) Der Anspruch auf Durchführung des Rentensplittings unter Ehegatten besteht für die Zeit vom Beginn des Monats, in dem die Ehe geschlossen worden ist, bis zum Ende des Monats, in dem der Anspruch entstanden ist (Splittingzeit). Entsteht der Anspruch auf Durchführung des Rentensplittings unter Ehegatten durch Leistung einer Vollrente wegen Alters, endet die Splittingzeit mit dem Ende des Monats vor Leistungsbeginn.

(7) Die Höhe der Ansprüche richtet sich nach den Entgeltpunkten der Ehegatten, getrennt nach
1. Entgeltpunkten der allgemeinen Rentenversicherung und
2. Entgeltpunkten der knappschaftlichen Rentenversicherung,

die mit demselben aktuellen Rentenwert für die Berechnung einer Rente zu vervielfältigen sind. Der Ehegatte mit der jeweils niedrigeren Summe solcher Entgeltpunkte hat Anspruch auf Übertragung der Hälfte des Unterschieds zwischen den gleichartigen Entgeltpunkten der Ehegatten (Einzelsplitting).

(8) Besteht zwischen den jeweiligen Summen aller Entgeltpunkte der Ehegatten in der Splittingzeit ein Unterschied, ergibt sich für den Ehegatten mit der niedrigeren Summe aller Entgeltpunkte ein Zuwachs an Entgeltpunkten in Höhe der Hälfte des Unterschieds zwischen der Summe aller Entgeltpunkte für den Ehegatten mit der höheren Summe an Entgeltpunkten und der Summe an Entgeltpunkten des anderen Ehegatten (Splittingzuwachs).

(9) Das Rentensplitting unter Ehegatten ist durchgeführt, wenn die Entscheidung des Rentenversicherungsträgers über das Rentensplitting

1. in den Fällen von Absatz 3 Nr. 1 und 2 für beide Ehegatten und
2. im Fall von Absatz 3 Nr. 3 für den überlebenden Ehegatten

unanfechtbar geworden ist.

§ 120 b Tod eines Ehegatten vor Empfang angemessener Leistungen

(1) Ist ein Ehegatte verstorben und sind ihm aus dem Rentensplitting unter Ehegatten nicht länger als 36 Monate Rentenleistungen erbracht worden, wird die Rente des überlebenden Ehegatten auf Antrag nicht länger auf Grund des Rentensplittings gekürzt. Satz 1 gilt nicht, wenn ein Rentensplitting nach § 120 a Absatz 3 Nummer 3 herbeigeführt wurde.

(2) Antragsberechtigt ist der überlebende Ehegatte.

(3) Die Anpassung wirkt ab dem ersten Tag des Monats, der auf den Monat der Antragstellung folgt.

§ 120 c Abänderung des Rentensplittings unter Ehegatten

(1) Ehegatten haben Anspruch auf Abänderung des Rentensplittings, wenn sich für sie eine Abweichung des Wertunterschieds von dem bisher zugrunde liegenden Wertunterschied ergibt.

(2) Die Änderung der Anspruchshöhe kommt nur in Betracht, wenn durch sie Versicherte

1. eine Übertragung von Entgeltpunkten erhalten, deren Wert insgesamt vom Wert der bislang insgesamt übertragenen Entgeltpunkte wesentlich abweicht, oder
2. eine maßgebende Wartezeit erfüllen.

Eine Abweichung ist wesentlich, wenn sie 10 vom Hundert der durch die abzuändernde Entscheidung insgesamt übertragenen Entgeltpunkte, mindestens jedoch 0,5 Entgeltpunkte übersteigt, wobei Entgeltpunkte der knappschaftlichen Rentenversicherung zuvor mit 1,3333 zu vervielfältigen sind.

(3) Für den Ehegatten, der einen Splittingzuwachs erhalten hat, entfällt durch die Abänderung eine bereits erfüllte Wartezeit nicht.

(4) Antragsberechtigt zur Abänderung des Rentensplittings unter Ehegatten sind neben den Ehegatten auch ihre Hinterbliebenen. Eine Abänderung von Amts wegen ist möglich.

(5) Das Verfahren endet mit dem Tod des antragstellenden Ehegatten oder des antragstellenden Hinterbliebenen, wenn nicht ein Antragsberechtigter binnen drei

Monaten gegenüber dem Rentenversicherungsträger erklärt, das Verfahren fortsetzen zu wollen.

(6) Die Ehegatten oder ihre Hinterbliebenen sind verpflichtet, einander die Auskünfte zu erteilen, die zur Wahrnehmung ihrer Rechte nach den vorstehenden Vorschriften erforderlich sind. Sofern ein Ehegatte oder seine Hinterbliebenen die erforderlichen Auskünfte von dem anderen Ehegatten oder dessen Hinterbliebenen nicht erhalten, haben sie einen entsprechenden Auskunftsanspruch gegen die betroffenen Rentenversicherungsträger. § 74 Satz 1 Nr. 2 Buchstabe b des Zehnten Buches findet entsprechende Anwendung. Die Ehegatten und ihre Hinterbliebenen haben den betroffenen Rentenversicherungsträgern die erforderlichen Auskünfte zu erteilen.

(7) Die Abänderung des Rentensplittings unter Ehegatten ist durchgeführt, wenn die Entscheidung des Rentenversicherungsträgers über die Abänderung für die Ehegatten und ihre Hinterbliebenen unanfechtbar geworden ist.

Vierter Unterabschnitt
Besonderheiten beim Versorgungsausgleich

§ 120f Interne Teilung und Verrechnung von Anrechten

(1) Als erworbene Anrechte gleicher Art im Sinne des § 10 Abs. 2 des Versorgungsausgleichsgesetzes gelten die in der gesetzlichen Rentenversicherung erworbenen Anrechte.

(2) Als Anrechte gleicher Art im Sinne des § 10 Abs. 2 des Versorgungsausgleichsgesetzes gelten nicht

1. die im Beitrittsgebiet und im übrigen Bundesgebiet erworbenen Anrechte, soweit einheitliche Einkommensverhältnisse im Gebiet der Bundesrepublik Deutschland noch nicht hergestellt sind,
2. die in der allgemeinen Rentenversicherung und in der knappschaftlichen Rentenversicherung erworbenen Anrechte.

Fünfter Unterabschnitt
Berechnungsgrundsätze

§ 122 Berechnung von Zeiten

(1) Ein Kalendermonat, der nur zum Teil mit rentenrechtlichen Zeiten belegt ist, zählt als voller Monat.

(2) Ein Zeitraum, der in Jahren bestimmt ist, umfasst für jedes zu berücksichtigende Jahr zwölf Monate. Ist für den Beginn oder das Ende eines Zeitraums ein bestimmtes Ereignis maßgebend, wird auch der Kalendermonat, in den das Ereignis fällt, berücksichtigt.

(3) Sind Zeiten bis zu einer Höchstdauer zu berücksichtigen, werden die am weitesten zurückliegenden Kalendermonate zunächst berücksichtigt.

Drittes Kapitel
Organisation, Datenschutz und Datensicherheit

Erster Abschnitt
Organisation

Erster Unterabschnitt
Deutsche Rentenversicherung

§ 125 Träger der gesetzlichen Rentenversicherung

(1) Die Aufgaben der gesetzlichen Rentenversicherung (allgemeine Rentenversicherung und knappschaftliche Rentenversicherung) werden von Regionalträgern und Bundesträgern wahrgenommen. Der Name der Regionalträger der gesetzlichen Rentenversicherung besteht aus der Bezeichnung »Deutsche Rentenversicherung« und einem Zusatz für ihre jeweilige regionale Zuständigkeit.

(2) Bundesträger sind die Deutsche Rentenversicherung Bund und die Deutsche Rentenversicherung Knappschaft-Bahn-See. Die Deutsche Rentenversicherung Bund nimmt auch die Grundsatz- und Querschnittsaufgaben und die gemeinsamen Angelegenheiten der Träger der Rentenversicherung wahr.

Vierter Unterabschnitt
Grundsatz- und Querschnittsaufgaben der Deutschen Rentenversicherung, Erweitertes Direktorium

§ 138 Grundsatz- und Querschnittsaufgaben der Deutschen Rentenversicherung

(1) Die Deutsche Rentenversicherung Bund nimmt die Grundsatz- und Querschnittsaufgaben der Deutschen Rentenversicherung wahr. Dazu gehören:

1. **Vertretung der Rentenversicherung in ihrer Gesamtheit gegenüber Politik, Bundes-, Landes-, Europäischen und sonstigen nationalen und internationalen Institutionen sowie Sozialpartnern, Abstimmung mit dem verfahrensführenden Träger der Rentenversicherung in Verfahren vor dem Europäischen Gerichtshof, dem Bundesverfassungsgericht und dem Bundessozialgericht,**
2. **Öffentlichkeitsarbeit einschließlich der Herausgabe von regelmäßigen Informationen zur Alterssicherung für Arbeitgeber, Versicherte und Rentner und der Grundsätze für regionale Broschüren,**
3. **Statistik,**
4. **Klärung von grundsätzlichen Fach- und Rechtsfragen zur Sicherung der einheitlichen Rechtsanwendung aus den Bereichen**
   a) **Rehabilitation und Teilhabe,**
   b) **Sozialmedizin,**

c) Versicherung,
d) Beitrag,
e) Beitragsüberwachung,
f) Rente,
g) Auslandsrecht, Sozialversicherungsabkommen, Recht der Europäischen Union, soweit es die Rentenversicherung betrifft,

5. Organisation des Qualitäts- und Wirtschaftlichkeitswettbewerbs zwischen den Trägern, insbesondere Erlass von Rahmenrichtlinien für Aufbau und Durchführung eines zielorientierten Benchmarking der Leistungs- und Qualitätsdaten,
6. Grundsätze für die Aufbau- und Ablauforganisation, das Personalwesen und Investitionen unter Wahrung der Selbständigkeit der Träger,
7. Grundsätze und Steuerung der Finanzausstattung und -verwaltung im Rahmen der Finanzverfassung für das gesamte System,
8. Koordinierung der Planung von Rehabilitationsmaßnahmen, insbesondere der Bettenbedarfs- und Belegungsplanung,
9. Grundsätze und Koordinierung der Datenverarbeitung und Servicefunktionen,
10. Funktion zur Registrierung und Authentifizierung für die elektronischen Serviceangebote der Rentenversicherung,
11. Funktion als Signaturstelle,
12. Grundsätze für die Aus- und Fortbildung,
13. Grundsätze der Organisation und Aufgabenzuweisung der Auskunfts- und Beratungsstellen,
14. Bereitstellung von Informationen für die Träger der Rentenversicherung,
15. Forschung im Bereich der Alterssicherung und der Rehabilitation und
16. Treuhänderschaft gemäß dem Gesetz zur Regelung der Rechtsverhältnisse der unter Artikel 131 des Grundgesetzes fallenden Personen.

(2) Die Entscheidungen der Deutschen Rentenversicherung Bund zu Grundsatz- und Querschnittsaufgaben der Deutschen Rentenversicherung sowie die notwendig werdende Festlegung weiterer Grundsatz- und Querschnittsaufgaben werden durch die Bundesvertreterversammlung der Deutschen Rentenversicherung Bund gemäß § 64 Abs. 4 des Vierten Buches getroffen; für die Träger der Rentenversicherung sind die Entscheidungen verbindlich. Die Bundesvertreterversammlung kann die Entscheidungsbefugnis gemäß § 64 Abs. 4 des Vierten Buches ganz oder teilweise auf den Bundesvorstand der Deutschen Rentenversicherung Bund übertragen, der gemäß § 64 Abs. 4 des Vierten Buches entscheidet. Entscheidungen über die Auslegung von Rechtsfragen werden von der Bundesvertreterversammlung und vom Bundesvorstand mit der einfachen Mehrheit aller gewichteten Stimmen der satzungsmäßigen Mitgliederzahl getroffen.

(3) Der Bundesvorstand kann die Entscheidungsbefugnis gemäß § 64 Abs. 4 des Vierten Buches ganz oder teilweise auf einen Ausschuss des Bundesvorstandes übertragen. Die Entscheidungen dieses Ausschusses müssen einstimmig ergehen. Der Ausschuss legt dem Bundesvorstand die Entscheidungen vor; der Bundesvorstand kann gemäß § 64 Abs. 4 des Vierten Buches abweichende Entscheidungen treffen.

(4) Soweit das Direktorium Vorlagen an die Bundesvertreterversammlung oder

den Bundesvorstand unterbreitet, die verbindliche Entscheidungen oder notwendig werdende Festlegungen weiterer Grundsatz- und Querschnittsaufgaben betreffen, bedürfen diese der vorherigen Zustimmung durch das Erweiterte Direktorium. Beratungsergebnisse der Fachausschüsse, in denen alle Träger der Rentenversicherung vertreten sind, sind an die Bundesvertreterversammlung oder den Bundesvorstand weiterzuleiten. Das Nähere regelt die Satzung.

(5) Die verbindlichen Entscheidungen und die Festlegung weiterer Grundsatz- und Querschnittsaufgaben werden im Amtlichen Mitteilungsblatt der Deutschen Rentenversicherung Bund veröffentlicht.

Viertes Kapitel
Finanzierung

Erster Abschnitt
Finanzierungsgrundsatz und Rentenversicherungsbericht

Zweiter Unterabschnitt
Rentenversicherungsbericht und Sozialbeirat

§ 154 Rentenversicherungsbericht, Stabilisierung des Beitragssatzes und Sicherung des Rentenniveaus

(1) Die Bundesregierung erstellt jährlich einen Rentenversicherungsbericht. Der Bericht enthält

1. auf der Grundlage der letzten Ermittlungen der Zahl der Versicherten und Rentner sowie der Einnahmen, der Ausgaben und der Nachhaltigkeitsrücklage insbesondere Modellrechnungen zur Entwicklung von Einnahmen und Ausgaben, der Nachhaltigkeitsrücklage sowie des jeweils erforderlichen Beitragssatzes in den künftigen 15 Kalenderjahren,
2. eine Übersicht über die voraussichtliche finanzielle Entwicklung der Rentenversicherung in den künftigen fünf Kalenderjahren auf der Grundlage der aktuellen Einschätzung der mittelfristigen Wirtschaftsentwicklung,
3. eine Darstellung, wie sich die Anhebung der Altersgrenzen voraussichtlich auf die Arbeitsmarktlage, die Finanzlage der Rentenversicherung und andere öffentliche Haushalte auswirkt,
4. bis zur Angleichung der Lohn- und Gehaltssituation im Beitrittsgebiet an die Lohn- und Gehaltssituation im Bundesgebiet ohne das Beitrittsgebiet eine gesonderte Darstellung über die Entwicklung der Renten im Beitrittsgebiet.

Die Entwicklung in der allgemeinen Rentenversicherung und in der knappschaftlichen Rentenversicherung ist getrennt darzustellen. Der Bericht ist bis zum 30. November eines jeden Jahres den gesetzgebenden Körperschaften zuzuleiten.

(2) Der Rentenversicherungsbericht ist einmal in jeder Wahlperiode des Deutschen Bundestages um einen Bericht zu ergänzen, der insbesondere darstellt:

1. die Leistungen der anderen ganz oder teilweise öffentlich finanzierten Alterssicherungssysteme sowie deren Finanzierung,
2. die Einkommenssituation der Leistungsbezieher der Alterssicherungssysteme,
3. das Zusammentreffen von Leistungen der Alterssicherungssysteme,
4. in welchem Umfang die steuerliche Förderung nach § 19a oder Abschnitt XI und § 3 Nr. 63 EStG des Einkommensteuergesetzes in Anspruch genommen worden ist und welchen Grad der Verbreitung die betriebliche und private Altersvorsorge dadurch erreicht haben und
5. die Höhe des Gesamtversorgungsniveaus, das für typische Rentner einzelner Zugangsjahrgänge unter Berücksichtigung ergänzender Altersvorsorge in Form einer Rente aus einem geförderten Altersvorsorgevertrag sowie einer Rente aus der Anlage der Nettoeinkommenserhöhung aus den steuerfrei gestellten Beiträgen zur gesetzlichen Rentenversicherung und der steuerlichen Belastung ermittelt wird.

Die Darstellungen zu der Nummer 4 sind erstmals im Jahre 2005 vorzulegen.

(3) Die Bundesregierung hat den gesetzgebenden Körperschaften geeignete Maßnahmen vorzuschlagen, wenn

1. der Beitragssatz in der allgemeinen Rentenversicherung in der mittleren Variante der 15-jährigen Vorausberechnungen des Rentenversicherungsberichts bis zum Jahre 2020 20 vom Hundert oder bis zum Jahre 2030 22 vom Hundert überschreitet,
2. der Verhältniswert aus einer jahresdurchschnittlichen verfügbaren Standardrente und dem verfügbaren Durchschnittsentgelt in der mittleren Variante der 15-jährigen Vorausberechnungen des Rentenversicherungsberichts (Sicherungsniveau vor Steuern) bis zum Jahr 2020 46 vom Hundert oder bis zum Jahr 2030 43 vom Hundert unterschreitet; verfügbare Standardrente ist die Regelaltersrente aus der allgemeinen Rentenversicherung mit 45 Entgeltpunkten ohne Berücksichtigung der auf sie entfallenden Steuern, gemindert um den allgemeinen Beitragsanteil zur Krankenversicherung und den Beitrag zur Pflegeversicherung; verfügbares Durchschnittsentgelt ist das Durchschnittsentgelt ohne Berücksichtigung der darauf entfallenden Steuern, gemindert um den durchschnittlich zu entrichtenden Arbeitnehmersozialbeitrag einschließlich des durchschnittlichen Aufwands zur zusätzlichen Altersvorsorge.

Die Bundesregierung soll den gesetzgebenden Körperschaften geeignete Maßnahmen vorschlagen, wenn sich zeigt, dass durch die Förderung der freiwilligen zusätzlichen Altersvorsorge eine ausreichende Verbreitung nicht erreicht werden kann.

(4) Die Bundesregierung hat den gesetzgebenden Körperschaften vom Jahre 2010 an alle vier Jahre über die Entwicklung der Beschäftigung älterer Arbeitnehmer zu berichten und eine Einschätzung darüber abzugeben, ob die Anhebung der Regelaltersgrenze unter Berücksichtigung der Entwicklung der Arbeitsmarktlage sowie der wirtschaftlichen und sozialen Situation älterer Arbeitnehmer weiterhin vertretbar erscheint und die getroffenen gesetzlichen Regelungen bestehen bleiben können. In diesem Bericht sind zur Beibehaltung eines Sicherungsniveauziels vor Steuern von 46 vom Hundert über das Jahr 2020 hinaus von der Bundesregierung entsprechende Maßnahmen unter Wahrung der Beitragssatzstabilität vorzuschlagen.

Zweiter Abschnitt
Beiträge und Verfahren

Erster Unterabschnitt
Beiträge

Erster Titel
Allgemeines

§ 157 Grundsatz

Die Beiträge werden nach einem Vomhundertsatz (Beitragssatz) von der Beitragsbemessungsgrundlage erhoben, die nur bis zur jeweiligen Beitragsbemessungsgrenze berücksichtigt wird.

§ 158 Beitragssätze

(1) Der Beitragssatz in der allgemeinen Rentenversicherung ist vom 1. Januar eines Jahres an zu verändern, wenn am 31. Dezember dieses Jahres bei Beibehaltung des bisherigen Beitragssatzes die Mittel der Nachhaltigkeitsrücklage

1. das 0,2fache der durchschnittlichen Ausgaben zu eigenen Lasten der Träger der allgemeinen Rentenversicherung für einen Kalendermonat (Mindestrücklage) voraussichtlich unterschreiten oder

2. das 1,5fache der in Nummer 1 genannten Ausgaben für einen Kalendermonat (Höchstnachhaltigkeitsrücklage) voraussichtlich übersteigen.

Ausgaben zu eigenen Lasten sind alle Ausgaben nach Abzug des Bundeszuschusses nach § 213 Abs. 2, der Erstattungen und der empfangenen Ausgleichszahlungen.

(2) Der Beitragssatz ist so neu festzusetzen, dass die voraussichtlichen Beitragseinnahmen unter Berücksichtigung der voraussichtlichen Entwicklung der Bruttolöhne und -gehälter je Arbeitnehmer (§ 68 Abs. 2 Satz 1) und der Zahl der Pflichtversicherten zusammen mit den Zuschüssen des Bundes und den sonstigen Einnahmen unter Berücksichtigung von Entnahmen aus der Nachhaltigkeitsrücklage ausreichen, um die voraussichtlichen Ausgaben in dem auf die Festsetzung folgenden Kalenderjahr zu decken und sicherzustellen, dass die Mittel der Nachhaltigkeitsrücklage am Ende dieses Kalenderjahres

1. im Falle von Absatz 1 Nr. 1 dem Betrag der Mindestrücklage oder

2. im Falle von Absatz 1 Nr. 2 dem Betrag der Höchstnachhaltigkeitsrücklage

voraussichtlich entsprechen. Der Beitragssatz ist auf eine Dezimalstelle aufzurunden.

(3) Der Beitragssatz in der knappschaftlichen Rentenversicherung wird jeweils in dem Verhältnis verändert, in dem er sich in der allgemeinen Rentenversicherung ändert; der Beitragssatz ist nur für das jeweilige Kalenderjahr auf eine Dezimalstelle aufzurunden.

(4) Wird der Beitragssatz in der allgemeinen Rentenversicherung vom 1. Januar des Jahres an nicht verändert, macht das Bundesministerium für Arbeit und Soziales im Bundesgesetzblatt das Weitergelten der Beitragssätze bekannt.

§ 159 Beitragsbemessungsgrenzen

Die Beitragsbemessungsgrenzen in der allgemeinen Rentenversicherung sowie in der knappschaftlichen Rentenversicherung ändern sich zum 1. Januar eines jeden Jahres in dem Verhältnis, in dem die Bruttolöhne und -gehälter je Arbeitnehmer (§ 68 Abs. 2 Satz 1) im vergangenen zu den entsprechenden Bruttolöhnen und -gehältern im vorvergangenen Kalenderjahr stehen. Die veränderten Beträge werden nur für das Kalenderjahr, für das die Beitragsbemessungsgrenze bestimmt wird, auf das nächsthöhere Vielfache von 600 aufgerundet.

§ 160 Verordnungsermächtigung Beitragssätze u. Beitragsbemessungsgrenzen

Die Bundesregierung hat durch Rechtsverordnung mit Zustimmung des Bundesrates
1. die Beitragssätze in der Rentenversicherung,
2. in Ergänzung der Anlage 2 die Beitragsbemessungsgrenzen

festzusetzen.

Zweiter Titel
Beitragsbemessungsgrundlagen

§ 161 Grundsatz

(1) Beitragsbemessungsgrundlage für Versicherungspflichtige sind die beitragspflichtigen Einnahmen.

(2) Beitragsbemessungsgrundlage für freiwillig Versicherte ist jeder Betrag zwischen der Mindestbeitragsbemessungsgrundlage (§ 167) und der Beitragsbemessungsgrenze.

§ 162 Beitragspflichtige Einnahmen Beschäftigter

Beitragspflichtige Einnahmen sind

1. bei Personen, die gegen Arbeitsentgelt beschäftigt werden, das Arbeitsentgelt aus der versicherungspflichtigen Beschäftigung, jedoch bei Personen, die zu ihrer Berufsausbildung beschäftigt werden, mindestens eins vom Hundert der Bezugsgröße,
2. bei behinderten Menschen das Arbeitsentgelt, mindestens 80 vom Hundert der Bezugsgröße,

2a. bei behinderten Menschen, die im Anschluss an eine Beschäftigung in einer nach dem Neunten Buch anerkannten Werkstatt für behinderte Menschen in einem Integrationsprojekt (§ 132 Neuntes Buch) beschäftigt sind, das Arbeitsentgelt, mindestens 80 vom Hundert der Bezugsgröße,

3. bei Personen, die für eine Erwerbstätigkeit befähigt werden sollen oder im Rahmen einer Unterstützten Beschäftigung nach § 38 a des Neunten Buches individuell betrieblich qualifiziert werden, ein Arbeitsentgelt in Höhe von 20 vom Hundert der monatlichen Bezugsgröße,

3a. bei Auszubildenden, die in einer außerbetrieblichen Einrichtung im Rahmen eines Berufsausbildungsvertrages nach dem Berufsbildungsgesetz ausgebildet werden, ein Arbeitsentgelt in Höhe der Ausbildungsvergütung,
4. bei Mitgliedern geistlicher Genossenschaften, Diakonissen und Angehörigen ähnlicher Gemeinschaften die Geld- und Sachbezüge, die sie persönlich erhalten, jedoch bei Mitgliedern, denen nach Beendigung ihrer Ausbildung eine Anwartschaft auf die in der Gemeinschaft übliche Versorgung nicht gewährleistet oder für die die Gewährleistung nicht gesichert ist (§ 5 Abs. 1 Satz 1 Nr. 3), mindestens 40 vom Hundert der Bezugsgröße,
5. bei Personen, deren Beschäftigung nach dem Einkommensteuerrecht als selbständige Tätigkeit bewertet wird, ein Einkommen in Höhe der Bezugsgröße, bei Nachweis eines niedrigeren oder höheren Einkommens jedoch dieses Einkommen, mindestens jedoch monatlich 400 Euro. § 165 Abs. 1 Satz 2 bis 10 gilt entsprechend.
   Nr. 5 wird wie folgt gefasst: … jedoch monatlich 450 Euro. …

§ 163 Sonderregelungen für beitragspflichtige Einnahmen Beschäftigter

(1) Für unständig Beschäftigte ist als beitragspflichtige Einnahmen ohne Rücksicht auf die Beschäftigungsdauer das innerhalb eines Kalendermonats erzielte Arbeitsentgelt bis zur Höhe der monatlichen Beitragsbemessungsgrenze zugrunde zu legen. Unständig ist die Beschäftigung, die auf weniger als eine Woche entweder nach der Natur der Sache befristet zu sein pflegt oder im Voraus durch den Arbeitsvertrag befristet ist. Bestanden innerhalb eines Kalendermonats mehrere unständige Beschäftigungen und übersteigt das Arbeitsentgelt insgesamt die monatliche Beitragsbemessungsgrenze, sind bei der Berechnung der Beiträge die einzelnen Arbeitsentgelte anteilmäßig nur zu berücksichtigen, soweit der Gesamtbetrag die monatliche Beitragsbemessungsgrenze nicht übersteigt. Soweit Versicherte oder Arbeitgeber dies beantragen, verteilt die zuständige Einzugsstelle die Beiträge nach den zu berücksichtigenden Arbeitsentgelten aus unständigen Beschäftigungen.

(2) Für beschäftigte Seeleute gilt als beitragspflichtige Einnahme der Betrag, der nach dem Recht der gesetzlichen Unfallversicherung für die Beitragsberechnung maßgebend ist. § 215 Abs. 4 des Siebten Buches gilt entsprechend.

(3) Bei Arbeitnehmern, die ehrenamtlich tätig sind und deren Arbeitsentgelt infolge der ehrenamtlichen Tätigkeit gemindert wird, gilt auch der Betrag zwischen dem tatsächlich erzielten Arbeitsentgelt und dem Arbeitsentgelt, das ohne die ehrenamtliche Tätigkeit erzielt worden wäre, höchstens bis zur Beitragsbemessungsgrenze als Arbeitsentgelt (Unterschiedsbetrag), wenn der Arbeitnehmer dies beim Arbeitgeber beantragt. Satz 1 gilt nur für ehrenamtliche Tätigkeiten für Körperschaften, Anstalten oder Stiftungen des öffentlichen Rechts, deren Verbände einschließlich der Spitzenverbände oder ihrer Arbeitsgemeinschaften, Parteien, Gewerkschaften sowie Körperschaften, Personenvereinigungen und Vermögensmassen, die wegen des ausschließlichen und unmittelbaren Dienstes für gemeinnützige, mildtätige oder kirchliche Zwecke von der Körperschaftssteuer befreit sind. Der Antrag kann nur für laufende und künftige Lohn- und Gehaltsabrechnungszeiträume gestellt werden.

(4) Bei Versicherten, die eine versicherungspflichtige ehrenamtliche Tätigkeit aufnehmen und für das vergangene Kalenderjahr freiwillige Beiträge gezahlt haben, gilt jeder Betrag zwischen dem Arbeitsentgelt und der Beitragsbemessungsgrenze als Arbeitsentgelt (Unterschiedsbetrag), wenn die Versicherten dies beim Arbeitgeber beantragen. Satz 1 gilt nur für versicherungspflichtige ehrenamtliche Tätigkeiten für Körperschaften des öffentlichen Rechts. Der Antrag kann nur für laufende und künftige Lohn- und Gehaltsabrechnungszeiträume gestellt werden.

(5) Bei Arbeitnehmern, die nach dem Altersteilzeitgesetz Aufstockungsbeträge zum Arbeitsentgelt erhalten, gilt auch mindestens ein Betrag in Höhe von 80 vom Hundert des Regelarbeitsentgelts für die Altersteilzeitarbeit, begrenzt auf den Unterschiedsbetrag zwischen 90 vom Hundert der monatlichen Beitragsbemessungsgrenze und dem Regelarbeitsentgelt, höchstens jedoch bis zur Beitragsbemessungsgrenze, als beitragspflichtige Einnahme. Für Personen, die nach § 3 Satz 1 Nr. 3 für die Zeit des Bezugs von Krankengeld, Versorgungskrankengeld, Verletztengeld oder Übergangsgeld versichert sind, und für Personen, die für die Zeit der Arbeitsunfähigkeit oder der Ausführung von Leistungen zur Teilhabe, in der sie Krankentagegeld von einem privaten Krankenversicherungsunternehmen erhalten, nach § 4 Abs. 3 Satz 1 Nr. 2 versichert sind, gilt Satz 1 entsprechend.

(6) Soweit Kurzarbeitergeld geleistet wird, gilt als beitragspflichtige Einnahmen 80 vom Hundert des Unterschiedsbetrags zwischen dem Soll-Entgelt und dem Ist-Entgelt nach § 106 des Dritten Buches.

(7) aufgehoben

(8) Bei Arbeitnehmern, die eine geringfügige Beschäftigung ausüben und in dieser Beschäftigung versicherungspflichtig sind, weil sie nach § 5 Abs. 2 Satz 2 auf die Versicherungsfreiheit verzichtet haben, ist beitragspflichtige Einnahme das Arbeitsentgelt, mindestens jedoch der Betrag in Höhe von 155 Euro.

Abs. 8 lautet neu gefasst wie folgt:

(8) Bei Arbeitnehmern, die eine geringfügige Beschäftigung ausüben, ist beitragspflichtige Einnahme das Arbeitsentgelt, mindestens jedoch der Betrag in Höhe von 175 Euro.

(9) Bei Arbeitnehmern, die in einer Beschäftigung Leistungen der Entgeltsicherung nach § 417 des Dritten Buches erhalten, gilt auch der Unterschiedsbetrag zwischen dem Arbeitsentgelt aus der Beschäftigung während des Bezugs der Leistungen zur Entgeltsicherung und 90 vom Hundert des für das Arbeitslosengeld maßgeblichen Bemessungsentgelts im Sinne des § 417 des Dritten Buches, jedoch höchstens bis zur Beitragsbemessungsgrenze, als beitragspflichtige Einnahme. Während des Bezugs von Kurzarbeitergeld gilt weiterhin der nach Satz 1 ermittelte Unterschiedsbetrag als beitragspflichtige Einnahme. Für Personen, die nach § 3 Satz 1 Nr. 3 für die Zeit des Bezugs von Krankengeld, Versorgungskrankengeld, Verletztengeld oder Übergangsgeld versichert sind, und für Personen, die für die Zeit der Arbeitsunfähigkeit oder der Ausführung von Leistungen zur Teilhabe, in der sie Krankentagegeld von einem privaten Krankenversicherungsunternehmen erhalten, nach § 4 Abs. 3 Satz 1 Nr. 2 versichert sind, gilt Satz 1 entsprechend.

(10) Bei Arbeitnehmern, die gegen ein monatliches Arbeitsentgelt bis zum oberen Grenzbetrag der Gleitzone (§ 20 Abs. 2 Viertes Buch) mehr als geringfügig beschäftigt sind, ist beitragspflichtige Einnahme der Betrag, der sich aus folgender Formel ergibt:

$$F \times 400 \times (2 - F) \times (AE - 400)$$

Neu gefasst lautet die Formel:

$$F \times 450 + \left(\left\{\frac{850}{850 - 450}\right\} - \left\{\frac{450}{850 - 450}\right\} \times F\right) \times (AE - 450).$$

Dabei ist AE das Arbeitsentgelt und F der Faktor, der sich ergibt, wenn der Wert 30 vom Hundert durch den Gesamtsozialversicherungsbeitragssatz des Kalenderjahres, in dem der Anspruch auf das Arbeitsentgelt entstanden ist, geteilt wird. Der Gesamtsozialversicherungsbeitragssatz eines Kalenderjahres ergibt sich aus der Summe der zum 1. Januar desselben Kalenderjahres geltenden Beitragssätze in der allgemeinen Rentenversicherung, in der gesetzlichen Pflegeversicherung sowie zur Arbeitsförderung und des allgemeinen Beitragssatzes in der gesetzlichen Krankenversicherung. Für die Zeit vom 1. Juli 2006 bis zum 31. Dezember 2006 beträgt der Faktor F 0,7160. Der Gesamtsozialversicherungsbeitragssatz und der Faktor F sind vom Bundesministerium für Arbeit und Soziales bis zum 31. Dezember eines Jahres für das folgende Kalenderjahr im Bundesanzeiger bekannt zu geben. Abweichend von Satz 1 ist beitragspflichtige Einnahme das Arbeitsentgelt aus der versicherungspflichtigen Beschäftigung, wenn der Arbeitnehmer dies schriftlich gegenüber dem Arbeitgeber erklärt. Die Erklärung kann nur mit Wirkung für die Zukunft und bei mehreren Beschäftigungen nach Satz 1 nur einheitlich abgegeben werden und ist für die Dauer der Beschäftigungen bindend. Satz 1 gilt nicht für Personen, die zu ihrer Berufsausbildung beschäftigt sind.

§ 165 Beitragspflichtige Einnahmen selbständig Tätiger

(1) Beitragspflichtige Einnahmen sind

1. bei selbständig Tätigen ein Arbeitseinkommen in Höhe der Bezugsgröße, bei Nachweis eines niedrigeren oder höheren Arbeitseinkommens jedoch dieses Arbeitseinkommen, mindestens jedoch monatlich 400 Euro,
   Absatz 1 Nr. 1 wird wie folgt gefasst: … jedoch monatlich 450 Euro,
2. bei Seelotsen das Arbeitseinkommen,
3. bei Künstlern und Publizisten das voraussichtliche Jahresarbeitseinkommen (§ 12 Künstlersozialversicherungsgesetz), mindestens jedoch 3900 Euro, wobei Arbeitseinkommen auch die Vergütung für die Verwertung und Nutzung urheberrechtlich geschützter Werke oder Leistungen sind,
4. bei Hausgewerbetreibenden das Arbeitseinkommen,
5. bei Küstenschiffern und Küstenfischern das in der Unfallversicherung maßgebende beitragspflichtige Arbeitseinkommen.

Beitragspflichtige Einnahmen sind bei selbständig Tätigen abweichend von Satz 1 Nr. 1 bis zum Ablauf von drei Kalenderjahren nach dem Jahr der Aufnahme der selbständigen Tätigkeit ein Arbeitseinkommen in Höhe von 50 vom Hundert der Bezugsgröße, auf Antrag des Versicherten jedoch ein Arbeitseinkommen in Höhe der Bezugsgröße. Für den Nachweis des von der Bezugsgröße abweichenden Arbeitseinkommens nach Satz 1 Nummer 1 sind die sich aus dem letzten Einkommensteuerbescheid für das zeitnaheste Kalenderjahr ergebenden Einkünfte aus der versicherungspflichtigen selbständigen Tätigkeit so lange maßgebend, bis ein neuer Einkommensteuerbescheid vorgelegt wird. Die Einkünfte sind mit dem Vomhundertsatz zu vervielfältigen, der sich aus dem Verhältnis des vorläufigen Durchschnittsentgelts (Anlage 1) für das Kalenderjahr, für das das Arbeitseinkommen nachzuweisen ist, zu dem Durchschnittsentgelt (Anlage 1) für das maßgebende Veranlagungsjahr des Einkommensteuerbescheides ergibt. Übersteigt das nach Satz 4 festgestellte Arbeitseinkommen die Beitragsbemessungsgrenze des nachzuweisenden Kalenderjahres, wird ein Arbeitseinkommen in Höhe der jeweiligen Beitragsbemessungsgrenze so lange zugrunde gelegt, bis sich aus einem neuen Einkommensteuerbescheid niedrigere Einkünfte ergeben. Der Einkommensteuerbescheid ist dem Träger der Rentenversicherung spätestens zwei Kalendermonate nach seiner Ausfertigung vorzulegen. Statt des Einkommensteuerbescheides kann auch eine Bescheinigung des Finanzamtes vorgelegt werden, die die für den Nachweis des Arbeitseinkommens erforderlichen Daten des Einkommensteuerbescheides enthält. Änderungen des Arbeitseinkommens werden vom Ersten des auf die Vorlage des Bescheides oder der Bescheinigung folgenden Kalendermonats, spätestens aber vom Beginn des dritten Kalendermonats nach Ausfertigung des Einkommensteuerbescheides, an berücksichtigt. Ist eine Veranlagung zur Einkommensteuer aufgrund der versicherungspflichtigen selbständigen Tätigkeit noch nicht erfolgt, sind für das Jahr des Beginns der Versicherungspflicht die Einkünfte zugrunde zu legen, die sich aus den vom Versicherten vorzulegenden Unterlagen ergeben. Für die Folgejahre ist Satz 4 sinngemäß anzuwenden.

(1 a) Abweichend von Absatz 1 Satz 3 ist auf Antrag des Versicherten vom laufenden Arbeitseinkommen auszugehen, wenn dieses im Durchschnitt voraussichtlich um wenigstens 30 vom Hundert geringer ist als das Arbeitseinkommen aus dem letzten Einkommensteuerbescheid. Das laufende Arbeitseinkommen ist durch entsprechende Unterlagen nachzuweisen. Änderungen des Arbeitseinkommens werden vom Ersten des auf die Vorlage der Nachweise folgenden Kalendermonats an berücksichtigt. Das festgestellte laufende Arbeitseinkommen bleibt solange maßgebend, bis der Einkommensteuerbescheid über dieses Veranlagungsjahr vorgelegt wird und zu berücksichtigen ist. Für die Folgejahre ist Absatz 1 Satz 4 sinngemäß anzuwenden.

(1 b) Bei Künstlern und Publizisten wird für die Dauer des Bezugs von Elterngeld oder Erziehungsgeld oder für die Zeit, in der Erziehungsgeld nur wegen des zu berücksichtigenden Einkommens nicht bezogen wird, auf Antrag des Versicherten das in diesen Zeiten voraussichtlich erzielte Arbeitseinkommen, wenn es im Durchschnitt monatlich 325 Euro übersteigt, zugrunde gelegt.

(2) Für Hausgewerbetreibende, die ehrenamtlich tätig sind, gelten die Regelungen für Arbeitnehmer, die ehrenamtlich tätig sind, entsprechend.

(3) Bei Selbständigen, die auf Antrag versicherungspflichtig sind, gelten als Ar-

beitseinkommen im Sinne von § 15 des Vierten Buches auch die Einnahmen, die steuerrechtlich als Einkommen aus abhängiger Beschäftigung behandelt werden.

§ 166 Beitragspflichtige Einnahmen sonstiger Versicherter

(1) Beitragspflichtige Einnahmen sind

1. bei Personen, die als Wehr- oder Zivildienstleistende versichert sind, 60 vom Hundert der Bezugsgröße, jedoch bei Personen, die eine Verdienstausfallentschädigung nach dem Unterhaltssicherungsgesetz erhalten, das Arbeitsentgelt, das dieser Leistung vor Abzug von Steuern und Beitragsanteilen zugrunde liegt,

1 a. bei Personen, die in einem Wehrdienstverhältnis besonderer Art nach § 6 des Einsatz-Weiterverwendungsgesetzes versichert sind, die daraus gewährten Dienstbezüge in dem Umfang, in dem sie bei Beschäftigten als Arbeitsentgelt zu berücksichtigen wären,

2. bei Personen, die Arbeitslosengeld, Übergangsgeld, Krankengeld, Verletztengeld oder Versorgungskrankengeld beziehen, 80 vom Hundert des der Leistung zugrunde liegenden Arbeitsentgelts oder Arbeitseinkommens, wobei 80 vom Hundert des beitragspflichtigen Arbeitsentgelts aus einem nicht geringfügigen Beschäftigungsverhältnis abzuziehen sind, und bei gleichzeitigem Bezug von Krankengeld neben einer anderen Leistung das dem Krankengeld zugrundeliegende Einkommen nicht zu berücksichtigen ist,

2 a. bei Personen, die im Anschluss an den Bezug von Arbeitslosengeld II Übergangsgeld oder Verletztengeld beziehen, monatlich der Betrag von 205 Euro,

2 b. bei Personen, die Krankengeld § 44 a des Fünften Buches beziehen, das der Leistung zugrunde liegende Arbeitsentgelt oder Arbeitseinkommen; wird dieses Krankengeld nach § 47 b des Fünften Buches gezahlt, gilt Nummer 2,

2 c. bei Personen, die Teilarbeitslosengeld oder Teilübergangsgeld beziehen, 80 vom Hundert des dieser Leistung zugrunde liegenden Arbeitsentgelts,

2 d. bei Personen, die von einem privaten Krankenversicherungsunternehmen, von einem Beihilfeträger des Bundes, von einem sonstigen öffentlich-rechtlichen Träger von Kosten in Krankheitsfällen auf Bundesebene, von dem Träger der Heilfürsorge im Bereich des Bundes, von dem Träger der truppenärztlichen Versorgung oder von einem öffentlich-rechtlichen Träger von Kosten in Krankheitsfällen auf Landesebene, soweit Landesrecht dies vorsieht, Leistungen für den Ausfall von Arbeitseinkünften im Zusammenhang mit einer nach den § 8 und 8 a des Transplantationsgesetzes erfolgenden Spende von Organen oder Geweben beziehen, das diesen Leistungen zugrunde liegende Arbeitsentgelt oder Arbeitseinkommen,

3. bei Beziehern von Vorruhestandsgeld das Vorruhestandsgeld,

4. bei Entwicklungshelfern das Arbeitsentgelt oder, wenn dies günstiger ist, der Betrag, der sich ergibt, wenn die Beitragsbemessungsgrenze mit dem Verhältnis vervielfältigt wird, in dem die Summe der Arbeitsentgelte oder Arbeitseinkommen für die letzten drei vor Aufnahme der nach § 4 Abs. 1 versicherungspflichtigen Beschäftigung oder Tätigkeit voll mit Pflichtbeiträgen belegten Kalendermonate

zur Summe der Beträge der Beitragsbemessungsgrenzen für diesen Zeitraum steht; der Verhältniswert beträgt mindestens 0,6667,

4a. bei sonstigen im Ausland beschäftigten Personen, die auf Antrag versicherungspflichtig sind, das Arbeitsentgelt,

5. bei Personen, die für Zeiten der Arbeitsunfähigkeit oder der Ausführung von Leistungen zur Teilhabe ohne Anspruch auf Krankengeld versichert sind, 80 vom Hundert des zuletzt für einen vollen Kalendermonat versicherten Arbeitsentgelts oder Arbeitseinkommens.

(2) Beitragspflichtige Einnahmen sind bei nicht erwerbsmäßig tätigen Pflegepersonen bei Pflege eines

1. Schwerstpflegebedürftigen (§ 15 Abs. 1 Nr. 3 Elftes Buch)
   a) 80 vom Hundert der Bezugsgröße, wenn er mindestens 28 Stunden in der Woche gepflegt wird,
   b) 60 vom Hundert der Bezugsgröße, wenn er mindestens 21 Stunden in der Woche gepflegt wird,
   c) 40 vom Hundert der Bezugsgröße, wenn er mindestens 14 Stunden in der Woche gepflegt wird,
2. Schwerpflegebedürftigen (§ 15 Abs. 1 Nr. 2 Elftes Buch)
   a) 53,3333 vom Hundert der Bezugsgröße, wenn er mindestens 21 Stunden in der Woche gepflegt wird,
   b) 35,5555 vom Hundert der Bezugsgröße, wenn er mindestens 14 Stunden in der Woche gepflegt wird,
3. erheblich Pflegebedürftigen (§ 15 Abs. 1 Nr. 1 Elftes Buch) 26,6667 vom Hundert der Bezugsgröße.

Üben mehrere nicht erwerbsmäßig tätige Pflegepersonen die Pflege gemeinsam aus, sind beitragspflichtige Einnahmen bei jeder Pflegeperson der Teil des Höchstwerts der jeweiligen Pflegestufe, der dem Umfang ihrer Pflegetätigkeit im Verhältnis zum Umfang der Pflegetätigkeit insgesamt entspricht.

§ 167 Freiwillig Versicherte

Die Mindestbeitragsbemessungsgrundlage beträgt für freiwillig Versicherte monatlich 400 Euro.

Neu gefasst lautet § 167: … 450 Euro.

Dritter Titel
Verteilung der Beitragslast

§ 168 Beitragstragung bei Beschäftigten

(1) Die Beiträge werden getragen

1. bei Personen, die gegen Arbeitsentgelt beschäftigt werden, von den Versicherten und den Arbeitgebern je zur Hälfte,

1a. bei Arbeitnehmern, die Kurzarbeitergeld beziehen, vom Arbeitgeber,
1b. bei Personen, die gegen Arbeitsentgelt geringfügig versicherungspflichtig beschäftigt werden, von den Arbeitgebern in Höhe des Betrages, der 15 vom Hundert des der Beschäftigung zugrunde liegenden Arbeitsentgelts entspricht, im Übrigen vom Versicherten,
1c. bei Personen, die gegen Arbeitsentgelt in Privathaushalten geringfügig versicherungspflichtig beschäftigt werden, von den Arbeitgebern in Höhe des Betrages, der 5 vom Hundert des der Beschäftigung zugrunde liegenden Arbeitsentgelts entspricht, im Übrigen vom Versicherten,
1d. bei Arbeitnehmern, deren beitragspflichtige Einnahme sich nach § 163 Abs. 10 Satz 1 bestimmt, von den Arbeitgebern in Höhe der Hälfte des Betrages, der sich ergibt, wenn der Beitragssatz auf das der Beschäftigung zugrunde liegende Arbeitsentgelt angewendet wird, im Übrigen vom Versicherten,
2. bei behinderten Menschen von den Trägern der Einrichtung, wenn ein Arbeitsentgelt nicht bezogen wird oder das monatliche Arbeitsentgelt 20 vom Hundert der monatlichen Bezugsgröße nicht übersteigt, sowie für den Betrag zwischen dem monatlichen Arbeitsentgelt und 80 vom Hundert der monatlichen Bezugsgröße, wenn das monatliche Arbeitsentgelt 80 vom Hundert der monatlichen Bezugsgröße nicht übersteigt, im Übrigen von den Versicherten und den Trägern der Einrichtung je zur Hälfte,
2a. bei behinderten Menschen, die im Anschluss an eine Beschäftigung in einer nach dem Neunten Buch anerkannten Werkstatt für behinderte Menschen in einem Integrationsprojekt (§ 132 Neuntes Buch) beschäftigt sind, von den Trägern der Integrationsprojekte für den Betrag zwischen dem monatlichen Arbeitsentgelt und 80 vom Hundert der monatlichen Bezugsgröße, wenn das monatliche Arbeitsentgelt 80 vom Hundert der monatlichen Bezugsgröße nicht übersteigt, im Übrigen von den Versicherten und den Trägern der Integrationsprojekte je zur Hälfte,
3. bei Personen, die für eine Erwerbstätigkeit befähigt werden sollen, von den Trägern der Einrichtung,
3a. bei Auszubildenden, die in einer außerbetrieblichen Einrichtung im Rahmen eines Berufsausbildungsvertrages nach dem Berufsbildungsgesetz ausgebildet werden, von den Trägern der Einrichtung,
3b. bei behinderten Menschen während der individuellen betrieblichen Qualifizierung im Rahmen der Unterstützten Beschäftigung nach § 38a des Neunten Buches von dem zuständigen Rehabilitationsträger,
4. bei Mitgliedern geistlicher Genossenschaften, Diakonissen und Angehörigen ähnlicher Gemeinschaften von den Genossenschaften oder Gemeinschaften, wenn das monatliche Arbeitsentgelt 40 vom Hundert der monatlichen Bezugsgröße nicht übersteigt, im Übrigen von den Mitgliedern und den Genossenschaften oder Gemeinschaften je zur Hälfte,
5. bei Arbeitnehmern, die ehrenamtlich tätig sind, für den Unterschiedsbetrag von Ihnen selbst,

6. bei Arbeitnehmern, die nach dem Altersteilzeitgesetz Aufstockungsbeträge zum Arbeitsentgelt erhalten, für die sich nach § 163 Abs. 5 Satz 1 ergebende beitragspflichtige Einnahme von den Arbeitgebern,

Nr. 7–9 i. d. F. vom 01. 04. 2012 bis 31. 12. 2014:

7. bei Arbeitnehmern, die nach dem Altersteilzeitgesetz Aufstockungsbeträge zum Krankengeld, Versorgungskrankengeld, Verletztengeld, Übergangsgeld oder Krankentagegeld erhalten, für die sich nach § 163 Abs. 5 Satz 2 ergebende beitragspflichtige Einnahme
   a) von der Bundesagentur oder, im Falle der Leistungserbringung nach § 10 Abs. 2 Satz 2 des Altersteilzeitgesetzes, von den Arbeitgebern, wenn die Voraussetzungen des § 4 des Altersteilzeitgesetzes vorliegen,
   b) von den Arbeitgebern, wenn die Voraussetzungen des § 4 des Altersteilzeitgesetzes nicht vorliegen,
8. bei Arbeitnehmern, die in einer Beschäftigung Leistungen der Entgeltsicherung nach § 417 des Dritten Buches erhalten, für den sich nach § 163 Abs. 9 Satz 1 ergebenden Unterschiedsbetrag von der Bundesagentur für Arbeit,
9. bei Arbeitnehmern, die nach § 417 Absatz 6 des Dritten Buches einen Zuschuss zum Kurzarbeitergeld, Krankengeld, Versorgungskrankengeld, Verletztengeld, Übergangsgeld oder Krankentagegeld erhalten, für den sich nach § 163 Abs. 9 Satz 2 und 3 ergebenden Unterschiedsbetrag von der Bundesagentur für Arbeit.

Nr. 7–9 i. d. F. ab 01. 01. 2015

7. bei Arbeitnehmern, die nach dem Altersteilzeitgesetz Aufstockungsbeträge zum Krankengeld, Versorgungskrankengeld, Verletztengeld, Übergangsgeld oder Krankentagegeld erhalten, für die sich nach § 163 Abs. 5 Satz 2 ergebende beitragspflichtige Einnahme
   a) von der Bundesagentur oder, im Falle der Leistungserbringung nach § 10 Abs. 2 Satz 2 des Altersteilzeitgesetzes, von den Arbeitgebern, wenn die Voraussetzungen des § 4 des Altersteilzeitgesetzes vorliegen,
   b) von den Arbeitgebern, wenn die Voraussetzungen des § 4 des Altersteilzeitgesetzes
8. *aufgehoben*
9. *aufgehoben*

(2) Wird infolge einmalig gezahlten Arbeitsentgelts die in Absatz 1 Nr. 2 genannte Grenze von 20 vom Hundert der monatlichen Bezugsgröße überschritten, tragen die Versicherten und die Arbeitgeber die Beiträge von dem diese Grenze übersteigenden Teil des Arbeitsentgelts jeweils zur Hälfte; im Übrigen tragen die Arbeitgeber den Beitrag allein.

(3) Personen, die in der knappschaftlichen Rentenversicherung versichert sind, tragen die Beiträge in Höhe des Vomhundertsatzes, den sie zu tragen hätten, wenn sie in der allgemeinen Rentenversicherung versichert wären; im Übrigen tragen die Arbeitgeber die Beiträge.

§ 169 Beitragstragung bei selbständig Tätigen

Die Beiträge werden getragen

1. bei selbständig Tätigen von ihnen selbst,
2. bei Künstlern und Publizisten von der Künstlersozialkasse,
3. bei Hausgewerbetreibenden von den Versicherten und den Arbeitgebern je zur Hälfte,
4. bei Hausgewerbetreibenden, die ehrenamtlich tätig sind, für den Unterschiedsbetrag von ihnen selbst.

§ 170 Beitragstragung bei sonstigen Versicherten

(1) Die Beiträge werden getragen

1. bei Wehr- oder Zivildienstleistenden, Personen in einem Wehrdienstverhältnis besonderer Art nach § 6 des Einsatz-Weiterverwendungsgesetzes und für Kindererziehungszeiten vom Bund,
2. bei Personen, die
   a) Krankengeld oder Verletztengeld beziehen, von den Beziehern der Leistung und den Leistungsträgern je zur Hälfte, soweit sie auf die Leistung entfallen und diese Leistungen nicht in Höhe der Leistungen der Bundesagentur für Arbeit zu zahlen sind, im Übrigen vom Leistungsträger; die Beiträge werden auch dann von den Leistungsträgern getragen, wenn die Bezieher der Leistung zur Berufsausbildung beschäftigt sind und das der Leistung zugrunde liegende Arbeitsentgelt auf den Monat bezogen 400 Euro nicht übersteigt,
   Absatz 1 Nr. 2 a) wird wie folgt gefasst:
   … auf den Monat bezogen 450 Euro nicht übersteigt,
   b) Versorgungskrankengeld, Übergangsgeld oder Arbeitslosengeld beziehen, von den Leistungsträgern,
   c) Krankengeld nach § 44 a des Fünften Buches beziehen, vom Leistungsträger,
   d) für Personen, die Leistungen für den Ausfall von Arbeitseinkünften im Zusammenhang mit einer nach den §§ 8 und 8 a des Transplantationsgesetzes erfolgenden Spende von Organen oder Geweben erhalten, von der Stelle, die die Leistung erbringt; wird die Leistung von mehreren Stellen erbracht, sind die Beiträge entsprechend anteilig zu tragen,
3. bei Bezug von Vorruhestandsgeld von den Beziehern und den zur Zahlung des Vorruhestandsgeldes Verpflichteten je zur Hälfte,
4. bei Entwicklungshelfern oder bei sonstigen im Ausland beschäftigten Personen von den antragstellenden Stellen,
5. bei Zeiten der Arbeitsunfähigkeit oder der Ausführung von Leistungen zur Teilhabe ohne Anspruch auf Krankengeld von den Versicherten selbst,
6. bei nicht erwerbsmäßig tätigen Pflegepersonen, die einen
   a) in der sozialen Pflegeversicherung versicherten Pflegebedürftigen pflegen, von der Pflegekasse,
   b) in der sozialen Pflegeversicherung versicherungsfreien Pflegebedürftigen pflegen, von dem privaten Versicherungsunternehmen,
   c) Pflegebedürftigen pflegen, der wegen Pflegebedürftigkeit Beihilfeleistungen

oder Leistungen der Heilfürsorge und Leistungen einer Pflegekasse oder eines privaten Versicherungsunternehmens erhält, von der Festsetzungsstelle für die Beihilfe oder vom Dienstherrn und der Pflegekasse oder dem privaten Versicherungsunternehmen anteilig; ist ein Träger der Rentenversicherung Festsetzungsstelle für die Beihilfe, gelten die Beiträge insoweit als gezahlt; dies gilt auch im Verhältnis der Rentenversicherungsträger untereinander.

(2) Bezieher von Krankengeld oder Verletztengeld, die in der knappschaftlichen Rentenversicherung versichert sind, tragen die Beiträge in Höhe des Vomhundertsatzes, den sie zu tragen hätten, wenn sie in der allgemeinen Rentenversicherung versichert wären; im Übrigen tragen die Beiträge die Leistungsträger. Satz 1 gilt entsprechend für Bezieher von Vorruhestandsgeld, die in der knappschaftlichen Rentenversicherung versichert sind.

§ 171 Freiwillig Versicherte

Freiwillig Versicherte tragen ihre Beiträge selbst.

§ 172 Arbeitgeberanteil bei Versicherungsfreiheit und Befreiung von der Versicherungspflicht

(1) Für Beschäftigte, die

1. als Bezieher einer Vollrente wegen Alters,
2. als Versorgungsbezieher,
3. wegen des Erreichens der Regelaltersgrenze oder
4. wegen einer Beitragserstattung

versicherungsfrei sind, tragen die Arbeitgeber die Hälfte des Beitrags, der zu zahlen wäre, wenn die Beschäftigten versicherungspflichtig wären; in der knappschaftlichen Rentenversicherung ist statt der Hälfte des Beitrags der auf Arbeitgeber entfallende Beitragsanteil zu zahlen. Satz 1 findet keine Anwendung auf versicherungsfrei geringfügig Beschäftigte und Beschäftigte nach § 1 Satz 1 Nr. 2.

(2) Für Beschäftigte, die nach § 6 Abs. 1 Satz 1 Nr. 1 von der Versicherungspflicht befreit sind, tragen die Arbeitgeber die Hälfte des Beitrags zu einer berufsständischen Versorgungseinrichtung, höchstens aber die Hälfte des Beitrags, der zu zahlen wäre, wenn die Beschäftigten nicht von der Versicherungspflicht befreit worden wären.

(3) Für Beschäftigte nach § 8 Abs. 1 Nr. 1 des Vierten Buches, die in dieser Beschäftigung von der Versicherungspflicht befreit sind oder die nach § 5 Abs. 4 versicherungsfrei sind, tragen die Arbeitgeber einen Beitragsanteil in Höhe von 15 vom Hundert des Arbeitsentgelts, das beitragspflichtig wäre, wenn die Beschäftigten versicherungspflichtig wären. Dies gilt nicht für Personen, die während der Dauer eines Studiums als ordentliche Studierende einer Fachschule oder Hochschule ein Praktikum ableisten, das nicht in ihrer Studienordnung oder Prüfungsordnung vorgeschrieben ist.

Absatz 3 Satz 1 wird wie folgt gefasst:

Für Beschäftigte nach § 8 Abs. 1 Nr. 1 des Vierten Buches, die in dieser Beschäftigung nach § 6 Absatz 1 b oder nach anderen Vorschriften von der Versicherungspflicht befreit sind …

(3a) Für Beschäftigte in Privathaushalten nach § 8a Satz 1 des Vierten Buches, die in dieser Beschäftigung von der Versicherungspflicht befreit sind oder die nach § 5 Abs. 4 versicherungsfrei sind, tragen die Arbeitgeber einen Beitragsanteil in Höhe von 5 vom Hundert des Arbeitsentgelts, das beitragspflichtig wäre, wenn die Beschäftigten versicherungspflichtig wären.

Absatz 3a wird wie folgt gefasst:

Für Beschäftigte in Privathaushalten nach § 8a Satz 1 des Vierten Buches, die in dieser Beschäftigung nach § 6 Absatz 1b oder nach anderen Vorschriften von der Versicherungspflicht befreit sind …

(4) Für den Beitragsanteil des Arbeitgebers gelten die Vorschriften des Dritten Abschnitts des Vierten Buches sowie die Bußgeldvorschriften des § 111 Abs. 1 Nr. 2 bis 4, 8 und Abs. 2 und 4 des Vierten Buches entsprechend.

Vierter Titel
Zahlung der Beiträge

§ 177 Beitragszahlung für Kindererziehungszeiten

(1) Die Beiträge für Kindererziehungszeiten werden vom Bund gezahlt.

(2) Der Bund zahlt zur pauschalen Abgeltung für die Beitragszahlung für Kindererziehungszeiten an die allgemeine Rentenversicherung für das Jahr 2000 einen Betrag in Höhe von 22,4 Milliarden Deutsche Mark. Dieser Betrag verändert sich im jeweils folgenden Kalenderjahr in dem Verhältnis, in dem

1. die Bruttolöhne und -gehälter je Arbeitnehmer (§ 68 Abs. 2 Satz 1) im vergangenen Kalenderjahr zu den entsprechenden Bruttolöhnen und -gehältern im vorvergangenen Kalenderjahr stehen,
2. bei Veränderungen des Beitragssatzes der Beitragssatz des Jahres, für das er bestimmt wird, zum Beitragssatz des laufenden Kalenderjahres steht,
3. die Anzahl der unter Dreijährigen im vorvergangenen Kalenderjahr zur entsprechenden Anzahl der unter Dreijährigen in dem dem vorvergangenen vorausgehenden Kalenderjahr steht.

(3) Bei der Bestimmung der Bruttolöhne und -gehälter je Arbeitnehmer sind für das vergangene Kalenderjahr die dem Statistischen Bundesamt zu Beginn eines Kalenderjahres vorliegenden Daten und für das vorvergangene Kalenderjahr die bei der Bestimmung der bisherigen Veränderungsrate verwendeten Daten zugrunde zu legen. Bei der Anzahl der unter Dreijährigen in einem Kalenderjahr sind die für das jeweilige Kalenderjahr zum Jahresende vorliegenden Daten des Statistischen Bundesamtes zugrunde zu legen.

(4) Die Beitragszahlung des Bundes erfolgt in zwölf gleichen Monatsraten. Die Festsetzung und Auszahlung der Monatsraten sowie die Abrechnung führt das Bundesversicherungsamt entsprechend den haushaltsrechtlichen Vorschriften durch.

Sechster Titel
Nachversicherung

§ 181 Berechnung und Tragung der Beiträge

(1) Die Berechnung der Beiträge erfolgt nach den Vorschriften, die im Zeitpunkt der Zahlung der Beiträge für versicherungspflichtige Beschäftigte gelten. Als Zeitpunkt der Zahlung gilt der Tag der Wertstellung des Gegenwerts der Beiträge auf dem Konto des Rentenversicherungsträgers.

(2) Beitragsbemessungsgrundlage sind die beitragspflichtigen Einnahmen aus der Beschäftigung im Nachversicherungszeitraum bis zur jeweiligen Beitragsbemessungsgrenze. Ist die Gewährleistung der Versorgungsanwartschaft auf eine weitere Beschäftigung erstreckt worden, werden für diesen Zeitraum auch die beitragspflichtigen Einnahmen aus der weiteren Beschäftigung, bei Entwicklungshelfern der sich aus § 166 Absatz 1 Nummer 4 ergebende Betrag bis zur jeweiligen Beitragsbemessungsgrenze zugrunde gelegt.

(3) Mindestbeitragsbemessungsgrundlage ist ein Betrag in Höhe von 40 vom Hundert der jeweiligen Bezugsgröße, für Ausbildungszeiten die Hälfte dieses Betrages und für Zeiten einer Teilzeitbeschäftigung der Teil dieses Betrages, der dem Verhältnis der ermäßigten zur regelmäßigen Arbeitszeit entspricht. Mindestbeitragsbemessungsgrundlage für die dem Grundwehrdienst entsprechenden Dienstzeiten von Zeit- oder Berufssoldaten ist der Betrag, der für die Berechnung der Beiträge für Grundwehrdienstleistende in dem jeweiligen Zeitraum maßgebend war.

(4) Die Beitragsbemessungsgrundlage und die Mindestbeitragsbemessungsgrundlage werden für die Berechnung der Beiträge um den Vomhundertsatz angepasst, um den das vorläufige Durchschnittsentgelt für das Kalenderjahr, in dem die Beiträge gezahlt werden, das Durchschnittsentgelt für das Kalenderjahr, für das die Beiträge gezahlt werden, übersteigt oder unterschreitet.

(5) Die Beiträge werden von den Arbeitgebern, Genossenschaften oder Gemeinschaften getragen. Ist die Gewährleistung der Versorgungsanwartschaft auf eine weitere Beschäftigung erstreckt worden, werden die Beiträge für diesen Zeitraum von den Arbeitgebern, Genossenschaften oder Gemeinschaften getragen, die die Gewährleistung erstreckt haben; Erstattungsvereinbarungen sind zulässig.

§ 182 Zusammentreffen mit vorhandenen Beiträgen

(1) Sind für den Nachversicherungszeitraum bereits Pflichtbeiträge gezahlt worden, haben die Arbeitgeber, Genossenschaften oder Gemeinschaften die Beiträge für die Nachversicherung nur insoweit zu zahlen, als dadurch die jeweilige Beitragsbemessungsgrenze nicht überschritten wird.

(2) Sind für den Nachversicherungszeitraum bereits freiwillige Beiträge gezahlt worden, werden sie erstattet. Freiwillige Beiträge, die von den Arbeitgebern, Genossenschaften oder Gemeinschaften getragen wurden, gelten als bereits gezahlte Beiträge für die Nachversicherung und werden von dem Gesamtbetrag der Beiträge abgesetzt; ihr Wert erhöht sich um den Vomhundertsatz, um den das vorläufige Durchschnittsentgelt für das Kalenderjahr, in dem die Beiträge für die Nachversicherung gezahlt

werden, das Durchschnittsentgelt für das Kalenderjahr, für das die freiwilligen Beiträge gezahlt wurden, übersteigt.

§ 183 Erhöhung und Minderung der Beiträge bei Versorgungsausgleich

(1) Die Beiträge erhöhen sich für Nachzuversichernde, zu deren Lasten ein Versorgungsausgleich durchgeführt worden ist, wenn diese eine Kürzung ihrer Versorgungsbezüge durch die Zahlung eines Kapitalbetrags an den Arbeitgeber oder Träger der Versorgungslast ganz oder teilweise abgewendet haben. Erhöhungsbetrag ist der Betrag, der im Zeitpunkt der Zahlung der Beiträge für die Nachversicherung erforderlich ist, um Rentenanwartschaften in der gleichen Höhe zu begründen, in der die Minderung der Versorgungsanwartschaften abgewendet wurde.

(2) Die Beiträge mindern sich für Nachzuversichernde, zu deren Lasten ein Versorgungsausgleich durchgeführt worden ist, wenn der Träger der Versorgungslast

1. bereits Aufwendungen des Trägers der Rentenversicherung aus der Versicherung des Ausgleichsberechtigten erstattet hat (§ 225 Abs. 1)
2. zur Ablösung der Erstattungspflicht für die Begründung von Rentenanwartschaften zugunsten des Ausgleichsberechtigten Beiträge gezahlt hat (§ 255 Abs. 2).

Minderungsbetrag ist

1. in den Fällen des Satzes 1 Nr. 1 ein Betrag von zwei Dritteln der erstatteten Aufwendungen,
2. in den Fällen des Satzes 1 Nr. 2 der Betrag der gezahlten Beiträge, erhöht um den Vomhundertsatz, um den das vorläufige Durchschnittsentgelt für das Kalenderjahr, in dem die Beiträge für die Nachversicherung gezahlt werden, das Durchschnittsentgelt übersteigt, das für die Berechnung der Beiträge zur Ablösung der Erstattungspflicht maßgebend war.

§ 184 Fälligkeit der Beiträge und Aufschub

(1) Die Beiträge sind zu zahlen, wenn die Voraussetzungen für die Nachversicherung eingetreten sind, insbesondere Gründe für einen Aufschub der Beitragszahlung nicht gegeben sind. § 24 des Vierten Buches ist mit der Maßgabe anzuwenden, dass die Säumnis drei Monate nach Eintritt der Fälligkeit beginnt und für die Ermittlung des rückständigen Betrages die zu diesem Zeitpunkt geltenden Rechengrößen anzuwenden sind. Sind die Beiträge vor dem 1. Oktober 1994 fällig geworden, beginnt die Säumnis am 1. Januar 1995; für die Berechnung des rückständigen Betrages sind die zu diesem Zeitpunkt geltenden Rechengrößen anzuwenden.

(2) Die Beitragszahlung wird aufgeschoben, wenn

1. die Beschäftigung nach einer Unterbrechung, die infolge ihrer Eigenart oder vertraglich im Voraus zeitlich begrenzt ist, voraussichtlich wieder aufgenommen wird,
2. eine andere Beschäftigung sofort oder voraussichtlich innerhalb von zwei Jahren nach dem Ausscheiden aufgenommen wird, in der wegen Gewährleistung einer Versorgungsanwartschaft Versicherungsfreiheit besteht oder eine Befreiung von der Versicherungspflicht erfolgt, sofern der Nachversicherungszeitraum bei der Versorgungsanwartschaft aus der anderen Beschäftigung berücksichtigt wird,

3. eine widerrufliche Versorgung gezahlt wird, die der aus einer Nachversicherung erwachsenden Rentenanwartschaft mindestens gleichwertig ist.

Der Aufschub der Beitragszahlung erstreckt sich in den Fällen des Satzes 1 Nr. 1 und 2 auch auf die Zeit der wiederaufgenommenen oder anderen Beschäftigung und endet mit einem Eintritt der Nachversicherungsvoraussetzungen für diese Beschäftigungen.

(3) Über den Aufschub der Beitragszahlung entscheiden die Arbeitgeber, Genossenschaften oder Gemeinschaften.

(4) Wird die Beitragszahlung aufgeschoben, erteilen die Arbeitgeber, Genossenschaften oder Gemeinschaften den ausgeschiedenen Beschäftigten und dem Träger der Rentenversicherung eine Bescheinigung über den Nachversicherungszeitraum und die Gründe für einen Aufschub der Beitragszahlung (Aufschubbescheinigung). Die ausgeschiedenen Beschäftigten und der Träger der Rentenversicherung können verlangen, dass sich die Aufschubbescheinigung auch auf die beitragspflichtigen Einnahmen erstreckt, die einer Nachversicherung in den einzelnen Kalenderjahren zugrunde zu legen wären.

§ 185 Zahlung der Beiträge und Wirkung der Beitragszahlung

(1) Die Arbeitgeber, Genossenschaften oder Gemeinschaften zahlen die Beiträge unmittelbar an den Träger der Rentenversicherung. Sie haben dem Träger der Rentenversicherung mit der Beitragszahlung mitzuteilen, ob und in welcher Höhe ein Versorgungsausgleich zu Lasten der Nachversicherten durchgeführt und eine Kürzung der Versorgungsbezüge durch die Zahlung eines Kapitalbetrags abgewendet wurde. Satz 1 gilt nicht, wenn der Arbeitgeber ein Träger der Rentenversicherung ist; in diesen Fällen gelten die Beiträge als zu dem Zeitpunkt gezahlt, in dem die Voraussetzungen für die Nachversicherung eingetreten sind.

(2) Die gezahlten Beiträge gelten als rechtzeitig gezahlte Pflichtbeiträge. Hat das Familiengericht vor Durchführung der Nachversicherung einen Versorgungsausgleich zu Lasten von Nachversicherten durchgeführt, gilt

1. eine Begründung von Rentenanwartschaften und
2. eine Übertragung von Anrechten aus einer Beamtenversorgung auf Grund einer internen Teilung in der Beamtenversorgung

mit der Zahlung der Beiträge an den Träger der Rentenversicherung oder in den Fällen des Absatzes 1 Satz 3 mit dem Eintritt der Voraussetzungen für die Nachversicherung als in der Rentenversicherung übertragen. In den Fällen des Satzes 2 Nr. 2 gelten für die Ermittlung des Abschlags an Entgeltpunkten § 76 Abs. 4 und § 264a Abs. 2 entsprechend; an die Stelle des Monatsbetrags der Rentenanwartschaft tritt der vom Familiengericht für die ausgleichsberechtigte Person durch interne Teilung festgesetzte monatliche Betrag.

(2a) Beiträge, die für frühere Soldaten auf Zeit während des Bezugs von Übergangsgebührnissen gezahlt worden sind, gelten bis zum Ablauf von 18 Monaten nach Wegfall der Übergangsgebührnisse als widerruflich gezahlt. Der Arbeitgeber ist bis dahin zum Widerruf der Zahlung berechtigt, wenn

1. die Nachversicherten bis zum Ablauf eines Jahres nach Wegfall der Übergangs-

gebührnisse eine Beschäftigung aufgenommen haben, in der wegen Gewährleistung einer Versorgungsanwartschaft Versicherungsfreiheit besteht oder eine Befreiung von der Versicherungspflicht erfolgt ist,
2. der Nachversicherungszeitraum bei der Versorgungsanwartschaft aus dieser Beschäftigung berücksichtigt wird,
3. bis zum Zeitpunkt des Widerrufs Leistungen der Rentenversicherung unter Berücksichtigung der Nachversicherung weder erbracht wurden noch aufgrund eines bis zum Zeitpunkt des Widerrufs gestellten Antrags zu erbringen sind und
4. bis zum Zeitpunkt des Widerrufs eine Entscheidung über einen Versorgungsausgleich zu Lasten des Nachversicherten unter Berücksichtigung der Nachversicherung nicht getroffen worden ist.

Wird die Zahlung widerrufen, werden die Beiträge zurückgezahlt. Der Anspruch auf Rückzahlung der Beiträge ist nach Ablauf von sechs Monaten fällig. Nach Rückzahlung der Beiträge ist die Nachversicherung als von Anfang an nicht erfolgt und nach § 184 Abs. 2 Satz 1 Nr. 2 aufgeschoben anzusehen.

(3) Die Arbeitgeber, Genossenschaften oder Gemeinschaften erteilen den Nachversicherten oder den Hinterbliebenen und dem Träger der Rentenversicherung eine Bescheinigung über den Nachversicherungszeitraum und die der Nachversicherung in den einzelnen Kalenderjahren zugrunde gelegten beitragspflichtigen Einnahmen (Nachversicherungsbescheinigung).

(4) Der Träger der Rentenversicherung teilt den Nachversicherten die aufgrund der Nachversicherung in ihrem Versicherungskonto gespeicherten Daten mit.

§ 186 Zahlung an eine berufsständische Versorgungseinrichtung

(1) Nachzuversichernde können beantragen, dass die Arbeitgeber, Genossenschaften oder Gemeinschaften die Beiträge an eine berufsständische Versorgungseinrichtung zahlen, wenn sie
1. im Nachversicherungszeitraum ohne die Versicherungsfreiheit die Voraussetzungen für eine Befreiung nach § 6 Abs. 1 Satz 1 Nr. 1 erfüllt hätten oder
2. innerhalb eines Jahres nach dem Eintritt der Voraussetzungen für die Nachversicherung aufgrund einer durch Gesetz angeordneten oder auf Gesetz beruhenden Verpflichtung Mitglied dieser Einrichtung werden.

(2) Nach dem Tod von Nachzuversichernden steht das Antragsrecht nacheinander zu
1. überlebenden Ehegatten oder Lebenspartner,
2. den Waisen gemeinsam,
3. früheren Ehegatten oder Lebenspartner.

(3) Der Antrag kann nur innerhalb eines Jahres nach dem Eintritt der Voraussetzungen für die Nachversicherung gestellt werden.

Siebter Titel
Zahlung von Beiträgen in besonderen Fällen

§ 187 a Zahlung von Beiträgen bei vorzeitiger Inanspruchnahme einer Rente wegen Alters

(1) Bis zum Erreichen der Regelaltersgrenze können Rentenminderungen durch die vorzeitige Inanspruchnahme einer Rente wegen Alters durch Zahlung von Beiträgen ausgeglichen werden. Die Berechtigung zur Zahlung setzt voraus, dass der Versicherte erklärt, eine solche Rente zu beanspruchen.

(2) Beiträge können bis zu der Höhe gezahlt werden, die sich nach der Auskunft über die Höhe der zum Ausgleich einer Rentenminderung bei vorzeitiger Inanspruchnahme einer Rente wegen Alters erforderlichen Beitragszahlung als höchstmögliche Minderung an persönlichen Entgeltpunkten durch eine vorzeitige Inanspruchnahme einer Rente wegen Alters ergibt. Diese Minderung wird auf der Grundlage der Summe aller Entgeltpunkte ermittelt, die mit einem Zugangsfaktor zu vervielfältigen ist und die sich bei Berechnung einer Altersrente unter Zugrundelegung des beabsichtigten Rentenbeginns ergeben würde. Dabei ist für jeden Kalendermonat an bisher nicht bescheinigten künftigen rentenrechtlichen Zeiten bis zum beabsichtigten Rentenbeginn von einer Beitragszahlung nach einem vom Arbeitgeber zu bescheinigenden Arbeitsentgelt auszugehen. Der Bescheinigung ist das gegenwärtige beitragspflichtige Arbeitsentgelt aufgrund der bisherigen Beschäftigung und der bisherigen Arbeitszeit zugrunde zu legen. Soweit eine Vorausbescheinigung nicht vorliegt, ist von den durchschnittlichen monatlichen Entgeltpunkten der Beitragszeiten des Kalenderjahres auszugehen, für das zuletzt Entgeltpunkte ermittelt werden können.

(3) Für je einen geminderten persönlichen Entgeltpunkt ist der Betrag zu zahlen, der sich ergibt, wenn der zur Wiederauffüllung einer im Rahmen des Versorgungsausgleichs geminderten Rentenanwartschaft für einen Entgeltpunkt zu zahlende Betrag durch den jeweiligen Zugangsfaktor geteilt wird. Teilzahlungen sind zulässig. Eine Erstattung gezahlter Beiträge erfolgt nicht.

Achter Titel
Berechnungsgrundsätze

Zweiter Unterabschnitt
Verfahren

Dritter Titel
Wirksamkeit der Beitragszahlung

§ 202 Irrtümliche Pflichtbeitragszahlung

Beiträge, die in der irrtümlichen Annahme der Versicherungspflicht gezahlt und deshalb beanstandet worden sind, aber nicht zurückgefordert werden, gelten als freiwillige Beiträge. Werden die Beiträge zurückgefordert, dürfen für diese Zeiträume innerhalb von drei Monaten, nachdem die Beanstandung unanfechtbar geworden ist, freiwillige Beiträge gezahlt werden. Die Sätze 1 und 2 gelten nur, wenn die Berechtigung zur freiwilligen Versicherung in der Zeit bestand, in der die Beiträge als gezahlt gelten oder für die Beiträge gezahlt werden sollen. Fordern Arbeitgeber die von ihnen getragenen Beitragsanteile zurück, sind die Versicherten berechtigt, den an die Arbeitgeber zu erstattenden Betrag zu zahlen.

§ 203 Glaubhaftmachung der Beitragszahlung

(1) Machen Versicherte glaubhaft, dass sie eine versicherungspflichtige Beschäftigung gegen Arbeitsentgelt ausgeübt haben und für diese Beschäftigung entsprechende Beiträge gezahlt worden sind, ist die Beschäftigungszeit als Beitragszeit anzuerkennen.

(2) Machen Versicherte glaubhaft, dass der auf sie entfallende Beitragsanteil vom Arbeitsentgelt abgezogen worden ist, so gilt der Beitrag als gezahlt.

Fünfter Titel
Beitragserstattung und Beitragsüberwachung

§ 210 Beitragserstattung

(1) Beiträge werden auf Antrag erstattet

1. Versicherten, die nicht versicherungspflichtig sind und nicht das Recht zur freiwilligen Versicherung haben,
2. Versicherten, die die Regelaltersgrenze erreicht und die allgemeine Wartezeit nicht erfüllt haben,
3. Witwen, Witwern, überlebenden Lebenspartnern oder Waisen, wenn wegen nicht erfüllter allgemeiner Wartezeit ein Anspruch auf Rente wegen Todes nicht besteht, Halbwaisen aber nur, wenn eine Witwe, ein Witwer oder ein überlebender Lebenspartner nicht vorhanden ist. Mehreren Waisen steht der Erstattungsbetrag zu gleichen Teilen zu. Anspruch auf eine Beitragserstattung für einen überlebenden Lebenspartner besteht nicht, wenn ein Anspruch auf Beitragserstattung für eine Witwe oder einen Witwer besteht.

(1 a) Beiträge werden auf Antrag auch Versicherten erstattet, die versicherungsfrei oder von der Versicherungspflicht befreit sind, wenn sie die allgemeine Wartezeit nicht erfüllt haben. Dies gilt nicht für Personen, die wegen Geringfügigkeit einer Beschäftigung oder selbständigen Tätigkeit versicherungsfrei sind. Beiträge werden nicht erstattet,

1. wenn während einer Versicherungsfreiheit oder Befreiung von der Versicherungspflicht von dem Recht der freiwilligen Versicherung nach § 7 Gebrauch gemacht wurde oder
2. solange Versicherte als Beamte oder Richter auf Zeit oder auf Probe, Soldaten auf Zeit, Beamte auf Widerruf im Vorbereitungsdienst versicherungsfrei oder nur befristet von der Versicherungspflicht befreit sind.

Eine freiwillige Beitragszahlung während einer Versicherungsfreiheit oder Befreiung von der Versicherungspflicht im Sinne des Satzes 3 Nummer 2 ist für eine Beitragserstattung nach Satz 1 unbeachtlich.

Absatz 1 a Satz 2 wird wie folgt gefasst:

Dies gilt nicht für Personen, die wegen Geringfügigkeit einer Beschäftigung oder selbständigen Tätigkeit versicherungsfrei oder von der Versicherungspflicht befreit sind.

(2) Beiträge werden nur erstattet, wenn seit dem Ausscheiden aus der Versicherungspflicht 24 Kalendermonate abgelaufen sind und nicht erneut Versicherungspflicht eingetreten ist.

(3) Beiträge werden in der Höhe erstattet, in der die Versicherten sie getragen haben. War mit den Versicherten ein Nettoarbeitsentgelt vereinbart, wird der von den Arbeitgebern getragene Beitragsanteil der Arbeitnehmer erstattet. Beiträge aufgrund einer Beschäftigung nach § 20 Abs. 2 des Vierten Buches, einer selbständigen Tätigkeit oder freiwillige Beiträge werden zur Hälfte erstattet. Beiträge der Höherversicherung werden in voller Höhe erstattet. Erstattet werden nur Beiträge, die im Bundesgebiet für Zeiten nach dem 20. Juni 1948, im Land Berlin für Zeiten nach dem 24. Juni 1948 und im Saarland für Zeiten nach dem 19. November 1947 gezahlt worden sind. Beiträge im Beitrittsgebiet werden nur erstattet, wenn sie für Zeiten nach dem 30. Juni 1990 gezahlt worden sind.

(4) Ist zugunsten oder zulasten der Versicherten ein Versorgungsausgleich durchgeführt, wird der zu erstattende Betrag um die Hälfte des Betrages erhöht oder gemindert, der bei Ende der Ehezeit oder Lebenspartnerschaftszeit als Beitrag für den Zuschlag oder den zum Zeitpunkt der Beitragserstattung noch bestehenden Abschlag zu zahlen gewesen wäre. Dies gilt beim Rentensplitting entsprechend.

(5) Haben Versicherte eine Sach- oder Geldleistung aus der Versicherung in Anspruch genommen, können sie nur die Erstattung der später gezahlten Beiträge verlangen.

(6) Der Antrag auf Erstattung kann nicht auf einzelne Beitragszeiten oder Teile der Beiträge beschränkt werden. Mit der Erstattung wird das bisherige Versicherungsverhältnis aufgelöst. Ansprüche aus den bis zur Erstattung nach Absatz 1 zurückgelegten rentenrechtlichen Zeiten bestehen nicht mehr.

Dritter Abschnitt
Beteiligung des Bundes, Finanzbeziehungen und Erstattungen

Erster Unterabschnitt
Beteiligung des Bundes

§ 213 Zuschüsse des Bundes

(1) Der Bund leistet zu den Ausgaben der allgemeinen Rentenversicherung Zuschüsse.

(2) Der Bundeszuschuss zu den Ausgaben der allgemeinen Rentenversicherung ändert sich im jeweils folgenden Kalenderjahr in dem Verhältnis, in dem die Brutto-

löhne und -gehälter je Arbeitnehmer (§ 68 Abs. 2 Satz 1) im vergangenen Kalenderjahr zu den entsprechenden Bruttolöhnen und -gehältern im vorvergangenen Kalenderjahr stehen. Bei Veränderungen des Beitragssatzes ändert sich der Bundeszuschuss zusätzlich in dem Verhältnis, in dem der Beitragssatz des Jahres, für das er bestimmt wird, zum Beitragssatz des Vorjahres steht. Bei Anwendung von Satz 2 ist jeweils der Beitragssatz zugrunde zu legen, der sich ohne Berücksichtigung des zusätzlichen Bundeszuschusses nach Absatz 3 und des Erhöhungsbetrags nach Absatz 4 ergeben würde.

(2 a) Der allgemeine Bundeszuschuss wird für das Jahr 2006 um 170 Millionen Euro und ab dem Jahr 2007 um jeweils 340 Millionen Euro pauschal vermindert. Abweichungen des pauschalierten Minderungsbetrages von den tatsächlichen zusätzlichen Einnahmen eines Kalenderjahres durch Mehreinnahmen aus der Begrenzung der Sozialversicherungsfreiheit für Sonn-, Feiertags- und Nachtzuschläge auf einen Stundenlohn bis zu 25 Euro und aufgrund der Erhöhung der Pauschalabgaben für geringfügige Beschäftigung ohne Versicherungspflicht im gewerblichen Bereich von 12 vom Hundert auf 15 vom Hundert des Arbeitsentgelts in der gesetzlichen Rentenversicherung sind mit dem Bundeszuschuss nach Absatz 2 des auf die Abrechnung folgenden Haushaltsjahres zu verrechnen; Ausgangsbetrag für den Bundeszuschuss ist der jeweils zuletzt festgestellte Bundeszuschuss nach Absatz 2 ohne Minderungsbetrag.

(3) Der Bund zahlt zur pauschalen Abgeltung nicht beitragsgedeckter Leistungen an die allgemeine Rentenversicherung in jedem Kalenderjahr einen zusätzlichen Bundeszuschuss. Der zusätzliche Bundeszuschuss beträgt für die Monate April bis Dezember des Jahres 1998 9,6 Milliarden Deutsche Mark und für das Jahr 1999 15,6 Milliarden Deutsche Mark. Für die Kalenderjahre ab 2000 verändert sich der zusätzliche Bundeszuschuss jährlich entsprechend der Veränderungsrate der Steuern vom Umsatz; hierbei bleiben Änderungen der Steuersätze im Jahr ihres Wirksamwerdens unberücksichtigt. Der sich nach Satz 3 ergebende Betrag des zusätzlichen Bundeszuschusses wird für das Jahr 2000 um 1,1 Milliarden Deutsche Mark, für das Jahr 2001 um 1,1 Milliarden Deutsche Mark, für das Jahr 2002 um 664,679 Millionen Euro und für das Jahr 2003 um 102,258 Millionen Euro gekürzt. Auf den zusätzlichen Bundeszuschuss werden die Erstattungen nach § 291 b angerechnet. Für die Zahlung, Aufteilung und Abrechnung des zusätzlichen Bundeszuschusses sind die Vorschriften über den Bundeszuschuss anzuwenden.

(4) Der zusätzliche Bundeszuschuss nach Absatz 3 wird um die Einnahmen des Bundes aus dem Gesetz zur Fortführung der ökologischen Steuerreform abzüglich eines Betrages von 2,5 Milliarden Deutsche Mark im Jahr 2000 sowie eines Betrages von 1,9 Milliarden Deutsche Mark ab dem Jahr 2001 erhöht (Erhöhungsbetrag). Als Erhöhungsbetrag nach Satz 1 werden für das Jahr 2000 2,6 Milliarden Deutsche Mark, für das Jahr 2001 8,14 Milliarden Deutsche Mark, für das Jahr 2002 6,81040 Milliarden Euro und für das Jahr 2003 9,51002 Milliarden Euro festgesetzt. Für die Kalenderjahre nach 2003 verändern sich die Erhöhungsbeträge in dem Verhältnis, in dem die Bruttolöhne und -gehälter im vergangenen Kalenderjahr zu den entsprechenden Bruttolöhnen und -gehältern im vorvergangenen Kalenderjahr stehen; § 68 Abs. 2 Satz 1 gilt

entsprechend. Für die Zahlung, Aufteilung und Abrechnung des Erhöhungsbetrags sind die Vorschriften über den Bundeszuschuss anzuwenden.

(5) Ab dem Jahr 2003 verringert sich der Erhöhungsbetrag um 409 Millionen Euro. Bei der Feststellung der Veränderung der Erhöhungsbeträge nach Absatz 4 Satz 3 ist der Abzugsbetrag nach Satz 1 nicht zu berücksichtigen.

(6) Die Festsetzung und Auszahlung der Monatsraten sowie die Abrechnung führt das Bundesversicherungsamt durch.

§ 214 Liquiditätssicherung

(1) Reichen in der allgemeinen Rentenversicherung die liquiden Mittel der Nachhaltigkeitsrücklage nicht aus, die Zahlungsverpflichtungen zu erfüllen, leistet der Bund den Trägern der allgemeinen Rentenversicherung eine Liquiditätshilfe in Höhe der fehlenden Mittel (Bundesgarantie).

(2) Die vom Bund als Liquiditätshilfe zur Verfügung gestellten Mittel sind zurückzuzahlen, sobald und soweit sie im laufenden Kalenderjahr zur Erfüllung der Zahlungsverpflichtungen nicht mehr benötigt werden, spätestens bis zum 31. Dezember des auf die Vergabe folgenden Jahres; Zinsen sind nicht zu zahlen.

§ 215 Beteiligung des Bundes in der knappschaftlichen Rentenversicherung

In der knappschaftlichen Rentenversicherung trägt der Bund den Unterschiedsbetrag zwischen den Einnahmen und den Ausgaben eines Kalenderjahres; er stellt hiermit zugleich deren dauernde Leistungsfähigkeit sicher.

Zweiter Unterabschnitt
Nachhaltigkeitsrücklage und Finanzausgleich

§ 216 Nachhaltigkeitsrücklage

(1) Die Träger der allgemeinen Rentenversicherung halten eine gemeinsame Nachhaltigkeitsrücklage (Betriebsmittel und Rücklage), der die Überschüsse der Einnahmen über die Ausgaben zugeführt werden und aus der Defizite zu decken sind. Das Verwaltungsvermögen gehört nicht zu der Nachhaltigkeitsrücklage.

(2) Die gemeinsame Nachhaltigkeitsrücklage wird bis zum Umfang von 50 vom Hundert der durchschnittlichen Ausgaben zu eigenen Lasten aller Träger der allgemeinen Rentenversicherung für einen Kalendermonat dauerhaft von der Deutschen Rentenversicherung Bund verwaltet. Überschreitet die gemeinsame Nachhaltigkeitsrücklage über einen längeren Zeitraum diesen Umfang, ist sie insoweit von den Trägern der allgemeinen Rentenversicherung zu verwalten. Das Nähere hierzu regelt das Erweiterte Direktorium bei der Deutschen Rentenversicherung Bund.

Fünftes Kapitel
Sonderregelungen

Erster Abschnitt
Ergänzungen für Sonderfälle

Erster Unterabschnitt
Grundsatz

§ 228 a Besonderheiten für das Beitrittsgebiet

(1) Soweit Vorschriften dieses Buches bei Arbeitsentgelten, Arbeitseinkommen oder Beitragsbemessungsgrundlagen

1. an die Bezugsgröße anknüpfen, ist die Bezugsgröße für das Beitrittsgebiet (Bezugsgröße (Ost)),

2. an die Beitragsbemessungsgrenze anknüpfen, ist die Beitragsbemessungsgrenze für das Beitrittsgebiet (Beitragsbemessungsgrenze (Ost), Anlage 2 a)

maßgebend, wenn die Einnahmen aus einer Beschäftigung oder Tätigkeit im Beitrittsgebiet erzielt werden. Satz 1 gilt für die Ermittlung der Beitragsbemessungsgrundlagen bei sonstigen Versicherten entsprechend.

(2) Soweit Vorschriften dieses Buches bei Hinzuverdienstgrenzen für Renten an die Bezugsgröße anknüpfen, ist die monatliche Bezugsgröße mit dem aktuellen Rentenwert (Ost) zu vervielfältigen und durch den aktuellen Rentenwert zu teilen, wenn das Arbeitsentgelt oder Arbeitseinkommen aus der Beschäftigung oder Tätigkeit im Beitrittsgebiet erzielt wird. Dies gilt nicht, wenn in einem Kalendermonat Arbeitsentgelt oder Arbeitseinkommen auch im Gebiet der Bundesrepublik Deutschland ohne das Beitrittsgebiet erzielt wird.

(3) Soweit Vorschriften dieses Buches bei Einkommensanrechnung auf Renten wegen Todes an den aktuellen Rentenwert anknüpfen, ist der aktuelle Rentenwert (Ost) maßgebend, wenn der Berechtigte seinen gewöhnlichen Aufenthalt im Beitrittsgebiet hat.

§ 228 b Maßgebende Werte in der Anpassungsphase

Bis zur Herstellung einheitlicher Einkommensverhältnisse im Gebiet der Bundesrepublik Deutschland sind, soweit Vorschriften dieses Buches auf die Veränderung der Bruttolöhne und -gehälter je Arbeitnehmer (§ 68 Abs. 2 Satz 1) oder auf das Durchschnittsentgelt abstellen, die für das Bundesgebiet ohne das Beitrittsgebiet ermittelten Werte maßgebend, sofern nicht in den nachstehenden Vorschriften etwas anderes bestimmt ist.

Durch Art. 5 Nr. 8 des Gesetzes zur Änderung des Betriebsrentengesetzes und anderer Gesetze vom 02. 12. 2006 (BGBl. I S. 2742) wurden die Worte »Bruttolohn und -gehaltssumme je durchschnittlich beschäftigten Arbeitnehmer« durch die Angabe »Bruttolöhne und -gehälter je Arbeitnehmer (§ 68 Abs. 2 Satz 1)« ersetzt; Inkrafttreten: 12. 12. 2006.

Zweiter Unterabschnitt
Versicherter Personenkreis

§ 229 Versicherungspflicht

(1) Personen, die am 31. Dezember 1991 als

1. Mitglieder des Vorstandes einer Aktiengesellschaft,
2. selbständig tätige Lehrer, Erzieher oder Pflegepersonen im Zusammenhang mit ihrer selbständigen Tätigkeit keinen Angestellten, aber mindestens einen Arbeiter beschäftigt haben und

versicherungspflichtig waren, bleiben in dieser Tätigkeit versicherungspflichtig. Sie werden jedoch auf Antrag von der Versicherungspflicht befreit. Die Befreiung wirkt vom Eingang des Antrags an. Sie ist auf die jeweilige Tätigkeit beschränkt.

(1 a) Mitglieder des Vorstandes einer Aktiengesellschaft, die am 6. November 2003 in einer weiteren Beschäftigung oder selbständigen Tätigkeit nicht versicherungspflichtig waren, bleiben in dieser Beschäftigung oder selbständigen Tätigkeit nicht versicherungspflichtig. Sie können bis zum 31. Dezember 2004 die Versicherungspflicht mit Wirkung für die Zukunft beantragen.

(1 b) Personen, die am 28. Juni 2011 auf Grund einer Beschäftigung im Ausland bei einer amtlichen Vertretung des Bundes oder der Länder oder bei deren Leitern, deutschen Mitgliedern oder Bediensteten versicherungspflichtig waren, bleiben in dieser Beschäftigung versicherungspflichtig. Die Versicherungspflicht endet, wenn dies von Arbeitgeber und Arbeitnehmer gemeinsam beantragt wird; der Antrag kann bis zum 30. Juni 2012 gestellt werden. Die Versicherungspflicht endet von dem Kalendermonat an, der auf den Tag des Eingangs des Antrags folgt.

(2) Handwerker, die am 31. Dezember 1991 nicht versicherungspflichtig waren, bleiben in dieser Tätigkeit nicht versicherungspflichtig.

(2 a) Handwerker, die am 31. Dezember 2003 versicherungspflichtig waren, bleiben in dieser Tätigkeit versicherungspflichtig; § 6 Abs. 1 Satz 1 Nr. 4 bleibt unberührt.

(3) § 2 Satz 1 Nr. 9 Buchstabe b zweiter Halbsatz und Satz 4 Nr. 3 ist auch anzuwenden, soweit die Tätigkeit in der Zeit vom 1. Januar 1999 bis zum 1. Juli 2006 ausgeübt worden ist. § 2 Satz 1 Nr. 1, 2 und 9 Buchstabe a in der ab 1. Mai 2007 geltenden Fassung ist auch anzuwenden, soweit Arbeitnehmer in der Zeit vom 1. Januar 1999 bis zum 30. April 2007 beschäftigt wurden.

(4) Bezieher von Sozialleistungen, die am 31. Dezember 1995 auf Antrag versicherungspflichtig waren und nach § 4 Abs. 3 a die Voraussetzungen für die Versicherungspflicht nicht mehr erfüllen, bleiben für die Zeit des Bezugs der jeweiligen Sozialleistung versicherungspflichtig.

(5) aufgehoben; wird neu gefasst:

(5) Personen, die am … [einsetzen: Tag vor Inkrafttreten des Gesetzes zu Änderungen im Bereich der geringfügigen Beschäftigung; siehe Kap. 9] als Beschäftigte nach § 5 Absatz 2 in der bis zum … [einsetzen: Tag vor Inkrafttreten dieses Gesetzes] geltenden Fassung wegen Verzichts auf die Versicherungsfreiheit in einer geringfügigen Beschäftigung oder mehreren geringfügigen Beschäftigungen versicherungs-

pflichtig waren, bleiben insoweit versicherungspflichtig; § 6 Absatz 1b in der ab … [einsetzen: Tag des Inkrafttretens des Gesetzes] geltenden Fassung gilt für diese Personen bezogen auf die am … [einsetzen: Tag vor Inkrafttreten dieses Gesetzes] ausgeübte Beschäftigung und weitere Beschäftigungen, auf die sich der Verzicht auf die Versicherungsfreiheit nach § 5 Absatz 2 in der bis zum … [einsetzen: Tag vor Inkrafttreten dieses Gesetzes] geltenden Fassung erstrecken würde, nicht.

(6) Personen, die am 31. März 2003 in einer Beschäftigung oder selbständigen Tätigkeit ohne einen Verzicht auf die Versicherungsfreiheit (§ 5 Abs. 2 Satz 2 in der bis … [einsetzen: Tag vor Inkrafttreten dieses Gesetzes] geltenden Fassung) versicherungspflichtig waren, die die Merkmale einer geringfügigen Beschäftigung oder selbständigen Tätigkeit in der ab 1. April 2003 geltenden Fassung von § 8 des Vierten Buches oder die Merkmale einer geringfügigen Beschäftigung oder selbständigen Tätigkeit im Privathaushalt (§ 8a Viertes Buch) erfüllt, bleiben in dieser Beschäftigung oder selbständigen Tätigkeit versicherungspflichtig. Sie werden auf ihren Antrag von der Versicherungspflicht befreit. Die Befreiung wirkt vom 1. April 2003 an, wenn sie bis zum 30. Juni 2003 beantragt wird, sonst vom Eingang des Antrags an. Sie ist auf die jeweilige Beschäftigung oder selbständige Tätigkeit beschränkt. Für Personen, die die Voraussetzungen für die Versicherungspflicht nach § 2 Satz 1 Nr. 10 erfüllen, endet die Befreiung nach Satz 2 am 31. Juli 2004.

Neu wird folgender Absatz 7 eingefügt (siehe Kap. 9):

(7) Selbständig Tätige, die am … [einsetzen: Tag vor Inkrafttreten dieses Gesetzes] nicht versicherungspflichtig waren, weil sie versicherungspflichtige Arbeitnehmer beschäftigt haben, bleiben in dieser Tätigkeit nicht versicherungspflichtig, wenn der beschäftigte Arbeitnehmer nicht geringfügig beschäftigt nach § 8 Absatz 1 des Vierten Buches in der bis zum … [einsetzen: Tag vor Inkrafttreten dieses Gesetzes] geltenden Fassung ist. Personen, die am … [einsetzen: Tag vor Inkrafttreten dieses Gesetzes] in einer selbständigen Tätigkeit versicherungspflichtig waren, die die Merkmale einer geringfügigen Tätigkeit in der ab … [einsetzen: Tag vor Inkrafttreten dieses Gesetzes] geltenden Fassung von § 8 Absatz 3 in Verbindung mit § 8 Absatz 1 Nummer 1 oder § 8 Absatz 3 in Verbindung mit den §§ 8a und 8 Absatz 1 Nummer 1 des Vierten Buches erfüllt, bleiben in dieser selbständigen Tätigkeit bis … [einsetzen: letzter Tag des 23. auf den Kalendermonat des Inkrafttretens folgenden Kalendermonats] versicherungspflichtig.

(8) aufgehoben

§ 230 Versicherungsfreiheit

(1) Personen, die am 31.12.1991 als
1. Polizeivollzugsbeamte auf Widerruf,
2. Handwerker oder
3. Mitglieder der Pensionskasse deutscher Eisenbahnen und Straßenbahnen

versicherungsfrei waren, bleiben in dieser Beschäftigung oder selbständigen Tätigkeit versicherungsfrei. Handwerker, die am 31.12.1991 aufgrund eines Lebensversicherungsvertrages versicherungsfrei waren, und Personen, die am 31.12.1991 als Versorgungsbezieher versicherungsfrei waren, bleiben in jeder Beschäftigung und jeder selbständigen Tätigkeit versicherungsfrei.

(2) Personen, die am 31.12.1991 als versicherungspflichtige

1. Beschäftigte von Körperschaften, Anstalten und Stiftungen des öffentlichen Rechts oder ihrer Verbände oder
2. satzungsmäßige Mitglieder geistlicher Genossenschaften, Diakonissen oder Angehörige ähnlicher Gemeinschaften,

nicht versicherungsfrei und nicht von der Versicherungspflicht befreit waren, bleiben in dieser Beschäftigung versicherungspflichtig. Sie werden jedoch auf Antrag unter den Voraussetzungen des § 5 Abs. 1 Satz 1 von der Versicherungspflicht befreit. Über die Befreiung entscheidet der Träger der Rentenversicherung, nachdem für Beschäftigte beim Bund und bei Arbeitgebern, die der Aufsicht des Bundes unterstehen, das zuständige Bundesministerium, im Übrigen die oberste Verwaltungsbehörde des Landes, in dem die Arbeitgeber, Genossenschaften oder Gemeinschaften ihren Sitz haben, das Vorliegen der Voraussetzungen bestätigt hat. Die Befreiung wirkt vom Eingang des Antrags an. Sie ist auf die jeweilige Beschäftigung beschränkt.

(3) Personen, die am 31.12.1991 als Beschäftigte oder selbständige Tätige nicht versicherungsfrei und nicht von der Versicherungspflicht befreit waren, werden in dieser Beschäftigung oder selbständigen Tätigkeit nicht nach § 5 Abs. 4 Nr. 2 und 3 versicherungsfrei. Sie werden jedoch auf Antrag von der Versicherungspflicht befreit. Die Befreiung wirkt vom Eingang des Antrags an. Sie bezieht sich auf jede Beschäftigung oder selbständige Tätigkeit.

(4) Personen, die am 01.01.1996 in einer Beschäftigung oder selbständigen Tätigkeit als ordentliche Studierende einer Fachschule oder Hochschule versicherungsfrei waren, bleiben in dieser Beschäftigung oder selbständigen Tätigkeit versicherungsfrei. Sie können jedoch beantragen, dass die Versicherungsfreiheit endet.

(5) § 5 Abs. 1 *Satz 4* ist nicht anzuwenden, wenn vor dem 01.02.2002 aufgrund einer Entscheidung nach § 5 Abs. 1 *Satz 3* bereits Versicherungsfreiheit nach § 5 Abs. 1 Satz 1 Nr. 2 oder 3 vorlag.

(6) Personen, die nach § 5 Abs. 1 Satz 1 Nr. 2 in der bis zum 31.12.2008 geltenden Fassung versicherungsfrei waren, bleiben in dieser Beschäftigung versicherungsfrei.

(7) Personen, die eine Versorgung nach § 6 des Streitkräftepersonalstruktur-Anpassungsgesetzes beziehen, sind nicht nach § 5 Absatz 4 Nummer 2 versicherungsfrei.

Neu gefasst wird folgender Absatz 7 eingefügt (siehe auch Kap. 9):

(7) Personen, die am … [einsetzen: Tag vor Inkrafttreten dieses Gesetzes] als Beschäftigte nach § 5 Absatz 2 Satz 1 Nummer 1 in der bis zum … [einsetzen: Tag vor Inkrafttreten dieses Gesetzes] geltenden Fassung versicherungsfrei waren, bleiben in dieser Beschäftigung versicherungsfrei, solange die Voraussetzungen einer geringfügigen Beschäftigung nach § 8 Absatz 1 Satz 1 Nummer 1 oder § 8 a in Verbindung mit § 8 Absatz 1 Nummer 1 Viertes Buch) in der bis zum … [einsetzen: Tag vor Inkrafttreten dieses Gesetzes] geltenden Fassung vorliegen. Sie können durch schriftliche Erklärung gegenüber dem Arbeitgeber auf die Versicherungsfreiheit verzich-

ten; der Verzicht kann nur mit Wirkung für die Zukunft und bei mehreren Beschäftigungen nur einheitlich erklärt werden und ist für die Dauer der Beschäftigungen bindend.

§ 231 Befreiung von der Versicherungspflicht

(1)–(8) nicht abgedruckt

Neu wird folgender Absatz 9 eingefügt (siehe auch Kap. 9):

(9) § 6 Absatz 1 b gilt bis zum … [einsetzen: letzter Tag des 23. auf den Kalendermonat des Inkrafttretens folgenden Kalendermonats] nicht für Personen, die am … [einsetzen: Tag vor Inkrafttreten dieses Gesetzes] in einer mehr als geringfügigen Beschäftigung nach § 8 Absatz 1 Nummer 1 oder § 8 a in Verbindung mit § 8 Absatz 1 Nummer 1 des Vierten Buches versicherungspflichtig waren, die die Merkmale einer geringfügigen Beschäftigung nach diesen Vorschriften in der ab … [einsetzen: Tag des Inkrafttretens dieses Gesetzes] geltenden Fassung erfüllt, solange das Arbeitsentgelt aus dieser Beschäftigung 400 Euro monatlich übersteigt.

§ 232 Freiwillige Versicherung

(1) Personen, die nicht versicherungspflichtig sind und vor dem 1. Januar 1992 vom Recht der Selbstversicherung, der Weiterversicherung oder der freiwilligen Versicherung Gebrauch gemacht haben, können sich weiterhin freiwillig versichern. Dies gilt für Personen, die von dem Recht der Selbstversicherung oder Weiterversicherung Gebrauch gemacht haben, auch dann, wenn sie nicht Deutsche sind und ihren gewöhnlichen Aufenthalt im Ausland haben.

(2) Nach bindender Bewilligung einer Vollrente wegen Alters oder für Zeiten des Bezugs einer solchen Rente ist eine freiwillige Versicherung nicht zulässig.

§ 233 Nachversicherung

(1) Personen, die vor dem 1. Januar 1992 aus einer Beschäftigung ausgeschieden sind, in der sie nach dem jeweils geltenden, dem § 5 Abs. 1, § 6 Abs. 1 Satz 1 Nr. 2, § 230 Abs. 1 Nr. 1 und 3 oder § 231 Abs. 1 Satz 1 sinngemäß entsprechenden Recht nicht versicherungspflichtig, versicherungsfrei oder von der Versicherungspflicht befreit waren, werden weiterhin nach den bisherigen Vorschriften nachversichert, wenn sie ohne Anspruch oder Anwartschaft auf Versorgung aus der Beschäftigung ausgeschieden sind. Dies gilt für Personen, die ihren Anspruch auf Versorgung vor dem 1. Januar 1992 verloren haben, entsprechend. Wehrpflichtige, die während ihres Grundwehrdienstes vom 1. März 1957 bis zum 30. April 1961 nicht versicherungspflichtig waren, werden für die Zeit des Dienstes nachversichert, auch wenn die Voraussetzungen des Satzes 1 nicht vorliegen.

(2) Personen, die nach dem 31. Dezember 1991 aus einer Beschäftigung ausgeschieden sind, in der sie nach § 5 Abs. 1, § 6 Abs. 1 Satz 1 Nr. 2, § 230 Abs. 1 Nr. 1 und 3 oder § 231 Abs. 1 Satz 1 versicherungsfrei oder von der Versicherungspflicht befreit waren, werden nach den vom 1. Januar 1992 an geltenden Vorschriften auch für Zeiträume vorher nachversichert, in denen sie nach dem jeweils geltenden, diesen Vor-

schriften sinngemäß entsprechenden Recht nicht versicherungspflichtig, versicherungsfrei oder von der Versicherungspflicht befreit waren. Dies gilt für Personen, die ihren Anspruch auf Versorgung nach dem 31. Dezember 1991 verloren haben, entsprechend.

(3) Die Nachversicherung erstreckt sich auch auf Zeiträume, in denen die nachzuversichernden Personen mangels einer dem § 4 Abs. 1 Satz 2 entsprechenden Vorschrift oder in den Fällen des Absatzes 2 wegen Überschreitens der jeweiligen Jahresarbeitsverdienstgrenze nicht versicherungspflichtig oder versicherungsfrei waren.

§ 233 a Nachversicherung im Beitrittsgebiet

(1) Personen, die vor dem 1. Januar 1992 aus einer Beschäftigung im Beitrittsgebiet ausgeschieden sind, in der sie nach dem jeweils geltenden, dem § 5 Abs. 1, § 6 Abs. 1 Satz 1 Nr. 2, § 230 Abs. 1 Nr. 1 und 3 oder § 231 Abs. 1 Satz 1 sinngemäß entsprechenden Recht nicht versicherungspflichtig, versicherungsfrei oder von der Versicherungspflicht befreit waren, werden nachversichert, wenn sie

1. ohne Anspruch oder Anwartschaft auf Versorgung aus der Beschäftigung ausgeschieden sind und
2. einen Anspruch auf eine nach den Vorschriften dieses Buches zu berechnende Rente haben oder aufgrund der Nachversicherung erwerben würden.

Der Nachversicherung werden die bisherigen Vorschriften, die im Gebiet der Bundesrepublik Deutschland außerhalb des Beitrittsgebiets anzuwenden sind oder anzuwenden waren, fiktiv zugrunde gelegt; Regelungen, nach denen eine Nachversicherung nur erfolgt, wenn sie innerhalb einer bestimmten Frist oder bis zu einem bestimmten Zeitpunkt beantragt worden ist, finden keine Anwendung. Die Sätze 1 und 2 gelten entsprechend

1. für Personen, die aus einer Beschäftigung außerhalb des Beitrittsgebiets ausgeschieden sind, wenn sie aufgrund ihres gewöhnlichen Aufenthalts im Beitrittsgebiet nicht nachversichert werden konnten,
2. für Personen, die ihren Anspruch auf Versorgung vor dem 1. Januar 1992 verloren haben.

Für Personen, die aus einer Beschäftigung mit Anwartschaft auf Versorgung nach kirchenrechtlichen Regelungen oder mit Anwartschaft auf die in der Gemeinschaft übliche Versorgung im Sinne des § 5 Abs. 1 Satz 1 Nr. 3 ausgeschieden sind, erfolgt eine Nachversicherung nach Satz 1 oder 2 nur, wenn sie bis zum 31. Dezember 1994 beantragt wird.

(2) Personen, die nach dem 31. Dezember 1991 aus einer Beschäftigung im Beitrittsgebiet ausgeschieden sind, in der sie nach § 5 Abs. 1 versicherungsfrei waren, werden nach den vom 1. Januar 1992 an geltenden Vorschriften auch für Zeiten vorher nachversichert, in denen sie nach dieser Vorschrift oder dem jeweils geltenden, dieser Vorschrift sinngemäß entsprechenden Recht nicht versicherungspflichtig, versicherungsfrei oder von der Versicherungspflicht befreit waren, wenn sie einen Anspruch auf eine nach den Vorschriften dieses Buches zu berechnende Rente haben oder aufgrund der Nachversicherung erwerben würden. Dies gilt für Personen, die ihren

Anspruch auf Versorgung nach dem 31. Dezember 1991 verloren haben, entsprechend.

(3) Pfarrer, Pastoren, Prediger, Vikare und andere Mitarbeiter von Religionsgesellschaften im Beitrittsgebiet, für die aufgrund von Vereinbarungen zwischen den Religionsgesellschaften und der Deutschen Demokratischen Republik Beiträge zur Sozialversicherung für Zeiten im Dienst der Religionsgesellschaften nachgezahlt wurden, gelten für die Zeiträume, für die Beiträge nachgezahlt worden sind, als nachversichert, wenn sie einen Anspruch auf eine nach den Vorschriften dieses Buches zu berechnende Rente haben oder aufgrund der Nachversicherung erwerben würden.

(4) Diakonissen, für die aufgrund von Vereinbarungen zwischen dem Bund der Evangelischen Kirchen im Beitrittsgebiet und der Deutschen Demokratischen Republik Zeiten einer Tätigkeit in den Evangelischen Diakonissenmutterhäusern und Diakoniewerken vor dem 1. Januar 1985 im Beitrittsgebiet bei der Gewährung und Berechnung von Renten aus der Sozialversicherung zu berücksichtigen waren, werden für diese Zeiträume nachversichert, wenn sie einen Anspruch auf eine nach den Vorschriften dieses Buches zu berechnende Rente haben oder aufgrund der Nachversicherung erwerben würden. Dies gilt entsprechend für Mitglieder geistlicher Genossenschaften, die vor dem 1. Januar 1985 im Beitrittsgebiet eine vergleichbare Tätigkeit ausgeübt haben. Für Personen, die nach dem 31. Dezember 1984 aus der Gemeinschaft ausgeschieden sind, geht die Nachversicherung nach Satz 1 oder 2 für Zeiträume vor dem 1. Januar 1985 der Nachversicherung nach Absatz 1 oder 2 vor.

(5) Die Absätze 1 und 2 gelten nicht für Zeiten, für die Ansprüche oder Anwartschaften aus einem Sonderversorgungssystem des Beitrittsgebiets im Sinne des Artikels 3 § 1 Abs. 3 des Renten-Überleitungsgesetzes erworben worden sind.

Vierter Unterabschnitt
Anspruchsvoraussetzungen für einzelne Renten

§ 235 Regelaltersrente

(1) Versicherte, die vor dem 1. Januar 1964 geboren sind, haben Anspruch auf Regelaltersrente, wenn sie

1. die Regelaltersgrenze erreicht und
2. die allgemeine Wartezeit erfüllt

haben. Die Regelaltersgrenze wird frühestens mit Vollendung des 65. Lebensjahres erreicht.

(2) Versicherte, die vor dem 1. Januar 1947 geboren sind, erreichen die Regelaltersgrenze mit Vollendung des 65. Lebensjahres. Für Versicherte, die nach dem 31. Dezember 1946 geboren sind, wird die Regelaltersgrenze wie folgt angehoben:

Versicherte Geburtsjahr	Anhebung um Monate	auf Alter		Versicherte Geburtsjahr	Anhebung um Monate	auf Alter	
		Jahr	Monat			Jahr	Monat
1947	1	65	1	1956	10	65	10
1948	2	65	2	1957	11	65	11
1949	3	65	3	1958	12	66	0
1950	4	65	4	1959	14	66	2
1951	5	65	5	1960	16	66	4
1952	6	65	6	1961	18	66	6
1953	7	65	7	1962	20	66	8
1954	8	65	8	1963	22	66	10
1955	9	65	9				

Für Versicherte, die

1. vor dem 1. Januar 1955 geboren sind und vor dem 1. Januar 2007 Altersteilzeitarbeit im Sinne der §§ 2 und 3 Abs. 1 Nr. 1 des Altersteilzeitgesetzes vereinbart haben oder
2. Anpassungsgeld für entlassene Arbeitnehmer des Bergbaus bezogen haben,

wird die Regelaltersgrenze nicht angehoben.

§ 236 Altersrente für langjährig Versicherte

(1) Versicherte, die vor dem 1. Januar 1964 geboren sind, haben frühestens Anspruch auf Altersrente für langjährig Versicherte, wenn sie

1. das 65. Lebensjahr vollendet und
2. die Wartezeit von 35 Jahren erfüllt

haben. Die vorzeitige Inanspruchnahme dieser Altersrente ist nach Vollendung des 63. Lebensjahres möglich.

(2) Versicherte, die vor dem 1. Januar 1949 geboren sind, haben Anspruch auf diese Altersrente nach Vollendung des 65. Lebensjahres. Für Versicherte, die nach dem 31. Dezember 1948 geboren sind, wird die Altersgrenze von 65 Jahren wie folgt angehoben:

Versicherte Geburtsjahr Geburtsmonat	Anhebung um Monate	auf Alter		Versicherte Geburtsjahr	Anhebung um Monate	auf Alter	
		Jahr	Monat			Jahr	Monat
1949				1955	9	65	9
Januar	1	65	1	1956	10	65	10
Februar	2	65	2	1957	11	65	11

Versicherte Geburtsjahr Geburts-monat	Anhebung um Monate	auf Alter		Versicherte Geburtsjahr	Anhebung um Monate	auf Alter	
		Jahr	Monat			Jahr	Monat
März-Dezember	3	65	3	1958	12	66	0
1950	4	65	4	1959	14	66	2
1951	5	65	5	1960	16	66	4
1952	6	65	6	1961	18	66	6
1953	7	65	7	1962	20	66	8
1954	8	65	8	1963	22	66	10

Für Versicherte, die

1. vor dem 1. Januar 1955 geboren sind und vor dem 1. Januar 2007 Altersteilzeitarbeit im Sinne der §§ 2 und 3 Abs. 1 Nr. 1 des Altersteilzeitgesetzes vereinbart haben oder
2. Anpassungsgeld für entlassene Arbeitnehmer des Bergbaus bezogen haben,

wird die Altersgrenze von 65 Jahren nicht angehoben.

(3) Für Versicherte, die

1. nach dem 31. Dezember 1947 geboren sind und
2. entweder
   a) vor dem 1. Januar 1955 geboren sind und vor dem 1. Januar 2007 Altersteilzeitarbeit im Sinne der §§ 2 und 3 Abs. 1 Nr. 1 des Altersteilzeitgesetzes vereinbart haben

   oder

   b) Anpassungsgeld für entlassene Arbeitnehmer des Bergbaus bezogen haben,

bestimmt sich die Altersgrenze für die vorzeitige Inanspruchnahme wie folgt:

Versicherte Geburtsjahr Geburtsmonat	Vorzeitige Inanspruchnahme möglich ab Alter		Versicherte Geburtsjahr Geburtsmonat	Vorzeitige Inanspruchnahme möglich ab Alter	
	Jahr	Monat		Jahr	Monat
1948			1949		
Januar–Februar	62	11	Januar–Februar	62	5
März–April	62	10	März–April	62	4
Mai–Juni	62	9	Mai–Juni	62	3
Juli–August	62	8	Juli–August	62	2

Versicherte Geburtsjahr Geburtsmonat	Vorzeitige Inanspruchnahme möglich ab Alter		Versicherte Geburtsjahr Geburtsmonat	Vorzeitige Inanspruchnahme möglich ab Alter	
	Jahr	Monat		Jahr	Monat
September–Oktober	62	7	September–Oktober	62	1
November–Dezember	62	6	November–Dezember	62	0
1950–1963	62	0			

§ 236 a Altersrente für schwerbehinderte Menschen

(1) Versicherte, die vor dem 1. Januar 1964 geboren sind, haben frühestens Anspruch auf Altersrente für schwerbehinderte Menschen, wenn sie

1. das 63. Lebensjahr vollendet haben,
2. bei Beginn der Altersrente als schwerbehinderte Menschen (§ 2 Abs. 2 Neuntes Buch) anerkannt sind und
3. die Wartezeit von 35 Jahren erfüllt haben.

Die vorzeitige Inanspruchnahme dieser Altersrente ist frühestens nach Vollendung des 60. Lebensjahres möglich.

(2) Versicherte, die vor dem 1. Januar 1952 geboren sind, haben Anspruch auf diese Altersrente nach Vollendung des 63. Lebensjahres; für sie ist die vorzeitige Inanspruchnahme nach Vollendung des 60. Lebensjahres möglich. Für Versicherte, die nach dem 31. Dezember 1951 geboren sind, werden die Altersgrenze von 63 Jahren und die Altersgrenze für die vorzeitige Inanspruchnahme wie folgt angehoben:

Versicherte Geburtsjahr Geburtsmonat	Anhebung um Monate	auf Alter		vorzeitige Inanspruchnahme möglich ab Alter	
		Jahr	Monat	Jahr	Monat
1952					
Januar	1	63	1	60	1
Februar	2	63	2	60	2
März	3	63	3	60	3
April	4	63	4	60	4
Mai	5	63	5	60	5
Juni–Dezember	6	63	6	60	6
1953	7	63	7	60	7
1954	8	63	8	60	8

Versicherte Geburtsjahr Geburtsmonat	Anhebung um Monate	auf Alter		vorzeitige Inanspruchnahme möglich ab Alter	
		Jahr	Monat	Jahr	Monat
1955	9	63	9	60	9
1956	10	63	10	60	10
1957	11	63	11	60	11
1958	12	64	0	61	0
1959	14	64	2	61	2
1960	16	64	4	61	4
1961	18	64	6	61	6
1962	20	64	8	61	8
1963	22	64	10	61	10

Für Versicherte, die

1. am 1. Januar 2007 als schwerbehinderte Menschen (§ 2 Abs. 2 Neuntes Buch) anerkannt waren und
2. entweder
   a) vor dem 1. Januar 1955 geboren sind und vor dem 1. Januar 2007 Altersteilzeitarbeit im Sinne der §§ 2 und 3 Abs. 1 Nr. 1 des Altersteilzeitgesetzes vereinbart haben

   oder

   b) Anpassungsgeld für entlassene Arbeitnehmer des Bergbaus bezogen haben,

werden die Altersgrenzen nicht angehoben.

(3) Versicherte, die vor dem 1. Januar 1951 geboren sind, haben unter den Voraussetzungen nach Absatz 1 Satz 1 Nr. 1 und 3 auch Anspruch auf diese Altersrente, wenn sie bei Beginn der Altersrente berufsunfähig oder erwerbsunfähig nach dem am 31. Dezember 2000 geltenden Recht sind.

(4) Versicherte, die vor dem 17. November 1950 geboren sind und am 16. November 2000 schwerbehindert (§ 2 Abs. 2 Neuntes Buch), berufsunfähig oder erwerbsunfähig nach dem am 31. Dezember 2000 geltenden Recht waren, haben Anspruch auf diese Altersrente, wenn sie

1. das 60. Lebensjahr vollendet haben,
2. bei Beginn der Altersrente
   a) als schwerbehinderte Menschen (§ 2 Abs. 2 Neuntes Buch) anerkannt oder
   b) berufsunfähig oder erwerbsunfähig nach dem am 31. Dezember 2000 geltenden Recht sind und
3. die Wartezeit von 35 Jahren erfüllt haben.

§ 237 Altersrente wegen Arbeitslosigkeit oder nach Altersteilzeitarbeit

(1) Versicherte haben Anspruch auf Altersrente, wenn sie
1. vor dem 1. Januar 1952 geboren sind,
2. das 60. Lebensjahr vollendet haben,
3. entweder
   a) bei Beginn der Rente arbeitslos sind und nach Vollendung eines Lebensalters von 58 Jahren und 6 Monaten insgesamt 52 Wochen arbeitslos waren oder Anpassungsgeld für entlassene Arbeitnehmer des Bergbaus bezogen haben
   oder
   b) die Arbeitszeit aufgrund von Altersteilzeitarbeit im Sinne der §§ 2 und 3 Abs. 1 Nr. 1 des Altersteilzeitgesetzes für mindestens 24 Kalendermonate vermindert haben,
4. in den letzten zehn Jahren vor Beginn der Rente acht Jahre Pflichtbeiträge für eine versicherte Beschäftigung oder Tätigkeit haben, wobei sich der Zeitraum von zehn Jahren um Anrechnungszeiten, Berücksichtigungszeiten und Zeiten des Bezugs einer Rente aus eigener Versicherung, die nicht auch Pflichtbeitragszeiten aufgrund einer versicherten Beschäftigung oder Tätigkeit sind, verlängert, und
5. die Wartezeit von 15 Jahren erfüllt haben.

(2) Anspruch auf diese Altersrente haben auch Versicherte, die
1. während der Arbeitslosigkeit von 52 Wochen nur deshalb der Arbeitsvermittlung nicht zur Verfügung standen, weil sie nicht arbeitsbereit waren und nicht alle Möglichkeiten nutzten und nutzen wollten, um ihre Beschäftigungslosigkeit zu beenden,
2. nur deswegen nicht 52 Wochen arbeitslos waren, weil sie im Rahmen einer Arbeitsgelegenheit mit Entschädigung für Mehraufwendungen nach dem Zweiten Buch eine Tätigkeit von 15 Stunden wöchentlich oder mehr ausgeübt haben, oder
3. während der 52 Wochen und zu Beginn der Rente nur deswegen nicht als Arbeitslose galten, weil sie erwerbsfähige Leistungsberechtigte waren, die nach Vollendung des 58. Lebensjahres mindestens für die Dauer von zwölf Monaten Leistungen der Grundsicherung für Arbeitsuchende bezogen haben, ohne dass ihnen eine sozialversicherungspflichtige Beschäftigung angeboten worden ist.

Der Zeitraum von zehn Jahren, in dem acht Jahre Pflichtbeiträge für eine versicherte Beschäftigung oder Tätigkeit vorhanden sein müssen, verlängert sich auch um
1. Arbeitslosigkeitszeiten nach Satz 1,
2. Ersatzzeiten,

soweit diese Zeiten nicht auch Pflichtbeiträge für eine versicherte Beschäftigung oder Tätigkeit sind. Vom 1. Januar 2008 an werden Arbeitslosigkeitszeiten nach Satz 1 Nr. 1 nur berücksichtigt, wenn die Arbeitslosigkeit vor dem 1. Januar 2008 begonnen hat und der Versicherte vor dem 2. Januar 1950 geboren ist.

(3) Die Altersgrenze von 60 Jahren wird bei Altersrenten wegen Arbeitslosigkeit oder nach Altersteilzeitarbeit für Versicherte, die nach dem 31. Dezember 1936 geboren sind, angehoben. Die vorzeitige Inanspruchnahme einer solchen Altersrente ist möglich. Die Anhebung der Altersgrenzen und die Möglichkeit der vorzeitigen Inanspruchnahme der Altersrenten bestimmen sich nach Anlage 19.

Anmerkung: (4) wird nicht mehr abgedruckt, da die jetzigen Rentenzugänge von den Regelungen nicht mehr betroffen sind.

(5) Die Altersgrenze von 60 Jahren für die vorzeitige Inanspruchnahme wird für Versicherte,

1. die am 1. Januar 2004 arbeitslos waren,
2. deren Arbeitsverhältnis aufgrund einer Kündigung oder Vereinbarung, die vor dem 1. Januar 2004 erfolgt ist, nach dem 31. Dezember 2003 beendet worden ist,
3. deren letztes Arbeitsverhältnis vor dem 1. Januar 2004 beendet worden ist und die am 1. Januar 2004 beschäftigungslos im Sinne des § 119 Abs. 1 Nr. 1 des Dritten Buches waren,
4. die vor dem 1. Januar 2004 Altersteilzeitarbeit im Sinne der §§ 2 und 3 Abs. 1 Nr. 1 des Altersteilzeitgesetzes vereinbart haben oder
5. die Anpassungsgeld für entlassene Arbeitnehmer des Bergbaus bezogen haben,

nicht angehoben. Einer vor dem 1. Januar 2004 abgeschlossenen Vereinbarung über die Beendigung des Arbeitsverhältnisses steht eine vor diesem Tag vereinbarte Befristung des Arbeitsverhältnisses oder Bewilligung einer befristeten arbeitsmarktpolitischen Maßnahme gleich. Ein bestehender Vertrauensschutz wird insbesondere durch die spätere Aufnahme eines Arbeitsverhältnisses oder den Eintritt in eine neue arbeitsmarktpolitische Maßnahme nicht berührt.

§ 237 a Altersrente für Frauen

(1) Versicherte Frauen haben Anspruch auf Altersrente, wenn sie

1. vor dem 1. Januar 1952 geboren sind,
2. das 60. Lebensjahr vollendet,
3. nach Vollendung des 40. Lebensjahres mehr als zehn Jahre Pflichtbeiträge für eine versicherte Beschäftigung oder Tätigkeit und
4. die Wartezeit von 15 Jahren erfüllt haben.

(2) Die Altersgrenze von 60 Jahren wird bei Altersrenten für Frauen für Versicherte, die nach dem 31. Dezember 1939 geboren sind, angehoben. Die vorzeitige Inanspruchnahme einer solchen Altersrente ist möglich. Die Anhebung der Altersgrenzen und die Möglichkeit der vorzeitigen Inanspruchnahme der Altersrenten bestimmen sich nach Anlage 20.

Anmerkung: (3) wird nicht mehr abgedruckt, da die jetzigen Rentenzugänge von den Regelungen nicht mehr betroffen sind.

§ 238 Altersrente für langjährig unter Tage beschäftigte Bergleute

(1) Versicherte, die vor dem 1. Januar 1964 geboren sind, haben frühestens Anspruch auf Altersrente für langjährig unter Tage beschäftigte Bergleute, wenn sie

1. das 60. Lebensjahr vollendet und
2. die Wartezeit von 25 Jahren erfüllt

haben.

(2) Versicherte, die vor dem 1. Januar 1952 geboren sind, haben Anspruch auf diese Altersrente nach Vollendung des 60. Lebensjahres. Für Versicherte, die nach dem

31. Dezember 1951 geboren sind, wird die Altersgrenze von 60 Jahren wie folgt angehoben:

Versicherte Geburtsjahr Geburtsmonat	Anhebung um Monate	auf Alter		Versicherte Geburtsjahr Geburtsmonat	Anhebung um Monate	auf Alter	
		Jahr	Monat			Jahr	Monat
1952				1955	9	60	9
Januar	1	60	1	1956	10	60	10
Februar	2	60	2	1957	11	60	11
März	3	60	3	1958	12	61	0
April	4	60	4	1959	14	61	2
Mai	5	60	5	1960	16	61	4
Juni–Dezember	6	60	6	1961	18	61	6
1953	7	60	7	1962	20	61	8
1954	8	60	8	1963	22	61	10

Für Versicherte, die Anpassungsgeld für entlassene Arbeitnehmer des Bergbaus oder Knappschaftsausgleichsleistung bezogen haben, wird die Altersgrenze von 60 Jahren nicht angehoben.

(3) Auf die Wartezeit für eine Rente für langjährig unter Tage beschäftigte Bergleute werden auch Anrechnungszeiten wegen Bezugs von Anpassungsgeld nach Vollendung des 50. Lebensjahres angerechnet, wenn zuletzt vor Beginn dieser Leistung eine Beschäftigung unter Tage ausgeübt worden ist.

(4) Die Wartezeit für die Altersrente für langjährig unter Tage beschäftigte Bergleute ist auch erfüllt, wenn die Versicherten

1. 25 Jahre mit Beitragszeiten aufgrund einer Beschäftigung mit ständigen Arbeiten unter Tage zusammen mit der knappschaftlichen Rentenversicherung zugeordneten Ersatzzeiten haben oder
2. 25 Jahre mit knappschaftlichen Beitragszeiten allein oder zusammen mit der knappschaftlichen Rentenversicherung zugeordneten Ersatzzeiten haben und
   a) 15 Jahre mit Hauerarbeiten (Anlage 9) beschäftigt waren oder
   b) die erforderlichen 25 Jahre mit Beitragszeiten aufgrund einer Beschäftigung mit ständigen Arbeiten unter Tage allein oder zusammen mit der knappschaftlichen Rentenversicherung zugeordneten Ersatzzeiten erfüllen, wenn darauf
      aa) für je zwei volle Kalendermonate mit Hauerarbeiten je drei Kalendermonate und
      bb) für je drei volle Kalendermonate, in denen die Versicherten vor dem 1. Ja-

nuar 1968 unter Tage mit anderen als Hauerarbeiten beschäftigt waren, je zwei Kalendermonate oder

cc) die vor dem 1. Januar 1968 verrichteten Arbeiten unter Tage bei Versicherten, die vor dem 1. Januar 1968 Hauerarbeiten verrichtet haben und diese wegen im Bergbau verminderter Berufsfähigkeit aufgeben mussten,

angerechnet werden.

§ 240 Rente wegen teilweiser Erwerbsminderung bei Berufsunfähigkeit

(1) Anspruch auf Rente wegen teilweiser Erwerbsminderung haben bei Erfüllung der sonstigen Voraussetzungen bis zum Erreichen der Regelaltersgrenze auch Versicherte, die

1. vor dem 2. Januar 1961 geboren und
2. berufsunfähig

sind.

(2) Berufsunfähig sind Versicherte, deren Erwerbsfähigkeit wegen Krankheit oder Behinderung im Vergleich zur Erwerbsfähigkeit von körperlich, geistig und seelisch gesunden Versicherten mit ähnlicher Ausbildung und gleichwertigen Kenntnissen und Fähigkeiten auf weniger als sechs Stunden gesunken ist. Der Kreis der Tätigkeiten, nach denen die Erwerbsfähigkeit von Versicherten zu beurteilen ist, umfasst alle Tätigkeiten, die ihren Kräften und Fähigkeiten entsprechen und ihnen unter Berücksichtigung der Dauer und des Umfangs ihrer Ausbildung sowie ihres bisherigen Berufs und der besonderen Anforderungen ihrer bisherigen Berufstätigkeit zugemutet werden können. Zumutbar ist stets eine Tätigkeit, für die die Versicherten durch Leistungen zur Teilhabe am Arbeitsleben mit Erfolg ausgebildet oder umgeschult worden sind. Berufsunfähig ist nicht, wer eine zumutbare Tätigkeit mindestens sechs Stunden täglich ausüben kann; dabei ist die jeweilige Arbeitsmarktlage nicht zu berücksichtigen.

§ 242 a Witwenrente und Witwerrente

(1) Anspruch auf kleine Witwenrente oder kleine Witwerrente besteht ohne Beschränkung auf 24 Kalendermonate, wenn der Ehegatte vor dem 1. Januar 2002 verstorben ist. Dies gilt auch, wenn mindestens ein Ehegatte vor dem 2. Januar 1962 geboren ist und die Ehe vor dem 1. Januar 2002 geschlossen wurde.

(2) Anspruch auf große Witwenrente oder große Witwerrente haben bei Erfüllung der sonstigen Voraussetzungen auch Witwen oder Witwer, die

1. vor dem 2. Januar 1961 geboren und berufsunfähig (§ 240 Abs. 2) sind oder
2. am 31. Dezember 2000 bereits berufsunfähig oder erwerbsunfähig waren und dies ununterbrochen sind.

(3) Anspruch auf Witwenrente oder Witwerrente haben bei Erfüllung der sonstigen Voraussetzungen auch Witwen oder Witwer, die nicht mindestens ein Jahr verheiratet waren, wenn die Ehe vor dem 1. Januar 2002 geschlossen wurde.

(4) Anspruch auf große Witwenrente oder große Witwerrente besteht ab Vollendung des 45. Lebensjahres, wenn die sonstigen Voraussetzungen erfüllt sind und der Versicherte vor dem 1. Januar 2012 verstorben ist.

(5) Die Altersgrenze von 45 Jahren für die große Witwenrente oder große Witwerrente wird, wenn der Versicherte nach dem 31. Dezember 2011 verstorben ist, wie folgt angehoben:

Todesjahr des Versicherten	Anhebung um Monate	auf Alter	
		Jahr	Monat
2012	1	45	1
2013	2	45	2
2014	3	45	3
2015	4	45	4
2016	5	45	5
2017	6	45	6
2018	7	45	7
2019	8	45	8
2020	9	45	9
2021	10	45	10
2022	11	45	11
2023	12	46	0
2024	14	46	2
2025	16	46	4
2026	18	46	6
2027	20	46	8
2028	22	46	10
ab 2029	24	47	0

§ 243 Witwenrente und Witwerrente an vor dem 1. Juli 1977 geschiedene Ehegatten

(1) Anspruch auf kleine Witwenrente oder kleine Witwerrente besteht ohne Beschränkung auf 24 Kalendermonate auch für geschiedene Ehegatten,

1. deren Ehe vor dem 1. Juli 1977 geschieden ist,
2. die weder wieder geheiratet noch eine Lebenspartnerschaft begründet haben und
3. die im letzten Jahr vor dem Tod des geschiedenen Ehegatten (Versicherter) Unterhalt von diesem erhalten haben oder im letzten wirtschaftlichen Dauerzustand vor dessen Tod einen Anspruch hierauf hatten,

wenn der Versicherte die allgemeine Wartezeit erfüllt hat und nach dem 30. April 1942 gestorben ist.

(2) Anspruch auf große Witwenrente oder große Witwerrente besteht auch für geschiedene Ehegatten,

1. deren Ehe vor dem 1. Juli 1977 geschieden ist,
2. die weder wieder geheiratet noch eine Lebenspartnerschaft begründet haben und
3. die im letzten Jahr vor dem Tod des Versicherten Unterhalt von diesem erhalten haben oder im letzten wirtschaftlichen Dauerzustand vor dessen Tod einen Anspruch hierauf hatten und
4. die entweder
   a) ein eigenes Kind oder ein Kind des Versicherten erziehen (§ 46 Abs. 2),
   b) das 45. Lebensjahr vollendet haben,
   c) erwerbsgemindert sind,
   d) vor dem 2. Januar 1961 geboren und berufsunfähig (§ 240 Abs. 2) sind oder
   e) am 31. Dezember 2000 bereits berufsunfähig oder erwerbsunfähig waren und dies ununterbrochen sind,

wenn der Versicherte die allgemeine Wartezeit erfüllt hat und nach dem 30. April 1942 gestorben ist.

(3) Anspruch auf große Witwenrente oder große Witwerrente besteht auch ohne Vorliegen der in Absatz 2 Nr. 3 genannten Unterhaltsvoraussetzungen für geschiedene Ehegatten, die

1. einen Unterhaltsanspruch nach Absatz 2 Nr. 3 wegen eines Arbeitsentgelts oder Arbeitseinkommens aus eigener Beschäftigung oder selbständiger Tätigkeit oder entsprechender Ersatzleistungen oder wegen des Gesamteinkommens des Versicherten nicht hatten und
2. zum Zeitpunkt der Scheidung entweder
   a) ein eigenes Kind oder ein Kind des Versicherten erzogen haben (§ 46 Abs. 2) oder
   b) das 45. Lebensjahr vollendet hatten und
3. entweder
   a) ein eigenes Kind oder ein Kind des Versicherten erziehen (§ 46 Abs. 2),
   b) erwerbsgemindert sind,
   c) vor dem 2. Januar 1961 geboren und berufsunfähig (§ 240 Abs. 2) sind,
   d) am 31. Dezember 2000 bereits berufsunfähig oder erwerbsunfähig waren und dies ununterbrochen sind oder
   e) das 60. Lebensjahr vollendet haben,

wenn auch vor Anwendung der Vorschriften über die Einkommensanrechnung auf Renten wegen Todes weder ein Anspruch auf Hinterbliebenenrente für eine Witwe oder einen Witwer noch für einen überlebenden Lebenspartner des Versicherten aus dessen Rentenanwartschaften besteht. Wenn der Versicherte nach dem 31. Dezember 2011 verstorben ist, wird die Altersgrenze von 60 Jahren wie folgt angehoben:

Todesjahr des Versicherten	Anhebung um Monate	auf Alter	
		Jahr	Monat
2012	1	60	1
2013	2	60	2
2014	3	60	3
2015	4	60	4
2016	5	60	5
2017	6	60	6
2018	7	60	7
2019	8	60	8
2020	9	60	9
2021	10	60	10
2022	11	60	11
2023	12	61	0
2024	14	61	2
2025	16	61	4
2026	18	61	6
2027	20	61	8
2028	22	61	10
ab 2029	24	62	0

(4) Anspruch auf kleine oder große Witwenrente oder Witwerrente nach dem vorletzten Ehegatten besteht unter den sonstigen Voraussetzungen der Absätze 1 bis 3 auch für geschiedene Ehegatten, die wieder geheiratet haben, wenn die erneute Ehe aufgelöst oder für nichtig erklärt ist oder wenn eine Lebenspartnerschaft begründet und diese wieder aufgehoben oder aufgelöst ist.

(5) Geschiedenen Ehegatten stehen Ehegatten gleich, deren Ehe für nichtig erklärt oder aufgehoben ist.

§ 243 a Rente wegen Todes an vor dem 1. Juli 1977 geschiedene Ehegatten im Beitrittsgebiet

Bestimmt sich der Unterhaltsanspruch des geschiedenen Ehegatten nach dem Recht, das im Beitrittsgebiet gegolten hat, ist nicht anzuwenden. In diesen Fällen besteht Anspruch auf Erziehungsrente bei Erfüllung der sonstigen Voraussetzungen auch, wenn die Ehe vor dem 1. Juli 1977 geschieden ist.

Neu eingefügt wird § 244 a (siehe auch Kap. 9):

§ 244 a Wartezeiterfüllung durch Zuschläge an Entgeltpunkten für Arbeitsentgelt aus geringfügiger versicherungsfreier Beschäftigung

Sind Zuschläge an Entgeltpunkten für Arbeitsentgelt aus geringfügiger versicherungsfreier Beschäftigung nach § 264 b ermittelt, wird auf die Wartezeit die volle Anzahl an Monaten angerechnet, die sich ergibt, wenn die Zuschläge an Entgeltpunkten durch die Zahl 0,0313 geteilt werden. Zuschläge an Entgeltpunkten aus einer geringfügigen versicherungsfreien Beschäftigung, die in Kalendermonaten ausgeübt wurde, die bereits auf die Wartezeit anzurechnen sind, bleiben unberücksichtigt. Wartezeitmonate für in die Ehezeit, Lebenspartnerschaftszeit oder Splittingzeit fallende Kalendermonate einer geringfügigen versicherungsfreien Beschäftigung sind vor Anwendung von § 52 Absatz 1 oder 1 a gesondert zu ermitteln.

§ 245 Vorzeitige Wartezeiterfüllung

(1) Die Vorschrift über die vorzeitige Wartezeiterfüllung findet nur Anwendung, wenn Versicherte nach dem 31. Dezember 1972 vermindert erwerbsfähig geworden oder gestorben sind.

(2) Sind Versicherte vor dem 1. Januar 1992 vermindert erwerbsfähig geworden oder gestorben, ist die allgemeine Wartezeit auch vorzeitig erfüllt, wenn sie

1. nach dem 30. April 1942 wegen eines Arbeitsunfalls oder einer Berufskrankheit,
2. nach dem 31. Dezember 1956 wegen einer Wehrdienstbeschädigung nach dem Soldatenversorgungsgesetz als Wehrdienstleistender oder als Soldat auf Zeit oder wegen einer Zivildienstbeschädigung nach dem Zivildienstgesetz als Zivildienstleistender,
3. während eines aufgrund gesetzlicher Dienstpflicht oder Wehrpflicht oder während eines Krieges geleisteten militärischen oder militärähnlichen Dienstes (§§ 2 und 3 Bundesversorgungsgesetz),
4. nach dem 31. Dezember 1956 wegen eines Dienstes nach Nummer 3 oder während oder wegen einer anschließenden Kriegsgefangenschaft,
5. wegen unmittelbarer Kriegseinwirkung (§ 5 Bundesversorgungsgesetz),
6. nach dem 29. Januar 1933 wegen Verfolgungsmaßnahmen als Verfolgter des Nationalsozialismus (§§ 1 und 2 Bundesentschädigungsgesetz),
7. nach dem 31. Dezember 1956 während oder wegen eines Gewahrsams (§ 1 Häftlingshilfegesetz),
8. nach dem 31. Dezember 1956 während oder wegen Internierung oder Verschleppung (§ 250 Abs. Nr. 2) oder
9. nach dem 30. Juni 1944 wegen Vertreibung oder Flucht als Vertriebener (§§ 1 bis 5 Bundesvertriebenengesetz),

vermindert erwerbsfähig geworden oder gestorben sind.

(3) Sind Versicherte vor dem 1. Januar 1992 und nach dem 31. Dezember 1972 erwerbsunfähig geworden oder gestorben, ist die allgemeine Wartezeit auch vorzeitig erfüllt, wenn sie

1. wegen eines Unfalls und vor Ablauf von sechs Jahren nach Beendigung einer Ausbildung erwerbsunfähig geworden oder gestorben sind und

2. in den zwei Jahren vor Eintritt der Erwerbsunfähigkeit oder des Todes mindestens sechs Kalendermonate mit Pflichtbeiträgen für eine versicherte Beschäftigung oder Tätigkeit haben.

§ 250 Ersatzzeiten

(1) Ersatzzeiten sind Zeiten vor dem 1. Januar 1992, in denen Versicherungspflicht nicht bestanden hat und Versicherte nach vollendetem 14. Lebensjahr

1. militärischen oder militärähnlichen Dienst im Sinne der §§ 2 und 3 des Bundesversorgungsgesetzes aufgrund gesetzlicher Dienstpflicht oder Wehrpflicht oder während eines Krieges geleistet haben oder aufgrund dieses Dienstes kriegsgefangen gewesen sind oder deutschen Minenräumdienst nach dem 8. Mai 1945 geleistet haben oder im Anschluss an solche Zeiten wegen Krankheit arbeitsunfähig oder unverschuldet arbeitslos gewesen sind,
2. interniert oder verschleppt oder im Anschluss an solche Zeiten wegen Krankheit arbeitsunfähig oder unverschuldet arbeitslos gewesen sind, wenn sie als Deutsche wegen ihrer Volks- oder Staatsangehörigkeit oder in ursächlichem Zusammenhang mit den Kriegsereignissen außerhalb des Gebietes der Bundesrepublik Deutschland interniert oder in ein ausländisches Staatsgebiet verschleppt waren, nach dem 8. Mai 1945 entlassen wurden und innerhalb von zwei Monaten nach der Entlassung im Gebiet der Bundesrepublik Deutschland ständigen Aufenthalt genommen haben, wobei in die Frist von zwei Monaten Zeiten einer unverschuldeten Verzögerung der Rückkehr nicht eingerechnet werden,
3. während oder nach dem Ende eines Krieges, ohne Kriegsteilnehmer zu sein, durch feindliche Maßnahmen bis zum 30. Juni 1945 an der Rückkehr aus Gebieten außerhalb des jeweiligen Geltungsbereichs der Reichsversicherungsgesetze oder danach aus Gebieten außerhalb des Geltungsbereichs dieser Gesetze, soweit es sich nicht um das Beitrittsgebiet handelt, verhindert gewesen oder dort festgehalten worden sind,
4. in ihrer Freiheit eingeschränkt gewesen oder ihnen die Freiheit entzogen worden ist (§§ 43 und 47 Bundesentschädigungsgesetz) oder im Anschluss an solche Zeiten wegen Krankheit arbeitsunfähig oder unverschuldet arbeitslos gewesen sind oder infolge Verfolgungsmaßnahmen
   a) arbeitslos gewesen sind, auch wenn sie der Arbeitsvermittlung nicht zur Verfügung gestanden haben, längstens aber die Zeit bis zum 31. Dezember 1946, oder
   b) bis zum 30. Juni 1945 ihren Aufenthalt in Gebieten außerhalb des jeweiligen Geltungsbereichs der Reichsversicherungsgesetze oder danach in Gebieten außerhalb des Geltungsbereichs der Reichsversicherungsgesetze nach dem Stand vom 30. Juni 1945 genommen oder einen solchen beibehalten haben, längstens aber die Zeit bis zum 31. Dezember 1949,

   wenn sie zum Personenkreis des § 1 des Bundesentschädigungsgesetzes gehören (Verfolgungszeit),
5. in Gewahrsam genommen worden sind oder im Anschluss daran wegen Krankheit arbeitsunfähig oder unverschuldet arbeitslos gewesen sind, wenn sie zum Personenkreis des § 1 des Häftlingshilfegesetzes gehören oder nur deshalb nicht gehö-

ren, weil sie vor dem 3. Oktober 1990 ihren gewöhnlichen Aufenthalt im Beitrittsgebiet genommen haben, oder

5a. im Beitrittsgebiet in der Zeit vom 8. Mai 1945 bis zum 30. Juni 1990 einen Freiheitsentzug erlitten haben, soweit eine auf Rehabilitierung oder Kassation erkennende Entscheidung ergangen ist, oder im Anschluss an solche Zeiten wegen Krankheit arbeitsunfähig oder unverschuldet arbeitslos gewesen sind,

6. vertrieben, umgesiedelt oder ausgesiedelt worden oder auf der Flucht oder im Anschluss an solche Zeiten wegen Krankheit arbeitsunfähig oder unverschuldet arbeitslos gewesen sind, mindestens aber die Zeit vom 1. Januar 1945 bis zum 31. Dezember 1946, wenn sie zum Personenkreis der §§ 1 bis 4 des Bundesvertriebenengesetzes gehören.

(2) Ersatzzeiten sind nicht Zeiten,

1. für die eine Nachversicherung durchgeführt oder nur wegen eines fehlenden Antrags nicht durchgeführt worden ist,
2. in denen außerhalb des Gebietes der Bundesrepublik Deutschland ohne das Beitrittsgebiet eine Rente wegen Alters oder anstelle einer solchen eine andere Leistung bezogen worden ist,
3. in denen nach dem 31. Dezember 1956 die Voraussetzungen nach Absatz 1 Nr. 2, 3 und 5 vorliegen und Versicherte eine Beschäftigung oder selbständige Tätigkeit auch aus anderen als den dort genannten Gründen nicht ausgeübt haben.

§ 251 Ersatzzeiten bei Handwerkern

(1) Ersatzzeiten werden bei versicherungspflichtigen Handwerkern, die in diesen Zeiten in die Handwerksrolle eingetragen waren, berücksichtigt, wenn für diese Zeiten Beiträge nicht gezahlt worden sind.

(2) Zeiten, in denen in die Handwerksrolle eingetragene versicherungspflichtige Handwerker im Anschluss an eine Ersatzzeit arbeitsunfähig krank gewesen sind, sind nur dann Ersatzzeiten, wenn sie in ihrem Betrieb mit Ausnahme von Lehrlingen und des Ehegatten oder eines Verwandten ersten Grades, für Zeiten vor dem 1. Mai 1985 mit Ausnahme eines Lehrlings, des Ehegatten oder eines Verwandten ersten Grades, Personen nicht beschäftigt haben, die wegen dieser Beschäftigung versicherungspflichtig waren.

(3) Eine auf eine Ersatzzeit folgende Zeit der unverschuldeten Arbeitslosigkeit vor dem 1. Juli 1969 ist bei Handwerkern nur dann eine Ersatzzeit, wenn und solange sie in der Handwerksrolle gelöscht waren.

§ 252 Anrechnungszeiten

(1) Anrechnungszeiten sind auch Zeiten, in denen Versicherte

1. Anpassungsgeld für entlassene Arbeitnehmer des Bergbaus bezogen haben,
2. nach dem 31. Dezember 1991 eine Knappschaftsausgleichsleistung bezogen haben,
3. nach dem vollendeten 17. Lebensjahr als Lehrling nicht versicherungspflichtig oder versicherungsfrei waren und die Lehrzeit abgeschlossen haben, längstens bis zum 28. Februar 1957, im Saarland bis zum 31. August 1957,

4. vor dem vollendeten 55. Lebensjahr eine Rente wegen Berufsunfähigkeit oder Erwerbsunfähigkeit oder eine Erziehungsrente bezogen haben, in der eine Zurechnungszeit nicht enthalten war,
5. vor dem vollendeten 55. Lebensjahr eine Invalidenrente, ein Ruhegeld oder eine Knappschaftsvollrente bezogen haben, wenn diese Leistung vor dem 1. Januar 1957 weggefallen ist,
6. Schlechtwettergeld bezogen haben, wenn dadurch eine versicherte Beschäftigung oder selbständige Tätigkeit unterbrochen worden ist, längstens bis zum 31. Dezember 1978.

(2) Anrechnungszeiten sind auch Zeiten, für die
1. die Bundesagentur für Arbeit in der Zeit vom 1. Januar 1983,
2. ein anderer Leistungsträger in der Zeit vom 1. Januar 1984

bis zum 31. Dezember 1997 wegen des Bezugs von Sozialleistungen Pflichtbeiträge oder Beiträge für Anrechnungszeiten gezahlt hat.

(3) Anrechnungszeiten wegen Arbeitsunfähigkeit oder Leistungen zur medizinischen Rehabilitation oder zur Teilhabe am Arbeitsleben liegen in der Zeit vom 1. Januar 1984 bis zum 31. Dezember 1997 bei Versicherten, die
1. nicht in der gesetzlichen Krankenversicherung versichert waren oder
2. in der gesetzlichen Krankenversicherung ohne Anspruch auf Krankengeld versichert waren,

nur vor, wenn für diese Zeiten, längstens jedoch für 18 Kalendermonate, Beiträge nach mindestens 70 vom Hundert, für die Zeit vom 1. Januar 1995 an 80 vom Hundert des zuletzt für einen vollen Kalendermonat versicherten Arbeitsentgelts oder Arbeitseinkommens gezahlt worden sind.

(4) (weggefallen)

(5) Zeiten einer Arbeitslosigkeit vor dem 1. Juli 1969 sind bei Handwerkern nur dann Anrechnungszeiten, wenn und solange sie in der Handwerksrolle gelöscht waren.

(6) Bei selbständig Tätigen, die auf Antrag versicherungspflichtig waren, und bei Handwerkern sind Zeiten vor dem 1. Januar 1992, in denen sie
1. wegen Krankheit arbeitsunfähig gewesen sind oder Leistungen zur medizinischen Rehabilitation oder zur Teilhabe am Arbeitsleben erhalten haben,
2. wegen Schwangerschaft oder Mutterschaft während der Schutzfristen nach dem Mutterschutzgesetz eine versicherte selbständige Tätigkeit nicht ausgeübt haben,

nur dann Anrechnungszeiten, wenn sie in ihrem Betrieb mit Ausnahme eines Lehrlings, des Ehegatten oder eines Verwandten ersten Grades Personen nicht beschäftigt haben, die wegen dieser Beschäftigung versicherungspflichtig waren. Anrechnungszeiten nach dem 30. April 1985 liegen auch vor, wenn die Versicherten mit Ausnahme von Lehrlingen und des Ehegatten oder eines Verwandten ersten Grades Personen nicht beschäftigt haben, die wegen dieser Beschäftigung versicherungspflichtig waren.

(7) Zeiten, in denen Versicherte
1. vor dem 1. Januar 1984 arbeitsunfähig geworden sind oder Leistungen zur medizinischen Rehabilitation oder zur Teilhabe am Arbeitsleben erhalten haben,

2. vor dem 1. Januar 1979 Schlechtwettergeld bezogen haben,
3. wegen Arbeitslosigkeit bei einer deutschen Agentur für Arbeit als Arbeitsuchende gemeldet waren und
   a) vor dem 1. Juli 1978 eine öffentlich-rechtliche Leistung bezogen haben oder
   b) vor dem 1. Januar 1992 eine öffentlich-rechtliche Leistung nur wegen des zu berücksichtigenden Einkommens oder Vermögens nicht bezogen haben,

werden nur berücksichtigt, wenn sie mindestens einen Kalendermonat andauerten. Folgen mehrere Zeiten unmittelbar aufeinander, werden sie zusammengerechnet.

(8) Anrechnungszeiten sind auch Zeiten nach dem 30. April 2003, in denen Versicherte
1. nach Vollendung des 58. Lebensjahres wegen Arbeitslosigkeit bei einer deutschen Agentur für Arbeit gemeldet waren,
2. der Arbeitsvermittlung nur deshalb nicht zur Verfügung standen, weil sie nicht arbeitsbereit waren und nicht alle Möglichkeiten nutzten und nutzen wollten, um ihre Beschäftigungslosigkeit zu beenden und
3. eine öffentlich-rechtliche Leistung nur wegen des zu berücksichtigenden Einkommens oder Vermögens nicht bezogen haben.

Für Zeiten nach Satz 1 gelten die Vorschriften über Anrechnungszeiten wegen Arbeitslosigkeit. Zeiten nach Satz 1 werden nach dem 31. Dezember 2007 nur dann als Anrechnungszeiten berücksichtigt, wenn die Arbeitslosigkeit vor dem 1. Januar 2008 begonnen hat und der Versicherte vor dem 2. Januar 1950 geboren ist.

(9) Anrechnungszeiten liegen bei Beziehern von Arbeitslosenhilfe, Unterhaltsgeld und Arbeitslosengeld II nicht vor, wenn die Bundesagentur für Arbeit oder in Fällen des § 6a des Zweiten Buches die zugelassenen kommunalen Träger für sie Beiträge an eine Versicherungseinrichtung oder Versorgungseinrichtung, an ein Versicherungsunternehmen oder an sie selbst gezahlt haben.

§ 252a Anrechnungszeiten im Beitrittsgebiet

(1) Anrechnungszeiten im Beitrittsgebiet sind auch Zeiten nach dem 8. Mai 1945, in denen Versicherte
1. wegen Schwangerschaft oder Mutterschaft während der jeweiligen Schutzfristen eine versicherte Beschäftigung oder selbständige Tätigkeit nicht ausgeübt haben,
2. vor dem 1. Januar 1992
   a) Lohnersatzleistungen nach dem Recht der Arbeitsförderung,
   b) Vorruhestandsgeld, Übergangsrente, Invalidenrente bei Erreichen besonderer Altersgrenzen, befristete erweiterte Versorgung oder
   c) Unterstützung während der Zeit der Arbeitsvermittlung

   bezogen haben,
3. vor dem 1. März 1990 arbeitslos waren oder
4. vor dem vollendeten 55. Lebensjahr Invalidenrente, Bergmannsinvalidenrente, Versorgung wegen voller Berufsunfähigkeit oder Teilberufsunfähigkeit, Unfallrente aufgrund eines Körperschadens von 66 2/3 vom Hundert, Kriegsbeschädigtenrente aus dem Beitrittsgebiet, entsprechende Renten aus einem Sonderversorgungssys-

tem oder eine berufsbezogene Zuwendung an Ballettmitglieder in staatlichen Einrichtungen bezogen haben.

Anrechnungszeiten nach Satz 1 Nr. 1 liegen vor Vollendung des 17. und nach Vollendung des 25. Lebensjahres nur vor, wenn dadurch eine versicherte Beschäftigung oder selbständige Tätigkeit unterbrochen ist. Für Zeiten nach Satz 1 Nr. 2 und 3 gelten die Vorschriften über Anrechnungszeiten wegen Arbeitslosigkeit. Zeiten des Fernstudiums oder des Abendunterrichts in der Zeit vor dem 1. Juli 1990 sind nicht Anrechnungszeiten wegen schulischer Ausbildung, wenn das Fernstudium oder der Abendunterricht neben einer versicherungspflichtigen Beschäftigung oder Tätigkeit ausgeübt worden ist.

(2) Anstelle von Anrechnungszeiten wegen Krankheit, Schwangerschaft oder Mutterschaft vor dem 1. Juli 1990 werden pauschal Anrechnungszeiten für Ausfalltage ermittelt, wenn im Ausweis für Arbeit und Sozialversicherung Arbeitsausfalltage als Summe eingetragen sind. Dazu ist die im Ausweis eingetragene Anzahl der Arbeitsausfalltage mit der Zahl 7 zu vervielfältigen, durch die Zahl 5 zu teilen und dem Ende der für das jeweilige Kalenderjahr bescheinigten Beschäftigung oder selbständigen Tätigkeit als Anrechnungszeit lückenlos zuzuordnen, wobei Zeiten vor dem 1. Januar 1984 nur berücksichtigt werden, wenn nach der Zuordnung mindestens ein Kalendermonat belegt ist. Insoweit ersetzen sie die für diese Zeit bescheinigten Pflichtbeitragszeiten; dies gilt nicht für die Feststellung von Pflichtbeitragszeiten für einen Anspruch auf Rente.

§ 253 Pauschale Anrechnungszeit

(1) Anrechnungszeit für die Zeit vor dem 1. Januar 1957 ist mindestens die volle Anzahl an Monaten, die sich ergibt, wenn

1. der Zeitraum vom Kalendermonat, für den der erste Pflichtbeitrag gezahlt ist, spätestens vom Kalendermonat, in den der Tag nach der Vollendung des 17. Lebensjahres des Versicherten fällt, bis zum Kalendermonat, für den der letzte Pflichtbeitrag vor dem 1. Januar 1957 gezahlt worden ist, ermittelt wird (Gesamtzeit),
2. die Gesamtzeit um die auf sie entfallenden mit Beiträgen und Ersatzzeiten belegten Kalendermonate zur Ermittlung der verbleibenden Zeit gemindert wird (Gesamtlücke) und
3. die Gesamtlücke, höchstens jedoch ein nach unten gerundetes volles Viertel der auf die Gesamtzeit entfallenden Beitragszeiten und Ersatzzeiten, mit dem Verhältnis vervielfältigt wird, in dem die Summe der auf die Gesamtzeit entfallenden mit Beitragszeiten und Ersatzzeiten belegten Kalendermonate zu der Gesamtzeit steht. Dabei werden Zeiten, für die eine Nachversicherung nur wegen eines fehlenden

Antrags nicht durchgeführt worden ist, wie Beitragszeiten berücksichtigt.

(2) Der Anteil der pauschalen Anrechnungszeit, der auf einen Zeitabschnitt entfällt, ist die volle Anzahl an Monaten, die sich ergibt, wenn die pauschale Anrechnungszeit mit der für ihre Ermittlung maßgebenden verbleibenden Zeit in diesem Zeitabschnitt (Teillücke) vervielfältigt und durch die Gesamtlücke geteilt wird.

Fünfter Unterabschnitt
Rentenhöhe und Rentenanpassung

§ 254 d Entgeltpunkte (Ost)

(1) An die Stelle der ermittelten Entgeltpunkte treten Entgeltpunkte (Ost) für
1. Zeiten mit Beiträgen für eine Beschäftigung oder selbständige Tätigkeit,
2. Pflichtbeitragszeiten aufgrund der gesetzlichen Pflicht zur Leistung von Wehrdienst oder Zivildienst oder aufgrund eines Wehrdienstverhältnisses besonderer Art nach § 6 des Einsatz-Weiterverwendungsgesetzes oder aufgrund des Bezugs von Sozialleistungen mit Ausnahme des Bezugs von Arbeitslosengeld II,
3. Zeiten der Erziehung eines Kindes,
4. Zeiten mit freiwilligen Beiträgen vor dem 1. Januar 1992 oder danach bis zum 31. März 1999 zur Aufrechterhaltung des Anspruchs auf Rente wegen verminderter Erwerbsfähigkeit (§ 279 b) bei gewöhnlichem Aufenthalt,

4 a. Zeiten der nicht erwerbsmäßigen Pflege,

4 b. zusätzliche Entgeltpunkte für Arbeitsentgelt aus nach § 23 b Abs. 2 Satz 1 bis 4 des Vierten Buches aufgelösten Wertguthaben aufgrund einer Arbeitsleistung im Beitrittsgebiet und

5. Zeiten mit Beiträgen für eine Beschäftigung oder selbständige Tätigkeit,
6. Zeiten der Erziehung eines Kindes,
7. Zeiten mit freiwilligen Beiträgen bei gewöhnlichem Aufenthalt

im jeweiligen Geltungsbereich der Reichsversicherungsgesetze außerhalb der Bundesrepublik Deutschland (Reichsgebiets-Beitragszeiten).

(2) Absatz 1 findet keine Anwendung auf Zeiten vor dem 19. Mai 1990
1. von Versicherten, die ihren gewöhnlichen Aufenthalt am 18. Mai 1990 oder, falls sie verstorben sind, zuletzt vor dem 19. Mai 1990
   a) im Gebiet der Bundesrepublik Deutschland ohne das Beitrittsgebiet hatten, solange sich der Berechtigte im Inland gewöhnlich aufhält, oder
   b) im Ausland hatten und unmittelbar vor Beginn des Auslandsaufenthalts ihren gewöhnlichen Aufenthalt im Gebiet der Bundesrepublik Deutschland ohne das Beitrittsgebiet hatten,
2. mit Beiträgen aufgrund einer Beschäftigung bei einem Unternehmen im Beitrittsgebiet, für das Arbeitsentgelte in Deutsche Mark gezahlt worden sind.

Satz 1 gilt nicht für Zeiten, die von der Wirkung einer Beitragserstattung nach § 286 d SGB 6 nicht erfasst werden.

(3) Für Zeiten mit Beiträgen für eine Beschäftigung oder selbständige Tätigkeit und für Zeiten der Erziehung eines Kindes vor dem 1. Februar 1949 in Berlin gelten ermittelte Entgeltpunkte nicht als Entgeltpunkte (Ost).

§ 255 a Aktueller Rentenwert (Ost)

(1) Der aktuelle Rentenwert (Ost) beträgt am 30. Juni 2005 22,97 Euro. Er verändert sich zum 1. Juli eines jeden Jahres nach dem für die Veränderung des aktuellen Rentenwerts geltenden Verfahren. Hierbei sind jeweils die für das Beitrittsgebiet

ermittelten Bruttolöhne und -gehälter je Arbeitnehmer (§ 68 Abs. 2 Satz 1) maßgebend. § 68 Abs. 2 Satz 3 ist mit der Maßgabe anzuwenden, dass die für das Beitrittsgebiet ermittelten beitragspflichtigen Bruttolöhne und -gehälter je Arbeitnehmer ohne Beamte einschließlich der Bezieher von Arbeitslosengeld zugrunde zu legen sind.

(2) Der aktuelle Rentenwert (Ost) ist mindestens um den Vomhundertsatz anzupassen, um den der aktuelle Rentenwert angepasst wird.

(3) Abweichend von § 68 Abs. 4 werden bis zur Herstellung einheitlicher Einkommensverhältnisse im Gebiet der Bundesrepublik Deutschland die Anzahl der Äquivalenzrentner und die Anzahl der Äquivalenzbeitragszahler für das Bundesgebiet ohne das Beitrittsgebiet und das Beitrittsgebiet getrennt berechnet. Für die weitere Berechnung nach § 68 Abs. 4 werden die jeweiligen Ergebnisse anschließend addiert. Für die Berechnung sind die Werte für das Gesamtvolumen der Beiträge aller in der allgemeinen Rentenversicherung versicherungspflichtig Beschäftigten, der geringfügig Beschäftigten (§ 8 Viertes Buch) und der Bezieher von Arbeitslosengeld eines Kalenderjahres, das Durchschnittsentgelt nach Anlage 1, das Gesamtvolumen der Renten abzüglich erstatteter Aufwendungen für Renten und Rententeile eines Kalenderjahres und eine Regelaltersrente mit 45 Entgeltpunkten für das Bundesgebiet ohne das Beitrittsgebiet und für das Beitrittsgebiet getrennt zu ermitteln und der Berechnung zu Grunde zu legen. Im Beitrittsgebiet ist dabei als Durchschnittsentgelt für das jeweilige Kalenderjahr der Wert der Anlage 1 dividiert durch den Wert der Anlage 10 zu berücksichtigen und bei der Berechnung der Regelaltersrente mit 45 Entgeltpunkten der aktuelle Rentenwert (Ost) zu Grunde zu legen.

(4) Abweichend von § 68a tritt bis zur Herstellung einheitlicher Einkommensverhältnisse im Gebiet der Bundesrepublik Deutschland jeweils an die Stelle des aktuellen Rentenwerts der aktuelle Rentenwert (Ost), des Ausgleichsbedarfs der Ausgleichsbedarf (Ost), des Ausgleichsfaktors der Ausgleichsfaktor (Ost) und des Anpassungsfaktors der Anpassungsfaktor (Ost). Absatz 2 ist auf der Grundlage des nach Satz 1 bestimmten aktuellen Rentenwerts (Ost) anzuwenden. Für den zu ermittelnden Ausgleichsfaktor (Ost) bleibt die Veränderung des aktuellen Rentenwerts (Ost) nach Maßgabe des Absatzes 2 außer Betracht. Der Ausgleichsbedarf (Ost) verändert sich bei Anwendung des Absatzes 2 nur dann nach § 68a Abs. 3, wenn der nach Absatz 1 errechnete aktuelle Rentenwert (Ost) den nach Satz 1 in Verbindung mit Absatz 2 errechneten aktuellen Rentenwert (Ost) übersteigt; der Wert des Ausgleichsbedarfs (Ost) verändert sich, indem der im Vorjahr bestimmte Wert mit dem Anpassungsfaktor (Ost) vervielfältigt wird, der sich ergibt, wenn der nach Absatz 1 errechnete aktuelle Rentenwert (Ost) durch den nach Satz 1 in Verbindung mit Absatz 2 errechneten aktuellen Rentenwert (Ost) geteilt wird.

§ 255e Bestimmung des aktuellen Rentenwerts für die Zeit vom 1. Juli 2005 bis zum 1. Juli 2013

(1) Bei der Ermittlung des aktuellen Rentenwerts für die Zeit vom 1. Juli 2005 bis zum 1. Juli 2013 tritt an die Stelle des Faktors für die Veränderung des Beitragssatzes zur allgemeinen Rentenversicherung (§ 68 Abs. 3) der Faktor für die Veränderung

des Beitragssatzes zur allgemeinen Rentenversicherung und des Altersvorsorgeanteils.

(2) Der Faktor, der sich aus der Veränderung des Altersvorsorgeanteils und des Beitragssatzes zur allgemeinen Rentenversicherung ergibt, wird ermittelt, indem

1. der Altersvorsorgeanteil und der durchschnittliche Beitragssatz in der allgemeinen Rentenversicherung des vergangenen Kalenderjahres von 100 vom Hundert subtrahiert werden,
2. der Altersvorsorgeanteil und der durchschnittliche Beitragssatz in der allgemeinen Rentenversicherung für das vorvergangene Kalenderjahr von 100 vom Hundert subtrahiert werden,

und anschließend der nach Nummer 1 ermittelte Wert durch den nach Nummer 2 ermittelten Wert geteilt wird.

(3) Der Altersvorsorgeanteil beträgt für die Jahre

vor 2002 0,0 vom Hundert,
2002 0,5 vom Hundert,
2003 0,5 vom Hundert,
2004 1,0 vom Hundert,
2005 1,5 vom Hundert,
2006 2,0 vom Hundert,
2007 2,0 vom Hundert,
2008 2,0 vom Hundert,
2009 2,5 vom Hundert,
2010 3,0 vom Hundert,
2011 3,5 vom Hundert,
2012 4,0 vom Hundert.

(4) …

(5) Abweichend von § 68 a Absatz 1 Satz 1 vermindert sich der bisherige aktuelle Rentenwert auch dann nicht, wenn sich durch die Veränderung des Altersvorsorgeanteils eine Minderung des bisherigen aktuellen Rentenwerts ergeben würde.

§ 256 Entgeltpunkte für Beitragszeiten

(1) Für Pflichtbeitragszeiten aufgrund einer Beschäftigung in der Zeit vom 1. Juni 1945 bis 30. Juni 1965 (§ 247 Abs. 2 a) werden für jeden Kalendermonat 0,025 Entgeltpunkte zugrunde gelegt.

(2) Für Zeiten vor dem 1. Januar 1992, für die für Anrechnungszeiten Beiträge gezahlt worden sind, die Versicherte ganz oder teilweise getragen haben, ist Beitragsbemessungsgrundlage der Betrag, der sich ergibt, wenn das 100fache des gezahlten Beitrags durch den für die jeweilige Zeit maßgebenden Beitragssatz geteilt wird.

(3) Für Zeiten vom 1. Januar 1982 bis zum 31. Dezember 1991, für die Pflichtbeiträge gezahlt worden sind für Personen, die aufgrund gesetzlicher Pflicht mehr als drei Tage Wehrdienst oder Zivildienst geleistet haben, werden für jedes volle Kalenderjahr 0,75 Entgeltpunkte, für die Zeit vom 1. Mai 1961 bis zum 31. Dezember 1981 1,0 Entgeltpunkte, für jeden Teilzeitraum der entsprechende Anteil zugrunde gelegt.

Satz 1 ist für Zeiten vom 1. Januar 1990 bis zum 31. Dezember 1991 nicht anzuwenden, wenn die Pflichtbeiträge bei einer Verdienstausfallentschädigung aus dem Arbeitsentgelt berechnet worden sind. Für Zeiten vor dem 1. Mai 1961 gilt Satz 1 mit der Maßgabe, dass auf Antrag 0,75 Entgeltpunkte zugrunde gelegt werden.

(4) Für Zeiten vor dem 1. Januar 1992, für die Pflichtbeiträge für behinderte Menschen in geschützten Einrichtungen gezahlt worden sind, werden auf Antrag für jedes volle Kalenderjahr mindestens 0,75 Entgeltpunkte, für jeden Teilzeitraum der entsprechende Anteil zugrunde gelegt.

(5) Für Zeiten, für die Beiträge nach Lohn-, Beitrags- oder Gehaltsklassen gezahlt worden sind, werden die Entgeltpunkte der Anlage 3 zugrunde gelegt, wenn die Beiträge nach dem vor dem 1. März 1957 geltenden Recht gezahlt worden sind. Sind die Beiträge nach dem in der Zeit vom 1. März 1957 bis zum 31. Dezember 1976 geltenden Recht gezahlt worden, werden für jeden Kalendermonat Entgeltpunkte aus der in Anlage 4 angegebenen Beitragsbemessungsgrundlage ermittelt.

(6) Für Zeiten vor dem 1. Januar 1957, für die Beiträge aufgrund von Vorschriften außerhalb des Vierten Kapitels nachgezahlt worden sind, werden Entgeltpunkte ermittelt, indem die Beitragsbemessungsgrundlage durch das Durchschnittsentgelt des Jahres 1957 in Höhe von 5043 Deutsche Mark geteilt wird. Für Zeiten, für die Beiträge nachgezahlt worden sind, ausgenommen die Zeiten, für die Beiträge wegen Heiratserstattung nachgezahlt worden sind, werden Entgeltpunkte ermittelt, indem die Beitragsbemessungsgrundlage durch das Durchschnittsentgelt des Jahres geteilt wird, in dem die Beiträge gezahlt worden sind.

(7) Für Beiträge, die für Arbeiter in der Zeit vom 1. Oktober 1921 und für Angestellte in der Zeit vom 1. August 1921 bis zum 31. Dezember 1923 gezahlt worden sind, werden für jeden Kalendermonat 0,0625 Entgeltpunkte zugrunde gelegt.

§ 256 a Entgeltpunkte für Beitragszeiten im Beitrittsgebiet

(1) Für Beitragszeiten im Beitrittsgebiet nach dem 8. Mai 1945 werden Entgeltpunkte ermittelt, indem der mit den Werten der Anlage 10 vervielfältigte Verdienst (Beitragsbemessungsgrundlage) durch das Durchschnittsentgelt für dasselbe Kalenderjahr geteilt wird. Für das Kalenderjahr des Rentenbeginns und für das davorliegende Kalenderjahr ist der Verdienst mit dem Wert der Anlage 10 zu vervielfältigen, der für diese Kalenderjahre vorläufig bestimmt ist. Die Sätze 1 und 2 sind nicht anzuwenden für Beitragszeiten auf Grund des Bezugs von Arbeitslosengeld II.

(1 a) Arbeitsentgelt aus nach § 23 b Abs. 2 Satz 1 bis 4 des Vierten Buches aufgelösten Wertguthaben, das durch Arbeitsleistung im Beitrittsgebiet erzielt wurde, wird mit dem vorläufigen Wert der Anlage 10 für das Kalenderjahr vervielfältigt, dem das Arbeitsentgelt zugeordnet ist.

(2) Als Verdienst zählen der tatsächlich erzielte Arbeitsverdienst und die tatsächlich erzielten Einkünfte, für die jeweils Pflichtbeiträge gezahlt worden sind, sowie der Verdienst, für den Beiträge zur Freiwilligen Zusatzrentenversicherung oder freiwillige Beiträge zur Rentenversicherung für Zeiten vor dem 1. Januar 1992 oder danach bis zum 31. März 1999 zur Aufrechterhaltung des Anspruchs auf Rente wegen vermin-

derter Erwerbsfähigkeit (§ 279 b gezahlt worden sind. Für Zeiten der Beschäftigung bei der Deutschen Reichsbahn oder bei der Deutschen Post vor dem 1. Januar 1974 gelten für den oberhalb der im Beitrittsgebiet geltenden Beitragsbemessungsgrenzen nachgewiesenen Arbeitsverdienst Beiträge zur Freiwilligen Zusatzrentenversicherung als gezahlt. Für Zeiten der Beschäftigung bei der Deutschen Reichsbahn oder bei der Deutschen Post vom 1. Januar 1974 bis 30. Juni 1990 gelten für den oberhalb der im Beitrittsgebiet geltenden Beitragsbemessungsgrenzen nachgewiesenen Arbeitsverdienst, höchstens bis zu 650 Mark monatlich, Beiträge zur Freiwilligen Zusatzrentenversicherung als gezahlt, wenn ein Beschäftigungsverhältnis bei der Deutschen Reichsbahn oder bei der Deutschen Post am 1. Januar 1974 bereits zehn Jahre ununterbrochen bestanden hat. Für freiwillige Beiträge nach der Verordnung über die freiwillige und zusätzliche Versicherung in der Sozialversicherung vom 28. Januar 1947 gelten die in Anlage 11 genannten Beträge, für freiwillige Beiträge nach der Verordnung über die freiwillige Versicherung auf Zusatzrente bei der Sozialversicherung vom 15. März 1968 (GBl. II Nr. 29 S. 154) gilt das Zehnfache der gezahlten Beiträge als Verdienst.

(3) Als Verdienst zählen auch die nachgewiesenen beitragspflichtigen Arbeitsverdienste und Einkünfte vor dem 1. Juli 1990, für die wegen der im Beitrittsgebiet jeweils geltenden Beitragsbemessungsgrenzen oder wegen in einem Sonderversorgungssystem erworbener Anwartschaften Pflichtbeiträge oder Beiträge zur Freiwilligen Zusatzrentenversicherung nicht gezahlt werden konnten. Für Versicherte, die berechtigt waren, der Freiwilligen Zusatzrentenversicherung beizutreten, gilt dies für Beträge oberhalb der jeweiligen Beitragsbemessungsgrenzen zur Freiwilligen Zusatzrentenversicherung nur, wenn die zulässigen Höchstbeiträge zur Freiwilligen Zusatzrentenversicherung gezahlt worden sind. Werden beitragspflichtige Arbeitsverdienste oder Einkünfte, für die nach den im Beitrittsgebiet jeweils geltenden Vorschriften Pflichtbeiträge oder Beiträge zur Freiwilligen Zusatzrentenversicherung nicht gezahlt werden konnten, glaubhaft gemacht, werden diese Arbeitsverdienste oder Einkünfte zu fünf Sechsteln berücksichtigt. Als Mittel der Glaubhaftmachung können auch Versicherungen an Eides Statt zugelassen werden. Der Träger der Rentenversicherung ist für die Abnahme eidesstattlicher Versicherungen zuständig.

(3 a) Als Verdienst zählen für Zeiten vor dem 1. Juli 1990, in denen Versicherte ihren gewöhnlichen Aufenthalt im Gebiet der Bundesrepublik Deutschland ohne das Beitrittsgebiet hatten und Beiträge zu einem System der gesetzlichen Rentenversicherung des Beitrittsgebiets gezahlt worden sind, die Werte der Anlagen 1 bis 16 zum Fremdrentengesetz. Für jeden Teilzeitraum wird der entsprechende Anteil zugrunde gelegt. Dabei zählen Kalendermonate, die zum Teil mit Anrechnungszeiten wegen Krankheit oder für Ausfalltage belegt sind, als Zeiten mit vollwertigen Beiträgen. Für eine Teilzeitbeschäftigung nach dem 31. Dezember 1949 werden zur Ermittlung der Entgeltpunkte die Beiträge berücksichtigt, die dem Verhältnis der Teilzeitbeschäftigung zu einer Vollzeitbeschäftigung entsprechen. Für Pflichtbeitragszeiten für eine Berufsausbildung werden für jeden Kalendermonat 0,025 Entgeltpunkte zugrunde gelegt. Für glaubhaft gemachte Beitragszeiten werden fünf Sechstel der Entgeltpunkte zugrunde gelegt.

(4) Für Zeiten vor dem 1. Januar 1992, in denen Personen aufgrund gesetzlicher Pflicht mehr als drei Tage Wehrdienst oder Zivildienst im Beitrittsgebiet geleistet haben, werden für jedes volle Kalenderjahr 0,75 Entgeltpunkte, für jeden Teilzeitraum der entsprechende Anteil zugrunde gelegt.

(5) Für Pflichtbeitragszeiten bei Erwerbsunfähigkeit vor dem 1. Januar 1992 werden für jedes volle Kalenderjahr mindestens 0,75 Entgeltpunkte, für jeden Teilzeitraum der entsprechende Anteil zugrunde gelegt.

§ 262 Mindestentgeltpunkte bei geringem Arbeitsentgelt

(1) Sind mindestens 35 Jahre mit rentenrechtlichen Zeiten vorhanden und ergibt sich aus den Kalendermonaten mit vollwertigen Pflichtbeiträgen ein Durchschnittswert von weniger als 0,0625 Entgeltpunkten, wird die Summe der Entgeltpunkte für Beitragszeiten erhöht. Die zusätzlichen Entgeltpunkte sind so zu bemessen, dass sich für die Kalendermonate mit vollwertigen Pflichtbeiträgen vor dem 1. Januar 1992 ein Durchschnittswert in Höhe des 1,5fachen des tatsächlichen Durchschnittswerts, höchstens aber in Höhe von 0,0625 Entgeltpunkten ergibt.

(2) Die zusätzlichen Entgeltpunkte werden den Kalendermonaten mit vollwertigen Pflichtbeiträgen vor dem 1. Januar 1992 zu gleichen Teilen zugeordnet; dabei werden Kalendermonaten mit Entgeltpunkten (Ost) zusätzliche Entgeltpunkte (Ost) zugeordnet.

(3) Bei Anwendung der Absätze 1 und 2 gelten Pflichtbeiträge für Zeiten, in denen eine Rente aus eigener Versicherung bezogen worden ist, nicht als vollwertige Pflichtbeiträge.

§ 263 Gesamtleistungsbewertung für beitragsfreie und beitragsgeminderte Zeiten

(1) Bei der Gesamtleistungsbewertung für beitragsfreie und beitragsgeminderte Zeiten werden Berücksichtigungszeiten wegen Kindererziehung, die in der Gesamtlücke für die Ermittlung der pauschalen Anrechnungszeit liegen, höchstens mit der Anzahl an Monaten berücksichtigt, die zusammen mit der Anzahl an Monaten mit pauschaler Anrechnungszeit die Anzahl an Monaten der Gesamtlücke ergibt. Für die Gesamtleistungsbewertung werden jedem Kalendermonat an Berücksichtigungszeit wegen Pflege 0,0625 Entgeltpunkte zugeordnet, es sei denn, dass er als Beitragszeit bereits einen höheren Wert hat.

(2) (weggefallen)

(2a) Der sich aus der Gesamtleistungsbewertung ergebende Wert wird für jeden Kalendermonat mit Anrechnungszeiten wegen Krankheit und Arbeitslosigkeit auf 80 vom Hundert begrenzt. Kalendermonate, die nur deshalb Anrechnungszeiten sind, weil Arbeitslosigkeit vor dem 1. März 1990 im Beitrittsgebiet, jedoch nicht vor dem 1. Juli 1978, vorgelegen hat, werden nicht bewertet. Kalendermonate, die nur deshalb Anrechnungszeiten sind, weil Arbeitslosigkeit nach dem 30. Juni 1978 vorgelegen hat, für die vor dem 1. Januar 2005 aber keine Arbeitslosenhilfe gezahlt worden ist, werden nicht bewertet.

(3) Der sich aus der Gesamtleistungsbewertung ergebende Wert wird für jeden Kalendermonat mit Anrechnungszeiten wegen einer Schul- oder Hochschulausbil-

dung auf 75 vom Hundert begrenzt. Der so begrenzte Gesamtleistungswert darf für einen Kalendermonat 0,0625 Entgeltpunkte nicht übersteigen. Zeiten einer Schul- oder Hochschulausbildung werden insgesamt für höchstens drei Jahre bewertet; auf die drei Jahre werden Zeiten einer Fachschulausbildung oder der Teilnahme an einer berufsvorbereitenden Bildungsmaßnahme angerechnet. Bei der begrenzten Gesamtleistungsbewertung für die Zeiten der Schul- oder Hochschulausbildung treten an die Stelle

bei Beginn der Rente im		**der Werte**	
		75 vom Hundert	**0,0625 Entgeltpunkte**
Jahr	**Monat**	**die Werte**	
2005	**Januar**	**75,00**	**0,0625**
	Februar	**73,44**	**0,0612**
	März	**71,88**	**0,0599**
	April	**70,31**	**0,0586**
	Mai	**68,75**	**0,0573**
	Juni	**67,19**	**0,0560**
	Juli	**65,63**	**0,0547**
	August	**64,06**	**0,0534**
	September	**62,50**	**0,0521**
	Oktober	**60,94**	**0,0508**
	November	**59,38**	**0,0495**
	Dezember	**57,81**	**0,0482**
2006	**Januar**	**56,25**	**0,0469**
	Februar	**54,69**	**0,0456**
	März	**53,13**	**0,0443**
	April	**51,56**	**0,0430**
	Mai	**50,00**	**0,0417**
	Juni	**48,44**	**0,0404**
	Juli	**46,88**	**0,0391**
	August	**45,31**	**0,0378**
	September	**43,75**	**0,0365**
	Oktober	**42,19**	**0,0352**

bei Beginn der Rente im		der Werte	
		75 vom Hundert	0,0625 Entgeltpunkte
Jahr	Monat	die Werte	
	November	40,63	0,0339
	Dezember	39,06	0,0326
2007	Januar	37,50	0,0313
	Februar	35,94	0,0299
	März	34,38	0,0286
	April	32,81	0,0273
	Mai	31,25	0,0260
	Juni	29,69	0,0247
	Juli	28,13	0,0234
	August	26,56	0,0221
	September	25,00	0,0208
	Oktober	23,44	0,0195
	November	21,88	0,0182
	Dezember	20,31	0,0169
2008	Januar	18,75	0,0156
	Februar	17,19	0,0143
	März	15,63	0,0130
	April	14,06	0,0117
	Mai	12,50	0,0104
	Juni	10,94	0,0091
	Juli	9,38	0,0078
	August	7,81	0,0065
	September	6,25	0,0052
	Oktober	4,69	0,0039
	November	3,13	0,0026
	Dezember	1,56	0,0013
2009	Januar	0,00	0,0000

(4) Die Summe der Entgeltpunkte für Anrechnungszeiten, die vor dem 1. Januar 1957 liegen, muss mindestens den Wert erreichen, der sich für eine pauschale Anrechnungszeit ergeben würde. Die zusätzlichen Entgeltpunkte entfallen zu gleichen Teilen auf die begrenzt zu bewertenden Anrechnungszeiten vor dem 1. Januar 1957.

(5) Die Summe der Entgeltpunkte für Kalendermonate, die als Zeiten einer beruflichen Ausbildung gelten (§ 246 Satz 2), ist um einen Zuschlag so zu erhöhen, dass mindestens der Wert erreicht wird, den diese Zeiten als Zeiten einer Schul- oder Hochschulausbildung nach Absatz 3 hätten.

(6) Zeiten beruflicher Ausbildung, die für sich alleine oder bei Zusammenrechnung mit Anrechnungszeiten wegen einer schulischen Ausbildung bis zu drei Jahren, insgesamt drei Jahre überschreiten, sind um einen Zuschlag so zu erhöhen, dass mindestens der Wert erreicht wird, den diese Zeiten nach Absatz 3 hätten.

(7) Für glaubhaft gemachte Zeiten beruflicher Ausbildung sind höchstens fünf Sechstel der im Rahmen der Gesamtleistungsbewertung ermittelten Entgeltpunkte zu berücksichtigen. Dies gilt auch für die in den Absätzen 5 und 6 genannten Zeiten.

Neu gefasst wird § 264b wie folgt; die bisherigen §§ 264b und 264c werden die §§ 264c und 264d (siehe auch Kap. 9).

§ 264b Zuschläge an Entgeltpunkten für Arbeitsentgelt aus geringfügiger versicherungsfreier Beschäftigung

Für Arbeitsentgelt aus geringfügiger Beschäftigung, in der Beschäftigte nach § 230 Absatz 7 versicherungsfrei sind und für das der Arbeitgeber einen Beitragsanteil getragen hat, werden Zuschläge an Entgeltpunkten ermittelt. Zuschläge an Entgeltpunkten sind auch zu ermitteln, wenn ein Arbeitgeber einen Beitragsanteil für Arbeitsentgelt aus einer vor dem ... [einsetzen: Tag des Inkrafttretens dieses Gesetzes] ausgeübten geringfügigen versicherungsfreien Beschäftigung getragen hat. Für die Ermittlung der Zuschläge an Entgeltpunkten nach Satz 1 und 2 gilt § 76b Absatz 2 bis 4 entsprechend.

Elfter Unterabschnitt
Finanzierung

Zweiter Titel
Beiträge

§ 275a Beitragsbemessungsgrenzen im Beitrittsgebiet

Die Beitragsbemessungsgrenzen (Ost) in der allgemeinen Rentenversicherung sowie in der knappschaftlichen Rentenversicherung verändern sich zum 1. Januar eines jeden Kalenderjahres auf die Werte, die sich ergeben, wenn die für dieses Kalenderjahr jeweils geltenden Werte der Anlage 2 durch den für dieses Kalenderjahr bestimmten vorläufigen Wert der Anlage 10 geteilt werden. Dabei ist von den ungerundeten Beträgen auszugehen, aus denen die Beitragsbemessungsgrenzen errechnet wurden. Die Beitragsbemessungsgrenzen (Ost) sind für das Jahr, für das sie bestimmt werden, auf das nächsthöhere Vielfache von 600 aufzurunden.

Neu gefasst wie folgt werden die §§ 276 a und 276 b (siehe auch Kap. 9).

§ 276 a Arbeitgeberanteil bei Versicherungsfreiheit

(1) Für geringfügig Beschäftigte nach § 8 Absatz 1 Nummer 1 des Vierten Buches, die in dieser Beschäftigung nach § 230 Absatz 7 versicherungsfrei sind, tragen die Arbeitgeber einen Beitragsanteil in Höhe von 15 Prozent des Arbeitsentgelts, das beitragspflichtig wäre, wenn die Beschäftigten versicherungspflichtig wären. Für geringfügig Beschäftigte in Privathaushalten nach § 8 a Satz 1 des Vierten Buches, die in dieser Beschäftigung nach § 230 Absatz 7 versicherungsfrei sind, tragen die Arbeitgeber einen Beitragsanteil in Höhe von 5 Prozent des Arbeitsentgelts, das beitragspflichtig wäre, wenn die Beschäftigten versicherungspflichtig wären.

(2) Für den Beitragsanteil des Arbeitgebers gelten die Vorschriften des Dritten Abschnitts des Vierten Buches sowie die Bußgeldvorschriften des § 111 Absatz 1 Nummer 2 bis 4, 8 und Absatz 2 und 4 des Vierten Buches entsprechend.

§ 276 b Gleitzone

(1) Für Arbeitnehmer, die am … [einsetzen: Tag vor Inkrafttreten dieses Gesetzes] in einer mehr als geringfügigen Beschäftigung nach § 8 Absatz 1 Nummer 1 oder § 8 a in Verbindung mit § 8 Absatz 1 Nummer 1 des Vierten Buches versicherungspflichtig waren, die die Merkmale einer geringfügigen Beschäftigung nach diesen Vorschriften in der ab … [einsetzen: Tag vor Inkrafttreten dieses Gesetzes] geltenden Fassung erfüllt, gilt für diese Beschäftigung weiterhin § 163 Absatz 10 mit Maßgabe folgender Formel:

$F \times 400 + (2 - F) \times (AE - 400).$

Satz 1 gilt längstens bis zum 31. Dezember 2014. Die Beitragstragung nach § 168 Absatz 1 Nummer 1 b findet keine Anwendung.

(2) Für Arbeitnehmer, die am … [einsetzen: Tag vor Inkrafttreten dieses Gesetzes] oberhalb des oberen Grenzbetrages der Gleitzone (§ 20 Absatz 2 Viertes Buch in der bis zum … [einsetzen: Tag vor Inkrafttreten dieses Gesetzes] geltenden Fassung) beschäftigt waren und in derselben Beschäftigung ab dem … [einsetzen: Tag des Inkrafttretens dieses Gesetzes] in der Gleitzone versicherungspflichtig beschäftigt sind, ist § 163 Absatz 10 in der ab … [einsetzen: Tag des Inkrafttretens dieses Gesetzes] geltenden Fassung nur anzuwenden, wenn der Arbeitnehmer die Anwendung der Gleitzonenregelung schriftlich gegenüber dem Arbeitgeber erklärt. Eine Erklärung nach Satz 1 ist nur bis zum 31. Dezember 2014 und mit Wirkung für die Zukunft möglich.

Zentrale Vorschriften außerhalb des SGB VI

Einkommensteuergesetz

§ 3

Steuerfrei sind

1.–61. (…)

62. Ausgaben des Arbeitgebers für die Zukunftssicherung des Arbeitnehmers, soweit der Arbeitgeber dazu nach sozialversicherungsrechtlichen oder anderen gesetzlichen Vorschriften oder nach einer auf gesetzlicher Ermächtigung beruhenden Bestimmung verpflichtet ist, und es sich nicht um Zuwendungen oder Beiträge des Arbeitgebers nach den Nummern 56 und 63 handelt. Den Ausgaben des Arbeitgebers für die Zukunftssicherung, die auf Grund gesetzlicher Verpflichtung geleistet werden, werden gleichgestellt Zuschüsse des Arbeitgebers zu den Aufwendungen des Arbeitnehmers
    a) für eine Lebensversicherung,
    b) für die freiwillige Versicherung in der gesetzlichen Rentenversicherung,
    c) für eine öffentlich-rechtliche Versicherungs- oder Versorgungseinrichtung seiner Berufsgruppe,

    wenn der Arbeitnehmer von der Versicherungspflicht in der gesetzlichen Rentenversicherung befreit worden ist. Die Zuschüsse sind nur insoweit steuerfrei, als sie insgesamt bei Befreiung von der Versicherungspflicht in der allgemeinen Rentenversicherung die Hälfte und bei Befreiung von der Versicherungspflicht in der knappschaftlichen Rentenversicherung zwei Drittel der Gesamtaufwendungen des Arbeitnehmers nicht übersteigen und nicht höher sind als der Betrag, der als Arbeitgeberanteil bei Versicherungspflicht in der allgemeinen Rentenversicherung oder in der knappschaftlichen Rentenversicherung zu zahlen wäre. Die Sätze 2 und 3 gelten sinngemäß für Beiträge des Arbeitgebers zu einer Pensionskasse, wenn der Arbeitnehmer bei diesem Arbeitgeber nicht im Inland beschäftigt ist und der Arbeitgeber keine Beiträge zur gesetzlichen Rentenversicherung im Inland leistet; Beiträge des Arbeitgebers zu einer Rentenversicherung auf Grund gesetzlicher Verpflichtung sind anzurechnen;

63.–70 (…)

§ 10

(1) Sonderausgaben sind die folgenden Aufwendungen, wenn sie weder Betriebsausgaben noch Werbungskosten sind oder wie Betriebsausgaben oder Werbungskosten behandelt werden:

1. Unterhaltsleistungen an den geschiedenen oder dauernd getrennt lebenden unbeschränkt einkommensteuerpflichtigen Ehegatten, wenn der Geber dies mit Zustimmung des Empfängers beantragt, bis zu 13 805 Euro im Kalenderjahr. Der Höchstbetrag nach Satz 1 erhöht sich um den Betrag der im jeweiligen Veranlagungszeitraum nach Absatz 1 Nummer 3 für die Absicherung des geschiedenen

oder dauernd getrennt lebenden unbeschränkt einkommensteuerpflichtigen Ehegatten aufgewandten Beiträge. Der Antrag kann jeweils nur für ein Kalenderjahr gestellt und nicht zurückgenommen werden. Die Zustimmung ist mit Ausnahme der nach § 894 Absatz 1 der Zivilprozessordnung als erteilt geltenden bis auf Widerruf wirksam. Der Widerruf ist vor Beginn des Kalenderjahres, für das die Zustimmung erstmals nicht gelten soll, gegenüber dem Finanzamt zu erklären. Die Sätze 1 bis 5 gelten für Fälle der Nichtigkeit oder der Aufhebung der Ehe entsprechend;

1 a. auf besonderen Verpflichtungsgründen beruhende, lebenslange und wiederkehrende Versorgungsleistungen, die nicht mit Einkünften in wirtschaftlichem Zusammenhang stehen, die bei der Veranlagung außer Betracht bleiben, wenn der Empfänger unbeschränkt einkommensteuerpflichtig ist. Dies gilt nur für
   a) Versorgungsleistungen im Zusammenhang mit der Übertragung eines Mitunternehmeranteils an einer Personengesellschaft, die eine Tätigkeit im Sinne der §§ 13, 15 Absatz 1 Satz 1 Nummer 1 oder des § 18 Absatz 1 ausübt,
   b) Versorgungsleistungen im Zusammenhang mit der Übertragung eines Betriebs oder Teilbetriebs, sowie
   c) Versorgungsleistungen im Zusammenhang mit der Übertragung eines mindestens 50 Prozent betragenden Anteils an einer Gesellschaft mit beschränkter Haftung, wenn der Übergeber als Geschäftsführer tätig war und der Übernehmer diese Tätigkeit nach der Übertragung übernimmt.

   Satz 2 gilt auch für den Teil der Versorgungsleistungen, der auf den Wohnteil eines Betriebs der Land- und Forstwirtschaft entfällt;

1 b. Ausgleichszahlungen im Rahmen des Versorgungsausgleichs nach den § 1587 f, 1587 g, 1587 i des Bürgerlichen Gesetzbuchs und § 3 a des Gesetzes zur Regelung von Härten im Versorgungsausgleich, soweit die ihnen zu Grunde liegenden Einnahmen bei der ausgleichspflichtigen Person der Besteuerung unterliegen, wenn die ausgleichsberechtigte Person unbeschränkt einkommensteuerpflichtig ist;

2. a) Beiträge zu den gesetzlichen Rentenversicherungen oder landwirtschaftlichen Alterskassen sowie zu berufsständischen Versorgungseinrichtungen, die den gesetzlichen Rentenversicherungen vergleichbare Leistungen erbringen;
   b) Beiträge des Steuerpflichtigen zum Aufbau einer eigenen kapitalgedeckten Altersversorgung, wenn der Vertrag nur die Zahlung einer monatlichen auf das Leben des Steuerpflichtigen bezogenen lebenslangen Leibrente nicht vor Vollendung des 60. Lebensjahres oder die ergänzende Absicherung des Eintritts der Berufsunfähigkeit (Berufsunfähigkeitsrente), der verminderten Erwerbsfähigkeit (Erwerbsminderungsrente) oder von Hinterbliebenen (Hinterbliebenenrente) vorsieht; Hinterbliebene in diesem Sinne sind der Ehegatte des Steuerpflichtigen und die Kinder, für die er Anspruch auf Kindergeld oder auf einen Freibetrag nach § 32 Absatz 6 hat; der Anspruch auf Waisenrente darf längstens für den Zeitraum bestehen, in dem der Rentenberechtigte die Voraussetzungen für die Berücksichtigung als Kind im Sinne des § 32 erfüllt; die genannten Ansprüche dürfen nicht vererblich, nicht übertragbar, nicht beleih-

bar, nicht veräußerbar und nicht kapitalisierbar sein und es darf darüber hinaus kein Anspruch auf Auszahlungen bestehen.

Zu den Beiträgen nach den Buchstaben a und b ist der nach § 3 Nummer 62 steuerfreie Arbeitgeberanteil zur gesetzlichen Rentenversicherung und ein diesem gleichgestellter steuerfreier Zuschuss des Arbeitgebers hinzuzurechnen. Beiträge nach § 168 Absatz 1 Nummer 1 b oder 1 c oder nach § 172 Absatz 3 oder 3 a des Sechsten Buches Sozialgesetzbuch werden abweichend von Satz 2 nur auf Antrag des Steuerpflichtigen hinzugerechnet;

3. Beiträge zu
   a) Krankenversicherungen, soweit diese zur Erlangung eines durch das Zwölfte Buch Sozialgesetzbuch bestimmten sozialhilfegleichen Versorgungsniveaus erforderlich sind. Für Beiträge zur gesetzlichen Krankenversicherung sind dies die nach dem Dritten Titel des Ersten Abschnitts des Achten Kapitels des Fünften Buches Sozialgesetzbuch oder die nach dem Sechsten Abschnitt des Zweiten Gesetzes über die Krankenversicherung der Landwirte festgesetzten Beiträge. Für Beiträge zu einer privaten Krankenversicherung sind dies die Beitragsanteile, die auf Vertragsleistungen entfallen, die, mit Ausnahme der auf das Krankengeld entfallenden Beitragsanteile, in Art, Umfang und Höhe den Leistungen nach dem Dritten Kapitel des Fünften Buches Sozialgesetzbuch vergleichbar sind, auf die ein Anspruch besteht; § 12 Absatz 1 d des Versicherungsaufsichtsgesetzes in der Fassung der Bekanntmachung vom 17. Dezember 1992 (BGBl. 1993 I S. 2), das zuletzt durch Artikel 4 und 6 Absatz 2 des Gesetzes vom 17. Oktober 2008 (BGBl. I S. 1982) geändert worden ist, gilt entsprechend. Wenn sich aus den Krankenversicherungsbeiträgen nach Satz 2 ein Anspruch auf Krankengeld oder ein Anspruch auf eine Leistung, die anstelle von Krankengeld gewährt wird, ergeben kann, ist der jeweilige Beitrag um 4 Prozent zu vermindern;
   b) gesetzlichen Pflegeversicherungen (soziale Pflegeversicherung und private Pflege-Pflichtversicherung).

Als eigene Beiträge des Steuerpflichtigen werden auch die vom Steuerpflichtigen im Rahmen der Unterhaltsverpflichtung getragenen eigenen Beiträge im Sinne des Buchstaben a oder des Buchstaben b eines Kindes behandelt, für das ein Anspruch auf einen Freibetrag nach § 32 Absatz 6 oder auf Kindergeld besteht. Hat der Steuerpflichtige in den Fällen des Absatzes 1 Nummer 1 eigene Beiträge im Sinne des Buchstaben a oder des Buchstaben b zum Erwerb einer Krankenversicherung oder gesetzlichen Pflegeversicherung für einen geschiedenen oder dauernd getrennt lebenden unbeschränkt einkommensteuerpflichtigen Ehegatten geleistet, dann werden diese abweichend von Satz 1 als eigene Beiträge des geschiedenen oder dauernd getrennt lebenden unbeschränkt einkommensteuerpflichtigen Ehegatten behandelt. Beiträge, die für nach Ablauf des Veranlagungszeitraums beginnende Beitragsjahre geleistet werden und in der Summe das Zweieinhalbfache der auf den Veranlagungszeitraum entfallenden Beiträge überschreiten, sind in dem Veranlagungszeitraum anzusetzen, für den sie geleistet wurden; dies gilt nicht für Beiträge, soweit sie der unbefristeten Beitragsminderung nach Vollendung des 62. Lebensjahrs dienen;

3 a. Beiträge zu Kranken- und Pflegeversicherungen, soweit diese nicht nach Nummer 3 zu berücksichtigen sind; Beiträge zu Versicherungen gegen Arbeitslosigkeit, zu Erwerbs- und Berufsunfähigkeitsversicherungen, die nicht unter Nummer 2 Satz 1 Buchstabe b fallen, zu Unfall- und Haftpflichtversicherungen sowie zu Risikoversicherungen, die nur für den Todesfall eine Leistung vorsehen; Beiträge zu Versicherungen im Sinne des § 10 Absatz 1 Nummer 2 Buchstabe b Doppelbuchstabe bb bis dd in der am 31. Dezember 2004 geltenden Fassung, wenn die Laufzeit dieser Versicherungen vor dem 1. Januar 2005 begonnen hat und ein Versicherungsbeitrag bis zum 31. Dezember 2004 entrichtet wurde; § 10 Absatz 1 Nummer 2 Satz 2 bis 6 und Absatz 2 Satz 2 in der am 31. Dezember 2004 geltenden Fassung ist in diesen Fällen weiter anzuwenden;

4.–9. (…)

(2) Voraussetzung für den Abzug der in Absatz 1 Nummer 2, 3 und 3 a bezeichneten Beträge (Vorsorgeaufwendungen) ist, dass sie

1. nicht in unmittelbarem wirtschaftlichen Zusammenhang mit steuerfreien Einnahmen stehen; steuerfreie Zuschüsse zu einer Kranken- oder Pflegeversicherung stehen insgesamt in unmittelbarem wirtschaftlichen Zusammenhang mit den Vorsorgeaufwendungen im Sinne des Absatzes 1 Nummer 3,
2. a) an Versicherungsunternehmen, die ihren Sitz oder ihre Geschäftsleitung in einem Mitgliedstaat der Europäischen Gemeinschaft oder einem anderen Vertragsstaat des Europäischen Wirtschaftsraums haben und das Versicherungsgeschäft im Inland betreiben dürfen, und Versicherungsunternehmen, denen die Erlaubnis zum Geschäftsbetrieb im Inland erteilt ist,
   b) an berufsständische Versorgungseinrichtungen,
   c) an einen Sozialversicherungsträger oder
   d) an einen Anbieter im Sinne des § 80 geleistet werden.

Vorsorgeaufwendungen nach Absatz 1 Nummer 2 Buchstabe b werden nur berücksichtigt, wenn

1. die Beiträge zugunsten eines Vertrags geleistet wurden, der nach § 5 a des Altersvorsorgeverträge-Zertifizierungsgesetzes zertifiziert ist, wobei die Zertifizierung Grundlagenbescheid im Sinne des § 171 Absatz 10 der Abgabenordnung ist, und
2. der Steuerpflichtige gegenüber dem Anbieter in die Datenübermittlung nach Absatz 2 a eingewilligt hat.

Vorsorgeaufwendungen nach Absatz 1 Nummer 3 werden nur berücksichtigt, wenn der Steuerpflichtige gegenüber dem Versicherungsunternehmen, dem Träger der gesetzlichen Kranken- und Pflegeversicherung oder der Künstlersozialkasse in die Datenübermittlung nach Absatz 2 a eingewilligt hat; die Einwilligung gilt für alle sich aus dem Versicherungsverhältnis ergebenden Zahlungsverpflichtungen als erteilt, wenn die Beiträge mit der elektronischen Lohnsteuerbescheinigung (§ 41 b Absatz 1 Satz 2) oder der Rentenbezugsmitteilung (§ 22 a Absatz 1 Satz 1 Nummer 5) übermittelt werden.

(2 a) Der Steuerpflichtige hat in die Datenübermittlung nach Absatz 2 gegenüber der übermittelnden Stelle schriftlich einzuwilligen, spätestens bis zum Ablauf des zweiten Kalenderjahres, das auf das Beitragsjahr (Kalenderjahr, in dem die Beiträge geleistet worden sind) folgt; übermittelnde Stelle ist bei Vorsorgeaufwendungen nach Absatz 1 Nummer 2 Buchstabe b der Anbieter, bei Vorsorgeaufwendungen nach Absatz 1 Nummer 3 das Versicherungsunternehmen, der Träger der gesetzlichen Kranken- und Pflegeversicherung oder die Künstlersozialkasse. Die Einwilligung gilt auch für die folgenden Beitragsjahre, es sei denn, der Steuerpflichtige widerruft diese schriftlich gegenüber der übermittelnden Stelle. Der Widerruf muss vor Beginn des Beitragsjahres, für das die Einwilligung erstmals nicht mehr gelten soll, der übermittelnden Stelle vorliegen. Die übermittelnde Stelle hat bei Vorliegen einer Einwilligung

1. nach Absatz 2 Satz 2 Nummer 2 die Höhe der im jeweiligen Beitragsjahr geleisteten und erstatteten Beiträge nach Absatz 1 Nummer 2 Buchstabe b und die Zertifizierungsnummer,
2. nach Absatz 2 Satz 3 die Höhe der im jeweiligen Beitragsjahr geleisteten und erstatteten Beiträge nach Absatz 1 Nummer 3, soweit diese nicht mit der elektronischen Lohnsteuerbescheinigung oder der Rentenbezugsmitteilung zu übermitteln sind,

unter Angabe der Vertrags- oder Versicherungsdaten, des Datums der Einwilligung und der Identifikationsnummer (§ 139 b der Abgabenordnung) nach amtlich vorgeschriebenem Datensatz durch Datenfernübertragung an die zentrale Stelle (§ 81) bis zum 28. Februar des dem Beitragsjahr folgenden Kalenderjahres zu übermitteln; sind Versicherungsnehmer und versicherte Person nicht identisch, sind zusätzlich die Identifikationsnummer und das Geburtsdatum des Versicherungsnehmers anzugeben. § 22 a Absatz 2 gilt entsprechend. Wird die Einwilligung nach Ablauf des Beitragsjahres, jedoch innerhalb der in Satz 1 genannten Frist abgegeben, sind die Daten bis zum Ende des folgenden Kalendervierteljahres zu übermitteln. Stellt die übermittelnde Stelle fest, dass

1. die an die zentrale Stelle übermittelten Daten unzutreffend sind oder
2. der zentralen Stelle ein Datensatz übermittelt wurde, obwohl die Voraussetzungen hierfür nicht vorlagen,

ist dies unverzüglich durch Übermittlung eines Datensatzes an die zentrale Stelle zu korrigieren oder zu stornieren. Ein Steuerbescheid ist zu ändern, soweit

1. Daten nach den Sätzen 4, 6 oder Satz 7 vorliegen oder
2. eine Einwilligung in die Datenübermittlung nach Absatz 2 Satz 2 Nummer 2 oder nach Absatz 2 Satz 3 nicht vorliegt

und sich hierdurch eine Änderung der festgesetzten Steuer ergibt. Die übermittelnde Stelle hat den Steuerpflichtigen über die Höhe der nach den Sätzen 4, 6 oder Satz 7 übermittelten Beiträge für das Beitragsjahr zu unterrichten. § 150 Absatz 6 der Abgabenordnung gilt entsprechend. Das Bundeszentralamt für Steuern kann die bei Vorliegen der Einwilligung nach Absatz 2 Satz 3 zu übermittelnden Daten prüfen; die §§ 193 bis 203 der Abgabenordnung sind sinngemäß anzuwenden. Wer vorsätzlich oder grob fahrlässig eine unzutreffende Höhe der Beiträge im Sinne des Absatzes 1 Nummer 3 übermittelt, haftet für die entgangene Steuer. Diese ist mit 30 Prozent des zu hoch ausgewiesenen Betrags anzusetzen.

(3) Vorsorgeaufwendungen nach Absatz 1 Nummer 2 Satz 2 sind bis zu 20 000 Euro zu berücksichtigen. Bei zusammenveranlagten Ehegatten verdoppelt sich der Höchstbetrag. Der Höchstbetrag nach Satz 1 oder 2 ist bei Steuerpflichtigen, die

1. Arbeitnehmer sind und die während des ganzen oder eines Teils des Kalenderjahres
   a) in der gesetzlichen Rentenversicherung versicherungsfrei oder auf Antrag des Arbeitgebers von der Versicherungspflicht befreit waren und denen für den Fall ihres Ausscheidens aus der Beschäftigung auf Grund des Beschäftigungsverhältnisses eine lebenslängliche Versorgung oder an deren Stelle eine Abfindung zusteht oder die in der gesetzlichen Rentenversicherung nachzuversichern sind oder
   b) nicht der gesetzlichen Rentenversicherungspflicht unterliegen, eine Berufstätigkeit ausgeübt und im Zusammenhang damit auf Grund vertraglicher Vereinbarungen Anwartschaftsrechte auf eine Altersversorgung erworben haben, oder
2. Einkünfte im Sinne des § 22 Nummer 4 erzielen und die ganz oder teilweise ohne eigene Beitragsleistung einen Anspruch auf Altersversorgung erwerben,

um den Betrag zu kürzen, der, bezogen auf die Einnahmen aus der Tätigkeit, die die Zugehörigkeit zum genannten Personenkreis begründen, dem Gesamtbeitrag (Arbeitgeber- und Arbeitnehmeranteil) zur allgemeinen Rentenversicherung entspricht. Im Kalenderjahr 2005 sind 60 Prozent der nach den Sätzen 1 bis 3 ermittelten Vorsorgeaufwendungen anzusetzen. Der sich danach ergebende Betrag, vermindert um den nach § 3 Nummer 62 steuerfreien Arbeitgeberanteil zur gesetzlichen Rentenversicherung und einen diesem gleichgestellten steuerfreien Zuschuss des Arbeitgebers, ist als Sonderausgabe abziehbar. Der Prozentsatz in Satz 4 erhöht sich in den folgenden Kalenderjahren bis zum Kalenderjahr 2025 um je 2 Prozentpunkte je Kalenderjahr. Beiträge nach § 168 Absatz 1 Nummer 1 b oder 1 c oder nach § 172 Absatz 3 oder 3 a des Sechsten Buches Sozialgesetzbuch vermindern den abziehbaren Betrag nach Satz 5 nur, wenn der Steuerpflichtige die Hinzurechnung dieser Beiträge zu den Vorsorgeaufwendungen nach § 10 Absatz 1 Nummer 2 Satz 3 beantragt hat.

(4) Vorsorgeaufwendungen im Sinne des Absatzes 1 Nummer 3 und 3 a können je Kalenderjahr insgesamt bis 2800 Euro abgezogen werden. Der Höchstbetrag beträgt 1900 Euro bei Steuerpflichtigen, die ganz oder teilweise ohne eigene Aufwendungen einen Anspruch auf vollständige oder teilweise Erstattung oder Übernahme von Krankheitskosten haben oder für deren Krankenversicherung Leistungen im Sinne des § 3 Nummer 9, 14, 57 oder 62 erbracht werden. Bei zusammen veranlagten Ehegatten bestimmt sich der gemeinsame Höchstbetrag aus der Summe der jedem Ehegatten unter den Voraussetzungen von Satz 1 und 2 zustehenden Höchstbeträge. Übersteigen die Vorsorgeaufwendungen im Sinne des Absatzes 1 Nummer 3 die nach den Sätzen 1 bis 3 zu berücksichtigenden Vorsorgeaufwendungen, sind diese abzuziehen und ein Abzug von Vorsorgeaufwendungen im Sinne des Absatzes 1 Nummer 3 a scheidet aus.

(4a) Ist in den Kalenderjahren 2005 bis 2019 der Abzug der Vorsorgeaufwendungen nach Absatz 1 Nummer 2 Buchstabe a, Absatz 1 Nummer 3 und Nummer 3a in der für das Kalenderjahr 2004 geltenden Fassung des § 10 Absatz 3 mit folgenden Höchstbeträgen für den Vorwegabzug

Kalenderjahr	Vorwegabzug für den Steuerpflichtigen	Vorwegabzug im Fall der Zusammenveranlagung von Ehegatten
2005	3068	6136
2006	3068	6136
2007	3068	6136
2008	3068	6136
2009	3068	6136
2010	3068	6136
2011	2700	5400
2012	2400	4800
2013	2100	4200
2014	1800	3600
2015	1500	3000
2016	1200	2400
2017	900	1800
2018	600	1200
2019	300	600

zuzüglich des Erhöhungsbetrags nach Satz 3 günstiger, ist der sich danach ergebende Betrag anstelle des Abzugs nach Absatz 3 und 4 anzusetzen. Mindestens ist bei Anwendung des Satzes 1 der Betrag anzusetzen, der sich ergeben würde, wenn zusätzlich noch die Vorsorgeaufwendungen nach Absatz 1 Nummer 2 Buchstabe b in die Günstigerprüfung einbezogen werden würden; der Erhöhungsbetrag nach Satz 3 ist nicht hinzuzurechnen. Erhöhungsbetrag sind die Beiträge nach Absatz 1 Nummer 2 Buchstabe b, soweit sie nicht den um die Beiträge nach Absatz 1 Nummer 2 Buchstabe a und den nach § 3 Nummer 62 steuerfreien Arbeitgeberanteil zur gesetzlichen Rentenversicherung und einen diesem gleichgestellten steuerfreien Zuschuss verminderten Höchstbetrag nach Absatz 3 Satz 1 bis 3 überschreiten; Absatz 3 Satz 4 und 6 gilt entsprechend.

(4b) Erhält der Steuerpflichtige für die von ihm für einen anderen Veranlagungszeitraum geleisteten Aufwendungen im Sinne des Satzes 2 einen steuerfreien Zuschuss,

ist dieser den erstatteten Aufwendungen gleichzustellen. Übersteigen bei den Sonderausgaben nach Absatz 1 Nummer 2 bis 3a die im Veranlagungszeitraum erstatteten Aufwendungen die geleisteten Aufwendungen (Erstattungsüberhang), ist der Erstattungsüberhang mit anderen im Rahmen der jeweiligen Nummer anzusetzenden Aufwendungen zu verrechnen. Ein verbleibender Betrag des sich bei den Aufwendungen nach Absatz 1 Nummer 3 und 4 ergebenden Erstattungsüberhangs ist dem Gesamtbetrag der Einkünfte hinzuzurechnen.

(5) Durch Rechtsverordnung wird bezogen auf den Versicherungstarif bestimmt, wie der nicht abziehbare Teil der Beiträge zum Erwerb eines Krankenversicherungsschutzes im Sinne des Absatzes 1 Nummer 3 Buchstabe a Satz 3 durch einheitliche prozentuale Abschläge auf die zugunsten des jeweiligen Tarifs gezahlte Prämie zu ermitteln ist, soweit der nicht abziehbare Beitragsteil nicht bereits als gesonderter Tarif oder Tarifbaustein ausgewiesen wird.

§ 22 Arten der sonstigen Einkünfte

Sonstige Einkünfte sind

1. Einkünfte aus wiederkehrenden Bezügen, soweit sie nicht zu den in § 2 Absatz 1 Nummer 1 bis 6 bezeichneten Einkunftsarten gehören; § 15b ist sinngemäß anzuwenden. Werden die Bezüge freiwillig oder auf Grund einer freiwillig begründeten Rechtspflicht oder einer gesetzlich unterhaltsberechtigten Person gewährt, so sind sie nicht dem Empfänger zuzurechnen; dem Empfänger sind dagegen zuzurechnen
   a) … b)
   Zu den in Satz 1 bezeichneten Einkünften gehören auch
   a) Leibrenten und andere Leistungen,
      aa) die aus den gesetzlichen Rentenversicherungen, den landwirtschaftlichen Alterskassen, den berufsständischen Versorgungseinrichtungen und aus Rentenversicherungen im Sinne des § 10 Absatz 1 Nummer 2 Buchstabe b erbracht werden, soweit sie jeweils der Besteuerung unterliegen. Bemessungsgrundlage für den der Besteuerung unterliegenden Anteil ist der Jahresbetrag der Rente. Der der Besteuerung unterliegende Anteil ist nach dem Jahr des Rentenbeginns und dem in diesem Jahr maßgebenden Prozentsatz aus der nachstehenden Tabelle zu entnehmen:

Jahr des Rentenbeginns	Besteuerungsanteil in %
bis 2005	50
ab 2006	52
2007	54
2008	56
2009	58
2010	60

Jahr des Rentenbeginns	Besteuerungsanteil in %
2011	62
2012	64
2013	66
2014	68
2015	70
2016	72
2017	74
2018	76
2019	78
2020	80
2021	81
2022	82
2023	83
2024	84
2025	85
2026	86
2027	87
2028	88
2029	89
2030	90
2031	91
2032	92
2033	93
2034	94
2035	95
2036	96
2037	97
2038	98
2039	99
2040	100

Der Unterschiedsbetrag zwischen dem Jahresbetrag der Rente und dem der Besteuerung unterliegenden Anteil der Rente ist der steuerfreie Teil der Rente. Dieser gilt ab dem Jahr, das dem Jahr des Rentenbeginns folgt, für die gesamte Laufzeit des Rentenbezugs. Abweichend hiervon ist der steuerfreie Teil der Rente bei einer Veränderung des Jahresbetrags der Rente in dem Verhältnis anzupassen, in dem der veränderte Jahresbetrag der Rente zum Jahresbetrag der Rente steht, der der Ermittlung des steuerfreien Teils der Rente zugrunde liegt. Regelmäßige Anpassungen des Jahresbetrags der Rente führen nicht zu einer Neuberechnung und bleiben bei einer Neuberechnung außer Betracht. Folgen nach dem 31. Dezember 2004 Renten aus derselben Versicherung einander nach, gilt für die spätere Rente Satz 3 mit der Maßgabe, dass sich der Prozentsatz nach dem Jahr richtet, das sich ergibt, wenn die Laufzeit der vorhergehenden Renten von dem Jahr des Beginns der späteren Rente abgezogen wird; der Prozentsatz kann jedoch nicht niedriger bemessen werden als der für das Jahr 2005;

bb) die nicht solche im Sinne des Doppelbuchstaben aa sind und bei denen in den einzelnen Bezügen Einkünfte aus Erträgen des Rentenrechts enthalten sind. Dies gilt auf Antrag auch für Leibrenten und andere Leistungen, soweit diese auf bis zum 31. Dezember 2004 geleisteten Beiträgen beruhen, welche oberhalb des Betrags des Höchstbeitrags zur gesetzlichen Rentenversicherung gezahlt wurden; der Steuerpflichtige muss nachweisen, dass der Betrag des Höchstbeitrags mindestens zehn Jahre überschritten wurde; soweit hiervon im Versorgungsausgleich übertragene Rentenanwartschaften betroffen sind, gilt § 4 Absatz 1 und 2 des Versorgungsausgleichsgesetzes entsprechend. Als Ertrag des Rentenrechts gilt für die gesamte Dauer des Rentenbezugs der Unterschiedsbetrag zwischen dem Jahresbetrag der Rente und dem Betrag, der sich bei gleichmäßiger Verteilung des Kapitalwerts der Rente auf ihre voraussichtliche Laufzeit ergibt; dabei ist der Kapitalwert nach dieser Laufzeit zu berechnen. Der Ertrag des Rentenrechts (Ertragsanteil) ist aus der nachstehenden Tabelle zu entnehmen:

Bei Beginn der Rente vollendetes Lebensjahr des Rentenberechtigten	Ertragsanteil in %
0 bis 1	59
2 bis 3	58
4 bis 5	57
6 bis 8	56
9 bis 10	55
11 bis 12	54
13 bis 14	53

Bei Beginn der Rente vollendetes Lebensjahr des Rentenberechtigten	Ertragsanteil in %
15 bis 16	52
17 bis 18	51
19 bis 20	50
21 bis 22	49
23 bis 24	48
25 bis 26	47
27	46
28 bis 29	45
30 bis 31	44
32	43
33 bis 34	42
35	41
36 bis 37	40
38	39
39 bis 40	38
41	37
42	36
43 bis 44	35
45	34
46 bis 47	33
48	32
49	31
50	30
51 bis 52	29
53	28
54	27
55 bis 56	26
57	25
58	24
59	23

Bei Beginn der Rente vollendetes Lebensjahr des Rentenberechtigten	**Ertragsanteil in %**
60 bis 61	**22**
62	**21**
63	**20**
64	**19**
65 bis 66	**18**
67	**17**
68	**16**
69 bis 70	**15**
71	**14**
72 bis 73	**13**
74	**12**
75	**11**
76 bis 77	**10**
78 bis 79	**9**
80	**8**
81 bis 82	**7**
83 bis 84	**6**
85 bis 87	**5**
88 bis 91	**4**
92 bis 93	**3**
94 bis 96	**2**
ab 97	**1**

Die Ermittlung des Ertrags aus Leibrenten, die vor dem 1. Januar 1955 zu laufen begonnen haben, und aus Renten, deren Dauer von der Lebenszeit mehrerer Personen oder einer anderen Person als des Rentenberechtigten abhängt, sowie aus Leibrenten, die auf eine bestimmte Zeit beschränkt sind, wird durch eine Rechtsverordnung bestimmt;

b) Einkünfte aus Zuschüssen und sonstigen Vorteilen, die als wiederkehrende Bezüge gewährt werden;

1 a. Einkünfte aus Unterhaltsleistungen, soweit sie nach § 10 Absatz 1 Nummer 1 vom Geber abgezogen werden können;

1 b. Einkünfte aus Versorgungsleistungen, soweit beim Zahlungsverpflichteten die

Voraussetzungen für den Sonderausgabenabzug nach § 10 Absatz 1 Nummer 1 a erfüllt sind;

1 c. Einkünfte aus Ausgleichszahlungen im Rahmen des Versorgungsausgleichs nach den §§ 20, 21, 22 und 26 des Versorgungsausgleichsgesetzes, §§ 1587 f, 1587 g, 1587 i des Bürgerlichen Gesetzbuches und § 3 a des Gesetzes zur Regelung von Härten im Versorgungsausgleich, soweit bei der ausgleichspflichtigen Person die Voraussetzungen für den Sonderausgabenabzug nach § 10 Absatz 1 Nummer 1 b erfüllt sind;

2. Einkünfte aus privaten Veräußerungsgeschäften im Sinne § 23;

3. Einkünfte aus Leistungen, soweit sie weder zu anderen Einkunftsarten (§ 2 Absatz 1 Satz 1 Nummer 1 bis 6) noch zu den Einkünften im Sinne der Nummern 1, 1 a, 2 oder 4 gehören, z. B. Einkünfte aus gelegentlichen Vermittlungen und aus der Vermietung beweglicher Gegenstände. Solche Einkünfte sind nicht einkommensteuerpflichtig, wenn sie weniger als 256 Euro im Kalenderjahr betragen haben. Übersteigen die Werbungskosten die Einnahmen, so darf der übersteigende Betrag bei Ermittlung des Einkommens nicht ausgeglichen werden; er darf auch nicht nach § 10 d abgezogen werden. Die Verluste mindern jedoch nach Maßgabe des § 10 d die Einkünfte, die der Steuerpflichtige in dem unmittelbar vorangegangenen Veranlagungszeitraum oder in den folgenden Veranlagungszeiträumen aus Leistungen im Sinne des Satzes 1 erzielt hat oder erzielt; § 10 d Absatz 4 gilt entsprechend. Verluste aus Leistungen im Sinne des § 22 Nummer 3 in der bis zum 31. Dezember 2008 anzuwendenden Fassung können abweichend von Satz 3 auch mit Einkünften aus Kapitalvermögen im Sinne des § 20 Absatz 1 Nummer 11 ausgeglichen werden. Sie mindern abweichend von Satz 4 nach Maßgabe des § 10 d auch die Einkünfte, die der Steuerpflichtige in den folgenden Veranlagungszeiträumen aus § 20 Absatz 1 Nummer 11 erzielt;

4. Entschädigungen, Amtszulagen, Zuschüsse zu Kranken- und Pflegeversicherungsbeiträgen, Übergangsgelder, Überbrückungsgelder, Sterbegelder, Versorgungsabfindungen, Versorgungsbezüge, die auf Grund des Abgeordnetengesetzes oder des Europaabgeordnetengesetzes, sowie vergleichbare Bezüge, die auf Grund der entsprechenden Gesetze der Länder gezahlt werden, und die Entschädigungen, das Übergangsgeld, das Ruhegehalt und die Hinterbliebenenversorgung, die auf Grund des Abgeordnetenstatuts des Europäischen Parlaments von der Europäischen Union gezahlt werden. Werden zur Abgeltung des durch das Mandat veranlassten Aufwandes Aufwandsentschädigungen gezahlt, so dürfen die durch das Mandat veranlassten Aufwendungen nicht als Werbungskosten abgezogen werden. Wahlkampfkosten zur Erlangung eines Mandats im Bundestag, im Europäischen Parlament oder im Parlament eines Landes dürfen nicht als Werbungskosten abgezogen werden. Es gelten entsprechend
   a) für Nachversicherungsbeiträge auf Grund gesetzlicher Verpflichtung nach den Abgeordnetengesetzen im Sinne des Satzes 1 und für Zuschüsse zu Kranken- und Pflegeversicherungsbeiträgen § 3 Nummer 62,
   b) für Versorgungsbezüge § 19 Absatz 2 nur bezüglich des Versorgungsfreibetrags; beim Zusammentreffen mit Versorgungsbezügen im Sinne des § 19 Absatz 2

Satz 2 bleibt jedoch insgesamt höchstens ein Betrag in Höhe des Versorgungsfreibetrags nach § 19 Absatz 2 Satz 3 im Veranlagungszeitraum steuerfrei,

c) für das Übergangsgeld, das in einer Summe gezahlt wird, und für die Versorgungsabfindung § 34 Absatz 1,

d) für die Gemeinschaftssteuer, die auf die Entschädigungen, das Übergangsgeld, das Ruhegehalt und die Hinterbliebenenversorgung auf Grund des Abgeordnetenstatuts des Europäischen Parlaments von der Europäischen Union erhoben wird, § 34c Absatz 1; dabei sind die im ersten Halbsatz genannten Einkünfte für die entsprechende Anwendung des § 34c Absatz 1 wie ausländische Einkünfte und die Gemeinschaftssteuer wie eine der deutschen Einkommensteuer entsprechende ausländische Steuer zu behandeln;

5. Leistungen aus Altersvorsorgeverträgen, Pensionsfonds, Pensionskassen und Direktversicherungen. Soweit die Leistungen nicht auf Beiträgen, auf die § 3 Nummer 63, § 10a oder Abschnitt XI angewendet wurde, nicht auf Zulagen im Sinne des Abschnitts XI, nicht auf Zahlungen im Sinne des § 92a Absatz 2 Satz 4 Nummer 1 und des § 92a Absatz 3 Satz 9 Nummer 2, nicht auf steuerfreien Leistungen nach § 3 Nummer 66 und nicht auf Ansprüchen beruhen, die durch steuerfreie Zuwendungen nach § 3 Nummer 56 oder die durch die nach § 3 Nummer 55b Satz 1 oder § 3 Nummer 55c steuerfreie Leistung aus einem neu begründeten Anrecht erworben wurden,

a) ist bei lebenslangen Renten sowie bei Berufsunfähigkeits-, Erwerbsminderungs- und Hinterbliebenenrenten Nummer 1 Satz 3 Buchstabe a entsprechend anzuwenden,

b) ist bei Leistungen aus Versicherungsverträgen, Pensionsfonds, Pensionskassen und Direktversicherungen, die nicht solche nach Buchstabe a sind, § 20 Absatz 1 Nummer 6 in der jeweils für den Vertrag geltenden Fassung entsprechend anzuwenden,

c) unterliegt bei anderen Leistungen der Unterschiedsbetrag zwischen der Leistung und der Summe der auf sie entrichteten Beiträge der Besteuerung; § 20 Absatz 1 Nummer 6 Satz 2 gilt entsprechend.

In den Fällen des § 93 Absatz 1 Satz 1 und 2 gilt das ausgezahlte geförderte Altersvorsorgevermögen nach Abzug der Zulagen im Sinne des Abschnitts XI als Leistung im Sinne des Satzes 2. Als Leistung im Sinne des Satzes 1 gilt auch der Verminderungsbetrag nach § 92a Absatz 2 Satz 5 und der Auflösungsbetrag nach § 92a Absatz 3 Satz 5. Der Auflösungsbetrag nach § 92a Absatz 2 Satz 6 wird zu 70 Prozent als Leistung nach Satz 1 erfasst. Tritt nach dem Beginn der Auszahlungsphase zu Lebzeiten des Zulageberechtigten der Fall des § 92a Absatz 3 Satz 1 ein, dann ist

a) innerhalb eines Zeitraums bis zum zehnten Jahr nach dem Beginn der Auszahlungsphase das Eineinhalbfache,

b) innerhalb eines Zeitraums zwischen dem zehnten und 20. Jahr nach dem Beginn der Auszahlungsphase das Einfache

des nach Satz 5 noch nicht erfassten Auflösungsbetrags als Leistung nach Satz 1 zu erfassen; § 92a Absatz 3 Satz 9 gilt entsprechend mit der Maßgabe, dass als noch nicht zurückgeführter Betrag im Wohnförderkonto der noch nicht erfasste Auflösungsbetrag gilt. Bei erstmaligem Bezug von Leistungen, in den Fällen des § 93 Absatz 1 sowie bei Änderung der im Kalenderjahr auszuzahlenden Leistung hat der Anbieter (§ 80) nach Ablauf des Kalenderjahres dem Steuerpflichtigen nach amtlich vorgeschriebenem Vordruck den Betrag der im abgelaufenen Kalenderjahr zugeflossenen Leistungen im Sinne der Sätze 1 bis 6 je gesondert mitzuteilen. In den Fällen des § 92 a Absatz 2 Satz 10 erster Halbsatz erhält der Steuerpflichtige die Angaben nach Satz 7 von der zentralen Stelle (§ 81). Werden dem Steuerpflichtigen Abschluss- und Vertriebskosten eines Altersvorsorgevertrages erstattet, gilt der Erstattungsbetrag als Leistung im Sinne des Satzes 1. In den Fällen des § 3 Nummer 55 a richtet sich die Zuordnung zu Satz 1 oder Satz 2 bei der ausgleichsberechtigten Person danach, wie eine nur auf die Ehezeit bezogene Zuordnung der sich aus dem übertragenen Anrecht ergebenden Leistung zu Satz 1 oder Satz 2 bei der ausgleichspflichtigen Person im Zeitpunkt der Übertragung ohne die Teilung vorzunehmen gewesen wäre. Dies gilt sinngemäß in den Fällen des § 3 Nummer 55 und 55 e.

§ 22 a Rentenbezugsmitteilungen an die zentrale Stelle

(1) Die Träger der gesetzlichen Rentenversicherung, der Spitzenverband der landwirtschaftlichen Sozialversicherung für die Träger der Alterssicherung der Landwirte, die berufsständischen Versorgungseinrichtungen, die Pensionskassen, die Pensionsfonds, die Versicherungsunternehmen, die Unternehmen, die Verträge im Sinne des § 10 Absatz 1 Nummer 2 Buchstabe b anbieten, und die Anbieter im Sinne des § 80 (Mitteilungspflichtige) haben der zentralen Stelle (§ 81) bis zum 1. März des Jahres, das auf das Jahr folgt, in dem eine Leibrente oder andere Leistung nach § 22 Nummer 1 Satz 3 Buchstabe a und § 22 Nummer 5 einem Leistungsempfänger zugeflossen ist, unter Beachtung der im Bundessteuerblatt veröffentlichten Auslegungsvorschriften der Finanzverwaltung folgende Daten zu übermitteln (Rentenbezugsmitteilung):

1. Identifikationsnummer (§ 139 b der Abgabenordnung), Familienname, Vorname und Geburtsdatum des Leistungsempfängers. Ist dem Mitteilungspflichtigen eine ausländische Anschrift des Leistungsempfängers bekannt, ist diese anzugeben. In diesen Fällen ist auch die Staatsangehörigkeit des Leistungsempfängers, soweit bekannt, mitzuteilen;
2. je gesondert den Betrag der Leibrenten und anderen Leistungen im Sinne des § 22 Nummer 1 Satz 3 Buchstabe a Doppelbuchstabe aa, bb Satz 4 und Doppelbuchstabe bb Satz 5 in Verbindung mit § 55 Absatz 2 der Einkommensteuer- Durchführungsverordnung sowie im Sinne des § 22 Nummer 5. Der im Betrag der Rente enthaltene Teil, der ausschließlich auf einer Anpassung der Rente beruht, ist gesondert mitzuteilen;
3. Zeitpunkt des Beginns und des Endes des jeweiligen Leistungsbezugs; folgen nach dem 31. Dezember 2004 Renten aus derselben Versicherung einander nach, ist auch die Laufzeit der vorhergehenden Renten mitzuteilen;
4. Bezeichnung und Anschrift des Mitteilungspflichtigen;
5. die Beiträge im Sinne des § 10 Absatz 1 Nummer 3 Buchstabe a Satz 1 und 2 und

Buchstabe b, soweit diese vom Mitteilungspflichtigen an die Träger der gesetzlichen Kranken- und Pflegeversicherung abgeführt werden;

6. die dem Leistungsempfänger zustehenden Beitragszuschüsse nach § 106 des Sechsten Buches Sozialgesetzbuch.

Die Datenübermittlung hat nach amtlich vorgeschriebenem Datensatz durch Datenfernübertragung zu erfolgen. Im Übrigen ist § 150 Absatz 6 der Abgabenordnung entsprechend anzuwenden.

(2) Der Leistungsempfänger hat dem Mitteilungspflichtigen seine Identifikationsnummer mitzuteilen. Teilt der Leistungsempfänger die Identifikationsnummer dem Mitteilungspflichtigen trotz Aufforderung nicht mit, übermittelt das Bundeszentralamt für Steuern dem Mitteilungspflichtigen auf dessen Anfrage die Identifikationsnummer des Leistungsempfängers; weitere Daten dürfen nicht übermittelt werden. In der Anfrage dürfen nur die in § 139 b Absatz 3 der Abgabenordnung genannten Daten des Leistungsempfängers angegeben werden, soweit sie dem Mitteilungspflichtigen bekannt sind. Die Anfrage des Mitteilungspflichtigen und die Antwort des Bundeszentralamtes für Steuern sind über die zentrale Stelle zu übermitteln. Die zentrale Stelle führt eine ausschließlich automatisierte Prüfung der ihr übermittelten Daten daraufhin durch, ob sie vollständig und schlüssig sind und ob das vorgeschriebene Datenformat verwendet worden ist. Sie speichert die Daten des Leistungsempfängers nur für Zwecke dieser Prüfung bis zur Übermittlung an das Bundeszentralamt für Steuern oder an den Mitteilungspflichtigen. Die Daten sind für die Übermittlung zwischen der zentralen Stelle und dem Bundeszentralamt für Steuern zu verschlüsseln. Für die Anfrage gilt Absatz 1 Satz 2 und 3 entsprechend. Der Mitteilungspflichtige darf die Identifikationsnummer nur verwenden, soweit dies für die Erfüllung der Mitteilungspflicht nach Absatz 1 Satz 1 erforderlich ist.

(3) Der Mitteilungspflichtige hat den Leistungsempfänger jeweils darüber zu unterrichten, dass die Leistung der zentralen Stelle mitgeteilt wird.

(4) Die zentrale Stelle (§ 81) kann bei den Mitteilungspflichtigen ermitteln, ob sie ihre Pflichten nach Absatz 1 erfüllt haben. Die §§ 193 bis 203 der Abgabenordnung gelten sinngemäß. Auf Verlangen der zentralen Stelle haben die Mitteilungspflichtigen ihre Unterlagen, soweit sie im Ausland geführt und aufbewahrt werden, verfügbar zu machen.

(5) Wird eine Rentenbezugsmitteilung nicht innerhalb der in Absatz 1 Satz 1 genannten Frist übermittelt, so ist für jeden angefangenen Monat, in dem die Rentenbezugsmitteilung noch aussteht, ein Betrag in Höhe von 10 Euro für jede ausstehende Rentenbezugsmitteilung an die zentrale Stelle zu entrichten (Verspätungsgeld). Die Erhebung erfolgt durch die zentrale Stelle im Rahmen ihrer Prüfung nach Absatz 4. Von der Erhebung ist abzusehen, soweit die Fristüberschreitung auf Gründen beruht, die der Mitteilungspflichtige nicht zu vertreten hat. Das Handeln eines gesetzlichen Vertreters oder eines Erfüllungsgehilfen steht dem eigenen Handeln gleich. Das von einem Mitteilungspflichtigen zu entrichtende Verspätungsgeld darf 50 000 Euro für alle für einen Veranlagungszeitraum zu übermittelnden Rentenbezugsmitteilungen nicht übersteigen.

Nachweisgesetz

§ 1 Anwendungsbereich

Dieses Gesetz gilt für alle Arbeitnehmer, es sei denn, daß sie nur zur vorübergehenden Aushilfe von höchstens einem Monat eingestellt werden.

§ 2 Nachweispflicht

(1) Der Arbeitgeber hat spätestens einen Monat nach dem vereinbarten Beginn des Arbeitsverhältnisses die wesentlichen Vertragsbedingungen schriftlich niederzulegen, die Niederschrift zu unterzeichnen und dem Arbeitnehmer auszuhändigen. In die Niederschrift sind mindestens aufzunehmen:

1. der Name und die Anschrift der Vertragsparteien,
2. der Zeitpunkt des Beginns des Arbeitsverhältnisses,
3. bei befristeten Arbeitsverhältnissen: die vorhersehbare Dauer des Arbeitsverhältnisses,
4. der Arbeitsort oder, falls der Arbeitnehmer nicht nur an einem bestimmten Arbeitsort tätig sein soll, ein Hinweis darauf, daß der Arbeitnehmer an verschiedenen Orten beschäftigt werden kann,
5. eine kurze Charakterisierung oder Beschreibung der vom Arbeitnehmer zu leistenden Tätigkeit,
6. die Zusammensetzung und die Höhe des Arbeitsentgelts einschließlich der Zuschläge, der Zulagen, Prämien und Sonderzahlungen sowie anderer Bestandteile des Arbeitsentgelts und deren Fälligkeit,
7. die vereinbarte Arbeitszeit,
8. die Dauer des jährlichen Erholungsurlaubs,
9. die Fristen für die Kündigung des Arbeitsverhältnisses,
10. ein in allgemeiner Form gehaltener Hinweis auf die Tarifverträge, Betriebs- oder Dienstvereinbarungen, die auf das Arbeitsverhältnis anzuwenden sind.

Der Nachweis der wesentlichen Vertragsbedingungen in elektronischer Form ist ausgeschlossen. Bei Arbeitnehmern, die eine geringfügige Beschäftigung nach § 8 Abs. 1 Nr. 1 des Vierten Buches Sozialgesetzbuch ausüben, ist außerdem der Hinweis aufzunehmen, daß der Arbeitnehmer in der gesetzlichen Rentenversicherung die Stellung eines versicherungspflichtigen Arbeitnehmers erwerben kann, wenn er nach § 5 Abs. 2 Satz 2 des Sechsten Buches Sozialgesetzbuch auf die Versicherungsfreiheit durch Erklärung gegenüber dem Arbeitgeber verzichtet.

Aufgehoben wird nach dem Gesetzesentwurf vom 25. 09. 2012, BT-Drs. 17/10773 § 2 Absatz 1 Satz 4.

(2) Hat der Arbeitnehmer seine Arbeitsleistung länger als einen Monat außerhalb der Bundesrepublik Deutschland zu erbringen, so muß die Niederschrift dem Arbeitnehmer vor seiner Abreise ausgehändigt werden und folgende zusätzliche Angaben enthalten:

1. die Dauer der im Ausland auszuübenden Tätigkeit,
2. die Währung, in der das Arbeitsentgelt ausgezahlt wird,

3. ein zusätzliches mit dem Auslandsaufenthalt verbundenes Arbeitsentgelt und damit verbundene zusätzliche Sachleistungen,
4. die vereinbarten Bedingungen für die Rückkehr des Arbeitnehmers.

(3) Die Angaben nach Absatz 1 Satz 2 Nr. 6 bis 9 und Absatz 2 Nr. 2 und 3 können ersetzt werden durch einen Hinweis auf die einschlägigen Tarifverträge, Betriebs- oder Dienstvereinbarungen und ähnlichen Regelungen, die für das Arbeitsverhältnis gelten. Ist in den Fällen des Absatzes 1 Satz 2 Nr. 8 und 9 die jeweilige gesetzliche Regelung maßgebend, so kann hierauf verwiesen werden.

(4) Wenn dem Arbeitnehmer ein schriftlicher Arbeitsvertrag ausgehändigt worden ist, entfällt die Verpflichtung nach den Absätzen 1 und 2, soweit der Vertrag die in den Absätzen 1 bis 3 geforderten Angaben enthält.

§ 3 Änderung der Angaben

Eine Änderung der wesentlichen Vertragsbedingungen ist dem Arbeitnehmer spätestens einen Monat nach der Änderung schriftlich mitzuteilen. Satz 1 gilt nicht bei einer Änderung der gesetzlichen Vorschriften, Tarifverträge, Betriebs- oder Dienstvereinbarungen und ähnlichen Regelungen, die für das Arbeitsverhältnis gelten.

§ 4 Übergangsvorschrift

Hat das Arbeitsverhältnis bereits bei Inkrafttreten dieses Gesetzes bestanden, so ist dem Arbeitnehmer auf sein Verlangen innerhalb von zwei Monaten eine Niederschrift im Sinne des § 2 auszuhändigen. Soweit eine früher ausgestellte Niederschrift oder ein schriftlicher Arbeitsvertrag die nach diesem Gesetz erforderlichen Angaben enthält, entfällt diese Verpflichtung.

§ 5 Unabdingbarkeit

Von den Vorschriften dieses Gesetzes kann nicht zuungunsten des Arbeitnehmers abgewichen werden.

Versorgungsausgleichsgesetz

§ 1 Halbteilung der Anrechte

(1) Im Versorgungsausgleich sind die in der Ehezeit erworbenen Anteile von Anrechten (Ehezeitanteile) jeweils zur Hälfte zwischen den geschiedenen Ehegatten zu teilen.

(2) Ausgleichspflichtige Person im Sinne dieses Gesetzes ist diejenige, die einen Ehezeitanteil erworben hat. Der ausgleichsberechtigten Person steht die Hälfte des Werts des jeweiligen Ehezeitanteils (Ausgleichswert) zu.

§ 2 Auszugleichende Anrechte

(1) Anrechte im Sinne dieses Gesetzes sind im In- oder Ausland bestehende Anwartschaften auf Versorgungen und Ansprüche auf laufende Versorgungen, insbesondere aus der gesetzlichen Rentenversicherung, aus anderen Regelsicherungssystemen wie

der Beamtenversorgung oder der berufsständischen Versorgung, aus der betrieblichen Altersversorgung oder aus der privaten Alters- und Invaliditätsvorsorge.

(2) Ein Anrecht ist auszugleichen, sofern es

1. durch Arbeit oder Vermögen geschaffen oder aufrechterhalten worden ist,
2. der Absicherung im Alter oder bei Invalidität, insbesondere wegen verminderter Erwerbsfähigkeit, Berufsunfähigkeit oder Dienstunfähigkeit, dient und
3. auf eine Rente gerichtet ist; ein Anrecht im Sinne des Betriebsrentengesetzes oder des Altersvorsorgeverträge-Zertifizierungsgesetzes ist unabhängig von der Leistungsform auszugleichen.

(3) Eine Anwartschaft im Sinne dieses Gesetzes liegt auch vor, wenn am Ende der Ehezeit eine für das Anrecht maßgebliche Wartezeit, Mindestbeschäftigungszeit, Mindestversicherungszeit oder ähnliche zeitliche Voraussetzung noch nicht erfüllt ist.

(4) Ein güterrechtlicher Ausgleich für Anrechte im Sinne dieses Gesetzes findet nicht statt.

§ 3 Ehezeit, Ausschluss bei kurzer Ehezeit

(1) Die Ehezeit im Sinne dieses Gesetzes beginnt mit dem ersten Tag des Monats, in dem die Ehe geschlossen worden ist; sie endet am letzten Tag des Monats vor Zustellung des Scheidungsantrags.

(2) In den Versorgungsausgleich sind alle Anrechte einzubeziehen, die in der Ehezeit erworben wurden.

(3) Bei einer Ehezeit von bis zu drei Jahren findet ein Versorgungsausgleich nur statt, wenn ein Ehegatte dies beantragt.

§ 10 Interne Teilung

(1) Das Familiengericht überträgt für die ausgleichsberechtigte Person zulasten des Anrechts der ausgleichspflichtigen Person ein Anrecht in Höhe des Ausgleichswerts bei dem Versorgungsträger, bei dem das Anrecht der ausgleichspflichtigen Person besteht (interne Teilung).

(2) Sofern nach der internen Teilung durch das Familiengericht für beide Ehegatten Anrechte gleicher Art bei demselben Versorgungsträger auszugleichen sind, vollzieht dieser den Ausgleich nur in Höhe des Wertunterschieds nach Verrechnung. Satz 1 gilt entsprechend, wenn verschiedene Versorgungsträger zuständig sind und Vereinbarungen zwischen ihnen eine Verrechnung vorsehen.

(3) Maßgeblich sind die Regelungen über das auszugleichende und das zu übertragende Anrecht.

Unterabschnitt 3
Externe Teilung

§ 14 Externe Teilung

(1) Das Familiengericht begründet für die ausgleichsberechtigte Person zulasten des Anrechts der ausgleichspflichtigen Person ein Anrecht in Höhe des Ausgleichswerts bei einem anderen Versorgungsträger als demjenigen, bei dem das Anrecht der ausgleichspflichtigen Person besteht (externe Teilung).

(2) Eine externe Teilung ist nur durchzuführen, wenn

1. die ausgleichsberechtigte Person und der Versorgungsträger der ausgleichspflichtigen Person eine externe Teilung vereinbaren oder

2. der Versorgungsträger der ausgleichspflichtigen Person eine externe Teilung verlangt und der Ausgleichswert am Ende der Ehezeit bei einem Rentenbetrag als maßgeblicher Bezugsgröße höchstens 2 Prozent, in allen anderen Fällen als Kapitalwert höchstens 240 Prozent der monatlichen Bezugsgröße nach § 18 Abs. 1 des Vierten Buches Sozialgesetzbuch beträgt.

(3) § 10 Abs. 3 gilt entsprechend.

(4) Der Versorgungsträger der ausgleichspflichtigen Person hat den Ausgleichswert als Kapitalbetrag an den Versorgungsträger der ausgleichsberechtigten Person zu zahlen.

(5) Eine externe Teilung ist unzulässig, wenn ein Anrecht durch Beitragszahlung nicht mehr begründet werden kann.

Kapitel 1: Gesetzliche Rentenversicherung im Überblick

Inhaltsübersicht Rn.

1. Bedeutung der gesetzlichen Rentenversicherung

Aufgrund des im Grundgesetz verankerten Sozialstaatsprinzips ist der Staat verpflichtet, die Existenzgrundlage seiner Bürger zu sichern und für den Ausgleich zwischen den sozial 1

Schwachen und den sozial Starken zu sorgen. Allerdings ist eine »Rundumversorgung« nicht Aufgabe des Staates. Wesentliche Elemente des Sozialstaates sind die gesetzlichen Sozialversicherungen. In ihrer mehr als 110-jährigen Geschichte hat sich die gesetzliche Rentenversicherung – sie wurde mit dem »Gesetz betreffend die Invaliditäts- und Alterssicherung« am 22. 06. 1889 ins Leben gerufen – neben der Kranken- und Pflegeversicherung, der Unfallversicherung und der Arbeitslosenversicherung zum wichtigsten Einzelsystem der sozialen Sicherung in Deutschland entwickelt. Sie hat ca. 52 Mio. Versicherte, davon rund zwei Drittel aktiv Versicherte, ca. 20 Mio. Rentner und einen Etat von 223 Mrd. Euro (2011).

2 Wie in vielen europäischen Staaten hat sich in Deutschland eine Alterssicherung nach dem sogenannten Drei-Säulen-Modell herausgebildet. Es besteht aus:

1. Säule	**2. Säule**	**3. Säule**
Regelsicherungssysteme	**Betriebliche Altersversorgung**	**Private Vorsorge**
Allgemeine Rentenversicherung	Unterstützungskasse	Alle weiteren Maßnahmen zur Sicherung im Alter – insbesondere die staatlich geförderte Riester-Rente
Knappschaftliche Rentenversicherung	Direktzusage	
Künstlersozialversicherung	Direktversicherung	
Beamtenversorgung	Pensionskasse	
Alterssicherung der Landwirte	Pensionsfonds	
Berufsständische Versorgungswerke	Zusatzversorgung des öffentlichen Dienstes	

Im Drei-Säulen-System der Alterssicherung in Deutschland ist die gesetzliche Rentenversicherung für die meisten Bürger das Hauptstandbein ihrer Alterssicherung. Die Leistungen der gesetzlichen Rentenversicherung machen etwa 80 % des Gesamteinkommens der Rentnerhaushalte aus. In den neuen Bundesländern ist die Bedeutung der gesetzlichen Rentenversicherung sogar noch größer. Um eine auskömmliche Alterssicherung zu erhalten, ist es zukünftig erforderlich, neben der gesetzlichen Rentenversicherung zusätzlich vorzusorgen. Reichen die Leistungen der Alterssicherung aus allen drei Säulen nicht aus, um die Existenzgrundlage im Alter zu sichern, können gegebenenfalls Fürsorgeleistungen in Anspruch genommen werden. Hier kommt insbesondere die bedarfsorientierte Grundsicherung im Alter und bei Erwerbsminderung in Betracht (s. SGB XII Rn. 23 ff.).

2. Kennzahlen der gesetzlichen Rentenversicherung

Ausgewählte Kennzahlen der gesetzlichen Rentenversicherung	Anzahl in Mio.	
Versicherte (31.12.2010)	52,22	3
Rentner (01.07.2011)	20,53	
Zahl der Renten insgesamt (31.12.2011)	25,17	
Versichertenrenten (31.12.2011) • davon: verminderte Erwerbsfähigkeit • Altersrenten insgesamt	19,35 1,63 17,72	
Renten wegen Todes (31.12.2011)	5,81	
Rentenneuanträge (2011)	1,57	
Rentenzugänge (2010)	1,23	
Rentenwegfälle (2010)	1,27	
Leistungen zur Rehabilitation (2011)	1,10	

3. Aufgaben der gesetzlichen Rentenversicherung

Aufgabe der gesetzlichen Rentenversicherung ist es, die Versicherten für den Fall abzusichern, dass aus Altersgründen oder auf Grund von Invalidität eine Erwerbstätigkeit nicht mehr ausgeübt werden kann. Sie sieht vor allem folgende Leistungen vor: 4

- Renten wegen Alters (s. Kap. 5 Rn. 1 ff.)
- Renten wegen verminderter Erwerbsfähigkeit (s. Kap. 5 Rn. 32 ff.)
- Renten an Witwen, Witwer und Waisen (s. Kap. 5 Rn. 66 ff.)
- Zuschüsse zu den Beiträgen an die gesetzliche oder private Krankenversicherung (s. Kap. 16) und
- Heilbehandlungen, Leistungen zur Teilhabe am Arbeitsleben und andere Leistungen zur Erhaltung, Besserung und Wiederherstellung der Erwerbsfähigkeit (s. Kap. 14).

Übersicht zu Zugangsalter, Rentenzahlbetrag und Rentenbezugsdauer[3]					
Thema	West und Ausland		Ost		5
– Rentenzugang 2011 –	Männer	Frauen	Männer	Frauen	
Durchschnittliches **Zugangsalter** in Jahren – alle Versichertenrenten	61,1	61,1	59,6	59,2	

3 Quelle: DRV, Rentenversicherung in Zahlen, Stand: 08.06.2012.

Thema	West und Ausland		Ost	
– Rentenzugang 2011 –	Männer	Frauen	Männer	Frauen
Durchschnittliches Zugangsalter in Jahren – Erwerbsminderungsrenten	51,0	49,8	51,3	50,0
Durchschnittliches Zugangsalter in Jahren – Altersrenten	63,9	63,6	63,0	61,6
Durchschnittlicher **Rentenzahlbetrag** in Euro – alle Versichertenrenten	750	522	682	640
Durchschnittlicher Rentenzahlbetrag in Euro – verminderte Erwerbsfähigkeit	673	597	612	629
Durchschnittlicher Rentenzahlbetrag in Euro – Altersrenten	868	487	867	681
Durchschnittliche **Rentenbezugsdauer**	16,2	20,2	15,0	22,2

4. Finanzierung der gesetzlichen Rentenversicherung

4.1 Umlageverfahren

6 Die gesetzliche Rentenversicherung ist **umlagefinanziert** (§ 153 Abs. 1). Danach werden die Aufwendungen der Rentenversicherung aus den aktuellen Einnahmen bestritten. D. h. dass mit den monatlichen Beiträgen der sozialversicherungspflichtig Beschäftigten und der Arbeitgeber die Renten derjenigen gezahlt werden, die heute im Ruhestand sind. Die eingezahlten Beiträge werden also im Gegensatz zum sog. **Kapitaldeckungsverfahren**, bei dem das erforderliche Kapital zur Deckung der individuellen Anwartschaften verzinslich angesammelt wird, in der gesetzlichen Rentenversicherung unmittelbar zur sofortigen Finanzierung bereits verwirklichter Risiken verwendet.

7 Mit den eingezahlten Beiträgen erwerben die Versicherten bis zum Renteneintritt eigene Rentenansprüche und für diese künftigen Renten kommen die nachfolgenden Generationen mit ihren Beiträgen auf. Eine Rente wird also nicht aus den Beiträgen finanziert, die der Bezieher dieser Rente im Verlauf seines Erwerbslebens gezahlt hat, sondern aus den Beiträgen, die die noch im Erwerbsleben stehende Generation aktuell an die Rentenversicherung zahlt. Diese Beitragszahler erwerben damit das Recht, künftig ihre Rente von den dann im Erwerbsleben stehenden Versicherten finanziert zu bekommen. Dieses Geflecht wechselseitiger Verpflichtungen und Erwartungen spiegelt das Umlageverfahren wider und wird als **Generationenvertrag** bezeichnet. Das Umlageverfahren wird häufig kritisiert. Es hat sich jedoch über Jahrzehnte bewährt. Als jüngstes Beispiel für die Vorteile des Umlageverfahrens ist die Finanzkrise zu sehen, infolge derer zahlreiche kapitalgedeckte Versicherungssysteme Verluste und Niveausenkungen hinnehmen mussten. Die umlagefinanzierte Rentenversicherung hat diese Krise hingegen ohne Einbußen überstanden. Allerdings war vor dem Hintergrund des **demografischen Wandels**

– den Beitragszahlenden werden wegen niedriger Geburtenraten und steigender Lebenserwartung in Zukunft mehr Rentner gegenübergestellt – eine Anpassung der gesetzlichen Rentenversicherung erforderlich, um die Finanzierbarkeit der gesetzlichen Rentenversicherung zu sichern. Neben der Stabilisierung und Einhaltung der Beitragssatz- und Niveausicherungsziele (s. Rn. 14f.) hat der Gesetzgeber die Altersgrenzen für die Altersrenten (s. Kap. 5 Rn. 3ff.) angehoben.

4.2 Einnahmen und Ausgaben

Die Einnahmen der Rentenversicherung bestehen zu zwei Dritteln aus Versichertenbeiträgen und zu einem Drittel aus Steuergeldern – insbesondere aus den Bundeszuschüssen, die in erster Linie die sog. versicherungsfremden Leistungen abdecken sollen. Die Ausgaben der gesetzlichen Rentenversicherung umfassen insbesondere die Rentenzahlungen, den Zuschuss zur Kranken- und Pflegeversicherung der Rentner (s. Kap. 16) sowie die Rehabilitation (s. Kap. 14). Etwa jeder zehnte Euro des Bruttoinlandsprodukts fließt durch das System der gesetzlichen Rentenversicherung. 8

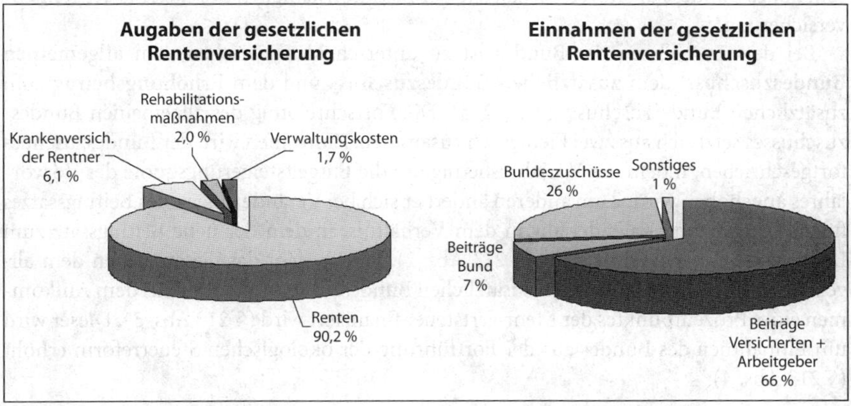

Der **Nachhaltigkeitsrücklage** werden die Überschüsse der Einnahmen über die Ausgaben zugeführt (§ 216). Die Nachhaltigkeitsrücklage wird zur Sicherstellung der Leistungsfähigkeit der gesetzlichen Rentenversicherung und zum Ausgleich von Einnahme- und Ausgabeschwankungen von allen Trägern der allgemeinen gesetzlichen Rentenversicherung vorgehalten. Sollten die Finanzmittel einmal nicht reichen, so leistet der Bund ein unverzinsliches Darlehen als **Bundesgarantie** – sog. **Liquiditätssicherung** (§ 214). 9

4.3 Beiträge zur gesetzlichen Rentenversicherung

Die Beiträge zur gesetzlichen Rentenversicherung (s. Kap. 4) werden jeweils zur Hälfte von Arbeitgebern und Arbeitnehmern getragen. Die Höhe des Beitrags richtet sich nach dem aktuell geltenden Beitragssatz in dem Jahr der Beitragszahlung. Im Jahr 2012 beträgt 10 der Beitragssatz 19,6 %. Um den **Beitragssatz** nicht übermäßig steigen zu lassen, wurden anpassungsdämpfende Maßnahmen in die Rentenanpassungsformel (s. Kap. 11) eingefügt. Hierdurch sollen die Obergrenzen für den Beitragssatz in der gesetzlichen Rentenversicherung wie folgt eingehalten werden: 20 % bis zum Jahr 2020 und 22 % bis zum Jahr 2030 (§ 154 Abs. 3 Nr. 1).

4.4 Zuschüsse des Bundes

11 Weitere wesentliche Stellschraube der Finanzierung sind die Zuschüsse des Bundes, der diese zu den Ausgaben der allgemeinen Rentenversicherung leistet (§ 213). Die gesetzliche Rentenversicherung hat über die Jahre hinweg zahlreiche Aufgaben übernommen, deren Finanzierung nicht ausschließlich der Versichertengemeinschaft zuzuordnen ist. Deswegen leistet der Bund Zuschüsse an die allgemeine Rentenversicherung, die nicht näher im Gesetz bestimmt sind, wie z. B. den rentenrechtlichen Ausgleich von Ausbildungszeiten. Neben dieser Entlastungs- und Ausgleichsfunktion haben die Bundeszuschüsse aber auch noch die allgemeine Sicherungsfunktion. D. h. die Bundeszuschüsse sind Ausdruck der Pflicht des Bundes zur Aufrechterhaltung der Funktionsfähigkeit des Systems der Rentenversicherung.

12 Bei den Zuschüssen des Bundes ist zu unterscheiden zwischen dem **allgemeinen Bundeszuschuss**, dem **zusätzlichen Bundeszuschuss** und dem **Erhöhungsbetrag** zum zusätzlichen Bundeszuschuss (vgl. § 213). Die Fortschreibung des allgemeinen Bundeszuschusses setzt sich aus zwei Elementen zusammen: Zum einen wird der Bundeszuschuss fortgeschrieben, indem der Vorjahresbetrag um die Entgeltsteigerungsquote des Vorvorjahres angehoben wird. Zum anderen ändert er sich bei Veränderungen des Beitragssatzes für das betreffende Kalenderjahr in dem Verhältnis, in dem der neue Beitragssatz zum Beitragssatz des Vorjahres steht (§ 213 Abs. 2). Ferner sieht das Gesetz neben dem allgemeinen Bundeszuschuss einen zusätzlichen Bundeszuschuss vor, der aus dem Aufkommen eines Prozentpunktes der Mehrwertsteuer finanziert wird (§ 213 Abs. 3). Dieser wird um Einnahmen des Bundes aus der Fortführung der ökologischen Steuerreform erhöht (§ 213 Abs. 4).

4.5 Defizithaftung des Bundes für die DRV KBS

13 In der knappschaftlichen Rentenversicherung (DRV KBS) gibt es kein System mit Bundeszuschüssen und Bundesgarantie wie in der allgemeinen Rentenversicherung (s. Rn. 11 f.). Hier hat der Bund die Defizithaftung übernommen (§ 215). Das bedeutet, dass der Bund den Unterschiedsbetrag zwischen den Einnahmen und den Ausgaben des Kalenderjahres trägt.

4.6 Rentenniveau

14 Das individuelle Rentenniveau wird definiert als jeweiliger Rentenzahlbetrag in Relation zum Durchschnittsentgelt in der Gesamtwirtschaft. Die Begrenzung des Beitragssatz-

anstiegs durch eine Verringerung des Rentenniveaus ist eine Entscheidung für eine Rückführung des Leistungsumfangs in der umlagefinanzierten Rentenversicherung. Bezüglich des Rentenniveaus werden mehrere Messgrößen verwendet:

Bruttorentenniveau	Bruttostandardrente[4] / Durchschnittliches Bruttoeinkommen
Sicherungsniveau vor Steuern bzw. steuerbereinigtes Nettorentenniveau	Bruttostandardrente minus Sozialversicherungsbeiträge / Durchschnittliches Bruttoeinkommen minus Sozialversicherungsbeiträge
Nettorentenniveau	Nettostandardrente / Durchschnittliches Nettoeinkommen

15 Das Gesetz geht von der Messgröße »**Sicherungsniveau vor Steuern**« aus. Das individuelle Rentenniveau wird in Zukunft sinken. Das Gesetz sieht in § 154 Abs. 3 Satz 1 Nr. 2 eine Niveausicherungsklausel vor, mit der der Gesetzgeber verpflichtet wird, den gesetzgebenden Körperschaften geeignete rentenpolitische Maßnahmen vorzuschlagen, wenn das steuerbereinigte Nettorentenniveau bis 2020 nicht nur zeitweilig einen Wert von 46 % und bis 2030 von 43 % zu unterschreiten droht. Langfristig wird das Rentenniveau sinken, so dass jeder Versicherte eine zusätzliche Altersvorsorge betreiben sollte.

4.7 Faustdaten zu den Rentenfinanzen 2012[5]

16

	in Millionen Euro (Stand: 2011)
1 Prozentpunkt Erhöhung des Beitragssatzes	+/– 11490 davon: • Beitragseinnahmen: 9650 • Bundeszuschuss: 1840
1 Prozentpunkt Veränderung des Bruttoentgelts	+/– 1900
1 Prozentpunkt Veränderung Rentenanpassung in den Folgejahren (einschließlich der Zahlungen an die Krankenversicherung der Rentner)	+/- 2340
Veränderung der Anzahl der Pflichtbeitragszahler um 100 000	+/– 500
1,0 Monatsausgabe der Nachhaltigkeitsrücklage	+/– rund 18 000

4 Die Bruttostandardrente ist eine wesentliche Messgröße in der gesetzlichen Rentenversicherung. Bruttostandardrente – das ist die Rente eines Durchschnittsverdieners nach 45 Versicherungsjahren: ab 7/2012 = 1263,15 Euro (s. Anhang 2 zum SGB VI).

5 Quelle: DRV Bund – Stand: Juni 2012.

5. Grundprinzipien der gesetzlichen Rentenversicherung

5.1 Versicherungsprinzip und sozialer Ausgleich

17 Die gesetzliche Rentenversicherung ist ein Zweig der Sozialversicherung, der durch zwei Prinzipien gekennzeichnet ist: das der Versicherung und das des sozialen Ausgleichs. Am deutlichsten tritt das **Versicherungsprinzip** hervor. Die Vorsorge wird staatlich organisiert, wobei sie von jedem Einzelnen individuell betrieben wird. Versicherung ist die gemeinsame Deckung eines im Einzelfall ungewissen, in der Gesamtheit abschätzbaren Bedarfs durch Verteilung auf eine organisierte Vielheit gleichartiger Risiken.[6] Das Versicherungsprinzip wurde durch die letzten Rentenreformen deutlich gestärkt, wie beispielsweise durch die Einführung des Zugangsfaktors (s. Kap. 6, Rn. 22).

18 Allerdings ist die Rentenversicherung dennoch deutlich sozialer ausgestaltet als die Privatversicherung: Männer und Frauen zahlen – trotz längerer Lebenserwartung der Frauen – so wie auch Gesunde und Kranke den gleichen Beitrag zur gesetzlichen Rentenversicherung. Es findet ein **sozialer Ausgleich** in beträchtlichem Umfang statt. Sozialer Ausgleich ist alles, was außerhalb der Äquivalenz von Beitrag und Leistung (sog. **Äquivalenzprinzip**) liegt. Als Beispiel lässt sich die Berücksichtigung von Zeiten ohne Beitragstragung nennen (s. Kap. 6 Rn. 13).

5.2 Teilhabeäquivalenz und Eigentumsschutz der gesetzlichen Rente

19 Zwischen Beitrag und der Rentenleistung besteht im Rentenversicherungsrecht zwar keine unmittelbare Äquivalenz, aber eine Teilhabeäquivalenz. D. h. es wird ein schuldrechtlicher Anspruch begründet, der sich darauf richtet, als einstiger Beitragszahler angemessen (= äquivalent) an dem zukünftig stattfindenden Verteilungsprozess beteiligt zu werden. Auf der Seite der Beitragszahler bedeutet dies, dass zur gleichen Zeit jeder Versicherte bei gleicher Leistungsfähigkeit an der Finanzierung der Renten in gleicher Weise, d. h. mit einem gleich hohen Beitrag belastet ist und dass jeder durch gleich hohe Beiträge gleichwertige Anrechte auf Leistungen erwirbt (s. Kap. 7 Rn. 1 f.). Auf Seite der Leistungsempfänger bedeutet Anteilsgerechtigkeit oder Teilhabeäquivalenz, dass gleichwertige Anrechte auf Leistungen unabhängig von der Zeit, der sie entstammen, im Rentenfall zu gleichen Leistungen berechtigen, dass diese Leistungen die auf das Versicherungsleben bezogene Relation widerspiegeln, in der der individuelle Anteil des Versicherten an der Umverteilung zum durchschnittlichen Anteil aller Versicherten stand, und dass diese Leistungen im Grundsatz an die allgemeine Einkommensentwicklung gekoppelt sind.[7]

20 Nach ständiger Rechtsprechung des Bundesverfassungsgerichts unterfallen Rentenansprüche aus der gesetzlichen Rentenversicherung der Eigentumsgarantie[8] des Grund-

6 BVerfG – 10.05.1960 – 1 BvR 190/58, 1 BvR 363/58, 1 BvR 401/58, 1 BvR 409/58, 1 BvR 471/58, BVerfGE 11, 105 (112); 75, 108 (146).
7 Dünn/Fasshauer, in Altersvorsorge, Rn. 206.
8 Art. 14 Abs. 1 GG.

gesetzes.[9] Dadurch wird dem einzelnen Versicherten ein starkes »Abwehrinstrument« gegen staatliche Eingriffe in die geschützte Rechtsposition verliehen, aber dieser Schutz ist nicht absolut. Der Gesetzgeber hat durchaus einen Gestaltungsspielraum. Allerdings muss die eingreifende Regelung den öffentlichen Interessen dienen und verhältnismäßig sein. Der Gesetzgeber hat einen umso größeren Gestaltungsspielraum, desto weniger die Rentenansprüche auf selbst getragenen Beiträgen beruhen.

6. Organisation der gesetzlichen Rentenversicherung

Die gesetzliche Rentenversicherung gliedert sich in: **21**

- zwei Träger auf Bundesebene:
  - Deutsche Rentenversicherung Bund – kurz DRV Bund (vor der Organisationsreform: Bundesversicherungsanstalt für Angestellte, BfA) und
  - Deutsche Rentenversicherung Knappschaft-Bahn-See – kurz DRV KBS (vor der Organisationsreform: Bundesknappschaft – wurde mit der Seekasse vereinigt)
- in 14 Regionalträger.

  Träger auf Landesebene sind die früheren Landesversicherungsanstalten (LVA). Seit 01.10.2005 besteht ihr Name aus der Bezeichnung »Deutsche Rentenversicherung« mit der regionalen Zusatzbezeichnung, wie z.B. Deutsche Rentenversicherung Schwaben.

Die Organisationsreform führte auch zu einer Änderung der Zuständigkeitsverteilung: **22**
Für die Bestandsversicherten (das sind Versicherte, für die am 31.12.2004 bereits eine Versicherungsnummer vergeben war) gibt es grundsätzlich keine Änderung. Die Neuversicherten werden nach der Quote 55 % auf Regionalträger, 40 % auf DRV Bund und 5 % auf DRV KBS aufgeteilt.

Die **DRV Bund** nimmt neben ihren Trägeraufgaben die Grundsatz- und Querschnitts- **23**
aufgaben, betreffend alle Rentenversicherungsträger, wahr. Das bedeutet, dass sie zuständig ist für die gemeinsamen Angelegenheiten (§ 125 Abs. 2 Satz 2) sowie für die zentralen Koordinierungs- und Steuerungsfunktionen (§ 138) für die gesamte gesetzliche Rentenversicherung. Die DRV Bund ist damit auch Ansprechpartner beispielsweise für die Politik und die Interessenvertretungen.

Die Träger der gesetzlichen Rentenversicherung sind Körperschaften des öffentlichen **24**
Rechts und unterliegen damit der staatlichen Aufsicht. Die Aufsicht erstreckt sich auf die Beachtung von Gesetz und Recht sowie auf die Prüfung der Geschäfts- und Rechnungsführung der Versicherungsträger. Darüber hinaus handelt es sich bei den Rentenversicherungsträgern um **Selbstverwaltungskörperschaften**, die paritätisch mit Vertretern der Versicherten und der Arbeitgeber besetzt sind. Die Vertreter in den Selbstverwaltungsgremien werden in freier und geheimer Sozialversicherungswahl bestimmt. Hier stellen sich Gewerkschaften bzw. sonstige Arbeitnehmervereinigungen und die Vereinigung der Arbeitgeber zur Wahl. Die Wahlen finden alle sechs Jahre statt.

9 BVerfG – 28.04.1999 – 1 BvL 32/95, 1 BvR 2105/95, BVerfGE 100, 1 (32).

Kapitel 2: Aktuelle politische Diskussion um die Alterssicherung

1 Alterssicherungspolitik hat sich spätestens seit der Rentenreform 2001,[10] der sog. Riester-Renten-Reform, zu einem politischen Dauerbrenner entwickelt, der wahlerheblich geworden ist. Mit der Reform 2001 wurde die »Beitragssatzstabilität«, den Rentenversicherungsbeitrag bis zum Jahr 2020 bis max. 20 % und bis zum Jahr 2030 bis maximal 22 % stabil zu halten, normiert (§ 154 Abs. 3). Das Sicherungsniveau der Renten steht seitdem nicht mehr im Mittelpunkt staatlicher Alterssicherungspolitik. Hinzu kommt, dass die Erwerbsbiographie des Standardrentners nach wie vor rechnerische Grundlage politischer Entscheidungen zum Rentenrecht ist. Der Standardrentner ist 45 Jahre durchgängig sozialversicherungspflichtig beschäftigt, nie arbeitslos und verdient immer den Durchschnittslohn aller Versicherten.[11] Dieses »Normalarbeitsverhältnis« war und ist nicht für Frauen, aber auch für immer weniger Männer normal. Teilzeitarbeit, prekäre Beschäftigungsformen, wie geringfügige Beschäftigung, Befristung, Leiharbeit sowie nicht mehr existenzsichernde Entlohnung nehmen erschreckend zu. Zudem werden seit 2011 Zeiten des ALG II-Bezugs nicht mehr rentensteigernd berücksichtigt.

2 Dies führt zu immer weiter sinkenden Rentenzahlbeträgen. So erhielten männliche Versicherte, die 2011 in Rente gingen, in den alten Bundesländern eine Nettorente von 818 €, in den neuen Bundesländern von 780 €. Frauen bezogen eine Nettorente von 500 € in den alten und von 665 € in den neuen Bundesländern.[12] Deshalb wird es eine der wichtigsten Aufgaben der Politik sein, ein Rentenniveau festzulegen, das ein würdiges und angemessenes Leben im Alter ermöglicht. Da die Rente Spiegelbild des Erwerbslebens ist, muss gewährleistet werden, dass das sozialversicherungspflichtige Einkommen für eine gute Rente reicht.

3 Neben der Diskussion um das Rentenniveau, die zumeist in Fachkreisen geführt wird, beschäftigt die Versicherten die Anhebung des Renteneintrittsalters beginnend mit dem Geburtsjahrgang 1947 im Jahr 2012.[13] Die langfristige Anhebung der Regelaltersrente vom vollendeten 65. auf das vollendete 67. Lebensjahr und parallel der weiteren Altersrenten beginnend vom Jahr 2012 bis zum Jahr 2029, ohne dass gesetzliche Maßnahmen geschaffen wurden, wie ältere Beschäftigte zu fairen Löhnen und Gehältern sozial abgesichert in Erwerbsarbeit verbleiben können, erhitzt die Gemüter und ist Gegenstand aktueller Reformüberlegungen. Deshalb müssen in diesem Zusammenhang Möglichkeiten eines flexiblen Übertritts in die Rente durch Kombination von Teilrente und Erwerbsarbeit diskutiert werden.

4 Nicht nur das Niveau der Altersrenten, sondern auch das der Erwerbsminderungsrenten

---

10 AltersvermögensG (AVmG) v. 26.06.2001, BGBl. I S. 1310, deren wesentlicher Inhalt die Einführung der Riester-Rente, Normierung eines Rechtsanspruchs auf Entgeltumwandlung und die Einführung einer bedarfsorientierten Grundsicherung war sowie das AltersvermögensergänzungsG (AVmEG) v. 21.03.2001, BGBl. I S. 403, das die Neugestaltung der Rentenformel, das Rentensplitting unter Ehegatten und die Neuregelungen zum Hinterbliebenenrentenrecht zum Gegenstand hatte. Die Trennung in ein zustimmungsfreies und ein zustimmungspflichtiges Gesetz geschah aufgrund der unterschiedlichen Mehrheitsverhältnisse im Bundestag und Bundesrat.

11 Werte siehe Grunddaten zur Rentenversicherung, siehe Anhang 2 zum SGB VI.

12 BT-Drs. 17/10, S. 545 vom 24.08.2012.

13 RV-Altersgrenzenanpassungsgesetz v. 20.04.2007, BGBl. I S. 544, zu den Regelungen siehe Kap. 5.

(EM-Renten) sinkt erheblich. Die Nettorentenzahlbeträge sind in den letzten zehn Jahren dramatisch gesunken und bewegen sich beim Zugang in eine volle EM-Rente im Jahr 2011 zwischen rund 600 € und 680 €[14] und damit auf Grundsicherungsniveau. Von den knapp 800 000 Grundsicherungsempfängern im Jahr 2010 bezogen rund 48 % der Hilfeempfänger Grundsicherung neben einer EM-Rente.[15] EM-Renten sollen das Einkommen (ganz oder teilweise) ersetzen, wenn die Erwerbsfähigkeit teilweise oder nicht mehr in erforderlichem Maße vorhanden ist. Dies hat der Gesetzgeber zumindest erkannt und will mit dem Gesetz zur Stärkung der Alterssicherung Maßnahmen zur Verbesserung des EM-Schutzes einführen.

Mit dem RentenreformG 2001 wurden auch kapitalgedeckte Vorsorgeformen gestärkt **5** und ausgebaut. Die betriebliche Altersversorgung als 2. Säule der Alterssicherung hat dadurch an Bedeutung zugenommen, insbesondere für Betriebs- und Personalräte. Zahlreiche Tarif-, Betriebs- und Dienstvereinbarungen sorgen für gute Betriebsrenten, die in Zeiten eines sinkenden Niveaus in der gesetzlichen Rentenversicherung immer wichtiger werden.

Immer mehr Menschen nehmen Leistungen der Grundsicherung im Alter und bei Er- **6** werbsminderung (§§ 41 ff. SGB XII) in Anspruch. Dass Einkommen auf die Grundsicherung angerechnet wird, führt dazu, dass viele Versicherte keine zusätzliche Vorsorge betreiben. Zu Recht ein viel diskutiertes Thema.

Um Altersarmut entgegenzuwirken, hat das zuständige Bundesministerium für Arbeit **7** und Soziales (BMAS) am 07.08.2012 den Referentenentwurf eines »Alterssicherungsstärkungsgesetzes« vorgelegt, der folgende Änderungskomplexe enthält:

- Zuschussrente mit Familienkomponente (seit 04.11.2012 als Lebensleistungsrente bezeichnet)
- Verbesserte Erwerbsminderungs-Rente
- Kombirente (flexibler Übergang in die Rente durch einfacheren Teilrentenbezug)
- Anhebung des Reha-Budgets (»atmender Reha-Deckel«).

Bis zum Redaktionsschluss dieses Kommentars war das Schicksal des »Rentenpakets« nicht absehbar.

Die verbesserte EM-Rente, die Anhebung des Reha-Budgets und die Kombirente zur Flexibilisierung des Übergangs vom Erwerbsleben in die Rente sind weitgehend unstreitig.

Späterer Renteneintritt und Stärkung der kapitalgedeckten Altersvorsorge sind Maß- **8** nahmen, die sowohl von nationalen Politikern wie auch von der EU-Kommission[16] und der OECD[17] vorgeschlagen werden, um die Alterssicherungssysteme zukunftsfest zu machen.

---

14 Siehe Fußnote 10.

15 Statistisches Bundesamt 2011.

16 Die Europäische Kommission hat am 16.02.2012 die »Agenda für angemessene, sichere und nachhaltige Pensionen und Renten« (COM(2012)55), das sog. Weißbuch Rente der Öffentlichkeit vorgestellt. Mit ihrem Vorschlag, das Renteneintrittsalter weiter anzuheben, der in der Presse mit Schlagzeilen wie »Arbeiten bis 100« aufgegriffen wurde, hat das Weißbuch Entrüstung ausgelöst. Bereits mit der Veröffentlichung des Grünbuchs Renteam 06.07.2010 wurde ein EU-weiter Diskussionsprozess in Gang gesetzt, der als einen wesentlichen Lösungsvorschlag lediglich den späteren Renteneintritt und die Stärkung kapitalgedeckter Vorsorgesysteme vorsah. Der Link zum Weißbuch Rente: http://ec.europa.eu/social/BlobServlet?docId=7341&langId=de.

17 OECD Pensions Outlook 2012, OECD-Rentenausblick 2012, http://www.oecd.org/berlin/publikationen/oecdpensionsoutlook2012.htm.

Die OECD will das Renteneintrittsalter an die Lebenserwartung koppeln. Da die »Nettoersatzquote« der staatlichen Renten nur rund die Hälfte des Nettoverdienstes während des Erwerbslebens beträgt, schlägt sie die Förderung von zusätzlicher kapitalgedeckter Altersvorsorge bis zu einem Obligatorium vor. Gerade in Zeiten von Finanz- und Wirtschaftskrise werden diese Vorschläge weiterhin Gegenstand sozialpolitischer Auseinandersetzungen sein.

Kapitel 3: Versicherter Personenkreis

Inhaltsübersicht Rn.

1. Überblick

1 Die grundlegende Funktion der Vorschriften über den versicherten Personenkreis liegt in der Bestimmung der zwangsweise in die gesetzliche Rentenversicherung einbezogenen Personen sowie derjenigen Personen, die aufgrund freiwilliger Entscheidung der Rentenversicherung angehören können, entweder im Wege der Antragspflichtversicherung (§ 4 Abs. 2 und 3) oder der freiwilligen Versicherung (§ 7). Die Vorschriften zum versicherten Personenkreis werden ergänzt durch Sonderregelungen im Übergangsrecht, die in den §§ 229 bis 232 aufgenommen wurden.

2 Ob Versicherungspflicht im Einzelfall vorliegt, ist nicht immer leicht zu erkennen. Wenn unklar ist, ob eine abhängige versicherungspflichtige Beschäftigung ausgeübt wird, sollte man zur Klärung dieser Rechtsunsicherheit das **Anfrageverfahren zur Statusklärung** nach § 7 a SGB IV (s. § 7 a Rn. 1 ff. SGB IV) durchgeführt werden. Auf Antrag der Beteiligten entscheidet die DRV Bund auf Grund einer Gesamtwürdigung aller Umstände des Einzelfalls unter Beachtung der von der Rechtsprechung entwickelten Kriterien sowie ihrer Ermittlungen von Amts wegen.[18]

2. Versicherungspflicht kraft Gesetzes (§§ 1–3)

3 Die gesetzliche Rentenversicherung ist vom Grundsatz her als Pflichtversicherung angelegt. In den §§ 1 bis 3 werden alle Personen benannt, die versicherungspflichtig sind. Versicherungspflicht bedeutet, dass bei Vorliegen bestimmter, im Gesetz festgelegter Tatbestandsvoraussetzungen die Versicherung in der gesetzlichen Rentenversicherung unmittelbar kraft Gesetzes in diesem Zeitpunkt begründet wird, ohne dass für den Eintritt dieser Rechtsfolge dem Willen des Versicherungspflichtigen auf der einen und dem des Versicherungsträgers auf der anderen Seite Bedeutung zukommt.[19]

18 Vgl. § 20 SGB X.
19 Ruland, SRH 16, Rn. 37.

Die größte Gruppe der **kraft Gesetzes** versicherten Personen sind die Arbeitnehmer, die gegen Entgelt beschäftigt sind (§ 1 Nr. 1). Die Versicherungspflicht besteht auch dann, wenn das Arbeitsentgelt die Bemessungsgrundlage für den höchsten Pflichtbeitrag überschreitet – sog. Beitragsbemessungsgrenze (s. Kap. 4 Rn. 5). Die Versicherungspflicht bleibt also anderes als in der gesetzlichen Krankenversicherung mit Überschreiten der Versicherungspflichtgrenze bzw. Beitragsbemessungsgrenze bestehen. In § 1 werden die einzelnen Personengruppen aufgezählt, die in der Rentenversicherung versicherungspflichtig sind (s. folgende Tabelle, Rn. 7). Daneben stellt diese Norm klar, dass Wehrdienstleistende (Satz 3) und Vorstände von Aktiengesellschaften (Satz 4) nicht darunter fallen. 4

In § 2 wird die Versicherungspflicht kraft Gesetzes für bestimmte Gruppen der selbständig Tätigen festgeschrieben. Das sind z. B. Lehrer, die im Zusammenhang mit ihrer selbständigen Tätigkeit regelmäßig keinen versicherungspflichtigen Arbeitnehmer beschäftigen (Satz 1 Nr. 1) oder Hebammen (Satz 1 Nr. 3). 5

Sollte weder eine Versicherungspflicht aufgrund eines Beschäftigungsverhältnisses oder einer selbständigen Tätigkeit gegeben sein, so könnte eine solche nach § 3 für sonstige Versicherte gegeben sein. Das sind z. B. Personen in der Zeit, für die ihnen Kindererziehungszeiten nach § 56 anzurechnen sind (s. Kap. 6 Rn. 8 ff.). 6

Die wichtigsten Regelungen zur Pflichtversicherung kraft Gesetzes

7

Personengruppe	Besondere Hinweise
Abhängig Beschäftigte (§ 1)	
Personen, die gegen Arbeitsentgelt beschäftigt sind (§ 1 Satz 1 Nr. 1, 1. Alt.), einschließlich des Bezugs von Kurzarbeitergeld (Nr. 1 Halbsatz 2)	**Beschäftigung** ist nichtselbständige Arbeit. Eine **abhängige** Beschäftigung ist eine Tätigkeit nach Weisungen und mit Eingliederung in die Arbeitsorganisation des Weisungsgebers.[20] Als weiteres Kriterium ist heranzuziehen, – insbesondere bei der Abgrenzung zur selbständigen Tätigkeit – dass der abhängig Beschäftigte kein Unternehmerrisiko trägt.[21] Grundsätzlich führt auch die Beschäftigung von nahen Familienangehörigen und vom Ehepartner zur Versicherungspflicht;[22] ist aber anders zu beurteilen, wenn es sich nur um familiäre Mithilfe handelt. Die Beschäftigung muss gegen **Arbeitsentgelt** im Sinne von § 14 SGB IV erfolgen, der Arbeitsleistung muss also eine Gegenleistung gegenüberstehen.[23]

20 Vgl. § 7 Abs. 1 Satz 2 SGB IV (s. § 7 Rn. 2 ff. SGB IV).
21 BSG – 24.09.1981 – 12 RK 43/79 – SozR 2200 § 165 Nr. 63.
22 Vgl. BSG – 29.03.1962 – 3 RK 83/59 – E 17, 1 ff.
23 Voelzke, in Schulin, HS-RV, § 16 Rn. 12.

Personengruppe	**Besondere Hinweise**
	Auch die Bezieher von Kurzarbeitergeld[24] unterliegen der Versicherungspflicht; allerdings nur, wenn zu Beginn dieser Leistungen ein rentenversicherungspflichtiges Beschäftigungsverhältnis bestanden hat.[25]
Personen, die zu ihrer Berufsausbildung beschäftigt sind (§ 1 Satz 1 Nr. 1, 2. Alt.)	Das sind vor allem Auszubildende, die einen Berufsausbildungsvertrag nach dem Berufsbildungsgesetz geschlossen haben. Ein Arbeitsentgelt wird nicht vorausgesetzt.[26] Darunter fallen auch Personen, die ein freiwilliges soziales oder ökologisches Jahr ableisten.[27] Teilnehmer an dualen Studiengängen stehen den Beschäftigten zur Berufsausbildung im Sinne des Satzes 1 Nr. 1 gleich (§ 1 Satz 5).
Behinderte Menschen, die tätig sind in: • gesetzlichen Werkstätten (§ 1 Satz 1 Nr. 2 lit. a)) oder • in Anstalten, Heimen oder gleichartigen Einrichtungen (§ 1 Satz 1 Nr. 2 lit. b))	Menschen sind behindert, wenn ihre körperliche Funktion, geistige Fähigkeit oder seelische Gesundheit mit hoher Wahrscheinlichkeit länger als sechs Monate von dem für das Lebensalter typischen Zustand abweicht und daher ihre Teilhabe am Leben in der Gesellschaft beeinträchtigt ist.[28] Die Bundesagentur für Arbeit entscheidet im Einvernehmen mit dem überörtlichen Träger der Sozialhilfe über die für die Rentenversicherungspflicht erforderliche Anerkennung der Einrichtung.[29] Gemeint sind hier Werkstätten für behinderte Menschen.[30] Die Regelungen zur Versicherungspflicht gelten auch für behinderte Menschen, die in nach dem Blindenwarenvertriebsgesetz anerkannten Blindenwerkstätten oder für diese Einrichtungen in Heimarbeit tätig sind. Die Versicherungspflicht nach Satz 2 Nr. 2 b setzt voraus, dass Menschen mit Behinderung in Anstalten, Heimen oder gleichartigen Einrichtungen in gewisser Regelmäßigkeit eine Leistung erbringen, die einem Fünftel der Leistung eines vollerwerbsfähigen Beschäftigten in gleichartiger Beschäftigung entspricht.[31]

24 §§ 169 ff. SGB III.
25 Gürtner, in KassKomm SGb VI, § 1 Rn. 14.
26 BSG – 26.06.1985 – 12 RK 12/84 – SozR 2200 § 165 Nr. 82.
27 BGBl. I 2002, 2596 und BGBl. I 2002, 2600.
28 Siehe Legaldefinition in § 2 Abs. 1 SGB IX.
29 § 142 SGB IX.
30 § 126 SGB IX.
31 Pietrek, in jurisPK-SGB VI § 1 Rn. 64.

Personengruppe	Besondere Hinweise
	Auch wenn eine geringfügige Beschäftigung in einer Werkstatt für behinderte Menschen ausgeübt wird, gilt nicht die Regelung des § 5 für Minijobber (s. Kap. 9).
Personen, die für eine Erwerbstätigkeit befähigt werden sollen in: • Einrichtungen der Jugendhilfe oder • Berufsausbildungswerken oder • ähnlichen Einrichtungen (§ 1 Satz 1 Nr. 3)	Zentrale Voraussetzung ist, dass Personen in den genannten Einrichtungen für eine Erwerbstätigkeit befähigt werden sollen; d.h. es muss also eine Vermittlung von Kenntnissen und Fähigkeiten erfolgen, die zur Ausübung einer auf Erzielung von Einkünften gerichteten Beschäftigung oder selbständigen Tätigkeit befähigt.[32] Es spielt keine Rolle, ob diese Personen ein Arbeitsentgelt erhalten.[33] Unter ähnliche Einrichtung werden alle Einrichtungen verstanden, die ihre Angebote entsprechend dem individuellen Bedarf behinderter Menschen gestalten und die mit Berufsbildungswerken vergleichbar sind.[34] Auch hier ist die Anwendung der Minijobregelungen ausgeschlossen (s. Kap. 9 Rn. 4).
Auszubildende in außerbetrieblichen Einrichtungen (§ 1 Satz 1 Nr. 3 a)	Danach sind auch Auszubildende, die in einer außerbetrieblichen, nicht einem Betrieb angegliederten Bildungseinrichtung im Rahmen eines Berufsbildungsvertrags nach dem Berufsbildungsgesetz ausgebildet werden, versicherungspflichtig.
Arbeitnehmerähnliche Selbständige (§ 2)	
Lehrer und Erzieher (Nr. 1)	Sie sind rentenversicherungspflichtig, solange sie im Zusammenhang mit ihrer Lehrtätigkeit **keine Arbeitnehmer beschäftigen**. Der Begriff der Lehrtätigkeit ist weit auszulegen. Als Erzieher gilt derjenige, der die körperliche und geistige Entwicklung des Kindes beeinflusst.
Pflegepersonen (Nr. 2)	Die in der Kranken-, Wochen-, Säuglings- oder Kinderpflege selbständig tätige Personen sind rentenversicherungspflichtig, wenn sie ihre selbständige Tätigkeit zwar auf eigene Rechnung, aber in Abhängigkeit von Heilkundigen nach deren Weisungen ausführen und dabei **keinen Arbeitnehmer beschäftigen**, wie z.B. Krankenschwestern, Masseure.

32 Pietrek, in jurisPK-SGB VI § 1 Rn. 68.
33 Reinhardt, in LPK-SGB VI, § 1 Rn. 24.
34 BT-Drs. 14/5074, 108.

Personengruppe	Besondere Hinweise
Künstler und Publizisten (Nr. 5)	Die künstlerische oder publizistische Tätigkeit darf nicht nur vorübergehend erwerbsmäßig ausgeübt werden und im Zusammenhang mit dieser Tätigkeit nach dem Künstlersozialversicherungsgesetz (KSVG) nicht mehr als ein versicherungspflichtiger Arbeitnehmer beschäftigt werden. Die Entscheidung über die Versicherungspflicht trifft die Künstlersozialkasse.
Hausgewerbetreibende (Nr. 6)	Hausgewerbetreibende sind selbständig Tätige, die in eigener Arbeitsstätte im Auftrag und für Rechnung von Gewerbetreibenden, gemeinnützigen Unternehmen oder öffentlich-rechtlichen Körperschaften gewerblich arbeiten.[35]
Handwerker (Nr. 8)	Gewerbetreibende, die in der Handwerksrolle eingetragen sind und in ihrer Person die für die Eintragung in der Handwerksrolle erforderlichen Voraussetzungen erfüllen, sind grundsätzlich rentenversicherungspflichtig. Die Versicherung besteht, solange das Gewerbe ausgeübt wird. Allerdings wird selbständigen Handwerkern ein Befreiungsrecht eingeräumt, wenn sie für mindestens 18 Jahre Pflichtbeiträge gezahlt haben (§ 6 Abs. 1 Nr. 4).
Selbständige mit einem Auftraggeber (Nr. 9)	Sie sind versicherungspflichtig, wenn sie im Zusammenhang mit ihrer selbständigen Tätigkeit regelmäßig keinen versicherungspflichtigen Arbeitnehmer beschäftigen, dessen Arbeitsentgelt aus diesem Beschäftigungsverhältnis 400 € im Monat übersteigt, und auf Dauer und im Wesentlichen nur für einen Arbeitgeber tätig sind.
Sonstige Versicherte (§ 3)	
Personen während der Kindererziehung (Nr. 1)	Personen sind in der Zeit versicherungspflichtig, für die ihnen Kindererziehungszeiten nach § 56 (s. Kap. 6 Rn. 8 f.) anzurechnen sind. Danach besteht Versicherungspflicht in den ersten drei Lebensjahren eines nach 1991 geborenen Kindes für Zeiten der Erziehung.
Pflegepersonen, die ein oder mehrere Pflegebedürftige wenigstens 14 Stunden pflegen (Nr. 1 a)	Die Versicherungspflicht tritt für Personen in der Zeit ein, in der sie Pflegebedürftige nicht erwerbsmäßig wenigstens 14 Stunden wöchentlich in ihrer häuslichen Umgebung pflegen, wenn Pflegebedürftige im

35 § 12 SGB IV.

Personengruppe	Besondere Hinweise
	Sinne des § 14 SGB XI (s. SGB XI, § 14 Rn. 6–9) Anspruch auf Leistungen aus der sozialen oder einer privaten Pflegeversicherung haben.
Personen, die Wehrdienst oder Zivildienst leisten (§ 1 Satz 2)	–
Personen während des Bezugs von Entgeltersatzleistungen (Nr. 3)	Gemeint sind Personen, die von einem innerstaatlichen Leistungsträger[36] Krankengeld, Verletztengeld, Versorgungskrankengeld oder Übergangsgeld beziehen. Für den Eintritt der Versicherungspflicht wird außerdem vorausgesetzt, dass im letzten Jahr zuletzt vor Beginn der Sozialleistung Rentenversicherungspflicht bestanden hat (Vorpflichtversicherung). Sollten Zeiten des Bezugs von ALG II – die als Anrechnungszeiten (s. Kap. 6 Rn. 14 f.)[37] in der gesetzlichen Rentenversicherung gewertet werden – dabei sein, so verlängern diese den Einjahreszeitraum.
Personen während des Bezugs von Vorruhestandsgeld (Nr. 4)	Unter Vorruhestandsgeld versteht man eine arbeitsrechtliche Leistung an Personen, die vor einer Rente aus der Rentenversicherung aus dem Erwerbsleben endgültig ausscheiden.[38] Voraussetzung ist, dass diese Personen in der Zeit, für die sie Vorruhestandsgeld beziehen, unmittelbar vor Bezug des Vorruhestandsgelds rentenversicherungspflichtig waren.

3. Versicherungspflicht auf Antrag (§ 4)

Neben der soeben dargestellten Versicherungspflicht kraft Gesetzes sieht das Gesetz in § 4 die Versicherungspflicht **auf Antrag** für die Personen vor, die nicht in den §§ 1 bis 3 erfasst werden und nicht von der Antragspflichtversicherung nach § 4 Abs. 3 a ausgeschlossen sind. Die Antragspflichtversicherung kann beispielsweise für arbeitsunfähige Personen, die kein Krankengeld erhalten haben, interessant sein. Sie können durch die Zahlung von Pflichtbeiträgen für die Zeit des Leistungsbezuges bzw. der Krankheit oder der Rehabilitation nicht nur Versicherungslücken schließen, sondern auch die Voraussetzungen für die Anrechnung ggf. sich anschließender Anrechnungszeiten (s. Kap. 6 Rn. 14 f.) schaffen. 8

36 Siehe § 12 SGB I (s. § 12 Rn. 5 SGB I).
37 HaushaltsbegleitG 2011, BGBl. 2010, Teil 1, 1885. Für ALG-II-Zeiten werden keine Rentenversicherungsbeiträge mehr gezahlt. Sie werden als Anrechnungszeiten anerkannt.
38 BT-Drs. 10/880, 13.

Die wichtigsten Regelungen zur Versicherungspflicht auf Antrag (§ 4)

9

Personengruppe	Besonderer Hinweis
Entwicklungshelfer (Abs. 1 Satz 1 Nr. 1) sowie Angehörige eines Mitgliedstaates der EU, Angehörige eines Vertragsstaates des Abkommens über den Europäischen Wirtschaftsraum oder Staatsangehörige der Schweiz (Abs. 1)	Zur Antragstellung berechtigt ist nur eine Stelle mit Sitz in der Bundesrepublik Deutschland.
Nicht nur vorübergehend selbständige Personen (Abs. 2)	Zu berücksichtigen ist hier, dass die Versicherungspflicht kraft Gesetzes der Versicherungspflicht auf Antrag vorgeht. Die Möglichkeit zur Antragspflichtversicherung haben z.B. selbständige Lehrer im Sinne von § 2 Satz 1 Nr. 1, die im Zusammenhang mit ihrer selbständigen Tätigkeit versicherungspflichtige Arbeitnehmer beschäftigen und die deswegen nicht kraft Gesetzes der Rentenversicherungspflicht unterliegen. Die Versicherungspflicht muss allerdings innerhalb von fünf Jahren nach der Aufnahme der selbständigen Tätigkeit oder dem Ende einer Versicherungspflicht aufgrund dieser Tätigkeit beantragt werden.
Sozialleistungsbezieher, die aus bestimmten Gründen nicht nach § 3 Satz 1 Nr. 3 versicherungspflichtig sind (Abs. 3 Satz 1 Nr. 1) und Arbeitsunfähige und Rehabilitanden, ohne Krankengeldanspruch der gesetzlichen Rentenversicherung (Abs. 3 Satz 1 Nr. 2)	Z.B. sind Sozialleistungsbezieher nicht nach § 3 Satz 1 Nr. 3 versicherungspflichtig, weil sie nicht im letzten Jahr vor Beginn der Leistung zuletzt versicherungspflichtig waren; sie waren entweder noch nie, vor über einem Jahr oder freiwillig rentenversichert.

4. Versicherungsfreiheit kraft Gesetzes (§ 5)

10 Versicherungsfrei **kraft Gesetzes** sind insbesondere Angehörige eines anderen Versorgungssystems, wie Beamte (§ 5 Abs. 1 Nr. 1). Zur Frage der Versicherungspflicht von geringfügig Beschäftigten siehe Kap. 9. Versicherungsfrei sind aber auch Personen, die eine **Vollrente wegen Alters** beziehen. D.h. der Arbeitnehmer hat auf Grund der Beschäftigung keine Beiträge an die gesetzliche Rentenversicherung abzuführen, allerdings hat der Arbeitgeber seinen Beitragsanteil nach § 172 zu tragen. In diesem Zusammenhang

ist allerdings zu berücksichtigen, dass der Arbeitnehmer sehr schnell die Hinzuverdienstgrenzen überschreiten kann (s. Kap. 8).

Übersicht zur Versicherungsfreiheit kraft Gesetzes	11
Personen, die eine Versorgungsanwartschaft oder eine vergleichbare Leistung in einem anderen System erwarten können (Abs. 1) • Beamte, Richter, Berufs- und Zeitsoldaten (Nr. 1) • Sonstige beamtenähnliche Beschäftigte (Nr. 2), wie z. B. Dienstordnungsangestellte von Sozialversicherungsträgern • Geistliche, Kirchenbeamte sowie satzungsmäßige Mitglieder geistlicher Genossenschaften (Nr. 3)	
Geringfügige Beschäftigung (Abs. 2) (s. Kap. 9, insbesondere zur Neuregelung)	
Beschäftigte Stundenten, Praktikanten und ähnliche Personen (Abs. 3)	
Bezieher einer Versorgung wegen Erreichens der Altersgrenze (Abs. 4) • Bezieher einer Vollrente wegen Alters (Nr. 1) • Bezieher einer beamtenrechtlichen, einer entsprechenden kirchenrechtlichen Versorgung, einer berufsständischen Versorgung oder einer gemeinschaftsüblichen Versorgung (Nr. 2) • Personen nach Erreichen der Regelaltersgrenze, die nie in der gesetzlichen Rentenversicherung versichert waren oder die sich die Beiträge nach § 210 Abs. 1 Nr. 2 (s. Kap. 4 Rn. 13–16) erstatten lassen (Nr. 3)	

5. Befreiung von der Versicherungspflicht (§ 6)

Daneben sieht das Gesetz in § 6 die Möglichkeit vor, sich von der Versicherungspflicht **befreien zu lassen**. Die Befreiung ist nicht personen-, sondern tätigkeitsbezogen (vgl. § 6 Abs. 5). Die Befreiung wirkt vom Vorliegen der Befreiungsvoraussetzungen an, wenn sie innerhalb von drei Monaten beantragt wird, sonst vom Eingang des Antrags an (§ 6 Abs. 4). 12

Übersicht zur Befreiung von der Versicherungspflicht nach Antragstellung	13
Pflichtmitglieder berufsständischer Versorgungseinrichtungen, wobei die Satzung einkommensbezogene Beitragszahlungen und mit der gesetzlichen Rentenversicherung vergleichbare Leistungen vorsehen muss (Abs. 1 Nr. 1)	
Lehrer oder Erzieherinnen nicht-öffentlicher Bildungseinrichtungen (Abs. 1 Nr. 2)	
Ausländische Besatzungsmitglieder deutscher Seeschiffe (Abs. 1 Nr. 3)	
Gewerbetreibende in Handwerksbetrieben, wenn für sie mindestens 18 Jahre lang Pflichtbeiträge gezahlt worden sind (Abs. 1 Nr. 4)	
Arbeitnehmerähnliche existenzgründende Selbständige (s. Rn. 7), die nach § 2 Satz 1 Nr. 9 rentenversicherungspflichtig sind (Abs. 1 a)	

6. Freiwillige Versicherung (§ 7)

14 Bei der **freiwilligen Versicherung** – die kein Instrument der zusätzlichen Sicherung für bereits pflichtmäßig in die Rentenversicherung einbezogene Versicherte ist – handelt es sich um eine Form der Versicherungsberechtigung,[39] die in § 7 Abs. 1 als Versicherung aufgrund freiwilligen Beitritts oder freiwilliger Fortsetzung einer bereits vorhergehenden Versicherung legaldefiniert ist. Danach können sich Personen, die nicht versicherungspflichtig sind, für die Zeit von der Vollendung des 16. Lebensjahres an freiwillig versichern. Es wird nicht vorausgesetzt, dass zuvor eine Versicherung in der gesetzlichen Rentenversicherung bestanden hat. Nach bindender Bewilligung einer Vollrente wegen Alters (§ 42 Abs. 1) oder für Zeiten nach Beginn der Vollrente wegen Alters dürfen freiwillige Beiträge nicht mehr gezahlt werden (§ 7 Abs. 2). Der Bezug einer Teilrente wegen Altersrente steht hingegen der Berechtigung zur freiwilligen Versicherung nicht entgegen. Auch im Fall der Minderung der Erwerbsfähigkeit ist die Zahlung von freiwilligen Beiträgen für die Zeit vor Beginn und während der Minderung nicht ausgeschlossen.

15 Der freiwillig Versicherte bestimmt selbst die Anzahl und die Höhe der Beiträge, wobei der Mindest- und der Höchstbetrag zu berücksichtigen sind (vgl. § 161 Abs. 2). Möchte der Versicherte im Jahr 2012 Beiträge zahlen, ergeben sich aus dem Beitragssatz von 19,6 % monatlich als Mindestbeitrag 78,40 € und als Höchstbetrag 1097,60 €. Freiwillige Beiträge können für das jeweilige Kalenderjahr grundsätzlich nur bis zum 31.03. des Folgejahres wirksam gezahlt werden. In bestimmten Fällen darf der freiwillig Versicherte auch für weiter zurückliegende Zeiten Beiträge nachzahlen, allerdings besteht diese Möglichkeit teilweise nur zeitlich befristet. Eine solche Nachzahlungsmöglichkeit haben z. B. Versicherte, deren Kindererziehungszeiten angerechnet werden und die beim Erreichen der Regelaltersgrenze die allgemeine Wartezeit nicht erfüllt haben.[40]

16 In ihrer Wirkung stehen die im Rahmen einer freiwilligen Versicherung entrichteten Beiträge grundsätzlich Pflichtbeiträgen gleich (nach § 55 Abs. 1 Satz 1 sind sie ebenso Beitragszeiten, s. Kap. 6 Rn. 4 ff.). Dies gilt nicht, soweit im SGB VI für die Erfüllung von tatbestandlichen Voraussetzungen speziell an die Zahlung von Pflichtbeiträgen angeknüpft wird. So können z. B. freiwillige Beiträge keine Rente wegen verminderter Erwerbsfähigkeit (s. Kap. 5 Rn. 32 ff.) auslösen, da ein Anspruch auf diese mindestens drei Jahre Pflichtbeitragszeiten in den letzten fünf Jahren vor Eintritt des Versicherungsfalles voraussetzt (vgl. § 43 Abs. 1 Nr. 2). Hingegen kann die in § 11 Abs. 1 Nr. 1 für Leistungen zur Rehabilitation (s. Kap. 14) geregelte versicherungsrechtliche Voraussetzung der Erfüllung der Wartezeit von 15 Jahren auch durch freiwillige Beiträge erfüllt werden (§ 51 Abs. 1 i. V. m. § 55 Abs. 1 Satz 1). Freiwillige Beiträge können sich z. B. besonders für Personen lohnen, die beispielsweise wegen der Geburt eines Kindes nur kurze Zeit berufstätig waren und erst wenige Beiträge eingezahlt haben.

---

39 BT-Drs. 11/4124, 152.
40 Vgl. § 208 SGB VI.

7. Nachversicherung, Versorgungsausgleich, Rentensplitting (§ 8)

Personen, die nachversichert werden oder für die aufgrund eines Versorgungsausgleichs oder eines Rentensplittings Rentenanwartschaften übertragen oder begründet wurden, erwerben die Versicherteneigenschaft nach § 8 Abs. 1. **17**

Nachversichert werden Personen, wenn sie versicherungsfrei oder von der Versicherungspflicht befreit sind und entgegen der ursprünglichen Erwartung ihre Absicherung nicht in einem anderen Altersversorgungssystem verwirklichen können. § 8 Abs. 2 zählt die einzelnen Personengruppen auf, für die eine **Nachversicherung** durchgeführt werden kann, wie z. B. für Beamte oder Berufssoldaten (Nr. 1). Nachversicherte stehen nach § 8 Abs. 1 Satz 2 sogar den Personen gleich, die versicherungspflichtig sind. Das hat zur Folge, dass die Nachversicherungsbeiträge nach § 185 Abs. 2 Satz 1 als rechtzeitig gezahlte Pflichtbeiträge gelten. Das bedeutet, dass auch rückwirkend Leistungsansprüche begründet werden können. Die Durchführung der Nachversicherung ist im Einzelnen in den §§ 181 bis 186 festgeschrieben.[41] **18**

Personen, für die aufgrund eines **Versorgungsausgleichs** (s. Kap. 13 Rn. 1 ff.) oder eines **Rentensplittings** (s. Kap. 13 Rn. 12 ff.) Rentenanwartschaften übertragen wurden, sind Versicherte nach § 8 Abs. 1 Nr. 2. Sie sind jedoch nicht den Pflichtversicherten – wie die Nachversicherten – gleichgestellt. Zuschläge an Entgeltpunkten aus einem Versorgungsausgleich bzw. aus einem Rentensplitting sind weder Pflichtbeiträge noch freiwillige Beiträge. Dennoch können sie Auswirkung auf die Wartezeiterfüllung nach § 52 (s. Kap. 6 Rn. 25) haben. **19**

Kapitel 4: Beiträge zur gesetzlichen Rentenversicherung

Inhaltsübersicht

1. Beitragsberechnung

Mit der Versicherungspflicht ist unmittelbar die Pflicht zur Zahlung von Beiträgen verbunden. Der Grundsatz der Beitragsberechnung ergibt sich aus § 157, wonach die Beiträge für Pflichtversicherte nach einem Beitragssatz von der Beitragsbemessungsgrundlage, die nur bis zur jeweiligen Beitragsbemessungsgrenze berücksichtigt wird, erhoben werden. Die Höhe des abzuführenden Beitrags ist das Produkt aus Beitragsbemessungsgrundlage und Beitragssatz. **1**

---

41 Sie werden ergänzt durch die im Übergangsrecht normierten Regelungen der §§ 233 und 233 a.

1.1 Beitragsbemessungsgrundlagen

2 Die Beitragsbemessungsrundlagen werden in den §§ 161 bis 167 normiert. Grundsätzlich gilt: Die Beitragsbemessungsgrundlage für **Versicherungspflichtige** sind die beitragspflichtigen Einnahmen (§ 161 Abs. 1) und für **freiwillig Versicherte** (s. Kap. 3 Rn. 13 ff.) ist es jeder Betrag, der die Mindestbemessungsgrundlage (§ 167) und die Beitragsbemessungsgrenze (§§ 157, 159) nicht überschreitet (s. Rn. 5). Die Mindestbemessungsgrundlage beträgt für freiwillig Versicherte monatlich 400 €.

3 Da **Selbständige** in der Regel hohen Einkommensschwankungen unterliegen, ist es schwer, die monatlichen Einkünfte zu prognostizieren. Dem hat der Gesetzgeber wie folgt Rechnung getragen: Beitragspflichtige Einnahmen selbständig Tätiger im Sinne des § 165 Abs. 1 Satz 1 Nr. 1 sind grundsätzlich das Arbeitseinkommen in Höhe der **Bezugsgröße** nach § 18 SGB IV (s. § 18 Rn. 1 ff. SGB IV), sog. **Regelbeitrag** (siehe Anhang 2 zum SGB VI). Bis zum Ablauf von drei Kalenderjahren nach dem Jahr der Aufnahme der selbständigen Tätigkeit ist nach § 165 Abs. 1 Satz 2 als beitragspflichtige Einnahme allerdings (nur) ein Arbeitseinkommen in Höhe von 50 % der Bezugsgröße zugrunde zu legen, sog. **halber Regelbeitrag**. Nur auf besonderen Antrag kann der Selbständige den Regelbeitrag zahlen. Ist ein Selbständiger mit der Erhebung des Regelbeitrags nicht einverstanden und möchte er die Beitragszahlung an seinen individuellen Gegebenheiten ausrichten, so kann er die Bezahlung **einkommensgerechter Beiträge** beantragen. Zur Berechnung der Beiträge ist als Bemessungsgrundlage das nachgewiesene Arbeitseinkommen des Selbständigen aus der zur Versicherungspflicht führenden Tätigkeit heranzuziehen, mindestens jedoch 400 € (vgl. § 165 Abs. 1 Sätze 3 bis 10). Sollte der Selbständige wirtschaftliche Probleme haben, so sieht die Sozialklausel in § 165 Abs. 1 a vor, dass nicht vom Einkommensteuerbescheid ausgegangen wird, sondern dass bei der Beitragsberechnung auf das laufende Arbeitseinkommen abgestellt wird.

4 Aufgrund der zahlreichen arbeitsvertraglichen Gestaltungsmöglichkeiten sieht das Gesetz in den §§ 162 bis 166 zahlreiche Einzelregelungen bezüglich der Beitragsbemessungsgrundlage vor. Die wichtigsten Regelungen zu den Beitragsbemessungsgrundlagen sind der nachfolgenden Tabelle zu entnehmen:

Beitragspflichtige Einnahmen Beschäftigter

Personengruppe	Beitragspflichtige Einnahme
Personen, die gegen Arbeitsentgelt beschäftigt sind	Arbeitsentgelt aus der versicherungspflichtigen Beschäftigung (§ 162 Nr. 1): Arbeitsentgelt im Sinne des § 14 SGB IV sind alle laufenden oder einmaligen Einnahmen aus einer Beschäftigung.
Personen, die zu ihrer Berufsausbildung beschäftigt sind	Wie oben, jedoch mindestens 1 % der Bezugsgröße (§ 162 Nr. 1)

Personengruppe	Beitragspflichtige Einnahme
Behinderte Menschen	Arbeitsentgelt, mindestens 80 % der Bezugsgröße (§ 162 Nr. 2, 2 a)
Auszubildende, die in einer außerbetrieblichen Einrichtung im Rahmen eines Berufsausbildungsvertrags nach dem Berufsausbildungsgesetz ausgebildet werden	Arbeitsentgelt in Höhe der Ausbildungsvergütung (§ 162 Nr. 3 a)
Personen, deren Beschäftigung nach dem Einkommensteuerrecht als selbständige Tätigkeit gewertet wird (sog. **Scheinselbständige** = Auftragnehmer, die sich als Selbständige ausgeben, für die aber in der Realität ein abhängiges Beschäftigungsverhältnis zu ihrem Auftraggeber besteht)	Grundsätzlich Einkommen in Höhe der Bezugsgröße (§ 162 Nr. 5)
Altersteilzeitbeschäftigte	Für Arbeitnehmer, die nach dem AltZG Aufstockungsbeträge erhalten, gilt auch mindestens ein Betrag i. H. v. 80 % des Regelarbeitsentgelts für die Altersteilzeitarbeit, begrenzt auf den Unterschiedsbetrag zwischen 90 % der monatlichen Beitragsbemessungsgrenze und dem Regelarbeitsentgelt, höchstens jedoch bis zur Beitragsbemessungsgrenze in der gesetzlichen Rentenversicherung als Beitragsbemessungsgrundlage (§ 163 Abs. 5).
Bezieher von Kurzarbeitergeld	80 % des Unterschiedsbetrags zwischen dem Soll-Entgelt und dem Ist-Entgelt (§ 163 Abs. 6)
Versicherungspflichtige geringfügig Beschäftigte – sog. Mini-Jobber	Tatsächliches Arbeitsentgelt, mindestens jedoch 155 € (§ 163 Abs. 8) bzw. ab 01.01.2013 175 € (s. Kap. 9)
Arbeitnehmer, die gegen ein monatliches Arbeitsentgelt bis zum oberen Grenzbetrag der Gleitzone[42] mehr als geringfügig beschäftigt sind – sog. Midi-Jobber	Arbeitnehmer hat nur einen reduzierten mit der Höhe des Arbeitsentgelts progressiv ansteigenden Beitragsanteil zu zahlen. Der zu zahlende Beitragsanteil

42 § 20 Abs. 2 SGB IV.

Personengruppe	Beitragspflichtige Einnahme
	ergibt sich aus der in § 163 Abs. 10 festgeschriebenen Gleitzonenformel (s. Kap. 9 Rn. 26 ff.)

Beitragspflichtige Einnahmen selbständig Tätiger

Personengruppe	Beitragspflichtige Einnahme
Selbständig Tätige	• Grundsätzlich Arbeitseinkommen in Höhe der Bezugsgröße • Bei Nachweis eines niedrigeren oder höheren Arbeitseinkommens dieses Arbeitseinkommen, mindestens jedoch 400 € (§ 165 Abs. 1 Nr. 1)
Künstler und Publizisten	Voraussichtliches Jahreseinkommen, mindestens jedoch 3900 € (§ 165 Abs. 1 Nr. 3)
Hausgewerbetreibende	Arbeitseinkommen (§ 165 Abs. 1 Nr. 4)

Beitragspflichtige Einnahmen sonstiger Versicherter

Personengruppe	Beitragspflichtige Einnahme
Wehr- und Zivildienstleistende	60 % der Bezugsgröße (§ 166 Abs. 1 Nr. 1)
Bezieher von Entgeltersatzleistungen	Grundsätzlich 80 % des der Entgeltersatzleistung zugrunde liegenden Arbeitsentgelts oder Arbeitseinkommens (§ 166 Abs. 1 Nr. 2)
Vorruhestandsgeldbezieher	Vorruhestandsgeld (§ 166 Nr. 3)
Entwicklungshelfer und im Ausland beschäftigte Deutsche	Grundsätzlich das Arbeitsentgelt aus der im Ausland ausgeübten Beschäftigung (§ 166 Abs. 1 Nr. 4)
Nicht erwerbsmäßig tätige Pflegepersonen	Nach dem pflegerischen Aufwand – siehe im Einzelnen die Kategorisierung in § 166 Abs. 2

5 Die Einnahmen werden zur Berechnung der Beitragshöhe nicht unbegrenzt, sondern höchstens bis zur **Beitragsbemessungsgrenze** berücksichtigt. Diese wird jährlich neu festgelegt. Sie ändert sich in der allgemeinen Rentenversicherung und in der knappschaftlichen Rentenversicherung in dem Verhältnis, in dem die Bruttolöhne und -gehälter der Arbeitnehmer im vergangenen Jahr zu entsprechenden Bruttolöhnen und -gehältern im vorvergangenen Jahr stehen (§ 159). Für das Jahr 2012 beträgt die Beitragsbemessungsgrenze 67200 € in den alten Bundesländern und 57600 € in den neuen Bundesländern.[43]

1.2 Beitragssatz

Der Beitragssatz hatte bislang seinen Höchstwert mit 20,3 % in den Jahren 1997/1998, lag im Jahr 2011 bei 19,9 % und im Jahr 2012 bei 19,6 %. Der Beitragssatz für das Folgejahr wird nach § 158 Abs. 1 so festgesetzt, dass die voraussichtlichen Ausgaben des folgenden Kalenderjahres gedeckt und die erforderliche finanzielle Reserve (sog. **Nachhaltigkeitsrücklage**) zum Jahresende sichergestellt ist. Dabei sieht das Gesetz als Mindestrücklage 20 % einer Monatsausgabe und als Höchstnachhaltigkeitsrücklage 150 % einer Monatsausgabe vor. Die Mindestrücklage dient dem Ausgleich unterjähriger Einnahmeschwankungen. Die Höhe des Beitragssatzes hat auch Auswirkungen auf die Höhe beim Bundeszuschuss nach § 213 Abs. 2 (s. Kap. 1 Rn. 12) im entsprechenden Jahr und auf die Anpassung der Renten (s. Kap. 11) im Folgejahr (§§ 65, 68). **6**

Der Beitragssatz ist in der **knappschaftlichen Rentenversicherung** – aufgrund des weiteren Schutzbedürfnisses – mit 26 % im Jahr 2012 höher als in der allgemeinen Rentenversicherung mit 19,6 %. In der knappschaftlichen Rentenversicherung zahlt der Arbeitgeber hiervon 16,2 % und der Arbeitnehmer 9,8 % – wie wenn er in der allgemeinen Rentenversicherung versichert wäre. Der Beitragssatz in der knappschaftlichen Rentenversicherung verändert sich in demselben Verhältnis, wie er sich in der allgemeinen Rentenversicherung verändert (§ 158 Abs. 3). **7**

2. Beitragstragung

Die Beiträge der **pflichtversicherten Arbeitnehmer** werden von dem Versicherten und dem Arbeitgeber je zur Hälfte getragen (§ 168 Abs. 1 Nr. 1). Hiervon gibt es insbesondere folgende Ausnahmen: **8**

- Bei **dauerhaft geringfügig beschäftigten Arbeitnehmern**, die versicherungspflichtig sind (s. Kap. 9 Rn. 6), hat der Arbeitgeber stets einen Beitragsanteil in Höhe von 15 % zu tragen und der Arbeitnehmer den restlich verbleibenden Anteil in Höhe von derzeit 4,6 % (§ 168 Abs. 1 Nr. 1 b). Handelt es sich hier um versicherungspflichtige Personen in Privathaushalten, hat der Arbeitgeber 5 % und der Arbeitnehmer den Rest zu tragen (§ 168 Abs. 1 Nr. 1 c).
- Bei **Beschäftigten in der Gleitzone** richtet sich nach § 168 Abs. 1 Nr. 1 d die Beitragslast nach einer in § 168 Abs. 10 festgeschriebenen Formel (s. Kap. 9 Rn. 26).
- Bei Beziehern von **Kurzarbeitergeld** hat allein der Arbeitgeber den Beitrag zu tragen (§ 168 Abs. 1 Nr. 1 a).

43 Die jeweiligen Beitragsbemessungsgrenzen sind zu finden in Anlage 2 zum SGB VI.

- Bei **Aufstockungsbeträgen nach dem Altersteilzeitgesetz** allein der Arbeitgeber (§ 168 Abs. 1 Nr. 6).
- Um Verzerrungen auf dem Arbeitsmarkt zu vermeiden, hat der Arbeitgeber einen hälftigen fiktiven Beitrag für einen **älteren versicherungsfreien Beschäftigten** zu zahlen (§ 172 Abs. 1).

9 **Selbständige** tragen ihre Beiträge aufgrund einer versicherungspflichtigen Tätigkeit (s. Kap. 3) grundsätzlich selbst (§ 169 Nr. 1). Ausnahmen hiervon gelten für:

- Beiträge für Künstler und Publizisten, die nach § 2 Satz 1 Nr. 5 versicherungspflichtig sind, die von der Künstlersozialkasse (§ 169 Nr. 2) getragen werden und
- Hausgewerbetreibende, die nach § 2 Satz 1 Nr. 6 versicherungspflichtig sind; diese werden beitragsrechtlich wie abhängig Beschäftigte behandelt, d. h. von Versicherten und Arbeitgebern werden die Beiträge jeweils zur Hälfte getragen (§ 169 Nr. 3).

10 Neben den abhängig Beschäftigten und den Selbständigen gibt es eine weitere versicherungspflichtige Personengruppe, für die die sehr unterschiedlichen Regelungen zur Beitragstragung in § 170 – überschrieben mit dem Titel »Beitragstragung bei **sonstigen Versicherten**« – zusammengefasst wurden. So werden die Beiträge für Wehr- und Zivildienstleistende vom Bund getragen. Die Beitragstragung bei Beziehern von Lohnersatzleistung richtet sich hingegen nach der Art der Lohnersatzleistung, so wird das Arbeitslosengeld z. B. vom Leistungsträger allein getragen (§ 170 Nr. 2 a) und z. B. beim Bezug von Krankengeld kommt es regelmäßig zur hälftigen Beteiligung durch die Bezieher der Leistung (§ 170 Abs. 1 Nr. 2 a).

3. Beitragserstattung

11 Da einmal gezahlte Beiträge dem Dispositionsrecht des Versicherten grundsätzlich entzogen sind, ist eine Beitragserstattung von wirksam gezahlten Beiträgen nur unter sehr engen Voraussetzungen möglich. Hier ist zwischen der Erstattung zu Unrecht entrichteter und der Erstattung zu Recht entrichteter Beiträge zu unterscheiden.

3.1 Erstattung zu Unrecht entrichteter Beiträge (§ 26 SGB IV)

12 Sind **Beiträge zu Unrecht** entrichtet worden, so sind diese nach § 26 SGB IV zu erstatten. Sie sind von Amts wegen zu erstatten, außer es sind bereits im Zusammenhang mit den Beiträgen Leistungen erbracht worden bzw. zu erbringen oder die Verjährungsfrist ist abgelaufen. Erstattungsberechtigt ist derjenige, der die Beiträge getragen hat, also nicht derjenige, der sie abgeführt hat.

3.2 Erstattung zu Recht entrichteter Beiträge (§ 210)

13 Handelt es sich hingegen um **zu Recht entrichtete** Beiträge, so sind, wenn seit dem Ausscheiden aus der Versicherungspflicht 24 Kalendermonate abgelaufen sind und nicht erneut Versicherungspflicht eingetreten ist (§ 210 Abs. 2), diese Beiträge folgenden Personen auf Antrag zu erstatten:

- Versicherten, die nicht versicherungspflichtig sind und nicht das Recht zur freiwilligen Versicherung (s. Kap. 3 Rn. 14 ff.) haben (§ 210 Abs. 1 Nr. 1),
- Versicherten, die die Regelaltersgrenze erreicht und die allgemeine Wartezeit (s. Kap. 6 Rn. 25 f.) nicht erfüllt haben (§ 210 Abs. 1 Nr. 2),
- Witwen, Witwern, überlebenden Lebenspartnern oder Waisen, wenn wegen nicht erfüllter allgemeiner Wartezeit (s. Kap. 6 Rn. 25 f.) ein Anspruch auf Rente wegen Todes nicht besteht (§ 210 Abs. 1 Nr. 3) und
- Versicherten, die versicherungsfrei oder von der Versicherungspflicht befreit sind, wenn sie die allgemeine Wartezeit (s. Kap. 6 Rn. 25 f.) nicht erfüllt haben. Beiträge werden dieser Gruppe aber nicht erstattet, wenn sie in dieser Zeit von dem Recht der freiwilligen Versicherung nach § 7 (s. Kap. 3 Rn. 14–16) Gebrauch gemacht haben oder solange sie als Beamte oder Richter auf Zeit oder auf Probe, Soldaten auf Zeit, Beamte auf Widerruf im Vorbereitungsdienst versicherungsfrei (s. Kap. 3 Rn. 11) oder nur befristet von der Versicherungspflicht befreit sind (§ 210 Abs. 1 a).

Wichtigster Anwendungsfall sind Versicherte, deren Versicherungspflicht seit 24 Kalendermonaten beendet ist, ohne dass eine Berechtigung zur freiwilligen Versicherung besteht. Dabei handelt es sich häufig um ausländische Staatsangehörige, die Deutschland verlassen haben und denen internationale Abkommen keinen Zugang zum deutschen Sozialversicherungssystem ermöglichen.[44]

Beiträge werden nach § 210 Abs. 3 grundsätzlich in der Höhe erstattet, in der die Versicherten sie getragen haben. Beiträge, die von den Versicherten nicht mitgetragen wurden, werden grundsätzlich[45] nicht erstattet (vgl. § 210 Abs. 3). Das bedeutet, dass der Versicherte in einer abhängigen Beschäftigung nur die von ihm selbst getragenen Beiträge erstattet erhält. Beiträge, die aufgrund einer Beschäftigung in der Gleitzone nach § 20 Abs. 2 SGB IV (s. Kap. 9 Rn. 26) gezahlt worden sind, werden zur Hälfte erstattet. Auch die Beiträge in einer selbständigen Tätigkeit oder bei der Zahlung von freiwilligen Beiträgen werden nur zur Hälfte erstattet. Grund hierfür ist, dass mit der nicht ausgezahlten Hälfte des vom Versicherten ganz getragenen Beitrags das von der Versichertengemeinschaft bis zur Beitragserstattung getragene Versicherungsrisiko abgegolten werden soll. **14**

Haben Versicherte eine Sach- oder Geldleistung aus der Versicherung in Anspruch genommen, können sie nur die Erstattung der danach gezahlten Beiträge verlangen (§ 210 Abs. 5). **15**

Mit der Beitragserstattung wird das bisherige Versicherungsverhältnis aufgelöst. Der Empfänger einer Beitragserstattung verliert seine Versicherteneigenschaft (§ 210 Abs. 6 Satz 2). **16**

---

44 Roßbach/Bosien, Handbuch der gesetzlichen Rentenversicherung SGB VI, Kapitel 11, Rn. 113.
45 Ausnahme: § 119 SGB X.

Kapitel 5: Rentenarten

Inhaltsübersicht Rn.

1. Rentenarten

1.1 Vorbemerkung

Die gesetzliche Rentenversicherung sichert obligatorisch die biometrischen Risiken Langlebigkeit durch Renten wegen Alters (Altersrenten), Invalidität durch Renten wegen verminderter Erwerbsfähigkeit (Erwerbsminderungsrenten) und den Schutz der Hinterbliebenen durch Renten wegen Todes (Hinterbliebenenrenten) zu gleichen Bedingungen für Männer und Frauen ab. Alters- und Erwerbsminderungsrenten werden als Versichertenrenten bezeichnet; Hinterbliebenenrenten hingegen sind Renten aus abgeleitetem Recht, nämlich aus dem Recht des Versicherten. § 33 gibt einen vollständigen Überblick über die Rentenarten des Zweiten und des Fünften Kapitels (Sonderregelungen und Übergangsvorschriften) des SGB VI. 1

1.2 Allgemeine Grundsätze für alle Rentenarten

Wenn die rentenrechtlichen Voraussetzungen für mehrere Renten aus eigener Versicherung zugleich erfüllt sind (z.B. für die Altersrente für langjährig Versicherte und für die Altersrente für schwerbehinderte Menschen), wird nur die höchste Rente geleistet. Bei gleich hohen Renten ist die Rangfolge in § 89 Abs. 1 zu beachten. 2

Ein Lebensjahr wird mit Ablauf des Tages vollendet, der dem Geburtstag vorangeht.

> **Beispiel:**
> Das 65. Lebensjahr wird am Tag vor dem 65. Geburtstag vollendet, §§ 187 Abs. 2, 188 Abs. 2 BGB.[46]

---

46 § 187 Abs. 2 BGB (Fristbeginn) lautet: Ist der Beginn eines Tages der für den Anfang einer Frist maßgebende Zeitpunkt, so wird dieser Tag bei der Berechnung der Frist mitgerechnet. Das Gleiche gilt von dem Tage der Geburt bei der Berechnung des Lebensalters.
§ 188 Abs. 2 BGB (Fristende) lautet: Eine Frist, die nach Wochen, nach Monaten oder nach einem mehrere Monate umfassenden Zeitraum – Jahr, halbes Jahr, Vierteljahr – bestimmt ist, endigt im Falle des § 187 Abs. 1 mit dem Ablauf desjenigen Tages der letzten Woche oder des letzten Monats, welcher durch seine Benennung oder seine Zahl dem Tage entspricht, in den das Ereignis oder der Zeitpunkt fällt, im Falle des § 187 Abs. 2 mit dem Ablauf desjenigen Tages der letzten Woche oder des letzten Monats, welcher dem Tage vorhergeht, der durch seine Benennung oder seine Zahl dem Anfangstag der Frist entspricht.

Renten werden nur auf Antrag gewährt (§ 19 SGB IV i. V. m. § 115 Abs. 1). Ausnahmsweise ohne Antrag, wenn eine Rente wegen der Änderung der tatsächlichen oder rechtlichen Verhältnisse in niedrigerer als der bisherigen Höhe zu leisten ist (§ 115 Abs. 1 Satz 2) oder bei der Umstellung einer Erwerbsminderungsrente (EM-Rente) bei Erreichen der Regelaltersgrenze bzw. bei Umstellung von kleinen auf große Witwen-/Witwerrenten (§ 115 Abs. 3).

Die Rente wird vom Ersten des Monats an geleistet, zu dessen Beginn die Anspruchsvoraussetzungen für die Rente erfüllt sind und der Rentenantrag innerhalb von drei Kalendermonaten ab diesem Zeitpunkt gestellt ist. Wird der Antrag später als drei Monate gestellt, beginnt die Rente erst mit dem Antragsmonat (§ 99 Abs. 1).

Versicherte können zugleich die Zugangsbedingungen für mehrere Rentenarten erfüllen. Für welche Rentenart sie sich entscheiden, bleibt ihnen überlassen. Ausschlaggebend wird zumeist die Höhe der Abschläge sein, die sich nach den unterschiedlichen Anhebungszeitpunkten richtet. Aber auch Überlegungen, mit welcher Rente sie frühestmöglich in Rente gehen können, können entscheidungserheblich sein. Jede Rente, deren rentenrechtliche Voraussetzungen erfüllt werden, kann beansprucht werden.

> **Beispiel:**
> Schwerbehinderte Menschen brauchen nicht ausschließlich in die Rente für schwerbehinderte Menschen zu gehen. Sie können auch z. B. bei Vorliegen der Voraussetzungen die Altersrente für langjährig Versicherte in Anspruch nehmen.

In der Regel wird die Altersrente für schwerbehinderte Menschen aber vorteilhafter sein, weil damit Versicherte früher und mit weniger Abschlag in Rente gehen können (s. Rententabellen im Anhang 1 zum SGB VI).

2. Renten wegen Alters

2.1 Übersicht

3 Zuletzt wurden durch das RV-Altersgrenzenanpassungsgesetz[47] die Altersgrenzen für den Renteneintritt ab 01. 01. 2012 wesentlich geändert (»Rente mit 67«). Da die Altersgrenzen bei den einzelnen Altersrenten nicht gleichmäßig für die einzelnen Geburtsjahrgänge angehoben wurden, sondern vielmehr zahlreiche abgestufte Übergangsvorschriften gelten, nachfolgend ein Überblick (und siehe Rententabellen im Anhang 2 zum SGB VI):

Renten wegen Alters nach Geburtsjahrgängen				
	Geburtsjahrgänge und anzuwendende Norm			Sonderregelungen
Regelaltersrente	1964 und danach	1947–1963	1947 und davor	Für Versicherte, die vor dem 01. 01. 1955 geboren sind und

47 Gesetz vom 20. 04. 1997, BGBl. I S. 554.

	Geburtsjahrgänge und anzuwendende Norm			Sonderregelungen
(siehe unten Rn. 4–6)	§ 35 Regelaltersgrenze mit voll. 67. Lj.	§ 235 stufenweise Anhebung der Regelaltersgrenze von 65 auf 67. Lj. (s. Tabelle in § 235 Abs. 2)	§ 235 Regelaltersgrenze mit voll. 65. Lj.	vor dem 01.01.2007 ATZ[48] vereinbart haben oder Anpassungsgeld für entlassene Arbeitnehmer des Bergbaus bezogen haben, wird die Regelaltersgrenze nicht angehoben (§ 235 Abs. 2 Satz 2).
Altersrente für langjährig Versicherte (siehe unten Rn. 7–11)	1964 und danach § 36 Altersgrenze mit voll. 67. Lj. vorzeitige Inanspruchnahme (mit Abschlägen) ab dem 63. Lj.	1949–1963 § 236 stufenweise Anhebung der Altersgrenze von 65 auf 67. Lj. vorzeitige Inanspruchnahme (mit Abschlägen) ab dem 63. Lj.	1948 und davor § 236 Altersgrenze mit voll. 65. Lj. vorzeitige Inanspruchnahme (mit Abschlägen) ab dem 63. Lj.	Für Versicherte, die vor dem 01.01.1955 geboren sind und vor dem 01.01.2007 ATZ[49] vereinbart haben oder Anpassungsgeld für entlassene Arbeitnehmer des Bergbaus bezogen haben, wird die Altersgrenze von 65 nicht angehoben (§ 236 Abs. 2 Satz 2). Weitere Sonderregelung s. § 236 Abs. 3.
Altersrente für schwerbehinderte Menschen (siehe unten Rn. 12–17)	1964 und danach § 37 Altersgrenze mit voll. 65. Lj.	1952–1963 § 236 a stufenweise Anhebung der Regelaltersgrenze von 63 auf 65. Lj.	1951 und davor § 236 a Altersgrenze mit voll. 63. Lj.	

48 Im Sinne der §§ 2 und 3 Abs. 1 Nr. 1 ATG.
49 Im Sinne der §§ 2 und 3 Abs. 1 Nr. 1 ATG.

	Geburtsjahrgänge und anzuwendende Norm			Sonderregelungen
	vorzeitige Inanspruchnahme (mit Abschlägen) ab dem 62. Lj.	vorzeitige Inanspruchnahme (mit Abschlägen) in Stufen vom 60. Lj. auf das 62. Lj.	vorzeitige Inanspruchnahme (mit Abschlägen) ab dem 60. Lj.	
Altersrente für besonders langjährig Versicherte § 38 (siehe unten Rn. 18–20)	1947 und danach (Inkrafttreten der Vorschrift zum 01.01.2012) § 38 Altersgrenze 65. Lj. (vorzeitige Inanspruchnahme ist nicht möglich)			
Altersrente für langjährig unter Tage beschäftigte Bergleute (siehe unten Rn. 21–23)	1964 und danach § 40 Altersgrenze mit voll. 62. Lj.	1952–1963 § 238 stufenweise Anhebung der Regelaltersgrenze von 60 auf 62. Lj.	1951 und davor § 238 Altersgrenze mit voll. 60. Lj.	
Altersrente wegen Arbeitslosigkeit oder nach Altersteilzeitarbeit (siehe unten Rn. 24–28)	1952 und danach Für diese Versicherten gibt es diese Rente nicht mehr.	1951 und davor § 237 Altersgrenze mit voll. 65. Lj. Grundsätzlich: vorzeitige Inanspruchnahme (mit Abschlägen) in Stufen vom 60. Lj. auf das 63. Lj. (siehe zahlreiche Sonderregelungen in § 237).		
Altersrente für Frauen	1952 und danach	1951 und davor		

	Geburtsjahrgänge und anzuwendende Norm	Sonderregelungen
(siehe unten Rn. 29–31)	Für diese Versicherten gibt es diese Rente nicht mehr.	§ 237 a Altersgrenze mit voll. 65. Lj. vorzeitige Inanspruchnahme (mit Abschlägen) ab dem voll. 60. Lj.

Bei unterschiedlichen Renten, die ab einem gleichen Zeitpunkt in Anspruch genommen werden können, da die rentenrechtlichen Voraussetzungen zugleich erfüllt sind, kann es zu unterschiedlich hohen Abschlägen kommen.

Beispiel:
Ein im Jahr 1953 geborener Versicherter erfüllt sowohl die rentenrechtlichen Voraussetzungen für die Altersrente für langjährig Versicherte wie auch die für die Altersrente für schwerbehinderte Menschen. Die Altersrente für langjährig Versicherte kann er abschlagsfrei mit 65 Jahren und sieben Monaten, mit einem Abschlag von 9,3 % frühestens mit voll. 63. Lebensjahr in Anspruch nehmen. Die Altersrente für schwerbehinderte Menschen kann er hingegen abschlagsfrei mit 63 Jahren und sieben Monaten und mit einem Abschlag von 10,8 % mit 60 Jahren und sieben Monaten in Anspruch nehmen. Er muss sich entscheiden, ob er so früh wie möglich (mit Abschlägen) oder abschlagsfrei in Rente gehen will. Siehe dazu Rententabellen im Anhang 1 zum SGB VI.

Eine Altersrente kann in voller Höhe (Vollrente) oder als Teilrente in Anspruch genommen werden (§ 42 Abs. 1, s. Kap. 8).

2.2 Regelaltersrente

2.2.1 Inhalt der Regelung

§ 35 und § 235 regeln die Voraussetzungen für die Regelaltersrente. § 235 ist dabei eine 4
Sonderregelung zu § 35. Ab 2012 wird – beginnend für den Geburtsjahrgang 1947 – das maßgebliche Lebensalter für die Inanspruchnahme der Regelaltersrente von 65 Jahren auf 67 angehoben. Zu den Stufen siehe § 235 Abs. 2 (i. d. R. pro Geburtsjahr um 1 Monat). Mit dem Geburtsjahrgang 1963 ist die Anhebung abgeschlossen. Für Versicherte, die 1964 und danach geboren sind, gilt § 35. Für alle vor dem 01. 01. 1964 Geborenen gilt § 235.

2.2.2 Voraussetzungen für die Inanspruchnahme

1. **Erreichen der Regelaltersgrenze (§§ 35 Satz 1 Nr. 1, 235 Abs. 1 Satz 1 Nr. 1 und** 5
Satz 2 Abs. 2)
Die Regelaltersgrenze richtet sich nach dem Geburtsjahrgang (siehe Tabelle Rn. 3): Für Versicherte, die vor 1947 geboren sind, bleibt die Regelaltersgrenze bei dem voll. 65. Lebensjahr. Bei Versicherten, die 1964 und danach geboren sind, beträgt die Regel-

altersgrenze das voll. 67. Lebensjahr. Für Versicherte, die in den Jahren 1947 bis 1963 geboren sind, steigt die Regelaltersgrenze entsprechend § 235 Abs. 2 Satz 2 in Stufen an, wenn nicht die Ausnahme des § 235 Abs. 2 Satz 3 gilt. Diese Norm beschreibt Ausnahmen, wann die Regelaltersgrenze nicht angehoben wird, sondern beim voll. 65. Lebensjahr verbleibt.

Ausnahmen im Sinne des § 235 Abs. 2 Satz 3 (Vertrauensschutzregelung): Versicherte, die vor dem 01.01.1955 geboren sind und mit ihrem Arbeitgeber vor dem 01.01.2007 Altersteilzeit vereinbart haben oder am 01.01.2007 bereits in Altersteilzeit gearbeitet haben, können aus Vertrauensschutzgründen weiterhin die Regelaltersrente mit dem voll. 65. Lebensjahr in Anspruch nehmen. Vorruhestandsvereinbarungen, die nicht nach dem ATG geschlossen wurden, sowie Vereinbarungen, die keine Altersteilzeitverträge sind, zählen dabei nicht zu den Ausnahmen. Für sie gilt die Anhebung der Regelaltersgrenze.

2. **Allgemeine Wartezeit (§§ 35 Satz 1 Nr. 2, 235 Abs. 1 Satz 1 Nr. 2)**
   Sie beträgt fünf Jahre (§ 50 Abs. 1 Satz 1), s. Kap. 6 Rn. 25. Zum Rentenbeginn: s. Rn. 2 sowie Rententabellen im Anhang 1 zum SGB VI.

2.2.3 Hinzuverdienstgrenzen

6 Für die Regelaltersrente gelten die Hinzuverdienstgrenzen des § 34 Abs. 2 und 3 nicht; es kann deshalb unbeschränkt hinzuverdient werden, ohne dass die Rente gekürzt wird. Zu beachten sind jedoch die steuerrechtlichen Auswirkungen. Die Regelaltersrente kann auch als Teilrente in Anspruch genommen werden (s. Kap. 8). Die Regelaltersrente kann nicht vorzeitig in Anspruch genommen werden. Wird die Regelaltersgrenze erreicht und die Regelaltersrente nicht in Anspruch genommen, erhöht sich der Rentenanspruch auch ohne weitere Beitragszahlung. Für jeden Monat der Nichtinanspruchnahme gibt es zur späteren Altersrente einen »Zuschlag« an Entgeltpunkten in Höhe von 0,5 % (s. Kap. 7 Rn. 22).

2.3 Altersrente für langjährig Versicherte

2.3.1 Inhalt der Regelung

7 § 36 und § 236 regeln die Voraussetzungen für die Altersrente für langjährig Versicherte. § 236 ist dabei eine Sonderregelung zu § 36. Ab 2012 wird – beginnend für den Geburtsjahrgang 1947 – das maßgebliche Lebensalter für die abschlagsfreie Inanspruchnahme der Altersrente für langjährig Versicherte von 65 Jahren auf 67 angehoben. Mit dem Geburtsjahrgang 1963 ist die Anhebung abgeschlossen. Für Versicherte, die 1964 und danach geboren sind, gilt § 36. Für alle vor dem 01.01.1964 Geborenen gilt § 236. Die vorzeitige Inanspruchnahme ist nach Vollendung des 63. Lebensjahres möglich und ist mit Rentenabschlägen von 0,3 % pro Monat verbunden (s. Kap. 7 Rn. 22).

2.3.2 Anhebung der Altersgrenze

Für Versicherte, die in den Jahren 1949 bis 1963 geboren sind, steigt die Altersgrenze entsprechend § 236 Abs. 2 Satz 2 in Stufen an. Die Anhebung beginnt – anders als bei der Regelaltersrente mit dem Geburtsjahrgang 1947 – erst mit den Geburtsjahrgängen ab 1949. Eine vorzeitige Inanspruchnahme ist nach Voll. des 63. Lebensjahres möglich, jedoch steigen die Abschläge beginnend mit dem Geburtsjahrgang 1949 bis zum Geburtsjahrgang 1964 von 7,5 % bis zu 14,4 % (siehe Rententabellen im Anhang 1 zum SGB VI). 8

2.3.3 Vertrauensschutz

Sowohl von der Anhebung der abschlagsfreien Altersrente für langjährig Versicherte wie auch von der Altersgrenze 63. Lebensjahr beim vorzeitigen Bezug gibt es aus Vertrauensschutzgründen Ausnahmen. 9

Vertrauensschutzregelung bei abschlagsfreien Altersrenten für langjährig Versicherte im Sinne des § 236 Abs. 2 Satz 3

Versicherte, die vor dem 01.01.1955 geboren sind und mit ihrem Arbeitgeber vor dem 01.01.2007 Altersteilzeit vereinbart haben oder am 01.01.2007 bereits in Altersteilzeit gearbeitet haben, können aus Vertrauensschutzgründen weiterhin die Altersrente für langjährig Versicherte mit dem voll. 65. Lebensjahr in Anspruch nehmen. Vorruhestandsvereinbarungen, die nicht nach dem ATG geschlossen wurden sowie Vereinbarungen, die keine Altersteilzeitverträge sind, zählen dabei nicht zu den Ausnahmen. Das Gleiche gilt für Versicherte, die vor dem 01.01.1964 geboren wurden und Anpassungsgeld für entlassene Arbeitnehmer des Bergbaus bezogen haben.

Vertrauensschutzregelung bei vorzeitiger Inanspruchnahme mit Abschlägen im Sinne des § 236 Abs. 3

Versicherte, die nach 31.12.1947 und vor dem 01.01.1955 geboren sind (Geburtsjahrgänge 1948 bis 1954) und mit ihrem Arbeitgeber vor dem 01.01.2007 Altersteilzeit vereinbart haben oder am 01.01.2007 bereits in Altersteilzeit gearbeitet haben, können aus Vertrauensschutzgründen vor dem 63. Lebensjahr mit Abschlägen in Rente gehen. Vorruhestandsvereinbarungen, die nicht nach dem ATG geschlossen wurden sowie Vereinbarungen, die keine Altersteilzeitverträge sind, zählen dabei nicht zu den Ausnahmen.

Das Gleiche gilt für Versicherte, die nach dem 31.12.1947 und vor dem 01.01.1964 geboren wurden (Geburtsjahrgänge 1948 bis 1963) und Anpassungsgeld für entlassene Arbeitnehmer des Bergbaus bezogen haben. Für beide Personengruppen gilt die Tabelle in § 236 Abs. 3, im Folgenden mit den Abschlägen bei frühestmöglicher Inanspruchnahme.

Senkung der Altersgrenze bei vorzeitigem Eintritt in die Altersrente für langjährig Versicherte mit Vertrauensschutz			
Geburtsmonat und -jahr	Vorzeitige Inanspruchnahme frühestens ab		Abschlag bei frühestmöglichem Rentenbeginn in %
	Jahre	Monat	
Januar–Februar 1948	62	11	7,5
März–April 1948	62	10	7,8
Mai–Juni 1948	62	9	8,1
Juli–August 1948	62	8	8,4
September–Oktober 1948	62	7	8,7
November–Dezember 1948	62	6	9,0
Januar–Februar 1949	62	5	9,3
März–April 1949	62	4	9,6
Mai–Juni 1949	62	3	9,9
Juli–August 1949	62	2	10,2
September–Oktober 1949	62	1	10,5
November–Dezember 1949	62	0	10,8
Januar 1950–Dezember 1963	62	0	10,8

2.3.4 Voraussetzungen für die Inanspruchnahme

10 1. Erreichen der Altersgrenze (§§ 36 Satz 1 Nr. 1, 236 Abs. 1 Satz 1 Nr. 2 und Satz 2, Abs. 2 und 3): siehe Rn. 1 und 2.

2. Wartezeit von 35 Jahren (§§ 36 Satz 1 Nr. 2, 236 Abs. 1 Satz 1 Nr. 2): (s. Kap. 7 Rn. 25) Zum Rentenbeginn s. Rn. 2 sowie Rententabellen im Anhang 1 zum SGB VI.

2.3.5 Hinzuverdienstgrenzen

11 Die Altersrente für langjährig Versicherte kann als Vollrente nur dann vor Erreichen der Regelaltersgrenze beansprucht werden, wenn die Hinzuverdienstgrenzen nicht überschritten werden; § 34 Abs. 2 Satz 1. Werden diese überschritten, kann eine Teilrente in Anspruch genommen werden (§ 42 Abs. 1), siehe Kap. 8. Wird eine (niedrigere) Teilrente in Anspruch genommen, bedarf es keines Antrags, da die Rente wegen der Änderung der tatsächlichen oder rechtlichen Verhältnisse in niedrigerer als der bisherigen Höhe geleistet wird (§ 115 Abs. 1 Satz 2; nicht abgedruckt).

2.4 Altersrente für schwerbehinderte Menschen

2.4.1 Inhalt der Regelung

§ 37 und § 236a regeln die Voraussetzungen für die Altersrente für schwerbehinderte Menschen. § 236a ist dabei eine Sonderregelung zu § 37. Beginnend für den Geburtsjahrgang 1952 wird das maßgebliche Lebensalter für die abschlagsfreie Altersrente für schwerbehinderte Menschen in Stufen von 63 auf 65 Jahre sowie die vorzeitige Inanspruchnahme mit Abschlägen in Stufen von 60 auf 62 Jahre angehoben (s. Tabelle in § 236a Abs. 2 Satz 2). Mit dem Geburtsjahrgang 1963 ist die Anhebung abgeschlossen. Für Versicherte, die 1964 und danach geboren sind, gilt § 37. Die vorzeitige Inanspruchnahme ist dann nach Vollendung des 62. Lebensjahres möglich und ist mit Rentenabschlägen von 0,3 % pro Monat verbunden (s. Kap. 7 Rn. 22). Für alle vor dem 01.01.1952 geborenen schwerbehinderten Menschen verbleibt es bei einem abschlagsfreien Renteneintritt mit dem voll. 63. Lebensjahr und einer vorzeitigen Inanspruchnahme ab dem 60. Lebensjahr (§ 236a Abs. 2 Satz 1). Siehe Rententabellen im Anhang 1 zum SGB VI. **12**

2.4.2 Vertrauensschutz

Für Versicherte, die vor dem 01.01.2007 als schwerbehinderte Menschen (§ 2 Abs. 2 SGB IX) anerkannt waren und entweder Altersteilzeit vereinbart (betrifft die Geburtsjahrgänge vor 1955) oder Anpassungsgeld für entlassene Arbeitnehmer des Bergbaus bezogen haben (betrifft die Geburtsjahrgänge vor 1954), werden die Altersgrenzen nicht angehoben (§ 236a Abs. 2 Satz 3). Vorruhestandsvereinbarungen, die nicht nach dem ATG geschlossen wurden, sowie Vereinbarungen, die keine Altersteilzeitverträge sind, zählen dabei nicht zu den Ausnahmen. Greift Vertrauensschutz, verbleibt es bei einem abschlagsfreien Renteneintritt frühestens mit dem voll. 63. Lebensjahr und einem abschlagsbehafteten Renteneintritt frühestens ab dem voll. 60. Lebensjahr. **13**

Versicherte der Geburtsjahrgänge bis 1950 können die Altersrente für schwerbehinderte Menschen nach Vollendung des 63. Lebensjahres in Anspruch nehmen, wenn sie bei Rentenbeginn nach dem am 31.12.2000 geltenden Recht berufsunfähig oder erwerbsunfähig sind (§ 236a Abs. 3; es gilt dann §§ 43, 44 in der am 31.12.2000 geltenden Fassung). Für die Feststellung der Berufs- oder Erwerbsunfähigkeit gilt § 43 Abs. 2 i. d. F. des 2. SGB VI-ÄndG; für die Feststellung der Erwerbsunfähigkeit § 44 Abs. 2 i. d. F. des Gesetzes vom 24.03.1999.[50] Für nach 1950 geborene Versicherte führt eine Berufs- oder Erwerbsunfähigkeit nicht mehr zu einem Anspruch auf eine Altersrente für schwerbehinderte Menschen. **14**

Versicherte, die vor dem 17.11.1950 geboren sind und sowohl am 16.11.2000 wie auch bei Rentenbeginn schwerbehindert, berufs- oder erwerbsunfähig (s. Rn. 14) nach dem am 31.12.2000 geltenden Recht waren, können bei Erfüllung der Wartezeit von 35 Jahren die Altersrente für schwerbehinderte Menschen mit voll. 60. Lebensjahr ohne **15**

50 BGBl. I S. 388.

Abschlag in Anspruch nehmen. Entfällt die Schwerbehinderung, Berufs- oder Erwerbsunfähigkeit vorübergehend zwischen dem 16. 11. 2000 und dem Rentenbeginn, ist dies für den Rentenanspruch unschädlich.

2.4.3 Voraussetzungen für die Inanspruchnahme

16 1. **Erreichen der Altersgrenze (§§ 37 Satz 1 Nr. 1, 236 a Abs. 1 Satz 1 Nr. 1 und Satz 2, Abs. 2):** siehe Rn. 12.

2. **Anerkennung bei Beginn der Altersrente als schwerbehinderter Mensch (§ 2 Abs. 2 SGB IX):** Erforderlich ist das Vorliegen eines Grades der Behinderung (GdB) von mindestens 50 % (Schwerbehinderung). Eine Gleichstellung nach § 2 Abs. 3 SGB IX reicht nicht aus. Der Nachweis erfolgt durch den Ausweis für schwerbehinderte Menschen (§ 69 Abs. 5 SGB IX), Anerkennungsbescheid, Bescheid der Berufsgenossenschaft oder Gerichtsentscheid. Der Grad der Behinderung von mind. 50 % muss bei Rentenbeginn vorliegen. Entfällt oder reduziert er sich, weil sich die schwere Behinderung nach Rentenbeginn bessert, ist dies unschädlich und die Altersrente fällt deswegen nicht weg. Nur wegen Überschreitens der Hinzuverdienstgrenzen kann die Altersrente unter Umständen ganz wegfallen. Wird die Rentenzahlung ganz eingestellt und werden die Hinzuverdienstgrenzen später wieder eingehalten, muss die Rente erneut beantragt werden. Dann müssen die Voraussetzungen allerdings wieder vollständig vorliegen und die Schwerbehinderteneigenschaft bei erneuter Antragsstellung ist maßgeblich.
   Wohnt der Versicherte bei Rentenantragstellung in einem EU-Land oder der Schweiz und hat einen GdB von mind. 50 %, kann die Rente ebenso beantragt werden. Zuständig für die Anerkennung im EU-Ausland ist das jeweils zuständige deutsche Auslandsversorgungsamt.

3. **Wartezeit von 35 Jahren (§§ 37 Satz 1 Nr. 3, 236 a Abs. 1 Satz 1 Nr. 3):** s. Kap. 7 Rn. 22.

2.4.4 Hinzuverdienstgrenzen

17 Die Altersrente für schwerbehinderte Menschen kann als Vollrente nur dann vor Erreichen der Regelaltersgrenze beansprucht werden, wenn die Hinzuverdienstgrenzen nicht überschritten werden; § 34 Abs. 2 Satz 1. Werden diese überschritten, kann eine Teilrente in Anspruch genommen werden (§ 42 Abs. 1, s. Kap. 8). Wird eine (niedrigere) Teilrente in Anspruch genommen, bedarf es keines Antrags, da die Rente wegen der Änderung der tatsächlichen oder rechtlichen Verhältnisse in niedrigerer als der bisherigen Höhe geleistet wird (§ 115 Abs. 1 Satz 2). Zu Rentenbeginn s. Rn. 2 sowie Rententabellen im Anhang 1 zum SGB VI.

2.5 Altersrente für besonders langjährig Versicherte

2.5.1 Inhalt der Regelung

Die Altersrente für besonders langjährig Versicherte wurde zum 01. 01. 2012 eingeführt.[51] **18**
Versicherte mit einer entsprechend langen Versicherungsbiographie sollen weiterhin mit Vollendung des 65. Lebensjahres in Rente gehen können. Eine vorzeitige Inanspruchnahme dieser Altersrentenart vor Vollendung des 65. Lebensjahres ist nicht möglich, auch dann nicht, wenn die rentenrechtlichen Voraussetzungen (z. B. 45 Versicherungsjahre) vor Vollendung des 65. Lebensjahres erfüllt sind.

2.5.2 Voraussetzungen für die Inanspruchnahme

1. **Erreichen der Altersgrenze von 65 Jahren (§ 38 Nr. 1)** **19**
2. **Wartezeit von 45 Jahren (§ 38 Nr. 2):** Grundsätzlich berücksichtigt werden Zeiten mit Pflichtbeiträgen, nicht jedoch Pflichtbeitragszeiten bei Bezug von ALG I, ALG II und Alhi sowie Zeiten aus einem Versorgungsausgleich, aus einem Rentensplitting unter Ehegatten oder eingetragenen Lebenspartnern (s. Kap. 6 Rn. 25).

2.5.3 Hinzuverdienstgrenzen

Die Altersrente für besonders langjährig Versicherte kann als Vollrente nur dann vor **20**
Erreichen der Regelaltersgrenze beansprucht werden, wenn die Hinzuverdienstgrenzen nicht überschritten werden; § 34 Abs. 2 Satz 1. Werden diese überschritten, kann eine Teilrente in Anspruch genommen werden (§ 42 Abs. 1, s. Kap. 8). Wird eine (niedrigere) Teilrente in Anspruch genommen, bedarf es keines Antrags, da die Rente wegen der Änderung der tatsächlichen oder rechtlichen Verhältnisse in niedrigerer als der bisherigen Höhe geleistet wird (§ 115 Abs. 1 Satz 2). Zu Rentenbeginn s. Rn. 2 sowie Rententabellen im Anhang 1 zum SGB VI. Siehe auch Rententabellen im Anhang 1 zum SGB VI.

2.6 Altersrente für langjährig unter Tage beschäftigte Bergleute

2.6.1 Inhalt der Regelung

Die Vorschrift entspricht dem Übereinkommen Nr. 128 der ILO vom 29. 06. 1967, nach- **21**
dem die Altersgrenze für Menschen, die in anstrengenden und gesundheitsschädlichen Berufen arbeiten, herabzusetzen ist.

§ 40 und § 238 regeln die Voraussetzungen für die Altersrente für langjährig unter **22**
Tage beschäftigte Bergleute. § 238 ergänzt dabei §§ 40, 51 Abs. 2 und 61. Ab 2012 wird – beginnend für den Geburtsjahrgang 1952 – das maßgebliche Lebensalter für die Inanspruchnahme der Altersrente für langjährig unter Tage beschäftigte Bergleute von 60 auf

51 S. BT-Drs. 16/3794.

62 Jahre angehoben. Mit dem Geburtsjahrgang 1963 ist die Anhebung abgeschlossen. Für Versicherte, die 1964 und danach geboren sind, gilt § 40. Für alle vor dem 01.01.1964 Geborenen gilt § 238. Für Versicherte, die in den Jahren 1952 bis 1963 geboren sind, steigt die Regelaltersgrenze entsprechend § 238 Abs. 2 Satz 2 in Stufen an. Für Versicherte, die Anpassungsgeld für entlassene Arbeitnehmer des Bergbaus oder Knappschaftsausgleichsleistung (§ 239)[52] bezogen haben, wird die Altersgrenze von 60 Jahren nicht angehoben.

2.6.2 Voraussetzungen für die Inanspruchnahme

23 1. **Erreichen der Altersgrenze**: siehe Rn. 22; zum Rentenbeginn s. Rn. 2.
2. **Wartezeit von 25 Jahren**: (s. Kap. 6 Rn. 25 sowie § 238 Abs. 3 und 4 für die Wartezeit und Anrechnungszeiten für Bezug von Anpassungsgeld § 252 Abs. 1 Nr. 1).

2.7 Altersrente wegen Arbeitslosigkeit oder nach Altersteilzeitarbeit

2.7.1 Inhalt der Regelung

24 Die Altersrente wegen Arbeitslosigkeit oder nach Altersteilzeitarbeit (§ 237) wurde bereits langfristig mit dem Rentenreformgesetz 1992 vom 18.12.1989[53] für Versicherte, die nach dem 31.12.1951 geboren sind, ersatzlos abgeschafft. Mit dem RV-Nachhaltigkeitsgesetz vom 21.07.2004[54] wurde das Eintrittsalter in diese Rentenart ab dem Jahr 2006 angehoben. Da die Anhebung auf das 63. Lebensjahr nur für Geburtsjahrgänge 1946 bis November 1948 galt, sind heutige Rentenzugänge davon nicht mehr betroffen. Für Versicherte, die ab Dezember 1948 geboren sind, liegt die Mindestaltersgrenze bei 63 Jahren. Vom RV-Altersgrenzenanpassungsgesetz vom 20.04.2007[55] (Rente mit 67) ist diese Rentenart ebenfalls nicht betroffen.

25 Versicherte haben Anspruch auf diese Altersrente, wenn sie
- vor dem 1. Januar 1952 geboren sind,
- mindestens 60 Jahre alt sind,
- eine Versicherungszeit von 15 Jahren erfüllen **und**
- entweder bei Beginn der Rente arbeitslos sind und nach Vollendung eines Lebensalters von 58 Jahren und sechs Monaten insgesamt 52 Wochen arbeitslos waren oder Anpassungsgeld für entlassene Arbeitnehmer des Bergbaus bezogen haben
  oder
  mindestens 24 Monate Altersteilzeitarbeit nach dem Altersteilzeitgesetz ausgeübt haben (§ 237).

Außerdem müssen in den letzten zehn Jahren vor Beginn der Rente acht Jahre Pflichtbeiträge für eine versicherte Beschäftigung oder Tätigkeit gezahlt worden sein.

---

52 Nicht abgedruckt.
53 BGBl. I S. 2261 und 1990 I S. 1337.
54 BGBl. I S. 1791.
55 BGBl. I S. 544.

Die Altersgrenze für die abschlagsfreie Altersrente liegt bei 65 Jahren. Von der Anhebung der Altersgrenzen (Rente mit 67) bleibt diese Rentenart verschont. Die Altersrente wegen Arbeitslosigkeit oder nach Altersteilzeitarbeit kann vorzeitig vor Vollendung des 65. Lebensjahres mit Abschlägen (0,3 % für jeden Monat der vorzeitigen Inanspruchnahme, max. 7,2 %) (s. Kap. 7 Rn. 22), frühestens mit voll. 63. Lebensjahr (Geburtsjahrgänge Dezember 1948 bis 1951) in Anspruch genommen werden. 26

2.7.2 Voraussetzungen für die Inanspruchnahme

Vertrauensschutz und damit ein Renteneintritt mit voll. 60. Lebensjahr (und max. 18 % Abschlägen) ist weiterhin für Versicherte möglich, die 27

- vor dem 01. 01. 1952 geboren sind und
- am 01. 01. 2004 arbeitslos waren oder
- deren Arbeitsverhältnis aufgrund einer vor dem 01. 01. 2004 erfolgten Kündigung oder Vereinbarung nach dem 31. 12. 2003 beendet worden ist oder
- deren letztes Arbeitsverhältnis vor dem 01. 01. 2004 beendet worden ist und die am 01. 01. 2004 beschäftigungslos im Sinne des § 119 Abs. 1 Nr. 1 SGB III waren oder
- die vor dem 01. 01. 2004 Altersteilzeitarbeit im Sinne des Altersteilzeitgesetzes vereinbart haben oder
- die Anpassungsgeld für entlassene Arbeitnehmer des Bergbaus bezogen haben.

Einer vor dem 01. 01. 2004 abgeschlossenen Vereinbarung über die Beendigung des Arbeitsverhältnisses steht eine vor diesem Tag vereinbarte Befristung des Arbeitsverhältnisses oder Bewilligung einer befristeten arbeitsmarktpolitischen Maßnahme gleich. Ein bestehender Vertrauensschutz wird insbesondere durch die spätere Aufnahme eines Arbeitsverhältnisses oder den Eintritt in eine neue arbeitsmarktpolitische Maßnahme nicht berührt.

52 Wochen Arbeitslosigkeit (s. Rn. 25) und damit 364 Tage Arbeitslosigkeit müssen nach dem Tag der Vollendung des vorgeschriebenen Lebensalters vorliegen. Die Erfüllung der Voraussetzung kann nachträglich nicht mehr entfallen, z. B. durch Überschreiten der Hinzuverdienstgrenzen. Werden die Hinzuverdienstgrenzen später wieder erfüllt, kommt es darauf an, ob im Zeitpunkt des erneuten Rentenbeginns Arbeitslosigkeit vorliegt. 28

Arbeitslosigkeit muss bei Rentenbeginn vorliegen. Sie kann nach Rentenbeginn wieder entfallen. Die Auslegung des Begriffs Arbeitslosigkeit richtet sich nach dem im Zeitpunkt des Rentenbeginns geltenden Rechts. Erforderlich ist objektive und subjektive Arbeitslosigkeit. Objektive Arbeitslosigkeit liegt dann vor, wenn der Versicherte nicht in einem Beschäftigungsverhältnis steht und damit beschäftigungslos ist. Subjektive Arbeitslosigkeit ist dann gegeben, wenn eine Beschäftigung unter den üblichen Bedingungen des allgemeinen Arbeitsmarktes von mindestens 15 Stunden wöchentlich ausgeübt werden kann und der Versicherte bereit ist, jede ihm zumutbare Beschäftigung aufzunehmen, um die Beschäftigungslosigkeit zu beenden.

2.8 Altersrente für Frauen

2.8.1 Inhalt der Regelung

29 Die Altersrente für Frauen wurde bereits mit dem Rentenreformgesetz 1992 vom 18. 12. 1989[56] für alle Frauen, die nach dem 31. 12. 1951 geboren sind, ersatzlos abgeschafft. Vom RV-Altersgrenzenanpassungsgesetz vom 20. 04. 2007[57] (Rente mit 67) ist diese Rentenart nicht betroffen.

2.8.2 Voraussetzungen für die Inanspruchnahme

30 Frauen, die vor dem 01. 01. 1952 geboren sind, können diese Altersrente dann in Anspruch nehmen, wenn sie die Wartezeit von 15 Jahren erfüllt und nach Vollendung des 40. Lebensjahres mehr als 10 Jahre, also mindestens 121 Monate, Pflichtbeiträge für eine versicherte Beschäftigung oder Tätigkeit erbracht haben. Zu diesen Pflichtbeiträgen zählen auch Zeiten der Kindererziehung (s. Kap. 6 Rn. 8 ff.) und Zeiten einer geringfügigen Beschäftigung, für die Aufstockungsbeträge aus eigener Tasche gezahlt wurden (s. Kap. 9, Rn. 12 ff.).

31 Die Altersrente für Frauen kann mit vollendetem 65. Lebensjahr abschlagsfrei beansprucht werden. Von der Anhebung der Altersgrenzen (Rente mit 67) bleibt diese Rentenart verschont. Die Altersrente für Frauen kann vorzeitig vor Vollendung des 65. Lebensjahres mit Abschlägen (0,3 % für jeden Monat der vorzeitigen Inanspruchnahme, max. 18 %) (s. Kap. 7 Rn. 22) in Anspruch genommen werden. Siehe auch Rententabellen im Anhang 1 zum SGB VI.

3. Renten wegen verminderter Erwerbsfähigkeit

3.1 Allgemeine Grundsätze für Renten wegen verminderter Erwerbsfähigkeit

32 Renten wegen verminderter Erwerbsfähigkeit (EM-Renten) sichern das biometrische Risiko der Invalidität ab, aus gesundheitlichen Gründen nicht oder nicht mehr im bisherigen Umfang erwerbstätig sein zu können. Die EM-Rente soll das bisherige Einkommen ersetzen bzw. ergänzen. Mehr als ein Fünftel aller neu zugehenden Versichertenrenten sind Erwerbsminderungsrenten. Das durchschnittliche Zugangsalter in eine EM-Rente lag im Jahr 2010 bei 50,4 Jahren (bei Männern bei 50,8 Jahren und bei Frauen bei 49,8 Jahren). Der durchschnittliche Netto-Rentenzahlbetrag einer vollen EM-Rente betrug 2011 rd. 640 €; einer teilweisen EM-Rente rd. 360 €. Seit dem Jahr 2000 ist das Leistungsniveau bei EM-Renten um rd. 15 % gesunken. Dies führt dazu, dass rd. die Hälfte der Grundsicherungsleistungen im Alter und bei Erwerbsminderung (s. § 41 ff. SGB XII) der Aufstockung von EM-Renten dient.

---

56 BGBl. I S. 2261 und 1990 I S. 1337.
57 BGBl. I S. 544.

Durch das Gesetz zur Reform der EM-Renten vom 20.12.2000[58] wurde das Recht der Renten wegen verminderter Erwerbsfähigkeit ab dem 01.01.2001 grundlegend geändert. An die Stelle der bisherigen Berufs- und Erwerbsunfähigkeitsrente trat eine zweistufige Erwerbsminderungsrente (EM-Rente): die Rente wegen teilweiser und die Rente wegen voller Erwerbsminderung (§ 43 Abs. 1 und 2), die in der Regel befristet sind. Die Minderung der Erwerbsfähigkeit wird nicht mehr am ausgeübten Beruf, sondern daran gemessen, inwieweit jede denkbare Tätigkeit auf dem allgemeinen Arbeitsmarkt unter den üblichen Bedingungen ausgeübt werden kann. Für vor dem 02.01.1961 geborene Versicherte blieb der Berufsschutz aus Vertrauensschutzgründen erhalten (§ 240). 33

Weiterhin wurden Abschläge auf EM-Renten eingeführt und die Zurechnungszeit verlängert (s. Kap. 6 Rn. 16 ff.).

Ein Rentenantrag ist erforderlich (§ 115 Abs. 1). Allgemeine Voraussetzung für eine Rente wegen verminderter Erwerbsfähigkeit (s. Rn. 35 ff.) oder wegen teilweiser Erwerbsminderung bei Berufsunfähigkeit (s. Rn. 52 ff.) ist, dass die Regelaltersgrenze (65. Lebensjahr in Stufen ansteigend auf das 67. Lebensjahr noch nicht erreicht ist. Bei Erreichen der Regelaltersgrenze erfolgt von Amts wegen eine Umwandlung in eine Regelaltersrente (§ 115 Abs. 3 Satz 1). Weiterhin gilt der Grundsatz »Reha vor Rente«. D. h. es wird geprüft, ob die Erwerbsfähigkeit durch medizinische oder berufliche Rehabilitation (s. Kap. 14) wieder hergestellt werden kann. 34

3.2 Voraussetzungen für die Inanspruchnahme einer vollen bzw. teilweisen EM-Rente

Die Voraussetzungen für eine volle bzw. teilweise EM-Rente sind nach § 43: 35

- volle bzw. teilweise Erwerbsminderung (s. Rn. 36 ff.) und
- Erfüllung der versicherungsrechtlichen Voraussetzungen, in den letzten fünf Jahren vor Eintritt der Erwerbsminderung drei Jahre Pflichtbeiträge entrichtet zu haben (s. Rn. 41 ff.), sowie
- Erfüllung der allgemeinen Wartezeit (s. Rn. 45 ff.).

3.2.1 Minderung der Erwerbsfähigkeit/Ermittlung des individuellen Leistungsvermögens/volle bzw. teilweise Erwerbsminderung

Die Erwerbsfähigkeit eines Versicherten ist dann gemindert, wenn – in täglichen Stunden gemessen – die Leistungsfähigkeit, sich auf dem allgemeinen Arbeitsmarkt einen Erwerb zu verschaffen, wegen Krankheit oder Behinderung auf nicht absehbare Zeit eingeschränkt ist. Vom Restleistungsvermögen auf dem allgemeinen Arbeitsmarkt hängt es ab, ob die Voraussetzungen für eine volle (§ 43 Abs. 2) oder teilweise (§ 43 Abs. 1) EM-Rente gegeben sind: 36

58 BGBl. I S. 1827, siehe auch BT-Drs. 14/4230.

Erwerbsfähigkeit auf dem allgemeinen Arbeitsmarkt täglich im Rahmen einer Fünftagewoche	Rentenanspruch	Norm
6 Std. oder mehr	keine Rente	§ 43 Abs. 3
3 Std. bis unter 6 Std.	halbe Rente	§§ 33 Abs. 3 Nr. 1, 43 Abs. 1
3 Std. bis unter 6 Std. und Arbeitslosigkeit wegen verschlossenem Teilzeitarbeitsmarkt »konkrete Betrachtungsweise« (s. Rn. 46–51)	volle Rente	nicht gesetzlich normiert, jedoch in Gesetzesbegründung
unter 3 Std. täglich	volle Rente	§§ 33 Abs. 3 Nr. 2, 43 Abs. 2

Die Ursache der Erwerbsminderung muss eine Krankheit oder Behinderung sein. Dabei kommt es nicht darauf an, ob aufgrund der Krankheit Behandlungsbedürftigkeit oder Arbeitsunfähigkeit besteht. Entscheidend ist allein das Vorliegen einer Einschränkung der Erwerbsfähigkeit. Das Risiko einer häufigen Arbeitsunfähigkeit kann nur dann zu einer Erwerbsminderung führen, wenn die Arbeitsfähigkeit nicht mehr den Mindestanforderungen eines vernünftigen Arbeitgebers entspricht. Das ist dann der Fall, wenn für einen Zeitraum von mehr als sechs Monaten im Jahr die Arbeitsleistung auf weniger als die Hälfte der Arbeitstage eingeschränkt ist.

Lebensalter, mangelnde Wettbewerbsfähigkeit, schlechte Vermittelbarkeit aufgrund der konjunkturellen Lage, Analphabetismus, die ungenügende Beherrschung der deutschen Sprache genügen für die Einschränkung der Erwerbsfähigkeit nicht.

Im Gegensatz zur akuten, behandlungsfähigen Krankheit liegt Behinderung bei Gebrechen oder einer sonstigen, gesundheitlich bedingten Schwäche der körperlichen oder geistigen Kräfte des Versicherten vor, deren Entwicklung abgeschlossen ist.

37 Die Minderung der Erwerbsfähigkeit muss auf nicht absehbare Zeit vorliegen. Absehbar ist ein Zeitraum von bis zu sechs Monaten. Eine befristete EM-Rente auf Zeit beginnt deshalb erst nach Ablauf des 6-Monatszeitraums nach Minderung der Erwerbsfähigkeit (§ 101 Abs. 1).

38 Anders als im Recht der Unfallversicherung und im Recht der Schwerbehinderten ist im Rentenrecht nicht die prozentuale Behinderung (z. B. Grad der Behinderung), sondern das verbliebene Restleistungsvermögen auf dem allgemeinen Arbeitsmarkt maßgeblich. Das individuelle Restleistungsvermögen wird vom sozialmedizinischen Dienst beurteilt.

Neben der körperlichen und geistigen Belastbarkeit wird auch die Wegefähigkeit, die Arbeitsstelle erreichen zu können, geprüft. Das BSG hielt die Fähigkeit für erforderlich, Entfernungen von über 500 Metern zu Fuß zurücklegen zu können. Voll erwerbsgemindert ist, wer auch unter Verwendung von Hilfsmitteln (z. B. Gehstützen) nicht in der Lage ist, täglich viermal eine Wegstrecke von 500 Metern mit zumutbarem Zeitaufwand zu Fuß zurückzulegen und zweimal öffentliche Verkehrsmittel während der Hauptverkehrszeit zu benutzen. Nach dem Grundsatz »Reha vor Rente« muss dann geprüft werden, ob Teilhabeleistungen (z. B. Kfz-Hilfen) in Betracht kommen, um die eingeschränkte Wegefähigkeit auszugleichen (s. Kap. 14). Die Träger der Rentenversicherung sind dazu übergegangen, die Wegefähigkeit von z. B. arbeitslosen und anspruchsberechtigten Rentenantragstellern durch die konkrete Zusage über die Übernahme von Fahrtkosten für Bewerbungen/Vorstellungsgespräche (§ 33 Abs. 3 Nr. 1 SGB IX) nach Vorlage entsprechender Nachweise auszugleichen.

Maßstab für die Feststellung des Restleistungsvermögens ist der allgemeine Arbeitsmarkt, d. h. jede nur denkbare Tätigkeit, außerhalb einer beschützenden Einrichtung (z. B. für Menschen mit Behinderungen), die es auf dem Arbeitsmarkt gibt. **39**

Die Beweislast für das Vorliegen einer Erwerbsminderung trägt der Versicherte. **40**

3.2.2 Versicherungsrechtliche Voraussetzungen (Belegungsdichte)

Besondere versicherungsrechtliche Voraussetzung ist, dass in den letzten fünf Jahren vor Eintritt der Erwerbsminderung drei Jahre Pflichtbeiträge für eine versicherte Beschäftigung oder Tätigkeit vorliegen müssen (sog. 3/5-Belegung). **41**

Diese Voraussetzung muss dann nicht erfüllt sein, wenn die Erwerbsminderung aufgrund eines Tatbestandes in §§ 53, 245 eingetreten ist, durch den die allgemeine Wartezeit erfüllt ist (§ 43 Abs. 5), z. B. Arbeitsunfall, Berufskrankheit, Wehrdienstbeschädigung, unmittelbare Kriegseinwirkungen usw. Gleiches gilt für einen Anspruch auf volle EM-Rente nach § 43 Abs. 6. **42**

Der Fünfjahreszeitraum beginnt an dem Tag vor fünf Jahren, der dem Tag des Leistungsfalls entspricht und endet am Tag vor dem Eintritt der Erwerbsminderung (§ 26 Abs. 1 SGB X i. V. m. §§ 187, 188 BGB).[59] **43**

Erforderlich sind Pflichtbeiträge für eine versicherte Beschäftigung oder Tätigkeit für mind. 36 Kalendermonate. Freiwillige Beiträge zählen nicht. Teilmonate sind nach dem Monatsprinzip (§ 122 Abs. 1) als volle Monate zu zählen. **44**

Pflichtbeitragszeiten sind Zeiten, für die Pflichtbeiträge gezahlt worden sind (§ 55 Abs. 1 Satz 1) und Zeiten, für die Pflichtbeiträge nach besonderen Vorschriften als gezahlt gelten (§ 55 Abs. 1 Satz 2). Dazu gehören insbesondere:

- Beitragszeiten, in denen eine geringfügige Beschäftigung nach § 8 Abs. 1 Nr. 1 SGB IV ausgeübt wurde (sog. 400- € bzw. 450 €-Minijob) und Versicherungspflicht deshalb vorliegt, weil auf die Versicherungsfreiheit verzichtet wurde (s. Kap. 9, Rn. 16 ff.),
- Kindererziehungszeiten (§§ 3 Satz 1, 56 Abs. 1 Satz 1, 177),
- Zeiten des Bezugs von Krankengeld oder Verletztengeld.

Zur Rentenversicherungspflicht s. §§ 2,3.

Keine Pflichtbeitragszeiten sind:

- Wartezeitmonate aus einem Versorgungsausgleich nach § 52 Abs. 1, einem Rentensplitting unter Ehepartnern oder Lebenspartnern (§ 120 a ff., s. Kap. 13 Rn. 12 ff.)
- 400 €- bzw. 450 €-Minijob.

59 Siehe Fußnote zu Rn. 2.

3.2.3 Wartezeit

45 Die allgemeine Wartezeit (§ 50 Abs. 1, s. Kap. 6 Rn. 25) ist eine Mindestversicherungszeit, die vor Eintritt des Leistungsfalls erfüllt sein muss. Erforderlich sind fünf Jahre Beitragszeiten (Pflichtbeiträge oder freiwillige Beiträge § 55 Abs. 1 Satz 1) oder Ersatzzeiten (§ 250). Ersatzzeiten nach § 250 sind Zeiten vor dem 01. 01. 1992, in denen Versicherungspflicht nicht bestanden hat und Versicherte nach voll. 14. Lebensjahr z. B. militärischen Dienst ableisteten, verfolgt oder interniert wurden.

3.2.4 Arbeitsmarktrenten »konkrete Betrachtungsweise«

46 Im EM-Rentenrecht gilt die sog. konkrete Betrachtungsweise. Dies wurde in der Gesetzesbegründung zu § 43,[60] nicht jedoch ausdrücklich im Gesetz festgeschrieben:

»Die konkrete Betrachtungsweise wird wegen der ungünstigen Arbeitsmarktsituation beibehalten. Der Anspruch auf eine Erwerbsminderungsrente wird nicht allein vom Gesundheitszustand des Versicherten abhängig gemacht (sog. abstrakte Betrachtungsweise), sondern auch davon, ob er noch in der Lage ist, bei der konkreten Situation des (Teilzeit-)Arbeitsmarkts die ihm verbliebene Erwerbsfähigkeit zur Erzielung eines Erwerbseinkommens einzusetzen. Versicherte, die noch mindestens drei, aber nicht mehr als sechs Stunden täglich arbeiten, das verbliebene Restleistungsvermögen wegen Arbeitslosigkeit aber nicht in Erwerbseinkommen umsetzen können, erhalten eine volle Erwerbsminderungsrente.«

Man spricht dann vom verschlossenen Teilzeitarbeitsmarkt. Die konkrete Betrachtungsweise ist bei Versicherten im geschlossenen Vollzug (§ 10 Abs. 2 StVollzG), in Sicherungsverwahrung (§ 129 StVollzG) oder in Untersuchungshaft (§§ 112 ff., 122 StVollzG)[61] nicht anzuwenden.

47 Das BSG hat die konkrete Betrachtungsweise bestätigt.[62]

48 Wird innerhalb eines Jahres ein leistungsgerechter Teilzeitarbeitsplatz nicht angeboten, liegt volle Erwerbsminderung nach § 43 Abs. 2 vor. Besteht Aussicht auf Vermittlung eines Teilzeitarbeitsplatzes, haben die Versicherten eine Mitwirkungspflicht, z. B. die frühestmögliche Meldung als arbeitssuchend bei der zuständigen Agentur für Arbeit.[63]

49 Versicherte, deren Arbeitsverhältnis bei einem privaten oder öffentlichen Arbeitgeber länger als sechs Monate bestand, haben einen Rechtsanspruch auf Verringerung ihrer vertraglich vereinbarten Arbeitszeit, wenn der Arbeitgeber unabhängig von der Zahl der Auszubildenden in der Regel mehr als 15 Arbeitnehmer beschäftigt. Der Anspruch auf Reduzierung der Arbeitszeit ist dann ausgeschlossen, wenn der Arbeitgeber entgegenstehende betriebliche Gründe nachweisen kann oder wenn die Verkürzung der Arbeitszeit mit unverhältnismäßig hohen Kosten für den Arbeitgeber verbunden ist. Diese Versicher-

60 Siehe BT-Drs. 14/4239, S. 25.

61 Normen des StVOllzG sind nicht abgedruckt.

62 BSG – 21. 02. 1989, 5/5b RJ 48/87 (SozR 2200 § 1247 Nr. 57); BSG – 19. 12. 1996, GS 2/95 (SozR 3-2600 § 44 Nr. 8).

63 BSG – 10. 12. 1976, GS 2/75, 3/75, 4/75; 3/76, BSGE 43, 75.

ten haben dann Zugang zu einem Arbeitsplatz, der ihrem Leistungsvermögen entspricht und damit keinen Anspruch auf eine volle EM-Rente. Das gleiche gilt, wenn ein Teilzeitarbeitsplatz, der der körperlichen und geistigen Leistungsfähigkeit der Versicherten entspricht, angeboten wird.

Für Versicherte, die als Schwerbehinderte anerkannt sind, sieht § 81 Abs. 5 SGB IX einen **50**
Anspruch auf Teilzeitbeschäftigung vor. Von einem verschlossenen Teilzeitarbeitsmarkt ist regelmäßig dann auszugehen, wenn Bezieher einer teilweisen EM-Rente von der Arbeitsverwaltung nach § 142 SGB III aufgefordert wurden, eine volle EM-Rente zu beantragen.

Eine abhängig oder selbstständig ausgeübte Tätigkeit von weniger als drei Stunden **51**
täglich oder eine Arbeitsgelegenheit gegen Mehraufwandsentschädigung nach § 16 d Satz 2 SGB II (1-€-Job) steht dem Anspruch auf arbeitsmarktbedingte volle EM-Rente nicht entgegen. Auf die Geringfügigkeit nach § 8 SGB IV kommt es nicht an. Dies gilt nicht für 1-€-Jobs in der Entgeltvariante nach § 16 d S. 1 SGB II mit mindestens 15 Wochenstunden. Dann besteht kein Anspruch auf volle EM-Rente wegen eines verschlossenen Teilzeitarbeitsmarkts. Dies gilt ebenso, wenn die Beschäftigung in der sog. Aktivierungsphase ausgeübt wird.

3.3 Teilweise EM-Rente bei Berufsunfähigkeit für vor dem 02.01.1961 geborene Versicherte (Vertrauensschutzregelung)

§ 240 ist eine Sonderregelung zu § 43 und eine Vertrauensschutzregelung für Versicherte, **52**
die bei Inkrafttreten der EM-Rentenreform zum 01.01.2001 das 40. Lebensjahr vollendet hatten, d.h. vor dem 02.01.1961 geboren sind. Für diese Versicherten kommt es nicht nur auf das Restleistungsvermögen auf dem allgemeinen Arbeitsmarkt an, sondern darauf, ob der bisherige Beruf und zumutbare Verweisungsberufe mindestens sechs Stunden täglich ausgeübt werden können (Berufsunfähigkeit – BU). Ist dies aus gesundheitlichen Gründen nicht der Fall, besteht Anspruch auf die teilweise EM-Rente bei BU, die in Höhe der Hälfte der vollen EM-Rente geleistet wird.

Voraussetzung: vor dem 02.01.1961 geboren, Erfüllung der rentenrechtlichen Voraus- **53**
setzungen und der allgemeinen Wartezeit (s. Rn. 45) des § 43 (s. Rn. 41 ff.) sowie Vorliegen der BU.

Zu prüfen ist die Minderung der Erwerbsfähigkeit (s. Rn. 36 ff.), der bisherige Haupt- **54**
beruf und ggf. der Verweisungsberuf. Im Unterschied zur vollen und teilweisen EM-Rente ist der bisherige Beruf (Hauptberuf), der nicht mit der zuletzt ausgeübten Tätigkeit übereinstimmen muss, zu berücksichtigen. Definition der Berufsunfähigkeit § 240 Abs. 2. Neben der sozialmedizinischen Begutachtung erfolgt vielfach eine berufskundliche Stellungnahme.

Zuerst ist die maßgebliche berufliche Tätigkeit, der Hauptberuf, zu ermitteln. Beruf ist **55**
jede Betätigung, die auf Dauer angelegt und nicht nur vorübergehend zur Schaffung und Erhaltung einer Lebensgrundlage dient. Dabei muss es sich nicht um gesetzlich geregelte oder überlieferte Berufsbilder handeln. Haben Versicherte im Laufe ihres Erwerbslebens mehrere Berufe ausgeübt, liegt der Schwerpunkt auf der Zeit vor Rentenantragstellung. Bei der Ermittlung des Hauptberufs sind die sozialversicherungspflichtigen Beschäftigun-

gen heranzuziehen. Der Hauptberuf muss vollwertig und in der Regel nicht nur vorübergehend ausgeübt worden sein. Vollwertig wird ein Hauptberuf dann ausgeübt, wenn eine entsprechende Ausbildung absolviert wurde. Wurde keine Ausbildung absolviert, wird geprüft, ob über die theoretischen Kenntnisse und praktischen Fähigkeiten verfügt wird. Ein Indiz für die vollwertige Ausübung des Hauptberufs ist die entsprechende tarifliche Einstufung und Entlohnung.

Zur qualitativen Einstufung des Hauptberufs siehe BSG.[64]

56 Kann der Hauptberuf nicht mindestens sechs Stunden täglich ausgeübt werden, ist zu prüfen, welche zumutbaren Tätigkeiten der Versicherte verrichten könnte (Verweisungstätigkeiten). Diese müssen den Kenntnissen und Fähigkeiten der versicherten Person entsprechen, sechs Stunden täglich ausübbar sein sowie objektiv (weder körperlich noch geistig überfordernd) und subjektiv (keinen unzumutbaren sozialen Abstieg zur Folge habend) zumutbar sein. Ist die Verweisung objektiv und subjektiv zumutbar, muss diese Tätigkeit vom Rentenversicherungsträger konkret benannt werden (Beschreibung des typischen Inhalts). Unerheblich ist, ob der versicherten Person ein Arbeitsplatz angeboten wird, ob entsprechende Arbeitsplätze frei oder besetzt sind oder ob diese ohne Umzug täglich in angemessener Zeit erreicht werden können. Das Erwerbsmöglichkeitsrisiko oder die Vermittelbarkeit auf einen zumutbaren Arbeitsplatz wird von der Rentenversicherung nicht abgedeckt. Die Verweisung ist dann nicht möglich, wenn der Arbeitsmarkt für diese Tätigkeit verschlossen ist und es in der Verweisungstätigkeit nur sehr wenige entsprechende Arbeitsplätze gibt bzw. diese sehr selten sind. Die Verweisung auf einen sog. Schonarbeitsplatz ist nicht statthaft.

3.4 Befristung

57 EM-Renten sind grundsätzlich auf drei Jahre zu befristen (§ 102 Abs. 2). Die Befristung kann verlängert werden. Die Gesamtdauer der Befristung beträgt max. neun Jahre.

§ 102 Abs. 2 a ermöglicht die Befristung ohne Angabe eines konkreten Datums, wenn Leistungen zur medizinischen Reha oder zur Teilhabe am Arbeitsleben erbracht werden.

58 Eine Dauerrente wird nur dann bewilligt, wenn unwahrscheinlich ist, dass die Erwerbsminderung behoben werden kann. Dies ist dann der Fall, wenn aus medizinischer Sicht und unter Berücksichtigung noch vorhandener therapeutischer Möglichkeiten auszuschließen ist, dass eine Besserung eintritt, die zu einer rentenrelevanten Steigerung der Leistungsfähigkeit führt.

59 Bei Arbeitsmarktrenten (s. Rn. 46 ff.) gilt grundsätzlich eine dreijährige Befristung, es sei denn, die Erwerbsminderung kann vorher behoben sein. Die neunjährige Höchstdauer gilt in diesen Fällen nicht. Die Befristung kann bis zum Erreichen der Regelaltersgrenze unbegrenzt verlängert werden.

---

64 BSG – 29.07.2004 – B 4 RA 5/04 R und BSG – 27.08.2009 – 09 B 13 R 85/09.

3.5 Rentenabschläge und Zurechnungszeit

Für jeden Monat, in dem eine EM-Rente vor Vollendung des 63. Lebensjahres in Anspruch genommen wird, erfolgt ein Abschlag von 0,3 %, höchstens jedoch 10,8 %. Die im Jahr 2012 bewilligten EM-Renten waren zu 96,3 % abschlagsbehaftet. Die Abschläge betrugen durchschnittlich 10,4 % und führten zu einer Rentenminderung der Bruttorente von rd. 77 € monatlich. **60**

Bei Erwerbsminderungsrenten, die ab 01.01.2012 beginnen, wird das Referenzalter von 63 Jahren bis zum Jahr 2024 in Stufen auf das 65. Lebensjahr angehoben. Die Begrenzung auf einen max. Abschlag bleibt bei 10,8 %. **61**

Im Gegenzug wurde die Zurechnungszeit (s. Kap. 6 Rn. 16 ff.) verlängert. Die Zeit vom 55. bis zum 60. Lebensjahr wird nun in voller Höhe angerechnet.

Die Kürzung des Zugangsfaktors bei EM-Renten, die vor dem 60. Lebensjahr bezogen werden, die sog. Zwangsabschläge in Höhe von 10,8 %, hat das BVerfG[65] für rechtmäßig erklärt. Danach sind Rentenabschläge bei Erwerbsminderungsrenten mit dem Grundgesetz vereinbar, auch bei Rentenbezug vor Vollendung des 60. Lebensjahres. **62**

Hintergrund des Streits war die erstmalige Einführung eines Rentenabschlags bei Erwerbsminderungsrenten mit Wirkung ab 2001. Hierdurch sollten, so die seinerzeitige Begründung, »Ausweichreaktionen« der Rentner aus der Altersrente (bei deren vorzeitigem Beginn bereits Abschläge in Kauf zu nehmen waren) in Richtung Erwerbsminderungsrente vermieden werden.

Bereits von Beginn an war die Verfassungsmäßigkeit dieser Regelung umstritten. Insbesondere eine gleiche Regelung für die »unfreiwillige Verursachung« der Rente durch eintretende Erwerbsminderung auf der einen Seite und die »freiwillige Beantragung« einer vorzeitigen Altersrente auf der anderen Seite wurde zum Teil als Verletzung des Gleichheitsgebots des Grundgesetzes gesehen. Mit dem Urteil des 4. Senats des Bundessozialgerichts (BSG) vom 16.05.2006 bekam die Diskussion eine neue Wendung, denn das BSG sah schon im einfachen Gesetzesrecht keine ausreichende Grundlage für Abschläge bei Erwerbsminderungsrenten, jedenfalls vor Vollendung des 60. Lebensjahres. Zwei Jahre lang war die Sozialgerichtsbarkeit mit zahlreichen Klagen auf eine abschlagsfreie Erwerbsminderungsrente befasst, bevor der 5. Senat des BSG am 14.08.2008 die Rechtmäßigkeit der Abschläge auch vor Vollendung des 60. Lebensjahres bestätigte. Damit war die Frage für die Revisionsinstanz abschließend geklärt.

Mit den dagegen eingelegten Verfassungsbeschwerden rückte wieder der ursprüngliche Streit um die verfassungsrechtliche Bewertung in den Vordergrund, den das Bundesverfassungsgericht mit seiner Entscheidung vom 11.01.2011 zugunsten der Verfassungsmäßigkeit endgültig geklärt hat. Weder das Grundrecht auf Eigentum, noch der allgemeine Gleichheitssatz, noch das Benachteiligungsverbot sind demnach durch die Abschlagsregelung verletzt. Bei der Prüfung der Verhältnismäßigkeit berücksichtigte das Gericht unter anderem, dass die Erwerbsminderungsrentner im Ergebnis mit erheblich geringeren Abschlägen belastet werden als die Bezieher vorzeitiger Altersrenten.

65 BVerfG – 11.01.2011 – 1 BvR 3588/08 und 1 BvR 555/09; Pressemitteilung des BVerfG.

3.6 EM-Renten und Grundsicherung/Sozialhilfe

63 Wer eine unbefristete volle EM-Rente bezieht, kann, wenn die Rente nicht zum Lebensunterhalt reicht, ergänzend Grundsicherungsleistungen in Anspruch nehmen (Grundsicherung im Alter und bei Erwerbsminderung §§ 41 ff. SGB XII. Als Faustregel gilt, dass, wenn das gesamte Einkommen unter rd. 750 € beträgt, ein Anspruch auf Grundsicherung geprüft werden sollte.

Wer eine befristete volle EM-Rente oder eine befristete oder unbefristete teilweise EM-Rente bezieht, kann ergänzend Sozialhilfe (§§ 8 ff. SGB XII) beantragen.

64 Die Leistungen von Grundsicherung und Sozialhilfe sind annähernd gleich hoch. Unterschiede bestehen bei der Höhe des nicht anrechenbaren Schonvermögens und bei der Inanspruchnahme von unterhaltsverpflichteten Kindern und Eltern (§ 43 SGB XII).

3.7 Hinzuverdienst

65 Zum **Hinzuverdienst siehe Kap. 8, Hinzuverdienst und Teilrente/Kombirente**.

4. Hinterbliebenenrenten

4.1 Allgemeine Grundsätze für Renten wegen Todes (Hinterbliebenenrenten)

66 Seit der Einführung der Hinterbliebenenrenten im Jahr 1913 werden die unterhaltsberechtigten Angehörigen vor den Verlusten von Unterhaltsverpflichteten geschützt. Erst ab dem Jahr 1986 erfolgte eine Gleichstellung von Witwen und Witwern. Hinterbliebenenrentenansprüche genießen nicht den gleichen verfassungsrechtlichen Schutz wie Ansprüche und Anwartschaften auf Versichertenrenten (Altersrenten und EM-Renten).[66] Hinterbliebenenrenten werden als abgeleitete Ansprüche und Anwartschaften bezeichnet. Sie dienen dem Unterhaltsersatz, soweit keine ausreichenden eigenen Einkünfte vorhanden sind. Sind solche vorhanden, erfolgt eine Einkommensanrechnung (siehe Rn. 88 ff.). Mit Wirkung ab dem 01.01.2005 werden eingetragene Lebenspartnerschaften in den Schutz der GRV einbezogen.[67]

67 Seit 01.01.2009 sind religiöse Eheschließungen ohne vorherige standesamtliche Trauung möglich. Sie führen nicht zu einem Anspruch auf eine Hinterbliebenenrente. Sie stehen allerdings dem weiteren Bezug einer Witwen-/Witwer- oder Erziehungsrente auch nicht entgegen.

68 Die GRV sichert ab:

66 BVerfG – 18.02.1998 – 1 BvR 1318/86.

67 Gesetz vom 15.12.2004, BGBl. I 2004, 3396 ff.

Umfang der Absicherung im gesetzlichen Hinterbliebenenrentenrecht		
Lebenssachverhalt	Art der Hinterbliebenenrente	Norm
Tod des (Ex)-Ehepartners bzw. Tod des eingetragenen Lebenspartners	Kleine/große Witwen-/Witwerrente (Rn. 70–79)	§§ 46, 242 a
	Kleine/große Witwen-/Witwerrente nach dem vorletzten Ehegatten/Lebenspartner (Rn. 80)	§ 46 Abs. 3
	Witwen-/Witwerrente an vor dem 01.07.1977 geschiedene Ehegatten (geschiedene Witwen-/Witwerrente) (Rn. 81)	§ 243
	Witwen-/Witwerrente an vor dem 01.07.1977 geschiedene Ehegatten im Beitrittsgebiet (neue Bundesländer) (Rn. 82)	§ 243 a
	Erziehungsrente an Geschiedene (Rn. 83–85)	§ 47
Tod des Vaters und/oder Mutter	Halb- oder Vollwaisenrente (Rn. 86–87)	§ 48

Eine Hinterbliebenenrente wird ab dem Kalendermonat geleistet, zu dessen Beginn die Voraussetzungen erfüllt sind. Sie wird bereits vom Todestag an geleistet, wenn der verstorbene Versicherte keine Rente bezogen hat (§ 99 Abs. 2). Bei Tod des Versicherten am Ersten eines Monats gilt: Bezog der Versicherte selbst eine Rente, beginnt die Rente am Ersten des nächsten Monats; bezog er keine Rente, beginnt die Hinterbliebenenrente am Todestag. Alle Hinterbliebenenrenten werden rückwirkend für bis zu zwölf Kalendermonate vor dem Antragsmonat gezahlt. **69**

4.2 Kleine/große Witwen-/Witwerrente

Ab 2002 wurde das Hinterbliebenenrentenrecht geändert. Die alten Regelungen sind maßgeblich, wenn **70**

- der Ehepartner vor dem 01.01.2002 gestorben ist oder
- der Ehepartner nach dem 31.12.2001 gestorben ist, die Ehe aber vor dem 01.01.2002 geschlossen wurde und ein Ehepartner vor dem 02.01.1962 geboren wurde.

Dies betrifft die Höhe der großen Witwenrente wie auch den Zuschlag für Kindererziehung (siehe jeweils unten).

Hat der Versicherte die allgemeine Wartezeit erfüllt, hat der überlebende Ehegatte/Lebenspartner einen Anspruch auf die Witwen-/Witwerrente. Die Ehe muss mindestens 1 Jahr gedauert haben (§ 46 Abs. 2 a). Die Witwe/Der Witwer darf nicht wieder geheiratet oder eine Lebenspartnerschaft begründet haben (siehe zur nur religiösen Eheschließung, Rn. 67). Zu unterscheiden ist in die kleine und die große Witwen-/Witwerrente. **71**

Die **kleine Witwen-/Witwerrente** wird geleistet, wenn die Witwe/der Witwer **72**

- die allgemeine Wartezeit (sie beträgt fünf Jahre; s. Kap. 6 Rn. 25) erfüllt hat,

- das 45. Lebensjahr noch nicht vollendet hat,
- kein Kind erzieht und
- nicht erwerbsgemindert ist. Wer die kleine Witwen-/Witwerrente bezieht und erwerbsgemindert wird, erhält auf Antrag an Stelle der kleinen die große Witwen-/Witwerrente (s. Rn. 73).

Die kleine Witwen-/Witwerrente ist auf 24 Kalendermonate nach dem Tod des Versicherten begrenzt. Für Ehen nach altem Recht (s. Rn. 70) wird die kleine Witwen-/Witwerrente unbegrenzt geleistet.

Die kleine Witwen-/Witwerrente beträgt 25 % der Rente, auf die der Ehe-/Lebenspartner zum Zeitpunkt seines Todes Anspruch gehabt hätte. Sie erhöht sich um einen Zuschlag, wenn die Witwe oder der Witwer Kinder erzogen hat (s. Rn. 74). Ist der Ehe-/Lebenspartner vor Vollendung des 63. Lebensjahres verstorben, wird die Witwen-/Witwerrente um einen Abschlag gekürzt (s. Rn. 75). Hat der Verstorbene eine Alters- oder EM-Rente mit Abschlägen bereits bezogen, bleiben die Abschläge auch bei der Witwen-/Witwerrente erhalten.

73 Die **große Witwen-/Witwerrente** wird geleistet, wenn die Witwe/der Witwer

- ein eigenes Kind oder ein Kind des Verstorbenen unter 18 Jahren erzieht (s. § 46 Abs. 2 zur Definition der Kinder) oder
- das 45. Lebensjahr vollendet hat oder
- erwerbsgemindert (nach dem am 31.12.2000 geltenden Recht berufs- oder erwerbsunfähig) ist.

Wird das Kind volljährig und ist die Altersgrenze von 45 Jahren noch nicht erreicht, wird nach der großen dann die kleine Witwen-/Witwerrente gezahlt.

Die große Witwen-/Witwerrente beträgt 55 % der Rente (nach altem Recht 60 %, s. Rn. 70), auf die der Ehe-/Lebenspartner zum Zeitpunkt seines Todes Anspruch gehabt hätte. Sie erhöht sich um einen Zuschlag, wenn die Witwe oder der Witwer Kinder erzogen hat (s. Rn. 74). Für Witwen-/Witwerrente nach altem Recht (s. Rn. 70) gibt es keinen Zuschlag für Kindererziehung. Die große Witwen-/Witwerrente beträgt dafür 60 % der Versichertenrente.

Ist der Ehe-/Lebenspartner vor Vollendung des 63. Lebensjahres verstorben, wird die Witwen-/Witwerrente um einen Abschlag gekürzt (s. Rn. 75). Hat der Verstorbene eine Alters- oder EM-Rente mit Abschlägen bereits bezogen, bleiben die Abschläge auch bei der Witwen-/Witwerrente erhalten. Für den Zeitraum, für den Anspruch auf eine große Witwen-/Witwerrente besteht, wird eine kleine Witwen-/Witwerrente nicht geleistet (§ 89 Abs. 2). Die Anhebung der Altersgrenzen (Rente mit 67) wirkt sich auch auf die große Witwen-/Witwerrente aus. (s. Rn. 76).

74 Der Zuschlag »Kinderkomponente« soll die Absenkung des Versorgungssatzes bei der großen Witwen-/Witwerrente von 60 % auf 55 % ausgleichen (§ 78 a). Der Zuschlag wird auch bei der kleinen Witwen-/Witwerrente gewährt. Wenn die Witwe/der Witwer ein Kind bis zum vollendeten dritten Lebensjahr erzieht oder erzogen hat, erhöht sich die Witwen-/Witwerrente um einen Zuschlag. Überschreitet die Witwen-/Witwerrente zusammen mit dem Zuschlag eine volle Monatsrente des Verstorbenen, wird der Zuschlag begrenzt. Für die ersten 36 Kalendermonate sind jeweils 0,1010 Entgeltpunkte, für jeden weiteren Kalendermonat 0,0505 Entgeltpunkte zugrunde zu legen.

Beispiel:
Geburt des Kindes 16.01.1990; Tod des Versicherten 13.10.2002; für die Witwe sind im Versicherungsverlauf Berücksichtigungszeiten für die Zeit vom 16.01.1990 bis zum 15.01.2000 vorgemerkt. Der Zuschlag an Entgeltpunkten beträgt für 36 Kalendermonate × 0,1010 = 3,6360 Entgeltpunkte.

Der Abschlag hängt vom Alter des Verstorbenen bei Beginn der Rente ab. **75**

Beginnt die Witwen-/Witwerrente vor Vollendung des 60. Lebensjahres des Verstorbenen, beträgt der Abschlag 10,8 %. Zwischen dem 60. und 63. Geburtstag des Verstorbenen beträgt der Abschlag 0,3 % für jeden Monat vor dem 63. Geburtstag. Beginnt die Rente nach Vollendung des 63. Lebensjahres des Verstorbenen, wird kein Abschlag erhoben.

Durch das RV-Altersgrenzenanpassungsgesetz vom 20.04.2007[68] steigt die Altersgrenze von 45 auf 47 Jahre an (siehe Tabelle in § 242a). Die Anhebung ist abhängig vom Todesjahr des Verstorbenen und beginnt für Todesfälle ab 2012. **76**

Für die auf den Sterbemonat folgenden drei Kalendermonate, das sog. Sterbevierteljahr wird die Witwen-/Witwerrente in voller Höhe der Versichertenrente geleistet. Während des Sterbevierteljahres wird eigenes Einkommen nicht angerechnet. **77**

War der Verstorbene Rentner, wird für den Sterbemonat die volle Versichertenrente gezahlt. Die Witwen-/Witwerrente beginnt dann mit dem nächsten Monat. Erhielt der Verstorbene noch keine eigene Rente, beginnt die Witwen-/Witwerrente mit dem Todestag. **78**

War der Verstorbene Rentner, kann innerhalb von 30 Tagen beim RentenService der Deutschen Post AG ein Vorschuss auf die Witwen-/Witwerrente beantragt werden. Formulare gibt es bei jedem Postamt. Dazu muss die Sterbeurkunde vorgelegt werden. Der Vorschuss beträgt das Dreifache der für den Sterbemonat gezahlten Rente und wird auf den späteren Witwen-/Witwerrentenanspruch angerechnet.

Heiratet der überlebende Ehe-/Lebenspartner, endet sowohl die kleine wie auch die große Witwen-/Witwerrente mit Ablauf des Monats, in dem die Ehe geschlossen bzw. die Lebenspartnerschaft begründet wird. **79**

4.3 Kleine/große Witwen-/Witwerrente nach dem vorletzten Ehegatten/Lebenspartner

Überlebende Ehe-/Lebenspartner, die wieder geheiratet bzw. eine Lebenspartnerschaft begründet haben und deren 2. Ehe bzw. Partnerschaft wieder aufgelöst (z.B. durch Tod des 2. Partners, Aufhebung oder Scheidung) oder für nichtig erklärt wurde, haben Anspruch auf die kleine oder große Witwen-/Witwerrente, wenn deren Voraussetzungen vorliegen (§ 46 Abs. 3). Auf die Witwen-/Witwerrente nach dem vorletzten Ehe-/Lebenspartner werden die Ansprüche auf Versorgung, Unterhalt oder Rente gegenüber dem letzten Ehe-/Lebenspartner angerechnet. Diese Witwen-/Witwerrente wird solange gezahlt, solange keine weitere Ehe oder Lebenspartnerschaft geschlossen bzw. begründet wird. **80**

68 BGBl. I S. 554.

Beispiel:
Witwenrentenanspruch aus der 1. Ehe: 400 €; Witwenrentenanspruch aus der 2. Ehe: 500 €. Die Witwenrente nach dem vorletzten Ehepartner wird nicht gezahlt, da die höheren Ansprüche aus der 2. Ehe auf die aus der 1. Ehe angerechnet werden.

4.4 Witwen-/Witwerrente an vor dem 01.07.1977 geschiedene Ehegatten (Geschiedenen-Witwen-/Witwerrente)

81 Wurde die Ehe vor dem 01.07.1977 geschieden und hat der überlebende Ehegatte nicht wieder geheiratet oder eine Lebenspartnerschaft begründet und wurde im letzten Jahr vor dem Tod des früheren Ehepartners von diesem Unterhalt bezogen oder bestand ein Unterhaltsanspruch (mindestens in Höhe von 25 % des am Wohnort geltenden Sozialhilfesatzes), besteht ein Anspruch auf eine Geschiedenen-Witwen-/Witwerrente, wenn der verstorbene Versicherte bis zu seinem Tod die allgemeine Wartezeit von fünf Jahren erfüllt hat oder diese vorzeitig (z.B. durch einen Arbeitsunfall) erfüllt ist (§ 243). Die Geschiedenen-Witwen-/Witwerrente kann als kleine oder große Witwen-/Witwerrente geleistet werden.

4.5 Witwen-/Witwerrente an vor dem 01.07.1977 geschiedene Ehegatten im Beitrittsgebiet (neue Bundesländer)

82 Bestimmt sich der Unterhaltsanspruch des geschiedenen Ehegatten nach dem Recht der DDR, wird keine Geschiedenen-Witwen-/Witwerrente gezahlt trotz der Tatsache, dass das DDR-Recht einen Versorgungsausgleich nicht vorsah (§ 243 a).[69] In diesen Fällen besteht bei Vorliegen der sonstigen Voraussetzungen Anspruch auf Erziehungsrente (§ 243 Satz 2 i.V.m. § 47, s. Rn. 83).

4.6 Erziehungsrente an Geschiedene

83 Die Erziehungsrente ist eine besondere Form der Hinterbliebenenrente und dient der sozialen Absicherung hinterbliebener Ehe- und Lebenspartner, wenn wegen der Kindererziehung eine Erwerbstätigkeit nicht oder nur eingeschränkt möglich war. Anders als Witwen-/Witwerrente ist die Erziehungsrente eine Rente aus der eigenen Versicherung. Deshalb muss die allgemeine Wartezeit von 5 Jahren beim Antragsteller gegeben sein.

84 Weiterhin müssen folgende Voraussetzungen erfüllt sein:

- Scheidung, Nichtigerklärung oder Aufhebung der Ehe nach dem 30.06.1977,
- Tod des geschiedenen Ehe-/Lebenspartners,
- Antragsteller ist unverheiratet geblieben bzw. hat keine Lebenspartnerschaft begründet und
- Erziehung eines eigenen Kindes oder Kindes des früheren Ehepartners (auch Stief-, Pflegekind, Enkel oder Geschwister), das das 18. Lebensjahr noch nicht vollendet hat.

69 Nichtannahmebeschluss des BVerfG – 02.06.2003 – 1 BvR 789/96.

Das gleiche gilt für ein behindertes Kind oder Kind vom früheren Ehepartner unabhängig vom Alter des Kindes.

Verwitwete Ehepartner und überlebende Lebenspartner, für die ein Rentensplitting (s. Kap. 13 Rn. 12 ff.) durchgeführt wurde, können unter den gleichen Bedingungen eine Erziehungsrente beanspruchen.

Die Höhe der Erziehungsrente entspricht einer vollen EM-Rente. Wird die Erziehungsrente vor Vollendung des 63. Lebensjahres beansprucht, erfolgt ein Abschlag (s. Rn. 60 ff.). Eigenes Einkommen wird angerechnet. Besteht für denselben Zeitraum Anspruch auf mehrere Renten, wird nur die höchste Rente gezahlt. **85**

4.7 Halb- oder Vollwaisenrente

Kinder können Anspruch auf Halb- oder Vollwaisenrente haben, wenn nur noch ein oder kein unterhaltsverpflichteter Elternteil mehr vorhanden ist und der verstorbene Elternteil die allgemeine Wartezeit von 5 Jahren erfüllt hat. Maßgeblich ist die Unterhaltspflicht dem Grunde nach. Nicht entscheidend ist, ob der Elternteil unterhaltsfähig und ob das Kind unterhaltsbedürftig ist. **86**

Die Halbwaisenrente beträgt 10 %, die Vollwaisenrente 20 % der Versichertenrente, erhöht um die Zuschläge nach § 78. Anspruch auf Waisenrente besteht bis zur Vollendung des 18. Lebensjahres des Kindes, bei Ausbildung bis längstens zur Vollendung des 27. Lebensjahres. Besteht für denselben Zeitraum Anspruch auf mehrere Waisenrenten, wird nur die höchste Waisenrente geleistet (§ 89 Abs. 3). **87**

4.8 Einkommensanrechnung

Werden neben einer Hinterbliebenenrente eigene Einkünfte bezogen, werden diese oberhalb eines Freibetrages auf die Hinterbliebenenrente angerechnet (§ 97). Dann kann die Hinterbliebenenrente gekürzt werden bzw. entfällt ganz. Während des Sterbevierteljahres findet keine Anrechnung statt (s. Rn. 77). **88**

Anrechenbar ist das Einkommen (§ 18 a-18 e SGB IV), das den Freibetrag übersteigt. **89**

Anrechenbar sind: Erwerbs- und Erwerbsersatzeinkommen, Einkünfte aus Vermögen, Betriebsrenten und Elterngeld.

Nichtanrechenbare Einkünfte sind: Erträge aus einer Riester-Rente, Hinterbliebenenrenten (Witwen-/Witwerrenten), Betriebsrente des Verstorbenen, Arbeitslosengeld II, Sozialgeld, Sozialhilfe, Wohngeld, Blindengeld, Berufsausbildungsbeihilfen für Auszubildende, Leistungen nach dem BAföG, Grund- und Ausgleichsrenten der Kriegsopferversorgung sowie Kriegsopferfürsorge, von einem Pflegebedürftigen an die Pflegeperson gezahlter Verdienst, sofern nicht höher als das gesetzliche Pflegegeld und Renten nach dem Lastenausgleichsgesetz und dem Bundesentschädigungsgesetz.

Die Höhe des Bruttoeinkommens muss der Rentenversicherung mitgeteilt werden. Selbständige müssen den Einkommensteuerbescheid des letzten Kalenderjahres vorlegen.

Der Freibetrag beträgt bei: **90**

Witwen-/Witwerrenten und Erziehungsrenten das 26,4-fache und bei

Waisenrenten das 17,6-fache (erhöht um das 5,6-fache für jedes waisenrentenberechtigte Kind) des jeweils aktuellen Rentenwertes.

Freibeträge bei Hinterbliebenenrenten in € (aktuelle Rentenwerte vom 01.07.2012 bis 30.06.2013, aBL – 28,07 € und nBL – 24,92 €)	
Monatlicher Freibetrag bei Witwen-/Witwerrenten und Erziehungsrenten	
alte Bundesländer	741,05
neue Bundesländer	657,89
Für jedes Kind, das grundsätzlich Anspruch auf Waisenrente hat, erhöht sich der Freibetrag monatlich um	
alte Bundesländer	157,19
neue Bundesländer	139,55
Monatlicher Freibetrag für Waisenrenten	
alte Bundesländer	494,03
neue Bundesländer	438,59

91 Übersteigen die anrechenbaren Einkommen den Freibetrag, wird zuerst aus dem Bruttoeinkommen ein Nettoeinkommen durch Abzug von Pauschalwerten wie z. B. Lohnsteuer und Sozialversicherungsbeiträge ermittelt.

Beispiele:
Bei Arbeitsentgelt aus abhängiger Beschäftigung beträgt der pauschale Abzug 40 %, bei Arbeitseinkommen aus selbständiger Tätigkeit 39,8 %, bei Bezügen von Beamten 27,5 %, bei Vermögenseinkommen (Einkünfte aus Kapitalvermögen, Einnahmen aus Vermietung und Verpachtung) 25 %, bei Renten aus eigener Versicherung (Alters- und EM-Renten) 13 bzw. 14 %, Betriebsrenten 17,5 bzw. 23 %, und bei Renten aus privaten Lebens- und Rentenversicherungen 12,7 %.

Auf Arbeitsentgelt aus geringfügiger Beschäftigung und auf Verletztenrenten aus der gesetzlichen Unfallversicherung erfolgt kein Abzug.

92 Übersteigen die anrechenbare Einkommen den Freibetrag, wird vom verbleibenden Nettoeinkommen 40 % auf die Rente angerechnet.

Beispiel:[70]

Petra N. lebt in den alten Bundesländern. Nach dem Tod ihres Mannes am 15.03.2011 beträgt die monatliche Witwenrente vor Anrechnung 800 €. Sie erzieht ein Kind, das Waisenrente erhält.	
Sie verdient monatlich brutto	1600,00 €
Die Rentenversicherung zieht davon pauschal 40 % ab	– 640,00 €.
Das ergibt einen Nettoverdienst von abzüglich Freibetrag (West)	960,00 €; – 725,21 €;
abzüglich Freibetrag für das Kind	– 153,83 €;
verbleibt ein Nettoverdienst über dem Freibetrag von	80,96 €
40 % davon	32,38 €
werden auf die Witwenrente von 800,00 € angerechnet (800,00 € – 32,38 €)	
Die monatliche Witwenrente (brutto) beträgt damit	**767,62 €**
Die Bruttowitwenrente kann sich durch Beiträge zur Kranken- und Pflegeversicherung reduzieren.	

4.9 Rentenabfindung

Bei Wiederheirat oder Begründung einer neuen Lebenspartnerschaft entfällt die bisherige (Geschiedenen-)Witwen-/Witwerrente. Einmalig kann eine Abfindung schriftlich formlos beantragt werden. Bei Bezug einer Rente nach dem vorletzten Ehegatten oder Lebenspartner oder bei Bezug einer Erziehungsrente ist keine Abfindung möglich. 93

Die Abfindung beträgt grundsätzlich das 24-fache (zwei Jahresbeträge) der (Geschiedenen-)Witwen-/Witwerrente, die im Durchschnitt der letzten zwölf Kalendermonate bezogen wurde. Bei kleinen Witwen-/Witwerrenten, die nur 24 Monate gezahlt werden, wird nur noch der noch nicht verbrauchte Restbetrag ausbezahlt. Die Begrenzung erfolgt nicht, wenn altes Recht anzuwenden ist (s. Rn. 70).

Kapitel 6: Rentenrechtliche Zeiten (§ 54) und Wartezeiten (§ 50)

Inhaltsübersicht Rn.

70 Deutsche Rentenversicherung Bund, Hinterbliebenenrente, 6. Auflage, Juli 2011.

1. Überblick zu den rentenrechtlichen Zeiten

1 Die rentenrechtlichen Zeiten sind sowohl für die Begründung eines Rentenanspruchs (Erfüllung der Wartezeit) als auch für die Höhe der späteren Rente erheblich. Wird im SGB VI der Begriff »rentenrechtliche Zeiten« verwendet, so sind damit die in § 54 genannten Zeiten gemeint. § 54 unterscheidet bei den rentenrechtlichen Zeiten zwischen **Beitragszeiten** (Abs. 1 Nr. 1, Abs. 3), **beitragsfreien Zeiten** (Abs. 1 Nr. 2, Abs. 3) und **Berücksichtigungszeiten** (Abs. 1 Nr. 3). Bei den Beitragszeiten wird wiederum zwischen Zeiten mit vollwertigen Beiträgen und beitragsgeminderten Zeiten differenziert (Abs. 1 Nr. 1).

2 Maßgebliche Zeiteinheit ist der Kalendermonat (§ 122). Die in § 54 genannten Zeiten stehen gleichrangig nebeneinander, sie können sich auch überschneiden. Zu berücksichtigen ist, dass keine rentenrechtlichen Zeit gegeben ist, wenn Wartezeitmonate (s. Rn. 25 f.) aus Versorgungsausgleich, Rentensplitting oder geringfügiger Beschäftigung vorliegen (§ 52). Rentenrechtliche Zeiten müssen grundsätzlich nachgewiesen werden,[71] d. h. es muss eine an Sicherheit grenzende Wahrscheinlichkeit für das Vorliegen der gesetzlichen Voraussetzungen bestehen.

3 Überblick zu den rentenrechtlichen Zeiten:

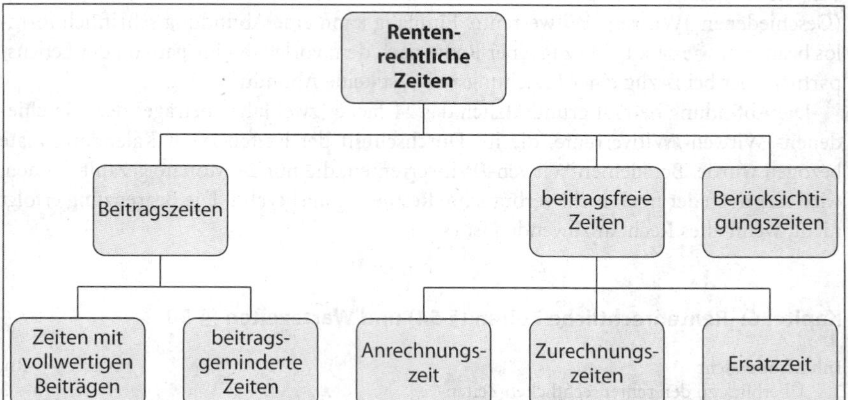

71 § 21 SGB X.

2. Beitragszeiten (§ 55)

2.1 Definition der Beitragszeiten

Die Höhe einer Rente richtet sich maßgebend nach den gezahlten Rentenversicherungsbeiträgen. Die Bewertung einer Beitragszeit für die Rente bemisst sich nach dem Verhältnis des in einem Kalenderjahr erzielten versicherten Bruttoentgelts zum durchschnittlichen Bruttoentgelt aller Beschäftigten im gleichen Kalenderjahr. 4

Beitragszeiten – die wichtigsten rentenrechtlichen Zeiten – sind (vgl. § 55): 5

- **(Tatsächliche) Pflichtbeitragszeiten**
  - Das sind Zeiten, für die **Pflichtbeiträge**, insbesondere aufgrund einer versicherungspflichtigen Beschäftigung oder Tätigkeit gezahlt worden sind. D. h. es müssen Beiträge entrichtet worden sein und die gesetzliche Versicherungspflicht nach den §§ 1 bis 3 oder die Versicherungspflicht auf Antrag nach den §§ 4, 229 Abs. 4, Abs. 5 muss bestanden haben.
  - Pflichtbeitragszeiten sind ebenfalls die **Kindererziehungszeiten** (s. Rn. 8 ff.), also Zeiten der Erziehung eines Kindes in dessen ersten drei Lebensjahren – für Geburten vor 1992 in dessen ersten Lebensjahr – wenn die Kindererziehungszeit dem einzelnen Versicherten angerechnet wurde.
  - Schließlich sind auch Zeiten ab dem 01. 04. 1995, in denen ein **Pflegebedürftiger** i. S. d. § 14 SGB XI (s. SGB XI, § 14 Rn. 6–9) wenigstens 14 Stunden[72] wöchentlich in seiner häuslichen Umgebung gepflegt wird, Pflichtbeitragszeiten.
- **Fiktive Pflichtbeitragszeiten**
  Pflichtbeitragszeiten sind auch Zeiten, für die Pflichtbeiträge nach besonderen Vorschriften als gezahlt *gelten.* Besondere Vorschriften in diesem Sinne sind z. B.: gezahlte Nachversicherungsbeiträge nach § 185 Abs. 2, Vermutung der Beitragszahlung nach § 199, Glaubhaftmachung der Beitragszahlung nach § 203.
- **Zeiten freiwilliger Beitragszahlung**
  Das sind Zeiten, in denen Beiträge entrichtet wurden und bei denen die Möglichkeit zur freiwilligen Beitragszahlung z. B. nach den §§ 7 oder 232 bestand (s. Kap. 3, 14 ff.). Freiwillige Beiträge sind insbesondere auch Beiträge, die nach § 202 Satz 1 als freiwillige Beiträge gelten: danach gelten Beiträge, die in der irrtümlichen Annahme der Versicherungspflicht gezahlt und deshalb beanstandet worden sind, aber nicht zurückgefordert werden, als freiwillige Beiträge.
- **Berücksichtigungszeiten als Beitragszeiten**
  Das sind Zeiten, für die Entgeltpunkte gutgeschrieben worden sind, weil gleichzeitig Berücksichtigungszeiten wegen Kindererziehung (§ 70 Abs. 3 a Satz 2) oder Zeiten der Pflege eines pflegebedürftigen Kindes für mehrere Kinder vorliegen. Klarstellend sei darauf hingewiesen, dass es sich hierbei nicht um Pflichtbeitragszeiten handelt.

72 Es kommt nicht mehr darauf an, ob eine oder mehrere Pflegebedürftige gepflegt werden, vgl. Pflegeneuausrichtungsgesetz (PNG), BT-Drs. 17/10157.

- **Ausländische Beitragszeiten**
  Beitragszeiten, die außerhalb des Anwendungsbereichs des SGB VI zurückgelegt werden, sind als rentenrechtliche Zeiten in der deutschen Rentenversicherung zu berücksichtigen, wenn dies über- oder zwischenstaatliches Recht bzw. das Fremdrentengesetz[73] vorsieht.

6 Soweit ein Rentenanspruch eine bestimmte Anzahl von Pflichtbeiträgen für eine versicherte Beschäftigung oder Tätigkeit voraussetzt (sog. besondere versicherungsrechtliche Voraussetzungen, z. B. §§ 43 Abs. 1 Nr. 2, 51 Abs. 3 a), bestimmt § 55 Abs. 2, welche Beiträge neben den eigentlichen Pflichtbeiträgen für eine versicherte Beschäftigung oder Tätigkeit hierfür außerdem herangezogen werden können.

2.2 Zeiten mit vollwertigen Beiträgen oder beitragsgeminderte Zeiten

7 Beitragszeiten werden nach § 54 unterteilt in:

- **Zeiten mit vollwertigen Beiträgen**
  Beitragszeiten, bei denen ein Zusammentreffen von Beitragszeiten mit beitragsfreien Zeiten (sog. Zeiten mit beitragsgeminderten Zeiten) nicht vorliegt, sind Zeiten mit vollwertigen Beiträgen. Das gilt auch dann, wenn der Monat nur teilweise mit vollwertigen Beiträgen belegt ist (§ 122 Abs. 1).
- **Beitragsgeminderte Zeiten**
  Beitragsgeminderte Zeiten sind Kalendermonate, die sowohl mit Beitragszeiten als auch mit beitragsfreien Zeiten (Anrechnungszeiten, Zurechnungszeit oder Ersatzzeit belegt sind. Ein Zusammentreffen liegt immer dann vor, wenn (1) ein Beitrag während einer beitragsfreien Zeit liegt oder (2) wenn ein Beitrag und eine beitragsfreie Zeit in einem Kalendermonat aufeinanderfolgen oder (3) wenn eine Zeit kraft gesetzlicher Bestimmung zur beitragsgeminderten Zeit erklärt wird. Nach Abs. 3 Satz 2 gelten z. B. auch Kalendermonate mit **Pflichtbeiträgen für eine Berufsausbildung** als beitragsgeminderte Zeiten.

Diese Differenzierung ist für die Bewertung der Beitragszeiten bei der Rentenberechnung wesentlich; so werden beispielsweise bei der Berechnung der Rente nach Mindesteinkommen nur Pflichtbeitragszeiten mit vollwertigen Beiträgen berücksichtigt (§ 262) und im Rahmen der Gesamtleitungsbewertung nach § 71 Abs. 2 werden beitragsgeminderte Zeiten in besonderer Weise berücksichtigt (s. Kap. 7 Rn. 16 ff.).

2.3 Kindererziehungszeiten (§ 56)

8 »Frauen und Männer, die Kinder erziehen, erbringen mit der Kindererziehung eine Leistung, die im Interesse der Allgemeinheit liegt. (…) Die Anerkennung von Kindererziehungszeiten in der gesetzlichen Rentenversicherung ist ein entscheidender Beitrag zu einer Gleichbewertung der Tätigkeit in der Familie und der außerhäuslichen Erwerbs-

73 § 15 FRG.

tätigkeit«.[74] Zeiten der Kindererziehung sind Pflichtbeitragszeiten und werden auch wie solche rentenrechtlich gewertet. Die Beitragsleistung hierfür übernimmt der Bund (§ 177).

Voraussetzungen für die Anrechnung von Kindererziehungszeiten: 9

Für einen Elternteil wird eine Kindererziehungszeit angerechnet, wenn	**Besondere Bemerkungen zu den einzelnen Voraussetzungen:**
(1) die Erziehungszeit diesem Elternteil zuzuordnen ist und	• Begünstigt sind die leiblichen Eltern, die Adoptiveltern sowie die Stiefeltern und die Pflegeeltern (hierunter fällt nicht die berufsmäßige Kinderbetreuung). • Unter Erziehung ist die Sorge für die körperliche, seelische und geistige Entwicklung zu verstehen. • Die Eltern können sich entscheiden, ob sie die Kindererziehungszeiten bei der Mutter oder beim Vater anrechnen lassen wollen. Treffen die Eltern keine Entscheidung, so wird die Erziehungszeit der Mutter zugeordnet.
(2) die Erziehung im Gebiet der Bundesrepublik Deutschland oder einem gleichgestellten Gebiet erfolgt ist und	• Grundsatz: Wird die Erziehung während eines gewöhnlichen Aufenthalts[75] im Ausland ausgeübt, führt regelmäßig nicht die Erziehung, sondern schon der gewöhnlichen Aufenthalt im Ausland zu Nachteilen in der deutschen gesetzlichen Rentenversicherung. • Die Anerkennung von Kindererziehungszeiten im Ausland beschränkt sich auf Personen, die während des Auslandsaufenthaltes nach deutschen Rechtsvorschriften versicherungspflichtig sind sowie auf die Ehegatten dieser Personen.
(3) der Elternteil nicht von der Anrechnung ausgeschlossen ist.	• Ausschluss bei Zuordnung zu einem nichtdeutschen Sicherungssystem • Ausschluss von Personen, die während der Erziehungszeit eine Vollrente wegen Alters oder eine entsprechende Altersversorgung erhalten (§ 5 Abs. 4)

74 BT-Drs. 10/2677.
75 § 30 Abs. 3 Satz 2 SGB I.

Für einen Elternteil wird eine Kindererziehungszeit angerechnet, wenn	Besondere Bemerkungen zu den einzelnen Voraussetzungen:
	• Ausschluss von Personen in anderen Versorgungssystemen (z. B., wenn der erziehende Elterteil während der Erziehungszeit Mitglied eines in Abs. 4 Nr. 3 aufgeführten Versorgungssystems ist und die betreffende beamtenrechtliche oder berufsständische Versorgungsregelung eine gleichwertige Berücksichtigung von Erziehungszeiten vorsieht)

10 Hinsichtlich der Versicherungsdauer ist nach dem Geburtsdatum des Kindes zu entscheiden, wie viel Kalendermonate für die Erziehung des Kindes anerkannt werden:

- Als Kindererziehungszeit werden längstens die ersten 36 Kalendermonate nach der Geburt des Kindes angerechnet, wenn das Kind **nach dem 31. 12. 1991** geboren ist (§ 56 Abs. 1 Satz 1).
- Für Kinder, die davor geboren wurden, beträgt die Kindererziehungszeit längstens zwölf Kalendermonate (§ 249 Abs. 1).

11 Erzieht ein Erziehender ein weiteres Kind im jeweils maßgebenden Zeitpunkt von 36 Kalendermonaten, verlängert sich der Zeitraum von 36 Kalendermonaten um die Anzahl der Kalendermonate, in denen mehr als ein Kind gleichzeitig erzogen wurde (§ 56 Abs. 5 Satz 2). Das bedeutet, dass ein Kalendermonat, in dem zwei Kinder erzogen wurden, zu einem Verlängerungsmonat führt. Im Fall einer Drillingsgeburt können z. B. längstens 108 Kalendermonate Kindererziehungszeiten angerechnet werden. Wird während der Erziehung eines Kindes ein weiteres Kind geboren, so verlängert sich die Gesamterziehungszeit um die Kalendermonate der gleichzeitigen Erziehung, d. h. es wären dann 72 Kalendermonate Kindererziehungszeit zu berücksichtigen.

12 Die Kindererziehungszeiten wirken nicht nur anspruchsbegründend, sondern auch rentensteigernd. Die Rentenberechnung richtet sich nach § 70 Abs. 2. Bewertet werden die Kindererziehungszeiten mit dem Durchschnittsverdienst (s. Anlage 1) aller Beschäftigten im jeweiligen Erziehungsjahr. Für 2012 liegt der Durchschnittsverdienst bei 32 446 €. Hat der Erziehende während der Kindererziehung auch gearbeitet, wird die Erziehungszeit zusätzlich angerechnet, insgesamt jedoch nur bis zur Beitragsbemessungsgrenze.

3. Beitragsfreie Zeiten (§ 54 Abs. 4)

13 Beitragsfreie Zeiten sind Kalendermonate, die mit **Anrechnungszeiten** (§§ 58, 252, 252 a, 253), **Zurechnungszeit** (§ 59) sowie **Ersatzzeiten** (§§ 250, 251) belegt sind, ohne dass für sie auch Beiträge gezahlt worden sind (§ 54 Abs. 4). Die rentenrechtliche Anerkennung beitragsfreier Zeiten soll einen Ausgleich dafür schaffen, dass der Versicherte keine Beschäftigung gegen Entgelt ausüben konnte. Bewertet werden beitragsfreie Zeiten grundsätzlich entsprechend dem Durchschnittswert der erbrachten Gesamtbeitragsleistung

(Gesamtleistungsbewertung). Einige beitragsfreie Zeiten, wie z. B. Zeiten der Krankheit oder Arbeitslosigkeit nach dem vollendeten 17. und vor dem vollendeten 25. Lebensjahr, ohne dass zuvor eine versicherungspflichtige Beschäftigung aufgenommen worden war, werden zwar als beitragsfreie Zeiten angerechnet, ihnen wird jedoch nicht nach der Methodik der Gesamtleistungsbewertung ein bestimmter, unmittelbar rentensteigender Wert zugeordnet (sog. beitragsfreie Zeiten ohne Bewertung).

3.1 Anrechnungszeiten (§ 58)

Anrechnungszeiten sollen den Versicherten vor Nachteilen schützen, die dadurch eingetreten sind, dass er durch bestimmte in seiner Person liegenden Umstände unverschuldet gehindert war, Pflichtbeiträge zu leisten, die er bei Nichteintritt dieser Umstände gezahlt hätte.[76] Hier wird besonders der soziale Charakter der gesetzlichen Rentenversicherung deutlich. So nennt § 58 z. B. folgende Lebenssachverhalte: Zeiten der Krankheit (Nr. 1 Halbs. 1 Nr. 1 a) oder Zeiten der Arbeitslosigkeit (Nr. 3, Nr. 3 a). Anrechnungszeiten sind also beitragsfreie Zeiten, für die – aus sozialen Gründen – Rentensteigerungen ohne Beitragszahlungen gewährt werden. 14

Überblick zu den Anrechnungszeit-Tatbeständen: 15

Anrechnungszeiten – Tatbestände (§ 58 Abs. 1)	zu berücksichtigen
Zeiten der Arbeitsunfähigkeit wegen Krankheit[77] und Zeiten der Leistungen zur medizinischen Rehabilitation[78] oder zur Teilhabe am Arbeitsleben[79] – Nr. 1	• Anrechnungszeit liegt nur vor, wenn hierdurch eine versicherungspflichtige Beschäftigung oder Tätigkeit unterbrochen wird. • Für die Zeiten von der Vollendung des 17. bis zur Vollendung des 25. Lebensjahres werden diese Zeiten auch dann angerechnet, wenn noch keine versicherungspflichtige Beschäftigung oder Tätigkeit ausgeübt wurde.
Zeiten der Krankheit nach dem 17. und vor dem 25. Lebensjahr – Nr. 1 a	• Die Krankheit muss zumindest einen Kalendermonat betragen haben. • Die Zeiten der Krankheit dürfen nicht bereits mit anderen rentenrechtlichen Zeiten belegt sein.
Schwangerschaft und Mutterschutz – Nr. 2	• Die Zeiten der Schwangerschaft oder Mutterschaft während der Schutzfristen des Mutterschutzgesetzes.

76 BSGE 16, 120; 41, 41.
77 § 44 SGB V.
78 §§ 5 Nr. 1, 26 ff. SGB IX.
79 §§ 5 Nr. 2, 33 ff. SGB IX.

Anrechnungszeiten – Tatbestände (§ 58 Abs. 1)	zu berücksichtigen
Zeiten der Arbeitslosigkeit – Nr. 3	• Anrechnungszeiten wegen Arbeitslosigkeit sind Zeiten, in denen der Versicherte – wegen Arbeitslosigkeit – bei deutschen örtlich zuständigen Agenturen für Arbeit als arbeitsuchend gemeldet war und – eine öffentlich-rechtliche Leistung bezogen hat (v. a. Leistungen nach dem SGB III oder Arbeitslosengeld II nach dem SGB II) oder nur wegen zu berücksichtigenden Einkommens und Vermögens nicht bezogen hat. • Die Arbeitslosigkeit muss grundsätzlich eine versicherte Beschäftigung oder versicherte selbständige Tätigkeit unterbrochen haben.
	• Anrechnungszeiten liegen bei Beziehern von Arbeitslosengeld oder Übergangsgeld nicht vor, wenn die Bundesagentur für Arbeit für sie Beiträge an eine Versicherungs- oder Versorgungseinrichtung zahlt (§ 58 Abs. 4). • Zeiten des versicherungspflichtigen Bezugs von ALG II sind bei unter 25-jährigen Versicherten zugleich Anrechnungszeiten wegen Arbeitslosigkeit, wenn alle Voraussetzungen für die Anerkennung dieser Anrechnungszeit vorgelegen haben (§ 58 Abs. 1 Satz 4). Dann liegt eine beitragsgeminderte Zeit nach § 54 Abs. 3 (s. Rn. 7) vor.
Zeiten der Ausbildungssuche – Nr. 3 a	– siehe Nr. 1 –
Zeiten der schulischen Ausbildung – Nr. 4	Zeiten der schulischen Ausbildung neben einer versicherten Beschäftigung oder Tätigkeit sind nur Anrechnungszeit wegen schulischer Ausbildung, wenn der Zeitaufwand für die schulische Ausbildung unter Berücksichtigung des Zeitaufwands für die Beschäftigung oder Tätigkeit überwiegt (Abs. 4 a).

Anrechnungszeiten – Tatbestände (§ 58 Abs. 1)	zu berücksichtigen
Zeiten des Rentenbezugs – Nr. 5	Diese Regelung soll verhindern, dass Versicherte, die vor dem 60. Lebensjahr vermindert erwerbsfähig werden, bei Eintritt eines neuen Leistungsfalls eine niedrigere Rente erhalten als bisher. Sie gilt nicht für die Zeit der Leistung einer Rente wegen Alters (Abs. 5).
Zeiten des ALG-II-Bezugs nach dem 31.12.2010 – Nr. 6	Versicherungspflichtigen Beziehern von ALG II wird die Zeit des Leistungsbezugs von ALG II ab dem 01.01.2011 als Anrechnungszeit berücksichtigt.

3.2 Zurechnungszeit (§ 59)

Mit der Zurechnungszeit – eine weitere Kategorie der beitragsfreien Zeiten (s. Rn. 13) – wird das Äquivalenzprinzip (s. Kap. 1 Rn. 18) durchbrochen. Denn die Berücksichtigung der Zurechnungszeit führt zu Steigerung des Rentenzahlbetrags, ohne dass hierfür Beiträge gezahlt worden sind. Dies ist Ausdruck des Versicherungsprinzips (s. Kap. 1 Rn. 17) der gesetzlichen Rentenversicherung. Die Zurechnungszeit deckt nämlich das Risiko des frühzeitigen Eintritts des Versicherungsfalls der Erwerbsminderung oder des Todes ab, das von der Versichertengemeinschaft zu tragen ist. **16**

Die Zurechnungszeit ist die Zeit zwischen dem Eintritt des Versicherungsfalles beziehungsweise dem Rentenbeginn und der Vollendung des 60. Lebensjahres durch den Versicherten (vgl. § 59 Abs. 1). Sie wird bei einer Rente wegen Erwerbsminderung (§§ 43, 240), einer Hinterbliebenenrente oder einer Erziehungsrente (§§ 46–49, 243, 243 a) hinzugerechnet. Die Bewertung der Zurechnungszeit für die Rentenhöhe richtet sich wie bei allen beitragsfreien Zeiten nach der **Gesamtleistungsbewertung** (§§ 71 ff.; Kap. 7 Rn. 16 ff.). Das bedeutet, dass beispielsweise bei einem Versicherten, der keine Lücken im Versicherungsverlauf bis zum Eintritt des Versicherungsfalls hat, die Zurechnungszeit mit dem Durchschnitt bewertet wird, der sich aus den Beitragszeiten ergibt. Allerdings kann durch die Zurechnungszeit selbst kein Rentenanspruch entstehen. Die gesetzlichen Voraussetzungen für eine Erwerbsminderungsrente, eine Hinterbliebenenrente oder eine Erziehungsrente muss der Versicherte zunächst selbst erfüllt haben. **17**

Die Zurechnungszeit beginnt mit dem jeweils in § 59 Abs. 2 Satz 1 Nr. 1 bis 4 genannten Zeitpunkt: **18**

Zurechnungszeit	Beginn der Zurechnungszeit
bei einer Rente wegen Erwerbsminderung	mit Eintritt der hierfür maßgebenden Erwerbsminderung (Abs. 2 Nr. 1)
bei einer Rente wegen voller Erwerbsminderung, auf die erst nach Erfüllung der Wartezeit von 20 Jahren ein Anspruch besteht (§ 43 Abs. 6)	mit Beginn dieser Rente (Abs. 2 Nr. 2)
bei einer Witwen-/Witwerrente (§§ 46, 243) oder Waisenrente (§ 48)	mit dem Tod des Versicherten (Abs. 2 Nr. 3)
bei einer Erziehungsrente (§§ 47, 243 a)	mit Beginn dieser Rente (Abs. 2 Nr. 4)

Die Zurechnungszeit endet mit der Vollendung des 60. Lebensjahres (§ 59 Abs. 2 Satz 2).

19 Ein nur teilweise mit einer Zurechnungszeit belegter Kalendermonat wird nach § 122 Abs. 1 als voller Monat gewertet. Ist der Monat, in dem die Zurechnungszeit beginnt, bereits mit einem Monat belegt, so ist dieser als beitragsgeminderte Zeit (s. Rn. 7; Kap. 7 Rn. 21) zu werten. Bei einer Nachfolgerente entfällt die Übernahme der in der bisherigen Rente enthaltenen Zurechnungszeit. Diese Zeit ist als Anrechnungszeit (s. Rn. 14) zu berücksichtigen (§ 58 Abs. 1 Satz 1 Nr. 5).

3.3 Ersatzzeiten (§ 250)

20 Ersatzzeiten – als dritte Kategorie der **beitragsfreien Zeiten** (s. Rn. 13) nach § 54 Abs. 4 – sind Zeiträume, in denen der Versicherte infolge des Krieges oder aus kriegsbedingten Gründen an der Entrichtung von Beiträgen gehindert war. Hierzu gehören z. B. folgende Zeiten, wenn keine Versicherungspflicht bestanden hat und der Versicherte das 14. Lebensjahr vollendet hat:

- der militärische oder militärähnliche Dienst, der aufgrund gesetzlicher Dienst- oder Wehrpflicht oder während eines Krieges geleistet worden ist,
- Zeiten der Internierung oder Verschleppung, wenn der Versicherte Heimkehrer ist,
- Zeiten, in denen der Versicherte während eines Krieges, ohne Kriegsteilnehmer zu sein, durch feindliche Maßnahmen an der Rückkehr aus dem Ausland oder aus den ehemaligen deutschen Ostgebieten gehindert gewesen oder dort festgehalten worden ist,
- Zeiten der Freiheitsentziehung, wenn der Versicherte Verfolgter des Nationalsozialismus ist,
- Zeiten des Gewahrsams bei politischen Häftlingen aus der ehemaligen DDR sowie
- Zeiten der Vertreibung oder Flucht, mindestens aber bei Vertriebenen die Zeit vom 01. 01. 1945 bis 31. 12. 1946.

Aus heutiger Sicht sind vorwiegend die Zeiten einer politischen Haft in der DDR noch von Bedeutung. Die Berücksichtigung der Ersatzzeiten bei der Rentenberechnung erfolgt im Rahmen der Gesamtleistungsbewertung nach §§ 71 ff. (s. Kap. 7 Rn. 16 ff.).

4. Berücksichtigungszeiten (§ 57)

Die dritte eigenständige Kategorie von rentenrechtlichen Zeiten sind neben den Beitragszeiten und den beitragsfreien Zeiten die Berücksichtigungszeiten wegen Kindererziehung oder wegen Pflege. 21

Berücksichtungszeiten sind (§ 57):

- **Zeiten der nicht erwerbsmäßigen Pflege eines Pflegebedürftigen** – längstens bis zum 31.03.1995.[80] Ab diesem Zeitpunkt werden diese Zeiten als Pflichtbeitragszeiten gewertet, wenn die Voraussetzungen des § 3 Satz 1 Nr. 3a vorlagen.
- **Zeiten der Erziehung eines Kindes**: Als Berücksichtigungszeit wegen Kindererziehung zählt die Zeit vom Geburtsmonat bis zum Monat der Vollendung des 10. Lebensjahres des Kindes. Es müssen allerdings die Voraussetzung für die Anrechnung einer Kindererziehung nach § 56 (s. Rn. 8ff.) auch in dieser Zeit vorliegen.

Nach § 56 i.V.m. § 57 Abs. 1 wird eine Berücksichtigungszeit angerechnet, wenn – für den gesamten berücksichtigungsfähigen Zeitpunkt von längstens zehn Jahren: 22

1. die Erziehungszeit diesem Elternteil zuzuordnen ist,
2. die Erziehung in Deutschland oder einem gleichgestellten Gebiet erfolgt ist und
3. der Elternteil nicht von der Anrechnung ausgeschlossen ist. (s. Rn. 8ff.)

Für jedes Kind kann eine Berücksichtigungszeit von zehn Jahren angerechnet werden. Dies gilt auch für Mehrlingsgeburten. Allerdings führt das Zusammentreffen von Berücksichtigungszeiten durch die gleichzeitige Erziehung von mehreren Kindern nicht zu einer Verlängerung dieser. Die Berücksichtigungszeit endet bei gleichzeitiger Erziehung mehrer Kinder durch einen Elternteil stets mit dem zehnten Lebensjahr des zuletzt geborenen Kindes. Die Berücksichtigungszeit erfasst im Gegensatz zur Kindererziehungszeit auch den Geburtsmonat.

Die Frage der Zuordnung der Berücksichtigungszeit zu einem Elternteil richtet sich nach den für die Kindererziehungszeit geltenden Vorschriften (§ 56 Abs. 2; s. Rn. 8ff.). Danach ist es ausgeschlossen, dass für den gleichen Zeitraum der Kindererziehung dem einen Elterteil die Kindererziehungszeit und dem anderen die Berücksichtigungszeit zugeordnet werden. 23

Die Berücksichtigungszeiten – die keine Beitragszeiten sind – wirken sich *allein* weder rentenbegründend noch rentensteigernd aus, sie wirken sich nur innerhalb bestimmter Regelungen aus. So bewirken sie z.B. die Aufrechterhaltung einer Anwartschaft auf Rente wegen verminderter Erwerbsfähigkeit. Sie dienen damit insbesondere der Lückenschließung, die durch Kindererziehung entstanden sind. Sie wirken sich aufgrund der Gesamtleistungsbewertung für beitragsfreie (s. Kap. 7 Rn. 16) und beitragsgeminderte (s. Kap. 7 Rn. 21) Zeiten rentensteigernd aus. Im Rahmen der Gesamtleistungsbewertung werden jedem Kalendermonat an Berücksichtungszeit die Entgeltpunkte zugeordnet, die sich ergeben würden, wenn diese Kalendermonate Kindererziehungszeiten wären (§ 71 Abs. 3). Ferner werden im Fall der Kindererziehung nach § 70 Abs. 3a Entgeltpunkte 24

80 Übergangsregelung hierzu § 249b.

zusätzlich ermittelt und Witwen- bzw. Witwerrenten können ggf. um einen Zuschlag nach § 78 a (s. Kap. 7 Rn. 23 f.) erhöht werden.

5. Wartezeiten (§ 50)

25 Die Wartezeit ist die erforderliche **Mindestversicherungszeit** für einen Rentenanspruch (§ 34 Abs. 1). Wie lange diese sein muss (§ 50) und welche Zeiten darauf angerechnet werden können (§ 51), richtet sich nach der jeweiligen Rentenart (s. Kap. 5). Die je nach Rentenarten einzuhaltenden Wartezeiten sind in § 50 zusammengefasst. Es gibt eine Besitzschutzregelung für erfüllte Wartezeiten, falls sich Rechtsänderungen ergeben (§ 305).

Wartezeiten	Rentenarten (s. Kap. 5)	Welchen Zeiten werden angerechnet?
5 Jahre (= allgemeine **Wartezeit**)	• Regelaltersrente (§§ 35 Satz 1 Nr. 2; 235 Abs. 1 Satz 1 Nr. 2) • Rente wegen Erwerbsminderung (§§ 43 Abs. 1 Satz 1 Nr. 3 und Abs. 2 Satz 1 Nr. 3, 240 Abs. 1) • Rente für Bergleute wegen verminderter Berufsunfähigkeit im Bergbau (§ 45 Abs. 1 Nr. 3) • Witwen- oder Witwerrente (§ 46 Abs. 1 und 2) • Witwen- oder Witwerrente für den vor dem 01.07.1977 geschiedenen Ehegatten (§ 243) • Erziehungsrente (§ 47 Abs. 1 Nr. 4) • Waisenrente (§ 48 Abs. 1 Nr. 2 und Abs. 2 Nr. 2)	• Beitragszeiten (§ 55) – also Pflichtbeitragszeiten, Kindererziehungszeiten und Zeiten mit freiwilligen Beiträgen – und Ersatzzeiten (§ 250) werden angerechnet (§ 51 Abs. 1 und 4). • Daneben fallen auch Zeiten darunter, die sich nach § 52 Abs. 1 infolge eines Entgeltpunktewechsels nach durchgeführtem Versorgungsausgleich (s. Kap. 13 Rn. 1 ff.) oder infolge eines nach § 52 Abs. 1 a Splittingzuwachses aus einem Rentensplitting unter Ehegatten oder eingetragenen Lebenspartnern (s. Kap. 13 Rn. 12 ff.) ergeben. • Wartezeitmonate aus geringfügiger Beschäftigung (s. Kap. 9) werden nach § 52 Abs. 2 errechnet und berücksichtigt.
15 Jahre	• Altersrente wegen Arbeitslosigkeit oder nach Altersteilzeitarbeit (§ 237 Abs. 1 Nr. 5) • Altersrente für Frauen (§ 237 a Abs. 1 Nr. 4)	s. o.

Wartezeiten	Rentenarten (s. Kap. 5)	Welchen Zeiten werden angerechnet?
20 Jahre	Rente wegen voller Erwerbsminderung für Versicherte, die bereits vor Erfüllung der allgemeinen Wartezeit voll erwerbsgemindert waren (§ 43 Abs. 6)	s. o.
35 Jahre	• Altersrente für langjährig Versicherte (§§ 36 Satz 1 Nr. 2, 236 Abs. 1 Satz 1 Nr. 2) • Altersrente für schwerbehinderte Menschen (§§ 37 Satz 1 Nr. 3, 236 a)	alle Kalendermonate mit rentenrechtlichen Zeiten (§ 51 Abs. 3) und Wartezeitmonate nach § 52 (s. o.)
45 Jahre (seit 01.01.2012)	Altersrente für besonders langjährig Versicherte (§ 38 Nr. 2)	• Pflichtbeiträge für eine versicherte Beschäftigung oder Tätigkeit und Berücksichtungszeiten, ohne Zeiten des Bezugs von ALG II und Arbeitslosenhilfe (§§ 51 Abs. 3 a, 244 Abs. 3) • Wartezeitmonate durch geringfügige versicherungsfreie Beschäftigung (§ 52 Abs. 2)

Die allgemeine Wartezeit von fünf Jahren kann in bestimmten Fällen beim Eintritt einer verminderten Erwerbsfähigkeit oder des Todes vorzeitig erfüllt sein (sog. **vorzeitige Wartezeiterfüllung**). Nach § 53 Abs. 1 ist das beispielsweise möglich, wenn der Versicherte wegen eines der folgenden Tatbestände vermindert erwerbsfähig – also teilweise (§ 43 Abs. 1) oder voll erwerbsgemindert (§ 43 Abs. 2) – geworden oder gestorben ist: **26**

- Arbeitsunfall oder Berufskrankheit (Nr. 1): Der Versicherte muss bei Eintritt des Arbeitsunfalls oder der Berufskrankheit versicherungspflichtig gewesen sein oder in den letzten zwei Jahren vor diesem Ereignis Pflichtbeiträge für eine versicherte Beschäftigung in der Tätigkeit für mindestens ein Jahr aufweisen.
- Wehrdienstbeschädigung nach dem Soldatenversorgungsgesetz als Wehrdienstleistender oder Soldat auf Zeit (Nr. 2).

Nach § 52 Abs. 2 ist die allgemeine Wartezeit auch dann vorzeitig erfüllt, wenn der Versicherte vor Ablauf von sechs Jahren nach Beendigung einer Ausbildung voll erwerbsgemindert (§ 42 Abs. 2) geworden oder gestorben ist, und in den letzten zwei Jahren vor Eintritt der vollen Erwerbsminderung oder des Todes mindestens ein Jahr mit Pflichtbeiträgen für eine versicherte Beschäftigung oder Tätigkeit belegt ist (§ 53 Abs. 2).

Kapitel 7: Berechnung der Rente

Inhaltsübersicht Rn.

1. Grundsätze der Rentenberechnung (§ 63)

1 Nach § 63 Abs. 1 richtet sich die Höhe der Rente vor allem nach der Höhe der während des Versicherungslebens durch Beiträge versicherten Arbeitsentgelts und Arbeitseinkommens. D.h. die Rente ist eine **beitragsbezogene Leistung**: Wer länger als andere oder höhere Beiträge eingezahlt hat, der wird später in der Regel auch eine höhere Rente erhalten. Hierdurch wird das in der gesetzlichen Rentenversicherung vorherrschende Versicherungsprinzip, nämlich die Äquivalenz zwischen Beitrag und Leistung deutlich. Damit soll sichergestellt werden, dass die erbrachte Lebensarbeitsleistung des Versicherten auch in seiner Rente erkennbar ist.

2 Für die Rentenberechnung erfolgt eine Umrechnung der je Kalenderjahr versicherten Arbeitsentgelte bzw. Arbeitseinkommen in **Entgeltpunkte** (§ 63 Abs. 2). Die Umrechnung erfolgt anhand der in der Anlage zum SGB VI befindlichen Berechnungstabellen. Bei der Umrechnung entspricht ein Individualentgelt in gleicher Höhe des Durchschnittsentgelts aller Versicherten von 1,0000 Entgeltpunkten.

3 Die gesetzliche Rentenversicherung sieht jedoch auch durch Elemente des sozialen Ausgleichs Durchbrechungen der Lohn- und Beitragsbezogenheit der Rente vor. So sollen sich nach § 63 Abs. 3 die für **beitragsfreie Zeiten** zu vergebenden Entgeltpunkte im Wesentlichen an den Entgeltpunkten orientieren, die durch die versicherten Arbeitsentgelte bzw. Arbeitseinkommen erzielt werden (s. Rn. 16 ff.). Somit wird bereits an dieser Stelle deutlich, dass ein Versicherter mit im Vergleich zum Durchschnittsentgelt aller Versicherten hohem Individualentgelt und daraus resultierenden hohen Entgeltpunkten auch eine grundsätzlich positive Bewertung seiner beitragsfreien Zeiten erhalten kann.

4 Das Sicherungsziel der jeweiligen Rentenart wird im Verhältnis zur Altersrente mittels **Rentenartfaktor** nach § 67 bestimmt; für Altersrenten beträgt er z. B. 1,0 (s. Rn. 27).

5 § 63 Abs. 5 bestimmt, dass Vor- und Nachteile einer unterschiedlichen Rentenbezugs-

dauer – z.B. durch vorzeitige Inanspruchnahme der Altersrente, frühzeitiger Rente wegen verminderter Erwerbsfähigkeit – durch einen **Zugangsfaktor** ausgeglichen werden (s. Rn. 22). Die vorzeitige Inanspruchnahme – und damit die längere Laufdauer – einer Rente zieht einen Rentenabschlag nach sich.

Die Renten sollen nach § 63 Abs. 7 orientiert an der wirtschaftlichen Entwicklung angepasst werden. Das erfolgt anhand des aktuellen Rentenwertes (§§ 68, 255a). Gem. § 65 erfolgt die **Anpassung** zum 1. Juli eines jeden Jahres (s. Kap. 11). 6

Überblick zu den maßgeblichen Faktoren der Rentenberechnung

7

Faktoren der Rentenberechnung	Erklärung
Entgeltpunkte (EP)	Sie resultieren v.a. aus Beitragszeiten (s. Kap. 6 Rn. 4ff.). Der beitragspflichtige Verdienst eines Versicherten wird jedes Jahr mit dem beitragspflichtigen Verdienst aller Versicherten des entsprechenden Jahres verglichen. Ein Entgeltpunkt entspricht dabei dem Durchschnittsverdienst (s. Rn. 11).
Zugangsfaktor (Zf)	Mit dem Zugangsfaktor wird bei der Rentenberechnung der vorzeitige oder hinausgeschobene Rentenbezug berücksichtigt (s. Rn. 22).
persönliche Entgeltpunkte (pEP)	Durch die Vervielfältigung der Entgeltpunkte mit dem Zugangsfaktor ergeben sich die persönlichen Entgeltpunkte, die in die Rentenberechnung einfließen (s. Rn. 10).
Rentenartfaktor (Raf)	Der Rentenartfaktor berücksichtigt die unterschiedlichen Sicherungsziele der einzelnen Rentenarten. Er beträgt bei der Altersrente und der Rente wegen voller Erwerbsminderung 1,0, bei der »großen« Witwenrente sind es 0,55 (s. Rn. 27).
aktueller Rentenwert (aRw)	Mit dem aktuellen Rentenwert wird der Wert eines Entgeltpunktes in Euro festgelegt. Dieser wird mit der Rentenanpassungsformel zum 01.07. eines jeden Jahres neu festgeschrieben (s. Kap. 11).

2. Rentenformel (§ 64)

Der Monatsbetrag einer Rente ergibt sich nach § 64, wenn die unter Berücksichtigung des maßgebenden Zugangsfaktors (§ 77) festgestellten persönlichen Entgeltpunkte (§ 66) mit dem maßgebenden Rentenartfaktor (§ 67) und dem aktuellen Rentenwert (§ 68) vervielfältigt werden. 8

monatliche Bruttorente	=	persönliche Entgeltpunkte (pEP)	×	Rentenartfaktor	×	aktueller Rentenwert

Entgeltpunkte (EP) × Zugangsfaktor

ggf. Erhöhung um
- pEP-Zuschlag § 78 l
- pEP-Zuschlag bei Witwenrenten § 78a

Zu den Entgeltpunkten gehören nach § 66 Abs. 1:	
Nr. 1:	EP für Beitragszeiten – § 70[81] (s. Rn. 11)
Nr. 2:	EP für beitragsfreie Zeiten – §§ 71 bis 74[82] (s. Rn. 16)
Nr. 3:	Zuschlag für beitragsgeminderte Zeiten – § 71 Abs. 2[83] (s. 21)
Nr. 4:	Zuschläge oder Abschläge aus einem durchgeführten Versorgungsausgleich – § 76[84] – oder Rentensplitting unter Ehegatten – § 76c (s. Kap. 13)
Nr. 5:	Zuschläge aus Zahlung von Beiträgen bei vorzeitiger Inanspruchnahme einer Rente wegen Alters oder bei Abfindung von Anwartschaften auf betriebliche Altersversorgung – § 76a
Nr. 6:	Zuschläge an Entgeltpunkten für Arbeitsentgelt aus geringfügiger Beschäftigung – § 76b (s. Kap. 9)
Nr. 7:	Entgeltpunkte für Arbeitsentgelt aus nicht gemäß einer Vereinbarung über flexible Arbeitszeitregelungen verwendete Wertguthaben – § 70 Abs. 3
Nr. 8:	Zuschläge aus Entgeltpunkten aus Beiträgen nach Beginn einer Rente wegen Alters – § 76d
Nr. 9:	Zuschläge an Entgeltpunkten für Zeiten einer besonderen Auslandsverwendung

9 Die Faktoren sind mit dem Wert heranzuziehen, den sie im Zeitpunkt des **Rentenbeginns** haben (§§ 64, 63 Abs. 6); der Zeitpunkt des Eintritts des Leistungsfalls ist insoweit unerheblich. Unter Rentenbeginn i. S. v. § 64 ist der Zeitpunkt zu verstehen, zu dem der Rechtsinhaber zum ersten Mal vom Rentenversicherungsträger verlangen kann, die Rente als eine jetzt zu erbringende Leistung zu zahlen. Bei der Regelaltersrente (s. Kap. 5 Rn. 3 ff.) ist dies zum Beispiel der Zeitpunkt des Ereichens der Regelaltersgrenze.

81 Übergangsregelungen: §§ 256 bis 259 b, 262.
82 Übergangsregelungen: §§ 263, 263 a.
83 Übergangsregelung: 263 a.
84 Übergangsregelung: §§ 264, 264 a.

3. Persönliche Entgeltpunkte

Nach § 66 sind die persönlichen Entgeltpunkt zu ermitteln, indem die Entgeltpunkte – 10
wie sie in § 66 Abs. 1 aufgeführt sind (s. Rn. 8) – zusammengerechnet und mit dem Zugangsfaktor vervielfältigt werden. Bei Witwenrenten und Witwerrenten sowie bei Waisenrenten (s. Kap. 5 Rn. 66) werden die Entgeltpunkte um einen Zuschlag erhöht (s. Rn. 23).

3.1 Entgeltpunkte

3.1.1 Berechnung der Entgeltpunkte aus Beitragszeiten

Die Entgeltpunkte aus Beitragszeiten (s. Kap. 6 Rn. 4 ff.) ergeben sich aus der Grund- 11
berechnung nach § 70.[85] Nach § 70 Abs. 1 werden für Beitragszeiten Entgeltpunkte ermittelt, indem das durch Beiträge versicherte Arbeitsentgelt bzw. Arbeitseinkommen durch das gesetzlich festgelegte Durchschnittsentgelt für dasselbe Kalenderjahr geteilt wird.

$$\text{EP} = \frac{\text{Beitragsbemessungsgrundlage}}{\text{Durchschnittsentgelt (Anlage 1)}}$$

Ist als Beitragsbemessungsgrundlage das Durchschnittsentgelt des betreffenden Kalen- 12
derjahres versichert worden, ergibt sich folglich 1 Entgeltpunkt. Beträgt das versicherte Entgelt beispielsweise die Hälfte des Durchschnittsentgelts, erhält der Versicherte 0,5 Entgeltpunkte pro Jahr. Die Durchschnittsentgelte sind beginnend mit dem Kalenderjahr 1891 in der Anlage 1 zum SGB VI aufgeführt.

Auszug aus Anlage 1

Jahr	Durchschnittsentgelte in Euro (alte Bundesländer)
2010	31 144
2011	30 268
2012	32 446

Für die Bestimmung der Entgeltpunkte im Kalenderjahr des Rentenbeginns und im Ka- 13
lenderjahr davor ist das jeweils vorläufige Durchschnittsentgelt zu verwenden (vgl. § 69

85 Als Übergangsvorschriften für die Ermittlung von Entgeltpunkten für Beitragszeiten sind die §§ 256 bis 262 zu beachten, die insbesondere Regelungen zur Bewertung von vor dem 01. 01. 1992 zurückgelegten Beitragszeiten enthalten.

Abs. 2). Ferner ist darauf zu achten, dass die Entgelte die jeweils geltende **Beitragsbemessungsgrenze** nicht überschreiten. Die Beitragsbemessungsgrenze beträgt in 2011 66 000 € und in 2012 67 200 € (s. Kap. 4 Rn. 5).

3.1.2 Bewertung der Kindererziehungszeiten

14 Nach § 70 Abs. 2 wird jeder Monat der Kindererziehungszeit mit 0,8333 Entgeltpunkten (= 1 Entgeltpunkt im Jahr) bewertet. Für jedes Kind, das vor dem 01. 01. 1992 geboren ist, beträgt die Kindererziehungszeit ein Jahr (§ 249 Abs. 1). Für jedes ab 1992 geborene Kind werden drei Jahre Kinderziehungszeit angerechnet. Bei gleichzeitiger Erziehung mehrerer Kinder addieren sich die Zeiten und Beträge. Ferner sieht das SGB VI eine sog. additive Bewertung vor, wenn während der Kindererziehung gearbeitet wird. Dann werden neben den Beiträgen aus der Beschäftigung zusätzlich die Zeiten für Erziehung für die spätere Rente gutgeschrieben, wobei nicht die Beitragsbemessungsgrenze (s. Kap. 4 Rn. 5) überschritten werden darf.

15 Wer bei Rentenbeginn 25 Jahre rentenrechtliche Zeiten zurückgelegt hat und während der Berücksichtungszeit (also zwischen dem 3. und 10. Geburtstag eines Kindes) versicherungspflichtig beschäftigt war, erhält eine Anhebung seiner Entgeltpunkte um 50 %, allerdings höchstens bis zum Durchschnittsverdienst aller Versicherten (§ 70 Abs. 3 a lit. a). Ferner erhalten Mütter oder Väter, die gleichzeitig zwei oder mehr Kinder unter 10 Jahren erziehen, eine Gutschrift von einem Drittel Entgelt pro Jahr. Das sind monatlich 0,0278 Entgeltpunkte (§ 70 Abs. 3 a lit. b).

3.1.3 Bestimmung der Entgeltpunkte für beitragsfreie Zeiten (Gesamtleistungsbewertung)

16 Die beitragsfreien Zeiten – also Anrechnungs-, Ersatz- und Zurechnungszeiten (s. Kap. 6 Rn. 13 ff.) – werden mit dem durchschnittlichen Gesamtwert der Beiträge einschließlich der freiwilligen Beiträge bewertet. Mit dieser sog. **Gesamtleistungsbewertung** orientiert sich die Bewertung der beitragsfreien Zeiten an den individuellen Vorleistungen des Versicherten. Bei der Ermittlung des durchschnittlichen Gesamtwertes wird einheitlich auf das gesamte Versicherungsleben vom vollendeten 17. Lebensjahr bis zum Eintritt des Versicherungsfalls (belegungsfähige Zeitraum) unter Abzug der beitragsfreien Zeiten abgestellt. D. h. liegen keine versicherungsrechtlichen Lücken vor, so entspricht der Gesamtleistungswert dem durchschnittlichen Beitragswert.

17 Im Einzelnen läuft die Gesamtleistungsbewertung in folgenden Schritten ab:

- Grundbewertung nach § 72 und
- Vergleichsbewertung nach § 73.

Der höhere sich hieraus ergebende Durchschnittswert an Entgeltpunkten ist dann der sog. Gesamtleistungswert, dem die beitragsfreien Zeiten entweder in voller oder in begrenzter Höhe zugeordnet werden (§§ 71, 74, 263).

18 Der Gesamtleistungswert im Rahmen der **Grundbewertung** wird wie folgt ermittelt (§ 72 Abs. 2):

Durchschnittswert aus der Grundbewertung	=	Summe der Entgeltpunkte aus Beitragszeiten + aus Berücksichtigungszeiten wegen Kindererziehung (§ 71 Abs. 3 Satz 1 Nr. 1) + wegen Pflege (§ 263 Abs. 1 Satz 2 SGB IV) + Zeiten beruflicher Ausbildung (§ 71 Abs. 3 Satz 1 Nr. 2) / Zahl der belegungsfähigen Monate

Bei der Berücksichtigung der Beitragszeiten spielt es keine Rolle, ob es sich um Pflichtbeiträge oder freiwillige Beiträge handelt. Hinzuweisen ist, dass nur für die Gesamtleistungsbewertung den Kalendermonaten mit Berücksichtigungszeiten wegen Kindererziehung nach § 71 Abs. 3 Satz 1 Nr. 1 Entgeltpunkte zugeordnet werden, also so als wären sie Kalendermonate mit Kindererziehungszeiten. Das gilt auch für Zeiten beruflicher Ausbildung. Hier sieht § 71 Abs. 3 Satz 1 Nr. 2 vor, dass für Kalendermonate mit Zeiten beruflicher Ausbildung mindestens 0,0833 Entgeltpunkte monatlich berücksichtigt werden.

Danach ist die **Vergleichsbewertung** durchzuführen, die das Ziel hat, den eventuellen **19** negativen Einfluss der beitragsgeminderten Zeiten (s. Kap. 6 Rn. 7) auf die Gesamtleistungsbewertung zu vermeiden. Die Berechnung erfolgt in der gleichen Weise – wie oben dargestellt – allerdings bleiben die Beitrags- und Berücksichtigungszeiten außer Ansatz, die zugleich beitragsfreie Zeiten oder Zeiten des Bezugs einer Versichertenrente sind (§ 73). Also sind die auf diese Zeiten entfallenden Entgeltpunkte (im Zähler) und die entsprechenden Monate im Nenner abzuziehen.

Der durch die Grund- oder die Vergleichsbewertung ermittelte Gesamtleistungswert **20** ist allerdings nicht in allen Fällen der beitragsfreien Zeiten in voller Höhe zugrunde zu legen (§§ 74, 263). Nach dieser sog. **begrenzten Gesamtleistungsbewertung** erhalten:

- Kalendermonate mit Zeiten einer beruflichen Ausbildung, Fachschulausbildung oder der Teilnahme an einer berufsvorbereitenden Bildungsmaßnahme 75 % des ermittelten Gesamtleistungswertes. Der so begrenzte Gesamtleistungswert darf für einen Kalendermonat 0,0625 Entgeltpunkte nicht übersteigen. Diese Zeiten werden für höchstens drei Jahre bewertet, wobei vorrangig Zeiten der Fachschulausbildung oder der Teilnahme an einer berufsvorbereitenden Bildungsmaßnahme bewertet werden (§ 74 Satz 1 bis 3).
- Alle Kalendermonate mit Anrechnungszeiten wegen Krankheit oder Arbeitslosigkeit 80 % des ermittelten Gesamtwertes mit Ausnahme derer, die nur deshalb Anrechnungszeiten (s. Kap. 6 Rn. 14 ff.) sind, weil
  - Arbeitslosigkeit nach dem 30. 06. 1978 vorgelegen hat, für die Arbeitslosengeld oder ALG II nicht oder Arbeitslosengeld nur darlehensweise gezahlt worden ist oder nur Leistungen nach § 23 Abs. 3 Satz 1 SGB II (s. Rn. 1 ff. SGB II) erbracht worden sind (Nr. 1),
  - ALG II bezogen worden ist (Nr. 1 a),

- Krankheit nach dem 31. 12. 1983 vorgelegen hat und nicht Beiträge gezahlt worden sind (Nr. 2) oder
- Ausbildungssuche vorgelegen hat (Nr. 3).

3.1.4 Bewertung der beitragsgeminderten Zeiten

21 Beitragsgeminderte Zeiten gehören zu der Gruppe der Beitragszeiten (s. Kap. 6 Rn. 4 ff.), und demnach sind ihnen der Beitragsleistung entsprechende Entgeltpunkte zuzuordnen. Allerdings könnte es günstiger sein, sie als beitragsfreie Zeiten zu bewerten (§ 71 Abs. 1). Auch hier findet deswegen die **begrenzte Gesamtleistungsbewertung** (s. Rn. 16 ff.) Anwendung. Ergeben sich dann bei der Bewertung als beitragsfreie Zeiten mehr Entgeltpunkte als bei der Bewertung für Beitragszeiten, wird die Differenz als Zuschläge für beitragsgeminderte Zeiten berücksichtigt (§ 71 Abs. 2).

3.2 Zugangsfaktor

22 Wie oben dargestellt (s. Rn. 10), errechnen sich die persönlichen Entgeltpunkte aus dem Produkt der Entgeltpunkte und des Zugangsfaktors. Die persönlichen Entgeltpunkte bestimmen letztlich die Rentenhöhe. Nach § 77 Abs. 1 richtet sich der Zugangsfaktor nach dem Alter der Versicherten bei Rentenbeginn oder bei Tod und bestimmt, in welchem Umfang Entgeltpunkte bei der Ermittlung des Monatsbetrags der Rente als persönliche Entgeltpunkte zu werten sind. Die Zugangsfaktoren sind in § 77 Abs. 2 festgeschrieben. Ganz allgemein gilt:

- Der Zugangsfaktor beträgt 1,0 z. B. bei Renten wegen Alters (s. Kap. 5 Rn. 3 ff.), die mit Ablauf des Kalendermonats des Erreichens der Regelaltersgrenze oder eines für den Versicherten maßgebenden niedrigeren Rentenalters (§ 77 Abs. 2 Nr. 1).
- Der Zugangsfaktor ist größer als 1,0 (sog. **Zuschlag**), im Fall der hinausgeschobenen Inanspruchnahme einer Altersrente auf einen Zeitpunkt nach Vollendung des 67. Lebensjahres. In diesem Fall ist der Zugangsfaktor für jeden Kalendermonat der Nichtinanspruchnahme um 0,005 höher als 1,0 (§ 77 Abs. 2 Nr. 2 b).
- Der Zugangsfaktor ist kleiner als 1,0 (sog. **Abschlag**), wenn eine Rente wegen Alters vor dem maßgebenden Lebensalter des Versicherten beansprucht wird. In diesem Fall ist der Zugangsfaktor für jeden Kalendermonat der vorzeitigen Inanspruchnahme der Rente um 0,003 kleiner als 1,0 (§ 77 Abs. 2 Nr. 2 a).
- Bei der Bestimmung des Zugangsfaktors bei der Hinterbliebenenrente (s. Kap 5 Rn. 66 ff.) kommt es darauf an, wie viel Kalendermonate vor dem 65. Lebensjahr der Versicherte verstorben ist (§ 77 Abs. 2 Nr. 4 a). Sollte der Versicherte vor seinem 62. Lebensjahr verstorben sein, ist auf den Zeitpunkt nach Vollendung des 62. Lebensjahres abzustellen. Das gilt auch für Renten wegen verminderter Erwerbsfähigkeit (§ 77 Abs. 2 Satz 2).

3.3 Zuschlag bei Witwen-/Witwer- und Waisenrenten

Die festgestellten persönlichen Entgeltpunkte sind bei Waisenrenten (s. Kap. 5 Rn. 66ff.) um einen Zuschlag an persönlichen Entgeltpunkten zu erhöhen (§ 66 Abs. 1). Die Einzelheiten der Zuschlagsberechnung ergeben sich für Halbwaisenrenten (§ 48 Abs. 1) aus § 78 Abs. 1 und 2 und für Vollwaisenrenten (§ 48 Abs. 2) aus § 78 Abs. 1 und 3. Die Höhe des Zuschlag nach § 78 orientiert sich an der Summe an Kalendermonaten mit rentenrechtlichen Zeiten, dem Zugangsfaktor des verstorbenen Versicherten sowie eines Entgeltfaktors – bei Halbwaisenrenten 0,0833 Entgeltpunkte und bei Vollwaisenrenten 0,075 Entgeltpunkte. **23**

Für Witwen-/Witwerrenten kommt ein Zuschlag an persönlichen Entgeltpunkten in Betracht, wenn Kinder erzogen wurden (§ 78a). Die Höhe des Zuschlags für eine Witwen-/Witwerrenten (s. Kap. 5 Rn. 66ff.) orientiert sich nach § 78a an der Dauer der Erziehung von Kindern bis zur Vollendung deren dritten Lebensjahres (s. Kap. 5 Rn. 74). Für die ersten 36 Kalendermonate sind jeweils 0,1010 Entgeltpunkte, für jeden weiteren Kalendermonat 0,0505 Entgeltpunkte zugrunde zu legen (§ 78a Abs. 1). **24**

3.4 Mindestentgeltpunkte bei geringem Arbeitsverdienst

Nach § 262 Abs. 1 Satz 1 werden Mindestentgeltpunkte gewährt, **25**

- wenn mindestens 35 Jahre mit rentenrechtlichen Zeiten (Pflichtbeitrags-, Ersatz-, Kindererziehungszeiten, Zeiten der freiwilligen Versicherung, Anrechnungszeiten, Zurechnungszeiten und Berücksichtigungszeiten wegen Kindererziehung oder Pflege; s. Kap. 6) vorhanden sind und
- sich aus sämtlichen vollwertigen Pflichtbeiträgen (also alle Pflichtbeitragsmonate, die nicht gleichzeitig mit beitragsfreien Zeiten oder Zeiten des Bezugs einer Rente aus eigener Versicherung belegt sind) des Versicherten ein Bewertungsdurchschnitt von weniger als 0,0625 Entgeltpunkten (75 % des Durchschnittsentgelts aller Versicherten) ergibt.

Liegen diese Voraussetzungen vor, so ist die Summe der Entgeltpunkte für die bis zum 31. 12. 1991 zurückgelegten vollwertigen Pflichtbeitragszeiten zu erhöhen, soweit sich aus der Summe ein monatlicher Bewertungsdurchschnitt von 0,0625 (75 % des Durchschnittsentgelts aller Versicherten) ergibt (§ 262 Abs. 1 Satz 2). **26**

4. Rentenartfaktor

Der Rentenartfaktor (§ 67) ist Teil der Rentenformel (s. Rn. 8). Er bestimmt in Abhängigkeit von den unterschiedlichen Sicherungszielen der verschiedenen Rentenarten die Rentenhöhe. Der jeweilige Faktor wird je nach Rentenart in § 67 festgelegt. Der Rentenartfaktor bewirkt, dass Renten mit voller Lohnersatzfunktion – bei gleicher Beitragsleistung – höher sind als Renten mit Lohnzuschussfunktion (Rente wegen teilweiser Erwerbsminderung) oder Unterhaltsfunktion (Witwen-/Witwerrenten).[86] **27**

---

86 DRV, SGB VI, Texte und Erläuterungen, § 67.

- Der Rentenartfaktor für Renten mit voller Lohnersatzfunktion (Altersrenten, Renten wegen voller Erwerbsminderung etc.) beträgt 1,0.
- Der Rentenartfaktor für Renten wegen teilweiser Erwerbsminderung beträgt 0,5, ist also halb so hoch wie bei der Rente wegen voller Erwerbsminderung.
- Bei der »kleinen Witwenrente« (s. Kap. 5 Rn. 72) ist der Rentenartfaktor bis zum Ende des dritten Kalendermonats nach Ablauf des Monats, in dem der Ehepartner gestorben ist (sog. »Sterbevierteljahr«) 1,0 und danach 0,25.
- Bei der »großen Witwenrente« (s. Kap. 5 Rn. 70 ff.) bis zum Ende des dritten Kalendermonats nach Ablauf des Monats, in dem der Ehepartner gestorben ist (»Sterbevierteljahr«) 1,0 und danach 0,55.

5. Aktueller Rentenwert

28 Der letzte Faktor der Rentenformel (s. Rn. 8) ist der aktuelle Rentenwert. Er drückt den Betrag aus, welcher der monatlichen Rente für einen Entgeltpunkt entspricht. Er wird regelmäßig angepasst (ausführlich hierzu: s. Kap. 11). Seit Juli 2012 beträgt der aktuelle Rentenwert für die alten Bundesländer 28,07 und für die neuen Bundesländer 24,92.

6. Vereinfachtes Beispiel zur Rentenberechnung

29 A beantragt Anfang 2013 eine Altersrente. Die Rente soll mit Erreichen der Regelaltersgrenze beginnen (Altersrente). Er hat insgesamt 41 Entgeltpunkte erreicht. Er wird 1150,87 Euro erhalten.

Summe der Entgeltpunkte	X	Zugangsfaktor	X	aktueller Rentenwert	X	Rentenartfaktor	=	**Rentenhöhe – brutto –**
41	**X**	**1**	**X**	**28,07**	**X**	**1 (Altersrente)**	**=**	**1150,87**

Kapitel 8: Hinzuverdienst und Teilrente/Kombirente

Inhaltsübersicht Rn.

Vorbemerkung

Die geplanten Neuregelungen zur Kombirente, der Flexibilisierung des Übergangs, sind einer der unstrittigen Maßnahmen im sog. Rentenpaket, die zum Redaktionsschluss noch nicht verabschiedet waren und geplantermaßen zum 01.07.2013 in Kraft treten sollen. (s. Rn. 7, Kap. 2). Dort, wo auf geplante Neuregelungen Bezug genommen wird, wird dies durch einen Balken neben dem Text bzw. einen Kasten deutlich gemacht.

1. Grundsätzliches zu Hinzuverdienst und Teilrenten (Alt- und Neuregelungen)

Im Hinblick auf einen Hinzuverdienst ist grundsätzlich zu unterscheiden zwischen: 1
- der Regelaltersrente und sonstigen Altersrenten (s. SGB VI, Kap. 5 Rn. 1 ff.),
- der vorzeitigen Inanspruchnahme einer Altersrente (mit Abschlägen) und damit – gesamt gesehen – einer längeren Bezugsdauer,
- der Inanspruchnahme der Rente als Vollrente oder als Teilrente sowie
- den renten- und steuerrechtlichen Auswirkungen.

2. Altersrenten und Hinzuverdienst

Für die Regelaltersrente (s. Kap. 5 Rn. 4) gilt: 2

Es kann rentenversicherungsrechtlich unbeschränkt (rentenunschädlich) hinzuverdient werden, ohne dass die Rente gekürzt wird (Ausnahmen für Abgeordnete). Zu beachten sind jedoch die steuerrechtlichen Auswirkungen. Für den Besteuerungsanteil der Rente kommt es für die gesamte Rentenlaufzeit auf das Jahr des Rentenbeginns an (§ 22 Nr. 1 S. 3 a, aa. EStG; s. SGB VI, Kap. 12).

Für sonstige Altersrenten (§ 33 Abs. 2 Nr. 2–6) gilt: 3

Eine Altersrente kann als Vollrente nur dann vor Erreichen der Regelaltersgrenze (65.–67. Lebensjahr je nach Geburtsjahrgang) beansprucht werden, wenn die Hinzuverdienstgrenzen nicht überschritten werden; (§ 34 Abs. 2 Satz 1). Werden diese überschritten, kann eine Teilrente in Anspruch genommen werden (§ 42 Abs. 1). Für Renten, die **vor dem 01.07.2013 in Anspruch** genommen werden, gelten die »alten« Regelungen der §§ 34, 42 Abs. 2 (starre Teilrentenstufen von ein Drittel, der Hälfte oder zwei Drittel). Beginnt eine Rente nach dem 30.06.2013, gelten die neuen flexiblen Hinzuverdienstregelungen des § 34 zur sog. Kombirente, s. Rn. 5–11.

Hinzuverdienstregelungen für Altersrenten, die vor dem 01.07.2013 beginnen: 4

Wird neben dem Bezug einer Altersrente (nicht Regelaltersrente, s. Rn. 2) weitergearbeitet, ist die Leistung der Altersrente davon abhängig, dass das Arbeitsentgelt aus einer Beschäftigung oder das Arbeitseinkommen aus einer selbständigen Tätigkeit bzw. (seit 01.01.2003) das vergleichbare Einkommen die in § 34 Abs. 2 und 3 genannten Grenzen nicht überschreiten. Das Überschreiten der Hinzuverdienstgrenzen wirkt anspruchsvernichtend bzw. -beschränkend, d.h. die Rente wird gekürzt bzw. entfällt.

<table>
<tr><td colspan="2" rowspan="3">Rentenart</td><td colspan="3">Hinzuverdienst</td></tr>
<tr><td></td><td colspan="2">Rechtslage bei Rentenbeginn</td></tr>
<tr><td>Grundsatz</td><td>vor 01.07.2013</td><td>nach 30.06.2013</td></tr>
<tr><td rowspan="2">Alters-renten</td><td>Regelaltersrente; vorzeitige Inanspruchnahme nicht möglich s. Rn. 2</td><td colspan="3">ohne Hinzuverdienstbeschränkungen möglich; Inanspruchnahme auch als Teilrente möglich; keine Änderung durch Neuregelungen</td></tr>
<tr><td>Sonst. Altersrente; vorzeitige Inanspruchnahme möglich mit Abschlägen s. Rn. 3</td><td rowspan="2">Eine sonstige Altersrente bzw. eine EM-Rente kann in voller Höhe (Vollrente) nur dann in Anspruch genommen werden, wenn die Hinzuverdienstgrenze nicht überschritten wird, § 42 Abs. 1.</td><td>Bei Überschreiten der Hinzuverdienstgrenze als Teilrente zu 1/3, 1/2 und 2/3, § 42 Abs. 2 a. F.; s. Rn. 4</td><td>Individuelle Hinzuverdienstgrenze, die vom höchsten versicherten Jahreseinkommen aus den letzten 15 Jahren und der Rentenhöhe abhängt. § 34 Abs. 2 u. 3 n. F.; s. Rn. 5–11, 19–22</td></tr>
<tr><td rowspan="2">EM-Renten</td><td>volle EM-Rente</td><td>Bei Überschreiten der Hinzuverdienstgrenze als Teilrente zu 1/4, 1/2 und 3/4, § 96 a Abs. 1 a Nr. 2 a. F.; s. Rn. 15</td><td rowspan="2">Individuelle Hinzuverdienstgrenze, die vom höchsten versicherten Jahreseinkommen aus den letzten 15 Jahren und der Rentenhöhe abhängt. §§ 34 Abs. 2 u. 3, 96 a n. F.; s. Rn. 18, 5–11
mit den Besonderheiten Rn. 22</td></tr>
<tr><td>teilweise EM-Rente</td><td></td><td>Bei Überschreiten der Hinzuverdienstgrenze als Teilrente zu 1/2, § 96 a Abs. 1 a Nr. 1 a. F.; s. Rn. 14</td></tr>
</table>

Vereinfachtes Beispiel:
Beträgt der erzielte Verdienst 1500 € und soll ein möglichst hoher Teil der Rente in Anspruch genommen werden, ist zu prüfen, ob die Hinzuverdienstgrenze einer Teilrente zu 2/3 mit diesem Verdienst vereinbar ist. Ist die Hinzuverdienstgrenze für die 2/3-Rente überschritten, ist zu prüfen, ob die Teilrente zu 1/4 in Anspruch genommen werden kann. Ist der Verdienst immer noch zu hoch, muss entschieden werden, ob der Verdienst verringert wird oder eine Teilrente zu 1/3 beansprucht wird. Ein Hinzuverdienst von 400 € monatlich ist immer unschädlich.

Wird der Hinzuverdienst in den neuen Bundesländern erzielt, gilt statt der Bezugsgröße die modifizierte Bezugsgröße (Ost). Dazu ist die monatliche Bezugsgröße mit dem aktuellen Rentenwert Ost (01.07.2012–30.06.2013 24,92 €) zu vervielfältigen und durch den aktuellen Rentenwert (West) (01.07.2012–30.06.2013 28,07 €) zu teilen (§ 228a Abs. 2). Das Ergebnis ist auf zwei Dezimalstellen zu runden (für 2012 gilt: 2625 € × 24,92 € : 28,07 = 2330,42 €). Die maßgeblichen Entgeltpunkte ergeben sich aus den rentenrechtlichen Zeiten in den letzten drei Jahren vor Erwerbsminderung. Sie betragen mindestens jedoch 1,5 Entgeltpunkte. Dabei werden sämtliche ermittelte Entgeltpunkte aus Beitragszeiten, aus beitragsfreien Zeiten und aus Zuschlägen für beitragsgeminderte Zeiten einbezogen. Nicht berücksichtigt werden Zu- oder Abschläge aus einem Versorgungsausgleich, Rentensplitting, geringfügiger Beschäftigung, Wertguthaben (§ 66 Abs. 1).

Was dem Arbeitsentgelt und -einkommen bzw. dem vergleichbaren Einkommen zugerechnet wird, s. Rn. 18.

Hinzuverdienstgrenzen bei Altersrenten (§§ 34 Abs. 2 und 3, 42 Abs. 2)			
Teilrente	Formel: Faktor × monatliche Bezugsgröße bzw. mod. Bezugsgröße (Ost) × Entgeltpunkte		
	Faktor	Monatliche Bezugsgröße § 18 Abs. 1 SGB IV	3 Kalenderjahre vor Rentenbeginn
1/3	0,25		
1/2	0,19		individuell, mind. 1,5
2/3	0,13		

2.1 Inhalt der Neuregelung zur Kombirente (noch nicht verabschiedet, s. Vorbemerkung)

Um den Anreiz zu erhöhen, länger im Erwerbsleben zu verbleiben, wurden die bis dahin starren Hinzuverdienstgrenzen flexibilisiert. Ein gleitender (und ggf. späterer) Ausstieg aus dem Erwerbsleben durch Kombination von (Teil-)Rente und (Teil-)Erwerbsarbeit soll so ab Erreichen der Altersgrenze für einen vorgezogenen Rentenbeginn bis zum Erreichen der Regelaltersgrenze ermöglicht werden. Die neuen Regelungen werden als Kombirente bezeichnet. 5

Mit der Kombirente wird die Möglichkeit eröffnet, neben der Rente deutlich mehr hinzuzuverdienen. Dies wird die Inanspruchnahme einer (abschlagsbehafteten) Vollrente attraktiver machen und kann dazu führen, dass nach Wegfall der Beschäftigung mit der dann geminderten Rente das Alterseinkommen bestritten werden muss.

Die neue Kombirente ändert nichts an den weiterhin geltenden Abschlägen bei vorzeitiger Inanspruchnahme einer Altersrente (s. Kap. 7 Rn. 22). Sie sorgt dafür, dass durch die starren Hinzuverdienstgrenzen die Rente nicht so schnell gekürzt wird. Die Kombirente erlaubt – individuell – ein Einkommen aus Rente und Hinzuverdienst in Höhe des früheren Einkommens (Grenze aus Rente und Hinzuverdienst ist das höchste Brutto-Einkommen in den letzten 15 Jahren vor Renteneintritt). Wenn eine Rente als Teilrente beansprucht werden soll, müssen die versicherungsrechtlichen Voraussetzungen ebenso erfüllt sein wie bei einer Vollrente.

6 Die Neuregelungen zur Kombirente umfassen neben den neuen erweiterten individuellen Hinzuverdienstgrenzen auch Änderungen bei Versicherungspflicht bzw. -freiheit von Rentnern. Vor der Neuregelung waren Personen, die eine Vollrente wegen Alters bezogen, versicherungsfrei. Teilrentner waren versicherungspflichtig. Nunmehr sind Personen erst nach Ablauf des Monats versicherungsfrei, in dem sie die Regelaltersgrenze (s. SGB VI, Kap. 5 Rn. 4 ff.) erreichen (§ 5 Abs. 4 Nr. 1).

Beispiel:
Eine Versicherte, die im Juni 1950 geboren ist, erreicht die Regelaltersgrenze mit 65 Jahren und vier Monaten im Oktober 2015 und wird ab 01.11.2015 versicherungsfrei. Bis dahin ist sie rentenversicherungspflichtig.

7 Wie bisher gilt, dass eine Altersvollrente vor Erreichen der Regelaltersgrenze (65–67) nur beansprucht werden kann, wenn die Hinzuverdienstgrenzen nicht überschritten werden (§ 34 Abs. 2 Satz 1).

Als Hinzuverdienst ist zu berücksichtigen: Arbeitsentgelt, Arbeitseinkommen und vergleichbares Einkommen (§§ 15, 16 SGB IV) (s. Kap. 5 Rn. 88 ff.).

8 Anstelle der bisherigen monatlichen Hinzuverdienstprüfung findet eine jährliche Überprüfung zum 1. Juli eines jeden Jahres statt. Dabei ist grundsätzlich auf das durchschnittliche Vorjahreseinkommen abzustellen. Die bisherige zweimalige kalenderjährliche Überschreitensmöglichkeit entfällt damit bei einer jährlichen Betrachtungsweise.

2.2 Die neue individuelle Hinzuverdienstgrenze

9 Die neue individuelle Hinzuverdienstgrenze wird ermittelt, indem die höchste Summe an Entgeltpunkten (EP) eines Kalenderjahres der letzten 15 Jahre vor Beginn der ersten Altersrente, mindestens jedoch 0,5 EP mit einem Zwölftel des vorläufigen Durchschnittsverdienstes (Anlage 1 zum SGB VI) multipliziert wird. Davon wird der Monatsrentenbetrag abgezogen. Es handelt sich um Bruttobeträge.

Beispiel:[87]
Individuelle Hinzuverdienstgrenze eines im März 1949 geborenen Rentners, der nach 43 Jahren Durchschnittsverdienst (43 EP) eine Altersrente für langjährig Versicherte mit 63 Jahren und 8,1 % Abschlag in Anspruch nimmt:

Monatlicher Verdienst vor Rentenbeginn (= vorläufiger Durchschnittsverdienst für 2012 von 32 446 €)	2703 €
Monatliche Rente	1085 €
Möglicher individueller Hinzuverdienst	**1618 €**.

10 Die Hinzuverdienstgrenze gilt in den alten und neuen Bundesländern gleichermaßen. Jeweils zum nächstfolgenden 1. Juli wird sie mit den dann maßgeblichen Zahlen er-

87 Quelle: Information des BMAS zum Rentenpaket vom 22.03.2012.

rechnet und den Versicherten mitgeteilt. Ergibt sich durch ein Absinken des vorläufigen Durchschnittsentgelts eine geringere Hinzuverdienstgrenze als im Vorjahr, ist weiterhin der Vorjahreswert maßgeblich.

Bei Überschreiten der individuellen Hinzuverdienstgrenze wird die Rentenhöhe 11
stufenlos angepasst, d. h. centgenau um den Betrag gekürzt, um den der Hinzuverdienst die Hinzuverdienstgrenze übersteigt. Es besteht dann Anspruch auf eine Teilrente in entsprechender Höhe. Erst wenn der die Hinzuverdienstgrenze überschreitende Betrag die Höhe der Bruttorente erreicht hat, besteht kein Anspruch auf eine Rente mehr.

Fortsetzung Beispiel aus Rn. 9:
Der Hinzuverdienst beträgt nicht 1618 €, sondern 1668 €. Die Rente wird um 50 € gekürzt und beträgt dann 1035 €.

3. EM-Renten und Hinzuverdienst

Die Neuregelungen der Hinzuverdienstgrenzen bei Altersrenten gelten auch für Renten 12
wegen verminderter Erwerbsfähigkeit (s. Kap. 5 Rn. 32 ff.). Besonders für Renten wegen voller Erwerbsminderung, die nach dem **30. 06. 2013 beginnen**, werden die Hinzuverdienstgrenzen deutlich angehoben.

3.1 Rechtslage für EM-Renten, die vor dem 01. 07. 2013 beginnen

EM-Renten sollen den durch die Erwerbsminderung eingetretenen Einkommensverlust 13
ausgleichen. § 96 a soll verhindern, dass Versicherte durch Renten und Hinzuverdienst ein höheres Gesamteinkommen haben als vor Eintritt der Erwerbsminderung und bestimmt deshalb Leitungsbeschränkungen für EM-Renten, wenn zugleich Einkünfte aus einer abhängigen Beschäftigung oder selbständigen Tätigkeit oder vergleichbares Einkommen erzielt werden, wenn diese Grenzen überschritten werden. Deshalb wird die EM-Rente nur geleistet, wenn die Hinzuverdienstgrenzen des § 96 a Abs. 2 nicht überschritten werden.

Abhängig vom Hinzuverdienst wird eine teilweise EM-Rente in voller oder halber Höhe (s. Rn. 14), eine volle EM-Rente in voller oder halber Höhe oder zu Dreiviertel oder zu einem Viertel geleistet (s. Rn. 15). Zur Unterscheidung zwischen voller und teilweiser EM-Rente s. Kap. 5 Rn. 36 ff.

14

Hinzuverdienstgrenzen bei teilweiser EM-Rente (§ 96 a Abs. 2 Nr. 1)			
Teilrente	Formel: Faktor × monatliche Bezugsgröße bzw. mod. Bezugsgröße (Ost) × Entgeltpunkte		
	Faktor	Monatliche Bezugsgröße	3 Kalenderjahre vor Rentenbeginn
1/2	0,28		
voll	0,23		individuell, mind. 1,5

Der Hinzuverdienstfaktor beträgt bei teilweiser EM-Rente in voller Höhe 0,23, in halber Höhe 0,28. Die Bezugsgröße (§ 18 Abs. 1 SGB IV) ändert sich jährlich und beträgt im Jahr 2012 monatlich für die alten Bundesländer (West) 2625 €. Wird der Hinzuverdienst in den neuen Bundesländern erzielt, gilt statt der Bezugsgröße die modifizierte Bezugsgröße (Ost). Dazu ist die monatliche Bezugsgröße mit dem aktuellen Rentenwert Ost (01.07.2012–30.06.2013 24,92 €) zu vervielfältigen und durch den aktuellen Rentenwert (West) (01.07.2012–30.06.2013 28,07 €) zu teilen (§ 228 a Abs. 2). Das Ergebnis ist auf zwei Dezimalstellen zu runden (für 2012 gilt: 2625 € × 24,92 € : 28,07 = 2330,42 €). Die maßgeblichen Entgeltpunkte ergeben sich aus den rentenrechtlichen Zeiten in den letzten drei Jahren vor Erwerbsminderung. Sie betragen mindestens jedoch 1,5 Entgeltpunkte. Dabei werden sämtliche ermittelte Entgeltpunkte aus Beitragszeiten, aus beitragsfreien Zeiten und aus Zuschlägen für beitragsgeminderte Zeiten einbezogen. Nicht berücksichtigt werden Zu- oder Abschläge aus einem Versorgungsausgleich, Rentensplitting, geringfügiger Beschäftigung, Wertguthaben (§ 66 Abs. 1).

15

Hinzuverdienstgrenzen bei voller EM-Rente (§ 96 a Abs. 2 Nr. 2 und 3)			
Teilrente	Formel: Faktor × monatliche Bezugsgröße bzw. mod. Bezugsgröße (Ost) × Entgeltpunkte		
	Faktor	Monatliche Bezugsgröße	3 Kalenderjahre vor Rentenbeginn
1/4	0,28		
1/2	0,23		individuell, mind. 1,5
3/4	0,17		

Siehe vorhergehende Fußnote mit der Abweichung, dass für eine volle EM-Rente in voller Höhe eine einheitliche Hinzuverdienstgrenze von 400 € gilt. Für eine volle EM-Rente in Höhe von Dreivierteln beträgt der Hinzuverdienstfaktor 0,17; für eine volle EM-Rente in Höhe der Hälfte 0,23 und in Höhe von einem Viertel 0,28.

16 Für Renten wegen Berufs- und Erwerbsunfähigkeit sind die Hinzuverdienstgrenzen des § 313 (nicht abgedruckt) für die Zeit ab 01.01.2001 als Sonderregel zu § 96 a zu berücksichtigen.

17 Ein zweimaliges Überschreiten der monatlichen Hinzuverdienstgrenze um jeweils höchstens bis zum zweifachen Betrag des Grenzwertes (§ 96 a Abs. 1 Satz 2) ist unschädlich. Werden die jeweiligen Hinzuverdienstgrenzen überschritten, wird die Rente nur in der Höhe bis zur nächsten Stufe des Hinzuverdienstes geleistet.

3.2 Rechtslage für EM-Renten, die nach dem 30.06.2013 beginnen

18 Beginnt eine Rente wegen voller oder teilweiser Erwerbsminderung nach dem 30.06.2013, gelten – wie bei den Altersrenten – die neuen Hinzuverdienstregelungen des § 34 n. F. zur sog. Kombirente, s. Rn. 5–11. Die auf Teilrenten in Höhe von 1/2, 1/3, 1/4, 2/3 oder 3/4

der Vollrente abgestimmten starren Hinzuverdienstgrenzen werden durch eine individuelle Hinzuverdienstgrenze ersetzt. Maßgebend für die Berechnung der Hinzuverdienstgrenze ist das Kalenderjahr mit dem höchsten Einkommen in den letzten 15 Kalenderjahren vor Eintritt der Erwerbsminderung. Sollte während dieses Rentenbezuges eine weitere Erwerbsminderung eintreten, so ist im Regelfall das ursprüngliche Einkommen vor Eintritt der ersten Erwerbsminderung maßgebend.

4. Arbeitsentgelt und -einkommen, vergleichbares Einkommen

Arbeitsentgelt, -einkommen und vergleichbares Einkommen bei sonstigen Altersrenten: **19**

Arbeitsentgelt aus einer Beschäftigung oder Arbeitseinkommen aus einer selbständigen Tätigkeit oder vergleichbares Einkommen oder bestimmte Lohnersatzleistungen werden zusammengerechnet. In jedem Kalenderjahr kann zweimal um jeweils einen Betrag bis zur Höhe der Hinzuverdienstgrenze nach § 34 Abs. 3 rentenunschädlich hinzuverdient werden.

Als Arbeitsentgelt i. S. d. § 34 Abs. 2 sind u. a. zu berücksichtigen:

Alle Zuwendungen des Arbeitgebers, die als Arbeitsentgelt der Beitragsbemessung **20** zugrunde zulegen sind, §§ 14, 17 SGB IV i. V. m. SvEV wie Löhne und Gehälter, Provisionen; lohnsteuerpflichtige Zulagen; Familienzuschläge; Mehrarbeitsvergütungen; Urlaubsgeld; Weihnachtsgeld; vermögenswirksame Leistungen; Zuschüsse des Arbeitgebers zum Krankengeld; Sachbezüge; Dienstbezüge von Beamten; Arbeitsentgelt, das behinderte Menschen in einem Integrationsprojekt erzielen; Altersteilzeitarbeitsentgelt; Arbeitsentgelt aus Wertguthaben nach § 7 Abs. 1 a SGB IV; Zahlung von rückständigem Arbeitsentgelt anlässlich der Beendigung eines Arbeitsverhältnisse; Einkünfte aus ehrenamtlicher Tätigkeit, soweit sie Arbeitsentgelt nach § 14 SGB IV sind; im Ausland erzieltes Arbeitsentgelt.

Als Arbeitsentgelt i. S. d. § 34 Abs. 2 sind u. a. nicht zu berücksichtigen:

Entgelt, das Pflegepersonen von Pflegebedürftigen erhalten, wenn es das dem Umfang der Pflegetätigkeit entsprechende Pflegegeld nach § 37 SGB XI nicht übersteigt (nicht erwerbsmäßige Pflege); Entgelt, das behinderte Menschen in einer Werkstätte für behinderte Menschen oder ähnlich anerkannten Einrichtung i. S. d. § 1 Satz 1 Nr. 2 erhalten; laufende oder einmalige Abfindungen, soweit sie nicht beitragspflichtig sind; Zahlungen aus einer Beschäftigung, die bereits vor Rentenbeginn aufgegeben wurde; lohnsteuerfreie Zulagen; Arbeitnehmersparzulagen; Betriebsrenten, Zusatzrenten des öffentlichen Dienstes, beamtenrechtliche Versorgungsbezüge; Werkspensionen und Entlassungsabfindungen nach tariflichen Regelungen, die wegen Beendigung nach Rentenbeginn gezahlt werden; Arbeitsentgelt, das als Vorschuss auf die Rente gezahlt oder auf sie angerechnet wird; Entgeltumwandlungsbestandteile für die betriebliche Altersversorgung, soweit sie beitragsfrei sind; pauschal versteuerte oder steuerfreie Fahrtkostenerstattungen des Arbeitgebers; steuerfreie Aufwandsentschädigungen und Ehrenamtspauschalen nach § 3 Nr. 26–26 b EStG.

Vergleichbares Einkommen, das angerechnet wird, ist:

Vorruhestandsgeld; Aufstockungsbetrag bei Altersteilzeit; Abgeordnetenentschädi- **21** gungen und Bezüge aus einem öffentlich-rechtlichen Amtsverhältnis wie z. B. bei Ministern, Senatoren und Parlamentarischen Staatssekretären.

Kein vergleichbares Einkommen ist das Elterngeld.

Nicht als Hinzuverdienst gilt Arbeitslosengeld II, Sozialgeld, Sozialhilfe.

22 Arbeitsentgelt, -einkommen und vergleichbares Einkommen bei EM-Renten:

Zusätzlich zum genannten Arbeitsentgelt, -einkommen und vergleichbaren Einkommen werden bei der Berechnung des Hinzuverdienstes bei EM-Renten bestimmte Entgeltersatzleistungen (Sozialleistungen) gleichgestellt und sind ebenfalls als Hinzuverdienst zu berücksichtigen. § 96 a Abs. 3 in der alten wie neuen Fassung unterscheidet bei der Festlegung, welche Sozialleistungen gleichgestellt werden, zwischen teilweisen und vollen EM-Renten.

Bei einer teilweisen EM-Rente wird neben Krankengeld, Versorgungskrankengeld und Übergangsgeld in den in § 96 a Abs. 3 genannten Fällen auch Verletztengeld, Mutterschaftsgeld, Arbeitslosengeld, Kurzarbeitergeld, Insolvenzgeld, Krankentagegeld und vergleichbare Leistungen als Hinzuverdienst berücksichtigt (§§ 96 a Abs. 3 Satz 1 Nr. 4 i. V. m. § 18 a Abs. 3 Satz 1 Nr. 1 SGB IV).

Bei einer vollen EM-Rente ist zusätzlich zu den genannten Hinzuverdienstmöglichkeiten auch ein Übergangsgeld aus der gesetzlichen Unfallversicherung zu berücksichtigen.

Als Hinzuverdienst ist das der Sozialleistung zugrunde liegende Arbeitsentgelt oder -einkommen zu berücksichtigen.

Abgestellt wird jeweils auf das aktuelle Einkommen, nicht auf das des vergangenen Kalenderjahres.

5. Anspruch auf Erörterung der Reduzierung der Arbeitsleistung und Inanspruchnahme einer Teilrente

23 Die arbeitsrechtliche Regelung in § 42 Abs. 3 geht von einer eingeschränkten Weiterarbeit des Arbeitnehmers beim bisherigen Arbeitgeber bei eingeschränktem Arbeitsentgelt aus. Ältere Arbeitnehmer, die eine Teilrente beantragen möchten, haben einen Rechtsanspruch gegenüber ihrem Arbeitgeber, derartige Möglichkeiten zu erörtern. Zu Vorschlägen des Arbeitnehmers, die seinen Arbeitsbereich betreffen, muss der Arbeitgeber Stellung nehmen.

Diese Regelung wird von § 8 Teilzeit- und Befristungsgesetz[88] ergänzt. In Betrieben mit mehr als 15 Beschäftigten können Arbeitnehmer vom Arbeitgeber verlangen, dass sie ihre Arbeitszeit verringern und Teilzeitarbeit leisten. Das Arbeitsverhältnis muss zuvor sechs Monate bestanden haben; der Wunsch muss spätestens drei Monate vor dem beabsichtigten Beginn angemeldet werden. Soweit der Reduzierung der Arbeitszeit nicht betriebliche Gründe, wie z. B. eine wesentliche Beeinträchtigung von Organisation, Arbeitsablauf oder Sicherheit des Betriebes oder unverhältnismäßige Kosten entgegenstehen, muss der Arbeitgeber zustimmen. Die Ablehnungsgründe können in einem Tarifvertrag festgelegt werden.

---

88 TzBfG vom 21. 12. 2000, BGBl. I S. 1966.

Kapitel 9: Geringfügige Beschäftigungen (Minijobs) und Gleitzone (Midijobs) mit Neuregelungen

Vorbemerkung

Viele beitrags- und leistungsrechtliche Fragen zu geringfügigen Beschäftigungsverhältnissen betreffend §§ 7, 8, 8 a, 14 SGB IV (z. B. Beschäftigungen bei demselben Arbeitgeber, Entgeltfragen wie schwankendes Arbeitsentgelt sowie Zusammenrechnen mehrerer Beschäftigungen) werden im Teil SGB IV behandelt. Soweit es die Krankenversicherungspflicht bzw. -freiheit betrifft, werden diese im SGB V (§§ 7, 8, 249 b SGB V) kommentiert. Arbeitsrechtliche Normen sind Bestandteil des SGB III (§ 119). Soweit rentenrechtliche Vorschriften (§§ 5, 52, 76 b, 163, 168, 172, 229) in Frage stehen, werden sie im Folgenden erklärt.

Für geringfügige Beschäftigungen gilt wie für alle Arbeitnehmer das Nachweisgesetz, mit dem der Arbeitgeber verpflichtet wird, die wesentlichen Bedingungen des Vertragsverhältnisses zu dokumentieren (s. Rn. 38).

Das »Gesetz zu Änderungen im Bereich der geringfügigen Beschäftigung« vom 25. 09. 2012[89] tritt zum 01. 01. 2013 in Kraft. Mit Verabschiedung des Gesetzes flammte die Diskussion um die Ausweitung von aktuell rund 7,5 Mio. geringfügiger Beschäftigungsverhältnisse wieder auf. Nicht nur Kritiker vermuten einen Anstieg von prekären und sozial nicht abgesicherten Beschäftigungen.

Folgende Änderungen sind vorgesehen:

Die Arbeitsentgeltgrenze bei geringfügiger Beschäftigung wird zum 01. 01. 2013 von 400 € auf 450 € angehoben. Entsprechend wird die Grenze für das monatliche Gleitzonenentgelt von 800 € auf 850 € angepasst.

Die bisherige Versicherungsfreiheit in der gesetzlichen Rentenversicherung mit der Möglichkeit der vollen Versicherungspflicht für geringfügig entlohnte Beschäftigte wird zum 01. 01. 2013 in eine Rentenversicherungspflicht mit Befreiungsmöglichkeit umgewandelt (Wechsel von opt-in zu opt-out).

Für Beschäftigungsverhältnisse, die bereits vor dem 01. 01. 2013 bestanden haben, gibt es Übergangs- und Vertrauensschutzregelungen.

Inhaltsübersicht Rn.

89 BT-Drs. 17/10773 und BR-Drs. 625/12 vom 02. 11. 2012.

1. Rentenversicherungsfreiheit/Rentenversicherungspflichtigkeit geringfügiger Beschäftigungen[90]

1 Geringfügige Beschäftigungen sind zu unterscheiden in unbefristete, geringfügig entlohnte Beschäftigung, sog. 400 €-Minijobs, künftig 450 €-Minijobs (s. Rn. 2) und sonstige geringfügige Beschäftigungen. Darunter sind folgende Tätigkeiten zu verstehen: lohnunabhängige kurzfristig und von vorneherein zeitlich befristete Beschäftigungen (sog. kurzfristige Beschäftigung, § 8 Abs. 1 Nr. 2 SGB IV), geringfügig selbständige Tätigkeiten, unabhängig ob geringfügig entlohnt oder kurzfristig (§§ 8 Abs. 3, 8 a SGB IV) und geringfügig nicht erwerbsmäßige Pflegetätigkeiten. Diese Beschäftigungen, selbständige Tätigkeiten oder Pflegetätigkeiten sind auch nach der Neuregelung zum 01.01.2013 weiterhin rentenversicherungsfrei, § 5 Abs. 2 (s. §§ 8, 8 a SGB IV). Auch in der Arbeitslosen- und Krankenversicherung sind und bleiben diese geringfügige Beschäftigungen versicherungsfrei (§§ 27 Abs. 2 SGB III, 7 Abs. 1 SGB V). Aus der Versicherungsfreiheit in der Krankenversicherung folgt die Versicherungsfreiheit in der Pflegeversicherung. Bei den vorgenannten Formen geringfügiger Beschäftigung fallen keine Sozialversicherungsbeiträge an. Besteht durch Zusammenrechnen von geringfügig entlohnten mit versicherungspflichtigen Beschäftigungen Versicherungspflicht in der Renten-, Kranken- und Pflegeversicherung, besteht zu diesen Sozialversicherungszweigen auch Beitragspflicht. Es gelten dann die allgemeinen beitragsrechtlichen Regelungen.

Die Geringfügigkeitsgrenze von 400 € wird ab 01.01.2013 für alle Formen geringfügiger Beschäftigungen auf 450 € angehoben (§§ 8 Abs. 1 Nr. 1 und 2 SGB IV).

2 **Rechtslage bis zum 31.12.2012**

Der Arbeitgeber hat bei versicherungsfreier unbefristet geringfügig entlohnter Beschäftigung (sog. 400 €-Minijob, künftig 450 €-Minijob, § 8 Abs. 1 Nr. 1 SGB IV) die Pflicht, einen Beitragsanteil zur GRV von 15 % des Arbeitsentgelts zu tragen (§ 172 Abs. 3 Satz 1). Dies gilt auch für die knappschaftliche Rentenversicherung. Für geringfügig ver-

90 Siehe ausführlich dazu: Richtlinien für die versicherungsrechtliche Beurteilung von geringfügigen Beschäftigungen (Geringfügigkeits-Richtlinien) von: GKV-Spitzenverband, Berlin; Deutsche Rentenversicherung Bund, Berlin; Deutsche Rentenversicherung Knappschaft-Bahn-See, Bochum; Bundesagentur für Arbeit, Nürnberg vom 14.10.2009.

sicherungsfrei Beschäftigte in Privathaushalten enthält § 172 Abs. 3 a eine Sonderregelung. Danach hat der Arbeitgeber ab 01. 04. 2003 Beiträge nur für 5 % des Arbeitsentgelts, das beitragspflichtig gewesen wäre, wenn der Beschäftigte versicherungspflichtig gewesen wäre, zu entrichten.

Für die Krankenversicherung hat der Arbeitgeber einen pauschalen Beitrag von 13 % zu entrichten. Leistungsansprüche entstehen daraus nicht. Zur Pflege- und Arbeitslosenversicherung fallen keine Pauschalbeiträge an.

Ab 01. 01. 2013 3

Neu ist, dass unbefristete geringfügig entlohnte Beschäftigungsverhältnisse (450 €-Minijob, § 8 Abs. 1 Nr. 1 SGB IV), die ab 01. 01. 2013 neu angetreten werden, nicht mehr rentenversicherungsfrei sind, sondern in die Versicherungspflicht der gesetzlichen Rentenversicherung einbezogen werden (s. Rn. 10). Die Beschäftigten haben aber die Möglichkeit, sich auf Antrag von der Versicherungspflicht befreien zu lassen (s. Rn. 12). Weiterhin gibt es Übergangs- und Vertrauensschutzvorschriften (s. Rn. 13).

Versicherungsfreiheit gilt nicht für folgende Personen, soweit sie: 4
im Rahmen betrieblicher Berufsbildung (z. B. Auszubildende und Praktikanten), im Rahmen des Gesetzes zur Förderung von Jugendfreiwilligendiensten, als behinderte Menschen in geschützten Einrichtungen, in Einrichtungen der Jugendhilfe oder in Berufsbildungswerken oder ähnlichen Einrichtungen für behinderte Menschen, in denen sie für eine Erwerbstätigkeit befähigt werden sollen, während der individuellen betrieblichen Qualifizierung im Rahmen der Unterstützten Beschäftigung nach § 38 a SGB IX, aufgrund einer stufenweisen Wiedereingliederung in das Erwerbsleben nach § 74 SGB V bzw. § 28 SGB IX oder wegen konjunktureller oder saisonaler Kurzarbeit geringfügig beschäftigt sind.

2. Geringverdienergrenze

Die Geringfügigkeitsgrenze ist nicht gleichbedeutend mit der Geringverdienergrenze. Die Geringverdienergrenze bestimmt, dass der Arbeitgeber den Gesamtsozialversicherungsbeitrag allein zu tragen hat, wenn das erzielte Arbeitsentgelt nicht mehr als 325 € monatlich beträgt (§ 20 Abs. 3 Satz 1 Nr. 1 SGB IV). Dies gilt nur für zur Berufsausbildung Beschäftigte, für die die Regelungen über geringfügige Beschäftigte nicht anwendbar sind. 5

3. Rentenversicherungspflicht für geringfügig entlohnte Beschäftigte mit Befreiungsmöglichkeit (Neuregelung)

3.1 Pflicht des Arbeitgebers zur Zahlung eines Pauschalbeitrags

An der Verpflichtung der Arbeitgeber, pauschale Rentenversicherungsbeiträge zu entrichten, ändert sich nichts. Bei geringfügig versicherungspflichtiger Beschäftigung tragen die Arbeitgeber 15 %, bei geringfügig versicherungspflichtiger Beschäftigung in Privathaushalten 5 % Pauschalbeitrag zur Rentenversicherung. Die Differenz des pauschalen Arbeitgeberbeitrags und dem jeweils aktuellen Beitragssatz tragen die Beschäftigten, bei einem Beitragssatz von 18,9 % in 2013 also 3,9 % (§ 168 Abs. 1 Nr. 1 b, 1 c). 6

Die Pauschalbeiträge der Arbeitgeber zur GRV für über 7 Mio. geringfügig Beschäftigte betrugen in 2012 rund 3,2 Mrd. €.

7 Wälzt der Arbeitgeber die von ihm zu zahlenden Pauschalbeiträge auf den Arbeitnehmer ab, stellt dies eine Ordnungswidrigkeit dar und kann mit einer Geldbuße bis zu 5 000 € geahndet werden (§ 249 b Satz 3 SGB V und § 172 Abs. 4 SGB VI i. V. m. § 111 Abs. 1 Satz 1 Nr. 2–4, 8 und Abs. 2 und 4 SGB IV). Dies gilt auch, wenn der Arbeitnehmer dies duldet. Eine solche Vereinbarung ist nach § 32 SGB I nichtig.

8 Endet oder beginnt eine geringfügig entlohnte Beschäftigung im Laufe eines Monats, sind Pauschalbeiträge nur für den entsprechenden Teilmonat zu leisten.

9 Bei Überschreiten der Geringfügigkeitsgrenze von 450 € z. B. durch Zusammenrechnen mehrerer 450 €-Jobs werden Pflichtbeiträge zu allen Sozialversicherungszweigen (außer zur Arbeitslosenversicherung) fällig. Diese Beiträge müssen vom Arbeitnehmer und Arbeitgeber anteilig aufgebracht werden.

3.2 Rentenversicherungspflicht (opt-out) statt Rentenversicherungsfreiheit (opt-in)

10 Für geringfügig entlohnte Beschäftigte (Minijobber) wird das bestehende Regel-Ausnahme-Verhältnis umgekehrt (Wechsel von opt-in zu opt-out). Künftig ist für geringfügig entlohnte Beschäftigte die Versicherungspflicht in der Rentenversicherung die Regel. Dabei tragen die Versicherten den Differenzbetrag zum Pauschalbeitrag des Arbeitgebers (s. Rn. 6) und können u. a. Ansprüche auf Erwerbsminderungsrente erwerben und die Vorteile der Riester-Förderung in Anspruch nehmen. Zudem können durch die Versicherungszeiten Lücken in der Versicherungsbiographie vermieden werden. Zu den Übergangs- und Vertrauensschutzvorschriften s. Rn. 13.

Der Beitragsbemessung sind ab 01. 01. 2013 immer mindestens 175 € und ein Beitragssatz von 18,9 % zugrunde zu legen

11 **Beispiele:**
Monatsverdienst 450 €:
450 € × 18,9 % = 85,05 € abzüglich pauschalem Arbeitgeberbeitrag von (450 € × 15 % =) 67,50 € ergibt einen Arbeitnehmeranteil von 17,55 €.
Monatsverdienst 300 €:
300 € × 18,9 % = 56,70 € abzüglich pauschalem Arbeitgeberbeitrag von (300 € × 15 % =) 45 € ergibt einen Arbeitnehmeranteil von 11,70 €.

Bei einem monatlichen Verdienst unter 175 € werden 175 € immer der Berechnung des Eigenanteils zugrunde gelegt.

Beispiel:
Monatsverdienst 100 €:
175 € × 18,9 % = 33,07 € abzüglich pauschaler Arbeitgeberbeitrag (100 € × 15 % =) 15 € ergibt einen Arbeitnehmeranteil von 18,07 €.

Mit dem Beitragssatzgesetz 2013 wurde der Beitragssatz in der GRV für 2013 auf 18,9 % abgesenkt.

Verteilung der Beiträge auf Arbeitgeber- und Arbeitnehmer bei einem RV-Beitragssatz von 19,6 %, 19,3 % und 19,0 %			
Entgelt	Pauschalbeitrag des Arbeitgebers (15 %)	Aufstockungsbeitrag des Arbeitnehmers (3,9 %.)	Beitrag gesamt (18,9 %)
100 €*	15,00 €	18,07	33,07
175 €*	26,25 €	6,82	33,07
200 €	30,00 €	7,80	37,80
300 €	45,00 €	11,70	56,70
400 €	60,00 €	15,60	75,60
450 €	67,50 €	17,55	85,05
* Der Beitragsbemessung sind immer mindestens 175 € zugrunde zu legen.			

3.3 Befreiung von der Rentenversicherungspflicht

Geringfügig entlohnte Beschäftigte werden in die Versicherungspflicht der gesetzlichen Rentenversicherung einbezogen. Sie haben aber die Möglichkeit, sich auf Antrag von der Versicherungspflicht befreien zu lassen. Der schriftliche Befreiungsantrag ist dem Arbeitgeber zu übergeben, § 6 Abs. 1 b. Zur Vereinfachung des Verfahrens soll die Befreiung bei geringfügig entlohnter Beschäftigung in der Weise erfolgen, dass die Befreiung ohne Bescheiderteilung erfolgen kann, wenn die Einzugsstelle nach Eingang der Arbeitgebermeldung innerhalb eines Monats nicht widerspricht, d. h. festgestellt hat, dass die Befreiungsvoraussetzungen vorliegen, insbesondere nicht über die Zusammenrechnung gegebenenfalls mehrerer Beschäftigungen die Geringfügigkeitsgrenze überschritten wird (Fiktion eines Befreiungsbescheides), § 6 Abs. 3 Satz 2. **12**

Die Befreiung von der Rentenversicherungspflicht bei geringfügig entlohnten Beschäftigungen wird rückwirkend ab dem Beginn des Monats wirksam, in dem der Antrag des Beschäftigten beim Arbeitgeber vorliegt, wenn der Arbeitgeber die Befreiung innerhalb der Fristen (spätestens sechs Wochen) und über das Meldeverfahren nach § 28 a SGB IV der Minijobzentrale meldet und diese innerhalb eines Monats nicht widersprochen hat. Bei einer späteren Meldung des Arbeitgebers wirkt die Befreiung ab Beginn des Monats, der auf den Ablauf der Widerspruchsfrist der Einzugsstelle folgt. Liegt eine insgesamt geringfügig entlohnte Mehrfachbeschäftigung vor, hat die Einzugsstelle die anderen Arbeitgeber durch eine Meldung über das Vorliegen der Befreiung und den Zeitpunkt der Wirkung der Befreiung zu informieren. Da eine Befreiung für alle Beschäftigungsverhältnisse innerhalb des Befreiungszeitraumes gilt, sind die Entgeltabrechnungen der weiteren Arbeitgeber ggf. zu korrigieren, § 6 Abs. 4. Aus Gründen der Rechtsunsicherheit ist es unbefriedigend, dass dem Betroffenen kein formaler Bescheid über die Befreiung von der

Versicherungspflicht sowie eine entsprechende Rechtsmittelbelehrung erteilt wird. Die Entscheidung über den Versicherungsstatus hat für die Betroffenen erhebliche Bedeutung. Die Aufrechterhaltung bzw. Begründung von Ansprüchen auf Leistungen der RV kann davon abhängen (z. B. bei EM-Renten).

Bei Verzicht auf die Rentenversicherungspflicht hat der Arbeitgeber die gleichen pauschalen Beiträge zur Renten- und Krankenversicherung zahlen wie bei Versicherungspflicht, § 276 a.

3.4 Übergangs- und Vertrauensschutzvorschriften

13 Minijobber, die eine geringfügig entlohnte Beschäftigung nach dem 31. 12. 2012 aufnehmen, sind rentenversicherungspflichtig, können sich jedoch befreien lassen, §§ 1, 6 Abs. 1 b.

14 Wer bisher wegen Verzichts auf die Versicherungsfreiheit bei geringfügig entlohnter Beschäftigung versicherungspflichtig war, bleibt auch nach neuem Recht ohne das Recht der Antragsbefreiung versicherungspflichtig, da der Verzicht auf die Versicherungsfreiheit nach bisherigem Recht für die Dauer der Beschäftigung bindend war. Da der Verzicht auch nur einheitlich erklärt werden konnte (d. h. mit Wirkung für alle geringfügig entlohnten Beschäftigungen), gilt der Fortbestand der Versicherungspflicht ohne Befreiungsrecht auch für weitere Beschäftigungen, auf die sich der Verzicht nach bisherigem Recht erstrecken würde, § 229 Abs. 5.

15 Selbständige, die wegen der Beschäftigung nicht geringfügig tätiger Arbeitnehmer nach altem Recht nicht versicherungspflichtig nach § 2 waren, aber nach § 2 versicherungspflichtig würden, weil sie nur Arbeitnehmer beschäftigen, die wegen der Anhebung der Geringfügigkeitsgrenze nunmehr geringfügig entlohnt beschäftigt wären (Entgelt über 400 bis 450 €), bleiben nicht versicherungspflichtig, § 229 Abs. 7. Nach Satz 2 bleiben für zwei Jahre nach Inkrafttreten (bis 31. 12. 2014) diejenigen Selbständigen versicherungspflichtig, die mit einem Arbeitseinkommen über 400 und bis 450 € vor Inkrafttreten versicherungspflichtig waren, nach der Anhebung der Geringfügigkeitsgrenze jedoch ab Inkrafttreten versicherungsfrei würden.

16 § 230 Abs. 7 bestimmt, dass diejenigen, die vor dem 01. 01. 2013 bereits einen Minijob ausübten und versicherungsfrei waren, in dieser Beschäftigung versicherungsfrei bleiben, solange die Voraussetzungen der Versicherungsfreiheit nach bisherigem Recht weiterhin vorliegen, sie also nicht mehr als 400 € erzielen. Ihnen wird – wie im geltenden Recht – aber die Möglichkeit eingeräumt, durch Verzicht auf die Versicherungsfreiheit im Ergebnis wieder für die Versicherungspflicht zu optieren, die nach künftigem Recht generell – vorbehaltlich eines Befreiungsantrags – eintritt.

17 § 231 Abs. 9 regelt, dass Personen, die vor Inkrafttreten dieses Gesetzes mit einem monatlichen Arbeitsentgelt über 400 € und nicht mehr als 450 € versicherungspflichtig waren, in einem Übergangszeitraum von zwei Jahren (bis 31. 12. 2014) kein Befreiungsrecht nach § 6 Abs. 1 b besitzen sollen, solange ihr Entgelt weiterhin in dieser Einkommensspanne liegt.

4. Verzicht auf die RV-Freiheit und Aufstocken des Rentenversicherungsbeitrags (Altregelung bis 31.12.2012)

Durch Verzicht auf die Rentenversicherungsfreiheit (sog. opt-in) können vollwertige Leistungsansprüche erworben werden, insbesondere Anspruch auf Reha-Leistungen sowie bei chronischer Krankheit oder nach einem Unfall Anspruch auf eine Erwerbsminderungsrente. Die spätere Altersrente erhöht sich (§ 5 Abs. 2 Satz 2). Der Arbeitgeber muss zu Beginn des Beschäftigungsverhältnisses auf die Möglichkeit des Verzichts hinweisen (§ 2 Abs. 1 Satz 4 Nachweisgesetz)[91]. Der Beschäftigte muss den Verzicht dem Arbeitgeber gegenüber schriftlich erklären. Der Verzicht gilt für die Zukunft und ist für die Dauer der Beschäftigung bindend. Der Verzicht kann nicht widerrufen werden. Der Verzicht verliert erst dann seine Wirkung, wenn (bei mehreren Minijobs nebeneinander) der letzte Minijob beendet wird. Wird danach erneut ein Minijob aufgenommen, muss ggf. dem Arbeitgeber gegenüber erneut eine Verzichtserklärung abgegeben werden. Die Versicherungspflicht beginnt frühestens am Tag, nachdem die schriftliche Verzichtserklärung dem Arbeitgeber zugeht. Es kann aber auch ein späterer Zeitpunkt für den Beginn der Versicherungspflicht bestimmt werden. 18

Bei mehreren Minijobs nebeneinander gilt die Erklärung für alle Beschäftigungen. Der Verzicht muss dann auch allen Arbeitgebern gegenüber erklärt werden. Der Verzicht bewirkt, dass der Differenzbeitrag zwischen dem Pauschalbeitrag, den der Arbeitgeber leistet (aktuell 15 % bzw. 5 % in Privathaushalten, § 168 Abs. 1 Nr. 1 b, 1 c), und dem allgemeinen Beitragssatz (ab 01.01.2012 19,6 %), derzeit also 4,6 % (bzw. 14,6 % in Privathaushalten) vom Beschäftigten gezahlt werden muss, die sog. Aufstockung. Der Beitragsbemessung sind immer mindestens 175 € zugrunde zu legen (Mindestbeitragsbemessung, § 163 Abs. 8). Damit werden volle Beitragszeiten begründet. Berechnungsbeispiele s. Rn. 11.

5. Rentenbezieher im Minijob

Bezieher einer Vollrente wegen Alters, Ruhestandsbeamten und Bezieher einer berufsständischen Altersversorgung sind rentenversicherungsfrei (§ 5 Abs. 4) und brauchen aus ihrem Arbeitsentgelt keine Beiträge zur GRV mehr zu zahlen. Um einen Wettbewerbsvorteil zu verhindern, muss der Arbeitgeber dennoch seinen (hälftigen) Beitragsanteil entrichten, den er zahlen müsste, wenn die versicherungsfreie Beschäftigung versicherungspflichtig wäre (§ 172 Abs. 1). Dieser Arbeitgeberanteil ist kein Beitrag zur GRV im eigentlichen Sinne. Damit werden keine Leistungsansprüche erworben; die Rente erhöht sich dadurch nicht. 19

91 Ab 01.01.2013 wird diese Norm durch Art. 6 des Gesetzes zu Änderungen im Bereich der geringfügigen Beschäftigung aufgehoben.

6. Rentenrechtliche Bewertung von geringfügiger Beschäftigung

6.1 Geringfügige versicherungspflichtige Beschäftigung

20 Aus der Rentenversicherungspflicht folgt, dass die gezahlten Pflichtbeiträge auch zu entsprechenden vollwertigen Anwartschaften führen. Auch der Verzicht auf die Rentenversicherungsfreiheit und Aufstockung durch den Arbeitnehmer nach dem vor dem 01. 01. 2013 geltenden Recht führt zu vollwertigen Anwartschaften, s. Rn. 18.

21 **Beispiele für den Rentenertrag aus vollwertigen Entgeltpunkten, berechnet mit dem vorläufigen Durchschnittsverdienst aller Versicherten für 2013:**
Monatsverdienst bei monatlich 450 €:
Jahresverdienst aus Minijob: 450 € × 12 = 5400 € ins Verhältnis gesetzt zum vorläufigen Durchschnittsverdienst aller Versicherten für 2013 (34071 €) = **0,1585 Entgeltpunkte**
Dies entspricht einer monatlichen Rentenanwartschaft mit unterstelltem aktuellen Rentenwert vom 01.07.2012 bis 30.06.2013 (i.H.v. 28,07 €) von **4,45 €**).
Monatsverdienst 400 €: **0,1409 Entgeltpunkte**
Dies entspricht einer monatlichen Rentenanwartschaft von **3,95 €**.
Monatsverdienst 300 €: **0,1057 Entgeltpunkte**
Dies entspricht einer m monatlichen. Rentenanwartschaft von **2,97 €**.

Die Anzahl der Wartezeitmonate entspricht der Dauer der geringfügigen versicherungspflichtigen Beschäftigung.

6.2 Geringfügige versicherungsfreie Beschäftigung

22 § 264b regelt, dass für diejenigen, die ihre geringfügig entlohnte versicherungsfreie Beschäftigung vor dem 01. 01. 2013 ausgeübt haben oder die nach § 230 Abs. 7 in ihrer geringfügigen Beschäftigung versicherungsfrei bleiben, Zuschläge an Entgeltpunkten für Arbeitsentgelt aus geringfügiger versicherungsfreier Beschäftigung ermittelt werden. Nach § 244a werden aus Zuschlägen an Entgeltpunkten für Arbeitsentgelt aus geringfügiger versicherungsfreier Beschäftigung ermittelt.

Zuschläge an Entgeltpunkten haben nicht die gleiche Qualität wie vollwertige Beitragszeiten; vor allem erfüllen sie nicht die Voraussetzungen für eine EM-Rente, für Reha-Leistungen und für die Wartezeit z. B. für die Altersrente für besonders langjährig Versicherte. Durch Aufstocken des Pauschalbeitrags durch den Beschäftigten können jedoch vollwertige Leistungsansprüche erworben werden.

Der Zuschlag an Entgeltpunkten wird ermittelt, indem das jährliche Arbeitsentgelt durch das Durchschnittsentgelt aller Versicherten (Anlage 1 zum SGB VI) desselben Jahres geteilt wird (§ 76b Abs. 2 Satz 1). Für das Kalenderjahr des Rentenbeginns und das davor liegende Jahr wird das vorläufige Entgelt zugrunde gelegt (§ 76b Abs. 2 Satz 2). Das Ergebnis der Berechnung ist mit dem Verhältniswert zu vervielfältigen, der dem Beitragsanteil des Arbeitgebers (15 %) entspricht (12 % bzw. 15 % je nach Zeiten vor oder ab 01. 07. 2006 und für Minijobs in Privathaushalten).

Beispiele für Zuschläge an Entgeltpunkten mit dem vorläufigen Durchschnittsverdienst aller Versicherten für 2013: 23
Monatsverdienst 400 €:
Jahresverdienst aus Minijob: 400 € × 12 = 4800 € ins Verhältnis gesetzt zum vorläufigen Durchschnittsverdienst aller Versicherten für 2013 (34071 €) = 0,1409. 0,1409 × 15 : 18,9 % = **0,1118 Entgeltpunkte**
Dies entspricht einer monatlichen Rentenanwartschaft mit unterstelltem aktuellen Rentenwert vom 01.07.2012 bis 30.06.2013 (i.H.v. 28,07 €) von **3,14 €**).
Monatsverdienst 300 €: **0,0839 Entgeltpunkte**
Dies entspricht einer monatlichen Rentenanwartschaft von **2,35 €**.

Die Monate für die Wartezeit werden errechnet, indem die Zuschläge an Entgeltpunkten aus einem Minijob durch 0,0313 geteilt werden (§ 52 Abs. 2). Pauschal gilt folgende Regel: Die Zahl der Arbeitsmonate im 400 € bzw. 450 €-Minijob geteilt durch drei entspricht in etwa der Zahl der Monate, die man für die Wartezeit für eine Rente erwirbt. Für drei Jahre im Minijob wird eine ähnliche Wartezeit erworben wie für ein Jahr mit vollen Rentenversicherungsbeiträgen. 24

7. Steuer

Das Arbeitsentgelt aus einer geringfügig entlohnten Beschäftigung wird pauschal oder nach den Merkmalen der Lohnsteuerkarte erhoben. 25

Wird die Lohnsteuer pauschaliert erhoben, ist zwischen der einheitlichen Pauschalsteuer in Höhe von 2 % (§ 40a Abs. 2 EStG) und der pauschalen Lohnsteuer in Höhe von 20 % des Arbeitsentgelts (§ 40a Abs. 2a EStG) zu unterscheiden. In der einheitlichen Pauschalsteuer von 2 % ist neben der Lohnsteuer auch der Solidaritätszuschlag und die Kirchensteuer enthalten. Für den Einzug ist die Minijob-Zentrale zuständig.

Wählt der Arbeitnehmer nicht die pauschale Steuererhebung, ist die Lohnsteuer nach Maßgabe der vorgelegten Lohnsteuerkarte zu erheben. Die Höhe des Lohnsteuerabzugs hängt dann von der Steuerklasse ab. Zuständig ist das Betriebsstättenfinanzamt.

8. Beschäftigungsverhältnisse in der Gleitzone zwischen 450,01 € und 850,00 € (Midijobs) – Neuregelung

8.1 Änderung der Gleitzone

Durch die Anhebung der Geringfügigkeitsgrenze von 400 € auf 450 € verschiebt sich auch die sog. Gleitzone, § 20 Abs. 2 SGB IV. Übersteigt das Entgelt die 450 €-Grenze (bis 31.12.2012 400 €) und beträgt nicht mehr als 850 € (bis 31.12.2012 800 €), die sog. Gleitzone, gelten für Arbeitnehmer und Arbeitgeber Sonderregelungen (sog. Midijobs). Im Gegensatz zu geringfügigen Beschäftigungen sind Midijobs versicherungspflichtig. Versicherte erwerben vollwertige Pflichtbeiträge. Der Sozialversicherungsbeitrag ist für Arbeitnehmer reduziert. Mit zunehmendem Einkommen bis 850 € steigen die Beiträge stufenweise an (§§ 344 Abs. 4 SGB III, 20 Abs. 2 SGB IV, 226 Abs. 4, 249 Abs. 4 SGB V, 26

163 Abs. 10 SGB VI). Arbeitgeber haben den entsprechend vollen Beitragsanteil zu tragen. Bei mehreren Beschäftigungen ist das insgesamt erzielte Arbeitsentgelt maßgebend. Midijobber sind in der gesetzlichen Rentenversicherung pflichtversichert.

27 Bei schwankendem Arbeitsentgelt (insbesondere bei Einmalzahlungen) wird die Gleitzonenregelung jeweils monatlich angewendet. Die Gleitzonenregelung gilt auch für Beschäftigte in Privathaushalten.

28 **Beitragsberechnung nach der Gleitzonen-Formel (Neuregelung)**

Um die individuellen Beiträge in der Gleitzone zu ermitteln, wird das tatsächliche Entgelt in ein fiktives Entgelt umgerechnet. Die Formel für das Jahr 2013:

$$F \times 450 + \left(\left\{\frac{850}{850 - 450}\right\} - \left\{\frac{450}{850 - 450}\right\} \times F\right) \times (AE - 450).$$

342,225 + (1,26944 × (AE – 450))

AE = das tatsächliche Arbeitsentgelt F = 0,7605

Beispiel:

Das tatsächliche Entgelt beträgt	600,00 €
Der Fiktivverdienst: 342,225 + (1,26944 × (600 – 450))	532,64 €
Gesamtbeitrag zur RV (532,64 × 9,45 (halber Beitragssatz aus 18,9 %) × 2	100,67 €
Abzüglich Arbeitgeberbeitrag zur RV (9,45 % aus 600 € =)	56,70 €
Verbleibender Beitragsanteil des Arbeitnehmers	43,97 €

Die Beiträge zur Kranken-, Pflege- und Arbeitslosenversicherung werden ebenso ermittelt.

29 Für die Rentenberechnung wird das (niedrigere) fiktive, nicht das tatsächlich erzielte Entgelt herangezogen. Der Beschäftigte kann unter eigener Aufstockung Rentenversicherungsbeiträge auf das tatsächliche Entgelt entrichten. Dies muss dem Arbeitgeber schriftlich mitgeteilt werden. Eine Rückkehr zur günstigeren Gleitzonenberechnung ist dann nicht mehr möglich.

30

Reduzierte Rentenbeiträge für Midijobs in 2013[92] (F = 0,7605; Beitragssatz 18,9)		
Höhe des Verdienstes	Reduzierter RV-Beitrag für Arbeitnehmer	Entlastung gegenüber dem vollen Beitrag
500,00 €	29,43 €	17,82 €
600,00 €	43,97 €	12,73 €
700,00 €	58,51 €	7,64 €
800,00 €	73,05 €	2,55 €
850,00 €	80,33 €	0,00 €

31 Nicht belegt

92 Quelle: Eigene Berechnungen.

8.2 Übergangs- und Vertrauensschutzvorschriften

§ 276 b regelt die Gleitzone aus Gründen des Bestandsschutzes vor dem Hintergrund der Anhebung der monatlichen Geringfügigkeitsgrenze von 400 € auf 450 € (Abs. 1) und der entsprechenden Anpassungen der monatlichen Grenzbeträge für die Gleitzonenregelung nach § 20 Abs. 2 SGB IV von bisher 400,01 € bis 800 € auf 450,01 € bis 850 € (Abs. 2). Für Beschäftigte, die vor dem 1. Januar 2013 in der Gleitzone über 400 € bis 450 € beschäftigt waren, gilt die frühere Gleitzonenregelung bis zum 31. Dezember 2014 fort. Für Beschäftigte, die vor dem 1. Januar 2013 ein Arbeitsentgelt oberhalb der Gleitzone von 800 € bis 850 € erzielten, bleibt es bei der Anwendung des bis dahin geltenden Rechts. Die Beschäftigten können jedoch bis zum 31. Dezember 2014 die Anwendung der neuen Gleitzonenregelung wählen. 32

Im Detail bedeutet dies:

§ 276 b Abs. 1: Für versicherungspflichtige Arbeitnehmer, die bis zum 31. 12. 2012 unter die Gleitzonenregelung (400,01 € bis 800 €) fielen und ein monatliches Arbeitsentgelt von 400,01 € bis 450 € erzielten, bestimmt § 276 b Abs. 1 Satz 1 und 2 nun die Fortgeltung der bis zum 31. 12. 2012 geltenden Gleitzonenregelung des § 163 Abs. 10, längstens bis zum 31. Dezember 2014. Die Gleitzonenregelung erlaubt es auch weiterhin, das tatsächliche Arbeitsentgelt als Beitragsbemessungsgrundlage heranzuziehen, wenn dies schriftlich gegenüber dem Arbeitgeber erklärt wird. 33

Für die Tragung der Beiträge gilt bei Anwendung der Gleitzonenregelung (wie bisher) § 168 Abs. 1 Nr. 1 d (hälftige Beitragstragung) zwischen Arbeitnehmer und Arbeitgeber, wobei sich für den Arbeitnehmer die beitragspflichtige Einnahme nach § 163 Abs. 10 i. V. m. § 276 b Abs. 1 (frühere Gleitzonenformel) vermindert. Es wird durch Satz 3 klargestellt, dass die Regelung zur Beitragstragung nach § 168 Abs. 1 Nr. 1 b und 1 c für versicherungspflichtig geringfügig entlohnte Beschäftigte und geringfügig Beschäftigte in Privathaushalten (Beitragstragung von 15 % bzw. 5 % durch den Arbeitgeber, im Übrigen durch den Versicherten) nicht gilt. 34

Haben Arbeitnehmer mit einem monatlichen Arbeitsentgelt von 400,01 € bis 450 € bis zum 31. 12. 2012 auf die Anwendung der Gleitzone durch schriftliche Erklärung gegenüber dem Arbeitgeber verzichtet (§ 163 Abs. 10 Satz 6 und 7), werden sie nicht von § 276 b Abs. 1 erfasst. Für sie bleibt in dieser Beschäftigung das Arbeitsentgelt die beitragspflichtige Einnahme (zukünftig nach § 163 Abs. 8) und die Beitragstragung richtet sich ab 01. 01. 2013 nach § 168 Abs. 1 Nr. 1 b und 1 c (Beitragstragung von 15 % bzw. 5 % durch den Arbeitgeber, im Übrigen durch den Versicherten). Eine entsprechende Beitragstragung gilt auch, wenn die von § 276 b Abs. 1 erfassten Arbeitnehmer nach dem 31. 12. 2012 auf die Anwendung der Gleitzone durch schriftliche Erklärung gegenüber dem Arbeitgeber verzichten, spätestens aber ab 1. Januar 2015. 35

Versicherungspflichtige Arbeitnehmer, die bis zum 31. 12. 2012 unter den früheren Gleitzonenbereich (400,01 € bis 800 €) fielen und ein monatliches Arbeitsentgelt von 400,01 € bis 450 € erzielten, sind für einen Zeitraum von zwei Jahren von der Befreiungsmöglichkeit nach § 6 Abs. 1 b ausgeschlossen (§ 231 Abs. 9). Dies gilt unabhängig davon, 36 ob die Gleitzonenregelung nach § 276b Abs. 1 anzuwenden ist oder Arbeitnehmer auf sie nach § 163 Abs. 10 Satz 6 und 7 verzichten oder verzichtet haben.

37 **§ 276b Abs. 2:** Versicherungspflichtige Arbeitnehmer, die bis zum 31.12.2012 nicht unter die Gleitzonenregelung (400,01 € bis 800 €) fielen, weil sie ein monatliches Arbeitsentgelt oberhalb von 800 € bis 850 € erzielten, würden ab 01.01.2013 unter die Gleitzonenregelung mit ihrem neuen Grenzbereich (450,01 € bis 850 €) fallen. § 276b Abs. 2 bestimmt nun die Fortgeltung des bis zum 31.12.2012 geltenden Rechts (kein Gleitzonenfall), es sei denn, der Arbeitnehmer erklärt schriftlich gegenüber dem Arbeitgeber, dass auf das Beschäftigungsverhältnis die Gleitzonenregelung des § 163 Abs. 10 neue Fassung angewendet werden soll (Erklärung möglich bis zum Jahr 2014).

9. Nachweisgesetz[93]

38 Viele geringfügig Beschäftigte erhalten von ihrem Arbeitgeber keinen schriftlichen Arbeitsvertrag, da Arbeitgeber oftmals der irrigen Ansicht sind, dazu nicht verpflichtet zu sein. Dies gilt insbesondere für das Gehalt, aber auch für den Anspruch auf bezahlten Urlaub und dergleichen. Das Nachweisgesetz[94] gilt jedoch für alle Arbeitnehmer, es sei denn, dass sie nur vorübergehend zur Aushilfe von höchstens einem Monat eingestellt werden. Das Nachweisgesetz ist also regelmäßig auch auf geringfügige Beschäftigungen anzuwenden. Die geringfügige Beschäftigung wird in § 2 Abs. 1 Satz 4 NachwG ausdrücklich erwähnt. Außerdem bestimmt § 2 Abs. 2 TzBfG[95] ausdrücklich, dass Arbeitnehmer, die eine geringfügige Beschäftigung nach § 8 Abs. 1 Nr. 1 SGB IV ausüben, teilzeitbeschäftigte Arbeitnehmer sind. Damit haben sie die gleichen Rechte und Pflichten wie andere Arbeitnehmer auch.

Nach § 2 NachwG hat der Arbeitgeber spätestens einen Monat nach dem vereinbarten Beginn des Arbeitsverhältnisses die wesentlichen Vertragsbedingungen schriftlich niederzulegen, die Niederschrift zu unterzeichnen und dem Arbeitnehmer auszuhändigen. In die Niederschrift sind mindestens aufzunehmen: Name und Anschrift der Vertragsparteien, Zeitpunkt des Beginns des Arbeitsverhältnisses, bei befristeten Arbeitsverhältnissen: die vorhersehbare Dauer des Arbeitsverhältnisses, der Arbeitsort oder, falls der Arbeitnehmer nicht nur an einem bestimmten Arbeitsort tätig sein soll, ein Hinweis darauf, dass der Arbeitnehmer an verschiedenen Orten beschäftigt werden kann, eine kurze Charakterisierung oder Beschreibung der vom Arbeitnehmer zu leistenden Tätigkeit, die Zusammensetzung und die Höhe des Arbeitsentgelts einschließlich der Zuschläge, der Zulagen, Prämien und Sonderzahlungen sowie anderer Bestandteile des Arbeitsentgelts und deren Fälligkeit, die vereinbarte Arbeitszeit, die Dauer des jährlichen Erholungsurlaubs, die Fristen für die Kündigung des Arbeitsverhältnisses, ein in allgemeiner Form gehaltener

93 Abgedruckt im Anschluss an die Normen des SGB VI.

94 Gesetz über den Nachweis der für ein Arbeitsverhältnis geltenden wesentlichen Bedingungen – NachwG vom 20.07.1995, BGBl. I 946, zuletzt geändert mit G vom 13.07.2001, BGBl. I 1542.

95 Wortlaut von § 2 Abs. 2 TzBfG: »Teilzeitbeschäftigt ist auch ein Arbeitnehmer, der eine geringfügige Beschäftigung nach § 8 Abs. 1 Nr. 1 SGB IV ausübt.«

Hinweis auf die Tarifverträge, Betriebs- oder Dienstvereinbarungen, die auf das Arbeitsverhältnis anzuwenden sind. Der Nachweis der wesentlichen Vertragsbedingungen in elektronischer Form ist ausgeschlossen.

Das NachwG enthält zwar keine Sanktion im Falle des Nichtbefolgens durch den Arbeitgeber. Nach § 5 NachwG darf der Arbeitgeber aber nicht zuungunsten des Arbeitnehmers von der Pflicht abweichen.

Kapitel 10: Renteninformation und Rentenauskunft

Inhaltsübersicht

1. Überblick

§ 109 ergänzt § 14 SGB I (s. SGB I, § 14, Rn. 1 ff.) – die allgemeine Vorschrift –, die dem Leistungsberechtigten einen Anspruch auf Beratung einräumt. § 109 Abs. 1 verpflichtet die Rentenversicherungsträger, ihre Versicherten regelmäßig von Amts wegen über ihre Rentenanwartschaften mittels Renteninformation bzw. Rentenauskunft zu informieren. Nach Abs. 2 dieser Vorschrift muss in der Renteninformation und in der Rentenauskunft darauf hingewiesen werden, dass diese auf der Grundlage des geltenden Rechts und der gespeicherten Daten erfolgt. In Abs. 3 und Abs. 4 werden die Mindestinhalte der Renteninformation sowie der Rentenauskunft festgelegt. Abs. 5 gibt den Versicherten einen Anspruch auf Auskunftserteilung, wenn dies der Versicherte beantragt. Dadurch wird es den Versicherten ermöglicht, abzuschätzen, wie hoch ihre Rentenanwartschaften sind. Das ist für die Planung der zusätzlichen privaten oder betrieblichen Altersvorsorge unerlässlich. Die Renteninformation soll also die Kompetenz des Versicherten zur Altersvorsorge stärken. Das Gesetz sieht – abhängig von bestimmten Tatbestandsvoraussetzungen – zum einen die Renteninformation (s. Rn. 2 ff.) und zum anderen die Rentenauskunft (s. Rn. 4 ff.) vor, wobei bei letzterer zwischen Rentenauskunft vor Vollendung des 55. Lebensjahres und danach zu unterscheiden ist. **1**

2. Renteninformation

Eine Renteninformation wird bei Vorliegen folgender Voraussetzungen erteilt: **2**

- Versicherter der gesetzlichen Rentenversicherung nach §§ 1 ff. (s. Kap. 3 Rn. 1 ff.),
- Vollendung des 27. Lebensjahres

und

- Erfüllen der allgemeinen Wartezeit nach § 50 Abs. 1 (s. Kap. 6 Rn. 25) – eine Voraussetzung, die sich aus dem Gesetzeszweck ergibt.

Liegen diese Tatbestandsvoraussetzungen vor, so hat der Rentenversicherungsträger jähr- **3** lich dem Versicherten von Amts wegen eine schriftliche Renteninformation zu erteilen. Unabhängig von der Zusendung durch die Rentenversicherungsträger kann die Renteninformation von den Versicherten bei der Deutschen Rentenversicherung auch angefordert werden. Wird dem Versicherten zum ersten Mal eine Renteninformation – sog. Erstinformation – übersandt, so wird diesem – da der Informationsbedarf zu diesem Zeitpunkt besonders hoch ist – ein Begleitschreiben (insbesondere zum Sinn und Zweck der Renteninformation) und der Versicherungsverlauf (vgl. § 149 Abs. 3) beigefügt.

Die Renteninformation hat nach § 109 Abs. 3 insbesondere folgende Inhalte zu enthalten:

Inhalte	Besondere Hinweis
Angaben über die Grundlage der Rentenberechnung (Nr. 1)	Die Grundsätze hierzu ergeben sich aus § 63 (s. Kap. 7 Rn. 1 ff.)
Angaben über die Höhe der Rente wegen verminderter Erwerbsfähigkeit (Nr. 2)	• Die Grundsätze zur Rente wegen verminderter Erwerbsfähigkeit ergeben sich aus § 43 (s. Kap. 5 Rn. 32 ff.). • Es wird bei der Berechnung auf den Leistungsfall zum Zeitpunkt der Abgabe der Renteninformation abgestellt. Eine Angabe zur Höhe der Rente wegen verminderter Erwerbsfähigkeit wird aber nur dann gegeben, wenn die Voraussetzungen für diese vorliegen (Wartezeiterfüllung und drei Jahre Pflichtbeiträge zur gesetzlichen Rentenversicherung).
Prognose der zu erwartenden Regelaltersrente (Nr. 3)	• Bei der zu treffenden Prognose wird die fiktive Altersrente unter Hinzurechnung der in den letzten fünf Jahren zurückgelegten Beschäftigungszeiten berechnet. • Liegen die Voraussetzungen hierfür nicht vor – also keine Beitragszeiten in den letzten fünf Jahren – so werden hierzu in der Renteninformation keine Angaben gemacht. • Bei den Angaben zur Rentenhöhe werden die Beiträge zur Kranken- und Pflegeversicherung sowie die Steuern nicht berücksichtigt. Auch der Kaufkraftverlust wird nicht angegeben.

Inhalte	**Besondere Hinweis**
Informationen über die künftige Rentenanpassungen (Nr. 4)	• Diese Angaben sind reine Prognoseschätzungen. • Die Schätzungen beruhen auf den Annahmen zur zukünftigen Lohnentwicklung im Rentenversicherungsbericht der Bundesregierung (§ 154). In der Renteninformation werden – ohne Berücksichtigung des Kaufkraftverlustes – zwei mögliche Varianten dargestellt: einmal wird die Rente mit einem Anpassungssatz von 1 % und einmal mit einem von 2 % dargestellt.
Informationen über die Höhe der entrichteten Beiträge (Nr. 5)	• Das ist eine Darstellung aller Beiträge, die für Beitragszeiten vom Versicherten, vom Arbeitgeber oder von öffentlichen Kassen (z.B. BA) gezahlt worden sind.

3. Rentenauskunft

Eine Rentenauskunft wird bei Vorliegen folgender Voraussetzungen (§ 109 Abs. 1 Satz 2) erteilt: 4

- Versicherter[96] der gesetzlichen Rentenversicherung nach §§ 1 ff. (s. Kap. 3 Rn. 1 ff.)
- Grundsätzlich Vollendung des 55. Lebensjahres. Vor Vollendung des 55. Lebensjahres kann die Rentenauskunft erteilt werden, wenn hieran ein berechtigtes Interesse besteht (§ 109 Abs. 1 Satz 3). Ein solches Interesse liegt grundsätzlich vor, wenn eine freiwillige Versicherung (s. Kap. 3 Rn. 14) oder Versicherungspflicht auf Antrag (s. Kap. 3 Rn. 8) von einem nicht versicherungspflichtigen Selbständigen beantragt wird.[97] Der Versicherte muss sein Interesse nicht belegen.

Liegen diese Tatbestandsvoraussetzungen vor, so hat der Rentenversicherungsträger 5 grundsätzlich alle drei Jahre an Stelle der Renteninformation eine Rentenauskunft zu erteilen. Das bedeutet, dass diese also dem Versicherten erteilt werden muss, wenn dieser das 55., 58., 61. und 64. Lebensjahr vollendet hat. In den dazwischen liegenden Jahren wird weiterhin eine Renteninformation erteilt. Aber auch hier gibt es Ausnahmen: Besteht ein berechtigtes Interesse des Versicherten, auch außerhalb dieser Rhythmen eine Rentenauskunft zu erhalten, so hat der Rentenversicherungsträger hierüber nach pflichtgemäßen Ermessen zu entscheiden. Die Rentenauskunft enthält zahlreiche Anlagen, wie z.B.:

---

96 Das ergibt sich aus dem sprachlichen Anschluss aus Abs. 1 Satz 1.
97 Kreikebohm, in Kasseler Kommentar, SGB VI, § 109 Rn. 6.

Anlage 1 zur Berechnung der Monatsrente, Anlage 2 zum Versicherungsverlauf, Anlage 3 zu Entgeltpunkten für Beitragszeiten.

6 **Die Rentenauskunft muss insbesondere folgende Inhalte enthalten (§ 109 Abs. 4):**

Inhalte	Besondere Hinweise
Übersicht über die im Versicherungskonto gespeicherten rentenrechtlichen Zeiten (Nr. 1).	Die Renteninformation wie auch die Rentenauskunft sind umso genauer, je weniger Lücken das Versicherungskonto aufweist. Deswegen sollten fehlende Versicherungszeiten möglichst frühzeitig den Rentenversicherungsträgern mitgeteilt werden.
Darstellung der Ermittlung der persönlichen Entgeltpunkte mit ihrem derzeitigen Wert (Nr. 2).	Der Versicherte soll nachvollziehen können, wie seine persönlichen Entgeltpunkte zustande kommen.
Hinweis, dass die Berechnung der Entgeltpunkte aus beitragsfreien und beitragsgeminderten Zeiten sich nach der weiteren Versicherungsbiographie richten (Nr. 2).	
Angaben über die Höhe der Rente, die sich auf der Grundlage des geltenden Rechts und der im Versicherungskonto gespeicherten rentenrechtlichen Zeiten ohne Erwerb weiterer Beitragszeiten ergibt (Nr. 3).	• Die Rentenauskunft wird aus den vorhandenen Daten erstellt. Der künftige Versicherungsverlauf wird nicht berücksichtigt. • Für die Berechnung der Höhe der Rente wegen verminderter Erwerbsfähigkeit wird der Zeitpunkt der Auskunftserteilung zugrunde gelegt. Eine Hochrechnung wie z. B. bei der Regelaltersrente erfolgt nicht.
Auf Antrag – die Höhe der Beitragszahlung, die sich zum Ausgleich einer Rentenminderung bei vorzeitiger Inanspruchnahme einer Rente erforderlich ist, und über die ihr zu Grunde liegende Altersrente (Nr. 4).	Diese Angaben sind vor allem im Zusammenhang mit der Zahlung von Beiträgen zum Ausgleich von Rentenminderungen nach § 187 a wesentlich. Die Rentenauskunft dient hier als Entscheidungshilfe, ob die Rentenminde-

Inhalte	Besondere Hinweise
	rungen, die mit einer vorzeitigen Inanspruchnahme einer Altersrente verbunden sind, durch Extra-Zahlungen ausgeglichen werden sollen. Im Fall des § 187 a ist der maximale Ausgleichsbetrag vom Rentenversicherungsträger verbindlich festzulegen. Deswegen ist zuvor auch eine Kontenklärung durchzuführen. Eine Auskunftserteilung ist ausgeschlossen, wenn die Erfüllung der versicherungsrechtlichen Voraussetzungen für eine vorzeitige Inanspruchnahme einer Altersrente offensichtlich ausgeschlossen ist.
Allgemeine Hinweise zur Erfüllung der persönlichen und versicherungsrechtlichen Voraussetzungen für einen Rentenanspruch (Nr. 5)	
Auf Antrag – erhalten Versicherte eine Auskunft über die Höhe der auf die Ehezeit entfallenden Rentenanwartschaften (Abs. 5)	• Dies ist erforderlich, um prüfen zu können, wie sich im Fall eines Scheidungsverfahrens ein Versorgungsausgleichs auswirkt. • Voraussetzung für den Auskunftsanspruch ist lediglich ein Antrag des Versicherten und dass kein Verfahren zum Versorgungsausgleich vor einem Familiengericht anhängig[98] ist. • Begehrt der Ehegatte bzw. geschiedene Ehepartner diese Information, so darf ihm diese grundsätzlich nur mit Einwilligung des Versicherten gegeben werden.[99]

98 In diesem Fall besteht eine Auskunftsverpflichtung von Amts wegen gegenüber dem Familiengericht.

99 § 67 b Abs. 1 SGB X.

4. Verbindlichkeit von Renteninformation und Rentenauskunft

7 Bei der Renteninformation wie auch bei der Rentenauskunft handelt es sich um keinen Verwaltungsakt.[100] Es ist vielmehr eine Wissenserklärung.[101] D. h. es ist hiermit noch keine Zusicherung der im Leistungsfall zustehenden Rente oder der Bestandsschutz der genannten Anwartschaften[102] verbunden. Das ergibt sich aus Abs. 2, der die Rentenversicherungsträger verpflichtet, in der Renteninformation und in der Rentenauskunft darauf hinzuweisen, dass diese auf der Grundlage der aktuellen Rechtslage und den dem Rentenversicherungsträger vorliegenden Daten erfolgt. Die Renteninformation wie auch die Rentenauskunft dienen nur der Information des Versicherten. Dies hat zur Folge, dass der Versicherte im Fall von Einwänden gegen die Renteninformation oder gegen die Rentenauskunft keinen Widerspruch[103] einlegen kann. Dennoch führt die fehlende Rechtsverbindlichkeit der Auskünfte nicht dazu, dass der Versicherte vollkommen schutzlos ist. In Einzelfällen könnte eine Falschauskunft, auf die der Versicherte vertraut hat, zu einem Amtshaftungsanspruch führen. Allerdings ist hier zu berücksichtigen, dass die Renteninformation schon – aus der Natur der Sache heraus – kein Institut ist, auf das der Versicherte uneingeschränkt vertrauen kann. Die Renteninformation beruht z. B. auf einer nicht abgeschlossenen Erwerbsbiografie.[104]

Kapitel 11: Rentenanpassung

Inhaltsübersicht Rn.

1. Überblick

1 Die an der Entwicklung der Arbeitseinkommen ausgerichtete Dynamisierung der Renten ist seit fast 50 Jahren ein prägendes Merkmal der gesetzlichen Rentenversicherung. Der Gesetzgeber schuf eine dynamische Rentenformel, die schon nach kurzer Zeit dazu führte, dass das Leistungsniveau der Rentenversicherung deutlich über die Bedarfsgrenze des Existenzminimums hinausging. Die Rentenversicherung ist in erster Linie als Versicherungssystem für versicherungspflichtige Arbeitnehmer angelegt. Ihre Aufgabe ist es, Arbeitnehmern bei einem Ausscheiden aus dem Erwerbsleben infolge Alters oder infolge

---

100 Vgl. BSG – SozR 3 – 2600 § 149 Nr. 6.
101 Vgl. Terdenge, in Hauck/Noftz, SGB VI, K § 109 Rn. 5.
102 BVerfGE 117, 272 ff.
103 §§ 83 ff. SGG.
104 Hierzu ausführlich: Kuklok, in GK-SGB VI § 109 Rn. 120 ff.

vorzeitiger Invalidität eine Entgeltersatzleistung und den Hinterbliebenen eine Unterhaltsersatzleistung zu gewährleisten. Die gesetzliche Rente ist aber – im Unterschied zur Grundsicherung – eine Versicherungsleistung. Daher erfolgt auch die Anpassung der Renten der gesetzlichen Rentenversicherung nicht auf der Grundlage der steigenden Lebenshaltungskosten.

Als eine lohnbezogene Leistung werden die Renten vielmehr grundsätzlich an die Ent- 2
wicklung der Löhne und Gehälter angepasst. Die lohnorientierte Anpassung der Renten ist bereits seit dem Jahr 1957 ein elementarer Bestandteil der gesetzlichen Rentenversicherung. Ziel dieser mit Zustimmung aller Parteien und der Sozialpartner eingeführten und noch heute von allen gewollten Anpassungsmethodik war und ist es, in guten wie in weniger guten Jahren sicherzustellen, dass die Rentner an der wirtschaftlichen Entwicklung teilhaben, wie sie in der Lohnentwicklung zum Ausdruck kommt. Sie können nach der im Gesetz festgeschriebenen Rentenanpassungsformel allerdings auch keine günstigere Einkommensentwicklung erwarten, wenn Löhne und Gehälter sich nicht entsprechend einem in der Vergangenheit gewohnten Verlauf aufwärts entwickeln.

Die Renten wurden zum 1. Juli 2012 in den alten Ländern um 2,18 % und in den 3
neuen Ländern um 2,26 % angehoben.

2. Faktoren der Rentenanpassung

2.1 Bestimmung des aktuellen Rentenwerts

Die Renten werden zum 01.07. eines Jahres angepasst, indem der bisherige aktuelle 4
Rentenwert durch den neuen aktuellen Rentenwert ersetzt wird (§ 65). Die Bestimmung des aktuellen Rentenwerts ist außerdem erforderlich, da sich durch die Multiplikation des aktuellen Rentenwerts mit den persönlichen Entgeltpunkten und dem Rentenartfaktor der individuelle Monatsbetrag der Rente errechnet (s. Kap. 7 Rn. 8). Der aktuelle Rentenwert entspricht dem Monatsbetrag einer Rente wegen Alters der allgemeinen Rentenversicherung, wenn für ein Jahr Beiträge aufgrund des Durchschnittsentgelts gezahlt worden sind und der Zugangsfaktor 1,0 entspricht.

Der neue aktuelle Rentenwert wird entsprechend § 68 in Verbindung mit § 255 e nach 5
folgender Formel ermittelt (sog. **Rentenanpassungsformel**):

$$AR_t = AR_{t-1} \times \frac{BE_{t-1}}{BE_{t-2}} \times \frac{100-AVA_{t-1}-RVB_{t-1}}{100-AVA_{t-2}-RVB_{t-2}} \times \left(\left(1-\frac{RQ_{t-1}}{RQ_{t-2}}\right) \times \alpha + 1\right)$$

Dabei sind:

ARt = zu bestimmender aktueller Rentenwert ab dem 1. Juli,

AR_{t-1} = bisheriger aktueller Rentenwert,

BE_{t-1} = Bruttolöhne und -gehälter je Arbeitnehmer im vergangenen Kalenderjahr,

BE_{t-2} = Bruttolöhne und -gehälter je Arbeitnehmer im vorvergangenen Kalenderjahr unter Berücksichtigung der Veränderung der beitragspflichtigen Bruttolöhne und -gehälter je Arbeitnehmer ohne Beamte einschließlich der Bezieher von Arbeitslosengeld,

AVA_{t-1} = Altersvorsorgeanteil im vergangenen Kalenderjahr,
AVA_{t-2} = Altersvorsorgeanteil im vorvergangenen Kalenderjahr,
RVB_{t-1} = durchschnittlicher Beitragssatz in der allgemeinen Rentenversicherung im vergangenen Kalenderjahr,
RVB_{t-2} = durchschnittlicher Beitragssatz in der allgemeinen Rentenversicherung im vorvergangenen Kalenderjahr,
RQ_{t-1} = Rentnerquotient im vergangenen Kalenderjahr,
RQ_{t-2} = Rentnerquotient im vorvergangenen Kalenderjahr,
α = 0,25 (§ 68 Abs. 4)

6 **Beispiel: Rentenanpassung 2012 für die alten Bundesländer:**
aRWrech 2012 = aRW 2011 × Lohnentwicklung × Riesterfaktor × Nachhaltigkeitsfaktor = 27,47 Euro × 1,0295 × 0,9935 × 1,0209 = 28,68 Euro

Gegenüber dem aktuellen Rentenwert 2011 von 27,47 Euro entspräche dies einer rechnerischen Rentenanpassung von 4,40 %. Für den erforderlichen Abbau des Ausgleichsbedarfs (wegen unterbliebener Rentenminderungen in der Vergangenheit) ist dieser Wert zu halbieren. Es folgt daraus ein Rentenanpassungssatz von 2,20 %. Der aktuelle Rentenwert 2012 wird dadurch wie folgt ermittelt:

aRW 2012 = aRW 2011 × (1 + halbierten Anpassungssatz) = 27,47 Euro × (1 + 2,20 %) = **28,07 Euro**

Durch die erforderliche Rundung auf ganze Eurocent ergibt sich eine Rentenanpassung von 2,18 %.

2.1.1 Veränderung der Bruttolöhne und -gehälter

7 Basis für die Anpassung der Renten ist – wie der Formel zu entnehmen ist – die Entwicklung der Löhne und Gehälter (vgl. § 68 Abs. 2). Bei der Bestimmung der neuen aktuellen Rentenwerte sind die dem Statistischen Bundesamt vorliegenden Daten zu den Bruttolöhnen und -gehältern je Arbeitnehmer nach den Volkswirtschaftlichen Gesamtrechnungen (VGR) zu Grunde zu legen. Um der tatsächlichen Einnahmenentwicklung der gesetzlichen Rentenversicherung Rechnung zu tragen, wird seit dem Jahr 2006 neben der Lohnentwicklung gemäß der Volkswirtschaftlichen Gesamtrechnung zusätzlich die Entwicklung der beitragspflichtigen Entgelte bei der Ermittlung der für die Rentenanpassung relevanten Lohnentwicklung berücksichtigt.

2.1.2 Veränderung der Altersvorsorgeaufwendungen

8 Zur Gewährleistung einer generationengerechten Verteilung der Kosten des demografischen Wandels werden bei der Rentenanpassung die Veränderungen bei den Aufwendungen für die Altersvorsorge berücksichtigt (§ 68 Abs. 3). Das sind zum einen die Veränderung des durchschnittlichen Beitragssatzes der allgemeinen Rentenversicherung und zum anderen die Veränderung bei den Aufwendungen der Arbeitnehmer für die geförderte private Altersvorsorge. D. h. es wird ein Faktor für die Veränderung des Beitragssatzes zur allgemeinen Rentenversicherung sowie der Altersvorsorgeanteil (sog. **Riester-**

faktor) berücksichtigt (vgl. 68 Abs. 3 i.V.m. § 255e Abs. 1 bis 3). Für die neuen Länder sind für die Lohn- und Gehaltsentwicklung die jeweiligen für dieses Gebiet ermittelten Werte maßgebend (s. Kap. 15 Rn. 7f.).

2.1.3 Nachhaltigkeitsfaktor

Zum anderen wird seit 2005 durch den Nachhaltigkeitsfaktor (§ 68 Abs. 4) auch die Entwicklung des zahlenmäßigen Verhältnisses von Leistungsbeziehern und versicherungspflichtig Beschäftigten bei der Anpassung der Renten berücksichtigt. Sinkt die Anzahl an Beitragszahlenden, fällt die Rentenanpassung tendenziell geringer aus. Ein Anstieg an Beitragszahlenden wirkt sich hingegen positiv auf die Rentenanpassung aus. Durch den Nachhaltigkeitsfaktor werden sowohl die Auswirkungen der verlängerten Lebenserwartung als auch die Entwicklung der Geburten und der Erwerbstätigkeit auf die Finanzierung der gesetzlichen Rentenversicherung zu einem Teil auf die Rentner übertragen. Bei seiner Bestimmung werden jedoch auch die aufgrund der noch unterschiedlichen Einkommensverhältnisse bestehenden Besonderheiten im Beitrittsgebiet berücksichtigt (s. Kap. 15 Rn. 7f.). 9

3. Sicherungsklausel gegen Minusanpassungen

In den Jahren 2005, 2006 und 2010 kam die im Jahr 2004 eingeführte **Schutzklausel** bei der Rentenanpassung zur Anwendung. Die Renten wurden dadurch nicht gekürzt, wie es bei rein rechnerischer Anwendung der Anpassungsformel der Fall gewesen wäre. Bis zur Rechtsänderung zum 21.07.2009 sah die Schutzklausel noch so aus, dass der Faktor für die Veränderung des durchschnittlichen Beitragssatzes in der allgemeinen Rentenversicherung und der Nachhaltigkeitsfaktor soweit nicht anzuwenden war, als sie in ihrem Zusammenwirken zu einer Minderung des bisherigen aktuellen Rentenwertes führten. Wäre also der neu festzusetzende Rentenwert bereits aufgrund der Bruttolohnentwicklung geringer gewesen als der bisherige aktuelle Rentenwert, hätte es durch die Wirkung der vorstehend genannten Faktoren nicht zu einer zusätzlichen Rentenminderung kommen dürfen. Diese Schutzklausel hat der Gesetzgeber ausgeweitet: So schreibt § 68a Abs. 1 fest, dass sich der bisherige aktuelle Rentenwert nicht verringert, wenn der nach § 68 berechnete aktuelle Rentenwert geringer ist als der bisherige aktuelle Rentenwert. D.h. unabhängig davon, ob die Rentenminderung auf einer negativen anpassungsrelevanten Lohnentwicklung oder auf das Zusammenwirken der Dämpfungsfaktoren beruht, darf es auf keinen Fall eine negative Rentenanpassung geben (sog. **Garantie gegen Rentenkürzungen**). Eine spezielle Schutzklausel für die neuen Bundesländer (s. Kap. 15 Rn. 9) sieht vor, dass der aktuelle Rentenwert (Ost) nicht unter dem aktuellen Rentenwert (West) liegen darf (§ 255a). 10

Mit der Einführung der Schutzklausel wurde auch festgelegt, nicht vorgenommene Rentenminderungen »nachzuholen«, d.h. den **Ausgleichsbedarf** abzubauen. Im Jahr 2011 begann der Abbau des Ausgleichsbedarfs, in dem – wie gesetzlich vorgesehen – die rechnerische Anpassung halbiert wurde. Der Ausgleichsbedarf wurde weiter abgebaut 11 und beträgt ab dem 01. 07. 2012 in den alten Bundesländern noch 0,71 %, wobei er in den neuen Bundesländern vollständig abgebaut wurde.

4. Verfahren

12 Die Anpassung des aktuellen Rentenwertes erfolgt nach § 69 durch Rechtsverordnung der Bundesregierung mit Zustimmung des Bundesrates. Aussetzungen der Rentenanpassung müssen hingegen durch Gesetz beschlossen werden. Der bisherige aktuelle Rentenwert ist zum 01. 07. durch den neuen aktuellen Rentenwert zu ersetzen (vgl. § 65). Die Deutsche Post AG führt neben der laufenden Zahlung von Geldleistungen für die Rentenversicherungsträger auch die Arbeiten zur Anpassung der Leistungen durch. Die Anpassungsmitteilungen ergehen im Namen des jeweiligen Rentenversicherungsträgers.[105] Die Rentenbezieher erhalten nur eine Anpassungsmitteilung, wenn sich die Höhe des aktuellen Rentenwerts verändert.[106]

Kapitel 12: Besteuerung von Renten

Inhaltsübersicht Rn.

1. Überblick

1 Bis 2005 spielte die Besteuerung der Renten aus der gesetzlichen Rentenversicherung kaum eine Rolle, da faktisch die meisten Renten durch den geringeren Besteuerungsanteil und Freibeträge steuerfrei waren. Eine Änderung der Rentenbesteuerung wurde aufgrund einer Entscheidung des Bundesverfassungsgerichts vom 06. 03. 2002[107] erforderlich, wonach die unterschiedliche Besteuerung der Beamtenpensionen und der Renten aus der gesetzlichen Rentenversicherung für mit dem Gleichbehandlungsgebot des Grundgesetzes[108] erklärt wurde. Mit dem am 01. 01. 2005 in Kraft getretenen **Alterseinkünftegesetz** (AltEinkG) vom 05. 07. 2004[109] hat die Bedeutung der steuerlichen Behandlung von

105 § 119 Abs. 2.
106 § 118 a.
107 BVerfGE 105, 73 ff.
108 Art. 3 GG.
109 BGBl. 2004, I, 1427.

Renten der gesetzlichen Rentenversicherung zugenommen. Das Alterseinkünftegesetz sieht den Übergang von der Ertragsanteilsbesteuerung zur nachgelagerten Besteuerung vor. Das führt zu einer steuerlichen Entlastung in der Beitragsphase und zu einer steuerlichen Belastung in der Leistungsphase.

Von der **nachgelagerten Besteuerung** wird gesprochen, wenn der Zugriff erst dann erfolgt, wenn dem Steuerpflichtigen die Leistungen zufließen. Beim bis Ende 2004 geltenden Modell der **Ertragsanteilsbesteuerung** wurden die Renten nicht mit ihrem vollen Betrag, sondern nur zu einem Teil versteuert, und zwar war lediglich der fiktive Ertrag des im Laufe der Jahre eingezahlten »Kapitals« – also der Rentenversicherungsbeiträge – steuerpflichtig. Der Ertragsanteil ist durch Gesetz vorgegeben (§ 22 Nr. 1 Satz 3 Buchstabe a Doppelbuchstabe bb EStG).[110] Seine Höhe bestimmt sich nach dem Alter des Rentners bei Rentenbeginn. Wer beispielsweise mit 60 Jahren in Rente ging, hatte einen Ertragsanteil von 32 % und bei einem Renteneintritt mit 65 Jahren betrug der Ertragsanteil wegen der kürzeren Rentenbezugszeit 27 %. 2

Im Alterseinkünftegesetz ist grundsätzlich für die meisten Systeme der Alterssicherung der Übergang zur nachgelagerten Besteuerung vorgesehen. Es sollen also die Aufwendungen für die Altersvorsorge vollständig von der Besteuerung freigestellt und die Leistungen voll besteuert werden. Dies wird nach einer langen Übergangsphase für diejenigen der Fall sein, die ab dem Jahr 2025 erstmals Beiträge zahlen und nicht vor dem Jahr 2040 erstmals Leistungen beziehen. Da bereits vor Inkrafttreten des Alterseinkünftegesetzes die Beiträge zur gesetzlichen Rentenversicherung teilweise aus versteuertem Einkommen gezahlt wurden, können die Rentenleistungen der Steuerpflichtigen, die bereits Beiträge nach altem Recht geleistet haben, schon aus diesem Grund nicht sofort voll versteuert werden. Das BVerfG hat in seinem Urteil vom 06.03.2002 deutlich gemacht, dass bereits versteuertes Einkommen nicht erneut besteuert werden darf.[111] Daher wurde u. a. für die Renten der gesetzlichen Rentenversicherung ein **stufenweiser Übergang** zur nachgelagerten Besteuerung vorgesehen. 3

2. Abzug der Arbeitgeberbeiträge

Grundsätzlich sind die Beiträge zur gesetzlichen Rentenversicherung zur Hälfte von den Arbeitnehmern, die eine die Beitragspflicht begründende Beschäftigung ausüben, und zur Hälfte von den Arbeitgebern zu tragen (s. Kap. 4). Der Arbeitgeber ist für die Einbehaltung und die Überweisung der gesamten Beiträge zur gesetzlichen Rentenversicherung vergleichbar der Einbehaltung und Abführung der Lohnsteuer verpflichtet. Der Arbeitgeberanteil stellt für den Arbeitnehmer eine steuerfreie Einnahme dar; er wird nicht dem lohnsteuerpflichtigen Arbeitslohn des Arbeitnehmers zugerechnet (§ 3 Nr. 62 EStG). 4

110 Zentrale Vorschriften zur Besteuerung der Renten finden sich im Anschluss an die Vorschriften des SGB VI.

111 BVerfGE 105, 73, 134.

3. Abzug der Arbeitnehmerbeiträge

5 Seit 01.01.2005 wird bei den Abzugsmöglichkeiten für Vorsorgeaufwendungen unterschieden zwischen **Altersvorsorgeaufwendungen** und **sonstigen Vorsorgeaufwendungen** (§ 10 Abs. 1 Nr. 2 und 3 EStG).

3.1 Altersvorsorgeaufwendungen

6 Folgende Altersvorsorgeaufwendungen für eine Basisversorgung werden nach § 10 Abs. 1 Nr. 2 Buchstabe a und b EStG als Sonderausgaben schrittweise von der Besteuerung freigestellt:

Beitragsart	Besonderheiten
Beiträge zu gesetzlichen Rentenversicherungen	Dabei spielt die Art der Beitragsleistungen (Pflichtbeiträge aufgrund einer abhängigen Beschäftigung einschließlich des nach § 3 Nr. 62 EStG steuerfreien Arbeitgeberanteils, Pflichtbeiträge aufgrund einer selbständigen Tätigkeit, freiwillige Beiträge etc.) keine Rolle. Zu den Beiträgen zur gesetzlichen Rentenversicherung gehören auch Beiträge an eine ausländische gesetzliche Rentenversicherung.[112]
Beiträge zu landwirtschaftlichen Alterskassen	–
Beiträge zu berufsständischen Versorgungswerken	–
Beiträge zu privaten Leibrentenversicherungen – sog. Basis-/Rürup-Rente	Das gilt nur, wenn (1) die erworbenen Anwartschaften • nicht beleihbar, • nicht vererblich, • nicht übertragbar und • nicht kapitalisierbar sind. (2) diese Versicherung außerdem nur als monatliche lebenslange Leibrente nicht vor Vollendung des 62. Lebensjahres ausgezahlt wird.

112 BMF-Schreiben v. 30.01.2008 – IV C 8 – S 2222/07/0003/IV C 5 – S 2345/08/0001 (2008/0017104), Rz. 4.

Beiträge zu den genannten Versicherungen (einschließlich eventueller Arbeitgeberbeiträge) sind – im Rahmen des **Stufenmodells** – seit dem Jahr 2005 zu mindestens 60 % steuerlich abziehbar. Jährlich steigt dieser Anteil um 2 Prozentpunkte. Ab dem Jahr 2025 sind die Beiträge damit vollständig von der Besteuerung freigestellt. Dabei ist allerdings zu berücksichtigen, dass Arbeitgeberbeiträge nach § 3 Nr. 62 EStG bereits steuerfrei sind und insoweit nicht als Sonderausgaben für Altersvorsorgeaufwendungen abgezogen werden können. Somit konnten pflichtversicherte Arbeitnehmer, die einen steuerfreien Arbeitgeberbeitrag i. H. v. 50 % erhalten, im Jahr 2005 10 Prozentpunkte des Gesamtbeitrags steuerlich geltend machen. Das waren also 20 % des eigenen hälftigen Beitragsanteils. Der abziehbare Anteil des Gesamtbeitrags steigt in den Folgejahren jährlich um 2 Prozentpunkte. Im Jahr 2012 sind 74 %, im Jahr 2013 76 % usw. freigestellt und im Jahr 2025 sind schließlich 100 % erreicht und daher die Beiträge vollständig steuerfrei. 7

Beispiel zur Freistellung der Altersvorsorgeaufwendungen im Stufenmodell: 8
Der Rentenversicherungsbeitrag des Angestellten A, der vom Arbeitnehmer und Arbeitgeber je zur Hälfte getragen wird, beträgt im Jahr 2013 10 000 €. In diesem Jahr sind 76 % des gesamten Beitrags, also 7600 €, steuerfrei. Darin ist allerdings der Arbeitgeberbeitrag i. H. v. 5000 € enthalten, so dass A die restlichen 2600 € als Sonderausgaben steuerlich geltend machen kann.

Zu berücksichtigen ist, dass die genannten Rentenversicherungsbeiträge im Endzustand ab dem Jahr 2025 nur bis zu einem **Höchstbetrag** von 20 000 € bei Ledigen und 40 000 € bei zusammen veranlagten Ehegatten abziehbar sind. Darüber hinausgehende Beiträge können nicht geltend gemacht werden. Auch dieser Höchstbetrag steht den Steuerpflichtigen in der Übergangsphase nicht voll zu, sondern nur anteilig entsprechend der oben beschriebenen Übergangsregelung. Im ersten Jahr (2005) betrug er 60 % von 20 000 €, im zweiten Jahr 62 % von 20 000 € usw. 2005 waren daher als Sonderausgaben für Altersvorsorgeaufwendungen höchstens 12 000 €, im Jahr 2006 höchstens 12 400 € usw. zum Abzug zugelassen, wenn mindestens Altersvorsorgeaufwendungen i. H. v. 20 000 € tatsächlich geleistet wurden. Mit dem Anstieg des Anteils der abziehbaren Beiträge um zwei Prozentpunkte pro Jahr steigt somit auch der Höchstbetrag um jährlich 400 € an. 9

3.2 Sonstige Vorsorgeaufwendungen

Sonstige Vorsorgeaufwendungen, die nicht zu den Altersvorsorgeaufwendungen gehören, können weiterhin begrenzt als Sonderausgaben abgezogen werden. **Abziehbar als sonstige Vorsorgeaufwendungen sind eigene Beiträge** (§ 10 Abs. 1 Nr. 3 EStG): 10

- zur Kranken und Pflegeversicherung,
- zur Arbeitslosenversicherung,
- zu Erwerbs- und Berufsunfähigkeitsversicherungen, soweit nicht bereits als Beitrag zur Rürup-Rente nach § 10 Abs. 1 Nr. 2 Buchstabe b EStG abziehbar,
- zu Unfallversicherungen (wenn keine Beitragsrückgewähr, sonst Behandlung als Kapitalversicherung),
- zu Haftpflichtversicherungen,

- zu Risikolebensversicherungen und
- zu Kapitallebensversicherungen (mind. zwölf Jahre Laufzeit) und Rentenversicherungen, die vor dem 01. 01. 2005 begonnen haben (d. h. erste Beitragsentrichtung vor 31. 12. 2004).

11 Sollen neben den Beiträgen zur Basisabsicherung weitere sonstige Vorsorgeaufwendungen geltend gemacht werden, müssen Höchstbeträge berücksichtigt werden. Diese betragen ab dem Veranlagungszeitraum 2010 für die abziehbaren sonstigen Vorsorgeaufwendungen grundsätzlich 2800 €. Dieser wird allerdings für Steuerpflichtige, die einen steuerfreien Arbeitgeberanteil zur Krankenversicherung oder einen entsprechenden Beihilfeanspruch haben, auf einen Höchstbetrag von 1900 € vermindert (§ 10 Abs. 4 EStG). Somit können beispielsweise Selbstständige in der Regel 2800 €, Beamte, Angestellte und Arbeiter hingegen 1900 € geltend machen. Bei zusammenveranlagten Ehegatten ist die Prüfung, ob der volle oder der geminderte Betrag zur Anwendung kommt, für jeden Ehegatten gesondert durchzuführen (§ 10 Abs. 4 Satz 3 EStG).

12 Der Sonderausgabenabzug für **Beiträge** zur Riester-Rente ist von den genannten Abzugsmöglichkeiten unabhängig. Sie sind bis zu den hierfür vorgesehenen Höchstbeträgen unverändert voll abziehbar. Für **Beiträge** zur **betrieblichen Altersversorgung** gibt es eigene Steuervergünstigungen. **Beiträge** zu **Kapitallebensversicherungen**, die nach dem 31. 12. 2004 abgeschlossen werden, lassen sich nicht mehr absetzen.

13 Eine so genannte **Günstigerprüfung** soll nach dem Willen des Gesetzgebers sicherstellen, dass insgesamt mindestens so viele Vorsorgeaufwendungen berücksichtigt werden wie nach dem bis zum 31. 12. 2004 gültigen Recht (§ 10 Abs. 4 a EStG).[113] Das Finanzamt führt daher bis zum VZ 2019 Vergleichsberechnungen durch, ob der Abzug aller gesetzlichen Vorsorgeaufwendungen nach (modifiziertem) altem Recht oder neuem Recht für den Steuerpflichtigen günstiger ist. Mit dem Jahressteuergesetz 2007 (JStG 2007)[114] wurde die Günstigerprüfung des § 10 Abs. 4 a EStG um eine dritte Vergleichsberechnung erweitert, um die **private Vorsorge** in Form der **Basisrente** attraktiver zu gestalten. Dies hatte folgenden Grund: Nach der für den VZ 2005 gültigen Regelung war insbesondere für Selbstständige infolge des ungekürzten Vorwegabzuges das alte Recht oft erheblich günstiger. Um diesem Nachteil zu beheben, wird einer dritten Vergleichsberechnung das alte Recht zunächst ohne Berücksichtigung der Beiträge zu Basisrenten gemäß § 10 Abs. 1 Satz 1 Nr. 2 Buchstabe b EStG zugrunde gelegt und mit dieser verminderten Bemessungsgrundlage der abziehbare Betrag ermittelt. Falls nun jedoch im Rahmen des *neuen Rechts* die Höchstbeträge nach § 10 Abs. 3 EStG noch Spielraum für den Abzug von Beiträgen zu Basisrenten lassen, wird dem zuvor genannten abziehbaren Betrag ein **Erhöhungsbetrag** hinzugerechnet. Im Ergebnis handelt es sich um eine Günstigerprüfung innerhalb der Günstigerprüfung, was sicherlich nicht zu einer Vereinfachung des Steuerrechts beiträgt.

14 Im Rahmen der Günstigerprüfung wird darüber hinaus bei den beiden vorgenannten Vergleichsberechnungen auf der Grundlage des **alten Rechts** dieses dahingehend **modifiziert**, dass der Höchstbetrag für den Vorwegabzug ab dem Jahr 2011 bis zum Jahr 2019

---

113 Vgl. Gesetzesbegründung zum AltEinkG, BT-Drs. 15/2150, 35.
114 BGBl 2006, I, 2878 = BStBl I 2007, 28.

schrittweise von derzeit 3068 € auf 300 € vermindert wird. Ein Jahr später entfällt die Günstigerprüfung.

Bei der Zusammenveranlagung von Ehegatten verdoppeln sich die genannten Beträge (vgl. § 10 Abs. 4 a EStG Satz 1 EStG).

Kalender-jahr	2005–2010	2011	2012	2013	2014	2015	2016	2017	2018	2019
Vorweg-abzug in €	3068	2700	2400	2100	1800	1500	1200	900	600	300

Prüfungsschema zur Ermittlung der abziehbaren Vorsorgeaufwendungen 15

1. Schritt	**Ermittlung der Beiträge, die zu Leibrentenversicherungen** der Basisversorgung (gesetzliche Rentenversicherung und vergleichbare Versicherungen) geleistet wurden. Bei Arbeitnehmern sind hierfür Arbeitnehmer- und Arbeitgeberbeiträge zusammen zu rechnen.
2. Schritt	**Bestimmung des Höchstbetrags**: • Der **Höchstbetrag** beläuft sich für Ledige auf 20 000 €. • Der Höchstbetrag beläuft sich für gemeinsam veranlagte Ehegatten zusammen auf 40 000 €. • Bei Beamten und anderen, die eine Altersversorgung ohne eigene Beitragszahlung erhalten, wird dieser Höchstbetrag **um fiktive Beiträge** zur Rentenversicherung **gekürzt**.
3. Schritt	**Anwendung der Stufenregelung** der Übergangsphase bis 2024: Danach waren im ersten Jahr (2005) nur 60 % der Gesamtaufwendungen für Leibrentenversicherungen (einschließlich Arbeitgeberbeiträgen) steuerfrei, im Jahr 2012 sind es 74 % usw., bis zu 100 % im Jahr 2025. Dadurch verminderte sich auch der effektiv abziehbare Höchstbetrag im ersten Jahr auf 12 000 € (24 000 € für zusammenveranlagte Ehegatten), im zweiten Jahr auf 12 400 € (24 800 € für zusammenveranlagte Ehegatten) und im Jahr 2012 auf 14 800 € (29 600 €) usw.
4. Schritt	**Abzug des steuerfreien Arbeitgeberbeitrags**: Die steuerfreien Beiträge, die der Arbeitgeber bereits zu Gunsten des Betroffenen gezahlt hat, sind anzurechnen. Der **Arbeitgeberbeitrag** wird also von dem in den Schritten 1 bis 3 ermittelten Betrag abgezogen, der Rest kann vom Steuerpflichtigen als Sonderausgaben geltend gemacht werden.
5. Schritt	**Günstigerprüfung**: Es wird sichergestellt, dass bis 2010 niemand insgesamt weniger Vorsorgeaufwendungen steuerlich absetzen kann als nach altem Recht. In den Jahren von 2011 bis 2019 wird dieser Vorteil

	schrittweise abgeschmolzen, ab dem Jahr 2020 entfällt er ganz. Beiträge zu Basisrenten (Rürup-Renten) sind beim alten Recht gesondert zu berücksichtigen.

4. Besteuerung der Renten

4.1 Nachgelagert zu besteuernde Rentenleistungen

16 **In die nachgelagerte Besteuerung wachsen nach § 22 Nr. 1 Satz 3 Buchstabe a Doppelbuchstabe aa EStG schrittweise folgende Leistungen hinein:**

Leistungen der gesetzlichen Rentenversicherung	• Hierzu gehören alle Zahlungen aus der gesetzlichen Rentenversicherung, soweit sie nicht aufgrund gesetzlicher Regelung steuerfrei sind. Leistungen ausländischer gesetzlicher Rentenversicherungen unterliegen der Besteuerung, auch wenn die Beiträge im Inland nicht als Sonderausgaben geltend gemacht wurden. • Steuerfrei und damit keine Leistungen i. S. d. § 22 Nr. 1 Satz 3 Buchstabe a Doppelbuchstabe aa EStG sind z. B.: – Sachleistungen und Kinderzuschüsse,[115] – Abfindungsbetrag einer Witwen- oder Witwerrente wegen Wiederheirat des Berechtigten nach § 107,[116] – Beitragserstattungen,[117] – Zuschüsse zur freiwilligen oder privaten Krankenversicherung,[118] – Übergangsgelder nach SGB VI,[119] – Renten i. S. d. § 9 AAÜG (s. Kap. 15) werden zwar von der Deutschen Rentenversicherung ausgezahlt, es handelt sich jedoch nicht um nachgelagert besteuerte Leistungen aus der gesetzlichen Rentenversicherung. Die Besteuerung erfolgt grds. mit dem Ertragsanteil nach §§ 22 Nr. 1 Satz 3 Buchstabe a Doppelbuchstabe bb EStG.[120]

115 § 3 Nr. 1 Buchstabe b EStG.
116 § 3 Nr. 3 Buchstabe a EStG.
117 § 3 Nr. 3 Buchstabe b EStG.
118 § 3 Nr. 14 EStG.
119 § 3 Nr. 1 Buchstabe c EStG.
120 Ausnahme: die Rente ist nicht nach § 3 Nr. 6 EStG steuerfrei. Vgl. BMF-Schreiben v. 30. 01. 2008 – IV C 8 – S 2222/07/0003/IV C 5 – S 2345/08/0001 (2008/0017104), Rz. 93.

Leistungen der Landwirtschaftlichen Alterskassen	• Besteuert nach § 22 Nr. 1 Satz 3 Buchstabe a Doppelbuchstabe aa EStG werden die Altersrenten wie auch die Erwerbsminderungs- oder Hinterbliebenenrenten nach dem Gesetz über die Alterssicherung der Landwirte (ALG). • Steuerfrei bleiben jedoch z. B. Sachleistungen nach dem ALG[121] und Geldleistungen[122] nach dem ALG.[123]
Leistungen der berufsständischen Versorgungseinrichtungen	• Erfasst werden neben den Altersrenten aus den berufsständischen Versorgungseinrichtungen auch unselbständige Rentenbestandteile (z. B. Kinderzuschüsse)[124] und einmalige Leistungen wie Abfindungen für Witwen-/Witwerrenten, Beitragserstattungen, Sterbegeld und Abfindungen für Kleinbetragsrenten. • Die Leistungen aus berufsständischen Versorgungseinrichtungen werden nach § 22 Nr. 1 Satz 3 Buchstabe a Doppelbuchstabe aa EStG auch dann besteuert, wenn die Beiträge nicht als Sonderausgaben berücksichtigt wurden.[125]
Basisrenten oder Rürup-Renten, die nach dem 31. 12. 2004 abgeschlossen wurden	Für Leibrenten aus privaten Rentenversicherungen, die nicht den Voraussetzungen des § 10 Abs. 1 Nr. 2 Buchstabe b EStG entsprechen – insbesondere für Renten aus Verträgen, die vor dem 01. 01. 2005 abgeschlossen wurden (§ 10 Abs. 1 Nr. 3 Buchstabe b EStG) –, bleibt es bei der Ertragsanteilsbesteuerung.

4.2 Rentenfreibetrag

Für das Jahr 2005 wurde der steuerpflichtige Anteil der Rente für Bestandsrentner und für Rentenzugänge dieses Jahres auf 50 % festgesetzt. Bei späteren Rentenzugängen steigt dieser Anteil bis zum Jahr 2020 jährlich um zwei Prozentpunkte auf 80 % und danach um einen Prozentpunkt jährlich auf schließlich 100 % im Jahr 2040. Dies gilt grundsätzlich auch für Rentenanwartschaften, die auf vollständig selbst vom Versicherten getragenen Beiträgen (ohne steuerfreien Arbeitgeberanteil) beruhen. Gesetzestechnisch ist die steigende Besteuerung der Renten in der Weise umgesetzt, dass in einer neuen Tabelle des § 22 Nr. 1 Satz 3 Buchstabe a Doppelbuchstabe aa EStG für jeden Rentenzugangsjahrgang ein Prozentsatz **17**

121 § 3 Nr. 1 Buchstabe b EStG.
122 Nach den §§ 10, 36 bis 39 ALG.
123 § 3 Nr. 1 Buchstabe c EStG. Vgl. BMF-Schreiben v. 30. 01. 2008 – IV C 8 – S 2222/07/0003/IV C 5 – S 2345/08/0001 (2008/0017104), Rz. 95.
124 Anders als in der gesetzlichen Rentenversicherung, § 3 Nr. 1 Buchstabe b EStG.
125 BMF-Schreiben v. 30. 01. 2008 – IV C 8 – S 2222/07/0003/IV C 5 – S 2345/08/0001 (2008/0017104), Rz. 96 ff.

festgeschrieben wird, der angibt, welcher Teil der Rente der Besteuerung unterliegt. Auf dieser Grundlage wird ein individueller »steuerfreier Teil der Rente« (sog. persönlicher Rentenfreibetrag) ermittelt. Dieser bleibt grundsätzlich für den Rest der Laufzeit konstant. Der Berechnung des Rentenfreibetrags wird eine Jahresbruttorente und ein Prozentsatz, der vom Kalenderjahr des ersten Rentenbezugs abhängig ist, zugrunde gelegt. Der Rentenfreibetrag beträgt für diejenigen, die am 31. 12. 2004 bereits Rentner sind (sog. Bestandsrentner), 50 % der Jahresbruttorente 2005. Ein Bestandsrentner erhielt 12 000 € Rente im Jahr 2005. Sein grundsätzlich für die gesamte Rentenbezugsdauer gleich bleibender persönlicher jährlicher Rentenfreibetrag beträgt 6000 €. Für diejenigen, deren Rente im Laufe des Jahres 2008 begann, ergeben sich als persönlicher Rentenfreibetrag demnach 100 % minus 56 %, also 44 % der Jahresbruttorente 2008 als fester Eurobetrag. Bemessungsgrundlage für die Ermittlung des der Besteuerung unterliegenden Anteils der Rente ist der Jahresbetrag der Rente (§ 22 Nr. 1 Satz 3 Buchstabe a Doppelbuchstabe aa Satz 2 EStG).

18 **Jahresbetrag der Rente** ist die Summe der im Kalenderjahr zugeflossenen Rentenbeträge einschließlich der bei Auszahlung einbehaltenen eigenen Beitragsanteile zur Kranken- und Pflegeversicherung. Steuerfreie Zuschüsse zu den Krankenversicherungsbeiträgen sind nicht Bestandteil des Jahresbetrags der Rente. Zum Jahresbetrag der Rente gehören auch Nachzahlungen im Jahr des Zuflusses.[126]

19 Der Prozentsatz in der Tabelle in § 22 Nr. 1 Satz 3 Buchstabe a Doppelbuchstabe aa Satz 3 EStG bestimmt sich grundsätzlich **nach dem Jahr des Rentenbeginns**. Das gilt ausnahmsweise nicht bei einem Rentenbeginn vor dem 01. 01. 2005. Für diese Fälle erfolgt die dauerhafte Festschreibung des steuerfreien Anteils der Rente auf Grund der Jahresrente im Jahr 2005. Wird die bewilligte Rente z. B. durch die Anrechnung eigener Einkünfte auf Null gekürzt, steht dies dem Beginn der Rente nicht entgegen und unterbricht die Rentenlaufzeit nicht. Verzichtet der Rentenberechtigte in Kenntnis der Kürzung der Rente auf die Beantragung, beginnt die Rente jedoch nicht zu laufen, solange sie mangels Beantragung nicht dem Grunde nach bewilligt wird.[127]

20 Ändert sich der Jahresbetrag der Rente aufgrund regelmäßiger Rentenanpassungen, führt dies nicht zu einer Neuberechnung des Rentenfreibetrags (§ 22 Nr. 1 Satz 3 Buchstabe a Doppelbuchstabe aa Satz 7 EStG). Außerordentliche Anpassungen des Jahresbetrags (z. B. durch Einkommensanrechnung, durch Wechsel von Teil- zu Vollrenten oder umgekehrt oder durch Rentennachzahlung oder -rückzahlung) führen hingegen zur Neuberechnung des steuerfreien Teils der Rente (§ 22 Nr. 1 Satz 3 Buchstabe a Doppelbuchstabe aa Satz 6 und 7 EStG).

4.3 Öffnungsklausel

21 Rentenleistungen, die auf versteuerten Beiträgen beruhen (z. B. Beiträge zur Zusatzversorgung des öffentlichen Dienstes: Veräußerungsrenten, Rentenversicherungen gegen

---

126 § 11 EStG.
127 BMF-Schreiben v. 30. 01. 2008 – IV C 8 – S 2222/07/0003/IV C 5 – S 2345/08/0001 (2008/0017104), Rz. 116.

Einmalbetrag, Renten aus Kapitallebensversicherungen mit Rentenwahlrecht, Renten aus Direktversicherungen, zu denen die Beiträge pauschal versteuert wurden) werden weiterhin mit dem **Ertragsanteil** besteuert (§ 22 Nr. 1 Satz 3 Buchstabe a Doppelbuchstabe bb EStG). Diese sogenannte Öffnungsklausel[128] gilt **auf Antrag** für Steuerpflichtige, die nachweisen, dass ihre Beiträge mindestens zehn Jahre lang den genannten Jahreshöchstbeitrag überschritten haben. Hierfür benötigen die Rentner einmalig eine Bescheinigung über die während des gesamten Versicherungslebens vom Rentner eingezahlten Beiträge zur Vorlage beim Finanzamt.

5. Rentenbezugsmitteilungsverfahren und Einkommensteuererklärung

§ 22 a EStG bestimmt, dass die Träger der gesetzlichen Rentenversicherung, der Gesamtverband der landwirtschaftlichen Alterskassen (GLA) für die Träger der Alterssicherung der Landwirte, die Pensionskassen und Pensionsfonds, die berufsständischen Versorgungseinrichtungen, die privaten Versicherungsunternehmen, die Unternehmen, die Verträge i. S. d. § 10 Abs. 1 Nr. 2 Buchstabe b EStG anbieten (Rürup-Rente), und die Anbieter der Riesterrente[129] jährlich der so genannten zentralen Stelle[130] ihre Rentenzahlungen mitteilen. Die zentrale Stelle ist die Zentrale Zulagenstelle für Altersvermögen (ZfA) bei der Deutschen Rentenversicherung Bund, die bereits entsprechende Aufgaben für die »Riester-Rente« wahrnimmt. Die Meldungen gehen bei der Zentralen Zulagenstelle für Altersvermögen ein und werden ohne rechtliche Prüfung an die Finanzbehörden der Länder und die Finanzämter weitergeleitet. In der Meldung wird u. a. der Jahresbruttobetrag der Rente und anderen Leistungen i. S. d. § 22 Nr. 1 Satz 3 sowie der Zeitpunkt von Beginn und Ende des Leistungsbezugs. Diese Daten ermöglichen der Finanzverwaltung den steuerpflichtigen Teil der Rente zu ermitteln. Der Leistungsbezieher hat grundsätzlich seine Identifikationsnummer bekannt zu geben (§ 22 a Abs. 2 Satz 1 EStG). Wenn der Leistungsempfänger seine Identifikationsnummer trotz nochmaliger Aufforderung nicht mitteilt, übermittelt das BZSt über die ZfA mittels eines maschinellen Verfahrens dem Mitteilungspflichtigen die Identifikationsnummer auf dessen Anfrage hin. 22

Zu berücksichtigen ist, dass der Steuerpflichtige aufgrund Rentenbezugsmitteilungsverfahrens nicht von der Abgabe einer **Einkommensteuererklärung** entbunden wird. Grundsätzlich mussten Rentner auch in der Vergangenheit eine Steuererklärung abgeben. Allerdings hat das Finanzamt Rentner häufig von der Steuererklärungspflicht entbunden, wenn ihr zu versteuerndes Einkommen voraussichtlich auch in absehbarer Zukunft den steuerlichen Grundfreibetrag nicht überschritt. Welche Rentner jetzt regelmäßig eine Einkommensteuererklärung abgeben müssen, hängt von ihren persönlichen Verhältnissen ab, wie z. B. ob der Rentner weitere Einkünfte neben der Rentenleistung hat. 23

128 Einzelheiten hierzu: Stosberg, RVaktuell 2006, 8; Myßen/Finckh, NWB 35, 2927.
129 Anbieter i. S. d. § 80 EStG.
130 § 81 EStG.

Kapitel 13: Versorgungsausgleich und Rentensplitting

Inhaltsübersicht Rn.

1. Versorgungsausgleich

1.1 Überblick

1 Der Versorgungsausgleich[131] regelt die Teilung der Rentenansprüche zwischen Ehepartnern nach einer Scheidung. Ziel des Versorgungsausgleichs ist es, dem nach der Aufteilung insgesamt Begünstigten möglichst eine eigene, von dem anderen Ehepartner unabhängige Versorgung zu schaffen oder seine bereits bestehende zu erhöhen. Geteilt werden insbesondere Ansprüche auf gesetzliche Renten, Beamtenpensionen, berufsständische Versorgung, Betriebsrente oder private Altersvorsorge. Bei erneuter Heirat bleibt der Versorgungsausgleich aus der vorherigen Ehe bestehen. Das Versorgungsausgleichsrecht wurde 2009 reformiert. Nach dem bis zum 30.08.2009 geltenden Versorgungsausgleichsrecht richtete sich die Durchführung des Versorgungsausgleichs nach der Art der Versorgung. Im Folgenden wird nur das seit 01.09.2009 geltende Recht des Versorgungsausgleichs dargestellt. Dieses findet auf alle danach stattfindenden Scheidungsfälle Anwendung.

1.2 Aufteilung der Versorgungsansprüche

2 Gemäß § 2 VersAusgleichG sind sowohl in- als auch ausländische **Anrechte** auf Versorgung in den Versorgungsausgleich einzubeziehen. Es handelt sich hierbei also nicht nur um laufende Versorgungen, sondern auch um Anrechte auf solche. In den Versorgungsausgleich werden alle Versorgungen einbezogen, die die Ehepartner durch Berufstätigkeit oder durch Vermögen während der Ehezeit erworben oder aufrecht erhalten haben. Hierzu zählen v. a.:

- Renten oder Rentenanwartschaften aus der gesetzlichen Rentenversicherung,
- Versorgungen oder Versorgungsanwartschaften aus einem Beamtenverhältnis,
- Ruhegehälter oder Versorgungsanwartschaften aus einem Arbeitsverhältnis mit An-

131 Zentrale Vorschriften zum Versorgungsausgleich finden sich im Anschluss an die Vorschriften des SGB VI.

spruch auf Versorgung nach beamtenrechtlichen Grundsätze wie z. B. Dienstordnungsangestellte,

- Renten oder Anwartschaften von berufsständischen Versorgungseinrichtungen sowie der Altershilfe für Landwirte,
- Versorgungsanrechte nach dem Betriebsrentengesetz (z. B. aus VBL, Pensionskassen),
- Riester-Renten, Rürup-Renten und weitere Anrechte nach dem Altersvorsorgeverträge-Zertifizierungsgesetz,
- sonstige Renten oder Rentenanwartschaften aus einem privaten Versicherungsvertrag zur Versorgung des Ehepartners (z. B. Versicherungen wegen Berufs-, Erwerbs-, Dienstunfähigkeit oder Invalidität).

Nicht ausgleichsfähig sind allerdings Renten mit Entschädigungscharakter wie Unfallrenten.

Aufgeteilt werden im Rahmen des Versorgungsausgleichs nur die Anrechte, die während der Ehezeit erworben wurden. Die **Ehezeit** beginnt mit dem ersten Tag des Monats der Heirat und endet am letzten Tag des Monats vor Zustellung des Scheidungsantrags. Erfolgt die Eheschließung beispielsweise am 25. 06. 1991 und der Scheidungsantrag wird am 21. 12. 2010 zugestellt, so errechnet sich die Ehezeit vom 01. 06. 1991 bis zum 30. 11. 2010. 3

Grundsätzlich werden beim Versorgungsausgleich sämtliche in der Ehe erworbenen Versorgungsrechte jeweils hälftig geteilt (sog. **Halbteilungsgrundsatz** nach § 1 VersAusgleichG). Von diesem Grundsatz darf abgewichen werden, wenn die gesamten Umstände des Einzelfalls dies rechtfertigen.[132] Der Ausgleich der während der Ehezeit in der gesetzlichen Rentenversicherung erworbenen Anwartschaften ist im Ergebnis dem bereits für das Rentensplitting (s. Rn. 12 ff.) unter Ehegatten vorgesehenen Prinzip nachgebildet. Der Versorgungsausgleich wird in der Weise vorgenommen, dass die Werte der in der Ehezeit von den Eheleuten erworbenen Versorgungsanwartschaften einander gegenübergestellt werden und der Ehegatte mit den höheren Anwartschaften die Hälfte des Unterschiedsbetrags an den geschiedenen Ehegatten abgeben muss. 4

Die Anrechte sind grundsätzlich nach §§ 10 bis 13 VersAusglG intern zu teilen (sog. **interne Teilung**). D. h. die Anrechte werden in dem Versorgungssystem geteilt, in dem sie erwirtschaftet wurden. Nach der Teilung haben folglich die Ehepartner in diesem Versorgungssystem einen eigenen Anspruch gegen den Versorgungsträger. Hat z. B. ein Ehepartner in der Ehezeit Anrechte in der gesetzlichen Rentenversicherung und der andere Ehepartner als Bundesbeamter in der Beamtenversorgung erworben, findet auch hier ein Ausgleich in jedem Versorgungssystem statt. 5

Ein Anrecht ist nur dann nach §§ 14 bis 17 VersAusglG extern zu teilen (sog. **externe Teilung**), wenn ein Fall des § 14 Abs. 2 oder des § 16 Abs. 1 oder Abs. 2 vorliegt. Externe Teilung bedeutet, dass der Ausgleich eines Anrechts mit einem Wechsel des Versorgungssystems verbunden ist. Für den ausgleichsberechtigten Ehepartner wird dann ein Anrecht in Höhe des Ausgleichswerts außerhalb des Versorgungssystems, bei dem das auszugleichende Anrecht des ausgleichspflichtigen Ehepartners besteht, begründet. Der ausgleichsberechtigte Ehepartner kann die Zielversorgung im Vorfeld selbst wählen, sofern der Träger der 6

132 § 27 Satz 2 VersAusglG.

Zielversorgung mit einer externer Teilung einverstanden ist. Wird kein Zielversorgungsträger ausgewählt, so erfolgt der Ausgleich in der gesetzlichen Rentenversicherung (§ 120 g).

7 Ist bei der Scheidung weder eine interne noch eine externe Teilung möglich oder treffen die Ehepartner eine entsprechende Vereinbarung, kann später ein **schuldrechtlicher Versorgungsausgleich** unter bestimmten Bedingungen durchgeführt werden (§§ 20 bis 26 VerAusglG). Das ist z. B. der Fall, wenn es um Anrechte handelt, die auf eine abzuschmelzende Leistung gerichtet sind und damit nicht ausgleichsreif sind. In der gesetzlichen Rentenversicherung sind z. B. abzumeldende Anrechte wie der Auffüllbetrag nicht ausgleichsreif (vgl. § 120 h Nr. 1). Beim schuldrechtlichen Wertausgleich nach der Scheidung zahlt der ausgleichspflichtige Ehepartner eine Geldrente in Höhe des Ausgleichswerts an den ausgleichsberechtigten Ehepartner.

1.3 Ausnahmen vom Versorgungsausgleich

8 Ein Versorgungsausgleich findet in folgenden Fällen nicht statt bei

- **Ausschluss des Versorgungsausgleichs durch Vereinbarung:**[133] und zwar durch notariellen Ehevertrag
- **kurzer Ehezeit von bis zu drei Jahren:**[134] allerdings kann der Versorgungsausgleich auf Antrag dennoch durchgeführt werden.
- **kleinen Anrechten oder geringem Ausgleich:**[135] Die Bagatellgrenze beträgt 1 % der Bezugsgröße (im Jahr 2012: 26,25 € als Rentenbetrag). Das Gericht kann den Ausgleich dennoch durchführen, wenn hierdurch beispielsweise eine bestimmte Wartezeit (s. Kap. 6 Rn. 25) erfüllt wird.
- **bei Härtefällen durch Ausschluss des Familiengerichts**: Möglich ist das beispielsweise bei persönlichem Fehlverhalten eines Ehepartners oder wenn ein Ehegatte seine Pflicht, zum Familienunterhalt beizutragen, grob verletzt hat.

1.4 Folgen in der gesetzlichen Rentenversicherung

9 Die Entscheidung über die Aufteilung dieser Ansprüche trifft das Familiengericht. Die gesetzliche Rentenversicherung setzt die Entscheidung in der Weise um, dass zu Lasten des Ausgleichsverpflichteten ein Abschlag an Entgeltpunkten in der jeweiligen Entgeltpunktekategorie vorgenommen wird und zugunsten des Ausgleichsberechtigten ein entsprechender Zuschlag (§§ 66 Abs. 1 Nr. 4 i. V. m. 76). Sind nach der Entscheidung des Familiengerichts für beide Ehegatten Anrechte gleicher Art bei einem Versorgungsträger zu übertragen, vollzieht der Versorgungsträger den Ausgleich dieser Anrechte nur in Höhe des Wertunterschieds nach Verrechnung (§ 10 Abs. 2 VersAusglG). § 120 f Abs. 1 konkretisiert dies für die bei verschiedenen Rentenversicherungsträgern erworbenen Anrechten: danach *gelten* diese alle bei nur einem Versorgungsträger, der Deutschen

133 § 6 VersAusglG.
134 § 3 Abs. 3 VersAusglG.
135 § 18 VersAusglG.

Rentenversicherung, erworben. D.h. eine Verrechnung ist auch möglich, wenn die Rentenkonten bei verschiedenen Rentenversicherungsträgern geführt werden. Das Familiengericht setzt den Wertausgleich in der Regel in Entgeltpunkte fest. Ist das nicht möglich, setzt das Familiengericht in seinem Beschluss Anrechte in Form monatlicher Rentenbeträge durch externe Teilung (s. Rn. 6) fest. Dann hat der Rentenversicherungsträger dies nach folgender Formel in Entgeltpunkte umzurechnen:

$$\text{Entgeltpunkte aus dem Versorgungsausgleich} = \frac{\text{begründeter Rentenbetrag}}{\text{aktueller Rentenwert zum Ende der Ehezeit}}$$

10 Sonderregelung im Zusammenhang mit dem Versorgungsausgleich in der gesetzlichen Rentenversicherung:

- Nach § 8 Abs. 1 Nr. 2 sind Personen, für die aufgrund eines Versorgungsausgleichs Rentenanwartschaften übertragen oder begründet sind, **Versicherte** in der gesetzlichen Rentenversicherung.
- Die Übertragung oder Begründung von Rentenanwartschaften durch den Versorgungsausgleich führt nicht nur zu höheren Rentenanwartschaften, sondern auch zu einer höheren **Wartezeit** (s. Kap. 6 Rn. 25). Soweit die in die Ehezeit fallenden Kalendermonate nicht bereits auf die Wartezeit anzurechnen sind, erhöht ein Zuschlag an Entgeltpunkten die Wartezeit um die volle Anzahl an Monaten, die sich ergibt, wenn der Zuschlag an Entgeltpunkten durch den Wert 0,0313 geteilt wird (§ 52 Abs. 1). So erhöht z.B. ein Zuschlag von 0,75 Entgeltpunkten die auf die Wartezeit anzurechnende Versicherungszeit um zwei Jahre.
- Der Ausgleichsverpflichtete kann durch den Versorgungsausgleich **geminderte Rentenanwartschaften** durch entsprechende Beitragszahlungen **wieder auffüllen** kann (vgl. § 187 a Abs. 1 Nr. 1).

1.5 Anpassungsregelungen

11 Obwohl Rechtskraft des Beschlusses zum Versorgungsausgleich eingetreten ist, gibt es bestimmte Fälle, in denen die Rente des Ausgleichspflichtigen nicht oder nur teilweise gekürzt wird (sog. Anpassungsfälle). Die Anpassung muss beantragt werden. Folgende Anpassungsfälle kommen in Betracht:

- Anpassung wegen Unterhalt:[136] Die Rente wird nicht oder nur teilweise gemindert, wenn der frühere Ehepartner ohne die Kürzung durch den Versorgungsausgleich

136 §§ 33, 34 VersAusglG.

einen Unterhaltsanspruch gegen den Ausgleichspflichtigen hat und selbst noch keine Rente aus einem im Versorgungsausgleich erworbenen Anrecht erhält.

- Anpassung wegen Invalidität der ausgleichspflichtigen Person oder einer für sie geltenden besonderen Altersgrenze:[137] Die Rente wegen Erwerbsminderung oder die Altersrente wegen Erreichens einer besonderen Altersgrenze wird daher nicht oder nur teilweise gemindert, wenn die ausgleichspflichtige Person von ihrem früheren Ehepartner aufgrund des Versorgungsausgleichs Anrechte außerhalb der gesetzlichen Rentenversicherung erworben hat, aus denen sie noch keine Leistungen erhalten kann.
- Anpassung wegen Todes:[138] Die Kürzung der Rentenanwartschaft bzw. des Rentenanspruchs beim zum Ausgleich verpflichteten Ehegatten entfällt wieder, wenn der ausgleichsberechtigte Ehegatte vor seinem Tod keine Leistungen aus dem Versorgungsausgleich bezogen hat. Das gleiche gilt, wenn der ausgleichsberechtigte Ehegatte seine Rente insgesamt nicht mehr als 36 Kalendermonate bezogen hat, dann ist die Kürzung beim ausgleichspflichtigen Ehegatten ebenfalls aufzuheben, und zwar zum Zeitpunkt des Todes des ausgleichsberechtigten Ehegatten an.

2. Rentensplitting

2.1 Überblick

12 Das Rentensplitting (§§ 120 a ff.) ist durch das Altersvermögensergänzungsgesetz (AVmEG) mit Wirkung vom 01. 01. 2002 eingefügt worden.[139] Die Neuregelung räumt den Ehegatten eine Wahlmöglichkeit zwischen der Zahlung von Witwen- oder Witwerrenten (s. Kap. 5) sowie dem Rentensplitting ein. Durch das Rentensplitting unter Ehegatten können die in der Ehe erworbenen Rentenanwartschaften zwischen den Ehegatten gleichmäßig aufgeteilt werden. Das Rentensplitting führt regelmäßig zu höheren eigenständigen Rentenleistungen für die Frau, die auch im Hinterbliebenenfall nicht der Einkommensanrechnung unterliegt und bei Wiederheirat nicht wegfallen.[140] Zu beachten ist in diesem Zusammenhang: Entscheiden sich die Ehegatten für das Rentensplitting, so hat das zur Folge, dass die spätere Zahlung einer Witwen- oder Witwerrente ausgeschlossen ist (§ 46 Abs. 2 b). Für Ansprüche in anderen Versorgungssystemen wie beispielsweise in der Beamtenversorgung gilt das Rentensplitting nicht. Seit 01. 01. 2005 ist das Rentensplitting auch unter Lebenspartnern möglich. Für sie gelten dieselben Regelungen wie für das Splitting unter Ehegatten.

13 Die Ehegatten können gemeinsam bestimmen, dass die von ihnen in der Ehe erworbenen Ansprüche auf eine anpassungsfähige Rente zwischen ihnen aufgeteilt werden (§ 120 a Abs. 1). Diese Regelung ist vergleichbar mit § 2 Abs. 2 VersAusglG, wonach Anrechte auszugleichen sind, die der Absicherung im Alter oder bei Invalidität dienen und auf eine

---

137 §§ 35, 36 VersAusglG.
138 §§ 37, 38 VersAusglG.
139 BGBl. I 2001, 403.
140 BT-Drs. 14/4595, 42, 52.

Rente gerichtet sind. Allerdings erfolgt die Aufteilung beim Rentensplitting freiwillig und ist ausschließlich auf die in der Splittingzeit erworbenen Rentenansprüche aus der gesetzlichen Rentenversicherung beschränkt.

2.2 Voraussetzungen des Rentensplittings

Zum Rentensplitting sind die Ehegatten berechtigt, die auch von der Reform des Hinterbliebenenrechts erfasst werden, d.h. deren **14**

- Ehe nach dem 31.12.2001 geschlossen wurde (§ 120a Abs. 2 Nr. 1) oder
- Ehe bereits am 31.12.2001 bestanden hat und wenn beide Ehegatten nach dem 01.01.1962 geboren sind.

Die Ehegatten müssen zur Durchführung des Rentensplittings eine gemeinsame Erklärung abgeben. Beim Tod eines Ehepartners kann der hinterbliebene Partner das Rentensplitting auch allein herbeiführen, wenn zu Lebzeiten beider die Möglichkeit des Splittings noch nicht bestand (§ 120a Abs. 3 Nr. 3).

Ein Rentensplitting kann grundsätzlich erst dann durchgeführt werden, wenn beide Ehepartner **15**

- das Versicherungsleben abgeschlossen und
- außerdem 25 Jahre rentenrechtliche Zeiten in ihrem Versicherungskonto haben (§ 120a Abs. 3 Nr. 1, 2, Abs. 4 Satz 1).

2.3 Verfahren

Das Rentensplitting erfolgt in der Weise, dass der Ehegatte, der in der Ehe die höheren Rentenansprüche erworben hat, einen Teil seiner ehezeitlichen Rentenansprüche an den anderen Ehegatten abgibt. Der Ehegatte mit der insgesamt niedrigeren Summe aller Entgeltpunkte in der Splittingzeit erhält einen Zuwachs an Entgeltpunkten in Höhe der Hälfte des Unterschieds zwischen seiner niedrigeren Summe an Entgeltpunkten und der Summe aller Entgeltpunkte des anderen Ehegatten in der Splittingzeit (sog. **Splittingzuwachs**, vgl. § 120a). Ist das Rentensplitting durchgeführt, so werden Zuschläge oder Abschläge an Entgeltpunkte berücksichtigt (§ 76c). **16**

Die Ehegatten erhalten über das durchgeführte Rentensplitting einen Bescheid von der Rentenversicherung. Dieser Bescheid wird verbindlich, wenn nicht innerhalb eines Monats Widerspruch eingelegt wird (vgl. § 120a Abs. 9). Die Erklärung kann dann auch nicht mehr widerrufen werden. **17**

2.4 Auswirkungen des Rentensplittings und Anpassungsmöglichkeiten

Das Rentensplitting hat folgende Auswirkungen: **18**

- Ausschluss des Anspruchs auf Witwen- oder Witwerrente (§ 46 Abs. 2b)
- Wartezeitmonate (s. Kap. 6 Rn. 25) aus dem Splittingzuwachs (§ 52 Abs. 1a)
- Auswirkungen auf die Rentenhöhe (§ 76c Abs. 1)
- Erziehungsrente aufgrund eines Rentensplittings (vgl. § 47 Abs. 3)

19 Unter bestimmten Voraussetzungen kann die Kürzung der Rente aufgrund eines durchgeführten Rentensplittings – vergleichbar mit dem Versorgungsausgleich (s. Rn. 11) – ausgesetzt werden. Das ist der Fall, wenn der begünstigte Partner verstorben ist und selbst höchstens 36 Monate Rente erhalten hat. Dann wird die Rente des überlebenden Ehegatten auf Antrag nicht länger aufgrund des Rentensplittings gekürzt (§ 120b).

20 In bestimmten Fällen besteht außerdem die Möglichkeit, das einmal durchgeführte Rentensplitting abzuändern. Das ist dann möglich, wenn sich nachträglich – z. B. durch Rechtsänderung – ein Wertunterschied bei den Rentenansprüchen der Partner aus der Ehezeit ergibt, der wesentlich vom ursprünglich ermittelten Wertunterschied abweicht (§ 120c).

Kapitel 14: Rehabilitation in der Rentenversicherung

Inhaltsübersicht

1. Grundsatz »Reha vor Rente«

1 Um das Risiko der Erwerbsminderung zu vermeiden, erbringt die GRV Sach- und Geldleistungen zur Teilhabe. Leistungen zur Teilhabe sind:

- medizinische Rehabilitation (Reha) § 15,
- Leistungen zur Teilhabe am Arbeitsleben (berufliche Reha) § 16,
- sonstige Leistungen § 31 und
- ergänzende Leistungen: die Leistungen zur medizinischen und beruflichen sowie die sonstigen Leistungen ergänzen die §§ 20, 21, 28. Sie erfolgen nicht ohne die »Hauptleistung«, z. B. Übergangsgeld oder Reisekosten.

Aufgabe der Reha ist es, den Auswirkungen einer Krankheit oder einer körperlichen, geistigen oder seelischen Behinderung auf die Erwerbsfähigkeit der Versicherten entgegenzuwirken oder sie zu überwinden und dadurch Beeinträchtigungen der Erwerbsfähigkeit der Versicherten oder ihr vorzeitiges Ausscheiden aus dem Erwerbsleben zu verhindern oder sie möglichst dauerhaft in der Erwerbsleben wiedereinzugliedern. Die Leistungen zur Teilhabe haben Vorrang vor Rentenleistungen. Es gilt der Grundsatz »Reha vor Rente« (§ 9 Abs. 1). Die GRV prüft deshalb vor Entscheidung über einen Antrag auf EM-Rente (s. Kap. 5, Rn. 32 ff.), ob nicht Leistungen zur Teilhabe voraussichtlich erfolgreich sind. Umgekehrt gilt ein Antrag auf Reha-Leistungen als Antrag auf Rente (§ 116 Abs. 2), wenn eine erfolgreiche Reha nicht zu erwarten ist, d. h., wenn die Verhinderung eines vorzeitigen Ausscheidens aus dem Erwerbsleben bzw. eine möglichst dauerhafte Wiedereingliederung in das Erwerbsleben nicht zu erwarten ist oder sich Reha-Leistungen als erfolglos erwiesen haben (Rentenantragsfiktion). Zu den Leistungen zur Teilhabe, die einen Rentenantrag auslösen können, zählen alle Anträge zur Teilhabe, also Anträge auf medizinische Reha, berufliche Reha, alle sonstigen Leistungen, auch ambulante und teilstationäre Leistungen, sowie laufende und einmalige Geldleistungen. Der Rentenantrag gilt zu dem Zeitpunkt als gestellt, zu dem der Antrag auf Leistungen zur Teilhabe erfolgt. Bei einer Anschlussheilbehandlung (AHB) ist das Datum der Bestätigung des Krankenhauses maßgeblich.

2010 wurden bei der DRV mehr als 1,6 Mio. Anträge auf medizinische Reha gestellt, 2
wovon rd. 1 Mio. Leistungen durchgeführt wurden; 12 % davon als ambulante Reha-Maßnahmen. Die AHB umfasste 2010 rd. ein Drittel aller medizinischen Reha-Leistungen. Mit steigendem Alter wird Reha häufiger in Anspruch genommen, wobei die Rehabilitanden durchschnittlich rd. 51 Jahre alt sind. Im Verlauf von zwei Jahren nach ihrer Reha sind 86 % der Rehabilitanden erwerbsfähig. 2010 wurden rd. 135 000 Leistungen zur Teilhabe am Arbeitsleben (berufliche Reha) abgeschlossen; drei Viertel aller Teilnehmer schließen ihre berufliche Bildungsleistung erfolgreich ab. Die DRV wendete 2010 5,5 Mrd. € für Reha auf, 4 Mrd. € davon für medizinische Reha. Eine stationäre medizinische Reha-Maßnahme bei körperlicher Erkrankung kostet durchschnittlich rd. 2500 €, eine Reha bei psychischer Erkrankung rd. 6000 €.[141]

2. Zuständigkeit der GRV – Ausschluss von Leistungen

Mit Inkrafttreten des SGB IX (Rehabilitation und Teilhabe behinderter Menschen) zum 3
01.07.2001[142] hat der Gesetzgeber erstmals ein Gesetz für alle in § 6 SGB IX genannten Reha-Träger geschaffen, das grundsätzlich – vergleichbar mit dem SGB I, IV und X – einheitlich geltende Reha-Vorschriften enthält. Am gegliederten System der Reha wurde dennoch festgehalten und ein Vorbehalt hinsichtlich der für einzelne Leistungsträger[143] geltenden Vorschriften festgeschrieben (§ 7 SGB IX). Die Träger der GRV erbringen dann keine Reha-Leistungen, wenn ein anderer Leistungsträger vorrangig zuständig ist, z. B. bei Arbeitsunfällen, Berufskrankheiten oder nach beamtenrechtlichen Vorschriften. § 12 regelt die Kompetenzverlagerung zwischen den Reha-Trägern. Reha-Leistungen sind ferner ausgeschlossen, wenn eine Altersrente (§§ 33 Abs. 2, 35–39) von wenigstens 2/3 der Vollrente beantragt oder bezogen wird. Wer überwiegend erwerbstätig ist und eine Teilrente

141 Reha-Bericht 2012 der Deutschen Rentenversicherung, S. 6/7, Berlin, Februar 2012.

142 BGBl. I 2001, 1046 ff.

143 Reha-Träger nach § 6 SGB IX können sein: die gesetzlichen Krankenkassen, die Bundesagentur für Arbeit, die Träger der gesetzlichen Unfallversicherung, die Träger der gesetzlichen Rentenversicherung, die Träger der Alterssicherung der Landwirte, die Träger der Kriegsopferversorgung und die Träger der Kriegsopferfürsorge, die Träger der öffentlichen Jugendhilfe und die Träger der Sozialhilfe.

von weniger als 2/3 bezieht, kann bei Vorliegen der Voraussetzungen Reha-Leistungen beziehen. Vorsorgeleistungen zur bloßen Stärkung der Gesundheit gehören nicht zu den Leistungen der GRV.

4 Nach dem Prinzip der »Risikozuordnung« ist derjenige Träger zuständig, der auch für die Folgen einer nicht erfolgreichen Eingliederung mit Sozialleistungen einzustehen hat. Ein wesentliches Anliegen ist die Beschleunigung des Verwaltungsverfahrens. Ein Reha-Antrag darf nur noch höchstens einmal an einen anderen Träger weitergeleitet werden. Die Reha soll zügig beginnen, auch wenn noch nicht abschließend geklärt ist, welcher Reha-Träger leistungspflichtig ist. Der erstangegangene Reha-Träger stellt innerhalb von 2 Wochen nach Antragseingang fest, ob er für die Erbringung der Leistung zuständig ist (§ 14 Abs. 1 SGB IX). Stellt er die Nichtzuständigkeit fest, leitet er den Antrag unverzüglich dem nach seiner Auffassung zuständigen Reha-Träger zu, andernfalls stellt er den Reha-Bedarf unverzüglich fest und entscheidet über den Antrag. Der Reha-Träger, an den weitergeleitet wurde, kann sich nicht mehr auf seine Unzuständigkeit berufen; er muss in jedem Fall über den Antrag entscheiden. Die Entscheidung hat regelmäßig innerhalb von 3 Wochen nach Antragseingang zu erfolgen, es sei denn, zur Abklärung des Reha-Bedarfs ist ein sozialmedizinisches Gutachten erforderlich (§ 14 Abs. 2 SGB IX). Wird die Leistung vom zweitangegangenen Reha-Träger bewilligt und stellt sich nachträglich heraus, dass ein anderer Träger dafür zuständig gewesen wäre, erstattet der zuständige Reha-Träger dem Reha-Träger, der die Leistung erbracht hat, dessen Aufwendungen nach den für diesen geltenden Rechtsvorschriften (§ 14 Abs. 4 SGB IX).[144]

5 Einzelheiten zum Zuständigkeitsverfahren nach § 14 SGB IX haben die Reha-Träger in der Gemeinsamen Empfehlung »Zuständigkeitserklärung« geregelt, ebenso wie die folgenden Themen: Einheitlichkeit/Nahtlosigkeit, Teilhabeplan, Begutachtung, Verbesserung der gegenseitigen Information und Kooperation, frühzeitige Bedarfserkennung, Prävention nach § 3 SGB IX, Qualitätssicherung, Integrationsfachdienste, Förderung der Selbsthilfe, Sozialdienste.[145]

3. Voraussetzungen von Leistungen zur Teilhabe

3.1 Persönliche Voraussetzungen (§ 10)

6 § 10 regelt die medizinischen Voraussetzungen für die Gewährung von Leistungen zur Teilhabe. Leistungen zur Teilhabe kommen nur dann in Betracht, wenn eine hinreichende Erfolgsaussicht besteht, dass die auf eine positive Beeinflussung der Erwerbsfähigkeit gerichteten Reha-Ziele voraussichtlich, d. h. mit überwiegender Wahrscheinlichkeit erreicht werden können.

---

144 Reimann, in HDR Kap. 13 Rn. 18 f.

145 Gemeinsame Empfehlungen der Bundesarbeitsgemeinschaft für Rehabilitation (BAR), S. 18 ff., Herausgeber BAR, Frankfurt 2005, einsehbar im Internet unter: http://www.bar-frankfurt.de/fileadmin/dateiliste/publikationen/gemeinsame-empfehlungen/downloads/Gemeinsame_Empfehlungen_71.pdf.

Erheblich ist die Erwerbsfähigkeit dann gefährdet, wenn nach ärztlicher Feststellung durch die gesundheitlichen Beeinträchtigungen und die damit verbundenen Funktionseinschränkungen in absehbarer Zeit mit einer Minderung der Leistungsfähigkeit im Erwerbsleben zu rechnen ist. Was unter »absehbarer Zeit« zu verstehen ist, hängt vom Einzelfall ab; es kann ein Zeitraum von bis zu drei Jahren zugrunde gelegt werden.[146] **7**

Minderung der Erwerbsfähigkeit ist jede länger andauernde, nicht wesentliche Einschränkung der vollen Leistungsfähigkeit auf die gesamte berufliche Qualifikation, und nicht nur auf die letzte ausgeübte Tätigkeit bezogen. Eine wesentliche Besserung ist dann gegeben, wenn die Minderung der Leistungsfähigkeit im Erwerbsleben oder die erhebliche Gefährdung der Erwerbsfähigkeit zumindest teilweise und nicht nur vorübergehend behoben werden kann. Werden die Leiden nur gelindert oder kann nur eine Erleichterung in den Lebensumständen erreicht werden, liegt keine wesentliche Besserung vor. Aus dem Wort »voraussichtlich« ist zu schließen, dass im Zeitpunkt der Entscheidung über die Leistungen eine wesentliche Besserung oder die Wiederherstellung der Erwerbsfähigkeit erfolgversprechend sein müssen. Die Erfolgsaussicht ist dann gegeben, wenn die Leistungsziele in § 10 Abs. 1 Nr. 2 Buchst. a und b mit überwiegender Wahrscheinlichkeit durch Reha-Leistungen erreicht werden können. Die Erfolgsprognose setzt die positive Motivation des Rehabilitanden voraus. Wurden Reha-Maßnahmen bereits mehrfach abgebrochen, kann der Reha-Träger die Leistungen ablehnen.

§ 10 Abs. 1 Nr. 2 Buchst. c ist eine Sonderregelung zur Erfolgsaussicht bei teilweiser Erwerbsminderung und Teilnahme an berufsfördernder Reha. Besteht hier keine Aussicht auf eine wesentliche Besserung, können berufliche Reha-Leistungen gleichwohl erbracht werden, wenn durch diese der Arbeitsplatz des Betroffenen erhalten und die Gewährung einer vollen EM-Rente abgewendet werden kann. **8**

3.2 Versicherungsrechtliche Voraussetzungen (§ 11)

Neben den persönlichen (medizinischen) müssen die versicherungsrechtlichen Voraussetzungen erfüllt sein. Bei Antragstellung muss eine Wartezeit von 15 Jahren (s. Kap. 6 Rn. 25) erfüllt sein oder eine EM-Rente sowie eine Rente für Bergleute (§ 33 Abs. 3) bezogen wegen. **9**

§ 11 Abs. 2 enthält Erleichterungen bei Leistungen der medizinischen Reha für Pflichtversicherte (Nr. 1), für Unterbrechungstatbestände bei Pflichtversicherung (Nr. 2) und wenn verminderte Erwerbsfähigkeit bereits gegeben oder zu erwarten ist. Seit dem 01.01.2011 sind ALG II-Bezieher nicht mehr rentenversicherungspflichtig. ALG II-Zeiten sind nunmehr Anrechnungszeiten. Der 2-Jahres-Zeitraum nach § 11 Abs. 2 Nr. 1 verlängert sich deshalb um die Anrechnungszeiten bei ALG II-Bezug. **10**

§ 11 Abs. 2a enthält Erleichterungen für berufliche Reha-Maßnahmen für jüngere Versicherte, die die Wartezeit von 15 Jahren noch nicht erfüllt haben und nicht Rentenbezieher sind. Die Voraussetzungen sind erfüllt, wenn eine Berentung wegen verminderter Erwerbsfähigkeit unmittelbar droht und der Rentenanspruch durch Leistungen zur **11**

---

146 Erläuterungen zum SGB VI, Deutsche Rentenversicherung, § 10, 2., S. 140.

Teilhabe am Arbeitsleben (berufliche Reha) voraussichtlich abgewendet oder hinausgeschoben werden dann.

Dadurch wird es ermöglicht, Leistungen der medizinischen und anschließend der beruflichen Reha durchzuführen. Voraussetzung ist ein inhaltlicher und zeitlicher Zusammenhang zwischen beiden Leistungen, der dann gegeben ist, wenn zwischen beiden Leistungen nicht mehr als 6 Monate liegen. Als Leistungen der medizinischen Reha gelten hier auch sonstige Leistungen nach § 31 Abs. 1 Nr. 1, 2 und 3.

4. Leistungen

12 § 13 stellt klar, dass der RV-Träger im Einzelfall unter Beachtung der Grundsätze der Wirtschaftlichkeit und Sparsamkeit Art, Dauer, Umfang, Beginn und Durchführung der Leistung nach pflichtgemäßem Ermessen bestimmt. Berechtigten Wünschen der Versicherten wird nach § 33 SGB I i. V. m. § 9 Abs. 1 SGB IX unter Beachtung der Grundsätze der Wirtschaftlichkeit und Sparsamkeit entsprochen.

In einer Phase akuter Behandlungsbedürftigkeit einer Krankheit ist eine Reha-Maßnahme ausgeschlossen (§ 13 Abs. 2).

13 Nach Ablauf von vier Jahren können Reha-Maßnahmen wiederholt werden (§ 12 Abs. 2). Das gilt nicht, wenn vorzeitige Leistungen aus gesundheitlichen Gründen dringend erforderlich sind, hierzu zählen regelmäßig Anschlussreha-Maßnahmen an eine Krankenhausbehandlung (AHB).

4.1 Leistungen zur medizinischen Reha (§ 15)

14 Stationäre Leistungen zur medizinischen Reha sollen für längstens drei Wochen erbracht werden. Sie können für einen längeren Zeitraum erbracht werden, wenn dies erforderlich ist, das Reha-Ziel zu erreichen (§ 15 Abs. 3). Volljährige Versicherte, die stationäre Leistungen zur medizinischen Reha in Anspruch nehmen, haben grundsätzlich für jeden Kalendertag eine Zuzahlung von 10 € zu leisten (§ 32 Abs. 1 Satz 1 i. V. m. §§ 40 Abs. 5, 61 Satz 2 SGB V), längstens für 14 bzw. 42 Tage im Kalenderjahr. Eine Befreiung von der Zuzahlungspflicht ist gesetzlich nur dann vorgesehen, wenn die Zuzahlungsverpflichtung bereits erfüllt ist oder Übergangsgeld bezogen wird. Die RV-Träger können eine teilweise Befreiung von der Zuzahlungspflicht für Familien ermöglichen.[147] Hier lohnt ein Antrag.

Neben stationären Leistungen prüft der Reha-Träger immer öfters, ob auch eine ganztägig ambulante Reha-Maßnahme in Betracht kommt. Voraussetzung ist, dass die Reha-Einrichtung innerhalb einer Fahrstrecke von 45 Minuten entfernt zu erreichen ist. Zu einer ganztägig ambulanten Reha muss nichts hinzugezahlt werden. Notwendige Fahrkosten werden erstattet. Soll eine stationäre Maßnahme bewilligt werden, kommt es ganz entscheidend auf die (substanzielle) Begründung des Arztes im Hinblick auf die stationäre Unterbringung an.

147 Försterling, in HDR Kap. 20 Rn. 46.

§ 15 Abs. 1 i. V. m. § 26 Abs. 1 und 2 SGB IX enthält einen Katalog der medizinischen Reha-Leistungen, der nicht abschließend ist (§ 26 Abs. 2 »insbesondere«). Die Leistungen zur medizinischen Reha umfassen insbesondere die Behandlung durch Ärzte und Angehörige anderer Heilberufe, Arznei- und Verbandmittel, Heil- und Hilfsmittel, Psychotherapie als ärztliche und psychotherapeutische Behandlung, Belastungserprobung und Arbeitstherapie. Bestandteil dieser Leistungen sind auch medizinische, psychologische und pädagogische Hilfen, soweit diese Leistungen im Einzelfall zur Erreichung des Reha-Ziels erforderlich sind. Zahnersatz (§ 15 Abs. 1 Satz 2) kommt nur bei einigen Berufsgruppen in Betracht: z. B. Blasmusiker, Sänger, Schauspieler und Logopäden. **15**

Ärztliche Behandlungen sind alle diagnostischen und therapeutischen Maßnahmen, wie Anschlussrehabilitation (AHB), die sich als ambulante oder stationäre Maßnahme an eine Krankenhausbehandlung unmittelbar anschließen oder mit ihr in einem engen zeitlichen Zusammenhang steht. Damit sich die AHB möglichst nahtlos anschließt, kümmert sich der Sozialdienst des Krankenhauses. **16**

Die Reha-Träger und die Bundesarbeitsgemeinschaft für Rehabilitation (BAR) haben Rahmenempfehlungen zu folgenden ambulanten Reha-Maßnahmen herausgegeben: medizinische, kardiologische, neurologische Reha, Reha bei muskuloskeletalen Erkrankungen, dermatologische, onkologische Reha und Reha bei psychischen und psychosomatischen Erkrankungen (siehe Fn. 5). **17**

4.2 Leistungen zur Teilhabe am Arbeitsleben (berufliche Reha) (§ 16)

Leistungen zur Teilhabe am Arbeitsleben umfassen alle Hilfen, die erforderlich sind, um die Erwerbsfähigkeit der Rehabilitanden zu bessern oder wiederherzustellen und ihnen eine berufliche Wiedereingliederung auf Dauer zu ermöglichen. Die Erhaltung eines bestehenden Arbeitsplatzes hat dabei Vorrang. **18**

Leistungen zur beruflichen Reha sind insbesondere § 34 Abs. 1 SGB IX:

- Hilfen zur Erhaltung oder Erlangung eines Arbeitsplatzes inkl. Kraftfahrzeughilfen, um trotz Behinderung/Einschränkung den Arbeitsplatz erreichen zu können;
- Berufsvorbereitung einschließlich der wegen der Behinderung evtl. notwendigen Grundausbildung;
- Berufliche Bildung: Ausbildung (i. d. R. keine Leistung der RV), berufliche Anpassung, spezifische Qualifizierung und Weiterbildung wie z. B. Umschulungen;
- Gründungszuschuss bei Aufnahme einer selbständigen Tätigkeit;
- Eingliederungszuschüsse an Arbeitgeber;
- Leistungen in einer anerkannten Werkstatt für behinderte Menschen (WfbM).

Bei der Auswahl der Leistungen zur beruflichen Reha sind Eignung, Neigung, die bisherigen Tätigkeit sowie Lage und Entwicklungen auf dem Arbeitsmarkt zu berücksichtigen § 33 Abs. 4 SGB IX. Die Leistungen werden auch für Zeiten notwendiger Praktika erbracht § 33 Abs. 5 SGB IX. **19**

4.3 Sonstige Leistungen (§ 31)

20 Sonstige Leistungen sind insbesondere:
- präventive Leistungen zur Sicherung der Erwerbsfähigkeit,
- onkologische Reha (für alle, auch jenseits des erwerbsfähigen Alters),
- stationäre Reha von Kindern und Jugendlichen.

Sonstige Leistungen sind Ermessensleistungen, die neben medizinscher und beruflicher Reha erbracht werden können. Diese Leistungen werden auf der Grundlage gemeinsamer Richtlinien der RV-Träger erbracht.

4.4 Unterhaltssichernde und weitere ergänzende Leistungen

4.4.1 Übergangsgeld (§§ 20, 21)

21 Übergangsgeld ergänzt die Leistungen der Teilhabe (§§ 20, 21). § 20 unterscheidet in:
- Leistungen zur medizinischen Reha nach § 15 i. V. m. §§ 26–31 SGB IX,
- Leistungen zur Teilhabe am Arbeitsleben nach § 16 i. V. m. § 33 Abs. 3 Nr. 2–4 SGB IX sowie
- sonstige Leistungen zur Teilhabe nach § 31 Abs. 1 Nr. 2 oder 3, wenn sie in stationärer oder ganztägig ambulanter Form erbracht werden.

22 Anspruch auf Übergangsgeld bei Leistungen zur medizinscher Reha besteht dann, wenn der Versicherte eine Reha-Leistung erhält (§ 20 Nr. 1) und unmittelbar vor Arbeitsunfähigkeit bzw. vor Leistungsbeginn Arbeitsentgelt (bei Arbeitnehmern) oder Arbeitseinkommen (bei Selbständigen) bezogen und im Bemessungszeitraum Beiträge zur GRV bezahlt wurden. Für Selbständige müssen im Vorjahr des Rehabeginns Beiträge zur GRV vorliegen. Beziehen die Versicherten unmittelbar vor Rehabeginn oder Arbeitsunfähigkeit bereits Entgeltersatzleistungen wie z. B. Kranken- oder Arbeitslosengeld und beruhen diese Leistungen auf Arbeitseinkünften, aus denen Beiträge zur RV gezahlt worden sind, haben diese Entgeltersatzleistungen ebenfalls eine anspruchsbegründende Wirkung (§ 20 Nr. 3 a). Wurde bei durchgehender Arbeitslosigkeit, unmittelbar vor Bezug von ALG II, ALG I bezogen, ist die Anspruchsprüfung auf die Verhältnisse vor dem Bezug von Arbeitslosengeld abzustellen. Liegt diesem ein Arbeitsentgelt zugrunde, aus dem Beiträge zur RV entrichtet wurden, so werden die Anspruchsvoraussetzungen für den Bezug von Übergangsgeld als erfüllt angesehen.

Der Begriff »unmittelbar« in § 20 Nr. 3 wird restriktiv ausgelegt: Beschäftigung, Entgeltersatzleistung, Arbeitsunfähigkeit und Reha-Leistung müssen nahtlos ineinander übergehen. Es darf keine zeitliche Lücke bestehen. Fällt der Tag vor Beginn der Leistung/Arbeitsunfähigkeit auf einen Samstag, Sonntag oder Feiertag, so ist der letzte davor liegende Wochentag maßgebend.[148] Besteht keine durchgehende Arbeitsunfähigkeit, werden die Anspruchsvoraussetzungen des § 20 nicht erfüllt. Statt Übergangsgeld ist dann das Sozialamt nach dem SGB XII zuständig.

---

148 Erläuterungen zum SGB VI, Deutsche Rentenversicherung, § 20, 2., S. 165.

Bei Leistungen zur beruflichen Reha ist der Anspruch auf Übergangsgeld bereits dann gegeben, wenn der Versicherte vom RV-Träger Leistungen zur Teilhabe am Arbeitsleben erhält. Der Anspruch setzt die regelmäßige Teilnahme voraus. Für die Zeit des unentschuldigten Fernbleibens entfällt der Anspruch. Die Bewilligung des Übergangsgeldes kann (isoliert) vom Grundbescheid über die Reha-Leistung aufgehoben werden.[149] Soweit Praktika zum Erreichen des Bildungszieles erforderlich sind, besteht auch für diese Zeit ein Anspruch auf Übergangsgeld. Die Abklärung der beruflichen Eignung oder die Arbeitserprobung gehört zum Verwaltungsverfahren und führt in der Regel nicht zu einem Anspruch auf Übergangsgeld. Nach § 45 Abs. 3 SGB IX ist Übergangsgeld zu leisten, wenn wegen der Teilnahme kein oder ein geringeres Arbeitsentgelt oder Arbeitseinkommen bezogen wird. Ein Anspruch auf Übergangsgeld besteht nicht, wenn zuvor Entgeltersatzleistungen gezahlt wurden (z. B. Krankengeld oder Arbeitslosengeld), ein Anspruch auf Leistungen der Grundsicherung für Arbeitssuchende bestand oder wegen Ende der Anspruchsdauer (z. B. Aussteuerung) keine Zahlungen mehr erfolgen.[150] **23**

Anspruch auf Übergangsgeld besteht grundsätzlich für die Dauer der Reha-Maßnahme. Bei einer stationären Leistung beginnt der Anspruch auf Übergangsgeld mit der Aufnahme in die Reha-Einrichtung. Bei einer ambulanten Therapie erstreckt er sich auch auf therapiefreie Tage, sofern sie vom Behandlungszeitraum umschlossen sind. Während des Bezugs von Mutterschaftsgeld ruht der Anspruch auf Übergangsgeld. Wird vom Arzt der Reha-Einrichtung für die Zeit nach abgeschlossener medizinischen Reha eine stufenweise Wiedereingliederung verordnet und beginnt diese innerhalb von vier Wochen nach Ende der Reha, kann vom RV-Träger Übergangsgeld auch für die stufenweise Wiedereingliederung bezogen werden. Nach Ablauf der 4-Wochen-Frist ist die Krankenkasse zuständig. **24**

Die Höhe des Übergangsgeldes bestimmt sich nach § 21 i. V. m. §§ 45–52 SGB IX. Der Berechnung des Übergangsgeldes werden 80 % des erzielten, regelmäßigen Arbeitsentgelts und Arbeitseinkommens, soweit es der Beitragsbemessung unterliegt (Regelentgelt), max. das Nettoarbeitsentgelt zugrunde gelegt. Es gilt die für den Reha-Träger geltende Beitragsbemessungsgrenze. Das Übergangsgeld beträgt **25**

- für Leistungsempfänger mit Unterhaltsverpflichtungen 75 %,
- für die übrigen Leistungsempfänger 68 % der Bemessungsgrundlage (§ 46 SGB IX).

Bei Teilnahme an der beruflichen Reha-Maßnahme ist darüber hinaus eine weitere Berechnung des Übergangsgeldes auf der Grundlage eines fiktiven oder ortsüblichen Arbeitsentgelts durchzuführen.

Während des Bezugs von Übergangsgeld trägt der Reha-Träger die Sozialversicherungsbeiträge. Der Beitragszuschlag für Kinderlose zur Pflegeversicherung muss vom Rehabilitanden getragen werden. **26**

149 BSG – 31.03.2001 – B 5 RJ 34/99 R, SozR 3-2600 § 20 Nr. 1.
150 Erläuterungen zum SGB VI, Deutsche Rentenversicherung, § 20, 2., S. 163.

4.4.2 Weitere ergänzende Leistungen (§ 28)

27 **Beiträge und Beitragszuschüsse zur gesetzlichen Kranken-, Unfall-, Renten-, Arbeitslosen- und Pflegeversicherung (§ 28 i. V. m. § 44 Abs. 1 Nr. 2 SGB IX)**

Im Falle medizinischer Reha oder sonstiger Leistungen nach § 31 Abs. 1 Satz 1 Nr. 2 und 3 führt der RV-Träger für die Zeit der Gewährung von Übergangsgeld Beiträge ab an die

- KV nach § 251 SGB V, weil der Rehabilitand nach § 192 Abs. 1 Nr. 3 SGB V Mitglied der KV bleibt;
- UV nach § 2 Abs. 1 Nr. 15 Buchst. a SGB VII, da der Schutz der UV während der medizinischen Reha fortbesteht. Zuständiger UV-Träger für Rehabilitanden ist nach §§ 12 Abs. 1 Nr. 2 oder 15, 114 Abs. 1 Nr. 1 – Anlage 1 Nr. 31 –, 121 Abs. 1 und 136 Abs. 2 Nr. 3 SGB VII die Verwaltungsberufsgenossenschaft (VBG);
- BA nach § 347 Nr. 4 a SGB III, wenn eine die Beitragspflicht begründende Beschäftigung oder der Bezug einer Leistung nach dem SGB III durch Arbeitsunfähigkeit oder Teilnahme an der Leistung zur medizinischen Reha unterbrochen wurde;
- PflegeV nach § 54 Abs. 4 Satz 2 Nr. 1 SGB XI, weil die Mitgliedschaft in der PflegeV während des Bezugs von Übergangsgeld bestehen bleibt.

Im Falle beruflicher Reha führt der RV-Träger für die Zeit der Gewährung von Übergangsgeld Beiträge ab an die

- KV nach § 251 Abs. 1 SGB V, da nach § 5 Abs. 1 Nr. 6 SGB V RV-Pflicht besteht;
- UV nach § 2 Abs. 1 Nr. 2 Buchst. b SGB VII;
- BA nach § 347 Nr. 5 Buchst. a SGB III und
- PflegeV nach § 20 Abs. 1 Nr. 6 SGB XI.

28 **Rehabilitationssport in Gruppen/Funktionstraining unter ärztlicher Betreuung und Überwachung (§ 28 i. V. m. § 44 Abs. 1 Nr. 3 und 4 SGB IX)**

Die Notwendigkeit muss von einem Arzt in der Reha-Einrichtung festgestellt oder von einem behandelnden Arzt am Wohnort verordnet werden. Ziel der regelmäßig sechs Monate andauernden Leistung ist, den Erfolg der Reha zu festigen. Daher soll mit den Leistungen unmittelbar im Anschluss, spätestens innerhalb von drei Monaten begonnen werden.

29 **Reisekosten (§ 28 i. V. m. §§ 44 Abs. 1 Nr. 5, 53 SGB IX)**

Dazu gehören die erforderlichen Fahr- und Transportkosten, Verpflegungs- und Übernachtungskosten, die Kosten des Gepäcktransports sowie Wegstrecken und Mitnahmeentschädigung. Dies sind grundsätzlich die Kosten bei Benutzung öffentlicher Verkehrsmittel (2. Klasse) unter Berücksichtigung von Fahrpreisvergünstigungen. Bei Benutzung eines privaten Pkw ist bei stationären Maßnahmen für die An- und Abreise sowie Familienheimfahrten eine Entfernungspauschale i. H. v. 0,40 € für jeden Kilometer Entfernung zwischen dem Ort des eigenen Haushalts und dem Reha-Ort anzusetzen. Bei ambulanter Reha beträgt die Entfernungspauschale für jeden Tag, an dem der Rehabilitand die Reha-Einrichtung aufsucht (Pendelfahrt) 0,36 € für die ersten 10 km, für jeden weiteren km 0,40 €. Grundsätzlich werden zwei Familienheimfahrten pro Monat bzw. die entsprechenden Kosten für Besuchsfahrten von Angehörigen erbracht, frühestens jedoch nach 8 Wochen.[151]

151 Försterling, in HDR Kap. 20 Rn. 47.

Neben den Reisekosten für eine erforderliche Begleitperson kann Verdienstausfall nach § 65 a SGB I analog gewährt werden.

30 **Betriebs-, oder Haushaltshilfen und Kinderbetreuungskosten (§ 28 i. V. m. §§ 44 Abs. 1 Nr. 6, 54 SGB IX)**

Eine Haushaltshilfe nach § 54 SGB IX kommt in Betracht, wenn Versicherte wegen der Reha auswärts untergebracht und deshalb den Haushalt nicht weiterführen können. Daneben muss eine andere im Haushalt lebende Person nicht in der Lage sein, den Haushalt weiterzuführen und im Haushalt ein Kind leben, das das 12. Lebensjahr noch nicht vollendet hat oder behindert und auf Hilfe angewiesen ist. Bei einer vom Versicherten selbst beschafften Haushaltshilfe werden die nachgewiesenen Kosten (pro Tag höchstens 8 Stunden) bis zu einem täglichen Höchstbetrag von 2,5 % der monatlichen Bezugsgröße (§ 18 SGB IV) übernommen.[152] Kosten für die Betreuung der Kinder bis zu einem Betrag von 130 € pro Kind und Monat können übernommen werden, wenn sie durch die Ausführung der medizinischen Reha unvermeidbar entstehen. In besonders begründeten Einzelfällen (Alleinerziehende) können Kosten für die Unterbringung und Betreuung des Kindes in der Reha-Klinik bis zur Höhe des Betrages übernommen werden, der sonst für die selbstbeschaffte Ersatzkraft zu erstatten wäre, wenn der Reha-Erfolg dadurch nicht beeinträchtigt wird.[153]

Kapitel 15: Rentenrechtliche Besonderheiten für die neuen Bundesländer

Vorbemerkung[154]

Eine Stunde vor Maueröffnung wurde am 09. 11. 1989 im Deutschen Bundestag mit großer Mehrheit das Rentenreformgesetz 1992 (RRF 92) beschlossen. Unter großem Zeitdruck wurden in den folgenden Monaten die Weichen für ein einheitliches deutsches Rentenversicherungsrecht nach westdeutschem Vorbild durch den Staatsvertrag vom 18. 05. 1990[155] und den Einigungsvertrag vom 31. 08. 1990[156] gelegt. Dies wurde mit dem Renten-Überleitungsgesetz (RÜG) vom 25. 07. 1991, das zum 01. 01. 1992 in Kraft 1

---

152 Im Jahr 2012 beträgt die monatliche Bezugsgröße 2625 €. 2,5 % sind 66 € pro Tag, pro Stunde max. 8,25 €.

153 Erläuterungen zum SGB VI, Deutsche Rentenversicherung, § 28, 2., S. 177 f.

154 Ausführlich dazu: Kerschbaumer, Das Recht der gesetzlichen Rentenversicherung und die Deutsche Einheit, 1. Auflage, Wiesbaden 2011.

155 Art. 20 Abs. 1 S. 1 Staatsvertrag: »Die Deutsche Demokratische Republik leitet alle erforderlichen Maßnahmen ein, um ihr Rentenrecht an das auf dem Grundsatz der Lohn- und Beitragsbezogenheit beruhende Rentenversicherungsrecht der Bundesrepublik Deutschland anzugleichen.«

156 Art. 30 Abs. 5 Einigungsvertrag: »Die Einzelheiten der Überleitung des Sechsten Buches Sozialgesetzbuch (Rentenversicherung) und der Vorschriften des Dritten Buches der Reichsversicherungsordnung (Unfallversicherung) werden in einem Bundesgesetz geregelt. … Im übrigen soll die Überleitung von der Zielsetzung bestimmt sein, mit der Angleichung der Löhne und Gehälter in dem in Artikel 3 genannten Gebiet an diejenigen in den übrigen Ländern auch eine Angleichung der Renten zu verwirklichen.«

trat, umgesetzt. Zugleich wurde das SGB VI, wie es das RRF 92 vorsah, auch in den neuen Bundesländern eingeführt. Dabei gingen die politisch Verantwortlichen davon aus, dass die Angleichung der Löhne und Gehälter – die wichtigsten Parameter im lohnorientierten und beitragsbezogenen deutschen Rentenrecht – und damit die Herstellung einheitlicher Einkommensverhältnisse in wenigen Jahren abgeschlossen sein würden. Deshalb wurden die für das Beitrittsgebiet geltenden Regelungen als Übergangsregelungen in das Fünfte Kapitel des SGB VI aufgenommen, die dann entbehrlich sein würden, wenn der Aufholprozess beendet sein würde. Wegen der erheblich niedrigeren Löhne und Gehälter gelten in den neuen Bundesländern seit dem Inkrafttreten des SGB VI am 01.01.1992 unterschiedliche Rechengrößen in der Rentenversicherung (wie z. B. Beitragsbemessungsgrenzen, Bezugsgrößen und aktuelle Rentenwerte).[157] Diese haben Auswirkungen z. B. auf die Rentenhöhe, rentenrechtliche Bewertung von Kindererziehungs- und Pflegezeiten sowie auf die Freibeträge bei den Hinterbliebenenrenten.

Der Angleichungsprozess hat sich jedoch seit Mitte der 1990er Jahre sehr verlangsamt. Das durchschnittliche Entgelt in den neuen Bundesländern liegt noch immer bei rund 84 % der durchschnittlichen Entgelte in den alten Bundesländern, der aktuelle Rentenwert (Ost) bei knapp 89 %. Wann der Aufholprozess abgeschlossen sein wird, ist heute nicht absehbar.

Inhaltsübersicht Rn.

1. Unterschiedliche Rechenwerte in den alten und neuen Bundesländern

1 § 228 a bestimmt, dass für Vorschriften des SGB VI, die bei Arbeitsentgelten, Arbeitseinkommen oder Beitragsbemessungsgrundlagen an die Bezugsgröße oder an die Beitragsbemessungsgrenze anknüpfen, die jeweilige Bezugsgröße oder Beitragsbemessungsgrenze (Ost) maßgebend ist.[158]

2 Entscheidend ist, wo das Arbeitsentgelt oder Arbeitseinkommen erzielt wird. Die Rechenwerte (Ost) sind dann maßgebend, wenn der Beschäftigungsort (§§ 9, 10 SGB IV) bzw. Tätigkeitsort (§ 11 SGB IV) im Beitrittsgebiet liegt. Der Wohnort ist dann nicht maßgeblich. Für die Einkommensanrechnung bei Hinterbliebenenrenten ist der gewöhnliche Aufenthalt entscheidend. Für Kindererziehungszeiten gilt der Ort, an dem die Erziehung eines Kindes während eines gewöhnlichen Aufenthalts erfolgt. Für Wehr- und Zivildienstzeiten gilt der Dienstort. Beruht eine Sozialleistung (z. B. Krankengeld

157 Siehe u. a. Rentenwertbestimmungsverordnung 2012 (RWBestV 2012) vom 19.04.2012, BR-Drs. 221/12. Siehe auch Faustdaten zur Rentenversicherung, Anhang 2 zum SGB VI.

158 Wird die jeweilige Rechengröße, z. B. Bezugsgröße ohne Gebietsbezeichnung verwendet, wird darunter der Wert, der in den alten Bundesländern gilt, verstanden.

oder Arbeitslosengeld) auf einem Arbeitsentgelt oder Arbeitseinkommen, dem EP (Ost) zuzuordnen sind, gelten diese auch, wenn die zur Zahlung verpflichtete Stelle ihren Sitz in den alten Bundesländern hat. Das Beitrittsgebiet ist das in Art. 3 des Einigungsvertrages genannte Gebiet (ehemalige Staatsgebiet der DDR), § 18 Abs. 3 SGB IV.

Zur Berechnung der Bezugsgröße und Bezugsgröße (Ost) s. § 18 SGB IV.

Stellen Vorschriften auf die Veränderung der Bruttolöhne und -gehälter oder den Durchschnittsverdienst ab, ist auch für das Beitrittsgebiet der Wert (West) maßgebend (§ 228 b).

Nicht in jedem Falle werden die Rechengrößen nach West- und Ostwerten unterschieden und angewendet. Dies zeigt nachfolgende Übersicht: 3

Übersicht über die Anwendung der Rechengrößen West/Ost		
Rechengröße	**Norm**	**West/Ost- Bezeichnung**
Bezugsgröße	W: § 18 Abs. 1 SGB IV O: § 18 Abs. 2 SGB IV, § 228 a	W: Bezugsgröße O: Bezugsgröße (Ost)
Beitragsbemessungsgrenze (BBG)	W: § 160 O: §§ 228 a, 275 a	W: BBG O: BBG (Ost)
Entgeltpunkte (EP)	W: § 70 O: §§ 254 d, 256 a	W: EP O: EP (Ost)
Aktueller Rentenwert (aRw)	W: §§ 68, 68 a O: § 255 a	W: aRw O: aRw (Ost)
Durchschnittsverdienst	W + O: § 228 b	Einheitlicher (West)Wert
Veränderung der Bruttolohn- und Gehaltssumme	W + O: § 228 b	Einheitlicher (West)Wert

2. Berechnung der Renten im Beitrittsgebiet – Die Hochwertung von Entgeltpunkten (Ost) – Beitragsphase

Für Beschäftigungszeiten oder Zeiten einer selbständigen Beschäftigung, Kindererziehungs- und Pflegezeiten sowie Wehr- und Zivildienstzeiten treten anstatt von EP (West) EP (Ost), § 254 d. 4

Im Rentenrecht werden EP aus den geleisteten Rentenversicherungsbeiträgen entsprechend dem Verhältnis des individuell versicherten Arbeitsentgelts zum Durchschnittsverdienst aller Versicherten in den alten Bundesländern ermittelt (§ 228 b). Dies gilt auch für Zeiten, die in den neuen Bundesländern zurückgelegt werden. Auch hier werden die individuellen Verdienste ins Verhältnis zum Durchschnittsverdienst aller Versicherten in den alten Bundesländern gesetzt, obwohl die Durchschnittsverdienste (Ost) immer noch weit unter denen in den alten Bundesländern liegen. Bis zum Erreichen einheitlicher Einkommensverhältnisse in den neuen Bundesländern werden deshalb die ermittelten EP (Ost) mit einem Umrechnungswert multipliziert (Hochwertung), der die jeweilige

Differenz ausgleichen soll (§ 256a Abs. 1, Umrechnungswerte zur Hochwertung sind in der Anlage 10 zum SGB VI abgedruckt (siehe auch im Anhang 2: Grunddaten zur Rentenversicherung). Durch die Hochwertung werden die individuellen Verdienste (Ost) in das Einkommensgefüge der alten Bundesländer eingeordnet. Mit der Hochwertung wird sichergestellt, dass bis zum Erreichen einheitlicher Einkommensverhältnisse die in den neuen Bundesländern erworbenen Rentenansprüche den Ansprüchen westdeutscher Versicherter mit der gleichen relativen Einkommensposition entsprechen. Zugleich wird mit der Hochwertung verhindert, dass die Arbeitnehmer in den neuen Bundesländern aufgrund der heutigen niedrigen Verdienste dauerhafte Nachteile bei ihren künftigen Renten erleiden. Der jährlich festzusetzende Umrechnungswert ergibt sich jeweils aus dem Verhältnis der Durchschnittsverdienste in den alten Bundesländern zu den Durchschnittsverdiensten der neuen Bundesländer in einem Kalenderjahr. Er beträgt für 2012 1,1754.

5 Werden Beitragszeiten sowohl in den alten als auch in den neuen Bundesländern verbracht und dadurch sowohl persönliche EP als auch persönliche EP (Ost) ermittelt, ergibt sich die Monatsrente durch Zusammenrechnen der Monatsteilbeträge West und Ost.

6 Treffen in einem Kalendermonat EP (West) und EP (Ost) zusammen, gelten für den gesamten Monate EP (West). Unerheblich ist, ob sich die Zeiten überschneiden oder nacheinander zurückgelegt wurden. Dies gilt z. B. bei Mehrfachbeschäftigung, Fälle des Zusammentreffens von Pflicht- mit freiwilligen Beitragszeiten. Bei den Beitragszeiten kann es sich auch um Kindererziehungszeiten handeln.

3. Der aktuelle Rentenwert zur Bewertung der Entgeltpunkte – Rentenphase

7 Bis zum Erreichen einheitlicher Einkommensverhältnisse werden Renten bzw. Teilbeträge von Renten, die auf EP (Ost) beruhen, mit dem aktuellen Rentenwert (Ost) bewertet. Er beträgt vom 01. 07. 2012 bis zum 30. 06. 2013 24,92 €, ist 3,15 € geringer und entspricht 88,8 % des Westwerts.

8 Dies hat zur Folge, dass rentenrechtliche Zeiten wie Kindererziehung und Pflege unterschiedliche Monatsrentenbeträge zur Folge haben:

	EP (West)	EP (Ost)	Differenz
Für 1 EP	28,07 €	24,92 €	3,15 €
Kindererziehungszeit für ein Kind, das vor 1992 geboren wurde	28,07 €	24,92 €	3,15 €
Kindererziehungszeit für ein Kind, das nach 1991 geboren wurde	84,21 €	74,76 €	9,45 €
1 Jahr Pflege in der Pflegestufe I	rd. 7,10 €	rd. 6,30 €	0,80 €
Zu den unterschiedlichen Freibeträgen bei Hinterbliebenenrenten siehe SGB VI, Kap. 5 Rn. 88ff.			
Werte 01. 07. 2012–30. 06. 2013.			

Vergleichbares gilt für Zeiten von Wehr- oder Zivildienst, ebenso für die Freibeträge bei Hinterbliebenenrenten (s. Kap. 5, Rn. 90).

4. Anpassungs-Schutzklausel (Ost)

Neben der für die Anpassung der Renten in den alten und neuen Bundesländern geltenden Schutzklausel (§ 68), die bestimmt, dass weder der sog. Nachhaltigkeitsfaktor noch der sog. Riester-Faktor sowie eine negative Lohnentwicklung zu einer Verringerung der aktuellen Rentenwerte führen dürfen, sorgt eine zusätzliche Schutzklausel dafür, dass der aktuelle Rentenwert (Ost) mindestens um den Prozentsatz anzuheben ist, um den der aktuelle Rentenwert angepasst wird (§ 255 a Abs. 2, Anpassungs-Schutzklausel-Ost). 9

Kapitel 16: Zuschuss zur Kranken- und Pflegeversicherung

Inhaltsübersicht Rn.

1. Überblick

Die Krankenversicherung der Rentner (KVdR) ist eine gemeinsame Aufgabe der Träger der Kranken- und Rentenversicherung. Die Rentenversicherungsträger tragen einen Anteil für die KVdR und zahlen die Beiträge. Grundsätzlich besteht für Rentner die Möglichkeit, zum einen in der gesetzlichen Krankenversicherung pflichtversichert, freiwillig versichert oder familienmitversichert zu sein oder zum anderen bei einem Versicherungsunternehmen der privaten Krankenversicherung versichert zu sein. 1

2. Pflichtversicherte Rentner (KVdR)

Die meisten Rentner sind krankenversicherungspflichtig.[159] Die Voraussetzungen für eine Versicherungspflicht in der KVdR sind: 2

- Stellung eines Rentenantrags
- Rentenbezug
- Vorversicherungszeit: Bezieher einer Rente müssen in der Zeit zwischen der erstmaligen Aufnahme einer Erwerbstätigkeit und der Stellung eines Rentenantrags mindestens neun Zehntel der zweiten Hälfte dieses Zeitraums aufgrund einer Versicherung oder als Familienangehöriger eines Mitglieds der gesetzlichen Rentenversicherung dort versichert gewesen sein. Werden diese Voraussetzungen für eine Pflichtversicherung in der KVdR nicht erfüllt, so besteht die Möglichkeit einer freiwilligen Mitgliedschaft in der gesetzlichen Krankenversicherung.

159 § 5 Abs. 1 Nr. 11, 11 a und 12 SGB V.

Die KVdR ist eine nachrangige Versicherung, d.h. bei Bestehen einer anderweitigen Pflichtversicherung ist sie grundsätzlich subsidiär.

3 Bei Pflichtversicherten trägt die gesetzliche Rentenversicherung einen Teil der Beiträge. Die vom Rentenversicherungsträger zu zahlenden Beiträge werden gemäß dem aktuell geltenden Beitragssatz in der gesetzlichen Krankenversicherung berechnet. Allerdings gehen hiervon bei der Beitragstragung 0,9 Beitragssatzpunkte allein zu Lasten der Rentner. Die verbleibenden Beitragssatzpunkte werden zur Hälfte vom Rentner und der Rentenversicherung getragen. Beträgt die Höhe der Rente z. B. 1000 € und der allgemeine Beitragssatz zur gesetzlichen Krankenversicherung ist 15,5 %, so sind zunächst von den 15,5 % 0,9 % abzuziehen und anschließend ist der verbleibende Prozentsatz von 14,6 % von 1000 € zu errechnen und durch 2 zu teilen. In diesem Fall hat der Rentenversicherungsträger einen Zuschuss von 73 € zur KVdR zu tragen. Erhält ein Versicherter mehrere Renten, so muss er aus jeder Rente Beiträge zur KVdR zahlen. Die **Pflegeversicherungsbeiträge** haben krankenversicherungspflichtige Rentner selbst zu tragen. Diese werden zusammen mit dem Krankenversicherungsbeitrag vom Rentenversicherungsträger einbehalten und an die Pflegeversicherung abgeführt.

3. Freiwillig oder privat krankenversicherte Rentner

4 Für freiwillig oder privat krankenversicherte Rentner zahlt die gesetzliche Rentenversicherung Beitragszuschüsse (§ 106 Abs. 1 Satz 1). Die Zahlung des Beitragszuschusses setzt zunächst einen Rentenbezug ausschließlich aus der gesetzlichen Rentenversicherung voraus. Weitere Voraussetzung für den Zuschuss ist, dass der Rentner freiwillig in der gesetzlichen Krankenversicherung[160] oder bei einem privaten Krankenversicherungsunternehmen, das der deutschen bzw. einer vergleichbaren EU-Aufsicht unterliegt, versichert ist. Eine Familienversicherung allein begründet keinen Anspruch auf eine Zuschusszahlung des Rentenversicherungsträgers, da familienversicherte Rentner keine Aufwendungen für ihren Versicherungsschutz haben. Der Zuschuss muss beantragt werden, möglichst zusammen mit der Rentenantragstellung. Die Rentenversicherungsträger haben als Zuschuss den halben Betrag zu zahlen, der sich aus der Anwendung des um 0,9 Beitragssatzpunkte geminderten Beitragssatz auf den Zahlbetrag der Rente ergibt. Erhält der Rentner mehrere Renten, so wird der Zuschuss aus der Summe dieser berechnet. Zu berücksichtigen ist, dass der Zuschuss auf die Hälfte der tatsächlichen Beitragsaufwendungen berechnet wird. Der Zuschuss wird gemeinsam mit der Rente ausgezahlt. Zu **Pflegeversicherungsbeiträgen** der privat krankenversicherten Rentner zahlen die Rentenversicherungsträger keinen Zuschuss.

---

160 § 9 SGB V.

Anhang 1 – Rententabellen – Anhebung des Renteneintrittsalters – Geburtsjahr 1947–1951 nach dem RV-Altersgrenzenanpassungsgesetz

Geburts-jahr/ Monat	Regelalters-rente[161]		Altersrente für langjährig Versicherte[162]				Altersrente für schwerbehinderte Menschen[163]				Altersrente für bes. langj. Ver-sicherte[164]	Altersrente für Frauen[165]			Altersrente wegen Arbeitslosigkeit oder nach Altersteilzeitarbeit[166]		
			Abschlagsfrei ab Alter		Vorzeitige Inanspruchnahme ab Alter möglich		Abschlagsfrei[167] ab Alter		Vorzeitige Inanspruchnahme ab Alter möglich		Abschlagsfrei ab Alter	Ab-schlags-frei ab Alter	Vorzeitige Inanspruchnahme ab Alter möglich		Ab-schlags-frei ab Alter	Vorzeitige Inanspruchnahme ab Alter möglich	
	Anhe-bung um Monate	auf Alter Jahr/ Monat	Anhe-bung um Monate	Jahr/ Monat	Jahr/ Monat	max. Ab-schlag	Anhe-bung um Monate	Jahr/ Monat	Jahr/ Monat	max. Ab-schlag	Keine vorzei-tige Inan-spruchnah-me möglich		Jahr/ Monat	max. Ab-schlag		Jahr/ Monat	max. Abschl.
1947	1	65+1	–	65	63	7,2 %	–	63	60	10,8 %	65	65	60	18 %	65	61 auf 62*	14,4–10,8 %
1948																62 auf 63*	10,5–7,2 %*
Jan–Febr	2	65+2	–	65	63	7,2 %	–	63	60	10,8 %	65	65	60	18 %	65	*	*
März–April	2	65+2	–	65	63	7,2 %	–	63	60	10,8 %	65	65	60	18 %	65	*	*
Mai–Juni	2	65+2	–	65	63	7,2 %	–	63	60	10,8 %	65	65	60	18 %	65	*	*
Juli–Aug	2	65+2	–	65	63	7,2 %	–	63	60	10,8 %	65	65	60	18 %	65	*	*
Sep–Okt	2	65+2	–	65	63	7,2 %	–	63	60	10,8 %	65	65	60	18 %	65	*	*
Nov–Dez	2	65+2	–	65	63	7,2 %	–	63	60	10,8 %	65	65	60	18 %	65	*	*
1949																	
Januar	3	65+3	1	65+1	63	7,5 %	–	63	60	10,8 %	65	65	60	18 %	65	63	7,2 %
Februar	3	65+3	2	65+2	63	7,8 %	–	63	60	10,8 %	65	65	60	18 %	65	63	7,2 %
März–April	3	65+3	3	65+3	63	8,1 %	–	63	60	10,8 %	65	65	60	18 %	65	63	7,2 %
Mai–Juni	3	65+3	3	65+3	63	8,1 %	–	63	60	10,8 %	65	65	60	18 %	65	63	7,2 %
Juli–Aug	3	65+3	3	65+3	63	8,1 %	–	63	60	10,8 %	65	65	60	18 %	65	63	7,2 %
Sep–Okt	3	65+3	3	65+3	63	8,1 %	–	63	60	10,8 %	65	65	60	18 %	65	63	7,2 %
Nov–Dez	3	65+3	3	65+3	63	8,1 %	–	63	60	10,8 %	65	65	60	18 %	65	63	7,2 %
1950	4	65+4	4	65+4	63	8,4 %	–	63	60	10,8 %	65	65	60	18 %	65	63	7,2 %
1951	5	65+5	5	65+5	63	8,7 %	–	63	60	10,8 %	65	65	60	18 %	65	63	7,2 %

161 § 35 SGB VI, Übergangsregelung § 235 SGB VI; Voraussetzungen: Wartezeit von 5 Jahren (Beitragszeiten).

162 § 36 SGB VI, Übergangsregelung § 236 SGB VI; Voraussetzungen: Wartezeit von 35 Jahren (alle rentenrechtlichen Zeiten, § 54 SGB VI).

163 § 37 SGB VI, Übergangsregelung § 236 a SGB VI; Voraussetzungen: Wartezeit von 35 Jahren (alle rentenrechtlichen Zeiten, § 54 SGB VI) und Anerkennung als Schwerbehinderte/r (§ 2 Abs. 2 SGB IX).

164 §§ 38 SGB VI, Voraussetzungen: Wartezeit von 45 Jahren (es zählen Beitragszeiten und Berücksichtigungszeiten (bis zum 10. Lj. eines Kindes); Zeiten des ALG I- und ALG II-Bezuges zählen nicht, §§ 50 Abs. 5, 51 Abs. 3 a SGB VI).

165 § 237 a SGB VI, keine Änderung durch die Reform; unabhängig von der Vereinbarung oder dem Bestehen eines Altersteilzeitarbeitsverhältnisses.

166 § 237 SGB VI, Änderung bei Definition von Arbeitslosigkeit durch § 237 Abs. 2 Satz 1 SGB VI n. F.

167 Sondervertrauensschutz für ältere schwerbehinderte Menschen (vor 17. 11. 1950 geboren u. am 16. 11. 2000 schwerbehindert, berufs- oder erwerbsunfähig nach dem am 31. 12. 2000 geltenden Recht) abschlagsfrei mit 60.

Anmerkung: Die Altersrente für langjährig unter Tage beschäftigte Bergleute wird hier nicht behandelt. Für sie gelten die §§ 40 und als Übergangsregelung § 238 SGB VI.

* Die Anhebung des Eintrittsalters in diese Altersrentenart wurde durch das RV-NachhaltigkeitsG vom 26. 07. 2004 (BGBl. 2004, I 1791) vorgenommen. Die Anhebung erfolgt in Monatsschritten und wird von entsprechenden Abschlägen begleitet; z. B. geboren Januar 1948: Eintritt in diese Altersrente mit Alter 62+1 und 10,5 % Abschlag, Februar: 62+2 und 10,2 %, März: 62+3 und 9,9 %, April: 62+4 und 9,6 %, Mai: 62+5 und 9,3 %, Juni: 62+6 und 9,0 %, Juli: 62+7 und 8,7 %, August: 62+8 und 8,4 %, September: 62+9 und 8,1 %, Oktober: 62+10 und 7,8 %, November: 62+11 und 7,5 %, Dezember: 63 und 7,2 %.

Rententabellen – Anhebung des Renteneintrittsalters – Geburtsjahr ab 1952 nach dem RV-Altersgrenzenanpassungsgesetz

Geburts-jahr/Monat	Regelaltersrente[168]		Altersrente für langjährig Versicherte[169]				Altersrente für schwerbehinderte Menschen[170]				Altersrente für bes. langj. Versicherte[171]
	Anhebung	auf Alter	Abschlagsfrei ab Alter		Vorzeitige Inanspruchnahme möglich ab Alter		Abschlagsfrei[172] ab Alter		Vorzeitige Inanspruchnahme möglich ab Alter		Abschlagsfrei ab Alter
	um Monate	Jahr/Monat	Anhebung um Monate	Jahr/Monat	Jahr/Monat	max. Abschlag	Anhebung um Monate	Jahr/Monat	Jahr/Monat	max. Abschl.	Keine vorzeitige Inanspruch-nahme möglich
1952											
Januar	6	65+6	6	65+6	63	9,0 %	1	63+1	60+1	10,8 %	65
Februar	6	65+6	6	65+6	63	9,0 %	2	63+2	60+2	10,8 %	65
März	6	65+6	6	65+6	63	9,0 %	3	63+3	60+3	10,8 %	65
April	6	65+6	6	65+6	63	9,0 %	4	63+4	60+4	10,8 %	65
Mai	6	65+6	6	65+6	63	9,0 %	5	63+5	60+5	10,8 %	65
Juni-Dez	6	65+6	6	65+6	63	9,0 %	6	63+6	60+6	10,8 %	65
1953	7	65+7	7	65+7	63	9,3 %	7	63+7	60+7	10,8 %	65
1954	8	65+8	8	65+8	63	9,6 %	8	63+8	60+8	10,8 %	65
1955	9	65+9	9	65+9	63	9,9 %	9	63+9	60+9	10,8 %	65
1956	10	65+10	10	65+10	63	10,2 %	10	63+10	60+10	10,8 %	65
1957	11	65+11	11	65+11	63	10,5 %	11	63+11	60+11	10,8 %	65
1958	12	66	12	66	63	10,8 %	12	64	61	10,8 %	65
1959	14	66+2	14	66+2	63	11,4 %	14	64+2	61+2	10,8 %	65
1960	16	66+4	16	66+4	63	12,0 %	16	64+4	61+4	10,8 %	65

Geburts-jahr/Monat	Regelaltersrente[159]		Altersrente für langjährig Versicherte[160]				Altersrente für schwerbehinderte Menschen[161]				Altersrente für bes. langj. Versicherte[162]
	Anhebung	auf Alter	Abschlagsfrei ab Alter		Vorzeitige Inanspruchnahme möglich ab Alter		Abschlagsfrei[163] ab Alter		Vorzeitige Inanspruchnahme möglich ab Alter		Abschlagsfrei ab Alter
	um Monate	Jahr/ Monat	Anhebung um Monate	Jahr/ Monat	Jahr/ Monat	max. Abschlag	Anhebung um Monate	Jahr/ Monat	Jahr/ Monat	max. Abschl.	Keine vorzeitige Inanspruch-nahme möglich
1961	18	66+6	18	66+6	63	12,6 %	18	64+6	61+6	10,8 %	65
1962	20	66+8	20	66+8	63	13,2 %	20	64+8	61+8	10,8 %	65
1963	22	66+10	22	66+10	63	13,8 %	22	64+10	61+10	10,8 %	65
ab 1964	24	67	24	67	63	14,4 %	24	65	62	10,8 %	65

168 § 35 SGB VI, Übergangsregelung § 235 SGB VI; Voraussetzungen: Wartezeit von 5 Jahren (Beitragszeiten).

169 § 36 SGB VI, Übergangsregelung § 236 SGB VI; Voraussetzungen: Wartezeit von 35 Jahren (alle rentenrechtlichen Zeiten, § 54 SGB VI).

170 § 37 SGB VI, Übergangsregelung § 236 a SGB VI; Voraussetzungen: Wartezeit von 35 Jahren (alle rentenrechtlichen Zeiten, § 54 SGB VI) und Anerkennung als Schwerbehinderte/r (§ 2 Abs. 2 SGB IX).

171 §§ 38 SGB VI, Voraussetzungen: Wartezeit von 45 Jahren (es zählen Beitragszeiten und Berücksichtigungszeiten (bis zum 10. Lj. eines Kindes); Zeiten des ALG I- und ALG II-Bezuges zählen nicht, §§ 50 Abs. 5, 51 Abs. 3 a SGB VI).

172 Sondervertrauensschutz für ältere schwerbehinderte Menschen (vor 17. 11. 1950 geboren und am 16. 11. 2000 schwerbehindert, berufs- oder erwerbsunfähig nach dem am 31. 12. 2000 geltenden Recht) abschlagsfrei mit 60.

Anmerkung: Die Altersrente für langjährig unter Tage beschäftigte Bergleute wird hier nicht behandelt. Für sie gelten die §§ 40 und als Übergangsregelung § 238 SGB VI.

Anhang 2 – Grunddaten zur Rentenversicherung 2012

		Alte Bundesländer	Neue Bundesländer
Durchschnittliches Jahresarbeitsentgelt		32 446 €	27 604 €*
Bezugsgröße	jährlich	31 500 €	26 880 €
	monatlich	2625 €	2240 €
Beitragsbemessungsgrenze allgemeine Rentenversicherung	jährlich	67 200 €	57 600 €
	monatlich	5600 €	4800 €
Umrechnungsfaktor für Beitragsbemessungsgrundlagen, neue Bundesländer			1,1754 €
Regelbeitrag		514,50 €	439,04 €
Beitragssatz		19,6 %	
Standardrente brutto in € ab 01.07.2012		1263,15 €	1121,40 €
Aktueller Rentenwert ab 01.07.2012		28,07 €	24,92 €
* durch Multiplizieren mit dem Umrechnungswert			
Rentenversicherung in Zahlen 2012, Deutsche Rentenversicherung Bund			

7. Sozialgesetzbuch (SGB) Siebtes Buch (VII) – Gesetzliche Unfallversicherung

Vom 7. August 1996 (BGBl. I S. 1254); zuletzt geändert durch Art. 2 b G v. 21. Juli 2012 (BGBl. I S. 1601)

– Auszug –

Übersicht

Erstes Kapitel
Aufgaben, versicherter Personenkreis, Versicherungsfall

Erster Abschnitt
Aufgaben der Unfallversicherung

§ 1 Prävention, Rehabilitation, Entschädigung

Aufgabe der Unfallversicherung ist es, nach Maßgabe der Vorschriften dieses Buches

1. **mit allen geeigneten Mitteln Arbeitsunfälle und Berufskrankheiten sowie arbeitsbedingte Gesundheitsgefahren zu verhüten,**
2. **nach Eintritt von Arbeitsunfällen oder Berufskrankheiten die Gesundheit und die Leistungsfähigkeit der Versicherten mit allen geeigneten Mitteln wiederherzustellen und sie oder ihre Hinterbliebenen durch Geldleistungen zu entschädigen.**

Inhaltsübersicht Rn.

1. Regelungsinhalt

§ 1 des – durch das Gesetz zur Einordnung des Rechts der gesetzlichen Unfallversicherung 1
in das Sozialgesetzbuch (Unfallversicherungs-Einordnungsgesetz – UVEG) eingeführten – Siebten Buches des Sozialgesetzbuches (SGB VII) gibt – wie schon die Vorgängervorschrift des § 537 RVO (Reichsversicherungsordnung) – nur eine **programmatische Übersicht** über die Aufgaben der gesetzlichen Unfallversicherung und bringt als allgemeine Zielbestimmung die **Aufgabentrias der gesetzlichen Unfallversicherung** – Prävention und Rehabilitation sowie Entschädigung – in eine gesetzliche Rangfolge. Die Vorschrift enthält keine Anspruchsgrundlagen. Konkrete Rechte und Pflichten ergeben sich erst aus den weiteren Vorschriften des Gesetzbuches.

2. Prävention

Erste und **wichtigste Aufgabe** der gesetzlichen Unfallversicherung ist nach **§ 1 Nr. 1** die 2
Verhütung von Arbeitsunfällen und Berufskrankheiten sowie arbeitsbedingten Gesundheitsgefahren. Prävention dient nicht nur der Verwirklichung der Grundrechte der Beschäftigten (Achtung der Menschenwürde, Schutz der körperlichen Integrität), sondern entspricht auch dem Gebot wirtschaftlichen Handelns der Unternehmer (Kostenminimierung). Mangelnde Prävention kann großes menschliches Leid und hohe Folgekosten verursachen: in der Rehabilitation und für die Kompensation eingetretener Versicherungsfälle. Neben der Verhütung von Arbeitsunfällen (siehe dazu § 8) und Berufskrankheiten (siehe dazu § 9) wurde mit Einführung des SGB VII erstmals zusätzlich auch die **Abwehr arbeitsbedingter Gesundheitsgefahren** in die Verantwortung der

Unfallversicherungsträger gegeben. Die – auch von den Gewerkschaften und Arbeitgeberverbänden gewollte – Erweiterung des Präventionsauftrags tritt als gleichrangig neben die Verhütung von Arbeitsunfällen und Berufskrankheiten. Die Unfallversicherungsträger haben diesen Präventionsauftrag – nach dem eindeutigen Gesetzeswortlaut – **mit allen geeigneten Mittel** zu erfüllen (vgl. auch § 14 Abs. 1). Hierzu zählt in erster Linie der Erlass von Unfallverhütungsvorschriften (vgl. § 15). Die Unfallversicherungsträger sind dabei auch zuständig für die Überwachung der Durchführung der Maßnahmen zur Verhütung von Arbeitsunfällen, Berufskrankheiten, arbeitsbedingten Gesundheitsgefahren sowie für eine wirksame Erste Hilfe, ebenso für die Beratung der Unternehmer und der Versicherten (vgl. § 17). Hierfür setzen sie ausgebildete Aufsichtspersonen ein (vgl. § 18), welche eng mit den für den Arbeitsschutz zuständigen Landesbehörden zusammenarbeiten (vgl. § 20). Die Unfallversicherungsträger sind zuständig für die Aus- und Fortbildung der Personen, die mit der Durchführung der Maßnahmen zur Verhütung von Arbeitsunfällen, Berufskrankheiten und arbeitsbedingten Gesundheitsgefahren sowie der Ersten Hilfe betraut sind (vgl. § 23). Sie können auch überbetriebliche arbeitsmedizinische und sicherheitstechnische Dienste einrichten (vgl. § 24). Bei der Verhütung arbeitsbedingter Gesundheitsgefahren arbeiten sie mit den Krankenkassen zusammen (vgl. § 14 Abs. 2). Selbstverständlich bleibt der **Unternehmer** für die Durchführung der Präventionsmaßnahmen **verantwortlich** (vgl. § 21 Abs. 1), aber auch die Versicherten haben nach ihren Möglichkeiten an diesen Maßnahmen mitzuwirken (vgl. § 21 Abs. 3). Bei Verstößen gegen Unfallverhütungsvorschriften können die Unfallversicherungsträger Bußgelder bis zu 10 000 € verhängen (§§ 209, 210).

3. Rehabilitation

3 Trotz aller Präventionsbemühungen lässt sich der Eintritt eines Versicherungsfalls nicht immer verhindern. In einem solchen Fall ist nach **§ 1 Nr. 2** die primäre Aufgabe des zuständigen Unfallversicherungsträgers die **Wiederherstellung der Gesundheit und Leistungsfähigkeit** der betroffenen Versicherten. Dem allgemeinen Grundsatz »Rehabilitation vor Rente« folgend sind vorrangig Heilbehandlung (medizinische Rehabilitation) und Leistungen zur Teilhabe am Arbeitsleben (berufliche Rehabilitation) und Teilhabe in der Gemeinschaft (soziale Rehabilitation) zu gewähren (zu den Einzelheiten siehe §§ 26 ff.). Auch dies dient dem humanitären Interesse der Betroffenen ebenso wie dem finanziellen Interesse der die Beitragslast tragenden Unternehmer. Die frühzeitige und wirksame Rehabilitation erspart meist wesentlich höhere Kosten für ggf. auf Dauer zu zahlende Renten an die Versicherten. Außerdem entspricht dies dem die gesetzliche Unfallversicherung beherrschenden Prinzip der Haftungsersetzung durch Versicherungsschutz. Auch deswegen ist dieser Auftrag – ebenso wie der Präventionsauftrag (siehe Rn. 2) – **mit allen geeigneten Mittel** zu erfüllen (vgl. auch § 26 Abs. 2). Hierzu zählen neben einer umfassenden Heilbehandlung (vgl. § 27) die Leistungen zur Teilhabe am Arbeitsleben (vgl. § 35) sowie Leistungen zur Teilhabe am Leben in der Gemeinschaft (vgl. § 39) und ergänzende Leistungen (§§ 40 ff.), daneben kommen ggf. Leistungen bei Pflegebedürftigkeit in Betracht (vgl. § 44). Als Geldleistungen während der Heilbehand-

lung und der Leistungen zur Teilhabe am Arbeitsleben sind Verletztengeld (vgl. § 45) sowie Übergangsgeld (vgl. § 49) vorgesehen. Besondere Vorschriften gibt es hier für die Versicherten in der Seefahrt (§ 53) und in der Landwirtschaft (§§ 54 ff.).

4. Entschädigung

Nach Eintritt eines Versicherungsfalls tritt nach **§ 1 Nr. 2** neben die Rehabilitation als nachrangige, aber gleichwertige Aufgabe die **Kompensation** der eingetretenen Schadensfälle. Als Entschädigung für verbleibende Folgen eines Versicherungsfalls haben Versicherte ggf. einen Anspruch auf Zahlung einer Rente, deren Höhe sich nach dem Grad der Minderung der Erwerbsfähigkeit einerseits sowie nach der Höhe des Jahresarbeitsverdienstes andererseits richtet (vgl. dazu § 56 Abs. 3). Hinterbliebene haben ggf. Anspruch auf Leistungen bei Tod (vgl. § 63). Diese Leistungen haben insoweit **Lohnersatz- bzw. Unterhaltsersatzfunktion**. Die wichtigste Geldleistung der gesetzlichen Unfallversicherung ist die sog. **Verletztenrente**. Sie wird nach § 56 Abs. 1 Satz 1 grds. (zur Ausnahme siehe § 56 Abs. 1 Satz 2) erst dann gezahlt, wenn die Erwerbsfähigkeit der betroffenen Versicherten infolge eines Versicherungsfalls über die 26. Woche hinaus um wenigstens 20 vom Hundert gemindert ist. Die Minderung der Erwerbsfähigkeit richtet sich dabei gemäß § 56 Abs. 2 Satz 1 nach dem Umfang der sich aus der Beeinträchtigung des körperlichen und geistigen Leistungsvermögens ergebenden verminderten Arbeitsmöglichkeiten auf dem gesamten Gebiet des Erwerbslebens. Eine Vollrente – bei völligem Verlust der Erwerbsfähigkeit – beträgt nach § 56 Abs. 3 Satz 1 zwei Drittel des Jahresarbeitsverdienstes; eine Teilrente wird gemäß § 56 Abs. 3 Satz 2 nach dem der Minderung der Erwerbsfähigkeit entsprechenden Vomhundertsatz der Vollrente gewährt. Eine Verletztenrente wird zunächst für die Dauer von maximal drei Jahren als **vorläufige Entschädigung** gewährt (vgl. § 62). Auch ist unter bestimmten Voraussetzungen eine Abfindung mit einer Gesamtvergütung möglich (vgl. § 75). Als Jahresarbeitsverdienst ist i. d. R. der Gesamtbetrag der Arbeitsentgelte bzw. des Arbeitseinkommens der letzten zwölf Kalendermonate vor Eintritt des Versicherungsfalls zugrunde zu legen (vgl. § 82). Als **Todesfallleistungen** sind Sterbegeld sowie die Erstattung von Überführungskosten vorgesehen (§ 64); daneben sind Witwen- und Witwerrente (§ 65) bzw. Renten für Lebenspartner einer Eingetragenen Lebenspartnerschaft (§ 63 Abs. 1 a) und frühere Ehegatten (§ 66) vorgesehen, sowie Waisenrente (§ 67) und Witwen-, Witwer- und Waisenbeihilfe (§ 71). In besonderen Fällen kann die Satzung Mehrleistungen vorsehen (§ 94). Im Falle vorsätzlicher Herbeiführung des Todes eines Versicherten sind Leistungen ausgeschlossen (vgl. § 101 Abs. 1), ebenso können entsprechende Leistungen versagt werden bei Eintritt eines Versicherungsfalls bei einer von Versicherten begangenen Straftat (vgl. § 101 Abs. 2). 4

Zweiter Abschnitt
Versicherter Personenkreis

§ 2 Versicherung kraft Gesetzes

bis 31. 12. 2012 gültige Fassung:

(1) Kraft Gesetzes sind versichert

1. Beschäftigte,

2. Lernende während der beruflichen Aus- und Fortbildung in Betriebsstätten, Lehrwerkstätten, Schulungskursen und ähnlichen Einrichtungen,

3. Personen, die sich Untersuchungen, Prüfungen oder ähnlichen Maßnahmen unterziehen, die aufgrund von Rechtsvorschriften zur Aufnahme einer versicherten Tätigkeit oder infolge einer abgeschlossenen versicherten Tätigkeit erforderlich sind, soweit diese Maßnahmen vom Unternehmen oder einer Behörde veranlasst worden sind,

4. behinderte Menschen, die in anerkannten Werkstätten für behinderte Menschen oder in Blindenwerkstätten im Sinne des § 143 des Neunten Buches oder für diese Einrichtungen in Heimarbeit tätig sind,

5. Personen, die

a) Unternehmer eines landwirtschaftlichen Unternehmens sind und ihre im Unternehmen mitarbeitenden Ehegatten oder Lebenspartner,

b) im landwirtschaftlichen Unternehmen nicht nur vorübergehend mitarbeitende Familienangehörige sind,

c) in landwirtschaftlichen Unternehmen in der Rechtsform von Kapital- oder Personenhandelsgesellschaften regelmäßig wie Unternehmer selbständig tätig sind,

d) ehrenamtlich in Unternehmen tätig sind, die unmittelbar der Sicherung, Überwachung oder Förderung der Landwirtschaft überwiegend dienen,

e) ehrenamtlich in den Berufsverbänden der Landwirtschaft tätig sind,

wenn für das Unternehmen eine landwirtschaftliche Berufsgenossenschaft zuständig ist.

6. Hausgewerbetreibende und Zwischenmeister sowie ihre mitarbeitenden Ehegatten oder Lebenspartner,

7. selbständig tätige Küstenschiffer und Küstenfischer, die zur Besatzung ihres Fahrzeugs gehören oder als Küstenfischer ohne Fahrzeug fischen und regelmäßig nicht mehr als vier Arbeitnehmer beschäftigen, sowie ihre mitarbeitenden Ehegatten oder Lebenspartner,

8. a) Kinder während des Besuchs von Tageseinrichtungen, deren Träger für den Betrieb der Einrichtungen der Erlaubnis nach § 45 des Achten Buches oder einer Erlaubnis aufgrund einer entsprechenden landesrechtlichen Regelung bedürfen, sowie während der Betreuung durch geeignete Tagespflegepersonen im Sinne von § 23 des Achten Buches,

b) Schüler während des Besuchs von allgemein- oder berufsbildenden Schulen und während der Teilnahme an unmittelbar vor oder nach dem Unterricht von

der Schule oder im Zusammenwirken mit ihr durchgeführten Betreuungsmaßnahmen,
   c) Studierende während der Aus- und Fortbildung an Hochschulen,
9. Personen, die selbständig oder unentgeltlich, insbesondere ehrenamtlich im Gesundheitswesen oder in der Wohlfahrtspflege tätig sind,
10. Personen, die
   a) für Körperschaften, Anstalten oder Stiftungen des öffentlichen Rechts oder deren Verbände oder Arbeitsgemeinschaften, für die in den Nummern 2 und 8 genannten Einrichtungen oder für privatrechtliche Organisationen im Auftrag oder mit ausdrücklicher Einwilligung, in besonderen Fällen mit schriftlicher Genehmigung von Gebietskörperschaften ehrenamtlich tätig sind oder an Ausbildungsveranstaltungen für diese Tätigkeit teilnehmen,
   b) für öffentlich-rechtliche Religionsgemeinschaften und deren Einrichtungen oder für privatrechtliche Organisationen im Auftrag oder mit ausdrücklicher Einwilligung, in besonderen Fällen mit schriftlicher Genehmigung von öffentlich-rechtlichen Religionsgemeinschaften ehrenamtlich tätig sind oder an Ausbildungsveranstaltungen für diese Tätigkeit teilnehmen,
11. Personen, die
   a) von einer Körperschaft, Anstalt oder Stiftung des öffentlichen Rechts zur Unterstützung einer Diensthandlung herangezogen werden,
   b) von einer dazu berechtigten öffentlichen Stelle als Zeugen zur Beweiserhebung herangezogen werden,
12. Personen, die in Unternehmen zur Hilfe bei Unglücksfällen oder im Zivilschutz unentgeltlich, insbesondere ehrenamtlich tätig sind oder an Ausbildungsveranstaltungen dieser Unternehmen teilnehmen,
13. Personen, die
   a) bei Unglücksfällen oder gemeiner Gefahr oder Not Hilfe leisten oder einen anderen aus erheblicher gegenwärtiger Gefahr für seine Gesundheit retten,
   b) Blut oder körpereigene Organe, Organteile oder Gewebe spenden,
   c) sich bei der Verfolgung oder Festnahme einer Person, die einer Straftat verdächtig ist oder zum Schutz eines widerrechtlich Angegriffenen persönlich einsetzen,
14. Personen, die
   a) nach den Vorschriften des Zweiten oder Dritten Buches der Meldepflicht unterliegen, wenn sie einer besonderen, an sie im Einzelfall gerichteten Aufforderung der Bundesagentur für Arbeit, des nach § 6 Abs. 1 Satz 1 Nummer 2 des Zweiten Buches zuständigen Trägers oder eines nach § 6a des Zweiten Buches zugelassenen kommunalen Trägers nachkommen, diese oder eine andere Stelle aufzusuchen,
   b) an einer Maßnahme teilnehmen, wenn die Person selbst oder die Maßnahme über die Bundesagentur für Arbeit, einen nach § 6 Abs. 1 Satz 1 Nummer 2 des Zweiten Buches zuständigen Träger oder eines nach § 6a des Zweiten Buches zugelassenen kommunalen Träger gefördert wird,

15. Personen, die
    a) auf Kosten einer Krankenkasse oder eines Trägers der gesetzlichen Rentenversicherung oder einer landwirtschaftlichen Alterskasse stationäre oder teilstationäre Behandlung oder stationäre, teilstationäre oder ambulante Leistungen zur Rehabilitation erhalten,
    b) zur Vorbereitung von Leistungen zur Teilhabe am Arbeitsleben auf Aufforderung eines Trägers der gesetzlichen Rentenversicherung oder der Bundesagentur für Arbeit einen dieser Träger oder eine andere Stelle aufsuchen,
    c) auf Kosten eines Unfallversicherungsträgers an vorbeugenden Maßnahmen nach § 3 der Berufskrankheiten-Verordnung teilnehmen,
16. Personen, die bei der Schaffung öffentlich geförderten Wohnraums im Sinne des Zweiten Wohnungsbaugesetzes oder im Rahmen der sozialen Wohnraumförderung bei der Schaffung von Wohnraum im Sinne des § 16 Abs. 1 Nr. 1 bis 3 des Wohnraumförderungsgesetzes oder entsprechender landesrechtlicher Regelungen im Rahmen der Selbsthilfe tätig sind,
17. Pflegepersonen im Sinne des § 19 des Elften Buches bei der Pflege eines Pflegebedürftigen im Sinne des § 14 des Elften Buches; die versicherte Tätigkeit umfaßt Pflegetätigkeiten im Bereich der Körperpflege und – soweit diese Tätigkeiten überwiegend Pflegebedürftigen zugute kommen – Pflegetätigkeiten in den Bereichen der Ernährung, der Mobilität sowie der hauswirtschaftlichen Versorgung (§ 14 Abs. 4 des Elften Buches).

(1 a) Versichert sind auch Personen, die nach Erfüllung der Schulpflicht auf der Grundlage einer schriftlichen Vereinbarung im Dienst eines geeigneten Trägers im Umfang von durchschnittlich mindestens acht Wochenstunden und für die Dauer von mindestens sechs Monaten als Freiwillige einen Freiwilligendienst aller Generationen unentgeltlich leisten. Als Träger des Freiwilligendienstes aller Generationen geeignet sind inländische juristische Personen des öffentlichen Rechts oder unter § 5 Abs. 1 Nr. 9 des Körperschaftsteuergesetzes fallende Einrichtungen zur Förderung gemeinnütziger, mildtätiger oder kirchlicher Zwecke (§§ 52 bis 54 der Abgabenordnung), wenn sie die Haftpflichtversicherung und eine kontinuierliche Begleitung der Freiwilligen und deren Fort- und Weiterbildung im Umfang von mindestens durchschnittlich 60 Stunden je Jahr sicherstellen. Die Träger haben fortlaufende Aufzeichnungen zu führen über die bei ihnen nach Satz 1 tätigen Personen, die Art und den Umfang der Tätigkeiten und die Einsatzorte. Die Aufzeichnungen sind mindestens fünf Jahre lang aufzubewahren.

(2) Ferner sind Personen versichert, die wie nach Absatz 1 Nr. 1 Versicherte tätig werden. Satz 1 gilt auch für Personen, die während einer aufgrund eines Gesetzes angeordneten Freiheitsentziehung oder aufgrund einer strafrichterlichen, staatsanwaltlichen oder jugendbehördlichen Anordnung wie Beschäftigte tätig werden.

(3) Absatz 1 Nr. 1 gilt auch für

1. Personen, die im Ausland bei einer amtlichen Vertretung des Bundes oder der Länder oder bei deren Leitern, Mitgliedern oder Bediensteten beschäftigt und in der gesetzlichen Rentenversicherung nach § 4 Absatz 1 Satz 2 des Sechsten Buches pflichtversichert sind,

2. Personen, die
   a) im Sinne des Entwicklungshelfer-Gesetzes Entwicklungsdienst oder Vorbereitungsdienst leisten,
   b) einen entwicklungspolitischen Freiwilligendienst »weltwärts« im Sinne der Richtlinie des Bundesministeriums für wirtschaftliche Zusammenarbeit und Entwicklung vom 1. August 2007 (BAnz. 2008 S. 1297) leisten,
   c) einen Internationalen Jugendfreiwilligendienst im Sinne der Richtlinie Internationaler Jugendfreiwilligendienst des Bundesministeriums für Familie, Senioren, Frauen und Jugend vom 20. Dezember 2010 (GMBl S. 1778) leisten,
3. Personen, die
   a) eine Tätigkeit bei einer zwischenstaatlichen oder überstaatlichen Organisation ausüben und deren Beschäftigungsverhältnis im öffentlichen Dienst während dieser Zeit ruht,
   b) als Lehrkräfte vom Auswärtigen Amt durch das Bundesverwaltungsamt an Schulen im Ausland vermittelt worden sind oder
   c) für ihre Tätigkeit bei internationalen Einsätzen zur zivilen Krisenprävention durch einen Sekundierungsvertrag nach dem Sekundierungsgesetz abgesichert werden.

Die Versicherung nach Satz 1 Nummer 3 Buchstabe a und c erstreckt sich auch auf Unfälle oder Krankheiten, die infolge einer Verschleppung oder einer Gefangenschaft eintreten oder darauf beruhen, dass der Versicherte aus sonstigen mit seiner Tätigkeit zusammenhängenden Gründen, die er nicht zu vertreten hat, dem Einflussbereich seines Arbeitgebers oder der für die Durchführung seines Einsatzes verantwortlichen Einrichtung entzogen ist. Gleiches gilt, wenn Unfälle oder Krankheiten auf gesundheitsschädigende oder sonst vom Inland wesentlich abweichende Verhältnisse bei der Tätigkeit oder dem Einsatz im Ausland zurückzuführen sind. Soweit die Absätze 1 bis 2 weder eine Beschäftigung noch eine selbständige Tätigkeit voraussetzen, gelten sie abweichend von § 3 Nr. 2 des Vierten Buches für alle Personen, die die in diesen Absätzen genannten Tätigkeiten im Inland ausüben; § 4 des Vierten Buches gilt entsprechend. Absatz 1 Nr. 13 gilt auch für Personen, die im Ausland tätig werden, wenn sie im Inland ihren Wohnsitz oder gewöhnlichen Aufenthalt haben.

(4) Familienangehörige im Sinne des Absatzes 1 Nr. 5 Buchstabe b sind
1. Verwandte bis zum dritten Grade,
2. Verschwägerte bis zum zweiten Grade,
3. Pflegekinder (§ 56 Abs. 2 Nr. 2 des Ersten Buches) der Unternehmer, ihrer Ehegatten oder ihrer Lebenspartner.

ab 01.01.2013 gültige Fassung:

(1) Kraft Gesetzes sind versichert
1. Beschäftigte,
2. Lernende während der beruflichen Aus- und Fortbildung in Betriebsstätten, Lehrwerkstätten, Schulungskursen und ähnlichen Einrichtungen,
3. Personen, die sich Untersuchungen, Prüfungen oder ähnlichen Maßnahmen un-

terziehen, die aufgrund von Rechtsvorschriften zur Aufnahme einer versicherten Tätigkeit oder infolge einer abgeschlossenen versicherten Tätigkeit erforderlich sind, soweit diese Maßnahmen vom Unternehmen oder einer Behörde veranlaßt worden sind,

4. behinderte Menschen, die in anerkannten Werkstätten für behinderte Menschen oder in Blindenwerkstätten im Sinne des § 143 des Neunten Buches oder für diese Einrichtungen in Heimarbeit tätig sind,
5. Personen, die
   a) Unternehmer eines landwirtschaftlichen Unternehmens sind und ihre im Unternehmen mitarbeitenden Ehegatten oder Lebenspartner,
   b) im landwirtschaftlichen Unternehmen nicht nur vorübergehend mitarbeitende Familienangehörige sind,
   c) in landwirtschaftlichen Unternehmen in der Rechtsform von Kapital- oder Personenhandelsgesellschaften regelmäßig wie Unternehmer selbständig tätig sind,
   d) ehrenamtlich in Unternehmen tätig sind, die unmittelbar der Sicherung, Überwachung oder Förderung der Landwirtschaft überwiegend dienen,
   e) ehrenamtlich in den Berufsverbänden der Landwirtschaft tätig sind,

   wenn für das Unternehmen die landwirtschaftliche Berufsgenossenschaft zuständig ist.
6. Hausgewerbetreibende und Zwischenmeister sowie ihre mitarbeitenden Ehegatten oder Lebenspartner,
7. selbständig tätige Küstenschiffer und Küstenfischer, die zur Besatzung ihres Fahrzeugs gehören oder als Küstenfischer ohne Fahrzeug fischen und regelmäßig nicht mehr als vier Arbeitnehmer beschäftigen, sowie ihre mitarbeitenden Ehegatten oder Lebenspartner,
8. a) Kinder während des Besuchs von Tageseinrichtungen, deren Träger für den Betrieb der Einrichtungen der Erlaubnis nach § 45 des Achten Buches oder einer Erlaubnis aufgrund einer entsprechenden landesrechtlichen Regelung bedürfen, sowie während der Betreuung durch geeignete Tagespflegepersonen im Sinne von § 23 des Achten Buches,
   b) Schüler während des Besuchs von allgemein- oder berufsbildenden Schulen und während der Teilnahme an unmittelbar vor oder nach dem Unterricht von der Schule oder im Zusammenwirken mit ihr durchgeführten Betreuungsmaßnahmen,
   c) Studierende während der Aus- und Fortbildung an Hochschulen,
9. Personen, die selbständig oder unentgeltlich, insbesondere ehrenamtlich im Gesundheitswesen oder in der Wohlfahrtspflege tätig sind,
10. Personen, die
   a) für Körperschaften, Anstalten oder Stiftungen des öffentlichen Rechts oder deren Verbände oder Arbeitsgemeinschaften, für die in den Nummern 2 und 8 genannten Einrichtungen oder für privatrechtliche Organisationen im Auftrag oder mit ausdrücklicher Einwilligung, in besonderen Fällen mit schriftlicher

Genehmigung von Gebietskörperschaften ehrenamtlich tätig sind oder an Ausbildungsveranstaltungen für diese Tätigkeit teilnehmen,

b) für öffentlich-rechtliche Religionsgemeinschaften und deren Einrichtungen oder für privatrechtliche Organisationen im Auftrag oder mit ausdrücklicher Einwilligung, in besonderen Fällen mit schriftlicher Genehmigung von öffentlich-rechtlichen Religionsgemeinschaften ehrenamtlich tätig sind oder an Ausbildungsveranstaltungen für diese Tätigkeit teilnehmen,

11. Personen, die
    a) von einer Körperschaft, Anstalt oder Stiftung des öffentlichen Rechts zur Unterstützung einer Diensthandlung herangezogen werden,
    b) von einer dazu berechtigten öffentlichen Stelle als Zeugen zur Beweiserhebung herangezogen werden,
12. Personen, die in Unternehmen zur Hilfe bei Unglücksfällen oder im Zivilschutz unentgeltlich, insbesondere ehrenamtlich tätig sind oder an Ausbildungsveranstaltungen dieser Unternehmen teilnehmen,
13. Personen, die
    a) bei Unglücksfällen oder gemeiner Gefahr oder Not Hilfe leisten oder einen anderen aus erheblicher gegenwärtiger Gefahr für seine Gesundheit retten,
    b) Blut oder körpereigene Organe, Organteile oder Gewebe spenden oder bei denen Voruntersuchungen oder Nachsorgemaßnahmen anlässlich der Spende vorgenommen werden,
    c) sich bei der Verfolgung oder Festnahme einer Person, die einer Straftat verdächtig ist oder zum Schutz eines widerrechtlich Angegriffenen persönlich einsetzen,
14. Personen, die
    a) nach den Vorschriften des Zweiten oder des Dritten Buches der Meldepflicht unterliegen, wenn sie einer besonderen, an sie im Einzelfall gerichteten Aufforderung der Bundesagentur für Arbeit, des nach § 6 Absatz 1 Satz 1 Nummer 2 des Zweiten Buches zuständigen Trägers oder eines nach § 6a des Zweiten Buches zugelassenen kommunalen Trägers nachkommen, diese oder eine andere Stelle aufzusuchen,
    b) an einer Maßnahme teilnehmen, wenn die Person selbst oder die Maßnahme über die Bundesagentur für Arbeit, einen nach § 6 Absatz 1 Satz 1 Nummer 2 des Zweiten Buches zuständigen Träger oder einen nach § 6a des Zweiten Buches zugelassenen kommunalen Träger gefördert wird,
15. Personen, die
    a) auf Kosten einer Krankenkasse oder eines Trägers der gesetzlichen Rentenversicherung oder der landwirtschaftlichen Alterskasse stationäre oder teilstationäre Behandlung oder stationäre, teilstationäre oder ambulante Leistungen zur medizinischen Rehabilitation erhalten,
    b) zur Vorbereitung von Leistungen zur Teilhabe am Arbeitsleben auf Aufforderung eines Trägers der gesetzlichen Rentenversicherung oder der Bundesagentur für Arbeit einen dieser Träger oder eine andere Stelle aufsuchen,

c) auf Kosten eines Unfallversicherungsträgers an vorbeugenden Maßnahmen nach § 3 der Berufskrankheiten-Verordnung teilnehmen,

16. Personen, die bei der Schaffung öffentlich geförderten Wohnraums im Sinne des Zweiten Wohnungsbaugesetzes oder im Rahmen der sozialen Wohnraumförderung bei der Schaffung von Wohnraum im Sinne des § 16 Abs. 1 Nr. 1 bis 3 des Wohnraumförderungsgesetzes oder entsprechender landesrechtlicher Regelungen im Rahmen der Selbsthilfe tätig sind,
17. Pflegepersonen im Sinne des § 19 des Elften Buches bei der Pflege eines Pflegebedürftigen im Sinne des § 14 des Elften Buches; die versicherte Tätigkeit umfaßt Pflegetätigkeiten im Bereich der Körperpflege und – soweit diese Tätigkeiten überwiegend Pflegebedürftigen zugute kommen – Pflegetätigkeiten in den Bereichen der Ernährung, der Mobilität sowie der hauswirtschaftlichen Versorgung (§ 14 Abs. 4 des Elften Buches).

(1 a) Versichert sind auch Personen, die nach Erfüllung der Schulpflicht auf der Grundlage einer schriftlichen Vereinbarung im Dienst eines geeigneten Trägers im Umfang von durchschnittlich mindestens acht Wochenstunden und für die Dauer von mindestens sechs Monaten als Freiwillige einen Freiwilligendienst aller Generationen unentgeltlich leisten. Als Träger des Freiwilligendienstes aller Generationen geeignet sind inländische juristische Personen des öffentlichen Rechts oder unter § 5 Abs. 1 Nr. 9 des Körperschaftsteuergesetzes fallende Einrichtungen zur Förderung gemeinnütziger, mildtätiger oder kirchlicher Zwecke (§§ 52 bis 54 der Abgabenordnung), wenn sie die Haftpflichtversicherung und eine kontinuierliche Begleitung der Freiwilligen und deren Fort- und Weiterbildung im Umfang von mindestens durchschnittlich 60 Stunden je Jahr sicherstellen. Die Träger haben fortlaufende Aufzeichnungen zu führen über die bei ihnen nach Satz 1 tätigen Personen, die Art und den Umfang der Tätigkeiten und die Einsatzorte. Die Aufzeichnungen sind mindestens fünf Jahre lang aufzubewahren.

(2) Ferner sind Personen versichert, die wie nach Absatz 1 Nr. 1 Versicherte tätig werden. Satz 1 gilt auch für Personen, die während einer aufgrund eines Gesetzes angeordneten Freiheitsentziehung oder aufgrund einer strafrichterlichen, staatsanwaltlichen oder jugendbehördlichen Anordnung wie Beschäftigte tätig werden.

(3) Absatz 1 Nr. 1 gilt auch für

1. Personen, die im Ausland bei einer amtlichen Vertretung des Bundes oder der Länder oder bei deren Leitern, Mitgliedern oder Bediensteten beschäftigt und in der gesetzlichen Rentenversicherung nach § 4 Absatz 1 Satz 2 des Sechsten Buches pflichtversichert sind,
2. Personen, die
   a) im Sinne des Entwicklungshelfer-Gesetzes Entwicklungsdienst oder Vorbereitungsdienst leisten,
   b) einen entwicklungspolitischen Freiwilligendienst »weltwärts« im Sinne der Richtlinie des Bundesministeriums für wirtschaftliche Zusammenarbeit und Entwicklung vom 1. August 2007 (BAnz. 2008 S. 1297) leisten,
   c) einen Internationalen Jugendfreiwilligendienst im Sinne der Richtlinie Interna-

tionaler Jugendfreiwilligendienst des Bundesministeriums für Familie, Senioren, Frauen und Jugend vom 20. Dezember 2010 (GMBl S. 1778) leisten,

3. Personen, die
   a) eine Tätigkeit bei einer zwischenstaatlichen oder überstaatlichen Organisation ausüben und deren Beschäftigungsverhältnis im öffentlichen Dienst während dieser Zeit ruht,
   b) als Lehrkräfte vom Auswärtigen Amt durch das Bundesverwaltungsamt an Schulen im Ausland vermittelt worden sind oder
   c) für ihre Tätigkeit bei internationalen Einsätzen zur zivilen Krisenprävention durch einen Sekundierungsvertrag nach dem Sekundierungsgesetz abgesichert werden.

Die Versicherung nach Satz 1 Nummer 3 Buchstabe a und c erstreckt sich auch auf Unfälle oder Krankheiten, die infolge einer Verschleppung oder einer Gefangenschaft eintreten oder darauf beruhen, dass der Versicherte aus sonstigen mit seiner Tätigkeit zusammenhängenden Gründen, die er nicht zu vertreten hat, dem Einflussbereich seines Arbeitgebers oder der für die Durchführung seines Einsatzes verantwortlichen Einrichtung entzogen ist. Gleiches gilt, wenn Unfälle oder Krankheiten auf gesundheitsschädigende oder sonst vom Inland wesentlich abweichende Verhältnisse bei der Tätigkeit oder dem Einsatz im Ausland zurückzuführen sind. Soweit die Absätze 1 bis 2 weder eine Beschäftigung noch eine selbständige Tätigkeit voraussetzen, gelten sie abweichend von § 3 Nr. 2 des Vierten Buches für alle Personen, die die in diesen Absätzen genannten Tätigkeiten im Inland ausüben; § 4 des Vierten Buches gilt entsprechend. Absatz 1 Nr. 13 gilt auch für Personen, die im Ausland tätig werden, wenn sie im Inland ihren Wohnsitz oder gewöhnlichen Aufenthalt haben.

(4) Familienangehörige im Sinne des Absatzes 1 Nr. 5 Buchstabe b sind
1. Verwandte bis zum dritten Grade,
2. Verschwägerte bis zum zweiten Grade,
3. Pflegekinder (§ 56 Abs. 2 Nr. 2 des Ersten Buches)

der Unternehmer, ihrer Ehegatten oder ihrer Lebenspartner.

Inhaltsübersicht

1. Regelungsinhalt

1 § 2 bestimmt den Personenkreis, welcher kraft Gesetzes in der gesetzlichen Unfallversicherung versichert ist. Bei diesem Personenkreis bedarf es zur **Begründung des Versicherungsschutzes** keiner Anmeldung oder gar eines Aufnahmeantrags. Der Versicherungsschutz tritt **automatisch** mit Aufnahme der entsprechenden Tätigkeit ein. Als erste **kraft Gesetzes** versicherte Personen werden Beschäftigte genannt (§ 2 Abs. 1 Nr. 1). Aber auch Personen, die wie ein Beschäftigter tätig werden (sog. Wie-Beschäftigte/arbeitnehmerähnliche Beschäftigte), sind in den Schutz der gesetzlichen Unfallversicherung mit einbezogen (§ 2 Abs. 2 Satz 1 i. V. m. Abs. 1 Nr. 1).

2 Neben den Beschäftigten (Nr. 1) sind in den Nrn. 2 bis 17 des ersten Absatzes der Vorschrift zahlreiche weitere Personengruppen aufgeführt, die den Beschäftigten vergleichbaren Gefahren im Arbeitsleben ausgesetzt sind und bei denen ein gesetzlicher Unfallversicherungsschutz ebenso erforderlich ist wie bei den Beschäftigten. Dies sind beispielsweise viele »kleine« Selbständige (Nr. 5 bis 7 und 9) oder ehrenamtlich Tätige (Nr. 9 und 10 sowie Nr. 12 und 13), außerdem die große Gruppe der Kindergartenkinder, Schüler und Studierende (Nr. 8) sowie Lernende während der Ausbildung/Fortbildung (Nr. 2), darüber hinaus behinderte Menschen in anerkannten Werkstätten (Nr. 4) und Rehabilitanden (Nr. 15) sowie Pflegepersonen (Nr. 17), schließlich noch verschiedene Personengruppen, die einer staatlich angeordneten Pflicht nachkommen (Nr. 3 und 11 sowie 14), oder Personen, die im Rahmen der Selbsthilfe im geförderten Wohnungsbau tätig werden (Nr. 16).

3 Die Versicherung als Beschäftigter nach § 2 Abs. 1 Nr. 1 geht anderen Versicherungstatbeständen in den meisten Fällen vor.[1] Das Gesetz will Doppelzuständigkeiten mehrerer Versicherungsträger möglichst vermeiden (Einzelheiten zu den Konkurrenzen finden sich in § 135).

2. Beschäftigte (Abs. 1 Nr. 1)

4 Auch die anderen Zweige der Sozialversicherung knüpfen an die Beschäftigung an, aus diesem Grunde ist dieser Grundbegriff des Sozialversicherungsrechts bereits im SGB IV geregelt. Nach der gesetzlichen Regelung in **§ 7 Abs. 1 Satz 1 SGB IV** ist eine Beschäfti-

1 Vgl. BSG – 18.03.2008 – B 2 U 12/07 R.

gung die nichtselbständige Arbeit, insbesondere in einem Arbeitsverhältnis. Anhaltspunkte für eine Beschäftigung sind nach **§ 7 Abs. 1 Satz 2 SGB IV** eine Tätigkeit nach Weisung und eine Eingliederung in die Arbeitsorganisation des Weisungsgebers. Eine Beschäftigung im Sinne dieser Vorschrift liegt daher immer vor, wenn ein wirksamer Arbeitsvertrag geschlossen worden ist. Der Begriff des Beschäftigungsverhältnisses geht aber erkennbar darüber hinaus. So liegt z. B. auch bei einem (schwebend) unwirksamen Arbeitsvertrag ein sozialversicherungsrechtlich wirksames Beschäftigungsverhältnis vor (sog. faktisches Arbeitsverhältnis). Dem Arbeitsvertrag kommt ohnehin keine konstitutive Bedeutung zu, ausschlaggebend sind vielmehr in erster Linie die tatsächlichen Verhältnisse.[2]

Nach der ständigen Rechtsprechung des BSG setzt eine Beschäftigung grds. voraus, dass Arbeitnehmer vom Arbeitgeber **persönlich abhängig** sind. Bei Beschäftigung in einem fremden Betrieb ist dies der Fall, wenn Beschäftigte in den Betrieb eingegliedert sind und sie dabei einem Zeit, Dauer, Ort und Art der Ausführung umfassenden Weisungsrecht des Arbeitgebers unterliegen. Eine selbständige Tätigkeit ist demgegenüber vornehmlich durch das eigene Unternehmerrisiko, das Vorhandensein einer eigenen Betriebsstätte und eigener Betriebsmittel, die Verfügungsmöglichkeit über die eigene Arbeitskraft und die im Wesentlichen frei gestaltete Tätigkeit und Arbeitszeit gekennzeichnet. Ob jemand abhängig beschäftigt oder selbständig tätig ist, hängt davon ab, welche Merkmale überwiegen; maßgebend ist stets dabei das Gesamtbild.[3] Nach § 7 Abs. 2 SGB IV gilt auch als Beschäftigung der Erwerb beruflicher Kenntnisse, Fertigkeiten und Erfahrungen im Rahmen betrieblicher Berufsbildung, so dass auch Lehrlinge, Auszubildende, Praktikanten und Volontäre nach § 2 Abs. 1 Nr. 1 geschützt sind. Weitere Einzelheiten sind der Kommentierung zu § 7 SGB IV zu entnehmen. Zur Erstreckung des Versicherungsschutzes auf im Ausland tätige Beschäftigte wird auf die Kommentierung zu § 4 SGB IV verwiesen (siehe auch Rn. 36 zu § 2 Abs. 3). 5

3. Arbeitnehmerähnliche Personen (Abs. 2)

Versichert sind gemäß **§ 2 Abs. 2 Satz 1** auch Personen, die »wie nach Absatz 1 Nr. 1 Versicherte« tätig werden. Mit dieser Vorschrift sollen Personen in den Schutz der gesetzlichen Unfallversicherung einbezogen werden, die fremdnützig für ein Unternehmen tätig werden, ohne dass ein formelles Beschäftigungsverhältnis besteht, da die Zurechnung des Haftungsrisikos zu dem Unternehmen wegen der fremdnützigen Tätigkeit gerechtfertigt ist. Nach § 2 Abs. 2 Satz 1 i. V. m. Abs. 1 Nr. 1 sind deshalb alle Verrichtungen versichert, die der Ausübung einer Beschäftigung vergleichbar sind.[4] **Versicherungsschutz für »Wie-Beschäftigte«** setzt nach der ständigen Rechtsprechung des BSG voraus, dass es sich um eine ernstliche, dem in Betracht kommenden fremden Unternehmen zu dienen bestimmte Tätigkeit von wirtschaftlichem Wert handelt, die dem wirklichen oder mutmaßlichen Willen des Unternehmers entspricht und ungeachtet des Beweggrundes für den Entschluss 6

2 BSG – 28.05.2008 – B 12 KR 13/07 R; BSG v 19.08.2003 – B 2 U 38/02 R.
3 BSG – 30.06.2009 – B 2 U 3/08 R; BSG – 12.02.2004 – B 12 KR 26/02 R.
4 BSG – 27.03.2012 – B 2 U 5/11 R.

zum Tätigwerden unter solchen Umständen geleistet wird, dass sie ihrer Art nach sonst von Personen verrichtet werden könnten, welche in einem Beschäftigungsverhältnis stehen; eine persönliche oder wirtschaftliche Abhängigkeit vom unterstützten Unternehmen ist demgegenüber nicht erforderlich; ohne Bedeutung für den Versicherungsschutz nach § 2 Abs. 2 ist auch, ob Verletzte gegen ein Entgelt oder unentgeltlich handeln.[5]

7 Allerdings wird nicht jede Tätigkeit, die einem fremden Unternehmen objektiv nützlich und ihrer Art nach sonst üblicherweise dem allgemeinen Arbeitsmarkt zugänglich ist, beschäftigtenähnlich verrichtet. Vielmehr kommt der mit dem – objektiv arbeitnehmerähnlichen – Verhalten verbundenen Handlungstendenz, die vom bloßen Motiv für das Tätigwerden zu unterscheiden ist, eine ausschlaggebende Bedeutung zu.[6] Von einer beschäftigungsähnlichen bzw. arbeitnehmerähnlichen Tätigkeit kann nicht ausgegangen werden, wenn die Handlungstendenz für das Tätigwerden nicht darauf gerichtet waren, einem fremden Unternehmen zu dienen, sondern wenn die Handlungstendenz eigennützig war. Für eine Versicherung als »**Wie-Beschäftigter**« nach § 2 Abs. 2 Satz 1 reicht es nicht aus, dass die unfallbringende Tätigkeit einer anderen Person oder einem anderen Unternehmen objektiv nützlich war; notwendig ist, dass die Handelnden auch subjektiv ein Geschäft des anderen besorgen, also fremdnützig tätig sein wollen. Verfolgt eine Person mit einem Verhalten, das ansonsten einer Tätigkeit aufgrund eines Beschäftigungsverhältnisses ähnelt, in Wirklichkeit – wesentlich – allein eigene Angelegenheiten, ist sie nicht mit fremdwirtschaftlicher Zweckbestimmung und somit nicht wie im Rahmen eines Beschäftigungsverhältnisses, sondern wie ein Unternehmer eigenwirtschaftlich tätig und steht daher auch nicht nach § 2 Abs. 2 Satz 1 wie nach Abs. 1 Nr. 1 dieser Vorschrift Tätige unter Versicherungsschutz.[7] Dient eine Tätigkeit sowohl eigenen Belangen als auch fremden Zwecken, so sind objektiv erbrachte Leistungen und subjektive Handlungstendenzen ihrer Intensität nach jeweils gegeneinander abzuwägen.[8] Entscheidend für das Vorliegen einer »Wie-Beschäftigung« ist nicht alleine die unmittelbar zum Unfall führende Verrichtung, sondern das Gesamtbild des ausgeführten und beabsichtigten Vorhabens.[9] Maßgeblich sind die tatsächlichen und rechtlichen Verhältnisse, unter denen sich die Tätigkeit vollzogen hat im Sinne einer Gesamtbetrachtung aller maßgeblichen Umstände des Einzelfalls.[10] Für die Abgrenzung zwischen einer Tätigkeit als – arbeitnehmerähnlicher – »Wie-Beschäftigter« und einer – unternehmerähnlichen – Tätigkeit ist mit gewissen Abstrichen von der Abgrenzung zwischen Beschäftigtem und Unternehmer auszugehen.[11]

8 Auch kurzfristige und nur **geringfügige Tätigkeiten** können hier genügen, um einen Versicherungsschutz als »Wie-Beschäftigter« zu begründen. Dies kann auch bei Freundschafts- oder Gefälligkeitsdiensten in Betracht kommen. Allerdings muss die Verrichtung

5 BSG – 12.04.2005 – B 2 U 5/04 R.
6 LSG Schleswig-Holstein – 20.06.2012 – L 8 U 39/11.
7 BSG – 05.07.2005 – B 2 U 22/04 R.
8 LSG Schleswig-Holstein – 20.06.2012 – L 8 U 39/11.
9 LSG Bayern – 12.04.2011 – L 3 U 121/10.
10 LSG Baden-Württemberg – 16.11.2011 – L 2 U 1422/10.
11 BSG – 31.05.2005 – B 2 U 35/04 R.

dazu einer Tätigkeit aufgrund eines Beschäftigungsverhältnisses ähneln, was nicht der Fall ist bei einer Handlung, die quasi im Vorübergehen vorgenommen wird, nur einen kurzen Augenblick dauert und praktisch im Handumdrehen beendet ist.[12] Verrichtungen aufgrund freundschaftlicher und/oder nachbarschaftlicher Beziehungen schließen einen Versicherungsschutz nach § 2 Abs. 2 nicht von vornherein aus; dies ist nur dann der Fall, wenn es sich um einen aufgrund der konkreten sozialen Beziehungen geradezu selbstverständlichen Hilfsdienst handelt oder wenn die Verrichtung als Erfüllung gesellschaftlicher Verpflichtungen anzusehen ist, die bei besonders engen Beziehungen zwischen Freunden typisch und üblich und deshalb zu erwarten ist.[13] Ebenso schließt ein Verwandtschaftsverhältnis nicht automatisch den Versicherungsschutz aus. Jedoch besteht dann kein Versicherungsschutz, wenn es sich um bloße **Gefälligkeitshandlungen** handelt, die unter Verwandten vorgenommen werden und die von familiären Beziehungen zwischen Angehörigen geprägt sind.[14] Je enger die verwandtschaftliche Beziehung ist, um so eher erscheint die Annahme gerechtfertigt, dass es sich nur um Gefälligkeitsdienste handelte, welche ihr Gepräge allein durch die familiären Beziehungen erhalten und nicht mehr als arbeitnehmerähnlich anzusehen sind.[15] Bei der Eltern-Kind-Beziehung ist § 1618a BGB (»Eltern und Kinder sind einander Beistand und Rücksicht schuldig.«) der entscheidende Maßstab.[16] Schließlich scheiden hier auch Tätigkeiten aufgrund von vereinsmitgliedschaftlichen Pflichten aus. Auch hier schließt eine Mitgliedschaft nicht automatisch den Versicherungsschutz aus.[17] Die zu beurteilenden Verrichtungen dürfen aber nicht allein im Rahmen der Mitgliedschaft zu einem Verein in Erfüllung der mitgliedschaftlichen Pflichten ausgeübt worden sein.[18]

Versicherungsschutz in der gesetzlichen Unfallversicherung wie für arbeitnehmerähnliche Personen i. S. d. § 2 Abs. 2 Satz 1 besteht im Übrigen nach **§ 2 Abs. 2 Satz 2** auch für Personen, die während einer aufgrund eines Gesetzes angeordneten Freiheitsentziehung oder aufgrund einer strafrichterlichen oder staatsanwaltlichen oder einer jugendbehördlichen Anordnung wie Beschäftigte tätig werden. Ein Versicherungsschutz nach Abs. 1 Nr. 1 besteht in diesen Fällen mangels Freiwilligkeit der Tätigkeit nicht. Mit dieser Regelung werden – unfreiwillige – Tätigkeiten den im Rahmen einer Beschäftigung – freiwillig – verrichteten Tätigkeiten sozial gleichgestellt, da in diesen Fällen die Gefährdungslage der Betroffenen und ihre soziale Schutzbedürftigkeit dieselbe wie bei regulär Beschäftigten ist. Zuständig ist hierfür der Unfallversicherungsträger im Landesbereich (§ 128 Abs. 1 Nr. 8). **9**

12 LSG Nordrhein-Westfalen – 30.04.2010 – L 4 U 119/09.
13 LSG Baden-Württemberg – 16.11.2011 – L 2 U 1422/10.
14 LSG Hessen – 31.01.2011 – L 9 U 120/10.
15 SG Düsseldorf – 09.12.2008 – S 6 U 119/06.
16 LSG Hessen – 31.01.2011 – L 9 U 120/10.
17 BSG – 13.08.2002 – B 2 U 5/02 R.
18 BSG – 27.10.2009 – B 2 U 26/08 R; LSG Niedersachsen-Bremen – 31.05.2011 – L 9U 245/08.

4. Weitere pflichtversicherte Personen (Abs. 1 Nr. 2 bis 17 und Abs. 1 a)

4.1 Allgemeines

10 Der Schutz der gesetzlichen Unfallversicherung war zunächst auf Arbeitnehmer – »Beschäftigte« – ausgerichtet. Dieser Versicherungsschutz wird heute meist als »echte Unfallversicherung« bezeichnet. Im Laufe der Jahre sind immer weitere Personenkreise in diesen Versicherungsschutz einbezogen worden. Diesbezüglich wird zumeist der Terminus »**unechte Unfallversicherung**« gebraucht, ohne dass mit dieser Begriffsbildung für die Rechtsanwendung irgendetwas gewonnen ist.[19] Kriterium für die Einbeziehung dieses Personenkreises ist die Verantwortlichkeit der Allgemeinheit für einen Schadensausgleich, weshalb die Finanzierung insoweit durch Steuermittel erfolgt. Die folgende Darstellung dieses Personenkreises beschränkt sich auf die wesentlichen Grundzüge.

4.2 Berufliche Ausbildung/Fortbildung (Abs. 1 Nr. 2)

11 Mit § 2 Abs. 1 Nr. 2 werden **Lernende** während ihrer beruflichen Ausbildung und Fortbildung in den Schutz der gesetzlichen Unfallversicherung einbezogen. Erfasst wird damit – neben der bereits über Nr. 1 einbezogenen Berufsausbildung (siehe Rn. 5) – auch jede außerbetriebliche Berufsbildung in den genannten Einrichtungen. Die Abgrenzung zwischen Ausbildung (zu einem Beruf) und Fortbildung (auf bereits vorhandener Berufsausbildung oder Berufsausübung aufbauend) ist ohne praktische Bedeutung, da beide Bereiche erfasst sind. Die Bildungsmaßnahme muss allerdings eine **berufliche Zweckausrichtung** haben, dies erfordert einen inneren Bezug zu einer Erwerbstätigkeit oder einer anderen versicherungspflichtigen Tätigkeit.[20] Nicht versichert sind Maßnahmen, die allein privaten, eigennützigen Zwecken ohne konkreten Bezug zu einem Beruf dienen. Der Versicherungsschutz nach § 2 Abs. 1 Nr. 2 erstreckt sich dabei nur auf die Tätigkeiten, die im organisatorischen Verantwortungsbereich der Bildungseinrichtung liegen, also den eigentlichen Unterricht mit den dazu gehörenden Pausen; das Erledigen von Hausaufgaben im privaten Bereich ist daher nicht versichert.[21] Zuständiger Unfallversicherungsträger ist hier grds. der für die Bildungseinrichtung zuständige Unfallversicherungsträger (vgl. § 133 Abs. 1), bei Rehabilitanden der für den Rehabilitationsträger oder einen sonstigen Sachkostenträger zuständige Unfallversicherungsträger (vgl. § 136 Abs. 3 Nr. 2 bzw. Nr. 3).

4.3 Vorgeschriebene Untersuchungen/Prüfungen (Abs. 1 Nr. 3)

12 Unter Versicherungsschutz stehen nach § 2 Abs. 1 Nr. 3 Personen, welche sich auf Veranlassung des Unternehmers oder einer Behörde einer Untersuchung, Prüfung oder

---

19 Plagemann/Radtke-Schwenzer, S. 37.
20 BSG – 18.01.2011 – B 2 U 9/10 R.
21 LSG Berlin-Brandenburg – 03.12.2009 – L 31 U 480/08.

ähnlichen Maßnahme unterziehen, welche aufgrund von Rechtsvorschriften zur Aufnahme einer versicherten Tätigkeit oder in deren Folge erforderlich ist. Hierunter fallen beispielsweise **arbeitsmedizinische Untersuchungen** und Schuleignungsuntersuchungen bei Kindern sowie Untersuchungen nach dem Infektionsschutzgesetz. Die Zuständigkeit des Unfallversicherungsträgers richtet sich bei von einem Unternehmen veranlassten Maßnahmen wiederum nach diesem (vgl. § 133 Abs. 1), bei von einer Behörde veranlassten Maßnahmen ist dies der Unfallversicherungsträger im Landesbereich (vgl. § 128 Abs. 1 Nr. 5) oder im kommunalen Bereich (vgl. § 129 Abs. 1 Nr. 4).

4.4 Behinderte Menschen in anerkannten Werkstätten (Abs. 1 Nr. 4)

§ 2 Abs. 1 Nr. 4 stellt behinderte Menschen, welche in anerkannten **Werkstätten** für behinderte Menschen (vgl. § 136 SGB IX) oder Blindenwerkstätten (§ 143 SGB IX) tätig sind, unter den Schutz der gesetzlichen Unfallversicherung. Diese Personen sind ebenso in die gesetzliche Kranken- und Rentenversicherung einbezogen (vgl. § 5 Abs. 1 Nr. 7 SGB V bzw. § 1 Satz 1 Nr. 2 a SGB VI). Zuständiger Unfallversicherungsträger ist auch hier der für die jeweilige Einrichtung zuständige Unfallversicherungsträger (vgl. § 133 Abs. 1), dies ist für private Träger die Berufsgenossenschaft Gesundheitsdienst und Wohlfahrtspflege (BGW), bei staatlichen Einrichtungen zuständig sind die Unfallversicherungsträger im Landesbereich (vgl. § 128 Abs. 1 Nr. 1) oder im kommunalen Bereich (vgl. § 129 Abs. 1 Nr. 1). 13

4.5 Landwirtschaftliche Unternehmer (Abs. 1 Nr. 5)

Der **Begriff des landwirtschaftlichen Unternehmens** ist in **§ 123** gesetzlich definiert. Für die dort Tätigen eröffnet § 2 Abs. 1 Nr. 5 Versicherungsschutz in der gesetzlichen Unfallversicherung einschließlich ihrer mitarbeitenden Ehegatten, Lebenspartner und Familienangehörigen sowie für bestimmte ehrenamtliche Tätigkeiten. Hierunter fallen nicht nur die Unternehmen der **Landwirtschaft** im engeren Sinne, sondern z. B. auch Forstwirtschaften,[22] Garten- und Weinbau, Fischzucht und Imkerei sowie Jagden (zu den Einzelheiten siehe §§ 123, 124). Wer zu den Familienangehörigen im Sinne dieser Vorschrift gehört, ist in § 2 Abs. 4 näher geregelt. Dazu gehören alle Verwandten bis zum dritten Grad und Verschwägerte bis zum zweiten Grad sowie die Pflegekinder (§ 56 Abs. 2 Nr. 2 SGB I). Zuständig ist hier – bis zum Ende des Jahres 2012 – eine der regionalen landwirtschaftlichen Berufsgenossenschaften oder die Gartenbau-Berufsgenossenschaft bzw. – ab dem 01. 01. 2013[23] – die landwirtschaftliche Berufsgenossenschaft (siehe § 114 Rn. 7). 14

---

22 Vgl. dazu BSG – 27. 03. 2012 – B 2 U 5/11 R.

23 Änderung durch das Gesetz zur Neuordnung der Organisation der landwirtschaftlichen Sozialversicherung (LSV-Neuordnungsgesetz – LSV-NOG) vom 12. 04. 2012 – BGBl. 2012, 579–602.

4.6 Hausgewerbetreibende/Zwischenmeister (Abs. 1 Nr. 6)

15 Vergleichbar der Absicherung der landwirtschaftlichen Unternehmer nach § 1 Abs. 1 Nr. 5 werden bestimmte selbständige Kleingewerbetreibende und deren mitarbeitende Ehegatten und Lebenspartner von § 1 Abs. 1 Nr. 6 erfasst. **Hausgewerbetreibende** sind nach § 12 Abs. 1 SGB IV selbständig Tätige, die in eigener Arbeitsstätte im Auftrag und für Rechnung von Gewerbetreibenden, gemeinnützigen Unternehmen oder öffentlich-rechtlichen Körperschaften gewerblich arbeiten, auch wenn sie Roh- oder Hilfsstoffe selbst beschaffen oder vorübergehend für eigene Rechnung tätig sind. **Zwischenmeister** ist nach § 12 Abs. 4 SGB IV, wer, ohne Arbeitnehmer zu sein, die übertragene Arbeit an Hausgewerbetreibende oder Heimarbeiter weitergibt. Zuständiger Unfallversicherungsträger ist die jeweilige Fach-Berufsgenossenschaft des Gewerbezweiges, in dem Versicherte – nicht dessen Auftraggeber – tätig sind (vgl. § 121 Abs. 1).

4.7 Küstenschiffer/Küstenfischer (Abs. 1 Nr. 7)

16 Auch **selbständige Küstenschiffer und Küstenfischer** sowie ihre mitarbeitenden Ehegatten und Lebenspartner stehen nach § 2 Abs. 1 Nr. 7 unter dem Schutz der gesetzlichen Unfallversicherung, sofern sie nicht mehr als vier Arbeitnehmer beschäftigen; weitere Voraussetzung ist, dass sie entweder Besatzungsmitglied sind oder – bei Küstenfischern – ohne Fahrzeug fischen (vgl. auch § 121 Abs. 3 Satz 1 Nr. 4). Zuständiger Unfallversicherungsträger ist – sofern es sich nicht lediglich um ein Neben- oder Hilfsunternehmen handelt, welches nicht über den örtlichen Verkehr hinausreicht (vgl. § 131 Abs. 3 Nr. 1) – die BG Verkehr (Berufsgenossenschaft für Transport und Verkehrswirtschaft) als Nachfolgerin der früheren See-BG.

4.8 Kinder/Schüler/Studierende (Abs. 1 Nr. 8)

17 Nach § 2 Abs. 1 Nr. 8 a stehen auch **Kinder** in Tageseinrichtungen unter Versicherungsschutz. Da das SGB VII selbst keine gesetzliche Definition des Begriffes »Kind« enthält, ist auf **§ 7 Abs. 1 Nr. 1 SGB VIII** zurückzugreifen. Kind ist danach, wer **noch nicht 14 Jahre alt** ist. Als Kinder stehen also alle Personen, die noch nicht 14 Jahre alt sind, während des Besuchs von Tageseinrichtungen unter dem Schutz der gesetzlichen Unfallversicherung. Jugendliche (§ 7 Abs. 1 Nr. 2 SGB VIII: noch nicht 18 Jahre alt) oder junge Volljährige (§ 7 Abs. 1 Nr. 3 SGB VIII: noch nicht 27 Jahre alt) fallen nicht hierunter, auch wenn diese Hilfe für die Persönlichkeitsentwicklung und zu einer eigenverantwortlichen Lebensführung nach § 41 SGB VIII erhalten, deren Ausgestaltung in Tageseinrichtungen für Kinder erfolgt.[24] Geschützt sind Kinder nach der eindeutigen gesetzliche Anordnung nur beim Besuch von **Tageseinrichtungen** (zum Begriff siehe § 22 Abs. 1 SGB VIII), für die eine Erlaubnis nach § 45 SGB VIII oder entsprechender landesrechtlicher Regelungen vorliegt, sowie bei Betreuung durch eine geeignete **Tagespflegeperson** im Sinne des

24 BSG – 18.01.2011 – B 2 U 15/10 R.

§ 23 SGB VIII. Der unfallversicherungsrechtliche Schutz von Kindern nach § 2 Abs. 1 Nr. 8 a ist dabei umfassend[25] und deckt damit hier auch die Einnahme von Mahlzeiten ab.[26] Der Versicherungsschutz nach § 2 Abs. 1 Nr. 8 a endet erst mit dem erlaubten Verlassen der Einrichtung.[27] Zuständiger Unfallversicherungsträger ist der kommunale Unfallversicherungsträger bei Sachkostenträgerschaft des Landes oder der Kommune (vgl. § 136 Abs. 3 Nr. 3 i. V. m. § 128 Abs. 1 Satz 1 bzw. § 129 Abs. 1 Satz 1) sowie bei Einrichtungen von Trägern der freien Jugendhilfe und anderen – steuerrechtlich als gemeinnützig anerkannten – Tageseinrichtungen und bei Betreuung durch die o. a. Tagespflegepersonen der Unfallversicherungsträger im Landesbereich (vgl. § 128 Abs. 1 Nr. 2), bei Werkskindergärten der für das jeweilige Unternehmen zuständige Unfallversicherungsträger (§ 133 Abs. 1) und für sonstige Einrichtungen die BGW (Berufsgenossenschaft für Gesundheitsdienst und Wohlfahrtspflege) (§ 122 Abs. 2).

Schüler sind nach § 2 Abs. 1 Nr. 8 b während des Schulbesuchs gesetzlich unfallversichert. Erfasst werden aber nur **allgemein- und berufsbildende Schulen**, andere Bildungseinrichtungen sind ausgeschlossen. Allgemeinbildende Schulen sind alle Schulen, an denen die Schulpflicht erfüllt werden kann oder die darüber hinaus zur mittleren Reife oder zum Abitur führen, also z. B. Grund- und Hauptschulen, Mittel- oder Realschulen, Gymnasien, Sonderschulen, Aufbauschulen, Abendschulen und Kollegs; unerheblich ist dabei, ob die Schule **in öffentlicher oder privater Trägerschaft** betrieben wird.[28] Zu den berufsbildenden Schulen gehören Berufsschulen, Berufsfachschulen und Berufsaufbauschulen einschließlich Berufsakademien. Krankenpflege- und Altenpflegeschulen sind keine berufsbildenden Schulen in diesem Sinne, wenn mit bzw. nach ihrem Besuch kein anerkannter schulrechtlicher Abschluss erreicht werden kann.[29] Unter Unfallversicherungsschutz fällt der eigentliche Schulbesuch, also die Teilnahme am Unterricht, aber auch die Teilnahme an weiteren Betreuungsmaßnahmen unmittelbar vor oder nach dem Unterricht ist hier abgesichert. Insoweit ist allerdings zur Abgrenzung des geschützten Bereichs erforderlich, dass ein **räumlicher und zeitlicher Zusammenhang** mit dem Schulbesuch vorliegt. Der Versicherungsschutz wird damit auf den organisatorischen Verantwortungsbereich der Schule begrenzt.[30] Außerhalb dieses Bereichs ist in der Regel kein Versicherungsschutz gegeben.[31] Zum organisatorischen Verantwortungsbereich gehören auch beispielsweise die unter schulischer Aufsicht durchgeführten Klassenfahrten,[32] und zwar auch ins Ausland.[33] Der Unfallversicherungsschutz erstreckt sich ggf. auch auf Pausen und Freistunden sowie die Erledigung von Hausaufgaben innerhalb der Schule. Als weitere Besonderheit der Schüler-Unfallversicherung ist zu berücksichtigen, dass sich **18**

25 BSG – 30. 06. 1998 – B 2 U 20/97.
26 LSG Niedersachsen-Bremen – 24. 02. 2009 – L 9 U 41/06.
27 BSG – 30. 06. 1998 – B 2 U 20/97.
28 BSG – 26. 01. 1988 – 2 RU 2/87.
29 LSG Berlin-Brandenburg – 03. 11. 2011 – L 2 U 582/08.
30 BSG – 30. 06. 2009 – B 2 U 19/08 R.
31 LSG Hamburg – 11. 10. 2011 – L 3 U 39/10.
32 BSG – 26. 10. 2004 – B 2 U 41/03 R; LSG Baden-Württemberg – 05. 12. 2006 – L 9 U 781/05.
33 LSG Niedersachsen-Bremen – 29. 11. 2006 – L 9 U 77/05.

aus unzureichender Beaufsichtigung oder dem typischen Gruppenverhalten von Schülern oder Jugendlichen Gefahren ergeben, welche der alterstypischen Entwicklung geschuldet sind, weshalb auch Unfälle infolge von Rauferei und Spielerei im Zusammenhang mit dem Schulbesuch unter Unfallversicherungsschutz stehen.[34] Zuständiger Unfallversicherungsträger ist bei Schulen in öffentlicher Trägerschaft der kommunale Unfallversicherungsträger (vgl. § 136 Abs. 3 Nr. 3 i.V.m. § 129 Abs. 1 Satz 1), bei Schulen in privater Trägerschaft der Unfallversicherungsträger im Landesbereich (vgl. § 128 Abs. 1 Nr. 3), für sonstige Schulen in der Regel die Verwaltungs-Berufsgenossenschaft (§ 122 Abs. 2).

19 Mit § 2 Abs. 1 Nr. 8c werden schließlich noch **Studierende** an den Hochschulen in den Schutz der gesetzlichen Unfallversicherung einbezogen. Dieser Versicherungsschutz ist im Umfang dem Schutz der Schüler nach Nr. 8b nachgebildet und begrenzt auf den organisatorischen Verantwortungsbereich der Hochschule, insoweit ist nicht nur der unmittelbare Besuch von Vorlesungsveranstaltungen an der Hochschule versichert, Studierende sind in der Regel auch versichert, wenn sie – anstelle von Unterrichtsveranstaltungen oder daneben – andere Hochschuleinrichtungen wie Universitätsbibliotheken, Seminare und Institute **zu Studienzwecken** aufsuchen.[35] Hierzu soll auch die Teilnahme am Hochschulsport und an den Deutschen Hochschulmeisterschaften zählen.[36] Der Versicherungsschutz für Studierende beginnt mit der Immatrikulation und besteht nicht für eine Person, die eine Universitätsveranstaltung besucht, ohne immatrikuliert oder von der Universität in anderer Form (»Gasthörer«) offiziell registriert zu sein.[37] Zu den **Hochschulen** zählen alle öffentlichen und privaten Universitäten sowie Gesamthochschulen und Fachhochschulen, ebenso Musik- und Kunsthochschulen. Zuständiger Unfallversicherungsträger – sowohl für die staatlichen als auch die privaten Hochschulen – ist in der Regel das Land (vgl. § 128 Abs. 1 Nr. 1 und Nr. 4).

4.9 Gesundheitswesen/Wohlfahrtspflege (Abs. 1 Nr. 9)

20 § 2 Abs. 1 Nr. 9 stellt im Gesundheitswesen oder in der Wohlfahrtspflege Tätige unter Versicherungsschutz. In den Schutzbereich einbezogen werden alle selbständig Tätigen und alle unentgeltlich, insbesondere ehrenamtlich Tätigen in diesen Bereichen. Der Versicherungsschutz im **Gesundheitswesen** scheint damit umfassend zu sein; nach **§ 4 Abs. 3** sind die frei selbständig tätigen Ärzte, Zahnärzte, Tierärzte, Psychologische Psychotherapeuten, Kinder- und Jugendlichenpsychotherapeuten, Heilpraktiker und Apotheker aber aus der Versicherungspflicht nach § 2 Abs. 1 Nr. 9 ausdrücklich herausgenommen. Zu den in der **Wohlfahrtspflege** tätigen Personen gehören auch Berufsbetreuer,[38] ebenso Tagespflegepersonen.[39] Der Versicherungsschutz besteht auch bei einer Tätigkeit im Ausland.[40]

---

34 BSG – 26.10.2004 – B 2 U 41/03 R.
35 BSG – 26.09.1996 – 2 RU 12/96; LSG Baden-Württemberg – 16.02.2007 – L 6 U 839/04.
36 SG Mainz – 27.01.2012 – S 10 U 239/09.
37 LSG Rheinland-Pfalz – 14.07.2011 – L 5 U 240/10.
38 LSG Niedersachsen-Bremen – 21.06.2007 – L 9 U 315/04.
39 LSG Sachsen – 16.12.2010 – L 2 U 67/09; BSG – 31.01.2012 – B 2 U 3/11 R.
40 LSG Rheinland-Pfalz – 23.05.2007 – L 2 U 237/04.

Abzugrenzen von der Wohlfahrtspflege ist die rein private Hilfeleistung, beispielsweise Gefälligkeiten unter Freunden oder Verwandten oder die Nachbarschaftshilfe. Fachlich zuständiger Unfallversicherungsträger ist die BGW (Berufsgenossenschaft Gesundheitsdienst und Wohlfahrtspflege); bei Unternehmen, die vom Bund, einem Land oder einer Gemeinde betrieben werden, die entsprechenden Unfallversicherungsträger der öffentlichen Hand (vgl. §§ 125 Abs. 1 Nr. 1, 128 Abs. 1 Nr. 1 und § 129 Abs. 1 Nr. 1); für ehrenamtlich Tätige des Deutschen Roten Kreuzes die Unfallkasse des Bundes (vgl. § 125 Abs. 1 Nr. 5) und für kirchliche Einrichtungen die VBG (Verwaltungs-Berufsgenossenschaft).

4.10 Ehrenamtlich Tätige (Abs. 1 Nr. 10)

Pflichtversichert in der gesetzlichen Unfallversicherung sind nach § 2 Abs. 1 Nr. 10 a **21**
Personen, die für Körperschaften, Anstalten oder Stiftungen des öffentlichen Rechts oder deren Verbände oder Arbeitsgemeinschaften, die für die in § 2 Abs. 1 Nr. 2 und Nr. 8 genannten Einrichtungen **ehrenamtlich tätig** sind; darüber hinaus ist auch eine Teilnahme an Ausbildungsveranstaltungen für solche Tätigkeiten mit einbezogen, außerdem ist auch genannt eine ehrenamtliche Tätigkeit für privatrechtliche Organisationen, die ihrerseits im Auftrag oder mit ausdrücklicher Einwilligung, in besonderen Fällen mit schriftlicher Genehmigung von Gebietskörperschaften, handeln. Sinn und Zweck dieser Regelung ist es, einen Unfallversicherungsschutz für solche Personen zu begründen, die in der Verwaltung und Rechtspflege sowie allgemein im Interesse und **zum Wohl der Allgemeinheit** ehrenamtlich tätig werden, wobei diese Tätigkeit nicht auf Dauer angelegt sein muss und auf einzelne Veranstaltungen begrenzt sein kann, nur vorübergehend ausgeübt oder sogar nur einmal und nur für wenige Stunden verrichtet werden kann.[41] Ehrenamtlich in diesem Zusammenhang ist nur eine solche Tätigkeit, die **unentgeltlich** ausgeübt wird. Allerdings wird nicht jede unentgeltliche Tätigkeit für die öffentliche Hand erfasst, vorauszusetzen ist ein bestimmter, qualifizierter Aufgaben- und organisatorischer Verantwortungsbereich der öffentlich-rechtlichen Körperschaft, innerhalb dessen die ehrenamtliche Tätigkeit für die Körperschaft ausgeübt werden muss; dabei bedarf es als Zuordnungsgrund für die betreffende einzelne Veranstaltung eines gesamtbezogenen, eigenständigen Annahmeaktes der Körperschaft, wenn dieser in Bezug auf die fragliche Veranstaltung nicht bereits gesetzlich oder satzungsmäßig von vornherein festgelegt ist.[42] So kann etwa die Teilnahme eines Ratsmitglieds an einem Fußballspiel des örtlichen Schützenvereins unter Versicherungsschutz stehen, wenn sich die Teilnahme allein auf das Eröffnungsspiel beschränkt, um damit Bürgernähe zu dokumentieren und den Schützenverein auf ideelle Weise zu unterstützen.[43] Versicherungsschutz besteht aber dann nicht, wenn Gemeinderatsmitglieder nicht erkennbar – besonders gekennzeichnet oder angekündigt – repräsentativ auftreten.[44] Mit den in § 2 Abs. 1 Nr. 10 a genannten Kör-

41 BSG – 07.09.2004 – B 2 U 45/03 R.
42 BSG – 10.10.2002 – B 2 U 14/02 R.
43 LSG Nordrhein-Westfalen – 28.02.2001 – L 17 U 259/00.
44 LSG Bayern – 11.10.2006 – L 2 U 136/06.

perschaften des öffentlichen Rechts sind allein die Körperschaften des öffentlichen Rechts im engeren Sinne gemeint, zu denen die Kirchen nicht gehören, da diese in Nr. 10b gesondert erfasst sind.[45] Zuständiger Unfallversicherungsträger ist der Träger, der für die öffentlich-rechtliche Institution zuständig ist (vgl. §§ 125 Abs. 1 Nr. 1, 128 Abs. 1 Nr. 1 und § 129 Abs. 1 Nr. 1), bei den für privatrechtliche Organisationen Tätigen richtet sich die Zuständigkeit nach der entsprechenden Gebietskörperschaft (vgl. § 136 Abs. 3 Nr. 5), bei Tätigkeiten für die Verbände und Arbeitsgemeinschaften kommt ggf. die Zuständigkeit der VBG (Verwaltungs-Berufsgenossenschaft) in Betracht.

22 Unter Versicherungsschutz gestellt sind nach § 2 Abs. 1 Nr. 10b auch ehrenamtliche Tätigkeiten für öffentlich-rechtliche **Religionsgemeinschaften** und deren Einrichtungen oder für privatrechtliche Organisationen, die ihrerseits im Auftrag oder mit ausdrücklicher Einwilligung, in besonderen Fällen mit schriftlicher Genehmigung dieser Religionsgemeinschaften handeln. Anders als in § 2 Abs. 1 Nr. 10a ist hier die ehrenamtliche Tätigkeit für deren Verbände oder Arbeitsgemeinschaften nicht gesetzlich angeordnet, daher fällt die ehrenamtliche Tätigkeit in diesen privatrechtlichen Verbänden oder Arbeitsgemeinschaften nicht unter diese Norm.[46] Eine Anerkennung als Körperschaft des öffentlichen Rechts kann einen Versicherungsschutz für vor diesem Zeitpunkt geschehene Unfälle allerdings nicht bewirken.[47] § 2 Abs. 1 Nr. 10 ist nicht erweiternd dahin auszulegen, dass Unfallversicherungsschutz bereits dann gegeben ist, wenn eine ehrenamtliche Tätigkeit einer entsprechenden öffentlich-rechtlichen Religionsgemeinschaft lediglich allgemein zuzurechnen ist.[48] Zuständiger Unfallversicherungsträger ist hier die VBG.

4.11 Unterstützung von Diensthandlungen/Zeugen (Abs. 1 Nr. 11)

23 Nach § 2 Abs. 1 Nr. 11a sind pflichtversichert auch Personen, die von einer Körperschaft, Anstalt oder Stiftung des öffentlichen Rechts zur **Unterstützung einer Diensthandlung** herangezogen werden. Sofern infolge einer solchen Heranziehung Sachschäden entstanden sein sollten, sind diese (ausnahmsweise) zu ersetzen (vgl. § 13). Zuständig ist hier der Unfallversicherungsträger für die heranziehende Stelle (vgl. § 133 Abs. 1).

24 Ebenso sind **Zeugen**, die von einer berechtigten öffentlichen Stelle zur Beweiserhebung herangezogen werden, gemäß § 2 Abs. 1 Nr. 11b im Rahmen der gesetzlichen Unfallversicherung abgesichert.

4.12 Unglückshilfe-Unternehmen/Zivilschutz (Abs. 1 Nr. 12)

25 Mit § 2 Abs. 1 Nr. 12 wird ein weiterer Personenkreis ehrenamtlich Tätiger unter Versicherungsschutz gestellt. Pflichtversichert sind danach auch die Personen, welche unentgeltlich in Unternehmen zur Hilfe bei Unglücksfällen oder im Zivilschutz tätig sind;

---

45 BSG – 13.08.2002 – B 2 U 5/02 R.
46 BSG – 10.10.2002 – B 2 U 14/02 R.
47 LSG Bayern – 30.06.2010 – L 2 U 278/09.
48 BSG – 13.08.2002 – B 2 U 5/02 R.

darüber hinaus ist auch eine Teilnahme an Ausbildungsveranstaltungen für solche Tätigkeiten mit einbezogen. Zu den **Unglückshilfe**-Unternehmen gehören: das Deutsche Rote Kreuz und das Technische Hilfswerk, der Arbeiter-Samariter-Bund Deutschland e. V. und die Johanniter Unfallhilfe e. V. sowie der Malteser Hilfsdienst e. V., die Deutsche Lebensrettungsgesellschaft, die Deutsche Gesellschaft zur Rettung Schiffbrüchiger, die Bergwacht sowie die Feuerwehren. Der **Zivilschutz** hat die Aufgabe, durch nichtmilitärische Maßnahmen die Bevölkerung, ihre Wohnungen und Arbeitsstätten, lebens- oder verteidigungswichtige zivile Dienststellen, Betriebe, Einrichtungen und Anlagen sowie das Kulturgut vor Kriegseinwirkungen zu schützen und deren Folgen zu beseitigen oder zu mildern (§ 1 Abs. 1 Zivilschutzgesetz). Versichert ist **jede unentgeltliche Tätigkeit** für das Unternehmen, wobei diese Tätigkeit nicht auf Dauer angelegt sein muss und auf einzelne Tätigkeiten begrenzt sein bzw. nur vorübergehend ausgeübt werden kann. Entscheidend ist, dass die unfallbringende Tätigkeit in rechtserheblicher Weise mit dem Unternehmen innerlich zusammenhängt. Deshalb umfasst der Versicherungsschutz eines Mitgliedes der Freiwilligen Feuerwehr auch sonstige Tätigkeiten, die den Zwecken der Freiwilligen Feuerwehr wesentlich dienen; Mitglieder der Freiwilligen Feuerwehr sind neben dem eigentlichen Feuerwehrdienst nicht nur bei Feuerwehrübungen, Probeeinsätzen, sog. Tagen der offenen Tür oder sonstigen Veranstaltungen zur Selbstdarstellung versichert, sondern auch bei solchen Veranstaltungen, die der Werbung der Freiwilligen Feuerwehr als Institution dienen; in Betracht kommen auch solche Veranstaltungen, bei denen sich die Feuerwehr als Institution vorstellt und Feste, zu denen die Feuerwehr die Bevölkerung einlädt sowie sonstige der Öffentlichkeit zugängliche Veranstaltungen, die der Öffentlichkeitsarbeit der Freiwilligen Feuerwehr dienen; unter diesen Voraussetzungen besteht nicht nur für Mitglieder der Löschzüge Versicherungsschutz, sondern auch für solche von satzungsgemäß vorgesehenen Musik- und Spielmannszügen.[49] Die bloße Teilnahme an reinen Freizeitveranstaltungen reicht allerdings für den Versicherungsschutz nicht aus.[50] Zuständig ist in der Regel der Unfallversicherungsträger des Landes (§ 128 Abs. 1 Nr. 6), für das Deutsche Rote Kreuz die Unfallkasse des Bundes (§ 125 Abs. 1 Nr. 5), ebenso – als Auffangzuständigkeit – für den Zivilschutz (§ 125 Abs. 1 Nr. 4). Sofern infolge der Tätigkeit Sachschäden entstanden sein sollten, sind diese (ausnahmsweise) zu ersetzen (vgl. § 13).

4.13 Nothelfer/Blut- und Organspender/Festnahme (Abs. 1 Nr. 13)

§ 2 Abs. 1 Nr. 13 a sichert Helfer und Retter in Unglücksfällen ab. Danach sind Personen **26**
pflichtversichert, die bei Unglücksfällen, gemeiner Gefahr oder Not Hilfe leisten, außerdem Personen, die andere aus erheblicher gegenwärtiger Gefahr für die Gesundheit retten. Dieser Versicherungstatbestand bezeichnet zwei Handlungsalternativen, die die Versicherung kraft Gesetzes begründen. Versichert ist nach Alt. 1, wer »Hilfe leistet«, sowie nach Alt. 2, wer einen anderen »rettet«. Das **Hilfeleisten** ist eine Unterstützungshandlung, die dem Zweck dienen soll, einen Unglücksfall oder eine gemeine Gefahr bzw. eine gemeine

49 LSG Nordrhein-Westfalen – 18.06.2008 – L 17 U 123/07.
50 LSG Rheinland-Pfalz – 25.05.2009 – L 2 U 25/08.

Not zu beseitigen oder abzuwenden; das **Retten** setzt den Einsatz zugunsten einer oder mehrerer anderer Personen voraus und muss darauf gerichtet sein, eine erhebliche aktuelle Gefahr für deren Gesundheit zu beseitigen.[51] Dabei ist ein **Unglücksfall** als ein plötzlich auftretendes Ereignis anzusehen, das eine Gefahr für Menschen oder Sachen mit sich bringt; **gemeine Gefahr** oder **gemeine Not** liegt vor, wenn eine unbestimmte Vielzahl von Personen (Allgemeinheit) betroffen ist.[52] Gemeine Gefahr ist hier ein Zustand, bei dem wegen einer ungewöhnlichen Gefahrenlage ohne sofortiges Eingreifen eine erhebliche Schädigung von Personen oder bedeutenden Sachwerten unmittelbar droht,[53] typische Beispiele sind Unwetter, Feuer und der Ausfall der Wasserversorgung.[54] Der Tatbestand der versicherten Tätigkeit der Hilfeleistung bei gemeiner Gefahr im Sinne dieser Vorschrift ist dabei nicht auf solche Hilfeleistungen begrenzt, deren Unterlassen nach § 323 c StGB mit Strafe bedroht ist; auch eine danach nicht gebotene erforderliche Hilfeleistung ist hier versichert, wenn objektiv eine gemeine Gefahr vorliegt.[55] Eine **gegenwärtige Gefahr** ist gegeben, wenn zur Zeit der Hilfeleistung eine akute Gefahr besteht. Ausreichend ist insoweit, dass der Hilfeleistende nach den objektiven Umständen des Falles in vertretbarer Weise annehmen durfte, seine Hilfe diene der Beseitigung oder Beschränkung einer gemeinen Gefahr oder Not.[56] Auch ein reflexartiges Ausweichmanöver kann insoweit unter Umständen als Rettungshandlung angesehen werden.[57] Der Versicherungsschutz besteht im Übrigen so lange fort, bis keine durch die erfolgte – oder zumindest beabsichtigte – Hilfsmaßnahme erhöhte Gefahrenlage mehr besteht.[58] Verwandtschaftliche Beziehungen zwischen Hilfebedürftigem und Helfer stehen dem Versicherungsschutz als Unglückshelfer auch nicht entgegen.[59] Nach § 2 Abs. 3 letzter Satz erstreckt sich der Versicherungsschutz auch auf entsprechende Hilfeleistungen im Ausland. Sofern infolge von Hilfeleistungen Sachschäden entstehen sollten, sind auch diese (ausnahmsweise) zu ersetzen (vgl. § 13). Zuständig ist grds. der Unfallversicherungsträger des Landes (§ 128 Abs. 1 Nr. 7).

27 Durch § 2 Abs. 1 Nr. 13 b erhalten **Blut-, Gewebe- und Organspender** Versicherungsschutz. Gesetzeszweck ist Förderung der Opferbereitschaft für die Allgemeinheit. Der Tatbestand dieser versicherten Tätigkeit des »Spendens eines Organs« setzt folgende Verrichtungen voraus: Der Spender muss freiwillig und nach Maßgabe des Transplantationsgesetzes (TPG) in seiner jeweils gültigen Fassung in die Entnahme seines Organs durch ein anerkanntes Transplantationszentrum und in die Übertragung des Organs auf einen gesetzlich zugelassenen Empfänger eingewilligt, sich in ein Transplantationszentrum begeben und sich dort der Entnahmeoperation einschließlich der Vor- und Nachbehandlung unter-

---

51 BSG – 15.06.2010 – B 2 U 12/09 R.
52 BSG – 15.06.2010 – B 2 U 12/09 R.
53 BSG – 13.09.2005 – B 2 U 6/05 R; BSG – 27.03.2012 – B 2 U 7/11 R.
54 BSG – 18.11.2008 – B 2 U 27/07 R.
55 BSG – 27.03.2012 – B 2 U 7/11 R.
56 LSG Rheinland-Pfalz – 23.02.2011 – L 4 U 204/10.
57 BSG – 10.10.2006 – B 2 U 20/05 R.
58 LSG Baden-Württemberg – 20.10.2011 – L 10 U 1283/10.
59 BSG – 12.12.2006 – B 2 U 39/05 R.

worfen haben.[60] In Abgrenzung zur gesetzlichen Krankenversicherung greift die gesetzliche Unfallversicherung aber erst dann ein, wenn entweder im Zusammenhang mit der Organentnahme beim Organspender gesundheitliche Schäden auftreten, die über die durch die Organentnahme notgedrungen entstehenden Beeinträchtigungen hinausgehen und in ursächlichem Zusammenhang mit der Organentnahme stehen, oder wenn der Organspender an der Organentnahme verstirbt.[61] Auch eine Spende zu gewerblichen Zwecken fällt in den Schutzbereich dieser Norm.[62] Nach § 2 Abs. 3 letzter Satz erstreckt sich auch hier der Versicherungsschutz auf Spenden im Ausland. Zuständig ist grds. der Unfallversicherungsträger, der für das Unternehmen zuständig ist, bei dem die Person gespendet hat (§ 133 Abs. 1); dies ist im gewerblichen Bereich in der Regel die BGW (Berufsgenossenschaft Gesundheitsdienst und Wohlfahrtspflege), für Spende an Pharmaunternehmen aber die BG RCI (Berufsgenossenschaft Rohstoffe und chemische Industrie).

Mit § 2 Abs. 1 Nr. 13 c werden Personen unter Versicherungsschutz gestellt, die sich bei der **Verfolgung** oder Festnahme von Straftätern einsetzen oder zum Schutz eines Angegriffenen. Die Regelung stellt eine flankierende Maßnahme zum Festnahmerecht (§ 127 Abs. 1 Satz 1 StPO) dar, wonach auch Privatpersonen zur vorläufigen **Festnahme** berechtigt sind, wenn jemand auf frischer Tat betroffen oder verfolgt wird.[63] Sofern infolge von entsprechenden Einsätzen Sachschäden entstehen sollten, sind auch diese (ausnahmsweise) zu ersetzen (vgl. § 13). Nach § 2 Abs. 3 letzter Satz erstreckt sich der Versicherungsschutz auch auf entsprechende Einsätze im Ausland. Zuständig ist grds. der Unfallversicherungsträger des Landes (§ 128 Abs. 1 Nr. 7). Wird der Helfer hierbei Opfer einer Gewalttat mit Anspruch nach dem OEG, entfällt der Schutz in der gesetzlichen Unfallversicherung nicht (vgl. § 4 Abs. 1 Nr. 2 a), der Versorgungsanspruch ruht allerdings insoweit in Höhe der Bezüge aus der gesetzlichen Unfallversicherung (vgl. § 65 Abs. 1 Satz 1 Nr. 1 BVG). **28**

4.14 Meldepflichtige (Abs. 1 Nr. 14)

Durch das Vierte Gesetz zur Änderung des SGB IV und anderer Gesetze vom 22. 12. 2011[64] wurde der bisherige § 2 Abs. 1 Nr. 14 – mit leichter redaktioneller Anpassung[65] – zu § 2 Abs. 1 Nr. 14 a. Zweck des Versicherungsschutzes nach **§ 2 Abs. 1 Nr. 14 a** ist, der nach dem SGB III meldepflichtigen Person bei Erfüllung der im Interesse einer geordneten Arbeitsvermittlung liegenden Meldepflicht und bei Herstellung der darüber hinaus von den Dienststellen der Arbeitsvermittlung für erforderlich gehaltenen Kontakte Unfallversicherungsschutz in gleicher Weise zu gewähren, wie ihn Arbeitnehmer bei ihrer versicherten Tätigkeit haben.[66] Ein allgemeiner Versicherungsschutz für Arbeitslose und **29**

60 BSG – 15. 05. 2012 – B 2 U 16/11 R.
61 BSG – 15. 05. 2012 – B 2 U 16/11 R.
62 BSG – 22. 11. 1984 – 2 RU 49/83.
63 LSG Nordrhein-Westfalen – 28. 04. 1998 – L 5 U 92/97.
64 BGBl. 2011, 3057–3068.
65 Siehe dazu die Gesetzesbegründung in BT-Drs. 17/6764, S. 24.
66 LSG Nordrhein-Westfalen – 15. 05. 2002 – L 17 U 188/01.

Arbeitsuchende ist damit allerdings nicht gewollt.[67] Ein Arbeitsloser, der ohne konkrete Aufforderung eine Dienststelle der BA aufsucht, steht auf diesem Weg nicht unter dem Schutz der gesetzlichen Unfallversicherung.[68] Nach dem eindeutigen Wortlaut der Vorschrift ist hierfür eine **besondere Aufforderung**, die **im Einzelfall** an den Meldepflichtigen gerichtet ist, als Voraussetzung des Versicherungsschutzes vorgeschrieben. Eine Aufforderung ist mehr als ein stillschweigendes Einverständnis oder eine Anregung, jedoch selbst eine mit einer Bitte oder Empfehlung umschriebene Äußerung kann eine Aufforderung darstellen, sofern der Eindruck vermittelt wird, dass das Erscheinen notwendig sei und erwartet werde.[69] Zur Aufforderung ist eine Willenserklärung einer der im Gesetz genannten Stellen erforderlich, die im Zusammenhang mit deren Aufgaben steht und die erkennen lässt, dass ein bestimmtes Verhalten, z. B. die persönliche Vorsprache oder Meldung, vom Arbeitslosen erwartet wird; die Form der Aufforderung ist unerheblich; sie kann schriftlich, mündlich oder telefonisch erfolgen und muss nicht mit dem Begriff Aufforderung umschrieben sein.[70] Dabei ist Maßstab der Auslegung des Verwaltungshandelns der Empfängerhorizont eines verständigen Beteiligten, der die Zusammenhänge berücksichtigt, welche die Behörde nach ihrem wirklichen Willen erkennbar in ihre Entscheidung einbezogen hat, nicht jedoch eine Absicht der Behörde, die von diesem Empfängerhorizont aus nicht erkennbar ist.[71] Die Rechtmäßigkeit der Meldeaufforderung ist für die Frage des Vorliegens von Unfallversicherungsschutz hingegen unerheblich.[72] Das Aufsuchen der Arbeitsagentur zur Abgabe eines Antrags auf Leistungen kann auch dann unter Versicherungsschutz stehen, wenn der Arbeitslose lediglich gebeten wurde, den Antrag möglichst persönlich abzugeben.[73] Der Versicherungsschutz ist zudem nach einer Aufforderung der Arbeitsagentur, sich bei einem bestimmten Arbeitgeber wegen einer freien Arbeitsstelle zu melden, auch nicht unbedingt mit der ersten Vorstellung erschöpft, sondern kann auch die Fortsetzung der Verhandlung an einem folgenden Tag mit umfassen; dies setzt aber voraus, dass es noch etwas zu verhandeln gibt.[74] Ein Meldepflichtiger steht deshalb auf dem Weg zu der potentiellen Arbeitsstelle zur Nachreichung einer fehlenden Bescheinigung der Kindergeldkasse nicht unter dem Schutz der gesetzlichen Unfallversicherung. Zuständiger Unfallversicherungsträger für den Versicherungsschutz des § 2 Abs. 1 Nr. 14 a ist nach § 125 Abs. 1 Nr. 2 die Unfallkasse des Bundes. Durch die Anfügung des **§ 2 Abs. 1 Nr. 14 b** durch das Vierte Gesetz zur Änderung des SGB IV und anderer Gesetze vom 22. 12. 2011[75] wird Versicherungsschutz bei der **Teilnahme an arbeitsmarktpolitischen Maßnahmen** sichergestellt. Zuständig für diesen Versicherungsschutz sind die für den jeweiligen Sachkostenträger zuständigen Unfall-

67 LSG Sachsen-Anhalt – 14. 04. 2011 – L 6 U 99/06.
68 BSG – 24. 06. 2003 – B 2 U 45/02 R.
69 BSG – 11. 09. 2001 – B 2 U 5/01 R.
70 LSG Sachsen-Anhalt – 14. 04. 2011 – L 6 U 99/06.
71 BSG – 11. 09. 2001 – B 2 U 5/01 R.
72 BSG – 24. 06. 2003 – B 2 U 45/02 R.
73 BSG – 11. 09. 2001 – B 2 U 5/01 R.
74 BSG – 12. 05. 2009 – B 2 U 8/08 R.
75 BGBl. I 2011, S. 3057–3068.

versicherungsträger (§ 136 Abs. 3 Nr. 3). Eine Versicherung nach § 2 Abs. 1 Nr. 1 geht dabei einer solchen nach § 2 Abs. 1 Nr. 14 b vor, wenn Versicherte an Maßnahmen teilnehmen, die von ihrem Beschäftigungsunternehmen durchgeführt werden (§ 135 Abs. 1 Nr. 5 a).

4.15 Rehabilitanden (Abs. 1 Nr. 15)

Nach § 2 Abs. 1 Nr. 15 a sind auch alle Personen in der gesetzlichen Unfallversicherung 30
pflichtversichert, wenn sie – stationäre oder teilstationäre – Behandlung oder – stationäre, teilstationäre oder ambulante – Leistungen zur **Rehabilitation** erhalten, sofern Kostenträger ein Rentenversicherungsträger oder eine Krankenkasse bzw. landwirtschaftliche Alterskasse ist. Der Versicherungsschutz bei einer stationären Behandlung ist dadurch begründet, dass der Versicherte sich in eine besondere Einrichtung begeben muss und dort überwiegend anderen Risiken ausgesetzt ist als zu Hause.[76] Die Versicherung umfasst das Entgegennehmen der **Behandlung** sowie die Handlungen, die Personen vornehmen, um die Behandlung entweder zu erhalten oder an ihrer Durchführung mitzuwirken, soweit sie sich dabei im Rahmen der ärztlichen Anordnung halten. Die gesetzliche Qualifikation des Erhaltens einer Behandlung oder einer Rehabilitationsleistung als versicherte Tätigkeit dient dem Zweck, Versicherte gegen drohende Gesundheitsgefahren aus der Behandlung, an der mitzuwirken sie verpflichtet sind, zu schützen; auch sollen sie darüber hinaus gegen die Gefahren geschützt sein, die dadurch entstehen, dass sie sich in eine besondere Einrichtung begeben müssen und dort überwiegend anderen Risiken ausgesetzt sind als zu Hause. Das Erhalten einer Leistung zur Rehabilitation erfordert nicht stets das passive Hinnehmen derselben, sondern mitunter auch die aktive Betätigung, ohne die die Ziele der Krankenbehandlung oder Rehabilitation nicht zu erreichen sind. Anders als vielfach angenommen gibt die Vorschrift keinen Hinweis darauf, dass aus dem Kreis der versicherten Tätigkeit alle die Betätigungen ausgeschlossen wären, die während einer ärztlichen oder therapeutischen Behandlung vorgenommen werden.[77] Dieser Versicherungsschutz umfasst allerdings nicht die sich aus der Entwicklung oder dem Verlauf von Krankheiten ergebenden Risiken, wozu die durch eine ärztliche Behandlung oder eine Operation bestehenden Risiken gehören.[78] Abgedeckt sind hier also nur die Risiken des Aufenthalts in der entsprechenden Einrichtung (sog. »**Hotelrisiko**«). Der Unfallversicherungsschutz setzt auch erst mit dem tatsächlichen Beginn ein, Vorbereitungshandlungen werden daher nicht erfasst; insoweit kommt auch keine analoge Anwendung der Vorschrift auf Handlungen, die der Vorbereitung einer nach dieser Vorschrift unter Unfallversicherungsschutz stehenden Maßnahme bzw. der Entscheidung über die Bewilligung einer solchen dienen sollen, in Betracht.[79] Auch eine im Anschluss an eine vollstationäre Behandlung zur Sicherung und Festigung des Behandlungserfolges

76 LSG Bayern – 26.04.2001 – L 18 U 332/00.
77 BSG – 27.04.2010 – B 2 U 11/09 R.
78 LSG Rheinland-Pfalz – 03.08.2005 – L 2 U 106/05.
79 BSG – 24.06.2003 – B 2 U 48/02 R.

durchgeführte Krankenhausbehandlung – ohne Unterkunft und Verpflegung (vgl. § 115a SGB V) – fällt nicht in den unmittelbaren Anwendungsbereich des § 2 Abs. 1 Nr. 15a; diese Norm ist auf die nachstationäre Krankenhausbehandlung auch nicht entsprechend anwendbar.[80] Als versicherte Risiken kommen alle Ereignisse in Betracht, die mit der Behandlung oder Rehabilitation in einem inneren Zusammenhang stehen. So steht beispielsweise das Tennisspielen während eines stationären Rehabilitationsaufenthaltes nur unter Versicherungsschutz, wenn es objektiv dem Therapieziel dient und eine ärztliche Verordnung oder Empfehlung vorliegt, ansonsten ist es rechtlich wesentlich allein dem privaten Bereich zuzuordnen (sog. eigenwirtschaftliche Tätigkeiten), wie auch Tanzen, Billardspielen, Basteln, Briefeschreiben oder private Besorgungen.[81] Eine bloß subjektive Ansicht eines Patienten, die Verrichtung diene der Maßnahme, vermag den Versicherungsschutz nicht zu begründen.[82] Auch körperliche Reinigung und Ankleiden sind grds. – unversicherte – private Angelegenheiten. Ebenso steht der Weg zur Toilette nicht unter dem Schutz der gesetzlichen Unfallversicherung.[83] Unversichert ist auch der Weg zur ärztlichen Begutachtung als Vorbereitungshandlung für die Erlangung der Bewilligung einer stationären Maßnahme.[84] Zuständig ist hier der Unfallversicherungsträger des jeweiligen Rehabilitationsträgers (vgl. § 136 Abs. 3 Nr. 2).

31 Mit § 2 Abs. 1 Nr. 15b werden des Weiteren Personen unter Versicherungsschutz gestellt, die zur Vorbereitung von Leistungen zur Teilhabe am Arbeitsleben (vgl. § 35) aufforderungsgemäß einen der Maßnahmeträger oder eine andere Stelle aufsuchen. Entscheidend ist für diesen Versicherungsschutz die **Aufforderung** eines Maßnahmeträgers (vgl. dazu Rn. 29). Erfasst werden hier alle Maßnahmen zur Feststellung, ob und welche Maßnahmen ggf. geeignet sind, beispielsweise Berufsfindungs- und Arbeitserprobungsmaßnahmen, psychologische Tests und medizinische Untersuchungen. Zuständig für diese Fälle ist der Unfallversicherungsträger des jeweiligen Trägers der Rentenversicherung als Rehabilitationsträgers (vgl. § 136 Abs. 3 Nr. 2) bzw. in Bezug auf die Bundesagentur für Arbeit die Unfallkasse des Bundes (§ 125 Abs. 1 Nr. 2).

32 Schließlich sind über § 2 Abs. 1 Nr. 15c noch Teilnehmer an Maßnahmen zur **Prävention von Berufskrankheiten** nach § 3 BKV unfallversicherungsrechtlich abgesichert. Zuständiger Unfallversicherungsträger ist der veranlassende Unfallversicherungsträger selbst (vgl. § 132).

4.16 Wohnraumförderung (Abs. 1 Nr. 16)

33 In den Kreis der in der gesetzlichen Unfallversicherung geschützten Personen sind nach § 2 Abs. 1 Nr. 16 auch solche einbezogen, die bei der Schaffung öffentlich geförderten Wohnraums im Sinne des Zweiten Wohnungsbaugesetzes im Rahmen der **Selbsthilfe**

---

80 SG Hamburg – 11.04.2005 – S 41 U 240/02.
81 LSG Niedersachsen-Bremen – 26.08.2008 – L 9 U 225/04.
82 LSG Rheinland-Pfalz – 03.08.2005 – L 2 U 106/05.
83 LSG Hessen – 24.10.2006 – L 3 U 114/06.
84 BSG – 24.06.2003 – B 2 U 48/02 R.

tätig sind. Diese Regelung umfasst also nicht jede Selbsthilfe bei einem Wohnungsbau, ein nur steuerbegünstigter Wohnungsbau fällt nicht in den Anwendungsbereich dieser Vorschrift. Eine gewährte Eigenheimzulage steht der öffentlichen Förderung nach dem Zweiten Wohnungsbaugesetz nicht (mehr) gleich.[85] Seit 2002 ist der Versicherungsschutz auf Personen ausgeweitet worden, die im Rahmen der sozialen **Wohnraumförderung** bei der Schaffung von Wohnraum im Sinne des § 16 Abs. 1 Nr. 1 bis 3 des Wohnraumförderungsgesetzes im Rahmen der Selbsthilfe tätig sind. Inzwischen wurde den Kompetenzverschiebungen im Bereich der Wohnraumförderung Rechnung getragen und der Anwendungsbereich auch auf Selbsthilfe bei der Wohnraumförderung nach entsprechenden landesrechtlichen Bestimmungen erweitert. Eine nur abstrakte und fiktive Förderungsmöglichkeit, die der Bauherr wegen etwaiger Bindungen bei der Förderung des sozialen Wohnungsbaus aber gar nicht in Anspruch nehmen will, genügt allerdings nicht.[86] Zuständig ist der kommunale Unfallversicherungsträger (vgl. § 129 Abs. 1 Nr. 6).

4.17 Pflegepersonen (Abs. 1 Nr. 17)

Die Versicherungspflicht von Pflegepersonen ist an (vorerst) letzter Stelle des Katalogs des **34**
§ 2 Abs. 1 geregelt. Nach § 2 Abs. 1 Nr. 17 sind kraft Gesetzes versichert Pflegepersonen im Sinne des § 19 SGB XI bei der Pflege eines Pflegebedürftigen im Sinne des § 14 SGB XI. § 2 Abs. 1 Nr. 17 definiert den Begriff der Pflegepersonen nicht selbst, sondern greift auf die für Zwecke der sozialen Pflegeversicherung geschaffene Begriffsbestimmung in § 19 SGB XI zurück. Nach der **Legaldefinition** in Satz 1 dieser Vorschrift sind Pflegepersonen Personen, die nicht erwerbsmäßig einen Pflegebedürftigen im Sinne des § 14 SGB XI in seiner häuslichen Umgebung pflegen. Der nachfolgende Satz 2 bestimmt, dass eine Pflegeperson Leistungen zur sozialen Sicherung nach § 44 SGB XI nur dann erhält, wenn sie eine pflegebedürftige Person wenigstens 14 Stunden wöchentlich pflegt. Die Wendung in § 2 Abs. 1 Nr. 17: versichert seien »Pflegepersonen im Sinne des § 19 SGB XI« kann sich inhaltlich nur auf dessen Satz 1 beziehen, denn allein dort wird der **Begriff der Pflegeperson** definiert; der in Satz 2 geforderte zeitliche Mindestumfang von 14 Stunden wöchentlicher Pflege gehört dagegen nicht zum Begriff der Pflegeperson.[87] Hierfür spricht auch die abweichende Formulierung in § 3 Abs. 1 Nr. 1 a SGB VI in Bezug auf die Rentenversicherungspflicht von Pflegepersonen.[88] Zu den versicherten Tätigkeiten gehören nach der näheren gesetzlichen Ausgestaltung nur die Pflegetätigkeiten im Bereich der Körperpflege und – soweit diese Tätigkeiten überwiegend Pflegebedürftigen zugute kommen – Pflegetätigkeiten in den Bereichen der Ernährung, der Mobilität sowie der hauswirtschaftlichen Versorgung (§ 14 Abs. 4 SGB XI). Der **Begriff der Pflege** wird damit in zweierlei Hinsicht einschränkend konkretisiert. Zum einen sind nur Pflegetätigkeiten im Sinne des § 14 Abs. 4 SGB XI, also in den Bereichen der Grundpflege (Körperpflege, Ernährung und

85 LSG Berlin-Brandenburg – 29.01.2009 – L 3 107/07.
86 LSG Berlin-Brandenburg – 22.01.2009 – L 31 U 369/08.
87 BSG – 07.09.2004 – B 2 U 46/03 R.
88 Vgl. dazu BSG – 05.05.2010 – B 12 R 6/09 R.

Mobilität) und der hauswirtschaftlichen Versorgung versichert. Zum anderen gilt dies ohne weitere Voraussetzungen lediglich für den Bereich der Körperpflege (§ 14 Abs. 4 Nr. 1 SGB XI). Die Tätigkeit einer Pflegeperson in den anderen – in § 14 Abs. 4 Nr. 2 bis 4 SGB XI genannten – Bereichen der Ernährung, der Mobilität sowie der hauswirtschaftlichen Versorgung ist in der gesetzlichen Unfallversicherung nur dann geschützt, wenn sie überwiegend der pflegebedürftigen Person zu Gute kommt.[89] Der Begriff »überwiegend« ist im Einzellfall im Wege einer Gesamtschau der Gegebenheiten wertend nach der Dauer der pflegebezogenen Tätigkeit im Verhältnis zur gesamten Tätigkeit sowie nach Zweck, Art und Zeitpunkt der Verrichtungen einzuschätzen; kommt beispielsweise ein Einkauf nicht überwiegend der Pflegeperson, sondern der gesamten Familie zugute, steht diese Tätigkeit nicht unter dem Schutz der gesetzlichen Unfallversicherung.[90] Dabei ist eine Akzessorietät zwischen den Voraussetzungen der Unfallversicherungspflicht und den Voraussetzungen für die Zuordnung zu einer den Umfang der Pflegeversicherungsleistungen bestimmenden Pflegestufe dem Wortlaut des § 2 Abs. 1 Nr. 17 nicht zu entnehmen und lässt sich auch nicht aus dem Zweck der Vorschrift ableiten. Daher sind auch solche Pflegetätigkeiten versichert, die einem Pflegebedürftigen wegen seines Hilfebedarfs bei einer der in § 14 Abs. 4 SGB XI genannten gewöhnlichen und regelmäßig wiederkehrenden Verrichtung erbracht werden, auch wenn der Hilfebedarf bei der Feststellung der Pflegestufe nicht berücksichtigt worden ist, weil der **Hilfebedarf** nicht mindestens einmal wöchentlich (vgl. dazu § 15 Abs. 3 SGB XI) – wie etwa für Arztbesuche – anfällt.[91] Die Pflegetätigkeit ist auch nicht auf den häuslichen Bereich begrenzt, auch eine Urlaubsbegleitung oder Fahrdienste kommen hier in Betracht,[92] nicht hingegen die Begleitung bei Spaziergängen.[93] Eine Erwerbsmäßigkeit der Pflege ist im Übrigen bei der Pflege naher Angehöriger nicht zu vermuten; die Pflege soll insoweit selbst dann nicht als erwerbsmäßig anzusehen sein, wenn die Pflegeperson ihren Lebensunterhalt von der Rente und dem an sie weitergeleiteten Pflegegeld bestreitet.[94] Zuständiger Unfallversicherungsträger ist hier nach § 129 Abs. 1 Nr. 7 der Unfallversicherungsträger im kommunalen Bereich. Von Pflegebedürftigen beschäftigte Pfleger sind nach § 2 Abs. 1 Nr. 1 versichert (vgl. Rn. 4/5), für selbständige Pfleger besteht Versicherungsschutz nach § 2 Abs. 1 Nr. 9 (siehe Rn. 20).

4.18 Freiwilligendienst (Abs. 1 a)

35 Der zum 01.01.2009 – durch Art. 4 a Nr. 1 des Gesetzes zur Verbesserung der Rahmenbedingungen für die Absicherung flexibler Arbeitszeitregelungen und zur Änderung anderer Gesetze vom 21.12.2008 – eingeführte Versicherungsschutz nach § 2 Abs. 1 a betrifft den **Freiwilligendienst aller Generationen**. Versichert sind hier die dort näher beschriebenen Freiwilligen, die unentgeltlich Tätigkeiten bei den genannten Trägern

89 BSG – 09.11.2010 – B 2 U 6/10 R.
90 LSG Niedersachsen-Bremen – 27.03.2012 – L 9 U 143/08.
91 BSG – 09.11.2010 – B 2 U 6/10 R.
92 Vgl. LSG Nordrhein-Westfalen – 17.09.2010 – L 4 U 2010; OLG – 25.09.2007 – 4 U 110/07.
93 LSG Bayern – 14.06.2011 – L 3 U 352/10.
94 SG Augsburg – 30.01.2012 – S 8 U 296/11.

verrichten. Zuständiger Unfallversicherungsträger ist der für die diensttragende Institution zuständige Unfallversicherungsträger. Eine Versicherung nach § 2 Abs. 1a geht einer Versicherung nach § 2 Abs. 2 Satz 1 (vgl. Rn. 6 ff.) vor, ist gegenüber den Versicherungspflichttatbeständen nach § 2 Abs. 1 aber nachrangig (§ 135 Abs. 5 a).

5. Tätigkeiten mit Auslandsbezug (Abs. 3)

§ 2 Abs. 3 erweitert den Versicherungsschutz für Beschäftigte – abweichend vom Terri- **36**
torialprinzip (vgl. dazu § 30 SGB I und § 3 SGB IV) – auf bestimmte Personen, die sich im Ausland aufhalten, ohne dass hier eine Entsendung (vgl. dazu § 4 SGB IV) erforderlich ist. Dies sind nach **Satz 1** Nr. 1 die deutschen Ortskräfte in den Auslandsvertretungen von Bund und Ländern. Ebenso sind Entwicklungshelfer entsprechend abgesichert (Satz 1 Nr. 2 a), Teilnehmer des Freiwilligendienstes »weltwärts« (Nr. 2 b) und des internationalen Jugendfreiwilligendienstes (Nr. 2 c); außerdem bei zwischenstaatlichen oder überstaatlichen Organisationen Tätige mit ruhendem Beschäftigungsverhältnis (Satz 1 Nr. 3 a) und vom Auswärtigen Amt ins Ausland vermittelte Lehrkräfte (Nr. 3 b) sowie bei internationalen Krisenpräventionseinsätzen Tätige (Nr. 3 c).

§ 2 Abs. 3 **Satz 2** erstreckt den Versicherungsschutz auf erlittene Versicherungsfälle, **37**
welche infolge einer Entführung (Verschleppung, Gefangenschaft oder sonstiger nicht zu vertretender Entzug) eintreten. § 2 Abs. 3 **Satz 3** bezieht gesundheitsschädigende oder sonst vom Inland wesentlich abweichende Verhältnisse mit ein.

§ 2 Abs. 3 **Satz 4** stellt klar, dass sich der Versicherungsschutz in der gesetzlichen **38**
Unfallversicherung für die in den § 2 Abs. 1 und Abs. 2 aufgeführten pflichtversicherten Tätigkeiten, für die weder eine Beschäftigung noch eine selbständige Tätigkeit Voraussetzung sind, auf alle Personen bezieht, welche diese Tätigkeiten im Inland vornehmen, unabhängig davon, ob diese – wie es nach § 3 Nr. 2 SGB IV sonst vorgesehen ist – ihren Wohnsitz oder gewöhnlichen Aufenthalt im Inland haben; außerdem wird für diese Personen eine entsprechende Anwendung des § 4 SGB IV angeordnet. § 2 Abs. 3 **Satz 5** schließlich erweitert den Anwendungsbereich des § 2 Abs. 1 Nr. 13 auf Auslandstätigkeiten.

6. Hinweise für den Betriebs- und Personalrat

Dass für einige der in § 2 aufgeführten Tätigkeiten die gesetzliche Unfallversicherung **39**
eintrittspflichtig ist, kann leicht übersehen werden, weil der Versicherungsschutz nicht immer bekannt ist und sich auch nicht unbedingt sofort aufdrängt. So wird beispielsweise bei Unfällen während ehrenamtlicher Tätigkeit am Wochenende nicht daran gedacht, dass es sich hier um einen »Arbeitsunfall« handeln könnte, zumal Versicherungsschutz insoweit schon bei einer einmaligen vorübergehenden Tätigkeit bestehen kann (siehe Rn. 20). Hier empfiehlt es sich daher, bei einer Krankmeldung nachzufragen und die Kollegen dann ggf. entsprechend zu beraten.

Die Tätigkeit von Betriebs- und Personalratsmitgliedern unterfällt dem Versiche- **40**
rungsschutz nach § 2 Abs. 1 Nr. 1, da bei der Wahrnehmung ihrer Rechte sowie der

Erfüllung ihrer Pflichten aufgrund des Betriebsverfassungsgesetzes bzw. des jeweiligen Personalvertretungsgesetzes ein innerer sachlicher Zusammenhang mit ihrer versicherten Tätigkeit als Beschäftigte gegeben ist; dies gilt auch für die Teilnahme an Schulungs- oder Bildungsveranstaltungen, nicht jedoch für eine Feier.[95] Ebenso besteht auch bei Betriebsversammlungen selbstverständlich ein entsprechender Versicherungsschutz.[96] Auch kann unter Umständen Versicherungsschutz in der gesetzlichen Unfallversicherung bei Tätigkeiten für eine Gewerkschaft oder eine andere Berufsorganisationen anzunehmen sein.[97]

Dritter Abschnitt
Versicherungsfall

§ 7 Begriff

(1) Versicherungsfälle sind Arbeitsunfälle und Berufskrankheiten.

(2) Verbotswidriges Handeln schließt einen Versicherungsfall nicht aus.

Inhaltsübersicht Rn.

1. Inhaltsübersicht und Gesetzeszweck

1 Abs. 1 definiert den Begriff des Versicherungsfalls, der zentrale Bedeutung für das Leistungsrecht der gesetzlichen Unfallversicherung hat. Die Regelung des Abs. 2 dient der Erhaltung des Betriebsfriedens, der nicht durch im Einzelfall aufwändige Ermittlungen zum Eigen- oder Fremdverschulden belastet werden soll.

2. Entstehungsgeschichte

2 Eine dem Abs. 1 entsprechende Regelung mit dem eigenständigen Versicherungsfall Berufskrankheit gab es in der RVO nicht. Berufskrankheiten galten nach § 551 Abs. 1 Satz 1 als Arbeitsunfälle. Abs. 2 entspricht der Regelung in § 548 Abs. 3 RVO.

95 Siehe BSG – 20.02.2001 – B 2 U 7/00 R.

96 Krasney, Betriebsrat, Betriebsversammlung, Mitarbeit in Berufsorganisationen – Versicherungsschutz in der gesetzlichen Unfallversicherung, SGb 2012, 130–133.

97 Vgl. dazu BSG – 20.05.1976 – 8 RU 76/75.

3. Begriff des Versicherungsfalls

Nach der Definition des Bundessozialgerichts ist als Versicherungsfall im Sozialversicherungsrecht grundsätzlich das Ereignis im Leben des Versicherten zu verstehen, das bei seinem Eintritt spezifische Nachteile und Gefährdungen für den Versicherten mit sich bringt, gegen die die Versicherung Schutz gewähren soll.[98] Für die Annahme des Versicherungsfalls ist nicht erforderlich, dass wegen der Folgen Behandlungsbedürftigkeit, Arbeitsunfähigkeit oder eine messbare Minderung der Erwerbsfähigkeit besteht. Es reicht aus, dass ein regelwidriger Körperzustand vorliegt.[99] Davon zu unterscheiden ist der Leistungsfall, der für die einzelnen Leistungsansprüche jeweils weitere Voraussetzungen fordert. Der Versicherte hat einen mit der Feststellungsklage durchsetzbaren Anspruch auf Feststellung des Versicherungsfalls auch dann, wenn daraus noch keine Leistungen resultieren.[100] 3

Das Gesetz nennt zwei Versicherungsfälle:
- Arbeitsunfall geregelt in § 8
- Berufskrankheit geregelt in § 9

4. Abgrenzung zur Berufskrankheit

Beide Versicherungsfälle sind im Regelfall nach der Dauer der schädigenden Einwirkung voneinander abzugrenzen. Ist die Einwirkung auf eine Arbeitsschicht begrenzt, so handelt es sich um einen Arbeitsunfall, bei längerer Einwirkung um eine Berufskrankheit.[101] Es gibt Fallgestaltungen, die sowohl den Tatbestand des Arbeitsunfalls als auch Berufskrankheit erfüllen (z.B. eine Hepatitis, die auf eine konkret nachgewiesene Infektion am Arbeitsplatz zurückzuführen ist, ist sowohl Arbeitsunfall als auch Berufskrankheit nach Nr. 3101 der Anlage zur BKV).[102] In solchen Fällen hat das BK-Recht Vorrang,[103] da es leistungsrechtlich günstigere Regelungen enthält. 4

5. Verbotswidriges Verhalten

Ein Verstoß gegen Gebote und Verbote des Arbeitgebers, aber auch gegen Unfallverhütungsvorschriften, Verordnungen, Gesetze oder ordnungspolizeiliche Anordnungen stehen dem Versicherungsschutz für sich allein genommen nicht entgegen. 5

---

98 BSG – 27.07.1989 – 2 RU 54/88.
99 Vgl. zur Berufskrankheit Lärmschwerhörigkeit LSG Nordrhein-Westfalen – 07.12.1994 – L 17 U 151/94, zur Quarzstaublungenerkrankung (Silikose) LSG Nordrhein-Westfalen – 08.10.2009 – L 2 KN 117/07.
100 BSG – 27.07.1989 – 2 RU 54/88.
101 BSG – 28.8.1990 – 2 RU 64/89.
102 Anders für die Folgen eines Knalltraumas, das nicht als Einwirkung im Sinne der BK 2301 (Lärmschwerhörigkeit) gesehen wird, BSG – 12.04.2005 – B 2 U 6/04 R.
103 BSG – 24.07.1985 – 9b RU 36/83.

Beispiel:
Eine Lärmschwerhörigkeit ist auch dann zu entschädigen, wenn persönlicher Lärmschutz entgegen der Anordnung nicht getragen wird.

6 Dies gilt auch bei schuldhaftem Verhalten, z. B. bei fahrlässiger[104] oder vorsätzlicher Gefährdung des Straßenverkehrs.[105] Zu beachten ist aber, dass bei Straftaten eine in das Ermessen des Unfallversicherungsträgers gestellte Versagung von Leistungen nach § 101 Abs. 2 in Betracht kommt.

Allerdings kann verbotswidriges Verhalten sich insoweit auswirken, dass überhaupt kein Arbeitsunfall vorliegt, z. B. in Fällen einer selbstgeschaffenen Gefahr oder in Fällen der Selbsttötung oder absichtlichen Selbstverstümmelung, bei denen es am erforderlichen inneren Zusammenhang mit der versicherten Tätigkeit fehlt (s. § 8 Rn. 8).

§ 8 Arbeitsunfall

(1) Arbeitsunfälle sind Unfälle von Versicherten infolge einer den Versicherungsschutz nach den §§ 2, 3 oder 6 begründenden Tätigkeit (versicherte Tätigkeit). Unfälle sind zeitlich begrenzte, von außen auf den Körper einwirkende Ereignisse, die zu einem Gesundheitsschaden oder zum Tod führen.

(2) Versicherte Tätigkeiten sind auch

1. **das Zurücklegen des mit der versicherten Tätigkeit zusammenhängenden unmittelbaren Weges nach und von dem Ort der Tätigkeit,**
2. **das Zurücklegen des von einem unmittelbaren Weg nach und von dem Ort der Tätigkeit abweichenden Weges, um**
   a) **wegen ihrer, ihrer Ehegatten oder ihrer Lebenspartner beruflichen Tätigkeit fremder Obhut anzuvertrauen oder**
   b) **mit anderen Berufstätigen oder Versicherten gemeinsam ein Fahrzeug zu benutzen,**
3. **das Zurücklegen des von einem unmittelbaren Weg nach und von dem Ort der Tätigkeit abweichenden Weges der Kinder von Personen (§ 56 des Ersten Buches), die mit ihnen in einem gemeinsamen Haushalt leben, wenn die Abweichung darauf beruht, dass die Kinder wegen der beruflichen Tätigkeit dieser Personen oder deren Ehegatten oder deren Lebenspartner fremder Obhut anvertraut werden,**
4. **das Zurücklegen des mit der versicherten Tätigkeit zusammenhängenden Weges von und nach der ständigen Familienwohnung, wenn die Versicherten wegen der Entfernung ihrer Familienwohnung von dem Ort der Tätigkeit an diesem oder in dessen Nähe eine Unterkunft haben,**
5. **das mit einer versicherten Tätigkeit zusammenhängende Verwahren, Befördern, Instandhalten und Erneuern eines Arbeitsgeräts oder einer Schutzausrüstung sowie deren Erstbeschaffung, wenn diese auf Veranlassung der Unternehmer erfolgt.**

---

104 BSG – 19. 12. 2000 – B 2 U 45/99 R.
105 BSG – 04. 06. 2002 – B 2 U 11/01 R.

(3) Als Gesundheitsschaden gilt auch die Beschädigung oder der Verlust eines Hilfsmittels.

Inhaltsübersicht

1. Normzweck und Entstehungsgeschichte

§ 8 gibt eine Begriffsbestimmung des Arbeitsunfalls (Abs. 1), des Wegeunfalls (Abs. 2) sowie weiterer Entschädigungstatbestände und stellt damit die zentrale Norm des Entschädigungsrechts dar. Gegenüber der bis zum 31. 12. 1996 geltenden Regelung in §§ 548 bis 550 RVO hat sich im Wesentlichen nur geändert, dass der Versicherungsschutz beim erstmaligen Abheben eines Geldbetrags bei dem Geldinstitut, an das der Arbeitgeber den Lohn oder **1** das Gehalt zahlt, entfallen ist. Soweit in § 8 Abs. 1 erstmals der Begriff des Unfalls definiert ist, entspricht diese Begriffsbestimmung der herrschenden Rechtsprechung zu § 548 RVO.

2. Begriff des Arbeitsunfalls

2 Für die Annahme eines Arbeitsunfalls ist nach der Terminologie in der neueren Rechtsprechung des BSG[106] im Regelfall erforderlich, dass die Verrichtung des Versicherten zur Zeit des Unfalls der versicherten Tätigkeit zuzurechnen ist (innerer bzw. sachlicher Zusammenhang), diese Verrichtung zu dem zeitlich begrenzten, von außen auf den Körper einwirkenden Ereignis (dem Unfallereignis) geführt hat (Unfallkausalität) und das Unfallereignis einen Gesundheitserstschaden oder den Tod des Versicherten verursacht hat (haftungsbegründende Kausalität). In älterer Rechtsprechung[107] und Literatur und auch in vielen Gutachten ist statt von der Unfallkausalität von »haftungsbegründender Kausalität« und statt von der haftungsbegründenden von »haftungsausfüllender Kausalität« die Rede. Nach neuer Terminologie beschreibt die haftungsausfüllende Kausalität den Ursachenzusammenhang zwischen dem Gesundheitserstschaden und weiteren Unfallfolgen.

3. Prüfschema

3 Daraus ergibt sich folgendes Prüfschema:

Generell versicherte Tätigkeit

Innerer Zusammenhang

Unfallbringende Tätigkeit

Unfallkausalität

Unfallereignis

Haftungsbegründende Kausalität

Körpererstschaden

Haftungsausfüllende Kausalität

Weitere Gesundheitsschäden

106 BSG – 09.05.2006 – B 2 U 1/05 R.
107 So noch BSG – 15.02.2005 – B 2 U 1/04 R.

4. Beweisanforderungen

Die versicherte und die unfallbringende Tätigkeit, die den inneren Zusammenhang begründenden Tatsachen, das Unfallereignis und der Körperschaden müssen voll bewiesen sein.[108] Beweismaßstab ist der an Gewissheit grenzende Grad der Wahrscheinlichkeit. Für die Ursachenzusammenhänge reicht es, dass diese wahrscheinlich sind. Die schlichte Möglichkeit einer Verursachung reicht hingegen nicht aus. Grund für diese Beweiserleichterung sind die bei der Beurteilung von medizinischen und anderen naturwissenschaftlichen Ursachenzusammenhängen bestehenden tatsächlichen Schwierigkeiten, angesichts derer ein strenger Beweis kaum zu führen sein wird.[109] Wahrscheinlichkeit liegt vor, wenn bei vernünftiger Abwägung aller Umstände die für den wesentlichen Ursachenzusammenhang sprechenden überwiegen und ernste Zweifel an einer anderen Verursachung ausscheiden.[110] 4

5. Beweislast

Die Träger der Unfallversicherung haben die Tatbestandsvoraussetzungen des Arbeitsunfalls von Amts wegen zu prüfen und dabei alle für den Einzelfall bedeutsamen, insbesondere auch die für den Versicherten günstigen Umstände – so ausdrücklich § 20 Abs. 2 SGB X – zu berücksichtigen. Erst dann, wenn nach Ausschöpfung aller Beweismöglichkeiten eine bestimmte Tatsache nicht feststellbar ist (sog. »non liquet«), ist nach der Beweislast zu entscheiden. Diese trägt für alle anspruchsbegründenden Tatsachen der Versicherte, insbesondere für das Vorliegen 5

- einer versicherten Tätigkeit
- eines Unfallereignisses
- eines Gesundheitsschadens
- Unfall- und haftungsbegründende Kausalität.

Kann dieser Beweis geführt werden, trägt der Versicherungsträger die Beweislast für anspruchsvernichtende Tatsachen, z. B.

- innere Ursachen
- alkoholbedingte Verkehrsuntüchtigkeit
- Selbsttötung.

Beispiel:
Ein Versicherter verunglückt unter ungeklärten Umständen an seinem Arbeitsplatz. Er muss beweisen, dass er zuletzt betriebliche Arbeit verrichtet hat. Gelingt dieser Beweis, so geht es zu Lasten des Versicherungsträgers, wenn eine Unterbrechung durch eigenwirtschaftliche Tätigkeit nicht festgestellt werden kann.[111]

108 St. Rspr. vgl. BSG – 02.04.2009 – B 2 U 29/07 R.
109 Vgl. BSG – 02.02.1978 – 8 RU 66/77; BSG – 20.03.2007 – B 2 U 27/06 R.
110 St. Rspr., vgl. BSG – 07.09.2004 – B 2 U 34/03 R.
111 BSG – 26.10.2004 – B 2 U 24/03 R.

6 Die Versicherten stehen oft vor erheblichen Beweisschwierigkeiten, vor allem dann, wenn lange in der Vergangenheit liegende Sachverhalte aufgeklärt werden müssen oder es keine Zeugen für Arbeitsunfälle gibt. Die Rechtsprechung hat aber nur unter sehr engen Voraussetzungen einen sog. **Beweisnotstand** anerkannt.

Beispiele:
- Unfallbedingte Erinnerungslücke des Verletzten[112]
- Eine für die Feststellung einer Berufskrankheit unentbehrliche Obduktion wird nicht veranlasst[113]

Ein solcher Beweisnotstand führt nach der Rechtsprechung das BSG dazu, dass an die Überzeugungsbildung geringere Anforderungen zu stellen sind. Das bedeutet, dass der Unfallversicherungsträger oder das Gericht schon aufgrund weniger tatsächlicher Anhaltspunkte von einem bestimmten Geschehensablauf überzeugt sein können.[114] Andererseits bleibt es aber auch im Falle des Beweisnotstands grundsätzlich beim Beweismaßstab der Gewissheit bzw. Wahrscheinlichkeit und bei der Beweislastverteilung.[115]

6. Voraussetzungen des Arbeitsunfalls

6.1 Generell versicherte Tätigkeit

7 Die Annahme eines Arbeitsunfalls setzt zunächst die Zugehörigkeit zum versicherten Personenkreis voraus, nämlich
- eine Versicherung kraft Gesetzes nach § 2,
- eine Versicherung kraft Satzung nach § 3 oder
- eine freiwillige Versicherung nach § 7.

6.2 Innerer Zusammenhang

8 Die zum konkreten Unfall führende Tätigkeit muss im **inneren bzw. sachlichen Zusammenhang** mit der versicherten Tätigkeit stehen. Das ist der Fall bei allen Verrichtungen, die dem Unternehmen wesentlich dienen. Davon abzugrenzen sind unversicherte, dem privaten Bereich zuzurechnende sog. »eigenwirtschaftliche« Tätigkeiten. Maßgebend dafür ist, ob die Versicherten nach ihrer Handlungstendenz eine dem Beschäftigungsunternehmen dienende Tätigkeit ausüben wollen und ob diese Handlungstendenz durch die objektiven Umstände des Einzelfalls bestätigt wird.[116] Unerheblich ist, welche Motivation dahinter steht.

---

112 BSG – 12.06.1990 – 2 RU 58/89.
113 BSG – 29.09.1965 – 2 RU 61/60.
114 BSG – 12.06.1990 – 2 RU 58/89.
115 BSG – 27.05.1997 – 2 RU 38/96.
116 Vgl. BSG – 12.04.2005 – B 2 U 11/04 R; BSG – 09.11.2010 – B 2 U 14/10 R.

6.2.1 Gemischte Tätigkeit

9 Bei nicht aufteilbaren Verrichtungen, die sowohl privaten als auch betrieblichen Zecken dienen – sog. Gemischte Tätigkeiten – kommt es darauf an, ob sie nach der Handlungstendenz wesentlich dem versicherten Unternehmen dienen. Entscheidendes Abgrenzungskriterium ist, ob die Verrichtung hypothetisch auch dann vorgenommen worden wäre, wenn die privaten Gründe des Handelns nicht vorgelegen hätten.[117]

> **Beispiel:**
> Ein Arbeitnehmer kauft für den Betrieb Ersatzteile. Bei der Gelegenheit erledigt er auch private Käufe. Auf dem Rückweg zum Betrieb kommt es zum Unfall. Es besteht Versicherungsschutz, denn er hätte den Weg auch ohne die privaten Gründe zurückgelegt.

6.2.2 Besondere Betriebsgefahr

10 Auch bei der Verrichtung an sich unversicherter Tätigkeiten im Betrieb besteht ein innerer Zusammenhang dann, wenn eine besondere Betriebsgefahr zum Unfall wesentlich beiträgt, z. B. Explosionen, Austritt gesundheitsschädlicher Dämpfe.[118]

Die wichtigsten Probleme bei der Beurteilung des Inneren Zusammenhangs und der Abgrenzung zur eigenwirtschaftlichen Tätigkeit sollen im Folgenden in alphabetischer Reihenfolge dargestellt werden.

6.2.3 An- und Auskleiden

11 Das An- und Auskleiden im häuslichen Bereich der Versicherten stellt grundsätzlich eine unversicherte Tätigkeit dar. Beim Umkleiden an der Arbeitsstätte kommt es darauf an, ob es betrieblichen Zwecken dient.

> **Beispiele:**
> - Arbeitsschutzkleidung
> - Betriebs- oder branchenübliche Arbeitskleidung[119]
> - Plötzlicher Temperaturwechsel

6.2.4 Arbeitspausen

12 Während Arbeitspausen,[120] betrieblich bedingten Unterbrechungen des Arbeitsprozesses[121] oder Zeiten der Arbeitsbereitschaft[122] bleibt der Versicherungsschutz erhalten. Er

---

117 BSG – 12. 05. 2009 – B 2 U 12/08 R.
118 BSG – 22. 01. 1976 – 2 RU 101/75.
119 BSSG – 31. 01. 1969 – 2 RU 201/67: Tragen weißer Kittel in einem Lebensmittelgeschäft.
120 BSG – 22. 01. 1976 – 2 RU 101/75.
121 BSG – 26. 10. 2004 – B 2 U 24/03 R.
122 BSG – 02. 11. 1988 – 2 RU 74/87.

entfällt aber dann, wenn die versicherte Tätigkeit im Unfallzeitpunkt für eine eigenwirtschaftliche Verrichtung unterbrochen wurde.[123]

6.2.5 Betriebsratstätigkeit

13 Versichert ist die Tätigkeit der Betriebs- und Personalräte, Jugend- und Schwerbehindertenvertretungen, soweit sie der Regelung innerbetrieblicher Belange dienen oder die zumindest einen unmittelbaren Bezug zum Betrieb oder dem Aufgabenbereich des Betriebsrats hat.[124] Dazu gehören insbesondere auch

- die Organisation der Wahlen
- Abhaltung von Sprechstunden
- Teilnahme an den Betriebsratssitzungen
- Gespräche mit Arbeitgeber und Gewerkschaftsvertretern über betriebliche Belange
- Einholung von Rechtsauskünften
- Teilnahme an Fortbildungsmaßnahmen nach §§ 37 Abs. 6 und 7 BetrVG

Den Versicherungsschutz während einer Feier des Betriebsrats hat das BSG dann verneint, wenn der Unternehmer in keiner Weise am Zustandekommen, am Ablauf und an der Finanzierung der Veranstaltung beteiligt war.[125]

6.2.6 Betriebssport

14 Im Allgemeinen gehört die sportliche Betätigung zum unversicherten privaten Bereich, es sei denn, sie dient zur Erfüllung einer sich aus dem Arbeitsvertrag ergebenden Verpflichtung.

> **Beispiel:**
> Ein Arbeitnehmer nimmt auf Anweisung des Unternehmers an einem Benefiz-Fußballspiel teil.[126]

Darüber hinaus ist Betriebssport dann versichert, wenn

- der Sport Ausgleichs- und nicht Wettkampfcharakter hat,
- er regelmäßig stattfindet,
- der Teilnehmerkreis im Wesentlichen auf Unternehmensangehörige beschränkt ist,
- Übungszeit und Übungsdauer im Zusammenhang mit der betrieblichen Tätigkeit stehen und
- der Sport unternehmensbezogen organisiert ist.[127]

Grund für die Einbeziehung des Betriebssports in den Schutz der Unfallversicherung ist, dass sportliche Betätigungen, die einen Ausgleich für die meist einseitig beanspruchende

---

123 BSG – 31.01.2012 – B 2 U 2/11 R; Krasney, Betriebsrat, Betriebsversammlung, Mitarbeit in Berufsorganisationen, SGb 2012, 130–133.

124 BSG – 20.05.1976 – 8 RU 76/75.

125 BSG – 20.02.2001 – B 2 U 7/00 R.

126 Vgl. BSG – 18.11.1997 – 2 RU 42/96.

127 So schon BSG – 28.11.1961 – 2 RU 130/59; BSG – 13.12.2005 – B 2 U 29/04 R.

Betriebsarbeit bezwecken, nicht nur den persönlichen Interessen des Beschäftigten, sondern der Wiederherstellung ihrer Arbeitskraft und damit wesentlich auch denen des Unternehmens dienen.[128]

Dieser Zielsetzung entspricht am meisten der reine **Ausgleichssport** in Gestalt von Lockerungsübungen und dergleichen. Der Betriebssport ist aber darauf nicht beschränkt. Vielmehr können grundsätzlich alle Sportarten in Betracht kommen, und zwar auch solche, die einen Gegner voraussetzen und meist zwischen verschiedenen Mannschaften ausgetragen werden, wenn und solange nicht der **Wettkampfcharakter** im Vordergrund steht. 15

Unter diesen Voraussetzungen kann als versicherter Betriebssport z. B. auch betrieben werden:

- Kegeln, »soweit nicht die Einnahme alkoholischer Getränke bzw. das gesellige Beisammensein im Vordergrund steht«[129]
- Fußball,[130] wobei der Wettkampfcharakter nach neuerer Rechtsprechung des BSG[131] auch bei nur gelegentlichen Spielen gegen andere Betriebssportgemeinschaften außerhalb der regelmäßigen Übungsstunden und bei der Teilnahme an Turnieren im Vordergrund steht.

Der Ausgleichscharakter des Betriebssports erfordert, dass die Übungen mit einer **gewissen Regelmäßigkeit** stattfinden. Die Grenze dürfte bei einer sportlichen Betätigung regelmäßig einmal im Monat liegen.[132] Dabei kommt es auf die ausgeübte Sportart an, wobei eine Beschränkung auf bestimmte Jahreszeiten z. B. bei Skifahren unschädlich ist,[133] wenn die Übungen in dieser Zeit regelmäßig erfolgen. 16

Eine Beschränkung des **Teilnehmerkreis**es auf Unternehmensangehörige ist auch dann noch anzunehmen, wenn der Betriebssport auf einen nur aus Betriebsangehörigen und deren Familienangehörigen bestehenden Verein übertragen ist, der in engem Zusammenhang mit dem Unternehmen steht.[134] Anders ist es aber, wenn nach der Satzung des Vereins jedermann Mitglied werden kann.[135] 17

Der Betriebssport muss in einem **zeitlichen und örtlichen Bezug** zu der regulären versicherten Tätigkeit stehen. Das ist sicher dann der Fall, wenn der Betriebssport an einem der üblichen Arbeitstage des Betriebes stattfindet. Verneint wurde Versicherungsschutz beispielsweise bei einem mehrtägigen Skiausflug.[136] 18

Das Erfordernis einer **unternehmensbezogenen Organisation** dient der Abgrenzung gegenüber der Sportausübung in Vereinen und anderen nicht mit dem Unternehmen in Beziehung stehenden Einrichtungen.[137] 19

---

128 Vgl. BSG – 13.12.2005 – B 2 U 29/04 R.
129 BSG – 24.02.1977 – 8 RU 102/76.
130 St. Rspr. vgl. BSG – 31.10.1972 – 2 RU 116/70.
131 BSG – 13.12.2005 – B 2 U 29/04 R.
132 So LSG Nordrhein-Westfalen – 06.07.1999 – L 15 U 101/98; bejaht für Kegelabende regelmäßig einmal im Monat von BSG – 24.02.1977 – 8 RU 102/76.
133 SG München – 12.12.1956 – 1132/GU/56.
134 BSG – 25.02.1993 – 2 RU 19/92.
135 BSG – 27.10.2009 – B 2 U 29/08 R.
136 BSG – 13.12.2005 – B 2 U 29/04 R.
137 BSG – 28.03.1985 – 2 RU 67/83.

Erforderlich ist, dass die sportliche Betätigung von Betriebsangehörigen durch das Unternehmen materiell unterstützt wird. In Betracht kommt

- Bereitstellen von Sportstätten und Sportgeräten[138]
- Mitwirken eines betriebsangehörigen Sportlehrers
- Finanzielles Engagement[139]

Es reicht aus, dass bestimmte organisatorische Aufgaben durch die Betriebsleitung den Betriebsangehörigen selbst überlassen werden. Auch die Organisation der Betriebsangehörigen im Rahmen eines eingetragenen Vereins steht der Anerkennung als Betriebssport nicht grundsätzlich entgegen,[140] solange der Verein in enger Zusammenarbeit mit dem Unternehmen steht.[141] Die unternehmensbezogene Organisation ist auch gewährleistet, wenn sich Betriebssportgemeinschaften verschiedener Unternehmen zusammenschließen.[142]

6.2.7 Betriebswege

20 Ein Betriebsweg ist ein Weg, der in Ausübung der versicherten Tätigkeit zurückgelegt wird, Teil der versicherten Tätigkeit ist und damit der Betriebsarbeit gleichsteht; anders als der Weg nach dem Ort der Tätigkeit wird er im unmittelbaren Betriebsinteresse unternommen und geht nicht lediglich der versicherten Tätigkeit voran. Er unterscheidet sich von den nach Abs. 2 versicherten Wegen nach und von dem Ort der Tätigkeit, die lediglich der versicherten Tätigkeit vorausgehen oder sich ihr anschließen.[143] Für Arbeitnehmer sind alle Wege, die sie auf Anordnung des Arbeitgebers oder zumindest im wohlverstandenen betrieblichen Interesse unternehmen, Betriebswege.

21 Auf Betriebswege sind die für Wegeunfälle nach Abs. 2 entwickelten Grundsätze nicht uneingeschränkt übertragbar, insbesondere tritt nach einer Unterbrechung durch private Verrichtungen von mehr als zwei Stunden noch keine völlige Lösung von der versicherten Tätigkeit ein.[144] Führt der Betriebsweg in den häuslichen Bereich der Versicherten – z. B. wenn dort Unterlagen für die betriebliche Arbeit abgeholt werden sollen –, so endet der Versicherungsschutz ebenso wie bei dem nach Abs. 2 geschützten Weg mit dem Durchschreiten der Außentür des Wohngebäudes und zwar selbst dann, wenn ein Versicherter den Weg zur auswärtigen betrieblichen Tätigkeit von seinem in der Wohnung befindlichen Arbeitszimmer aus antritt. Ein Sturz im Treppenhaus ist auch dann nicht versichert.[145]

---

138 So BSG – 28.03.1985 – 2 RU 67/83.

139 BSG – 25.02.1993 – 2 RU 19/92, wonach ein starkes finanzielles Engagement zwar nicht erforderlich, aber, wenn gegeben, ein deutlicher Hinweis auf eine unternehmensbezogene Organisation ist.

140 So schon BSG – 28.11.1961 – 2 RU 130/59.

141 Zu den Voraussetzungen im Einzelnen s. BSG – 25.02.1993 – 2 RU 19/92.

142 Vgl. BSG – 31.10.1972 – 2 RU 95/70.

143 BSG – 12.01.2010 – B 2 U 35/08 R; BSG – 07.11.2000 – B 2 U 39/99 R.

144 BSG – 31.08.1983 – 2 RU 31/82.

145 BSG – 12.12.2006 – B 2 U 1/06 R.

6.2.8 Dienst- und Geschäftsreisen

Dienst- und Geschäftsreisen sind versichert, wenn sie vorwiegend von der Verfolgung betriebsbezogener Zwecke geprägt sind. Das ist z. B. der Fall, wenn sie der Pflege geschäftlicher Kontakte, der Ausführung von Arbeiten bei Geschäftspartnern oder der beruflichen Fortbildung dienen. Nicht geschützt sind solche Reisen, bei denen die sportliche Betätigung, die Freizeit und die touristischen Interessen der Teilnehmer im Vordergrund stehen, und zwar auch dann, wenn der Arbeitgeber sie als Belohnung für geleistete Arbeit finanziert (sog. Motivations- oder »Incentivereisen«).[146] 22

Während der Dienst- oder Geschäftsreise stehen alle Betätigungen, die mit dem Beschäftigungsverhältnis rechtlich wesentlich zusammenhängen, unter Versicherungsschutz. Dazu gehören insbesondere 23

- die Reise selbst und
- die erforderlichen Vorbereitungshandlungen, Fahrkartenkauf, Erkunden der Örtlichkeiten[147]

Eigenwirtschaftliche Verrichtungen während der Reise sind aber im Grundsatz nicht versichert.

Beispiele:
- Sprung vom Dreimeterbrett des Hotelswimmingpools[148]
- Absturz bei einem privaten Spaziergang im Gebirge[149]
- Verkehrsunfall bei einem vom Arbeitgeber organisierten und finanzierten Besuch des Oktoberfestes[150]

Zu den unversicherten Verrichtungen gehören im Allgemeinen auch die Übernachtung, körperliche Reinigung und Nahrungsaufnahme in Hotels, Gaststätten oder Tagungsstätten. Der Versicherungsschutz kann aber dadurch begründet werden, dass der Reisende gezwungen ist, sich bei seiner privaten Lebensgestaltung am Aufenthaltsort Risiken auszusetzen, die ihm während seines normalen Verweilens am Wohn- oder Beschäftigungsort nicht begegnet wären. Ein betrieblicher Bezug ist deshalb gegeben, wenn besondere gefahrbringende Umstände am Ort des Dienstgeschäfts Unfälle beispielsweise bei der Nachtruhe, der Körperreinigung oder der Nahrungsaufnahme einschließlich der damit zusammenhängenden Wege verursachen.[151] Solche besonderen Risiken hat die Rechtsprechung beispielsweise in folgenden Fällen bejaht: 24

- Sturz aus dem Schlafwagen des für eine Dienstreise benutzten Nachtzuges wegen Verwechslung der Toilettentür mit der Außentür[152]

---

146 BSG – 25.08.1994 – 2 RU 23/93.
147 BSG – 26.04.1990 – 2 RU 54/89: Orientierungsgang um das Tagungshotel.
148 BSG – 13.02.1975 – 8 RU 86/74.
149 BSG – 30.05.1985 – 2 RU 9/84.
150 BSG – 22.06.1976 – 8 RU 148/75.
151 BSG – 18.03.2008 – B 2 U 13/07 R, m.w.N.
152 BSG – 31.01.1967 – 2 RU 67/66.

- Sturz beim Versuch, die Füße in einem zu hoch angebrachten Waschbecken zu waschen[153]
- Sturz beim Verstellen der Lautstärke eines an der Wand hoch angebrachten Fernsehgeräts[154]
- Sturz auf steiler Wendeltreppe[155]

6.2.9 Gemeinschaftsveranstaltungen

25 Betriebsfeste, Betriebsausflüge, Weihnachtsfeiern, Jubilarehrungen oder ähnliche Veranstaltungen stehen nach ständiger Rechtsprechung unter dem Schutz der Unfallversicherung, wenn folgende Kriterien erfüllt sind:[156]

1. Sie müssen dem Gemeinschaftszweck dienen und
2. von der Unternehmensleitung selbst veranstaltet oder zumindest gebilligt oder gefördert und von ihrer Autorität getragen werden,
3. der Unternehmer selbst oder ein von ihm Beauftragter ist anwesend,
4. alle Betriebsangehörigen können grundsätzlich teilnehmen.

26 Der Zweck betrieblicher Gemeinschaftsveranstaltungen ist die Pflege der Verbundenheit zwischen Betriebsleitung und Belegschaft und die Förderung der Betriebsgemeinschaft.[157] Zusammenkünfte, welche der Pflege der Verbundenheit nur der Arbeitnehmer eines Unternehmens untereinander dienen, reichen daher nicht aus, um die Teilnahme an ihnen einer betrieblichen Tätigkeit gleichzustellen.[158]

27 Der Versicherungsschutz fordert mehr als eine bloße Duldung der Veranstaltung durch die Unternehmensleitung. Eine gesellige Veranstaltung, die von Betriebsangehörigen auf Grund eigenen Entschlusses veranstaltet wird, unterliegt nicht dem Schutz der gesetzlichen Unfallversicherung, wenn der Betriebsunternehmer die Veranstaltung weder veranlasst oder besucht oder zu ihr einen Vertreter der Betriebsleitung entsandt noch einen finanziellen Zuschuss gewährt hat.[159] Die Veranstaltung ist dann von der Autorität des Unternehmers getragen, wenn ihre Planung und Durchführung im Einvernehmen mit dem Unternehmer oder einem von ihm Beauftragten, das kann der Betriebsrat[160] oder ein Festausschuss sein, erfolgt.

28 Grundsätzlich ist die Anwesenheit zumindest von Teilen der Unternehmensleitung erforderlich, um die betriebliche Zielsetzung zu gewährleisten. Die Unternehmensleitung muss aber nicht während der gesamten Veranstaltung anwesend sein. Die Veranstaltung ist von der Autorität der Unternehmensleitung auch zu einer Zeit getragen, in der

153 BSG – 29.10.1980 – 2 RU 41/78.
154 BSG – 12.05.1981 – 2 RU 7/80.
155 BSG – 18.03.2008 – B 2 U 13/07 R.
156 So mit weiteren Nachweisen aus ständiger Rechtsprechung BSG – 20.02.2001 – B 2 U 7/00 R.
157 St. Rspr. seit BSG – 22.08.1955 – 2 RU 49/54.
158 BSG – 20.02.2001 – B 2 U 7/00 R.
159 So im Falle eines Sonntagsausfluges von Arbeitskollegen BSG – 22.08.1963 – 5 RKn 40/60.
160 So BSG – 26.06.1958 – 2 RU 281/55.

der Betriebsrat die Veranstaltung leitet und dabei zugleich für das Unternehmen handelt.[161]

Die Teilnahmemöglichkeit – nicht die Pflicht – aller Betriebsangehörigen muss gegeben sein. Es kommen auch Gemeinschaftsveranstaltungen für organisatorisch abgrenzbare Teile eines Unternehmens,[162] z. B. Filialen, einzelne Abteilungen oder Gruppen – wie etwa Auszubildende oder Schwerbehinderte[163] – eines Unternehmens in Betracht, wenn z. B. die Größe des Unternehmens oder dessen besondere Gegebenheiten es verlangen oder jedenfalls für zweckmäßig erscheinen lassen.[164] Es reicht aber nicht aus, dass einer ausgewählten Gruppe von Beschäftigten die Teilnahme an einer für sie und nicht für alle Beschäftigten des Unternehmens oder Unternehmensteils ausgerichteten Veranstaltung offen steht. Kein Versicherungsschutz besteht deshalb z. B. beim geselligen Beisammensein ausgewählter Führungskräfte,[165] oder bei Motivations- oder »Incentivereisen« von nach ihrer Arbeitsleistung ausgewählten Belegschaftsangehörigen.[166] 29

Die Veranstaltung muss insgesamt von ihrer Programmgestaltung her geeignet sein, zur Förderung des Gemeinschaftsgedankens im Unternehmen beizutragen, indem sie die Gesamtheit der Belegschaft und nicht nur einen begrenzten Kreis der Beschäftigten anspricht,[167] z. B. nur sportlich aktive und sportlich interessierte Beschäftigte. Versicherungsschutz wegen einer programmbedingten Beschränkung des Teilnehmerkreises wurde in der Rechtsprechung verneint bei: 30

- Radtour[168]
- Skitour[169]
- Karnevalsveranstaltung mit Kostümzwang[170]
- reinem Fußballturnier[171]

Wenn die übrigen Voraussetzungen einer betrieblichen Gemeinschaftsveranstaltung erfüllt sind, ist eine Mindestbeteiligungsquote aus Gründen des Vertrauensschutzes nicht erforderlich.[172] 31

Der Versicherungsschutz bei der Teilnahme an einer betrieblichen Gemeinschaftsveranstaltung umfasst alle Tätigkeiten, die mit dem Gesamtzweck der Veranstaltung, der sich auch auf die körperliche Entspannung und Erholung erstreckt,[173] vereinbar bzw. vorgesehen oder üblich sind.

161 BSG – 09. 12. 2003 – B 2 U 52/02 R.
162 BSG – 09. 12. 2003 – B 2 U 52/02 R.
163 BSG – 30. 08. 1962 – 2 RU 15/60.
164 BSG – 28. 03. 1985 – 2 RU 47/83.
165 BSG – 27. 02. 1985 – RU 42/84.
166 BSG – 25. 08. 1994 – 2 RU 23/93.
167 BSG – 07. 12. 2004 – B 2 U 47/03 R.
168 LSG Hessen – 18. 03. 2008 – L 3 U 266/05.
169 SG Koblenz – 18. 02. 2009 – S 2 U 252/07.
170 BSG – 22. 09. 2009 – B 2 U 27/08 R.
171 BSG – 07. 12. 2004 – B 2 U 47/03 R.
172 BSG – 09. 12. 2003 – B 2 U 52/02 R.
173 BSG – 27. 06. 2000 – B 2 U 25/99 R.

6.2.10 Gesundheitsmaßnahmen

32 Maßnahmen zur Erhaltung und Wiederherstellung der Gesundheit wie z.B. ärztliche Behandlungen und Untersuchungen, Impfungen oder Besorgung von Medikamenten gehören grundsätzlich zum unversicherten Privatbereich,[174] und zwar auch dann, wenn sie zugleich auch mittelbar der Erhaltung oder Wiederherstellung der Arbeitskraft dienen, und zwar selbst dann, wenn dabei betriebliche Sozialeinrichtungen in Anspruch genommen werden.[175] Nur bei besonderer zusätzlicher Betriebsbezogenheit besteht im Einzelfall Versicherungsschutz. Das ist z.B. der Fall bei

- dem Kauf von Schmerzmitteln bei plötzlich auftretenden Schmerzen,[176]
- plötzlich eintretender Krankheit während einer Geschäftsreise,[177]
- Aufsuchen der Werksambulanz, um die Arbeit fortsetzen zu können.[178]

33 Impfungen sind im Allgemeinen nicht versichert, und zwar auch dann nicht, wenn sie im Betrieb durchgeführt und vom Unternehmen empfohlen und finanziert werden.[179] Hingegen stehen Impfungen, die auf ausdrückliche Anweisung des Arbeitgebers angeordnet werden, im inneren Zusammenhang mit der versicherten Tätigkeit,[180] ebenso solche Impfungen, die wegen einer durch die Berufsarbeit begründeten besonderen Infektionsgefahr erfolgen, z.B.

- Tetanusimpfung von Gärtnern,
- Hepatitisimpfung in der Krankenpflege,[181]
- notwendige Impfungen bei Dienstreisen ins Ausland.

6.2.11 Häuslicher Bereich

34 Berufsarbeit in der eigenen Wohnung der Versicherten bekommt angesichts der Flexibilisierung der Arbeitszeit und der Möglichkeiten der Datenübermittlung zunehmende Bedeutung. Zugleich ergeben sich vielfältige Probleme der Abgrenzung des versicherten zum eigenwirtschaftlichen Bereich. Eindeutig versichert sind die Risiken der Tätigkeit selbst, eindeutig unversichert alle Verrichtungen, die anderen Zwecken dienen, z.B. Freizeit, Erholung, Essen, Trinken, Schlafen etc.

35 Schwierig ist die Abgrenzung der im häuslichen Bereich zurückgelegten Wege. Diese sind dann versichert, wenn Ausgang und Ziel des Weges betrieblichen Zwecken dient.

> **Beispiel:**
> Ein Arbeitnehmer, der am Computer in seinem Arbeitszimmer berufliche Arbeit leistet, steht unter Versicherungsschutz, wenn er sich aus einem anderen Zimmer Druckerpatronen holt.

174 St. Rspr., vgl. BSG – 07.09. 2004 – B 2 U 35/03 R.
175 BSG – 26.05.1977 – 2 RU 97/76.
176 BSG – 07.09.2004 – B 2 U 35/03 R.
177 BSG – 26.06.1970 – 2 RU 113/68.
178 BSG – 26.05.1977 – 2 RU 97/76.
179 BSG – 31.01.1974 – 2 RU 277/73, zur Grippeschutzimpfung auf freiwilliger Basis.
180 So zur Hepatitisimpfung einer Krankenpflegerin LSG Hessen – 01.12.2010 – L 9 U 47/07.
181 LSG Hessen – 01.12.2010 – L 9 U 47/07.

Anders ist es, wenn der Weg zu einer eigenwirtschaftlichen Verrichtung führt, etwa zur Einnahme einer Mahlzeit. Dann beschränkt sich der Schutz der gesetzlichen Unfallversicherung auf die Bereiche des Hauses, die der Ausübung der versicherten Tätigkeit dienen.[182] Eine nur selten oder gelegentlich vorkommende Nutzung solcher Gebäudeteile bleibt für die Beurteilung des Versicherungsschutzes außer Betracht.[183] Ereignet sich der Unfall auf einer Treppe, so ist er nur versichert, wenn die Treppe im Wesentlichen betrieblichen Zwecken dient.[184] Dies hat das BSG in einem Fall angenommen, in dem eine Treppe zwei- bis dreimal wöchentlich ausschließlich zu betrieblichen Zwecken genutzt wurde.[185] Dabei reicht allerdings die Nutzung des Treppenhauses für die in diesem Bereich nicht versicherten Wege von und zur Arbeitsstätte nicht aus.[186] In der Praxis wird im Regelfall der Versicherungsschutz auf Unfälle beschränkt sein, die sich in dem Raum ereignen, in dem die versicherte Tätigkeit auch verrichtet wird.

6.2.12 Körperliche Reinigung

Duschen, Baden, Waschen vor oder nach der betrieblichen Tätigkeit gehört als höchstpersönliche Verrichtung im Allgemeinen zum unversicherten privaten Bereich.[187] Anders ist es, wenn im Einzelfall die Betriebsarbeit das Bedürfnis nach körperlicher Reinigung wesentlich mitbestimmt, z. B. bei **36**

- Verrichtung schmutziger oder schweißtreibender Arbeit[188]
- Duschen auf einer Geschäftsreise vor einer anschließenden dienstlichen Veranstaltung.[189]

6.2.13 Nahrungsaufnahme

Nach ständiger Rechtsprechung des BSG ist die Einnahme einer Mahlzeit auch während einer Arbeitspause zwischen betriebsdienlichen Verrichtungen grundsätzlich nicht versichert, weil die Nahrungsaufnahme für jeden Menschen Grundbedürfnis ist und somit betriebliche Belange, etwa das betriebliche Interesse an der Erhaltung der Arbeitsfähigkeit des Arbeitnehmers, regelmäßig zurücktreten.[190] Etwas anderes gilt dann, wenn bestimmte betriebliche Umstände die Einnahme des Essens wesentlich mitbestimmen. Das ist etwa dann der Fall, wenn **37**

---

182 BSG – 12.12.2006 – B 2 U 1/06 R.
183 BSG – 12.03.1974 – 2 RU 149/72.
184 BSG – 30.11.1972 – 2 RU 169/71.
185 BSG – 27.10.1987 – 2 RU 32/87, im Falle eines landwirtschaftlichen Betriebes.
186 BSG – 12.12.2006 – B 2 U 28/05 R.
187 BSG – 04.06.2002 – B 2 U 21/01 R.
188 BSG – 28.02.1962 – 2 RU 110/59, aber nur, wenn die körperliche Reinigung noch im Betrieb erfolgt und nicht zu Hause oder bei Dienstreisen im Hotel, dann unversichert, so BSG – 04.06.2002 – B 2 U 21/01 R.
189 BSG – 08.07.1980 – 2 RU 25/80.
190 BSG – 24.02.2000 – B 2 U 20/99 R.

- die versicherte Tätigkeit ein besonderes Hunger- oder Durstgefühl verursacht hat, das eine Nahrungsaufnahme abweichend von dem normalen Ess- und Trinkverhalten des Versicherten erforderlich macht,[191]
- Nahrungsaufnahme wesentlich der Wiedererlangung oder Erhaltung der Fahrfähigkeit eines Kraftfahrers dient,[192]
- der Versicherte sich bei der Mahlzeit infolge betrieblicher Zwänge besonders beeilen muss,[193]
- er veranlasst war, seine Mahlzeit an einem bestimmten Ort oder in besonderer Form einzunehmen, z. B. bei der Teilnahme an Geschäftsessen.[194]

Versicherungsschutz ist aber noch nicht allein deshalb gegeben, weil Essen oder Trinken in einer Werkskantine eingenommen wird. Aber auch hier können betriebsbedingte Umstände im Ausnahmefall den inneren Zusammenhang begründen.

Beispiel:
Der Versicherte ist während einer betrieblichen Fortbildung internatsmäßig untergebracht. Die nächste Möglichkeit der Nahrungsaufnahme ist mehrere Kilometer entfernt.[195]

38 Anders als die Nahrungsaufnahme selbst sind Wege geschützt, die während der Arbeitszeit vom Beschäftigungsbetrieb aus der Einnahme der üblichen Mahlzeiten zur Erhaltung der Arbeitskraft dienen.[196]

Den Versicherten steht es dabei frei, wo sie die Nahrung aufnehmen, z. B. in der Kantine oder einer Gaststätte. Falls sie die Mahlzeit außerhalb des Betriebes beschaffen, um sie am Arbeitsplatz zu verzehren, ist der Weg versichert.[197] Der versicherte Weg endet aber mit dem Durchschreiten der Außentür der Kantine, der Gaststätte oder des Geschäfts, in dem die Lebensmittel gekauft werden.[198]

6.2.14 Notdurft

39 Das Verrichten der Notdurft selbst ist bis zur Eingangstür der Toilettenräume unversichert, unter Versicherungsschutz stehen aber die Wege zur und von der Toilette. Auch der Weg zur Verrichtung der Notdurft im Freien ist versichert.[199]

191 BSG – 10. 10. 2002 – B 2 U 6/02 R.
192 BSG – 30. 06. 1961 – 2 RU 37/60.
193 BSG – 07. 03. 1969 – 2 RU 264/66.
194 BSG – 30. 01. 2007 – B 2 U 8/06 R.
195 So im Fall BSG – 24. 02. 2000 – B 2 U 20/99 R.
196 BSG – 11. 05. 1995 – 2 RU 30/94.
197 BSG – 24. 06. 2003 – B 2 U 24/02 R.
198 BSG – 02. 07. 1996 – 2 RU 34/95.
199 BSG – 12. 10. 1973 – 2 RU 190/72.

6.2.15 Tätlichkeiten am Arbeitsplatz

Werden Versicherte bei Streitigkeiten mit anderen Betriebsangehörigen verletzt, kommt es wesentlich auf den Grund der Streitigkeit an. Ist dieser betriebsbezogen, besteht Versicherungsschutz, nicht hingegen bei Tätlichkeiten aus privaten Motiven.[200] Für die Frage, ob und unter welchen Umständen dies im Einzelfall bejaht werden kann, sind in der Regel die Beweggründe entscheidend, die den Angreifer zu seinem Vorgehen bestimmt haben.[201] **40**

6.2.16 Überfälle

Überfälle am Arbeitsplatz und selbst im häuslichen Bereich[202] sind dann versichert, wenn sie aus betrieblichen Gründen erfolgen, z. B. bei Raubüberfällen auf betriebliches Vermögen. Auf Betriebswegen oder auf nach Abs. 2 geschützten Wegen besteht Versicherungsschutz auch dann, wenn dieser Weg das Opfer an die Stelle geführt hat, wo im fraglichen Zeitpunkt eine zur Gewalttat entschlossene Person seiner habhaft werden kann.[203] Anders ist es aber, wenn der Überfall nach den Beweggründen des Angreifers aus persönlicher Feindschaft erfolgt. Dann kommt Versicherungsschutz nur dann in Betracht, wenn der Überfall durch besondere Umstände des geschützten Weges – z. B. Dunkelheit, einsame Gegend – die Verübung der Gewalttat entscheidend erleichtert haben.[204] Die Beweislast für das Vorliegen persönlicher Motive hat der Versicherungsträger.[205] **41**

6.3 Unfall

Der Begriff des Unfalls ist in § 8 Abs. 1 S. 2 gesetzlich definiert. Danach ist ein Unfall ein **42**
- zeitlich begrenztes und
- von außen auf den Körper einwirkendes Ereignis,
- das zu einem Gesundheitsschaden oder zum Tode führt (haftungsbegründende Kausalität).

Ein Unfallereignis ist dann **zeitlich begrenzt**, wenn es an einem bestimmten Tag entweder plötzlich auftritt oder die schädigende Einwirkung längstens eine Arbeitsschicht andauert. Es ist nicht erforderlich, dass das genaue Datum des Unfalls feststeht, was insbesondere bei länger zurückliegenden Bagatellereignissen, die Spätschäden zur Folge haben, oft kaum mehr nachweisbar wäre. Länger als eine Arbeitsschicht dauernde Einwirkungen können nur als Berufskrankheit entschädigt werden (siehe § 7 Rn. 4). **43**

Der Unfallbegriff erfordert ein **von außen auf den Körper einwirkendes** Ereignis. Dies dient zur Abgrenzung zu Gesundheitsbeeinträchtigungen aus rein innerer Ursache sowie **44**

---

200 BSG – 30. 07. 1968 – 2 RU 91/67: Schlägerei nach wechselseitigen Beleidigungen.
201 BSG – 28. 04. 1977 – 2 RU 31/75.
202 BSG – 15. 12. 1966 – 2 RU 255/63: Raub von in der Wohnung verwahrten Geschäftseinnahmen.
203 LSG Hessen – 12. 02. 2008 – L 3 U 82/06.
204 BSG – 30. 06. 1998 – B 2 U 27/97 R.
205 BSG – 31. 10. 1978 – 2 RU 40/78.

zu Selbstschädigungen.[206] Die Einwirkung muss nicht besonders und außergewöhnlich sein, was häufig von Gerichten und medizinischen Sachverständigen verkannt wird. Die Verrichtung der üblichen Erwerbsarbeit und alltägliche Vorgänge, wie es etwa das Stolpern über die eigenen Füße oder das Aufschlagen auf den Boden darstellt, können ausreichen, wenn hierdurch ein Teil der Außenwelt auf den Körper einwirkt.[207] Eine äußere Einwirkung auf den Körper kann auch darin bestehen, dass durch betriebliche Einflüsse von außen eine krankhafte Störung im Körperinneren hervorgerufen wird.

Beispiel:
Ein Steinmetz erleidet beim Anheben eines schweren Steins eine Hirnblutung.[208]

45 Ausreichend ist, dass ein äußeres Geschehen auf die Psyche einwirkt und z. B. Schreck oder Entsetzen hervorruft. Die Einwirkung auf den Körper ist darin zu sehen, dass physiologische Prozesse im Gehirn in Gang gesetzt werden. Ein reales Geschehen in der Außenwelt selbst muss aber festgestellt werden, ein rein mentaler oder nur »eingebildeter« Vorgang reicht für die Annahme einer psychischen Einwirkung von außen nicht aus.

Beispiel 1:
Ein Triebwagenführer bemerkt ein auf den Gleisen stehendes Fahrzeug und bremst. Er erleidet einen Schock und kann seine Tätigkeit nicht fortsetzen. Eine äußere Einwirkung auf den Körper liegt vor.[209]

Beispiel 2:
Der Triebwagenführer bremst, weil er annimmt, eine Person befinde sich auf den Gleisen. Es kann aber nicht festgestellt werden, dass sich dort tatsächlich jemand befand. Hier fehlt es am Nachweis einer äußeren Einwirkung.[210]

6.4 Gesundheitsschaden

46 Zum Begriff des Arbeitsunfalls gehört zwingend, dass er zu einem Gesundheitsschaden oder zum Tod geführt hat. Als Gesundheitsschaden ist jeder regelwidrige körperliche, aber auch geistige oder seelische Zustand anzusehen.[211] Eine dadurch bedingte Behandlungsbedürftigkeit, Arbeitsunfähigkeit oder Minderung der Erwerbsfähigkeit ist für die Annahme eines Arbeitsunfalls nicht erforderlich, wohl aber für die Frage einer etwaigen Entschädigung. Im Prinzip reicht also für den Eintritt des Versicherungsfalls der Nachweis eines Bagatellschadens z. B. einer Hautabschürfung oder eines Blutergusses. Der Gesundheitsschaden muss konkret festgestellt werden. Bei psychoreaktiven Störungen ist

---

206 BSG – 29. 11. 2011 – B 2 U 10/11 R.
207 St. Rspr. vgl. BSG – 17. 02. 2009 – B 2 U 18/07 R – m. w. N.
208 BSG – 12. 04. 2005 – B 2 U 27/04.
209 So im Fall BSG – 29. 11. 2011 – B 2 U 23/10 R.
210 So die Parallelentscheidung BSG – 29. 11. 2011 – B 2 U 10/11 R.
211 Speziell zu psychischen Gesundheitsstörungen BSG – 29. 01. 1986 – 9 b RU 56/84.

eine exakte Diagnose der Krankheit nach einem internationalen Diagnoseschlüssel (ICD-10; DSM IV) erforderlich.[212]

6.5 Unfallkausalität

Zwischen der versicherten Tätigkeit und dem Unfall muss ein ursächlicher Zusammenhang bestehen, die sog. **Unfallkausalität**. Dabei ist es nicht erforderlich, dass die versicherte Tätigkeit die alleinige Ursache ist. Für den Zusammenhang zwischen der Verrichtung zur Zeit des Unfalls und dem Unfallereignis gilt vielmehr die Theorie der **wesentlichen Bedingung**. Diese beruht auf der naturwissenschaftlich-philosophischen Bedingungstheorie, nach der jedes Ereignis Ursache eines Erfolges ist, das nicht hinweggedacht werden kann, ohne dass der Erfolg entfiele (conditio-sine-qua-non). Aufgrund der Unbegrenztheit der naturwissenschaftlich-philosophischen Ursachen für einen Erfolg ist allerdings zwischen Ursachen zu unterscheiden, denen der Erfolg zugerechnet wird und die für den Erfolg rechtlich unerheblich sind. Als kausal und rechtserheblich werden nur solche Ursachen angesehen, die wegen ihrer besonderen Beziehung zum Erfolg zu dessen Eintritt wesentlich mitgewirkt haben. Welche Ursache wesentlich ist und welche nicht, muss aus der Auffassung des praktischen Lebens über die besondere Beziehung der Ursache zum Eintritt des Erfolgs abgeleitet werden.[213] Es kann auch mehrere rechtlich wesentliche Mitursachen geben. »Wesentlich« ist nicht gleichzusetzen mit »gleichwertig« oder »annähernd gleichwertig«. Auch eine nicht annähernd gleichwertige, sondern rechnerisch verhältnismäßig niedriger zu bewertende Ursache kann für den Erfolg rechtlich wesentlich sein, solange andere Ursachen keine überragende Bedeutung haben.[214] Wenn die kausale Beteiligung der versicherten Tätigkeit mit Wahrscheinlichkeit bewiesen ist, sind unversicherte Konkurrenzursachen nur dann zu berücksichtigen, wenn sie ebenfalls bewiesen sind.[215] **47**

> **Beispiel:**
> Ein Arbeiter zündet sich bei der Arbeit mit leicht entzündbaren Lösungsmitteln eine Zigarette an. Es kommt zu einer Verpuffung. Ursächlich im naturwissenschaftlich-philosophischen Sinne sind sowohl die versicherte Tätigkeit als auch die eigenwirtschaftliche Verrichtung Zigarettenrauchen. Beide Ursachen sind auch im Rechtssinne »wesentlich«.[216]

In der Praxis entstehen bei der Unfallkausalität vor allem in folgenden Fällen Probleme: **48**
- selbstgeschaffene Gefahr
- Selbsttötung
- Einwirkung von Alkohol oder Drogen
- Abgrenzung zum Unfall aus innerer Ursache

---

212 So BSG – 09.05.2006 – B 2 U 1/05 R.
213 St. Rspr. seit BSG – 10.06.1955 – 10 RV 390/54; BSG – 12.04.2005 – B 2 U 11/04 R.
214 Vgl. BSG – 09.05.2006 – B 2 U 1/05 R.
215 BSG – 17.02.2009 – B 2 U 18/07 R.
216 So im Beispielsfall BSG – 12.04.2005 – B 2 U 11/04 R.

49 Grundsätzlich ist davon auszugehen, dass der Versicherungsschutz auch dann nicht entfällt, wenn sich der Versicherte bei seiner Tätigkeit durch leichtsinniges unbedachtes Verhalten bewusst einer höheren Unfallgefahr aussetzt. Das BSG hat aber die Unfallkausalität dann verneint, wenn der Unfall allein wesentlich auf eine vom Versicherten **selbst geschaffene Gefahr** zurückzuführen ist, dabei aber betont, dass der Begriff »selbstgeschaffene Gefahr« eng auszulegen und mit größter Zurückhaltung anzuwenden sei.[217] Erforderlich ist, dass betriebsfremde Motive eine erhöhte Gefahr herbeigeführt haben[218] und das zum Unfall führende Verhalten in so hohem Grad unvernünftig war und zu einer solchen besonderen Gefährdung geführt hat, dass die versicherte Tätigkeit nicht mehr als wesentliche Bedingung für den Unfall anzusehen ist.[219]

Im Einzelfall ist Versicherungsschutz unter dem Gesichtspunkt der selbstgeschaffenen Gefahr verneint worden:

- Sonnenbaden des Beifahrers eines Tanklastzugs während der Fahrt auf dem Laufsteg[220]
- Überqueren der Autobahn zu Fuß, um Zigaretten zu besorgen[221]

50 Hingegen ist in folgenden Fällen keine selbstgeschaffene Gefahr angenommen worden:

- Flug bei dichtem Nebel[222]
- Rauchen bei der Arbeit mit leicht entzündbarem Lösemittel[223]
- Als vorsätzliche Straßenverkehrsgefährdung verurteiltes Überholmanöver[224]
- Aufspringen auf einen gerade anfahrenden Personenzug[225]

51 An der Unfallkausalität mangelt es in Fällen der willentlichen **Selbsttötung** oder Selbstverstümmelung. Abgrenzungsprobleme entstehen dann, wenn nach dem äußeren Geschehensablauf auch ein Arbeits- oder Wegeunfall in Betracht kommt, z. B. bei einem tödlichen Verkehrsunfall auf dem Weg zur Arbeitsstätte ohne erkennbare Ursache. Nach neuerer Rechtsprechung des BSG trägt der Unfallversicherungsträger die Beweislast dafür, dass zum Zeitpunkt des Unfalls eine Selbsttötungsabsicht vorgelegen hat. Hierbei ist der Vollbeweis erforderlich, bloße Anhaltspunkte für eine Selbsttötung reichen nicht aus.[226]

52 Erleiden Versicherte, die unter dem Einfluss von Alkohol oder Drogen stehen, am Arbeitsplatz einen Unfall, so ist zu unterscheiden, ob dadurch ein völliger Leistungsausfall oder nur ein Leistungsabfall eingetreten ist. Ein **Leistungsausfall** ist dann anzunehmen, wenn sie überhaupt nicht mehr zu einer zweckgerichteten Ausübung ihrer Tätigkeit in der Lage sind, z. B. bei einem Vollrausch. Dann wird eine Lösung des inneren Zusammenhangs mit der versicherten Tätigkeit angenommen, die den Versicherungsschutz wegfallen lässt.[227]

---

217 Vgl. BSG – 02. 11. 1988 – 2 RU 7/88; BSG – 12. 04. 2005 – B 2 U 11/04 R.
218 BSG – 29. 04. 1982 – 2 RU 10/81.
219 BSG – 12. 04. 2005 – B 2 U 11/04 R.
220 BSG – 02. 11. 1988 – 2 RU 7/88.
221 BSG – 31. 05. 1967 – 2 RU 75/64.
222 BSG – 02. 11. 1988 – 2 RU 7/88.
223 BSG – 12. 04. 2005 – B 2 U 11/04 R.
224 BSG – 04. 06. 2002 – B 2 U 11/01 R.
225 LSG Hessen – 23. 05. 1979 – L 3 U 108/78.
226 BSG – 04. 09. 2007 – B 2 U 28/06 R unter ausdrücklicher Aufgabe früherer Rechtsprechung.
227 BSG – 05. 09. 2006 – B 2 U 24/05 R.

Ist ein völliger Leistungsausfall noch nicht festzustellen, dann besteht zwar weiterhin Versicherungsschutz. Es fehlt aber an der Unfallkausalität, wenn der Unfall allein wesentlich auf einen alkohol- oder drogenbedingten **Leistungsabfall** zurückzuführen ist. Dabei kommt es nicht entscheidend auf die Blutalkoholkonzentration an, die allerdings ein wesentliches Indiz ist, sondern auf die individuellen Gegebenheiten. Es müssen Fehlverhalten oder Ausfallerscheinungen des Versicherten vor, während oder nach dem Unfall festgestellt werden, die typisch für eine unter Alkoholeinfluss stehende Person sind und nicht ebenso gut andere Ursachen haben können, wie etwa Unaufmerksamkeit, Leichtsinn, Übermüdung.[228]

Kein Arbeitsunfall liegt vor, wenn allein wesentliche Ursache des Unfalls nicht mit der betrieblichen Tätigkeit verbundene Gefahren sind, sondern krankhafte Erscheinungen oder die gesundheitliche Konstitution des Versicherten (**innere Ursache**). **53**

Beispiel:
Ein Monteur erleidet wegen eines Bluthochdruckleidens einen Schwindelanfall und stürzt während der Arbeit auf der Baustelle. Die innere Ursache, im Beispielsfall das Grundleiden Bluthochdruck und die Schwindelattacke, müssen zweifelsfrei bewiesen werden. Die Beweislast trägt der Versicherungsträger.

Eine betriebliche Verursachung liegt aber auch dann vor, wenn betriebliche Umstände auf Art und Schwere des Körperschadens Einfluss genommen haben.

Beispiel:
Der Monteur stürzt infolge des Schwindelanfalles von einem Gerüst und zieht sich schwere Schädelverletzungen zu, die er bei einem Sturz zu ebener Erde nicht erlitten hätte.

Ein solches Mitwirken wesentlicher betrieblicher Kausalfaktoren hat die Rechtsprechung beispielsweise angenommen

- bei der Teilnahme am motorisierten Straßenverkehr,[229]
- bei dem Sturz von einer Treppe,[230]
- hingegen nicht bei einem Sturz auf einen nicht außergewöhnlich harten Fußboden der Arbeitsstätte.[231]

6.6 Haftungsbegründende Kausalität

Der Unfallbegriff fordert einen Ursachenzusammenhang zwischen dem Unfallereignis und einem Gesundheitsschaden oder dem Tod des Versicherten. Auch für diese Kausalität gilt die Theorie der wesentlichen Bedingung (siehe dazu Rn. 47). Es geht hier um Kausalfragen auf medizinischem Gebiet, die im Regelfall nur durch Einholung ärztlicher Gutachten geklärt werden können. **54**

228 BSG – 05.07.1994 – 2 RU 34/93.
229 BSG – 25.01.1979 – 8 a RU 36/78.
230 BSG – 31.07.1985 – 2 RU 74/84.
231 BSG – 29.01.1960 – 2 RU 136/56.

55 In der Praxis treten häufig dann besondere Probleme auf, wenn der Unfall und eine vorher bestehende Erkrankung oder eine Krankheitsanlage zusammenwirken.

Häufig treten Probleme auf bei der Frage der Verursachung von Meniskus- und Bandscheibenschäden oder Sehnenrissen. Dabei ist es nicht erforderlich, dass die Einwirkung durch den Unfall geeignet ist, ein gesundes Organ zu schädigen. Vielmehr ist abzugrenzen, ob das Unfallereignis wesentliche Teilursache neben dem Vorschaden oder der Schadensanlage ist oder nur eine rechtlich unbeachtliche **Gelegenheitsursache**. Eine solche liegt nach ständiger Rechtsprechung dann vor, wenn die Krankheitsanlage so stark oder so leicht ansprechbar war, dass die »Auslösung« akuter Erscheinungen aus ihr nicht besonderer, in ihrer Art unersetzlicher äußerer Einwirkungen bedurfte, sondern dass jedes andere alltäglich vorkommende Ereignis zu derselben Zeit die Erscheinung ausgelöst hätte.[232] Für die Annahme des kausalen Zusammenhangs des Todes mit dem Unfall reicht es aus, dass es durch den Unfall zu einer Lebenszeitverkürzung um mindestens ein Jahr gekommen ist.[233]

6.7 Haftungsausfüllende Kausalität

56 Für die Annahme eines Arbeitsunfalls reicht die Feststellung aus, dass ein Erstschaden als wahrscheinliche Folge des Arbeitsunfalls vorliegt. Für Art und Umfang der zu gewährenden Leistungen kommt es aber auch darauf an, welche Gesundheitsschäden sonst noch kausal auf den Erstschaden zurückzuführen sind. Auch hier gilt die Kausaltheorie der wesentlichen Bedingung (siehe Rn. 47). Es stellen sich vielfältige medizinische Fragen, die letztlich durch Gutachten zu klären sind. Besondere Probleme bereitet die Prüfung der Kausalität bei

- psychoreaktiven Störungen, insbesondere posttraumatische Belastungs- und Anpassungsstörungen[234] und
- Selbsttötungen als Folge unfallbedingter Gesundheitsschäden.[235]

57 Auch mittelbare Folgen des Arbeitsunfalls sind zu entschädigen, z. B.

- durch die Unfallfolgen bedingte weitere Unfälle, z. B. Sturz aufgrund einer unfallbedingten Gangunsicherheit
- Folgeschäden durch die Behandlung der Unfallfolgen (siehe Kommentierung § 11).

7. Wegeunfall (§ 8 Abs. 2)

58 Die Entschädigung von Unfällen auf dem Weg von und zur Arbeitsstätte hat in der Praxis der gesetzlichen Unfallversicherung erhebliche praktische Bedeutung. 2010 ereigneten sich 223 973 Wegeunfälle, von denen 6076 so gravierende Folgen hatten, dass sie zur Gewährung einer Rente führten. 367 Wegeunfälle endeten tödlich.

---

232 BSG – 30.01.2007 – B 2 U 8/06 R. Zu Einzelfragen insbesondere der medizinischen Beurteilung s. Schönfelder/Mehrtens/Valentin, Arbeitsunfall und Berufskrankheit, 8. Aufl., 2010.

233 Siehe dazu im Einzelnen BSG – 07.10.1987 – 2 RU 35/87.

234 Zu den Anforderungen an die Kausalität eingehend BSG – 09.05.2006 – B 2 U 1/05 R.

235 Siehe dazu im einzelnen BSG – 18.01.1990 – 8 RKnU 1/89; zum sog. Bilanzselbstmord siehe BSG – 24.11.1982 – 5 a RKnU 3/82.

7.1 Innerer Zusammenhang

Die Annahme eines Wegeunfalls erfordert ebenso wie die eines Arbeitsunfalls den **inneren sachlichen Zusammenhang** mit der versicherten Tätigkeit, für den die Handlungstendenz maßgebend ist. Diese muss beim Wegeunfall auf die Zurücklegung des geschützten Weges gerichtet sein und nicht auf private Zwecke (siehe dazu Rn. 8 ff.). 59

Auch ein mehrmaliges Zurücklegen des Weges vom oder zum Ort der Tätigkeit während eines Arbeitstages kann mit der versicherten Tätigkeit zusammenhängen, wenn der erneute Weg betrieblich veranlasst ist.[236]

> **Beispiel:**
> Ein Versicherter bemerkt an seinem Arbeitsplatz, dass er zu Hause befindliche Unterlagen für die weitere betriebliche Tätigkeit benötigt, und begibt sich aus diesem Grund auf den Weg zu seiner Wohnung und zurück zum Ort der Tätigkeit.

Der innere Zusammenhang fehlt bei allgemeinen **Vorbereitungshandlungen**, wie z. B. dem Kauf einer Wochen- oder Monatskarte.[237] Wird für die Fahrt zur Arbeit ein privates Kraftfahrzeug genutzt, so sind allgemeine Maßnahmen zur Aufrechterhaltung oder Wiederherstellung seiner Betriebsfähigkeit als Vorbereitungshandlungen unversichert, also z. B. Tanken, Inspektionen, Reparaturen.[238] Anders ist es aber dann, wenn während eines versicherten Weges eine Störung auftritt. Dann hat das BSG ein Fortbestehen des Versicherungsschutzes bejaht, wenn kein Zurücklegen des restlichen Weges ohne Behebung der Störung in angemessener Zeit auf andere Weise (z. B. zu Fuß) möglich ist, die Wiederherstellung der Betriebsfähigkeit nach Art und Zeitaufwand nicht in einem Missverhältnis zur Dauer des Weges im Ganzen steht und der Versicherte sich auf Maßnahmen beschränkt, die zur Fortsetzung des Weges notwendig sind.[239] Entsprechendes gilt für das Tanken, das nur dann versichert ist, wenn unvorhergesehen während oder bei Antritt der Fahrt dafür sich die Notwendigkeit ergibt.[240] 60

Erleidet der Versicherte auf dem geschützten Weg einen Verkehrsunfall mit seinem privaten Pkw, dann stehen die anschließende Verfolgung privatrechtlicher Schadensersatzansprüche oder Regulierungsgespräche mit dem Unfallgegner nicht unter Versicherungsschutz.[241] 61

7.2 Ausgangs- und Endpunkt des geschützten Weges

Ein Weg wird festgelegt durch einen Ausgangspunkt und einen Zielpunkt. Das Gesetz nennt als Beginn und Ende des geschützten Weges jeweils nur den Ort der Tätigkeit, lässt aber den anderen Bezugspunkt offen. Dieser ist im Allgemeinen die Wohnung der Versicherten. 62

---

236 St. Rspr. BSG – 20. 03. 2007 – B 2 U 19/06 R; BSG – 04. 09. 2007 – B 2 U 24/06 R.
237 BSG – 20. 12. 1961 – 2 RU 206/58.
238 BSG – 11. 08. 1998 – B 2 U 29/97 R.
239 BSG – 04. 09. 2007 – B 2 U 24/06 R.
240 BSG – 24. 05. 1984 – 2 RU 3/83.
241 BSG – 27. 03. 1990 – 2 RU 36/89; BSG – 17. 02. 2009 – B 2 U 26/07 R.

Der Versicherungsschutz beginnt bzw. endet mit dem Durchschreiten der Außentür des Wohngebäudes. Bei Mehrfamilienhäusern, selbst in Hochhäusern ist dies nicht die Wohnungstür, sondern die Haustür.[242] Unfälle innerhalb des Gebäudes – etwa im Treppenhaus – sind nicht versichert, und zwar auch dann nicht, wenn zuvor im häuslichen Arbeitszimmer versicherte Tätigkeiten verrichtet wurden. Ereignet sich der Unfall in einer Garage, so wird in der Rechtsprechung danach differenziert, ob die Garage vom Wohnhaus aus direkt zugänglich ist – kein Versicherungsschutz, weil Unfall im häuslichen Bereich[243] – oder ob das Wohngebäude zunächst durch die Außentür verlassen und dann erst die Garage aufgesucht wird.

63 Aber auch der Weg von oder zu einem anderen sog. »**dritten Ort**« ist dann geschützt, wenn

- der Aufenthalt dort zwei oder mehr Stunden dauert und
- der Weg nicht in einem unangemessenen Verhältnis zum Weg zur Wohnung steht.

Die erforderliche Dauer des Aufenthaltes am dritten Ort von mindestens 2 Stunden gilt ausnahmslos für alle Fälle.[244] Ereignet sich der Unfall auf dem Weg zum dritten Ort, so ist hinsichtlich der Dauer eine Prognose zu treffen. Es kommt darauf an, ob der Versicherte dort Verrichtungen beabsichtigte, die bei objektiver Betrachtung mindestens zwei Stunden angedauert hätten. Diese Absicht muss voll bewiesen sein.[245]

Die Beurteilung der Angemessenheit ist nach der Verkehrsanschauung vorzunehmen. Es ist nicht allein auf das Verhältnis der Wegstrecken abzustellen, sondern alle Umstände des Einzelfalls sind zu berücksichtigen. Insbesondere ist auch der erforderliche Zeitaufwand zur Bewältigung der Wege und etwa deren Beschaffenheit und Zustand in die Bewertung einzubeziehen. Eine mathematische »Angemessenheitsformel« gibt es nicht.[246] Das BSG hat z. B. unter Berücksichtigung der Umstände des Einzelfalls selbst ein Verhältnis von 2 km zu 22 km[247] noch als angemessen angesehen.

7.3 Unmittelbarer Weg

64 Geschützt ist nur der unmittelbare Weg. Versicherte können aber frei wählen, welches Verkehrsmittel (öffentlicher Nahverkehr, Fahrrad, Motorrad oder Pkw) sie nutzen, ob sie zu Fuß gehen oder eine Fahrgemeinschaft bilden.[248] Durch diese Wahl bedingte längere Wegstrecken oder Wegzeiten lassen den Versicherungsschutz nicht entfallen. Es muss nicht unbedingt der entfernungsmäßig kürzeste Weg sein. Versichert kann je nach den Verhältnissen des Einzelfalls auch ein längerer Weg sein, der aber weniger zeitaufwändig,

---

242 BSG – 12.12.2006 – B 2 U 28/05 R.
243 BSG – 31.05.1988 – 2/9b RU 6/87, für Tiefgaragen von Mehrfamilienhäusern LSG Nordrhein-Westfalen – 03.02.2009 – L 15 U 93/08.
244 BSG – 05.05.1998 – B 2 U 40/97 R, unter teilweiser Aufgabe früherer Rechtsprechung.
245 BSG – 03.12.2002 – B 2 U 19/02 R.
246 BSG – 06.01.2006 – B 2 U 372/05 B.
247 BSG – 11.10.1973 – 2 RU 1/73.
248 BSG – 28.07.1982 – 2 RU 49/81.

sicherer, übersichtlicher oder besser ausgebaut ist.[249] Wird allerdings aus eigenwirtschaftlichen Gründen ein nicht nur unerheblich längerer Weg eingeschlagen, entfällt der Versicherungsschutz.

Ein auf Irrtum beruhender Umweg ist jedenfalls dann noch versichert, wenn äußere mit der besonderen Art des Weges verbundene Gefahren, z. B. Dunkelheit, Sichtbehinderung durch Nebel, schlecht beschilderte Wege oder dergleichen für ein Verirren ursächlich sind.[250] Versicherungsschutz ist auch dann noch zu bejahen, wenn keine besonderen in der Person der Versicherten liegenden Gründe für den Irrtum vorliegen, z. B. beim Verpassen der »richtigen« Haltestelle,[251] anders wenn private Gründe, z. B. eine »rege Unterhaltung mit dem Beifahrer«[252] oder Einschlafen im Zug[253] den Irrtum verursachen. **65**

7.4 Unterbrechung

Erledigt der Versicherte auf dem Weg private unternehmensfremde Angelegenheiten (z. B. Einkäufe, Gaststättenbesuche, private Telefonate) so liegt eine **Unterbrechung** des Weges vor. Zu unterscheiden sind **66**

- geringfügige Unterbrechungen, während derer der Versicherungsschutz erhalten bleibt,
- nicht geringfügige Unterbrechungen bis zu zwei Stunden,
- Unterbrechungen von mehr als zwei Stunden Dauer.

Ganz kurze und geringfügige Unterbrechungen eigenwirtschaftlicher Natur beseitigen den Versicherungsschutz nicht, wenn die Besorgung hinsichtlich ihrer zeitlichen Dauer und der Art ihrer Erledigung keine erhebliche Zäsur in der Fortbewegung in Richtung auf die Arbeitsstätte darstellt. Geringfügig ist eine Unterbrechung nach den vom BSG entwickelten Kriterien, wenn die private Besorgung unmittelbar im Bereich der Straße und ohne nennenswerte zeitliche Verzögerung, also gleichsam »im Vorbeigehen«, erledigt werden kann.[254] Beispiele aus der Rechtsprechung: **67**

- Besorgen von Zigaretten aus einem Automaten am Straßenrand[255]
- Hilfe beim Hineinheben eines Kinderwagens in den Autobus[256]
- Kurzes privates Gespräch[257]

Als nicht mehr geringfügig sind beispielsweise gesehen worden:

- Kauf von Brötchen in einem Kiosk auf der anderen Straßenseite, Dauer: drei Minuten[258]
- Verlassen des Verkehrsraums der zur Arbeitsstätte führenden Straße[259]

249 BSG – 24.06.2003 – B 2 U 40/02 R.
250 BSG – 02.06.1959 – 2 RU 3/57.
251 LSG Mecklenburg-Vorpommern – 15.01.1997 – L 5 U 15/95, ihm folgend BSG – 27.05.1997 – 2 BU 56/97.
252 BSG – 24.03.1998 – B 2 U 4/97 R.
253 BSG – 28.04.1960 – 5 RKn 9/59.
254 BSG – 31.07.1985 – 2 RU 63/84.
255 BSG – 30.06.1960 – 2 RU 86/58.
256 BSG – 31.01.1974 – 2 RU 165/72.
257 LSG Baden-Württemberg – 05.12.1969 – L 2 Ua 1110/68.
258 BSG – 02.07.1996 – 2 RU 16/95.
259 BSG – 02.12.2008 – B 2 U 17/07 R.

68 Bei mehr als geringfügigen Unterbrechungen endet der Versicherungsschutz vorübergehend und lebt dann wieder auf, wenn der Weg vom oder zum Ort der Tätigkeit wieder aufgenommen wird.[260] Die ältere Rechtsprechung des BSG hat dabei auf den öffentlichen Verkehrsraum des Weges nach und von dem Ort der Tätigkeit abgestellt. Die unversicherte Unterbrechung sollte beginnen, sobald dieser Verkehrsraum verlassen wird, und enden mit dem Erreichen des Verkehrsraumes sowie der Wiederaufnahme der Fortbewegung in Richtung des ursprünglichen Ziels.[261] Für Kraftfahrer hat das BSG den Versicherungsschutz dahin eingeschränkt, dass er bereits mit dem Aussteigen aus dem Pkw endet und erst dann wieder beginnt, wenn die Pkw-Fahrt fortgesetzt wird.[262]

69 Wird allerdings der Weg nach Beendigung der versicherten Tätigkeit um mehr als zwei Stunden unterbrochen, so tritt eine endgültige Lösung ein. Der weitere Heimweg ist nicht versichert.[263] Die objektive Beweislast dafür, dass die Unterbrechung nicht länger als zwei Stunden gedauert hat, tragen die Versicherten.[264]

> **Beispiel:**
> Ein Arbeitnehmer besucht eine auf seinem Heimweg liegende Gaststätte und hält sich dort drei Stunden auf. Der Weg zur Gaststätte ist als Weg zum dritten Ort versichert, der anschließende weitere Weg zu seiner Wohnung hingegen nicht.

7.5 Unfallkausalität

70 Wie auch beim Arbeitsunfall ist die **Unfallkausalität** zwischen dem versicherten Zurücklegen des Weges und dem Unfall erforderlich, für die die Theorie der wesentlichen Bedingung gilt (siehe Rn. 47). Dieser Ursachenzusammenhang wirft in der Praxis vor allem Probleme bei Unfällen unter **Alkoholeinfluss** auf. Die Unfallkausalität ist dann zu verneinen, wenn alkoholbedingte Verkehrsuntüchtigkeit die allein wesentliche Unfallursache ist. Dabei muss die Verkehrsuntüchtigkeit selbst im Vollbeweis – also mit an Gewissheit grenzender Wahrscheinlichkeit – feststehen. Insoweit trifft die **Beweislast** den Versicherungsträger. Dies hat vor allem Bedeutung, wenn die Blutalkoholbestimmung nicht regelgerecht durchgeführt wird und deshalb nicht verwertbar ist. Dann kann aber u. U. aus dem Fahrverhalten auf alkoholbedingte Verkehrsuntüchtigkeit geschlossen werden.

71 Die Rechtsprechung differenziert zwischen Kraftfahrern, Radfahrern und Fußgängern. Kraftfahrer sind bei einer festgestellten Blutalkoholkonzentration (BAK) von mindestens 1,1 ‰ **absolut fahruntüchtig.**[265] In einem solchen Fall wird ohne weitere Beweisanzeichen vermutet, dass die Folgen des Alkoholgenusses für die Verursachung des Unfalls von überragender Bedeutung waren.[266] Die Fahruntüchtigkeit ist gegenüber den betriebsbedingten

260 BSG – 09. 12. 2003 – B 2 U 23/03 R.
261 Vgl. z. B. BSG – 30. 08. 1979 – 8 a RU 96/78.
262 BSG – 09. 12. 2003 – B 2 U 23/03 R.
263 BSG – 10. 10. 2006 – B 2 U 20/05 R.
264 BSG – 02. 12. 2008 – B 2 U 26/06 R, unter Aufgabe früherer Rechtsprechung.
265 BSG – 25. 11. 1992 – 2 RU 40/91.
266 BSG – 30. 01. 2007 – B 2 U 23/05 R.

Umständen als rechtlich allein wesentliche Ursache zu werten, wenn nach den Erfahrungen des täglichen Lebens davon auszugehen ist, dass der Versicherte, hätte er nicht unter Alkoholeinfluss gestanden, bei gleicher Sachlage wahrscheinlich nicht verunglückt wäre.[267] Dieser Beweis, den letztlich der Versicherte zu führen hat, ist in der Praxis kaum zu erbringen.

Bei einer **relativen Fahruntüchtigkeit** mit einer BAK von unter 1,1 ‰ kann der Alkoholgenuss zwar auch von überragender Bedeutung für den Eintritt des Unfallereignisses sein, sodass der Unfall nicht als durch die versicherte Zusammenhangskette wesentlich verursacht anzusehen ist. Dies setzt jedoch voraus, dass neben der BAK aus weiteren Beweisanzeichen in Form von alkoholtypischen Ausfallerscheinungen darauf geschlossen werden kann, dass der Versicherte wegen der Folgen des Alkoholgenusses fahruntüchtig und damit der Alkoholgenuss die überragende Ursache für das Unfallereignis war. Solche Beweisanzeichen sind z. B. überhöhte Geschwindigkeit, das Fahren in Schlangenlinien, plötzliches Bremsen sowie das Verhalten unmittelbar vor, bei oder nach dem Unfall.[268] 72

Die Unfallkausalität ist auch ausgeschlossen, wenn der Versicherte unter dem Einfluss von **Drogen** oder anderen die Fahrtüchtigkeit im Straßenverkehr beeinträchtigenden Substanzen stand und deren Wirkung nach den Umständen die allein wesentliche Bedingung für den Unfall war. Allerdings gibt es derzeit für **Cannabis** ebenso wie für zahlreiche andere Drogen im Unterschied zu Alkohol keine gesicherte Dosis-Wirkungs-Beziehung und von daher auch keinen Wert für eine absolute Fahruntüchtigkeit. Cannabiskonsum kann nur dann als allein wesentliche Ursache des Unfalls angesehen werden, wenn ein THC-Wert von mindestens 1 ng/ml festgestellt wurde und weitere Beweisanzeichen die drogenbedingte Fahruntüchtigkeit des Versicherten belegen, z. B. Gangunsicherheiten, Müdigkeit, Apathie, Denk-, Konzentrations-, Aufmerksamkeits- und Wahrnehmungsstörungen, leichte Ablenkbarkeit.[269] 73

Bei Radfahrern ist absolute Verkehrsuntüchtigkeit bei 1,6 ‰ anzunehmen,[270] bei Fahrern von Mopeds und führerscheinfreien Fahrrädern mit Hilfsmotor ebenso wie bei Kraftfahrern bei 1,1 ‰.[271] Für Fußgänger gibt es keinen allgemeinen Grenzwert für die alkoholbedingte Verkehrsuntüchtigkeit.[272] Bei ihnen ist die Unfallkausalität zu verneinen, wenn sich aus konkreten Beweisanzeichen ihre Verkehrsuntüchtigkeit ergibt und diese auch die allein wesentliche Unfallursache ist. 74

7.6 Unterbringung von Kindern und Fahrgemeinschaften

Abs. 2 Nr. 2 bis 3 regeln Fallgestaltungen, bei denen trotz eines Umweges der Versicherungsschutz erhalten bleibt: 75

- Fälle, in denen Kinder fremder Obhut anvertraut werden
- Fahrgemeinschaften

---

267 BSG – 23.09.1997 – 2 RU 40/96.
268 BSG – 02.02.1978 – 8 RU 66/77.
269 BSG – 30.01.2007 – B 2 U 23/05 R.
270 LSG Berlin – 08.02.2000 – L 2 U 70/97.
271 BSG – 30.03.1982 – 2 RU 90/80, bei 1,3 ‰, dem damals auch für Kraftfahrer geltenden Wert.
272 BSG – 20.09.1977 – 8 RU 18/77, im Falle einer BAK von 3,01 ‰.

76 Nach § 8 Abs. 2 Nr. 2a sind versicherte Tätigkeiten auch das Zurücklegen des von einem unmittelbaren Weg nach und von dem Ort der Tätigkeit abweichenden Weges, um Kinder von Versicherten, die mit ihnen in einem gemeinsamen Haushalt leben, wegen ihrer, ihrer Ehegatten oder ihrer Lebenspartner beruflichen Tätigkeit fremder Obhut anzuvertrauen.

77 Voraussetzung ist, dass Versicherte auf dem Weg von oder zur Arbeitsstätte im Sinne von § 8 Abs. 2 einen an sich nicht versicherten Umweg machen, um ihr Kind in fremde Obhut zu geben. Die Verknüpfung mit einem Betriebsweg reicht nach dem eindeutigen Wortlaut der Vorschrift nicht aus.[273]

78 Es gilt der Begriff des Kindes in § 56 SGB I, er umfasst also außer den leiblichen Kindern auch die in den Haushalt aufgenommenen Enkel, Geschwister, Stief- und Pflegekinder. Gemeinsamer Haushalt bedeutet gemeinsamer Wohnsitz und gemeinsame Lebens- und Wirtschaftsführung in gemeinsamen Räumen.

79 Die Kinder müssen fremder Obhut anvertraut werden. Das setzt voraus, dass sie außerhalb des eigenen häuslichen Bereichs zur Beaufsichtigung durch Dritte gebracht und wieder abgeholt werden. Die Beförderung von Obhutspersonen allein ist nicht versichert.[274] Die Kinder müssen wegen der beruflichen Tätigkeit der Versicherten oder ihrer Ehe- oder Lebenspartner untergebracht werden. Eine Versicherung der Ehe- oder Lebenspartner in der gesetzlichen Unfallversicherung ist nicht erforderlich. Insoweit reicht aus, dass diese – etwa als Beamte oder versicherungsfreie Selbständige – berufstätig sind. Nicht erforderlich ist, dass beide Elternteile dem Kind in der Wohnung die erforderliche Betreuung deshalb nicht gewähren können, weil sie aus beruflichen Gründen gleichzeitig von der Wohnung abwesend sind. Entscheidend ist vielmehr, dass der Grund für die Unterbringung des Kindes in der beruflichen Tätigkeit sowohl der Versicherten wie auch ihrer Partner liegen kann.

80 Der Versicherungsschutz ist auf den wegen der Unterbringung des Kindes erforderlichen Umweg beschränkt. Es besteht kein Versicherungsschutz bei Unfällen im häuslichen Bereich der Obhutsperson. Maßgeblich ist hier – wie allgemein bei Wegeunfällen – das Durchschreiten der Außentür des Gebäudes.[275]

81 Bei der Bildung von **Fahrgemeinschaften** wird ebenfalls der Versicherungsschutz auf Umwege ausgedehnt, die wegen der Mitnahme anderer Berufstätiger oder Versicherter in Kauf genommen werden. Als Fahrgemeinschaft gilt der Zusammenschluss mehrerer Personen zur gemeinsamen Zurücklegung eines Weges mit nur einem Fahrzeug. Voraussetzung des Versicherungsschutzes ist, dass die Fahrgemeinschaft aus Berufstätigen – das können auch unversicherte Beamte oder Selbständige sein – und/oder Versicherten besteht. Es kommt nicht entscheidend darauf an, dass sie in demselben Betrieb tätig sind und auch nicht darauf, ob die Fahrgemeinschaft regelmäßig oder nur gelegentlich gebildet wird[276] und ob sie nur für einen Teil des Weges besteht.[277] Auch hängt der Unfallver-

---

273 BSG – 12.01.2010 – B 2 U 35/08 R.
274 BSG – 28.04.2004 – B 2 U 20/03 R.
275 BSG – 21.12.1977 – 2 RU 49/77.
276 BSG – 30.09.1980 – 2 RU 23/79.
277 BSG – 12.01.2010 – B 2 U 36/08 R auch für den Fall der sukzessiven Fahrgemeinschaft.

sicherungsschutz der Teilnehmer einer Fahrgemeinschaft nicht von der Länge des Um- oder Abweges ab.[278]

Entscheidend ist vielmehr die Handlungstendenz, die Teilnehmer der Fahrgemeinschaft zu deren Arbeitsstätte bzw. Wohnung zu bringen und dann unmittelbar selbst die eigene Arbeitsstätte oder Wohnung aufzusuchen. Daran fehlt es z. B., wenn das Mitglied einer Fahrgemeinschaft die anderen in einem Fahrzeug zur Arbeit fährt, selbst jedoch eine Tätigkeit nicht aufnehmen will, weil er einen freien Tag hat.[279] **82**

7.7 Familienheimfahrten

Abs. 2 Nr. 4 regelt den Versicherungsschutz auf Wegen zur Familienwohnung, wenn Versicherte wegen der Entfernung am Tätigkeitsort eine Unterkunft haben. Dann besteht bei Wegen in Bezug auf beide Orte – Unterkunft und Familienwohnung – Versicherungsschutz. **83**

Ständige **Familienwohnung** ist die Wohnung, die für nicht unerhebliche Zeit den Mittelpunkt der Lebensverhältnisse der Versicherten bildet. Die Beurteilung, ob die hiernach erforderlichen Voraussetzungen gegeben sind, richtet sich nach der tatsächlichen Gestaltung der Verhältnisse zur Unfallzeit. Maßgebend sind dabei insbesondere auch die soziologischen und psychologischen Gegebenheiten. Wertungskriterien für den Mittelpunkt der Lebensverhältnisse des Versicherten sind u. a. das Ausmaß der sozialen Kontakte zu anderen Personen und die Gestaltung der Wohnverhältnisse (Größe des Wohnraums, Einrichtung, Anzahl der Wohnungsnutzer).[280] Bei verheirateten Versicherten und solchen mit einem festen Lebenspartner befindet sich der Mittelpunkt der Lebensverhältnisse im Allgemeinen an dem Ort, an dem sich der Partner und ggf. die gemeinsamen Kinder nicht nur vorübergehend aufhalten.[281] Schwieriger ist die Abgrenzung bei ledigen Versicherten, insbesondere dann, wenn sie noch ein Zimmer in der Wohnung ihrer Eltern haben. Hier ist nach den Verhältnissen des Einzelfalls zu entscheiden.[282] Wesentliche Fragen sind: **84**

- Wo wird die Freizeit verbracht?
- Wo befindet sich die persönliche Habe?
- Wie ist die Unterkunft ausgestattet?

Weitere Voraussetzung ist, dass am Ort der Tätigkeit »nur eine **Unterkunft**« besteht. Unterkunft kann jedes zu Wohnzwecken genutzte Gebäude sein, z. B. auch ein Hotel oder eine Pension,[283] soweit der Aufenthalt dort von einer gewissen Dauerhaftigkeit ist. An die Beschaffenheit sind keine besonderen Anforderungen zu stellen, insbesondere muss es nicht den Charakter des »Behelfsmäßigen« haben.[284] Die Entfernung zwischen Familien- **85**

---

278 BSG – 11. 11. 2003 – B 2 U 32/02 R.
279 BSG – 08. 12. 1983 – 2 RU 75/82.
280 St. Rspr., BSG – 31. 05. 1996 – 2 RU 28/95.
281 BSG – 31. 10. 1972 – 2 RU 2/70.
282 Vgl. im Einzelnen BSG – 10. 10. 2002 – B 2 U 16/02 R.
283 LSG Hessen – 15. 01. 1975 – L 3 U 360/73.
284 BSG – 10. 10. 2002 – B 2 U 16/02 R.

wohnung und Tätigkeitsort muss der wesentliche Grund für das Beziehen der Unterkunft sein.[285]

86 Der innere Zusammenhang mit der versicherten Berufstätigkeit ist in räumlicher und zeitlicher Hinsicht auf den direkten Weg zur Familienwohnung beschränkt. Anders als beim Wegeunfall nach Abs. 2 ist es aber nicht erforderlich, dass die Fahrt innerhalb von zwei Stunden nach Beendigung der Arbeit angetreten werden muss. Der innere Zusammenhang ist auch bei Antritt der Fahrt am folgenden oder übernächsten Tag noch gewahrt.[286]

87 Bei ausländischen Arbeitnehmern, die ihren Familienwohnsitz im Heimatland haben, besteht Versicherungsschutz auch dann, wenn sie die Familienheimfahrt mit einem Urlaub verbinden.[287]

8. Unfälle im Zusammenhang mit Arbeitsgeräten

88 Abs. 2 Nr. 5 erweitert den Versicherungsschutz auf Handlungen im Zusammenhang mit **Arbeitsgeräten** und Schutzausrüstungen. Der Begriff des Arbeitsgerätes ist im Gesetz nicht näher bestimmt. Er umfasst Gegenstände, die von Beschäftigten entsprechend den betrieblichen Erfordernissen zur Arbeit verwendet werden. Dies trifft nicht nur auf Gerätschaften zu, die ihrer Zweckbestimmung nach als typische Arbeitsgeräte in Betracht kommen, sondern ebenso auf Sachen, die auch zu anderen Zwecken als zur Arbeit benutzt werden und deshalb nicht schon ihrer Natur nach als Arbeitsgerät anzusehen sind.[288] Entscheidend ist, dass der Gegenstand im Verhältnis zur gesamten Verwendung – anders als z. B. eine Nah- und Fernbrille – hauptsächlich zur Verrichtung der versicherten Tätigkeit gebraucht wird.[289]

Ein Pkw ist dann Arbeitsgerät, wenn er hauptsächlich der Tätigkeit im Unternehmen dient.[290] Fahrten zwischen Wohnung und Arbeitsstätte sind dabei nicht zu berücksichtigen.[291]

89 **Verwahrung** ist das Unterbringen des Arbeitsgerätes am Arbeitsplatz oder an einem anderen Ort; zur Verwahrung gehört als deren Gegenstück auch die Entwahrung. Das versehentliche Liegenlassen des Arbeitsgerätes erfüllt diesen Begriff nicht. Das Wiederaufsuchen des vergessenen Gegenstandes ist demgemäß auch nicht als Entwahrung versichert.[292]

90 **Beförderung** des Arbeitsgerätes liegt nur vor, wenn die Zurücklegung des zu diesem Zweck unternommenen Weges von der Absicht, die Sache nach einem anderen Ort zu schaffen, derart maßgebend geprägt wird, dass die Fortbewegung der eigenen Person

---

285 BSG – 14.12.1965 – 2 RU 201/61.
286 BSG – 28.07.1983 – 2 RU 51/82.
287 BSG – 28.07.1983 – 2 RU 19/83.
288 BSG – 23.02.1966 – 2 RU 45/65.
289 BSG – 27.07.1989 – 2 RU 6/89: Arbeitshose als Arbeitsgerät.
290 BSG – 22.11.1984 – 2 RU 41/83.
291 BSG – 12.05.2009 – B 2 U 12/08 R.
292 BSG – 06.05.2003 – B 2 U 33/02 R.

demgegenüber als nebensächlich zurücktritt. Kein Versicherungsschutz besteht mithin, wenn das Arbeitsgerät lediglich mitgeführt wird.[293]

9. Beschädigung oder Verlust von Hilfsmitteln (§ 8 Abs. 3)

§ 8 Abs. 3 stellt die Beschädigung oder den Verlust eines Hilfsmittels dem Gesundheits- **91**
schaden gleich. Grund der Regelung ist, dass ein Hilfsmittel in gleicher Weise wie die Körperorgane, die es ersetzt oder deren Funktion es übernimmt, unfallbedingten Einwirkungen ausgesetzt sein kann. Deshalb setzt die Gleichstellung grundsätzlich voraus, dass das Hilfsmittel bei Eintritt des Unfallereignisses bestimmungsgemäß am Körper eingesetzt war.[294]

Eine Entschädigung erfolgt nur dann, wenn die übrigen Voraussetzungen für die An- **92**
nahme eines Arbeitsunfalls gegeben sind. Es ist also erforderlich, dass die Verrichtung des Versicherten zur Zeit des Unfalls der versicherten Tätigkeit zuzurechnen ist (sachlicher Zusammenhang), diese Verrichtung zu einem zeitlich begrenzten, von außen auf den Körper einwirkenden Ereignis (dem Unfallereignis) geführt hat (Unfallkausalität) und das Unfallereignis die Beschädigung oder den Verlust eines Hilfsmittels verursacht hat.

Maßgebend ist der Begriff des Hilfsmittels i. S. der gesetzlichen Krankenversicherung **93**
in § 33 SGB V. Hierzu zählen insbesondere

- Brillen
- Hörgeräte
- Körperersatzstücke (Prothesen)

In den Fällen des § 8 Abs. 3 besteht nach § 27 Abs. 2 ein Anspruch auf Wiederherstellung oder Erneuerung des Hilfsmittels. Es handelt sich um einen Schadensersatzanspruch, der nicht auf die Festbeträge der Krankenversicherung begrenzt ist. Es kann aber kein Ersatz für Luxusausführungen verlangt werden.[295]

§ 9 Berufskrankheit

(1) Berufskrankheiten sind Krankheiten, die die Bundesregierung durch Rechtsverordnung mit Zustimmung des Bundesrates als Berufskrankheiten bezeichnet und die Versicherte infolge einer den Versicherungsschutz nach den §§ 2, 3 oder 6 begründenden Tätigkeit erleiden. Die Bundesregierung wird ermächtigt, in der Rechtsverordnung solche Krankheiten als Berufskrankheiten zu bezeichnen, die nach den Erkenntnissen der medizinischen Wissenschaft durch besondere Einwirkungen verursacht sind, denen bestimmte Personengruppen durch ihre versicherte Tätigkeit in erheblich höherem Grade als die übrige Bevölkerung ausgesetzt sind; sie kann dabei bestimmen, dass die Krankheiten nur dann Berufskrankheiten sind, wenn sie durch Tätigkeiten in bestimmten Gefährdungsbereichen verursacht worden sind oder wenn sie zur Unterlassung aller Tätigkeiten geführt haben, die für die Entstehung, die Verschlimmerung

293 BSG – 07. 11. 2000 – B 2 U 39/99 R.
294 BSG – 09. 11. 2010 – B 2 U 24/09 R.
295 BSG – 20. 02. 2001 – B 2 U 9/00 R.

oder das Wiederaufleben der Krankheit ursächlich waren oder sein können. In der Rechtsverordnung kann ferner bestimmt werden, inwieweit Versicherte in Unternehmen der Seefahrt auch in der Zeit gegen Berufskrankheiten versichert sind, in der sie an Land beurlaubt sind.

(2) Die Unfallversicherungsträger haben eine Krankheit, die nicht in der Rechtsverordnung bezeichnet ist oder bei der die dort bestimmten Voraussetzungen nicht vorliegen, wie eine Berufskrankheit als Versicherungsfall anzuerkennen, sofern im Zeitpunkt der Entscheidung nach neuen Erkenntnissen der medizinischen Wissenschaft die Voraussetzungen für eine Bezeichnung nach Absatz 1 Satz 2 erfüllt sind.

(3) Erkranken Versicherte, die infolge der besonderen Bedingungen ihrer versicherten Tätigkeit in erhöhtem Maße der Gefahr der Erkrankung an einer in der Rechtsverordnung nach Absatz 1 genannten Berufskrankheit ausgesetzt waren, an einer solchen Krankheit und können Anhaltspunkte für eine Verursachung außerhalb der versicherten Tätigkeit nicht festgestellt werden, wird vermutet, dass diese infolge der versicherten Tätigkeit verursacht worden ist.

(4) Setzt die Anerkennung einer Krankheit als Berufskrankheit die Unterlassung aller Tätigkeiten voraus, die für die Entstehung, die Verschlimmerung oder das Wiederaufleben der Krankheit ursächlich waren oder sein können, haben die Unfallversicherungsträger vor Unterlassung einer noch verrichteten gefährdenden Tätigkeit darüber zu entscheiden, ob die übrigen Voraussetzungen für die Anerkennung einer Berufskrankheit erfüllt sind.

(5) Soweit Vorschriften über Leistungen auf den Zeitpunkt des Versicherungsfalls abstellen, ist bei Berufskrankheiten auf den Beginn der Arbeitsunfähigkeit oder der Behandlungsbedürftigkeit oder, wenn dies für den Versicherten günstiger ist, auf den Beginn der rentenberechtigenden Minderung der Erwerbsfähigkeit abzustellen.

(6) Die Bundesregierung regelt durch Rechtsverordnung mit Zustimmung des Bundesrates

1. Voraussetzungen, Art und Umfang von Leistungen zur Verhütung des Entstehens, der Verschlimmerung oder des Wiederauflebens von Berufskrankheiten,
2. die Mitwirkung der für den medizinischen Arbeitsschutz zuständigen Stellen bei der Feststellung von Berufskrankheiten sowie von Krankheiten, die nach Absatz 2 wie Berufskrankheiten zu entschädigen sind; dabei kann bestimmt werden, dass die für den medizinischen Arbeitsschutz zuständigen Stellen berechtigt sind, Zusammenhangsgutachten zu erstellen sowie zur Vorbereitung ihrer Gutachten Versicherte zu untersuchen oder auf Kosten der Unfallversicherungsträger andere Ärzte mit der Vornahme der Untersuchungen zu beauftragen,
3. die von den Unfallversicherungsträgern für die Tätigkeit der Stellen nach Nummer 2 zu entrichtenden Gebühren; diese Gebühren richten sich nach dem für die Begutachtung erforderlichen Aufwand und den dadurch entstehenden Kosten.

(7) Die Unfallversicherungsträger haben die für den medizinischen Arbeitsschutz zuständige Stelle über den Ausgang des Berufskrankheitenverfahrens zu unterrichten, soweit ihre Entscheidung von der gutachterlichen Stellungnahme der zuständigen Stelle abweicht.

(8) Die Unfallversicherungsträger wirken bei der Gewinnung neuer medizinisch-wissenschaftlicher Erkenntnisse insbesondere zur Fortentwicklung des Berufskrankheitenrechts mit; sie sollen durch eigene Forschung oder durch Beteiligung an fremden Forschungsvorhaben dazu beitragen, den Ursachenzusammenhang zwischen Erkrankungshäufigkeiten in einer bestimmten Personengruppe und gesundheitsschädlichen Einwirkungen im Zusammenhang mit der versicherten Tätigkeit aufzuklären.

(9) Die für den medizinischen Arbeitsschutz zuständigen Stellen dürfen zur Feststellung von Berufskrankheiten sowie von Krankheiten, die nach Absatz 2 wie Berufskrankheiten zu entschädigen sind, Daten erheben, verarbeiten oder nutzen sowie zur Vorbereitung von Gutachten Versicherte untersuchen, soweit dies im Rahmen ihrer Mitwirkung nach Absatz 6 Nr. 2 erforderlich ist; sie dürfen diese Daten insbesondere an den zuständigen Unfallversicherungsträger übermitteln. Die erhobenen Daten dürfen auch zur Verhütung von Arbeitsunfällen, Berufskrankheiten und arbeitsbedingten Gesundheitsgefahren verarbeitet oder genutzt werden. Soweit die in Satz 1 genannten Stellen andere Ärzte mit der Vornahme von Untersuchungen beauftragen, ist die Übermittlung von Daten zwischen diesen Stellen und den beauftragten Ärzten zulässig, soweit dies im Rahmen des Untersuchungsauftrages erforderlich ist.

Berufskrankheiten-Verordnung (BKV)

Eingangsformel
Auf Grund des § 9 Abs. 1 und 6 und des § 193 Abs. 8 des Siebten Buches Sozialgesetzbuch – Gesetzliche Unfallversicherung – (Artikel 1 des Gesetzes vom 7. August 1996, BGBl. I S. 1254) verordnet die Bundesregierung:

§ 1 Berufskrankheiten
Berufskrankheiten sind die in der Anlage 1 bezeichneten Krankheiten, die Versicherte infolge einer den Versicherungsschutz nach § 2, 3 oder 6 des Siebten Buches Sozialgesetzbuch begründenden Tätigkeit erleiden.

§ 2 Erweiterter Versicherungsschutz in Unternehmen der Seefahrt
Für Versicherte in Unternehmen der Seefahrt erstreckt sich die Versicherung gegen Tropenkrankheiten und Fleckfieber auch auf die Zeit, in der sie an Land beurlaubt sind.

§ 3 Maßnahmen gegen Berufskrankheiten, Übergangsleistung
(1) Besteht für Versicherte die Gefahr, dass eine Berufskrankheit entsteht, wiederauflebt oder sich verschlimmert, haben die Unfallversicherungsträger dieser Gefahr mit allen geeigneten Mitteln entgegenzuwirken. Ist die Gefahr gleichwohl nicht zu beseitigen, haben die Unfallversicherungsträger darauf hinzuwirken, dass die Versicherten die gefährdende Tätigkeit unterlassen. Den für den medizinischen Arbeitsschutz zuständigen Stellen ist Gelegenheit zur Äußerung zu geben.

(2) Versicherte, die die gefährdende Tätigkeit unterlassen, weil die Gefahr fortbesteht, haben zum Ausgleich hierdurch verursachter Minderungen des Verdienstes oder sonstiger

wirtschaftlicher Nachteile gegen den Unfallversicherungsträger Anspruch auf Übergangsleistungen. Als Übergangsleistung wird

1. *ein einmaliger Betrag bis zur Höhe der Vollrente oder*
2. *eine monatlich wiederkehrende Zahlung bis zur Höhe eines Zwölftels der Vollrente längstens für die Dauer von fünf Jahren*

gezahlt. Renten wegen Minderung der Erwerbsfähigkeit sind nicht zu berücksichtigen.

§ 4 Mitwirkung der für den medizinischen Arbeitsschutz zuständigen Stellen

(1) Die für den medizinischen Arbeitsschutz zuständigen Stellen wirken bei der Feststellung von Berufskrankheiten und von Krankheiten, die nach § 9 Abs. 2 des Siebten Buches Sozialgesetzbuch wie Berufskrankheiten anzuerkennen sind, nach Maßgabe der Absätze 2 bis 4 mit.

(2) Die Unfallversicherungsträger haben die für den medizinischen Arbeitsschutz zuständigen Stellen über die Einleitung eines Feststellungsverfahrens unverzüglich schriftlich zu unterrichten; als Unterrichtung gilt auch die Übersendung der Anzeige nach § 193 Abs. 2 und 7 oder § 202 des Siebten Buches Sozialgesetzbuch. Die Unfallversicherungsträger beteiligen die für den medizinischen Arbeitsschutz zuständigen Stellen an dem weiteren Feststellungsverfahren; das nähere Verfahren können die Unfallversicherungsträger mit den für den medizinischen Arbeitsschutz zuständigen Stellen durch Vereinbarung regeln.

(3) In den Fällen der weiteren Beteiligung nach Absatz 2 Satz 2 haben die Unfallversicherungsträger vor der abschließenden Entscheidung die für den medizinischen Arbeitsschutz zuständigen Stellen über die Ergebnisse ihrer Ermittlungen zu unterrichten. Soweit die Ermittlungsergebnisse aus Sicht der für den medizinischen Arbeitsschutz zuständigen Stellen nicht vollständig sind, können sie den Unfallversicherungsträgern ergänzende Beweiserhebungen vorschlagen; diesen Vorschlägen haben die Unfallversicherungsträger zu folgen.

(4) Nach Vorliegen aller Ermittlungsergebnisse können die für den medizinischen Arbeitsschutz zuständigen Stellen ein Zusammenhangsgutachten erstellen. Zur Vorbereitung dieser Gutachten können sie die Versicherten untersuchen oder andere Ärzte auf Kosten der Unfallversicherungsträger mit Untersuchungen beauftragen.

§ 5 Gebühren

(1) Erstellen die für den medizinischen Arbeitsschutz zuständigen Stellen ein Zusammenhangsgutachten nach § 4 Abs. 4, erhalten sie von den Unfallversicherungsträgern jeweils eine Gebühr in Höhe von 200 Euro. Mit dieser Gebühr sind alle Personal- und Sachkosten, die bei der Erstellung des Gutachtens entstehen, einschließlich der Kosten für die ärztliche Untersuchung von Versicherten durch die für den medizinischen Arbeitsschutz zuständigen Stellen abgegolten.

(2) Ein Gutachten im Sinne des Absatzes 1 setzt voraus, dass der Gutachter unter Würdigung

1. *der Arbeitsanamnese des Versicherten und der festgestellten Einwirkungen am Arbeitsplatz,*
2. *der Beschwerden, der vorliegenden Befunde und der Diagnose*

eine eigenständig begründete schriftliche Bewertung des Ursachenzusammenhangs zwischen der Erkrankung und den tätigkeitsbezogenen Gefährdungen unter Berücksichtigung der besonderen für die gesetzliche Unfallversicherung geltenden Bestimmungen vornimmt.

§ 6 Rückwirkung

(1) Leiden Versicherte am 1. Juli 2009 an einer Krankheit nach Nummer 2112, 4114 oder 4115 der Anlage 1, ist diese auf Antrag als Berufskrankheit anzuerkennen, wenn der Versicherungsfall nach dem 30. September 2002 eingetreten ist. Leiden Versicherte am 1. Juli 2009 an einer Krankheit nach Nummer 4113 der Anlage 1, ist diese auf Antrag als Berufskrankheit anzuerkennen, wenn der Versicherungsfall nach dem 30. November 1997 eingetreten ist. Leiden Versicherte am 1. Juli 2009 an einer Krankheit nach Nummer 1318 der Anlage 1, ist die Krankheit auf Antrag als Berufskrankheit anzuerkennen, wenn der Versicherungsfall vor diesem Tag eingetreten ist.

(2) Leidet ein Versicherter am 1. Oktober 2002 an einer Krankheit nach Nummer 4112 der Anlage 1, ist diese auf Antrag als Berufskrankheit anzuerkennen, wenn der Versicherungsfall nach dem 30. November 1997 eingetreten ist. Satz 1 gilt auch für eine Krankheit nach Nummer 2106 der Anlage 1, wenn diese nicht bereits nach der Nummer 2106 der Anlage 1 in der am 1. Dezember 1997 in Kraft getretenen Fassung als Berufskrankheit anerkannt werden kann.

(3) Leidet ein Versicherter am 1. Dezember 1997 an einer Krankheit nach Nummer 1316, 1317, 4104 (Kehlkopfkrebs) oder 4111 der Anlage 1, ist diese auf Antrag als Berufskrankheit anzuerkennen, wenn der Versicherungsfall nach dem 31. Dezember 1992 eingetreten ist. Abweichend von Satz 1 ist eine Erkrankung nach Nummer 4111 der Anlage 1 auch dann als Berufskrankheit anzuerkennen, wenn die Erkrankung bereits vor dem 1. Januar 1993 eingetreten und einem Unfallversicherungsträger bis zum 31. Dezember 2009 bekannt geworden ist.

(4) Hat ein Versicherter am 1. Januar 1993 an einer Krankheit gelitten, die erst auf Grund der Zweiten Verordnung zur Änderung der Berufskrankheiten-Verordnung vom 18. Dezember 1992 (BGBl. I S. 2343) als Berufskrankheit anerkannt werden kann, ist die Krankheit auf Antrag als Berufskrankheit anzuerkennen, wenn der Versicherungsfall nach dem 31. März 1988 eingetreten ist.

(5) Hat ein Versicherter am 1. April 1988 an einer Krankheit gelitten, die erst auf Grund der Verordnung zur Änderung der Berufskrankheiten-Verordnung vom 22. März 1988 (BGBl. I S. 400) als Berufskrankheit anerkannt werden kann, ist die Krankheit auf Antrag als Berufskrankheit anzuerkennen, wenn der Versicherungsfall nach dem 31. Dezember 1976 eingetreten ist.

(6) Bindende Bescheide und rechtskräftige Entscheidungen stehen der Anerkennung als Berufskrankheit nach den Absätzen 1 bis 5 nicht entgegen. Leistungen werden rückwirkend längstens für einen Zeitraum bis zu vier Jahren erbracht; der Zeitraum ist vom Beginn des Jahres an zu rechnen, in dem der Antrag gestellt worden ist.

Anlage 1

Nr.	*Krankheiten*
1	*Durch chemische Einwirkungen verursachte Krankheiten*
11	*Metalle und Metalloide*
1101	*Erkrankungen durch Blei oder seine Verbindungen*
1102	*Erkrankungen durch Quecksilber oder seine Verbindungen*
1103	*Erkrankungen durch Chrom oder seine Verbindungen*

Nr.	Krankheiten
1104	Erkrankungen durch Cadmium oder seine Verbindungen
1105	Erkrankungen durch Mangan oder seine Verbindungen
1106	Erkrankungen durch Thallium oder seine Verbindungen
1107	Erkrankungen durch Vanadium oder seine Verbindungen
1108	Erkrankungen durch Arsen oder seine Verbindungen
1109	Erkrankungen durch Phosphor oder seine anorganischen Verbindungen
1110	Erkrankungen durch Beryllium oder seine Verbindungen
12	Erstickungsgase
1201	Erkrankungen durch Kohlenmonoxid
1202	Erkrankungen durch Schwefelwasserstoff
13	Lösemittel, Schädlingsbekämpfungsmittel (Pestizide) und sonstige chemische Stoffe
1301	Schleimhautveränderungen, Krebs oder andere Neubildungen der Harnwege durch aromatische Amine
1302	Erkrankungen durch Halogenkohlenwasserstoffe
1303	Erkrankungen durch Benzol, seine Homologe oder durch Styrol
1304	Erkrankungen durch Nitro- oder Aminoverbindungen des Benzols oder seiner Homologe oder ihrer Abkömmlinge
1305	Erkrankungen durch Schwefelkohlenstoff
1306	Erkrankungen durch Methylalkohol (Methanol)
1307	Erkrankungen durch organische Phosphorverbindungen
1308	Erkrankungen durch Fluor oder seine Verbindungen
1309	Erkrankungen durch Salpetersäureester
1310	Erkrankungen durch halogenierte Alkyl-, Aryl- oder Alkylaryloxide
1311	Erkrankungen durch halogenierte Alkyl-, Aryl- oder Alkylarylsulfide
1312	Erkrankungen der Zähne durch Säuren
1313	Hornhautschädigungen des Auges durch Benzochinon
1314	Erkrankungen durch para-tertiär-Butylphenol
1315	Erkrankungen durch Isocyanate, die zur Unterlassung aller Tätigkeiten gezwungen haben, die für die Entstehung, die Verschlimmerung oder das Wiederaufleben der Krankheit ursächlich waren oder sein können
1316	Erkrankungen der Leber durch Dimethylformamid
1317	Polyneuropathie oder Enzephalopathie durch organische Lösungsmittel oder deren Gemische
1318	Erkrankungen des Blutes, des blutbildenden und des lymphatischen Systems durch Benzol
	Zu den Nummern 1101 bis 1110, 1201 und 1202, 1303 bis 1309 und 1315: Ausgenommen sind Hauterkrankungen. Diese gelten als Krankheiten im Sinne dieser Anlage nur insoweit, als sie Erscheinungen einer Allgemeinerkrankung sind, die durch Aufnahme der schädigenden Stoffe in den Körper verursacht werden, oder gemäß Nummer 5101 zu entschädigen sind.
2	Durch physikalische Einwirkungen verursachte Krankheiten
21	Mechanische Einwirkungen

Nr.	Krankheiten
2101	Erkrankungen der Sehnenscheiden oder des Sehnengleitgewebes sowie der Sehnen- oder Muskelansätze, die zur Unterlassung aller Tätigkeiten gezwungen haben, die für die Entstehung, die Verschlimmerung oder das Wiederaufleben der Krankheit ursächlich waren oder sein können
2102	Meniskusschäden nach mehrjährigen andauernden oder häufig wiederkehrenden, die Kniegelenke überdurchschnittlich belastenden Tätigkeiten
2103	Erkrankungen durch Erschütterung bei Arbeit mit Druckluftwerkzeugen oder gleichartig wirkenden Werkzeugen oder Maschinen
2104	Vibrationsbedingte Durchblutungsstörungen an den Händen, die zur Unterlassung aller Tätigkeiten gezwungen haben, die für die Entstehung, die Verschlimmerung oder das Wiederaufleben der Krankheit ursächlich waren oder sein können
2105	Chronische Erkrankungen der Schleimbeutel durch ständigen Druck
2106	Druckschädigung der Nerven
2107	Abrißbrüche der Wirbelfortsätze
2108	Bandscheibenbedingte Erkrankungen der Lendenwirbelsäule durch langjähriges Heben oder Tragen schwerer Lasten oder durch langjährige Tätigkeiten in extremer Rumpfbeugenhaltung, die zur Unterlassung aller Tätigkeiten gezwungen haben, die für die Entstehung, die Verschlimmerung oder das Wiederaufleben der Krankheit ursächlich waren oder sein können
2109	Bandscheibenbedingte Erkrankungen der Halswirbelsäule durch langjähriges Tragen schwerer Lasten auf der Schulter, die zur Unterlassung aller Tätigkeiten gezwungen haben, die für die Entstehung, die Verschlimmerung oder das Wiederaufleben der Krankheit ursächlich waren oder sein können
2110	Bandscheibenbedingte Erkrankungen der Lendenwirbelsäule durch langjährige, vorwiegend vertikale Einwirkung von Ganzkörperschwingungen im Sitzen, die zur Unterlassung aller Tätigkeiten gezwungen haben, die für die Entstehung, die Verschlimmerung oder das Wiederaufleben der Krankheit ursächlich waren oder sein können
2111	Erhöhte Zahnabrasionen durch mehrjährige quarzstaubbelastende Tätigkeit
2112	Gonarthrose durch eine Tätigkeit im Knien oder vergleichbare Kniebelastung mit einer kumulativen Einwirkungsdauer während des Arbeitslebens von mindestens 13 000 Stunden und einer Mindesteinwirkungsdauer von insgesamt einer Stunde pro Schicht
22	Druckluft
2201	Erkrankungen durch Arbeit in Druckluft
23	Lärm
2301	Lärmschwerhörigkeit
24	Strahlen
2401	Grauer Star durch Wärmestrahlung
2402	Erkrankungen durch ionisierende Strahlen
3	Durch Infektionserreger oder Parasiten verursachte Krankheiten sowie Tropenkrankheiten
3101	Infektionskrankheiten, wenn der Versicherte im Gesundheitsdienst, in der Wohl-

Nr.	*Krankheiten*
	fahrtspflege oder in einem Laboratorium tätig oder durch eine andere Tätigkeit der Infektionsgefahr in ähnlichem Maße besonders ausgesetzt war
3102	*Von Tieren auf Menschen übertragbare Krankheiten*
3103	*Wurmkrankheiten der Bergleute, verursacht durch Ankylostoma duodenale oder Strongyloides stercoralis*
3104	*Tropenkrankheiten, Fleckfieber*
4	*Erkrankungen der Atemwege und der Lungen, des Rippenfells und Bauchfells*
41	*Erkrankungen durch anorganische Stäube*
4101	*Quarzstaublungenerkrankung (Silikose)*
4102	*Quarzstaublungenerkrankung in Verbindung mit aktiver Lungentuberkulose (Siliko-Tuberkulose)*
4103	*Asbeststaublungenerkrankung (Asbestose) oder durch Asbeststaub verursachte Erkrankungen der Pleura*
4104	*Lungenkrebs oder Kehlkopfkrebs* *– in Verbindung mit Asbeststaublungenerkrankung (Asbestose)* *– in Verbindung mit durch Asbeststaub verursachter Erkrankung der Pleura oder* *– bei Nachweis der Einwirkung einer kumulativen Asbestfaserstaub-Dosis am Arbeitsplatz von mindestens 25 Faserjahren (25 × 10(hoch)6 ((Fasern/cbm) X Jahre))*
4105	*Durch Asbest verursachtes Mesotheliom des Rippenfells, des Bauchfells oder des Perikards*
4106	*Erkrankungen der tieferen Atemwege und der Lungen durch Aluminium oder seine Verbindungen*
4107	*Erkrankungen an Lungenfibrose durch Metallstäube bei der Herstellung oder Verarbeitung von Hartmetallen*
4108	*Erkrankungen der tieferen Atemwege und der Lungen durch Thomasmehl (Thomasphosphat)*
4109	*Bösartige Neubildungen der Atemwege und der Lungen durch Nickel oder seine Verbindungen*
4110	*Bösartige Neubildungen der Atemwege und der Lungen durch Kokereirohgase*
4111	*Chronische obstruktive Bronchitis oder Emphysem von Bergleuten unter Tage im Steinkohlebergbau bei Nachweis der Einwirkung einer kumulativen Dosis von in der Regel 100 Feinstaubjahren ((mg/cbm) X Jahre)*
4112	*Lungenkrebs durch die Einwirkung von kristallinem Siliziumdioxid (SiO_2) bei nachgewiesener Quarzstaublungenerkrankung (Silikose oder Siliko-Tuberkulose)*
4113	*Lungenkrebs durch polyzyklische aromatische Kohlenwasserstoffe bei Nachweis der Einwirkung einer kumulativen Dosis von mindestens 100 Benzo[a]pyren-Jahren [(µg/m^3) × Jahre]*
4114	*Lungenkrebs durch das Zusammenwirken von Asbestfaserstaub und polyzyklischen aromatischen Kohlenwasserstoffen bei Nachweis der Einwirkung einer kumulativen Dosis, die einer Verursachungswahrscheinlichkeit von mindestens 50 Prozent nach der Anlage 2 entspricht*

Nr.	*Krankheiten*
4115	*Lungenfibrose durch extreme und langjährige Einwirkung von Schweißrauchen und Schweißgasen – (Siderofibrose)*
42	*Erkrankungen durch organische Stäube*
4201	*Exogen-allergische Alveolitis*
4202	*Erkrankungen der tieferen Atemwege und der Lungen durch Rohbaumwoll-, Rohflachs- oder Rohhanfstaub (Byssinose)*
4203	*Adenokarzinome der Nasenhaupt- und Nasennebenhöhlen durch Stäube von Eichen- oder Buchenholz*
43	*Obstruktive Atemwegserkrankungen*
4301	*Durch allergisierende Stoffe verursachte obstruktive Atemwegserkrankungen (einschließlich Rhinopathie), die zur Unterlassung aller Tätigkeiten gezwungen haben, die für die Entstehung, die Verschlimmerung oder das Wiederaufleben der Krankheit ursächlich waren oder sein können*
4302	*Durch chemisch-irritativ oder toxisch wirkende Stoffe verursachte obstruktive Atemwegserkrankungen, die zur Unterlassung aller Tätigkeiten gezwungen haben, die für die Entstehung, die Verschlimmerung oder das Wiederaufleben der Krankheit ursächlich waren oder sein können*
5	*Hautkrankheiten*
5101	*Schwere oder wiederholt rückfällige Hauterkrankungen, die zur Unterlassung aller Tätigkeiten gezwungen haben, die für die Entstehung, die Verschlimmerung oder das Wiederaufleben der Krankheit ursächlich waren oder sein können*
5102	*Hautkrebs oder zur Krebsbildung neigende Hautveränderungen durch Ruß, Rohparaffin, Teer, Anthrazen, Pech oder ähnliche Stoffe*
6	*Krankheiten sonstiger Ursache*
6101	*Augenzittern der Bergleute*

Inhaltsübersicht Rn.

Literatur

Allgemein: Schönberger/Mehrtens/Valentin, Arbeitsunfall und Berufskrankheit, 9. Aufl. 2009; Becker, Die anzeigepflichtigen Berufskrankheiten, 2010; Mehrtens/Brandenburg, Die Berufskrankheitenverordnung, Loseblattkommentar.

Zur BK 2102, 2112: GonKatast – Ein Messwertkataster zu beruflichen Kniebelastungen, herausgegeben vom Institut für Arbeitsschutz der DGUV, IFA Report 1/2010.

Zur BK 2108: Bolm-Audorf u. a., Medizinische Beurteilungskriterien zu bandscheibenbedingten Berufskrankheiten der Lendenwirbelsäule (Konsensempfehlungen), Trauma und Berufskrankheit 2005, 211 ff.; Jäger u. a., Mainz-Dortmunder Dosismodell (MDD) zur Beurteilung der Belastung der Lendenwirbelsäule durch Heben oder Tragen schwerer Lasten oder durch Tätigkeiten in extremer Rumpfbeugehaltung bei Verdacht auf Berufskrankheit Nr. 2108, Arbeitsmedizin Sozialmedizin Umweltmedizin 1999, 101 ff.

Zur BK 2301: Königsteiner Empfehlung für die Begutachtung der Lärmschwerhörigkeit, Herausgeber DGUV, 2012

Zur BK 4103 – 4105: Falkensteiner Empfehlung für die Begutachtung asbestbedingter Berufskrankheiten, Herausgeber DGUV, 2011; BK-Report 1/2007 Faserjahre, herausgegeben vom Hauptverband der gewerblichen Berufsgenossenschaften

Zur BK 4301,4302: Reichenhaller Empfehlung für die Begutachtung der BKen 1315, 4301 und 4302, Herausgeber DGUV, 2011

Zur BK 5101: Bamberger Merkblatt, Empfehlungen für die Begutachtung von Haut- und Hautkrebserkrankungen, Herausgeber DGUV, 2011

1. Entstehungsgeschichte und Regelungsinhalt

1 Die Vorschrift ist am 01.01.1997 in Kraft getreten. § 9 Abs. 1, 2, 5 und 6 lehnen sich weitgehend an die Vorgängervorschrift § 551 RVO an. Abs. 3, 4, und 7–9 sind neu. § 9 regelt grundlegend den Versicherungsfall der Berufskrankheit. Abs. 1 enthält die Begriffsbestimmung der Berufskrankheit und die Ermächtigung der Bundesregierung, im Verordnungswege Berufskrankheiten zu bezeichnen. Abs. 2 eröffnet die Möglichkeit der Entschädigung von Berufskrankheiten außerhalb des Listenprinzips unter den dort geregelten engen Voraussetzungen. Abs. 3 enthält die Rechtsvermutung der haftungsbegründenden Kausalität. Abs. 4 ermöglicht bei Berufskrankheiten, die die Unterlassung der gefährdenden Tätigkeiten voraussetzen, die Feststellung der übrigen Voraussetzungen bereits vor Tätigkeitsaufgabe. Abs. 5 enthält eine vom Arbeitsunfall abweichende Regelung des Leistungsrechts. Abs. 6 ermächtigt die Bundesregierung zu weiteren Regelungen im Verordnungswege, insbesondere hinsichtlich der vorbeugenden Leistungen. Abs. 7 bis

9 schließlich regeln die Beteiligung der für den medizinischen Arbeitsschutz zuständigen Stellen, der medizinischen Forschung und des Datenschutzes.

2. Listenprinzip

Das Gesetz enthält keinen umfassenden lückenlosen Versicherungsschutz für alle durch die versicherte Tätigkeit verursachten Erkrankungen. Der Gesetzgeber hat sich vielmehr für ein Mischsystem entschieden. Grundsätzlich gilt das Listenprinzip: Es können nur solche Krankheiten entschädigt werden, die in die Liste der Berufskrankheiten (siehe Anlage zur Berufskrankheitenverordnung) aufgenommen worden sind. Das Listenprinzip wird ergänzt durch die an enge Voraussetzungen gebundene Möglichkeit, auch andere Krankheiten »wie eine Berufskrankheit« zu entschädigen. 2

Die Entscheidung darüber, welche Krankheiten in die Liste aufzunehmen sind, trifft die Bundesregierung im Verordnungswege. Voraussetzung dafür ist, dass die gesetzliche Definition der Berufskrankheit erfüllt ist. Es muss sich um Krankheiten handeln, 3

- die nach Erkenntnissen der medizinischen Wissenschaft
- durch besondere Einwirkungen verursacht sind,
- denen bestimmte Personengruppen
- durch ihre versicherte Tätigkeit
- in erheblich höherem Grade als die übrige Bevölkerung ausgesetzt sind.

Die Erkenntnisse der medizinischen Wissenschaft müssen allgemein anerkannt, d.h. durch die herrschende Auffassung der Fachwissenschaftler hinreichend gefestigt sein; vereinzelte Meinungen – auch von Sachverständigen – reichen grundsätzlich nicht aus.[296] Um die vorliegenden Erkenntnisse zu beurteilen, bedient sich der Verordnungsgeber des Rates von Medizinern, die in der Arbeitsmedizin besonders erfahren sind. Seit dem Jahre 1991 obliegt diese Aufgabe dem Ärztlichen Sachverständigenbeirat, Sektion »Berufskrankheiten«, beim BMA, dessen Aufgabe die medizinisch-wissenschaftliche Beratung des Verordnungsgebers ist. 4

Es muss sich um besondere Einwirkungen handeln, die generell geeignet sind, die Krankheit zu verursachen. Für diesen generellen Ursachenzusammenhang gilt ebenso wie für die Kausalität im Einzelfall die Theorie der wesentlichen Bedingung (s. dazu § 8 Rn. 47).[297] Erforderlich ist eine gruppentypische Erhöhung des Erkrankungsrisikos.[298] An die Größe der bestimmten Gruppe sind – insbesondere dann, wenn es sich um seltene Erkrankungen oder seltene Einwirkungen handelt – allerdings keine besonderen Anforderungen zu stellen. Im Extremfall reicht es aus, dass ein einziger Versicherter der krankheitsverursachenden besonderen Einwirkung ausgesetzt gewesen ist.[299] 5

Ob eine Krankheit innerhalb einer bestimmten Personengruppe im Rahmen der versicherten Tätigkeit häufiger auftritt als bei der übrigen Bevölkerung, erfordert in der 6

296 BSG – 31.01.1984 – 2 RU 67/82; BSG – 21.01.1997 – 2 RU 7/96.
297 BSG – 27.04.2010 – B 2 U 13/09 R.
298 BSG – 04.06.2002 – B 2 U 20/01 R.
299 BSG – 29.10.1981 – 8/8 a RU 82/80.

Regel den Nachweis einer Fülle gleichartiger Gesundheitsbeeinträchtigungen und eine langfristige zeitliche Überwachung derartiger Krankheitsbilder durch epidemiologische Studien, um dann daraus schließen zu können, dass die Ursache für die Krankheit in einem schädigenden Arbeitsleben liegt.[300] Auf dieses Erfordernis kann verzichtet werden, wenn es sich um besonders seltene Krankheiten handelt.

7 Die Bundesregierung kann eine Berufskrankheit allein definieren durch die verursachende Einwirkung (Beispiel: Erkrankungen durch Blei oder seine Verbindungen – BK 1101) oder durch das Krankheitsbild (Beispiel: Quarzstaublungenerkrankung Silikose – BK 4101) oder durch eine Kombination von beidem (Beispiel: Polyneuropathie oder Enzephalopathie durch organische Lösungsmittel oder deren Gemische – BK 1317). Sie kann auch die Berufskrankheit von einer Lebensbelastungsdosis oder einer Mindesteinwirkung abhängig machen (Beispiel: Arthrose im Kniegelenk durch eine Tätigkeit im Knien oder vergleichbare Kniebelastung mit einer kumulativen Einwirkungsdauer während des Arbeitslebens von mindestens 13 000 Stunden und einer Mindesteinwirkungsdauer von insgesamt einer Stunde pro Schicht – BK 2112) Sie kann auch bestimmen, dass die Krankheit durch Einwirkungen in bestimmten Gefährdungsbereichen verursacht sein muss. Die Entschädigung einer chronischen obstruktiven Bronchitis oder eines Emphysems verursacht durch Feinstaub ist z. B. beschränkt auf Bergleute unter Tage im Steinkohlebergbau (BK 4112). Bei etlichen Berufskrankheiten ist die Aufgabe der gefährdenden Tätigkeit Tatbestandsmerkmal (s. dazu Rn. 17 ff.)

3. Voraussetzungen der Berufskrankheit

8 Nach ständiger Rechtssprechung des Bundessozialgerichts[301] ist für die Annahme einer Berufskrankheit im Regelfall erforderlich: Verrichtungen im inneren, sachlichen Zusammenhang mit einer versicherten Tätigkeit müssen zu Einwirkungen von Belastungen, Schadstoffen oder Ähnlichem auf den Körper geführt haben (Einwirkungskausalität),[302] und die Einwirkungen müssen eine Krankheit verursacht haben (haftungsbegründende Kausalität),[303] die entweder in der Liste der Berufskrankheiten verzeichnet oder nach Abs. 2 gleichgestellt ist. Daraus ergibt sich folgendes Prüfschema:

Generell versicherte Tätigkeit

Innerer Zusammenhang

Schädigende Tätigkeit

Einwirkungskausalität

---

300 BSG – 12.06.1990 – 2 RU 21/89; BSG – 04.06.2002 – B 2 U 20/01 R.
301 Siehe grundlegend BSG – 02.04.2009 – B 2 U 9/08 R.
302 Früher als »haftungsbegründende Kausalität« bezeichnet.
303 Früher als »haftungsausfüllende Kausalität« bezeichnet.

Einwirkung von Schadstoffen oder Belastungen

Haftungsbegründende Kausalität

Krankheit

Haftungsausfüllende Kausalität

Weitere Gesundheitsschäden

Bei einigen Berufskrankheiten ist des Weiteren die Aufgabe der schädigenden Tätigkeit erforderlich. Die Verrichtung einer versicherten Tätigkeit, die schädigenden Einwirkungen, das Vorliegen der Krankheit und – falls erforderlich – die Tätigkeitsaufgabe müssen im Sinne des Vollbeweises, also mit an Gewissheit grenzender Wahrscheinlichkeit, vorliegen. Für die nach der Theorie der wesentlichen Bedingung zu beurteilenden Ursachenzusammenhänge genügt die hinreichende Wahrscheinlichkeit, nicht allerdings die bloße Möglichkeit.[304] Wegen Fragen zur versicherten Tätigkeit, zum inneren Zusammenhang und zu den Grundsätzen der Kausalität wird auf die Kommentierung zu § 8 verwiesen. 9

3.1 Schädigende Einwirkung

Die Anerkennung einer Berufskrankheit setzt voraus, dass Versicherte infolge ihrer beruflichen Tätigkeit bestimmten in der jeweiligen Listennummer bezeichneten schädigenden Einwirkungen ausgesetzt waren. In Betracht kommen: 10

- chemische Einwirkungen, insbesondere durch Metalle und Lösungsmittel,
- physikalische Einwirkung, insbesondere mechanische Belastungen, Druckluft, Lärm und radioaktive Strahlung,
- Infektionen,
- Einwirkung organischer oder anorganischer Stäube,
- Einwirkung allergisch wirkender Stoffe.

Bisher gibt es keine Listen-BK, die auf rein psychische Einwirkungen abstellt, es ist aber nicht ausgeschlossen, dass der Verordnungsgeber eine solche Listen-BK einführen kann, so dass eine Anerkennung nach § 9 Abs. 2 wie eine BK nicht vor vornherein ausgeschlossen ist.[305]

Die Ermittlung der sog. arbeitstechnischen Voraussetzungen stößt häufig auf erhebliche Probleme. Es müssen oft lange zurückliegende Expositionszeiträume aufgeklärt werden bei wechselnden Arbeitgebern. Vielfach existieren die Betriebe nicht mehr, Schadstoffmessungen am Arbeitsplatz sind unterblieben, Zeugen verstorben oder nicht mehr 11

---

304 Vgl. BSG – 02.04.2009 – B 2 U 9/08 R; BSG – 09.05.2006 – B 2 U 1/05 R.
305 BSG – 27.04.2010 – B 2 U 13/09 R.

auffindbar. Gleichwohl vertritt das BSG die Auffassung, solche Schwierigkeiten bei der Aufklärung viele Jahre zurückliegender Sachverhalte gerade im Hinblick auf Einzelheiten von Arbeitsvorgängen träten generell auf und könnten nicht zu einer regelmäßigen Annahme des Beweisnotstandes führen.[306] In solchen Fällen kann der Nachweis auch gestützt werden auf die Angaben der Versicherten selbst, soweit sie glaubhaft sind, und auf Erfahrungen oder Messungen an anderen vergleichbaren Arbeitsplätzen. Diese Erfahrungen sind für einzelne Einwirkungen in Gefährdungskatastern zusammengefasst, z. B.

- für Asbest im BK-Report Faserjahre, 1/2007[307]
- für berufliche Kniebelastungen im IFA-Report 1/2010.[308]

Besondere Bedeutung kommt deshalb der sorgfältigen Erhebung der Krankheitsvorgeschichte und der betrieblichen Dokumentation der Gefährdungen zu. Wichtiges Erkenntnismittel können dabei die von den technischen Aufsichtsdiensten/Präventionsdiensten der Berufsgenossenschaften geführten Betriebsakten der Beschäftigungsbetriebe sein. Vor dem Hintergrund der erheblichen Ermittlungsschwierigkeiten sind die Verteilung der Beweislast und die restriktive Rechtsprechung des BSG zum Beweisnotstand äußerst unbefriedigend.

12 Es sind nicht nur schädigende Einwirkungen während Beschäftigungszeiten in der Bundesrepublik Deutschland zu berücksichtigen, sondern auch in anderen Staaten, soweit dies vom über- bzw. zwischenstaatlichen Recht angeordnet ist. Für die Staaten der EG gelten insoweit die Regeln der EG-Verordnung 883/04. Danach sind auch Belastungszeiten in anderen EG-Staaten zu berücksichtigen. Dies ist auch in Sozialversicherungsabkommen mit mehreren Staaten so geregelt (u. a. mit den USA, der Türkei, Marokko, Tunesien und den Nachfolgestaaten Jugoslawiens).

3.2 Kausalitätsfragen

13 Bei der Prüfung der **Einwirkungskausalität** ist die versicherte Einwirkung abzugrenzen zu anderen Expositionen, z. B. im Privatbereich oder bei Tätigkeiten als unversicherter Unternehmer. Treffen unversicherte und versicherte Belastungszeiten zusammen, so kommt es darauf an, ob die versicherte Einwirkung wesentlicher Teil der Gesamteinwirkung ist. Dann wird der Gesamtschaden entschädigt, anderenfalls überhaupt nicht.

Beispiel:
Ein Fliesenleger spielt neben seiner kniebelastenden Tätigkeit jahrelang Amateurfußball. Er erleidet einen Meniskusschaden. Die Entschädigung kann nur dann versagt werden, wenn die ebenfalls kniebelastende private Sportausübung eine überragende Bedeutung hat und alleinige Ursache ist. Das wird im Regelfall zu verneinen sein.

306 So BSG – 07.09.2004 – B 2 U 25/03 R.
307 Herausgegeben vom Hauptverband der gewerblichen Berufsgenossenschaften, Sankt Augustin 2007.
308 Herausgeber Institut für Arbeitsschutz der Deutschen Gesetzlichen Unfallversicherung, Sankt Augustin, 2010.

Wesentlich mehr Probleme bereitet in der Praxis die **haftungsbegründende** Kausalität. An dieser Frage scheitert häufig die Entschädigung, vor allem bei den Berufskrankheiten, deren Krankheitsbild häufig auch in der unbelasteten Gesamtbevölkerung auftritt z. B. bei Bandscheibenschäden (BK 2108, 2109, 2110), Arthrosen (BK 2103, 2112) oder obstruktiven Atemwegserkrankungen (BK 4301, 4302). Bei solchen Erkrankungen ist Grundvoraussetzung der Kausalität, dass ein deutlich dem Alter vorauseilendes Krankheitsbild gesichert ist. **14**

Bei BKen, die nur durch den auslösenden Stoff definiert sind (Erkrankungen durch …) will der Verordnungsgeber alle denkbaren Krankheiten zu BKen erklären, die nach den fortschreitenden Erfahrungen der medizinischen Wissenschaft ursächlich auf die genannten Einwirkungen zurückzuführen sind. Erforderlich ist neben der Feststellung der Kausalität im individuellen Einzelfall in solchen Fällen aber, dass der schädigende Stoff (»Listenstoff«) generell geeignet ist, das betreffende Krankheitsbild zum Entstehen zu bringen.[309] **15**

Einzelne BK-Tatbestände enthalten eine Vermutung zu Gunsten des Ursachenzusammenhangs. Das ist dann der Fall, wenn die Formulierungen »bei Nachweis von« oder »in Verbindung mit« gewählt werden, z. B. bei den BKen 4102, 4104, oder 4111.[310] Eine solche Kausalvermutung besteht auch dann, wenn der Verordnungsgeber eine genaue Dosis festgelegt hat. Das ist bei den BKen 2112 (13 000 Stunden Kniebelastung), 4104 (25 Faserjahre), 4111 (100 Feinstaubjahre) und 4113 (100 Benzo-a-pyrenjahre). Die Vermutung setzt den Nachweis voraus, dass die Dosis erreicht oder überschritten ist und wird nicht dadurch widerlegt, dass der Versicherte auch außerberuflich Einwirkungen ausgesetzt war, die eine derartige Krankheit hervorrufen können.[311] **16**

Eine allgemein für alle Berufskrankheiten – aber nicht für Arbeitsunfälle – geltende Regelung zur Beweiserleichterung enthält Abs. 3. Die rechtliche Bewertung der Vorschrift – gesetzliche Vorgabe für die Beweiswürdigung, widerlegbarer Anscheinsbeweis oder widerlegbare Vermutung – ist umstritten;[312] die praktische Relevanz des Streits ist gering. Voraussetzungen der Vorschrift sind:

- erhöhte Gefahr der Erkrankung
- infolge besonderer Bedingungen der Tätigkeit,
- keine Anhaltspunkte für eine Verursachung außerhalb der versicherten Tätigkeit.

Wenn diese Voraussetzungen erfüllt sind, dann sind kaum noch Fallgestaltungen denkbar, in denen nicht bereits unter Anwendung der allgemeinen Grundsätze die Kausalität wahrscheinlich wäre. Die praktische Relevanz der Vorschrift ist deshalb äußerst gering.

3.3 Unterlassungszwang

Bei einer Reihe von Berufskrankheiten hat die Bundesregierung von der Ermächtigung Gebrauch gemacht, zu bestimmen, dass die Krankheiten nur dann Berufskrankheiten **17**

---

309 BSG – 27.06.2000 – B 2 U 29/99 R.

310 So Mehrtens/Brandenburg, Die Berufskrankheitenverordnung, Rn. 27.2 zu § 9.

311 BSG – 30.01.2007 – B 2 U 15/05 R, zur BK 4104 Lungenkrebs bei Nachweis von 25 Asbestfaserjahren und langjährigem Rauchen.

312 Zum Streitstand s. Mehrtens/Brandenburg, Berufskrankheitenverordnung, Rn. 27.4 zu § 9.

sind, wenn sie zur Unterlassung aller Tätigkeiten geführt haben, die für die Entstehung, die Verschlimmerung oder das Wiederaufleben der Krankheit ursächlich waren oder sein können. Im Einzelnen sind dies:

- Erkrankungen durch Isocyanate, BK 1315
- Erkrankungen der Sehnenscheiden oder des Sehnengleitgewebes sowie der Sehnen- oder Muskelansätze, BK 2101
- Vibrationsbedingte Durchblutungsstörungen an den Händen, BK 2104
- Bandscheibenbedingte Erkrankungen der Lendenwirbelsäule durch langjähriges Heben oder Tragen schwerer Lasten oder durch langjährige Tätigkeiten in extremer Rumpfbeugenhaltung, BK 2108
- Bandscheibenbedingte Erkrankungen der Halswirbelsäule durch langjähriges Tragen schwerer Lasten auf der Schulter, BK 2109
- Bandscheibenbedingte Erkrankungen der Lendenwirbelsäule durch langjährige, vorwiegend vertikale Einwirkung von Ganzkörperschwingungen im Sitzen, BK 2110
- Durch allergisierende Stoffe verursachte obstruktive Atemwegserkrankungen (einschließlich Rhinopathie), BK 4301
- Durch chemisch-irritativ oder toxisch wirkende Stoffe verursachte obstruktive Atemwegserkrankungen, BK 4302
- Schwere oder wiederholt rückfällige Hauterkrankungen, BK 5101

Der Unterlassungszwang als Tatbestandsmerkmal dieser Berufskrankheiten ist darin begründet, dass kein Erfordernis gesehen wird, Bagatellerkrankungen, die eine Aufgabe der schädigenden Tätigkeit nicht rechtfertigen, unter den Schutz durch die gesetzliche Unfallversicherung zu stellen. Ferner soll aus Gründen der Prävention verhindert werden, dass der Versicherte seine Gesundheit durch ein Verbleiben am Arbeitsplatz weiter schädigt.[313]

18 Das Tatbestandsmerkmal des Unterlassungszwangs ist erfüllt, wenn

- der objektive Zwang zum Unterlassen besteht und
- die bisher ausgeübte gefährdende Tätigkeit tatsächlich aufgegeben wird.

Der Unterlassungszwang muss objektiv vorgelegen haben. Wenn das der Fall ist, dann kommt es auf das konkrete Motiv der Tätigkeitsaufgabe nicht an.[314] Unschädlich ist beispielsweise die Aufgabe der Tätigkeit wegen

- Insolvenz des Arbeitgebers,
- Erreichen der Altersgrenze oder
- Aufgabe der Tätigkeit wegen anderer Erkrankungen.

19 Eine Tätigkeitsaufgabe ist nicht bereits dann gegeben, wenn diejenige Tätigkeit nicht mehr ausgeübt wird, welche die BK herbeigeführt oder verschlimmert hat. Erforderlich ist vielmehr die vollständige Aufgabe jeder gefährdenden Tätigkeit.[315] Diese muss auf Dauer erfolgen. Eine Prognose des zukünftigen »Dauerverhaltens« des Versicherten ist aber nicht erforderlich. Nimmt ein Versicherter nach Anerkennung der Berufskrankheit

---

313 BSG – 22.03.2011 – B 2 U 4/10 R.
314 BSG – 08.12.1983 – 2 RU 33/82.
315 So zur BK 4302 BSG – 27.11.1985 – 2 RU 12/84; BSG – 26.03.1986 – 2 RU 3/85; zur BK 5101 BSG – 20.10.1983 – 2 RU 70/82; zur BK 2108 BSG – 22.08.2000 – B 2 U 34/99 R.

die gefährdende Tätigkeit wieder auf, kann der Versicherungsträger die Leistungen nach § 48 SGB X wegen einer wesentlichen Änderung der Verhältnisse vom Zeitpunkt der Wiederaufnahme der Tätigkeit an aber nicht rückwirkend für die Zeit davor entziehen.[316]

Dem Anspruch auf Anerkennung und Entschädigung steht nicht entgegen, dass der Versicherte infolge von Schutzmaßnahmen seines Arbeitgebers – z. B. Ausstattung mit Schutzhandschuhen – in der Lage ist, seine bisherige gefährdende Tätigkeit in vollem Umfang weiterzuführen, wenn die berufsbedingte Erkrankung i. S. dieser Vorschrift im Zeitpunkt des Wirksamwerdens der Schutzmaßnahmen bereits eine MdE um mindestens 10 v. H. bedingt.[317] **20**

Nach § 9 Abs. 4 gilt für Berufskrankheiten mit Unterlassungszwang die Besonderheit, dass der Versicherungsträger bereits vor der Unterlassung der gefährdenden Tätigkeit, also wenn der Versicherungsfall noch nicht eingetreten ist, eine Feststellung darüber zu treffen hat, ob die übrigen Voraussetzungen der Berufskrankheit erfüllt sind. Damit wird erreicht, dass die Versicherten bei dem Entschluss, die gefährdende Tätigkeit aufzugeben, die Gewissheit haben können, dass die Berufskrankheit dann auch entschädigt wird. **21**

4. Entschädigung nach § 9 Abs. 2

Abs. 2 ermöglicht unter sehr engen Voraussetzungen eine Durchbrechung des Listenprinzips und die Entschädigung von Krankheiten, die entweder bisher nicht in die Liste der Berufskrankheiten aufgenommen worden sind oder bei denen die Voraussetzungen der jeweiligen Listenkrankheit nicht erfüllt sind. Voraussetzung der Entschädigung ist dann, dass im Zeitpunkt der Entscheidung des Versicherungsträgers neue Erkenntnisse der medizinischen Wissenschaft darüber vorliegen, dass die Voraussetzungen des Abs. 1 Satz 2 erfüllt sind. Zusätzlich müssen dann die allgemeinen Voraussetzungen für die Anerkennung der BK im Einzelfall erfüllt sein (versicherte Tätigkeit, schädigende Einwirkung, Erkrankung, Kausalität). **22**

Die allgemeinen Voraussetzungen des Abs. 1 Satz 2 müssen bei einer Listen-BK nicht nochmals gesondert geprüft werden, insoweit liegt ja bereits eine Entscheidung des Verordnungsgebers vor. Im Falle einer Quasi-BK ist das anders. Dann muss konkret festgestellt werden, dass eine Krankheit vorliegt, die **nach Erkenntnissen der medizinischen Wissenschaft** durch besondere Einwirkungen verursacht ist, denen bestimmte Personengruppen durch ihre versicherte Tätigkeit in erheblich höherem Grade als die übrige Bevölkerung ausgesetzt sind. Auf die Kommentierung in Rn. 4 bis 7 wird verwiesen. In den meisten Fällen scheitert die Entschädigung als Quasi-BK daran, dass der Nachweis einer **gruppentypischen Risikoerhöhung** nicht erbracht werden kann. **23**

Die Erkenntnise der medizinischen Wissenschaft müssen **neu** sein. Das ist zunächst dann der Fall, wenn sie nach der letzten Änderung der BKV im Juni 2009 bekannt geworden sind. Sie sind aber auch dann neu, wenn zwar vor diesem Zeitpunkt bereits Erkenntnisse vorlagen, aber der Verordnungsgeber sie nicht kannte oder die Erkenntnisse **24**

316 BSG – 30. 10. 2007 – B 2 U 12/06 R; BSG – 07. 11. 2000 – B 2 U 108/00 B.
317 BSG – 09. 12. 2003 – B 2 U 5/03, R zur BK 5101.

noch nicht ausreichten, die Erkrankung in die Liste aufzunehmen, und sie sich erst durch spätere weitere Informationen »zur Berufskrankheitenreife verdichteten«.[318] Erkenntnisse sind aber dann nicht mehr neu, wenn sich der Verordnungsgeber bereits mit ihnen befasst und entweder die Erkrankung in die Liste aufgenommen oder dies abgelehnt hat. Falls darüber in dem die Bundesregierung beratenden Sachverständigenbeirat noch Ermittlungen stattfinden, steht dies einer Entscheidung über die Anerkennung nicht entgegen.[319]

5. Besonderheiten im Leistungsrecht (§ 9 Abs. 5)

25 Die Vorschriften des Leistungsrechts sind auf Arbeitsunfälle und Berufskrankheiten grundsätzlich gleichermaßen anzuwenden. Abs. 5 enthält eine Ausnahme für alle Vorschriften, die auf den Versicherungsfall abstellen. Es sind dies § 56 Abs. 1 und vor allem die den Jahresarbeitsverdienst regelnden Vorschriften. Während bei Arbeitsunfällen der Versicherungsfall auf den Unfalltag fällt, ist bei Berufskrankheiten auf den Beginn der Arbeitsunfähigkeit oder der Behandlungsbedürftigkeit oder, wenn dies für die Versicherten günstiger ist, auf den Beginn der rentenberechtigenden Minderung der Erwerbsfähigkeit abzustellen. Für die Begriffe Arbeitsunfähigkeit und Behandlungsbedürftigkeit ist auf das Recht der gesetzlichen Krankenversicherung abzustellen, hinsichtlich der rentenberechtigenden MdE auf die Kommentierung zu § 56. Es ist auf den für die Versicherten im konkreten Einzelfall günstigeren Zeitpunkt abzustellen. Bei der Bemessung des Jahresarbeitsverdienstes ist zusätzlich § 84 zu berücksichtigen.

6. Berufskrankheitenverordnung

6.1 Entstehungsgeschichte

26 Die erste Verordnung über die Ausdehnung der Unfallversicherung auf gewerbliche Berufskrankheiten datiert vom 12.05.1925 und umfasste 11 Berufskrankheiten. In der Folgezeit wurde durchnummeriert bis zur 7. Berufskrankheitenverordnung vom 20.06.1968 und mit Änderungsverordnungen vom 08.12.1976, 22.03.1988 und 18.12.1992 die Liste der Berufskrankheiten ständig erweitert und aktualisiert. Seit dem 01.12.1997 gilt die Berufskrankheiten-Verordnung vom 31.10.1997, geändert durch Verordnungen vom 05.09.2002 und vom 11.06.2009. Die aktuelle Liste umfasst 73 Berufskrankheiten, von denen die zahlenmäßig wichtigsten sind:

---

318 BSG – 14.11.1996 – 2 RU 9/96.
319 BSG – 27.06.2006 – B 2 U 5/05R, unter Aufgabe früherer Rechtsprechung, die in solchen Fällen eine Sperrwirkung angenommen hat.

Listen-Nr.	Erkrankung	Verdachtsanzeigen 2010
2108	Bandscheibenbedingte Erkrankungen der Lendenwirbelsäule	5.114
2301	Lärmschwerhörigkeit	10.979
4104, 4105	Lungen- und Kehlkopfkrebs oder Mesotheliom durch Asbest	5.188
5101	Hauterkrankungen	23.595

Im Folgenden – ab Rn. 40 ff. – sollen nur die in der Praxis wichtigsten Berufskrankheiten kurz kommentiert werden. Ansonsten wird auf die weiterführende Literatur verwiesen. Wichtige Hinweise geben die von dem beim Bundesministerium für Arbeit und Soziales gebildeten Sachverständigenbeirat Sektion Berufskrankheiten herausgegebenen Merkblätter – jeweils abgedruckt bei Becker a. a. O., Mehrtens/Brandenburg a. a. O. –, die ein geeignetes Erkenntnismittel darstellen, sofern sie zeitnah erstellt oder aktualisiert worden sind und sich auf dem neuesten Stand befinden.[320] Soweit es um die Einwirkung bestimmter Gefahrstoffe handelt, wird auf das im Internet abrufbare Gefahrstoffinformationssystem der gewerblichen Berufsgenossenschaften (GESTIS) hingewiesen. 27

6.2 Maßnahmen nach § 3 Abs. 1 BKV

§ 3 BKV hat eine präventive Zielsetzung. Er dient der Vermeidung von Gesundheitsschäden möglichst bereits vor Eintritt des Versicherungsfalls einer Berufskrankheit. 28

Die Vorschrift setzt voraus, dass objektiv auf einem bestimmten Arbeitsplatz die Gefahr besteht, dass eine Berufskrankheit entsteht, wiederauflebt oder sich verschlimmert.

Die generell für alle Versicherten, die am Arbeitsplatz Einwirkungen i. S. d. BK-Liste ausgesetzt sind, bestehende Gefahr reicht für die Anwendbarkeit des § 3 allein nicht aus. Es muss vielmehr darüber hinaus ein individuell erhöhtes Risiko der Schädigung am konkreten Arbeitsplatz gegeben sein.[321] Der Ausdruck »Gefahr der Entstehung einer BK« bedeutet, dass ohne Anwendung geeigneter Mittel nach dem Stand der medizinisch-wissenschaftlichen Erkenntnis voraussichtlich eine Krankheit entsteht, die in einem BK-Tatbestand umschrieben ist und bei der auch die übrigen Voraussetzungen dieses Tatbestandes erfüllt sein werden. Eine solche Gefahr besteht mithin, wenn das tatbestandlich vorausgesetzte Krankheitsbild einer BK, anders als hier, noch nicht (dauerhaft) erfüllt ist. Es müssen aber bereits erste Krankheitssymptome vorliegen.[322] Die Gefahr muss ihre Ursache in der versicherten betrieblichen Tätigkeit haben. Auch hier gilt die Kausaltheorie der wesentlichen Bedingung. Es genügt, dass die versicherte Tätigkeit eine wesentliche 29

320 BSG – 27.06.2006 – B 2 U 20/04 R.
321 BSG – 22.03.1983 – 2 RU 22/81; BSG – 05.08.1993 – 2 RU 46/92.
322 BSG – 22.03.2011 – B 2 U 4/10 R.

Teilursache der Gefährdung darstellt. Deshalb werden von § 3 auch und gerade Erkrankungen erfasst, die infolge einer besonders ausgeprägten individuellen Empfindlichkeit gegenüber bestimmten beruflichen Einwirkungen entstehen.[323]

30 Die Vorschrift greift bei bereits bestehenden oder drohenden Berufskrankheiten, aber auch bei solchen Krankheiten, die nach § 9 Abs. 2 als »Quasi-Berufskrankheiten« zu entschädigen sind,[324] nicht hingegen bei sonstigen arbeitsbedingten Erkrankungen. Die drei Alternativen Entstehung – Wiederaufleben – Verschlimmerung umfassen alle Fallkonstellationen einer erhöhten Gefährdung nicht erst nach Eintritt des Versicherungsfalls einer Berufskrankheit.

31 Der für den Beschäftigungsbetrieb zuständige Träger hat der Gefahr mit **allen geeigneten Mitteln** entgegenzuwirken. Dazu gehören, oft auch in Kombination:

- technische und organisatorische Maßnahmen (z. B. Ersatz schädlicher Arbeitsstoffe durch unschädliche, Installation von technischem Lärmschutz, Absaugevorrichtungen etc.),
- Aufklärung und Verhaltensprävention (z. B. Erlernen des richtigen Umgangs mit Gefahrstoffen),
- vorbeugende medizinische Maßnahmen (z. B. ambulante oder stationäre Heilbehandlung, Kuren).

32 Wenn alle anderen Maßnahmen ausgeschöpft sind, ist der Träger der Unfallversicherung verpflichtet, darauf hinzuwirken, dass die Versicherten die gefährdende Tätigkeit unterlassen. Vorher ist die nach § 4 BKV für den medizinischen Arbeitsschutz zuständige Stelle einzuschalten. Adressat dieses »Hinwirkens« sind die versicherten Arbeitnehmer. Der Unfallversicherungsträger kann diese aber nicht zwingen, die Tätigkeit einzustellen. Nur dann, wenn Arbeitsschutz- oder Unfallverhütungsvorschriften die Weiterbeschäftigung der Versicherten ausdrücklich verbieten, kann die Gewerbeaufsicht oder der Unfallversicherungsträger dem Unternehmer die Weiterbeschäftigung untersagen. Wird die Tätigkeit auf Betreiben des Unfallversicherungsträgers aufgegeben, so besteht Anspruch auf:

- Leistungen zur Teilhabe am Arbeitsleben (berufliche Rehabilitation), im Einzelnen siehe §§ 35 ff.,
- Übergangsleistungen nach § 3 Abs. 2.

6.3 Übergangsleistungen

33 Übergangsleistungen haben allein die präventive Zielsetzung, beruflich bedingten Erkrankungen möglichst dadurch vorzubeugen, dass Anreize gesetzt werden, die gefährdende Tätigkeit rechtzeitig zu unterlassen und die Umstellung auf eine andere unschädliche Arbeit zu erleichtern. Es handelt sich um keinen Schadensersatzanspruch.[325]

34 Der Anspruch auf Übergangsleistungen nach 3 Abs. 2 setzt voraus

323 BSG – 05. 08. 1993 – 2 RU 46/92.
324 BSG – 07. 09. 2004 – B 2 U 1/93 R.
325 BSG – 22. 03. 2011 – B 2 U 12/10 R, unter Aufgabe früherer Rechtsprechung, die von Schadensersatz ausgegangen sind.

- konkrete individuelle Gefahr der Entstehung, des Wiederauflebens oder der Verschlimmerung einer BK (s. dazu oben Rn. 25),
- Unterlassung der gefährdenden Tätigkeit wegen der Berufskrankheit,
- Minderverdienst wegen dieser Unterlassung.

Übergangsleistungen werden nur gezahlt, wenn die gefährdende Tätigkeit vollständig unterlassen wird. Die bloße Verminderung der Gefahr durch die Umsetzung auf einen Arbeitsplatz mit geringerer Gefährdung reicht nicht aus.[326] Die Einstellung der gefährdenden Tätigkeit muss ursächlich auf die drohende Gefahr der Entstehung, des Wiederauflebens oder der Verschlimmerung einer BK zurückzuführen sein.[327] Eine Unterlassung aus anderen Gründen (z. B. Ausscheiden aus Altersgründen,[328] sonstiger schlechter Gesundheitszustand,[329] betriebsbedingte Kündigung)[330] reicht nicht aus. Erfolgt die Tätigkeitsaufgabe auf Veranlassung des Unfallversicherungsträgers, so bestehen an der Kausalität keine Zweifel. Der Versicherte kann aber die gefährdende Tätigkeit auch ohne Zutun des Versicherungsträgeraus aus eigenem Entschluss aufgeben (z. B. auf ärztlichen Rat hin).[331] Er muss aber dann den Nachweis erbringen, dass die Gefahr nicht auf andere Weise – etwa durch Maßnahmen nach § 3 Abs. 1 – zu beseitigen war und dass sie der Beweggrund für die Einstellung der Tätigkeit war.[332] Um diesen Problemen zu entgehen, ist zu empfehlen, vor Einstellung der Tätigkeit den zuständigen Träger einzuschalten. **35**

Des Weiteren muss durch die Einstellung der Tätigkeit ein Minderverdienst eingetreten sein. Bei der Ermittlung der Höhe ist von dem Unterschied zwischen dem fiktiven Nettoverdienst aus der bisherigen und den Nettoeinkünften aus einer neuen Beschäftigung des Versicherten auszugehen.[333] Dazu zählen auch Lohnersatzleistungen wie Krankengeld, Verletztengeld, ALG I oder Renten aus der gesetzlichen Rentenversicherung. Versichertenrenten nach §§ 56 ff. sind ausdrücklich ausgeschlossen. **36**

Der Versicherte hat mit dem Vorliegen aller Tatbestandsvoraussetzungen einen Anspruch darauf, dass der Unfallversicherungsträger nach pflichtgemäßem Ermessen über das Ob und ggf. die Art, den Inhalt und die Dauer der Übergangsleistung entscheidet. Werden Übergangsleistungen erst nach Ablauf des Fünf-Jahreszeitraums beantragt, dann kann nach neuerer Rechtsprechung des BSG die präventive Anreizfunktion der Übergangsleistungen nicht mehr erfüllt werden, so dass kein Anspruch besteht.[334] **37**

Der Träger kann nach seinem Ermessen entweder einen einmaligen Betrag oder monatlich wiederkehrende Zahlungen längstens für die Dauer von fünf Jahren leisten. Nach einer verbreiteten, von den Sozialgerichten bestätigten[335] Praxis ersetzen die Träger **38**

---

326 BSG – 27. 11. 1985 – 2 RU 12/84.
327 BSG – 20. 02. 2001 – B 2 U 10/00 R.
328 LSG Hessen – 25. 08. 1971 – L 3 V 352/69.
329 BSG – 04. 10. 1996 – 2 BU 186/96.
330 BSG – 20. 02. 2001 – B 2 U 10/00 R.
331 BSG – 31. 01. 1967 – 2 RU 223/64.
332 BSG – 12. 01. 2010 – B 2 U 33/08 R.
333 BSG – 23. 06. 1983 – 2 RU 57/82.
334 BSG – 22. 03. 2011 – B 2 U 12/10 R.
335 LSG Berlin-Brandenburg – 11. 06. 2010 – L 3 U 138/06; LSG Nordrhein-Westfalen – 28. 02. 2008 – L 2 KN 254/07 U.

den Minderverdienst gestaffelt über fünf Jahre im ersten Jahr in voller Höhe, dann 4/5, 3/5, 2/5 und im letzten Jahr 1/5. Der Fünf-Jahreszeitraum beginnt nicht unbedingt mit dem der Unterlassung der gefährdenden Tätigkeit, sondern erst dann, wenn ein Minderverdienst tatsächlich eintritt.[336] Er läuft dann aber kalendermäßig ab.

6.4 Stichtagsregelung (§ 6 BKV)

39 Bei der Aufnahme neuer Erkrankungen in die Liste der Berufskrankheiten sollen nicht alle in der Vergangenheit liegenden Tatbestände entschädigt werden. Deshalb wird die Anerkennung solcher neuer Berufskrankheiten im Regelfall davon abhängig gemacht, dass der Versicherungsfall nach einem bestimmten Stichtag eingetreten ist. Als Stichtag wird zumeist der Tag des Inkrafttretens der letzten Fassung der BKV vor der Aufnahme der BK in die Liste gewählt.

7. Bandscheibenbedingte Erkrankungen der Lendenwirbelsäule

7.1 Krankheitsbild

40 Für die Anerkennung dieser Berufskrankheit ist erforderlich, dass eine bandscheibenbedingte Erkrankung der Lendenwirbelsäule (LWS) vorliegt. Dafür ist der Vollbeweis erforderlich. Dieser setzt zwingend den röntgenologischen Nachweis eines Bandscheibenschadens in Gestalt einer dem Alter des Versicherten vorauseilenden Höhenminderung der Zwischenwirbelräume (Chondrose) und/oder eines Bandscheibenvorfalls voraus.[337] Hinzukommen muss eine entsprechende klinische Symptomatik mit Funktionseinschränkungen.

7.2 Arbeitstechnische Voraussetzungen

41 Für die Ermittlung der arbeitstechnischen Voraussetzungen dieser BK – langjähriges Heben oder Tragen schwerer Lasten oder langjährige Tätigkeiten in extremer Rumpfbeugehaltung – hat sich in der Praxis der Berufsgenossenschaften und der Sozialgerichte das »Mainz-Dortmunder-Dosismodell« (MDD)[338] durchgesetzt, das alle relevanten Belastungen während des gesamten versicherten Berufslebens zu einer in Newtonstunden (Nh) ausgedrückten Lebensbelastungsdosis zusammenfasst. Berücksichtigt werden dabei alle Hebe- und Tragevorgänge, die sich nach der Ursprungsfassung des MDD mit einer Druckbelastung von mindestens 3 200 Newton bei Männern und von 2 500 Newton bei Frauen auf die untere Lebendenwirbelsäule auswirken. Daraus wird eine Schichtbelastungsdosis nach einer Formel errechnet, in die der Belastungsfaktor quadratisch und der Zeitfaktor linear eingehen. Nach der Ursprungsfassung des MDD wurden dann alle

336 BSG – 22.03.2011 – B 2 U 12/10 R.
337 Konsensempfehlungen S. 216.
338 Jäger u. a., Mainz-Dortmunder Dosismodell ASUMed 1999, 101 ff., 112 ff.

Schichtbelastungen von mindestens 5 500 Nh bei Männern und 3 500 Nh bei Frauen zu einer Lebensbelastungsdosis aufaddiert. Lag diese bei mindestens 25 Millionen Newtonstunden (MNh) bei Männern oder 17 MNh bei Frauen, wurde eine geeignete Belastung angenommen. Das BSG hat 2007 nach dem Ergebnis der Deutschen Wirbelsäulenstudie die Mindestbelastungswerte für Männer nach unten korrigiert: Jetzt reicht eine Belastung der unteren Lendenwirbelsäule mit 2 700 N aus; für die Schichtdosis ist die Mindestgrenze völlig entfallen und die Lebensbelastungsdosis wurde im Sinne einer Untergrenze auf 12,5 MNh reduziert.[339] Unterhalb dieser Grenze ist ohne jede weitere medizinische Begutachtung eine BK 2108 abzulehnen.

Nach dem Merkblatt zur BK 2108 und nach dem MDD unter Berücksichtigung dieser Entscheidung des BSG ergeben sich folgende Mindestgewichte für relevante Hebe- und Tragevorgänge: 42

Art der Lastenhandhabung		Merkblatt Frauen	Merkblatt Männer	Modifiziertes MDD[340]
Heben	beidhändig	10 kg	20 kg	12 kg
	einhändig	5 kg	10 kg	7 kg
Umsetzen	beidhändig	20 kg	30 kg	24 kg
	einhändig	5 kg	10 kg	8 kg
Tragen	vor oder neben dem Körper	15 kg	25 kg	20 kg
	beidseits des Körpers, auf der Schulter oder dem Rücken	20 kg	30 kg	28 kg

Unter Tätigkeiten in extremer Rumpfbeugehaltung sind nach dem Merkblatt des BMA Arbeiten in Bodenhöhe oder unter der Standfläche zu verstehen, bei denen es zu einer Beugung des Oberkörpers aus der aufrechten Körperhaltung um ca. 90° oder mehr kommt, sowie Arbeiten in Arbeitsräumen, die niedriger als ca. 100 cm sind.

7.3 Kausalität

Die haftungsbegründende Kausalität bei der BK 2108 ist in vielen Einzelfragen in der medizinischen Wissenschaft umstritten. Die Probleme rühren vor allem daher, dass bandscheibenbedingte Erkrankungen der Lendenwirbelsäule auch in der unbelasteten Bevölkerung oft vorkommen, ohne dass sich das Krankheitsbild wesentlich von dem der BK 2108 unterscheidet. Den derzeit herrschenden Stand der medizinischen Wissenschaft geben die 43

339 BSG – 30. 10. 2007 – B 2 U 4/06 R.

340 Errechnet nach den Bestimmungsgleichungen zum MDD, Arbeitsmedizin Sozialmedizin Umweltmedizin 1999, 116.

Konsensempfehlungen wieder,[341] an deren Erarbeitung im Wesentlichen alle Mediziner beteiligt waren, die sich wissenschaftlich mit der BK 2108 befasst haben. Die Konsensempfehlungen haben die bandscheibenbedingten Erkrankungen im Wesentlichen nach dem röntgenologischen Erscheinungsbild Konstellationen zugeordnet, für die sie jeweilse einen Ursachenzusammenhang empfehlen oder ablehnen. Für einige, in der Praxis durchaus häufige Konstellationen konnten sich die Verfasser aber nicht einigen. Dies bedeutet aber nicht, dass bei einer solchen Konstellation ein Zusammenhang stets zu verneinen ist. Vielmehr bedarf es einer individuellen Beurteilung und Würdigung des Einzelfalls.[342]

8. Lärmschwerhörigkeit

8.1 Krankheitsbild

44 Lärm schädigt die Sinneszellen im Innenohr, die sog. Haarzellen. Man spricht auch von einer Schallempfindungsschwerhörigkeit. Davon zu unterscheiden sind die auf einer Schädigung des Mittelohres beruhende sog. Schallleitungsschwerhörigkeit und Schäden des Hörnervs, die nicht auf Lärmeinwirkung zurückzuführen sind. Nach völlig herrschender medizinischer Lehrmeinung bessert sich eine Lärmschwerhörigkeit nach dem Ausscheiden aus dem Lärmbetrieb nicht, weil sie auf abgestorbenen, nicht neu zu bildenden Haarzellen beruht.[343] Andererseits schreitet sie aber auch nicht weiter fort, so dass spätere Verschlechterungen des Hörvermögens, wie sie besonders auch im Alter auftreten, nicht mehr Folge der Lärmeinwirkung sein können.[344] Deshalb ist bei der Beurteilung ihres Ausmaßes grundsätzlich auf den Befund abzustellen, der dem Ende der Lärmarbeit zeitlich am nächsten liegt.[345] Als häufige Begleiterscheinungen der Lärmschwerhörigkeit treten Ohrgeräusche (Tinnitus) auf, die als Folge der BK 2301 zu entschädigen sind, wenn sie ihrerseits kausal auf die Lärmeinwirkung zurückzuführen sind. »Isolierte« Ohrgeräusche ohne lärmbedingten Hörverlust erfüllen aber nicht den Tatbestand der Lärmschwerhörigkeit,[346] wobei es allerdings nicht erforderlich ist, dass diese Hörverluste auch eine MdE bedingen.[347]

8.2 Arbeitstechnische Voraussetzungen

45 Die Anerkennung der BK 2301 setzt eine berufliche Lärmbelastung voraus, die in einem nach der DIN 45645–2 ermittelten Tagesexpositionspegel in dB(A) ausgedrückt wird. Belastungen unterhalb von **85 dB(A)** werden nicht als geeignet angesehen, eine Lärm-

341 LSG Nordrhein-Westfalen – 13.09.2011 – L 15 U 132/09; LSG Berlin-Brandenburg – 03.11.2011 – L 3 U 229/08; LSG Hessen – 27.03.2012 – L 3 U 81/11; LSG Sachsen-Anhalt – 17.08.2011 – L 6 U 76/08; LSG Bayern – 24.11.2010 – L 2 U 423/05.
342 LSG Nordrhein-Westfalen – 13.09.2011 – L 15 U 132/09.
343 LSG Sachsen-Anhalt – 05.05.2011 – L 6 U 147/06.
344 LSG – 28.08.2008 – L 31 U 345/08.
345 LSG Sachsen – 21.07.2005 – L 2 U 119/02.
346 LSG Baden-Württemberg – 28.01.2011 – L 8 U 1205/10.
347 LSG Nordrhein-Westfalen – 28.08.1996 – L 17 U 244/95.

schwerhörigkeit zu verursachen.[348] Ein Dauerlärm oberhalb von 90 dB(A) während des überwiegenden Teils der Arbeitszeit kann sich im Regelfall gehörschädigend auswirken. Bei darunter liegenden Beurteilungspegeln im Bereich zwischen 85 und 90 dB(A) kommt eine Lärmschädigung nur bei langjähriger Exposition oder außergewöhnlich großer individueller Gehörsensibilität in Betracht.[349]

Besonders zu beachten ist **Impulslärm** mit kurzzeitigen Belastungsspitzen von mehr als 135 dB(C). Diese treten beispielsweise auf bei **46**

- Abfeuern von Gewehren,
- Explosionen,
- Richten von Metall mit Hammerschlägen,
- bestimmten Berufsmusikern.

Bei solchen Belastungen ist von einem anderen Schädigungsmechanismus auszugehen, so dass der sorgfältigen Ermittlung der Lärmvorgeschichte besondere Bedeutung zukommt.

8.3 Kausalität

Da eine Schwerhörigkeit vielfache Ursachen haben kann, bereitet die Beurteilung der haftungsbegründenden Kausalität häufig erhebliche Probleme. Die Lärmschwerhörigkeit ist abzugrenzen gegenüber **47**

- einer mittelohrbedingten Schallleitungsschwerhörigkeit,
- Schädigungen des Hörnervs,
- einer anlagebedingten Innenohrschwerhörigkeit.

Oft liegt auch eine Kombination aus lärmbedingter und lärmunabhängiger Hörstörung vor. Dann ist der lärmbedingte Anteil gesondert und für sich allein zu entschädigen, wenn die Anteile voneinander abgegrenzt werden können. Ist das nicht der Fall, so ist die gesamte Schwerhörigkeit entweder durch die Lärmeinwirkung wesentlich verursacht oder eine solche rechtlich bedeutsame Kausalität zu verneinen, wobei es ausreicht, dass die Lärmeinwirkung als wesentliche Teilursache anzusehen ist.[350]

9. Hauterkrankungen

Die Berufskrankheit 5101 ist nicht durch eine besondere Einwirkung definiert. Sie umfasst alle beruflich bedingten Erkrankungen im Bereich der Haut.[351] Hauterkrankungen können auf vielfältige Weise beruflich verursacht werden. In Betracht kommen Gefährdungen durch **48**

- Feuchtarbeit,
- chemische Substanzen mit irritativer bzw. allergieauslösender Wirkung,

348 LSG Baden-Württemberg – 03.07.1997 – L 10 U 1831/96.

349 Die Auffassung des LSG Nordrhein-Westfalen – 31.03.2009 – L 2 KN 70/08 U, nur ein Lärmpegel von mindestens 90 dB(A) sei schädigend, ist mit dem Merkblatt nicht vereinbar.

350 LSG Berlin-Brandenburg – 29.01.2009 – L 3 U 66/04.

351 BSG – 28.04.2004 – B 2 U 21/03 R, zu Durchblutungsstörungen der Haut durch Kälteeinwirkung.

- physikalische Faktoren (Mineralfasern, Schnitthaare, Strahlung, Hitze, Kälte, Mikrotraumen),
- Keime, z. B. Pilzerkrankungen.

49 Entsprechend vielfältig sind die Krankheitsbilder. Ob eine Hauterkrankung schwer ist, richtet sich nach dem klinischen Bild, der Ausdehnung und dem Verlauf, insbesondere der Dauer der Erkrankung. Bei einer Behandlungsbedürftigkeit von sechs und mehr Monaten ist eine Hautkrankheit im Allgemeinen als schwer anzusehen.[352] Wiederholte Rückfälligkeit setzt mindestens zwei Rückfälle voraus, in der Zeit zwischen den Krankheitsschüben darf weder Arbeitsunfähigkeit noch Behandlungsbedürftigkeit vorgelegen haben. Wegen des Aufgabezwangs s. Rn. 17 ff.)

10. Berufsbedingte Krebserkrankungen

10.1 Übersicht

50 Es gibt keine Listenerkrankung, die generell Krebserkrankungen durch Berufsstoffe erfasst. Die Entschädigung solcher Erkrankungen ist vielmehr davon abhängig, ob sie einer der in der Liste aufgeführten Erkrankungen zugeordnet werden können. Bei 19 der 73 BK-Tatbestände finden sich Krebserkrankungen, wobei teilweise die Entschädigung auf Krebserkrankungen bestimmter Organe beschränkt ist. Teilweise sind es offene Tatbestände, für die in der folgenden Tabelle – ohne Anspruch auf Vollständigkeit – die Organe oder Organsysteme aufgelistet sind, die nach der Entschädigungspraxis der Träger und der Rechtsprechung für eine Anerkennung in Betracht kommen:

Listen-Nr.	Auslösender Stoff	Betroffene Organe nach der BK-Definition	Betroffene Organe nach der Statistik und Rspr.	Anerkannte BK-Fälle[353]
1103	Chrom und seine Verbindungen	–	Atemwege,[354] Nase	313
1108	Arsen und seine Verbindungen	–	Atemwege, Haut	142
1301	Aromatische Amine	Harnwege		1.945
1302	Halogenkohlenwasserstoffe	–	Leber,[355] Niere	119

352 BSG – 07.06.1974 – 8/7 RU 9/72.
353 Im Zeitraum 1978 bis 2010, s. beruflich verursachte Krebserkrankungen, DGUV Forum 4/1912, S. 24 ff.
354 Bronchialkarzinom durch Chrom, BSG – 28.06.1991 – 2 RU 59/90.
355 Leberkrebs durch Vinylchlorid, LSG Sachsen-Anhalt – 26.08.2004 – L 6 U 19/01.

Listen-Nr.	Auslösender Stoff	Betroffene Organe nach der BK-Definition	Betroffene Organe nach der Statistik und Rspr.	Anerkannte BK-Fälle
1303/1318	Benzol	1318: Blut, blutbildendes und lymphatisches System	Leber[356]	887
1310	Alkyl- und Aryloxide, u.a. auch Dioxin	–	alle Organe[357]	149
2402	Ionisierende Strahlen	–	Atemwege, Blut, Haut[358]	4.178
4101/4102/4112	Quarzhaltige Stäube	Lungenkrebs		898
4104	Asbest	Lungen-/Kehlkopfkrebs		15.079
4105	Asbest	Mesothelium des Rippen-, Bauchfells oder Pericards		15.192
4109	Nickel und seine Verbindungen	Atemwege und Lunge		149
4110	Kokereirohgase	Atemwege und Lunge		395
4113	Polyzyklische aromatische Kohlenwasserstoffe (PAK)	Lungenkrebs		13
4114	Zusammenwirken von PAK und Asbest	Lungenkrebs		19
4203	Eichen- oder Buchenstäube	Nasenhaupt- und Nasennebenhöhlen		785

356 Leberkrebs durch Toluol, LSG Baden-Württemberg – 29.09.2011 – L 6 U 5889/06.
357 Darmkrebs durch Dioxin, LSG Baden-Württemberg – 09.12.2004 – L 7 U 217/02.
358 Zum Umfang der Entschädigung bei der BK 2402 vgl. BSG – 18.08.2004 – B 8 KN 1/03 U R.

Listen-Nr.	Auslösender Stoff	Betroffene Organe nach der BK-Definition	Betroffene Organe nach der Statistik und Rspr.	Anerkannte BK-Fälle
5102	Ruß, Rohparaffin, Teer, Anthrazen, Pech o. ähnliche Stoffe	Hautkrebs		292

10.2 Einwirkungen

51 Die Ermittlung der arbeitstechnischen Voraussetzungen und der haftungsbegründenden Kausalität wird bei Krebserkrankungen zusätzlich dadurch erschwert, dass für diese Erkrankungen eine jahrzehntelange Latenzzeit – das ist der Zeitraum zwischen dem Beginn der gefährdenden Tätigkeit und dem Ausbruch der Krankheit – geradezu typisch ist. Oft liegen auch Jahrzehnte zwischen dem Ende der Einwirkung und dem Erkrankungsbeginn. Dies verdeutlicht nachstehende Tabelle[359] der Mittelwerte der Einwirkungs- und Latenzzeit aller zwischen 1978 bis 2010 anerkannter Fälle beruflich verursachter Krebserkrankungen:

BK-Nr.	Mittlere Einwirkungsdauer	Mittlere Latenzzeit
1301	21,0	39,0
1303/1318	22,1	36,0
2402	14,1	44,5
4104	21,0	38,5
4105	18,6	39,9
Gesamt	19,5	39,6

Es ist daher im Falle einer Krebserkrankung eine eingehende, das gesamte Berufsleben der Versicherten erfassende Erhebung der Krankheitsvorgeschichte erforderlich, ehe die Aussage getroffen werden kann, die arbeitstechnischen Voraussetzungen seien nicht erfüllt.

10.3 Kausalität

52 Im Rahmen der haftungsbegründenden Kausalität ist die Einwirkung von Listenstoffen abzugrenzen gegen unversicherte Kausalfaktoren, wie z. B. die allgemeine Belastung der Umwelt, das individuelle Ernährungs- und Konsumverhalten, insbesondere der Genuss von Alkohol und Tabak. Die haftungsbegründende Kausalität bereitet in der Praxis kaum

359 Im Zeitraum 1978 bis 2010, s. beruflich verursachte Krebserkrankungen, DGUV Forum 4/2012, S. 24 ff.

Probleme, wenn eine im Listentatbestand geforderte genaue Dosis erreicht ist (siehe Rn. 16) oder bereits das Krankheitsbild deutliche Hinweise auf die Verursachung zulässt, z. B. bei den asbestbedingten Krebserkrankungen und bei der BK 4111. Bei den anderen Berufskrankheiten kommt es darauf an, ob nach dem Stand der medizinischen Wissenschaft eine **geeignete Exposition** festzustellen ist. Da insoweit der Kenntnisstand sich ständig fortentwickelt und die Fragen häufig äußerst kontrovers diskutiert werden, sollen hier nur einige Hinweise auf die aktuelle Rechtsprechung gegeben werden. Danach lassen sich mit der gebotenen Zurückhaltung Aussagen zu einer Schwellendosis treffen bei Nickel (BK 4109) mit 5000 $\mu g/m^3 \times$ Jahre und Chrom (BK 1103) mit 2000 $\mu g/m^3 \times$ Jahre.[360] Bei der BK 2402 – Einwirkung ionisierender Strahlen – wird der Abschlussbericht zum Forschungsvorhaben des HVBG »Belastungen durch ionisierende Strahlung im Uranerzbergbau der ehemaligen DDR« herangezogen.[361] Eine allgemein anerkannte Schwellendosis für die Verursachung von Blasenkrebs durch aromatische Amine gibt es derzeit nicht.[362]

Reicht die Exposition gegen einen Listenstoff für die Verursachung nicht aus, so ist zu prüfen, ob die Krebserkrankung nicht durch das Zusammenwirken mehrerer Berufsstoffe zurückzuführen ist (sog. **Synkanzerogenese**). Bei gewerblichen Arbeitnehmern, die in mehreren Betrieben oft auch in unterschiedlichen Gewerbezweigen gearbeitet haben, ist es fast der Regelfall, dass sie im Laufe eines langen Arbeitslebens der Einwirkung einer Vielzahl krebsauslösender Stoffe ausgesetzt waren. Dies wirft komplexe medizinische und juristische Probleme auf, die vielfach noch nicht überzeugend gelöst sind. Das BSG fordert ein Vorgehen in mehreren Ermittlungsschritten. In einem ersten Schritt soll für jeden nachgewiesenen Listenstoff geprüft werden, ob er ursächlich im naturwissenschaftlich-philosophischen Sinne geworden ist, sodann stellt sich die Frage, ob die Stoffe im Zusammenwirken die Krebserkrankung nach der Theorie der wesentlichen Bedingung verursacht haben. Ist dies der Fall, so ist nicht etwa eine »Gesamt-Berufskrankheit« zu entschädigen, sondern in einem weiteren Schritt für jede Listeneinwirkung gesondert festzustellen, ob sie wesentliche Teilursache der Krebserkrankung ist. Im Ergebnis kann dann eine Krebserkrankung Versicherungsfall mehrerer Listen-BKen nebeneinander gegeben sein (nicht kumulativ).[363] 53

10.4 Asbestbedingte Krebserkrankungen

Die statistisch am häufigsten als Berufskrankheit anerkannten Krebsfälle entfallen auf Listennummern 4104 und 4105, die auf Asbest zurückzuführenden Lungen- und Bronchialkrebs sowie Mesotheliome umfassen. Krebserkrankungen anderer Lokalisation könnten allenfalls nach § 9 Abs. 2 als Quasi-BK entschädigt werden, was aber regelmäßig am Fehlen gesicherter neuer medizinischer Erkenntnisse scheitern dürfte. 54

360 So BSG – 12.01.2010 – B 2 U 5/08 R.
361 So LSG Berlin-Brandenburg – 08.04.2009 – L 3 U 99/07; BSG – 18.08.2004 – B 8 KN 2/03 U R.
362 So LSG Baden-Württemberg – 07.09.2010 – L 1 U 2869/09.
363 BSG – 12.01.2010 – B 2 U 5/08 R, bei Einwirkung von Chrom, Nickel, ionisierenden Strahlen und Asbest; s. auch Spellbrink, Rechtsfragen der Synkanzerogenese, BPUVZ 2012, 360 ff.

55 Die Ermittlung der Asbestbelastung am Arbeitsplatz bedarf angesichts der weiten Verbreitung vielfältiger asbesthaltiger Materialien in der Arbeitswelt der besonders gründlichen Erhebung der Arbeitsvorgeschichte. Hinsichtlich potentieller Gefahrenquellen wird insbesondere auf den BK-Report 1/2007 Faserjahre, herausgegeben vom Hauptverband der gewerblichen Berufsgenossenschaften und auf das Merkblatt des BMA zur BK 4103 vom 01. 06. 1988 hingewiesen.

56 Die Anerkennung einer BK 4104 setzt voraus

- Lungen- oder Kehlkopfkrebs
- in Verbindung mit einer Asbeststaublungenerkrankung oder durch Asbeststaub verursachten Erkrankungen des Rippenfells (Pleura) oder
- Nachweis der Einwirkung einer kumulativen Asbestfaserstaub-Dosis von mindestens 25 Faserjahren.

57 Lungenkrebs (gleichbedeutend: Bronchialkarzinom) i. S. d. BK 4104 ist nur das Primärkarzinom der Lunge oder des Kehlkopfes, nicht hingegen Tochtergeschwulste von Tumoren, die in anderen Organen entstanden sind. Der primäre Lungenkrebs muss mit an Gewissheit grenzender Wahrscheinlichkeit bewiesen sein. Oft kommt für diesen Nachweis einer Obduktion entscheidende Bedeutung zu. Ihr Unterbleiben kann den Nachweis der BK 4104 erschweren oder gar vereiteln.

Die erste Alternative der BK 4104 ist, dass eine Asbestose oder durch Asbeststaub verursachte Erkrankungen des Rippenfells i. S. d. BK 4103 vorliegen. Der Nachweis wird im Regelfall durch die Feststellung entsprechender Veränderungen im Röntgenbild erbracht. Auch wenn radiologisch noch keine Veränderungen feststellbar sind, so reicht der Nachweis einer sog. »Minimalsbestose« durch die mikroskopische Untersuchung von Lungengewebe aus. Maßgebend dafür sind nach dem derzeitigen Stand der medizinischen Wissenschaft die sog. Helsinki-Kriterien. Die zweite Alternative fordert den Nachweis von 25 Faserjahren. Es handelt sich dabei um das Produkt der Konzentration der Asbestfasern in der Atemluft mit einem Zeitfaktor. Definiert wird das Faserjahr als die einjährige arbeitstäglich achtstündige Einwirkung von 1 Million Asbestfasern pro Kubikmeter bei 240 Arbeitstagen pro Jahr. Bei der Ermittlung der notwendigen Zahl der Faserjahre werden ausschließlich versicherte Tätigkeiten berücksichtigt.[364]

58 Mesotheliome sind bösartige Neubildungen des Rippenfells, des Bauchfells oder des Herzbeutels (Perikard), die überwiegend auf Asbest zurückzuführen sind und bereits durch verhältnismäßig geringe Asbestfaserstaub-Einwirkung am Arbeitsplatz verursacht werden können.[365] Die Diagnose eines Mesothelioms im Vollbeweis erfordert im Regelfall die histologische Begutachtung entnommenen Gewebes. Das Unterbleiben einer Obduktion kann deshalb den Nachweis der BK 4105 erschweren oder gar vereiteln.[366] Es reicht der Nachweis beruflich bedingter Belastungen aus, die oberhalb derjenigen der Allgemeinbevölkerung liegen.[367]

364 BSG – 04. 12. 2001 – B 2 U 37/00 R.
365 LSG Berlin-Brandenburg – 17. 11. 2011 – L 3 U 306/08.
366 So im Fall LSG Nordrhein-Westfalen – 02. 08. 2011 – L 15 U 113/09.
367 LSG Hamburg – 13. 12. 2011 – L 3 U 21/07.

§ 10 Erweiterung in der See- und Binnenschifffahrt

(1) In der See- und Binnenschifffahrt sind Versicherungsfälle auch Unfälle infolge
1. von Elementarereignissen,
2. der einem Hafen oder dem Liegeplatz eines Fahrzeugs eigentümlichen Gefahren,
3. der Beförderung von Land zum Fahrzeug oder vom Fahrzeug zum Land.

(2) In Unternehmen der Seefahrt gilt als versicherte Tätigkeit auch die freie Rückbeförderung nach dem Seemannsgesetz oder tariflichen Vorschriften oder die Mitnahme auf deutschen Seeschiffen nach dem Gesetz betreffend die Verpflichtung der Kauffahrteischiffe zur Mitnahme heimzuschaffender Seeleute in der im Bundesgesetzblatt Teil III, Gliederungsnummer 9510-3, veröffentlichten bereinigten Fassung, zuletzt geändert durch Artikel 278 des Einführungsgesetzes zum Strafgesetzbuch vom 2. März 1974 (BGBl. I S. 469).

Inhaltsübersicht Rn.

1. Normzweck und Regelungsinhalt

§ 10 erweitert den Versicherungsschutz in der Schifffahrt auf an sich eigenwirtschaftliche Tätigkeiten. Grund dafür ist die typische Gefahrensituation, die sich aus dem Zusammenfallen von Wohn- und Arbeitsstätte und der ständigen Arbeitsbereitschaft ergibt. **1**

2. Betriebsbann

In der See-Unfallversicherung gilt anders als in der Unfallversicherung im Allgemeinen der sogenannte Betriebsbann. Der Versicherungsschutz ist nicht allein auf die unmittelbare Ausübung betrieblicher Tätigkeiten beschränkt, sondern er erstreckt sich im Falle der Einwirkung einer dem Schifffahrtsbetrieb eigentümlichen Gefahr auch auf Verhaltensweisen, welche sonst allgemein dem privaten Lebensbereich des Beschäftigten zugerechnet werden. Beispiele aus der Rechtsprechung: **2**

- Angeln von Bord aus[368]
- Baden von Bord aus[369]
- Fußballspiel an Bord[370]

Dem Betriebsbann kommt besondere Bedeutung zu in Fällen, in denen der Unfallhergang nicht mehr aufgeklärt werden kann, wenn beispielsweise ein Seemann aus ungeklärten Gründen über Bord geht. Dann ist der innere Zusammenhang mit der versicherten Tätigkeit und die Unfallkausalität als erwiesen zu betrachten, wenn nach dem Gesamt-

368 Reichsversicherungsamt 1896, 422.
369 BSG – 31.07.1964 – 2 RU 8/61.
370 BSG – 05.08.1976 – 2 RU 231/74.

ergebnis des Verfahrens für Konkurrenztatsachen keine vernünftig zu erwägenden Anhaltspunkte vorliegen.[371]

3. Elementarereignisse

3 Versichert sind auch Unfälle durch Elementarereignisse, und zwar auch während an sich eigenwirtschaftlicher Betätigung an Bord. Dazu zählen beispielsweise

- Unwetter,
- Stürme,
- radioaktive Strahlung.

4. Hafeneigentümliche Gefahren

4 Die Erstreckung des Versicherungsschutzes auf hafeneigentümliche Gefahren ist in der Notwendigkeit begründet, dass das Hafengebiet auch bei privaten Landgängen zwangsläufig durchquert werden muss. Er kommt deshalb auch nur Versicherten zugute, die ihren Arbeitsplatz auf Schiffen haben, nicht hingegen den Mitarbeitern von Hilfs- und Nebenunternehmen der Schifffahrtsunternehmen.[372] Hafeneigentümliche Gefahren sind solche, die sich aus dem Betreten und Verlassen des Schiffes und den Lösch-, Verlade-, Umschlags und Lagerungsarbeiten ergeben. Nicht dazu gehören solche Gegebenheiten, die in gleicher Weise auch außerhalb des Hafens auftreten, z. B. ein Überfall aus privaten Gründen.[373]

§ 11 Mittelbare Folgen eines Versicherungsfalls

(1) Folgen eines Versicherungsfalls sind auch Gesundheitsschäden oder der Tod von Versicherten infolge

1. **der Durchführung einer Heilbehandlung, von Leistungen zur Teilhabe am Arbeitsleben oder einer Maßnahme nach § 3 der Berufskrankheiten-Verordnung,**
2. **der Wiederherstellung oder Erneuerung eines Hilfsmittels,**
3. **der zur Aufklärung des Sachverhalts eines Versicherungsfalls angeordneten Untersuchung**

einschließlich der dazu notwendigen Wege.

(2) Absatz 1 gilt entsprechend, wenn die Versicherten auf Aufforderung des Unfallversicherungsträgers diesen oder eine von ihm bezeichnete Stelle zur Vorbereitung von Maßnahmen der Heilbehandlung, der Leistungen zur Teilhabe am Arbeitsleben oder von Maßnahmen nach § 3 der Berufskrankheiten-Verordnung aufsuchen. Der Aufforderung durch den Unfallversicherungsträger nach Satz 1 steht eine Aufforderung durch eine mit der Durchführung der genannten Maßnahmen beauftragte Stelle gleich.

---

371 LSG Schleswig-Holstein – 23.10.2003 – L 5 U 152/02.
372 BSG – 28.06.1984 – 2 RU 45/83.
373 BSG – 09.03.1978 – 2 RU 85/77.

Inhaltsübersicht

1. Regelungsinhalt und Entstehungsgeschichte

§ 11 regelt einen Sonderfall der Entschädigung mittelbarer Folgen eines Arbeitsunfalls oder einer Berufskrankheit, darüber hinaus erweitert er den Versicherungsschutz auf die Folgen bestimmter dem Versicherungsträger zuzurechnender Maßnahmen **1**

- der Heilbehandlung,
- der beruflichen Rehabilitation (s. § 35)
- nach § 3 BKV,
- der Hilfsmittelversorgung (s. § 31) und der
- Sachaufklärung.

Anders als in der Vorgängervorschrift § 555 RVO ist die Entschädigung nicht auf Unfälle in Folge dieser Maßnahmen beschränkt, sondern umfasst alle kausal auf die Maßnahme zurückzuführenden Körperschäden.

2. Heilbehandlung

Heilbehandlung umfasst den Leistungskatalog des § 27. Im Regelfall handelt es sich um Heilbehandlung wegen der Folgen eines Versicherungsfalls. Dabei reicht es aus, dass der Unfallverletzte von seinem Standpunkt aus der Auffassung sein konnte, dass die Heilbehandlung geeignet ist, der Beseitigung oder Besserung des Körperschadens zu dienen. Es kommt nicht darauf an, ob die ärztliche Behandlungsmaßnahme in der Form eines berufsgenossenschaftlichen Heilverfahrens oder einer kassenärztlichen Behandlung stattfindet.[374] **2**

Die Anwendung des § 11 setzt nicht zwingend voraus, dass bei objektiver Betrachtungsweise auch tatsächlich die Folgen eines Arbeitsunfalls oder einer Berufskrankheit behandelt werden. Es reicht vielmehr aus, dass **3**

- der Träger dem Versicherten einen Anspruch auf eine bestimmte Heilbehandlungsmaßnahme nach den §§ 26 ff. SGB VII (nicht notwendig durch Verwaltungsakt in Schriftform) bewilligt oder
- ihn zur Teilnahme an einer solchen (diagnostischen oder therapeutischen) Maßnahme aufgefordert hat und der Versicherte an der Maßnahme des Trägers gemäß den Anordnungen der Ärzte und ihres Hilfspersonals teilnimmt. Dabei reicht es aus, dass die Aufforderung zur Teilnahme von einem Durchgangsarzt kommt.[375]

---

374 BSG – 24.06.1981 – 2 RU 87/80.
375 BSG – 05.07.2011 – B 2 U 17/10 R2.

3. Aufklärung des Sachverhalts

4 Die **Untersuchung zur Aufklärung des Sachverhalts** eines Versicherungsfalls umfasst die Prüfung der arbeitstechnischen, medizinischen und rechtlichen Voraussetzungen. Dieser Zurechnungstatbestand setzt ausdrücklich nicht voraus, dass überhaupt ein Versicherungsfall objektiv vorliegt. Die Zurechnung erfolgt allein aufgrund der grundsätzlich pflichtigen Teilnahme des Versicherten an einer vom Träger zur Sachverhaltsaufklärung angeordneten (nicht notwendig ärztlichen) Untersuchung.

4. Kausalität

5 Zwischen der Heilbehandlung bzw. der Teilnahme an der Maßnahme und dem Gesundheitsschaden bzw. dem Tod muss ein **ursächlicher Zusammenhang** bestehen, der sich ebenfalls nach der Theorie der wesentlichen Bedingung richtet (vgl. § 8 Rn. 47).

§ 12 Versicherungsfall einer Leibesfrucht

Versicherungsfall ist auch der Gesundheitsschaden einer Leibesfrucht infolge eines Versicherungsfalls der Mutter während der Schwangerschaft; die Leibesfrucht steht insoweit einem Versicherten gleich. Bei einer Berufskrankheit als Versicherungsfall genügt, dass der Gesundheitsschaden der Leibesfrucht durch besondere Einwirkungen verursacht worden ist, die generell geeignet sind, eine Berufskrankheit der Mutter zu verursachen.

Inhaltsübersicht Rn.

1. Entstehungsgeschichte und Gesetzeszweck

1 Die Regelung beruht auf einer Entscheidung des Bundesverfassungsgerichts, das wegen der Gleichheit der Gefahrenlage, die aus der natürlichen Einheit von Mutter und Kind entsteht, die Ausdehnung des Versicherungsschutzes auf das ungeborene Kind für geboten hielt.[376]

2. Voraussetzungen

2 Der Versicherungsschutz nach dieser Vorschrift setzt voraus
- Gesundheitsschaden der Leibesfrucht
- infolge eines Versicherungsfalls der Mutter
- während der Schwangerschaft.

Der Gesundheitsschaden des ungeborenen Kindes muss bereits während der Schwangerschaft, spätestens beim Geburtsvorgang eingetreten sein[377] und im ursächlichen Zusammenhang mit einem Versicherungsfall der Mutter während der Schwangerschaft stehen.

376 BVerfG – 22. 06. 1977 – 1 BvL 2/74.
377 BSG – 30. 04. 1985 – 2 RU 43/84.

Vor der Zeugung erlittene Arbeitsunfälle oder Berufskrankheiten begründen keinen Versicherungsschutz.[378] Versicherungsfall der Mutter kann ein Arbeitsunfall oder eine Berufskrankheit sein. Erleidet das ungeborene Kind eine Berufskrankheit, so reicht es aus, dass die schädigenden Einwirkungen generell geeignet sind, eine Berufskrankheit der Mutter zu verursachen. Dass auch bei der Mutter konkret ein Gesundheitsschaden auftritt, ist nicht erforderlich.

§ 12a Gesundheitsschaden im Zusammenhang mit der Spende von Blut oder körpereigenen Organen, Organteilen oder Gewebe

(1) Als Versicherungsfall im Sinne des § 7 Absatz 1 gilt bei Versicherten nach § 2 Absatz 1 Nummer 13 Buchstabe b auch der Gesundheitsschaden, der über die durch die Blut-, Organ-, Organteil- oder Gewebeentnahme regelmäßig entstehenden Beeinträchtigungen hinausgeht und in ursächlichem Zusammenhang mit der Spende steht. Werden dadurch Nachbehandlungen erforderlich oder treten Spätschäden auf, die als Aus- oder Nachwirkungen der Spende oder des aus der Spende resultierenden erhöhten Gesundheitsrisikos anzusehen sind, wird vermutet, dass diese hierdurch verursacht worden sind. Dies gilt nicht, wenn offenkundig ist, dass der Gesundheitsschaden nicht im ursächlichen Zusammenhang mit der Spende steht; eine Obduktion zum Zwecke einer solchen Feststellung darf nicht gefordert werden.

(2) Absatz 1 gilt auch bei Gesundheitsschäden im Zusammenhang mit den für die Spende von Blut oder körpereigenen Organen, Organteilen oder Gewebe erforderlichen Voruntersuchungen sowie Nachsorgemaßnahmen. Satz 1 findet auch Anwendung, wenn es nach der Voruntersuchung nicht zur Spende kommt.

Regelungsinhalt

1 Die Vorschrift wurde durch Art. 2b Nr. 3 des Gesetzes zur Änderung des Transplantationsgesetzes vom 21.07.2012 eingeführt und regelt die Entschädigung mittelbarer Folgen der Spende von Blut, Organen oder Gewebe. Sie bezweckt eine klare und unzweideutige Abgrenzung der Zuständigkeit von Kranken- und Unfallversicherung.[379]

2 Die Entschädigung umfasst nicht die Beeinträchtigungen, die durch die Blut-, Organ-, Organteil- oder Gewebeentnahme regelmäßig entstehen wie:

- die komplikationsfreie Behandlung
- den Organverlust selbst
- turnusmäßige. Nachuntersuchungen

3 Alle darüber hinausgehenden Gesundheitsschäden, die ursächlich auf die Spende zurückzuführen sind, werden aus der Unfallversicherung entschädigt,[380] z. B.

- Folgen von ärztlichen Kunstfehlern bei der Behandlung

---

378 BSG – 30.04.1985 – 2 RU 44/84.
379 Amtliche Begründung, BGBl. 2012, S. 1611.
380 Entgegenstehende frühere Rspr., vgl. etwa LSG Sachsen-Anhalt – 22.06.2011 – L 6 U 131/07, ist durch die Gesetzesänderung überholt.

- Wundheilungsstörungen
- Infektionen im Krankenhaus
- Spätschäden aufgrund der Aus- oder Nachwirkungen der Spende oder des aus der Spende resultierenden erhöhten Gesundheitsrisikos.

4 Für die Beurteilung der Kausalität gilt die Theorie der wesentlichen Bedingung (s. § 8 Rn. 47). Die Beweisführung wird erleichtert durch die Rechtsvermutung des Ursachenzusammenhangs bei Nachbehandlungen und Spätschäden, die als Aus- oder Nachwirkungen der Spende oder des aus der Spende resultierenden erhöhten Gesundheitsrisikos anzusehen sind. Vorbild dieser Regelung ist die Rechtsvermutung bei bestimmten Berufskrankheiten in § 63 Abs. 2 S. 1[381] (siehe im Einzelnen die dortige Kommentierung).

5 Abs. 2 stellt klar, dass auch Voruntersuchungen, selbst wenn es später nicht zur Spende kommt, und Nachsorgemaßnahmen versichert sind.

§ 13 Sachschäden bei Hilfeleistungen

Den nach § 2 Abs. 1 Nr. 11 Buchstabe a und Nr. 13 Buchstabe a und c Versicherten sind auf Antrag Schäden, die infolge einer der dort genannten Tätigkeiten an in ihrem Besitz befindlichen Sachen entstanden sind, sowie die Aufwendungen zu ersetzen, die sie den Umständen nach für erforderlich halten durften, soweit kein anderweitiger öffentlich-rechtlicher Ersatzanspruch besteht. Versicherten nach § 2 Abs. 1 Nr. 12 steht ein Ersatz von Sachschäden nur dann zu, wenn der Ersatz der infolge der versicherten Tätigkeit beschädigten Sache im Interesse des Hilfsunternehmens erfolgte, für das die Tätigkeit erbracht wurde. Die Sätze 1 und 2 finden keine Anwendung bei Teilnahme an Ausbildungsveranstaltungen nach § 2 Abs. 1 Nr. 12 sowie bei Versicherungsfällen nach § 8 Abs. 2. § 116 des Zehnten Buches gilt entsprechend.

Zweites Kapitel
Prävention

§ 14 Grundsatz

(1) Die Unfallversicherungsträger haben mit allen geeigneten Mitteln für die Verhütung von Arbeitsunfällen, Berufskrankheiten und arbeitsbedingten Gesundheitsgefahren und für eine wirksame Erste Hilfe zu sorgen. Sie sollen dabei auch den Ursachen von arbeitsbedingten Gefahren für Leben und Gesundheit nachgehen.

(2) Bei der Verhütung arbeitsbedingter Gesundheitsgefahren arbeiten die Unfallversicherungsträger mit den Krankenkassen zusammen.

(3) Die Unfallversicherungsträger nehmen an der Entwicklung, Umsetzung und Fortschreibung der gemeinsamen deutschen Arbeitsschutzstrategie gemäß den Bestimmungen des Fünften Abschnitts des Arbeitsschutzgesetzes teil.

(4) Die Deutsche Gesetzliche Unfallversicherung e. V. unterstützt die Unfallver-

381 Amtliche Begründung, BGBl. 2012, S. 1612.

sicherungsträger bei der Erfüllung ihrer Präventionsaufgaben nach Absatz 1. Sie nimmt insbesondere folgende Aufgaben wahr:

1. **Koordinierung, Durchführung und Förderung gemeinsamer Maßnahmen sowie der Forschung auf dem Gebiet der Prävention von Arbeitsunfällen, Berufskrankheiten und arbeitsbedingten Gesundheitsgefahren,**
2. **Klärung von grundsätzlichen Fach- und Rechtsfragen zur Sicherung der einheitlichen Rechtsanwendung in der Prävention.**

Regelungsinhalt

§ 14 Abs. 1 Satz 1 wiederholt zunächst die bereits in § 1 Nr. 1 genannte erste und wichtigste Aufgabe der Träger der gesetzlichen Unfallversicherung, die Verhütung von Arbeitsunfällen, Berufskrankheiten und arbeitsbedingten Gesundheitsgefahren (vgl. § 1 Rn. 2), und erweitert diesen Auftrag um die Sorge für eine wirksame Erste Hilfe. Die Unfallversicherungsträger haben diesen Präventionsauftrag **mit allen geeigneten Mittel** zu erfüllen. Hierzu zählt in erster Linie der Erlass von Unfallverhütungsvorschriften (vgl. § 15). Die Unfallversicherungsträger sind zuständig für die Überwachung der Durchführung der Maßnahmen zur Verhütung von Arbeitsunfällen, Berufskrankheiten, arbeitsbedingten Gesundheitsgefahren sowie für eine wirksame Erste Hilfe in den Unternehmen, ebenso für die Beratung der Unternehmer und der Versicherten (vgl. § 17). Hierfür setzen sie Aufsichtspersonen mit spezieller Ausbildung ein (vgl. § 18), welche im Einzelfall besondere Anordnungen treffen können (vgl. § 19) und eng mit den für den Arbeitsschutz zuständigen Landesbehörden zusammenarbeiten (vgl. § 20). Der Unternehmer bleibt für die Durchführung der Präventionsmaßnahmen verantwortlich (vgl. § 21 Abs. 1); auch die Versicherten haben nach ihren Möglichkeiten dabei mitzuwirken (vgl. § 21 Abs. 3). Die Aus- und Fortbildung der Personen, die mit der Durchführung der Maßnahmen zur Verhütung von Arbeitsunfällen, Berufskrankheiten und arbeitsbedingten Gesundheitsgefahren sowie der Ersten Hilfe betraut sind, liegt in der Verantwortung der Unfallversicherungsträger (vgl. § 23). Sie haben die Möglichkeit, auch überbetriebliche arbeitsmedizinische und sicherheitstechnische Dienste einzurichten (vgl. § 24). Nach dem mit Erlass des SGB VII neu eingeführten **Satz 2** werden die Unfallversicherungsträger zusätzlich verpflichtet, den Ursachen arbeitsbedingter Gefahren für Leben und Gesundheit nachzugehen. 1

§ 14 Abs. 2 verpflichtet die Unfallversicherungsträger, bei der Verhütung arbeitsbedingter Gesundheitsgefahren mit den Krankenkassen zusammenzuarbeiten. Diese Regelung korrespondiert mit der ebenfalls gesetzlich angeordneten Verpflichtung der Krankenkassen zur Unterstützung der Träger der gesetzlichen Unfallversicherung bei ihren Aufgaben zur Verhütung arbeitsbedingter Gesundheitsgefahren; insbesondere haben die Krankenkassen die Unfallversicherungsträger über entsprechende Erkenntnisse zu unterrichten, die sie über Zusammenhänge zwischen Erkrankungen und Arbeitsbedingungen gewonnen haben (vgl. dazu § 20 b Abs. 1 Satz 1 SGB V). Ist anzunehmen, dass bei einem Versicherten eine berufsbedingte gesundheitliche Gefährdung oder eine Berufskrankheit vorliegt, hat die Krankenkasse dies unverzüglich den für den Arbeitsschutz zuständigen Stellen und dem Unfallversicherungsträger mitzuteilen (§ 20 b Abs. 1 Satz 2 SGB V). 2

3 **§ 14 Abs. 3** stellt als Verknüpfung zu den gleichzeitig in Kraft getretenen Vorschriften des Fünften Abschnitt des Arbeitsschutzgesetzes klar, dass die Unfallversicherungsträger – neben dem Bund und den Ländern – an der Entwicklung, Umsetzung und Förderung der gemeinsamen deutschen Arbeitsschutzstrategie teilnehmen.

4 **§ 14 Abs. 4** soll – nach der Gesetzesbegründung – sicherstellen, dass das weite Spektrum und die hohe Qualität des Präventionsangebots bei den Unfallversicherungsträgern auf der Grundlage gleichgerichteter Prinzipien und gemeinsamer verfahrensleitender Standards fortgeführt und ausgebaut werden. Die Unfallversicherungsträger erhalten bei der Erfüllung des Präventionsauftrags durch ihren Spitzenverband – die DGUV e. V. – die in Satz 2 nur beispielhaft aufgezählte Unterstützung. Hierbei unterliegt der DGUV e. V. der Rechtsaufsicht durch das Bundesministerium für Arbeit und Soziales (vgl. § 87 Abs. 3 SGB IV).

5 § 14 richtet sich ausschließlich an die Unfallversicherungsträger; auch wenn diese mit allen geeigneten Mitteln für die Prävention zu sorgen haben, so gibt dies den einzelnen Unternehmen und Versicherten **keine konkreten – einklagbaren – Ansprüche** auf spezifische Präventionsmaßnahmen.[382]

Drittes Kapitel
Leistungen nach Eintritt eines Versicherungsfalls

Erster Abschnitt
Heilbehandlung, Leistungen zur Teilhabe am Arbeitsleben, Leistungen zur Teilhabe am Leben in der Gemeinschaft und ergänzende Leistungen, Pflege, Geldleistungen

Erster Unterabschnitt
Anspruch und Leistungsarten

§ 26 Grundsatz

(1) Versicherte haben nach Maßgabe der folgenden Vorschriften und unter Beachtung des Neunten Buches Anspruch auf Heilbehandlung einschließlich Leistungen zur medizinischen Rehabilitation, auf Leistungen zur Teilhabe am Arbeitsleben und am Leben in der Gemeinschaft, auf ergänzende Leistungen, auf Leistungen bei Pflegebedürftigkeit sowie auf Geldleistungen. Sie können einen Anspruch auf Ausführung der Leistungen durch ein Persönliches Budget nach § 17 Abs. 2 bis 4 des Neunten Buches in Verbindung mit der Budgetverordnung und § 159 des Neunten Buches haben; dies gilt im Rahmen des Anspruches auf Heilbehandlung nur für die Leistungen zur medizinischen Rehabilitation.

382 Eichendorf in jurisPK-SGB VII, § 14 SGB VII Rn. 107.

(2) Der Unfallversicherungsträger hat mit allen geeigneten Mitteln möglichst frühzeitig

1. **den durch den Versicherungsfall verursachten Gesundheitsschaden zu beseitigen oder zu bessern, seine Verschlimmerung zu verhüten und seine Folgen zu mildern,**
2. **den Versicherten einen ihren Neigungen und Fähigkeiten entsprechenden Platz im Arbeitsleben zu sichern,**
3. **Hilfen zur Bewältigung der Anforderungen des täglichen Lebens und zur Teilhabe am Leben in der Gemeinschaft sowie zur Führung eines möglichst selbständigen Lebens unter Berücksichtigung von Art und Schwere des Gesundheitsschadens bereitzustellen,**
4. **ergänzende Leistungen zur Heilbehandlung und zu Leistungen zur Teilhabe am Arbeitsleben und am Leben in der Gemeinschaft zu erbringen,**
5. **Leistungen bei Pflegebedürftigkeit zu erbringen.**

(3) Die Leistungen zur Heilbehandlung und zur Rehabilitation haben Vorrang vor Rentenleistungen.

(4) Qualität und Wirksamkeit der Leistungen zur Heilbehandlung und Teilhabe haben dem allgemein anerkannten Stand der medizinischen Erkenntnisse zu entsprechen und den medizinischen Fortschritt zu berücksichtigen. Sie werden als Dienst- und Sachleistungen zur Verfügung gestellt, soweit dieses oder das Neunte Buch keine Abweichungen vorsehen.

(5) Die Unfallversicherungsträger bestimmen im Einzelfall Art, Umfang und Durchführung der Heilbehandlung und der Leistungen zur Teilhabe sowie die Einrichtungen, die diese Leistungen erbringen, nach pflichtgemäßem Ermessen. Dabei prüfen sie auch, welche Leistungen geeignet und zumutbar sind, Pflegebedürftigkeit zu vermeiden, zu überwinden, zu mindern oder ihre Verschlimmerung zu verhüten.

Inhaltsübersicht

1. Regelungsinhalt

Mit der **Grundsatznorm** des § 26 wird der gesetzliche Auftrag aus § 1 Nr. 2, nach Eintritt 1
von Arbeitsunfällen oder Berufskrankheiten die Gesundheit und die Leistungsfähigkeit der Versicherten mit allen geeigneten Mitteln wiederherzustellen (vgl. § 1 Rn. 3) und sie oder ihre Hinterbliebenen durch Geldleistungen zu entschädigen (vgl. § 1 Rn. 4), näher konkretisiert. § 26 Abs. 1 ist dabei die Anspruchsnorm für die in der Vorschrift im Einzelnen genannten Leistungen, deren besondere Voraussetzungen und deren Umfang in den nachfolgenden Vorschriften der §§ 27 bis 55 näher ausgestaltet sind. § 26 Abs. 2 normiert die allgemeinen Leistungszwecke für die einzelnen Leistungsbereiche. In § 26 Abs. 3 ist der – auch sonst in der Sozialversicherung geltende (vgl. § 9 Abs. 1 Satz 2

SGB VI, § 8 Abs. 2 Satz 1 SGB IX) – Grundsatz »Reha vor Rente« normiert. § 26 Abs. 4 stellt Qualitätsanforderungen auf (Satz 1) und normiert das sog. Sachleistungsprinzip (Satz 2). § 26 Abs. 5 schließlich regelt das Bestimmungsrecht der Unfallversicherungsträger hinsichtlich der konkreten Auswahl und Durchführung der geeigneten Rehabilitationsmaßnahmen.

2. Leistungsarten (Abs. 1)

2 **§ 26 Abs. 1 Satz 1** ist die **Anspruchsnorm** für alle Leistungen des Ersten Abschnitts des Dritten Kapitels des SGB VII. Die einzelnen – weiteren – Voraussetzungen dieser Leistungen und ihr Umfang ergeben sich dabei allerdings aus den einzelnen – dem § 26 nachfolgenden – Vorschriften. Im Einzelnen kommen nach Eintritt eines Versicherungsfalls in der gesetzlichen Unfallversicherung nach § 26 Abs. 1 Satz 1 die folgenden Leistungen in Betracht:

- Heilbehandlung einschließlich der Leistungen der medizinischen Rehabilitation (§§ 27 bis 34),
- Leistungen zur Teilhabe am Arbeitsleben (§ 35 i. V. m. §§ 33 bis 38 sowie 40 und 41 SGB IX),
- Leistungen zur Teilhabe am Leben in der Gemeinschaft und ergänzende Leistungen (§§ 39 bis 43),
- Leistungen bei Pflegebedürftigkeit (§ 44) und
- Geldleistungen (Verletzten- und Übergangsgeld nach §§ 45 bis 52 i. V. m. §§ 46 bis 51 SGB IX).

3 Mit Wirkung ab 01. 07. 2004 wurde – ebenso wie in § 13 Abs. 1 Satz 2 SGB VI – mit **§ 26 Abs. 1 Satz 2** eine Regelung zur Inanspruchnahme der Leistungen zur Teilhabe (vgl. dazu im Einzelnen § 5 SGB IX) durch ein – trägerübergreifendes[383] – **Persönliches Budget** neu eingeführt. Durch das in § 17 Abs. 2 bis 4 SGB IX geregelte Persönliche Budget soll den Leistungsberechtigten die Möglichkeit gegeben werden, in eigener Verantwortung ein selbstbestimmtes Leben zu führen. Näheres hierzu ist in der Verordnung zur Durchführung des § 17 Abs. 2 bis 4 des Neunten Buches Sozialgesetzbuch (Budgetverordnung – BudgetV) vom 27. 05. 2004 geregelt. Nähere Informationen können dem Leitfaden für die Anwendung und Umsetzung des Persönlichen Budgets im Bereich der gesetzlichen Unfallversicherung – abrufbar im Internet unter www.dguv.de (→ Rehabilitation/Leistungen → Persönliches Budget) – entnommen werden.

3. Leistungsziele (Abs. 2)

4 **§ 26 Abs. 2** beschreibt – ähnlich wie dies § 4 SGB IX in Bezug auf die für alle Rehabilitationsträger i. S. d. § 6 SGB IX geltenden Leistungsziele macht – **Handlungsziele** für das Tätigwerden der Unfallversicherungsträger. Die Träger der gesetzlichen Unfallversicherung haben danach möglichst frühzeitig mit allen geeigneten Mitteln

383 Vgl. dazu BSG – 11. 05. 2011 – B 5 R 54/10 R; Luik in jurisPR-SozR 14/2012 Anm. 5.

- durch einen Versicherungsfall verursachte Gesundheitsschäden zu beseitigen oder zu bessern sowie ihre Verschlimmerung zu verhüten und deren Folgen zu mildern (Nr. 1),
- den Versicherten einen den Neigungen und Fähigkeiten entsprechenden Platz im Arbeitsleben zu sichern (Nr. 2),
- Hilfen zur Bewältigung der Anforderungen des täglichen Lebens bereitzustellen, ebenso zur Teilhabe am Leben in der Gemeinschaft und zur Führung eines möglichst selbständigen Lebens, und zwar unter Berücksichtigung von Art und Schwere der Gesundheitsschäden (Nr. 3) sowie
- ergänzende Leistungen zur Heilbehandlung und zu Leistungen zur Teilhabe am Arbeitsleben und am Leben in der Gemeinschaft (Nr. 4) und
- Leistungen bei Pflegebedürftigkeit zu erbringen (Nr. 5).

Diese Ziele korrespondieren im Wesentlichen mit dem Leistungskatalog des § 26 Abs. 1 Satz 1. Das Handlungsziel des § 26 Abs. 2 Nr. 1 wird in erster Linie durch die in §§ 27 bis 34 geregelten Leistungen der Heilbehandlung einschließlich der Leistungen zur medizinischen Rehabilitation angestrebt; das Handlungsziel des § 26 Abs. 2 Nr. 2 wird durch die Leistungen zur Teilhabe am Arbeitsleben nach § 35 verfolgt; die Handlungsziele der Nr. 3 und 4 des § 26 Abs. 2 werden durch die Leistungen zur Teilhabe am Leben in der Gemeinschaft und die ergänzenden Leistungen nach den §§ 39 bis 43 erfüllt; die in § 26 Abs. 2 Nr. 5 aufgeführten Leistungen bei Pflegebedürftigkeit werden nach § 44 erbracht. 5

4. Reha vor Rente (Abs. 3)

Mit **§ 26 Abs. 3** wird der bereits in § 8 Abs. 2 Satz 1 SGB IX für alle Rehabilitationsträger verbindlich normierte **Vorrang von Leistungen zur Teilhabe vor Rentenleistungen** im SGB VII – ebenso wie dies beispielsweise durch § 9 Abs. 1 Satz 2 SGB VI im Recht der gesetzlichen Rentenversicherung geschehen ist – zusätzlich verankert. Rentenleistungen dürfen demnach nicht erbracht werden, solange Teilhabeleistungen noch ernsthaft in Betracht kommen. Die wirtschaftliche Absicherung erfolgt in dieser Zeit durch Zahlung von Verletztengeld nach §§ 45 ff. bzw. Übergangsgeld nach §§ 49 ff. i. V. m. §§ 46 ff. SGB IX. Die Rentenzahlungen aus der gesetzlichen Unfallversicherung beginnen daher nach § 72 Abs. 1 Nr. 1 grds. auch erst nach dem Ende einer Verletztengeldzahlung. Allerdings können hier Renten schon während der Durchführung von Leistungen zur Teilhabe am Arbeitsleben gewährt werden, wenn kein Anspruch auf Verletztengeld entstanden ist (vgl. § 72 Abs. 1 Nr. 2). 6

5. Leistungserbringung (Abs. 4)

§ 26 Abs. 4 Satz 1 entspricht § 2 Abs. 1 Satz 3 SGB V und verlangt – eigentlich eine Selbstverständlichkeit – eine Qualität und Wirksamkeit der Heilbehandlung und Rehabilitationsleistungen, welche dem allgemein – unter Berücksichtigung des medizinischen Forschungsstands – anerkannten Stand der medizinischen Wissenschaft entspricht. Die Behandlung hat also den »Regeln der ärztlichen Kunst« (vgl. § 28 Abs. 2) zu entsprechen. Daraus folgt, dass nicht ausreichend erprobte Heilmethoden jedenfalls dann nicht an- 7 zuwenden sind, wenn im Einzelfall erfolgversprechende Methoden zur Verfügung stehen.[384] Damit ist also grds. ein Anspruch auf nicht anerkannte Heilmethoden (»Außenseitermethoden«) ausgeschlossen, selbst wenn diese im Einzelfall Erfolg versprechen, es sei denn, anerkannte Behandlungsmethoden fehlen oder sind im Einzelfall ungeeignet.[385]

8 In **§ 26 Abs. 4 Satz 2** ist – ebenso wie § 2 Abs. 2 Satz 1 SGB V – das für die Erbringung der Leistungen zur Heilbehandlung und Rehabilitation geltende sog. **Sachleistungsprinzip** niedergelegt, welches besagt, dass die entsprechenden Leistungen grds. als Dienst- oder Sachleistung (Naturalleistungsanspruch) – und nicht als Geldleistung – erbracht werden. Dies dient dem Schutz der Versicherten und enthebt sie der Notwendigkeit, sich die Behandlung selbst zu beschaffen und vorzufinanzieren. Notwendige Folge dieses Sachleistungsprinzips ist aber der grds. Ausschluss der Kostenerstattung für selbstbeschaffte Leistungen. Allerdings kommt nach der Rechtsprechung des Bundessozialgerichts in der gesetzlichen Unfallversicherung § 13 Abs. 3 SGB V zur analogen Anwendung, da eine Regelungslücke hinsichtlich der Kostenerstattung besteht, die diese Vorschrift sachgerecht ausfüllt.[386] Eine **Kostenerstattung** ist demnach in den Fällen möglich, in denen ein Unfallversicherungsträger eine unaufschiebbare Leistung nicht rechtzeitig erbracht oder er eine Leistung zu Unrecht abgelehnt hat und dadurch Versicherten für die selbstbeschaffte Leistung Kosten entstanden sind, sofern die Leistung notwendig war. Zu den Einzelheiten wird auf die Kommentierung zu § 13 SGB V verwiesen.

6. Bestimmungsrecht (Abs. 5)

9 Die Entscheidung über Art und Umfang sowie Durchführung der Heilbehandlung und der Leistungen zur Teilhabe sowie über die Einrichtungen, die diese Leistungen erbringen, ist in **§ 26 Abs. 5 Satz 1** als **Ermessensentscheidung** ausgestaltet. Versicherte haben gegenüber dem zuständigen Unfallversicherungsträger damit nach § 39 Abs. 1 Satz 2 SGB I (nur) einen Anspruch auf pflichtgemäße Ausübung des Ermessens.[387] Die gerichtliche Überprüfung beschränkt sich insoweit darauf, ob das Ermessen seitens der Leistungsträger entsprechend dem Zweck der Ermächtigung ausgeübt wurde und die gesetzlichen Grenzen des Ermessens eingehalten worden sind (vgl. § 54 Abs. 2 Satz 2 SGG). Die Unfallversicherungsträger haben bei ihrer Entscheidung über die Leistungen und bei der Ausführung der Leistungen zur Teilhabe nach § 9 Abs. 1 Satz 1 SGB IX berechtigte Wünsche der Versicherten angemessen zu berücksichtigen.

10 **§ 26 Abs. 5 Satz 2** ordnet eine Prüfpflicht der Unfallversicherungsträger zur Vermeidung, Überwindung oder Minderung von Pflegebedürftigkeit bzw. zur Verhütung einer Verschlimmerung an und konkretisiert damit die Ermessensverpflichtung im Sinne eines Grundsatzes »Reha vor Pflege«.

384 LSG Rheinland-Pfalz – 19.12.2000 – L 7 U 237/00.
385 Vgl. BSG – 21.11.1991 – 3 RK 17/90.
386 BSG – 20.03.2007 – B 2 U 38/05 R.
387 BSG – 29.11.2011 – B 2 U 21/10 R.

Zweiter Unterabschnitt
Heilbehandlung

§ 27 Umfang der Heilbehandlung

(1) Die Heilbehandlung umfaßt insbesondere
1. Erstversorgung,
2. ärztliche Behandlung,
3. zahnärztliche Behandlung einschließlich der Versorgung mit Zahnersatz,
4. Versorgung mit Arznei-, Verband-, Heil- und Hilfsmitteln,
5. häusliche Krankenpflege,
6. Behandlung in Krankenhäusern und Rehabilitationseinrichtungen,
7. Leistungen zur medizinischen Rehabilitation nach § 26 Abs. 2 Nr. 1 und 3 bis 7 und Abs. 3 des Neunten Buches.

(2) In den Fällen des § 8 Abs. 3 wird ein beschädigtes oder verlorengegangenes Hilfsmittel wiederhergestellt oder erneuert.

(3) Während einer aufgrund eines Gesetzes angeordneten Freiheitsentziehung wird Heilbehandlung erbracht, soweit Belange des Vollzugs nicht entgegenstehen.

Inhaltsübersicht Rn.

1. Regelungsinhalt

§ 27 enthält in Abs. 1 eine Übersicht der Leistungen der gesetzlichen Unfallversicherung zur Heilbehandlung. Abs. 2 betrifft die Wiederherstellung bzw. den Ersatz beschädigter und verloren gegangener Hilfsmittel. Abs. 3 regelt den Vorrang der Belange des Vollzugs während eines Freiheitsentzugs. 1

2. Leistungsübersicht (Abs. 1)

§ 27 Abs. 1 enthält einen – nicht abschließenden (»insbesondere«) – Katalog der vom Begriff Heilbehandlung einschließlich der Leistungen zur medizinischen Rehabilitation (vgl. § 26 Abs. 1 Satz 1) umfassten Leistungen der gesetzlichen Unfallversicherung. Für die gesetzliche Krankenversicherung findet sich in § 27 Abs. 1 SGB V eine im Wesentlichen identische Regelung. Die Heilbehandlung durch die Unfallversicherungsträger ist dabei vorrangig gegenüber der Krankenbehandlung nach den Vorschriften der gesetzlichen Krankenversicherung (vgl. § 11 Abs. 4 SGB V). § 27 Abs. 1 hat – vergleichbar der Einweisungsvorschrift des § 22 SGB I – lediglich informatorischen Charakter und ist **keine Anspruchsgrundlage** für die darin aufgeführten Leistungen. Konkrete Ansprüche ergeben sich insoweit erst aus den nachfolgenden Vorschriften der §§ 28 bis 34. 2

Die **Erstversorgung** ist von der Ersten Hilfe abzugrenzen, für deren Sicherstellung der 3

Unternehmer zu sorgen hat (vgl. dazu § 15 Abs. 1 Satz 1 Nr. 5 und § 21 Abs. 1 sowie § 10 ArbSchG). Unter Erster Hilfe versteht man Maßnahmen, die von jedermann durchzuführen sind, um menschliches Leben zu retten, bedrohende Gefahren oder Gesundheitsstörungen bis zum Eintreffen professioneller Hilfe (Arzt, Rettungsdienst) abzuwenden oder zu mildern; dazu gehören insbesondere das Absetzen eines Notrufs und die Absicherung der Unfallstelle sowie die Betreuung der Verletzten. Die Erste Hilfe umfasst medizinische, organisatorische und betreuende Maßnahmen an Erkrankten und Verletzten mit einfachen Mitteln. Demgegenüber ist die Erstversorgung die **Versorgung durch** qualifiziertes und entsprechend **geschultes Personal** (Rettungsdienste, Werksärzte, Not- und Ambulanzärzte), sie umfasst die ärztlichen Leistungen, die den Rahmen des sofort Notwendigen nicht überschreiten (vgl. § 9 Vertrag Ärzte/Unfallversicherungsträger).

4 Ärztliche Behandlung (Nr. 2) und zahnärztliche Behandlung (Nr. 3), die von Ärzten und Zahnärzten erbracht wird (§ 28 Abs. 1 Satz 1), umfasst die **ärztliche bzw. zahnärztliche Behandlung**, welche nach den Regeln der ärztlichen bzw. zahnärztlichen Kunst erforderlich und zweckmäßig ist (§ 28 Abs. 2 bzw. 3). Insoweit haben die Versicherten das Recht auf **freie Arztwahl**, das aber bei den von den Unfallversicherungsträgern entwickelten besonderen Heilverfahren (vgl. § 28 Abs. 4 Satz 1) ausnahmsweise **eingeschränkt** werden kann (§ 28 Abs. 4 Satz 2). Dies ist Folge des in § 26 Abs. 5 normierten Rechts der Unfallversicherungsträger, Art, Umfang und Durchführung der Heilbehandlung und der Leistungen zur Teilhabe sowie die in Anspruch zu nehmenden Einrichtungen im Einzelfall zu bestimmen (vgl. § 26 Rn. 9).

5 Neben ärztlicher und zahnärztlicher Behandlung umfasst die Heilbehandlung auch die Versorgung mit Arznei-, Verband-, Heil- und Hilfsmitteln (Nr. 4). **Arznei- und Verbandsmittel** sind alle ärztlich verordneten Mittel zur inneren und äußeren Anwendung, welche zur ärztlichen bzw. zahnärztlichen Behandlung erforderlich sind (§ 29 Abs. 1 Satz 1). Der Umfang der hier zu gewährenden Medikation ist dabei grds. an den Zielen des § 26 Abs. 2 auszurichten. Eine Beschränkung auf bestimmte Arzneimittel – wie für die gesetzliche Krankenversicherung in § 34 SGB V normiert – existiert im Rahmen der gesetzlichen Unfallversicherung nicht. Sofern das Ziel der Heilbehandlung allerdings mit Arznei- und Verbandmitteln zu erreichen ist, für welche **Festbeträge** nach § 35 SGB V festgesetzt worden sind, besteht insoweit auch nur ein dementsprechend begrenzter Kostenübernahmeanspruch gegen die Unfallversicherungsträger (vgl. § 29 Abs. 1 Satz 2). **Heilmittel** sind alle ärztlich verordneten Dienstleistungen, welche einem Heilzweck dienen oder einen Heilerfolg sichern und die nur von entsprechend ausgebildeten Personen erbracht werden dürfen (§ 30 Satz 1). Hierzu gehören beispielsweise Maßnahmen der physikalischen Therapie sowie der Sprach- und Beschäftigungstherapie (vgl. § 30 Abs. 2). **Hilfsmittel** sind alle ärztlich verordneten Sachen zur Sicherung des Erfolges der Heilbehandlung und zur Milderung bzw. zum Ausgleich von Gesundheitsschäden (§ 31 Abs. 1 Satz 1). Dies sind beispielsweise Hörhilfen und Körperersatzstücke sowie orthopädische und andere Hilfsmittel (vgl. § 31 Abs. 1 Satz 2). Auch hier ist ggf. eine Kostenübernahme auf die Höhe der diesbezüglich festgesetzten **Festbeträge** nach § 36 SGB V begrenzt. Nähere Informationen zur Hilfsmittelversorgung sind der Verordnung über die orthopädische Versorgung Unfallverletzter[388] sowie den auf Grundlage des § 31 Abs. 2 Satz 2 ergangenen UV-Hilfsmittelrichtlinien (Gemeinsame Richtlinien der Verbände der Unfallversicherungsträger über die Hilfsmittelversorgung im Bereich der gesetzlichen Unfallversicherung) – abrufbar im Internet unter www.dguv.de (→ Rehabilitation/Leistungen → Richtlinien der UV-Träger) – zu entnehmen.

Neben ärztlicher Behandlung erhalten Versicherte auch **häusliche Krankenpflege** 6
(Nr. 5). Häusliche Krankenpflege umfasst die im Einzelfall aufgrund ärztlicher Verordnung erforderliche Grund- und Behandlungspflege sowie hauswirtschaftliche Versorgung (vgl. § 32 Abs. 2). Sie wird im eigenen Haushalt oder im Haushalt eines Familienangehörigen durch geeignete Pflegekräfte erbracht, sofern Krankenhausbehandlung nicht durchführbar ist oder dadurch – ganz oder auch nur zeitweise – vermieden werden kann (vgl. § 32 Abs. 1). Ein entsprechender Anspruch besteht aber nicht, wenn es einer im Haushalt lebenden Person zumutbar ist, die notwendige Pflege zu übernehmen (vgl. § 32 Abs. 3 Satz 1). Hier kommt u. U. auch eine Kostenerstattung für eine selbst beschaffte Pflegekraft in Frage (siehe § 32 Abs. 3 Satz 2). Nähere Informationen zur häuslichen Krankenpflege sind den auf Grundlage des § 32 Abs. 4 ergangenen Gemeinsamen Richtlinien der Verbände der Unfallversicherungsträger über häusliche Krankenpflege – abrufbar im Internet unter www.dguv.de (→ Rehabilitation/Leistungen → Richtlinien der UV-Träger) – zu entnehmen.

Sofern das Behandlungsziel nicht anders erreicht werden kann, wird – voll- oder teil- 7
stationäre – **Behandlung in Krankenhäusern und Rehabilitationseinrichtungen** (Nr. 6) erbracht (vgl. § 33 Abs. 1 Satz 1 und 2). Diese umfasst im Rahmen des Versorgungsauftrags der entsprechenden Einrichtungen alle medizinisch notwendigen Maßnahmen, insbesondere ärztliche Behandlung, Krankenpflege, Versorgung mit Arznei-, Verband-, Heil- und Hilfsmitteln, Unterkunft und Verpflegung (vgl. § 33 Abs. 1 Satz 3). Welche Einrichtungen dies sind, ergibt sich aus § 107 SGB V (vgl. § 33 Abs. 2). Daneben kommen aber auch besondere Einrichtungen in Betracht (vgl. § 33 Abs. 3). Hierzu rechnen insbesondere die eigenen Kliniken der Unfallversicherungsträger (siehe www.dguv.de → Rehabilitation/Leistungen → Medizinische Versorgung → BG-Kliniken).

Die **Leistungen zur medizinischen Rehabilitation** nach § 26 Abs. 2 Nr. 1 und 3 bis 7 8
und Abs. 3 des Neunten Buches (Nr. 7) runden das Leistungsspektrum der Heilbehandlung i. S. d. § 26 Abs. 1 Satz 1 ab. Allgemeines **Ziel** dieser Maßnahmen ist es, mit allen geeigneten Mitteln den durch den Versicherungsfall verursachten Gesundheitsschaden zu beseitigen oder zu bessern, seine Verschlimmerung zu verhüten und seine Folgen zu mildern (§ 26 Abs. 2 Nr. 1) sowie Einschränkungen der Erwerbsfähigkeit und Pflegebedürftigkeit zu vermeiden bzw. zu überwinden oder wenigstens zu mindern und eine Verschlimmerung zu verhüten sowie den vorzeitigen Bezug von laufenden Sozialleistungen zu vermeiden oder laufende Sozialleistungen zu mindern (vgl. § 26 Abs. 1 Nr. 2 SGB IX). § 27 Abs. 1 Nr. 7 verweist – mit Ausnahme der Früherkennung und Frühförderung behinderter und von Behinderung bedrohter Kinder – auf den **Leistungskatalog**

388 BGBl. I 1973, S. 871 f.

des § 26 Abs. 2 SGB IX. Danach umfassen die Leistungen zur medizinischen Rehabilitation insbesondere

- Behandlung durch Ärzte, Zahnärzte und Angehörige anderer Heilberufe, soweit deren Leistungen unter ärztlicher Aufsicht oder auf ärztliche Anordnung ausgeführt werden, einschließlich der Anleitung, eigene Heilungskräfte zu entwickeln,
- Arznei- und Verbandmittel,
- Heilmittel einschließlich physikalischer, Sprach- und Beschäftigungstherapie,
- Psychotherapie als ärztliche und psychotherapeutische Behandlung und
- Hilfsmittel.

9 Daneben erfasst § 26 Abs. 2 Nr. 7 SGB IX die – vor Inkrafttreten des SGB IX in § 27 Abs. 1 Nr. 7 ausdrücklich aufgeführte – Belastungserprobung und die Arbeitstherapie. Die **Belastungserprobung** dient der Ermittlung der verbliebenen Leistungsfähigkeit der Versicherten und soll mittels einer Bestandsaufnahme der psychischen und physischen Leistungsfähigkeit klären, zu welchen Leistungen sie unter den spezifischen Anforderungen seines Arbeitsverhältnisses in der Lage sind. Die **Arbeitstherapie** zielt demgegenüber darauf ab, die Fertigkeiten der Versicherten zu erhalten oder zu entwickeln, um es ihnen zu ermöglichen, wieder am Arbeitsleben teilzunehmen.

10 Bestandteil der Leistungen sind – nach dem ebenfalls in Bezug genommenen § 26 Abs. 3 SGB IX – außerdem **medizinische, psychologische und pädagogische Hilfen**, soweit diese Leistungen im Einzelfall erforderlich sind, um das Rehabilitationsziel (Rn. 8) zu erreichen oder zu sichern und Krankheitsfolgen zu vermeiden, zu überwinden, zu mindern oder ihre Verschlimmerung zu verhüten. Hierzu kommen insbesondere die folgenden Maßnahmen in Betracht:

- Hilfen zur Unterstützung bei der Krankheits- und Behinderungsverarbeitung,
- Aktivierung von Selbsthilfepotentialen,
- mit Zustimmung der Leistungsberechtigten Information und Beratung von Partnern und Angehörigen sowie von Vorgesetzten und Kollegen,
- Vermittlung von Kontakten zu örtlichen Selbsthilfe- und Beratungsmöglichkeiten,
- Hilfen zur seelischen Stabilisierung und zur Förderung der sozialen Kompetenz, unter anderem durch Training sozialer und kommunikativer Fähigkeiten und im Umgang mit Krisensituationen,
- Training lebenspraktischer Fähigkeiten,
- Anleitung und Motivation zur Inanspruchnahme von Leistungen der medizinischen Rehabilitation.

Leistungserbringer in diesem Bereich sind – neben den Ärzten – Sozialarbeiter und Sozialpädagogen sowie Psychologen, daneben treten im Einzelfall auch familienentlastende und -unterstützende Sozialdienste.

3. Ersatz von Hilfsmitteln (Abs. 2)

11 § 8 Abs. 3 bezieht die Beschädigung oder den Verlust eines Hilfsmittels in den Versicherungsschutz mit ein. Und **§ 27 Abs. 2** sieht hierzu die Wiederherstellung bzw. den **Ersatz beschädigter und verloren gegangener Hilfsmittel** vor. Im Rahmen dieser Schadensersatzregelung ist die Kostenübernahme nicht auf die Festbeträge (vgl. Rn. 5) begrenzt; die entsprechende Vorschrift des § 31 Abs. 1 Satz 3 ist nach höchstrichterlicher Rechtsprechung im Rahmen des § 27 Abs. 2 nicht anwendbar.[389]

4. Heilbehandlung bei Freiheitsentzug (Abs. 3)

Während eines Freiheitsentzugs wird Heilbehandlung – gemäß **§ 27 Abs. 3** – nur unter Berücksichtigung der – vorrangigen – Belange des Vollzugs erbracht. Die Vorschrift gilt **für alle Versicherungsfälle**, nicht nur für die nach § 2 Abs. 2 Satz 2 (dazu § 2 Rn. 9). Erfasst werden also nicht nur Versicherungsfälle während bzw. in der Haft, sondern auch alle Versicherungsfälle, die vor Haftantritt eingetreten sind, aber (weiter) Heilbehandlung erfordern. Daneben kommen aber auch Versicherungsfälle – beispielweise nach § 2 Abs. 1 Nr. 11 b als Zeuge (dazu § 2 Rn. 24) oder § 2 Abs. 1 Nr. 13 b als Blutspender (dazu § 2 Rn. 27) – in Betracht, die zwar während des Freiheitsentzugs, aber außerhalb des Vollzugs eingetreten sind. Im Übrigen besteht aber während des Vollzugs ohnehin Anspruch auf Krankenbehandlung (§ 58 StVollzG) und Versorgung mit Hilfsmitteln (§ 59 StVollzG) in entsprechender Anwendung der Vorschriften des Sozialgesetzbuches (vgl. § 61 StVollzG). 12

Dritter Unterabschnitt
Leistungen zur Teilhabe am Arbeitsleben

§ 35 Leistungen zur Teilhabe am Arbeitsleben

(1) Die Unfallversicherungsträger erbringen die Leistungen zur Teilhabe am Arbeitsleben nach den §§ 33 bis 38 a des Neunten Buches sowie in Werkstätten für behinderte Menschen nach den §§ 40 und 41 des Neunten Buches, soweit in den folgenden Absätzen nichts Abweichendes bestimmt ist.

(2) Die Leistungen zur Teilhabe am Arbeitsleben umfassen auch Hilfen zu einer angemessenen Schulbildung einschließlich der Vorbereitung hierzu oder zur Entwicklung der geistigen und körperlichen Fähigkeiten vor Beginn der Schulpflicht.

(3) Ist eine von Versicherten angestrebte höherwertige Tätigkeit nach ihrer Leistungsfähigkeit und unter Berücksichtigung ihrer Eignung, Neigung und bisherigen Tätigkeit nicht angemessen, kann eine Maßnahme zur Teilhabe am Arbeitsleben bis zur Höhe des Aufwandes gefördert werden, der bei einer angemessenen Maßnahme entstehen würde.

(4) Während einer auf Grund eines Gesetzes angeordneten Freiheitsentziehung werden Leistungen zur Teilhabe am Arbeitsleben erbracht, soweit Belange des Vollzugs nicht entgegenstehen.

389 BSG – 20.02.2001 – B 2 U 9/00 R; BSG – 11.09.2001 – B 2 U 38/00 R.

Inhaltsübersicht

1. Regelungsinhalt

1 § 35 enthält in Abs. 1 bezüglich der möglichen Leistungen zur Teilhabe am Arbeitsleben (früher: berufliche Rehabilitation) einen Verweis auf die entsprechenden Vorschriften des SGB IX. Abs. 2 ergänzt den Katalog möglicher Leistungen um die dort nicht vorgesehenen Hilfen zur Schulbildung. Abs. 3 betrifft die Möglichkeit der Teilförderung für höherwertige Tätigkeiten. Abs. 4 regelt den Vorrang der Belange des Vollzugs während eines Freiheitsentzugs.

2. Leistungen zur Teilhabe am Arbeitsleben (Abs. 1)

2 **§ 35 Abs. 1** enthält seit Einführung des Neunten Buches des Sozialgesetzbuchs keinen Katalog der möglichen Leistungen zur Teilhabe am Arbeitsleben mehr, sondern **verweist** in Bezug auf diese Leistungen **auf** die insoweit maßgeblichen Vorschriften des **SGB IX**. Die Erbringung der Leistungen zur Teilhabe am Arbeitsleben richtet sich nach den §§ 33 bis 38 a sowie §§ 40 und 41 SGB IX. Für die gesetzliche Rentenversicherung findet sich in § 16 SGB VI eine im Wesentlichen identische Regelung, wobei insoweit die Leistungen der Unfallversicherungsträger vorrangig sind (vgl. § 12 Abs. 1 Nr. 1 SGB VI).

3 Das **Ziel** der Leistungen zur Teilhabe am Arbeitsleben ist es, den Versicherten mit allen geeigneten Mitteln einen ihren Neigungen und Fähigkeiten entsprechenden Platz im Arbeitsleben zu sichern (§ 26 Abs. 2 Nr. 2) bzw. die Erwerbsfähigkeit entsprechend ihrer Leistungsfähigkeit zu erhalten, zu verbessern, herzustellen oder wiederherzustellen und ihre Teilhabe am Arbeitsleben möglichst auf Dauer zu sichern (§ 33 Abs. 1 SGB IX). § 35 Abs. 1 verweist u. a. auf den – nicht abschließenden (»insbesondere«) – **Leistungskatalog des § 33 Abs. 3 SGB IX**. Danach umfassen Leistungen zur Teilhabe am Arbeitsleben insbesondere

- Hilfen zur Erhaltung oder Erlangung eines Arbeitsplatzes einschließlich vermittlungsunterstützende Leistungen,
- Berufsvorbereitung einschließlich einer ggf. erforderlichen Grundausbildung,
- individuelle betriebliche Qualifizierung im Rahmen Unterstützter Beschäftigung,
- berufliche Anpassung und Weiterbildung,
- berufliche Ausbildung,
- Gründungszuschuss (vgl. § 57 SGB III) und
- sonstige Hilfen zur Förderung der Teilhabe am Arbeitsleben.

Bei der Auswahl der Leistungen sind Eignung, Neigung, bisherige Tätigkeit sowie Lage und Entwicklung auf dem Arbeitsmarkt angemessen zu berücksichtigt; soweit erforderlich ist die berufliche Eignung abzuklären oder eine Arbeitserprobung durchzuführen (vgl. § 33 Abs. 4 SGB IX). Auch während der Zeit notwendiger Praktika sind entsprechende Leistungen zu erbringen (vgl. § 33 Abs. 5 SGB IX).

Die Leistungen umfassen – nach § 33 Abs. 6 SGB IX – auch **medizinische, psychologische und pädagogische Hilfen**, soweit diese Leistungen im Einzelfall erforderlich sind, um das Rehabilitationsziel (Rn. 3) zu erreichen oder zu sichern und Krankheitsfolgen zu vermeiden, zu überwinden, zu mindern oder ihre Verschlimmerung zu verhüten. Hierzu kommen insbesondere die folgenden Maßnahmen in Betracht: 4

- Hilfen zur Unterstützung bei der Krankheits- und Behinderungsverarbeitung,
- Aktivierung von Selbsthilfepotentialen,
- mit Zustimmung der Leistungsberechtigten Information und Beratung von Partnern und Angehörigen sowie von Vorgesetzten und Kollegen,
- Vermittlung von Kontakten zu örtlichen Selbsthilfe- und Beratungsmöglichkeiten,
- Hilfen zur seelischen Stabilisierung und zur Förderung der sozialen Kompetenz, unter anderem durch Training sozialer und kommunikativer Fähigkeiten und im Umgang mit Krisensituationen,
- Training lebenspraktischer Fähigkeiten,
- Anleitung und Motivation zur Inanspruchnahme von Leistungen zur Teilhabe am Arbeitsleben sowie
- die Beteiligung von Integrationsfachdiensten (siehe dazu § 110 SGB IX).

Außerdem kommen in Betracht die Übernahme erforderlicher Kosten für Unterkunft und Verpflegung bei einer notwendigen auswärtigen Unterbringung (vgl. § 33 Abs. 7 Nr. 1 SGB IX) und ggf. anfallender Lehrgangs- und Prüfungskosten (vgl. § 33 Abs. 7 Nr. 2 SGB IX) sowie **Kraftfahrzeughilfe** (§ 33 Abs. 8 Nr. 1 SGB IX – vgl. dazu § 40 sowie die – aufgrund des § 40 Abs. 3 Satz 1 hier maßgebliche – Verordnung über Kraftfahrzeughilfe zur beruflichen Rehabilitation vom 28.09.1987[390] in der jeweils geltenden Fassung und die – auf der Grundlage des § 40 Abs. 5 ergangenen – UV-Kraftfahrzeughilferichtlinien – Gemeinsame Richtlinien der Verbände der Unfallversicherungsträger über die Kraftfahrzeughilfe im Bereich der gesetzlichen Unfallversicherung – abrufbar unter www.dguv.de → Rehabilitation/Leistungen – Richtlinien der UV-Träger), die Kostenübernahme für eine notwendige **Arbeitsassistenz** (§ 33 Abs. 8 Nr. 3 SGB IX), für erforderliche Hilfsmittel (§ 33 Abs. 8 Nr. 4) oder für technische Arbeitshilfen (§ 33 Abs. 8 Nr. 5) sowie **Wohnungshilfe** (§ 33 Abs. 8 Nr. 6 SGB IX – vgl. dazu auch § 41 sowie die auf der Grundlage des § 41 Abs. 4 ergangene Gemeinsame Richtlinien der Verbände der Unfallversicherungsträger über Wohnungshilfe – abrufbar unter www.dguv.de → Rehabilitation/Leistungen – Richtlinien der UV-Träger). 5

Daneben sind nach **§ 34 SGB IX** Ausbildungs- und Eingliederungszuschüsse als Leistungen an Arbeitgeber sowie nach **§ 38 a SGB IX** Leistungen zur individuellen betrieblichen Qualifizierung und Berufsbegleitung im Rahmen der Unterstützten Beschäftigung als Leistungen zur Teilhabe am Arbeitsleben vorgesehen. 6

Leistungen zur Teilhabe am Arbeitsleben werden erforderlichenfalls in Berufsbildungs- und Berufsförderungswerken oder vergleichbaren Einrichtungen erbracht (vgl. 7

390 BGBl. I S. 2251.

§ 35 SGB IX). Die Rehabilitanden sind dabei nicht in den entsprechenden Betrieb eingegliedert und damit keine Arbeitnehmer (vgl. § 36 SGB IX). Anspruch besteht grds. für die Zeit, welche zur Erreichung des Teilhabeziels (vgl. Rn. 3) vorgeschrieben oder allgemein üblich ist (vgl. § 37 Abs. 1 SGB IX), wobei die Leistungen in der Regel bei ganztägigem Unterricht nicht länger als zwei Jahre dauern sollen (vgl. § 37 Abs. 2 SGB IX). Die Unfallversicherungsträger können – nach § 38 SGB IX – eine gutachterliche Stellungnahme der Bundesagentur für Arbeit zu Notwendigkeit sowie zu Art und Umfang der Leistungen unter Berücksichtigung arbeitsmarktlicher Zweckmäßigkeit einholen.

8 § 35 Abs. 1 verweist darüber hinaus auch auf die **§§ 40 und 41 SGB IX**. Damit besteht für die Versicherten, die wegen der Schwere der erlittenen Folgen des Versicherungsfalls nicht mit Hilfe der aufgeführten Maßnahmen in den Arbeitsmarkt integriert werden können, auch die Möglichkeit, Leistungen in den verschiedenen Bereichen der anerkannten Werkstätten für behinderte Menschen zu erhalten.

3. Hilfen zur Schulbildung (Abs. 2)

9 Ergänzend zu den von § 35 Abs. 1 i. V. m. §§ 33 ff. SGB IX erfassten Leistungen zur Teilhabe am Arbeitsleben sieht **§ 35 Abs. 2** Hilfen zur angemessenen **Schulbildung** vor, einschließlich der Vorbereitung hierzu sowie zur Entwicklung der geistigen und körperlichen Fähigkeiten vor Beginn der Schulpflicht. Damit wird dem Umstand Rechnung getragen, dass bereits Kinder unter dem Schutz der gesetzlichen Unfallversicherung stehen (vgl. § 2 Abs. 1 Nr. 8) und u. U. sogar ein Nasciturus (vgl. § 12).

4. Teilförderung höherwertiger Tätigkeit (Abs. 3)

10 **§ 35 Abs. 3** räumt den Unfallversicherungsträgern die **Möglichkeit der Teilförderung** einer Maßnahme zur Teilhabe am Arbeitsleben für den Fall ein, dass Versicherte eine höherwertige Tätigkeit anstreben. Diese Maßnahme kann bis zur Höhe des Aufwandes gefördert werden, der bei einer angemessenen Maßnahme entstehen würde. Maßnahmen der Teilhabe am Arbeitsleben sind **angemessen**, wenn sie geeignet sind, Versicherten einen Platz im Arbeitsleben zu sichern, welcher den Fähigkeiten und Neigungen entspricht (vgl. § 26 Abs. 2 Nr. 2). Hier kann im Einzelfall auch das Erlernen eines – gegenüber dem vor dem Versicherungsfall ausgeübten – höherwertigen Berufes angemessen sein, wenn beispielsweise aufgrund der Folgen des Versicherungsfalls eine gleichwertige Tätigkeit nicht mehr ausgeübt werden kann. Soweit die angestrebte höherwertige Tätigkeit angemessen ist, ist die entsprechende Maßnahme vollständig zu fördern, der Unfallversicherungsträger kann dann nicht auf eine Teilförderung ausweichen.[391]

11 Kommen bei Vorliegen der Anspruchsvoraussetzungen für Leistungen zur Teilhabe am Arbeitsleben dem Grunde nach verschiedene Maßnahmen in Betracht, die alle gleichermaßen **geeignet** sind, eine Teilhabe am Arbeitsleben zu sichern, haben die Unfallversicherungsträger ein Auswahlermessen, welche Maßnahme zu gewähren ist. Falls dann

391 Vgl. Pade in jurisPK-SGB VII, § 35 Rn. 53.

aber Versicherte eine – aufwändigere – Ausbildung zu einer höherwertigen Tätigkeit anstreben, die unter Berücksichtigung von Eignung, Neigung und bisheriger Tätigkeit nicht (mehr) angemessen ist, so kann gemäß § 35 Abs. 3 eine Maßnahme zur Teilhabe am Arbeitsleben – trotzdem – bis zur Höhe des Aufwandes gefördert werden, der bei einer angemessenen Maßnahme entstehen würde. Dem Wort »kann« ist zu entnehmen, dass neben der Entscheidung über das »ob« der Gewährung von Leistungen auch die des »wie« hinsichtlich der Höhe dieser Leistungen grundsätzlich im **Ermessen** der Unfallversicherungsträger steht. Es steht also im Ermessen der Unfallversicherungsträger, **ob und in welchem Umfang** sie bei Vorliegen der genannten Voraussetzungen diese Teilförderung bewilligen.[392] Bei ihrer Entscheidung haben sie das Ermessen entsprechend dem Zweck der Ermächtigung auszuüben und es sind die gesetzlichen Grenzen des Ermessens einzuhalten (§ 39 Abs. 1 Satz 1 SGB I). Umgekehrt besteht für Versicherte **Anspruch auf pflichtgemäße Ausübung des Ermessens** (§ 39 Abs. 1 Satz 2 SGB I), nicht aber ein Rechtsanspruch auf einen bestimmten Betrag, sofern nicht eine »Ermessensreduzierung auf Null« hinsichtlich der Bewilligung der begehrten Leistung eingetreten ist.[393]

Die Unfallversicherungsträger können entsprechende Maßnahmen also ganz oder auch 12
nur teilweise fördern. Die Förderung einer entsprechenden Maßnahme ist **hinsichtlich der Höhe** nach § 35 Abs. 3 allerdings ausdrücklich **begrenzt** auf die – insoweit fiktiv zu ermittelnden – Kosten einer angemessenen Maßnahme. Der Aufwand einer im Einzelfall angemessenen Maßnahme (**Referenzkosten**) darf nicht überschritten werden. Die Kosten einer – vorherigen – gescheiterten Maßnahme der Teilhabe am Arbeitsleben dürfen auf diesen Förderungshöchstbetrag allerdings nicht angerechnet werden, dies widerspräche Sinn und Zweck der Bewilligung von Maßnahmen der Teilhabe am Arbeitsleben und wäre daher ermessensfehlerhaft.[394] Bei jeder – ggf. neu – zu bewilligenden Maßnahme ist die Teilförderung neu ohne Berücksichtigung früherer Leistungen allein danach zu bemessen, dass sie eine erfolgreiche Wiedereingliederung der Versicherten in das Arbeitsleben auf Dauer ermöglicht.

5. Leistungen bei Freiheitsentzug (Abs. 4)

Während eines Freiheitsentzugs werden – ebenso wie die Heilbehandlung und die Leis- 13
tungen zur medizinischen Rehabilitation (vgl. § 27 Rn. 12) – die Leistungen zur Teilhabe am Arbeitsleben – gemäß **§ 35 Abs. 4** – nur unter Berücksichtigung der – vorrangigen – Belange des Vollzugs erbracht. Maßnahmen nach § 35 können deshalb dann nicht gewährt werden, wenn diese nicht innerhalb der Vollzugsanstalt durchgeführt werden können und ein Freigang nicht möglich ist.

392 BSG – 20.03.2007 – B 2 U 18/05 R.
393 BSG – 20.03.2007 – B 2 U 18/05 R.
394 BSG – 20.03.2007 – B 2 U 18/05 R.

Vierter Unterabschnitt
Leistungen zur Teilhabe am Leben in der Gemeinschaft und ergänzende Leistungen

§ 39 Leistungen zur Teilhabe am Leben in der Gemeinschaft und ergänzende Leistungen

(1) Neben den in § 44 Abs. 1 Nr. 2 bis 6 und Abs. 2 sowie in den §§ 53 und 54 des Neunten Buches genannten Leistungen umfassen die Leistungen zur Teilhabe am Leben in der Gemeinschaft und die ergänzenden Leistungen

1. Kraftfahrzeughilfe,

2. sonstige Leistungen zur Erreichung und zur Sicherstellung des Erfolges der Leistungen zur medizinischen Rehabilitation und zur Teilhabe.

(2) Zum Ausgleich besonderer Härten kann den Versicherten oder deren Angehörigen eine besondere Unterstützung gewährt werden.

Inhaltsübersicht Rn.

1. Regelungsinhalt

1 § 39 enthält in Abs. 1 bezüglich der möglichen Leistungen zur Teilhabe am Leben in der Gemeinschaft (früher: soziale Rehabilitation) sowie der ergänzenden Leistungen einen Verweis auf die entsprechenden Vorschriften des SGB IX. Abs. 2 betrifft die Möglichkeit der Gewährung einer besonderen Unterstützung in Härtefällen.

2. Leistungen zur Teilhabe am Leben in der Gemeinschaft und ergänzende Leistungen (Abs. 1)

2 **§ 39 Abs. 1** enthält seit Einführung des Neunten Buches des Sozialgesetzbuchs keinen Katalog der möglichen Leistungen zur Teilhabe am Leben in der Gemeinschaft und der ergänzenden Leistungen mehr, sondern **verweist** in Bezug auf diese Leistungen in erster Linie **auf** einige Vorschriften des **SGB IX**. Als Leistungen zur Teilhabe am Leben in der Gemeinschaft und ergänzende Leistungen kommen daher – mit Ausnahme der in § 44 Abs. 1 Nr. 1 SGB IX genannten Leistungen zum Lebensunterhalt (vgl. § 45 SGB IX) – alle Leistungen nach **§ 44 SGB IX** in Frage, wobei die bereits in § 44 Abs. 1 Nr. 5 und 6 SGB IX aufgeführten Leistungen durch den ausdrücklichen Verweis auf die diese näher regelnden Vorschriften der **§§ 53 und 54 SGB IX** ergänzt werden. Nicht verwiesen wird allerdings auf die §§ 55 bis 59 SGB IX, welche die Leistungen zur Teilhabe am Leben in der Gemeinschaft im Neunten Buch des Sozialgesetzbuchs explizit regeln. Im Wesentlichen identische Regelungen finden sich für die gesetzliche Krankenversicherung in § 43 SGB V und für die gesetzliche Rentenversicherung in § 28 SGB VI – wobei insoweit die Leis-

tungen der Unfallversicherungsträger jeweils vorrangig sind (vgl. § 11 Abs. 5 SGB V sowie § 12 Abs. 1 Nr. 1 SGB VI). Darüber hinaus werden die Kraftfahrzeughilfe (Nr. 1) und die sonstigen Leistungen zur Erreichung und zur Sicherstellung des Erfolges der Leistungen zur medizinischen Rehabilitation und zur Teilhabe (Nr. 2) ergänzend aufgeführt.

Allgemeines **Ziel** dieser Leistungen ist es, Hilfen zur Bewältigung der Anforderungen des täglichen Lebens und zur Teilhabe am Leben in der Gemeinschaft sowie zur Führung eines möglichst selbständigen Lebens unter Berücksichtigung von Art und Schwere des Gesundheitsschadens bereitzustellen (vgl. § 26 Abs. 2 Nr. 3) und den Erfolg der Leistungen zur medizinischen Rehabilitation und der Teilhabe am Arbeitsleben weiter abzusichern. Durch den Verweis auf § 44 Abs. 1 Nr. 2 bis 6 und Abs. 2 sowie auf die §§ 53 und 54 SGB IX umfasst der **Leistungskatalog** insoweit zunächst einmal die folgenden Leistungen: 3

- Beiträge und Beitragszuschüsse zur Kranken-, Unfall-, Renten-, Arbeitslosen- und Pflegeversicherung,
- ärztlich verordneten Rehabilitationssport in Gruppen unter ärztlicher Betreuung und Überwachung, einschließlich Übungen für behinderte oder von Behinderung bedrohte Frauen und Mädchen, die der Stärkung des Selbstbewusstseins dienen,
- ärztlich verordnetes Funktionstraining in Gruppen unter fachkundiger Anleitung und Überwachung,
- Reisekosten (§ 53 SGB IX – siehe auch § 43),
- Betriebs- oder Haushaltshilfe und Kinderbetreuungskosten (§ 54 SGB IX – siehe auch § 42) sowie
- die Übernahme von bzw. den Zuschuss zu Beiträgen für eine freiwillige oder eine private Kranken- und Pflegeversicherung (44 Abs. 2 SGB IX).

Daneben kommt nach § 39 Abs. 1 Nr. 1 hier – ebenso wie bei den Leistungen zur Teilhabe am Arbeitsleben (vgl. § 35 Rn. 5) – **Kraftfahrzeughilfe** in Betracht (Einzelheiten dazu sind in § 40 normiert sowie in der – nach § 40 Abs. 3 Satz 2 auch hier entsprechend anzuwendenden – Verordnung über Kraftfahrzeughilfe zur beruflichen Rehabilitation vom 28.09.1987[395] in der jeweils geltenden Fassung und die – auf der Grundlage des § 40 Abs. 5 ergangenen – UV-Kraftfahrzeughilferichtlinien – Gemeinsame Richtlinien der Verbände der Unfallversicherungsträger über die Kraftfahrzeughilfe im Bereich der gesetzlichen Unfallversicherung – abrufbar unter www.dguv.de → Rehabilitation/Leistungen → Richtlinien der UV-Träger). 4

Darüber hinaus sind nach § 39 Abs. 1 Nr. 2 **sonstige Leistungen** vorgesehen, um den Erfolg der Leistungen zur medizinischen Rehabilitation und zur Teilhabe zu erreichen und sicherzustellen. Hier kommen beispielsweise in Betracht die bereits in **§ 29 Abs. 1 Nr. 3** näher aufgeführten Hilfen 5

- zur Entwicklung der geistigen und körperlichen Fähigkeiten vor Beginn der Schulpflicht,
- zur angemessenen Schulbildung,
- zur heilpädagogischen Förderung,
- zum Erwerb praktischer Kenntnisse und Fähigkeiten,

395 BGBl. I S. 2251.

- zur Ausübung einer angemessenen Tätigkeit, soweit hier Leistungen zur Teilhabe am Arbeitsleben nicht möglich sind,
- zur Förderung der Verständigung mit der Umwelt,
- zur Freizeitgestaltung und sonstigen Teilhabe am gesellschaftlichen Leben.

6 Außerdem kann insoweit – auch wenn diese Vorschriften nicht ausdrücklich in Bezug genommen wurden (vgl. Rn. 2) – auch auf die §§ 55 bis 58 SGB IX als Auslegungshilfe zurückgegriffen werden. Der Katalog des **§ 55 Abs. 2** umfasst beispielsweise die folgenden Leistungen zur Teilhabe am Leben in der Gemeinschaft:

- Versorgung mit anderen als den in § 31SGB IX genannten Hilfsmitteln oder den in § 33 SGB IX genannten Hilfen,
- heilpädagogische Leistungen für Kinder, die noch nicht eingeschult sind,
- Hilfen zum Erwerb praktischer Kenntnisse und Fähigkeiten, die erforderlich und geeignet sind, behinderten Menschen die für sie erreichbare Teilnahme am Leben in der Gemeinschaft zu ermöglichen,
- Hilfen zur Förderung der Verständigung mit der Umwelt,
- Hilfen bei der Beschaffung, dem Umbau, der Ausstattung und der Erhaltung einer Wohnung, die den besonderen Bedürfnissen der behinderten Menschen entspricht,
- Hilfen zu selbstbestimmtem Leben in betreuten Wohnmöglichkeiten,
- Hilfen zur Teilhabe am gemeinschaftlichen und kulturellen Leben.

7 Weitere Leistungen können hier darüber hinaus sein:[396]

- nachgehende Betreuung Schwerverletzter/Berufserkrankter,
- technische Arbeitshilfen zur Anpassung des Arbeitsplatzes,
- Zuschüsse zu Gebrauchsgegenständen des täglichen Lebens,
- Erholungsaufenthalt für Schwerverletzte,
- Haushaltshilfe in den Fällen, in denen die Voraussetzungen des § 54 SGB IX nicht erfüllt sind,
- Heizkostenbeteiligung, wenn verletzungsbedingt eine höhere Raumtemperatur erforderlich ist.

8 Schließlich ist noch auf die – in § 41 ausdrücklich geregelte – **Wohnungshilfe** hinzuweisen. Diese umfasst in erster Linie die Kosten einer behindertengerechten Anpassung einer vorhandenen geeigneten Wohnung, darüber hinaus aber ggf. auch erforderliche Umzugskosten sowie die Kosten für die Bereitstellung von Wohnraum für eine notwendige Pflegekraft (§ 41 Abs. 3). Nähere Einzelheiten sind den – auf der Grundlage des § 41 Abs. 4 ergangenen UV-Wohnungshilferichtlinien – Gemeinsame Richtlinien der Verbände der Unfallversicherungsträger über Wohnungshilfe – zu entnehmen (abrufbar unter www.dguv.de → Rehabilitation/Leistungen → Richtlinien der UV-Träger). Bei der Anwendung ist zu beachten, dass es der gesetzlichen Unfallversicherung wesensfremd ist, dass einzelne Ansprüche ggf. nur finanziell weniger Bemittelten zustehen sollen; das Erfordernis der Kompensation orientiert sich hier gerade nicht an der Frage, ob Versicherte selbst in der Lage sind, Schäden aus eigenen Mitteln auszugleichen.[397]

---

396 Vgl. Bereiter-Hahn/Mehrtens, SGB VII, § 39 Anm. 8.
397 So zutreffend SG Berlin – 12.03.2012 – S 25 U 521/11.

3. Besondere Unterstützung (Abs. 2)

Nach § 39 Abs. 2 ist es den Unfallversicherungsträgern schließlich noch möglich, eine besondere Unterstützung zum Ausgleich besonderer Härten zu gewähren. Die Vorschrift gibt den Unfallversicherungsträgern damit die Möglichkeit zur unterschiedlichen Behandlung von Versicherten in besonderen Härtefällen. Ob eine **besondere Härte** vorliegt, ist gerichtlich voll überprüfbar, da es sich um einen unbestimmten Rechtsbegriff handelt. Eine besondere Härte wird in erster Linie durch eine besondere Bedarfssituation gekennzeichnet. Diese kann in einer wirtschaftlichen Notlage bestehen oder in den persönlichen Verhältnissen begründet sein.[398] 9

Die **besondere Unterstützung** kann darin liegen, dass Versicherten gesetzlich vorgesehene Leistungen gewährt werden, obwohl deren Voraussetzungen eigentlich nicht – vollständig – vorliegen, oder ihnen solche Leistungen gewährt werden, die in dieser Form gesetzlich nicht vorgesehen sind (zu dem Beispiel in Rn. 9: Kraftfahrzeughilfe auch für eine zusätzliche Hebevorrichtung für das schwerbehinderte Kind). Ob die Unfallversicherungsträger eine besondere Unterstützung gewähren, liegt in ihrem **Ermessen** (vgl. § 35 Rn. 11). Die Träger der gesetzlichen Unfallversicherung sind aber nicht verpflichtet, Kosten einer Berufsbetreuung als besondere Unterstützung zu übernehmen.[399] 10

Fünfter Unterabschnitt
Leistungen bei Pflegebedürftigkeit

§ 44 Pflege

(1) Solange Versicherte infolge des Versicherungsfalls so hilflos sind, dass sie für die gewöhnlichen und regelmäßig wiederkehrenden Verrichtungen im Ablauf des täglichen Lebens in erheblichem Umfang der Hilfe bedürfen, wird Pflegegeld gezahlt, eine Pflegekraft gestellt oder Heimpflege gewährt.

(2) Das Pflegegeld ist unter Berücksichtigung der Art oder Schwere des Gesundheitsschadens sowie des Umfangs der erforderlichen Hilfe auf einen Monatsbetrag zwischen 300 Euro und 1199 Euro (Beträge am 1. Juli 2008) festzusetzen. Diese Beträge werden jeweils zum gleichen Zeitpunkt, zu dem die Renten der gesetzlichen Rentenversicherung angepasst werden, entsprechend dem Faktor angepasst, der für die Anpassung der vom Jahresarbeitsverdienst abhängigen Geldleistungen maßgebend ist. Übersteigen die Aufwendungen für eine Pflegekraft das Pflegegeld, kann es angemessen erhöht werden.

(3) Während einer stationären Behandlung oder der Unterbringung der Versicher-

---

398 Beispiel nach Pade in jurisPK-SGB VII, § 39 Rn. 54: ein Versicherter hat ein schwerbehindertes Kind, das besonderer Betreuung bedarf, so dass – nicht bereits von § 42 erfasste – Kinderbetreuungskosten und Pflegekosten anfallen.

399 BSG – 29.11.2011 – B 2 U 21/10 R.

ten in einer Einrichtung der Teilhabe am Arbeitsleben oder einer Werkstatt für behinderte Menschen wird das Pflegegeld bis zum Ende des ersten auf die Aufnahme folgenden Kalendermonats weitergezahlt und mit dem ersten Tag des Entlassungsmonats wieder aufgenommen. Das Pflegegeld kann in den Fällen des Satzes 1 ganz oder teilweise weitergezahlt werden, wenn das Ruhen eine weitere Versorgung der Versicherten gefährden würde.

(4) Mit der Anpassung der Renten wird das Pflegegeld entsprechend dem Faktor angepaßt, der für die Anpassung der vom Jahresarbeitsverdienst abhängigen Geldleistungen maßgeblich ist.

(5) Auf Antrag der Versicherten kann statt des Pflegegeldes eine Pflegekraft gestellt (Hauspflege) oder die erforderliche Hilfe mit Unterkunft und Verpflegung in einer geeigneten Einrichtung (Heimpflege) erbracht werden. Absatz 3 Satz 2 gilt entsprechend.

(6) Die Bundesregierung setzt mit Zustimmung des Bundesrates die neuen Mindest- und Höchstbeträge nach Absatz 2 und den Anpassungsfaktor nach Absatz 4 in der Rechtsverordnung über die Bestimmung des für die Rentenanpassung in der gesetzlichen Rentenversicherung maßgebenden aktuellen Rentenwertes fest.

Inhaltsübersicht Rn.

1. Regelungsinhalt

1 Mit § 44 wird – zur Umsetzung des in § 26 Abs. 2 Nr. 5 normierten Handlungsziels (vgl. § 26 Rn. 4) – der Umfang der **Leistungen bei Pflegebedürftigkeit** – so auch die Überschrift des Unterabschnitts – normiert. In Abs. 1 wird der Begriff der Pflegebedürftigkeit – ohne dass dieser dort genannt ist – definiert und es werden die Leistungen – Pflegegeld, Gestellung einer Pflegekraft oder Heimpflege – aufgezählt. Abs. 2 nennt den Rahmen, innerhalb dessen das Pflegegeld zu zahlen ist, und stellt Regeln zur Festsetzung der Höhe des Pflegegeldes im Einzelfall auf (Satz 1); außerdem bestimmt er den Zeitpunkt der Anpassung (Satz 2) und sieht darüber hinaus noch eine Erhöhungsmöglichkeit vor (Satz 3). In Abs. 3 sind das Ruhen des Anspruchs auf Pflegegeld bzw. die Weiterzahlung des Pflegegeldes geregelt. Abs. 4 bestimmt den Faktor der turnusmäßigen Anpassung. Abs. 5 behandelt den Anspruch auf Haus- und Heimpflege. In Abs. 6 ist schließlich noch die Möglichkeit der Bestimmung der Mindest- und Höchstbeträge sowie des Anpassungsfaktors durch Rechtsverordnung vorgesehen.

2 Das Pflegegeld soll den Betroffenen in die Lage versetzen, sich die erforderliche Pflege zu beschaffen, es sichert in besonderem Maße die **eigene Gestaltungsfreiheit** sowohl des Pflegebedürftigen als auch der Pflegeperson in der familiären oder sonstigen privaten Sphäre und soll als Anreiz dienen, die Pflege in der gewohnten Umgebung durchzufüh-

ren.[400] Die Bewilligung des Pflegegeldes – als regelmäßig wiederkehrende Leistung – erfolgt durch Verwaltungsakt mit Dauerwirkung.[401] Es ist ein schriftlicher Bescheid zu erteilen (vgl. § 102). Ein Anspruch auf Leistungen nach § 44 hat Vorrang gegenüber Ansprüchen aus der sozialen Pflegeversicherung (§ 13 Abs. 1 Nr. 2 SGB XI); die Ansprüche auf Leistungen der Pflegeversicherung ruhen insoweit (§ 34 Abs. 1 Nr. 2 SGB XI).

2. Hilflosigkeit als Anspruchsvoraussetzung (Abs. 1)

Nach der gesetzlichen Anordnung in § 44 Abs. 1 wird Pflegegeld gezahlt, eine Pflegekraft gestellt oder Heimpflege gewährt, solange Versicherte infolge des Versicherungsfalls so hilflos sind, dass sie für die gewöhnlichen und regelmäßig wiederkehrenden Verrichtungen im Ablauf des täglichen Lebens in erheblichem Umfang der Hilfe bedürfen. Anders als noch die Vorgängervorschrift definiert § 44 damit den **Begriff der Pflegebedürftigkeit** in Anlehnung an den in **§ 14 Abs. 1 SGB XI** für die Pflegeversicherung normierten Pflegebedürftigkeitsbegriff. Damit kann auch auf den Verrichtungskatalog des § 14 SGB XI zurückgegriffen werden. Welche Tätigkeiten zu den gewöhnlichen und regelmäßig wiederkehrenden Verrichtungen im Ablauf des täglichen Lebens gehören, bestimmt sich deshalb grds. nach dem Katalog in **§ 14 Abs. 4 SGB XI.**[402] Insbesondere ist – anders als noch nach der vor Einführung des SGB VII geltenden Vorgängerregelung – hier auch die hauswirtschaftliche Versorgung bei der Ermittlung des Pflegebedarfs zu berücksichtigen.[403] 3

Die **gewöhnlichen und regelmäßig wiederkehrenden Verrichtungen** im Sinne des § 44 Abs. 1 sind daher: 4

- im Bereich der Körperpflege:
  1. das Waschen
  2. das Duschen
  3. das Baden
  4. die Zahnpflege
  5. das Kämmen
  6. das Rasieren
  7. die Darm- oder Blasenentleerung
- im Bereich der Ernährung:
  8. das mundgerechte Zubereiten
  9. die Aufnahme der Nahrung
- im Bereich der Mobilität:
  10. das selbständige Aufstehen und Zu-Bett-Gehen
  11. das An- und Auskleiden
  12. das Gehen

---

400 LSG Saarland – 13.04.2011 – L 2 U 76/07.
401 BSG – 26.06.2001 – B 2 U 28/00 R.
402 LSG Niedersachsen-Bremen – 14.12.2010 – L 3 U 140/10.
403 BSG – 26.06.2001 – B 2 U 28/00 R.

13. das Stehen
14. das Treppensteigen
15. das Verlassen und Wiederaufsuchen der Wohnung

- im Bereich der hauswirtschaftlichen Versorgung:

16. das Einkaufen
17. das Kochen
18. das Reinigen der Wohnung
19. das Spülen
20. das Wechseln und Waschen der Wäsche und Kleidung
21. das Beheizen.

5 Die entsprechende Hilfe muss nach § 44 Abs. 1 **in erheblichem Umfang** erforderlich sein, ein **Hilfebedarf** für nur einzelne Verrichtungen mit geringem Zeitaufwand genügt nicht.[404] Für die Bestimmung des erheblichen Umfangs gibt es keine generell verbindlichen Kriterien, maßgebend sind immer die individuellen Verhältnisse. Richtungweisend sind dabei die Zahl der betroffenen Verrichtungen, der wirtschaftliche Wert der Hilfe und der damit verbundene zeitliche Aufwand. Angesichts der Anknüpfung an das SGB XI wird erheblicher Hilfebedarf in diesem Sinne jedenfalls anzunehmen sein, wenn die Voraussetzungen erheblicher Pflegebedürftigkeit nach § 15 Abs. 1 Satz 1 Nr. 1 SGB XI (Pflegestufe I) vorliegen, also dann bei Versicherten, die bei der Körperpflege, der Ernährung oder der Mobilität für wenigstens zwei Verrichtungen aus einem oder mehreren Bereichen mindestens einmal täglich der Hilfe bedürfen und zusätzlich mehrfach in der Woche Hilfen bei der hauswirtschaftlichen Versorgung benötigen. Die in § 15 Abs. 3 Satz 1 SGB XI aufgeführten starren Mindestpflegezeiten sind zur Bestimmung des erforderlichen zeitlichen Aufwands allerdings nicht heranzuziehen, weil diese der in der sozialen Pflegeversicherung vorgesehenen Einteilung in Pflegestufen zur Bestimmung der Leistungshöhe dienen (vgl. nur § 37 Abs. 1 SGB XI) und die Konzeption des § 44 – wie aus Abs. 2 ersichtlich ist – dem nicht folgt.[405]

6 Ein Anspruch auf Pflegeleistungen setzt – wie sich schon aus dem Wortlaut des § 44 Abs. 1 (»infolge«) ergibt – einen **Ursachenzusammenhang** nach der Theorie der wesentlichen Bedingung zwischen dem Versicherungsfall und der Hilflosigkeit voraus.[406] Dies kann auch dann der Fall sein, wenn sich – bei einer bereits vorher bestehenden Hilflosigkeit – der Pflegebedarf durch den Versicherungsfall erhöht. Dann besteht ein Anspruch auf die Differenz zwischen den Aufwendungen wegen der vorbestehenden – nicht durch den Versicherungsfall bedingten – Pflegebedürftigkeit i. S. d. § 14 SGB XI und der durch das versicherte Ereignis und die im Rahmen der Theorie der wesentlichen Bedingung zurechenbare Verschlimmerung.[407] Auch ggf. aufgrund eines Versicherungsfalls eingetretene psychische Veränderungen können rechtlich wesentlich eine Hilflosigkeit begründen. Eine »**psychische Hilflosigkeit**« kommt allerdings nur dann in Betracht, wenn die

404 LSG Saarland – 13.04.2011 – L 2 U 76/07.
405 LSG Niedersachsen-Bremen – 14.12.2010 – L 3 U 140/10.
406 BSG – 10.10.2006 – B 2 U 41/05 R.
407 BSG – 10.10.2006 – B 2 U 41/05 R.

psychischen Veränderungen eine so weitgehende Antriebsschwäche verursachen, dass der Versicherte seine ihm an sich verbliebenen Körperkräfte ohne dauernden Anstoß von außen nicht einzusetzen und zu steuern vermag.[408]

3. Höhe des Pflegegeldes (Abs. 2)

Die Höhe des Pflegegeldes ist nach **§ 44 Abs. 2 Satz 1** – innerhalb des vorgegebenen finanziellen Rahmens (zum 01. 07. 2012 liegt dieser – nach der Rentenwertbestimmungsverordnung 2012 (vgl. dazu Rn. 11) – bei 317 bis 1267 €) – unter Berücksichtigung der Art oder Schwere des Gesundheitsschadens sowie des Umfangs der erforderlichen Hilfe als monatlich zu zahlende Leistung festzusetzen. Die Festsetzung der Höhe im Einzelfall steht innerhalb des Rahmens im Ermessen des Unfallversicherungsträgers. Dabei haben die Unfallversicherungsträger einen Ermessensspielraum. Für die Bestimmung der Höhe des Pflegegeldes lassen sich keine generell verbindlichen Kriterien festlegen; maßgebend sind vielmehr im Einzelfall die individuellen Verhältnisse, bei im Rahmen dieser **Ermessensentscheidung** vorzunehmenden Abwägung sind in erster Linie die in § 44 Abs. 2 Satz 1 genannten Kriterien zu beachten.[409] Der Hauptverband der gewerblichen Berufsgenossenschaften (HVBG) hat zur Gleichbehandlung aller Versicherten sog. »**Anhaltspunkte für die Bemessung des Pflegegeldes**« (Stand 1999) herausgegeben. Danach wird die Höhe des Pflegegeldes unabhängig von den tatsächlichen Kosten pauschaliert nach den Folgen des Versicherungsfalles festgesetzt.[410] Diese Anhaltspunkte sind für die Gerichte nicht bindend.[411] Als Verwaltungsvorschriften bewirken sie aber eine Selbstbindung der Unfallversicherungsträger, so dass diese im Regelfall nicht zu Ungunsten der Versicherten hiervon abweichen dürfen. 7

Nach **§ 44 Abs. 2 Satz 2** erfolgt eine automatische **Anpassung** des in § 44 Abs. 2 Satz 1 genannten Mindest- und Höchstbetrages entsprechend dem für die Anpassung der vom Jahresarbeitsverdienst abhängigen Geldleistungen (zur Anpassung dieser Geldleistungen siehe § 95) geltenden Faktor, jeweils zum gleichen Zeitpunkt wie die Anpassung der Renten der gesetzlichen Rentenversicherung. Auch das den Versicherten bewilligte Pflegegeld wird gemäß **§ 44 Abs. 4** entsprechend angepasst (vgl. Rn. 11). 8

Obwohl nach § 44 Abs. 2 Satz 1 ein konkreter Höchstbetrag für die Gewährung des Pflegegeldes vorgegeben ist, kann das Pflegegeld – gemäß der ausdrücklich in **§ 44 Abs. 2 Satz 3** vorgesehenen Regelung – dann angemessen erhöht werden, wenn die Aufwendungen für eine Pflegekraft höher sind als das gezahlte Pflegegeld. Auch hier haben die Unfallversicherungsträger eine – und zwar gegenüber der nach § 44 Abs. 2 Satz 1 eigenständige[412] – **Ermessensentscheidung** zu treffen.[413] 9

---

408 LSG Berlin-Brandenburg – 04. 03. 2011 – L 3 U 19/10.
409 BSG – 26. 06. 2001 – B 2 U 28/00 R.
410 Vgl. LSG Saarland – 13. 04. 2011 – L 2 U 76/07.
411 BSG – 26. 06. 2001 – B 2 U 28/00 R.
412 BSG – 24. 01. 1990 – 2 RU 15/89.
413 LSG Hessen – 18. 08. 2000 – L 3 U 122/00.

4. Ruhen des Pflegegeldes (Abs. 3)

10 **§ 44 Abs. 3 Satz 1** ordnet grds. das **Ruhen des Anspruchs** auf Pflegegeld während der Zeit einer stationären Behandlung oder der Unterbringung in einer Einrichtung der Teilhabe am Arbeitsleben bzw. einer Werkstatt für behinderte Menschen an. Zweck dieser Regelung ist es, Doppelleistungen zu vermeiden.[414] Hierbei wird allerdings von einer taggenauen Umsetzung abgesehen; das Pflegegeld wird noch bis zum Ende des der Aufnahme folgenden Monats weiter gezahlt und die Zahlung wird außerdem – u. U. rückwirkend – bereits mit dem ersten Tag des Monats der Entlassung wieder aufgenommen. Die Regelung berücksichtigt, dass zum einen während einer stationären Behandlung oder Unterbringung in einer Einrichtung dort entsprechende Pflegeleistungen erbracht werden und dass zum anderen trotzdem teilweise Aufwendungen z. B. für eine Pflegekraft weiter anfallen können. Letzteres ist auch Grund für die in **Satz 2** normierte **Härtefallregelung**, wonach das Pflegegeld während der Zeit der stationären Behandlung oder Unterbringung – ganz oder teilweise – weiter gezahlt werden kann, wenn sonst die weitere Versorgung der Versicherten gefährdet wäre.

5. Anpassung des Pflegegeldes (Abs. 4 und Abs. 6)

11 **§ 44 Abs. 4** sieht eine **Anpassung** des Pflegegeldes entsprechend der Rentendynamisierung vor (vgl. § 95) und **§ 44 Abs. 6** räumt der Bundesregierung noch die Möglichkeit der Bestimmung der Mindest- und Höchstbeträge (Abs. 2) sowie des Anpassungsfaktors (Abs. 4) durch **Rechtsverordnung** – mit Zustimmung des Bundesrates – ein. Aktuell ist dies geschehen durch § 5 bzw. § 4 der Rentenwertbestimmungsverordnung 2012.[415]

6. Haus- und Heimpflege (Abs. 5)

12 Das Pflegegeld ist nach der Konzeption des Gesetzes die Regelleistung, die – wie gemäß § 19 Satz 2 SGB IV grds. alle Leistungen der gesetzlichen Unfallversicherung – von Amts wegen erbracht wird. Daneben räumt **§ 44 Abs. 5** den Pflegebedürftigen aber die Möglichkeit ein, **auf Antrag** – statt des Pflegegeldes – eine Pflegekraft gestellt zu bekommen (Hauspflege) oder die Pflege in einer geeigneten Unterkunft (Heimpflege) zu erhalten. Der Anspruch auf **Hauspflege** setzt voraus, dass eine geeignete Pflegeperson zur Verfügung steht, welche von ihrem Ausbildungs- und Kenntnisstand in der Lage ist, den erforderlichen Hilfebedarf abzudecken. **Heimpflege** wird in der Regel in einer stationären Pflegeeinrichtung nach § 72 SGB XI erbracht. Zu beachten ist hier die – in § 60 eingeräumte – Möglichkeit zur Minderung der Rente (zu den Einzelheiten siehe § 60). Die **Härtefallregelung** des § 44 Abs. 3 Satz 2 gilt hier – gemäß **§ 44 Abs. 5 Satz 2** – entsprechend; das Pflegegeld kann also – neben der Haus- und Heimpflege – zur Sicherung der Versorgung zusätzlich weiter gezahlt werden.

---

414 LSG Berlin-Brandenburg – 04. 03. 2011 – L 3 U 19/10.
415 Siehe BR-Drs. 221/12 vom 19. 04. 2012.

Sechster Unterabschnitt
Geldleistungen während der Heilbehandlung und der Leistungen zur Teilhabe am Arbeitsleben

§ 45 Voraussetzungen für das Verletztengeld

(1) Verletztengeld wird erbracht, wenn Versicherte

1. infolge des Versicherungsfalls arbeitsunfähig sind oder wegen einer Maßnahme der Heilbehandlung eine ganztägige Erwerbstätigkeit nicht ausüben können und

2. unmittelbar vor Beginn der Arbeitsunfähigkeit oder der Heilbehandlung Anspruch auf Arbeitsentgelt, Arbeitseinkommen, Krankengeld, Verletztengeld, Versorgungskrankengeld, Übergangsgeld, Unterhaltsgeld, Kurzarbeitergeld, Arbeitslosengeld, nicht nur darlehensweise gewährtes Arbeitslosengeld II oder nicht nur Leistungen für Erstausstattungen für Bekleidung bei Schwangerschaft und Geburt nach dem Zweiten Buch oder Mutterschaftsgeld hatten.

(2) Verletztengeld wird auch erbracht, wenn

1. Leistungen zur Teilhabe am Arbeitsleben erforderlich sind,

2. diese Maßnahmen sich aus Gründen, die die Versicherten nicht zu vertreten haben, nicht unmittelbar an die Heilbehandlung anschließen,

3. die Versicherten ihre bisherige berufliche Tätigkeit nicht wieder aufnehmen können oder ihnen eine andere zumutbare Tätigkeit nicht vermittelt werden kann oder sie diese aus wichtigem Grund nicht ausüben können und

4. die Voraussetzungen des Absatzes 1 Nr. 2 erfüllt sind.

Das Verletztengeld wird bis zum Beginn der Leistungen zur Teilhabe am Arbeitsleben erbracht. Die Sätze 1 und 2 gelten entsprechend für die Zeit bis zum Beginn und während der Durchführung einer Maßnahme der Berufsfindung und Arbeitserprobung.

(3) Werden in einer Einrichtung Maßnahmen der Heilbehandlung und gleichzeitig Leistungen zur Teilhabe am Arbeitsleben für Versicherte erbracht, erhalten Versicherte Verletztengeld, wenn sie arbeitsunfähig sind oder wegen der Maßnahmen eine ganztägige Erwerbstätigkeit nicht ausüben können und die Voraussetzungen des Absatzes 1 Nr. 2 erfüllt sind.

(4) Im Fall der Beaufsichtigung, Betreuung oder Pflege eines durch einen Versicherungsfall verletzten Kindes gilt § 45 des Fünften Buches entsprechend.

Inhaltsübersicht

1. Regelungsinhalt

Verletztengeld soll – als **Leistung zum Lebensunterhalt** (vgl. § 45 Abs. 1 Nr. 2 SGB IX) – **1**
den Entgelt- und Einkommensverlust ausgleichen, den ein in der gesetzlichen Unfall-

versicherung Versicherter infolge einer durch einen Versicherungsfall nach § 7 (Arbeitsunfall oder Berufskrankheit) bedingten Arbeitsunfähigkeit erleidet. Das Verletztengeld entspricht seinem Leistungszweck nach dem Krankengeld der Gesetzlichen Krankenversicherung (vgl. dazu §§ 44 ff. SGB V). Es ist dazu bestimmt, die durch den Versicherungsfall bedingte Beeinträchtigung im Erwerb eines Verletzten auszugleichen. Ihm kommt – ebenso wie dem Krankengeld, Übergangsgeld und anderen Leistungen – **Entgeltersatzfunktion** – zur Überbrückung kurzfristiger Lohn- und Gehaltausfälle – zu.[416]

2 In **§ 45** sind die **Voraussetzungen des Anspruchs** auf Verletztengeld normiert. Im Anschluss daran finden sich Regelungen zu Beginn und Ende (§ 46) sowie zur Höhe (§ 47) des Verletztengeldes. § 45 **Abs. 1** legt zunächst die allgemeinen Leistungsvoraussetzungen – Arbeitsunfähigkeit bzw. Heilbehandlungsmaßnahme und Vorbezug von Arbeitsentgelt, Arbeitseinkommen oder Entgeltersatzleistungen – fest. Mit § 45 **Abs. 2** Satz 1 und 2 wird ein Anspruch auf Übergangsverletztengeld begründet. § 45 Abs. 2 Satz 3 erweitert den Anwendungsbereich auf die Maßnahmen der Berufsfindung und Arbeitserprobung. § 45 **Abs. 3** regelt die Zahlung von Verletztengeld beim zeitlichen Zusammentreffen von stationärer Heilbehandlung und Leistungen zur Teilhabe am Arbeitsleben. § 45 **Abs. 4** räumt schließlich einen Anspruch auf Zahlung von Kinderpflegeverletztengeld ein.

2. Allgemeine Leistungsvoraussetzungen (Abs. 1)

3 Nach § 45 Abs. 1 wird Verletztengeld erbracht, wenn Versicherte infolge eines Versicherungsfalls arbeitsunfähig sind oder wegen einer Maßnahme der Heilbehandlung eine ganztägige Erwerbstätigkeit nicht ausüben können (Nr. 1) und unmittelbar vor Beginn der Arbeitsunfähigkeit oder der Heilbehandlung Anspruch auf Arbeitsentgelt, Arbeitseinkommen oder eine der aufgeführten Sozialleistungen hatten (Nr. 2). **Arbeitsunfähigkeit** infolge eines Versicherungsfalles liegt – anknüpfend an die Rechtsprechung zum Begriff der Arbeitsunfähigkeit in der gesetzlichen Krankenversicherung – vor, wenn ein Versicherter aufgrund der Folgen eines Versicherungsfalles nicht in der Lage ist, seiner zuletzt ausgeübten oder einer gleich oder ähnlich gearteten Tätigkeit nachzugehen. Arbeitsunfähigkeit ist danach gegeben, wenn der Versicherte seine zuletzt vor Eintritt des Versicherungsfalles konkret ausgeübte Tätigkeit wegen Krankheit nicht (weiter) verrichten kann. Ob er möglicherweise eine andere Tätigkeit trotz der gesundheitlichen Beeinträchtigung noch ausüben kann, ist hierbei unerheblich.[417] Die erste entscheidende Voraussetzung zur Beurteilung der Arbeitsunfähigkeit eines Versicherten ist demgemäß die Feststellung der zur Zeit des Unfalls ausgeübten versicherten Tätigkeit, weitere Voraussetzungen sind, ob das Beschäftigungsverhältnis, während dessen sich der Unfall ereignete, fortbestand und wie lange es fortbestand. Ohne Beendigung dieses Beschäftigungsverhältnisses stellt sich die Frage einer Verweisung auf andere – gleich oder ähnlich geartete – Tätigkeiten überhaupt nicht bzw. erst ab dem Zeitpunkt der Beendigung.[418]

---

416 LSG Berlin-Brandenburg – 24.04.2008 – L 22 U 124/08.
417 BSG – 30.10.2007 – B 2 U 31/06 R.
418 BSG – 30.10.2007 – B 2 U 31/06 R.

Der Kreis der in Betracht kommenden Verweisungstätigkeiten ist dabei erheblich enger begrenzt als mögliche Verweisungstätigkeiten im Rahmen der Prüfung der Erwerbsminderung in der gesetzlichen Rentenversicherung. Wenn es sich sodann ggf. um eine gleich oder ähnlich geartete Tätigkeit handelt, ist in einem weiteren Schritt die wirtschaftliche Gleichwertigkeit anhand des zu erzielenden Entgelts zu prüfen.[419] Beruht Arbeitsunfähigkeit gleichzeitig auf unfallfremder und unfallbedingter Krankheit, besteht Anspruch auf Verletztengeld so lange, wie die Arbeitsunfähigkeit **wesentlich durch die Folgen des Versicherungsfalles verursacht** wird.[420] Die Unfallversicherungsträger – und auch die Gerichte – sind bei der Beurteilung, ob unfallbedingte Arbeitsunfähigkeit vorlag bzw. noch vorliegt, nicht an die diesbezüglichen Feststellungen des behandelnden Arztes gebunden, denn eine ärztliche Bescheinigung hat nur die Bedeutung einer ärztlichen Stellungnahme, die insoweit anzustellenden Kausalitätsfragen können oft nur im Rahmen eines umfangreichen wissenschaftlichen Gutachtens geklärt werden.[421]

Auch in den Fällen, in denen zwar keine Arbeitsunfähigkeit (mehr) vorliegt, Versicherte **4**
aber durch Maßnahmen der **Heilbehandlung** – einschließlich Leistungen zur medizinischen Rehabilitation (vgl. § 26 Abs. 1 Satz 1) – gehindert sind, ganztägig erwerbstätig zu sein, erhalten sie unter den gleichen Bedingungen wie bei Arbeitsunfähigkeit (weiter) Verletztengeld. Dies ist sachgerecht, da auch hier in der Regel ein Entgeltausfall vorliegt.

Nach § 45 Abs. 1 wird Verletztengeld – entsprechend der Zweckbestimmung (vgl. **5**
Rn. 1) – nur dann erbracht, wenn unmittelbar vor Beginn der Arbeitsunfähigkeit oder Heilbehandlungsmaßnahme Anspruch auf Arbeitsentgelt (§ 14 SGB IV), Arbeitseinkommen (§ 15 SGB IV) oder eine andere der in **§ 45 Abs. 1 Nr. 2** ausdrücklich genannten Entgeltersatzleistungen bestanden hat. Damit wird die Entgeltersatzfunktion des Verletztengeldes betont und sichergestellt, dass nur solche Versicherte diese Leistung erhalten, die zum Kreis der Erwerbstätigen gehören und ihren Lebensunterhalt vor Eintritt der unfallbedingten Arbeitsunfähigkeit aus einer Erwerbstätigkeit oder einer daran anknüpfenden Sozialleistung bestritten haben. Dabei kommt es allerdings nicht auf einen tagesgenauen zeitlichen Anschluss an, sondern darauf, dass der Versicherte, als Arbeitsunfähigkeit eintrat, von einer der aufgeführten Einkunftsarten gelebt hat.[422] Der für den Anspruch auf Verletztengeld geforderte unmittelbare zeitliche Anschluss an einen Anspruch auf Erwerbs- oder Erwerbsersatzeinkommen ist gegeben, wenn eine der in § 45 Abs. 1 Nr. 2 genannten Einkommensarten zuletzt vor Beginn der Arbeitsunfähigkeit die wirtschaftliche Lebensgrundlage des Versicherten gebildet hat.[423] Die Voraussetzungen sind dagegen nicht erfüllt, wenn der Lebensunterhalt zu diesem Zeitpunkt aus anderen Quellen – etwa aus Vermögen, Kapitaleinkünften, Rente oder Sozialhilfe – finanziert wurde. War der Anspruch auf eine der durch Verletztengeld zu ersetzenden Leistungen bereits vor Eintritt der unfallbedingten Arbeitsunfähigkeit weggefallen, so hängt die

419 BSG – 30.10.2007 – B 2 U 31/06 R.
420 LSG Nordrhein-Westfalen – 30.01.2003 – L 2 U 78/00.
421 LSG Niedersachsen-Bremen – 26.03.2003 – L 3/9/6 U 272/00.
422 LSG Nordrhein-Westfalen – 28.08.2009 – L 4 U 65/08.
423 BSG – 26.06.2007 – B 2 U 23/06 R.

Entscheidung davon ab, ob sich in der Zwischenzeit eine neue wirtschaftliche Lebensgrundlage gebildet hatte oder bilden konnte.[424]

6 Einem Anspruch auf Verletztengeld steht – anders als beim Krankengeld (vgl. § 44 Abs. 2 Nr. 1 SGB V) – nicht entgegen, dass Versicherte zum Zeitpunkt des Versicherungsfalls bereits **Altersruhegeld** bezogen und somit für die Dauer der Arbeitsunfähigkeit Anspruch auf zwei Leistungen mit Lohnersatzfunktion haben; auch die geringfügigen Beschäftigungen von Rentenbeziehern sind vom Schutzzweck des § 45 umfasste Tätigkeiten.[425] Weder aus dem Umstand, dass eine Behandlung zu Lasten der gesetzlichen Unfallversicherung durchgeführt worden ist, noch aus der Erteilung mehrerer – zeitlich befristeter – Verletztengeldbescheide hintereinander kann im Übrigen – etwa aus Vertrauensschutzgründen – geschlossen werden, dass (weiterhin) ein Anspruch auf Zahlung von Verletztengeld gegeben ist.[426]

3. Übergangsverletztengeld (Abs. 2)

7 Nach **§ 45 Abs. 2 Satz 1 und 2** wird Verletztengeld unter den dort näher beschriebenen Voraussetzungen auch zur **Überbrückung der Wartezeit** bis zum Beginn der erforderlichen Leistungen zur Teilhabe am Arbeitsleben erbracht (sog. Übergangsverletztengeld). Entsprechendes gilt gemäß § 45 Abs. 2 **Satz 3** für Maßnahmen der **Berufsfindung** und **Arbeitserprobung** (vgl. § 33 Abs. 4 SGB IX).

4. Leistungen zur Teilhabe am Arbeitsleben (Abs. 3)

8 Sofern neben Leistungen zur Teilhabe **gleichzeitig** Heilbehandlungsmaßnahmen – in diesem Zusammenhang in der Regel Leistungen der medizinischen Rehabilitation (vgl. § 26 Abs. 1 Satz 1) – in einer Einrichtung erbracht werden, erhalten Versicherte ebenfalls – anstelle des ansonsten zu zahlenden (geringeren) Übergangsgeldes (vgl. § 49) – (weiter) Verletztengeld, wenn die übrigen in **§ 45 Abs. 3** genannten Voraussetzungen erfüllt sind.

5. Kinderpflegeverletztengeld (Abs. 4)

9 Im Falle der Beaufsichtigung, Betreuung oder Pflege eines durch einen Versicherungsfall verletzten Kindes wird durch **§ 45 Abs. 4** die diesbezügliche Norm des Krankenversicherungsrechts (§ 45 SGB V) für entsprechend anwendbar erklärt. Danach besteht ein Anspruch auf das Verletztengeld (sog. Kinderpflegeverletztengeld), wenn ein Elternteil seiner Arbeit fernbleiben muss, weil es – nach ärztlichem Zeugnis – erforderlich ist, dass sein durch einen Versicherungsfall verletztes – noch nicht mindestens zwölf Jahre altes – Kind beaufsichtigt, betreut oder gepflegt werden muss und eine andere in dem Haushalt lebende Person dies nicht übernehmen kann. Ein solcher Anspruch ist zeitlich begrenzt

---

424 BSG – 26.06.2007 – B 2 U 23/06 R.
425 LSG Nordrhein-Westfalen – 28.08.2009 – L 4 U 65/08.
426 LSG Niedersachsen-Bremen – 26.03.2003 – L 3/9/6 U 272/00.

(zu den Einzelheiten siehe § 45 Abs. 2 SGB V). Er richtet sich gegen den für den Versicherungsfall des Kindes zuständigen Unfallversicherungsträger.

§ 46 Beginn und Ende des Verletztengeldes

(1) Verletztengeld wird von dem Tag an gezahlt, ab dem die Arbeitsunfähigkeit ärztlich festgestellt wird, oder mit dem Tag des Beginns einer Heilbehandlungsmaßnahme, die den Versicherten an der Ausübung einer ganztägigen Erwerbstätigkeit hindert.

(2) Die Satzung kann bestimmen, dass für Unternehmer, ihre Ehegatten oder ihre Lebenspartner und für den Unternehmer nach § 6 Abs. 1 Nr. 2 Gleichgestellte Verletztengeld längstens für die Dauer der ersten 13 Wochen nach dem sich aus Absatz 1 ergebenden Zeitpunkt ganz oder teilweise nicht gezahlt wird. Satz 1 gilt nicht für Versicherte, die bei einer Krankenkasse mit Anspruch auf Krankengeld versichert sind.

(3) Das Verletztengeld endet

1. **mit dem letzten Tag der Arbeitsunfähigkeit oder der Hinderung an einer ganztägigen Erwerbstätigkeit durch eine Heilbehandlungsmaßnahme,**
2. **mit dem Tag, der dem Tag vorausgeht, an dem ein Anspruch auf Übergangsgeld entsteht.**

Wenn mit dem Wiedereintritt der Arbeitsfähigkeit nicht zu rechnen ist und Leistungen zur Teilhabe am Arbeitsleben nicht zu erbringen sind, endet das Verletztengeld

1. **mit dem Tag, an dem die Heilbehandlung so weit abgeschlossen ist, dass die Versicherten eine zumutbare, zur Verfügung stehende Berufs- oder Erwerbstätigkeit aufnehmen können,**
2. **mit Beginn der in § 50 Abs. 1 Satz 1 des Fünften Buches genannten Leistungen, es sei denn, dass diese Leistungen mit dem Versicherungsfall im Zusammenhang stehen,**
3. **im übrigen mit Ablauf der 78. Woche, gerechnet vom Tag des Beginns der Arbeitsunfähigkeit an, jedoch nicht vor dem Ende der stationären Behandlung.**

Inhaltsübersicht

1. Regelungsinhalt

§ 46 ergänzt § 45 und konkretisiert den **Leistungszeitraum** des Anspruchs auf Verletztengeld näher. Zunächst ist – im ersten Schritt – nach § 45 zu prüfen, ob überhaupt Anspruch auf Verletztengeld besteht, im Anschluss daran ist dann – im zweiten Schritt – nach § 46 zu klären, für welche Dauer diese Geldleistung zu gewähren ist. § 46 Abs. 1 und 3 regeln – wie bereits aus der Überschrift ersichtlich – Beginn und Ende des Anspruchs auf Verletztengeld. § 46 Abs. 2 räumt darüber hinaus den Unfallversicherungsträgern eine Satzungsermächtigung zur Bestimmung eines Karenzzeitraums für bestimmte freiwillig in der gesetzlichen Unfallversicherung versicherte Personen ein. **1**

2. Beginn des Verletztengeldes (Abs. 1)

2 Das Verletztengeld wird gemäß § 46 Abs. 1 von dem Tag der ärztlich festgestellten Arbeitsunfähigkeit (siehe § 45 Rn. 3) bzw. dem Tag des Beginns der Heilbehandlungsmaßnahme, welche an einer ganztägigen Erwerbstätigkeit hindert (vgl. § 45 Rn. 4), gezahlt. Anders als es nach § 46 Satz 1 Nr. 2 SGB V für das Krankengeld vorgesehen ist, sieht § 46 Abs. 1 für das Verletztengeld keinen sog. Karenztag vor. Maßgebend ist der Zeitraum, für den **ärztlich Arbeitsunfähigkeit festgestellt** wurde. Dies gilt auch dann, wenn der erste Tag der Arbeitsunfähigkeit vor dem Tag der ärztlichen Feststellung liegt.[427] Bei stationären Maßnahmen der Heilbehandlung einschließlich der medizinischen Rehabilitation (vgl. 26 Abs. 1 Satz 1) kommt eine Zahlung von Verletztengeld auch schon für den **Anreisetag** in Betracht.[428]

3. Karenzregelung (Abs. 2)

3 Nach **§ 46 Abs. 2 Satz 1** können die Unfallversicherungsträger in der Satzung bestimmen, dass für Unternehmer, ihre Ehegatten oder ihre Lebenspartner und für die den Unternehmern nach § 6 Abs. 1 Nr. 2 Gleichgestellten das Verletztengeld – längstens für die Dauer der ersten 13 Wochen – nach dem sich aus § 46 Abs. 1 ergebenden Zeitpunkt ganz oder teilweise nicht gezahlt wird. Dies gilt gemäß **Satz 2** indes nicht für Versicherte, die bei einer Krankenkasse mit einem Anspruch auf Krankengeld versichert sind. Die Unfallversicherungsträger sind mithin nicht ermächtigt, für diesen Kreis von Versicherten eine von dem Beginn der Zahlung von Verletztengeld nach § 46 Abs. 1 abweichende Regelung durch Satzungsrecht zu treffen; eine gleichwohl verabschiedete Satzungsregelung wäre wegen Verstoßes gegen höherrangiges Recht unwirksam.[429] Nach dem eindeutigen Wortlaut des § 46 Abs. 2 Satz 2 betrifft das Verbot einer Satzungsregelung hinsichtlich des Beginns der Zahlung von Verletztengeld auch alle bei einer Krankenkasse mit einem Anspruch auf Krankengeld versicherten Personen i. S. d. § 46 Abs. 2 Satz 1, ohne dass es darauf ankäme, von welchem Zeitpunkt an ihnen Krankengeld nach der Satzung der betreffenden Krankenkasse zu gewähren wäre.[430]

4. Ende des Verletztengeldes (Abs. 3)

4 In § 46 Abs. 3 sind die verschiedenen **Beendigungstatbestände** für die Zahlung des Verletztengeldes normiert. Bei diesen Beendigungstatbeständen ist zwischen denen nach Satz 1 und denen nach Satz 2 grundsätzlich zu unterscheiden. Während Voraussetzung bei den Beendigungstatbeständen des § 46 Abs. 3 Satz 1 allein der Wegfall der in § 45 Abs. 1 Nr. 1 normierten Grundvoraussetzungen eines Anspruchs auf Verletztengeld (Nr. 1) bzw. der Anspruch auf eine andere Entgeltersatzleistung (Nr. 2) ist, setzen die

427 BSG – 05.07.2005 – B 2 U 10/04 R.
428 Reyels in jurisPK-SGB IX, § 45 Rn. 43.
429 BSG – 05.09.2006 – B 2 U 12/05 R.
430 BSG – 05.07.2005 – B 2 U 10/04 R.

(drei) Beendigungstatbestände nach § 46 Abs. 3 Satz 2 stets eine Einzelfallprüfung voraus, welche eine Prognoseentscheidung dahingehend erfordert, dass mit dem Wiedereintritt der Arbeitsfähigkeit nicht zu rechnen ist und Leistungen zur Teilhabe am Arbeitsleben nicht zu erbringen sind (Rn. 7).

§ 46 Abs. 3 Satz 1 Nr. 1 hat nur deklaratorischen Charakter. Das Verletztengeld endet danach mit dem letzten Tag der Arbeitsunfähigkeit (dazu § 45 Rn. 3) oder der Hinderung an einer ganztägigen Erwerbstätigkeit durch eine Heilbehandlung (vgl. § 45 Rn. 4). Damit wird lediglich die bereits aus § 45 Abs. 1 Nr. 1 abzuleitende Folge, dass Verletztengeld endet, wenn die unfallbedingte Arbeitsunfähigkeit bzw. eine Hinderung an einer ganztägigen Erwerbstätigkeit nicht mehr vorliegt, ausdrücklich normiert.[431] 5

Ein Verletztengeldanspruch entfällt gemäß **§ 46 Abs. 3 Satz 1 Nr. 2** ab dem Tag, an dem Anspruch auf Übergangsgeld besteht. Übergangsgeld wird in der gesetzlichen Unfallversicherung gemäß § 49 bei Leistungen zur Teilhabe erbracht (zu den Einzelheiten siehe § 49). Das Übergangsgeld – als andere Entgeltersatzleistung – tritt in diesem Fall an die Stelle des Verletztengeldes. Die sich aus § 46 Abs. 3 Satz 1 Nr. 2 ergebende Beendigung des Verletztengeldes dient hier der Vermeidung einer Doppelversorgung.[432] Werden neben den – grds. nach § 49 zu einem Anspruch auf Übergangsgeld führenden – Leistungen zur Teilhabe gleichzeitig Maßnahmen der Heilbehandlung in einer Einrichtung erbracht, wird allerdings Verletztengeld weiter gezahlt (vgl. § 45 Rn. 8). 6

§ 46 Abs. 3 Satz 2 enthält in seinen Nr. 1 bis 3 unterschiedliche Beendigungstatbestände für das Verletztengeld. Ein Ende des Verletztengeldanspruchs nach Nr. 3 kommt dabei erst dann in Betracht (»im Übrigen«), wenn die Voraussetzungen nach Nr. 1 und Nr. 2 nicht gegeben sind.[433] Diese Tatbestände für ein Ende des Verletztengeldes setzen – nach dem vor der Aufzählung stehenden einleitenden Halbsatz – grds. zunächst voraus, dass einerseits mit dem Wiedereintritt der Arbeitsfähigkeit nicht zu rechnen ist und andererseits keine Leistungen zur Teilhabe am Arbeitsleben zu erbringen sind. Es ist insoweit also zunächst festzustellen, ob überhaupt mit einem Wiedereintritt der Arbeitsfähigkeit zu rechnen ist. Ist dieses nicht der Fall, ist sodann zu prüfen, ob Leistungen der Teilhabe am Arbeitsleben in Betracht kommen. Die **zwei Grundvoraussetzungen** – für alle drei Beendigungstatbestände des § 46 Abs. 3 Satz 2 – sind also, dass – erstens – mit der Beendigung der infolge des Versicherungsfalls eingetretenen Arbeitsunfähigkeit nicht zu rechnen sein darf und dass – zweitens – zum Zeitpunkt der Entscheidung kein Anspruch auf – übergangsgeldauslösende – Leistungen zur Teilhabe am Arbeitsleben besteht.[434] 7

Das Ende des Verletztengeldanspruchs nach § 46 Abs. 3 Satz 2 ist durch Verwaltungsakt festzustellen, weil es eine Prüfung im Sinne einer **Prognoseentscheidung** erfordert, die nicht durch die Gerichte ersetzt werden kann.[435] Die Frage, ob Leistungen zur Teilhabe am Arbeitsleben zu erbringen sind, richtet sich dabei nach den Erfolgsaussichten

431 BSG – 13.09.2005 – B 2 U 4/04 R.
432 BSG – 30.10.2007 – B 2 U 31/06 R.
433 BSG – 13.09.2005 – B 2 U 4/04 R.
434 BSG – 13.09.2005 – B 2 U 4/04 R; LSG Bayern – 29.02.2012 – L 2 U 254/09.
435 BSG – 13.09.2005 – B 2 U 4/04 R.

und dem Alter des Versicherten sowie weiteren Umständen, die der Unfallversicherungsträger bei ihrer Prüfung berücksichtigen muss, wobei es auf den Zeitpunkt der Entscheidung ankommt und eine rückwirkende Feststellung der Voraussetzungen der Beendigung eines Verletztengeldanspruchs nicht in Betracht kommt.[436] Versicherte sind hier grds. vor Erlass eines entsprechenden Verwaltungsaktes anzuhören (vgl. § 24 Abs. 1 SGB X).

8 Verletztengeld endet nach **§ 46 Abs. 3 Satz 2 Nr. 1** – wenn mit dem Wiedereintritt der Arbeitsfähigkeit nicht zu rechnen ist und Leistungen zur Teilhabe am Arbeitsleben nicht zu erbringen sind (Rn. 7) – mit dem Tag, an dem die **Heilbehandlung soweit abgeschlossen** ist, dass der Versicherte eine zumutbare, zur Verfügung stehende Berufs- oder Erwerbstätigkeit aufnehmen kann. Die Heilbehandlung muss nicht vollständig abgeschlossen sein, eine weitere notwendige Behandlung kann außer Betracht bleiben, sofern sie nicht der Aufnahme einer Berufs- oder Erwerbstätigkeit entgegen steht. Insbesondere ambulante Weiterbehandlung und physikalische Therapien sowie beispielsweise spätere Nachoperationen oder Materialentfernungen müssen einer entsprechenden Tätigkeit nicht im Wege stehen.[437] Für die Frage, was eine **zumutbare Berufs- und Erwerbstätigkeit** i. S. d. § 46 Abs. 3 Satz 2 Nr. 1 ist, ist nicht auf die im Rahmen der gesetzlichen Rentenversicherung für Erwerbsminderungsrenten entwickelten Grundsätze zur Verweisbarkeit zurückzugreifen, da diese Grundsätze nicht auf die ihrer Natur nach völlig andere Leistung des Verletztengeldes in der gesetzlichen Unfallversicherung übertragen werden können.[438] Hier kommt allerdings wegen der Vergleichbarkeit der Leistungen ein Rückgriff auf die zum Krankengeld nach den §§ 44 ff. SGB V entwickelten Grundsätze in Betracht. Bei einem weiter bestehenden Arbeitsverhältnis ist dann ggf. nur eine innerbetriebliche Verweisung auf eine andere Tätigkeit zulässig; bei beendetem Arbeitsverhältnis ist auf eine – auch wirtschaftlich – gleich oder ähnlich geartete Tätigkeit abzustellen (vgl. § 45 Rn. 3). Auch ein ungelernter Arbeiter ist im Rahmen von § 46 Abs. 3 Satz 2 Nr. 1 nicht breit auf den allgemeinen Arbeitsmarkt verweisbar.[439] Die Beendigung der Verletztengeldzahlung nach § 46 Abs. 3 Satz 2 Nr. 1 setzt zudem voraus, dass eine **zur Verfügung stehende** Berufs- oder Erwerbstätigkeit vorhanden ist. Insoweit scheidet eine abstrakte Verweisung aus, es ist hier ein tatsächlich zur Verfügung stehender zumutbarer Arbeitsplatz nachzuweisen.[440]

9 Das Verletztengeld endet außerdem nach **§ 46 Abs. 3 Satz 2 Nr. 2** – wenn mit dem Wiedereintritt der Arbeitsfähigkeit nicht zu rechnen ist und Leistungen zur Teilhabe am Arbeitsleben nicht zu erbringen sind (Rn. 7) – mit dem Beginn der in § 50 Abs. 1 Satz 1 SGB V genannten Leistungen, sofern diese Leistungen nicht mit dem Versicherungsfall im Zusammenhang stehen. Damit wird die Regelung über den Wegfall des Krankengeldes hier übernommen. Ein Anspruch auf Verletztengeld besteht daher nicht mehr, wenn eine der in **§ 50 Abs. 1 Satz 1 SGB V** genannten Leistungen bezogen wird; bei den dort in **Nr. 1 bis 5** aufgeführten Leistungen handelt es sich im Einzelnen um die folgenden Leistungen:

---

436 BSG – 13.09.2005 – B 2 U 4/04 R.
437 Holtstraeter in Kommentar zum Sozialrecht, § 46 SGB VII Rn. 9.
438 LSG Hessen – 23.10.2007 – L 3 U 24/07.
439 LSG Hessen – 23.10.2007 – L 3 U 24/07.
440 LSG Hessen – 23.10.2007 – L 3 U 24/07.

Rente wegen voller Erwerbsminderung (§ 43 Abs. 2 SGB VI), Rente wegen Erwerbsunfähigkeit (§ 44 *a. F.* i. V. m. § 302 b SGB VI) oder Vollrente wegen Alters aus der gesetzlichen Rentenversicherung (§§ 35 ff. und 235 ff. SGB VI) und Ruhegehalt nach beamtenrechtrechtlichen Vorschriften oder Grundsätzen sowie solche Leistungen, die den vorgenannten Leistungen vergleichbar sind und von einem ausländischen Rentenversicherungsträger oder von einer ausländischen stattlichen Stelle bzw. nach den für das Beitrittsgebiet geltenden Bestimmungen (also Rentenleistungen aus der ehemaligen DDR) gezahlt werden, sowie schließlich Vorruhestandgeld nach § 5 Abs. 3 SGB V. Das Verletztengeld endet in diesen Fällen mit dem Beginn der genannten Leistungen aber nur dann, wenn mit dem Wiedereintritt der Arbeitsfähigkeit nicht zu rechnen ist, keine Leistungen zur Teilhabe am Arbeitsleben mehr in Frage kommen und die Rente mit dem Versicherungsfall in der gesetzlichen Unfallversicherung nicht im Zusammenhang steht. Für den Fall, dass festgestellt worden ist, dass »mit dem Wiedereintritt der Arbeitsfähigkeit nicht zu rechnen ist«, kann § 46 Abs. 3 Satz 2 Nr. 2 aber nicht dahin ausgelegt werden, dass der Anspruch auf Verletztengeld stets mit dem Einsetzen der in § 50 Abs. 1 Satz 1 SGB V genannten Leistung ende – für den Fall, dass mit einem Wiedereintritt der Arbeitsfähigkeit zu rechnen ist, endet das Verletztengeld dann ggf. nach § 46 Abs. 3 Satz 1 Nr. 1 »mit dem letzten Tag der Arbeitsunfähigkeit«.[441]

Verletztengeld endet schließlich im Übrigen nach **§ 46 Abs. 3 Satz 2 Nr. 3** – wenn mit dem Wiedereintritt der Arbeitsfähigkeit nicht zu rechnen ist und Leistungen zur Teilhabe am Arbeitsleben nicht zu erbringen sind (Rn. 7) – mit **Ablauf der 78. Woche** seit Beginn der Arbeitsunfähigkeit an, sofern nicht noch eine stationäre Behandlung durchgeführt wird. Mit dieser Regelung wird allerdings **keine Höchstgrenze** für die zeitliche Dauer des Verletztengeldes normiert. Allein auf das Überschreiten der 78 Wochen seit dem Versicherungsunfall durch reinen Zeitablauf kommt es nämlich nicht an.[442] Liegt weder ein Ende des Verletztengeldanspruchs nach § 46 Abs. 3 Satz 2 Nr. 1 noch nach § 46 Abs. 3 Satz 2 Nr. 2 vor und sind auch die für alle drei Tatbestände gemeinsamen Voraussetzungen nach § 46 Abs. 3 Satz 2 nicht gegeben, dann tritt auch nach § 46 Abs. 3 Satz 2 Nr. 3 – allein wegen des Ablaufs der Frist von 78 Wochen seit Beginn der Arbeitsunfähigkeit – kein Ende des Verletztengeldanspruchs ein, sondern Verletztengeld ist über die 78. Woche hinaus zu zahlen.[443] Unter Berücksichtigung des Umstandes, dass es Ziel der gesetzlichen Unfallversicherung ist, Versicherte nach einem Versicherungsfall dauerhaft wieder ins Erwerbsleben einzugliedern, ist es nur folgerichtig, dass die Beendigung des Verletztengeldes nach § 46 Abs. 3 Satz 2 nur als **Sonderfall** in Betracht kommt.[444] Entscheidend ist auch hier die von den Unfallversicherungsträgern zu treffende Prognoseentscheidung über den Wiedereintritt der Arbeitsfähigkeit und die Erbringung von Leistungen zur Teilhabe am Arbeitsleben (Rn. 7). Die 78-Wochen-Frist beginnt mit dem ersten Tag der Arbeitsunfähigkeit, was nicht (immer) der Tag des Versicherungsfalls sein muss. **10**

441 BSG – 13.08.2002 – B 2 U 30/01 R.
442 BSG – 30.10.2007 – B 2 U 31/06 R.
443 BSG – 13.09.2005 – B 2 U 4/04 R.
444 Merten in jurisPR-SozR 16/2008 Anm. 2.

§ 47 Höhe des Verletztengeldes

(1) Versicherte, die Arbeitsentgelt oder Arbeitseinkommen erzielt haben, erhalten Verletztengeld entsprechend § 47 Abs. 1 und 2 des Fünften Buches mit der Maßgabe, dass

1. das Regelentgelt aus dem Gesamtbetrag des regelmäßigen Arbeitsentgelts und des Arbeitseinkommens zu berechnen und bis zu einem Betrag in Höhe des 360. Teils des Höchstjahresarbeitsverdienstes zu berücksichtigen ist,
2. das Verletztengeld 80 vom Hundert des Regelentgelts beträgt und das bei Anwendung des § 47 Abs. 1 und 2 des Fünften Buches berechnete Nettoarbeitsentgelt nicht übersteigt.

Arbeitseinkommen ist bei der Ermittlung des Regelentgelts mit dem 360. Teil des im Kalenderjahr vor Beginn der Arbeitsunfähigkeit oder der Maßnahmen der Heilbehandlung erzielten Arbeitseinkommens zugrunde zu legen. Die Satzung hat bei nicht kontinuierlicher Arbeitsverrichtung und -vergütung abweichende Bestimmungen zur Zahlung und Berechnung des Verletztengeldes vorzusehen, die sicherstellen, dass das Verletztengeld seine Entgeltersatzfunktion erfüllt.

(1 a) Für Ansprüche auf Verletztengeld, die vor dem 1. Januar 2001 entstanden sind, ist § 47 Abs. 1 und 2 des Fünften Buches in der vor dem 22. Juni 2000 jeweils geltenden Fassung für Zeiten nach dem 31. Dezember 1996 mit der Maßgabe entsprechend anzuwenden, dass sich das Regelentgelt um 10 vom Hundert, höchstens aber bis zu einem Betrag in Höhe des dreihundertsechzigsten Teils des Höchstjahresarbeitsverdienstes erhöht. Das regelmäßige Nettoarbeitsentgelt ist um denselben Vomhundertsatz zu erhöhen. Satz 1 und 2 gilt für Ansprüche, über die vor dem 22. Juni 2000 bereits unanfechtbar entschieden war, nur für Zeiten vom 22. Juni 2000 an bis zum Ende der Leistungsdauer. Entscheidungen über die Ansprüche, die vor dem 22. Juni 2000 unanfechtbar geworden sind, sind nicht nach § 44 Abs. 1 des Zehnten Buches zurückzunehmen.

(2) Versicherte, die Arbeitslosengeld, Unterhaltsgeld oder Kurzarbeitergeld bezogen haben, erhalten Verletztengeld in Höhe des Krankengeldes nach § 47 b des Fünften Buches. Versicherte, die nicht nur darlehensweise gewährtes Arbeitslosengeld II oder nicht nur Leistungen für Erstausstattungen für Bekleidung bei Schwangerschaft und Geburt nach dem Zweiten Buch bezogen haben, erhalten Verletztengeld in Höhe des Betrages des Arbeitslosengeldes II.

(3) Versicherte, die als Entwicklungshelfer Unterhaltsleistungen nach § 4 Abs. 1 Nr. 1 des Entwicklungshelfer-Gesetzes bezogen haben, erhalten Verletztengeld in Höhe dieses Betrages.

(4) Bei Versicherten, die unmittelbar vor dem Versicherungsfall Krankengeld, Verletztengeld, Versorgungskrankengeld oder Übergangsgeld bezogen haben, wird bei der Berechnung des Verletztengeldes von dem bisher zugrunde gelegten Regelentgelt ausgegangen.

(5) Abweichend von Absatz 1 erhalten Versicherte, die den Versicherungsfall infolge einer Tätigkeit als Unternehmer, mitarbeitende Ehegatten oder Lebenspartner oder den Unternehmern nach § 6 Abs. 1 Nr. 2 Gleichgestellte erlitten haben, Verletztengeld

je Kalendertag in Höhe des 450. Teils des Jahresarbeitsverdienstes. Ist das Verletztengeld für einen ganzen Kalendermonat zu zahlen, ist dieser mit 30 Tagen anzusetzen.

(6) Hat sich der Versicherungsfall während einer aufgrund eines Gesetzes angeordneten Freiheitsentziehung ereignet, gilt für die Berechnung des Verletztengeldes Absatz 1 entsprechend; nach der Entlassung erhalten die Versicherten Verletztengeld je Kalendertag in Höhe des 450. Teils des Jahresarbeitsverdienstes, wenn dies für die Versicherten günstiger ist.

(7) (*weggefallen*)

(8) Die Regelung des § 90 Abs. 1 und 3 über die Neufestsetzung des Jahresarbeitsverdienstes nach voraussichtlicher Beendigung einer Schul- oder Berufsausbildung oder nach tariflichen Berufs- oder Altersstufen gilt für das Verletztengeld entsprechend.

Inhaltsübersicht Rn.

1. Regelungsinhalt

1 § 47 regelt die **Höhe und Berechnung** des – bei Vorliegen der Voraussetzungen für den Bezug (vgl. § 45) – zu erbringenden Verletztengeldes. **Abs. 1** enthält Bestimmungen zur Höhe des Anspruchs auf Verletztengeld für Versicherte, die Arbeitsentgelt oder Arbeitseinkommen erzielt haben. **Abs. 1 a** enthält eine Übergangsregelung für Verletztengeldansprüche, die vor dem 01. 01. 2001 entstanden sind; diese Norm dürfte wegen Zeitablaufs inzwischen obsolet geworden sein. Die Absätze 2 bis 6 sehen Sonderregelungen für bestimmte Personengruppen vor: und zwar für Versicherte, die Arbeitslosengeld, Unterhaltsgeld oder Kurzarbeitergeld bzw. Arbeitslosengeld II bezogen haben (**Abs. 2**); für Entwicklungshelfer (**Abs. 3**); für Versicherte, die bereits Krankengeld, Verletztengeld, Versorgungskrankengeld oder Übergangsgeld bezogen haben (**Abs. 4**) und für Unternehmer, mitarbeitende Ehegatten oder Lebenspartner bzw. nach § 6 Abs. 1 Nr. 2 Gleichgestellte (**Abs. 5**) sowie für Personen, bei denen sich ein Versicherungsfall während einer Freiheitsentziehung ereignet (**Abs. 6**). Schließlich wird in **Abs. 8** noch die Regelung des § 90 Abs. 1 und 3 für entsprechend anwendbar erklärt.

2. Verletztengeld für Bezieher von Arbeitsentgelt oder Arbeitseinkommen

2 **§ 47 Abs. 1** nimmt in **Satz 1** für die Berechnung des Verletztengeldes bei Versicherten, die Arbeitsentgelt oder Arbeitseinkommen erzielt haben, zunächst – durch **Verweis auf § 47 Abs. 1 und 2 SGB V** – auf die Regelungen zur Berechnung des Krankengeldes Bezug und normiert ergänzend einige – von den Vorgaben des § 47 SGB V abweichende – Maßgaben (**Nr. 1 und 2**). Daher wird auch hier zunächst auf die Kommentierung zu § 47 SGB V Bezug genommen. Die dortigen Ausführungen gelten hier grds. ebenso. Wegen der im Wesentlichen gleichen Berechnungsweise von Kranken- und Verletztengeld erfolgt auch

die Auszahlung des Verletztengeldes durch die Krankenkassen – der gesetzlichen Ermächtigung in § 189 entsprechend auf der Grundlage einer Verwaltungsvereinbarung (»Generalauftrag Verletztengeld«) – im Auftrag der Unfallversicherungsträger.

3 **Arbeitsentgelt** sind alle laufenden oder einmaligen Einnahmen aus einer Beschäftigung, gleichgültig, ob ein Rechtsanspruch auf die Einnahmen besteht, unter welcher Bezeichnung oder in welcher Form sie geleistet werden und ob sie unmittelbar aus der Beschäftigung oder im Zusammenhang mit ihr erzielt werden (§ 14 Abs. 1 Satz 1 SGB IV). Erfasst sind damit **alle Einnahmen**, die Versicherten in ursächlichem Zusammenhang mit einer Beschäftigung zufließen.[445] Arbeitsentgelt sind damit in erster Linie die tariflich geregelten und die einzelvertraglich vereinbarten Entgelte, aber auch freiwillige Zahlungen des Arbeitgebers. Nicht nur Zuwendungen in Geld sind hier zu berücksichtigen, sondern auch geldwerte Sachbezüge. Zur Bestimmung des Arbeitsentgelts kann im Übrigen auf **§ 14 SGB IV** und die – auf der Grundlage des § 17 Abs. 1 SGB IV erlassene – Verordnung über die sozialversicherungsrechtliche Beurteilung von Zuwendungen des Arbeitgebers als Arbeitsentgelt (**Sozialversicherungsentgeltverordnung** – SvEV) – Art. 1 der Verordnung zur Neuordnung der Regelungen über die sozialversicherungsrechtliche Beurteilung von Zuwendungen des Arbeitgebers als Arbeitsentgelt[446] – zurückgegriffen werden. Die SvEV hat die bis Ende 2006 geltende Verordnung über die Bestimmung des Arbeitsentgelts in der Sozialversicherung (**Arbeitsentgeltverordnung** – ArEV) ersetzt; ebenso wurde durch die SvEV auch die Verordnung über den Wert der Sachbezüge in der Sozialversicherung (**Sachbezugsverordnung** – SachBezV) abgelöst.

4 Basis der Berechnung des Verletztengeldes bei Bezug von Arbeitsentgelt ist das Regelentgelt. Das **Regelentgelt** ist das im Bemessungszeitraum erzielte regelmäßige – um einmalig gezahltes Arbeitsentgelt verminderte – Arbeitsentgelt. Anders als beim Krankengeld ist hier allerdings nicht nur das der Beitragsberechnung unterliegende Arbeitsentgelt zu berücksichtigen, sondern der Gesamtbetrag bis zur Höhe des 360. Teils des Höchstjahresarbeitsverdienstes (§ 47 Abs. 1 Satz 1 Nr. 1). **Bemessungszeitraum** ist nach § 47 Abs. 2 Satz 1 SGB V der letzte abgerechnete Entgeltabrechnungszeitraum, der mindestens vier Wochen betragen muss. Für diese Berechnung ist zunächst das einmalig gezahlte Arbeitsentgelt[447] abzuziehen. Das während der letzten zwölf Kalendermonate erzielte einmalig gezahlte Arbeitsentgelt ist dann allerdings zusammenzurechnen und durch 360 zu teilen; dieser Betrag wird dann dem kalendertäglichen Regelentgelt hinzugerechnet (vgl. § 47 Abs. 2 Satz 6 SGB V). Das kalendertägliche Regelentgelt wird so errechnet, dass das im Bemessungszeitraum erzielte – um einmalig gezahltes Arbeitsentgelt verminderte – Arbeitsentgelt durch die Zahl der Stunden geteilt, für die es gezahlt wurde (§ 47 Abs. 2 Satz 1 SGB V). Damit wird der für die Regelentgeltberechnung zugrunde zu legende **Geldfaktor** bzw. Lohnfaktor – der durchschnittliche Stundenlohn – ermittelt. Mithilfe dieses so ermittelten Geldfaktors ist sodann – wegen der kalendertäglichen Zahlungsweise (vgl. § 47 Abs. 1 Satz 6 SGB V) – das kalendertägliche Regelentgelt zu errechnen. Daher

445 Vgl. BSG – 28.01.1999 – B 12 KR 14/98 R.
446 BGBl. I 2006, 3385.
447 Zum Begriff siehe § 23 a SGB IV.

wird nun das Ergebnis mit der Zahl der sich aus dem Arbeitsverhältnis ergebenden regelmäßigen wöchentlichen Arbeitsstunden vervielfacht und anschließend wieder durch 7 (Wochentage) geteilt (§ 47 Abs. 2 Satz 2 SGB V). Neben den Geldfaktor tritt damit der **Zeitfaktor**. Zu dem auf diese Weise berechneten kalendertäglichen Regelentgelt ist nun noch das anteilige einmalig erzielte Arbeitsentgelt hinzuzurechnen (s. o.), um das der weiteren Berechnung zugrunde zu legende Regelentgelt zu ermitteln. Bei der Berechnung wird nur das Arbeitsentgelt berücksichtigt, welches erzielt wurde. Nach der ganz herrschenden Meinung gilt hier grds. das **Zuflussprinzip**, denn nur das tatsächlich verfügbare Arbeitsentgelt hat den Lebensstandard des Versicherten faktisch bestimmt, der mit der Entgeltersatzleistung aufrechterhalten werden soll.[448] Allerdings ist – ausnahmsweise – aber auch ein zunächst – rechtswidrig – vorenthaltenes Arbeitsentgelt zu berücksichtigen.[449]

Bei Bezug von **Monatsgehalt** ist die Berechnung des Regelentgelts etwas einfacher, weil die Ermittlung eines Stundenlohns entfällt. In diesem Fall wird das – um einmalig gezahltes Arbeitsentgelt verminderte – Arbeitsentgelt lediglich durch 30 geteilt, um das kalendertägliche Regelentgelt zu erhalten (§ 47 Abs. 2 Satz 3 SGB V). Diese Berechnung ist auch in solchen Fällen vorzunehmen, in denen eine Berechnung nach den Vorgaben des § 47 Abs. 2 Satz 1 und 2 SGB V nicht möglich ist. Dies ist etwa dann der Fall, wenn das Arbeitsentgelt sich nicht nach einem Zeitfaktor richtet, sondern beispielsweise nach dem Arbeitsergebnis (Akkordlohn oder Provision). Bei flexiblen Arbeitszeitmodellen – mit Wertguthaben nach § 7 b SGB IV – ist § 47 Abs. 2 Satz 4 und 5 SGB V zu beachten. **5**

Während das in der gesetzlichen Krankenversicherung zu zahlende Krankengeld (nur) 70 % des Regelentgelts beträgt (vgl. § 47 Abs. 1 Satz 1 SGB V), beträgt das Verletztengeld in der gesetzlichen Unfallversicherung **80 % des Regelentgelts** (§ 47 Abs. 1 Satz 1 Nr. 2). Dies allerdings nur **bis zur Höhe des** – in Anwendung des § 47 Abs. 1 und 2 SGB V berechneten – **Nettoarbeitsentgelts** (§ 47 Abs. 1 Satz 1 Nr. 2). Auch dies ist günstiger als beim Krankengeld, welches auf 90 % des Nettoarbeitsentgelt begrenzt ist (vgl. § 47 Abs. 1 Satz 2 SGB V). – Allerdings wird – wie bereits ausgeführt (Rn. 4) – das Regelentgelt nur **bis zur Höhe des 360. Teils des Höchstjahresarbeitsverdienstes** (siehe dazu § 85 Rn. 3) berücksichtigt (§ 47 Abs. 1 Satz 1 Nr. 1). Diese Regelung tritt für das Verletztengeld an die Stelle der für das Krankengeld maßgeblichen Bemessungsgrenze (vgl. § 47 Abs. 6 SGB V). **6**

Bei Bezug von **Arbeitseinkommen** ist nach § 47 Abs. 1 Satz 1 für die Ermittlung des der Verletztengeldzahlung zugrunde zu legenden Regelentgelts der 360. Teil des im Kalenderjahr vor Eintritt der anspruchsbegründenden Voraussetzungen (vgl. § 45) erzielten Arbeitseinkommens maßgebend. Der Begriff Arbeitseinkommen ist in **§ 15 SGB IV** gesetzlich definiert. Danach ist das Arbeitseinkommen der nach den allgemeinen Gewinnermittlungsvorschriften des Einkommensteuerrechts ermittelte **Gewinn aus einer selbständigen Tätigkeit** (§ 15 Abs. 1 Satz 1 SGB IV). Die Regelung soll es zum Zwecke der Verwaltungsvereinfachung ermöglichen, den Gewinn eines selbständig Tätigen unmittelbar dem Einkommensteuerbescheid zu entnehmen.[450] Bei versicherten **7**

448 Vgl. BSG – 16.02.2005 – B 1 KR 19/03 R.
449 LSG Berlin-Brandenburg – 22.01.2009 – L 31 U 390/08.
450 BSG – 30.06.2009 – B 2 U 15/08 R.

Selbständigen, die den Versicherungsfall infolge einer Tätigkeit als Unternehmer erlitten haben, bildet allerdings nicht das Regelentgelt die Bezugsgröße für die hier vorzunehmende Berechnung des Verletztengeldes, sondern der Jahresarbeitsverdienst (vgl. § 47 Abs. 5).

8 Nach **§ 47 Abs. 1 Satz 3** sind die Unfallversicherungsträger – seit der durch das Dritte Gesetz zur Änderung des Vierten Buches Sozialgesetzbuch und anderer Gesetze vom 05.08.2010 erfolgten Änderung[451] – verpflichtet, in ihrer Satzung abweichende Bestimmungen zur Verletztengeldberechnung bei nicht kontinuierlicher Arbeitsverrichtung und -vergütung vorzusehen, die sicherstellen, dass das Verletztengeld seine Entgeltersatzfunktion erfüllt. Eine entsprechende – allerdings weiterhin fakultative (»kann«) – Regelung findet sich in § 47 Abs. 3 SGB V für das Krankengeld. Entscheidend für die Anwendung dieser Regelungen ist, dass sich Zeiten der tatsächlichen Beschäftigung und der tatsächlichen Nichtbeschäftigung abwechseln und dazu eine nicht kontinuierliche Arbeitsvergütung hinzutritt; die Voraussetzung »**nicht kontinuierliche Arbeitsverrichtung und -vergütung**« erfordert – kumulativ (»und«) – sowohl eine nicht kontinuierliche Arbeitsverrichtung als auch eine nicht kontinuierliche Arbeitsvergütung.[452] Eine nicht kontinuierliche Arbeitsverrichtung und -vergütung in diesem Sinne liegt nur dann vor, wenn erhebliche Unregelmäßigkeiten und Schwankungen sowohl hinsichtlich der Arbeitsverrichtung als auch der -vergütung gegeben sind.[453] Die meisten Berufsgenossenschaften legen der Berechnung des Regelentgelts bei nicht kontinuierlicher Arbeitsverrichtung und -vergütung die Verhältnisse aus den letzten drei vor Beginn der Arbeitsunfähigkeit abgerechneten Entgeltabrechnungszeiträumen zugrunde; bei Selbständigen wird teilweise auf die letzten drei Kalenderjahre abgestellt. Die Einzelheiten müssen der jeweils maßgeblichen Satzung entnommen werden.

3. Sonderregelungen für bestimmte Personengruppen (Abs. 2 bis 8)

9 Gemäß **§ 47 Abs. 2 Satz 1** erhalten Versicherte, die Arbeitslosengeld, Unterhaltsgeld oder Kurzarbeitergeld bezogen haben, Verletztengeld in Höhe des Krankengeldes nach § 47 a SGB V. Die Bezieher von – nicht nur darlehensweise gewährtem – ALG II erhalten nach **§ 47 Abs. 2 Satz 2** Verletztengeld in Höhe des Betrages des ALG II. Dasselbe gilt für Leistungsbezieher nach dem SGB II, sofern diese nicht nur Leistungen für Erstausstattungen für Bekleidung bei Schwangerschaft und Geburt bezogen haben.

10 Versicherte, die als Entwicklungshelfer Unterhaltsleistungen nach § 4 Abs. 1 Nr. 1 des Entwicklungshelfer-Gesetzes bezogen haben, erhalten nach **§ 47 Abs. 3** Verletztengeld in Höhe dieses Betrages.

11 Bei der Berechnung des Verletztengeldes für Versicherte, die unmittelbar vor dem Versicherungsfall Krankengeld, Verletztengeld, Versorgungskrankengeld oder Übergangsgeld bezogen haben, wird gemäß § 47 Abs. 4 von dem bisher zugrunde gelegten Regel-

451 BGBl. I 2010, 1127, 1129.
452 BSG – 30.06.2009 – B 2 U 1/08 R.
453 LSG Sachsen-Anhalt – 29.09.2010 – L 6 U 95/08.

entgelt ausgegangen. Der **unmittelbare zeitliche Anschluss** ist gegeben, wenn eine der in der Vorschrift genannten Entgeltersatzleistungen zuletzt die wirtschaftliche Lebensgrundlage des Versicherten gebildet hat; eine Lücke von beispielsweise nur sieben Kalendertagen ist insoweit unschädlich.[454]

12 Die Höhe des Verletztengeldes richtet sich bei Bezug von Arbeitsentgelt oder Arbeitseinkommen grds. gemäß § 47 Abs. 1 nach dem Regelentgelt. Abweichend hiervon ist aber in **§ 47 Abs. 5 Satz 1** bestimmt, dass Versicherte, die den Versicherungsfall infolge einer Tätigkeit als Unternehmer, mitarbeitender Ehegatte oder Lebenspartner oder nach § 6 Abs. 1 Nr. 2 Gleichgestellte erlitten haben, Verletztengeld je Kalendertag in Höhe des 450. Teils des Jahresarbeitsverdienstes erhalten. Ein Kalendermonat ist dabei mit 30 Tagen anzusetzen, wenn für einen ganzen Monat zu zahlen ist (**Satz 2**). Hierbei ist der in der Satzung festgesetzte Jahresarbeitsverdienst maßgebend (§ 83 Satz 1). Bei Berufskrankheiten ist ggf. § 84 zu beachten.

13 In **§ 47 Abs. 6** ist eine besondere Regelung zur Berechnung des Verletztengeldes bei Versicherungsfällen, die sich während eines Freiheitsentzugs ereignen, getroffen. Bei Versicherungsfällen, die bereits vor dem Haftantritt eingetreten sind, bleibt der entstandene Verletztengeldanspruch unverändert.

14 Nach **§ 47 Abs. 8** gilt die Regelung des § 90 Abs. 1 und 3 über die Neufestsetzung des Jahresarbeitsverdienstes nach voraussichtlicher Beendigung einer Schul- oder Berufsausbildung oder nach tariflichen Berufs- oder Altersstufen für das Verletztengeld entsprechend. Da § 90 in den Fällen, in denen sich das Verletztengeld nach dem Jahresarbeitsverdienst richtet, ohnehin unmittelbar Anwendung findet, kann die Formulierung in § 47 Abs. 8, die Regelung des § 90 Abs. 1 und 3 gelte für das Verletztengeld »entsprechend«, nur bedeuten, dass beispielsweise eine Anpassung an das nach Abschluss der Ausbildung voraussichtlich erzielbare Entgelt auch dann zu erfolgen hat, wenn Bemessungsgrundlage nicht der Jahresarbeitsverdienst, sondern das Regelentgelt (§ 47 Abs. 1) oder eine vor Eintritt der Arbeitsunfähigkeit bezogene Entgeltersatzleistung (§ 47 Abs. 4) war.[455] Damit erfolgt eine Gleichstellung mit denjenigen Versicherten, deren Verletztengeld nach dem Jahresarbeitsverdienst berechnet wird, für die § 90 direkt anwendbar ist (§ 81). Wegen der näheren Einzelheiten bezüglich der möglichen Neufestsetzung wird auf die Kommentierung zu § 90 verwiesen.

15 Im Übrigen erfolgt eine **jährliche Anpassung** des Verletztengeldes – nach Aufhebung des § 47 Abs. 7 durch das SGB IX vom 19.06.2001[456] – **nach § 50 SGB IX** entsprechend der Veränderung der Bruttolöhne und -gehälter (§ 68 Abs. 2 Satz 1 SGB VI). Angepasst wird nicht direkt das Verletztengeld, sondern die zugrunde liegende Bemessungsgrundlage. Der Anpassungsfaktor wird vom zuständigen Bundesministerium jeweils im Bundesanzeiger bekannt gegeben (§ 50 Abs. 3 SGB IX).

---

454 BSG – 26.06.2007 – B 2 U 23/06 R.
455 Vgl. BSG – 07.02.2006 – B 2 U 3/05 R.
456 BGBl. I 2001, 1046, 1106.

4. Hinweise für den Betriebs- und Personalrat

16 Anschauliche Berechnungsbeispiele bietet das gemeinsame **Rundschreiben** der Spitzenverbände der Krankenkassen und der Spitzenverbände der Unfallversicherungsträger zur »**Berechnung, Höhe und Zahlung des Krankengeldes und Verletztengeldes**«. Die aktuelle Fassung – vom 29. 11. 2005 – ist im Internet abrufbar unter www.vdek.com (dort: Versicherte – Leistungen – Kranken- und Verletztengeld).

§ 48 Verletztengeld bei Wiedererkrankung

Im Fall der Wiedererkrankung an den Folgen des Versicherungsfalls gelten die §§ 45 bis 47 mit der Maßgabe entsprechend, dass anstelle des Zeitpunkts der ersten Arbeitsunfähigkeit auf den der Wiedererkrankung abgestellt wird.

Regelungsinhalt

1 Mit der Regelung des § 48 soll der aktuelle Verlust des Arbeitsentgelts oder Arbeitseinkommens im Falle einer Wiedererkrankung ausgeglichen werden. Erkranken Versicherte im Laufe der Zeit wiederholt an den Folgen des Versicherungsfalls, so ist gemäß § 48 in jedem neuen Leistungsfall auf das **im Zeitpunkt der Wiedererkrankung maßgebende Bemessungsentgelt** abzustellen.[457] § 48 greift grds. nur ein, wenn Versicherte nach einem Unfall wieder arbeitsfähig geworden sind oder eine Erwerbstätigkeit aufgenommen haben. Sie dürfte weiterhin anzuwenden sein, wenn nach einer erfolgreichen Umschulung Arbeitsunfähigkeit im Umschulungsberuf besteht.[458] Hat ein Versicherter, der einen Versicherungsfall nicht als Unternehmer, sondern als Arbeitnehmer erlitten hat (§ 47 Abs. 5 also nicht anwendbar ist), unmittelbar vor einer Wiedererkrankung kein Arbeitsentgelt bezogen, weil er nicht abhängig beschäftigt war (also eine Regelentgeltberechnung nach § 47 Abs. 1 Satz 1 i. V. m. § 47 Abs. 1 und 2 SGB V nicht möglich ist), und hat er auch im Jahr zuvor kein Arbeitseinkommen erzielt (also auch eine Regelentgeltberechnung nach § 47 Abs. 1 Satz 2 ausscheidet), kommt eine Gewährung von Verletztengeld nicht in Betracht.[459] Zahlungspflichtig ist – und bleibt – der für den Versicherungsfall zuständige Unfallversicherungsträger. Gleichzeitig erzieltes Einkommen ist nach § 52 anzurechnen. Eine ggf. zustehende Verletztenrente wird in unveränderter Höhe weiter gezahlt (vgl. § 74 Abs. 2).

§ 49 Übergangsgeld

Übergangsgeld wird erbracht, wenn Versicherte infolge des Versicherungsfalls Leistungen zur Teilhabe am Arbeitsleben erhalten.

---

457 BSG – 04. 12. 2007 – B 2 U 33/06 R.
458 LSG Nordrhein-Westfalen – 23. 03. 2004 – L 15 U 285/02.
459 Vgl. LSG Sachsen – 28. 02. 2002 – L 2 U 122/00.

Regelungsinhalt

Mit § 49 wird den in der gesetzlichen Unfallversicherung Versicherten – als eine weitere Leistung zum Lebensunterhalt (vgl. § 45 Abs. 2 Nr. 1 SGB IX) – im Zusammenhang mit Leistungen zur Teilhabe am Arbeitsleben ein Anspruch auf Übergangsgeld gewährt. Das Übergangsgeld hat – ebenso wie das Verletztengeld (§ 45 Rn. 1) – **Entgeltersatzfunktion** während der Zeit der Inanspruchnahme von Leistungen zur Teilhabe am Arbeitsleben. Welche Leistungen hier im Einzelnen in Frage kommen, ergibt sich auch für den Bereich der gesetzlichen Unfallversicherung – durch den in § 35 enthaltenen Verweis (vgl. § 35 Rn. 2) – aus §§ 33 ff. SGB IX. Höhe und Berechnung des Übergangsgeldes richten sich nach den §§ 46 bis 51 SGB IX (vgl. § 50). 1

§ 50 Höhe und Berechnung des Übergangsgeldes

Höhe und Berechnung des Übergangsgeldes bestimmen sich nach den §§ 46 bis 51 des Neunten Buches, soweit dieses Buch nichts Abweichendes bestimmt; im Übrigen gelten die Vorschriften für das Verletztengeld entsprechend.

Regelungsinhalt

§ 50 verweist in Bezug auf die **Höhe und Berechnung** des Übergangsgeldes auf die entsprechenden Normen des SGB IX, welche grds. für alle Rehabilitationsträger einheitlich gelten.[460] Die Berechnung des Übergangsgeldes nach den **§§ 46 und 47 SGB IX** entspricht im Wesentlichen der Berechnung des Verletztengeldes (vgl. dazu § 47 Rn. 4 und 5). Durch **§ 48 SGB IX** ist eine Mindestsicherung des Lebensunterhalts gewährleistet. Zur Besitzstandswahrung und Verwaltungsvereinfachung normiert **§ 49 SGB IX** die Kontinuität der Bemessungsgrundlage. **§ 50 SGB IX** regelt die jährliche Anpassung des Übergangsgeldes und **§ 51 SGB IX** enthält – ähnlich wie § 45 Abs. 2 (vgl. § 45 Rn. 7) – Bestimmungen zur Weiterzahlung des Übergangsgeldes. 1

§ 52 Anrechnung von Einkommen auf Verletzten- und Übergangsgeld

Auf das Verletzten- und Übergangsgeld werden von dem gleichzeitig erzielten Einkommen angerechnet

1. **beitragspflichtiges Arbeitsentgelt oder Arbeitseinkommen, das bei Arbeitnehmern um die gesetzlichen Abzüge und bei sonstigen Versicherten um 20 vom Hundert vermindert ist; dies gilt nicht für einmalig gezahltes Arbeitsentgelt,**
2. **Mutterschaftsgeld, Versorgungskrankengeld, Unterhaltsgeld, Kurzarbeitergeld, Arbeitslosengeld, nicht nur dahrlehensweise gewährtes Arbeitslosengeld II; dies gilt auch, wenn Ansprüche auf Leistungen nach dem Dritten Buch, die wegen einer Sperrzeit ruhen oder das Arbeitslosengeld II nach § 31 des Zweiten Buches abgesenkt worden ist.**

---

460 Vgl. dazu Reyels in jurisPK-SGB IX, § 45 Rn. 51.

Regelungsinhalt

1 § 50 verweist nur auf die §§ 46 bis 51 SGB IX, daher ist die Vorschrift des **§ 52 SGB IX** über die Einkommensanrechnung bei dem nach dem Recht der gesetzlichen Unfallversicherung zu zahlenden Übergangsgeld **nicht anwendbar**. Die Lücke wird im SGB VII durch § 52 geschlossen, der die **Einkommensanrechnung** nicht nur für das Übergangsgeld, sondern auch für das Verletztengeld regelt. Damit soll eine Überversorgung der Versicherten verhindert werden, sofern diese neben der wegen des Versicherungsfalls gezahlten Entgeltersatzleistung noch anderweitige Einkünfte erzielen. In der Vorschrift sind die Einkünfte, welche auf das Verletztengeld sowie das Übergangsgeld angerechnet werden, **abschließend** aufgezählt.

2 Anzurechnen ist zunächst gleichzeitig erzieltes – beitragspflichtiges – Arbeitsentgelt oder Arbeitseinkommen (**Nr. 1**). Ausdrücklich ausgenommen ist allerdings einmalig gezahltes Arbeitsentgelt. Auszugehen ist dabei von den Nettobezügen – also bei Arbeitnehmern von dem um die gesetzlichen Abzüge verminderten Arbeitsentgelt; bei anderen Versicherten werden pauschal 20 % abgezogen. Darüber hinaus sind – nur noch (Rn. 1) – die in **Nr. 2** ausdrücklich genannten Sozialversicherungsleistungen anzurechnen.

Zweiter Abschnitt
Renten, Behilfen, Abfindungen

Erster Unterabschnitt
Renten an Versicherte

§ 56 Voraussetzungen und Höhe des Rentenanspruchs

(1) Versicherte, deren Erwerbsfähigkeit infolge eines Versicherungsfalls über die 26. Woche nach dem Versicherungsfall hinaus um wenigstens 20 vom Hundert gemindert ist, haben Anspruch auf eine Rente. Ist die Erwerbsfähigkeit infolge mehrerer Versicherungsfälle gemindert und erreichen die Vomhundertsätze zusammen wenigstens die Zahl 20, besteht für jeden, auch für einen früheren Versicherungsfall, Anspruch auf Rente. Die Folgen eines Versicherungsfalls sind nur zu berücksichtigen, wenn sie die Erwerbsfähigkeit um wenigstens 10 vom Hundert mindern. Den Versicherungsfällen stehen gleich Unfälle oder Entschädigungsfälle nach den Beamtengesetzen, dem Bundesversorgungsgesetz, dem Soldatenversorgungsgesetz, dem Gesetz über den zivilen Ersatzdienst, dem Gesetz über die Abgeltung von Besatzungsschäden, dem Häftlingshilfegesetz und den entsprechenden Gesetzen, die Entschädigung für Unfälle oder Beschädigungen gewähren.

(2) Die Minderung der Erwerbsfähigkeit richtet sich nach dem Umfang der sich aus der Beeinträchtigung des körperlichen und geistigen Leistungsvermögens ergebenden verminderten Arbeitsmöglichkeiten auf dem gesamten Gebiet des Erwerbslebens. Bei jugendlichen Versicherten wird die Minderung der Erwerbsfähigkeit nach den Aus-

wirkungen bemessen, die sich bei Erwachsenen mit gleichem Gesundheitsschaden ergeben würden. Bei der Bemessung der Minderung der Erwerbsfähigkeit werden Nachteile berücksichtigt, die die Versicherten dadurch erleiden, dass sie bestimmte von ihnen erworbene besondere berufliche Kenntnisse und Erfahrungen infolge des Versicherungsfalls nicht mehr oder nur noch in vermindertem Umfang nutzen können, soweit solche Nachteile nicht durch sonstige Fähigkeiten, deren Nutzung ihnen zugemutet werden kann, ausgeglichen werden.

(3) Bei Verlust der Erwerbsfähigkeit wird Vollrente geleistet; sie beträgt zwei Drittel des Jahresarbeitsverdienstes. Bei einer Minderung der Erwerbsfähigkeit wird Teilrente geleistet; sie wird in der Höhe des Vomhundertsatzes der Vollrente festgesetzt, der dem Grad der Minderung der Erwerbsfähigkeit entspricht.

Inhaltsübersicht Rn.

1. Regelungsinhalt

§ 56 enthält die **Anspruchsvoraussetzungen für die** Zahlung der nach einem Versicherungsfall zu zahlenden **Verletztenrente**. Diese wird nach § 56 Abs. 1 Satz 1 gewährt, wenn die Minderung der Erwerbsfähigkeit (MdE) 20 v. H. beträgt. Bei zwei (oder mehreren) Versicherungsfällen wird Verletztenrente gemäß § 56 Abs. 1 Satz 2 bereits gezahlt, wenn die MdE für jeden einzelnen Versicherungsfall jeweils 10 v. H. (§ 56 Abs. 1 Satz 3) bedingt, so dass ebenso insgesamt eine MdE von (mindestens) 20 v. H. erreicht wird. Hierbei sind (auch) Entschädigungsfälle nach (bestimmten) anderen Gesetzen zu berücksichtigen (§ 56 Abs. 1 Satz 4). Hierbei sind die Folgen verschiedener Versicherungsfälle jeweils gegeneinander abzugrenzen; die Bildung einer Gesamt-MdE kommt nicht in Betracht.[461] 1

Entschädigt wird nicht der durch den Versicherungsfall hervorgerufene Körperschaden, sondern die sich daraus ergebende **Einschränkung der Erwerbsfähigkeit**. Die **MdE** hängt nach § 56 Abs. 2 Satz 1 von zwei Faktoren ab: zum einen von den verbliebenen Beeinträchtigungen des körperlichen und geistigen Leistungsvermögens und zum anderen vom Umfang der dadurch verschlossenen Arbeitsmöglichkeiten im gesamten Erwerbsleben. Dabei spielt es keine Rolle, ob Versicherte durch die Folgen eines Versicherungsfalls überhaupt eine Verdiensteinbuße erleiden oder gar ihren Arbeitsplatz verlieren. Verletztenrente aus der gesetzlichen Unfallversicherung ist eine **abstrakt berechnete Verdienstausfallentschädigung** zur Sicherung des Lebensunterhalts.[462] Nur in eng be- 2

461 LSG Berlin-Brandenburg – 26.04.2012 – L 2 U 100/11.
462 BVerfG – 16.03.2011 – 1 BvR 591/08, 1 BvR 593/08; LSG Baden-Württemberg – 24.10.2011 – L 11 KR 4422/11 ER-B.

grenzten Ausnahmefällen ist die Berücksichtigung einer besonderen beruflichen Betroffenheit möglich (§ 56 Abs. 2 Satz 3). Bei Jugendlichen ist in Bezug auf die MdE darauf abzustellen, welche Auswirkungen ein entsprechender Gesundheitsschaden bei einem Erwachsenen hätte (§ 56 Abs. 2 Satz 2).

3 Die **Rentenhöhe** beträgt nach § 56 Abs. 3 Satz 1 bei Verlust der Erwerbsfähigkeit – als Vollrente – zwei Drittel des Jahresarbeitsverdienstes (siehe dazu §§ 81 ff.). Bei nur teilweiser Erwerbsminderung ist – als Teilrente – ein der MdE entsprechender Prozentsatz zu zahlen (§ 56 Abs. 3 Satz 2).

4 Während der ersten drei Jahre nach dem Versicherungsfall wird die Rente zunächst als vorläufige Entschädigung gewährt, innerhalb dieses Zeitraumes ist jederzeit eine Änderung ohne Rücksicht auf die Dauer der Veränderung möglich (vgl. § 62 Abs. 1). Spätestens mit Ablauf des dritten Jahres wird die Rente auf unbestimmte Zeit (Dauerrente) festgestellt (vgl. § 62 Abs. 2). Die Rentenzahlung erfolgt monatlich (vgl. § 96 Abs. 1) und beginnt grds. nach Ende der Verletztengeldzahlung (vgl. § 72 Abs. 1). Eine solche Rente kann bei einer wesentlichen Änderung zuungunsten der Versicherten nur in jährlichen Abständen neu festgestellt werden (vgl. § 74 Abs. 1). Vor einer Rentenherabsetzung hat eine Anhörung (§ 24 SGB X) zu erfolgen. Eine Änderung ist dabei nur dann beachtlich, wenn sie mehr als 5 v.H. – also mindestens 10 v.H. – ausmacht und länger als drei Monate andauert (vgl. § 73 Abs. 3). Auf Antrag kann die Verletztenrente auch abgefunden werden (siehe dazu §§ 76 ff.).

2. Anspruchsvoraussetzungen (Abs. 1)

5 **§ 56 Abs. 1 Satz 1** legt die grds. zu erfüllenden **Mindestvoraussetzungen** für den Anspruch auf Verletztenrente in zeitlicher und inhaltlicher Hinsicht fest. Zeitlich ist nach dem eindeutigen Gesetzeswortlaut nur eine Minderung der Erwerbsfähigkeit relevant, die **über die 26. Woche nach dem Versicherungsfall hinaus** vorliegt. Inhaltlich ist **eine MdE von mindestens 20 v. H.** erforderlich, um einen Rentenanspruch zu begründen. Der Gesetzgeber geht davon aus, dass ansonsten typischerweise kein bedeutsamer Verdienstausfall vorliegt. Unbilligkeiten, die dadurch entstehen können, dass Versicherte ggf. durch die Summierung von Folgen mehrerer Versicherungsfälle beeinträchtigt sind, werden durch die Ausnahmevorschrift des **§ 56 Abs. 1 Satz 2** aufgefangen. Danach ist eine geringere MdE auch dann beachtlich, wenn diese zusammen mit einer weiteren MdE zusammen wenigstens den Mindestvomhundertsatz von 20% erreicht. In diesen Fällen besteht dann für jeden dieser Versicherungsfälle ein entsprechender Rentenanspruch (sog. **Stützrente**). Berücksichtigt werden hier allerdings nur solche Fälle mit einer MdE von jeweils mindestens 10 v. H. (**§ 56 Abs. 1 Satz 3**). Hierbei sind allerdings nicht nur Versicherungsfälle nach dem SGB VII berücksichtigungsfähig; nach der in **§ 56 Abs. 1 Satz 4** getroffenen Regelung werden daneben auch Unfälle bzw. Entschädigungsfälle nach bestimmten – im einzelnen aufgeführten – weiteren Gesetzen mit einbezogen. Bei diesen gleichgestellten Stützfällen handelt es sich um Entschädigungsfälle mit vergleichbarer Schutzfunktion. Die Feststellung eines GdB (Grad der Behinderung) nach dem SGB IX ist hingegen in diesem Zusammenhang ohne Bedeutung.

3. Minderung der Erwerbsfähigkeit (MdE)

3.1 Maßstab für die MdE (Abs. 2 Satz 1)

Die MdE richtet sich gemäß **§ 56 Abs. 2 Satz 1** nach dem Umfang der sich aus der Beeinträchtigung des körperlichen und geistigen Leistungsvermögens ergebenden verminderten **Arbeitsmöglichkeiten auf dem gesamten Gebiet des Erwerbslebens.** Die Bemessung der MdE – ausgedrückt in Vomhundertsätzen – hängt damit also von zwei Faktoren ab: Den verbliebenen Beeinträchtigungen des körperlichen und geistigen Leistungsvermögens und dem Umfang der dadurch verschlossenen Arbeitsmöglichkeiten. Entscheidend ist **nicht der Gesundheitsschaden als solcher**, sondern vielmehr der **Funktionsverlust** unter medizinischen, juristischen, sozialen und wirtschaftlichen Gesichtspunkten.[463] Maßgebend ist der durch einen Versicherungsfall bedingte **Verlust an Erwerbsmöglichkeiten** auf dem allgemeinen Arbeitsmarkt. Um das Vorliegen einer MdE beurteilen zu können, ist daher zunächst zu fragen, ob das aktuelle körperliche oder geistige Leistungsvermögen beeinträchtigt ist; in einem zweiten Schritt ist sodann zu klären, ob und in welchem Umfang dadurch die Arbeitsmöglichkeiten der versicherten Person auf dem gesamten Gebiet des Erwerbslebens vermindert werden.[464] Dabei kommt es nicht auf eine konkrete Beeinträchtigung im tatsächlich ausgeübten Beruf an; die MdE ist vielmehr abstrakt zu berechnen.[465] Abzustellen ist hierbei auf die individuelle Erwerbsfähigkeit der Versicherten vor Eintritt des Versicherungsfalls. Bestanden bei Versicherten bereits vor dem Versicherungsfall gesundheitliche – auch altersbedingte – Beeinträchtigungen der Erwerbsfähigkeit (sog. Vorschäden), sind diese zu berücksichtigen, wenn die Folgen des Versicherungsfalles durch die Vorschäden beeinflusst werden.[466] Typischerweise ist eine derartige Beeinflussung anzunehmen, wenn durch zwei Schäden bzw. Erkrankungen dasselbe Organ oder dieselbe Körperfunktion betroffen ist, was insbesondere bei paarigen Organen – wie Augen oder Ohren bzw. Armen und Beinen – anzunehmen ist. Es liegt aber auch auf der Hand, dass eine wechselseitige Beeinflussung von Vorschäden und Unfallschäden mit Auswirkungen auf das körperliche und geistige Leistungsvermögen und damit auf die Arbeitsmöglichkeiten im allgemeinen Erwerbsleben auch in anderen Fallgestaltungen berücksichtigt werden müssen.[467] Für die Bewertung der MdE ist also nicht auf eine (vorher) gesunde Vergleichsperson abzustellen; die vor dem Versicherungsfall vorhandene Erwerbsfähigkeit ist auch bei Vorschäden mit 100 % einzusetzen. Ein vorgeschädigter Mensch ist durch die Auswirkungen eines Versicherungsfalls schließlich in der Regel auch stärker betroffen als ein bis dahin Gesunder. Bei vergleichbaren Folgen eines Versicherungsfalls ist die MdE daher grundsätzlich umso höher, je geringer das Leistungsvermögen aufgrund der Vorschäden bei Eintritt des Versicherungs- 6

463 BSG – 22.06.2004 – B 2 U 14/03 R.
464 BSG – 18.01.2011 – B 2 U 5/10 R.
465 LSG Bayern – 20.06.2012 – L 2 U268/07.
466 LSG Thüringen – 08.03.2012 – L 1 U 594/10).
467 BSG – 05.09.2006 – B 2 U 25/05 R.

falls war. Sind die funktionellen Auswirkungen eines Vorschadens allerdings – ganz oder teilweise – dieselben wie die durch den Versicherungsfall verursachten, so kann die MdE auch geringer sein als bei einem nicht vorgeschädigten Menschen.

7 Die MdE kann ohnehin nicht genau bestimmt, sondern nur annäherungsweise geschätzt werden. Neben der Feststellung der Beeinträchtigung des Leistungsvermögens ist hierbei die Anwendung medizinischer sowie sonstiger **Erfahrungssätze** über die Auswirkungen bestimmter körperlicher und seelischer Beeinträchtigungen auf die verbliebenen Arbeitsmöglichkeiten im gesamten Erwerbsleben erforderlich. Bei der Beurteilung der MdE sind die meist in jahrzehntelanger Entwicklung von der Rechtsprechung und von dem versicherungsrechtlichen sowie versicherungsmedizinischen Schrifttum herausgearbeiteten allgemeinen Erfahrungssätze zu beachten, welche – wenn auch nicht bindend[468] – die Grundlage für eine gleiche und gerechte Bewertung der MdE in den zahlreichen Parallelfällen der täglichen Praxis bilden.[469]

8 In der gesetzlichen Unfallversicherung haben sich im Laufe der Zeit bei einer Vielzahl von Unfallfolgen und Berufskrankheiten für die Schätzung der MdE Erfahrungswerte herausgebildet. Sie sind in Form von **Rententabellen oder Empfehlungen** zusammengefasst und dienen als Anhaltspunkte für die MdE-Einschätzung im Einzelfall. Die in den Tabellen und Empfehlungen enthaltenen Richtwerte bilden in der Regel die Basis für einen Vorschlag, den der medizinische Sachverständige zur Höhe der MdE unterbreitet, und gewährleisten, dass alle Betroffenen bei der medizinischen Begutachtung nach einheitlichen Kriterien beurteilt werden Den Empfehlungen kommt damit nicht der Rechtscharakter einer Norm zu, sie können aber als **antizipierte Sachverständigengutachten** angesehen werden.[470] Die Bewertung der Höhe der MdE ist allerdings letztlich eine Rechtsfrage, bei der weder die Gerichte noch die Unfallversicherungsträger an die Schätzungen der medizinischen Sachverständigen gebunden sind.[471] Entsprechende MdE-Erfahrungswerte finden sich beispielsweise in Schönberger/Mehrtens/Valentin »Arbeitsunfall und Berufskrankheit« oder Mehrhoff/Meindl/Muhr »Unfallbegutachtung« sowie in dem Handkommentar »Gesetzliche Unfallversicherung« von Bereiter-Hahn/Mehrtens (Anhang 12). Die bis zum 31.12.2008 geltenden »Anhaltspunkte für die ärztliche Gutachtertätigkeit im sozialen Entschädigungsrecht und nach dem Schwerbehindertenrecht (Teil 2 SGB IX)«, welche ab dem 01.01.2009 durch die als Anlage zu § 2 der Versorgungsmedizin-Verordnung vom 10.12.2008 erlassenen »Versorgungsmedizinischen Grundsätze« ersetzt wurden, können zur Bewertung der MdE allerdings nicht herangezogen werden, da diese sich – entsprechend dem gesetzlichen Auftrag (vgl. § 30 Abs. 1 Satz 1 BVG und § 2 As. 1 SGB IX) – an den Auswirkungen von Funktionsbeeinträchtigungen in allen Lebensbereichen und nicht nur an den Einschränkungen im allgemeinen Erwerbsleben orientieren.[472] Wegen der unterschiedlichen Zielsetzung der abstrakten Schadens-

---

468 LSG Bayern – 08.02.2012 – L 2 U 80/10.
469 BSG – 02.05.2001 – B 2 U 24/00 R.
470 BSG – 02.05.2001 – B 2 U 24/00 R.
471 LSG Bayern – 20.06.2012 – L 2 U 224/11.
472 BSG – 22.06.2004 – B 2 U 14/03 R; BSG – 15.02.2001 – B 2 U 23/01 B; vgl. auch BSG – 17.03.1992 – 2 RU 30/91.

berechnung in der gesetzlichen Unfallversicherung und der Feststellungen im sozialen Entschädigungsrecht kann aus den dort teilweise anzutreffenden höheren Werten für die Bemessung von Verletzungsfolgen auch kein Verstoß gegen den verfassungsrechtlichen Gleichheitsgrundsatz abgeleitet werden.[473]

Bei der Bewertung der MdE ist auch für den Bereich psychischer Störungen auf die Funktionsstörungen und deren Auswirkungen auf das Leistungsvermögen im Erwerbsleben abzustellen.[474] Allgemeine, diffuse und unqualifizierte Störungen des körperlichen Wohlbefindens können nicht berücksichtigt werden; nicht der **Schmerz** selber, sondern nur seine Wirkungen auf die Erwerbsfähigkeit können in die Bewertung einfließen.[475] Für eine Art »Risikozuschlag« oder »Gefährdungs-MdE« wegen der **Prognoseunsicherheiten** hinsichtlich der Entwicklung der Krankheit ist in der auf die verminderten Arbeitsmöglichkeiten bezogenen MdE-Schätzung in der gesetzlichen Unfallversicherung kein Raum, weil auf die Beeinträchtigung des körperlichen und geistigen Leistungsvermögens im Zeitpunkt der Entscheidung abzustellen ist und erst in Zukunft möglicherweise eintretende Schäden grds. nicht zu berücksichtigen sind.[476] Allerdings ist bei zu Rezidiven neigenden Erkrankungen eine schon bestehende **Rückfallgefahr**, die bereits vor dem Eintritt des eigentlichen Rückfalls die Erwerbsfähigkeit mindert, bei der Bemessung der gegenwärtigen MdE durchaus zu berücksichtigen.[477] Da es sich bei der Bewertung der MdE um eine **Schätzung** handelt, sind Abweichungen in der Regel rechtlich unbeachtlich, wenn sie nicht mehr als 5 v. H. (»natürliche Schwankungsbreite«) betragen.[478] 9

3.2 MdE bei Jugendlichen (Abs. 2 Satz 2)

§ 56 Abs. 2 Satz 2 stellt klar, dass auch **bei Jugendlichen** die MdE entsprechend der durch den Versicherungsfall zu erwartenden Beeinträchtigungen im Erwerbsleben zu beurteilen ist. Dies schließt es aber nicht aus, insoweit ggf. vorhandene besondere Auswirkungen gerade auf den jugendlichen Organismus mit einzubeziehen und die MdE z. B. höher zu bewerten, wenn die körperliche Entwicklung über den eigentlichen Körperschaden hinaus ungünstig beeinflusst wird. Diese Vorschrift ist – über ihren Wortlaut hinaus – **auch auf Kinder anwendbar.** 10

3.3 Besondere berufliche Betroffenheit (Abs. 2 Satz 3)

Nach **§ 56 Abs. 2 Satz 3** sind bei der MdE-Bemessung solche Nachteile berücksichtigt worden, die dadurch entstehen, dass Versicherte bestimmte erworbene besondere berufliche Kenntnisse und Erfahrungen nicht mehr oder nur noch vermindert nutzen können, wenn diese Nachteile nicht durch sonstige Fähigkeiten ausgeglichen werden, deren Nut- 11

473 So schon das BSG – 26. 06. 1985 – 2 RU 60/84; ebenso BSG – 26. 11. 1987 – 2 RU 22/87.
474 LSG Bayern – 15. 03. 2011 – L 3 U 252/10.
475 LSG Bayern – 13. 04. 2011 – L 2 U 343/08.
476 LSG Baden-Württemberg – 29. 02. 2012 – L 3 U 154/11.
477 BSG – 22. 06. 2004 – B 2 U 14/03 R.
478 LSG Bayern – 22. 02. 2011 – L 17 U 39/10.

zung zumutbar ist. Dies setzt zunächst voraus, dass Versicherte vor dem Versicherungsfall **besondere berufliche Kenntnisse und Erfahrungen** erworben haben. Bei diesen besonderen Kenntnissen und Erfahrungen handelt es sich nur um solche berufsspezifischen Fertigkeiten, die sich von den üblichen dadurch abheben, dass sie durch eine spezielle Ausbildung oder eine vorhandene Begabung und meist jahrelange Übung angeeignet worden sind und für einen anderen Beruf nicht verwertbar sind. Besonders in diesem Sinne sind nur ungewöhnliche – nicht schon die durch eine allgemeine Berufsausbildung vermittelten – Fertigkeiten.[479] Weiter setzt die Vorschrift voraus, dass Versicherte diese speziellen berufsspezifischen Fertigkeiten **nicht mehr oder nur noch in vermindertem Umfang nutzen** können. Die Möglichkeit zur Nutzung besonderer beruflicher Kenntnisse und Erfahrungen ist aber nicht allein schon deshalb eingeschränkt oder ausgeschlossen, weil Versicherte ihren erlernten Beruf infolge des Versicherungsfalls nicht mehr oder nur eingeschränkt ausüben können.[480] Es ist hier nicht allein auf den bisher konkret ausgeübten Beruf abzustellen, es sind auch ähnliche bzw. verwandte Beschäftigungsalternativen zu berücksichtigen. Schließlich kommt eine Erhöhung der MdE nach § 56 Abs. 2 Satz 3 nur in Betracht, wenn diese Nachteile **nicht durch sonstige Fähigkeiten ausgeglichen** werden, deren Nutzung – z. B. durch eine Umschulung – zumutbar ist.

12 § 56 Abs. 2 Satz 3 lässt **keine allgemeine Berücksichtigung einer besonderen beruflichen Betroffenheit** – etwa entsprechend den Grundsätzen des § 30 Abs. 2 BVG – zu. Die eine Höherbewertung der MdE rechtfertigenden Nachteile liegen im Rahmen des § 56 Abs. 2 Satz 3 nur dann vor, wenn unter Wahrung des in der gesetzlichen Unfallversicherung geltenden Grundsatzes der abstrakten Schadensberechnung die Nichtberücksichtigung von Ausbildung und Beruf bei der Bewertung der MdE im Einzelfall zu einer **unbilligen Härte** führen würde. Selbst wenn Verletzte ihren erlernten Beruf in Folge des Versicherungsfalles nicht mehr ausüben können, muss dies daher nicht zwangsläufig zu einer Erhöhung der MdE nach § 56 Abs. 2 Satz 3 führen.[481] Bei der Prüfung, ob die Voraussetzungen eines besonderen beruflichen Betroffenseins vorliegen, sind **strenge Maßstäbe** anzulegen. Die erforderlichen Nachteile liegen nur dann vor, wenn eine gezielte Fähigkeit, die quasi zum Lebensberuf geworden ist, unfallbedingt nicht mehr ausgeübt werden kann.[482] Wesentliche Merkmale für die Beurteilung der Frage, ob eine höhere Bewertung der MdE zur Vermeidung unbilliger Härten gerechtfertigt ist, sind insbesondere das Alter der Versicherten, die Dauer der Ausbildung sowie vor allem die Dauer der Ausübung der speziellen beruflichen Tätigkeit und auch den Umstand, dass die bisher verrichtete Tätigkeit eine günstige Stellung im Erwerbsleben gewährleistete. Aus diesen Merkmalen und den außerdem zu beachtenden sonstigen besonderen Umständen des Einzelfalles kann sich eine höhere Bewertung der MdE nach § 56 Abs. 2 Satz 3 ergeben, wenn Versicherte die ihnen nach dem Versicherungsfall verbliebenen Kenntnisse und Fähigkeiten nur noch unter Inkaufnahme eines unzumutbaren sozialen Abstiegs verwerten können.[483]

---

479 LSG Sachsen-Anhalt – 22.12.2011 – L 6 U 88/07.
480 BSG – 30.06.2009 – B 2 U 3/08 R.
481 BSG – 05.09.2006 – B 2 U 25/05 R.
482 LSG Berlin-Brandenburg – 28.08.2008 – L 31 U 387/08.
483 LSG Berlin-Brandenburg – 19.05.2011 – L 2 U 142/10.

4. Rentenhöhe (Abs. 3)

Bei Verlust der Erwerbsfähigkeit – also einer MdE von 100 v. H. – wird gemäß § 56 Abs. 3 Satz 1 **Vollrente** in Höhe von zwei Drittel des – nach den §§ 81 ff. berechneten – Jahresarbeitsverdienstes gezahlt. Sofern die MdE weniger als 100 v. H. beträgt, wird **Teilrente** gezahlt. Diese wird in Höhe des der MdE entsprechenden Prozentsatzes festgesetzt (§ 56 Abs. 3 Satz 2). **13**

§ 57 Erhöhung der Rente bei Schwerverletzten

Können Versicherte mit Anspruch auf eine Rente nach einer Minderung der Erwerbsfähigkeit von 50 vom Hundert oder mehr oder auf mehrere Renten, deren Vomhundertsätze zusammen wenigstens die Zahl 50 erreichen (Schwerverletzte), infolge des Versicherungsfalls einer Erwerbstätigkeit nicht mehr nachgehen und haben sie keinen Anspruch auf Rente aus der gesetzlichen Rentenversicherung, erhöht sich die Rente um 10 vom Hundert.

Regelungsinhalt

1 § 57 bezweckt eine Verbesserung der Situation von Versicherten, die wegen der Schwere der durch einen Versicherungsfall erlittenen Verletzungen keiner Erwerbstätigkeit mehr nachgehen können und deren Lebensunterhalt auch nicht durch die gesetzliche Rentenversicherung gesichert ist. Der Anspruch auf Erhöhung der Rente nach § 57 setzt voraus, dass der Versicherte

- Schwerverletzter ist (MdE mindestens 50 v. H.),
- infolge des Versicherungsfalls keiner Erwerbstätigkeit mehr nachgehen kann und
- keinen Anspruch auf Rente aus der gesetzlichen Rentenversicherung hat.

Sind diese **Voraussetzungen** erfüllt, so ist der Zahlbetrag der Verletztenrente(n) um 10 v. H. zu erhöhen.

2 § 57 enthält eine Legaldefinition des Begriffs **Schwerverletzter**. Dies sind Versicherte mit Anspruch auf Rente nach einer MdE von 50 v. H. infolge eines Versicherungsfalls oder mehrerer Versicherungsfälle (vgl. § 56 Abs. 1 Satz 2 und 3). Auch abgefundene Renten sind hierbei heranzuziehen. Es sind allerdings nur die Renten aus der gesetzlichen Unfallversicherung zu berücksichtigen, nicht hingegen solche aufgrund der in § 56 Abs. 1 Satz 4 genannten Gleichstellungstatbestände.

3 Weitere Voraussetzung für die Rentenerhöhung nach § 57 ist, dass der Versicherte infolge eines Versicherungsfalles **keiner Erwerbstätigkeit mehr nachgehen kann**. Gemeint ist damit eine dauerhafte Unfähigkeit, durch eine berufliche Tätigkeit Arbeitsentgelt oder Arbeitseinkommen zu erzielen, der Versicherte muss also **unfallbedingt** – voraussichtlich – endgültig und vollständig aus dem Erwerbsleben ausgeschieden sein.[484] Diese Voraussetzung ist nicht gleichbedeutend mit dem Begriff der »vollen Erwerbsminderung« i. S. d. § 43 Abs. 2 Satz 2 SGB VI, sondern strenger als in der gesetzlichen Rentenversiche-

484 LSG Nordrhein-Westfalen – 02.07.2008 – L 17 U 264/05.

rung. Hätte der Gesetzgeber auf § 43 Abs. 2 Satz 2 SGB VI abstellen wollen, hätte er dies durch einen schlichten Verweis bewirken können, was er aber nicht getan hat.[485]

4 Wird – trotz des Ausscheidens aus dem Erwerbsleben – **keine Rente aus der gesetzlichen Rentenversicherung** gezahlt, ist der Versicherte auf die Verletztenrente aus der gesetzlichen Unfallversicherung angewiesen. Daher erfolgt in diesem Fall eine Erhöhung der Rente(n) um 10 %. Erhöhungsschädlich ist allerdings bereits allein das Bestehen eines Anspruchs auf Rente aus der gesetzlichen Rentenversicherung, ob diese Rente auch tatsächlich gezahlt wird, ist hingegen unerheblich.

§ 58 Erhöhung der Rente bei Arbeitslosigkeit

Solange Versicherte infolge des Versicherungsfalls ohne Anspruch auf Arbeitsentgelt oder Arbeitseinkommen sind und die Rente zusammen mit dem Arbeitslosengeld oder dem Arbeitslosengeld II nicht den sich aus § 46 Abs. 1 des Neunten Buches ergebenden Betrag des Übergangsgeldes erreicht, wird die Rente längstens für zwei Jahre nach ihrem Beginn um den Unterschiedsbetrag erhöht. Der Unterschiedsbetrag wird bei dem Arbeitslosengeld II nicht als Einkommen berücksichtigt. Satz 1 gilt nicht, solange Versicherte Anspruch auf weiteres Erwerbsersatzeinkommen (§ 18 a Abs. 3 des Vierten Buches) haben, das zusammen mit der Rente das Übergangsgeld erreicht. Wird Arbeitslosengeld II nur darlehensweise gewährt oder erhält der Versicherte nur Leistungen nach § 24 Absatz 3 Satz 1 des Zweiten Buches, finden die Sätze 1 und 2 keine Anwendung.

Regelungsinhalt

1 § 58 sieht für Versicherte, die infolge eines Versicherungsfalls ohne Arbeitsentgelt oder Arbeitseinkommen sind, einen – auf zwei Jahre befristeten – Anspruch auf Erhöhung der Verletztenrente vor, sofern diese – zusammen mit dem daneben bezogenen Arbeitslosengeld oder Arbeitslosengeld II – geringer ist als der sich aus § 45 Abs. 1 SGB IX ergebende Betrag des Übergangsgeldes. Der Anspruch auf Erhöhung der Rente nach **§ 58 Satz 1** setzt voraus, dass der Versicherte infolge eines Versicherungsfalls ohne Anspruch auf Arbeitsentgelt oder Arbeitseinkommen ist, dass er noch nicht endgültig aus dem Erwerbsleben ausgeschieden ist und dass die Verletztenrente und das Arbeitslosengeld bzw. Arbeitslosengeld II zusammen unter dem Betrag des Übergangsgeldes nach § 46 Abs. 1 SGB IX bleibt. Ist dies der Fall, wird die Verletztenrente um den entsprechenden **Differenzbetrag** angehoben, allerdings maximal für die Zeitdauer von zwei Jahren.

2 Nach **§ 58 Satz 2** wird der nach § 58 Satz 1 zu zahlende Unterschiedsbetrag nicht auf das ALG II angerechnet. Damit wird sichergestellt, dass der Betrag dem Versicherten auch tatsächlich zugutekommt. Solange Anspruch auf weiteres Erwerbsersatzeinkommen i. S. d. § 18 a Abs. 3 SGB IV besteht und dieses zusammen mit der Rente den Betrag des Übergangsgeldes erreicht, liegt die entsprechende Bedarfslage nicht vor, so dass dann auch keine Zahlung des Differenzbetrages erfolgt (**§ 58 Satz 3**). § 58 Satz 1 und 2 finden in den

485 BSG – 27. 10. 2009 – B 2 U 30/08 R.

Fällen keine Anwendung, in denen Versicherte ALG II nur als Darlehen beziehen oder nur Leistungen nach § 24 Abs. 3 Satz 1 SGB II erhalten (**§ 58 Satz 4**). Mit dieser offenbar verunglückten Formulierung[486] kann sinnvollerweise nur gemeint sein, dass ein darlehensweise gewährtes ALG II sowie eventuelle Leistungen nach § 24 Abs. 3 Satz 1 SGB II bei der Berechnung nach § 58 Satz 1 nicht herangezogen werden, also keine Verringerung des Differenzbetrages bewirken, jedoch als Einkommen bei der Leistungsberechnung des ALG II berücksichtigt werden.

§ 59 Höchstbetrag bei mehreren Renten

(1) Beziehen Versicherte mehrere Renten, so dürfen diese ohne die Erhöhung für Schwerverletzte zusammen zwei Drittel des höchsten der Jahresarbeitsverdienste nicht übersteigen, die diesen Renten zugrunde liegen. Soweit die Renten den Höchstbetrag übersteigen, werden sie verhältnismäßig gekürzt.

(2) Haben Versicherte eine Rentenabfindung erhalten, wird bei der Feststellung des Höchstbetrages nach Absatz 1 die der Abfindung zugrunde gelegte Rente so berücksichtigt, wie sie ohne die Abfindung noch zu zahlen wäre.

Regelungsinhalt

Nach § 59 Abs. 1 ist – **bei Bezug mehrerer Renten** – eine anteilige Kürzung von Renten aus der gesetzlichen Unfallversicherung vorzunehmen, wenn diese – zusammen – zwei Drittel des höchsten Jahresarbeitsverdienstes übersteigen, wobei allerdings eine Erhöhung für Schwerverletzte (vgl. § 57) unberücksichtigt bleibt. Bei dieser Berechnung werden auch ggf. Rentenabfindungen – nach Maßgabe des § 59 Abs. 2 – einbezogen. Sofern hier Renten von unterschiedlichen Unfallversicherungsträgern gewährt werden, sind diese jeweils anteilig zu kürzen. Vor Erlass eines entsprechenden Kürzungsbescheides ist der Versicherte nach § 24 SGB X anzuhören. 1

§ 60 Minderung bei Heimpflege

Für die Dauer einer Heimpflege von mehr als einem Kalendermonat kann der Unfallversicherungsträger die Rente um höchstens die Hälfte mindern, soweit dies nach den persönlichen Bedürfnissen und Verhältnissen der Versicherten angemessen ist.

Regelungsinhalt

§ 60 räumt den Unfallversicherungsträgern die Möglichkeit ein, eine Verletztenrente bis zur Hälfte zu kürzen, wenn diese mit einer – mindestens einen Monat dauernden – Heimpflege (vgl. § 44 Rn. 12) zusammentrifft. Den Unfallversicherungsträgern ist insoweit **Ermessen** eingeräumt. Bei der Prüfung der Frage, ob und in wieweit eine Minderung der Verletztenrente bei entsprechender Heimpflege gemäß § 60 den persönlichen Bedürfnissen und Verhältnissen der Versicherten angemessen ist, kommt es neben der Höhe des 1

486 Ricke in Kasseler Kommentar Sozialversicherungsrecht, § 58 SGB VII Rn. 8.

Einkommens insbesondere darauf an, welche Fixkosten ungeachtet der Heimunterbringung weiter laufen, ob Versicherte verheiratet sind oder Kinder haben, wie die Einkommensverhältnisse der übrigen Familienmitglieder sind und welche sonstigen Verpflichtungen bestehen; andererseits ist zu berücksichtigen, inwieweit Aufwendungen für den eigenen Lebensunterhalt eingespart werden; auch erscheint es sachgerecht, sich hierbei ggf. am BVG-Grundbetrag nach § 31 BVG (die monatliche Grundrente nach § 31 Abs. 1 BVG liegt zur Zeit zwischen 127 € bei einem Grad der Schädigungsfolgen [GdS] von 30 und 666 € bei einem GdS von 100) zu orientieren.[487] Vor Erlass eines entsprechenden Bescheides sind Versicherte auch hier anzuhören (vgl. § 24 SGB X).

§ 61 Renten für Beamte und Berufssoldaten

(1) Die Renten von Beamten, die nach § 82 Abs. 4 berechnet werden, werden nur insoweit gezahlt, als sie die Dienst- oder Versorgungsbezüge übersteigen; den Beamten verbleibt die Rente jedoch mindestens in Höhe des Betrages, der bei Vorliegen eines Dienstunfalls als Unfallausgleich zu gewähren wäre. Endet das Dienstverhältnis wegen Dienstunfähigkeit infolge des Versicherungsfalls, wird Vollrente insoweit gezahlt, als sie zusammen mit den Versorgungsbezügen aus dem Dienstverhältnis die Versorgungsbezüge, auf die der Beamte bei Vorliegen eines Dienstunfalls Anspruch hätte, nicht übersteigt. Die Höhe dieser Versorgungsbezüge stellt die Dienstbehörde fest. Für die Hinterbliebenen gilt dies entsprechend.

(2) Absatz 1 gilt für die Berufssoldaten entsprechend. Anstelle des Unfallausgleichs wird der Ausgleich nach § 85 des Soldatenversorgungsgesetzes gezahlt.

Regelungsinhalt

1 § 61 normiert – zusammen mit dem in Bezug genommenen § 82 Abs. 4 (vgl. § 82 Rn. 11) – **Sonderregelungen** für die Auszahlung von Renten an Beamte und gleichgestellte Personen sowie Berufssoldaten. Damit werden Beamte und Berufssoldaten, die **bei außerdienstlichen Tätigkeiten** einen Unfall erleiden, denjenigen Personen im Wesentlichen gleichgestellt, die einen Dienstunfall erleiden. Damit wird auch eine Überversorgung verhindert, die ansonsten wegen des Nebeneinanders von beamtenrechtlichen Bezügen und Leistungen aus der gesetzlichen Unfallversicherung möglich wäre. Die insoweit vorliegende Ungleichbehandlung zwischen Beamten und sonstigen Unfallverletzten in der gesetzlichen Unfallversicherung ist sachlich gerechtfertigt und daher nicht verfassungswidrig.[488] Die Einschränkung des § 61 gilt nur während der aktiven Dienstzeit; nach Entlassung, Beurlaubung oder Versetzung in den Ruhestand ist sie nicht mehr einschlägig; sofern nur Dienstunfähigkeit vorliegt, bleibt § 61 aber anwendbar.[489]

2 Erleidet jemand, dem – ansonsten – **Unfallfürsorge nach beamtenrechtlichen Vorschriften oder Grundsätzen** zusteht (vgl. §§ 30 ff. Beamtenversorgungsgesetz), einen

487 SG Gießen – 02.04.2009 – S 3 U 171/06.
488 LSG Bayern – 20.03.2012 – L 3 U 92/11.
489 LSG Hessen – 05.02.2010 – L 3 U 198/07.

Versicherungsfall der gesetzlichen Unfallversicherung, wird eine ggf. zu gewährende Verletztenrente nach § 61 Abs. 1 Satz 1 nur begrenzt gezahlt. Eine Auszahlung erfolgt nur in Höhe des die Dienst- bzw. Versorgungsbezüge übersteigenden Betrages, wobei aber mindestens Anspruch auf Rente in Höhe des Betrages besteht, welcher als Unfallausgleich (§ 35 Beamtenversorgungsgesetz) zu gewähren wäre. Bei Dienstunfähigkeit infolge des Versicherungsfalls ist die Vollrente nur insoweit zu zahlen, als sie – zusammen mit den effektiv gewährten Versorgungsbezügen – die bei einem Dienstunfall – fiktiv – zu zahlenden Versorgungsbezüge nicht übersteigt (§ 61 Abs. 1 Satz 2). Die Feststellung der Höhe der Versorgungsbezüge erfolgt nicht durch den Unfallversicherungsträger, sondern durch die Dienstbehörde des Beamten (§ 61 Abs. 1 Satz 3). Diese Regelungen sind auch für die Hinterbliebenen maßgebend (§ 61 Abs. 1 Satz 4).

§ 61 Abs. 1 findet auf **Berufssoldaten** – und ihre Hinterbliebenen – entsprechende **3**
Anwendung (§ 61 Abs. 2 Satz 1), wobei anstelle des Unfallausgleichs der Ausgleich nach § 85 SVG tritt (§ 61 Abs. 2 Satz 2).

§ 62 Rente als vorläufige Entschädigung

(1) Während der ersten drei Jahre nach dem Versicherungsfall soll der Unfallversicherungsträger die Rente als vorläufige Entschädigung festsetzen, wenn der Umfang der Minderung der Erwerbsfähigkeit noch nicht abschließend festgestellt werden kann. Innerhalb dieses Zeitraums kann der Vomhundertsatz der Minderung der Erwerbsfähigkeit jederzeit ohne Rücksicht auf die Dauer der Veränderung neu festgestellt werden.

(2) Spätestens mit Ablauf von drei Jahren nach dem Versicherungsfall wird die vorläufige Entschädigung als Rente auf unbestimmte Zeit geleistet. Bei der erstmaligen Feststellung der Rente nach der vorläufigen Entschädigung kann der Vomhundertsatz der Minderung der Erwerbsfähigkeit abweichend von der vorläufigen Entschädigung festgestellt werden, auch wenn sich die Verhältnisse nicht geändert haben.

Inhaltsübersicht

1. Regelungsinhalt

In den Fällen, in denen die MdE für die Folgen des Versicherungsfalls noch nicht **1**
abschließend festgestellt werden kann, sollen die Unfallversicherungsträger nach § 62 Abs. 1 Satz 1 – zunächst – die Rente als vorläufige Entschädigung festsetzen. Innerhalb der ersten drei Jahre nach dem Versicherungsfall kann die MdE jederzeit geändert werden (§ 62 Abs. 1 Satz 2). Sofern nicht vor Ablauf dieses Zeitraums eine ausdrückliche Entscheidung über Rente auf unbestimmte Zeit (erstmalige Feststellung) getroffen wurde, wandelt sich die Rente als vorläufige Entschädigung – sodann – gemäß § 62 Abs. 2 Satz 1 in eine solche auf unbestimmte Zeit (»Dauerrente«) um. Sofern die Unfallversicherungsträger – innerhalb des Dreijahreszeitraums – eine erstmalige Feststellung aber treffen,

sind sie dabei nicht an die bisher festgesetzte MdE gebunden, sondern können diese ungeachtet einer tatsächlichen Änderung abweichend von der bisherigen MdE feststellen (§ 62 Abs. 2 Satz 2). Mit diesem Ermächtigungskonzept des § 62 wird der Erfahrung Rechnung getragen, dass sich in der ersten Zeit nach einem Versicherungsfall die gesundheitliche Folgen und deren Auswirkungen auf die Erwerbsfähigkeit zumeist noch nicht stabilisiert haben.[490] Die Unfallversicherungsträger werden durch diese Vorschrift von den grds. den Versicherteninteressen dienenden Beschränkungen des § 74 (»Schutzjahr«) sowie des § 48 SGB X (»wesentliche Änderung«) befreit. Diese Regelung dient durchaus auch den Versicherteninteressen, da auf diese Weise schnellere Entscheidungen der Unfallversicherungsträger ermöglicht werden. Sollte eine Entscheidung trotz dieser Verpflichtung nicht zeitnah getroffen werden und aus den – nach § 103 vorgesehenen – Zwischennachrichten der Unfallversicherungsträger auch keine sachgerechten Gründe für die Verzögerung erkennbar sein, sollten Versicherte ggf. eine Untätigkeitsklage nach § 88 SGG erheben.

2. Vorläufige Entschädigung (Abs. 1)

2 Nach § 62 Abs. 1 **Satz 1** sollen die Unfallversicherungsträger nach einem Versicherungsfall in den ersten drei Jahren (nur) eine Rente als vorläufige Entschädigung festsetzen, wenn sie die **MdE noch nicht abschließend** feststellen können. § 62 Abs. 1 Satz 1 ermächtigt die Unfallversicherungsträger aber nicht, eine Entscheidung in den ersten drei Jahren nach einem Versicherungsfall immer nur vorläufig zu treffen, obwohl eine abschließende Entscheidung über die für die Rentenhöhe maßgebliche MdE (vgl. § 56 Rn. 13) möglich wäre. Sie sind vielmehr verpflichtet, die Rente auf unbestimmte Zeit stets – also auch im **Dreijahreszeitraum** – dann festzustellen, wenn die MdE in tatsächlicher Hinsicht abschließend festgestellt werden kann und die weiteren Voraussetzungen vorliegen; nur wenn dies nicht möglich ist, soll der zuständige Träger »vorläufig« entscheiden.[491] Wenn die Gesundheitssituation der Versicherten eine abschließende Feststellung der MdE über den Dreijahreszeitraum hinaus zulässt, liegen die Voraussetzungen für eine vorläufige Bewilligung nicht mehr vor; dann ist über eine Rente auf unbestimmte Zeit zu entscheiden.[492]

3 Nach § 62 Abs. 1 **Satz 2** ist eine **abweichende Festsetzung der MdE** innerhalb des Dreijahreszeitraums jederzeit ohne Rücksicht auf die Dauer einer Veränderung möglich. Danach kann der Vomhundertsatz der MdE innerhalb dieses Zeitraums – anders als bei Renten auf unbestimmte Zeit (vgl. § 73 Abs. 3) – **jederzeit** ohne Rücksicht auf die Dauer der Veränderung neu festgestellt werden. Bis zur Festsetzung der Rente auf unbestimmte Zeit ist damit eine **neue Feststellung** der für die Rentenhöhe maßgeblichen MdE also auch für kürzere Zeiträume als für drei Monate möglich. Soweit es aber um deren Ersetzung durch eine Entscheidung über Rente auf unbestimmte Zeit geht, gilt § 62 Abs. 2 Satz 2 (siehe Rn. 5).

---

490 BSG – 16.03.2010 – B 2 U 2/09 R.
491 BSG – 16.03.2010 – B 2 U 2/09 R.
492 BSG – 16.03.2010 – B 2 U 2/09 R.

3. Rente auf unbestimmte Zeit (Abs. 2)

4 Sofern vor Ablauf des in § 62 Abs. 1 Satz 1 genannten Dreijahreszeitraums keine ausdrückliche Feststellung der Rente auf unbestimmte Zeit getroffen wurde, wandelt sich die Rente als vorläufige Entschädigung kraft Gesetzes nach § 62 Abs. 2 **Satz 1** – automatisch – in eine solche auf unbestimmte Zeit um. Die Rente auf unbestimmte Zeit – meist (fälschlich) **Dauerrente** genannt – ist keine Rente auf Lebenszeit. Sie kann neu festgestellt werden, wenn eine wesentliche Änderung im Sinne des § 48 SGB X vorliegt. Wesentlich ist in diesem Zusammenhang nur eine Änderung der MdE von mindestens 5 v.H. für mehr als drei Monaten (vgl. § 73 Abs. 3). Außerdem ist eine Neufestsetzung der Rente nur in Abständen von (mindestens) einem Jahr möglich (§ 74 Abs. 1 Satz 1).

5 Vor Ablauf des in § 62 Abs. 1 Satz 1 genannten Dreijahreszeitraums sind die Unfallversicherungsträger nach der ausdrücklichen gesetzlichen Anordnung in § 62 Abs. 2 **Satz 2** bei der erstmaligen Feststellung einer Rente auf unbestimmte Zeit nicht an die bei der Rente als vorläufige Entschädigung angenommene MdE gebunden. Diese Vorschrift verdrängt in ihrem Anwendungsbereich die generelle Regelung des § 48 SGB X, und zwar unter drei **Voraussetzungen:**[493]

- Erstens darf die Rente **bisher nur »vorläufig«** anerkannt worden sein.
- Zweitens wird – nach der »vorläufigen« Feststellung – **nun erstmals** darüber entschieden, ob ein Rentenanspruch **auf unbestimmte Zeit** zusteht.
- Drittens muss die Entscheidung **innerhalb von drei Jahren** seit dem Versicherungsfall getroffen werden.

6 Die Ermächtigung des § 62 Abs. 2 Satz 2 befugt die Unfallversicherungsträger – ggf. unter Aufhebung oder Änderung der letzten »vorläufigen« Anspruchsfeststellung – dazu, »erstmals« über die Rente auf unbestimmte Zeit – **ohne Bindung an den Regelungsgehalt der vorherigen Feststellung** – zu entscheiden, und ermöglicht eine (andere) Entscheidung, ohne dass dafür eine wesentliche Änderung gegenüber den Verhältnissen eingetreten sein müsste, die bei Erlass der letzten »vorläufigen« Anspruchsfeststellung vorgelegen hatten.[494] § 62 Abs. 2 Satz 2 i.V.m. Satz 1 rundet damit das Regelungskonzept des § 62 Abs. 1 ab. Sind die Voraussetzungen des § 62 Abs. 2 Satz 2 gegeben, hat die Beklagte trotz des Wortes »kann« aber **kein Ermessen**, denn die Erkenntnis, welche MdE voraussichtlich über den Ablauf des Dreijahreszeitraums fortbestehen wird, ist eine Tatsachenfeststellung.[495] Soweit es innerhalb des Dreijahreszeitraumes um die Ersetzung durch eine andere »vorläufige« Regelung geht, gilt allerdings nicht § 62 Abs. 2 Satz 2, insoweit ist § 62 Abs. 1 Satz 2 anzuwenden (siehe Rn. 3).

---

493 BSG – 16.03.2010 – B 2 U 2/09 R.
494 BSG – 16.03.2010 – B 2 U 2/09 R.
495 BSG – 16.03.2010 – B 2 U 2/09 R.

§ 63 Leistungen bei Tod

(1) Hinterbliebene haben Anspruch auf

1. Sterbegeld,

2. Erstattung der Kosten der Überführung an den Ort der Bestattung,

3. Hinterbliebenenrenten,

4. Beihilfe.

Der Anspruch auf Leistungen nach Satz 1 Nr. 1 bis 3 besteht nur, wenn der Tod infolge eines Versicherungsfalls eingetreten ist.

(1 a) Die Vorschriften dieses Unterabschnitts über Hinterbliebenenleistungen an Witwen und Witwer gelten auch für Hinterbliebenenleistungen an Lebenspartner.

(2) Dem Tod infolge eines Versicherungsfalls steht der Tod von Versicherten gleich, deren Erwerbsfähigkeit durch die Folgen einer Berufskrankheit nach den Nummern 4101 bis 4104 der Anlage 1 der Berufskrankheiten-Verordnung vom 20. Juni 1968 (BGBl. I S. 721) in der Fassung der Zweiten Verordnung zur Änderung der Berufskrankheiten-Verordnung vom 18. Dezember 1992 (BGBl. I S. 2343) um 50 vom Hundert oder mehr gemindert war. Dies gilt nicht, wenn offenkundig ist, dass der Tod mit der Berufskrankheit nicht in ursächlichem Zusammenhang steht; eine Obduktion zum Zwecke einer solchen Feststellung darf nicht gefordert werden.

(3) Ist ein Versicherter getötet worden, so kann der Unfallversicherungsträger die Entnahme einer Blutprobe zur Feststellung von Tatsachen anordnen, die für die Entschädigungspflicht von Bedeutung sind.

(4) Sind Versicherte im Zusammenhang mit der versicherten Tätigkeit verschollen, gelten sie als infolge eines Versicherungsfalls verstorben, wenn die Umstände ihren Tod wahrscheinlich machen und seit einem Jahr Nachrichten über ihr Leben nicht eingegangen sind. Der Unfallversicherungsträger kann von den Hinterbliebenen die Versicherung an Eides Statt verlangen, dass ihnen weitere als die angezeigten Nachrichten über die Verschollenen nicht bekannt sind. Der Unfallversicherungsträger ist berechtigt, für die Leistungen den nach den Umständen mutmaßlichen Todestag festzustellen. Bei Versicherten in der Seeschiffahrt wird spätestens der dem Ablauf des Heuerverhältnisses folgende Tag als Todestag festgesetzt.

Inhaltsübersicht

1. Regelungsinhalt

1 § 63 Abs. 1 Satz 1 enthält eine **Übersicht** der Leistungen der gesetzlichen Unfallversicherung für Hinterbliebene. § 63 Abs. 1 Satz 2 bestimmt, dass diese Leistungen grds. nur dann zu gewähren sind, wenn der Tod infolge eines Versicherungsfalls eingetretenen ist. Zu den Hinterbliebenen zählen nach § 63 Abs. 1 a auch die Lebenspartner. In § 63 Abs. 2

sind Regelungen in Bezug auf bestimmte Berufskrankheiten normiert, bei denen unter den dort genannten Voraussetzungen die Vermutung des Todes durch deren Folgen anzunehmen ist. § 63 Abs. 3 räumt den Unfallversicherungsträgern das Recht zur Entnahme von Blutproben ein. § 63 Abs. 4 befasst sich schließlich mit den Rechtsfolgen bei Verschollenheit.

2. Leistungsarten und Kausalzusammenhang (Abs. 1)

§ 63 Abs. 1 Satz 1 enthält einen – abschließenden – **Katalog der möglichen Hinterbliebenenleistungen** und regelt die Ansprüche der Hinterbliebenen dem Grunde nach. Die nähere Ausgestaltung dieser Ansprüche erfolgt in den nachfolgenden Vorschriften. 2

In Betracht kommen hier: 3

- Sterbegeld (§ 64),
- Überführungskosten (§ 64),
- Hinterbliebenenrenten (§§ 65 bis 70),
- Beihilfen (§ 71).

Es handelt sich insoweit um **selbständige Ansprüche aus eigenem Recht.** Das BSG hat immer wieder darauf hingewiesen, dass z. B. Ansprüche auf Hinterbliebenenrente eigene Rechtsansprüche sind, welche sich zwar vom Recht der Versicherten ableiten, aber hinsichtlich aller Voraussetzungen gesondert zu prüfen sind, und dass die Anspruchsvoraussetzungen ohne Bindung an bestands- oder rechtskräftige Entscheidungen gegenüber den Verstorbenen neu zu prüfen sind. Die bestandskräftige Feststellung eines Versicherungsfalls und dessen Folgen gegenüber den Versicherten hat keine begünstigende Wirkung hinsichtlich des Anspruchs auf Hinterbliebenenrente; die Unfallversicherungsträger und Gerichte haben vielmehr nach dem Tod von Versicherten neu zu prüfen, ob ein Versicherungsfall vorgelegen hat und Versicherte infolgedessen verstorben sind.[496] 4

§ 63 Abs. 1 Satz 2 bestimmt für die Hinterbliebenenleistungen (mit Ausnahme der Beihilfe), dass Ansprüche nur bestehen, wenn ein **Kausalzusammenhang zwischen Versicherungsfall und Tod** besteht. Voraussetzung ist, dass in der Person eines Versicherten ein Versicherungsfall eingetreten war und dieser infolgedessen verstorben ist. Die Frage, ob ein Versicherungsfall vorgelegen hat und welcher es genau war, ist dabei kein selbständiger Gegenstand des Verwaltungsverfahrens, über den durch Verwaltungsakt entschieden werden dürfte, sondern nur eine **Tatbestandsvoraussetzung** des streitgegenständlichen Anspruchs.[497] Die Hinterbliebenen können sich daher auch darauf beschränken, vorzutragen, bei dem Versicherten habe irgendein Versicherungsfall (Arbeitsunfall, Listen-BK, Wie-BK) vorgelegen, der den Tod herbeigeführt habe. Der Träger muss dann darüber entscheiden, ob das vom Hinterbliebenen verfolgte Recht auf Hinterbliebenenleistungen besteht oder nicht besteht; hingegen ist er nicht befugt, einen feststellenden Verwaltungsakt darüber zu erlassen, ob der Versicherte einen Versicherungsfall erlitten hatte oder nicht. Es gibt auch keine Anspruchsgrundlage für einen An- 5

---

496 BSG – 12.01.2010 – B 2 U 21/08 R.
497 BSG – 12.01.2010 – B 2 U 5/08 R.

spruch der Hinterbliebenen auf eine isolierte Vorabentscheidung des Trägers über das frühere Vorliegen eines Versicherungsfalles beim Versicherten.[498]

6 Zur Feststellung der Todesursache ist eine Aufklärung durch Einholung von Auskünften aller Ärzte (vgl. § 203) und Beiziehung aller vorhandenen medizinischen Unterlagen (Todesbescheinigung, Sektionsprotokoll) durchzuführen. Auch kann hierzu eine **Obduktion** – ggf. nach Exhumierung – geboten sein. Hierzu ist allerdings eine **Zustimmung der Angehörigen erforderlich**. Haben Hinterbliebene einer Obduktion freiwillig zugestimmt, so ist grds. auch deren Ergebnis verwertbar.[499] Die Unfallversicherungsträger sind berechtigt, für die Entscheidung über den Anspruch auf Hinterbliebenenleistungen den Befund über eine vom Krankenhaus veranlasste Obduktion beizuziehen.[500] Wird einer erforderlichen Obduktion nicht zugestimmt und kann deswegen die Todesursache nicht geklärt werden, so geht dies **grds. zu Lasten der Hinterbliebenen** (zu den Ausnahmen siehe Rn. 11 – zum Beweisnotstand siehe § 8 Rn. 6).

7 Der Tod gilt auch dann als Folge des Versicherungsfalls, wenn die vermutliche **Lebensdauer mindestens um ein Jahr verkürzt** worden ist.[501] Eine nur fiktive Lebensverkürzung um ein Jahr ist allerdings rechtlich nicht anspruchsbegründend; liegt ein Fall der sog. überholenden Kausalität vor, ist der Tod also nicht infolge des Versicherungsfalls eingetreten, sondern durch einen privaten Unfall oder durch eine nicht mit dem Versicherungsfall in Zusammenhang stehende Erkrankung, besteht seitens der Unfallversicherungsträger keine Eintrittspflicht.[502]

3. Lebenspartner (Abs. 1 a)

8 Zu den anspruchsberechtigten Hinterbliebenen zählen **seit dem 01.01.2005** nunmehr auch **eingetragene Lebenspartner** von verstorbenen Versicherten. Ein eingetragener Lebenspartner, dessen Partner vor dem 01.01.2005 verstorben ist, hat allerdings keinen Anspruch auf Hinterbliebenenrente aus der gesetzlichen Unfallversicherung. Das am 01.01.2005 in Kraft getretene Recht, mit dem hinterbliebene Lebenspartner in den Kreis der anspruchsberechtigten Personen einbezogen worden sind, ist seinem zeitlichen Geltungsbereich nach auf Lebenssachverhalte nicht anwendbar, die sich vor seinem Inkrafttreten verwirklicht haben.[503]

4. Rechtsvermutung bei privilegierten Berufskrankheiten (Abs. 2)

9 § 63 Abs. 2 **Satz 1** normiert eine – widerlegbare (Satz 2) – **Rechtvermutung des Kausalzusammenhangs** für bestimmte Berufskrankheiten. Bei Versicherten, bei denen Berufskrankheiten nach den Nr. 4101 bis 4104 der Anlage 1 zur BKV anerkannt sind und für die

---

498 BSG – 29.11.2011 – B 2 U 26/10 R.
499 LSG Niedersachsen-Bremen – 30.08.2006 – L 9 U 383/03.
500 BSG – 15.02.2005 – B 2 U 3/04 R.
501 LSG Nordrhein-Westfalen – 13.11.2008 – L 2 KN 247/07 U.
502 LSG Bayern – 22.11.2011 – L 3 U 532/10.
503 BSG – 16.03.2010 – B 2 U 8/09 R.

Folgen einer solchen Berufskrankheiten eine MdE von mindestens 50 v. H. vorliegt, wird gesetzlich vermutet, dass **der Tod infolge des Versicherungsfalls eingetreten** ist. Es handelt sich hierbei um die Berufskrankheiten Silikose, Siliko-Tuberkulose und Asbestose sowie Lungenkrebs durch Asbest, bei denen nach medizinischen Erkenntnissen erfahrungsgemäß eine sehr hohe Sterblichkeit besteht. Die Rechtsvermutung des § 63 Abs. 2 Satz 1 gilt auch dann, wenn die entsprechenden Bescheide, mit denen das Vorliegen einer der aufgeführten Berufskrankheiten festgestellt und eine MdE um mindestens 50 v. H. festsetzt wird, erst nach dem Ableben der Versicherten gegenüber ihren Rechtsnachfolgern ergehen.[504]

Nach § 63 Abs. 2 **Satz 2** gilt die in Satz 1 normierte Vermutung allerdings nicht, wenn der Tod offenkundig nicht in ursächlichem Zusammenhang mit einer der genannten Berufskrankheiten steht. Es handelt sich also um eine **widerlegbare Rechtsvermutung**. Der fehlende Ursachenzusammenhang muss allerdings offenkundig sein, bloße Zweifel genügen gerade nicht. **Offenkundigkeit** im Sinne dieser Vorschrift ist dabei gegeben, wenn die Berufskrankheit mit einer jeden ernsthaften Zweifel ausschließenden Wahrscheinlichkeit nicht als rechtlich wesentliche Ursache des Todes des Versicherten angesehen werden kann, die Berufskrankheit mithin den Tod des Versicherten weder im medizinischen Sinne erheblich mitverursacht noch ihn um wenigstens ein Jahr beschleunigt hat.[505] Der Tod eines Versicherten ist beispielsweise in den Fällen offenkundig nicht wesentlich durch eine Berufskrankheit verursacht, in denen die Todesursache von einem Organ ausgeht, das durch die Berufskrankheit gar nicht betroffen ist.[506] 10

Anders als sonst (siehe Rn. 6) dürfen die Unfallversicherungsträger nach **§ 63 Abs. 2 Satz 2** in diesen Fällen **keine Obduktion** verlangen und dürfen aufgrund dessen aus einer verweigerten Zustimmung der Angehörigen auch keine negativen Schlüsse zu Lasten der Hinterbliebenen ziehen. Vorhandene Obduktionsergebnisse dürfen aber auch hier verwertet werden. Die eventuelle Nichtbeachtung von Formvorschriften bei der Erteilung der Einwilligung der Angehörigen zur Obduktion führt grds. nicht zu einem Verwertungsverbot hinsichtlich des Obduktionsergebnisses.[507] 11

5. Blutprobe (Abs. 3)

Insbesondere bei tödlichen Wegeunfällen (vgl. § 8 Abs. 2 Nr. 1) kann Alkohol als rechtlich wesentliche Ursache einen Versicherungsfall ausschließen, ebenso ist dies bei Drogeneinfluss möglich.[508] Um dies abklären zu können, erhalten die Unfallversicherungsträger mit § 63 Abs. 3 eine **Rechtsgrundlage für die Entnahme einer Blutprobe**, ohne die – ansonsten notwendige – Zustimmung der Hinterbliebenen. 12

504 BSG – 07.02.2006 – B 2 U 31/04 R.
505 BSG – 07.02.2006 – B 2 U 31/04 R.
506 LSG Niedersachsen-Bremen – 30.08.2006 – L 9 U 383/03.
507 Vgl. BSG – 15.02.2005 – B 2 U 3/04 R – bestätigt durch BVerfG – 22.08.2006 – 1 BvR 1637/05.
508 Vgl. dazu Reyels in jurisPR-SozR 7/2008, Anm. 3.

6. Verschollenheit (Abs. 4)

13 **§ 63 Abs. 4 fingiert** unter bestimmten Voraussetzungen **den Tod von verschollenen Versicherten** und legt die Voraussetzungen fest, unter denen die Unfallversicherungsträger berechtigt – und auch verpflichtet – sind, den mutmaßlichen Todestag selbst festzustellen. Damit wird – **ebenso wie** durch **§ 49 SGB VI** für die gesetzliche Rentenversicherung[509] – im Rahmen der gesetzlichen Unfallversicherung eine Möglichkeit der Gewährung von Leistungen an Hinterbliebene eröffnet, wenn Versicherte verschollen sind, ohne dass das – teilweise erst nach zehn Jahren zulässige – Verfahren der Todeserklärung nach dem Verschollenheitsgesetz durchlaufen werden muss. Die **Rechtsvermutung** des Satz 1 gilt hier natürlich nur, wenn die Verschollenheit im Zusammenhang mit einer versicherten Tätigkeit steht.

Dritter Unterabschnitt
Beginn, Änderung und Ende von Renten

§ 72 Beginn von Renten

(1) Renten an Versicherte werden von dem Tag an gezahlt, der auf den Tag folgt, an dem

1. der Anspruch auf Verletztengeld endet,

2. der Versicherungsfall eingetreten ist, wenn kein Anspruch auf Verletztengeld entstanden ist.

(2) Renten an Hinterbliebene werden vom Todestag an gezahlt. Hinterbliebenenrenten, die auf Antrag geleistet werden, werden vom Beginn des Monats an gezahlt, der der Antragstellung folgt.

(3) Die Satzung kann bestimmen, dass für Unternehmer, ihre im Unternehmen mitarbeitenden Ehegatten oder mitarbeitenden Lebenspartner und für den Unternehmern im Versicherungsschutz Gleichgestellte Rente für die ersten 13 Wochen nach dem sich aus § 46 Abs. 1 ergebenden Zeitpunkt ganz oder teilweise nicht gezahlt wird. Die Rente beginnt spätestens am Tag nach Ablauf der 13. Woche, sofern Verletztengeld nicht zu zahlen ist.

(4) (weggefallen)

Inhaltsübersicht

509 Siehe dazu ausführlich Reyels in jurisPK-SGB VI, § 49 Rn. 14 ff.

1. Regelungsinhalt

§ 72 regelt den Beginn von Renten – sowohl für Versicherte (Abs. 1) als auch für Hinterbliebene (Abs. 2) und für Unternehmer (Abs. 3). § 72 Abs. 1 unterscheidet für den Beginn der Versichertenrente danach, ob Anspruch auf Verletztengeld bestanden hat oder nicht. § 72 Abs. 2 unterscheidet für den Beginn von Hinterbliebenenrenten danach, ob diese von Amts wegen oder (nur) auf Antrag zu gewähren sind. § 72 Abs. 3 räumt darüber hinaus den Unfallversicherungsträgern – ebenso wie beim Verletztengeld (§ 46 Abs. 2) – eine Satzungsermächtigung für bestimmte freiwillig in der gesetzlichen Unfallversicherung versicherte Personen ein. § 72 ist keine Regelung über das Verfahren, sondern enthält Regelungen über das materielle Recht der Verletztenrente.[510] 1

2. Beginn der Versichertenrente (Abs. 1)

Renten aus der gesetzlichen Unfallversicherung beginnen für Versicherte gemäß **§ 73 Abs. 1 Nr. 1** grds. mit dem Tag, welcher dem Tag folgt, an dem der **Anspruch auf Verletztengeld endet.** Nach dem eindeutigen Wortlaut der Vorschrift kommt es nicht darauf an, ob Verletztengeld gezahlt worden ist, sondern darauf, ob ein Anspruch auf diese Leistung bestand.[511] Verletztengeld (§ 45) endet nach § 46 Abs. 3 Satz 1 Nr. 1 mit dem letzten Tag der Arbeitsunfähigkeit oder der Hinderung an einer ganztägigen Erwerbstätigkeit durch eine Heilbehandlungsmaßnahme (vgl. § 46 Rn. 5). Nach § 46 Abs. 3 Satz 1 Nr. 2 entfällt der Verletztengeldanspruch auch ab dem Tag, an dem Anspruch auf Übergangsgeld besteht (vgl. § 46 Rn. 6). Im Übrigen endet das Verletztengeld nach § 46 Abs. 3 Satz 2 auch in den Fällen, in denen mit einem Wiedereintritt der Arbeitsfähigkeit nicht mehr zu rechnen ist und auch keine Leistungen zur Teilhabe am Arbeitsleben mehr zu erbringen sind (vgl. § 46 Rn. 7), und zwar entweder, wenn eine zumutbare und zur Verfügung stehende Berufs- oder Erwerbstätigkeit aufgenommen werden kann, gemäß § 46 Abs. 3 Satz 2 Nr. 1 mit dem Tag des Abschlusses der Heilbehandlung (vgl. § 46 Rn. 8) oder gemäß § 46 Abs. 3 Satz 2 Nr. 2 bei Bezug von Leistungen nach § 50 Abs. 1 Satz 1 SGB V, sofern diese nicht im Zusammenhang mit dem Versicherungsfall stehen (vgl. § 46 Rn. 9), sowie im Übrigen gemäß § 46 Abs. 3 Satz 2 Nr. 3 mit Ablauf der 78. Woche seit Beginn der Arbeitsunfähigkeit (vgl. § 46 Rn. 10). 2

§ 72 Abs. 1 erfasst – wie die Anknüpfung an den Tag des Versicherungsfalls in Nr. 2 zeigt – nur den Fall der erstmaligen Bewilligung einer Rente nach einem Versicherungsfall, nicht deren **Wiedergewährung** oder deren erstmalige Gewährung aufgrund einer Verschlechterung der Unfallfolgen.[512] Da diese Varianten auch nicht von § 73 und § 74 erfasst werden, wird insoweit – wegen der Vergleichbarkeit mit den in § 72 Abs. 1 normierten Fallgestaltungen – die **analoge Anwendung** des § 72 Abs. 1 befürwortet.[513] 3

510 BSG – 20.02.2001 – B 2 U 1/00 R.
511 BSG – 15.05.2012 – B 2 U 31/11 R.
512 LSG Baden-Württemberg – 09.12.2010 – L 10 U 550/08.
513 LSG Baden-Württemberg – 09.12.2010 – L 10 U 550/08.

4 Ist **kein Anspruch auf Verletztengeld entstanden**, werden Renten an Versicherte nach **§ 72 Abs. 1 Nr. 2** bereits ab dem Folgetag nach dem Versicherungsfall gezahlt. Dies ist der Fall, wenn infolge des Versicherungsfalls zwar keine Arbeitsunfähigkeit – mit Anspruch auf Verletztengeld nach § 45 Abs. 1 – eingetreten ist, aber die Folgen des Versicherungsfalls unmittelbar eine rentenberechtigende Minderung der Erwerbsfähigkeit nach § 56 Abs. 1 hervorrufen. Außerdem sind dies die Fälle, in denen Versicherte keinen Verletztengeldanspruch erwerben können, weil sie vor dem Versicherungsfall kein Einkommen i. S. d. § 45 Abs. 1 Nr. 2 bezogen haben; dies ist beispielsweise der Fall bei den gemäß § 2 Abs. 1 Nr. 8 in den Versicherungsschutz der gesetzlichen Unfallversicherung einbezogenen Kindern, Schülern und Studierenden (vgl. § 2 Rn. 17 bis 19) sowie bei bestimmten (s. § 2 Abs. 1 Nr. 10, 12 und 13) ehrenamtlich tätigen Personen (vgl. dazu § 2 Rn. 21 f. und § 2 Rn. 25 f.).

3. Beginn der Hinterbliebenenrente (Abs. 2)

5 Nach **§ 72 Abs. 2 Satz 1** sind Hinterbliebenenrenten grds. – ohne dass es eines Antrags bedarf – ab dem Todestag zu zahlen. Witwen- und Witwerrenten nach § 65 Abs. 1 und Waisenrenten nach § 67 Abs. 1 sowie ggf. Elternrenten nach § 69 Abs. 1 sind daher von Amts wegen vom Todestag an zu zahlen.

6 Auf Antrag zu zahlende Hinterbliebenenrenten werden nach **§ 72 Abs. 2 Satz 2** demgegenüber – unabhängig vom Todestag – erst ab dem der Antragstellung folgenden Monat gezahlt. Diese Vorschrift bezieht sich auf die Witwen- und Witwerrenten für überlebende Ehegatten, die wieder geheiratet habe, deren Ehe aber aufgelöst oder für nichtig erklärt worden ist (§ 65 Abs. 5), sowie auf Witwen- und Witwerrenten an frühere Ehegatten, wenn ihnen Unterhalt gezahlt wurde oder zumindest zustand (§ 66).

4. Karenzzeit für Unternehmer (Abs. 3)

7 **§ 72 Abs. 3** ermächtigt die Unfallversicherungsträger – ebenso wie § 46 Abs. 2 beim Verletztengeld (siehe dazu § 46 Rn. 3) – in ihrer Satzung für Unternehmer sowie ihre im Unternehmen mitarbeitenden Ehegatten und Lebenspartner sowie für die nach § 6 Abs. 1 Nr. 2 Gleichgestellten auch in Bezug auf Rentenleistungen eine vollständige oder teilweise Versagung – längstens für die Dauer von 13 Wochen – vorzusehen (Karenzregelung).

§ 73 Änderungen und Ende von Renten

(1) Ändern sich aus tatsächlichen oder rechtlichen Gründen die Voraussetzungen für die Höhe einer Rente nach ihrer Feststellung, wird die Rente in neuer Höhe nach Ablauf des Monats geleistet, in dem die Änderung wirksam geworden ist.

(2) Fallen aus tatsächlichen oder rechtlichen Gründen die Anspruchsvoraussetzungen für eine Rente weg, wird die Rente bis zum Ende des Monats geleistet, in dem der Wegfall wirksam geworden ist. Satz 1 gilt entsprechend, wenn festgestellt wird, dass Versicherte, die als verschollen gelten, noch leben.

(3) Bei der Feststellung der Minderung der Erwerbsfähigkeit ist eine Änderung im Sinne des § 48 Abs. 1 des Zehnten Buches nur wesentlich, wenn sie mehr als 5 vom

Hundert beträgt; bei Renten auf unbestimmte Zeit muss die Veränderung der Minderung der Erwerbsfähigkeit länger als drei Monate andauern.

(4) Sind Renten befristet, enden sie mit Ablauf der Frist. Das schließt eine vorherige Änderung oder ein Ende der Rente aus anderen Gründen nicht aus. Renten dürfen nur auf das Ende eines Kalendermonats befristet werden.

(5) Witwen- und Witwerrenten nach § 65 Abs. 2 Nr. 3 Buchstabe a wegen Kindererziehung werden auf das Ende des Kalendermonats befristet, in dem die Kindererziehung voraussichtlich endet. Waisenrenten werden auf das Ende des Kalendermonats befristet, in dem voraussichtlich der Anspruch auf die Waisenrente entfällt. Die Befristung kann wiederholt werden.

(6) Renten werden bis zum Ende des Kalendermonats geleistet, in dem die Berechtigten gestorben sind.

Inhaltsübersicht Rn.

1. Regelungsinhalt

§ 73 regelt in Abs. 1 das **leistungsrechtliche Wirksamwerden** von Änderungen (Herabsetzungen/Erhöhungen) laufender Renten und in Abs. 2 des Wegfalls der Anspruchsvoraussetzungen einer Rente. In Abs. 3 wird geregelt, unter welchen Voraussetzungen von einer wesentlichen Änderung der MdE ausgegangen werden kann. Außerdem enthält die Vorschrift Regelungen über das Wirksamwerden von Befristungen (Abs. 4 und 5) sowie im Falle des Ablebens von Versicherten (Abs. 6). Diese Vorschrift normiert nicht die materiellrechtlichen Voraussetzungen für die Änderung einer Rente aus tatsächlichen oder rechtlichen Gründen, sondern setzt vielmehr eine nach den §§ 44 ff. SGB X zu beurteilende Änderung voraus und regelt lediglich den Zeitpunkt, ab dem eine nach den genannten Rechtsvorschriften zu beurteilende Änderung wirksam vorgenommen werden kann.[514] 1

2. Rentenänderung (Abs. 1)

Nach **§ 48 Abs. 1 SGB X** sind Verwaltungsakte mit Dauerwirkung für die Zukunft (Satz 1) bzw. mit Wirkung vom Zeitpunkt der Änderung der Verhältnisse (Satz 2) aufzuheben, soweit in den tatsächlichen oder rechtlichen Verhältnissen, die bei ihrem Erlass vorgelegen haben, eine wesentliche Änderung eintritt. Durch **§ 73 Abs. 1** wird diese – allgemein für Sozialleistungen geltende – gesetzliche Anordnung für Renten aus der gesetzlichen Unfallversicherung modifiziert. Eine **Änderung der Rentenhöhe** tritt danach erst mit Ablauf des Monats ein, in dem die entsprechende Änderung wirksam geworden 2

514 LSG Bayern – 28. 04. 1999 – L 2 U 42/98.

ist. Die Rentenneufeststellung erfolgt damit nach dem **Monatsprinzip**. Bei Herabsetzung einer Rente kann die Kürzung nach § 48 Abs. 1 Satz 1 SGB X erst im Monat nach der Bekanntgabe des entsprechenden Bescheides vorgenommen werden. Eine Rentenerhöhung erfolgt demgegenüber aber nach § 48 Abs. 1 Satz 2 Nr. 1 SGB X bereits zum auf die Änderung folgenden Monat.

3. Wegfall von Renten (Abs. 2)

3 **§ 73 Abs. 2 Satz 1** ordnet an, dass bei Wegfall der Anspruchsvoraussetzungen für eine Rente die Rentenzahlung – trotzdem – noch bis zum Monatsende erfolgt. Die Rente ist deshalb im Hinblick auf § 48 Abs. 1 Satz 1 SGB X noch bis Ende des Monats zu zahlen, in dem der entsprechende Entziehungsbescheid bekannt gegeben wird. Mit **§ 73 Abs. 2 Satz 2** wird eine Erweiterung dieser Regelung auf den Wegfall von Hinterbliebenenrenten wegen Verschollenheit vorgenommen, wenn eine als verschollen geglaubte Person noch lebt. Hier kommt allerdings bei Kenntnis der Hinterbliebenen gemäß § 48 Abs. 1 Satz 2 Nr. 4 SGB X auch eine rückwirkende Entziehung in Betracht.

4. Wesentliche Änderung (Abs. 3)

4 **§ 73 Abs. 3** bestimmt, wann eine Änderung der für die Feststellung der Rentenhöhe – neben dem Jahresarbeitsverdienst (vgl. § 56 Rn. 13) – maßgeblichen MdE wesentlich im Sinne des § 48 Abs. 1 Satz 1 SGB X ist. Eine Rentenänderung kommt nach dieser Vorschrift nur in Betracht, wenn die **MdE sich um mehr als 5 v.H. ändert** und diese Änderung **länger als drei Monate** andauert. Die MdE kann nicht genau bestimmt werden, sie ist ohnehin nur annäherungsweise feststellbar. Ein Unterschied von nur 5 v.H. liegt dabei nach allgemeiner Meinung noch innerhalb der allen Schätzungen eigenen Schwankungsbreite.[515] Damit ist – bis auf wenige Ausnahmen (z.B. bei Erblindung eines Auges [MdE 25 v.H.]) – grds. eine Feststellung in Zehnerstufen vorzunehmen. § 73 Abs. 3 verstößt dabei nicht gegen den allgemeinen Gleichheitsgrundsatz des Art. 3 GG. Soweit die Vorschrift in den Fällen einer Verschlimmerung der Folgen eines Versicherungsfalls eine Erschwerung beim Erlangen einer Rentenerhöhung mit sich bringt, so ist dies im Interesse der Rechtssicherheit von den Versicherten hinzunehmen.[516]

5 Ob eine wesentliche Änderung in diesem Sinne vorliegt, ist durch **Vergleich** der für die letzte bindend gewordene Feststellung maßgebenden Befunde mit denjenigen zu ermitteln, die bei der Prüfung der Neufeststellung vorliegen. Auszugehen ist dabei von der bindend festgestellten **Gesamt-MdE**, nicht etwa von den für die einzelnen Körperschäden zur Bildung der Gesamt-MdE angenommenen Einzel-Graden der MdE, denn der Bindungswirkung unterliegt allein die im Verfügungssatz des Bescheides festgesetzte Rente nach einer bestimmten MdE, nicht aber die Bewertung von Einzel-MdE-Werten.[517]

---

515 So auch für das soziale Entschädigungsrecht: BSG – 14.02.2001 – B 9 V 12/00 R.
516 LSG Hessen – 08.05.2012 – L 3 U 51/12.
517 LSG Nordrhein-Westfalen – 31.05.2011 – L 15 U 513/10.

5. Befristung von Renten (Abs. 4 und Abs. 5)

§ 73 Abs. 4 bestimmt den Zeitpunkt der Beendigung befristeter Renten. Auch hier gilt das **Monatsprinzip.** Die Zulässigkeit entsprechender Befristungen ergibt sich dabei aus § 32 SGB X und den inhaltlichen Regelungen des SGB VII. Befristungen kommen beispielsweise in Betracht bei Hinterbliebenenrenten, bei denen das jeweilige Ende der Rentenzahlung vom Eintritt bestimmter tatsächlicher – vorhersehbarer – Umstände abhängt – etwa von der Vollendung eines bestimmten Lebensjahres (s. § 65 Abs. 2 Nr. 3 oder § 67 Abs. 3). **§ 73 Abs. 5** behandelt die Sonderfälle der Gewährung von Witwen- und Witwerrente wegen Kindererziehung und von Waisenrente. 6

6. Wegfall bei Todeseintritt (Abs. 6)

Nach § 73 Abs. 6 wird eine Rente nach dem Tode eines Versicherten noch bis zum Ende Monats weiter gezahlt und fällt erst dann – automatisch kraft Gesetzes – weg. Überzahlte Rente ist ggf. gemäß § 96 Abs. 3 und 4 von den Empfängern zu erstatten. 7

§ 74 Ausnahmeregelungen für die Änderung von Renten

(1) Der Anspruch auf eine Rente, die auf unbestimmte Zeit geleistet wird, kann aufgrund einer Änderung der Minderung der Erwerbsfähigkeit zuungunsten der Versicherten nur in Abständen von mindestens einem Jahr geändert werden. Das Jahr beginnt mit dem Zeitpunkt, von dem an die vorläufige Entschädigung Rente auf unbestimmte Zeit geworden oder die letzte Rentenfeststellung bekanntgegeben worden ist.

(2) Renten dürfen nicht für die Zeit neu festgestellt werden, in der Verletztengeld zu zahlen ist oder ein Anspruch auf Verletztengeld wegen des Bezugs von Einkommen oder des Erhalts von Betriebs- und Haushaltshilfe oder wegen der Erfüllung der Voraussetzungen für den Erhalt von Betriebs- und Haushaltshilfe nicht besteht.

Inhaltsübersicht Rn.

1. Regelungsinhalt

§ 74 ordnet in Absatz 1 eine Schutzfrist bei Rentenänderungen zuungunsten der Versicherten an und verbietet in Absatz 2 eine Neufeststellung von Renten während der Zeit eines grds. bestehenden Verletztengeldanspruchs. 1

2. Schutzfrist bei Rentenänderungen (Abs. 1)

§ 74 Abs. 1 Satz 1 verhindert allzu kurzfristige Rentenherabsetzungen, indem eine **Schutzfrist von einem Jahr** zugunsten der Versicherten normiert wird. Dies gilt nach dem klaren Wortlaut der Vorschrift allerdings nicht für Renten als vorläufige Entschädi- 2 gung (vgl. § 62 Rn. 3), sondern nur für Renten auf unbestimmte Zeit und auch nur in Bezug auf die Höhe der MdE, sofern sich diese zuungunsten der Versicherten verändert. Diese Anordnung begünstigt die Versicherten und räumt ihnen einen gewissen Bestandsschutz ein, Änderungen zu ihren Gunsten sind daher auch innerhalb des Schutzjahres nicht ausgeschlossen, sondern entsprechend umzusetzen. Nach **§ 74 Abs. 1 Satz 2** beginnt das Schutzjahr mit Bekanntgabe der letzten Rentenfeststellung bzw. dem Zeitpunkt der kraft Gesetzes erfolgenden Umwandlung der Rente als vorläufige Entschädigung in eine solche auf unbestimmte Zeit (vgl. dazu § 62 Rn. 4).

3. Neufeststellungsverbot für Renten (Abs. 2)

3 **§ 74 Abs. 2** enthält ein **Verbot der Rentenneufeststellung** für Zeiträume des Bezugs von Verletztengeld oder für Zeiten, in denen ein solches nur deshalb nicht gezahlt wird, weil der Anspruch wegen Einkommensbezug (s. § 52) oder wegen Anspruchs auf Betriebs- und Haushaltshilfe (vgl. § 54) nicht besteht.

Vierter Unterabschnitt
Abfindung

§ 75 Abfindung mit einer Gesamtvergütung

Ist nach allgemeinen Erfahrungen unter Berücksichtigung der besonderen Verhältnisse des Einzelfalles zu erwarten, dass nur eine Rente in Form der vorläufigen Entschädigung zu zahlen ist, kann der Unfallversicherungsträger die Versicherten nach Abschluß der Heilbehandlung mit einer Gesamtvergütung in Höhe des voraussichtlichen Rentenaufwandes abfinden. Nach Ablauf des Zeitraumes, für den die Gesamtvergütung bestimmt war, wird auf Antrag Rente als vorläufige Entschädigung oder Rente auf unbestimmte Zeit gezahlt, wenn die Voraussetzungen hierfür vorliegen.

Regelungsinhalt

1 Renten, die – voraussichtlich – nur für einen Zeitraum von weniger als drei Jahre nach einem Versicherungsfall – also als **vorläufige Entschädigung** (siehe dazu § 62 Rn. 2) – zu zahlen sind, können gemäß § 75 Satz 1 durch einen Geldbetrag abgefunden werden. Dies erfordert eine **Prognoseentscheidung** der Unfallversicherungsträger, die – nach Abschluss der Heilbehandlung – auf der Grundlage allgemeiner Erfahrungen und unter Beachtung der besonderen Verhältnisse des Einzelfalles – also z. B. des Alters der Versicherten und etwaige Vorschädigungen sowie erkennbarer Besonderheiten des bisherigen Heilungsverlaufs – zu treffen ist. Die Prognoseentscheidung enthält nicht zugleich die Ablehnung einer Rente auf unbestimmte Zeit.[518]

518 BSG – 17. 10. 1990 – 2 BU 32/90.

Die Abfindung erfolgt nach § 75 **Satz 1** in Höhe des voraussichtlichen Rentenaufwands. Die Entscheidung über eine solche Abfindung steht nach § 75 Satz 1 im pflichtgemäßen **Ermessen** der Unfallversicherungsträger. Ein Antrag der Versicherten ist nicht erforderlich, ebenso bedarf es nicht der Zustimmung der Versicherten. 2

Versicherte haben aber nach § 75 **Satz 2** die Möglichkeit, nach Ablauf des Gesamtvergütungszeitraums eine **Weitergewährung** der Rente zu beantragen, sofern deren Voraussetzungen (vgl. § 56) dann noch erfüllt sind. Dieser **Antrag** kann auch schon vor dem Ende des Gesamtvergütungszeitraums gestellt werden. 3

§ 76 Abfindung bei Minderung der Erwerbsfähigkeit unter 40 vom Hundert

(1) Versicherte, die Anspruch auf eine Rente wegen einer Minderung der Erwerbsfähigkeit von weniger als 40 vom Hundert haben, können auf ihren Antrag mit einem dem Kapitalwert der Rente entsprechenden Betrag abgefunden werden. Versicherte, die Anspruch auf mehrere Renten aus der Unfallversicherung haben, deren Vomhundertsätze zusammen die Zahl 40 nicht erreichen, können auf ihren Antrag mit einem Betrag abgefunden werden, der dem Kapitalwert einer oder mehrerer dieser Renten entspricht. Die Bundesregierung bestimmt durch Rechtsverordnung mit Zustimmung des Bundesrates die Berechnung des Kapitalwertes.

(2) Eine Abfindung darf nur bewilligt werden, wenn nicht zu erwarten ist, dass die Minderung der Erwerbsfähigkeit wesentlich sinkt.

(3) Tritt nach der Abfindung eine wesentliche Verschlimmerung der Folgen des Versicherungsfalls (§ 73 Abs. 3) ein, wird insoweit Rente gezahlt.

Inhaltsübersicht Rn.

1. Regelungsinhalt

§ 76 regelt die **Abfindung sog. kleiner Renten** mit einer MdE bis 40 v. H. (zu den Renten wegen einer höheren MdE siehe § 78). Den Unfallversicherungsträgern wird durch diese Vorschrift die Möglichkeit eingeräumt, auf Antrag der Versicherten die Rente auf Lebenszeit mit einem Kapitalwert abzufinden (§ 76 Abs. 1 Satz 1). Bei Anspruch auf mehrere Renten, die insgesamt unterhalb dieser MdE bleiben, können auch diese abgefunden werden (§ 76 Abs. 1 Satz 2). Die Berechnung des Kapitalwertes richtet sich nach einer – auf der Grundlage von § 76 Abs. 1 Satz 3 anzuwendenden – von der Bundesregierung erlassenen Verordnung. Voraussetzung einer entsprechenden Abfindung ist die Erwartung, dass die MdE nicht wesentlich sinken wird (§ 76 Abs. 2). Sofern sich allerdings die MdE später – wegen wesentlicher Verschlimmerung der Folgen eines Versicherungsfalls – erhöhen sollte, besteht insoweit dann doch (wieder) ein entsprechender Rentenanspruch (§ 76 Abs. 3). 1

2 Ziel dieser gesetzlichen Regelung ist es, Bezieher von Renten auf unbestimmte Zeit nach einer MdE von weniger als 40 v. H. durch Zahlung einer größeren Geldsumme zu Abfindungsanträgen zu veranlassen. Diese Möglichkeit dient durchaus den Interessen der Versicherten, die so eigenständig eine entsprechende Vermögensdisposition treffen können – beispielweise einen Kredit zum Hausbau aufnehmen oder ablösen können. Gleichzeitig wird der Verwaltungsaufwand auf Seiten der Unfallversicherungsträger dadurch verringert.

2. Voraussetzungen der Rentenabfindung (Abs. 1 Satz 1)

3 Voraussetzung der Anwendbarkeit dieser Vorschrift ist zunächst, dass es sich um eine Rente handelt, deren Höhe nach einer **MdE von weniger als 40 v. H.** – also maximal 35 v. H. – berechnet wird (zur Rentenberechnung vgl. § 56 Abs. 3). In Betracht kommen insoweit nur **Renten auf unbestimmte Zeit**,[519] da bei Renten in Form der vorläufigen Entschädigung die Abfindung mit einer Gesamtvergütung in § 75 normiert ist. Auch Hinterbliebenenrenten fallen nicht in den Anwendungsbereich dieser Vorschrift; deren Abfindung ist in § 80 geregelt.

4 Weitere Voraussetzung für eine Abfindung nach § 76 Abs. 1 Satz 1 ist – anders als bei § 75 (s. dazu § 75 Rn. 2) – ein wirksamer **Antrag.** Ohne entsprechenden Antrag kann eine Abfindung nicht gezahlt werden. Zwar werden Leistungen in der gesetzlichen Unfallversicherung gemäß § 19 Satz 2 SGB IV von Amts wegen erbracht, dies aber nur, soweit sich aus den Vorschriften für die gesetzliche Unfallversicherung nichts Abweichendes ergibt, was hier ausdrücklich der Fall ist. Der Antrag hat hier somit materiell-rechtlichen Charakter. Für die Berechnung des Kapitalwertes (vgl. Rn. 7) ist jedoch nicht auf die Antragstellung abzustellen, sondern auf den Zeitpunkt der Leistungsbewilligung.[520]

5 Die Entscheidung über die Abfindung haben die Unfallversicherungsträger **nach pflichtgemäßem Ermessen** zu treffen. Dies geht aus dem in § 76 Abs. 1 Satz 1 enthaltenen Wort »können« hervor; es handelt sich dabei nicht um ein bloßes »Kompetenz-Kann«.[521] Die Sozialgerichte haben nur zu prüfen, ob das Ermessen überhaupt ausgeübt wurde, ob die gesetzlichen Grenzen des Ermessens überschritten wurden oder ob von dem Ermessen in einer dem Zweck der Ermächtigung nicht entsprechenden Weise Gebrauch gemacht worden ist (vgl. § 54 Abs. 2 Satz 2 SGG – nur Rechtmäßigkeitskontrolle, aber keine Zweckmäßigkeitskontrolle).[522] Ermessensentscheidungen müssen die wesentlichen tatsächlichen und rechtlichen Gründe anführen, darüber hinaus müssen sie die Gründe für die darauf beruhende und somit erst daran anschließende Ausübung des Ermessens erkennen lassen.[523] Im Rahmen der Ermessensausübung über die Bewilligung oder Ab-

519 So auch ausdrücklich § 1 Abs. 1 Satz 1 der Verordnung über die Berechnung des Kapitalwerts bei Abfindung von Leistungen aus der gesetzlichen Unfallversicherung – BGBl. I 1965, S. 894 – zuletzt geändert durch Art. 21 des UVEG – BGBl. I 1996, S. 1314 – im Folgenden: AbfindungsVO.
520 BSG – 28. 04. 2004 – B 2 U 10/03 R.
521 BSG – 09. 11. 2010 – B 2 U 10/10 R.
522 BSG – 09. 11. 2010 – B 2 U 10/10 R.
523 BSG – 18. 04. 2000 – B 2 U 19/99 R.

lehnung eines Abfindungsanspruchs sind nach allgemeiner Meinung auch Belange des Gemeinwohls zu berücksichtigen. So darf beispielsweise durch den Wegfall der monatlichen Rentenzahlung keine Sozialhilfebedürftigkeit eintreten. Neben den Interessen der Allgemeinheit sind nach der Rechtsprechung des BSG folgende **Zwecke abzuwägen**: auf Seiten der Versicherten besteht das Interesse, ihre wirtschaftlichen Verhältnisse durch eine Verfügungsmacht über einen erheblichen Geldbetrag im Unterschied zu laufenden, ggf. nicht allzu hohen monatlichen Rentenzahlungen zu verbessern; auf Seiten der Unfallversicherungsträger geht es um die Verringerung des Verwaltungsaufwandes und um eine Bemessung der Höhe des Kapitalbetrags nach der durch das Lebensalter und die körperliche Beschaffenheit der Berechtigten bedingten voraussichtlichen Dauer des Rentenbezugs – also der weiteren Lebenserwartung – der Versicherten sowie um die finanzielle Leistungsfähigkeit der Unfallversicherungsträger.[524] Ein Interesse der Unfallversicherungsträger, die Abfindung aufgrund einer herabgesetzten Lebenserwartung zu verweigern, kann sich ergeben, wenn die Lebenserwartung erheblich geringer ist als diejenige des Durchschnitts der gleichaltrigen Personen und die Lebenserwartung diejenige Zeit unterschreitet, die dem für die Abfindung festgesetzten Kapitalwert entspricht.[525]

3. Abfindung bei mehreren Renten (Abs. 1 Satz 2)

Eine Abfindung kommt nach § 76 Abs. 1 Satz 2 auch dann in Betracht, wenn Anspruch 6
auf **mehrere Renten** aus der Unfallversicherung besteht. Dies aber auch nur insoweit, als die MdE für alle Versicherungsfälle zusammen insgesamt unter 40 v. H. liegt. Auch hier sind nur Renten auf unbestimmte Zeit zu berücksichtigen (vgl. Rn. 3). Bereits zuvor ggf. abgefundene Renten sind hierbei mit zu berücksichtigen. Die Abfindung muss allerdings nicht für alle Renten beantragt werden, sondern kann nach dem eindeutigen Gesetzeswortlaut auf eine oder mehrere der Renten beschränkt sein. Ergibt sich bei der Zusammenrechnung der MdE-Werte ein höherer Vomhundertsatz, kommt (nur) eine Abfindung nach § 78 in Betracht.

4. Abfindungshöhe (Abs. 1 Satz 3)

Die jeweilige Rente wird nach § 76 Abs. 1 Satz 1 **in Höhe des Kapitalwertes** abgefunden. 7
Die Berechnung des Kapitalwertes ergibt sich aus der – aufgrund der Ermächtigung in § 76 Abs. 1 Satz 3 bzw. dessen Vorgängervorschrift ergangenen – **AbfindungsVO** (siehe Fn. 1). Der Kapitalwert ergibt sich nach § 1 Abs. 1 Satz 1 AbfindungsVO bei Abfindung innerhalb von 15 Jahren nach einem Versicherungsfall unter Berücksichtigung des Alters der Versicherten und der seit dem Versicherungsfall vergangenen Zeit aus der Anlage 1 zur AbfindungsVO. Liegt der Versicherungsfall hingegen schon länger als 15 Jahre zurück, ergibt sich der Kapitalwert nach § 1 Abs. 2 Satz 1 AbfindungsVO allein unter Berücksichtigung des Alters der Versicherten aus Anlage 2 der AbfindungsVO. Abzustel-

524 BSG – 09. 11. 2010 – B 2 U 10/10 R.
525 LSG Rheinland-Pfalz – 21. 12. 1994 – L 3 U 173/94.

len ist dabei auf den Zeitpunkt der Leistungsbewilligung, nicht auf die Antragstellung.[526] Der sich aus der maßgeblichen Anlage zur AbfindungsVO ergebende Kapitalwert ist mit der entsprechenden Jahresrente zu vervielfältigen (§ 1 Abs. 1 Satz 2 bzw. § 1 Abs. 2 Satz 2 AbfindungsVO).

5. Kontinuitätserwartung (Abs. 2)

8 Eine Rentenabfindung darf gemäß § 76 Abs. 2 nur dann vorgenommen werden, wenn ein **Absinken der MdE** nicht zu erwarten ist. Wird die MdE voraussichtlich für länger als drei Monate um mehr als 5 v. H. (siehe dazu § 73 Abs. 3) sinken, scheidet eine Rentenabfindung nach dem eindeutigen Gesetzeswortlaut daher aus. Hierbei handelt es sich um ein negatives Tatbestandsmerkmal, dessen Beurteilung keine Ermessensfrage ist.[527]

6. Verschlimmerung (Abs. 3)

9 Verschlimmern sich die Folgen eines Versicherungsfalls derart, dass eine **Erhöhung der MdE** – länger als drei Monate um mehr als 5 v. H. (§ 73 Abs. 3) – eintritt, wird nach § 76 Abs. 3 insoweit Rente (wieder) gezahlt. Dies bedeutet aber nicht, dass es bei Verschlechterung der Unfallfolgen zu einem Wiederaufleben der abgefundenen Rente kommt, sondern die Rente wird nur – zusätzlich – in Höhe der MdE gezahlt, die durch die Verschlimmerung bedingt ist.[528] Bei Schwerverletzten (s. § 57) gilt allerdings § 77.

7. Rechtsfolgen

10 Die Rente wird nach § 76 – anders als bei einer Abfindung nach §§ 78, 79 – **in vollem Umfang abgefunden**. Damit erlischt der entsprechende Rentenanspruch – grds. (zu den Ausnahmen siehe § 76 Abs. 3 und § 77) – auf Dauer. Eine Abfindung lediglich für einen nur begrenzten Zeitraum gibt es hier nicht. Bis zum Zeitpunkt der Abfindung wird die Rente weiter gezahlt, die Anspruchsvoraussetzungen hierfür fallen erst mit dem Ende des Monats weg, in dem der Abfindungsbescheid wirksam wird (s. § 73 Abs. 2 Satz 1).[529] Abgefunden wird **allein die Rente**, Ansprüche auf andere Leistungen – z. B. auf Heilbehandlung oder Teilhabe (vgl. § 26 Rn. 2) – bleiben hiervon unberührt weiter bestehen.

§ 77 Wiederaufleben der abgefundenen Rente

(1) Werden Versicherte nach einer Abfindung Schwerverletzte, lebt auf Antrag der Anspruch auf Rente in vollem Umfang wieder auf.

(2) Die Abfindungssumme wird auf die Rente angerechnet, soweit sie die Summe der Rentenbeträge übersteigt, die den Versicherten während des Abfindungszeitrau-

526 BSG – 28.04.2004 – B 2 U 10/03 R.
527 Vgl. BSG – 09.11.2010 – B 2 U 10/10 R.
528 LSG Baden-Württemberg – 19.05.2004 – L 7 U 5091/03.
529 BSG – 28.04.2004 – B 2 U 10/03 R.

mes zugestanden hätten. Die Anrechnung hat so zu erfolgen, dass den Versicherten monatlich mindestens die halbe Rente verbleibt.

Inhaltsübersicht

1. Regelungsinhalt

Die Abfindung nach § 76 ist nur für solche Versicherte vorgesehen, deren MdE unter 40 v. H. liegt. Tritt nun aber ein weiterer – rentenberechtigender – Versicherungsfall hinzu oder verschlimmern sich die Folgen der bisherigen Versicherungsfälle derart, dass die Auswirkungen insgesamt zu einer MdE von mindestens 50 v. H. führen, so soll der – durch Abfindung erloschene (vgl. § 76 Rn. 10) – Rentenanspruch bei diesen Schwerverletzen (§ 57) auf deren Antrag hin wieder aufleben (§ 77 Abs. 1). Die gezahlte Abfindung wird angerechnet (§ 77 Abs. 2). 1

2. Wiederaufleben bei Schwerverletzten (Abs. 1)

Ein Wiederaufleben einer oder mehrerer der nach § 76 abgefundenen Renten kommt nur dann in Betracht, wenn Versicherte – nach der Abfindung – **Schwerverletzte** werden. Eine Definition dieses Begriffs enthält § 57 (vgl. § 57 Rn. 2). Die MdE für einen oder mehrere Versicherungsfälle muss sich auf mindestens 50 v. H. erhöhen. 2

Der Rentenanspruch lebt allerdings nicht automatisch auf, sondern nach dem ausdrücklichen Wortlaut der Norm **nur auf Antrag**. Die Entscheidung liegt allein bei den Versicherten. Wird kein entsprechender Antrag gestellt, müssen die Unfallversicherungsträger ggf. eine Rentenzahlung nach § 76 Abs. 3 von Amts wegen vornehmen (vgl. dazu § 76 Rn. 9). Im Übrigen sind die Unfallversicherungsträger aber auch nach § 14 SGB I verpflichtet, auf die Antragsmöglichkeit des § 77 Abs. 1 hinzuweisen. 3

Fällt die Schwerverletzteneigenschaft später (wieder) weg, so fällt die wiederaufgelebte Rente nicht automatisch weg.[530] § 77 enthält **keine zeitliche Begrenzung** des Wiederauflebens für die Dauer der Schwerverletzteneigenschaft. Die wiederaufgelebte Rente ist lediglich nach § 48 SGB X entsprechend anzupassen. 4

3. Anrechnung (Abs. 2)

Die erhaltene **Abfindungssumme** nach § 76 ist gemäß § 77 Abs. 2 Satz 1 auf die wiederaufgelebte Rente – nicht auf ggf. daneben bestehende andere Rentenansprüche – **insoweit anzurechnen**, als sie die bis zum Beginn der Schwerverletzteneigenschaft zustehenden Rentenbeträge übersteigt. 5

Bei der vorzunehmenden Anrechnung muss den Versicherten gemäß § 77 Abs. 2 6

530 BSG – 08.09.1977 – 2 RU 45/77.

Satz 2 **monatlich mindestens die Hälfte** der Rente ausgezahlt werden. Die Unfallversicherungsträger müssen nach pflichtgemäßem Ermessen entscheiden, ob nicht noch ein höherer Betrag monatlich auszuzahlen ist.

§ 78 Abfindung bei Minderung der Erwerbsfähigkeit ab 40 vom Hundert

(1) Versicherte, die Anspruch auf eine Rente wegen einer Minderung der Erwerbsfähigkeit von 40 vom Hundert oder mehr haben, können auf ihren Antrag durch einen Geldbetrag abgefunden werden. Das gleiche gilt für Versicherte, die Anspruch auf mehrere Renten haben, deren Vomhundertsätze zusammen die Zahl 40 erreichen oder übersteigen.

(2) Eine Abfindung kann nur bewilligt werden, wenn

1. die Versicherten das 18. Lebensjahr vollendet haben und

2. nicht zu erwarten ist, dass innerhalb des Abfindungszeitraumes die Minderung der Erwerbsfähigkeit wesentlich sinkt.

Inhaltsübersicht Rn.

1. Regelungsinhalt

1 § 78 regelt die **Abfindung sog. großer Renten** mit einer MdE ab 40 v.H. (zu Renten wegen einer geringeren MdE siehe § 76). Die Vorschrift räumt den Unfallversicherungsträgern – ebenso wie § 76 für die sog. kleinen Renten (vgl. § 76 Rn. 1) – die Möglichkeit einer – teilweisen und zeitlich begrenzten – Rentenabfindung ein und normiert hierzu die Voraussetzungen. Der Umfang, die Berechnung sowie die Auswirkungen der Abfindung sind zusätzlich in § 79 geregelt.

2. Voraussetzungen der Rentenabfindung

2 Voraussetzung der Anwendbarkeit diese Vorschrift ist zunächst, dass es sich um eine Rente handelt, deren Höhe nach einer **MdE von mindestens 40 v. H.** berechnet wird (zur Rentenberechnung vgl. § 56 Abs. 3). Auch hier kommen – ebenso wie bei der Abfindung nach § 76 (vgl. § 76 Rn. 3) – nur Renten auf unbestimmte Zeit in Betracht. Diese MdE kann von einer einzelnen Rente herrühren (§ 78 Abs. 1 Satz 1), aber auch von mehreren Renten (§ 78 Abs. 1 Satz 2). Ergibt sich auch bei Zusammenrechnung aller MdE-Werte kein entsprechender Vomhundertsatz, kommt lediglich eine Abfindung nach § 76 in Frage. Ebenso wie dort (vgl. § 76 Rn. 4) ist auch hier für eine Abfindung ein **Antrag** erforderlich. Die Entscheidung über die Abfindung ist **nach pflichtgemäßem Ermessen** zu treffen (zu den Einzelheiten siehe § 76 Rn. 5).

3 Eine Bewilligung der Abfindung ist nach § 78 Abs. 2 Nr. 1 zudem nur **für volljährige Versicherte** möglich. Außerdem darf die Rentenabfindung nach § 78 Abs. 2 Nr. 2 nur vorgenommen werden, wenn **kein Absinken der MdE** im Abfindungszeitraum (das sind nach § 79 Satz 1 zehn Jahre) zu erwarten ist.

§ 79 Umfang der Abfindung

Eine Rente kann in den Fällen einer Abfindung bei einer Minderung der Erwerbsfähigkeit ab 40 vom Hundert bis zur Hälfte für einen Zeitraum von zehn Jahren abgefunden werden. Als Abfindungssumme wird das Neunfache des der Abfindung zugrundeliegenden Jahresbetrages der Rente gezahlt. Der Anspruch auf den Teil der Rente, an dessen Stelle die Abfindung tritt, erlischt mit Ablauf des Monats der Auszahlung für zehn Jahre.

Regelungsinhalt

§ 79 regelt **Umfang und Dauer** der Rentenabfindung nach § 78. Die Abfindung findet – anders als bei den sog. kleinen Renten (vgl. § 76 Rn. 10) – nicht in vollem Umfang statt. Die Abfindung ist nach § 79 Satz 1 zeitlich auf **zehn Jahre** limitiert. Auch in der Höhe ist der Anspruch auf Abfindung auf die **Hälfte des Rentenanspruchs** begrenzt. Ob dieser Rahmen ausgeschöpft wird, liegt im **Ermessen** der Unfallversicherungsträger. Versicherte haben hier (nur) einen Anspruch auf pflichtgemäße Ermessensausübung. Die Abfindungssumme ist gemäß § 79 Satz 2 der **neunfache Jahresbetrag** der Rente. Der Rentenanspruch erlischt nach § 79 Satz 3 nur für die Zeitdauer von zehn Jahren und in Bezug auf den abgefunden Rentenanteil. Danach lebt der Rentenanspruch automatisch wieder auf. Da der Anspruch somit nicht dauerhaft erlischt, handelt es sich auch nicht um eine Abfindung im eigentlichen Sinne, sondern lediglich um eine Art **Rentenvorauszahlung**. Deshalb scheidet eine Abfindung für zurückliegende Zeiten auch aus.[531] 1

§ 80 Abfindung bei Wiederheirat

(1) Eine Witwenrente oder Witwerrente wird bei der ersten Wiederheirat der Berechtigten mit dem 24fachen Monatsbetrag abgefunden. In diesem Fall werden Witwenrenten und Witwerrenten an frühere Ehegatten, die auf demselben Versicherungsfall beruhen, erst nach Ablauf von 24 Monaten neu festgesetzt. Bei einer Rente nach § 65 Abs. 2 Nr. 2 vermindert sich das 24fache des abzufindenden Monatsbetrages um die Anzahl an Kalendermonaten, für die die Rente geleistet wurde. Entsprechend vermindert sich die Anzahl an Kalendermonaten nach Satz 2.

(2) Monatsbetrag ist der Durchschnitt der für die letzten zwölf Kalendermonate geleisteten Witwenrente oder Witwerrente. Bei Wiederheirat vor Ablauf des 15. Kalendermonats nach dem Tode des Versicherten ist Monatsbetrag der Durchschnittsbetrag der Witwenrente oder Witwerrente, die nach Ablauf des dritten auf den Sterbemonat folgenden Kalendermonats zu leisten war. Bei Wiederheirat vor Ablauf dieses Kalendermonats ist Monatsbetrag der Betrag der Witwenrente oder Witwerrente, der für den vierten auf den Sterbemonat folgenden Kalendermonat zu leisten wäre.

(3) Wurde bei der Wiederheirat eine Rentenabfindung gezahlt und besteht nach Auflösung oder Nichtigerklärung der erneuten Ehe Anspruch auf Witwenrente oder Witwerrente nach dem vorletzten Ehegatten, wird für jeden Kalendermonat, der auf

---

531 LSG Nordrhein-Westfalen – 27.11.2001 – L 15 U 152/01.

die Zeit nach Auflösung oder Nichtigerklärung der erneuten Ehe bis zum Ablauf des 24. Kalendermonats nach Ablauf des Monats der Wiederheirat entfällt, von dieser Rente ein Vierundzwanzigstel der Rentenabfindung in angemessenen Teilbeträgen einbehalten. Bei verspäteter Antragstellung mindert sich die einzubehaltende Rentenabfindung um den Betrag, der den Berechtigten bei frühestmöglicher Antragstellung an Witwenrente oder Witwerrente nach dem vorletzten Ehegatten zugestanden hätte.

(4) Die Absätze 1 bis 3 gelten entsprechend für die Bezieher einer Witwen- und Witwerrente an frühere Ehegatten.

(5) Die Absätze 1 bis 4 gelten entsprechend für die Bezieher einer Witwen- oder Witwerrente an Lebenspartner.

Regelungsinhalt

1 § 80 sieht zwingend eine Abfindung der Witwen- bzw. Witwerrente (vgl. § 65) **bei der ersten Wiederheirat** vor und begrenzt den Abfindungszeitraum auf **maximal 24 Monate**.

Dritter Abschnitt **Jahresarbeitsverdienst**

Erster Unterabschnitt **Allgemeines**

§ 81 Jahresarbeitsverdienst als Berechnungsgrundlage

Die Vorschriften dieses Abschnitts gelten für Leistungen in Geld, die nach dem Jahresarbeitsverdienst berechnet werden.

Regelungsinhalt

1 § 81 legt als **Einweisungsnorm** fest, dass die Vorschriften des Dritten Abschnitts des Dritten Kapitels – also die §§ 82 bis 93 – für die Geldleistungen gelten, welche nach dem Jahresarbeitsverdienst (JAV) berechnet werden. Diese Vorschrift legt damit den Anwendungsbereich des JAV fest.[532]

2 Der Jahresarbeitsverdienst ist **das wesentliche Berechnungselement** für die folgenden Geldleistungen:

- Verletztenrente (vgl. § 56 Abs. 3 Satz 1),
- Witwen- und Witwerrente (vgl. § 65 Abs. 2),
- Waisenrente (vgl. § 68 Abs. 1),
- Rente an Verwandte der aufsteigenden Linie (vgl. § 69 Abs. 4),
- Witwen-, Witwer- und Waisenbeihilfe (vgl. § 71 Abs. 1 Satz 1),

---

532 BSG – 13.12.2005 – B 2 U 25/04 R.

- Verletztengeld für Unternehmer oder Gleichgestellte (vgl. § 47 Abs. 5 Satz 1),
- Verletztengeld nach Freiheitsentzug (vgl. § 47 Abs. 6).

Der Jahresarbeitsverdienst hat darüber hinaus auch als Höchstgrenze für die Berechnung des Verletztengeldes Bedeutung (vgl. § 47 Abs. 1 Satz 1 Nr. 1), ebenso für den Höchstbetrag bei Bezug mehrerer Renten (vgl. 59 Satz 1) und bei Hinterbliebenenrenten (vgl. § 70 Abs. 1 Satz 1) sowie für die Anpassung des Pflegegeldes (vgl. § 44 Abs. 2 Satz 2 und Abs. 4) und bei Mehrleistungen (vgl. § 94 Abs. 2), auch für den Leistungsanspruch des nicht versicherten Unternehmers im Rahmen der Haftungsbeschränkung ist der Jahresarbeitsverdienst relevant (vgl. § 105 Abs. 2 Satz 3). **3**

Zweiter Unterabschnitt
Erstmalige Festsetzung

§ 82 Regelberechnung

(1) Der Jahresarbeitsverdienst ist der Gesamtbetrag der Arbeitsentgelte (§ 14 des Vierten Buches) und Arbeitseinkommen (§ 15 des Vierten Buches) des Versicherten in den zwölf Kalendermonaten vor dem Monat, in dem der Versicherungsfall eingetreten ist. Zum Arbeitsentgelt nach Satz 1 gehört auch das Arbeitsentgelt, auf das ein nach den zwölf Kalendermonaten abgeschlossener Tarifvertrag dem Versicherten rückwirkend einen Anspruch einräumt.

(2) Für Zeiten, in denen der Versicherte in dem in Absatz 1 Satz 1 genannten Zeitraum kein Arbeitsentgelt oder Arbeitseinkommen bezogen hat, wird das Arbeitsentgelt oder Arbeitseinkommen zugrunde gelegt, das seinem durchschnittlichen Arbeitsentgelt oder Arbeitseinkommen in den mit Arbeitsentgelt oder Arbeitseinkommen belegten Zeiten dieses Zeitraums entspricht. Erleidet jemand, der als Soldat auf Zeit, als Wehr- oder Zivildienstleistender oder als Entwicklungshelfer, beim besonderen Einsatz des Zivilschutzes oder bei einem Dienst nach dem Jugendfreiwilligendienstegesetz oder dem Bundesfreiwilligendienstgesetz tätig wird, einen Versicherungsfall, wird als Jahresarbeitsverdienst das Arbeitsentgelt oder Arbeitseinkommen zugrunde gelegt, das er durch eine Tätigkeit erzielt hätte, die der letzten Tätigkeit vor den genannten Zeiten entspricht, wenn es für ihn günstiger ist. Ereignet sich der Versicherungsfall innerhalb eines Jahres seit Beendigung einer Berufsausbildung, bleibt das während der Berufsausbildung erzielte Arbeitsentgelt außer Betracht, wenn es für den Versicherten günstiger ist.

(3) Arbeitsentgelt und Ausbildungsbeihilfe nach den §§ 43 und 44 des Strafvollzugsgesetzes gelten nicht als Arbeitsentgelt im Sinne der Absätze 1 und 2.

(4) Erleidet jemand, dem sonst Unfallfürsorge nach beamtenrechtlichen Vorschriften oder Grundsätzen gewährleistet ist, einen Versicherungsfall, für den ihm Unfallfürsorge nicht zusteht, gilt als Jahresarbeitsverdienst der Jahresbetrag der ruhegehaltsfähigen Dienstbezüge, die der Berechnung eines Unfallruhegehalts zugrunde zu legen wären. Für Berufssoldaten gilt dies entsprechend.

Inhaltsübersicht Rn.

1. Regelungsinhalt

1 § 82 bestimmt in Abs. 1 zunächst den im Regelfall für die Berechnung der Geldleistungen zugrunde zu legenden Jahresarbeitsverdienst und orientiert sich dabei an der Höhe des Erwerbseinkommens der letzten zwölf dem Versicherungsfall vorangegangenen Monate. Außerdem enthält die Vorschrift in Abs. 2 verschiedene Regelungen zur Bestimmung des Jahresarbeitsverdienstes in besonderen Fällen. Satz 1 regelt den Umgang mit Zeiten ohne Bezug von Erwerbseinkommen, Satz 2 enthält eine Regelung für die Berechnung des Jahresarbeitsverdienstes für Personen, die bestimmte Dienste verrichten, welche im Interesse der Allgemeinheit liegen. Satz 3 betrifft die Personen, die ihre Berufsausbildung erst innerhalb der letzten zwölf Monate beendet haben. In Abs. 3 ist der Umgang mit während des Strafvollzugs bezogenen Geldleistungen geregelt. Abs. 4 trifft eine Sonderregelung für den Jahresarbeitsverdienst bei Beamten (Satz 1) und Berufssoldaten (Satz 2).

2. Jahresarbeitsverdienst nach tatsächlichem Einkommen

2 Gemäß **§ 82 Abs. 1 Satz 1** ist der Jahresarbeitsverdienst der **Gesamtbetrag** der Arbeitsentgelte (§ 14 SGB IV) und Arbeitseinkommen (§ 15 SGB IV) des Versicherten in den zwölf Kalendermonaten vor dem Monat, in dem der Versicherungsfall eingetreten ist. Mit dieser Grundnorm liegt damit eine gesetzliche Definition des Begriffs Jahresarbeitsverdienst vor. Entscheidend für die Berechnung des Jahresarbeitsverdienstes ist das **Erwerbseinkommen der vergangenen zwölf Monate**. Sinn und Zweck dieser Regelung ist es, in der Verwaltungspraxis eine einfache und schnell praktizierbare sowie nachvollziehbare Berechnung des Jahresarbeitsverdienstes zu ermöglichen.[533]

3 **Arbeitsentgelt** sind nach der Legaldefinition des **§ 14 Abs. 1 Satz 1 SGB IV** alle laufenden oder einmaligen Einnahmen aus einer Beschäftigung, wobei es gleichgültig ist, ob auf diese ein Rechtsanspruch besteht, unter welcher Bezeichnung oder in welcher Form sie geleistet werden und ob sie unmittelbar aus der Beschäftigung oder (nur) im Zusammenhang mit ihr erzielt werden. Arbeitsentgelt sind mithin solche Einnahmen, die einem Versicherten in ursächlichem Zusammenhang mit einer Beschäftigung zufließen.[534] Wegen der näheren Einzelheiten wird auf die Kommentierung zu § 14 SGB IV verwiesen.

4 **Arbeitseinkommen** ist gemäß der Legaldefinition des **§ 15 Abs. 1 Satz 1 SGB IV** der nach den allgemeinen Gewinnermittlungsvorschriften des Einkommensteuerrechts ermittelte Gewinn aus selbständiger Tätigkeit. Auch hier wird wegen der näheren Einzelheiten auf die Kommentierung zu § 15 SGB IV Bezug genommen.

5 Für die Berechnung des Jahresarbeitsverdienstes ist nach § 82 Abs. 1 Satz 1 der Ge-

533 BSG – 15.09.2011 – B 2 U 24/10 R.
534 BSG – 15.09.2011 – B 2 U 24/10 R.

samtbetrag des Erwerbseinkommens (Arbeitsentgelt und Arbeitseinkommen) maßgebend. **Bemessungszeitraum** sind dabei **die letzten zwölf Monate vor Eintritt des Versicherungsfalls**. Der Gesetzgeber hat den Jahreszeitraum als Grundlage der Berechnung des Jahresarbeitsverdienstes bewusst gewählt, um eine einfache und schnelle Berechnungsgrundlage zu haben; eine Verlängerung des Bemessungszeitraums kommt daher auch nicht in Frage.[535] Diese Anordnung greift aber nur, sofern eine durchgehende Beschäftigung oder selbständige Tätigkeit vorgelegen hat. Für Zeiten ohne einen Bezug von Erwerbseinkommen trifft § 82 Abs. 2 Satz 1 eine abweichende Regelung (siehe Rn. 7).

Von § 82 Abs. 1 Satz 1 wird nur Arbeitsentgelt und Arbeitseinkommen erfasst, welches 6
im Bemessungszeitraum bezogen wurde; **rückwirkende Erhöhungen** können daher bei der Berechnung des Jahresarbeitsverdienstes grds. nicht berücksichtigt werden. Eine Ausnahme besteht hier nach der ausdrücklichen gesetzlichen Anordnung in **§ 82 Abs. 1 Satz 2** aber für solche rückwirkenden Erhöhungen, welche durch Tarifvertrag begründet werden und in den Bemessungszeitraum fallen. Aufgrund des eindeutigen Wortlauts gilt dies nicht für andere – z. B. für einzelvertraglich vereinbarte – Erhöhungen.

3. Jahresarbeitsverdienst nach einem fiktiven Einkommen

Für Zeiten ohne Bezug von Arbeitsentgelt oder Arbeitseinkommen im maßgeblichen 7
Bemessungszeitraum (vgl. R. 5) ordnet die Auffüllungsvorschrift des **§ 82 Abs. 2 Satz 1** an, dass der Berechnung des Jahresarbeitsverdienstes der **Durchschnittsverdienst** der mit Arbeitsentgelt und Arbeitseinkommen belegten Zeit im Bemessungszeitraum zugrunde gelegt wird. Sinn und Zweck dieser Vorschrift ist es, Zeiten ohne Bezüge bzw. ohne typische Einkommenssituationen, welche oft nur mehr oder minder zufällig bedingt sind, nicht auf unter Umständen lang dauernden Entschädigungsleistungen durchschlagen zu lassen.[536] Wie das durchschnittliche Arbeitsentgelt oder Arbeitseinkommen berechnet wird, ist gesetzlich nicht näher festgelegt. Es existieren unterschiedliche Vorschläge hierzu, eine höchstrichterliche Klärung steht insoweit noch aus.[537] Sofern ein Versicherter im Bemessungszeitraum überhaupt keine Erwerbseinkommen erzielt hat, ist eine Anwendung des § 82 Abs. 2 Satz 1 nicht möglich; in diesem Fall ist dann der Mindestjahresarbeitsverdienst nach § 85 Abs. 1 zugrunde zu legen.[538] Bei Kindern gilt § 86.

Für Zeitsoldaten, Wehr- oder Zivildienstleistende und Entwicklungshelfer sowie für 8
Personen, die bei einem besonderen Einsatz des Zivilschutzes oder bei einem Dienst nach dem Jugendfreiwilligendienstegesetz oder dem Bundesfreiwilligendienstgesetz einen Versicherungsfall erleiden, kann nach **§ 82 Abs. 2 Satz 2** das Arbeitsentgelt oder Arbeitseinkommen als Jahresarbeitsverdienst zugrunde gelegt werden, welches durch eine Tätigkeit erzielt worden wäre, die der letzten Tätigkeit vor diesem Dienst entspricht, wenn dies

535 BSG – 15.09.2011 – B 2 U 24/10 R.
536 LSG Bayern – 10.01.2012 – L 3 U 181/09.
537 Einzelheiten sowie Berechnungsbeispiele dazu bei Schudmann in jurisPK-SGB VII, § 82 Rn. 80 ff. u. Merten in Eichenhofer/Wenner, SGB VII, § 82 Rn. 31 ff.
538 LSG Thüringen – 28.07.2004 – L 1 KN 623/03 U.

günstiger ist. Hierbei kommt nach § 90 Abs. 6 ggf. auch eine Anpassung gemäß § 90 Abs. 1 bis 3 in Betracht.

9 Da eine Ausbildungsvergütung in der Regel (deutlich) niedriger ist als ein entsprechendes Arbeitsentgelt für die gleiche Tätigkeit nach abgeschlossener Ausbildung, bleibt nach **§ 82 Abs. 2 Satz 3** das während der Berufsausbildung erzielte Arbeitsentgelt bei der Berechnung des Jahresarbeitsverdienst außer Betracht, wenn sich ein Versicherungsfall innerhalb eines Jahres seit Beendigung einer Berufsausbildung ereignet, wenn dies für die Versicherten günstiger ist. Es erfolgt in diesem Fall eine Berechnung nach § 82 Abs. 2 Satz 1.

10 In **§ 82 Abs. 3** findet sich eine Sonderregelung für Personen, die eine Freiheitsstrafe verbüßen. Das nach § 43 StVollzG für die Arbeit von Gefangenen gezahlte Arbeitsentgelt wird ebenso wenig wie eine ggf. nach § 44 StVollzG gewährte Ausbildungsbeihilfe der Bestimmung des Jahresarbeitsverdienstes zugrunde gelegt. Hier ist der Jahresarbeitsverdienst nach §82 Abs. 2 Satz 1 oder § 85 Abs. 1 zu berechnen.

11 Eine Sonderregelung für Beamten und Berufssoldaten ist – in Ergänzung zu § 61 – in **§ 82 Abs. 4** zu finden. Maßgeblicher Jahresarbeitsverdienst ist für diesen Personenkreis der Jahresbetrag der ruhegehaltsfähigen Dienstbezüge, welche der Berechnung eines Unfallruhegehalts zugrunde zu legen wären. § 82 Abs. 4 gilt dabei nicht nur für Beamte – und Berufssoldaten – im engeren Sinne, sondern für alle Personen, denen »sonst Unfallfürsorge nach beamtenrechtlichen Vorschriften oder Grundsätzen gewährleistet ist« – also z. B. auch für Dienstordnungsangestellte, für die das Beamtenrecht weitgehend entsprechende Anwendung findet.[539]

§ 83 Jahresarbeitsverdienst kraft Satzung

Für kraft Gesetzes versicherte selbständig Tätige, für kraft Satzung versicherte Unternehmer und Ehegatten oder Lebenspartner und für freiwillig Versicherte hat die Satzung des Unfallversicherungsträgers die Höhe des Jahresarbeitsverdienstes zu bestimmen. Sie hat ferner zu bestimmen, dass und unter welchen Voraussetzungen die kraft Gesetzes versicherten selbständig Tätigen und die kraft Satzung versicherten Unternehmer und Ehegatten oder Lebenspartner auf ihren Antrag mit einem höheren Jahresarbeitsverdienst versichert werden.

Regelungsinhalt

1 Für kraft Gesetzes oder kraft Satzung sowie für freiwillig versicherte Selbständige ist der Jahresarbeitsverdienst nach § 83 Satz 1 in der Satzung des Unfallversicherungsträger festzulegen; dieses gilt auch hinsichtlich der im Unternehmen tätigen Ehegatten und Lebenspartner sowie für sonstige freiwillig Versicherte. Außerdem muss die Satzung gemäß § 83 Satz 2 eine Regelung zur Höherversicherung enthalten. Damit ergibt sich eine erhebliche Vereinfachung der Feststellung des Jahresarbeitsverdienstes bei diesem Personenkreis, die oft recht schwierigen Ermittlungen des Arbeitseinkommens entfallen hier.[540]

539 LSG Bayern – 20.03.2012 – L 3 U 92/11.
540 Vgl. BSG – 04.12.2007 – B 2 U 33/06 R.

Die Vorschrift bezieht sich beispielsweise auf Hausgewerbetreibende und Zwischenmeister (vgl. § 2 Abs. 1 Nr. 6) sowie im Gesundheitswesen und in der Wohlfahrtspflege selbständig Tätige (§ 2 Abs. 1 Nr. 9), nicht hingegen auf selbständige Küstenschiffer und Küstenfischer (vgl. § 2 Abs. 1 Nr. 7) sowie landwirtschaftliche Unternehmer (vgl. § 2 Abs. 1 Nr. 5), da für diese die Sonderregelungen in § 92 bzw. § 93 gelten. Neben den gesetzlich versicherten Selbständigen gilt die Vorschrift für die kraft Satzung nach § 3 versicherten Personen sowie die nach § 6 freiwillig Versicherten. 2

Die Satzungsbestimmung des Jahresarbeitsverdienstes hat nur Bedeutung für Versicherungsfälle, die bei einer entsprechenden Tätigkeit anfallen, nicht hingegen dann, wenn ein Versicherungsfall einer der in der Vorschrift genannten Personen während einer anderen – ebenfalls versicherten – Tätigkeit eintritt.[541] 3

§ 84 Jahresarbeitsverdienst bei Berufskrankheiten

Bei Berufskrankheiten gilt für die Berechnung des Jahresarbeitsverdienstes als Zeitpunkt des Versicherungsfalls der letzte Tag, an dem die Versicherten versicherte Tätigkeiten verrichtet haben, die ihrer Art nach geeignet waren, die Berufskrankheit zu verursachen, wenn diese Berechnung für die Versicherten günstiger ist als eine Berechnung auf der Grundlage des in § 9 Abs. 5 genannten Zeitpunktes. Dies gilt ohne Rücksicht darauf, aus welchen Gründen die schädigende versicherte Tätigkeit aufgegeben worden ist.

Regelungsinhalt

§ 9 Abs. 5 bestimmt als maßgeblichen Zeitpunkt des Versicherungsfalls für die Berechnung von Leistungen den Beginn der Arbeitsunfähigkeit bzw. Behandlungsbedürftigkeit oder – falls dies für die Versicherten günstiger ist – den Beginn einer rentenberechtigenden Minderung der Erwerbsfähigkeit (siehe § 9 Rn. 25). Mit § 84 Satz 1 wird die – nach dem **Günstigkeitsprinzip** des § 9 Abs. 5 mögliche – Berechnung des Jahresarbeitsverdienstes um eine weitere alternative Berechnungsmöglichkeit erweitert. 1

Der Berechnung des Jahresarbeitsverdienstes zugrunde gelegt werden kann nach § 84 Satz 1 – abweichend von den in § 9 Abs. 5 genannten Zeitpunkten – auch der letzte Tag, an dem versicherte Tätigkeiten verrichtet worden sind, welche ihrer Art nach geeignet waren, die Berufskrankheit zu verursachen, wobei es gemäß § 84 Satz 2 auch irrelevant ist, aus welchen Gründen dies geschehen ist. § 84 enthält keine Abweichung zu § 82, sondern eröffnet bei der Jahresarbeitsverdienstberechnung nur eine **weitere Berechnungsmöglichkeit** bezogen auf einen dritten Zeitpunkt. 2

Diese Wahlmöglichkeit wird im Regelfall nur in Bezug auf die Gewährung von Verletztenrente relevant werden, kann aber unter Umständen auch im Falle der Zahlung von Verletztengeld eingreifen.[542] 3

---

541 Vgl. Ricke in Kasseler Kommentar Sozialversicherungsrecht, § 82 SGB VII Rn. 3.
542 Vgl. BSG – 13.12.2005 – B 2 U 25/04 R.

§ 85 Mindest- und Höchstjahresarbeitsverdienst

(1) Der Jahresarbeitsverdienst beträgt mindestens

1. für Versicherte, die im Zeitpunkt des Versicherungsfalls das 15., aber noch nicht das 18. Lebensjahr vollendet haben, 40 vom Hundert,

2. für Versicherte, die im Zeitpunkt des Versicherungsfalls das 18. Lebensjahr vollendet haben, 60 vom Hundert

der im Zeitpunkt des Versicherungsfalls maßgebenden Bezugsgröße. Satz 1 findet keine Anwendung auf Versicherte nach § 3 Abs. 1 Nr. 3.

(2) Der Jahresarbeitsverdienst beträgt höchstens das Zweifache der im Zeitpunkt des Versicherungsfalls maßgebenden Bezugsgröße. Die Satzung kann eine höhere Obergrenze bestimmen.

Regelungsinhalt

1 **§ 85 Abs. 1 Satz 1** bestimmt einen **Mindestjahresarbeitsverdienst**, um Versicherten mit geringem oder keinem Erwerbseinkommen einen Mindestlebensstandard zu sichern. Dieser Mindestjahresarbeitsverdienst beträgt für Erwachsene 60 % der im Versicherungsfall maßgebenden Bezugsgröße und für noch nicht volljährige – aber schon über 15 Jahre alte – Versicherte beträgt der Mindestjahresarbeitsverdienst 40 % dieser Bezugsgröße (für jüngere Versicherte siehe § 86). Die **Bezugsgröße**, welche sich jedes Jahr ändert, ist das Durchschnittsentgelt der gesetzlichen Rentenversicherung im vorvergangenen Kalenderjahr, aufgerundet auf den nächsthöheren, durch 420 teilbaren Betrag (vgl. § 18 Abs. 1 SGB IV). Maßgebender Zeitpunkt ist der Versicherungsfall, also der Tag des Arbeitsunfalls bzw. bei Berufskrankheiten der Zeitpunkt nach § 9 Abs. 5 oder § 84 (Einzelheiten siehe dort). Besonderheiten gelten für Versicherungsfälle im Beitrittsgebiet (vgl. § 216 Abs. 1), hier ist die Bezugsgröße (Ost) zugrunde zu legen (vgl. § 18 Abs. 2 SGB IV).

2 Durch das Gesetz zur Verbesserung des unfallversicherungsrechtlichen Schutzes bürgerschaftlich Engagierter und weiterer Personen vom 09. 12. 2004[543] wurde die Möglichkeit der satzungsmäßigen Erstreckung des Versicherungsschutzes auf Personen, die im **Ausland** bei einer staatlichen deutschen Einrichtung beschäftigt oder im Ausland von einer staatlichen deutschen Einrichtung anderen Staaten zur Arbeitsleistung zur Verfügung gestellt werden, eingeräumt, soweit diese nach dem Recht des Beschäftigungsstaates nicht unfallversichert sind (§ 3 Abs. 1 Nr. 3). Für diesen Personenkreis schließt die gleichzeitig in Kraft getretene Regelung des **§ 85 Abs. 1 Satz 2** die Anwendung des § 85 Abs. 1 Satz 1 aus. Sie sollen – nach der Gesetzesbegründung[544] – den örtlichen Verhältnissen entsprechend abgesichert sein, daher kann die nach den deutschen Verhältnissen ermittelte Bezugsgröße nicht als Maßstab zugrunde gelegt werden.

3 Als **Höchstjahresarbeitsverdienst** bestimmt **§ 85 Abs. 2 Satz 1** grds. das Doppelte der im Versicherungsfall maßgebenden Bezugsgröße; allerdings können die Unfallversiche-

543 BGBl. I 3299.
544 BT-Drs. 15/3439.

rungsträger gemäß **§ 85 Abs. 2 Satz 2** hiervon abweichen und in ihrer Satzung eine höhere Obergrenze bestimmen, wovon umfangreich Gebrauch gemacht wurde.[545]

§ 86 Jahresarbeitsverdienst bei Kindern

Der Jahresarbeitsverdienst beträgt

1. für Versicherte, die im Zeitpunkt des Versicherungsfalls das sechste Lebensjahr nicht vollendet haben, 25 vom Hundert,

2. für Versicherte, die im Zeitpunkt des Versicherungsfalls das sechste, aber nicht das 15. Lebensjahr vollendet haben, 33 1/3 vom Hundert

der im Zeitpunkt des Versicherungsfalls maßgebenden Bezugsgröße.

Regelungsinhalt

§ 86 bestimmt den Jahresarbeitsverdienst für Versicherte, die das 15. Lebensjahr noch nicht vollendet haben. Für **Kinder unter sechs Jahren** (Nr. 1) beträgt der Jahresarbeitsverdienst ein Viertel (25 %) und für **Kinder ab sechs bis unter 15 Jahren** (Nr. 2) ein Drittel (33 1/3 %) der im Zeitpunkt des Versicherungsfalls maßgebenden Bezugsgröße (zur Bezugsgröße vgl. § 85 Rn. 1). 1

Es handelt sich hier – anders als in § 85 Abs. 1 Satz 1 für über 15 Jahre alte Versicherte – nicht um einen Mindestjahresarbeitsverdienst. Ein ggf. tatsächlich erzieltes – insbesondere höheres – Erwerbseinkommen ist insoweit rechtlich irrelevant. Eine Korrektur kann hier aber über § 87 vorgenommen werden. 2

§ 86 gilt – ebenso wie § 85 – nur für die **Erstfeststellung** des Jahresarbeitsverdienstes. Anpassungen sind hier insoweit zum einen gemäß § 90 Abs. 5 nach Vollendung des jeweiligen für die nächste Stufe maßgeblichen Lebensjahres (also sechs Jahre nach § 86 Nr. 2 und 15 Jahre nach § 85 Abs. 1 Nr. 1 sowie 18 Jahre nach § 85 Abs. 1 Nr. 2) vorzunehmen, sowie zum anderen nach § 90 Abs. 1 bis 4 nach dem voraussichtlichen Ende einer Schul- oder Berufsausbildung bzw. mit Vollendung des 21. und 25. Lebensjahres (näher dazu § 90). 3

§ 87 Jahresarbeitsverdienst nach billigem Ermessen

Ist ein nach der Regelberechnung, nach den Vorschriften bei Berufskrankheiten, den Vorschriften für Kinder oder nach der Regelung über den Mindestjahresarbeitsverdienst festgesetzter Jahresarbeitsverdienst in erheblichem Maße unbillig, wird er nach billigem Ermessen im Rahmen von Mindest- und Höchstjahresarbeitsverdienst festgesetzt. Hierbei werden insbesondere die Fähigkeiten, die Ausbildung, die Lebensstellung und die Tätigkeit der Versicherten im Zeitpunkt des Versicherungsfalls berücksichtigt.

Inhaltsübersicht

545 Vgl. die Übersicht bei Schudmann in jurisPK-SGB VII, § 85 Rn. 8.

1. Regelungsinhalt

1 Sofern ein nach den maßgebenden Vorschriften berechneter Jahresarbeitsverdienst in erheblichem Maße unbillig erscheint, ist er gemäß § 87 Satz 1 abweichend nach billigem Ermessen festzustellen. Hierbei sind die in § 87 Satz 2 genannten Kriterien zu berücksichtigen. Die Vorschrift soll atypische Fallgestaltungen erfassen; Ziel der Regelung ist es, den Jahresarbeitsverdienst als Grundlage der entsprechenden Geldleistungen so zu bemessen, dass der **Lebensstandard** gesichert wird, den der Versicherte zeitnah vor dem Versicherungsfall erreicht und auf den er sich eingerichtet hat.[546] § 87 ist ein **Korrektiv für Einzelfälle**, in denen der regelhaft berechnete Jahresarbeitsverdienst die Einkommensverhältnisse des Versicherten nicht angemessen widerspiegelt. Hierbei ist zunächst festzustellen, auf Grund welcher Vorschriften der Jahresarbeitsverdienst zu berechnen ist und wie hoch er danach ist; anschließend ist die Prüfung vorzunehmen, ob dieser so errechnete Jahresarbeitsverdienst in erheblichem Maße unbillig ist.[547]

2. Anwendungsbereich

2 Voraussetzung für die Anwendung des § 87 ist zunächst, dass – in einem ersten Schritt – eine Festsetzung des Jahresarbeitsverdienstes nach § 82 (Regelberechnung), nach § 84 (Jahresarbeitsverdienst bei Berufskrankheiten), nach § 85 (Mindest-Jahresarbeitsverdienst) oder nach § 86 (Jahresarbeitsverdienst für Kinder) erfolgt ist. Bei dieser **Festsetzung** des Jahresarbeitsverdienstes muss es sich um die **erstmalige** handeln.[548] Für spätere Neufestsetzungen gilt § 91.

3 Eine Festsetzung nach § 83 (Jahresarbeitsverdienst kraft Satzung) ist nicht aufgeführt. Eine Änderung der nach § 83 durch Satzung festgelegten Versicherungssumme aus Billigkeitserwägungen ist daher grds. nicht möglich.

4 Eine **analoge Anwendung** der Vorschrift wird für die Fälle befürwortet, in denen eine Berechnung des Jahresarbeitsverdienstes – beispielsweise wegen fehlender Unterlagen bei einem lange zurückliegenden Versicherungsfall – unmöglich ist.[549]

3. Erhebliche Unbilligkeit

5 Nach Prüfung des Anwendungsbereichs der Norm (siehe Rn. 2) ist – in einem zweiten Schritt – zu untersuchen, ob der nach den genannten Vorschriften errechnete Jahresarbeitsverdienst »in erheblichem Maße unbillig« ist. Das Vorliegen einer erheblichen Unbilligkeit in diesem Sinne kann nur von Fall zu Fall unter Berücksichtigung aller Tatumstände entschieden werden. § 87 Satz 2 nennt hierbei insoweit als **zu berücksichtigende Krite-**

546 BSG – 15.09.2011 – B 2 U 24/10 R.
547 BSG – 18.03.2003 – B 2 U 15/02 R.
548 BSG – 15.09.2011 – B 2 U 24/10 R.
549 Ricke in Kasseler Kommentar Sozialversicherungsrecht, § 87 Rn. 3; ebenso Schudmann in jurisPK-SGB VII, § 87 Rn. 12.

rien die Fähigkeiten und die Ausbildung, die Lebensstellung und die Tätigkeit der Versicherten im Zeitpunkt des Versicherungsfalls. Die Aufzählung dieser Kriterien ist nicht abschließend.[550] Weitere Kriterien sind hier allerdings noch nicht benannt worden.

Ob der Jahresarbeitsverdienst in erheblichem Maße unbillig ist, kann das Gericht in vollem Umfang selbst überprüfen, denn es handelt sich hierbei um die Auslegung und Anwendung eines unbestimmten Rechtsbegriffs. Der Unfallversicherungsträger hat hier **kein Ermessen**, auch steht ihm diesbezüglich **kein Beurteilungsspielraum** zu.[551] **6**

Maßgeblicher **Vergleichszeitraum** für die Beurteilung der Frage der Billigkeit bzw. Unbilligkeit ist auch hier der in § 82 grds. festgelegte Bemessungszeitraum (siehe dazu § 82 Rn. 5), also die letzen zwölf Kalendermonate. Die Festsetzung des Jahresarbeitsverdienstes ist danach nicht in erheblichem Maße unbillig, wenn der nach den §§ 82 bis 86 ermittelte Jahresarbeitsverdienst den Fähigkeiten, der Ausbildung, Lebensstellung und Tätigkeit der Versicherten in den zwölf Kalendermonaten vor dem Monat des Versicherungsfalls entspricht.[552] **7**

Sind für die Berechnung der Leistungen also die Verhältnisse im Jahre vor dem Arbeitsunfall maßgebend, sind in Vorjahren erzielte Entgelte oder nach dem Unfall zu erwartende höhere Entgelte daher grds. auch nicht zu berücksichtigen. Dieser **Grundsatz** kommt nur dann nicht zum Tragen, wenn innerhalb des maßgeblichen Zeitraums eine wesentliche Änderung der beruflichen Situation verbunden mit einer erheblichen Änderung des Arbeitseinkommens eingetreten ist, denn Rechtszweck einer Unbilligkeitskorrektur soll es ein, den Versicherten den **Lebensstandard zu sichern**, den sie vor dem Unfall erreicht hatten und auf den sie sich auf Dauer einrichten konnten.[553] **8**

Es gibt keine starren **Richtwerte** in der Form, dass etwa ab einem bestimmten Prozentsatz der Abweichung eine Unbilligkeit »in erheblichem Maße« anzunehmen wäre; auch insoweit ist eine an den jeweiligen Umständen des Einzelfalles orientierte Betrachtungsweise angezeigt. In der Rechtsprechung ist aber anerkannt, dass jedenfalls bei einer Abweichung von 40 % Unbilligkeit anzunehmen ist.[554] **9**

Für die Entscheidung, ob der Jahresarbeitsverdienst erheblich unbillig ist, ist insbesondere die »Lebensstellung« der Versicherten von Bedeutung. Darunter ist der durch sämtliche Einkünfte bestimmte (geprägte) **soziale Status** einer Person zu verstehen.[555] Daher können hier auch Renten oder sonstige Versorgungsleistungen – auch auf privatrechtlicher Grundlage – berücksichtigt werden, die nicht unmittelbar in den Jahresarbeitsverdienst einzubeziehen sind, wenn sie durch den Eintritt des Versicherungsfalls wegfallen und etwa den Hinterbliebenen nicht mehr zur Verfügung stehen.[556] Auch ggf. eine Abfindung, die nicht als Arbeitsentgelt anzusehen und deswegen nicht unmittelbar in den Jahresarbeitsverdienst einzubeziehen ist, prägt die wirtschaftliche Lage und damit die **10**

550 BSG – 18.03.2003 – B 2 U 15/02 R.
551 BSG – 15.09.2011 – B 2 U 24/10 R.
552 BSG – 15.09.2011 – B 2 U 24/10 R.
553 BSG – 28.01.1993 – 2 RU 15/92.
554 BSG – 18.03.2003 – B 2 U 15/02 R.
555 BSG – 03.12.2002 – B 2 U 23/02 R.
556 BSG – 18.03.2003 – B 2 U 15/02 R.

Lebensstellung des Versicherten und ist deshalb auch bei der Prüfung, ob der Jahresarbeitsverdienst in erheblichem Maße unbillig ist, zu berücksichtigen.[557]

4. Feststellung nach billigem Ermessen

11 Wenn der Anwendungsbereich der Norm – erster Schritt (Rn. 2) – gegeben ist und eine erhebliche Unbilligkeit – zweiter Schritt (Rn. 5) – vorliegt, ist es – im dritten Schritt – in das Ermessen des Unfallversicherungsträgers gestellt, wie er die in erheblichem Maße unbillige Berechnung des Jahresarbeitsverdienstes korrigiert.[558] Diese **Ermessensentscheidung** ist gerichtlich nur eingeschränkt überprüfbar (vgl. § 54 Abs. 2 Satz 2 SGG). Die Gerichte sind grds. nicht befugt, das den Unfallversicherungsträgern zustehende Ermessen für diese auszuüben. In besonderen Fällen kann allerdings ggf. eine konkrete Untergrenze für die Ermessensausübung bestimmt werden.[559]

12 Bei ihrer Ermessensentscheidung haben die Unfallversicherungsträger gemäß **§ 39 Abs. 1 SGB I** den Zweck der Ermächtigung zu beachten und die gesetzlichen Grenzen des Ermessens einzuhalten. § 87 Satz 1 gibt als Untergrenze den Mindest- und als Obergrenze den Höchstjahresarbeitsverdienst an (dazu die Kommentierung zu § 85). Dem Zweck der Vorschrift entsprechend (Rn. 1) soll die Feststellung nach billigem Ermessen den auf Dauer angelegten Einkommensverhältnissen möglichst nahe kommen.[560] Dabei genügt es allerdings bereits, wenn die Unbilligkeit auf ein unerhebliches Maß reduziert wird.[561] Bei der Festsetzung sind wiederum die in § 87 Satz 2 genannten Kriterien (siehe Rn. 5) zu berücksichtigen. Der Bescheid muss nach **§ 35 Abs. 1 Satz 3 SGB X** die Gesichtspunkte erkennen lassen, von denen der Unfallversicherungsträger bei der Ermessensausübung ausgegangen ist.

§ 88 Erhöhung des Jahresarbeitsverdienstes für Hinterbliebene

Ist der für die Berechnung von Geldleistungen an Hinterbliebene maßgebende Jahresarbeitsverdienst eines durch einen Versicherungsfall Verstorbenen infolge eines früheren Versicherungsfalls geringer als der für den früheren Versicherungsfall festgesetzte Jahresarbeitsverdienst, wird für den neuen Versicherungsfall dem Arbeitsentgelt und Arbeitseinkommen die an den Versicherten im Zeitpunkt des Todes zu zahlende Rente hinzugerechnet; dabei darf der Betrag nicht überschritten werden, der der Rente infolge des früheren Versicherungsfalls als Jahresarbeitsverdienst zugrunde lag.

Regelungsinhalt

1 Für die Berechnung von Geldleistungen an Hinterbliebene ist grds. der – nach den §§ 82 ff. berechnete – Jahresarbeitsverdienst des infolge eines Versicherungsfalls verstorbenen Ver-

557 BSG – 03. 12. 2002 – B 2 U 23/02 R.
558 BSG – 29. 10. 1981 – 8/8a RU 68/80.
559 So LSG Bayern – 10. 01. 2012 – L 3 181/09.
560 Merten in Eichenhofer/Wenner, SGB VII, § 87 Rn. 16.
561 BSG – 29. 10. 1981 – 8/8a RU 68/80.

sicherten maßgebend. Hat der Versicherte nun bereits vor diesem Versicherungsfall einen (anderen) Versicherungsfall erlitten, kann dies zu einem Minderverdienst geführt haben. Damit der für die Hinterbliebenenleistungen maßgebliche Jahresarbeitsverdienst nicht (allein) nach diesem Minderverdienst berechnet wird, sieht § 88 Satz 1 hier eine Erhöhung in der Form vor, dass dem der Berechnung des Jahresarbeitsverdienstes zugrunde zu legende Erwerbseinkommen die im Zeitpunkt des Todes ggf. zustehende Rente aus dem früheren Versicherungsfall hinzugerechnet wird; wobei nach § 88 Satz 2 allerdings der der Rentenzahlung zugrundeliegende Jahresarbeitsverdienst nicht überschritten werden darf.

Die Anwendung dieser Vorschrift setzt zunächst zwei Versicherungsfälle in der gesetzlichen Unfallversicherung voraus. Darüber hinaus muss der aufgrund des späteren Versicherungsfalls Verstorbene wegen der Folgen des früheren Versicherungsfalls **Rente bezogen** haben. Auch eine abgefundene Rente dürfte diese Voraussetzung nach herrschender Meinung erfüllen.[562] **2**

Für die Berechnung des für die Hinterbliebenenleistungen zugrunde zu legenden Jahresarbeitsverdienstes ist nun ein Vergleich vorzunehmen. Ist der im Todeszeitpunkt maßgebliche Jahresarbeitsverdienst niedriger als der dem früheren Versicherungsfall zugrunde liegende und ist dies rechtlich wesentlich auf den früheren Versicherungsfall zurückzuführen, ist die wegen des früheren Versicherungsfalls bezogene Rente **hinzuzurechnen**, allerdings nur bis zur Höhe des Jahresarbeitsverdienstes, welcher der Rentenzahlung zugrunde lag. **3**

§ 89 Berücksichtigung von Anpassungen

Beginnt die vom Jahresarbeitsverdienst abhängige Geldleistung nach dem 30. Juni eines Jahres und ist der Versicherungsfall im vergangenen Kalenderjahr oder früher eingetreten, wird der Jahresarbeitsverdienst entsprechend den für diese Geldleistungen geltenden Regelungen angepaßt.

Regelungsinhalt

Die Vorschrift regelt die **Aktualisierung** des den Geldleistungen zugrunde zu legenden Jahresarbeitsverdienstes für die Fälle, in denen zwischen dem Versicherungsfall und dem Leistungsbeginn ein Rentenanpassungstermin (vgl. § 95) liegt. **1**

Zum 1. Juli eines jeden Jahres werden grds. die vom Jahresarbeitsverdienst abhängigen Geldleistungen angepasst (zu den Einzelheiten siehe § 95). Nach § 89 wird eine solche **Anpassung** auch dann vorgenommen, wenn eine Geldleistung erst nach dem 30. Juni eines Jahres beginnt, der dieser Leistung zugrunde liegende Versicherungsfall aber bereits im vorigen Jahr – oder noch früher – eingetreten ist, um hier auch in solchen Fällen dasselbe Leistungsniveau sicherzustellen. **2**

Diese Vorschrift ist nur bei einer **Erstfeststellung** anzuwenden. Laufende Renten sind nach § 95 anzupassen, Pflegegeld entsprechend nach § 44 Abs. 4, Verletzten- und Übergangsgeld nach § 50 SGB IX. **3**

562 So Schudmann in jurisPK-SGB VII, § 88 Rn. 10.

Dritter Unterabschnitt
Neufestsetzung

§ 90 Neufestsetzung nach voraussichtlicher Schul- oder Berufsausbildung oder Altersstufen

(1) Tritt der Versicherungsfall vor Beginn der Schulausbildung oder während einer Schul- oder Berufsausbildung der Versicherten ein, wird, wenn es für die Versicherten günstiger ist, der Jahresarbeitsverdienst von dem Zeitpunkt an neu festgesetzt, in dem die Ausbildung ohne den Versicherungsfall voraussichtlich beendet worden wäre. Der Neufestsetzung wird das Arbeitsentgelt zugrunde gelegt, das in diesem Zeitpunkt für Personen gleicher Ausbildung und gleichen Alters durch Tarifvertrag vorgesehen ist; besteht keine tarifliche Regelung, ist das Arbeitsentgelt maßgebend, das für derartige Tätigkeiten am Beschäftigungsort der Versicherten gilt.

(2) Haben die Versicherten zur Zeit des Versicherungsfalls das 30. Lebensjahr noch nicht vollendet, wird, wenn es für sie günstiger ist, der Jahresarbeitsverdienst jeweils nach dem Arbeitsentgelt neu festgesetzt, das zur Zeit des Versicherungsfalls für Personen mit gleichartiger Tätigkeit bei Erreichung eines bestimmten Berufsjahres oder bei Vollendung eines bestimmten Lebensjahres durch Tarifvertrag vorgesehen ist; besteht keine tarifliche Regelung, ist das Arbeitsentgelt maßgebend, das für derartige Tätigkeiten am Beschäftigungsort der Versicherten gilt. Es werden nur Erhöhungen berücksichtigt, die bis zur Vollendung des 30. Lebensjahres vorgesehen sind.

(3) Können die Versicherten in den Fällen des Absatzes 1 oder 2 infolge des Versicherungsfalls einer Erwerbstätigkeit nicht nachgehen, wird, wenn es für sie günstiger ist, der Jahresarbeitsverdienst nach den Erhöhungen des Arbeitsentgelts neu festgesetzt, die zur Zeit des Versicherungsfalls von der Vollendung eines bestimmten Lebensjahres, der Erreichung eines bestimmten Berufsjahres oder von dem Ablauf bestimmter Bewährungszeiten durch Tarif festgesetzt sind; besteht keine tarifliche Regelung, ist das Arbeitsentgelt maßgebend, das für derartige Tätigkeiten am Beschäftigungsort der Versicherten gilt.

(4) Ist der Versicherungsfall vor Beginn der Berufsausbildung eingetreten und läßt sich auch unter Berücksichtigung der weiteren Schul- oder Berufsausbildung nicht feststellen, welches Ausbildungsziel die Versicherten ohne den Versicherungsfall voraussichtlich erreicht hätten, wird der Jahresarbeitsverdienst mit Vollendung des 21. Lebensjahres auf 75 vom Hundert und mit Vollendung des 25. Lebensjahres auf 100 vom Hundert der zu diesen Zeitpunkten maßgebenden Bezugsgröße neu festgesetzt.

(5) Wurde der Jahresarbeitsverdienst nach den Vorschriften über den Mindestjahresarbeitsverdienst oder über den Jahresarbeitsverdienst für Kinder festgesetzt, wird er, vorbehaltlich der Regelungen in den Absätzen 1 bis 4, mit Vollendung der in diesen Vorschriften genannten weiteren Lebensjahre entsprechend dem Vomhundertsatz der zu diesen Zeitpunkten maßgebenden Bezugsgröße neu festgesetzt.

(6) In den Fällen des § 82 Abs. 2 Satz 2 sind die Absätze 1 bis 3 entsprechend anzuwenden.

Inhaltsübersicht Rn.

1. Regelungsinhalt

1 Als **Ausnahme** zu dem unfallversicherungsrechtlichen Grundsatz, dass sich die Höhe der Geldleistungen immer nach den Verhältnisses bei bzw. vor Eintritt eines Versicherungsfalls richtet und spätere Erwerbsaussichten nicht berücksichtigt werden, sind in § 90 verschiedene Neufestsetzungsmöglichkeiten für solche Versicherte normiert, die bereits in jungen Jahren – und damit in der Regel vor Erreichen einer gefestigten Einkommenssituation – einen Versicherungsfall erlitten haben. Nach der Zweckbestimmung des § 90 sollen Personen, die schon vor oder während der Zeit der Ausbildung für einen Beruf oder sonst in jungen Jahren einen Versicherungsfall erleiden und deshalb im Jahre vor dem Unfall regelmäßig noch gar kein oder nur ein niedriges Erwerbseinkommen erzielt haben, zur Vermeidung von Härten geschützt werden.[563]

2 Nach **Absatz 1** Satz 1 hat eine Überprüfung und ggf. Anpassung des Jahresarbeitsverdienst zu erfolgen, wenn der Versicherungsfall vor einer Schulausbildung oder während einer Schul- und Berufsausbildung eingetreten ist. Das der Neuberechnung zugrunde zu legende Entgelt wird nach Absatz 1 Satz 2 ermittelt. **Absatz 2** regelt die Neufestsetzung des Jahresarbeitsverdienstes bei Erreichen bestimmter Berufs- oder Lebensjahre für Versicherte, die zum Zeitpunkt des Versicherungsfalls das 30. Lebensjahr noch nicht vollendet haben. **Absatz 3** baut hierauf in den Fällen auf, in denen Versicherte infolge des Versicherungsfalls keiner Erwerbstätigkeit mehr nachgehen können, und ermöglicht so auch Steigerungen des Jahresarbeitsverdienstes nach dem 30. Lebensjahr. **Absatz 4** enthält eine Sonderregelung für die Fälle, in denen der Versicherungsfall bereits vor Beginn einer Berufsausbildung eingetreten ist und sich das voraussichtliche Ausbildungsziel nicht bestimmen lässt. **Absatz 5** ermöglicht – über eine Neufeststellung nach den Absätzen 1 bis 4 hinaus – auch eine Neufeststellung des Jahresarbeitsverdienstes in den Fällen des § 85 (Mindestjahresarbeitsverdienst) und § 86 (Jahresarbeitsverdienst bei Kindern) bei Erreichen der in diesen Vorschriften genannten Altersstufen. **Absatz 6** ermöglicht schließlich die entsprechende Anwendbarkeit der Absätze 1 bis 3 für den in § 82 Abs. 2 Satz 2 genannten Personenkreis.

3 Sind die Voraussetzungen für eine Erhöhung des Jahresarbeitsverdienstes nach mehreren Absätzen erfüllt, so ist nach dem – gesetzlich ausdrücklich vorgesehenen – **Günstigkeitsprinzip** der höhere Jahresarbeitsverdienst der weiteren Berechnung zugrunde zu

563 BSG – 07.02.2006 – B 2 U 3/05 R.

legen. Es ist ggf. also eine Vergleichsberechnung erforderlich. Für die Neufestsetzung bedarf es keines Antrags, diese ist **von Amts wegen** vorzunehmen.[564]

2. Versicherungsfall vor Ausbildungsabschluss

4 Der Jahresarbeitsverdienst wird – wenn dies für die Versicherten günstiger ist – nach **§ 90 Abs. 1 Satz 1** von dem Zeitpunkt an neu festgesetzt, in dem die Ausbildung – ohne den Versicherungsfall – voraussichtlich beendet worden wäre, wenn der Versicherungsfall während einer Berufsausbildung oder schon vor Beginn bzw. während einer Schulausbildung eintritt. Damit soll ein durch den Versicherungsfall bzw. durch dessen Folgen erfolgter Ausbildungsabbruch oder eine dadurch bedingte Verzögerung der Ausbildung zumindest finanziell ausgeglichen werde. Der Fall, dass jemand vor oder während seiner Ausbildung einen Versicherungsfall erleidet, gleichwohl aber hierdurch seine Ausbildung weder abgebrochen noch verzögert wird, ist nicht ausdrücklich geregelt. Die Auslegung der Vorschrift ergibt aber, dass in diesem Fall die Neufestsetzung des Jahresarbeitsverdienstes nicht ausgeschlossen ist.[565] § 90 Abs. 1 ist auch auf die Fälle anzuwenden, in denen eine Ausbildung weder abgebrochen noch verzögert wurde. In diesen Fällen ist der Jahresarbeitsverdienst zum tatsächlichen Ende der Ausbildung neu festzusetzen. Der maßgebliche Stichtag für die Neufestsetzung ist der Tag nach dem Bestehen der Prüfung.[566]

5 Der Begriff der **Berufsausbildung** wird in § 90 Abs. 1 Satz 1 selbst nicht definiert. Nach dem Wortsinn dient eine Berufsausbildung der Vermittlung bzw. dem Erwerb von Kenntnissen und Fähigkeiten, die zur späteren Ausübung des Berufes benötigt werden. Daran anknüpfend hat die Rechtsprechung für die Anwendung des § 90 bzw. seiner Vorläufervorschriften stets eine geregelte, zu einem qualifizierten beruflichen Abschluss führende Ausbildung vorausgesetzt. Dieses deckt sich mit der im Berufsbildungsgesetz beschriebenen Aufgabenstellung. Nach § 1 Abs. 3 BBiG hat die Berufsausbildung die für die Ausübung einer qualifizierten beruflichen Tätigkeit in einer sich wandelnden Arbeitswelt notwendigen beruflichen Fertigkeiten sowie Kenntnisse und Fähigkeiten in einem geordneten Ausbildungsgang zu vermitteln. Nicht als Berufsausbildung gewertet wurde – ebenfalls dem Begriffsverständnis des Berufsbildungsgesetzes folgend – eine bloße berufliche Weiterbildung zur Erlangung eines bestimmten Status oder zur Verbesserung der Qualifikation und der beruflichen Chancen (vgl. § 1 Abs. 4 BBiG), und zwar auch dann nicht, wenn während dieser Weiterbildungsphase vergleichbar einer Ausbildungssituation die reguläre Berufstätigkeit unterbrochen und ein niedrigeres Entgelt bezogen wurde.[567] Der Begriff der Berufsausbildung in § 90 kann nicht über den Wortsinn hinaus auf andere Formen beruflicher Bildung ausgedehnt werden, dies folgt auch aus dem Ausnahmecharakter der gesetzlichen Regelung (Rn. 1). Allerdings ist der Anwendungsbereich des § 90 weiter als der des Berufsbildungsgesetzes und erstreckt sich auch auf Bereiche der

564 LSG Saarland – 22.08.2001 – L 2 U 131/99.
565 BSG – 07.11.2000 – B 2 U 31/99 R.
566 LSG Rheinland-Pfalz – 06.04.2004 – L 3 U 123/03.
567 BSG – 07.02.2006 – B 2 U 3/05 R.

beruflichen Bildung, für die dieses Gesetz nicht oder nur eingeschränkt gilt, wie etwa die Hochschulausbildung oder die Ausbildung in einem öffentlich-rechtlichen Dienstverhältnis oder in einem Handwerksberuf (vgl. § 3 BBiG). Reine Qualifizierungsmaßnahmen, die nicht zu einem qualifizierten beruflichen Abschluss führt, sind allerdings keine Berufsausbildung im Sinne des § 90. Zur Berufsausbildung im Sinne des § 90 ist nicht nur die erste, sondern jede zu einem beruflichen Abschluss führende Bildungsmaßnahme zu rechnen.[568]

Als Zeit der Schul- und Berufsausbildung ist nicht nur die Zeit anzusehen, in der das Kind oder der Jugendliche tatsächlich an Ausbildungsmaßnahmen teilnimmt, sondern auch die **Übergangszeit** zwischen zwei Ausbildungsabschnitten, sofern sich diese im Rahmen des Üblichen hält. In die Schul- oder Berufsausbildung sind solche Unterbrechungen – in der Regel bis zu vier Monate dauernde unvermeidbare Zwangspausen – einzubeziehen, die mit ihr notwendigerweise oder regelmäßig verbunden sind.[569] 6

Die Versicherten sollen durch die Neufestsetzung des Jahresarbeitsverdienstes nach § 90 Abs. 1 Satz 1 so gestellt werden, als ob der Versicherungsfall erst nach Beendigung der Ausbildung – verbunden mit dem dann höheren Verdienst – eingetreten wäre. Gemäß **§ 90 Abs. 1 Satz 2** wird der Neufestsetzung das Arbeitsentgelt zugrunde gelegt, welches in diesem Zeitpunkt für Personen gleicher Ausbildung und gleichen Alters durch Tarifvertrag vorgesehen ist. Damit wird allerdings nicht der Eintritt des Versicherungsfalles fiktiv auf den späteren Zeitpunkt der voraussichtlichen Beendigung der Ausbildung verlegt. Vielmehr sind die grds. maßgebenden Verhältnisse im Zeitpunkt des Versicherungsfalles auf den Zeitpunkt der voraussichtlichen Beendigung der Ausbildung zu übertragen. Infolgedessen ist prognostisch festzustellen, welche Beschäftigung der Versicherte nach dem Ende der Ausbildung aufgenommen hätte, wenn der Arbeitsunfall sich nicht ereignet hätte.[570] 7

§ 90 Abs. 1 setzt eine tatsächliche Aufnahme der erstrebten Tätigkeiten nach Beenden der Ausbildung im Sinne des § 90 Abs. 1 Satz 1 tatbestandlich nicht voraus. Maßgebender Zeitpunkt für die Neufestsetzung des JAV ist allein das fiktive Beenden der Ausbildung durch den zum Ausbildungsziel führenden Ausbildungsabschluss. Die Neufestsetzung des Jahresarbeitsverdienstes richtet sich nach der gesetzlichen Regelung vorrangig nach den tariflichen Regelungen. Der Berechnung des Jahresarbeitsverdienstes ist grds. das **tarifliche Vergleichsentgelt** einer vollzeitbeschäftigten Person gleicher Ausbildung und gleichen Alters zugrunde zu legen, unabhängig von Art und Umfang der konkret ausgeübten Tätigkeit.[571] Der Jahresarbeitsverdienst ist an dem Entgelt auszurichten, welches dem durch die Ausbildung angestrebten Beruf entspricht, und zwar unabhängig davon, ob dieser angestrebte Beruf nach dem Ausbildungsabschluss auch tatsächlich – z. B. nur im Rahmen einer Teilzeitbeschäftigung – ausgeübt wird. Maßgeblich ist der am Stichtag geltende Tarifvertrag.[572] Hier zieht die Rechtsprechung den branchenspezifischen Tarif- 8

568 BSG – 07.02.2006 – B 2 U 3/05 R.
569 BSG – 07.11.2000 – B 2 U 31/99 R.
570 LSG Nordrhein-Westfalen – 03.2011 – L 15 U 137/09.
571 LSG Berlin – 18.10.2004 – L 16 U 77/03.
572 LSG Nordrhein-Westfalen – 17.12.2004 – L 4 U 18/03.

vertrag des Ausbildungsunternehmens heran,[573] auch dann, wenn am Tag des Ausbildungsendes die Versicherten nicht mehr dem Ausbildungsunternehmen angehören.[574] Auf ggf. günstigere Betriebsvereinbarungen soll nicht zurückgegriffen werden können.[575]

9 Sofern kein entsprechender Tarifvertrag existiert, ist nach § 90 Abs. 1 Satz 2 das **ortsübliche Arbeitsentgelt** für eine entsprechende Tätigkeit der Berechnung des Jahresarbeitsverdienstes zugrunde zu legen. Dieses ist aber nur dann maßgeblich, wenn keine tarifliche Regelung besteht.[576]

3. Versicherungsfall vor dem 30. Lebensjahr

10 Bei Versicherten, die bei Eintritt des Versicherungsfalls noch nicht das 30. Lebensjahr vollendet haben, ist eine Neufestsetzung des Jahresarbeitsverdienstes in den Fällen vorzunehmen, in denen tarifvertraglich Erhöhungen des Arbeitsentgelts bei Erreichen eines bestimmten Berufsjahres oder bei Vollendung eines bestimmten Lebensjahres vorgesehen sind. Eine solche Neufestsetzung kann ggf. auch mehrfach erforderlich werden. Zulagen, die nicht vom Lebensalter oder der Zahl der Berufsjahre abhängig sind, wie Akkordlöhne und Leistungszulagen, bleiben hier ebenso unberücksichtigt wie auch Vergütungen für Bereitschaftsdienste.[577] Bei Fehlen einer tarifvertraglichen Regelung kommt auch hier die Berücksichtigung ortsüblicher Gepflogenheiten in Betracht (§ 90 Abs. 1 Satz 1 am Ende). Die Anwendung des **§ 90 Abs. 2** setzt allerdings voraus, dass es zum Zeitpunkt des Versicherungsfalls eine gleichartige Tätigkeit bereits gab.[578] Nach § 90 Abs. 2 Satz 2 sind auch nur Erhöhungen bis zur Vollendung des 30. Lebensjahres berücksichtigungsfähig.

4. Neufestsetzung bei Erwerbsunfähigkeit

11 **§ 90 Abs. 3** regelt die Neufestsetzung des Jahresarbeitsverdienstes für erwerbsunfähige Versicherte. Für diese werden die nach § 90 Abs. 1 und Abs. 2 bestehenden Neufestsetzungsmöglichkeiten erweitert. Zum einen ist in diesen Fällen die Berücksichtigung von Erhöhungen aufgrund tarifvertraglich vorgesehener Bewährungszeiten möglich, zum anderen sind entsprechende Erhöhungen auch über das 30. Lebensjahr hinaus vorzunehmen.

5. Versicherungsfall vor Berufsausbildung

12 **§ 90 Abs. 4** trifft eine Regelung für Fälle, in denen der Versicherungsfall schon vor Beginn der Berufsausbildung eingetreten und bei denen nicht feststellbar ist, welche Ausbildung

573 LSG Nordrhein-Westfalen – 31.03.2011 – L 15 U 137/09.
574 LSG Rheinland-Pfalz – 06.04.2004 – L 3 U 123/03.
575 So LSG Berlin-Brandenburg – 08.09.2011 – L 3 U 256/08 (Revision beim BSG anhängig – B 2 U 1/12 R).
576 LSG Nordrhein-Westfalen – 31.03.2011 – L 15 U 137/09.
577 LSG Saarland – 18.11.2009 – L 2 U 27/07.
578 LSG Rheinland-Pfalz – 06.04.2004 – L 3 U 123/03.

die Versicherten ohne den Versicherungsfall voraussichtlich erreicht oder auch nur angestrebt hätten. Für diesen Personenkreis hat der Gesetzgeber in § 90 Abs. 4 eine pauschalierende Regelung zu festen Altersstufen vorgesehen. Der Jahresarbeitsverdienst beträgt hier mit Vollendung des 21. Lebensjahres 75 % der im Zeitpunkt des Versicherungsfalls maßgebenden Bezugsgröße (zur Bezugsgröße vgl. § 85 Rn. 1). Und mit Vollendung des 25. Lebensjahres wird der Jahresarbeitsverdienst auf 100 % der maßgebenden Bezugsgröße neu festgesetzt.

6. Neufestsetzung nach Lebensaltersstufen

13 Sowohl in Bezug auf den Mindestjahresarbeitsverdienst (siehe § 85) als auch hinsichtlich des Jahresarbeitsverdienstes bei Kindern (siehe § 86) sind bestimmte – in den Vorschriften jeweils genannte – Altersstufen für die Berechnung des Jahresarbeitsverdienstes von Belang. **§ 90 Abs. 5** ordnet nun diesbezüglich an, dass – jeweils – eine Neufestsetzung des Jahresarbeitsverdienstes bei Erreichen der entsprechenden Altersstufe vorzunehmen ist (vgl. § 86 Rn. 3). Darüber hinaus hat aber – sofern dies günstiger ist – eine Berechnung auf der Grundlage des nach § 90 Abs. 1 bis 4 ermittelten Jahresarbeitsverdienstes zu erfolgen.

7. Anwendung bei § 82 Abs. 2 Satz 2

14 **§ 90 Abs. 6** bestimmt, dass auch das für den in § 82 Abs. 2 Satz 2 genannten Personenkreis (vgl. § 82 Rn. 8) bei der Erstfeststellung fiktiv ermittelte Entgelt entsprechend § 90 Abs. 1 bis 3 zu erhöhen ist.

§ 91 Mindest- und Höchstjahresarbeitsverdienst, Jahresarbeitsverdienst nach billigem Ermessen bei Neufestsetzung

Bei Neufestsetzungen des Jahresarbeitsverdienstes nach voraussichtlicher Schul- oder Berufsausbildung oder Altersstufen sind die Vorschriften über den Mindest- und Höchstjahresarbeitsverdienst und über den Jahresarbeitsverdienst nach billigem Ermessen entsprechend anzuwenden.

Regelungsinhalt

1 Die Vorschriften über den Mindest- und Höchstjahresarbeitsverdienst (§ 85) und über den Jahresarbeitsverdienst nach billigem Ermessen (§ 87) sind nach § 91 bei der **Neufestsetzung** nach voraussichtlicher Schul- oder Berufsausbildung oder Altersstufen entsprechend anzuwenden. Mit dieser Vorschrift wird damit der für die erstmalige Festsetzung geltende rechtliche Rahmen auch auf Neufestsetzungen erstreckt.

2 Damit sind die §§ 85 und 86 auch bei allen Neufestsetzungen nach § 90 zu berücksichtigen. Bei entsprechenden Neuberechnungen des Jahresarbeitsverdienstes darf deshalb der Mindestjahresarbeitsverdienst des § 85 Abs. 1 nicht unterschritten, der Höchstjahresarbeitsverdienst des § 85 Abs. 2 nicht überschritten werden und unbillige Ergebnisse sind nach Maßgabe des § 87 auszugleichen.

3 Die in § 91 genannten Festsetzungen nach voraussichtlicher Schul- oder Berufsausbildung sind die nach § 90 Abs. 1, die nach Altersstufen jene nach § 90 Abs. 2 bis 4. Nach Sinn und Zweck der Vorschrift gilt diese aber auch ohne ausdrückliche Nennung für die in § 90 Abs. 2 und 3 aufgeführten Berufsjahre und Bewährungszeiten.[579]

Fünfter Abschnitt
Gemeinsame Vorschriften für Leistungen

§ 95 Anpassung von Geldleistungen

(1) Jeweils zum gleichen Zeitpunkt, zu dem die Renten der gesetzlichen Rentenversicherung angepasst werden, werden die vom Jahresarbeitsverdienst abhängigen Geldleistungen, mit Ausnahme des Verletzten- und Übergangsgeldes, für Versicherungsfälle, die im vergangenen Kalenderjahr oder früher eingetreten sind, entsprechend dem Vomhundertsatz angepaßt, um den sich die Renten aus der gesetzlichen Rentenversicherung verändern. Die Bundesregierung hat mit Zustimmung des Bundesrates in der Rechtsverordnung über die Bestimmung des für die Rentenanpassung in der gesetzlichen Rentenversicherung maßgebenden aktuellen Rentenwerts den Anpassungsfaktor entsprechend dem Vomhundertsatz nach Satz 1 zu bestimmen.

(2) Die Geldleistungen werden in der Weise angepaßt, dass sie nach einem mit dem Anpassungsfaktor vervielfältigten Jahresarbeitsverdienst berechnet werden. Die Vorschrift über den Höchstjahresarbeitsverdienst gilt mit der Maßgabe, dass an die Stelle des Zeitpunkts des Versicherungsfalls der Zeitpunkt der Anpassung tritt. Wird bei einer Neufestsetzung des Jahresarbeitsverdienstes nach voraussichtlicher Schul- oder Berufsausbildung oder nach bestimmten Altersstufen auf eine für diese Zeitpunkte maßgebende Berechnungsgrundlage abgestellt, gilt als Eintritt des Versicherungsfalls im Sinne des Absatzes 1 Satz 1 der Tag, an dem die Voraussetzungen für die Neufestsetzung eingetreten sind.

Inhaltsübersicht

1. Regelungsinhalt

1 § 95 leitet den Fünften Abschnitt über Gemeinsame Vorschriften für Leistungen ein und befasst sich mit der **Anpassung** von Geldleistungen. Gegenstand dieser Vorschrift sind die vom Jahresarbeitsverdienst (§§ 81 ff.) abhängigen Geldleistungen – mit Ausnahme des Verletzten- und des Übergangsgeldes – für Versicherungsfälle, welche im Vorjahr oder früher eingetreten sind. § 95 Abs. 1 Satz 1 legt den Zeitpunkt sowie den Umfang der

579 Ricke in Kasseler Kommentar Sozialversicherungsrecht, § 92 SGB VII Rn. 2.

Anpassung fest. § 95 Abs. 1 Satz 2 enthält die Ermächtigung zum Erlass der entsprechenden Rechtsverordnung. § 95 Abs. 2 Satz 1 regelt das Verfahren der Anpassung. § 95 Abs. 2 Satz 2 und 3 enthält Sonderbestimmungen zum Höchstjahresarbeitsverdienst (§ 85 Abs. 2) und zur Neufestsetzung des Jahresarbeitsverdienstes nach voraussichtlicher Schul- oder Berufsbildung oder nach bestimmten Altersstufen (§ 90).

2. Zeitpunkt und Umfang der Anpassung (Abs. 1)

Gegenstand der Anpassung sind nach **§ 95 Abs. 1 Satz 1** nur die **vom Jahresarbeitsverdienst abhängigen Geldleistungen** für Versicherungsfälle, die im vergangenen Kalenderjahr oder früher eingetreten sind. Zu diesen Geldleistungen gehören insbesondere die Renten an Versicherte (§§ 56 ff.), Hinterbliebenenrenten (§§ 65 ff.) und Beihilfen an Hinterbliebene (§ 71) sowie Gesamtvergütungen (§ 75); ausdrücklich ausgenommen sind hier nur das Verletztengeld sowie das Übergangsgeld (§§ 45 ff.). In Bezug auf die Anpassung des Pflegegeldes wird auf § 44 Abs. 4 und 6 verwiesen (s. § 44 Rn. 11). Die Anpassung der aufgeführten Geldleistungen erfolgt zu dem gleichen **Zeitpunkt** wie die Renten der gesetzlichen Rentenversicherung – also gemäß § 65 SGB VI jeweils zum 1. Juli eines jeden Jahres – und zwar in dem **Umfang** des Vomhundertsatzes der Veränderung der Renten aus der gesetzlichen Rentenversicherung. 2

Nach **§ 95 Abs. 1 Satz 2** ist die Bundesregierung – mit Zustimmung des Bundesrates – ermächtigt, den insoweit hier maßgebenden Anpassungsfaktor entsprechend dem Vomhundertsatz nach Satz 1 in der – auf der Grundlage der Ermächtigung in § 69 SGB VI ergehenden – **Rechtsverordnung** über die Bestimmung des für die Rentenanpassung in der gesetzlichen Rentenversicherung maßgebenden aktuellen Rentenwerts[580] zu bestimmen. Damit wird nicht ein einheitlicher Anpassungsfaktor gefordert. Die unterschiedlichen Anpassungsfaktoren für Renten aus der gesetzlichen Rentenversicherung und Renten aus der gesetzlichen Unfallversicherung verstoßen nicht gegen den Gleichbehandlungsgrundsatz des Art. 3 GG.[581] Beide Renten unterscheiden sich in mehrfacher Hinsicht. So unterliegen Renten der gesetzlichen Unfallversicherung wegen ihres Entschädigungscharakters z. B. nicht der Beitragspflicht in der Kranken- und Pflegeversicherung. 3

3. Verfahren (Abs. 2)

Die Anpassung der erfassten Geldleistungen erfolgt gemäß **§ 95 Abs. 2 Satz 1** in der Weise, dass der bisher der Rentenberechnung zugrunde gelegte Jahresarbeitsverdienst mit dem Anpassungsfaktor vervielfältigt wird. Das Ergebnis dieser Multiplikation ist dann die Basis der Umrechnung der entsprechenden Geldleistungen. Sofern die Deutsche Post AG die laufenden Geldleistungen für die Unfallversicherungsträger auszahlt (vgl. § 99 Abs. 1 Satz 1), nimmt sie auch die Anpassungen vor (vgl. § 99 Abs. 2 Satz 1). 4

580 Aktuell ist derzeit die Rentenwertbestimmungsverordnung 2012 (BR-Drs. 221/12 vom 19.04.2012).
581 LSG Niedersachsen – 21.01.1999 – L 6 U 299/98.

5 Durch **§ 95 Abs. 2 Satz 2** wird klargestellt, dass der jeweils im Zeitpunkt der Anpassung geltende – gesetzliche oder satzungsmäßige (vgl. § 85 Rn. 3) – **Höchstjahresarbeitsverdienst** (§ 85 Abs. 2) nicht überschritten werden darf. Mit **§ 95 Abs. 2 Satz 3** wird erreicht, dass Ausgangspunkt der Anpassung in den Fällen, in denen nach § 90 der Jahresarbeitsverdienst nach voraussichtlicher **Schul- oder Berufsausbildung** sowie bestimmten Altersstufen neu festzusetzen ist, als Eintritt des Versicherungsfalls der Tag gilt, an dem die Voraussetzungen für diese Neufestsetzung eingetreten sind.

§ 96 Fälligkeit, Auszahlung und Berechnungsgrundsätze

(1) Laufende Geldleistungen mit Ausnahme des Verletzten- und Übergangsgeldes werden am Ende des Monats fällig, zu dessen Beginn die Anspruchsvoraussetzungen erfüllt sind; sie werden am letzten Bankarbeitstag dieses Monats ausgezahlt. Bei Zahlung auf ein Konto ist die Gutschrift der laufenden Geldleistung, auch wenn sie nachträglich erfolgt, so vorzunehmen, dass die Wertstellung des eingehenden Überweisungsbetrages auf dem Empfängerkonto unter dem Datum des Tages erfolgt, an dem der Betrag dem Geldinstitut zur Verfügung gestellt worden ist. Für die rechtzeitige Auszahlung im Sinne von Satz 1 genügt es, wenn nach dem gewöhnlichen Verlauf die Wertstellung des Betrages der laufenden Geldleistung unter dem Datum des letzten Bankarbeitstages erfolgen kann.

(2) Laufende Geldleistungen können mit Zustimmung der Berechtigten für einen angemessenen Zeitraum im voraus ausgezahlt werden.

(3) Geldleistungen, die für die Zeit nach dem Tode der Berechtigten auf ein Konto bei einem Geldinstitut im Inland überwiesen wurden, gelten als unter Vorbehalt erbracht. Das Geldinstitut hat sie der überweisenden Stelle oder dem Unfallversicherungsträger zurückzuüberweisen, wenn diese sie als zu Unrecht erbracht zurückfordern. Eine Verpflichtung zur Rücküberweisung besteht nicht, soweit über den entsprechenden Betrag bei Eingang der Rückforderung bereits anderweitig verfügt wurde, es sei denn, dass die Rücküberweisung aus einem Guthaben erfolgen kann. Das Geldinstitut darf den überwiesenen Betrag nicht zur Befriedigung eigener Forderungen verwenden.

(4) Soweit Geldleistungen für die Zeit nach dem Tode des Berechtigten zu Unrecht erbracht worden sind, sind sowohl die Personen, die die Geldleistungen unmittelbar in Empfang genommen haben oder an die der entsprechende Betrag durch Dauerauftrag, Lastschrifteinzug oder sonstiges bankübliches Zahlungsgeschäft auf ein Konto weitergeleitet wurde (Empfänger), als auch die Personen, die als Verfügungsberechtigte über den entsprechenden Betrag ein bankübliches Zahlungsgeschäft zu Lasten des Kontos vorgenommen oder zugelassen haben (Verfügende), dem Träger der Unfallversicherung zur Erstattung des entsprechenden Betrages verpflichtet. Der Träger der Unfallversicherung hat Erstattungsansprüche durch Verwaltungsakt geltend zu machen. Ein Geldinstitut, das eine Rücküberweisung mit dem Hinweis abgelehnt hat, dass über den entsprechenden Betrag bereits anderweitig verfügt wurde, hat der überweisenden Stelle oder dem Träger der Unfallversicherung auf Verlangen Name und Anschrift des Empfängers oder Verfügenden und etwaiger neuer Kontoinhaber zu benennen. Ein Anspruch gegen die Erben nach § 50 des Zehnten Buches bleibt unberührt.

(4a) Die Ansprüche nach den Absätzen 3 und 4 verjähren in vier Jahren nach Ablauf des Kalenderjahres, in dem der erstattungsberechtigte Träger der Unfallversicherung Kenntnis von der Überzahlung und in den Fällen des Absatzes 4 zusätzlich von dem Erstattungspflichtigen erlangt hat. Für die Hemmung, die Ablaufhemmung, den Neubeginn und die Wirkung der Verjährung gelten die Vorschriften des Bürgerlichen Gesetzbuchs sinngemäß.

(5) Die Berechnungsgrundsätze des § 187 gelten mit der Maßgabe, dass bei der anteiligen Ermittlung einer Monatsrente der Kalendermonat mit der Zahl seiner tatsächlichen Tage anzusetzen ist.

(6) Sind laufende Geldleistungen, die nach Absatz 1 auszuzahlen und in dem Monat fällig geworden sind, in dem der Berechtigte verstorben ist, auf das bisherige Empfängerkonto bei einem Geldinstitut überwiesen worden, ist der Anspruch der Erben gegenüber dem Träger der Unfallversicherung erfüllt.

Inhaltsübersicht

1. Regelungsinhalt

1 § 96 regelt nicht nur die **Fälligkeit**, **Auszahlung** und **Berechnung**, sondern **auch die Rückforderung** laufender Geldleistungen. Abs. 1 normiert die Fälligkeit und die Auszahlung. Mit Abs. 2 wird die Möglichkeit einer Vorauszahlung eingeräumt. In den Abs. 3 und 4 sowie 4 a ist die Rückforderung von nach dem Tod des Berechtigten zu Unrecht weiter gezahlten Geldleistungen geregelt. Abs. 5 enthält eine Modifikation der Berechnungsgrundsätze des § 187. Abs. 6 schließlich regelt, dass die Zahlung für den Sterbemonat auf das bisherige Empfängerkonto für den Unfallversicherungsträger befreiende Wirkung gegenüber den Erben hat. Ebenso wie bei § 95 sind auch hier von laufenden Geldleistungen das Verletzten- und Übergangsgeld ausdrücklich ausgenommen.

2. Fälligkeit und Auszahlung (Abs. 1 und Abs. 2)

2 **§ 96 Abs. 1 Satz 1** normiert – abweichend von der allgemeinen Regelung des § 41 SGB I – für die laufenden Geldleistungen aus der gesetzlichen Unfallversicherung als **Fälligkeitszeitpunkt** das jeweilige Monatsende und legt als spätesten **Auszahlungstermin** den letzten Bankarbeitstag des Monats fest, wobei es gemäß **§ 96 Abs. 1 Satz 3** genügt, wenn die Wertstellung nach dem gewöhnlichen Verlauf an diesem Tag zu erwarten ist. In **§ 96 Abs. 1 Satz 2** wird die taggleiche **Wertstellung** bei Überweisung auf ein Konto gesetzlich angeordnet.

3 **§ 96 Abs. 2** ermöglicht bei laufenden Geldleistungen – mit Zustimmung der Berechtigten – eine **Vorauszahlung** für einen angemessenen Zeitraum. Diese Entscheidung steht allerdings im – pflichtgemäßen (vgl. § 39 SGB I) – **Ermessen** der Unfallversicherungsträger (»können«).

3. Rückforderung von Geldleistungen (Abs. 3 und Abs. 4)

4 In **§ 96 Abs. 3 Satz 1** ist angeordnet, dass nach dem Tode der Berechtigten überwiesene Geldleistungen als unter **Vorbehalt** erbracht gelten. Dem folgend enthält § 96 Abs. 3 **Satz 2** sodann die gesetzliche **Verpflichtung zur Rücküberweisung** des Geldinstituts der zu Unrecht erbrachten Zahlungen. Nach § 96 Abs. 3 **Satz 3** können die Geldinstitute allerdings den **Einwand der Entreicherung** durch anderweitige Verfügung einwenden, sofern die Rückzahlung nicht aus einem Guthaben erfolgen kann. Zur Befriedigung eigener Forderungen darf der gezahlte Betrag allerdings nach dem in § 96 Abs. 3 **Satz 4** normierten **Befriedigungsverbot** aber nicht verwendet werden.

5 **§ 96 Abs. 4 Satz 1** normiert einen – gegenüber dem Rücküberweisungsanspruch aus § 96 Abs. 3 Satz 2 nachrangigen[582] – eigenständigen **Rückforderungsanspruch** der Unfallversicherungsträger **gegenüber allen Empfängern und Verfügenden** der entsprechenden Geldleistungen. Die Erstattungsansprüche sind gemäß der ausdrücklichen gesetzlichen Anordnung in § 96 Abs. 4 **Satz 2** von den Unfallversicherungsträgern **durch Verwaltungsakt** geltend zu machen. Der Anspruch gegen die Erben aus § 50 SGB X bleibt daneben bestehen (§ 96 Abs. 4 **Satz 4**). Namen und Anschriften der Empfänger bzw. Verfügenden sowie auch eventueller neuer Kontoinhaber haben die Geldinstitute – zur Abwendung ihrer Verpflichtung zur Rücküberweisung aus § 96 Abs. 3 – den Unfallversicherungsträgern mitzuteilen (§ 96 Abs. 4 **Satz 3**).

4. Verjährung der Rückforderungsansprüche (Abs. 4 a)

6 Die Verjährung der Erstattungsansprüche aus § 96 Abs. 3 und 4 ist in **§ 96 Abs. 4 a** derart geregelt, dass diese Ansprüche auch noch längere Zeit nach dem Ableben der Berechtigten durchgesetzt werden können, wenn die Unfallversicherungsträger erst dann entsprechende Kenntnis von der Überzahlung sowie den ggf. erstattungspflichtigen Personen erhalten.

§ 97 Leistungen ins Ausland

Berechtigte, die ihren gewöhnlichen Aufenthalt im Ausland haben, erhalten nach diesem Buch

1. **Geldleistungen,**
2. **für alle sonstigen zu erbringenden Leistungen eine angemessene Erstattung entstandener Kosten einschließlich der Kosten für eine Pflegekraft oder für Heimpflege.**

Regelungsinhalt

1 **§ 97** regelt die Leistungserbringung bei Aufenthalt der Versicherten im Ausland und **durchbricht** mit der darin enthaltenen Anordnung der Erbringung von Geldleistungen (Nr. 1) und Kostenerstattung für andere Leistungen (Nr. 2) **das Territorialitätsprinzip**

582 Vgl. Palsherm in jurisPK-SGB VII, § 96 Rn. 57.

des § 30 Abs. 1 SGB I, wonach die Vorschriften des Sozialgesetzbuchs nur für Personen gelten, die ihren Wohnsitz oder gewöhnlichen Aufenthalt im Geltungsbereich dieses Gesetzes – also im Inland – haben. Allerdings haben über- und zwischenstaatliche Regelungen insoweit weiterhin Vorrang (§ 30 Abs. 2 SGB I).

Nach § 97 werden auch alle Versicherten, die ihren **gewöhnlichen Aufenthalt im** **2**
Ausland haben, für die Folgen von Arbeitsunfällen und Berufskrankheiten entschädigt. Seinen gewöhnlichen Aufenthalt hat nach **§ 30 Abs. 3 Satz 2 SGB I** jemand dort, wo er sich unter Umständen aufhält, die erkennen lassen, dass er an diesem Ort oder in diesem Gebiet nicht nur vorübergehend verweilt. Dies setzt voraus, dass der Aufenthalt dort von einiger Dauer ist, dass also der ortsgebundene Schwerpunkt der Lebensverhältnisse nicht nur für kurze Zeit im Ausland liegt.[583] Ob sich jemand gewöhnlich in einem Gebiet aufhält oder nur vorübergehend dort verweilt, lässt sich nur im Wege einer vorausschauenden Betrachtungsweise entscheiden, wobei alle für die Beurteilung der künftigen Entwicklung erkennbaren Umstände zu berücksichtigen sind. Es kommt darauf an, ob gewisse **objektive Momente** (Mittelpunkt der Lebensbeziehungen, persönliche oder berufliche Bindungen, usw.) vorliegen, die auf einen Zustand längeren Verweilens schließen lassen; ein nur kurzzeitiger Aufenthalt im Ausland z. B. zwecks Durchreise oder Nutzung einer Ferienwohnung genügt nicht. Unterhält jemand zwei Wohnungen im In- und Ausland mit wechselndem Aufenthalt, kommt es darauf an, wo der Schwerpunkt der familiären und wirtschaftlichen Bindungen und der persönlichen Existenz liegt.[584]

Gemäß § 97 Nr. 1 erhalten alle Versicherten – einmalige und laufende – **Geldleistun-** **3**
gen der gesetzlichen Unfallversicherung – in voller Höhe – auch dann, wenn sie ihren gewöhnlichen Aufenthalt im Ausland haben. Bei den sonstigen Leistungen – dies sind die **Dienst- und Sachleistungen** (vgl. § 11 Satz 1 SGB I) – erfolgt gemäß § 97 Nr. 2 dem gegenüber (nur) eine angemessene Erstattung. Insoweit ist allerdings eine volle Kostenerstattung grds. gerechtfertigt, sofern diese nicht die vergleichbaren Inlandssätze übersteigt. Die Erstattung auch über diese Sätze hinaus muss aber in sachlich gerechtfertigten Fällen auch möglich sein.

§ 98 Anrechnung anderer Leistungen

(1) Auf Geldleistungen nach diesem Buch werden Geldleistungen eines ausländischen Trägers der Sozialversicherung oder einer ausländischen staatlichen Stelle, die ihrer Art nach den Leistungen nach diesem Buch vergleichbar sind, angerechnet.

(2) Entsteht der Anspruch auf eine Geldleistung nach diesem Buch wegen eines Anspruchs auf eine Leistung nach den Vorschriften des Sechsten Buches ganz oder teilweise nicht, gilt dies auch hinsichtlich vergleichbarer Leistungen, die von einem ausländischen Träger gezahlt werden.

(3) Auf Geldleistungen, die nach § 2 Abs. 3 Satz 1 Nr. 3 und § 3 Abs. 1 Nr. 3 versicherten Personen wegen eines Körper-, Sach- oder Vermögensschadens nach diesem Buch erbracht werden, sind gleichartige Geldleistungen anzurechnen, die wegen des-

583 LSG Saarland – 24.02.2005 – L 4 KN 11/03 U.
584 LSG Saarland – 24.02.2005 – L 4 KN 11/03 U.

selben Schadens von Dritten gezahlt werden. Geldleistungen auf Grund privater Versicherungsverhältnisse, die allein auf Beiträgen von Versicherten beruhen, werden nicht angerechnet.

Regelungsinhalt

1 **§ 98** regelt die Anrechnung vergleichbarer Leistungen auf Geldleistungen der gesetzlichen Unfallversicherung. Abs. 1 sieht die Anrechnung vergleichbarer ausländischer Geldleistungen vor. Abs. 2 erweitert dies auf solche Leistungen bei einem Zusammentreffen von Leistungen der Unfall- und Rentenversicherung. Abs. 3 erweitert die Anrechnungsmöglichkeit für den in § 2 Abs. 3 Satz 1 Nr. 3 und § 3 Abs. 1 Nr. 3 genannten Personenkreis der im Ausland Tätigen (vgl. dazu § 2 Rn. 36) in Bezug auf Leistungen aus einer privaten Versicherung, sofern diese vom Arbeitgeber (mit)finanziert wurde; bei alleiniger Prämienzahlung der Versicherten findet keine Anrechnung statt (§ 98 Abs. 3 Satz 2). Versicherte sind nach § 60 Abs. 1 Satz 1 Nr. 1 SGB I verpflichtet, den Bezug von entsprechenden Leistungen den Unfallversicherungsträgern ggf. mitzuteilen.

§ 99 Wahrnehmung von Aufgaben durch die Deutsche Post AG

(1) Die Unfallversicherungsträger zahlen die laufenden Geldleistungen mit Ausnahme des Verletzten- und Übergangsgeldes in der Regel durch die Deutsche Post AG aus. Die Unfallversicherungsträger können die laufenden Geldleistungen auch an das vom Berechtigten angegebene Geldinstitut überweisen. Im übrigen können die Unfallversicherungsträger Geldleistungen durch die Deutsche Post AG auszahlen lassen.

(2) Soweit die Deutsche Post AG laufende Geldleistungen für die Unfallversicherungsträger auszahlt, führt sie auch Arbeiten zur Anpassung der Leistungen durch. Die Anpassungsmitteilungen ergehen im Namen des Unfallversicherungsträgers.

(3) Die Auszahlung und die Durchführung der Anpassung von Geldleistungen durch die Deutsche Post AG umfassen auch die Wahrnehmung der damit im Zusammenhang stehenden Aufgaben der Unfallversicherungsträger, insbesondere die Erstellung statistischen Materials und dessen Übermittlung an das Bundesministerium für Arbeit und Soziales und die Verbände der Unfallversicherungsträger. Die Deutsche Post AG kann entsprechende Aufgaben auch zugunsten der Unfallversicherungsträger wahrnehmen, die die laufenden Geldleistungen nicht durch sie auszahlen.

(4) Die Unfallversicherungsträger werden von ihrer Verantwortung gegenüber den Berechtigten nicht entbunden. Die Berechtigten sollen Änderungen in den tatsächlichen oder rechtlichen Verhältnissen, die für die Auszahlung oder die Durchführung der Anpassung der von der Deutschen Post AG gezahlten Geldleistungen erheblich sind, unmittelbar der Deutschen Post AG mitteilen.

(5) Zur Auszahlung der Geldleistungen erhält die Deutsche Post AG von den Unfallversicherungsträgern monatlich rechtzeitig angemessene Vorschüsse.

(6) Die Deutsche Post AG erhält für ihre Tätigkeit von den Unfallversicherungsträgern eine angemessene Vergütung und auf die Vergütung monatlich rechtzeitig angemessene Vorschüsse.

Regelungsinhalt

1 § 99 enthält – ebenso wie die Parallelvorschrift des **§ 119 SGB VI** in Bezug auf die Aufgabenwahrnehmung durch die Deutsche Post AG im Bereich der gesetzlichen Rentenversicherung – die gesetzliche Grundlage für die Wahrnehmung von Aufgaben der gesetzlichen Unfallversicherung durch die Deutsche Post AG insbesondere in Bezug auf die **Auszahlung und Anpassung laufender Geldleistungen**, wodurch die Unfallversicherungsträger aber nicht von ihrer Verantwortung gegenüber den Versicherten entbunden werden (§ 99 Abs. 4 Satz 1). Nähere Einzelheiten sind der Verordnung über die Wahrnehmung von Aufgaben der Träger der Rentenversicherung und anderer Sozialversicherungsträger durch den Renten Service der Deutschen Post AG (Renten Service Verordnung – RentSV) zu entnehmen (s. § 100 Rn. 1).

2 Nach § 99 Abs. 1 Satz 1 sollen die Unfallversicherungsträger laufende Geldleistungen – mit Ausnahme des Verletztengeldes und des Übergangsgeldes – in der Regel **durch die Deutsche Post AG** auszahlen lassen. Sie können diese allerdings nach § 99 Abs. 1 Satz 2 auch direkt auf ein Bankkonto der Versicherten überweisen; Anspruch hierauf haben die Versicherten aber nicht, da dies im Ermessen der Unfallversicherungsträger steht.[585] Auch im Übrigen können Geldleistungen – also Verletztengeld oder Übergangsgeld sowie einmalige Leistungen – nach § 99 Abs. 1 Satz 3 durch die Deutsche Post AG ausgezahlt werden. Nach § 99 Abs. 2 Satz 1 ist auch die Anpassung der Leistungen (s. dazu § 95) durch die Deutsche Post AG vorzunehmen, wobei die Anpassungsmitteilungen **im Namen der Unfallversicherungsträger** ergehen (§ 99 Abs. 2 Satz 2). Daher sollen die Versicherten die für die Auszahlung und Anpassung maßgeblichen Änderungen in ihren Verhältnissen auch unmittelbar der Deutschen Post AG mitteilen (§ 99 Abs. 4 Satz 2).

§ 100 Verordnungsermächtigung

Das Bundesministerium für Arbeit und Soziales wird ermächtigt, im Einvernehmen mit dem Bundesministerium der Finanzen durch Rechtsverordnung mit Zustimmung des Bundesrates

1. **den Inhalt der von der Deutschen Post AG wahrzunehmenden Aufgaben der Unfallversicherungsträger näher zu bestimmen und die Rechte und Pflichten der Beteiligten festzulegen, insbesondere die Überwachung der Zahlungsvoraussetzungen durch die Auswertung der Sterbefallmitteilungen der Meldebehörden nach § 101 a des Zehnten Buches und durch die Einholung von Lebensbescheinigungen im Rahmen des § 60 Abs. 1 und des § 65 Abs. 1 Nr. 3 des Ersten Buches,**
2. **die Höhe und Fälligkeit der Vorschüsse, die die Deutsche Post AG von den Unfallversicherungsträgern erhält, näher zu bestimmen,**
3. **die Höhe und Fälligkeit der Vergütung und der Vorschüsse, die die Deutsche Post AG von den Unfallversicherungsträgern erhält, näher zu bestimmen.**

585 LSG Baden-Württemberg – 17. 12. 2003 – L 2 U 4702/01.

Regelungsinhalt

1 § 100 enthält die Ermächtigung des Bundesministeriums für Arbeit und Soziales – im Einvernehmen mit dem Bundesministerium für Finanzen und mit Zustimmung des Bundesrates –, **Ausführungsbestimmungen** bezüglich der in § 99 geregelten Aufgabenwahrnehmung durch die Deutsche Post AG zu erlassen. Die Parallelbestimmung für Verordnungsermächtigung in Bezug auf die Aufgabenwahrnehmung durch die Deutsche Post AG im Bereich der gesetzlichen Rentenversicherung findet sich in **§ 120 SGB VI**. Auf dieser Grundlage erging die – zum 01.09.1994 in Kraft getretene[586] – Verordnung über die Wahrnehmung von Aufgaben der Rentenversicherungsträger und anderer Sozialversicherungsträger durch den Rentendienst der Deutschen Bundespost POSTDIENST (Postrentendienstverordnung – PostRDV). Seit 01.10.2005[587] heißt sie Verordnung über die Wahrnehmung von Aufgaben der Träger der Rentenversicherung und anderer Sozialversicherungsträger durch den Renten Service der Deutschen Post AG (**Renten Service Verordnung – RentSV**).

§ 101 Ausschluss oder Minderung von Leistungen

(1) Personen, die den Tod von Versicherten vorsätzlich herbeigeführt haben, haben keinen Anspruch auf Leistungen.

(2) Leistungen können ganz oder teilweise versagt oder entzogen werden, wenn der Versicherungsfall bei einer von Versicherten begangenen Handlung eingetreten ist, die nach rechtskräftigem strafgerichtlichen Urteil ein Verbrechen oder vorsätzliches Vergehen ist. Zuwiderhandlungen gegen Bergverordnungen oder bergbehördliche Anordnungen gelten nicht als Vergehen im Sinne des Satzes 1. Soweit die Leistung versagt wird, kann sie an unterhaltsberechtigte Ehegatten oder Lebenspartner und Kinder geleistet werden.

Inhaltsübersicht Rn.

1. Regelungsinhalt

1 § 101 Abs. 1 schließt einen Anspruch auf Leistungen an Hinterbliebene bei vorsätzlicher Herbeiführung des Todes von Versicherten aus. § 101 Abs. 2 gibt den Unfallversicherungsträgern die Möglichkeit, Leistungen ganz oder teilweise zu versagen oder zu entziehen, wenn ein Versicherungsfall die Folge einer strafbaren Handlung ist, wobei allerdings Leistungen an bestimmte unterhaltsberechtigte Angehörige möglich bleiben. Da verbotswidriges Verhalten einen Versicherungsfall nicht ausschließt (siehe § 7 Abs. 2), kann also

586 BGBl. 1994, S. 1867.
587 BGBl. 2004, S. 3275.

auch in den Fällen des § 101 grds. durchaus ein Versicherungsfall eintreten.[588] Um aber von der Rechtsordnung missbilligtes Verhalten nicht noch durch Entschädigungsleistungen zu belohnen, regelt § 101 in Abs. 1 – ebenso wie § 105 SGB VI für die gesetzliche Rentenversicherung – einen Leistungsausschluss für Personen, die den Tod von Versicherten vorsätzlich herbeigeführt haben, und schafft mit Abs. 2 – ähnlich wie § 104 SGB VI in der gesetzlichen Rentenversicherung – die Möglichkeit bei schweren Strafverstößen, Leistungen der gesetzlichen Unfallversicherung zu entziehen oder zu versagen.

2. Vorsätzliche Herbeiführung des Todes (Abs. 1)

Der **Anspruchsausschluss** nach § 101 Abs. 1 bezieht sich auf alle **Hinterbliebenenleistungen**. Dies sind die im Einzelnen in § 63 Abs. 1 aufgeführten Leistungen bei Tod (vgl. § 63 Rn. 3). Der Leistungsausschluss bezieht sich dabei nur auf die Person, welche den Tod herbeigeführt hat, wobei es unerheblich ist, ob diese Person Täter oder Mittäter oder nur Anstifter oder Gehilfe der Tat gewesen ist. Unter Umständen kann – bei entsprechender Garantenstellung – auch eine vorsätzliche unterlassene Hilfeleistung genügen. § 101 Abs. 1 verlangt – anders als § 103 SGB VI – nicht eine absichtliche Herbeiführung des Todes; ausreichend – aber auch erforderlich – ist hier **jede Art von Vorsatz**. Die Person muss den Tod eines Versicherten – mag sie diesen auch nicht direkt erstrebt haben – zumindest billigend in Kauf genommen haben, eine bloße (auch grobe) Fahrlässigkeit reicht für den in § 101 Abs. 1 normierten Leistungsausschluss nicht aus. Zudem muss – was dem Gesetzeswortlaut nicht ohne weiteres zu entnehmen ist – die Tat auch **rechtswidrig und schuldhaft** gewesen sein. Keine Rechtswidrigkeit liegt beispielsweise bei einem Handeln in Notwehr (§ 32 StGB) oder im rechtfertigenden Notstand (§ 34 StGB) vor. Eine Tatbegehung im Zustand der Schuldunfähigkeit wegen seelischer Störung nach § 20 StGB schließt Leistungsansprüche nicht aus. Bei verminderter Schuldfähigkeit oder nur geringer Schuld hingegen greift der Anspruchsausschluss des § 101 Abs. 1. 2

Der Leistungsausschluss wirkt **anspruchsvernichtend** und ist – nach Anhörung der betroffenen Person (vgl. § 24 SGB X) – durch Bescheid festzustellen. Die Unfallversicherungsträger haben insoweit **kein Ermessen**. Anders als in Abs. 2 ist hier nicht das Vorliegen eines strafgerichtlichen Urteils erforderlich. Liegt ein solches Urteil vor, kann es aber als Beweismittel (Urkunde i. S. d. § 21 Abs. 1 Satz 2 Nr. 3 SGB X) zugrunde gelegt werden. 3

3. Versicherungsfall bei strafbaren Handlungen (Abs. 2)

Die Möglichkeit einer Versagung bzw. Entziehung von Leistungen der gesetzlichen Unfallversicherung besteht nach § 101 Abs. 2, wenn ein Versicherungsfall die Handlungsfolge eines – durch ein rechtskräftiges Strafurteil festgestellten – Verbrechens oder vorsätzlichen Vergehens[589] ist. Insoweit sind die Unfallversicherungsträger an die ent- 4

588 BSG – 04.06.2002 – B 2 U 11/01 R.
589 Zu diesen Begriffen siehe § 12 StGB.

sprechenden strafgerichtlichen Feststellungen gebunden und dürfen nur dann eigene Feststellungen treffen, wenn das **Strafurteil** bei der Verurteilung wegen eines Vergehens keine Aussage darüber trifft, ob die Tat vorsätzlich oder nur fahrlässig begangen worden ist. Ein rechtskräftiger Strafbefehl steht einem Strafurteil gleich.[590] Die Sanktionsmöglichkeit des § 101 Abs. 2 greift nur dann ein, wenn zwischen einer strafbaren Handlung und dem Eintritt eines Versicherungsfalls ein **ursächlicher Zusammenhang** besteht,[591] der Versicherungsfall muss bei der Begehung einer Straftat eingetreten sein, erforderlich ist hier, dass die strafbare Handlung eine **rechtlich wesentliche Bedingung** für den Eintritt des Schadens gewesen ist (wesentliche Mitursache). Eine Zuwiderhandlung gegen bergrechtliche Vorschriften ist hierbei allerdings nach der in § 101 Abs. 2 Satz 2 getroffenen gesetzgeberischen Entscheidung unbeachtlich.

5 Bei Vorliegen der gesetzlichen Voraussetzungen des § 101 Abs. 2 Satz 1 können Leistungen versagt oder – so sie schon gewährt werden – entzogen werden. Die **Versagung bzw. Entziehung der Leistungen** ist allerdings – anders als in Abs. 1 – nicht zwingend. Den Unfallversicherungsträgern ist insoweit Ermessen eingeräumt. Bei ihrer **Ermessensentscheidung** haben sie alle Umstände des Einzelfalles zu berücksichtigen. Bei der Abwägung sind etwa die Handlungssituation und der Verschuldensgrad zu berücksichtigen. Maßgeblich kann beispielsweise sein, ob eine böswillige Schädigungsabsicht hinter der Handlung stand oder nur der Wunsch nach einer – wenn auch verbotenen – Arbeitserleichterung. Auch von Bedeutung ist, ob Versicherte nur sich selbst oder auch andere in Gefahr gebracht haben oder ob sie eventuell sogar auf Anweisung der Arbeitgeber gehandelt haben.[592] Der Umfang der Versagung oder Entziehung von Leistungen ist nach pflichtgemäßem Ermessen zu treffen, § 101 Abs. 2 Satz 1 sieht ausdrücklich vor, dass dies **ganz oder teilweise** möglich ist. Die Entscheidung hierüber erfolgt – nach Anhörung der betroffenen Person (§ 24 SGB X) – durch einen schriftlichen Bescheid, welcher hinsichtlich der Ermessensausübung gerichtlich nur eingeschränkt überprüfbar ist.[593]

6 Mit § 101 Abs. 2 Satz 3 wird die Möglichkeit geschaffen, den unterhaltsberechtigten Ehegatten, Lebenspartnern und Kindern trotz einer Leistungsversagung bzw. -entziehung nach § 101 Abs. 2 Satz 1 Zahlungen zu leisten. Erfasst werden hier nach der Gesetzesbegründung die Fälle der Auszahlung bei Verletzung der Unterhaltspflicht (§ 48 SGB I) sowie bei Unterbringung (§ 49 SGB I). In Bezug auf die **Zahlung an Angehörige** ist den Unfallversicherungsträgern ebenfalls Ermessen eingeräumt.

§ 102 Schriftform

In den Fällen des § 36 a Abs. 1 Satz 1 Nr. 2 des Vierten Buches wird die Entscheidung über einen Anspruch auf eine Leistung schriftlich erlassen.

---

590 § 410 Abs. 3 StPO.

591 BSG – 18.03.2008 – B 2 U 1/07 R.

592 Weitere Beispiele bei Reyels in jurisPK-SGB VII, § 101 Rn. 87 m.w.N.

593 Vgl. § 54 Abs. 2 Satz 2 SGG.

Regelungsinhalt

§ 102 schreibt für alle in § 36 a Abs. 1 Satz 1 Nr. 2 SGB IV genannten Entscheidungen der Unfallversicherungsträger eine **Bescheiderteilung in Schriftform** vor. Diese Ermächtigungs- und Anspruchsgrundlage[594] bezieht sich (nur) auf 1

- die erstmalige Entscheidung über Renten,
- Entscheidungen über Rentenerhöhungen und -herabsetzungen sowie -entziehungen wegen Änderung der gesundheitlichen Verhältnisse,
- Entscheidungen über Abfindungen mit Gesamtvergütungen,
- Renten als vorläufige Entschädigungen,
- Entscheidungen über laufende Beihilfen
- und Leistungen bei Pflegebedürftigkeit.

Da § 102 keine besonderen **Anforderungen an die Schriftform** aufstellt, sind die allgemeinen Vorschriften des SGB X heranzuziehen. Der Verwaltungsakt muss inhaltlich hinreichend bestimmt sein (§ 33 Abs. 1 SGB X) und den Unfallversicherungsträger erkennen lassen (Briefkopf des Unfallversicherungsträgers) sowie grds. die Unterschrift oder Namenswiedergabe des Behördenleiters, seines Vertreters oder Beauftragten enthalten (§ 33 Abs. 3 Satz 1 – zu den Ausnahmen bei mit Hilfe automatischer Einrichtungen erlassenen Bescheiden vgl. § 33 Abs. 5 Satz 1 SGB X). Bei Verwendung der elektronischen Form muss auch das der Signatur zugrunde liegende qualifizierte Zertifikat oder ein zugehöriges qualifiziertes Attributzertifikat die erlassende Behörde erkennen lassen (§ 33 Abs. 3 Satz 2 SGB X). Der Verwaltungsakt ist zu begründen (§ 35 Abs. 1 Satz 1 SGB X). Dabei sind die wesentlichen tatsächlichen und rechtlichen Gründe mitzuteilen, die die Behörde zu ihrer Entscheidung bewogen haben (§ 35 Abs. 1 Satz 2 SGB X). Bei Ermessensentscheidungen muss die Begründung auch die Gesichtspunkte erkennen lassen, von denen die Unfallversicherungsträger bei der Ausübung ihres Ermessens ausgegangen sind (§ 35 Abs. 1 Satz 3 SGB X). Einer Begründung bedarf es nur in den Ausnahmefällen des § 35 Abs. 2 SGB X nicht. Außerdem ist der durch einen Bescheid beschwerte Beteiligte über den Rechtsbehelf und die Behörde oder das Gericht zu belehren, bei denen der Rechtsbehelf anzubringen ist; auch muss die Rechtsbehelfsbelehrung deren Sitz – die Adresse – und die einzuhaltende Frist enthalten (§ 36 SGB X). Der Bescheid ist dem Berechtigten zu erteilen und ihm – bzw. ggf. dessen Bevollmächtigten – bekannt zu geben (§ 37 Abs. 1 SGB X). Bei Minderjährigen, die zwar noch nicht das 18. Lebensjahr, aber schon das 15. Lebensjahr vollendet haben, ist § 36 SGB I zu beachten. Die Amtssprache ist deutsch (§ 19 Abs. 1 Satz 1 SGB X). 2

Die **Rechtsfolgen bei einem Verstoß** gegen das gesetzliche Schriftformerfordernis ergeben sich in erster Linie aus § 40 SGB X (Nichtigkeit des Verwaltungsaktes) und § 41 SGB X (Heilung von Verfahrens- und Formfehlern) sowie § 42 SGB X (Folgen von Verfahrens- und Formfehlern). Nichtigkeit ist nur bei besonders schwerwiegenden Fehlern anzunehmen, auch können bestimmte Fehler noch nachträglich geheilt werden. Schließlich führt das Fehlen der Rechtsbehelfsbelehrung nicht zur Anfechtbarkeit, als Sanktion ist nach § 66 Abs. 2 SGB X allein die Verlängerung der Rechtsbehelfsfrist vorgesehen. 3

---

594 So das BSG – 05.07.2011 – B 2 U 17/10 R.

§ 103 Zwischennachricht, Unfalluntersuchung

(1) Kann der Unfallversicherungsträger in den Fällen des § 36a Abs. 1 Satz 1 des Vierten Buches innerhalb von sechs Monaten ein Verfahren nicht abschließen, hat er den Versicherten nach Ablauf dieser Zeit und danach in Abständen von sechs Monaten über den Stand des Verfahrens schriftlich zu unterrichten.

(2) Der Versicherte ist berechtigt, an der Untersuchung eines Versicherungsfalls, die am Arbeitsplatz oder am Unfallort durchgeführt wird, teilzunehmen. Hinterbliebene, die aufgrund des Versicherungsfalls Ansprüche haben können, können an der Untersuchung teilnehmen, wenn sie dies verlangen.

Inhaltsübersicht

1. Regelungsinhalt

1 Nach § 103 sind die Unfallversicherungsträger verpflichtet, die Versicherten in Abständen von sechs Monaten über den Verfahrensstand zu unterrichten, wenn sie das Verfahren nicht vorher abschließen können (Abs. 1). Außerdem ist in Abs. 2 dieser Vorschrift ein Teilnahmerecht der Versicherten bei Untersuchung am Arbeitsplatz oder Unfallort normiert (Satz 1). Auf Verlangen haben auch ggf. anspruchsberechtigte Hinterbliebene ein Recht auf Teilnahme an entsprechenden Untersuchungen (Satz 2).

2. Zwischennachricht (Abs. 1)

2 Sofern in den Fällen des § 36a Abs. 1 Satz 1 SGB IV ein Verwaltungsverfahren vom Unfallversicherungsträger nicht innerhalb von sechs Monaten abgeschlossen werden kann, besteht nach § 103 Abs. 1 die Verpflichtung der Unfallversicherungsträger gegenüber den Versicherten, diesen eine Zwischennachricht über den aktuellen Stand des Verfahrens zukommen zu lassen. Die **Verpflichtung zur Zwischennachricht** dient zunächst – im Sinne der Transparenz des Verwaltungshandelns – der Information der Versicherten. Außerdem wird auf diese Weise einer Verschleppung des Verfahrens entgegengewirkt. Insofern kann darin auch eine Konkretisierung der – bereits in § 17 Abs. 1 Nr. 1 SGB I enthaltenen – Pflicht aller Sozialleistungsträger zur zügigen Leistungserbringung gesehen werden. Schließlich wird mit dieser Verpflichtung auch dem Anspruch auf rechtliches Gehör Genüge getan und den Versicherten ein gewisses Mitwirkungsrecht eingeräumt, können sie doch Anregungen und Hinweise zur Verfahrensförderung geben.

3 Neben den auch in den Anwendungsbereich des § 102 fallenden Entscheidungen (siehe § 102 Rn. 1) erstreckt sich die Verpflichtung der Unfallversicherungsträger zur Erteilung einer Zwischennachricht zusätzlich auch auf das Vorverfahren bis zum Erlass eines Widerspruchsbescheides (§ 36a Abs. 1 Satz 1 Nr. 1 SGB IV). Inhalt der Nachricht ist nach § 103 Abs. 1 der **Stand des Verfahrens**. Die Unterrichtung soll nicht nur Aus-

kunft darüber geben, welche bisherigen Ermittlungen – mit welchen Ergebnissen – vorgenommen worden sind, sondern auch in welchem Verfahrensstadium sich die Bearbeitung befindet und wann voraussichtlich mit einem Abschluss zu rechnen ist; Gründe für eventuelle Verzögerungen sind hierbei anzugeben. Die Nachricht hat nach § 103 Abs. 1 schriftlich zu erfolgen, wobei aber ein einfacher Brief genügt. Die Benachrichtigung ist ggf. – spätestens – **alle sechs Monate** zu wiederholen, wenn das Verwaltungs- oder das Widerspruchsverfahren noch nicht abgeschlossen werden kann. Obwohl in der Vorschrift ausdrücklich nur die Versicherten genannt werden, erstreckt sich die Verpflichtung allerdings ggf. auch auf die Hinterbliebenen.[595]

Zwischenberichte in kürzeren Abständen sind darüber hinaus ebenfalls möglich und **4** häufig auch zweckmäßig. Zudem empfiehlt es sich, auch in den nicht von § 103 i. V. m. § 36 a Abs. 1 Satz 1 SGB IV erfassten Fällen entsprechende Informationen zu erteilen, um – zu erwartenden – Nachfragen der Betroffenen zuvorzukommen. Diesen bleibt im Übrigen ohnehin die Erhebung einer **Untätigkeitsklage** nach § 88 SGG möglich; diese wird nicht durch § 103 ausgeschlossen. Ansonsten kann der Anspruch auf Erteilung einer Zwischennachricht mit einer Leistungsklage vor den Sozialgerichten erzwungen werden. Die Unterlassung der Mitteilungen nach § 103 Abs. 1 macht später ergehende Verwaltungsakte allerdings nicht allein deswegen rechtswidrig und damit anfechtbar.

3. Unfalluntersuchung (Abs. 2)

Ebenfalls eine besondere Ausprägung des Anspruchs auf rechtliches Gehör stellt das in **5** § 103 Abs. 2 normierte Recht zur Teilnahme an der sog. Unfalluntersuchung dar. Auch diese Vorschrift sorgt für Verfahrenstransparenz und Stärkung der Position der Versicherten als – potenziell – Anspruchsberechtigte. Das **Teilnahmerecht** der Versicherten nach § 103 Abs. 2 **Satz 1** erstreckt sich – im Rahmen konkret zu prüfender Versicherungsfälle – nicht nur – wie die Überschrift vermuten lässt – auf Untersuchungen in Bezug auf die Feststellung eines Arbeitsunfalls, sondern auch auf solche Untersuchungen, die im Rahmen der Ermittlungen zur Frage des Vorliegens einer Berufskrankheit vorgenommen werden.[596] Auch greift die Vorschrift nicht erst dann ein, wenn bereits klar ist, dass ein Versicherungsfall vorliegt, sondern bereits dann, wenn noch ermittelt wird, ob überhaupt ein solcher eingetreten ist.

Das Teilnahmerecht beschränkt sich allerdings nach dem Wortlaut des § 103 Abs. 2 **6** Satz 1 auf **Untersuchungen am Arbeitsplatz und am Unfallort**. Ein Teilnahmerecht besteht damit insbesondere nicht bei einer Einsicht in betriebliche Unterlagen der Unternehmer sowie bei einer Zeugenvernehmung beim Unfallversicherungsträger. Es besteht auch keine Pflicht zur Teilnahme und Versicherte können sich durch Bevollmächtigte vertreten und begleiten lassen. Bei Minderjährigen ist § 36 Abs. 1 Satz 1 SGB I zu beachten.

Die Unternehmer müssen im Rahmen einer Untersuchung nach § 103 Abs. 2 Satz 1 den **7** Versicherten – und ggf. auch ihren Bevollmächtigten – den **Zugang zum Betrieb** gestatten.

---

595 Vgl. Reyels in jurisPK-SGB VII, § 103 Rn. 51 m. w. N.
596 Reyels in jurisPK-SGB VII, § 103 Rn. 55.

Dies ergibt sich zudem auch aus ihrer nach § 191 bestehenden Unterstützungspflicht. Eine besondere Form und Frist zur Unterrichtung der Versicherten über bevorstehende Untersuchungen ist nicht geregelt, die Benachrichtigung hat allerdings so rechtzeitig vorher zu erfolgen, dass eine Inanspruchnahme des Teilnahmerechts möglich ist. In Eilfällen, welche eine sofortige Untersuchung wegen Dringlichkeit erfordern oder bei denen eine Unterrichtung der Versicherten nicht mehr rechtzeitig vorher möglich ist, hat die Untersuchung – insbesondere zur Beweissicherung – Vorrang vor dem Teilnahmerecht. In diesen Fällen ist anschließend aber eine Gelegenheit zur Stellungnahme einzuräumen.

8 § 103 Abs. 2 **Satz 2** erweitert den Kreis der Teilnahmeberechtigten um die – potentiell anspruchsberechtigten – Hinterbliebenen. Ihnen ist allerdings nur auf **Verlangen** eine entsprechende Teilnahme einzuräumen.

9 Bei unterbliebener oder nicht ausreichend eingeräumter Teilnahmemöglichkeit liegt ein Verfahrensmangel vor. Die **Rechtsfolgen des Verstoßes** gegen das gesetzlich eingeräumte Teilnahmerecht ergeben sich aus § 41 SGB X und § 42 SGB X. In der Regel dürfte ein Verstoß gegen § 103 Abs. 2 unbeachtlich bleiben, wenn in der Sache keine andere Entscheidung hätte getroffen werden können.

4. Hinweise für den Betriebs- und Personalrat

10 Allen Versicherten kann nur nachdrücklich empfohlen werden, von den gesetzlich eingeräumten Teilnahmerechten Gebrauch zu machen. Bei diesen Untersuchungen werden in der Regel die Grundlagen für die späteren medizinischen Beurteilungen gelegt. Eine Korrektur zu einem späteren Zeitpunkt ist oft nicht mehr möglich oder nur noch mit großem Aufwand. Mitglieder des Betriebs- oder Personalrats sollten – ebenso wie die Betriebsärzte und Fachkräfte für Arbeitssicherheit sowie Sicherheitsbeauftragten – stets hinzugezogen werden.

Viertes Kapitel
Haftung von Unternehmern, Unternehmensangehörigen und anderen Personen

Erster Abschnitt
Beschränkung der Haftung gegenüber Versicherten, ihren Angehörigen und Hinterbliebenen

§ 104 Beschränkung der Haftung der Unternehmer

(1) Unternehmer sind den Versicherten, die für ihre Unternehmen tätig sind oder zu ihren Unternehmen in einer sonstigen die Versicherung begründenden Beziehung stehen, sowie deren Angehörigen und Hinterbliebenen nach anderen gesetzlichen Vorschriften zum Ersatz des Personenschadens, den ein Versicherungsfall verursacht hat, nur verpflichtet, wenn sie den Versicherungsfall vorsätzlich oder auf einem nach

§ 8 Abs. 2 Nr. 1 bis 4 versicherten Weg herbeigeführt haben. Ein Forderungsübergang nach § 116 des Zehnten Buches findet nicht statt.

(2) Absatz 1 gilt entsprechend für Personen, die als Leibesfrucht durch einen Versicherungsfall im Sinne des § 12 geschädigt worden sind.

(3) Die nach Absatz 1 oder 2 verbleibenden Ersatzansprüche vermindern sich um die Leistungen, die Berechtigte nach Gesetz oder Satzung infolge des Versicherungsfalls erhalten.

Inhaltsübersicht Rn.

1. Regelungsinhalt

Die §§ 104 ff. schließen im Verhältnis von Arbeitnehmern zu Unternehmern sowie von Arbeitnehmern untereinander Schadensersatzansprüche – einschließlich Schmerzensgeld – weitgehend aus. Die zivilrechtliche Haftung wird durch Versicherungsleistungen der gesetzlichen Unfallversicherung abgelöst (**Haftungsersetzung durch Versicherungsschutz**). Die Versicherungsleistungen werden im Gegenzug durch die alleinige Beitragszahlung der Unternehmer (siehe § 150 Rn. 1) erkauft (Finanzierungsargument). Zudem dient die gesetzliche Konzeption auch dem Betriebsfrieden, indem Auseinandersetzungen zwischen Arbeitnehmern und Unternehmern sowie Arbeitnehmern untereinander vermieden werden können (Friedensargument). Versicherte müssen insoweit zwar auf Schmerzensgeld verzichten, dafür steht ihnen aber immer ein zahlungskräftiger Schuldner zur Verfügung (Liquiditätsargument). Die Ablösung der Unternehmerhaftung gehört seit Einführung der gesetzlichen Unfallversicherung zum Kernbestand dieses Rechtsbereichs. Sie ist **verfassungskonform**[597] und verstößt auch nicht gegen EG-Recht.[598] **1**

Nach § 104 Abs. 1 Satz 1 sind Unternehmer grds. von der zivilrechtlichen Haftung für Personenschäden befreit, wenn Arbeitnehmer oder wie Versicherte Tätige durch ihr Verhalten einen Versicherungsfall erleiden. Dies ist aber dann nicht der Fall, wenn sie vorsätzlich gehandelt haben oder es sich um einen Wegeunfall i. S. d. § 8 Abs. 1 Nr. 1 bis 4 handelt. Die Haftungsprivilegierung gilt auch gegenüber den Angehörigen und ggf. Hinterbliebenen. Ein – ansonsten gesetzlich vorgesehener – Forderungsübergang nach § 116 SGB X scheidet hier gemäß § 104 Abs. 1 Satz 2 aus. Nach § 104 Abs. 2 gilt Abs. 1 entsprechend auch im Falle der Schädigung einer Leibesfrucht (vgl. § 12). Die ggf. verbliebenen Ersatzansprüche vermindern sich außerdem gemäß § 104 Abs. 3 um die den Versicherten gewährten Leistungen. **2**

---

597 Siehe BVerfG – 07.11.1972 – 1 BvL 4/71 – und BVerfG – 08.02.1995 – 1 BvR 753/94 – sowie BVerfG – 27.02.2009 – 1 BvR 3505/08; BGH – 04.06.2009 – III ZR 229/07; BGH – 08.03.2012 – III ZR 191/11.

598 LAG Köln – 29.09.1994 – 6 Sa 763/94.

2. Haftungsprivilegierung für Unternehmer (Abs. 1)

3 § 104 Abs. 1 **Satz 1** beschränkt die Haftung der Unternehmer bei Versicherungsfällen der gesetzlichen Unfallversicherung. Wer **Unternehmer** ist, ergibt sich aus § 136 Abs. 3. Nach dessen Nr. 1 ist dies insbesondere derjenige, dem das Ergebnis des Unternehmens unmittelbar zum Vor- oder Nachteil gereicht.

4 Die Haftungsprivilegierung der Unternehmer nach § 104 Abs. 1 Satz 1 bezieht sich nur auf **Personenschäden**. Dies sind allerdings nicht nur die unmittelbaren Gesundheitsschäden selbst sowie deren finanzielle Folgen. Personenschäden im Sinne dieser Vorschrift sind auch alle Vermögensbeeinträchtigungen, die durch die Verletzung oder Tötung eines Menschen verursacht wurden, also nicht nur der immaterielle Schaden (Schmerzensgeld), sondern auch jeder mittelbare materielle Vermögensschaden als Folge der Körperverletzung.[599] Der Haftungsausschluss erfasst nicht Schmerzensgeldansprüche von Angehörigen oder Hinterbliebenen von Versicherten aufgrund sog. Schockschäden infolge eines Arbeitsunfalls.[600]

5 **Sachschäden** werden grds. nicht von der Haftungsfreistellung erfasst. Der Haftungsausschluss greift allerdings bei Verlust oder Beschädigung eines Hilfsmittels ein, weil dies gemäß § 8 Abs. 3 als Gesundheitsschaden – und damit hier als Personenschaden – gilt.

6 Die Haftungsfreistellung gilt gegenüber den in § 104 Abs. 1 Satz 1 näher bezeichneten Versicherten sowie deren Angehörigen und Hinterbliebenen. Wichtigste Gruppe sind hier die als Beschäftigte nach § 2 Abs. 1 Nr. 1 versicherten **Arbeitnehmer**. Die Haftungsbeschränkung nach § 104 Abs. 1 Satz 1 gilt nicht nur im Verhältnis zwischen Unternehmern und Beschäftigten, sondern gegenüber allen Versicherten, die für ein Unternehmen tätig sind. Damit bezieht die Haftungsbeschränkung vor allem die Wie-Beschäftigten nach § 2 Abs. 2 Satz 1 mit ein, außerdem auch Leiharbeiter sowie Beschäftigte anderer Unternehmer, mit denen eine sog. Arbeitsgemeinschaft gebildet wurde.[601]

7 **Bei vorsätzlicher Herbeiführung eines Versicherungsfalls entfällt die Haftungsfreistellung**. Der Haftungsausschluss nach § 104 Abs. 1 Satz 1 entfällt allerdings nicht schon dann, wenn ein bestimmtes Handeln, das für den Versicherungsfall ursächlich gewesen ist, gewollt und gebilligt wurde, vielmehr muss dieser auch selbst gewollt und gebilligt werden. Der **Vorsatz** muss mithin nicht nur die Verletzungshandlung, sondern auch den Verletzungserfolg umfassen.[602] Die bloße – ggf. vorsätzliche – Missachtung von Unfallverhütungsvorschriften genügt hierfür daher nicht.[603] Ausreichend ist insoweit jede Art von Vorsatz; bedingter Vorsatz – nicht hingegen bloße (auch grobe) Fahrlässigkeit – genügt also. Nach § 278 Satz 1 BGB haben hierbei Unternehmer das Verschulden ihrer gesetzlichen Vertreter sowie der Personen, derer sie sich zur Erfüllung ihrer Verbindlichkeiten bedienen (**Erfüllungsgehilfen**), in gleichem Umfang zu vertreten wie eigenes Verschulden. Dies gilt auch im Anwendungsbereich des § 104 Abs. 1 Satz 1, weil dessen Sinn

599 BGH – 08.03.2012 – III ZR 191/11.
600 BGH – 06.02.2007 – VI ZR 55/06.
601 BSG – 26.06.2007 – B 2 U 17/06 R.
602 BGH – 08.03.2012 – III ZR 191/11; BAG – 19.02.2009 – 8 AZR 188/08.
603 BGH – 08.03.2012 – III ZR 191/11; BAG – 19.02.2009 – 8 AZR 188/08.

und Zweck es nicht gebieten, zugunsten des Unternehmers, der – weil er dies nicht wollte oder nicht konnte (z. B. bei juristischen Personen) – nicht in persona tätig geworden ist, die Haftungszurechnungsnorm des § 278 Satz 1 BGB nicht anzuwenden.[604]

Der Haftungsausschluss tritt nach § 104 Abs. 1 Satz 1 ferner bei **Herbeiführung eines Versicherungsfalls auf einem der nach § 8 Abs. 2 Nr. 1 bis 4 versicherten Wege** nicht ein. Auch bei diesen Wegeunfällen soll den Geschädigten über die Leistungen der gesetzlichen Unfallversicherung hinaus gehende Schadensersatzansprüche erhalten bleiben. Abzugrenzen hiervon sind die sog. **Betriebswege**. Dies sind solche – nicht unter § 8 Abs. 2 fallende, sondern nach § 8 Abs. 1 versicherte – Wege, die Versicherte im Auftrag oder Interesse der Unternehmer zurücklegen. Hierunter zählen nach ständiger Rechtsprechung der Zivilgerichte auch Bring- und Holdienste der Unternehmer wie etwa Sammeltransporte von und zu einer Baustelle.[605] Auch bei Wegen nach § 8 Abs. 2 Nr. 5 und 6 greift die Haftungsprivilegierung ein. 8

Nach § 104 Abs. 1 **Satz 2** findet ein Forderungsübergang nach § 116 SGB X nicht statt. Diese Regelung hat nur in den Fällen der vorsätzlichen Herbeiführung eines Versicherungsfalls (Rn. 7) oder bei den Wegeunfällen des § 8 Abs. 2 Nr. 1 bis 4 (Rn. 8) Bedeutung. Der **Ausschluss des Forderungsübergangs** ist notwendig, um den mit dem Ausschluss der Haftungsfreistellung verbundenen Vorteil für die Betroffenen zu sichern. Ein Rückgriff auf die Unternehmer ist aber (nur) nach § 110 möglich (Einzelheiten siehe dort). Die Regelung ist in Zusammenhang mit Abs. 3 zu sehen, wonach sich die Schadensersatzansprüche ohnehin um die erhaltenen Leistungen vermindern (vgl. Rn. 11). 9

3. Gleichstellung der Leibesfrucht (Abs. 2)

§ 104 Abs. 2 bezieht die durch einen Versicherungsfall geschädigte Leibesfrucht (siehe § 12) mit ein und sorgt damit für die Haftungsfreistellung auch gegenüber Ungeborenen, die durch einen Versicherungsfall der Mutter geschädigt worden sind. Ihnen soll kein weiter gehender Anspruch zustehen als den unmittelbar Geschädigten. 10

4. Verminderung der Ersatzansprüche (Abs. 3)

Nach § 104 Abs. 3 vermindern sich die Schadensersatzansprüche der Berechtigten gegen die Unternehmer um die erhaltenen Leistungen der gesetzlichen Unfallversicherung. Zur Vermeidung einer Doppelversorgung werden die Schadensersatzansprüche damit in Höhe der den Versicherten gewährten Leistungen vermindert, soweit diese zeitlich und sachlich kongruent sind.[606] Dies gilt auch für Leistungen anderer Sozialleistungsträger, wenn diese aus Anlass des Versicherungsfalls gewährt werden. 11

604 BAG – 28.04.2011 – 8 AZR 769/09.
605 BGH – 02.12.2003 – VI ZR 348/02; BGH – 02.12.2003 – VI ZR 349/02; LG Dortmund – 20.09.2010 – 21 O 255/10; BAG – 30.10.2003 – 8 AZR 548/02; BAG – 19.08.2004 – 8 AZR 349/03; LAG Schleswig-Holstein – 02.06.2009 – 5 Sa 41/09.
606 Vgl. Brückner in Jung, SGB VII, § 104 Rn. 28 und 30.

§ 105 Beschränkung der Haftung anderer im Betrieb tätiger Personen

(1) Personen, die durch eine betriebliche Tätigkeit einen Versicherungsfall von Versicherten desselben Betriebs verursachen, sind diesen sowie deren Angehörigen und Hinterbliebenen nach anderen gesetzlichen Vorschriften zum Ersatz des Personenschadens nur verpflichtet, wenn sie den Versicherungsfall vorsätzlich oder auf einem nach § 8 Abs. 2 Nr. 1 bis 4 versicherten Weg herbeigeführt haben. Satz 1 gilt entsprechend bei der Schädigung von Personen, die für denselben Betrieb tätig und nach § 4 Abs. 1 Nr. 1 versicherungsfrei sind. § 104 Abs. 1 Satz 2, Abs. 2 und 3 gilt entsprechend.

(2) Absatz 1 gilt entsprechend, wenn nicht versicherte Unternehmer geschädigt worden sind. Soweit nach Satz 1 eine Haftung ausgeschlossen ist, werden die Unternehmer wie Versicherte, die einen Versicherungsfall erlitten haben, behandelt, es sei denn, eine Ersatzpflicht des Schädigers gegenüber dem Unternehmer ist zivilrechtlich ausgeschlossen. Für die Berechnung von Geldleistungen gilt der Mindestjahresarbeitsverdienst als Jahresarbeitsverdienst. Geldleistungen werden jedoch nur bis zur Höhe eines zivilrechtlichen Schadenersatzanspruchs erbracht.

Inhaltsübersicht Rn.

1. Regelungsinhalt

1 Während in § 104 die Haftungsbeschränkung der Unternehmer geregelt wird, ist in **§ 105 Abs. 1** die Haftungsprivilegierung anderer im Betrieb tätiger Personen gesetzlich normiert. Jeder in einer arbeitsteiligen Organisation Tätige kann durch eine Unachtsamkeit anderen hier tätigen Personen Schaden zufügen, jeder kann ebenso zum Geschädigten werden (**Gefahrengemeinschaft**). Versicherte Geschädigte erhalten Leistungen der gesetzlichen Unfallversicherung von einem zahlungskräftigen Sozialleistungsträger (Liquiditätsargument). Dies rechtfertigt die Haftungsfreistellung. Diese trägt zudem zum Betriebsfrieden bei (Friedensargument). § 105 Abs. 1 regelt die Haftungsbeschränkung daher für alle im Betrieb tätigen Personen in gleicher Weise wie den Haftungsausschluss der Unternehmer in § 104.

2 Die Regelung in **§ 105 Abs. 2** knüpft an die Haftungsbeschränkung in § 105 Abs. 1 an, wonach die in § 104 Abs. 1 Satz 1 für Unternehmer angeordnete gleichlautende Haftungsprivilegierung auf andere im Betrieb tätige Personen ausgedehnt wird. Bei diesen Personen tritt nach § 105 Abs. 2 Satz 1 die Beschränkung der Haftung auch dann ein, wenn durch ihr Verhalten **nicht versicherte Unternehmer** des Betriebes geschädigt werden. Als Ausgleich für den Verlust ihrer zivilrechtlichen Schadensersatzansprüche werden in diesem besonderen Fall die geschädigten Unternehmer wie Versicherte behandelt, die einen Versicherungsfall erlitten haben, und erhalten entsprechende Entschädigungsansprüche gegen die Unfallversicherungsträger nach näherer Maßgabe des § 105 Abs. 2 Satz 2 bis 4.

2. Haftungsprivilegierung betrieblich Tätiger (Abs. 1)

Durch § 105 Abs. 1 wird die Haftungsbeschränkung auf andere im Betrieb tätige Personen – also insbesondere Arbeitskollegen – ausgedehnt.[607] Die Haftungsbeschränkung gilt nach § 105 Abs. 1 **Satz 1** für alle Personen, die durch eine **betriebliche Tätigkeit** einen Versicherungsfall verursachen. Dies sind nicht nur Betriebsangehörige, sondern auch Nicht-Betriebsangehörige, die eine Tätigkeit nach § 2 Abs. 2 ausüben (Wie-Beschäftigte). Damit wird die Gleichstellung abhängig Beschäftigter und beschäftigungsähnlich Tätiger auch haftungsrechtlich vollzogen.[608] Bei der Tätigkeit muss es sich um eine betriebliche Tätigkeit handeln. Der Begriff der »betrieblichen Tätigkeit« ist ein **objektiver Begriff**.[609] Diese betriebliche Tätigkeit ist grds. mit der versicherten Tätigkeit nach § 8 Abs. 1 Satz 1 gleichzusetzen. Aus der Zugehörigkeit des Schädigers zum Betrieb und einem Handeln im Betrieb allein kann aber noch nicht auf eine Schadensverursachung durch eine betriebliche Tätigkeit geschlossen werden, denn nicht jede Tätigkeit im Betrieb muss zwingend eine betriebsbezogene sein. Auch führt die Benutzung eines Betriebsmittels nicht bereits zur Annahme einer betrieblichen Tätigkeit. Entscheidend für das Vorliegen einer betrieblichen Tätigkeit und das Eingreifen des Haftungsausschlusses i. S. d. § 105 Abs. 1 ist die Verursachung des Schadensereignisses durch eine Tätigkeit des Schädigers, die ihm vom Betrieb oder für den Betrieb übertragen war oder die von ihm im Betriebsinteresse ausgeführt wurde.[610] Betriebliche Tätigkeit in diesem Sinne liegt jedoch nicht nur dann vor, wenn ein Arbeitnehmer eine Aufgabe verrichtet, die in den engeren Rahmen des ihm zugewiesenen Aufgabenkreises fällt. Denn der Begriff der betrieblichen Tätigkeit ist **nicht eng auszulegen**. Eine betriebliche Tätigkeit liegt vor, wenn sie unmittelbar mit dem Zweck der Beschäftigung zusammenhängt und dem Betrieb dienlich ist.[611] Sie umfasst daher auch solche Tätigkeiten, die in nahem Zusammenhang mit dem Betrieb und seinem betrieblichen Wirkungskreis stehen. Die Tätigkeit des Schädigers muss betriebsbezogen sein. Die Art, wie diese Tätigkeit ausgeführt wird – ob nun sachgemäß oder fehlerhaft, ob vorsichtig oder leichtsinnig – entscheidet nicht darüber, ob es sich um eine betriebliche Tätigkeit handelt oder nicht.[612] Der betriebliche Charakter der Tätigkeit geht nicht dadurch verloren, dass Arbeitnehmer bei der Ausführung ihrer Tätigkeit grob fahrlässig oder sogar vorsätzlich Verhaltenspflichten verletzen. Für die Haftungsfreistellung ist maßgeblich, ob der Schaden in Ausführung einer betriebsbezogenen Tätigkeit oder aber bei Gelegenheit der Tätigkeit im Betrieb verursacht wurde und folglich nur dem persönlich-privaten Bereich der Schädiger zuzurechnen ist.[613] Ein solcher Fall liegt z. B. dann vor, wenn der Schaden infolge einer neben der betrieblichen Arbeit verübten, gefahrenträch- 3

607 BSG – 26. 06. 2007 – B 2 U 17/06 R.
608 BSG – 24. 06. 2003 – B 2 U 39/02 R.
609 BAG – 22. 04. 2004 – 8 AZR 159/03; BGH – 30. 06. 1998 – VI ZR 286/97.
610 BAG – 22. 04. 2004 – 8 AZR 159/03.
611 BGH – 30. 06. 1998 – VI ZR 286/97.
612 LAG Baden-Württemberg – 02. 10. 2002 – 13 Sa 45/02.
613 BAG – 22. 04. 2004 – 8 AZR 159/03.

tigen Spielerei, Neckerei oder Schlägerei eintritt.[614] Die **Betriebsbezogenheit** einer Tätigkeit entfällt daher immer, wenn die schädigende Handlung nach ihrer Anlage und der Intention des Schädigers erst gar nicht auf die Förderung der Betriebsinteressen ausgerichtet ist oder ihnen gar zuwiderläuft. Es kommt mithin also darauf an, zu welchem Zweck die zum Schadensereignis führende Handlung bei objektiver Betrachtungsweise bestimmt war. Eine betriebliche Tätigkeit liegt immer nur dann vor, wenn der Schädiger aus seiner Sicht im Betriebsinteresse handeln durfte, sein Verhalten unter Berücksichtigung der Verkehrsüblichkeit nicht untypisch ist und keinen Exzess darstellt.[615] Sie fehlt, wenn die schädigende Handlung nach ihrer Anlage und der Intention erst gar nicht auf die Förderung der Betriebsinteressen ausgerichtet ist oder ihnen gar zuwiderläuft. Daran ändert sich auch dann nichts, wenn die Schädigung unter zweckwidriger, missbräuchlicher Verwendung eines Betriebsmittels herbeigeführt wird.[616] Es kommt auch nicht darauf an, ob die Schädiger Versicherte sind; sie müssen lediglich betriebliche Tätigkeit ausüben.[617] Ebenso ist unerheblich, ob sie Betriebsangehörige sind und insoweit dem Weisungs- bzw. Direktionsrecht des Betriebsinhabers unterliegen oder nicht.[618]

4 Die Haftungsbeschränkung nach § 105 Abs. 1 Satz 1 greift nur dann ein, wenn durch die betriebliche Tätigkeit **Versicherte desselben Betriebs** einen Versicherungsfall erleiden. Es ist umstritten, wie der Begriff Betrieb in diesem Zusammenhang zu verstehen ist. Während der BGH die – engere – Ansicht vertritt, der Betrieb umfasse nur eine – gegenüber dem Unternehmen kleinere – räumliche und organisatorische Einheit, in der faktisch eine Betriebsgemeinschaft besteht,[619] geht das BAG davon aus, Betrieb umfasse ein Unternehmen insgesamt.[620] Eine vermittelnde Ansicht in der Literatur setzt zwar Betrieb und Unternehmen nicht gleich, fasst aber unter den Begriff des Betriebs auch mehrere Betriebe, sofern diese innerhalb eines Unternehmens eine gemeinsame Gefahrengemeinschaft – mit wirtschaftlicher und betrieblicher Verbundenheit – bilden.[621]

5 Die Haftungsfreistellung bezieht sich – ebenso wie in § 104 Abs. 1 Satz 1 – nur auf **Personenschäden** (vgl. dazu § 104 Rn. 4). Der Haftungsausschluss gemäß § 105 Abs. 1 Satz 1 erfasst nicht Schmerzensgeldansprüche von Angehörigen oder Hinterbliebenen der Versicherten aufgrund von sog. Schockschäden infolge von Arbeitsunfällen.[622] Die Haftungsbeschränkung entfällt – ebenfalls wie bei § 104 Abs. 1 Satz 1 – bei vorsätzlicher Herbeiführung eines Versicherungsfalls (vgl. dazu § 104 Rn. 7) und bei den von § 8 Abs. 2 Nr. 1 bis 4 erfassten Wegeunfällen (vgl. dazu § 104 Rn. 8).

6 **§ 105 Abs. 2 Satz 2** dehnt den Haftungsausschluss auf die nach § 4 Abs. 1 Nr. 1 versicherungsfreien Personen aus und trägt damit den tatsächlichen Verhältnisses des

---

614 BAG – 22.04.2004 – 8 AZR 159/03; BGH – 30.06.1998 – VI ZR 286/97.
615 BAG – 22.04.2004 – 8 AZR 159/03.
616 BGH – 30.06.1998 – VI ZR 286/97.
617 OLG München – 08.01.2004 – 1 U 3924/03.
618 OLG Celle – 12.05.2010 – 14 U 166/09.
619 BGH – 14.07.1987 – VI ZR 18/87.
620 BAG – 24.09.1992 – 8 AZR 572/91.
621 Vgl. Brückner in Jung, SGB VII, § 105 Rn. 11 m.w.N.
622 BGH – 06.02.2007 – VI ZR 55/06.

Öffentlichen Dienstes Rechnung, da dort beschäftigte und beamtete Mitarbeiter gemeinsam zusammen tätig sind. Neben der Gleichbehandlung ist tragender Grund hierfür ebenfalls der Gesichtspunkt der **Gefahrengemeinschaft**.

Die in § 104 Abs. 1 Satz 2 sowie Abs. 2 und 3 getroffenen Regelungen bezüglich des Ausschlusses des Forderungsübergangs nach § 116 SGB X (vgl. § 104 Rn. 9) und hinsichtlich der Gleichstellung der Leibesfrucht (vgl. § 104 Rn. 10) sowie zur Verminderung der Ersatzansprüche (vgl. § 104 Rn. 11) sind nach **§ 105 Abs. 2 Satz 3** hier entsprechend anwendbar. **7**

3. Schädigung nicht versicherter Unternehmer (Abs. 2)

Gemäß **§ 105 Abs. 2 Satz 1** gilt Abs. 1 bei einer Schädigung nicht versicherter Unternehmer entsprechend. Dies führt dazu, dass diese insoweit keine zivilrechtlichen Schadensersatzansprüche durchsetzen können. Zum Ausgleich sind sie nach § 105 Abs. 2 **Satz 2** wie Versicherte zu behandeln. Geschädigte Unternehmer können also ihre Mitarbeiter nicht in Regress nehmen, erhalten dafür aber eigene Entschädigungsansprüche gegen die Unfallversicherungsträger. Dabei ist Grundlage für die Berechnung von Geldleistungen der Mindestjahresarbeitsverdienst (vgl. § 85 Rn. 1) als Jahresarbeitsverdienst (§ 105 Abs. 2 **Satz 3**) und diese werden auch nur bis zur Höhe der entsprechenden zivilrechtlichen Schadensersatzansprüche erbracht (§ 105 Abs. 2 **Satz 4**). § 105 Abs. 2 ist nicht anwendbar bei Schädigungen unversicherter Unternehmer durch Personen, die nicht dem Unternehmen zuzurechnen sind.[623] **8**

§ 106 Beschränkung der Haftung anderer Personen

(1) In den in § 2 Abs. 1 Nr. 2, 3 und 8 genannten Unternehmen gelten die §§ 104 und 105 entsprechend für die Ersatzpflicht

1. der in § 2 Abs. 1 Nr. 2, 3 und 8 genannten Versicherten untereinander,
2. der in § 2 Abs. 1 Nr. 2, 3 und 8 genannten Versicherten gegenüber den Betriebsangehörigen desselben Unternehmens,
3. der Betriebsangehörigen desselben Unternehmens gegenüber den in § 2 Abs. 1 Nr. 2, 3 und 8 genannten Versicherten.

(2) Im Fall des § 2 Abs. 1 Nr. 17 gelten die §§ 104 und 105 entsprechend für die Ersatzpflicht

1. der Pflegebedürftigen gegenüber den Pflegepersonen,
2. der Pflegepersonen gegenüber den Pflegebedürftigen,
3. der Pflegepersonen desselben Pflegebedürftigen untereinander.

(3) Wirken Unternehmen zur Hilfe bei Unglücksfällen oder Unternehmen des Zivilschutzes zusammen oder verrichten Versicherte mehrerer Unternehmen vorübergehend betriebliche Tätigkeiten auf einer gemeinsamen Betriebsstätte, gelten die §§ 104 und 105 für die Ersatzpflicht der für die beteiligten Unternehmen Tätigen untereinander.

(4) Die §§ 104 und 105 gelten ferner für die Ersatzpflicht von Betriebsangehörigen gegenüber den nach § 3 Abs. 1 Nr. 2 Versicherten.

---

623 LSG Bayern – 08.02.2012 – L 2 U 226/10.

Inhaltsübersicht

1. Regelungsinhalt

1 § 106 bezieht weitere Personen in die Haftungsprivilegierung der §§ 104 und 105 mit ein, die in ähnlich engen **Gefahrengemeinschaften** tätig sind. Einbezogen werden Lernende in der beruflichen Aus- und Fortbildung und Personen, die sich gesetzlich vorgeschriebenen Untersuchungen, Prüfungen oder ähnlichen Maßnahmen mit Bezug zu einer versicherten Tätigkeit unterziehen, sowie Kinder in bestimmten Tageseinrichtungen, Schüler allgemein- oder berufsbildender Schulen und Studierende an Hochschulen (Abs. 1); darüber hinaus auch Pflegebedürftige und Pflegepersonen (Abs. 2) und Personen, die bei Rettungs- und Zivilschutzmaßnahmen zusammenwirken, sowie Versicherte, die vorübergehend auf einer gemeinsamen Betriebsstätte mit Versicherten anderer Unternehmen tätig sind (Abs. 3); schließlich werden auch noch Schädigungen von Personen, die sich auf der Unternehmensstätte aufhalten (Besucher), mit erfasst (Abs. 4).

2. Kinder, Lernende und Teilnehmer an Untersuchungen (Abs. 1)

2 Nach § 106 Abs. 1 gelten die Haftungsbeschränkungen der §§ 104 und 105 entsprechend für die Ersatzpflicht von Versicherten und Betriebsangehörigen der in § 2 Abs. 1 Nr. 2, 3 und 8 genannten Unternehmen (Einzelheiten dazu sind der Kommentierung zu § 2 zu entnehmen, siehe dort Rn. 11 und 12 sowie 17 bis 19). Die Haftungsfreistellung wird hier auf die Schadensersatzansprüche der hiervon erfassten Versicherten untereinander (Nr. 1) und auf die Ansprüche dieser Versicherten gegenüber Betriebsangehörigen der entsprechenden Unternehmen (Nr. 2) sowie umgekehrt der Betriebsangehörigen gegenüber den entsprechenden Versicherten (Nr. 3) erweitert.

3 In der Praxis sind hier insbesondere die häufig vorkommenden sog. **Schulunfälle** relevant. Hierbei ist die auf die Arbeitswelt zugeschnittene Haftungsprivilegierung durch Auslegung den Besonderheiten des Schulbetriebs so anzupassen, dass die Zweckbestimmung der Norm hinreichend zum Tragen kommt.[624] Hier ist deshalb in Bezug auf das sonst erforderliche Merkmal der Betriebsbezogenheit (vgl. § 105 Rn. 3) auf das Merkmal der **Schulbezogenheit** abzustellen. Bei Verletzungen von Schülern durch Mitschüler ist für die Befreiung von der Haftung darauf abzustellen, ob die jeweilige Verletzungshandlung schulbezogen gewesen ist. Maßgeblich ist, ob sie auf der typischen Gefährdung aus engem schulischen Kontakt beruht und deshalb einen inneren Bezug zum Besuch der Schule aufweist oder ob sie nur bei Gelegenheit des Schulbesuchs erfolgt ist. Schulbezogen

624 BGH – 26.11.2002 – VI ZR 449/01.

in diesem Sinne sind insbesondere Verletzungshandlungen, die aus Spielereien, Neckereien und Raufereien unter Schülern hervorgegangen sind, ebenso Verletzungen, die in Neugier, Sensationslust und dem Wunsch, anderen zu imponieren, ihre Erklärung finden; dasselbe gilt für Verletzungshandlungen, die auf übermütigen und bedenkenlosen Verhaltensweisen in einer Phase der allgemeinen Lockerung der Disziplin – insbesondere in den Pausen oder auf Klassenfahrten oder nach Beendigung des Unterrichts oder während der Abwesenheit von Aufsichtspersonen – beruhen.[625] Da der Haftungsausschluss bei Schulunfällen den Schulfrieden und das ungestörte Zusammenleben von Lehrern und Schülern in der Schule gewährleisten soll, darf das Haftungsprivileg nicht eng ausgelegt werden. Die innere schulische Verbundenheit von Schädigern und Verletzten, die in den Unfällen zum Ausdruck kommen muss, erfordert allerdings stets, dass die konkrete Verletzungshandlung durch die Besonderheiten des Schulbetriebs geprägt wird, was in der Regel eine engere räumliche und zeitliche Nähe zu dem organisierten Betrieb der Schule voraussetzt.[626] Schulbezogen können auch Verletzungshandlungen sein, die sich außerhalb des Schulgeländes ereignen. In der Schule ergeben sich Unfallgefahren insbesondere aufgrund der gruppendynamischen Prozesse, die der Unterricht und das erzwungene Zusammensein im schulischen Bereich verursachen. Spielerisches oder auch aggressives Verhalten ist hier vielfach typisch und tritt insbesondere vor Unterrichtsbeginn, in den Pausen und beim Verlassen der Schule auf, ohne dass es nach Unterrichtsende abrupt am Schultor endet oder seinen Bezug zum schulischen Geschehen verliert. Sofern spielerisches oder aggressives Verhalten nach Verlassen des Schulgeländes in diesem Sinn einer Lockerung der im Schulbetrieb erforderlichen Disziplin noch auf die innere schulische Verbundenheit der Betroffenen zurückzuführen ist, liegt eine Prägung durch die Besonderheiten des Schulbetriebs – also eine Schulbezogenheit vor – die den Haftungsausschluss jedenfalls dann rechtfertigt, wenn eine engere räumliche und zeitliche Nähe zu dem organisierten Betrieb der Schule besteht.[627]

Während § 106 Abs. 1 Nr. 1 die Haftungsfreistellung der entsprechenden Versicherten untereinander normiert, beziehen die **Nr. 2 und 3** des § 106 Abs. 1 die Betriebsangehörigen der entsprechenden Unternehmen – also z. B. Hausmeister und Lehrpersonal – mit in die Haftungsprivilegierung mit ein. Anders als in Nr. 1 ist hier allerdings einschränkend normiert, dass sich insoweit die Haftungsbeschränkung nur auf **Betriebsangehörige desselben Unternehmens** bezieht. Gemeint ist damit nur die jeweilige Einrichtung (Schule oder Hochschule). § 106 Abs. 1 nimmt ausdrücklich auf die in § 2 Abs. 1 Nr. 2, 3 und 8 genannten Unternehmen Bezug. Im Gegensatz zu § 136 Abs. 3 Nr. 3, der ausdrücklich bestimmt, dass als Unternehmer im Sinne des § 104 die Sachkostenträger anzusehen sind, sind als Unternehmen im Sinne des § 106 Abs. 1 lediglich die in § 2 Abs. 1 Nr. 2, 3 und 8 ausdrücklich aufgeführten Einrichtungen – nicht hingegen deren Träger – genannt; somit sind hier auch nur die Einrichtungen und nicht deren Träger als Unternehmen im Sinne des § 106 Abs. 1 zu betrachten.[628] 4

625 BGH – 30.03.2004 – VI ZR 163/03.
626 BGH – 30.03.2004 – VI ZR 163/03.
627 BGH – 15.07.2008 – VI ZR 212/07.
628 Vgl. BGH – 26.11.2002 – VI ZR 449/01.

3. Pflegebedürftige und Pflegepersonen (Abs. 2)

5 § 106 Abs. 2 erstreckt die Haftungsbeschränkung auf Pflegebedürftige und Pflegepersonen im Sinne des § 2 Abs. 1 Nr. 17 (Einzelheiten dazu sind der Kommentierung zu § 2 zu entnehmen, siehe dort Rn. 34), und zwar in allen denkbaren Konstellationen: für die Ansprüche der Pflegebedürftigen gegenüber den Pflegepersonen (Nr. 1) und umgekehrt der Pflegepersonen gegenüber den Pflegebedürftigen (Nr. 2) sowie der Pflegepersonen – sofern sie Pflegebedürftige zusammen betreuen – untereinander (Nr. 3).

4. Unglückshilfe- und Zivilschutzunternehmen (Abs. 3 – 1. Alt.)

6 Mit § 106 Abs. 3 werden – in der 1. Alternative – die für Unternehmen der in § 2 Abs. 1 Nr. 12 genannten Art (siehe dazu § 2 Rn. 25) Tätigen in die Haftungsprivilegierung mit einbezogen, wenn sie bei Unglücksfällen oder im Zivilschutz **zusammenwirken**. Der Gesetzgeber hat bei allen Alternativen des § 106 Abs. 3 Kooperationsformen ins Auge gefasst, bei denen im faktischen Miteinander die Tätigkeit der Mitwirkenden aufeinander bezogen oder miteinander verknüpft oder auf gegenseitige Ergänzung oder Unterstützung ausgerichtet ist.[629] In diesen Fällen besteht zwischen den Angehörigen verschiedener Unternehmen eine **besondere Gefahrengemeinschaft**, die eine entsprechende Anwendung der §§ 104, 105 rechtfertigt. So liegt beispielsweise ein Zusammenwirken von Unternehmen zur Hilfe bei Unglücksfällen vor, wenn zwei freiwillige Feuerwehren nach einem gemeinsamen Einsatzplan ausrücken, um eine Unglücksstelle gemeinsam – wenn auch an verschiedenen Stellen – abzusperren.[630] Erforderlich – aber auch ausreichend – sind insoweit ausdrückliche Absprachen, ein nur zufälliges und beziehungsloses Nebeneinander reicht hingegen nicht aus.

5. Tätigkeiten auf gemeinsamer Betriebsstätte (Abs. 3 – 2. Alt.)

7 Mit § 106 Abs. 3 wird – in der 2. Alternative[631] (andere sehen dies bereits als 3. Fall an)[632] – die Haftungsfreistellung auch auf die Fälle ausgedehnt, in denen **Versicherte mehrerer Unternehmen** vorübergehend betriebliche Tätigkeiten auf einer gemeinsamen Betriebsstätte verrichten. Hintergrund dieser Regelung ist die Veränderung der tatsächlichen Verhältnisse des Arbeitslebens; es werden immer mehr Tätigkeiten arbeitsteilig durch verschiedene selbständige Unternehmen erbracht, die früher ein Unternehmen aus einer Hand erledigte.[633] Die so Tätigen befinden sich damit – ebenso wie die von § 105 Abs. 1 direkt erfassten Personen – in einer (Zwangs-)Gemeinschaft mit den sich daraus ergebenden Gefahren. Entscheidender Gesichtspunkt für die Haftungsbeschränkung ist die

---

629 BGH – 17.10.2000 – VI ZR 67/00.
630 BGH – 18.12.2007 – VI ZR 235/06.
631 Vgl. BSG – 26.06.2007 – B 2 U 17/06 R.
632 Vgl. BGH – 11.10.2011 – VI ZR 248/10.
633 So zutreffend Waltermann, NJW 2002, 1225 [1229].

für eine gemeinsame Betriebstätte typische Gefahr, dass sich die Beteiligten bei den Tätigkeiten ablaufbedingt in die Quere kommen.[634]

8 Einerseits verlangt der **Begriff der gemeinsamen Betriebsstätte** – wie der BGH in seinem grundlegenden Urteil vom 17. 10. 2000[635] ausgeführt hat – nicht die Bildung einer Arbeitsgemeinschaft oder die Vereinbarung eines gemeinsamen Ziels und Zwecks der Aktivitäten oder eine gemeinsame Organisation und Verantwortung, andererseits ist unter einer gemeinsamen Betriebsstätte jedenfalls mehr als dieselbe Arbeitsstätte zu verstehen. Gemeint ist damit ein bewusstes Miteinander im Arbeitsablauf, das zwar nicht nach einer rechtlichen Verfestigung oder auch nur ausdrücklichen Vereinbarung verlangt, sich aber zumindest tatsächlich als ein aufeinander bezogenes betriebliches Zusammenwirken mehrerer Unternehmen darstellt. Die Haftungsfreistellung erfasst damit über die Fälle der Arbeitsgemeinschaft hinaus betriebliche Aktivitäten von Versicherten mehrerer Unternehmen, die bewusst und gewollt bei einzelnen Maßnahmen ineinandergreifen, miteinander verknüpft sind, sich ergänzen oder unterstützen, wobei es ausreicht, dass die gegenseitige Verständigung stillschweigend durch bloßes Tun erfolgt.[636] Das bloße Zusammentreffen von Risikosphären mehrerer Unternehmen erfüllt den Tatbestand nicht. Parallele Tätigkeiten, die sich beziehungslos nebeneinander vollziehen, genügen ebenso wenig wie eine bloße Arbeitsberührung.[637] Ein lediglich einseitiger Bezug genügt ebenfalls nicht.[638] Ebenso wenig reicht die theoretisch immer bestehende Gefahr einer Schadenszufügung bei zeitgleich in räumlicher Nähe auszuführenden Tätigkeiten.[639] Eine **entsprechende Arbeitsverknüpfung** kann demgegenüber dann gegeben sein, wenn sich die von Beschäftigten verschiedener Unternehmen vorzunehmenden Maßnahmen sich zwar nicht sachlich ergänzen oder unterstützen, die gleichzeitige Ausführung der betreffenden Arbeiten aber wegen ihrer räumlichen Nähe eine Verständigung über den Arbeitsablauf erfordert und hierzu konkrete Absprachen getroffen werden.[640] Die vertraglichen oder sonstigen Beziehungen, die zu dem Tätigwerden von Arbeitnehmern verschiedener Unternehmen geführt haben, spielen für die Beurteilung, ob eine gemeinsame Betriebsstätte vorliegt, keine Rolle; die Frage, ob eine gemeinsame Betriebsstätte vorliegt, bezieht sich immer auf konkrete Arbeitsvorgänge.[641]

9 Die Haftungsprivilegierung kommt auch versicherten Unternehmern zugute, die selbst eine vorübergehende betriebliche Tätigkeit auf einer gemeinsamen Betriebsstätte verrichten und dabei Versicherte eines anderen Unternehmens verletzen.[642] Umgekehrt müssen sich versicherte Unternehmer – als Geschädigte – ebenfalls die Haftungsfrei-

---

634 BGH – 16. 12. 2003 – VI ZR 103/03.
635 BGH – 17. 10. 2000 – VI ZR 67/00.
636 BGH – 17. 10. 2000 – VI ZR 67/00; BGH – 23. 01. 2001 – VI ZR 70/00; dem hat sich das BAG ausdrücklich angeschlossen: BAG – 12. 12. 2002 – 8 AZR 94/02; BAG – 28. 10. 2004 – 8 AZR 443/03.
637 BGH – 14. 09. 2004 – VI ZR 32/04; BGH – 08. 06. 2010 – VI ZR 147/09.
638 BGH – 16. 12. 2003 – VI ZR 103/03.
639 BGH – 01. 02. 2011 – VI ZR 227/09.
640 BGH – 13. 03. 2007 – VI ZR 178/05; BGH – 22. 01. 2008 – VI ZR 17/07.
641 BGH – 10. 05. 2011 – VI ZR 152/10; BGH – 11. 10. 2011 – VI ZR 248/10.
642 BGH – 03. 07. 2001 – VI ZR 198/00; BGH – 29. 10. 2002 – VI ZR 283/01.

stellung entgegenhalten lassen.[643] Die Haftungsprivilegierung gilt aber nicht zugunsten der nicht selbst dort tätigen Unternehmer.[644] Sie greift auch nicht ein, wenn durch die Tätigkeit von Beschäftigten **nicht versicherte Unternehmer** eines anderen Unternehmens geschädigt werden.[645] Unabdingbare Voraussetzung für die Haftungsprivilegierung ist, dass der Schädiger selbst Versicherter der gesetzlichen Unfallversicherung ist.[646] Sie gilt daher auch nicht für solche Tätigkeiten auf einer gemeinsamen Betriebsstätte im internationalen Bezug für nicht bei einem deutschen Unfallversicherungsträger versicherte Personen.[647] Bei Entsendung innerhalb der EU ist Art. 85 der Verordnung Nr. 883/2004 zu beachten; in den Fällen, in denen entsandte Geschädigte deutschem Sozialversicherungsrecht unterfallen, verweist Abs. 2 auf die §§ 104 ff.[648]

6. Unternehmensbesucher (Abs. 4)

10 Die Haftungsbeschränkung der §§ 104 und 105 wird schließlich gemäß § 106 Abs. 4 außerdem erstreckt auf die Ersatzpflicht von Betriebsangehörigen gegenüber den nach § 3 Abs. 1 Nr. 2 Versicherten. Dies sind Personen, welche Unternehmensstätten – auf Aufforderung oder zumindest mit Erlaubnis der Unternehmer – aufsuchen und auf die – nach der Satzung des zuständigen Unfallversicherungsträgers – die Versicherung erstreckt wurde.

§ 107 Besonderheiten in der Seefahrt

(1) Bei Unternehmen der Seefahrt gilt § 104 auch für die Ersatzpflicht anderer das Arbeitsentgelt schuldender Personen entsprechend. § 105 gilt für den Lotsen entsprechend.

(2) Beim Zusammenstoß mehrerer Seeschiffe von Unternehmen, für die die Berufsgenossenschaft für Transport und Verkehrswirtschaft zuständig ist, gelten die §§ 104 und 105 entsprechend für die Ersatzpflicht, auch untereinander, der Reeder der dabei beteiligten Fahrzeuge, sonstiger das Arbeitsentgelt schuldender Personen, der Lotsen und der auf den beteiligten Fahrzeugen tätigen Versicherten.

Regelungsinhalt

1 § 107 enthält besondere Regelungen für den Bereich der Seefahrt. Der Anwendungsbereich der Haftungsfreistellung des § 104 wird durch § 107 **Abs. 1** Satz 1 auf alle das Arbeitsentgelt schuldenden Personen erstreckt. Schuldet der Schiffseigner – und damit Reeder (§ 13 Abs. 1 Satz 1 SGB IV) – das Arbeitsentgelt der Besatzung, ist er als Unternehmer unmittelbar nach § 104 haftungsfrei. Mit der Erweiterung durch § 107 Abs. 1 Satz 1 wird dem häufig anzutreffenden Umstand Rechnung getragen, dass Eigentum an

643 BGH – 17.06.2008 – VI ZR 257/06; OLG Braunschweig – 08.04.2010 – 8 U 131/09.
644 BGH – 03.07.2001 – VI ZR 284/00; BGH – 25.06.2002 – VI ZR 279/01.
645 BSG – 26.06.2007 – B 2 U 17/06 R; LSG Bayern – 29.04.2009 – L 2 U 17/08.
646 BGH – 27.06.2002 – VI ZR 234/01.
647 LG Ellwangen – 16.03.2012 – 5 O 341/11.
648 Vgl. dazu Pabst in jurisPK-SGB I, Art. 85 VO EG. 883/2004 Rn. 36 f.

einem Seeschiff und Verwendung zum Seefahrtserwerb auseinanderfallen. Mit § 107 Abs. 1 Satz 2 werden darüber hinaus Lotsen in die Haftungsprivilegierung einbezogen. Sie werden den Betriebsangehörigen des § 105 gleichgestellt.

§ 107 **Abs. 2** enthält eine Sonderregelung für den Fall des Zusammenstoßes mehrerer Seeschiffe. Die Haftungsbeschränkung der §§ 104 und 105 gelten in diesen Fällen entsprechend. Voraussetzung ist die Kollision mehrerer Seeschiffe von Unternehmen, für die die Berufsgenossenschaft für Transport und Verkehrswirtschaft (als Nachfolgerin der ehemaligen See-Berufsgenossenschaft) zuständig ist. **2**

§ 108 Bindung der Gerichte

(1) Hat ein Gericht über Ersatzansprüche der in den §§ 104 bis 107 genannten Art zu entscheiden, ist es an eine unanfechtbare Entscheidung nach diesem Buch oder nach dem Sozialgerichtsgesetz in der jeweils geltenden Fassung gebunden, ob ein Versicherungsfall vorliegt, in welchem Umfang Leistungen zu erbringen sind und ob der Unfallversicherungsträger zuständig ist.

(2) **Das Gericht hat sein Verfahren auszusetzen, bis eine Entscheidung nach Absatz 1 ergangen ist. Falls ein solches Verfahren noch nicht eingeleitet ist, bestimmt das Gericht dafür eine Frist, nach deren Ablauf die Aufnahme des ausgesetzten Verfahrens zulässig ist.**

Regelungsinhalt

§ 108 soll gewährleisten, dass in Schadensersatzprozessen die Frage des Vorliegens eines Versicherungsfalls und des Umfangs der deswegen zu gewährenden Leistungen der gesetzlichen Unfallversicherung sowie hinsichtlich der Zuständigkeit der jeweiligen Unfallversicherungsträger von den Zivilgerichten – den ordentlichen Gerichten – und den Arbeitsgerichten nicht anders beurteilt wird als von den zuständigen Unfallversicherungsträgern oder den Gerichten der Sozialgerichtsbarkeit. Daher ordnet § 108 Abs. 1 die **Bindung an die Entscheidungen der Unfallversicherungsträger bzw. der Sozialgerichte** an. Sofern noch keine solche Entscheidung ergangen ist, sind die Gerichte nach § 108 Abs. 2 Satz 1 zur Aussetzung des bei ihnen anhängigen Verfahrens verpflichtet, bis eine entsprechende Entscheidung vorliegt. Erforderlichenfalls können sie gemäß § 108 Abs. 2 eine Frist zur Einleitung eines solchen Verfahrens setzen. Die Aussetzung steht nicht im Ermessen des Gerichts.[649] Der Eintritt der Bindungswirkung setzt voraus, dass die sozialrechtliche Entscheidung für die Betroffenen **unanfechtbar** ist. Dies ist der Fall, wenn der entsprechende Bescheid bestandskräftig geworden (vgl. § 77 SGG) bzw. das Sozialgerichtsverfahren rechtskräftig abgeschlossen ist.[650] Die Zivilgerichte und Arbeitsgerichte sind an unanfechtbare Entscheidungen gebunden, unabhängig davon, ob sie diese für zutreffend und richtig halten.[651] Die Vorschrift dient dazu, divergierende Beurteilungen **1**

649 BGH – 22.04.2008 – VI ZR 202/07; BGH – 19.05.2009 – VI ZR 56/08.
650 BGH – 20.11.2007 – VI ZR 244/06; BGH – 22.04.2008 – VI ZR 202/07.
651 BGH – 19.05.2009 – VI ZR 56/08; BAG – 14.12.2006 – 8 AZR 628/05.

zu vermeiden und eine einheitliche Bewertung unfallversicherungsrechtlicher Kriterien zu gewährleisten, um zu verhindern, dass Geschädigte weder zivilrechtlichen Schadensersatz (weil die Zivilgerichte eine Haftung nach §§ 104 ff. für ausgeschlossen halten) noch Leistungen der gesetzlichen Unfallversicherung (weil die Unfallversicherungsträger bzw. die Sozialgerichte einen Versicherungsfall verneinen) erhalten.[652] Um Bestandkraft auch gegenüber den Schädigern erlangen zu können, ist es grds. erforderlich, diese an den – die Geschädigten betreffenden – Verfahren nach § 12 Abs. 2 SGB X zu beteiligen.[653]

§ 109 Feststellungsberechtigung von in der Haftung beschränkten Personen

Personen, deren Haftung nach den §§ 104 bis 107 beschränkt ist und gegen die Versicherte, ihre Angehörigen und Hinterbliebene Schadenersatzforderungen erheben, können statt der Berechtigten die Feststellungen nach § 108 beantragen oder das entsprechende Verfahren nach dem Sozialgerichtsgesetz betreiben. Der Ablauf von Fristen, die ohne ihr Verschulden verstrichen sind, wirkt nicht gegen sie; dies gilt nicht, soweit diese Personen das Verfahren selbst betreiben.

Regelungsinhalt

1 Mit § 109 Satz 1 erhalten die potentiell nach den §§ 104 ff. haftungsprivilegierten Personen die Möglichkeit, ggf. selbst das Feststellungsverfahren zu betreiben. Die Vorschrift räumt ihnen das verfahrensrechtliche Recht ein, in – subsidiärer – Verfahrens- bzw. Prozessstandschaft **statt** der berechtigten Versicherten – im eigenen Namen – die in § 108 Abs. 1 genannte unfallversicherungsrechtliche Rechtsposition geltend zu machen und ggf. auch ein entsprechendes Widerspruchs- und Sozialgerichtsverfahren zu betreiben.[654] Dabei ist es ausreichend, dass der tatsächlich geltend gemachte Anspruch möglich erscheint; nicht erforderlich ist, dass die Antragsteller im Sinne des § 109 zur Begründung des Feststellungsinteresses schlüssig darlegen, dass sie zivilrechtlich mit Erfolg in Anspruch genommen werden könnten.[655] Voraussetzung hierfür ist allerdings, dass die eigentlich Berechtigten kein solches Verfahren betreiben. Solange Versicherte ihre Rechte selbst wahrnehmen, sind mögliche Haftungsprivilegierte nicht befugt, deren Rechte im eigenen Namen geltend zu machen.[656] In einem solchen Fall kommt lediglich eine **Beteiligung** am Verfahren nach § 12 Abs. 2 SGB X oder eine **Beiladung** nach § 75 SGG in Betracht. Gemäß § 109 Satz 2 wirken bestehende Fristen gegenüber diesen Personen nur dann, wenn sie das Verfahren selbst betreiben oder sonst daran beteiligt sind, nicht hingegen, wenn sie hiervon nichts wussten.

---

652 Vgl. auch OLG Celle – 05.03.2010 – 14 W 1/10, 14 W 10/10; ausführlich Horst/Katzenstein, VersR 2009, 165 ff.

653 Vgl. dazu BGH – 20.11.2007 – VI ZR 244/06.

654 BSG – 31.01.2012 – B 2 U 12/11 R.

655 LSG Berlin-Brandenburg – 18.12.2008 – L 31 U 479/08.

656 BSG – 29.11.2011 – B 2 U 27/10 R.

Zweiter Abschnitt
Haftung gegenüber den Sozialversicherungsträgern

§ 110 Haftung gegenüber den Sozialversicherungsträgern

(1) Haben Personen, deren Haftung nach den §§ 104 bis 107 beschränkt ist, den Versicherungsfall vorsätzlich oder grob fahrlässig herbeigeführt, haften sie den Sozialversicherungsträgern für die infolge des Versicherungsfalls entstandenen Aufwendungen, jedoch nur bis zur Höhe des zivilrechtlichen Schadenersatzanspruchs. Statt der Rente kann der Kapitalwert gefordert werden. Das Verschulden braucht sich nur auf das den Versicherungsfall verursachende Handeln oder Unterlassen zu beziehen.

(1 a) Unternehmer, die Schwarzarbeit nach § 1 des Schwarzarbeitsbekämpfungsgesetzes erbringen und dadurch bewirken, dass Beiträge nach dem Sechsten Kapitel nicht, nicht in der richtigen Höhe oder nicht rechtzeitig entrichtet werden, erstatten den Unfallversicherungsträgern die Aufwendungen, die diesen infolge von Versicherungsfällen bei Ausführung der Schwarzarbeit entstanden sind. Eine nicht ordnungsgemäße Beitragsentrichtung wird vermutet, wenn die Unternehmer die Personen, bei denen die Versicherungsfälle eingetreten sind, nicht nach § 28 a des Vierten Buches bei der Einzugsstelle oder der Datenstelle der Träger der Rentenversicherung angemeldet hatten.

(2) Die Sozialversicherungsträger können nach billigem Ermessen, insbesondere unter Berücksichtigung der wirtschaftlichen Verhältnisse des Schuldners, auf den Ersatzanspruch ganz oder teilweise verzichten.

Inhaltsübersicht Rn.

1. Regelungsinhalt

1 § 110 begründet einen originären – privatrechtlichen – **Ersatzanspruch** der Sozialversicherungsträger. Maßgeblich für diese Regelung sind letztlich präventive und erzieherische Gründe. Diese sollen indes nur dann greifen, wenn die durch das Haftungsprivileg der §§ 104 ff. begünstigten Schädiger den Unfall und damit die Aufwendungen der Sozialversicherungsträger durch ein besonders zu missbilligendes Verhalten verursacht haben.[657] Durch § 110 sollen die dem Regress ausgesetzten Schädiger so gestellt werden, wie sie ohne die Haftungsprivilegierung stünden. Sie sollen daher einerseits nicht auf Kosten der Solidargemeinschaft der den Unfallversicherungsträgern angehörenden Unternehmen privilegiert werden, andererseits aber auch nicht einer höheren Haftung ausgesetzt sein als ohne die Privilegierung.[658] Der Rückgriffsanspruch ist – trotz seines

657 BGH – 15. 07. 2008 – VI ZR 212/07.
658 BGH – 27. 06. 2006 – VI ZR 143/05.

öffentlich-rechtlichen Ursprungs – privatrechtlicher Natur und kann daher nicht durch Verwaltungsakt geltend gemacht werden, sondern ist im Streitfall vor den ordentlichen Gerichten einzuklagen.[659]

2. Inhalt und Umfang des Regressanspruchs (Abs. 1)

2 Anspruchsberechtigt sind hier nicht nur die Unfallversicherungsträger, sondern gemäß § **110 Abs. 1 Satz 1** alle Sozialversicherungsträger, welche Leistungen aus Anlass eines Versicherungsfalls i.S.d. § 7 Abs. 1 erbringen. Anspruchsverpflichtet sind die nach §§ 104ff. haftungsprivilegierten Personen, sofern sie den Versicherungsfall vorsätzlich oder grob fahrlässig herbeigeführt haben. Für § 110 Abs. 1 ist der zivilrechtliche Vorsatzbegriff des § 276 BGB maßgebend, der Handelnde muss also den rechtswidrigen Erfolg vorausgesehen und in seinen Willen aufgenommen haben.[660] **Vorsatz** ist Wissen und Wollen eines pflichtwidrigen Erfolges. Vorsätzlich handelt, wer das rechtlich geschützte Interesse eines anderen bewusst und gewollt verletzt, wobei es genügt, dass der Verletzungserfolg vielleicht unerwünscht ist, aber billigend in Kauf genommen wird (bedingter Vorsatz). Die **grobe Fahrlässigkeit** setzt einen objektiv schweren und subjektiv nicht entschuldbaren Verstoß gegen die Anforderungen der im Verkehr erforderlichen Sorgfalt voraus. Diese Sorgfalt muss in ungewöhnlich hohem Maß verletzt und es muss dasjenige unbeachtet geblieben sein, was im gegebenen Fall jedem hätte einleuchten müssen. Ein objektiv grober Pflichtenverstoß rechtfertigt für sich allein allerdings noch nicht automatisch den Schluss auf ein entsprechend **gesteigertes personales Verschulden**, nur weil ein solches häufig damit einherzugehen pflegt. Vielmehr erscheint eine Inanspruchnahme des haftungsprivilegierten Schädigers im Wege des Rückgriffs nur dann gerechtfertigt, wenn eine auch **subjektiv schlechthin unentschuldbare Pflichtverletzung** vorliegt, die das in § 276 Abs. 1 BGB bestimmte Maß erheblich überschreitet.[661] Besteht die Pflichtverletzung des Schädigers in einem Verstoß gegen eine Unfallverhütungsvorschrift, so gilt daher, dass nicht jeder Verstoß schon für sich als eine schwere Verletzung der Sorgfaltspflicht anzusehen ist.[662] Hierbei kann es beispielsweise eine Rolle spielen, ob nur unzureichende Sicherungsmaßnahmen getroffen wurden oder von den vorgeschriebenen Schutzvorkehrungen völlig abgesehen worden ist, obwohl entsprechende Sicherungsanweisungen eindeutig waren. Im letzteren Fall kann der objektive Verstoß gegen elementare Sicherungspflichten dann ein solches Gewicht haben, dass insoweit auch der Schluss auf ein subjektiv gesteigertes Verschulden gerechtfertigt ist.[663] Ein objektiver schwerer Verstoß liegt immer dann vor, wenn gegen Vorschriften verstoßen wird, die sich mit Vorkehrungen zum Schutz von Arbeitnehmern vor tödlichen Gefahren befassen und somit elementare Sicherungspflichten zum Inhalt haben.

---

659 Dahm in jurisPR-SozR 9/2012 Anm. 4.
660 BGH – 15.07.2008 – VI ZR 212/07.
661 BGH – 15.07.2008 – VI ZR 212/07.
662 BGH – 30.01.2001 – VI ZR 49/00.
663 BGH – 30.01.2001 – VI ZR 49/00.

Beispiel (nach OLG Frankfurt – 14.12.2011 – 1 U 191/10):
Bei Reparaturarbeiten auf Dächern sehen die von den Berufsgenossenschaften erlassenen Unfallverhütungsvorschriften Absturzsicherungen vor, wenn die Absturzhöhe mehr als drei Meter beträgt (vgl. § 12 Abs. 1 Nr. 4 BGV C22). Ein Verstoß gegen diese Anordnung legt den Schluss auf ein subjektiv gesteigertes Verschulden nahe, denn es steht für jedermann klar vor Augen, dass es bei einem Sturz aus dieser Höhe zu gravierenden Folgen – bis hin zum Tod – kommen kann.

Begrenzt ist der Erstattungsanspruch nach § 110 Abs. 1 Satz 1 ausdrücklich auf die **Höhe des zivilrechtlichen Schadensersatzanspruchs**. Hieraus ergibt sich – anders als bei § 116 SGB X – nicht, dass der Ersatzanspruch des Sozialversicherungsträgers auf die Höhe eines sachlich und zeitlich kongruenten Schadensersatzanspruchs begrenzt werden sollte. Bei der Ermittlung des Umfangs des fiktiven zivilrechtlichen Schadensersatzanspruchs ist daher auch ein fiktiver Anspruch auf Schmerzensgeld zu berücksichtigen.[664] Die Darlegungs- und Beweislast hinsichtlich der Höhe des zivilrechtlichen Schadensersatzanspruchs tragen die Sozialversicherungsträger.[665] 3

Soweit Verletzten- oder Hinterbliebenenrenten zu den Aufwendungen gehören, welche nach § 110 zu erstatten sind, besteht für die Sozialversicherungsträger gemäß **§ 110 Abs. 1 Satz 2** ein **Wahlrecht**. Statt der Rente kann auch der Kapitalwert gefordert werden. Ob insoweit auf die – zu § 76 Abs. 1 Satz 3 ergangene (vgl. § 76 Rn. 7) – Verordnung über die Berechnung des Kapitalwerts bei Abfindung von Leistungen aus der gesetzlichen Unfallversicherung (AbfindungsVO) zurückgegriffen werden kann, ist bislang höchstrichterlich nicht geklärt. 4

Abweichend von der in Bezug auf die Anwendung der Haftungsprivilegierung vertretenen Auffassung, nach der sich der Vorsatz nicht nur auf die Verletzungshandlung, sondern auch auf den Verletzungserfolg beziehen muss (siehe § 104 Rn. 7), ordnet **§ 110 Abs. 1 Satz 3** an, dass sich hier das **Verschulden** lediglich auf den die Haftung begründenden Tatbestand, nicht aber auf die konkreten Schadensfolgen beziehen muss.[666] Der Begriff des Verschuldens in § 110 Abs. 1 Satz 3 bezieht sich ersichtlich auf die in § 110 Abs. 1 Satz 1 genannten Begriffe des Vorsatzes und der groben Fahrlässigkeit. 5

3. Regress bei Schwarzarbeit (Abs. 1 a)

Nach § 110 Abs. 1 a Satz 1 haben die Unternehmer, die Schwarzarbeit erbringen und dadurch Beitragsausfälle in der gesetzlichen Unfallversicherung verursachen, den Unfallversicherungsträgern die Aufwendungen, die durch einen Versicherungsfall entstehenden, zu erstatten. Eine Begrenzung dieses Regressanspruchs auf die Höhe des zivilrechtlichen Schadensersatzanspruchs ist – anders als in § 110 Abs. 1 Satz 1 – nicht vorgesehen. Die Norm hat dadurch auch Sanktionscharakter. **Schwarzarbeit** liegt gemäß **§ 1 Abs. 2** 6

664 BGH – 27.06.2006 – VI ZR 143/05.
665 BGH – 29.01.2008 – VI ZR 70/07.
666 Vgl. BGH – 15.07.2008 – VI ZR 212/07.

Nr. 1 Schwarzarbeitsbekämpfungsgesetz u. a. bei der Nichterfüllung der sozialversicherungsrechtlichen Beitragspflichten vor. Die nicht ordnungsgemäße Beitragsentrichtung – und damit das Vorliegen von Schwarzarbeit – wird nach § 110 Abs. 1 a Satz 2 vermutet, wenn die nach § 28 a SGB IV vorgeschriebene Meldung unterblieben ist. Auf ein Verschulden kommt es dabei nicht an.

4. Verzicht (Abs. 2)

7 Nach § 110 Abs. 2 können die Sozialversicherungsträger ganz oder teilweise auf den Ersatzanspruch verzichten. Diese Entscheidung liegt in ihrem pflichtgemäßen **Ermessen**. Bei der Ausübung des Ermessens sind – nach der ausdrücklichen Anordnung – insbesondere die wirtschaftlichen Verhältnisse der Schuldner zu berücksichtigen.

§ 111 Haftung des Unternehmens

Haben ein Mitglied eines vertretungsberechtigten Organs, Abwickler oder Liquidatoren juristischer Personen, vertretungsberechtigte Gesellschafter oder Liquidatoren einer Personengesellschaft des Handelsrechts oder gesetzliche Vertreter der Unternehmer in Ausführung ihnen zustehender Verrichtungen den Versicherungsfall vorsätzlich oder grob fahrlässig verursacht, haften nach Maßgabe des § 110 auch die Vertretenen. Eine nach § 110 bestehende Haftung derjenigen, die den Versicherungsfall verursacht haben, bleibt unberührt. Das gleiche gilt für Mitglieder des Vorstandes eines nicht rechtsfähigen Vereins oder für vertretungsberechtigte Gesellschafter einer Personengesellschaft des bürgerlichen Rechts mit der Maßgabe, dass sich die Haftung auf das Vereins- oder das Gesellschaftsvermögen beschränkt.

Regelungsinhalt

1 § 111 ergänzt die Regressregelung des § 110 und ordnet eine zusätzliche **Unternehmenshaftung** für schadensverursachendes Verhalten von – in der Vorschrift im Einzelnen aufgeführten – vertretungsberechtigten Personen an. Unternehmen haften danach ebenfalls nach § 110, wenn ihre Vertreter einen Versicherungsfall vorsätzlich oder grob fahrlässig verursachen. Die Haftung tritt ggf. neben die – unabhängig davon bestehende (vgl. § 111 Satz 2) – eigene **Haftung der Vertreter** nach § 110 (Gesamtschuldner).

§ 112 Bindung der Gerichte

§ 108 über die Bindung der Gerichte gilt auch für die Ansprüche nach den §§ 110 und 111.

Regelungsinhalt

1 Nach § 112 gilt die Vorschrift des § 108 über die Bindung der Zivilgerichte (vgl. § 108 Rn. 1) auch in Bezug auf die Haftungsansprüche der Sozialversicherungsträger nach §§ 110 und 111. Durch diese Vorschrift wird somit die prozessrechtliche Bindungswir-

kung von unanfechtbar gewordenen Verwaltungsakten in den Fällen des § 108 auch für Aufwendungsersatzstreitigkeiten nach §§ 110, 111 angeordnet.[667]

§ 113 Verjährung

Für die Verjährung der Ansprüche nach den §§ 110 und 111 gelten die §§ 195, 199 Abs. 1 und 2 und § 203 des Bürgerlichen Gesetzbuchs entsprechend mit der Maßgabe, dass die Frist von dem Tag an gerechnet wird, an dem die Leistungspflicht für den Unfallversicherungsträger bindend festgestellt oder ein entsprechendes Urteil rechtskräftig geworden ist. Artikel 229 § 6 Abs. 1 des Einführungsgesetzes zum Bürgerlichen Gesetzbuche gilt entsprechend.

Regelungsinhalt

§ 113 regelt die **Verjährung der Regressansprüche** der Sozialversicherungsträger aus §§ 110, 111 und verweist hierzu zunächst auf die Vorschriften des BGB und mit einer Maßgabe hinsichtlich des Fristbeginns. Nach § 195 BGB beträgt die regelmäßige Verjährungsfrist drei Jahre. Sie beginnt gemäß § 199 Abs. 1 BGB mit dem Schluss des Jahres, in dem der Anspruch entstanden ist und der Gläubiger von den ihn begründenden Umständen und der Person des Schuldners Kenntnis erlangt oder ohne grobe Fahrlässigkeit erlangen müsste. Diesbezüglich stellt § 113 Satz 1 die Maßgabe auf, dass diese Frist von dem Tag an gerechnet wird, an dem die Leistungspflicht für den Unfallversicherungsträger bindend festgestellt oder ein entsprechendes Urteil rechtskräftig geworden ist. Dabei ersetzt die Feststellung nicht das Erfordernis der Kenntnis, sondern tritt kumulativ daneben.[668] Wird kein Feststellungsverfahren durchgeführt, beträgt die Verjährungsfrist gemäß § 199 Abs. 2 BGB 30 Jahre. Solange zwischen den Beteiligten Verhandlungen über den Anspruch oder die ihn begründenden Umstände schweben, ist die Verjährung nach § 203 Satz 1 BGB gehemmt, bis eine Seite die Fortsetzung der Verhandlungen verweigert. Die Verjährung tritt dann frühestens drei Monate nach dem Ende der Hemmung ein (§ 203 Satz 2 BGB). Nach der – gemäß § 113 Satz 2 entsprechend anwendbaren – Überleitungsvorschrift des Art. 229 § 6 Abs. 1 Satz 1 EGBGB gelten diese Regelungen auch für alle bestehenden Ansprüche, die am 01.01.2002 noch nicht verjährt sind. 1

667 BSG – 31.01.2012 – B 2 U 12/11 R.
668 OLG Dresden – 29.09.2011 – 8 U 374/11.

Fünftes Kapitel
Organisation

Erster Abschnitt
Unfallversicherungsträger

§ 114 Unfallversicherungsträger

(1) Träger der gesetzlichen Unfallversicherung (Unfallversicherungsträger) sind

1. die in der Anlage 1 aufgeführten gewerblichen Berufsgenossenschaften,
   bis zum 31. 12. 2012 gültige Fassung:
2. die in der Anlage 2 aufgeführten Berufsgenossenschaften einschließlich der Gartenbau-Berufsgenossenschaft (landwirtschaftliche Berufsgenossenschaften),
   ab 01. 01. 2013 gültige Fassung:
2. die Sozialversicherung für Landwirtschaft, Forsten und Gartenbau; bei Durchführung der Aufgaben nach diesem Gesetz und in sonstigen Angelegenheiten der landwirtschaftlichen Unfallversicherung führt sie die Bezeichnung landwirtschaftliche Berufsgenossenschaft,
3. die Unfallkasse des Bundes,
4. die Eisenbahn-Unfallkasse,
5. die Unfallkasse Post und Telekom,
6. die Unfallkassen der Länder,
7. die Gemeindeunfallversicherungsverbände und Unfallkassen der Gemeinden,
8. die Feuerwehr-Unfallkassen,
9. die gemeinsamen Unfallkassen für den Landes- und den kommunalen Bereich.

Die landwirtschaftliche Berufsgenossenschaft nimmt in der landwirtschaftlichen Unfallversicherung Verbandsaufgaben wahr.

(2) Soweit dieses Gesetz die Unfallversicherungsträger ermächtigt, Satzungen zu erlassen, bedürfen diese der Genehmigung der Aufsichtsbehörde. Ergibt sich nachträglich, dass eine Satzung nicht hätte genehmigt werden dürfen, kann die Aufsichtsbehörde anordnen, dass der Unfallversicherungsträger innerhalb einer bestimmten Frist die erforderliche Änderung vornimmt. Kommt der Unfallversicherungsträger der Anordnung nicht innerhalb dieser Frist nach, kann die Aufsichtsbehörde die erforderliche Änderung anstelle des Unfallversicherungsträgers selbst vornehmen.

(3) Für die Unfallkasse des Bundes gilt Absatz 2 mit der Maßgabe, dass bei der Genehmigung folgender Satzungen das Einvernehmen mit dem Bundesministerium für Arbeit und Soziales und dem Bundesministerium der Finanzen erforderlich ist:

1. Satzungen über die Erstreckung des Versicherungsschutzes auf Personen nach § 3 Abs. 1 Nr. 2 und 3,
2. Satzungen über die Obergrenze des Jahresarbeitsverdienstes (§ 85 Abs. 2),
3. Satzungen über Mehrleistungen (§ 94) und
4. Satzungen über die Aufwendungen der Unfallkasse (§ 186).

Inhaltsübersicht Rn.

1. Regelungsinhalt

§ 114 leitet das **5. Kapitel des SGB VII** ein, das sich mit der **Organisation der gesetzlichen Unfallversicherung** befasst. Zuständig für die Durchführung der gesetzlichen Unfallversicherung sind die Unfallversicherungsträger, die im 1. Abschnitt des 5. Kapitels behandelt werden. Im 2. Abschnitt folgen Regelungen über die Abgrenzung der Zuständigkeiten der einzelnen Unfallversicherungsträger. 1

Abs. 1 der Vorschrift enthält – unter Einbeziehung der Anlagen 1 und 2 – eine zusammenfassende **Übersicht der einzelnen Unfallversicherungsträger**. Abs. 2 enthält das Genehmigungserfordernis für Satzungen und bestimmt Sonderregelungen zu den Aufsichtsmitteln des § 89 SGB IV. In Abs. 3 werden Besonderheiten der Unfallkasse des Bundes normiert. 2

2. Unfallversicherungsträger

Die Unfallversicherungsträger sind – wie alle Träger der Sozialversicherung – Körperschaften des öffentlichen Rechts mit Selbstverwaltung (vgl. § 29 Abs. 1 SGB IV). Als **Behörden** i. S. d. SGB X sind sie **an Gesetz und Recht gebunden** und unterliegen der Aufsicht durch den Staat (siehe § 87 Abs. 1 Satz 1 SGB IV). Im Rahmen des geltenden Rechts handeln sie selbständig (autonom) **in eigener Verantwortung** (§ 29 Abs. 3 SGB IV). 3

Die **Unfallversicherungsträger** lassen sich aufteilen in 4

- die gewerblichen Berufsgenossenschaften (§ 114 Abs. 1 Nr. 1),
- die landwirtschaftlichen Berufsgenossenschaft(en) (§ 114 Abs. 1 Nr. 2),
- die Unfallversicherungsträger der öffentlichen Hand (114 Abs. 1 Nr. 3 bis 9).

3. Gewerbliche Berufsgenossenschaften

Die gewerblichen Berufsgenossenschaften sind im Einzelnen in der **Anlage 1 zum SGB VII** aufgezählt. Waren es zum Zeitpunkt des In-Kraft-Tretens des SGB VII am 01. 01. 1997 noch insgesamt 35 Berufsgenossenschaften, so sind es seit 01. 01. 2011 nach dem Abschluss der mit dem Gesetz zur Modernisierung der gesetzlichen Unfallversicherung (Unfallversicherungsmodernisierungsgesetz – UVMG) vom 30. 10. 2008 (BGBl. I, S. 1254) vom Gesetzgeber angeordneten **Organisationsreform** nur noch die nachfolgenden **neun Berufsgenossenschaften**:[669] 5

---

669 Siehe dazu die zum 01. 01. 2012 durch Art. 5 Nr. 7 des Vierten Gesetzes zur Änderung des Vierten Buches des Sozialgesetzbuches und anderer Gesetze vom 22. 12. 2011 in Kraft getretene Anlage 1 (zu § 114) zum SGB VII – BGBl. 2011, 3057–3068 (3063).

1. Berufsgenossenschaft Rohstoffe und chemische Industrie (BG RCI),
2. Berufsgenossenschaft Holz und Metall (BGHM),
3. Berufsgenossenschaft Energie Textil Elektro Medienerzeugnisse (BG ETEM),
4. Berufsgenossenschaft Nahrungsmittel und Gastgewerbe (BGN),
5. Berufsgenossenschaft der Bauwirtschaft (BG Bau),
6. Berufsgenossenschaft Handel und Warendistribution (BGHW),
7. Verwaltungs-Berufsgenossenschaft (VBG),
8. Berufsgenossenschaft für Transport und Verkehrswirtschaft (BG Verkehr),
9. Berufsgenossenschaft für Gesundheitsdienst und Wohlfahrtspflege (BGW).

6 Die **Zuständigkeit** der gewerblichen Berufsgenossenschaften erstreckt sich gemäß **§ 121 Abs. 1** auf alle Unternehmen (Betriebe, Verwaltungen, Einrichtungen, Tätigkeiten), die nicht in die Zuständigkeit der landwirtschaftlichen Berufsgenossenschaft(en) oder der Unfallversicherungsträger der öffentlichen Hand fallen. Die Zuständigkeitsabgrenzung untereinander ergibt sich im Wesentlichen aus den Satzungen der Berufsgenossenschaften, da eine diesbezügliche Rechtsverordnung (vgl. § 121 Abs. 1 und Abs. 2) nach wie vor nicht existiert. Die gewerblichen Berufsgenossenschaften sind **nach Gewerbezweigen** (Branchen) gegliedert. Dies erlaubt eine Bildung relativ homogener Gefahrengemeinschaften als Grundlage für eine effektive Erfüllung des Präventionsauftrags nach § 1 Nr. 1 und unter dem – auch wettbewerbsrelevanten – Aspekt der Beitragsbelastung. Eine Ausnahme von der Grundregel der branchenspezifischen Zuordnung besteht ggf. bei Hilfs- oder Nebenunternehmen, hier ist gemäß **§ 131 Abs. 1** (allein) die Zuständigkeit für das Hauptunternehmen ausschlaggebend. Versicherte sind durch den Unternehmer darüber zu informieren, welcher Unfallversicherungsträger für das Unternehmen zuständig ist und wo sich die zuständige Geschäftsstelle befindet (§ 138).

4. Landwirtschaftliche Berufsgenossenschaften

7 Die bis Ende 2012 existierenden landwirtschaftlichen Berufsgenossenschaften waren im Einzelnen in der **Anlage 2 zum SGB VII**[670] aufgezählt. Auch hier hat sich die Zahl der zum Zeitpunkt des In-Kraft-Tretens des SGB VII am 01.01.1997 bestehenden Berufsgenossenschaften deutlich verringert. Bis zum 31.12.2012 bestanden in Deutschland acht regionale landwirtschaftliche Berufsgenossenschaften sowie die bundesweit zuständige Berufsgenossenschaft für den Gartenbau:

1. Landwirtschaftliche Berufsgenossenschaft Schleswig-Holstein und Hamburg,
2. Landwirtschaftliche Berufsgenossenschaft Niedersachsen-Bremen,
3. Landwirtschaftliche Berufsgenossenschaft Nordrhein-Westfalen,
4. Land- und forstwirtschaftliche Berufsgenossenschaft Hessen, Rheinland-Pfalz und Saarland,
5. Land- und forstwirtschaftliche Berufsgenossenschaft Franken und Oberbayern,

670 Aufgehoben mit Wirkung ab 01.01.2013 durch Art. 3 Nr. 36 des Gesetzes zur Neuordnung der Organisation der landwirtschaftlichen Sozialversicherung (LSV-Neuordnungsgesetz – LSV-NOG) – BGBl. 2012, 579–602 (588).

6. Land- und forstwirtschaftliche Berufsgenossenschaft Niederbayern/Oberpfalz und Schwaben,
7. Landwirtschaftliche Berufsgenossenschaft Baden-Württemberg,
8. Landwirtschaftliche Berufsgenossenschaft Mittel- und Ostdeutschland,
9. Gartenbau-Berufsgenossenschaft (bundesweite Zuständigkeit).

Ab 01.01.2013 wird anstelle der verschiedenen Träger der landwirtschaftlichen Sozialversicherung die »Sozialversicherung für Landwirtschaft, Forsten und Gartenbau« als Bundesträger errichtet; sie trägt im Rahmen der gesetzlichen Unfallversicherung den Namen landwirtschaftliche Berufsgenossenschaft.[671]

Die **Zuständigkeit** der landwirtschaftlichen Berufsgenossenschaft erstreckt sich gemäß **§ 123 Abs. 1** über die eigentliche Landwirtschaft hinaus insbesondere auf Unternehmen der Bereiche Forstwirtschaft,[672] Garten- und Weinbau, Binnenfischerei, Imkerei und Landschaftspflege sowie Tierzucht, Jagden und auch Friedhöfe. **8**

5. Unfallversicherungsträger der öffentlichen Hand

§ 114 Abs. 1 Nr. 3 bis 5 führt die – bislang noch bestehenden – drei bundesunmittelbaren Unfallversicherungsträger der öffentlichen Hand auf. Neben der **Unfallkasse des Bundes**, welche im Wesentlichen für die Unternehmen des Bundes zuständig ist (vgl. zu den Einzelheiten § 125), sind dies die **Eisenbahn-Unfallkasse** (zu deren Zuständigkeit siehe § 126) sowie die **Unfallkasse Post und Telekom** (zur Zuständigkeit siehe § 127). Hier wurde die umfassende Fusion hin zu nur noch einem bundesunmittelbaren Unfallversicherungsträger angestrebt (vgl. § 224 Satz 2). Derzeit ist auf Bundesebene nur noch der Zusammenschluss der Unfallkasse des Bundes mit der Eisenbahn-Unfallkasse zum 01.01.2015 vorgesehen, während die Unfallkasse Post und Telekom zum 01.01.2016 mit der BG Verkehr fusionieren will, was eine Änderung gesetzlicher Vorschriften erfordert. **9**

Sodann sind in § 114 Abs. 1 Nr. 6 und 7 die Unfallversicherungsträger der **Länder** (zu deren Zuständigkeit siehe § 128) und der **Gemeinden** (zur Zuständigkeit siehe § 129) aufgeführt. Besonders genannt werden in § 114 Abs. 1 Nr. 8 noch die **Feuerwehr-Unfallkassen** (§ 114 Abs. 1 Nr. 8) sowie schließlich die gemeinsamen Unfallkassen der Länder und Kommunen (§ 114 Abs. 1 Nr. 9). Auch hier besteht die Zielvorstellung, die Zahl der Unfallversicherungsträger auf einen pro Land zu reduzieren (vgl. § 223 Abs. 1 Satz 2), was die meisten Bundesländer inzwischen auch erreicht haben. **10**

6. Hinweise für den Betriebs- und Personalrat

Die Unternehmer haben nach § 138 die in ihrem Unternehmen tätigen Versicherten darüber zu unterrichten, welcher Unfallversicherungsträger für sie zuständig ist und wo **11**

671 Siehe dazu Art. 1 und Art. 3 Nr. 10 des Gesetzes zur Neuordnung der Organisation der landwirtschaftlichen Sozialversicherung (LSV-Neuordnungsgesetz – LSV-NOG) – BGBl. 2012, 579–602 (579 bzw. 585/586).

672 Vgl. dazu BSG – 27.03.2012 – B 2 U 5/11 R.

sich die nächste Geschäftsstelle befindet. Die Form der Unterrichtung ist nicht vorgeschrieben. Die Unfallversicherungsträger halten zu diesem Zweck entsprechende Aushänge bereit. Betriebs- und Personalräte sollten darauf achten, dass die Unterrichtung angemessen erfolgt, zumal die Verletzung dieser Pflicht eine Ordnungswidrigkeit darstellt (§ 209 Abs. 1 Satz 1 Nr. 4), die mit einer Geldbuße geahndet werden kann (§ 209 Abs. 3). Eine Übersicht über die verschiedenen Träger der gesetzlichen Unfallversicherung – mit den Adressen der jeweiligen Hauptverwaltungen – ist auch auf der Homepage des DGUV zu finden (www.dguv.de → Berufsgenossenschaften/Unfallkassen/Landesverbände).

Sechstes Kapitel
Aufbringung der Mittel

Erster Abschnitt
Allgemeine Vorschriften

Erster Unterabschnitt
Beitragspflicht

§ 150 Beitragspflichtige

(1) Beitragspflichtig sind die Unternehmer, für deren Unternehmen Versicherte tätig sind oder zu denen Versicherte in einer besonderen, die Versicherung begründenden Beziehung stehen. Die nach § 2 versicherten Unternehmer sowie die nach § 3 Abs. 1 Nr. 1 und § 6 Abs. 1 Versicherten sind selbst beitragspflichtig.

(2) Neben den Unternehmern sind beitragspflichtig

1. die Auftraggeber, soweit sie Zwischenmeistern und Hausgewerbetreibenden zur Zahlung von Entgelt verpflichtet sind,

2. die Reeder, soweit beim Betrieb von Seeschiffen andere Unternehmer sind oder auf Seeschiffen durch andere ein Unternehmen betrieben wird.

Die in Satz 1 Nr. 1 und 2 Genannten sowie die in § 130 Abs. 2 Satz 1 und Abs. 3 genannten Bevollmächtigten haften mit den Unternehmern als Gesamtschuldner.

(3) Für die Beitragshaftung bei der Arbeitnehmerüberlassung gilt § 28 e Abs. 2 und 4 des Vierten Buches und für die Beitragshaftung bei der Ausführung eines Dienst- oder Werkvertrages im Baugewerbe gelten § 28 e Absatz 3 a bis 3 f sowie § 116 a des Vierten Buches entsprechend. Der Nachunternehmer oder der von diesem beauftragte Verleiher hat für den Nachweis nach § 28 e Absatz 3 f des Vierten Buches eine qualifizierte Unbedenklichkeitsbescheinigung des zuständigen Unfallversicherungsträgers vorzulegen; diese enthält insbesondere Angaben über die bei dem Unfallversicherungsträger eingetragenen Unternehmensteile und diesen zugehörigen Lohnsummen des Nachunternehmers oder des von diesem beauftragten Verleihers sowie die ordnungsgemäße Zahlung der Beiträge.

(4) Bei einem Wechsel der Person des Unternehmers sind der bisherige Unternehmer und sein Nachfolger bis zum Ablauf des Kalenderjahres, in dem der Wechsel angezeigt wurde, zur Zahlung der Beiträge und damit zusammenhängender Leistungen als Gesamtschuldner verpflichtet.

Inhaltsübersicht

1. Regelungsinhalt

1 § 150 leitet das 6. Kapitel des SGB VII ein, das sich mit der **Finanzierung** der gesetzlichen Unfallversicherung befasst. Dieses Kapitel umfasst unter der Überschrift »Aufbringung der Mittel« Vorschriften zur Beitragspflicht sowie zur Beitragshöhe und regelt die Einzelheiten des Umlageerfahrens sowie der Verwaltung der Mittel. Die Beiträge zur gesetzlichen Unfallversicherung werden **allein von den Unternehmern** aufgebracht. Sie werden im Wege der Umlage (vgl. § 152) erhoben und richten sich nach dem Finanzbedarf (Umlagesoll) des jeweiligen Unfallversicherungsträgers, den Arbeitsentgelten der Versicherten und der vom Unfallversicherungsträger für das Unternehmen festgesetzten Gefahrklasse (§ 153). Der Unfallversicherungsträger setzt die entsprechenden Gefahrklassen in einem sog. Gefahrtarif als autonomes Recht fest (§ 157 Abs. 1). Der Gefahrtarif ist nach Tarifstellen zu gliedern, in denen Gefahrengemeinschaften nach Gefährdungsrisiken unter Berücksichtigung eines versicherungsmäßigen Risikoausgleichs gebildet werden (§ 157 Abs. 2 Satz 1), und bedarf der Genehmigung der Aufsichtsbehörde (§ 158 Abs. 1). Zur Sicherung des Beitragsaufkommens werden in der Regel Vorschüsse erhoben (vgl. § 164 Abs. 1). Besonderheiten gelten für die landwirtschaftlichen Berufsgenossenschaften (vgl. dazu §§ 182 ff.) und die Unfallversicherungsträger der öffentlichen Hand (siehe §§ 185 f.).

2 § 150 führt die Personen auf, die in der gesetzlichen Unfallversicherung beitragspflichtig sind. Nach Abs. 1 sind dies in erster Linie die Unternehmer. Abs. 2 ordnet eine Mithaftung bestimmter Personen an. Abs. 3 enthält Sonderregelungen zur Beitragshaftung im Falle der Arbeitnehmerüberlassung sowie bei der Ausführung von Dienst- oder Werkverträgen im Baugewerbe. Abs. 4 regelt die Beitragshaftung bei Unternehmerwechsel.

2. Beitragspflicht der Unternehmer (Abs. 1)

3 Im Gegensatz zu den anderen Zweigen der Sozialversicherung (vgl. § 20 Abs. 1 SGB IV) sind in der gesetzlichen Unfallversicherung grds. nur die **Unternehmer allein zur Zahlung von Beiträgen verpflichtet** (§ 150 Abs. 1 **Satz 1**). Die Versicherten werden hier – anders als in der Kranken- und Pflegeversicherung sowie der Renten- und Arbeitslosenversicherung – nicht zur Finanzierung herangezogen. Dies ist die Gegenleistung der Ablösung der Unternehmerhaftung (vgl. § 104 Rn. 1). Beitragspflichtig sind gemäß § 150 Abs. 1 Satz 1 die Unternehmer, für deren Unternehmen (zum Begriff siehe § 121

Abs. 1) Versicherte tätig sind oder zu denen Versicherte in einer besonderen – versicherungsbegründenden – Beziehung stehen. Dies sind in erster Linie die gemäß § 2 Abs. 1 Nr. 1 kraft Gesetzes versicherten Beschäftigten. In Betracht kommen hier aber auch arbeitnehmerähnlich Tätige im Sinne des § 2 Abs. 2 Satz 1 (sog. Wie-Beschäftigte). Ebenso sind hier Lernende (§ 2 Abs. 1 Nr. 2) zu nennen, aber auch ehrenamtlich Tätige (§ 2 Abs. 1 Nr. 9 und 10), Blutspender (§ 2 Abs. 1 Nr. 13 b) oder Rehabilitanden (§ 2 Abs. 1 Nr. 15).

4 Nach **Satz 2** dieser Vorschrift sind die kraft Gesetzes nach § 2 versicherten Unternehmer (vgl. § 2 Abs. 1 Nr. 5 a, 6, 7 und 9) sowie die kraft Satzung nach § 3 Abs. 1 Nr. 1 und freiwillig nach § 6 Abs. 1 Versicherten **selbst beitragspflichtig**.

3. Sonstige Beitragsverpflichtete (Abs. 2 bis 4)

5 Nach **§ 150 Abs. 2** Satz 1 Nr. 1 sind neben den Unternehmern – also zusätzlich – auch die **Auftraggeber** beitragspflichtig, soweit diese Zwischenmeistern und Hausgewerbetreibenden zur Entgeltzahlung verpflichtet sind. Nach Nr. 2 dieser Vorschrift trifft diese Verpflichtung ebenso **Reeder**, soweit beim Betrieb von Seeschiffen andere Unternehmer sind oder auf Seeschiffen durch andere ein Unternehmen betrieben wird. Satz 2 des § 150 Abs. 2 dehnt diese – gesamtschuldnerische – Haftung auch auf die nach § 130 Abs. 2 Satz 1 und Abs. 3 für ausländische Unternehmen bzw. Seeschiffe zu bestellenden Bevollmächtigten aus.

6 Diese Ausdehnung der Haftung dient der **Beitragssicherung**, da bei dem genannten Personenkreis meist die wirtschaftliche Leistungsfähigkeit gegenüber dem eigentlich Beitragspflichtigen stärker ist. Bei den durch Satz 2 in die Haftung einbezogenen Bevollmächtigten ist dies nur die Konsequenz ihrer gesetzlich mit § 130 Abs. 2 Satz 2 bzw. Abs. 3 Satz 2 übertragenen Unternehmerpflichten. Der Unfallversicherungsträger kann sich aussuchen, von wem er den Beitrag einfordert (vgl. § 421 BGB »nach seinem Belieben«). Die Erfüllung der Beitragsschuld durch einen **Gesamtschuldner** befreit auch die übrigen Schuldner (§ 422 Abs. 1 Satz 1 BGB).

7 **§ 150 Abs. 3** enthält Regelungen zur Beitragshaftung bei **Arbeitnehmerüberlassung** sowie im **Baugewerbe**. Hier wird im Wesentlichen auf die Regelungen zur Zahlungspflicht in § 28 e Abs. 2 und 4 bzw. Abs. 3 a bis 3 f. SGB IV zurückgegriffen.[673]

8 In **§ 150 Abs. 4** ist schließlich noch die Beitragshaftung bei **Unternehmerwechsel** normiert. Hier bleiben die bisherigen Unternehmer – als Gesamtschuldner neben den Nachfolgern – bis zum Ablauf des Kalenderjahres nach Anzeige des Wechsels zur Beitragszahlung verpflichtet.[674]

---

673 Vgl. dazu BSG – 27.05.2008 – B 2 U 11/07 R und BSG – 27.05.2008 – B 2 U 21/07 R sowie BSG – 20.07.2010 – B 2 U 7/10 R.

674 Vgl. dazu LSG Baden-Württemberg – 30.03.2011 – L 9 U 3806/08.

Siebtes Kapitel
Zusammenarbeit der Unfallversicherungsträger mit anderen Leistungsträgern und ihre Beziehung zu Dritten

Erster Abschnitt
Zusammenarbeit der Unfallversicherungsträger mit anderen Leistungsträgern

§ 188 Auskunftspflicht der Krankenkassen

Die Unfallversicherungsträger können von den Krankenkassen Auskunft über die Behandlung, den Zustand sowie über Erkrankungen und frühere Erkrankungen des Versicherten verlangen, soweit dies für die Feststellung des Versicherungsfalls erforderlich ist. Sie sollen dabei ihr Auskunftsverlangen auf solche Erkrankungen oder auf solche Bereiche von Erkrankungen beschränken, die mit dem Versicherungsfall in einem ursächlichen Zusammenhang stehen können. Der Versicherte kann vom Unfallversicherungsträger verlangen, über die von den Krankenkassen übermittelten Daten unterrichtet zu werden; § 25 Abs. 2 des Zehnten Buches gilt entsprechend. Der Unfallversicherungsträger hat den Versicherten auf das Recht, auf Verlangen über die von den Krankenkassen übermittelten Daten unterrichtet zu werden, hinzuweisen.

Regelungsinhalt

§ 188 Satz 1 normiert – ebenso wie § 203 für Ärzte und Zahnärzte – eine **gesetzliche Auskunftspflicht** für die Krankenkassen. Auf Verlangen eines Unfallversicherungsträgers haben diese – soweit es zur Klärung eines Versicherungsfalls erforderlich ist – Auskunft über die Erkrankungen und Behandlungen der Versicherten zu geben. Die Vorschrift konkretisiert die bereits in § 86 SGB X allgemein angeordnete Verpflichtung aller Leistungsträger zur Zusammenarbeit. 1

Die Unfallversicherungsträger sollen gemäß § 188 **Satz 2** ihr Auskunftsverlangen auf das zur Klärung eines Versicherungsfalls erforderliche Maß beschränken. Diese Anordnung präzisiert das Merkmal der **Erforderlichkeit** in Satz 1 und dient – ebenso wie § 199 Abs. 3 – dem Schutz des Rechts auf informationelle Selbstbestimmung (vgl. § 199 Rn. 1). Die Unfallversicherungsträger sollen nach der Gesetzesbegründung ihr Auskunftsverlangen so konkretisieren, dass nur die Daten übermittelt werden, die sie für ihre Aufgabenerfüllung benötigen.[675] 2

Für die Versicherten ist hier insbesondere § 188 **Satz 3** von Interesse. Sie haben danach gegenüber den Unfallversicherungsträgern ein **Auskunftsrecht** hinsichtlich der von den Krankenkassen übermittelten Daten. Hierüber sind sie nach § 188 Satz 4 von den Unfallversicherungsträgern aufzuklären. Die Unfallversicherungsträger werden ihrer aus § 188 Satz 3 resultierenden Informationsverpflichtung in der Regel durch Übersendung von Ablichtungen der entsprechenden Unterlagen nachkommen. Soweit allerdings zu be- 3

675 Vgl. BT-Drs. 13/4853, S. 21.

fürchten ist, dass die direkte Kenntnisnahme zu gesundheitlichen Schäden oder anderen erheblichen Nachteilen führen würde, ist auch eine Vermittlung des Inhalts durch einen Arzt möglich (§ 188 Satz 3 i. V. m. § 25 Abs. 2 SGB X).

§ 189 Beauftragung einer Krankenkasse

Unfallversicherungsträger können Krankenkassen beauftragen, die ihnen obliegenden Geldleistungen zu erbringen; die Einzelheiten werden durch Vereinbarung geregelt.

Regelungsinhalt

1 Nach § 189 können die Unfallversicherungsträger mit der Erbringung der ihnen obliegenden Geldleistungen beauftragen. Der Vorteil, die **Berechnung und Auszahlung der Geldleistungen** den Krankenkassen zu überlassen, liegt in der Nutzung ihrer größeren örtlichen Präsenz und dient damit der Versichertennähe.[676]

2 Die Krankenkassen handeln in diesen Fällen **im Namen der Unfallversicherungsträger**, welche hierdurch nicht von ihrer Verantwortung entbunden werden (vgl. § 89 Abs. 1 und 2 SGB X). Eine Klage ist deshalb auch nicht gegen die handelnde Krankenkasse, sondern gegen den zuständigen Unfallversicherungsträger zu richten.[677]

3 Die Einzelheiten der Beauftragung werden durch Vereinbarung geregelt. Auf der Grundlage des § 189 – i. V. m. §§ 88 ff. SGB X – haben die Spitzenverbände der Unfallversicherungsträger und der Krankenkassen – als öffentlich-rechtliche Verträge nach §§ 53 ff. SGB X – die folgenden **Verwaltungsvereinbarungen** (VV) abgeschlossen:[678]

- Verwaltungsvereinbarung über die generelle Beauftragung der Krankenkassen durch die Unfallversicherungsträger zur Berechnung und Auszahlung des Verletztengeldes (VV Generalauftrag Verletztengeld),
- Verwaltungsvereinbarung über das Verfahren und die Entschädigung bei Einzelaufträgen der Unfallversicherungsträger (VV Einzelauftrag),
- Verwaltungsvereinbarung über die Beauftragung der Krankenkassen durch die Unfallversicherungsträger zur Berechnung und Abführung der Beiträge für die Bezieher von Verletzten- oder Übergangsgeld aus der Unfallversicherung (VV Beiträge).

§ 190 Pflicht der Unfallversicherungsträger zur Benachrichtigung der Rentenversicherungsträger beim Zusammentreffen von Renten

Erbringt ein Unfallversicherungsträger für einen Versicherten oder einen Hinterbliebenen, der eine Rente aus der gesetzlichen Rentenversicherung bezieht, Rente oder Heimpflege oder ergeben sich Änderungen bei diesen Leistungen, hat der Unfallversicherungsträger den Rentenversicherungsträger unverzüglich zu benachrichtigen; bei Zahlung einer Rente ist das Maß der Minderung der Erwerbsfähigkeit anzugeben.

676 Woltjen in jurisPK-SGB VII, § 189 Rn. 15.
677 LSG Berlin-Brandenburg – 24.03.2010 – L 2 U 312/06.
678 Abgedruckt bei Bereiter-Hahn/Mehrtens, Anhang 5.

Regelungsinhalt

1 § 190 konkretisiert die in § 86 SGB X allgemein normierte Verpflichtung zur Zusammenarbeit aller Leistungsträger. Mit der hier geregelten **Benachrichtigungspflicht und Übermittlungsbefugnis** der Unfallversicherungsträger gegenüber den Rentenversicherungsträgern soll gewährleistet werden, dass die Träger der gesetzlichen Rentenversicherung die erforderlichen Informationen erhalten, um **zur Vermeidung von Doppelleistungen** die gesetzlich vorgesehenen Rentenkürzungen bei Zusammentreffen zweier Lohnersatzleistungen vorzunehmen (zu den Einzelheiten siehe § 93 SGB VI). Die Pflicht der Unfallversicherungsträger zur Mitteilung beschränkt sich nicht nur auf die erstmalige Rentenfeststellung bzw. Gewährung von Heimpflege (vgl. § 44 Rn. 12), sondern gilt auch für spätere Änderungen.

Zweiter Abschnitt
Beziehungen der Unfallversicherungsträger zu Dritten

§ 191 Unterstützungspflicht der Unternehmer

Die Unternehmer haben die für ihre Unternehmen zuständigen Unfallversicherungsträger bei der Durchführung der Unfallversicherung zu unterstützen; das Nähere regelt die Satzung.

Regelungsinhalt

1 § 191 normiert die **allgemeine Unterstützungspflicht** der Unternehmer gegenüber den für ihre Unternehmen zuständigen Unfallversicherungsträgern. Diese sind zur Umsetzung ihrer Aufgaben (siehe dazu § 1 sowie § 199 Abs. 1 Satz 2) auf die Mitwirkung der Unternehmer angewiesen. Die Unterstützungspflicht nach § 199 besteht nur gegenüber dem jeweils zuständigen Unfallversicherungsträger.

2 § 199 räumt den Unfallversicherungsträgern eine **Satzungsermächtigung** zur näheren Regelung ein. Daneben sind in den §§ 192 und 193 weitere – konkrete bzw. besondere – Unterstützungspflichten normiert. Insbesondere für den Bereich der Prävention sind in § 19 Abs. 3 sowie in verschiedenen Unfallverhütungsvorschriften weitere Unterstützungspflichten enthalten.

3 Als unterstützende Maßnahmen kommen hier beispielsweise in Betracht die Duldung einer Arbeitserprobung, die innerbetriebliche Umsetzung von Versicherten sowie die behindertengerechte Gestaltung von Arbeitsplätzen. Unter Umständen sind hierbei **Mitbestimmungsrechte des Betriebs- oder Personalrats** zu berücksichtigen.

§ 192 Mitteilungs- und Auskunftspflichten von Unternehmern und Bauherren

(1) Die Unternehmer haben binnen einer Woche nach Beginn des Unternehmens dem zuständigen Unfallversicherungsträger

1. die Art und den Gegenstand des Unternehmens,
2. die Zahl der Versicherten,
3. den Eröffnungstag oder den Tag der Aufnahme der vorbereitenden Arbeiten für das Unternehmen und
4. in den Fällen des § 130 Abs. 2 und 3 den Namen und den Wohnsitz oder gewöhnlichen Aufenthalt des Bevollmächtigten

mitzuteilen.

(2) Die Unternehmer haben Änderungen von

1. Art und Gegenstand ihrer Unternehmen, die für die Prüfung der Zuständigkeit der Unfallversicherungsträger von Bedeutung sein können,
2. Voraussetzungen für die Zuordnung zu den Gefahrklassen,
3. sonstigen Grundlagen für die Berechnung der Beiträge

innerhalb von vier Wochen dem Unfallversicherungsträger mitzuteilen.

(3) Die Unternehmer haben ferner auf Verlangen des zuständigen Unfallversicherungsträgers die Auskünfte zu geben und die Beweisurkunden vorzulegen, die zur Erfüllung der gesetzlichen Aufgaben des Unfallversicherungsträgers (§ 199) erforderlich sind. Ist bei einer Schule der Schulhoheitsträger nicht Unternehmer, hat auch der Schulhoheitsträger die Verpflichtung zur Auskunft nach Satz 1.

(4) Den Wechsel von Personen der Unternehmer haben die bisherigen Unternehmer und ihre Nachfolger innerhalb von vier Wochen nach dem Wechsel dem Unfallversicherungsträger mitzuteilen. Den Wechsel von Personen der Bevollmächtigten haben die Unternehmer innerhalb von vier Wochen nach dem Wechsel mitzuteilen.

(5) Bauherren sind verpflichtet, auf Verlangen des zuständigen Unfallversicherungsträgers die Auskünfte zu geben, die zur Erfüllung der gesetzlichen Aufgaben des Unfallversicherungsträgers (§ 199) erforderlich sind. Dazu gehören

1. die Auskunft darüber, ob und welche nicht gewerbsmäßigen Bauarbeiten ausgeführt werden,
2. die Auskunft darüber, welche Unternehmer mit der Ausführung der gewerbsmäßigen Bauarbeiten beauftragt sind.

Regelungsinhalt

1 § 192 konkretisiert die in § 191 normierte allgemeine Unterstützungspflicht der Unternehmer und gewährleistet damit, dass die Unfallversicherungsträger die für ihre Aufgabenerfüllung notwendigen Informationen erhalten.

§ 193 Pflicht zur Anzeige eines Versicherungsfalls durch die Unternehmer

(1) Die Unternehmer haben Unfälle von Versicherten in ihren Unternehmen dem Unfallversicherungsträger anzuzeigen, wenn Versicherte getötet oder so verletzt sind, dass sie mehr als drei Tage arbeitsunfähig werden. Satz 1 gilt entsprechend für Unfälle von Versicherten, deren Versicherung weder eine Beschäftigung noch eine selbständige Tätigkeit voraussetzt.

(2) Haben Unternehmer im Einzelfall Anhaltspunkte, dass bei Versicherten ihrer

Unternehmen eine Berufskrankheit vorliegen könnte, haben sie diese dem Unfallversicherungsträger anzuzeigen.

(3) Bei Unfällen der nach § 2 Abs. 1 Nr. 8 Buchstabe b Versicherten hat der Schulhoheitsträger die Unfälle auch dann anzuzeigen, wenn er nicht Unternehmer ist. Bei Unfällen der nach § 2 Abs. 1 Nr. 15 Buchstabe a Versicherten hat der Träger der Einrichtung, in der die stationäre oder teilstationäre Behandlung oder die stationären, teilstationären oder ambulanten Leistungen zur medizinischen Rehabilitation erbracht werden, die Unfälle anzuzeigen.

(4) Die Anzeige ist binnen drei Tagen zu erstatten, nachdem die Unternehmer von dem Unfall oder von den Anhaltspunkten für eine Berufskrankheit Kenntnis erlangt haben. Der Versicherte kann vom Unternehmer verlangen, dass ihm eine Kopie der Anzeige überlassen wird.

(5) Die Anzeige ist vom Betriebs- oder Personalrat mit zu unterzeichnen. Der Unternehmer hat die Sicherheitsfachkraft und den Betriebsarzt über jede Unfall- oder Berufskrankheitenanzeige in Kenntnis zu setzen. Verlangt der Unfallversicherungsträger zur Feststellung, ob eine Berufskrankheit vorliegt, Auskünfte über gefährdende Tätigkeiten von Versicherten, haben die Unternehmer den Betriebs- oder Personalrat über dieses Auskunftsersuchen unverzüglich zu unterrichten.

(6) (weggefallen)

(7) Bei Unfällen in Unternehmen, die der allgemeinen Arbeitsschutzaufsicht unterstehen, hat der Unternehmer eine Durchschrift der Anzeige der für den Arbeitsschutz zuständigen Behörde zu übersenden. Bei Unfällen in Unternehmen, die der bergbehördlichen Aufsicht unterstehen, ist die Durchschrift an die zuständige untere Bergbehörde zu übersenden. Wird eine Berufskrankheit angezeigt, übersendet der Unfallversicherungsträger eine Durchschrift der Anzeige unverzüglich der für den medizinischen Arbeitsschutz zuständigen Landesbehörde. Wird der für den medizinischen Arbeitsschutz zuständigen Landesbehörde eine Berufskrankheit angezeigt, übersendet sie dem Unfallversicherungsträger unverzüglich eine Durchschrift der Anzeige.

(8) Das Bundesministerium für Arbeit und Soziales bestimmt durch Rechtsverordnung mit Zustimmung des Bundesrates den für Aufgaben der Prävention und der Einleitung eines Feststellungsverfahrens erforderlichen Inhalt der Anzeige, ihre Form und die Art und Weise ihrer Übermittlung sowie die Empfänger, die Anzahl und den Inhalt der Durchschriften.

(9) Unfälle nach Absatz 1, die während der Fahrt auf einem Seeschiff eingetreten sind, sind ferner in das Schiffstagebuch einzutragen und dort oder in einem Anhang kurz darzustellen. Ist ein Schiffstagebuch nicht zu führen, haben die Schiffsführer Unfälle nach Satz 1 in einer besonderen Niederschrift nachzuweisen.

Inhaltsübersicht Rn.

1. Regelungsinhalt

1 § 193 Abs. 1 verpflichtet die Unternehmer, Unfälle von versicherten Personen in ihrem Unternehmen den Unfallversicherungsträgern zu melden, sofern diese zum Tode oder zu einer mindestens dreitägigen Arbeitsunfähigkeit geführt haben. Nach § 193 Abs. 2 besteht eine weitere Anzeigeverpflichtung, wenn Anhaltspunkte für das Vorliegen einer Berufskrankheit bestehen. § 193 Abs. 3 regelt die Anzeigepflicht des Schulhoheitsträgers in Bezug auf Unfälle von Schülern i. S. d. § 2 Abs. 1 Nr. 8 b (vgl. § 2 Rn. 18) sowie der Träger medizinischer Einrichtungen in Bezug auf Unfälle von Rehabilitanden i. S. d. § 2 Abs. 1 Nr. 15 a (vgl. § 2 Rn. 30).

2 § 193 Abs. 4 setzt eine Frist von drei Tagen für die Abgabe der entsprechenden Anzeigen und enthält das Recht der Versicherten, eine Kopie der Anzeige zu verlangen. § 193 Abs. 5 ordnet die Beteiligung des Betriebs- oder Personalrats sowie die Unterrichtung der Sicherheitsfachkräfte und Betriebsärzte an. § 193 Abs. 7 regelt die Informationsverpflichtung gegenüber den für den staatlichen Arbeitsschutz zuständigen Behörden. § 193 Abs. 8 enthält eine Verordnungsermächtigung zur Regelung näherer Einzelheiten der Anzeige. In § 193 Abs. 9 ist eine Sonderregelung für den Umgang mit Unfällen auf Seeschiffen zu finden.

2. Anzeigepflicht (Abs. 1 bis 3)

3 Nach **§ 193 Abs. 1 Satz 1** sind die Unternehmer verpflichtet, dem zuständigen Unfallversicherungsträger alle in ihrem Unternehmen auftretenden Unfälle von Versicherten zu melden. Diese **Anzeigeverpflichtung** besteht nur nicht für Bagatellunfälle, die nicht wenigstens zu einer dreitägigen Arbeitsunfähigkeit (zum Begriff siehe § 45 Rn. 3) führen. Anzuzeigen sind alle Ereignisse, die **Arbeitsunfälle** sein können. Neben den eigentlichen Arbeitsunfällen i. S. d. § 8 Abs. 1 sind dies auch Wegeunfälle i. S. d. § 8 Abs. 2 Nr. 1 bis 4 und Unfälle im Zusammenhang mit einem Arbeitsgerät oder einer Schutzausrüstung (§ 8 Abs. 2 Nr. 5) sowie Unfälle auf Dienstreisen und auswärtigen Arbeitsstätten. Die Verpflichtung zur Anzeige bezieht sich auf alle in der gesetzlichen Unfallversicherung versicherten Personen (s. dazu § 2). Diese Pflicht erstreckt sich nach **§ 193 Abs. 1 Satz 2** ausdrücklich auch auf solche Versicherte, deren Versicherung sich nicht auf eine Beschäftigung oder selbständige Tätigkeit gründet – also beispielsweise ehrenamtlich tätige Personen. Die Verpflichtung besteht **für alle meldepflichtigen Unfälle**, auch wenn Unternehmer der Auffassung sind, es handele sich nicht um einen Arbeitsunfall im Sinne der gesetzlichen Unfallversicherung. Die oft schwierige Beurteilung obliegt allein den Unfallversicherungsträgern – bzw. im Streitfall den Gerichten der Sozialgerichtsbarkeit. Die Anzeige ist gemäß § 2 Abs. 1 UVAV (s. dazu Rn. 13) auf einem **Vordruck** der Anlage 1 zur UVAV (»**Unfallanzeige**«) vorzunehmen.

4 Nach **§ 193 Abs. 2** besteht eine weitere Anzeigeverpflichtung auch dann, wenn Anhaltspunkte für das Vorliegen von **Berufskrankheiten** bestehen. Die Anzeigepflicht besteht nach allgemeiner Meinung nur in Bezug auf die in der Anlage 1 zur Berufskrankheiten-Verordnung aufgeführten Erkrankungen (sog. Listen-Berufskrankheiten), nicht

hingegen für solche Erkrankungen, die ggf. nach § 9 Abs. 2 wie eine Berufskrankheit anerkannt werden können (sog. Quasi- oder Wie-Berufskrankheiten), oder sonstige arbeitsbedingte Erkrankungen oder gesundheitliche Beeinträchtigungen. Im Gegensatz zur Anzeigepflicht von Ärzten nach § 202 – wonach ein begründeter Verdacht für das Vorliegen einer Berufskrankheit bestehen muss – besteht die Verpflichtung zur Anzeige für Unternehmer bereits dann, wenn **Anhaltspunkte** für eine solche Erkrankung gegeben sind. Eine nur entfernte Möglichkeit oder die reine Vermutung der Unternehmer oder der Versicherten löst die Anzeigepflicht aber noch nicht aus, es müssen schon **konkrete Hinweise** vorliegen, die sich beispielsweise aus Mitteilungen des Betriebsarztes ergeben können.[679] Im Hinblick auf die in § 3 Abs. 1 Satz 1 BKV normierte Pflicht der Unfallversicherungsträger, möglichst individualpräventiv der Entstehung einer Berufskrankheit entgegenzuwirken, ist es allerdings durchaus sinnvoll, eine solche Anzeige möglichst frühzeitig zu machen. Die Anzeige ist gemäß § 3 Abs. 2 UVAV (dazu Rn. 13) auf einem **Vordruck** der Anlage 4 zur UVAV (»**Anzeige des Unternehmers bei Anhaltspunkten für eine Berufskrankheit**«) vorzunehmen.

§ 193 Abs. 3 regelt die Anzeigepflicht bei Unfällen von Schülern i. S. d. § 2 Abs. 1 Nr. 8 b (vgl. § 2 Rn. 18) sowie Rehabilitanden i. S. d. § 2 Abs. 1 Nr. 15 a (vgl. § 2 Rn. 30). Den besonderen organisatorischen und tatsächlichen Gegebenheiten im Schulwesen und der Rehabilitation Rechnung tragend wird die Pflicht zur Unfallanzeige hier dem **Schulhoheitsträger** bzw. dem **Träger der medizinischen Einrichtung**, in der die – stationäre oder teilstationäre – Behandlung oder die – stationären, teilstationären oder ambulanten – Leistungen zur medizinischen Rehabilitation erbracht werden, übertragen. Denn sie haben eher Kenntnis von entsprechenden Ereignissen als der als Unternehmer zuständige Sachkostenträger (vgl. § 136 Abs. 3 Nr. 3) oder Rehabilitationsträger (vgl. § 136 Abs. 3 Nr. 2). Die Anzeigen sind – gemäß § 2 Abs. 1 bzw. 2 UVAV (dazu Rn. 13) – auf dem **Vordruck** der Anlage 1 zur UVAV (»Unfallanzeige«) – für die Versicherten nach § 2 Abs. 1 Nr. 15 a – bzw. auf dem Vordruck der Anlage 2 zur UVAV (»Unfallanzeige für Kinder in Tageseinrichtungen, Schüler, Studierende«) vorzunehmen. **5**

3. Verfahren und Beteiligung (Abs. 4 bis 7 und Abs. 9)

Nach **§ 193 Abs. 4 Satz 1** ist die Anzeige **innerhalb von drei Tagen** nach Kenntniserlangung von einem Unfall oder den Anhaltspunkten für das Vorliegen einer Berufskrankheit zu erstatten. Diese Frist beginnt im Falle eines Unfalls allerdings erst dann, wenn erkennbar ist, dass die Arbeitsunfähigkeit länger als drei Tage andauern wird. **6**

Nach **§ 193 Abs. 4 Satz 2** können Versicherte eine **Kopie der Anzeige** vom Unternehmer verlangen. Hierauf hat der Unternehmer gemäß § 4 Abs. 3 UVAV hinzuweisen, dies kann auch durch einen allgemeinen Hinweis – z. B. durch Aushang im Betrieb (»Schwarzes Brett«) – erfolgen. Ob Versicherte die Übersendung einer Kopie verlangen können, ist umstritten. **7**

§ 193 Abs. 5 Satz 1 normiert die **Mitwirkung des Betriebs- und Personalrats** bei der **8**

679 Vgl. Woltjen in jurisPK-SGB VII, § 193 Rn. 71.

Abgabe der Anzeige. Die Anzeige ist vom Betriebs- oder Personalrat mit zu unterzeichnen. Dadurch erhalten die betrieblichen Interessenvertretungen die erforderlichen Kenntnisse zum Unfallgeschehen und den sonstigen Gefährdungen im Betrieb bzw. in der Dienststelle, so dass sie hierauf aufbauend ihre Mitwirkungsrechte nach dem Betriebsverfassungsgesetz bzw. dem jeweils geltenden Personalvertretungsgesetz des Bundes oder des Landes **in Bezug auf Fragen der Arbeitssicherheit und des Arbeitsschutzes** ausüben können (vgl. § 80 Abs. 1 Nr. 9 und § 87 Abs. 1 Nr. 7 sowie § 89 BetrVG bzw. § 75 Abs. 3 Nr. 11 und § 81 BPersVG). Ergänzend zu § 193 Abs. 5 Satz 1 enthalten daher die einzelnen Mitbestimmungsgesetze jeweils die Verpflichtung des Arbeitgebers bzw. Dienststellenleiters zur Aushändigung einer Durchschrift der zu unterzeichnenden Anzeige an den Betriebs- bzw. Personalrat (s. § 89 Abs. 6 BetrVG bzw. § 81 Abs. 5 BPersVG). Die Anzeige von Arbeitsunfällen und Berufskrankheiten kann nach § 5 Abs. 1 UVAV auch im Wege der Datenübertragung erfolgen. In diesem Falle ist eine **Mitunterzeichnung** des Betriebs- oder Personalrats nicht erforderlich, stattdessen hat der Unternehmer gemäß § 5 Abs. 2 UVAV bei der elektronischen Datenübertragung anzugeben, welches Mitglied der betrieblichen Interessenvertretung vor der Absendung über die Anzeige informiert worden ist.

9 **§ 193 Abs. 5 Satz 3** sieht darüber hinaus noch eine **Informationspflicht** der Unternehmer **gegenüber Betriebs- und Personalrat** vor, wenn Unfallversicherungsträger im Rahmen eines Berufskrankheitenfeststellungsverfahrens Auskünfte über gefährdende Tätigkeiten von Versicherten verlangen. Auch damit wird sichergestellt, dass die betrieblichen Interessenvertretungen ihre Mitwirkungsrechte bzgl. Arbeitssicherheit und Arbeitsschutz (s. Rn. 8) wahrnehmen können.

10 **§ 193 Abs. 5 Satz 2** ordnet daneben eine **Unterrichtung der Sicherheitsfachkräfte und Betriebsärzte** über alle Unfall- und Berufskrankheitsanzeigen an. Die Form der Unterrichtung ist nicht vorgeschrieben, es sind aber alle notwendigen Informationen zu erteilen, welche zur Aufgabenerfüllung nach dem Gesetz über Betriebsärzte, Sicherheitsingenieure und andere Fachkräfte für Arbeitssicherheit erforderlich sind.

11 Nach **§ 193 Abs. 7** sind die Unternehmer zudem verpflichtet, den für den **staatlichen Arbeitsschutz** zuständigen Behörden Kopien der Unfall- und Berufskrankheitsanzeigen zu übersenden (Satz 1 und 2). Dies korrespondiert mit der in § 6 ArbSchG normierten entsprechenden Dokumentationsverpflichtung für Gefährdungsbeurteilungen und Arbeitsunfälle. In § 193 Abs. 7 wird außerdem noch eine **gegenseitige Informationsverpflichtung** der Unfallversicherungsträger und der für den medizinischen Arbeitsschutz zuständigen Landesbehörden festgelegt (Satz 3 und 4).

12 **§ 193 Abs. 9** enthält schließlich noch eine Sonderregelung für **Unfälle auf Seeschiffen.** Diese sind in das Schiffstagebuch einzutragen oder in einem Anhang darzustellen (Satz 1). Dies korrespondiert mit der entsprechenden sich aus § 6 Abs. 3 des Schiffssicherheitsgesetzes ergebenden Dokumentationsverpflichtung für Schiffsführer (vgl. auch § 13 Abs. 2 Nr. 11 der Schiffssicherheitsverordnung). Sofern keine Verpflichtung zur Führung eines Schiffstagebuchs besteht, sind Unfälle in einer besonderen Niederschrift festzuhalten (Satz 2).

4. Inhalt und Form der Anzeige (Abs. 8)

§ 193 Abs. 8 enthält die **Ermächtigung** des Bundesministeriums für Arbeit und Soziales, – mit Zustimmung des Bundesrates –, nähere Einzelheiten zu Inhalt und Form sowie zur Art und Weise der Übermittlung der Anzeigen durch **Rechtsverordnung** zu regeln. Auf dieser gesetzlichen Grundlage ist die Verordnung über die Anzeige von Versicherungsfällen in der gesetzlichen Unfallversicherung (**Unfallversicherungs-Anzeigeverordnung – UVAV**) ergangen,[680] welche am 01.08.2002 in Kraft getreten ist (§ 6 Abs. 1 UVAV). Diese UVAV ist auf Anzeigen nach § 193 sowie § 202 anzuwenden (§ 1 UVAV). Für die Anzeige von Unfällen nach § 193 (vgl. § 2 UVAV) und Berufskrankheiten nach § 193 sowie § 202 (vgl. § 3 UVAV) werden **Vordrucke** vorgeschrieben (vgl. Anlagen 1 bis 4 zur UVAV). Die Spitzenverbände der Unfallversicherungsträger haben hierzu – gemäß der in § 4 Abs. 2 UVAV enthaltenen Ermächtigung – bundeseinheitliche **Erläuterungen** erstellt. Die Vordrucke und auch die Erläuterungen dazu können über die Homepage der jeweiligen Berufsgenossenschaften oder sonstigen Unfallversicherungsträger sowie des DGUV e. V. (www.dguv.de) aufgerufen werden. 13

In der Unfallanzeige ist insbesondere der Hergang des Unfalls zu schildern. Diese Angaben haben bei der Prüfung der Anerkennung und Entschädigung von Arbeitsunfällen durch die Unfallversicherungsträger in der Praxis besondere Bedeutung, da den ersten Angaben im Allgemeinen gegenüber späteren – anders lautenden – Darstellungen ein höherer Beweiswert beigemessen wird. Angesichts der strengen Beweisanforderungen und der Verteilung der Beweislast in der gesetzlichen Unfallversicherung (siehe dazu § 8 Rn. 4 bis 6) können deshalb unrichtige, unvollständige oder missverständliche Angaben in der Unfallanzeige die Durchsetzung berechtigter Ansprüche der Versicherten erschweren oder sogar gefährden. Bei der Darstellung des Unfallhergangs, der oft in Sekundenbruchteilen abläuft, ist deshalb äußerste Sorgfalt geboten. Das gilt insbesondere bei solchen Körperschäden, deren Anerkennung in der medizinischen Wissenschaft u. a. davon abhängig gemacht wird, dass nachweislich ein »geeigneter Unfallmechanismus« vorgelegen hat (beispielsweise bei Meniskusverletzungen und Verletzungen der Rotatorenmanschette der Schulter). 14

5. Hinweise für den Betriebs- und Personalrat

Der Betriebs- bzw. Personalrat bestätigt durch seine Unterschrift allein die Kenntnisnahme der Anzeige, nicht jedoch die Richtigkeit und Vollständigkeit der dort gemachten Angaben. Aus diesem Grunde besteht auch nicht das Recht, die Unterschrift zu verweigern. Andererseits besteht aber Handlungsbedarf, wenn sich bereits aus dem Inhalt der Unfallanzeige Hinweise darauf ergeben, dass die Anerkennung und Entschädigung eines Arbeitsunfalls problematisch wird. 15

680 BGBl. I 2002, 554.

Beispiel:
Es werden Zweifel an den Angaben der Versicherten zum Unfallhergang geäußert oder es wird über andere nicht versicherte innere Ursachen für den entstandenen Gesundheitsschaden spekuliert.

In solchen Fällen ist zu empfehlen, die Zweifelsfragen vorher mit den Betroffenen zu klären. Hat der Betriebs- bzw. Personalrat ansonsten inhaltliche Bedenken gegen die ihm vorgelegte Anzeige, sollte er auch versuchen, dies noch vor der Unterschriftsleistung zu klären. Bleibt dies ohne Ergebnis, kann er dem Unfallversicherungsträger den Sachverhalt aus seiner Sicht mitteilen. Zur Sicherstellung des Rechts der Versicherten auf Erhalt einer Kopie der Anzeige nach § 193 Abs. 4 Satz 2 (Rn. 7) sollte durch Betriebsvereinbarung eine Verpflichtung zur Übersendung an die Versicherten geschaffen werden.

Achtes Kapitel
Datenschutz

Erster Abschnitt
Grundsätze

§ 199 Erhebung, Verarbeitung und Nutzung von Daten durch die Unfallversicherungsträger

(1) Die Unfallversicherungsträger dürfen Sozialdaten nur erheben und speichern, soweit dies zur Erfüllung ihrer gesetzlich vorgeschriebenen oder zugelassenen Aufgaben erforderlich ist. Ihre Aufgaben sind

1. **die Feststellung der Zuständigkeit und des Versicherungsstatus,**
2. **die Erbringung der Leistungen nach dem Dritten Kapitel einschließlich Überprüfung der Leistungsvoraussetzungen und Abrechnung der Leistungen,**
3. **die Berechnung, Festsetzung und Erhebung von Beitragsberechnungsgrundlagen und Beiträgen nach dem Sechsten Kapitel,**
4. **die Durchführung von Erstattungs- und Ersatzansprüchen,**
5. **die Verhütung von Versicherungsfällen, die Abwendung von arbeitsbedingten Gesundheitsgefahren sowie die Vorsorge für eine wirksame Erste Hilfe nach dem Zweiten Kapitel,**
6. **die Erforschung von Risiken und Gesundheitsgefahren für die Versicherten.**

(2) Die Sozialdaten dürfen nur für Aufgaben nach Absatz 1 in dem jeweils erforderlichen Umfang verarbeitet oder genutzt werden. Eine Verwendung für andere Zwecke ist nur zulässig, soweit dies durch Rechtsvorschriften des Sozialgesetzbuches angeordnet oder erlaubt ist.

(3) Bei der Feststellung des Versicherungsfalls soll der Unfallversicherungsträger Auskünfte über Erkrankungen und frühere Erkrankungen des Betroffenen von anderen Stellen oder Personen erst einholen, wenn hinreichende Anhaltspunkte für den

ursächlichen Zusammenhang zwischen der versicherten Tätigkeit und dem schädigenden Ereignis oder der schädigenden Einwirkung vorliegen.

(4) (weggefallen)

Regelungsinhalt

§ 199 enthält die für alle Träger der gesetzlichen Unfallversicherung geltende **bereichsspezifische Ermächtigung zur Datenerhebung, Datenverarbeitung und Datennutzung**. In **§ 199 Abs. 1** wird bestimmt, zu welchen Zwecken die Unfallversicherungsträger Sozialdaten (zum Begriff siehe § 67 Abs. 1 Satz 1 SGB X) erheben und speichern dürfen; hierzu werden die entsprechenden Aufgaben im Einzelnen aufgeführt. **§ 199 Abs. 2** legt ausdrücklich fest, dass eine Datenverarbeitung und Datennutzung nur in dem jeweils erforderlichen Umfang erfolgen darf und dass eine anderweitige Verwendung nur auf gesetzlicher Grundlage im Rahmen des Sozialgesetzbuches erlaubt ist. In **§ 199 Abs. 3** ist schließlich angeordnet, dass Auskünfte über Erkrankungen erst dann eingeholt werden sollen, wenn hinreichend Anhaltspunkte für einen Kausalzusammenhang vorliegen. Mit diesen Regelungen wird dem – aus dem allgemeinen Persönlichkeitsrecht des Art. 2 Abs. 1 GG i. V. m. Art. 1 Abs. 1 GG abgeleiteten[681] – **Recht auf Informationelle Selbstbestimmung**, das bereits in § 35 Abs. 1 Satz 1 SGB I für das gesamte Sozialgesetzbuch kodifiziert und konkretisiert ist (»Sozialgeheimnis«), Rechnung getragen. 1

Datenerhebung und Datenverarbeitung sowie Datennutzung darf ausschließlich – auf gesetzlicher Grundlage – zweckgebunden und nur im Rahmen des Erforderlichen erfolgen. Dieser allgemein geltende Grundsatz wird in § 199 bereichsspezifisch konkretisiert. Parallelvorschriften gibt es in § 284 SGB V und § 148 SGB VI für die gesetzliche Krankenversicherung und die gesetzliche Rentenversicherung sowie in § 94 SGB XI für die soziale Pflegeversicherung und in § 394 SGB III im Arbeitsförderungsrecht. Sofern keine spezielleren Regelungen in § 199 normiert sind, sind die **§§ 67 ff. SGB X ergänzend heranzuziehen**. So sind beispielsweise die in § 199 verwendeten datenschutzrechtlich relevanten Begriffe in § 67 SGB X näher gesetzlich definiert. 2

Bei Verstößen gegen gesetzliche Datenschutzbestimmungen kann man sich an den Bundesbeauftragten für Datenschutz wenden (§ 81 Abs. 1 SGB X). Betroffene haben einen Auskunftsanspruch (§ 83 SGB X) und ggf. einen Schadensersatzanspruch (§ 82 SGB X). Außerdem können sie die Berichtigung, Löschung und Sperrung unrichtiger bzw. unzulässig gespeicherter Daten verlangen (§ 84 SGB X). Schließlich können bei bestimmten Verstößen Bußgelder verhängt werden (§ 85 SGB X). 3

§ 200 Einschränkung der Übermittlungsbefugnis

(1) § 76 Abs. 2 Nr. 1 des Zehnten Buches gilt mit der Maßgabe, dass der Unfallversicherungsträger auch auf ein gegenüber einem anderen Sozialleistungsträger bestehendes Widerspruchsrecht hinzuweisen hat, wenn dieser nicht selbst zu einem Hinweis nach § 76 Abs. 2 Nr. 1 des Zehnten Buches verpflichtet ist.

681 Vgl. BVerfG – 15. 12. 1983 – 1 BvR 209/83, »Volkszählungsurteil«.

(2) Vor Erteilung eines Gutachtenauftrages soll der Unfallversicherungsträger dem Versicherten mehrere Gutachter zur Auswahl benennen; der Betroffene ist außerdem auf sein Widerspruchsrecht nach § 76 Abs. 2 des Zehnten Buches hinzuweisen und über den Zweck des Gutachtens zu informieren.

Inhaltsübersicht Rn.

1. Regelungsinhalt

1 § 200 Abs. 1 enthält für die Unfallversicherungsträger eine – über § 76 Abs. 2 Nr. 1 SGB X hinausgehende – besondere Hinweispflicht auf das Versicherten zustehende Widerspruchsrecht in Bezug auf die Übermittlung von Sozialdaten. § 200 Abs. 2 enthält drei weitere – im Zusammenhang miteinander stehende – Regelungen: In Halbs. 1 ist die Pflicht der Unfallversicherungsträger zur Benennung mehrerer Gutachter vor Erteilung von Gutachtenaufträgen normiert; Halbs. 2 legt den Unfallversicherungsträgern eine gesonderte Verpflichtung auf, über das Widerspruchsrecht in Bezug auf die Übermittlung besonders schutzwürdiger Daten in Zusammenhang mit der Erteilung von Gutachtenaufträgen zu belehren, und verpflichtet diese außerdem zur Information über den Zweck der Begutachtung.

2. Erweiterte Hinweispflicht (Abs. 1)

2 Nach § 76 Abs. 1 SGB X ist die Übermittlung bestimmter besonders schutzwürdiger Sozialdaten (zum Begriff siehe § 67 Abs. 1 Satz 1 SGB X) grds. ausgeschlossen. Eine Ausnahme hiervon macht § 76 Abs. 2 Nr. 1 SGB X insbesondere für die notwendigerweise in Zusammenhang mit einer Begutachtung wegen der Erbringung von Sozialleistungen übermittelten Sozialdaten, wobei den Betroffenen aber ausdrücklich das Recht eingeräumt ist, der Übermittlung zu widersprechen. Auf dieses gesetzliche **Widerspruchsrecht** sind die Betroffenen von der verantwortlichen Stelle zu Beginn eines Verwaltungsverfahrens in allgemeiner Form schriftlich hinzuweisen.

3 § 200 Abs. 1 erweitert die in § 76 Abs. 2 Nr. 1 SGB X normierte **Hinweispflicht** für die Unfallversicherungsträger. Sie haben die Versicherten ausdrücklich nicht nur auf das ihnen gegenüber bestehende Widerspruchsrecht hinzuweisen, sondern auch auf ein gegenüber anderen Sozialleistungsträgern bestehendes Widerspruchsrecht, sofern diese hierzu nicht selbst verpflichtet sind. Dies ist insbesondere dann der Fall, wenn bei diesen aktuell gar kein Verwaltungsverfahren anhängig ist, was beispielsweise regelmäßig bei der Anforderung von – wegen der im Rahmen der Kausalitätsprüfung relevanten – Informationen zu Vorerkrankungen von den Krankenkassen der Fall ist, sowie bei Anforderung medizinischer Unterlagen über abgeschlossene Rehabilitationsmaßnahmen z. B. von den Rentenversicherungsträgern.

4 Sofern Versicherte der Übermittlung der entsprechenden Daten widersprechen, dürfen diese nicht übermittelt werden bzw. die übermittelten Daten dürfen nicht verwertet werden. Insoweit ist allerdings zu beachten, dass es dann **zu Lasten der Versicherten** geht, wenn die leistungsbegründenden Voraussetzungen eines Anspruchs ggf. nicht geklärt werden können, denn sie trifft insoweit die **Beweislast für die anspruchsbegründenden Tatsachen**. Auch können ggf. Sozialleistungen nach § 66 Abs. 1 Satz 1 SGB I wegen fehlender Mitwirkung versagt werden (zu den Einzelheiten siehe die Kommentierung zu § 66 SGB I).

3. Gutachterbenennungspflicht (Abs. 2 Halbsatz 1)

Die Unfallversicherungsträger sollen den Versicherten vor der Erteilung von Gutachtenaufträgen gemäß § 200 Abs. 2 Halbsatz 1 mehrere – in der Regel drei – Gutachter zur Auswahl benennen. Nach der Vorstellung des Gesetzgebers dient dies der Transparenz des Verfahrens. Außerdem wird erwartet, dass die Unfallversicherungsträger dafür Sorge tragen, dass eine ausreichende Anzahl von Gutachtern zur Verfügung steht und der für die Erstattung von Gutachten benötigte Zeitraum deutlich verringert wird.[682] Das **Gutachterauswahlrecht** des § 200 Abs. 2 Halbs. 1 gilt – ebenso wie die in § 200 Abs. 2 Halbs. 2 normierte Pflicht der Unfallversicherungsträger, auf das Widerspruchsrecht gegen die Übermittlung der Sozialdaten hinzuweisen – nicht nur im Verwaltungs- und Widerspruchsverfahren, sondern auch dann, wenn die Unfallversicherungsträger während laufender Gerichtsverfahren Gutachten in Auftrag geben.[683] 5

Die grds. Verpflichtung der Unfallversicherungsträger zur Benennung mehrerer Gutachter bezieht sich nicht nur auf Begutachtungen mit Untersuchung, sondern gilt auch bei Einholung von **Aktengutachten.**[684] Auch ist das Gutachterauswahlrecht nicht auf die Hauptgutachter beschränkt, die Benennungspflicht nach § 200 Abs. 2 Halbs. 1 besteht auch in Bezug auf **Zusatzgutachten.**[685] 6

Ebenso trifft auf **Hinterbliebene** und Sonderrechtsnachfolger das gesetzgeberische Motiv der Schaffung von Verfahrenstransparenz zu. Die Gutachterbenennungspflicht besteht daher auch gegenüber Hinterbliebenen oder anderen Sonderrechtsnachfolgern.[686] 7

Ein **Recht, selbst Sachverständige vorzuschlagen**, räumt § 200 Abs. 2 Halbsatz 1 den Versicherten allerdings nicht ein.[687] Ein solches Recht lässt sich auch nicht aus dem Grundrecht auf informationelle Selbstbestimmung (Art. 2 Abs. 1 i. V. m. Art. 1 Abs. 1 GG) ableiten. Die Möglichkeit, mit eigenen Vorschlägen auf die Auswahl von Sachverständigen Einfluss zu nehmen, steht den Versicherten aber im Rahmen des allgemeinen Rechts (**§ 20 Abs. 3 SGB X**) zu, sich mit Anträgen und Anregungen am Verwaltungsverfahren zu beteiligen.[688] Die Unfallversicherungsträger sind zwar nicht an derartige Vor- 8

682 Siehe dazu BT-Drs. 13/4853, S. 22.
683 BSG – 05.02.2008 – B 2 U 8/07 R und B 2 U 10/07 R.
684 BT-Drs. 13/4853, S. 13.
685 BSG – 18.01.2011 – B 2 U 5/10 R.
686 So zutreffend Jung in Jung, SGB VII, § 200 Rn. 23; anderer Ansicht LSG Rheinland-Pfalz – 15.08.2011 – L 2 U 153/10; LSG Rheinland-Pfalz – 13.07.2009 – L 2 U 176/08.
687 BSG – 20.07.2010 – B 2 U 17/09 R.
688 LSG Niedersachsen-Bremen – 30.11.2011 – L 3 U 220/10.

schläge gebunden; wenn die von den Versicherten vorgeschlagenen Gutachter allerdings über die notwendige Qualifikation verfügen, wird dem Vorschlag aber in der Regel gefolgt. Insoweit wird für die Auswahl geeigneter Gutachter ein Blick in die von den Landesverbänden der DGUV geführten – und über die gemeinsame Homepage (www.dguv.de/landesverbaende → Datenbanken) erreichbaren – Gutachterverzeichnisse empfohlen.

9 Der **Begriff des Gutachtens** wird im Gesetz selbst nicht definiert. Dem allgemeinen Sprachverständnis folgend fällt darunter nicht jedwede Äußerung oder Stellungnahme von Sachverständigen zu einzelnen Aspekten eines Verfahrensgegenstandes, sondern nur die **umfassende wissenschaftliche Bearbeitung** einer im konkreten Fall relevanten fachlichen Fragestellung durch Sachverständige.[689] Der Begriff des Gutachtens in § 200 Abs. 2 ist eng auszulegen. Ein Gutachten liegt dann vor, wenn ein solches angefordert oder – ausweislich seiner Selbstbezeichnung – als solches erstellt und übersandt oder abgerechnet wurde. Unabhängig von dieser – rein äußerlichen – Bezeichnung ist zur weiteren Unterscheidung vom Bezugspunkt der schriftlichen Äußerung auszugehen: Enthält diese vornehmlich eine **eigenständige Bewertung** der verfahrensentscheidenden Tatsachenfragen, z. B. des umstrittenen Ursachenzusammenhangs, ist es ein Gutachten. Setzt sich die schriftliche Äußerung im Wesentlichen nur mit dem Inhalt vorhandener Unterlagen auseinander, insbesondere im Hinblick auf deren Schlüssigkeit, Überzeugungskraft und Beurteilungsgrundlage, handelt es sich nur um eine beratende Stellungnahme.[690] Dass eine derartige Stellungnahme – wenn beispielsweise der Ursachenzusammenhang zwischen einem Ereignis und einer Gesundheitsstörung umstritten ist – auch Aussagen zum Ursachenzusammenhang und dem einschlägigen aktuellen wissenschaftlichen Erkenntnisstand enthält, ergibt sich aus der Materie.[691]

10 Ob ein Verstoß allein gegen das Auswahlrecht des § 200 Abs. 2 Halbs. 1 – ohne gleichzeitige Verletzung der Hinweispflicht nach § 200 Abs. 2 Halbs. 2 – zu einem Beweisverwertungsverbot führt, ist höchstrichterlich noch nicht geklärt. Die Versicherten trifft hier aber in jedem Fall eine **Rügeobliegenheit**.[692] Wird das Auswahlrecht durch die Unfallversicherungsträger verletzt, führt dies jedenfalls dann nicht zu einem Beweisverwertungsverbot, wenn die Verletzung des Auswahlrechts nicht rechtzeitig gerügt wird.[693] Weil eine Verletzung des Auswahlrechts grds. auch nur bis zum Abschluss des jeweiligen Verwaltungsverfahrens von den Unfallversicherungsträgern geheilt werden kann, wird eine Verletzung – auch gerade wenn sie nicht geheilt wird – mit dem Abschluss des Verwaltungsverfahrens grds. unbeachtlich.[694] Dies gilt nur dann nicht, wenn Versicherte ausnahmsweise die Verletzung des Auswahlrechts vor Erlass eines abschließenden Verwaltungsakts nicht erkennen konnten, daher also keine Möglichkeit zur Rechtsverteidigung hatten, oder wenn die Unfallversicherungsträger das Auswahlrecht – trotz recht-

---

689 BSG – 05.02.2008 – B 2 U 8/07 R.
690 BSG – 05.02.2008 – B 2 U 8/07 R; LSG Nordrhein-Westfalen – 11.10.2011 – L 17 U 177/10.
691 So auch BSG – 05.02.2008 – B 2 U 8/07 R; LSG Nordrhein-Westfalen – 17.03.2010 – L 17 U 191/09.
692 BSG – 20.07.2010 – B 2 U 17/09 R.
693 BSG – 18.01.2011 – B 2 U 5/10 R.
694 BSG – 20.07.2010 – B 2 U 17/09 R.

zeitiger Rüge – nicht als verletzt ansehen und keine Heilung veranlassen. Dann kann der Mangel auch noch im Widerspruchs- bzw. Klageverfahren geltend gemacht werden.[695] Der Verfahrensfehler bleibt dann ggf. aber nur noch nach Maßgabe des § 42 Satz 1 SGB X rechtserheblich und kann nicht gesondert angefochten werden. Er führt dann zur Aufhebung der Entscheidung der Unfallversicherungsträger, wenn nicht offensichtlich ist, dass die Auswahlrechtsverletzung die Entscheidung der Verwaltung in der Sache nicht beeinflusst hat.[696] Die Verletzung des Auswahlrechts zu einem späteren Zeitpunkt – während eines laufenden Gerichtsverfahrens – muss ebenfalls **rechtzeitig geltend gemacht** werden, sonst sind Versicherte gemäß der – über § 202 SGG anwendbaren – Vorschrift des § 295 Abs. 1 ZPO mit dieser Rüge ausgeschlossen.[697] Die Rüge kommt nach § 202 SGG i. V. m. § 295 ZPO beispielsweise dann nicht mehr in Betracht, wenn Prozessbevollmächtigte in der die Instanz abschließenden mündlichen Verhandlung den Verstoß nicht geltend gemacht haben, obgleich sie zuvor Akteneinsicht genommen hatten; denn die Versicherten müssen sich insoweit sämtliche Handlungen ihrer Bevollmächtigten zurechnen lassen.[698] Nicht rechtskundig vertretene Versicherte sind allerdings vom Gericht auf den drohenden Verlust des Rügerechts hinzuweisen.[699]

4. Hinweis- und Informationspflicht (Abs. 2 Halbsatz 2)

§ 200 Abs. 2 Halbs. 2 enthält weitere Verpflichtungen für die Unfallversicherungsträger im Zusammenhang mit der Erteilung von Gutachtenaufträgen: Zum einen sind Versicherte vor Erteilung eines Gutachtenauftrags – und zusätzlich zu der bereits nach § 200 Abs. 1 bestehenden Hinweispflicht (siehe dazu Rn. 3) – über ihr **Widerspruchsrecht** nach § 76 Abs. 2 SGB X zu belehren (**Hinweispflicht**). Zum anderen sind sie über den **Zweck des Gutachtens** aufzuklären (**Informationspflicht**). Auch diese gesetzlichen Anordnungen beziehen sich – ebenso wie das Gutachterauswahlrecht des § 200 Abs. 2 Halbs. 1 – nur auf Gutachten (zum Begriff siehe Rn. 9). **11**

Die Verletzung der Pflicht zur Belehrung über das Widerspruchsrecht nach § 200 Abs. 2 Halbs. 2 i. V. m. § 76 Abs. 2 SGB X kann **ggf. ein Beweisverwertungsverbot** auslösen.[700] Auch insoweit trifft die Versicherten allerdings eine Rügeobliegenheit (siehe dazu Rn. 10). Das Beweisverwertungsverbot gilt ggf. auch für nachfolgende hierauf basierende Gutachten.[701] Voraussetzung für eine **Fernwirkung** des Beweisverwertungsverbotes ist aber, dass eine Kausalität zwischen dem Beweisergebnis des neuen Beweismittels und dem – dem Beweisverbot unterliegenden – unzulässigen Beweismittel besteht.[702] **12**

Da § 200 Abs. 2 Halbs. 2 – wie aus der Bezugnahme auf § 76 Abs. 2 SGB X deutlich **13**

695 BSG – 20.07.2010 – B 2 U 17/09 R.
696 BSG – 20.07.2010 – B 2 U 17/09 R.
697 LSG Baden-Württemberg – 25.02.2011 – L 8 U 2815/10.
698 LSG Hessen – 18.08.2009 – L 3 U 133/07.
699 Vgl. dazu BSG – 12.04.2000 – B 9 SB 2/99 R.
700 So noch BSG – 05.02.2008 – B 2 U 8/07 R; aber jetzt zweifelnd BSG – 18.01.2011 – B 2 U 5/10 R.
701 So BSG – 05.02.2008 – B 2 U 8/07 R.
702 LSG Baden-Württemberg – 28.10.2011 – L 8 U 5734/10.

wird – die Übermittlung von Sozialdaten betrifft, findet diese Vorschrift nur Anwendung, wenn **Dritte** involviert sind (vgl. § 67 Abs. 6 Satz 2 Nr. 3 SGB X). Ein Verstoß scheidet deshalb von vornherein aus, wenn die Unfallversicherungsträger Gutachter einschalten, die in einem Beschäftigungsverhältnis zu ihnen stehen oder mit denen sie Beratungsverträge abgeschlossen haben. Die Norm betrifft daher **nur externe Gutachter** und nicht z. B. die Beratungsärzte.[703]

Zweiter Abschnitt
Datenerhebung und -verarbeitung durch Ärzte

§ 201 Datenerhebung und Datenverarbeitung durch Ärzte

(1) Ärzte und Zahnärzte, die nach einem Versicherungsfall an einer Heilbehandlung nach § 34 beteiligt sind, erheben, speichern und übermitteln an die Unfallversicherungsträger Daten über die Behandlung und den Zustand des Versicherten sowie andere personenbezogene Daten, soweit dies für Zwecke der Heilbehandlung und die Erbringung sonstiger Leistungen einschließlich Überprüfung der Leistungsvoraussetzungen und Abrechnung der Leistungen erforderlich ist. Ferner erheben, speichern und übermitteln sie die Daten, die für ihre Entscheidung, eine Heilbehandlung nach § 34 durchzuführen, maßgeblich waren. Der Versicherte kann vom Unfallversicherungsträger verlangen, über die von den Ärzten übermittelten Daten unterrichtet zu werden. § 25 Abs. 2 des Zehnten Buches gilt entsprechend. Der Versicherte ist von den Ärzten über den Erhebungszweck, ihre Auskunftspflicht nach den Sätzen 1 und 2 sowie über sein Recht nach Satz 3 zu unterrichten.

(2) Soweit die für den medizinischen Arbeitsschutz zuständigen Stellen und die Krankenkassen Daten nach Absatz 1 zur Erfüllung ihrer Aufgaben benötigen, dürfen die Daten auch an sie übermittelt werden.

Regelungsinhalt

1 Ärzte und Zahnärzte unterliegen einem besonderen Berufsgeheimnis (»ärztliche Schweigepflicht«). Sie machen sich nach § 203 Abs. 1 Nr. 1 StGB strafbar, wenn sie unbefugt ein fremdes Geheimnis – insbesondere ein zum persönlichen Lebensbereich gehörendes Geheimnis – offenbaren, das ihnen als Arzt oder Zahnarzt anvertraut worden oder sonst bekannt geworden ist. § 201 normiert insoweit – als entsprechende Befugnis i. S. d. § 203 StGB – eine **gesetzliche Auskunftspflicht.**

2 § 201 Abs. 1 Satz 1 enthält die gesetzliche Grundlage für Ärzte und Zahnärzte, im Rahmen der Durchführung der Heilbehandlung nach § 34 entsprechende Daten zu erheben und zu speichern sowie an die Unfallversicherungsträger zu übermitteln. Die übrigen Ärzte sind nach § 203 Abs. 1 Satz 1 ebenfalls auskunftspflichtig.

703 BSG – 05. 02. 2008 – B 2 U 8/07 R.

Für Versicherte ist insbesondere § **201 Abs. 1 Satz 3** von Interesse. Sie haben danach gegenüber den Unfallversicherungsträgern ein **Auskunftsrecht** hinsichtlich der von den Ärzten übermittelten Daten. Hierüber sind sie von den Ärzten aufzuklären (§ 201 Abs. 1 Satz 5). In der Regel wird der Unfallversicherungsträger seiner aus § 201 Abs. 1 Satz 3 resultierenden Informationsverpflichtung durch Übersendung entsprechender Kopien nachkommen. Wenn zu befürchten ist, dass die direkte Kenntnisnahme zu gesundheitlichen Schäden oder anderen erheblichen Nachteilen führen würde, ist die Vermittlung des Inhalts aber auch durch einen Arzt möglich (siehe § 25 Abs. 2 SGB X – anwendbar über § 201 Abs. 1 Satz 4). 3

§ 202 Anzeigepflicht von Ärzten bei Berufskrankheiten

Haben Ärzte oder Zahnärzte den begründeten Verdacht, dass bei Versicherten eine Berufskrankheit besteht, haben sie dies dem Unfallversicherungsträger oder der für den medizinischen Arbeitsschutz zuständigen Stelle in der für die Anzeige von Berufskrankheiten vorgeschriebenen Form (§ 193 Abs. 8) unverzüglich anzuzeigen. Die Ärzte oder Zahnärzte haben die Versicherten über den Inhalt der Anzeige zu unterrichten und ihnen den Unfallversicherungsträger und die Stelle zu nennen, denen sie die Anzeige übersenden. § 193 Abs. 7 Satz 3 und 4 gilt entsprechend.

Regelungsinhalt

§ 202 Satz 1 normiert für Ärzte und Zahnärzte eine **gesetzliche Anzeigepflicht** bei dem Verdacht auf Vorliegen einer Berufskrankheit. Es steht ihnen frei, ob sie die entsprechende Anzeige an einen Unfallversicherungsträger oder die für den medizinischen Arbeitsschutz zuständige Stelle richten. Für diese Anzeige ist gemäß § 3 Abs. 1 UVAV (Verordnung über die Anzeige von Versicherungsfällen in der gesetzlichen Unfallversicherung – Unfallversicherungs-Anzeigeverordnung) der – in der Anlage 3 zur UVAV – vorgeschriebene Vordruck »Ärztliche Anzeige bei Verdacht auf eine Berufskrankheit« zu verwenden. Die Versicherten sind über die Anzeige zu unterrichten (§ 202 Satz 2). In der Regel dürfte die Aushändigung einer entsprechenden Kopie sinnvoll sein. 1

§ 203 Auskunftspflicht von Ärzten

(1) Ärzte und Zahnärzte, die nicht an einer Heilbehandlung nach § 34 beteiligt sind, sind verpflichtet, dem Unfallversicherungsträger auf Verlangen Auskunft über die Behandlung, den Zustand sowie über Erkrankungen und frühere Erkrankungen des Versicherten zu erteilen, soweit dies für die Heilbehandlung und die Erbringung sonstiger Leistungen erforderlich ist. Der Unfallversicherungsträger soll Auskunftsverlangen zur Feststellung des Versicherungsfalls auf solche Erkrankungen oder auf solche Bereiche von Erkrankungen beschränken, die mit dem Versicherungsfall in einem ursächlichen Zusammenhang stehen können. § 98 Abs. 2 Satz 2 des Zehnten Buches gilt entsprechend.

(2) Die Unfallversicherungsträger haben den Versicherten auf ein Auskunftsverlangen nach Absatz 1 sowie auf das Recht, auf Verlangen über die von den Ärzten

übermittelten Daten unterrichtet zu werden, rechtzeitig hinzuweisen. § 25 Abs. 2 des Zehnten Buches gilt entsprechend.

Regelungsinhalt

1 § 203 normiert – ebenso wie § 201 für die an der Heilbehandlung der Versicherten beteiligten Ärzte – und ebenfalls als Befugnis zur Offenbarung i. S. d. § 203 StGB (vgl. § 201 Rn. 1) – eine **gesetzliche Auskunftspflicht** für die Ärzte und Zahnärzte, die nicht an der Heilbehandlung nach § 34 beteiligt sind. Im Unterschied zu den nach § 201 auskunftspflichtigen Ärzten haben diese Ärzte entsprechende Auskünfte allerdings nur auf Verlangen der Unfallversicherungsträger zu erteilen. Sie haben nach § 203 Abs. 1 Satz 3 i. V. m. § 98 Abs. 2 Satz 2 SGB X insoweit ein Aussageverweigerungsrecht, als ihnen durch die Auskunft die Gefahr der Verfolgung wegen einer Straftat oder Ordnungswidrigkeit droht. Die Versicherten sind auch hier entsprechend zu unterrichten (§ 203 Abs. 2 Satz 1). Die Unterrichtung kann erforderlichenfalls auch durch einen Arzt erfolgen, wenn andernfalls zu befürchten ist, dass die direkte Kenntnisnahme zu gesundheitlichen Schäden oder anderen erheblichen Nachteilen führen würde (§ 25 Abs. 2 SGB X – anwendbar über § 203 Abs. 2 Satz 2).

Zehntes Kapitel Übergangsrecht

§ 212 Grundsatz

Die Vorschriften des Ersten bis Neunten Kapitels gelten für Versicherungsfälle, die nach dem Inkrafttreten dieses Gesetzes eintreten, soweit in den folgenden Vorschriften nicht etwas anderes bestimmt ist.

Regelungsinhalt

1 Bei der Regelung des anzuwendenden Rechts differenziert das SGB VII grds. zwischen Versicherungsfällen vor und nach seinem Inkrafttreten. Die **Grundentscheidung bzgl. der Rechtsanwendung** trifft § 212 dahin, dass die Vorschriften der §§ 1 bis 211 erst für Versicherungsfälle ab Inkrafttreten des SGB VII gelten.[704] Das SGB VII wurde durch das Gesetz zur Einordnung des Rechts der gesetzlichen Unfallversicherung in das Sozialgesetzbuch (Unfallversicherungs-Einordnungsgesetz – UVEG) vom 07. 08. 1996 eingeführt und trat nach Art. 36 Satz 1 UVEG zum 01. 01. 1997 in Kraft – mit Ausnahme der Vorschriften über die Prävention (§ 1 Nr. 1 und §§ 14 bis 25), welche bereits am Tage nach der Verkündung des Gesetzes in Kraft traten (Art. 36 Satz 2 UVEG). § 212 bestimmt – als Grundsatz – nun, dass die Anwendung der Vorschriften des SGB VII nur für

704 Vgl. BSG – 04. 06. 2002 – B 2 U 28/10 R.

Versicherungsfälle ab dem 01.01.1997 gilt. Ein Rechtssatz ist ohnehin grds. nur auf solche Sachverhalte anwendbar, die nach seinem Inkrafttreten verwirklicht werden. Spätere Änderungen eines Rechtssatzes sind daher für die Beurteilung von vor seinem Inkrafttreten entstandenen Lebensverhältnissen unerheblich, es sei denn, dass das Gesetz seine zeitliche Geltung auf solche Verhältnisse erstreckt.[705] Entstehung sowie Fortbestand sozialrechtlicher Ansprüche sind nach dem Recht zu beurteilen, das zur Zeit der anspruchsbegründenden Ereignisse oder Umstände gegolten hat, soweit nicht später in Kraft gesetztes Recht ausdrücklich oder sinngemäß etwas anderes bestimmt.[706] Etwas anderes – und hierauf weist § 212 am Ende hin – ergibt sich in bestimmten Punkten aus den §§ 213 ff. Von besonderer Bedeutung ist hier § 214, mit dem der Anwendungsbereich des SGB VII auch auf sog. Altfälle erstreckt wird (vgl. § 214 Rn. 1).

§ 214 Geltung auch für frühere Versicherungsfälle

(1) Die Vorschriften des Ersten und Fünften Abschnitts des Dritten Kapitels gelten auch für Versicherungsfälle, die vor dem Tag des Inkrafttretens dieses Gesetzes eingetreten sind; dies gilt nicht für die Vorschrift über Leistungen an Berechtigte im Ausland. Für Leistungen der Heilbehandlung und zur Teilhabe am Arbeitsleben, die vor dem Tag des Inkrafttretens dieses Gesetzes bereits in Anspruch genommen worden sind, sind bis zum Ende dieser Leistungen die Vorschriften weiter anzuwenden, die im Zeitpunkt der Inanspruchnahme galten.

(2) Die Vorschriften über den Jahresarbeitsverdienst gelten auch für Versicherungsfälle, die vor dem Tag des Inkrafttretens dieses Gesetzes eingetreten sind, wenn der Jahresarbeitsverdienst nach dem Inkrafttreten dieses Gesetzes erstmals oder aufgrund des § 90 neu festgesetzt wird. Die Vorschrift des § 93 über den Jahresarbeitsverdienst für die Versicherten der landwirtschaftlichen Berufsgenossenschaften und ihre Hinterbliebenen gilt auch für Versicherungsfälle, die vor dem Inkrafttreten dieses Gesetzes eingetreten sind; die Geldleistungen sind von dem auf das Inkrafttreten dieses Gesetzes folgenden 1. Juli an neu festzustellen; die generelle Bestandsschutzregelung bleibt unberührt.

(3) Die Vorschriften über Renten, Beihilfen, Abfindungen und Mehrleistungen gelten auch für Versicherungsfälle, die vor dem Tag des Inkrafttretens dieses Gesetzes eingetreten sind, wenn diese Leistungen nach dem Inkrafttreten dieses Gesetzes erstmals festzusetzen sind. § 73 gilt auch für Versicherungsfälle, die vor dem Tag des Inkrafttretens dieses Gesetzes eingetreten sind.

(4) Soweit sich die Vorschriften über das Verfahren, den Datenschutz sowie die Beziehungen der Versicherungsträger zueinander und zu Dritten auf bestimmte Versicherungsfälle beziehen, gelten sie auch hinsichtlich der Versicherungsfälle, die vor dem Tag des Inkrafttretens dieses Gesetzes eingetreten sind.

---

705 Vgl. BSG – 26.11.1991 – 1/3 RK 25/90.
706 BSG – 22.03.2005 – B 1 KR 22/04 R.

Inhaltsübersicht Rn.

1. Regelungsinhalt

1 § 214 erweitert den Anwendungsbereich der Vorschriften des SGB VII – als Sonderregelung zu § 212 – auf sog. **Altfälle**, d.h. auf solche Versicherungsfälle, die bereits **vor dem 01.01.1997** eingetreten sind. Dies dient nicht nur der Verwaltungsvereinfachung, sondern auch der Gleichbehandlung aller Versicherungsfälle. Soweit Gesetze – in sog. unechter Rückwirkung – die Rechtslage neu gestalten, soll dieses geänderte Recht grds. auch Auswirkungen auf Altfälle haben, um den Rechtsfrieden innerhalb der Gemeinschaft, also die **Gleichbehandlung** bei gleichem Sachverhalt für alle Betroffenen zu gewährleisten.[707] Hieraus kann jedoch nicht abgeleitet werden, dass die durch einen Verwaltungsakt mit Dauerwirkung geregelten Rechtsverhältnisse nach § 48 SGB X neu zu regeln sind.[708] Insoweit ist dann eine **Übergangsregelung** erforderlich.

2. Heilbehandlung/Teilhabeleistungen/Pflege (Abs. 1)

2 Nach § 214 Abs. 1 **Satz 1** sind die Vorschriften des Ersten und Fünften Abschnitts des Dritten Kapitels – mit Ausnahme des § 97 (Leistungen ins Ausland) – auch auf die Altfälle anzuwenden. Im Einzelnen sind dies die Vorschriften über die Heilbehandlung und über die Teilhabeleistungen einschließlich der Vorschriften über die währenddessen zu zahlenden Geldleistungen (Verletzten- bzw. Übergangsgeld) sowie die Vorschrift über die Leistungen bei Pflegebedürftigkeit (§§ 26 bis 55 a) und die gemeinsamen Vorschriften für Leistungen (§§ 95 bis 103). Hier ist altes Recht nur noch auf die bereits vor dem 01.01.1997 begonnenen Leistungen der Heilbehandlung und zur Teilhabe am Arbeitsleben bis zu deren Abschluss anzuwenden (§ 214 Abs. 1 **Satz 2**). Dies gilt allerdings nicht für die diesbezüglichen Geldleistungen, hier ist ggf. die Bestandsschutzregelung des § 217 Abs. 1 zu beachten.

3. Jahresarbeitsverdienst (Abs. 2)

3 Nach § 214 Abs. 2 **Satz 1** gelten die Vorschriften über den **Jahresarbeitsverdienst** (§§ 81 bis 93) auch für die sog. Altfälle, wenn der Jahresarbeitsverdienst nach dem Inkrafttreten des SGB VII erstmals – oder aufgrund von § 90 neu – festgesetzt wird. Obwohl der Wortlaut darauf hindeutet, dass hier auf eine tatsächliche Bescheiderteilung abzustellen ist, ist es unerheblich, ob und wann das Recht auf eine Leistung durch Verwaltungsakt

707 BSG – 04.07.1989 – 9 RVs 3/88.
708 BSG – 26.11.1991 – 1/3 RK 25/90.

festgesetzt wird; Leistungen sind zu dem Zeitpunkt »erstmals festzusetzen«, zu dem die Voraussetzungen des jeweiligen Anspruchs erfüllt sind und der Versicherte daher einen Anspruch auf Feststellung des Leistungsrechts hat.[709] Die Vorschriften über den Jahresarbeitsverdienst sind daher auf Versicherungsfälle vor dem 01. 01. 1997 nur dann anzuwenden, wenn der maßgebliche Leistungsanspruch erst nach dem 31. 12. 1996 entstanden ist bzw. erstmalig nach § 90 neu festzustellen ist. § 214 Abs. 2 **Satz 2** enthält eine Sonderregelung zur Anwendbarkeit des § 93 für Versicherte der landwirtschaftlichen Berufsgenossenschaften.

4. Renten/Beihilfen/Abfindungen (Abs. 3)

Auch die Vorschriften über **Renten** und **Beihilfen** (§§ 56 bis 74 und 80 a) sowie **Abfindungen** (§§ 75 bis 80) und **Mehrleistungen** (§ 94) gelten nach § 214 Abs. 3 **Satz 1** ebenfalls für die sog. Altfälle, wenn diese Leistungen nach dem Inkrafttreten erstmals festzusetzen sind. Leistungen sind zu dem Zeitpunkt »erstmals festzusetzen«, zu dem die Voraussetzungen des jeweiligen Anspruchs erfüllt sind und der Versicherte daher einen Anspruch auf Feststellung des Leistungsrechts hat.[710] Die Vorschriften sind daher auch hier auf Versicherungsfälle vor dem 01. 01. 1997 nur dann anzuwenden, wenn der maßgebliche Leistungsanspruch erst nach dem 31. 12. 1996 entstanden ist. Nach § 214 Abs. 3 **Satz 2** gilt die Vorschrift über **Änderungen und Ende von Renten** (§ 73) ab dem 01. 01. 1997 für alle Versicherungsfälle, also auch für die sog. Altfälle. 4

5. Verfahren/Datenschutz/Zusammenarbeit (Abs. 4)

§ 214 Abs. 4 ordnet die Geltung der **Vorschriften über** das Verfahren, den Datenschutz sowie die Beziehungen der Versicherungsträger zueinander und zu Dritten, soweit sie sich auf bestimmte Versicherungsfälle beziehen, auch hinsichtlich der sog. Altfälle an. Diese Vorschriften sind daher ab 01. 01. 1997 durchgehend anzuwenden. **Verfahrensregelungen** finden sich beispielsweise in § 102 bzgl. der Notwendigkeit der Schriftform bestimmter Entscheidungen und in § 103 hinsichtlich der erforderlichen Zwischennachrichten und der Berechtigung, an einer Unfalluntersuchung teilzunehmen oder in § 139 zur vorläufigen Zuständigkeit eines Unfallversicherungsträgers. **Datenschutzregelungen** sind im 8. Kapitel (§§ 199 bis 208) zu finden, Vorschriften über die **Zusammenarbeit** der Unfallversicherungsträger mit anderen Versicherungsträgern und ihre Beziehungen zu Dritten finden sich im 7. Kapitel (§§ 188 bis 198). § 214 Abs. 4 bezieht sich insoweit nur auf diejenigen Vorschriften, welche sich auf bestimmte Versicherungsfälle beziehen. Unabhängig davon sind die meisten Vorschriften aber unabhängig von einem konkreten Versicherungsfall vom Regelungsgegenstand her ohnehin bereits mit dem Inkrafttreten anzuwenden. 5

---

709 BSG – 21. 09. 2010 – B 2 U 3/10 R.
710 BSG – 21. 09. 2010 – B 2 U 3/10 R.

8. Sozialgesetzbuch (SGB) Neuntes Buch (IX) – Rehabilitation und Teilhabe behinderter Menschen

Vom 19. Juni 2001 (BGBl. I S. 1046); zuletzt geändert durch Art. 13 Abs. 26 G v. 12. April 2012 (BGBl. I 579)

A. Rehabilitationsrecht
Selbstbestimmung und Teilhabe behinderter Menschen am Leben in der Gesellschaft[1]

Teil 1
Regelungen für behinderte und von Behinderung bedrohte Menschen

Kapitel 1
Allgemeine Regelungen

§ 1 Selbstbestimmung und Teilhabe am Leben in der Gesellschaft

Behinderte oder von Behinderung bedrohte Menschen erhalten Leistungen nach diesem Buch und den für die Rehabilitationsträger geltenden Leistungsgesetzen, um ihre Selbstbestimmung und gleichberechtigte Teilhabe am Leben in der Gesellschaft zu fördern, Benachteiligungen zu vermeiden oder ihnen entgegenzuwirken. Dabei wird den besonderen Bedürfnissen behinderter und von Behinderung bedrohter Frauen und Kinder Rechnung getragen.

§ 2 Behinderung

(1) Menschen sind behindert, wenn ihre körperliche Funktion, geistige Fähigkeit oder seelische Gesundheit mit hoher Wahrscheinlichkeit länger als sechs Monate von dem für das Lebensalter typischen Zustand abweichen und daher ihre Teilhabe am Leben in der Gesellschaft beeinträchtigt ist. Sie sind von Behinderung bedroht, wenn die Beeinträchtigung zu erwarten ist.

(2) Menschen sind im Sinne des Teils 2 schwerbehindert, wenn bei ihnen ein Grad der Behinderung von wenigstens 50 vorliegt und sie ihren Wohnsitz, ihren gewöhnlichen Aufenthalt oder ihre Beschäftigung auf einem Arbeitsplatz im Sinne des § 73 rechtmäßig im Geltungsbereich dieses Gesetzbuches haben.

(3) Schwerbehinderten Menschen gleichgestellt werden sollen behinderte Menschen mit einem Grad der Behinderung von weniger als 50, aber wenigstens 30, bei denen die übrigen Voraussetzungen des Absatzes 2 vorliegen, wenn sie infolge ihrer Behinderung ohne die Gleichstellung einen geeigneten Arbeitsplatz im Sinne des § 73 nicht erlangen oder nicht behalten können (gleichgestellte behinderte Menschen).

§ 3 Vorrang von Prävention

Die Rehabilitationsträger wirken darauf hin, dass der Eintritt einer Behinderung einschließlich einer chronischen Krankheit vermieden wird.

---

1 Der folgende Text ist in weiten Teilen dem im Bund-Verlag im Jahre 2007 erschienenen Ratgeber »Rechte behinderter Menschen« von Norbert Minninger, Werner Hinterholz und Bernd Westermann entnommen.

§ 4 Leistungen zur Teilhabe

(1) Die Leistungen zur Teilhabe umfassen die notwendigen Sozialleistungen, um unabhängig von der Ursache der Behinderung

1. die Behinderung abzuwenden, zu beseitigen, zu mindern, ihre Verschlimmerung zu verhüten oder ihre Folgen zu mildern,
2. Einschränkungen der Erwerbsfähigkeit oder Pflegebedürftigkeit zu vermeiden, zu überwinden, zu mindern oder eine Verschlimmerung zu verhüten sowie den vorzeitigen Bezug anderer Sozialleistungen zu vermeiden oder laufende Sozialleistungen zu mindern,
3. die Teilhabe am Arbeitsleben entsprechend den Neigungen und Fähigkeiten dauerhaft zu sichern oder
4. die persönliche Entwicklung ganzheitlich zu fördern und die Teilhabe am Leben in der Gesellschaft sowie eine möglichst selbständige und selbstbestimmte Lebensführung zu ermöglichen oder zu erleichtern.

(2) Die Leistungen zur Teilhabe werden zur Erreichung der in Absatz 1 genannten Ziele nach Maßgabe dieses Buches und der für die zuständigen Leistungsträger geltenden besonderen Vorschriften neben anderen Sozialleistungen erbracht. Die Leistungsträger erbringen die Leistungen im Rahmen der für sie geltenden Rechtsvorschriften nach Lage des Einzelfalls so vollständig, umfassend und in gleicher Qualität, dass Leistungen eines anderen Trägers möglichst nicht erforderlich werden.

(3) Leistungen für behinderte oder von Behinderung bedrohte Kinder werden so geplant und gestaltet, dass nach Möglichkeit Kinder nicht von ihrem sozialen Umfeld getrennt und gemeinsam mit nicht behinderten Kindern betreut werden können. Dabei werden behinderte Kinder alters- und entwicklungsentsprechend an der Planung und Ausgestaltung der einzelnen Hilfen beteiligt und ihre Sorgeberechtigten intensiv in Planung und Gestaltung der Hilfen einbezogen.

§ 5 Leistungsgruppen

Zur Teilhabe werden erbracht

1. Leistungen zur medizinischen Rehabilitation,
2. Leistungen zur Teilhabe am Arbeitsleben,
3. unterhaltssichernde und andere ergänzende Leistungen,
4. Leistungen zur Teilhabe am Leben in der Gemeinschaft.

§ 6 Rehabilitationsträger

(1) Träger der Leistungen zur Teilhabe (Rehabilitationsträger) können sein

1. die gesetzlichen Krankenkassen für Leistungen nach § 5 Nr. 1 und 3,
2. die Bundesagentur für Arbeit für Leistungen nach § 5 Nr. 2 und 3,
3. die Träger der gesetzlichen Unfallversicherung für Leistungen nach § 5 Nr. 1 bis 4,
4. die Träger der gesetzlichen Rentenversicherung für Leistungen nach § 5 Nr. 1 bis 3, der Träger der Alterssicherung der Landwirte für Leistungen nach § 5 Nr. 1 und 3,
5. die Träger der Kriegsopferversorgung und die Träger der Kriegsopferfürsorge im

Rahmen des Rechts der sozialen Entschädigung bei Gesundheitsschäden für Leistungen nach § 5 Nr. 1 bis 4,
6. die Träger der öffentlichen Jugendhilfe für Leistungen nach § 5 Nr. 1, 2 und 4,
7. die Träger der Sozialhilfe für Leistungen nach § 5 Nr. 1, 2 und 4.

(2) Die Rehabilitationsträger nehmen ihre Aufgaben selbständig und eigenverantwortlich wahr.

§ 7 Vorbehalt abweichender Regelungen

Die Vorschriften dieses Buches gelten für die Leistungen zur Teilhabe, soweit sich aus den für den jeweiligen Rehabilitationsträger geltenden Leistungsgesetzen nichts Abweichendes ergibt. Die Zuständigkeit und die Voraussetzungen für die Leistungen zur Teilhabe richten sich nach den für den jeweiligen Rehabilitationsträger geltenden Leistungsgesetzen.

§ 8 Vorrang von Leistungen zur Teilhabe

(1) Werden bei einem Rehabilitationsträger Sozialleistungen wegen oder unter Berücksichtigung einer Behinderung oder einer drohenden Behinderung beantragt oder erbracht, prüft dieser unabhängig von der Entscheidung über diese Leistungen, ob Leistungen zur Teilhabe voraussichtlich erfolgreich sind.

(2) Leistungen zur Teilhabe haben Vorrang vor Rentenleistungen, die bei erfolgreichen Leistungen zur Teilhabe nicht oder voraussichtlich erst zu einem späteren Zeitpunkt zu erbringen wären. Dies gilt während des Bezuges einer Rente entsprechend.

(3) Absatz 1 ist auch anzuwenden, um durch Leistungen zur Teilhabe Pflegebedürftigkeit zu vermeiden, zu überwinden, zu mindern oder eine Verschlimmerung zu verhüten.

§ 9 Wunsch- und Wahlrecht der Leistungsberechtigten

(1) Bei der Entscheidung über die Leistungen und bei der Ausführung der Leistungen zur Teilhabe wird berechtigten Wünschen der Leistungsberechtigten entsprochen. Dabei wird auch auf die persönliche Lebenssituation, das Alter, das Geschlecht, die Familie sowie die religiösen und weltanschaulichen Bedürfnisse der Leistungsberechtigten Rücksicht genommen; im Übrigen gilt § 33 des Ersten Buches. Den besonderen Bedürfnissen behinderter Mütter und Väter bei der Erfüllung ihres Erziehungsauftrages sowie den besonderen Bedürfnissen behinderter Kinder wird Rechnung getragen.

(2) Sachleistungen zur Teilhabe, die nicht in Rehabilitationseinrichtungen auszuführen sind, können auf Antrag der Leistungsberechtigten als Geldleistungen erbracht werden, wenn die Leistungen hierdurch voraussichtlich bei gleicher Wirksamkeit wirtschaftlich zumindest gleichwertig ausgeführt werden können. Für die Beurteilung der Wirksamkeit stellen die Leistungsberechtigten dem Rehabilitationsträger geeignete Unterlagen zur Verfügung. Der Rehabilitationsträger begründet durch Bescheid, wenn er den Wünschen des Leistungsberechtigten nach den Absätzen 1 und 2 nicht entspricht.

(3) Leistungen, Dienste und Einrichtungen lassen den Leistungsberechtigten möglichst viel Raum zu eigenverantwortlicher Gestaltung ihrer Lebensumstände und fördern ihre Selbstbestimmung.

(4) Die Leistungen zur Teilhabe bedürfen der Zustimmung der Leistungsberechtigten.

§ 10 Koordinierung der Leistungen

(1) Soweit Leistungen verschiedener Leistungsgruppen oder mehrerer Rehabilitationsträger erforderlich sind, ist der nach § 14 leistende Rehabilitationsträger dafür verantwortlich, dass die beteiligten Rehabilitationsträger im Benehmen miteinander und in Abstimmung mit den Leistungsberechtigten die nach dem individuellen Bedarf voraussichtlich erforderlichen Leistungen funktionsbezogen feststellen und schriftlich so zusammenstellen, dass sie nahtlos ineinander greifen. Die Leistungen werden entsprechend dem Verlauf der Rehabilitation angepasst und darauf ausgerichtet, den Leistungsberechtigten unter Berücksichtigung der Besonderheiten des Einzelfalls die den Zielen der §§ 1 und 4 Abs. 1 entsprechende umfassende Teilhabe am Leben in der Gesellschaft zügig, wirksam, wirtschaftlich und auf Dauer zu ermöglichen. Dabei sichern die Rehabilitationsträger durchgehend das Verfahren entsprechend dem jeweiligen Bedarf und gewährleisten, dass die wirksame und wirtschaftliche Ausführung der Leistungen nach gleichen Maßstäben und Grundsätzen erfolgt.

(2) Absatz 1 gilt entsprechend auch für die Integrationsämter in Bezug auf Leistungen und sonstige Hilfen für schwerbehinderte Menschen nach Teil 2.

(3) Den besonderen Bedürfnissen seelisch behinderter oder von einer solchen Behinderung bedrohter Menschen wird Rechnung getragen.

(4) Die datenschutzrechtlichen Regelungen dieses Gesetzbuchs bleiben unberührt.

§ 11 Zusammenwirken der Leistungen

(1) Soweit es im Einzelfall geboten ist, prüft der zuständige Rehabilitationsträger gleichzeitig mit der Einleitung einer Leistung zur medizinischen Rehabilitation, während ihrer Ausführung und nach ihrem Abschluss, ob durch geeignete Leistungen zur Teilhabe am Arbeitsleben die Erwerbsfähigkeit des behinderten oder von Behinderung bedrohten Menschen erhalten, gebessert oder wiederhergestellt werden kann. Er beteiligt die Bundesagentur für Arbeit nach § 38.

(2) Wird während einer Leistung zur medizinischen Rehabilitation erkennbar, dass der bisherige Arbeitsplatz gefährdet ist, wird mit den Betroffenen sowie dem zuständigen Rehabilitationsträger unverzüglich geklärt, ob Leistungen zur Teilhabe am Arbeitsleben erforderlich sind.

(3) Bei der Prüfung nach den Absätzen 1 und 2 wird zur Klärung eines Hilfebedarfs nach Teil 2 auch das Integrationsamt beteiligt.

§ 12 Zusammenarbeit der Rehabilitationsträger

(1) Im Rahmen der durch Gesetz, Rechtsverordnung oder allgemeine Verwaltungsvorschrift getroffenen Regelungen sind die Rehabilitationsträger verantwortlich, dass

1. die im Einzelfall erforderlichen Leistungen zur Teilhabe nahtlos, zügig sowie nach Gegenstand, Umfang und Ausführung einheitlich erbracht werden,
2. Abgrenzungsfragen einvernehmlich geklärt werden,
3. Beratung entsprechend den in §§ 1 und 4 genannten Zielen geleistet wird,
4. Begutachtungen möglichst nach einheitlichen Grundsätzen durchgeführt werden sowie
5. Prävention entsprechend dem in § 3 genannten Ziel geleistet wird.

(2) Die Rehabilitationsträger und ihre Verbände sollen zur gemeinsamen Wahrnehmung von Aufgaben zur Teilhabe behinderter Menschen insbesondere regionale Arbeitsgemeinschaften bilden. § 88 Abs. 1 Satz 1 und Abs. 2 des Zehnten Buches gilt entsprechend.

§ 13 Gemeinsame Empfehlungen[2]

(1) Die Rehabilitationsträger nach § 6 Abs. 1 Nr. 1 bis 5 vereinbaren zur Sicherung der Zusammenarbeit nach § 12 Abs. 1 gemeinsame Empfehlungen.

(2) Die Rehabilitationsträger nach § 6 Abs. 1 Nr. 1 bis 5 vereinbaren darüber hinaus gemeinsame Empfehlungen,

1. welche Maßnahmen nach § 3 geeignet sind, um den Eintritt einer Behinderung zu vermeiden, sowie über die statistische Erfassung der Anzahl, des Umfangs und der Wirkungen dieser Maßnahmen,
2. in welchen Fällen und in welcher Weise rehabilitationsbedürftigen Menschen notwendige Leistungen zur Teilhabe angeboten werden, insbesondere um eine durch eine Chronifizierung von Erkrankungen bedingte Behinderung zu verhindern,
3. in welchen Fällen und in welcher Weise die Klärung der im Einzelfall anzustrebenden Ziele und des Bedarfs an Leistungen schriftlich festzuhalten ist sowie über die Ausgestaltung des in § 14 bestimmten Verfahrens,
4. in welcher Weise die Bundesagentur für Arbeit von den übrigen Rehabilitationsträgern nach § 38 zu beteiligen ist,
5. wie Leistungen zur Teilhabe zwischen verschiedenen Trägern koordiniert werden,
6. in welcher Weise und in welchem Umfang Selbsthilfegruppen, -organisationen und -kontaktstellen, die sich die Prävention, Rehabilitation, Früherkennung und Bewältigung von Krankheiten und Behinderungen zum Ziel gesetzt haben, gefördert werden,
7. (weggefallen)
8. in welchen Fällen und in welcher Weise der behandelnde Hausarzt oder Facharzt und der Betriebs- oder Werksarzt in die Einleitung und Ausführung von Leistungen zur Teilhabe einzubinden sind,
9. zu einem Informationsaustausch mit behinderten Beschäftigten, Arbeitgebern und den in § 83 genannten Vertretungen zur möglichst frühzeitigen Erkennung des individuellen Bedarfs voraussichtlich erforderlicher Leistungen zur Teilhabe sowie

---

2 Gültig ab 01.01.2013; in der bis 31.12.2012 gültigen Fassung war in Abs. 4 und in Abs. 8 Satz 1 jeweils noch ergänzt: »… Träger der Renten-, Kranken- und Unfallversicherung **sowie der Alterssicherung der Landwirte** …«.

10. über ihre Zusammenarbeit mit Sozialdiensten und vergleichbaren Stellen.

(3) Bestehen für einen Rehabilitationsträger Rahmenempfehlungen auf Grund gesetzlicher Vorschriften und soll bei den gemeinsamen Empfehlungen von diesen abgewichen werden oder sollen die gemeinsamen Empfehlungen Gegenstände betreffen, die nach den gesetzlichen Vorschriften Gegenstand solcher Rahmenempfehlungen werden sollen, stellt der Rehabilitationsträger das Einvernehmen mit den jeweiligen Partnern der Rahmenempfehlungen sicher.

(4) Die Träger der Renten-, Kranken- und Unfallversicherung können sich bei der Vereinbarung der gemeinsamen Empfehlungen durch ihre Spitzenverbände vertreten lassen.

(5) An der Vorbereitung der gemeinsamen Empfehlungen werden die Träger der Sozialhilfe und der öffentlichen Jugendhilfe über die Bundesvereinigung der Kommunalen Spitzenverbände, die Bundesarbeitsgemeinschaft der überörtlichen Träger der Sozialhilfe, die Bundesarbeitsgemeinschaft der Landesjugendämter sowie die Integrationsämter in Bezug auf Leistungen und sonstige Hilfen für schwerbehinderte Menschen nach dem Teil 2 über die Bundesarbeitsgemeinschaft der Integrationsämter und Hauptfürsorgestellen, beteiligt. Die Träger der Sozialhilfe und der öffentlichen Jugendhilfe orientieren sich bei der Wahrnehmung ihrer Aufgaben nach diesem Buch an den vereinbarten Empfehlungen oder können diesen beitreten.

(6) Die Verbände behinderter Menschen einschließlich der Verbände der Freien Wohlfahrtspflege, der Selbsthilfegruppen und der Interessenvertretungen behinderter Frauen sowie die für die Wahrnehmung der Interessen der ambulanten und stationären Rehabilitationseinrichtungen auf Bundesebene maßgeblichen Spitzenverbände werden an der Vorbereitung der gemeinsamen Empfehlungen beteiligt. Ihren Anliegen wird bei der Ausgestaltung der Empfehlungen nach Möglichkeit Rechnung getragen. Die Empfehlungen berücksichtigen auch die besonderen Bedürfnisse behinderter oder von Behinderung bedrohter Frauen und Kinder.

(7) Die beteiligten Rehabilitationsträger vereinbaren die gemeinsamen Empfehlungen im Rahmen der Bundesarbeitsgemeinschaft für Rehabilitation im Benehmen mit dem Bundesministerium für Arbeit und Soziales und den Ländern auf der Grundlage eines von ihnen innerhalb der Bundesarbeitsgemeinschaft vorbereiteten Vorschlags. Der Bundesbeauftragte für den Datenschutz wird beteiligt. Hat das Bundesministerium für Arbeit und Soziales zu einem Vorschlag aufgefordert, legt die Bundesarbeitsgemeinschaft für Rehabilitation den Vorschlag innerhalb von sechs Monaten vor. Dem Vorschlag wird gefolgt, wenn ihm berechtigte Interessen eines Rehabilitationsträgers nicht entgegenstehen. Einwände nach Satz 4 sind innerhalb von vier Wochen nach Vorlage des Vorschlags auszuräumen.

(8) Die Rehabilitationsträger teilen der Bundesarbeitsgemeinschaft für Rehabilitation alle zwei Jahre ihre Erfahrungen mit den gemeinsamen Empfehlungen mit, die Träger der Renten-, Kranken- und Unfallversicherung über ihre Spitzenverbände. Die Bundesarbeitsgemeinschaft für Rehabilitation stellt dem Bundesministerium für Arbeit und Soziales und den Ländern eine Zusammenfassung zur Verfügung.

(9) Die gemeinsamen Empfehlungen können durch die regional zuständigen Rehabilitationsträger konkretisiert werden.

§ 14 Zuständigkeitsklärung

(1) Werden Leistungen zur Teilhabe beantragt, stellt der Rehabilitationsträger innerhalb von zwei Wochen nach Eingang des Antrages bei ihm fest, ob er nach dem für ihn geltenden Leistungsgesetz für die Leistung zuständig ist; bei den Krankenkassen umfasst die Prüfung auch die Leistungspflicht nach § 40 Abs. 4 des Fünften Buches. Stellt er bei der Prüfung fest, dass er für die Leistung nicht zuständig ist, leitet er den Antrag unverzüglich dem nach seiner Auffassung zuständigen Rehabilitationsträger zu. Muss für eine solche Feststellung die Ursache der Behinderung geklärt werden und ist diese Klärung in der Frist nach Satz 1 nicht möglich, wird der Antrag unverzüglich dem Rehabilitationsträger zugeleitet, der die Leistung ohne Rücksicht auf die Ursache erbringt. Wird der Antrag bei der Bundesagentur für Arbeit gestellt, werden bei der Prüfung nach den Sätzen 1 und 2 Feststellungen nach § 11 Abs. 2a Nr. 1 des Sechsten Buches und § 22 Abs. 2 des Dritten Buches nicht getroffen.

(2) Wird der Antrag nicht weitergeleitet, stellt der Rehabilitationsträger den Rehabilitationsbedarf unverzüglich fest. Muss für diese Feststellung ein Gutachten nicht eingeholt werden, entscheidet der Rehabilitationsträger innerhalb von drei Wochen nach Antragseingang. Wird der Antrag weitergeleitet, gelten die Sätze 1 und 2 für den Rehabilitationsträger, an den der Antrag weitergeleitet worden ist, entsprechend; die in Satz 2 genannte Frist beginnt mit dem Eingang bei diesem Rehabilitationsträger. Ist für die Feststellung des Rehabilitationsbedarfs ein Gutachten erforderlich, wird die Entscheidung innerhalb von zwei Wochen nach Vorliegen des Gutachtens getroffen. Kann der Rehabilitationsträger, an den der Antrag weitergeleitet worden ist, für die beantragte Leistung nicht Rehabilitationsträger nach § 6 Abs. 1 sein, klärt er unverzüglich mit dem nach seiner Auffassung zuständigen Rehabilitationsträger, von wem und in welcher Weise über den Antrag innerhalb der Fristen nach den Sätzen 2 und 4 entschieden wird und unterrichtet hierüber den Antragsteller.

(3) Die Absätze 1 und 2 gelten sinngemäß, wenn der Rehabilitationsträger Leistungen von Amts wegen erbringt. Dabei tritt an die Stelle des Tages der Antragstellung der Tag der Kenntnis des voraussichtlichen Rehabilitationsbedarfs.

(4) Wird nach Bewilligung der Leistung durch einen Rehabilitationsträger nach Absatz 1 Satz 2 bis 4 festgestellt, dass ein anderer Rehabilitationsträger für die Leistung zuständig ist, erstattet dieser dem Rehabilitationsträger, der die Leistung erbracht hat, dessen Aufwendungen nach den für diesen geltenden Rechtsvorschriften. Die Bundesagentur für Arbeit leitet für die Klärung nach Satz 1 Anträge auf Leistungen zur Teilhabe am Arbeitsleben zur Feststellung nach § 11 Abs. 2a Nr. 1 des Sechsten Buches an die Träger der Rentenversicherung nur weiter, wenn sie konkrete Anhaltspunkte dafür hat, dass der Träger der Rentenversicherung zur Leistung einer Rente unabhängig von der jeweiligen Arbeitsmarktlage verpflichtet sein könnte. Für unzuständige Rehabilitationsträger, die eine Leistung nach Absatz 2 Satz 1 und 2 erbracht haben, ist § 105 des Zehnten Buches nicht anzuwenden, es sei denn, die Rehabilitationsträger vereinbaren Abweichendes.

(5) Der Rehabilitationsträger stellt sicher, dass er Sachverständige beauftragen kann, bei denen Zugangs- und Kommunikationsbarrieren nicht bestehen. Ist für die Fest-

stellung des Rehabilitationsbedarfs ein Gutachten erforderlich, beauftragt der Rehabilitationsträger unverzüglich einen geeigneten Sachverständigen. Er benennt den Leistungsberechtigten in der Regel drei möglichst wohnortnahe Sachverständige unter Berücksichtigung bestehender sozialmedizinischer Dienste. Haben sich Leistungsberechtigte für einen benannten Sachverständigen entschieden, wird dem Wunsch Rechnung getragen. Der Sachverständige nimmt eine umfassende sozialmedizinische, bei Bedarf auch psychologische Begutachtung vor und erstellt das Gutachten innerhalb von zwei Wochen nach Auftragserteilung. Die in dem Gutachten getroffenen Feststellungen zum Rehabilitationsbedarf werden den Entscheidungen der Rehabilitationsträger zugrunde gelegt. Die gesetzlichen Aufgaben der Gesundheitsämter bleiben unberührt.

(6) Hält der leistende Rehabilitationsträger weitere Leistungen zur Teilhabe für erforderlich und kann er für diese Leistungen nicht Rehabilitationsträger nach § 6 Abs. 1 sein, wird Absatz 1 Satz 2 entsprechend angewendet. Die Leistungsberechtigten werden hierüber unterrichtet.

§ 15 Erstattung selbstbeschaffter Leistungen

(1) Kann über den Antrag auf Leistungen zur Teilhabe nicht innerhalb der in § 14 Abs. 2 genannten Fristen entschieden werden, teilt der Rehabilitationsträger dies den Leistungsberechtigten unter Darlegung der Gründe rechtzeitig mit. Erfolgt die Mitteilung nicht oder liegt ein zureichender Grund nicht vor, können Leistungsberechtigte dem Rehabilitationsträger eine angemessene Frist setzen und dabei erklären, dass sie sich nach Ablauf der Frist die erforderliche Leistung selbst beschaffen. Beschaffen sich Leistungsberechtigte nach Ablauf der Frist eine erforderliche Leistung selbst, ist der zuständige Rehabilitationsträger unter Beachtung der Grundsätze der Wirtschaftlichkeit und Sparsamkeit zur Erstattung der Aufwendungen verpflichtet. Die Erstattungspflicht besteht auch, wenn der Rehabilitationsträger eine unaufschiebbare Leistung nicht rechtzeitig erbringen kann oder er eine Leistung zu Unrecht abgelehnt hat. Die Sätze 1 bis 3 gelten nicht für die Träger der Sozialhilfe, der öffentlichen Jugendhilfe und der Kriegsopferfürsorge.

(2) Die Rehabilitationsträger erfassen,

1. in wie vielen Fällen die Fristen nach § 14 nicht eingehalten wurden,
2. in welchem Umfang sich die Verfahrensdauer vom Eingang der Anträge bis zur Entscheidung über die Anträge verringert hat,
3. in wie vielen Fällen eine Kostenerstattung nach Absatz 1 Satz 3 und 4 erfolgt ist.

§ 16 Verordnungsermächtigung

Vereinbaren die Rehabilitationsträger nicht innerhalb von sechs Monaten, nachdem das Bundesministerium für Arbeit und Soziales sie dazu aufgefordert hat, gemeinsame Empfehlungen nach § 13 oder ändern sie unzureichend gewordene Empfehlungen nicht innerhalb dieser Frist, kann das Bundesministerium für Arbeit und Soziales Regelungen durch Rechtsverordnung mit Zustimmung des Bundesrates erlassen.

Kapitel 2
Ausführung von Leistungen zur Teilhabe

§ 17 Ausführung von Leistungen, Persönliches Budget

(1) Der zuständige Rehabilitationsträger kann Leistungen zur Teilhabe
1. allein oder gemeinsam mit anderen Leistungsträgern,
2. durch andere Leistungsträger oder
3. unter Inanspruchnahme von geeigneten, insbesondere auch freien und gemeinnützigen oder privaten Rehabilitationsdiensten und -einrichtungen (§ 19)

ausführen. Er bleibt für die Ausführung der Leistungen verantwortlich. Satz 1 gilt insbesondere dann, wenn der Rehabilitationsträger die Leistung dadurch wirksamer oder wirtschaftlicher erbringen kann.

(2) Auf Antrag können Leistungen zur Teilhabe auch durch ein Persönliches Budget ausgeführt werden, um den Leistungsberechtigten in eigener Verantwortung ein möglichst selbstbestimmtes Leben zu ermöglichen. Bei der Ausführung des Persönlichen Budgets sind nach Maßgabe des individuell festgestellten Bedarfs die Rehabilitationsträger, die Pflegekassen und die Integrationsämter beteiligt. Das Persönliche Budget wird von den beteiligten Leistungsträgern trägerübergreifend als Komplexleistung erbracht. Budgetfähig sind auch die neben den Leistungen nach Satz 1 erforderlichen Leistungen der Krankenkassen und der Pflegekassen, Leistungen der Träger der Unfallversicherung bei Pflegebedürftigkeit sowie Hilfe zur Pflege der Sozialhilfe, die sich auf alltägliche und regelmäßig wiederkehrende Bedarfe beziehen und als Geldleistungen oder durch Gutscheine erbracht werden können. An die Entscheidung ist der Antragsteller für die Dauer von sechs Monaten gebunden.

(3) Persönliche Budgets werden in der Regel als Geldleistung ausgeführt, bei laufenden Leistungen monatlich. In begründeten Fällen sind Gutscheine auszugeben. Persönliche Budgets werden auf der Grundlage der nach § 10 Abs. 1 getroffenen Feststellungen so bemessen, dass der individuell festgestellte Bedarf gedeckt wird und die erforderliche Beratung und Unterstützung erfolgen kann. Dabei soll die Höhe des Persönlichen Budgets die Kosten aller bisher individuell festgestellten, ohne das Persönliche Budget zu erbringenden Leistungen nicht überschreiten.

(4) Enthält das Persönliche Budget Leistungen mehrerer Leistungsträger, erlässt der nach § 14 zuständige der beteiligten Leistungsträger im Auftrag und im Namen der anderen beteiligten Leistungsträger den Verwaltungsakt und führt das weitere Verfahren durch. Ein anderer der beteiligten Leistungsträger kann mit den Aufgaben nach Satz 1 beauftragt werden, wenn die beteiligten Leistungsträger dies in Abstimmung mit den Leistungsberechtigten vereinbaren; in diesem Fall gilt § 93 des Zehnten Buches entsprechend. Die für den handelnden Leistungsträger zuständige Widerspruchsstelle erlässt auch den Widerspruchsbescheid.

(5) § 17 Abs. 3 in der am 30. Juni 2004 geltenden Fassung findet auf Modellvorhaben zur Erprobung der Einführung Persönlicher Budgets weiter Anwendung, die vor Inkrafttreten dieses Gesetzes begonnen haben.

(6) In der Zeit vom 1. Juli 2004 bis zum 31. Dezember 2007 werden Persönliche

Budgets erprobt. Dabei sollen insbesondere modellhaft Verfahren zur Bemessung von budgetfähigen Leistungen in Geld und die Weiterentwicklung von Versorgungsstrukturen unter wissenschaftlicher Begleitung und Auswertung erprobt werden.

§ 18 Leistungsort

Sachleistungen können auch im Ausland erbracht werden, wenn sie dort bei zumindest gleicher Qualität und Wirksamkeit wirtschaftlicher ausgeführt werden können. Leistungen zur Teilhabe am Arbeitsleben können im grenznahen Ausland auch ausgeführt werden, wenn sie für die Aufnahme oder Ausübung einer Beschäftigung oder selbständigen Tätigkeit erforderlich sind.

§ 19 Rehabilitationsdienste und -einrichtungen

(1) Die Rehabilitationsträger wirken gemeinsam unter Beteiligung der Bundesregierung und der Landesregierungen darauf hin, dass die fachlich und regional erforderlichen Rehabilitationsdienste und -einrichtungen in ausreichender Zahl und Qualität zur Verfügung stehen. Dabei achten sie darauf, dass für eine ausreichende Zahl solcher Rehabilitationsdienste und -einrichtungen Zugangs- und Kommunikationsbarrieren nicht bestehen. Die Verbände behinderter Menschen einschließlich der Verbände der Freien Wohlfahrtspflege, der Selbsthilfegruppen und der Interessenvertretungen behinderter Frauen sowie die für die Wahrnehmung der Interessen der ambulanten und stationären Rehabilitationseinrichtungen auf Bundesebene maßgeblichen Spitzenverbände werden beteiligt.

(2) Soweit die Ziele nach Prüfung des Einzelfalls mit vergleichbarer Wirksamkeit erreichbar sind, werden Leistungen unter Berücksichtigung der persönlichen Umstände in ambulanter, teilstationärer oder betrieblicher Form und gegebenenfalls unter Einbeziehung familienentlastender und -unterstützender Dienste erbracht.

(3) Bei Leistungen an behinderte oder von einer Behinderung bedrohte Kinder wird eine gemeinsame Betreuung behinderter und nichtbehinderter Kinder angestrebt.

(4) Nehmen Rehabilitationsträger zur Ausführung von Leistungen besondere Dienste (Rehabilitationsdienste) oder Einrichtungen (Rehabilitationseinrichtungen) in Anspruch, erfolgt die Auswahl danach, welcher Dienst oder welche Einrichtung die Leistung in der am besten geeigneten Form ausführt; dabei werden Dienste und Einrichtungen freier oder gemeinnütziger Träger entsprechend ihrer Bedeutung für die Rehabilitation und Teilhabe behinderter Menschen berücksichtigt und die Vielfalt der Träger von Rehabilitationsdiensten oder -einrichtungen gewahrt sowie deren Selbständigkeit, Selbstverständnis und Unabhängigkeit beachtet. § 35 Abs. 1 Satz 2 Nr. 4 ist anzuwenden.

(5) Rehabilitationsträger können nach den für sie geltenden Rechtsvorschriften Rehabilitationsdienste oder -einrichtungen fördern, wenn dies zweckmäßig ist und die Arbeit dieser Dienste oder Einrichtungen in anderer Weise nicht sichergestellt werden kann.

(6) Rehabilitationsdienste und -einrichtungen mit gleicher Aufgabenstellung sollen Arbeitsgemeinschaften bilden.

§ 20 Qualitätssicherung

(1) Die Rehabilitationsträger nach § 6 Abs. 1 Nr. 1 bis 5 vereinbaren gemeinsame Empfehlungen zur Sicherung und Weiterentwicklung der Qualität der Leistungen, insbesondere zur barrierefreien Leistungserbringung, sowie für die Durchführung vergleichender Qualitätsanalysen als Grundlage für ein effektives Qualitätsmanagement der Leistungserbringer. § 13 Abs. 4 ist entsprechend anzuwenden. Die Rehabilitationsträger nach § 6 Abs. 1 Nr. 6 und 7 können den Empfehlungen beitreten.

(2) Die Erbringer von Leistungen stellen ein Qualitätsmanagement sicher, das durch zielgerichtete und systematische Verfahren und Maßnahmen die Qualität der Versorgung gewährleistet und kontinuierlich verbessert. Stationäre Rehabilitationseinrichtungen haben sich an dem Zertifizierungsverfahren nach Absatz 2 a zu beteiligen.

(2 a) Die Spitzenverbände der Rehabilitationsträger nach § 6 Abs. 1 Nr. 1 und 3 bis 5 vereinbaren im Rahmen der Bundesarbeitsgemeinschaft für Rehabilitation grundsätzliche Anforderungen an ein einrichtungsinternes Qualitätsmanagement nach Absatz 2 Satz 1 sowie ein einheitliches, unabhängiges Zertifizierungsverfahren, mit dem die erfolgreiche Umsetzung des Qualitätsmanagements in regelmäßigen Abständen nachgewiesen wird. Den für die Wahrnehmung der Interessen der stationären Rehabilitationseinrichtungen auf Bundesebene maßgeblichen Spitzenverbänden sowie den Verbänden behinderter Menschen einschließlich der Verbände der Freien Wohlfahrtspflege, der Selbsthilfegruppen und der Interessenvertretungen behinderter Frauen ist Gelegenheit zur Stellungnahme zu geben.

(3) Die Bundesarbeitsgemeinschaft für Rehabilitation bereitet die Empfehlungen nach Absatz 1 vor. Sie beteiligt die Verbände behinderter Menschen einschließlich der Verbände der Freien Wohlfahrtspflege, der Selbsthilfegruppen und der Interessenvertretungen behinderter Frauen sowie die nach § 19 Abs. 6 gebildeten Arbeitsgemeinschaften und die für die Wahrnehmung der Interessen der ambulanten und stationären Rehabilitationseinrichtungen auf Bundesebene maßgeblichen Spitzenverbände. Deren Anliegen wird bei der Ausgestaltung der Empfehlungen nach Möglichkeit Rechnung getragen.

(4) § 13 Abs. 3 ist entsprechend anzuwenden für Vereinbarungen auf Grund gesetzlicher Vorschriften für die Rehabilitationsträger.

§ 21 Verträge mit Leistungserbringern

(1) Die Verträge über die Ausführung von Leistungen durch Rehabilitationsdienste und -einrichtungen, die nicht in der Trägerschaft eines Rehabilitationsträgers stehen, enthalten insbesondere Regelungen über

1. Qualitätsanforderungen an die Ausführung der Leistungen, das beteiligte Personal und die begleitenden Fachdienste,
2. Übernahme von Grundsätzen der Rehabilitationsträger zur Vereinbarung von Vergütungen,
3. Rechte und Pflichten der Teilnehmer, soweit sich diese nicht bereits aus dem Rechtsverhältnis ergeben, das zwischen ihnen und dem Rehabilitationsträger besteht,

4. angemessene Mitwirkungsmöglichkeiten der Teilnehmer an der Ausführung der Leistungen,
5. Geheimhaltung personenbezogener Daten sowie
6. die Beschäftigung eines angemessenen Anteils behinderter, insbesondere schwerbehinderter Frauen,
7. das Angebot, Beratung durch den Träger der öffentlichen Jugendhilfe bei gewichtigen Anhaltspunkten für eine Kindeswohlgefährdung in Anspruch zu nehmen.

(2) Die Rehabilitationsträger wirken darauf hin, dass die Verträge nach einheitlichen Grundsätzen abgeschlossen werden; sie können über den Inhalt der Verträge gemeinsame Empfehlungen nach § 13 sowie Rahmenverträge mit den Arbeitsgemeinschaften der Rehabilitationsdienste und -einrichtungen vereinbaren. Der Bundesbeauftragte für den Datenschutz wird beteiligt.

(3) Verträge mit fachlich nicht geeigneten Diensten oder Einrichtungen werden gekündigt. Stationäre Rehabilitationseinrichtungen sind nur dann als geeignet anzusehen, wenn sie nach § 20 Abs. 2 Satz 2 zertifiziert sind.

(4) Absatz 1 Nr. 1 und 3 bis 6 wird für eigene Einrichtungen der Rehabilitationsträger entsprechend angewendet.

§ 21 a Verordnungsermächtigung

Das Bundesministerium für Arbeit und Soziales wird ermächtigt, durch Rechtsverordnung mit Zustimmung des Bundesrates Näheres zum Inhalt und Ausführung des Persönlichen Budgets, zum Verfahren sowie zur Zuständigkeit bei Beteiligung mehrerer Leistungsträger zu regeln.

Kapitel 3
Gemeinsame Servicestellen

§ 22 Aufgaben

(1) Gemeinsame örtliche Servicestellen der Rehabilitationsträger bieten behinderten und von Behinderung bedrohten Menschen, ihren Vertrauenspersonen und Personensorgeberechtigten nach § 60 Beratung und Unterstützung an. Die Beratung und Unterstützung umfasst insbesondere,

1. über Leistungsvoraussetzungen, Leistungen der Rehabilitationsträger, besondere Hilfen im Arbeitsleben sowie über die Verwaltungsabläufe zu informieren,
2. bei der Klärung des Rehabilitationsbedarfs, bei der Inanspruchnahme von Leistungen zur Teilhabe, bei der Inanspruchnahme eines Persönlichen Budgets und der besonderen Hilfen im Arbeitsleben sowie bei der Erfüllung von Mitwirkungspflichten zu helfen,
3. zu klären, welcher Rehabilitationsträger zuständig ist, auf klare und sachdienliche Anträge hinzuwirken und sie an den zuständigen Rehabilitationsträger weiterzuleiten,

4. bei einem Rehabilitationsbedarf, der voraussichtlich ein Gutachten erfordert, den zuständigen Rehabilitationsträger darüber zu informieren,
5. die Entscheidung des zuständigen Rehabilitationsträgers in Fällen, in denen die Notwendigkeit von Leistungen zur Teilhabe offenkundig ist, so umfassend vorzubereiten, dass dieser unverzüglich entscheiden kann,
6. bis zur Entscheidung oder Leistung des Rehabilitationsträgers den behinderten oder von Behinderung bedrohten Menschen unterstützend zu begleiten,
7. bei den Rehabilitationsträgern auf zeitnahe Entscheidungen und Leistungen hinzuwirken und
8. zwischen mehreren Rehabilitationsträgern und Beteiligten auch während der Leistungserbringung zu koordinieren und zu vermitteln.

Die Beratung umfasst unter Beteiligung der Integrationsämter auch die Klärung eines Hilfebedarfs nach Teil 2 dieses Buches. Die Pflegekassen werden bei drohender oder bestehender Pflegebedürftigkeit an der Beratung und Unterstützung durch die gemeinsamen Servicestellen beteiligt. Verbände behinderter Menschen einschließlich der Verbände der Freien Wohlfahrtspflege, der Selbsthilfegruppen und der Interessenvertretungen behinderter Frauen werden mit Einverständnis der behinderten Menschen an der Beratung beteiligt.

(2) § 14 des Ersten Buches und § 10 Abs. 2 und § 11 Abs. 1 bis 3 und 5 des Zwölften Buches bleiben unberührt. Auskünfte nach § 15 des Ersten Buches über Leistungen zur Teilhabe erteilen alle Rehabilitationsträger.

§ 23 Servicestellen

(1) Die Rehabilitationsträger stellen unter Nutzung bestehender Strukturen sicher, dass in allen Landkreisen und kreisfreien Städten gemeinsame Servicestellen bestehen. Gemeinsame Servicestellen können für mehrere kleine Landkreise oder kreisfreie Städte eingerichtet werden, wenn eine ortsnahe Beratung und Unterstützung behinderter und von Behinderung bedrohter Menschen gewährleistet ist. In den Ländern Berlin, Bremen und Hamburg werden die Servicestellen entsprechend dem besonderen Verwaltungsaufbau dieser Länder eingerichtet.

(2) Die zuständigen obersten Landessozialbehörden wirken mit Unterstützung der Spitzenverbände der Rehabilitationsträger darauf hin, dass die gemeinsamen Servicestellen unverzüglich eingerichtet werden.

(3) Die gemeinsamen Servicestellen werden so ausgestattet, dass sie ihre Aufgaben umfassend und qualifiziert erfüllen können, Zugangs- und Kommunikationsbarrieren nicht bestehen und Wartezeiten in der Regel vermieden werden. Hierfür wird besonders qualifiziertes Personal mit breiten Fachkenntnissen insbesondere des Rehabilitationsrechts und der Praxis eingesetzt. § 112 Abs. 3 ist sinngemäß anzuwenden.

(4) In den Servicestellen dürfen Sozialdaten nur erhoben, verarbeitet und genutzt werden, soweit dies zur Erfüllung der Aufgaben nach § 22 Abs. 1 erforderlich ist.

§ 24 Bericht

(1) Die Rehabilitationsträger, die Träger der Renten-, Kranken- und Unfallversicherung über ihre Spitzenverbände, teilen der Bundesarbeitsgemeinschaft für Rehabilitation im Abstand von drei Jahren, erstmals im Jahre 2004, ihre Erfahrungen über die Einrichtung der gemeinsamen Servicestellen, die Durchführung und Erfüllung ihrer Aufgaben, die Einhaltung des Datenschutzes und mögliche Verbesserungen mit. Personenbezogene Daten werden anonymisiert.

(2) Die Bundesarbeitsgemeinschaft für Rehabilitation bereitet die Mitteilungen der Rehabilitationsträger auf, beteiligt hierbei die zuständigen obersten Landessozialbehörden, erörtert die Mitteilungen auf Landesebene mit den Verbänden behinderter Menschen einschließlich der Verbände der Freien Wohlfahrtspflege, der Selbsthilfegruppen und der Interessenvertretungen behinderter Frauen und berichtet unverzüglich dem Bundesministerium für Arbeit und Soziales und den Ländern.

§ 25 Verordnungsermächtigung

Sind gemeinsame Servicestellen nach § 23 Abs. 1 nicht bis zum 31. Dezember 2002 in allen Landkreisen und kreisfreien Städten eingerichtet, bestimmt das Bundesministerium für Arbeit und Soziales durch Rechtsverordnung mit Zustimmung des Bundesrates das Nähere über den Ort der Einrichtung, den Rehabilitationsträger, bei dem die gemeinsame Servicestelle eingerichtet wird und der für die Einrichtung verantwortlich ist, den Zeitpunkt, zu dem die Einrichtung abgeschlossen sein muss, sowie über die Organisation, insbesondere entsprechend ihrem Anteil an den Leistungen zur Teilhabe über Art und Umfang der Beteiligung der Rehabilitationsträger in den gemeinsamen Servicestellen.

Kapitel 4
Leistungen zur medizinischen Rehabilitation

§ 26 Leistungen zur medizinischen Rehabilitation

(1) Zur medizinischen Rehabilitation behinderter und von Behinderung bedrohter Menschen werden die erforderlichen Leistungen erbracht, um

1. Behinderungen einschließlich chronischer Krankheiten abzuwenden, zu beseitigen, zu mindern, auszugleichen, eine Verschlimmerung zu verhüten oder
2. Einschränkungen der Erwerbsfähigkeit und Pflegebedürftigkeit zu vermeiden, zu überwinden, zu mindern, eine Verschlimmerung zu verhüten sowie den vorzeitigen Bezug von laufenden Sozialleistungen zu vermeiden oder laufende Sozialleistungen zu mindern.

(2) Leistungen zur medizinischen Rehabilitation umfassen insbesondere

1. Behandlung durch Ärzte, Zahnärzte und Angehörige anderer Heilberufe, soweit deren Leistungen unter ärztlicher Aufsicht oder auf ärztliche Anordnung ausgeführt werden, einschließlich der Anleitung, eigene Heilungskräfte zu entwickeln,

2. Früherkennung und Frühförderung behinderter und von Behinderung bedrohter Kinder,
3. Arznei- und Verbandmittel,
4. Heilmittel einschließlich physikalischer, Sprach- und Beschäftigungstherapie,
5. Psychotherapie als ärztliche und psychotherapeutische Behandlung,
6. Hilfsmittel,
7. Belastungserprobung und Arbeitstherapie.

(3) Bestandteil der Leistungen nach Absatz 1 sind auch medizinische, psychologische und pädagogische Hilfen, soweit diese Leistungen im Einzelfall erforderlich sind, um die in Absatz 1 genannten Ziele zu erreichen oder zu sichern und Krankheitsfolgen zu vermeiden, zu überwinden, zu mindern oder ihre Verschlimmerung zu verhüten, insbesondere

1. Hilfen zur Unterstützung bei der Krankheits- und Behinderungsverarbeitung,
2. Aktivierung von Selbsthilfepotentialen,
3. mit Zustimmung der Leistungsberechtigten Information und Beratung von Partnern und Angehörigen sowie von Vorgesetzten und Kollegen,
4. Vermittlung von Kontakten zu örtlichen Selbsthilfe- und Beratungsmöglichkeiten,
5. Hilfen zur seelischen Stabilisierung und zur Förderung der sozialen Kompetenz, unter anderem durch Training sozialer und kommunikativer Fähigkeiten und im Umgang mit Krisensituationen,
6. Training lebenspraktischer Fähigkeiten,
7. Anleitung und Motivation zur Inanspruchnahme von Leistungen der medizinischen Rehabilitation.

§ 27 Krankenbehandlung und Rehabilitation

Die in § 26 Abs. 1 genannten Ziele sowie § 10 gelten auch bei Leistungen der Krankenbehandlung.

§ 28 Stufenweise Wiedereingliederung

Können arbeitsunfähige Leistungsberechtigte nach ärztlicher Feststellung ihre bisherige Tätigkeit teilweise verrichten und können sie durch eine stufenweise Wiederaufnahme ihrer Tätigkeit voraussichtlich besser wieder in das Erwerbsleben eingegliedert werden, sollen die medizinischen und die sie ergänzenden Leistungen entsprechend dieser Zielsetzung erbracht werden.

§ 29 Förderung der Selbsthilfe

Selbsthilfegruppen, -organisationen und -kontaktstellen, die sich die Prävention, Rehabilitation, Früherkennung, Behandlung und Bewältigung von Krankheiten und Behinderungen zum Ziel gesetzt haben, sollen nach einheitlichen Grundsätzen gefördert werden.

§ 30 Früherkennung und Frühförderung

(1) Die medizinischen Leistungen zur Früherkennung und Frühförderung behinderter und von Behinderung bedrohter Kinder nach § 26 Abs. 2 Nr. 2 umfassen auch

1. die medizinischen Leistungen der mit dieser Zielsetzung fachübergreifend arbeitenden Dienste und Einrichtungen,
2. nichtärztliche sozialpädiatrische, psychologische, heilpädagogische, psychosoziale Leistungen und die Beratung der Erziehungsberechtigten, auch in fachübergreifend arbeitenden Diensten und Einrichtungen, wenn sie unter ärztlicher Verantwortung erbracht werden und erforderlich sind, um eine drohende oder bereits eingetretene Behinderung zum frühestmöglichen Zeitpunkt zu erkennen und einen individuellen Behandlungsplan aufzustellen.

Leistungen nach Satz 1 werden als Komplexleistung in Verbindung mit heilpädagogischen Leistungen (§ 56) erbracht.

(2) Leistungen zur Früherkennung und Frühförderung behinderter und von Behinderung bedrohter Kinder umfassen des Weiteren nichtärztliche therapeutische, psychologische, heilpädagogische, sonderpädagogische, psychosoziale Leistungen und die Beratung der Erziehungsberechtigten durch interdisziplinäre Frühförderstellen, wenn sie erforderlich sind, um eine drohende oder bereits eingetretene Behinderung zum frühestmöglichen Zeitpunkt zu erkennen oder die Behinderung durch gezielte Förder- und Behandlungsmaßnahmen auszugleichen oder zu mildern.

(3) Zur Abgrenzung der in den Absätzen 1 und 2 genannten Leistungen und der sonstigen Leistungen dieser Dienste und Einrichtungen, zur Übernahme oder Teilung der Kosten zwischen den beteiligten Rehabilitationsträgern, zur Vereinbarung und Abrechnung der Entgelte sowie zur Finanzierung werden gemeinsame Empfehlungen vereinbart; § 13 Abs. 3, 4 und 6 gilt entsprechend. Landesrecht kann vorsehen, dass an der Komplexleistung weitere Stellen, insbesondere die Kultusverwaltung, zu beteiligen sind. In diesem Fall ist eine Erweiterung der gemeinsamen Empfehlungen anzustreben.

§ 31 Hilfsmittel

(1) Hilfsmittel (Körperersatzstücke sowie orthopädische und andere Hilfsmittel) nach § 26 Abs. 2 Nr. 6 umfassen die Hilfen, die von den Leistungsempfängern getragen oder mitgeführt oder bei einem Wohnungswechsel mitgenommen werden können und unter Berücksichtigung der Umstände des Einzelfalles erforderlich sind, um

1. einer drohenden Behinderung vorzubeugen,
2. den Erfolg einer Heilbehandlung zu sichern oder
3. eine Behinderung bei der Befriedigung von Grundbedürfnissen des täglichen Lebens auszugleichen, soweit sie nicht allgemeine Gebrauchsgegenstände des täglichen Lebens sind.

(2) Der Anspruch umfasst auch die notwendige Änderung, Instandhaltung, Ersatzbeschaffung sowie die Ausbildung im Gebrauch der Hilfsmittel. Der Rehabilitationsträger soll

1. vor einer Ersatzbeschaffung prüfen, ob eine Änderung oder Instandsetzung von bisher benutzten Hilfsmitteln wirtschaftlicher und gleich wirksam ist,

2. die Bewilligung der Hilfsmittel davon abhängig machen, dass die behinderten Menschen sie sich anpassen oder sich in ihrem Gebrauch ausbilden lassen.

(3) Wählen Leistungsempfänger ein geeignetes Hilfsmittel in einer aufwendigeren Ausführung als notwendig, tragen sie die Mehrkosten selbst.

(4) Hilfsmittel können auch leihweise überlassen werden. In diesem Fall gelten die Absätze 2 und 3 entsprechend.

§ 32 Verordnungsermächtigungen

Das Bundesministerium für Arbeit und Soziales wird ermächtigt, durch Rechtsverordnung mit Zustimmung des Bundesrates

1. Näheres zur Abgrenzung der in § 30 Abs. 1 und 2 genannten Leistungen und der sonstigen Leistungen dieser Dienste und Einrichtungen, zur Übernahme oder Teilung der Kosten zwischen den beteiligten Rehabilitationsträgern, zur Vereinbarung und Abrechnung der Entgelte sowie zur Finanzierung zu regeln, wenn gemeinsame Empfehlungen nach § 30 Abs. 3 nicht innerhalb von sechs Monaten, nachdem das Bundesministerium für Arbeit und Soziales dazu aufgefordert hat, vereinbart oder unzureichend gewordene Empfehlungen nicht innerhalb dieser Frist geändert worden sind,
2. Näheres zur Auswahl der im Einzelfall geeigneten Hilfsmittel, insbesondere zum Verfahren, zur Eignungsprüfung, Dokumentation und leihweisen Überlassung der Hilfsmittel sowie zur Zusammenarbeit der anderen Rehabilitationsträger mit den orthopädischen Versorgungsstellen zu regeln.

Kapitel 5
Leistungen zur Teilhabe am Arbeitsleben

§ 33 Leistungen zur Teilhabe am Arbeitsleben

(1) Zur Teilhabe am Arbeitsleben werden die erforderlichen Leistungen erbracht, um die Erwerbsfähigkeit behinderter oder von Behinderung bedrohter Menschen entsprechend ihrer Leistungsfähigkeit zu erhalten, zu verbessern, herzustellen oder wiederherzustellen und ihre Teilhabe am Arbeitsleben möglichst auf Dauer zu sichern.

(2) Behinderten Frauen werden gleiche Chancen im Erwerbsleben gesichert, insbesondere durch in der beruflichen Zielsetzung geeignete, wohnortnahe und auch in Teilzeit nutzbare Angebote.

(3) Die Leistungen umfassen insbesondere

1. Hilfen zur Erhaltung oder Erlangung eines Arbeitsplatzes einschließlich Leistungen zur Aktivierung und beruflichen Eingliederung,
2. Berufsvorbereitung einschließlich einer wegen der Behinderung erforderlichen Grundausbildung,

2 a. individuelle betriebliche Qualifizierung im Rahmen Unterstützter Beschäftigung,

3. berufliche Anpassung und Weiterbildung, auch soweit die Leistungen einen zur Teilnahme erforderlichen schulischen Abschluss einschließen,
4. berufliche Ausbildung, auch soweit die Leistungen in einem zeitlich nicht überwiegenden Abschnitt schulisch durchgeführt werden,
5. Gründungszuschuss entsprechend § 93 des Dritten Buches durch die Rehabilitationsträger nach § 6 Abs. 1 Nr. 2 bis 5,
6. sonstige Hilfen zur Förderung der Teilhabe am Arbeitsleben, um behinderten Menschen eine angemessene und geeignete Beschäftigung oder eine selbständige Tätigkeit zu ermöglichen und zu erhalten.

(4) Bei der Auswahl der Leistungen werden Eignung, Neigung, bisherige Tätigkeit sowie Lage und Entwicklung auf dem Arbeitsmarkt angemessen berücksichtigt. Soweit erforderlich, wird dabei die berufliche Eignung abgeklärt oder eine Arbeitserprobung durchgeführt; in diesem Fall werden die Kosten nach Absatz 7, Reisekosten nach § 53 sowie Haushaltshilfe und Kinderbetreuungskosten nach § 54 übernommen.

(5) Die Leistungen werden auch für Zeiten notwendiger Praktika erbracht.

(6) Die Leistungen umfassen auch medizinische, psychologische und pädagogische Hilfen, soweit diese Leistungen im Einzelfall erforderlich sind, um die in Absatz 1 genannten Ziele zu erreichen oder zu sichern und Krankheitsfolgen zu vermeiden, zu überwinden, zu mindern oder ihre Verschlimmerung zu verhüten, insbesondere
1. Hilfen zur Unterstützung bei der Krankheits- und Behinderungsverarbeitung,
2. Aktivierung von Selbsthilfepotentialen,
3. mit Zustimmung der Leistungsberechtigten Information und Beratung von Partnern und Angehörigen sowie von Vorgesetzten und Kollegen,
4. Vermittlung von Kontakten zu örtlichen Selbsthilfe- und Beratungsmöglichkeiten,
5. Hilfen zur seelischen Stabilisierung und zur Förderung der sozialen Kompetenz, unter anderem durch Training sozialer und kommunikativer Fähigkeiten und im Umgang mit Krisensituationen,
6. Training lebenspraktischer Fähigkeiten,
7. Anleitung und Motivation zur Inanspruchnahme von Leistungen zur Teilhabe am Arbeitsleben,
8. Beteiligung von Integrationsfachdiensten im Rahmen ihrer Aufgabenstellung (§ 110).

(7) Zu den Leistungen gehört auch die Übernahme
1. der erforderlichen Kosten für Unterkunft und Verpflegung, wenn für die Ausführung einer Leistung eine Unterbringung außerhalb des eigenen oder des elterlichen Haushalts wegen Art oder Schwere der Behinderung oder zur Sicherung des Erfolges der Teilhabe notwendig ist,
2. der erforderlichen Kosten, die mit der Ausführung einer Leistung in unmittelbarem Zusammenhang stehen, insbesondere für Lehrgangskosten, Prüfungsgebühren, Lernmittel, Leistungen zur Aktivierung und beruflichen Eingliederung.

(8) Leistungen nach Absatz 3 Nr. 1 und 6 umfassen auch
1. Kraftfahrzeughilfe nach der Kraftfahrzeughilfe-Verordnung,
2. den Ausgleich unvermeidbaren Verdienstausfalls des behinderten Menschen oder

einer erforderlichen Begleitperson wegen Fahrten der An- und Abreise zu einer Bildungsmaßnahme und zur Vorstellung bei einem Arbeitgeber, einem Träger oder einer Einrichtung für behinderte Menschen durch die Rehabilitationsträger nach § 6 Abs. 1 Nr. 2 bis 5,
3. die Kosten einer notwendigen Arbeitsassistenz für schwerbehinderte Menschen als Hilfe zur Erlangung eines Arbeitsplatzes,
4. Kosten für Hilfsmittel, die wegen Art oder Schwere der Behinderung zur Berufsausübung, zur Teilnahme an einer Leistung zur Teilhabe am Arbeitsleben oder zur Erhöhung der Sicherheit auf dem Weg vom und zum Arbeitsplatz und am Arbeitsplatz erforderlich sind, es sei denn, dass eine Verpflichtung des Arbeitgebers besteht oder solche Leistungen als medizinische Leistung erbracht werden können,
5. Kosten technischer Arbeitshilfen, die wegen Art oder Schwere der Behinderung zur Berufsausübung erforderlich sind und
6. Kosten der Beschaffung, der Ausstattung und der Erhaltung einer behinderungsgerechten Wohnung in angemessenem Umfang.

Die Leistung nach Satz 1 Nr. 3 wird für die Dauer von bis zu drei Jahren erbracht und in Abstimmung mit dem Rehabilitationsträger nach § 6 Abs. 1 Nr. 1 bis 5 durch das Integrationsamt nach § 102 Abs. 4 ausgeführt. Der Rehabilitationsträger erstattet dem Integrationsamt seine Aufwendungen. Der Anspruch nach § 102 Abs. 4 bleibt unberührt.

§ 34 Leistungen an Arbeitgeber

(1) Die Rehabilitationsträger nach § 6 Abs. 1 Nr. 2 bis 5 können Leistungen zur Teilhabe am Arbeitsleben auch an Arbeitgeber erbringen, insbesondere als
1. Ausbildungszuschüsse zur betrieblichen Ausführung von Bildungsleistungen,
2. Eingliederungszuschüsse,
3. Zuschüsse für Arbeitshilfen im Betrieb,
4. teilweise oder volle Kostenerstattung für eine befristete Probebeschäftigung.

Die Leistungen können unter Bedingungen und Auflagen erbracht werden.

(2) Ausbildungszuschüsse nach Absatz 1 Satz 1 Nr. 1 können für die gesamte Dauer der Maßnahme geleistet werden und sollen bei Ausbildungsmaßnahmen die von den Arbeitgebern im letzten Ausbildungsjahr zu zahlenden monatlichen Ausbildungsvergütungen nicht übersteigen.

(3) Eingliederungszuschüsse nach Absatz 1 Satz 1 Nr. 2 betragen höchstens 50 vom Hundert der vom Arbeitgeber regelmäßig gezahlten Entgelte, soweit sie die tariflichen Arbeitsentgelte oder, wenn eine tarifliche Regelung nicht besteht, die für vergleichbare Tätigkeiten ortsüblichen Arbeitsentgelte im Rahmen der Beitragsbemessungsgrenze in der Arbeitsförderung nicht übersteigen; die Leistungen sollen im Regelfall für nicht mehr als ein Jahr geleistet werden. Soweit es für die Teilhabe am Arbeitsleben erforderlich ist, können die Leistungen um bis zu 20 Prozentpunkte höher festgelegt und bis zu einer Förderungshöchstdauer von zwei Jahren erbracht werden. Werden sie für mehr als ein Jahr geleistet, sind sie entsprechend der zu erwartenden Zunahme der Leistungsfähigkeit der Leistungsberechtigten und den abnehmenden Eingliederungs-

erfordernissen gegenüber der bisherigen Förderungshöhe, mindestens um zehn Prozentpunkte, zu vermindern. Bei der Berechnung nach Satz 1 wird auch der Anteil des Arbeitgebers am Gesamtsozialversicherungsbeitrag berücksichtigt. Eingliederungszuschüsse werden zurückgezahlt, wenn die Arbeitsverhältnisse während des Förderungszeitraums oder innerhalb eines Zeitraums, der der Förderungsdauer entspricht, längstens jedoch von einem Jahr, nach dem Ende der Leistungen beendet werden; dies gilt nicht, wenn

1. die Leistungsberechtigten die Arbeitsverhältnisse durch Kündigung beenden oder das Mindestalter für den Bezug der gesetzlichen Altersrente erreicht haben oder
2. die Arbeitgeber berechtigt waren, aus wichtigem Grund ohne Einhaltung einer Kündigungsfrist oder aus Gründen, die in der Person oder dem Verhalten des Arbeitnehmers liegen, oder aus dringenden betrieblichen Erfordernissen, die einer Weiterbeschäftigung in diesem Betrieb entgegenstehen, zu kündigen.

Die Rückzahlung ist auf die Hälfte des Förderungsbetrages, höchstens aber den im letzten Jahr vor der Beendigung des Beschäftigungsverhältnisses gewährten Förderungsbetrag begrenzt; ungeförderte Nachbeschäftigungszeiten werden anteilig berücksichtigt.

§ 35 Einrichtungen der beruflichen Rehabilitation

(1) Leistungen werden durch Berufsbildungswerke, Berufsförderungswerke und vergleichbare Einrichtungen der beruflichen Rehabilitation ausgeführt, soweit Art oder Schwere der Behinderung oder die Sicherung des Erfolges die besonderen Hilfen dieser Einrichtungen erforderlich machen. Die Einrichtung muss

1. nach Dauer, Inhalt und Gestaltung der Leistungen, Unterrichtsmethode, Ausbildung und Berufserfahrung der Leitung und der Lehrkräfte sowie der Ausgestaltung der Fachdienste eine erfolgreiche Ausführung der Leistung erwarten lassen,
2. angemessene Teilnahmebedingungen bieten und behinderungsgerecht sein, insbesondere auch die Beachtung der Erfordernisse des Arbeitsschutzes und der Unfallverhütung gewährleisten,
3. den Teilnehmenden und den von ihnen zu wählenden Vertretungen angemessene Mitwirkungsmöglichkeiten an der Ausführung der Leistungen bieten sowie
4. die Leistung nach den Grundsätzen der Wirtschaftlichkeit und Sparsamkeit, insbesondere zu angemessenen Vergütungssätzen, ausführen.

Die zuständigen Rehabilitationsträger vereinbaren hierüber gemeinsame Empfehlungen nach den §§ 13 und 20.

(2) Werden Leistungen zur beruflichen Ausbildung in Einrichtungen der beruflichen Rehabilitation ausgeführt, sollen die Einrichtungen bei Eignung der behinderten Menschen darauf hinwirken, dass Teile dieser Ausbildung auch in Betrieben und Dienststellen durchgeführt werden. Die Einrichtungen der beruflichen Rehabilitation unterstützen die Arbeitgeber bei der betrieblichen Ausbildung und bei der Betreuung der auszubildenden behinderten Jugendlichen.

§ 36 Rechtsstellung der Teilnehmenden

Werden Leistungen in Einrichtungen der beruflichen Rehabilitation ausgeführt, werden die Teilnehmenden nicht in den Betrieb der Einrichtungen eingegliedert. Sie sind keine Arbeitnehmer im Sinne des Betriebsverfassungsgesetzes und wählen zu ihrer Mitwirkung besondere Vertreter. Bei der Ausführung werden die arbeitsrechtlichen Grundsätze über den Persönlichkeitsschutz, die Haftungsbeschränkung sowie die gesetzlichen Vorschriften über den Arbeitsschutz, den Schutz vor Diskriminierungen in Beschäftigung und Beruf, den Erholungsurlaub und die Gleichberechtigung von Männern und Frauen entsprechend angewendet.

§ 37 Dauer von Leistungen

(1) Leistungen werden für die Zeit erbracht, die vorgeschrieben oder allgemein üblich ist, um das angestrebte Teilhabeziel zu erreichen; eine Förderung kann darüber hinaus erfolgen, wenn besondere Umstände dies rechtfertigen.

(2) Leistungen zur beruflichen Weiterbildung sollen in der Regel bei ganztägigem Unterricht nicht länger als zwei Jahre dauern, es sei denn, dass das Teilhabeziel nur über eine länger dauernde Leistung erreicht werden kann oder die Eingliederungsaussichten nur durch eine länger dauernde Leistung wesentlich verbessert werden.

§ 38 Beteiligung der Bundesagentur für Arbeit

Die Bundesagentur für Arbeit nimmt auf Anforderung eines anderen Rehabilitationsträgers zu Notwendigkeit, Art und Umfang von Leistungen unter Berücksichtigung arbeitsmarktlicher Zweckmäßigkeit gutachterlich Stellung. Dies gilt auch, wenn sich die Leistungsberechtigten in einem Krankenhaus oder einer Einrichtung der medizinischen oder der medizinisch-beruflichen Rehabilitation aufhalten.

§ 38 a Unterstützte Beschäftigung

(1) Ziel der Unterstützten Beschäftigung ist, behinderten Menschen mit besonderem Unterstützungsbedarf eine angemessene, geeignete und sozialversicherungspflichtige Beschäftigung zu ermöglichen und zu erhalten. Unterstützte Beschäftigung umfasst eine individuelle betriebliche Qualifizierung und bei Bedarf Berufsbegleitung.

(2) Leistungen zur individuellen betrieblichen Qualifizierung erhalten behinderte Menschen insbesondere, um sie für geeignete betriebliche Tätigkeiten zu erproben, auf ein sozialversicherungspflichtiges Beschäftigungsverhältnis vorzubereiten und bei der Einarbeitung und Qualifizierung auf einem betrieblichen Arbeitsplatz zu unterstützen. Die Leistungen umfassen auch die Vermittlung von berufsübergreifenden Lerninhalten und Schlüsselqualifikationen sowie die Weiterentwicklung der Persönlichkeit der behinderten Menschen. Die Leistungen werden vom zuständigen Rehabilitationsträger nach § 6 Abs. 1 Nr. 2 bis 5 für bis zu zwei Jahre erbracht, soweit sie wegen Art oder Schwere der Behinderung erforderlich sind. Sie können bis zu einer Dauer von weiteren zwölf Monaten verlängert werden, wenn auf Grund der Art oder Schwere der Behinderung der gewünschte nachhaltige Qualifizierungserfolg im Einzelfall nicht anders erreicht werden kann und hinreichend gewährleistet ist, dass eine weitere

Qualifizierung zur Aufnahme einer sozialversicherungspflichtigen Beschäftigung führt.

(3) Leistungen der Berufsbegleitung erhalten behinderte Menschen insbesondere, um nach Begründung eines sozialversicherungspflichtigen Beschäftigungsverhältnisses die zu dessen Stabilisierung erforderliche Unterstützung und Krisenintervention zu gewährleisten. Die Leistungen werden bei Zuständigkeit eines Rehabilitationsträgers nach § 6 Abs. 1 Nr. 3 oder 5 von diesem, im Übrigen von dem Integrationsamt im Rahmen seiner Zuständigkeit erbracht, solange und soweit sie wegen Art oder Schwere der Behinderung zur Sicherung des Beschäftigungsverhältnisses erforderlich sind.

(4) Stellt der Rehabilitationsträger während der individuellen betrieblichen Qualifizierung fest, dass voraussichtlich eine anschließende Berufsbegleitung erforderlich ist, für die ein anderer Leistungsträger zuständig ist, beteiligt er diesen frühzeitig.

(5) Die Unterstützte Beschäftigung kann von Integrationsfachdiensten oder anderen Trägern durchgeführt werden. Mit der Durchführung kann nur beauftragt werden, wer über die erforderliche Leistungsfähigkeit verfügt, um seine Aufgaben entsprechend den individuellen Bedürfnissen der behinderten Menschen erfüllen zu können. Insbesondere müssen die Beauftragten

1. über Fachkräfte verfügen, die eine geeignete Berufsqualifikation, eine psychosoziale oder arbeitspädagogische Zusatzqualifikation und ausreichend Berufserfahrung besitzen,
2. in der Lage sein, den Teilnehmern geeignete individuelle betriebliche Qualifizierungsplätze zur Verfügung zu stellen und ihre berufliche Eingliederung zu unterstützen,
3. über die erforderliche räumliche und sächliche Ausstattung verfügen und
4. ein System des Qualitätsmanagements im Sinne des § 20 Abs. 2 Satz 1 anwenden.

(6) Zur Konkretisierung und Weiterentwicklung der in Absatz 5 genannten Qualitätsanforderungen vereinbaren die Rehabilitationsträger nach § 6 Abs. 1 Nr. 2 bis 5 sowie die Bundesarbeitsgemeinschaft der Integrationsämter und Hauptfürsorgestellen im Rahmen der Bundesarbeitsgemeinschaft für Rehabilitation eine gemeinsame Empfehlung. Die gemeinsame Empfehlung kann auch Ausführungen zu möglichen Leistungsinhalten und zur Zusammenarbeit enthalten. § 13 Abs. 4, 6 und 7 und § 16 gelten entsprechend.

§ 39 Leistungen in Werkstätten für behinderte Menschen

Leistungen in anerkannten Werkstätten für behinderte Menschen (§ 136) werden erbracht, um die Leistungs- oder Erwerbsfähigkeit der behinderten Menschen zu erhalten, zu entwickeln, zu verbessern oder wiederherzustellen, die Persönlichkeit dieser Menschen weiterzuentwickeln und ihre Beschäftigung zu ermöglichen oder zu sichern.

§ 40 Leistungen im Eingangsverfahren und im Berufsbildungsbereich

(1) Leistungen im Eingangsverfahren und im Berufsbildungsbereich einer anerkannten Werkstatt für behinderte Menschen erhalten behinderte Menschen

1. im Eingangsverfahren zur Feststellung, ob die Werkstatt die geeignete Einrichtung

für die Teilhabe des behinderten Menschen am Arbeitsleben ist sowie welche Bereiche der Werkstatt und welche Leistungen zur Teilhabe am Arbeitsleben für den behinderten Menschen in Betracht kommen, und um einen Eingliederungsplan zu erstellen,

2. im Berufsbildungsbereich, wenn die Leistungen erforderlich sind, um die Leistungs- oder Erwerbsfähigkeit des behinderten Menschen so weit wie möglich zu entwickeln, zu verbessern oder wiederherzustellen und erwartet werden kann, dass der behinderte Mensch nach Teilnahme an diesen Leistungen in der Lage ist, wenigstens ein Mindestmaß wirtschaftlich verwertbarer Arbeitsleistung im Sinne des § 136 zu erbringen.

(2) Die Leistungen im Eingangsverfahren werden für drei Monate erbracht. Die Leistungsdauer kann auf bis zu vier Wochen verkürzt werden, wenn während des Eingangsverfahrens im Einzelfall festgestellt wird, dass eine kürzere Leistungsdauer ausreichend ist.

(3) Die Leistungen im Berufsbildungsbereich werden für zwei Jahre erbracht. Sie werden in der Regel für ein Jahr bewilligt. Sie werden für ein weiteres Jahr bewilligt, wenn auf Grund einer rechtzeitig vor Ablauf des Förderzeitraums nach Satz 2 abzugebenden fachlichen Stellungnahme die Leistungsfähigkeit des behinderten Menschen weiterentwickelt oder wiedergewonnen werden kann.

(4) Zeiten der individuellen betrieblichen Qualifizierung im Rahmen einer Unterstützten Beschäftigung nach § 38 a werden zur Hälfte auf die Dauer des Berufsbildungsbereichs angerechnet. Allerdings dürfen die Zeiten individueller betrieblicher Qualifizierung und des Berufsbildungsbereichs insgesamt nicht mehr als 36 Monate betragen.

§ 41 Leistungen im Arbeitsbereich

(1) Leistungen im Arbeitsbereich einer anerkannten Werkstatt für behinderte Menschen erhalten behinderte Menschen, bei denen

1. eine Beschäftigung auf dem allgemeinen Arbeitsmarkt oder
2. Berufsvorbereitung, berufliche Anpassung und Weiterbildung oder berufliche Ausbildung (§ 33 Abs. 3 Nr. 2 bis 4)

wegen Art oder Schwere der Behinderung nicht, noch nicht oder noch nicht wieder in Betracht kommen und die in der Lage sind, wenigstens ein Mindestmaß an wirtschaftlich verwertbarer Arbeitsleistung zu erbringen.

(2) Die Leistungen sind gerichtet auf

1. Aufnahme, Ausübung und Sicherung einer der Eignung und Neigung des behinderten Menschen entsprechenden Beschäftigung,
2. Teilnahme an arbeitsbegleitenden Maßnahmen zur Erhaltung und Verbesserung der im Berufsbildungsbereich erworbenen Leistungsfähigkeit und zur Weiterentwicklung der Persönlichkeit sowie
3. Förderung des Übergangs geeigneter behinderter Menschen auf den allgemeinen Arbeitsmarkt durch geeignete Maßnahmen.

(3) Die Werkstätten erhalten für die Leistungen nach Absatz 2 vom zuständigen Rehabilitationsträger angemessene Vergütungen, die den Grundsätzen der Wirtschaft-

lichkeit, Sparsamkeit und Leistungsfähigkeit entsprechen. Ist der Träger der Sozialhilfe zuständig, sind die Vorschriften nach dem Zehnten Kapitel des Zwölften Buches anzuwenden. Die Vergütungen, in den Fällen des Satzes 2 die Pauschalen und Beträge nach § 76 Abs. 2 des Zwölften Buches, berücksichtigen

1. alle für die Erfüllung der Aufgaben und der fachlichen Anforderungen der Werkstatt notwendigen Kosten sowie
2. die mit der wirtschaftlichen Betätigung der Werkstatt in Zusammenhang stehenden Kosten, soweit diese unter Berücksichtigung der besonderen Verhältnisse in der Werkstatt und der dort beschäftigten behinderten Menschen nach Art und Umfang über die in einem Wirtschaftsunternehmen üblicherweise entstehenden Kosten hinausgehen.

Können die Kosten der Werkstatt nach Satz 3 Nr. 2 im Einzelfall nicht ermittelt werden, kann eine Vergütungspauschale für diese werkstattspezifischen Kosten der wirtschaftlichen Betätigung der Werkstatt vereinbart werden.

(4) Bei der Ermittlung des Arbeitsergebnisses der Werkstatt nach § 12 Abs. 4 der Werkstättenverordnung werden die Auswirkungen der Vergütungen auf die Höhe des Arbeitsergebnisses dargestellt. Dabei wird getrennt ausgewiesen, ob sich durch die Vergütung Verluste oder Gewinne ergeben. Das Arbeitsergebnis der Werkstatt darf nicht zur Minderung der Vergütungen nach Absatz 3 verwendet werden.

§ 42 Zuständigkeit für Leistungen in Werkstätten für behinderte Menschen

(1) Die Leistungen im Eingangsverfahren und im Berufsbildungsbereich erbringen

1. die Bundesagentur für Arbeit, soweit nicht einer der in den Nummern 2 bis 4 genannten Träger zuständig ist,
2. die Träger der Unfallversicherung im Rahmen ihrer Zuständigkeit für durch Arbeitsunfälle Verletzte und von Berufskrankheiten Betroffene,
3. die Träger der Rentenversicherung unter den Voraussetzungen der §§ 11 bis 13 des Sechsten Buches,
4. die Träger der Kriegsopferfürsorge unter den Voraussetzungen der §§ 26 und 26 a des Bundesversorgungsgesetzes.

(2) Die Leistungen im Arbeitsbereich erbringen

1. die Träger der Unfallversicherung im Rahmen ihrer Zuständigkeit für durch Arbeitsunfälle Verletzte und von Berufskrankheiten Betroffene,
2. die Träger der Kriegsopferfürsorge unter den Voraussetzungen des § 27 d Abs. 1 Nr. 3 des Bundesversorgungsgesetzes,
3. die Träger der öffentlichen Jugendhilfe unter den Voraussetzungen des § 35 a des Achten Buches,
4. im Übrigen die Träger der Sozialhilfe unter den Voraussetzungen des Zwölften Buches.

§ 43 Arbeitsförderungsgeld

Die Werkstätten für behinderte Menschen erhalten von dem zuständigen Rehabilitationsträger zur Auszahlung an die im Arbeitsbereich beschäftigten behinderten Menschen zusätzlich zu den Vergütungen nach § 41 Abs. 3 ein Arbeitsförderungsgeld. Das Arbeitsförderungsgeld beträgt monatlich 26 Euro für jeden im Arbeitsbereich beschäftigten behinderten Menschen, dessen Arbeitsentgelt zusammen mit dem Arbeitsförderungsgeld den Betrag von 325 Euro nicht übersteigt. Ist das Arbeitsentgelt höher als 299 Euro, beträgt das Arbeitsförderungsgeld monatlich den Unterschiedsbetrag zwischen dem Arbeitsentgelt und 325 Euro. Erhöhungen der Arbeitsentgelte auf Grund der Zuordnung der Kosten im Arbeitsbereich der Werkstatt gemäß § 41 Abs. 3 des Bundessozialhilfegesetzes in der ab 1. August 1996 geltenden Fassung oder gemäß § 41 Abs. 3 können auf die Zahlung des Arbeitsförderungsgeldes angerechnet werden.

Kapitel 6
Unterhaltssichernde und andere ergänzende Leistungen

§ 44 Ergänzende Leistungen

(1) Die Leistungen zur medizinischen Rehabilitation und zur Teilhabe am Arbeitsleben der in § 6 Abs. 1 Nr. 1 bis 5 genannten Rehabilitationsträger werden ergänzt durch

1. Krankengeld, Versorgungskrankengeld, Verletztengeld, Übergangsgeld, Ausbildungsgeld oder Unterhaltsbeihilfe,
2. Beiträge und Beitragszuschüsse
   a) zur Krankenversicherung nach Maßgabe des Fünften Buches, des Zweiten Gesetzes über die Krankenversicherung der Landwirte sowie des Künstlersozialversicherungsgesetzes,
   b) zur Unfallversicherung nach Maßgabe des Siebten Buches,
   c) zur Rentenversicherung nach Maßgabe des Sechsten Buches sowie des Künstlersozialversicherungsgesetzes,
   d) zur Bundesagentur für Arbeit nach Maßgabe des Dritten Buches,
   e) zur Pflegeversicherung nach Maßgabe des Elften Buches,
3. ärztlich verordneten Rehabilitationssport in Gruppen unter ärztlicher Betreuung und Überwachung, einschließlich Übungen für behinderte oder von Behinderung bedrohte Frauen und Mädchen, die der Stärkung des Selbstbewusstseins dienen,
4. ärztlich verordnetes Funktionstraining in Gruppen unter fachkundiger Anleitung und Überwachung,
5. Reisekosten,
6. Betriebs- oder Haushaltshilfe und Kinderbetreuungskosten.

(2) Ist der Schutz behinderter Menschen bei Krankheit oder Pflege während der Teilnahme an Leistungen zur Teilhabe am Arbeitsleben nicht anderweitig sichergestellt, können die Beiträge für eine freiwillige Krankenversicherung ohne Anspruch auf Krankengeld und zur Pflegeversicherung bei einem Träger der gesetzlichen Kranken- oder Pflegeversicherung oder, wenn dort im Einzelfall ein Schutz nicht gewährleistet ist, die Beiträge zu einem privaten Krankenversicherungsunternehmen er-

bracht werden. Arbeitslose Teilnehmer an Leistungen zur medizinischen Rehabilitation können für die Dauer des Bezuges von Verletztengeld, Versorgungskrankengeld oder Übergangsgeld einen Zuschuss zu ihrem Beitrag für eine private Versicherung gegen Krankheit oder für die Pflegeversicherung erhalten. Der Zuschuss wird nach § 174 Absatz 2 des Dritten Buches berechnet.

§ 45 Leistungen zum Lebensunterhalt

(1) Im Zusammenhang mit Leistungen zur medizinischen Rehabilitation leisten
1. die gesetzlichen Krankenkassen Krankengeld nach Maßgabe der §§ 44 und 46 bis 51 des Fünften Buches und des § 8 Abs. 2 in Verbindung mit den §§ 12 und 13 des Zweiten Gesetzes über die Krankenversicherung der Landwirte,
2. die Träger der Unfallversicherung Verletztengeld nach Maßgabe der §§ 45 bis 48, 52 und 55 des Siebten Buches,
3. die Träger der Rentenversicherung Übergangsgeld nach Maßgabe dieses Buches und der §§ 20 und 21 des Sechsten Buches,
4. die Träger der Kriegsopferversorgung Versorgungskrankengeld nach Maßgabe der §§ 16 bis 16h und 18a des Bundesversorgungsgesetzes.

(2) Im Zusammenhang mit Leistungen zur Teilhabe am Arbeitsleben leisten Übergangsgeld
1. die Träger der Unfallversicherung nach Maßgabe dieses Buches und der §§ 49 bis 52 des Siebten Buches,
2. die Träger der Rentenversicherung nach Maßgabe dieses Buches und der §§ 20 und 21 des Sechsten Buches,
3. die Bundesagentur für Arbeit nach Maßgabe dieses Buches und der §§ 119 bis 121 des Dritten Buches,
4. die Träger der Kriegsopferfürsorge nach Maßgabe dieses Buches und des § 26a des Bundesversorgungsgesetzes.

(3) Behinderte oder von Behinderung bedrohte Menschen haben Anspruch auf Übergangsgeld wie bei Leistungen zur Teilhabe am Arbeitsleben für den Zeitraum, in dem die berufliche Eignung abgeklärt oder eine Arbeitserprobung durchgeführt wird (§ 33 Abs. 4 Satz 2) und sie wegen der Teilnahme kein oder ein geringeres Arbeitsentgelt oder Arbeitseinkommen erzielen.

(4) Der Anspruch auf Übergangsgeld ruht, solange die Leistungsempfängerin einen Anspruch auf Mutterschaftsgeld hat; § 52 Nr. 2 des Siebten Buches bleibt unberührt.

(5) Während der Ausführung von Leistungen zur erstmaligen beruflichen Ausbildung behinderter Menschen, berufsvorbereitenden Bildungsmaßnahmen und Leistungen zur individuellen betrieblichen Qualifizierung im Rahmen Unterstützter Beschäftigung sowie im Eingangsverfahren und im Berufsbildungsbereich von Werkstätten für behinderte Menschen leisten
1. die Bundesagentur für Arbeit Ausbildungsgeld nach Maßgabe der §§ 122 bis 126 des Dritten Buches,
2. die Träger der Kriegsopferfürsorge Unterhaltsbeihilfe unter den Voraussetzungen der §§ 26 und 26a des Bundesversorgungsgesetzes.

(6) Die Träger der Kriegsopferfürsorge leisten in den Fällen des § 27 d Abs. 1 Nr. 3 des Bundesversorgungsgesetzes ergänzende Hilfe zum Lebensunterhalt nach § 27 a des Bundesversorgungsgesetzes.

(7) (weggefallen)

(8) Das Krankengeld, das Versorgungskrankengeld, das Verletztengeld und das Übergangsgeld werden für Kalendertage gezahlt; wird die Leistung für einen ganzen Kalendermonat gezahlt, so wird dieser mit 30 Tagen angesetzt.

§ 46 Höhe und Berechnung des Übergangsgelds

(1) Der Berechnung des Übergangsgelds werden 80 vom Hundert des erzielten regelmäßigen Arbeitsentgelts und Arbeitseinkommens, soweit es der Beitragsberechnung unterliegt (Regelentgelt) zugrunde gelegt, höchstens jedoch das in entsprechender Anwendung des § 47 berechnete Nettoarbeitsentgelt; hierbei gilt die für den Rehabilitationsträger jeweils geltende Beitragsbemessungsgrenze. Bei der Berechnung des Regelentgelts und des Nettoarbeitsentgelts werden die für die jeweilige Beitragsbemessung und Beitragstragung geltenden Besonderheiten der Gleitzone nach § 20 Abs. 2 des Vierten Buches nicht berücksichtigt. Das Übergangsgeld beträgt

1. für Leistungsempfänger, die mindestens ein Kind im Sinne des § 32 Abs. 1, 3 bis 5 des Einkommensteuergesetzes haben, oder deren Ehegatten oder Lebenspartner, mit denen sie in häuslicher Gemeinschaft leben, eine Erwerbstätigkeit nicht ausüben können, weil sie die Leistungsempfänger pflegen oder selbst der Pflege bedürfen und keinen Anspruch auf Leistungen aus der Pflegeversicherung haben, 75 vom Hundert; Gleiches gilt für Leistungsempfänger, die ein Stiefkind (§ 56 Absatz 2 Nummer 1 des Ersten Buches) in ihren Haushalt aufgenommen haben,
2. für die übrigen Leistungsempfänger 68 vom Hundert des nach Satz 1 oder § 48 maßgebenden Betrages. Bei Übergangsgeld der Träger der Kriegsopferfürsorge wird unter den Voraussetzungen von Satz 2 Nr. 1 ein Vomhundertsatz von 80, im Übrigen ein Vomhundertsatz von 70 zugrunde gelegt.

(2) Für die Berechnung des Nettoarbeitsentgelts nach Absatz 1 Satz 1 wird der sich aus dem kalendertäglichen Hinzurechnungsbetrag nach § 47 Abs. 1 Satz 6 ergebende Anteil am Nettoarbeitsentgelt mit dem Vomhundertsatz angesetzt, der sich aus dem Verhältnis des kalendertäglichen Regelentgeltbetrages nach § 47 Abs. 1 Satz 1 bis 5 zu dem sich aus diesem Regelentgeltbetrag ergebenden Nettoarbeitsentgelt ergibt. Das kalendertägliche Übergangsgeld darf das sich aus dem Arbeitsentgelt nach § 47 Abs. 1 Satz 1 bis 5 ergebende kalendertägliche Nettoarbeitsentgelt nicht übersteigen.

§ 47 Berechnung des Regelentgelts

(1) Für die Berechnung des Regelentgelts wird das von den Leistungsempfängern im letzten vor Beginn der Leistung oder einer vorangegangenen Arbeitsunfähigkeit abgerechneten Entgeltabrechnungszeitraum, mindestens das während der letzten abgerechneten vier Wochen (Bemessungszeitraum) erzielte und um einmalig gezahltes Arbeitsentgelt verminderte Arbeitsentgelt durch die Zahl der Stunden geteilt, für die es gezahlt wurde. Das Ergebnis wird mit der Zahl der sich aus dem Inhalt des Arbeits-

verhältnisses ergebenden regelmäßigen wöchentlichen Arbeitsstunden vervielfacht und durch sieben geteilt. Ist das Arbeitsentgelt nach Monaten bemessen oder ist eine Berechnung des Regelentgelts nach den Sätzen 1 und 2 nicht möglich, gilt der 30. Teil des in dem letzten vor Beginn der Leistung abgerechneten Kalendermonat erzielten und um einmalig gezahltes Arbeitsentgelt verminderten Arbeitsentgelts als Regelentgelt. Wird mit einer Arbeitsleistung Arbeitsentgelt erzielt, das für Zeiten einer Freistellung vor oder nach dieser Arbeitsleistung fällig wird (Wertguthaben nach § 7b des Vierten Buches), ist für die Berechnung des Regelentgelts das im Bemessungszeitraum der Beitragsberechnung zugrunde liegende und um einmalig gezahltes Arbeitsentgelt verminderte Arbeitsentgelt maßgebend; Wertguthaben, die nicht gemäß einer Vereinbarung über flexible Arbeitszeitregelungen verwendet werden (§ 23b Abs. 2 des Vierten Buches), bleiben außer Betracht. Bei der Anwendung des Satzes 1 gilt als regelmäßige wöchentliche Arbeitszeit die Arbeitszeit, die dem gezahlten Arbeitsentgelt entspricht. Für die Berechnung des Regelentgelts wird der 360. Teil des einmalig gezahlten Arbeitsentgelts, das in den letzten zwölf Kalendermonaten vor Beginn der Leistung nach § 23a des Vierten Buches der Beitragsberechnung zugrunde gelegen hat, dem nach den Sätzen 1 bis 5 berechneten Arbeitsentgelt hinzugerechnet.

(2) Bei Teilarbeitslosigkeit ist für die Berechnung das Arbeitsentgelt maßgebend, das in der infolge der Teilarbeitslosigkeit nicht mehr ausgeübten Beschäftigung erzielt wurde.

(3) Für Leistungsempfänger, die Kurzarbeitergeld bezogen haben, wird das regelmäßige Arbeitsentgelt zugrunde gelegt, das zuletzt vor dem Arbeitsausfall erzielt wurde.

(4) Das Regelentgelt wird bis zur Höhe der für den Rehabilitationsträger jeweils geltenden Leistungs- oder Beitragsbemessungsgrenze berücksichtigt, in der Rentenversicherung bis zur Höhe des der Beitragsbemessung zugrunde liegenden Entgelts.

(5) Für Leistungsempfänger, die im Inland nicht einkommensteuerpflichtig sind, werden für die Feststellung des entgangenen Nettoarbeitsentgelts die Steuern berücksichtigt, die bei einer Steuerpflicht im Inland durch Abzug vom Arbeitsentgelt erhoben würden.

§ 48 Berechnungsgrundlage in Sonderfällen

Die Berechnungsgrundlage für das Übergangsgeld während Leistungen zur Teilhabe am Arbeitsleben wird aus 65 vom Hundert des auf ein Jahr bezogenen tariflichen oder, wenn es an einer tariflichen Regelung fehlt, des ortsüblichen Arbeitsentgelts ermittelt, das für den Wohnsitz oder gewöhnlichen Aufenthaltsort der Leistungsempfänger gilt, wenn

1. die Berechnung nach den §§ 46 und 47 zu einem geringeren Betrag führt,
2. Arbeitsentgelt oder Arbeitseinkommen nicht erzielt worden ist oder
3. der letzte Tag des Bemessungszeitraums bei Beginn der Leistungen länger als drei Jahre zurückliegt.

Maßgebend ist das Arbeitsentgelt in dem letzten Kalendermonat vor dem Beginn der Leistungen bis zur jeweiligen Beitragsbemessungsgrenze für diejenige Beschäftigung, für die Leistungsempfänger ohne die Behinderung nach ihren beruflichen Fähigkeiten, ihrer bisherigen beruflichen Tätigkeit und nach ihrem Lebensalter in Betracht kämen. Für den Kalendertag wird der 360. Teil dieses Betrages angesetzt.

§ 49 Kontinuität der Bemessungsgrundlage

Haben Leistungsempfänger Krankengeld, Verletztengeld, Versorgungskrankengeld oder Übergangsgeld bezogen und wird im Anschluss daran eine Leistung zur medizinischen Rehabilitation oder zur Teilhabe am Arbeitsleben ausgeführt, so wird bei der Berechnung der diese Leistungen ergänzenden Leistung zum Lebensunterhalt von dem bisher zugrunde gelegten Arbeitsentgelt ausgegangen; es gilt die für den Rehabilitationsträger jeweils geltende Beitragsbemessungsgrenze.

§ 50 Anpassung der Entgeltersatzleistungen

(1) Die dem Krankengeld, Versorgungskrankengeld, Verletztengeld und Übergangsgeld zugrunde liegende Berechnungsgrundlage wird jeweils nach Ablauf eines Jahres seit dem Ende des Bemessungszeitraums entsprechend der Veränderung der Bruttolöhne und -gehälter je Arbeitnehmer (§ 68 Abs. 2 Satz 1 des Sechsten Buches) vom vorvergangenen zum vergangenen Kalenderjahr an die Entwicklung der Bruttoarbeitsentgelte angepasst.

(2) Der Anpassungsfaktor errechnet sich, indem die Bruttolöhne und -gehälter je Arbeitnehmer für das vergangene Kalenderjahr durch die entsprechenden Bruttolöhne und -gehälter für das vorvergangene Kalenderjahr geteilt werden; § 68 Abs. 7 und § 121 Abs. 1 des Sechsten Buches gelten entsprechend.

(3) Eine Anpassung nach Absatz 1 erfolgt, wenn der nach Absatz 2 berechnete Anpassungsfaktor den Wert 1,0000 überschreitet.

(4) Das Bundesministerium für Arbeit und Soziales gibt jeweils zum 30. Juni eines Kalenderjahres den Anpassungsfaktor, der für die folgenden zwölf Monate maßgebend ist, im Bundesanzeiger bekannt.

§ 51 Weiterzahlung der Leistungen

(1) Sind nach Abschluss von Leistungen zur medizinischen Rehabilitation oder von Leistungen zur Teilhabe am Arbeitsleben weitere Leistungen zur Teilhabe am Arbeitsleben erforderlich, während derer dem Grunde nach Anspruch auf Übergangsgeld besteht, und können diese aus Gründen, die die Leistungsempfänger nicht zu vertreten haben, nicht unmittelbar anschließend durchgeführt werden, werden das Verletztengeld, das Versorgungskrankengeld oder das Übergangsgeld für diese Zeit weitergezahlt, wenn

1. die Leistungsempfänger arbeitsunfähig sind und keinen Anspruch auf Krankengeld mehr haben oder
2. ihnen eine zumutbare Beschäftigung aus Gründen, die sie nicht zu vertreten haben, nicht vermittelt werden kann.

(2) Leistungsempfänger haben die Verzögerung insbesondere zu vertreten, wenn sie zumutbare Angebote von Leistungen zur Teilhabe am Arbeitsleben in größerer

Entfernung zu ihren Wohnorten ablehnen. Für die Beurteilung der Zumutbarkeit ist § 140 Absatz 4 des Dritten Buches entsprechend anzuwenden.

(3) Können Leistungsempfänger Leistungen zur Teilhabe am Arbeitsleben allein aus gesundheitlichen Gründen nicht mehr, aber voraussichtlich wieder in Anspruch nehmen, werden Übergangsgeld und Unterhaltsbeihilfe bis zum Ende dieser Leistungen, längstens bis zu sechs Wochen weitergezahlt.

(4) Sind die Leistungsempfänger im Anschluss an eine abgeschlossene Leistung zur Teilhabe am Arbeitsleben arbeitslos, werden Übergangsgeld und Unterhaltsbeihilfe während der Arbeitslosigkeit bis zu drei Monate weitergezahlt, wenn sie sich bei der Agentur für Arbeit arbeitslos gemeldet haben und einen Anspruch auf Arbeitslosengeld von mindestens drei Monaten nicht geltend machen können; die Dauer von drei Monaten vermindert sich um die Anzahl von Tagen, für die Leistungsempfänger im Anschluss an eine abgeschlossene Leistung zur Teilhabe am Arbeitsleben einen Anspruch aus Arbeitslosengeld geltend machen können. In diesem Fall beträgt das Übergangsgeld

1. bei Leistungsempfängern, bei denen die Voraussetzungen des erhöhten Bemessungssatzes nach § 46 Abs. 1 Satz 2 Nr. 1 vorliegen, 67 vom Hundert,
2. bei den übrigen Leistungsempfängern 60 vom Hundert

des sich aus § 46 Abs. 1 Satz 1 oder § 48 ergebenden Betrages.

(5) Ist im unmittelbaren Anschluss an Leistungen zur medizinischen Rehabilitation eine stufenweise Wiedereingliederung (§ 28) erforderlich, wird das Übergangsgeld bis zu deren Ende weitergezahlt.

§ 52 Einkommensanrechnung

(1) Auf das Übergangsgeld der Rehabilitationsträger nach § 6 Abs. 1 Nr. 2, 4 und 5 werden angerechnet

1. Erwerbseinkommen aus einer Beschäftigung oder einer während des Anspruchs auf Übergangsgeld ausgeübten Tätigkeit, das bei Beschäftigten um die gesetzlichen Abzüge und um einmalig gezahltes Arbeitsentgelt und bei sonstigen Leistungsempfängern um 20 vom Hundert zu vermindern ist,
2. Leistungen des Arbeitgebers zum Übergangsgeld, soweit sie zusammen mit dem Übergangsgeld das vor Beginn der Leistung erzielte, um die gesetzlichen Abzüge verminderte Arbeitsentgelt übersteigen,
3. Geldleistungen, die eine öffentlich-rechtliche Stelle im Zusammenhang mit einer Leistung zur medizinischen Rehabilitation oder einer Leistung zur Teilhabe am Arbeitsleben erbringt,
4. Renten wegen verminderter Erwerbsfähigkeit oder Verletztenrenten in Höhe des sich aus § 18 a Abs. 3 Satz 1 Nr. 4 des Vierten Buches ergebenden Betrages, wenn sich die Minderung der Erwerbsfähigkeit auf die Höhe der Berechnungsgrundlage für das Übergangsgeld nicht ausgewirkt hat,
5. Renten wegen verminderter Erwerbsfähigkeit, die aus demselben Anlass wie die Leistungen zur Teilhabe erbracht werden, wenn durch die Anrechnung eine unbillige Doppelleistung vermieden wird,

6. Renten wegen Alters, die bei Berechnung des Übergangsgelds aus einem Teilarbeitsentgelt nicht berücksichtigt wurden,
7. Verletztengeld nach den Vorschriften des Siebten Buches,
8. den Nummern 1 bis 7 vergleichbare Leistungen, die von einer Stelle außerhalb des Geltungsbereichs dieses Gesetzbuchs erbracht werden.

(2) Bei der Anrechnung von Verletztenrenten mit Kinderzulage und von Renten wegen verminderter Erwerbsfähigkeit mit Kinderzuschuss auf das Übergangsgeld bleibt ein Betrag in Höhe des Kindergeldes nach § 66 des Einkommensteuergesetzes oder § 6 des Bundeskindergeldgesetzes außer Ansatz.

(3) Wird ein Anspruch auf Leistungen, um die das Übergangsgeld nach Absatz 1 Nr. 3 zu kürzen wäre, nicht erfüllt, geht der Anspruch insoweit mit Zahlung des Übergangsgelds auf den Rehabilitationsträger über; die §§ 104 und 115 des Zehnten Buches bleiben unberührt.

§ 53 Reisekosten

(1) Als Reisekosten werden die im Zusammenhang mit der Ausführung einer Leistung zur medizinischen Rehabilitation oder zur Teilhabe am Arbeitsleben erforderlichen Fahr-, Verpflegungs- und Übernachtungskosten übernommen; hierzu gehören auch die Kosten für besondere Beförderungsmittel, deren Inanspruchnahme wegen Art oder Schwere der Behinderung erforderlich ist, für eine wegen der Behinderung erforderliche Begleitperson einschließlich des für die Zeit der Begleitung entstehenden Verdienstausfalls, für Kinder, deren Mitnahme an den Rehabilitationsort erforderlich ist, weil ihre anderweitige Betreuung nicht sichergestellt ist, sowie für den erforderlichen Gepäcktransport.

(2) Während der Ausführung von Leistungen zur Teilhabe am Arbeitsleben werden Reisekosten auch für im Regelfall zwei Familienheimfahrten je Monat übernommen. Anstelle der Kosten für die Familienheimfahrten können für Fahrten von Angehörigen vom Wohnort zum Aufenthaltsort der Leistungsempfänger und zurück Reisekosten übernommen werden.

(3) Reisekosten nach Absatz 2 werden auch im Zusammenhang mit Leistungen zur medizinischen Rehabilitation übernommen, wenn die Leistungen länger als acht Wochen erbracht werden.

(4) Fahrkosten werden in Höhe des Betrages zugrunde gelegt, der bei Benutzung eines regelmäßig verkehrenden öffentlichen Verkehrsmittels der niedrigsten Klasse des zweckmäßigsten öffentlichen Verkehrsmittels zu zahlen ist, bei Benutzung sonstiger Verkehrsmittel in Höhe der Wegstreckenentschädigung nach § 5 Absatz 1 des Bundesreisekostengesetzes. Bei nicht geringfügigen Fahrpreiserhöhungen hat auf Antrag eine Anpassung zu erfolgen, wenn die Maßnahme noch mindestens zwei weitere Monate andauert. Kosten für Pendelfahrten können nur bis zur Höhe des Betrages übernommen werden, der bei unter Berücksichtigung von Art und Schwere der Behinderung zumutbarer auswärtiger Unterbringung für Unterbringung und Verpflegung zu leisten wäre.

§ 54 Haushalts- oder Betriebshilfe und Kinderbetreuungskosten[3]

(1) Haushaltshilfe wird geleistet, wenn

1. den Leistungsempfängern wegen der Ausführung einer Leistung zur medizinischen Rehabilitation oder einer Leistung zur Teilhabe am Arbeitsleben die Weiterführung des Haushalts nicht möglich ist,
2. eine andere im Haushalt lebende Person den Haushalt nicht weiterführen kann und
3. im Haushalt ein Kind lebt, das bei Beginn der Haushaltshilfe das zwölfte Lebensjahr noch nicht vollendet hat oder das behindert und auf Hilfe angewiesen ist.

§ 38 Abs. 4 des Fünften Buches ist sinngemäß anzuwenden.

(2) Anstelle der Haushaltshilfe werden auf Antrag die Kosten für die Mitnahme oder anderweitige Unterbringung des Kindes bis zur Höhe der Kosten der sonst zu erbringenden Haushaltshilfe übernommen, wenn die Unterbringung und Betreuung des Kindes in dieser Weise sichergestellt ist.

(3) Kosten für die Betreuung der Kinder des Leistungsempfängers können bis zu einem Betrag von 130 Euro je Kind und Monat übernommen werden, wenn sie durch die Ausführung einer Leistung zur medizinischen Rehabilitation oder zur Teilhabe am Arbeitsleben unvermeidbar entstehen. Leistungen zur Kinderbetreuung werden nicht neben Leistungen nach den Absätzen 1 und 2 erbracht. Der in Satz 1 genannte Betrag erhöht sich entsprechend der Veränderung der Bezugsgröße nach § 18 Abs. 1 des Vierten Buches; § 77 Abs. 3 Satz 2 bis 5 gilt entsprechend.

(4) Abweichend von den Absätzen 1 bis 3 erbringen die landwirtschaftliche Alterskasse und die landwirtschaftliche Krankenkasse Betriebs- und Haushaltshilfe nach den §§ 10 und 36 des Gesetzes über die Alterssicherung der Landwirte und nach den §§ 9 und 10 des Zweiten Gesetzes über die Krankenversicherung der Landwirte, die landwirtschaftliche Berufsgenossenschaft für die bei ihr versicherten landwirtschaftlichen Unternehmer und im Unternehmen mitarbeitenden Ehegatten nach den §§ 54 und 55 des Siebten Buches.

Kapitel 7
Leistungen zur Teilhabe am Leben in der Gemeinschaft

§ 55 Leistungen zur Teilhabe am Leben in der Gemeinschaft

(1) Als Leistungen zur Teilhabe am Leben in der Gemeinschaft werden die Leistungen erbracht, die den behinderten Menschen die Teilhabe am Leben in der Gesellschaft ermöglichen oder sichern oder sie so weit wie möglich unabhängig von Pflege machen und nach den Kapiteln 4 bis 6 nicht erbracht werden.

---

3 Gültig ab 01.01.2013; in der bis 31.12.2012 gültigen Fassung hieß es in Abs. 4: »… die landwirtschaftliche**n** Alterskasse**n** und die landwirtschaftliche**n** Krankenkasse**n** …, die landwirtschaftliche**n** Berufsgenossenschaft**en** für die bei **ihnen** versicherten …«.

(2) Leistungen nach Absatz 1 sind insbesondere
1. Versorgung mit anderen als den in § 31 genannten Hilfsmitteln oder den in § 33 genannten Hilfen,
2. heilpädagogische Leistungen für Kinder, die noch nicht eingeschult sind,
3. Hilfen zum Erwerb praktischer Kenntnisse und Fähigkeiten, die erforderlich und geeignet sind, behinderten Menschen die für sie erreichbare Teilnahme am Leben in der Gemeinschaft zu ermöglichen,
4. Hilfen zur Förderung der Verständigung mit der Umwelt,
5. Hilfen bei der Beschaffung, dem Umbau, der Ausstattung und der Erhaltung einer Wohnung, die den besonderen Bedürfnissen der behinderten Menschen entspricht,
6. Hilfen zu selbstbestimmtem Leben in betreuten Wohnmöglichkeiten,
7. Hilfen zur Teilhabe am gemeinschaftlichen und kulturellen Leben.

§ 56 Heilpädagogische Leistungen

(1) Heilpädagogische Leistungen nach § 55 Abs. 2 Nr. 2 werden erbracht, wenn nach fachlicher Erkenntnis zu erwarten ist, dass hierdurch
1. eine drohende Behinderung abgewendet oder der fortschreitende Verlauf einer Behinderung verlangsamt oder
2. die Folgen einer Behinderung beseitigt oder gemildert

werden können. Sie werden immer an schwerstbehinderte und schwerstmehrfachbehinderte Kinder, die noch nicht eingeschult sind, erbracht.

(2) In Verbindung mit Leistungen zur Früherkennung und Frühförderung (§ 30) und schulvorbereitenden Maßnahmen der Schulträger werden heilpädagogische Leistungen als Komplexleistung erbracht.

§ 57 Förderung der Verständigung

Bedürfen hörbehinderte Menschen oder behinderte Menschen mit besonders starker Beeinträchtigung der Sprachfähigkeit auf Grund ihrer Behinderung zur Verständigung mit der Umwelt aus besonderem Anlass der Hilfe Anderer, werden ihnen die erforderlichen Hilfen zur Verfügung gestellt oder angemessene Aufwendungen hierfür erstattet.

§ 58 Hilfen zur Teilhabe am gemeinschaftlichen und kulturellen Leben

Die Hilfen zur Teilhabe am gemeinschaftlichen und kulturellen Leben (§ 55 Abs. 2 Nr. 7) umfassen vor allem
1. Hilfen zur Förderung der Begegnung und des Umgangs mit nichtbehinderten Menschen,
2. Hilfen zum Besuch von Veranstaltungen oder Einrichtungen, die der Geselligkeit, der Unterhaltung oder kulturellen Zwecken dienen,
3. die Bereitstellung von Hilfsmitteln, die der Unterrichtung über das Zeitgeschehen oder über kulturelle Ereignisse dienen, wenn wegen Art oder Schwere der Behinderung anders eine Teilhabe am Leben in der Gemeinschaft nicht oder nur unzureichend möglich ist.

§ 59 Verordnungsermächtigung

Die Bundesregierung kann durch Rechtsverordnung mit Zustimmung des Bundesrates Näheres über Voraussetzungen, Gegenstand und Umfang der Leistungen zur Teilhabe am Leben in der Gemeinschaft sowie über das Zusammenwirken dieser Leistungen mit anderen Leistungen zur Rehabilitation und Teilhabe behinderter Menschen regeln.

Kapitel 8
Sicherung und Koordinierung der Teilhabe

Titel 1
Sicherung von Beratung und Auskunft

§ 60 Pflichten Personensorgeberechtigter

Eltern, Vormünder, Pfleger und Betreuer, die bei ihrer Personensorge anvertrauten Menschen Behinderungen (§ 2 Abs. 1) wahrnehmen oder durch die in § 61 genannten Personen hierauf hingewiesen werden, sollen im Rahmen ihres Erziehungs- oder Betreuungsauftrags die behinderten Menschen einer gemeinsamen Servicestelle oder einer sonstigen Beratungsstelle für Rehabilitation oder einem Arzt zur Beratung über die geeigneten Leistungen zur Teilhabe vorstellen.

§ 61 Sicherung der Beratung behinderter Menschen

(1) Die Beratung der Ärzte, denen eine Person nach § 60 vorgestellt wird, erstreckt sich auf die geeigneten Leistungen zur Teilhabe. Dabei weisen sie auf die Möglichkeit der Beratung durch eine gemeinsame Servicestelle oder eine sonstige Beratungsstelle für Rehabilitation hin. Bei Menschen, bei denen der Eintritt der Behinderung nach allgemeiner ärztlicher Erkenntnis zu erwarten ist, wird entsprechend verfahren. Werdende Eltern werden auf den Beratungsanspruch bei den Schwangerschaftsberatungsstellen hingewiesen.

(2) Hebammen, Entbindungspfleger, Medizinalpersonen außer Ärzten, Lehrer, Sozialarbeiter, Jugendleiter und Erzieher, die bei Ausübung ihres Berufs Behinderungen (§ 2 Abs. 1) wahrnehmen, weisen die Personensorgeberechtigten auf die Behinderung und auf die Beratungsangebote nach § 60 hin.

(3) Nehmen Medizinalpersonen außer Ärzten und Sozialarbeiter bei Ausübung ihres Berufs Behinderungen (§ 2 Abs. 1) bei volljährigen Menschen wahr, empfehlen sie diesen Menschen oder den für sie bestellten Betreuern, eine Beratungsstelle für Rehabilitation oder einen Arzt zur Beratung über die geeigneten Leistungen zur Teilhabe aufzusuchen.

§ 62 Landesärzte

(1) In den Ländern können Landesärzte bestellt werden, die über besondere Erfahrungen in der Hilfe für behinderte und von Behinderung bedrohte Menschen verfügen.

(2) Die Landesärzte haben vor allem die Aufgabe,
1. Gutachten für die Landesbehörden, die für das Gesundheitswesen und die Sozialhilfe zuständig sind, sowie für die zuständigen Träger der Sozialhilfe in besonders schwierig gelagerten Einzelfällen oder in Fällen von grundsätzlicher Bedeutung zu erstatten,
2. die für das Gesundheitswesen zuständigen obersten Landesbehörden beim Erstellen von Konzeptionen, Situations- und Bedarfsanalysen und bei der Landesplanung zur Teilhabe behinderter und von Behinderung bedrohter Menschen zu beraten und zu unterstützen sowie selbst entsprechende Initiativen zu ergreifen,
3. die für das Gesundheitswesen zuständigen Landesbehörden über Art und Ursachen von Behinderungen und notwendige Hilfen sowie über den Erfolg von Leistungen zur Teilhabe behinderter und von Behinderung bedrohter Menschen regelmäßig zu unterrichten.

Titel 2
Klagerecht der Verbände

§ 63 Klagerecht der Verbände

Werden behinderte Menschen in ihren Rechten nach diesem Buch verletzt, können an ihrer Stelle und mit ihrem Einverständnis Verbände klagen, die nach ihrer Satzung behinderte Menschen auf Bundes- oder Landesebene vertreten und nicht selbst am Prozess beteiligt sind. In diesem Fall müssen alle Verfahrensvoraussetzungen wie bei einem Rechtsschutzersuchen durch den behinderten Menschen selbst vorliegen.

Titel 3
Koordinierung der Teilhabe behinderter Menschen

§ 64 Beirat für die Teilhabe behinderter Menschen

(1) Beim Bundesministerium für Arbeit und Soziales wird ein Beirat für die Teilhabe behinderter Menschen gebildet, der es in Fragen der Teilhabe behinderter Menschen berät und bei Aufgaben der Koordinierung unterstützt. Zu den Aufgaben des Beirats gehören insbesondere auch
1. die Unterstützung bei der Förderung von Rehabilitationseinrichtungen und die Mitwirkung bei der Vergabe der Mittel des Ausgleichsfonds,
2. die Anregung und Koordinierung von Maßnahmen zur Evaluierung der in diesem Buch getroffenen Regelungen im Rahmen der Rehabilitationsforschung und als forschungsbegleitender Ausschuss die Unterstützung des Ministeriums bei der Festlegung von Fragestellungen und Kriterien.

Das Bundesministerium für Arbeit und Soziales trifft Entscheidungen über die Vergabe der Mittel des Ausgleichsfonds nur auf Grund von Vorschlägen des Beirats.

(2) Der Beirat besteht aus 48 Mitgliedern. Von diesen beruft das Bundesministerium für Arbeit und Soziales

zwei Mitglieder auf Vorschlag der Gruppenvertreter der Arbeitnehmer im Verwaltungsrat der Bundesagentur für Arbeit,

zwei Mitglieder auf Vorschlag der Gruppenvertreter der Arbeitgeber im Verwaltungsrat der Bundesagentur für Arbeit,

sechs Mitglieder auf Vorschlag der Behindertenverbände, die nach der Zusammensetzung ihrer Mitglieder dazu berufen sind, behinderte Menschen auf Bundesebene zu vertreten,

16 Mitglieder auf Vorschlag der Länder,

drei Mitglieder auf Vorschlag der Bundesvereinigung der kommunalen Spitzenverbände,

ein Mitglied auf Vorschlag der Bundesarbeitsgemeinschaft der Integrationsämter und Hauptfürsorgestellen,

ein Mitglied auf Vorschlag des Vorstands der Bundesagentur für Arbeit,

zwei Mitglieder auf Vorschlag der Spitzenverbände der Krankenkassen,

ein Mitglied auf Vorschlag der Spitzenvereinigungen der Träger der gesetzlichen Unfallversicherung,

drei Mitglieder auf Vorschlag der Deutschen Rentenversicherung Bund,

ein Mitglied auf Vorschlag der Bundesarbeitsgemeinschaft der überörtlichen Träger der Sozialhilfe,

ein Mitglied auf Vorschlag der Bundesarbeitsgemeinschaft der Freien Wohlfahrtspflege,

ein Mitglied auf Vorschlag der Bundesarbeitsgemeinschaft für Unterstützte Beschäftigung,

fünf Mitglieder auf Vorschlag der Arbeitsgemeinschaften der Einrichtungen der medizinischen Rehabilitation, der Berufsförderungswerke, der Berufsbildungswerke, der Werkstätten für behinderte Menschen und der Integrationsfirmen,

ein Mitglied auf Vorschlag der für die Wahrnehmung der Interessen der ambulanten und stationären Rehabilitationseinrichtungen auf Bundesebene maßgeblichen Spitzenverbände,

zwei Mitglieder auf Vorschlag der Kassenärztlichen Bundesvereinigung und der Bundesärztekammer.

Für jedes Mitglied ist ein stellvertretendes Mitglied zu berufen.

§ 65 Verfahren des Beirats

Der Beirat für die Teilhabe behinderter Menschen wählt aus den ihm angehörenden Mitgliedern von Seiten der Arbeitnehmer, Arbeitgeber und Organisationen behinderter Menschen jeweils für die Dauer eines Jahres einen Vorsitzenden oder eine Vorsitzende und einen Stellvertreter oder eine Stellvertreterin. Im Übrigen gilt § 106 entsprechend.

§ 66 Berichte über die Lage behinderter Menschen und die Entwicklung ihrer Teilhabe

(1) Die Bundesregierung unterrichtet die gesetzgebenden Körperschaften des Bundes bis zum 31. Dezember 2004 über die Lage behinderter Frauen und Männer sowie die Entwicklung ihrer Teilhabe, gibt damit eine zusammenfassende Darstellung und Bewertung der Aufwendungen zu Prävention, Rehabilitation und Teilhabe behinderter Menschen im Hinblick auf Wirtschaftlichkeit und Wirksamkeit ab und schlägt unter Berücksichtigung und Bewertung der mit diesem Buch getroffenen Regelungen die zu treffenden Maßnahmen vor. In dem Bericht wird die Entwicklung der Teilhabe am Leben in der Gesellschaft gesondert dargestellt. Schlägt die Bundesregierung weitere Regelungen vor, erstattet sie auch über deren Wirkungen einen weiteren Bericht. Die Träger von Leistungen und Einrichtungen erteilen die erforderlichen Auskünfte. Die obersten Landesbehörden werden beteiligt. Ein gesonderter Bericht über die Lage behinderter Menschen ist vor diesem Zeitpunkt nicht zu erstellen.

(2) Bei der Erfüllung der Berichtspflicht nach Absatz 1 unterrichtet die Bundesregierung die gesetzgebenden Körperschaften des Bundes auch über die nach dem Behindertengleichstellungsgesetz getroffenen Maßnahmen, über Zielvereinbarungen im Sinne von § 5 des Behindertengleichstellungsgesetzes sowie über die Gleichstellung behinderter Menschen und gibt eine zusammenfassende, nach Geschlecht und Alter differenzierte Darstellung und Bewertung ab. Der Bericht nimmt zu möglichen weiteren Maßnahmen zur Gleichstellung behinderter Menschen Stellung. Die zuständigen obersten Landesbehörden werden beteiligt.

(3) Die Bundesregierung unterrichtet die gesetzgebenden Körperschaften des Bundes bis zum 31. Dezember 2006 über die Ausführung der Leistungen des Persönlichen Budgets nach § 17. Auf der Grundlage des Berichts ist zu prüfen, ob weiterer Handlungsbedarf besteht; die obersten Landessozialbehörden werden beteiligt.

§ 67 Verordnungsermächtigung

Das Bundesministerium für Arbeit und Soziales kann durch Rechtsverordnung mit Zustimmung des Bundesrates weitere Vorschriften über die Geschäftsführung und das Verfahren des Beirats nach § 65 erlassen.

Inhaltsübersicht

1. Einleitung

1 Das SGB IX enthält in § 1 den gesetzgeberischen Auftrag, die Selbstbestimmung und gleichberechtigte Teilhabe der Behinderten oder der von Behinderung bedrohten Menschen am Leben in der Gesellschaft zu fördern, Benachteiligungen zu vermeiden oder ihnen entgegenzuwirken. Zur Erreichung dieses Ziels erhalten diese Menschen Leistungen nach dem SGB IX und anderen Leistungsgesetzen. Den besonderen Bedürfnissen behinderter und von Behinderung bedrohter Frauen und Kinder soll hierbei im besonderen Maße Rechnung getragen werden.

2 Im Folgenden soll ein kurzer Überblick über die Leistungen zur Rehabilitation gegeben werden.

2. Begriff der Rehabilitation

3 Unter dem Begriff »Rehabilitation« sind Bemühungen zu verstehen, eine Funktionseinschränkung oder Behinderung nicht zu einer dauerhaften Einschränkung/Beeinträchtigung der persönlichen, sozialen und beruflichen Lebensumstände werden zu lassen, zumindest aber die Auswirkungen auf ein Minimum zu reduzieren. Rehabilitation ist daher mehr als der Vorgang der Wiedereingliederung in das Arbeitsleben. Sie dient vielmehr der sozialen Integration, also der Teilhabe am gesellschaftlichen Leben, zu dessen wichtigsten Bereichen die Eingliederung bzw. Wiedereingliederung in das Berufs- und Arbeitsleben gehören. Oberstes Ziel des SGB IX ist es, behinderten und von Behinderung bedrohten Menschen die Möglichkeit zu geben, ihre eigenen Belange so weitgehend wie möglich selbst und eigenverantwortlich zu bestimmen. Um dies umzusetzen, werden Hilfen durch Leistungen zur medizinischen Rehabilitation, zur Teilhabe am Arbeitsleben und zur Teilhabe am Leben in der Gemeinschaft angeboten. Hierbei handelt es sich um keine streng zu trennenden, schematisch aufeinander folgende Vorgänge. Rehabilitation und Teilhabe am Arbeits- und Gemeinschaftsleben führen dann zum besten Ergebnis, wenn die einzelnen Phasen und Bereiche nahtlos ineinander greifen und sich gegenseitig ergänzen.

3. Verschiedene Träger

4 Rehabilitationsmaßnahmen werden von verschiedenen Trägern durchgeführt, § 6:

5 Die gesetzlichen Krankenkassen gewähren ihren Versicherten Leistungen der medizinischen Rehabilitation. Es sind dies die Orts-, Betriebs- und Innungskrankenkassen, die See-Krankenkasse, die Ersatzkassen, die Deutsche Rentenversicherung Knappschaft-Bahn-See als Träger der knappschaftlichen Krankenversicherung sowie die landwirtschaftliche Krankenkasse.

Die Agenturen für Arbeit sind zuständig für Leistungen zur Teilhabe am Arbeitsleben im Rahmen der Arbeitsförderung nach §§ 112 ff. SGB III und im Rahmen der Grundsicherung für Arbeitssuchende nach §§ 14 ff. SGB II. **6**

Die Träger der gesetzlichen Rentenversicherung – nämlich die Deutsche Rentenversicherung Bund, Land, Kappschaft-Bahn-See und die landwirtschaftliche Alterskasse – gewähren Leistungen zur medizinischen Rehabilitation und zur Teilhabe am Arbeitsleben. **7**

Der Träger der gesetzlichen Unfallversicherung ist der zuständige Rehabilitationsträger für den gesamten Bereich der Rehabilitation (Medizinische Rehabilitation, Teilhabe am Arbeitsleben und am Leben in der Gemeinschaft), wenn die Rehabilitation wegen der Folgen eines Arbeitsunfalls oder einer Berufskrankheit erforderlich wird. **8**

Die Träger der Kriegsopferversorgung und die Träger der Kriegsopferfürsorge treten als Rehabilitationsträger dann ein, wenn die Rehabilitation wegen eines Gesundheitsschadens infolge eines Ereignisses im Rahmen des Rechts der sozialen Entschädigung erfolgt. Dazu gehört die Entschädigung von Kriegs-, Wehrdienst- oder Zivildienstopfern nach dem BVG, Opfern von Gewalttaten nach dem Opferentschädigungsgesetz, Opfern von Impfschäden nach dem Gesetz zur Verhütung und Bekämpfung von Infektionskrankheiten und nach dem Häftlingshilfegesetz von Opfern politisch motivierten Gewahrsams in der DDR. **9**

Die Träger der öffentlichen Jugendhilfe sind zuständig für die Eingliederung seelisch behinderter Kinder und Jugendlicher. **10**

Die Träger der Sozialhilfe gewähren im Falle der Bedürftigkeit des behinderten Menschen alle Rehabilitationsleistungen, die nicht bereits von einem anderen Träger zu erbringen sind. **11**

4. Maßgebende Rechtsvorschriften

Das Rehabilitationsrecht ist in erster Linie im SGB IX geregelt. Es enthält Rechtsvorschriften zur Rehabilitation und Eingliederung behinderter Menschen, die für alle Rehabilitationsträger einheitlich gelten. Art und Umfang der Leistungen zur Teilhabe richten sich gemäß § 7 Satz 1 nach den Vorschriften dieses Gesetzes, soweit sich aus den für den jeweiligen Rehabilitationsträger geltenden Leistungsgesetzen nichts Abweichendes ergibt. Die Zuständigkeit und die Voraussetzungen für die Leistungen zur Teilhabe richten sich gemäß § 7 Satz 2 ausschließlich nach den für den jeweiligen Rehabilitationsträger geltenden Leistungsgesetzen. **12**

Regelungen des Rehabilitationsrechts in den einzelnen Leistungsgesetzen finden sich in den §§ 14 bis 18 e SGB II (Grundsicherung für Arbeitssuchende), in den §§ 112 bis 129 SGB III (Arbeitsförderung), in den §§ 40 bis 43 b SGB V (Gesetzliche Krankenversicherung), in den §§ 9 bis 32, 301 SGB VI (Gesetzliche Rentenversicherung), in den §§ 26 bis 43 SGB VII (Gesetzliche Unfallversicherung), in den §§ 35 a bis 40 SGB VIII (Kinder- und Jugendhilfe), in den §§ 53 bis 60 SGB XII (Sozialhilfe) und in den §§ 10 bis 27 j BVG (Bundesversorgungsgesetz). **13**

4.1 Rehabilitationsrecht im SGB IX

14 Das SGB IX regelt die allgemeinen Grundsätze des Rehabilitationsverfahrens und den Katalog der Leistungen. Diese Leistungen sind Leistungen zur medizinischen Rehabilitation (§§ 26 bis 32), Leistungen zur Teilhabe am Arbeitsleben (§§ 33 bis 43), unterhaltssichernde und andere ergänzende Leistungen (§§ 44 bis 54) und Leistungen zur Teilhabe am Leben in der Gemeinschaft (§§ 55 bis 59).

4.2 Verfahrensvorschriften außerhalb des SGB IX

15 Für das Rehabilitationsrecht gelten auch allgemeine Vorschriften, die außerhalb des SGB IX zu finden sind. So enthält das SGB I unter anderem Bestimmungen hinsichtlich der Aufklärung, Beratung und Auskunft durch die Leistungsträger, zu Vorschüssen auf Leistungen, Verzinsung, Verjährung, Auszahlung, Verpfändung und Vererbung von Leistungen und zu Mitwirkungspflichten der Leistungsberechtigten.

16 Das SGB X regelt das Verwaltungsverfahren der Sozialleistungsträger. Es enthält unter anderem Bestimmungen über die Rechte auf Vertretung durch Bevollmächtigte, auf Akteneinsicht und auf Anhörung, über Fristen und Termine, über Abänderung, Rücknahme und Widerruf von bereits ergangenen Verwaltungsentscheidungen, über Rechtsbehelfe, Kosten, Zustellung und Vollstreckung und über den Sozialdatenschutz.

5. Grundsätze des Rehabilitationsrechts

5.1 Sachleistungsprinzip

17 Rehabilitationsmaßnahmen werden im Grundsatz als Sachleistungen erbracht. Sie werden entweder vom zuständigen Rehabilitationsträger selbst, einem anderen Rehabilitationsträger oder von geeigneten freien und gemeinnützigen oder privaten Rehabilitationsdiensten und -einrichtungen ausgeführt. Letztere werden aufgrund vertraglicher Beziehungen zu dem Rehabilitationsträger tätig.

18 § 15 ermöglicht es dem Leistungsberechtigten unter bestimmten Voraussetzungen, sich die Leistung selbst zu beschaffen und die Kosten vom zuständigen Träger erstatten zu lassen, soweit dieser die Leistung trotz Fristsetzung nicht rechtzeitig erbringt oder sie zu Unrecht ablehnt. Von dieser Möglichkeit sollte aber nur nach sorgfältiger Prüfung und sachkundiger Beratung Gebrauch gemacht werden, weil das Risiko erheblich ist, letztlich auf den Kosten sitzen zu bleiben. Eine Kostenerstattung für selbst beschaffte Leistungen setzt neben der Nichteinhaltung der in § 14 für die Entscheidung der Rehabilitationsträger genannten Fristen unter anderem voraus, dass ein materiell-rechtlicher Anspruch auf die Leistung besteht. Ob dies tatsächlich der Fall ist, kann vom Betroffenen nur schwer beurteilt werden.

5.2 Wunsch- und Wahlrecht der Leistungsberechtigten

Bei der Durchführung der Rehabilitation hat der Träger gemäß § 9 die berechtigten Wünsche und Vorstellungen der Leistungsberechtigten, insbesondere ihre persönlichen und familiären Bedürfnisse, zu berücksichtigen. Dies gilt auch bei der Auswahl der Rehabilitationseinrichtung, in der die Maßnahme durchgeführt werden soll. Das Auswahlrecht geht aber nur soweit, wie es mit dem Rehabilitationsziel und den rechtlichen Vorgaben zu vereinbaren ist. So kann der Träger den Rehabilitanden auf solche Einrichtungen verweisen, die er selbst betreibt oder mit denen er vertraglich verbunden ist. 19

5.3 Besondere Bedürfnisse und Probleme behinderter Frauen und Kinder

Die besonderen Bedürfnisse behinderter und von Behinderung bedrohter Frauen und Kinder sind gemäß § 1 bei der Förderung der Selbstbestimmung und gleichberechtigten Teilhabe am Leben in der Gesellschaft zu beachten. Diesem Grundsatz ist bei der Auslegung und Anwendung aller Einzelregelungen zur Rehabilitation und Teilhabe behinderter Menschen unter anderem durch die Berücksichtigung von berechtigten Wünschen der Betroffenen und Rücksichtsmaßnahme auf die persönliche Lebenssituation und die Familie bei der Leistungsbewilligung (§ 9), durch die Übernahme von Reisekosten für Kinder, die an den Rehabilitationsort mitgenommen werden (§ 53 Abs. 1) und durch die Übernahme von Kinderbetreuungskosten (§ 54) Rechnung zu tragen. 20

5.4 Gemeinsame Servicestellen

Die auch nach Inkrafttreten des Gesetzes fortbestehende, für den behinderten Menschen oft nicht durchschaubare Zuständigkeit einer Vielzahl von Rehabilitationsträgern und das auf mehrere Gesetzbücher verteilte Rehabilitationsrecht macht eine ortsnahe professionelle Beratung erforderlich. Gemäß § 23 Abs. 1 haben die Träger der Rehabilitation daher sicherzustellen, dass in allen Landkreisen und kreisfreien Städten gemeinsame Servicestellen eingerichtet werden. Gemeinsame Servicestellen können für mehrere kleine Landkreise oder kreisfreie Städte eingerichtet werden, wenn eine ortsnahe Beratung und Unterstützung behinderter oder von Behinderung bedrohter Menschen gewährleistet ist. Auskunft, wo die Servicestellen zu erreichen sind, erteilen die Krankenkassen und Kommunalverwaltungen. 21

5.5 Mitwirkungspflichten

Wer Rehabilitationsleistungen beantragt, ist verpflichtet, im Rahmen der Vorschriften der §§ 60 bis 65 SGB I bei der Vorbereitung und Durchführung der Leistungen zur Teilhabe mitzuwirken. Dies betrifft insbesondere die Pflicht, sich ärztlichen Untersuchungen zu unterziehen und zur erforderlichen Sachaufklärung beizutragen. Als Konsequenz einer fehlenden, aber zumutbaren Mitwirkung sieht das SGB I die Befugnis für den Rehabilitationsträger vor, von weiteren Ermittlungen aufgrund des Antrags abzusehen und nach 22 schriftlichem Hinweis auf die Folgen den Antrag abzulehnen oder eine schon bewilligte Leistung ganz oder teilweise zu entziehen (§ 66 SGB I).

6. Leistungen zur medizinischen Rehabilitation (§§ 26 bis 32)[4]

23 Gemäß § 26 Abs. 1 werden zur medizinischen Rehabilitation behinderter und von Behinderung bedrohter Menschen die erforderlichen Leistungen erbracht, um Behinderungen einschließlich chronischer Krankheiten abzuwenden, zu beseitigen, zu mindern, auszugleichen und eine Verschlimmerung zu verhüten oder Einschränkungen der Erwerbsfähigkeit und Pflegebedürftigkeit zu vermeiden, zu überwinden, zu mindern und eine Verschlimmerung zu verhüten sowie den vorzeitigen Bezug von laufenden Sozialleistungen zu vermeiden oder laufende Sozialleistungen zu mindern.

24 Leistungen zur medizinischen Rehabilitation werden als stationäre, teilstationäre oder ambulante Heilbehandlung gewährt. Sie umfassen nach § 26 Abs. 2 insbesondere die

1. Behandlung durch Ärzte, Zahnärzte und Angehörige anderer Heilberufe,
2. Früherkennung und Frühförderung behinderter und von Behinderung bedrohter Kinder,
3. Arznei-und Verbandsmittel,
4. Heilmittel einschließlich physikalischer, Sprach- und Beschäftigungstherapie,
5. Psychotherapie als ärztliche und psychotherapeutische Behandlung,
6. Hilfsmittel,
7. Belastungserprobung und Arbeitstherapie.

25 Zur Sicherung der medizinischen Rehabilitation oder um Krankheitsfolgen zu vermeiden, zu überwinden oder ihre Verschlimmerung zu verhüten, werden nach § 26 Abs. 3 medizinische, psychologische und pädagogische Hilfen gewährt. Bei diesen Hilfen kann es sich insbesondere um Hilfen

1. zur Unterstützung bei der Krankheits- und Behinderungsverarbeitung,
2. zur Aktivierung von Selbsthilfepotenzialen,
3. zur Vermittlung von Kontakten zu örtlichen Selbsthilfe- und Beratungsmöglichkeiten,
4. zur Anleitung und Motivation zur Inanspruchnahme von Leistungen der medizinischen Rehabilitation,
5. zur Beratung und Information von Partnern, Angehörigen, Vorgesetzten und Kollegen, wenn der Leistungsberechtigte dem zustimmt,
6. zum Training lebenspraktischer Fähigkeiten und
7. zu Hilfen zur seelischen Stabilisierung und Förderung der sozialen Kompetenz

handeln.

26 Gemäß § 28 sollen medizinische und die sie ergänzenden Leistungen erbracht werden, wenn nach ärztlicher Feststellung zu erwarten ist, dass arbeitsunfähige Leistungsberechtigte ihre bisherige Tätigkeit teilweise verrichten können und sie durch eine stufenweise Wiederaufnahme ihrer Tätigkeit voraussichtlich besser wieder in das Erwerbsleben einge-

---

4 Es folgt ein Überblick, auf die Kommentierung von Nebe in FKS-SGB IX, §§ 26 bis 32, wird verwiesen.

gliedert werden können. Der behinderte Mensch wird hierbei zeitweise mit verkürzter Arbeitszeit, die stufenweise bis zur vollen Arbeitszeit erhöht wird, beschäftigt. Er ist in dieser Zeit weiter arbeitsunfähig und erhält Kranken-, Verletzten- oder Übergangsgeld unter Anrechnung des ggf. erzielten Arbeitsentgelts.

7. Leistungen zur Teilhabe am Arbeitsleben (§§ 33 bis 43)[5]

Gemäß § 33 sind zur Teilhabe am Arbeitsleben die erforderlichen Leistungen zu erbringen, um die Erwerbsfähigkeit behinderter oder von Behinderung bedrohter Menschen entsprechend ihrer Leistungsfähigkeit zu erhalten, zu verbessern, herzustellen oder wiederherzustellen und ihre Teilhabe am Arbeitsleben möglichst auf Dauer zu sichern. Zu den Leistungen für den Einzelnen gehören gemäß § 33 Abs. 1 insbesondere **27**

1. Hilfen zur Erhaltung oder Erlangung eines Arbeitsplatzes einschließlich Leistungen zur Beratung und Vermittlung, Trainingsmaßnahmen und Mobilitätshilfen,
2. die Berufsvorbereitung einschließlich einer wegen der Behinderung erforderlichen Grundausbildung,
3. die berufliche Anpassung und Weiterbildung, auch soweit die Leistungen einen zur Teilnahme erforderlichen schulischen Abschluss einschließen,
4. die berufliche Ausbildung, auch soweit Leistungen in einem zeitlich nicht überwiegenden Abschnitt schulisch durchgeführt werden,
5. das Überbrückungsgeld bei Aufnahme einer selbständigen Tätigkeit (§ 57 SGB III) und
6. sonstige Hilfen zur Förderung der Teilhabe am Arbeitsleben, um behinderten Menschen eine angemessene und geeignete Beschäftigung oder eine selbständige Tätigkeit zu ermöglichen oder zu erhalten.

Der Rehabilitationsträger übernimmt gemäß § 33 Abs. 7 die mit der Leistung in unmittelbarem Zusammenhang stehenden notwendigen Kosten für Unterkunft und Verpflegung, die Lehrgangskosten, die Prüfungsgebühren und die Aufwendungen für Lernmittel, Arbeitsgeräte und Arbeitskleidung. **28**

Soweit im Einzelfall erforderlich, umfassen die Leistungen gemäß § 33 Abs. 6 auch medizinische, psychologische und pädagogische Hilfen. **29**

Weitere in Frage kommende Leistungen sind in § 33 Abs. 8 genannt. Entsprechende Leistungen können sein: **30**

1. die Kraftfahrzeughilfe nach der Kraftfahrzeughilfe-Verordnung,
2. der Ausgleich unvermeidbaren Verdienstausfalls des behinderten Menschen oder einer erforderlichen Begleitperson wegen Fahrten der An- und Abreise zu einer Bildungsmaßnahme und zur Vorstellung bei einem Arbeitgeber etc.,
3. die Übernahme der Kosten einer notwendigen Arbeitsassistenz für schwerbehinderte Menschen als Hilfe zur Erlangung eines Arbeitsplatzes,
4. die Übernahme der Kosten für Hilfsmittel, die wegen der Art oder der Schwere der Behinderung zur Berufsausübung, zur Teilnahme an einer Leistung zur Teilhabe am

5 Auf die Kommentierung von Busch/Ritz in FKS-SGB IX, §§ 33 bis 43, wird verwiesen.

Arbeitsleben oder zur Erhöhung der Sicherheit auf dem Weg vom und zum Arbeitsplatz und am Arbeitsplatz erforderlich sind,

5. die Übernahme der Kosten technischer Arbeitshilfen, die wegen der Art oder der Schwere der Behinderung zur Berufsausübung erforderlich sind und
6. die Übernahme der Kosten der Beschaffung, der Ausstattung und Erhaltung einer behinderungsgerechten Wohnung in angemessenem Umfang.

31 Das Gesetz sieht auch vor, dass bestimmte Leistungen zur Teilhabe am Arbeitsleben auch an den Arbeitgeber erbracht werden können. Gemäß § 34 kommen als solche Leistungen Ausbildungszuschüsse zur betrieblichen Ausführung von Bildungsleistungen, Eingliederungszuschüsse, Zuschüsse für Arbeitshilfen im Betrieb und die teilweise oder volle Kostenerstattung für eine befristete Probebeschäftigung in Frage.

32 § 41 sieht darüber hinaus für behinderte Menschen, bei denen eine Beschäftigung auf dem allgemeinen Arbeitsmarkt wegen Art oder Schwere der Behinderung nicht oder noch nicht in Betracht kommt und die in der Lage sind, wenigstens ein Mindestmaß an wirtschaftlich verwertbarer Arbeitsleistung zu erbringen, die Beschäftigung in einer Werkstatt für behinderte Menschen vor. Gemäß § 41 Abs. 3 erhalten die Werkstätten hierfür vom zuständigen Rehabilitationsträger angemessene Vergütungen, die den Grundsätzen der Wirtschaftlichkeit, Sparsamkeit und Leistungsfähigkeit entsprechen.

33 Nach § 43 erhalten die Werkstätten für behinderte Menschen für jeden im Arbeitsbereich beschäftigten behinderten Menschen ein Arbeitsförderungsgeld in Höhe von monatlich 26 €, wenn ihr monatliches Arbeitsentgelt 299 € nicht übersteigt. Ist das Arbeitsentgelt höher als 299 €, ist die Höhe des Arbeitsförderungsentgelts auf den Unterschiedsbetrag zwischen Arbeitsentgelt und 325 € begrenzt.

8. Ergänzende Leistungen (§ 44)[6]

34 Gemäß § 44 Abs. 1 können ergänzende Leistungen erbracht werden. Diese Leistungen können in der vollen oder teilweisen Übernahme von Beiträgen zur gesetzlichen Kranken-, Unfall- und Rentenversicherung sowie zur Bundesanstalt für Arbeit und zur Pflegeversicherung bestehen. Weiter können Leistungen in Form von ärztlich verordnetem Rehabilitationssport in Gruppen unter ärztlicher Betreuung und Überwachung, einschließlich der Übungen für behinderte oder von Behinderung bedrohten Frauen und Mädchen, die der Stärkung des Selbstbewusstseins dienen bzw. in Form von Funktionstraining, sein. Darüber hinaus können die Leistungen in der Übernahme von Reisekosten oder der Übernahme von Betriebs- oder Haushaltshilfe- und Kinderbetreuungskosten bestehen.

9. Unterhaltssichernde Leistungen (§ 45)[7]

35 Entfällt während der Rehabilitation das Arbeitseinkommen, so sind in der Regel neben den Sachleistungen zur Sicherung des Unterhalts Geldleistungen zu erbringen. Dies

6 Auf die Kommentierung von Kopp-Schönherr in FKS-SGB IX, § 44, wird verwiesen.
7 Auf die Kommentierung von Kopp-Schönherr in FKS-SGB IX, § 45, wird verwiesen.

berücksichtigt § 45. Für die Dauer der Teilnahme an medizinischen Rehabilitationsmaßnahmen zahlen die Träger der Krankenversicherung Krankengeld, die Träger der Unfallversicherung Verletztengeld, die Träger der Rentenversicherung Übergangsgeld oder die Träger der Kriegsopferversorgung Versorgungskrankengeld. Welcher Träger eintritt, richtet sich danach, auf welcher Grundlage Leistungen beansprucht werden können. Einheitlich wird die entsprechende Leistung als Übergangsgeld bezeichnet. Die Berechnung erfolgt nach den Bestimmungen der §§ 46 bis 48.[8]

10. Leistungen zur Teilhabe am Leben in der Gemeinschaft (§§ 55 bis 59)[9]

Über die Gewährung von medizinischen und beruflichen Rehabilitationsleistungen hinaus soll dem behinderten Menschen der Kontakt mit seiner Umwelt und die Teilnahme am gesamten öffentlichen und kulturellen Leben ermöglicht werden. Leistungsverpflichtet sind insoweit die Träger der gesetzlichen Unfallversicherung und der sozialen Entschädigung, soweit es um die Folgen von ihnen zu entschädigender Versicherungsfälle geht, ansonsten die Träger der Jugendhilfe und der Sozialhilfe. **36**

Leistungen zur Teilhabe am Leben in der Gemeinschaft umfassen insbesondere die Versorgung mit Hilfsmitteln, die über die gesundheitliche und berufliche Zwecksetzung hinausgehen, heilpädagogische Leistungen für noch nicht eingeschulte Kinder, Hilfen zur Stärkung der allgemeinen praktischen Lebenstüchtigkeit, die Förderung der Verständigung mit der Umwelt, Hilfen bei der Beschaffung, dem Umbau, der Ausstattung und Erhaltung einer behindertengerechten Wohnung, Hilfen zum selbstbestimmten Leben in betreuten Wohnmöglichkeiten und sonstige Hilfen zur Teilnahme am gemeinschaftlichen und kulturellen Leben. **37**

B. Schwerbehindertenrecht

Teil 2
Besondere Regelungen zur Teilhabe schwerbehinderter Menschen

Kapitel 1
Geschützter Personenkreis

§ 68 Geltungsbereich

(1) Die Regelungen dieses Teils gelten für schwerbehinderte und diesen gleichgestellte behinderte Menschen.

(2) Die Gleichstellung behinderter Menschen mit schwerbehinderten Menschen (§ 2 Abs. 3) erfolgt auf Grund einer Feststellung nach § 69 auf Antrag des behinderten

8 Auf die Kommentierung von Kopp-Schönherr in FKS-SGB IX, §§ 46 bis 48, wird verwiesen.
9 Auf die Kommentierung von Kopp-Schönherr in FKS-SGB IX, §§ 55 bis 59, wird verwiesen.

Menschen durch die Bundesagentur für Arbeit. Die Gleichstellung wird mit dem Tag des Eingangs des Antrags wirksam. Sie kann befristet werden.

(3) Auf gleichgestellte behinderte Menschen werden die besonderen Regelungen für schwerbehinderte Menschen mit Ausnahme des § 125 und des Kapitels 13 angewendet.

(4) Schwerbehinderten Menschen gleichgestellt sind auch behinderte Jugendliche und junge Erwachsene (§ 2 Abs. 1) während der Zeit einer Berufsausbildung in Betrieben und Dienststellen, auch wenn der Grad der Behinderung weniger als 30 beträgt oder ein Grad der Behinderung nicht festgestellt ist. Der Nachweis der Behinderung wird durch eine Stellungnahme der Agentur für Arbeit oder durch einen Bescheid über Leistungen zur Teilhabe am Arbeitsleben erbracht. Die besonderen Regelungen für schwerbehinderte Menschen, mit Ausnahme des § 102 Abs. 3 Nr. 2 Buchstabe c, werden nicht angewendet.

§ 69 Feststellung der Behinderung, Ausweise

(1) Auf Antrag des behinderten Menschen stellen die für die Durchführung des Bundesversorgungsgesetzes zuständigen Behörden das Vorliegen einer Behinderung und den Grad der Behinderung fest. Beantragt eine erwerbstätige Person die Feststellung der Eigenschaft als schwerbehinderter Mensch (§ 2 Abs. 2), gelten die in § 14 Abs. 2 Satz 2 und 4 sowie Abs. 5 Satz 2 und 5 genannten Fristen sowie § 60 Abs. 1 des Ersten Buches entsprechend. Das Gesetz über das Verwaltungsverfahren der Kriegsopferversorgung ist entsprechend anzuwenden, soweit nicht das Zehnte Buch Anwendung findet. Die Auswirkungen auf die Teilhabe am Leben in der Gesellschaft werden als Grad der Behinderung nach Zehnergraden abgestuft festgestellt. Die Maßstäbe des § 30 Abs. 1 des Bundesversorgungsgesetzes und der auf Grund des § 30 Absatz 16 des Bundesversorgungsgesetzes erlassenen Rechtsverordnung gelten entsprechend. Eine Feststellung ist nur zu treffen, wenn ein Grad der Behinderung von wenigstens 20 vorliegt. Durch Landesrecht kann die Zuständigkeit abweichend von Satz 1 geregelt werden.

(2) Feststellungen nach Absatz 1 sind nicht zu treffen, wenn eine Feststellung über das Vorliegen einer Behinderung und den Grad einer auf ihr beruhenden Erwerbsminderung schon in einem Rentenbescheid, einer entsprechenden Verwaltungs- oder Gerichtsentscheidung oder einer vorläufigen Bescheinigung der für diese Entscheidungen zuständigen Dienststellen getroffen worden ist, es sei denn, dass der behinderte Mensch ein Interesse an anderweitiger Feststellung nach Absatz 1 glaubhaft macht. Eine Feststellung nach Satz 1 gilt zugleich als Feststellung des Grades der Behinderung.

(3) Liegen mehrere Beeinträchtigungen der Teilhabe am Leben in der Gesellschaft vor, so wird der Grad der Behinderung nach den Auswirkungen der Beeinträchtigungen in ihrer Gesamtheit unter Berücksichtigung ihrer wechselseitigen Beziehungen festgestellt. Für diese Entscheidung gilt Absatz 1, es sei denn, dass in einer Entscheidung nach Absatz 2 eine Gesamtbeurteilung bereits getroffen worden ist.

(4) Sind neben dem Vorliegen der Behinderung weitere gesundheitliche Merkmale Voraussetzung für die Inanspruchnahme von Nachteilsausgleichen, so treffen die zuständigen Behörden die erforderlichen Feststellungen im Verfahren nach Absatz 1.

(5) Auf Antrag des behinderten Menschen stellen die zuständigen Behörden auf Grund einer Feststellung der Behinderung einen Ausweis über die Eigenschaft als schwerbehinderter Mensch, den Grad der Behinderung sowie im Falle des Absatzes 4 über weitere gesundheitliche Merkmale aus. Der Ausweis dient dem Nachweis für die Inanspruchnahme von Leistungen und sonstigen Hilfen, die schwerbehinderten Menschen nach Teil 2 oder nach anderen Vorschriften zustehen. Die Gültigkeitsdauer des Ausweises soll befristet werden. Er wird eingezogen, sobald der gesetzliche Schutz schwerbehinderter Menschen erloschen ist. Der Ausweis wird berichtigt, sobald eine Neufeststellung unanfechtbar geworden ist.

Inhaltsübersicht Rn.

1. Vorbemerkung

Enthalten die Regelungen in den §§ 1 bis 67 des SGB IX Bestimmungen für alle behinderten Menschen, so lässt die Überschrift des zweiten Teils des SGB IX (§§ 68 ff.) »Besondere Regelungen zur Teilhabe schwerbehinderter Menschen (Schwerbehindertenrecht)« und § 68 Abs. 1 vermuten, dass Teil 2 nur für schwerbehinderte Menschen gilt. Richtig ist aber, dass verschiedene Vorschriften aus Teil 2 auch Bestimmungen in Bezug auf nicht schwerbehinderte Menschen enthalten (§ 84 Abs. 2).[10] Die Regelungen in Teil 2 entsprechen im Wesentlichen denen des bis zum Inkrafttreten des SGB IX am 01. 07. 2001 geltenden Schwerbehindertengesetzes. Teil 2 enthält Vorschriften mit Bezug zum individuellen und kollektiven Arbeitsrecht, wie Regelungen über die Beschäftigungspflicht der Arbeitgeber (§§ 71 bis 79) und sonstige Pflichten der Arbeitgeber sowie Rechte der 1

10 Von Seggern in HK-ArbR, § 68 SGB IX Rn. 3, Stevens-Bartol in FKS-SGB IX, § 68 Rn. 2.

schwerbehinderten Menschen (§§ 80 bis 84), den Kündigungsschutz (§§ 85 bis 92) und weitere Vorschriften u. a. über die Freistellung von Mehrarbeit auf Verlangen und zum Zusatzurlaub (§§ 124, 125).

2. Geltungsbereich gemäß § 68

2 § 68 bestimmt den Geltungsbereich von Teil 2 des Gesetzes für schwerbehinderte Menschen bzw. diesen gleichgestellte behinderte Menschen. Wer schwerbehindert ist und wann eine Gleichstellung erfolgen soll, regelt § 2.

2.1 Behinderung

3 § 2 des Gesetzes definiert den Personenkreis, für den die Regelungen des SGB IX gelten. Diese für das SGB IX zentrale Norm bestimmt in Abs. 1 Satz 1, wann ein Mensch behindert ist. Dies ist der Fall, wenn seine körperliche Funktion, geistige Fähigkeit oder seelische Gesundheit mit hoher Wahrscheinlichkeit länger als sechs Monate von dem für das Lebensalter typischen Zustand abweicht und daher seine Teilhabe am Leben in der Gesellschaft beeinträchtigt ist. Voraussetzung ist also eine medizinisch bedingte Störung körperlicher, geistiger oder seelischer Funktionen (z. B. auf orthopädischem, internistischem, neurologischem oder psychologischem Gebiet), die länger als sechs Monate andauert. Hierbei kommt es nicht darauf an, dass diese Störung bereits sechs Monate besteht, vielmehr ist eine Prognose anzustellen.[11] Liegt eine Prognose zur weiteren Entwicklung der Funktionsbeeinträchtigung vor und ist danach zu erwarten, dass diese den Zeitraum von sechs Monaten überschreiten wird, sind die Voraussetzungen einer Behinderung im Sinne des § 2 Abs. 1 Satz 1 vom Zeitpunkt des Auftretens der Funktionsbeeinträchtigung an gegeben.

4 Weitere Voraussetzung für die Qualifikation als Behinderung ist nach dem Wortlaut, dass die Störung altersuntypisch ist. Unter einer altersuntypischen Störung ist nach der Rechtsprechung des Bundessozialgerichts der Verlust oder die Beeinträchtigung von normalerweise vorhandenen körperlichen Funktionen, geistigen Fähigkeiten oder seelischer Gesundheit zu verstehen.[12] Diese Beschränkung auf altersinadäquate Funktionseinschränkungen wird im Schrifttum zu Recht kritisiert, da ein solches Verständnis dazu führen kann, dass alterstypische gesundheitliche Beeinträchtigungen nicht zu Leistungen zur Förderung von Selbstbestimmung und gleichberechtigter Teilhabe am Leben in der Gesellschaft berechtigen würden.[13] Das Bayerische Landessozialgericht führt – der Kritik folgend – in seiner Entscheidung vom 12. 12. 2002 aus, dass die Begrenzung des Behinderungsbegriffs allein auf eine Abweichung vom alterstypischen Zustand eine sachlich nicht zu rechtfertigende Beschränkung des Begriffs der Behinderung darstellt, welche in ihrer Allgemeinheit mit dem Recht älterer Menschen auf eine eigenständige Lebensfüh-

---

11 BSG – 12. 04. 2000 – B 9 SB 3/99 R.
12 BSG – 07. 11. 2001 – B 9 SB 1/01 R.
13 Vgl. nur Stevens-Bartol in FKS-SGB IX, § 2 Rn. 11.

rung nicht vereinbar ist.[14] Hinzu kommt, dass weder bei Kindern und Jugendlichen noch bei Menschen im hohen Alter der alterstypische Zustand sicher zu ermitteln ist. So kann angesichts des medizinischen Fortschritts und der ungleichen Inanspruchnahmemöglichkeiten der Menschen hieran ein alterstypischer Durchschnittszustand zu Unsicherheiten in der Feststellung führen.[15] Auch dürften z. B. unterschiedlich ausgeprägte Bewegungsaktivitäten das Bewegungsausmaß der Gliedmaßen einschließlich der Wirbelsäule der Betroffenen beeinflussen.[16] Insgesamt sollte dem Merkmal der Abweichung vom alterstypischen Zustand daher wenig Bedeutung beigemessen werden.

§ 2 Abs. 1 Satz 1 bestimmt, dass durch die Funktionsstörung die Teilhabe am Leben in der Gesellschaft beeinträchtigt sein muss. Damit liegt dem Behinderungsbegriff die im Rahmen der Weltgesundheitsorganisation (WHO) stattfindende internationale Diskussion um eine Weiterentwicklung der Internationalen Klassifikation (ICIDH-1) zur »Internationalen Klassifikation der Funktionsfähigkeit und Behinderung« (ICIDH-2) zugrunde, die nicht mehr die Orientierung an wirklichen oder vermeintlichen Defiziten, sondern das Ziel der Teilhabe an den verschiedenen Lebensbereichen (Partizipation) in den Vordergrund gerückt hat.[17] Eine Behinderung im Sinne des § 2 Abs. 1 Satz 1 ist also nur gegeben, wenn die Funktionsstörung Auswirkungen auf das Leben in der Gesellschaft hat. Neben verschiedenen Lebensbereichen (wie die Teilnahme am kulturellen Leben, die Sicherstellung der eigenen hauswirtschaftlichen Versorgung) gehört zum Leben in der Gesellschaft auch die Arbeitswelt, die aufgrund ihrer Relevanz für die Person und ihre Eingebundenheit in der Gesellschaft ein besonderes Gewicht hat.[18] **5**

Ergebnis der Verknüpfung der Funktionsbeeinträchtigung mit der Beeinträchtigung der Teilhabe am Leben in der Gesellschaft ist, dass auch eine geringfügige medizinisch bedingte Störung körperlicher, geistiger oder seelischer Funktionen dann eine Behinderung darstellt, wenn sie dazu führt, dass die betreffende Person z. B. eine berufliche Tätigkeit nur eingeschränkt ausüben kann.

2.2 Schwerbehinderung

Ausgehend vom Begriff der Behinderung bestimmt § 2 Abs. 2 zunächst, dass ein Mensch schwerbehindert ist, wenn bei ihm ein Grad der Behinderung (GdB) von wenigstens 50 vorliegt. Wann dies der Fall ist und wie der GdB festgestellt wird, wird weiter unten beschrieben.[19] **6**

Weitere Voraussetzung für die Anerkennung als schwerbehinderter Mensch ist, dass die Person ihren Wohnsitz, ihren gewöhnlichen Aufenthaltsort oder ihre Beschäftigung auf einem Arbeitsplatz rechtmäßig im Inland hat. Für einen Anspruch auf Feststellung einer Behinderung und des GdB ist ein solcher (rechtmäßiger) Inlandswohnsitz nicht **7**

14 LSG Bayern – 12. 12. 2002 – L 18 SB 22/01.
15 von Seggern in HK-ArbR, § 68 SGB IX Rn. 15.
16 LSG Bayern – 12. 12. 2002 – L 18 SB 22/01.
17 BT-Drs. 14/5074, S. 98 zu § 2.
18 Vgl. von Seggern in HK-ArbR, § 68 SGB IX Rn. 13.
19 Rn. 21 ff.

erforderlich. Vielmehr reicht aus, dass dem behinderten Menschen aus der Feststellung des GdB in Deutschland konkrete Vergünstigungen erwachsen können. Ist dies der Fall, besteht Anspruch auf die begehrte Feststellung.[20]

8 Soweit eine Beschäftigung auf einem Arbeitsplatz im Inland anstelle des Wohnsitzes oder des gewöhnlichen Aufenthalts im Inland ebenso genügt, wird durch den Verweis auf § 73 des Gesetzes klargestellt, dass Stellen im Sinne des § 73 Abs. 2 und 3 (z. B. ABM-Maßnahmen oder Saisonarbeit unter acht Wochen) einen Anspruch auf die Anerkennung als schwerbehinderter Mensch nicht begründen.

2.3 Gleichstellung

9 § 2 Abs. 3 regelt die Voraussetzungen, unter denen behinderte Menschen mit einem GdB von unter 50, mindestens aber 30, den schwerbehinderten Menschen gleichgestellt werden können. Diese sind:

1. Die betreffende Person muss zum Kreis der Personen gehören, die ihren Wohnsitz, ihren gewöhnlichen Aufenthaltsort oder ihre Beschäftigung auf einem Arbeitsplatz rechtmäßig im Inland hat (vgl. Rn. 7).
2. Der GdB muss festgestellt sein.[21]
3. Der gleichzustellende behinderte Mensch kann ohne die Gleichstellung einen geeigneten Arbeitsplatz nicht erlangen oder behalten.

10 Ein geeigneter Arbeitsplatz im Sinne dieser Norm ist ein Arbeitsplatz, der den beruflichen Kenntnissen und Fertigkeiten des behinderten Menschen entspricht und der nach den gesundheitlichen Voraussetzungen dieses Menschen für ihn zumutbar in Betracht kommt. Eine Gleichstellung soll erfolgen, wenn sich der behinderte Mensch aufgrund seiner Behinderung hinsichtlich der Erlangung eines Arbeitsplatzes oder des Erhalts seines Arbeitsplatzes in einer insoweit ungünstigen Konkurrenzsituation am Arbeitsplatz und auf dem Arbeitsmarkt befindet.[22]

2.3.1 Erlangung eines Arbeitsplatzes

11 Die Voraussetzungen für die Gleichstellung liegen also dann vor, wenn dadurch erreicht werden kann, dass für den behinderten Menschen durch die Gleichstellung die Wettbewerbsfähigkeit oder die Vermittlungschancen auf dem Arbeitsmarkt verbessert werden. Das Gesetz geht davon aus, dass dies durch die Gleichstellung bereits deshalb der Fall ist, als dass die Einstellung eines dem schwerbehinderten Menschen gleichgestellten Behinderten auf die Pflichtquote des § 71 des Gesetzes angerechnet wird, was für Arbeitgeber durchaus einen Anreiz darstellen kann, den Arbeitslosen einzustellen.[23]

12 Erforderlich ist nicht, dass ein konkretes Arbeitsplatzangebot vorliegt. Es reicht aus,

20 BSG – 29.04.2010 – B 9 SB 1/10 R.
21 Siehe Rn. 18 ff.
22 BSG – 02.03.2000 – B 7 AL 46/99 R.
23 Vgl. Rolfs in ErfK, § 69 SGB IX Rn. 12.

dass der behinderte Mensch im Vergleich zu einem nicht behinderten Menschen infolge der Behinderung schlechtere Wettbewerbschancen hat und daher schwerer vermittelt werden kann.

Eine Gleichstellung zur Erlangung eines Arbeitsplatzes kommt nicht nur bei einem arbeitslosen behinderten Menschen in Betracht. Sie kann auch für den behinderten Menschen, der einen nicht behinderungsgerechten Arbeitsplatz innehat, zur Erlangung eines behinderungsgerechten Arbeitsplatzes erfolgen.[24] 13

2.3.2 Behalten eines Arbeitsplatzes

Die Voraussetzungen für die Gleichstellung liegen auch dann vor, wenn diese dazu führt, dass der vom behinderten Menschen innegehaltene Arbeitsplatz sicherer gemacht werden kann, was bereits durch den besonderen Kündigungsschutz der Fall ist.[25] Für die anzustellende Prognose ist also nicht entscheidend, dass durch die Gleichstellung eine absolute Sicherheit erlangt wird.[26] Keinesfalls muss eine Kündigung unmittelbar oder in naher Zukunft drohen.[27] Sobald Anhaltspunkte dafür vorliegen, dass der Arbeitsplatz gefährdet ist, hat eine Gleichstellung zu erfolgen. Solche Anhaltspunkte können wiederholte behinderungsbedingte Arbeitsunfähigkeitszeiten oder eine behinderungsbedingte Minderung der Arbeitsleistung sein.[28] Jedenfalls wenn der Arbeitgeber mit dem behinderten Menschen Personalgespräche führt und hierbei auf etwaige Fehltage oder schlechte Leistungen hinweist, ist von einer Gefährdung auszugehen. Auch eine Abmahnung, sei sie gerechtfertigt oder nicht, stellt einen Anhaltspunkt für eine Gefährdung des Arbeitsplatzes dar. 14

Droht eine betriebsbedingte Kündigung etwa wegen einer Betriebsteilstilllegung, sollte eine Gleichstellung erfolgen, auch wenn streng genommen der Verlust des Arbeitsplatzes nicht wegen der Behinderung droht. Es wäre aber widersinnig, die Gleichstellung in einem solchen Falle wegen des Erhalts des Arbeitsplatzes zu verweigern, da Folge hiervon wäre, dass der behinderte Mensch erst arbeitslos werden müsste, um dann eine Gleichstellung wegen des Erlangens eines Arbeitsplatzes erhalten zu können.[29] 15

Wenn die Kündigung bereits ausgesprochen ist und diese nicht mehr mit der Kündigungsschutzklage angegriffen werden kann, kommt eine Gleichstellung wegen des Erhalts des Arbeitsplatzes nicht mehr in Frage. Ist allerdings innerhalb von drei Wochen Kündigungsschutzklage erhoben worden, kann einem Antrag auf Gleichstellung dann stattzugeben sein, wenn dadurch weitere während des Kündigungsschutzprozesses mögliche Kündigungen verhindert werden können.[30] 16

Die Unkündbarkeit (Beamte auf Lebenszeit, Unkündbarkeit bei Erreichen einer bestimmten Altersgrenze und Betriebszugehörigkeit aufgrund tarifvertraglicher Regelungen 17

24 Westermann in Basiskommentar SGB IX, § 2 Rn. 37.
25 BSG – 02.03.2000 – B 7 AL 46/99 R.
26 Vgl. von Seggern in HK-ArbR, § 68 SGB IX Rn. 21.
27 Vgl. Majerski-Pahlen in Neumann/Pahlen/Majerski-Pahlen, § 2 Rn. 52.
28 Joussen in LPK-SGB IX, § 2 Rn. 19.
29 Stevens-Bartol in FKS-SGB IX, § 2 Rn. 34.
30 Westermann in Basiskommentar SGB IX, § 2 Rn. 38.

etc.) schließt einen Anspruch auf Gleichstellung nicht aus, allerdings bedarf es einer besonderen Begründung, warum trotz Unkündbarkeit der Arbeitsplatz nachvollziehbar unsicherer ist als bei einem nicht behinderten Menschen. Dies ist bei einem Beamten beispielsweise der Fall, wenn behinderungsbedingt die Versetzung in den Ruhestand oder die behinderungsbedingte Versetzung oder Umsetzung auf einen anderen nicht gleichwertigen Arbeitsplatz droht.[31]

3. Verfahren

18 Sowohl die Feststellung des GdB als auch die Gleichstellung erfolgt auf Antrag des Betroffenen.

3.1 Feststellung des GdB nach § 69

3.1.1 Antrag

19 Der Antrag auf Feststellung des GdB ist bei der örtlich zuständigen Verwaltungsbehörde zu stellen. Örtlich zuständig ist die Behörde, in deren Bezirk die Antragsteller ihren Wohnsitz oder gewöhnlichen Aufenthalt haben. In der Regel sind dies die Versorgungsämter (anders etwa in Nordrhein-Westfalen: hier sind dies die Kreise und kreisfreien Städte).

20 Eine Form für den Antrag ist nicht vorgeschrieben. Nach Antragseingang hat die Behörde den für die Entscheidung über die Feststellung des GdB erheblichen Sachverhalt von Amts wegen zu ermitteln. In der Regel holen die Versorgungsämter zu diesem Zweck Befundberichte der behandelnden Ärzte ein. Entsprechende Mitwirkungspflichten der Betroffenen ergeben sich aus §§ 60 ff. SGB I.

3.1.2 Grundsätze für die Bewertung der Behinderung

21 Die Feststellung einer Behinderung erfolgt nur, wenn ein GdB von wenigstens 20 vorliegt (§ 69 Abs. 1 Satz 6). Hierbei werden die Auswirkungen einer Beeinträchtigung auf die Teilhabe am Leben in der Gesellschaft als Grad der Behinderung in Zehnergraden abgestuft festgestellt (§ 69 Abs. 1 Satz 4). Zur Klärung der Maßstäbe, nach denen die Beurteilung zu erfolgen hat, nimmt § 69 Abs. 1 auf § 30 Abs. 1 des Bundesversorgungsgesetzes (BVG) Bezug. Insofern ist der Grad der Behinderung nach den allgemeinen Auswirkungen der Funktionsbeeinträchtigungen, die durch die als Schädigungsfolge anerkannten körperlichen, geistigen oder seelischen Gesundheitsstörungen bedingt sind, in allen Lebensbereichen zu beurteilen.

22 Einheitliche Kriterien, die es ermöglichen würden, auf den Grad einer Behinderung schließen zu können, enthalten weder § 69 SGB IX noch § 30 BVG. Aus diesem Grund haben die Sozialgerichte zunächst auf die vom Bundesministerium für Arbeit aufgestell-

31 BSG – 01.03.2011 – B 7 AL 6/10 R.

ten »Anhaltspunkte für die ärztliche Gutachtertätigkeit im sozialen Entschädigungsrecht und nach dem Schwerbehindertenrecht« zurückgegriffen. Das Bundessozialgericht kritisierte zwar mehrfach, dass diese »Anhaltspunkte« nicht demokratisch legitimiert waren, da weder für die »Anhaltspunkte« selbst noch für die Organisation, das Verfahren und die Zusammensetzung des dieses Regelwerk erarbeitenden, vom Ministerium eingesetzten, Expertengremiums eine Rechtsgrundlage im Sinne eines materiellen Gesetzes bestand. Allerdings führte das Bundessozialgericht auch aus, dass es sich bei den »Anhaltspunkten« um sogenannte antizipierte Sachverständigengutachten handele, deren Beachtlichkeit im konkreten Verwaltungs- und Gerichtsverfahren sich zum einen daraus ergäbe, dass eine dem allgemeinen Gleichheitssatz entsprechende Rechtsanwendung nur dann gewährleistet ist, wenn die verschiedenen Behinderungen nach gleichen Maßstäben beurteilt werden. Zum anderen würden die »Anhaltspunkte« nach den Erfahrungen des Bundessozialgerichtes ein geeignetes, auf Erfahrungswerten der Versorgungsverwaltung und Erkenntnissen der medizinischen Wissenschaft beruhendes Beurteilungsgefüge zur Einschätzung des GdB darstellen.[32]

Die Kritik an der fehlenden gesetzlichen Legitimierung der »Anhaltspunkte« aufnehmend hat der Gesetzgeber mit der Regelung in § 30 Abs. 16 BVG eine gesetzliche Ermächtigung geschaffen, die es dem Bundesministerium für Arbeit und Soziales erlaubt, Grundsätze aufzustellen, die für die medizinische Bewertung von Schädigungsfolgen und die Feststellung des Grades der Behinderung maßgebend sind. Seit dem 01.01. 2009 gilt die »Versorgungsmedizinverordnung« (VersMedV). In diese wurden die ursprünglich in den »Anhaltspunkten« enthaltenen »Versorgungsmedizinischen Grundsätze« weitestgehend identisch übernommen.[33] Diese Grundsätze, an welche die den GdB feststellenden Behörden und die Sozialgerichte gebunden sind, enthalten hinsichtlich verschiedener Gesundheitsstörungen und den daraus folgenden Funktionsbeeinträchtigungen bestimmte Werte. So geben die »Versorgungsmedizinischen Grundsätze« in Teil B Ziffer 18.9 z. B. vor, dass Wirbelsäulenschäden ohne Bewegungseinschränkung oder Instabilität mit einem GdB von 0 zu bewerten sind, Wirbelsäulenschäden mit mittelgradigen bis schweren funktionellen Auswirkungen in zwei Wirbelsäulenabschnitten hingegen mit einem GdB 30–40. **23**

Weiter bestimmen diese »Versorgungsmedizinischen Grundsätze« in Teil A Ziffer 3, dass beim Auftreten mehrerer Funktionsbeeinträchtigungen Einzel-Grade der Behinderung (Einzel-GdB) anzugeben sind. Diese Einzel-GdB müssen jeweils für ein Funktionssystem des menschlichen Organismus zusammenfassend beurteilt werden. Die Funktionssysteme sind: Gehirn einschließlich Psyche, Augen, Ohren, Atmung, Herz- Kreislauf, Verdauung, Harnorgane, Geschlechtsapparat, Haut, Blut einschließlich blutbildendes Gewebe und Immunsystem, innere Sekretion und Stoffwechsel, Arme, Beine, Rumpf. Die Wirbelsäule bildet, obwohl in der VersMedV nicht gesondert als Funktionssystem ausgewiesen, ebenfalls ein Funktionssystem.[34] **24**

Bei der Ermittlung des Gesamt-Grades der Behinderung (Gesamt-GdB) dürfen die **25**

32 BSG – 18.09.2003 – B 9 SB 3/02 R.
33 Siehe Anlage zu § 2 VersMedV: http://www.gesetze-im-internet.de/versmedv/anlage_8.html.
34 Westermann in Basiskommentar SGB IX, § 69 Rn. 23.

Einzel-Grade nicht addiert werden, auch andere Rechenmethoden sind für die Bildung eines Gesamt-Grades der Behinderung ungeeignet. Maßgebend sind nach den Bestimmungen der »Versorgungsmedizinischen Grundsätze« die Auswirkungen der einzelnen Funktionsbeeinträchtigungen in ihrer Gesamtheit unter Berücksichtigung ihrer wechselseitigen Beziehungen zueinander. Der Gesamt-GdB ist hiernach also aufgrund einer Gesamtwürdigung der Auswirkungen der verschiedenen Funktionsbeeinträchtigungen in den verschiedenen Lebensbereichen unter Berücksichtigung ihrer wechselseitigen Beziehungen zu ermitteln.[35]

26 Die Ermittlung des Gesamt-GdB erfolgt nach Teil A Ziffer 3) der »Versorgungsmedizinischen Grundsätze« wie folgt: Bei der Beurteilung des Gesamt-GdB ist in der Regel von der Funktionsbeeinträchtigung auszugehen, die den höchsten Einzel-GdB bedingt. Im Hinblick auf alle weiteren Funktionsbeeinträchtigungen ist zu prüfen, ob und inwieweit hierdurch das Ausmaß der Behinderung größer wird, ob also wegen der weiteren Funktionsbeeinträchtigungen dem ersten GdB 10 oder 20 oder mehr Punkte hinzuzufügen sind, um der Behinderung insgesamt gerecht zu werden.

27 Die »Versorgungsmedizinischen Grundsätze« bestimmen insoweit in Teil A Ziffer 3 d), dass zur Beurteilung der Auswirkungen der Funktionsbeeinträchtigungen in ihrer Gesamtheit unter Berücksichtigung ihrer wechselseitigen Beziehungen zueinander aus der ärztlichen Gesamtschau heraus beachtet werden muss, dass die Beziehungen der Funktionsbeeinträchtigungen zueinander unterschiedlich sein können:

- Die Auswirkungen der einzelnen Funktionsbeeinträchtigungen können voneinander unabhängig sein und damit ganz verschiedene Bereiche im Ablauf des täglichen Lebens betreffen.
- Eine Funktionsbeeinträchtigung kann sich auf eine andere besonders nachteilig auswirken. Dies ist vor allem der Fall, wenn Funktionsbeeinträchtigungen an paarigen Gliedmaßen oder Organen – also z. B. an beiden Armen oder beiden Beinen oder beiden Nieren oder beiden Augen – vorliegen.
- Die Auswirkungen von Funktionsbeeinträchtigungen können sich überschneiden.
- Die Auswirkungen einer Funktionsbeeinträchtigung werden durch eine hinzutretende Gesundheitsstörung nicht verstärkt.

28 Dies bedeutet, dass etwa die Feststellung eines Einzel-GdB in Höhe von 30 aufgrund der Bewegungseinschränkung eines Hüftgelenkes mittleren Grades sowie die Feststellung eines weiteren Einzel-GdB von 20 aufgrund einer mittelgradigen Bewegungseinschränkung in einem Kniegelenk nur dann zu einem höheren Gesamt-GdB als 30 führt, wenn durch das Hinzutreten der zuletzt genannten Funktionsbeeinträchtigung das Ausmaß der (Geh-)Behinderung größer wird. Leichter zu beurteilen ist der Fall, wenn zur ersten Funktionsbeeinträchtigung (Bewegungseinschränkung eines Hüftgelenkes) eine weitere aufgrund eines Tinnitus mit erheblichen psychovegetativen Begleiterscheinungen nach Ziffer 5.3 mit einem Einzel-GdB von 20 hinzukommt. In diesem Fall wäre anzunehmen, dass die Funktionsbeeinträchtigungen Auswirkungen auf zwei unterschiedliche Lebensbereiche haben und ein höherer Gesamt-GdB als 30, nämlich 40, gerechtfertigt ist.

35 BSG – 24.04.2008 – B 9/9 a SB 10/06 R.

29 Von Ausnahmefällen (z. B. hochgradige Schwerhörigkeit eines Ohres bei schwerer beidseitiger Einschränkung der Sehfähigkeit) abgesehen, sollen zusätzliche leichte Gesundheitsstörungen, die nur einen GdB von 10 bedingen, nicht zu einer Zunahme des Ausmaßes der Gesamtbeeinträchtigung führen. Dies gilt auch, wenn mehrere derartige leichte Gesundheitsstörungen nebeneinander bestehen. Auch bei leichten Funktionsbeeinträchtigungen mit einem GdB von 20 ist es nach den Regeln der »Versorgungsmedizinischen Grundsätze« vielfach nicht gerechtfertigt, auf eine wesentliche Zunahme des Ausmaßes der Behinderung zu schließen.

3.1.3 Wirkung der Feststellung

30 Die Wirkung der Feststellung des GdB durch einen Bescheid der zuständigen Behörde hat lediglich deklaratorischen Charakter. Dies folgt daraus, dass die Behinderung besteht, wenn die gesetzlichen Voraussetzungen vorliegen. Ein Bescheid über die Feststellung erhöht allerdings die Rechtsklarheit für die Betroffenen und für andere Beteiligte (etwa für den Arbeitgeber).[36] Ist allerdings offensichtlich, dass ein Arbeitnehmer schwerbehindert ist, weil z. B. bekannt ist, dass der Betroffene eine Unterschenkelprothese trägt und damit klar ist, dass er unter dem Verlust eines Beines im Unterschenkel leidet (was nach Teil B Ziffer 18.14 der »Versorgungsmedizinischen Grundsätze« zu einem GdB von 50 führt), genießt auch dieser schwerbehinderte Mensch den besonderen Kündigungsschutz nach §§ 85 ff., auch wenn er keinen Nachweis seiner Schwerbehinderung durch Vorlage eines Feststellungsbescheides erbracht hat. Zwar findet sich in § 90 Abs. 2 a seit dem 01. 05. 2004 eine Regelung, die bestimmt, dass die Vorschriften über den Kündigungsschutz dann keine Anwendung finden, wenn zum Zeitpunkt der Kündigung die Eigenschaft als schwerbehinderter Mensch nicht nachgewiesen ist (oder das Versorgungsamt nach Ablauf der Frist des § 69 Abs. 1 Satz 2 eine Feststellung wegen fehlender Mitwirkung nicht treffen konnte), allerdings galt nach der (alten) Rechtsprechung des Bundesarbeitsgerichts vor Einführung dieser Norm, dass es keines Nachweises durch behördliche Feststellung bedarf, wenn die Schwerbehinderung offensichtlich ist.[37] Diese Rechtsprechung hat der Gesetzgeber bei der Schaffung des § 90 Abs. 2 a berücksichtigt. Der Gesetzesbegründung ist insoweit zu entnehmen, dass eine Ausnahme aus dem Kündigungsschutz nach §§ 85 ff. im Falle des fehlenden Nachweises durch einen Feststellungsbescheid nur dann anzunehmen ist, wenn die Schwerbehinderung nicht offenkundig ist.[38]

Unabhängig von der hier beschriebenen deklaratorischen Wirkung der Feststellung der Behinderung ist eine solche Feststellung aber formale Voraussetzung für eine Gleichstellung (siehe Rn. 8).

36 Joussen in LPK-SGB IX, § 69 Rn. 4; von Seggern in HK-ArbR, § 69 SGB IX Rn. 1.
37 BAG – 28. 06. 1995 – 7 AZR 555/94.
38 BT-Drs. 15/2357, S. 24.

3.1.4 Frist des § 69 Abs. 1 Satz 2

31 Gleichzeitig mit § 90 Abs. 2 a wurde zum 01.05. 2004 in § 69 Abs. 1 Satz 2 der Verweis auf die Fristen des § 14 eingeführt. § 14 regelt bestimmte Fristen, innerhalb derer das Feststellungsverfahren bei erwerbstätigen Personen durchgeführt werden soll. Hiernach hat die Behörde drei Wochen nach Antragstellung über den Antrag zu entscheiden. Ist die Einholung eines ärztlichen Gutachtens notwendig (wovon im Regelfall auszugehen ist), muss die Behörde den Gutachter unverzüglich beauftragen. Das Gutachten selbst muss innerhalb von zwei Wochen nach Auftragserteilung erstellt werden. Im Anschluss hat die Behörde weitere zwei Wochen Zeit, um über den Antrag zu entscheiden.

32 Mit dem Verweis auf die Fristen des § 14 ist eine Regelung in das Gesetz aufgenommen worden, welche im Zusammenspiel mit § 90 Abs. 2 a dazu führt, dass dann, wenn innerhalb dieser Fristen eine Feststellung der Schwerbehinderung durch die zuständige Behörde mangels Mitwirkung des Betroffenen (z.B. Versäumung eines Termins beim medizinischen Gutachter) nicht möglich ist, der Betroffene seinen besonderen Kündigungsschutz verliert, wenn zum Zeitpunkt der Kündigung die Eigenschaft als schwerbehinderter Mensch nicht nachgewiesen war. Hinsichtlich der Fragen, die im Zusammenhang mit diesen Fristen und den Auswirkungen auf den Kündigungsschutz entstehen, wird auf die Kommentierung zu § 90 verwiesen.

3.1.5 Anderweitige Feststellung der Behinderung

33 Nach § 69 Abs. 2 trifft die zuständige Behörde dann keine Entscheidung über die Feststellung des GdB, wenn eine Feststellung über das Vorliegen einer Behinderung oder den Grad einer auf ihr beruhenden Erwerbsminderung bereits in einem Rentenbescheid oder einer entsprechenden Verwaltungs- oder Gerichtsentscheidung getroffen worden ist. In einem solchen Fall ist die bereits getroffene Entscheidung für die Behörde, die den GdB festzustellen hat (also in der Regel die Versorgungsämter) bindend. Voraussetzung ist aber, dass in der anderweitigen Entscheidung auch tatsächlich eine Feststellung über den (Gesamt-)GdB getroffen wurde.[39] Ist dies nicht der Fall, hat eine Feststellung über den GdB zu erfolgen.

3.1.6 Merkzeichen und Nachteilsausgleiche

34 Soweit über das Vorliegen einer Behinderung und den GdB gesundheitliche Merkmale hinaus gegeben sind, die die Voraussetzungen für die Inanspruchnahme von Nachteilsausgleichen rechtfertigen, ist hierüber auch von der zuständigen Behörde zu entscheiden. Solche Nachteilsausgleiche sind Hilfen für behinderte Menschen zum Ausgleich behinderungsbedingter Nachteile oder Mehraufwendungen (§ 126).

---

39 BSG – 05.07.2007 – B 9/9 a SB 12/06 R.

3.1.6.1 Merkzeichen

Die einzelnen gesundheitlichen Merkmale (Merkzeichen) sind wie folgt definiert:

Merkzeichen »G« (gehbehindert): In seiner Bewegungsfähigkeit im Straßenverkehr **35** erheblich beeinträchtigt ist, wer infolge einer Einschränkung des Gehvermögens (auch durch innere Leiden oder infolge von Anfällen oder von Störungen der Orientierungsfähigkeit) nicht ohne erhebliche Schwierigkeiten oder nicht ohne Gefahren für sich oder andere Wegstrecken im Ortsverkehr zurückzulegen vermag, die üblicherweise noch zu Fuß zurückgelegt werden (§ 146). Nach der Rechtsprechung des Bundessozialgerichts kommt es dabei nicht auf die konkreten örtlichen Verhältnisse des Einzelfalls an, sondern darauf, welche Wegstrecken allgemein, das heißt altersunabhängig von nicht behinderten Menschen, noch zu Fuß zurückgelegt werden. Als ortsübliche Wegstrecke gilt eine Strecke von etwa zwei Kilometern, die in ca. einer halben Stunde zurückgelegt wird[40] (siehe auch Teil D Ziffer 1 der »Versorgungsmedizinischen Grundsätze«).

Merkzeichen »aG« (außergewöhnlich gehbehindert): Außergewöhnlich gehbehindert **36** ist, wer sich wegen der Schwere seines Leidens dauernd nur mit fremder Hilfe oder nur mit großer Anstrengung außerhalb seines Kraftfahrzeuges bewegen kann. Hierzu zählen Querschnittsgelähmte, Doppeloberschenkelamputierte, Doppelunterschenkelamputierte, Hüftexartikulierte und einseitig Oberschenkelamputierte, die dauernd außer Stande sind, ein Kunstbein zu tragen, oder nur eine Beckenkorbprothese tragen können oder zugleich unterschenkel- oder armamputiert sind, sowie andere Schwerbehinderte, die nach versorgungsärztlicher Feststellung, auch auf Grund von Erkrankungen, dem vorstehenden Personenkreis gleichzustellen sind.[41] Soweit von verschiedenen Sozial- bzw. Landessozialgerichten versucht wurde, ähnlich wie bei den Voraussetzungen für das Merkzeichen »G« eine Weglänge zu bestimmen, bei deren Bewältigung eine außergewöhnliche Gehbehinderung noch nicht vorliegen soll, hat das Bundessozialgericht diese Versuche verworfen. Es kommt nicht darauf an, über welche Wegstrecke ein schwerbehinderter Mensch sich außerhalb seines Kraftfahrzeuges zumutbar noch bewegen kann, sondern darauf, unter welchen Bedingungen ihm dies nur noch möglich ist: nämlich nur mit fremder Hilfe oder nur mit großer Anstrengung. Wer diese Voraussetzung – praktisch von den ersten Schritten außerhalb seines Kraftfahrzeuges an – erfüllt, hat Anspruch auf die Zuerkennung des Merkzeichens »aG«[42] (siehe auch Teil D Ziffer 3 der »Versorgungsmedizinischen Grundsätze«).

Merkzeichen »B« (Begleitung erforderlich): Die Berechtigung zur Mitnahme einer **37** Begleitperson haben die schwerbehinderten Menschen, die bei Nutzung öffentlicher Verkehrsmittel infolge ihrer Behinderung regelmäßig auf fremde Hilfe angewiesen sind (§ 146 Abs. 2). Diese Voraussetzungen sind gegeben, wenn regelmäßig fremde Hilfe beim Ein- und Aussteigen oder während der Fahrt benötigt wird. Das gilt auch, wenn Hilfen zum Ausgleich von Orientierungsstörungen (z. B. schwere Seh- oder Hörbehinderung, schwe-

---

40 BSG – 10.12.1987 – 9 a RVs 11/87.

41 Vgl. Abschnitt II Nr. 1 zu § 46 Abs. 1 Nr. 11 VwV-StVO, neu bekannt gemacht am 26. Januar 2001, BAnz 2001, Nr. 21.

42 BSG – 10.12.2002 – B 9 SB 7/01 R.

re Anfallsleiden, geistige Behinderung) erforderlich sind[43] (siehe auch Teil D Ziffer 2 der »Versorgungsmedizinischen Grundsätze«).

38 Merkzeichen »H« (Hilflosigkeit): Gemäß § 33 b Abs. 6 Satz 3 und 4 EStG ist eine Person hilflos, wenn sie für eine Reihe von häufig und regelmäßig wiederkehrenden Verrichtungen zur Sicherung ihrer persönlichen Existenz im Ablauf eines jeden Tages fremder Hilfe dauernd bedarf oder wenn die Hilfe in Form einer Überwachung oder einer Anleitung zu den in Satz 3 genannten Verrichtungen erforderlich ist oder wenn die Hilfe zwar nicht dauernd geleistet werden muss, jedoch eine ständige Bereitschaft zur Hilfeleistung erforderlich ist. Bei diesen Verrichtungen handelt es sich um Verrichtungen, die im Ablauf eines jeden Tages unmittelbar zur Pflege und Befriedigung wesentlicher Bedürfnisse des Betroffenen gehören sowie häufig und regelmäßig wiederkehren[44] (siehe auch Teil A Ziffer 4 der »Versorgungsmedizinischen Grundsätze«).

39 Merkzeichen »RF« (Befreiung von der Rundfunkgebühr): Die Voraussetzungen der Vergabe des Merkzeichens »RF« sind bei behinderten Menschen gegeben, deren Grad der Behinderung nicht nur vorübergehend wenigstens 80 vom Hundert beträgt und die wegen ihres Leidens an öffentlichen Veranstaltungen ständig nicht teilnehmen können (vgl. § 6 Abs. 1 Nr. 8 des Rundfunkgebührenstaatsvertrag).

40 Merkzeichen »Bl« (Blindheit): Dieses Merkzeichen erhalten nicht nur Menschen, denen das Augenlicht vollständig fehlt, sondern auch Menschen, deren beidäugige Gesamtsehschärfe nicht mehr als ein Fünfzigstel beträgt oder bei denen dem Schweregrad dieser Sehschärfe gleichzuachtende, nicht nur vorübergehende Störungen des Sehvermögens vorliegen (§ 72 Abs. 5 SGB XII; Teil A Ziffer 6 der »Versorgungsmedizinischen Grundsätze«).[45]

41 Merkzeichen »Gl« (Gehörlosigkeit): Gehörlos sind nicht nur Hörbehinderte, bei denen Taubheit beiderseits vorliegt, sondern auch Hörbehinderte mit einer an Taubheit grenzenden Schwerhörigkeit beiderseits, wenn daneben schwere Sprachstörungen (schwer verständliche Lautsprache, geringer Sprachschatz) vorliegen. Das sind in der Regel Hörbehinderte, bei denen die an Taubheit grenzende Schwerhörigkeit angeboren oder in der Kindheit erworben worden ist (Teil D Ziffer 4 der »Versorgungsmedizinischen Grundsätze«).

3.1.6.2 Nachteilsausgleiche

42 Die Merkzeichen berechtigen zur Inanspruchnahme von verschiedenen Nachteilsausgleichen. Aufgrund der Vielzahl der Regelungen über Nachteilsausgleiche sollen hier nur einige beispielhaft erwähnt werden:

- unentgeltliche Beförderung im öffentlichen Personennahverkehr: aG, G, H, Gl, Bl
- Befreiung von der Kraftfahrzeugsteuer: H, Bl, aG
- Ermäßigung der Kraftfahrzeugsteuer: G, Gl
- Behindertenparkplätze: aG, Bl

43 Dau in LPK-SGB IX, § 146 Rn. 9.
44 BSG – 12.02.2003 – B 9 SB 1/02 R.
45 Zum Begriff der Blindheit auch BSG – 20.07.2005 – B 9 a BL 1/05 R.

- Parkerleichterungen (z. B. Parken im eingeschränkten Halteverbot bis zu drei Stunden): G, B, weitere Voraussetzung ist die Feststellung eines bestimmten GdB
- Steuervergünstigungen, Abzug von Pauschbeträgen oder Nachweis von außergewöhnlichen Belastungen: für alle schwerbehinderten Menschen, erhöhte Pauschbeträge bei Merkzeichen H, Bl

3.2 Antrag auf Gleichstellung

Der Antrag auf Gleichstellung eines behinderten Menschen mit einem GdB von unter 50, mindestens aber 30, mit einem schwerbehinderten Menschen ist bei der Bundesagentur für Arbeit zu stellen. Die Bundesagentur für Arbeit hat ein eingeschränktes Ermessen (siehe § 2 Abs. 3: »sollen«). Dies bedeutet, dass dem Antrag dann stattzugeben ist, wenn die Voraussetzungen für die Gleichstellung vorliegen.[46] Eine Ablehnung kommt nur in atypischen Fällen in Betracht (etwa wenn der Behinderte bereits eine Altersrente bezieht).[47] Die Entscheidung der Bundesagentur für Arbeit wirkt auf den Tag der Antragstellung zurück, d. h., die Entscheidung wird mit dem Tag der Antragstellung (rückwirkend) wirksam, § 68 Abs. 2 Satz 2. 43

4. Ausweis

Auf Antrag des schwerbehinderten Menschen wird diesem ein Schwerbehindertenausweis ausgestellt, in welchem der Grad der Behinderung sowie die festgestellten Merkzeichen aufgeführt sind. Dieser Ausweis soll dem schwerbehinderten Menschen den Nachweis seiner Schwerbehinderung erleichtern. 44

5. Verwaltungsverfahren, Rechtsweg

Das Verwaltungsverfahren richtet sich nach dem SGB X. Die Änderung eines Feststellungsbescheides ist nach den Vorschriften der §§ 44, 45 und 48 SGB X möglich. Nach diesen Vorschriften richtet sich auch ein Verfahren auf Neufeststellung des GdB, wenn insoweit eine Änderung der bestehenden Gesundheitsstörungen eingetreten ist. Der Betroffene kann also bei einer Verschlimmerung der bestehenden Funktionsbeeinträchtigungen oder dem Hinzutreten von Funktionsbeeinträchtigungen aufgrund neuer Gesundheitsstörungen einen entsprechenden Antrag stellen. Ratsam ist es, diesen Antrag dann, wenn die Verschlimmerung nicht gravierend ist, erst nach Ablauf von zwei Jahren seit der letzten Feststellung zu stellen. Hintergrund ist, dass im Rahmen der Neufeststellung auch die ursprüngliche Bewertung überprüft wird und die Entscheidung rückwirkend zu Ungunsten des Betroffenen geändert oder aufgehoben werden kann, wenn seit dem Erlass des die Behinderung feststellenden Bescheides noch keine zwei Jahre verstrichen sind, § 45 Abs. 3 SGB X. 45

---

46 Siehe Rn. 9 ff.

47 BSG – 02. 03. 2000 – B 7 AL 46/99 R.

46 Die Entscheidungen der Behörden über die Feststellung der Behinderteneigenschaft einschließlich der Feststellung des GdB und die Entscheidungen der Bundesagentur für Arbeit über die Gleichstellung können vom Betroffenen mit dem Widerspruch und im Falle der Erfolglosigkeit des Widerspruchs mit der Klage vor dem Sozialgericht angegriffen werden. Dem Arbeitgeber steht kein Widerspruchs- und Klagerecht zu. Dies gilt auch im Falle der Entscheidung der Bundesagentur für Arbeit, einen behinderten Arbeitnehmer den Schwerbehinderten gleichzustellen.[48]

§ 70 Verordnungsermächtigung

Die Bundesregierung wird ermächtigt, durch Rechtsverordnung mit Zustimmung des Bundesrates nähere Vorschriften über die Gestaltung der Ausweise, ihre Gültigkeit und das Verwaltungsverfahren zu erlassen.

Kapitel 2
Beschäftigungspflicht der Arbeitgeber

§ 71 Pflicht der Arbeitgeber zur Beschäftigung schwerbehinderter Menschen

(1) Private und öffentliche Arbeitgeber (Arbeitgeber) mit jahresdurchschnittlich monatlich mindestens 20 Arbeitsplätzen im Sinne des § 73 haben auf wenigstens 5 Prozent der Arbeitsplätze schwerbehinderte Menschen zu beschäftigen. Dabei sind schwerbehinderte Frauen besonders zu berücksichtigen. Abweichend von Satz 1 haben Arbeitgeber mit jahresdurchschnittlich monatlich weniger als 40 Arbeitsplätzen jahresdurchschnittlich je Monat einen schwerbehinderten Menschen, Arbeitgeber mit jahresdurchschnittlich monatlich weniger als 60 Arbeitsplätzen jahresdurchschnittlich je Monat zwei schwerbehinderte Menschen zu beschäftigen.

(2) (weggefallen)

(3) Als öffentliche Arbeitgeber im Sinne des Teils 2 gelten

1. **jede oberste Bundesbehörde mit ihren nachgeordneten Dienststellen, das Bundespräsidialamt, die Verwaltungen des Deutschen Bundestages und Bundesrates, das Bundesverfassungsgericht, die obersten Gerichtshöfe des Bundes, der Bundesgerichtshof jedoch zusammengefasst mit dem Generalbundesanwalt, sowie das Bundeseisenbahnvermögen,**
2. **jede oberste Landesbehörde und die Staats- und Präsidialkanzleien mit ihren nachgeordneten Dienststellen, die Verwaltungen der Landtage, die Rechnungshöfe (Rechnungskammern), die Organe der Verfassungsgerichtsbarkeit der Länder und jede sonstige Landesbehörde, zusammengefasst jedoch diejenigen Behörden, die eine gemeinsame Personalverwaltung haben,**
3. **jede sonstige Gebietskörperschaft und jeder Verband von Gebietskörperschaften,**
4. **jede sonstige Körperschaft, Anstalt oder Stiftung des öffentlichen Rechts.**

---

48 BSG – 11.03.2002 – B 11 AL 57/01 R.

§ 72 Beschäftigung besonderer Gruppen schwerbehinderter Menschen

(1) Im Rahmen der Erfüllung der Beschäftigungspflicht sind in angemessenem Umfang zu beschäftigen

1. schwerbehinderte Menschen, die nach Art oder Schwere ihrer Behinderung im Arbeitsleben besonders betroffen sind, insbesondere solche,
   a) die zur Ausübung der Beschäftigung wegen ihrer Behinderung nicht nur vorübergehend einer besonderen Hilfskraft bedürfen oder
   b) deren Beschäftigung infolge ihrer Behinderung nicht nur vorübergehend mit außergewöhnlichen Aufwendungen für den Arbeitgeber verbunden ist oder
   c) die infolge ihrer Behinderung nicht nur vorübergehend offensichtlich nur eine wesentlich verminderte Arbeitsleistung erbringen können oder
   d) bei denen ein Grad der Behinderung von wenigstens 50 allein infolge geistiger oder seelischer Behinderung oder eines Anfallsleidens vorliegt oder
   e) die wegen Art oder Schwere der Behinderung keine abgeschlossene Berufsbildung im Sinne des Berufsbildungsgesetzes haben,
2. schwerbehinderte Menschen, die das 50. Lebensjahr vollendet haben.

(2) Arbeitgeber mit Stellen zur beruflichen Bildung, insbesondere für Auszubildende, haben im Rahmen der Erfüllung der Beschäftigungspflicht einen angemessenen Anteil dieser Stellen mit schwerbehinderten Menschen zu besetzen. Hierüber ist mit der zuständigen Interessenvertretung im Sinne des § 93 und der Schwerbehindertenvertretung zu beraten.

§ 73 Begriff des Arbeitsplatzes

(1) Arbeitsplätze im Sinne des Teils 2 sind alle Stellen, auf denen Arbeitnehmer und Arbeitnehmerinnen, Beamte und Beamtinnen, Richter und Richterinnen sowie Auszubildende und andere zu ihrer beruflichen Bildung Eingestellte beschäftigt werden.

(2) Als Arbeitsplätze gelten nicht die Stellen, auf denen beschäftigt werden

1. behinderte Menschen, die an Leistungen zur Teilhabe am Arbeitsleben nach § 33 Abs. 3 Nr. 3 in Betrieben oder Dienststellen teilnehmen,
2. Personen, deren Beschäftigung nicht in erster Linie ihrem Erwerb dient, sondern vorwiegend durch Beweggründe karitativer oder religiöser Art bestimmt ist, und Geistliche öffentlich-rechtlicher Religionsgemeinschaften,
3. Personen, deren Beschäftigung nicht in erster Linie ihrem Erwerb dient und die vorwiegend zu ihrer Heilung, Wiedereingewöhnung oder Erziehung erfolgt,
4. Personen, die an Arbeitsbeschaffungsmaßnahmen nach dem Dritten Buch teilnehmen,
5. Personen, die nach ständiger Übung in ihre Stellen gewählt werden,
6. (weggefallen)
7. Personen, deren Arbeits-, Dienst- oder sonstiges Beschäftigungsverhältnis wegen Wehr- oder Zivildienst, Elternzeit, unbezahltem Urlaub, wegen Bezuges einer Rente auf Zeit oder bei Altersteilzeitarbeit in der Freistellungsphase (Verblockungsmodell) ruht, solange für sie eine Vertretung eingestellt ist.

(3) Als Arbeitsplätze gelten ferner nicht Stellen, die nach der Natur der Arbeit oder

nach den zwischen den Parteien getroffenen Vereinbarungen nur auf die Dauer von höchstens acht Wochen besetzt sind, sowie Stellen, auf denen Beschäftigte weniger als 18 Stunden wöchentlich beschäftigt werden.

§ 74 Berechnung der Mindestzahl von Arbeitsplätzen und der Pflichtarbeitsplatzzahl

(1) Bei der Berechnung der Mindestzahl von Arbeitsplätzen und der Zahl der Arbeitsplätze, auf denen schwerbehinderte Menschen zu beschäftigen sind (§ 71), zählen Stellen, auf denen Auszubildende beschäftigt werden, nicht mit. Das Gleiche gilt für Stellen, auf denen Rechts- oder Studienreferendare und -referendarinnen beschäftigt werden, die einen Rechtsanspruch auf Einstellung haben.

(2) Bei der Berechnung sich ergebende Bruchteile von 0,5 und mehr sind aufzurunden, bei Arbeitgebern mit jahresdurchschnittlich weniger als 60 Arbeitsplätzen abzurunden.

§ 75 Anrechnung Beschäftigter auf die Zahl der Pflichtarbeitsplätze für schwerbehinderte Menschen

(1) Ein schwerbehinderter Mensch, der auf einem Arbeitsplatz im Sinne des § 73 Abs. 1 oder Abs. 2 Nr. 1 oder 4 beschäftigt wird, wird auf einen Pflichtarbeitsplatz für schwerbehinderte Menschen angerechnet.

(2) Ein schwerbehinderter Mensch, der in Teilzeitbeschäftigung kürzer als betriebsüblich, aber nicht weniger als 18 Stunden wöchentlich beschäftigt wird, wird auf einen Pflichtarbeitsplatz für schwerbehinderte Menschen angerechnet. Bei Herabsetzung der wöchentlichen Arbeitszeit auf weniger als 18 Stunden infolge von Altersteilzeit gilt Satz 1 entsprechend. Wird ein schwerbehinderter Mensch weniger als 18 Stunden wöchentlich beschäftigt, lässt die Bundesagentur für Arbeit die Anrechnung auf einen dieser Pflichtarbeitsplätze zu, wenn die Teilzeitbeschäftigung wegen Art oder Schwere der Behinderung notwendig ist.

(2 a) Ein schwerbehinderter Mensch, der im Rahmen einer Maßnahme zur Förderung des Übergangs aus der Werkstatt für behinderte Menschen auf den allgemeinen Arbeitsmarkt (§ 5 Abs. 4 Satz 1 der Werkstättenverordnung) beschäftigt wird, wird auch für diese Zeit auf die Zahl der Pflichtarbeitsplätze angerechnet.

(3) Ein schwerbehinderter Arbeitgeber wird auf einen Pflichtarbeitsplatz für schwerbehinderte Menschen angerechnet.

(4) Der Inhaber eines Bergmannsversorgungsscheins wird, auch wenn er kein schwerbehinderter oder gleichgestellter behinderter Mensch im Sinne des § 2 Abs. 2 oder 3 ist, auf einen Pflichtarbeitsplatz angerechnet.

§ 76 Mehrfachanrechnung

(1) Die Bundesagentur für Arbeit kann die Anrechnung eines schwerbehinderten Menschen, besonders eines schwerbehinderten Menschen im Sinne des § 72 Abs. 1 auf mehr als einen Pflichtarbeitsplatz, höchstens drei Pflichtarbeitsplätze für schwerbehinderte Menschen zulassen, wenn dessen Teilhabe am Arbeitsleben auf besondere

Schwierigkeiten stößt. Satz 1 gilt auch für schwerbehinderte Menschen im Anschluss an eine Beschäftigung in einer Werkstatt für behinderte Menschen und für teilzeitbeschäftigte schwerbehinderte Menschen im Sinne des § 75 Abs. 2.

(2) Ein schwerbehinderter Mensch, der beruflich ausgebildet wird, wird auf zwei Pflichtarbeitsplätze für schwerbehinderte Menschen angerechnet. Satz 1 gilt auch während der Zeit einer Ausbildung im Sinne des § 35 Abs. 2, die in einem Betrieb oder einer Dienststelle durchgeführt wird. Die Bundesagentur für Arbeit kann die Anrechnung auf drei Pflichtarbeitsplätze für schwerbehinderte Menschen zulassen, wenn die Vermittlung in eine berufliche Ausbildungsstelle wegen Art oder Schwere der Behinderung auf besondere Schwierigkeiten stößt. Bei Übernahme in ein Arbeits- oder Beschäftigungsverhältnis durch den ausbildenden oder einen anderen Arbeitgeber im Anschluss an eine abgeschlossene Ausbildung wird der schwerbehinderte Mensch im ersten Jahr der Beschäftigung auf zwei Pflichtarbeitsplätze angerechnet; Absatz 1 bleibt unberührt.

(3) Bescheide über die Anrechnung eines schwerbehinderten Menschen auf mehr als drei Pflichtarbeitsplätze für schwerbehinderte Menschen, die vor dem 1. August 1986 erlassen worden sind, gelten fort.

§ 77 Ausgleichsabgabe

(1) Solange Arbeitgeber die vorgeschriebene Zahl schwerbehinderter Menschen nicht beschäftigen, entrichten sie für jeden unbesetzten Pflichtarbeitsplatz für schwerbehinderte Menschen eine Ausgleichsabgabe. Die Zahlung der Ausgleichsabgabe hebt die Pflicht zur Beschäftigung schwerbehinderter Menschen nicht auf. Die Ausgleichsabgabe wird auf der Grundlage einer jahresdurchschnittlichen Beschäftigungsquote ermittelt.

(2) Die Ausgleichsabgabe beträgt je unbesetzten Pflichtarbeitsplatz

1. **105 Euro bei einer jahresdurchschnittlichen Beschäftigungsquote von 3 Prozent bis weniger als dem geltenden Pflichtsatz,**
2. **180 Euro bei einer jahresdurchschnittlichen Beschäftigungsquote von 2 Prozent bis weniger als 3 Prozent,**
3. **260 Euro bei einer jahresdurchschnittlichen Beschäftigungsquote von weniger als 2 Prozent.**

Abweichend von Satz 1 beträgt die Ausgleichsabgabe je unbesetzten Pflichtarbeitsplatz für schwerbehinderte Menschen

1. **für Arbeitgeber mit jahresdurchschnittlich weniger als 40 zu berücksichtigenden Arbeitsplätzen bei einer jahresdurchschnittlichen Beschäftigung von weniger als einem schwerbehinderten Menschen 105 Euro und**
2. **für Arbeitgeber mit jahresdurchschnittlich weniger als 60 zu berücksichtigenden Arbeitsplätzen bei einer jahresdurchschnittlichen Beschäftigung von weniger als zwei schwerbehinderten Menschen 105 Euro und bei einer jahresdurchschnittlichen Beschäftigung von weniger als einem schwerbehinderten Menschen 180 Euro.**

(3) Die Ausgleichsabgabe erhöht sich entsprechend der Veränderung der Bezugsgröße nach § 18 Abs. 1 des Vierten Buches. Sie erhöht sich zum 1. Januar eines Ka-

lenderjahres, wenn sich die Bezugsgröße seit der letzten Neubestimmung der Beträge der Ausgleichsabgabe um wenigstens 10 Prozent erhöht hat. Die Erhöhung der Ausgleichsabgabe erfolgt, indem der Faktor für die Veränderung der Bezugsgröße mit dem jeweiligen Betrag der Ausgleichsabgabe vervielfältigt wird. Die sich ergebenden Beträge sind auf den nächsten durch fünf teilbaren Betrag abzurunden. Das Bundesministerium für Arbeit und Soziales gibt den Erhöhungsbetrag und die sich nach Satz 3 ergebenden Beträge der Ausgleichsabgabe im Bundesanzeiger bekannt.

(4) Die Ausgleichsabgabe zahlt der Arbeitgeber jährlich zugleich mit der Erstattung der Anzeige nach § 80 Abs. 2 an das für seinen Sitz zuständige Integrationsamt. Ist ein Arbeitgeber mehr als drei Monate im Rückstand, erlässt das Integrationsamt einen Feststellungsbescheid über die rückständigen Beträge und zieht diese ein. Für rückständige Beträge der Ausgleichsabgabe erhebt das Integrationsamt nach dem 31. März Säumniszuschläge nach Maßgabe des § 24 Abs. 1 des Vierten Buches; für ihre Verwendung gilt Absatz 5 entsprechend. Das Integrationsamt kann in begründeten Ausnahmefällen von der Erhebung von Säumniszuschlägen absehen. Widerspruch und Anfechtungsklage gegen den Feststellungsbescheid haben keine aufschiebende Wirkung. Gegenüber privaten Arbeitgebern wird die Zwangsvollstreckung nach den Vorschriften über das Verwaltungszwangsverfahren durchgeführt. Bei öffentlichen Arbeitgebern wendet sich das Integrationsamt an die Aufsichtsbehörde, gegen deren Entscheidung es die Entscheidung der obersten Bundes- oder Landesbehörde anrufen kann. Die Ausgleichsabgabe wird nach Ablauf des Kalenderjahres, das auf den Eingang der Anzeige bei der Bundesagentur für Arbeit folgt, weder nachgefordert noch erstattet.

(5) Die Ausgleichsabgabe darf nur für besondere Leistungen zur Förderung der Teilhabe schwerbehinderter Menschen am Arbeitsleben einschließlich begleitender Hilfe im Arbeitsleben (§ 102 Abs. 1 Nr. 3) verwendet werden, soweit Mittel für denselben Zweck nicht von anderer Seite zu leisten sind oder geleistet werden. Aus dem Aufkommen an Ausgleichsabgabe dürfen persönliche und sächliche Kosten der Verwaltung und Kosten des Verfahrens nicht bestritten werden. Das Integrationsamt gibt dem Beratenden Ausschuss für behinderte Menschen bei dem Integrationsamt (§ 103) auf dessen Verlangen eine Übersicht über die Verwendung der Ausgleichsabgabe.

(6) Die Integrationsämter leiten den in der Rechtsverordnung nach § 79 bestimmten Prozentsatz des Aufkommens an Ausgleichsabgabe an den Ausgleichsfonds (§ 78) weiter. Zwischen den Integrationsämtern wird ein Ausgleich herbeigeführt. Der auf das einzelne Integrationsamt entfallende Anteil am Aufkommen an Ausgleichsabgabe bemisst sich nach dem Mittelwert aus dem Verhältnis der Wohnbevölkerung im Zuständigkeitsbereich des Integrationsamtes zur Wohnbevölkerung im Geltungsbereich dieses Gesetzbuches und dem Verhältnis der Zahl der im Zuständigkeitsbereich des Integrationsamtes in den Betrieben und Dienststellen beschäftigungspflichtiger Arbeitgeber auf Arbeitsplätzen im Sinne des § 73 beschäftigten und der bei den Agenturen für Arbeit arbeitslos gemeldeten schwerbehinderten und diesen gleichgestellten behinderten Menschen zur entsprechenden Zahl der schwerbehinderten und diesen gleichgestellten behinderten Menschen im Geltungsbereich dieses Gesetzbuchs.

(7) Die bei den Integrationsämtern verbleibenden Mittel der Ausgleichsabgabe werden von diesen gesondert verwaltet. Die Rechnungslegung und die formelle Einrichtung der Rechnungen und Belege regeln sich nach den Bestimmungen, die für diese Stellen allgemein maßgebend sind.

(8) Für die Verpflichtung zur Entrichtung einer Ausgleichsabgabe (Absatz 1) gelten hinsichtlich der in § 71 Abs. 3 Nr. 1 genannten Stellen der Bund und hinsichtlich der in § 71 Abs. 3 Nr. 2 genannten Stellen das Land als ein Arbeitgeber.

§ 78 Ausgleichsfonds

Zur besonderen Förderung der Einstellung und Beschäftigung schwerbehinderter Menschen auf Arbeitsplätzen und zur Förderung von Einrichtungen und Maßnahmen, die den Interessen mehrerer Länder auf dem Gebiet der Förderung der Teilhabe schwerbehinderter Menschen am Arbeitsleben dienen, ist beim Bundesministerium für Arbeit und Soziales als zweckgebundene Vermögensmasse ein Ausgleichsfonds für überregionale Vorhaben zur Teilhabe schwerbehinderter Menschen am Arbeitsleben gebildet. Das Bundesministerium für Arbeit und Soziales verwaltet den Ausgleichsfonds.

§ 79 Verordnungsermächtigungen

Die Bundesregierung wird ermächtigt, durch Rechtsverordnung mit Zustimmung des Bundesrates

1. die Pflichtquote nach § 71 Abs. 1 nach dem jeweiligen Bedarf an Arbeitsplätzen für schwerbehinderte Menschen zu ändern, jedoch auf höchstens 10 Prozent zu erhöhen oder bis auf 4 Prozent herabzusetzen; dabei kann die Pflichtquote für öffentliche Arbeitgeber höher festgesetzt werden als für private Arbeitgeber,
2. nähere Vorschriften über die Verwendung der Ausgleichsabgabe nach § 77 Abs. 5 und die Gestaltung des Ausgleichsfonds nach § 78, die Verwendung der Mittel durch ihn für die Förderung der Teilhabe schwerbehinderter Menschen am Arbeitsleben und das Vergabe- und Verwaltungsverfahren des Ausgleichsfonds zu erlassen,
3. in der Rechtsverordnung nach Nummer 2
   a) den Anteil des an den Ausgleichsfonds weiterzuleitenden Aufkommens an Ausgleichsabgabe entsprechend den erforderlichen Aufwendungen zur Erfüllung der Aufgaben des Ausgleichsfonds und der Integrationsämter,
   b) den Ausgleich zwischen den Integrationsämtern auf Vorschlag der Länder oder einer Mehrheit der Länder abweichend von § 77 Abs. 6 Satz 3 sowie
   c) die Zuständigkeit für die Förderung von Einrichtungen nach § 30 der Schwerbehinderten-Ausgleichsabgabeverordnung abweichend von § 41 Abs. 2 Nr. 1 dieser Verordnung und von Integrationsbetrieben und -abteilungen abweichend von § 41 Abs. 1 Nr. 3 dieser Verordnung zu regeln,
4. die Ausgleichsabgabe bei Arbeitgebern, die über weniger als 30 Arbeitsplätze verfügen, für einen bestimmten Zeitraum allgemein oder für einzelne Bundesländer herabzusetzen oder zu erlassen, wenn die Zahl der unbesetzten Pflichtarbeitsplätze für schwerbehinderte Menschen die Zahl der zu beschäftigenden schwerbehinder-

ten Menschen so erheblich übersteigt, dass die Pflichtarbeitsplätze für schwerbehinderte Menschen dieser Arbeitgeber nicht in Anspruch genommen zu werden brauchen.

Inhaltsübersicht Rn.

1. Regelungsgegenstand

1 In Teil 2, Kapitel 2 des Gesetzes finden sich Bestimmungen, die die berufliche Integration schwerbehinderter Menschen fördern soll. Zu diesem Zweck verpflichtet § 71 die Arbeitgeber, eine Mindestanzahl der Arbeitsplätze mit schwerbehinderten Menschen zu besetzen. Soweit die vorgesehene Beschäftigungsquote nicht erreicht wird, haben Arbeitgeber eine Ausgleichsabgabe zu entrichten (§ 77). Auch wenn diese Regelungen einen Eingriff in die Berufsausübungsfreiheit des Art. 12 Abs. 3 GG darstellen, ist dieser Eingriff verhältnismäßig und verfassungsrechtlich zulässig.[49]

2. Beschäftigungspflicht, Beschäftigungsquote

2 § 71 bestimmt, dass private und öffentliche Arbeitgeber, die im Jahresdurchschnitt über mindestens 20 Arbeitsplätze verfügen, 5 % dieser Arbeitsplätze mit schwerbehinderten Menschen zu besetzen haben. Für Arbeitgeber, die im Jahresdurchschnitt über mindestens 20, aber weniger als 40 Arbeitsplätze verfügen, gilt die Erleichterung, dass diese nur einen Arbeitsplatz mit einem schwerbehinderten Menschen zu besetzen haben. Arbeitgeber mit weniger als 60 Arbeitsplätzen haben zwei schwerbehinderte Menschen zu beschäftigen. Für öffentliche Arbeitgeber des Bundes nach § 71 Abs. 2 Nr. 1 und 4 gilt eine Beschäftigungsquote von sechs %, wenn sie diese Quote am 31. 10. 1999 erfüllt haben (§ 159).

3 Hat der Arbeitgeber mehrere Betriebe, ist die Quote nicht auf einen einzelnen Betrieb zu berechnen. Vielmehr kann der Arbeitgeber seine Beschäftigungspflicht auch dadurch erfüllen, indem er in einigen seiner Betriebe die Quote unterschreitet, in anderen überschreitet, er aber insgesamt die Quote erreicht.[50]

4 Voraussetzung für die Anrechnung auf die Pflichtquote ist die förmliche Feststellung der Schwerbehinderung nach § 69 Abs. 1. Die nach § 68 Abs. 2 den Schwerbehinderten Gleichgestellte werden ebenso berücksichtigt.[51]

5 Schwerbehinderte Menschen, die in Teilzeit von mindestens 18 Stunden pro Woche arbeiten, werden auf einen Arbeitsplatz angerechnet (§ 75 Abs. 2 Satz 1). Bei einer Ar-

49 BVerfG – 26.05.1981 – 1 BvL56/78; 01.10.2004 – 1 BvR 2221/03.
50 Joussen/Düwell in LPK-SGB IX, § 71 Rn. 9.
51 Appelt-Kohlrausch in FKS-SGB IX, § 71 Rn. 35.

beitszeit von weniger als 18 Stunden pro Woche ist die Anrechnung auf einen Pflichtarbeitsplatz möglich, wenn die Bundesagentur diese Anrechnung zulässt, weil wegen der Art oder der Schwere der Behinderung eine Teilzeitbeschäftigung notwendig ist. Nach Zulassung durch die Bundesagentur für Arbeit ist auch die Anrechnung eines Schwerbehinderten auf mehr als einen und bis auf höchstens drei Arbeitsplätze möglich, wenn die Teilhabe des Schwerbehinderten am Arbeitsleben auf besondere Schwierigkeiten stößt (Mehrfachanrechnung nach § 76 Abs. 1). Die Zulassung durch die Bundesagentur bedarf keines förmlichen Antrages und kann daher sowohl vom Schwerbehinderten, vom Arbeitgeber als auch z. B. von der Schwerbehindertenvertretung angeregt werden.[52]

3. Arbeitsplatz im Sinne des 2. Kapitels

Ein Arbeitsplatz im Sinne der Vorschriften des 2. Kapitels sind alle Stellen, auf denen **6** Arbeitnehmer, Beamte, Richter sowie Auszubildende und andere zu ihrer beruflichen Bildung Eingestellte beschäftigt werden (§ 73 Abs. 1). Erfasst werden also alle Stellen, auf denen die genannten Personengruppen eine Tätigkeit in Abhängigkeit vom Arbeitgeber erbringen.[53] Dies ist der Fall, wenn Betreffende gegenüber dem Arbeitgeber zur Erbringung weisungsgebundener Tätigkeit verpflichtet sind und in einem persönlichen Abhängigkeitsverhältnis zu diesem stehen.[54] Als Arbeitsplätze im Sinne des § 73 gelten nicht die Arbeitsplätze, die mit freien Mitarbeitern oder arbeitnehmerähnlichen Personen besetzt sind, da diese ihre Arbeit zwar in wirtschaftlicher, nicht aber in persönlicher Abhängigkeit erbringen. Vorstandsmitglieder juristischer Personen oder etwa Geschäftsführer einer GmbH sind ebenso keine Arbeitnehmer im Sinne des § 73.[55] Leitende Angestellte nach § 5 Abs. 3 BetrVG sind hingegen Arbeitnehmer im Sinne des § 73, da diese ihre Tätigkeit in Abhängigkeit vom Arbeitgeber erbringen. Die Stellen, auf denen Leiharbeitnehmer beschäftigt werden, zählen nicht mit, da es sich bei diesen nicht um Arbeitnehmer des betreffenden Arbeitgebers, sondern eben des Verleihers handelt. Die in Heimarbeit beschäftigten Personen sind bei der Anzahl der nach § 71 zu beachtenden Arbeitsplätze nicht zu berücksichtigen. Allerdings wird gemäß § 127 Abs. 1 die Beschäftigung eines in Heimarbeit tätigen Schwerbehinderten, der in der Hauptsache für einen Auftraggeber arbeitet, auf die Pflichtquote dieses Auftraggebers angerechnet.

Nach § 73 Abs. 2 sind die Stellen, die mit den in Abs. 2 Nr. 1 bis 7 genannten Personen **7** besetzt sind, keine Arbeitsplätze im Sinne des Teils 2. Im Einzelnen:

- behinderte Menschen, die an Leistungen zur Teilhabe am Arbeitsleben teilnehmen (Abs. 2 Nr. 1)

  Der Grund, die Arbeitsplätze bei der Berechnung der Pflichtquote nicht mitzuzählen, liegt darin, die Bereitschaft der Arbeitgeber zu fördern, solche Stellen zu schaffen, ohne »befürchten« zu müssen, dass diese Stellen die Pflichtquote erhöhen.

---

52 Joussen/Düwell in LPK-SGB IX, § 75 Rn. 5.
53 Joussen/Düwell in LPK-SGB IX, § 73 Rn. 8.
54 Rolfs in ErfK, § 73 SGB IX Rn. 2; Preis in ErfK, § 611 BGB Rn. 35.
55 Appelt-Kohlrausch in FKS-SGB IX, § 73 Rn. 23.

- Personen, deren Beschäftigung nicht in erster Linie ihrem Erwerb dient, sondern vorwiegend durch Beweggründe karitativer oder religiöser Art bestimmt ist (Abs. 2 Nr. 2)
  Hintergrund dieser Ausnahme ist, dass diese Personen nicht als Arbeitnehmer (vgl. die entsprechende Regelung in § 5 Abs. 2 Nr. 3 BetrVG) gelten, da deren Tätigkeit nicht hauptsächlich dem Erwerb dient, sondern die genannten anderen Beweggründe vorrangig sind.[56]
- Personen, deren Beschäftigung nicht in erster Linie ihrem Erwerb dient und die vorwiegend zu ihrer Heilung, Wiedereingewöhnung oder Erziehung erfolgt (Abs. 2 Nr. 3)
  Auch diese Personen sind als Ausnahme aufgenommen, weil auch hier der Erwerb nicht im Vordergrund steht. Wie bei Nr. 3 findet sich eine entsprechende Regelung in § 5 Abs. 2 Nr. 4 BetrVG.
- Personen, die an Arbeitsbeschaffungsmaßnahmen nach dem Dritten Buch teilnehmen (Abs. 2 Nr. 4)
  Die Herausnahme dieser Personengruppe soll dazu dienen, die Beschäftigung oder Wiedereingliederung von Arbeitslosen in den Arbeitsmarkt nicht zu erschweren.
- Personen, die nach ständiger Übung in ihre Stellen gewählt werden (Abs. 2 Nr. 5)
  Hierzu zählen insbesondere Wahlbeamte, Abgeordnete und die in Vorstände gewählten Mitglieder etc. sowie Richter an obersten Bundesgerichten. Die wohl überwiegende Meinung in der Literatur geht davon aus, dass freigestellte Betriebs- und Personalratsmitglieder bzw. Schwerbehindertenvertreter nicht zum Personenkreis nach Nr. 5 zählen.[57]
- Personen, deren Beschäftigungsverhältnis ruht (Abs. 2 Nr. 7)
  Wird auf der Stelle, auf der eine Person beschäftigt ist, deren Beschäftigungsverhältnis wegen Wehr- oder Zivildienst, Elternzeit, unbezahltem Urlaub, wegen Bezuges einer Rente auf Zeit oder bei Altersteilzeitarbeit in der Freistellungsphase (Blockmodell) ruht, ein Vertreter beschäftigt, zählt diese Stelle nicht mit. Diese Ausnahme soll eine »Doppelzählung« der Stelle des Vertretenden und des Vertreters verhindern.

8 Nicht als Arbeitsplatz gelten nach Abs. 3 Stellen, die nach der Natur der Arbeit oder nach den zwischen den Parteien getroffenen Vereinbarungen nur auf die Dauer von höchstens acht Wochen besetzt sind, sowie Stellen, auf denen Beschäftigte weniger als 18 Stunden wöchentlich beschäftigt werden.

4. Ausgleichsabgabe

9 Sofern Arbeitgeber ihrer Pflicht zur Beschäftigung schwerbehinderter Menschen nicht nachkommen, haben sie eine Ausgleichsabgabe zu entrichten (§ 77). Es kommt nicht darauf an, aus welchem Grund die Pflichtquote nicht erfüllt wird. Auch wenn ein Arbeitgeber wegen der Art seiner Arbeitsplätze schwerbehinderte Menschen nicht beschäftigen

---

56 Einzelheiten bei Fitting, § 5 BetrVG, Rn. 324.
57 Zum Meinungsstand Joussen/Düwell in LPK-SGB IX, § 73 Rn. 39.

kann oder keine geeigneten schwerbehinderten Menschen auf dem Arbeitsmarkt findet, ist die Ausgleichsabgabe zu zahlen.[58] Die Ausgleichsabgabe hat zum einen die Funktion, Arbeitgeber anzuhalten, schwerbehinderte Menschen einzustellen. Zum anderen soll durch sie ein Ausgleich erfolgen zwischen denjenigen Arbeitgebern, die ihrer Pflicht auf Beschäftigung schwerbehinderter Menschen nachkommen und denjenigen, die diese Pflicht nicht erfüllen.[59]

Die Ausgleichsabgabe entbindet die Arbeitgeber nicht von ihrer Pflicht zur Beschäftigung schwerbehinderter Menschen (Abs. 1 Satz 2). Aus diesem Grund kann bei vorsätzlicher oder fahrlässiger Verletzung dieser Pflicht auch der Tatbestand einer Ordnungswidrigkeit nach § 156 Abs. 1 Nr. 1 erfüllt sein.[60] 10

Kapitel 3
Sonstige Pflichten der Arbeitgeber; Rechte der schwerbehinderten Menschen

§ 80 Zusammenwirken der Arbeitgeber mit der Bundesagentur für Arbeit und den Integrationsämtern

(1) Die Arbeitgeber haben, gesondert für jeden Betrieb und jede Dienststelle, ein Verzeichnis der bei ihnen beschäftigten schwerbehinderten, ihnen gleichgestellten behinderten Menschen und sonstigen anrechnungsfähigen Personen laufend zu führen und dieses den Vertretern oder Vertreterinnen der Bundesagentur für Arbeit und des Integrationsamtes, die für den Sitz des Betriebes oder der Dienststelle zuständig sind, auf Verlangen vorzulegen.

(2) Die Arbeitgeber haben der für ihren Sitz zuständigen Agentur für Arbeit einmal jährlich bis spätestens zum 31. März für das vorangegangene Kalenderjahr, aufgegliedert nach Monaten, die Daten anzuzeigen, die zur Berechnung des Umfangs der Beschäftigungspflicht, zur Überwachung ihrer Erfüllung und der Ausgleichsabgabe notwendig sind. Der Anzeige sind das nach Absatz 1 geführte Verzeichnis sowie eine Kopie der Anzeige und des Verzeichnisses zur Weiterleitung an das für ihren Sitz zuständige Integrationsamt beizufügen. Dem Betriebs-, Personal-, Richter-, Staatsanwalts- und Präsidialrat, der Schwerbehindertenvertretung und dem Beauftragten des Arbeitgebers ist je eine Kopie der Anzeige und des Verzeichnisses zu übermitteln.

(3) Zeigt ein Arbeitgeber die Daten bis zum 30. Juni nicht, nicht richtig oder nicht vollständig an, erlässt die Bundesagentur für Arbeit nach Prüfung in tatsächlicher sowie in rechtlicher Hinsicht einen Feststellungsbescheid über die zur Berechnung der Zahl der Pflichtarbeitsplätze für schwerbehinderte Menschen und der besetzten Arbeitsplätze notwendigen Daten.

---

58 Neumann in Neumann/Pahlen/Majerski-Pahlen, § 77 Rn. 4.
59 BVerfG – 26.05.1981 – 1 BvL56/78.
60 BAG – 05.10.1995 – 2 AZR 923/94.

(4) Die Arbeitgeber, die Arbeitsplätze für schwerbehinderte Menschen nicht zur Verfügung zu stellen haben, haben die Anzeige nur nach Aufforderung durch die Bundesagentur für Arbeit im Rahmen einer repräsentativen Teilerhebung zu erstatten, die mit dem Ziel der Erfassung der in Absatz 1 genannten Personengruppen, aufgegliedert nach Bundesländern, alle fünf Jahre durchgeführt wird.

(5) Die Arbeitgeber haben der Bundesagentur für Arbeit und dem Integrationsamt auf Verlangen die Auskünfte zu erteilen, die zur Durchführung der besonderen Regelungen zur Teilhabe schwerbehinderter und ihnen gleichgestellter behinderter Menschen am Arbeitsleben notwendig sind.

(6) Für das Verzeichnis und die Anzeige des Arbeitgebers sind die mit der Bundesarbeitsgemeinschaft der Integrationsämter und Hauptfürsorgestellen abgestimmten Vordrucke der Bundesagentur für Arbeit zu verwenden. Die Bundesagentur für Arbeit soll zur Durchführung des Anzeigeverfahrens in Abstimmung mit der Bundesarbeitsgemeinschaft ein elektronisches Übermittlungsverfahren zulassen.

(7) Die Arbeitgeber haben den Beauftragten der Bundesagentur für Arbeit und des Integrationsamtes auf Verlangen Einblick in ihren Betrieb oder ihre Dienststelle zu geben, soweit es im Interesse der schwerbehinderten Menschen erforderlich ist und Betriebs- oder Dienstgeheimnisse nicht gefährdet werden.

(8) Die Arbeitgeber haben die Vertrauenspersonen der schwerbehinderten Menschen (§ 94 Abs. 1 Satz 1 bis 3 und § 97 Abs. 1 bis 5) unverzüglich nach der Wahl und ihren Beauftragten für die Angelegenheiten der schwerbehinderten Menschen (§ 98 Satz 1) unverzüglich nach der Bestellung der für den Sitz des Betriebes oder der Dienststelle zuständigen Agentur für Arbeit und dem Integrationsamt zu benennen.

Inhaltsübersicht Rn.

1. Normzweck

1 § 80 regelt die Aufzeichnungs-, Melde-, Auskunfts-, Informations- und Duldungspflichten der Arbeitgeber, die der Kontrolle der Erfüllung der Beschäftigungsquote dienen bzw. für die Erhebung einer Ausgleichsabgabe erforderlich sind.

2. Verzeichnis der beschäftigten schwerbehinderten Menschen

2 Abs. 1 verpflichtet die Arbeitgeber zur Führung eines Verzeichnisses über die beschäftigten schwerbehinderten Menschen bzw. den diesen gleichgestellten und sonstigen anrechnungsfähigen Personen. Diese Pflicht gilt für alle Arbeitgeber, unabhängig davon, ob sie

der Beschäftigungspflicht nach § 71 unterliegen.[61] Es müssen also auch diejenigen Arbeitgeber ein solches Verzeichnis führen, die über weniger als 20 Arbeitsplätze verfügen.

Dieses Verzeichnis ist gesondert für jeden Betrieb oder jede Dienststelle zu führen. Die Bestimmung, was ein Betrieb oder eine Dienststelle ist, beurteilt sich gemäß § 87 Abs. 1 Satz 2 nach dem Betriebsverfassungsgesetz bzw. nach dem Personalvertretungsgesetz. Das heißt, dass dann, wenn etwa nach dem BetrVG ein Betriebsteil gemäß § 4 Abs. 1 Satz 1 BetrVG als selbständiger Betrieb gilt, für diesen ein gesondertes Verzeichnis zu führen ist. 3

Form und Inhalt des Verzeichnisses ergeben sich aus Abs. 6 Satz 1, wonach die Vordrucke der Bundesagentur für Arbeit zu verwenden sind, die mit der Bundesarbeitsgemeinschaft der Integrationsämter und Hauptfürsorgestellen abgestimmt sind. Diese Vordrucke sehen u. a. folgende Angaben vor: Name, Vorname, Geburtsdatum, Geschlecht, Wochenarbeitszeit über/unter 18 Stunden, Beschäftigungsdauer, Schwerbehinderteneigenschaft oder Gleichstellung. 4

Das Verzeichnis ist nach Abs. 1 laufend zu führen und muss daher jeweils aktualisiert werden. Auf Verlangen ist dieses Verzeichnis der Bundesagentur für Arbeit oder dem Integrationsamt vorzulegen. 5

3. Anzeigepflicht nach Abs. 2

Nach Abs. 2 besteht für die Arbeitgeber eine Anzeigepflicht hinsichtlich der Daten, die zur Berechnung des Umfangs der Beschäftigungspflicht, zur Überwachung ihrer Erfüllung und der Ausgleichsabgabe notwendig sind. Um dieser Anzeigepflicht nachzukommen, haben die Arbeitgeber der für ihren (Unternehmens-)Sitz zuständigen Agentur für Arbeit die entsprechenden Daten mittels des Vordruckes nach Abs. 6 bis spätestens zum 31. März des Folgejahres für das vorangegangene Jahr zu übermitteln. Die Pflicht zur Anzeige nach § 90 Abs. 3 (Einstellungen auf Probe und die Beendigung von Arbeitsverhältnissen schwerbehinderter Menschen innerhalb der ersten sechs Monate) gegenüber dem Integrationsamt, die binnen vier Tagen zu erfolgen hat, besteht unabhängig von Abs. 2. 6

Arbeitgeber, die über weniger als 20 Arbeitsplätze verfügen und daher nicht der Pflicht zur Beschäftigung von schwerbehinderten Menschen unterliegen, unterliegen nicht der Anzeigepflicht nach Abs. 2, allerdings besteht für diese Arbeitgeber die Anzeigepflicht nach Abs. 4 nach Aufforderung durch die Bundesagentur für Arbeit. 7

4. Feststellung durch die Bundesagentur für Arbeit nach Abs. 3

Gibt der Arbeitgeber die Anzeige nach Abs. 2 nicht, nicht richtig oder nicht vollständig bis spätestens zum 30. Juni ab, stellt die Bundesagentur durch Bescheid die Daten fest, die zur Berechnung der Zahl der Pflichtarbeitsplätze für schwerbehinderte Menschen und der besetzten Arbeitsplätze notwendig sind. Dies sind im Wesentlichen die im Vordruck nach Abs. 6 verlangten Daten. 8

61 Dau/Düwell in LPK-SGB IX, § 80 Rn. 4.

9 Inwieweit der Feststellungsbescheid der Bundesagentur für Arbeit Bindungswirkung auch für das Integrationsamt entfaltet, welches u. a. die Ausgleichsabgabe nach § 77 Abs. 2 festzustellen hat, ist bislang nicht höchstrichterlich geklärt. Das Bundessozialgericht hatte zum früheren Schwerbehindertenrecht entschieden, dass Feststellungsbescheide des Arbeitsamtes keine Bindung für die Entscheidung der (früheren) Hauptfürsorgestelle entfalten.[62] Folge war, dass letztere eine eigene Prüfung vornehmen konnte und gegebenenfalls auch eine abweichende Entscheidung treffen konnte. Nach wohl überwiegender Auffassung in der Literatur[63] ist mit Einführung des SGB IX davon auszugehen, dass die vorgenannte Rechtsprechung des Bundessozialgerichtes überholt ist, da Abs. 3 nunmehr – anders als der frühere § 13 SchwbG – bestimmt, dass die Bundesagentur bei der Feststellung eine Prüfung in tatsächlicher und rechtlicher Hinsicht vorzunehmen hat, was dazu führt, dass ihr Feststellungsbescheid nicht allein als ein Beweismittel anzusehen ist.[64] Vielmehr sollte durch die Gesetzesänderung klargestellt werden, dass wegen der gewollten Abgrenzung der Zuständigkeit beider Ämter hinsichtlich der der Bundesagentur für Arbeit übertragenen Feststellungen eine eigenständige Prüfungskompetenz der Integrationsämter entfällt.[65]

5. Auskunftspflicht nach Abs. 5

10 Nach Abs. 5 sind die Arbeitgeber gegenüber der Bundesagentur für Arbeit und dem Integrationsamt auskunftspflichtig. Die Auskunft muss zur Durchführung des Teils 2 des Gesetzes, also zur Durchführung der Regelungen zur Teilhabe schwerbehinderter und ihnen gleichgestellter behinderter Menschen am Arbeitsleben notwendig sein. Insofern kann sich die Auskunftspflicht auf die Arbeitsbedingungen oder auf Fragen der Arbeitsplatzgestaltung für schwerbehinderte Menschen beziehen. Die Auskunftspflicht besteht auch für Arbeitgeber, die nicht zur Beschäftigung schwerbehinderter Menschen verpflichtet sind.[66]

6. Einblicksrecht der Bundesagentur für Arbeit/des Integrationsamtes

11 Die Arbeitgeber haben nach Abs. 7 den Beauftragten der Bundesagentur für Arbeit und des Integrationsamtes Einblick in den Betrieb zu gewähren. Voraussetzung ist, dass der Einblick im Interesse der schwerbehinderten Menschen notwendig ist. Die Bundesagentur für Arbeit bzw. das Integrationsamt hat zu begründen, dass eine Betriebsbesichtigung im Interesse der schwerbehinderten Menschen notwendig ist. Ein Grund kann z. B. die Prüfung sein, inwieweit auf nicht mit schwerbehinderten Menschen besetzten Arbeits-

62 BSG – 06.05.1994 – 7 RAr 68/93.
63 Dau/Düwell in LPK-SGB IX, § 80 Rn. 13; Feldes in FKS-SGB IX, § 80 Rn. 11.
64 So das BSG zu § 13 SchwbG: BSG – 06.05.1994 – 7 RAr 68/93.
65 BT-Drs. 14/5531, S. 10; BT-Drs. 14/5639, S. 2; vgl. auch LSG Nordrhein-Westfalen – 10.03.2011 – L 16 (1) AL 21/09.
66 Dau/Düwell in LPK-SGB IX, § 80 Rn. 13; Neumann in Neumann/Pahlen/Majerski-Pahlen, § 80 Rn. 17.

plätzen eben schwerbehinderte Menschen beschäftigt werden können, jedenfalls soweit der betreffende Arbeitgeber die Beschäftigungsquote nicht erfüllt.[67]

Soweit Betriebs- oder Dienstgeheimnisse gefährdet sind, braucht der Arbeitgeber den Einblick nicht zu dulden. Was ein solches Geheimnis ist, bestimmt grundsätzlich der Arbeitgeber. Er kann hierbei allerdings nicht jede Information über den Betrieb als Betriebsgeheimnis bewerten. Bekannte oder offenkundige Tatsachen unterfallen nicht dem Begriff des Betriebsgeheimnisses. Zu beachten ist auch, dass die Beauftragten der Bundesagentur für Arbeit und des Integrationsamtes ihrerseits nach § 130 Abs. 1 Nr. 2 zur Geheimhaltung hinsichtlich der ihnen bekannt gewordenen Betriebsgeheimnisse verpflichtet sind. Eine nicht gerechtfertigte Weigerung des Arbeitgebers zum Einblick in den Betrieb stellt eine Ordnungswidrigkeit dar (§ 156 Abs. 1 Nr. 5). 12

7. Meldung der Schwerbehindertenvertretung

Abs. 8 soll die Zusammenarbeit zwischen der zuständigen Agentur für Arbeit, dem Integrationsamt und den Schwerbehindertenvertretungen sowie dem Beauftragten des Arbeitgebers sicherstellen. Zu diesem Zweck haben die Arbeitgeber die Vertrauenspersonen der schwerbehinderten Menschen unverzüglich nach deren Wahl der für den Sitz des Betriebes oder der Dienststelle zuständigen Agentur für Arbeit und dem Integrationsamt bekannt zu geben. Diese Pflicht umfasst die Bekanntgabe der Schwerbehindertenvertretung des Betriebes und der Konzern-, Gesamt-, Bezirks- und Hauptschwerbehindertenvertretung sowie der jeweiligen Vertreter. Auch der vom Arbeitgeber bestellte Beauftragte für die Angelegenheiten der schwerbehinderten Menschen ist unverzüglich nach dessen Bestellung zu melden. 13

8. Wichtiges für Interessenvertretungen

Nach § 95 Abs. 1 besteht die Aufgabe der Schwerbehindertenvertretung darin, die Eingliederung schwerbehinderter Menschen in den Betrieb oder die Dienststelle zu fördern, ihre Interessen im Betrieb oder in der Dienststelle zu vertreten und ihnen beratend und helfend zur Seite zu stehen. Sie haben darüber zu wachen, dass die zugunsten schwerbehinderter Menschen geltenden Gesetze, Verordnungen, Tarifverträge, Betriebs- oder Dienstvereinbarungen und Verwaltungsanordnungen durchgeführt, insbesondere auch die dem Arbeitgeber nach den §§ 71, 72 und 81 bis 84 obliegenden Verpflichtungen erfüllt werden. 14

Um diesen Aufgaben gerecht zu werden bzw. diese erfüllen zu können, ist die Kenntnis des vollständigen Überblicks über die im Betrieb oder der Dienststelle beschäftigten schwerbehinderten und diesen gleichgestellten Menschen für die Schwerbehindertenvertretung erforderlich. Insofern bildet die Anzeige (Abs. 2) und das Verzeichnis (Abs. 1) eine unerlässliche Arbeitsgrundlage für die Schwerbehindertenvertretung, da diese nur mit den darin enthaltenen Angaben prüfen kann, ob der Arbeitgeber seine ihm aus dem Gesetz obliegenden Pflichten erfüllt. Für den Betriebs- oder Personalrat etwa ist die 15

67 Neumann in Neumann/Pahlen/Majerski-Pahlen, § 80 Rn. 22.

Kenntnis der in dem Verzeichnis nach Abs. 1 enthaltenen Daten u. a. für die Frage, ob die Voraussetzungen für die Wahl einer Schwerbehindertenvertretung vorliegen, ebenso notwendig.

16 Die Unterlassung der Anzeige sowie die Unterlassung der Übermittlung des Verzeichnisses nach Abs. 1 an die Agentur für Arbeit stellt eine bußgeldbewehrte Ordnungswidrigkeit gemäß § 156 Abs. 1 Nr. 3 dar. Da § 156 Abs. 1 Nr. 3 nur Verstöße gegen die Pflichten aus § 80 Abs. 2 Satz 1 oder Abs. 4 einbezieht, ist das Unterlassen der Übermittlung einer Kopie an den Betriebs-, Personal-, Richter-, Staatsanwalts- und Präsidialrat, der Schwerbehindertenvertretung gemäß Abs. 2 Satz 3 keine Ordnungswidrigkeit. Die insofern im SchwbG bestehende weitergehende Regelung in § 68 Abs. 1 Nr. 3 SchwbG, nach der auch das Unterlassen der Übermittlung einer Kopie an diese Interessenvertretungen eine Ordnungswidrigkeit darstellte, wurde vom Gesetzgeber gestrichen.[68]

17 Zur Durchsetzung der Rechte aus Abs. 2 Satz 3 bleibt den genannten Interessenvertretungen daher nur, diese im arbeitsgerichtlichen Beschlussverfahren geltend zu machen.[69]

§ 81 Pflichten des Arbeitgebers und Rechte schwerbehinderter Menschen

(1) Die Arbeitgeber sind verpflichtet zu prüfen, ob freie Arbeitsplätze mit schwerbehinderten Menschen, insbesondere mit bei der Agentur für Arbeit arbeitslos oder arbeitssuchend gemeldeten schwerbehinderten Menschen, besetzt werden können. Sie nehmen frühzeitig Verbindung mit der Agentur für Arbeit auf. Die Bundesagentur für Arbeit oder ein Integrationsfachdienst schlägt den Arbeitgebern geeignete schwerbehinderte Menschen vor. Über die Vermittlungsvorschläge und vorliegende Bewerbungen von schwerbehinderten Menschen haben die Arbeitgeber die Schwerbehindertenvertretung und die in § 93 genannten Vertretungen unmittelbar nach Eingang zu unterrichten. Bei Bewerbungen schwerbehinderter Richter und Richterinnen wird der Präsidialrat unterrichtet und gehört, soweit dieser an der Ernennung zu beteiligen ist. Bei der Prüfung nach Satz 1 beteiligen die Arbeitgeber die Schwerbehindertenvertretung nach § 95 Abs. 2 und hören die in § 93 genannten Vertretungen an. Erfüllt der Arbeitgeber seine Beschäftigungspflicht nicht und ist die Schwerbehindertenvertretung oder eine in § 93 genannte Vertretung mit der beabsichtigten Entscheidung des Arbeitgebers nicht einverstanden, ist diese unter Darlegung der Gründe mit ihnen zu erörtern. Dabei wird der betroffene schwerbehinderte Mensch angehört. Alle Beteiligten sind vom Arbeitgeber über die getroffene Entscheidung unter Darlegung der Gründe unverzüglich zu unterrichten. Bei Bewerbungen schwerbehinderter Menschen ist die Schwerbehindertenvertretung nicht zu beteiligen, wenn der schwerbehinderte Mensch die Beteiligung der Schwerbehindertenvertretung ausdrücklich ablehnt.

(2) Arbeitgeber dürfen schwerbehinderte Beschäftigte nicht wegen ihrer Behinderung benachteiligen. Im Einzelnen gelten hierzu die Regelungen des Allgemeinen Gleichbehandlungsgesetzes.

---

68 Dau/Düwell in LPK-SGB IX, § 80 Rn. 11.

69 Siehe zum Rechtsweg die Kommentierung zu § 96 Rn. 24, die dortigen Ausführungen gelten auch für Ansprüche aus § 80.

(3) Die Arbeitgeber stellen durch geeignete Maßnahmen sicher, dass in ihren Betrieben und Dienststellen wenigstens die vorgeschriebene Zahl schwerbehinderter Menschen eine möglichst dauerhafte behinderungsgerechte Beschäftigung finden kann. Absatz 4 Satz 2 und 3 gilt entsprechend.

(4) Die schwerbehinderten Menschen haben gegenüber ihren Arbeitgebern Anspruch auf

1. **Beschäftigung, bei der sie ihre Fähigkeiten und Kenntnisse möglichst voll verwerten und weiterentwickeln können,**
2. **bevorzugte Berücksichtigung bei innerbetrieblichen Maßnahmen der beruflichen Bildung zur Förderung ihres beruflichen Fortkommens,**
3. **Erleichterungen im zumutbaren Umfang zur Teilnahme an außerbetrieblichen Maßnahmen der beruflichen Bildung,**
4. **behinderungsgerechte Einrichtung und Unterhaltung der Arbeitsstätten einschließlich der Betriebsanlagen, Maschinen und Geräte sowie der Gestaltung der Arbeitsplätze, des Arbeitsumfeldes, der Arbeitsorganisation und der Arbeitszeit, unter besonderer Berücksichtigung der Unfallgefahr,**
5. **Ausstattung ihres Arbeitsplatzes mit den erforderlichen technischen Arbeitshilfen unter Berücksichtigung der Behinderung und ihrer Auswirkungen auf die Beschäftigung. Bei der Durchführung der Maßnahmen nach den Nummern 1, 4 und 5 unterstützt die Bundesagentur für Arbeit und die Integrationsämter die Arbeitgeber unter Berücksichtigung der für die Beschäftigung wesentlichen Eigenschaften der schwerbehinderten Menschen. Ein Anspruch nach Satz 1 besteht nicht, soweit seine Erfüllung für den Arbeitgeber nicht zumutbar oder mit unverhältnismäßigen Aufwendungen verbunden wäre oder soweit die staatlichen oder berufsgenossenschaftlichen Arbeitsschutzvorschriften oder beamtenrechtliche Vorschriften entgegenstehen.**

(5) Die Arbeitgeber fördern die Einrichtung von Teilzeitarbeitsplätzen. Sie werden dabei von den Integrationsämtern unterstützt. Schwerbehinderte Menschen haben einen Anspruch auf Teilzeitbeschäftigung, wenn die kürzere Arbeitszeit wegen Art oder Schwere der Behinderung notwendig ist; Absatz 4 Satz 3 gilt entsprechend.

Inhaltsübersicht

1. Normzweck

1 § 81 enthält wichtige Regelungen für die Umsetzung des Ziels des Teils 2 des Gesetzes, schwerbehinderten Menschen die Teilhabe am Arbeitsleben zu ermöglichen. So gibt die Norm Arbeitgebern bestimmte Verfahrensvorschriften bei der Prüfung vor, ob freie Arbeitsplätze mit schwerbehinderten Menschen besetzt werden können. Des Weiteren regelt § 81 das Verbot, schwerbehinderte Menschen wegen ihrer Behinderung zu benachteiligen und verweist auf das Allgemeine Gleichbehandlungsgesetz (AGG), nach welchem im Falle der Diskriminierung Ansprüche auf Schadensersatz bzw. Entschädigung geltend gemacht werden können. Darüber hinaus enthalten die Absätze 3 bis 5 Vorschriften, die die Arbeitgeber verpflichten, dafür Sorge zu tragen, die Beschäftigungspflicht umzusetzen, durch Gestaltung der Arbeitsplätze bzw. Organisation der Arbeit behinderungsgerechte Beschäftigung zu ermöglichen sowie die Einrichtung von Teilzeitarbeitsplätzen für schwerbehinderte Menschen zu fördern.

2. Prüfungspflicht nach Abs. 1

2 Die Arbeitgeber haben vor der Besetzung eines freien Arbeitsplatzes zu prüfen, ob der Arbeitsplatz mit einem schwerbehinderten Menschen besetzt werden kann.

2.1 Freier Arbeitsplatz

3 Frei ist jeder Arbeitsplatz, der neu geschaffen wird oder der frei geworden ist bzw. demnächst frei wird.[70] Die Prüfungspflicht besteht unabhängig davon, ob der Arbeitgeber gemäß § 71 Abs. 1 verpflichtet ist, schwerbehinderte Menschen zu beschäftigen oder ob er die Beschäftigungsquote bereits erfüllt.[71]

4 Ob die Prüfungspflicht nach Abs. 1 auch bei nur internen Ausschreibungen besteht, wenn der Arbeitgeber also entschieden hat, dass er einen Arbeitsplatz mit bereits bei ihm beschäftigten Arbeitnehmern besetzen will, wird bislang unterschiedlich beurteilt. So hat das LAG Köln entschieden, dass dann, wenn sich der Arbeitgeber aus haushaltsrechtlichen Gründen entschlossen hat, eine Stelle nur intern zu besetzen, kein freier, frei werdender, neu zu besetzender oder neuer Arbeitsplatz vorläge.[72] Auch das Bundesverwaltungsgericht folgt dieser Ansicht, meint allerdings, dass der Arbeitgeber nur dann von den gesetzlichen Pflichten nach § 81 Abs. 1, § 82 SGB IX entbunden ist, wenn die Entscheidung,

70 Faber in FKS-SGB IX, § 81 Rn. 12, 13.
71 Düwell in LPK-SGB IX, § 81 Rn. 85; BAG – 17.08.2010 – 9 AZR 839/08.
72 LAG Köln – 08.02.2010 – 5 TaBV 73/09.

einen Arbeitsplatz mit einem seiner »eigenen« Beschäftigten zu besetzen, sachlich gerechtfertigt ist. Ob dies der Fall ist, hängt nach Auffassung des Bundesverwaltungsgerichts davon ab, ob im Einzelfall aufgabenbezogene, personalwirtschaftliche oder haushaltsrechtliche Gründe vorliegen, die nach ihrem Gewicht geeignet sind, den Ausschluss externer Bewerber zu tragen.[73] Klar dürfte jedoch sein, dass bei einer beabsichtigten internen Besetzung eines Arbeitsplatzes der Arbeitgeber die Pflicht hat, zu prüfen, ob der freie Arbeitsplatz mit einem bereits bei ihm beschäftigten schwerbehinderten Arbeitnehmer besetzt werden kann.[74]

Soweit auch umstritten war, ob die Prüfungspflicht nach Abs. 1 auch besteht, wenn der Arbeitgeber freie Arbeitsplätze mit Leiharbeitnehmern besetzen will, hat das BAG nun klargestellt, dass diese Pflicht unabhängig davon besteht, ob der freie Arbeitsplatz mit einem »eigenen« Vertragsarbeitnehmer oder einem Leiharbeitnehmer besetzt werden soll.[75] **5**

Inwieweit eine Prüfungspflicht nach Abs. 1 für Arbeitgeber auch besteht, wenn es sich bei dem zu besetzenden Arbeitsplatz um einen Teilzeitarbeitsplatz mit weniger als 18 Wochenstunden handelt, ist nicht eindeutig geklärt. Zum Teil wird vertreten, dass wegen der Regelung in § 73 Abs. 3, wonach als Arbeitsplätze nicht Stellen gelten, auf denen Beschäftigte mit weniger als 18 Stunden wöchentlich beschäftigt werden, keine Prüfungspflicht nach Abs. 1 besteht, da § 73 den Begriff des Arbeitsplatzes für den gesamten Teil 2 des Gesetzes definiert.[76] Dem wird im Ergebnis zu Recht entgegengehalten, dass es einen Widerspruch darstellen würde, wenn § 81 Abs. 5 vom Arbeitgeber die Einrichtung von Teilzeitarbeitsplätzen zur Förderung der Beschäftigung schwerbehinderter Menschen verlangt, allerdings dem Arbeitgeber bei der Besetzung von freien Teilzeitarbeitsplätzen abweichend vom Grundsatz keine Prüfungspflicht auferlegt, ob der Teilzeitarbeitsplatz mit einem schwerbehinderten Menschen besetzt werden kann.[77] **6**

2.2 Prüfung der Anforderungen des Arbeitsplatzes unter Beteiligung der Schwerbehindertenvertretung/Interessenvertretung

Nach Abs. 1 Satz 1 muss der Arbeitgeber prüfen, ob freie Arbeitsplätze grundsätzlich mit schwerbehinderten Menschen besetzt werden können. Inhalt dieser Prüfung ist die Klärung, welche Anforderungen an eine auf dem konkreten Arbeitsplatz beschäftigte Person gestellt werden. Bereits hierbei ist gemäß Abs. 1 Satz 6 die Schwerbehindertenvertretung zu beteiligen bzw. sind die in § 93 genannten Interessenvertretungen (Betriebs-, Personalräte etc.) anzuhören. Um zu gewährleisten, dass die Schwerbehindertenvertretung und die entsprechende Interessenvertretung ihr Beteiligungsrecht wahrnehmen können, ist es erforderlich, dass dieser eine Arbeitsplatzbeschreibung zur Verfügung gestellt wird, **7**

73 BVerwG – 15.12.2011 – 2 A 13.10.
74 BAG – 17.08.2010 – 9 AZR 839/08.
75 BAG – 23.06.2010 – 7 ABR 3/09.
76 Nun auch Düwell in LPK-SGB IX, § 81 Rn. 86 m.w.N.
77 LAG Hessen – 24.04.2007 – 4 TaBV 24/07; Faber in FKS-SGB IX, § 81 Rn. 12; Feldes in Basiskommentar SGB IX, § 81 Rn. 3.

aus welcher sich die Arbeitsbelastungen und die erforderliche berufliche Qualifikation entnehmen lassen.[78]

8 Grundsätzlich ist davon auszugehen, dass auf jedem Arbeitsplatz ein schwerbehinderter Mensch beschäftigt werden kann. Es kommt also darauf an, dass für den konkreten Arbeitsplatz eine Person gefunden wird, die aufgrund der bestehenden Schwerbehinderung in der Lage ist, dem Anforderungsprofil zu entsprechen. Soweit es hierfür notwendig ist, etwa für einen barrierefreien Zugang zu sorgen, ist der Arbeitgeber darauf hinzuweisen, dass ihm diese Pflicht ohnehin bereits nach Abs. 4 Nr. 4 (und § 3 a Abs. 2 der Verordnung über Arbeitsstätten) obliegt. Kommt der Arbeitgeber dieser Pflicht nicht nach, hat der Betriebsrat hinsichtlich der Durchsetzung von Regelungen – u. a. zur barrierefreien Arbeitsplatzgestaltung – ein Mitbestimmungsrecht aus § 87 Abs. 1 Nr. 7 BetrVG.

2.3 Einbeziehung der Bundesagentur für Arbeit

9 Ergibt die Prüfung, dass der Arbeitsplatz grundsätzlich mit einem schwerbehinderten Menschen besetzt werden kann, so muss weiter geprüft werden, inwieweit schwerbehinderte Menschen auf dem Arbeitsmarkt zur Verfügung stehen. In diesem Zusammenhang besteht für Arbeitgeber die Pflicht, gegenüber der Bundesagentur für Arbeit freie Stellen zu melden bzw. sich im konkreten Fall dort zu erkundigen, ob geeignete schwerbehinderte Bewerber in Frage kommen.[79] Soweit ein Arbeitgeber also einen freien Arbeitsplatz allein über private Arbeitsvermittler o. Ä. zu besetzen versucht, verstößt er gegen die Pflicht aus Abs. 1.[80] Voraussetzung dafür, dass die Bundesagentur für Arbeit überhaupt geeignete Bewerber vorschlagen kann, ist, dass diese Kenntnis vom Anforderungsprofil des Arbeitsplatzes hat. Soweit sinnvoll, kann die Schwerbehindertenvertretung oder die entsprechende Interessenvertretung darauf hinwirken, dass die Bundesagentur für Arbeit von ihrem Recht auf Betriebsbesichtigung Gebrauch macht.

2.4 Weitere Beteiligung der Schwerbehindertenvertretung/ Interessenvertretung

10 Die Arbeitgeber sind nach Abs. 1 Satz 4 verpflichtet, die Schwerbehindertenvertretung sowie die entsprechende Interessenvertretung über Vermittlungsvorschläge der Bundesagentur für Arbeit und sonstige eingehende Bewerbungen von schwerbehinderten Menschen unmittelbar nach deren Eingang zu unterrichten. Kommt ein Arbeitgeber dieser Pflicht nicht nach und sammelt er beispielsweise zunächst alle eingehenden Bewerbungen und leitet diese erst dann an die Schwerbehindertenvertretung weiter, verstößt er gegen die Pflicht aus Abs. 1 Satz 4.[81]

11 Im Rahmen des Einstellungsverfahrens hat die Schwerbehindertenvertretung nach

78 Feldes in Basiskommentar SGB IX, § 81 Rn. 4.
79 Neumann in Neumann/Pahlen/Majerski-Pahlen, § 81 Rn. 3.
80 Rolfs in ErfK, § 81 SGB IX Rn. 2.
81 BAG – 15.02.2005 – 9 AZR 635/03.

§ 95 Abs. 2 das Recht auf Einsicht in die entscheidungsrelevanten Teile der Bewerbungsunterlagen und Teilnahme an Vorstellungsgesprächen. Dieses Recht bezieht sich nicht nur auf die Einsicht in Bewerbungsunterlagen von schwerbehinderten Menschen und die Teilnahme an Vorstellungsgesprächen von schwerbehinderten Menschen, sondern besteht auch hinsichtlich der nicht schwerbehinderten Menschen, da die Schwerbehindertenvertretung in der Lage sein muss, die Auswahlentscheidung des Arbeitgebers nachvollziehen zu können.[82] Selbstverständlich besteht das Beteiligungsrecht der Schwerbehindertenvertretung nicht, wenn der schwerbehinderte Mensch die Beteiligung ablehnt, Abs. 1 Satz 10.

Für die Arbeitgeber, die ihre Beschäftigungsquote nach § 71 nicht erfüllt haben, gelten nach Abs. 1 Sätze 7 bis 9 besondere Verfahrensvorschriften. Hiernach gilt, dass der Arbeitgeber die von ihm getroffene (Auswahl-)Entscheidung mit der Schwerbehindertenvertretung bzw. mit der entsprechenden Interessenvertretung erörtern muss, soweit diese mit der Entscheidung nicht einverstanden sind. Im Rahmen der Erörterung ist der schwerbehinderte Mensch anzuhören. Hat der Arbeitgeber nach der Erörterung eine Entscheidung getroffen, muss er alle Beteiligten unter Darlegung der Gründe unverzüglich unterrichten. 12

2.5 Rechtsfolgen von Verstößen gegen das Verfahren, Handlungsmöglichkeiten

Verstöße des Arbeitgebers gegen einzelne Pflichten aus Abs. 1 stellen eine Ordnungswidrigkeit dar. So handelt ein Arbeitgeber gemäß § 156 Abs. 1 Nr. 7 und 8 ordnungswidrig, wenn er entgegen Abs. 1 Satz 4 oder 9 die Schwerbehindertenvertretung bzw. die entsprechende Interessenvertretung nicht, nicht richtig, nicht vollständig oder nicht rechtzeitig unterrichtet oder wenn er entgegen Abs. 1 Satz 7 eine Entscheidung nicht mit der Schwerbehindertenvertretung bzw. der entsprechenden Interessenvertretung erörtert. Ein Verstoß gegen die Prüfungspflicht nach Abs. 1 Satz 1 ist im Katalog des § 156 nicht aufgeführt, allerdings kann die Tatsache, dass der Arbeitgeber der Schwerbehindertenvertretung nicht anzeigt, dass ein freier Arbeitsplatz besetzt werden soll, den Tatbestand des § 156 Abs. 1 Nr. 9 erfüllen, da jede Neubesetzung einer Stelle eine Angelegenheit im Sinne des § 95 Abs. 2 Satz 1 ist.[83] 13

Wenn die Schwerbehindertenvertretung entgegen § 95 Abs. 2 nicht oder unzureichend am Verfahren nach § 81 Abs. 1 beteiligt wird, kann sie im arbeitsgerichtlichen Beschlussverfahren – auch im Wege der einstweiligen Verfügung – durchsetzen, dass eine dennoch vom Arbeitgeber vorgenommene Entscheidung ausgesetzt wird, bis die Beteiligung nachgeholt worden ist. 14

Der Betriebsrat kann nach § 99 BetrVG (oder Personalrat nach den entsprechenden Regelungen der Personalvertretungsgesetze) die Zustimmung zur Einstellung oder zu sonstigen personellen Einzelmaßnahmen unter Verweis auf § 99 Abs. 2 Nr. 1 BetrVG ver- 15

82 Düwell in LPK-SGB IX, § 81 Rn. 101; Faber in FKS-SGB IX, § 81 Rn. 19.
83 Von Seggern in HK-ArbR, § 81 SGB IX Rn. 9.

weigern, wenn der Arbeitgeber seiner Prüfungspflicht nach Abs. 1 nicht ordnungsgemäß nachkommt.[84] Handelt es sich um die interne Besetzung eines freien Arbeitsplatzes – etwa im Rahmen einer Versetzung – soll dieser Zustimmungsverweigerungsgrund nach der Rechtsprechung des BAG nicht gegeben sein,[85] da sich durch die Versetzung von bereits beschäftigten Arbeitnehmern auf einen frei gewordenen oder neu geschaffenen Arbeitsplatz für arbeitslose schwerbehinderte Menschen nicht die mit der Schwerbehinderung verbundenen erhöhten Schwierigkeiten bei der Suche nach einem Arbeitsplatz verwirklichen würden und insbesondere dem Arbeitsmarkt kein zur Verfügung stehender Arbeitsplatz zu Lasten der Gruppe der schwerbehinderten Menschen »entzogen« würde.[86] Dieser Auffassung sind mehrere Arbeitsgerichte gefolgt, dennoch ist die Auffassung zu kritisieren, da sie ersichtlich darauf abstellt, dass sich der Schutzzweck des Abs. 1 auf die arbeitslosen bzw. arbeitssuchenden schwerbehinderten Menschen beschränkt. Dies ist ausweislich des eindeutigen Wortlauts der Norm, welche die Arbeitgeber zur Prüfung verpflichtet, ob freie Arbeitsplätze mit schwerbehinderten Menschen, »insbesondere« mit bei der Agentur für Arbeit arbeitslos oder arbeitssuchend gemeldeten schwerbehinderten Menschen, besetzt werden können, aber nicht der Fall. Vielmehr stellt das Wort »insbesondere« klar, dass Arbeitgeber verpflichtet sind, die Prüfung nicht nur auf arbeitslose oder arbeitssuchende schwerbehinderte Menschen zu reduzieren.[87]

3. Benachteiligungsverbot nach Abs. 2

16 Bei Inkrafttreten des SGB IX enthielt Abs. 2 umfangreiche eigene Regelungen zum Benachteiligungsverbot schwerbehinderter Beschäftigter. Nachdem der EuGH im Jahre 2006 entschied,[88] dass die Richtlinie 2000/78/EG des Rates vom 27. November 2000 zur Festlegung eines allgemeinen Rahmens für die Verwirklichung der Gleichbehandlung in Beschäftigung und Beruf von Deutschland nicht ausreichend umgesetzt worden sei, da diese den Schutz nicht nur schwerbehinderter Menschen, sondern aller Behinderter verlangt, wurde am 14.08. 2006 das Allgemeine Gleichbehandlungsgesetz (AGG) erlassen, welches am 18.08. 2006 in Kraft trat. Mit ihm wurde das Benachteiligungsverbot auf alle behinderten Menschen ausgedehnt. Abs. 2 wurde dementsprechend angepasst und verweist nun auf das AGG.

17 Soweit Abs. 2 im Wortlaut nur schwerbehinderte »Beschäftigte« nennt, sind abweichend von diesem Wortlaut Bewerber auch von der Norm erfasst.[89]

18 Obwohl das AGG selbstverständlich auch ohne den Verweis in Abs. 2 für Benachteiligungen schwerbehinderter Menschen (und diesen gleichgestellten) gilt, ist die Beibehaltung des Benachteiligungsverbotes im SGB IX nicht überflüssig, denn hierdurch wird

84 BAG – 14.11.1989 – 1 ABR 88/88.
85 BAG – 17.06.2008 – 1 ABR 20/07.
86 BAG a. a. O.
87 Düwell in LPK-SGB IX, § 81 Rn. 109, der dem BAG eine »gravierende Leseschwäche« unterstellt; Neumann in Neumann/Pahlen/Majerski-Pahlen, § 81 Rn. 7.
88 EuGH – 23.02.2006 – C-43/05.
89 BAG – 03.04.2007 – 9 AZR 823/06.

gewährleistet, dass das in § 63 festgeschriebene Verbandsklagerecht auch für Ansprüche von schwerbehinderten Menschen aufgrund von Benachteiligungen besteht. Nach § 63 können Verbände mit dem Einverständnis der Betroffenen deren Ansprüche klageweise geltend machen.

3.1 Grundsätzliches zum AGG[90]

Das AGG enthält in § 7 in Verbindung mit § 1 ein Benachteiligungsverbot wegen einer Behinderung. Dieses Verbot gilt (in Bezug auf den Schutz vor Diskriminierungen im Arbeitsleben) gemäß § 2 Abs. 1 AGG für den Zugang zu unselbständiger und selbständiger Erwerbstätigkeit sowie für den beruflichen Aufstieg (§ 2 Abs. 1 Nr. 1 AGG), die Beschäftigungs- und Arbeitsbedingungen einschließlich Arbeitsentgelt und Entlassungsbedingungen sowie beim beruflichen Aufstieg (§ 2 Abs. 1 Nr. 2 AGG) und den Zugang zu der Berufsberatung und allen Formen der Berufsbildung, der Berufsausbildung, der beruflichen Weiterbildung etc. (§ 2 Abs. 1 Nr. 3 AGG). **19**

Trotz des Wortlauts des § 2 Abs. 4 AGG, wonach für Kündigungen ausschließlich die Bestimmungen zum allgemeinen und besonderen Kündigungsschutz gelten, ist das AGG nach der Rechtsprechung des BAG auf Kündigungen jedenfalls insoweit anwendbar, als dass die Diskriminierungsverbote des AGG bei der Auslegung des Begriffs der Sozialwidrigkeit zu beachten sind und diesen konkretisieren.[91] **20**

Nach den genannten Bestimmungen des AGG sind den Arbeitgebern sowohl unmittelbare als auch mittelbare Benachteiligungen wegen einer Behinderung in Bezug auf das Arbeitsleben untersagt. Wird also beispielsweise ein (schwer-)behinderter Mensch nicht zum Bewerbungsgespräch zugelassen oder fällt die Arbeitgeberentscheidung bei einer Einstellung nicht auf den (schwer-)behinderten Bewerber, der über eine vergleichbare Qualifikation verfügt, kann dies eine Diskriminierung darstellen, wenn die Entscheidung des Arbeitgebers auf einer behinderungsbezogenen Differenzierung beruht. **21**

Nach § 8 Abs. 1 AGG kann die unterschiedliche Behandlung eines (schwer-)behinderten Menschen zulässig sein, wenn der Grund wegen der Art der auszuübenden Tätigkeit oder der Bedingungen ihrer Ausübung eine wesentliche und entscheidende berufliche Anforderung darstellt und angemessen ist. Ist etwa das Sehen zwingende Voraussetzungen für die Ausübung einer bestimmten Tätigkeit (Sichtkontrolle im Rahmen einer Qualitätsprüfung), kann selbstverständlich ein blinder Mensch diese Tätigkeit nicht ausüben. Eine verbotene Diskriminierung stellt die Nichteinstellung in einem solchen Falle dann nicht dar. **22**

Zu beachten ist jedoch, dass Art. 5 der Antidiskriminierungsrichtlinie (2000/78/EG) vorschreibt, dass der Arbeitgeber für Menschen mit Behinderung angemessene Vorkeh- **23**

---

90 Zu den Einzelheiten wird auf die einschlägige Literatur zum AGG verwiesen, etwa Nollert-Borasio/Perreng, Allgemeines Gleichbehandlungsgesetz (AGG), Basiskommentar zu den arbeitsrechtlichen Regelungen.

91 BAG – 06.11.2008 – 2 AZR 523/07; zum Meinungsstand vgl. Bufalica in HK-ArbR, § 2 AGG Rn. 14, 15.

rungen zu treffen hat, was beinhaltet, dass er die geeigneten und im konkreten Fall erforderlichen Maßnahmen ergreift, um den Menschen mit Behinderung den Zugang zur Beschäftigung, die Ausübung eines Berufes, den beruflichen Aufstieg und die Teilnahme an Aus- und Weiterbildungsmaßnahmen zu ermöglichen, es sei denn, diese Maßnahmen würden den Arbeitgeber unverhältnismäßig belasten. Hierzu zählt nicht nur, dass der Arbeitgeber das Verfahren nach Abs. 1 durchführt, sondern im Rahmen der Abs. 4 und 5 den Anspruch auf behindertengerechte Beschäftigung ermöglicht[92] bzw. das nach § 84 vorgesehene betriebliche Präventionsverfahren durchführt.[93]

3.2 Entschädigungsansprüche nach dem AGG

24 Bei einem Verstoß gegen das Benachteiligungsverbot des AGG kann der (schwer-)behinderte Mensch Ansprüche auf Entschädigung und Schadensersatz geltend machen, § 15 AGG. Ein Anspruch auf Schadensersatz nach § 15 Abs. 1 AGG kommt in Frage, wenn durch die diskriminierende Handlung ein materieller Schaden verursacht wurde. Dies ist der Fall, wenn ein nicht behinderter Bewerber einem gleich geeigneten (schwer-)behinderten Bewerber bei einer Einstellung vorgezogen worden ist und die Entscheidung auf behinderungsbezogener Benachteiligung beruht. Der (schwer-)behinderte Bewerber kann in einem solchem Fall Schadensersatz in Höhe des Verdienstausfalles verlangen.[94] Ein Anspruch auf Entschädigung gemäß § 15 Abs. 2 AGG kommt in Betracht, wenn dem (schwer-)behinderten Menschen ein Schaden entstanden ist, der nicht Vermögensschaden ist. Die Entschädigung soll im Wesentlichen auf diskriminierenden Handlungen beruhende Verletzungen des Persönlichkeitsrechts ausgleichen.

25 Will ein (schwer-)behinderter Mensch Ansprüche gegen seinen Arbeitgeber geltend machen, hat er – abweichend vom Grundsatz, alle anspruchsbegründenden Voraussetzungen darlegen und beweisen zu müssen – gemäß § 22 AGG »nur« die Indizien zu beweisen, die eine Benachteiligung wegen der Behinderung vermuten lassen. Der Arbeitgeber trägt dann die Beweislast dafür, dass kein Verstoß gegen die Bestimmungen zum Schutz vor Benachteiligung vorgelegen hat. Die Vermutung einer Benachteiligung ist u. a. dann anzunehmen, wenn der Arbeitgeber seinen Pflichten aus § 81 Abs. 1 Satz 1 auf Prüfung, ob ein freier Arbeitsplatz mit einem schwerbehinderten Menschen besetzt werden kann, nicht nachgekommen ist. Gleiches gilt, wenn er es unterlassen hat, die Schwerbehindertenvertretung unmittelbar nach Eingang von Bewerbungen zu unterrichten oder wenn er es der Schwerbehindertenvertretung verwehrt, Einsicht in die Unterlagen zu nehmen oder deren Teilnahme an Vorstellungsgesprächen vereitelt. Die Vermutung der Benachteiligung ist auch anzunehmen, wenn der Arbeitgeber seiner Pflicht auf Beteiligung der Schwerbehindertenvertretung an der Prüfung nach § 81 Abs. 1 Satz 1 nicht nachkommt oder die vorgeschriebene Erörterung nach § 81 Abs. 1 Sätze 7 bis 9 unterlässt.[95]

92 Faber in FKS-SGB IX, § 81 Rn. 110, 111.
93 Faber in FKS-SGB IX, § 81 Rn. 112.
94 Vgl. hierzu Schlachter in ErfK, § 15 AGG Rn. 3.
95 Düwell in LPK-SGB IX, § 81 Rn. 56.

Kann der (schwer-)behinderte Mensch Indizien nachweisen, die eine Benachteiligung wegen der Behinderung vermuten lassen, indem er etwa darlegt, dass der Arbeitgeber gegen die Pflichten aus § 81 Abs. 1 verstoßen hat, kehrt sich die Beweislast um: Der Arbeitgeber hat nun zu beweisen, dass die Benachteiligung nicht wegen der Behinderung erfolgte oder ein Rechtfertigungsgrund nach § 8 AGG gegeben ist.[96]

3.3 Fristen

Ansprüche wegen eines Verstoßes gegen das Benachteiligungsverbot des AGG müssen innerhalb von zwei Monaten beim Arbeitgeber schriftlich geltend gemacht werden, § 15 Abs. 4 Satz 1 AGG. Diese Frist beginnt gemäß § 15 Abs. 4 Satz 2 AGG im Falle einer Bewerbung oder eines beruflichen Aufstiegs mit dem Zugang der Ablehnung und in den sonstigen Fällen einer Benachteiligung zu dem Zeitpunkt, in dem der Beschäftigte von der Benachteiligung Kenntnis erlangt. Diese Frist kann tarifvertraglich verlängert werden. **26**

Gemäß § 61 b Abs. 1 ArbGG ist innerhalb von drei Monaten, nachdem der Anspruch nach § 15 AGG schriftlich geltend gemacht wurde, Klage zu erheben. Hat der Arbeitgeber also den Anspruch innerhalb von drei Monaten, nachdem dieser Anspruch gegenüber dem Arbeitgeber schriftlich (und innerhalb von zwei Monaten nach dem Verstoß gegen das Benachteiligungsverbot) geltend gemacht wurde, nicht erfüllt, muss Klage erhoben werden. **27**

Bei diesen Fristen handelt es sich um Ausschlussfristen, d. h., das Gericht muss diese von Amts wegen beachten. Werden die Fristen nicht eingehalten, ist eine Klage als unbegründet abzuweisen.[97] **28**

4. Maßnahmen zur Schaffung von Beschäftigungsmöglichkeiten nach Abs. 3

Nach Abs. 3 sind Arbeitgeber verpflichtet, ihren Betrieb so zu organisieren, dass zumindest die aus § 71 folgende Beschäftigungsquote eingehalten werden kann. Einzelheiten, wie der Arbeitgeber seine Pflicht umsetzen kann, ergeben sich aus Abs. 4. **29**

Durch den Verweis auf Abs. 4 Satz 3 ist klargestellt, dass diese Pflicht allein durch die Unzumutbarkeit bzw. unverhältnismäßige Kosten begrenzt ist. Der Arbeitgeber kann sich also bei Nichterfüllung der Beschäftigungsquote nicht pauschal darauf berufen, dass er nicht über genügend behindertengerechte Arbeitsplätze verfügt. Vielmehr muss er die Organisation seines Betriebes so gestalten, dass die tatsächliche Möglichkeit für eine Beschäftigung von schwerbehinderten arbeitssuchenden Menschen besteht.[98] **30**

Ein Rechtsanspruch des Einzelnen auf Bereitstellung eines behinderungsgerechten Arbeitsplatzes folgt aus Abs. 3 nicht.[99] Auch ist ein Verstoß gegen die Verpflichtung nicht **31**

96 Bufalica in HK-ArbR, § 2 AGG Rn. 15.
97 Koch in ErfK, § 61 b ArbGG, Rn. 2.
98 Düwell in LPK-SGB IX, § 81 Rn. 115.
99 Faber in FKS-SGB IX, § 81 Rn. 30.

bußgeldbewehrt. Abs. 3 statuiert allerdings eine Rechtspflicht, die im Rahmen einer Integrationsvereinbarung nach § 83 zu beachten und zu konkretisieren ist.

5. Anspruch auf behindertengerechte Arbeit nach Abs. 4

32 Abs. 4 regelt verschiedene individuelle Ansprüche schwerbehinderter Menschen gegen ihren Arbeitgeber. Anders als die Pflicht nach Abs. 3 sind die in Abs. 4 enthaltenen Ansprüche nicht abhängig von der Erfüllung oder Nichterfüllung der Beschäftigungsquote. Ebenso wie die Pflicht aus Abs. 3 sind die Ansprüche aus Abs. 4 ausgeschlossen, wenn ihre Erfüllung unzumutbar wäre bzw. unverhältnismäßige Kosten entstünden.

5.1 Beschäftigung entsprechend den Fähigkeiten und Kenntnissen

33 Der schwerbehinderte Mensch kann nach Abs. 4 Nr. 1 von seinem Arbeitgeber verlangen, so beschäftigt zu werden, dass er seine Fähigkeiten und Kenntnisse voll verwerten und weiterentwickeln kann. Der Anspruch beinhaltet einerseits die behinderungsgerechte Ausstattung oder die behinderungsgerechte Anpassung des bestehenden Arbeitsplatzes und andererseits die Zuweisung eines anderen Arbeitsplatzes, wenn dem schwerbehinderten Menschen die Ausübung seiner bisherigen Tätigkeit aufgrund der Behinderung nicht mehr möglich ist.

34 Kann der schwerbehinderte Mensch seine vertraglich geschuldete Leistung behinderungsbedingt nicht mehr erbringen, entfällt nicht sein Beschäftigungsanspruch.[100] Vielmehr muss der Arbeitgeber ihm eine Tätigkeit zuweisen, deren Erbringung ihm möglich ist und die kenntnis- und fähigkeitsgerecht ist. Nach der Rechtsprechung des BAG beinhaltet dieser Anspruch nicht die Schaffung eines neuen Arbeitsplatzes.[101] Ist zur Durchsetzung dieses Anspruches eine Versetzung erforderlich und ist diese nicht durch das arbeitsvertraglich bestehende Direktionsrecht des Arbeitgebers gedeckt, besteht ein Anspruch auf Vertragsänderung unmittelbar aus Abs. 4 Nr. 1.[102]

35 Aus Abs. 4 Nr. 1 folgt u. a. der Anspruch des schwerbehinderten Menschen gegenüber seinem Arbeitgeber auf Zuweisung einer Tätigkeit im Rahmen der stufenweisen Wiedereingliederung. Voraussetzung für diesen Anspruch ist, dass der schwerbehinderte Mensch eine ärztliche Bescheinigung über seine Arbeitsunfähigkeit, einen Eingliederungsplan, der Inhalt und Umfang der Tätigkeit aus ärztlicher Sicht enthält, sowie eine ärztliche Prognose darüber, wann mit der Wiederherstellung der Arbeitsfähigkeit zu rechnen ist, vorlegt.[103]

36 Eine wesentliche Rolle spielt der Anspruch aus Abs. 4 Nr. 1 im Rahmen von Beendigungskündigungen. Soll eine solche durch den Ausspruch einer Änderungskündigung und Versetzung vermieden werden und verweigert der Betriebsrat seine Zustimmung zur

---

100 BAG – 10.05.2005 – 9 AZR 230/04.
101 BAG – 22.11.2005 – 1 ABR 49/04; wohl anderer Auffassung: Feldes in Basiskommentar SGB IX, § 81 Rn. 43 ff.
102 BAG – 10.05.2005 – 9 AZR 230/04.
103 BAG – 13.06.2006 – 9 AZR 229/05.

Versetzung, hat der schwerbehinderte Mensch einen Anspruch darauf, dass der Arbeitgeber das Zustimmungsersetzungsverfahren nach § 99 Abs. 4 BetrVG durchführt, es sei denn, die vom Betriebsrat geltend gemachten Zustimmungsverweigerungsgründe liegen objektiv vor.[104]

37 Dieser vom 9. Senat des BAG vertretenden Rechtsauffassung folgt der 2. Senat nicht. In seiner Entscheidung vom 22.09. 2005 stellt er fest, dass dann, wenn der Betriebsrat einer Versetzung widerspricht, in der Regel davon auszugehen ist, dass eine dem Arbeitgeber zumutbare Weiterbeschäftigungsmöglichkeit nicht besteht. Der Arbeitgeber sei nur bei Vorliegen besonderer Umstände verpflichtet, ein Zustimmungsersetzungsverfahren nach § 99 Abs. 4 BetrVG durchzuführen.[105] Zur Begründung führt der 2. Senat aus, dass entscheidend mit zu berücksichtigen sei, dass die Rechte des schwerbehinderten Menschen bereits durch ein geordnetes Verfahren vor dem Integrationsamt mit der Möglichkeit der Nachprüfung der Entscheidung in mehreren Instanzen geprüft würden und in diesem Verfahren insbesondere die Möglichkeiten, den Arbeitnehmer auf einem anderen, behindertengerechten Arbeitsplatz weiterzubeschäftigen, eine entscheidende Rolle spielten. Hat eine solche Prüfung mit der gebotenen Sorgfalt stattgefunden und ist das Integrationsamt nach eingehender Prüfung unter Hinzuziehung des Betriebsrats, der Schwerbehindertenvertretung und der sonstigen Beteiligten zu dem Ergebnis gelangt, dass eine solche Weiterbeschäftigungsmöglichkeit nicht bestehe, so dürfe dies nicht unberücksichtigt bleiben.[106] Die Auffassung des 2. Senats überzeugt nicht. Zwar mag sein, dass die Frage, ob Weiterbeschäftigungsmöglichkeiten für den schwerbehinderten Menschen bestehen, auch in weiteren gerichtlichen Verfahren – neben einem seine Versetzung betreffenden Zustimmungsersetzungsverfahren nach § 99 Abs. 4 BetrVG – geprüft werden können, allerdings lässt es das BAG unberücksichtigt, dass insbesondere die gerichtliche Überprüfung der Entscheidung des Integrationsamtes nur in erster Instanz aufgrund der realen Verfahrensdauer in der Verwaltungsgerichtsbarkeit unter Umständen mehrere Jahre dauern kann. Dem kann auch nicht entgegengehalten werden, dass Widerspruch und Anfechtungsklage keine aufschiebende Wirkung haben und der schwerbehinderte Mensch sein Recht auf Anordnung der aufschiebenden Wirkung im einstweiligen Rechtschutz geltend machen kann. Denn zum einen sind an ein solches Verfahren hohe formelle Anforderungen gestellt, denen in der Regel nur mit anwaltlicher Hilfe nachgekommen werden kann,[107] und zum anderen ist kein Grund dafür ersichtlich, dem nach den Bestimmungen des SGB IX als besonders schutzwürdig anerkannten schwerbehinderten Menschen eine weitere Rechtsschutzmöglichkeit abzuschneiden.[108]

38 Jedenfalls stellt die Nichterfüllung der Ansprüche aus Abs. 4 einen Widerspruchsgrund im Sinne des § 102 Abs. 3 BetrVG dar. Der vor einer Kündigung anzuhörende Betriebsrat sollte dies unabhängig von der Frage, ob der betroffene schwerbehinderte Mensch

---

104 BAG – 03.12.2002 – 9 AZR 481/01.
105 BAG – 22.09.2005 – 2 AZR 519/04.
106 BAG a.a.O.
107 Schmitz in FKS-SGB IX, § 88 Rn. 21.
108 Vgl. auch von Seggern in HK-ArbR, § 81 SGB IX Rn. 19.

seine Ansprüche geltend gemacht hat, berücksichtigen, da der Arbeitgeber auch ohne eine solche Geltendmachung verpflichtet ist, die Ansprüche aus Abs. 4 zu realisieren.[109]

5.2 Berufsbildung

39 Nach Abs. 4 Nr. 2 und 3 hat der Arbeitgeber die berufliche Bildung schwerbehinderter Menschen zu fördern. Grund für die Aufnahme dieser Ansprüche in Abs. 4 ist, dass der Bestand der Arbeitsverhältnisse schwerbehinderter Menschen durch Qualifizierung besonders gesichert werden soll. Bei innerbetrieblichen Bildungsmaßnahmen sind schwerbehinderte Menschen nach Nr. 2 zu bevorzugen, nach Nr. 3 hat der Arbeitgeber den entsprechenden Zugang zu außerbetrieblichen Bildungsmaßnahmen zu erleichtern. Die Betriebsparteien haben diese Vorgaben insbesondere im Rahmen der Auswahl nach § 98 BetrVG zu berücksichtigen.

5.3 Behindertengerechte Gestaltung und Ausstattung der Arbeitsplätze

40 Abs. 4 Nr. 4 und 5 gibt dem schwerbehinderten Menschen einen Anspruch darauf, dass der Arbeitgeber die Arbeitsstätte und den Arbeitsplatz so einrichtet, dass eine behindertengerechte Beschäftigung möglich ist. Zur Ausgestaltung der Arbeitsstätte im Sinne der Nr. 4 gehört u. a. die Gewährleistung des behindertengerechten Zugangs zu Arbeits- und Sozialräumen, die Einrichtung von behindertengerechter Maschinenbedienung, das Zurverfügungstellen von Parkplätzen und eine Organisation der Arbeitszeit, die den schwerbehinderten Menschen unabhängig vom in einem Betrieb grundsätzlich bestehenden Schichtsystem von der Nachtschicht ausnimmt.

41 Neben dem Anspruch auf entsprechende Gestaltung der Arbeitsstätte regelt Nr. 5 einen Anspruch auf behinderungsgerechte Ausstattung des Arbeitsplatzes mit technischen Arbeitshilfen. Als Arbeitshilfen kommen z. B. besondere Tastaturen für Blinde, höhenverstellbare Schreibtische, behinderungsgerechte Stühle und besondere Hebehilfen in Frage.

42 Im Rahmen seines Mitbestimmungsrechts aus § 87 Abs. 1 Nr. 7 BetrVG kann der Betriebsrat den Abschluss einer Betriebsvereinbarung über die Anforderungen an Arbeitsstätten durchsetzen. Hierbei sollte der Betriebsrat unabhängig von der ohnehin bestehenden, u. a. aus der Verordnung über Arbeitsstätten folgenden Pflicht des Arbeitgebers, einen barrierefreien Zugang zu gewährleisten, dafür Sorge tragen, dass die Ansprüche der schwerbehinderten Menschen aus Abs. 4 Nr. 4 und 5 im Betrieb umgesetzt werden können.

6. Anspruch auf Teilzeitbeschäftigung nach Abs. 5

43 Neben dem allgemeinen Anspruch auf Teilzeitbeschäftigung aus § 8 TzBfG gibt Abs. 5 den schwerbehinderten Menschen einen weiteren Anspruch auf Reduzierung ihrer Arbeitszeit, wenn die kürzere Arbeitszeit wegen Art oder Schwere der Behinderung notwen-

109 BAG – 10. 05. 2005 – 9 AZR 230/04.

dig ist. Der Anspruch ist nicht – wie der aus § 8 TzBfG – an eine besondere Form oder Frist gebunden. Der Anspruch entsteht, sobald die Voraussetzung, also die behinderungsbedingte Notwendigkeit der Arbeitszeitverkürzung, vorliegt. Der Arbeitgeber kann dem Anspruch – bei unstreitigem Vorliegen der Voraussetzungen – nur entgegenhalten, dass die Verringerung der Arbeitszeit für ihn unzumutbar oder mit unverhältnismäßigem Aufwand verbunden ist, was der Fall sein kann, wenn die Art der Arbeit bestimmte Mindestschichtlängen erfordert und eine Teilung des Arbeitsplatzes technisch nicht möglich ist.[110]

Fällt der behinderungsbedingte Grund auf Verkürzung der Arbeitszeit weg, muss die Arbeitszeit wieder verlängert werden.[111] **44**

7. Durchsetzung der Ansprüche aus Abs. 4 und 5

Die Ansprüche aus Abs. 4 und 5 können vom schwerbehinderten Menschen gerichtlich geltend gemacht werden. In Betracht kommen sowohl Leistungsklagen zur Durchsetzung der Ansprüche selbst als auch Schadensersatzklagen wegen Verletzung der Rechte aus Abs. 4 und 5. Die entsprechenden Regelungen stellen insoweit Schutzgesetze im Sinne des § 823 Abs. 2 BGB dar, deren Verletzung zu Schadensersatzansprüchen führen kann.[112] **45**

In den Verfahren gilt eine abgestufte Darlegungs- und Beweislast. Das heißt, dass der schwerbehinderte Mensch die seinem Leistungsvermögen entsprechenden Beschäftigungsmöglichkeiten aufzeigen muss, woraufhin der Arbeitgeber substantiiert darlegen und beweisen muss, aus welchen Gründen eine behinderungsgerechte Beschäftigung nicht möglich ist.[113] **46**

§ 82 Besondere Pflichten der öffentlichen Arbeitgeber

Die Dienststellen der öffentlichen Arbeitgeber melden den Agenturen für Arbeit frühzeitig frei werdende und neu zu besetzende sowie neue Arbeitsplätze (§ 73). Haben schwerbehinderte Menschen sich um einen solchen Arbeitsplatz beworben oder sind sie von der Bundesagentur für Arbeit oder einem von dieser beauftragten Integrationsfachdienst vorgeschlagen worden, werden sie zu einem Vorstellungsgespräch eingeladen. Eine Einladung ist entbehrlich, wenn die fachliche Eignung offensichtlich fehlt. Einer Integrationsvereinbarung nach § 83 bedarf es nicht, wenn für die Dienststellen dem § 83 entsprechende Regelungen bereits bestehen und durchgeführt werden.

Inhaltsübersicht Rn.

110 Neumann in Neumann/Pahlen/Majerski-Pahlen, § 81 Rn. 47.
111 Düwell in LPK-SGB IX, § 81 Rn. 137.
112 Von Seggern in HK-ArbR, § 81 SGB IX Rn. 17.
113 BAG – 10.05.2005 – 9 AZR 230/04.

1. Normzweck

1 Die Norm regelt für öffentliche Arbeitgeber (§ 71 Abs. 3) bestimmte, über die Verpflichtungen aus § 81 hinausgehende Pflichten. Mit ihr sollen der Vorbildcharakter der öffentlichen Arbeitgeber und die im öffentlichen Dienst bestehenden besonderen Fürsorgepflichten herausgestellt werden.

2. Frühzeitige Meldung an die Agentur für Arbeit

2 Öffentliche Arbeitgeber haben der Agentur für Arbeit frühzeitig frei werdende, neu zu besetzende und neue Arbeitsplätze zu melden. Die Meldepflicht soll dann nicht bestehen, wenn die Stelle nur intern neu besetzt werden soll.[114] »Frühzeitig« im Sinne der Norm bedeutet, dass die Meldung spätestens dann zu erfolgen hat, wenn sicher davon ausgegangen werden kann, dass eine Stelle zu besetzen ist.[115] Mitzuteilen sind das Aufgaben- und Tätigkeitsprofil, die erforderliche Qualifikation, die vorgesehene Eingruppierung sowie die Art der Beschäftigung als Teil- oder Vollzeitstelle.

3. Pflicht zur Einladung zum Vorstellungsgespräch

3 Öffentliche Arbeitgeber sind nach Satz 2 der Norm verpflichtet, die sich bewerbenden schwerbehinderten Menschen zum Vorstellungsgespräch einzuladen. Von dieser Pflicht sind sie nicht schon dann befreit, wenn sie etwa aufgrund der eingegangenen Bewerbungen der Meinung sind, dass der betreffende schwerbehinderte Mensch im Vergleich zu anderen Bewerbern keine Chance haben wird, ausgewählt zu werden. Diese Pflicht besteht nach Satz 3 vielmehr nur dann nicht, wenn dem schwerbehinderten Menschen die fachliche Eignung offensichtlich fehlt.[116] Verstößt der Arbeitgeber gegen diese Verpflichtung, begründet dies die Vermutung einer Benachteiligung wegen der Behinderung und ggf. einen Anspruch nach § 81 Abs. 2 auf Entschädigung.[117]

4. Integrationsvereinbarung

4 Nach Satz 4 besteht für öffentliche Arbeitgeber keine Verpflichtung zum Abschluss einer Integrationsvereinbarung,[118] soweit eine dem § 83 entsprechende Regelung besteht. Abgestellt wird hier auf sogenannte Fürsorgerichtlinien und Fürsorgeerlasse. Im Einzelfall ist zu prüfen, ob diese Regelungen den Anforderungen des § 83 genügen. Ist dies nicht der Fall, so besteht die Verpflichtung zum Abschluss von Integrationsvereinbarungen auch für öffentliche Arbeitgeber.

---

114 LAG Köln – 08.02.2010 – 5 TaBV 73/09; BVerwG – 15.12.2011 – 2 A 13.10; a. A.: Rolfs in ErfK, § 82 SGB IX Rn. 2.

115 Rolfs in ErfK, § 82 SGB IX Rn. 2.

116 BAG – 12.09.2006 – 9 AZR 807/05.

117 BAG a. a. O.

118 Zum Begriff und Inhalten siehe Kommentierung zu § 83.

5. Handlungsmöglichkeiten der Interessenvertretungen

Die Schwerbehindertenvertretung kann sich im Rahmen ihres Rechtes nach § 95 Abs. 2, während des Einstellungsverfahrens Einsicht in die entscheidungsrelevanten Teile der Bewerbungsunterlagen zu nehmen und an Vorstellungsgesprächen teilzunehmen, dafür einsetzen, dass die Chancen der schwerbehinderten Bewerber im Bewerbungs- und Auswahlverfahren verbessert werden. Insbesondere sollte sie darauf achten, dass alle schwerbehinderten Bewerber tatsächlich zum Vorstellungsgespräch eingeladen werden. 5

Soweit der Arbeitgeber gegen seine besonderen Pflichten aus § 82 verstößt, steht dem Betriebs- bzw. Personalrat ein Zustimmungsverweigerungsgrund bei der Einstellung zu.[119] 6

§ 83 Integrationsvereinbarung

(1) Die Arbeitgeber treffen mit der Schwerbehindertenvertretung und den in § 93 genannten Vertretungen in Zusammenarbeit mit dem Beauftragten des Arbeitgebers (§ 98) eine verbindliche Integrationsvereinbarung. Auf Antrag der Schwerbehindertenvertretung wird unter Beteiligung der in § 93 genannten Vertretungen hierüber verhandelt. Ist eine Schwerbehindertenvertretung nicht vorhanden, steht das Antragsrecht den in § 93 genannten Vertretungen zu. Der Arbeitgeber oder die Schwerbehindertenvertretung können das Integrationsamt einladen, sich an den Verhandlungen über die Integrationsvereinbarung zu beteiligen. Der Agentur für Arbeit und dem Integrationsamt, die für den Sitz des Arbeitgebers zuständig sind, wird die Vereinbarung übermittelt.

(2) Die Vereinbarung enthält Regelungen im Zusammenhang mit der Eingliederung schwerbehinderter Menschen, insbesondere zur Personalplanung, Arbeitsplatzgestaltung, Gestaltung des Arbeitsumfelds, Arbeitsorganisation, Arbeitszeit sowie Regelungen über die Durchführung in den Betrieben und Dienststellen. Bei der Personalplanung werden besondere Regelungen zur Beschäftigung eines angemessenen Anteils von schwerbehinderten Frauen vorgesehen.

(2 a) In der Vereinbarung können insbesondere auch Regelungen getroffen werden

1. **zur angemessenen Berücksichtigung schwerbehinderter Menschen bei der Besetzung freier, frei werdender oder neuer Stellen,**
2. **zu einer anzustrebenden Beschäftigungsquote, einschließlich eines angemessenen Anteils schwerbehinderter Frauen,**
3. **zu Teilzeitarbeit,**
4. **zur Ausbildung behinderter Jugendlicher,**
5. **zur Durchführung der betrieblichen Prävention (betriebliches Eingliederungsmanagement) und zur Gesundheitsförderung,**
6. **über die Hinzuziehung des Werks- oder Betriebsarztes auch für Beratungen über Leistungen zur Teilhabe sowie über besondere Hilfen im Arbeitsleben.**

(3) In den Versammlungen schwerbehinderter Menschen berichtet der Arbeitgeber über alle Angelegenheiten im Zusammenhang mit der Eingliederung schwerbehinderter Menschen.

---

119 Von Seggern in HK-ArbR, § 82 SGB IX Rn. 1; Feldes in FKS-SGB IX, § 82 Rn. 13.

Inhaltsübersicht Rn.

1. Regelungsinhalt

1 § 83 verpflichtet die Arbeitgeber, mit der Schwerbehindertenvertretung und den Vertretungen nach § 93 (Betriebsrat etc.) eine Integrationsvereinbarung abzuschließen. Zwingender Regelungsinhalt sind die in Abs. 2 aufgezählten Gegenstände, Abs. 2 a ergänzt diese Mindestanforderungen um weitere mögliche, nicht zwingend vorgeschriebene Inhalte. Abs. 3 normiert eine Berichtspflicht der Arbeitgeber gegenüber schwerbehinderten Menschen.

2. Rechtsnatur der Integrationsvereinbarung

2 Welche Rechtsnatur eine Integrationsvereinbarung hat, wird im Schrifttum nicht eindeutig beantwortet. Zum Teil wird die Auffassung vertreten, dass es sich um eine Kollektivvereinbarung eigener Art handelt, die ausschließlich im Verhältnis zwischen Arbeitgeber und Schwerbehindertenvertretung und Betriebsrat bzw. Personalvertretung Verbindlichkeit beansprucht und nicht – wie eine Betriebsvereinbarung – Normwirkung auf die einzelnen Arbeitsverhältnisse hat.[120] Zum Teil wird dem entgegengehalten, dass auch in einer Integrationsvereinbarung Regelungen enthalten sein können, die unmittelbar und zwingend auf die Arbeitsverhältnisse wirken und daher den Charakter einer Betriebsvereinbarung haben.[121]

3 Die Frage nach der Rechtsnatur der Integrationsvereinbarung ist nicht allein theoretischer Art, da von ihrer Qualifizierung u. a. abhängt, ob ihre Regelungen unmittelbar und zwingend auf die Arbeitsverhältnisse wirken, welche Kündigungsfristen gelten und ob die Integrationsvereinbarung im Falle der Kündigung nachwirkt. Ausgehend vom Problem der ungeklärten Rechtsnatur ist der Schwerbehindertenvertretung zu empfehlen, eine Integrationsvereinbarung gemeinsam mit dem Betriebsrat bzw. der Personalvertretung schriftlich abzuschließen sowie eindeutige Regelungen zu finden, die sicherstellen, dass die Integrationsvereinbarung Normwirkung auf die Arbeitsverhältnisse hat, und Bestimmungen zu Kündigungsfrist und Nachwirkung aufzunehmen. Besteht eine solche

120 Düwell in LPK-SGB IX, § 83 Rn. 8 m. w. N.

121 Feldes in FKS-SGB IX, § 83 Rn. 11; Neumann in Neumann/Pahlen/Majerski-Pahlen, § 83 Rn. 8.

verbindliche Regelung, kann die Einhaltung oder Durchführung im gerichtlichen Beschlussverfahren auch durchgesetzt werden.

3. Abschluss einer Integrationsvereinbarung

Abs. 1 Satz 1 bestimmt, dass die Arbeitgeber mit der Schwerbehindertenvertretung und den in § 93 genannten Vertretungen in Zusammenarbeit mit dem Beauftragten des Arbeitgebers eine Integrationsvereinbarung »treffen«. Aus dieser Formulierung wird geschlossen, dass die Schwerbehindertenvertretung einen Anspruch auf Abschluss einer Integrationsvereinbarung hat, auch wenn der Abschluss einer bestimmten Integrationsvereinbarung nicht erzwungen werden kann.[122] Nach anderer Auffassung besteht kein Anspruch auf Abschluss einer Integrationsvereinbarung, sondern lediglich ein auf Abs. 1 beruhender Verhandlungsanspruch.[123] 4

Fest steht, dass es im Gesetz keine Konfliktregelungen gibt, die eine Aussage darüber treffen, wie zu verfahren ist, wenn eine Einigkeit zwischen den Parteien einer Integrationsvereinbarung mit einem bestimmten Inhalt nicht erzielt werden kann. Selbst wenn aus der Regelung in Abs. 1 Satz 1 der Anspruch auf Abschluss einer Integrationsvereinbarung geschlossen werden kann, hilft dies der Schwerbehindertenvertretung nicht weiter, wenn es um die Durchsetzung konkreter Regelungsinhalte geht, mit denen der Arbeitgeber nicht einverstanden ist. Jedenfalls aber ist durch den im Gesetz geregelten Anspruch der Schwerbehindertenvertretung auf Abschluss einer Integrationsvereinbarung oder nur auf Verhandlungen über den Abschluss einer solchen sichergestellt, dass es dem Arbeitgeber zumindest nicht möglich ist, das Zustandekommen einer Integrationsvereinbarung auf Dauer zu blockieren. Sollte der Arbeitgeber seiner insoweit bestehenden Verpflichtung nicht nachkommen, kann er durch die Schwerbehindertenvertretung im Wege des arbeitsgerichtlichen Beschlussverfahrens zum Führen von Verhandlungen angehalten werden.[124] 5

Wegen des hinsichtlich der Integrationsvereinbarung fehlenden Konfliktregelungsmechanismus ist insgesamt zu empfehlen, dass die Regelungen der Integrationsvereinbarung im Wege der dem Betriebsrat aus § 87 Abs. 1 BetrVG (bzw. für die Personalvertretungen aus den entsprechenden Normen) zustehenden Mitbestimmungsrechte durchgesetzt werden. Die in Abs. 2 und 2 a genannten Regelungsinhalte unterfallen zum großen Teil dem zwingenden Mitbestimmungsrecht des Betriebsrats aus § 87 Abs. 1 Nr. 1, 2, 3, 7 und 13 BetrVG und können über die Einigungsstelle erzwungen werden.[125] Selbstverständlich können daneben weitere Regelungsinhalte im Rahmen einer freiwilligen Betriebsvereinbarung geregelt werden. 6

---

122 Feldes in FKS-SGB IX, § 83 Rn. 57, 58.
123 LAG Hamm – 19.01.2007 – 13 TaBV 58/06; Düwell in LPK-SGB IX, § 83 Rn. 15.
124 Feldes in FKS-SGB IX, § 83 Rn. 62; Düwell in LPK-SGB IX, § 83 Rn. 15.
125 So im Ergebnis auch Feldes in FKS-SGB IX, § 83 Rn. 64 und von Seggern in HK-ArbR, § 83 SGB IX Rn. 4.

4. Verfahren

7 Das Verfahren zum Abschluss einer Integrationsvereinbarung beginnt – soweit die Verhandlungen nicht vom Arbeitgeber angeboten werden – auf Antrag der Schwerbehindertenvertretung, Abs. 1 Satz 2. Der Betriebsrat bzw. die Personalvertretung ist an den Verhandlungen zu beteiligen. Für den Fall, dass keine Schwerbehindertenvertretung besteht, kann der Betriebsrat bzw. die Personalvertretung die Aufnahme von Verhandlungen verlangen, Abs. 1 Satz 3. Auch dann, wenn eine Schwerbehindertenvertretung besteht oder eine bestehende Schwerbehindertenvertretung von ihrem Recht nach Abs. 1 Satz 2 keinen Gebrauch macht, steht dem Betriebsrat oder der Personalvertretung das Recht zu, initiativ tätig zu werden, denn nur so kann der Betriebsrat oder die Personalvertretung ihrer Verpflichtung aus § 93 auf Förderung der Eingliederung schwerbehinderter Menschen nachkommen.[126]

8 Arbeitgeber und Schwerbehindertenvertretung können das Integrationsamt einladen, sich an den Verhandlungen zum Abschluss einer Integrationsvereinbarung zu beteiligen. Die Beteiligung des Integrationsamtes kann dann sinnvoll sein, wenn zu erwarten ist, dass dessen Hinzuziehung im Rahmen einer Moderation zum Abschluss der Integrationsvereinbarung beiträgt. Zudem kann es sinnvoll sein, auf den Sachverstand des Integrationsamtes Rückgriff zu nehmen.

9 Regelungen über die Beendigung einer Integrationsvereinbarung finden sich im Gesetz nicht. Da bei einer Integrationsvereinbarung als Dauerregelung aber auch eine Möglichkeit bestehen muss, sich von ihr lösen zu können, kann sie gekündigt werden. Findet sich in der Integrationsvereinbarung hierzu keine Regelung, muss bei Fehlen anderer Anhaltspunkte auf die Bestimmung des § 77 Abs. 5 BetrVG zurückgegriffen werden, die für Betriebsvereinbarungen eine dreimonatige Kündigungsfrist regelt. Das Recht zur fristlosen Kündigung aus wichtigem Grund besteht daneben.[127] Soweit die Integrationsvereinbarung keine Regelungen über die Nachwirkung enthält, soll eine solche mangels einer gesetzlichen Regelung nicht bestehen.[128] Dem wird entgegengehalten, dass das Gesetz dem Arbeitgeber die Pflicht auferlegt, eine Integrationsvereinbarung abzuschließen, was nur zur Folge haben könne, dass er sich nur dann endgültig von ihr lösen kann, wenn eine neue Integrationsvereinbarung die alte ablöst.[129] Insbesondere weil eine höchstrichterliche Rechtsprechung insoweit nicht vorliegt, sollten – wie oben bereits ausgeführt[130] – in der Integrationsvereinbarung Bestimmungen sowohl zur Kündigungsmöglichkeit, Kündigungsfrist und zur Nachwirkung vereinbart werden. Soweit die Integrationsvereinbarung im Rahmen einer Betriebsvereinbarung zustande gekommen ist,[131] bedarf es einer ausdrücklichen Regelung wegen § 77 Abs. 5 und 6 BetrVG nicht.

---

126 Feldes in FKS-SGB IX, § 83 Rn. 28.
127 Neumann in Neumann/Pahlen/Majerski-Pahlen, § 83 Rn. 11.
128 Neumann in Neumann/Pahlen/Majerski-Pahlen, § 83 Rn. 12; Rolfs in ErfK, § 83 SGB IX Rn. 3.
129 Düwell in LPK-SGB IX, § 83 Rn. 13.
130 Rn. 3.
131 Rn. 6.

5. Übermittlung an Agentur für Arbeit und Integrationsamt

Nach Abs. 1 Satz 5 ist die Integrationsvereinbarung an die zuständige Agentur für Arbeit und das Integrationsamt zu übermitteln. Der Gesetzgeber will mit der Übermittlung erreichen, dass die Agenturen für Arbeit und die Integrationsämter so einen Überblick über die innerbetrieblich bestehenden Regelungen erhalten und ihrer Aufgabe auf gezielte Förderung von schwerbehinderten Menschen bei der Eingliederung, Qualifizierung, etc. erfolgreicher nachgehen können. Für Integrationsämter ist die Kenntnis von Integrationsvereinbarungen zudem bei der Prüfung der gezielten Durchführung von Präventionsmaßnahmen nach § 84 und bei der Prüfung von Weiterbeschäftigungsmaßnahmen im Rahmen von Anträgen von Arbeitgebern zur Zustimmung zu Kündigungen nach § 87 hilfreich. 10

6. Berichtspflicht des Arbeitgebers

Abs. 3 verpflichtet den Arbeitgeber, in den Versammlungen schwerbehinderter Menschen über alle Angelegenheiten im Zusammenhang mit der Eingliederung schwerbehinderter Menschen zu berichten. Diese Pflicht besteht in jeder von der Schwerbehindertenvertretung nach § 95 Abs. 6 einberufenen Versammlung und beinhaltet die Darstellung der in einer Integrationsvereinbarung vereinbarten Ziele und Maßnahmen. Die Berichtspflicht ist allerdings nicht auf die Inhalte einer Integrationsvereinbarung begrenzt, sondern besteht nach dem Gesetzestext in Bezug auf alle Angelegenheiten im Zusammenhang mit der Eingliederung schwerbehinderter Menschen. Insbesondere wenn der Arbeitgeber seine Verpflichtung zum Abschluss einer Integrationsvereinbarung nicht erfüllt hat, kann die Berichtspflicht dazu dienen, dass sich der Arbeitgeber in den Versammlungen öffentlich dafür rechtfertigen muss, seiner Verpflichtung nicht nachgekommen zu sein. Darüber hinaus wertet die Berichtspflicht die Schwerbehindertenversammlung als Diskussions- und Informationsplattform hinsichtlich der Interessen und Angelegenheiten schwerbehinderter Menschen im Betrieb auf.[132] 11

7. Inhalte der Integrationsvereinbarung

Abs. 2 regelt, welche Inhalte Integrationsvereinbarungen mindestens haben müssen. Diese Inhalte sind zwingend beim Abschluss einer Integrationsvereinbarung zu beachten. Konkret sind dies Regelungen über die Eingliederung schwerbehinderter Menschen, insbesondere Regelungen zur Personalplanung, zur Arbeitsplatzgestaltung, zur Gestaltung des Arbeitsumfelds, der Arbeitsorganisation, der Arbeitszeit sowie Regelungen über die Durchführung in den Betrieben und Dienststellen. Zudem hebt Abs. 2 Satz 2 hervor, dass bei der Personalplanung besondere Regelungen zur Beschäftigung eines angemessenen Anteils von schwerbehinderten Frauen vorzusehen sind. 12

Sämtliche in Abs. 2 genannten Sachverhalte beziehen sich auf die Schaffung von Arbeitsplätzen für schwerbehinderte Menschen, auf die Beschäftigungssicherung sowie die 13

132 Feldes in FKS-SGB IX, § 83 Rn. 47.

Beschäftigungsförderung. Die zu vereinbarenden Regelungen müssen die betrieblichen Gegebenheiten berücksichtigen und betriebsbezogene Maßnahmen enthalten, da anderenfalls die Durchführung der Integrationsvereinbarung an der fehlenden Konkretisierung scheitern dürfte. Insbesondere ist es erforderlich, dass konkrete Maßnahmen beschrieben werden, die eine Umsetzung der Ziele ermöglichen. Nur wenn eine Integrationsvereinbarung ausgehend von der Ist-Situation messbare Ziele, Maßnahmen und Gestaltungsrichtlinien zu deren Durchsetzung und Regelungen zu deren Überprüfung vorgibt, kann sie ein erfolgreiches Instrument zur Erfüllung des Zwecks, die Eingliederung schwerbehinderter Menschen zu fördern, sein.

14 In Abs. 2a sind weitere Inhalte beschrieben, die Gegenstand einer Integrationsvereinbarung sein können. Diese beispielhafte Aufzählung enthält Maßnahmen, die dem Arbeitgeber ohnehin nach § 81 obliegen. In einer Integrationsvereinbarung können Instrumente beschrieben werden, die es dem Arbeitgeber erleichtern, seinen Verpflichtungen aus § 81 nachkommen zu können. Die Aufstellung entsprechender Ziele und Maßnahmen zu deren Umsetzung in einer gemeinsamen Vereinbarung von Arbeitgeber und Schwerbehindertenvertretung soll helfen, die Anstrengungen in Bezug auf die Förderung der schwerbehinderten Menschen im Arbeitsleben zu verstärken.

15 Beispiele für Integrationsvereinbarungen finden sich u.a. bei REHADAT – Informationssystem zur beruflichen Rehabilitation, einem Projekt des Instituts der deutschen Wirtschaft Köln e.V.[133]

8. Schulung, Sachverständige

16 Die Schwerbehindertenvertretung bzw. die mit den Verhandlungen über den Abschluss einer Integrationsvereinbarung befasste Interessenvertretung sollte vor der Erarbeitung und dem Führen von Verhandlungen von ihrem Recht auf Teilnahme an einer entsprechenden Schulungsveranstaltung Gebrauch machen, um so Kenntnisse über konkrete Regelungsgegenstände und Verfahrensfragen etc. zu erlangen. Soweit nicht bereits diesbezügliche Kenntnisse bestehen, ist die Teilnahme an einer solchen Schulung als erforderlich im Sinne der einschlägigen Regelungen anzusehen. Für die Schwerbehindertenvertretung ergibt sich der Anspruch aus § 96 Abs. 4 Satz 3 in Verbindung mit § 96 Abs. 8, für Betriebsräte aus § 37 Abs. 6 BetrVG in Verbindung mit § 40 Abs. 1 BetrVG.

17 Soweit die Schwerbehindertenvertretung im Rahmen der Verhandlungen über den Abschluss einer Integrationsvereinbarung einen Sachverständigen hinzuziehen will, hat sie einen Anspruch hierauf, wenn die Hinzuziehung eines solchen Sachverständigen erforderlich ist. Eine dem für Betriebsräte geltende Norm des § 80 Abs. 3 BetrVG entsprechende Regelung gibt es für die Schwerbehindertenvertretung nicht, allerdings enthält § 96 Abs. 8, welcher die Tragung der Kosten der Tätigkeit der Schwerbehindertenvertretung durch den Arbeitgeber regelt, keine Einschränkung. Wenn die Voraussetzungen der Erforderlichkeit gegeben sind, der Schwerbehindertenvertretung also keine kostengünstigere Möglichkeit zur Verfügung steht, sich auf andere Weise die entsprechenden Kenntnisse

---

133 www.rehadat.de.

anzueignen, kann die Schwerbehindertenvertretung Sachverständige hinzuziehen. Wie bei § 80 Abs. 3 BetrVG für Betriebsräte vorgesehen, ist eine vorhergehende Vereinbarung mit dem Arbeitgeber notwendig. Verweigert der Arbeitgeber die Hinzuziehung eines Sachverständigen, muss dieses Recht im arbeitsgerichtlichen Beschlussverfahren durchgesetzt werden.[134]

§ 84 Prävention

(1) Der Arbeitgeber schaltet bei Eintreten von personen-, verhaltens- oder betriebsbedingten Schwierigkeiten im Arbeits- oder sonstigen Beschäftigungsverhältnis, die zur Gefährdung dieses Verhältnisses führen können, möglichst frühzeitig die Schwerbehindertenvertretung und die in § 93 genannten Vertretungen sowie das Integrationsamt ein, um mit ihnen alle Möglichkeiten und alle zur Verfügung stehenden Hilfen zur Beratung und mögliche finanzielle Leistungen zu erörtern, mit denen die Schwierigkeiten beseitigt werden können und das Arbeits- oder sonstige Beschäftigungsverhältnis möglichst dauerhaft fortgesetzt werden kann.

(2) Sind Beschäftigte innerhalb eines Jahres länger als sechs Wochen ununterbrochen oder wiederholt arbeitsunfähig, klärt der Arbeitgeber mit der zuständigen Interessenvertretung im Sinne des § 93, bei schwerbehinderten Menschen außerdem mit der Schwerbehindertenvertretung, mit Zustimmung und Beteiligung der betroffenen Person die Möglichkeiten, wie die Arbeitsunfähigkeit möglichst überwunden werden und mit welchen Leistungen oder Hilfen erneuter Arbeitsunfähigkeit vorgebeugt und der Arbeitsplatz erhalten werden kann (betriebliches Eingliederungsmanagement). Soweit erforderlich wird der Werks- oder Betriebsarzt hinzugezogen. Die betroffene Person oder ihr gesetzlicher Vertreter ist zuvor auf die Ziele des betrieblichen Eingliederungsmanagements sowie auf Art und Umfang der hierfür erhobenen und verwendeten Daten hinzuweisen. Kommen Leistungen zur Teilhabe oder begleitende Hilfen im Arbeitsleben in Betracht, werden vom Arbeitgeber die örtlichen gemeinsamen Servicestellen oder bei schwerbehinderten Beschäftigten das Integrationsamt hinzugezogen. Diese wirken darauf hin, dass die erforderlichen Leistungen oder Hilfen unverzüglich beantragt und innerhalb der Frist des § 14 Abs. 2 Satz 2 erbracht werden. Die zuständige Interessenvertretung im Sinne des § 93, bei schwerbehinderten Menschen außerdem die Schwerbehindertenvertretung, können die Klärung verlangen. Sie wachen darüber, dass der Arbeitgeber die ihm nach dieser Vorschrift obliegenden Verpflichtungen erfüllt.

(3) Die Rehabilitationsträger und die Integrationsämter können Arbeitgeber, die ein betriebliches Eingliederungsmanagement einführen, durch Prämien oder einen Bonus fördern.

Inhaltsübersicht

134 Vgl. Düwell in LPK-SGB IX, § 96 Rn. 95.

1. Normzweck

1 Zweck der Regelung ist, Arbeitsplätze schwerbehinderter, behinderter und von Behinderung bedrohter Menschen zu erhalten. Zu diesem Zweck verpflichtet die Norm in Abs. 1 den Arbeitgeber, zusammen mit der Schwerbehindertenvertretung sowie den Interessenvertretungen nach § 93 und dem Integrationsamt frühzeitig alle Möglichkeiten zu erörtern und Maßnahmen zu ergreifen, um das gefährdete Arbeits- oder Beschäftigungsverhältnis möglichst dauerhaft zu erhalten. Abs. 2 zielt auf den Schutz aller (also auch nicht behinderter) Beschäftigter ab, die innerhalb eines Jahres länger als sechs Wochen ununterbrochen oder wiederholt arbeitsunfähig sind, und regelt das betriebliche Eingliederungsmanagement.

2. Prävention bei Gefährdung des Arbeitsverhältnisses nach Abs. 1

2 Abs. 1 verpflichtet den Arbeitgeber, bei Eintreten personen-, verhaltens- oder betriebsbedingter Schwierigkeiten, die zur Gefährdung des Arbeits- oder sonstigen Beschäftigungsverhältnisses führen können, möglichst frühzeitig die Schwerbehindertenvertretung, die betriebliche Interessenvertretung sowie das Integrationsamt einzuschalten, um alle Möglichkeiten zur Beseitigung dieser Schwierigkeiten und zur möglichst dauerhaften Fortsetzung des Beschäftigungsverhältnisses zu erörtern.

2.1 Geltungsbereich des Abs. 1

3 Die Verpflichtung aus Abs. 1 gilt für den Arbeitgeber hinsichtlich der bei ihm beschäftigten schwerbehinderten und diesen gleichgestellten Menschen.[135] Sie gilt für Arbeitgeber unabhängig davon, ob sie gemäß § 71 beschäftigungspflichtig sind und auch dann, wenn

135 Düwell in LPK-SGB IX, § 84 Rn. 4.

sie die Pflichtquote erfüllt haben.[136] Nach Auffassung des BAG besteht die Verpflichtung nicht in Bezug auf Arbeitnehmer, die keinen Kündigungsschutz genießen, weil ihr Arbeitsverhältnis noch keine sechs Monate andauert.[137] Diese Auffassung wird im Hinblick auf eine sich insoweit nicht aus dem Wortlaut des Abs. 1 (und des Abs. 2) ersichtliche Einschränkung und dem Sinn und Zweck der Norm, ein Verfahren durchzuführen, mit dem Probleme im Arbeitsverhältnis überwunden werden können, damit es gar keinen Anlass mehr zur Kündigung gibt, zu Recht kritisiert.[138] Das BAG hat seine Auffassung trotz dieser Kritik jedoch beibehalten.[139]

Auch im Falle einer Gefährdung des Arbeitsverhältnisses durch eine mögliche außerordentliche Kündigung besteht die Verpflichtung aus Abs. 1.[140] 4

2.2 Gründe für eine Gefährdung des Arbeitsverhältnisses

Als Grund für eine Gefährdung des Arbeitsverhältnisses nennt Abs. 1 personen-, verhaltens- oder betriebsbedingte Schwierigkeiten. Nach der Rechtsprechung des BAG können solche »Schwierigkeiten« nur dann angenommen werden, wenn es sich um Unzuträglichkeiten handelt, die noch nicht den Charakter von Kündigungsgründen aufweisen. Da nach dem Gesetz die präventiven Maßnahmen eine Gefährdung des Arbeitsverhältnisses verhindern sollen, also der Gefährdung und damit dem Entstehen von Kündigungsgründen zuvorkommen, bestehe die Verpflichtung nicht, wenn solche Gründe bereits entstanden sind. Das Arbeitsverhältnis sei dann bereits »kündigungsreif« und nicht etwa nur von Gefährdung bedroht.[141] 5

Schwierigkeiten im Sinne des Abs. 1 sind alle Störungen im Arbeitsverhältnis, die dieses gefährden können. Als personenbedingte Schwierigkeiten kommen etwa die fehlende körperliche oder geistige Eignung oder die Abnahme der Leistungsfähigkeit, die zu sog. Minderleistungen führen können, in Frage. Eine besondere Bedeutung in der Praxis spielen personenbedingte Schwierigkeiten im Zusammenhang mit krankheitsbedingten Gründen. Verhaltensbedingte Gründe sind solche, die auf einem vom Arbeitnehmer steuerbaren Verhalten beruhen (z. B. häufige Unpünktlichkeit oder unentschuldigtes Fehlen). Betriebsbedingte Gründe sind solche, die auf unternehmerischen Entscheidungen beruhen, betriebliche Ursachen haben oder durch wirtschaftliche Faktoren beeinflusst sind (z. B. Betriebsänderungen, Betriebsübergänge, Fremdvergabe, Arbeitsverdichtung Auftragsrückgang). 6

136 Deinert, Kündigungsprävention und betriebliches Eingliederungsmanagement, NZA 2010, 969, 970.
137 BAG – 28.06.2007 – 6 AZR 750/06; unklar: Rolfs in ErfK, § 84 SGB IX Rn. 1, 3.
138 Anmerkung von Deinert zur BAG-Entscheidung in AP BGB § 307 Nr. 27.
139 BAG – 24.01.2008 – 6 AZR 96/07.
140 Von Seggern in HK-ArbR, § 84 SGB IX Rn. 2; Neumann in Neumann/Pahlen/Majerski-Pahlen, § 84 Rn. 4.
141 BAG – 07.12.2006 – 2 AZR 182/06; a. A. Düwell in LPK-SGB IX, § 84 Rn. 15, der diese Entscheidung mit zutreffenden Gründen kritisiert.

2.3 Frühzeitige Einschaltung bei Gefährdung

7 Der Arbeitgeber hat, sobald ihm Schwierigkeiten im Sinne des Abs. 1 bekannt werden, die Schwerbehindertenvertretung, die betriebliche Interessenvertretung (Betriebsrat bzw. Personalvertretung) und das Integrationsamt einzuschalten und mit diesen Maßnahmen zu erörtern und herbeizuführen, die den Bestand des Arbeitsverhältnisses sicherstellen.[142] Eine Einbindung etwa des Betriebsrats erst im Rahmen des Anhörungsverfahrens zu einer beabsichtigten Kündigung gemäß § 102 BetrVG ist nicht frühzeitig i. S. d. Abs. 1.[143]

8 Im Rahmen der Erörterung sollen alle Möglichkeiten, die zur Beseitigung der Schwierigkeiten führen, betrachtet werden. Solche Möglichkeiten können Maßnahmen der Weiterbildung, die behinderungsgerechte Gestaltung des Arbeitsplatzes, die Versetzung auf einen behinderungsgerechten Arbeitsplatz, das Bereitstellen technischer Hilfsmittel und viele andere Maßnahmen sein.[144] Mit dem Integrationsamt können die Möglichkeiten gesetzlicher Hilfen und Leistungen, wie etwa Rehabilitationsmaßnahmen zur Teilhabe am Arbeitsleben, beraten werden.

9 Abs. 1 verpflichtet den Arbeitgeber nicht nur, alle Möglichkeiten zur Beseitigung der Schwierigkeiten mit der Schwerbehindertenvertretung, der betrieblichen Interessenvertretung und dem Integrationsamt zu erörtern, sondern verlangt auch die Umsetzung solcher Maßnahmen.[145] Nur so kann dem Zweck der Regelung, den Arbeitsplatz zu erhalten, genüge getan werden.

10 Das Verfahren nach Abs. 1 hängt nicht von der Zustimmung des Arbeitnehmers ab.[146] Selbstverständlich ist es aber sinnvoll, ihn zu beteiligen.

2.4 Rechte der Schwerbehindertenvertretung, Interessenvertretungen

11 Die Schwerbehindertenvertretung bzw. der Betriebsrat oder die entsprechende Interessenvertretung haben aus § 95 Abs. 2 bzw. § 80 Abs. 1 Nr. 4 in Verbindung mit § 80 Abs. 2 BetrVG (bzw. aus entsprechenden Normen der Personalvertretungsgesetze etc.) umfassende Beteiligungs- und Unterrichtungsrechte in Bezug auf schwerbehinderte Menschen. Das Recht auf Erörterung aus Abs. 1 geht über diese bestehenden Rechte hinaus und bezieht die Interessenvertretung im konkreten Einzelfall in die Prüfung von Möglichkeiten i. S. d. Abs. 1 mit ein. Ein Anspruch auf das Einbezogenwerden durch den Arbeitgeber folgt aus Abs. 1 allerdings nicht.[147] Es bleibt dem Arbeitgeber allein überlassen, zu entscheiden, ob er einem konkreten Sachverhalt die Qualität einer »Schwierigkeit« im Sinne des Gesetzes zumisst. Tut er dies trotz eines entsprechenden Erörterungsverlangens der Interessenvertretung nicht, kann ihm dies im Kündigungsschutzprozess vorgehalten werden.[148]

---

142 Neumann in Neumann/Pahlen/Majerski-Pahlen, § 84 Rn. 5.
143 Neumann in Neumann/Pahlen/Majerski-Pahlen, § 84 Rn. 7; Feldes in FKS-SGB IX, § 84 Rn. 24.
144 Feldes in FKS-SGB IX, § 84 Rn. 28.
145 Feldes in FKS-SGB IX, § 84 Rn. 29.
146 Düwell in LPK-SGB IX, § 84 Rn. 13.
147 Düwell in LPK-SGB IX, § 84 Rn. 27; wohl a. A. von Seggern in HK-ArbR, § 84 SGB IX Rn. 2.
148 Düwell in LPK-SGB IX, § 84 Rn. 27.

Schwerbehindertenvertretung und Betriebsrat bzw. die Personalvertretung sollten den Arbeitgeber dann, wenn sie selbst Kenntnis von etwaigen Schwierigkeiten im Sinne des Gesetzes haben, zur Durchführung des Verfahrens nach Abs. 1 auffordern. Sinnvoll ist es im Übrigen, im Rahmen einer Integrationsvereinbarung nach § 83 Regelungen über das Verfahren nach Abs. 1 zu vereinbaren. 12

3. Betriebliches Eingliederungsmanagement nach Abs. 2 (BEM)

Abs. 2 regelt die Voraussetzungen und das Verfahren des betrieblichen Eingliederungsmanagements (BEM). 13

3.1 Geltungsbereich des Abs. 2

Der Geltungsbereich des Abs. 2 ist zunächst identisch mit dem des Abs. 1.[149] Darüber hinaus gilt die Pflicht des Arbeitgebers zur Durchführung des BEM auch für Menschen, die zwar behindert sind, aber weder einen Grad der Behinderung von 50 erreicht haben noch gleichgestellt sind,[150] und für nicht behinderte Menschen.[151] 14

3.2 Voraussetzungen des BEM

Voraussetzung des BEM ist, dass ein Beschäftigter innerhalb eines Jahres länger als sechs Wochen ununterbrochen oder wiederholt arbeitsunfähig ist. Aus welchem Grund der Beschäftigte arbeitsunfähig ist, ist nicht entscheidend. Insbesondere muss kein Zusammenhang mit einer bestehenden Behinderung bestehen.[152] Auch sind die Voraussetzungen für das BEM gegeben, wenn es sich um verschiedene Erkrankungen handelt, auf denen die Arbeitsunfähigkeit beruht.[153] Die in Abs. 2 Satz 1 erwähnte Jahresfrist ist nicht auf ein Kalenderjahr bezogen.[154] 15

Weitere und wesentliche Voraussetzung für die Durchführung des BEM ist die Zustimmung des Betroffenen. Das BEM darf nur mit Einwilligung des betroffenen Beschäftigten betrieben werden.[155] Die Einwilligung kann nicht einmalig für das gesamte Verfahren erteilt werden, vielmehr ist die Einwilligung für jeden Verfahrensschritt erforderlich.[156] Vorher muss der Arbeitgeber auf die Ziele des betrieblichen Eingliederungsmanagements sowie auf Art und Umfang der hierfür erhobenen und verwendeten Daten hinweisen, Abs. 2 Satz 3. Die Einwilligung kann jederzeit widerrufen werden. 16

---

149 Siehe Rn. 3.
150 Siehe zu den Voraussetzungen der Schwerbehinderung die Kommentierung zu § 2 Rn. 6, 8.
151 BAG – 12.07.2007 – 2 AZR 716/06.
152 Neumann in Neumann/Pahlen/Majerski-Pahlen, § 84 Rn. 11.
153 Deinert, Kündigungsprävention und betriebliches Eingliederungsmanagement, NZA 2010, 969, 971.
154 Rolfs in ErfK, § 84 SGB IX Rn. 4.
155 BAG – 24.03.2011 – 2 AZR 170/10.
156 Feldes in FKS-SGB IX, § 84 Rn. 43.

17 Verweigert der betroffene Beschäftigte sein Einverständnis, so hat die unterlassene Durchführung des BEM in einem Kündigungsschutzverfahren für den Arbeitgeber keine Auswirkungen.[157] Dies gilt nicht, wenn der Hinweis des Arbeitgebers nach Abs. 2 Satz 3 nicht erfolgt ist. Denn wenn der Betroffene etwa die Zielsetzung des BEM und die Art und den Umfang der erhobenen und verwendeten Daten nicht kennt, kann er auch keine Entscheidung über eine Zustimmung treffen. In einem solchen Fall ist die unterlassene Durchführung des BEM dem Arbeitgeber zuzurechnen.[158]

3.3 Ablauf des BEM

18 Der Arbeitgeber hat die zuständige Interessenvertretung im Sinne des § 93 (Betriebsrat, Personalvertretung) und, soweit es sich bei dem betroffenen Beschäftigten um einen schwerbehinderten Menschen handelt, die Schwerbehindertenvertretung zu beteiligen. Der Werks- oder Betriebsarzt kann hinzugezogen werden. Zudem sind vom Arbeitgeber dann, wenn Leistungen zur Teilhabe oder begleitende Hilfen im Arbeitsleben in Betracht kommen, die örtlichen gemeinsamen Servicestellen oder bei schwerbehinderten Beschäftigten das Integrationsamt hinzuzuziehen.

3.3.1 Beteiligung der Schwerbehindertenvertretung, Interessenvertretung

19 Sobald ein Beschäftigter Arbeitsunfähigkeitszeiten im Sinne des Abs. 2 aufweist, hat der Arbeitgeber die Schwerbehindertenvertretung (nur bei schwerbehinderten Menschen) und den Betriebsrat bzw. die Personalvertretung zu informieren. Hierzu sind diesen Interessenvertretungen die erforderlichen Daten zu übermitteln.[159] Die nach Abs. 2 Satz 1 vorgesehene Klärung erfolgt gemeinsam mit diesen Interessenvertretungen, sie sind von Anfang an mit einzubeziehen und sind an der Klärung, welche konkreten Maßnahmen im Einzelfall zu treffen sind, im Sinne einer gemeinsamen Festlegung von solchen Maßnahmen zu beteiligen.

20 Den vorgenannten Interessenvertretungen steht ein Initiativrecht zu. Nach Abs. 2 Satz 6 können sie vom Arbeitgeber die Durchführung des BEM im Sinne des Abs. 1 Satz 1 verlangen. Zur Ausübung des Initiativrechts nach Abs. 2 Satz 6 – und des Überwachungsrechts nach Abs. 2 Satz 7 – hat der Arbeitgeber den Interessenvertretungen die von ihm erhobenen Daten über Arbeitsunfähigkeitszeiten zur Verfügung zu stellen. Jedenfalls können die Interessenvertretungen vom Arbeitgeber verlangen, dass dieser ihnen die Arbeitsunfähigkeitszeiten derjenigen Beschäftigten bekannt gibt, die innerhalb eines Jahres länger als sechs Wochen ununterbrochen oder wiederholt arbeitsunfähig waren.[160]

21 Das Initiativrecht ist durch die Voraussetzung der Zustimmung des betroffenen Beschäftigten zur Durchführung des BEM begrenzt. Wenn diese Zustimmung nicht abge-

157 Siehe zu den Auswirkungen der unterlassenen Durchführung des BEM Rn. 35 ff.
158 Düwell in LPK-SGB IX, § 84 Rn. 56.
159 Siehe zur Datenerhebung und Datenschutz Rn. 26 ff.
160 Düwell in LPK-SGB IX, § 84 Rn. 52, 57; BAG – 07.02.2012 – 1 ABR 46/10.

geben ist, kann die Interessenvertretung die Durchführung des BEM vom Arbeitgeber nicht verlangen.

3.3.2 Hinzuziehung des Werks- oder Betriebsarztes

Im Falle der Erforderlichkeit ist gemäß Abs. 2 Satz 2 bei der Durchführung des BEM der Werks- oder Betriebsarzt hinzuzuziehen. Wann eine solche Erforderlichkeit anzunehmen ist, ist Sache des Einzelfalls. Eine Einbeziehung des Werks- oder Betriebsarztes sollte jedenfalls dann erfolgen, wenn dieser wegen seiner besonderen Kenntnisse über betriebliche Abläufe neben dem behandelnden Arzt einen Beitrag zum Gelingen des BEM leisten kann. 22

3.3.3 Hinzuziehung der gemeinsamen Servicestellen, des Integrationsamtes

Abs. 2 Satz 4 schreibt vor, dass der Arbeitgeber die örtlichen gemeinsamen Servicestellen und bei schwerbehinderten Beschäftigten das Integrationsamt hinzuzuziehen hat, sofern Leistungen zur Teilhabe oder begleitende Hilfen im Arbeitsleben in Betracht kommen. Bei den genannten gemeinsamen Servicestellen handelt es sich um von den Rehabilitationsträgern eingerichtete Servicestellen gemäß § 22. Diese haben die Aufgabe, behinderten und von Behinderung bedrohten Menschen, ihren Vertrauenspersonen und Personensorgeberechtigten Beratung und Unterstützung u. a. hinsichtlich der Voraussetzungen für bestimmte Leistungen und der Klärung des bestehenden Rehabilitationsbedarfes anzubieten. 23

Leistungen zur Teilhabe oder begleitende Hilfen im Arbeitsleben im Sinne des Abs. 2 Satz sind Leistungen zur medizinischen Rehabilitation nach § 26, die stufenweise Wiedereingliederung nach § 28 und Leistungen zur Teilhabe am Arbeitsleben nach § 33. Kommen solche Leistungen in Frage, sind die bezeichneten Stellen einzubeziehen. 24

3.3.4 Maßnahmen im Sinne des BEM

Im Rahmen des BEM stehen umfangreiche Maßnahmen zur Verfügung. So kann Gegenstand des BEM die Festlegung von Leistungen zur medizinischen Rehabilitation sein. Die stufenweise Wiedereingliederung nach langer Zeit der Arbeitsunfähigkeit spielt in der Praxis die wohl wichtigste Rolle. Des Weiteren kommen Maßnahmen hinsichtlich der (behinderungsgerechten) Gestaltung des Arbeitsplatzes und Teilzeitarbeit in Frage. Wegen der Vielfalt der Maßnahmen und der Notwendigkeit, für den Einzelnen die jeweils geeignete Maßnahme festzulegen, ist eine intensive Auseinandersetzung im Rahmen der Klärung nach Abs. 1 Satz 1 zwischen den Beteiligten erforderlich, wenn das BEM erfolgreich sein soll. 25

3.4 Datenerhebung und Datenschutz

26 In Anbetracht des besonderen Schutzbedürfnisses im Hinblick auf Gesundheitsdaten[161] ist bei der Erhebung, Verarbeitung und Nutzung von Daten im Zusammenhang mit dem BEM das informationelle Selbstbestimmungsrecht des betroffenen Beschäftigten zu beachten. Wie oben ausgeführt, ist die Weitergabe der Daten über die Arbeitsunfähigkeit an die Interessenvertretungen nicht von der Einwilligung des Betroffenen abhängig.[162] Soweit eine darüber hinausgehende Erhebung, Verarbeitung und Nutzung von Daten im Rahmen des BEM erfolgen soll, ist dies ausschließlich mit Einwilligung des betroffenen Beschäftigten zulässig. Unabhängig von dieser Selbstverständlichkeit ist zu gewährleisten, dass nur die Daten verwendet werden, die für die Durchführung des BEM unverzichtbar sind. Dies wird im Einzelfall z. B. Daten über Zeiten der Arbeitsunfähigkeit, ärztliche Stellungnahmen oder Gutachten, Reha-Entlassungsberichte und Leistungsbeurteilungen betreffen. Wegen der so bestehenden Zweckbindung ist sicherzustellen, dass entsprechende Daten nicht zur Vorbereitung einer krankheitsbedingten Kündigung genutzt werden. Hieraus folgt, dass Daten über die Gesundheit nicht der Personalabteilung zugänglich gemacht werden.[163]

27 Zudem ist der Kreis derjenigen, die im Rahmen des BEM Zugriff auf die Daten haben, soweit wie möglich zu begrenzen. Die beteiligten Personen haben, soweit sich ihre Geheimhaltungspflicht nicht ohnehin aus speziellen gesetzlichen Regelungen ergibt (etwa für den Betriebsrat aus § 79 BetrVG), Datenschutzverpflichtungen zu unterschreiben.

28 Der Schutz der Daten ist im Zusammenhang mit dem BEM kein Selbstzweck, sondern gewährleistet ein für das BEM notwendiges Vertrauen des betroffenen Beschäftigten. Nur dann, wenn der betroffene Beschäftigte dieses Vertrauen hinsichtlich des Umganges mit seinen persönlichen und der Art nach sensiblen Daten hat, wird eine entsprechende Bereitschaft an der Beteiligung am BEM gegeben sein, welche wesentliche Voraussetzung für das Gelingen des BEM ist.

3.5 BEM und erzwingbare Mitbestimmung

29 Neben dem Recht der betrieblichen Interessenvertretungen, am Verfahren nach Abs. 2 beteiligt zu werden,[164] steht dem Betriebsrat bzw. dem Personalrat ein volles, über die Einigungsstelle zu erzwingendes Mitbestimmungsrecht zu.[165] Dieses Mitbestimmungsrecht ergibt sich aus § 87 Abs. 1 Nr. 1 und 7 BetrVG (bzw. aus den entsprechenden Regelungen der Personalvertretungsgesetze).

30 Das Mitbestimmungsrecht aus § 87 Abs. 1 Nr. 7 BetrVG besteht u. a. bei der Aufstellung von Regelungen über den Gesundheitsschutz, die der Arbeitgeber aufgrund einer öffentlich-rechtlichen Rahmenvorschrift zu treffen hat, bei deren Gestaltung ihm aber

---

161 BAG – 12.09.2006 – 9 AZR 271/06.
162 Rn. 20.
163 Feldes in FKS-SGB IX, § 84 Rn. 51.
164 Siehe Rn. 19 ff.
165 Steinau-Steinrück/Hagemeister, NJW-Spezial 2005, 129 f.; Oppolzer, AiB 2007, 37, 43; Britschgi, AiB 2005, 284, 287; Feldes, AiB 2005, 546, 548; Kohte in Hako-BetrVG, § 87 Rn. 92.

Handlungsspielräume verbleiben.[166] Der Begriff des Gesundheitsschutzes in § 87 Abs. 1 Nr. 7 BetrVG ist dabei entsprechend dem § 1 Abs. 1 ArbSchG zu verstehen.[167] Betroffen sind Maßnahmen, die dazu dienen, die physische und psychische Integrität der Arbeitnehmer zu erhalten, die arbeitsbedingten Beeinträchtigungen ausgesetzt sind, welche zu medizinisch feststellbaren Verletzungen und Erkrankungen führen oder führen können.[168] Zu diesen vorbeugenden Maßnahmen gehört auch das BEM. Nach Abs. 2 hat der Arbeitgeber ein BEM durchzuführen, um für langzeiterkrankte Beschäftigte zu klären, wie deren Arbeitsunfähigkeit überwunden, ihr vorgebaut und der Arbeitsplatz erhalten werden kann. An diesen Regelungen ist der Betriebsrat nach Abs. 2 zu beteiligen.[169] Die Rechte des Betriebsrats werden durch Abs. 2 also erweitert, zwingende Mitbestimmungsrechte aus § 87 Abs. 1 Nr. 7 BetrVG, die sich hinsichtlich einzelner Teile des BEM ergeben können, werden damit aber nicht eingeschränkt.[170] Vielmehr handelt es sich bei Abs. 2 um eine öffentlich-rechtliche Rahmenvorschrift, die dem Gesundheitsschutz dient und bei deren Ausfüllung, insbesondere hinsichtlich der Festlegung von Verfahrensvorschriften, dem Arbeitgeber ein Gestaltungsspielraum verbleibt. Hierbei hat der Betriebsrat also ein Mitbestimmungsrecht aus § 87 Abs. 1 Nr. 7 BetrVG.[171]

Soweit dem entgegengehalten wird, dass § 84 Abs. 2 SGB IX den Arbeitgeber nicht zu **31** einem generellen präventiven Gesundheitsschutz, sondern nur bezogen auf konkrete Arbeitnehmer verpflichtet und insofern ein kollektiver Tatbestand nicht gegeben sei,[172] überzeugt diese Auffassung nicht. Gerade wegen des aus der Gesamtheit der Fälle folgenden Bedürfnisses nach einer einheitlichen Ablaufplanung ist die Aufstellung genereller Regelungen im Sinne einer Verfahrensordnung notwendig.[173] Entsprechende Regelungen zum BEM betreffen daher nicht lediglich den Einzelfall und sind mitbestimmungspflichtig.[174]

Darüber hinaus besteht ein Mitbestimmungsrecht nach § 87 Abs. 1 Nr. 1 BetrVG. **32** Soweit die Beschäftigten im Rahmen des BEM in den Klärungsprozess nach Abs. 2 Satz 1 eingebunden sind, ist das mitbestimmungspflichtige Ordnungsverhalten – und nicht das mitbestimmungsfreie Arbeitsverhalten – betroffen.[175] Das Mitbestimmungsrecht besteht jedenfalls dann, wenn der Arbeitgeber zur Erhebung der betroffenen Arbeitnehmer und zur Durchführung der Eingehungsgespräche ein formalisiertes Verfahren einführt.[176]

Soweit also ein Mitbestimmungsrecht bei den Regelungen im Rahmen des BEM be- **33** steht, kann dieses Mitbestimmungsrecht auch im Wege der Einigungsstelle durchgesetzt

166 BAG – 15.01.2002 – 1 ABR 13/01.
167 BAG – 08.06.2004 – 1 ABR 13/03.
168 Fitting, § 87 BetrVG, Rn. 262.
169 Siehe Rn. 19.
170 Fitting, § 87 BetrVG, Rn. 310 a.
171 Kohte in Hako-BetrVG, § 87 Rn. 92; Fitting, § 87 BetrVG, Rn. 310 a.
172 LAG Hamburg – 21.05.2008 – H 3 TaBV 1/08; LAG Berlin-Brandenburg – 23.09.2010 – 25 TaBV 1155/10, was allerdings ein Mitbestimmungsrecht aus § 87 Abs. 1 Nr. 1 BetrVG annimmt.
173 Düwell in LPK-SGB IX, § 84 Rn. 61.
174 Feldes in FKS-SGB IX, § 84 Rn. 76.
175 LAG Berlin-Brandenburg – 23.09.2010 – 25 TaBV 1155/10.
176 LAG Düsseldorf – 29.09.2009 – 17 TaBV 107/09.

werden. Falls keine Einigung zwischen den Betriebsparteien möglich ist, kann die Einigungsstelle über das Arbeitsgericht eingesetzt werden. Einem beim Arbeitsgericht gestellten Antrag auf Einsetzung der Einigungsstelle muss entsprochen werden, da die Einigungsstelle wegen der zur Frage über das Mitbestimmungsrecht bestehenden unterschiedlichen Rechtsauffassungen – und einer bislang fehlenden höchstrichterlichen Entscheidung hierzu – jedenfalls nicht offensichtlich unzuständig ist. Nur dann, nämlich im Falle der offensichtlichen Unzuständigkeit wegen des Fehlens eines Mitbestimmungsrechts, kann das Gericht den Antrag auf Einsetzung der Einigungsstelle gemäß § 98 ArbGG zurückweisen.

34 Es mag sein, dass nicht jede einzelne Regelung des BEM dem Mitbestimmungsrecht unterfällt. Aus diesem Grund hat die Einigungsstelle für jede Regelung gesondert zu prüfen, ob ein Mitbestimmungsrecht besteht und die Einigungsstelle für diese konkrete Regelung zuständig ist.[177]

4. Folgen bei Unterlassen der Verfahren nach Abs. 1 und Abs. 2

35 Ein Unterlassen des Verfahrens nach Abs. 1 und 2 hat Rechtsfolgen im Kündigungsschutzprozess. Die Rechtsfolgen eines nicht ordnungsgemäß durchgeführten BEM nach Abs. 2 sind mit denen eines überhaupt nicht durchgeführten BEM identisch.[178]

36 Nach der Rechtsprechung des BAG ist die Durchführung des Präventationsverfahrens oder das BEM keine formelle Wirksamkeitsvoraussetzung für eine Kündigung. Die Nichtdurchführung des Präventationsverfahrens oder das Unterlassen des BEM soll also nicht dazu führen, dass eine Kündigung unwirksam wäre.[179] Allerdings soll es sich bei den Regelungen in Abs. 1 und 2 auch nicht um reine Programmsätze handeln. Das BAG ist der Ansicht, dass die Bestimmungen eine Konkretisierung des dem gesamten Kündigungsschutzrecht innewohnenden Verhältnismäßigkeitsgrundsatzes darstellen.[180]

37 Dem liegt zugrunde, dass eine Kündigung nicht gerechtfertigt ist, wenn es andere geeignete mildere Mittel gibt, um die Störung des Arbeitsverhältnisses zukünftig zu beseitigen. Solche Mittel können, so das BAG, beim Arbeitsverhältnis eines schwerbehinderten Menschen die in Abs. 1 genannten Möglichkeiten und Hilfen zur Beratung und mögliche finanzielle Hilfen darstellen. Eine Kündigung kann damit wegen Verstoßes gegen das Verhältnismäßigkeitsprinzip als sozial ungerechtfertigt zu beurteilen sein, wenn bei ordnungsgemäßer Durchführung des Präventationsverfahrens Möglichkeiten bestanden hätten, die Kündigung zu vermeiden. Das Unterbleiben des Präventationsverfahrens soll einer Kündigung dann nicht entgegenstehen, wenn die Kündigung auch durch das Präventationsverfahren nicht hätte verhindert werden können.[181] Gleiches soll für die Nichtdurchführung des BEM gelten.[182]

---

177 Fitting, § 87 BetrVG, Rn. 310a.
178 BAG – 10.12.2009 – 2 AZR 400/08.
179 BAG – 07.12.2006 – 2 AZR 182/06; BAG – 10.12.2009 – 2 AZR 400/08.
180 BAG a.a.O.
181 BAG – 07.12.2006 – 2 AZR 182/06.
182 BAG – 10.12.2009 – 2 AZR 400/08.

Für die Darlegungslast im Kündigungsschutzprozess bedeutet dies, dass der Arbeitgeber, wenn er kein BEM durchgeführt hat, sich hierdurch keine darlegungs- und beweisrechtlichen Vorteile verschaffen darf. Er kann sich nicht darauf beschränken, vorzutragen, dass er keine alternativen Einsatzmöglichkeiten für den erkrankten Arbeitnehmer kenne und es keine leidensgerechten Arbeitsplätze gebe, die der Arbeitnehmer trotz seiner Erkrankung noch einnehmen könne. Er hat von sich aus denkbare oder vom betroffenen Beschäftigten bereits genannte Alternativen zu berücksichtigen und darzulegen, aus welchen Gründen sowohl eine Anpassung der Bedingungen des bisherigen Arbeitsplatzes als auch die Beschäftigung auf einem anderen behinderungs- bzw. leidensgerechten Arbeitsplatz ausscheiden. Erst wenn der Arbeitgeber dieser Darlegungspflicht nachgekommen ist, muss der Beschäftigte darlegen, welche Möglichkeiten der Beschäftigung bestünden und wie er sich selbst eine leidensgerechte Beschäftigung vorstellt.[183] 38

Auch wenn unumstritten ist, dass die Regelungen der Abs. 1 und 2 auch für Beamte gelten,[184] soll nach einer Entscheidung des OVG Nordrhein-Westfalen ein Verfahren nach Abs. 2 vor einer Kündigung oder Zurruhesetzung nicht zu beachten sein, da das BEM schon nicht als Verfahrensvorschrift ausgestaltet sei. Das OVG begründet seine Auffassung damit, dass die dem Kapitel 3 des Gesetzes (Sonstige Pflichten der Arbeitgeber; Rechte der schwerbehinderten Menschen) zugeordnete Bestimmung Teil von Präventionsverpflichtungen sei, die dem Arbeitgeber obliegen, um der Gefährdung von Arbeits- und sonstigen Beschäftigungsverhältnissen vorzubeugen und über deren Einhaltung die zuständigen Interessenvertretungen wachen. Die Einordnung als zwingende Verfahrensvorschrift wäre mit den beamtenrechtlichen Bestimmungen zur Versetzung in den Ruhestand wegen Dienstunfähigkeit nicht in Einklang zu bringen. Wenn nach der Prognose des Dienstherrn eine dauernde Dienstunfähigkeit zu bejahen bzw. bei längeren Erkrankungen nicht von der Wiederherstellung der vollen Dienstfähigkeit innerhalb der nächsten sechs Monate auszugehen sei und eine anderweitige Verwendung des Beamten nicht in Betracht komme, sei für die Durchführung eines betrieblichen Eingliederungsmanagements kein Raum mehr.[185] 39

5. Prämien und Bonus nach Abs. 3

Mit der Regelung in Abs. 3, welche den Rehabilitationsträgern und den Integrationsämtern die Möglichkeit gibt, Arbeitgeber, die ein BEM einführen, mit Prämien oder einem Bonus zu fördern, soll die Bereitschaft der Arbeitgeber zur Eingliederung behinderter Menschen anerkannt werden. Inwieweit diese mögliche Anerkennung ein Argument des Betriebsrats bzw. der Personalvertretung bei der Forderung nach dem Abschluss einer Vereinbarung über das BEM in der Praxis ist, ist allerdings fraglich. 40

183 BAG a. a. O.

184 Vgl. nur Düwell in LPK-SGB IX, § 84 Rn. 10.

185 OVG Nordrhein-Westfalen – 21.05.2010 – 6 A 816/09.

Kapitel 4
Kündigungsschutz

§ 85 Erfordernis der Zustimmung

Die Kündigung des Arbeitsverhältnisses eines schwerbehinderten Menschen durch den Arbeitgeber bedarf der vorherigen Zustimmung des Integrationsamtes.

Inhaltsübersicht Rn.

1. Normzweck

1 Die Vorschrift regelt ein Kündigungsverbot mit Erlaubnisvorbehalt. Sie soll sicherstellen, dass die besonderen gesetzgeberischen Bestrebungen, Schwerbehinderten zu einer ihren Fähigkeiten und Kenntnissen angemessenen Beschäftigung zu verhelfen, nicht durch die Kündigung von Arbeitsverhältnissen schwerbehinderter Menschen zunichte gemacht werden können. Insofern findet eine Vorprüfung der Kündigung in einem Verwaltungsverfahren statt, bei der die Verwaltungsbehörde ihrerseits an das materielle Kündigungsrecht gebunden ist.[186]

2. Geltungsbereich

2 § 85 gilt für alle Arbeitsverhältnisse von schwerbehinderten Menschen und diesen Gleichgestellten. Die Norm gilt unabhängig von der Größe des Betriebes, also auch für sog. Kleinbetriebe, auf die das KSchG nicht anwendbar ist. Sie gilt für Auszubildende und in Heimarbeit beschäftigte schwerbehinderte Menschen.

3 Ausnahmen vom Geltungsbereich sind in § 90 geregelt. So gilt das Zustimmungserfordernis u. a. dann nicht, wenn das Arbeitsverhältnis noch keine sechs Monate andauert.[187]

186 BAG – 16. 03. 1994 – 8 AZR 688/92.
187 Siehe zu den Ausnahmen des § 90 die Kommentierung dort.

3. Kein Zustimmungserfordernis für andere Beendigungstatbestände

4 Das Zustimmungserfordernis durch das Integrationsamt gilt nur für Kündigungen durch den Arbeitgeber. Für andere Beendigungsarten ist diese Zustimmung keine Wirksamkeitsvoraussetzung.

3.1 Eigenkündigung

5 Will der schwerbehinderte Mensch sein Arbeitsverhältnis beenden, kann er eine Kündigung aussprechen. Diese Selbstverständlichkeit beruht auf seiner Vertragsfreiheit. Zu beachten ist allerdings, dass das Integrationsamt nach § 117 die besonderen Hilfen für schwerbehinderte Menschen (etwa Leistungen zur Teilhabe am Arbeitsleben nach § 33) zeitweilig entziehen kann, wenn der schwerbehinderte Mensch einen zumutbaren Arbeitsplatz ohne berechtigten Grund aufgibt. Zudem sind bei einer Eigenkündigung die möglichen negativen Auswirkungen hinsichtlich des Bezugs von Arbeitslosengeld zu bedenken (Sperrzeit, verkürzte Bezugsdauer).

3.2 Aufhebungsvertrag

6 Auch der Abschluss eines Aufhebungsvertrags bedarf keiner vorherigen Zustimmung des Integrationsamtes. Wie bei der Eigenkündigung sind jedoch auch hier eventuell eintretende Folgen im Hinblick auf § 117 und den Bezug auf Arbeitslosengeld zu bedenken.

3.3 Befristete Arbeitsverträge

7 Befristete Arbeitsverträge enden, ohne dass es einer Kündigung bedarf. Eine Zustimmung des Integrationsamtes ist nicht erforderlich. Nach § 90 Abs. 3 hat der Arbeitgeber das Integrationsamt aber zu informieren, wenn er schwerbehinderte Menschen auf Probe einstellt. Eine Rechtsfolge ist an die Unterlassung dieser Anzeigepflicht nicht geknüpft.

3.4 Anfechtung von Arbeitsverträgen

8 Will der Arbeitgeber einen Arbeitsvertrag anfechten, bedarf es hierfür nicht der Zustimmung des Integrationsamtes.

3.4.1 Grundsätzliches zur Anfechtung

9 Eine Anfechtung des Arbeitsvertrags im Zusammenhang mit der Schwerbehinderteneigenschaft kommt nach der Rechtsprechung des BAG nur dann in Frage, wenn sich der Arbeitgeber bei der Einstellung des schwerbehinderten Menschen über die Eignung hinsichtlich der für ihn vorgesehenen Tätigkeiten geirrt hat[188] oder der schwerbehinderte

188 BAG – 28.03.1974 – 2 AZR 92/73, Neumann in Neumann/Pahlen/Majerski-Pahlen, § 85 Rn. 38.

Mensch bei der Einstellung auf die Frage nach einer bestehenden Schwerbehinderung eine wahrheitswidrige Antwort gegeben hat.[189] Letzteres, also die vom BAG zugelassene Anfechtung aufgrund arglistiger Täuschung wegen falscher Beantwortung der Frage nach der Schwerbehinderung bei der Einstellung,[190] wird im Schrifttum seit längerem und zu Recht mit dem Hinweis auf die Unvereinbarkeit dieses Fragerechts mit dem Verbot der Diskriminierung kritisiert.[191]

3.4.2 Offenbarungspflicht des schwerbehinderten Menschen bei der Einstellung

10 Tatsächlich ist kein Grund dafür ersichtlich, dem schwerbehinderten Menschen eine Offenbarungspflicht in Bezug auf seine Schwerbehinderteneigenschaft aufzuerlegen und bei einem Verstoß gegen diese Pflicht eine arglistige Täuschung anzunehmen. Soweit die Schwerbehinderung für die in Frage kommende Tätigkeit ohne Belang ist, muss eine Falschbeantwortung sanktionslos bleiben. Etwas anderes kann dann gelten, wenn die der Schwerbehinderung zu Grunde liegende Gesundheitsbeeinträchtigung der konkret auszuübenden Tätigkeit entgegensteht.[192]

11 Jedenfalls seit Inkrafttreten des § 81 Abs. 2 zum 1. Juli 2001 und des Allgemeinen Gleichbehandlungsgesetzes zum 18. August 2006 kann vorgenannte Auffassung als herrschende Meinung im Schrifttum angesehen werden.[193] Das BAG hat seine Rechtsprechung bislang – wohl mangels Gelegenheit einer Entscheidung hierüber – nicht geändert. Zuletzt hatte der Zweite Senat des BAG im Jahre 2011 über einen Fall zu entscheiden, in welchem ein Arbeitgeber einer Arbeitnehmerin vorwarf, die Frage nach einer anerkannten Schwerbehinderung in einem Personalfragebogen bei der Einstellung unwahr beantwortet zu haben. Da allerdings der den Arbeitsvertrag aus diesem Grund anfechtende Arbeitgeber mitgeteilt hatte, dass er die Arbeitnehmerin auch bei wahrheitsgemäßer Antwort eingestellt hätte, sah das BAG keinen Grund, zur grundsätzlichen Zulässigkeit der Frage nach der Schwerbehinderung bei der Einstellung Stellung zu nehmen.[194] Ob sich der Arbeitgeber weiterhin nach einer Anerkennung als Schwerbehinderter auch dann erkundigen darf, wenn die Behinderung für die Ausübung der vorgesehenen Tätigkeit ohne Bedeutung ist, ist nach Einführung oben genannter Gesetze und des damit beabsichtigten verbesserten Schutzes schwerbehinderter Menschen höchstrichterlich nicht erneut entschieden.

4. Zustimmungserfordernis bei Kündigung

12 Eine ohne die Zustimmung des Integrationsamtes ausgesprochene Kündigung ist wegen des Verstoßes gegen ein gesetzliches Verbot gemäß § 134 BGB nichtig.[195]

---

189 BAG – 03.12.1998 – 2 AZR 754/97.
190 Zum Fragerecht im laufenden Arbeitsverhältnis siehe Rn. 24, 25.
191 Düwell in LPK-SGB IX, § 85 Rn. 16 f, von Seggern in HK-ArbR, § 85 SGB IX Rn. 3.
192 Düwell in LPK-SGB IX, § 85 Rn. 16.
193 Vgl. Überblick bei Neumann in Neumann/Pahlen/Majerski-Pahlen, § 85 Rn. 39.
194 BAG – 07.07.2011 – 2 AZR 396/10.
195 BAG – 02.06.1982 – 7 AZR 32/80, BAG – 09.06.2011 – 2 AZR 703/09.

4.1 Nachweis der Schwerbehinderung/Gleichstellung

13 Mit § 90 Abs. 2 a wurde zum 1. Mai 2004 eine Regelung geschaffen, die bestimmt, dass § 85 keine Anwendung findet, wenn zum Zeitpunkt der Kündigung die Eigenschaft als schwerbehinderter Mensch nicht nachgewiesen ist oder das Versorgungsamt nach Ablauf der Frist des § 69 Abs. 1 Satz 2 eine Feststellung wegen fehlender Mitwirkung nicht treffen konnte. Ist die Schwerbehinderung nicht offenkundig,[196] ist Voraussetzung für den besonderen Kündigungsschutz nach § 85, dass der schwerbehinderte Mensch entweder über einen entsprechenden Feststellungsbescheid des Versorgungsamtes verfügt oder rechtzeitig vor der Kündigung einen Antrag auf Feststellung der Schwerbehinderteneigenschaft gestellt hat.

14 Der erste Fall ist eindeutig: Ist die Schwerbehinderung offenkundig oder liegt ein Feststellungsbescheid des Versorgungsamtes über die Schwerbehinderung vor, ist zwingende Voraussetzung für eine Kündigung die Zustimmung des Integrationsamtes.[197]

15 Der zweite Fall betrifft die Sachverhalte, bei denen die Schwerbehinderung nicht offenkundig ist und keine Feststellung des Versorgungsamtes vorliegt, der schwerbehinderte Mensch aber einen Antrag auf Feststellung gestellt hat: Hier ist es wegen des Verweises in § 90 Abs. 2 a auf die Frist des § 69 Abs. 1 Satz 2 (welcher wiederum auf die Fristen des § 14 verweist)[198] erforderlich, dass der Antrag so rechtzeitig gestellt wird, dass das Versorgungsamt die Feststellung grundsätzlich innerhalb der genannten Fristen treffen kann. Da § 14 verschiedene Fristen regelt, soll nach der Rechtsprechung des BAG im Sinne der Rechtssicherheit nur die Drei-Wochen-Frist des § 14 Abs. 2 Satz 2 gelten.[199] Ein drei Wochen vor der Kündigung gestellter Antrag löst demnach das Zustimmungserfordernis aus, ein weniger als drei Wochen vorher gestellter Antrag dagegen nicht.

16 Diese Rechtsprechung des BAG wird zu Recht kritisiert,[200] weil sie dem nur deklaratorischen Charakter der Feststellung[201] mehr Gewicht zubilligt als der (unstreitigen) Tatsache, dass eine Schwerbehinderung dann besteht, wenn die gesetzlichen Voraussetzungen vorliegen. Der Schutz der schwerbehinderten Menschen vor Kündigungen wird durch die Auffassung des BAG verkürzt. Soweit das BAG seine Auffassung u. a. damit begründet, dass der Gesetzgeber den Missbrauch des Sonderkündigungsschutzes verhindern und daher eine Regelung schaffen wollte, die Schwerbehinderte dann vom besonderen Kündigungsschutz nach § 85 ausnimmt, wenn diese den Antrag erst kurz vor Ausspruch der Kündigung stellen, überzeugt dies nicht. Jedem Schwerbehinderten steht es frei, ob er für sich den besonderen Kündigungsschutz in Anspruch nehmen will oder nicht. Inwieweit die Entscheidung dann, wenn sie kurz vor einer Kündigung getroffen wird, missbräuchlich sein soll, erschließt sich nicht.[202] Wenn bei einem Menschen auf-

196 Siehe dazu §§ 68, 69 Rn. 19.
197 Zur Frage der Kenntnis des Arbeitgebers siehe Rn. 19 f.
198 Siehe zu den Fristen §§ 68, 69 Rn. 20.
199 BAG – 01. 03. 2007 – 2 AZR 217/06.
200 Siehe zum Meinungsstand Düwell in LPK-SGB IX, § 85 Rn. 16, Anmerkung von Joussen zu BAG – 01. 03. 2007 – 2 AZR 217/06 AP SGB IX § 90 Nr. 2.
201 Siehe §§ 68, 69 Rn. 19.
202 Von Seggern in HK-ArbR, § 90 SGB IX Rn. 2.

grund vorliegender Gesundheitsbeeinträchtigungen die gesetzlichen Voraussetzungen der Schwerbehinderung erfüllt sind, genießt dieser Mensch den Schutz des Gesetzes. Wenn er dann Kenntnis davon erlangt, dass ihm eine Kündigung droht, ist er berechtigt, diesen Schutz zu beanspruchen.

17 Das BAG hat in derselben Entscheidung festgestellt, dass § 90 Abs. 2a und damit die Bestimmungen zum Nachweis der Schwerbehinderungen im Rahmen des § 85 auch für Gleichgestellte gilt. Auch für diese gilt also u. a., dass sie den Antrag auf Gleichstellung innerhalb von drei Wochen vor der Kündigung gestellt haben müssen, um den Schutz aus § 85 zu genießen.[203] Auch dieser Auffassung wird zu Recht entgegengehalten, dass der Gesetzeswortlaut des § 90 Abs. 2a gegen die Anwendbarkeit der Drei-Wochen-Frist auch für Anträge auf Gleichstellung spricht, da diese schon nicht beim Versorgungsamt, sondern bei der Bundesagentur für Arbeit gestellt werden.[204]

18 Unabhängig von der Kritik an der Rechtsprechung des BAG hat die Entscheidung jedenfalls Rechtssicherheit – wenn auch hauptsächlich für die Arbeitgeber – geschaffen. Die Folge für behinderte Menschen ist, dass sie ständig in Erwägung ziehen sollten, die bereits bestehende Behinderung durch einen Antrag beim Versorgungsamt feststellen zu lassen bzw. ggf. einen Antrag auf Gleichstellung bei der Bundesagentur für Arbeit zu stellen.

4.2 Kenntnis des Arbeitgebers von der Schwerbehinderung

19 Nach der Rechtsprechung des BAG greift das Zustimmungserfordernis nach § 85 nur dann, wenn der Arbeitgeber Kenntnis von der Schwerbehinderung oder zumindest vom Antrag auf Anerkennung der Schwerbehinderteneigenschaft beim Versorgungsamt hat oder die Schwerbehinderung offenkundig ist.[205]

4.2.1 Nachträgliche Mitteilung an den Arbeitgeber

20 Nach der zitierten Rechtsprechung des BAG besteht das Zustimmungserfordernis darüber hinaus auch, wenn dem Arbeitgeber vor der Kündigung weder die Schwerbehinderteneigenschaft noch eine darauf gerichtete Antragstellung bekannt war, der Schwerbehinderte den Arbeitgeber hierüber jedoch innerhalb einer angemessenen Frist nach Ausspruch der Kündigung unterrichtet hat.[206] Als Frist wurde vom BAG zunächst ein Zeitraum von einem Monat als angemessen angesehen.[207] Nachdem zum 1. Januar 2004 § 4 Satz 1 KSchG geändert wurde und seitdem mit einer Kündigungsschutzklage alle Unwirksamkeitsgründe einschließlich die der fehlenden Zustimmung des Integrationsamtes wegen einer bestehenden Schwerbehinderung innerhalb einer Drei-Wochen-Frist gerichtlich geltend gemacht werden müssen, nimmt das BAG nunmehr in ständiger Rechtsprechung

---

203 BAG – 01. 03. 2007 – 2 AZR 217/06.
204 Düwell in LPK-SGB IX, § 90 Rn. 47.
205 BAG – 28. 06. 1995 – 7 AZR 555/94.
206 BAG a. a. O.
207 BAG a. a. O.

als angemessene Frist für die Mitteilung über die Schwerbehinderung an den Arbeitgeber ebenso eine Frist von drei Wochen an.[208]

Die vom BAG vorgegebene Frist ist nicht als Ausschlussfrist anzusehen, nach deren Ablauf eine Geltendmachung des besonderen Kündigungsschutzes nach § 85 nicht mehr möglich ist, vielmehr dient sie dem Vertrauensschutz. Das Recht auf das Berufen auf den besonderen Kündigungsschutz ist regelmäßig dann verwirkt, wenn dieses Recht nicht innerhalb von drei Wochen nach Zugang der Kündigung geltend gemacht wird.[209] **21**

Zwar hat das BAG in der zuletzt genannten Entscheidung[210] die Geltendmachung mit einem innerhalb der für eine Kündigungsschutzklage geltenden Frist von drei Wochen nach Zugang der Kündigung beim Arbeitsgericht eingegangenen Schriftsatz als ausreichend angesehen, obwohl dieser Schriftsatz dem Arbeitgeber erst eine weitere Woche später zugestellt wurde, allerdings dürfte es ratsam sein, die Mitteilung an den Arbeitgeber über die bestehende Schwerbehinderung direkt innerhalb von drei Wochen nach Kündigungsausspruch zuzustellen. **22**

4.2.2 Negativattest

Vom BAG ist anerkannt, dass das Zustimmungserfordernis nicht besteht, wenn der Arbeitgeber einen Antrag auf Zustimmung gestellt hat, das Integrationsamt aber mitteilt, dass es keiner Zustimmung bedürfe, weil die Voraussetzungen einer Schwerbehinderung nicht vorlägen.[211] Eine solche Erklärung des Integrationsamtes, als Negativattest bezeichnet, beseitigt dann, wenn die Entscheidung bestandskräftig geworden ist, ebenso wie die Zustimmung des Integrationsamtes die Kündigungssperre des § 85.[212] **23**

4.2.3 Fragerecht im laufenden Arbeitsverhältnis

Im oben zitierten Urteil hat das BAG zudem entschieden, dass sich ein schwerbehinderter Mensch nach Erhalt einer Kündigung dann nicht auf den besonderen Kündigungsschutz des § 85 berufen kann, wenn er zuvor vom Arbeitgeber nach einer Schwerbehinderung oder einem gestellten Antrag befragt worden ist. In einem solchem Falle sei das Berufen auf die Vorschrift des § 85 treuwidrig.[213] Die Frage nach der Schwerbehinderung sei in einem laufenden Arbeitsverhältnis jedenfalls nach Ablauf der Sechs-Monats-Frist des § 90 Abs. 1 Nr. 1 zuzulassen, um dem Arbeitgeber ein rechtstreues Verhalten zu ermöglichen. Insbesondere im Vorfeld einer beabsichtigten Kündigung würde der Arbeitgeber mit dieser Frage zeigen, dass er seine zum Schutz des Schwerbehinderten bei einer Kündigung bestehenden Pflichten erfüllen will.[214] **24**

208 BAG – 23.02.2010 – 2 AZR 659/08, BAG – 09.06.2011 – 2 AZR 703/09.
209 BAG – 23.02.2010 – 2 AZR 659/08.
210 BAG a.a.O.
211 BAG – 27.05.1983 – 7 AZR 482/81.
212 BAG – 16.02.2012 – 6 AZR 553/10.
213 BAG a.a.O.
214 BAG a.a.O.

25 Auch wenn das BAG ganz pauschal in der Zulässigkeit des Fragerechts und der damit verbundenen Pflicht zur wahrheitsgemäßen Beantwortung keine Diskriminierung behinderter Menschen gegenüber solchen ohne Behinderung sieht und auch datenschutzrechtliche Belange nach Auffassung des BAG der Zulässigkeit der Frage nicht entgegen stünden,[215] sollte der Betriebsrat sein Recht aus § 94 BetrVG (Personalfragebogen) wahrnehmen. So kann gewährleistet werden, dass Fragen nach der (Schwer-)Behinderteneigenschaft vom Arbeitgeber tatsächlich nur zu dem Zweck gestellt werden, dass dieser seinen Verpflichtungen hinsichtlich des Schutzes (schwer-)behinderter Menschen nachkommen kann und ein Missbrauch ausgeschlossen wird.

4.3 Zeitpunkt der Kündigungserklärung

26 Die Kündigung kann nur nach erfolgter Zustimmung des Integrationsamtes erklärt werden. Eine im Nachgang zur Kündigung erteilte Zustimmung genügt nicht.[216] Der Arbeitgeber kann die Kündigung also erst dem schwerbehinderten Menschen zustellen, wenn ihm vorher der Bescheid des Integrationsamtes über die Zustimmung zugegangen ist.[217] Er kann allerdings die Kündigung bereits vorher abschicken, entscheidend ist nur, dass die Kündigung dem schwerbehinderten Menschen nicht zugehen darf, bevor der Arbeitgeber die Entscheidung des Integrationsamtes erhalten hat.[218]

27 Der Arbeitgeber kann gemäß § 88 Abs. 3 nur innerhalb eines Monats nach der ihm zugestellten Zustimmung des Integrationsamtes die Kündigung aussprechen. Bei gleichbleibendem Kündigungssachverhalt können aber innerhalb des Zeitfensters auch wiederholt Kündigungen ausgesprochen werden, ohne dass es einer erneuten Zustimmung bedarf. Hat der Arbeitgeber z. B. die Kündigung ausgesprochen, bevor ihm die Zustimmung des Integrationsamtes vorlag, kann er innerhalb eines Monats weitere Kündigungen (aus demselben Kündigungsgrund) aussprechen. Ein »Verbrauch« des Kündigungsrechts tritt nicht ein.[219]

28 Im Kündigungsschutzprozess sollte der Arbeitgeber daher immer angehalten werden, das Zugangsdatum des Bescheides des Integrationsamtes zu benennen und ggf. zu beweisen.

5. Besonderheiten im Rahmen des Kündigungsschutzverfahrens

29 Im Zusammenhang mit einer beim Arbeitsgericht gegen eine Kündigung erhobenen Klage ist zunächst zu beachten, dass eine solche Kündigungsschutzklage innerhalb von drei Wochen nach Zugang der Kündigung zu erheben ist. Mit der Klage müssen alle Unwirksamkeitsgründe geltend gemacht werden. Will der schwerbehinderte Mensch die Unwirksamkeit der Kündigung auch auf die fehlende Zustimmung des Integrationsamtes

215 BAG a. a. O.
216 BAG – 06. 09. 2007 – 2 AZR 324/06.
217 Siehe hierzu auch § 87 Rn. 5.
218 BAG – 15. 05. 1997 – 2 AZR 43/96.
219 BAG – 08. 11. 2007 – 2 AZR 425/06.

stützen, muss er dies mit der Klage, jedenfalls aber spätestens nach Ablauf von drei Wochen nach Kündigungszugang tun. Wie oben ausgeführt, ist es bei Einreichung der Klage am Ende der Frist oder kurz davor ratsam, dem Arbeitgeber unmittelbar und nachweisbar (etwa durch Übergabe des Bescheides unter Anwesenheit eines Zeugen) innerhalb von drei Wochen die Mitteilung zu machen, dass eine Schwerbehinderung besteht oder ein entsprechender Antrag bereits drei Wochen vor Zugang der Kündigung gestellt wurde. Hintergrund ist, dass die Klage zwar dem Arbeitgeber durch das Arbeitsgericht zugestellt wird, allerdings kann dann die Drei-Wochen-Frist, die das BAG für die nachträgliche Mitteilung als angemessene Frist ansieht, überschritten sein.[220]

Grundsätzlich beginnt die Frist zur Erhebung der Kündigungsschutzklage mit Zugang der schriftlichen Kündigung, § 4 Satz 1 KSchG. Sofern die Kündigung allerdings der Zustimmung einer Behörde bedarf, bestimmt § 4 Satz 4 KSchG, dass die Frist zur Anrufung des Arbeitsgerichts erst von der Bekanntgabe der Entscheidung der Behörde an den Arbeitnehmer oder die Arbeitnehmerin anfängt zu laufen. **30**

Folgende Fallgestaltungen sind denkbar: Hat der Arbeitgeber einen Antrag auf Zustimmung beim Integrationsamt gestellt, kann er erst kündigen, wenn ihm die Entscheidung über die Zustimmung zugegangen ist.[221] Voraussetzung für die Wirksamkeit der Kündigung ist nicht, dass die Entscheidung auch dem zu kündigenden schwerbehinderten Menschen vor Ausspruch der Kündigung zugegangen ist. Allerdings läuft die Frist zur Klageerhebung wegen der Regelung in § 4 Satz 4 KSchG erst dann an, wenn er den Bescheid vom Integrationsamt erhalten hat. Eine Mitteilung des Arbeitgebers, z. B. im Kündigungsschreiben, ändert hieran nichts. Hat der Arbeitgeber dagegen keinen Antrag auf Zustimmung des Integrationsamtes gestellt, obwohl ihm die Schwerbehinderung bekannt war, kann dem zu kündigenden schwerbehinderten Menschen auch keine Entscheidung des Integrationsamtes zugehen. Die Folge ist, dass die Klagefrist für die Kündigungsschutzklage nicht anfängt zu laufen. Soweit § 7 KSchG vorsieht, dass eine Kündigung dann wirksam ist, wenn die Rechtsunwirksamkeit nicht rechtzeitig (innerhalb von drei Wochen) geltend gemacht, tritt diese Rechtsfolge nicht ein, da die Drei-Wochen-Frist nicht begonnen hat. Allerdings ist die Geltendmachung der Unwirksamkeit nur in den (unbestimmten) Grenzen der Verwirkung möglich.[222] **31**

Hat das Integrationsamt eine Entscheidung getroffen, sind die Arbeitsgerichte hieran gebunden. Sowohl die Arbeitgeber als auch die Arbeitnehmer können gegen die Entscheidung Widerspruch und Klage erheben. Bis zur rechtskräftigen Entscheidung des Verwaltungsgerichts über die Rechtmäßigkeit der Entscheidung des Integrationsamtes kann das Arbeitsgericht das Verfahren über die Kündigungsschutzklage gemäß § 148 ZPO aussetzen. Tut es dies im Hinblick auf die lange Verfahrensdauer der Verwaltungsgerichtsbarkeit und im Hinblick auf den im Kündigungsschutzprozess geltenden Beschleunigungsgrundsatz nicht, besteht nach Abschluss des Arbeitsgerichtsverfahrens und **32**

220 Was das BAG allerdings bislang auch als ausreichend erachtet: BAG – 23. 02. 2010 – 2 AZR 659/08.
221 Siehe Rn. 26, 27.
222 Rolfs in ErfK, § 85 SGB IX Rn. 13.

rechtskräftiger Entscheidung der Verwaltungsgerichtsbarkeit über die Entscheidung des Integrationsamtes die Möglichkeit der sog. Restitutionsklage.[223] Gleiches gilt dann, wenn es um die Feststellung der Schwerbehinderteneigenschaft oder die Gleichstellung geht.

6. Rechte der Interessenvertretungen

33 Wie bei Kündigungen nicht behinderter Menschen ist der Betriebsrat gemäß § 102 BetrVG bzw. der Personalrat gemäß § 79 Abs. 4 BPersVG (bzw. der entsprechenden Normen der PersVG der Länder) zu beteiligen. Eine ohne Anhörung ausgesprochene Kündigung ist unwirksam.

34 Dem Arbeitgeber steht es frei, den Betriebsrat bzw. den Personalrat vor oder nach der Entscheidung des Integrationsamtes anzuhören.[224]

35 Daneben muss der Arbeitgeber gemäß § 95 Abs. 2 die Schwerbehindertenvertretung anhören. Allerdings ist eine ohne die Anhörung der Schwerbehindertenvertretung ausgesprochene Kündigung nicht unwirksam.[225]

36 Die Anhörung des Betriebsrats bzw. des Personalrats und der Schwerbehindertenvertretung wird nicht durch die von Amts wegen zu beachtende Mitwirkung nach § 87 Abs. 2 entbehrlich.[226]

§ 86 Kündigungsfrist

Die Kündigungsfrist beträgt mindestens vier Wochen.

Regelungsinhalt

1 Die Vorschrift regelt eine Mindestkündigungsfrist für Kündigungen des Arbeitsverhältnisses schwerbehinderter Menschen durch den Arbeitgeber.[227] Angesichts der in § 622 Abs. 1 BGB bestimmten Fristen für die Kündigung eines Arbeitsverhältnisses von vier Wochen zum Fünfzehnten oder zum Ende eines Kalendermonats bzw. der in § 622 Abs. 2 BGB je nach Bestandsdauer des Arbeitsverhältnisses längeren Fristen hat die Mindestkündigungsfrist nur dann Bedeutung, wenn in einem auf das Arbeitsverhältnis anwendbaren Tarifvertrag kürzere Fristen vereinbart sind.

2 Soweit nach § 622 Abs. 3 BGB während einer vereinbarten Probezeit von höchstens sechs Monaten mit einer Frist von zwei Wochen gekündigt werden kann, gilt die Mindestkündigungsfrist des § 86 nicht, da die Norm gemäß § 90 Abs. 1 Nr. 1 bei Arbeitsverhältnissen, die nicht länger als sechs Monate bestehen, nicht anwendbar ist.

---

223 BAG – 15.08.1984 – 7 AZR 558/82.
224 BAG – 11.03.1998 – 2 AZR 401/97.
225 BAG – 28.06.2007 – 6 AZR 750/06, siehe auch § 95 Rn. 18.
226 Düwell in LPK-SGB IX, § 85 Rn. 72.
227 Düwell in LPK-SGB IX, § 86 Rn. 7.

§ 87 Antragsverfahren

(1) Die Zustimmung zur Kündigung beantragt der Arbeitgeber bei dem für den Sitz des Betriebes oder der Dienststelle zuständigen Integrationsamt schriftlich. Der Begriff des Betriebes und der Begriff der Dienststelle im Sinne des Teils 2 bestimmen sich nach dem Betriebsverfassungsgesetz und dem Personalvertretungsrecht.

(2) Das Integrationsamt holt eine Stellungnahme des Betriebsrates oder Personalrates und der Schwerbehindertenvertretung ein und hört den schwerbehinderten Menschen an.

(3) Das Integrationsamt wirkt in jeder Lage des Verfahrens auf eine gütliche Einigung hin.

Inhaltsübersicht Rn.

1. Regelungsinhalt

1 Die Norm regelt das Antragsverfahren für den Arbeitgeber, der die Zustimmung des Integrationsamtes zur Kündigung eines schwerbehinderten Menschen begehrt. Sie bestimmt, dass das Integrationsamt im Laufe des Verfahrens über die Entscheidung eine Stellungnahme des Betriebs- oder Personalrats einholen und den schwerbehinderten Menschen anhören muss und zu jeder Zeit auf eine gütliche Einigung hinwirken soll.

2. Antrag nach Abs. 1

2 Voraussetzung für die Einleitung des Verfahrens über die Zustimmung des Integrationsamtes zu einer beabsichtigten Kündigung eines schwerbehinderten Menschen ist ein schriftlicher Antrag des Arbeitgebers. Setzt sich das Integrationsamt über das Antragserfordernis hinweg oder genügt der Antrag nicht der Schriftform oder ist der Antrag nicht vom Arbeitgeber oder einer vertretungsberechtigten Person (z. B. bei der GmbH durch einen Geschäftsführer) unterschrieben, kann eine Entscheidung des Integrationsamtes mit Widerspruch und Anfechtungsklage (letztere vor dem Verwaltungsgericht) angefochten werden.[228] Soweit vertreten wird, dass eine ohne einen Antrag ergangene Entscheidung nichtig ist und daher keine Rechtswirkung entfaltet,[229] sollte eine Entscheidung dennoch aus Gründen der Klarstellung angefochten bzw. die Nichtigkeit gerichtlich festgestellt werden.

3 Das Gesetz regelt nicht, welche Mindestangaben der Antrag enthalten muss. Auszugehen ist davon, dass jedenfalls die Personalien des zu kündigenden schwerbehinderten

---

228 Düwell in LPK-SGB IX, § 87 Rn. 5, 8.
229 Von Seggern in HK-ArbR, § 87 SGB IX Rn. 1.

Menschen, die Dauer des Beschäftigungsverhältnisses, die Art der Kündigung sowie die Kündigungsgründe, die Kündigungsfrist und der Kündigungstermin im Antrag enthalten sein müssen.

4 Zuständig für den Antrag ist das für den Sitz des Betriebes oder der Dienststelle zuständige Integrationsamt. Was der Betrieb oder die Dienststelle ist oder als solcher bzw. solche gilt, bestimmt sich nach den Vorschriften des BetrVG (§§ 1, 3 und 4 BetrVG) bzw. nach den entsprechenden Vorschriften der PersVG. Stellt der Arbeitgeber den Antrag bei einem unzuständigen Integrationsamt, hat dieses den Antrag gemäß § 16 Abs. 2 Satz 1 SGB I an das zuständige Integrationsamt weiterzuleiten. Der Antrag gilt allerdings erst bei Eingang beim zuständigen Integrationsamt als gestellt.[230] Die Antragstellung beim unzuständigen Integrationsamt hat eine noch weitergehende Folge: Bei außerordentlichen Kündigungen muss der Arbeitgeber den Antrag beim Integrationsamt gemäß § 91 Abs. 2 innerhalb von zwei Wochen ab dem Zeitpunkt stellen, ab dem er von den für die Kündigung maßgebenden Tatsachen Kenntnis erlangt hat. Stellt er den Antrag beim unzuständigen Integrationsamt und geht dieser Antrag (durch Weiterleitung) erst nach Ablauf der zweiwöchigen Frist beim zuständigen Integrationsamt ein, ist die Frist nicht gewahrt und eine außerordentliche Kündigung kann nicht mehr wirksam erklärt werden.[231]

3. Anhörung der Interessenvertretungen nach Abs. 2

5 Nach Abs. 2 ist die Einholung der Stellungnahmen von Betriebs- bzw. Personalrat und der Schwerbehindertenvertretung zwingend vorgeschrieben. Eine ohne diese Vorschrift ergangene Entscheidung des Integrationsamtes ist anfechtbar.[232] Allerdings kann die Anhörung im Widerspruchsverfahren nachgeholt werden und heilt dann den Verfahrensmangel.[233]

6 Die Interessenvertretungen sollten im Rahmen ihrer Stellungnahmen möglichst konkret auf sämtliche Gründe hinweisen, die aus ihrer Sicht gegen eine Kündigung sprechen. Dies gilt etwa im Hinblick auf den Hinweis auf bestehende Weiterbeschäftigungsmöglichkeiten nach Umsetzung von Maßnahmen gemäß § 81 Abs. 4 Satz 1 Nr. 4 und 5, im Hinblick auf solche Weiterbeschäftigungsmaßnahmen nach Versetzung, im Hinblick auf die Möglichkeit einer Änderungskündigung sowie im Hinblick auf mit der Kündigung einhergehende soziale Härten. Ist nach Auffassung der Interessenvertretungen das Verfahren des betrieblichen Eingliederungsmanagements gemäß § 84 Abs. 2 nicht durchgeführt worden oder hat der Arbeitgeber die Vorschriften zur Prävention nach § 84 Abs. 1 nicht eingehalten oder liegt ein Verstoß gegen eine Integrationsvereinbarung im Sinne des § 83 vor, sollte in der Stellungnahme hierauf hingewiesen werden.

7 Die Einholung der Stellungnahmen des Betriebsrats bzw. des Personalrats und der Schwerbehindertenvertretung ersetzt nicht die dem Arbeitgeber auferlegte Pflicht, den

230 Neumann in Neumann/Pahlen/Majerski-Pahlen, § 87 Rn. 2.
231 Düwell in LPK-SGB IX, § 87 Rn. 26.
232 Vgl. etwa Rolfs in ErfK, § 87 SGB IX Rn. 4.
233 BVerwG – 10.02.1997 – 5 B 10896.

Betriebsrat gemäß § 102 BetrVG bzw. den Personalrat gemäß § 79 Abs. 4 BPersVG (bzw. der entsprechenden Normen der PersVG der Länder) anzuhören bzw. die Schwerbehindertenvertretung nach § 95 Abs. 2 zu beteiligen.[234]

4. Anhörung des schwerbehinderten Menschen nach Abs. 2

Neben der zwingenden Verfahrensvorschrift, von den Interessenvertretungen Stellungnahmen einzuholen, schreibt Abs. 2 weiter vor, dass der schwerbehinderte Mensch angehört werden muss. Ein Verstoß gegen diese Vorschrift führt ebenso wie die fehlende Beteiligung der Interessenvertretungen zur Anfechtbarkeit einer Entscheidung des Integrationsamtes. Auch hier kann der Verfahrensfehler im Widerspruchsverfahren nachgeholt werden.[235] 8

Die Anhörung des schwerbehinderten Menschen kann mündlich oder schriftlich erfolgen. Auf Wunsch des schwerbehinderten Menschen ist dieser persönlich anzuhören.[236] Er kann sich bei dieser Anhörung eines Beistands bedienen und hat das Recht auf Akteneinsicht einschließlich der in den Akten enthaltenen Stellungnahmen der Interessenvertretungen.[237] 9

5. Hinwirken auf gütliche Einigung nach Abs. 3

Das Integrationsamt soll in jeder Lage des Verfahrens auf eine gütliche Einigung hinwirken. Solche Einigungsmöglichkeiten können Vereinbarungen über Weiterbeschäftigungsmöglichkeiten nach der Umsetzung von Maßnahmen gemäß § 81 Abs. 4 Satz 1 Nr. 4 und 5 bzw. die Versetzung auf einen anderen Arbeitsplatz, ggf. unter Zuhilfenahme von unterstützenden Leistungen der Rehabilitationsträger, und vieles mehr sein. Auch der Abschluss eines Aufhebungsvertrages kann Ergebnis einer gütlichen Einigung sein. Zu beachten sind hier allerdings die ggf. eintretenden negativen Folgen bei einem anschließenden Bezug von Arbeitslosengeld (Sperrzeit, verkürzte Bezugsdauer). Ggf. sollte dies zuvor mit der zuständigen Agentur für Arbeit abgeklärt werden. 10

§ 88 Entscheidung des Integrationsamtes

(1) Das Integrationsamt soll die Entscheidung, falls erforderlich auf Grund mündlicher Verhandlung, innerhalb eines Monats vom Tage des Eingangs des Antrages an treffen.

(2) Die Entscheidung wird dem Arbeitgeber und dem schwerbehinderten Menschen zugestellt. Der Bundesagentur für Arbeit wird eine Abschrift der Entscheidung übersandt.

(3) Erteilt das Integrationsamt die Zustimmung zur Kündigung, kann der Arbeitgeber die Kündigung nur innerhalb eines Monats nach Zustellung erklären.

---

234 Düwell in LPK-SGB IX, § 87 Rn. 31, 33.
235 Neumann in Neumann/Pahlen/Majerski-Pahlen, § 87 Rn. 21.
236 Ebda.
237 Düwell in LPK-SGB IX, § 87 Rn. 35.

(4) Widerspruch und Anfechtungsklage gegen die Zustimmung des Integrationsamtes zur Kündigung haben keine aufschiebende Wirkung.

(5) In den Fällen des § 89 Abs. 1 Satz 1 und Abs. 3 gilt Absatz 1 mit der Maßgabe, dass die Entscheidung innerhalb eines Monats vom Tage des Eingangs des Antrages an zu treffen ist. Wird innerhalb dieser Frist eine Entscheidung nicht getroffen, gilt die Zustimmung als erteilt. Die Absätze 3 und 4 gelten entsprechend.

Inhaltsübersicht

1. Regelungsinhalt

1 Die Norm regelt Fristen für das Verfahren über die Entscheidung des Integrationsamtes sowie für die Kündigung des Arbeitsverhältnisses durch den Arbeitgeber. Darüber hinaus bestimmt sie, dass Widerspruch und Anfechtungsklage gegen die Zustimmung des Integrationsamtes keine aufschiebende Wirkung haben. Sie geht insofern vom Regelfall der Zustimmung des Integrationsamtes aus.[238]

2. Entscheidung und Monatsfrist des Abs. 1

2 Nach Abs. 1 trifft das Integrationsamt die Entscheidung auf Grund mündlicher Verhandlung, soweit es eine solche für erforderlich hält.[239] Ob dies der Fall ist, entscheidet das Integrationsamt nach pflichtgemäßem Ermessen. Sinnvoll ist eine solche mündliche Verhandlung jedenfalls dann, wenn eine gütliche Einigung im Sinne des § 87 Abs. 3 möglich erscheint, wenn z. B. geklärt werden soll, ob für den schwerbehinderten Menschen Weiterbeschäftigungsmöglichkeiten nach Umsetzung von Maßnahmen gemäß § 81 Abs. 4 Satz 1 Nr. 4 und 5 ggf. unter Zuhilfenahme von unterstützenden Leistungen der Rehabilitationsträger bestehen. Sinnvoll ist es auch, die mündliche Verhandlung im Betrieb stattfinden zu lassen, da eine hierbei mögliche Ortsbegehung zur Aufklärung beitragen kann.

3 Die Norm schreibt vor, dass das Integrationsamt die Entscheidung innerhalb eines Monats nach Antragseingang treffen soll. Durch die Ausgestaltung als Sollvorschrift steht fest, dass eine Überschreitung der Frist nicht zur Anfechtbarkeit der Entscheidung führt.[240]

---

238 Schmitz in FKS-SGB IX, § 88 Rn. 1.

239 Zur Frage des Ermessens des Integrationsamtes bei der Entscheidung über den Antrag als solchen: Rolfs in ErfK, § 89 SGB IX Rn. 1–3.

240 Düwell in LPK-SGB IX, § 88 Rn. 7.

3. Prüfungsmaßstab

Das Integrationsamt trifft seine Entscheidung über die Zustimmung nach freiem Ermessen. Im Rahmen dieser Ermessensentscheidung, in der unter dem speziellen Gesichtspunkt der Schwerbehindertenfürsorge das Interesse des Arbeitgebers an der Erhaltung seiner Gestaltungsmöglichkeiten gegen das Interesse des schwerbehinderten Menschen an der Erhaltung seines Arbeitsplatzes abzuwägen ist, hat das Integrationsamt nach ständiger Rechtsprechung des Bundesverwaltungsgerichts anknüpfend an den Antrag des Arbeitgebers und von ihm ausgehend all das zu ermitteln und zu berücksichtigen, was erforderlich ist, um die gegensätzlichen Interessen des Arbeitgebers und des schwerbehinderten Menschen gegeneinander abwägen zu können.[241] Dabei hat es sich im Rahmen seiner Amtsermittlungspflicht von der Richtigkeit der für seine Entscheidung wesentlichen Behauptungen eine eigene Überzeugung zu verschaffen.[242] Wenn es seine Entscheidung auf unrichtige Behauptungen des Arbeitgebers stützt, begeht es einen Ermessensfehler. Die Aufklärungspflicht wird verletzt, wenn das Integrationsamt sich damit begnügt, das Vorbringen des Arbeitgebers, soweit es in der Interessenabwägung zu berücksichtigen ist, nur auf seine Schlüssigkeit zu überprüfen.[243] 4

Hieraus folgt, dass dann, wenn sich das Integrationsamt nicht von der Richtigkeit des arbeitgeberseitigen Vortrags etwa hinsichtlich eines dem schwerbehinderten Menschen vorgeworfenen Pflichtenverstoß überzeugt hat, sondern lediglich den streitigen Vortrag des Arbeitgebers seiner Entscheidung zugrunde gelegt hat, die Ermessensentscheidung fehlerhaft ist.[244] 5

Die Durchführung eines Präventionsverfahrens nach § 84 ist keine Rechtmäßigkeitsvoraussetzung für die Zustimmungsentscheidung des Integrationsamtes.[245] Allerdings kann das Integrationsamt, sofern bei ordentlicher Durchführung des Präventionsverfahrens die Möglichkeit bestanden hätte, die Kündigung zu vermeiden, diesen Umstand im Rahmen seiner Ermessensentscheidung über die Erteilung der Zustimmung gegebenenfalls zu Lasten des Arbeitgebers berücksichtigen.[246] 6

Das BVerwG geht im Übrigen davon aus, dass das Integrationsamt grundsätzlich nicht zu prüfen hat, ob die beabsichtigte Kündigung des Arbeitsverhältnisses des Schwerbehinderten im Sinne des § 1 Abs. 2 KSchG sozial gerechtfertigt ist. Begründet wird dies damit, dass das Zustimmungserfordernis dazu dient, den Schwerbehinderten vor den besonderen Gefahren, denen er wegen seiner Behinderung auf dem Arbeitsmarkt ausgesetzt ist, zu bewahren und sicherzustellen, dass er gegenüber den gesunden Arbeitnehmern nicht ins Hintertreffen gerät.[247] 7

Nur dann, wenn die beabsichtigte Kündigung nach arbeitsrechtlichen Vorschriften 8

---

241 BVerwG – 19.10.1995 – 5 C 24.93.
242 OVG Nordrhein-Westfalen – 22.03.2012 – 12 A 1871/11.
243 OVG Nordrhein-Westfalen – 12.02.2009 – 12 A 3108/08.
244 OVG Nordrhein-Westfalen a. a. O.
245 BVerwG – 29.8.2007 – 5 B 77.07.
246 OVG Nordrhein-Westfalen – 05.03.2009 – 12 A 122/09.
247 BVerwG – 02.07.1992 – 5 C 51.90.

offensichtlich unwirksam ist, wenn also die Unwirksamkeit der Kündigung »ohne jeden vernünftigen Zweifel in rechtlicher und tatsächlicher Hinsicht offen zu Tage liegt, sich jedem Kundigen geradezu aufdrängt«, ist der Zustimmungsantrag abzulehnen bzw. eine erteilte Zustimmung vom Gericht aufzuheben.[248]

4. Zustellung der Entscheidung

9 Die Entscheidung des Integrationsamtes ist dem Arbeitgeber und dem schwerbehinderten Menschen zuzustellen. Vom Zugang der Entscheidung hängen verschiedene Fristen ab:

10 Handelt es sich bei der Entscheidung um eine Zustimmung zur Kündigung, kann der Arbeitgeber erst die Kündigung aussprechen, wenn ihm die Entscheidung des Integrationsamtes zugegangen ist.[249] Soweit der die Entscheidung beinhaltende Verwaltungsakt durch das Integrationsamt per Post mittels Einschreiben zugestellt wird, gilt nach Auffassung des LAG Baden-Württemberg, dass der Arbeitgeber nicht vor Ablauf von drei Tagen nach Aufgabe der Entscheidung zur Post kündigen kann. Den Grund hierfür sieht das LAG Baden-Württemberg darin, dass die die Zustellung von Verwaltungsakten vorsehenden Bestimmungen (im zu entscheidenden Fall: § 4 Abs. 1 des Verwaltungszustellungsgesetzes für Baden-Württemberg, VwZG BW) regeln, dass das Dokument am dritten Tag nach der Aufgabe zur Post als zugestellt gilt, es sei denn, dass es nicht oder zu einem späteren Zeitpunkt zugegangen ist. Nach Auffassung des LAG Baden-Württemberg ist die in § 4 Abs. 1 VwZG BW normierte Drei-Tages-Frist auch dann relevant, wenn der Bescheid dem Empfänger unstreitig vor diesem Zeitpunkt zugegangen ist. Der Gesetzgeber habe eine Ausnahme von der Zustellungsfiktion ausschließlich in den Fällen vorgesehen, in denen das Schriftstück nicht oder nachweislich später zugegangen ist. Die Fälle des früheren Zugangs seien im Gesetz nicht geregelt. Daraus schließt das LAG Baden-Württemberg, dass nach dem Wortlaut des Gesetzes im Falle des vor Ablauf der Drei-Tages-Frist erfolgten Zugangs der tatsächliche Zugangszeitpunkt irrelevant ist. Eine Kündigung kann nach dieser Auffassung nur nach Ablauf von drei Tagen erklärt werden, nachdem das Integrationsamt die Entscheidung zur Post gegeben hat.[250] Auch das LAG Hamm hatte bereits im Jahr 2000 dieselbe Auffassung vertreten.[251] Vorgenanntes gilt nur bei Zustellung durch die Post mittels Einschreiben und nicht bei Zustellung mit Zustellungsurkunde.

11 Der schwerbehinderte Mensch kann gegen die Zustimmung des Integrationsamtes innerhalb eines Monats Widerspruch einlegen. Dieser hat allerdings keine aufschiebende Wirkung.[252]

12 Bei einer den Zustimmungsantrag ablehnenden Entscheidung durch das Integrationsamt steht dem Arbeitgeber das Recht zu, innerhalb eines Monats Widerspruch einzulegen.

248 BVerwG a. a. O.
249 Siehe § 85 Rn. 26.
250 LAG Baden-Württemberg – 22.09.2006 – 18 Sa 28/06.
251 LAG Hamm – 09.11.2000 – 8 Sa 1016/00.
252 Siehe Rn. 9, 10.

5. Kündigung nur innerhalb eines Monats

13 Der Arbeitgeber kann die Kündigung nur innerhalb eines Monats nach Zustellung der Entscheidung des Integrationsamtes über die Zustimmung erklären. Die Kündigung muss nicht nur innerhalb der Monatsfrist erklärt werden, sondern dem schwerbehinderten Menschen auch innerhalb der Monatsfrist zugehen.[253] Auf den Zeitpunkt der Zustellung an den schwerbehinderten Menschen kommt es nicht an, allerdings hängt vom Zeitpunkt der Zustellung an den schwerbehinderten Menschen der Fristbeginn für die Erhebung der Kündigungsschutzklage ab. Diese beginnt grundsätzlich mit Zugang der schriftlichen Kündigung, § 4 Satz 1 KSchG. Sofern die Kündigung von der Zustimmung einer Behörde abhängt, gilt nach § 4 Satz 4 KSchG, dass die Frist zur Anrufung des Arbeitsgerichts erst von der Bekanntgabe der Entscheidung der Behörde an den Arbeitnehmer oder die Arbeitnehmerin anfängt zu laufen.[254]

6. Widerspruch und Anfechtungsklage

14 Gegen die Entscheidung des Integrationsamtes, dem Antrag des Arbeitgebers zuzustimmen, kann Widerspruch eingelegt und im Falle der Erfolglosigkeit des Widerspruchs Anfechtungsklage vor dem Verwaltungsgericht erhoben werden. Die Frist für die Einlegung des Widerspruches beträgt einen Monat nach Zustellung des Bescheids des Integrationsamtes, die Frist für die Klage beträgt einen Monat nach Zustellung des Widerspruchbescheides.

15 Widerspruch und Klage gegen die Zustimmung des Integrationsamtes haben keine aufschiebende Wirkung. Mit dieser Regelung in Abs. 4 soll dem Arbeitgeber die Kündigung erleichtert werden, er soll nicht gezwungen sein, mit dem Ausspruch der Kündigung zu warten, bis rechtskräftig über die Rechtmäßigkeit der Zustimmung entschieden ist. Die fehlende aufschiebende Wirkung hat zur Folge, dass auch eine rechtswidrige Zustimmungsentscheidung solange Geltung hat, bis sie vom Widerspruchsausschuss oder vom Verwaltungsgericht aufgehoben ist. Das Risiko einer fehlerhaften Entscheidung durch das Integrationsamt trägt also der schwerbehinderte Mensch.

16 Mit einem Antrag an das Verwaltungsgericht (oder an den Widerspruchsausschuss) kann aber bereits gleichzeitig mit der Einlegung des Widerspruches beantragt werden, die aufschiebende Wirkung herzustellen. Ordnet das Gericht die aufschiebende Wirkung an, kann der Arbeitgeber die Kündigung nicht aussprechen.[255] Ob das Gericht die aufschiebende Wirkung anordnet, hängt davon ab, ob zu erwarten ist, dass der schwerbehinderte Mensch im Hauptsacheverfahren obsiegen wird. Das Gericht prüft also summarisch, ob die Entscheidung des Integrationsamtes rechtmäßig oder rechtswidrig ist. Da es sich bei der Entscheidung des Integrationsamtes um eine Ermessensentscheidung handelt, prüft

253 Düwell in LPK-SGB IX, § 88 Rn. 31.
254 Siehe § 85 Rn. 30, 31.
255 Vgl. Düwell in LPK-SGB IX, § 84 Rn. 19.

das Gericht hierbei nur, ob das Ermessen zutreffend ausgeübt wurde.[256] Hat das Integrationsamt seiner Ermessenentscheidung z. B. einen vom Arbeitgeber behaupteten Pflichtenverstoß des schwerbehinderten Menschen zugrunde gelegt, ohne im Rahmen der Amtsermittlungspflicht zu prüfen, ob der Pflichtenverstoß tatsächlich vorliegt, ist das Ermessen nicht zutreffend ausgeübt. Im Hauptsacheverfahren würde der schwerbehinderte Mensch demnach obsiegen, die aufschiebende Wirkung des Widerspruchs wäre anzuordnen.[257]

17 Für einen solchen Antrag besteht jedenfalls dann ein Rechtsschutzinteresse, wenn es um die Anordnung der aufschiebenden Wirkung eines Widerspruchs geht und die Kündigung durch den Arbeitgeber noch nicht ausgesprochen wurde.[258] In der Regel ist allerdings davon auszugehen, dass der Arbeitgeber die Kündigung unmittelbar nach Erhalt der Zustimmung durch das Integrationsamt ausspricht. Nach der Auffassung eines Teils der Verwaltungsgerichtsbarkeit besteht in einem solchen Fall dennoch ein Rechtsschutzbedürfnis daran, die aufschiebende Wirkung des Widerspruches gegen die Entscheidung des Integrationsamtes anordnen zu lassen, da sich Rechtsposition des schwerbehinderten Menschen im arbeitsgerichtlichen Verfahren möglicherweise verbessern kann.[259]

7. Frist und Zustimmungsfiktion nach Abs. 5

18 Abs. 5 verpflichtet das Integrationsamt, seine Entscheidung innerhalb eines Monats zu treffen, wenn die Voraussetzungen des § 89 Abs. 1 Satz 1 oder Abs. 3 vorliegen.[260] Es handelt sich anders als bei Abs. 1 nicht nur um eine Sollvorschrift. Trifft das Integrationsamt innerhalb der Monatsfrist keine Entscheidung, gilt die Zustimmung zur Kündigung als erteilt. Durch den Verweis in Abs. 5 Satz 3 auf die Absätze 3 und 4 ist klargestellt, dass der Arbeitgeber nur innerhalb eines Monats nach Eintritt der Zustimmungsfiktion kündigen kann und auch gegen die Fiktion Widerspruch und Anfechtungsklage möglich sind, welche allerdings auch keine aufschiebende Wirkung haben.

§ 89 Einschränkungen der Ermessensentscheidung

(1) Das Integrationsamt erteilt die Zustimmung bei Kündigungen in Betrieben und Dienststellen, die nicht nur vorübergehend eingestellt oder aufgelöst werden, wenn zwischen dem Tage der Kündigung und dem Tage, bis zu dem Gehalt oder Lohn gezahlt wird, mindestens drei Monate liegen. Unter der gleichen Voraussetzung soll es die Zustimmung auch bei Kündigungen in Betrieben und Dienststellen erteilen, die nicht nur vorübergehend wesentlich eingeschränkt werden, wenn die Gesamtzahl der weiterhin beschäftigten schwerbehinderten Menschen zur Erfüllung der Beschäftigungspflicht nach § 71 ausreicht. Die Sätze 1 und 2 gelten nicht, wenn eine Weiterbe-

256 Siehe Rn. 4 ff.
257 OVG Nordrhein-Westfalen – 12.02.2009 – 12 A 3108/08.
258 Schmitz in FKS-SGB IX, § 88 Rn. 19, 20.
259 OVG Sachsen – 25.08.2003 – 5 BS 107/03; a. A. VG Göttingen – 18.12.2008 – 2 B 236/08.
260 Siehe dazu die Kommentierung zu § 89.

schäftigung auf einem anderen Arbeitsplatz desselben Betriebes oder derselben Dienststelle oder auf einem freien Arbeitsplatz in einem anderen Betrieb oder einer anderen Dienststelle desselben Arbeitgebers mit Einverständnis des schwerbehinderten Menschen möglich und für den Arbeitgeber zumutbar ist.

(2) Das Integrationsamt soll die Zustimmung erteilen, wenn dem schwerbehinderten Menschen ein anderer angemessener und zumutbarer Arbeitsplatz gesichert ist.

(3) Ist das Insolvenzverfahren über das Vermögen des Arbeitgebers eröffnet, soll das Integrationsamt die Zustimmung erteilen, wenn

1. **der schwerbehinderte Mensch in einem Interessenausgleich namentlich als einer der zu entlassenden Arbeitnehmer bezeichnet ist (§ 125 der Insolvenzordnung),**
2. **die Schwerbehindertenvertretung beim Zustandekommen des Interessenausgleichs gemäß § 95 Abs. 2 beteiligt worden ist,**
3. **der Anteil der nach dem Interessenausgleich zu entlassenden schwerbehinderten Menschen an der Zahl der beschäftigten schwerbehinderten Menschen nicht größer ist als der Anteil der zu entlassenden übrigen Arbeitnehmer an der Zahl der beschäftigten übrigen Arbeitnehmer und**
4. **die Gesamtzahl der schwerbehinderten Menschen, die nach dem Interessenausgleich bei dem Arbeitgeber verbleiben sollen, zur Erfüllung der Beschäftigungspflicht nach § 71 ausreicht.**

Inhaltsübersicht Rn.

1. Regelungsinhalt

Mit dieser Bestimmung bestimmt das Gesetz, dass das Ermessen des Integrationsamtes, welches ihm bei seiner Entscheidung über den Antrag auf Zustimmung zu einer Kündigung des Arbeitsverhältnisses eines schwerbehinderten Menschen durch den Arbeitgeber zusteht, für bestimmte Fallgestaltungen eingeschränkt wird. 1

2. Zustimmung bei Stilllegung des Betriebes

Bei Stilllegungen von Betrieben (oder Dienststellen) ist das Ermessen des Integrationsamtes vollständig eingeschränkt. Das Integrationsamt muss den Kündigungen zustimmen, wenn ein Betrieb vollständig stillgelegt wird, d. h., wenn der Betriebszweck vom Arbeitgeber endgültig oder jedenfalls für eine erhebliche Zeit nicht weiter verfolgt wird[261] und zwischen dem Tag der Kündigung und dem Tag, bis zu dem Gehalt gezahlt wird, 2

261 Rolfs in ErfK, § 89 SGB IX Rn. 5.

mindestens drei Monate liegen. Reicht also die Kündigungsfrist über die Drei-Monats-Frist hinaus, liegen die Voraussetzungen des Abs. 1 Satz 1 vor, da der schwerbehinderte Mensch bis zum Ablauf der Kündigungsfrist einen Entgeltanspruch hat.

3 Um sicherzustellen, dass der Arbeitgeber seiner Pflicht zur Entgeltzahlung für die genannten drei Monate nachkommt, sollte das Integrationsamt seine Zustimmung mit einer Bedingung oder einer Auflage versehen, die den Bestand bzw. die Möglichkeit des Widerrufs der Zustimmung von der tatsächlichen Zahlung durch den Arbeitgeber abhängig macht.[262]

3. Zustimmung bei Einschränkung des Betriebes

4 Abs. 2 Satz 2 bestimmt, dass unter den gleichen Voraussetzungen (gemeint ist der Entgeltanspruch für drei Monate) das Integrationsamt seine Zustimmung zur Kündigung von schwerbehinderten Menschen erteilen soll, wenn der Betrieb nicht stillgelegt, aber wesentlich eingeschränkt wird. Wann eine wesentliche Einschränkung des Betriebes vorliegt, regelt das Gesetz nicht. Im Schrifttum wird davon ausgegangen, dass eine wesentliche Einschränkung des Betriebes dann anzunehmen ist, wenn die Zahlenwerte des § 17 Abs. 1 KSchG erreicht sind, also in Betrieben mit in der Regel mehr als 20 und weniger als 60 Arbeitnehmern mehr als 5 Arbeitnehmer, in Betrieben mit in der Regel mindestens 60 und weniger als 500 Arbeitnehmern 10 vom Hundert der im Betrieb regelmäßig beschäftigten Arbeitnehmern oder aber mehr als 25 Arbeitnehmer, und in Betrieben mit in der Regel mindestens 500 Arbeitnehmern mindestens 30 Arbeitnehmer betroffen sind.[263]

5 Weitere Voraussetzung dafür, dass das Integrationsamt den Kündigungen zustimmen soll, ist, dass die Anzahl der im Unternehmen verbleibenden schwerbehinderten Menschen zur Erfüllung der Beschäftigungsquote nach § 71 ausreicht. Ist dies nicht der Fall, ist das Ermessen des Integrationsamtes nicht eingeschränkt.

4. Keine Ermesseneinschränkung bei Weiterbeschäftigungsmöglichkeiten

6 Die Einschränkung des Ermessens greift nach Abs. 1 Satz 3 nicht, wenn eine Weiterbeschäftigung auf einem anderen Arbeitsplatz desselben Betriebes oder derselben Dienststelle oder auf einem freien Arbeitsplatz in einem anderen Betrieb oder einer anderen Dienststelle desselben Arbeitgebers mit Einverständnis des schwerbehinderten Menschen möglich und für den Arbeitgeber zumutbar ist. Es stellt eine Selbstverständlichkeit dar, dass dann, wenn eine solche Weiterbeschäftigungsmöglichkeit besteht und der schwerbehinderte Mensch einverstanden ist, dieser auf dem anderen Arbeitsplatz weiterbeschäftigt werden muss. Die freie Ermessensentscheidung des Integrationsamtes kann in einem solchen Fall nur dazu führen, dass es seine Zustimmung zur Kündigung nicht erteilt.[264]

---

262 Rehwald in Basiskommentar SGB IX, § 89 Rn. 2.
263 Düwell in LPK-SGB IX, § 89 Rn. 42, Rolfs in ErfK, § 89 SGB IX Rn. 8.
264 Neumann in Neumann/Pahlen/Majerski-Pahlen, § 89 Rn. 25.

5. Zustimmung bei gesichertem anderen Arbeitsplatz

Nach Abs. 2 soll das Integrationsamt die Zustimmung zur Kündigung erteilen, wenn dem schwerbehinderten Menschen ein anderer angemessener und zumutbarer Arbeitsplatz gesichert ist. Von dieser Regelung sollen Fälle erfasst werden, bei denen die Kündigung für den schwerbehinderten Menschen deshalb keine Nachteile mit sich bringt, weil dieser einen Anspruch auf einen anderen Arbeitsplatz hat. Voraussetzung ist also, dass ein anderer Arbeitgeber bereits ein verbindliches Arbeitsvertragsangebot abgegeben hat oder derselbe Arbeitgeber eine Änderungskündigung aussprechen will.[265] Ob der in Frage kommende Arbeitsplatz bzw. die Änderungen angemessen und zumutbar sind, hängt u. a. davon ab, ob die Höhe des Entgeltes, die Bedingungen des Arbeitsplatzes und die Art der Tätigkeit den Fähigkeiten und der Qualifikation des schwerbehinderten Menschen entsprechen.[266] Ist dies der Fall, soll das Integrationsamt der Kündigung zustimmen. **7**

6. Zustimmung bei Insolvenz

Für den Fall, dass über das Vermögen des Arbeitgebers das Insolvenzverfahren eröffnet ist, soll das Integrationsamt den beabsichtigten Kündigungen zustimmen, wenn die schwerbehinderten Menschen, denen gekündigt werden sollen, auf einer Namensliste zu einem Interessenausgleich genannt sind. Weitere Voraussetzung ist, dass die Schwerbehindertenvertretung beim Zustandekommen des Interessenausgleiches ausreichend beteiligt wurde, der prozentuale Anteil der zu entlassenden schwerbehinderten Menschen nicht größer ist als die der zu entlassenden nicht schwerbehinderten Menschen und die Anzahl der beim Arbeitgeber verbleibenden schwerbehinderten Menschen zur Erfüllung der Beschäftigungsquote nach § 71 ausreicht. Letzteres wird im Regelfall weder vor noch nach den Entlassungen der Fall sein, so dass der Anwendungsbereich des Abs. 3 praktisch begrenzt ist. Nur der Vollständigkeit halber bleibt zu erwähnen, dass von der Vereinbarung einer Namensliste im Interessenausgleich ohnehin Abstand genommen werden sollte, da dies im Kündigungsschutzprozess dazu führt, dass gemäß § 1 Abs. 5 Satz 2 KSchG die soziale Auswahl der Arbeitnehmer nur noch auf grobe Fehlerhaftigkeit überprüft werden kann. **8**

§ 90 Ausnahmen

(1) Die Vorschriften dieses Kapitels gelten nicht für schwerbehinderte Menschen,

1. deren Arbeitsverhältnis zum Zeitpunkt des Zugangs der Kündigungserklärung ohne Unterbrechung noch nicht länger als sechs Monate besteht oder
2. die auf Stellen im Sinne des § 73 Abs. 2 Nr. 2 bis 5 beschäftigt werden oder
3. deren Arbeitsverhältnis durch Kündigung beendet wird, sofern sie
   a) das 58. Lebensjahr vollendet haben und Anspruch auf eine Abfindung, Entschädigung oder ähnliche Leistung auf Grund eines Sozialplanes haben oder

---

265 Düwell in LPK-SGB IX, § 89 Rn. 63, Schmitz in FKS-SGB IX, § 89 Rn. 16.
266 Vgl. Rehwald in Basiskommentar SGB IX, § 89 Rn. 4.

b) Anspruch auf Knappschaftsausgleichsleistung nach dem Sechsten Buch oder auf Anpassungsgeld für entlassene Arbeitnehmer des Bergbaus haben,

wenn der Arbeitgeber ihnen die Kündigungsabsicht rechtzeitig mitgeteilt hat und sie der beabsichtigten Kündigung bis zu deren Ausspruch nicht widersprechen.

(2) Die Vorschriften dieses Kapitels finden ferner bei Entlassungen, die aus Witterungsgründen vorgenommen werden, keine Anwendung, sofern die Wiedereinstellung der schwerbehinderten Menschen bei Wiederaufnahme der Arbeit gewährleistet ist.

(2 a) Die Vorschriften dieses Kapitels finden ferner keine Anwendung, wenn zum Zeitpunkt der Kündigung die Eigenschaft als schwerbehinderter Mensch nicht nachgewiesen ist oder das Versorgungsamt nach Ablauf der Frist des § 69 Abs. 1 Satz 2 eine Feststellung wegen fehlender Mitwirkung nicht treffen konnte.

(3) Der Arbeitgeber zeigt Einstellungen auf Probe und die Beendigung von Arbeitsverhältnissen schwerbehinderter Menschen in den Fällen des Absatzes 1 Nr. 1 unabhängig von der Anzeigepflicht nach anderen Gesetzen dem Integrationsamt innerhalb von vier Tagen an.

Inhaltsübersicht Rn.

1. Regelungsinhalt

1 Die Norm nimmt bestimmte schwerbehinderte Menschen, abhängig von der Dauer oder Art ihres Beschäftigungsverhältnisses, ihrem Alter und vom Nachweis ihrer Schwerbehinderteneigenschaft vom besonderen Kündigungsschutz nach § 85 ff. aus. Für diese schwerbehinderten Menschen gilt der Erlaubnisvorbehalt des § 85 nicht, sie können gekündigt werden, ohne dass das Integrationsamt der Kündigung zustimmen muss.

2. Dauer der Beschäftigung

2 Nach Abs. 1 Nr. 1 gelten die Vorschriften über den besonderen Kündigungsschutz nicht für schwerbehinderte Menschen, deren Arbeitsverhältnis zum Zeitpunkt der Kündigung noch keine sechs Monate bestanden hat. Das Erfordernis der Zustimmung des Integrationsamtes entfällt, wenn die Kündigung dem schwerbehinderten Menschen vor Ablauf der sechs Monate zugeht. Es entfällt also auch dann, wenn die Kündigung am letzten Tag der sechs Monate überreicht wird und die Kündigungsfrist über den Sechs-Monats-Zeitraum hinaus reicht.[267]

---

267 Rolfs in ErfK § 90 SGB IX Rn. 1.

3 Bei einer Unterbrechung des Arbeitsverhältnisses gilt, dass die Zeit des früheren Arbeitsverhältnisses mitgerechnet wird, wenn das neue Arbeitsverhältnis in einem engen sachlichen Zusammenhang mit dem früheren Arbeitsverhältnis steht. Nach der Rechtsprechung des BAG können hier keine konkreten Zeiten zu Grunde gelegt werden, vielmehr komme es im Einzelfall auf Anlass und Dauer der Unterbrechung sowie auf die Art der Weiterbeschäftigung an.[268] Handelt es sich um eine Unterbrechung von nur einigen Tagen, ist jedenfalls von einer Anrechnung auszugehen.[269]

3. Beschäftigung in besonderen Arbeitsverhältnissen

4 Nach Abs. 1 Nr. 2 sind die Beschäftigten, die auf Stellen im Sinne des § 73 Abs. 2 Nr. 2 bis 5 beschäftigt werden, vom besonderen Kündigungsschutz ausgenommen. Hierbei handelt es sich um Personen, deren Beschäftigung nicht in erster Linie ihrem Erwerb dient, sondern vorwiegend durch Beweggründe karitativer oder religiöser Art bestimmt ist (Abs. 2 Nr. 2), Personen, deren Beschäftigung nicht in erster Linie ihrem Erwerb dient, sondern vorwiegend zu ihrer Heilung, Wiedereingewöhnung oder Erziehung erfolgt (Abs. 2 Nr. 3), Personen, die an Arbeitsbeschaffungsmaßnahmen nach dem Dritten Buch teilnehmen (Abs. 2 Nr. 4) sowie Personen, die nach ständiger Übung in ihre Stellen gewählt werden (Abs. 2 Nr. 5).[270]

4. Ältere schwerbehinderte Menschen

5 Nach Abs. 1 Nr. 3 sind schwerbehinderte Menschen, die das 58. Lebensjahr vollendet haben, vom besonderen Kündigungsschutz ausgenommen. Voraussetzung ist, dass sie einen Anspruch auf Abfindung oder ähnliche Leistungen aus einem Sozialplan haben. Einzelvertragliche Ansprüche auf Abfindungszahlungen erfüllen die Voraussetzungen der Nr. 3 nicht.[271] Auf die Höhe der Leistung kommt es nicht an.

6 Gleiches gilt für schwerbehinderte Menschen, die das 58. Lebensjahr vollendet haben, wenn sie Anspruch auf Knappschaftsausgleichsleistung nach dem SGB VI oder Anspruch auf Anpassungsgeld für entlassene Arbeitnehmer des Bergbaus haben.

7 In beiden Fällen sind die schwerbehinderten Menschen nur dann vom besonderen Kündigungsschutz ausgenommen, wenn der Arbeitgeber ihnen die Kündigungsabsicht rechtzeitig mitgeteilt hat und sie der beabsichtigten Kündigung bis zu deren Ausspruch nicht widersprechen. Was unter »rechtzeitig« im Sinne der Norm zu verstehen ist, ist nicht geklärt. Zum Teil wird angenommen, dass die Mitteilung nur dann rechtzeitig ist, wenn sie dem schwerbehinderten Menschen mindestens drei Wochen vor der Kündigung zugeht, weil die Frist genauso lange sein sollte wie die Frist zur Erhebung der Kündigungs-

268 BAG – 19.06.2007 – 2 AZR 94/06.
269 Düwell in LPK-SGB IX, § 90 Rn. 7.
270 Zu den Einzelheiten siehe §§ 71 bis 79 Rn. 7.
271 Schmitz in FKS-SGB IX, § 90 Rn. 10.

schutzklage.[272] Andere halten in Anlehnung an die Frist des Widerspruchs gegen den Übergang des Arbeitsverhältnisses gemäß § 613 a Abs. 6 BGB einen Zeitraum von einem Monat für angemessen.[273] Feststehen dürfte, dass die Frist im Einzelfall jedenfalls so bemessen sein muss, dass sich der betroffene schwerbehinderte Mensch über die Höhe der ihm zustehenden Leistungen aus dem Sozialplan informieren kann.

5. Entlassung aus Witterungsgründen

8 Nach Abs. 2 gelten die Vorschriften über den besonderen Kündigungsschutz nicht für Kündigungen aus Witterungsgründen. Ist die vom schwerbehinderten Menschen ausgeübte Tätigkeit wegen der Witterungsverhältnisse nur saisonal möglich (z. B. Tätigkeit in Gärtnereien), soll der Arbeitgeber die Zustimmung zur Kündigung nicht einholen müssen, wenn sichergestellt ist, dass eine Wiedereinstellung erfolgt, sobald die witterungsbedingten Gründe nicht mehr bestehen. Die Wiedereinstellung muss entweder durch einzelvertragliche Zusage oder durch Betriebsvereinbarung oder Tarifvertrag geregelt sein.

6. Fehlender Nachweis

9 Abs. 2 a bestimmt, dass die Regelungen über den besonderen Kündigungsschutz dann keine Anwendung finden, wenn zum Zeitpunkt der Kündigung die Eigenschaft als schwerbehinderter Mensch nicht nachgewiesen ist oder das Versorgungsamt nach Ablauf der Frist des § 69 Abs. 1 Satz 2 eine Feststellung wegen fehlender Mitwirkung nicht treffen konnte.[274]

7. Anzeigepflicht des Arbeitgebers

10 Abs. 3 verpflichtet die Arbeitgeber, Arbeitsverhältnisse, die auf Probe geschlossen sind, dem Integrationsamt anzuzeigen, solange die Dauer dieser Arbeitsverhältnisse den Zeitraum von sechs Monaten nicht erreichen. Ein Verstoß gegen diese Anzeigepflicht bleibt ohne Folgen.

§ 91 Außerordentliche Kündigung

(1) Die Vorschriften dieses Kapitels gelten mit Ausnahme von § 86 auch bei außerordentlicher Kündigung, soweit sich aus den folgenden Bestimmungen nichts Abweichendes ergibt.

(2) Die Zustimmung zur Kündigung kann nur innerhalb von zwei Wochen beantragt werden; maßgebend ist der Eingang des Antrages bei dem Integrationsamt. Die Frist beginnt mit dem Zeitpunkt, in dem der Arbeitgeber von den für die Kündigung maßgebenden Tatsachen Kenntnis erlangt.

(3) Das Integrationsamt trifft die Entscheidung innerhalb von zwei Wochen vom

272 Neumann in Neumann/Pahlen/Majerski-Pahlen, § 90 Rn. 17.
273 Schmitz in FKS-SGB IX, § 90 Rn. 12.
274 Zu den Voraussetzungen siehe § 85 Rn. 13–18.

Tage des Eingangs des Antrages an. Wird innerhalb dieser Frist eine Entscheidung nicht getroffen, gilt die Zustimmung als erteilt.

(4) Das Integrationsamt soll die Zustimmung erteilen, wenn die Kündigung aus einem Grunde erfolgt, der nicht im Zusammenhang mit der Behinderung steht.

(5) Die Kündigung kann auch nach Ablauf der Frist des § 626 Abs. 2 Satz 1 des Bürgerlichen Gesetzbuchs erfolgen, wenn sie unverzüglich nach Erteilung der Zustimmung erklärt wird.

(6) Schwerbehinderte Menschen, denen lediglich aus Anlass eines Streiks oder einer Aussperrung fristlos gekündigt worden ist, werden nach Beendigung des Streiks oder der Aussperrung wieder eingestellt.

Inhaltsübersicht

1. Normzweck

Die Norm stellt klar, dass der besondere Kündigungsschutz nach §§ 85 ff. auch für außerordentliche Kündigungen gilt. Sie ergänzt die Regelungen des § 626 BGB und regelt insbesondere von § 88 abweichende Fristen. Im Übrigen gelten die Vorschriften über die Anhörung des Betriebs- bzw. Personalrats nach dem BetrVG bzw. dem BPersVG (bzw. der entsprechenden PersVG der Länder). 1

2. Antragsverfahren bei außerordentlicher Kündigung

Nach § 626 Abs. 1 BGB kann das Arbeitsverhältnis aus wichtigem Grund ohne Einhaltung einer Kündigungsfrist gekündigt werden, wenn Tatsachen vorliegen, auf Grund derer dem Kündigenden unter Berücksichtigung aller Umstände des Einzelfalls und unter Abwägung der Interessen beider Vertragsteile die Fortsetzung des Dienstverhältnisses bis zum Ablauf der Kündigungsfrist oder bis zu der vereinbarten Beendigung des Dienstverhältnisses nicht zugemutet werden kann. § 626 Abs. 2 BGB bestimmt, dass die Kündigung nur innerhalb von zwei Wochen ab dem Zeitpunkt, in dem der Kündigungsberechtigte von den für die Kündigung maßgebenden Tatsachen Kenntnis erlangt hat, erfolgen kann. 2

Liegen die Voraussetzungen des § 626 Abs. 1 BGB vor, regelt § 91 Abs. 2, in Anlehnung an § 626 Abs. 2 BGB, dass der Arbeitgeber den Antrag auf Zustimmung innerhalb von zwei Wochen beim Integrationsamt stellen muss. Wie in § 626 Abs. 2 BGB vorgesehen, beginnt auch hier die zweiwöchige Frist mit dem Zeitpunkt, in dem der Arbeitgeber von den für die Kündigung maßgebenden Tatsachen Kenntnis erlangt hat. Die Frist beginnt, sobald der Kündigungsberechtigte beim Arbeitgeber eine zuverlässige und möglichst vollständige Kenntnis von den Kündigungsgründen hat, die ihm die Entscheidung 3 ermöglicht, ob die Fortsetzung des Arbeitsverhältnisses zumutbar ist oder nicht.[275] Hierzu ist es zur Aufklärung des Kündigungssachverhalts in aller Regel notwendig, den betroffenen Arbeitnehmer oder die Arbeitnehmerin anzuhören. Führt der Arbeitgeber die Ermittlungen zügig und in der gebotenen Eile durch, beginnt die Frist nach Abschluss dieser Ermittlungen.[276]

4 Aus dem Antrag des Arbeitgebers an das Integrationsamt muss sich ergeben, dass die Zustimmung zur außerordentlichen Kündigung beantragt wird. Zudem müssen die Gründe angegeben werden, die den Arbeitgeber zur Kündigung berechtigen sollen.[277] Stellt das Integrationsamt fest, dass die Frist nicht gewahrt ist, hat es den Antrag auf Zustimmung zurückzuweisen.[278] Unabhängig davon ist die Einhaltung der Frist des § 626 Abs. 2 BGB im Kündigungsschutzverfahren vom Arbeitsgericht zu prüfen.[279]

3. Entscheidungsfrist und Zustimmungsfiktion nach Abs. 3

5 Das Integrationsamt hat zwei Wochen Zeit, über den Antrag des Arbeitgebers zu entscheiden. Für das Verfahren gelten die Maßstäbe des § 87. Das Integrationsamt muss also innerhalb dieser Frist von den Interessenvertretungen Stellungnahmen einholen und den schwerbehinderten Menschen anhören. Verstöße hiergegen führen zur Anfechtbarkeit der Entscheidung des Integrationsamtes.[280]

6 Entscheidet das Integrationsamt nicht innerhalb von zwei Wochen nach Eingang des Antrags des Arbeitgebers, gilt die Zustimmung zur Kündigung als erteilt. Dem schwerbehinderten Menschen ist über den Eintritt der Zustimmungsfiktion eine Bestätigung zu übersenden. Enthält diese Bestätigung eine Rechtsmittelbelehrung, ist Widerspruch hiergegen innerhalb eines Monats einzulegen. Ist keine Rechtsmittelbelehrung enthalten oder unterbleibt die Mitteilung ganz, kann der Widerspruch innerhalb eines Jahres eingelegt werden. Hat das Integrationsamt hingegen eine Entscheidung innerhalb der zwei Wochen getroffen und hat diese Entscheidung auch noch vor Ablauf der Frist zur Post gegeben, gilt die Zustimmung nicht als erteilt. Vielmehr kommt es dann auf die tatsächlich getroffene Entscheidung an. Der Arbeitgeber darf dann erst nach Zugang der Entscheidung an ihn die Kündigung aussprechen.[281]

4. Einschränkung des Ermessens nach Abs. 4

7 Nach Abs. 4 soll das Integrationsamt die Zustimmung zur Kündigung erteilen, wenn die Kündigungsgründe nicht im Zusammenhang mit der Behinderung stehen. Insbesondere bei verhaltens- oder personenbedingten Gründen, etwa dann, wenn der Arbeitgeber dem

---

275 BAG – 02.03.2006 – 2 AZR 46/05.
276 Griebeling in HK-ArbR, § 626 BGB Rn. 120, 121.
277 Düwell in LPK-SGB IX, § 91 Rn. 15.
278 Rolfs in ErfK, § 91 SGB IX Rn. 4.
279 BAG – 01.02.2007 – 2 AZR 333/06.
280 Siehe § 87 Rn. 5, 8.
281 Rehwald in Basiskommentar SGB IX, § 91 Rn. 6.

schwerbehinderten Menschen eine »Schlechtleistung« vorwirft, ist zu prüfen, inwieweit die Behinderung im Zusammenhang mit dem Kündigungsgrund steht.

Das Bundesverwaltungsgericht ist der Auffassung, dass dann, wenn ein Zusammenhang zwischen Kündigungsgrund und Behinderung nicht besteht, das Integrationsamt der Kündigung zuzustimmen hat und eine Prüfung der Gründe, die zu einer außerordentlichen Kündigung berechtigen, durch das Integrationsamt nicht stattzufinden hat.[282] Da die Feststellung, ob ein solcher Zusammenhang besteht, jedoch die eingehende Prüfung aller Umstände voraussetzt, wird dennoch im Einzelfall eine Auseinandersetzung mit den vom Arbeitgeber vorgebrachten Kündigungsgründen notwendig sein.[283] **8**

5. Kündigungserklärungsfrist

Ist die Frist des § 626 Abs. 2 BGB nach Durchführung des Verfahrens bereits abgelaufen (was in der Regel der Fall sein dürfte), hat der Arbeitgeber die Kündigung unverzüglich nach Erteilung der Zustimmung des Integrationsamtes zu erklären. Der Arbeitgeber kann – anders als im Falle des § 88 Abs. 3[284] – die Kündigung bereits aussprechen, wenn das Integrationsamt ihm die Zustimmungsentscheidung innerhalb der Zwei-Wochen-Frist mündlich oder fernmündlich bekanntgegeben hat.[285] Gleiches gilt, wenn die Entscheidung zur Zustimmung erst im Widerspruchsverfahren getroffen wurde.[286] Wenn das Integrationsamt allerdings nur mitteilt, innerhalb der Frist keine Entscheidung zu treffen, kann der Arbeitgeber nicht vor Ablauf der Frist (und damit vor Eintritt der Zustimmungsfiktion) kündigen.[287] **9**

6. Wiedereinstellungsanspruch nach Arbeitskampf

Nach Abs. 6 haben schwerbehinderte Menschen einen Anspruch auf Wiedereinstellung, wenn ihnen aus Anlass eines Streiks oder einer Aussperrung gekündigt wurde. Angesichts der Rechtsprechung des BAG, die eine Kündigung wegen der Teilnahme an einem gewerkschaftlichen Streik nicht zulässt, hat die Vorschrift nahezu keine Bedeutung mehr. **10**

§ 92 Erweiterter Beendigungsschutz

Die Beendigung des Arbeitsverhältnisses eines schwerbehinderten Menschen bedarf auch dann der vorherigen Zustimmung des Integrationsamtes, wenn sie im Falle des Eintritts einer teilweisen Erwerbsminderung, der Erwerbsminderung auf Zeit, der Berufsunfähigkeit oder der Erwerbsunfähigkeit auf Zeit ohne Kündigung erfolgt. Die Vorschriften dieses Kapitels über die Zustimmung zur ordentlichen Kündigung gelten entsprechend.

---

282 BVerwG – 02. 07. 1992 – 5 C 39/90.
283 Schmitz in FKS-SGB IX, § 91 Rn. 18, 19.
284 Siehe hierzu § 88 Rn. 8.
285 BAG – 12. 08. 1999 – 2 AZR 748/98.
286 BAG – 21. 04. 2005 – 2 AZR 255/04.
287 BAG – 19. 06. 2007 – 2 AZR 226/06.

Regelungsinhalt

1 Die Vorschrift regelt eine Ausnahme vom Grundsatz, dass das Integrationsamt nur der Beendigung des Arbeitsverhältnisses von schwerbehinderten Menschen durch die Kündigung des Arbeitgebers zuzustimmen hat.[288]

2 Soweit in für das Arbeitsverhältnis geltenden Regelungen, etwa in Tarifverträgen, vorgesehen ist, dass das Arbeitsverhältnis endet, wenn der schwerbehinderte Mensch zeitweise voll oder teilweise erwerbsgemindert ist, hat das Integrationsamt der Beendigung des Arbeitsverhältnisses zuzustimmen. Bei dauerhafter Erwerbsunfähigkeit entfällt das Zustimmungserfordernis.[289]

Kapitel 5
Betriebs-, Personal-, Richter-, Staatsanwalts- und Präsidialrat, Schwerbehindertenvertretung, Beauftragter des Arbeitgebers

§ 93 Aufgaben des Betriebs-, Personal-, Richter-, Staatsanwalts- und Präsidialrates

Betriebs-, Personal-, Richter-, Staatsanwalts- und Präsidialrat fördern die Eingliederung schwerbehinderter Menschen. Sie achten insbesondere darauf, dass die dem Arbeitgeber nach den §§ 71, 72 und 81 bis 84 obliegenden Verpflichtungen erfüllt werden; sie wirken auf die Wahl der Schwerbehindertenvertretung hin.

Inhaltsübersicht Rn.

1. Normzweck

1 Die Norm wiederholt in Satz 1 die im BetrVG und in den PersVG enthaltene Verpflichtung, dass die genannten Interessenvertretungen die Eingliederung schwerbehinderter Menschen zu fördern haben, und unterstreicht durch die Hervorhebung die Pflicht der Interessenvertretungen, an der gesellschaftlichen Aufgabe der Unterstützung schwerbehinderter Menschen mitzuwirken. Die Erfüllung dieser Aufgabe etwa durch die Betriebsräte neben der Schwerbehindertenvertretung ist u. a. deshalb entscheidend, da den Betriebsräten weit mehr Durchsetzungsmöglichkeiten durch Beschlussverfahren, Zustimmungsverweigerung bei Einstellungen und Versetzungen sowie die durch Einigungsstelle zur Seite stehen als

288 Siehe § 85 Rn. 4–8.
289 Schmitz in FKS-SGB IX, § 92 Rn. 6.

den Schwerbehindertenvertretungen.[290] In Satz 2 wird die Aufgabe der Interessenvertretungen insoweit konkretisiert, als dass diesen hier die Überwachung bestimmter arbeitgeberseitiger Verpflichtungen übertragen wird. Zudem verpflichtet die Norm die Interessenvertretungen, auf die Wahl einer Schwerbehindertenvertretung hinzuwirken.

2. Förderung der Eingliederung

Die Möglichkeiten der Interessenvertretungen, die Eingliederung schwerbehinderter Menschen zu fördern, sind vielfältig. So sollte der Betriebsrat bestrebt sein, eine Regelung über das betriebliche Eingliederungsmanagement[291] abzuschließen und auf eine Integrationsvereinbarung hinzuwirken. Er sollte, wenn der Arbeitgeber seiner Prüfungspflicht nach § 81 Abs. 1 nicht ordnungsgemäß nachkommt, bei Einstellungen die Zustimmung zur Einstellung oder sonstigen personellen Einzelmaßnahmen unter Verweis auf § 99 Abs. 2 Nr. 1 BetrVG verweigern.[292] 2

3. Überwachungsfunktion

Nach Satz 2 obliegt den Interessenvertretungen die Pflicht zur Überwachung, dass der Arbeitgeber gemäß § 71 Abs. 1 fünf % der Arbeitsplätze mit schwerbehinderten Menschen besetzt, dass gemäß § 72 Abs. 1 besonders schwerbehinderte Menschen und über 50-jährige schwerbehinderte Menschen in angemessenem Umfang beschäftigt werden und dass gemäß § 72 Abs. 2 ein angemessener Anteil von Ausbildungsplätzen mit schwerbehinderten Auszubildenden besetzt wird. Darüber hinaus haben sie zu überwachen, ob gemäß § 81 Abs. 1 freie Arbeitsplätze mit schwerbehinderten Menschen besetzt werden können, ob das Benachteiligungsverbot gemäß § 81 Abs. 2 eingehalten wird und ob der öffentliche Arbeitgeber freie Arbeitsplätze an die Agenturen für Arbeit meldet und schwerbehinderte Bewerber gemäß § 82 zum Vorstellungsgespräch einlädt. Zudem haben sie die Durchführung von Integrationsvereinbarungen und des betrieblichen Eingliederungsmanagements zu überwachen. Die Aufzählung in Satz 2 ist nicht abschließend und bezieht daher die Überwachung sämtlicher dem Arbeitgeber im Zusammenhang mit der Eingliederung schwerbehinderter Menschen obliegenden Pflichten ein. 3

4. Wahl der Schwerbehindertenvertretung

Satz 2 verpflichtet die Interessenvertretungen zudem, auf die Wahl der Schwerbehindertenvertretung hinzuwirken. Hierzu können sie, sofern eine Schwerbehindertenvertretung nicht besteht, eine Versammlung der schwerbehinderten und diesen gleichgestellten Menschen zur Wahl des Wahlvorstands einberufen, § 1 Abs. 2 Satz 2 Wahlordnung Schwerbehindertenvertretungen (SchwbVWO). 4

290 Von Seggern in HK-ArbR, § 92 SGB IX Rn. 1.
291 Siehe § 84 Rn. 29–34.
292 Siehe § 81 Rn. 15.

§ 94 Wahl und Amtszeit der Schwerbehindertenvertretung

(1) In Betrieben und Dienststellen, in denen wenigstens fünf schwerbehinderte Menschen nicht nur vorübergehend beschäftigt sind, werden eine Vertrauensperson und wenigstens ein stellvertretendes Mitglied gewählt, das die Vertrauensperson im Falle der Verhinderung durch Abwesenheit oder Wahrnehmung anderer Aufgaben vertritt. Ferner wählen bei Gerichten, denen mindestens fünf schwerbehinderte Richter oder Richterinnen angehören, diese einen Richter oder eine Richterin zu ihrer Schwerbehindertenvertretung. Satz 2 gilt entsprechend für Staatsanwälte oder Staatsanwältinnen, soweit für sie eine besondere Personalvertretung gebildet wird. Betriebe oder Dienststellen, die die Voraussetzungen des Satzes 1 nicht erfüllen, können für die Wahl mit räumlich nahe liegenden Betrieben des Arbeitgebers oder gleichstufigen Dienststellen derselben Verwaltung zusammengefasst werden; soweit erforderlich, können Gerichte unterschiedlicher Gerichtszweige und Stufen zusammengefasst werden. Über die Zusammenfassung entscheidet der Arbeitgeber im Benehmen mit dem für den Sitz der Betriebe oder Dienststellen einschließlich Gerichten zuständigen Integrationsamt.

(2) Wahlberechtigt sind alle in dem Betrieb oder der Dienststelle beschäftigten schwerbehinderten Menschen.

(3) Wählbar sind alle in dem Betrieb oder der Dienststelle nicht nur vorübergehend Beschäftigten, die am Wahltage das 18. Lebensjahr vollendet haben und dem Betrieb oder der Dienststelle seit sechs Monaten angehören; besteht der Betrieb oder die Dienststelle weniger als ein Jahr, so bedarf es für die Wählbarkeit nicht der sechsmonatigen Zugehörigkeit. Nicht wählbar ist, wer kraft Gesetzes dem Betriebs-, Personal-, Richter-, Staatsanwalts- oder Präsidialrat nicht angehören kann.

(4) Bei Dienststellen der Bundeswehr, bei denen eine Vertretung der Soldaten nach dem Bundespersonalvertretungsgesetz zu wählen ist, sind auch schwerbehinderte Soldaten und Soldatinnen wahlberechtigt und auch Soldaten und Soldatinnen wählbar.

(5) Die regelmäßigen Wahlen finden alle vier Jahre in der Zeit vom 1. Oktober bis 30. November statt. Außerhalb dieser Zeit finden Wahlen statt, wenn

1. das Amt der Schwerbehindertenvertretung vorzeitig erlischt und ein stellvertretendes Mitglied nicht nachrückt,
2. die Wahl mit Erfolg angefochten worden ist oder
3. eine Schwerbehindertenvertretung noch nicht gewählt ist.

Hat außerhalb des für die regelmäßigen Wahlen festgelegten Zeitraumes eine Wahl der Schwerbehindertenvertretung stattgefunden, wird die Schwerbehindertenvertretung in dem auf die Wahl folgenden nächsten Zeitraum der regelmäßigen Wahlen neu gewählt. Hat die Amtszeit der Schwerbehindertenvertretung zum Beginn des für die regelmäßigen Wahlen festgelegten Zeitraums noch nicht ein Jahr betragen, wird die Schwerbehindertenvertretung im übernächsten Zeitraum für regelmäßige Wahlen neu gewählt.

(6) Die Vertrauensperson und das stellvertretende Mitglied werden in geheimer und unmittelbarer Wahl nach den Grundsätzen der Mehrheitswahl gewählt. Im Übrigen sind die Vorschriften über die Wahlanfechtung, den Wahlschutz und die Wahlkosten

bei der Wahl des Betriebs-, Personal-, Richter-, Staatsanwalts- oder Präsidialrats sinngemäß anzuwenden. In Betrieben und Dienststellen mit weniger als 50 wahlberechtigten schwerbehinderten Menschen wird die Vertrauensperson und das stellvertretende Mitglied im vereinfachten Wahlverfahren gewählt, sofern der Betrieb oder die Dienststelle nicht aus räumlich weit auseinander liegenden Teilen besteht. Ist in einem Betrieb oder einer Dienststelle eine Schwerbehindertenvertretung nicht gewählt, so kann das für den Betrieb oder die Dienststelle zuständige Integrationsamt zu einer Versammlung schwerbehinderter Menschen zum Zwecke der Wahl eines Wahlvorstandes einladen.

(7) Die Amtszeit der Schwerbehindertenvertretung beträgt vier Jahre. Sie beginnt mit der Bekanntgabe des Wahlergebnisses oder, wenn die Amtszeit der bisherigen Schwerbehindertenvertretung noch nicht beendet ist, mit deren Ablauf. Das Amt erlischt vorzeitig, wenn die Vertrauensperson es niederlegt, aus dem Arbeits-, Dienst- oder Richterverhältnis ausscheidet oder die Wählbarkeit verliert. Scheidet die Vertrauensperson vorzeitig aus dem Amt aus, rückt das mit der höchsten Stimmenzahl gewählte stellvertretende Mitglied für den Rest der Amtszeit nach; dies gilt für das stellvertretende Mitglied entsprechend. Auf Antrag eines Viertels der wahlberechtigten schwerbehinderten Menschen kann der Widerspruchsausschuss bei dem Integrationsamt (§ 119) das Erlöschen des Amtes einer Vertrauensperson wegen grober Verletzung ihrer Pflichten beschließen.

Inhaltsübersicht Rn.

1. Regelungsinhalt

Die Vorschrift regelt die Voraussetzungen der Wahl der Schwerbehindertenvertretung, enthält Bestimmungen zur Wahlberechtigung und Wählbarkeit schwerbehinderter Menschen und zur Amtszeit der Schwerbehindertenvertretung. Die Regelungen zum Wahlverfahren werden durch die Wahlordnung Schwerbehindertenvertretungen (SchwbVWO) ergänzt. 1

2. Voraussetzungen für die Wahl

2 Abs. 1 Satz 1 bestimmt als wesentliche Voraussetzung für die Wahl der Schwerbehindertenvertretung, dass im betreffenden Betrieb bzw. der betreffenden Dienststelle mindestens fünf schwerbehinderte Menschen nicht nur vorübergehend beschäftigt sind. Zu den mindestens fünf schwerbehinderten Menschen zählen auch die den schwerbehinderten gleichgestellten Menschen.[293] In Gerichten, denen mindestens fünf schwerbehinderte Richter angehören, wählen diese eigene Schwerbehindertenvertretungen. Staatsanwälte wählen gemäß Abs. 1 Satz 3 dann eine eigene Schwerbehindertenvertretung, wenn für sie eine eigene Personalvertretung gebildet ist.

2.1 Betriebsbegriff

3 Der Begriff des Betriebes nach dieser Vorschrift bestimmt sich wegen der Verweisung in § 87 Abs. 1 Satz 2 nach dem des BetrVG (bzw. der der Dienststelle nach dem Personalvertretungsrecht). Nach der Rechtsprechung des BAG ist ein Betrieb im Sinne des BetrVG die organisatorische Einheit, innerhalb derer ein Unternehmer allein oder zusammen mit den von ihm beschäftigten Arbeitnehmern bestimmte arbeitstechnische Zwecke fortgesetzt verfolgt. Dazu müssen die in einer Betriebsstätte vorhandenen materiellen und immateriellen Betriebsmittel für den oder die verfolgten arbeitstechnischen Zwecke zusammengefasst, geordnet, gezielt eingesetzt und die Beschäftigten von einem einheitlichen Leitungsapparat gesteuert werden.[294] Abweichend hiervon können nach § 3 BetrVG durch Tarifvertrag und ggf. durch Betriebsvereinbarung oder Abstimmung der Arbeitnehmer andere Strukturen geschaffen werden, die vom Grundsatz der Definition des Betriebsbegriffs abweichen.[295] Besteht eine solche abweichende Vereinbarung, gilt der so gebildete Betrieb auch als Betrieb im Sinne des Abs. 1 Satz 1.[296] Darüber hinaus bestimmt § 4 BetrVG, dass Betriebsteile als selbständige Betriebe gelten, wenn mindestens fünf wahlberechtigte Arbeitnehmer beschäftigt werden und sie räumlich weit vom Hauptbetrieb entfernt oder durch Aufgabenbereich und Organisation eigenständig sind, es sei denn, die Arbeitnehmer eines Betriebsteils, in dem kein eigener Betriebsrat besteht, beschließen, an der Wahl des Betriebsrats im Hauptbetrieb teilzunehmen.[297]

4 Der Begriff der Dienststelle bestimmt sich nach § 6 BPersVG (bzw. den entsprechenden Regelungen der PersVG der Länder). Grundsätzlich ist hiernach als Dienststelle eine tatsächlich organisatorisch verselbständigte Verwaltungseinheit, der ein örtlich und sachlich bestimmtes Aufgabengebiet zur Wahrnehmung zugewiesen ist und die ihren inneren Betriebsablauf eigenverantwortlich bestimmt, anzusehen.[298] Abweichend hiervon gelten

293 Pahlen in Neumann/Pahlen/Majerski-Pahlen, § 94 Rn. 3.
294 BAG – 14.05.1997 – 7 ABR 26/96.
295 Einzelheiten bei Trümner in DKKW, § 3 Rn. 37 ff.
296 Düwell in LPK-SGB IX, § 94 Rn. 22.
297 Einzelheiten bei Trümner in DKKW, § 4 Rn. 31 ff.
298 BAG – 18.01.1990 – 6 AZR 386/89 unter Verweis auf die Rechtsprechung des BVerwG.

gemäß § 6 Abs. 3 BPersVG Nebenstellen und Teile einer Dienststelle, die räumlich weit von dieser entfernt liegen, als selbständige Dienststellen, wenn die Mehrheit ihrer wahlberechtigten Beschäftigten dies in geheimer Abstimmung beschließt.

2.2 Zusammenfassung von Betrieben oder Dienststellen

Nach Abs. 1 Satz 4 können Betriebe oder Dienststellen, die die Voraussetzungen des Satzes 1 nicht erfüllen, für die Wahl mit räumlich nahe liegenden Betrieben des Arbeitgebers oder gleichstufigen Dienststellen derselben Verwaltung zusammengefasst werden; soweit erforderlich, können Gerichte unterschiedlicher Gerichtszweige und Stufen zusammengefasst werden. Es ist nicht erforderlich, dass sämtliche zusammengefassten Betriebe oder Dienststellen die Mindestvoraussetzungen für die Wahl einer Schwerbehindertenvertretung nicht erfüllen. Es reicht aus, wenn dies nur in einem Betrieb der Fall ist und nur diesem weniger als fünf schwerbehinderte Menschen angehören. Dann ist eine Zusammenfassung nach Abs. 1 Satz 4 möglich.[299] **5**

Über die Zusammenfassung entscheidet gemäß Abs. 1 Satz 5 der Arbeitgeber im Benehmen mit dem für den Sitz der Betriebe oder Dienststellen einschließlich Gerichten zuständigen Integrationsamt. Die Interessenvertretungen, z.B. der Gesamtbetriebsrat, haben hierbei kein Mitbestimmungsrecht, allerdings können sie die Zusammenfassung dann, wenn sie sie für notwendig halten, anregen. **6**

2.3 Nicht nur vorübergehende Beschäftigung

Voraussetzung für die Wahl einer Schwerbehindertenvertretung ist, dass im Betrieb oder der Dienststelle mindestens fünf schwerbehinderte oder diesen gleichgestellte Menschen nicht nur vorübergehend beschäftigt sind. Eine zeitliche Begrenzung, wann eine nur vorübergehende Beschäftigung anzunehmen ist, nennt das Gesetz nicht. Im Schrifttum wird unter Bezugnahme auf § 2 Abs. 1 Satz 1 angenommen, dass die Beschäftigung nur dann nicht vorübergehender Natur ist, wenn sie mindestens sechs Monate andauert.[300] Zu beachten ist allerdings, dass § 3 Abs. 1 des vor Inkrafttreten des SGB IX geltenden SchwbG eine konkrete Regelung enthielt, die »vorübergehend« als Zeitraum von sechs Monaten definierte. In Anbetracht der Tatsache, dass § 2 Abs. 1 Satz 1 eine solche Definition nicht mehr enthält, überzeugt diese Auffassung nicht. Vielmehr ist auf die Regelung in § 73 Abs. 3 zurückzugreifen, die einen Arbeitsplatz dann nicht als Arbeitsplatz im Sinne des Teil 2 des Gesetzes ansieht, wenn er nur für die Dauer von höchstens acht Wochen besetzt werden soll. Hieraus kann gefolgert werden, dass eine nicht nur vorübergehende Beschäftigung dann anzunehmen ist, wenn sie den Zeitraum von acht Wochen überschreitet.[301] **7**

---

299 BVerWG – 08.12.1999 – 6 P 11.98.

300 Pahlen in Neumann/Pahlen/Majerski-Pahlen, § 94 Rn. 7.

301 Rehwald in Basiskommentar SGB IX, § 94 Rn. 2, Düwell in LPK-SGB IX, § 94 Rn. 18.

3. Wahl der Vertrauensperson und der Stellvertreter

8 Bei Vorliegen der unter 2. genannten Voraussetzungen kann eine Schwerbehindertenvertretung gewählt werden. Die Schwerbehindertenvertretung besteht aus einer Vertrauensperson und mindestens einem stellvertretenden Mitglied. Jedenfalls in größeren Betrieben ist es sinnvoll, mehrere stellvertretende Mitglieder wählen zu lassen. Im Falle der Verhinderung durch Arbeitsunfähigkeit, Urlaub etc. vertritt die Person die Vertrauensperson, die bei der Wahl nach dieser die meisten Stimmen erhalten hat. Ist auch diese verhindert, richtet sich die weitere Vertretung ebenso nach der Rangfolge der Anzahl der bei der Wahl erzielten Stimmen. Darauf hinzuweisen ist, dass gemäß § 95 Abs. 1 Satz 4 in Betrieben und Dienststellen mit in der Regel mehr als 100 schwerbehinderten Menschen von der Vertrauensperson nach Unterrichtung des Arbeitgebers das mit der höchsten Stimmenzahl gewählte stellvertretende Mitglied, in Betrieben und Dienststellen mit mehr als 200 schwerbehinderten Menschen das mit der nächsthöchsten Stimmzahl gewählte weitere stellvertretende Mitglied zu bestimmten Aufgaben herangezogen werden kann. Insofern unterscheidet sich die Funktion der stellvertretenden Mitglieder der Schwerbehindertenvertretung von der Funktion der Ersatzmitglieder des Betriebsrats.

4. Aktives Wahlrecht

9 Nach Abs. 2 sind alle in dem Betrieb oder der Dienststelle beschäftigten schwerbehinderten Menschen wahlberechtigt. Die Wahlberechtigung besteht auch für die den schwerbehinderten gleichgestellten Menschen. Da das Gesetz keine Einschränkung enthält, kommt es auf Alter, Dauer und Art der Beschäftigung nicht an. Maßgeblich ist allein, dass der schwerbehinderte Mensch zum Zeitpunkt der Wahl im Betrieb beschäftigt wird. Auch leitende Angestellte sind wahlberechtigt. Werden im Betrieb Schwerbehinderte zur Rehabilitation beschäftigt, sind auch sie wahlberechtigt.[302] Nach allgemeiner Meinung sind auch Leiharbeitnehmer dann, wenn sie mindestens drei Monate im Betrieb eingesetzt werden (so auch § 7 BetrVG), wahlberechtigt.

10 Behinderte Menschen, die zum Zeitpunkt der Wahl einen Antrag auf Gleichstellung zwar gestellt haben, über den jedoch noch nicht entschieden ist, sind nicht wahlberechtigt.[303] Bei schwerbehinderten Menschen, deren Schwerbehinderteneigenschaft noch nicht durch eine Feststellung durch das Versorgungsamt nachgewiesen ist, wird es darauf ankommen, ob die Schwerbehinderung offenkundig ist.[304]

5. Passives Wahlrecht (Wählbarkeit)

11 Die Wählbarkeit zur Schwerbehindertenvertretung hängt – anders als das Wahlrecht – nicht von einer bestehenden Schwerbehinderung ab. Voraussetzung für die Wählbarkeit

---

302 BAG – 27.06.2001 – 7 ABR 50/99, BAG – 16.04.2003 – 7 ABR 27/02.
303 Pohl in FKS-SGB IX, § 94 Rn. 21, Pahlen in Neumann/Pahlen/Majerski-Pahlen, § 94 Rn. 23.
304 So auch Pohl in FKS-SGB IX, § 94 Rn. 20.

ist nach Abs. 3 eine nicht nur vorübergehende Beschäftigung, die Vollendung des 18. Lebensjahres am Wahltag und die sechsmonatige Angehörigkeit zum Betrieb. Wenn der Betrieb oder die Dienststelle weniger als ein Jahr besteht, kommt es auf die Dauer der Zugehörigkeit zum Betrieb nicht an.

Ausgenommen vom passiven Wahlrecht sind die Beschäftigten, die kraft Gesetzes dem Betriebs-, Personal-, Richter-, Staatsanwalts- oder Präsidialrat nicht angehören können. Hiermit wird klargestellt, dass z. B. leitende Angestellte, die nach § 5 Abs. 3 BetrVG nicht als Arbeitnehmer gelten und daher gemäß § 8 Abs. 1 in Verbindung mit § 7 BetrVG nicht zum Betriebsrat gewählt werden können, auch nicht zur Schwerbehindertenvertretung gewählt werden können. Auch Leiharbeitnehmer können gemäß § 14 Abs. 2 Satz 1 des Gesetzes zur Regelung der Arbeitnehmerüberlassung (AÜG) nicht in den Betriebsrat des Entleiherbetriebes gewählt werden. Daher scheidet auch für diese eine Wahl zur Schwerbehindertenvertretung aus. 12

6. Wahlrecht und Wählbarkeit in Dienststellen der Bundeswehr

Nach Abs. 4 sind bei Dienststellen der Bundeswehr, bei denen eine Vertretung der Soldaten nach dem Bundespersonalvertretungsgesetz zu wählen ist, schwerbehinderte Soldaten wahlberechtigt und auch Soldaten wählbar. 13

7. Zeitpunkt der Wahlen

Die Wahlen der Schwerbehindertenvertretungen finden einheitlich alle vier Jahre im Zeitraum vom 1. Oktober bis zum 30. November statt. Außerhalb dieses Zeitraums können Wahlen stattfinden, wenn das Amt der Schwerbehindertenvertretung vorzeitig erlischt und ein stellvertretendes Mitglied nicht nachrückt, die Wahl mit Erfolg angefochten worden ist oder eine Schwerbehindertenvertretung noch nicht gewählt worden ist. Ein vorzeitiges Erlöschen des Amtes der Vertrauensperson kommt u. a. durch Niederlegung oder Ausscheiden aus dem Arbeits-, Dienst- oder Richterverhältnis in Betracht. 14

In allen in Abs. 5 Satz 2 genannten Fällen kann die Wahl der Schwerbehindertenvertretung jederzeit stattfinden. Abs. 5 Satz 3 regelt, vergleichbar mit § 13 Abs. 3 BetrVG, dass die Schwerbehindertenvertretung dann, wenn die Wahl außerhalb des regelmäßigen Zeitraums stattgefunden hat, bei der nächsten regelmäßigen Wahl neu zu wählen ist. Wenn allerdings die nächste regelmäßige Wahl innerhalb eines kürzeren Zeitraums als einem Jahr seit Beginn der Amtszeit[305] der Schwerbehindertenvertretung ansteht, wird dieser Wahltermin »ausgelassen«. Die nächste Wahl erfolgt dann erst beim übernächsten regelmäßigen Wahlzeitpunkt. 15

305 Siehe zum Beginn der Amtszeit Abs. 7.

8. Wahlgrundsätze

16 Die Schwerbehindertenvertretung wird gemäß Abs. 6 Satz 1 in geheimer und unmittelbarer Wahl nach den Grundsätzen der Mehrheitswahl gewählt. Für das Wahlverfahren gilt die Wahlordnung Schwerbehindertenvertretungen (SchwbVWO). Diese unterscheidet zwei Wahlverfahren.[306]

8.1 Das förmliche Wahlverfahren

17 Das förmliche Wahlverfahren richtet sich nach den Bestimmungen der §§ 1 bis 17 SchbVWO. Nach § 1 SchbVWO hat die Schwerbehindertenvertretung spätestens acht Wochen vor Ablauf ihrer Amtszeit einen Wahlvorstand zu bestellen. Ist eine Schwerbehindertenvertretung nicht vorhanden, wird der Wahlvorstand in einer Versammlung der schwerbehinderten und diesen gleichgestellten behinderten Menschen gewählt. Zu dieser Versammlung können drei Wahlberechtigte oder der Betriebs- oder Personalrat einladen. Dieses Recht steht nach Abs. 6 Satz 4 auch dem Integrationsamt zu. Der Wahlvorstand hat die Wahl vorzubereiten und insbesondere gemäß § 3 SchbVWO eine Liste der Wahlberechtigten aufzustellen. Er hat gemäß § 5 SchbVWO das Wahlausschreiben zu erlassen und darin u.a. darauf hinzuweisen, wo und wann die Liste der Wahlberechtigten zur Einsicht ausliegt, dass nur wählen kann, wer in die Liste der Wahlberechtigten eingetragen ist, dass Einsprüche gegen die Richtigkeit der Liste der Wahlberechtigten nur vor Ablauf von zwei Wochen seit dem Erlass des Wahlausschreibens beim Wahlvorstand schriftlich eingelegt werden können und dass Wahlvorschläge gemacht werden können. Das Wahlausschreiben muss zudem den Ort, Tag und die Zeit der Stimmabgabe bezeichnen.[307] Des Weiteren enthält die SchbVWO in §§ 9ff. Regelungen zur Stimmabgabe, zum Wahlvorgang, zur Feststellung des Wahlergebnisses und zur Bekanntgabe des Wahlergebnisses.

8.2 Das vereinfachte Wahlverfahren

18 Wenn der Betrieb oder die Dienststelle nicht aus räumlich weiter auseinander liegenden Teilen besteht und dort weniger als fünfzig Wahlberechtigte beschäftigt sind, ist die Schwerbehindertenvertretung in einem vereinfachten Wahlverfahren zu wählen. Ob das vereinfachte Wahlverfahren zur Anwendung kommt, hängt also von der Anzahl der wahlberechtigten schwerbehinderten Menschen ab. Hierbei kommt es auf den Zeitpunkt der Einleitung der Wahl an.[308] Im vereinfachten Wahlverfahren ist kein Wahlvorstand zu bilden. Entweder lädt die Schwerbehindertenvertretung drei Wochen vor Ablauf ihrer Amtszeit die Wahlberechtigten durch Aushang oder sonst in geeigneter Weise zur Wahlversammlung ein, oder, wenn eine Schwerbehindertenvertretung nicht vorhanden ist,

306 Welche hier nur kurz wiedergegeben werden sollen, vgl. im Übrigen Pohl in FKS-SGB IX, § 94 Rn. 38ff.

307 Vgl. § 5 SchbVWO.

308 BAG – 16.11.2005 – 7 ABR 9/05.

kann die Einladung durch drei Wahlberechtigte, den Betriebs- oder Personalrat oder durch das Integrationsamt erfolgen. Die Wahl der Schwerbehindertenvertretung erfolgt auf der Wahlversammlung nach den Bestimmungen des § 20 SchbVWO.

9. Anfechtbarkeit, Wahlschutz und Wahlkosten

Verstöße gegen die in Abs. 6 Satz 1 aufgeführten Grundsätze der Wahl führen zur Nichtigkeit, jedenfalls aber zur Anfechtbarkeit der Wahl. Abs. 6 Satz verweist hinsichtlich der Wahlanfechtung, den Wahlschutz und die Wahlkosten bei der Wahl auf die Vorschriften zur Wahl des Betriebs-, Personal-, Richter-, Staatsanwalts- oder Präsidialrats. Nach § 19 BetrVG kann die Wahl angefochten werden, wenn gegen wesentliche Vorschriften über das Wahlrecht, die Wählbarkeit oder das Wahlverfahren verstoßen worden ist und eine Berichtigung nicht erfolgt ist, es sei denn, dass durch den Verstoß das Wahlergebnis nicht geändert oder beeinflusst werden konnte. Ist bei der Wahl gegen wesentliche Grundsätze der Wahl in so hohem Maße verstoßen worden, dass nicht einmal mehr der Anschein einer dem Gesetz entsprechenden Wahl vorliegt, ist die Wahl nichtig. Die Nichtigkeit hat zur Folge, dass die Wahl rückwirkend unwirksam ist und die Schwerbehindertenvertretung von Anfang an nicht bestanden hat.[309] Ist bei der Wahl dagegen »nur« gegen wesentliche Vorschriften über das Wahlrecht, die Wählbarkeit oder das Wahlverfahren verstoßen worden, kann sie mit Erfolg angefochten werden. Die Anfechtung wirkt dann erst mit rechtskräftiger Entscheidung durch das Gericht.[310] **19**

Wahlschutz bedeutet nach § 20 Abs. 1 und 2 BetrVG, dass niemand die Wahl behindern und insbesondere kein Arbeitnehmer in der Ausübung des aktiven und passiven Wahlrechts beschränkt werden darf. Die Wahl darf nicht durch Zufügung oder Androhung von Nachteilen oder durch Gewährung oder Versprechen von Vorteilen beeinflusst werden. Die Mitglieder des Wahlvorstands, die Wahlbewerber und die Initiatoren der Wahl genießen den besonderen Kündigungsschutz nach § 15 Abs. 3 und 3 a KSchG. Sie dürfen in den dort genannten Zeiträumen nicht ordentlich gekündigt werden. **20**

Der Arbeitgeber hat die Kosten der Wahl zu tragen. Zu diesen Kosten gehören sowohl die Kosten des Wahlvorstands (wie etwa Schreibmaterial, Beschaffung von Stimmzetteln und Wahlurne, Fahrtkosten) als auch die Kosten der Freistellung der Mitglieder des Wahlvorstands als auch derjenigen, die ihr Wahlrecht ausüben. Darüber hinaus gehören zu diesen Kosten entsprechend der zu § 20 Abs. 3 BetrVG ergangenen Rechtsprechung[311] auch die Kosten von erforderlichen Schulungen des Wahlvorstands. **21**

10. Beginn und Ende der Amtszeit

Abs. 7 bestimmt, dass die Amtszeit der Schwerbehindertenvertretung vier Jahre beträgt. Sie beginnt mit der Bekanntgabe des Wahlergebnisses. Falls die vierjährige Amtszeit der **22**

309 Vgl. Trümner in DKKW, § 19 Rn. 47.
310 Vgl. ebda., § 19 Rn. 39, 40.
311 BAG – 07.06.1984 – 6 AZR 3/82.

bestehenden Schwerbehindertenvertretung bei Bekanntgabe des Wahlergebnisses noch nicht abgelaufen ist, beginnt die Amtszeit mit deren Ablauf.

23 Die Amtszeit endet nach vier Jahren. Im Interesse der schwerbehinderten Menschen sollte also darauf geachtet werden, dass keine Lücke zwischen den Amtszeiten der Schwerbehindertenvertretungen entsteht und die Wahl, jedenfalls aber die Bekanntgabe des Wahlergebnisses, jeweils zum selben Datum stattfindet.

24 Die Amtszeit endet vor Ablauf der vier Jahre durch Niederlegung oder Ausscheiden aus dem Arbeits-, Dienst- oder Richterverhältnis bzw. durch den Verlust der Wählbarkeit. Letzteres kommt in Frage, wenn jemandem die Funktion eines leitenden Angestellten übertragen wird.[312] Für den Fall des vorzeitigen Ausscheidens der Vertrauensperson rückt das stellvertretende Mitglied nach. Scheidet auch dieses aus und ist kein weiteres Mitglied gewählt, kann neu gewählt werden.

25 Verletzt die Vertrauensperson grob ihre Pflichten, kann der Widerspruchsausschuss bei dem Integrationsamt auf Antrag eines Viertels der wahlberechtigten schwerbehinderten Menschen das Erlöschen des Amtes beschließen.

26 Die Amtszeit endet nicht, wenn die Anzahl der beschäftigten schwerbehinderten Menschen während der Amtszeit unter die Mindestzahl von fünf fällt.[313]

§ 95 Aufgaben der Schwerbehindertenvertretung

(1) Die Schwerbehindertenvertretung fördert die Eingliederung schwerbehinderter Menschen in den Betrieb oder die Dienststelle, vertritt ihre Interessen in dem Betrieb oder der Dienststelle und steht ihnen beratend und helfend zur Seite. Sie erfüllt ihre Aufgaben insbesondere dadurch, dass sie

1. **darüber wacht, dass die zugunsten schwerbehinderter Menschen geltenden Gesetze, Verordnungen, Tarifverträge, Betriebs- oder Dienstvereinbarungen und Verwaltungsanordnungen durchgeführt, insbesondere auch die dem Arbeitgeber nach den §§ 71, 72 und 81 bis 84 obliegenden Verpflichtungen erfüllt werden,**
2. **Maßnahmen, die den schwerbehinderten Menschen dienen, insbesondere auch präventive Maßnahmen, bei den zuständigen Stellen beantragt,**
3. **Anregungen und Beschwerden von schwerbehinderten Menschen entgegennimmt und, falls sie berechtigt erscheinen, durch Verhandlung mit dem Arbeitgeber auf eine Erledigung hinwirkt; sie unterrichtet die schwerbehinderten Menschen über den Stand und das Ergebnis der Verhandlungen.**

Die Schwerbehindertenvertretung unterstützt Beschäftigte auch bei Anträgen an die nach § 69 Abs. 1 zuständigen Behörden auf Feststellung einer Behinderung, ihres Grades und einer Schwerbehinderung sowie bei Anträgen auf Gleichstellung an die Agentur für Arbeit. In Betrieben und Dienststellen mit in der Regel mehr als 100 schwerbehinderten Menschen kann sie nach Unterrichtung des Arbeitgebers das mit der höchsten Stimmenzahl gewählte stellvertretende Mitglied zu bestimmten Auf-

---

312 Siehe Rn. 12.

313 Pahlen in Neumann/Pahlen/Majerski-Pahlen, § 94 Rn. 34, Rehwald in Basiskommentar SGB IX, § 94 Rn. 23.

gaben heranziehen, in Betrieben und Dienststellen mit mehr als 200 schwerbehinderten Menschen, das mit der nächsthöchsten Stimmzahl gewählte weitere stellvertretende Mitglied. Die Heranziehung zu bestimmten Aufgaben schließt die Abstimmung untereinander ein.

(2) Der Arbeitgeber hat die Schwerbehindertenvertretung in allen Angelegenheiten, die einen einzelnen oder die schwerbehinderten Menschen als Gruppe berühren, unverzüglich und umfassend zu unterrichten und vor einer Entscheidung anzuhören; er hat ihr die getroffene Entscheidung unverzüglich mitzuteilen. Die Durchführung oder Vollziehung einer ohne Beteiligung nach Satz 1 getroffenen Entscheidung ist auszusetzen, die Beteiligung ist innerhalb von sieben Tagen nachzuholen; sodann ist endgültig zu entscheiden. Die Schwerbehindertenvertretung hat das Recht auf Beteiligung am Verfahren nach § 81 Abs. 1 und beim Vorliegen von Vermittlungsvorschlägen der Bundesagentur für Arbeit nach § 81 Abs. 1 oder von Bewerbungen schwerbehinderter Menschen das Recht auf Einsicht in die entscheidungsrelevanten Teile der Bewerbungsunterlagen und Teilnahme an Vorstellungsgesprächen.

(3) Der schwerbehinderte Mensch hat das Recht, bei Einsicht in die über ihn geführte Personalakte oder ihn betreffende Daten des Arbeitgebers die Schwerbehindertenvertretung hinzuzuziehen. Die Schwerbehindertenvertretung bewahrt über den Inhalt der Daten Stillschweigen, soweit sie der schwerbehinderte Mensch nicht von dieser Verpflichtung entbunden hat.

(4) Die Schwerbehindertenvertretung hat das Recht, an allen Sitzungen des Betriebs-, Personal-, Richter-, Staatsanwalts- oder Präsidialrates und deren Ausschüssen sowie des Arbeitsschutzausschusses beratend teilzunehmen; sie kann beantragen, Angelegenheiten, die einzelne oder die schwerbehinderten Menschen als Gruppe besonders betreffen, auf die Tagesordnung der nächsten Sitzung zu setzen. Erachtet sie einen Beschluss des Betriebs-, Personal-, Richter-, Staatsanwalts- oder Präsidialrates als eine erhebliche Beeinträchtigung wichtiger Interessen schwerbehinderter Menschen oder ist sie entgegen Absatz 2 Satz 1 nicht beteiligt worden, wird auf ihren Antrag der Beschluss für die Dauer von einer Woche vom Zeitpunkt der Beschlussfassung an ausgesetzt; die Vorschriften des Betriebsverfassungsgesetzes und des Personalvertretungsrechtes über die Aussetzung von Beschlüssen gelten entsprechend. Durch die Aussetzung wird eine Frist nicht verlängert. In den Fällen des § 21 e Abs. 1 und 3 des Gerichtsverfassungsgesetzes ist die Schwerbehindertenvertretung, außer in Eilfällen, auf Antrag eines betroffenen schwerbehinderten Richters oder einer schwerbehinderten Richterin vor dem Präsidium des Gerichtes zu hören.

(5) Die Schwerbehindertenvertretung wird zu Besprechungen nach § 74 Abs. 1 des Betriebsverfassungsgesetzes, § 66 Abs. 1 des Bundespersonalvertretungsgesetzes sowie den entsprechenden Vorschriften des sonstigen Personalvertretungsrechtes zwischen dem Arbeitgeber und den in Absatz 4 genannten Vertretungen hinzugezogen.

(6) Die Schwerbehindertenvertretung hat das Recht, mindestens einmal im Kalenderjahr eine Versammlung schwerbehinderter Menschen im Betrieb oder in der Dienststelle durchzuführen. Die für Betriebs- und Personalversammlungen geltenden Vorschriften finden entsprechende Anwendung.

(7) Sind in einer Angelegenheit sowohl die Schwerbehindertenvertretung der Richter und Richterinnen als auch die Schwerbehindertenvertretung der übrigen Bediensteten beteiligt, so handeln sie gemeinsam.

(8) Die Schwerbehindertenvertretung kann an Betriebs- und Personalversammlungen in Betrieben und Dienststellen teilnehmen, für die sie als Schwerbehindertenvertretung zuständig ist, und hat dort ein Rederecht, auch wenn die Mitglieder der Schwerbehindertenvertretung nicht Angehörige des Betriebes oder der Dienststelle sind.

Inhaltsübersicht Rn.

1. Regelungsinhalt

1 Die Norm enthält Bestimmungen über die Aufgaben und Rechte der Schwerbehindertenvertretung. Abs. 1 nennt hier an erster Stelle die Förderung der Eingliederung schwerbehinderter Menschen in den Betrieb oder die Dienststelle. Die Schwerbehindertenvertretung hat die Interessen der schwerbehinderten Menschen zu vertreten und ihnen beratend und helfend zur Seite zu stehen. Abs. 1 Satz 2 und 3 enthalten die der Schwerbehindertenvertretung zugewiesenen Aufgaben. Die genannte Aufzählung der Aufgaben ist nicht als abschließend anzusehen. Abs. 2 gibt der Schwerbehindertenvertretung einen Anspruch auf Unterrichtung und Anhörung durch den Arbeitgeber in Angelegenheiten, die einen einzelnen oder die schwerbehinderten Menschen als Gruppe berühren. Nach Abs. 3 kann die Schwerbehindertenvertretung von den schwerbehinderten Menschen bei der Einsicht in die Personalakte hinzugezogen werden. Darüber hinaus enthält die Norm in den Absätzen 4 und 5 Bestimmungen über die Teilnahmerechte der Schwerbehindertenvertretung an den Sitzungen der Interessenvertretungen bzw. an den Monatsgesprächen nach § 74 BetrVG bzw. 66 BPersVG und regelt in Abs. 6 das Recht der Schwerbehindertenvertretung, Versammlungen der schwerbehinderten Menschen im Betrieb oder

in der Dienststelle durchzuführen. Nach Abs. 8 hat die Schwerbehindertenvertretung zudem das Recht, an Betriebsversammlungen teilzunehmen.

2. Förderung der schwerbehinderten Menschen

Abs. 1 Satz 1 statuiert die wesentlichsten Aufgaben der Schwerbehindertenvertretung. Die Schwerbehindertenvertretung hat die Eingliederung schwerbehinderter Menschen in den Betrieb zu fördern, deren Interessen zu vertreten und ihnen beratend und helfend zur Seite zu stehen. Hiermit wird die gesellschaftliche Aufgabe, einer möglichst großen Anzahl an schwerbehinderten Menschen die Teilnahme am Arbeitsleben zu ermöglichen, auch zur Aufgabe der Schwerbehindertenvertretung gemacht. Soweit die Schwerbehindertenvertretung den schwerbehinderten Menschen beratend und helfend zur Seite stehen soll, sind hiervon sämtliche Probleme erfasst, denen sich schwerbehinderte Menschen im Arbeitsleben ausgesetzt sehen. Die Schwerbehindertenvertretung hat insofern die Aufgabe, als erster Ansprechpartner zu fungieren, an die sich die schwerbehinderten Menschen vertrauensvoll wenden können. Aus dem Wortlaut der Norm ergibt sich, dass die Aufgabe der Förderung der Eingliederung und die des beratenden und helfenden Zur-Seite-Stehens sich auch auf die schwerbehinderten Menschen bezieht, die (noch) nicht dem Betrieb angehören. Aufgabe der Schwerbehindertenvertretung ist es also auch, schwerbehinderte Menschen bei der Bewerbung zu unterstützen.[314] 2

3. Überwachungsaufgabe nach Abs. 1 Satz 2 Nr. 1

In Abs. 1 Satz 2 Nr. 1 sind der Schwerbehindertenvertretung verschiedene Überwachungsaufgaben zugewiesen. Hierzu gehören u. a. die Überwachung der Verpflichtung des Arbeitgebers, gemäß § 71 Abs. 1 fünf % der Arbeitsplätze mit schwerbehinderten Menschen zu besetzen, die Verpflichtung gemäß § 72 Abs. 1, besonders schwerbehinderte Menschen und über 50-jährige schwerbehinderte Menschen in angemessenem Umfang zu beschäftigen sowie die Überwachung zur Verpflichtung des Arbeitgebers gemäß § 72 Abs. 2, einen angemessenen Anteil von Ausbildungsplätzen mit schwerbehinderten Auszubildenden zu besetzen. Die Überwachungsaufgabe besteht weiter dahingehend, ob gemäß § 81 Abs. 1 freie Arbeitsplätze mit schwerbehinderten Menschen besetzt werden können, ob das Benachteiligungsverbot gemäß § 81 Abs. 2 eingehalten wird und ob der öffentliche Arbeitgeber freie Arbeitsplätze an die Agenturen für Arbeit meldet und schwerbehinderte Bewerber gemäß § 82 zum Vorstellungsgespräch einlädt. Zudem hat sie im Rahmen ihres Beteiligungsrechtes am betrieblichen Eingliederungsmanagement darauf zu achten, dass das Verfahren nach § 84 eingehalten wird und kann ihren Anspruch auf Abschluss einer Integrationsvereinbarung geltend machen. Die Überwachungsaufgabe bezieht sich darüber hinaus auf alle Normen (Gesetze auch außerhalb des SGB IX, Verordnungen, Tarifverträge, Betriebs- oder Dienstvereinbarungen und Verwaltungsanordnungen), die zugunsten schwerbehinderter Menschen bestehen. 3

314 Rehwald in Basiskommentar SGB IX, § 95 Rn. 4.

4. Antragsrecht nach Abs. 1 Satz 2 Nr. 2

4 Nach Abs. 1 Nr. 2 kann die Schwerbehindertenvertretung bei den zuständigen Stellen Maßnahmen beantragen, die den schwerbehinderten Menschen dienen. Dieses Recht bezieht sich auf Anträge gegenüber den innerbetrieblichen Stellen (Beauftragte nach § 98, Betriebsärzte etc.) und außerbetrieblichen Stellen (Integrationsämter, Versorgungsämter, Bundesagentur für Arbeit etc.). Beantragt werden können sämtliche Maßnahmen, die den schwerbehinderten Menschen dienen. Dies sind u. a. Maßnahmen für die behindertengerechte Gestaltung der Arbeitsplätze, Leistungen und Hilfen zur Teilhabe am Arbeitsleben und auch Leistungen zur medizinischen Rehabilitation. Bei Maßnahmen, die konkret einen schwerbehinderten Menschen betreffen, sollte zuvor dessen Zustimmung eingeholt werden. Das Antragsrecht umfasst nicht die Stellung von Anträgen bei Behörden im Namen des schwerbehinderten Menschen.

5. Anregungen und Beschwerden nach Abs. 1 Satz 2 Nr. 3

5 Nach Abs. 1 Satz 2 Nr. 3 haben die Schwerbehindertenvertretungen Anregungen und Beschwerden von schwerbehinderten Menschen entgegenzunehmen. Sofern die Anregung oder Beschwerde für berechtigt erachtet wird, hat die Schwerbehindertenvertretung in Verhandlungen mit dem Arbeitgeber auf eine Erledigung hinzuwirken.

6 Da das Gesetz keine Regelung dazu enthält, welche Rechtsfolge eintritt, wenn kein Einvernehmen zwischen Schwerbehindertenvertretung und Arbeitgeber hinsichtlich einer Erledigung erzielt wird, sollte im Einzelfall geprüft werden, ob die Beschwerde vom Betriebsrat im Rahmen des § 85 BetrVG behandelt werden kann. Dieser hat – anders als die Schwerbehindertenvertretung – die Möglichkeit, bei Nichteinigung mit dem Arbeitgeber über die Berechtigung der Beschwerde die Einigungsstelle anzurufen, welche durch einen Spruch entscheiden kann.[315]

6. Unterstützung bei Anträgen auf Feststellung des GdB bzw. auf Gleichstellung

7 In Anbetracht der nicht einfach zu beurteilenden Erfolgsaussichten von entsprechenden Anträgen und der Rechtsprechung des BAG zur fristgerechten Antragstellung im Zusammenhang mit Kündigungen[316] kommt dieser Pflicht der Schwerbehindertenvertretung erhebliche Bedeutung zu. Auf die Möglichkeit dieser Unterstützung sollte die Schwerbehindertenvertretung auf Betriebs- oder Schwerbehindertenversammlungen hinweisen.

7. Stellvertreter der Vertrauensperson

8 Die Schwerbehindertenvertretung besteht aus einer Vertrauensperson. Für den Fall ihrer Verhinderung nehmen die gewählten stellvertretenden Mitglieder in der Rangfolge der

315 Einzelheiten bei Trümner in DKKW, § 85 Rn. 16ff.
316 Siehe § 85 Rn. 13–18.

bei der Wahl erzielten Stimmen die Aufgaben der Schwerbehindertenvertretung für die Dauer der Verhinderung wahr.[317] Darüber hinaus regelt Abs. 1 Satz 4, dass in Betrieben und Dienststellen mit in der Regel mehr als 100 schwerbehinderten Menschen von der Vertrauensperson nach Unterrichtung des Arbeitgebers das mit der höchsten Stimmenzahl gewählte stellvertretende Mitglied, in Betrieben und Dienststellen mit mehr als 200 schwerbehinderten Menschen das mit der nächsthöchsten Stimmzahl gewählte weitere stellvertretende Mitglied zu bestimmten Aufgaben herangezogen werden kann. Ob die Schwerbehindertenvertretung hiervon Gebrauch macht, entscheidet die Vertrauensperson nach freiem Ermessen. Selbstverständlich muss die Heranziehung für die Durchführung der Aufgaben der Schwerbehindertenvertretung erforderlich sein, da die stellvertretenden Mitglieder nur dann einen Anspruch auf Freistellung von der beruflichen Tätigkeit nach § 96 Abs. 4 Satz 1 haben.[318] Der Arbeitgeber ist über die Heranziehung zu unterrichten, eine Zustimmung des Arbeitgebers ist nicht erforderlich.[319]

Nach Auffassung des BAG kann die Vertrauensperson für den Fall, dass das mit der **9** höchsten Stimmenzahl gewählte stellvertretende Mitglied verhindert ist, nicht an dessen Stelle das mit der nächsthöchsten Stimmzahl gewählte weitere stellvertretende Mitglied heranziehen. Dies ergäbe sich aus dem Wortlaut und dem Zweck des Gesetzes.[320] Die Entscheidung des BAG erging allerdings zu einer Zeit, als das Gesetz insgesamt nur die Heranziehung eines stellvertretenden Mitglieds in Betrieben und Dienststellen mit mehr als 200 schwerbehinderten Menschen vorsah. Inwieweit die Rechtsprechung nach der Erweiterung dieses Heranziehungsrecht auf Betriebe und Dienststellen mit mehr als 100 schwerbehinderten Menschen zum 1. Mai 2004 noch Bestand hat, ist bislang nicht entschieden.[321]

8. Unterrichtungs- und Anhörungsrechte nach Abs. 2

Abs. 2 Satz 1 bestimmt, dass der Arbeitgeber die Schwerbehindertenvertretung in allen **10** Angelegenheiten, die einen einzelnen oder die schwerbehinderten Menschen als Gruppe berühren, unverzüglich und umfassend zu unterrichten und vor einer Entscheidung anzuhören hat und ihr die getroffene Entscheidung unverzüglich mitzuteilen hat.

Das Unterrichtungsrecht besteht, wenn es um Angelegenheiten geht, die die schwer- **11** behinderten Menschen betreffen. Es besteht daher nicht nur, wenn die Maßnahme sie unmittelbar betrifft. Auch wenn eine mittelbare Betroffenheit gegeben ist, muss der Arbeitgeber die Schwerbehindertenvertretung unterrichten und vor einer Entscheidung anhören. Wann eine Maßnahme die schwerbehinderten Menschen mittelbar betrifft und wann es sich um Angelegenheiten handelt, die alle Beschäftigten betreffen, ist nur im Einzelfall feststellbar. Das BAG ist der Auffassung, dass ein Unterrichtungsrecht der

317 Siehe § 94 Rn. 8.
318 § 96 Abs. 4 Satz 1 gilt auch für die Stellvertreter: Schmitz in FKS-SGB IX, § 96 Rn. 20.
319 Düwell in LPK-SGB IX, § 95 Rn. 28.
320 BAG – 07.04.2004 – 7 ABR 35/03.
321 Siehe hierzu Düwell in LPK-SGB IX, § 95 Rn. 3, der die Aufrechterhaltung dieser Rechtsprechung bezweifelt.

Schwerbehindertenvertretung dann nicht besteht, wenn sich eine Angelegenheit in gleicher Weise auf alle Beschäftigten auswirkt, unabhängig davon, ob sie schwerbehindert sind oder nicht. Die gleiche Mitbetroffenheit berühre weder den einzelnen schwerbehinderten Menschen noch die schwerbehinderten Menschen als Gruppe im Sinne des Gesetzes. In einem solchen Fall brauche der einzelne schwerbehinderte Mensch keine Beratung oder helfende Unterstützung. Die Vertretung allgemeiner Arbeitnehmerinteressen sei durch das Betriebsverfassungsgesetz dem Betriebsrat oder durch die Personalvertretungsgesetze dem Personalrat und nicht der Schwerbehindertenvertretung zugewiesen.[322]

12 Wenn allerdings eine Angelegenheit zwar alle Beschäftigten betrifft, die schwerbehinderten Beschäftigten aber im besonderen Maße betroffen sind, löst diese Angelegenheit das Unterrichtungsrecht aus. Dies kann etwa dann der Fall sein, wenn der Arbeitgeber ein Schichtsystem einführt, da die schwerbehinderten Menschen hierdurch, je nach Art der Behinderung, stärker betroffen sind als die nicht behinderten Beschäftigten.[323]

13 Die Unterrichtung muss umfassend erfolgen, d. h., der Arbeitgeber muss der Schwerbehindertenvertretung alle für die Entscheidung erheblichen Informationen mitteilen.

14 Zudem hat die Unterrichtung unverzüglich, also ohne schuldhaftes Zögern im Sinne des § 121 Abs. 1 BGB zu erfolgen. Da die Schwerbehindertenvertretung nach Abs. 2 Satz 1 auch anzuhören ist, muss die Unterrichtung jedenfalls so rechtzeitig erfolgen, dass die Schwerbehindertenvertretung in der Lage ist, eine Stellungnahme abgeben zu können.

9. Nachholung der Beteiligung

15 Abs. 2 Satz 2 schreibt vor, dass die Durchführung oder Vollziehung einer ohne Beteiligung der Schwerbehindertenvertretung getroffenen Entscheidung auszusetzen und die Beteiligung innerhalb von sieben Tagen nachzuholen ist. Dies bedeutet, dass die Durchführung der Entscheidung so lange verboten ist, bis die Beteiligung nachgeholt wurde. Wenn die Entscheidung bereits durchgeführt ist, kommt eine Aussetzung und Nachholung der Beteiligung nicht mehr in Frage.

16 Die Schwerbehindertenvertretung muss die Aussetzung gegenüber dem Arbeitgeber geltend machen und kann ihren Anspruch auch mittels einstweiliger Verfügung beim Arbeitsgericht durchsetzen.[324] Bis zur nachgeholten Beteiligung der Schwerbehindertenvertretung bleibt die Maßnahme unwirksam und darf nicht vollzogen werden.

17 Nicht geklärt ist, welche Rechtsfolge eintritt, wenn die Beteiligung trotz (ggf. gerichtlich durchgesetzten) Aussetzungsverlangens nicht innerhalb von sieben Tagen nachgeholt wird. Mit guten Gründen wird vertreten, dass eine Beteiligung nach Ablauf der Frist nicht mehr dazu führen kann, dass der Arbeitgeber die Entscheidung rechtswirksam umsetzen kann. Anderenfalls hätte die Bestimmung in Abs. 2 Satz 2 keine Bedeutung und würde nur reinen Formalismus darstellen.[325] Anderer Auffassung nach kann die Beteiligung

---

322 BAG – 17.08.2010 – 9 ABR 83/09.
323 Und ggf. einen Anspruch auf behinderungsgerechte Gestaltung der Arbeitszeit haben.
324 Pahlen in Neumann/Pahlen/Majerski-Pahlen, § 95 Rn. 11 a.
325 Rehwald in Basiskommentar SGB IX, § 95 Rn. 18.

auch noch nach Ablauf der Frist nachgeholt werden und die Maßnahme danach vom Arbeitgeber wirksam durchgeführt werden.[326] Für die erstgenannte Auffassung spricht der Wortlaut der Norm, da hiernach die Beteiligung innerhalb von sieben Tagen nachzuholen ist. Die Nennung der Frist wäre in der Tat unnötig, wenn sie keine Bedeutung hätte. Auch ist sie nicht als Soll-Bestimmung formuliert. Eine höchstrichterliche Entscheidung liegt zu dieser Frage, soweit ersichtlich, nicht vor.

10. Folgen unterbliebener Beteiligung

Auch die Folgen einer gänzlich unterbliebenen Beteiligung der Schwerbehindertenvertretung im Rahmen des Abs. 2 Satz 2 werden unterschiedlich beurteilt. Die überwiegende Meinung im Schrifttum geht davon aus, dass die unterbliebene Beteiligung der Schwerbehindertenvertretung nach Abs. 2 nicht zur Unwirksamkeit der Maßnahme führe und begründet dies u. a. damit, dass das Gesetz eine Regelung über die Rechtsfolge, wie etwa § 102 Abs. 1 Satz 2 BetrVG (»Eine ohne Anhörung des Betriebsrats ausgesprochene Kündigung ist unwirksam.«), nicht enthält.[327] Dem wird entgegengehalten, dass das Gesetz dem Wortlaut nach eine schwebende Unwirksamkeit der Arbeitgeberentscheidung andeute.[328] Unter Verweis auf die Ausführungen zur unterbliebenen Nachholung der Beteiligung innerhalb der Frist von sieben Tagen[329] ist dieser Auffassung zu folgen. Das BAG hat allerdings, ohne auf die Argumente derjenigen einzugehen, die bereits eine entsprechende Entscheidung des BAG aus dem Jahre 1983[330] kritisiert haben, seine dort vertretene Rechtsauffassung im Jahre 2007 bestätigt und daran festgehalten, dass die fehlende Beteiligung der Schwerbehindertenvertretung nicht zur Unwirksamkeit der Kündigung führt.[331] 18

Hinsichtlich der fehlenden Anhörung im Bereich des Öffentlichen Dienstes gilt allerdings, dass eine fehlende Beteiligung der Schwerbehindertenvertretung zur Anfechtung der Entscheidung führt. Die fehlende Beteiligung kann dann unbeachtlich sein, wenn die unterbliebene Anhörung der Schwerbehindertenvertretung die Entscheidung in der Sache nicht beeinflusst hätte.[332] 19

11. Beteiligung am Bewerbungsverfahren

Abs. 2 Satz 3 gibt der Schwerbehindertenvertretung das Recht, am Verfahren nach § 81 Abs. 1 beteiligt zu werden. Dieses Recht korrespondiert mit der Verpflichtung des Arbeitgebers, die Schwerbehindertenvertretung beim Verfahren nach § 81 Abs. 1 einzubeziehen. Auf die dortige Kommentierung wird daher verwiesen.[333] 20

---

326 Pahlen in Neumann/Pahlen/Majerski-Pahlen, § 95 Rn. 11 a.
327 Ebda., § 95 Rn. 9.
328 Schmitz in FKS-SGB IX, § 95 Rn. 32.
329 Rn. 17.
330 BAG – 28.07.1983 – 2 AZR 122/82.
331 BAG – 28.06.2007 – 6 AZR 750/06.
332 VG Berlin – 18.08.2008 – VG 7 A 92.07.
333 § 81 Rn. 7, 10, 11.

12. Einsichtnahme in Personalakten

21 Nach Abs. 3 hat der schwerbehinderte Mensch das Recht, bei Einsicht in die über ihn geführte Personalakte die Schwerbehindertenvertretung hinzuzuziehen. Das Recht an sich, Einsicht in die Personalakte zu nehmen, ergibt sich aus § 83 Abs. 1 Satz 1 BetrVG (bzw. aus § 3 Abs. 5 TVöD oder § 110 Abs. 1 BBG). Diese Norm entspricht im Übrigen Abs. 3 und gibt dem Beschäftigten das Recht, ein Mitglied des Betriebsrats bei der Einsichtnahme hinzuzuziehen. Das Einsichtsrecht besteht grundsätzlich jederzeit und ist während der Arbeitszeit zu ermöglichen. Abs. 3 Satz 2 enthält eine besondere Bestimmung über die Verschwiegenheit.

13. Teilnahme an Sitzungen der Interessenvertretungen

22 Die Schwerbehindertenvertretung hat das Recht, an allen Sitzungen der Interessenvertretungen und deren Ausschüssen teilzunehmen. Das Recht bezieht sich also z. B. nicht nur auf die Teilnahme an den Sitzungen des Betriebsrats, sondern auch auf die Teilnahme an Sitzungen von allen vom Betriebsrat gebildeten Ausschüssen, auch des Wirtschaftsausschusses und gemeinsamer Ausschüsse des Betriebsrats und des Arbeitgebers.[334]

23 Gemäß § 29 Abs. 2 Satz 3 und 4 BetrVG (bzw. nach § 34 Abs. 2 Satz 3 und 4 BPersVG) ist die Schwerbehindertenvertretung zu den Sitzungen unter Mitteilung der Tagesordnung einzuladen. Die Schwerbehindertenvertretung kann nach Abs. 4 verlangen, dass Angelegenheiten, die einzelne oder die schwerbehinderten Menschen als Gruppe besonders betreffen, auf die Tagesordnung der nächsten Sitzung genommen werden. Gemäß § 34 Abs. 3 BPersVG hat sie im Anwendungsbereich des BPersVG darüber hinaus ein eigenes Antragsrecht auf Anberaumung einer Sitzung zu Angelegenheiten, die besonders schwerbehinderte Beschäftigte betreffen.

24 Die Schwerbehindertenvertretung hat auf den Sitzungen kein Stimm-, sondern ein Beratungsrecht, § 32 BetrVG.

14. Aussetzung von Beschlüssen

25 Die Schwerbehindertenvertretung kann beantragen, dass ein Beschluss der Interessenvertretung ausgesetzt wird. Voraussetzung ist, dass sie den Beschluss als eine erhebliche Beeinträchtigung wichtiger Interessen schwerbehinderter Menschen erachtet oder sie entgegen Absatz 2 Satz 1 nicht beteiligt worden ist. Die Schwerbehindertenvertretung hat ihren Antrag zu begründen und hat hierbei einen weiten Beurteilungsspielraum.[335] Die Folge eines solchen Antrags ist, dass der Beschluss für den Zeitraum von einer Woche ausgesetzt wird; er kann also nicht umgesetzt werden. Innerhalb der Woche sollen sich die Schwerbehindertenvertretung und die betreffende Interessenvertretung verständigen bzw. soll die Beteiligung nach Abs. 2 Satz 1 nachgeholt werden. Nach Ablauf der Frist ist erneut

---

334 BAG – 08. 02. 1989 – 7 ABR 83/86, BAG – 21. 04. 1993 – 7 ABR 44/92.
335 Schmitz in FKS-SGB IX, § 95 Rn. 44.

über die Angelegenheit zu beschließen. Eine weitere Aussetzung in derselben Angelegenheit ist ausgeschlossen.[336]

Zu beachten ist, dass nach Abs. 4 Satz 3 durch die Aussetzung andere Fristen nicht verlängert werden. Die Aussetzung kann also dazu führen, dass der Betriebsrat nicht in der Lage ist, rechtzeitig innerhalb der Wochenfrist einen Widerspruch zu einer Kündigung gemäß § 102 Abs. 3 BetrVG zu beschließen. Zudem kann die Zustimmungsfiktion des § 99 Abs. 3 BetrVG eintreten, wenn der Betriebsrat wegen der Aussetzung seine Zustimmung zu einer Einstellung oder Versetzung oder anderen personellen Einzelmaßnahme nicht innerhalb einer Woche verweigern kann. 26

15. Teilnahme an Besprechungen

Nach Abs. 5 hat die Schwerbehindertenvertretung das Recht, zu den Besprechungen nach § 74 Abs. 1 des BetrVG bzw. § 66 Abs. 1 des BPersVG (bzw. den PersVG der Länder) hinzugezogen zu werden. Dieses Recht besteht unabhängig davon, ob Angelegenheiten, die schwerbehinderte Beschäftigte betreffen, Inhalt der Besprechung sind. Sinnvoll ist es allerdings, dass sich die Schwerbehindertenvertretung mit dem Betriebsrat abstimmt, so dass eine Teilnahme an jeder Besprechung entbehrlich ist und nur dann stattfindet, wenn in den Besprechungen die Interessen der schwerbehinderten Beschäftigten betroffen sind. 27

16. Versammlung der schwerbehinderten Menschen

Mindestens einmal im Kalenderjahr kann die Schwerbehindertenvertretung eine Versammlung schwerbehinderter Menschen im Betrieb oder in der Dienststelle durchführen. »Mindestens« bedeutet, dass eine solche Versammlung auch mehrmals im Kalenderjahr durchgeführt werden kann. Dies ist jedenfalls dann sinnvoll, wenn die Weitergabe von Informationen an die schwerbehinderten Menschen notwendig wird. Wegen des Verweises in Abs. 6 Satz 2 gilt auch § 43 Abs. 3 BetrVG entsprechend, so dass die Schwerbehindertenvertretung verpflichtet ist, auf Wunsch des Arbeitgebers oder einem Viertel der schwerbehinderten Beschäftigten eine Versammlung einzuberufen. Die Versammlungen finden grundsätzlich während der Arbeitszeit statt, Fahrtzeiten sind zu vergüten.[337] 28

17. Zusammenarbeit gerichtlicher Schwerbehindertenvertretungen

Da bei den Gerichten sowohl Schwerbehindertenvertretungen der Richter sowie solche der übrigen bei den Gerichten Beschäftigten bestehen können, verpflichtet Abs. 7 diese Schwerbehindertenvertretungen, in Angelegenheiten, in der sowohl die Schwerbehindertenvertretung der Richter als auch die Schwerbehindertenvertretung der übrigen Bediensteten beteiligt ist, gemeinsam zu handeln. 29

---

336 Rehwald in Basiskommentar SGB IX, § 95 Rn. 35.
337 Zu den Einzelheiten siehe Trümner in DKKW, § 44 Rn. 3 ff.

18. Teilnahme an Betriebs- und Personalversammlungen

30 Abs. 8 gibt der Schwerbehindertenvertretung das Recht zur Teilnahme an Betriebs- und Personalversammlungen. Auf diesen Versammlungen hat sie ein Rederecht. Da Betriebe gemäß § 94 Abs. 1 Satz 4 zusammengefasst werden können und damit die Möglichkeit besteht, dass die Schwerbehindertenvertretung nicht dem Betrieb angehört, bei dem eine (gemäß § 42 Abs. 1 Satz 2 BetrVG nicht öffentliche) Betriebsversammlung stattfindet, wird ihr in Abs. 8 zudem das Recht eingeräumt, auch an Versammlungen von Betrieben teilzunehmen, denen sie nicht angehört.

19. Rechtsdurchsetzung, Rechtsweg

31 Sämtliche in § 95 der Schwerbehindertenvertretung eingeräumten Rechte kann die Schwerbehindertenvertretung selbständig gerichtlich durchsetzen. Sie kann also insbesondere ihr Recht auf Unterrichtung in Angelegenheiten, die einen einzelnen oder die schwerbehinderten Menschen als Gruppe berühren, ihr Recht auf Teilnahme an Bewerbungsgesprächen sowie ihr Recht, Versammlungen schwerbehinderter Menschen durchzuführen, durchsetzen. Die richtige Verfahrensart ist das Beschlussverfahren vor dem Arbeitsgericht. Dies gilt auch dann, wenn die Schwerbehindertenvertretung in einer Dienststelle des öffentlichen Dienstes, in der Personalvertretungsrecht gilt, errichtet ist. Die insoweit maßgebliche Norm des § 2 a Abs. 1 Nr. 3 a ArbGG enthält nicht nur eine Regelung zur Verfahrensart (Beschlussverfahren), sondern bestimmt auch den Rechtsweg zu den Arbeitsgerichten.[338]

§ 96 Persönliche Rechte und Pflichten der Vertrauenspersonen der schwerbehinderten Menschen

(1) Die Vertrauenspersonen führen ihr Amt unentgeltlich als Ehrenamt.

(2) Die Vertrauenspersonen dürfen in der Ausübung ihres Amtes nicht behindert oder wegen ihres Amtes nicht benachteiligt oder begünstigt werden; dies gilt auch für ihre berufliche Entwicklung.

(3) Die Vertrauenspersonen besitzen gegenüber dem Arbeitgeber die gleiche persönliche Rechtsstellung, insbesondere den gleichen Kündigungs-, Versetzungs- und Abordnungsschutz wie ein Mitglied des Betriebs-, Personal-, Staatsanwalts- oder Richterrates. Das stellvertretende Mitglied besitzt während der Dauer der Vertretung und der Heranziehung nach § 95 Abs. 1 Satz 4 die gleiche persönliche Rechtsstellung wie die Vertrauensperson, im Übrigen die gleiche Rechtsstellung wie Ersatzmitglieder der in Satz 1 genannten Vertretungen.

(4) Die Vertrauenspersonen werden von ihrer beruflichen Tätigkeit ohne Minderung des Arbeitsentgelts oder der Dienstbezüge befreit, wenn und soweit es zur Durchführung ihrer Aufgaben erforderlich ist. Sind in den Betrieben und Dienststellen in

338 LAG Nürnberg – 22.10.2007 – 6 Ta 155/07, BAG – 30.03.2010 – 7 AZB 32/09, a. A. OVG Nordrhein-Westfalen – 06.08.2002 – 1 E 141/02. PVL.

der Regel wenigstens 200 schwerbehinderte Menschen beschäftigt, wird die Vertrauensperson auf ihren Wunsch freigestellt; weiter gehende Vereinbarungen sind zulässig. Satz 1 gilt entsprechend für die Teilnahme an Schulungs- und Bildungsveranstaltungen, soweit diese Kenntnisse vermitteln, die für die Arbeit der Schwerbehindertenvertretung erforderlich sind. Satz 3 gilt auch für das mit der höchsten Stimmenzahl gewählte stellvertretende Mitglied, wenn wegen

1. ständiger Heranziehung nach § 95,
2. häufiger Vertretung der Vertrauensperson für längere Zeit,
3. absehbaren Nachrückens in das Amt der Schwerbehindertenvertretung in kurzer Frist

die Teilnahme an Bildungs- und Schulungsveranstaltungen erforderlich ist.

(5) Freigestellte Vertrauenspersonen dürfen von inner- oder außerbetrieblichen Maßnahmen der Berufsförderung nicht ausgeschlossen werden. Innerhalb eines Jahres nach Beendigung ihrer Freistellung ist ihnen im Rahmen der Möglichkeiten des Betriebes oder der Dienststelle Gelegenheit zu geben, eine wegen der Freistellung unterbliebene berufliche Entwicklung in dem Betrieb oder der Dienststelle nachzuholen. Für Vertrauenspersonen, die drei volle aufeinander folgende Amtszeiten freigestellt waren, erhöht sich der genannte Zeitraum auf zwei Jahre.

(6) Zum Ausgleich für ihre Tätigkeit, die aus betriebsbedingten oder dienstlichen Gründen außerhalb der Arbeitszeit durchzuführen ist, haben die Vertrauenspersonen Anspruch auf entsprechende Arbeits- oder Dienstbefreiung unter Fortzahlung des Arbeitsentgelts oder der Dienstbezüge.

(7) Die Vertrauenspersonen sind verpflichtet,

1. über ihnen wegen ihres Amtes bekannt gewordene persönliche Verhältnisse und Angelegenheiten von Beschäftigten im Sinne des § 73, die ihrer Bedeutung oder ihrem Inhalt nach einer vertraulichen Behandlung bedürfen, Stillschweigen zu bewahren und
2. ihnen wegen ihres Amtes bekannt gewordene und vom Arbeitgeber ausdrücklich als geheimhaltungsbedürftig bezeichnete Betriebs- oder Geschäftsgeheimnisse nicht zu offenbaren und nicht zu verwerten.

Diese Pflichten gelten auch nach dem Ausscheiden aus dem Amt. Sie gelten nicht gegenüber der Bundesagentur für Arbeit, den Integrationsämtern und den Rehabilitationsträgern, soweit deren Aufgaben den schwerbehinderten Menschen gegenüber es erfordern, gegenüber den Vertrauenspersonen in den Stufenvertretungen (§ 97) sowie gegenüber den in § 79 Abs. 1 des Betriebsverfassungsgesetzes und den in den entsprechenden Vorschriften des Personalvertretungsrechtes genannten Vertretungen, Personen und Stellen.

(8) Die durch die Tätigkeit der Schwerbehindertenvertretung entstehenden Kosten trägt der Arbeitgeber. Das Gleiche gilt für die durch die Teilnahme des mit der höchsten Stimmenzahl gewählten stellvertretenden Mitglieds an Schulungs- und Bildungsveranstaltungen nach Absatz 4 Satz 3 entstehenden Kosten.

(9) Die Räume und der Geschäftsbedarf, die der Arbeitgeber dem Betriebs-, Personal-, Richter-, Staatsanwalts- oder Präsidialrat für dessen Sitzungen, Sprechstunden

und laufende Geschäftsführung zur Verfügung stellt, stehen für die gleichen Zwecke auch der Schwerbehindertenvertretung zur Verfügung, soweit ihr hierfür nicht eigene Räume und sächliche Mittel zur Verfügung gestellt werden.

Inhaltsübersicht

1. Normzweck

1 Die Norm des § 96 sichert durch Regelungen über den Schutz des Amtes die unabhängige Stellung der Vertrauensperson. Sie stellt die Vertrauensperson hinsichtlich ihrer Rechtsstellung den Mitgliedern der Betriebs- bzw. Personalräte gleich.

2. Ehrenamt

2 Das Amt der Vertrauensperson ist ein unentgeltliches Ehrenamt. Die Vertrauensperson darf für die Ausübung ihres Amtes keinerlei Vergütung fordern noch erhalten.[339] Die Unentgeltlichkeit erstreckt sich nicht nur auf das Verbot der Vergütung – etwa durch Zulagen für die Tätigkeit – im eigentlichen Sinne, sondern meint, dass auch keine anderen Vergünstigungen (keine von der Betriebsüblichkeit abweichende Erstattung von Reisekosten oder Überstundenvergütung etc.)[340] entgegengenommen werden dürfen.

3 Das Amt ist zugleich ein unabhängiges Ehrenamt, d.h., die Vertrauensperson ist bei ihrer Amtsausübung frei von Weisungen seitens des Arbeitgebers, des Integrationsamtes, der Bundesagentur oder der weiteren betrieblichen Interessenvertretungen. Der Einfluss aller dieser Genannten beschränkt sich darauf, der Vertrauensperson Anregungen zu geben, die diese beachten kann.[341] Gebunden ist sie hieran nicht.

3. Behinderungs-, Benachteiligungs- und Begünstigungsverbot

4 Abs. 2 enthält eine dem § 78 BetrVG bzw. § 8 BPersVG vergleichbare Regelung. Sie verbietet die Behinderung der Ausübung des Amtes und die Benachteiligung bzw. Begüns-

339 Schmitz in FKS-SGB IX, § 96 Rn. 4.
340 Weitere Beispiele bei Wedde in DKKW, § 37 Rn. 4.
341 Düwell in LPK-SGB IX, § 96 Rn. 17, Pahlen in Neumann/Pahlen/Majerski-Pahlen, § 96 Rn. 3.

tigung wegen des Amtes. Die enthaltenen Verbote richten sich an jedermann, also nicht nur an den Arbeitgeber.

Der Begriff der Behinderung im Sinne der Norm ist weit zu verstehen und erfasst jede unzulässige Erschwerung der Tätigkeit.[342] In Frage kommen die Verweigerung von Fortbildungsmaßnahmen für die Vertrauensperson oder die Weigerung, der Schwerbehindertenvertretung Sachmittel zur Verfügung zu stellen.[343] Eine subjektive Behinderungsabsicht ist nicht erforderlich,[344] es genügt also das Eintreten einer objektiven Schlechterstellung. 5

Das Benachteiligungs- und Begünstigungsverbot betrifft Handlungen bzw. Weisungen, die die Vertrauensperson wegen ihrer Tätigkeit gegenüber anderen Beschäftigten schlechter oder besser stellen. So kann eine Versetzung auf einen weniger qualifizierten Arbeitsplatz eine solche Benachteiligung sein, wenn die Versetzung wegen der Übernahme des Amtes vorgenommen wird. Der Nachweis dieses Zusammenhangs wird in aller Regel schwer zu führen sein. Einfacher ist dieser Nachweis, wenn der Vertrauensperson unter Verweis auf die Inanspruchnahme durch ihre Tätigkeit als Vertrauensperson vorgehalten wird, die in einer Zielvereinbarung vorgegebenen Ziele nicht erreicht zu haben. Werden die Ziele in einem solchen Fall nicht unter Berücksichtigung des Umfangs der Tätigkeit als Vertrauensperson angepasst, liegt eine Benachteiligung vor. Weitere Benachteiligungstatbestände finden sich in der Rechtsprechung der Arbeitsgerichte.[345] 6

Eine Begünstigung ist ebenso verboten. Eine solche liegt dann vor, wenn der Vertrauensperson wegen ihres Amtes Vorteile gewährt werden, die andere vergleichbare Beschäftigte nicht erhalten. Problematisch sind z. B. Fälle, in denen Mitglieder des Betriebsrats oder der Schwerbehindertenvertretung in Sozialplänen mit höheren Abfindungen bedacht werden.[346] 7

Die in Abs. 2 genannten Verbote erstrecken sich auch auf die berufliche Entwicklung. So liegt eine Benachteiligung in diesem Zusammenhang vor, wenn nur der Vertrauensperson die Übernahme von einem befristeten in ein unbefristetes Arbeitsverhältnis verweigert wird.[347] 8

4. Persönliche Rechtsstellung

Mit Abs. 3 wird der Vertrauensperson die gleiche persönliche Rechtsstellung eingeräumt, die etwa Mitglieder des Betriebsrats haben. Dies betrifft in erster Linie den Kündigungsschutz. Dieser und der Schutz vor Versetzungen bzw. Abordnungen werden in Abs. 3 beispielhaft genannt. Der Schutz erstreckt sich darüber hinaus auch auf die Regelungen in § 37 Abs. 4 und 5 BetrVG. Nach § 37 Abs. 4 BetrVG darf das Arbeitsentgelt von Mitgliedern des Betriebsrats einschließlich eines Zeitraums von einem Jahr nach Beendigung der Amtszeit nicht geringer bemessen werden als das Arbeitsentgelt vergleichbarer Ar- 9

342 Wedde in DKKW, § 78 Rn. 15.
343 Schmitz in FKS-SGB IX, § 96 Rn. 10, weitere Beispiele bei Fitting, § 78 BetrVG, Rn. 9.
344 BAG – 12.11.1997 – 7 ABR 14/97.
345 Siehe Wedde in DKKW, § 78 Rn. 26, Fitting, § 78 BetrVG, Rn. 18.
346 Fitting, § 78 BetrVG, Rn. 22.
347 Fitting, § 78 BetrVG, Rn. 19.

beitnehmer mit betriebsüblicher beruflicher Entwicklung. Nach § 37 Abs. 5 BetrVG dürfen Mitglieder des Betriebsrats einschließlich eines Zeitraums von einem Jahr nach Beendigung der Amtszeit nur mit Tätigkeiten beschäftigt werden, die den Tätigkeiten vergleichbarer Arbeitnehmer mit betriebsüblicher beruflicher Entwicklung gleichwertig sind, es sei denn, zwingende betriebliche Notwendigkeiten stehen dem entgegen. Beides gilt also auch für die Vertrauensperson.

10 Den besonderen Kündigungsschutz regelt § 15 KSchG und § 103 BetrVG (für außerordentliche Kündigungen). Nach § 15 Abs. 1 bis 3 a KSchG ist die ordentliche Kündigung der dort genannten Personen (u. a. Mitglieder des Betriebsrats) unzulässig. Dieser Schutz gilt bis zum Ablauf von einem Jahr nach Beendigung der Amtszeit. Im Falle einer Betriebsstilllegung ist die Kündigung nach § 15 Abs. 4 KSchG frühestens zum Zeitpunkt der Stilllegung zulässig. Ist die Vertrauensperson in einer Abteilung beschäftigt, die stillgelegt werden soll, so ist sie in eine andere Abteilung zu versetzen. Soweit in der anderen Abteilung kein Arbeitsplatz frei ist, muss ein solcher durch Umorganisation und ggf. durch sog. Freikündigung freigemacht werden.[348]

11 Die außerordentliche Kündigung der Vertrauensperson ist möglich, sofern die Voraussetzungen des § 626 BGB vorliegen (wichtiger Grund). Der Kündigung muss der Betriebsrat allerdings entsprechend § 103 Abs. 1 BetrVG zustimmen. Zum Teil wird vertreten, dass es nicht auf die Zustimmung des Betriebsrats, sondern auf die der Schwerbehindertenvertretung ankommt.[349] Solange dies nicht höchstrichterlich geklärt ist, wird der Arbeitgeber die Zustimmung sowohl vom Betriebsrat als auch von der Schwerbehindertenvertretung einzuholen haben. Ergänzend sei darauf hingewiesen, dass die Zustimmung der Schwerbehindertenvertretung im Falle der beabsichtigten außerordentlichen Kündigung der Vertrauensperson nur durch das stellvertretende Mitglied erklärt werden kann. Werden die Zustimmungen nicht erteilt, bleibt dem Arbeitgeber, das Zustimmungsersetzungsverfahren durch das Gericht zu betreiben.

12 Soweit es sich bei der Vertrauensperson selbst um einen schwerbehinderten Menschen handelt, ist für die Kündigung die Zustimmung des Integrationsamtes notwendige Voraussetzung, § 85.

13 Neben dem Kündigungsschutz gilt für die Vertrauensperson auch der Schutz vor Versetzungen nach § 103 Abs. 3 BetrVG bzw. nach § 47 Abs. 2 BPersVG. Im Anwendungsbereich des § 103 Abs. 3 BetrVG ist eine Versetzung, die zu einem Verlust des Amtes oder der Wählbarkeit führen würde, danach nur möglich, wenn der Betriebsrat zugestimmt hat oder die Vertrauensperson mit der Versetzung einverstanden ist. Nach § 47 Abs. 2 BPersVG darf die Vertrauensperson gegen ihren Willen nur versetzt oder abgeordnet werden, wenn dies aus wichtigen dienstlichen Gründen unvermeidbar ist.

14 Für die stellvertretenden Mitglieder der Schwerbehindertenvertretung gilt der Schutz der Ersatzmitglieder des Betriebs- bzw. Personalrats entsprechend. Das heißt, sie genießen während der Zeit der Vertretung und innerhalb eines Jahres nach der letzten Vertretung den Kündigungsschutz.

---

348 BAG – 18.10.2000 – 2 AZR 494/99.
349 Düwell in LPK-SGB IX, § 96 Rn. 61, LAG Hamm – 21.01.2011 – 13 TaBV 72/10.

5. Freistellung

Nach Abs. 4 werden Vertrauenspersonen von ihrer beruflichen Tätigkeit ohne Minderung des Arbeitsentgelts oder der Dienstbezüge befreit, wenn und soweit es zur Durchführung ihrer Aufgaben erforderlich ist. Ob eine Freistellung erforderlich ist, entscheidet die Vertrauensperson. Die Zustimmung des Arbeitgebers zur Arbeitsbefreiung ist nicht erforderlich. Die Vertrauensperson muss sich beim Arbeitgeber abmelden und hierbei Ort, Zeitpunkt und voraussichtliche Dauer, nicht aber Art oder Inhalt der geplanten Tätigkeit angeben.[350] Sie muss die Wiederaufnahme der Tätigkeit bei Rückkehr anzeigen. Nur wenn der Arbeitgeber bei der Abmeldung seinerseits darlegt, dass der oder die Betroffene für die Zeit der beabsichtigten Tätigkeit unabkömmlich ist und betriebsbedingte Gründe eine zeitliche Verschiebung verlangen, ist eine genauere Schilderung erforderlich.[351] 15

Wenn im Betrieb oder der Dienststelle in der Regel wenigstens 200 schwerbehinderte Menschen beschäftigt werden, kann die Vertrauensperson die vollständige Freistellung gegen den Arbeitgeber durchsetzen. 16

6. Freistellung für Schulungs- und Bildungsveranstaltungen

Die Vertrauensperson und das mit der höchsten Stimmenzahl gewählte stellvertretende Mitglied (unter den Voraussetzungen des Abs. 4 Satz 4) haben Anspruch auf Befreiung von ihrer beruflichen Tätigkeit für die Teilnahme an Schulungs- und Bildungsveranstaltungen. Dies gilt dann, wenn die Teilnahme an den Schulungen für die Tätigkeit der Schwerbehindertenvertretung erforderlich ist. Die Schulungen müssen also einen Bezug zur Arbeit der Schwerbehindertenvertretung aufweisen. Es kommt nicht darauf an, ob das Thema der Schulung die schwerbehinderten Menschen ausdrücklich berührt. Somit kann auch eine Schulung, auf der allgemeine arbeitsrechtliche Kenntnisse vermittelt werden, erforderlich sein. Gleiches gilt für Schulungen zu betriebsverfassungsrechtlichen Themen.[352] Ist eine solche Schulung erforderlich, hat der Arbeitgeber sämtliche im Zusammenhang mit der Schulung entstehenden Kosten (Reise-, Übernachtungs-, Verpflegungskosten etc.) zu tragen. 17

7. Berufsförderung für freigestellte Vertrauenspersonen

Um sicherzustellen, dass freigestellte Vertrauenspersonen im Verhältnis zu vergleichbaren Beschäftigten durch ihre Tätigkeit nicht dauerhaft hinsichtlich ihrer Qualifizierung schlechter gestellt werden, schreibt Abs. 5 vor, dass sie auch während ihrer Freistellung nicht von inner- oder außerbetrieblichen Maßnahmen der Berufsförderung ausgeschlossen werden dürfen. Sie haben daher Anspruch darauf, bei etwaigen Fortbildungsmaßnahmen berücksichtigt zu werden. Zur weiteren Kompensation haben sie, wenn während 18

---

350 Für Betriebsräte: BAG – 15.03.1995 – 7 AZR 643/94.
351 Koch in ErfK, § 37 BetrVG Rn. 5.
352 Rehwald in Basiskommentar SGB IX, § 96 Rn. 13, 15.

der Amtszeit die Teilnahme an entsprechenden Maßnahmen nicht möglich war, das Recht, innerhalb eines Jahres nach Beendigung ihrer Freistellung die unterbliebene berufliche Entwicklung nachzuholen. Diese Frist verlängert sich auf zwei Jahre, wenn sie drei volle einander folgende Amtszeiten freigestellt waren.

8. Anspruch auf Arbeitsbefreiung

19 Wenn die Tätigkeit der Vertrauensperson aus betriebsbedingten Gründen außerhalb ihrer Arbeitszeit erfolgte, hat die Vertrauensperson nach Abs. 6 einen Anspruch auf einen dem Zeitraum der Tätigkeit entsprechenden Freizeitausgleich. Bei ganztägigen Schulungen ist dieser Freizeitausgleich wegen der entsprechenden Geltung des § 37 Abs. Satz 2 BetrVG auf die Arbeitszeit eines Vollzeitbeschäftigten begrenzt. Ein Anspruch nach Abs. 6 kommt u. a. dann in Frage, wenn die Vertrauensperson vorwiegend in der Nacht arbeitet und die Tätigkeit als Vertrauensperson nur am Tage durchgeführt werden kann (etwa wegen der Sprechzeiten der Behörden).

9. Geheimhaltungspflichten

20 Abs. 7 verpflichtet die Vertrauensperson und die stellvertretenden Mitglieder, über persönliche Verhältnisse sowie über vom Arbeitgeber ausdrücklich als geheimhaltungsbedürftig bezeichnete Betriebs- oder Geschäftsgeheimnisse Stillschweigen zu bewahren. Verstöße gegen diese Pflichten sind strafbewehrt, § 155. Die Verpflichtung gilt nicht gegenüber den in Abs. 7 Satz 3 genannten Behörden bzw. Mitgliedern der weiteren Interessenvertretungen.

10. Kosten der Tätigkeit

21 Die durch die Tätigkeit der Schwerbehindertenvertretung entstehenden Kosten hat gemäß Abs. 8 der Arbeitgeber zu tragen. Darüber hinaus hat die Schwerbehindertenvertretung nach Abs. 9 Anspruch auf Mitnutzung der der weiteren Interessenvertretung überlassenen Räume. Der Arbeitgeber ist selbstverständlich nicht gehindert, der Schwerbehindertenvertretung eigene Räume zur Verfügung zu stellen.

22 Zu den Kosten nach Abs. 8 gehören u. a. Telefonkosten, Schreibmaterial, Computer einschließlich Internetnutzung und E-Mail-Anschluss (soweit betriebsüblich), Kosten für Reisen und die Teilnahme an Schulungsveranstaltungen (soweit erforderlich).[353] Darüber hinaus hat die Schwerbehindertenvertretung Anspruch auf Übernahme der Kosten für die Hinzuziehung eines Sachverständigen (z. B. Rechtsanwalt, allerdings entsprechend § 80 Abs. 3 BetrVG nur »nach näherer Vereinbarung mit dem Arbeitgeber«) und der Kosten für gerichtliche Auseinandersetzungen.[354]

---

353 Siehe Rn. 17.

354 Düwell in LPK-SGB IX, § 96 Rn. 92, 95.

11. Rechtsdurchsetzung, Rechtsweg

Die in § 96 geregelten Rechte der Vertrauenspersonen können gerichtlich durchgesetzt werden. Zu unterscheiden sind individualrechtliche Ansprüche und Ansprüche, die kollektivrechtlichen Charakter haben. Zu den individualrechtlichen Ansprüchen gehören die Ansprüche der Vertrauensperson auf ungeminderte Entgeltzahlung für Zeiten der Freistellung. Diese sind im Urteilsverfahren geltend zu machen. Der Rechtsweg zu den Arbeitsgerichten bzw. den Verwaltungsgerichten richtet sich danach, ob es sich bei der Vertrauensperson um einen Arbeitnehmer handelt oder um Beamte oder Richter. Für erstere ist der Rechtsweg zu den Arbeitsgerichten, für letztere zu den Verwaltungsgerichten eröffnet. 23

Für Ansprüche mit kollektivrechtlichem Charakter ist die richtige Verfahrensart die des Beschlussverfahrens vor dem Arbeitsgericht. Dies gilt auch dann, wenn die Schwerbehindertenvertretung in einer Dienststelle des öffentlichen Dienstes, in der Personalvertretungsrecht gilt, errichtet ist. Die insoweit maßgebliche Norm des § 2a Abs. 1 Nr. 3a ArbGG enthält nicht nur eine Regelung zur Verfahrensart (Beschlussverfahren), sondern bestimmt auch den Rechtsweg zu den Arbeitsgerichten.[355] Soweit in § 2a Abs. 1 Nr. 3a ArbGG Streitigkeiten nur nach §§ 94, 95, 139, nicht aber nach § 96 genannt sind, handelt es sich hierbei um eine planwidrige Regelungslücke, die im Wege einer entsprechenden Anwendung von § 2 a I Nr. 3 a, II ArbGG zu schließen ist. Alle Ansprüche aus Abs. 8 und 9 sowie auf Freistellung etc. sind daher im Beschlussverfahren vor dem Arbeitsgericht durchzusetzen. 24

§ 97 Konzern-, Gesamt-, Bezirks- und Hauptschwerbehindertenvertretung

(1) Ist für mehrere Betriebe eines Arbeitgebers ein Gesamtbetriebsrat oder für den Geschäftsbereich mehrerer Dienststellen ein Gesamtpersonalrat errichtet, wählen die Schwerbehindertenvertretungen der einzelnen Betriebe oder Dienststellen eine Gesamtschwerbehindertenvertretung. Ist eine Schwerbehindertenvertretung nur in einem der Betriebe oder in einer der Dienststellen gewählt, nimmt sie die Rechte und Pflichten der Gesamtschwerbehindertenvertretung wahr.

(2) Ist für mehrere Unternehmen ein Konzernbetriebsrat errichtet, wählen die Gesamtschwerbehindertenvertretungen eine Konzernschwerbehindertenvertretung. Besteht ein Konzernunternehmen nur aus einem Betrieb, für den eine Schwerbehindertenvertretung gewählt ist, hat sie das Wahlrecht wie eine Gesamtschwerbehindertenvertretung.

(3) Für den Geschäftsbereich mehrstufiger Verwaltungen, bei denen ein Bezirks- oder Hauptpersonalrat gebildet ist, gilt Absatz 1 sinngemäß mit der Maßgabe, dass bei den Mittelbehörden von deren Schwerbehindertenvertretung und den Schwerbehindertenvertretungen der nachgeordneten Dienststellen eine Bezirksschwerbehindertenvertretung zu wählen ist. Bei den obersten Dienstbehörden ist von deren Schwerbehindertenvertretung und den Bezirksschwerbehindertenvertretungen des Geschäftsbereichs

---

355 LAG Nürnberg – 22.10.2007 – 6 Ta 155/07, BAG – 30.03.2010 – 7 AZB 32/09, BAG – 22.3.2012 – 7 AZB 51/11 (für § 97).

eine Hauptschwerbehindertenvertretung zu wählen; ist die Zahl der Bezirksschwerbehindertenvertretungen niedriger als zehn, sind auch die Schwerbehindertenvertretungen der nachgeordneten Dienststellen wahlberechtigt.

(4) Für Gerichte eines Zweiges der Gerichtsbarkeit, für die ein Bezirks- oder Hauptrichterrat gebildet ist, gilt Absatz 3 entsprechend. Sind in einem Zweig der Gerichtsbarkeit bei den Gerichten der Länder mehrere Schwerbehindertenvertretungen nach § 94 zu wählen und ist in diesem Zweig kein Hauptrichterrat gebildet, ist in entsprechender Anwendung von Absatz 3 eine Hauptschwerbehindertenvertretung zu wählen. Die Hauptschwerbehindertenvertretung nimmt die Aufgabe der Schwerbehindertenvertretung gegenüber dem Präsidialrat wahr.

(5) Für jede Vertrauensperson, die nach den Absätzen 1 bis 4 neu zu wählen ist, wird wenigstens ein stellvertretendes Mitglied gewählt.

(6) Die Gesamtschwerbehindertenvertretung vertritt die Interessen der schwerbehinderten Menschen in Angelegenheiten, die das Gesamtunternehmen oder mehrere Betriebe oder Dienststellen des Arbeitgebers betreffen und von den Schwerbehindertenvertretungen der einzelnen Betriebe oder Dienststellen nicht geregelt werden können, sowie die Interessen der schwerbehinderten Menschen, die in einem Betrieb oder einer Dienststelle tätig sind, für die eine Schwerbehindertenvertretung nicht gewählt ist; dies umfasst auch Verhandlungen und den Abschluss entsprechender Integrationsvereinbarungen. Satz 1 gilt entsprechend für die Konzern-, Bezirks- und Hauptschwerbehindertenvertretung sowie für die Schwerbehindertenvertretung der obersten Dienstbehörde, wenn bei einer mehrstufigen Verwaltung Stufenvertretungen nicht gewählt sind. Die nach Satz 2 zuständige Schwerbehindertenvertretung ist auch in persönlichen Angelegenheiten schwerbehinderter Menschen, über die eine übergeordnete Dienststelle entscheidet, zuständig; sie gibt der Schwerbehindertenvertretung der Dienststelle, die den schwerbehinderten Menschen beschäftigt, Gelegenheit zur Äußerung. Satz 3 gilt nicht in den Fällen, in denen der Personalrat der Beschäftigungsbehörde zu beteiligen ist.

(7) § 94 Abs. 3 bis 7, § 95 Abs. 1 Satz 4, Abs. 2, 4, 5 und 7 und § 96 gelten entsprechend, § 94 Abs. 5 mit der Maßgabe, dass die Wahl der Gesamt- und Bezirksschwerbehindertenvertretungen in der Zeit vom 1. Dezember bis 31. Januar, die der Konzern- und Hauptschwerbehindertenvertretungen in der Zeit vom 1. Februar bis 31. März stattfindet.

(8) § 95 Abs. 6 gilt für die Durchführung von Versammlungen der Vertrauens- und der Bezirksvertrauenspersonen durch die Gesamt-, Bezirks- oder Hauptschwerbehindertenvertretung entsprechend.

Inhaltsübersicht

1. Normzweck

1 Mit der Norm werden die Voraussetzungen beschrieben, unter denen die Wahl einer Gesamt- und Konzernschwerbehindertenvertretung bzw. einer Bezirks- und Hauptschwerbehindertenvertretung möglich ist.

2. Gesamtschwerbehindertenvertretung

2 In Anlehnung an die Möglichkeit der Errichtung eines Gesamtbetriebsrats bzw. Gesamtpersonalrats wird eine Gesamtschwerbehindertenvertretung dann gewählt, wenn ein Unternehmen aus mehreren Betrieben oder ein öffentlich-rechtlicher Arbeitgeber aus mehreren Dienststellen besteht und entsprechend der betrieblichen Strukturen ein Gesamtbetriebsrat oder ein Gesamtpersonalrat errichtet ist.

3 Die Wahl der Gesamtschwerbehindertenvertretung erfolgt, indem die Schwerbehindertenvertretungen der einzelnen Betriebe oder Dienststellen Vertrauenspersonen sowie mindestens ein stellvertretendes Mitglied (Abs. 5) wählen. Wahlberechtigt ist in jedem Betrieb, die eine Schwerbehindertenvertretung gewählt hat, die entsprechende Vertrauensperson. Insofern unterscheidet sich das Wahlrecht von dem der Wahl zur Schwerbehindertenvertretung, bei der alle schwerbehinderten Menschen sowie die den schwerbehinderten gleichgestellten Menschen wahlberechtigt sind. Wählbar sind alle Beschäftigten des Unternehmens, soweit sie das 18. Lebensjahr am Wahltag vollendet haben und sechs Monate einem Betrieb des Unternehmens angehören.[356] Die Wählbarkeit ist also nicht auf Mitglieder der Schwerbehindertenvertretung oder der weiteren Interessenvertretungen beschränkt.

4 Abs. 1 Satz 2 regelt, dass dann, wenn eine Schwerbehindertenvertretung nur in einem der Betriebe oder in einer der Dienststellen gewählt ist, diese die Rechte und Pflichten der Gesamtschwerbehindertenvertretung wahrnimmt. Eine Wahl ist dann nicht erforderlich.

3. Konzernschwerbehindertenvertretung

5 Nach Abs. 2 wird eine Konzernschwerbehindertenvertretung gewählt, wenn für mehrere Unternehmen eines Konzerns ein Konzernbetriebsrat errichtet ist. Das Wahlrecht steht den Gesamtschwerbehindertenvertretungen zu, also den nach Abs. 1 gewählten Vertrauenspersonen. Besteht ein Unternehmen nur aus einem Betrieb und besteht dort eine Schwerbehindertenvertretung, fällt ihr das Wahlrecht zu. Wählbar sind alle Beschäftigten, soweit sie das 18. Lebensjahr am Wahltag vollendet haben und sechs Monate einem Betrieb eines Konzernunternehmens angehören.

4. Bezirks- und Hauptschwerbehindertenvertretung nach Abs. 3 und 4

6 Die Abs. 3 und 4 enthalten besondere Bestimmungen zur Bildung von Bezirks- und Hauptschwerbehindertenvertretungen in der mehrstufigen Verwaltung bzw. zur Bildung

356 Düwell in LPK-SGB IX, § 97 Rn. 9.

von Hauptschwerbehindertenvertretungen bei den Gerichten und berücksichtigen einen ggf. bestehenden abweichenden Verwaltungsaufbau bzw. die fehlende Bildung eines Hauptrichterrats. Hiermit soll sichergestellt werden, dass trotz Fehlens aller Voraussetzungen des entsprechend anwendbaren Abs. 1 Bezirks- und Hauptschwerbehindertenvertretungen gewählt werden können.[357]

5. Zuständigkeiten

7 Die Zuständigkeiten der Gesamt- und Konzernschwerbehindertenvertretungen bzw. der Bezirks- und Hauptschwerbehindertenvertretungen von den Schwerbehindertenvertretungen grenzt Abs. 6 ab. Danach steht fest, dass die Schwerbehindertenvertretungen grundsätzlich zur Vertretung der Interessen der schwerbehinderten Menschen im Betrieb bzw. der Diensststelle zuständig sind, es sei denn, es handelt sich um Angelegenheiten, die das Gesamtunternehmen oder mehrere Betriebe oder Dienststellen des Arbeitgebers betreffen und von den Schwerbehindertenvertretungen der einzelnen Betriebe oder Dienststellen nicht geregelt werden können. Soweit in einem Betrieb oder einer Dienststelle eine Schwerbehindertenvertretung nicht gewählt ist, werden die Interessen der dort beschäftigten schwerbehinderten Menschen ebenfalls durch die Gesamtschwerbehindertenvertretung wahrgenommen. Die in Abs. 6 Satz für die Zuständigkeit der Gesamtschwerbehindertenvertretung aufgestellten Grundsätze gelten auch für die Konzernschwerbehindertenvertretungen bzw. die Bezirks- und Hauptschwerbehindertenvertretungen und die Schwerbehindertenvertretung einer obersten Dienstbehörde, wenn bei einer mehrstufigen Verwaltung Stufenvertretungen nicht gewählt sind.

6. Anwendbare Vorschriften

8 Die Absätze 7 und 8 erklären die Vorschriften über die Wahlen, die Aufgaben und die persönliche Rechtsstellung der Vertrauenspersonen mit Einschränkungen, die die Besonderheiten der Gesamt- und Konzernschwerbehindertenvertretung bzw. der Bezirks- und Hauptschwerbehindertenvertretung berücksichtigen, für anwendbar. Nach Abs. 7 gelten andere Wahltermine, welche im Anschluss an die Wahltermine für die Wahl zur Schwerbehindertenvertretung liegen. Abs. 8 regelt die Durchführung von Versammlungen der Vertrauenspersonen der Gesamt-, Bezirks- und Hauptschwerbehindertenvertretung.

§ 98 Beauftragter des Arbeitgebers

Der Arbeitgeber bestellt einen Beauftragten, der ihn in Angelegenheiten schwerbehinderter Menschen verantwortlich vertritt; falls erforderlich, können mehrere Beauftragte bestellt werden. Der Beauftragte soll nach Möglichkeit selbst ein schwerbehinderter Mensch sein. Der Beauftragte achtet vor allem darauf, dass dem Arbeitgeber obliegende Verpflichtungen erfüllt werden.

357 Vgl. Schmitz in FKS-SGB IX, § 97 Rn. 11, 12.

Regelungsinhalt

§ 98 verpflichtet den Arbeitgeber, wenn er schwerbehinderte Menschen beschäftigt, einen Beauftragten für Angelegenheiten schwerbehinderter Menschen zu bestellen. Die Verpflichtung kann nicht von der Schwerbehindertenvertretung durchgesetzt werden,[358] auch stellt der Verstoß keine Ordnungswidrigkeit dar. 1

Als Beauftragte kommen alle Beschäftigten in Frage, allerdings kann der Beauftragte nicht gleichzeitig Mitglied der Schwerbehindertenvertretung sein.[359] 2

Die Aufgaben des Beauftragten richten sich nach Satz 3. Hiernach hat er darauf zu achten, dass der Arbeitgeber seine ihm obliegenden Pflichten nach dem Gesetz erfüllt. Er hat also darüber zu wachen, dass die Beschäftigungspflicht erfüllt wird, dass der Arbeitgeber besonders betroffene schwerbehinderte Menschen nach § 72 einstellt, dass der Arbeitgeber seinen Pflichten aus § 81 nachkommt etc. 3

Der Beauftragte ist gemäß § 9 OWiG haftbar, wenn er im Rahmen seiner Beauftragung schuldhaft einen Tatbestand des § 156 erfüllt.[360] 4

Die Bestellung und die Abberufung ist eine Angelegenheit im Sinne des § 95 Abs. 2, so dass die Schwerbehindertenvertretung zu beteiligen ist.[361] 5

§ 99 Zusammenarbeit

(1) Arbeitgeber, Beauftragter des Arbeitgebers, Schwerbehindertenvertretung und Betriebs-, Personal-, Richter-, Staatsanwalts- oder Präsidialrat arbeiten zur Teilhabe schwerbehinderter Menschen am Arbeitsleben in dem Betrieb oder der Dienststelle eng zusammen.

(2) Die in Absatz 1 genannten Personen und Vertretungen, die mit der Durchführung des Teils 2 beauftragten Stellen und die Rehabilitationsträger unterstützen sich gegenseitig bei der Erfüllung ihrer Aufgaben. Vertrauensperson und Beauftragter des Arbeitgebers sind Verbindungspersonen zur Bundesagentur für Arbeit und zu dem Integrationsamt.

Regelungsinhalt

Abs. 1 verpflichtet die betrieblichen Stellen zur engen Zusammenarbeit zur Erfüllung der Aufgabe, schwerbehinderten Menschen die Teilhabe am Arbeitsleben zu ermöglichen. Einen eigenen Regelungsgehalt, welcher Ansprüche statuieren würde, enthält die Norm nicht. Sie ist vielmehr die Ausprägung und Erweiterung des betriebsverfassungsrechtlichen Grundsatzes, vertrauensvoll zusammenzuarbeiten. 1

Abs. 2 bestimmt, dass sich die innerbetrieblichen Stellen und die mit der Durchführung des Teils 2 des Gesetzes beauftragten Stellen (Agenturen für Arbeit, Integrations- 2

358 Schmitz in FKS-SGB IX, § 98 Rn. 12.

359 VG Aachen – 25. 11. 1999 – 16 K 371/99. PVL, nach Düwell in LPK-SGB IX, § 98 Rn. 11 folgt daraus auch eine Unwählbarkeit zum Betriebs- bzw. Personalrat.

360 Von Seggern in HK-ArbR, § 98 SGB IX Rn. 2.

361 Düwell in LPK-SGB IX, § 98 Rn. 14, 21.

ämter) und die Rehabilitationsträger unterstützen sollen. Mehr als ein Programmsatz ist der Norm auch in Abs. 2 nicht zu entnehmen. Dennoch sollte der gesetzgeberische Auftrag durch eine möglichst ernst genommene enge Zusammenarbeit zum Wohle der schwerbehinderten Menschen wahrgenommen werden.

§ 100 Verordnungsermächtigung

Die Bundesregierung wird ermächtigt, durch Rechtsverordnung mit Zustimmung des Bundesrates nähere Vorschriften über die Vorbereitung und Durchführung der Wahl der Schwerbehindertenvertretung und ihrer Stufenvertretungen zu erlassen.

Kapitel 6
Durchführung der besonderen Regelungen zur Teilhabe schwerbehinderter Menschen

§ 101 Zusammenarbeit der Integrationsämter und der Bundesagentur für Arbeit

(1) Soweit die besonderen Regelungen zur Teilhabe schwerbehinderter Menschen am Arbeitsleben nicht durch freie Entschließung der Arbeitgeber erfüllt werden, werden sie

1. in den Ländern von dem Amt für die Sicherung der Integration schwerbehinderter Menschen im Arbeitsleben (Integrationsamt) und
2. von der Bundesagentur für Arbeit

in enger Zusammenarbeit durchgeführt.

(2) Die den Rehabilitationsträgern nach den geltenden Vorschriften obliegenden Aufgaben bleiben unberührt.

§ 102 Aufgaben des Integrationsamtes

(1) Das Integrationsamt hat folgende Aufgaben:

1. die Erhebung und Verwendung der Ausgleichsabgabe,
2. den Kündigungsschutz,
3. die begleitende Hilfe im Arbeitsleben,
4. die zeitweilige Entziehung der besonderen Hilfen für schwerbehinderte Menschen (§ 117).

Die Integrationsämter werden so ausgestattet, dass sie ihre Aufgaben umfassend und qualifiziert erfüllen können. Hierfür wird besonders geschultes Personal mit Fachkenntnissen des Schwerbehindertenrechts eingesetzt.

(2) Die begleitende Hilfe im Arbeitsleben wird in enger Zusammenarbeit mit der Bundesagentur für Arbeit und den übrigen Rehabilitationsträgern durchgeführt. Sie soll dahin wirken, dass die schwerbehinderten Menschen in ihrer sozialen Stellung nicht absinken, auf Arbeitsplätzen beschäftigt werden, auf denen sie ihre Fähigkeiten und Kenntnisse voll verwerten und weiterentwickeln können sowie durch Leistungen der Rehabilitationsträger und Maßnahmen der Arbeitgeber befähigt werden, sich am

Arbeitsplatz und im Wettbewerb mit nichtbehinderten Menschen zu behaupten. Dabei gelten als Arbeitsplätze auch Stellen, auf denen Beschäftigte befristet oder als Teilzeitbeschäftigte in einem Umfang von mindestens 15 Stunden wöchentlich beschäftigt werden. Die begleitende Hilfe im Arbeitsleben umfasst auch die nach den Umständen des Einzelfalls notwendige psychosoziale Betreuung schwerbehinderter Menschen. Das Integrationsamt kann bei der Durchführung der begleitenden Hilfen im Arbeitsleben Integrationsfachdienste einschließlich psychosozialer Dienste freier gemeinnütziger Einrichtungen und Organisationen beteiligen. Das Integrationsamt soll außerdem darauf Einfluss nehmen, dass Schwierigkeiten im Arbeitsleben verhindert oder beseitigt werden; es führt hierzu auch Schulungs- und Bildungsmaßnahmen für Vertrauenspersonen, Beauftragte der Arbeitgeber, Betriebs-, Personal-, Richter-, Staatsanwalts- und Präsidialräte durch. Das Integrationsamt benennt in enger Abstimmung mit den Beteiligten des örtlichen Arbeitsmarktes Ansprechpartner, die in Handwerks- sowie in Industrie- und Handelskammern für die Arbeitgeber zur Verfügung stehen, um sie über Funktion und Aufgaben der Integrationsfachdienste aufzuklären, über Möglichkeiten der begleitenden Hilfe im Arbeitsleben zu informieren und Kontakt zum Integrationsfachdienst herzustellen.

(3) Das Integrationsamt kann im Rahmen seiner Zuständigkeit für die begleitende Hilfe im Arbeitsleben aus den ihm zur Verfügung stehenden Mitteln auch Geldleistungen erbringen, insbesondere

1. an schwerbehinderte Menschen
   a) für technische Arbeitshilfen,
   b) zum Erreichen des Arbeitsplatzes,
   c) zur Gründung und Erhaltung einer selbständigen beruflichen Existenz,
   d) zur Beschaffung, Ausstattung und Erhaltung einer behinderungsgerechten Wohnung,
   e) zur Teilnahme an Maßnahmen zur Erhaltung und Erweiterung beruflicher Kenntnisse und Fertigkeiten und
   f) in besonderen Lebenslagen,
2. an Arbeitgeber
   a) zur behinderungsgerechten Einrichtung von Arbeits- und Ausbildungsplätzen für schwerbehinderte Menschen,
   b) für Zuschüsse zu Gebühren, insbesondere Prüfungsgebühren, bei der Berufsausbildung besonders betroffener schwerbehinderter Jugendlicher und junger Erwachsener,
   c) für Prämien und Zuschüsse zu den Kosten der Berufsausbildung behinderter Jugendlicher und junger Erwachsener, die für die Zeit der Berufsausbildung schwerbehinderten Menschen nach § 68 Abs. 4 gleichgestellt worden sind,
   d) für Prämien zur Einführung eines betrieblichen Eingliederungsmanagements und
   e) für außergewöhnliche Belastungen, die mit der Beschäftigung schwerbehinderter Menschen im Sinne des § 72 Abs. 1 Nr. 1 Buchstabe a bis d, von schwerbehinderten Menschen im Anschluss an eine Beschäftigung in einer anerkannten

Werkstatt für behinderte Menschen oder im Sinne des § 75 Abs. 2 verbunden sind, vor allem, wenn ohne diese Leistungen das Beschäftigungsverhältnis gefährdet würde,

3. an Träger von Integrationsfachdiensten einschließlich psychosozialer Dienste freier gemeinnütziger Einrichtungen und Organisationen sowie an Träger von Integrationsprojekten.

Es kann ferner Leistungen zur Durchführung von Aufklärungs-, Schulungs- und Bildungsmaßnahmen erbringen.

(3a) Schwerbehinderte Menschen haben im Rahmen der Zuständigkeit des Integrationsamtes aus den ihm aus der Ausgleichsabgabe zur Verfügung stehenden Mitteln Anspruch auf Übernahme der Kosten einer Berufsbegleitung nach § 38a Abs. 3.

(4) Schwerbehinderte Menschen haben im Rahmen der Zuständigkeit des Integrationsamtes für die begleitende Hilfe im Arbeitsleben aus den ihm aus der Ausgleichsabgabe zur Verfügung stehenden Mitteln Anspruch auf Übernahme der Kosten einer notwendigen Arbeitsassistenz.

(5) Verpflichtungen anderer werden durch die Absätze 3 und 4 nicht berührt. Leistungen der Rehabilitationsträger nach § 6 Abs. 1 Nr. 1 bis 5 dürfen, auch wenn auf sie ein Rechtsanspruch nicht besteht, nicht deshalb versagt werden, weil nach den besonderen Regelungen für schwerbehinderte Menschen entsprechende Leistungen vorgesehen sind; eine Aufstockung durch Leistungen des Integrationsamtes findet nicht statt.

(6) § 14 gilt sinngemäß, wenn bei dem Integrationsamt eine Leistung zur Teilhabe am Arbeitsleben beantragt wird. Das Gleiche gilt, wenn ein Antrag bei einem Rehabilitationsträger gestellt und der Antrag von diesem nach § 16 Abs. 2 des Ersten Buches an das Integrationsamt weitergeleitet worden ist. Ist die unverzügliche Erbringung einer Leistung zur Teilhabe am Arbeitsleben erforderlich, so kann das Integrationsamt die Leistung vorläufig erbringen. Hat das Integrationsamt eine Leistung erbracht, für die ein anderer Träger zuständig ist, so erstattet dieser die auf die Leistung entfallenden Aufwendungen.

(7) Das Integrationsamt kann seine Leistungen zur begleitenden Hilfe im Arbeitsleben auch als persönliches Budget ausführen. § 17 gilt entsprechend.

§ 103 Beratender Ausschuss für behinderte Menschen bei dem Integrationsamt

(1) Bei jedem Integrationsamt wird ein Beratender Ausschuss für behinderte Menschen gebildet, der die Teilhabe der behinderten Menschen am Arbeitsleben fördert, das Integrationsamt bei der Durchführung der besonderen Regelungen für schwerbehinderte Menschen zur Teilhabe am Arbeitsleben unterstützt und bei der Vergabe der Mittel der Ausgleichsabgabe mitwirkt. Soweit die Mittel der Ausgleichsabgabe zur institutionellen Förderung verwendet werden, macht der Beratende Ausschuss Vorschläge für die Entscheidungen des Integrationsamtes.

(2) Der Ausschuss besteht aus zehn Mitgliedern, und zwar aus

zwei Mitgliedern, die die Arbeitnehmer und Arbeitnehmerinnen vertreten,
zwei Mitgliedern, die die privaten und öffentlichen Arbeitgeber vertreten,
vier Mitgliedern, die die Organisationen behinderter Menschen vertreten,

einem Mitglied, das das jeweilige Land vertritt,
einem Mitglied, das die Bundesagentur für Arbeit vertritt.

(3) Für jedes Mitglied ist ein Stellvertreter oder eine Stellvertreterin zu berufen. Mitglieder und Stellvertreter oder Stellvertreterinnen sollen im Bezirk des Integrationsamtes ihren Wohnsitz haben.

(4) Das Integrationsamt beruft auf Vorschlag
der Gewerkschaften des jeweiligen Landes zwei Mitglieder,
der Arbeitgeberverbände des jeweiligen Landes ein Mitglied,
der zuständigen obersten Landesbehörde oder der von ihr bestimmten Behörde ein Mitglied,
der Organisationen behinderter Menschen des jeweiligen Landes, die nach der Zusammensetzung ihrer Mitglieder dazu berufen sind, die behinderten Menschen in ihrer Gesamtheit zu vertreten, vier Mitglieder.

Die zuständige oberste Landesbehörde oder die von ihr bestimmte Behörde und die Bundesagentur für Arbeit berufen je ein Mitglied.

§ 104 Aufgaben der Bundesagentur für Arbeit

(1) Die Bundesagentur für Arbeit hat folgende Aufgaben:

1. die Berufsberatung, Ausbildungsvermittlung und Arbeitsvermittlung schwerbehinderter Menschen einschließlich der Vermittlung von in Werkstätten für behinderte Menschen Beschäftigten auf den allgemeinen Arbeitsmarkt,
2. die Beratung der Arbeitgeber bei der Besetzung von Ausbildungs- und Arbeitsplätzen mit schwerbehinderten Menschen,
3. die Förderung der Teilhabe schwerbehinderter Menschen am Arbeitsleben auf dem allgemeinen Arbeitsmarkt, insbesondere von schwerbehinderten Menschen,
   a) die wegen Art oder Schwere ihrer Behinderung oder sonstiger Umstände im Arbeitsleben besonders betroffen sind (§ 72 Abs. 1),
   b) die langzeitarbeitslos im Sinne des § 18 des Dritten Buches sind,
   c) die im Anschluss an eine Beschäftigung in einer anerkannten Werkstatt für behinderte Menschen oder einem Integrationsprojekt eingestellt werden,
   d) die als Teilzeitbeschäftigte eingestellt werden oder
   e) die zur Aus- oder Weiterbildung eingestellt werden,
4. im Rahmen von Arbeitsbeschaffungsmaßnahmen die besondere Förderung schwerbehinderter Menschen,
5. die Gleichstellung, deren Widerruf und Rücknahme,
6. die Durchführung des Anzeigeverfahrens (§ 80 Abs. 2 und 4),
7. die Überwachung der Erfüllung der Beschäftigungspflicht,
8. die Zulassung der Anrechnung und der Mehrfachanrechnung (§ 75 Abs. 2, § 76 Abs. 1 und 2),
9. die Erfassung der Werkstätten für behinderte Menschen, ihre Anerkennung und die Aufhebung der Anerkennung.

(2) Die Bundesagentur für Arbeit übermittelt dem Bundesministerium für Arbeit und Soziales jährlich die Ergebnisse ihrer Förderung der Teilhabe schwerbehinderter

Menschen am Arbeitsleben auf dem allgemeinen Arbeitsmarkt nach dessen näherer Bestimmung und fachlicher Weisung. Zu den Ergebnissen gehören Angaben über die Zahl der geförderten Arbeitgeber und schwerbehinderten Menschen, die insgesamt aufgewandten Mittel und die durchschnittlichen Förderungsbeträge. Die Bundesagentur für Arbeit veröffentlicht diese Ergebnisse.

(3) Die Bundesagentur für Arbeit führt befristete überregionale und regionale Arbeitsmarktprogramme zum Abbau der Arbeitslosigkeit schwerbehinderter Menschen, besonderer Gruppen schwerbehinderter Menschen, insbesondere schwerbehinderter Frauen, sowie zur Förderung des Ausbildungsplatzangebots für schwerbehinderte Menschen durch, die ihr durch Verwaltungsvereinbarung gemäß § 368 Absatz 3 Satz 2 und Absatz 4 des Dritten Buches unter Zuweisung der entsprechenden Mittel übertragen werden. Über den Abschluss von Verwaltungsvereinbarungen mit den Ländern ist das Bundesministerium für Arbeit und Soziales zu unterrichten.

(4) Die Bundesagentur für Arbeit richtet zur Durchführung der ihr in Teil 2 und der ihr im Dritten Buch zur Teilhabe behinderter und schwerbehinderter Menschen am Arbeitsleben übertragenen Aufgaben in allen Agenturen für Arbeit besondere Stellen ein; bei der personellen Ausstattung dieser Stellen trägt sie dem besonderen Aufwand bei der Beratung und Vermittlung des zu betreuenden Personenkreises sowie bei der Durchführung der sonstigen Aufgaben nach Absatz 1 Rechnung.

(5) Im Rahmen der Beratung der Arbeitgeber nach Absatz 1 Nr. 2 hat die Bundesagentur für Arbeit

1. dem Arbeitgeber zur Besetzung von Arbeitsplätzen geeignete arbeitslose oder arbeitssuchende schwerbehinderte Menschen unter Darlegung der Leistungsfähigkeit und der Auswirkungen der jeweiligen Behinderung auf die angebotene Stelle vorzuschlagen,
2. ihre Fördermöglichkeiten aufzuzeigen, so weit wie möglich und erforderlich, auch die entsprechenden Hilfen der Rehabilitationsträger und der begleitenden Hilfe im Arbeitsleben durch die Integrationsämter.

§ 105 Beratender Ausschuss für behinderte Menschen bei der Bundesagentur für Arbeit

(1) Bei der Zentrale der Bundesagentur für Arbeit wird ein Beratender Ausschuss für behinderte Menschen gebildet, der die Teilhabe der behinderten Menschen am Arbeitsleben durch Vorschläge fördert und die Bundesagentur für Arbeit bei der Durchführung der in Teil 2 und im Dritten Buch zur Teilhabe behinderter und schwerbehinderter Menschen am Arbeitsleben übertragenen Aufgaben unterstützt.

(2) Der Ausschuss besteht aus elf Mitgliedern, und zwar aus
zwei Mitgliedern, die die Arbeitnehmer und Arbeitnehmerinnen vertreten,
zwei Mitgliedern, die die privaten und öffentlichen Arbeitgeber vertreten,
fünf Mitgliedern, die die Organisationen behinderter Menschen vertreten,
einem Mitglied, das die Integrationsämter vertritt,
einem Mitglied, das das Bundesministerium für Arbeit und Soziales vertritt.

(3) Für jedes Mitglied ist ein Stellvertreter oder eine Stellvertreterin zu berufen.

(4) Der Vorstand der Bundesagentur für Arbeit beruft die Mitglieder, die Arbeitnehmer und Arbeitgeber vertreten, auf Vorschlag ihrer Gruppenvertreter im Verwaltungsrat der Bundesagentur für Arbeit. Er beruft auf Vorschlag der Organisationen behinderter Menschen, die nach der Zusammensetzung ihrer Mitglieder dazu berufen sind, die behinderten Menschen in ihrer Gesamtheit auf Bundesebene zu vertreten, die Mitglieder, die Organisationen der behinderten Menschen vertreten. Auf Vorschlag der Bundesarbeitsgemeinschaft der Integrationsämter und Hauptfürsorgestellen, beruft er das Mitglied, das die Integrationsämter vertritt, und auf Vorschlag des Bundesministeriums für Arbeit und Soziales das Mitglied, das dieses vertritt.

§ 106 Gemeinsame Vorschriften

(1) Die Beratenden Ausschüsse für behinderte Menschen (§§ 103, 105) wählen aus den ihnen angehörenden Mitgliedern von Seiten der Arbeitnehmer, Arbeitgeber oder Organisationen behinderter Menschen jeweils für die Dauer eines Jahres einen Vorsitzenden oder eine Vorsitzende und einen Stellvertreter oder eine Stellvertreterin. Die Gewählten dürfen nicht derselben Gruppe angehören. Die Gruppen stellen in regelmäßig jährlich wechselnder Reihenfolge den Vorsitzenden oder die Vorsitzende und den Stellvertreter oder die Stellvertreterin. Die Reihenfolge wird durch die Beendigung der Amtszeit der Mitglieder nicht unterbrochen. Scheidet der Vorsitzende oder die Vorsitzende oder der Stellvertreter oder die Stellvertreterin aus, wird er oder sie neu gewählt.

(2) Die Beratenden Ausschüsse für behinderte Menschen sind beschlussfähig, wenn wenigstens die Hälfte der Mitglieder anwesend ist. Die Beschlüsse und Entscheidungen werden mit einfacher Stimmenmehrheit getroffen.

(3) Die Mitglieder der Beratenden Ausschüsse für behinderte Menschen üben ihre Tätigkeit ehrenamtlich aus. Ihre Amtszeit beträgt vier Jahre.

§ 107 Übertragung von Aufgaben

(1) Die Landesregierung oder die von ihr bestimmte Stelle kann die Verlängerung der Gültigkeitsdauer der Ausweise nach § 69 Abs. 5, für die eine Feststellung nach § 69 Abs. 1 nicht zu treffen ist, auf andere Behörden übertragen. Im Übrigen kann sie andere Behörden zur Aushändigung der Ausweise heranziehen.

(2) Die Landesregierung oder die von ihr bestimmte Stelle kann Aufgaben und Befugnisse des Integrationsamtes nach Teil 2 auf örtliche Fürsorgestellen übertragen oder die Heranziehung örtlicher Fürsorgestellen zur Durchführung der den Integrationsämtern obliegenden Aufgaben bestimmen.

(3) (weggefallen)

§ 108 Verordnungsermächtigung

Die Bundesregierung wird ermächtigt, durch Rechtsverordnung mit Zustimmung des Bundesrates das Nähere über die Voraussetzungen des Anspruchs nach § 33 Abs. 8 Nr. 3 und § 102 Abs. 4 sowie über die Höhe, Dauer und Ausführung der Leistungen zu regeln.

Kapitel 7
Integrationsfachdienste

§ 109 Begriff und Personenkreis

(1) Integrationsfachdienste sind Dienste Dritter, die bei der Durchführung der Maßnahmen zur Teilhabe schwerbehinderter Menschen am Arbeitsleben beteiligt werden.

(2) Schwerbehinderte Menschen im Sinne des Absatzes 1 sind insbesondere

1. schwerbehinderte Menschen mit einem besonderen Bedarf an arbeitsbegleitender Betreuung,
2. schwerbehinderte Menschen, die nach zielgerichteter Vorbereitung durch die Werkstatt für behinderte Menschen am Arbeitsleben auf dem allgemeinen Arbeitsmarkt teilhaben sollen und dabei auf aufwendige, personalintensive, individuelle arbeitsbegleitende Hilfen angewiesen sind sowie
3. schwerbehinderte Schulabgänger, die für die Aufnahme einer Beschäftigung auf dem allgemeinen Arbeitsmarkt auf die Unterstützung eines Integrationsfachdienstes angewiesen sind.

(3) Ein besonderer Bedarf an arbeits- und berufsbegleitender Betreuung ist insbesondere gegeben bei schwerbehinderten Menschen mit geistiger oder seelischer Behinderung oder mit einer schweren Körper-, Sinnes- oder Mehrfachbehinderung, die sich im Arbeitsleben besonders nachteilig auswirkt und allein oder zusammen mit weiteren vermittlungshemmenden Umständen (Alter, Langzeitarbeitslosigkeit, unzureichende Qualifikation, Leistungsminderung) die Teilhabe am Arbeitsleben auf dem allgemeinen Arbeitsmarkt erschwert.

(4) Der Integrationsfachdienst kann im Rahmen der Aufgabenstellung nach Absatz 1 auch zur beruflichen Eingliederung von behinderten Menschen, die nicht schwerbehindert sind, tätig werden. Hierbei wird den besonderen Bedürfnissen seelisch behinderter oder von einer seelischen Behinderung bedrohter Menschen Rechnung getragen.

§ 110 Aufgaben

(1) Die Integrationsfachdienste können zur Teilhabe schwerbehinderter Menschen am Arbeitsleben (Aufnahme, Ausübung und Sicherung einer möglichst dauerhaften Beschäftigung) beteiligt werden, indem sie

1. die schwerbehinderten Menschen beraten, unterstützen und auf geeignete Arbeitsplätze vermitteln,
2. die Arbeitgeber informieren, beraten und ihnen Hilfe leisten.

(2) Zu den Aufgaben des Integrationsfachdienstes gehört es,

1. die Fähigkeiten der zugewiesenen schwerbehinderten Menschen zu bewerten und einzuschätzen und dabei ein individuelles Fähigkeits-, Leistungs- und Interessenprofil zur Vorbereitung auf den allgemeinen Arbeitsmarkt in enger Kooperation mit den schwerbehinderten Menschen, dem Auftraggeber und der abgebenden Einrichtung der schulischen oder beruflichen Bildung oder Rehabilitation zu erarbeiten,

1 a. die Bundesagentur für Arbeit auf deren Anforderung bei der Berufsorientierung und Berufsberatung in den Schulen einschließlich der auf jeden einzelnen Jugendlichen bezogenen Dokumentation der Ergebnisse zu unterstützen,
1 b. die betriebliche Ausbildung schwerbehinderter, insbesondere seelisch und lernbehinderter Jugendlicher zu begleiten,
2. geeignete Arbeitsplätze (§ 73) auf dem allgemeinen Arbeitsmarkt zu erschließen,
3. die schwerbehinderten Menschen auf die vorgesehenen Arbeitsplätze vorzubereiten,
4. die schwerbehinderten Menschen, solange erforderlich, am Arbeitsplatz oder beim Training der berufspraktischen Fähigkeiten am konkreten Arbeitsplatz zu begleiten,
5. mit Zustimmung des schwerbehinderten Menschen die Mitarbeiter im Betrieb oder in der Dienststelle über Art und Auswirkungen der Behinderung und über entsprechende Verhaltensregeln zu informieren und zu beraten,
6. eine Nachbetreuung, Krisenintervention oder psychosoziale Betreuung durchzuführen sowie
7. als Ansprechpartner für die Arbeitgeber zur Verfügung zu stehen, über die Leistungen für die Arbeitgeber zu informieren und für die Arbeitgeber diese Leistungen abzuklären,
8. in Zusammenarbeit mit den Rehabilitationsträgern und den Integrationsämtern die für den schwerbehinderten Menschen benötigten Leistungen zu klären und bei der Beantragung zu unterstützen.

§ 111 Beauftragung und Verantwortlichkeit

(1) Die Integrationsfachdienste werden im Auftrag der Integrationsämter oder der Rehabilitationsträger tätig. Diese bleiben für die Ausführung der Leistung verantwortlich.

(2) Im Auftrag legt der Auftraggeber in Abstimmung mit dem Integrationsfachdienst Art, Umfang und Dauer des im Einzelfall notwendigen Einsatzes des Integrationsfachdienstes sowie das Entgelt fest.

(3) Der Integrationsfachdienst arbeitet insbesondere mit
1. den zuständigen Stellen der Bundesagentur für Arbeit,
2. dem Integrationsamt,
3. dem zuständigen Rehabilitationsträger, insbesondere den Berufshelfern der gesetzlichen Unfallversicherung,
4. dem Arbeitgeber, der Schwerbehindertenvertretung und den anderen betrieblichen Interessenvertretungen,
5. der abgebenden Einrichtung der schulischen oder beruflichen Bildung oder Rehabilitation mit ihren begleitenden Diensten und internen Integrationsfachkräften oder -diensten zur Unterstützung von Teilnehmenden an Leistungen zur Teilhabe am Arbeitsleben,
5 a. den Handwerks-, den Industrie- und Handelskammern sowie den berufsständigen Organisationen,

6. wenn notwendig auch mit anderen Stellen und Personen,

eng zusammen.

(4) Näheres zur Beauftragung, Zusammenarbeit, fachlichen Leitung, Aufsicht sowie zur Qualitätssicherung und Ergebnisbeobachtung wird zwischen dem Auftraggeber und dem Träger des Integrationsfachdienstes vertraglich geregelt. Die Vereinbarungen sollen im Interesse finanzieller Planungssicherheit auf eine Dauer von mindestens drei Jahren abgeschlossen werden.

(5) Die Integrationsämter wirken darauf hin, dass die berufsbegleitenden und psychosozialen Dienste bei den von ihnen beauftragten Integrationsfachdiensten konzentriert werden.

§ 112 Fachliche Anforderungen

(1) Die Integrationsfachdienste müssen

1. nach der personellen, räumlichen und sächlichen Ausstattung in der Lage sein, ihre gesetzlichen Aufgaben wahrzunehmen,
2. über Erfahrungen mit dem zu unterstützenden Personenkreis (§ 109 Abs. 2) verfügen,
3. mit Fachkräften ausgestattet sein, die über eine geeignete Berufsqualifikation, eine psychosoziale oder arbeitspädagogische Zusatzqualifikation und ausreichende Berufserfahrung verfügen, sowie
4. rechtlich oder organisatorisch und wirtschaftlich eigenständig sein.

(2) Der Personalbedarf eines Integrationsfachdienstes richtet sich nach den konkreten Bedürfnissen unter Berücksichtigung der Zahl der Betreuungs- und Beratungsfälle, des durchschnittlichen Betreuungs- und Beratungsaufwands, der Größe des regionalen Einzugsbereichs und der Zahl der zu beratenden Arbeitgeber. Den besonderen Bedürfnissen besonderer Gruppen schwerbehinderter Menschen, insbesondere schwerbehinderter Frauen, und der Notwendigkeit einer psychosozialen Betreuung soll durch eine Differenzierung innerhalb des Integrationsfachdienstes Rechnung getragen werden.

(3) Bei der Stellenbesetzung des Integrationsfachdienstes werden schwerbehinderte Menschen bevorzugt berücksichtigt. Dabei wird ein angemessener Anteil der Stellen mit schwerbehinderten Frauen besetzt.

§ 113 Finanzielle Leistungen

(1) Die Inanspruchnahme von Integrationsfachdiensten wird vom Auftraggeber vergütet. Die Vergütung für die Inanspruchnahme von Integrationsfachdiensten kann bei Beauftragung durch das Integrationsamt aus Mitteln der Ausgleichsabgabe erbracht werden.

(2) Die Bundesarbeitsgemeinschaft der Integrationsämter und Hauptfürsorgestellen vereinbart mit den Rehabilitationsträgern nach § 6 Abs. 1 Nr. 2 bis 5 unter Beteiligung der maßgeblichen Verbände, darunter der Bundesarbeitsgemeinschaft, in der sich die Integrationsfachdienste zusammengeschlossen haben, eine gemeinsame Empfehlung zur Inanspruchnahme der Integrationsfachdienste durch die Rehabilitations-

träger, zur Zusammenarbeit und zur Finanzierung der Kosten, die dem Integrationsfachdienst bei der Wahrnehmung der Aufgaben der Rehabilitationsträger entstehen. § 13 Abs. 7 und 8 gilt entsprechend.

§ 114 Ergebnisbeobachtung

(1) Der Integrationsfachdienst dokumentiert Verlauf und Ergebnis der jeweiligen Bemühungen um die Förderung der Teilhabe am Arbeitsleben. Er erstellt jährlich eine zusammenfassende Darstellung der Ergebnisse und legt diese den Auftraggebern nach deren näherer gemeinsamer Maßgabe vor. Diese Zusammenstellung soll insbesondere geschlechtsdifferenzierte Angaben enthalten zu

1. den Zu- und Abgängen an Betreuungsfällen im Kalenderjahr,
2. dem Bestand an Betreuungsfällen,
3. der Zahl der abgeschlossenen Fälle, differenziert nach Aufnahme einer Ausbildung, einer befristeten oder unbefristeten Beschäftigung, einer Beschäftigung in einem Integrationsprojekt oder in einer Werkstatt für behinderte Menschen.

(2) Der Integrationsfachdienst dokumentiert auch die Ergebnisse seiner Bemühungen zur Unterstützung der Bundesagentur für Arbeit und die Begleitung der betrieblichen Ausbildung nach § 110 Abs. 2 Nr. 1 a und 1 b unter Einbeziehung geschlechtsdifferenzierter Daten und Besonderheiten sowie der Art der Behinderung. Er erstellt zum 30. September 2006 eine zusammenfassende Darstellung der Ergebnisse und legt diese dem zuständigen Integrationsamt vor. Die Bundesarbeitsgemeinschaft der Integrationsämter und Hauptfürsorgestellen bereitet die Ergebnisse auf und stellt sie dem Bundesministerium für Arbeit und Soziales zur Vorbereitung des Berichtes nach § 160 Abs. 2 bis zum 31. Dezember 2006 zur Verfügung.

§ 115 Verordnungsermächtigung

(1) Das Bundesministerium für Arbeit und Soziales wird ermächtigt, durch Rechtsverordnung mit Zustimmung des Bundesrates das Nähere über den Begriff und die Aufgaben des Integrationsfachdienstes, die für sie geltenden fachlichen Anforderungen und die finanziellen Leistungen zu regeln.

(2) Vereinbaren die Bundesarbeitsgemeinschaft der Integrationsämter und Hauptfürsorgestellen und die Rehabilitationsträger nicht innerhalb von sechs Monaten, nachdem das Bundesministerium für Arbeit und Soziales sie dazu aufgefordert hat, eine gemeinsame Empfehlung nach § 113 Abs. 2 oder ändern sie die unzureichend gewordene Empfehlung nicht innerhalb dieser Frist, kann das Bundesministerium für Arbeit und Soziales Regelungen durch Rechtsverordnung mit Zustimmung des Bundesrates erlassen.

Kapitel 8
Beendigung der Anwendung der besonderen Regelungen zur Teilhabe schwerbehinderter und gleichgestellter behinderter Menschen

§ 116 Beendigung der Anwendung der besonderen Regelungen zur Teilhabe schwerbehinderter Menschen

(1) Die besonderen Regelungen für schwerbehinderte Menschen werden nicht angewendet nach dem Wegfall der Voraussetzungen nach § 2 Abs. 2; wenn sich der Grad der Behinderung auf weniger als 50 verringert, jedoch erst am Ende des dritten Kalendermonats nach Eintritt der Unanfechtbarkeit des die Verringerung feststellenden Bescheides.

(2) Die besonderen Regelungen für gleichgestellte behinderte Menschen werden nach dem Widerruf oder der Rücknahme der Gleichstellung nicht mehr angewendet. Der Widerruf der Gleichstellung ist zulässig, wenn die Voraussetzungen nach § 2 Abs. 3 in Verbindung mit § 68 Abs. 2 weggefallen sind. Er wird erst am Ende des dritten Kalendermonats nach Eintritt seiner Unanfechtbarkeit wirksam.

(3) Bis zur Beendigung der Anwendung der besonderen Regelungen für schwerbehinderte Menschen und ihnen gleichgestellte behinderte Menschen werden die behinderten Menschen dem Arbeitgeber auf die Zahl der Pflichtarbeitsplätze für schwerbehinderte Menschen angerechnet.

§ 117 Entziehung der besonderen Hilfen für schwerbehinderte Menschen

(1) Einem schwerbehinderten Menschen, der einen zumutbaren Arbeitsplatz ohne berechtigten Grund zurückweist oder aufgibt oder sich ohne berechtigten Grund weigert, an einer Maßnahme zur Teilhabe am Arbeitsleben teilzunehmen, oder sonst durch sein Verhalten seine Teilhabe am Arbeitsleben schuldhaft vereitelt, kann das Integrationsamt im Benehmen mit der Bundesagentur für Arbeit die besonderen Hilfen für schwerbehinderte Menschen zeitweilig entziehen. Dies gilt auch für gleichgestellte behinderte Menschen.

(2) Vor der Entscheidung über die Entziehung wird der schwerbehinderte Mensch gehört. In der Entscheidung wird die Frist bestimmt, für die sie gilt. Die Frist läuft vom Tage der Entscheidung an und beträgt nicht mehr als sechs Monate. Die Entscheidung wird dem schwerbehinderten Menschen bekannt gegeben.

Kapitel 9
Widerspruchsverfahren

§ 118 Widerspruch

(1) Den Widerspruchsbescheid nach § 73 der Verwaltungsgerichtsordnung erlässt bei Verwaltungsakten der Integrationsämter und bei Verwaltungsakten der örtlichen Fürsorgestellen (§ 107 Abs. 2) der Widerspruchsausschuss bei dem Integrationsamt

(§ 119). Des Vorverfahrens bedarf es auch, wenn den Verwaltungsakt ein Integrationsamt erlassen hat, das bei einer obersten Landesbehörde besteht.

(2) Den Widerspruchsbescheid nach § 85 des Sozialgerichtsgesetzes erlässt bei Verwaltungsakten, welche die Bundesagentur für Arbeit auf Grund des Teils 2 erlässt, der Widerspruchsausschuss der Bundesagentur für Arbeit.

§ 119 Widerspruchsausschuss bei dem Integrationsamt

(1) Bei jedem Integrationsamt besteht ein Widerspruchsausschuss aus sieben Mitgliedern, und zwar aus

zwei Mitgliedern, die schwerbehinderte Arbeitnehmer oder Arbeitnehmerinnen sind,

zwei Mitgliedern, die Arbeitgeber sind,

einem Mitglied, das das Integrationsamt vertritt,

einem Mitglied, das die Bundesagentur für Arbeit vertritt,

einer Vertrauensperson schwerbehinderter Menschen.

(2) Für jedes Mitglied wird ein Stellvertreter oder eine Stellvertreterin berufen.

(3) Das Integrationsamt beruft

auf Vorschlag der Organisationen behinderter Menschen des jeweiligen Landes die Mitglieder, die Arbeitnehmer sind,

auf Vorschlag der jeweils für das Land zuständigen Arbeitgeberverbände die Mitglieder, die Arbeitgeber sind, sowie

die Vertrauensperson.

Die zuständige oberste Landesbehörde oder die von ihr bestimmte Behörde beruft das Mitglied, das das Integrationsamt vertritt. Die Bundesagentur für Arbeit beruft das Mitglied, dass sie vertritt.

Entsprechendes gilt für die Berufung des Stellvertreters oder der Stellvertreterin des jeweiligen Mitglieds.

(4) In Kündigungsangelegenheiten schwerbehinderter Menschen, die bei einer Dienststelle oder in einem Betrieb beschäftigt sind, der zum Geschäftsbereich des Bundesministeriums der Verteidigung gehört, treten an die Stelle der Mitglieder, die Arbeitgeber sind, Angehörige des öffentlichen Dienstes. Dem Integrationsamt werden ein Mitglied und sein Stellvertreter oder seine Stellvertreterin von den von der Bundesregierung bestimmten Bundesbehörden benannt. Eines der Mitglieder, die schwerbehinderte Arbeitnehmer oder Arbeitnehmerinnen sind, muss dem öffentlichen Dienst angehören.

(5) Die Amtszeit der Mitglieder der Widerspruchsausschüsse beträgt vier Jahre. Die Mitglieder der Ausschüsse üben ihre Tätigkeit unentgeltlich aus.

§ 120 Widerspruchsausschüsse der Bundesagentur für Arbeit

(1) Die Bundesagentur für Arbeit richtet Widerspruchsausschüsse ein, die aus sieben Mitgliedern bestehen, und zwar aus

zwei Mitgliedern, die schwerbehinderte Arbeitnehmer oder Arbeitnehmerinnen sind,

zwei Mitgliedern, die Arbeitgeber sind,
einem Mitglied, das das Integrationsamt vertritt,
einem Mitglied, das die Bundesagentur für Arbeit vertritt,
einer Vertrauensperson schwerbehinderter Menschen.

(2) Für jedes Mitglied wird ein Stellvertreter oder eine Stellvertreterin berufen.

(3) Die Bundesagentur für Arbeit beruft

die Mitglieder, die Arbeitnehmer oder Arbeitnehmerinnen sind, auf Vorschlag der jeweils zuständigen Organisationen behinderter Menschen, der im Benehmen mit den jeweils zuständigen Gewerkschaften, die für die Vertretung der Arbeitnehmerinteressen wesentliche Bedeutung haben, gemacht wird,

die Mitglieder, die Arbeitgeber sind, auf Vorschlag der jeweils zuständigen Arbeitgeberverbände, soweit sie für die Vertretung von Arbeitgeberinteressen wesentliche Bedeutung haben, sowie

das Mitglied, das die Bundesagentur für Arbeit vertritt und
die Vertrauensperson.

Die zuständige oberste Landesbehörde oder die von ihr bestimmte Behörde beruft das Mitglied, das das Integrationsamt vertritt.

Entsprechendes gilt für die Berufung des Stellvertreters oder der Stellvertreterin des jeweiligen Mitglieds.

(4) § 119 Abs. 5 gilt entsprechend.

§ 121 Verfahrensvorschriften

(1) Für den Widerspruchsausschuss bei dem Integrationsamt (§ 119) und die Widerspruchsausschüsse bei der Bundesagentur für Arbeit (§ 120) gilt § 106 Abs. 1 und 2 entsprechend.

(2) Im Widerspruchsverfahren nach Teil 2 Kapitel 4 werden der Arbeitgeber und der schwerbehinderte Mensch vor der Entscheidung gehört; in den übrigen Fällen verbleibt es bei der Anhörung des Widerspruchsführers.

(3) Die Mitglieder der Ausschüsse können wegen Besorgnis der Befangenheit abgelehnt werden. Über die Ablehnung entscheidet der Ausschuss, dem das Mitglied angehört.

Kapitel 10
Sonstige Vorschriften

§ 122 Vorrang der schwerbehinderten Menschen

Verpflichtungen zur bevorzugten Einstellung und Beschäftigung bestimmter Personenkreise nach anderen Gesetzen entbinden den Arbeitgeber nicht von der Verpflichtung zur Beschäftigung schwerbehinderter Menschen nach den besonderen Regelungen für schwerbehinderte Menschen.

Regelungsinhalt

1 § 122 stellt klar, dass die Verpflichtung zur Einstellung schwerbehinderter Menschen auch dann besteht, wenn aufgrund anderer Gesetze die Verpflichtung besteht, andere Personenkreise bevorzugt einzustellen. Entsprechende Verpflichtungen ergeben sich aus landesrechtlichen Vorschriften über Bergmannversorgungsscheine (Niedersachsen, Nordrhein-Westfalen, Saarland). Wenn die Verpflichtungen aus den verschiedenen Gesetzen und aus dem SGB IX nebeneinander stehen, sind sie auch als gleichrangig zu behandeln.[362]

2 Ein individualrechtlicher Anspruch wird durch die Norm nicht begründet. Die Norm gehört zu den Gesetzen, deren Einhaltung von der Schwerbehindertenvertretung nach § 95 Abs. 1 Satz 2 Nr. 1 zu überwachen ist.

§ 123 Arbeitsentgelt und Dienstbezüge

(1) Bei der Bemessung des Arbeitsentgelts und der Dienstbezüge aus einem bestehenden Beschäftigungsverhältnis werden Renten und vergleichbare Leistungen, die wegen der Behinderung bezogen werden, nicht berücksichtigt. Die völlige oder teilweise Anrechnung dieser Leistungen auf das Arbeitsentgelt oder die Dienstbezüge ist unzulässig.

(2) Absatz 1 gilt nicht für Zeiträume, in denen die Beschäftigung tatsächlich nicht ausgeübt wird und die Vorschriften über die Zahlung der Rente oder der vergleichbaren Leistung eine Anrechnung oder ein Ruhen vorsehen, wenn Arbeitsentgelt oder Dienstbezüge gezahlt werden.

Inhaltsübersicht

1. Normzweck

1 Die Vorschrift enthält keine Regelung zur Bemessung des Arbeitsentgelts. Mit der Regelung in Abs. 1 soll vielmehr sichergestellt werden, dass schwerbehinderte Menschen hinsichtlich des Bezugs von Entgeltleistungen nicht schlechter gestellt werden als nicht schwerbehinderte Menschen. Es soll verhindert werden, dass die Kompensation für die aus der Behinderung erwachsenen Nachteile durch Renten und vergleichbare Leistungen den schwerbehinderten Menschen nicht durch Anrechnung oder sonstige Berücksichtigung bei der Bemessung des Entgeltes wieder genommen wird.[363] Die Vorschrift gilt für schwerbehinderte und ihnen gleichgestellte Menschen, die in einem Beschäftigungsverhältnis stehen.[364]

---

362 Von Seggern in HK-ArbR, § 122 SGB IX Rn. 1, Düwell in LPK-SGB IX, § 122 Rn. 8.
363 Düwell in LPK-SGB IX, § 123 Rn. 3, FKS-SGB IX-Faber, § 123 Rn. 1.
364 Pahlen in Neumann/Pahlen/Majerski-Pahlen, § 123 Rn. 4.

2. Arbeitsentgelt und Dienstbezüge

2 Die Begriffe des Arbeitsentgelts bzw. der Dienstbezüge in Abs. 1 umfassen jede Leistung, die für geleistete Arbeit gewährt wird. Einbezogen sind also nicht nur das Gehalt oder die Bezüge als solche, sondern auch Zulagen, Provisionen, Prämien, Urlaubsgeld, Weihnachtsgeld und andere einmalige Gratifikationen. Umfasst sind auch Sachleistungen (z. B. die Zurverfügungstellung des Dienstwagens auch für private Zwecke). Auch die Entgeltfortzahlung im Krankheitsfalle zählt dazu.[365]

3 Abfindungen zählen nicht zum Arbeitsentgelt im Sinne des Abs. 2, da sie nicht aus einem bestehenden Beschäftigungsverhältnis, sondern für die Zeit nach der Beendigung des Arbeitsverhältnisses und wegen derselben gezahlt werden.[366]

3. Renten und vergleichbare Leistungen

4 Als Renten und vergleichbare Leistungen kommen alle solche, die wegen der Behinderung bezogen werden, in Betracht. Dies sind Renten nach dem Bundesversorgungsgesetz, Renten nach dem Unfallversicherungsrecht und Renten wegen verminderter Erwerbsunfähigkeit. Werden Renten aufgrund von Gesundheitsbeeinträchtigungen gezahlt, die bei der Feststellung der Schwerbehinderung keine Rolle gespielt haben, ist zu prüfen, inwieweit die Gesundheitsbeeinträchtigungen, die hingegen zur Feststellung der Schwerbehinderung geführt haben, die Rentengewährung dennoch rechtfertigen. Nur wenn letzteres ausgeschlossen ist, besteht das Anrechungsverbot des Abs. 1 nicht.[367]

5 Altersrenten, die schwerbehinderten Menschen und nicht schwerbehinderten Menschen gleichermaßen zustehen, sind vom Anwendungsbereich der Norm nicht erfasst. Die vorgezogene Altersrente für schwerbehinderte Menschen nach § 37 SGB VI unterliegt jedoch dem Anrechnungsverbot, da diese wegen der Schwerbehinderung gewährt wird.[368]

4. Wirkung des Anrechnungsverbots

6 Liegen die Voraussetzungen des Abs. 1 vor, ist jede Berücksichtigung des Bezugs von Renten oder vergleichbaren Leistungen bei der Bemessung des Arbeitsentgelts bzw. der Dienstbezüge ausgeschlossen. Enthalten Tarifverträge, Betriebsvereinbarungen oder Arbeitsverträge entsprechende Bestimmungen, sind diese unwirksam.[369] Ein Verzicht des schwerbehinderten Menschen ist ebenso unwirksam.[370]

---

365 Düwell in LPK-SGB IX, § 123 Rn. 6.
366 BAG – 28. 10. 1999 – 6 AZR 288/98.
367 BAG – 16. 11. 1982 – 3 AZR 165/81.
368 Faber in FKS-SGB IX, § 123 Rn. 10, vgl. BAG – 16. 11. 1982 – 3 AZR 160/82.
369 BAG – 16. 11. 1982 – 3 AZR 165/81.
370 Düwell in LPK-SGB IX, § 123 Rn. 19.

5. Ausnahme nach Abs. 2

Abs. 2 macht eine Ausnahme vom Anrechnungsverbot des Abs. 1 für die Fälle, in denen das Arbeitsverhältnis zwar rechtlich besteht, eine tatsächliche Beschäftigung aber nicht ausgeübt wird. Bezieht der schwerbehinderte Mensch z. B. eine Rente wegen Erwerbsminderung auf Zeit, unterliegt diese nicht dem Anrechnungsverbot. Zulässig ist es nach Abs. 2 auch, tarifvertragliche Regelungen zur Zahlung von Krankengeld durch den Arbeitgeber über den Zeitraum von sechs Wochen (§ 3 EFZG) hinaus davon abhängig zu machen, ob Renten oder vergleichbare Leistungen wegen der Schwerbehinderung gezahlt werden. Voraussetzung ist aber, dass die Vorschriften über die Zahlung der Rente oder der vergleichbaren Leistung eine Anrechnung oder ein Ruhen vorsehen, wenn Arbeitsentgelt gezahlt wird.[371] **7**

Im Entgeltfortzahlungszeitraum von sechs Wochen nach § 3 EFZG gilt die oben beschriebene Ausnahme nicht, da die Ansprüche auf Entgeltfortzahlung im Krankheitsfalle gemäß § 12 EFZG nicht abdingbar sind.[372] **8**

§ 124 Mehrarbeit

Schwerbehinderte Menschen werden auf ihr Verlangen von Mehrarbeit freigestellt.

Regelungsinhalt

Die Norm soll sicherstellen, dass die Leistungsfähigkeit schwerbehinderter Menschen nicht durch zu lange Arbeitszeiten überbeansprucht wird.[373] Sie gilt für schwerbehinderte und ihnen gleichgestellte Menschen. **1**

Mehrarbeit im Sinne der Norm ist die über acht Stunden täglich hinausgehende Arbeitszeit.[374] Auf die arbeitsvertraglich oder tarifvertraglich geschuldete Arbeitszeit kommt es nicht an. Soweit insbesondere Regelungen zur Flexibilisierung der Arbeitszeit in Tarifverträgen oder Betriebsvereinbarungen es ermöglichen, dass an einzelnen Tagen auch über acht Stunden gearbeitet werden kann, bietet die feste Acht-Stunden-Grenze so einen größeren Schutz und sorgt für Rechtsklarheit.[375] **2**

Der schwerbehinderte Mensch muss, um von Mehrarbeit ausgenommen zu werden, dies gegenüber dem Arbeitgeber geltend machen. Eine Form für dieses Verlangen ist nicht vorgesehen. Das Verlangen sollte jedoch schriftlich formuliert werden und dem Arbeitgeber nachweisbar übergeben werden. Das Verlangen kann sowohl für den Einzelfall als auch auf Dauer erklärt werden.[376] **3**

Die Norm schützt im Übrigen nicht vor der Pflicht zur Ableistung von Nacht-, Sonntags- oder Feiertagsarbeit. Im Rahmen der Mitbestimmung des Betriebsrats aus § 87 Abs. 1 Nr. 2 und 3 BetrVG können sowohl zur Lage der Arbeitszeit als auch zur Anord- **4**

371 BAG – 29.06.2000 – 6 AZR 50/99.
372 BAG a. a. O.
373 BAG – 03.12.2002 – 9 AZR 462/01.
374 BAG a. a. O.
375 Faber in FKS-SGB IX, § 124 Rn. 11, 12.
376 BAG – 03.12.2002 – 9 AZR 462/01.

nung von Mehrarbeit Regelungen vereinbart werden, die den Schutz schwerbehinderter Menschen berücksichtigen. In solchen Betriebsvereinbarungen ist es auch möglich, die Mehrarbeit anders zu definieren und etwa festzulegen, dass schwerbehinderte Menschen verlangen können, nicht über das in den Dienstplänen vereinbarte Arbeitsende hinaus Arbeit leisten zu müssen. Die vom BAG festgeschriebene Grenze von acht Stunden täglich kann dann als zusätzliches Kriterium dienen.

§ 125 Zusatzurlaub

(1) Schwerbehinderte Menschen haben Anspruch auf einen bezahlten zusätzlichen Urlaub von fünf Arbeitstagen im Urlaubsjahr; verteilt sich die regelmäßige Arbeitszeit des schwerbehinderten Menschen auf mehr oder weniger als fünf Arbeitstage in der Kalenderwoche, erhöht oder vermindert sich der Zusatzurlaub entsprechend. Soweit tarifliche, betriebliche oder sonstige Urlaubsregelungen für schwerbehinderte Menschen einen längeren Zusatzurlaub vorsehen, bleiben sie unberührt.

(2) Besteht die Schwerbehinderteneigenschaft nicht während des gesamten Kalenderjahres, so hat der schwerbehinderte Mensch für jeden vollen Monat der im Beschäftigungsverhältnis vorliegenden Schwerbehinderteneigenschaft einen Anspruch auf ein Zwölftel des Zusatzurlaubs nach Absatz 1 Satz 1. Bruchteile von Urlaubstagen, die mindestens einen halben Tag ergeben, sind auf volle Urlaubstage aufzurunden. Der so ermittelte Zusatzurlaub ist dem Erholungsurlaub hinzuzurechnen und kann bei einem nicht im ganzen Kalenderjahr bestehenden Beschäftigungsverhältnis nicht erneut gemindert werden.

(3) Wird die Eigenschaft als schwerbehinderter Mensch nach § 69 Abs. 1 und 2 rückwirkend festgestellt, finden auch für die Übertragbarkeit des Zusatzurlaubs in das nächste Kalenderjahr die dem Beschäftigungsverhältnis zugrunde liegenden urlaubsrechtlichen Regelungen Anwendung.

Regelungsinhalt

1 Schwerbehinderte Menschen haben Anspruch auf zusätzlichen Erholungsurlaub. Die Norm gilt nicht für den Schwerbehinderten gleichgestellte Menschen.[377] Soweit die Norm keine Regelungen zu den Voraussetzungen des Anspruchserwerbs auf Urlaub, der Urlaubsgewährung sowie der Übertragbarkeit und Abgeltung enthält, gelten hierfür die allgemeinen Bestimmungen des Bundesurlaubsgesetzes (BUrlG). Das bedeutet u. a., dass der Urlaubsanspruch erst nach sechsmonatiger Wartezeit entsteht und dass etwa bei kürzerer Dauer des Beschäftigungsverhältnisses als sechs Monate nur Anspruch auf Teilurlaub besteht. Auch für die Übertragbarkeit des Zusatzurlaubs gilt, dass dieser nicht verfällt, wenn der Zusatzurlaub im Übertragungszeitraum (31. März) nicht genommen werden konnte, weil der schwerbehinderte Mensch bis zum Ende des Übertragungszeitraums arbeitsunfähig krank war.[378]

---

377 LAG Berlin-Brandenburg – 22.02.2007 – 5 Sa 1861/06.
378 BAG – 23.03.2010 – 9 AZR 128/09.

Nach Abs. 1 Satz 1 haben schwerbehinderte Menschen Anspruch auf zusätzlichen Urlaub von fünf Tagen im Jahr. Das Gesetz geht, anders als das BUrlG, von einer Fünf-Tage-Woche aus. Arbeitet der schwerbehinderte Mensch mehr oder weniger als fünf Arbeitstage in der Kalenderwoche, erhöht oder vermindert sich der Zusatzurlaub entsprechend. Das heißt, dass sich z. B. bei einer Verteilung der Arbeitszeit auf regelmäßig vier Tage in der Kalenderwoche der Zusatzurlaub auf vier Tage im Jahr reduziert. **2**

Abs. 1 Satz 2 stellt klar, dass anderweitige Regelungen zum Zusatzurlaub für schwerbehinderte Menschen dann vorgehen, wenn sie günstiger sind. Bestehen darüber hinaus auch vom gesetzlichen Mindesturlaub abweichende günstigere Regelungen (Erhöhung des Mindesturlaubs auf 30 Tage), wird der Zusatzurlaub aus Abs. 1 nicht etwa angerechnet, sondern er verlängert dann diesen über den gesetzlichen Urlaub hinausgehenden Urlaub.[379] **3**

Nach Abs. 2 besteht nur ein Anspruch auf Teilurlaub, wenn die Schwerbehinderteneigenschaft nicht während des gesamten Kalenderjahres bestanden hat. Der schwerbehinderte Mensch hat dann nur für jeden vollen Monat der im Beschäftigungsverhältnis vorliegenden Schwerbehinderteneigenschaft einen Anspruch auf ein Zwölftel des Zusatzurlaubs. Besteht also die Schwerbehinderteneigenschaft erst ab dem 1. Juli eines Jahres, in welchem das Beschäftigungsverhältnis durchgängig bestand, so hat der schwerbehinderte Mensch nach Abs. 2 Satz 1 Anspruch auf 2,5 zusätzliche Urlaubstage. Durch die Aufrundungsregel in Abs. 2 Satz 2 besteht dann tatsächlich ein Anspruch von drei Tagen. Abs. 2 Satz 3 bestimmt für den Fall des so errechneten (Teil-)Urlaubes, dass dieser nicht ein weiteres Mal gekürzt werden kann, etwa weil der Beschäftigte in der ersten Hälfte eines Jahres aus dem Beschäftigungsverhältnis ausscheidet. **4**

Wenn ein im Kalenderjahr gestellter Antrag auf Feststellung der Schwerbehinderteneigenschaft gestellt wurde, die Feststellung aber erst im Folgejahr rückwirkend erfolgt, gilt folgendes: Erfolgt die Feststellung noch so rechtzeitig vor dem 31. März des Folgejahres (also im Übertragungszeitraum), besteht Anspruch auf den Zusatzurlaub, ein Verfall nach den Vorschriften des BUrlG kommt nicht in Frage. Erfolgt die Feststellung erst nach dem 31. März, ist eine Übertragung ausgeschlossen.[380] Im Übrigen gelten auch für diesen Fall die Grundsätze der Übertragbarkeit bei Unmöglichkeit der Urlaubsabwicklung wegen Arbeitsunfähigkeit während des Übertragungszeitraums.[381] **5**

§ 126 Nachteilsausgleich

(1) Die Vorschriften über Hilfen für behinderte Menschen zum Ausgleich behinderungsbedingter Nachteile oder Mehraufwendungen (Nachteilsausgleich) werden so gestaltet, dass sie unabhängig von der Ursache der Behinderung der Art oder Schwere der Behinderung Rechnung tragen.

(2) Nachteilsausgleiche, die auf Grund bisher geltender Rechtsvorschriften erfolgen, bleiben unberührt.

---

379 BAG – 24. 10. 2006 – 9 AZR 669/05.

380 Rehwald in Basiskommentar SGB IX, § 125 Rn. 10.

381 Siehe Rn. 1.

§ 127 Beschäftigung schwerbehinderter Menschen in Heimarbeit

(1) Schwerbehinderte Menschen, die in Heimarbeit beschäftigt oder diesen gleichgestellt sind (§ 1 Abs. 1 und 2 des Heimarbeitsgesetzes) und in der Hauptsache für den gleichen Auftraggeber arbeiten, werden auf die Arbeitsplätze für schwerbehinderte Menschen dieses Auftraggebers angerechnet.

(2) Für in Heimarbeit beschäftigte und diesen gleichgestellte schwerbehinderte Menschen wird die in § 29 Abs. 2 des Heimarbeitsgesetzes festgelegte Kündigungsfrist von zwei Wochen auf vier Wochen erhöht; die Vorschrift des § 29 Abs. 7 des Heimarbeitsgesetzes ist sinngemäß anzuwenden. Der besondere Kündigungsschutz schwerbehinderter Menschen im Sinne des Kapitels 4 gilt auch für die in Satz 1 genannten Personen.

(3) Die Bezahlung des zusätzlichen Urlaubs der in Heimarbeit beschäftigten oder diesen gleichgestellten schwerbehinderten Menschen erfolgt nach den für die Bezahlung ihres sonstigen Urlaubs geltenden Berechnungsgrundsätzen. Sofern eine besondere Regelung nicht besteht, erhalten die schwerbehinderten Menschen als zusätzliches Urlaubsgeld 2 Prozent des in der Zeit vom 1. Mai des vergangenen bis zum 30. April des laufenden Jahres verdienten Arbeitsentgelts ausschließlich der Unkostenzuschläge.

(4) Schwerbehinderte Menschen, die als fremde Hilfskräfte eines Hausgewerbetreibenden oder eines Gleichgestellten beschäftigt werden (§ 2 Abs. 6 des Heimarbeitsgesetzes) können auf Antrag eines Auftraggebers auch auf dessen Pflichtarbeitsplätze für schwerbehinderte Menschen angerechnet werden, wenn der Arbeitgeber in der Hauptsache für diesen Auftraggeber arbeitet. Wird einem schwerbehinderten Menschen im Sinne des Satzes 1, dessen Anrechnung die Bundesagentur für Arbeit zugelassen hat, durch seinen Arbeitgeber gekündigt, weil der Auftraggeber die Zuteilung von Arbeit eingestellt oder die regelmäßige Arbeitsmenge erheblich herabgesetzt hat, erstattet der Auftraggeber dem Arbeitgeber die Aufwendungen für die Zahlung des regelmäßigen Arbeitsverdienstes an den schwerbehinderten Menschen bis zur rechtmäßigen Beendigung seines Arbeitsverhältnisses.

(5) Werden fremde Hilfskräfte eines Hausgewerbetreibenden oder eines Gleichgestellten (§ 2 Abs. 6 des Heimarbeitsgesetzes) einem Auftraggeber gemäß Absatz 4 auf seine Arbeitsplätze für schwerbehinderte Menschen angerechnet, erstattet der Auftraggeber die dem Arbeitgeber nach Absatz 3 entstehenden Aufwendungen.

(6) Die den Arbeitgeber nach § 80 Abs. 1 und 5 treffenden Verpflichtungen gelten auch für Personen, die Heimarbeit ausgeben.

Regelungsinhalt

1 § 127 enthält Bestimmungen für schwerbehinderte Menschen, die in Heimarbeit beschäftigt sind. Diese schwerbehinderten Menschen sind keine Arbeitnehmer, sondern arbeitnehmerähnliche Personen.[382] Durch die Anrechnung auf Arbeitsplätze für schwerbehin-

382 Von Seggern in HK-ArbR, § 127 SGB IX Rn. 1, Preis in ErfK, § 611 BGB Rn. 114.

derte Menschen auf die Pflichtquote nach § 71 soll ein Anreiz für die Arbeitgeber geschaffen werden, schwerbehinderten Menschen die Heimarbeit zu ermöglichen.[383] Sinnvoller wäre es allerdings, den Arbeitgebern einen Anreiz zu verschaffen, diese Menschen im Rahmen eines Arbeitsverhältnisses zu beschäftigen.

Soweit das Gesetz nicht ausdrücklich Bestimmungen für in Heimarbeit beschäftigte schwerbehinderte Menschen regelt, enthält § 127 Sonderbestimmungen, die berücksichtigen, dass die in Heimarbeit beschäftigten schwerbehinderten Menschen wegen ihrer fehlenden Arbeitnehmereigenschaft eines besonderen Schutzes bedürfen. **2**

So bestimmt Abs. 2, dass die Kündigungsfrist des Heimarbeitsgesetzes von zwei auf vier Wochen erhöht wird und der besondere Kündigungsschutz nach §§ 85 ff. auch für in Heimarbeit beschäftigte schwerbehinderte Menschen gilt. Abs. 3 gibt diesen Menschen einen Anspruch auf Zusatzurlaub nach § 125 und legt, vorbehaltlich anderer bestehender Regelungen, die Höhe des Entgelts für den Zusatzurlaub mit zwei Prozent des Jahresentgelts fest. **3**

§ 128 Schwerbehinderte Beamte und Beamtinnen, Richter und Richterinnen, Soldaten und Soldatinnen

(1) Die besonderen Vorschriften und Grundsätze für die Besetzung der Beamtenstellen sind unbeschadet der Geltung des Teils 2 auch für schwerbehinderte Beamte und Beamtinnen so zu gestalten, dass die Einstellung und Beschäftigung schwerbehinderter Menschen gefördert und ein angemessener Anteil schwerbehinderter Menschen unter den Beamten und Beamtinnen erreicht wird.

(2) (weggefallen)

(3) Die Vorschriften des Absatzes 1 finden auf Richter und Richterinnen entsprechende Anwendung.

(4) Für die persönliche Rechtsstellung schwerbehinderter Soldaten und Soldatinnen gelten § 2 Abs. 1 und 2, §§ 69, 93 bis 99, 116 Abs. 1 sowie §§ 123, 125, 126 und 145 bis 147. Im Übrigen gelten für Soldaten und Soldatinnen die Vorschriften über die persönliche Rechtsstellung der schwerbehinderten Menschen, soweit sie mit den Besonderheiten des Dienstverhältnisses vereinbar sind.

§ 129 Unabhängige Tätigkeit

Soweit zur Ausübung einer unabhängigen Tätigkeit eine Zulassung erforderlich ist, soll schwerbehinderten Menschen, die eine Zulassung beantragen, bei fachlicher Eignung und Erfüllung der sonstigen gesetzlichen Voraussetzungen die Zulassung bevorzugt erteilt werden.

§ 130 Geheimhaltungspflicht

(1) Die Beschäftigten der Integrationsämter, der Bundesagentur für Arbeit, der Rehabilitationsträger einschließlich ihrer Beschäftigten in gemeinsamen Servicestellen sowie der von diesen Stellen beauftragten Integrationsfachdienste und die Mitglieder

383 Düwell in LPK-SGB IX, § 127 Rn. 4.

der Ausschüsse und des Beirates für die Teilhabe behinderter Menschen (§ 64) und ihre Stellvertreter oder Stellvertreterinnen sowie zur Durchführung ihrer Aufgaben hinzugezogene Sachverständige sind verpflichtet,

1. über ihnen wegen ihres Amtes oder Auftrages bekannt gewordene persönliche Verhältnisse und Angelegenheiten von Beschäftigten auf Arbeitsplätzen für schwerbehinderte Menschen, die ihrer Bedeutung oder ihrem Inhalt nach einer vertraulichen Behandlung bedürfen, Stillschweigen zu bewahren, und
2. ihnen wegen ihres Amtes oder Auftrages bekannt gewordene und vom Arbeitgeber ausdrücklich als geheimhaltungsbedürftig bezeichnete Betriebs- oder Geschäftsgeheimnisse nicht zu offenbaren und nicht zu verwerten.

(2) Diese Pflichten gelten auch nach dem Ausscheiden aus dem Amt oder nach Beendigung des Auftrages. Sie gelten nicht gegenüber der Bundesagentur für Arbeit, den Integrationsämtern und den Rehabilitationsträgern, soweit deren Aufgaben gegenüber schwerbehinderten Menschen es erfordern, gegenüber der Schwerbehindertenvertretung sowie gegenüber den in § 79 Abs. 1 des Betriebsverfassungsgesetzes und den in den entsprechenden Vorschriften des Personalvertretungsrechts genannten Vertretungen, Personen und Stellen.

§ 131 Statistik

(1) Über schwerbehinderte Menschen wird alle zwei Jahre eine Bundesstatistik durchgeführt. Sie umfasst folgende Tatbestände:

1. die Zahl der schwerbehinderten Menschen mit gültigem Ausweis,
2. persönliche Merkmale schwerbehinderter Menschen wie Alter, Geschlecht, Staatsangehörigkeit, Wohnort,
3. Art, Ursache und Grad der Behinderung.

(2) Für die Erhebung besteht Auskunftspflicht. Auskunftspflichtig sind die nach § 69 Abs. 1 und 5 zuständigen Behörden.

Kapitel 11
Integrationsprojekte

§ 132 Begriff und Personenkreis

(1) Integrationsprojekte sind rechtlich und wirtschaftlich selbständige Unternehmen (Integrationsunternehmen) oder unternehmensinterne oder von öffentlichen Arbeitgebern im Sinne des § 71 Abs. 3 geführte Betriebe (Integrationsbetriebe) oder Abteilungen (Integrationsabteilungen) zur Beschäftigung schwerbehinderter Menschen auf dem allgemeinen Arbeitsmarkt, deren Teilhabe an einer sonstigen Beschäftigung auf dem allgemeinen Arbeitsmarkt auf Grund von Art oder Schwere der Behinderung oder wegen sonstiger Umstände voraussichtlich trotz Ausschöpfens aller Fördermöglichkeiten und des Einsatzes von Integrationsfachdiensten auf besondere Schwierigkeiten stößt.

(2) Schwerbehinderte Menschen nach Absatz 1 sind insbesondere

1. schwerbehinderte Menschen mit geistiger oder seelischer Behinderung oder mit einer schweren Körper-, Sinnes- oder Mehrfachbehinderung, die sich im Arbeitsleben besonders nachteilig auswirkt und allein oder zusammen mit weiteren vermittlungshemmenden Umständen die Teilhabe am allgemeinen Arbeitsmarkt außerhalb eines Integrationsprojekts erschwert oder verhindert,
2. schwerbehinderte Menschen, die nach zielgerichteter Vorbereitung in einer Werkstatt für behinderte Menschen oder in einer psychiatrischen Einrichtung für den Übergang in einen Betrieb oder eine Dienststelle auf dem allgemeinen Arbeitsmarkt in Betracht kommen und auf diesen Übergang vorbereitet werden sollen, sowie
3. schwerbehinderte Menschen nach Beendigung einer schulischen Bildung, die nur dann Aussicht auf eine Beschäftigung auf dem allgemeinen Arbeitsmarkt haben, wenn sie zuvor in einem Integrationsprojekt an berufsvorbereitenden Bildungsmaßnahmen teilnehmen und dort beschäftigt und weiterqualifiziert werden.

(3) Integrationsunternehmen beschäftigen mindestens 25 Prozent schwerbehinderte Menschen im Sinne von Absatz 1. Der Anteil der schwerbehinderten Menschen soll in der Regel 50 Prozent nicht übersteigen.

§ 133 Aufgaben

Die Integrationsprojekte bieten den schwerbehinderten Menschen Beschäftigung und arbeitsbegleitende Betreuung an, soweit erforderlich auch Maßnahmen der beruflichen Weiterbildung oder Gelegenheit zur Teilnahme an entsprechenden außerbetrieblichen Maßnahmen und Unterstützung bei der Vermittlung in eine sonstige Beschäftigung in einem Betrieb oder einer Dienststelle auf dem allgemeinen Arbeitsmarkt sowie geeignete Maßnahmen zur Vorbereitung auf eine Beschäftigung in einem Integrationsprojekt.

§ 134 Finanzielle Leistungen

Integrationsprojekte können aus Mitteln der Ausgleichsabgabe Leistungen für Aufbau, Erweiterung, Modernisierung und Ausstattung einschließlich einer betriebswirtschaftlichen Beratung und für besonderen Aufwand erhalten.

§ 135 Verordnungsermächtigung

Das Bundesministerium für Arbeit und Soziales wird ermächtigt, durch Rechtsverordnung mit Zustimmung des Bundesrates das Nähere über den Begriff und die Aufgaben der Integrationsprojekte, die für sie geltenden fachlichen Anforderungen, die Aufnahmevoraussetzungen und die finanziellen Leistungen zu regeln.

Kapitel 12
Werkstätten für behinderte Menschen

§ 136 Begriff und Aufgaben der Werkstatt für behinderte Menschen

(1) Die Werkstatt für behinderte Menschen ist eine Einrichtung zur Teilhabe behinderter Menschen am Arbeitsleben im Sinne des Kapitels 5 des Teils 1 und zur Eingliederung in das Arbeitsleben. Sie hat denjenigen behinderten Menschen, die wegen Art oder Schwere der Behinderung nicht, noch nicht oder noch nicht wieder auf dem allgemeinen Arbeitsmarkt beschäftigt werden können,

1. eine angemessene berufliche Bildung und eine Beschäftigung zu einem ihrer Leistung angemessenen Arbeitsentgelt aus dem Arbeitsergebnis anzubieten und
2. zu ermöglichen, ihre Leistungs- oder Erwerbsfähigkeit zu erhalten, zu entwickeln, zu erhöhen oder wiederzugewinnen und dabei ihre Persönlichkeit weiterzuentwickeln.

Sie fördert den Übergang geeigneter Personen auf den allgemeinen Arbeitsmarkt durch geeignete Maßnahmen. Sie verfügt über ein möglichst breites Angebot an Berufsbildungs- und Arbeitsplätzen sowie über qualifiziertes Personal und einen begleitenden Dienst. Zum Angebot an Berufsbildungs- und Arbeitsplätzen gehören ausgelagerte Plätze auf dem allgemeinen Arbeitsmarkt. Die ausgelagerten Arbeitsplätze werden zum Zwecke des Übergangs und als dauerhaft ausgelagerte Plätze angeboten.

(2) Die Werkstatt steht allen behinderten Menschen im Sinne des Absatzes 1 unabhängig von Art oder Schwere der Behinderung offen, sofern erwartet werden kann, dass sie spätestens nach Teilnahme an Maßnahmen im Berufsbildungsbereich wenigstens ein Mindestmaß wirtschaftlich verwertbarer Arbeitsleistung erbringen werden. Dies ist nicht der Fall bei behinderten Menschen, bei denen trotz einer der Behinderung angemessenen Betreuung eine erhebliche Selbst- oder Fremdgefährdung zu erwarten ist oder das Ausmaß der erforderlichen Betreuung und Pflege die Teilnahme an Maßnahmen im Berufsbildungsbereich oder sonstige Umstände ein Mindestmaß wirtschaftlich verwertbarer Arbeitsleistung im Arbeitsbereich dauerhaft nicht zulassen.

(3) Behinderte Menschen, die die Voraussetzungen für eine Beschäftigung in einer Werkstatt nicht erfüllen, sollen in Einrichtungen oder Gruppen betreut und gefördert werden, die der Werkstatt angegliedert sind.

§ 137 Aufnahme in die Werkstätten für behinderte Menschen

(1) Anerkannte Werkstätten nehmen diejenigen behinderten Menschen aus ihrem Einzugsgebiet auf, die die Aufnahmevoraussetzungen gemäß § 136 Abs. 2 erfüllen, wenn Leistungen durch die Rehabilitationsträger gewährleistet sind; die Möglichkeit zur Aufnahme in eine andere anerkannte Werkstatt nach Maßgabe des § 9 des Zwölften Buches oder entsprechender Regelungen bleibt unberührt. Die Aufnahme erfolgt unabhängig von

1. der Ursache der Behinderung,
2. der Art der Behinderung, wenn in dem Einzugsgebiet keine besondere Werkstatt für behinderte Menschen für diese Behinderungsart vorhanden ist, und

3. der Schwere der Behinderung, der Minderung der Leistungsfähigkeit und einem besonderen Bedarf an Förderung, begleitender Betreuung oder Pflege.

(2) Behinderte Menschen werden in der Werkstatt beschäftigt, solange die Aufnahmevoraussetzungen nach Absatz 1 vorliegen.

§ 138 Rechtsstellung und Arbeitsentgelt behinderter Menschen

(1) Behinderte Menschen im Arbeitsbereich anerkannter Werkstätten stehen, wenn sie nicht Arbeitnehmer sind, zu den Werkstätten in einem arbeitnehmerähnlichen Rechtsverhältnis, soweit sich aus dem zugrunde liegenden Sozialleistungsverhältnis nichts anderes ergibt.

(2) Die Werkstätten zahlen aus ihrem Arbeitsergebnis an die im Arbeitsbereich beschäftigten behinderten Menschen ein Arbeitsentgelt, das sich aus einem Grundbetrag in Höhe des Ausbildungsgeldes, das die Bundesagentur für Arbeit nach den für sie geltenden Vorschriften behinderten Menschen im Berufsbildungsbereich zuletzt leistet, und einem leistungsangemessenen Steigerungsbetrag zusammensetzt. Der Steigerungsbetrag bemisst sich nach der individuellen Arbeitsleistung der behinderten Menschen, insbesondere unter Berücksichtigung von Arbeitsmenge und Arbeitsgüte.

(3) Der Inhalt des arbeitnehmerähnlichen Rechtsverhältnisses wird unter Berücksichtigung des zwischen den behinderten Menschen und dem Rehabilitationsträger bestehenden Sozialleistungsverhältnisses durch Werkstattverträge zwischen den behinderten Menschen und dem Träger der Werkstatt näher geregelt.

(4) Hinsichtlich der Rechtsstellung der Teilnehmer an Maßnahmen im Eingangsverfahren und im Berufsbildungsbereich gilt § 36 entsprechend.

(5) Ist ein volljähriger behinderter Mensch gemäß Absatz 1 in den Arbeitsbereich einer anerkannten Werkstatt für behinderte Menschen im Sinne des § 136 aufgenommen worden und war er zu diesem Zeitpunkt geschäftsunfähig, so gilt der von ihm geschlossene Werkstattvertrag in Ansehung einer bereits bewirkten Leistung und deren Gegenleistung, soweit diese in einem angemessenen Verhältnis zueinander stehen, als wirksam.

(6) War der volljährige behinderte Mensch bei Abschluss eines Werkstattvertrages geschäftsunfähig, so kann der Träger einer Werkstatt das Werkstattverhältnis nur unter den Voraussetzungen für gelöst erklären, unter denen ein wirksamer Vertrag seitens des Trägers einer Werkstatt gekündigt werden kann.

(7) Die Lösungserklärung durch den Träger einer Werkstatt bedarf der schriftlichen Form und ist zu begründen.

§ 139 Mitwirkung

(1) Die in § 138 Abs. 1 genannten behinderten Menschen wirken unabhängig von ihrer Geschäftsfähigkeit durch Werkstatträte in den ihre Interessen berührenden Angelegenheiten der Werkstatt mit. Die Werkstatträte berücksichtigen die Interessen der im Eingangsverfahren und im Berufsbildungsbereich der Werkstätten tätigen behinderten Menschen in angemessener und geeigneter Weise, solange für diese eine Vertretung nach § 36 nicht besteht.

(2) Ein Werkstattrat wird in Werkstätten gewählt; er setzt sich aus mindestens drei Mitgliedern zusammen.

(3) Wahlberechtigt zum Werkstattrat sind alle in § 138 Abs. 1 genannten behinderten Menschen; von ihnen sind die behinderten Menschen wählbar, die am Wahltag seit mindestens sechs Monaten in der Werkstatt beschäftigt sind.

(4) Die Werkstätten für behinderte Menschen unterrichten die Personen, die behinderte Menschen gesetzlich vertreten oder mit ihrer Betreuung beauftragt sind, einmal im Kalenderjahr in einer Eltern- und Betreuerversammlung in angemessener Weise über die Angelegenheiten der Werkstatt, auf die sich die Mitwirkung erstreckt, und hören sie dazu an. In den Werkstätten kann im Einvernehmen mit dem Träger der Werkstatt ein Eltern- und Betreuerbeirat errichtet werden, der die Werkstatt und den Werkstattrat bei ihrer Arbeit berät und durch Vorschläge und Stellungnahmen unterstützt.

§ 140 Anrechnung von Aufträgen auf die Ausgleichsabgabe

(1) Arbeitgeber, die durch Aufträge an anerkannte Werkstätten für behinderte Menschen zur Beschäftigung behinderter Menschen beitragen, können 50 vom Hundert des auf die Arbeitsleistung der Werkstatt entfallenden Rechnungsbetrages solcher Aufträge (Gesamtrechnungsbetrag abzüglich Materialkosten) auf die Ausgleichsabgabe anrechnen. Dabei wird die Arbeitsleistung des Fachpersonals zur Arbeits- und Berufsförderung berücksichtigt, nicht hingegen die Arbeitsleistung sonstiger nichtbehinderter Arbeitnehmerinnen und Arbeitnehmer. Bei Weiterveräußerung von Erzeugnissen anderer anerkannter Werkstätten für behinderte Menschen wird die von diesen erbrachte Arbeitsleistung berücksichtigt. Die Werkstätten bestätigen das Vorliegen der Anrechnungsvoraussetzungen in der Rechnung.

(2) Voraussetzung für die Anrechnung ist, dass

1. die Aufträge innerhalb des Jahres, in dem die Verpflichtung zur Zahlung der Ausgleichsabgabe entsteht, von der Werkstatt für behinderte Menschen ausgeführt und vom Auftraggeber bis spätestens 31. März des Folgejahres vergütet werden und
2. es sich nicht um Aufträge handelt, die Träger einer Gesamteinrichtung an Werkstätten für behinderte Menschen vergeben, die rechtlich unselbständige Teile dieser Einrichtung sind.

(3) Bei der Vergabe von Aufträgen an Zusammenschlüsse anerkannter Werkstätten für behinderte Menschen gilt Absatz 2 entsprechend.

§ 141 Vergabe von Aufträgen durch die öffentliche Hand

Aufträge der öffentlichen Hand, die von anerkannten Werkstätten für behinderte Menschen ausgeführt werden können, werden bevorzugt diesen Werkstätten angeboten. Die Bundesregierung erlässt mit Zustimmung des Bundesrates hierzu allgemeine Verwaltungsvorschriften.

§ 142 Anerkennungsverfahren

Werkstätten für behinderte Menschen, die eine Vergünstigung im Sinne dieses Kapitels in Anspruch nehmen wollen, bedürfen der Anerkennung. Die Entscheidung über die Anerkennung trifft auf Antrag die Bundesagentur für Arbeit im Einvernehmen mit dem überörtlichen Träger der Sozialhilfe. Die Bundesagentur für Arbeit führt ein Verzeichnis der anerkannten Werkstätten für behinderte Menschen. In dieses Verzeichnis werden auch Zusammenschlüsse anerkannter Werkstätten für behinderte Menschen aufgenommen.

§ 143 Blindenwerkstätten

Die §§ 140 und 141 sind auch zugunsten von auf Grund des Blindenwarenvertriebsgesetzes anerkannten Blindenwerkstätten anzuwenden.

§ 144 Verordnungsermächtigungen

(1) Die Bundesregierung bestimmt durch Rechtsverordnung mit Zustimmung des Bundesrates das Nähere über den Begriff und die Aufgaben der Werkstatt für behinderte Menschen, die Aufnahmevoraussetzungen, die fachlichen Anforderungen, insbesondere hinsichtlich der Wirtschaftsführung sowie des Begriffs und der Verwendung des Arbeitsergebnisses sowie das Verfahren zur Anerkennung als Werkstatt für behinderte Menschen.

(2) Das Bundesministerium für Arbeit und Soziales bestimmt durch Rechtsverordnung mit Zustimmung des Bundesrates im Einzelnen die Errichtung, Zusammensetzung und Aufgaben des Werkstattrats, die Fragen, auf die sich die Mitwirkung erstreckt, einschließlich Art und Umfang der Mitwirkung, die Vorbereitung und Durchführung der Wahl, einschließlich der Wahlberechtigung und der Wählbarkeit, die Amtszeit sowie die Geschäftsführung des Werkstattrats einschließlich des Erlasses einer Geschäftsordnung und der persönlichen Rechte und Pflichten der Mitglieder des Werkstattrats und der Kostentragung. Die Rechtsverordnung kann darüber hinaus bestimmen, dass die in ihr getroffenen Regelungen keine Anwendung auf Religionsgemeinschaften und ihre Einrichtungen finden, soweit sie eigene gleichwertige Regelungen getroffen haben.

Kapitel 13
Unentgeltliche Beförderung schwerbehinderter Menschen im öffentlichen Personenverkehr

§ 145 Unentgeltliche Beförderung, Anspruch auf Erstattung der Fahrgeldausfälle

(1) Schwerbehinderte Menschen, die infolge ihrer Behinderung in ihrer Bewegungsfähigkeit im Straßenverkehr erheblich beeinträchtigt oder hilflos oder gehörlos sind, werden von Unternehmern, die öffentlichen Personenverkehr betreiben, gegen Vorzeigen eines entsprechend gekennzeichneten Ausweises nach § 69 Abs. 5 im Nahverkehr im Sinne des § 147 Abs. 1 unentgeltlich befördert; die unentgeltliche Beförderung verpflichtet zur Zahlung eines tarifmäßigen Zuschlages bei der Benutzung zuschlagpflichtiger Züge des Nahverkehrs. Voraussetzung ist, dass der Ausweis mit einer

gültigen Wertmarke versehen ist. Sie wird gegen Entrichtung eines Betrages von 60 Euro für ein Jahr oder 30 Euro für ein halbes Jahr ausgegeben. Wird sie vor Ablauf der Gültigkeitsdauer zurückgegeben, wird auf Antrag für jeden vollen Kalendermonat ihrer Gültigkeit nach Rückgabe ein Betrag von 5 Euro erstattet, sofern der zu erstattende Betrag 15 Euro nicht unterschreitet; Entsprechendes gilt für jeden vollen Kalendermonat nach dem Tod des schwerbehinderten Menschen. Auf Antrag wird eine für ein Jahr gültige Wertmarke, ohne dass der Betrag nach Satz 3 zu entrichten ist, an schwerbehinderte Menschen ausgegeben,

1. die blind im Sinne des § 72 Abs. 5 des Zwölften Buches oder entsprechender Vorschriften oder hilflos im Sinne des § 33b des Einkommensteuergesetzes oder entsprechender Vorschriften sind oder
2. die Leistungen zur Sicherung des Lebensunterhalts nach dem Zweiten Buch oder für den Lebensunterhalt laufende Leistungen nach dem Dritten und Vierten Kapitel des Zwölften Buches, dem Achten Buch oder den §§ 27 a und 27 d des Bundesversorgungsgesetzes erhalten oder
3. die am 1. Oktober 1979 die Voraussetzungen nach § 2 Abs. 1 Nr. 1 bis 4 und Abs. 3 des Gesetzes über die unentgeltliche Beförderung von Kriegs- und Wehrdienstbeschädigten sowie von anderen Behinderten im Nahverkehr vom 27. August 1965 (BGBl. I S. 978), das zuletzt durch Artikel 41 des Zuständigkeitsanpassungs-Gesetzes vom 18. März 1975 (BGBl. I S. 705) geändert worden ist, erfüllten, solange ein Grad der Schädigungsfolgen von mindestens 70 festgestellt ist oder von mindestens 50 festgestellt ist und sie infolge der Schädigung erheblich gehbehindert sind; das Gleiche gilt für schwerbehinderte Menschen, die diese Voraussetzungen am 1. Oktober 1979 nur deshalb nicht erfüllt haben, weil sie ihren Wohnsitz oder ihren gewöhnlichen Aufenthalt zu diesem Zeitpunkt in dem in Artikel 3 des Einigungsvertrages genannten Gebiet hatten.

Die Wertmarke wird nicht ausgegeben, solange der Ausweis einen gültigen Vermerk über die Inanspruchnahme von Kraftfahrzeugsteuerermäßigung trägt. Die Ausgabe der Wertmarken erfolgt auf Antrag durch die nach § 69 Abs. 5 zuständigen Behörden. Die Landesregierung oder die von ihr bestimmte Stelle kann die Aufgaben nach Absatz 1 Satz 3 bis 5 ganz oder teilweise auf andere Behörden übertragen. Für Streitigkeiten in Zusammenhang mit der Ausgabe der Wertmarke gilt § 51 Abs. 1 Nr. 7 des Sozialgerichtsgesetzes entsprechend.

(2) Das Gleiche gilt im Nah- und Fernverkehr im Sinne des § 147, ohne dass die Voraussetzung des Absatzes 1 Satz 2 erfüllt sein muss, für die Beförderung

1. einer Begleitperson eines schwerbehinderten Menschen im Sinne des Absatzes 1, wenn die Berechtigung zur Mitnahme einer Begleitperson nachgewiesen und dies im Ausweis des schwerbehinderten Menschen eingetragen ist, und
2. des Handgepäcks, eines mitgeführten Krankenfahrstuhles, soweit die Beschaffenheit des Verkehrsmittels dies zulässt, sonstiger orthopädischer Hilfsmittel und eines Führhundes; das Gleiche gilt für einen Hund, den ein schwerbehinderter Mensch mitführt, in dessen Ausweis die Berechtigung zur Mitnahme einer Begleitperson nachgewiesen ist.

(3) Die durch die unentgeltliche Beförderung nach den Absätzen 1 und 2 entstehenden Fahrgeldausfälle werden nach Maßgabe der §§ 148 bis 150 erstattet.

§ 146 Persönliche Voraussetzungen

(1) In seiner Bewegungsfähigkeit im Straßenverkehr erheblich beeinträchtigt ist, wer infolge einer Einschränkung des Gehvermögens (auch durch innere Leiden oder infolge von Anfällen oder von Störungen der Orientierungsfähigkeit) nicht ohne erhebliche Schwierigkeiten oder nicht ohne Gefahren für sich oder andere Wegstrecken im Ortsverkehr zurückzulegen vermag, die üblicherweise noch zu Fuß zurückgelegt werden. Der Nachweis der erheblichen Beeinträchtigung in der Bewegungsfähigkeit im Straßenverkehr kann bei schwerbehinderten Menschen mit einem Grad der Behinderung von wenigstens 80 nur mit einem Ausweis mit halbseitigem orangefarbenem Flächenaufdruck und eingetragenem Merkzeichen G geführt werden, dessen Gültigkeit frühestens mit dem 1. April 1984 beginnt, oder auf dem ein entsprechender Änderungsvermerk eingetragen ist.

(2) Zur Mitnahme einer Begleitperson sind schwerbehinderte Menschen berechtigt, die bei der Benutzung von öffentlichen Verkehrsmitteln infolge ihrer Behinderung regelmäßig auf Hilfe angewiesen sind. Die Feststellung bedeutet nicht, dass die schwerbehinderte Person, wenn sie nicht in Begleitung ist, eine Gefahr für sich oder für andere darstellt.

§ 147 Nah- und Fernverkehr

(1) Nahverkehr im Sinne dieses Gesetzes ist der öffentliche Personenverkehr mit

1. Straßenbahnen und Obussen im Sinne des Personenbeförderungsgesetzes,
2. Kraftfahrzeugen im Linienverkehr nach den §§ 42 und 43 des Personenbeförderungsgesetzes auf Linien, bei denen die Mehrzahl der Beförderungen eine Strecke von 50 Kilometer nicht übersteigt, es sei denn, dass bei den Verkehrsformen nach § 43 des Personenbeförderungsgesetzes die Genehmigungsbehörde auf die Einhaltung der Vorschriften über die Beförderungsentgelte gemäß § 45 Abs. 3 des Personenbeförderungsgesetzes ganz oder teilweise verzichtet hat,
3. S-Bahnen in der 2. Wagenklasse,
4. Eisenbahnen in der 2. Wagenklasse in Zügen und auf Strecken und Streckenabschnitten, die in ein von mehreren Unternehmern gebildetes, mit den unter Nummer 1, 2 oder 7 genannten Verkehrsmitteln zusammenhängendes Liniennetz mit einheitlichen oder verbundenen Beförderungsentgelten einbezogen sind,
5. Eisenbahnen des Bundes in der 2. Wagenklasse in Zügen, die überwiegend dazu bestimmt sind, die Verkehrsnachfrage im Nahverkehr zu befriedigen (Züge des Nahverkehrs),
6. sonstigen Eisenbahnen des öffentlichen Verkehrs im Sinne des § 2 Abs. 1 und § 3 Abs. 1 des Allgemeinen Eisenbahngesetzes in der 2. Wagenklasse auf Strecken, bei denen die Mehrzahl der Beförderungen eine Strecke von 50 Kilometer nicht überschreiten,
7. Wasserfahrzeugen im Linien-, Fähr- und Übersetzverkehr, wenn dieser der Beför-

derung von Personen im Orts- und Nachbarschaftsbereich dient und Ausgangs- und Endpunkt innerhalb dieses Bereiches liegen; Nachbarschaftsbereich ist der Raum zwischen benachbarten Gemeinden, die, ohne unmittelbar aneinander grenzen zu müssen, durch einen stetigen, mehr als einmal am Tag durchgeführten Verkehr wirtschaftlich und verkehrsmäßig verbunden sind.

(2) Fernverkehr im Sinne dieses Gesetzes ist der öffentliche Personenverkehr mit

1. Kraftfahrzeugen im Linienverkehr nach § 42 des Personenbeförderungsgesetzes,
2. Eisenbahnen, ausgenommen den Sonderzugverkehr,
3. Wasserfahrzeugen im Fähr- und Übersetzverkehr, sofern keine Häfen außerhalb des Geltungsbereiches dieses Gesetzbuchs angelaufen werden, soweit der Verkehr nicht Nahverkehr im Sinne des Absatzes 1 ist.

(3) Die Unternehmer, die öffentlichen Personenverkehr betreiben, weisen im öffentlichen Personenverkehr nach Absatz 1 Nr. 2, 5, 6 und 7 im Fahrplan besonders darauf hin, inwieweit eine Pflicht zur unentgeltlichen Beförderung nach § 145 Abs. 1 nicht besteht.

§ 148 Erstattung der Fahrgeldausfälle im Nahverkehr

(1) Die Fahrgeldausfälle im Nahverkehr werden nach einem Prozentsatz der von den Unternehmern nachgewiesenen Fahrgeldeinnahmen im Nahverkehr erstattet.

(2) Fahrgeldeinnahmen im Sinne dieses Kapitels sind alle Erträge aus dem Fahrkartenverkauf zum genehmigten Beförderungsentgelt; sie umfassen auch Erträge aus der Beförderung von Handgepäck, Krankenfahrstühlen, sonstigen orthopädischen Hilfsmitteln, Tieren sowie aus erhöhten Beförderungsentgelten.

(3) Werden in einem von mehreren Unternehmern gebildeten zusammenhängenden Liniennetz mit einheitlichen oder verbundenen Beförderungsentgelten die Erträge aus dem Fahrkartenverkauf zusammengefasst und dem einzelnen Unternehmer anteilmäßig nach einem vereinbarten Verteilungsschlüssel zugewiesen, so ist der zugewiesene Anteil Ertrag im Sinne des Absatzes 2.

(4) Der Prozentsatz im Sinne des Absatzes 1 wird für jedes Land von der Landesregierung oder der von ihr bestimmten Behörde für jeweils ein Jahr bekannt gemacht. Bei der Berechnung des Prozentsatzes ist von folgenden Zahlen auszugehen:

1. der Zahl der in dem Land in dem betreffenden Kalenderjahr ausgegebenen Wertmarken und der Hälfte der in dem Land am Jahresende in Umlauf befindlichen gültigen Ausweise im Sinne des § 145 Abs. 1 Satz 1 von schwerbehinderten Menschen, die das sechste Lebensjahr vollendet haben und bei denen die Berechtigung zur Mitnahme einer Begleitperson im Ausweis eingetragen ist; Wertmarken mit einer Gültigkeitsdauer von einem halben Jahr werden zur Hälfte, zurückgegebene Wertmarken für jeden vollen Kalendermonat vor Rückgabe zu einem Zwölftel gezählt,
2. der in den jährlichen Veröffentlichungen des Statistischen Bundesamtes zum Ende des Vorjahres nachgewiesenen Zahl der Wohnbevölkerung in dem Land abzüglich der Zahl der Kinder, die das sechste Lebensjahr noch nicht vollendet haben, und der Zahlen nach Nummer 1.

Der Prozentsatz ist nach folgender Formel zu berechnen:

$$\frac{\text{Nach Nummer 1 errechnete Zahl}}{\text{Nach Nummer 2 errechnete Zahl}} \times 100$$

Bei der Festsetzung des Prozentsatzes sich ergebende Bruchteile von 0,005 und mehr werden auf ganze Hundertstel aufgerundet, im Übrigen abgerundet.

(5) Weist ein Unternehmen durch Verkehrszählung nach, dass das Verhältnis zwischen den nach diesem Kapitel unentgeltlich beförderten Fahrgästen und den sonstigen Fahrgästen den nach Absatz 4 festgesetzten Prozentsatz um mindestens ein Drittel übersteigt, wird neben dem sich aus der Berechnung nach Absatz 4 ergebenden Erstattungsbetrag auf Antrag der nachgewiesene, über dem Drittel liegende Anteil erstattet. Die Länder können durch Rechtsverordnung bestimmen, dass die Verkehrszählung durch Dritte auf Kosten des Unternehmens zu erfolgen hat.

§ 149 Erstattung der Fahrgeldausfälle im Fernverkehr

(1) Die Fahrgeldausfälle im Fernverkehr werden nach einem Prozentsatz der von den Unternehmern nachgewiesenen Fahrgeldeinnahmen im Fernverkehr erstattet.

(2) Der maßgebende Prozentsatz wird vom Bundesministerium für Arbeit und Soziales im Einvernehmen mit dem Bundesministerium der Finanzen und dem Bundesministerium für Verkehr, Bau und Stadtentwicklung für jeweils zwei Jahre bekannt gemacht. Bei der Berechnung des Prozentsatzes ist von folgenden, für das letzte Jahr vor Beginn des Zweijahreszeitraumes vorliegenden Zahlen auszugehen:

1. der Zahl der im Geltungsbereich dieses Gesetzes am Jahresende in Umlauf befindlichen gültigen Ausweise nach § 145 Abs. 1 Satz 1, auf denen die Berechtigung zur Mitnahme einer Begleitperson eingetragen ist, abzüglich 25 Prozent,
2. der in den jährlichen Veröffentlichungen des Statistischen Bundesamtes zum Jahresende nachgewiesenen Zahl der Wohnbevölkerung im Geltungsbereich dieses Gesetzes abzüglich der Zahl der Kinder, die das vierte Lebensjahr noch nicht vollendet haben, und der nach Nummer 1 ermittelten Zahl.

Der Prozentsatz ist nach folgender Formel zu errechnen:

$$\frac{\text{Nach Nummer 1 errechnete Zahl}}{\text{Nach Nummer 2 errechnete Zahl}} \times 100$$

§ 148 Abs. 4 letzter Satz gilt entsprechend.

§ 150 Erstattungsverfahren

(1) Die Fahrgeldausfälle werden auf Antrag des Unternehmers erstattet. Bei einem von mehreren Unternehmern gebildeten zusammenhängenden Liniennetz mit einheitlichen oder verbundenen Beförderungsentgelten können die Anträge auch von einer Gemeinschaftseinrichtung dieser Unternehmer für ihre Mitglieder gestellt werden. Der Antrag ist bis zum 31. Dezember für das vorangegangene Kalenderjahr zu stellen, und zwar für den Nahverkehr nach § 151 Abs. 1 Satz 1 Nr. 1 und für den Fernverkehr an das Bundesverwaltungsamt, für den übrigen Nahverkehr bei den in Absatz 3 bestimmten Behörden.

(2) Die Unternehmer erhalten auf Antrag Vorauszahlungen für das laufende Kalenderjahr in Höhe von insgesamt 80 Prozent des zuletzt für ein Jahr festgesetzten Erstattungsbetrages. Die Vorauszahlungen werden je zur Hälfte am 15. Juli und am 15. November gezahlt. Der Antrag auf Vorauszahlungen gilt zugleich als Antrag im Sinne des Absatzes 1. Die Vorauszahlungen sind zurückzuzahlen, wenn Unterlagen, die für die Berechnung der Erstattung erforderlich sind, nicht bis zum 31. Dezember des auf die Vorauszahlung folgenden Kalenderjahres vorgelegt sind.

(3) Die Landesregierung oder die von ihr bestimmte Stelle legt die Behörden fest, die über die Anträge auf Erstattung und Vorauszahlung entscheiden und die auf den Bund und das Land entfallenden Beträge auszahlen. § 11 Abs. 2 bis 4 des Personenbeförderungsgesetzes gilt entsprechend.

(4) Erstreckt sich der Nahverkehr auf das Gebiet mehrerer Länder, entscheiden die nach Landesrecht zuständigen Landesbehörden dieser Länder darüber, welcher Teil der Fahrgeldeinnahmen jeweils auf den Bereich ihres Landes entfällt.

(5) Die Unternehmen im Sinne des § 151 Abs. 1 Satz 1 Nr. 1 legen ihren Anträgen an das Bundesverwaltungsamt den Anteil der nachgewiesenen Fahrgeldeinnahmen im Nahverkehr zugrunde, der auf den Bereich des jeweiligen Landes entfällt; für den Nahverkehr von Eisenbahnen des Bundes im Sinne des § 147 Abs. 1 Satz 1 Nr. 5 bestimmt sich dieser Teil nach dem Anteil der Zugkilometer, die von einer Eisenbahn des Bundes mit Zügen des Nahverkehrs im jeweiligen Land erbracht werden.

(6) Hinsichtlich der Erstattungen gemäß § 148 für den Nahverkehr nach § 151 Abs. 1 Satz 1 Nr. 1 und gemäß § 149 sowie der entsprechenden Vorauszahlungen nach Absatz 2 wird dieses Kapitel in bundeseigener Verwaltung ausgeführt. Die Verwaltungsaufgaben des Bundes erledigt das Bundesverwaltungsamt nach fachlichen Weisungen des Bundesministeriums für Arbeit und Soziales in eigener Zuständigkeit.

(7) Für das Erstattungsverfahren gelten das Verwaltungsverfahrensgesetz und die entsprechenden Gesetze der Länder. Bei Streitigkeiten über die Erstattungen und die Vorauszahlungen ist der Verwaltungsrechtsweg gegeben.

§ 151 Kostentragung

(1) Der Bund trägt die Aufwendungen für die unentgeltliche Beförderung

1. im Nahverkehr, soweit Unternehmen, die sich überwiegend in der Hand des Bundes oder eines mehrheitlich dem Bund gehörenden Unternehmens befinden (auch in Verkehrsverbünden), erstattungsberechtigte Unternehmer sind,
2. im übrigen Nahverkehr für
   a) schwerbehinderte Menschen im Sinne des § 145 Abs. 1, die auf Grund eines Grades der Schädigungsfolgen von mindestens 50 Anspruch auf Versorgung nach dem Bundesversorgungsgesetz oder nach anderen Bundesgesetzen in entsprechender Anwendung der Vorschriften des Bundesversorgungsgesetzes haben oder Entschädigung nach § 28 des Bundesentschädigungsgesetzes erhalten,
   b) ihre Begleitperson im Sinne des § 145 Abs. 2 Nr. 1,
   c) die mitgeführten Gegenstände im Sinne des § 145 Abs. 2 Nr. 2 sowie

3. im Fernverkehr für die Begleitperson und die mitgeführten Gegenstände im Sinne des § 145 Abs. 2.

Die Länder tragen die Aufwendungen für die unentgeltliche Beförderung der übrigen Personengruppen und der mitgeführten Gegenstände im Nahverkehr.

(2) Die nach Absatz 1 Satz 1 Nr. 2 auf den Bund und nach Absatz 1 Satz 2 auf die einzelnen Länder entfallenden Aufwendungen für die unentgeltliche Beförderung im Nahverkehr errechnen sich aus dem Anteil der in dem betreffenden Kalenderjahr ausgegebenen Wertmarken und der Hälfte der am Jahresende in Umlauf befindlichen gültigen Ausweise im Sinne des § 145 Abs. 1 Satz 1 von schwerbehinderten Menschen, die das sechste Lebensjahr vollendet haben und bei denen die Berechtigung zur Mitnahme einer Begleitperson im Ausweis eingetragen ist, der jeweils auf die in Absatz 1 genannten Personengruppen entfällt. Wertmarken mit einer Gültigkeitsdauer von einem halben Jahr werden zur Hälfte, zurückgegebene Wertmarken für jeden vollen Kalendermonat vor Rückgabe zu einem Zwölftel gezählt.

(3) Die auf den Bund entfallenden Ausgaben für die unentgeltliche Beförderung im Nahverkehr werden für Rechnung des Bundes geleistet. Die damit zusammenhängenden Einnahmen werden an den Bund abgeführt. Persönliche und sächliche Verwaltungskosten werden nicht erstattet.

(4) Auf die für Rechnung des Bundes geleisteten Ausgaben und die mit ihnen zusammenhängenden Einnahmen wird § 4 Abs. 2 des Ersten Überleitungsgesetzes in der im Bundesgesetzblatt Teil III, Gliederungsnummer 603–3, veröffentlichten bereinigten Fassung, das zuletzt durch Artikel 2 des Gesetzes vom 20. Dezember 1991 (BGBl. I S. 2317) geändert worden ist, nicht angewendet.

§ 152 Einnahmen aus Wertmarken

Von den durch die Ausgabe der Wertmarke erzielten jährlichen Einnahmen sind an den Bund abzuführen:

1. die Einnahmen aus der Ausgabe von Wertmarken an schwerbehinderte Menschen im Sinne des § 151 Abs. 1 Satz 1 Nr. 2,
2. ein bundeseinheitlicher Anteil der übrigen Einnahmen, der vom Bundesministerium für Arbeit und Soziales im Einvernehmen mit dem Bundesministerium der Finanzen und dem Bundesministerium für Verkehr, Bau und Stadtentwicklung für jeweils ein Jahr bekannt gemacht wird. Er errechnet sich aus dem Anteil der nach § 151 Abs. 1 Satz 1 Nr. 1 vom Bund zu tragenden Aufwendungen an den Gesamtaufwendungen von Bund und Ländern für die unentgeltliche Beförderung im Nahverkehr, abzüglich der Aufwendungen für die unentgeltliche Beförderung der in § 151 Abs. 1 Satz 1 Nr. 2 genannten Personengruppen.

Die durch Ausgabe von Wertmarken an schwerbehinderte Menschen im Sinne des § 151 Abs. 1 Satz 1 Nr. 2 erzielten Einnahmen sind zum 15. Juli und zum 15. November an den Bund abzuführen. Von den eingegangenen übrigen Einnahmen sind zum 15. Juli und zum 15. November Abschlagszahlungen in Höhe des Prozentsatzes, der für das jeweilige Vorjahr nach Satz 1 Nr. 2 bekannt gemacht wird, an den Bund abzuführen. Die auf den Bund entfallenden Einnahmen sind für jedes Haushaltsjahr abzurechnen.

§ 153 Erfassung der Ausweise

Die für die Ausstellung der Ausweise nach § 69 Abs. 5 zuständigen Behörden erfassen

1. die am Jahresende in Umlauf befindlichen gültigen Ausweise, getrennt nach
   a) Art,
   b) besonderen Eintragungen und
   c) Zugehörigkeit zu einer der in § 151 Abs. 1 Satz 1 genannten Gruppen,
2. die im Kalenderjahr ausgegebenen Wertmarken, unterteilt nach der jeweiligen Gültigkeitsdauer, und die daraus erzielten Einnahmen, getrennt nach Zugehörigkeit zu einer der in § 151 Abs. 1 Satz 1 genannten Gruppen

als Grundlage für die nach § 148 Abs. 4 Nr. 1 und § 149 Abs. 2 Nr. 1 zu ermittelnde Zahl der Ausweise und Wertmarken, für die nach § 151 Abs. 2 zu ermittelnde Höhe der Aufwendungen sowie für die nach § 152 vorzunehmende Aufteilung der Einnahmen aus der Ausgabe von Wertmarken. Die zuständigen obersten Landesbehörden teilen dem Bundesministerium für Arbeit und Soziales das Ergebnis der Erfassung nach Satz 1 spätestens bis zum 31. März des Jahres mit, in dem die Prozentsätze festzusetzen sind.

§ 154 Verordnungsermächtigungen

(1) Die Bundesregierung wird ermächtigt, in der Rechtsverordnung auf Grund des § 70 nähere Vorschriften über die Gestaltung der Wertmarken, ihre Verbindung mit dem Ausweis und Vermerke über ihre Gültigkeitsdauer zu erlassen.

(2) Das Bundesministerium für Arbeit und Soziales und das Bundesministerium für Verkehr, Bau und Stadtentwicklung werden ermächtigt, durch Rechtsverordnung festzulegen, welche Zuggattungen von Eisenbahnen des Bundes zu den Zügen des Nahverkehrs im Sinne des § 147 Abs. 1 Nr. 5 und zu den zuschlagpflichtigen Zügen des Nahverkehrs im Sinne des § 145 Abs. 1 Satz 1 zweiter Halbsatz zählen.

Kapitel 14
Straf-, Bußgeld- und Schlussvorschriften

§ 155 Strafvorschriften

(1) Wer unbefugt ein fremdes Geheimnis, namentlich ein zum persönlichen Lebensbereich gehörendes Geheimnis oder ein Betriebs- oder Geschäftsgeheimnis, offenbart, das ihm als Vertrauensperson schwerbehinderter Menschen anvertraut worden oder sonst bekannt geworden ist, wird mit Freiheitsstrafe bis zu einem Jahr oder mit Geldstrafe bestraft.

(2) Handelt der Täter gegen Entgelt oder in der Absicht, sich oder einen anderen zu bereichern oder einen anderen zu schädigen, so ist die Strafe Freiheitsstrafe bis zu zwei Jahren oder Geldstrafe. Ebenso wird bestraft, wer unbefugt ein fremdes Geheimnis, namentlich ein Betriebs- oder Geschäftsgeheimnis, zu dessen Geheimhaltung er nach Absatz 1 verpflichtet ist, verwertet.

(3) Die Tat wird nur auf Antrag verfolgt.

§ 156 Bußgeldvorschriften

(1) Ordnungswidrig handelt, wer vorsätzlich oder fahrlässig

1. entgegen § 71 Abs. 1 Satz 1, auch in Verbindung mit einer Rechtsverordnung nach § 79 Nr. 1, oder § 71 Abs. 1 Satz 3 schwerbehinderte Menschen nicht beschäftigt,
2. entgegen § 80 Abs. 1 ein Verzeichnis nicht, nicht richtig, nicht vollständig oder nicht in der vorgeschriebenen Weise führt oder nicht oder nicht rechtzeitig vorlegt,
3. entgegen § 80 Abs. 2 Satz 1 oder Abs. 4 eine Anzeige nicht, nicht richtig, nicht vollständig, nicht in der vorgeschriebenen Weise oder nicht rechtzeitig erstattet,
4. entgegen § 80 Abs. 5 eine Auskunft nicht, nicht richtig, nicht vollständig oder nicht rechtzeitig erteilt,
5. entgegen § 80 Abs. 7 Einblick in den Betrieb oder die Dienststelle nicht oder nicht rechtzeitig gibt,
6. entgegen § 80 Abs. 8 eine dort bezeichnete Person nicht oder nicht rechtzeitig benennt,
7. entgegen § 81 Abs. 1 Satz 4 oder 9 eine dort bezeichnete Vertretung oder einen Beteiligten nicht, nicht richtig, nicht vollständig oder nicht rechtzeitig unterrichtet,
8. entgegen § 81 Abs. 1 Satz 7 eine Entscheidung nicht erörtert, oder
9. entgegen § 95 Abs. 2 Satz 1 die Schwerbehindertenvertretung nicht, nicht richtig, nicht vollständig oder nicht rechtzeitig unterrichtet oder nicht oder nicht rechtzeitig hört.

(2) Die Ordnungswidrigkeit kann mit einer Geldbuße bis zu 10 000 Euro geahndet werden.

(3) Verwaltungsbehörde im Sinne des § 36 Abs. 1 Nr. 1 des Gesetzes über Ordnungswidrigkeiten ist die Bundesagentur für Arbeit.

(4) § 66 des Zehnten Buches gilt entsprechend.

(5) Die Geldbuße ist an das Integrationsamt abzuführen. Für ihre Verwendung gilt § 77 Abs. 5.

§ 157 Stadtstaatenklausel

(1) Der Senat der Freien und Hansestadt Hamburg wird ermächtigt, die Schwerbehindertenvertretung für Angelegenheiten, die mehrere oder alle Dienststellen betreffen, in der Weise zu regeln, dass die Schwerbehindertenvertretungen aller Dienststellen eine Gesamtschwerbehindertenvertretung wählen. Für die Wahl gilt § 94 Abs. 2, 3, 6 und 7 entsprechend.

(2) § 97 Abs. 6 Satz 1 gilt entsprechend.

§ 158 Sonderregelung für den Bundesnachrichtendienst

Für den Bundesnachrichtendienst gilt dieses Gesetz mit folgenden Abweichungen:

1. Der Bundesnachrichtendienst gilt vorbehaltlich der Nummer 3 als einheitliche Dienststelle.
2. Für den Bundesnachrichtendienst gelten die Pflichten zur Vorlage des nach § 80 Abs. 1 zu führenden Verzeichnisses, zur Anzeige nach § 80 Abs. 2 und zur Gewäh-

rung von Einblick nach § 80 Abs. 7 nicht. Die Anzeigepflicht nach § 90 Abs. 3 gilt nur für die Beendigung von Probearbeitsverhältnissen.

3. Als Dienststelle im Sinne des Kapitels 5 gelten auch Teile und Stellen des Bundesnachrichtendienstes, die nicht zu seiner Zentrale gehören. § 94 Abs. 1 Satz 4 und 5 sowie § 97 sind nicht anzuwenden. In den Fällen des § 97 Abs. 6 ist die Schwerbehindertenvertretung der Zentrale des Bundesnachrichtendienstes zuständig. Im Falle des § 94 Abs. 6 Satz 4 lädt der Leiter oder die Leiterin der Dienststelle ein. Die Schwerbehindertenvertretung ist in den Fällen nicht zu beteiligen, in denen die Beteiligung der Personalvertretung nach dem Bundespersonalvertretungsgesetz ausgeschlossen ist. Der Leiter oder die Leiterin des Bundesnachrichtendienstes kann anordnen, dass die Schwerbehindertenvertretung nicht zu beteiligen ist, Unterlagen nicht vorgelegt oder Auskünfte nicht erteilt werden dürfen, wenn und soweit dies aus besonderen nachrichtendienstlichen Gründen geboten ist. Die Rechte und Pflichten der Schwerbehindertenvertretung ruhen, wenn die Rechte und Pflichten der Personalvertretung ruhen. § 96 Abs. 7 Satz 3 ist nach Maßgabe der Sicherheitsbestimmungen des Bundesnachrichtendienstes anzuwenden. § 99 Abs. 2 gilt nur für die in § 99 Abs. 1 genannten Personen und Vertretungen der Zentrale des Bundesnachrichtendienstes.
4. Im Widerspruchsausschuss bei dem Integrationsamt (§ 119) und die Widerspruchsausschüsse bei der Bundesagentur für Arbeit (§ 120) treten in Angelegenheiten schwerbehinderter Menschen, die beim Bundesnachrichtendienst beschäftigt sind, an die Stelle der Mitglieder, die Arbeitnehmer oder Arbeitnehmerinnen und Arbeitgeber sind (§ 119 Abs. 1 und § 120 Abs. 1), Angehörige des Bundesnachrichtendienstes, an die Stelle der Schwerbehindertenvertretung die Schwerbehindertenvertretung der Zentrale des Bundesnachrichtendienstes. Sie werden dem Integrationsamt und der Bundesagentur für Arbeit vom Leiter oder der Leiterin des Bundesnachrichtendienstes benannt. Die Mitglieder der Ausschüsse müssen nach den dafür geltenden Bestimmungen ermächtigt sein, Kenntnis von Verschlusssachen des in Betracht kommenden Geheimhaltungsgrades zu erhalten.
5. Über Rechtsstreitigkeiten, die auf Grund dieses Buches im Geschäftsbereich des Bundesnachrichtendienstes entstehen, entscheidet im ersten und letzten Rechtszug der oberste Gerichtshof des zuständigen Gerichtszweiges.

§ 159 Übergangsregelung

(1) Abweichend von § 71 Abs. 1 beträgt die Pflichtquote für die in § 71 Abs. 3 Nr. 1 und 4 genannten öffentlichen Arbeitgeber des Bundes weiterhin 6 Prozent, wenn sie am 31. Oktober 1999 auf mindestens 6 Prozent der Arbeitsplätze schwerbehinderte Menschen beschäftigt hatten.

(2) Auf Leistungen nach § 33 Abs. 2 des Schwerbehindertengesetzes in Verbindung mit dem Ersten Abschnitt der Schwerbehinderten-Ausgleichsabgabeverordnung jeweils in der bis zum 30. September 2000 geltenden Fassung sind die zu diesem Zeitpunkt geltenden Rechtsvorschriften weiter anzuwenden, wenn die Entscheidung über die beantragten Leistungen vor dem 1. Oktober 2000 getroffen worden ist.

(3) Eine auf Grund des Schwerbehindertengesetzes getroffene bindende Feststellung über das Vorliegen einer Behinderung, eines Grades der Behinderung und das Vorliegen weiterer gesundheitlicher Merkmale gelten als Feststellungen nach diesem Buch.

(4) Die nach § 56 Abs. 2 des Schwerbehindertengesetzes erlassenen allgemeinen Richtlinien sind bis zum Erlass von allgemeinen Verwaltungsvorschriften nach § 141 weiter anzuwenden.

(5) § 17 Abs. 2 Satz 1 ist vom 1. Januar 2008 an mit der Maßgabe anzuwenden, dass auf Antrag Leistungen durch ein Persönliches Budget ausgeführt werden.

(6) Auf Erstattungen nach Teil 2 Kapitel 13 ist § 148 für bis zum 31. Dezember 2004 entstandene Fahrgeldausfälle in der bis zu diesem Zeitpunkt geltenden Fassung anzuwenden.

§ 160 Überprüfungsregelung

(1) Die Bundesregierung berichtet den gesetzgebenden Körperschaften des Bundes bis zum 30. Juni 2005 über die Situation behinderter und schwerbehinderter Frauen und Männer auf dem Ausbildungsstellenmarkt und schlägt die danach zu treffenden Maßnahmen vor.

(2) Sie berichtet den gesetzgebenden Körperschaften des Bundes bis zum 30. Juni 2007 über die Wirkungen der Instrumente zur Sicherung von Beschäftigung und zur betrieblichen Prävention. Dabei wird auch die Höhe der Beschäftigungspflichtquote überprüft.

9. Sozialgesetzbuch (SGB) Zehntes Buch (X) – Sozialverwaltungsverfahren und Sozialdatenschutz

Vom 18. August 1980 (BGBl. I S. 1469); zuletzt geändert durch Art. 8 G v. 21. Juli 2012 (BGBl. I S. 1566)

– Auszug –

Erstes Kapitel
Verwaltungsverfahren

Erster Abschnitt
Anwendungsbereich, Zuständigkeit, Amtshilfe

§ 1 Anwendungsbereich

(1) Die Vorschriften dieses Kapitels gelten für die öffentlich-rechtliche Verwaltungstätigkeit der Behörden, die nach diesem Gesetzbuch ausgeübt wird. Für die öffentlich-rechtliche Verwaltungstätigkeit der Behörden der Länder, der Gemeinden und Gemeindeverbände, der sonstigen der Aufsicht des Landes unterstehenden juristischen Personen des öffentlichen Rechts zur Ausführung von besonderen Teilen dieses Gesetzbuches, die nach Inkrafttreten der Vorschriften dieses Kapitels Bestandteil des Sozialgesetzbuches werden, gilt dies nur, soweit diese besonderen Teile mit Zustimmung des Bundesrates die Vorschriften dieses Kapitels für anwendbar erklären. Die Vorschriften gelten nicht für die Verfolgung und Ahndung von Ordnungswidrigkeiten.

(2) Behörde im Sinne dieses Gesetzbuches ist jede Stelle, die Aufgaben der öffentlichen Verwaltung wahrnimmt.

Inhaltsübersicht Rn.

1. Vorbemerkung

Ziel des Verwaltungsverfahrens ist die Sicherstellung eines geordneten Vollzugs der Gesetze unter Gewährleistung eines rechtsstaatlichen Verfahrens zur Verwirklichung und Durchsetzung der Rechte und Pflichten des Einzelnen gegenüber der Verwaltung. § 8 beinhaltet eine Definition des Verwaltungsverfahrens, die inhaltsgleich mit der des allgemeinen Verwaltungsrechts in § 9 Verwaltungsverfahrensgesetz (VwVfG) ist. Der Geltungsbereich des SGB X ist auf die öffentlich-rechtliche Verwaltungstätigkeit aller Behörden begrenzt, die ihre Tätigkeit nach dem SGB ausüben (§ 1 Abs. 1 Satz 1). Auch wenn die §§ 20 bis 22 Ermittlungsformen für die Verwaltungsbehörden benennen, die normalerweise den Gerichten zustehen, ist das Verwaltungsverfahren Teil der Exekutive und gehört nicht zum Bereich der Rechtsprechung. 1

2. Verwaltungsverfahren

Mit dem zum 01. 01. 1981 in Kraft getretenen SGB X wurde das sozialrechtliche Verwaltungsverfahren systematisch und einheitlich im Ersten Kapitel des X. Buches Sozialgesetzbuch neu geordnet. Das sozialrechtliche Verwaltungsverfahren ist die dritte Säule neben dem allgemeinen Verwaltungsverfahren nach dem VwVfG und dem Finanzverwaltungsverfahren nach der Abgabenordnung (AO). 2

3. Sachlicher Geltungsbereich

Dieser umfasst die Leistungsbereiche des Sozialrechts, die im SGB zusammengefasst sind: 3

- Grundsicherung für Arbeitsuchende
- Arbeitsförderung
- Krankenversicherung
- Pflegeversicherung
- Rentenversicherung
- Unfallversicherung
- Kinder- und Jugendhilfe
- Rehabilitation und Teilhabe behinderter Menschen
- Sozialhilfe
- Wohngeldrecht
- Bundesversorgungsrecht
- Versicherung der Selbständigen

§ 2 Örtliche Zuständigkeit

(1) Sind mehrere Behörden örtlich zuständig, entscheidet die Behörde, die zuerst mit der Sache befasst worden ist, es sei denn, die gemeinsame Aufsichtsbehörde bestimmt, dass eine andere örtlich zuständige Behörde zu entscheiden hat. Diese Aufsichtsbehörde entscheidet ferner über die örtliche Zuständigkeit, wenn sich mehrere Behörden für zuständig oder für unzuständig halten oder wenn die Zuständigkeit aus anderen Gründen zweifelhaft ist. Fehlt eine gemeinsame Aufsichtsbehörde, treffen die Aufsichtsbehörden die Entscheidung gemeinsam.

(2) Ändern sich im Lauf des Verwaltungsverfahrens die die Zuständigkeit begründenden Umstände, kann die bisher zuständige Behörde das Verwaltungsverfahren fortführen, wenn dies unter Wahrung der Interessen der Beteiligten der einfachen und zweckmäßigen Durchführung des Verfahrens dient und die nunmehr zuständige Behörde zustimmt.

(3) Hat die örtliche Zuständigkeit gewechselt, muss die bisher zuständige Behörde die Leistungen noch solange erbringen, bis sie von der nunmehr zuständigen Behörde fortgesetzt werden. Diese hat der bisher zuständigen Behörde die nach dem Zuständigkeitswechsel noch erbrachten Leistungen auf Anforderung zu erstatten. § 102 Abs. 2 gilt entsprechend.

(4) Bei Gefahr im Verzug ist für unaufschiebbare Maßnahmen jede Behörde örtlich zuständig, in deren Bezirk der Anlass für die Amtshandlung hervortritt. Die nach den besonderen Teilen dieses Gesetzbuchs örtlich zuständige Behörde ist unverzüglich zu unterrichten.

Inhaltsübersicht Rn.

1. Prioritätsprinzip

1 Nach dem Prioritätsprinzip ist die zuerst angegangene Behörde für die Entscheidung zuständig. Das Einvernehmen der anderen ebenfalls zuständigen Behörde(n) ist nicht erforderlich. Damit soll vor allem eine Beschleunigung des Verfahrens im Interesse des Leistungsberechtigten erreicht werden, der keine u. U. langwierige Entscheidung über die Zuständigkeit abwarten muss. Für die Sozialversicherung ist die Regelung wegen § 16 SGB I von geringer Bedeutung. Danach sind Anträge auf Sozialleistungen beim zuständigen Leistungsträger zu stellen. Nicht zuständige Leistungsträger haben jedoch Anträge entgegenzunehmen und an den zuständigen Leistungsträger weiterzuleiten. Die Antragsfrist gilt auch mit Abgabe beim unzuständigen Leistungsträger als gewahrt.

2. Kompetenzkonflikt

2 Ein Kompetenzkonflikt liegt vor, wenn die örtliche Zuständigkeit aus anderen Gründen rechtlicher oder tatsächlicher Art zweifelhaft ist. Halten sich mehrere Behörden oder keine Behörde für zuständig, hat die gemeinsame Aufsichtsbehörde von Amts wegen oder auch

auf Anregung von Beteiligten die Befugnis zu entscheiden, welche Behörde zuständig ist bzw. dass sich unter Durchbrechung des Prioritätsprinzips eine andere als die örtlich zuständige Behörde mit der Sache befassen soll. Die Aufsichtsbehörde sollte bei ihrer Ermessensentscheidung vor allem dann eine andere als die erstbefasste Behörde für zuständig erklären, wenn in deren Bereich das Schwergewicht der wahrzunehmenden Aufgaben und der zu berücksichtigenden Interessen liegt. Die Übertragung der alleinigen Zuständigkeit zur Entscheidung ist nur möglich und zulässig, solange die mit der Sache zuerst befasste Behörde noch nicht entschieden hat. Die Bestimmung der Behörde durch die Aufsichtsbehörde ist gegenüber dem Versicherten ein VA, der selbständig und nicht erst mit der Entscheidung in der Sache angefochten werden kann.

§§ 3–7 Amtshilfe(pflicht)

Vom Abdruck wurde abgesehen

Zweiter Abschnitt
Allgemeine Vorschriften über das Verwaltungsverfahren

Erster Titel
Verfahrensgrundsätze

§ 8 Begriff des Verwaltungsverfahrens

Das Verwaltungsverfahren im Sinne dieses Gesetzbuches ist die nach außen wirkende Tätigkeit der Behörden, die auf die Prüfung der Voraussetzungen, die Vorbereitung und den Erlass eines Verwaltungsaktes oder auf den Abschluss eines öffentlich-rechtlichen Vertrages gerichtet ist; es schließt den Erlass des Verwaltungsaktes oder den Abschluss des öffentlich-rechtlichen Vertrags ein.

Regelungsinhalt

1 Das sozialrechtliche Verwaltungsverfahren lehnt sich so weit wie möglich an das allgemeine Verwaltungsverfahren an, trägt aber zugleich den Besonderheiten im Sozialrecht Rechnung. Es konkretisiert verfassungsstaatliche und rechtsstaatliche Rahmenbedingungen einfachrechtlich.

§ 9 Nichtförmlichkeit des Verwaltungsverfahrens

Das Verwaltungsverfahren ist an bestimmte Formen nicht gebunden, soweit keine besonderen Rechtsvorschriften für die Form des Verfahrens bestehen. Es ist einfach, zweckmäßig und zügig durchzuführen.

Inhaltsübersicht Rn.

1. Verfahrensgrundsatz »Freiheit von Formzwängen« (Satz 1)

1 Das sozialrechtliche Verwaltungsverfahren ist frei von Formzwängen (§ 9 Satz 1 Halbs. 1), wie es sie in anderen Bereichen des Verwaltungsverfahrens durchaus gibt (vgl. §§ 63 ff. VwVfG). Die Kommunikation erfolgt grundsätzlich frei von Formzwängen und kann in jeder erdenklichen Form erfolgen.

2. Ausnahmen

2.1 Formzwang

2 Es finden sich jedoch auch vielfältige Ausnahmen von diesem Verfahrensgrundsatz (§ 9 Satz 1 Halbs. 2), so

- Pflicht des Bevollmächtigten, auf Verlangen seine Vollmacht schriftlich nachzuweisen (§ 13 Abs. 1 Satz 3; vgl. auch § 13 Abs. 2)
- Glaubhaftmachung durch eine Versicherung an Eides Statt (§ 23 Abs. 1 Satz 1)
- schriftlicher Erlass eines VA (§ 33 Abs. 2 Satz 1)
- schriftliche Zusicherung (§ 34 Abs. 1 Satz 1)
- schriftliche Begründung eines schriftlichen VA (§ 35 Abs. 1 Satz 1)
- Schriftformerfordernis für den öffentlich-rechtlichen Vertrag (§ 56)
- Schriftform des Widerspruchs bzw. dessen Niederschrift bei der Stelle, die den VA erlassen hat (§ 62 Halbs. 1 i. V. m. § 84 Satz 1 SGG)
- in anderen Gesetzen wie § 117 SGB VI, § 102 Abs. 7 i. V. m. § 36 a Abs. 1 Satz 1 Nr. 2 a SGB IV oder die Verwendung des Wortes »Bescheid« als Synonym für den schriftlichen VA, § 136 Abs. 1 Satz 1, § 168 Abs. 1 SGB VII

2.2 Ausnahmen aufgrund standardisierter Kommunikation

3 Eine Ausnahme sind auch Vorschriften, die die Kommunikation standardisieren, so

- Pflicht, Deutsch als Amtssprache zu verwenden (§ 19 Abs. 1 Satz 1)
- Pflicht zur Verwendung einer elektronischen Signatur (§ 36 a Abs. 2)
- Anhörung Beteiligter (§ 24 Abs. 1)
- Vorschriften zur Verwendung von Vordrucken (§ 60 Abs. 2 SGB I) oder Formblättern sowie zur Beifügung von Stellungnahmen (§ 323 Abs. 2 Satz 1 SGB III); ohne spezialgesetzliche Anordnung besteht keine Pflicht, Antragsvordrucke zu verwenden.[1]

---

1 BSG – 18.08.2005 – B 7 a/7 AL 66/04 R.

2.3 Antragserfordernisse im Sozialleistungsrecht

Zu den Ausnahmeregelungen gehören auch die Antragserfordernisse im Sozialleistungsrecht (vgl. § 19 Satz 1 SGB IV), so § 37 Abs. 1 SGB II, § 323 SGB III, § 115f. SGB VI sowie bestimmte Leistungen der gesetzlichen Krankenversicherung (§ 19 Abs. 1 Halbs. 1 SGB IV). 4

3. Einfachheit, Zweckmäßigkeit und Zügigkeit (Satz 2)

Die Worte einfach, zweckmäßig und zügig sind unbestimmte Rechtsbegriffe. Was einfach und zweckmäßig ist, kann nicht generell gesagt werden, sondern muss anhand der Umstände des Einzelfalles beurteilt werden. Es gilt der Grundsatz der Verfahrensbeschleunigung. In **§ 20 Abs. 1** ist jedoch die Befugnis der Behörde geregelt, Art und Umfang der Ermittlungen selbst zu bestimmen. 5

§ 10 Beteiligungsfähigkeit

Fähig, am Verfahren beteiligt zu sein, sind

1. **natürliche und juristische Personen,**
2. **Vereinigungen, soweit ihnen ein Recht zustehen kann,**
3. **Behörden.**

Inhaltsübersicht Rn.

1. Definition Beteiligungsfähigkeit

Unter Beteiligungsfähigkeit versteht das öffentliche Recht die Fähigkeit, Subjekt eines Verwaltungsverfahrens, d. h. Initiator, Empfänger oder sonstiger Beteiligter eines solchen Verfahrens zu sein. Dazu gehört insbesondere auch die Fähigkeit, durch einen Antrag ein Verwaltungsverfahren einzuleiten und dadurch ein Verfahrensrechtsverhältnis zu begründen. Fehlt die Beteiligungsfähigkeit während des gesamten Verwaltungsverfahrens, so hat dieser besonders schwerwiegende Verfahrensfehler die Nichtigkeit des VA zur Folge (vgl. **§ 40 Abs. 1**). 1

2. Juristische Personen/Vereinigungen

Juristische Personen nach **§ 10 Nr. 1** sind beispielsweise eingetragene Vereine, aber auch privatrechtliche Gesellschaften (z. B. GmbH) und Körperschaften des öffentlichen Rechts, die als selbständige Träger von Rechten und Pflichten Verwaltungsaufgaben außerhalb der durch die Behörden (sonst ist **§ 10 Nr. 3** einschlägig) dargestellten unmittelbaren Staatsverwaltung erledigen (z. B. Gemeindeverbände oder Anstalten oder Stiftungen des öffentlichen Rechts). 2

Beteiligungsfähig sind nach **§ 10 Nr. 2** aber auch Vereinigungen, die nicht juristische

Personen sind, soweit ihnen ein Recht zustehen kann. Dies sind beispielsweise Zusammenschlüsse von Personen, die die Anerkennung als Träger der freien Jugendhilfe gem. § 75 SGB VIII beantragen.

3. Fehlende Beteiligungsfähigkeit

3 Der Mangel an Beteiligungsfähigkeit ist von Amts wegen in jedem Stadium des Verfahrens zu beachten und ggf. aufzuklären. Bei fehlender Beteiligungsfähigkeit ist das Verfahren durch VA einzustellen. Im Einzelnen gilt:

- Fehlt die Beteiligungsfähigkeit, so sind die Verfahrenshandlungen unwirksam.
- Bei Streit über die Beteiligungsfähigkeit wird diese bis zum Ende des Verfahrens fingiert.[2]
- Tritt die Beteiligungsfähigkeit erst im Laufe des Verfahrens ein oder wird sie wiederhergestellt, können die bisherigen Verfahrenshandlungen geheilt werden.
- Fehlt die Beteiligungsfähigkeit während des gesamten Verfahrens, so hat dieser besonders schwerwiegende Verfahrensfehler die Nichtigkeit des VA zur Folge (vgl. § 40 Abs. 1).

§ 11 Vornahme von Verfahrenshandlungen

(1) Fähig zur Vornahme von Verfahrenshandlungen sind

1. natürliche Personen, die nach bürgerlichem Recht geschäftsfähig sind,

2. natürliche Personen, die nach bürgerlichem Recht in der Geschäftsfähigkeit beschränkt sind, soweit sie für den Gegenstand des Verfahrens durch Vorschriften des bürgerlichen Rechts als geschäftsfähig oder durch Vorschriften des öffentlichen Rechts als handlungsfähig anerkannt sind,

3. juristische Personen und Vereinigungen (§ 10 Nr. 2) durch ihre gesetzlichen Vertreter oder durch besonders Beauftragte,

4. Behörden durch ihre Leiter, deren Vertreter oder Beauftragte.

(2) Betrifft ein Einwilligungsvorbehalt nach § 1903 des Bürgerlichen Gesetzbuches den Gegenstand des Verfahrens, so ist ein geschäftsfähiger Betreuter nur insoweit zur Vornahme von Verfahrenshandlungen fähig, als er nach den Vorschriften des bürgerlichen Rechts ohne Einwilligung des Betreuers handeln kann oder durch Vorschriften des öffentlichen Rechts als handlungsfähig anerkannt ist.

(3) Die §§ 53 und 55 der Zivilprozessordnung gelten entsprechend.

§ 12 Beteiligte

(1) Beteiligte sind

1. Antragsteller und Antragsgegner,

2. diejenigen, an die die Behörde den Verwaltungsakt richten will oder gerichtet hat,

3. diejenigen, mit denen die Behörde einen öffentlich-rechtlichen Vertrag schließen will oder geschlossen hat,

4. diejenigen, die nach Absatz 2 von der Behörde zu dem Verfahren hinzugezogen worden sind.

---

2 Von Wulffen in Kommentar zum SGB X, § 10 Rn. 7.

(2) Die Behörde kann von Amts wegen oder auf Antrag diejenigen, deren rechtliche Interessen durch den Ausgang des Verfahrens berührt werden können, als Beteiligte hinzuziehen. Hat der Ausgang des Verfahrens rechtsgestaltende Wirkung für einen Dritten, ist dieser auf Antrag als Beteiligter zu dem Verfahren hinzuzuziehen; soweit er der Behörde bekannt ist, hat diese ihn von der Einleitung des Verfahrens zu benachrichtigen.

(3) Wer anzuhören ist, ohne dass die Voraussetzungen des Absatzes 1 vorliegen, wird dadurch nicht Beteiligter.

§ 13 Bevollmächtigte und Beistände

(1) Ein Beteiligter kann sich durch einen Bevollmächtigten vertreten lassen. Die Vollmacht ermächtigt zu allen das Verwaltungsverfahren betreffenden Verfahrenshandlungen, sofern sich aus ihrem Inhalt nicht etwas anderes ergibt. Der Bevollmächtigte hat auf Verlangen seine Vollmacht schriftlich nachzuweisen. Ein Widerruf der Vollmacht wird der Behörde gegenüber erst wirksam, wenn er ihr zugeht.

(2) Die Vollmacht wird weder durch den Tod des Vollmachtgebers noch durch eine Veränderung in seiner Handlungsfähigkeit oder seiner gesetzlichen Vertretung aufgehoben; der Bevollmächtigte hat jedoch, wenn er für den Rechtsnachfolger im Verwaltungsverfahren auftritt, dessen Vollmacht auf Verlangen schriftlich beizubringen.

(3) Ist für das Verfahren ein Bevollmächtigter bestellt, muss sich die Behörde an ihn wenden. Sie kann sich an den Beteiligten selbst wenden, soweit er zur Mitwirkung verpflichtet ist. Wendet sich die Behörde an den Beteiligten, muss der Bevollmächtigte verständigt werden. Vorschriften über die Zustellung an Bevollmächtigte bleiben unberührt.

(4) Ein Beteiligter kann zu Verhandlungen und Besprechungen mit einem Beistand erscheinen. Das von dem Beistand Vorgetragene gilt als von dem Beteiligten vorgebracht, soweit dieser nicht unverzüglich widerspricht.

(5) Bevollmächtigte und Beistände sind zurückzuweisen, wenn sie entgegen § 3 des Rechtsdienstleistungsgesetzes Rechtsdienstleistungen erbringen.

(6) Bevollmächtigte und Beistände können vom Vortrag zurückgewiesen werden, wenn sie hierzu ungeeignet sind; vom mündlichen Vortrag können sie nur zurückgewiesen werden, wenn sie zum sachgemäßen Vortrag nicht fähig sind. Nicht zurückgewiesen werden können Personen, die nach § 73 Abs. 2 Satz 1 und 2 Nr. 3 bis 9 des Sozialgerichtsgesetzes zur Vertretung im sozialgerichtlichen Verfahren befugt sind.

(7) Die Zurückweisung nach den Absätzen 5 und 6 ist auch dem Beteiligten, dessen Bevollmächtigter oder Beistand zurückgewiesen wird, schriftlich mitzuteilen. Verfahrenshandlungen des zurückgewiesenen Bevollmächtigten oder Beistandes, die dieser nach der Zurückweisung vornimmt, sind unwirksam.

§ 14 Bestellung eines Empfangsbevollmächtigten

Ein Beteiligter ohne Wohnsitz oder gewöhnlichen Aufenthalt, Sitz oder Geschäftsleitung im Inland hat der Behörde auf Verlangen innerhalb einer angemessenen Frist einen Empfangsbevollmächtigten im Inland zu benennen. Unterlässt er dies, gilt ein an ihn gerichtetes Schriftstück am siebenten Tage nach der Aufgabe zur Post und ein elektronisch übermitteltes Dokument am dritten Tage nach der Absendung als zugegangen. Dies gilt nicht, wenn feststeht, dass das Dokument den Empfänger nicht oder zu einem späteren Zeitpunkt erreicht hat. Auf die Rechtsfolgen der Unterlassung ist der Beteiligte hinzuweisen.

§ 15 Bestellung eines Vertreters von Amts wegen

(1) Ist ein Vertreter nicht vorhanden, hat das Gericht auf Ersuchen der Behörde einen geeigneten Vertreter zu bestellen

1. für einen Beteiligten, dessen Person unbekannt ist,
2. für einen abwesenden Beteiligten, dessen Aufenthalt unbekannt ist oder der an der Besorgung seiner Angelegenheiten verhindert ist,
3. für einen Beteiligten ohne Aufenthalt im Inland, wenn er der Aufforderung der Behörde, einen Vertreter zu bestellen, innerhalb der ihm gesetzten Frist nicht nachgekommen ist,
4. für einen Beteiligten, der infolge einer psychischen Krankheit oder körperlichen, geistigen oder seelischen Behinderung nicht in der Lage ist, in dem Verwaltungsverfahren selbst tätig zu werden.

(2) Für die Bestellung des Vertreters ist in den Fällen des Absatzes 1 Nr. 4 das Betreuungsgericht zuständig, in dessen Bezirk der Beteiligte seinen gewöhnlichen Aufenthalt hat; im Übrigen ist das Betreuungsgericht zuständig, in dessen Bezirk die ersuchende Behörde ihren Sitz hat. Ist der Beteiligte minderjährig, tritt an die Stelle des Betreuungsgerichts das Familiengericht.

(3) Der Vertreter hat gegen den Rechtsträger der Behörde, die um seine Bestellung ersucht hat, Anspruch auf eine angemessene Vergütung und auf die Erstattung seiner baren Auslagen. Die Behörde kann von dem Vertretenen Ersatz ihrer Aufwendungen verlangen. Sie bestimmt die Vergütung und stellt die Auslagen und Aufwendungen fest.

(4) Im Übrigen gelten für die Bestellung und für das Amt des Vertreters in den Fällen des Absatzes 1 Nr. 4 die Vorschriften über die Betreuung, in den übrigen Fällen die Vorschriften über die Pflegschaft entsprechend.

§ 16 Ausgeschlossene Personen

(1) In einem Verwaltungsverfahren darf für eine Behörde nicht tätig werden,

1. wer selbst Beteiligter ist,
2. wer Angehöriger eines Beteiligten ist,
3. wer einen Beteiligten kraft Gesetzes oder Vollmacht allgemein oder in diesem Verwaltungsverfahren vertritt oder als Beistand zugezogen ist,
4. wer Angehöriger einer Person ist, die einen Beteiligten in diesem Verfahren vertritt,
5. wer bei einem Beteiligten gegen Entgelt beschäftigt ist oder bei ihm als Mitglied des Vorstandes, des Aufsichtsrates oder eines gleichartigen Organs tätig ist; dies gilt nicht für den, dessen Anstellungskörperschaft Beteiligte ist, und nicht für Beschäftigte bei Betriebskrankenkassen,

6. wer außerhalb seiner amtlichen Eigenschaft in der Angelegenheit ein Gutachten abgegeben hat oder sonst tätig geworden ist.

Dem Beteiligten steht gleich, wer durch die Tätigkeit oder durch die Entscheidung einen unmittelbaren Vorteil oder Nachteil erlangen kann. Dies gilt nicht, wenn der Vor- oder Nachteil nur darauf beruht, dass jemand einer Berufs- oder Bevölkerungsgruppe angehört, deren gemeinsame Interessen durch die Angelegenheit berührt werden.

(2) Absatz 1 gilt nicht für Wahlen zu einer ehrenamtlichen Tätigkeit und für die Abberufung von ehrenamtlich Tätigen. Absatz 1 Nr. 3 und 5 gilt auch nicht für das Verwaltungsverfahren auf Grund der Beziehungen zwischen Ärzten, Zahnärzten und Krankenkassen.

(3) Wer nach Absatz 1 ausgeschlossen ist, darf bei Gefahr im Verzug unaufschiebbare Maßnahmen treffen.

(4) Hält sich ein Mitglied eines Ausschusses oder Beirats für ausgeschlossen oder bestehen Zweifel, ob die Voraussetzungen des Absatzes 1 gegeben sind, ist dies dem Ausschuss oder Beirat mitzuteilen.

Der Ausschuss oder Beirat entscheidet über den Ausschluss. Der Betroffene darf an dieser Entscheidung nicht mitwirken. Das ausgeschlossene Mitglied darf bei der weiteren Beratung und Beschlussfassung nicht zugegen sein.

(5) Angehörige im Sinne des Absatzes 1 Nr. 2 und 4 sind

1. der Verlobte,
2. der Ehegatte,
3. Verwandte und Verschwägerte gerader Linie,
4. Geschwister,
5. Kinder der Geschwister,
6. Ehegatten der Geschwister und Geschwister der Ehegatten,
7. Geschwister der Eltern,
8. Personen, die durch ein auf längere Dauer angelegtes Pflegeverhältnis mit häuslicher Gemeinschaft

wie Eltern und Kind miteinander verbunden sind (Pflegeeltern und Pflegekinder).

Angehörige sind die in Satz 1 aufgeführten Personen auch dann, wenn

1. in den Fällen der Nummern 2, 3 und 6 die die Beziehung begründende Ehe nicht mehr besteht,
2. in den Fällen der Nummern 3 bis 7 die Verwandtschaft oder Schwägerschaft durch Annahme als Kind erloschen ist,
3. im Fall der Nummer 8 die häusliche Gemeinschaft nicht mehr besteht, sofern die Personen weiterhin wie Eltern und Kind miteinander verbunden sind.

§ 17 Besorgnis der Befangenheit

(1) Liegt ein Grund vor, der geeignet ist, Misstrauen gegen eine unparteiische Amtsausübung zu rechtfertigen, oder wird von einem Beteiligten das Vorliegen eines solchen Grundes behauptet, hat, wer in einem Verwaltungsverfahren für eine Behörde tätig werden soll, den Leiter der Behörde oder den von diesem Beauftragten zu unterrichten und sich auf dessen Anordnung der Mitwirkung zu enthalten. Betrifft die

Besorgnis der Befangenheit den Leiter der Behörde, trifft diese Anordnung die Aufsichtsbehörde, sofern sich der Behördenleiter nicht selbst einer Mitwirkung enthält. Bei den Geschäftsführern der Versicherungsträger tritt an die Stelle der Aufsichtsbehörde der Vorstand.

(2) Für Mitglieder eines Ausschusses oder Beirats gilt § 16 Abs. 4 entsprechend.

§ 18 Beginn des Verfahrens

Die Behörde entscheidet nach pflichtgemäßem Ermessen, ob und wann sie ein Verwaltungsverfahren durchführt. Dies gilt nicht, wenn die Behörde auf Grund von Rechtsvorschriften

1. von Amts wegen oder auf Antrag tätig werden muss,
2. nur auf Antrag tätig werden darf und ein Antrag nicht vorliegt.

§ 19 Amtssprache

(1) Die Amtssprache ist deutsch. Hörbehinderte Menschen haben das Recht, zur Verständigung in der Amtssprache Gebärdensprache zu verwenden; Aufwendungen für Dolmetscher sind von der Behörde oder dem für die Sozialleistung zuständigen Leistungsträger zu tragen.

(2) Werden bei einer Behörde in einer fremden Sprache Anträge gestellt oder Eingaben, Belege, Urkunden oder sonstige Dokumente vorgelegt, soll die Behörde unverzüglich die Vorlage einer Übersetzung innerhalb einer von ihr zu setzenden angemessenen Frist verlangen, sofern sie nicht in der Lage ist, die Anträge oder Dokumente zu verstehen. In begründeten Fällen kann die Vorlage einer beglaubigten oder von einem öffentlich bestellten oder beeidigten Dolmetscher oder Übersetzer angefertigten Übersetzung verlangt werden. Wird die verlangte Übersetzung nicht innerhalb der gesetzten Frist vorgelegt, kann die Behörde eine Übersetzung beschaffen und hierfür Ersatz ihrer Aufwendungen in angemessenem Umfang verlangen. Falls die Behörde Dolmetscher oder Übersetzer herangezogen hat, erhalten sie auf Antrag in entsprechender Anwendung des Justizvergütungs- und -entschädigungsgesetzes eine Vergütung; mit Dolmetschern oder Übersetzern kann die Behörde eine Vergütung vereinbaren.

(3) Soll durch eine Anzeige, einen Antrag oder die Abgabe einer Willenserklärung eine Frist in Lauf gesetzt werden, innerhalb deren die Behörde in einer bestimmten Weise tätig werden muss, und gehen diese in einer fremden Sprache ein, beginnt der Lauf der Frist erst mit dem Zeitpunkt, in dem der Behörde eine Übersetzung vorliegt.

(4) Soll durch eine Anzeige, einen Antrag oder eine Willenserklärung, die in fremder Sprache eingehen, zugunsten eines Beteiligten eine Frist gegenüber der Behörde gewahrt, ein öffentlich-rechtlicher Anspruch geltend gemacht oder eine Sozialleistung begehrt werden, gelten die Anzeige, der Antrag oder die Willenserklärung als zum Zeitpunkt des Eingangs bei der Behörde abgegeben, wenn die Behörde in der Lage ist, die Anzeige, den Antrag oder die Willenserklärung zu verstehen, oder wenn innerhalb der gesetzten Frist eine Übersetzung vorgelegt wird. Anderenfalls ist der Zeitpunkt des Eingangs der Übersetzung maßgebend. Auf diese Rechtsfolge ist bei der Fristsetzung hinzuweisen.

§ 20 Untersuchungsgrundsatz

(1) Die Behörde ermittelt den Sachverhalt von Amts wegen. Sie bestimmt Art und Umfang der Ermittlungen; an das Vorbringen und an die Beweisanträge der Beteiligten ist sie nicht gebunden.

(2) Die Behörde hat alle für den Einzelfall bedeutsamen, auch die für die Beteiligten günstigen Umstände zu berücksichtigen.

(3) Die Behörde darf die Entgegennahme von Erklärungen oder Anträgen, die in ihren Zuständigkeitsbereich fallen, nicht deshalb verweigern, weil sie die Erklärung oder den Antrag in der Sache für unzulässig oder unbegründet hält.

§ 21 Beweismittel

(1) Die Behörde bedient sich der Beweismittel, die sie nach pflichtgemäßem Ermessen zur Ermittlung des Sachverhalts für erforderlich hält. Sie kann insbesondere

1. Auskünfte jeder Art einholen,
2. Beteiligte anhören, Zeugen und Sachverständige vernehmen oder die schriftliche oder elektronische Äußerung von Beteiligten, Sachverständigen und Zeugen einholen,
3. Urkunden und Akten beiziehen,
4. den Augenschein einnehmen.

(2) Die Beteiligten sollen bei der Ermittlung des Sachverhalts mitwirken. Sie sollen insbesondere ihnen bekannte Tatsachen und Beweismittel angeben. Eine weitergehende Pflicht, bei der Ermittlung des Sachverhalts mitzuwirken, insbesondere eine Pflicht zum persönlichen Erscheinen oder zur Aussage, besteht nur, soweit sie durch Rechtsvorschrift besonders vorgesehen ist.

(3) Für Zeugen und Sachverständige besteht eine Pflicht zur Aussage oder zur Erstattung von Gutachten, wenn sie durch Rechtsvorschrift vorgesehen ist. Eine solche Pflicht besteht auch dann, wenn die Aussage oder die Erstattung von Gutachten im Rahmen von § 407 der Zivilprozessordnung zur Entscheidung über die Entstehung, Erbringung, Fortsetzung, das Ruhen, die Entziehung oder den Wegfall einer Sozialleistung sowie deren Höhe unabweisbar ist. Die Vorschriften der Zivilprozessordnung über das Recht, ein Zeugnis oder ein Gutachten zu verweigern, über die Ablehnung von Sachverständigen sowie über die Vernehmung von Angehörigen des öffentlichen Dienstes als Zeugen oder Sachverständige gelten entsprechend. Falls die Behörde Zeugen, Sachverständige und Dritte herangezogen hat, erhalten sie auf Antrag in entsprechender Anwendung des Justizvergütungs- und -entschädigungsgesetzes eine Entschädigung oder Vergütung; mit Sachverständigen kann die Behörde eine Vergütung vereinbaren.

(4) Die Finanzbehörden haben, soweit es im Verfahren nach diesem Gesetzbuch erforderlich ist, Auskunft über die ihnen bekannten Einkommens- oder Vermögensverhältnisse des Antragstellers, Leistungsempfängers, Erstattungspflichtigen, Unterhaltsverpflichteten, Unterhaltsberechtigten oder der zum Haushalt rechnenden Familienmitglieder zu erteilen.

§ 22 Vernehmung durch das Sozial- oder Verwaltungsgericht

(1) Verweigern Zeugen oder Sachverständige in den Fällen des § 21 Abs. 3 ohne Vorliegen eines der in den §§ 376, 383 bis 385 und 408 der Zivilprozessordnung bezeichneten Gründe die Aussage oder die Erstattung des Gutachtens, kann die Behörde je nach dem gegebenen Rechtsweg das für den Wohnsitz oder den Aufenthaltsort des Zeugen oder des Sachverständigen zuständige Sozial- oder Verwaltungsgericht um die Vernehmung ersuchen. Befindet sich der Wohnsitz oder der Aufenthaltsort des Zeugen oder des Sachverständigen nicht am Sitz eines Sozial- oder Verwaltungsgerichts oder einer Zweigstelle eines Sozialgerichts oder einer besonders errichteten Kammer eines Verwaltungsgerichts, kann auch das zuständige Amtsgericht um die Vernehmung ersucht werden. In dem Ersuchen hat die Behörde den Gegenstand der Vernehmung darzulegen sowie die Namen und Anschriften der Beteiligten anzugeben. Das Gericht hat die Beteiligten von den Beweisterminen zu benachrichtigen.

(2) Hält die Behörde mit Rücksicht auf die Bedeutung der Aussage eines Zeugen oder des Gutachtens eines Sachverständigen oder zur Herbeiführung einer wahrheitsgemäßen Aussage die Beeidigung für geboten, kann sie das nach Absatz 1 zuständige Gericht um die eidliche Vernehmung ersuchen.

(3) Das Gericht entscheidet über die Rechtmäßigkeit einer Verweigerung des Zeugnisses, des Gutachtens oder der Eidesleistung.

(4) Ein Ersuchen nach Absatz 1 oder 2 an das Gericht darf nur von dem Behördenleiter, seinem allgemeinen Vertreter oder einem Angehörigen des öffentlichen Dienstes gestellt werden, der die Befähigung zum Richteramt hat oder die Voraussetzungen des § 110 Satz 1 des Deutschen Richtergesetzes erfüllt.

§ 23 Glaubhaftmachung, Versicherung an Eides statt

(1) Sieht eine Rechtsvorschrift vor, dass für die Feststellung der erheblichen Tatsachen deren Glaubhaftmachung genügt, kann auch die Versicherung an Eides statt zugelassen werden. Eine Tatsache ist dann als glaubhaft anzusehen, wenn ihr Vorliegen nach dem Ergebnis der Ermittlungen, die sich auf sämtliche erreichbaren Beweismittel erstrecken sollen, überwiegend wahrscheinlich ist.

(2) Die Behörde darf bei der Ermittlung des Sachverhalts eine Versicherung an Eides statt nur verlangen und abnehmen, wenn die Abnahme der Versicherung über den betreffenden Gegenstand und in dem betreffenden Verfahren durch Gesetz oder Rechtsverordnung vorgesehen und die Behörde durch Rechtsvorschrift für zuständig erklärt worden ist. Eine Versicherung an Eides statt soll nur gefordert werden, wenn andere Mittel zur Erforschung der Wahrheit nicht vorhanden sind, zu keinem Ergebnis geführt haben oder einen unverhältnismäßigen Aufwand erfordern. Von eidesunfähigen Personen im Sinne des § 393 der Zivilprozessordnung darf eine eidesstattliche Versicherung nicht verlangt werden.

(3) Wird die Versicherung an Eides statt von einer Behörde zur Niederschrift aufgenommen, sind zur Aufnahme nur der Behördenleiter, sein allgemeiner Vertreter sowie Angehörige des öffentlichen Dienstes befugt, welche die Befähigung zum Richteramt haben oder die Voraussetzungen des § 110 Satz 1 des Deutschen Richtergesetzes

erfüllen. Andere Angehörige des öffentlichen Dienstes kann der Behördenleiter oder sein allgemeiner Vertreter hierzu allgemein oder im Einzelfall schriftlich ermächtigen.

(4) Die Versicherung besteht darin, dass der Versichernde die Richtigkeit seiner Erklärung über den betreffenden Gegenstand bestätigt und erklärt: »Ich versichere an Eides statt, dass ich nach bestem Wissen die reine Wahrheit gesagt und nichts verschwiegen habe.« Bevollmächtigte und Beistände sind berechtigt, an der Aufnahme der Versicherung an Eides statt teilzunehmen.

(5) Vor der Aufnahme der Versicherung an Eides statt ist der Versichernde über die Bedeutung der eidesstattlichen Versicherung und die strafrechtlichen Folgen einer unrichtigen oder unvollständigen eidesstattlichen Versicherung zu belehren. Die Belehrung ist in der Niederschrift zu vermerken.

(6) Die Niederschrift hat ferner die Namen der anwesenden Personen sowie den Ort und den Tag der Niederschrift zu enthalten. Die Niederschrift ist demjenigen, der die eidesstattliche Versicherung abgibt, zur Genehmigung vorzulesen oder auf Verlangen zur Durchsicht vorzulegen. Die erteilte Genehmigung ist zu vermerken und von dem Versichernden zu unterschreiben. Die Niederschrift ist sodann von demjenigen, der die Versicherung an Eides statt aufgenommen hat, sowie von dem Schriftführer zu unterschreiben.

§ 24 Anhörung Beteiligter

(1) Bevor ein Verwaltungsakt erlassen wird, der in Rechte eines Beteiligten eingreift, ist diesem Gelegenheit zu geben, sich zu den für die Entscheidung erheblichen Tatsachen zu äußern.

(2) Von der Anhörung kann abgesehen werden, wenn

1. eine sofortige Entscheidung wegen Gefahr im Verzug oder im öffentlichen Interesse notwendig erscheint,
2. durch die Anhörung die Einhaltung einer für die Entscheidung maßgeblichen Frist in Frage gestellt würde,
3. von den tatsächlichen Angaben eines Beteiligten, die dieser in einem Antrag oder einer Erklärung gemacht hat, nicht zu seinen Ungunsten abgewichen werden soll,
4. Allgemeinverfügungen oder gleichartige Verwaltungsakte in größerer Zahl erlassen werden sollen,
5. einkommensabhängige Leistungen den geänderten Verhältnissen angepasst werden sollen,
6. Maßnahmen in der Verwaltungsvollstreckung getroffen werden sollen oder
7. gegen Ansprüche oder mit Ansprüchen von weniger als 70 Euro aufgerechnet oder verrechnet werden soll; Nummer 5 bleibt unberührt.

Inhaltsübersicht

1. Regelungsinhalt

1 Vor dem Erlass eines VA, der in die Rechte des Beteiligten eingreift, ist diesem die Gelegenheit zu geben, sich zu den für die Entscheidung erheblichen Tatsachen zu äußern (verfassungsrechtlich geboten, vgl. Art. 103 Abs. 1, 20 Abs. 3 und 1 Abs. 1 GG).

2. Eingriff

2 Es muss sich um einen VA handeln, der in die Rechte der Beteiligten eingreift. Ein Eingriff liegt vor, wenn der vorhandene Rechtskreis eines Beteiligten durch VA beeinträchtigt wird.

3. Anhörung

3.1 Anhörungspflicht

3 Ein Bescheid über die Feststellung der Versicherungspflicht, der in der Folge zur Beitragspflicht führt, ist anhörungspflichtig. Keine Anhörungspflicht besteht im Falle der Anpassung von einkommensanhängigen Leistungen bei geänderten Verhältnissen (**§ 24 Abs. 2** Nr. 5), und zwar auch dann nicht, wenn Leistungen nur der Höhe nach einkommensabhängig sind und bei Erzielung von Einkommen oberhalb bestimmter Grenzen teilweise entfallen.[3] Zu den Ausnahmen von der Anhörungspflicht (abschließender Katalog in § 24 Abs. 2) s. i. Ü. Mutschler in Kasseler Kommentar.[4]

3.2 Gelegenheit zur Anhörung

4 Dem Beteiligten sind die entscheidungserheblichen Tatsachen in einer Weise zu unterbreiten, dass er sie als solche erkennen und sich zu ihnen äußern kann. Entscheidungserheblich sind alle Tatsachen, auf welche die Behörde den Verfügungssatz zumindest auch gestützt hat oder die es nach ihrer materiell-rechtlichen Ansicht objektiv ankommt.[5] Den Beteiligten muss genügend Zeit bleiben, sich mit der Sache vertraut zu machen und vorbereitende Überlegungen anzustellen. Eine Frist von einer Woche wird in der Regel zu kurz sein. Auch eine Zwei-Wochen-Frist muss nicht stets angemessen sein. Es kommt auf die Umstände des Einzelfalls an. Die Angemessenheit der Dauer der Frist kann gerichtlich überprüft werden. Die Anhörung kann im Widerspruchsverfahren nachgeholt werden[6] und bis zur letzten Tatsacheninstanz eines sozial- oder verwaltungsgerichtlichen Verfahrens nachgeholt werden (**§ 41 Abs. 2**).

---

3 BSG – 05.02.2004 – B 11 AL 39/03 R.
4 Sozialversicherungsrechte. Band 2, § 24 SGB X Rn. 24 ff.
5 BSG – 26.09.1991 – 4 RK 4/91.
6 BSG – 26.09.1991 – 4 RK 4/91.

3.3 Rechtsfolgen unterlassener Anhörung

Die unterlassene Anhörung eines Beteiligten stellt einen wesentlichen Mangel dar, der allerdings nicht so schwerwiegend ist, dass deshalb der VA nichtig wäre.[7] Insbesondere ist dieser Fehler nicht offenkundig i. S. des § 40 Abs. 1. Die unterlassene Anhörung kann von der Behörde jederzeit mit heilender Wirkung nachgeholt werden (§ 41 Abs. 1 Nr. 3 i. V. m. Abs. 2). **5**

§ 25 Akteneinsicht durch Beteiligte

(1) Die Behörde hat den Beteiligten Einsicht in die das Verfahren betreffenden Akten zu gestatten, soweit deren Kenntnis zur Geltendmachung oder Verteidigung ihrer rechtlichen Interessen erforderlich ist. Satz 1 gilt bis zum Abschluss des Verwaltungsverfahrens nicht für Entwürfe zu Entscheidungen sowie die Arbeiten zu ihrer unmittelbaren Vorbereitung.

(2) Soweit die Akten Angaben über gesundheitliche Verhältnisse eines Beteiligten enthalten, kann die Behörde stattdessen den Inhalt der Akten dem Beteiligten durch einen Arzt vermitteln lassen. Sie soll den Inhalt der Akten durch einen Arzt vermitteln lassen, soweit zu befürchten ist, dass die Akteneinsicht dem Beteiligten einen unverhältnismäßigen Nachteil, insbesondere an der Gesundheit, zufügen würde. Soweit die Akten Angaben enthalten, die die Entwicklung und Entfaltung der Persönlichkeit des Beteiligten beeinträchtigen können, gelten die Sätze 1 und 2 mit der Maßgabe entsprechend, dass der Inhalt der Akten auch durch einen Bediensteten der Behörde vermittelt werden kann, der durch Vorbildung sowie Lebens- und Berufserfahrung dazu geeignet und befähigt ist. Das Recht nach Absatz 1 wird nicht beschränkt.

(3) Die Behörde ist zur Gestattung der Akteneinsicht nicht verpflichtet, soweit die Vorgänge wegen der berechtigten Interessen der Beteiligten oder dritter Personen geheim gehalten werden müssen.

(4) Die Akteneinsicht erfolgt bei der Behörde, die die Akten führt. Im Einzelfall kann die Einsicht auch bei einer anderen Behörde oder bei einer diplomatischen oder berufskonsularischen Vertretung der Bundesrepublik Deutschland im Ausland erfolgen; weitere Ausnahmen kann die Behörde, die die Akten führt, gestatten.

(5) Soweit die Akteneinsicht zu gestatten ist, können die Beteiligten Auszüge oder Abschriften selbst fertigen oder sich Ablichtungen durch die Behörde erteilen lassen. Die Behörde kann Ersatz ihrer Aufwendungen in angemessenem Umfang verlangen.

Inhaltsübersicht Rn.

---

7 BSG – 28.07.1977 – 2 RU 31/77.

1. Regelungsinhalt

1 Es handelt sich um einen Rechtsanspruch des Beteiligten (**§ 25 Abs. 1**). Es gilt das Prinzip der beschränkten Aktenöffentlichkeit, denn das Akteneinsichtsrecht wird durch einen Ausnahmekatalog begrenzt (**§ 25 Abs. 2 und 3**). Die Behörde ist nicht verpflichtet, die Beteiligten auf das ihnen zustehende Recht auf Akteneinsicht hinzuweisen.

2. Ort der Einsichtnahme

2 Grundsätzlich ist eine Übersendung von Akten in die Wohn- oder Geschäftsräume eines Anwalts ausgeschlossen. Es steht aber im pflichtgemäßen Ermessen einer Behörde, ob sie eine Ausnahme zulassen will.[8] Ausnahmen können z. B. zugelassen werden, wenn die Akteneinsicht bei der die Akten führenden Behörde für den Beteiligten mit einem unzumutbaren Zeitaufwand verbunden wäre.

Beispiel:
Unfallkasse des Bundes in Wilhelmshaven als Ausführungsbehörde.

3. Kosten

3 Grundsätzlich gilt der Grundsatz der Kostenfreiheit im sozialrechtlichen Verwaltungsverfahren (**§ 64 Abs. 1**). Die Kostenfreiheit betrifft sowohl Gebühren als auch Auslagen. Gebühren sind Entgelte für die Vornahme von Amtshandlungen, worunter z. B. auch Auskünfte und Beratungen nach §§ 15, 14 SGB I oder die Gewährung von Akteneinsicht gehören. Auslagen sind u. a. Porto, Telefon- und Fotokopierkosten. Eine Ausnahmeregelung zu § 64 Abs. 1 enthält (u. a.) **§ 25 Abs. 5 Satz 2**.[9] Danach kann die Behörde Ersatz ihrer Aufwendungen in angemessenem Umfang verlangen. Der Aufwendungsersatz nach § 25 Abs. 5 Satz 2 knüpft hierbei systematisch an die Erteilung von Auszügen, Abschriften oder Ablichtungen nach **§ 25 Abs. 5 Satz 1** an. Nicht erfasst von § 25 Abs. 5 Satz 2 ist dagegen der bei jeder Akteneinsicht (auch in den Räumlichkeiten der Behörde) entstehende allgemeine Verwaltungsaufwand (z. B. durch Heraussuchen und Bereitstellen der Akten, Überwachung der Akteneinsichtnahme etc.[10]).

8 BSG – 08. 07. 1980 – 9 RV 42/79.
9 Mutschler in Kasseler Kommentar, SGB X, § 64 Rn. 6.
10 BSG – 30. 11. 1994 – 11 RAr 89/94.

Zweiter Titel
Fristen, Termine, Wiedereinsetzung

§ 26 Fristen und Termine

(1) Für die Berechnung von Fristen und für die Bestimmung von Terminen gelten die §§ 187 bis 193 des Bürgerlichen Gesetzbuches entsprechend, soweit nicht durch die Absätze 2 bis 5 etwas anderes bestimmt ist.

(2) Der Lauf einer Frist, die von einer Behörde gesetzt wird, beginnt mit dem Tag, der auf die Bekanntgabe der Frist folgt, außer wenn dem Betroffenen etwas anderes mitgeteilt wird.

(3) Fällt das Ende einer Frist auf einen Sonntag, einen gesetzlichen Feiertag oder einen Sonnabend, endet die Frist mit dem Ablauf des nächstfolgenden Werktages. Dies gilt nicht, wenn dem Betroffenen unter Hinweis auf diese Vorschrift ein bestimmter Tag als Ende der Frist mitgeteilt worden ist.

(4) Hat eine Behörde Leistungen nur für einen bestimmten Zeitraum zu erbringen, endet dieser Zeitraum auch dann mit dem Ablauf seines letzten Tages, wenn dieser auf einen Sonntag, einen gesetzlichen Feiertag oder einen Sonnabend fällt.

(5) Der von einer Behörde gesetzte Termin ist auch dann einzuhalten, wenn er auf einen Sonntag, gesetzlichen Feiertag oder Sonnabend fällt.

(6) Ist eine Frist nach Stunden bestimmt, werden Sonntage, gesetzliche Feiertage oder Sonnabende mitgerechnet.

(7) Fristen, die von einer Behörde gesetzt sind, können verlängert werden. Sind solche Fristen bereits abgelaufen, können sie rückwirkend verlängert werden, insbesondere wenn es unbillig wäre, die durch den Fristablauf eingetretenen Rechtsfolgen bestehen zu lassen. Die Behörde kann die Verlängerung der Frist nach § 32 mit einer Nebenbestimmung verbinden.

§ 27 Wiedereinsetzung in den vorigen Stand

(1) War jemand ohne Verschulden verhindert, eine gesetzliche Frist einzuhalten, ist ihm auf Antrag Wiedereinsetzung in den vorigen Stand zu gewähren. Das Verschulden eines Vertreters ist dem Vertretenen zuzurechnen.

(2) Der Antrag ist innerhalb von zwei Wochen nach Wegfall des Hindernisses zu stellen. Die Tatsachen zur Begründung des Antrages sind bei der Antragstellung oder im Verfahren über den Antrag glaubhaft zu machen. Innerhalb der Antragsfrist ist die versäumte Handlung nachzuholen. Ist dies geschehen, kann Wiedereinsetzung auch ohne Antrag gewährt werden.

(3) Nach einem Jahr seit dem Ende der versäumten Frist kann die Wiedereinsetzung nicht mehr beantragt oder die versäumte Handlung nicht mehr nachgeholt werden, außer wenn dies vor Ablauf der Jahresfrist infolge höherer Gewalt unmöglich war.

(4) Über den Antrag auf Wiedereinsetzung entscheidet die Behörde, die über die versäumte Handlung zu befinden hat.

(5) Die Wiedereinsetzung ist unzulässig, wenn sich aus einer Rechtsvorschrift ergibt, dass sie ausgeschlossen ist.

§ 28 Wiederholte Antragstellung

Hat ein Leistungsberechtigter von der Stellung eines Antrages auf eine Sozialleistung abgesehen, weil ein Anspruch auf eine andere Sozialleistung geltend gemacht worden ist, und wird diese Leistung versagt oder ist sie zu erstatten, wirkt der nunmehr nachgeholte Antrag bis zu einem Jahr zurück, wenn er innerhalb von sechs Monaten nach Ablauf des Monats gestellt ist, in dem die Ablehnung oder Erstattung der anderen Leistung bindend geworden ist. Satz 1 gilt auch dann, wenn der rechtzeitige Antrag auf eine andere Leistung aus Unkenntnis über deren Anspruchsvoraussetzung unterlassen wurde und die zweite Leistung gegenüber der ersten Leistung, wenn diese erbracht worden wäre, nachrangig gewesen wäre.

Dritter Abschnitt
Verwaltungsakt

Erster Titel
Zustandekommen des Verwaltungsaktes

§ 31 Begriff des Verwaltungsaktes

Verwaltungsakt ist jede Verfügung, Entscheidung oder andere hoheitliche Maßnahme, die eine Behörde zur Regelung eines Einzelfalles auf dem Gebiet des öffentlichen Rechts trifft und die auf unmittelbare Rechtswirkung nach außen gerichtet ist. Allgemeinverfügung ist ein Verwaltungsakt, der sich an einen nach allgemeinen Merkmalen bestimmten oder bestimmbaren Personenkreis richtet oder die öffentlich-rechtliche Eigenschaft einer Sache oder ihre Benutzung durch die Allgemeinheit betrifft.

Inhaltsübersicht Rn.

1. Definition Verwaltungsakt

1 Ein (sozialrechtlicher) VA ist

- eine Maßnahme einer Behörde nach § 1 Abs. 2. Die Behörde kann auch durch ein beliehenes Unternehmen mittels VA handeln.[11]
- eine öffentlich-rechtliche Maßnahme. Nach § 1 Abs. 1 regelt das SGB X generell nur die öffentlich-rechtliche Verwaltungstätigkeit der Behörden.

11 BSG – 24.07.1977 – 8 RU 72/76.

- eine hoheitliche Maßnahme. Nur ein Über- und Unterordnungsverhältnis (Subordination) legitimiert die Handlungsform des VA für die Verwaltung.
- eine Regelung in Form einer Begründung, Aufhebung, Änderung oder bindenden Feststellung eines subjektiven Rechts oder einer Pflicht des Betroffenen.
- eine Entscheidung im Einzelfall. Ausnahme: Allgemeinverfügungen, die im Sozialrecht keine wesentliche Bedeutung haben.
- eine Entscheidung mit unmittelbarer Außenwirkung. Innerbehördliche Handlungen, Verwaltungsvorschriften und interne Weisungen sind keine VA.

2. Anforderungen an den Verwaltungsakt

Ein (sozialrechtlicher) VA muss **2**

- inhaltlich hinreichend bestimmt sein, **§ 33 Abs. 1**.
- mit den wesentlichen tatsächlichen und rechtlichen Gründen versehen sein (Anforderungen an die Begründung von VA s. **§ 35**).
- eine schriftliche Rechtsbehelfsbelehrung enthalten, soweit die Behörde einen schriftlichen VA erlässt oder bestätigt, **§ 36**.
- demjenigen Beteiligten bekannt gegeben werden, für den er bestimmt ist oder der von ihm betroffen ist (Anforderungen an die Bekanntgabe von VA s. **§ 37**).

2.1 Begründungserfordernis

Die Begründungspflicht nach **§ 35 Abs. 1** gilt für alle schriftlichen oder elektronischen **3**
bzw. schriftlich oder elektronisch bestätigten VA (vgl. § 33 Abs. 2), gleichgültig, ob sie belastend oder begünstigend sind.[12]

3. Bindungswirkung

Der VA ist für die Beteiligten in der Sache **bindend**, wenn kein gegen den VA gegebener **4**
Rechtsbehelf eingelegt oder ein Rechtsbehelf erfolglos eingelegt wird *und gesetzlich nichts anderes geregelt ist* (§ 77 SGG).

4. Wirkung von Verfahrens- und Formfehlern

Verletzungen von **Verfahrens- und Formfehlern**, die keine Nichtigkeit bewirken (§ 40 **5**
Abs. 3 Nr. 1 bis 4), machen den VA rechtswidrig. Seine Aufhebung kann aber allein deshalb nicht beansprucht werden, wenn in der Sache selbst keine andere Entscheidung hätte getroffen werden können (**§ 42 Abs. 1**). Diese Rechtsverletzungen sind bis zum Abschluss des Vorverfahrens bzw. bis zur Klageerhebung weitgehend heilbar, **§ 41 Abs. 1 und 2** (vgl. Kommentierung zu § 41).

12 Ausführlich zum Umfang der Begründungspflicht Engelmann in Kommentar zum SGB X, § 35 Rn. 4 ff.

Die **Umdeutung eines fehlerhaften VA** in einen anderen VA kann erfolgen, wenn der umgedeutete VA auf das gleiche Ziel gerichtet ist, von der erlassenen Behörde in der geschehenen Verfahrensweise rechtmäßig hätte erlassen werden können und wenn die Voraussetzungen für den Erlass erfüllt waren, **§ 43 Abs. 1**. Vor der Umdeutung ist der Betroffene anzuhören (**§ 43 Abs. 4 i. V. m. § 24**, s. Rn. 5).

Beispiel:
Umdeutung eines Reha-Antrages in einen Rentenantrag[13]

Schreib- oder Rechenfehler und ähnliche offenbare Unrichtigkeiten in einem VA kann die Behörde berichtigen, **§ 38 Abs. 1**. Soweit infolge eines solchen Fehlers Leistungen zu Unrecht erbracht worden sind, sind diese in entsprechender Anwendung des § 50 zu erstatten, **§ 50 Abs. 5**.

Zur verjährungsrechtlichen Wirkung von VA s. **§ 52 Abs. 1** (Hemmung der Verjährung) und **§ 52 Abs. 2** (Dauer der Verjährung nach Unanfechtbarkeit).

§ 32 Nebenbestimmungen zum Verwaltungsakt

(1) Ein Verwaltungsakt, auf den ein Anspruch besteht, darf mit einer Nebenbestimmung nur versehen werden, wenn sie durch Rechtsvorschrift zugelassen ist oder wenn sie sicherstellen soll, dass die gesetzlichen Voraussetzungen des Verwaltungsaktes erfüllt werden.

(2) Unbeschadet des Absatzes 1 darf ein Verwaltungsakt nach pflichtgemäßem Ermessen erlassen werden mit

1. **einer Bestimmung, nach der eine Vergünstigung oder Belastung zu einem bestimmten Zeitpunkt beginnt, endet oder für einen bestimmten Zeitraum gilt (Befristung),**
2. **einer Bestimmung, nach der der Eintritt oder der Wegfall einer Vergünstigung oder einer Belastung von dem ungewissen Eintritt eines zukünftigen Ereignisses abhängt (Bedingung),**
3. **einem Vorbehalt des Widerrufs oder verbunden werden mit**
4. **einer Bestimmung, durch die dem Begünstigten ein Tun, Dulden oder Unterlassen vorgeschrieben wird (Auflage),**
5. **einem Vorbehalt der nachträglichen Aufnahme, Änderung oder Ergänzung einer Auflage.**

(3) Eine Nebenbestimmung darf dem Zweck des Verwaltungsaktes nicht zuwiderlaufen.

§ 33 Bestimmtheit und Form des Verwaltungsaktes

(1) Ein Verwaltungsakt muss inhaltlich hinreichend bestimmt sein.

(2) Ein Verwaltungsakt kann schriftlich, elektronisch, mündlich oder in anderer Weise erlassen werden. Ein mündlicher Verwaltungsakt ist schriftlich oder elektro-

13 BSG – 26. 06. 2008 – B 13 R 141/07 R.

nisch zu bestätigen, wenn hieran ein berechtigtes Interesse besteht und der Betroffene dies unverzüglich verlangt. Ein elektronischer Verwaltungsakt ist unter denselben Voraussetzungen schriftlich zu bestätigen; § 36 a Abs. 2 des Ersten Buches findet insoweit keine Anwendung.

(3) Ein schriftlicher oder elektronischer Verwaltungsakt muss die erlassende Behörde erkennen lassen und die Unterschrift oder die Namenswiedergabe des Behördenleiters, seines Vertreters oder seines Beauftragten enthalten. Wird für einen Verwaltungsakt, für den durch Rechtsvorschrift die Schriftform angeordnet ist, die elektronische Form verwendet, muss auch das der Signatur zugrunde liegende qualifizierte Zertifikat oder ein zugehöriges qualifiziertes Attributzertifikat die erlassende Behörde erkennen lassen.

(4) Für einen Verwaltungsakt kann für die nach § 36 a Abs. 2 des Ersten Buches erforderliche Signatur durch Rechtsvorschrift die dauerhafte Überprüfbarkeit vorgeschrieben werden.

(5) Bei einem Verwaltungsakt, der mit Hilfe automatischer Einrichtungen erlassen wird, können abweichend von Absatz 3 Satz 1 Unterschrift und Namenswiedergabe fehlen; bei einem elektronischen Verwaltungsakt muss auch das der Signatur zugrunde liegende Zertifikat nur die erlassende Behörde erkennen lassen. Zur Inhaltsangabe können Schlüsselzeichen verwendet werden, wenn derjenige, für den der Verwaltungsakt bestimmt ist oder der von ihm betroffen wird, auf Grund der dazu gegebenen Erläuterungen den Inhalt des Verwaltungsaktes eindeutig erkennen kann.

§ 34 Zusicherung

(1) Eine von der zuständigen Behörde erteilte Zusage, einen bestimmten Verwaltungsakt später zu erlassen oder zu unterlassen (Zusicherung), bedarf zu ihrer Wirksamkeit der schriftlichen Form. Ist vor dem Erlass des zugesicherten Verwaltungsaktes die Anhörung Beteiligter oder die Mitwirkung einer anderen Behörde oder eines Ausschusses auf Grund einer Rechtsvorschrift erforderlich, darf die Zusicherung erst nach Anhörung der Beteiligten oder nach Mitwirkung dieser Behörde oder des Ausschusses gegeben werden.

(2) Auf die Unwirksamkeit der Zusicherung finden, unbeschadet des Absatzes 1 Satz 1, § 40, auf die Heilung von Mängeln bei der Anhörung Beteiligter und der Mitwirkung anderer Behörden oder Ausschüsse § 41 Abs. 1 Nr. 3 bis 6 sowie Abs. 2, auf die Rücknahme §§ 44 und 45, auf den Widerruf, unbeschadet des Absatzes 3, §§ 46 und 47 entsprechende Anwendung.

(3) Ändert sich nach Abgabe der Zusicherung die Sach- oder Rechtslage derart, dass die Behörde bei Kenntnis der nachträglich eingetretenen Änderung die Zusicherung nicht gegeben hätte oder aus rechtlichen Gründen nicht hätte geben dürfen, ist die Behörde an die Zusicherung nicht mehr gebunden.

§ 35 Begründung des Verwaltungsaktes

(1) Ein schriftlicher oder elektronischer sowie ein schriftlich oder elektronisch bestätigter Verwaltungsakt ist mit einer Begründung zu versehen. In der Begründung sind

die wesentlichen tatsächlichen und rechtlichen Gründe mitzuteilen, die die Behörde zu ihrer Entscheidung bewogen haben. Die Begründung von Ermessensentscheidungen muss auch die Gesichtspunkte erkennen lassen, von denen die Behörde bei der Ausübung ihres Ermessens ausgegangen ist.

(2) Einer Begründung bedarf es nicht,
1. soweit die Behörde einem Antrag entspricht oder einer Erklärung folgt und der Verwaltungsakt nicht in Rechte eines anderen eingreift,
2. soweit demjenigen, für den der Verwaltungsakt bestimmt ist oder der von ihm betroffen wird, die Auffassung der Behörde über die Sach- und Rechtslage bereits bekannt oder auch ohne Begründung für ihn ohne weiteres erkennbar ist,
3. wenn die Behörde gleichartige Verwaltungsakte in größerer Zahl oder Verwaltungsakte mit Hilfe automatischer Einrichtungen erlässt und die Begründung nach den Umständen des Einzelfalles nicht geboten ist,
4. wenn sich dies aus einer Rechtsvorschrift ergibt,
5. wenn eine Allgemeinverfügung öffentlich bekannt gegeben wird.

(3) In den Fällen des Absatzes 2 Nr. 1 bis 3 ist der Verwaltungsakt schriftlich oder elektronisch zu begründen, wenn der Beteiligte, dem der Verwaltungsakt bekannt gegeben ist, es innerhalb eines Jahres seit Bekanntgabe verlangt.

§ 36 Rechtsbehelfsbelehrung

Erlässt die Behörde einen schriftlichen Verwaltungsakt oder bestätigt sie schriftlich einen Verwaltungsakt, ist der durch ihn beschwerte Beteiligte über den Rechtsbehelf und die Behörde oder das Gericht, bei denen der Rechtsbehelf anzubringen ist, deren Sitz, die einzuhaltende Frist und die Form schriftlich zu belehren.

§ 37 Bekanntgabe des Verwaltungsaktes

(1) Ein Verwaltungsakt ist demjenigen Beteiligten bekannt zu geben, für den er bestimmt ist oder der von ihm betroffen wird. Ist ein Bevollmächtigter bestellt, kann die Bekanntgabe ihm gegenüber vorgenommen werden.

(2) Ein schriftlicher Verwaltungsakt, der im Inland durch die Post übermittelt wird, gilt am dritten Tag nach der Aufgabe zur Post als bekannt gegeben. Ein Verwaltungsakt, der im Inland oder Ausland elektronisch übermittelt wird, gilt am dritten Tag nach der Absendung als bekannt gegeben. Dies gilt nicht, wenn der Verwaltungsakt nicht oder zu einem späteren Zeitpunkt zugegangen ist; im Zweifel hat die Behörde den Zugang des Verwaltungsaktes und den Zeitpunkt des Zugangs nachzuweisen.

(3) Ein Verwaltungsakt darf öffentlich bekannt gegeben werden, wenn dies durch Rechtsvorschrift zugelassen ist. Eine Allgemeinverfügung darf auch dann öffentlich bekannt gegeben werden, wenn eine Bekanntgabe an die Beteiligten untunlich ist.

(4) Die öffentliche Bekanntgabe eines schriftlichen oder elektronischen Verwaltungsaktes wird dadurch bewirkt, dass sein verfügender Teil in der jeweils vorgeschriebenen Weise entweder ortsüblich oder in der sonst für amtliche Veröffentlichungen vorgeschriebenen Art bekannt gemacht wird. In der Bekanntmachung ist anzugeben, wo der Verwaltungsakt und seine Begründung eingesehen werden können. Der

Verwaltungsakt gilt zwei Wochen nach der Bekanntmachung als bekannt gegeben. In einer Allgemeinverfügung kann ein hiervon abweichender Tag, jedoch frühestens der auf die Bekanntmachung folgende Tag bestimmt werden.

(5) Vorschriften über die Bekanntgabe eines Verwaltungsaktes mittels Zustellung bleiben unberührt.

§ 38 Offenbare Unrichtigkeiten im Verwaltungsakt

Die Behörde kann Schreibfehler, Rechenfehler und ähnliche offenbare Unrichtigkeiten in einem Verwaltungsakt jederzeit berichtigen. Bei berechtigtem Interesse des Beteiligten ist zu berichtigen. Die Behörde ist berechtigt, die Vorlage des Dokumentes zu verlangen, das berichtigt werden soll.

Zweiter Titel
Bestandskraft des Verwaltungsaktes

§ 39 Wirksamkeit des Verwaltungsaktes

(1) Ein Verwaltungsakt wird gegenüber demjenigen, für den er bestimmt ist oder der von ihm betroffen wird, in dem Zeitpunkt wirksam, in dem er ihm bekannt gegeben wird. Der Verwaltungsakt wird mit dem Inhalt wirksam, mit dem er bekannt gegeben wird.

(2) Ein Verwaltungsakt bleibt wirksam, solange und soweit er nicht zurückgenommen, widerrufen, anderweitig aufgehoben oder durch Zeitablauf oder auf andere Weise erledigt ist.

(3) Ein nichtiger Verwaltungsakt ist unwirksam.

Inhaltsübersicht Rn.

1. Bestandskraft

Die **Bestandskraft** eines VA (**§ 39**) entspricht in etwa der Rechtskraft eines gerichtlichen Urteils. Die formelle Bestandskraft hat zur Folge, dass der VA nicht mehr mit einem Rechtsbehelf angefochten werden kann. **1**

Materielle Bestandskraft bedeutet, dass die Regelung des VA für erlassende Behörde und Adressaten grundsätzlich verbindlich ist (s.o. Bestandskraft). Eine absolute Bindungswirkung gibt es nicht. Dadurch wird aber nicht ausgeschlossen, dass der Adressat des VA bei nachträglicher Änderung nach § 48 oder § 44 die Korrektur verlangen kann. **2**

2. Aufhebung von Verwaltungsakten

Nach **§ 39 Abs. 2** bleibt ein VA wirksam, solange und soweit er nicht zurückgenommen, widerrufen, anderweitig aufgehoben oder durch Zeitablauf oder auf andere Weise erledigt **3** ist. Aus der Formulierung »anderweitig aufgehoben« folgt, dass die Aufhebung den Oberbegriff darstellt und die Begriffe Rücknahme und Widerruf zwei Unterbegriffe darstellen.

4 Die Korrektur von wirksamen Verwaltungsakten durch den Leistungsträger ist in §§ 44 bis 49 geregelt. Die Voraussetzungen sowie der Umfang der Korrektur ist davon abhängig, ob es sich um rechtswidrige (§§ 44, 45, 48) oder rechtmäßige (§§ 46, 47), um begünstigende (§§ 45, 47) oder belastende (§§ 44, 46) Verwaltungsakte handelt.

5 **Übersicht zu Rücknahme und Widerruf von VA im SGB X**

	Rücknahme von rechtswidrigen VA	**Widerruf von rechtmäßigen VA**
belastender VA		
	Rücknahme, auch für die Vergangenheit, stets möglich unter den Voraussetzungen des **§ 44**	Widerruf nur für die Zukunft, wenn nicht ein VA gleichen Inhalts ergehen müsste oder der Widerruf aus anderen Gründen unzulässig ist (**§ 46**)
begünstigender VA		
Geld- oder Sachleistung	Rücknahme für die Zukunft, unter den Einschränkungen des **§ 45** aber auch für die Vergangenheit möglich, d. h. soweit kein schutzwürdiges Vertrauen dagegen steht (**§ 45 Abs. 2 bis 4**)	Widerruf nur für die Zukunft (**§ 47 Abs. 1**), ausnahmsweise auch in den Fällen des **§ 47 Abs. 2 Satz 1** für die Vergangenheit, soweit kein schutzwürdiges Vertrauen dagegen steht (**§ 47 Abs. 2 Satz 2 bis 5**)
Aufhebung VA mit Dauerwirkung (§ 48) bei wesentlicher Änderung der Verhältnisse		
Aufhebung eines belastenden VA für die Zukunft nach **§ 48 Abs. 1 Satz 1**		
Aufhebung eines begünstigenden VA mit Wirkung vom Zeitpunkt der Änderung der Verhältnisse nach **§ 48 Abs. 1 Satz 2**		
Erstattungsanspruch der Behörde (§ 50)		
Soweit ein VA für die Vergangenheit zurückgenommen/widerrufen worden ist oder bei aufschiebender Bedingung unwirksam geworden ist		

Sonderregelungen zur Aufhebung von VA finden sich in § 330 SGB III (s. auch § 40 Abs. 1 und 2 Nr. 3 SGB II).

§ 40 Nichtigkeit des Verwaltungsaktes

(1) Ein Verwaltungsakt ist nichtig, soweit er an einem besonders schwerwiegenden Fehler leidet und dies bei verständiger Würdigung aller in Betracht kommenden Umstände offensichtlich ist.

(2) Ohne Rücksicht auf das Vorliegen der Voraussetzungen des Absatzes 1 ist ein Verwaltungsakt nichtig,

1. der schriftlich oder elektronisch erlassen worden ist, die erlassende Behörde aber nicht erkennen lässt,
2. der nach einer Rechtsvorschrift nur durch die Aushändigung einer Urkunde erlassen werden kann, aber dieser Form nicht genügt,
3. den aus tatsächlichen Gründen niemand ausführen kann,
4. der die Begehung einer rechtswidrigen Tat verlangt, die einen Straf- oder Bußgeldtatbestand verwirklicht,
5. der gegen die guten Sitten verstößt.

(3) Ein Verwaltungsakt ist nicht schon deshalb nichtig, weil

1. Vorschriften über die örtliche Zuständigkeit nicht eingehalten worden sind,
2. eine nach § 16 Abs. 1 Satz 1 Nr. 2 bis 6 ausgeschlossene Person mitgewirkt hat,
3. ein durch Rechtsvorschrift zur Mitwirkung berufener Ausschuss den für den Erlass des Verwaltungsaktes vorgeschriebenen Beschluss nicht gefasst hat oder nicht beschlussfähig war,
4. die nach einer Rechtsvorschrift erforderliche Mitwirkung einer anderen Behörde unterblieben ist.

(4) Betrifft die Nichtigkeit nur einen Teil des Verwaltungsaktes, ist er im Ganzen nichtig, wenn der nichtige Teil so wesentlich ist, dass die Behörde den Verwaltungsakt ohne den nichtigen Teil nicht erlassen hätte.

(5) Die Behörde kann die Nichtigkeit jederzeit von Amts wegen feststellen; auf Antrag ist sie festzustellen, wenn der Antragsteller hieran ein berechtigtes Interesse hat.

Regelungsinhalt

§ 40 Abs. 1 trifft eine allgemeine Regelung zur Nichtigkeit von VA. **Abs. 2** enthält unabhängig von Abs. 1 eine Positivliste von Tatbeständen, bei deren Vorliegen ein VA in jedem Fall nichtig ist. **Abs. 3** enthält eine Negativliste von Tatbeständen, bei deren Erfüllung der VA nicht automatisch gleich nichtig ist. 1

Besonders schwerwiegend sind i. d. R. nur solche Rechtsfehler, die mit der Rechtsordnung unvereinbar sind, weil sie tragende Verfassungsprinzipien oder den der Rechtsordnung immanenten Wertvorstellungen widersprechen.

Beispiel: 2
Der Verwaltungsträger begründet die Pflichten eines Bürgers offensichtlich einseitig, ohne dass es dafür bei Erlass des VA eine gültige und anwendbare Ermächtigungsgrundlage gibt.[14]

---

14 Zuletzt: BSG – 07.09.2006 – B 4 RA 43/05 R.

Beispiel für fehlende Nichtigkeit:
Eine verfassungswidrige gesetzliche Ermächtigungsgrundlage kann ein besonders schwerwiegender Fehler des auf sie gestützten VA sein. Es fehlt aber an der Offensichtlichkeit des Fehlers, weil Maßstab für die Offensichtlichkeit der Durchschnittsbürger ist, der in nachvollziehender Würdigung aller in Betracht kommender Umstände mit Gewissheit zu der Beurteilung kommen müsste, dass der VA im Zeitpunkt seiner Bekanntgabe an dem besonders schwerwiegenden Fehler litt.[15]

3 Ohne Rücksicht auf diese Grundsätze ist ein VA immer dann nichtig, wenn die Tatbestandsvoraussetzungen des **§ 40 Abs. 2** erfüllt sind. **§ 40 Abs. 3** regelt hingegen, unter welchen Umständen ein VA nicht schon von vornherein nichtig ist.

4 Regelmäßig werden VA mit einer Anfechtungsklage angegriffen. Nach § 55 Abs. 1 Nr. 4 SGG kann die gerichtliche Feststellung der Nichtigkeit eines VA aber auch mit der Feststellungsklage begehrt werden, wenn der Kläger ein berechtigtes Interesse an der baldigen Feststellung hat. Werden beide Klagearten nebeneinander verfolgt, so können die beiden Anträge nur in Form eines Haupt- und Hilfsantrags miteinander verbunden werden. Wird allein eine Anfechtungsklage erhoben, so bedarf es, wenn der Klageanspruch begründet ist, nicht der Prüfung, ob der VA nichtig ist.[16]

Die Feststellung der Nichtigkeit nach **§ 40 Abs. 5 Alt. 2** stellt eine Ergänzung zum gerichtlichen Verfahren dar. Der Betroffene hat grundsätzlich eine Wahlmöglichkeit zwischen Behörde und Gericht, allerdings kann es dem gerichtlichen Feststellungsantrag am Feststellungsinteresse fehlen, wenn die Behörde vorher nicht eingeschaltet wurde.[17]

§ 41 Heilung von Verfahrens- und Formfehlern

(1) Eine Verletzung von Verfahrens- oder Formvorschriften, die nicht den Verwaltungsakt nach § 40 nichtig macht, ist unbeachtlich, wenn

1. **der für den Erlass des Verwaltungsaktes erforderliche Antrag nachträglich gestellt wird,**
2. **die erforderliche Begründung nachträglich gegeben wird,**
3. **die erforderliche Anhörung eines Beteiligten nachgeholt wird,**
4. **der Beschluss eines Ausschusses, dessen Mitwirkung für den Erlass des Verwaltungsaktes erforderlich ist, nachträglich gefasst wird,**
5. **die erforderliche Mitwirkung einer anderen Behörde nachgeholt wird,**
6. **die erforderliche Hinzuziehung eines Beteiligten nachgeholt wird.**

(2) Handlungen nach Absatz 1 Nr. 2 bis 6 können bis zur letzten Tatsacheninstanz eines sozial- oder verwaltungsgerichtlichen Verfahrens nachgeholt werden.

(3) Fehlt einem Verwaltungsakt die erforderliche Begründung oder ist die erforderliche Anhörung eines Beteiligten vor Erlass des Verwaltungsaktes unterblieben und ist dadurch die rechtzeitige Anfechtung des Verwaltungsaktes versäumt worden,

15 BSG – 23.02.2005 – B 2 U 409/04 B.
16 BSGE – 29.06.1962 – 2 RU 109/58, seither st. Rspr.
17 Schütze in Kommentar zum SGB X, § 40 Rn. 23.

gilt die Versäumung der Rechtsbehelfsfrist als nicht verschuldet. Das für die Wiedereinsetzungsfrist maßgebende Ereignis tritt im Zeitpunkt der Nachholung der unterlassenen Verfahrenshandlung ein.

Regelungsinhalt

1 Seit dem 01.01.2001 können Handlungen nach **§ 41 Abs. 1 Nr. 2 bis 6** bis zur letzten Tatsacheninstanz eines sozial- oder verwaltungsgerichtlichen Verfahrens nachgeholt werden.[18] Der VA ist von dem Tage seiner Heilung an so anzusehen, als sei er stets mangelfrei gewesen.[19]

2 Durch Nachholung heilbar sind nur die in **§ 41 Abs. 1 Nr. 1 bis 6** aufgelisteten Fehler. Dieser Katalog ist nach h. M. abschließend. Jedoch findet Abs. 1 Anwendung auf gleichgelagerte, minderschwere Fälle, z. B. eine nicht nur fehlende, sondern auch fehlerhafte Anhörung oder Begründung.[20]

3 Es fehlt an der Nachholbarkeit der versäumten Verfahrenshandlung, wenn sie ihre rechtstaatlich gebotenen Funktionen nicht mehr erfüllen kann.[21] So kann die fehlende Anhörung nach § 24 (s. dort Rn. 5), die nicht gem. § 41 Abs. 2 i. V. m. Abs. 1 Nr. 3 bis zur letzten Tatsacheninstanz nachgeholt wurde, im Revisionsverfahren nicht mehr nachgeholt werden. Eine Nachholung der Anhörung im Gerichtsverfahren setzt ein entsprechendes förmliches Verwaltungsverfahren – ggf. unter Aussetzung des Gerichtsverfahrens (§ 114 Abs. 2 Satz 2 SGG) – voraus.[22]

§ 42 Folgen von Verfahrens- und Formfehlern

Die Aufhebung eines Verwaltungsaktes, der nicht nach § 40 nichtig ist, kann nicht allein deshalb beansprucht werden, weil er unter Verletzung von Vorschriften über das Verfahren, die Form oder die örtliche Zuständigkeit zustande gekommen ist, wenn offensichtlich ist, dass die Verletzung die Entscheidung in der Sache nicht beeinflusst hat. Satz 1 gilt nicht, wenn die erforderliche Anhörung unterblieben oder nicht wirksam nachgeholt ist.

§ 43 Umdeutung eines fehlerhaften Verwaltungsaktes

(1) Ein fehlerhafter Verwaltungsakt kann in einen anderen Verwaltungsakt umgedeutet werden, wenn er auf das gleiche Ziel gerichtet ist, von der erlassenden Behörde in der geschehenen Verfahrensweise und Form rechtmäßig hätte erlassen werden können und wenn die Voraussetzungen für dessen Erlass erfüllt sind.

(2) Absatz 1 gilt nicht, wenn der Verwaltungsakt, in den der fehlerhafte Verwaltungsakt umzudeuten wäre, der erkennbaren Absicht der erlassenden Behörde wider-

18 Gesetz zur Einführung des Euro im Sozial- und Arbeitsrecht sowie zur Änderung anderer Vorschriften – 4. Euro-Einführungsgesetz – BGBl I 2000 S. 1983.
19 BSG – 06.10.1994 – GS 1/91.
20 Schütze in Kommentar zum SGB X, § 41 Rn. 5.
21 BSG – 09.11.2010 – B 4 AS 37/09 R.
22 BSG – 31.10.2002 – B 4 RA 15/01 R.

spräche oder seine Rechtsfolgen für den Betroffenen ungünstiger wären als die des fehlerhaften Verwaltungsaktes. Eine Umdeutung ist ferner unzulässig, wenn der fehlerhafte Verwaltungsakt nicht zurückgenommen werden dürfte.

(3) Eine Entscheidung, die nur als gesetzlich gebundene Entscheidung ergehen kann, kann nicht in eine Ermessensentscheidung umgedeutet werden.

(4) § 24 ist entsprechend anzuwenden.

§ 44 Rücknahme eines rechtswidrigen nicht begünstigenden Verwaltungsaktes

(1) Soweit sich im Einzelfall ergibt, dass bei Erlass eines Verwaltungsaktes das Recht unrichtig angewandt oder von einem Sachverhalt ausgegangen worden ist, der sich als unrichtig erweist, und soweit deshalb Sozialleistungen zu Unrecht nicht erbracht oder Beiträge zu Unrecht erhoben worden sind, ist der Verwaltungsakt, auch nachdem er unanfechtbar geworden ist, mit Wirkung für die Vergangenheit zurückzunehmen. Dies gilt nicht, wenn der Verwaltungsakt auf Angaben beruht, die der Betroffene vorsätzlich in wesentlicher Beziehung unrichtig oder unvollständig gemacht hat.

(2) Im Übrigen ist ein rechtswidriger nicht begünstigender Verwaltungsakt, auch nachdem er unanfechtbar geworden ist, ganz oder teilweise mit Wirkung für die Zukunft zurückzunehmen. Er kann auch für die Vergangenheit zurückgenommen werden.

(3) Über die Rücknahme entscheidet nach Unanfechtbarkeit des Verwaltungsaktes die zuständige Behörde; dies gilt auch dann, wenn der zurückzunehmende Verwaltungsakt von einer anderen Behörde erlassen worden ist.

(4) Ist ein Verwaltungsakt mit Wirkung für die Vergangenheit zurückgenommen worden, werden Sozialleistungen nach den Vorschriften der besonderen Teile dieses Gesetzbuches längstens für einen Zeitraum bis zu vier Jahren vor der Rücknahme erbracht. Dabei wird der Zeitpunkt der Rücknahme von Beginn des Jahres an gerechnet, in dem der Verwaltungsakt zurückgenommen wird. Erfolgt die Rücknahme auf Antrag, tritt bei der Berechnung des Zeitraumes, für den rückwirkend Leistungen zu erbringen sind, anstelle der Rücknahme der Antrag.

Inhaltsübersicht Rn.

1. Antrag des Betroffenen zur Überprüfung

1 Der Leistungsträger muss auf Antrag des Betroffenen den in der Vergangenheit erlassenen Bescheid erneut in einem Verwaltungsverfahren überprüfen. Dies gilt auch, wenn die Widerspruchs-, Klage- oder Versäumnisfrist versäumt wurde. Der Umfang der durch einen Antrag des Versicherten veranlassten Überprüfung ist nicht durch die vom Betroffenen benannten Einwände begrenzt.[23] Sind allerdings keine neuen Gesichtspunkte ersichtlich und ist der Antrag nicht substantiiert, können der Sozialversicherungsträger oder

23 BSG – 12.12.1996 – 11 RAr 57/96.

das Gericht sich auf die Bindungswirkung des **§ 77 SGG** berufen. Die Pflicht der Behörde zur Überprüfung ist an keine Frist gebunden.

2. Sozialleistungen wurden zu Unrecht nicht erbracht oder Beiträge zu Unrecht erhoben

Durch den belastenden VA müssen Sozialleistungen zu Unrecht nicht erbracht oder Beiträge zu Unrecht nicht erhoben worden sein.[24] Zu Unrecht ist die Leistung dann nicht gewährt worden, wenn sie dem Betroffenen für den fraglichen Zeitraum tatsächlich zustand. Sozialleistungen sind in **§ 11 SGB I** definiert. Beiträge sind alle Leistungen, die Arbeitnehmer, Arbeitgeber oder Dritte aufgrund einer Versicherungspflicht oder aufgrund freiwilliger Versicherung erbringen, einschließlich Zinsen und Säumniszuschlägen (vgl. **§ 20 ff. SGB IV**). 2

Nach § 44 Abs. 1 Satz 1 ist ein VA, auch nachdem er unanfechtbar geworden ist, mit Wirkung für die Vergangenheit zurückzunehmen, wenn sich im Einzelfall ergibt, dass bei Erlass des VA das Recht unrichtig angewandt oder von einem Sachverhalt ausgegangen worden ist, der sich als unrichtig erweist, und soweit deshalb Sozialleistungen zu Unrecht erbracht worden sind. 3

Beispiel:
Erweist sich nach Zahlung von Arbeitslosengeld, dass der Empfänger des Arbeitslosengeldes im Zahlungszeitraum nicht verfügbar war (s. dazu § 138 SGB III Rn. 16–20) und es damit an einer Anspruchsvoraussetzung fehlte, ist der VA, mit dem das Arbeitslosengeld gewährt wurde, rückwirkend aufzuheben.[25]

Der Überprüfung unterliegen alle bestandskräftigen VA auch dann, wenn sie in einem vorangegangenen Gerichtsverfahren ausdrücklich als rechtmäßig bestätigt wurden[26] oder auf einem Vergleich beruhen.[27]

3. Rechtswidrigkeit

Der Bescheid muss objektiv rechtswidrig sein. Die Beweisanforderungen sind die gleichen wie diejenigen an die anspruchsbegründenden Tatsachen: Genügt Wahrscheinlichkeit, reicht dieses Beweismaß für die Aufhebung aus. Bei Ermessensentscheidungen kommt es schon aufgrund eines Ermessensfehlgebrauchs zur Neufeststellung nach § 44. Ergibt sich aus der Überprüfung eine Nachzahlung, gilt dafür die Vier-Jahres-Frist nach **§ 44 Abs. 4**. 4

24 BSG – 22.03.1989 – 7 RAr 122/87.
25 BSG – 22.03.2001 – B 11 AL 79/00 R.
26 BSG – 28.01.1981 – 9 RV 29/80.
27 Steinwedel in Kasseler Kommentar, SGB X, § 44 Rn. 7.

§ 45 Rücknahme eines rechtswidrigen begünstigenden Verwaltungsaktes

(1) Soweit ein Verwaltungsakt, der ein Recht oder einen rechtlich erheblichen Vorteil begründet oder bestätigt hat (begünstigender Verwaltungsakt), rechtswidrig ist, darf er, auch nachdem er unanfechtbar geworden ist, nur unter den Einschränkungen der Absätze 2 bis 4 ganz oder teilweise mit Wirkung für die Zukunft oder für die Vergangenheit zurückgenommen werden.

(2) Ein rechtswidriger begünstigender Verwaltungsakt darf nicht zurückgenommen werden, soweit der Begünstigte auf den Bestand des Verwaltungsaktes vertraut hat und sein Vertrauen unter Abwägung mit dem öffentlichen Interesse an einer Rücknahme schutzwürdig ist. Das Vertrauen ist in der Regel schutzwürdig, wenn der Begünstigte erbrachte Leistungen verbraucht oder eine Vermögensdisposition getroffen hat, die er nicht mehr oder nur unter unzumutbaren Nachteilen rückgängig machen kann. Auf Vertrauen kann sich der Begünstigte nicht berufen, soweit

1. er den Verwaltungsakt durch arglistige Täuschung, Drohung oder Bestechung erwirkt hat,
2. der Verwaltungsakt auf Angaben beruht, die der Begünstigte vorsätzlich oder grob fahrlässig in wesentlicher Beziehung unrichtig oder unvollständig gemacht hat, oder
3. er die Rechtswidrigkeit des Verwaltungsaktes kannte oder infolge grober Fahrlässigkeit nicht kannte; grobe Fahrlässigkeit liegt vor, wenn der Begünstigte die erforderliche Sorgfalt in besonders schwerem Maße verletzt hat.

(3) Ein rechtswidriger begünstigender Verwaltungsakt mit Dauerwirkung kann nach Absatz 2 nur bis zum Ablauf von zwei Jahren nach seiner Bekanntgabe zurückgenommen werden. Satz 1 gilt nicht, wenn Wiederaufnahmegründe entsprechend § 580 der Zivilprozessordnung vorliegen. Bis zum Ablauf von zehn Jahren nach seiner Bekanntgabe kann ein rechtswidriger begünstigender Verwaltungsakt mit Dauerwirkung nach Absatz 2 zurückgenommen werden, wenn

1. die Voraussetzungen des Absatzes 2 Satz 3 Nr. 2 oder 3 gegeben sind oder
2. der Verwaltungsakt mit einem zulässigen Vorbehalt des Widerrufs erlassen wurde.

In den Fällen des Satzes 3 kann ein Verwaltungsakt über eine laufende Geldleistung auch nach Ablauf der Frist von zehn Jahren zurückgenommen werden, wenn diese Geldleistung mindestens bis zum Beginn des Verwaltungsverfahrens über die Rücknahme gezahlt wurde. War die Frist von zehn Jahren am 15. April 1998 bereits abgelaufen, gilt Satz 4 mit der Maßgabe, dass der Verwaltungsakt nur mit Wirkung für die Zukunft aufgehoben wird.

(4) Nur in den Fällen von Absatz 2 Satz 3 und Absatz 3 Satz 2 wird der Verwaltungsakt mit Wirkung für die Vergangenheit zurückgenommen. Die Behörde muss dies innerhalb eines Jahres seit Kenntnis der Tatsachen tun, welche die Rücknahme eines rechtswidrigen begünstigenden Verwaltungsaktes für die Vergangenheit rechtfertigen.

(5) § 44 Abs. 3 gilt entsprechend.

Inhaltsübersicht Rn.

1. Regelungsinhalt

Die Norm betrifft ausschließlich begünstigende VA. Ob eine Regelung begünstigend ist, richtet sich nach der Verkehrsanschauung unter Berücksichtigung der Interessen des von der Regelung Betroffenen. 1

2. Voraussetzungen der Rücknahme

2.1 Begünstigender Verwaltungsakt

Es kann sich dabei um VA handeln, die eine vorteilhafte Position gewähren, etwa Versicherungs- (z. B. Arbeitslosengeld, Rente) oder Hilfeleistungen (Arbeitslosengeld II, Sozialgeld, Sozialhilfe). Vorteilhaft kann aber auch die Aufhebung einer Belastung oder das Absehen von einer Forderung sein, z. B. die Befreiung von der Versicherungspflicht oder die Senkung von Versicherungsbeiträgen. Die Leistungseinstellung aufgrund einer Befristung (z. B. Erwerbsminderungsrente auf Zeit, s. § 43 SGB VI; zeitlich begrenzte Zahlung von Krankengeld, s. § 44 SGB V) ist keine Rücknahme nach § 45. 2

2.2 Rechtswidrigkeit

Rechtswidrig ist die durch den VA begründete oder bestätigte Vergünstigung, soweit sie mit der Rechtsordnung nicht übereinstimmt. Die Ursache dafür kann in der Sachverhaltsfeststellung oder der Rechtsauslegung oder -anwendung liegen.[28] 3

2.3 Vertrauensschutz (Abs. 2 Satz 1 und 2)

§ 45 Abs. 2 Satz 1 und 2 schützen das **Vertrauen des Begünstigten** auf den Bestand des VA. Die Prüfung des Vertrauensschutzes hat Vorrang vor der Ermessensentscheidung. Soweit der Begünstigte auf den Bestand des VA vertraut hat und sein Vertrauen unter Abwägung mit dem öffentlichen Interesse schutzwürdig ist, darf ein rechtswidriger begünstigender VA nach **§ 45 Abs. 2 Satz 1** nicht mehr zurückgenommen werden. 4

28 S. im Weiteren Schütze in Kommentar zum SGB X, § 45 Rn. 28 ff.

Schutzwürdiges Vertrauen (Abs. 2 Satz 2)

5 Schutzwürdig ist das Vertrauen in der Regel, wenn der Begünstigte eine Vermögensdisposition getroffen hat. Dies kann z. B. die Aufnahme eines Kredites im Vertrauen darauf sein, diesen mit Hilfe einer zugesprochenen Sozialleistung tilgen zu können. Als Regelfall für die Schutzwürdigkeit nennt das Gesetz den Fall, dass der Begünstigte erbrachte Leistungen verbraucht hat. Kein Verbrauch liegt vor, wenn der Begünstigte Rücklagen, die er sonst zu seinem Lebensunterhalt verwendet hätte, nicht angegriffen oder aus der Leistung gebildet hat. Bei laufenden und in der Regel als Lebensunterhalt erbrachten Leistungen wie Renten, Lohnersatzleistungen etc. ist davon auszugehen, dass diese zweckentsprechend verbraucht wurden. Bei größeren Nachzahlungen jedoch kann der Nachweis des Verbrauchs verlangt werden. Dies gilt auch für unrechtmäßig laufende Sozialleistungen, die andere Einkünfte (z. B. Arbeitsentgelt) ergänzen.

Nicht schutzwürdiges Vertrauen

6 **§ 45 Abs. 2 Satz 3** nennt **Regeltatbestände des Vertrauensausschlusses**. Die Bestimmung schließt die Schutzwürdigkeit aus, so dass die Rücknahme des VA grundsätzlich zulässig ist. Zu den Ausschlusstatbeständen zählen:

- Erwirken des VA durch arglistige Täuschung, Drohung oder Bestechung,
- Verursachung des rechtswidrigen VA durch mindestens grob fahrlässige unrichtige oder unvollständige Angaben,
- Kenntnis oder grob fahrlässige Unkenntnis der Rechtswidrigkeit des VA.

7 Die arglistige Täuschung (vgl. § 123 BGB) umfasst jedes vorsätzliche Verhalten des Begünstigten, das geeignet und gezielt darauf gerichtet ist, die Behörde zum Erlass des VA zu veranlassen, in dem in deren Mitarbeitern unter Vorspiegelung falscher Tatsachen ein Irrtum dahingehend erregt wird, der Begünstigte erfülle die Voraussetzungen gesetzlicher Ansprüche. Mit Drohung ist nur die widerrechtliche Drohung gemeint, nicht etwa die Androhung der Einlegung von Rechtsbehelfen im Falle der Leistungsablehnung. Unter Bestechung ist die in § 334 StGB unter Strafe gestellte Vorteilsgewährung für eine pflichtwidrige Amtshandlung zu verstehen. Durch den Ausschluss von Vertrauensschutz bei arglistiger Täuschung, Drohung oder Bestechung wird die fehlende Nichtigkeit solcherart erlangter VA abgemildert.

Vertrauensschutz besteht auch dann nicht, wenn der VA auf schuldhaft unrichtig oder unvollständig gemachten Angaben beruht, diese also kausal für den insoweit rechtswidrigen VA waren. Unrichtigkeit und Unvollständigkeit der Angaben müssen Umstände betreffen, die für die Entscheidung der Behörde wesentlich waren. Im Regelfall wird die Behörde vor dem Erlass des VA die erforderlichen Angaben zu den Anspruchsvoraussetzungen abfragen, so dass der Betroffene die Wesentlichkeit erkennen kann. Liegen keine Unterlagen und Angaben vor, muss die Behörde vor Erlass des VA die für den Anspruch wesentlichen Angaben verlangen. Unterlässt sie dies, fehlt es an der Ursächlichkeit für die etwaige Fehlerhaftigkeit des VA. Die Fehlerhaftigkeit oder Unvollständigkeit muss auf Vorsatz oder grober Fahrlässigkeit beruhen. Der bedingte Vorsatz, also die billigende Inkaufnahme der Unrichtigkeit oder Unvollständigkeit, ist ausreichend. Die Folgen wissentlich unwahrer Angaben muss der Begünstigte auch dann gegen sich gelten lassen, wenn sie in der Person seines Vertreters erfüllt sind und dieser sich im Rahmen seiner Vollmacht und Vertretungsbefugnis bewegt.

Unbeachtlich ist das Vertrauen des Begünstigten schließlich, wenn dieser die Rechtswidrigkeit des VA kannte oder infolge grober Fahrlässigkeit nicht kannte (Bösgläubigkeit). Bösgläubigkeit liegt vor, wenn der Begünstige die erforderliche Sorgfalt in besonders schwerem Maße verletzt hat. Ob dies der Fall ist, muss unter Berücksichtigung des Bildungsniveaus und der Einsichtsfähigkeit des Begünstigten im Einzelfall geprüft werden. Die Nichtbeachtung eines von der Behörde ausgehändigten Merkblattes wird im Allgemeinen grobe Fahrlässigkeit begründen, wenn dieses so abgefasst war, dass der Begünstigte in der Lage war, seinen Inhalt zu verstehen.[29] Grob fahrlässige Unkenntnis ist auch dann anzunehmen, wenn sich Fehler aus dem begünstigenden VA selbst oder anderen Umständen ergeben und das für den Betroffenen ohne Weiteres erkennbar war.[30] Im Falle der nachträglichen Bösgläubigkeit entfällt der Vertrauensschutz ab dem Zeitpunkt des Eintritts der Bösgläubigkeit. Ab diesem Zeitpunkt kann kein Vertrauensschutz wegen Verbrauchs oder Vermögensdisposition mehr geltend gemacht werden. 8

Die Kenntnis der Rechtswidrigkeit erfordert nicht die genaue Kenntnis der Rechtsvorschriften, auf denen die Rechtswidrigkeit beruht. Es genügt, dass der VA in der Vorstellung des Begünstigten nach allgemeinen Grundsätzen von Recht und Billigkeit nicht rechtens sein kann (Parallelwertung in der Laiensphäre).

3. Ermessensentscheidung

Liegen die Rücknahmevoraussetzungen nach Maßgabe der Abs. 1 bis 4 des § 45 vor, darf der rechtswidrige begünstigende VA mit Wirkung für die Zukunft oder die Vergangenheit zurückgenommen werden. Durch das Wort »darf« wird der Behörde nach h. M. Rücknahmeermessen eingeräumt,[31] soweit sich nicht gem. § 37 SGB I aus besonderen Teilen des SGB Abweichendes ergibt und die Ermessensausübung ausgeschlossen ist. So verweist § 40 Abs. 1 Nr. 1 SGB II auf § 330 Abs. 2 SGB III, wonach bei Vorliegen der in § 45 Abs. 2 Satz 3 genannten Voraussetzungen ein rechtswidriger begünstigender VA im Wege einer gebundenen Entscheidung, also ohne Ermessen, auch mit Wirkung für die Vergangenheit zurückzunehmen ist. 9

Nach § 39 SGB I ist das nach Abs. 1 eröffnete Ermessen dem Zweck der Ermächtigung entsprechend auszuüben. Hierauf hat der Betroffene einen Rechtsanspruch. Dazu sind alle wesentlichen Umstände des Einzelfalls zunächst zu ermitteln und zu berücksichtigen, soweit sie einen unmittelbaren Bezug auf Vertrauen und Schutzwürdigkeit des Betroffenen sowie das öffentliche Interesse haben.[32] Gegen eine Rücknahme des VA kann bei Abwägung der Umstände des Einzelfalls grobes Verschulden der Behörde oder auch die

29 BSG – 21. 05. 1974 – 7 RKg 8/73.
30 BSG – 19. 02. 1992 – GS 1/89; weitere Fälle bei Schütze in Kommentar zum SGB X, § 45 Rn. 54 ff.
31 BSG – 15. 02. 1990 – 7 RAr 28/88 m. w. N.
32 BSG – 10. 08. 1993 – 9 BV 4/93.

Unverhältnismäßigkeit der Rückforderung sprechen. In Ausnahmefällen kann das Ermessen auch auf Null schrumpfen.[33]

4. Rücknahmefristen (§ 45 Abs. 3)

10 Grundsätzlich kann nach **§ 45 Abs. 3** ein rechtswidriger begünstigender VA mit Dauerwirkung (z. B. Rentenbescheid) nur bis zum Ablauf von zwei Jahren seit seiner Bekanntgabe zurückgenommen werden. Diese Frist verlängert sich auf

- fünf Jahre, wenn Wiederaufnahmegründe entsprechend § 580 ZPO vorliegen[34]
- zehn Jahre, wenn die Voraussetzungen des Abs. 2 Satz 3 Nr. 2 oder 3 gegeben sind oder der VA mit einem zulässigen Widerrufsvorbehalt erlassen wurde
- 30 Jahre, wenn die Voraussetzungen des Abs. 2 Satz 3 Nr. 1 (Erwirken des VA durch arglistige Täuschung, Drohung oder Bestechung) vorliegen.[35]

5. Rücknahme von Verwaltungsakten mit Wirkung für die Vergangenheit (§ 45 Abs. 4)

11 **§ 45 Abs. 4** trifft Regelungen für die Rücknahme von VA für die Vergangenheit und schränkt damit die in Abs. 1 getroffene Regelung ein. Die Befugnis der Behörde zur Rücknahme eines VA für die Vergangenheit erlischt, wenn die Rücknahme nicht innerhalb eines Jahres seit Kenntnis der Tatsachen, die die Rücknahme für die Vergangenheit legitimieren, bekannt gegeben wird. Die Jahresfrist beginnt, wenn der Behörde die Tatsachen zur Bearbeitung vorliegen, aus denen sich die Rechtswidrigkeit ergibt.

5.1 Voraussetzungen (Abs. 4 Satz 1)

12 Vom Vorbehalt des § 45 Abs. 4 sind alle Rücknahmen »mit Wirkung für die Vergangenheit« erfasst. Maßgebend ist der Zeitpunkt der Bekanntgabe des Rücknahmebescheides, der Vergangenheit und Zukunft trennt.[36] Nach § 45 Abs. 4 Satz 1 kann der VA nur in den Fällen von § 45 Abs. 2 Satz 3 und Abs. 3 Satz 2 mit Wirkung für die Vergangenheit zurückgenommen werden. Die Formulierung »wird…mit Wirkung für die Vergangenheit zurückgenommen« bedeutet keine Verpflichtung zur Rücknahme; vielmehr ist bei Vorliegen der Voraussetzungen wiederum eine Ermessensentscheidung zu treffen (vgl. unter 3.).

5.2 Jahresfrist für rückwirkende Rücknahme (Abs. 4 Satz 2)

13 Die Rücknahme für die Vergangenheit ist ausgeschlossen, wenn der Rücknahmegrund mehr als ein Jahr bekannt und seine Rücknahme dennoch nicht verfügt worden ist. Der

33 Mit Hinweisen auf die einschlägige Rspr. Schütze in Kommentar zum SGB X, § 45 Rn. 90 f.
34 BSG – 16.02.1984 – 1 RA 15/83.
35 BSG – 24.09.1993 – 9/9 a RV 38/91.
36 St. Rspr., so BSG – 24.09.1986 – 10 RKg 9/85.

Ein-Jahres-Zeitraum beginnt mit Kenntnis aller tatsächlichen Tatsachen, aus denen sich ergibt, dass der begünstigende VA ohne Rechtsgrund erlassen, also rechtswidrig ist.[37] Relevant sind ebenso Tatsachen, die für die Rücknahme für die Vergangenheit von Bedeutung sind. Das sind alle Tatsachen, die nach Abs. 2 Satz 3 oder Abs. 3 Satz 2 Voraussetzung für die rückwirkende Aufhebung sind. Kenntnis der Behörde ist dann gegeben, wenn die Behörde subjektiv überzeugt ist, dass die ihr vorliegenden Tatsachen für eine Rücknahme des VA genügen.[38]

§ 46 Widerruf eines rechtmäßigen nicht begünstigenden Verwaltungsaktes

(1) Ein rechtmäßiger nicht begünstigender Verwaltungsakt kann, auch nachdem er unanfechtbar geworden ist, ganz oder teilweise mit Wirkung für die Zukunft widerrufen werden, außer wenn ein Verwaltungsakt gleichen Inhalts erneut erlassen werden müsste oder aus anderen Gründen ein Widerruf unzulässig ist.

(2) § 44 Abs. 3 gilt entsprechend.

Regelungsinhalt

Während die Rücknahme auf die Aufhebung eines rechtswidrigen VA zielt, geht es beim Widerruf um die **Aufhebung eines rechtmäßigen VA**. 1

Der Anwendungsbereich des **§ 46** (**Widerruf eines rechtmäßigen nicht begünstigenden VA**) ist gering, da im Sozialrecht belastende Ermessensentscheidungen nicht sehr häufig sind (vgl. z. B. § 13 Abs. 1 SGB VI). Wie in allen Fällen des Verwaltungshandelns durch VA kann die Behörde jeden VA erlassen oder unterlassen und demzufolge jedenfalls belastende VA auch jederzeit widerrufen oder zurücknehmen. 2

§ 47 Widerruf eines rechtmäßigen begünstigenden Verwaltungsaktes

(1) Ein rechtmäßiger begünstigender Verwaltungsakt darf, auch nachdem er unanfechtbar geworden ist, ganz oder teilweise mit Wirkung für die Zukunft nur widerrufen werden, soweit

1. **der Widerruf durch Rechtsvorschrift zugelassen oder im Verwaltungsakt vorbehalten ist,**
2. **mit dem Verwaltungsakt eine Auflage verbunden ist und der Begünstigte diese nicht oder nicht innerhalb einer ihm gesetzten Frist erfüllt hat.**

(2) Ein rechtmäßiger begünstigender Verwaltungsakt, der eine Geld- oder Sachleistung zur Erfüllung eines bestimmten Zweckes zuerkennt oder hierfür Voraussetzung ist, kann, auch nachdem er unanfechtbar geworden ist, ganz oder teilweise auch mit Wirkung für die Vergangenheit widerrufen werden, wenn

1. **die Leistung nicht, nicht alsbald nach der Erbringung oder nicht mehr für den in dem Verwaltungsakt bestimmten Zweck verwendet wird,**
2. **mit dem Verwaltungsakt eine Auflage verbunden ist und der Begünstigte diese nicht oder nicht innerhalb einer ihm gesetzten Frist erfüllt hat.**

---

37 St. Rspr., Diering/Timme/Waschull, Sozialgesetzbuch X, § 45 Rn. 114.

38 BSG – 08. 02. 1996 – 13 RJ 35/94.

Der Verwaltungsakt darf mit Wirkung für die Vergangenheit nicht widerrufen werden, soweit der Begünstigte auf den Bestand des Verwaltungsaktes vertraut hat und sein Vertrauen unter Abwägung mit dem öffentlichen Interesse an einem Widerruf schutzwürdig ist. Das Vertrauen ist in der Regel schutzwürdig, wenn der Begünstigte erbrachte Leistungen verbraucht oder eine Vermögensdisposition getroffen hat, die er nicht mehr oder nur unter unzumutbaren Nachteilen rückgängig machen kann. Auf Vertrauen kann sich der Begünstigte nicht berufen, soweit er die Umstände kannte oder infolge grober Fahrlässigkeit nicht kannte, die zum Widerruf des Verwaltungsaktes geführt haben. § 45 Abs. 4 Satz 2 gilt entsprechend.

(3) § 44 Abs. 3 gilt entsprechend.

Regelungsinhalt

1 Im Vergleich zu § 46 wichtiger ist die Regelung des **Widerrufs eines rechtmäßigen begünstigenden VA** in **§ 47**. Dieser setzt auch die Rechtmäßigkeit des Widerrufvorbehalts im früheren Bescheid (**§ 47 Abs. 1 Nr. 1 Alt.** 2) bzw. die Rechtmäßigkeit der Beifügung einer Auflage zum früheren VA (**§ 47 Abs. 2 Satz 1 Nr.** 2) voraus. Gegenstand einer Auflage im Sinne einer abgrenzbaren Nebenbestimmung zum begünstigenden Haupt-VA kann nicht eine Pflicht sein, deren Erfüllung unmittelbar bereits von dem gesetzlichen Leistungstatbestand vorausgesetzt wird. Denn bei Nichterfüllung schon des gesetzlichen Tatbestands darf der begünstigende Verwaltungsakt nicht nur nicht erlassen werden, sondern er kann im Rahmen der §§ 45, 48 auch widerrufen werden.

§ 32 schränkt die Möglichkeiten von Nebenbestimmungen zu einem VA ein.

Beispiel für einen VA mit Auflage:
Ein Bescheid über die Befreiung von der Versicherungspflicht enthält einen Zusatz, nach dem der Versicherte durch Erklärung gegenüber dem Versicherungsträger mit Wirkung vom Beginn des nächsten Monats auf die Befreiung verzichten kann.[39]

Beispiel für die Nichterfüllung einer Auflage als Widerrufsgrund:
Trotz der Auflage der Rentenversicherung, jede Veränderung der Leistung aus der Unfallversicherung mitzuteilen, unterlässt der Leistungsempfänger die Mitteilung.
Hingegen kann im Falle einer eigenständigen Rechtsgrundlage für die Rückzahlung von Eingliederungszuschüssen nach dem Arbeitsförderungsrecht die Bewilligung, um eine spätere Rückforderung zu ermöglichen, von der Bundesagentur für Arbeit nicht mit Auflagen oder Bedingungen versehen werden.[40]

2 Die Verwaltung kann einen VA nur dann wegen Zweckverfehlung widerrufen, wenn die im VA selbst zur Verwendung der bewilligten Leistung getroffene Zweckbestimmung verfehlt wird.[41]

39 BSG – 25.08.1982 – 12 RK 69/81.
40 BSG – 21.03.2001 – B 7 AL 48/01 R.
41 BSG – 14.12.2000 – B 11 AL 63/00 R.

§ 48 Aufhebung eines Verwaltungsaktes mit Dauerwirkung bei Änderung der Verhältnisse

(1) Soweit in den tatsächlichen oder rechtlichen Verhältnissen, die beim Erlass eines Verwaltungsaktes mit Dauerwirkung vorgelegen haben, eine wesentliche Änderung eintritt, ist der Verwaltungsakt mit Wirkung für die Zukunft aufzuheben. Der Verwaltungsakt soll mit Wirkung vom Zeitpunkt der Änderung der Verhältnisse aufgehoben werden, soweit

1. **die Änderung zugunsten des Betroffenen erfolgt,**
2. **der Betroffene einer durch Rechtsvorschrift vorgeschriebenen Pflicht zur Mitteilung wesentlicher für ihn nachteiliger Änderungen der Verhältnisse vorsätzlich oder grob fahrlässig nicht nachgekommen ist,**
3. **nach Antragstellung oder Erlass des Verwaltungsaktes Einkommen oder Vermögen erzielt worden ist, das zum Wegfall oder zur Minderung des Anspruchs geführt haben würde, oder**
4. **der Betroffene wusste oder nicht wusste, weil er die erforderliche Sorgfalt in besonders schwerem Maße verletzt hat, dass der sich aus dem Verwaltungsakt ergebende Anspruch kraft Gesetzes zum Ruhen gekommen oder ganz oder teilweise weggefallen ist.**

Als Zeitpunkt der Änderung der Verhältnisse gilt in Fällen, in denen Einkommen oder Vermögen auf einen zurückliegenden Zeitraum auf Grund der besonderen Teile dieses Gesetzbuches anzurechnen ist, der Beginn des Anrechnungszeitraumes.

(2) Der Verwaltungsakt ist im Einzelfall mit Wirkung für die Zukunft auch dann aufzuheben, wenn der zuständige oberste Gerichtshof des Bundes in ständiger Rechtsprechung nachträglich das Recht anders auslegt als die Behörde bei Erlass des Verwaltungsaktes und sich dieses zugunsten des Berechtigten auswirkt; § 44 bleibt unberührt.

(3) Kann ein rechtswidriger begünstigender Verwaltungsakt nach § 45 nicht zurückgenommen werden und ist eine Änderung nach Absatz 1 oder 2 zugunsten des Betroffenen eingetreten, darf die neu festzustellende Leistung nicht über den Betrag hinausgehen, wie er sich der Höhe nach ohne Berücksichtigung der Bestandskraft ergibt. Satz 1 gilt entsprechend, soweit einem rechtmäßigen begünstigenden Verwaltungsakt ein rechtswidriger begünstigender Verwaltungsakt zugrunde liegt, der nach § 45 nicht zurückgenommen werden kann.

(4) § 44 Abs. 3 und 4, § 45 Abs. 3 Satz 3 bis 5 und Abs. 4 Satz 2 gelten entsprechend. § 45 Abs. 4 Satz 2 gilt nicht im Fall des Absatzes 1 Satz 2 Nr. 1.

Inhaltsübersicht

1. Regelungsinhalt

1 Wird nicht der ursprüngliche VA korrigiert, sondern handelt es sich um die Anpassung an eine veränderte Rechtslage, die ein schutzwürdiges Vertrauen auf den Bestand des fehlerhaften begünstigenden Bescheides für die Zukunft entfallen lässt, dann kann § 48 zur Anwendung kommen. Aber auch von Anfang an rechtswidrige VA können wegen Änderung der tatsächlichen oder rechtlichen Verhältnisse nach § 48 zurückgenommen werden, wenn es sich nicht um die Korrektur des ursprünglichen Fehlers – die nur unter den Voraussetzungen des § 45 zulässig wäre –, sondern um die Anpassung an eine veränderte Rechtslage handelt, die ein schutzwürdiges Vertrauen auf den Bestand eines fehlerhaften begünstigenden Bescheides für die Zukunft entfallen lässt.[42]

Beispiel:
Eine Gesetzesänderung ist Grund für die Rücknahme einer fehlerhaften Pflegegeldbewilligung, die ohne die Gesetzesänderung nur unter den Voraussetzungen des § 45 hätte zurückgenommen werden können. Folge wäre dann gewesen, dass die Schutzwürdigkeit des Vertrauens des Leistungsempfängers auf den Bestand des VA unter Abwägung mit dem öffentlichen Interesse an einer Rücknahme im Einzelfall hätte geprüft werden müssen (vgl. § 45 Rn. 4–8).[43]

2. Weitere Beispiele zur Abgrenzung zu §§ 44, 45

2 • Ein Versicherter erhält Rente aus der Unfallversicherung. Später stellt sich heraus, dass bei Erteilung des Bewilligungsbescheides überhaupt keine Unfallfolgen mehr vorgelegen haben. Dies ist ein Fall des § 45. § 48 wäre hingegen einschlägig, wenn sich nach Erlass des Bescheides die Unfallfolgen so bessern, dass keine rentenberechtigende MdE mehr vorliegt.

3 • Die BG bewilligt eine Unfallrente nach einer MdE von 20 %. Später stellt sich heraus, dass die MdE von Anfang an 30 % betragen hat. Dies ist ein Fall des § 44. § 48 wäre hingegen einschlägig, wenn sich die Unfallfolgen nach Erlass des Rentenbescheides verschlimmern und eine MdE von 30 % rechtfertigen.

3. Verwaltungsakt mit Dauerwirkung

4 Ein VA mit Dauerwirkung liegt vor, wenn sich der Verwaltungsakt nicht in einem einmaligen Gebot oder Verbot oder in einer einmaligen Gestaltung der Rechtslage erschöpft, sondern ein auf Dauer berechnetes oder in seinem Bestand vom Verwaltungsakt abhängiges Rechtsverhältnis begründet bzw. inhaltlich verändert.[44]

---

42 BSG – 29.08.1990 – 9 a/9 RVs 7/89.
43 BSG – 17.05.2000 – B 3 P 2/99 R.
44 BT-Drs. 8/2034, S. 34.

Beispiele für einen Verwaltungsakt mit Dauerwirkung sind Renten aus der Renten- und Unfallversicherung sowie aus dem Sozialen Entschädigungsrecht. Auch die Feststellung der Schwerbehinderteneigenschaft stellt einen Dauerverwaltungsakt dar.[45] Die Entscheidung über die Bewilligung von Leistungen der sozialen Pflegeversicherung nach einer bestimmten Pflegestufe ist als »Verwaltungsakt mit Dauerwirkung« zu qualifizieren.[46]

4. Änderung der tatsächlichen oder rechtlichen Verhältnisse

Ob eine Änderung der Verhältnisse vorliegt, ist eine Frage des Einzelfalls. Ermittelt werden muss die maßgebliche Vergleichsgrundlage bei Erlass des VA. 5

Beispiele für eine **Änderung der rechtlichen Verhältnisse** sind Änderungen von Gesetzen[47] oder Verordnungen, aber auch anderer Regelungen mit Rechtsnormqualität (z. B. Verwaltungsvereinbarungen zwischen der Bundesregierung und der Bundesagentur für Arbeit über die Durchführung befristeter Arbeitsmarktprogramme nach § 368 Abs. 3 Satz 2 SGB III)[48] sowie die Änderung der Rspr. gem. § 48 Abs. 2. 6

Beispiele für die **Änderung der tatsächlichen Verhältnisse** sind die Änderung der Kosten für Unterkunft und Heizung (§ 22 SGB II) nach Erlass des Bewilligungsbescheids durch ein Guthaben aus der Betriebs- und Heizkostenabrechnung für das entsprechende Jahr[49] oder die Änderung einer Rente aus der Unfallversicherung bei Änderung der MdE von mehr als fünf % (bei Renten auf unbestimmte Zeit für länger als drei Monate), § 73 Abs. 3 SGB VII.[50] 7

5. Wesentlichkeit

Die Annahme einer »wesentlichen« Änderung setzt voraus, dass zunächst überhaupt eine Änderung der Verhältnisse feststellbar ist. Ob die Veränderung der Verhältnisse wesentlich ist, richtet sich nach dem jeweiligen Leistungsrecht. Die maßgebliche Vergleichsgrundlage hinsichtlich der Veränderung des Gesundheitszustandes eines Menschen mit Behinderung kann das dem letzten Bescheid zugrunde liegende Gutachten über die Höhe des GdB (s. dazu §§ 68, 69 SGB IX Rn. 18–43) oder der MdE (§ 56 Abs. 1 Satz 2 und 3 SGB VII, s. dazu § 56 SGB VII Rn. 5–10) sein. 8

Im Recht der gesetzlichen Unfallversicherung und der sozialen Entschädigung werden Abweichungen in der Einschätzung des MdE/GdB-Grades um nicht mehr als fünf % als nicht »wesentlich« angesehen, weil Schätzungen mit Unsicherheiten behaftet sind.[51] Wo die Grenzen für die sichere Feststellung einer objektiven Änderung des Pflegebedarfs

45 BSG – 09.08.1995 – 9 RVs17/94.
46 BSG – 07.07.2005 – B 3 P 8/04 R.
47 S. BSG a. a. O. Rn. 44.
48 BSG – 01.07.2010 – B 11 AL 1/09 R.
49 Dazu: BSG – 22.03.2012 – B 4 AS 139/11 R.
50 BSG – 22.06.2004 – B 2 U 14/03 R.
51 § 73 Abs. 3 Satz 1 SGB VII; vgl. BSG – 14.02.2001 – B 9 V 12/00 R.

verlaufen, lässt sich im Bereich der Pflegeversicherung nicht allgemein gültig beantworten. Eine bloße Übertragung dieser prozentualen Mindestabweichung wird den anders gelagerten Bedingungen der Pflegebedarfsermittlung nicht gerecht. Hier kommt es in erster Linie auf die jeweilige Genauigkeit der Einzelschätzungen sowie auf die Schwankungsbreite der Zeitwerte in den verschiedenen Sachverständigengutachten an. Letztendlich ist es Sache des Tatsachenrichters, sich im Rahmen der freien Beweiswürdigung (§ 128 Abs. 1 SGG) von einer Änderung der Verhältnisse hinreichende Überzeugung zu verschaffen.[52] Hat die Änderung der Verhältnisse eine Änderung der Pflegestufe nach § 15 SGB XI zur Folge, wird von einer wesentlichen Veränderung auszugehen sein.

6. Maßgebender Vergleichszeitpunkt

9 Maßgebend sind die Verhältnisse zum Zeitpunkt der Leistungsbewilligung. Auf diesen Zeitpunkt bezogen sind maßgeblich diejenigen tatsächlichen oder rechtlichen Verhältnisse, die beim Erlass des fraglichen VA tatsächlich vorgelegen haben. Unbeachtlich ist hingegen, ob diese Umstände dem fraglichen Bescheid von der Behörde auch zugrunde gelegt worden sind.[53]

7. Aufhebung für die Zukunft

10 Liegen die Tatbestandsvoraussetzungen des Abs. 1 Satz 1 vor, ist der VA, ohne dass Raum für Ermessen besteht, mit Wirkung für die Zukunft aufzuheben.

8. Aufhebung rückwirkend zum Zeitpunkt der Änderung der Verhältnisse

11 Abs. 1 Satz 2 regelt, in welchen Fällen der VA bereits mit Wirkung zum Zeitpunkt der Änderung aufgehoben werden soll. Diese Soll-Vorschrift ist im Regelfall zwingend.

8.1 Aufhebung zugunsten der Betroffenenen (Abs. 1 Satz 2 Nr. 1)

12 Die Aufhebung des VA zugunsten der Betroffenen erfolgt im Regelfall rückwirkend. Die Nachzahlung ist auf vier Jahre begrenzt (§ 48 Abs. 4 i. v. m. § 44 Abs. 4).[54]

8.2 Aufhebung zulasten der Betroffenen

13 In § 48 Abs. 1 Satz 2 sind abschließend Fälle der rückwirkenden Aufhebung geregelt; zu Abs. 1 Satz 2 Nr. 4 s. Kommentierung zu § 45 Rn. 4–8).

52 BSG – 07.07.2005 – B 3 P 8/04 R.
53 Schütze in Kommentar zum SGB X, § 48 Rn. 6.
54 Im Einzelnen s. Schütze in Kommentar zum SGB X, § 48 Rn. 22.

8.3 Zeitraum Anrechnung von Einkommen oder Vermögen

Sinn und Zweck des **§ 48 Abs. 1 Satz 3** ist es, in den Fällen einen früheren Zeitpunkt der Änderung der Verhältnisse zu fingieren, in denen rückwirkend eine Sozialleistung bewilligt wird, die bei »rechtzeitiger« Bewilligung die Gewährung einer anderen Sozialleistung ausgeschlossen hätte.[55] Für die Anwendung des **§ 48 Abs. 1 Satz 2 Nr. 3** genügt es, dass nicht der Antragsteller selbst, sondern eine andere Person, deren wirtschaftliche Verhältnisse für den Leistungsanspruch erheblich sind, Einkommen oder Vermögen erzielt hat, z. B. das Kind, für das Kindergeld bezogen wird.[56] Die Vorschrift schränkt den Vertrauensschutz in den ursprünglichen Verwaltungsakt nur ein, »soweit« nachträglich z. B. Einkommen erzielt worden ist; der Betroffene soll nur in dem Umfang, in dem er oder die für seinen Anspruch relevante Person eine »doppelte« Zahlung erhalten hat, der Aufhebung der Bewilligung ausgesetzt sein.[57] Nach **§ 330 Abs. 3 Satz 1 SGB III** ist bei Vorliegen der Voraussetzungen des § 48 Abs. 1 Satz 2 im Arbeitsförderungsrecht und über **§ 40 Abs. 2 Nr. 3 SGB II** auch im Grundsicherungsrecht der Verwaltungsakt mit Wirkung vom Zeitpunkt der Änderung der Verhältnisse aufzuheben. Die Bundesagentur für Arbeit bzw. das Jobcenter hat danach auch in atypischen Fällen kein Ermessen auszuüben, sondern eine gebundene Entscheidung zu treffen.[58] 14

§ 49 Rücknahme und Widerruf im Rechtsbehelfsverfahren

§ 45 Abs. 1 bis 4, §§ 47 und 48 gelten nicht, wenn ein begünstigender Verwaltungsakt, der von einem Dritten angefochten worden ist, während des Vorverfahrens oder während des sozial- oder verwaltungsgerichtlichen Verfahrens aufgehoben wird, soweit dadurch dem Widerspruch abgeholfen oder der Klage stattgegeben wird.

§ 50 Erstattung zu Unrecht erbrachter Leistungen

(1) Soweit ein Verwaltungsakt aufgehoben worden ist, sind bereits erbrachte Leistungen zu erstatten. Sach- und Dienstleistungen sind in Geld zu erstatten.

(2) Soweit Leistungen ohne Verwaltungsakt zu Unrecht erbracht worden sind, sind sie zu erstatten. §§ 45 und 48 gelten entsprechend.

(2 a) Der zu erstattende Betrag ist vom Eintritt der Unwirksamkeit eines Verwaltungsaktes, auf Grund dessen Leistungen zur Förderung von Einrichtungen oder ähnliche Leistungen erbracht worden sind, mit fünf Prozentpunkten über dem Basiszinssatz jährlich zu verzinsen. Von der Geltendmachung des Zinsanspruchs kann insbesondere dann abgesehen werden, wenn der Begünstigte die Umstände, die zur Rücknahme, zum Widerruf oder zur Unwirksamkeit des Verwaltungsaktes geführt haben, nicht zu vertreten hat und den zu erstattenden Betrag innerhalb der von der Behörde festgesetzten Frist leistet. Wird eine Leistung nicht alsbald nach der Aus-

---

55 BSG – 06. 11. 1985 – 10 RKg 3/84.
56 BSG – 11. 01. 1989 – 10 RKg 12/87.
57 BSG – 15. 12. 1999 – B 11 AL 57/99 R.
58 BSG – 05. 06. 2003 – B 11 AL 70/02 R.

zahlung für den bestimmten Zweck verwendet, können für die Zeit bis zur zweckentsprechenden Verwendung Zinsen nach Satz 1 verlangt werden;

Entsprechendes gilt, soweit eine Leistung in Anspruch genommen wird, obwohl andere Mittel anteilig oder vorrangig einzusetzen sind; § 47 Abs. 2 Satz 1 Nr. 1 bleibt unberührt.

(3) Die zu erstattende Leistung ist durch schriftlichen Verwaltungsakt festzusetzen. Die Festsetzung soll, sofern die Leistung auf Grund eines Verwaltungsakts erbracht worden ist, mit der Aufhebung des Verwaltungsaktes verbunden werden.

(4) Der Erstattungsanspruch verjährt in vier Jahren nach Ablauf des Kalenderjahres, in dem der Verwaltungsakt nach Absatz 3 unanfechtbar geworden ist. Für die Hemmung, die Ablaufhemmung, den Neubeginn und die Wirkung der Verjährung gelten die Vorschriften des Bürgerlichen Gesetzbuchs sinngemäß. § 52 bleibt unberührt.

(5) Die Absätze 1 bis 4 gelten bei Berichtigungen nach § 38 entsprechend.

Regelungsinhalt

1 Hat ein Leistungsträger einem Sozialleistungsempfänger Leistungen nach § 11 SGB I ohne Rechtsgrund erbracht, dann hat er unter den Voraussetzungen des **§ 50 Abs. 1 und 2** einen Anspruch auf Erstattung von Leistungen in Geld.

2 § 50 Abs. 1 ist nicht einschlägig, wenn bei der Leistungsbewilligung ein VA über eine vorläufige Zahlung nicht aufzuheben ist, sondern sich i. S. von § 39 Abs. 2 auf andere Weise erledigt.[59]

3 Führt die Rückforderung überzahlter Beträge im Einzelfall zu unbilligen Härten, kann die Behörde dies nur bei der Rücknahme-Entscheidung selbst berücksichtigen. Das bedeutet, dass die Behörde bereits bei der Entscheidung über die Rücknahme im Rahmen des ihr eingeräumten Ermessens prüfen muss, ob die Rückforderung der überzahlten Leistungen gerechtfertigt ist. Haushaltsrechtliche Bestimmungen des Bundes und der Länder hinsichtlich Stundung, Niederschlagung und Erlass bleiben unberührt. Im Rahmen des **§ 76 Abs. 2 bis 4 SGB IV** kann von einer Rückforderung abgesehen werden. Ebenso können die Leistungsträger auf die Rückforderung von Bagatellbeträgen verzichten.

4 Soweit Leistungen ohne VA zu Unrecht erbracht worden sind, sind sie gleichfalls zu erstatten; hier gelten die §§ 45, 48 entsprechend, **§ 50 Abs. 2**. Die Vorschrift kommt vor allem dann zur Anwendung, wenn Leistungen im Wege schlichthoheitlichen Verwaltungshandelns erbracht worden sind, aber auch bei irrtümlicher Auszahlung von befristeten Leistungen (z. B. Erwerbsminderungsrente auf Zeit, Wohngeld, Sozialhilfe etc.) über den Zeitpunkt des Entfallens hinaus. Dagegen ist der Leistungsträger nicht ermächtigt, die versehentlich einem fremden Dritten überwiesenen Leistungen, die für diesen nicht bestimmt waren, durch VA nach § 50 Abs. 2 zurückzufordern; insoweit besteht nur ein zivilrechtlicher Anspruch aus ungerechtfertigter Bereicherung, der vor den ordentlichen Gerichten und nicht vor der Sozialgerichtsbarkeit geltend zu machen ist.

---

59 BSG – 05.04.2012 – B 10 EG 10/11 R.

Die notwendige entsprechende Anwendung der **§§ 45 und 48** auf Erstattungsansprüche nach § 50 Abs. 2 bewirkt u. a., dass das Vertrauen des Empfängers in die Rechtmäßigkeit der empfangenen Leistungen weitgehend geschützt wird, bei der notwendigen Abwägung zwischen seinem Vertrauen und dem öffentlichen Interesse an einer Erstattung seine wirtschaftlichen Belange entsprechend berücksichtigt werden und der Leistungsträger entgegen dem Anschein aus § 50 Abs. 2 (»sind«) über die Geltendmachung des Erstattungsanspruchs nach seinem Ermessen zu entscheiden hat. 5

Die zu erstattende Leistung ist durch schriftlichen VA festzusetzen. Die Festsetzung soll, soweit die Leistung aufgrund eines VA erbracht worden ist, mit der Aufhebung dieses VA verbunden werden, **§ 50 Abs. 3**. Dieser VA unterliegt allgemeinen Grundsätzen. Da ein Erstattungsbescheid regelmäßig in die Rechte eines Beteiligten eingreift, ist vor seinem Erlass das Anhörungsverfahren nach § 24 durchzuführen (s. Rn. 5). Wird die gebotene Anhörung unterlassen und auch bis zur Klageerhebung nicht rechtswirksam nachgeholt, unterliegt der Erstattungsbescheid regelmäßig ohne Rücksicht auf seine materielle Richtigkeit allein wegen dieses schweren Verfahrensfehlers der Aufhebung durch die Gerichte der Sozial- bzw. der Verwaltungsgerichtsbarkeit, **§ 42 Satz 2**. Die Beweislast für das Vorliegen eines Erstattungstatbestandes richtet sich auch hier nach den allgemeinen Grundsätzen. Danach hat i. d. R. die Behörde die Last des nicht erbrachten Beweises zu tragen, wenn ein Erstattungstatbestand nicht nachweisbar ist. Auch für den Erstattungsbescheid nach § 50 gilt, dass er inhaltlich hinreichend bestimmt (§ 33 Abs. 1) und ausreichend begründet (§ 35) sein muss (s. Rn. 8). 6

Der Erstattungsanspruch **verjährt** in vier Jahren nach Ablauf des Kalenderjahres, in dem der Erstattungsbescheid unanfechtbar geworden ist, **§ 50 Abs. 4**. 7

§ 51 Rückgabe von Urkunden und Sachen

Ist ein Verwaltungsakt unanfechtbar widerrufen oder zurückgenommen oder ist seine Wirksamkeit aus einem anderen Grund nicht oder nicht mehr gegeben, kann die Behörde die auf Grund dieses Verwaltungsaktes erteilten Urkunden oder Sachen, die zum Nachweis der Rechte aus dem Verwaltungsakt oder zu deren Ausübung bestimmt sind, zurückfordern. Der Inhaber und, sofern er nicht der Besitzer ist, auch der Besitzer dieser Urkunden oder Sachen sind zu ihrer Herausgabe verpflichtet. Der Inhaber oder der Besitzer kann jedoch verlangen, dass ihm die Urkunden oder Sachen wieder ausgehändigt werden, nachdem sie von der Behörde als ungültig gekennzeichnet sind; dies gilt nicht bei Sachen, bei denen eine solche Kennzeichnung nicht oder nicht mit der erforderlichen Offensichtlichkeit oder Dauerhaftigkeit möglich ist.

Regelungsinhalt

§ 51 regelt die Rückgabe von Urkunden und Sachen im Falle des unanfechtbaren Widerrufs, der Rücknahme oder der Unwirksamkeit eines VA, die zum Nachweis der Rechte aus dem VA oder zu deren Ausübung bestimmt sind. 1

Dritter Titel
Verjährungsrechtliche Wirkungen des Verwaltungsaktes

§ 52 Hemmung der Verjährung durch Verwaltungsakt

(1) Ein Verwaltungsakt, der zur Feststellung oder Durchsetzung des Anspruchs eines öffentlich-rechtlichen Rechtsträgers erlassen wird, hemmt die Verjährung dieses Anspruchs. Die Hemmung endet mit Eintritt der Unanfechtbarkeit des Verwaltungsakts oder sechs Monate nach seiner anderweitigen Erledigung.

(2) Ist ein Verwaltungsakt im Sinne des Absatzes 1 unanfechtbar geworden, beträgt die Verjährungsfrist 30 Jahre.

Vierter Abschnitt
Öffentlich-rechtlicher Vertrag

§ 53 Zulässigkeit des öffentlich-rechtlichen Vertrages

(1) Ein Rechtsverhältnis auf dem Gebiet des öffentlichen Rechts kann durch Vertrag begründet, geändert oder aufgehoben werden (öffentlich-rechtlicher Vertrag), soweit Rechtsvorschriften nicht entgegenstehen. Insbesondere kann die Behörde, anstatt einen Verwaltungsakt zu erlassen, einen öffentlich-rechtlichen Vertrag mit demjenigen schließen, an den sie sonst den Verwaltungsakt richten würde.

(2) Ein öffentlich-rechtlicher Vertrag über Sozialleistungen kann nur geschlossen werden, soweit die Erbringung der Leistungen im Ermessen des Leistungsträgers steht.

§ 54 Vergleichsvertrag

(1) Ein öffentlich-rechtlicher Vertrag im Sinne des § 53 Abs. 1 Satz 2, durch den eine bei verständiger Würdigung des Sachverhalts oder der Rechtslage bestehende Ungewissheit durch gegenseitiges Nachgeben beseitigt wird (Vergleich), kann geschlossen werden, wenn die Behörde den Abschluss des Vergleichs zur Beseitigung der Ungewissheit nach pflichtgemäßem Ermessen für zweckmäßig hält.

(2) § 53 Abs. 2 gilt im Fall des Absatzes 1 nicht.

§ 55 Austauschvertrag

(1) Ein öffentlich-rechtlicher Vertrag im Sinne des § 53 Abs. 1 Satz 2, in dem sich der Vertragspartner der Behörde zu einer Gegenleistung verpflichtet, kann geschlossen werden, wenn die Gegenleistung für einen bestimmten Zweck im Vertrag vereinbart wird und der Behörde zur Erfüllung ihrer öffentlichen Aufgaben dient. Die Gegenleistung muss den gesamten Umständen nach angemessen sein und im sachlichen Zusammenhang mit der vertraglichen Leistung der Behörde stehen.

(2) Besteht auf die Leistung der Behörde ein Anspruch, kann nur eine solche Gegenleistung vereinbart werden, die bei Erlass eines Verwaltungsaktes Inhalt einer Nebenbestimmung nach § 32 sein könnte.

(3) § 53 Abs. 2 gilt in den Fällen der Absätze 1 und 2 nicht.

§ 56 Schriftform

Ein öffentlich-rechtlicher Vertrag ist schriftlich zu schließen, soweit nicht durch Rechtsvorschrift eine andere Form vorgeschrieben ist.

§ 57 Zustimmung von Dritten und Behörden

(1) Ein öffentlich-rechtlicher Vertrag, der in Rechte eines Dritten eingreift, wird erst wirksam, wenn der Dritte schriftlich zustimmt.

(2) Wird anstatt eines Verwaltungsaktes, bei dessen Erlass nach einer Rechtsvorschrift die Genehmigung, die Zustimmung oder das Einvernehmen einer anderen Behörde erforderlich ist, ein Vertrag geschlossen, so wird dieser erst wirksam, nachdem die andere Behörde in der vorgeschriebenen Form mitgewirkt hat.

§ 58 Nichtigkeit des öffentlich-rechtlichen Vertrages

(1) Ein öffentlich-rechtlicher Vertrag ist nichtig, wenn sich die Nichtigkeit aus der entsprechenden Anwendung von Vorschriften des Bürgerlichen Gesetzbuches ergibt.

(2) Ein Vertrag im Sinne des § 53 Abs. 1 Satz 2 ist ferner nichtig, wenn

1. ein Verwaltungsakt mit entsprechendem Inhalt nichtig wäre,
2. ein Verwaltungsakt mit entsprechendem Inhalt nicht nur wegen eines Verfahrens- oder Formfehlers im Sinne des § 42 rechtswidrig wäre und dies den Vertragschließenden bekannt war,
3. die Voraussetzungen zum Abschluss eines Vergleichsvertrages nicht vorlagen und ein Verwaltungsakt mit entsprechendem Inhalt nicht nur wegen eines Verfahrens- oder Formfehlers im Sinne des § 42 rechtswidrig wäre,
4. sich die Behörde eine nach § 55 unzulässige Gegenleistung versprechen lässt.

(3) Betrifft die Nichtigkeit nur einen Teil des Vertrages, so ist er im Ganzen nichtig, wenn nicht anzunehmen ist, dass er auch ohne den nichtigen Teil geschlossen worden wäre.

§ 59 Anpassung und Kündigung in besonderen Fällen

(1) Haben die Verhältnisse, die für die Festsetzung des Vertragsinhalts maßgebend gewesen sind, sich seit Abschluss des Vertrages so wesentlich geändert, dass einer Vertragspartei das Festhalten an der ursprünglichen vertraglichen Regelung nicht zuzumuten ist, so kann diese Vertragspartei eine Anpassung des Vertragsinhalts an die geänderten Verhältnisse verlangen oder, sofern eine Anpassung nicht möglich oder einer Vertragspartei nicht zuzumuten ist, den Vertrag kündigen. Die Behörde kann den Vertrag auch kündigen, um schwere Nachteile für das Gemeinwohl zu verhüten oder zu beseitigen.

(2) Die Kündigung bedarf der Schriftform, soweit nicht durch Rechtsvorschrift eine andere Form vorgeschrieben ist. Sie soll begründet werden.

§ 60 Unterwerfung unter die sofortige Vollstreckung

(1) Jeder Vertragschließende kann sich der sofortigen Vollstreckung aus einem öffentlich-rechtlichen Vertrag im Sinne des § 53 Abs. 1 Satz 2 unterwerfen. Die Behörde muss

hierbei von dem Behördenleiter, seinem allgemeinen Vertreter oder einem Angehörigen des öffentlichen Dienstes, der die Befähigung zum Richteramt hat oder die Voraussetzungen des § 110 Satz 1 des Deutschen Richtergesetzes erfüllt, vertreten werden.

(2) Auf öffentlich-rechtliche Verträge im Sinne des Absatzes 1 Satz 1 ist § 66 entsprechend anzuwenden. Will eine natürliche oder juristische Person des Privatrechts oder eine nichtrechtsfähige Vereinigung die Vollstreckung wegen einer Geldforderung betreiben, so ist § 170 Abs. 1 bis 3 der Verwaltungsgerichtsordnung entsprechend anzuwenden. Richtet sich die Vollstreckung wegen der Erzwingung einer Handlung, Duldung oder Unterlassung gegen eine Behörde, ist § 172 der Verwaltungsgerichtsordnung entsprechend anzuwenden.

§ 61 Ergänzende Anwendung von Vorschriften

Soweit sich aus den §§ 53 bis 60 nichts Abweichendes ergibt, gelten die übrigen Vorschriften dieses Gesetzbuches. Ergänzend gelten die Vorschriften des Bürgerlichen Gesetzbuches entsprechend.

Der öffentlich-rechtliche Vertrag (§§ 52 bis 61)

Inhaltsübersicht

1. Grundlagen

1 **§ 53** regelt die Zulässigkeit öffentlich-rechtlicher Verträge im sozialrechtlichen Verwaltungsverfahren und stellt in **Abs. 1 Satz 2** klar, dass im Anwendungsbereich des SGB X der öffentlich-rechtliche Vertrag als Handlungsform grundsätzlich auch an die Stelle des Handelns durch VA treten kann.

2 Ein öffentlich-rechtlicher Vertrag bedarf der Schriftform (§ 56). Als Vertragsarten kommen koordinationsrechtliche und subordinationsrechtliche Verträge infrage, die jeweils zwischen Trägern öffentlicher Gewalt oder zwischen einem solchen Träger und Bürgern abgeschlossen werden können. Ein öffentlich-rechtlicher Vertrag kann als Vergleichsvertrag (§ 54) oder als Austauschvertrag (§ 55) abgeschlossen werden.

2. Zustimmung von Dritten und Behörden (§ 57)

3 Die Vorschrift enthält Wirksamkeitsvoraussetzungen für die Fälle, in denen ein öffentlich-rechtlicher Vertrag in die Rechte Dritter eingreift (**Abs. 1**) oder nach anderen Rechtsvorschriften die Mitwirkung anderer Behörden vorgeschrieben ist (**Abs. 2**). Sie macht die Gültigkeit eines öffentlich-rechtlichen Vertrages von der schriftlichen Zustimmung des betroffenen Dritten bzw. von der Mitwirkung der anderen Behörde in der vorgeschrie-

benen Form abhängig. Die Regelung ist Ausdruck des allgemeinen Grundsatzes, dass keine Verträge zu Lasten Dritter geschlossen werden dürfen. Ein Vertrag greift in die Rechte eines Dritten nur dann ein, wenn er zu einer materiellen Rechtsbeeinträchtigung führt. Dies ist etwa der Fall, wenn der Dritte durch den Vertrag zu etwas verpflichtet wird oder sich die Vertragspartner zu einem Verhalten verpflichten, durch das subjektive öffentliche Rechte des Dritten berührt werden.[60] Eine bloße faktische Benachteiligung durch Vereitelung künftiger Erwerbschancen reicht nicht aus.[61]

3. Nichtigkeit öffentlich-rechtlicher Verträge (§ 58)

§ 58 Abs. 1 bezieht sich auf die Nichtigkeitsgründe in den §§ 134, 138 BGB. Ist ein öffentlich-rechtlicher Vertrag materiell rechtswidrig, führt dies allein noch nicht zu seiner Unwirksamkeit, weil **§ 58 Abs. 2 Nr. 2** zusätzlich verlangt, dass den Vertragsschließenden die Rechtswidrigkeit des Vertrages bekannt sein muss. 4

4. Anpassung und Kündigung in besonderen Fällen (§ 59)

Aus dieser Vorschrift ergeben sich die gesetzlichen Regelungen für eine nachträgliche Vertragsanpassung und eine Kündigung. Haben sich danach die Verhältnisse, die für die Festsetzung des Vertragsinhalts maßgebend gewesen sind, seit Abschluss des Vertrages so wesentlich geändert, dass einer Vertragspartei das Festhalten an der ursprünglichen vertraglichen Regelung nicht zuzumuten ist, so kann diese Vertragspartei eine Anpassung des Vertragsinhalts an die geänderten Verhältnisse verlangen oder, sofern eine Anpassung nicht möglich oder einer Vertragspartei nicht zuzumuten ist, den Vertrag schriftlich kündigen.[62] 5

Beispiele für öffentlich-rechtliche Verträge im Sozialrecht:
Bei einer **Eingliederungsvereinbarung** handelt es sich um einen öffentlich-rechtlichen Vertrag im Sinne des § 53,[63] daher unterliegt sie gemäß **§ 40 Abs. 1 Satz 1 SGB II** den Vorgaben der §§ 53 bis 62.
Bei der **darlehensweisen Gewährung von Sozialhilfe** handelt es sich um öffentlich-rechtliche Verträge im Sinne von § 53.
Ein weiteres Beispiel für öffentlich-rechtliche Verträge sind **Versorgungsverträge** von Krankenhausträgern mit Krankenkassen oder Kassenverbänden.[64]

5. Unterwerfung unter die sofortige Vollstreckung (§ 60)

Die Vorschrift regelt die Vollstreckbarkeit von subordinationsrechtlichen Verträgen (s. o.). Öffentlich-rechtliche Verträge sind nicht schon als solche Vollstreckungstitel, 6

60 Krasney in Kasseler Kommentar, SGB X, § 57 Rn. 4.
61 BSG – 05.07.2000 – B 3 KR 20/99 R.
62 LSG Berlin-Brandenburg – 12.01.2012 – L 5 AS 2097/11 B ER.
63 Zuletzt: LSG Sachsen – 26.05.2011 – L 3 AL 120/09.
64 BSG – 05.07.2000 – B 3 KR 20/99 R.

sondern erhalten diese Eigenschaft nur dann, wenn sich die Vertragschließenden durch vertragliche Vereinbarung, die auch gesondert – insbesondere auch nachträglich – getroffen werden kann, der sofortigen Vollstreckung unterwerfen.

6. Verjährung

7 Eine ausdrückliche Regelung über die **Verjährung** von Ansprüchen aus derartigen Verträgen trifft das Sozialgesetzbuch nicht. Nach **§ 61 Satz 1** gelten, soweit sich aus den §§ 53 bis 60 nichts Abweichendes ergibt, die Vorschriften dieses Gesetzbuchs, wobei gemäß **§ 61 Satz 2** ergänzend die Vorschriften des BGB entsprechend gelten. Nach **§ 45 Abs. 1 SGB I** verjähren Ansprüche auf Sozialleistungen in vier Jahren. Dabei ist davon auszugehen, dass diese Vorschrift als Ausdruck des allgemeinen Rechtsprinzips der vierjährigen Verjährung im Sozialrecht anzusehen ist und damit den Rückgriff auf die nach **§ 61 Satz 2** lediglich ergänzend und entsprechend anwendbaren Verjährungsvorschriften des Zivilrechts ausschließt.

Fünfter Abschnitt
Rechtsbehelfsverfahren

§ 62 Rechtsbehelfe gegen Verwaltungsakte

Für förmliche Rechtsbehelfe gegen Verwaltungsakte gelten, wenn der Sozialrechtsweg gegeben ist, das Sozialgerichtsgesetz, wenn der Verwaltungsrechtsweg gegeben ist, die Verwaltungsgerichtsordnung und die zu ihrer Ausführung ergangenen Rechtsvorschriften, soweit nicht durch Gesetz etwas anderes bestimmt ist; im Übrigen gelten die Vorschriften dieses Gesetzbuches.

§ 63 Erstattung von Kosten im Vorverfahren

(1) Soweit der Widerspruch erfolgreich ist, hat der Rechtsträger, dessen Behörde den angefochtenen Verwaltungsakt erlassen hat, demjenigen, der Widerspruch erhoben hat, die zur zweckentsprechenden Rechtsverfolgung oder Rechtsverteidigung notwendigen Aufwendungen zu erstatten. Dies gilt auch, wenn der Widerspruch nur deshalb keinen Erfolg hat, weil die Verletzung einer Verfahrens- oder Formvorschrift nach § 41 unbeachtlich ist. Aufwendungen, die durch das Verschulden eines Erstattungsberechtigten entstanden sind, hat dieser selbst zu tragen; das Verschulden eines Vertreters ist dem Vertretenen zuzurechnen.

(2) Die Gebühren und Auslagen eines Rechtsanwalts oder eines sonstigen Bevollmächtigten im Vorverfahren sind erstattungsfähig, wenn die Zuziehung eines Bevollmächtigten notwendig war.

(3) Die Behörde, die die Kostenentscheidung getroffen hat, setzt auf Antrag den Betrag der zu erstattenden Aufwendungen fest; hat ein Ausschuss oder Beirat die Kostenentscheidung getroffen, obliegt die Kostenfestsetzung der Behörde, bei der der

Ausschuss oder Beirat gebildet ist. Die Kostenentscheidung bestimmt auch, ob die Zuziehung eines Rechtsanwalts oder eines sonstigen Bevollmächtigten notwendig war.

Inhaltsübersicht

1. Rechtsbehelfsverfahren (§§ 62 ff.)

Für die förmlichen Rechtsbehelfe gegen VA gilt das SGG, wenn der Sozialrechtsweg gegeben ist; ist der Verwaltungsrechtsweg gegeben, dann gilt die VwGO. **1**

Nach § 40 Abs. 1 Satz 1 VwGO ist der Verwaltungsrechtsweg in allen öffentlich-rechtlichen Streitigkeiten nichtverfassungsrechtlicher Art gegeben, soweit die Streitigkeiten nicht durch Bundesgesetz einem anderen Gericht ausdrücklich zugewiesen sind.

Nach **§ 78 Abs. 1 Satz 1 SGG** sind vor der Erhebung der Anfechtungsklage Rechtmäßigkeit und Zweckmäßigkeit des VA in einem Vorverfahren nachzuprüfen.

Das Vorverfahren beginnt mit der Erhebung des Widerspruchs. Die Widerspruchsfrist beträgt einen Monat, nachdem der VA dem Beschwerten bekannt gegeben worden ist, **§ 84 Abs. 1**. Die Widerspruchsfrist beginnt nur dann zu laufen, wenn der Betroffene eine schriftliche Rechtsbehelfsbelehrung über den statthaften Rechtsbehelf, die Stelle, bei dem er anzubringen ist, deren Sitz und die einzuhaltende Frist erhalten hat (**§ 36;** s. Rn. 8). Ohne eine Rechtsbehelfsbelehrung, die diese Anforderungen erfüllt, beträgt die Widerspruchsfrist ein Jahr. **2**

Zur Wiedereinsetzung in den vorigen Stand s. Rn. 7. **3**

Wird der VA während des Vorverfahrens aufgehoben oder abgeändert, so wird auch der neue VA Gegenstand des Vorverfahrens, **§ 86 Abs. 1 SGG.** **4**

Wird der Widerspruch für begründet erachtet, ist ihm durch Bescheid abzuhelfen. Wird ihm nicht abgeholfen, ist ein Widerspruchsbescheid zu erlassen, **§ 85 SGG.** **5**

2. Vorläufiger Rechtsschutz

Nach **§ 86 a Abs. 1 SGG** haben Widerspruch und Klage aufschiebende Wirkung, soweit es um Erstattungsansprüche für die Vergangenheit nach **§§ 45, 50** geht. Die Behörde kann allerdings den Sofortvollzug anordnen, wenn es im öffentlichen Interesse liegt. Dagegen kann nach **§ 86 b Abs. 1 SGG** das Sozialgericht angerufen werden. **6**

Wird durch einen Bescheid nach **§ 48** eine Leistung reduziert, hat der Widerspruch in Angelegenheiten der Sozialversicherung aufschiebende Wirkung (§ 86 a Abs. 1 SGG). In Angelegenheiten des sozialen Entschädigungsrechts und der Bundesagentur für Arbeit werden diese Bescheide sofort vollzogen (**§ 86 a Abs. 2 Nr. 2 SGG**). Die Klage hat dann keine aufschiebende Wirkung (**§ 86 a Abs. 2 Nr. 2 und 3 SGG**). Die aufschiebende Wirkung kann auf Antrag von dem Sozialleistungsträger nach **§ 86 a Abs. 3 SGG** angeordnet werden. Bei Ablehnung dieses Antrags kann das Sozialgericht gem. § 86 b SGG angerufen werden. Sobald die Eigenschaft als Schwerbehinderter wegfallen soll, richtet sich die **7** aufschiebende Wirkung nach **§ 116 Abs. 1 SGB IX**. Danach bleibt der Status bis zum Ablauf von drei Monaten nach Rechtskraft des Änderungsbescheides erhalten (s. § 116 Abs. 2 Satz 2 und 3).

3. Erstattungsanspruch

8 **§ 63** regelt die Erstattung von Kosten im Vorverfahren, § 63 Abs. 2 insbesondere, unter welchen Voraussetzungen Rechtsanwaltskosten ersetzt werden.

Sechster Abschnitt
Kosten, Zustellung und Vollstreckung

§ 64 Kostenfreiheit

(1) Für das Verfahren bei den Behörden nach diesem Gesetzbuch werden keine Gebühren und Auslagen erhoben. Abweichend von Satz 1 erhalten die Träger der gesetzlichen Rentenversicherung für jede auf der Grundlage des § 74 a Abs. 2 Satz 1 erteilte Auskunft eine Gebühr von 10,20 Euro.[65]

(2) Geschäfte und Verhandlungen, die aus Anlass der Beantragung, Erbringung oder der Erstattung einer Sozialleistung nötig werden, sind kostenfrei. Dies gilt auch für die in der Kostenordnung bestimmten Gerichtskosten. Von Beurkundungs- und Beglaubigungskosten sind befreit Urkunden, die

1. **in der Sozialversicherung bei den Versicherungsträgern und Versicherungsbehörden erforderlich werden, um die Rechtsverhältnisse zwischen den Versicherungsträgern einerseits und den Arbeitgebern, Versicherten oder ihren Hinterbliebenen andererseits abzuwickeln,**
2. **im Sozialhilferecht, im Recht der Grundsicherung für Arbeitsuchende, im Recht der Grundsicherung im Alter und bei Erwerbsminderung, im Kinder- und Jugendhilferecht sowie im Recht der Kriegsopferfürsorge aus Anlass der Beantragung, Erbringung oder Erstattung einer nach dem Zwölften Buch, dem Zweiten und dem Achten Buch oder dem Bundesversorgungsgesetz vorgesehenen Leistung benötigt werden,**
3. **im Schwerbehindertenrecht von der zuständigen Stelle im Zusammenhang mit der Verwendung der Ausgleichsabgabe für erforderlich gehalten werden,**
4. **im Recht der sozialen Entschädigung bei Gesundheitsschäden für erforderlich gehalten werden,**
5. **im Kindergeldrecht für erforderlich gehalten werden.**

(3) Absatz 2 Satz 1 gilt auch für gerichtliche Verfahren, auf die das Gesetz über das Verfahren in Familiensachen und in den Angelegenheiten der freiwilligen Gerichtsbarkeit anzuwenden ist. Im Verfahren nach der Zivilprozessordnung, dem Gesetz über

65 Gültig ab 01.01.2013. In der bis 31.12.2012 gültigen Fassung war Satz 2 von § 64 Abs. 1 noch nicht enthalten.

das Verfahren in Familiensachen und in den Angelegenheiten der freiwilligen Gerichtsbarkeit sowie im Verfahren vor Gerichten der Sozial- und Finanzgerichtsbarkeit sind die Träger der Sozialhilfe, der Grundsicherung für Arbeitsuchende, der Leistungen nach dem Asylbewerberleistungsgesetz, der Jugendhilfe und der Kriegsopferfürsorge von den Gerichtskosten befreit; § 197 a des Sozialgerichtsgesetzes bleibt unberührt.

§ 65 Zustellung

(1) Soweit Zustellungen durch Behörden des Bundes, der bundesunmittelbaren Körperschaften, Anstalten und Stiftungen des öffentlichen Rechts vorgeschrieben sind, gelten die §§ 2 bis 10 des Verwaltungszustellungsgesetzes. § 5 Abs. 4 des Verwaltungszustellungsgesetzes und § 178 Abs. 1 Nr. 2 der Zivilprozessordnung sind auf die nach § 73 Abs. 6 Satz 3 und 4 des Sozialgerichtsgesetzes als Bevollmächtigte zugelassenen Personen entsprechend anzuwenden. Diese Vorschriften gelten auch, soweit Zustellungen durch Verwaltungsbehörden der Kriegsopferversorgung vorgeschrieben sind.

(2) Für die übrigen Behörden gelten die jeweiligen landesrechtlichen Vorschriften über das Zustellungsverfahren.

§ 66 Vollstreckung

(1) Für die Vollstreckung zugunsten der Behörden des Bundes, der bundesunmittelbaren Körperschaften, Anstalten und Stiftungen des öffentlichen Rechts gilt das Verwaltungs-Vollstreckungsgesetz. In Angelegenheiten des § 51 des Sozialgerichtsgesetzes ist für die Anordnung der Ersatzzwangshaft das Sozialgericht zuständig. Die oberste Verwaltungsbehörde kann bestimmen, dass die Aufsichtsbehörde nach Anhörung der in Satz 1 genannten Behörden für die Vollstreckung fachlich geeignete Bedienstete als Vollstreckungsbeamte und sonstige hierfür fachlich geeignete Bedienstete dieser Behörde als Vollziehungsbeamte bestellen darf; die fachliche Eignung ist durch einen qualifizierten beruflichen Abschluss, die Teilnahme an einem Lehrgang einschließlich berufspraktischer Tätigkeit oder entsprechende mehrjährige Berufserfahrung nachzuweisen. Die oberste Verwaltungsbehörde kann auch bestimmen, dass die Aufsichtsbehörde nach Anhörung der in Satz 1 genannten Behörden für die Vollstreckung von Ansprüchen auf Gesamtsozialversicherungsbeiträge fachlich geeignete Bedienstete

1. der Verbände der Krankenkassen oder
2. einer bestimmten Krankenkasse als Vollstreckungsbeamte und sonstige hierfür fachlich geeignete Bedienstete der genannten Verbände und Krankenkassen als Vollziehungsbeamte bestellen darf. Der nach Satz 4 beauftragte Verband der Krankenkassen ist berechtigt, Verwaltungsakte zur Erfüllung der mit der Vollstreckung verbundenen Aufgabe zu erlassen.

(2) Absatz 1 Satz 1 bis 3 gilt auch für die Vollstreckung durch Verwaltungsbehörden der Kriegsopferversorgung; das Land bestimmt die Vollstreckungsbehörde.

(3) Für die Vollstreckung zugunsten der übrigen Behörden gelten die jeweiligen landesrechtlichen Vorschriften über das Verwaltungsvollstreckungsverfahren. Für die landesunmittelbaren Körperschaften, Anstalten und Stiftungen des öffentlichen Rechts gilt Absatz 1 Satz 2 bis 5 entsprechend. Abweichend von Satz 1 vollstrecken

die nach Landesrecht zuständigen Vollstreckungsbehörden zugunsten der landesunmittelbaren Krankenkassen, die sich über mehr als ein Bundesland erstrecken, nach den Vorschriften des Verwaltungs-Vollstreckungsgesetzes.

(4) Aus einem Verwaltungsakt kann auch die Zwangsvollstreckung in entsprechender Anwendung der Zivilprozessordnung stattfinden. Der Vollstreckungsschuldner soll vor Beginn der Vollstreckung mit einer Zahlungsfrist von einer Woche gemahnt werden. Die vollstreckbare Ausfertigung erteilt der Behördenleiter, sein allgemeiner Vertreter oder ein anderer auf Antrag eines Leistungsträgers von der Aufsichtsbehörde ermächtigter Angehöriger des öffentlichen Dienstes. Bei den Versicherungsträgern und der Bundesagentur für Arbeit tritt in Satz 3 an die Stelle der Aufsichtsbehörden der Vorstand.

Kosten, Zustellung, Vollstreckung (§§ 64 bis 66)

Regelungsinhalt

1 Nach **§ 64 Abs. 1** werden für das Verfahren bei den Behörden keine Gebühren und Auslagen erhoben. Die Vorschrift gilt auch für das Widerspruchsverfahren. Auch für den Anspruch einer Person, die nach § 121 BSHG oder § 25 SGB XII im Notfall Hilfe gewährt hat, gegen den Sozialhilfeträger auf Erstattung der entstandenen Aufwendungen ist das Gerichtsverfahren kostenfrei; auch der Nothelfer ist Leistungsempfänger i. S. des § 183 SGG.[66]

2 Rechtsgrundlagen für Zustellung durch Behörden sind nach **§ 65 Abs. 1 Satz 1** die **§§ 2 bis 15 Verwaltungszustellungsgesetz des Bundes**. Unter Zustellung wird die Bekanntgabe eines schriftlichen oder elektronischen Dokuments verstanden (Legaldefinition in § 2 Abs. 1 VwZG).

3 Die Verwaltungsvollstreckung ist die zwangsweise Durchsetzung öffentlich-rechtlicher Ansprüche durch die Behörde selbst oder durch eine beauftrage Behörde. § 66 stellt für Behörden zwei Vollstreckungsarten zur Verfügung: Verwaltungsvollstreckung nach dem VwVG für die in Abs. 1 Satz 1 genannten Institutionen des Bundes bzw. aufgrund landesrechtlicher Vorschriften nach Abs. 3 und Vollstreckung nach der ZPO gem. Abs. 4. Grundvoraussetzung ist ein wirksamer und unanfechtbarer VA.

Zweites Kapitel
Schutz der Sozialdaten

Erster Abschnitt
Begriffsbestimmungen

§ 67 Begriffsbestimmungen

(1) Sozialdaten sind Einzelangaben über persönliche oder sachliche Verhältnisse einer bestimmten oder bestimmbaren natürlichen Person (Betroffener), die von einer in

66 BSG – 11. 06. 2008 – B 8 SO 45/07 B.

§ 35 des Ersten Buches genannten Stelle im Hinblick auf ihre Aufgaben nach diesem Gesetzbuch erhoben, verarbeitet oder genutzt werden. Betriebs- und Geschäftsgeheimnisse sind alle betriebs- oder geschäftsbezogenen Daten, auch von juristischen Personen, die Geheimnischarakter haben.

(2) Aufgaben nach diesem Gesetzbuch sind, soweit dieses Kapitel angewandt wird, auch

1. Aufgaben auf Grund von Verordnungen, deren Ermächtigungsgrundlage sich im Sozialgesetzbuch befindet,
2. Aufgaben auf Grund von über- und zwischenstaatlichem Recht im Bereich der sozialen Sicherheit,
3. Aufgaben auf Grund von Rechtsvorschriften, die das Erste und Zehnte Buch des Sozialgesetzbuches für entsprechend anwendbar erklären, und
4. Aufgaben auf Grund des Arbeitssicherheitsgesetzes und Aufgaben, soweit sie den in § 35 des Ersten Buches genannten Stellen durch Gesetz zugewiesen sind. § 8 Abs. 1 Satz 3 des Arbeitssicherheitsgesetzes bleibt unberührt.

(3) Automatisiert im Sinne dieses Gesetzbuches ist die Erhebung, Verarbeitung oder Nutzung von Sozialdaten, wenn sie unter Einsatz von Datenverarbeitungsanlagen durchgeführt wird (automatisierte Verarbeitung). Eine nicht automatisierte Datei ist jede nicht automatisierte Sammlung von Sozialdaten, die gleichartig aufgebaut ist und nach bestimmten Merkmalen zugänglich ist und ausgewertet werden kann.

(4) (weggefallen)

(5) Erheben ist das Beschaffen von Daten über den Betroffenen.

(6) Verarbeiten ist das Speichern, Verändern, Übermitteln, Sperren und Löschen von Sozialdaten. Im Einzelnen ist, ungeachtet der dabei angewendeten Verfahren,

1. Speichern das Erfassen, Aufnehmen oder Aufbewahren von Sozialdaten auf einem Datenträger zum Zwecke ihrer weiteren Verarbeitung oder Nutzung,
2. Verändern das inhaltliche Umgestalten gespeicherter Sozialdaten,
3. Übermitteln das Bekanntgeben gespeicherter oder durch Datenverarbeitung gewonnener Sozialdaten an einen Dritten in der Weise, dass
   a) die Daten an den Dritten weitergegeben werden oder
   b) der Dritte zur Einsicht oder zum Abruf bereitgehaltene Daten einsieht oder abruft;

   Übermitteln im Sinne dieses Gesetzbuches ist auch das Bekanntgeben nicht gespeicherter Sozialdaten,
4. Sperren das vollständige oder teilweise Untersagen der weiteren Verarbeitung oder Nutzung von Sozialdaten durch entsprechende Kennzeichnung,
5. Löschen das Unkenntlichmachen gespeicherter Sozialdaten.

(7) Nutzen ist jede Verwendung von Sozialdaten, soweit es sich nicht um Verarbeitung handelt, auch die Weitergabe innerhalb der verantwortlichen Stelle.

(8) Anonymisieren ist das Verändern von Sozialdaten derart, dass die Einzelangaben über persönliche oder sachliche Verhältnisse nicht mehr oder nur mit einem unverhältnismäßig großen Aufwand an Zeit, Kosten und Arbeitskraft einer bestimmten oder bestimmbaren natürlichen Person zugeordnet werden können.

(8 a) Pseudonymisieren ist das Ersetzen des Namens und anderer Identifikationsmerkmale durch ein Kennzeichen zu dem Zweck, die Bestimmung des Betroffenen auszuschließen oder wesentlich zu erschweren.

(9) Verantwortliche Stelle ist jede Person oder Stelle, die Sozialdaten für sich selbst erhebt, verarbeitet oder nutzt oder dies durch andere im Auftrag vornehmen lässt. Werden Sozialdaten von einem Leistungsträger im Sinne von § 12 des Ersten Buches erhoben, verarbeitet oder genutzt, ist verantwortliche Stelle der Leistungsträger. Ist der Leistungsträger eine Gebietskörperschaft, so sind eine verantwortliche Stelle die Organisationseinheiten, die eine Aufgabe nach einem der besonderen Teile dieses Gesetzbuches funktional durchführen.

(10) Empfänger ist jede Person oder Stelle, die Sozialdaten erhält. Dritter ist jede Person oder Stelle außerhalb der verantwortlichen Stelle. Dritte sind nicht der Betroffene sowie diejenigen Personen und Stellen, die im Inland, in einem anderen Mitgliedstaat der Europäischen Union oder in einem anderen Vertragsstaat des Abkommens über den Europäischen Wirtschaftsraum Sozialdaten im Auftrag erheben, verarbeiten oder nutzen.

(11) Nicht-öffentliche Stellen sind natürliche und juristische Personen, Gesellschaften und andere Personenvereinigungen des privaten Rechts, soweit sie nicht unter § 81 Abs. 3 fallen.

(12) Besondere Arten personenbezogener Daten sind Angaben über die rassische und ethnische Herkunft, politische Meinungen, religiöse oder philosophische Überzeugungen, Gewerkschaftszugehörigkeit, Gesundheit oder Sexualleben.

Zweiter Abschnitt
Datenerhebung, -verarbeitung und -nutzung

§ 67 a Datenerhebung

(1) Das Erheben von Sozialdaten durch in § 35 des Ersten Buches genannte Stellen ist zulässig, wenn ihre Kenntnis zur Erfüllung einer Aufgabe der erhebenden Stelle nach diesem Gesetzbuch erforderlich ist. Dies gilt auch für besondere Arten personenbezogener Daten (§ 67 Abs. 12). Angaben über die rassische Herkunft dürfen ohne Einwilligung des Betroffenen, die sich ausdrücklich auf diese Daten beziehen muss, nicht erhoben werden. Ist die Einwilligung des Betroffenen durch Gesetz vorgesehen, hat sie sich ausdrücklich auf besondere Arten personenbezogener Daten (§ 67 Abs. 12) zu beziehen.

(2) Sozialdaten sind beim Betroffenen zu erheben. Ohne seine Mitwirkung dürfen sie nur erhoben werden

1. bei den in § 35 des Ersten Buches oder in § 69 Abs. 2 genannten Stellen, wenn
   a) diese zur Übermittlung der Daten an die erhebende Stelle befugt sind,
   b) die Erhebung beim Betroffenen einen unverhältnismäßigen Aufwand erfordern würde und

c) keine Anhaltspunkte dafür bestehen, dass überwiegende schutzwürdige Interessen des Betroffenen beeinträchtigt werden,

2. bei anderen Personen oder Stellen, wenn
   a) eine Rechtsvorschrift die Erhebung bei ihnen zulässt oder die Übermittlung an die erhebende Stelle ausdrücklich vorschreibt oder
   b) aa) die Aufgaben nach diesem Gesetzbuch ihrer Art nach eine Erhebung bei anderen Personen oder Stellen erforderlich machen oder
      bb) die Erhebung beim Betroffenen einen unverhältnismäßigen Aufwand erfordern würde und keine Anhaltspunkte dafür bestehen, dass überwiegende schutzwürdige Interessen des Betroffenen beeinträchtigt werden.

(3) Werden Sozialdaten beim Betroffenen erhoben, ist er, sofern er nicht bereits auf andere Weise Kenntnis erlangt hat, über die Zweckbestimmungen der Erhebung, Verarbeitung oder Nutzung und die Identität der verantwortlichen Stelle zu unterrichten. Über Kategorien von Empfängern ist der Betroffene nur zu unterrichten, soweit

1. er nach den Umständen des Einzelfalles nicht mit der Nutzung oder der Übermittlung an diese rechnen muss,
2. es sich nicht um eine Verarbeitung oder Nutzung innerhalb einer in § 35 des Ersten Buches genannten Stelle oder einer Organisationseinheit im Sinne von § 67 Abs. 9 Satz 3 handelt oder
3. es sich nicht um eine Kategorie von in § 35 des Ersten Buches genannten Stellen oder von Organisationseinheiten im Sinne von § 67 Abs. 9 Satz 3 handelt, die auf Grund eines Gesetzes zur engen Zusammenarbeit verpflichtet sind.

Werden Sozialdaten beim Betroffenen auf Grund einer Rechtsvorschrift erhoben, die zur Auskunft verpflichtet, oder ist die Erteilung der Auskunft Voraussetzung für die Gewährung von Rechtsvorteilen, ist der Betroffene hierauf sowie auf die Rechtsvorschrift, die zur Auskunft verpflichtet, und die Folgen der Verweigerung von Angaben, sonst auf die Freiwilligkeit seiner Angaben hinzuweisen.

(4) Werden Sozialdaten statt beim Betroffenen bei einer nicht-öffentlichen Stelle erhoben, so ist die Stelle auf die Rechtsvorschrift, die zur Auskunft verpflichtet, sonst auf die Freiwilligkeit ihrer Angaben hinzuweisen.

(5) Werden Sozialdaten weder beim Betroffenen noch bei einer in § 35 des Ersten Buches genannten Stelle erhoben und hat der Betroffene davon keine Kenntnis, ist er von der Speicherung, der Identität der verantwortlichen Stelle sowie über die Zweckbestimmungen der Erhebung, Verarbeitung oder Nutzung zu unterrichten. Eine Pflicht zur Unterrichtung besteht nicht, wenn

1. der Betroffene bereits auf andere Weise Kenntnis von der Speicherung oder der Übermittlung erlangt hat,
2. die Unterrichtung des Betroffenen einen unverhältnismäßigen Aufwand erfordert oder
3. die Speicherung oder Übermittlung der Sozialdaten auf Grund eines Gesetzes ausdrücklich vorgesehen ist.

Über Kategorien von Empfängern ist der Betroffene nur zu unterrichten, soweit

1. er nach den Umständen des Einzelfalles nicht mit der Nutzung oder der Übermittlung an diese rechnen muss,

2. es sich nicht um eine Verarbeitung oder Nutzung innerhalb einer in § 35 des Ersten Buches genannten Stelle oder einer Organisationseinheit im Sinne von § 67 Abs. 9 Satz 3 handelt oder
3. es sich nicht um eine Kategorie von in § 35 des Ersten Buches genannten Stellen oder von Organisationseinheiten im Sinne von § 67 Abs. 9 Satz 3 handelt, die auf Grund eines Gesetzes zur engen Zusammenarbeit verpflichtet sind.

Sofern eine Übermittlung vorgesehen ist, hat die Unterrichtung spätestens bei der ersten Übermittlung zu erfolgen. Die verantwortliche Stelle legt schriftlich fest, unter welchen Voraussetzungen von einer Unterrichtung nach Satz 2 Nr. 2 und 3 abgesehen wird. § 83 Abs. 2 bis 4 gilt entsprechend.

§ 67 b Zulässigkeit der Datenverarbeitung und -nutzung

(1) Die Verarbeitung von Sozialdaten und deren Nutzung sind nur zulässig, soweit die nachfolgenden Vorschriften oder eine andere Rechtsvorschrift in diesem Gesetzbuch es erlauben oder anordnen oder soweit der Betroffene eingewilligt hat. § 67 a Abs. 1 Satz 2 bis 4 gilt entsprechend mit der Maßgabe, dass die Übermittlung ohne Einwilligung des Betroffenen nur insoweit zulässig ist, als es sich um Daten über die Gesundheit oder das Sexualleben handelt oder die Übermittlung zwischen Trägern der gesetzlichen Rentenversicherung oder zwischen Trägern der gesetzlichen Rentenversicherung und deren Arbeitsgemeinschaften zur Erfüllung einer gesetzlichen Aufgabe erforderlich ist.

(2) Wird die Einwilligung bei dem Betroffenen eingeholt, ist er auf den Zweck der vorgesehenen Verarbeitung oder Nutzung sowie auf die Folgen der Verweigerung der Einwilligung hinzuweisen. Die Einwilligung des Betroffenen ist nur wirksam, wenn sie auf dessen freier Entscheidung beruht. Die Einwilligung und der Hinweis bedürfen der Schriftform, soweit nicht wegen besonderer Umstände eine andere Form angemessen ist. Soll die Einwilligung zusammen mit anderen Erklärungen schriftlich erteilt werden, ist die Einwilligungserklärung im äußeren Erscheinungsbild der Erklärung hervorzuheben.

(3) Im Bereich der wissenschaftlichen Forschung liegt ein besonderer Umstand im Sinne des Absatzes 2 Satz 3 auch dann vor, wenn durch die Schriftform der bestimmte Forschungszweck erheblich beeinträchtigt würde. In diesem Fall sind der Hinweis nach Absatz 2 Satz 1 und die Gründe, aus denen sich die erhebliche Beeinträchtigung des bestimmten Forschungszweckes ergibt, schriftlich festzuhalten.

(4) Entscheidungen, die für den Betroffenen eine rechtliche Folge nach sich ziehen oder ihn erheblich beeinträchtigen, dürfen nicht ausschließlich auf eine automatisierte Verarbeitung von Sozialdaten gestützt werden, die der Bewertung einzelner Persönlichkeitsmerkmale dient.

§ 67 c Datenspeicherung, -veränderung und -nutzung

(1) Das Speichern, Verändern oder Nutzen von Sozialdaten durch die in § 35 des Ersten Buches genannten Stellen ist zulässig, wenn es zur Erfüllung der in der Zuständigkeit der verantwortlichen Stelle liegenden gesetzlichen Aufgaben nach diesem Gesetzbuch

erforderlich ist und es für die Zwecke erfolgt, für die die Daten erhoben worden sind. Ist keine Erhebung vorausgegangen, dürfen die Daten nur für die Zwecke geändert oder genutzt werden, für die sie gespeichert worden sind.

(2) Die nach Absatz 1 gespeicherten Daten dürfen von derselben Stelle für andere Zwecke nur gespeichert, verändert oder genutzt werden, wenn

1. die Daten für die Erfüllung von Aufgaben nach anderen Rechtsvorschriften dieses Gesetzbuches als diejenigen, für die sie erhoben wurden, erforderlich sind,
2. der Betroffene im Einzelfall eingewilligt hat oder
3. es zur Durchführung eines bestimmten Vorhabens der wissenschaftlichen Forschung oder Planung im Sozialleistungsbereich erforderlich ist und die Voraussetzungen des § 75 Abs. 1 vorliegen.

(3) Eine Speicherung, Veränderung oder Nutzung für andere Zwecke liegt nicht vor, wenn sie für die Wahrnehmung von Aufsichts-, Kontroll- und Disziplinarbefugnissen, der Rechnungsprüfung oder der Durchführung von Organisationsuntersuchungen für die verantwortliche Stelle erforderlich ist. Das gilt auch für die Veränderung oder Nutzung zu Ausbildungs- und Prüfungszwecken durch die verantwortliche Stelle, soweit nicht überwiegende schutzwürdige Interessen des Betroffenen entgegenstehen.

(4) Sozialdaten, die ausschließlich zu Zwecken der Datenschutzkontrolle, der Datensicherung oder zur Sicherstellung eines ordnungsgemäßen Betriebes einer Datenverarbeitungsanlage gespeichert werden, dürfen nur für diese Zwecke verwendet werden.

(5) Für Zwecke der wissenschaftlichen Forschung oder Planung im Sozialleistungsbereich erhobene oder gespeicherte Sozialdaten dürfen von den in § 35 des Ersten Buches genannten Stellen nur für ein bestimmtes Vorhaben der wissenschaftlichen Forschung im Sozialleistungsbereich oder der Planung im Sozialleistungsbereich verändert oder genutzt werden. Die Sozialdaten sind zu anonymisieren, sobald dies nach dem Forschungs- oder Planungszweck möglich ist. Bis dahin sind die Merkmale gesondert zu speichern, mit denen Einzelangaben über persönliche oder sachliche Verhältnisse einer bestimmten oder bestimmbaren Person zugeordnet werden können. Sie dürfen mit den Einzelangaben nur zusammengeführt werden, soweit der Forschungs- oder Planungszweck dies erfordert.

§ 67 d Übermittlungsgrundsätze

(1) Eine Übermittlung von Sozialdaten ist nur zulässig, soweit eine gesetzliche Übermittlungsbefugnis nach den §§ 68 bis 77 oder nach einer anderen Rechtsvorschrift in diesem Gesetzbuch vorliegt.

(2) Die Verantwortung für die Zulässigkeit der Übermittlung trägt die übermittelnde Stelle. Erfolgt die Übermittlung auf Ersuchen des Dritten, an den die Daten übermittelt werden, trägt dieser die Verantwortung für die Richtigkeit der Angaben in seinem Ersuchen.

(3) Sind mit Sozialdaten, die nach Absatz 1 übermittelt werden dürfen, weitere personenbezogene Daten des Betroffenen oder eines Dritten so verbunden, dass eine Trennung nicht oder nur mit unvertretbarem Aufwand möglich ist, so ist die Übermittlung auch dieser Daten nur zulässig, wenn schutzwürdige Interessen des Betroffe-

nen oder eines Dritten an deren Geheimhaltung nicht überwiegen; eine Veränderung oder Nutzung dieser Daten ist unzulässig.

(4) Die Übermittlung von Sozialdaten auf maschinell verwertbaren Datenträgern oder im Wege der Datenübertragung ist auch über Vermittlungsstellen zulässig. Für die Auftragserteilung an die Vermittlungsstelle gilt § 80 Abs. 2 Satz 1, für deren Anzeigepflicht § 80 Abs. 3 und für die Verarbeitung und Nutzung durch die Vermittlungsstelle § 80 Abs. 4 entsprechend.

§ 67 e Erhebung und Übermittlung zur Bekämpfung von Leistungsmissbrauch und illegaler Ausländerbeschäftigung

Bei der Prüfung nach § 2 des Schwarzarbeitsbekämpfungsgesetzes oder nach § 28 p des Vierten Buches darf bei der überprüften Person zusätzlich erfragt werden,

1. **ob und welche Art von Sozialleistungen nach diesem Gesetzbuch oder Leistungen nach dem Asylbewerberleistungsgesetz sie bezieht und von welcher Stelle sie diese Leistungen bezieht,**
2. **bei welcher Krankenkasse sie versichert oder ob sie als Selbständige tätig ist,**
3. **ob und welche Art von Beiträgen nach diesem Gesetzbuch sie abführt und**
4. **ob und welche ausländischen Arbeitnehmer sie mit einer für ihre Tätigkeit erforderlichen Genehmigung und nicht zu ungünstigeren Arbeitsbedingungen als vergleichbare deutsche Arbeitnehmer beschäftigt.**

Zu Prüfzwecken dürfen die Antworten auf Fragen nach Satz 1 Nr. 1 an den jeweils zuständigen Leistungsträger und nach Satz 1 Nr. 2 bis 4 an die jeweils zuständige Einzugsstelle und die Bundesagentur für Arbeit übermittelt werden. Der Empfänger hat die Prüfung unverzüglich durchzuführen.

§ 68 Übermittlung für Aufgaben der Polizeibehörden, der Staatsanwaltschaften, Gerichte und der Behörden der Gefahrenabwehr[67]

(1) Zur Erfüllung von Aufgaben der Polizeibehörden, der Staatsanwaltschaften und Gerichte, der Behörden der Gefahrenabwehr und der Justizvollzugsanstalten dürfen im Einzelfall auf Ersuchen Name, Vorname, Geburtsdatum, Geburtsort, derzeitige

---

67 Gültig ab 01.01.2013. Geändert wurde im Vergleich zu der bis 31.12.2012 geltenden Fassung Abs. 1 Satz 1 sowie die Benennung des Paragraphen. Die bis 31.12.2012 gültige Fassung davon lautet:

§ 68 Übermittlung für Aufgaben der Polizeibehörden, der Staatsanwaltschaften und Gerichte, der Behörden der Gefahrenabwehr oder zur Durchsetzung öffentlich-rechtlicher Ansprüche

(1) Zur Erfüllung von Aufgaben der Polizeibehörden, der Staatsanwaltschaften und Gerichte, der Behörden der Gefahrenabwehr, der Justizvollzugsanstalten oder zur Durchsetzung von öffentlich-rechtlichen Ansprüchen in Höhe von mindestens 600 Euro ist es zulässig, im Einzelfall auf Ersuchen Name, Vorname, Geburtsdatum, Geburtsort, derzeitige Anschrift des Betroffenen, seinen derzeitigen oder zukünftigen Aufenthalt sowie Namen und Anschriften seiner derzeitigen Arbeitgeber zu übermitteln, soweit kein Grund zur Annahme besteht, dass dadurch schutzwürdige Interessen des Betroffenen beeinträchtigt werden, und wenn das Ersuchen nicht länger als sechs Monate zurückliegt.

Anschrift des Betroffenen, sein derzeitiger oder zukünftiger Aufenthaltsort sowie Namen, Vornamen oder Firma und Anschriften seiner derzeitigen Arbeitgeber übermittelt werden, soweit kein Grund zu der Annahme besteht, dass dadurch schutzwürdige Interessen des Betroffenen beeinträchtigt werden, und wenn das Ersuchen nicht länger als sechs Monate zurückliegt. Die ersuchte Stelle ist über § 4 Abs. 3 hinaus zur Übermittlung auch dann nicht verpflichtet, wenn sich die ersuchende Stelle die Angaben auf andere Weise beschaffen kann. Satz 2 findet keine Anwendung, wenn das Amtshilfeersuchen zur Durchführung einer Vollstreckung nach § 66 erforderlich ist.

(1 a) Zu dem in § 7 Abs. 2 des Internationalen Familienrechtsverfahrensgesetzes bezeichneten Zweck ist es zulässig, der in dieser Vorschrift bezeichneten Zentralen Behörde auf Ersuchen im Einzelfall den derzeitigen Aufenthalt des Betroffenen zu übermitteln, soweit kein Grund zur Annahme besteht, dass dadurch schutzwürdige Interessen des Betroffenen beeinträchtigt werden.

(2) Über das Übermittlungsersuchen entscheidet der Leiter der ersuchten Stelle, sein allgemeiner Stellvertreter oder ein besonders bevollmächtigter Bediensteter.

(3) Eine Übermittlung der in Absatz 1 Satz 1 genannten Sozialdaten, von Angaben zur Staats- und Religionsangehörigkeit, früherer Anschriften der Betroffenen, von Namen und Anschriften früherer Arbeitgeber der Betroffenen sowie von Angaben über an Betroffene erbrachte oder demnächst zu erbringende Geldleistungen ist zulässig, soweit sie zur Durchführung einer nach Bundes- oder Landesrecht zulässigen Rasterfahndung erforderlich ist. § 67 d Abs. 2 Satz 1 findet keine Anwendung; § 15 Abs. 2 Satz 2 und 3 des Bundesdatenschutzgesetzes gilt entsprechend.

§ 69 Übermittlung für die Erfüllung sozialer Aufgaben

(1) Eine Übermittlung von Sozialdaten ist zulässig, soweit sie erforderlich ist

1. für die Erfüllung der Zwecke, für die sie erhoben worden sind oder für die Erfüllung einer gesetzlichen Aufgabe der übermittelnden Stelle nach diesem Gesetzbuch oder einer solchen Aufgabe des Dritten, an den die Daten übermittelt werden, wenn er eine in § 35 des Ersten Buches genannte Stelle ist,
2. für die Durchführung eines mit der Erfüllung einer Aufgabe nach Nummer 1 zusammenhängenden gerichtlichen Verfahrens einschließlich eines Strafverfahrens oder
3. für die Richtigstellung unwahrer Tatsachenbehauptungen des Betroffenen im Zusammenhang mit einem Verfahren über die Erbringung von Sozialleistungen; die Übermittlung bedarf der vorherigen Genehmigung durch die zuständige oberste Bundes- oder Landesbehörde.

(2) Für die Erfüllung einer gesetzlichen oder sich aus einem Tarifvertrag ergebenden Aufgabe sind den in § 35 des Ersten Buches genannten Stellen gleichgestellt

1. die Stellen, die Leistungen nach dem Lastenausgleichsgesetz, dem Bundesentschädigungsgesetz, dem Strafrechtlichen Rehabilitierungsgesetz, dem Beruflichen Rehabilitierungsgesetz, dem Gesetz über die Entschädigung für Strafverfolgungsmaßnahmen, dem Unterhaltssicherungsgesetz, dem Beamtenversorgungsgesetz und den Vorschriften, die auf das Beamtenversorgungsgesetz verweisen, dem Soldaten-

versorgungsgesetz, dem Anspruchs- und Anwartschaftsüberführungsgesetz und den Vorschriften der Länder über die Gewährung von Blinden- und Pflegegeldleistungen zu erbringen haben,
2. die gemeinsamen Einrichtungen der Tarifvertragsparteien im Sinne des § 4 Abs. 2 des Tarifvertragsgesetzes, die Zusatzversorgungseinrichtungen des öffentlichen Dienstes und die öffentlichrechtlichen Zusatzversorgungseinrichtungen,
3. die Bezügestellen des öffentlichen Dienstes, soweit sie kindergeldabhängige Leistungen des Besoldungs-, Versorgungs- und Tarifrechts unter Verwendung von personenbezogenen Kindergelddaten festzusetzen haben.

(3) Die Übermittlung von Sozialdaten durch die Bundesagentur für Arbeit an die Krankenkassen ist zulässig, soweit sie erforderlich ist, den Krankenkassen die Feststellung der Arbeitgeber zu ermöglichen, die am Ausgleich der Arbeitgeberaufwendungen nach dem Aufwendungsausgleichsgesetz teilnehmen.

(4) Die Krankenkassen sind befugt, einem Arbeitgeber mitzuteilen, ob die Fortdauer einer Arbeitsunfähigkeit oder eine erneute Arbeitsunfähigkeit eines Arbeitnehmers auf derselben Krankheit beruht; die Übermittlung von Diagnosedaten an den Arbeitgeber ist nicht zulässig.

(5) Die Übermittlung von Sozialdaten ist zulässig für die Erfüllung der gesetzlichen Aufgaben der Rechnungshöfe und der anderen Stellen, auf die § 67 c Abs. 3 Satz 1 Anwendung findet.

§ 70 Übermittlung für die Durchführung des Arbeitsschutzes

Eine Übermittlung von Sozialdaten ist zulässig, soweit sie zur Erfüllung der gesetzlichen Aufgaben der für den Arbeitsschutz zuständigen staatlichen Behörden oder der Bergbehörden bei der Durchführung des Arbeitsschutzes erforderlich ist und schutzwürdige Interessen des Betroffenen nicht beeinträchtigt werden oder das öffentliche Interesse an der Durchführung des Arbeitsschutzes das Geheimhaltungsinteresse des Betroffenen erheblich überwiegt.

§ 71 Übermittlung für die Erfüllung besonderer gesetzlicher Pflichten und Mitteilungsbefugnisse

(1) Eine Übermittlung von Sozialdaten ist zulässig, soweit sie erforderlich ist für die Erfüllung der gesetzlichen Mitteilungspflichten
1. zur Abwendung geplanter Straftaten nach § 138 des Strafgesetzbuches,
2. zum Schutz der öffentlichen Gesundheit nach § 8 des Infektionsschutzgesetzes vom 20. Juli 2000 (BGBl. I S. 1045),
3. zur Sicherung des Steueraufkommens nach § 22 a Abs. 4 des Einkommensteuergesetzes und den §§ 93, 97, 105, 111 Abs. 1 und 5, § 116 der Abgabenordnung und § 32 b Abs. 3 des Einkommensteuergesetzes, soweit diese Vorschriften unmittelbar anwendbar sind, und zur Mitteilung von Daten der ausländischen Unternehmen, die auf Grund bilateraler Regierungsvereinbarungen über die Beschäftigung von Arbeitnehmern zur Ausführung von Werkverträgen tätig werden, nach § 93 a der Abgabenordnung,

4. zur Gewährung und Prüfung des Sonderausgabenabzugs nach § 10 des Einkommensteuergesetzes,
5. zur Überprüfung der Voraussetzungen für die Einziehung der Ausgleichszahlungen und für die Leistung von Wohngeld nach § 33 des Wohngeldgesetzes,
6. zur Bekämpfung von Schwarzarbeit und illegaler Beschäftigung nach dem Schwarzarbeitsbekämpfungsgesetz,
7. zur Mitteilung in das Gewerbezentralregister einzutragender Tatsachen an die Registerbehörde,
8. zur Erfüllung der Aufgaben der statistischen Ämter der Länder und des Statistischen Bundesamtes gemäß § 3 Abs. 1 des Statistikregistergesetzes zum Aufbau und zur Führung des Statistikregisters,
9. zur Aktualisierung des Betriebsregisters nach § 97 Abs. 5 des Agrarstatistikgesetzes,
10. zur Erfüllung der Aufgaben der Deutschen Rentenversicherung Bund als zentraler Stelle nach § 22 a und § 91 Abs. 1 Satz 1 des Einkommensteuergesetzes oder
11. zur Erfüllung der Aufgaben der Deutschen Rentenversicherung Knappschaft-Bahn-See, soweit sie bei geringfügig Beschäftigten Aufgaben nach dem Einkommensteuergesetz durchführt.

Erklärungspflichten als Drittschuldner, welche das Vollstreckungsrecht vorsieht, werden durch Bestimmungen dieses Gesetzbuches nicht berührt. Eine Übermittlung von Sozialdaten ist zulässig, soweit sie erforderlich ist für die Erfüllung der gesetzlichen Pflichten zur Sicherung und Nutzung von Archivgut nach den §§ 2 und 5 des Bundesarchivgesetzes oder entsprechenden gesetzlichen Vorschriften der Länder, die die Schutzfristen dieses Gesetzes nicht unterschreiten. Eine Übermittlung von Sozialdaten ist auch zulässig, soweit sie erforderlich ist, Meldebehörden nach § 4 a Abs. 3 des Melderechtsrahmengesetzes über konkrete Anhaltspunkte für die Unrichtigkeit oder Unvollständigkeit von diesen auf Grund Melderechts übermittelter Daten zu unterrichten.

(2) Eine Übermittlung von Sozialdaten eines Ausländers ist auch zulässig, soweit sie erforderlich ist

1. im Einzelfall auf Ersuchen der mit der Ausführung des Aufenthaltsgesetzes betrauten Behörden nach § 87 Abs. 1 des Aufenthaltsgesetzes mit der Maßgabe, dass über die Angaben nach § 68 hinaus nur mitgeteilt werden können
   a) für die Entscheidung über den Aufenthalt des Ausländers oder eines Familienangehörigen des Ausländers Daten über die Gewährung oder Nichtgewährung von Leistungen, Daten über frühere und bestehende Versicherungen und das Nichtbestehen einer Versicherung,
   b) für die Entscheidung über den Aufenthalt oder über die ausländerrechtliche Zulassung oder Beschränkung einer Erwerbstätigkeit des Ausländers Daten über die Zustimmung nach § 4 Abs. 2 Satz 3, § 17 Satz 1, § 18 Absatz 2 Satz 1, § 18 a Absatz 1, § 19 Absatz 1 Satz 1 und § 19 a Absatz 1 des Aufenthaltsgesetzes,
   c) für eine Entscheidung über den Aufenthalt des Ausländers Angaben darüber, ob die in § 55 Abs. 2 Nr. 4 des Aufenthaltsgesetzes bezeichneten Voraussetzungen vorliegen, und

d) durch die Jugendämter für die Entscheidung über den weiteren Aufenthalt oder die Beendigung des Aufenthalts eines Ausländers, bei dem ein Ausweisungsgrund nach den §§ 53 bis 56 des Aufenthaltsgesetzes vorliegt, Angaben über das zu erwartende soziale Verhalten,

2. für die Erfüllung der in § 87 Abs. 2 des Aufenthaltsgesetzes bezeichneten Mitteilungspflichten oder
3. für die Erfüllung der in § 99 Absatz 1 Nummer 14 Buchstabe d, f und j des Aufenthaltsgesetzes bezeichneten Mitteilungspflichten, wenn die Mitteilung die Erteilung, den Widerruf oder Beschränkungen der Zustimmung nach § 4 Abs. 2 Satz 3, § 17 Satz 1, § 18 Absatz 2 Satz 1, § 18 a Absatz 1, § 19 Absatz 1 Satz 1 und § 19 a Absatz 1 des Aufenthaltsgesetzes oder eines Versicherungsschutzes oder die Gewährung von Leistungen zur Sicherung des Lebensunterhalts nach dem Zweiten Buch betrifft.

Daten über die Gesundheit eines Ausländers dürfen nur übermittelt werden,

1. wenn der Ausländer die öffentliche Gesundheit gefährdet und besondere Schutzmaßnahmen zum Ausschluss der Gefährdung nicht möglich sind oder von dem Ausländer nicht eingehalten werden oder
2. soweit sie für die Feststellung erforderlich sind, ob die Voraussetzungen des § 55 Abs. 2 Nr. 4 des Aufenthaltsgesetzes vorliegen.

(2 a) Eine Übermittlung personenbezogener Daten eines Leistungsberechtigten nach § 1 des Asylbewerberleistungsgesetzes ist zulässig, soweit sie für die Durchführung des Asylbewerberleistungsgesetzes erforderlich ist.

(3) Eine Übermittlung von Sozialdaten ist auch zulässig, soweit es nach pflichtgemäßem Ermessen eines Leistungsträgers erforderlich ist, dem Betreuungsgericht die Bestellung eines Betreuers oder eine andere Maßnahme in Betreuungssachen zu ermöglichen. § 7 des Betreuungsbehördengesetzes gilt entsprechend.

§ 72 Übermittlung für den Schutz der inneren und äußeren Sicherheit

(1) Eine Übermittlung von Sozialdaten ist zulässig, soweit sie im Einzelfall für die rechtmäßige Erfüllung der in der Zuständigkeit der Behörden für Verfassungsschutz, des Bundesnachrichtendienstes, des Militärischen Abschirmdienstes und des Bundeskriminalamtes liegenden Aufgaben erforderlich ist. Die Übermittlung ist auf Angaben über Name und Vorname sowie früher geführte Namen, Geburtsdatum, Geburtsort, derzeitige und frühere Anschriften des Betroffenen sowie Namen und Anschriften seiner derzeitigen und früheren Arbeitgeber beschränkt.

(2) Über die Erforderlichkeit des Übermittlungsersuchens entscheidet ein vom Leiter der ersuchenden Stelle bestimmter Beauftragter, der die Befähigung zum Richteramt haben oder die Voraussetzungen des § 110 des Deutschen Richtergesetzes erfüllen soll. Wenn eine oberste Bundes- oder Landesbehörde für die Aufsicht über die ersuchende Stelle zuständig ist, ist sie über die gestellten Übermittlungsersuchen zu unterrichten. Bei der ersuchten Stelle entscheidet über das Übermittlungsersuchen der Behördenleiter oder sein allgemeiner Stellvertreter.

§ 73 Übermittlung für die Durchführung eines Strafverfahrens

(1) Eine Übermittlung von Sozialdaten ist zulässig, soweit sie zur Durchführung eines Strafverfahrens wegen eines Verbrechens oder wegen einer sonstigen Straftat von erheblicher Bedeutung erforderlich ist.

(2) Eine Übermittlung von Sozialdaten zur Durchführung eines Strafverfahrens wegen einer anderen Straftat ist zulässig, soweit die Übermittlung auf die in § 72 Abs. 1 Satz 2 genannten Angaben und die Angaben über erbrachte oder demnächst zu erbringende Geldleistungen beschränkt ist.

(3) Die Übermittlung nach den Absätzen 1 und 2 ordnet der Richter an.

§ 74 Übermittlung bei Verletzung der Unterhaltspflicht und beim Versorgungsausgleich

(1) Eine Übermittlung von Sozialdaten ist zulässig, soweit sie erforderlich ist

1. für die Durchführung
   a) eines gerichtlichen Verfahrens oder eines Vollstreckungsverfahrens wegen eines gesetzlichen oder vertraglichen Unterhaltsanspruchs oder eines an seine Stelle getretenen Ersatzanspruchs oder
   b) eines Verfahrens über den Versorgungsausgleich nach § 220 des Gesetzes über das Verfahren in Familiensachen und in den Angelegenheiten der freiwilligen Gerichtsbarkeit oder
2. für die Geltendmachung
   a) eines gesetzlichen oder vertraglichen Unterhaltsanspruchs außerhalb eines Verfahrens nach Nummer 1 Buchstabe a, soweit der Betroffene nach den Vorschriften des bürgerlichen Rechts, insbesondere nach § 1605 oder nach § 1361 Absatz 4 Satz 4, § 1580 Satz 2, § 1615 a oder § 1615 l Absatz 3 Satz 1 in Verbindung mit § 1605 des Bürgerlichen Gesetzbuchs, zur Auskunft verpflichtet ist, oder
   b) eines Ausgleichsanspruchs im Rahmen des Versorgungsausgleichs außerhalb eines Verfahrens nach Nummer 1 Buchstabe b, soweit der Betroffene nach § 4 Absatz 1 Satz 1 des Versorgungsausgleichsgesetzes zur Auskunft verpflichtet ist, oder
3. für die Anwendung der Öffnungsklausel des § 22 Nummer 1 Satz 3 Buchstabe a Doppelbuchstabe bb Satz 2 des Einkommensteuergesetzes auf eine im Versorgungsausgleich auf die ausgleichsberechtigte Person übertragene Rentenanwartschaft, soweit die ausgleichspflichtige Person nach § 22 Nummer 1 Satz 3 Buchstabe a Doppelbuchstabe bb Satz 2 des Einkommensteuergesetzes in Verbindung mit § 4 Absatz 1 des Versorgungsausgleichsgesetzes zur Auskunft verpflichtet ist.

In den Fällen der Nummern 2 und 3 ist eine Übermittlung nur zulässig, wenn der Auskunftspflichtige seine Pflicht, nachdem er unter Hinweis auf die in diesem Buch enthaltene Übermittlungsbefugnis der in § 35 des Ersten Buches genannten Stellen gemahnt wurde, innerhalb angemessener Frist, nicht oder nicht vollständig erfüllt hat. Diese Stellen dürfen die Anschrift des Auskunftspflichtigen zum Zwecke der Mahnung übermitteln.

(2) Eine Übermittlung von Sozialdaten durch die Träger der gesetzlichen Rentenversicherung und durch die Träger der Grundsicherung für Arbeitsuchende ist auch

zulässig, soweit sie für die Erfüllung der nach § 5 des Auslandsunterhaltsgesetzes der zentralen Behörde (§ 4 des Auslandsunterhaltsgesetzes) obliegenden Aufgaben und zur Erreichung der in den §§ 16 und 17 des Auslandsunterhaltsgesetzes bezeichneten Zwecke erforderlich ist.

§ 74 a Übermittlung zur Durchsetzung öffentlich-rechtlicher Ansprüche und im Vollstreckungsverfahren[68]

(1) Zur Durchsetzung von öffentlich-rechtlichen Ansprüchen in Höhe von mindestens 500 Euro dürfen im Einzelfall auf Ersuchen Name, Vorname, Geburtsdatum, Geburtsort, derzeitige Anschrift des Betroffenen, sein derzeitiger oder zukünftiger Aufenthaltsort sowie Namen, Vornamen oder Firma und Anschriften seiner derzeitigen Arbeitgeber übermittelt werden, soweit kein Grund zu der Annahme besteht, dass dadurch schutzwürdige Interessen des Betroffenen beeinträchtigt werden, und wenn das Ersuchen nicht länger als sechs Monate zurückliegt. Die ersuchte Stelle ist über § 4 Abs. 3 hinaus zur Übermittlung auch dann nicht verpflichtet, wenn sich die ersuchende Stelle die Angaben auf andere Weise beschaffen kann. Satz 2 findet keine Anwendung, wenn das Amtshilfeersuchen zur Durchführung einer Vollstreckung nach § 66 erforderlich ist.

(2) Zur Durchführung eines Vollstreckungsverfahrens, dem zu vollstreckende Ansprüche von mindestens 500 Euro zugrunde liegen, dürfen die Träger der gesetzlichen Rentenversicherung im Einzelfall auf Ersuchen des Gerichtsvollziehers die derzeitige Anschrift des Betroffenen, seinen derzeitigen oder zukünftigen Aufenthaltsort sowie Namen, Vornamen oder Firma und Anschriften seiner derzeitigen Arbeitgeber übermitteln, soweit kein Grund zu der Annahme besteht, dass dadurch schutzwürdige Interessen des Betroffenen beeinträchtigt werden und das Ersuchen nicht länger als sechs Monate zurückliegt. Die Träger der gesetzlichen Rentenversicherung sind über § 4 Abs. 3 hinaus zur Übermittlung auch dann nicht verpflichtet, wenn sich die ersuchende Stelle die Angaben auf andere Weise beschaffen kann. Die Übermittlung ist nur zulässig, wenn

1. der Schuldner seiner Pflicht zur Abgabe der Vermögensauskunft nach § 802 c der Zivilprozessordnung nicht nachkommt,
2. bei einer Vollstreckung in die in der Vermögensauskunft aufgeführten Vermögensgegenstände eine vollständige Befriedigung des Gläubigers voraussichtlich nicht zu erwarten wäre oder
3. die Anschrift oder der derzeitige oder zukünftige Aufenthaltsort des Schuldners trotz Anfrage bei der Meldebehörde nicht bekannt ist.

Der Gerichtsvollzieher hat in seinem Ersuchen zu bestätigen, dass diese Voraussetzungen vorliegen.

§ 75 Übermittlung von Sozialdaten für die Forschung und Planung

(1) Eine Übermittlung von Sozialdaten ist zulässig, soweit sie erforderlich ist für ein bestimmtes Vorhaben

1. der wissenschaftlichen Forschung im Sozialleistungsbereich oder

---

68 Neu eingefügt und gültig ab 01.01.2013.

2. der Planung im Sozialleistungsbereich durch eine öffentliche Stelle im Rahmen ihrer Aufgaben

und schutzwürdige Interessen des Betroffenen nicht beeinträchtigt werden oder das öffentliche Interesse an der Forschung oder Planung das Geheimhaltungsinteresse des Betroffenen erheblich überwiegt. Eine Übermittlung ohne Einwilligung des Betroffenen ist nicht zulässig, soweit es zumutbar ist, die Einwilligung des Betroffenen nach § 67 b einzuholen oder den Zweck der Forschung oder Planung auf andere Weise zu erreichen.

(2) Die Übermittlung bedarf der vorherigen Genehmigung durch die oberste Bundes- oder Landesbehörde, die für den Bereich, aus dem die Daten herrühren, zuständig ist. Die oberste Bundesbehörde kann das Genehmigungsverfahren bei Anträgen von Versicherungsträgern nach § 1 Absatz 1 Satz 1 des Vierten Buches auf das Bundesversicherungsamt übertragen. Die Genehmigung darf im Hinblick auf die Wahrung des Sozialgeheimnisses nur versagt werden, wenn die Voraussetzungen des Absatzes 1 nicht vorliegen. Sie muss

1. den Dritten, an den die Daten übermittelt werden,
2. die Art der zu übermittelnden Sozialdaten und den Kreis der Betroffenen,
3. die wissenschaftliche Forschung oder die Planung, zu der die übermittelten Sozialdaten verwendet werden dürfen, und
4. den Tag, bis zu dem die übermittelten Sozialdaten aufbewahrt werden dürfen,

genau bezeichnen und steht auch ohne besonderen Hinweis unter dem Vorbehalt der nachträglichen Aufnahme, Änderung oder Ergänzung einer Auflage.

(3) Wird die Übermittlung von Daten an nicht-öffentliche Stellen genehmigt, hat die genehmigende Stelle durch Auflagen sicherzustellen, dass die der Genehmigung durch Absatz 1 gesetzten Grenzen beachtet und die Daten nur für den Übermittlungszweck gespeichert, verändert oder genutzt werden.

(4) Ist der Dritte, an den Daten übermittelt werden, eine nicht öffentliche Stelle, gilt § 38 des Bundesdatenschutzgesetzes mit der Maßgabe, dass die Kontrolle auch erfolgen kann, wenn die Daten nicht automatisiert oder nicht in nicht automatisierten Dateien verarbeitet oder genutzt werden.

§ 76 Einschränkung der Übermittlungsbefugnis bei besonders schutzwürdigen Sozialdaten

(1) Die Übermittlung von Sozialdaten, die einer in § 35 des Ersten Buches genannten Stelle von einem Arzt oder einer anderen in § 203 Abs. 1 und 3 des Strafgesetzbuches genannten Person zugänglich gemacht worden sind, ist nur unter den Voraussetzungen zulässig, unter denen diese Person selbst übermittlungsbefugt wäre.

(2) Absatz 1 gilt nicht

1. im Rahmen des § 69 Abs. 1 Nr. 1 und 2 für Sozialdaten, die im Zusammenhang mit einer Begutachtung wegen der Erbringung von Sozialleistungen oder wegen der Ausstellung einer Bescheinigung übermittelt worden sind, es sei denn, dass der Betroffene der Übermittlung widerspricht; der Betroffene ist von der verantwortlichen Stelle zu Beginn des Verwaltungsverfahrens in allgemeiner Form schriftlich auf das Widerspruchsrecht hinzuweisen,

2. im Rahmen des § 69 Abs. 4 und 5 und des § 71 Abs. 1 Satz 3,
3. im Rahmen des § 94 Abs. 2 Satz 2 des Elften Buches Sozialgesetzbuch.

(3) Ein Widerspruchsrecht besteht nicht in den Fällen des § 279 Abs. 5 in Verbindung mit § 275 Abs. 1 bis 3 des Fünften Buches.

§ 77 Übermittlung ins Ausland und an über- oder zwischenstaatliche Stellen

(1) Die Übermittlung von Sozialdaten an Personen oder Stellen in anderen Mitgliedstaaten der Europäischen Union oder in anderen Vertragsstaaten des Abkommens über den Europäischen Wirtschaftsraum oder an Stellen der Organe und Einrichtungen der Europäischen Gemeinschaften ist zulässig, soweit

1. dies für die Erfüllung einer gesetzlichen Aufgabe der in § 35 des Ersten Buches genannten übermittelnden Stelle nach diesem Gesetzbuch oder zur Erfüllung einer solchen Aufgabe von ausländischen Stellen erforderlich ist, soweit diese Aufgaben wahrnehmen, die denen der in § 35 des Ersten Buches genannten Stellen entsprechen,
2. die Voraussetzungen des § 69 Abs. 1 Nr. 3 oder des § 70 oder einer Übermittlungsvorschrift nach dem Dritten Buch oder dem Arbeitnehmerüberlassungsgesetz vorliegen und die Aufgaben der ausländischen Stelle den in diesen Vorschriften genannten entsprechen oder
3. die Voraussetzungen des § 74 vorliegen und die gerichtlich geltend gemachten Ansprüche oder die Rechte des Empfängers den in dieser Vorschrift genannten entsprechen.

Die Übermittlung von Sozialdaten unterbleibt, soweit sie zu den in Artikel 6 des Vertrages über die Europäische Union enthaltenen Grundsätzen in Widerspruch stünde.

(2) Absatz 1 gilt entsprechend für die Übermittlung an Personen oder Stellen in einem Drittstaat sowie an über- oder zwischenstaatliche Stellen, wenn der Drittstaat oder die über- oder zwischenstaatliche Stelle ein angemessenes Datenschutzniveau gewährleistet. Die Angemessenheit des Datenschutzniveaus wird unter Berücksichtigung aller Umstände beurteilt, die bei einer Datenübermittlung oder einer Kategorie von Datenübermittlungen von Bedeutung sind; insbesondere können die Art der Sozialdaten, die Zweckbestimmung, die Dauer der geplanten Verarbeitung, das Herkunfts- und das Endbestimmungsland, die für den betreffenden Empfänger geltenden Rechtsnormen sowie die für ihn geltenden Standesregeln und Sicherheitsmaßnahmen herangezogen werden. Bis zur Feststellung der Kommission der Europäischen Gemeinschaften entscheidet das Bundesversicherungsamt, ob ein angemessenes Datenschutzniveau gewährleistet ist.

(3) Eine Übermittlung von Sozialdaten an Personen oder Stellen im Ausland oder an über- oder zwischenstaatliche Stellen ist auch zulässig, wenn

1. der Betroffene seine Einwilligung gegeben hat,
2. die Übermittlung in Anwendung zwischenstaatlicher Übereinkommen auf dem Gebiet der sozialen Sicherheit erfolgt oder
3. die Voraussetzungen des § 69 Abs. 1 Nr. 2 oder des § 73 vorliegen, die Aufgaben der ausländischen Stelle den in diesen Vorschriften genannten entsprechen und der ausländische Staat oder die über- oder zwischenstaatliche Stelle ein angemessenes

Datenschutzniveau (Absatz 2) gewährleistet; für die Anordnung einer Übermittlung nach § 73 ist ein Gericht im Inland zuständig.

Die Übermittlung ist nur zulässig, soweit der Betroffene kein schutzwürdiges Interesse an dem Ausschluss der Übermittlung hat.

(4) Gewährleistet der Drittstaat oder die über- oder zwischenstaatliche Stelle ein angemessenes Datenschutzniveau (Absatz 2) nicht, ist die Übermittlung von Sozialdaten an die Stelle im Drittstaat oder die über- oder zwischenstaatliche Stelle auch zulässig, soweit die Voraussetzungen des § 69 Abs. 1 Nr. 1 und 2, des § 70 oder einer Übermittlungsvorschrift nach dem Dritten Buch oder dem Arbeitnehmerüberlassungsgesetz vorliegen und der Betroffene kein schutzwürdiges Interesse an dem Ausschluss der Übermittlung hat.

(5) Die Stelle, an die die Sozialdaten übermittelt werden, ist auf den Zweck hinzuweisen, zu dessen Erfüllung die Sozialdaten übermittelt werden.

(6) Das Bundesversicherungsamt unterrichtet das Bundesministerium des Innern über Drittstaaten und über- oder zwischenstaatliche Stellen, die kein angemessenes Datenschutzniveau gewährleisten.

§ 78 Zweckbindung und Geheimhaltungspflicht eines Dritten, an den Daten übermittelt werden

(1) Personen oder Stellen, die nicht in § 35 des Ersten Buches genannt und denen Sozialdaten übermittelt worden sind, dürfen diese nur zu dem Zweck verarbeiten oder nutzen, zu dem sie ihnen befugt übermittelt worden sind. Die Dritten haben die Daten in demselben Umfang geheim zu halten wie die in § 35 des Ersten Buches genannten Stellen. Sind Sozialdaten an Gerichte oder Staatsanwaltschaften übermittelt worden, dürfen diese gerichtliche Entscheidungen, die Sozialdaten enthalten, weiter übermitteln, wenn eine in § 35 des Ersten Buches genannte Stelle zur Übermittlung an den weiteren Dritten befugt wäre. Abweichend von Satz 3 ist eine Übermittlung nach § 115 des Bundesbeamtengesetzes und nach Vorschriften, die auf diese Vorschrift verweisen, zulässig. Sind Sozialdaten an Polizeibehörden, Staatsanwaltschaften, Gerichte oder Behörden der Gefahrenabwehr übermittelt worden, dürfen diese die Daten unabhängig vom Zweck der Übermittlung sowohl für Zwecke der Gefahrenabwehr als auch für Zwecke der Strafverfolgung und der Strafvollstreckung verarbeiten und nutzen.

(2) Werden Daten an eine nichtöffentliche Stelle übermittelt, so sind die dort beschäftigten Personen, welche diese Daten verarbeiten oder nutzen, von dieser Stelle vor, spätestens bei der Übermittlung auf die Einhaltung der Pflichten nach Absatz 1 hinzuweisen.

(3) Ergibt sich im Rahmen eines Vollstreckungsverfahrens nach § 66 die Notwendigkeit, dass eine Strafanzeige zum Schutz des Vollstreckungsbeamten erforderlich ist, so dürfen die zum Zwecke der Vollstreckung übermittelten Sozialdaten auch zum Zweck der Strafverfolgung verarbeitet oder genutzt werden, soweit dies erforderlich ist. Das Gleiche gilt auch für die Klärung von Fragen im Rahmen eines Disziplinarverfahrens.

(4) Sind Sozialdaten an Gerichte oder Staatsanwaltschaften für die Durchführung eines Straf- oder Bußgeldverfahrens übermittelt worden, so dürfen sie nach Maßgabe

der §§ 476, 487 Abs. 4 der Strafprozessordnung und der §§ 49 b und 49 c Abs. 1 des Gesetzes über Ordnungswidrigkeiten für Zwecke der wissenschaftlichen Forschung verarbeitet oder genutzt werden.

Dritter Abschnitt
Organisatorische Vorkehrungen zum Schutz der Sozialdaten, besondere Datenverarbeitungsarten

§ 78 a Technische und organisatorische Maßnahmen

Die in § 35 des Ersten Buches genannten Stellen, die selbst oder im Auftrag Sozialdaten erheben, verarbeiten oder nutzen, haben die technischen und organisatorischen Maßnahmen einschließlich der Dienstanweisungen zu treffen, die erforderlich sind, um die Ausführung der Vorschriften dieses Gesetzbuches, insbesondere die in der Anlage zu dieser Vorschrift genannten Anforderungen, zu gewährleisten. Maßnahmen sind nicht erforderlich, wenn ihr Aufwand in keinem angemessenen Verhältnis zu dem angestrebten Schutzzweck steht.

Anlage zu § 78 a

Werden Sozialdaten automatisiert verarbeitet oder genutzt, ist die innerbehördliche oder innerbetriebliche Organisation so zu gestalten, dass sie den besonderen Anforderungen des Datenschutzes gerecht wird. Dabei sind insbesondere Maßnahmen zu treffen, die je nach der Art der zu schützenden Sozialdaten oder Kategorien von Sozialdaten geeignet sind,

1. **Unbefugten den Zutritt zu Datenverarbeitungsanlagen, mit denen Sozialdaten verarbeitet oder genutzt werden, zu verwehren (Zutrittskontrolle),**
2. **zu verhindern, dass Datenverarbeitungssysteme von Unbefugten genutzt werden können (Zugangskontrolle),**
3. **zu gewährleisten, dass die zur Benutzung eines Datenverarbeitungssystems Berechtigten ausschließlich auf die ihrer Zugriffsberechtigung unterliegenden Daten zugreifen können, und dass Sozialdaten bei der Verarbeitung, Nutzung und nach der Speicherung nicht unbefugt gelesen, kopiert, verändert oder entfernt werden können (Zugriffskontrolle),**
4. **zu gewährleisten, dass Sozialdaten bei der elektronischen Übertragung oder während ihres Transports oder ihrer Speicherung auf Datenträger nicht unbefugt gelesen, kopiert, verändert oder entfernt werden können, und dass überprüft und festgestellt werden kann, an welche Stellen eine Übermittlung von Sozialdaten durch Einrichtungen zur Datenübertragung vorgesehen ist (Weitergabekontrolle),**
5. **zu gewährleisten, dass nachträglich überprüft und festgestellt werden kann, ob und von wem Sozialdaten in Datenverarbeitungssysteme eingegeben, verändert oder entfernt worden sind (Eingabekontrolle),**
6. **zu gewährleisten, dass Sozialdaten, die im Auftrag erhoben, verarbeitet oder ge-**

nutzt werden, nur entsprechend den Weisungen des Auftraggebers erhoben, verarbeitet oder genutzt werden können (Auftragskontrolle),
7. zu gewährleisten, dass Sozialdaten gegen zufällige Zerstörung oder Verlust geschützt sind (Verfügbarkeitskontrolle),
8. zu gewährleisten, dass zu unterschiedlichen Zwecken erhobene Sozialdaten getrennt verarbeitet werden können.

Eine Maßnahme nach Satz 2 Nummer 2 bis 4 ist insbesondere die Verwendung von dem Stand der Technik entsprechenden Verschlüsselungsverfahren.

§ 78 b Datenvermeidung und Datensparsamkeit

Gestaltung und Auswahl von Datenverarbeitungssystemen haben sich an dem Ziel auszurichten, keine oder so wenig Sozialdaten wie möglich zu erheben, zu verarbeiten oder zu nutzen. Insbesondere ist von den Möglichkeiten der Anonymisierung und Pseudonymisierung Gebrauch zu machen, soweit dies möglich ist und der Aufwand in einem angemessenen Verhältnis zu dem angestrebten Schutzzweck steht.

§ 78 c Datenschutzaudit

Zur Verbesserung des Datenschutzes und der Datensicherheit können Anbieter von Datenverarbeitungssystemen und -programmen und datenverarbeitende Stellen ihr Datenschutzkonzept sowie ihre technischen Einrichtungen durch unabhängige und zugelassene Gutachter prüfen und bewerten lassen sowie das Ergebnis der Prüfung veröffentlichen. Die näheren Anforderungen an die Prüfung und Bewertung, das Verfahren sowie die Auswahl und Zulassung der Gutachter werden durch besonderes Gesetz geregelt. Die Sätze 1 und 2 gelten nicht für öffentliche Stellen der Länder mit Ausnahme der Sozialversicherungsträger und ihrer Verbände.

§ 79 Einrichtung automatisierter Abrufverfahren[69]

(1) Die Einrichtung eines automatisierten Verfahrens, das die Übermittlung von Sozialdaten durch Abruf ermöglicht, ist zwischen den in § 35 des Ersten Buches genannten Stellen sowie mit der Deutschen Rentenversicherung Bund als zentraler Stelle zur Erfüllung ihrer Aufgaben nach § 91 Abs. 1 Satz 1 des Einkommensteuergesetzes und der Deutschen Rentenversicherung Knappschaft-Bahn-See, soweit sie bei geringfügig Beschäftigten Aufgaben nach dem Einkommensteuergesetz durchführt, zulässig, soweit dieses Verfahren unter Berücksichtigung der schutzwürdigen Interessen der Betroffenen wegen der Vielzahl der Übermittlungen oder wegen ihrer besonderen Eilbedürftigkeit angemessen ist und wenn die jeweiligen Aufsichtsbehörden die Teilnahme der unter ihrer Aufsicht stehenden Stellen genehmigt haben. Das Gleiche gilt gegenüber den in § 69 Abs. 2 und 3 genannten Stellen.

(1 a) Die Einrichtung eines automatisierten Abrufverfahrens für eine Datei der Sozialversicherung für Landwirtschaft, Forsten und Gartenbau ist nur gegenüber den

---

69 Gültig ab 01.01.2013; neu eingefügt wurde Abs. 1 a, der in der bis 31.12.2012 gültigen Fassung noch nicht enthalten war.

Trägern der gesetzlichen Rentenversicherung, der Deutschen Rentenversicherung Bund als zentraler Stelle zur Erfüllung ihrer Aufgaben nach § 91 Absatz 1 Satz 1 des Einkommenssteuergesetzes, den Krankenkassen, der Bundesagentur für Arbeit und der Deutschen Post AG, soweit sie mit der Berechnung oder Auszahlung von Sozialleistungen betraut ist, zulässig; dabei dürfen auch Vermittlungsstellen eingeschaltet werden.

(2) Die beteiligten Stellen haben zu gewährleisten, dass die Zulässigkeit des Abrufverfahrens kontrolliert werden kann. Hierzu haben sie schriftlich festzulegen:
1. Anlass und Zweck des Abrufverfahrens,
2. Dritte, an die übermittelt wird,
3. Art der zu übermittelnden Daten,
4. nach § 78 a erforderliche technische und organisatorische Maßnahmen.

(3) Über die Einrichtung von Abrufverfahren ist in Fällen, in denen die in § 35 des Ersten Buches genannten Stellen beteiligt sind, die der Kontrolle des Bundesbeauftragten für den Datenschutz unterliegen, dieser, sonst die nach Landesrecht für die Kontrolle des Datenschutzes zuständige Stelle rechtzeitig vorher unter Mitteilung der Festlegungen nach Absatz 2 zu unterrichten.

(4) Die Verantwortung für die Zulässigkeit des einzelnen Abrufs trägt der Dritte, an den übermittelt wird. Die speichernde Stelle prüft die Zulässigkeit der Abrufe nur, wenn dazu Anlass besteht. Sie hat mindestens bei jedem zehnten Abruf den Zeitpunkt, die abgerufenen Daten sowie Angaben zur Feststellung des Verfahrens und der für den Abruf verantwortlichen Personen zu protokollieren; die protokollierten Daten sind spätestens nach sechs Monaten zu löschen. Wird ein Gesamtbestand von Sozialdaten abgerufen oder übermittelt (Stapelverarbeitung), so bezieht sich die Gewährleistung der Feststellung und Überprüfung nur auf die Zulässigkeit des Abrufes oder der Übermittlung des Gesamtbestandes.

(5) Die Absätze 1 bis 4 gelten nicht für den Abruf aus Datenbeständen, die mit Einwilligung der Betroffenen angelegt werden und die jedermann, sei es ohne oder nach besonderer Zulassung, zur Benutzung offen stehen.

§ 80 Erhebung, Verarbeitung oder Nutzung von Sozialdaten im Auftrag

(1) Werden Sozialdaten im Auftrag durch andere Stellen erhoben, verarbeitet oder genutzt, ist der Auftraggeber für die Einhaltung der Vorschriften dieses Gesetzbuches und anderer Vorschriften über den Datenschutz verantwortlich. Die in den §§ 82 bis 84 genannten Rechte sind ihm gegenüber geltend zu machen.

(2) Eine Auftragserteilung für die Erhebung, Verarbeitung oder Nutzung von Sozialdaten ist nur zulässig, wenn der Datenschutz beim Auftragnehmer nach der Art der zu erhebenden, zu verarbeitenden oder zu nutzenden Daten den Anforderungen genügt, die für den Auftraggeber gelten. Der Auftrag ist schriftlich zu erteilen, wobei insbesondere im Einzelnen festzulegen sind:
1. der Gegenstand und die Dauer des Auftrags,
2. der Umfang, die Art und der Zweck der vorgesehenen Erhebung, Verarbeitung oder Nutzung von Daten, die Art der Daten und der Kreis der Betroffenen,
3. die nach § 78 a zu treffenden technischen und organisatorischen Maßnahmen,

4. die Berichtigung, Löschung und Sperrung von Daten,
5. die bestehenden Pflichten des Auftragnehmers, insbesondere die von ihm vorzunehmenden Kontrollen,
6. die etwaige Berechtigung zur Begründung von Unterauftragsverhältnissen,
7. die Kontrollrechte des Auftraggebers und die entsprechenden Duldungs- und Mitwirkungspflichten des Auftragnehmers,
8. mitzuteilende Verstöße des Auftragnehmers oder der bei ihm beschäftigten Personen gegen Vorschriften zum Schutz von Sozialdaten oder gegen die im Auftrag getroffenen Festlegungen,
9. der Umfang der Weisungsbefugnisse, die sich der Auftraggeber gegenüber dem Auftragnehmer vorbehält,
10. die Rückgabe überlassener Datenträger und die Löschung beim Auftragnehmer gespeicherter Daten nach Beendigung des Auftrags.

Der Auftraggeber ist verpflichtet, erforderlichenfalls Weisungen zur Ergänzung der beim Auftragnehmer vorhandenen technischen und organisatorischen Maßnahmen zu erteilen. Der Auftraggeber hat sich vor Beginn der Datenverarbeitung und sodann regelmäßig von der Einhaltung der beim Auftragnehmer getroffenen technischen und organisatorischen Maßnahmen zu überzeugen. Das Ergebnis ist zu dokumentieren. Die Auftragserteilung an eine nicht-öffentliche Stelle setzt außerdem voraus, dass der Auftragnehmer dem Auftraggeber schriftlich das Recht eingeräumt hat,
1. Auskünfte bei ihm einzuholen,
2. während der Betriebs- oder Geschäftszeiten seine Grundstücke oder Geschäftsräume zu betreten und dort Besichtigungen und Prüfungen vorzunehmen und
3. geschäftliche Unterlagen sowie die gespeicherten Sozialdaten und Datenverarbeitungsprogramme einzusehen,

soweit es im Rahmen des Auftrags für die Überwachung des Datenschutzes erforderlich ist.

(3) Der Auftraggeber hat seiner Aufsichtsbehörde rechtzeitig vor der Auftragserteilung
1. den Auftragnehmer, die bei diesem vorhandenen technischen und organisatorischen Maßnahmen und ergänzenden Weisungen nach Absatz 2 Satz 2 und 3,
2. die Art der Daten, die im Auftrag erhoben, verarbeitet oder genutzt werden sollen, und den Kreis der Betroffenen,
3. die Aufgabe, zu deren Erfüllung die Erhebung, Verarbeitung oder Nutzung der Daten im Auftrag erfolgen soll, sowie
4. den Abschluss von etwaigen Unterauftragsverhältnissen schriftlich anzuzeigen.

Wenn der Auftragnehmer eine öffentliche Stelle ist, hat er auch schriftliche Anzeige an seine Aufsichtsbehörde zu richten.

(4) Der Auftragnehmer darf die zur Datenverarbeitung überlassenen Sozialdaten nicht für andere Zwecke verarbeiten oder nutzen und nicht länger speichern, als der Auftraggeber schriftlich bestimmt.

(5) Die Erhebung, Verarbeitung oder Nutzung von Sozialdaten im Auftrag durch nicht-öffentliche Stellen ist nur zulässig, wenn

1. beim Auftraggeber sonst Störungen im Betriebsablauf auftreten können oder
2. die übertragenen Arbeiten beim Auftragnehmer erheblich kostengünstiger besorgt werden können und der Auftrag nicht die Speicherung des gesamten Datenbestandes des Auftraggebers umfasst.

Der überwiegende Teil der Speicherung des gesamten Datenbestandes muss beim Auftraggeber oder beim Auftragnehmer, der eine öffentliche Stelle ist, und die Daten zur weiteren Datenverarbeitung im Auftrag an nicht-öffentliche Auftragnehmer weitergibt, verbleiben.

(6) Ist der Auftragnehmer eine in § 35 des Ersten Buches genannte Stelle, gelten neben den §§ 85 und 85 a nur § 4 g Abs. 2, § 18 Abs. 2 und die §§ 24 bis 26 des Bundesdatenschutzgesetzes. Bei den in § 35 des Ersten Buches genannten Stellen, die nicht solche des Bundes sind, treten anstelle des Bundesbeauftragten für den Datenschutz insoweit die Landesbeauftragten für den Datenschutz. Ihre Aufgaben und Befugnisse richten sich nach dem jeweiligen Landesrecht. Ist der Auftragnehmer eine nichtöffentliche Stelle, kontrolliert die Einhaltung der Absätze 1 bis 5 die nach Landesrecht zuständige Aufsichtsbehörde. Bei öffentlichen Stellen der Länder, die nicht Sozialversicherungsträger oder deren Verbände sind, gelten die landesrechtlichen Vorschriften über Verzeichnisse der eingesetzten Datenverarbeitungsanlagen und Dateien.

(7) Die Absätze 1, 2, 4 und 6 gelten entsprechend, wenn die Prüfung oder Wartung automatisierter Verfahren oder von Datenverarbeitungsanlagen durch andere Stellen im Auftrag vorgenommen wird und dabei ein Zugriff auf Sozialdaten nicht ausgeschlossen werden kann. Verträge über Wartungsarbeiten sind in diesem Falle rechtzeitig vor der Auftragserteilung der Aufsichtsbehörde mitzuteilen; sind Störungen im Betriebsablauf zu erwarten oder bereits eingetreten, ist der Vertrag unverzüglich mitzuteilen.

Vierter Abschnitt
Rechte des Betroffenen, Datenschutzbeauftragte und Schlussvorschriften

§ 81 Rechte des Einzelnen, Datenschutzbeauftragte

(1) Ist jemand der Ansicht, bei der Erhebung, Verarbeitung oder Nutzung seiner personenbezogenen Sozialdaten in seinen Rechten verletzt worden zu sein, kann er sich

1. an den Bundesbeauftragten für den Datenschutz wenden, wenn er eine Verletzung seiner Rechte durch eine in § 35 des Ersten Buches genannten Stelle des Bundes bei der Wahrnehmung von Aufgaben nach diesem Gesetzbuch behauptet,
2. an die nach Landesrecht für die Kontrolle des Datenschutzes zuständigen Stellen wenden, wenn er die Verletzung seiner Rechte durch eine andere in § 35 des Ersten Buches genannte Stelle bei der Wahrnehmung von Aufgaben nach diesem Gesetzbuch behauptet.

(2) Bei der Wahrnehmung von Aufgaben nach diesem Gesetzbuch gelten für die in § 35 des Ersten Buches genannten Stellen die §§ 24 bis 26 des Bundesdatenschutz-

gesetzes. Bei öffentlichen Stellen der Länder, die unter § 35 des Ersten Buches fallen, treten an die Stelle des Bundesbeauftragten für den Datenschutz die Landesbeauftragten für den Datenschutz. Ihre Aufgaben und Befugnisse richten sich nach dem jeweiligen Landesrecht.

(3) Verbände und Arbeitsgemeinschaften der in § 35 des Ersten Buches genannten Stellen oder ihrer Verbände gelten, soweit sie Aufgaben nach diesem Gesetzbuch wahrnehmen und an ihnen Stellen des Bundes beteiligt sind, unbeschadet ihrer Rechtsform als öffentliche Stellen des Bundes, wenn sie über den Bereich eines Landes hinaus tätig werden, anderenfalls als öffentliche Stellen der Länder. Sonstige Einrichtungen der in § 35 des Ersten Buches genannten Stellen oder ihrer Verbände gelten als öffentliche Stellen des Bundes, wenn die absolute Mehrheit der Anteile oder der Stimmen einer oder mehrerer öffentlicher Stellen dem Bund zusteht, anderenfalls als öffentliche Stellen der Länder. Die Datenstelle der Träger der Rentenversicherung nach § 145 Abs. 1 des Sechsten Buches gilt als öffentliche Stelle des Bundes.

(4) Auf die in § 35 des Ersten Buches genannten Stellen und die Vermittlungsstellen nach § 67 d Abs. 4 sind die §§ 4 f, 4 g mit Ausnahme des Absatzes 3 sowie § 18 Abs. 2 des Bundesdatenschutzgesetzes entsprechend anzuwenden. In räumlich getrennten Organisationseinheiten ist sicherzustellen, dass der Beauftragte für den Datenschutz bei der Erfüllung seiner Aufgaben unterstützt wird. Die Sätze 1 und 2 gelten nicht für öffentliche Stellen der Länder mit Ausnahme der Sozialversicherungsträger und ihrer Verbände. Absatz 2 Satz 2 und 3 gilt entsprechend.

§ 82 Schadensersatz

Fügt eine in § 35 des Ersten Buches genannte Stelle dem Betroffenen durch eine nach diesem Gesetzbuch oder nach anderen Vorschriften über den Datenschutz unzulässige oder unrichtige Erhebung, Verarbeitung oder Nutzung seiner personenbezogenen Sozialdaten einen Schaden zu, ist § 7 des Bundesdatenschutzgesetzes entsprechend anzuwenden. Für den Ersatz des Schadens bei unzulässiger oder unrichtiger automatisierter Erhebung, Verarbeitung oder Nutzung von personenbezogenen Sozialdaten gilt auch § 8 des Bundesdatenschutzgesetzes entsprechend.

§ 83 Auskunft an den Betroffenen

(1) Dem Betroffenen ist auf Antrag Auskunft zu erteilen über

1. die zu seiner Person gespeicherten Sozialdaten, auch soweit sie sich auf die Herkunft dieser Daten beziehen,
2. die Empfänger oder Kategorien von Empfängern, an die Daten weitergegeben werden, und
3. den Zweck der Speicherung.

In dem Antrag soll die Art der Sozialdaten, über die Auskunft erteilt werden soll, näher bezeichnet werden. Sind die Sozialdaten nicht automatisiert oder nicht in nicht automatisierten Dateien gespeichert, wird die Auskunft nur erteilt, soweit der Betroffene Angaben macht, die das Auffinden der Daten ermöglichen, und der für die Erteilung der Auskunft erforderliche Aufwand nicht außer Verhältnis zu dem vom

Betroffenen geltend gemachten Informationsinteresse steht. Die verantwortliche Stelle bestimmt das Verfahren, insbesondere die Form der Auskunftserteilung, nach pflichtgemäßem Ermessen. § 25 Abs. 2 gilt entsprechend.

(2) Für Sozialdaten, die nur deshalb gespeichert sind, weil sie auf Grund gesetzlicher, satzungsmäßiger oder vertraglicher Aufbewahrungsvorschriften nicht gelöscht werden dürfen, oder die ausschließlich Zwecken der Datensicherung oder der Datenschutzkontrolle dienen, gilt Absatz 1 nicht, wenn eine Auskunftserteilung einen unverhältnismäßigen Aufwand erfordern würde.

(3) Bezieht sich die Auskunftserteilung auf die Übermittlung von Sozialdaten an Staatsanwaltschaften und Gerichte im Bereich der Strafverfolgung, an Polizeibehörden, Verfassungsschutzbehörden, den Bundesnachrichtendienst und den Militärischen Abschirmdienst, ist sie nur mit Zustimmung dieser Stellen zulässig.

(4) Die Auskunftserteilung unterbleibt, soweit
1. die Auskunft die ordnungsgemäße Erfüllung der in der Zuständigkeit der verantwortlichen Stelle liegenden Aufgaben gefährden würde,
2. die Auskunft die öffentliche Sicherheit gefährden oder sonst dem Wohle des Bundes oder eines Landes Nachteile bereiten würde oder
3. die Daten oder die Tatsache ihrer Speicherung nach einer Rechtsvorschrift oder ihrem Wesen nach, insbesondere wegen der überwiegenden berechtigten Interessen eines Dritten, geheim gehalten werden müssen,

und deswegen das Interesse des Betroffenen an der Auskunftserteilung zurücktreten muss.

(5) Die Ablehnung der Auskunftserteilung bedarf keiner Begründung, soweit durch die Mitteilung der tatsächlichen und rechtlichen Gründe, auf die die Entscheidung gestützt wird, der mit der Auskunftsverweigerung verfolgte Zweck gefährdet würde. In diesem Fall ist der Betroffene darauf hinzuweisen, dass er sich, wenn die in § 35 des Ersten Buches genannten Stellen der Kontrolle des Bundesbeauftragten für den Datenschutz unterliegen, an diesen, sonst an die nach Landesrecht für die Kontrolle des Datenschutzes zuständige Stelle wenden kann.

(6) Wird einem Auskunftsberechtigten keine Auskunft erteilt, so kann, soweit es sich um in § 35 des Ersten Buches genannte Stellen handelt, die der Kontrolle des Bundesbeauftragten für den Datenschutz unterliegen, dieser, sonst die nach Landesrecht für die Kontrolle des Datenschutzes zuständige Stelle auf Verlangen der Auskunftsberechtigten prüfen, ob die Ablehnung der Auskunftserteilung rechtmäßig war.

(7) Die Auskunft ist unentgeltlich.

§ 83 a Informationspflicht bei unrechtmäßiger Kenntniserlangung von Sozialdaten

Stellt eine in § 35 des Ersten Buches genannte Stelle fest, dass bei ihr gespeicherte besondere Arten personenbezogener Daten (§ 67 Absatz 12) unrechtmäßig übermittelt oder auf sonstige Weise Dritten unrechtmäßig zur Kenntnis gelangt sind und drohen schwerwiegende Beeinträchtigungen für die Rechte oder schutzwürdigen Interessen der Betroffenen, hat sie dies unverzüglich der nach § 90 des Vierten Buches zuständigen

Aufsichtsbehörde, der zuständigen Datenschutzaufsichtsbehörde sowie den Betroffenen mitzuteilen. § 42 a Satz 2 bis 6 des Bundesdatenschutzgesetzes gilt entsprechend.

§ 84 Berichtigung, Löschung und Sperrung von Daten; Widerspruchsrecht

(1) Sozialdaten sind zu berichtigen, wenn sie unrichtig sind. Wird die Richtigkeit von Sozialdaten von dem Betroffenen bestritten und lässt sich weder die Richtigkeit noch die Unrichtigkeit der Daten feststellen, bewirkt dies keine Sperrung, soweit es um die Erfüllung sozialer Aufgaben geht; die ungeklärte Sachlage ist in geeigneter Weise festzuhalten. Die bestrittenen Daten dürfen nur mit einem Hinweis hierauf genutzt und übermittelt werden.

(1 a) § 20 Abs. 5 des Bundesdatenschutzgesetzes gilt entsprechend.

(2) Sozialdaten sind zu löschen, wenn ihre Speicherung unzulässig ist. Sie sind auch zu löschen, wenn ihre Kenntnis für die verantwortliche Stelle zur rechtmäßigen Erfüllung der in ihrer Zuständigkeit liegenden Aufgaben nicht mehr erforderlich ist und kein Grund zu der Annahme besteht, dass durch die Löschung schutzwürdige Interessen des Betroffenen beeinträchtigt werden.

(3) An die Stelle einer Löschung tritt eine Sperrung, soweit

1. einer Löschung gesetzliche, satzungsmäßige oder vertragliche Aufbewahrungsfristen entgegenstehen,
2. Grund zu der Annahme besteht, dass durch eine Löschung schutzwürdige Interessen des Betroffenen beeinträchtigt würden, oder
3. eine Löschung wegen der besonderen Art der Speicherung nicht oder nicht mit angemessenem Aufwand möglich ist.

(4) Gesperrte Sozialdaten dürfen ohne Einwilligung des Betroffenen nur übermittelt oder genutzt werden, wenn

1. es zu wissenschaftlichen Zwecken, zur Behebung einer bestehenden Beweisnot oder aus sonstigen im überwiegenden Interesse der verantwortlichen Stelle oder eines Dritten liegenden Gründen unerlässlich ist und
2. die Sozialdaten hierfür übermittelt oder genutzt werden dürften, wenn sie nicht gesperrt wären.

(5) Von der Tatsache, dass Sozialdaten bestritten oder nicht mehr bestritten sind, von der Berichtigung unrichtiger Daten sowie der Löschung oder Sperrung wegen Unzulässigkeit der Speicherung sind die Stellen zu verständigen, denen im Rahmen einer Datenübermittlung diese Daten zur Speicherung weitergegeben worden sind, wenn dies keinen unverhältnismäßigen Aufwand erfordert und schutzwürdige Interessen des Betroffenen nicht entgegenstehen.

(6) § 71 Abs. 1 Satz 3 bleibt unberührt.

§ 84 a Unabdingbare Rechte des Betroffenen

(1) Die Rechte des Betroffenen nach diesem Kapitel können nicht durch Rechtsgeschäft ausgeschlossen oder beschränkt werden.

(2) Sind die Daten des Betroffenen automatisiert oder in einer nicht automatisierten Datei gespeichert und sind mehrere Stellen speicherungsberechtigt, kann der

Betroffene sich an jede dieser Stellen wenden, wenn er nicht in der Lage ist festzustellen, welche Stelle die Daten gespeichert hat. Diese ist verpflichtet, das Vorbringen des Betroffenen an die Stelle, die die Daten gespeichert hat, weiterzuleiten. Der Betroffene ist über die Weiterleitung und jene Stelle zu unterrichten.

§ 85 Bußgeldvorschriften

(1) Ordnungswidrig handelt, wer vorsätzlich oder fahrlässig

1. entgegen § 78 Abs. 1 Satz 1 Sozialdaten verarbeitet oder nutzt, wenn die Handlung nicht nach Absatz 2 Nr. 5 geahndet werden kann,

1 a. entgegen § 80 Absatz 2 Satz 2 einen Auftrag nicht richtig, nicht vollständig oder nicht in der vorgeschriebenen Weise erteilt,

1 b. entgegen § 80 Absatz 2 Satz 4 sich nicht vor Beginn der Datenverarbeitung von der Einhaltung der beim Auftragnehmer getroffenen technischen und organisatorischen Maßnahmen überzeugt,

2. entgegen § 80 Abs. 4, auch in Verbindung mit § 67 d Abs. 4 Satz 2, Sozialdaten anderweitig verarbeitet, nutzt oder länger speichert oder

3. entgegen § 81 Abs. 4 Satz 1 dieses Gesetzes in Verbindung mit § 4 f Abs. 1 Satz 1 oder 2 des Bundesdatenschutzgesetzes, diese jeweils auch in Verbindung mit § 4 f Abs. 1 Satz 3 und 6 des Bundesdatenschutzgesetzes, einen Beauftragten für den Datenschutz nicht oder nicht rechtzeitig bestellt.

(2) Ordnungswidrig handelt, wer vorsätzlich oder fahrlässig

1. unbefugt Sozialdaten, die nicht allgemein zugänglich sind, erhebt oder verarbeitet,
2. unbefugt Sozialdaten, die nicht allgemein zugänglich sind, zum Abruf mittels automatisierten Verfahrens bereithält,
3. unbefugt Sozialdaten, die nicht allgemein zugänglich sind, abruft oder sich oder einem anderen aus automatisierten Verarbeitungen oder nicht automatisierten Dateien verschafft,
4. die Übermittlung von Sozialdaten, die nicht allgemein zugänglich sind, durch unrichtige Angaben erschleicht,
5. entgegen § 67 c Abs. 5 Satz 1 oder § 78 Abs. 1 Satz 1 Sozialdaten für andere Zwecke nutzt, indem er sie an Dritte weitergibt oder
6. entgegen § 83 a Satz 1 eine Mitteilung nicht, nicht richtig, nicht vollständig oder nicht rechtzeitig macht.

(3) Die Ordnungswidrigkeit kann im Falle des Absatzes 1 mit einer Geldbuße bis zu fünfzigtausend Euro, in den Fällen des Absatzes 2 mit einer Geldbuße bis zu dreihunderttausend Euro geahndet werden. Die Geldbuße soll den wirtschaftlichen Vorteil, den der Täter aus den Ordnungswidrigkeiten gezogen hat, übersteigen. Reichen die in Satz 1 genannten Beträge hierfür nicht aus, so können sie überschritten werden.

§ 85 a Strafvorschriften

(1) Wer eine in § 85 Abs. 2 bezeichnete vorsätzliche Handlung gegen Entgelt oder in der Absicht, sich oder einen anderen zu bereichern oder einen anderen zu schädigen, begeht, wird mit Freiheitsstrafe bis zu zwei Jahren oder mit Geldstrafe bestraft.

(2) Die Tat wird nur auf Antrag verfolgt. Antragsberechtigt sind der Betroffene, die verantwortliche Stelle, der Bundesbeauftragte für den Datenschutz oder der zuständige Landesbeauftragte für den Datenschutz.

Schutz der Sozialdaten – §§ 67 bis 85 a

Inhaltsübersicht Rn.

1. Regelungsinhalt

Der Umfang der Regelungen zeigt die besondere Bedeutung des Schutzes von Sozialdaten im Rahmen des Datenschutzes. Nur und soweit es zur Erfüllung der Aufgaben der Sozialverwaltung tatsächlich erforderlich ist, dürfen Sozialdaten erhoben, verarbeitet und genutzt werden. Nach dem **Grundsatz der Erforderlichkeit** ist das Erheben von Daten auf das notwendige Mindestmaß zu beschränken. Betroffene sollen nicht mehr Daten anzugeben haben, als die Behörde zur Erfüllung ihrer Aufgaben tatsächlich benötigt. **1**

Der Datenschutz ist verfassungsrechtlich garantiert durch das Grundrecht auf informationelle Selbstbestimmung, das vom BVerfG in seiner Entscheidung zur Volkszählung[70] aus Art. 2 Abs. 1 i. V. m. Art. 1 Abs. 1 GG (dem allgemeinen Persönlichkeitsrecht) abgeleitet worden ist. Dieses Grundrecht wird konkretisiert durch das Bundesdatenschutzgesetz und die Datenschutzgesetze der Länder. Diese sind nachrangig gegenüber dem bereichsspezifischen Sozialdatenschutz in **§ 35 SGB I** und **§§ 67 bis 85 a** sowie weiteren datenschutzrechtlichen Regelungen in einzelnen Sozialgesetzen (z. B. §§ 394 bis 397 SGB III; §§ 61 bis 68 SGB VIII).

Sozialdaten sind Einzelangaben über die persönlichen und sachlichen Verhältnisse (personenbezogene Daten), die von den sozialrechtlichen Leistungsträgern (Sozialversicherungsträger, Sozialhilfeträger, Versorgungsbehörden) zur Erfüllung ihrer gesetzlichen Aufgaben gesammelt und gespeichert werden. Solche personenbezogenen Angaben sind gem. **§ 67 Abs. 1** alle Einzelangaben über persönliche und sachliche Verhältnisse wie z. B. Name, Anschrift, Geburtsdatum, Geschlecht, Religionszughörigkeit, Nationalität, Krankheiten, Familienstand, Kinderzahl, Einkommen, Beruf oder Arbeitgeber. All diese Informationen sind Sozialdaten, unabhängig von der Art ihrer Gewinnung (schriftlich oder mündlich, aber auch beispielsweise durch ein Foto oder eine Videoaufnahme). Auch Bewertungen, Diagnosen und Prognosen enthalten solche geschützten Einzelangaben über die Person. § 67 Abs. 1 nennt diese Person »Betroffener«. Es können auch mehrere Personen Betroffene der Erhebung von Sozialdaten sein. **2**

Sozialdaten unterliegen grundsätzlich dem **Sozialgeheimnis** (**§ 35 SGB I**) und dürfen **3**

70 BVerfG – 15. 12. 1983 – 1 BvR 209/83, 1 BvR 269/83, 1 BvR 362/83, 1 BvR 420/83, 1 BvR 440/83, 1 BvR 484/83.

nur unter den Voraussetzungen der §§ 67 ff. offenbart werden. Die Vorschriften treffen genaue Bestimmungen über die Offenbarung personenbezogener Daten im sozialrechtlichen Verfahren, die in einigen Fällen strikt an die Einwilligung des Betroffenen geknüpft ist. Gegenüber Personen oder Stellen außerhalb des Bundesgebietes dürfen personenbezogene Daten nicht offenbart werden, wenn Grund zur Annahme besteht, dass schutzwürdige Belange des Betroffenen beeinträchtigt werden. Personen und Stellen, denen gegenüber personenbezogene Daten, Betriebs- bzw. Geschäftsgeheimnisse offenbart worden sind, dürfen diese nur zu dem Zweck verwenden, zu dem sie ihnen offenbart worden sind; im Übrigen sind die Daten geheim zu halten (**§ 78**).

2. Schutz der Sozialdaten

4 Sozialdaten sind geschützt gegen ungerechtfertigte **Eingriffe**. Solche Eingriffe können geschehen durch

- Erheben von Daten (d. h. Beschaffen von Daten, z. B. durch schriftliche oder mündliche Befragung, **§§ 67 Abs. 5, 67 a**),
- Verarbeiten von Daten (**§§ 67 Abs. 6 Satz 1, 67 b bis 78**) durch
  - Speichern von Daten (d. h. Erfassen und Aufbewahren von Daten, z. B. durch Dokumentation, **§ 67 Abs. 6 Satz 2 Nr. 1**,
  - Verändern von Daten, **§ 67 Abs. 6 Satz 2 Nr. 2**,
  - Übermitteln von Daten, d. h. Bekanntgabe von Daten an Dritte, **§ 67 Abs. 6 Satz 2 Nr. 3**,
  - Sperren von Daten, **§ 67 Abs. 6 Satz 2 Nr. 4**,
  - Löschen von Daten, **§ 67 Abs. 6 Satz 2 Nr. 5**,
- Nutzen von Daten (d. h. Verwenden von Daten, **§§ 67 Abs. 7, 67 b bis 78**).

S. i. Ü. **§ 67 Abs. 3 bis 7**.

Zum **Schutz der Sozialdaten bei der Datenverarbeitung** enthalten **§§ 78 a bis 85 a** weitere Vorschriften.

3. Datenschutz bei den freien Trägern

5 Freie Träger, die im Sozialrecht eine bedeutende Rolle spielen, sind nicht Sozialleistungsträger i. S. v. § 35 SGB I. In Abgrenzung zu öffentlichen Trägern (Gemeinde, Landkreis, Land, Bund) sind freie Träger Institutionen für Dienstleistungen in der sozialen Arbeit (organisiert als gewerbliche Träger, gemeinnützige Vereine und Gesellschaften, Stiftungen oder freie Wohlfahrtsverbände). Für sie gilt der gesetzliche Datenschutz daher nicht unmittelbar. Sie sind aber »abgeleitete Normadressaten« des § 35 SGB I, wenn sie Daten vom öffentlichen Träger erhalten haben (**§ 78**) oder im Auftrag des öffentlichen Trägers (z. B. nach § 61 Abs. 4 SGB VIII) tätig werden. Im letzteren Fall muss der öffentliche Träger garantieren, dass der gesetzliche Datenschutzstandard auch beim freien Träger sichergestellt ist. Die Sicherstellung erfolgt entweder durch vertragliche Vereinbarungen oder durch Auflagen. Einrichtungen eines freien Trägers erfüllen ihre Aufgabe zwar nicht im Auftrag des öffentlichen Trägers. Der gesetzliche Datenschutz gilt aber auch für sie

mittelbar dadurch, dass der freie Träger mit dem Benutzer seiner Einrichtung einen Dienstleistungsvertrag abschließt, aufgrund dessen sich als vertragliche Nebenpflicht (§§ 241 Abs. 2, 242 BGB) die Einhaltung der Datenschutzbestimmungen ergibt.

4. Einzelfälle

Ein Leistungsempfänger nach dem **SGB II** ist verpflichtet, auf Verlangen des Grundsicherungsträgers vollständig lesbare (ungeschwärzte) Kontoauszüge vorzulegen.[71] Ermächtigungsgrundlage dafür ist **§ 60 Abs. 1 Satz 1 Nr. 3 SGB I**. Der Verpflichtung zur Vorlage der Kontoauszüge auch für die Zeit vor dem Leistungsbeginn steht auch der Schutz der Sozialdaten aus § 35 SGB I, §§ 67 ff. nicht entgegen. Nach § 67 a Abs. 1 Satz 1 ist das Erheben von Sozialdaten durch die in § 35 SGB I genannten Stellen zulässig, wenn ihre Kenntnis zur Erfüllung einer Aufgabe der erhebenden Stelle erforderlich ist. Die Kontoauszüge stellen ein Beweismittel i. S. d. § 60 Abs. 1 Satz 1 Nr. 3 SGB I dar, das zur ordnungsgemäßen Erfüllung der Aufgaben der Sozialverwaltung erforderlich ist.[72] Diese Verpflichtung besteht auch unabhängig davon, ob begründete Zweifel an der Vollständigkeit und Richtigkeit der Angaben zu seinen Einkommens- und Vermögensverhältnissen bestehen.[73] Nach dem Wortlaut des § 60 Abs. 1 Satz 1 Nr. 3 SGB I gibt es eine derartige Einschränkung der Mitwirkungspflicht nicht; die grundsätzliche Beschränkung der Verpflichtung, Kontoauszüge vorzulegen, stellt wegen ihres geringen tatsächlichen Aufwands auch keine unverhältnismäßige Belastung des Antragstellers dar und missachtet nicht die Grenzen des § 65 Abs. 1 SGB I, der das verfassungsrechtliche Übermaßverbot einfachrechtlich konkretisiert. 6

Die gesetzlichen Aufgaben der Bundesagentur für Arbeit als Träger der Arbeitsförderung nach dem **SGB III** sind abschließend in **§ 394 Abs. 1 Satz 2 SGB III** aufgezählt. Eine Verwendung der erhobenen Sozialdaten zu anderen als den in § 394 SGB III genannten Zwecken ist nur zulässig, soweit dies in anderen Teilen des SGB III vorgesehen ist. Damit werden die Sozialdaten, die sehr sensible Informationen, beispielsweise zur Gesundheit, umfassen können (die »besonderen Arten personenbezogener Daten«, **§ 67 Abs. 12**), nach einem einheitlichen Standard geschützt. Sozialdaten dürfen durch die Bundesagentur für Arbeit an Dritte, die mit Aufgaben der Arbeitsförderung betraut sind, übermittelt werden, soweit dies zur Erfüllung dieser Aufgaben erforderlich ist (**§ 395 SGB III**). Solche Dritte können beispielsweise private Arbeitsvermittler sein. Zur Wahrung des Sozialgeheimnisses bei der Beratung und Vermittlung durch solche Dritte sind in **§ 298 SGB III** ergänzende Regelungen getroffen worden. 7

Datenschutzrechtlich sensibel ist das von der Bundesagentur für Arbeit 2009 eingeführte zentrale IT-Verfahren VerBIS (Vermittlungs-, Beratungs- und InformationsSystem). Vermittlungsfachkräfte der Agenturen für Arbeit sollen im sog. 4-Phasen-Modell 8

---

71 LSG Baden-Württemberg – 03. 01. 2008 – L 8 AS 5486/07 ER-B.

72 LSG Nordrhein-Westfalen – 11. 10. 2007 – L 7 B 235/07 AS ER.

73 A. A. LSG Niedersachsen-Bremen – 12. 07. 2007 – L 6 AS 378/07 ER; LSG Hessen – 22. 08. 2005 – L 7 AS 32/05 ER.

gemeinsam mit dem Betroffenen in einem umfassenden Prozess Stärken und Eingliederungshemmnisse (Stärken- und Potentialanalyse) ermitteln, Integrationsziele festlegen und eine Strategie zur Erreichung dieser Ziele auswählen. In regelmäßigen Abständen sollen eine Bestandsaufnahme des Erreichten und eine Fokussierung auf verbliebene Handlungsbedarfe erfolgen. Grundlage des 4-Phasen-Modells ist ein umfangreiches »Profiling« (Chanceneinschätzung) des Arbeitsuchenden, das die Erhebung einer Vielzahl sehr persönlicher, teils auch »besonderer Arten personenbezogener Daten« erfordert. Nicht erhoben werden dürfen solche Daten, die ein Arbeitgeber vor Begründung eines Ausbildungs- oder Arbeitsverhältnisses nicht erfragen darf (**§ 42 SGB III**).

9 Im Geltungsbereich des **SGB V** ist die Weitergabe von Patientendaten durch Leistungserbringer nur dann und in dem Umfang erlaubt, in dem bereichsspezifische Vorschriften über die Datenverarbeitung im SGB V dies gestatten; die allgemeinen Regelungen des Datenschutzes, die die Datenübermittlung bei Vorliegen einer Einwilligungserklärung des Betroffenen erlauben, finden insoweit keine Anwendung. Krankenhäuser sowie Vertragsärzte dürfen Patientendaten, die gesetzlich Krankenversicherte betreffen, nicht zur Erstellung der Leistungsabrechnung an private Dienstleistungsunternehmen übermitteln. Die KÄV ist berechtigt, durch private Abrechnungsstellen ohne ausreichende gesetzliche Ermächtigung erstellte Abrechnungen zurückzuweisen.[74]

10 Die Datenerhebung für die Jugendhilfe ist in **§ 62 SGB VIII** geregelt. Danach dürfen Daten nur erhoben werden, soweit sie zur Erfüllung der jeweiligen Aufgabe erforderlich sind. Wird z. B. nach Religion, Einkommen, Krankheiten, Geschwistern gefragt, muss klar sein, inwieweit diese Daten notwendig (also nicht nur nützlich) sind, um z. B. die Erziehung eines Kindes in einer Einrichtung erfüllen zu können. Fragen nach dem Beruf der Eltern sind daher unzulässig.

§§ 86–119 Zusammenarbeit der Leistungsträger und ihre Beziehungen zu Dritten[75]

Regelungsinhalt

1 Besondere Bedeutung haben die Vorschriften über Ansprüche gegen den Arbeitgeber bzw. Dritte nach **§§ 115 bis 119**. Ansprüche der Sozialleistungsträger gegen Arbeitgeber oder dritte Personen als Schadensersatzpflichtige erfolgen im Wege des gesetzlichen Anspruchsübergangs (cessio legis).

2 Etwaige Behandlungskosten aus einem fremdverschuldeten Wegeunfall nach § 8 SGB VII, die die gesetzliche Unfallversicherung vorleistet, gehen beispielsweise auf den Unfallversicherungsträger ohne eigene Klage gegen den Schädiger kraft Gesetzes über.

3 Soweit ein Arbeitgeber den Anspruch des Arbeitnehmers auf Arbeitsentgelt nicht erfüllt und deshalb ein Sozialleistungsträger Leistungen erbracht hat, geht der Anspruch des Arbeitnehmers gegen den Arbeitgeber auf den Leistungsträger bis zur Höhe der erbrach-

74 BSG – 10. 12. 2008 – B 6 KA 37/07 R.
75 Gesetzestext nicht abgedruckt.

ten Sozialleistung über, **§ 115 Abs. 1**. Die Weigerung des Arbeitgebers zur Gehaltszahlung kann zu einer Leistungserbringung der Bundesagentur für Arbeit führen. Der Entgeltanspruch des Arbeitnehmers geht dann nach § 115 automatisch auf die Bundesagentur für Arbeit über.

Beispiel:
Zahlt der Arbeitgeber entgegen seiner Entgeltfortzahlungspflicht im Krankheitsfall den Lohn nicht weiter, ruht der Anspruch auf Krankengeld nach **§ 49 SGB V** nicht, so dass die Krankenkasse leisten muss. Die Krankenkasse kann dann den Arbeitgeber vor dem Arbeitsgericht auf Zahlung verklagen.

§ 120 Übergangs- und Schlussvorschriften

Diese verweisen für einzelne Vorschriften auf früher geltendes Recht.

10. Sozialgesetzbuch (SGB) Elftes Buch (XI) – Soziale Pflegeversicherung

Vom 26. Mai 1994 (BGBl. I S. 1014); zuletzt geändert durch
Art. 1 G v. 23. Oktober 2012 (BGBl. I S. 2246)

– Auszug –

Erstes Kapitel
Allgemeine Vorschriften

§ 1 Soziale Pflegeversicherung

(1) Zur sozialen Absicherung des Risikos der Pflegebedürftigkeit wird als neuer eigenständiger Zweig der Sozialversicherung eine soziale Pflegeversicherung geschaffen.

(2) In den Schutz der sozialen Pflegeversicherung sind kraft Gesetzes alle einbezogen, die in der gesetzlichen Krankenversicherung versichert sind. Wer gegen Krankheit bei einem privaten Krankenversicherungsunternehmen versichert ist, muss eine private Pflegeversicherung abschließen.

(3) Träger der sozialen Pflegeversicherung sind die Pflegekassen; ihre Aufgaben werden von den Krankenkassen (§ 4 des Fünften Buches) wahrgenommen.

(4) Die Pflegeversicherung hat die Aufgabe, Pflegebedürftigen Hilfe zu leisten, die wegen der Schwere der Pflegebedürftigkeit auf solidarische Unterstützung angewiesen sind.

(4 a) In der Pflegeversicherung sollen geschlechtsspezifische Unterschiede bezüglich der Pflegebedürftigkeit von Männern und Frauen und ihrer Bedarfe an Leistungen berücksichtigt und den Bedürfnissen nach einer kultursensiblen Pflege nach Möglichkeit Rechnung getragen werden.

(5) Die Leistungen der Pflegeversicherung werden in Stufen eingeführt: die Leistungen bei häuslicher Pflege vom 1. April 1995, die Leistungen bei stationärer Pflege vom 1. Juli 1996 an.

(6) Die Ausgaben der Pflegeversicherung werden durch Beiträge der Mitglieder und der Arbeitgeber finanziert. Die Beiträge richten sich nach den beitragspflichtigen Einnahmen der Mitglieder. Für versicherte Familienangehörige und eingetragene Lebenspartner (Lebenspartner) werden Beiträge nicht erhoben.

Inhaltsübersicht Rn.

Literatur

Boecken, Zur Frage des Anspruchs von Pflegebedürftigen auf gleichgeschlechtliche Pflege, SGb 2008, 698; Fuchs, Finanzierung der Pflegeversicherung, SozSich 2011, 110; Kesselheim, Pflegeversicherung – Quo vadis?, ASP 1999, Nr. 3/4, 57; Igl/Dünnes, Das Recht auf Pflegekräfte des eigenen Geschlechts unter Berücksichtigung der Situation pflegebedürftiger Frauen, RsDE Nr. 56 (2004), 17; Moldenhauer, Herausforderungen und Reformbedarf der Pflegeversicherung, ASP 2001, Nr. 3/4, 30; Rothgang/Jacobs, Substanziell und solidarisch – Zur Zukunft der Pflegeversicherung, GSP 2011, Nr. 4, 9; Schaaf, Die soziale Pflegeversicherung als fünfte Säule der Sozialversicherung, SGb 1994, 414; Schulin, Die soziale Pflegeversicherung des SGB XI – Grundstrukturen und Probleme, NZS 1994, 433; Sendler, Acht Jahre Pflegeversicherung – Zwischenbilanz und Perspektiven, SozSich 2003, 279

1. Normzweck

1.1 Allgemeiner Inhalt

Abs. 1 bestimmt, dass mit der sozialen Pflegeversicherung ein eigenständiger Zweig in der Sozialverscherung geschaffen wurde, der der sozialen Absicherung des Risikos der Pflegebedürftigkeit dient. **1**

Nach Abs. 2 Satz 1 sind alle in den Schutz der sozialen Pflegeversicherung einbezogen, die in der gesetzlichen Krankenversicherung versichert sind. Wer gegen Krankheit bei einem privaten Krankenversicherungsunternehmen versichert ist, muss nach Abs. 2 Satz 2 eine private Pflegeversicherung abschließen. **2**

Abs. 3 bestimmt die Träger der sozialen Pflegeversicherung. Dies sind die Pflegekassen, deren Aufgaben von den Krankenkassen wahrgenommen werden. In Abs. 4 ist die Aufgabe der Pflegeversicherung beschrieben. Die Pflegeversicherung hat danach die Aufgabe, Pflegebedürftigen Hilfe zu leisten, die wegen der Schwere der Pflegebedürftigkeit auf solidarische Unterstützung angewiesen sind. **3**

Abs. 4 a bestimmt, dass in der Pflegeversicherung geschlechtsspezifische Unterschiede bezüglich der Pflegebedürftigkeit von Männern und Frauen und ihrer Bedarfe berücksichtigt werden sollen und den Bedürfnissen nach einer kultursensiblen Pflege nach Möglichkeit Rechnung getragen wird. **4**

Nach Abs. 5 werden die Leistungen der Pflegeversicherung in Stufen eingeführt. Danach wurden Leistungen bei häuslicher Pflege vom 1. April 1995 und Leistungen bei **5** stationärer Pflege vom 1. Juli 1996 an gewährt. Schließlich regelt Abs. 6 die Finanzierung der Pflegeversicherung. Nach Abs. 6 Satz 1 werden die Ausgaben der sozialen Pflegeversicherung durch Beiträge der Mitglieder und der Arbeitgeber finanziert. Die Beiträge richten sich gemäß Abs. 6 Satz 2 nach den beitragspflichtigen Einnahmen der Mitglieder.

1.2 Zweck der Regelung

6 Bei § 1 handelt es sich um eine Einweisungsvorschrift in die Grundstrukturen der sozialen und privaten Pflegeversicherung.[1] Es wird der versicherungspflichtige Personenkreis, die Träger und Aufgaben der Pflegeversicherung festgelegt und die Finanzierung geregelt.

2. Entstehungsgeschichte

7 § 1 ist durch Art. 1 des PflegeVG vom 26.05.1994[2] mit Wirkung zum 01.01.1995 eingeführt worden. Mit Gesetz vom 16.02.2001[3] wurde Abs. 6 Satz 3 mit Wirkung zum 01.08.2001 um die Worte »und eingetragene Lebenspartner (Lebenspartner)« ergänzt. Zuletzt wurde Abs. 4a durch Art. 1 des Pflegeweiterentwicklungsgesetzes vom 28.05.2008[4] in die Vorschrift eingefügt.

3. Eigenständiger Zweig der Sozialversicherung (Abs. 1)

8 Die soziale Pflegeversicherung ist nach Abs. 1 ein eigenständiger Zweig der Sozialversicherung. Dies wird bereits durch die Einordnung als Elftes Buch Sozialgesetzbuch in die Reihe der unterschiedlichen Sozialgesetzbücher auch nach außen hin deutlich. Das SGB XI ist neben dem SGB III (Arbeitslosenversicherung), dem SGB V (Krankenversicherung), SGB VI (Rentenversicherung) und dem SGB VII (Unfallversicherung) die fünfte Säule der Sozialversicherung. Die Pflegeversicherung ist eine öffentlich-rechtliche Zwangsversicherung mit einem Familienlastenausgleich durch eine beitragsfreie Mitversicherung der Familienmitglieder, Abs. 6.

4. Versicherungspflichtiger Personenkreis (Abs. 2)

9 Abs. 2 legt den versicherungspflichtigen Personenkreis fest. Dabei folgt die Versicherungspflicht in der sozialen Pflegeversicherung der Versicherungspflicht in der gesetzlichen Krankenversicherung. Einzelheiten zur Versicherungspflicht sind in den §§ 20–27 geregelt. In der sozialen Pflegeversicherung sind aber auch Personen versicherungspflichtig, für die in der GKV keine Versicherungspflicht besteht, § 21.

---

1 Udsching in Udsching, SGB XI, § 1 Rn. 2; Peters in Kasseler Kommentar, SGB XI, § 1 Rn. 2, insoweit kritisch, als dort die Vorschrift für entbehrlich gehalten wird.
2 BGBl. I S. 1014.
3 BGBl. I S. 266.
4 BGBl. I S. 874.

Personen, die in der PKV versichert sind, haben nach Abs. 2 Satz 2 eine private Pflegeversicherung abzuschließen. Diese muss nicht unbedingt bei einem privaten Krankenversicherungsunternehmen abgeschlossen werden. Auch der Abschluss eines Vertrages mit einem privaten Versicherungsunternehmen ist möglich.[5] Der Gesetzgeber war nicht verpflichtet, den privat Krankenversicherten das Recht einzuräumen, der sozialen Pflegeversicherung beizutreten, oder eine gleiche Bemessung der Beiträge in der sozialen und der Prämien in der privaten Pflegeversicherung vorzusehen.[6] 10

Der Umstand, dass das SGB XI nicht auf Beamte anwendbar ist, hindert den Gesetzgeber aber nicht, einzelne sozialversicherungsrechtliche Regelungen – auch mit Hilfe des gesetzestechnischen Mittels der Verweisung – in das System der beamtenrechtlichen Versorgung zu übernehmen.[7] Die Anknüpfung der Pflegeversicherung an die Versicherungspflicht in der gesetzlichen Krankenversicherung ist verfassungsgemäß.[8] 11

5. Träger der Pflegeversicherung (Abs. 3)

Träger der sozialen Pflegeversicherung sind die Pflegekassen. Die Pflegekassen sind Körperschaften des öffentlichen Rechts und nehmen ihre Aufgaben selbst wahr. Für die Aufgabenwahrnehmung bedienen sie sich der Organe und des Personals der gesetzlichen Krankenversicherung, § 46 Abs. 2. Die Verwaltungskosten werden nach § 46 Abs. 3 erstattet. 12

6. Aufgaben der Pflegeversicherung (Abs. 4)

Abs. 4 stellt klar, dass nicht alle Pflegebedürftigen Leistungen der Pflegeversicherung enthalten. Voraussetzung ist eine bestimmte Schwere der Pflegebedürftigkeit. Wann diese erreicht ist, wird in den §§ 14 und 15 näher beschrieben. Die Vorschrift ist sprachlich missglückt,[9] weil sie den Eindruck erweckt (»auf solidarische Hilfe angewiesen«), dass Leistungen nur diejenigen Pflegebedürftigen erhalten, die eine bedarfsgerechte Pflege nicht aus eigenen Mitteln finanzieren können. Leistungen der Pflegeversicherung knüpfen aber nur an den Grad der Pflegebedürftigkeit an, ohne eine entsprechende Einkommens- und Vermögensüberprüfung. 13

7. Pflegebedürftigkeit von Männern und Frauen (Abs. 4 a)

Der Gesetzgeber hat die Einfügung von Abs. 4 a Satz 1 im Jahr 2008 damit begründet, dass geschlechtsspezifische Unterschiede bezüglich der Pflegebedürftigkeit von Männern und Frauen die Verankerung einer geschlechtsspezifischen Sichtweise erforderlich machen. 14

---

5 Peters in Kasseler Kommentar, SGB XI, § 1 Rn. 9.
6 BVerfGE 103, 271.
7 BVerwG – 24.08.2010 – 2 B 120/09.
8 BVerfGE 103, 225.
9 S. die diesbezügliche Kritik von Schulin, NZS 1994, 435.

Abs. 4a ist als Sollvorschrift ausgestaltet und mehr als ein bloßer Programmsatz.[10] Ambulante und stationäre Versorger sind demnach verpflichtet, ihre Personalauswahl so zu gestalten, dass eine gleichgeschlechtliche Pflege gewährleistet ist. Entsprechende Anträge von Pflegebedürftigen auf gleichgeschlechtliche Pflege sind auch dann stattzugeben, wenn damit höhere Kosten verbunden sind.[11]

15 Abs. 4a Satz 2 trägt dem Umstand Rechnung, dass immer mehr Menschen mit Migrationshintergrund pflegebedürftig sind. Notwendig ist deshalb eine interkulturelle Öffnung in der Pflege, die durch Satz 2 flankiert werden soll. Unter kultursensibler Pflege ist die Berücksichtigung der kulturell bedingten unterschiedlichen Bedürfnisse von pflegebedürftigen Menschen mit Migrationshintergrund zu verstehen. Der Gesetzgeber hat in der Gesetzesbegründung aber einschränkend deutlich gemacht, dass durch die Einfügung von Abs. 4a Satz 2 kein Anspruch auf die Durchführung bestimmter Maßnahmen etwa gegen den Einrichtungsträger begründet werden kann.[12]

8. Stufenweise Einführung der Leistungen (Abs. 5)

16 Mit der früheren Einführung von ambulanten gegenüber stationären Leistungen wurden zwei Ziele verfolgt. Zum einen sollte ein Finanzpolster in der sozialen Pflegeversicherung aufgebaut werden, um einen Puffer für die nur schwer kalkulierbaren tatsächlichen Ausgaben der Pflegeversicherung zu erhalten. Zum anderen entspricht die stufenweise Einführung der Leistungen dem in der Pflegeversicherung angelegten Grundsatz: »ambulant vor stationär«.

9. Finanzierung der Pflegeversicherung (Abs. 6)

17 Die Finanzierung der Pflegeversicherung wurde im Gesetzgebungsverfahren intensiv diskutiert. Neben einer Beitragsfinanzierung wurde auch eine (teilweise) Steuerfinanzierung vorgeschlagen, um die Arbeitgeberseite nicht mit höheren Sozialversicherungsbeiträgen zu belasten. Letztlich hat sich der Gesetzgeber für eine von Arbeitgebern und Versicherten durch Beiträge finanzierte Lösung entschlossen. Nach Satz 2 orientiert sich der Beitrag an den beitragspflichtigen Einnahmen der Mitglieder. Diese Regelung gilt nur für die soziale Pflegeversicherung.

18 In Abs. 6 Satz 3 ist geregelt, dass für versicherte Familienangehörige und Lebenspartner Beiträge nicht erhoben werden, also Familienmitglieder wie in der GKV beitragsfrei mitversichert sind, § 56 Abs. 1. Satz 3 gilt nur für die soziale Pflegeversicherung, nicht aber für die private Pflegeversicherung.

---

10 Udsching in Udsching, SGB XI, § 1 Rn. 7.
11 Udsching in Udsching, SGB XI, § 1 Rn. 7.
12 BT-Drs. 16/8525, S. 11; Gemeinsames Rundschreiben vom 01.07.2008 zu § 1 SGB XI.

Zweites Kapitel
Leistungsberechtigter Personenkreis

§ 14 Begriff der Pflegebedürftigkeit

(1) Pflegebedürftig im Sinne dieses Buches sind Personen, die wegen einer körperlichen, geistigen oder seelischen Krankheit oder Behinderung für die gewöhnlichen und regelmäßig wiederkehrenden Verrichtungen im Ablauf des täglichen Lebens auf Dauer, voraussichtlich für mindestens sechs Monate, in erheblichem oder höherem Maße (§ 15) der Hilfe bedürfen.

(2) Krankheiten oder Behinderungen im Sinne des Absatzes 1 sind:

1. Verluste, Lähmungen oder andere Funktionsstörungen am Stütz- und Bewegungsapparat,

2. Funktionsstörungen der inneren Organe oder der Sinnesorgane,

3. Störungen des Zentralnervensystems wie Antriebs-, Gedächtnis- oder Orientierungsstörungen sowie endogene Psychosen, Neurosen oder geistige Behinderungen.

(3) Die Hilfe im Sinne des Absatzes 1 besteht in der Unterstützung, in der teilweisen oder vollständigen Übernahme der Verrichtungen im Ablauf des täglichen Lebens oder in Beaufsichtigung oder Anleitung mit dem Ziel der eigenständigen Übernahme dieser Verrichtungen.

(4) Gewöhnliche und regelmäßig wiederkehrende Verrichtungen im Sinne des Absatzes 1 sind:

1. im Bereich der Körperpflege das Waschen, Duschen, Baden, die Zahnpflege, das Kämmen, Rasieren, die Darm- oder Blasenentleerung,

2. im Bereich der Ernährung das mundgerechte Zubereiten oder die Aufnahme der Nahrung,

3. im Bereich der Mobilität das selbständige Aufstehen und Zu-Bett-Gehen, An- und Auskleiden, Gehen, Stehen, Treppensteigen oder das Verlassen und Wiederaufsuchen der Wohnung,

4. im Bereich der hauswirtschaftlichen Versorgung das Einkaufen, Kochen, Reinigen der Wohnung, Spülen, Wechseln und Waschen der Wäsche und Kleidung oder das Beheizen.

Inhaltsübersicht

Literatur

Gabke, Wenn Pflege nötig wird, AiB 2009, 360; Kilger, Pflegeleistungen für alte Angehörige, Pflegestufen und Leistungsumfang, FÜR 1999, 40; Klie, Der Vorrang der Rehabilitation vor Pflege – nicht eingelöster Programmsatz oder programmatische Neuausrichtung des Leistungsrechts, PflegeRecht 2005, 439; Kostorz/Aufderhorst/Fecke/Hesa/Mört/Wübbeler/Ziegler, Das Pflegeweiterentwicklungsgesetz und seine praktische Umsetzung, WsZ 2010, 179; Rothgang/Staber, Pflege durch Angehörige – aktueller Stand und Reformdiskussion, FÜR 2012, 48; Wilde/Pilz, Behandlungspflege und Beaufsichtigung in der Pflegeversicherung, SGb 1997, 409

1. Normzweck

1.1 Allgemeiner Inhalt

1 Abs. 1 enthält eine Legaldefinition des Begriffs der Pflegebedürftigkeit. Danach sind Personen pflegebedürftig im Sinne des SGB XI, die wegen einer körperlichen, geistigen oder seelischen Krankheit oder Behinderung für die gewöhnlichen und regelmäßig wiederkehrenden Verrichtungen im Ablauf des täglichen Lebens auf Dauer, voraussichtlich für mindestens sechs Monate, in erheblichem oder höherem Maße (§ 15) der Hilfe bedürfen.

2 Abs. 2 bestimmt, was unter Krankheiten oder Behinderungen im Sinne des Abs. 1 zu verstehen ist. Dies sind: Verluste, Lähmungen oder andere Funktionsstörungen am Stütz- und Bewegungsapparat, Funktionsstörungen der inneren Organe oder der Sinnesorgane, Störungen des Zentralnervensystems wie Antriebs-, Gedächtnis- oder Orientierungsstörungen sowie endogene Psychose, Neurosen oder geistige Behinderungen.

3 Abs. 3 beschreibt, was unter Hilfe im Sinne von Abs. 1 zu verstehen ist. Die Hilfe besteht demnach in der Unterstützung, in der teilweisen oder vollständigen Übernahme der Verrichtungen im Ablauf des täglichen Lebens oder in der Beaufsichtigung oder Anleitung mit dem Ziel der eigenständigen Übernahme dieser Verrichtungen. Schließlich ist in Abs. 4 definiert, was gewöhnliche und regelmäßig wiederkehrende Verrichtungen im Sinne des Abs. 1 sind.

1.2 Zweck der Regelung

4 In der Vorschrift ist der Begriff der Pflegebedürftigkeit in Abs. 1 definiert. Der Begriff der Pflegebedürftigkeit gilt sowohl für die häusliche als auch die stationäre Pflege.[13] Die einzelnen Tatbestandsmerkmale von Abs. 1 werden in den nachfolgenden Absätzen näher konkretisiert. Entscheidend ist dabei, inwieweit die Fähigkeit eingeschränkt ist, die in Abs. 4 genannten gewöhnlichen und wiederkehrenden Verrichtungen des täglichen Lebens selbst noch erledigen zu können.

---

13 Koch in Kasseler Kommentar, SGB XI, § 14 Rn. 3.

2. Entstehungsgeschichte

§ 14 ist durch Art. 1 PflegeVG vom 26.05.1994[14] zum 01.01.1995 eingeführt worden. 5

3. Begriff der Pflegebedürftigkeit (Abs. 1)

Nach Abs. 1 ist pflegebedürftig, wer wegen einer körperlichen, geistigen oder seelischen Krankheit oder Behinderung für die gewöhnlichen und regelmäßig wiederkehrenden Verrichtungen im Ablauf des täglichen Lebens auf Dauer, voraussichtlich für mindestens sechs Monate, in erheblichem oder höherem Maße (§ 15) der Hilfe bedarf. Allein wegen des Vorliegens der Schwerbehinderung kann nicht auf eine Pflegebedürftigkeit geschlossen werden.[15] 6

Pflegebedürftigkeit liegt nur dann vor, wenn eine Hilfebedürftigkeit tatsächlich vorliegt. Ein künftig möglicherweise eintretender Hilfebedarf ist nicht ausreichend.[16] 7

Voraussetzung für die Pflegebedürftigkeit ist, dass der Hilfebedarf auf Dauer, voraussichtlich aber für mindestens sechs Monate besteht. Die Grenze von sechs Monaten gilt für alle drei Pflegestufen gleichermaßen.[17] Sie gilt auch unabhängig davon, ob es sich um die erstmalige Einstufung oder um eine Höherstufung aus einer niedrigen Pflegestufe handelt.[18] 8

Für die anspruchsbegründende Pflegebedürftigkeit »auf Dauer, voraussichtlich für mindestens sechs Monate« ist stets die vorausschauende Sicht zum Zeitpunkt der Antragstellung maßgeblich.[19] Dies gilt auch dann, wenn der tatsächliche Geschehensablauf diese Prognose nicht bestätigt.[20] Eine Leistungsgewährung wegen Pflegebedürftigkeit ist auch für weniger als sechs Monate möglich, wenn nach der Prognose ein Pflegebedarf von mindestens sechs Monaten zu erwarten war, dieser aber zum Zeitpunkt der Entscheidung bereits durch ein bei der Antragstellung nicht vorhersehbares Ereignis vorzeitig entfallen ist.[21] 9

4. Krankheiten und Behinderungen (Abs. 2)

Nach Abs. 2 muss die Pflegebedürftigkeit auf einer Krankheit oder Behinderung beruhen.[22] Krankheit ist der regelwidrige körperliche, geistige oder seelische Zustand, der von demjenigen eines gesunden Menschen abweicht.[23] Nicht entscheidend ist die Art der 10

14 BGBl. I S. 1014.
15 Udsching in Udsching, SGB XI, § 14 Rn. 3.
16 Koch in Kasseler Kommentar, SGB XI, § 14 Rn. 7.
17 BSG – 17.03.2005 – B 3 P 2/04 R; Koch in Kasseler Kommentar, SGB XI, § 14 Rn. 8.
18 BSG – 17.03.2005 – B 3 P 2/04 R; BSG – 19.02.1998 – B 3 P 7/97.
19 Udsching in Udsching, SGB XI, § 14 Rn. 7.
20 BSG – 17.03.2005 – B 3 P 2/04 R.
21 BSG – 17.03.2005 – B 3 P 2/04 R.
22 Klie in LPK-SGB XI, § 14 Rn. 5; Gürtner in Kasseler Kommentar, SGB XI, § 14 Rn. 6.
23 Klie in LPK-SGB XI, § 14 Rn. 5.

Krankheit oder der Grad der Behinderung.[24] Nicht-medizinische Ursachen sind nicht ausreichend, um eine Pflegebedürftigkeit zu begründen.[25]

5. Hilfen (Abs. 3)

11 Abs. 3 beschreibt die nach Abs. 1 in Betracht kommenden Hilfeleistungen. Diese bestehen in der Unterstützung, in der teilweisen oder vollständigen Übernahme der Verrichtungen im Ablauf des täglichen Lebens oder in der Beaufsichtigung oder Anleitung mit dem Ziel der eigenständigen Übernahme dieser Verrichtungen. Eine vollständige Übernahme von Verrichtungen liegt vor, wenn die Pflegeverrichtung durch die Pflegeperson selbst ausgeführt wird und der Pflegebedürftige sich dabei überwiegend passiv verhält.[26] Eine Anleitung liegt vor, wenn die Pflegeperson bei einer konkreten Verrichtung den Ablauf der einzelnen Handlungsschritte oder den ganzen Handlungsablauf lenken oder demonstrieren muss.[27] Die aktivierenden Hilfen verfolgen das Ziel, die Möglichkeiten des Einsatzes verbliebener Teilfunktionen zu vermitteln bzw. zu erhalten.[28]

6. Gewöhnliche und regelmäßig wiederkehrende Verrichtungen (Abs. 4)

12 Die in Abs. 4 aufgezählten Tätigkeiten stellen nach Ergänzung um die im Gesetz offenbar versehentlich nicht ausdrücklich genannten Verrichtungen Sitzen und Liegen eine abschließende Regelung dar.[29] Ein Hilfebedarf bei anderen Verrichtungen, z. B. bei der Erholung, Bildung oder Kommunikation bleibt bei der Feststellung der Pflegebedürftigkeit außer Betracht.[30] Die Begrenzung des für die Feststellung von Pflegebedürftigkeit und die Zuordnung zu den einzelnen Pflegestufen maßgebenden Hilfebedarfs auf die im Katalog des § 14 Abs. 4 aufgeführten Verrichtungen ist nicht verfassungswidrig.[31]

13 Die in Abs. 4 genannten Verrichtungen müssen mit einer gewissen Regelmäßigkeit anfallen. Danach sind Verrichtungen nicht zu berücksichtigen, wenn sie nicht mindestens einmal pro Woche anfallen.[32]

14 Ausschlaggebend für die Feststellung der Pflegebedürftigkeit und die Zuordnung zu den einzelnen Pflegestufen ist der Umfang des Pflegebedarfs bei denjenigen gewöhnlichen und regelmäßig wiederkehrenden Verrichtungen des täglichen Lebens, die in § 14 Abs. 4 aufgeführt sind.[33]

---

24 BSG – 09.07.1998 – B 3 P 10/98 R; Klie in LPK-SGB XI, § 14 Rn. 5.
25 BT-Drs. 12/5262, S. 96; Udsching in Udsching, SGB XI, § 14 Rn. 9; Koch in Kasseler Kommentar, SGB XI, § 14 Rn. 5.
26 Klie in LPK-SGB XI, § 14 Rn. 6.
27 Klie in LPK-SGB XI, § 14 Rn. 6.
28 BT-Drs. 12/5262, S. 96.
29 BSG – 28.07.2011 – B 3 P 7/11 B; LSG Bayern – 18.01.2012 – L 2 P 71/11; LSG Bayern – 12.10.2011 – L 2 P 70/11; Klie in LPK-SGB XI, § 14 Rn. 9.
30 Udsching in Udsching, SGB XI, § 14 Rn. 24.
31 BSG – 19.02.1998 – B 3 P 3/97 R.
32 BSG – 29.04.1999 – B 3 P 12/98 R.
33 BSG – 28.07.2011 – B 3 P 7/11 B; BSG – 19.02.1998 – B 3 P 3/97 R.

15 Die Betreuung durch die Pflegeperson ist nur dann bei der Bemessung des Pflegebedarfs zu berücksichtigen, wenn sich diese Maßnahmen konkret auf eine der in § 14 Abs. 4 genannten Verrichtungen beziehen und ein so hohes Maß an Aufmerksamkeit der Pflegeperson erfordern, dass die gleichzeitige Ausführung anderer Tätigkeiten praktisch ausgeschlossen ist.[34]

16 Krankheitsspezifische Pflegemaßnahmen (sog. Behandlungspflege) sind nur zu berücksichtigen, wenn sie Bestandteil der Hilfe bei den Verrichtungen nach § 14 Abs. 4 sind.[35] Unberücksichtigt bleibt die Beaufsichtigung zur Vermeidung einer Selbst- und Fremdgefährdung.[36] Gleiches gilt für eine allgemeine Ruf- oder Einsatzbereitschaft einer Pflegeperson.[37]

6.1 Körperpflege (Nr. 1)

17 Nach Abs. 4 Nr. 1 umfasst der Bereich der Körperpflege das Waschen, Duschen, Baden, die Zahnpflege, das Kämmen, Rasieren sowie die Darm- oder Blasenentleerung. Unter Nr. 1 fallen auch Maßnahmen der Hautpflege, wie Einreiben oder Pudern, allerdings nicht Einreibungen, die zur Verringerung von Schmerzzuständen führen.[38] Zur Zahnpflege zählt die gesamte Mundpflege, also auch die Dosierung der Zahnpasta, die Mundspülung und die Reinigung von Zahnprothesen.[39] Das Rasieren umfasst sowohl die Trocken- als auch die Nassrasur.[40] Zu den Verrichtungen nach Nr. 1 gehören auch das Haarewaschen und die damit zusammenhängenden Maßnahmen der Haarpflege, wie z. B. das Föhnen der Haare.[41]

6.2 Ernährung (Nr. 2)

18 Nach Abs. 4 Nr. 2 umfasst der Bereich der Ernährung das mundgerechte Zubereiten oder die Aufnahme der Nahrung. Nr. 2 umfasst die Hilfe bei der Nahrungsaufnahme selbst und der letzten Vorbereitungshandlung, soweit eine solche nach der Fertigstellung der Mahlzeit krankheits- oder behinderungsbedingt noch erforderlich wird.[42] Die Vorbereitung der Nahrungsaufnahme gehört dagegen zur hauswirtschaftlichen Versorgung. Die Aufsicht zur Verhinderung übermäßigen Essens allein ist keine Hilfe bei der Nahrungsaufnahme.[43]

19 Unter mundgerechtem Zubereiten und Hilfeleistungen bei der Nahrungsaufnahme sind solche Maßnahmen zu verstehen, die dazu dienen, die bereits zubereitete Nahrung so

34 BSG – 28.07.2011 – B 3 P 7/11 B.
35 BSG – 19.02.1998 – B 3 P 3/97 R.
36 BSG – 19.02.1998 – B 3 P 3/97 R m. w. N.
37 BSG – 19.02.1998 – B 3 P 3/97 R.
38 BSG – 13.05.2004 – B 3 P 7/03 R; Koch in Kasseler Kommentar, SGB XI, § 14 Rn. 16 m. w. N.
39 Klie in LPK-SGB XI, § 14 Rn. 10.
40 Klie in LPK-SGB XI, § 14 Rn. 10.
41 BSG – 31.08.2000 – B 3 P 14/99 R.
42 BT-Drs. 12/5262, S. 96 f.
43 Koch in Kasseler Kommentar, SGB XI, § 14 Rn. 17 m. w. N.

aufzubereiten, dass eine abschließende Aufnahme durch den Pflegebedürftigen erfolgen kann.[44] Beispiel hierfür: Zerkleinern der Nahrung, Entfernung von Knochen oder Gräten, Einfüllen von Getränken in Trinkgefässe. Dagegen wird das Belegen von Brötchen nach der Rechtsprechung nicht Nr. 2, sondern der hauswirtschaftlichen Versorgung nach Nr. 4 zugeordnet.[45]

6.3 Mobilität (Nr. 3)

20 Nach Abs. 4 Nr. 3 umfasst der Bereich der Mobilität das selbständige Aufstehen und Zu-Bett-Gehen, An- und Auskleiden, Gehen, Stehen, Treppensteigen oder das Verlassen und Wiederaufsuchen der Wohnung. Das Verlassen und das Wiederaufsuchen der Wohnung ist nur dann zu berücksichtigen, wenn die Wege für die Aufrechterhaltung der Lebensführung zu Hause unumgänglich sind und bei denen das persönliche Erscheinen des Pflegebedürftigen notwendig ist.[46] Mobilitätshilfen sind dann zu berücksichtigen, um das Weiterleben in der eigenen Wohnung zu ermöglichen.[47] Hingegen unterfallen Hilfeleistungen, die durch die Ausübung einer Erwerbstätigkeit veranlasst werden, z. B. die Begleitung auf dem Weg zur Arbeitsstelle, nicht Nr. 3.

21 Hilfe bei der Mobilität außerhalb der Wohnung ist demnach als Pflegebedarf in der sozialen Pflegeversicherung nur berücksichtigungsfähig, wenn sie erforderlich ist, um das Leben in der eigenen Wohnung zu ermöglichen, also Krankenhausaufenthalte und die stationäre Pflege in einem Pflegeheim zu vermeiden.[48] Dazu gehört u. a. der Weg zum Besuch einer Arztpraxis, zur Krankengymnastik oder zur Ergotherapie, soweit diese der Behandlung einer Krankheit dienen.[49] Spaziergänge bzw. Nordic-Walking-Einheiten dienen dagegen nicht dem Ziel, Krankenhausaufenthalte zu vermeiden. Es handelt sich nicht um eine gewöhnliche und wiederkehrende Verrichtung im Sinne von § 14 Abs. 1.[50]

6.4 Hauswirtschaftliche Versorgung (Nr. 4)

22 Zum Bereich der hauswirtschaftlichen Versorgung gehören nach Abs. 4 Nr. 4 das Einkaufen, Kochen, Reinigen der Wohnung, Spülen, Wechseln und Waschen der Wäsche und Kleidung und das Beheizen. Der Begriff »Kochen« umfasst die gesamte Zubereitung der Nahrung.[51] Hierunter fällt auch das Zusammenstellen, Berechnen, Abwiegen und Portionieren der Nahrung.[52] Einbezogen ist auch die Zubereitung kalter Speisen.[53]

---

44 Udsching in Udsching, SGB XI, § 14 Rn. 30.
45 BSG – 17.06.1999 – B 3 P 10/98.
46 LSG Bayern – 14.06.2011 – L 3 U 352/10.
47 LSG Berlin-Brandenburg – 19.11.2009 – L 27 P 75/08.
48 BSG – 18.09.2008 – B 3 P 5/07 R; LSG Bayern – 14.06.2011 – L 3 U 352/10.
49 BSG – 13.05.2003 – B 3 P 6/02 R; LSG Bayern – 14.06.2011 – L 3 U 352/10.
50 LSG Bayern – 14.06.2011 – L 3 U 352/10.
51 Udsching in Udsching, SGB XI, § 14 Rn. 33.
52 Koch in Kasseler Kommentar, SGB XI, § 14 Rn. 20.
53 Udsching in Udsching, SGB XI, § 14 Rn. 33.

§ 15 Stufen der Pflegebedürftigkeit

(1) Für die Gewährung von Leistungen nach diesem Gesetz sind pflegebedürftige Personen (§ 14) einer der folgenden drei Pflegestufen zuzuordnen:

1. **Pflegebedürftige der Pflegestufe I (erheblich Pflegebedürftige) sind Personen, die bei der Körperpflege, der Ernährung oder der Mobilität für wenigstens zwei Verrichtungen aus einem oder mehreren Bereichen mindestens einmal täglich der Hilfe bedürfen und zusätzlich mehrfach in der Woche Hilfen bei der hauswirtschaftlichen Versorgung benötigen.**
2. **Pflegebedürftige der Pflegestufe II (Schwerpflegebedürftige) sind Personen, die bei der Körperpflege, der Ernährung oder der Mobilität mindestens dreimal täglich zu verschiedenen Tageszeiten der Hilfe bedürfen und zusätzlich mehrfach in der Woche Hilfen bei der hauswirtschaftlichen Versorgung benötigen.**
3. **Pflegebedürftige der Pflegestufe III (Schwerstpflegebedürftige) sind Personen, die bei der Körperpflege, der Ernährung oder der Mobilität täglich rund um die Uhr, auch nachts, der Hilfe bedürfen und zusätzlich mehrfach in der Woche Hilfen bei der hauswirtschaftlichen Versorgung benötigen.**

Für die Gewährung von Leistungen nach § 43 a reicht die Feststellung, dass die Voraussetzungen der Pflegestufe I erfüllt sind.

(2) Bei Kindern ist für die Zuordnung der zusätzliche Hilfebedarf gegenüber einem gesunden gleichaltrigen Kind maßgebend.

(3) Der Zeitaufwand, den ein Familienangehöriger oder eine andere nicht als Pflegekraft ausgebildete Pflegeperson für die erforderlichen Leistungen der Grundpflege und hauswirtschaftlichen Versorgung benötigt, muss wöchentlich im Tagesdurchschnitt

1. **in der Pflegestufe I mindestens 90 Minuten betragen; hierbei müssen auf die Grundpflege mehr als 45 Minuten entfallen,**
2. **in der Pflegestufe II mindestens drei Stunden betragen; hierbei müssen auf die Grundpflege mindestens zwei Stunden entfallen,**
3. **in der Pflegestufe III mindestens fünf Stunden betragen; hierbei müssen auf die Grundpflege mindestens vier Stunden entfallen.**

Bei der Feststellung des Zeitaufwandes ist ein Zeitaufwand für erforderliche verrichtungsbezogene krankheitsspezifische Pflegemaßnahmen zu berücksichtigen; dies gilt auch dann, wenn der Hilfebedarf zu Leistungen nach dem Fünften Buch führt. Verrichtungsbezogene krankheitsspezifische Pflegemaßnahmen sind Maßnahmen der Behandlungspflege, bei denen der behandlungspflegerische Hilfebedarf untrennbarer Bestandteil einer Verrichtung nach § 14 Abs. 4 ist oder mit einer solchen Verrichtung notwendig in einem unmittelbaren zeitlichen und sachlichen Zusammenhang steht.

Inhaltsübersicht

1. Normzweck

1.1 Allgemeiner Inhalt

1 Nach Abs. 1 werden für die Gewährung von Leistungen nach dem SGB XI pflegebedürftige Personen einer von drei Pflegestufen zugeordnet. Das Gesetz unterscheidet dabei nach dem Grad der Hilfebedürftigkeit zwischen erheblich Pflegebedürftigen (Stufe I), Schwerpflegebedürftigen (Stufe II) und Schwerstpflegebedürftigen (Stufe III). Nach Abs. 2 ist bei Kindern für die Zuordnung der zusätzliche Hilfebedarf gegenüber einem gesunden gleichaltrigen Kind maßgebend.

2 Abs. 3 Satz 1 bestimmt den täglichen Zeitaufwand, den ein Familienangehöriger oder eine andere nicht als Pflegekraft ausgebildete Person für die erforderlichen Leistungen der Grundpflege und hauswirtschaftlichen Versorgung benötigt. Dies muss in der Pflegestufe I mindestens 90 Minuten betragen, wobei auf die Grundpflege mehr als 45 Minuten entfallen müssen. In der Pflegestufe II muss der Zeitaufwand mindestens drei Stunden betragen. Hiervon müssen auf die Grundpflege mindestens zwei Stunden entfallen.

3 Nach Abs. 3 Satz 2 ist bei der Feststellung des Zeitaufwands ein Zeitaufwand für erforderliche verrichtungsbezogene krankheitsspezifische Pflegemaßnahmen zu berücksichtigen. Abs. 3 Satz 3 definiert die »verrichtungsbezogenen krankheitsspezifischen Pflegemaßnahmen«. Dies sind solche Maßnahmen der Behandlungspflege, bei denen der behandlungsspezifische Hilfebedarf untrennbarer Bestandteil einer Verrichtung nach § 14 Abs. 4 ist oder mit einer solchen Verrichtung notwendig in einem unmittelbaren zeitlichen und sachlichen Zusammenhang steht.

1.2 Zweck der Regelung

4 § 15 berücksichtigt die unterschiedlichen Ausprägungen der Pflegebedürftigkeit. Die Vorschrift definiert die drei Pflegestufen, die für den Umfang der Leistungsgewährung in der sozialen Pflegeversicherung entscheidend sind.

2. Entstehungsgeschichte

5 § 15 ist durch Art. 1 des PflegeVG vom 26. 05. 1994[54] mit Wirkung zum 01. 01. 1995 in das SGB XI eingefügt worden. Durch das 1. SGB XI-Änderungsgesetz vom 14. 06. 1996[55] wurde mit Wirkung zum 25. 06. 1996 Abs. 1 Satz 2 eingefügt und Abs. 3 neu gefasst. Durch das Gesetz zur Stärkung des Wettbewerbs in der gesetzlichen Krankenversicherung

---

54 BGBl. I S. 1014.
55 BGBl. I S. 830.

(GKV-Wettbewerbsstärkungsgesetz – GKV-WSG) vom 26.03.2007[56] wurde mit Wirkung zum 01.04.2007 in Abs. 3 die Sätze 2 und 3 angefügt.

3. Pflegestufen (Abs. 1)

Die Entscheidung über die Bewilligung von Leistungen der sozialen Pflegeversicherung nach einer bestimmten Pflegestufe ist ein Verwaltungsakt mit Dauerwirkung.[57] Nach § 48 Abs. 1 Satz 1 SGB I ist, soweit sich die tatsächlichen oder rechtlichen Verhältnisse, die bei dem Erlass des Verwaltungsaktes vorgelegen haben, wesentlich geändert haben, der Verwaltungsakt für die Zukunft aufzuheben. Nach vollständiger Ausschöpfung der Aufklärungsmöglichkeiten trägt die Pflegeversicherung die objektive Beweislast für eine behauptete Verbesserung des Gesundheitszustands, der zur Entziehung der Pflegestufe II berechtigt.[58] 6

3.1 Pflegestufe I

Pflegebedürftige der Pflegestufe I sind Personen, die bei der Körperpflege, der Ernährung oder der Mobilität für wenigstens zwei Verrichtungen aus einem oder mehreren Bereich mindestens einmal täglich der Hilfe bedürfen und zusätzlich mehrfach in der Wochen Hilfe bei der hauswirtschaftlichen Versorgung benötigen. Ein Hilfebedarf allein bei der hauswirtschaftlichen Versorgung genügt demnach nicht für die Anerkennung der Pflegestufe I.[59] Das Erfordernis des Hilfebedarfs bei wenigstens zwei Verrichtungen ist unverzichtbar. 7

Nach § 15 Abs. 1 Nr. 1 genügt ein unregelmäßiger, d. h. nicht täglicher Pflegebedarf nicht den gesetzlichen Anforderungen. Insoweit ist darauf hinzuweisen, dass Pflegebedürftigkeit im Sinne des SGB XI stets voraussetzt, dass zumindest einmal täglich Hilfe im Bereich der Grundpflege erforderlich ist. Das BSG hat entschieden, dass hierauf auch dann nicht verzichtet werden kann, wenn der Versicherte aufgrund von Krankheitsschüben mehrmals monatlich in erheblichem Maße fremder Hilfe bedarf.[60] Eine wöchentliche Durchschnittsberechnung ist nur dann möglich, wenn die Hilfebedürftigkeit zwar schubweise gehäuft auftritt, aber jeden Tag ein Hilfebedarf bei zumindest zwei Verrichtungen in der Grundpflege besteht.[61] 8

3.2 Pflegestufe II

Pflegebedürftige der Pflegestufe II sind Personen, die bei der Körperpflege, der Ernährung oder der Mobilität mindestens dreimal täglich zu verschiedenen Tageszeiten der Hilfe 9

56 BGBl. I S. 378.
57 LSG Sachsen-Anhalt – 22.06.2011 – L 4 P 6/08.
58 LSG Sachsen-Anhalt – 22.06.2011 – L 4 P 6/08.
59 BT-Drs. 12/5262, S. 97.
60 BSG – 19.11.2008 – B 3 P 27/08 B; BSG – 14.12.2000 – B 3 P 5/00 R.
61 LSG Sachsen-Anhalt – 16.03.2011 – L 4 P 8/07 zur Fragen der Voraussetzungen der Pflegestufe I bei Epilepsie.

bedürfen und zusätzlich mehrfach in der Woche Hilfen bei der hauswirtschaftlichen Versorgung benötigen.

3.3 Pflegestufe III

10 Pflegebedürftige der Pflegestufe III sind Personen, die bei der Körperpflege, der Ernährung oder der Mobilität täglich rund um die Uhr, auch nachts, der Hilfe bedürfen und zusätzlich mehrfach in der Woche Hilfen bei der hauswirtschaftlichen Versorgung benötigen. Eine Hilfeleistung findet nachts statt, wenn sie zwischen 22.00 Uhr abends und 06.00 Uhr morgens objektiv erforderlich ist und nicht auf einen Zeitpunkt davor oder danach verschoben werden kann. Es ist nicht maßgebend, dass die Pflegeperson hierfür ihren Nachtschlaf unterbricht.[62] Unerheblich ist auch, ob die nächtliche Hilfeleistung zu vorher feststehenden bestimmten Zeitpunkten zu leisten ist oder zu nicht vorhersehbaren Zeiten anfällt.[63] Leistungen nach der Pflegestufe III setzen voraus, dass auch nachts regelmäßig Hilfe bei den Verrichtungen des Grundbedarfs geleistet werden muss; eine ständige Bereitschaft dazu reicht nicht aus.[64]

4. Pflegestufen bei Kindern (Abs. 2)

11 Nach Abs. 2 ist bei Kindern für die Zuordnung in die Pflegestufen der zusätzliche Hilfebedarf gegenüber einem gesunden gleichaltrigen Kind maßgebend. Entscheidend ist daher nicht der natürliche, altersbedingte Pflegeaufwand, sondern nur der darüber hinausgehende Hilfebedarf bei der Ernährung, der Körperpflege und der Mobilität.[65] Die hauswirtschaftliche Versorgung bleibt außer Betracht, wenn diese wegen des Alters der Kinder üblicherweise von den Erziehungspersonen erbracht wird.[66]

5. Zeitaufwand für Pflege (Abs. 3)

12 Abs. 3 legt den Zeitaufwand fest, den ein Familienangehöriger oder eine andere nicht als Pflegekraft ausgebildete Pflegeperson für die erforderlichen Leistungen der Grundpflege und hauswirtschaftlichen Versorgung wöchentlich im Tagesdurchschnitt erbringen muss (Mindestpflegeaufwand je Pflegestufe). Maßgebend ist demnach nicht der Zeitaufwand, der von berufsmäßigen Pflegekräften aufgebracht wird, sondern der von Familienangehörigen, Nachbarn oder anderen nicht als Pflegekraft ausgebildeten Personen. Bei der Prüfung hat der Sachverständige auf Grundlage einer durchschnittlichen, nicht professionellen Pflegekraft den angemessenen Pflegebedarf zu schätzen.[67] Der konkrete Zeit-

62 BSG – 18.03.1999 – B 3 P 3/98.
63 BSG – 18.03.1999 – B 3 P 3/98.
64 BSG – 19.02.1998 – B 3 P 7/97 R.
65 BT-Drs. 12/5262, S. 98.
66 Koch in Kasseler Kommentar, SGB XI, § 15 Rn. 11 m.w.N.
67 BSG – 07.07.2005 – B 3 P 8/04 R.

aufwand einer bestimmten Pflegeperson ist demnach nicht entscheidend.[68] Die Zeitbemessung hat sich vielmehr am abstrakten Maßstab einer durchschnittlich begabten Pflegeperson auszurichten.[69] Zur Ermittlung des Zeitaufwands ist zunächst der wöchentliche Zeitaufwand festzustellen und auf den Tagesdurchschnitt umzurechnen.[70]

Zur Feststellung des Zeitbedarfs ist die tatsächlich bestehende Pflegesituation maßgebend. Bei der Ermittlung des zeitlichen Pflegebedarfs gehen in der Regel keine exakten Messungen voraus. Die Pflegegutachter greifen auf medizinisch-pflegerische Erfahrungen zurück und bringen diese mit den Richtwerten und Zeitkorridoren in Zusammenhang. Dabei sind in hohem Maße auch die Angaben des Pflegebedürftigen und der jeweiligen Pflegeperson zu berücksichtigen.[71] Hierbei kann auch einem sog. Pflegetagebuch eine besondere Bedeutung zukommen. **13**

Nach der Rechtsprechung unterliegt die Pflegebegutachtung einer typischen Bewertungsbandbreite. Der Zeitaufwand kann durch die Pflegekasse auf der Grundlage der Feststellung des MDK geschätzt werden. Die Begutachtungsrichtlinien haben hierbei Zeitkorridore eingeführt, die auf Erfahrungswerten beruhen. Abzustellen ist bei der Ermittlung des zeitlichen Bedarfs auf die durchschnittliche Zeit, die ein Familienangehöriger, Nachbar oder eine andere nicht als Pflegekraft ausgebildete Pflegeperson benötigt.[72] Die Anwendung der Begutachtungsrichtlinien bzw. der darin enthaltenen Richtzeitwerte und Zeitkorridore durch die Sachverständigen ist nach der Rechtsprechung nicht zu beanstanden.[73] **14**

Der für die Zuordnung zu einer Pflegestufe maßgebliche Pflegebedarf kann nur nach seinem objektiven Ausmaß und damit unabhängig von den Lebensumständen der konkreten Pflegeperson beurteilt werden. Nach Auffassung des LSG Hessen in Fortführung der Rechtsprechung des BSG spricht die Gesetzesformulierung in § 15 Abs. 3 gegen eine zu stark individualisierte Betrachtungsweise. Die Norm stellt auf den Zeitaufwand ab, den »ein Familienangehöriger oder eine andere nicht als Pflegekraft ausgebildete Pflegeperson« für die erforderlichen Pflegeleistungen benötigt, nicht hingegen auf die Zeit, welche die für den Versicherten tätige konkrete Person für die Pflegeverrichtung tatsächlich braucht.[74] Das Ergebnis erscheint überzeugend, denn anderenfalls würden je nach Wahl der Pflegeperson unterschiedliche Leistungen resultieren. **15**

Bei der Ermittlung des Zeitaufwands sind nur solche Verrichtungen zu berücksichtigen, bei denen zumindest einmal in der Woche ein Hilfebedarf anfällt.[75] **16**

---

68 Klie in LPK-SGB XI, § 15 Rn. 6.
69 BSG – 21.02.2002 – B 3 P 12/01 R.
70 Udsching in Udsching, SGB XI, § 15 Rn. 15.
71 BSG – 07.07.2005 – B 3 P 8/04 R.
72 LSG Bayern – 12.10.2011 – L 2 P 70/11.
73 LSG Bayern – 12.10.2011 – L 2 P 70/11.
74 LSG Hessen – 28.09.2011 – L 8 P 38/10; BSG – 28.09.2011 – B 12 R 9/10 R.
75 BSG – 29.04.1999 – B 3 P 12/98 R.

§ 19 Begriff der Pflegepersonen

Pflegepersonen im Sinne dieses Buches sind Personen, die nicht erwerbsmäßig einen Pflegebedürftigen im Sinne des § 14 in seiner häuslichen Umgebung pflegen. Leistungen zur sozialen Sicherung nach § 44 erhält eine Pflegeperson nur dann, wenn sie eine oder mehrere pflegebedürftige Personen wenigstens 14 Stunden wöchentlich pflegt.

Inhaltsübersicht

Literatur

Dittmer, Die Stellung der Pflegepersonen nach dem Pflegeversicherungsgesetz in der gesetzlichen Rentenversicherung, MittLVA Württ 1995, 24; Krauthausen/Schmidt, Rentenrechtliche Situation von Pflegepersonen heute und morgen Pflegezeitenregelung im Rentenreformgesetz 1992 und Verbesserung durch das Pflege-Versicherungsgesetz, DRV 1994, 379; Leube, Unfallversicherung häuslicher Pflegepersonen, NZS 1995, 343; Linz, Die Rentenversicherung der Pflegepersonen, MittLVA Oberfr 1995, 37; Maschmann, Die soziale Absicherung familienangehöriger Pflegepersonen, SGb 1995, 325; Schmidt, 1. April 1995 – 1 April 1998, Drei Jahre verbesserte soziale Sicherung der ehrenamtlichen Pflegeperson, ZFSH/SGB 1998, 402

1. Normzweck

1.1 Allgemeiner Inhalt

1 Satz 1 der Vorschrift enthält eine Legaldefinition des Begriffes der Pflegeperson. Pflegepersonen sind danach Personen, die nicht erwerbsmäßig einen Pflegebedürftigen im Sinne des § 14 in seiner häuslichen Umgebung pflegen.

2 Satz 2 ist im Zusammenhang mit § 44 von Bedeutung. Nach Satz 2 erhält die Pflegeperson Leistungen zur sozialen Pflegeversicherung nach § 44 nur dann, wenn sie eine pflegebedürftige Person mindestens 14 Stunden wöchentlich pflegt.

1.2 Zweck der Regelung

3 Die Vorschrift definiert den Begriff der Pflegeperson und gewährt in Satz 2 Leistungen unter der Voraussetzung, dass der Pflegende eine Mindestpflege von 14 Wochenstunden ausübt.

2. Entstehungsgeschichte

§ 19 ist durch Art. 1 PflegeVG vom 26.05.1994[76] zum 01.01.1995 eingeführt worden. Die Vorschrift ist durch das 1. SGB XI-Änderungsgesetz vom 14.06.1996[77] mit Wirkung zum 15.06.1996 geändert und Satz 2 angefügt. Aktuell wird die Vorschrift durch das Gesetz zur Neuausrichtung der Pflegeversicherung geändert. Dabei werden in Satz 2 die Wörter »pflegebedürftige Person« durch die Wörter »oder mehrere pflegebedürftige Personen« ersetzt. 4

3. Begriff der Pflegeperson (Satz 1)

Pflegeperson ist, wer nicht erwerbsmäßig einen Pflegebedürftigen im Sinne des § 14 in seiner häuslichen Umgebung pflegt. Gemeint sind also Personen, die einer anderen wegen einer körperlichen, geistigen oder seelischen Krankheit oder Behinderung für die gewöhnlichen und regelmäßig wiederkehrenden Verrichtungen im Ablauf des täglichen Lebens auf Dauer bzw. voraussichtlich für mindestens sechs Monate, in erheblichem oder höherem Maße Hilfe leisten.[78] 5

Die Pflege hat nicht gewerbsmäßig zu erfolgen. Pflegepersonen, die für ihre Tätigkeit von dem Pflegebedürftigen ein Arbeitsentgelt erhalten, das das dem Umfang der Pflegetätigkeit entsprechende Pflegegeld im Sinne des § 37 nicht übersteigt, gelten nach § 3 Satz 2 SGB VI als nicht erwerbsmäßig tätig.[79] Eine Tätigkeit als Pflegeperson schließt nicht aus, dass die Pflegeperson arbeitslos im Sinne des SGB III ist.[80] 6

Der Begriff der häuslichen Umgebung ist als Abgrenzung zu einer vollstationären Unterbringung zu verstehen.[81] Die Annahme einer Pflege in häuslicher Umgebung ist danach ausgeschlossen, wenn es sich um eine zugelassene Pflegeeinrichtung mit stationärer Pflege handelt.[82] 7

Der Begriff »häusliche Umgebung« ist im Gesetz nicht definiert. Wesentliches Merkmal eines Haushalts sind eine eigene Kochmöglichkeit und ein eigener Sanitärbereich.[83] Eine Beschränkung der Pflege auf die eigene häusliche Umgebung des Pflegebedürftigen ist dem Gesetzeswortlaut nicht zu entnehmen.[84] Danach kann die Pflege sowohl in der Wohnung des Pflegebedürftigen oder des Pflegenden stattfinden. Aber auch eine Pflege in der Wohnung/dem Haus von Dritten (z.B. Geschwistern oder Freunden) kommt als »häusliche Umgebung« in Betracht. 8

76 BGBl. I S. 1014.
77 BGBl. I S. 830.
78 SG Augsburg – 26.09.2011 – S 8 U 116/11.
79 BSG – 06.06.2002 – B 3 P 2/02 R.
80 BSG – 31.01.2002 – B 13 RJ 7/01.
81 OLG Saarbrücken – 25.09.2007 – 4 U 110/07.
82 LSG Berlin-Brandenburg – 26.02.2009 – L 33 R 1376/08.
83 Gallner in ErfKo, PflegeZG, § 3 Rn. 1.
84 Müller, BB 2008, 1058; Preis/Nehring, NZA 2008, 729.

9 Voraussetzung für die »häusliche Umgebung« ist ein Mindestmaß an eigenständiger Lebensführung und selbständiger Wahl der Pflegeform (z. B. Altenwohnung oder Altenwohnheim). Der Pflegebedürftige kann auch in einer Wohngemeinschaft oder einer betreuten Wohneinheit einen eigenen Haushalt führen. Wird der Pflegebedürftige in einer stationären Pflegeeinrichtung oder einer der in § 71 Abs. 4 SGB IX aufgeführten stationären Einrichtungen gepflegt, ist häusliche Umgebung auszuschließen.[85] Allerdings kann die häusliche Pflege auch innerhalb einer größeren Einrichtung (z. B. Wohnheim für Menschen mit Behinderungen) erbracht werden, sofern die pflegebedürftige Person in der Einrichtung einen persönlichen Bereich im Sinne eines Haushalts besitzt.[86]

10 Sofern sich der Pflegebedürftige gewöhnlich in einem Wohnheim oder einer Einrichtung für Menschen mit Behinderungen aufhält und im planmäßigen und regelmäßigen Abstand (z. B. an den Wochenenden und/oder in den Ferien) zu Hause gepflegt wird, ist in dieser Zeit eine häusliche Umgebung anzunehmen, selbst wenn die Dauer des Aufenthalts in der Einrichtung für Menschen mit Behinderungen überwiegt.

4. Leistungen nach Satz 2

11 Der in Satz 2 geforderte zeitliche Mindestumfang von 14 Stunden wöchentlicher Pflege gehört nicht zum Begriff der Pflegeperson, sondern bildet nur die Voraussetzungen dafür, dass eine Pflegeperson Leistungen von der Pflegekasse nach § 44 erhält.[87]

12 Die Wendung in § 2 Abs. 1 Nr. 17 SGB VII, wonach »Pflegepersonen im Sinne des § 19 SGB XI« versichert sind, bezieht sich inhaltlich nur auf § 19 Satz 1, denn dort allein wird der Begriff der Pflegeperson definiert.[88] Pflegepersonen nach § 19 Satz 1 sind deshalb nach § 2 Abs. 1 Nr. 17 SGB VII in der gesetzlichen Unfallversicherung auch dann versichert, wenn ihre Pflegetätigkeit den für die Versicherungspflicht in der Rentenversicherung vorgeschrieben Umfang von 14 Wochenstunden nicht erreicht.[89] Eine Tochter, die ihre im Sinne von § 14 pflegebedürftige Mutter auf dem Heimweg von einem Arztbesuch begleitet und ihr beim Treppensteigen behilflich ist, steht deshalb während dieser Pflegeleistung im Bereich der Mobilität unter dem Schutz der gesetzlichen Unfallversicherung. Dies gilt unabhängig davon, ob diese Pflegeleistung täglich oder in anderen Zeitabständen regelmäßig wiederkehrend anfällt.[90] Ein Unfallversicherungsschutz nach § 2 Abs. 1 Nr. 17 SGB VII kommt bei der sog. Behandlungspflege nur in Betracht, wenn sie Bestandteil der Hilfe für die Katalog-Verrichtungen im Sinne von § 14 Abs. 4 ist und im unmittel-

---

85 So die Spitzenverbände der Sozialversicherung, Besprechungsergebnis v. 01.07.2008 (http://www.deutsche-rentenversicherung.de/nn_9694/SharedDocs/de/Inhalt/Zielgruppen/02_arbeitgeber_steuerberater/03_publikationen/Gemein&tjl;same_Rundschreiben_der_SV/2008/Rundschreiben_Soziale_Sicherung_von_&tjl;Pflegepersonen_waehrend_der_Pflegezeit_080701.html).

86 LSG Bayern – 13.11.1996 – L 1 An 30/9.

87 BSG – 07.09.2004 – B 2 U 46/03; LSG Bayern – 08.12.2009 – L 3 U 219/09; Koch in Kasseler Kommentar, SGB XI, § 19 Rn. 3.

88 LSG Saarland – 12.10.2004 – L 2 U 16/04.

89 BSG – 07.09.2004 – B 2 U 46/03.

90 LSG Bayern – 08.12.2009 – L 3 U 219/09.

baren zeitlichen und sachlichem Zusammenhang mit dieser Hilfe erforderlich ist.[91] Ein zeitlicher Zusammenhang mit einer Verrichtung reicht jedoch nur dann aus, wenn die zeitgleiche Durchführung der krankheitsspezifischen Maßnahme mit der Verrichtung objektiv erforderlich ist.[92]

Satz 2 bestimmt, dass eine Pflegeperson Leistungen zur sozialen Sicherung nach § 44 nur dann erhält, wenn sie eine pflegebedürftige Person wenigstens 14 Stunden wöchentlich pflegt. Bei der Feststellung der Mindeststundenzahl nach Satz 2 ist nicht der Pflegebedarf des Gepflegten, sondern die Pflegetätigkeit der Pflegeperson entscheidend.[93] Entscheidend ist der Zeitbedarf für die Pflege eines Pflegebedürftigen. Bei der Pflege mehrerer Pflegebedürftiger wurden die jeweiligen Pflegezeiten bislang nicht addiert.[94] Durch die mit dem Pflege-Neuausrichtungsgesetz erfolgende Änderung von Satz 2 wird eine Zusammenrechnung der Pflegezeiten von zwei oder mehreren Pflegebedürftigen erlaubt. Dadurch werden Pflegepersonen in die Rentenversicherung mit einbezogen, die z. B zwei behinderte Kinder im Umfang von jeweils unter 14 Stunden wöchentlich, aber insgesamt über 14 Stunden pflegen. **13**

Bislang war umstritten, ob bei der für die Rentenversicherungspflicht von Pflegepersonen vorausgesetzten Pflege von wöchentlich 14 Stunden nicht nur der Zeitaufwand für Hilfen bei den gewöhnlich und wiederkehrenden Verrichtungen des täglichen Lebens im Sinne von § 14 Abs. 4, sondern auch der Zeitaufwand für die ergänzend geleistete Pflege und Betreuung im Sinne von § 4 Abs. 2 Satz 1 zu berücksichtigen war.[95] Nach Auffassung des LSG Sachsen-Anhalt ist auch der Aufwand für die Behandlungspflege nach § 37 in Ansatz zur bringen.[96] Zur Begründung dieser Auffassung wird auf die in der Gesetzesbegründung festgehaltene Zielvorstellung abgestellt, wonach mit § 19 eine Verbesserung der sozialen Absicherung der Pflegeperson und eine Stärkung der häuslichen Pflege beabsichtigt war.[97] Nach dieser Rechtsprechung begrenzt § 19 den Begriff der Pflege nicht auf die in § 14 Abs. 4 abschließend genannten Verrichtungen des täglichen Lebens.[98] Nach anderer, aktuellerer höchstrichterlicher Rechtsprechung sind bei der Berechnung der Mindestpflegezeit von 14 Wochenstunden nur die genannten Pflegeleistungen im Rahmen der Grundpflege und hauswirtschaftlichen Versorgung zu berücksichtigen.[99] Danach bleibt der Zeitaufwand für ergänzende Pflege und Betreuung unberücksichtigt. **14**

---

91 LSG Saarland – 12.10.2004 – L 2 U 16/04.
92 LSG Saarland – 12.10.2004 – L 2 U 16/04.
93 SG Freiburg – 04.11.2010 – S 12 R 978/07.
94 BT-Drs. 13/3696, S. 12; Udsching in Udsching, SGB XI, § 19 Rn. 15; Koch in Kasseler Kommentar, SGB XI, § 19 Rn. 14; Klie in LPK-SGB XI, § 19 Rn. 11.
95 So LSG Hamburg – 08.11.2007 – L 3 R 202/05; LSG Sachsen-Anhalt – 20.09.2006 – L 4 P 17/03; LSG Hamburg – 28.09.2005 – L 3 R 202/05; LSG Nordrhein-Westfalen – 03.06.2005 – L 4 RJ 58/04.
96 LSG Sachsen-Anhalt – 20.09.2006 – L 4 P 17/03.
97 LSG Hamburg – 08.11.2007 – L 3 R 202/05.
98 LSG Hamburg – 08.11.2007 – L 3 R 202/05; LSG Hamburg – 28.09.2005 – L 3 R 202/05.
99 BSG – 28.09.2011 – B 12 R 9/10 R; BSG – 05.05.2010 – B 12 R 9/09 R; BSG – 06.10.2010 – B 12 R 21/09 R; LSG Berlin-Brandenburg – 26.02.2009 – L 33 R 1376/08; LSG Niedersachsen – 12.02.2002 – L 3 P 7/01.

15 Bei der Beurteilung des für die Annahme von Rentenversicherungspflicht wegen Pflege erforderlichen Mindestaufwands von 14 Stunden wöchentlich ist ein an der Laienpflege orientierter abstrakter objektiver Maßstab anzulegen.[100]

Drittes Kapitel
Versicherungspflichtiger Personenkreis

§ 20 Versicherungspflicht in der sozialen Pflegeversicherung für Mitglieder der gesetzlichen Krankenversicherung

(1) Versicherungspflichtig in der sozialen Pflegeversicherung sind die versicherungspflichtigen Mitglieder der gesetzlichen Krankenversicherung. Dies sind:

1. Arbeiter, Angestellte und zu ihrer Berufsausbildung Beschäftigte, die gegen Arbeitsentgelt beschäftigt sind; für die Zeit des Bezugs von Kurzarbeitergeld nach dem Dritten Buch bleibt die Versicherungspflicht unberührt,

2. Personen in der Zeit, für die sie Arbeitslosengeld nach dem Dritten Buch beziehen, auch wenn die Entscheidung, die zum Bezug der Leistung geführt hat, rückwirkend aufgehoben oder die Leistung zurückgefordert oder zurückgezahlt worden ist; ab Beginn des zweiten Monats bis zur zwölften Woche einer Sperrzeit (§ 159 des Dritten Buches) oder ab Beginn des zweiten Monats der Ruhenszeit wegen einer Urlaubsabgeltung (§ 157 Abs. 2 des Dritten Buches) gelten die Leistungen als bezogen,

2a. Personen in der Zeit, für die sie Arbeitslosengeld II nach dem Zweiten Buch beziehen, soweit sie in der gesetzlichen Krankenversicherung nicht familienversichert sind, es sei denn, dass diese Leistung nur darlehensweise gewährt wird oder nur Leistungen nach § 24 Absatz 3 Satz 1 des Zweiten Buches bezogen werden,

3. Landwirte, ihre mitarbeitenden Familienangehörigen und Altenteiler, die nach § 2 des Zweiten Gesetzes über die Krankenversicherung der Landwirte versicherungspflichtig sind,

4. selbständige Künstler und Publizisten nach näherer Bestimmung des Künstlersozialversicherungsgesetzes,

5. Personen, die in Einrichtungen der Jugendhilfe, in Berufsbildungswerken oder in ähnlichen Einrichtungen für behinderte Menschen für eine Erwerbstätigkeit befähigt werden sollen,

6. Teilnehmer an Leistungen zur Teilhabe am Arbeitsleben sowie an Berufsfindung oder Arbeitserprobung, es sei denn, die Leistungen werden nach den Vorschriften des Bundesversorgungsgesetzes erbracht,

7. behinderte Menschen, die in anerkannten Werkstätten für behinderte Menschen oder in Blindenwerkstätten im Sinne des § 143 des Neunten Buches oder für diese Einrichtungen in Heimarbeit tätig sind,

---

100 BSG – 28.09.2011 – B 12 R 9/10 R; BSG – 05.05.2010 – B 12 R 6/09 R.

8. behinderte Menschen, die in Anstalten, Heimen oder gleichartigen Einrichtungen in gewisser Regelmäßigkeit eine Leistung erbringen, die einem Fünftel der Leistung eines voll erwerbsfähigen Beschäftigten in gleichartiger Beschäftigung entspricht; hierzu zählen auch Dienstleistungen für den Träger der Einrichtung,
9. Studenten, die an staatlichen oder staatlich anerkannten Hochschulen eingeschrieben sind, soweit sie nach § 5 Abs. 1 Nr. 9 des Fünften Buches der Krankenversicherungspflicht unterliegen,
10. Personen, die zu ihrer Berufsausbildung ohne Arbeitsentgelt beschäftigt sind oder die eine Fachschule oder Berufsfachschule besuchen oder eine in Studien- oder Prüfungsordnungen vorgeschriebene berufspraktische Tätigkeit ohne Arbeitsentgelt verrichten (Praktikanten); Auszubildende des Zweiten Bildungsweges, die sich in einem nach dem Bundesausbildungsförderungsgesetz förderungsfähigen Teil eines Ausbildungsabschnittes befinden, sind Praktikanten gleichgestellt,
11. Personen, die die Voraussetzungen für den Anspruch auf eine Rente aus der gesetzlichen Rentenversicherung erfüllen und diese Rente beantragt haben, soweit sie nach § 5 Abs. 1 Nr. 11, 11 a oder 12 des Fünften Buches der Krankenversicherungspflicht unterliegen,
12. Personen, die, weil sie bisher keinen Anspruch auf Absicherung im Krankheitsfall hatten, nach § 5 Abs. 1 Nr. 13 des Fünften Buches oder nach § 2 Abs. 1 Nr. 7 des Zweiten Gesetzes über die Krankenversicherung der Landwirte der Krankenversicherungspflicht unterliegen.

(2) Als gegen Arbeitsentgelt beschäftigte Arbeiter und Angestellte im Sinne des Absatzes 1 Nr. 1 gelten Bezieher von Vorruhestandsgeld, wenn sie unmittelbar vor Bezug des Vorruhestandsgeldes versicherungspflichtig waren und das Vorruhestandsgeld mindestens in Höhe von 65 vom Hundert des Bruttoarbeitsentgelts im Sinne des § 3 Abs. 2 des Vorruhestandsgesetzes gezahlt wird. Satz 1 gilt nicht für Personen, die im Ausland ihren Wohnsitz oder gewöhnlichen Aufenthalt in einem Staat haben, mit dem für Arbeitnehmer mit Wohnsitz oder gewöhnlichem Aufenthalt in diesem Staat keine über- oder zwischenstaatlichen Regelungen über Sachleistungen bei Krankheit bestehen.

(2 a) Als zu ihrer Berufsausbildung Beschäftigte im Sinne des Absatzes 1 Satz 2 Nr. 1 gelten Personen, die als nicht satzungsmäßige Mitglieder geistlicher Genossenschaften oder ähnlicher religiöser Gemeinschaften für den Dienst in einer solchen Genossenschaft oder ähnlichen religiösen Gemeinschaft außerschulisch ausgebildet werden.

(3) Freiwillige Mitglieder der gesetzlichen Krankenversicherung sind versicherungspflichtig in der sozialen Pflegeversicherung.

(4) Nehmen Personen, die mindestens zehn Jahre nicht in der sozialen Pflegeversicherung oder der gesetzlichen Krankenversicherung versicherungspflichtig waren, eine dem äußeren Anschein nach versicherungspflichtige Beschäftigung oder selbständige Tätigkeit von untergeordneter wirtschaftlicher Bedeutung auf, besteht die widerlegbare Vermutung, dass eine die Versicherungspflicht begründende Beschäfti-

gung nach Absatz 1 Nr. 1 oder eine versicherungspflichtige selbständige Tätigkeit nach Absatz 1 Nr. 3 oder 4 tatsächlich nicht ausgeübt wird. Dies gilt insbesondere für eine Beschäftigung bei Familienangehörigen oder Lebenspartnern.

Inhaltsübersicht

Literatur

Krasney, Versicherter Personenkreis und Pflegeleistungen des SGB XI, VSSR 1994, 265; Lutter, Versicherter Personkreis, BArbBl. 1994, 24

1. Normzweck

1.1 Allgemeiner Inhalt

1 Die Vorschrift benennt in Abs. 1 Satz 2 Ziff. 1 bis 12 diejenigen Personen, die versicherungspflichtig in der sozialen Pflegeversicherung sind. Anknüpfungspunkt ist nach Satz 1 dabei, ob diese Personen versicherungspflichtige Mitglieder der gesetzlichen Krankenversicherung sind. Ebenso wie bei § 1 gilt also auch hier der Grundsatz »Pflegeversicherung folgt Krankenversicherung«.

2 § 1 Satz 2 Nr. 1 wird durch Abs. 2 konkretisiert. Als gegen Arbeitsentgelt beschäftigte Arbeiter und Angestellte gelten demnach auch Bezieher von Vorruhestandsgeld, wenn sie unmittelbar vor Bezug des Vorruhestandsgeldes versicherungspflichtig waren und das Vorruhestandsgehalt mindestens in Höhe von 65 % des Bruttoarbeitsentgelts im Sinne des § 3 Abs. 2 des Vorruhestandsgesetzes gezahlt wird. Abs. 2 Satz 2 stellt klar, dass dies nicht für Personen gilt, die im Ausland ihren Wohnsitz oder gewöhnlichen Aufenthalt in einem Staat haben, mit dem für Arbeitnehmer mit Wohnsitz oder gewöhnlichem Aufenthalt in diesem Staat keine über- oder zwischenstaatlichen Regelungen über Sachleistungen bei Krankheit bestehen.

Abs. 2 a enthält eine weitere Konkretisierung zu Abs. 1 Satz 2 Nr. 1. Danach gelten als zu ihrer Berufsausbildung Beschäftigte auch Personen, die als nicht satzungsmäßige Mitglieder geistlicher Genossenschaften oder ähnlicher religiöser Gemeinschaften in einer solchen Genossenschaft oder ähnlichen religiösen Gemeinschaft außerschulisch ausgebildet werden. 3

Abs. 4 enthält eine widerlegbare Vermutung hinsichtlich des Bestehens der Versicherungspflicht für Personen, die lange Zeit weder in der sozialen Pflege- noch der gesetzlichen Krankenversicherung versicherungspflichtig waren. Nehmen Personen, die mindestens zehn Jahre nicht in der sozialen Pflegeversicherung oder der gesetzlichen Krankenversicherung waren, eine dem äußeren Anschein nach versicherungspflichtige Beschäftigung oder selbständige Tätigkeit von untergeordneter wirtschaftlicher Bedeutung auf, besteht nach Abs. 4 Satz 1 die widerlegbare Vermutung, dass eine die Versicherungspflicht begründende Beschäftigung nach Abs. 1 Nr. 1 oder eine versicherungspflichtige selbständige Beschäftigung nach Abs. 1 Nr. 3 oder 4 tatsächlich nicht ausgeübt wird. Nach Abs. 4 Satz 2 gilt dies insbesondere für eine Beschäftigung bei Familienangehörigen oder Lebenspartnern. 4

1.2 Zweck der Regelung

§ 20 ist die Grundvorschrift zur Versicherungspflicht in der sozialen Pflegeversicherung. Abs. 1 Satz 1 unterstreicht dabei den Grundsatz »Pflegeversicherung folgt Krankenversicherung«, in dem die versicherungspflichtigen Mitglieder der gesetzlichen Krankenversicherung als versicherungspflichtig in der sozialen Pflegeversicherung erklärt werden. Die weiteren Vorschriften, die den versicherungspflichtigen Personenkreis beschreiben, sind § 21 (Bezieher von Versorgungs-, Renten-, Entschädigungs- und Krankenbeihilfeleistungen), § 23 (Versicherungspflicht für Versicherte der privaten Krankenversicherungsunternehmen), § 24 (Versicherungspflicht der Abgeordneten). 5

2. Entstehungsgeschichte

§ 20 ist durch Art. 1 des PflegeVG vom 26.05.1994[101] mit Wirkung zum 01.01.1995 in Kraft getreten. Die Vorschrift ist durch Art. 10 des Arbeitsförderungsreformgesetzes vom 24.03.1997[102] mit Wirkung zum 01.01.1998 in Abs. 1 Satz 2 Nr. 1 und 2 geändert worden. Mit Art. 3 des Gesundheitsreformgesetzes 2000 vom 22.12.1999[103] wurde Abs. 1 Satz 2 Nr. 1 geändert und Abs. 2 a eingefügt. Schließlich wurde durch Art. 10 des Dritten Gesetzes für moderne Dienstleistungen am Arbeitsmarkt vom 23.12.2002[104] in Abs. 1 6

101 BGBl. I S. 1014.
102 BGBl. I S. 594.
103 BGBl. I S. 2626.
104 BGBl. I S. 2848.

Satz 2 Nr. 2 der Begriff des Unterhaltsgeldes gestrichen. Durch Art. 11 des Vierten Gesetzes für moderne Dienstleistungen am Arbeitsmarkt vom 24. 12. 2003[105] wurde in Abs. 2 Satz 2 Nr. 2 wegen der damit erfolgten Zusammenlegung von Arbeitslosenhilfe und Sozialhilfe der Begriff der Sozialhilfe gestrichen. Im Rahmen von Art. 8 des Gesetzes vom 24. 04. 2006[106] wurde in Abs. 1 Satz 2 Nr. 1 der Begriff des Winterausfallgeldes gestrichen. Zudem wurde mit dem GKV-WSG vom 26. 03. 2007[107] Abs. 1 Satz 2 Nr. 12 eingefügt. Durch Art. 28 des Gesetzes zum Abbau bürokratischer Hemmnisse insbesondere in der mittelständischen Wirtschaft vom 07. 09. 2007[108] wurde Abs. 1 Nr. 7 geändert. Die Vorschrift ist zuletzt in Abs. 1 Nr. 2 durch Art. 12 des Gesetzes zur Ermittlung von Regelbedarfen und zur Änderung des Zweiten und Zwölften Buches Sozialgesetzbuch vom 24. 03. 2011[109] mit Rückwirkung zum 01. 01. 2011 geändert worden.

3. Versicherungspflichtiger Personenkreis (Abs. 1)

3.1 Arbeiter, Angestellte, Berufsausbildung (Nr. 1)

7 Die Versicherungspflicht in der sozialen Pflegeversicherung knüpft an die Versicherungspflicht in der gesetzlichen Krankenversicherung an. Wer in der GKV versicherungspflichtig ist, ist dies auch in der sozialen Pflegeversicherung. Soweit von den Befreiungsmöglichkeiten in der GKV Gebrauch gemacht wurde oder ein Tatbestand erfüllt ist, der Versicherungsfreiheit zur Folge hat (§§ 7 und 8 SGB V), ist die Person in der sozialen Pflegeversicherung nicht versicherungspflichtig.[110] Versicherungsfreiheit besteht in der GKV für Arbeitnehmer mit einem die Versicherungspflichtgrenze überschreitenden Jahresarbeitsentgelt, für Beamte, Richter und Soldaten und die weiteren in § 6 SGB V aufgeführten Personenkreise. Versicherungsfreiheit besteht auch für Beschäftigte, die eine geringfügige Beschäftigung nach § 8 SGB IV ausüben.

8 Abs. 1 Satz 2 Nr. 1 ist die zentrale Vorschrift für die Versicherungspflicht der Arbeitnehmer. Nach Nr. 1 sind Arbeiter, Angestellte und zu ihrer Berufsausbildung Beschäftigte, die gegen Arbeitsentgelt beschäftigt werden, versicherungspflichtig. Unentgeltliche Gefälligkeitsverhältnisse begründen daher keine Versicherungspflicht.[111]

9 Bei einem Praktikum ist zu unterscheiden, ob es im Rahmen des Studiums vorgesehen ist oder erst danach absolviert wird. Im ersten Fall besteht keine Versicherungspflicht.[112] Für Zeiten des Bezugs von Kurzarbeitergeld nach dem SGB III besteht Versicherungspflicht (s. § 192 Abs. 1 Nr. 4 SGB V).

---

105 BGBl. I S. 2954.
106 BGBl. I S. 926.
107 BGBl. I S. 378.
108 BGBl. I S. 2246.
109 BGBl. I S. 853.
110 Udsching in Udsching, SGB XI, § 20 Rn. 8.
111 Udsching in Udsching, SGB XI, § 20 Rn. 9.
112 Peters in Kasseler Kommentar, SGB XI, § 20 Rn. 17 m. w. N.

3.2 Bezieher von Arbeitslosengeld (Nr. 2)

Nach Nr. 2 sind Bezieher von Arbeitslosengeld nach dem SGB III in der sozialen Pflegeversicherung versicherungspflichtig. Dies gilt auch dann, wenn das Arbeitslosengeld auf Grund von Anrechnungen oder Kürzungen nicht vollständig ausgezahlt wird.[113] Ebenfalls versicherungspflichtig sind Bezieher von Arbeitslosengeld II, soweit sie in der gesetzlichen Krankenversicherung nicht familienversichert sind. Wird das Arbeitslosengeld II nur darlehensweise bewilligt (§ 23 Abs. 4 und 5 SGB II), besteht dagegen keine Versicherungspflicht. **10**

3.3 Landwirte (Nr. 3)

Nach Nr. 3 sind Landwirte, ihre mitarbeitenden Familienangehörigen und Altenteiler, die nach § 2 des KVLG 1989 versicherungspflichtig sind, in den Versorgungssatz einbezogen. Hinsichtlich der Versicherungspflichtigkeit weicht Nr. 3 von der Versicherungspflicht der Landwirte in der GKV insoweit ab, als dort pauschal auf das KVLG 1989 verwiesen wird. Nach Udsching ist deshalb der alleinige Verweis in Nr. 3 auf § 2 KVLG 1989 im Hinblick auf den Grundsatz »Pflegeversicherung folgt Krankenversicherung« zu kurz gegriffen. Mit Udsching ist deshalb Nr. 3 so auszulegen, dass auch die im KVLG 1989 genannten Befreiungstatbestände zu berücksichtigen sind.[114] **11**

3.4 Selbständige Künstler und Publizisten (Nr. 4)

Nr. 4 bestimmt die Versicherungspflicht selbständiger Künstler und Publizisten auf Basis des KSVG. Versicherungspflichtig sind nur selbständige Künstler und Publizisten im Sinne vom § 2 KSVG. Selbständige Künstler und Publizisten werden in der allgemeinen Rentenversicherung, in der gesetzlichen Krankenversicherung und in der sozialen Pflegeversicherung versichert nach § 1 KSVG, wenn sie 1. die künstlerische oder publizistische Tätigkeit erwerbsmäßig und nicht nur vorübergehend ausüben und 2. im Zusammenhang mit der künstlerischen oder publizistischen Tätigkeit nicht mehr als einen Arbeitnehmer beschäftigen, es sei denn, die Beschäftigung erfolgt zur Berufsausbildung oder ist geringfügig im Sinne des § 8 des Vierten Buches Sozialgesetzbuch. **12**

3.5 Personen in Einrichtungen der Jugendhilfe und in Berufsbildungswerken (Nr. 5)

Nach Nr. 5 sind Personen versicherungspflichtig, die in Einrichtungen der Jugendhilfe, in Berufsbildungswerken oder in ähnlichen Einrichtungen für Behinderte für eine Erwerbstätigkeit befähigt werden sollen. Entscheidend für die Versicherungspflicht ist, dass die Beschäftigung in einer der genannten Einrichtungen auf die Befähigung für eine Erwerbs- **13**

113 Udsching in Udsching, SGB XI, § 20 Rn. 17.
114 Udsching in Udsching, SGB XI, § 20 Rn. 19.

tätigkeit ausgerichtet ist. Unerheblich ist, ob für die Beschäftigung in der Einrichtung ein Entgelt gezahlt wird.[115]

3.6 Teilnehmer an berufsfördernden Maßnahmen (Nr. 6)

14 Teilnehmer an Leistungen zur Teilhabe am Arbeitsleben sowie an Berufsfindung oder Arbeitserprobung sind nach Nr. 6 versicherungspflichtig, es sei denn, die Maßnahmen werden nach den Vorschriften des BVG erbracht.

3.7 Menschen mit Behinderungen in Werkstätten für behinderten Menschen (Nr. 7)

15 Nach Nr. 7 sind behinderte Menschen in der sozialen Pflegeversicherung versicherungspflichtig, die in anerkannten Werkstätten für behinderte Menschen oder in Blindenwerkstätten nach § 143 SGB IX tätig sind oder für diese Einrichtungen in Heimarbeit tätig sind. Nach § 138 Abs. 1 SGB IX stehen behinderte Menschen im Arbeitsbereich anerkannter Werkstätten, wenn sie nicht Arbeitnehmer sind, zu den Werkstätten in einem arbeitnehmerähnlichen Rechtsverhältnis, soweit sich aus dem zugrunde liegenden Sozialleistungsverhältnis nichts anderes ergibt.

3.8 Menschen mit Behinderung in Anstalten oder Heimen (Nr. 8)

16 Behinderte Menschen, die in Anstalten, Heimen oder gleichartigen Einrichtungen in gewisser Regelmäßigkeit Leistungen erbringen, die einem Fünftel der Leistung eines voll erwerbstätigen Beschäftigten mit gleichartiger Beschäftigung entspricht, sind nach Nr. 8 versicherungspflichtig.

3.9 Studenten (Nr. 9)

17 Nach Nr. 9 sind Studierende, die an staatlichen oder staatlich anerkannten Hochschulen eingeschrieben sind, versicherungspflichtig, soweit sie nach § 5 Abs. 1 Nr. 9 SGB V der Krankenversicherungspflicht unterliegen. Als Studierender ist nach § 5 Abs. 1 Nr. 9 SGB V versicherungspflichtig, wer drei Voraussetzungen erfüllt. Er muss als Studierender einer Hochschule eingeschrieben sein. Ferner darf er zwei Voraussetzungen nicht erfüllen, nämlich die Fachstudienzeit von 14 Semestern und die Altersgrenze von 30 Jahren nicht überschritten haben. Unter Nr. 9 fällt noch nicht, wer an studienvorbereitenden Sprachkursen oder am Eignungsverfahren teilnimmt.[116]

---

115 Udsching in Udsching, SGB XI, § 20 Rn. 21.
116 Udsching in Udsching, SGB XI, § 20 Rn. 25 m. w. N.

3.10 Ausbildung (Nr. 10)

Personen, die zu ihrer Berufsausbildung ohne Arbeitsentgelt beschäftigt sind oder die eine Fachschule oder Berufsfachschule besuchen oder eine in Studien- oder Prüfungsordnungen vorgeschriebene berufspraktische Tätigkeit ohne Arbeitsentgelt verrichten (Praktikanten) unterliegen nach Nr. 10 der Versicherungspflicht. Praktikanten sind nur dann nach Nr. 10 versicherungspflichtig, wenn ihnen während des Praktikums kein Entgelt gezahlt wird.[117] **18**

3.11 Rentner (Nr. 11)

Versicherungspflichtig sind nach Nr. 11 auch Personen, die die Voraussetzungen für den Anspruch auf eine Rente aus der gesetzlichen Rentenversicherung erfüllen und diese Rente beantragt haben, soweit sie nach § 5 Abs. 1 Nr. 11, 11 a oder 12 SGB V der Krankenversicherungspflicht unterliegen. **19**

3.12 Personen (Nr. 12)

Nach Nr. 12 sind Personen verpflichtungspflichtig, die, weil sie bisher keinen Anspruch auf Absicherung im Krankheitsfall hatten, nach § 5 Abs. 1 Nr. 13 oder nach § 2 Abs. 1 Nr. 7 KVLG der Krankenversicherungspflicht unterliegen. **20**

4. Vorruhestandsgeldbezieher (Abs. 2)

Versicherungspflichtig nach Abs. 1 Nr. 1 sind nach Abs. 2 auch Bezieher von Vorruhestandsgeld, wenn sie unmittelbar vor Bezug des Vorruhestandsgeldes versicherungspflichtig waren und das Vorruhestandsgeld mindestens in Höhe von 65 % des Bruttoarbeitsentgelts im Sinne von § 3 Abs. 2 VRG gezahlt wird. **21**

5. Berufsauszubildende (Abs. 2 a)

Abs. 2 ist inhaltsgleich mit § 5 Abs. 3 und 4 SGB V. **22**

6. Freiwillige Mitglieder (Abs. 3)

Ebenso wie in der GKV unterliegen auch in der sozialen Pflegeversicherung die freiwilligen Mitglieder der Versicherungspflicht. Unerheblich ist, wann und auf welcher Vorschrift die freiwillige Versicherung begründet wurde.[118] Personen, die nach § 20 Abs. 3 in der sozialen Pflegeversicherung versicherungspflichtig sind, können auf Antrag von der Versicherungspflicht befreit werden. Voraussetzung ist hierfür nach § 22 Abs. 1 Satz 1, dass sie **23**

---

117 Peters in Kasseler Kommentar, SGB XI, § 20 Rn. 46.
118 Peters in Kasseler Kommentar, SGB XI, § 20 Rn. 54.

nachweisen, dass sie bei einem privaten Versicherungsunternehmen gegen Pflegebedürftigkeit versichert sind und für sich und ihre Angehörigen oder Lebenspartner, die bei Versicherungspflicht nach § 25 versichert wären, Leistungen beanspruchen können, die nach Art und Umfang den Leistungen der sozialen Pflegeversicherung gleichwertig sind.

7. Widerlegbare Vermutung (Abs. 4)

24 Mit Abs. 4 hat der Gesetzgeber das Ziel verfolgt, die Rückkehr von solchen Personen in den Schutz der sozialen Pflegeversicherung zu vermeiden, die über längere Zeit nicht versicherungspflichtig waren.[119] Abs. 4 hat kaum praktische Bedeutung, seit im Jahr 2007 Abs. 1 Nr. 12 eingeführt wurde.[120]

Viertes Kapitel
Leistungen der Pflegeversicherung

Erster Abschnitt
Übersicht über die Leistungen

§ 28 Leistungsarten, Grundsätze

(1) Die Pflegeversicherung gewährt folgende Leistungen:

1. Pflegesachleistung (§ 36),
2. Pflegegeld für selbst beschaffte Pflegehilfen (§ 37),
3. Kombination von Geldleistung und Sachleistung (§ 38),
4. häusliche Pflege bei Verhinderung der Pflegeperson (§ 39),
5. Pflegehilfsmittel und wohnumfeldverbessernde Maßnahmen (§ 40),
6. Tagespflege und Nachtpflege (§ 41),
7. Kurzzeitpflege (§ 42),
8. vollstationäre Pflege (§ 43),
9. Pflege in vollstationären Einrichtungen der Hilfe für behinderte Menschen (§ 43 a),
10. Leistungen zur sozialen Sicherung der Pflegepersonen (§ 44),
11. zusätzliche Leistungen bei Pflegezeit (§ 44 a),
12. Pflegekurse für Angehörige und ehrenamtliche Pflegepersonen (§ 45),
13. zusätzliche Betreuungsleistungen (§ 45 b),
14. Leistungen des Persönlichen Budgets nach § 17 Abs. 2 bis 4 des Neunten Buches,
15. zusätzliche Leistungen für Pflegebedürftige in ambulant betreuten Wohngruppen (§ 38 a).

(1 a) Versicherte haben gegenüber ihrer Pflegekasse oder ihrem Versicherungsunternehmen Anspruch auf Pflegeberatung (§ 7 a).

---

119 Udsching in Udsching, SGB XI, § 20 Rn. 33.
120 Peters in Kasseler Kommentar, SGB XI, § 20 Rn. 57.

(1 b) Bis zum Erreichen des in § 45 e Absatz 2 Satz 2 genannten Zeitpunkts haben Pflegebedürftige unter den Voraussetzungen des § 45 e Absatz 1 Anspruch auf Anschubfinanzierung bei Gründung von ambulant betreuten Wohngruppen. Versicherte mit erheblich eingeschränkter Alltagskompetenz haben bis zum Inkrafttreten eines Gesetzes, das die Leistungsgewährung aufgrund eines neuen Pflegebedürftigkeitsbegriffs und eines entsprechenden Begutachtungsverfahrens regelt, Anspruch auf verbesserte Pflegeleistungen (§ 123).

(2) Personen, die nach beamtenrechtlichen Vorschriften oder Grundsätzen bei Krankheit und Pflege Anspruch auf Beihilfe oder Heilfürsorge haben, erhalten die jeweils zustehenden Leistungen zur Hälfte; dies gilt auch für den Wert von Sachleistungen.

(3) Die Pflegekassen und die Leistungserbringer haben sicherzustellen, dass die Leistungen nach Absatz 1 nach allgemein anerkanntem Stand medizinisch-pflegerischer Erkenntnisse erbracht werden.

(4) Die Pflege soll auch die Aktivierung des Pflegebedürftigen zum Ziel haben, um vorhandene Fähigkeiten zu erhalten und, soweit dies möglich ist, verlorene Fähigkeiten zurückzugewinnen. Um der Gefahr einer Vereinsamung des Pflegebedürftigen entgegenzuwirken, sollen bei der Leistungserbringung auch die Bedürfnisse des Pflegebedürftigen nach Kommunikation berücksichtigt werden.

Inhaltsübersicht Rn.

Literatur

Bieback, Qualitätssicherung in der Pflege im Sozialrecht, 2004; Igl, Qualitätsanforderungen in der Langzeitpflege: Wie hat eine rechtliche Rahmenordnung auszusehen? – eine historische, rechtliche und rechtspolitische Analyse, SGb 2007, 381; Krahmer/Schiffer-Werneburg, Die neue Pflegeberatung nach § 7 a SGB XI; Sozialrecht aktuell 2008, 127

1. Normzweck

Die Vorschrift führt in Abs. 1 Ziff. 1 bis 14 die Leistungen auf, die von der sozialen Pflegeversicherung gewährt werden. Abs. 1 a bestimmt, dass Versicherte gegenüber ihrer Pflegekasse oder ihrem Versicherungsunternehmen Anspruch auf Pflegeberatung (§ 7 a) haben. 1

Nach Abs. 2 erhalten Personen, die nach beamtenrechtlichen Vorschriften oder Grundsätzen bei Krankheit und Pflege Anspruch auf Beihilfe oder Heilfürsorge haben, die jeweils zustehenden Leistungen zur Hälfte; dies gilt auch für den Wert von Sachleistungen. 2

3 Durch Abs. 3 soll sichergestellt werden, dass die Leistungen der Pflegeversicherung dem Stand medizinisch-pflegerischer Erkenntnisse entsprechen. Die Pflegekassen und die Leistungserbringer haben deshalb sicherzustellen, dass die Leistungen gemäß Absatz 1 nach allgemein anerkanntem Stand medizinisch-pflegerischer Erkenntnisse erbracht werden.

4 Die Pflege soll nach Abs. 4 Satz 1 auch die Aktivierung des Pflegebedürftigen zum Ziel haben, um vorhandene Fähigkeiten zu erhalten und, soweit dies möglich ist, verlorene Fähigkeiten zurück zu gewinnen. Um der Gefahr einer Vereinsamung des Pflegebedürftigen entgegenzuwirken, sollen nach Abs. 4 Satz 2 bei der Leistungserbringung auch die Bedürfnisse des Pflegebedürftigen nach Kommunikation berücksichtigt werden.

2. Entstehungsgeschichte

5 § 28 ist durch Art. 1 des PflegeVG mit Wirkung zum 01. 01. 1995[121] eingeführt worden. Durch das 1. SGB XI-Änderungsgesetz wurde Abs. 1 um die Nr. 9 (Pflege in vollstationären Einrichtungen der Hilfe für behinderte Menschen (§ 43 a))« ergänzt. Durch Gesetz vom 27. 12. 2003 wurde Abs. 1 durch Nr. 14 (Leistungen des Persönlichen Budgets nach § 17 Abs. 2 bis 4 des Neunten Buches) erweitert. Die letzte Änderung beruht auf dem Pflegeweiterentwicklungsgesetz vom 28. 05. 2008.[122] Dabei wurde Abs. 1 Nr. 11 (zusätzliche Leistungen bei Pflegezeit (§ 44 a) und Abs. 1 Nr. 13 (zusätzliche Betreuungsleistungen (§ 45 b)) neu eingefügt. Zudem wurde mit dem Pflegeweiterentwicklungsgesetz Abs. 1 a neu geschaffen. Aktuell wird die Vorschrift durch das Gesetz zur Neuausrichtung der Pflegeversicherung geändert. Dabei ist Abs. 1 Nr. 5 geändert und Nr. 15 eingefügt worden. Zudem ist mit dem Pflege-Neuausrichtungsgesetz Abs. 1 b neu geschaffen worden.

3. Leistungen der Pflegeversicherung (Abs. 1)

6 Die Vorschrift fasst die Leistungen der Pflegeversicherung in einem abschließenden Katalog zusammen.[123] Die Voraussetzungen für die einzelnen genannten Leistungen ergeben sich aus den Vorschriften des 4. Kapitels. § 28 Abs. 1 begründet selbst keine Ansprüche.[124] Abs. 1 umfasst nur die eigentlichen Leistungen der Pflegeversicherung, Nebenleistungen (Aufklärung, Beratung) werden nicht erwähnt.

4. Pflegeberatung (Abs. 1 a)

7 Abs. 1 a hat nur klarstellenden Charakter. Die Voraussetzungen für den Rechtsanspruch auf Pflegeberatung sind in § 7 a normiert.

---

121 BGBl. I S. 1014.
122 BGBl. I S. 874.
123 Udsching in Udsching, SGB XI, § 28 Rn. 2.
124 Leitherer in Kasseler Kommentar, SGB XI, § 28 Rn. 5; Udsching in Udsching, SGB XI, § 28 Rn. 2.

5. Ambulante Wohngruppen/verbesserte Pflegeleistungen (Abs. 1 b)

Der mit dem Pflege-Neuausrichtungsgesetz in die Vorschrift einzufügende Abs. 1 b enthält Folgeänderungen zur Einführung der neuen Leistungen gemäß den §§ 45 e und 123. Da diese nur für einen begrenzten Zeitraum gewährt werden, hat der Gesetzgeber sie nicht in den allgemeinen Leistungskatalog des Abs. 1 übernommen, sondern einen separaten Absatz geschaffen. **8**

6. Beihilfe und Heilfürsorge (Abs. 2)

Abs. 2 trägt dem Umstand Rechnung, dass pflegeversicherte Beihilfe- und Heilfürsorgeberechtigte nur zur Hälfte Beiträge zur Pflegeversicherung zu entrichten haben. Dieser Personenkreis erhält die Leistungen der Pflegeversicherung nur zur Hälfte. Die auf die Hälfte reduzierten Leistungen der Pflegeversicherung gelten auch für die beitragsfrei mitversicherten Familienangehörigen, die in der Beihilfe berücksichtigt werden.[125] Die Reduzierung der Leistungen der Pflegeversicherung auf die Hälfte gilt unabhängig vom konkreten Beihilfesatz.[126] **9**

Unter den Personenkreis nach Abs. 2 fallen Personen, die nach beamtenrechtlichen Vorschriften Anspruch auf Beihilfe haben, jedoch nicht privat krankenversichert sind.[127] Diese Personen erhalten von ihrem Dienstherrn keine Zuschüsse zu den Beiträgen, aber bei Eintritt der Pflegebedürftigkeit Leistungen der Beihilfe bzw. der Heilfürsorge. **10**

7. Stand medizinisch-pflegerischer Erkenntnis (Abs. 3)

Abs. 3 richtet sich an die Pflegekassen und Leistungserbringer. Diese haben sicherzustellen, dass die Leistungen nach dem allgemein anerkannten Stand medizinisch-pflegerischer Erkenntnisse erbracht werden. Nach Leitherer hat die Vorschrift allerdings nur die Bedeutung eines allgemeinen Programmsatzes.[128] Einzelheiten des Sicherstellungsauftrags für Pflegekassen sind in § 69 geregelt. Die Pflegekassen erfüllen ihren Sicherstellungsauftrag durch den Abschluss von Versorgungsverträgen und Vergütungsvereinbarungen. **11**

8. Aktivierung der Pflegebedürftigen (Abs. 4)

Die aktivierende Pflege nach Abs. 4 ist keine eigenständige Leistung der Pflegeversicherung.[129] Die aktivierende Hilfe findet deshalb auch keine Berücksichtigung bei der Be- **12**

---

125 BT-Drs. 12/5952, S. 39; Leitherer in Kasseler Kommentar, SGB XI, § 28 Rn. 11; Udsching in Udsching, SGB XI, § 28 Rn. 6.

126 Udsching in Udsching, SGB XI, § 28 Rn. 7; Leitherer in Kasseler Kommentar, SGB XI, § 28 Rn. 16.

127 Leitherer in Kasseler Kommentar, SGB XI, § 28 Rn. 9.

128 Leitherer in Kasseler Kommentar, SGB XI, § 28 Rn. 17.

129 Gemeinsames Rundschreiben vom 01.07.2008 zu § 28 SGB XI; Leitherer in Kasseler Kommentar, SGB XI, § 28 Rn. 23.

stimmung der Pflegebedürftigkeit und der Pflegestufen. Sie ist vielmehr integraler Bestandteil aller Leistungen nach den §§ 36 ff. Die von Pflegekräften, Pflegeeinrichtungen und Pflegepersonen erbrachte Pflege hat zum Ziel, vorhandene Fähigkeiten zu erhalten und – soweit dies möglich ist – verlorene Fähigkeiten zurück zu gewinnen. Die aktivierende Pflege soll alle körpernahen Verrichtungen einbeziehen, aber auch die hauswirtschaftliche Versorgung, die Organisation des Tagesablaufs und die Gestaltung der Wohnung oder des Pflegeheims.

13 Nach Satz 2 sollen bei der Leistungserbringung auch die Bedürfnisse des Pflegebedürftigen nach Kommunikation berücksichtigt werden. Begründet wurde Satz 2 damit, dass Kommunikation für gesunde, kranke und pflegebedürftige Menschen in gleicher Weise notwendig ist.[130] Allerdings stellt die Erfüllung des Kommunikationsbedürfnisses keine besondere von der Pflegekasse zu gewährende Leistung dar.[131]

Vierter Abschnitt
Leistungen für Pflegepersonen

§ 44 Leistungen zur sozialen Sicherung der Pflegepersonen

(1) Zur Verbesserung der sozialen Sicherung der Pflegepersonen im Sinne des § 19 entrichten die Pflegekassen und die privaten Versicherungsunternehmen, bei denen eine private Pflege-Pflichtversicherung durchgeführt wird, sowie die sonstigen in § 170 Abs. 1 Nr. 6 des Sechsten Buches genannten Stellen Beiträge an den zuständigen Träger der gesetzlichen Rentenversicherung, wenn die Pflegeperson regelmäßig nicht mehr als dreißig Stunden wöchentlich erwerbstätig ist. Näheres regeln die §§ 3, 137, 166 und 170 des Sechsten Buches. Der Medizinische Dienst der Krankenversicherung stellt im Einzelfall fest, ob und in welchem zeitlichen Umfang häusliche Pflege durch eine Pflegeperson erforderlich ist, und erfragt in den Fällen, in denen die Pflege des Pflegebedürftigen die Dauer von 14 Stunden unterschreitet, ob die Pflegeperson weitere Pflegebedürftige pflegt. Der Pflegebedürftige oder die Pflegeperson haben darzulegen und auf Verlangen glaubhaft zu machen, dass Pflegeleistungen in diesem zeitlichen Umfang auch tatsächlich erbracht werden. Dies gilt insbesondere, wenn Pflegesachleistungen (§ 36) in Anspruch genommen werden. Während der pflegerischen Tätigkeit sind die Pflegepersonen nach Maßgabe der §§ 2, 4, 105, 106, 129, 185 des Siebten Buches in den Versicherungsschutz der gesetzlichen Unfallversicherung einbezogen. Pflegepersonen, die nach der Pflegetätigkeit in das Erwerbsleben zurückkehren wollen, können bei beruflicher Weiterbildung nach Maßgabe des Dritten Buches bei Vorliegen der dort genannten Voraussetzungen gefördert werden.

(2) Für Pflegepersonen, die wegen einer Pflichtmitgliedschaft in einer berufsständischen Versorgungseinrichtung auch in ihrer Pflegetätigkeit von der Versicherungspflicht in der gesetzlichen Rentenversicherung befreit sind oder befreit wären, wenn

---

130 BT-Drs. 12/5262, S. 96.
131 Gemeinsames Rundschreiben vom 01.07.2008 zu § 28 SGB XI.

sie in der gesetzlichen Rentenversicherung versicherungspflichtig wären und einen Befreiungsantrag gestellt hätten, werden die nach Absatz 1 Satz 1 und 2 zu entrichtenden Beiträge auf Antrag an die berufsständische Versorgungseinrichtung gezahlt.

(3) Die Pflegekasse und das private Versicherungsunternehmen haben die in der Renten- und Unfallversicherung zu versichernde Pflegeperson den zuständigen Renten- und Unfallversicherungsträgern zu melden. Die Meldung für die Pflegeperson enthält:

1. ihre Versicherungsnummer, soweit bekannt,
2. ihren Familien- und Vornamen,
3. ihr Geburtsdatum,
4. ihre Staatsangehörigkeit,
5. ihre Anschrift,
6. Beginn und Ende der Pflegetätigkeit,
7. die Pflegestufe des Pflegebedürftigen und
8. die unter Berücksichtigung des Umfangs der Pflegetätigkeit nach § 166 des Sechsten Buches maßgeblichen beitragspflichtigen Einnahmen.

Der Spitzenverband Bund der Pflegekassen sowie der Verband der privaten Krankenversicherung e. V. können mit der Deutschen Rentenversicherung Bund und mit den Trägern der Unfallversicherung Näheres über das Meldeverfahren vereinbaren.

(4) Der Inhalt der Meldung nach Absatz 3 Satz 2 Nr. 1 bis 6 und 8 ist der Pflegeperson, der Inhalt der Meldung nach Absatz 3 Satz 2 Nr. 7 dem Pflegebedürftigen schriftlich mitzuteilen.

(5) Die Pflegekasse und das private Versicherungsunternehmen haben in den Fällen, in denen eine nicht erwerbsmäßig tätige Pflegeperson einen Pflegebedürftigen pflegt, der Anspruch auf Beihilfeleistungen oder Leistungen der Heilfürsorge hat und für die die Beiträge an die gesetzliche Rentenversicherung nach § 170 Abs. 1 Nr. 6 Buchstabe c des Sechsten Buches anteilig getragen werden, im Antragsverfahren auf Leistungen der Pflegeversicherung von dem Pflegebedürftigen ab dem 1. Juni 2005 die zuständige Festsetzungsstelle für die Beihilfe oder den Dienstherrn unter Hinweis auf die beabsichtigte Weiterleitung der in Satz 2 genannten Angaben an diese Stelle zu erfragen. Der angegebenen Festsetzungsstelle für die Beihilfe oder dem Dienstherrn sind bei Feststellung der Beitragspflicht die in Absatz 3 Satz 2 Nr. 1 bis 5 und 8 genannten Angaben sowie der Beginn der Beitragspflicht mitzuteilen. Absatz 4 findet auf Satz 2 entsprechende Anwendung.

(6) Für die Fälle, in denen die Mindeststundenzahl von 14 Stunden wöchentlicher Pflege für die Rentenversicherungspflicht einer Pflegeperson nur durch die Pflege mehrerer Pflegebedürftiger erreicht wird, haben der Spitzenverband Bund der Pflegekassen, der Verband der privaten Krankenversicherung e.V. und die Deutsche Rentenversicherung Bund das Verfahren und die Mitteilungspflichten zwischen den an einer Addition von Pflegezeiten beteiligten Pflegekassen und Versicherungsunternehmen durch Vereinbarung zu regeln. Die Pflegekassen und Versicherungsunternehmen dürfen die in Absatz 3 Satz 2 Nummer 1 bis 3 und 6 und, soweit dies für eine sichere Identifikation der Pflegeperson erforderlich ist, die in den Nummern 4 und 5 genannten Daten sowie die Angabe des zeitlichen Umfangs der Pflegetätigkeit der Pflegeperson an andere Pflege-

kassen und Versicherungsunternehmen, die an einer Addition von Pflegezeiten beteiligt sind, zur Überprüfung der Voraussetzungen der Rentenversicherungspflicht der Pflegeperson übermitteln und ihnen übermittelte Daten verarbeiten und nutzen.

Inhaltsübersicht

Literatur

Altmann, Rückforderung von Leistungen zur sozialen Sicherung von Pflegepersonen, NZS 2009, 665; Von Einem, Änderungen in der gesetzlichen Rentenversicherung durch das Pflege-Versicherungsgesetz, SozVers 1994, 258; Gitter, Der Versicherungsschutz der Pflegepersonen in der Unfall- und Krankenversicherung, VSSR 1996, 1; Just, Absicherung von nicht erwerbsmäßig tätigen Pflegepersonen in der Sozialversicherung, SozSich 2008, 74; Koch, Rentenversicherung: Versicherungspflichtiger Personenkreis der nicht erwerbsmäßig tätigen Pflegepersonen, WzS 2002, 97; Krauthausen/Schmidt, Rentenrechtliche Situation von Pflegepersonen heute und morgen – Pflegezeitenregelung im Rentenreformgesetz 1992 und Verbesserung durch das Pflege-Versicherungsgesetz, DRV 1994, 379; Leube, Pflege-Unfallversicherung, NZS 1995, 127; Ders., Unfallversicherung häuslicher Pflegepersonen, NZS 1995, 343; Petersen, Die soziale Sicherung der Pflegepersonen in der gesetzlichen Rentenversicherung, DAngVers 1994, 260; Stegmann/Mika, Ehrenamtliche Pflege in den Versicherungsbiografie, DRV 2007, 771

1. Normzweck

1.1 Allgemeiner Inhalt

1 Abs. 1 enthält die Verpflichtung der Pflegekassen und der privaten Versicherungsunternehmen, für Pflegepersonen Beiträge an die zuständigen Träger der Rentenversicherung zu entrichten. Voraussetzung hierfür ist, dass die Pflegeperson regelmäßig nicht mehr als 30 Stunden wöchentlich erwerbstätig ist. Abs. 2 überträgt die Regelungen des Abs. 1 auf Personen, die in berufsständischen Versorgungseinrichtungen versichert sind.

2 In Abs. 3 ist normiert, dass die Pflegekassen und die privaten Versicherungsunternehmen die in der Renten- und Unfallversicherung zu versichernde Pflegeperson den zuständigen Renten- und Unfallversicherungsträgern zu melden haben. Korrespondierend dazu enthält Abs. 4 die Verpflichtung, den Inhalt der Meldung nach Abs. 3 der Pflegeperson mitzuteilen.

1.2 Zweck der Regelung

3 Die Vorschrift verfolgt den Zweck, die soziale Sicherung (Renten- und Unfallversicherung) von nicht erwerbstätigen Pflegepersonen zu verbessern. Darüber hinaus ist beabsichtigt, die häusliche Pflege zu stärken und zu fördern.[132] Mit der Vorschrift soll zugleich

132 Udsching in Udsching, SGB XI, § 44 Rn. 2.

der Vorrang der ambulanten vor der stationären Pflege unterstützt[133] und dazu beigetragen werden, die Kosten der Pflegeversicherung gering zu halten.[134]

2. Entstehungsgeschichte

§ 44 ist durch Art. 1 des PflegeVG vom 26.05.1994[135] mit Wirkung zum 01.04.1995 eingeführt worden. Durch das 1. SGB XI-Änderungsgesetz vom 14.06.1996[136] ist Abs. 1 Satz 1 verändert und die Sätze 3 bis 5 ebenso neu eingefügt worden wie Abs. 2. Abs. 1 Satz 5 wurde durch Art. 7 des Unfallversicherungseinordnungsgesetzes vom 20.08.1996[137] mit Wirkung zum 01.01.1997 geändert. Schließlich wurde durch das Arbeitsförderungsreformgesetz vom 24.03.2007[138] Abs. 1 Satz 7 zum 01.01.1998 geändert. Im Rahmen des Gesetzes zur Organisationsreform der gesetzlichen Rentenversicherung vom 09.12.2004[139] ist Abs. 1 Satz 2 modifiziert und Abs. 3 Satz 2 an den neuen Sprachgebrauch (Deutsche Rentenversicherung Bund) angepasst worden. Im Rahmen des Verwaltungsvereinfachungsgesetzes vom 21.03.2005[140] wurde Abs. 4 geändert und Abs. 5 angefügt. Zuletzt wurde die Vorschrift durch das GKV-WSG vom 26.03.2007[141] Abs. 3 geändert. 4

3. Beiträge zur Rentenversicherung (Abs. 1)

In § 44 Abs. 1 Satz 1 und 2 ist als Leistung zur Verbesserung der sozialen Absicherung der Pflegepersonen im Sinne von § 19 vorgesehen, dass die Pflegekassen für diese Personen Beiträge zur Rentenversicherung entrichten. § 3 Satz 1 Nr. 1a SGB VI bestimmt dazu, dass Personen in der Zeit versicherungspflichtig sind, in der sie einen Pflegebedürftigen im Sinne des § 14 nicht erwerbsmäßig wenigstens 14 Stunden wöchentlich in häuslicher Umgebung pflegen, wenn der Pflegebedürftige Anspruch auf Leistungen zur sozialen Pflegeversicherung hat. Bei der Feststellung des Mindestzeitaufwands von 14 Wochenstunden ist nur der Hilfebedarf zu berücksichtigen, der für die in § 14 Abs. 4 aufgeführte gewöhnliche und regelmäßig wiederkehrende Verrichtung im Bereich der Grundpflege und hauswirtschaftlichen Versorgung erforderlich ist.[142] 5

Die soziale Sicherung nach Abs. 1 ist ausgeschlossen, wenn die Pflegeperson mehr als 30 Stunden wöchentlich erwerbstätig ist. Dabei kann es sich sowohl um eine abhängige als auch selbständige Tätigkeit handeln.[143] 6

Die entsprechenden Beiträge zur Rentenversicherung werden für diese versicherungspflichtigen Pflegepersonen nach den beitragspflichtigen Einnahmen erhoben, § 161 7

133 Gallon in LPK-SGB XI, § 44 Rn. 5.
134 BGH – 10.11.1998 – VI ZR 354/97.
135 BGBl. I S. 1014.
136 BGBl. I S. 830.
137 BGBl. I S. 1254.
138 BGBl. I S. 594.
139 BGBl. I S. 3242.
140 BGBl. I S. 8181.
141 BGBl. I S. 378.
142 BSG – 05.05.2010 – B 12 6/09 R.
143 Maschmann, NZS 1995, 109; Koch in Kasseler Kommentar, SGB XI, § 44 Rn. 4.

Abs. 1 SGB VI. Die Höhe der beitragspflichtigen Einnahmen ist in § 166 Abs. 2 SGB VI geregelt und steht in Abhängigkeit zur wöchentlichen Pflegedauer. Danach gelten folgende beitragspflichtige Einnahmen:

1. Pflege eines Schwerstpflegebedürftigen (Pflegestufe III)
   a) 80 % der Bezugsgröße, wenn er mindestens 28 Stunden in der Wochen gepflegt wird,
   b) 60 % der Bezugsgröße, wenn er mindestens 21 Stunden in der Wochen gepflegt wird,
   c) 40 % der Bezugsgröße, wenn er mindestens 14 Stunden in der Wochen gepflegt wird,
2. Pflege eines Schwerpflegebedürftigen (Pflegestufe II)
   a) 53,3333 % der Bezugsgröße, wenn er mindestens 21 Stunden in der Wochen gepflegt wird,
   b) 35,5555 % der Bezugsgröße, wenn er mindestens 14 Stunden in der Wochen gepflegt wird,
3. Pflege eines erheblich Pflegebedürftigen (Pflegestufe I): 26,6667 % der Bezugsgröße.

Bezugsgröße ist nach § 18 SGB IV das Durchschnittsentgelt der gesetzlichen Rentenversicherung im vorvergangenen Kalenderjahr. Die Bezugsgröße beträgt im Jahr 2012 in den alten Bundesländern monatlich 2625 € und in den neuen Bundesländern monatlich 2240 €. Teilen sich mehrere Pflegepersonen die Pflege, werden die beitragspflichtigen Einnahmen jeder Pflegeperson nach dem jeweiligen Anteil der Pflegetätigkeit an der Gesamtpflege berechnet.[144]

8 Die Versicherungspflicht der Pflegeperson nach § 3 Satz 1 Nr. 1 a SGB VI besteht nur in der Zeit, in der sie den Pflegebedürftigen auch tatsächlich pflegt. Unterbricht eine nicht erwerbsmäßig tätige Pflegeperson ihre Pflegetätigkeit wegen Urlaubs, besteht an den Unterbrechungstagen keine Versicherungs- und Beitragspflicht in der Rentenversicherung.[145] Der Anspruch hängt nicht von der Pflegestufe ab, in die der Pflegebedürftige eingestuft ist.[146]

9 Halten die Pflegekassen ihre Leistungspflicht nach § 44 Abs. 1 Satz 1 für gegeben, haben sie diese zu erfüllen und an die Einzugsstelle zu zahlen. Besteht aber Streit über die Versicherungspflicht in der Rentenversicherung, hat bei nicht erwerbsmäßigen Pflegepersonen, bei denen das Einzugsverfahren nicht gilt, zunächst der Träger der Rentenversicherung zu entscheiden und nicht die Pflegekasse.[147] Gleiches gilt für den Fall der Versicherung eines Pflegebedürftigen in der privaten Pflegeversicherung.[148] Die Klage der Pflegeperson gegen die private Pflegeversicherung auf Beitragszahlung zur Rentenversicherung ist unzulässig. In einem solchen Rechtsstreit ist eine Sachentscheidung zur Rentenversicherung auch dann nicht zu treffen, wenn der Rentenversicherer beigeladen ist.[149]

10 Nach Abs. 1 Satz 3 stellt der Medizinische Dienst der Krankenkassen im Einzelfall fest, ob und in welchem Umfang häusliche Pflege durch eine Pflegeperson erforderlich ist. Der Pflegebedürftige oder die Pflegeperson haben darzulegen und auf Verlangen glaubhaft zu

---

144 BT-Drs. 12/5262, S. 159.
145 BSG – 22.03.2001 – B 12 P 3/00 R.
146 Udsching in Udsching, SGB XI, § 44 Rn. 3.
147 BSG – 23.09.2003 – B 12 P 2/02 R; LSG Hessen – 29.01.2009 – L 8 P 132/07.
148 BSG – 23.09.2003 – B 12 P 2/02 R.
149 BSG – 23.09.2003 – B 12 P 2/02 R; BSG – 22.03.2001 – B 12 P 3/00 R.

machen, dass Pflegeleistungen in diesem zeitlichen Umfang auch tatsächlich erbracht werden, Abs. 1 Satz 4. Nach § 23 Abs. 1 Satz 2 SGB X ist eine Tatsache dann als glaubhaft anzusehen, wenn ihr Vorliegen nach dem Ergebnis der Ermittlungen, die sich auf sämtliche erreichbaren Beweismittel erstrecken sollen, überwiegend wahrscheinlich ist. Mittel der Glaubhaftmachung ist z. B. ein Pflegetagebuch, in dem der zeitliche Umfang der Pflegetätigkeit aufgeschrieben wird.[150]

Nach Abs. 1 Satz 6 sind Pflegepersonen während der pflegerischen Tätigkeit in den Versicherungsschutz der gesetzlichen Unfallversicherung einbezogen. Einbezogen sind auch Pflegepersonen, die mehr als 30 Stunden wöchentlich erwerbstätig sind[151] sowie Personen, die weniger als 14 Wochenstunden pflegen.[152] **11**

Der Versicherungsschutz in der gesetzlichen Unfallversicherung umfasst nicht die versicherten Tätigkeiten. Dies sind nach § 2 Abs. 1 Nr. 17 SGB VII: Pflegetätigkeiten im Bereich der Körperpflege und – soweit diese Tätigkeiten überwiegend Pflegebedürftigen zugute kommen – Pflegetätigkeiten in den Bereichen der Ernährung, der Mobilität sowie der hauswirtschaftlichen Versorgung. Tätigkeiten, die überwiegend der gesamten Wohngemeinschaft zugute kommen, unterfallen nicht dem Versicherungsschutz.[153] **12**

4. Beiträge zu berufsständischen Versorgungseinrichtungen (Abs. 2)

Durch Abs. 2 ist gewährleistet, dass Personen, die von der Versicherungspflicht wegen der Mitgliedschaft in einer berufsständischen Versorgungseinrichtung (z. B. Rechtsanwaltsversorgungswerk) befreit sind, dort ihre Altersversorgung ausbauen können. **13**

5. Meldepflicht und Mitteilung der Meldung (Abs. 3 und 4)

Bei Abs. 3 handelt es sich um eine Sondervorschrift zu § 28 a SGB IV. Der Unfallversicherungsschutz der Pflegepersonen besteht unabhängig davon, ob die Pflegekasse oder das private Versicherungsunternehmen ihrer Meldepflicht nach Abs. 3 nachgekommen sind.[154] Abs. 4 dient dem Datenschutz der Pflegeperson und des Pflegebedürftigen. Beide sollen Kenntnis über die sie betreffenden gegenüber den Unfallversicherungsträgern gemeldeten Daten haben.[155] **14**

§ 44 a Zusätzliche Leistungen bei Pflegezeit

(1) Beschäftigte, die nach § 3 des Pflegezeitgesetzes von der Arbeitsleistung vollständig freigestellt wurden oder deren Beschäftigung durch Reduzierung der Arbeitszeit zu einer geringfügigen Beschäftigung im Sinne des § 8 Abs. 1 Nr. 1 des Vierten Buches wird, erhalten auf Antrag Zuschüsse zur Kranken- und Pflegeversicherung. Zuschüsse

---

150 Udsching in Udsching, SGB XI, § 44 Rn. 16.
151 Udsching in Udsching, SGB XI, § 44 Rn. 17; Koch in Kasseler Kommentar, SGB XI, § 44 Rn. 7.
152 Udsching in Udsching, SGB XI, § 44 Rn. 17; Koch in Kasseler Kommentar, SGB XI, § 44 Rn. 7.
153 BT-Drs. 12/5262, S. 162.
154 Udsching in Udsching, SGB XI, § 44 Rn. 22.
155 Kritisch zum dadurch veranlassten Verwaltungsaufwand Udsching in Udsching, SGB XI, § 44 Rn. 23.

werden gewährt für eine freiwillige Versicherung in der gesetzlichen Krankenversicherung, eine Pflichtversicherung nach § 5 Abs. 1 Nr. 13 des Fünften Buches oder nach § 2 Abs. 1 Nr. 7 des Zweiten Gesetzes über die Krankenversicherung der Landwirte, eine Versicherung bei einem privaten Krankenversicherungsunternehmen, eine Versicherung bei der Postbeamtenkrankenkasse oder der Krankenversorgung der Bundesbahnbeamten, soweit im Einzelfall keine beitragsfreie Familienversicherung möglich ist, sowie für eine damit in Zusammenhang stehende Pflege-Pflichtversicherung. Die Zuschüsse belaufen sich auf die Höhe der Mindestbeiträge, die von freiwillig in der gesetzlichen Krankenversicherung versicherten Personen zur gesetzlichen Krankenversicherung (§ 240 Abs. 4 Satz 1 des Fünften Buches) und zur sozialen Pflegeversicherung (§ 57 Abs. 4) zu entrichten sind und dürfen die tatsächliche Höhe der Beiträge nicht übersteigen; dabei wird ab 1. Januar 2009 für die Berechnung der Mindestbeiträge zur gesetzlichen Krankenversicherung der allgemeine Beitragssatz zugrunde gelegt. In der Zeit vom 1. Juli bis 31. Dezember 2008 wird bei Mitgliedern der gesetzlichen Krankenversicherung der allgemeine Beitragssatz der jeweiligen Krankenkasse (§ 241 des Fünften Buches), bei Mitgliedern der landwirtschaftlichen Krankenversicherung der durchschnittliche allgemeine Beitragssatz der Krankenkassen sowie jeweils der zusätzliche Beitragssatz in Höhe von 0,9 vom Hundert (§ 241 a des Fünften Buches) zugrunde gelegt. Bei Personen, die nicht Mitglieder in der gesetzlichen Krankenversicherung sind, wird in der Zeit vom 1. Juli bis 31. Dezember 2008 der durchschnittliche allgemeine Beitragssatz der Krankenkassen nach § 245 Abs. 1 des Fünften Buches sowie der zusätzliche Beitragssatz in Höhe von 0,9 vom Hundert (§ 241 a des Fünften Buches) zugrunde gelegt. Beschäftigte haben Änderungen in den Verhältnissen, die sich auf die Zuschussgewährung auswirken können, unverzüglich der Pflegekasse oder dem privaten Versicherungsunternehmen, bei dem der Pflegebedürftige versichert ist, mitzuteilen.

(2) Pflegende Personen sind während der Inanspruchnahme einer Pflegezeit im Sinne des Pflegezeitgesetzes nach Maßgabe des Dritten Buches nach dem Recht der Arbeitsförderung versichert.

Inhaltsübersicht Rn.

Literatur

Freihube/Sasse, Was bringt das neue Pflegezeitgesetz?, DB 2008, 1320; Just, Absicherung von nicht erwerbsmäßig tätigen Pflegepersonen in der Sozialversicherung, SozSich 2008, 74; Kossens, Das neue

Pflegezeitgesetz, AuA 2008, 328; Nielebock, Pflegezeit für Beschäftigte, AiB 20087, 363; Stuhlmann, SV-rechtliche Auswirkungen, AuA 2008, 332

1. Normzweck

1.1 Allgemeiner Inhalt

Die Vorschrift gewährt Beschäftigten, die eine Freistellung nach dem Pflegezeitgesetz in Anspruch genommen haben, einen Zuschuss zur Kranken- und Pflegeversicherung. Nach Abs. 1 Satz 1 gilt dies nur für diejenigen Beschäftigten, die vollständig von der Arbeitsleistung zur Pflege eines nahen Angehörigen freistellt wurden, und diejenigen Beschäftigten, deren Beschäftigung durch eine Reduzierung der Arbeitszeit zu einer geringfügigen Beschäftigung nach § 8 Abs. 1 Nr. 1 SGB IV geworden ist. 1

In Abs. 1 Satz 2 ist geregelt, für welche Versicherungen Zuschüsse gewährt werden. Abs. 1 Satz 3 bestimmt die Höhe der Zuschüsse. Danach belaufen sich die Zuschüsse auf die Höhe der Mindestbeiträge, die von freiwillig in der gesetzlichen Krankenversicherung versicherten Personen zur gesetzlichen Krankenversicherung (§ 240 Abs. 4 Satz 1 SGB V) und zur sozialen Pflegeversicherung (§ 57 Abs. 4 SGB VI) zu entrichten sind; sie dürfen die tatsächliche Höhe der Beiträge nicht übersteigen. 2

Abs. 1 Satz 6 enthält eine an die Beschäftigten gerichtete Mitteilungsverpflichtung. Diese haben Änderungen in den Verhältnissen, die sich auf die Zuschussgewährung auswirken können, unverzüglich der Pflegekasse oder dem privaten Versicherungsunternehmen, bei dem der Pflegebedürftige versichert ist, mitzuteilen. 3

Nach Abs. 2 sind pflegende Personen während der Inanspruchnahme einer Pflegezeit im Sinne des Pflegezeitgesetzes in der Arbeitslosenversicherung versichert. 4

1.2 Zweck der Regelung

Das Pflegezeitgesetz sieht u. a. vor, dass Beschäftigte, die ihre nahen Angehörigen in häuslicher Umgebung pflegen, bis zur Dauer von sechs Monaten von der Arbeit freigestellt werden können. Betriebe mit weniger als 15 Beschäftigten sind von der Freistellungspflicht ausgenommen. Das Pflegezeitgesetz sieht nicht vor, dass während der (Teil-)Freistellung eine Vergütung oder sonstige Lohnersatzleistung gewährt wird.[156] § 44 a verfolgt den Zweck, diejenigen Beschäftigten, die ihre Arbeitszeit während der Inanspruchnahme von Pflegezeit reduziert habe, zusätzlich sozial abzusichern. 5

2. Entstehungsgeschichte

Die Vorschrift ist durch das Pflegeweiterentwicklungsgesetz vom 28. 05. 2008[157] mit Wirkung zum 01. 07. 2008 in das SGB XI eingefügt worden. 6

---

156 Zur Pflegezeit s. Kossens, Pflegezeitgesetz und Familienpflegezeitgesetz, Basiskommentar, 2. Aufl.

157 BGBl. I S. 874.

3. Zuschüsse zur Kranken- und Pflegeversicherung (Abs. 1)

3.1 Zuschussgewährung (Satz 1)

7 Für die Dauer der vollständigen Freistellung im Rahmen der Pflegezeit sieht das Pflegezeitgesetz nicht vor, dass die Versicherungspflicht des Beschäftigungsverhältnisses weiter fortbesteht. Nach § 7 Abs. 3 Satz 1 SGB IV gilt eine Beschäftigung gegen Arbeitsentgelt als fortbestehend, solange das Beschäftigungsverhältnis ohne Anspruch auf Arbeitsentgelt fortdauert, jedoch nicht länger als einen Monat. Nach § 7 Abs. 3 Satz 3 SGB IV gilt dies nicht für die Inanspruchnahme von Pflegezeit im Sinne des § 3 des Pflegezeitgesetzes.

8 Für die Dauer der Inanspruchnahme der Pflegezeit werden für pflegende Angehörige (Pflegepersonen), die ihren Kranken- und Pflegeversicherungsschutz gegen eigene Beitragsleistung aufrecht erhalten, als ergänzende Leistungen Zuschüsse zu den Kranken- und Pflegeversicherungsbeiträgen erbracht. Die Zuschüsse werden auf Antrag der Pflegeperson von der Pflegeversicherung des Pflegebedürftigen geleistet, und zwar unabhängig davon, ob der pflegende Angehörige gesetzlich oder privat krankenversichert ist. Dementsprechend erbringen die Pflegekassen auch Zuschüsse für privat krankenversicherte Pflegepersonen und die private Pflege-Pflichtversicherung erbringt auch Zuschüsse für in der gesetzlichen Krankenversicherung versicherte Pflegepersonen.

9 Sollte eine Pflegeperson gleichzeitig mehrere nahe Angehörige pflegen, besteht für die gesamte Dauer der Pflegezeit nur einmal ein Anspruch auf Zahlung von Beitragszuschüssen nach § 44 a Abs. 1.[158]

10 Sind die nahen Angehörigen bei unterschiedlichen Pflegekassen oder privaten Versicherungsunternehmen versichert, bestimmt die Pflegeperson durch ihren Antrag die für die Gewährung der Zuschüsse zuständige Pflegekasse bzw. das zuständige private Versicherungsunternehmen. Eine anteilmäßige Zahlung der Zuschüsse zur Kranken- und Pflegeversicherung kommt nicht in Betracht.

11 Die Zuschussgewährung setzt neben dem Antrag der Pflegeperson nach § 44 a Abs. 1 Satz 1 voraus, dass der Arbeitnehmer für die Dauer der Pflegezeit nach § 3 PflegeZG entweder vollständig oder teilweise von der Arbeitsleistung freigestellt ist, wenn die Beschäftigung dadurch zu einer geringfügigen Beschäftigung im Sinne des § 8 Abs. 1 Nr. 1 SGB IV wird. Eine bestimmte Stundenzahl an Pflege oder Betreuung ist nicht vorgeschrieben.[159]

12 Bei Arbeitgebern mit in der Regel 15 oder weniger Beschäftigten besteht kein auf der Grundlage des Pflegezeitgesetzes durchsetzbarer (Rechts-)Anspruch auf die Freistellung von der Arbeitsleistung. Räumt der Arbeitgeber in solchen Fällen gleichwohl die Pflegezeit ein, sind unter den Voraussetzungen des § 44 a Abs. 1 Zuschüsse zu gewähren. Die das Pflegezeitgesetz flankierenden Regelungen über die soziale Sicherung rechtfertigen keine

---

158 Besprechung des Arbeitskreises Versicherung und Beiträge der Spitzenverbände der Krankenkassen am 12.06.2008.

159 Gürtner in Kasseler Kommentar, SGB XI, § 44 a Rn. 6.

unterschiedliche Behandlung von Arbeitnehmern in Abhängigkeit von der Größe des Betriebes.[160]

Zuschussleistungen nach § 44 a sind dagegen nicht vorgesehen für Personen, die sich unabhängig von dem PflegeZG bzw. auf der Grundlage sonstiger Regelungen (z. B. nach beamtenrechtlichen Vorschriften) von der Arbeitsleistung wegen familiärer Pflege befreien lassen. Gleiches gilt für Personen, die sich in Elternzeit befinden und – bei Fortbestehen der Elternzeit – Pflegeleistungen für nahe Angehörige erbringen. Sie sind ferner nicht vorgesehen für Personen, die ihre Beschäftigung von vornherein auf Dauer aufgeben oder für einen längeren Zeitraum als sechs Monate unterbrechen. 13

3.2 Zuschussarten (Satz 2)

Zuschüsse zur Kranken- und Pflegeversicherung werden gewährt für 14

- eine freiwillige Versicherung in der gesetzlichen Krankenversicherung und die an sie geknüpfte Versicherungspflicht in der Pflegeversicherung nach § 20 Abs. 3,
- eine Pflichtversicherung nach § 5 Abs. 1 Nr. 13 SGB V bzw. § 2 Abs. 1 Nr. 7 KVLG 1989 und die an sie geknüpfte Versicherungspflicht nach § 20 Abs. 1 Satz 2 Nr. 12,
- eine Versicherung bei einem privaten Krankenversicherungsunternehmen in Form einer substitutiven Krankenversicherung, eine Versicherung bei der Postbeamtenkrankenkasse oder der Krankenversorgung der Bundesbahnbeamten, soweit im Einzelfall keine beitragsfreie Familienversicherung möglich ist, sowie eine damit im Zusammenhang stehende Pflege-Pflichtversicherung.

Es werden keine Zuschüsse gewährt für Personen, die während der Pflegezeit in der gesetzlichen Krankenversicherung versicherungspflichtig sind. Ausgenommen hiervon ist allein die Versicherungspflicht nach § 5 Abs. 1 Nr. 13 SGB V bzw. § 2 Abs. 1 Nr. 7 KVLG 1989. Das bedeutet, dass beispielsweise Pflegepersonen, die für die Dauer der Pflegezeit aufgrund des Rentenbezugs nach § 5 Abs. 1 Nr. 11 SGB V versicherungspflichtig sind, keinen Zuschuss erhalten. Ein Zuschuss nach § 44 a Abs. 1 wird neben einem Zuschuss des Rentenversicherungsträgers nach § 106 SGB VI nicht gezahlt, es sei denn, der Zahlbetrag der Rente unterschreitet den Betrag der Mindestbeitragsbemessungsgrundlage. 15

3.3 Höhe der Zuschüsse (Satz 3)

Die Höhe der Zuschüsse richtet sich gemäß § 44 a Abs. 1 Satz 2 nach der Höhe der Mindestbeiträge, die von freiwillig in der gesetzlichen Krankenversicherung versicherten Personen zur gesetzlichen Krankenversicherung (§ 240 Abs. 4 Satz 1 SGB V) und zur sozialen Pflegeversicherung (§ 57 Abs. 4) zu zahlen sind und dürfen die tatsächliche Höhe der Beiträge nicht übersteigen. Der Beitragszuschlag für Kinderlose in der Pflegeversicherung 16

---

160 Besprechung des Arbeitskreises Versicherung und Beiträge der Spitzenverbände der Krankenkassen am 12. 06. 2008.

nach § 55 Abs. 3 Satz 1 SGB XI ist ebenfalls zuschussfähig, allerdings nicht in Form eines fiktiven Zuschlags zur privaten Pflege-Pflichtversicherung.

17 Zur Berechnung der Mindestbeiträge schreibt § 44 a Abs. 1 Satz 3 vor, dass in der Zeit vom 01.07. bis 31.12.2008 bei Mitgliedern der gesetzlichen Krankenversicherung der allgemeine Beitragssatz der jeweiligen Krankenkasse (§ 241 SGB V), bei Mitgliedern der landwirtschaftlichen Krankenversicherung der durchschnittliche allgemeine Beitragssatz der Krankenkassen, sowie jeweils der zusätzliche Beitragssatz in Höhe von 0,9 v. H. (§ 241 a SGB V) zugrunde zu legen ist.

18 Angesichts dessen, dass für die Berechnung der Mindestbeiträge der in Rede stehenden Mitglieder der gesetzlichen Krankenversicherung jedoch der ermäßigte Beitragssatz (§ 243 Abs. 1 SGB V) anzusetzen ist, da diese Personen keinen Anspruch auf Krankengeld haben, ist der nach Maßgabe des § 44 a Abs. 1 Satz 3 ermittelte Beitragszuschuss zur Krankenversicherung regelmäßig auf den tatsächlich zu zahlenden Beitrag, der unter Heranziehung des ermäßigten Beitragssatzes in der Krankenversicherung ermittelt wird, zu kürzen.

19 Eine Begrenzung auf die Höhe des unter Beachtung des ermäßigten Beitragssatzes ermittelten Zuschussbetrags hat jedoch nicht zu erfolgen, wenn höhere Einnahmen als die fiktiven Mindesteinnahmen der Beitragsbemessung zugrunde zu legen sind, beispielsweise weil (weitere) tatsächliche beitragspflichtige Einnahmen bezogen werden.

3.4 Übergangsregelung (Satz 4 und 5)

20 Bei Personen, die nicht Mitglieder in der gesetzlichen Krankenversicherung sind, wird für die Bemessung des Zuschusses zur Krankenversicherung in der Zeit vom 01.07. bis zum 31.12.2008 nach § 44 a Abs. 1 Satz 4 der durchschnittliche allgemeine Beitragssatz der Krankenkassen nach § 245 Abs. 1 SGB V, den das Bundesministerium für Gesundheit zum Stichtag 01.01.2008 festgestellt hat, sowie der zusätzliche Beitragssatz in Höhe von 0,9 v. H. (§ 241 a SGB V) zugrunde gelegt.

21 Ab 01.01.2009 tritt für die Zuschussbemessung an die Stelle des allgemeinen Beitragssatzes der Krankenkasse und des zusätzlichen Beitragssatzes sowie des durchschnittlichen allgemeinen Beitragssatzes der Krankenkassen und des zusätzlichen Beitragssatzes gemäß § 44 a Abs. 1 Satz 2 Halbs. 2 der von der Bundesregierung durch Rechtsverordnung festzulegende bundeseinheitliche allgemeine Beitragssatz nach § 241 SGB V (in der vom 01.01.2009 an geltenden Fassung).

3.5 Mitteilungspflicht der Beschäftigten (Satz 6)

22 Die Beschäftigten haben die Pflicht, Änderungen in den Verhältnissen, die sich auf die Gewährung des Zuschusses auswirken können, unverzüglich der Pflegekasse oder dem privaten Versicherungsunternehmen mitzuteilen.

4. Arbeitslosenversicherung (Abs. 2)

Nach Abs. 3 besteht während der Dauer der Pflegezeit Versicherungspflicht in der Arbeitslosenversicherung. Die Versicherungspflicht ist in § 26 Abs. 2b SGB III geregelt. Die Beiträge hierfür entrichten die Pflegekassen an die Bundesagentur für Arbeit, §§ 349 Abs. 4, 347 Nr. 10 SGB III. 23

§ 45 Pflegekurse für Angehörige und ehrenamtliche Pflegepersonen

(1) Die Pflegekassen sollen für Angehörige und sonstige an einer ehrenamtlichen Pflegetätigkeit interessierte Personen Schulungskurse unentgeltlich anbieten, um soziales Engagement im Bereich der Pflege zu fördern und zu stärken, Pflege und Betreuung zu erleichtern und zu verbessern sowie pflegebedingte körperliche und seelische Belastungen zu mindern. Die Kurse sollen Fertigkeiten für eine eigenständige Durchführung der Pflege vermitteln. Die Schulung soll auch in der häuslichen Umgebung des Pflegebedürftigen stattfinden.

(2) Die Pflegekasse kann die Kurse entweder selbst oder gemeinsam mit anderen Pflegekassen durchführen oder geeignete andere Einrichtungen mit der Durchführung beauftragen.

(3) Über die einheitliche Durchführung sowie über die inhaltliche Ausgestaltung der Kurse können die Landesverbände der Pflegekassen Rahmenvereinbarungen mit den Trägern der Einrichtungen schließen, die die Pflegekurse durchführen.

Inhaltsübersicht

Literatur

Leube, Pflegeversicherung – Unfallschutz der Teilnehmer an Pflegekursen, BG 1995, 211; Maschmann, Die Leistungen der Gesetzlichen Pflegeversicherung. NZS 1995, 109; Schmidt, Die Pflegeversicherung verbessert auch die soziale Sicherung ehrenamtlicher Pflegepersonen, NDV 1995, 312

1. Normzweck

1.1 Allgemeiner Inhalt

Die Vorschrift begründet eine Verpflichtung der Pflegekassen, Pflege-Schulungskurse anzubieten. Nach Abs. 1 sollen die Pflegekassen für Angehörige und andere an einer ehrenamtlichen Pflegetätigkeit interessierte Personen Schulungskurse unentgeltlich anbieten. In den Kursen sollen Kenntnisse vermittelt oder vertieft werden, die zur Pflegetätigkeit in der häuslichen Umgebung des Pflegebedürftigen notwendig und hilfreich sind. Die Kurse sollen Fertigkeiten für eine eigenständige Durchführung der Pflege vermitteln. 1

2 In Abs. 2 ist geregelt, dass die Pflegekassen die Schulungskurse entweder selbst oder gemeinsam mit anderen Pflegekassen durchführen können. Möglich ist auch, dass die Pflegekassen andere Einrichtungen mit der Durchführung der Schulungskurse beauftragen.

3 Die Landesverbände der Pflegekassen können nach Abs. 3 Rahmenvereinbarungen über die einheitliche Durchführung und inhaltliche Ausgestaltung der Schulungskurse mit den Trägern der Einrichtungen abschließen, die die Pflegekurse durchführen,

1.2 Zweck der Regelung

4 Die Vorschrift verfolgt das Ziel, ehrenamtlich Pflegende zu stärken und sie auf Pflegetätigkeiten besser vorzubereiten. § 45 ist im Kontext der Stärkung der häuslichen Pflege zu betrachten. Deshalb kann auch die Anwerbung neuer ehrenamtlicher Pflegepersonen alleiniger Gegenstand eines Schulungskurses sein.[161]

2. Entstehungsgeschichte

5 § 45 ist durch Art. 1 des PflegeVG vom 26.05.1994[162] zum 01.01.1995 eingeführt worden. Durch das Pflegequalitätssicherungsgesetz vom 09.09.2001[163] ist in Abs. 1 Satz 3 das Wort »kann« durch das Wort »soll« ersetzt worden. Zuletzt ist die Vorschrift durch Art. 8 des Gesetzes zur Stärkung des Wettbewerbs in der gesetzlichen Krankenversicherung (GKV-Wettbewerbsstärkungsgesetz – GKV-WSG) vom 26.03.2007[164] geändert worden. Dabei wurde Abs. 3 neu gefasst.

3. Schulungskurse (Abs. 1)

6 Die Pflegekassen sollen nach Abs. 1 Satz 1 Schulungskurse anbieten. Ob aus dieser Verpflichtung der Pflegekassen ein Anspruch für interessierte Laien begründet wird, ist in der Literatur umstritten. Nach einer Auffassung gewährt Abs. 1 Satz 1 nur einen Anspruch im Rahmen der vorhandenen Kapazitäten.[165] Nach anderer Auffassung begründet die Vorschrift einen Rechtsanspruch auf Schulungskurse für Angehörige und ehrenamtlich Pflegende.[166] Schließlich ist nach einer dritten Auffassung in § 45 Abs. 1 lediglich eine Aufgabenzuweisung an die Pflegekassen normiert, aber kein Anspruch auf Einrichtung und Teilnahme an Pflegekursen.[167] Einigkeit besteht, dass sich § 45 Abs. 1 nur an die Pflegekassen, nicht aber an die privaten Pflegeversicherungsunternehmen richtet.[168] Diese sind also nicht verpflichtet, unentgeltliche Pflegekurse anzubieten.

---

161 BT-Drs. 12/2562, S. 116.
162 BGBl. I S. 1014.
163 BGBl. I S. 2320.
164 BGBl. I S. 378.
165 So Udsching in Udsching, SGB XI, § 45 Rn. 3.
166 Maschmann, NZS 1995, 109; Klie in LPK-SGB XI, § 45 Rn. 5.
167 Koch in Kasseler Kommentar, SGB XI, § 45 Rn. 3.
168 Koch in Kasseler Kommentar, SGB XI, § 45 Rn. 3.

Die Pflegekurse stehen den Angehörigen von pflegebedürftigen Menschen offen, ohne dass es darauf ankommt, dass eine der in § 15 geregelten Pflegestufen beim Pflegebedürftigen vorliegt. Darüber hinaus stehen die Pflegekurse an einer ehrenamtlichen Pflegetätigkeit interessierten Personen zu. Dies gilt unabhängig davon, ob die interessierte Person Mitglied der Pflegekasse ist.[169] Der Begriff der ehrenamtlichen Pflegetätigkeit ist in Abgrenzung zur gewerblichen Pflege zu verstehen. Ehrenamtliche Tätigkeit ist also eine nicht erwerbsmäßige Pflege. 7

Die Pflegekassen haben nach Abs. 1 Satz 1 die Schulungskurse unentgeltlich anzubieten. Sie dürfen daher keine Gebühren für die Durchführung der Veranstaltung oder das Personal verlangen. Den Pflegekassen ist es untersagt, evtl. Aufwendung gegenüber Leistungsansprüchen des Pflegebedürftigen an- bzw. aufzurechnen.[170] Die Schulungskurse sind unabhängig davon unentgeltlich anzubieten, wer die Pflegekurse durchführt und ob und wo der Pflegebedürftige versichert ist.[171] Pflegekurse, die von anderen Einrichtungen als den Pflegekassen durchgeführt werden, sind deshalb unentgeltlich anzubieten.[172] Die Schulung ist auch dann kostenfrei, wenn sie in der häuslichen Umgebung des Pflegebedürftigen erfolgt. 8

Ziel der Pflegekurse ist die Erleichterung der Pflege und Betreuung. Sie sollen nach Abs. 1 Satz 2 Fertigkeiten für eine eigenständige Durchführung der Pflege vermitteln. Eine Schulung soll auch in der häuslichen Umgebung des Pflegebedürftigen durchgeführt werden. Dies kann z. B. der Fall sein für eine Unterweisung im Gebrauch von Hilfsmitteln oder bestimmte Pflegetätigkeiten. 9

4. Durchführung der Kurse (Abs. 2)

Ob die Pflegekassen die Schulungskurse selbst oder gemeinsam mit anderen Pflegekassen durchführen oder geeignete andere Einrichtungen mit der Durchführung beauftragen, steht im Ermessen der Pflegekassen. Die Pflegekassen haben aber die Gewähr dafür zu übernehmen, dass die Schulungen durch geeignete Fachkräfte durchgeführt werden.[173] 10

»Andere Einrichtungen« im Sinne von Abs. 2 können sowohl öffentlich-rechtliche als auch private Einrichtungen sein, z. B. Verbände der freien Wohlfahrtspflege, Volkshochschulen oder Nachbarschaftshilfegruppen.[174] 11

5. Rahmenverträge (Abs. 3)

Der Abschluss von Rahmenverträgen bietet sich an, um ein möglichst umfangreiches und inhaltlich differenziertes Schulungsprogramm anbieten zu können. 12

169 Udsching in Udsching, SGB XI, § 45 Rn. 3.
170 BT-Drs, 12/5952, S. 40; Koch in Kasseler Kommentar, SGB XI, § 45 Rn. 4; Udsching in Udsching, SGB XI, § 45 Rn. 3.
171 Krahmer in LPK-SGB IX, § 45 Rn. 6.
172 Koch in Kasseler Kommentar, SGB XI, § 45 Rn. 4.
173 Udsching in Udsching, SGB XI, § 45 Rn. 5.
174 So Koch in Kasseler Kommentar, SGB XI, § 45 Rn. 4.

Sechstes Kapitel
Finanzierung

Erster Abschnitt
Beiträge

§ 54 Grundsatz

(1) Die Mittel für die Pflegeversicherung werden durch Beiträge sowie sonstige Einnahmen gedeckt.

(2) Die Beiträge werden nach einem Vomhundertsatz (Beitragssatz) von den beitragspflichtigen Einnahmen der Mitglieder bis zur Beitragsbemessungsgrenze (§ 55) erhoben. Die Beiträge sind für jeden Kalendertag der Mitgliedschaft zu zahlen, soweit dieses Buch nichts Abweichendes bestimmt. Für die Berechnung der Beiträge ist die Woche zu sieben, der Monat zu 30 und das Jahr zu 360 Tagen anzusetzen.

(3) Die Vorschriften des Zwölften Kapitels des Fünften Buches gelten entsprechend.

Inhaltsübersicht

Literatur

Brähler-Boyan, Die Mitgliedschaft in der Sozialen Pflegeversicherung und die Beitragszahlung, ZfS 1996, 3; Fuchs, Finanzierung der Pflegeversicherung, SozSich 2011, 110; Rothgang/Jacobs, Substanziell und solidarisch – Zur Zukunft der Pflegeversicherung, GSP 2011, Nr. 4, 9

1. Normzweck

1.1 Allgemeiner Inhalt

1 Abs. 1 bestimmt, dass die Mittel für die Pflegeversicherung durch Beiträge und sonstige Einnahmen gedeckt werden. Damit wird der sozialen Pflegeversicherung das Umlageverfahren zugrunde gelegt.[175] § 1 Abs. 6 konkretisiert diesen Grundsatz, wonach die Ausgaben der Pflegeversicherung durch Beiträge der Mitglieder und der Arbeitgeber finanziert werden. Abs. 2 betont den sozialen Aspekt der Pflegeversicherung, der durch eine prozentuale Erhebung der Beiträge an den beitragspflichtigen Einnahmen zum Ausdruck kommt.

---

175 Peters in Kasseler Kommentar, SGB XI, § 54 Rn. 5.

1.2 Zweck der Regelung

In der Vorschrift werden die Grundsätze des Beitragsrechts in der sozialen Pflegeversicherung festgelegt. 2

2. Entstehungsgeschichte

Die Vorschrift ist mit Art. 1 des PflegeVG vom 26.05.1994[176] zum 01.01.1995 eingefügt und seitdem nicht mehr geändert worden. 3

3. Beiträge und sonstige Einnahmen (Abs. 1)

Unter Beiträgen im Sinne von Abs. 1 sind Zahlungen gemeint, ohne dass ein Anspruch auf eine bestimmte Gegenleistung besteht.[177] Zum Begriff der »sonstigen Einnahmen« zählen alle Einnahmen, die nicht Beiträge sind.[178] Hierunter fallen z.B. Erträge aus Betriebsmitteln oder Rücklagen, Säumniszuschläge, Erstattungen oder Bußgelder. Von den Gesamteinnahmen der sozialen Pflegeversicherung im Jahr 2010 von 21789 Mio. € basieren 21641 Mio. € auf Beiträgen und nur 148 Mio. auf den sonstigen Einnahmen. 4

4. Beiträge (Abs. 2)

Abs. 2 bestimmt die Beitragsbemessung. Sie ist identisch mit der in der gesetzlichen Kranken-, Renten- und Arbeitslosenversicherung. Die Beiträge richten sich prozentual nach den beitragspflichtigen Einnahmen unabhängig vom Gesundheitszustand der Mitglieder. Beitragspflichtig sind die Mitglieder, nicht aber jeder Versicherte.[179] Alters- oder sonstige Risikozuschläge sind deshalb in der sozialen Pflegeversicherung nicht zulässig.[180] Begrenzt ist die Höhe der Beiträge durch die Beitragsbemessungsgrenze. Nur bis zu dessen Höhe können prozentual die Beiträge berechnet werden. Auch Personen, bei denen der Versicherungsfall eingetreten ist (Pflegebedürftige), sind in der sozialen Pflegeversicherung beitragspflichtig.[181] 5

---

176 BGBl. I S. 1014.
177 Höfer in LPK-SGB XI, § 54 Rn. 5.
178 Höfer in LPK-SGB XI, § 54 Rn. 5.
179 Bassen in Udsching, SGB XI, § 54 Rn. 3.
180 Peters in Kasseler Kommentar, SGB XI, § 54 Rn. 5; Bassen in Udsching, SGB XI, § 54 Rn. 5.
181 Bassen in Udsching, SGB XI, § 54 Rn. 5; Peters in Kasseler Kommentar, SGB XI, § 54 Rn. 5.

5. Beitragserhebung in den neuen Bundesländern (Abs. 3)

6 Nach Abs. 3 gelten die Vorschriften der §§ 306–313 SGB V (Übergangsregelungen aus Anlass der Herstellung der Einheit Deutschlands) entsprechend. Die Verweisung ist wegen der Aufhebung der §§ 308 und 313 SGB V mittlerweile praktisch bedeutungslos.[182]

§ 58 Tragung der Beiträge bei versicherungspflichtig Beschäftigten

(1) Die nach § 20 Abs. 1 Satz 2 Nr. 1 und 12 versicherungspflichtig Beschäftigten, die in der gesetzlichen Krankenversicherung pflichtversichert sind, und ihre Arbeitgeber tragen die nach dem Arbeitsentgelt zu bemessenden Beiträge jeweils zur Hälfte. Soweit für Beschäftigte Beiträge für Kurzarbeitergeld zu zahlen sind, trägt der Arbeitgeber den Beitrag allein. Den Beitragszuschlag für Kinderlose nach § 55 Abs. 3 tragen die Beschäftigten.

(2) Zum Ausgleich der mit den Arbeitgeberbeiträgen verbundenen Belastungen der Wirtschaft werden die Länder einen gesetzlichen landesweiten Feiertag, der stets auf einen Werktag fällt, aufheben.

(3) Die in Absatz 1 genannten Beschäftigten tragen die Beiträge in Höhe von 1 vom Hundert allein, wenn der Beschäftigungsort in einem Land liegt, in dem die am 31. Dezember 1993 bestehende Anzahl der gesetzlichen landesweiten Feiertage nicht um einen Feiertag, der stets auf einen Werktag fiel, vermindert worden ist. In Fällen des § 55 Abs. 1 Satz 2 werden die Beiträge in Höhe von 0,5 vom Hundert allein getragen. Im Übrigen findet Absatz 1 Anwendung, soweit es sich nicht um eine versicherungspflichtige Beschäftigung mit einem monatlichen Arbeitsentgelt innerhalb der Gleitzone nach § 20 Abs. 2 des Vierten Buches handelt, für die Absatz 5 Satz 2 Anwendung findet.

(4) Die Aufhebung eines Feiertages wirkt für das gesamte Kalenderjahr. Handelt es sich um einen Feiertag, der im laufenden Kalenderjahr vor dem Zeitpunkt des Inkrafttretens der Regelung über die Streichung liegt, wirkt die Aufhebung erst im folgenden Kalenderjahr.

(5) § 249 Abs. 2 des Fünften Buches gilt entsprechend. § 249 Abs. 4 des Fünften Buches gilt mit der Maßgabe, dass statt des Beitragssatzes der Krankenkasse der Beitragssatz der Pflegeversicherung und bei den in Absatz 3 Satz 1 genannten Beschäftigten für die Berechnung des Beitragsanteils des Arbeitgebers ein Beitragssatz in Höhe von 0,7 vom Hundert Anwendung findet.

Inhaltsübersicht Rn.

---

182 Höfer in LPK-SGB XI, § 54 Rn. 8; Peters in Kasseler Kommentar, SGB XI § 54 Rn. 11; Bassen in Udsching, SGB XI, § 54 Rn. 7.

Literatur
Bieback, Der Grundsatz der hälftigen Beitragslast der Sozialversicherung, analysiert am Beispiel der vollen Beitragslast für Versorgungsbezüge in der sozialen Pflegeversicherung, VSSR 1997, 117

1. Normzweck

1.1 Allgemeiner Inhalt

1 Abs. 1 Satz 1 bestimmt, dass die versicherungspflichtigen Beschäftigten und die Arbeitgeber die Beiträge je zur Hälfte zu tragen haben. Abs. 2 enthält den Auftrag an die Länder, zur Kompensation der mit den Arbeitgeberbeiträgen verbundenen Belastung der Wirtschaft einen gesetzlichen Feiertag abzuschaffen. Abs. 3 bestimmt die Beitragstragung in den Ländern, die entgegen Abs. 2 keinen Feiertag abgeschafft haben. In Abs. 4 Satz 1 wird klargestellt, dass die Aufhebung eines Feiertages für das gesamte Kalenderjahr wirkt.

1.2 Zweck der Regelung

2 Die Vorschrift legt fest, wer die Beitragslast zu tragen hat und welche Auswirkungen der Beibehalt bzw. die Streichung eines gesetzlichen Feiertages auf das Verhältnis der Beitragslast von Beschäftigten und Arbeitgebern hat.

2. Entstehungsgeschichte

3 Die Vorschrift ist mit Art. 1 des PflegeVG vom 26.05.1994[183] mit Wirkung zum 01.01.1995 eingeführt worden. Durch das AFRG vom 24.03.1997[184] wurde Abs. 1 Satz 2 eingefügt. Abs. 3 Satz 3 wurde durch das Zweite Gesetz für moderne Dienstleistungen am Arbeitsmarkt vom 23.12.2002[185] mit Wirkung zum 01.04.2003 neu gefasst. Abs. 1 Satz 3 wurde durch das Kinder-Berücksichtigungsgesetz vom 15.12.2004[186] mit Wirkung zum 01.01.2005 eingefügt. Durch Gesetz zur Förderung ganzjähriger Beschäftigung vom 24.04.2006[187] wurde in Abs. 1 Satz 2 das Winterausfallgeld gestrichen. Zuletzt ist die Vorschrift durch das GKV-WSG vom 26.03.2007[188] mit Wirkung zum 01.04.2007 geändert worden. Dabei wurde Abs. 1 Satz 1 um die nach § 20 Abs. 1 Satz 2 Nr. 12 Versicherungspflichtigen erweitert.

3. Beitragstragung (Abs. 1)

4 Nach Abs. 1 Satz 1 tragen die nach § 20 Abs. 1 Satz 2 Nr. 1 und 12 versicherungspflichtigen Beschäftigten und ihre Arbeitgeber die nach dem Arbeitsentgelt zu bemessenden

---

183 BGBl. I S. 1014.
184 BGBl. I S. 594.
185 BGBl. I S. 4621.
186 BGBl. I S. 3448.
187 BGBl. I S. 926.
188 BGBl. I S. 378.

Beiträge jeweils zur Hälfte. Beschäftigte im Sinne von Abs. 1 Satz 1 sind alle Arbeiter, Angestellten und zur Berufsausbildung Beschäftigten nach § 20 Abs. 1 Satz 2 Nr. 1.[189]

5 Die Regelung des § 58 Abs. 1 Satz 1 SGB XI über die hälftige Beteiligung von Arbeitgebern an der Beitragslast für versicherungspflichtig Beschäftigte verstößt nicht gegen Verfassungsrecht, insbesondere nicht gegen die Gesetzgebungskompetenz des Bundes aus Art. 74 Abs. 1 Nr. 12 GG.[190]

6 Versicherungspflichtig in der sozialen Pflegeversicherung sind die versicherungspflichtigen Mitglieder der gesetzlichen Krankenversicherung. Dies sind nach § 20 Abs. 1 Satz 2 Nr. 1 Arbeiter, Angestellte und zu ihrer Berufsausbildung Beschäftigte, die gegen Arbeitsentgelt beschäftigt sind; für die Zeit des Bezugs von Kurzarbeitergeld nach dem Dritten Buch bleibt die Versicherungspflicht unberührt.

7 Arbeitnehmer, die ein Arbeitsentgelt oberhalb der Jahresarbeitsentgeltgrenze beziehen, sind nach § 6 Abs. 1 Nr. 1 SGB V versicherungsfrei und unterfallen daher nicht § 58.[191]

8 Die hälftige Tragung der Beiträge zur sozialen Pflegeversicherung ist nach Abs. 1 Satz 2 durchbrochen, soweit für Beschäftigte Beiträge für Kurzarbeitergeld zu zahlen sind. In diesen Fällen trägt der Arbeitgeber den Beitrag allein.

4. Ausgleich von Arbeitgeberbeiträgen (Abs. 2 bis 4)

9 Aus Abs. 2 lässt sich keine Verpflichtung der Länder ableiten, einen gesetzlichen landesweiten Feiertag abzuschaffen.[192] Bis auf den Freistaat Sachsen haben alle Länder zur Kompensation der Arbeitgeberbelastung den Buß- und Bettag abgeschafft.

10 Abs. 2 ist verfassungskonform. Ein Verstoß gegen das Gebot des Feiertagsschutzes aus Art. 140 GG in Verbindung mit Art. 139 WRV liegt nicht vor. Aus dem Gebot des Feiertagsschutzes lässt sich kein Recht auf den Fortbestand eines bestimmten Feiertages herleiten.

11 Abs. 3 betrifft gegenwärtig nur den Freistaat Sachsen. Dort haben vom derzeitigen Beitragssatz zur Pflegeversicherung von 1,95 % die Beschäftigten 1,475 % und die Arbeitgeber 0,475 % zu tragen. Arbeitnehmer im Freistaat Sachsen werden nach Auffassung des BVerfG durch die höheren von ihnen zu tragenden Beitragsanteile zur sozialen Pflegeversicherung im Vergleich zu Arbeitnehmern im übrigen Bundesgebiet nicht in verfassungsrechtlich zu beanstandender Weise ungleich behandelt.[193]

12 Diese erhöhten Beitragssätze gelten für Beschäftigte, deren Beschäftigungsort in Sachsen liegt. Beschäftigungsort ist nach § 9 Abs. 1 SGB IV der Ort, an dem die Beschäftigung tatsächlich ausgeübt wird. Wird die Beschäftigung an mehreren Orten ausgeübt, gilt als Beschäftigungsort regelmäßig der Sitz des Betriebes. Der Wohnort des Beschäftigten ist nicht maßgebend.[194]

---

189 Bassen in Udsching, SGB XI, § 58 Rn. 3.
190 BSG – 27.01.2000 – B 12 KR 29/98 R.
191 Höfer in LPK-SGB XI, § 58 Rn. 5.
192 Höfer in LPK-SGB XI, § 58 Rn. 9.
193 BVerfG – 11.06.2003 – 1 BvR 190/00 und 1 BvR 191/00.
194 Bassen in Udsching, SGB XI, § 58 Rn. 6.

11. Sozialgesetzbuch (SGB) Zwölftes Buch (XII) – Sozialhilfe

Vom 27. Dezember 2003 (BGBl. I S. 3022); zuletzt geändert durch Art. 13 Abs. 28 G v. 12. April 2012 (BGBl. I 579)

– Auszug –

Übersicht

Erstes Kapitel
Allgemeine Vorschriften

§ 1 Aufgabe der Sozialhilfe

Aufgabe der Sozialhilfe ist es, den Leistungsberechtigten die Führung eines Lebens zu ermöglichen, das der Würde des Menschen entspricht. Die Leistung soll sie so weit wie möglich befähigen, unabhängig von ihr zu leben; darauf haben auch die Leistungsberechtigten nach ihren Kräften hinzuarbeiten. Zur Erreichung dieser Ziele haben die Leistungsberechtigten und die Träger der Sozialhilfe im Rahmen ihrer Rechte und Pflichten zusammenzuwirken.

§ 2 Nachrang der Sozialhilfe

(1) Sozialhilfe erhält nicht, wer sich vor allem durch Einsatz seiner Arbeitskraft, seines Einkommens und seines Vermögens selbst helfen kann oder wer die erforderliche Leistung von anderen, insbesondere von Angehörigen oder von Trägern anderer Sozialleistungen, erhält.

(2) Verpflichtungen anderer, insbesondere Unterhaltspflichtiger oder der Träger anderer Sozialleistungen, bleiben unberührt. Auf Rechtsvorschriften beruhende Leistungen anderer dürfen nicht deshalb versagt werden, weil nach dem Recht der Sozialhilfe entsprechende Leistungen vorgesehen sind.

§ 3 Träger der Sozialhilfe

(1) Die Sozialhilfe wird von örtlichen und überörtlichen Trägern geleistet.

(2) Örtliche Träger der Sozialhilfe sind die kreisfreien Städte und die Kreise, soweit nicht nach Landesrecht etwas anderes bestimmt wird. Bei der Bestimmung durch Landesrecht ist zu gewährleisten, dass die zukünftigen örtlichen Träger mit der Übertragung dieser Aufgaben einverstanden sind, nach ihrer Leistungsfähigkeit zur Erfüllung der Aufgaben nach diesem Buch geeignet sind und dass die Erfüllung dieser Aufgaben in dem gesamten Kreisgebiet sichergestellt ist.

(3) Die Länder bestimmen die überörtlichen Träger der Sozialhilfe.

§ 5 Verhältnis zur freien Wohlfahrtspflege

(1) Die Stellung der Kirchen und Religionsgesellschaften des öffentlichen Rechts sowie der Verbände der freien Wohlfahrtspflege als Träger eigener sozialer Aufgaben und ihre Tätigkeit zur Erfüllung dieser Aufgaben werden durch dieses Buch nicht berührt.

(2) Die Träger der Sozialhilfe sollen bei der Durchführung dieses Buches mit den Kirchen und Religionsgesellschaften des öffentlichen Rechts sowie den Verbänden der freien Wohlfahrtspflege zusammenarbeiten. Sie achten dabei deren Selbständigkeit in Zielsetzung und Durchführung ihrer Aufgaben.

(3) Die Zusammenarbeit soll darauf gerichtet sein, dass sich die Sozialhilfe und die Tätigkeit der freien Wohlfahrtspflege zum Wohle der Leistungsberechtigten wirksam ergänzen. Die Träger der Sozialhilfe sollen die Verbände der freien Wohlfahrtspflege in ihrer Tätigkeit auf dem Gebiet der Sozialhilfe angemessen unterstützen.

(4) Wird die Leistung im Einzelfall durch die freie Wohlfahrtspflege erbracht, sollen die Träger der Sozialhilfe von der Durchführung eigener Maßnahmen absehen. Dies gilt nicht für die Erbringung von Geldleistungen.

(5) Die Träger der Sozialhilfe können allgemein an der Durchführung ihrer Aufgaben nach diesem Buch die Verbände der freien Wohlfahrtspflege beteiligen oder ihnen die Durchführung solcher Aufgaben übertragen, wenn die Verbände mit der Beteiligung oder Übertragung einverstanden sind. Die Träger der Sozialhilfe bleiben den Leistungsberechtigten gegenüber verantwortlich.

(6) § 4 Abs. 3 findet entsprechende Anwendung.

Zweites Kapitel
Leistungen der Sozialhilfe

Erster Abschnitt
Grundsätze der Leistungen

§ 9 Sozialhilfe nach der Besonderheit des Einzelfalles

(1) Die Leistungen richten sich nach der Besonderheit des Einzelfalles, insbesondere nach der Art des Bedarfs, den örtlichen Verhältnissen, den eigenen Kräften und Mitteln der Person oder des Haushalts bei der Hilfe zum Lebensunterhalt.

(2) Wünschen der Leistungsberechtigten, die sich auf die Gestaltung der Leistung richten, soll entsprochen werden, soweit sie angemessen sind. Wünschen der Leistungsberechtigten, den Bedarf stationär oder teilstationär zu decken, soll nur entsprochen werden, wenn dies nach der Besonderheit des Einzelfalles erforderlich ist, weil anders der Bedarf nicht oder nicht ausreichend gedeckt werden kann und wenn mit der Einrichtung Vereinbarungen nach den Vorschriften des Zehnten Kapitels dieses Buches bestehen. Der Träger der Sozialhilfe soll in der Regel Wünschen nicht entsprechen, deren Erfüllung mit unverhältnismäßigen Mehrkosten verbunden wäre.

(3) Auf Wunsch der Leistungsberechtigten sollen sie in einer Einrichtung untergebracht werden, in der sie durch Geistliche ihres Bekenntnisses betreut werden können.

§ 10 Leistungsformen

(1) Die Leistungen werden erbracht in Form von

1. Dienstleistungen,
2. Geldleistungen und
3. Sachleistungen.

(2) Zur Dienstleistung gehören insbesondere die Beratung in Fragen der Sozialhilfe und die Beratung und Unterstützung in sonstigen sozialen Angelegenheiten.

(3) Geldleistungen haben Vorrang vor Gutscheinen oder Sachleistungen, soweit dieses Buch nicht etwas anderes bestimmt oder mit Gutscheinen oder Sachleistungen das Ziel der Sozialhilfe erheblich besser oder wirtschaftlicher erreicht werden kann oder die Leistungsberechtigten es wünschen.

§ 12 Leistungsabsprache

Vor oder spätestens bis zu vier Wochen nach Beginn fortlaufender Leistungen sollen in einer schriftlichen Leistungsabsprache die Situation der leistungsberechtigten Personen sowie gegebenenfalls Wege zur Überwindung der Notlage und zu gebotenen Möglichkeiten der aktiven Teilnahme in der Gemeinschaft gemeinsam festgelegt und die Leistungsabsprache unterzeichnet werden. Soweit es auf Grund bestimmbarer Bedarfe erforderlich ist, ist ein Förderplan zu erstellen und in die Leistungsabsprache einzubeziehen. Sind Leistungen im Hinblick auf die sie tragenden Ziele zu überprüfen, kann dies in der Leistungsabsprache näher festgelegt werden. Die Leistungsabsprache soll regelmäßig gemeinsam überprüft und fortgeschrieben werden. Abweichende Regelungen in diesem Buch gehen vor.

Zweiter Abschnitt
Anspruch auf Leistungen

§ 17 Anspruch

(1) Auf Sozialhilfe besteht ein Anspruch, soweit bestimmt wird, dass die Leistung zu erbringen ist. Der Anspruch kann nicht übertragen, verpfändet oder gepfändet werden.

(2) Über Art und Maß der Leistungserbringung ist nach pflichtmäßigem Ermessen zu entscheiden, soweit das Ermessen nicht ausgeschlossen wird. Werden Leistungen auf Grund von Ermessensentscheidungen erbracht, sind die Entscheidungen im Hinblick auf die sie tragenden Gründe und Ziele zu überprüfen und im Einzelfall gegebenenfalls abzuändern.

§ 18 Einsetzen der Sozialhilfe

(1) Die Sozialhilfe, mit Ausnahme der Leistungen der Grundsicherung im Alter und bei Erwerbsminderung, setzt ein, sobald dem Träger der Sozialhilfe oder den von ihm beauftragten Stellen bekannt wird, dass die Voraussetzungen für die Leistung vorliegen.

(2) Wird einem nicht zuständigen Träger der Sozialhilfe oder einer nicht zuständigen Gemeinde im Einzelfall bekannt, dass Sozialhilfe beansprucht wird, so sind die darüber bekannten Umstände dem zuständigen Träger der Sozialhilfe oder der von ihm beauftragten Stelle unverzüglich mitzuteilen und vorhandene Unterlagen zu übersenden. Ergeben sich daraus die Voraussetzungen für die Leistung, setzt die Sozialhilfe zu dem nach Satz 1 maßgebenden Zeitpunkt ein.

§ 19 Leistungsberechtigte

(1) Hilfe zum Lebensunterhalt nach dem Dritten Kapitel ist Personen zu leisten, die ihren notwendigen Lebensunterhalt nicht oder nicht ausreichend aus eigenen Kräften und Mitteln, insbesondere aus ihrem Einkommen und Vermögen, bestreiten können.

(2) Grundsicherung im Alter und bei Erwerbsminderung nach dem Vierten Kapitel dieses Buches ist Personen zu leisten, die die Altersgrenze nach § 41 Absatz 2 erreicht haben oder das 18. Lebensjahr vollendet haben und dauerhaft voll erwerbsgemindert sind, sofern sie ihren notwendigen Lebensunterhalt nicht oder nicht ausreichend aus eigenen Kräften und Mitteln, insbesondere aus ihrem Einkommen und Vermögen, bestreiten können. Die Leistungen der Grundsicherung im Alter und bei Erwerbsminderung gehen der Hilfe zum Lebensunterhalt nach dem Dritten Kapitel vor.

(3) Hilfen zur Gesundheit, Eingliederungshilfe für behinderte Menschen, Hilfe zur Pflege, Hilfe zur Überwindung besonderer sozialer Schwierigkeiten und Hilfen in anderen Lebenslagen werden nach dem Fünften bis Neunten Kapitel dieses Buches geleistet, soweit den Leistungsberechtigten, ihren nicht getrennt lebenden Ehegatten oder Lebenspartnern und, wenn sie minderjährig und unverheiratet sind, auch ihren Eltern oder einem Elternteil die Aufbringung der Mittel aus dem Einkommen und Vermögen nach den Vorschriften des Elften Kapitels dieses Buches nicht zuzumuten ist.

(4) Lebt eine Person bei ihren Eltern oder einem Elternteil und ist sie schwanger oder betreut ihr leibliches Kind bis zur Vollendung des sechsten Lebensjahres, werden Einkommen und Vermögen der Eltern oder des Elternteils nicht berücksichtigt.

(5) Ist den in den Absätzen 1 bis 3 genannten Personen die Aufbringung der Mittel aus dem Einkommen und Vermögen im Sinne der Absätze 1 und 2 möglich oder im Sinne des Absatzes 3 zuzumuten und sind Leistungen erbracht worden, haben sie dem

Träger der Sozialhilfe die Aufwendungen in diesem Umfang zu ersetzen. Mehrere Verpflichtete haften als Gesamtschuldner.

(6) Der Anspruch der Berechtigten auf Leistungen für Einrichtungen oder auf Pflegegeld steht, soweit die Leistung den Berechtigten erbracht worden wäre, nach ihrem Tode demjenigen zu, der die Leistung erbracht oder die Pflege geleistet hat.

§ 20 Eheähnliche Gemeinschaft

Personen, die in eheähnlicher oder lebenspartnerschaftsähnlicher Gemeinschaft leben, dürfen hinsichtlich der Voraussetzungen sowie des Umfangs der Sozialhilfe nicht besser gestellt werden als Ehegatten. § 39 gilt entsprechend.

§ 22 Sonderregelungen für Auszubildende

(1) Auszubildende, deren Ausbildung im Rahmen des Bundesausbildungsförderungsgesetzes oder der §§ 51, 57 und 58 des Dritten Buches dem Grunde nach förderungsfähig ist, haben keinen Anspruch auf Leistungen nach dem Dritten und Vierten Kapitel. In besonderen Härtefällen können Leistungen nach dem Dritten oder Vierten Kapitel als Beihilfe oder Darlehen gewährt werden.

(2) Absatz 1 findet keine Anwendung auf Auszubildende,

1. die auf Grund von § 2 Abs. 1 a des Bundesausbildungsförderungsgesetzes keinen Anspruch auf Ausbildungsförderung oder auf Grund von § 60 des Dritten Buches keinen Anspruch auf Berufsausbildungsbeihilfe haben,
2. deren Bedarf sich nach § 12 Abs. 1 Nr. 1 des Bundesausbildungsförderungsgesetzes oder nach § 62 Absatz 1 des Dritten Buches bemisst oder
3. die eine Abendhauptschule, eine Abendrealschule oder ein Abendgymnasium besuchen, sofern sie aufgrund von § 10 Abs. 3 des Bundesausbildungsförderungsgesetzes keinen Anspruch auf Ausbildungsförderung haben.

§ 24 Sozialhilfe für Deutsche im Ausland

(1) Deutsche, die ihren gewöhnlichen Aufenthalt im Ausland haben, erhalten keine Leistungen. Hiervon kann im Einzelfall nur abgewichen werden, soweit dies wegen einer außergewöhnlichen Notlage unabweisbar ist und zugleich nachgewiesen wird, dass eine Rückkehr in das Inland aus folgenden Gründen nicht möglich ist:

1. Pflege und Erziehung eines Kindes, das aus rechtlichen Gründen im Ausland bleiben muss,
2. längerfristige stationäre Betreuung in einer Einrichtung oder Schwere der Pflegebedürftigkeit oder
3. hoheitliche Gewalt.

(2) Leistungen werden nicht erbracht, soweit sie von dem hierzu verpflichteten Aufenthaltsland oder von anderen erbracht werden oder zu erwarten sind.

(3) Art und Maß der Leistungserbringung sowie der Einsatz des Einkommens und des Vermögens richten sich nach den besonderen Verhältnissen im Aufenthaltsland.

(4) Die Leistungen sind abweichend von § 18 zu beantragen. Für die Leistungen zuständig ist der überörtliche Träger der Sozialhilfe, in dessen Bereich die antrag-

stellende Person geboren ist. Liegt der Geburtsort im Ausland oder ist er nicht zu ermitteln, wird der örtlich zuständige Träger von einer Schiedsstelle bestimmt. § 108 Abs. 1 Satz 2 gilt entsprechend.

(5) Leben Ehegatten oder Lebenspartner, Verwandte und Verschwägerte bei Einsetzen der Sozialhilfe zusammen, richtet sich die örtliche Zuständigkeit nach der ältesten Person von ihnen, die im Inland geboren ist. Ist keine dieser Personen im Inland geboren, ist ein gemeinsamer örtlich zuständiger Träger nach Absatz 4 zu bestimmen. Die Zuständigkeit bleibt bestehen, solange eine der Personen nach Satz 1 der Sozialhilfe bedarf.

(6) Die Träger der Sozialhilfe arbeiten mit den deutschen Dienststellen im Ausland zusammen.

Drittes Kapitel
Hilfe zum Lebensunterhalt

Erster Abschnitt
Leistungsberechtigte, notwendiger Lebensunterhalt, Regelbedarfe und Regelsätze

§ 27 Leistungsberechtigte

(1) Hilfe zum Lebensunterhalt ist Personen zu leisten, die ihren notwendigen Lebensunterhalt nicht oder nicht ausreichend aus eigenen Kräften und Mitteln bestreiten können.

(2) Eigene Mittel sind insbesondere das eigene Einkommen und Vermögen. Bei nicht getrennt lebenden Ehegatten oder Lebenspartnern sind das Einkommen und Vermögen beider Ehegatten oder Lebenspartner gemeinsam zu berücksichtigen. Gehören minderjährige unverheiratete Kinder dem Haushalt ihrer Eltern oder eines Elternteils an und können sie den notwendigen Lebensunterhalt aus ihrem Einkommen und Vermögen nicht bestreiten, sind vorbehaltlich des § 39 Satz 3 Nummer 1 auch das Einkommen und das Vermögen der Eltern oder des Elternteils gemeinsam zu berücksichtigen.

(3) Hilfe zum Lebensunterhalt kann auch Personen geleistet werden, die ihren notwendigen Lebensunterhalt aus eigenen Mitteln und Kräften bestreiten können, jedoch einzelne erforderliche Tätigkeiten nicht verrichten können. Von den Leistungsberechtigten kann ein angemessener Kostenbeitrag verlangt werden.

§ 27 a Notwendiger Lebensunterhalt, Regelbedarfe und Regelsätze

(1) Der für die Gewährleistung des Existenzminimums notwendige Lebensunterhalt umfasst insbesondere Ernährung, Kleidung, Körperpflege, Hausrat, Haushaltsenergie ohne die auf Heizung und Erzeugung von Warmwasser entfallenden Anteile, persönliche Bedürfnisse des täglichen Lebens sowie Unterkunft und Heizung. Zu den persön-

lichen Bedürfnissen des täglichen Lebens gehört in vertretbarem Umfang eine Teilhabe am sozialen und kulturellen Leben in der Gemeinschaft; dies gilt in besonderem Maß für Kinder und Jugendliche. Für Schülerinnen und Schüler umfasst der notwendige Lebensunterhalt auch die erforderlichen Hilfen für den Schulbesuch.

(2) Der gesamte notwendige Lebensunterhalt nach Absatz 1 mit Ausnahme der Bedarfe nach dem Zweiten bis Vierten Abschnitt ergibt den monatlichen Regelbedarf. Dieser ist in Regelbedarfsstufen unterteilt, die bei Kindern und Jugendlichen altersbedingte Unterschiede und bei erwachsenen Personen deren Anzahl im Haushalt sowie die Führung eines Haushalts berücksichtigen.

(3) Zur Deckung der Regelbedarfe, die sich nach den Regelbedarfsstufen der Anlage zu § 28 ergeben, sind monatliche Regelsätze zu gewähren. Der Regelsatz stellt einen monatlichen Pauschalbetrag zur Bestreitung des Regelbedarfs dar, über dessen Verwendung die Leistungsberechtigten eigenverantwortlich entscheiden; dabei haben sie das Eintreten unregelmäßig anfallender Bedarfe zu berücksichtigen.

(4) Im Einzelfall wird der individuelle Bedarf abweichend vom Regelsatz festgelegt, wenn ein Bedarf ganz oder teilweise anderweitig gedeckt ist oder unabweisbar seiner Höhe nach erheblich von einem durchschnittlichen Bedarf abweicht. Besteht die Leistungsberechtigung für weniger als einen Monat, ist der Regelsatz anteilig zu zahlen. Sind Leistungsberechtigte in einer anderen Familie, insbesondere in einer Pflegefamilie, oder bei anderen Personen als bei ihren Eltern oder einem Elternteil untergebracht, so wird in der Regel der individuelle Bedarf abweichend von den Regelsätzen in Höhe der tatsächlichen Kosten der Unterbringung bemessen, sofern die Kosten einen angemessenen Umfang nicht übersteigen.

§ 27 b Notwendiger Lebensunterhalt in Einrichtungen

(1) Der notwendige Lebensunterhalt in Einrichtungen umfasst den darin erbrachten sowie in stationären Einrichtungen zusätzlich den weiteren notwendigen Lebensunterhalt. Der notwendige Lebensunterhalt in stationären Einrichtungen entspricht dem Umfang der Leistungen der Grundsicherung nach § 42 Nummer 1, 2 und 4.

(2) Der weitere notwendige Lebensunterhalt umfasst insbesondere Kleidung und einen angemessenen Barbetrag zur persönlichen Verfügung; § 31 Absatz 2 Satz 2 ist nicht anzuwenden. Leistungsberechtigte, die das 18. Lebensjahr vollendet haben, erhalten einen Barbetrag in Höhe von mindestens 27 vom Hundert der Regelbedarfsstufe 1 nach der Anlage zu § 28. Für Leistungsberechtigte, die das 18. Lebensjahr noch nicht vollendet haben, setzen die zuständigen Landesbehörden oder die von ihnen bestimmten Stellen für die in ihrem Bereich bestehenden Einrichtungen die Höhe des Barbetrages fest. Der Barbetrag wird gemindert, soweit dessen bestimmungsgemäße Verwendung durch oder für die Leistungsberechtigten nicht möglich ist.

§ 28 Ermittlung der Regelbedarfe

(1) Liegen die Ergebnisse einer bundesweiten neuen Einkommens- und Verbrauchsstichprobe vor, wird die Höhe der Regelbedarfe in einem Bundesgesetz neu ermittelt.

(2) Bei der Ermittlung der bundesdurchschnittlichen Regelbedarfsstufen nach

§ 27 a Absatz 2 sind Stand und Entwicklung von Nettoeinkommen, Verbraucherverhalten und Lebenshaltungskosten zu berücksichtigen. Grundlage hierfür sind die durch die Einkommens- und Verbrauchsstichprobe nachgewiesenen tatsächlichen Verbrauchsausgaben unterer Einkommensgruppen.

(3) Für die Ermittlung der Regelbedarfsstufen beauftragt das Bundesministerium für Arbeit und Soziales das Statistische Bundesamt mit Sonderauswertungen, die auf der Grundlage einer neuen Einkommens- und Verbrauchsstichprobe vorzunehmen sind. Sonderauswertungen zu den Verbrauchsausgaben von Haushalten unterer Einkommensgruppen sind zumindest für Haushalte (Referenzhaushalte) vorzunehmen, in denen nur eine erwachsene Person lebt (Einpersonenhaushalte), sowie für Haushalte, in denen Paare mit einem Kind leben (Familienhaushalte). Dabei ist festzulegen, welche Haushalte, die Leistungen nach diesem Buch und dem Zweiten Buch beziehen, nicht als Referenzhaushalte zu berücksichtigen sind. Für die Bestimmung des Anteils der Referenzhaushalte an den jeweiligen Haushalten der Sonderauswertungen ist ein für statistische Zwecke hinreichend großer Stichprobenumfang zu gewährleisten.

(4) Die in Sonderauswertungen nach Absatz 3 ausgewiesenen Verbrauchsausgaben der Referenzhaushalte sind für die Ermittlung der Regelbedarfsstufen als regelbedarfsrelevant zu berücksichtigen, soweit sie zur Sicherung des Existenzminimums notwendig sind und eine einfache Lebensweise ermöglichen, wie sie einkommensschwache Haushalte aufweisen, die ihren Lebensunterhalt nicht ausschließlich aus Leistungen nach diesem oder dem Zweiten Buch bestreiten. Nicht als regelbedarfsrelevant zu berücksichtigen sind Verbrauchsausgaben der Referenzhaushalte, wenn sie bei Leistungsberechtigten nach diesem Buch oder dem Zweiten Buch

1. durch bundes- oder landesgesetzliche Leistungsansprüche, die der Finanzierung einzelner Verbrauchspositionen der Sonderauswertungen dienen, abgedeckt sind und diese Leistungsansprüche kein anrechenbares Einkommen nach § 82 oder § 11 des Zweiten Buches darstellen oder
2. nicht anfallen, weil bundesweit in einheitlicher Höhe Vergünstigungen gelten.

Die Summen der sich nach den Sätzen 1 und 2 ergebenden regelbedarfsrelevanten Verbrauchsausgaben der Referenzhaushalte sind Grundlage für die Prüfung der Regelbedarfsstufen, insbesondere für die Altersabgrenzungen bei Kindern und Jugendlichen. Die für die Ermittlung der Regelbedarfsstufen zugrunde zu legenden Summen regelbedarfsrelevanter Verbrauchsausgaben sind mit der sich nach § 28 a Absatz 2 ergebenden Veränderungsrate entsprechend fortzuschreiben. Die Höhe der nach Satz 3 fortgeschriebenen Summen der regelbedarfsrelevanten Verbrauchsausgaben sind jeweils bis unter 0,50 Euro abzurunden sowie von 0,50 Euro an aufzurunden und ergeben die Regelbedarfsstufen (Anlage).

§ 28 a Fortschreibung der Regelbedarfsstufen

(1) In Jahren, in denen keine Neuermittlung nach § 28 erfolgt, werden die Regelbedarfsstufen jeweils zum 1. Januar mit der sich nach Absatz 2 ergebenden Veränderungsrate fortgeschrieben. § 28 Absatz 4 Satz 5 gilt entsprechend.

(2) Die Fortschreibung der Regelbedarfsstufen erfolgt aufgrund der bundesdurch-

schnittlichen Entwicklung der Preise für regelbedarfsrelevante Güter und Dienstleistungen sowie der bundesdurchschnittlichen Entwicklung der Nettolöhne und -gehälter je beschäftigten Arbeitnehmer nach der Volkswirtschaftlichen Gesamtrechnung (Mischindex). Maßgeblich ist jeweils die Veränderungsrate, die sich aus der Veränderung in dem Zwölfmonatszeitraum, der mit dem 1. Juli des Vorvorjahres beginnt und mit dem 30. Juni des Vorjahres endet, gegenüber dem davorliegenden Zwölfmonatszeitraum ergibt. Für die Ermittlung der jährlichen Veränderungsrate des Mischindexes wird die sich aus der Entwicklung der Preise aller regelbedarfsrelevanten Güter und Dienstleistungen ergebende Veränderungsrate mit einem Anteil von 70 vom Hundert und die sich aus der Entwicklung der Nettolöhne und -gehälter je beschäftigten Arbeitnehmer ergebende Veränderungsrate mit einem Anteil von 30 vom Hundert berücksichtigt.

(3) Das Bundesministerium für Arbeit und Soziales beauftragt das Statistische Bundesamt mit der Ermittlung der jährlichen Veränderungsrate für den Zeitraum nach Absatz 2 Satz 2 für

1. die Preise aller regelbedarfsrelevanten Güter und Dienstleistungen und
2. die durchschnittliche Nettolohn- und -gehaltssumme je durchschnittlich beschäftigten Arbeitnehmer.

§ 29 Festsetzung und Fortschreibung der Regelsätze

(1) Werden die Regelbedarfsstufen nach § 28 neu ermittelt, gelten diese als neu festgesetzte Regelsätze (Neufestsetzung), solange die Länder keine abweichende Neufestsetzung vornehmen. Satz 1 gilt entsprechend, wenn die Regelbedarfe nach § 28 a fortgeschrieben werden.

(2) Nehmen die Länder eine abweichende Neufestsetzung vor, haben sie die Höhe der monatlichen Regelsätze entsprechend der Abstufung der Regelbedarfe nach der Anlage zu § 28 durch Rechtsverordnung neu festzusetzen. Sie können die Ermächtigung für die Neufestsetzung nach Satz 1 auf die zuständigen Landesministerien übertragen. Für die abweichende Neufestsetzung sind anstelle der bundesdurchschnittlichen Regelbedarfsstufen, die sich nach § 28 aus der bundesweiten Auswertung der Einkommens- und Verbrauchsstichprobe ergeben, entsprechend aus regionalen Auswertungen der Einkommens- und Verbrauchsstichprobe ermittelte Regelbedarfsstufen zugrunde zu legen. Die Länder können bei der Neufestsetzung der Regelsätze auch auf ihr Land bezogene besondere Umstände, die die Deckung des Regelbedarfs betreffen, berücksichtigen. Regelsätze, die nach Absatz 1 oder nach den Sätzen 1 bis 4 festgesetzt worden sind, können von den Ländern als Mindestregelsätze festgesetzt werden. § 28 Absatz 4 Satz 4 und 5 gilt für die Festsetzung der Regelsätze nach den Sätzen 1 bis 4 entsprechend.

(3) Die Länder können die Träger der Sozialhilfe ermächtigen, auf der Grundlage von nach Absatz 2 Satz 5 bestimmten Mindestregelsätzen regionale Regelsätze festzusetzen; bei der Festsetzung können die Träger der Sozialhilfe regionale Besonderheiten sowie statistisch nachweisbare Abweichungen in den Verbrauchsausgaben berücksichtigen. § 28 Absatz 4 Satz 4 und 5 gilt für die Festsetzung der Regelsätze nach Satz 1 entsprechend.

(4) Werden die Regelsätze nach den Absätzen 2 und 3 abweichend von den Regelbedarfsstufen nach § 28 festgesetzt, sind diese in den Jahren, in denen keine Neuermittlung der Regelbedarfe nach § 28 erfolgt, jeweils zum 1. Januar durch Rechtsverordnung der Länder mit der Veränderungsrate der Regelbedarfe fortzuschreiben, die sich nach der Rechtsverordnung nach § 40 ergibt.

(5) Die nach den Absätzen 2 und 3 festgesetzten und nach Absatz 4 fortgeschriebenen Regelsätze gelten als Regelbedarfsstufen nach der Anlage zu § 28.

Zweiter Abschnitt
Zusätzliche Bedarfe

§ 30 Mehrbedarf

(1) Für Personen, die

1. die Altersgrenze nach § 41 Abs. 2 erreicht haben oder
2. die Altersgrenze nach § 41 Abs. 2 noch nicht erreicht haben und voll erwerbsgemindert nach dem Sechsten Buch sind,

und durch einen Bescheid der nach § 69 Abs. 4 des Neunten Buches zuständigen Behörde oder einen Ausweis nach § 69 Abs. 5 des Neunten Buches die Feststellung des Merkzeichens G nachweisen, wird ein Mehrbedarf von 17 vom Hundert der maßgebenden Regelbedarfsstufe anerkannt, soweit nicht im Einzelfall ein abweichender Bedarf besteht.

(2) Für werdende Mütter nach der 12. Schwangerschaftswoche wird ein Mehrbedarf von 17 vom Hundert der maßgebenden Regelbedarfsstufe anerkannt, soweit nicht im Einzelfall ein abweichender Bedarf besteht.

(3) Für Personen, die mit einem oder mehreren minderjährigen Kindern zusammenleben und allein für deren Pflege und Erziehung sorgen, ist, soweit kein abweichender Bedarf besteht, ein Mehrbedarf anzuerkennen

1. in Höhe von 36 vom Hundert der Regelbedarfsstufe 1 nach der Anlage zu § 28 für ein Kind unter sieben Jahren oder für zwei oder drei Kinder unter sechzehn Jahren, oder
2. in Höhe von 12 vom Hundert der Regelbedarfsstufe 1 nach der Anlage zu § 28 für jedes Kind, wenn die Voraussetzungen nach Nummer 1 nicht vorliegen, höchstens jedoch in Höhe von 60 vom Hundert der Regelbedarfsstufe 1 nach der Anlage zu § 28.

(4) Für behinderte Menschen, die das 15. Lebensjahr vollendet haben und denen Eingliederungshilfe nach § 54 Abs. 1 Satz 1 Nr. 1 bis 3 geleistet wird, wird ein Mehrbedarf von 35 vom Hundert der maßgebenden Regelbedarfsstufe anerkannt, soweit nicht im Einzelfall ein abweichender Bedarf besteht. Satz 1 kann auch nach Beendigung der in § 54 Abs. 1 Satz 1 Nr. 1 bis 3 genannten Leistungen während einer angemessenen Übergangszeit, insbesondere einer Einarbeitungszeit, angewendet werden. Absatz 1 Nr. 2 ist daneben nicht anzuwenden.

(5) Für Kranke, Genesende, behinderte Menschen oder von einer Krankheit oder von einer Behinderung bedrohte Menschen, die einer kostenaufwändigen Ernährung bedürfen, wird ein Mehrbedarf in angemessener Höhe anerkannt.

(6) Die Summe des nach den Absätzen 1 bis 5 insgesamt anzuerkennenden Mehrbedarfs darf die Höhe der maßgebenden Regelbedarfsstufe nicht übersteigen.

(7) Für Leistungsberechtigte wird ein Mehrbedarf anerkannt, soweit Warmwasser durch in der Unterkunft installierte Vorrichtungen erzeugt wird (dezentrale Warmwassererzeugung) und denen deshalb keine Leistungen für Warmwasser nach § 35 Absatz 4 erbracht werden. Der Mehrbedarf beträgt für jede im Haushalt lebende leistungsberechtigte Person entsprechend ihrer Regelbedarfsstufe nach der Anlage zu § 28 jeweils

1. 2,3 vom Hundert der Regelbedarfsstufen 1 bis 3,
2. 1,4 vom Hundert der Regelbedarfsstufe 4,
3. 1,2 vom Hundert der Regelbedarfsstufe 5 oder
4. 0,8 vom Hundert der Regelbedarfsstufe 6,

soweit nicht im Einzelfall ein abweichender Bedarf besteht oder ein Teil des angemessenen Warmwasserbedarfs durch Leistungen nach § 35 Absatz 4 gedeckt wird.

§ 31 Einmalige Bedarfe

(1) Leistungen für

1. Erstausstattungen für die Wohnung einschließlich Haushaltsgeräten,
2. Erstausstattungen für Bekleidung und Erstausstattungen bei Schwangerschaft und Geburt sowie
3. Anschaffung und Reparaturen von orthopädischen Schuhen, Reparaturen von therapeutischen Geräten und Ausrüstungen sowie die Miete von therapeutischen Geräten

werden gesondert erbracht.

(2) Einer Person, die Sozialhilfe beansprucht (nachfragende Person), werden, auch wenn keine Regelsätze zu gewähren sind, für einmalige Bedarfe nach Absatz 1 Leistungen erbracht, wenn sie diese nicht aus eigenen Kräften und Mitteln vollständig decken kann. In diesem Falle kann das Einkommen berücksichtigt werden, das sie innerhalb eines Zeitraums von bis zu sechs Monaten nach Ablauf des Monats erwerben, in dem über die Leistung entschieden worden ist.

(3) Die Leistungen nach Absatz 1 Nr. 1 und 2 können als Pauschalbeträge erbracht werden. Bei der Bemessung der Pauschalbeträge sind geeignete Angaben über die erforderlichen Aufwendungen und nachvollziehbare Erfahrungswerte zu berücksichtigen.

§ 32 Beiträge für die Kranken- und Pflegeversicherung

(1) Für Pflichtversicherte im Sinne des § 5 Abs. 1 Nr. 13 des Fünften Buches, des § 2 Abs. 1 Nr. 7 des Zweiten Gesetzes über die Krankenversicherung der Landwirte, für Weiterversicherte im Sinne des § 9 Abs. 1 Nr. 1 des Fünften Buches und des § 6 Abs. 1 Nr. 1 des Zweiten Gesetzes über die Krankenversicherung der Landwirte sowie für Rentenantragsteller, die nach § 189 des Fünften Buches als Mitglied einer Krankenkasse gelten, werden die Krankenversicherungsbeiträge übernommen, soweit die

genannten Personen die Voraussetzungen des § 27 Absatz 1 und 2 erfüllen. § 82 Abs. 2 Nr. 2 und 3 ist insoweit nicht anzuwenden. Bei Pflichtversicherten im Sinne des § 5 Abs. 1 Nr. 13 des Fünften Buches und des § 2 Abs. 1 Nr. 7 des Zweiten Gesetzes über die Krankenversicherung der Landwirte, die die Voraussetzungen des § 27 Absatz 1 und 2 nur wegen der Zahlung der Beiträge erfüllen, sind die Beiträge auf Anforderung der zuständigen Krankenkasse unmittelbar und in voller Höhe an diese zu zahlen; die Leistungsberechtigten sind hiervon sowie von einer Verpflichtung nach § 19 Abs. 5 schriftlich zu unterrichten. Die Anforderung der Krankenkasse nach Satz 4 hat einen Nachweis darüber zu enthalten, dass eine zweckentsprechende Verwendung der Leistungen für Beiträge durch den Leistungsberechtigten nicht gesichert ist.

(2) Für freiwillig Versicherte im Sinne des § 9 Abs. 1 Nr. 2 bis 8 des Fünften Buches oder des § 6 Abs. 1 Nr. 2 des Zweiten Gesetzes über die Krankenversicherung der Landwirte können Krankenversicherungsbeiträge übernommen werden, soweit die Voraussetzungen des § 27 Absatz 1 und 2 erfüllt sind. Zur Aufrechterhaltung einer freiwilligen Krankenversicherung werden solche Beiträge übernommen, wenn Hilfe zum Lebensunterhalt voraussichtlich nur für kurze Dauer zu leisten ist. § 82 Abs. 2 Nr. 2 und 3 ist insoweit nicht anzuwenden.

(3) Soweit nach den Absätzen 1 und 2 Beiträge für die Krankenversicherung übernommen werden, werden auch die damit zusammenhängenden Beiträge zur Pflegeversicherung übernommen.

(4) Die Übernahme der Beiträge nach den Absätzen 1 und 2 umfasst bei Versicherten nach dem Fünften Buch auch den Zusatzbeitrag nach § 242 des Fünften Buches.

(5) Besteht eine Krankenversicherung bei einem Versicherungsunternehmen, werden die Aufwendungen übernommen, soweit sie angemessen und die Voraussetzungen des § 19 Abs. 1 erfüllt sind. Besteht die Leistungsberechtigung voraussichtlich nur für kurze Dauer, können zur Aufrechterhaltung einer Krankenversicherung bei einem Versicherungsunternehmen auch höhere Aufwendungen übernommen werden. § 82 Abs. 2 Nr. 2 und 3 ist insoweit nicht anzuwenden. Soweit nach den Sätzen 1 und 2 Aufwendungen für die Krankenversicherung übernommen werden, werden auch die Aufwendungen für eine Pflegeversicherung übernommen. Die zu übernehmenden Aufwendungen für eine Krankenversicherung nach Satz 1 und die entsprechenden Aufwendungen für eine Pflegeversicherung nach Satz 4 sind an das Versicherungsunternehmen zu zahlen, bei dem die leistungsberechtigte Person versichert ist.

§ 33 Beiträge für die Vorsorge[1]

(1) Um die Voraussetzungen eines Anspruchs auf eine angemessene Alterssicherung zu erfüllen, können die erforderlichen Aufwendungen übernommen werden, insbesondere

1. Beiträge zur gesetzlichen Rentenversicherung,
2. Beiträge zur landwirtschaftlichen Alterskasse,

---

1 Gültig ab 01.01.2013; in der bis 31.12.2012 gültigen Fassung lautete Abs. 1 Nr. 2: »Beiträge zu landwirtschaftlichen Alterskassen«.

3. Beiträge zu berufsständischen Versorgungseinrichtungen, die den gesetzlichen Rentenversicherungen vergleichbare Leistungen erbringen,
4. Beiträge für eine eigene kapitalgedeckte Altersvorsorge in Form einer lebenslangen Leibrente, wenn der Vertrag nur die Zahlung einer monatlichen auf das Leben des Steuerpflichtigen bezogenen lebenslangen Leibrente nicht vor Vollendung des 60. Lebensjahres vorsieht, sowie
5. geförderte Altersvorsorgebeiträge nach § 82 des Einkommensteuergesetzes, soweit sie den Mindesteigenbeitrag nach § 86 des Einkommensteuergesetzes nicht überschreiten.

(2) Um die Voraussetzungen eines Anspruchs auf ein angemessenes Sterbegeld zu erfüllen, können die erforderlichen Aufwendungen übernommen werden.

Dritter Abschnitt
Bildung und Teilhabe

§ 34 Bedarfe für Bildung und Teilhabe

(1) Bedarfe für Bildung nach den Absätzen 2 bis 7 von Schülerinnen und Schülern, die eine allgemein- oder berufsbildende Schule besuchen, sowie Bedarfe von Kindern und Jugendlichen für Teilhabe am sozialen und kulturellen Leben in der Gemeinschaft nach Absatz 6 werden neben den maßgebenden Regelbedarfsstufen gesondert berücksichtigt. Leistungen hierfür werden nach den Maßgaben des § 34 a gesondert erbracht.

(2) Bedarfe werden bei Schülerinnen und Schülern in Höhe der tatsächlichen Aufwendungen anerkannt für
1. Schulausflüge und
2. mehrtägige Klassenfahrten im Rahmen der schulrechtlichen Bestimmungen.

Für Kinder, die eine Kindertageseinrichtung besuchen, gilt Satz 1 entsprechend.

(3) Bedarfe für die Ausstattung mit persönlichem Schulbedarf werden bei Schülerinnen und Schülern für den Monat, in dem der erste Schultag liegt, in Höhe von 70 Euro und für den Monat, in dem das zweite Schulhalbjahr beginnt, in Höhe von 30 Euro anerkannt.

(4) Für Schülerinnen und Schüler, die für den Besuch der nächstgelegenen Schule des gewählten Bildungsgangs auf Schülerbeförderung angewiesen sind, werden die dafür erforderlichen tatsächlichen Aufwendungen berücksichtigt, soweit sie nicht von Dritten übernommen werden und es der leistungsberechtigten Person nicht zugemutet werden kann, sie aus dem Regelbedarf zu bestreiten.

(5) Für Schülerinnen und Schüler wird eine schulische Angebote ergänzende angemessene Lernförderung berücksichtigt, soweit diese geeignet und zusätzlich erforderlich ist, um die nach den schulrechtlichen Bestimmungen festgelegten wesentlichen Lernziele zu erreichen.

(6) Bei Teilnahme an einer gemeinschaftlichen Mittagsverpflegung werden die entstehenden Mehraufwendungen berücksichtigt für

1. Schülerinnen und Schüler und
2. Kinder, die eine Tageseinrichtung besuchen oder für die Kindertagespflege geleistet wird.

Für Schülerinnen und Schüler gilt dies unter der Voraussetzung, dass die Mittagsverpflegung in schulischer Verantwortung angeboten wird. In den Fällen des Satzes 2 ist für die Ermittlung des monatlichen Bedarfs die Anzahl der Schultage in dem Land zugrunde zu legen, in dem der Schulbesuch stattfindet.

(7) Für Leistungsberechtigte bis zur Vollendung des 18. Lebensjahres wird ein Bedarf zur Teilhabe am sozialen und kulturellen Leben in der Gemeinschaft in Höhe von insgesamt 10 Euro monatlich berücksichtigt für
1. Mitgliedsbeiträge in den Bereichen Sport, Spiel, Kultur und Geselligkeit,
2. Unterricht in künstlerischen Fächern (zum Beispiel Musikunterricht) und vergleichbare angeleitete Aktivitäten der kulturellen Bildung und
3. die Teilnahme an Freizeiten.

§ 34 a Erbringung der Leistungen für Bildung und Teilhabe

(1) Leistungen zur Deckung der Bedarfe nach § 34 Absatz 2 und 4 bis 7 werden auf Antrag erbracht. Einer nachfragenden Person werden, auch wenn keine Regelsätze zu gewähren sind, für Bedarfe nach § 34 Leistungen erbracht, wenn sie diese nicht aus eigenen Kräften und Mitteln vollständig decken kann. Die Leistungen zur Deckung der Bedarfe nach § 34 Absatz 7 bleiben bei der Erbringung von Leistungen nach dem Sechsten Kapitel unberücksichtigt.

(2) Leistungen zur Deckung der Bedarfe nach § 34 Absatz 2 und 5 bis 7 werden erbracht durch Sach- und Dienstleistungen, insbesondere in Form von personalisierten Gutscheinen oder Direktzahlungen an Anbieter von Leistungen zur Deckung dieser Bedarfe (Anbieter); die zuständigen Träger der Sozialhilfe bestimmen, in welcher Form sie die Leistungen erbringen. Die Bedarfe nach § 34 Absatz 3 und 4 werden jeweils durch Geldleistungen gedeckt.

(3) Werden die Bedarfe durch Gutscheine gedeckt, gelten die Leistungen mit Ausgabe des jeweiligen Gutscheins als erbracht. Die zuständigen Träger der Sozialhilfe gewährleisten, dass Gutscheine bei geeigneten vorhandenen Anbietern oder zur Wahrnehmung ihrer eigenen Angebote eingelöst werden können. Gutscheine können für den gesamten Bewilligungszeitraum im Voraus ausgegeben werden. Die Gültigkeit von Gutscheinen ist angemessen zu befristen. Im Fall des Verlustes soll ein Gutschein erneut in dem Umfang ausgestellt werden, in dem er noch nicht in Anspruch genommen wurde.

(4) Werden die Bedarfe durch Direktzahlungen an Anbieter gedeckt, gelten die Leistungen mit der Zahlung als erbracht. Eine Direktzahlung ist für den gesamten Bewilligungszeitraum im Voraus möglich.

(5) Im begründeten Einzelfall kann der zuständige Träger der Sozialhilfe einen Nachweis über eine zweckentsprechende Verwendung der Leistung verlangen. Soweit der Nachweis nicht geführt wird, soll die Bewilligungsentscheidung widerrufen werden.

Vierter Abschnitt
Unterkunft und Heizung

§ 35 Unterkunft und Heizung

(1) Leistungen für die Unterkunft werden in Höhe der tatsächlichen Aufwendungen erbracht. Leistungen für die Unterkunft sind auf Antrag der leistungsberechtigten Person an den Vermieter oder andere Empfangsberechtigte zu zahlen. Sie sollen an den Vermieter oder andere Empfangsberechtigte gezahlt werden, wenn die zweckentsprechende Verwendung durch die leistungsberechtigte Person nicht sichergestellt ist. Das ist insbesondere der Fall, wenn

1. **Mietrückstände bestehen, die zu einer außerordentlichen Kündigung des Mietverhältnisses berechtigen,**
2. **Energiekostenrückstände bestehen, die zu einer Unterbrechung der Energieversorgung berechtigen,**
3. **konkrete Anhaltspunkte für ein krankheits- oder suchtbedingtes Unvermögen der leistungsberechtigten Person bestehen, die Mittel zweckentsprechend zu verwenden, oder**
4. **konkrete Anhaltspunkte dafür bestehen, dass die im Schuldnerverzeichnis eingetragene leistungsberechtigte Person die Mittel nicht zweckentsprechend verwendet.**

Werden die Leistungen für die Unterkunft und Heizung an den Vermieter oder andere Empfangsberechtigte gezahlt, hat der Träger der Sozialhilfe die leistungsberechtigte Person darüber schriftlich zu unterrichten.

(2) Übersteigen die Aufwendungen für die Unterkunft den der Besonderheit des Einzelfalles angemessenen Umfang, sind sie insoweit als Bedarf der Personen, deren Einkommen und Vermögen nach § 27 Absatz 2 zu berücksichtigen sind, anzuerkennen. Satz 1 gilt so lange, als es diesen Personen nicht möglich oder nicht zuzumuten ist, durch einen Wohnungswechsel, durch Vermieten oder auf andere Weise die Aufwendungen zu senken, in der Regel jedoch längstens für sechs Monate. Vor Abschluss eines Vertrages über eine neue Unterkunft haben Leistungsberechtigte den dort zuständigen Träger der Sozialhilfe über die nach den Sätzen 1 und 2 maßgeblichen Umstände in Kenntnis zu setzen. Sind die Aufwendungen für die neue Unterkunft unangemessen hoch, ist der Träger der Sozialhilfe nur zur Übernahme angemessener Aufwendungen verpflichtet, es sei denn, er hat den darüber hinausgehenden Aufwendungen vorher zugestimmt. Wohnungsbeschaffungskosten, Mietkautionen und Umzugskosten können bei vorheriger Zustimmung übernommen werden; Mietkautionen sollen als Darlehen erbracht werden. Eine Zustimmung soll erteilt werden, wenn der Umzug durch den Träger der Sozialhilfe veranlasst wird oder aus anderen Gründen notwendig ist und wenn ohne die Zustimmung eine Unterkunft in einem angemessenen Zeitraum nicht gefunden werden kann.

(3) Der Träger der Sozialhilfe kann für seinen Bereich die Leistungen für die Unterkunft durch eine monatliche Pauschale abgelten, wenn auf dem örtlichen Wohnungsmarkt hinreichend angemessener freier Wohnraum verfügbar und in Einzel-

fällen die Pauschalierung nicht unzumutbar ist. Bei der Bemessung der Pauschale sind die tatsächlichen Gegebenheiten des örtlichen Wohnungsmarkts, der örtliche Mietspiegel sowie die familiären Verhältnisse der Leistungsberechtigten zu berücksichtigen. Absatz 2 Satz 1 gilt entsprechend.

(4) Leistungen für Heizung und zentrale Warmwasserversorgung werden in tatsächlicher Höhe erbracht, soweit sie angemessen sind. Die Leistungen können durch eine monatliche Pauschale abgegolten werden. Bei der Bemessung der Pauschale sind die persönlichen und familiären Verhältnisse, die Größe und Beschaffenheit der Wohnung, die vorhandenen Heizmöglichkeiten und die örtlichen Gegebenheiten zu berücksichtigen.

§ 35 a Satzung

Hat ein Kreis oder eine kreisfreie Stadt eine Satzung nach den §§ 22 a bis 22 c des Zweiten Buches erlassen, so gilt sie für Leistungen für die Unterkunft nach § 35 Absatz 1 und 2 des zuständigen Trägers der Sozialhilfe entsprechend, sofern darin nach § 22 b Absatz 3 des Zweiten Buches Sonderregelungen für Personen mit einem besonderen Bedarf für Unterkunft und Heizung getroffen werden und dabei zusätzlich auch die Bedarfe älterer Menschen berücksichtigt werden. Dies gilt auch für Leistungen für Heizung nach § 35 Absatz 4, soweit die Satzung Bestimmungen nach § 22 b Absatz 1 Satz 2 und 3 des Zweiten Buches enthält. In Fällen der Sätze 1 und 2 ist § 35 Absatz 3 und 4 Satz 2 und 3 nicht anzuwenden.

§ 36 Sonstige Hilfen zur Sicherung der Unterkunft

(1) Schulden können nur übernommen werden, wenn dies zur Sicherung der Unterkunft oder zur Behebung einer vergleichbaren Notlage gerechtfertigt ist. Sie sollen übernommen werden, wenn dies gerechtfertigt und notwendig ist und sonst Wohnungslosigkeit einzutreten droht. Geldleistungen können als Beihilfe oder als Darlehen erbracht werden.

(2) Geht bei einem Gericht eine Klage auf Räumung von Wohnraum im Falle der Kündigung des Mietverhältnisses nach § 543 Absatz 1, 2 Satz 1 Nummer 3 in Verbindung mit § 569 Absatz 3 des Bürgerlichen Gesetzbuchs ein, teilt das Gericht dem zuständigen örtlichen Träger der Sozialhilfe oder der Stelle, die von ihm zur Wahrnehmung der in Absatz 1 bestimmten Aufgaben beauftragt wurde, unverzüglich Folgendes mit:

1. den Tag des Eingangs der Klage,
2. die Namen und die Anschriften der Parteien,
3. die Höhe der monatlich zu entrichtenden Miete,
4. die Höhe des geltend gemachten Mietrückstandes und der geltend gemachten Entschädigung sowie
5. den Termin zur mündlichen Verhandlung, sofern dieser bereits bestimmt ist.

Außerdem kann der Tag der Rechtshängigkeit mitgeteilt werden. Die Übermittlung unterbleibt, wenn die Nichtzahlung der Miete nach dem Inhalt der Klageschrift offensichtlich nicht auf Zahlungsunfähigkeit des Mieters beruht. Die übermittelten

Daten dürfen auch für entsprechende Zwecke der Kriegsopferfürsorge nach dem Bundesversorgungsgesetz verwendet werden.

Fünfter Abschnitt
Gewährung von Darlehen

§ 37 Ergänzende Darlehen

(1) Kann im Einzelfall ein von den Regelbedarfen umfasster und nach den Umständen unabweisbar gebotener Bedarf auf keine andere Weise gedeckt werden, sollen auf Antrag hierfür notwendige Leistungen als Darlehen erbracht werden.

(2) Der Träger der Sozialhilfe übernimmt für Leistungsberechtigte nach § 27 b Absatz 2 Satz 2 die jeweils von ihnen bis zur Belastungsgrenze (§ 62 des Fünften Buches) zu leistenden Zuzahlungen in Form eines ergänzenden Darlehens, sofern der Leistungsberechtigte nicht widerspricht. Die Auszahlung der für das gesamte Kalenderjahr zu leistenden Zuzahlungen erfolgt unmittelbar an die zuständige Krankenkasse zum 1. Januar oder bei Aufnahme in eine stationäre Einrichtung. Der Träger der Sozialhilfe teilt der zuständigen Krankenkasse spätestens bis zum 1. November des Vorjahres die Leistungsberechtigten nach § 27 b Absatz 2 Satz 2 mit, soweit diese der Darlehensgewährung nach Satz 1 für das laufende oder ein vorangegangenes Kalenderjahr nicht widersprochen haben.

(3) In den Fällen des Absatzes 2 Satz 3 erteilt die Krankenkasse über den Träger der Sozialhilfe die in § 62 Absatz 1 Satz 1 des Fünften Buches genannte Bescheinigung jeweils bis zum 1. Januar oder bei Aufnahme in eine stationäre Einrichtung und teilt dem Träger der Sozialhilfe die Höhe der der leistungsberechtigten Person zu leistenden Zuzahlungen mit; Veränderungen im Laufe eines Kalenderjahres sind unverzüglich mitzuteilen.

(4) Für die Rückzahlung von Darlehen nach Absatz 1 können von den monatlichen Regelsätzen Teilbeträge bis zur Höhe von jeweils 5 vom Hundert der Regelbedarfsstufe 1 nach der Anlage zu § 28 einbehalten werden. Die Rückzahlung von Darlehen nach Absatz 2 erfolgt in gleichen Teilbeträgen über das ganze Kalenderjahr.

§ 38 Darlehen bei vorübergehender Notlage

(1) Sind Leistungen nach den §§ 28, 29, 30, 32, 33 und der Barbetrag nach § 35 Abs. 2 voraussichtlich nur für kurze Dauer zu erbringen, können Geldleistungen als Darlehen gewährt werden. Darlehen an Mitglieder von Haushaltsgemeinschaften im Sinne des § 19 Abs. 1 Satz 2 können an einzelne Mitglieder oder an mehrere gemeinsam vergeben werden.

(2) Die Regelung des § 105 Abs. 2 findet entsprechende Anwendung.

Sechster Abschnitt
Einschränkung von Leistungsberechtigung und -umfang

§ 39 Vermutung der Bedarfsdeckung

Lebt eine nachfragende Person gemeinsam mit anderen Personen in einer Wohnung oder in einer entsprechenden anderen Unterkunft, so wird vermutet, dass sie gemeinsam wirtschaften (Haushaltsgemeinschaft) und dass die nachfragende Person von den anderen Personen Leistungen zum Lebensunterhalt erhält, soweit dies nach deren Einkommen und Vermögen erwartet werden kann. Soweit nicht gemeinsam gewirtschaftet wird oder die nachfragende Person von den Mitgliedern der Haushaltsgemeinschaft keine ausreichenden Leistungen zum Lebensunterhalt erhält, ist ihr Hilfe zum Lebensunterhalt zu gewähren. Satz 1 gilt nicht

1. für Schwangere oder Personen, die ihr leibliches Kind bis zur Vollendung seines sechsten Lebensjahres betreuen und mit ihren Eltern oder einem Elternteil zusammenleben, oder
2. für Personen, die im Sinne des § 53 behindert oder im Sinne des § 61 pflegebedürftig sind und von in Satz 1 genannten Personen betreut werden; dies gilt auch, wenn die genannten Voraussetzungen einzutreten drohen und das gemeinsame Wohnen im Wesentlichen zum Zweck der Sicherstellung der Hilfe und Versorgung erfolgt.

§ 39 a Einschränkung der Leistung

(1) Lehnen Leistungsberechtigte entgegen ihrer Verpflichtung die Aufnahme einer Tätigkeit oder die Teilnahme an einer erforderlichen Vorbereitung ab, vermindert sich die maßgebende Regelbedarfsstufe in einer ersten Stufe um bis zu 25 vom Hundert, bei wiederholter Ablehnung in weiteren Stufen um jeweils bis zu 25 vom Hundert. Die Leistungsberechtigten sind vorher entsprechend zu belehren.

(2) § 26 Abs. 1 Satz 2 findet Anwendung.

Siebter Abschnitt
Verordnungsermächtigung

§ 40 Verordnungsermächtigung

Das Bundesministerium für Arbeit und Soziales hat im Einvernehmen mit dem Bundesministerium der Finanzen durch Rechtsverordnung mit Zustimmung des Bundesrates

1. den für die Fortschreibung der Regelbedarfsstufen nach § 28 a maßgeblichen Vomhundertsatz zu bestimmen und
2. die Anlage zu § 28 um die sich durch die Fortschreibung nach Nummer 1 zum 1. Januar eines Jahres ergebenden Regelbedarfsstufen zu ergänzen.

Der Vomhundertsatz nach Satz 1 Nummer 1 ist auf zwei Dezimalstellen zu berechnen; die zweite Dezimalstelle ist um eins zu erhöhen, wenn sich in der dritten Dezimalstelle eine der Ziffern von 5 bis 9 ergibt. Die Bestimmungen nach Satz 1 sollen bis zum 31. Oktober des jeweiligen Jahres erfolgen.

Viertes Kapitel
Grundsicherung im Alter und bei Erwerbsminderung

Erster Abschnitt
Grundsätze

§ 41 Leistungsberechtigte

(1) Älteren und dauerhaft voll erwerbsgeminderten Personen mit gewöhnlichem Aufenthalt im Inland, die ihren notwendigen Lebensunterhalt nicht aus Einkommen und Vermögen nach den §§ 82 bis 84 und 90 bestreiten können, ist auf Antrag Grundsicherung im Alter und bei Erwerbsminderung zu leisten. § 91 ist anzuwenden.

(2) Leistungsberechtigt wegen Alters nach Absatz 1 ist, wer die Altersgrenze erreicht hat. Personen, die vor dem 1. Januar 1947 geboren sind, erreichen die Altersgrenze mit Vollendung des 65. Lebensjahres. Für Personen, die nach dem 31. Dezember 1946 geboren sind, wird die Altersgrenze wie folgt angehoben:

für den Geburtsjahrgang	erfolgt eine Anhebung um Monate	auf Vollendung eines Lebensalters von
1947	1	65 Jahren und 1 Monat
1948	2	65 Jahren und 2 Monaten
1949	3	65 Jahren und 3 Monaten
1950	4	65 Jahren und 4 Monaten
1951	5	65 Jahren und 5 Monaten
1952	6	65 Jahren und 6 Monaten
1953	7	65 Jahren und 7 Monaten
1954	8	65 Jahren und 8 Monaten
1955	9	65 Jahren und 9 Monaten
1956	10	65 Jahren und 10 Monaten
1957	11	65 Jahren und 11 Monaten
1958	12	66 Jahren
1959	14	66 Jahren und 2 Monaten
1960	16	66 Jahren und 4 Monaten

für den Geburtsjahrgang	erfolgt eine Anhebung um Monate	auf Vollendung eines Lebensalters von
1961	18	66 Jahren und 6 Monaten
1962	20	66 Jahren und 8 Monaten
1963	22	66 Jahren und 10 Monaten
ab 1964	24	67 Jahren.

(3) Leistungsberechtigt wegen einer dauerhaften vollen Erwerbsminderung nach Absatz 1 ist, wer das 18. Lebensjahr vollendet hat, unabhängig von der jeweiligen Arbeitsmarktlage voll erwerbsgemindert im Sinne des § 43 Abs. 2 des Sechsten Buches ist und bei dem unwahrscheinlich ist, dass die volle Erwerbsminderung behoben werden kann.

(4) Keinen Anspruch auf Leistungen nach diesem Kapitel hat, wer in den letzten zehn Jahren die Bedürftigkeit vorsätzlich oder grob fahrlässig herbeigeführt hat.

§ 42 Umfang der Leistungen

Die Leistungen der Grundsicherung im Alter und bei Erwerbsminderung umfassen:

1. die sich für die leistungsberechtigte Person nach der Anlage zu § 28 ergebende Regelbedarfsstufe,
2. die zusätzlichen Bedarfe nach dem Zweiten Abschnitt des Dritten Kapitels,
3. die Bedarfe für Bildung und Teilhabe nach dem Dritten Abschnitt des Dritten Kapitels, ausgenommen die Bedarfe nach § 34 Absatz 7,
4. die Aufwendungen für Unterkunft und Heizung nach dem Vierten Abschnitt des Dritten Kapitels; bei Leistungen in einer stationären Einrichtung sind als Kosten für Unterkunft und Heizung Beträge in Höhe der durchschnittlichen angemessenen tatsächlichen Aufwendungen für die Warmmiete eines Einpersonenhaushaltes im Bereich des nach § 98 zuständigen Trägers der Sozialhilfe zugrunde zu legen,
5. ergänzende Darlehen nach § 37 Absatz 1.

§ 43 Besonderheiten bei Vermögenseinsatz und Unterhaltsansprüchen

(1) Einkommen und Vermögen des nicht getrennt lebenden Ehegatten oder Lebenspartners sowie des Partners einer eheähnlichen oder lebenspartnerschaftsähnlichen Gemeinschaft, die dessen notwendigen Lebensunterhalt nach § 27a übersteigen, sind zu berücksichtigen; § 39 Satz 1 ist nicht anzuwenden.

(2) Unterhaltsansprüche der Leistungsberechtigten gegenüber ihren Kindern und Eltern bleiben unberücksichtigt, sofern deren jährliches Gesamteinkommen im Sinne des § 16 des Vierten Buches unter einem Betrag von 100 000 Euro liegt. Es wird vermutet, dass das Einkommen der Unterhaltspflichtigen nach Satz 1 die dort genannte Grenze nicht überschreitet. Zur Widerlegung der Vermutung nach Satz 2 kann der zuständige Träger der Sozialhilfe von den Leistungsberechtigten Angaben verlangen, die Rückschlüsse auf die Einkommensverhältnisse der Unterhaltspflichtigen nach Satz 1 zulassen. Liegen im Einzelfall hinreichende Anhaltspunkte für ein Überschrei-

ten der in Satz 1 genannten Einkommensgrenze vor, sind die Kinder oder Eltern der Leistungsberechtigten gegenüber dem Träger der Sozialhilfe verpflichtet, über ihre Einkommensverhältnisse Auskunft zu geben, soweit die Durchführung dieses Buches es erfordert. Die Pflicht zur Auskunft umfasst die Verpflichtung, auf Verlangen des Trägers der Sozialhilfe Beweisurkunden vorzulegen oder ihrer Vorlage zuzustimmen. Leistungsberechtigte haben keinen Anspruch auf Leistungen nach diesem Kapitel, wenn die nach Satz 2 geltende Vermutung nach Satz 4 und 5 widerlegt ist.

Zweiter Abschnitt
Verfahrensbestimmungen

§ 44 Besondere Verfahrensregelungen

(1) Die Leistung wird in der Regel für zwölf Kalendermonate bewilligt. Bei der Erstbewilligung oder bei einer Änderung der Leistung beginnt der Bewilligungszeitraum am Ersten des Monats, in dem der Antrag gestellt worden ist oder die Voraussetzungen für die Änderung eingetreten und mitgeteilt worden sind. Bei einer Erstbewilligung nach dem Bezug von Arbeitslosengeld II oder Sozialgeld nach dem Zweiten Buch, der mit Erreichen der Altersgrenze nach § 7 a des Zweiten Buches endet, beginnt der Bewilligungszeitraum mit dem Ersten des Monats, der auf den sich nach § 7 a des Zweiten Buches ergebenden Monat folgt. Führt eine Änderung nicht zu einer Begünstigung des Berechtigten, so beginnt der neue Bewilligungszeitraum am Ersten des Folgemonats.

(2) Eine Leistungsabsprache nach § 12 kann im Einzelfall stattfinden.

§ 45 Feststellung der dauerhaften vollen Erwerbsminderung

Der zuständige Träger der Sozialhilfe ersucht den nach § 109 a Absatz 2 des Sechsten Buches zuständigen Träger der Rentenversicherung, die medizinischen Voraussetzungen des § 41 Absatz 3 zu prüfen, wenn es auf Grund der Angaben und Nachweise des Leistungsberechtigten als wahrscheinlich erscheint, dass diese erfüllt sind und das zu berücksichtigende Einkommen und Vermögen nicht ausreicht, um den Lebensunterhalt vollständig zu decken. Die Entscheidung des Trägers der Rentenversicherung ist für den ersuchenden Träger der Sozialhilfe bindend; dies gilt auch für eine Entscheidung des Trägers der Rentenversicherung nach § 109 a Absatz 3 des Sechsten Buches. Eines Ersuchens nach Satz 1 bedarf es nicht, wenn

1. ein Träger der Rentenversicherung bereits die Voraussetzungen des § 41 Absatz 3 im Rahmen eines Antrags auf eine Rente wegen Erwerbsminderung festgestellt hat oder
2. ein Träger der Rentenversicherung bereits nach § 109 a Absatz 2 und 3 des Sechsten Buches eine gutachterliche Stellungnahme abgeben hat oder
3. der Fachausschuss einer Werkstatt für behinderte Menschen über die Aufnahme in eine Werkstatt oder Einrichtung eine Stellungnahme nach Maßgabe der §§ 2 und 3 der Werkstättenverordnung abgegeben hat und der Leistungsberechtigte kraft Ge-

setzes nach § 43 Absatz 2 Satz 3 Nummer 1 des Sechsten Buches als voll erwerbsgemindert gilt.
Die kommunalen Spitzenverbände und die Deutsche Rentenversicherung Bund können Vereinbarungen über das Verfahren schließen.

§ 46 Zusammenarbeit mit den Trägern der Rentenversicherung

Der zuständige Träger der Rentenversicherung informiert und berät leistungsberechtigte Personen nach § 41, die rentenberechtigt sind, über die Leistungsvoraussetzungen und über das Verfahren nach diesem Kapitel. Personen, die nicht rentenberechtigt sind, werden auf Anfrage beraten und informiert. Liegt die Rente unter dem 27-fachen Betrag des geltenden aktuellen Rentenwertes in der gesetzlichen Rentenversicherung (§§ 68, 68 a, 255 e des Sechsten Buches), ist der Information zusätzlich ein Antragsformular beizufügen. Der Träger der Rentenversicherung übersendet einen eingegangenen Antrag mit einer Mitteilung über die Höhe der monatlichen Rente und über das Vorliegen der Voraussetzungen der Leistungsberechtigung an den zuständigen Träger der Sozialhilfe. Eine Verpflichtung des Trägers der Rentenversicherung nach Satz 1 besteht nicht, wenn eine Inanspruchnahme von Leistungen nach diesem Kapitel wegen der Höhe der gezahlten Rente sowie der im Rentenverfahren zu ermittelnden weiteren Einkommen nicht in Betracht kommt.

Fünftes Kapitel
Hilfen zur Gesundheit

§ 47 Vorbeugende Gesundheitshilfe

Zur Verhütung und Früherkennung von Krankheiten werden die medizinischen Vorsorgeleistungen und Untersuchungen erbracht. Andere Leistungen werden nur erbracht, wenn ohne diese nach ärztlichem Urteil eine Erkrankung oder ein sonstiger Gesundheitsschaden einzutreten droht.

§ 48 Hilfe bei Krankheit

Um eine Krankheit zu erkennen, zu heilen, ihre Verschlimmerung zu verhüten oder Krankheitsbeschwerden zu lindern, werden Leistungen zur Krankenbehandlung entsprechend dem Dritten Kapitel Fünften Abschnitt Ersten Titel des Fünften Buches erbracht. Die Regelungen zur Krankenbehandlung nach § 264 des Fünften Buches gehen den Leistungen der Hilfe bei Krankheit nach Satz 1 vor.

§ 49 Hilfe zur Familienplanung

Zur Familienplanung werden die ärztliche Beratung, die erforderliche Untersuchung und die Verordnung der empfängnisregelnden Mittel geleistet. Die Kosten für empfängnisverhütende Mittel werden übernommen, wenn diese ärztlich verordnet worden sind.

§ 50 Hilfe bei Schwangerschaft und Mutterschaft

Bei Schwangerschaft und Mutterschaft werden
1. ärztliche Behandlung und Betreuung sowie Hebammenhilfe,
2. Versorgung mit Arznei-, Verband- und Heilmitteln,
3. Pflege in einer stationären Einrichtung und
4. häusliche Pflegeleistungen nach § 65 Abs. 1

geleistet.

§ 51 Hilfe bei Sterilisation

Bei einer durch Krankheit erforderlichen Sterilisation werden die ärztliche Untersuchung, Beratung und Begutachtung, die ärztliche Behandlung, die Versorgung mit Arznei-, Verband- und Heilmitteln sowie die Krankenhauspflege geleistet.

§ 52 Leistungserbringung, Vergütung

(1) Die Hilfen nach den §§ 47 bis 51 entsprechen den Leistungen der gesetzlichen Krankenversicherung. Soweit Krankenkassen in ihrer Satzung Umfang und Inhalt der Leistungen bestimmen können, entscheidet der Träger der Sozialhilfe über Umfang und Inhalt der Hilfen nach pflichtgemäßem Ermessen.

(2) Leistungsberechtigte haben die freie Wahl unter den Ärzten und Zahnärzten sowie den Krankenhäusern entsprechend den Bestimmungen der gesetzlichen Krankenversicherung. Hilfen werden nur in dem durch Anwendung des § 65 a des Fünften Buches erzielbaren geringsten Umfang geleistet.

(3) Bei Erbringung von Leistungen nach den §§ 47 bis 51 sind die für die gesetzlichen Krankenkassen nach dem Vierten Kapitel des Fünften Buches geltenden Regelungen mit Ausnahme des Dritten Titels des Zweiten Abschnitts anzuwenden. Ärzte, Psychotherapeuten im Sinne des § 28 Abs. 3 Satz 1 des Fünften Buches und Zahnärzte haben für ihre Leistungen Anspruch auf die Vergütung, welche die Ortskrankenkasse, in deren Bereich der Arzt, Psychotherapeut oder der Zahnarzt niedergelassen ist, für ihre Mitglieder zahlt. Die sich aus den §§ 294, 295, 300 bis 302 des Fünften Buches für die Leistungserbringer ergebenden Verpflichtungen gelten auch für die Abrechnung von Leistungen nach diesem Kapitel mit dem Träger der Sozialhilfe. Die Vereinbarungen nach § 303 Abs. 1 sowie § 304 des Fünften Buches gelten für den Träger der Sozialhilfe entsprechend.

(4) Leistungsberechtigten, die nicht in der gesetzlichen Krankenversicherung versichert sind, wird unter den Voraussetzungen von § 39 a Satz 1 des Fünften Buches zu stationärer und teilstationärer Versorgung in Hospizen der von den gesetzlichen Krankenkassen entsprechend § 39 a Satz 3 des Fünften Buches zu zahlende Zuschuss geleistet.

(5) Für Leistungen zur medizinischen Rehabilitation nach § 54 Abs. 1 Satz 1 gelten die Absätze 2 und 3 entsprechend.

Sechstes Kapitel
Eingliederungshilfe für behinderte Menschen

§ 53 Leistungsberechtigte und Aufgabe

(1) Personen, die durch eine Behinderung im Sinne von § 2 Abs. 1 Satz 1 des Neunten Buches wesentlich in ihrer Fähigkeit, an der Gesellschaft teilzuhaben, eingeschränkt oder von einer solchen wesentlichen Behinderung bedroht sind, erhalten Leistungen der Eingliederungshilfe, wenn und solange nach der Besonderheit des Einzelfalles, insbesondere nach Art oder Schwere der Behinderung, Aussicht besteht, dass die Aufgabe der Eingliederungshilfe erfüllt werden kann. Personen mit einer anderen körperlichen, geistigen oder seelischen Behinderung können Leistungen der Eingliederungshilfe erhalten.

(2) Von einer Behinderung bedroht sind Personen, bei denen der Eintritt der Behinderung nach fachlicher Erkenntnis mit hoher Wahrscheinlichkeit zu erwarten ist. Dies gilt für Personen, für die vorbeugende Gesundheitshilfe und Hilfe bei Krankheit nach den §§ 47 und 48 erforderlich ist, nur, wenn auch bei Durchführung dieser Leistungen eine Behinderung einzutreten droht.

(3) Besondere Aufgabe der Eingliederungshilfe ist es, eine drohende Behinderung zu verhüten oder eine Behinderung oder deren Folgen zu beseitigen oder zu mildern und die behinderten Menschen in die Gesellschaft einzugliedern. Hierzu gehört insbesondere, den behinderten Menschen die Teilnahme am Leben in der Gemeinschaft zu ermöglichen oder zu erleichtern, ihnen die Ausübung eines angemessenen Berufs oder einer sonstigen angemessenen Tätigkeit zu ermöglichen oder sie so weit wie möglich unabhängig von Pflege zu machen.

(4) Für die Leistungen zur Teilhabe gelten die Vorschriften des Neunten Buches, soweit sich aus diesem Buch und den auf Grund dieses Buches erlassenen Rechtsverordnungen nichts Abweichendes ergibt. Die Zuständigkeit und die Voraussetzungen für die Leistungen zur Teilhabe richten sich nach diesem Buch.

§ 54 Leistungen der Eingliederungshilfe[2]

(1) Leistungen der Eingliederungshilfe sind neben den Leistungen nach den §§ 26, 33, 41 und 55 des Neunten Buches insbesondere

1. **Hilfen zu einer angemessenen Schulbildung, insbesondere im Rahmen der allgemeinen Schulpflicht und zum Besuch weiterführender Schulen einschließlich der Vorbereitung hierzu; die Bestimmungen über die Ermöglichung der Schulbildung im Rahmen der allgemeinen Schulpflicht bleiben unberührt,**
2. **Hilfe zur schulischen Ausbildung für einen angemessenen Beruf einschließlich des Besuchs einer Hochschule,**

---

2 Gültig ab 01.01.2013; Abs. 3 ist entfallen. In der bis 31.12.2012 geltenden Fassung lautete er:
(3) Eine Leistung der Eingliederungshilfe ist auch die Hilfe für die Betreuung in einer Pflegefamilie, soweit eine geeignete Pflegeperson Kinder und Jugendliche über Tag und Nacht in ihrem Haushalt versorgt und dadurch der Aufenthalt in einer vollstationären Einrichtung der Behindertenhilfe vermieden oder beendet werden kann. Die Pflegeperson bedarf einer Erlaubnis nach § 44 des Achten Buches. Diese Regelung tritt am 31.12.2013 außer Kraft.

3. Hilfe zur Ausbildung für eine sonstige angemessene Tätigkeit,
4. Hilfe in vergleichbaren sonstigen Beschäftigungsstätten nach § 56,
5. nachgehende Hilfe zur Sicherung der Wirksamkeit der ärztlichen und ärztlich verordneten Leistungen und zur Sicherung der Teilhabe der behinderten Menschen am Arbeitsleben.

Die Leistungen zur medizinischen Rehabilitation und zur Teilhabe am Arbeitsleben entsprechen jeweils den Rehabilitationsleistungen der gesetzlichen Krankenversicherung oder der Bundesagentur für Arbeit.

(2) Erhalten behinderte oder von einer Behinderung bedrohte Menschen in einer stationären Einrichtung Leistungen der Eingliederungshilfe, können ihnen oder ihren Angehörigen zum gegenseitigen Besuch Beihilfen geleistet werden, soweit es im Einzelfall erforderlich ist.

(3) *(weggefallen)*

Siebtes Kapitel
Hilfe zur Pflege

§ 61 Leistungsberechtigte und Leistungen

(1) Personen, die wegen einer körperlichen, geistigen oder seelischen Krankheit oder Behinderung für die gewöhnlichen und regelmäßig wiederkehrenden Verrichtungen im Ablauf des täglichen Lebens auf Dauer, voraussichtlich für mindestens sechs Monate, in erheblichem oder höherem Maße der Hilfe bedürfen, ist Hilfe zur Pflege zu leisten. Hilfe zur Pflege ist auch Kranken und behinderten Menschen zu leisten, die voraussichtlich für weniger als sechs Monate der Pflege bedürfen oder einen geringeren Bedarf als nach Satz 1 haben oder die der Hilfe für andere Verrichtungen als nach Absatz 5 bedürfen; für Leistungen für eine stationäre oder teilstationäre Einrichtung gilt dies nur, wenn es nach der Besonderheit des Einzelfalles erforderlich ist, insbesondere ambulante oder teilstationäre Leistungen nicht zumutbar sind oder nicht ausreichen.

(2) Die Hilfe zur Pflege umfasst häusliche Pflege, Hilfsmittel, teilstationäre Pflege, Kurzzeitpflege und stationäre Pflege. Der Inhalt der Leistungen nach Satz 1 bestimmt sich nach den Regelungen der Pflegeversicherung für die in § 28 Abs. 1 Nr. 1, 5 bis 8 des Elften Buches aufgeführten Leistungen; § 28 Abs. 4 des Elften Buches gilt entsprechend. Die Hilfe zur Pflege kann auf Antrag auch als Teil eines trägerübergreifenden Persönlichen Budgets erbracht werden. § 17 Abs. 2 bis 4 des Neunten Buches in Verbindung mit der Budgetverordnung und § 159 des Neunten Buches sind insoweit anzuwenden.

(3) Krankheiten oder Behinderungen im Sinne des Absatzes 1 sind:
1. Verluste, Lähmungen oder andere Funktionsstörungen am Stütz- und Bewegungsapparat,
2. Funktionsstörungen der inneren Organe oder der Sinnesorgane,
3. Störungen des Zentralnervensystems wie Antriebs-, Gedächtnis- oder Orientierungsstörungen sowie endogene Psychosen, Neurosen oder geistige Behinderungen,

4. andere Krankheiten oder Behinderungen, infolge derer Personen pflegebedürftig im Sinne des Absatzes 1 sind.

(4) Der Bedarf des Absatzes 1 besteht in der Unterstützung, in der teilweisen oder vollständigen Übernahme der Verrichtungen im Ablauf des täglichen Lebens oder in Beaufsichtigung oder Anleitung mit dem Ziel der eigenständigen Übernahme dieser Verrichtungen.

(5) Gewöhnliche und regelmäßig wiederkehrende Verrichtungen im Sinne des Absatzes 1 sind:

1. im Bereich der Körperpflege das Waschen, Duschen, Baden, die Zahnpflege, das Kämmen, Rasieren, die Darm- und Blasenentleerung,
2. im Bereich der Ernährung das mundgerechte Zubereiten oder die Aufnahme der Nahrung,
3. im Bereich der Mobilität das selbstständige Aufstehen und Zu-Bett-Gehen, An- und Auskleiden, Gehen, Stehen, Treppensteigen oder das Verlassen und Wiederaufsuchen der Wohnung,
4. im Bereich der hauswirtschaftlichen Versorgung das Einkaufen, Kochen, Reinigen der Wohnung, Spülen, Wechseln und Waschen der Wäsche und Kleidung und das Beheizen.

(6) Die Verordnung nach § 16 des Elften Buches, die Richtlinien der Pflegekassen nach § 17 des Elften Buches, die Verordnung nach § 30 des Elften Buches, die Rahmenverträge und Bundesempfehlungen über die pflegerische Versorgung nach § 75 des Elften Buches und die Vereinbarungen über die Qualitätssicherung nach § 113 des Elften Buches finden zur näheren Bestimmung des Begriffs der Pflegebedürftigkeit, des Inhalts der Pflegeleistung, der Unterkunft und Verpflegung und zur Abgrenzung, Höhe und Anpassung der Pflegegelder nach § 64 entsprechende Anwendung.

§ 62 Bindung an die Entscheidung der Pflegekasse

Die Entscheidung der Pflegekasse über das Ausmaß der Pflegebedürftigkeit nach dem Elften Buch ist auch der Entscheidung im Rahmen der Hilfe zur Pflege zu Grunde zu legen, soweit sie auf Tatsachen beruht, die bei beiden Entscheidungen zu berücksichtigen sind.

§ 63 Häusliche Pflege

Reicht im Fall des § 61 Abs. 1 häusliche Pflege aus, soll der Träger der Sozialhilfe darauf hinwirken, dass die Pflege einschließlich der hauswirtschaftlichen Versorgung durch Personen, die dem Pflegebedürftigen nahe stehen, oder als Nachbarschaftshilfe übernommen wird. Das Nähere regeln die §§ 64 bis 66. In einer stationären oder teilstationären Einrichtung erhalten Pflegebedürftige keine Leistungen zur häuslichen Pflege. Satz 3 gilt nicht für vorübergehende Aufenthalte in einem Krankenhaus nach § 108 des Fünften Buches, soweit Pflegebedürftige nach § 66 Absatz 4 Satz 2 ihre Pflege durch von ihnen beschäftigte besondere Pflegekräfte sicherstellen. Die vorrangigen Leistungen des Pflegegeldes für selbst beschaffte Pflegehilfen nach den §§ 37 und 38 des Elften Buches sind anzurechnen. § 39 des Fünften Buches bleibt unberührt.

§ 64 Pflegegeld

(1) Pflegebedürftige, die bei der Körperpflege, der Ernährung oder der Mobilität für wenigstens zwei Verrichtungen aus einem oder mehreren Bereichen mindestens einmal täglich der Hilfe bedürfen und zusätzlich mehrfach in der Woche Hilfe bei der hauswirtschaftlichen Versorgung benötigen (erheblich Pflegebedürftige), erhalten ein Pflegegeld in Höhe des Betrages nach § 37 Abs. 1 Satz 3 Nr. 1 des Elften Buches.

(2) Pflegebedürftige, die bei der Körperpflege, der Ernährung oder der Mobilität für mehrere Verrichtungen mindestens dreimal täglich zu verschiedenen Tageszeiten der Hilfe bedürfen und zusätzlich mehrfach in der Woche Hilfe bei der hauswirtschaftlichen Versorgung benötigen (Schwerpflegebedürftige), erhalten ein Pflegegeld in Höhe des Betrages nach § 37 Abs. 1 Satz 3 Nr. 2 des Elften Buches.

(3) Pflegebedürftige, die bei der Körperpflege, der Ernährung oder der Mobilität für mehrere Verrichtungen täglich rund um die Uhr, auch nachts, der Hilfe bedürfen und zusätzlich mehrfach in der Woche Hilfe bei der hauswirtschaftlichen Versorgung benötigen (Schwerstpflegebedürftige), erhalten ein Pflegegeld in Höhe des Betrages nach § 37 Abs. 1 Satz 3 Nr. 3 des Elften Buches.

(4) Bei pflegebedürftigen Kindern ist der infolge Krankheit oder Behinderung gegenüber einem gesunden gleichaltrigen Kind zusätzliche Pflegebedarf maßgebend.

(5) Der Anspruch auf das Pflegegeld setzt voraus, dass der Pflegebedürftige und die Sorgeberechtigten bei pflegebedürftigen Kindern mit dem Pflegegeld dessen Umfang entsprechend die erforderliche Pflege in geeigneter Weise selbst sicherstellen. Besteht der Anspruch nicht für den vollen Kalendermonat, ist der Geldbetrag entsprechend zu kürzen. Bei der Kürzung ist der Kalendermonat mit 30 Tagen anzusetzen. Das Pflegegeld wird bis zum Ende des Kalendermonats geleistet, in dem der Pflegebedürftige gestorben ist. Stellt die Pflegekasse ihre Leistungen nach § 37 Abs. 6 des Elften Buches ganz oder teilweise ein, entfällt die Leistungspflicht nach den Absätzen 1 bis 4.

§ 65 Andere Leistungen

(1) Pflegebedürftigen im Sinne des § 61 Abs. 1 sind die angemessenen Aufwendungen der Pflegeperson zu erstatten; auch können angemessene Beihilfen geleistet sowie Beiträge der Pflegeperson für eine angemessene Alterssicherung übernommen werden, wenn diese nicht anderweitig sichergestellt ist. Ist neben oder anstelle der Pflege nach § 63 Satz 1 die Heranziehung einer besonderen Pflegekraft erforderlich oder eine Beratung oder zeitweilige Entlastung der Pflegeperson geboten, sind die angemessenen Kosten zu übernehmen.

(2) Pflegebedürftigen, die Pflegegeld nach § 64 erhalten, sind zusätzlich die Aufwendungen für die Beiträge einer Pflegeperson oder einer besonderen Pflegekraft für eine angemessene Alterssicherung zu erstatten, wenn diese nicht anderweitig sichergestellt ist.

§ 66 Leistungskonkurrenz

(1) Leistungen nach § 64 und § 65 Abs. 2 werden nicht erbracht, soweit Pflegebedürftige gleichartige Leistungen nach anderen Rechtsvorschriften erhalten. Auf das Pflegegeld sind Leistungen nach § 72 oder gleichartige Leistungen nach anderen Rechts-

vorschriften mit 70 vom Hundert, Pflegegelder nach dem Elften Buch jedoch in dem Umfang, in dem sie geleistet werden, anzurechnen.

(2) Die Leistungen nach § 65 werden neben den Leistungen nach § 64 erbracht. Werden Leistungen nach § 65 Abs. 1 oder gleichartige Leistungen nach anderen Rechtsvorschriften erbracht, kann das Pflegegeld um bis zu zwei Drittel gekürzt werden.

(3) Bei teilstationärer Betreuung von Pflegebedürftigen oder einer vergleichbaren nicht nach diesem Buch durchgeführten Maßnahme kann das Pflegegeld nach § 64 angemessen gekürzt werden.

(4) Leistungen nach § 65 Abs. 1 werden insoweit nicht erbracht, als Pflegebedürftige in der Lage sind, zweckentsprechende Leistungen nach anderen Rechtsvorschriften in Anspruch zu nehmen. Stellen die Pflegebedürftigen ihre Pflege durch von ihnen beschäftigte besondere Pflegekräfte sicher, können sie nicht auf die Inanspruchnahme von Sachleistungen nach dem Elften Buch verwiesen werden. In diesen Fällen ist ein nach dem Elften Buch geleistetes Pflegegeld vorrangig auf die Leistung nach § 65 Abs. 1 anzurechnen.

Achtes Kapitel
Hilfe zur Überwindung besonderer sozialer Schwierigkeiten

§ 67 Leistungsberechtigte

Personen, bei denen besondere Lebensverhältnisse mit sozialen Schwierigkeiten verbunden sind, sind Leistungen zur Überwindung dieser Schwierigkeiten zu erbringen, wenn sie aus eigener Kraft hierzu nicht fähig sind. Soweit der Bedarf durch Leistungen nach anderen Vorschriften dieses Buches oder des Achten Buches gedeckt wird, gehen diese der Leistung nach Satz 1 vor.

§ 68 Umfang der Leistungen

(1) Die Leistungen umfassen alle Maßnahmen, die notwendig sind, um die Schwierigkeiten abzuwenden, zu beseitigen, zu mildern oder ihre Verschlimmerung zu verhüten, insbesondere Beratung und persönliche Betreuung für die Leistungsberechtigten und ihre Angehörigen, Hilfen zur Ausbildung, Erlangung und Sicherung eines Arbeitsplatzes sowie Maßnahmen bei der Erhaltung und Beschaffung einer Wohnung. Zur Durchführung der erforderlichen Maßnahmen ist in geeigneten Fällen ein Gesamtplan zu erstellen.

(2) Die Leistung wird ohne Rücksicht auf Einkommen und Vermögen erbracht, soweit im Einzelfall Dienstleistungen erforderlich sind. Einkommen und Vermögen der in § 19 Abs. 3 genannten Personen ist nicht zu berücksichtigen und von der Inanspruchnahme nach bürgerlichem Recht Unterhaltspflichtiger abzusehen, soweit dies den Erfolg der Hilfe gefährden würde.

(3) Die Träger der Sozialhilfe sollen mit den Vereinigungen, die sich die gleichen Aufgaben zum Ziel gesetzt haben, und mit den sonst beteiligten Stellen zusammen-

arbeiten und darauf hinwirken, dass sich die Sozialhilfe und die Tätigkeit dieser Vereinigungen und Stellen wirksam ergänzen.

§ 69 Verordnungsermächtigung

Das Bundesministerium für Arbeit und Soziales kann durch Rechtsverordnung mit Zustimmung des Bundesrates Bestimmungen über die Abgrenzung des Personenkreises nach § 67 sowie über Art und Umfang der Maßnahmen nach § 68 Abs. 1 erlassen.

Neuntes Kapitel
Hilfe in anderen Lebenslagen

§ 70 Hilfe zur Weiterführung des Haushalts

(1) Personen mit eigenem Haushalt sollen Leistungen zur Weiterführung des Haushalts erhalten, wenn keiner der Haushaltsangehörigen den Haushalt führen kann und die Weiterführung des Haushalts geboten ist. Die Leistungen sollen in der Regel nur vorübergehend erbracht werden. Satz 2 gilt nicht, wenn durch die Leistungen die Unterbringung in einer stationären Einrichtung vermieden oder aufgeschoben werden kann.

(2) Die Leistungen umfassen die persönliche Betreuung von Haushaltsangehörigen sowie die sonstige zur Weiterführung des Haushalts erforderliche Tätigkeit.

(3) § 65 Abs. 1 findet entsprechende Anwendung.

(4) Die Leistungen können auch durch Übernahme der angemessenen Kosten für eine vorübergehende anderweitige Unterbringung von Haushaltsangehörigen erbracht werden, wenn diese Unterbringung in besonderen Fällen neben oder statt der Weiterführung des Haushalts geboten ist.

§ 71 Altenhilfe

(1) Alten Menschen soll außer den Leistungen nach den übrigen Bestimmungen dieses Buches Altenhilfe gewährt werden. Die Altenhilfe soll dazu beitragen, Schwierigkeiten, die durch das Alter entstehen, zu verhüten, zu überwinden oder zu mildern und alten Menschen die Möglichkeit zu erhalten, am Leben in der Gemeinschaft teilzunehmen.

(2) Als Leistungen der Altenhilfe kommen insbesondere in Betracht:

1. Leistungen zu einer Betätigung und zum gesellschaftlichen Engagement, wenn sie vom alten Menschen gewünscht wird,
2. Leistungen bei der Beschaffung und zur Erhaltung einer Wohnung, die den Bedürfnissen des alten Menschen entspricht,
3. Beratung und Unterstützung in allen Fragen der Aufnahme in eine Einrichtung, die der Betreuung alter Menschen dient, insbesondere bei der Beschaffung eines geeigneten Heimplatzes,
4. Beratung und Unterstützung in allen Fragen der Inanspruchnahme altersgerechter Dienste,
5. Leistungen zum Besuch von Veranstaltungen oder Einrichtungen, die der Gesellig-

keit, der Unterhaltung, der Bildung oder den kulturellen Bedürfnissen alter Menschen dienen,

6. Leistungen, die alten Menschen die Verbindung mit nahe stehenden Personen ermöglichen.

(3) Leistungen nach Absatz 1 sollen auch erbracht werden, wenn sie der Vorbereitung auf das Alter dienen.

(4) Altenhilfe soll ohne Rücksicht auf vorhandenes Einkommen oder Vermögen geleistet werden, soweit im Einzelfall Beratung und Unterstützung erforderlich sind.

§ 72 Blindenhilfe

(1) Blinden Menschen wird zum Ausgleich der durch die Blindheit bedingten Mehraufwendungen Blindenhilfe gewährt, soweit sie keine gleichartigen Leistungen nach anderen Rechtsvorschriften erhalten. Auf die Blindenhilfe sind Leistungen bei häuslicher Pflege nach dem Elften Buch, auch soweit es sich um Sachleistungen handelt, mit 70 vom Hundert des Pflegegeldes der Pflegestufe I und bei Pflegebedürftigen der Pflegestufen II und III mit 50 vom Hundert des Pflegegeldes der Pflegestufe II, höchstens jedoch mit 50 vom Hundert des Betrages nach Absatz 2, anzurechnen. Satz 2 gilt sinngemäß für Leistungen nach dem Elften Buch aus einer privaten Pflegeversicherung und nach beamtenrechtlichen Vorschriften. § 39 a ist entsprechend anzuwenden.

(2) Die Blindenhilfe beträgt bis 30. Juni 2004 für blinde Menschen nach Vollendung des 18. Lebensjahres 585 Euro monatlich, für blinde Menschen, die das 18. Lebensjahr noch nicht vollendet haben, beträgt sie 293 Euro monatlich. Sie verändert sich jeweils zu dem Zeitpunkt und in dem Umfang, wie sich der aktuelle Rentenwert in der gesetzlichen Rentenversicherung verändert.

(3) Lebt der blinde Mensch in einer stationären Einrichtung und werden die Kosten des Aufenthalts ganz oder teilweise aus Mitteln öffentlich-rechtlicher Leistungsträger getragen, so verringert sich die Blindenhilfe nach Absatz 2 um die aus diesen Mitteln getragenen Kosten, höchstens jedoch um 50 vom Hundert der Beträge nach Absatz 2. Satz 1 gilt vom ersten Tage des zweiten Monats an, der auf den Eintritt in die Einrichtung folgt, für jeden vollen Kalendermonat des Aufenthalts in der Einrichtung. Für jeden vollen Tag vorübergehender Abwesenheit von der Einrichtung wird die Blindenhilfe in Höhe von je einem Dreißigstel des Betrages nach Absatz 2 gewährt, wenn die vorübergehende Abwesenheit länger als sechs volle zusammenhängende Tage dauert; der Betrag nach Satz 1 wird im gleichen Verhältnis gekürzt.

(4) Neben der Blindenhilfe wird Hilfe zur Pflege wegen Blindheit (§§ 61 und 63) außerhalb von stationären Einrichtungen sowie ein Barbetrag (§ 27 b Absatz 2) nicht gewährt. Neben Absatz 1 ist § 30 Abs. 1 Nr. 2 nur anzuwenden, wenn der blinde Mensch nicht allein wegen Blindheit voll erwerbsgemindert ist. Die Sätze 1 und 2 gelten entsprechend für blinde Menschen, die nicht Blindenhilfe, sondern gleichartige Leistungen nach anderen Rechtsvorschriften erhalten.

(5) Blinden Menschen stehen Personen gleich, deren beidäugige Gesamtsehschärfe nicht mehr als ein Fünfzigstel beträgt oder bei denen dem Schweregrad dieser Sehschärfe gleichzuachtende, nicht nur vorübergehende Störungen des Sehvermögens vorliegen.

§ 73 Hilfe in sonstigen Lebenslagen

Leistungen können auch in sonstigen Lebenslagen erbracht werden, wenn sie den Einsatz öffentlicher Mittel rechtfertigen. Geldleistungen können als Beihilfe oder als Darlehen erbracht werden.

§ 74 Bestattungskosten

Die erforderlichen Kosten einer Bestattung werden übernommen, soweit den hierzu Verpflichteten nicht zugemutet werden kann, die Kosten zu tragen.

Elftes Kapitel
Einsatz des Einkommens und des Vermögens

Erster Abschnitt
Einkommen

§ 82 Begriff des Einkommens

(1) Zum Einkommen gehören alle Einkünfte in Geld oder Geldeswert mit Ausnahme der Leistungen nach diesem Buch, der Grundrente nach dem Bundesversorgungsgesetz und nach den Gesetzen, die eine entsprechende Anwendung des Bundesversorgungsgesetzes vorsehen und der Renten oder Beihilfen nach dem Bundesentschädigungsgesetz für Schaden an Leben sowie an Körper oder Gesundheit, bis zur Höhe der vergleichbaren Grundrente nach dem Bundesversorgungsgesetz. Einkünfte aus Rückerstattungen, die auf Vorauszahlungen beruhen, die Leistungsberechtigte aus dem Regelsatz erbracht haben, sind kein Einkommen. Bei Minderjährigen ist das Kindergeld dem jeweiligen Kind als Einkommen zuzurechnen, soweit es bei diesem zur Deckung des notwendigen Lebensunterhaltes, mit Ausnahme der Bedarfe nach § 34 benötigt wird.

(2) Von dem Einkommen sind abzusetzen

1. auf das Einkommen entrichtete Steuern,
2. Pflichtbeiträge zur Sozialversicherung einschließlich der Beiträge zur Arbeitsförderung,
3. Beiträge zu öffentlichen oder privaten Versicherungen oder ähnlichen Einrichtungen, soweit diese Beiträge gesetzlich vorgeschrieben oder nach Grund und Höhe angemessen sind, sowie geförderte Altersvorsorgebeiträge nach § 82 des Einkommensteuergesetzes, soweit sie den Mindesteigenbeitrag nach § 86 des Einkommensteuergesetzes nicht überschreiten,
4. die mit der Erzielung des Einkommens verbundenen notwendigen Ausgaben,
5. das Arbeitsförderungsgeld und Erhöhungsbeträge des Arbeitsentgelts im Sinne von § 43 Satz 4 des Neunten Buches.

(3) Bei der Hilfe zum Lebensunterhalt und Grundsicherung im Alter und bei Erwerbsminderung ist ferner ein Betrag in Höhe von 30 vom Hundert des Einkommens aus selbständiger und nichtselbständiger Tätigkeit der Leistungsberechtigten

abzusetzen, höchstens jedoch 50 vom Hundert der Regelbedarfsstufe 1 nach der Anlage zu § 28. Abweichend von Satz 1 ist bei einer Beschäftigung in einer Werkstatt für behinderte Menschen von dem Entgelt ein Achtel der Regelbedarfsstufe 1 nach der Anlage zu § 28 zuzüglich 25 vom Hundert des diesen Betrag übersteigenden Entgelts abzusetzen. Im Übrigen kann in begründeten Fällen ein anderer als in Satz 1 festgelegter Betrag vom Einkommen abgesetzt werden. Erhält eine leistungsberechtigte Person mindestens aus einer Tätigkeit Bezüge oder Einnahmen, die nach § 3 Nummer 12, 26, 26a oder 26b des Einkommensteuergesetzes steuerfrei sind, ist abweichend von den Sätzen 1 und 2 ein Betrag von bis zu 175 Euro monatlich nicht als Einkommen zu berücksichtigen.

(4) (weggefallen)

§ 83 Nach Zweck und Inhalt bestimmte Leistungen

(1) Leistungen, die auf Grund öffentlich-rechtlicher Vorschriften zu einem ausdrücklich genannten Zweck erbracht werden, sind nur so weit als Einkommen zu berücksichtigen, als die Sozialhilfe im Einzelfall demselben Zweck dient.

(2) Eine Entschädigung, die wegen eines Schadens, der nicht Vermögensschaden ist, nach § 253 Abs. 2 des Bürgerlichen Gesetzbuches geleistet wird, ist nicht als Einkommen zu berücksichtigen.

§ 84 Zuwendungen

(1) Zuwendungen der freien Wohlfahrtspflege bleiben als Einkommen außer Betracht. Dies gilt nicht, soweit die Zuwendung die Lage der Leistungsberechtigten so günstig beeinflusst, dass daneben Sozialhilfe ungerechtfertigt wäre.

(2) Zuwendungen, die ein anderer erbringt, ohne hierzu eine rechtliche oder sittliche Pflicht zu haben, sollen als Einkommen außer Betracht bleiben, soweit ihre Berücksichtigung für die Leistungsberechtigten eine besondere Härte bedeuten würde.

Zweiter Abschnitt
Einkommensgrenzen für die Leistungen nach dem Fünften bis Neunten Kapitel

§ 85 Einkommensgrenze

(1) Bei der Hilfe nach dem Fünften bis Neunten Kapitel ist der nachfragenden Person und ihrem nicht getrennt lebenden Ehegatten oder Lebenspartner die Aufbringung der Mittel nicht zuzumuten, wenn während der Dauer des Bedarfs ihr monatliches Einkommen zusammen eine Einkommensgrenze nicht übersteigt, die sich ergibt aus

1. einem Grundbetrag in Höhe des Zweifachen der Regelbedarfsstufe 1 nach der Anlage zu § 28,
2. den Kosten der Unterkunft, soweit die Aufwendungen hierfür den der Besonderheit des Einzelfalles angemessenen Umfang nicht übersteigen und

3. einem Familienzuschlag in Höhe des auf volle Euro aufgerundeten Betrages von 70 vom Hundert der Regelbedarfsstufe 1 nach der Anlage zu § 28 für den nicht getrennt lebenden Ehegatten oder Lebenspartner und für jede Person, die von der nachfragenden Person, ihrem nicht getrennt lebenden Ehegatten oder Lebenspartner überwiegend unterhalten worden ist oder für die sie nach der Entscheidung über die Erbringung der Sozialhilfe unterhaltspflichtig werden.

(2) Ist die nachfragende Person minderjährig und unverheiratet, so ist ihr und ihren Eltern die Aufbringung der Mittel nicht zuzumuten, wenn während der Dauer des Bedarfs das monatliche Einkommen der nachfragenden Person und ihrer Eltern zusammen eine Einkommensgrenze nicht übersteigt, die sich ergibt aus

1. einem Grundbetrag in Höhe des Zweifachen der Regelbedarfsstufe 1 nach der Anlage zu § 28,
2. den Kosten der Unterkunft, soweit die Aufwendungen hierfür den der Besonderheit des Einzelfalles angemessenen Umfang nicht übersteigen und
3. einem Familienzuschlag in Höhe des auf volle Euro aufgerundeten Betrages von 70 vom Hundert der Regelbedarfsstufe 1 nach der Anlage zu § 28 für einen Elternteil, wenn die Eltern zusammenleben, sowie für die nachfragende Person und für jede Person, die von den Eltern oder der nachfragenden Person überwiegend unterhalten worden ist oder für die sie nach der Entscheidung über die Erbringung der Sozialhilfe unterhaltspflichtig werden.

Leben die Eltern nicht zusammen, richtet sich die Einkommensgrenze nach dem Elternteil, bei dem die nachfragende Person lebt. Lebt sie bei keinem Elternteil, bestimmt sich die Einkommensgrenze nach Absatz 1.

(3) Die maßgebende Regelbedarfsstufe 1 nach der Anlage zu § 28 bestimmt sich nach dem Ort, an dem der Leistungsberechtigte die Leistung erhält. Bei der Leistung in einer Einrichtung sowie bei Unterbringung in einer anderen Familie oder bei den in § 107 genannten anderen Personen bestimmt er sich nach dem gewöhnlichen Aufenthalt des Leistungsberechtigten oder, wenn im Falle des Absatzes 2 auch das Einkommen seiner Eltern oder eines Elternteils maßgebend ist, nach deren gewöhnlichem Aufenthalt. Ist ein gewöhnlicher Aufenthalt im Inland nicht vorhanden oder nicht zu ermitteln, ist Satz 1 anzuwenden.

Dritter Abschnitt
Vermögen

§ 90 Einzusetzendes Vermögen

(1) Einzusetzen ist das gesamte verwertbare Vermögen.

(2) Die Sozialhilfe darf nicht abhängig gemacht werden vom Einsatz oder von der Verwertung

1. eines Vermögens, das aus öffentlichen Mitteln zum Aufbau oder zur Sicherung einer Lebensgrundlage oder zur Gründung eines Hausstandes erbracht wird,

2. eines Kapitals einschließlich seiner Erträge, das der zusätzlichen Altersvorsorge im Sinne des § 10 a oder des Abschnitts XI des Einkommensteuergesetzes dient und dessen Ansammlung staatlich gefördert wurde,
3. eines sonstigen Vermögens, solange es nachweislich zur baldigen Beschaffung oder Erhaltung eines Hausgrundstücks im Sinne der Nummer 8 bestimmt ist, soweit dieses Wohnzwecken behinderter (§ 53 Abs. 1 Satz 1 und § 72) oder pflegebedürftiger Menschen (§ 61) dient oder dienen soll und dieser Zweck durch den Einsatz oder die Verwertung des Vermögens gefährdet würde,
4. eines angemessenen Hausrats; dabei sind die bisherigen Lebensverhältnisse der nachfragenden Person zu berücksichtigen,
5. von Gegenständen, die zur Aufnahme oder Fortsetzung der Berufsausbildung oder der Erwerbstätigkeit unentbehrlich sind,
6. von Familien- und Erbstücken, deren Veräußerung für die nachfragende Person oder ihre Familie eine besondere Härte bedeuten würde,
7. von Gegenständen, die zur Befriedigung geistiger, insbesondere wissenschaftlicher oder künstlerischer Bedürfnisse dienen und deren Besitz nicht Luxus ist,
8. eines angemessenen Hausgrundstücks, das von der nachfragenden Person oder einer anderen in den § 19 Abs. 1 bis 3 genannten Person allein oder zusammen mit Angehörigen ganz oder teilweise bewohnt wird und nach ihrem Tod von ihren Angehörigen bewohnt werden soll. Die Angemessenheit bestimmt sich nach der Zahl der Bewohner, dem Wohnbedarf (zum Beispiel behinderter, blinder oder pflegebedürftiger Menschen), der Grundstücksgröße, der Hausgröße, dem Zuschnitt und der Ausstattung des Wohngebäudes sowie dem Wert des Grundstücks einschließlich des Wohngebäudes,
9. kleinerer Barbeträge oder sonstiger Geldwerte; dabei ist eine besondere Notlage der nachfragenden Person zu berücksichtigen.

(3) Die Sozialhilfe darf ferner nicht vom Einsatz oder von der Verwertung eines Vermögens abhängig gemacht werden, soweit dies für den, der das Vermögen einzusetzen hat, und für seine unterhaltsberechtigten Angehörigen eine Härte bedeuten würde. Dies ist bei der Leistung nach dem Fünften bis Neunten Kapitel insbesondere der Fall, soweit eine angemessene Lebensführung oder die Aufrechterhaltung einer angemessenen Alterssicherung wesentlich erschwert würde.

Fünfter Abschnitt
Verpflichtungen anderer

§ 94 Übergang von Ansprüchen gegen einen nach bürgerlichem Recht Unterhaltspflichtigen

(1) Hat die leistungsberechtigte Person für die Zeit, für die Leistungen erbracht werden, nach bürgerlichem Recht einen Unterhaltsanspruch, geht dieser bis zur Höhe der geleisteten Aufwendungen zusammen mit dem unterhaltsrechtlichen Auskunfts-

anspruch auf den Träger der Sozialhilfe über. Der Übergang des Anspruchs ist ausgeschlossen, soweit der Unterhaltsanspruch durch laufende Zahlung erfüllt wird. Der Übergang des Anspruchs ist auch ausgeschlossen, wenn die unterhaltspflichtige Person zum Personenkreis des § 19 gehört oder die unterhaltspflichtige Person mit der leistungsberechtigten Person vom zweiten Grad an verwandt ist; der Übergang des Anspruchs des Leistungsberechtigten nach dem Vierten Kapitel gegenüber Eltern und Kindern ist ausgeschlossen. Gleiches gilt für Unterhaltsansprüche gegen Verwandte ersten Grades einer Person, die schwanger ist oder ihr leibliches Kind bis zur Vollendung seines sechsten Lebensjahres betreut. § 93 Abs. 4 gilt entsprechend. Für Leistungsempfänger nach dem Dritten und Vierten Kapitel gilt für den Übergang des Anspruchs § 105 Abs. 2 entsprechend.

(2) Der Anspruch einer volljährigen unterhaltsberechtigten Person, die behindert im Sinne von § 53 oder pflegebedürftig im Sinne von § 61 ist, gegenüber ihren Eltern wegen Leistungen nach dem Sechsten und Siebten Kapitel geht nur in Höhe von bis zu 26 Euro, wegen Leistungen nach dem Dritten Kapitel nur in Höhe von bis zu 20 Euro monatlich über. Es wird vermutet, dass der Anspruch in Höhe der genannten Beträge übergeht und mehrere Unterhaltspflichtige zu gleichen Teilen haften; die Vermutung kann widerlegt werden. Die in Satz 1 genannten Beträge verändern sich zum gleichen Zeitpunkt und um denselben Vomhundertsatz, um den sich das Kindergeld verändert.

(3) Ansprüche nach Absatz 1 und 2 gehen nicht über, soweit

1. die unterhaltspflichtige Person Leistungsberechtigte nach dem Dritten und Vierten Kapitel ist oder bei Erfüllung des Anspruchs würde oder
2. der Übergang des Anspruchs eine unbillige Härte bedeuten würde.

Der Träger der Sozialhilfe hat die Einschränkung des Übergangs nach Satz 1 zu berücksichtigen, wenn er von ihren Voraussetzungen durch vorgelegte Nachweise oder auf andere Weise Kenntnis hat.

(4) Für die Vergangenheit kann der Träger der Sozialhilfe den übergegangenen Unterhalt außer unter den Voraussetzungen des bürgerlichen Rechts nur von der Zeit an fordern, zu welcher er dem Unterhaltspflichtigen die Erbringung der Leistung schriftlich mitgeteilt hat. Wenn die Leistung voraussichtlich auf längere Zeit erbracht werden muss, kann der Träger der Sozialhilfe bis zur Höhe der bisherigen monatlichen Aufwendungen auch auf künftige Leistungen klagen.

(5) Der Träger der Sozialhilfe kann den auf ihn übergegangenen Unterhaltsanspruch im Einvernehmen mit der leistungsberechtigten Person auf diesen zur gerichtlichen Geltendmachung rückübertragen und sich den geltend gemachten Unterhaltsanspruch abtreten lassen. Kosten, mit denen die leistungsberechtigte Person dadurch selbst belastet wird, sind zu übernehmen. Über die Ansprüche nach den Absätzen 1 bis 4 ist im Zivilrechtsweg zu entscheiden.

Zwölftes Kapitel
Zuständigkeit der Träger der Sozialhilfe

Erster Abschnitt
Sachliche und örtliche Zuständigkeit

§ 97 Sachliche Zuständigkeit

(1) Für die Sozialhilfe sachlich zuständig ist der örtliche Träger der Sozialhilfe, soweit nicht der überörtliche Träger sachlich zuständig ist.

(2) Die sachliche Zuständigkeit des überörtlichen Trägers der Sozialhilfe wird nach Landesrecht bestimmt. Dabei soll berücksichtigt werden, dass so weit wie möglich für Leistungen im Sinne von § 8 Nr. 1 bis 6 jeweils eine einheitliche sachliche Zuständigkeit gegeben ist.

(3) Soweit Landesrecht keine Bestimmung nach Absatz 2 Satz 1 enthält, ist der überörtliche Träger der Sozialhilfe für

1. Leistungen der Eingliederungshilfe für behinderte Menschen nach den §§ 53 bis 60,
2. Leistungen der Hilfe zur Pflege nach den §§ 61 bis 66,
3. Leistungen der Hilfe zur Überwindung besonderer sozialer Schwierigkeiten nach den §§ 67 bis 69,
4. Leistungen der Blindenhilfe nach § 72

sachlich zuständig.

(4) Die sachliche Zuständigkeit für eine stationäre Leistung umfasst auch die sachliche Zuständigkeit für Leistungen, die gleichzeitig nach anderen Kapiteln zu erbringen sind, sowie für eine Leistung nach § 74.

(5) Die überörtlichen Träger sollen, insbesondere bei verbreiteten Krankheiten, zur Weiterentwicklung von Leistungen der Sozialhilfe beitragen. Hierfür können sie die erforderlichen Einrichtungen schaffen oder fördern.

§ 98 Örtliche Zuständigkeit

(1) Für die Sozialhilfe örtlich zuständig ist der Träger der Sozialhilfe, in dessen Bereich sich die Leistungsberechtigten tatsächlich aufhalten. Für Leistungen der Grundsicherung im Alter und bei Erwerbsminderung ist der Träger der Sozialhilfe örtlich zuständig, in dessen Bereich der gewöhnliche Aufenthaltsort des Leistungsberechtigten liegt. Diese Zuständigkeit bleibt bis zur Beendigung der Leistung auch dann bestehen, wenn die Leistung außerhalb seines Bereichs erbracht wird.

(2) Für die stationäre Leistung ist der Träger der Sozialhilfe örtlich zuständig, in dessen Bereich die Leistungsberechtigten ihren gewöhnlichen Aufenthalt im Zeitpunkt der Aufnahme in die Einrichtung haben oder in den zwei Monaten vor der Aufnahme zuletzt gehabt hatten. Waren bei Einsetzen der Sozialhilfe die Leistungsberechtigten aus einer Einrichtung im Sinne des Satzes 1 in eine andere Einrichtung oder von dort in weitere Einrichtungen übergetreten oder tritt nach dem Einsetzen der Leistung ein solcher Fall ein, ist der gewöhnliche Aufenthalt, der für die erste Einrichtung maßgebend war, entscheidend. Steht innerhalb von vier Wochen nicht fest, ob und

wo der gewöhnliche Aufenthalt nach Satz 1 oder 2 begründet worden ist oder ist ein gewöhnlicher Aufenthaltsort nicht vorhanden oder nicht zu ermitteln oder liegt ein Eilfall vor, hat der nach Absatz 1 zuständige Träger der Sozialhilfe über die Leistung unverzüglich zu entscheiden und sie vorläufig zu erbringen. Wird ein Kind in einer Einrichtung im Sinne des Satzes 1 geboren, tritt an die Stelle seines gewöhnlichen Aufenthalts der gewöhnliche Aufenthalt der Mutter.

(3) In den Fällen des § 74 ist der Träger der Sozialhilfe örtlich zuständig, der bis zum Tod der leistungsberechtigten Person Sozialhilfe leistete, in den anderen Fällen der Träger der Sozialhilfe, in dessen Bereich der Sterbeort liegt.

(4) Für Hilfen an Personen, die sich in Einrichtungen zum Vollzug richterlich angeordneter Freiheitsentziehung aufhalten oder aufgehalten haben, gelten die Absätze 1 und 2 sowie die §§ 106 und 109 entsprechend.

(5) Für die Leistungen nach diesem Buch an Personen, die Leistungen nach dem Sechsten bis Achten Kapitel in Formen ambulanter betreuter Wohnmöglichkeiten erhalten, ist der Träger der Sozialhilfe örtlich zuständig, der vor Eintritt in diese Wohnform zuletzt zuständig war oder gewesen wäre. Vor Inkrafttreten dieses Buches begründete Zuständigkeiten bleiben hiervon unberührt.

§ 99 Vorbehalt abweichender Durchführung

(1) Die Länder können bestimmen, dass und inwieweit die Kreise ihnen zugehörige Gemeinden oder Gemeindeverbände zur Durchführung von Aufgaben nach diesem Buch heranziehen und ihnen dabei Weisungen erteilen können; in diesen Fällen erlassen die Kreise den Widerspruchsbescheid nach dem Sozialgerichtsgesetz.

(2) Die Länder können bestimmen, dass und inwieweit die überörtlichen Träger der Sozialhilfe örtliche Träger der Sozialhilfe sowie diesen zugehörige Gemeinden und Gemeindeverbände zur Durchführung von Aufgaben nach diesem Buch heranziehen und ihnen dabei Weisungen erteilen können; in diesen Fällen erlassen die überörtlichen Träger den Widerspruchsbescheid nach dem Sozialgerichtsgesetz, soweit nicht nach Landesrecht etwas anderes bestimmt wird.

Inhaltsübersicht Rn.

1. Zweck der Sozialhilfe

Aus § 9 SGB I ergibt sich, dass Sozialhilfe für denjenigen gedacht ist, der nicht in der Lage ist, aus eigenen Kräften seinen Lebensunterhalt zu bestreiten oder in einer besonderen 1

Lebenssituation sich selbst zu helfen, und dem auch nicht von anderer Seite ausreichende Hilfe zukommt. Ihm soll durch persönliche und wirtschaftliche Hilfe die Führung eines menschenwürdigen Lebens und die Teilnahme am Leben in der Gemeinschaft ermöglicht werden – die Leistung soll ihn außerdem befähigen, unabhängig von der Sozialhilfe zu leben, § 9 SGB I i. V. m. § 1. Zur Verwirklichung dieser Zielsetzung trifft den Bedürftigen eine **sozialrechtliche Mitwirkungspflicht**.

2 Die im SGB XII im Einzelnen geregelte Sozialhilfe ist gemäß § 2 eine nachrangige Leistung mit ergänzender Funktion, denn sie stellt das **letzte Auffangnetz des sozialen Sicherungssystems** dar.[3] Es kommt weder auf die Gründe für die Hilfebedürftigkeit an noch auf ein eigenes Verschulden der Betroffenen. Vielmehr handelt es sich um eine **finale Sozialleistung**, die immer dann eingreift, wenn die übrigen Sozialleistungssysteme, insbesondere Leistungen des SGB III bei Arbeitslosigkeit oder des SGB II für erwerbsfähige Hilfebedürftige, mangels Regelung ausscheiden.[4] Auf die Sozialhilfe besteht nach § 17 ein **Anspruch**, den das Bundesverwaltungsgericht bereits 1954[5] anerkannt hat. Gemäß § 17 Abs. 2 entscheidet der Sozialhilfeträger in pflichtgemäßem Ermessen lediglich über die Art und das Maß der Leistungserbringung, nicht dagegen über das »Ob«. Für die Gewährung von Sozialhilfe reicht die bloße Kenntnis des Sozialhilfeträgers von der Notlage des Bedürftigen aus – sie ist schon von Amts wegen zu leisten, auch wenn in den meisten Fällen erst ein Antrag des Betroffenen die Kenntnis der Behörde bewirkt.[6]

3 Mit der Bezugnahme auf die Menschenwürde in § 9 SGB I und § 1 knüpft die Sozialhilfe an die grundrechtliche Garantie des Art. 1 GG an, die durch Art. 20 und 28 GG zu einer Gewährleistung des sozialen Rechtsstaats wird.[7] Es geht um die **Sicherstellung eines menschenwürdigen Existenzminimums,**[8] von dem auch die Teilnahme am Leben in der Gemeinschaft erfasst ist, z. B. für Kinder die Teilnahme an einer Klassenfahrt[9] und ein erhöhter Bedarf im Zusammenhang mit Weihnachten.[10] Die Sozialhilfe bezweckt weiter eine »Hilfe zur Selbsthilfe«.[11] Sie soll den Bedürftigen befähigen, seine Autonomie[12] über seine persönliche und wirtschaftliche Lebensführung ohne die Inanspruchnahme von Sozialhilfe wiederzuerlangen. Außerdem hat der Bedürftige eine **Mitwirkungspflicht**, die aus dem Prinzip der »Hilfe zur Selbsthilfe« resultiert und ihn verpflichtet, alles ihm Mögliche zu tun, um von der Sozialhilfeleistung unabhängig zu werden.[13] Die in den §§ 60 bis 64 SGB I verankerten sozialrechtlichen Mitwirkungspflichten beanspruchen neben der Mitwirkungspflicht aus § 1 Satz 2 Geltung,[14] denn sie verpflichten den Betrof-

---

3 Muckel, S. 389 Rn. 4.
4 Waltermann, S. 231 Rn. 455.
5 BVerwG – 24. 06. 1954 – V C 78/54.
6 Waltermann, S. 232 Rn. 456.
7 Armborst in Bieritz-Harder/Conradis/Thie (Hrsg.), § 1 Rn. 1.
8 BVerfG – 09. 02. 2010 – 1 BvL 1, 3, 4/09.
9 Vgl. BVerwG – 09. 02. 1995 – 5 C 2/93.
10 Vgl. BVerwG – 12. 04. 1984 – 5 C 95/80.
11 Muckel, S. 390 Rn. 7.
12 Armborst in Bieritz-Harder/Conradis/Thie (Hrsg.), § 1 Rn. 10.
13 Ebda., § 1 Rn. 13.
14 Ebda., § 1 Rn. 13.

fenen, u.a. gemäß § 61 SGB I persönlich beim Sozialleistungsträger zu erscheinen sowie sich ärztlichen oder psychologischen Untersuchungen zu unterziehen (vgl. § 62 SGB I).

Schließlich gebietet die Leistung von Sozialhilfe eine **Kooperation zwischen Sozialhilfeträger und Leistungsempfänger**, § 1 Satz 3. Diese Kooperation ist ebenfalls Ausdruck der Menschenwürde und dient der Einbeziehung des Bedürftigen in seine Belange, z.B. durch Leistungsabsprachen i.S.v. § 12 oder bei der Festlegung, welcher Art die Hilfeleistung sein soll etc.[15] 4

2. Entstehungsgeschichte und Anwendungsbereich

Die Sozialhilfe geht auf die Armenhilfe des Mittelalters zurück – sie ist der älteste Zweig des Sozialrechts.[16] Mit dem Preußischen Allgemeinen Landrecht aus dem Jahr 1794 trat erstmals eine staatliche Verpflichtung zur Unterstützung bedürftiger Menschen in Kraft,[17] die bereits einige der heute das Sozialhilferecht prägenden Grundsätze enthielt, nämlich die Sicherung des Lebensunterhalts, die Hilfe zur Arbeit sowie das Tätigwerden des Sozialhilfeträgers von Amts wegen.[18] 5

Die in der Weimarer Republik seit 1924 geltende Reichsfürsorgepflichtverordnung[19] und die Reichsgrundsätze über Voraussetzung, Art und Maß der öffentlichen Fürsorge[20] wurden durch das Inkrafttreten des BSHG am 01.06.1962[21] abgelöst. Mit dem Gesetz zur Einordnung des Sozialhilferechts in das SGB vom 27.12.2003[22] wurde das BSHG zum 01.01.2005 durch das SGB XII ersetzt. Bis zur Entscheidung des BVerfG vom 09.02.2010[23] wurde das SGB XII durch verschiedene Durchführungsverordnungen, so u.a. auch die Regelsatzverordnung zu § 28, ergänzt. Nachdem das BVerfG aber klargestellt hat, dass der Grundrechtsschutz des menschenwürdigen Existenzminimums nur durch Gesetz gewährleistet werden kann, ist der Gesetzgeber mit dem **Gesetz zur Ermittlung der Regelbedarfe nach § 28 (RBEG)** vom 24.03.2011[24] diesem Auftrag des BVerfG nachgekommen. Hinzu kommen jedoch noch weitere bundeseinheitlich geltende Durchführungsverordnungen, z.B. die **Eingliederungshilfe-Verordnung** zu § 60 vom 01.02.1975[25] und die **Verordnung zur Durchführung der Hilfe zur Überwindung besonderer sozialer Schwierigkeiten** vom 24.01.2001.[26] 6

Gegenüber dem BSHG hat das SGB XII zwar keine grundlegende Strukturreform 7

15 Vgl. auch ebda., § 1 Rn. 14.
16 Muckel, S. 386 Rn. 1.
17 Schulin, Einführung Sozialgesetzbuch, S. XII.
18 Muckel, S. 386 Rn. 1.
19 RGBl. I S. 100.
20 RGBl. I S. 765.
21 BGBl. I 1961 S. 815.
22 BGBl. I S. 3022, geändert durch Gesetz v. 09.12.2004, BGBl. I S. 3220 und durch Gesetz v. 09.12.2004, BGBl. I S. 3305.
23 BVerfG – 09.02.20101 – BvL 1, 3, 4/09.
24 BGBl. I S. 453.
25 BGBl. I S. 434 i.d.F. d. Änderung v. 27.12.2003, BGBl. I S. 3022, 3059.
26 BGBl. I S. 179 i.d.F. d. Änderung v. 27.12.2003, BGBl. I S. 3022, 3060.

erfahren, allerdings ist im 4. Kapitel die **Grundsicherung im Alter** und bei **Erwerbsminderung** aufgenommen worden.[27] Sie stellt inzwischen auch die Hauptleistung des SGB XII dar.[28] Eine weitere wichtige Änderung erfolgte durch die Herausnahme der erwerbsfähigen Hilfebedürftigen aus dem ehemaligen BSHG, die nunmehr durch das SGB II erfasst werden. Ausgenommen vom Anwendungsbereich des SGB XII sind außerdem die Leistungen an Asylbewerber, für die das **Asylbewerberleistungsgesetz (AsylbLG)** einschlägig ist.

8 Grundsätzlich **nicht leistungsberechtigt** sind Auszubildende, die eine Förderung entweder nach dem BaföG oder aber nach den §§ 60 bis 62 SGB III beanspruchen können, § 22. Auch Deutsche, die sich im Ausland aufhalten, erhalten in der Regel keine Sozialhilfe, es sei denn, einer der abschließend in § 24 Abs. 1 Nr. 1 bis 3 aufgeführten Gründe wie z. B. die Pflege und Erziehung eines Kindes, das aus rechtlichen Gründen im Ausland bleiben muss, greifen ein.

9 Für alle anderen Personen, die nicht zu den erwerbsfähigen Hilfebedürftigen i. S. d. SGB II, Auszubildenden, Asylbewerbern oder den Personen gehören, die nach dem 4. Kapitel des SGB XII die Grundsicherung im Alter und bei Erwerbsminderung erhalten, wird die Hilfe zum Lebensunterhalt nach dem 3. Kapitel SGB XII gewährt. Darüber hinaus sieht das SGB XII für weitere Situationen Leistungen vor. Im einzelnen handelt es sich um Hilfen zur Gesundheit im 5. Kapitel, Eingliederungshilfe für behinderte Menschen im 6. Kapitel, die Hilfe zur Pflege im 7. Kapitel, die Hilfe zur Überwindung besonderer sozialer Schwierigkeiten im 8. Kapitel und im 9. Kapitel um die Hilfen in anderen Lebenslagen. Im Unterschied zu den Leistungen nach dem 3. und 4. Kapitel muss der Leistungsberechtigte z. B. bei der Inanspruchnahme der Hilfen zur Gesundheit, der Eingliederungshilfe für behinderte Menschen oder der Hilfe zur Pflege etc. nicht sein gesamtes Einkommen oder das den eigenen Bedarf übersteigende Einkommen der Mitglieder der Einsatzgemeinschaft investieren. Vielmehr kommt der Einsatz eigenen Einkommens nur dann zum Tragen, wenn dem Leistungsberechtigten dies auch zumutbar i. S. d. §§ 82 ff. ist.

3. Allgemeine Grundsätze der Sozialhilfe

10 Sozialhilfeleistungen sind grundsätzlich nachrangig, denn § 2 bestimmt, dass derjenige keine Sozialhilfe erhält, der sich durch den Einsatz seiner Arbeitskraft, seines Einkommens und seines Vermögens selbst helfen kann. Gleiches gilt, wenn der Betroffene insbesondere von Angehörigen oder anderen Sozialleistungsträgern, z. B. dem Rentenversicherungsträger, Leistungen erhält. Dieser **Grundsatz der Subsidiarität** der Sozialhilfe[29] ist eng verknüpft mit dem **Grundsatz der Individualisierung,**[30] der in § 9 zum Ausdruck kommt. Die Vorschrift formuliert, dass sich die Leistungen nach den Besonderheiten des Einzelfalls richten. Dabei wird die Art, die Form und das Maß der Sozialhilfe vor dem

27 Münder in Bieritz-Harder/Conradis/Thie (Hrsg.), Einleitung Rn. 6, 8; Schneider in Hassel/Gurgel/Otto (Hrsg.), S. 1146 Rn. 2.
28 Waschull in Brand (Hrsg.), S. 229 Rn. 1107.
29 Schneider in Hassel/Gurgel/Otto (Hrsg.), S. 1151 Rn. 19.
30 Muckel, S. 400 Rn. 24.

Hintergrund des Bedarfs sowie den eventuellen besonderen familiären und örtlichen Verhältnissen bestimmt.[31] Damit geht die Sozialhilfe vom **Bedarfsdeckungsgrundsatz** aus, denn sie ist so zu bemessen, dass mit ihr auch der individuelle konkrete Bedarf vollständig gedeckt werden kann.[32] Da es weder auf ein Verschulden des Hilfebedürftigen noch auf ein bestimmtes Lebensrisiko wie etwa Krankheit, Unfall oder Behinderung[33] ankommt, ist die Sozialhilfe eine **finale Sozialleistung.**[34] Sozialhilfe wird **von Amts wegen** gewährt – auf sie besteht ein **Rechtsanspruch**, der sich aus § 17 ergibt und durch die Vorschrift des § 18 abgerundet wird.[35] Danach ist Sozialhilfe zu erbringen, wenn der Sozialhilfeträger von der Bedürftigkeit Kenntnis erlangt[36] und die weiteren Voraussetzungen der Leistungsgewährungen erfüllt sind. Lediglich die Leistungen zur **Grundsicherung im Alter** und bei **Erwerbsminderung** sind von einem **Antrag** abhängig.

4. Sozialhilfeleistungen im Einzelnen

In § 10 werden die verschiedenen Leistungsformen beschrieben. Demnach gibt es Sozial- **11**
hilfe in Form von Dienst-, Geld- und Sachleistungen. Die im Vordergrund stehende Dienstleistung bezieht sich insbesondere auf eine Beratung und Unterstützung in sonstigen sozialen Angelegenheiten, § 10 Abs. 2. Die Beratung beinhaltet insbesondere Informationen, Auskünfte, Ratschläge und ggf. die Anleitung zur Umsetzung von Informationen,[37] z. B. eine wirtschaftliche und sparsame Lebensführung, Vermeidung von Schulden etc.[38] Mit der Geldleistung, die nach § 10 Abs. 3 Vorrang vor Gutscheinen oder Sachleistungen hat,[39] sind die dem Bedürftigen gewährten Geldbeträge gemeint, die gemäß § 47 SGB I auf sein Konto zu überweisen sind. Bei den Sachleistungen handelt es sich schließlich um direkte Zuwendungen an den Bedürftigen, z. B. Kleidung, Haushaltsgegenstände, Arzneimittel etc.[40]

4.1 Hilfe zum Lebensunterhalt

Die Hilfe zum Lebensunterhalt ist in den §§ 27 bis 40 geregelt und umfasst nach § 27 a **12**
Abs. 1 den für die Gewährleistung des Existenzminimums notwendigen Lebensunterhalt, so u. a. für die Nahrung, Kleidung, Wohnung, Haushaltsgegenstände, Heizung, Körperpflege und im vertretbaren Umfang die Möglichkeit der Teilhabe am sozialen und kulturellen Leben. Hierzu gehört z. B. auch der Bezug einer Tageszeitung[41] oder der Besitz

31 Waltermann, S. 233 Rn. 461.
32 BVerwG – 01. 12. 1998 – 5 C 17/97.
33 Waltermann, S. 231 Rn. 455.
34 BVerwG – 05. 05. 1983 – 5 C 112/81.
35 Münder in Bieritz-Harder/Conradis/Thie (Hrsg.), Einl. Rn. 26.
36 Sog. Kenntnisgrundsatz, vgl. Waschull in Brand (Hrsg.), S. 248 Rn. 1182.
37 Roscher in Bieritz-Harder/Conradis/Thie (Hrsg.), § 10 Rn. 4.
38 Muckel, S. 408 Rn. 39.
39 Schneider in Hassel/Gurgel/Otto (Hrsg.), S. 1156 Rn. 33.
40 Roscher in Bieritz-Harder/Conradis/Thie (Hrsg.), § 10 Rn. 24.
41 BVerwG – 22. 05. 1975 – V C 43/74.

eines gebrauchten Fernsehers.[42] Es geht um die Sicherstellung eines **Grundbedarfs**, der pauschal durch den gemäß § 28 ermittelten **Regelbedarf** gedeckt wird. Die Regelbedarfe sind dabei auf sechs Regelbedarfsstufen aufgeteilt.

Regelbedarfsstufen seit dem 01. 01. 2012 gemäß Anlage zu § 28 SGB XII

Stufe 1	Stufe 2	Stufe 3	Stufe 4	Stufe 5	Stufe 6
374 €	337 €	299 €	287 €	251 €	219 €

Die verschiedenen Regelbedarfsstufen richten sich dabei nach dem Familienstand bzw. der Lebenssituation des erwachsenen Hilfebedürftigen sowie dem Alter eines Kindes oder Jugendlichen.

Zuordnung der Regelbedarfsstufen

Stufe 1	Alleinstehender oder alleinerziehender Leistungsberechtigter mit eigenem Haushalt
Stufe 2	Ehegatten, Lebenspartner oder andere erwachsene Leistungsberechtigte, die einen gemeinsamen Haushalt führen und gemeinsam wirtschaften
Stufe 3	Erwachsene Leistungsberechtigte, die keinen eigenen Haushalt führen und im Haushalt anderer Personen leben
Stufe 4	Leistungsberechtigte Jugendliche mit Beginn des 15. Lebensjahres bis zur Vollendung des 18. Lebensjahres
Stufe 5	Leistungsberechtigte Kinder mit Beginn des 7. Lebensjahres bis zur Vollendung des 14. Lebensjahres
Stufe 6	Leistungsberechtigte Kinder bis zur Vollendung des 6. Lebensjahres

13 Der nunmehr gesetzlich festgelegte Regelbedarf nach Stufen setzt das Urteil des BVerfG vom 09. 02. 2010[43] um. In der Folge dieser Grundsatzentscheidung hat die Regelsatzverordnung gemäß § 40 kaum noch Bedeutung, denn sie legt nur noch zum 1. Januar eines Jahres die Veränderungen der Regelbedarfsstufen in der Anlage zu § 28 fest, die nach § 28 a fortgeschrieben werden, sofern der Gesetzgeber eine Neuermittlung der Regelbedarfe nicht vorgenommen hat. Grundlage der Regelbedarfsstufenermittlung bilden der Stand und die Entwicklung der Nettoeinkommen, das Verbraucherverhalten und die Lebenshaltungskosten der Einkommens- und Verbrauchsstichprobe der unteren Ein-

42 BVerwG – 18. 12. 1997 – 5 C 7/95.
43 BVerfG – 09. 02. 2010 – 1 BvL 1, 3, 4/09.

kommensgruppen.[44] Nach § 28 Abs. 3 wird das Statistische Bundesamt durch das Bundesarbeitsministerium insoweit mit Sonderauswertungen betraut.

Für **Schüler** sieht § 27 a Abs. 1 Satz 3 außerdem die erforderlichen Hilfen zum Schulbesuch vor, die über den Regelbedarf hinausgehen und sich im Einzelnen aus §§ 34 und 34 a ergeben. Es handelt sich dabei um die Übernahme der Kosten für Schulausflüge, mehrtägige Klassenfahrten, für die Ausstattung mit persönlichem Schulbedarf (70 € bei Beginn des Schuljahres, 30 € bei Beginn des 2. Schulhalbjahres), für die Schülerbeförderung, für Nachhilfe sowie für die Teilnahme an einer gemeinschaftlichen Mittagsverpflegung in der Schule. Hinzu kommen monatlich 10 € u. a. für Mitgliedsbeiträge in Sportvereinen, Unterricht in künstlerischen Fächern wie z. B. Musikunterricht und die Teilnahme an Freizeiten. § 34 a stellt klar, dass diese zusätzlichen Bedarfe für Schüler lediglich auf Antrag erbracht werden. **14**

Schließlich ergibt sich aus § 31 die Gewährung **einmaliger Bedarfe**, die zusätzlich zum Regelsatz erbracht werden. Sie beziehen sich auf die Erstausstattung einer Wohnung inklusive Haushaltsgeräten, die Erstausstattung bei Schwangerschaft und Geburt sowie die Anschaffung und Reparatur von orthopädischen Schuhen, therapeutischen Geräten und Ausrüstungen und die Miete von therapeutischen Geräten. Entscheidend an diesen Leistungen ist, dass sie nicht regelmäßig und fortlaufend gewährt werden. Über den Regelsatz hinaus sind auch sog. **Mehrbedarfe** nach § 30 zu leisten, die der speziellen Situation einzelner Personengruppen Rechnung tragen und die in der Vorschrift abschließend genannt sind. So liegt ein Mehrbedarf für Schwangere nach der 12. Schwangerschaftswoche oder für Behinderte ab Vollendung des 15. Lebensjahres vor. Auch wird über § 30 Abs. 5 ein Ernährungsmehraufwand u. a. für Kranke, Genesende und Behinderte anerkannt. § 32 gewährleistet darüber hinaus, dass die **Beiträge zur gesetzlichen Kranken- und Pflegeversicherung** übernommen werden. § 33 ermöglicht außerdem die Übernahme der **Beiträge zur gesetzlichen Rentenversicherung**, um damit die Leistungsberechtigten vor einer Notlage im Alter zu schützen.[45] **15**

Vor dem Hintergrund, dass das Sozialhilferecht durch den Individualisierungsgrundsatz geprägt ist, kann der Bedarf des einzelnen unter Umständen aber höher oder sogar niedriger als der Regelbedarf ausfallen.[46] Ist der Leistungsberechtigte z. B. in einer Pflegefamilie untergebracht, so werden in Abweichung von der jeweils anwendbaren Regelbedarfsstufe die **tatsächlichen Kosten** in angemessener Höhe gewährt, § 27 a Abs. 4. Besteht der Bedarf auf Sozialhilfeleistungen für weniger als einen Monat, so muss der Regelbedarfssatz auch nur anteilig gezahlt werden.[47] **16**

Die Leistungen für eine **Wohnung** einschließlich der **Heizkosten** sind von den Regelbedarfssätzen nicht erfasst. Sie werden gemäß § 35 Abs. 1 in Höhe der **tatsächlichen Aufwendungen** erstattet. Dies gilt auch für Wohnraum, dessen Kosten unangemessen hoch sind, jedoch nur bis zur Dauer von maximal sechs Monaten. Dies geht explizit aus **17**

---

44 Waschull in Brand (Hrsg.), S. 233 Rn. 1126.
45 Bieritz-Harder in Bieritz-Harder/Conradis/Thie (Hrsg.), § 33 Rn. 1.
46 Waschull in Brand (Hrsg.), S. 233 Rn. 1128.
47 Ebda., S. 233 Rn. 1128.

§ 35 Abs. 2 Satz 2 hervor, bei dem es sich um eine befristete Bestandsschutzregelung handelt und die in der Regel nur auf Personen zur Anwendung kommt, die bei Beginn des Leistungsbezugs eine unangemessen teure Wohnung haben.[48] Nach § 35 Abs. 2 Satz 3 ist der Leistungsberechtigte außerdem verpflichtet, den Sozialhilfeträger über den beabsichtigten Abschluss eines neuen Mietvertrags zu informieren. Dabei ist gleichzeitig um die Zustimmung zum Umzug zu bitten, denn die damit verbundene Prüfung verhindert, dass dem Leistungsberechtigten unangemessen hohe Mietkosten entstehen, die er vom Sozialhilfeträger – jedenfalls ohne vorherige Zustimmung – nicht erstattet verlangen kann, § 35 Abs. 2 Satz 4. Stimmt der Sozialhilfeträger dem Umzug zu, so übernimmt er auch etwaige **Wohnungsbeschaffungskosten**, **Umzugskosten** und eine **Mietkaution**, wobei die letztere lediglich als Darlehen zu gewähren ist, § 35 Abs. 2 Satz 5. Nach § 35 Abs. 4 werden für Heizung und zentrale Warmwasserversorgung ebenfalls nur die **angemessenen Kosten** übernommen. Schließlich **kann** der Sozialhilfeträger gemäß § 36 Abs. 1 **Mietschulden** unter der Voraussetzung übernehmen, dass dies zur Sicherung der Unterkunft oder zur Behebung einer vergleichbaren Notlage gerechtfertigt ist. Droht anderenfalls Wohnungslosigkeit, so **sollen** die Mietschulden übernommen werden.

18 Für die Frage der Angemessenheit der Wohnungskosten kommt es neben der Situation auf dem örtlichen Wohnungsmarkt entscheidend auf die Anzahl und Zusammensetzung der Personen einer Bedarfsgemeinschaft an, die zusammen wohnen.[49] Ob die Unterkunft einem angemessenen Wohnstandard entspricht, richtet sich dabei nach der Ausstattung, Lage und Bausubstanz, die einfachen Bedürfnissen entspricht. Ein gehobener Wohnstandard ist ausgeschlossen.[50] Die Prüfung der Angemessenheit von Unterkunfts- und Heizkosten erfolgt getrennt,[51] denn die Heizkosten können je nach Heizungsart, Bauzustand, Isolierung von Fenstern, Lage der Wohnung, Anzahl der Heiztage und weiteren Faktoren sehr unterschiedlich ausfallen, so dass sich die Angemessenheit selbst bei sparsamer Energienutzung einzelfallbezogen beurteilt.[52] Deshalb ist es unzulässig, wenn der Sozialhilfeträger ohne einen Anhaltspunkt für eine unwirtschaftliche Nutzung der Heizung die Heizkosten pauschal auf einen als angemessen erachteten Richtwert kürzt.[53] Nach § 35 Abs. 4 Satz 2 und 3 können die Heizkosten zwar durch eine Pauschale abgegolten werden, jedoch müssen dabei die persönlichen und familiären Verhältnisse, die Größe und Beschaffenheit der Wohnung, die vorhandenen Heizmöglichkeiten und die örtlichen Gegebenheiten Berücksichtigung finden.

19 Der Anspruch auf Hilfe zum Lebensunterhalt gemäß § 19 Abs. 1 besteht nur dann, wenn die betroffene Person nicht über ein ausreichendes Einkommen und Vermögen verfügt, um ihren notwendigen Lebensunterhalt selbst bestreiten zu können. Aus den **§§ 82 bis 84 und 90** ergibt sich deshalb, dass eigenes Einkommen und Vermögen eingesetzt werden muss, bevor Sozialhilfe beansprucht werden kann. Vom Einkommen i. S. d.

---

48 BVerwG – 21.01.1993 – 5 C 3/91.
49 Berlit in Bieritz-Harder/Conradis/Thie (Hrsg.), § 35 Rn. 33.
50 BSG – 22.09.2009 – B 4 AS 70/08 R.
51 BSG – 02.07.2009 – B 14 AS 36/08 R.
52 Berlit in Bieritz-Harder/Conradis/Thie (Hrsg.), § 35 Rn. 115.
53 LSG Niedersachsen-Bremen – 31.03.2006 – L 7 AS 343/05 ER.

SGB XII ist nicht nur etwaiges Arbeitsentgelt erfasst, sondern auch Arbeitslosengeld, Krankengeld, Renten, Mieteinnahmen etc.[54] Genaueres ergibt sich dabei aus der **Verordnung zur Durchführung des § 82** vom 28. 11. 1962.[55] Es gilt ein **weiter Einkommensbegriff.**[56] § 82 Abs. 1 Satz 2 stellt klar, dass Rückerstattungen, die sich aus den Guthaben bei Vorauszahlungen z. B. für Strom oder Wasser ergeben, kein Einkommen sind. Schließlich wird das Kindergeld für Minderjährige dem jeweiligen Kind als Einkommen zugerechnet, § 82 Abs. 1 Satz 3. § 90 legt fest, dass als **einzusetzendes Vermögen** das gesamte verwertbare Vermögen gerechnet wird. Lediglich das sog. **Schonvermögen**, also insbesondere ein angemessener Hausrat, Familien- und Erbstücke, deren Veräußerung eine besondere Härte bedeuten würde, kleinere Barbeträge, Gegenstände, die zur Befriedigung geistiger, insbesondere wissenschaftlicher und künstlerischer Bedürfnisse dienen und deren Besitz kein Luxus ist etc., ist vom verwertbaren Vermögen ausgenommen.

Zum **anrechnungsfreien Einkommen** gehören neben den in § 82 Abs. 1 aufgeführten **20**
speziellen Leistungen u. a. Zahlungen der Pflegeversicherung gemäß § 13 Abs. 5 SGB XI, das Elterngeld gemäß § 10 Abs. 1 Satz 1 BEEG, das Mutterschaftsgeld gemäß § 13 MuSchG und Kindererziehungsleistungen für Mütter der Geburtsjahrgänge vor 1921 gemäß § 299 SGB VI etc.[57] Nach § 84 sind schließlich auch Zuwendungen der freien Wohlfahrtspflege wie z. B. aus Mittagstafeln oder Kleiderkammern[58] von der Anrechnung auf das Einkommen ausgenommen.

Angerechnet wird das Einkommen und Vermögen Dritter, die mit dem Leistungs- **21**
berechtigten in einer sog. **Einstandsgemeinschaft**[59] leben. Dazu gehören z. B. die nicht getrennt lebenden Ehegatten oder Lebenspartner[60] sowie die Eltern bzw. Elternteile, die mit ihren minderjährigen unverheirateten Kindern in einem Haushalt leben.[61] Auch die eheähnliche Gemeinschaft[62] ist nach § 20 sozialhilferechtlich wie ein Ehepaar zu behandeln. Im Rahmen der sog. **Haushaltsgemeinschaft** sind nach § 39 ebenfalls die Personen erfasst, die zusammen wohnen. Aus dem gemeinsamen Wohnen wird der widerlegbare Schluss gezogen, dass diese Personen auch zusammen »aus einem Topf« wirtschaften und somit eine Haushaltsgemeinschaft darstellen.[63] Eine Haushaltsgemeinschaft liegt auch bei gleichgeschlechtlichen Partnerschaften vor – eingetragene Lebenspartnerschaften nach dem Lebenspartnerschaftsgesetz werden demgegenüber als Einstandsgemeinschaft behandelt.[64]

---

54 Waltermann, S. 237 Rn. 474.
55 BGBl. I S. 692, zuletzt geändert durch das Verwaltungsvereinfachungsgesetz v. 21.03.2005, BGBl. I S. 818, 829.
56 BSG – 08.02.2007 – B 9b SO 5/06 R.
57 Waschull in Brand (Hrsg.), S. 239 Rn. 1157.
58 Geiger in Bieritz-Harder/Conradis/Thie (Hrsg.), § 84 Rn. 4.
59 Waschull in Brand (Hrsg.), S. 246 f. Rn. 1175 ff.
60 LSG Niedersachsen-Bremen – 02.08.2006 – L 8 SO 59/06 ER.
61 Waschull in Brand (Hrsg.), S. 247 Rn. 1178.
62 Zum Begriff BVerfG – 17.11.1992 – 1 BvL 8/87.
63 BT-Drs. 15/1516, S. 53; LSG Baden-Württemberg – 17.03.2006 – L 8 AS 4364/05, für eine Mutter mit erwachsenem unverheiratetem Sohn.
64 Schneider in Hassel/Gurgel/Otto (Hrsg.), S. 1166 Rn. 52.

22 Schließlich trifft den Sozialhilfeträger u. a. dann eine **Vorleistungspflicht**, wenn der Bedürftige Unterhaltsansprüche gegen Verwandte hat, die entweder nicht oder aber nicht zeitnah verwirklicht werden können.[65] Nach § 94 Abs. 1 geht dieser Unterhaltsanspruch an den Sozialhilfeträger über. Gegenüber anderen Sozialleistungsträgern, z. B. der Rentenversicherung, hat der Sozialhilfeträger über § 104 SGB X einen **Erstattungsanspruch**.

4.2 Grundsicherung im Alter und bei Erwerbsminderung

23 Mit dem Gesetz über eine bedarfsorientierte Grundsicherung im Alter und bei Erwerbsminderung[66] hat der Gesetzgeber zur Verhinderung der sog. »**verschämten Altersarmut**«[67] eine von Beiträgen unabhängige und am tatsächlichen Bedarf orientierte Grundsicherung eingeführt. Die Grundsicherung im Alter und bei Erwerbsminderung ist seit dem 01. 01. 2005 ins SGB XII in den §§ 41 ff. integriert worden. Betroffen von der »verschämten Altersarmut« sind häufig ältere Personen und hier zumeist Frauen und ehemalige Selbständige,[68] deren Rente nicht ausreicht, um das Existenzminimum zu bestreiten und die aus Angst vor einem Rückgriff des Sozialhilfeträgers auf die Kinder auf die Geltendmachung von Sozialhilfeleistungen verzichtet haben.[69] Die Grundsicherung im Alter und bei Erwerbsminderung berücksichtigt im Unterschied zur Hilfe zum Lebensunterhalt die Unterhaltsansprüche der Leistungsberechtigten gegenüber ihren Kindern und Eltern erst dann, wenn deren jährliches Gesamteinkommen i. S. d. § 16 SGB IV über 100 000 € liegt. § 43 Abs. 2 Satz 2 stellt hier die Vermutung auf, dass in der Regel das Einkommen der Kinder oder Eltern unterhalb dieses Schwellenwerts liegt.

24 Grundsicherung im Alter und bei Erwerbsminderung ist außerdem anders als die Hilfe zum Lebensunterhalt von einem **Antrag** des Leistungsberechtigten abhängig, § 41 Abs. 1. Diesen Antrag können nicht nur die Personen stellen, die die **Altersgrenze** nach § 41 Abs. 2 erreicht haben, sondern auch diejenigen, die das 18. Lebensjahr vollendet haben, aber gemäß § 43 Abs. 2 SGB VI **dauerhaft voll erwerbsgemindert** sind. § 41 Abs. 4 stellt jedoch klar, dass der Anspruch auf die Grundsicherung im Alter und bei Erwerbsminderung dann ausgeschlossen ist, wenn die Bedürftigkeit in den letzten zehn Jahren vorsätzlich oder grob fahrlässig herbeigeführt worden ist. Dies dient der Verhinderung von Missbrauch, insbesondere bei Verschleuderung von Vermögen oder aber bei der Vornahme einer Schenkung ohne Rücksicht auf die Bildung von Rücklagen.[70] Die Beweislast, ob ein entsprechend schuldhaftes Verhalten des Anspruchstellers gegeben ist, liegt beim Sozialhilfeträger.[71]

25 Vom Tatbestand der Grundsicherung wegen Alters sind die Personen erfasst, die die **Regelaltersgrenze** in der gesetzlichen Rentenversicherung erreicht haben. Dementspre-

---

65 Muckel, S. 402 Rn. 27.
66 GSiG v. 26. 06. 2001, BGBl. I S. 1310, 1335.
67 Muckel, S. 403 Rn. 29.
68 Thie in Bieritz-Harder/Conradis/Thie (Hrsg.), § 41 Rn. 1.
69 BT-Drs. 14/4595, S. 43.
70 BT-Drs. 14/5150, S. 49.
71 LSG Nordrhein-Westfalen – 04. 03. 2008 – L 20 B 18/08 SO ER.

chend enthält § 41 Abs. 2 auch eine Tabelle mit den Geburtsjahrgängen, aus denen sich der Eintritt in das (normale) Rentenalter ergibt. Diese Tabelle deckt sich mit dem Zugangsalter zur Regelaltersrente nach dem SGB VI. Die Fälle der vorgezogenen Altersrenten, z. B. bei Schwerbehinderung gemäß §§ 37, 236 a SGB VI oder für Frauen gemäß § 237 a SGB VI etc., begründen keinen Anspruch auf Grundsicherung im Alter.[72]

Der Anspruch auf Grundsicherung bei Erwerbsminderung setzt voraus, dass das 18. Lebensjahr vollendet ist, eine volle Erwerbsminderung vorliegt, die von der jeweiligen Arbeitsmarktlage unabhängig ist und es außerdem unwahrscheinlich ist, dass sie behoben werden kann, § 41 Abs. 3. Nach § 43 Abs. 2 Satz 2 SGB VI liegt eine volle Erwerbsminderung dann vor, wenn der Versicherte wegen Krankheit oder aber Behinderung auf nicht absehbare Zeit außerstande ist, unter den üblichen Bedingungen des allgemeinen Arbeitsmarktes mindestens drei Stunden täglich erwerbstätig zu sein. Die Rechtsprechung definiert dabei eine **Krankheit** als regelwidrigen körperlichen, geistigen oder seelischen Zustand, der vom Leitbild eines gesunden Menschen abweicht und entweder einer ärztlichen Behandlung bedarf und zugleich oder ausschließlich Arbeitsunfähigkeit zur Folge hat.[73] Eine **Behinderung** liegt nach § 2 Abs. 1 SGB IX vor, wenn die körperliche Funktion, geistige Fähigkeit oder seelische Gesundheit mit hoher Wahrscheinlichkeit länger als sechs Monate von dem für das Lebensalter typischen Zustand abweicht und deshalb die Teilhabe am Leben in der Gesellschaft beeinträchtigt ist. Eine genaue Differenzierung zwischen Krankheit und Behinderung ist weder bei Grundsicherungsleistungen noch bei Rentenzahlungen erforderlich.[74] **Nicht absehbar** bedeutet, dass es für den Anspruchsteller mindestens ein halbes Jahr lang ausgeschlossen sein muss, wenigstens drei Stunden täglich zu arbeiten.[75] Zum **allgemeinen Arbeitsmarkt** sind schließlich alle die Tätigkeiten zu rechnen, die mit den bestehenden Kenntnissen und Fähigkeiten verrichtet werden können – auf den einmal erreichten beruflichen Status des Betroffenen kommt es bei der vollen Erwerbsminderung nicht an, sondern lediglich auf die zeitliche Leistungsfähigkeit von unter drei Stunden täglich.[76] Schließlich muss die volle Erwerbsminderung nach § 41 Abs. 3 **dauerhaft** sein. Dies wird mit Blick auf § 102 Abs. 2 Satz 5 SGB VI dann angenommen, wenn die Erwerbsminderung bereits seit mindestens neun Jahren vorliegt.[77] In diesem Zusammenhang ist noch zu beachten, dass derjenige, der zwar nicht dauerhaft voll erwerbsgemindert ist, aber bei dem trotzdem eine volle Erwerbsminderung auf nicht absehbare Zeit besteht, Anspruch auf Hilfe zum Lebensunterhalt (vgl. Rn. 12 ff.) hat. Grundsicherungsleistungen sind in solchen Fällen ausgeschlossen.[78] **26**

Über § 45 ersucht der Sozialhilfeträger den zuständigen Rentenversicherungsträger um **Prüfung der medizinischen Voraussetzungen** für das Vorliegen der auf Dauer angelegten vollen Erwerbsminderung, wenn es auf der Basis der Angaben und Nachweise **27**

72 Thie in Bieritz-Harder/Conradis/Thie (Hrsg.), § 41 Rn. 21.
73 BSG – 10.02.1993 – 1 RK 14/92.
74 Thie in Bieritz-Harder/Conradis/Thie (Hrsg.), § 41 Rn. 25.
75 BSG – 06.09.2001 – B 5 RJ 44/00.
76 Künkele in Brand (Hrsg.), S. 140 Rn. 727.
77 Waschull in Brand (Hrsg.), S. 230 Rn. 1111.
78 Ebda.

des Anspruchstellers wahrscheinlich erscheint, dass die Voraussetzungen erfüllt sind und das Einkommen und Vermögen nicht ausreicht, um den Lebensunterhalt vollständig zu sichern. Nach § 45 Abs. 1 Satz 3 bedarf es allerdings keiner Prüfungsbitte mehr, wenn die dauerhafte volle Erwerbsminderung bereits in einem Rentenverfahren festgestellt worden ist, eine unbefristete Rente bewilligt worden ist oder der Fachausschuss einer Werkstatt für behinderte Menschen über die Aufnahme in einer Werkstatt oder Einrichtung eine Stellungnahme abgegeben hat und der Leistungsberechtigte kraft Gesetzes nach § 43 Abs. 2 Satz 3 SGB VI als voll erwerbsgemindert gilt. Der Sozialhilfeträger ist im Übrigen an die Entscheidung des Rentenversicherungsträgers gebunden.[79]

28 In § 42 ist der **Umfang der Grundsicherungsleistungen** beschrieben. Der Leistungsberechtigte hat danach Anspruch auf die sich aus der Anlage zu § 28 ergebende jeweilige Regelbedarfsstufe (vgl. Rn. 12), die zusätzlichen Bedarfe, die Bedarfe für Bildung und Teilhabe sowie Aufwendungen für Unterkunft und Heizung. Darüber hinaus kann er ggf. ergänzend ein Darlehen nach § 37 Abs. 1 in Anspruch nehmen. Der Katalog der Grundsicherungsleistungen aus § 42 ist im Übrigen abschließend.[80]

29 Wie bereits in Rn. 23 ausgeführt, stehen dem Anspruch auf Grundsicherungsleistungen Unterhaltsansprüche des Betroffenen gegenüber Kindern und Eltern entgegen, sofern das jährliche Einkommen der Unterhaltspflichtigen 100 000 € überschreitet, § 43 Abs. 2. § 43 Abs. 1 bestimmt außerdem, dass das Einkommen und Vermögen des nicht getrennt lebenden Ehegatten, Lebenspartners sowie des Partners einer eheähnlichen oder lebenspartnerschaftsähnlichen Gemeinschaft zu berücksichtigen ist, sofern dies seinen notwendigen Lebensunterhalt nach § 27a übersteigt. Da § 39 Satz 1 nicht anwendbar ist, kommt die Haushaltsgemeinschaft und damit die Vermutung der Bedarfsdeckung durch andere als die in § 43 Abs. 1 genannten Personen hier nicht zum Tragen.

30 Grundsicherungsleistungen werden in der Regel nur für **zwölf Monate** bewilligt, § 44 Abs. 1. Die Beschränkung der Leistungsdauer auf zwölf Monate ist dem Umstand geschuldet, dass in bestimmten Abständen eine Prüfung der Voraussetzungen für die Bewilligung erfolgen soll, auch wenn beim betroffenen Personenkreis im allgemeinen keine Veränderungen zu erwarten sind.[81] Anders als bei der Grundsicherung gibt es z. B. für die Hilfe zum Lebensunterhalt keine explizit festgelegte Leistungsdauer. An dieser Stelle herrscht jedoch Einigkeit in der Praxis, dass die Leistungen monatlich im voraus zu erbringen sind, es sei denn, es ist ein anderer Bewilligungszeitraum ausdrücklich bestimmt worden.[82]

31 In § 46 ist schließlich eine **Zusammenarbeit zwischen Rentenversicherungs- und Sozialhilfeträger** verankert. Auch ist der Rentenversicherungsträger nach dieser Vorschrift verpflichtet, leistungsberechtigte Personen über die Möglichkeit der Inanspruchnahme von Grundsicherungsleistungen zu **informieren** und zu **beraten**, wenn Leistungen des Sozialhilfeträgers nicht wegen der Höhe der gezahlten Rente sowie der weiteren im Rentenverfahren ermittelten Einkommen ausscheiden. Dies dient nicht nur der besseren

79 BSG – 23.03.2010 – B 8 SO 17/09 R.
80 Schoch in Bieritz-Harder/Conradis/Thie (Hrsg.), § 42 Rn. 1.
81 Ebda., § 44 Rn. 4.
82 Ebda., § 44 Rn. 2.

Information, sondern erleichtert für den betroffenen Personenkreis der Bezieher geringer Renten auch die Inanspruchnahme der Grundsicherung, denn liegt die Rente unter dem 27-fachen Betrag des aktuell geltenden Rentenwerts nach §§ 68, 68 a und 255 e SGB VI, so muss der Rentenversicherungsträger neben der Information auch ein Antragsformular auf Grundsicherungsleistungen beifügen, § 46 Satz 3.

4.3 Sonstige Leistungen

Das SGB XII enthält weitere Leistungen für bestimmte Personenkreise, die unter dem Begriff der »sonstigen Leistungen« zusammengefasst werden können. Dazu gehören die Hilfen zur Gesundheit in den §§ 47 bis 52, die Eingliederungshilfe für Menschen mit Behinderung der §§ 53 bis 60, die Hilfe zur Pflege der §§ 61 bis 66, die Hilfe zur Überwindung besonderer sozialer Schwierigkeiten der §§ 67 bis 69 und die Hilfe in anderen Lebenslagen der §§ 70 bis 74. 32

Die **Hilfen zur Gesundheit** beinhalten nicht nur die vorbeugende Gesundheitshilfe nach § 47, sondern auch Hilfe bei Krankheit, bei der Familienplanung, bei Schwangerschaft und Mutterschaft sowie bei einer Sterilisation. Im Vordergrund steht hier die Krankenbehandlung, die entsprechend der Leistungen aus dem SGB V – Krankenversicherungsrecht – erbracht werden. Da die Zuzahlungen für Arznei- und Verbandsmittel und die Praxisgebühr vom Regelsatz erfasst sind, leistet der Sozialhilfeträger dafür keine weiteren Zahlungen.[83] 33

Die Leistungen der **Eingliederungshilfe für behinderte Menschen** stehen neben den Leistungen der §§ 26, 33, 41 und 55 des SGB IX. Nach § 54 Abs. 1 handelt es sich insbesondere um Hilfen zu einer angemessenen Schulbildung wie z. B. Unterstützung durch einen Heilpädagogen oder aber einen Integrationshelfer nach der **Eingliederungshilfe-Verordnung** vom 01. 02. 1975,[84] Hilfe zur Ausbildung für eine angemessene Tätigkeit, Hilfe zum Besuch einer Hochschule etc. Zu erwähnen ist darüber hinaus der § 57, nach dem Leistungsberechtigte auch ein trägerübergreifendes persönliches Budget beantragen können, welches sich im einzelnen durch den Verweis der Vorschrift auf das SGB IX nach der **Budget-Verordnung** zu § 17 Abs. 2 bis 4 SGB IX vom 27. 05. 2004[85] richtet. 34

Mit der **Hilfe zur Pflege** werden unter Beachtung des Vorrangs der Pflegeversicherung nach SGB XI ergänzende Leistungen geboten, die sich aus § 65 ergeben. Es handelt sich um weitere Leistungen neben dem Pflegegeld, so u. a. die Übernahme der Beiträge der Pflegeperson für eine angemessene Alterssicherung, wenn diese nicht auf andere Weise sichergestellt ist, Beratung und zeitweilige Entlastung der Pflegeperson etc. Nach § 66 Abs. 4 hat der Pflegebedürftige schließlich im Unterschied zum SGB XI Anspruch auf Übernahme der Kosten für eine von ihm selbst beschäftigte Pflegeperson.[86] 35

---

83 LSG Niedersachsen-Bremen – 20. 04. 2006 – L 8 SO 56/05.
84 BGBl. I S. 434 i. d. F. d. Gesetzes zur Einordnung des Sozialhilferechts in das Sozialgesetzbuch v. 27. 12. 2003, BGBl. I S. 3022, 3059.
85 BGBl. I S. 1055.
86 LSG Baden-Württemberg – 15. 09. 2006 – L 7 SO 4051/06 ER-B.

36 Die **Hilfe zur Überwindung besonderer sozialer Schwierigkeiten** ist als eine »Normalisierungshilfe«[87] gedacht. Nach § 68 umfassen die Leistungen insbesondere Beratung und persönliche Betreuung, Hilfen zur Ausbildung, Erlangung und Sicherung eines Arbeitsplatzes etc., um die jeweiligen sozialen Schwierigkeiten zu überwinden und die Betroffenen in »normale« Lebensverhältnisse zu integrieren. Eine Konkretisierung nimmt die **Verordnung zur Durchführung der Hilfen zur Überwindung besonderer sozialer Schwierigkeiten** vom 24.01.2001[88] vor.

37 Schließlich gibt es noch die **Hilfen in anderen Lebenslagen**. Es handelt sich dabei um Altenhilfe nach § 71, Blindenhilfe nach § 72, Hilfe in sonstigen Lebenslagen gemäß § 73 sowie die Übernahme von Bestattungskosten nach § 74, soweit den hierzu Verpflichteten die Kostentragung nicht zugemutet werden kann.

38 Die sonstigen Hilfen unterliegen **anderen Einkommensgrenzen** als die Grundsicherung und die Hilfe zum Lebensunterhalt, denn § 85 legt hier ausdrücklich eine gesonderte Berechnung der Einkommensgrenze fest. Die Grenze für das monatliche Einkommen berechnet sich nach § 85 Abs. 1 aus der Addition der folgenden Beträge: Grundbetrag in Höhe des Zweifachen der Regelbedarfsstufe 1 nach der Anlage zu § 28 (= 748 €), angemessene Unterkunftskosten sowie den Familienzuschlag für den Ehegatten, Lebenspartner oder Partner einer eheähnlichen Gemeinschaft sowie Kinder in Höhe von jeweils 70 % des Grundbetrags der Regelbedarfsstufe 1. Liegt das vom Leistungsberechtigten tatsächlich erzielte Einkommen unterhalb der auf diese Weise berechneten Einkommensgrenze, so hat er Anspruch auf die sonstige Leistung in voller Höhe.[89]

5. Zuständige Sozialhilfeträger

39 Die Sozialhilfe wird gemäß § 3 Abs. 1 sowohl von **örtlichen** als auch **überörtlichen Trägern** geleistet. Nach § 3 Abs. 2 handelt es sich bei den örtlichen Trägern der Sozialhilfe um die kreisfreien Städte und die Kreise, soweit sich aus dem Landesrecht nichts anderes ergibt. Sie sind nach § 97 Abs. 1 sachlich zuständig, d. h., sie entscheiden über die Bewilligung der Sozialhilfe – Hilfe zum Lebensunterhalt und Grundsicherung im Alter und bei voller Erwerbsminderung – im Einzelnen. Welcher Träger konkret örtlich zuständig ist, ergibt sich aus dem Aufenthaltsort des Leistungsbedürftigen, § 98 Abs. 1. Da die Kreise und kreisfreien Städte als örtliche Träger mit der Übertragung der Sozialhilfe eine pflichtige Selbstverwaltungsaufgabe erhalten haben,[90] wird die Rechtmäßigkeit des Verwaltungshandelns auch nur allgemein durch die Kommunalaufsicht überprüft.[91] Dabei können die Länder gemäß § 99 Abs. 1 bestimmen, inwieweit die Kreise die ihnen zugehörigen Gemeinden oder Gemeindeverbände zur Durchführung der Aufgaben nach dem SGB XII heranziehen und Weisungen erteilen können.

---

87 SG Stuttgart – 23.06.2006 – S 20 SO 4090/06 ER.

88 BGBl. I S. 179, zuletzt geändert durch Art. 14 des Gesetzes zur Einordnung des Sozialhilferechts in das SGB v. 27.12.2003, BGBl. I S. 3022, 3060.

89 Beispiel bei Conradis in Bieritz-Harder/Conradis/Thie (Hrsg.), § 85 Rn. 28.

90 BVerwGE – 13.01.1983 – 5 C 98/81.

91 Muckel, S. 391 Rn. 9.

Nach § 3 Abs. 3 legen die Länder fest, wer die überörtlichen Träger der Sozialhilfe sind. Danach nimmt in Baden-Württemberg z. B. der Kommunalverband für Jugend und Soziales die Aufgaben der Sozialhilfe wahr. In Mecklenburg-Vorpommern ist es der Kommunale Sozialverband Mecklenburg-Vorpommern, in Sachsen der Kommunale Sozialverband Sachsen, in Hessen der Landeswohlfahrtsverband, in Bayern die Bezirke, in Nordrhein-Westfalen die Landschaftsverbände und in den anderen Bundesländern sind es die Länder selbst. Gleiches gilt für die Stadtstaaten wie Hamburg, Bremen und Berlin.[92] Die sachliche Zuständigkeit ergibt sich in der Regel aus dem Landesrecht (§ 97 Abs. 2) – trifft das Landesrecht hier keine Regelung, so ist der überörtliche Träger für die Leistungen der Eingliederungshilfe an behinderte Menschen, für die Hilfe zur Pflege, die Hilfe zur Überwindung besonderer sozialer Schwierigkeiten und für die Leistungen der Blindenhilfe sachlich zuständig (§ 97 Abs. 3). **40**

Darüber hinaus ist zu beachten, dass § 5 Abs. 2 bis 5 mit den Kirchen und Religionsgemeinschaften sowie den Verbänden der freien Wohlfahrtspflege eine **Zusammenarbeit** vorsieht. Ziel der Zusammenarbeit ist die wirksame Ergänzung der unterschiedlichen Hilfsmaßnahmen.[93] Entsprechend dem Grundsatz der Subsidiarität soll der Sozialhilfeträger im Übrigen dann von Hilfe absehen, wenn von Seiten der freien Wohlfahrtspflege Leistungen erbracht werden. Dies gilt jedoch nicht für Geldleistungen, § 5 Abs. 4 Satz 2. **41**

6. Durchsetzung der Sozialhilfe

Die Durchsetzung des Anspruchs auf Hilfe zum Lebensunterhalt, Grundsicherung im Alter und bei Erwerbsminderung oder sonstiger Leistungen wird zunächst über das **Widerspruchsverfahren** nach §§ 62 ff. SGB X in Gang gesetzt. Anwendbar auf förmliche Rechtsbehelfe ist gemäß § 62 SGB X das SGG, welches in den §§ 78 bis 86 a SGG die Form und Frist des Widerspruchs regelt. Die Widerspruchsfrist von einem Monat nach § 66 Abs. 1 SGG beginnt zu laufen, sobald dem Anspruchsteller der Verwaltungsakt – hier die jeweilige Sozialhilfeleistung – bekannt gegeben worden ist und der Betroffene über den Widerspruch als zulässigem Rechtsbehelf ordnungsgemäß schriftlich belehrt worden ist. Fehlt eine solche Belehrung oder ist die Rechtsbehelfsbelehrung fehlerhaft, so kann der Widerspruch auch noch innerhalb eines Jahres ab Bekanntgabe eingelegt werden, § 66 Abs. 2 SGG. Der zuständige Sozialhilfeträger erteilt auf den Widerspruch hin einen **Widerspruchsbescheid**. **42**

Gegen den Widerspruchsbescheid kann sich der Anspruchsteller mit der **Klage zum Sozialgericht** gemäß § 51 Abs. 1 Nr. 4 a und Nr. 6 a SGG wehren. Ist die Angelegenheit eilig und duldet keinen Aufschub, so kann auch **einstweiliger Rechtsschutz** in Anspruch genommen werden (§§ 86 a und 86 b SGG), damit über den Hilfeanspruch innerhalb weniger Wochen zumindest vorläufig entschieden wird, denn sozialgerichtliche Verfahren können durchaus ein bis zwei Jahre dauern.[94] Eine Besonderheit des SGG ist die in **43**

92 Waltermann, S. 234 Rn. 463.
93 Ebda. Rn. 464.
94 Conradis in Bieritz-Harder/Conradis/Thie (Hrsg.), Anh. Verfahren Rn. 112.

§ 88 SGG geregelte sog. **Untätigkeitsklage**: Ist über den Widerspruch in angemessener Zeit nicht entschieden worden, so kann nach drei Monaten Untätigkeitsklage zum Sozialgericht erhoben werden. Ist über den Antrag des Hilfebedürftigen nicht innerhalb von sechs Monaten entschieden worden, so kann auch in diesem Fall Untätigkeitsklage erhoben werden. Sozialgerichtliche Klagen sind schriftlich oder zur Niederschrift des zuständigen Sozialgerichts zu erheben. Die Klage muss gemäß § 87 SGG innerhalb eines Monats ab Zustellung des Widerspruchsbescheids erhoben werden.

44 Das Sozialgerichtsverfahren ist **gerichtskostenfrei** (§ 183 SGG). Wird allerdings ein Rechtsanwalt beauftragt, so muss der Betroffene seine Rechtsanwaltskosten selbst tragen, es sei denn, er hat nach § 73 a SGG in Verbindung mit §§ 114 ff. ZPO **Prozesskostenhilfe** bewilligt erhalten.

7. Betriebs- und Personalräte

45 Für Betriebs- und Personalräte eröffnet sich lediglich im Zusammenhang mit der Grundsicherung im Alter und bei Erwerbsminderung ein sehr kleines Betätigungsfeld. So kann ein verantwortungsvoller Betriebsrat betroffene Arbeitnehmer, die Altersrente oder aber eine volle Erwerbsminderungsrente beantragt haben, über die grundsätzliche Möglichkeit der Grundsicherung durch den Sozialhilfeträger informieren. Neben der **Information** kann er den Betroffenen, z. B. im Fall der Behinderung oder Schwerbehinderung, auch in **Zusammenarbeit mit der Schwerbehindertenvertretung** gemäß §§ 93 und 95 Abs. 1 SGB IX bei der Beratung und Unterstützung behilflich sein. Ausdrücklich im BetrVG oder aber im BPersVG verankerte Rechte der betrieblichen Interessenvertretungen existieren jedoch nicht.

12. Sozialgerichtsgesetz (SGG)

Vom 23. September 1975 (BGBl. I S. 2535); zuletzt geändert durch Art. 5 G v. 21. Juli 2012 (BGBl. I S. 1577)

– Auszug –

Übersicht

Erster Abschnitt
Gerichtsbarkeit und Richteramt

§ 1

Die Sozialgerichtsbarkeit wird durch unabhängige, von den Verwaltungsbehörden getrennte, besondere Verwaltungsgerichte ausgeübt.

§ 2
Als Gerichte der Sozialgerichtsbarkeit werden in den Ländern Sozialgerichte und Landessozialgerichte, im Bund das Bundessozialgericht errichtet.

§ 3
Die Gerichte der Sozialgerichtsbarkeit werden mit Berufsrichtern und ehrenamtlichen Richtern besetzt.

Zweiter Abschnitt
Sozialgerichte

§ 7
(1) Die Sozialgerichte werden als Landesgerichte errichtet. Die Errichtung und Aufhebung eines Gerichts und die Verlegung eines Gerichtssitzes werden durch Gesetz angeordnet. Änderungen in der Abgrenzung der Gerichtsbezirke können auch durch Rechtsverordnung bestimmt werden. Die Landesregierung oder die von ihr beauftragte Stelle kann anordnen, daß außerhalb des Sitzes eines Sozialgerichts Zweigstellen errichtet werden.

(2) Mehrere Länder können gemeinsame Sozialgerichte errichten oder die Ausdehnung von Gerichtsbezirken über die Landesgrenzen hinaus vereinbaren.

(3) Wird ein Sozialgericht aufgehoben oder wird die Abgrenzung der Gerichtsbezirke geändert, so kann durch Landesgesetz bestimmt werden, daß die bei dem aufgehobenen Gericht oder bei dem von der Änderung in der Abgrenzung der Gerichtsbezirke betroffenen Gericht rechtshängigen Streitsachen auf ein anderes Sozialgericht übergehen.

§ 9
(1) Das Sozialgericht besteht aus der erforderlichen Zahl von Berufsrichtern als Vorsitzenden und aus den ehrenamtlichen Richtern.

(2) Die für die allgemeine Dienstaufsicht und die sonstigen Geschäfte der Gerichtsverwaltung zuständige Stelle wird durch Landesrecht bestimmt.

§ 10
(1) Bei den Sozialgerichten werden Kammern für Angelegenheiten der Sozialversicherung, der Arbeitsförderung einschließlich der übrigen Aufgaben der Bundesagentur für Arbeit, für Angelegenheiten der Grundsicherung für Arbeitsuchende, für Angelegenheiten der Sozialhilfe und des Asylbewerberleistungsgesetzes sowie für Angelegenheiten des sozialen Entschädigungsrechts (Recht der sozialen Entschädigung bei Gesundheitsschäden) und des Schwerbehindertenrechts gebildet. Für Angelegenheiten der Knappschaftsversicherung einschließlich der Unfallversicherung für den Bergbau können eigene Kammern gebildet werden.

(2) Für Streitigkeiten aufgrund der Beziehungen zwischen Krankenkassen und Vertragsärzten, Psychotherapeuten, Vertragszahnärzten (Vertragsarztrecht) einschließlich ihrer Vereinigungen und Verbände sind eigene Kammern zu bilden. Zu diesen Streitigkeiten gehören auch

1. Klagen gegen Entscheidungen und Richtlinien des Gemeinsamen Bundesausschusses, soweit diese Entscheidungen und die streitgegenständlichen Regelungen der Richtlinien die vertragsärztliche Versorgung betreffen,
2. Klagen in Aufsichtsangelegenheiten gegenüber dem Gemeinsamen Bundesausschuss, denen die in Nummer 1 genannten Entscheidungen und Regelungen der Richtlinien des Gemeinsamen Bundesausschusses zugrunde liegen, und
3. Klagen aufgrund von Verträgen nach den §§ 73 b und 73 c des Fünften Buches Sozialgesetzbuch sowie Klagen im Zusammenhang mit der Teilnahme an der vertragsärztlichen Versorgung aufgrund von Ermächtigungen nach den §§ 116, 116 a und 117 bis 119 b des Fünften Buches Sozialgesetzbuch, Klagen wegen der Vergütung nach § 120 des Fünften Buches Sozialgesetzbuch sowie Klagen aufgrund von Verträgen nach § 140 a des Fünften Buches Sozialgesetzbuch, soweit es um die Bereinigung der Gesamtvergütung nach § 140 d des Fünften Buches Sozialgesetzbuch geht.

(3) Der Bezirk einer Kammer kann auf Bezirke anderer Sozialgerichte erstreckt werden. Die beteiligten Länder können die Ausdehnung des Bezirks einer Kammer auf das Gebiet oder Gebietsteile mehrerer Länder vereinbaren.

§ 12

(1) Jede Kammer des Sozialgerichts wird in der Besetzung mit einem Vorsitzenden und zwei ehrenamtlichen Richtern als Beisitzern tätig. Bei Beschlüssen außerhalb der mündlichen Verhandlung und bei Gerichtsbescheiden wirken die ehrenamtlichen Richter nicht mit.

(2) In den Kammern für Angelegenheiten der Sozialversicherung gehört je ein ehrenamtlicher Richter dem Kreis der Versicherten und der Arbeitgeber an. Sind für Angelegenheiten einzelner Zweige der Sozialversicherung eigene Kammern gebildet, so sollen die ehrenamtlichen Richter dieser Kammern an dem jeweiligen Versicherungszweig beteiligt sein.

(3) In den Kammern für Angelegenheiten des Vertragsarztrechts wirken je ein ehrenamtlicher Richter aus den Kreisen der Krankenkassen und der Vertragsärzte, Vertragszahnärzte und Psychotherapeuten mit. In Angelegenheiten der Vertragsärzte, Vertragszahnärzte und Psychotherapeuten wirken als ehrenamtliche Richter nur Vertragsärzte, Vertragszahnärzte und Psychotherapeuten mit.

(4) In den Kammern für Angelegenheiten des sozialen Entschädigungsrechts und des Schwerbehindertenrechts wirken je ein ehrenamtlicher Richter aus dem Kreis der mit dem sozialen Entschädigungsrecht oder dem Recht der Teilhabe behinderter Menschen vertrauten Personen und dem Kreis der Versorgungsberechtigten, der behinderten Menschen im Sinne des Neunten Buches Sozialgesetzbuch und der Versicherten mit; dabei sollen Hinterbliebene von Versorgungsberechtigten in angemessener Zahl beteiligt werden.

(5) In den Kammern für Angelegenheiten der Grundsicherung für Arbeitsuchende einschließlich der Streitigkeiten aufgrund § 6 a des Bundeskindergeldgesetzes und der Arbeitsförderung wirken ehrenamtliche Richter aus den Vorschlagslisten der Arbeitnehmer und der Arbeitgeber mit. In den Kammern für Angelegenheiten der Sozialhilfe und des Asylbewerberleistungsgesetzes wirken ehrenamtliche Richter aus den Vorschlagslisten der Kreise und der kreisfreien Städte mit.

§ 13

(1) Die ehrenamtlichen Richter werden von der nach Landesrecht zuständigen Stelle aufgrund von Vorschlagslisten (§ 14) für fünf Jahre berufen; sie sind in angemessenem Verhältnis unter billiger Berücksichtigung der Minderheiten aus den Vorschlagslisten zu entnehmen. Die zuständige Stelle kann eine Ergänzung der Vorschlagslisten verlangen.

(2) Die Landesregierungen werden ermächtigt, durch Rechtsverordnung eine einheitliche Amtsperiode festzulegen; sie können diese Ermächtigung durch Rechtsverordnung auf die jeweils zuständige oberste Landesbehörde übertragen. Wird eine einheitliche Amtsperiode festgelegt, endet die Amtszeit der ehrenamtlichen Richter ohne Rücksicht auf den Zeitpunkt ihrer Berufung mit dem Ende der laufenden Amtsperiode.

(3) Die ehrenamtlichen Richter bleiben nach Ablauf ihrer Amtszeit im Amt, bis ihre Nachfolger berufen sind. Erneute Berufung ist zulässig. Bei vorübergehendem Bedarf kann die nach Landesrecht zuständige Stelle weitere ehrenamtliche Richter nur für ein Jahr berufen.

(4) Die Zahl der ehrenamtlichen Richter, die für die Kammern für Angelegenheiten der Sozialversicherung, der Arbeitsförderung, der Grundsicherung für Arbeitsuchende, der Sozialhilfe und des Asylbewerberleistungsgesetzes, des sozialen Entschädigungsrechts und des Schwerbehindertenrechts zu berufen sind, bestimmt sich nach Landesrecht; die Zahl der ehrenamtlichen Richter für die Kammern für Angelegenheiten der Knappschaftsversicherung und für Angelegenheiten des Vertragsarztrechts ist je besonders festzusetzen.

(5) Bei der Berufung der ehrenamtlichen Richter für die Kammern für Angelegenheiten der Sozialversicherung ist auf ein angemessenes Verhältnis zu der Zahl der im Gerichtsbezirk ansässigen Versicherten der einzelnen Versicherungszweige Rücksicht zu nehmen.

(6) Die ehrenamtlichen Richter für die Kammern für Angelegenheiten des sozialen Entschädigungsrechts und des Schwerbehindertenrechts sind in angemessenem Verhältnis zu der Zahl der von den Vorschlagsberechtigten vertretenen Versorgungsberechtigten, behinderten Menschen im Sinne des Neunten Buches Sozialgesetzbuch und Versicherten zu berufen.

§ 14

(1) Die Vorschlagslisten für die ehrenamtlichen Richter, die in den Kammern für Angelegenheiten der Sozialversicherung mitwirken, werden aus dem Kreis der Versicherten von den Gewerkschaften, von selbständigen Vereinigungen von Arbeitneh-

mern mit sozial- oder berufspolitischer Zwecksetzung und von den in Absatz 3 Satz 2 genannten Vereinigungen sowie aus dem Kreis der Arbeitgeber von Vereinigungen von Arbeitgebern und den in § 16 Abs. 4 Nr. 3 bezeichneten obersten Bundes- oder Landesbehörden aufgestellt.

(2) Die Vorschlagslisten für die ehrenamtlichen Richter, die in den Kammern für Angelegenheiten des Vertragsarztrechts mitwirken, werden nach Bezirken von den Kassenärztlichen und Kassenzahnärztlichen Vereinigungen und von den Zusammenschlüssen der Krankenkassen aufgestellt.

(3) Für die Kammern für Angelegenheiten des sozialen Entschädigungsrechts und des Schwerbehindertenrechts werden die Vorschlagslisten für die mit dem sozialen Entschädigungsrecht oder dem Recht der Teilhabe behinderter Menschen vertrauen Personen von den Landesversorgungsämtern oder nach Maßgabe des Landesrechts von den Stellen aufgestellt, denen deren Aufgaben übertragen worden sind oder die für die Durchführung des Bundesversorgungsgesetzes oder des Rechts der Teilhabe behinderter Menschen zuständig sind. Die Vorschlagslisten für die Versorgungsberechtigten, die behinderten Menschen und die Versicherten werden aufgestellt von den im Gerichtsbezirk vertretenen Vereinigungen, deren satzungsgemäße Aufgaben die gemeinschaftliche Interessenvertretung, die Beratung und Vertretung der Leistungsempfänger nach dem sozialen Entschädigungsrecht oder der behinderten Menschen wesentlich umfassen und die unter Berücksichtigung von Art und Umfang ihrer bisherigen Tätigkeit sowie ihres Mitgliederkreises die Gewähr für eine sachkundige Erfüllung dieser Aufgaben bieten. Vorschlagsberechtigt nach Satz 2 sind auch die Gewerkschaften und selbständige Vereinigungen von Arbeitnehmern mit sozial- oder berufspolitischer Zwecksetzung.

(4) Die Vorschlagslisten für die ehrenamtlichen Richter, die in den Kammern für Angelegenheiten der Grundsicherung für Arbeitsuchende einschließlich der Streitigkeiten aufgrund § 6 a des Bundeskindergeldgesetzes und der Arbeitsförderung mitwirken, werden von den in Absatz 1 Genannten aufgestellt.

(5) Die Vorschlagslisten für die ehrenamtlichen Richter, die in den Kammern für Angelegenheiten der Sozialhilfe und des Asylbewerberleistungsgesetzes mitwirken, werden von den Kreisen und den kreisfreien Städten aufgestellt.

§ 16

(1) Das Amt des ehrenamtlichen Richters am Sozialgericht kann nur ausüben, wer Deutscher ist und das fünfundzwanzigste Lebensjahr vollendet hat.

(2) (weggefallen)

(3) Ehrenamtlicher Richter aus Kreisen der Versicherten kann auch sein, wer arbeitslos ist oder Rente aus eigener Versicherung bezieht. Ehrenamtlicher Richter aus den Kreisen der Arbeitnehmer kann auch sein, wer arbeitslos ist. Ehrenamtlicher Richter aus Kreisen der Arbeitgeber kann auch sein, wer vorübergehend oder zu gewissen Zeiten des Jahres keine Arbeitnehmer beschäftigt.

(4) Ehrenamtliche Richter aus Kreisen der Arbeitgeber können sein

1. Personen, die regelmäßig mindestens einen versicherungspflichtigen Arbeitneh-

mer beschäftigen; ist ein Arbeitgeber zugleich Versicherter oder bezieht er eine Rente aus eigener Versicherung, so begründet die Beschäftigung einer Hausgehilfin oder Hausangestellten nicht die Arbeitgebereigenschaft im Sinne dieser Vorschrift;
2. bei Betrieben einer juristischen Person oder einer Personengesamtheit Personen, die kraft Gesetzes, Satzung oder Gesellschaftsvertrags allein oder als Mitglieder des Vertretungsorgans zur Vertretung der juristischen Person oder der Personengesamtheit berufen sind;
3. Beamte und Angestellte des Bundes, der Länder, der Gemeinden und Gemeindeverbände sowie bei anderen Körperschaften, Anstalten und Stiftungen des öffentlichen Rechts nach näherer Anordnung der zuständigen obersten Bundes- oder Landesbehörde;
4. Personen, denen Prokura oder Generalvollmacht erteilt ist sowie leitende Angestellte;
5. Mitglieder und Angestellte von Vereinigungen von Arbeitgebern sowie Vorstandsmitglieder und Angestellte von Zusammenschlüssen solcher Vereinigungen, wenn diese Personen kraft Satzung oder Vollmacht zur Vertretung befugt sind.

(5) Bei Sozialgerichten, in deren Bezirk wesentliche Teile der Bevölkerung in der Seeschiffahrt beschäftigt sind, können ehrenamtliche Richter aus dem Kreis der Versicherten auch befahrene Schiffahrtskundige sein, die nicht Reeder, Reedereileiter (Korrespondentreeder, §§ 492 bis 499 des Handelsgesetzbuchs) oder Bevollmächtigte sind.

(6) Die ehrenamtlichen Richter sollen im Bezirk des Sozialgerichts wohnen oder ihren Betriebssitz haben oder beschäftigt sein.

§ 19

(1) Der ehrenamtliche Richter übt sein Amt mit gleichen Rechten wie der Berufsrichter aus.

(2) Die ehrenamtlichen Richter erhalten eine Entschädigung nach dem Justizvergütungs- und -entschädigungsgesetz.

§ 22

(1) Der ehrenamtliche Richter ist von seinem Amt zu entbinden, wenn das Berufungsverfahren fehlerhaft war oder das Fehlen einer Voraussetzung für seine Berufung oder der Eintritt eines Ausschließungsgrundes bekannt wird. Er ist seines Amtes zu entheben, wenn er seine Amtspflichten grob verletzt. Er kann von seinem Amt entbunden werden, wenn eine Voraussetzung für seine Berufung im Laufe seiner Amtszeit wegfällt. Soweit die Voraussetzungen für eine Amtsentbindung vorliegen, liegt in ihrer Nichtdurchführung kein die Zurückverweisung oder Revision begründender Verfahrensmangel.

(2) Die Entscheidung trifft die vom Präsidium für jedes Geschäftsjahr im Voraus bestimmte Kammer. Vor der Entscheidung ist der ehrenamtliche Richter zu hören. Die Entscheidung ist unanfechtbar.

(3) Die nach Absatz 2 Satz 1 zuständige Kammer kann anordnen, dass der ehrenamtliche Richter bis zur Entscheidung über die Amtsentbindung oder Amtsenthebung nicht heranzuziehen ist. Die Anordnung ist unanfechtbar.

Dritter Abschnitt
Landessozialgerichte

§ 28

(1) Die Landessozialgerichte werden als Landesgerichte errichtet. Die Errichtung und Aufhebung eines Gerichts und die Verlegung eines Gerichtssitzes werden durch Gesetz angeordnet. Änderungen in der Abgrenzung der Gerichtsbezirke können auch durch Rechtsverordnung bestimmt werden. Die Landesregierung oder die von ihr beauftragte Stelle kann anordnen, daß außerhalb des Sitzes des Landessozialgerichts Zweigstellen errichtet werden.

(2) Mehrere Länder können ein gemeinsames Landessozialgericht errichten.

§ 29

(1) Die Landessozialgerichte entscheiden im zweiten Rechtszug über die Berufung gegen die Urteile und die Beschwerden gegen andere Entscheidungen der Sozialgerichte.

(2) Die Landessozialgerichte entscheiden im ersten Rechtszug über

1. Klagen gegen Entscheidungen der Landesschiedsämter und gegen Beanstandungen von Entscheidungen der Landesschiedsämter nach dem Fünften Buch Sozialgesetzbuch, gegen Entscheidungen der Schiedsstellen nach § 120 Abs. 4 des Fünften Buches Sozialgesetzbuch, der Schiedsstelle nach § 76 des Elften Buches Sozialgesetzbuch und der Schiedsstellen nach § 80 des Zwölften Buches Sozialgesetzbuch,
2. Aufsichtsangelegenheiten gegenüber Trägern der Sozialversicherung und ihren Verbänden, gegenüber den Kassenärztlichen und Kassenzahnärztlichen Vereinigungen sowie der Kassenärztlichen und Kassenzahnärztlichen Bundesvereinigung, bei denen die Aufsicht von einer Landes- oder Bundesbehörde ausgeübt wird,
3. Klagen in Angelegenheiten der Erstattung von Aufwendungen nach § 6b des Zweiten Buches Sozialgesetzbuch,
4. Anträge nach § 55a.

(3) Das Landessozialgericht Nordrhein-?Westfalen entscheidet im ersten Rechtszug über

1. Streitigkeiten zwischen gesetzlichen Krankenkassen oder ihren Verbänden und dem Bundesversicherungsamt betreffend den Risikostrukturausgleich, die Anerkennung von strukturierten Behandlungsprogrammen und die Verwaltung des Gesundheitsfonds,
2. Streitigkeiten betreffend den Finanzausgleich der gesetzlichen Pflegeversicherung,
3. Streitigkeiten betreffend den Ausgleich unter den gewerblichen Berufsgenossenschaften nach dem Siebten Buch Sozialgesetzbuch.

(4) Das Landessozialgericht Berlin-?Brandenburg entscheidet im ersten Rechtszug über

1. Klagen gegen die Entscheidung der gemeinsamen Schiedsämter nach § 89 Abs. 4 des Fünften Buches Sozialgesetzbuch und des Bundesschiedsamtes nach § 89 Abs. 7 des Fünften Buches Sozialgesetzbuch sowie der erweiterten Bewertungsausschüsse nach

§ 87 Abs. 4 des Fünften Buches Sozialgesetzbuch, soweit die Klagen von den Einrichtungen erhoben werden, die diese Gremien bilden,
2. Klagen gegen Entscheidungen des Bundesministeriums für Gesundheit nach § 87 Abs. 6 des Fünften Buches Sozialgesetzbuch gegenüber den Bewertungsausschüssen und den erweiterten Bewertungsausschüssen sowie gegen Beanstandungen des Bundesministeriums für Gesundheit gegenüber den Bundesschiedsämtern,
3. Klagen gegen Entscheidungen und Richtlinien des Gemeinsamen Bundesausschusses (§§ 91, 92 des Fünften Buches Sozialgesetzbuch), Klagen in Aufsichtsangelegenheiten gegenüber dem Gemeinsamen Bundesausschuss, Klagen gegen die Festsetzung von Festbeträgen durch die Spitzenverbände der Krankenkassen oder den Spitzenverband Bund der Krankenkassen sowie Klagen gegen Entscheidungen der Schiedsstellen nach den §§ 129 und 130 b des Fünften Buches Sozialgesetzbuch.
4. (weggefallen)

§ 30

(1) Das Landessozialgericht besteht aus dem Präsidenten, den Vorsitzenden Richtern, weiteren Berufsrichtern und den ehrenamtlichen Richtern.

(2) Die für die allgemeine Dienstaufsicht und die sonstigen Geschäfte der Gerichtsverwaltung zuständige Stelle wird durch Landesrecht bestimmt.

§ 31

(1) Bei den Landessozialgerichten werden Senate für Angelegenheiten der Sozialversicherung, der Arbeitsförderung einschließlich der übrigen Aufgaben der Bundesagentur für Arbeit, für Angelegenheiten der Grundsicherung für Arbeitsuchende, für Angelegenheiten der Sozialhilfe und des Asylbewerberleistungsgesetzes sowie für Angelegenheiten des sozialen Entschädigungsrechts und des Schwerbehindertenrechts gebildet. Für Angelegenheiten der Knappschaftsversicherung einschließlich der Unfallversicherung für den Bergbau sowie für Verfahren wegen eines überlangen Gerichtsverfahrens (§ 202 Satz 2) kann jeweils ein eigener Senat gebildet werden.

(2) Für die Angelegenheiten des Vertragsarztrechts und für Antragsverfahren nach § 55 a ist ein eigener Senat zu bilden.

(3) Die beteiligten Länder können die Ausdehnung des Bezirks eines Senats auf das Gebiet oder auf Gebietsteile mehrerer Länder vereinbaren.

§ 33

(1) Jeder Senat wird in der Besetzung mit einem Vorsitzenden, zwei weiteren Berufsrichtern und zwei ehrenamtlichen Richtern tätig. § 12 Abs. 1 Satz 2, Abs. 2 bis 5 gilt entsprechend.

(2) In Senaten, die in Verfahren wegen eines überlangen Gerichtsverfahrens (§ 202 Satz 2) entscheiden, wirken die für Angelegenheiten der Sozialversicherung berufenen ehrenamtlichen Richter mit.

Vierter Abschnitt
Bundessozialgericht

§ 38

(1) Das Bundessozialgericht hat seinen Sitz in Kassel.

(2) Das Bundessozialgericht besteht aus dem Präsidenten, den Vorsitzenden Richtern, weiteren Berufsrichtern und den ehrenamtlichen Richtern. Die Berufsrichter müssen das fünfunddreißigste Lebensjahr vollendet haben. Für die Berufung der Berufsrichter gelten die Vorschriften des Richterwahlgesetzes. Zuständiger Minister im Sinne des § 1 Abs. 1 des Richterwahlgesetzes ist der Bundesminister für Arbeit und Soziales.

(3) Das Bundesministerium für Arbeit und Soziales führt die allgemeine Dienstaufsicht und die sonstigen Geschäfte der Gerichtsverwaltung. Es kann die allgemeine Dienstaufsicht und die sonstigen Geschäfte der Gerichtsverwaltung auf den Präsidenten des Bundessozialgerichts übertragen.

§ 40

Für die Bildung und Besetzung der Senate gelten § 31 Abs. 1 und § 33 entsprechend. Für Angelegenheiten des Vertragsarztrechts ist mindestens ein Senat zu bilden. In den Senaten für Angelegenheiten des § 51 Abs. 1 Nr. 6 a wirken ehrenamtliche Richter aus der Vorschlagsliste der Bundesvereinigung der kommunalen Spitzenverbände mit.

Fünfter Abschnitt
Rechtsweg und Zuständigkeit

§ 51

(1) Die Gerichte der Sozialgerichtsbarkeit entscheiden über öffentlich-rechtliche Streitigkeiten

1. in Angelegenheiten der gesetzlichen Rentenversicherung einschließlich der Alterssicherung der Landwirte,
2. in Angelegenheiten der gesetzlichen Krankenversicherung, der sozialen Pflegeversicherung und der privaten Pflegeversicherung (Elftes Buch Sozialgesetzbuch), auch soweit durch diese Angelegenheiten Dritte betroffen werden; dies gilt nicht für Streitigkeiten in Angelegenheiten nach § 110 des Fünften Buches Sozialgesetzbuch aufgrund einer Kündigung von Versorgungsverträgen, die für Hochschulkliniken oder Plankrankenhäuser (§ 108 Nr. 1 und 2 des Fünften Buches Sozialgesetzbuch) gelten,
3. in Angelegenheiten der gesetzlichen Unfallversicherung mit Ausnahme der Streitigkeiten aufgrund der Überwachung der Maßnahmen zur Prävention durch die Träger der gesetzlichen Unfallversicherung,
4. in Angelegenheiten der Arbeitsförderung einschließlich der übrigen Aufgaben der Bundesagentur für Arbeit,

4a. in Angelegenheiten der Grundsicherung für Arbeitsuchende,
5. in sonstigen Angelegenheiten der Sozialversicherung,
6. in Angelegenheiten des sozialen Entschädigungsrechts mit Ausnahme der Streitigkeiten aufgrund der §§ 25 bis 27j des Bundesversorgungsgesetzes (Kriegsopferfürsorge), auch soweit andere Gesetze die entsprechende Anwendung dieser Vorschriften vorsehen,
6a. in Angelegenheiten der Sozialhilfe und des Asylbewerberleistungsgesetzes,
7. bei der Feststellung von Behinderungen und ihrem Grad sowie weiterer gesundheitlicher Merkmale, ferner der Ausstellung, Verlängerung, Berichtigung und Einziehung von Ausweisen nach § 69 des Neunten Buches Sozialgesetzbuch,
8. die aufgrund des Aufwendungsausgleichsgesetzes entstehen,
9. (weggefallen)
10. für die durch Gesetz der Rechtsweg vor diesen Gerichten eröffnet wird.

(2) Die Gerichte der Sozialgerichtsbarkeit entscheiden auch über privatrechtliche Streitigkeiten in Angelegenheiten der gesetzlichen Krankenversicherung, auch soweit durch diese Angelegenheiten Dritte betroffen werden. Satz 1 gilt für die soziale Pflegeversicherung und die private Pflegeversicherung (Elftes Buch Sozialgesetzbuch) entsprechend.

(3) Von der Zuständigkeit der Gerichte der Sozialgerichtsbarkeit nach den Absätzen 1 und 2 ausgenommen sind Streitigkeiten in Verfahren nach dem Gesetz gegen Wettbewerbsbeschränkungen, die Rechtsbeziehungen nach § 69 des Fünften Buches Sozialgesetzbuch betreffen.

§ 54

(1) Durch Klage kann die Aufhebung eines Verwaltungsakts oder seine Abänderung sowie die Verurteilung zum Erlaß eines abgelehnten oder unterlassenen Verwaltungsakts begehrt werden. Soweit gesetzlich nichts anderes bestimmt ist, ist die Klage zulässig, wenn der Kläger behauptet, durch den Verwaltungsakt oder durch die Ablehnung oder Unterlassung eines Verwaltungsakts beschwert zu sein.

(2) Der Kläger ist beschwert, wenn der Verwaltungsakt oder die Ablehnung oder Unterlassung eines Verwaltungsakts rechtswidrig ist. Soweit die Behörde, Körperschaft oder Anstalt des öffentlichen Rechts ermächtigt ist, nach ihrem Ermessen zu handeln, ist Rechtswidrigkeit auch gegeben, wenn die gesetzlichen Grenzen dieses Ermessens überschritten sind oder von dem Ermessen in einer dem Zweck der Ermächtigung nicht entsprechenden Weise Gebrauch gemacht ist.

(3) Eine Körperschaft oder eine Anstalt des öffentlichen Rechts kann mit der Klage die Aufhebung einer Anordnung der Aufsichtsbehörde begehren, wenn sie behauptet, daß die Anordnung das Aufsichtsrecht überschreite.

(4) Betrifft der angefochtene Verwaltungsakt eine Leistung, auf die ein Rechtsanspruch besteht, so kann mit der Klage neben der Aufhebung des Verwaltungsakts gleichzeitig die Leistung verlangt werden.

(5) Mit der Klage kann die Verurteilung zu einer Leistung, auf die ein Rechtsanspruch besteht, auch dann begehrt werden, wenn ein Verwaltungsakt nicht zu ergehen hatte.

§ 55

(1) Mit der Klage kann begehrt werden

1. die Feststellung des Bestehens oder Nichtbestehens eines Rechtsverhältnisses,
2. die Feststellung, welcher Versicherungsträger der Sozialversicherung zuständig ist,
3. die Feststellung, ob eine Gesundheitsstörung oder der Tod die Folge eines Arbeitsunfalls, einer Berufskrankheit oder einer Schädigung im Sinne des Bundesversorgungsgesetzes ist,
4. die Feststellung der Nichtigkeit eines Verwaltungsakts,

wenn der Kläger ein berechtigtes Interesse an der baldigen Feststellung hat.

(2) Unter Absatz 1 Nr. 1 fällt auch die Feststellung, in welchem Umfang Beiträge zu berechnen oder anzurechnen sind.

§ 55 a

(1) Auf Antrag ist über die Gültigkeit von Satzungen oder anderen im Rang unter einem Landesgesetz stehenden Rechtsvorschriften, die nach § 22 a Absatz 1 des Zweiten Buches Sozialgesetzbuch und dem dazu ergangenen Landesgesetz erlassen worden sind, zu entscheiden.

(2) Den Antrag kann jede natürliche Person stellen, die geltend macht, durch die Anwendung der Rechtsvorschrift in ihren Rechten verletzt zu sein oder in absehbarer Zeit verletzt zu werden. Er ist gegen die Körperschaft zu richten, welche die Rechtsvorschrift erlassen hat. Das Landessozialgericht kann der obersten Landesbehörde oder der von ihr bestimmten Stelle Gelegenheit zur Äußerung binnen einer bestimmten Frist geben. § 75 Absatz 1 und 3 sowie Absatz 4 Satz 1 sind entsprechend anzuwenden.

(3) Das Landessozialgericht prüft die Vereinbarkeit der Rechtsvorschrift mit Landesrecht nicht, soweit gesetzlich vorgesehen ist, dass die Rechtsvorschrift ausschließlich durch das Verfassungsgericht eines Landes nachprüfbar ist.

(4) Ist ein Verfahren zur Überprüfung der Gültigkeit der Rechtsvorschrift bei einem Verfassungsgericht anhängig, so kann das Landessozialgericht anordnen, dass die Verhandlung bis zur Erledigung des Verfahrens vor dem Verfassungsgericht auszusetzen ist.

(5) Das Landessozialgericht entscheidet durch Urteil oder, wenn es eine mündliche Verhandlung nicht für erforderlich hält, durch Beschluss. Kommt das Landessozialgericht zu der Überzeugung, dass die Rechtsvorschrift ungültig ist, so erklärt es sie für unwirksam; in diesem Fall ist die Entscheidung allgemein verbindlich und die Entscheidungsformel vom Antragsgegner oder der Antragsgegnerin ebenso zu veröffentlichen wie die Rechtsvorschrift bekannt zu machen wäre. Für die Wirkung der Entscheidung gilt § 183 der Verwaltungsgerichtsordnung entsprechend.

(6) Das Landessozialgericht kann auf Antrag eine einstweilige Anordnung erlassen, wenn dies zur Abwehr schwerer Nachteile oder aus anderen wichtigen Gründen dringend geboten ist.

§ 57

(1) Örtlich zuständig ist das Sozialgericht, in dessen Bezirk der Kläger zur Zeit der Klageerhebung seinen Sitz oder Wohnsitz oder in Ermangelung dessen seinen Auf-

enthaltsort hat; steht er in einem Beschäftigungsverhältnis, so kann er auch vor dem für den Beschäftigungsort zuständigen Sozialgericht klagen. Klagt eine Körperschaft oder Anstalt des öffentlichen Rechts, in Angelegenheiten nach dem Elften Buch Sozialgesetzbuch ein Unternehmen der privaten Pflegeversicherung oder in Angelegenheiten des sozialen Entschädigungsrechts oder des Schwerbehindertenrechts ein Land, so ist der Sitz oder Wohnsitz oder Aufenthaltsort des Beklagten maßgebend, wenn dieser eine natürliche Person oder eine juristische Person des Privatrechts ist.

(2) Ist die erstmalige Bewilligung einer Hinterbliebenenrente streitig, so ist der Wohnsitz oder in Ermangelung dessen der Aufenthaltsort der Witwe oder des Witwers maßgebend. Ist eine Witwe oder ein Witwer nicht vorhanden, so ist das Sozialgericht örtlich zuständig, in dessen Bezirk die jüngste Waise im Inland ihren Wohnsitz oder in Ermangelung dessen ihren Aufenthaltsort hat; sind nur Eltern oder Großeltern vorhanden, so ist das Sozialgericht örtlich zuständig, in dessen Bezirk die Eltern oder Großeltern ihren Wohnsitz oder in Ermangelung dessen ihren Aufenthaltsort haben. Bei verschiedenem Wohnsitz oder Aufenthaltsort der Eltern- oder Großelternteile gilt der im Inland gelegene Wohnsitz oder Aufenthaltsort des anspruchsberechtigten Ehemanns oder geschiedenen Mannes.

(3) Hat der Kläger seinen Sitz oder Wohnsitz oder Aufenthaltsort im Ausland, so ist örtlich zuständig das Sozialgericht, in dessen Bezirk der Beklagte seinen Sitz oder Wohnsitz oder in Ermangelung dessen seinen Aufenthaltsort hat.

(4) In Angelegenheiten des § 51 Abs. 1 Nr. 2, die auf Bundesebene festgesetzte Festbeträge betreffen, ist das Sozialgericht örtlich zuständig, in dessen Bezirk die Bundesregierung ihren Sitz hat, in Angelegenheiten, die auf Landesebene festgesetzte Festbeträge betreffen, das Sozialgericht, in dessen Bezirk die Landesregierung ihren Sitz hat.

(5) In Angelegenheiten nach § 130 a Absatz 4 und 9 des Fünften Buches Sozialgesetzbuch ist das Sozialgericht örtlich zuständig, in dessen Bezirk die zur Entscheidung berufene Behörde ihren Sitz hat.

(6) Für Antragsverfahren nach § 55 a ist das Landessozialgericht örtlich zuständig, in dessen Bezirk die Körperschaft, die die Rechtsvorschrift erlassen hat, ihren Sitz hat.

§ 59

Vereinbarungen der Beteiligten über die Zuständigkeit haben keine rechtliche Wirkung. Eine Zuständigkeit wird auch nicht dadurch begründet, daß die Unzuständigkeit des Gerichts nicht geltend gemacht wird.

Zweiter Teil
Verfahren

Erster Abschnitt
Gemeinsame Verfahrensvorschriften

Erster Unterabschnitt
Allgemeine Vorschriften

§ 60

(1) Für die Ausschließung und Ablehnung der Gerichtspersonen gelten die §§ 41 bis 49 der Zivilprozeßordnung entsprechend.

(2) Von der Ausübung des Amtes als Richter ist auch ausgeschlossen, wer bei dem vorausgegangenen Verwaltungsverfahren mitgewirkt hat.

(3) Die Besorgnis der Befangenheit nach § 42 der Zivilprozeßordnung gilt stets als begründet, wenn der Richter dem Vorstand einer Körperschaft oder Anstalt des öffentlichen Rechts angehört, deren Interessen durch das Verfahren unmittelbar berührt werden.

(4) (weggefallen)

§ 63

(1) Anordnungen und Entscheidungen, durch die eine Frist in Lauf gesetzt wird, sind den Beteiligten zuzustellen, bei Verkündung jedoch nur, wenn es ausdrücklich vorgeschrieben ist. Terminbestimmungen und Ladungen sind bekannt zu geben.

(2) Zugestellt wird von Amts wegen nach den Vorschriften der Zivilprozessordnung. Die §§ 174, 178 Abs. 1 Nr. 2 der Zivilprozessordnung sind entsprechend anzuwenden auf die nach § 73 Abs. 2 Satz 2 Nr. 3 bis 9 zur Prozessvertretung zugelassenen Personen.

(3) Wer nicht im Inland wohnt, hat auf Verlangen einen Zustellungsbevollmächtigten zu bestellen.

§ 64

(1) Der Lauf einer Frist beginnt, soweit nichts anderes bestimmt ist, mit dem Tag nach der Zustellung oder, wenn diese nicht vorgeschrieben ist, mit dem Tag nach der Eröffnung oder Verkündung.

(2) Eine nach Tagen bestimmte Frist endet mit dem Ablauf ihres letzten Tages, eine nach Wochen oder Monaten bestimmte Frist mit dem Ablauf desjenigen Tages der letzten Woche oder des letzten Monats, welcher nach Benennung oder Zahl dem Tag entspricht, in den das Ereignis oder der Zeitpunkt fällt. Fehlt dem letzten Monat der entsprechende Tag, so endet die Frist mit dem Monat.

(3) Fällt das Ende einer Frist auf einen Sonntag, einen gesetzlichen Feiertag oder einen Sonnabend, so endet die Frist mit Ablauf des nächsten Werktags.

§ 65 a

(1) Die Beteiligten können dem Gericht elektronische Dokumente übermitteln, soweit dies für den jeweiligen Zuständigkeitsbereich durch Rechtsverordnung der Bundesregierung oder der Landesregierungen zugelassen worden ist. Die Rechtsverordnung bestimmt den Zeitpunkt, von dem an Dokumente an ein Gericht elektronisch übermittelt werden können, sowie die Art und Weise, in der elektronische Dokumente einzureichen sind. Für Dokumente, die einem schriftlich zu unterzeichnenden Schriftstück gleichstehen, ist eine qualifizierte elektronische Signatur nach § 2 Nr. 3 des Signaturgesetzes vorzuschreiben. Neben der qualifizierten elektronischen Signatur kann auch ein anderes sicheres Verfahren zugelassen werden, das die Authentizität und die Integrität des übermittelten elektronischen Dokuments sicherstellt. Die Landesregierungen können die Ermächtigung auf die für die Sozialgerichtsbarkeit zuständigen obersten Landesbehörden übertragen. Die Zulassung der elektronischen Übermittlung kann auf einzelne Gerichte oder Verfahren beschränkt werden. Die Rechtsverordnung der Bundesregierung bedarf nicht der Zustimmung des Bundesrates.

(2) Ein elektronisches Dokument ist dem Gericht zugegangen, wenn es in der nach Absatz 1 Satz 1 bestimmten Art und Weise übermittelt worden ist und wenn die für den Empfang bestimmte Einrichtung es aufgezeichnet hat. Die Vorschriften dieses Gesetzes über die Beifügung von Abschriften für die übrigen Beteiligten finden keine Anwendung. Genügt das Dokument nicht den Anforderungen, ist dies dem Absender unter Angabe der für das Gericht geltenden technischen Rahmenbedingungen unverzüglich mitzuteilen.

(3) Soweit eine handschriftliche Unterzeichnung durch den Richter oder den Urkundsbeamten der Geschäftsstelle vorgeschrieben ist, genügt dieser Form die Aufzeichnung als elektronisches Dokument, wenn die verantwortenden Personen am Ende des Dokuments ihren Namen hinzufügen und das Dokument mit einer qualifizierten elektronischen Signatur nach § 2 Nr. 3 des Signaturgesetzes versehen.

§ 66

(1) Die Frist für ein Rechtsmittel oder einen anderen Rechtsbehelf beginnt nur dann zu laufen, wenn der Beteiligte über den Rechtsbehelf, die Verwaltungsstelle oder das Gericht, bei denen der Rechtsbehelf anzubringen ist, den Sitz und die einzuhaltende Frist schriftlich oder elektronisch belehrt worden ist.

(2) Ist die Belehrung unterblieben oder unrichtig erteilt, so ist die Einlegung des Rechtsbehelfs nur innerhalb eines Jahres seit Zustellung, Eröffnung oder Verkündung zulässig, außer wenn die Einlegung vor Ablauf der Jahresfrist infolge höherer Gewalt unmöglich war oder eine schriftliche oder elektronische Belehrung dahin erfolgt ist, daß ein Rechtsbehelf nicht gegeben sei. § 67 Abs. 2 gilt für den Fall höherer Gewalt entsprechend.

§ 67

(1) Wenn jemand ohne Verschulden verhindert war, eine gesetzliche Verfahrensfrist einzuhalten, so ist ihm auf Antrag Wiedereinsetzung in den vorigen Stand zu gewähren.

(2) Der Antrag ist binnen eines Monats nach Wegfall des Hindernisses zu stellen. Die Tatsachen zur Begründung des Antrags sollen glaubhaft gemacht werden. Innerhalb der Antragsfrist ist die versäumte Rechtshandlung nachzuholen. Ist dies geschehen, so kann die Wiedereinsetzung auch ohne Antrag gewährt werden.

(3) Nach einem Jahr seit dem Ende der versäumten Frist ist der Antrag unzulässig, außer wenn der Antrag vor Ablauf der Jahresfrist infolge höherer Gewalt unmöglich war.

(4) Über den Wiedereinsetzungsantrag entscheidet das Gericht, das über die versäumte Rechtshandlung zu befinden hat. Der Beschluß, der die Wiedereinsetzung bewilligt, ist unanfechtbar.

§ 73

(1) Die Beteiligten können vor dem Sozialgericht und dem Landessozialgericht den Rechtsstreit selbst führen.

(2) Die Beteiligten können sich durch einen Rechtsanwalt oder einen Rechtslehrer an einer staatlichen oder staatlich anerkannten Hochschule eines Mitgliedstaates der Europäischen Union, eines anderen Vertragsstaates des Abkommens über den Europäischen Wirtschaftsraum oder der Schweiz, der die Befähigung zum Richteramt besitzt, als Bevollmächtigten vertreten lassen. Darüber hinaus sind als Bevollmächtigte vor dem Sozialgericht und dem Landessozialgericht vertretungsbefugt nur

1. Beschäftigte des Beteiligten oder eines mit ihm verbundenen Unternehmens (§ 15 des Aktiengesetzes); Behörden und juristische Personen des öffentlichen Rechts einschließlich der von ihnen zur Erfüllung ihrer öffentlichen Aufgaben gebildeten Zusammenschlüsse können sich auch durch Beschäftigte anderer Behörden oder juristischer Personen des öffentlichen Rechts einschließlich der von ihnen zur Erfüllung ihrer öffentlichen Aufgaben gebildeten Zusammenschlüsse vertreten lassen,
2. volljährige Familienangehörige (§ 15 der Abgabenordnung, § 11 des Lebenspartnerschaftsgesetzes), Personen mit Befähigung zum Richteramt und Streitgenossen, wenn die Vertretung nicht im Zusammenhang mit einer entgeltlichen Tätigkeit steht,
3. Rentenberater im Umfang ihrer Befugnisse nach § 10 Abs. 1 Satz 1 Nr. 2 des Rechtsdienstleistungsgesetzes,
4. Steuerberater, Steuerbevollmächtigte, Wirtschaftsprüfer und vereidigte Buchprüfer, Personen und Vereinigungen im Sinn des § 3 a des Steuerberatungsgesetzes sowie Gesellschaften im Sinn des § 3 Nr. 2 und 3 des Steuerberatungsgesetzes, die durch Personen im Sinn des § 3 Nr. 1 des Steuerberatungsgesetzes handeln, in Angelegenheiten nach den §§ 28 h und 28 p des Vierten Buches Sozialgesetzbuch,
5. selbständige Vereinigungen von Arbeitnehmern mit sozial- oder berufspolitischer Zwecksetzung für ihre Mitglieder,
6. berufsständische Vereinigungen der Landwirtschaft für ihre Mitglieder,
7. Gewerkschaften und Vereinigungen von Arbeitgebern sowie Zusammenschlüsse solcher Verbände für ihre Mitglieder oder für andere Verbände oder Zusammenschlüsse mit vergleichbarer Ausrichtung und deren Mitglieder,

8. Vereinigungen, deren satzungsgemäße Aufgaben die gemeinschaftliche Interessenvertretung, die Beratung und Vertretung der Leistungsempfänger nach dem sozialen Entschädigungsrecht oder der behinderten Menschen wesentlich umfassen und die unter Berücksichtigung von Art und Umfang ihrer Tätigkeit sowie ihres Mitgliederkreises die Gewähr für eine sachkundige Prozessvertretung bieten, für ihre Mitglieder,
9. juristische Personen, deren Anteile sämtlich im wirtschaftlichen Eigentum einer der in den Nummern 5 bis 8 bezeichneten Organisationen stehen, wenn die juristische Person ausschließlich die Rechtsberatung und Prozessvertretung dieser Organisation und ihrer Mitglieder oder anderer Verbände oder Zusammenschlüsse mit vergleichbarer Ausrichtung und deren Mitglieder entsprechend deren Satzung durchführt, und wenn die Organisation für die Tätigkeit der Bevollmächtigten haftet.

Bevollmächtigte, die keine natürlichen Personen sind, handeln durch ihre Organe und mit der Prozessvertretung beauftragten Vertreter. § 157 der Zivilprozessordnung gilt entsprechend.

(3) Das Gericht weist Bevollmächtigte, die nicht nach Maßgabe des Absatzes 2 vertretungsbefugt sind, durch unanfechtbaren Beschluss zurück. Prozesshandlungen eines nicht vertretungsbefugten Bevollmächtigten und Zustellungen oder Mitteilungen an diesen Bevollmächtigten sind bis zu seiner Zurückweisung wirksam. Das Gericht kann den in Absatz 2 Satz 2 Nr. 1 und 2 bezeichneten Bevollmächtigten durch unanfechtbaren Beschluss die weitere Vertretung untersagen, wenn sie nicht in der Lage sind, das Sach- und Streitverhältnis sachgerecht darzustellen. Satz 3 gilt nicht für Beschäftigte eines Sozialleistungsträgers oder eines Spitzenverbandes der Sozialversicherung.

(4) Vor dem Bundessozialgericht müssen sich die Beteiligten, außer im Prozesskostenhilfeverfahren, durch Prozessbevollmächtigte vertreten lassen. Als Bevollmächtigte sind außer den in Absatz 2 Satz 1 bezeichneten Personen nur die in Absatz 2 Satz 2 Nr. 5 bis 9 bezeichneten Organisationen zugelassen. Diese müssen durch Personen mit Befähigung zum Richteramt handeln. Behörden und juristische Personen des öffentlichen Rechts einschließlich der von ihnen zur Erfüllung ihrer öffentlichen Aufgaben gebildeten Zusammenschlüsse sowie private Pflegeversicherungsunternehmen können sich durch eigene Beschäftigte mit Befähigung zum Richteramt oder durch Beschäftigte mit Befähigung zum Richteramt anderer Behörden oder juristischer Personen des öffentlichen Rechts einschließlich der von ihnen zur Erfüllung ihrer öffentlichen Aufgaben gebildeten Zusammenschlüsse vertreten lassen. Ein Beteiligter, der nach Maßgabe des Satzes 2 zur Vertretung berechtigt ist, kann sich selbst vertreten; Satz 3 bleibt unberührt.

(5) Richter dürfen nicht als Bevollmächtigte vor dem Gericht auftreten, dem sie angehören. Ehrenamtliche Richter dürfen, außer in den Fällen des Absatzes 2 Satz 2 Nr. 1, nicht vor einem Spruchkörper auftreten, dem sie angehören. Absatz 3 Satz 1 und 2 gilt entsprechend.

(6) Die Vollmacht ist schriftlich zu den Gerichtsakten einzureichen. Sie kann nachgereicht werden; hierfür kann das Gericht eine Frist bestimmen. Bei Ehegatten

oder Lebenspartnern und Verwandten in gerader Linie kann unterstellt werden, dass sie bevollmächtigt sind. Der Mangel der Vollmacht kann in jeder Lage des Verfahrens geltend gemacht werden. Das Gericht hat den Mangel der Vollmacht von Amts wegen zu berücksichtigen, wenn nicht als Bevollmächtigter ein Rechtsanwalt auftritt. Ist ein Bevollmächtigter bestellt, sind die Zustellungen oder Mitteilungen des Gerichts an ihn zu richten. Im Übrigen gelten die §§ 81, 83 bis 86 der Zivilprozessordnung entsprechend.

(7) In der Verhandlung können die Beteiligten mit Beiständen erscheinen. Beistand kann sein, wer in Verfahren, in denen die Beteiligten den Rechtsstreit selbst führen können, als Bevollmächtigter zur Vertretung in der Verhandlung befugt ist. Das Gericht kann andere Personen als Beistand zulassen, wenn dies sachdienlich ist und hierfür nach den Umständen des Einzelfalls ein Bedürfnis besteht. Absatz 3 Satz 1 und 3 und Absatz 5 gelten entsprechend. Das von dem Beistand Vorgetragene gilt als von dem Beteiligten vorgebracht, soweit es nicht von diesem sofort widerrufen oder berichtigt wird.

§ 73 a

(1) Die Vorschriften der Zivilprozeßordnung über die Prozeßkostenhilfe gelten entsprechend. Macht der Beteiligte, dem Prozeßkostenhilfe bewilligt ist, von seinem Recht, einen Rechtsanwalt zu wählen, nicht Gebrauch, wird auf Antrag des Beteiligten der beizuordnende Rechtsanwalt vom Gericht ausgewählt.

(2) Prozeßkostenhilfe wird nicht bewilligt, wenn der Beteiligte durch einen Bevollmächtigten im Sinne des § 73 Abs. 2 Satz 2 Nr. 5 bis 9 vertreten ist.

(3) § 109 Abs. 1 Satz 2 bleibt unberührt.

Dritter Unterabschnitt
Vorverfahren und einstweiliger Rechtsschutz

§ 78

(1) Vor Erhebung der Anfechtungsklage sind Rechtmäßigkeit und Zweckmäßigkeit des Verwaltungsakts in einem Vorverfahren nachzuprüfen. Eines Vorverfahrens bedarf es nicht, wenn
1. ein Gesetz dies für besondere Fälle bestimmt oder
2. der Verwaltungsakt von einer obersten Bundesbehörde, einer obersten Landesbehörde oder von dem Vorstand der Bundesagentur für Arbeit erlassen worden ist, außer wenn ein Gesetz die Nachprüfung vorschreibt, oder
3. ein Land, ein Versicherungsträger oder einer seiner Verbände klagen will.

(2) (weggefallen)

(3) Für die Verpflichtungsklage gilt Absatz 1 entsprechend, wenn der Antrag auf Vornahme des Verwaltungsakts abgelehnt worden ist.

§ 83

Das Vorverfahren beginnt mit der Erhebung des Widerspruchs.

§ 84

(1) Der Widerspruch ist binnen eines Monats, nachdem der Verwaltungsakt dem Beschwerten bekanntgegeben worden ist, schriftlich oder zur Niederschrift bei der Stelle einzureichen, die den Verwaltungsakt erlassen hat. Die Frist beträgt bei Bekanntgabe im Ausland drei Monate.

(2) Die Frist zur Erhebung des Widerspruchs gilt auch dann als gewahrt, wenn die Widerspruchsschrift bei einer anderen inländischen Behörde oder bei einem Versicherungsträger oder bei einer deutschen Konsularbehörde oder, soweit es sich um die Versicherung von Seeleuten handelt, auch bei einem deutschen Seemannsamt eingegangen ist. Die Widerspruchsschrift ist unverzüglich der zuständigen Behörde oder dem zuständigen Versicherungsträger zuzuleiten, der sie der für die Entscheidung zuständigen Stelle vorzulegen hat. Im übrigen gelten die §§ 66 und 67 entsprechend.

§ 86

Wird während des Vorverfahrens der Verwaltungsakt abgeändert, so wird auch der neue Verwaltungsakt Gegenstand des Vorverfahrens; er ist der Stelle, die über den Widerspruch entscheidet, unverzüglich mitzuteilen.

§ 86a

(1) Widerspruch und Anfechtungsklage haben aufschiebende Wirkung. Das gilt auch bei rechtsgestaltenden und feststellenden Verwaltungsakten sowie bei Verwaltungsakten mit Drittwirkung.

(2) Die aufschiebende Wirkung entfällt

1. **bei der Entscheidung über Versicherungs-, Beitrags- und Umlagepflichten sowie der Anforderung von Beiträgen, Umlagen und sonstigen öffentlichen Abgaben einschließlich der darauf entfallenden Nebenkosten,**
2. **in Angelegenheiten des sozialen Entschädigungsrechts und der Bundesagentur für Arbeit bei Verwaltungsakten, die eine laufende Leistung entziehen oder herabsetzen,**
3. **für die Anfechtungsklage in Angelegenheiten der Sozialversicherung bei Verwaltungsakten, die eine laufende Leistung herabsetzen oder entziehen,**
4. **in anderen durch Bundesgesetz vorgeschriebenen Fällen,**
5. **in Fällen, in denen die sofortige Vollziehung im öffentlichen Interesse oder im überwiegenden Interesse eines Beteiligten ist und die Stelle, die den Verwaltungsakt erlassen oder über den Widerspruch zu entscheiden hat, die sofortige Vollziehung mit schriftlicher Begründung des besonderen Interesses an der sofortigen Vollziehung anordnet.**

(3) In den Fällen des Absatzes 2 kann die Stelle, die den Verwaltungsakt erlassen oder die über den Widerspruch zu entscheiden hat, die sofortige Vollziehung ganz oder teilweise aussetzen. In den Fällen des Absatzes 2 Nr. 1 soll die Aussetzung der

Vollziehung erfolgen, wenn ernstliche Zweifel an der Rechtmäßigkeit des angegriffenen Verwaltungsaktes bestehen oder wenn die Vollziehung für den Abgaben- oder Kostenpflichtigen eine unbillige, nicht durch überwiegende öffentliche Interessen gebotene Härte zur Folge hätte. In den Fällen des Absatzes 2 Nr. 2 ist in Angelegenheiten des sozialen Entschädigungsrechts die nächsthöhere Behörde zuständig, es sei denn, diese ist eine oberste Bundes- oder eine oberste Landesbehörde. Die Entscheidung kann mit Auflagen versehen oder befristet werden. Die Stelle kann die Entscheidung jederzeit ändern oder aufheben.

(4) Die aufschiebende Wirkung entfällt, wenn eine Erlaubnis nach Artikel 1 § 1 des Arbeitnehmerüberlassungsgesetzes in der Fassung der Bekanntmachung vom 3. Februar 1995 (BGBl. I S. 158), das zuletzt durch Artikel 2 des Gesetzes vom 23. Juli 2001 (BGBl. I S. 1852) geändert worden ist, aufgehoben oder nicht verlängert wird. Absatz 3 gilt entsprechend.

§ 86 b

(1) Das Gericht der Hauptsache kann auf Antrag

1. in den Fällen, in denen Widerspruch oder Anfechtungsklage aufschiebende Wirkung haben, die sofortige Vollziehung ganz oder teilweise anordnen,
2. in den Fällen, in denen Widerspruch oder Anfechtungsklage keine aufschiebende Wirkung haben, die aufschiebende Wirkung ganz oder teilweise anordnen,
3. in den Fällen des § 86 a Abs. 3 die sofortige Vollziehung ganz oder teilweise wiederherstellen.

Ist der Verwaltungsakt im Zeitpunkt der Entscheidung schon vollzogen oder befolgt worden, kann das Gericht die Aufhebung der Vollziehung anordnen. Die Wiederherstellung der aufschiebenden Wirkung oder die Anordnung der sofortigen Vollziehung kann mit Auflagen versehen oder befristet werden. Das Gericht der Hauptsache kann auf Antrag die Maßnahmen jederzeit ändern oder aufheben.

(2) Soweit ein Fall des Absatzes 1 nicht vorliegt, kann das Gericht der Hauptsache auf Antrag eine einstweilige Anordnung in Bezug auf den Streitgegenstand treffen, wenn die Gefahr besteht, dass durch eine Veränderung des bestehenden Zustands die Verwirklichung eines Rechts des Antragstellers vereitelt oder wesentlich erschwert werden könnte. Einstweilige Anordnungen sind auch zur Regelung eines vorläufigen Zustands in Bezug auf ein streitiges Rechtsverhältnis zulässig, wenn eine solche Regelung zur Abwendung wesentlicher Nachteile nötig erscheint. Das Gericht der Hauptsache ist das Gericht des ersten Rechtszugs und, wenn die Hauptsache im Berufungsverfahren anhängig ist, das Berufungsgericht. Die §§ 920, 921, 923, 926, 928 bis 932, 938, 939 und 945 der Zivilprozessordnung gelten entsprechend.

(3) Die Anträge nach den Absätzen 1 und 2 sind schon vor Klageerhebung zulässig.

(4) Das Gericht entscheidet durch Beschluss.

Vierter Unterabschnitt
Verfahren im ersten Rechtszug

§ 87

(1) Die Klage ist binnen eines Monats nach Bekanntgabe des Verwaltungsakts zu erheben. Die Frist beträgt bei Bekanntgabe im Ausland drei Monate. Bei einer öffentlichen Bekanntgabe nach § 85 Abs. 4 beträgt die Frist ein Jahr. Die Frist beginnt mit dem Tag zu laufen, an dem seit dem Tag der letzten Veröffentlichung zwei Wochen verstrichen sind.

(2) Hat ein Vorverfahren stattgefunden, so beginnt die Frist mit der Bekanntgabe des Widerspruchsbescheids.

§ 88

(1) Ist ein Antrag auf Vornahme eines Verwaltungsakts ohne zureichenden Grund in angemessener Frist sachlich nicht beschieden worden, so ist die Klage nicht vor Ablauf von sechs Monaten seit dem Antrag auf Vornahme des Verwaltungsakts zulässig. Liegt ein zureichender Grund dafür vor, daß der beantragte Verwaltungsakt noch nicht erlassen ist, so setzt das Gericht das Verfahren bis zum Ablauf einer von ihm bestimmten Frist aus, die verlängert werden kann. Wird innerhalb dieser Frist dem Antrag stattgegeben, so ist die Hauptsache für erledigt zu erklären.

(2) Das gleiche gilt, wenn über einen Widerspruch nicht entschieden worden ist, mit der Maßgabe, daß als angemessene Frist eine solche von drei Monaten gilt.

§ 90

Die Klage ist bei dem zuständigen Gericht der Sozialgerichtsbarkeit schriftlich oder zur Niederschrift des Urkundsbeamten der Geschäftsstelle zu erheben.

§ 91

(1) Die Frist für die Erhebung der Klage gilt auch dann als gewahrt, wenn die Klageschrift innerhalb der Frist statt bei dem zuständigen Gericht der Sozialgerichtsbarkeit bei einer anderen inländischen Behörde oder bei einem Versicherungsträger oder bei einer deutschen Konsularbehörde oder, soweit es sich um die Versicherung von Seeleuten handelt, auch bei einem deutschen Seemannsamt im Ausland eingegangen ist.

(2) Die Klageschrift ist unverzüglich an das zuständige Gericht der Sozialgerichtsbarkeit abzugeben.

§ 92

(1) Die Klage muss den Kläger, den Beklagten und den Gegenstand des Klagebegehrens bezeichnen. Zur Bezeichnung des Beklagten genügt die Angabe der Behörde. Die Klage soll einen bestimmten Antrag enthalten und von dem Kläger oder einer zu seiner Vertretung befugten Person mit Orts- und Zeitangabe unterzeichnet sein. Die zur Begründung dienenden Tatsachen und Beweismittel sollen angegeben, die ange-

fochtene Verfügung und der Widerspruchsbescheid sollen in Urschrift oder in Abschrift beigefügt werden.

(2) Entspricht die Klage diesen Anforderungen nicht, hat der Vorsitzende den Kläger zu der erforderlichen Ergänzung innerhalb einer bestimmten Frist aufzufordern. Er kann dem Kläger für die Ergänzung eine Frist mit ausschließender Wirkung setzen, wenn es an einem der in Absatz 1 Satz 1 genannten Erfordernisse fehlt. Für die Wiedereinsetzung in den vorigen Stand gilt § 67 entsprechend.

§ 93

Der Klageschrift, den sonstigen Schriftsätzen und nach Möglichkeit den Unterlagen sind vorbehaltlich des § 65 a Abs. 2 Satz 2 Abschriften für die Beteiligten beizufügen. Sind die erforderlichen Abschriften nicht eingereicht, so fordert das Gericht sie nachträglich an oder fertigt sie selbst an. Die Kosten für die Anfertigung können von dem Kläger eingezogen werden.

§ 96

(1) Nach Klageerhebung wird ein neuer Verwaltungsakt nur dann Gegenstand des Klageverfahrens, wenn er nach Erlass des Widerspruchsbescheides ergangen ist und den angefochtenen Verwaltungsakt abändert oder ersetzt.

(2) Eine Abschrift des neuen Verwaltungsakts ist dem Gericht mitzuteilen, bei dem das Verfahren anhängig ist.

§ 101

(1) Um den geltend gemachten Anspruch vollständig oder zum Teil zu erledigen, können die Beteiligten zur Niederschrift des Gerichts oder des Vorsitzenden oder des beauftragten oder ersuchten Richters einen Vergleich schließen, soweit sie über den Gegenstand der Klage verfügen können.

(2) Das angenommene Anerkenntnis des geltend gemachten Anspruchs erledigt insoweit den Rechtsstreit in der Hauptsache.

§ 102

(1) Der Kläger kann die Klage bis zur Rechtskraft des Urteils zurücknehmen. Die Klagerücknahme erledigt den Rechtsstreit in der Hauptsache.

(2) Die Klage gilt als zurückgenommen, wenn der Kläger das Verfahren trotz Aufforderung des Gerichts länger als drei Monate nicht betreibt. Absatz 1 gilt entsprechend. Der Kläger ist in der Aufforderung auf die sich aus Satz 1 und gegebenenfalls aus § 197 a Abs. 1 Satz 1 in Verbindung mit § 155 Abs. 2 der Verwaltungsgerichtsordnung ergebenden Rechtsfolgen hinzuweisen.

(3) Ist die Klage zurückgenommen oder gilt sie als zurückgenommen, so stellt das Gericht das Verfahren auf Antrag durch Beschluss ein und entscheidet über Kosten, soweit diese entstanden sind. Der Beschluss ist unanfechtbar.

§ 103

Das Gericht erforscht den Sachverhalt von Amts wegen; die Beteiligten sind dabei heranzuziehen. Es ist an das Vorbringen und die Beweisanträge der Beteiligten nicht gebunden.

§ 105

(1) Das Gericht kann ohne mündliche Verhandlung durch Gerichtsbescheid entscheiden, wenn die Sache keine besonderen Schwierigkeiten tatsächlicher oder rechtlicher Art aufweist und der Sachverhalt geklärt ist. Die Beteiligten sind vorher zu hören. Die Vorschriften über Urteile gelten entsprechend.

(2) Die Beteiligten können innerhalb eines Monats nach Zustellung des Gerichtsbescheids das Rechtsmittel einlegen, das zulässig wäre, wenn das Gericht durch Urteil entschieden hätte. Ist die Berufung nicht gegeben, kann mündliche Verhandlung beantragt werden. Wird sowohl ein Rechtsmittel eingelegt als auch mündliche Verhandlung beantragt, findet mündliche Verhandlung statt.

(3) Der Gerichtsbescheid wirkt als Urteil; wird rechtzeitig mündliche Verhandlung beantragt, gilt er als nicht ergangen.

(4) Wird mündliche Verhandlung beantragt, kann das Gericht in dem Urteil von einer weiteren Darstellung des Tatbestandes und der Entscheidungsgründe absehen, soweit es der Begründung des Gerichtsbescheids folgt und dies in seiner Entscheidung feststellt.

§ 106

(1) Der Vorsitzende hat darauf hinzuwirken, daß Formfehler beseitigt, unklare Anträge erläutert, sachdienliche Anträge gestellt, ungenügende Angaben tatsächlicher Art ergänzt sowie alle für die Feststellung und Beurteilung des Sachverhalts wesentlichen Erklärungen abgegeben werden.

(2) Der Vorsitzende hat bereits vor der mündlichen Verhandlung alle Maßnahmen zu treffen, die notwendig sind, um den Rechtsstreit möglichst in einer mündlichen Verhandlung zu erledigen.

(3) Zu diesem Zweck kann er insbesondere

1. um Mitteilung von Urkunden sowie um Übermittlung elektronischer Dokumente ersuchen,
2. Krankenpapiere, Aufzeichnungen, Krankengeschichten, Sektions- und Untersuchungsbefunde sowie Röntgenbilder beiziehen,
3. Auskünfte jeder Art einholen,
4. Zeugen und Sachverständige in geeigneten Fällen vernehmen oder, auch eidlich, durch den ersuchten Richter vernehmen lassen,
5. die Einnahme des Augenscheins sowie die Begutachtung durch Sachverständige anordnen und ausführen,
6. andere beiladen,
7. einen Termin anberaumen, das persönliche Erscheinen der Beteiligten hierzu anordnen und den Sachverhalt mit diesen erörtern.

(4) Für die Beweisaufnahme gelten die §§ 116, 118 und 119 entsprechend.

§ 106a

(1) Der Vorsitzende kann dem Kläger eine Frist setzen zur Angabe der Tatsachen, durch deren Berücksichtigung oder Nichtberücksichtigung im Verwaltungsverfahren er sich beschwert fühlt.

(2) Der Vorsitzende kann einem Beteiligten unter Fristsetzung aufgeben, zu bestimmten Vorgängen
1. Tatsachen anzugeben oder Beweismittel zu bezeichnen,
2. Urkunden oder andere bewegliche Sachen vorzulegen sowie elektronische Dokumente zu übermitteln, soweit der Beteiligte dazu verpflichtet ist.

(3) Das Gericht kann Erklärungen und Beweismittel, die erst nach Ablauf einer nach den Absätzen 1 und 2 gesetzten Frist vorgebracht werden, zurückweisen und ohne weitere Ermittlungen entscheiden, wenn
1. ihre Zulassung nach der freien Überzeugung des Gerichts die Erledigung des Rechtsstreits verzögern würde und
2. der Beteiligte die Verspätung nicht genügend entschuldigt und
3. der Beteiligte über die Folgen einer Fristversäumung belehrt worden ist.

Der Entschuldigungsgrund ist auf Verlangen des Gerichts glaubhaft zu machen. Satz 1 gilt nicht, wenn es mit geringem Aufwand möglich ist, den Sachverhalt auch ohne Mitwirkung des Beteiligten zu ermitteln.

§ 109

(1) Auf Antrag des Versicherten, des behinderten Menschen, des Versorgungsberechtigten oder Hinterbliebenen muß ein bestimmter Arzt gutachtlich gehört werden. Die Anhörung kann davon abhängig gemacht werden, daß der Antragsteller die Kosten vorschießt und vorbehaltlich einer anderen Entscheidung des Gerichts endgültig trägt.

(2) Das Gericht kann einen Antrag ablehnen, wenn durch die Zulassung die Erledigung des Rechtsstreits verzögert werden würde und der Antrag nach der freien Überzeugung des Gerichts in der Absicht, das Verfahren zu verschleppen, oder aus grober Nachlässigkeit nicht früher vorgebracht worden ist.

§ 112

(1) Der Vorsitzende eröffnet und leitet die mündliche Verhandlung. Sie beginnt nach Aufruf der Sache mit der Darstellung des Sachverhalts.

(2) Sodann erhalten die Beteiligten das Wort. Der Vorsitzende hat das Sach- und Streitverhältnis mit den Beteiligten zu erörtern und dahin zu wirken, daß sie sich über erhebliche Tatsachen vollständig erklären sowie angemessene und sachdienliche Anträge stellen.

(3) Die Anträge können ergänzt, berichtigt oder im Rahmen des § 99 geändert werden.

(4) Der Vorsitzende hat jedem Beisitzer auf Verlangen zu gestatten, sachdienliche Fragen zu stellen. Wird eine Frage von einem Beteiligten beanstandet, so entscheidet das Gericht endgültig.

§ 113

(1) Das Gericht kann durch Beschluß mehrere bei ihm anhängige Rechtsstreitigkeiten derselben Beteiligten oder verschiedener Beteiligter zur gemeinsamen Verhandlung und Entscheidung verbinden, wenn die Ansprüche, die den Gegenstand dieser Rechtsstreitigkeiten bilden, in Zusammenhang stehen oder von vornherein in einer Klage hätten geltend gemacht werden können.

(2) Die Verbindung kann, wenn es zweckmäßig ist, auf Antrag oder von Amts wegen wieder aufgehoben werden.

§ 117

Das Gericht erhebt Beweis in der mündlichen Verhandlung, soweit die Beweiserhebung nicht einen besonderen Termin erfordert.

§ 118

(1) Soweit dieses Gesetz nichts anderes bestimmt, sind auf die Beweisaufnahme die §§ 358 bis 363, 365 bis 378, 380 bis 386, 387 Abs. 1 und 2, §§ 388 bis 390, 392 bis 444, 478 bis 484 der Zivilprozeßordnung entsprechend anzuwenden. Die Entscheidung über die Rechtmäßigkeit der Weigerung nach § 387 der Zivilprozeßordnung ergeht durch Beschluß.

(2) Zeugen und Sachverständige werden nur beeidigt, wenn das Gericht dies im Hinblick auf die Bedeutung des Zeugnisses oder Gutachtens für die Entscheidung des Rechtsstreits für notwendig erachtet.

(3) Der Vorsitzende kann das Auftreten eines Prozeßbevollmächtigten untersagen, solange die Partei trotz Anordnung ihres persönlichen Erscheinens unbegründet ausgeblieben ist und hierdurch der Zweck der Anordnung vereitelt wird.

§ 119

(1) Eine Behörde ist zur Vorlage von Urkunden oder Akten, zur Übermittlung elektronischer Dokumente und zu Auskünften nicht verpflichtet, wenn die zuständige oberste Aufsichtsbehörde erklärt, dass das Bekanntwerden des Inhalts dieser Urkunden, Akten, elektronischer Dokumente oder Auskünfte dem Wohl des Bundes oder eines deutschen Landes nachteilig sein würde oder dass die Vorgänge nach einem Gesetz oder ihrem Wesen nach geheim gehalten werden müssen.

(2) Handelt es sich um Urkunden, elektronische Dokumente oder Akten und um Auskünfte einer obersten Bundesbehörde, so darf die Vorlage der Urkunden oder Akten, die Übermittlung elektronischer Dokumente und die Erteilung der Auskunft nur unterbleiben, wenn die Erklärung nach Absatz 1 von der Bundesregierung abgegeben wird. Die Landesregierung hat die Erklärung abzugeben, wenn diese Voraussetzungen bei einer obersten Landesbehörde vorliegen.

§ 120

(1) Die Beteiligten haben das Recht der Einsicht in die Akten, soweit die übermittelnde Behörde dieses nicht ausschließt.

(2) Beteiligte können sich auf ihre Kosten durch die Geschäftsstelle Ausfertigungen, Auszüge, Ausdrucke und Abschriften erteilen lassen. Nach dem Ermessen des Vorsitzenden kann einem Bevollmächtigten, der zu den in § 73 Abs. 2 Satz 1 und 2 Nr. 3 bis 9 bezeichneten natürlichen Personen gehört, die Mitnahme der Akte in die Wohnung oder Geschäftsräume, der elektronische Zugriff auf den Inhalt der Akten gestattet oder der Inhalt der Akten elektronisch übermittelt werden. § 155 Abs. 4 gilt entsprechend. Bei einem elektronischen Zugriff auf den Inhalt der Akten ist sicherzustellen, dass der Zugriff nur durch den Bevollmächtigten erfolgt. Für die Übermittlung von elektronischen Dokumenten ist die Gesamtheit der Dokumente mit einer qualifizierten elektronischen Signatur nach § 2 Nr. 3 des Signaturgesetzes zu versehen und gegen unbefugte Kenntnisnahme zu schützen. Für die Versendung von Akten, die Übermittlung elektronischer Dokumente und die Gewährung des elektronischen Zugriffs auf Akten werden Kosten nicht erhoben, sofern nicht nach § 197a das Gerichtskostengesetz gilt.

(3) Der Vorsitzende kann aus besonderen Gründen die Einsicht in die Akten oder in Aktenteile sowie die Fertigung oder Erteilung von Auszügen und Abschriften versagen oder beschränken. Gegen die Versagung oder die Beschränkung der Akteneinsicht kann das Gericht angerufen werden; es entscheidet endgültig.

(4) Die Entwürfe zu Urteilen, Beschlüssen und Verfügungen, die zu ihrer Vorbereitung angefertigten Arbeiten sowie die Dokumente, welche Abstimmungen betreffen, werden weder vorgelegt noch abschriftlich mitgeteilt.

§ 121

Nach genügender Erörterung der Streitsache erklärt der Vorsitzende die mündliche Verhandlung für geschlossen. Das Gericht kann die Wiedereröffnung beschließen.

Fünfter Unterabschnitt
Urteile und Beschlüsse

§ 124

(1) Das Gericht entscheidet, soweit nichts anderes bestimmt ist, auf Grund mündlicher Verhandlung.

(2) Mit Einverständnis der Beteiligten kann das Gericht ohne mündliche Verhandlung durch Urteil entscheiden.

(3) Entscheidungen des Gerichts, die nicht Urteile sind, können ohne mündliche Verhandlung ergehen, soweit nichts anderes bestimmt ist.

§ 125

Über die Klage wird, soweit nichts anderes bestimmt ist, durch Urteil entschieden.

§ 128

(1) Das Gericht entscheidet nach seiner freien, aus dem Gesamtergebnis des Verfahrens gewonnenen Überzeugung. In dem Urteil sind die Gründe anzugeben, die für die richterliche Überzeugung leitend gewesen sind.

(2) Das Urteil darf nur auf Tatsachen und Beweisergebnisse gestützt werden, zu denen sich die Beteiligten äußern konnten.

§ 132

(1) Das Urteil ergeht im Namen des Volkes. Es wird grundsätzlich in dem Termin verkündet, in dem die mündliche Verhandlung geschlossen wird. Ausnahmsweise kann das Urteil in einem sofort anzuberaumenden Termin, der nicht über zwei Wochen hinaus angesetzt werden soll, verkündet werden. Eine Ladung der Beteiligten ist nicht erforderlich.

(2) Das Urteil wird durch Verlesen der Urteilsformel verkündet. Bei der Verkündung soll der wesentliche Inhalt der Entscheidungsgründe mitgeteilt werden, wenn Beteiligte anwesend sind.

§ 133

Bei Urteilen, die nicht auf Grund mündlicher Verhandlung ergehen, wird die Verkündung durch Zustellung ersetzt. Dies gilt für die Verkündung von Beschlüssen entsprechend.

§ 135

Das Urteil ist den Beteiligten unverzüglich zuzustellen.

§ 142

(1) Für Beschlüsse gelten § 128 Abs. 1 Satz 1, die §§ 134 und 138, nach mündlicher Verhandlung auch die §§ 129, 132, 135 und 136 entsprechend.

(2) Beschlüsse sind zu begründen, wenn sie durch Rechtsmittel angefochten werden können oder über ein Rechtsbehelf entscheiden. Beschlüsse über die Wiederherstellung der aufschiebenden Wirkung und über einstweilige Anordnungen (§ 86 b) sowie Beschlüsse nach Erledigung des Rechtsstreits in der Hauptsache sind stets zu begründen. Beschlüsse, die über ein Rechtsmittel entscheiden, bedürfen keiner weiteren Begründung, soweit das Gericht das Rechtsmittel aus den Gründen der angefochtenen Entscheidung als unbegründet zurückweist.

(3) Ausfertigungen der Beschlüsse sind von dem Urkundsbeamten der Geschäftsstelle zu unterschreiben.

Zweiter Abschnitt
Rechtsmittel

Erster Unterabschnitt
Berufung

§ 144

(1) Die Berufung bedarf der Zulassung in dem Urteil des Sozialgerichts oder auf Beschwerde durch Beschluß des Landessozialgerichts, wenn der Wert des Beschwerdegegenstandes

1. **bei einer Klage, die eine Geld-?, Dienst- oder Sachleistung oder einen hierauf gerichteten Verwaltungsakt betrifft, 750 Euro oder**
2. **bei einer Erstattungsstreitigkeit zwischen juristischen Personen des öffentlichen Rechts oder Behörden 10 000 Euro**

nicht übersteigt. Das gilt nicht, wenn die Berufung wiederkehrende oder laufende Leistungen für mehr als ein Jahr betrifft.

(2) Die Berufung ist zuzulassen, wenn

1. **die Rechtssache grundsätzliche Bedeutung hat,**
2. **das Urteil von einer Entscheidung des Landessozialgerichts, des Bundessozialgerichts, des Gemeinsamen Senats der obersten Gerichtshöfe des Bundes oder des Bundesverfassungsgerichts abweicht und auf dieser Abweichung beruht oder**
3. **ein der Beurteilung des Berufungsgerichts unterliegender Verfahrensmangel geltend gemacht wird und vorliegt, auf dem die Entscheidung beruhen kann.**

(3) Das Landessozialgericht ist an die Zulassung gebunden.

(4) Die Berufung ist ausgeschlossen, wenn es sich um die Kosten des Verfahrens handelt.

§ 145

(1) Die Nichtzulassung der Berufung durch das Sozialgericht kann durch Beschwerde angefochten werden. Die Beschwerde ist bei dem Landessozialgericht innerhalb eines Monats nach Zustellung des vollständigen Urteils schriftlich oder zur Niederschrift des Urkundsbeamten einzulegen.

(2) Die Beschwerde soll das angefochtene Urteil bezeichnen und die zur Begründung dienenden Tatsachen und Beweismittel angeben.

(3) Die Einlegung der Beschwerde hemmt die Rechtskraft des Urteils.

(4) Das Landessozialgericht entscheidet durch Beschluss. Die Zulassung der Berufung bedarf keiner Begründung. Der Ablehnung der Beschwerde soll eine kurze Begründung beigefügt werden. Mit der Ablehnung der Beschwerde wird das Urteil rechtskräftig.

(5) Läßt das Landessozialgericht die Berufung zu, wird das Beschwerdeverfahren als Berufungsverfahren fortgesetzt; der Einlegung einer Berufung durch den Beschwerdeführer bedarf es nicht. Darauf ist in dem Beschluß hinzuweisen.

§ 151

(1) Die Berufung ist bei dem Landessozialgericht innerhalb eines Monats nach Zustellung des Urteils schriftlich oder zur Niederschrift des Urkundsbeamten der Geschäftsstelle einzulegen.

(2) Die Berufungsfrist ist auch gewahrt, wenn die Berufung innerhalb der Frist bei dem Sozialgericht schriftlich oder zur Niederschrift des Urkundsbeamten der Geschäftsstelle eingelegt wird. In diesem Fall legt das Sozialgericht die Berufungsschrift oder die Niederschrift mit seinen Akten unverzüglich dem Landessozialgericht vor.

(3) Die Berufungsschrift soll das angefochtene Urteil bezeichnen, einen bestimmten Antrag enthalten und die zur Begründung dienenden Tatsachen und Beweismittel angeben.

§ 153

(1) Für das Verfahren vor den Landessozialgerichten gelten die Vorschriften über das Verfahren im ersten Rechtszug mit Ausnahme der §§ 91, 105 entsprechend, soweit sich aus diesem Unterabschnitt nichts anderes ergibt.

(2) Das Landessozialgericht kann in dem Urteil über die Berufung von einer weiteren Darstellung der Entscheidungsgründe absehen, soweit es die Berufung aus den Gründen der angefochtenen Entscheidung als unbegründet zurückweist.

(3) Das Urteil ist von den Mitgliedern des Senats zu unterschreiben. Ist ein Mitglied verhindert, so vermerkt der Vorsitzende, bei dessen Verhinderung der dienstälteste beisitzende Berufsrichter, dies unter dem Urteil mit Angabe des Hinderungsgrunds.

(4) Das Landessozialgericht kann, außer in den Fällen des § 105 Abs. 2 Satz 1, die Berufung durch Beschluß zurückweisen, wenn es sie einstimmig für unbegründet und eine mündliche Verhandlung nicht für erforderlich hält. Die Beteiligten sind vorher zu hören. § 158 Satz 3 und 4 gilt entsprechend.

(5) Der Senat kann in den Fällen des § 105 Abs. 2 Satz 1 durch Beschluss die Berufung dem Berichterstatter übertragen, der zusammen mit den ehrenamtlichen Richtern entscheidet.

§ 156

(1) Die Berufung kann bis zur Rechtskraft des Urteils oder des nach § 153 Abs. 4 oder § 158 Satz 2 ergangenen Beschlusses zurückgenommen werden. Die Zurücknahme nach Schluss der mündlichen Verhandlung setzt die Einwilligung des Berufungsbeklagten voraus.

(2) Die Berufung gilt als zurückgenommen, wenn der Berufungskläger das Verfahren trotz Aufforderung des Gerichts länger als drei Monate nicht betreibt. Der Berufungskläger ist in der Aufforderung auf die Rechtsfolgen hinzuweisen, die sich aus Satz 1 und gegebenenfalls aus § 197 a Absatz 1 Satz 1 in Verbindung mit § 155 Absatz 2 der Verwaltungsgerichtsordnung ergeben. Das Gericht stellt durch Beschluss fest, dass die Berufung als zurückgenommen gilt.

(3) Die Zurücknahme bewirkt den Verlust des Rechtsmittels. Über die Kosten entscheidet das Gericht auf Antrag durch Beschluß.

§ 157 a

(1) Neue Erklärungen und Beweismittel, die im ersten Rechtszug entgegen einer hierfür gesetzten Frist (§ 106 a Abs. 1 und 2) nicht vorgebracht worden sind, kann das Gericht unter den Voraussetzungen des § 106 a Abs. 3 zurückweisen.

(2) Erklärungen und Beweismittel, die das Sozialgericht zu Recht zurückgewiesen hat, bleiben auch im Berufungsverfahren ausgeschlossen.

Zweiter Unterabschnitt
Revision

§ 160

(1) Gegen das Urteil eines Landessozialgerichts und gegen den Beschluss nach § 55 a Absatz 5 Satz 1 steht den Beteiligten die Revision an das Bundessozialgericht nur zu, wenn sie in der Entscheidung des Landessozialgerichts oder in dem Beschluß des Bundessozialgerichts nach § 160 a Abs. 4 Satz 1 zugelassen worden ist.

(2) Sie ist nur zuzulassen, wenn

1. **die Rechtssache grundsätzliche Bedeutung hat oder**
2. **das Urteil von einer Entscheidung des Bundessozialgerichts, des Gemeinsamen Senats der obersten Gerichtshöfe des Bundes oder des Bundesverfassungsgerichts abweicht und auf dieser Abweichung beruht oder**
3. **ein Verfahrensmangel geltend gemacht wird, auf dem die angefochtene Entscheidung beruhen kann; der geltend gemachte Verfahrensmangel kann nicht auf eine Verletzung der §§ 109 und 128 Abs. 1 Satz 1 und auf eine Verletzung des § 103 nur gestützt werden, wenn er sich auf einen Beweisantrag bezieht, dem das Landessozialgericht ohne hinreichende Begründung nicht gefolgt ist.**

(3) Das Bundessozialgericht ist an die Zulassung gebunden.

§ 160 a

(1) Die Nichtzulassung der Revision kann selbständig durch Beschwerde angefochten werden. Die Beschwerde ist bei dem Bundessozialgericht innerhalb eines Monats nach Zustellung des Urteils einzulegen. Der Beschwerdeschrift soll eine Ausfertigung oder beglaubigte Abschrift des Urteils, gegen das die Revision eingelegt werden soll, beigefügt werden. Satz 3 gilt nicht, soweit nach § 65 a elektronische Dokumente übermittelt werden.

(2) Die Beschwerde ist innerhalb von zwei Monaten nach Zustellung des Urteils zu begründen. Die Begründungsfrist kann auf einen vor ihrem Ablauf gestellten Antrag von dem Vorsitzenden einmal bis zu einem Monat verlängert werden. In der Begründung muß die grundsätzliche Bedeutung der Rechtssache dargelegt oder die Entscheidung, von der das Urteil des Landessozialgerichts abweicht, oder der Verfahrensmangel bezeichnet werden.

(3) Die Einlegung der Beschwerde hemmt die Rechtskraft des Urteils.

(4) Das Bundessozialgericht entscheidet unter Zuziehung der ehrenamtlichen Richter durch Beschluss; § 169 gilt entsprechend. Dem Beschluß soll eine kurze Begründung beigefügt werden; von einer Begründung kann abgesehen werden, wenn sie nicht geeignet ist, zur Klärung der Voraussetzungen der Revisionszulassung beizutragen. Mit der Ablehnung der Beschwerde durch das Bundessozialgericht wird das Urteil rechtskräftig. Wird der Beschwerde stattgegeben, so beginnt mit der Zustellung dieser Entscheidung der Lauf der Revisionsfrist.

(5) Liegen die Voraussetzungen des § 160 Abs. 2 Nr. 3 vor, kann das Bundessozialgericht in dem Beschluss das angefochtene Urteil aufheben und die Sache zur erneuten Verhandlung und Entscheidung zurückverweisen.

§ 164

(1) Die Revision ist bei dem Bundessozialgericht innerhalb eines Monats nach Zustellung des Urteils oder des Beschlusses über die Zulassung der Revision (§ 160 a Absatz 4 Satz 1 oder § 161 Abs. 3 Satz 2) schriftlich einzulegen. Die Revision muß das angefochtene Urteil angeben; eine Ausfertigung oder beglaubigte Abschrift des angefochtenen Urteils soll beigefügt werden, sofern dies nicht schon nach § 160 a Abs. 1 Satz 3 geschehen ist. Satz 2 zweiter Halbsatz gilt nicht, soweit nach § 65 a elektronische Dokumente übermittelt werden.

(2) Die Revision ist innerhalb von zwei Monaten nach Zustellung des Urteils oder des Beschlusses über die Zulassung der Revision zu begründen. Die Begründungsfrist kann auf einen vor ihrem Ablauf gestellten Antrag von dem Vorsitzenden verlängert werden. Die Begründung muß einen bestimmten Antrag enthalten, die verletzte Rechtsnorm und, soweit Verfahrensmängel gerügt werden, die Tatsachen bezeichnen, die den Mangel ergeben.

§ 165

Für die Revision gelten die Vorschriften über die Berufung entsprechend, soweit sich aus diesem Unterabschnitt nichts anderes ergibt. § 153 Abs. 2 und 4 sowie § 155 Abs. 2 bis 4 finden keine Anwendung.

Dritter Unterabschnitt
Beschwerde, Erinnerung, Anhörungsrüge

§ 172

(1) Gegen die Entscheidungen der Sozialgerichte mit Ausnahme der Urteile und gegen Entscheidungen der Vorsitzenden dieser Gerichte findet die Beschwerde an das Landessozialgericht statt, soweit nicht in diesem Gesetz anderes bestimmt ist.

(2) Prozeßleitende Verfügungen, Aufklärungsanordnungen, Vertagungsbeschlüsse, Fristbestimmungen, Beweisbeschlüsse, Beschlüsse über Ablehnung von Beweisanträgen, über Verbindung und Trennung von Verfahren und Ansprüchen und über

die Ablehnung von Gerichtspersonen können nicht mit der Beschwerde angefochten werden.

(3) Die Beschwerde ist ausgeschlossen

1. in Verfahren des einstweiligen Rechtsschutzes, wenn in der Hauptsache die Berufung nicht zulässig wäre; dies gilt auch für Entscheidungen über einen Prozesskostenhilfeantrag im Rahmen dieser Verfahren,
2. gegen die Ablehnung von Prozesskostenhilfe, wenn das Gericht ausschließlich die persönlichen oder wirtschaftlichen Voraussetzungen für die Prozesskostenhilfe verneint,
3. gegen Kostengrundentscheidungen nach § 193,
4. gegen Entscheidungen nach § 192 Abs. 4, wenn in der Hauptsache kein Rechtsmittel gegeben ist und der Wert des Beschwerdegegenstandes 200 Euro nicht übersteigt.

§ 173

Die Beschwerde ist binnen eines Monats nach Bekanntgabe der Entscheidung beim Sozialgericht schriftlich oder zur Niederschrift des Urkundsbeamten der Geschäftsstelle einzulegen; § 181 des Gerichtsverfassungsgesetzes bleibt unberührt. Die Beschwerdefrist ist auch gewahrt, wenn die Beschwerde innerhalb der Frist bei dem Landessozialgericht schriftlich oder zur Niederschrift des Urkundsbeamten der Geschäftsstelle eingelegt wird. Die Belehrung über das Beschwerderecht ist auch mündlich möglich; sie ist dann aktenkundig zu machen.

§ 177

Entscheidungen des Landessozialgerichts, seines Vorsitzenden oder des Berichterstatters können vorbehaltlich des § 160 a Abs. 1 dieses Gesetzes und des § 17 a Abs. 4 Satz 4 des Gerichtsverfassungsgesetzes nicht mit der Beschwerde an das Bundessozialgericht angefochten werden.

Vierter Abschnitt
Kosten und Vollstreckung

Erster Unterabschnitt
Kosten

§ 183

Das Verfahren vor den Gerichten der Sozialgerichtsbarkeit ist für Versicherte, Leistungsempfänger einschließlich Hinterbliebenenleistungsempfänger, behinderte Menschen oder deren Sonderrechtsnachfolger nach § 56 des Ersten Buches Sozialgesetzbuch kostenfrei, soweit sie in dieser jeweiligen Eigenschaft als Kläger oder Beklagte beteiligt sind. Nimmt ein sonstiger Rechtsnachfolger das Verfahren auf, bleibt das

Verfahren in dem Rechtszug kostenfrei. Den in Satz 1 und 2 genannten Personen steht gleich, wer im Falle des Obsiegens zu diesen Personen gehören würde. Leistungsempfängern nach Satz 1 stehen Antragsteller nach § 55 a Absatz 2 Satz 1 zweite Alternative gleich. § 93 Satz 3, § 109 Abs. 1 Satz 2, § 120 Abs. 2 Satz 1 und § 192 bleiben unberührt. Die Kostenfreiheit nach dieser Vorschrift gilt nicht in einem Verfahren wegen eines überlangen Gerichtsverfahrens (§ 202 Satz 2).

§ 191

Ist das persönliche Erscheinen eines Beteiligten angeordnet worden, so werden ihm auf Antrag bare Auslagen und Zeitverlust wie einem Zeugen vergütet; sie können vergütet werden, wenn er ohne Anordnung erscheint und das Gericht das Erscheinen für geboten hält.

§ 193

(1) Das Gericht hat im Urteil zu entscheiden, ob und in welchem Umfang die Beteiligten einander Kosten zu erstatten haben. Ist ein Mahnverfahren vorausgegangen (§ 182 a), entscheidet das Gericht auch, welcher Beteiligte die Gerichtskosten zu tragen hat. Das Gericht entscheidet auf Antrag durch Beschluß, wenn das Verfahren anders beendet wird.

(2) Kosten sind die zur zweckentsprechenden Rechtsverfolgung oder Rechtsverteidigung notwendigen Aufwendungen der Beteiligten.

(3) Die gesetzliche Vergütung eines Rechtsanwalts oder Rechtsbeistands ist stets erstattungsfähig.

(4) Nicht erstattungsfähig sind die Aufwendungen der in § 184 Abs. 1 genannten Gebührenpflichtigen.

§ 195

Wird der Rechtsstreit durch gerichtlichen Vergleich erledigt und haben die Beteiligten keine Bestimmung über die Kosten getroffen, so trägt jeder Beteiligte seine Kosten.

Zweiter Unterabschnitt
Vollstreckung

§ 199

(1) Vollstreckt wird
1. aus gerichtlichen Entscheidungen, soweit nach den Vorschriften dieses Gesetzes kein Aufschub eintritt,
2. aus einstweiligen Anordnungen,
3. aus Anerkenntnissen und gerichtlichen Vergleichen,
4. aus Kostenfestsetzungsbeschlüssen,
5. aus Vollstreckungsbescheiden.

(2) Hat ein Rechtsmittel keine aufschiebende Wirkung, so kann der Vorsitzende des Gerichts, das über das Rechtsmittel zu entscheiden hat, die Vollstreckung durch einstweilige Anordnung aussetzen. Er kann die Aussetzung und Vollstreckung von einer Sicherheitsleistung abhängig machen; die §§ 108, 109, 113 der Zivilprozeßordnung gelten entsprechend. Die Anordnung ist unanfechtbar; sie kann jederzeit aufgehoben werden.

(3) Absatz 2 Satz 1 gilt entsprechend, wenn ein Urteil nach § 131 Abs. 4 bestimmt hat, daß eine Wahl oder eine Ergänzung der Selbstverwaltungsorgane zu wiederholen ist. Die einstweilige Anordnung ergeht dahin, daß die Wiederholungswahl oder die Ergänzung der Selbstverwaltungsorgane für die Dauer des Rechtsmittelverfahrens unterbleibt.

(4) Für die Vollstreckung können den Beteiligten auf ihren Antrag Ausfertigungen des Urteils ohne Tatbestand und ohne Entscheidungsgründe erteilt werden, deren Zustellung in den Wirkungen der Zustellung eines vollständigen Urteils gleichsteht.

§ 201

(1) Kommt die Behörde in den Fällen des § 131 der im Urteil auferlegten Verpflichtung nicht nach, so kann das Gericht des ersten Rechtszugs auf Antrag unter Fristsetzung ein Zwangsgeld bis zu tausend Euro durch Beschluß androhen und nach vergeblichem Fristablauf festsetzen. Das Zwangsgeld kann wiederholt festgesetzt werden.

(2) Für die Vollstreckung gilt § 200.

Dritter Teil
Übergangs- und Schlußvorschriften

§ 202

Soweit dieses Gesetz keine Bestimmungen über das Verfahren enthält, sind das Gerichtsverfassungsgesetz und die Zivilprozeßordnung einschließlich § 278 Absatz 5 und § 278 a entsprechend anzuwenden, wenn die grundsätzlichen Unterschiede der beiden Verfahrensarten dies nicht ausschließen. Die Vorschriften des Siebzehnten Titels des Gerichtsverfassungsgesetzes sind mit der Maßgabe entsprechend anzuwenden, dass an die Stelle des Oberlandesgerichts das Landessozialgericht, an die Stelle des Bundesgerichtshofs das Bundessozialgericht und an die Stelle der Zivilprozessordnung das Sozialgerichtsgesetz tritt.

Vorbemerkung

Der Ursprung der heutigen SGb geht zurück auf die Bismarcksche Sozialversicherungsgesetzgebung. Mit dem Unfallversicherungsgesetz von 1884 wurde zeitgleich die Grundlage für das Reichsversicherungsamt (RVA) als Aufsichtsbehörde geschaffen. Dieses war der Vorläufer der heutigen SGb. Der Aufgabenbereich des RVA wurde jeweils um die weiteren Zweige der Sozialversicherung erweitert (Invaliditätsversicherung, 1889; Kran- 1 kenversicherung, 1913; Angestellten- und Knappschaftsversicherung, 1922/23; Arbeitslosenversicherung, 1927) und übernahm damit die Zuständigkeit für alle Rechtsstreitigkeiten der Sozialversicherung. Zwischen 1945 und der Gründung der Bundesrepublik[1] wurden die Aufgaben von Landes- und Oberversicherungsämtern übernommen. Das Grundgesetz gibt für ein demokratisch verfasstes Staatswesen eine Gewaltenteilung zwischen dem Gesetzgeber (Legislative), den die Gesetze umsetzenden Behörden (Exekutive) und der Gerichtsbarkeit (Judikative) vor. Die sich daraus ergebende organisatorische und sachliche Unabhängigkeit der Gerichte (Art. 92 GG), führt zur Unvereinbarkeit einer Zuordnung der (sozialrechtlichen) Rechtsprechung an Landes- oder Oberversicherungsämter oder andere Verwaltungsbehörden. Dem Rechnung tragend wurden 1954 die Gerichte der SGB als besondere VG des öffentlichen Rechts (§ 1) und das dafür notwendige SGG[2] geschaffen (siehe auch o.).

2 Im Folgenden werden in komprimierter Form nur die **wichtigsten** Regelungen des SGG mit Bezug auf die Arbeitnehmer und Versicherten dargestellt, ohne dass aufgrund des bewusst beschränkten Umfangs Vollständigkeit beansprucht werden kann.

Inhaltsübersicht

1 Auf die Besonderheiten des Sozialrechts in der DDR wird nicht eingegangen.

2 Vom 03.09.1953, BGBl. I S. 1239, 1326, i.d.F. der Bekanntmachung vom 23.09.1975, BGBl. I S. 2335.

1. Die Sozialgerichtsbarkeit

1.1 Aufbau

Die SGb ist über drei Instanzen gegliedert (§§ 2, 7, 28, 38). Die SG (I. Instanz oder Eingangsinstanz) und LSG (II. Instanz oder Berufungsinstanz) sind Gerichte der Länder, die den Justizministerien oder den für Soziales zuständigen Ministerien zugeordnet sind. Das BSG (III. Instanz oder Revisionsinstanz) als Bundesgericht hat seinen Sitz in Kassel und ist dem BMAS zugeordnet. 1

1.2 Organisation

1.2.1 Fachprinzip

In der SGb werden die Gerichte über alle drei Instanzen nach Fachkammern bzw. -senate organisiert (§ 10; § 31; § 40 i. V. m. § 31). Fachkammern bzw. -senate sind zwingend zu bilden für Angelegenheiten 2

- der Sozialversicherung
- der Arbeitsförderung und übrigen Aufgaben der BA
- der Grundsicherung für Arbeitssuchende
- der Sozialhilfe und des AsylbLG
- des sozialen Entschädigungsrechts und Schwerbehindertenrechts
- des Vertragsarztrechts.

Für Angelegenheiten

- der Knappschafts- und der Unfallversicherung

können sie gebildet werden (§ 10 Abs. 1 Satz 2; § 31 Abs. 1 Satz 2; § 40 i. V. m. § 31 Abs. 1 Satz 2).

§ 31 Abs. 2[3] regelt darüber hinaus die vorgeschriebene Bildung eines speziellen Senats an den LSG für Antragsverfahren über die Gültigkeit von Satzungen der Kommunen zu den Kosten der Unterkunft und Heizung (KdU) für ALG-II-Berechtigte (§ 22 a SGB II). 3

3 Eingefügt in das Gesetz zur Ermittlung von Regelbedarfen und Änderung des SGB II und SGB XII vom 24. 03. 2011, BGBl. S. 453.

Das LSG wird hier als I. Instanz tätig (§ 29 Abs. 2 Nr. 4). Für das BSG gibt es keine entsprechende Regelung, so dass dort die Senate für Grundsicherung zuständig sind.

4 Ebenfalls als I. Instanz wird das LSG in Verfahren wegen eines überlangen Gerichtsverfahrens tätig (§ 202 Satz 2) und § 31 Abs. 1 Satz 2 Alt 2[4] eröffnet die Möglichkeit, hierfür einen eigenen Senat zu bilden. Dies gilt durch die Verweisung in § 40 Satz 1 für das BSG entsprechend.

1.2.2 Rechtsweg

5 Der Rechtsweg zur SGb und die Bildung der Fachsenate/-kammern stehen in engem Zusammenhang. Gegeben ist der Rechtsweg zur SGb für alle Streitigkeiten, die das Verhältnis von Versicherten und den Sozialversicherungsträgern betreffen (§ 51).[5] Folgende Zuständigkeiten ergeben sich für die einzelnen Versicherungszweige der SGB (§ 51 Abs. 1):

- Grundsicherung für Erwerbsfähige (SGB II) – § 51 Abs. 1 Nr. 4 a,
- Arbeitslosenversicherung (SGB III) – § 51 Abs. 1 Nr. 4,
- Krankenversicherung (SGB V) – § 51 Abs. 1 Nr. 2 u. Abs. 2,
- Rentenversicherung (SGB VI) – § 51 Abs. 1 Nr. 1,
- Unfallversicherung (SGB VII) – § 51 Abs. 1 Nr. 3,
- Schwerbehindertenrecht (SGB IX), soweit sich über die Feststellung des GdB (§ 69 Abs. 1 bis 3 SGB IX), der Merkzeichen (§ 69 Abs. 4 SGB IX) oder die Ausstellung, Verlängerung, Berichtigung und Einziehung der Ausweise (§ 69 Abs. 5 SGB IX) Streitigkeiten ergeben – § 51 Abs. 1 Nr. 7,
- Pflegeversicherung, soziale und private (SGB XI) – § 51 Abs. 1 Nr. 2 und Abs. 2,
- Sozialhilfe (SGB XII), eingefügt mit der Einordnung der Sozialhilfe in das SGB zum 01. 01. 2005[6] – § 51 Abs. 1 Nr. 6 a

und über die SGB hinaus für:

- die Alterssicherung der Landwirte (ALG) – § 51 Abs. 1 Nr. 1
- die Angelegenheiten des sozialen Entschädigungsrechts (BVG) – § 51 Abs. 1 Nr. 6
- das Asylbewerberleistungsgesetz (AsylbLG), eingefügt mit der Einordnung der Sozialhilfe in das SGB zum 01. 01. 2005[7] – § 51 Abs. 1 Nr. 6 a
- das Aufwendungsausgleichsgesetz (AAG), soweit sich Streitigkeiten aus den §§ 1–11 AAG, die öffentlich-rechtlicher Natur sind, ergeben[8] – § 51 Abs. 1 Nr. 8

6 Für privatrechtliche Streitigkeiten aus den Bereichen der gesetzlichen Krankenversicherung (§ 51 Abs. 2) und der gesetzlichen und privaten Pflegeversicherung (§ 51 Abs. 1 Nr. 2) gilt eine erweiterte Zuständigkeit. Davon sind jedoch keine Streitigkeiten aus dem Verhältnis zwischen Patienten und Ärzten und dem Bereich der privaten Krankenversicherung erfasst.

4 Eingefügt in das ÜberlVfRSchG vom 24. 11. 2011, BGBl. I 2302.
5 Zul. geändert durch das AMNOG vom 22. 12. 2010, BGBl. I 2010, S. 2262.
6 Keller in Meyer-Ladewig, § 51 Rn. 1 a.
7 A. a. O.
8 A. a. O., § 51 Rn. 35.

Der richtige Rechtsweg ist als eine der Prozessvoraussetzungen von Amts wegen vor einer Sachentscheidung zu prüfen. Ist der Rechtsweg zur Sozialgerichtsbarkeit nicht eröffnet, ist der Rechtsstreit nach vorheriger Anhörung der Beteiligten an das zuständige Gericht zu verweisen (§ 202 i. V. m. § 17 a Abs. 2 GVG). Wesentlich sind für das gesamte Verfahren in allen Instanzen die Verhältnisse zum Zeitpunkt der Klageerhebung. Spätere Änderungen der Voraussetzungen, auch der gesetzlichen Grundlagen, berühren die Zulässigkeit des Rechtsweges nicht mehr (§ 17 Abs. 1 Satz 1 GVG). Der Beschluss über die Verweisung ist für das Gericht, an das verwiesen wird, bindend.[9] **7**

Vereinbarungen der Beteiligten über die Zuständigkeit der Sozialgerichtsbarkeit oder eines bestimmten SG sind gem. § 59 unwirksam.

Im Einzelfall kann die Frage der Rechtswegzuständigkeit für Betroffene zu schwierigen Ergebnissen führen. So ist für den Anspruch auf Erteilung der Arbeitsbescheinigung (§ 312 SGB III) gegen den Arbeitgeber die ArbGb,[10] für die Berichtigung einer fehlerhaft ausgefüllten Arbeitsbescheinigung demgegenüber die SGb zuständig.[11] **8**

1.3 Besetzung der Gerichte mit Berufs- und ehrenamtlichen Richtern

Grundsätzlich erfolgt in allen drei Instanzen die Besetzung mit Berufs- und ehrenamtlichen Richtern (§ 3). Dies wird für jede Instanz nochmals speziell hervorgehoben (§ 9 Abs. 1; § 30 Abs. 1; § 38 Abs. 2). **9**

Die Gerichte der SGb bestehen danach aus der erforderlichen Zahl von Berufsrichtern als Vorsitzenden und aus den ehrenamtlichen Richtern, an den LSG und am BSG neben den Vorsitzenden jeweils ergänzt um die Zugehörigkeit weiterer Berufsrichter. **10**

Den Fachkammern und -senaten werden ehrenamtliche Richter aus dem Bereich der jeweiligen Beteiligten zugeordnet (§§ 12, 33, 40). Damit ist gewährleistet, dass die fachlich spezialisierten Spruchkörper neben den Berufsrichtern auch mit fachkundigen ehrenamtlichen Richtern besetzt sind. Die Stellung der ehrenamtlichen Richter in der SGb geht gerade wegen ihres Erfahrungswissens und der Sachkunde in ihrem Bereich weit über die der landläufig als Laienrichter bezeichneten Schöffen hinaus. Das BVerfG hat dazu bereits 1969 ausgeführt: »... Die ehrenamtlichen Landesarbeitsrichter sind qualifizierte und erfahrene Kräfte und keinesfalls den Schöffen und Geschworenen in der Strafrechtspflege gleichzustellen. Sie lassen sich nicht nur von ihrem Rechtsgefühl und von ihrem Interessenstandpunkt leiten; der Schwerpunkt ihrer Mitwirkung liegt nicht einseitig in dem Einbringen von Lebenserfahrungen aus dem Sozialbereich, in dem die Rechtsstreitigkeit wurzelt; sie beschränken sich nicht auf eine Tatsachenwürdigung; sie können und sollen nach dem Gesetz mit dem gleichen Gewicht wie der Vorsitzende die Rechtsfragen mitentscheiden ...«[12] **11**

---

9 BSG – 10.03.2010 – B 12 SF 2/10 S m. w. N.
10 BAG – 30.08.2000 – 5 AZB 12/00.
11 BSG – 12.12.1990 – 11 RAr 43/88; BSG – 21.07.2010 – B 7 AL 60/10 B – Rn. 13.
12 BVerfG – 04.06.1969 – 2 BvR 412/66, 2 BvR 120/68.

12 Die Kammern und Senate sind paritätisch wie folgt mit ehrenamtlichen Richtern besetzt:

Grundsicherung für Arbeitslose	Arbeitnehmer und Arbeitgeber
Arbeitsförderung	Arbeitnehmer und Arbeitgeber
Angelegenheiten der Sozialversicherung (Kranken-, Renten-, Unfall- und Pflegeversicherung)	Versicherte und Arbeitgeber
Soziales Entschädigungs- und Schwerbehindertenrecht	Behinderte/Versicherte und mit diesem Recht Vertraute (Versorgungsberechtigte)
Sozialhilfe und Asylbewerberleistungsgesetz	Kommunalvertreter
Vertragsarztrecht	Vertrags(zahn)ärzte und Krankenkasse
Vertrags(zahn)arzt Angelegenheiten	Vertrags(zahn)ärzte

13 Vorschlagsberechtigt für die jeweiligen Gruppen der ehrenamtlichen Richter sind:

- für Versicherte, Arbeitnehmer, Versorgungsberechtigte u. behinderte Menschen die Gewerkschaften, selbständige Vereinigungen von Arbeitnehmern mit sozial- u. berufspolitischer Zweckrichtung, die Verbände der Versorgungsberechtigten und Behinderten (VdK, SoVD);
- für die Arbeitgeber deren Verbände, Bund, Länder und Gemeinden, (näheres § 16 Abs. 4);
- für mit dem Recht der Versorgungsberechtigten und die behinderten Menschen Vertraute die Landesversorgungsämter oder die Stellen, denen diese Aufgaben übertragenen sind bzw. die Stellen, die für Durchführung des BVG oder Rechts der Teilgabe Behinderter zuständig sind;
- für die Vertrags(zahn)ärzte die Kassen(zahn)ärztliche Vereinigungen;
- für die Krankenkassen deren Verbände und für die Kommunalvertreter die Kommunen selbst bzw. die Bundesvereinigung der kommunalen Spitzenverbände.

14 Die Amtsausübung der ehrenamtlichen Richter erfolgt mit den gleichen Rechten wie die des Berufsrichters (§ 19 Abs. 1). Deren sachliche Unabhängigkeit ist darüber hinaus bereits in Art. 97 Abs. 1 GG. und § 45 Abs. 1 Satz 1 DRiG geregelt. Ehrenamtliche Richter haben das gleiche Stimmgewicht bei der Entscheidung wie die Berufsrichter (§ 30 Abs. 1 GVG).

15 Das BVerfG sieht keine Bedenken in dem Übergewicht von ehrenamtlichen Richtern, solange der Staat seinen verfassungsrechtlichen Auftrag, die personelle Besetzung der Gerichte zu bestimmen (Art. 92 GG), wahrnimmt. Es besteht die Pflicht zur Abstimmung, ehrenamtliche Richter stimmen vor den Berufsrichtern, der jüngere vor dem älteren ab (§ 197 GVG). Der Vorsitzende hat jedem ehrenamtlichen Richter auf Verlangen zu gestatten, sachdienliche Fragen an Beteiligte, Sachverständige und Zeugen zu richten (§ 112 Abs. 4).

16 Bei Beschlüssen außerhalb der mündlichen Verhandlung und bei Gerichtsbescheiden wirken die ehrenamtlichen Richter nicht mit (§ 12 Abs. 1 Satz 2). Dies gilt auch für die Entscheidung durch Gerichtsbescheid gem. § 105. Nach dieser Vorschrift kann das Gericht ohne mündliche Verhandlung entscheiden, wenn die Sache keine besonderen Schwierigkeiten tatsächlicher oder rechtlicher Art aufweist und der Sachverhalt geklärt ist. Die Zunahme solcher Entscheidungen im Grundsicherungsrecht ist bedenklich, weil

grundsätzlich nicht angenommen werden kann, dass sich diese Verfahren durch besondere Einfachheit auszeichnen. Die Beteiligung von ehrenamtlichen Richtern führt zu einer hohen Akzeptanz der sozialgerichtlichen Entscheidungen. Von daher sind Vorschläge,[13] die Beteiligung ehrenamtlicher Richter einzuschränken, abzulehnen. Die Beteiligung ehrenamtlicher Richter und ihr Recht, mit gleicher Stimme wie die Berufsrichter zu entscheiden, kann zudem als Ausdruck des Demokratieprinzip angesehen werden. Die Eingangsformel: »Im Namen des Volkes ergeht folgendes Urteil …« erhält dadurch zusätzliches Gewicht.

Die Beteiligten können die Berufs- und ehrenamtlichen Richter wegen Besorgnis der Befangenheit ablehnen (§ 60 i. V. m. §§ 42 – 49 ZPO). Dies gilt auch für Sachverständige. Die Besorgnis der Befangenheit ist gegeben, wenn ein Grund vorliegt, der geeignet ist, Misstrauen gegen die Unparteilichkeit eines Richters zu rechtfertigen. Dabei ist zu beachten, dass eine Ablehnung nicht mehr möglich ist, wenn die Beteiligten sich beim abgelehnten Richter, ohne den Ablehnungsgrund geltend zu machen, in eine Verhandlung eingelassen oder Anträge gestellt haben (§ 43 ZPO). Dies gilt nur dann nicht, wenn glaubhaft gemacht wird, dass der Ablehnungsgrund erst nach Einlassung in die Verhandlung oder Stellung der Anträge entstanden oder bekannt geworden ist (§ 44 Abs. 4 ZPO). **17**

Der Befangenheitsantrag sollte von den Beteiligten nicht als Mittel der Prozessführung gebraucht werden und seine Stellung nur in begründeten Fällen, bei offensichtlich zutage tretender Voreingenommenheit erfolgen. **18**

In der SGb findet, anders als nach § 46 Abs. 2 ZPO geregelt, gegen den Beschluss über den Antrag auf Ablehnung keine Beschwerde statt (§§ 172 Abs. 2, 177). Das LSG Nordrhein-Westfalen sieht darin eine bestehende Normenkonkurrenz, die vom ihm zugunsten der Regelung von § 46 Abs. 2 ZPO gelöst wird.[14] **19**

2. Klageverfahren

2.1 Vorverfahren

Das Vorverfahren oder Widerspruchsverfahren beginnt mit der Erhebung des Widerspruchs (§ 83). Zulässigkeitsvoraussetzung für den Widerspruch ist zunächst eine Verwaltungsentscheidung durch VA (siehe § 31 SGB X). Der Widerspruch ist schriftlich mit Unterschrift oder zur Niederschrift bei der Stelle, die ihn erlassen hat, zu erklären (§ 84 Abs. 1 Satz 1). Zur Fristberechnung siehe Rn. 13 ff. Es gibt im SGG keine weiteren inhaltlichen Vorschriften, der Widerspruch muss weder ausdrücklich als solcher bezeichnet sein noch einen Antrag enthalten oder begründet sein, obwohl beides zu empfehlen und zweckmäßig ist und zur schnelleren Klärung des streitigen Sachverhalts beiträgt. **20**

---

13 So der von der Justizministerkonferenz unterbreitete Änderungsvorschlag zum »konsentierten« Richter in § 12. Der Vorsitzende Richter soll anstelle der Kammer – also ohne ehrenamtlichen Richter – entscheiden können, wenn es ihm gelungen ist, die Beteiligten davon zu »überzeugen«, dazu ihre Zustimmung zu erteilen.

14 LSG Essen – 29.05.2012 – L 11 KR 206/12 B, L 11 KR 299/12 B.

21 Wird dem Widerspruch nicht vollständig abgeholfen, so erlässt die Behörde einen Widerspruchsbescheid, in dessen Rechtmittelbelehrung die Zulässigkeit der Klage, die Frist und der Sitz des zuständigen Gerichts enthalten sein muss. Zur fehlerhaften Rechtsmittelbelehrung siehe Rn. 19.

2.2 Klageerhebung

22 Die Durchführung des Vorverfahrens (Widerspruchsverfahren; siehe Rn. 1 f.) ist Grundvoraussetzung für die Zulässigkeit einer Anfechtungsklage (§ 78). Wird die Klage bereits vor Erteilung des Widerspruchsbescheides erhoben, ist sie zwar unzulässig, das Sozialgericht kann gleichwohl die Klage nicht ohne weiteres abweisen, es hat vielmehr dem Sozialleistungsträger Gelegenheit zu geben, das Vorverfahren nachzuholen.

23 Erhoben wird die Klage am für den Wohn- bzw. Aufenthaltsort oder dem für den Beschäftigungsort zuständigen SG (§ 57 Abs. 1). Die Definition der Begriffe Wohnsitz und Aufenthaltsort im Verfahren vor den SG ergibt sich aus § 30 Abs. 3 SGB I. Ein örtlich unzuständiges SG verweist den Rechtsstreit an das örtlich zuständige SG (§ 98 i. V. m. § 17 a Abs. 2 GVG), durch für dieses bindenden Beschluss. Entscheidend für die örtliche Zuständigkeit sind die Verhältnisse zum Zeitpunkt der Klageerhebung. Vereinbarungen der Beteiligten über die örtliche Zuständigkeit sind unwirksam (§ 59).

24 Die Klage ist schriftlich beim zuständigen SG oder auf der Rechtsantragsstelle zur Niederschrift einzureichen (§ 90). Zur Fristwahrung reicht es aber aus, dass die Klageschrift bei einer anderen inländischen Behörde (z. B. bei der Stadtverwaltung oder einem anderen Gericht) oder bei einem Versicherungsträger eingeht. Im Ausland kann die Klageschrift auch an eine deutsche Konsularbehörde gerichtet werden (§ 91).

25 Bestimmte inhaltliche Voraussetzungen muss die Klage erfüllen, dazu gehören Name und Anschrift des Klägers und Beklagten (§ 92). Beklagter ist die Behörde, die den VA oder Widerspruchsbescheid erlassen hat; hier genügt deren Benennung, wie im VA oder Widerspruchsbescheid angegeben; hilfreich ist die Zufügung von Bearbeitungszeichen, z. B. Versicherungs-, Widerspruchs- oder Kundennummer. Der Gegenstand des Klagebegehrens muss ebenfalls benannt werden. Die Anforderungen daran sind trotz des »muss« der Regelung nicht hoch und nicht technisch-juristischer Natur. Vielmehr geht es darum, das Begehren soweit wie möglich zu konkretisieren; welcher Bescheid soll aufgehoben oder geändert werden, welche Leistung wird begehrt. Die Anforderung kann schon erfüllt sein, wenn sich aus dem in der Klageschrift vorgetragenen Sachverhalt hinreichend Konkretes entnehmen lässt.

26 Die Klageschrift soll vom Kläger oder einer zu seiner Vertretung befugten Person mit Orts- und Zeitangabe unterzeichnet sein (§ 92 Abs. 1 Satz 2).

27 Weiter soll die Klage einen bestimmten Antrag enthalten. Die zur Begründung dienenden Tatsachen und Beweismittel sollten angegeben sowie die angefochtene Verfügung, meist ein VA und der Widerspruchsbescheid sollten in Urschrift oder in Abschrift beigefügt werden.

28 Der Vorsitzende prüft, ob die Voraussetzungen erfüllt sind und ob der Kläger ggf. zur Nachbesserung aufzufordern ist (§ 92 Abs. 2). Fehlt es an den zwingend erforderlichen

Voraussetzungen des § 92 Abs. 1 Satz 1, steht es im Ermessen des Vorsitzenden, eine Frist mit ausschließender Wirkung zu setzen (§ 92 Abs. 2 Satz 2).

Das SGG kennt verschiedene Klagearten (siehe §§ 54 und 55). Der überwiegende und für Versicherte interessante Anteil der Klagen sind Kombinationen aus Anfechtungs- und Leistungs-, Verpflichtungs- oder Feststellungsklage, weil der Versicherungsträger fast immer aufgrund eines Antrages des Versicherten einen VA erlässt, der durch die Anfechtung abgeändert oder aufgehoben werden soll. **29**

Eine spezielle Form der Verpflichtungsklage ist die Untätigkeitsklage (§ 88). Ihr Ziel ist es, die Behörde zu zwingen, überhaupt einen VA zu erlassen. Voraussetzung für die erste der beiden Varianten der Untätigkeitsklage ist ein Antrag auf einen VA bei der Behörde und der Ablauf der genannten Frist von sechs Monaten (§ 88 Abs. 1). Die zweite Variante mit einer Frist von drei Monaten hat zur Voraussetzung, dass bereits ein VA erlassen wurde, gegen den das Vorverfahren mit Erhebung eines Widerspruchs eingeleitet wurde (siehe Rn. 1 f.). Grundsätzlich wird der Versicherungsträger vom SG nur zur Erteilung des Bescheides/Widerspruchsbescheides verurteilt; es ist nicht möglich, eine bestimmte Entscheidung z. B. über den Widerspruch zu beantragen. **30**

Wird während eines anhängigen Widerspruchs- oder Klageverfahrens der angefochtene Bescheid durch einen neuen Verwaltungsakt abgeändert oder ersetzt, so wird dieser nach § 86 bzw. 96 Gegenstand des Verfahrens. Im Einzelfall kann die Beurteilung, ob es sich um eine Änderung oder Ersetzung des ursprünglichen Verwaltungsaktes handelt, schwierig sein. Erforderlich ist, dass es sich um einen identischen Streitgegenstand handelt.[15] Für Bescheide auf der Grundlage des SGB II gilt in jedem Fall, dass der Streitgegenstand auf den Bewilligungszeitraum begrenzt ist.[16] Bescheide, die für nachfolgende Bewilligungszeiträume den gleichen streitigen Sachverhalt (z. B. Höhe der KdU) beinhalten, müssen daher erneut mit Widerspruch und Klage angegriffen werden. Die Verfahren können dann von der Behörde oder dem Gericht (§ 113) aus Gründen der Verfahrensökonomie verbunden werden. Die Verbindung kann auch beantragt werden. **31**

2.3 Fristen

2.3.1 Berechnung

Die Fristen, die den Beteiligten Prozesshandlungen abverlangen, sind entweder nach Tagen, Wochen oder Monaten bestimmt (§ 64). Die Frist beginnt mit dem Tag **nach** der Zustellung oder anderweitigen Kenntnisnahme der Entscheidung (Verkündung, Eröffnung) und, soweit dies in den jeweiligen Vorschriften vorgesehen ist, der Bekanntgabe[17] z. B. per Post durch einfachen Brief. Fristablauf ist immer ein Tagesende um 24.00 Uhr. Die Prozesshandlung muss dem Gericht bis zu diesem Zeitpunkt zugegangen **32**

15 Siehe im einzelnen Leitherer in Meyer-Ladewig, § 96 Rn. 9–10.

16 U. a. BSG – 07.11.2006 – B 7b AS 14/06 R; BSG – 29.03.2007 – B 7b AS 4/06 R; BSG – 25.06.2008 – B 11b 45/06 R.

17 § 37 SGB X; BSG – 16.12.2008 – B 4 AS 48/07 R.

sein. Bei Zusendung z. B. per Post sinnvollerweise mit PZU; z. B. durch Einwurf in den Gerichtsbriefkasten bis 23:59 Uhr (keine logische Sekunde zwischen 24:00 und 0:00 Uhr).

33 **Fristbeispiele:**
14 Tage (nicht zwei Wochen): Zustellung am 31.01., Ablauf am 14.02. um 24.00 Uhr;
Zwei Wochen: Zustellung am Donnerstag, Ablauf am übernächsten Donnerstag 24.00 Uhr;
Monatsfrist (nicht vier Wochen):
a) Zustellung am 28. Januar, Ablauf am 28. Februar 24:00 Uhr;
b) Zustellung 31. Januar, Ablauf 28. Februar (Schaltjahr 29.02.) 24.00 Uhr, § 63 Abs. 2 Satz 2.

34 Die Ausnahme für den Fristablauf regelt § 64 Abs. 3. Endet die Frist an einem Sonnabend, Sonntag oder gesetzlichen Feiertag, fällt das Ende der Frist dann auf den nächsten Werktag. Hierbei ist allerdings wichtig und unbedingt zu beachten, dass diese Regelung sich ausschließlich auf den Fristablauf bezieht, wenn dieser auf einen der genannten Tage fällt. Die Regelung hat keinen Einfluss auf den Fristablauf, wenn die Entscheidung z. B. an einem Sonnabend bekannt gegeben oder zugestellt wird. Für den zu berechnenden Fristablauf ist als Fristbeginn dann dieser Tag ursächlich und nicht etwa der nächste Werktag.[18]

2.3.2 Gesetzliche Fristen

35 Im SGG finden sich u. a. in den nachfolgenden Vorschriften gesetzliche Fristen.

36 Die Widerspruchsfrist gegen einen VA in § 84 Abs. 1 Satz 1, die Klagefrist in § 87 Abs. 1 Satz 1, die Berufungsfrist in § 151 Abs. 1, Revisionsfrist in § 164 Abs. 1 Satz 1, die NZB in § 145 Abs. 1 Satz 2 bzw. in § 160 a Abs. 1 Satz 2 beträgt grundsätzlich jeweils einen Monat nach Bekanntgabe bzw. Zustellung der jeweiligen Entscheidung. Für die Bekanntgabe im Ausland gilt nach § 84 Abs. 1 Satz 2, § 87 Abs. 1 Satz 2 eine Frist von drei Monaten; diese gilt nach allgemeiner Meinung auch für die Berufung,[19] Revision,[20] NZB nach § 145[21] und nach § 160 a.[22] Die Monats- bzw. Dreimonatsfrist gilt gem. § 105 Abs. 2 Satz 1 auch für die Rechtsmittel gegen Gerichtsbescheide.[23]

37 Für die Beschwerde (§ 173) gegen Entscheidungen, die keine Urteile sind (§ 172 Abs. 1 Satz 1), gilt ebenfalls die Monatsfrist. Zur Dreimonatsfrist bei Auslandszustellung ist jedoch umstritten, ob diese gilt.[24]

38 Den genannten gesetzlichen Fristen ist gemeinsam, dass die jeweiligen Entscheidungen eine Rechtsmittelbelehrung enthalten müssen. Fehlt diese oder ist sie fehlerhaft, so be-

---

18 BSG – 09. 12. 2008 – B 8/9b SO 13/07 R.
19 Leitherer in Meyer-Ladewig, § 151 Rn. 6.
20 A. a. O., § 164 Rn. 5.
21 A. a. O., § 145 Rn. 5.
22 A. a. O., § 160 a Rn. 7.
23 A. a. O., § 105 Rn. 20.
24 Dagegen HB SGG, Krasney X Rn. 22; Leitherer in Meyer-Ladewig, § 173 Rn. 5 jew. m. w. N.; a. a. O. LSG Niedersachsen – 19. 11. 1990 – L 7 Ar 414/90.

ginnen die oben genannten Fristen nicht zu laufen (§ 66 Abs. 1) und es gilt die Jahresfrist (§ 66 Abs. 2).[25]

Ebenfalls zu den gesetzlichen Fristen gehören die in §§ 102 Abs. 2[26] und 156 Abs. 2[27] genannten Dreimonatsfristen zur Fiktion der Klage- bzw. Berufungsrücknahme, die mit Zustellung einer wirksamen Aufforderung das Verfahren zu betreiben beginnt. **39**

Die genannten gesetzlichen Fristen sind nach ihrem Inhalt weder verkürz- noch verlängerbar. **40**

Folge ihrer Nichteinhaltung ist der Verlust des Rechtsmittels. **41**

2.3.3 Wiedereinsetzung in den vorigen Stand

Auf Antrag ist demjenigen, der zur Einhaltung einer gesetzlichen Frist ohne Verschulden verhindert war, Wiedereinsetzung in den vorigen Stand zu gewähren (§ 67 Abs. 1). Ohne Verschulden bedeutet, dass der Beteiligte diejenige Sorgfalt aufgewendet hat, die einem gewissenhaften Prozessführenden nach den Gesamtumständen des immer zu beurteilenden Einzelfalles zuzumuten ist und ihm dennoch das Versäumnis der Verfahrensfrist nicht vermeidbar war.[28] **42**

Dem Verschulden des Beteiligten gleichgestellt ist das Verschulden seines gesetzlichen Vertreters oder Prozessbevollmächtigten. [29] **43**

Wiedereinsetzung in den vorigen Stand ist wegen fehlenden Verschuldens z. B. zu gewähren, wenn das Schriftstück bei Zusendung per Post ordnungsgemäß adressiert und den postalischen Bestimmungen entsprechend frankiert ist und so rechtzeitig aufgegeben wurde, dass bei regelgemäßem Betriebsablauf mit einem fristgerechten Zugang beim Empfänger zu rechnen war.[30] Bei Erkrankung des Beteiligten kann nur dann kein Verschulden angenommen werden, wenn er nicht mehr selbst handlungsfähig und ihm auch eine Beauftragung eines Dritten nicht möglich war.[31] **44**

Der Antrag ist innerhalb eines Monat nach Wegfall des Hinderungsgrundes zu stellen und es sollen (nicht müssen) die Tatsachen zur Begründung benannt und glaubhaft gemacht werden. Voraussetzung für die Gewährung der Wiedereinsetzung ist weiter, dass innerhalb der Antragsfrist die Rechtshandlung nachgeholt wurde (§ 67 Abs. 2). **45**

Das Gericht entscheidet über den Antrag bzw. von Amts wegen, wenn Tatsachen auf einen Wiedereinsetzungsgrund hindeuten, durch Beschluss, gegen den bei Ablehnung Beschwerde möglich ist (§ 67 Abs. 4). **46**

---

25 Zu fehlerhaften Rechtsmittelbelehrungen: BSG – 21.06.2011 – B 4 AS 32/11 B; BSG – 06.10.2011 – B 14 AS 55/11 B; BSG, – 18.10.2007 – B 3 P 24/07 B, m.w.N.; LSG Bayern – 06.02.2012 – L 7 AS 21/12 B ER; Keller in Meyer-Ladewig, § 66 Rn. 5 ff. m.w.N.

26 Eingefügt durch das SGGArbGGÄndG mit Wirkung zum 01.04.2008.

27 Eingefügt durch IV SGB IV ÄndG, BGBl. I S. 3057 mit Wirkung zum 01.01.2012.

28 U. a. BSG – 20.12.2011 – B 4 AS 161/11 B.

29 BSG – 10.12.1974 – GS 2/73; BSG – 20.12.2011 – B 4 AS 161/11 B, m.w.N.

30 BSG – 11.11.2003 – B 2 U 293/03 B; Keller in Meyer-Ladewig, § 67 Rn. 5, m.w.N.

31 U. a. LSG Nordrhein-Westfalen – 07.10.2010 – L 6 AS 27/09.

2.4 Amtsermittlungsgrundsatz und Mitwirkung

47 Im sozialgerichtlichen Verfahren gilt der Amtsermittlungsgrundsatz (§ 103). Die Regelung verpflichtet das Gericht, den Sachverhalt von Amts wegen aufzuklären und die Beteiligten dazu heranzuziehen, ohne jedoch an deren Vorbringen und Beweisanträge gebunden zu sein. Daraus ergibt sich einerseits, dass das Gericht nicht allen Beweisanträgen der Beteiligten nachgehen muss, andererseits aber zur Erforschung des Sachverhalts Beweise zu erheben sind, die von den Beteiligten nicht angeregt wurden. Die Ermittlungspflicht besteht selbst bei unschlüssiger Klage. Alle Unklarheiten hat das Gericht auszuräumen, indem die Beteiligten aufgefordert werden, Formfehler zu beseitigen, unklare Anträge zu erläutern, sachdienliche Anträge zu stellen, ungenügende tatsächliche Angaben zu ergänzen und alle wesentlichen Erklärungen abzugeben (§ 106 Abs. 1). Selbst bei fehlender Mitwirkung der Beteiligten bleibt das Gericht zur Amtsermittlung verpflichtet, da es im SGG keine den §§ 60–67 SGB I vergleichbaren Regelungen zu Voraussetzung und Grenzen der Mitwirkung gibt. Es müssen die Beweise erhoben werden, die ohne Mitwirkung der Betroffenen erhoben werden können.[32] Ausgangspunkt ist dabei immer der Inhalt der Verwaltungsakte der Behörde, die im Regelfall die Richtung der erforderlichen Ermittlungen bestimmen.

48 Die fehlende Mitwirkung wird vom Gericht allerdings im Rahmen der Beweiswürdigung von Bedeutung sein. Das Gericht ist jedenfalls nicht verpflichtet, in alle nur denkbaren Richtungen zu ermitteln.[33] Die grundlose Weigerung eines Beteiligten, dem Gericht nähere Angaben zu machen, obwohl er es könnte und ihm dies nicht unzumutbar ist, führt nicht dazu, dass der Verzicht auf weitere Ermittlungen des Gerichts einen Verstoß gegen den Amtsermittlungsgrundsatz darstellt. Der Beteiligte muss jedoch darauf hingewiesen werden, wenn das Gericht nachteilige Schlüsse ziehen will.[34] Auch wenn die Ermittlungstätigkeit unter Berücksichtigung seiner Rechtsauffassung im Ermessen des Gerichts liegt, sind Fehler bei der Ausübung dieses Ermessens überprüfbar und stellen wesentliche Verfahrensfehler dar, die zur Zulassung von Berufung (§ 144 Abs. 2 Nr. 3) und im Falle eines übergangenen Beweisantrags in der Berufung zur Zulassung der Revision (§ 160 Abs. 2 Nr. 3) führen.

2.5 Beweiserhebung

49 Beweisanträge der Beteiligten sind das geeignete Mittel, dem Gericht den Weg seiner von Amt wegen durchzuführenden Ermittlungen aufzuzeigen. Es liegt im originären Interesse des Klägers, dass alle Tatsachen zur Begründung des vom ihm geltend gemachten Anspruchs zweifelsfrei vorliegen. Anderenfalls treffen ihn die Folgen, wenn anspruchsbegründende Tatsachen vom Gericht trotz Ausschöpfung aller Ermittlungsmöglichkeiten nicht festgestellt werden können. Es gilt der Grundsatz der objektiven Beweislast. D. h. die

32 HB SGG Udsching Rn. 16.
33 BSG – 19. 10. 2011 – B 13 R 33/11 R, m. w. N.
34 BSG – 06. 07. 2006 – B 9a SB 52/05 B.

Folgen einer objektiven Beweislosigkeit bzw. des Nichtfestgestelltseins einer Tatsache trägt der Beteiligte, der aus dieser Tatsache ein Recht herleiten will.[35]

Die beweiserheblichen Tatsachen müssen für das Gericht grundsätzlich zur vollen Überzeugung feststehen.[36] Diese Überzeugung muss sich das Gericht im Rahmen eigener Ermittlungen (Amtsermittlung) verschaffen und es ist nicht gezwungen, (nur) den Beweisanträgen der Beteiligten, die nur Anregungen sind, nachzugehen (siehe Rn. 28 f.). Das Gericht muss jedoch von allen Ermittlungsmöglichkeiten, die vernünftigerweise zur Verfügung stehen, Gebrauch machen. **50**

Nicht nachgegangen werden muss einem Beweisantrag, der rechtsmissbräuchlich ist, insbesondere wenn Tatsachen ohne greifbare Anhaltspunkte aufs Geratewohl »ins Blaue« behauptet werden.[37] Wenn das Gericht einem Beweisantrag nicht nachkommen möchte, bedarf es keines entsprechenden Beschlusses. In den Entscheidungsgründen kann darauf eingegangen werden, warum weitere Ermittlungen nicht erforderlich waren. Ein Beweisantrag kann nicht allein mit der Begründung abgelehnt werden, dass die Beweisaufnahme im Hinblick auf den Streitwert unökonomisch ist.[38] Das Gericht darf auch nicht nach dem Grundsatz »im Zweifel für den Versicherten« entscheiden. Vielmehr hat das Gericht – soweit Auslegungsspielräume bestehen und bei der Ausübung von Ermessen – sicherzustellen, dass die Rechte des Sozialgesetzbuches möglichst weitgehend verwirklicht werden (§ 2 Abs. 2 SGB I). **51**

Der Beweisantrag muss die Beweismittel benennen, aus denen sich der behauptete Sachverhalt ergibt. Beweismittel sind Urkunden (§ 119; § 202 i. V. m. §§ 415 f. ZPO), Zeugen (§ 202 i. V. m. §§ 373 ff. ZPO), Sachverständige (§ 202 i. V. m. §§ 402 ff. ZPO) und der Augenschein (§ 202 i. V. m. §§ 371 ff. ZPO) **52**

2.6 Medizinische Gutachten im sozialgerichtlichen Verfahren

2.6.1 Gutachten auf Anordnung des Gerichts

Für viele sozialrechtliche Leistungen sind medizinische Tatsachenfeststellungen erforderlich (z. B. für Erwerbsminderungsrenten – SGB VI, Ursachenzusammenhänge zwischen Unfällen und deren Folgen – SGB VII, Höhe des Grades der Behinderung – SGB IX). Die Leistungsträger legen ihren Beurteilungen des Sachverhalts schon im Verwaltungs- und Vorverfahren medizinische – zumeist von Beratungsärzten eingeholte – Beurteilungen oder Gutachten zugrunde. Das Gericht wird eine weitere Sachaufklärung zu medizinischen Fragestellungen nur vornehmen können, wenn sich die Notwendigkeit zur Beweisaufnahme ergibt (§ 118). Der Klageschrift sollten daher zumindest Hinweise auf divergierende medizinische Meinungen zu den wesentlichen Fragen zu entnehmen sein. Aus Sicht des Klägers sollte dargestellt werden, in welchen medizinischen Bereichen der **53**

---

35 BSG – 24. 10. 1957 – 10 RV945/55; LSG Stuttgart – 26. 06. 2012 – L 11 KR 572/11.
36 BSG – 16. 02. 2012 – B 9 SB 1/11 R.
37 BSG – 12. 12. 1995 – 5 RJ 26/94.
38 BVerfG – 08. 11. 1978 – 1 BvR 158/78.

Schwerpunkt der Erkrankung und Leistungseinschränkungen besteht, welche Gründe gegen die Beurteilung des Leistungsträgers sprechen und auf welchen Fachgebieten dazu ggf. zu benennende Ärzte befragt werden können. Sofern dafür durch die behandelnden Ärzte Aussagen vorliegen, die diese Auffassung stützen, sollten diese beigefügt werden. Unterschiedliche medizinische Auffassungen können sich aber bereits aus den Verwaltungsakten, eingeholten Befundberichten, vorliegenden Gutachten etc. ergeben. Für die Beurteilung des Zusammenhangs zwischen medizinischen Sachverhalten und dem Leistungsanspruch ist für das Gericht auch die genaue Kenntnis der sozialen und beruflichen Situation von wesentlicher Bedeutung.

54 Die dargelegten unterschiedlichen medizinischen Sichtweisen kann das Gericht nicht aus eigener Sachkunde aufklären. Das Gericht muss sich zur weiteren Aufklärung des Sachverhalts eines medizinischen Sachverständigen, also eines Facharztes für das relevante Fachgebiet bedienen und ein Gutachten einholen (§ 106 Abs. 2, 3 Nr. 5). Der Beweisaufnahme auf medizinischem Fachgebiet liegt in der Regel eine Beweisanordnung zugrunde, in der zumindest Name, Fachgebiet und Anschrift des Gutachters enthalten sind.

55 Der Gutachter hat die Pflicht, das Gutachten persönlich zu erstatten (§ 118 i. V. m. § 407 a Abs. 2 Satz 1 ZPO). Dies bedeutet nicht, dass er keine Hilfskräfte z. B. für Untersuchung oder Gutachtenabfassung zur Mitwirkung heranziehen kann, er muss die zentralen Aufgaben des Gutachtens jedoch selbst erbringen und die volle Verantwortung für das Gutachten übernehmen, eine Delegierung des Auftrages ist unzulässig.[39]

56 Der Kläger ist grundsätzlich verpflichtet, sich untersuchen zu lassen. Er trägt die Mitwirkungslast für die Aufklärung des Sachverhalts. Für die Grenzen der Zumutbarkeit sind die Grundsätze von § 65 SGB I heranzuziehen. Die Weigerung, sich untersuchen zu lassen, zwingt das Gericht dennoch, die noch möglichen Ermittlungen anzustellen. So kann die Einholung eines Aktengutachtens angezeigt sein.

2.6.2 Gutachten auf Antrag des Klägers

57 Neben der dem Gericht gegebenen Möglichkeit, medizinische Gutachten im Rahmen der Beweisaufnahme selbst einzuholen, hat der Kläger die Möglichkeit, einen Antrag auf Anhörung eines bestimmten Arztes zu stellen, § 109. Die Vorschrift soll der Gleichbehandlung der Beteiligten vor Gericht bei der Beschaffung von Beweismitteln dienen[40] und den Rechtsfrieden fördern. Der mögliche Eindruck des Versicherten, das Gericht habe einen ungeeigneten oder von vornherein gegen ihn eingestellten Gutachter ausgewählt, soll vermieden werden.[41]

58 Die Vorschrift schafft im Interesse der »Waffengleichheit« und der Gleichbehandlung des betroffenen Rechtssuchenden mit seinem behördlichen Verfahrensgegner einen gewissen Ausgleich dafür, dass Leistungsträger durch die institutionelle Möglichkeit zur Sachaufklärung auf eigene bzw. beauftragte Sachverständige zurückgreifen können und so

39 BSG – 15. 07. 2004 – B 9 V 24/03 B; BSG – 30. 01. 2006 – B 2 U 358/05 B.
40 So schon BSG – 22. 06. 1977 – 10 RV 67/76.
41 Behn, Die Sozialversicherung 1990, 3.

in der Regel über einen »Beweisvorsprung« verfügen.[42] Aus der Sicht der Kläger ist dies die einzige Möglichkeit, eine weitere medizinische Sachaufklärung zu veranlassen. Die Regelung ist damit letztlich auch Ausdruck des Grundsatzes eines fairen Verfahrens und sollte keinesfalls abgeschafft werden.

Der Antrag muss auf Anhörung eines bestimmten Arztes zielen, der mit Name und Anschrift bezeichnet werden soll. Der Antragsteller darf nicht mehrere Ärzte dem Gericht zur Auswahl stellen. Der Antrag ist schriftlich, zu Protokoll der Geschäftsstelle oder in der mündlichen Verhandlung zu stellen. Dabei können dem Gericht Anregungen zu den Beweisfragen gegeben werden, es ist jedoch nicht an vom Kläger vorformulierte Beweisfragen gebunden. **59**

Ein nach § 19 SGG eingeholtes Gutachten ist kein »Parteigutachten« und hat keinen geringeren Beweiswert als andere Beweismittel.[43] **60**

Das Gericht wird regelmäßig einen Kostenvorschuss einfordern. Das gilt unabhängig von der finanziellen Leistungsfähigkeit des Versicherten. Die Gewährung von Prozesskostenhilfe für einen Antrag nach § 109 SGG ist ausgeschlossen (§ 73 a Abs. 3). Die Kosten sind endgültig zu tragen, wenn das Gutachten zu keinen neuen Erkenntnissen geführt hat und damit die Sachaufklärung nicht wesentlich gefördert hat. **61**

Der Antrag auf Anhörung eines Arztes nach § 109 SGG bindet das Gericht. Die Zurückweisung des Antrages ist bei verspäteter Antragstellung nach entsprechender Fristsetzung möglich. **62**

Ohne Hinweis ist eine Zurückweisung des Antrages möglich, wenn für den Kläger bzw. seinen Bevollmächtigten erkennbar gewesen ist, dass die von Amts wegen durchzuführende Beweiserhebung beendet ist, z. B. nach der Übersendung des letzten von Amts wegen erhobenen negativen Gutachtens.[44]

Vom Antragsrecht, einen bestimmten Arzt anzuhören, kann innerhalb desselben Instanzenzuges (der die I. und II. Instanz umfasst) grundsätzlich für dasselbe ärztliche Fachgebiet nur einmal Gebrauch gemacht werden. Ein in der ersten Instanz gestellter Antrag, auf den ein entsprechendes Gutachten erstattet wurde, ist für dieselbe Instanz und grundsätzlich auch für die Berufungsinstanz verbraucht. Für eine ausnahmsweise zulässige wiederholte Antragstellung, sei es innerhalb derselben Instanz, bedarf es besonderer rechtfertigender Gründe.[45] Solche Gründe können sein: die Stellung mehrerer Anträge, Anhörung von Ärzten verschiedener medizinischer Fachgebiete; das früher eingeholte Gutachten bedarf unter dem Gesichtspunkt zweckentsprechender Rechtsverfolgung der Ergänzung (z. B. bei Änderung des zu beurteilenden Krankheitsbildes); Auftreten neuer Tatsachen im weiteren Verlauf des Verfahrens, die vom bisher nach § 109 gehörten Gutachter nicht berücksichtigt worden sind bzw. überhaupt nicht verwertet werden konnten; das Gutachten nach § 106 hat völlig neue Ergebnisse erbracht, z. B. aufgrund neuer Unterlagen oder wesentlicher neuer medizinisch-wissenschaftlicher Erkenntnisse, **63**

---

42 BSG – 20. 04. 2010 – B 1/3 KR 22/08 R.
43 BSG – 30. 08. 1958 – 11/10 RV 1269/56.
44 BSG – 10. 01. 1963 – 10 RV 407/62, Rn. 11.
45 BSG – 28. 06. 1962 – 9 RV 1490/60; BSG – 22. 06. 1977 – 10 RV 67/76.

zu denen sich der frühere Gutachter, den der Kläger benannt hatte, überhaupt nicht äußern konnte. Es bedarf daher einer genauen Prüfung des bisherigen vom Gericht ermittelten Sachverhalts durch den Kläger bzw. seinen Bevollmächtigten, bevor der Antrag nach § 109 gestellt wird. Zunächst sollte dem Gericht unter genauer Auswertung der bekannten Erkenntnisse dargelegt und begründet werden, aus welchen Gründen weitere Ermittlungen des Gerichts von Amts wegen notwendig sind.

2.7 Die mündliche Verhandlung

64 Die mündliche Verhandlung ist, wie in den anderen Prozessordnungen, Kernstück des gerichtlichen Verfahrens. Grundsätzlich erfolgt die Entscheidung über Klagen daher aufgrund mündlicher Verhandlung durch Urteil (§§ 124 und 125); durch Verweisungen auf beide Grundsätze gilt dies auch für Berufung und Revision (§§ 153 Abs. 1 und 165 Satz 1). Das Gericht kann daher nur aufgrund gesetzlicher Ausnahmen ohne mündliche Verhandlung entscheiden (§ 124 Abs. 1).

65 Nur mit dem zuvor ausdrücklich erklärten Einverständnis der Beteiligten kann ohne mündliche Verhandlung durch Urteil entschieden werden (§ 124 Abs. 2). An diesen Entscheidungen sind die ehrenamtlichen Richter zu beteiligen. Ebenfalls ohne mündliche Verhandlung können Entscheidungen ergehen, die nicht Urteile sind (§ 124 Abs. 3), dies sind Beschlüsse und die speziell geregelten Gerichtsbescheide (§ 105).

66 Der Vorsitzende bestimmt mit der Ladung Ort und Zeit der mündlichen Verhandlung. Terminsbestimmungen und Ladungen sind den Beteiligten und Zeugen zuzustellen (§ 63 Abs. 1 Satz 1). Mit der Ladung sind die Beteiligten darauf hinzuweisen, dass im Falle der Nichtteilnahme an der mündlichen Verhandlung nach Lage der Akten entschieden werden kann (§ 126). Das Gericht kann das persönliche Erscheinen eines Beteiligten zur weiteren Sachverhaltsaufklärung oder Herbeiführung einer vergleichsweisen Beendigung des Verfahrens anordnen (§ 111 Abs. 1). Der Termin muss auf Antrag eines Beteiligten nur bei erheblichen Gründen verlegt werden. Die Gründe müssen glaubhaft gemacht werden.

67 Der Vorsitzende hat die Prozessleitungsbefugnis und eröffnet die mündliche Verhandlung nach Aufruf des Verfahrens mit dem Vortrag des Sachverhalts, so wie er sich zu diesem Zeitpunkt dem Gericht darstellt. Anschließend erhalten die Beteiligten das Wort und können Korrekturen bzw. ihre Sicht des Sachverhalts vortragen. Der Vorsitzende erörtert im Anschluss mit den Beteiligten den Sach- und Streitgegenstand und nimmt deren Erklärungen und Anträge zu Protokoll (§ 112). Sofern möglich und erforderlich, kann in der mündlichen Verhandlung eine Beweisaufnahme erfolgen (§ 117; z. B. Vernehmung von Zeugen, Anhörung von Sachverständigen). Zum Ergebnis der Beweisaufnahme ist den Beteiligten Gelegenheit zur Stellungnahme zu geben. Sind alle Gesichtspunkte von Bedeutung erörtert, schließt der Vorsitzende die mündliche Verhandlung (§ 121). Nach anschließender Beratung von Kammer/Senat verkündet der Vorsitzende die Entscheidung unter Mitteilung des wesentlichen Inhalts der Entscheidungsgründe (§ 132).

2.8 Beendigung des Verfahrens

2.8.1 Gerichtsentscheidungen

68 Die Gerichte der SGb entscheiden entweder durch Urteil, Gerichtsbescheid oder Beschluss. Nur in I. Instanz kann gem. § 105 durch Gerichtsbescheid ohne mündliche Verhandlung entschieden werden.

69 Entscheidet das Gericht durch Beschluss, gelten im Wesentlichen und soweit hier von Bedeutung die Grundsätze für Urteile (§ 142).

70 Allen Entscheidungen ist gemeinsam, dass sie nur getroffen werden können, wenn den Beteiligten rechtliches Gehör gewährt wurde (Art. 103 Abs. 1 GG, §§ 62, 128 Abs. 2). Ein Verstoß stellt einen wesentlichen Verfahrensmangel dar und kann (nur) auf Rüge zur Zulassung von Berufung und Revision führen.

71 Die Entscheidungen sind grundsätzlich zuzustellen, um Rechtsmittelfristen in Gang zu setzen (§ 63); zusätzlich finden sich Vorschriften zur Zustellung von Urteilen (§ 133), wenn die Verkündung nicht in mündlicher Verhandlung erfolgt, die für Beschlüsse entsprechend gilt (§ 133 Satz 2) und für in mündlicher Verhandlung verkündete Urteile (§ 135). Davon erfasst sind Beschlüsse mit mündlicher Verhandlung (§ 135 i. V. m. § 142 Abs. 1). Für den Gerichtsbescheid ergibt sich das Zustellungserfordernis neben § 63 aus § 105 Abs. 1 Satz 3, wonach die Vorschriften über Urteile entsprechend gelten.

2.8.2 Vergleich

72 Die Beteiligten haben die Möglichkeit, den Rechtsstreit durch (Teil-)Vergleich (teilweise) zu beenden (§ 101). Aus dem Vergleich kann die Vollstreckung betrieben werden (§ 199 Abs. 1 Nr. 2). Unzulässig ist ein Vergleich mit einem gegen ein gesetzliches Verbot verstoßenden Inhalt.[46]

Der gerichtliche Vergleich muss protokolliert werden bzw. auf einem Beschluss nach § 278 Abs. 6 ZPO beruhen. Anderenfalls handelt es sich um einen außergerichtlichen Vergleich.[47]

73 Der Vorbehalt eines Widerrufs im gerichtlichen Vergleich ist möglich. Zur Vermeidung von Unklarheiten ist es zweckmäßig, für den Widerruf einen bestimmten Zeitpunkt zu vereinbaren, bis zu dem schriftlich gegenüber dem Gericht (Eingang bei Gericht) der Widerruf zu erklären ist.

74 Der Vergleich sollte ggf. je nach dem gefundenen Kompromiss eine Kostenregelung enthalten, da anderenfalls jeder Beteiligte seine eigenen Kosten trägt (§ 195).

---

46 BSG – 17.05.1989 – 10 RKg 16/88.
47 Leitherer in Meyer-Ladewig, § 101 Rn. 9 a.

2.8.3 Anerkenntnis

75 Eine weitere mögliche Beendigung des Verfahrens ist das einseitig von einem Beteiligten, zumeist dem Leistungsträger, erklärte Zugeständnis, dass der geltend gemachte Anspruch (teilweise) besteht (§ 101). Ein solches (Teil-)Anerkenntnis ist gegenüber dem Gericht abzugeben. Auch im Fall des Anerkenntnisses müssen die Beteiligten über den Klagegegenstand verfügen können..

76 Der Beteiligte, dem gegenüber das Anerkenntnis erklärt wird, meist der Kläger, beendet durch Erklärung der Annahme des Anerkenntnisses den Rechtsstreit (§ 101 Abs. 2). Wird die Annahme des (Teil-)Anerkenntnisses nicht erklärt, ergeht ein (Teil-)Anerkenntnisurteil, das nicht begründet werden muss (§ 201 i. V. m. § 313 b ZPO).

77 Ein angenommenes Anerkenntnis ist ein Titel, aus dem vollstreckt werden kann (§ 199 Abs. 2 Nr. 2).

78 Über die Kosten entscheidet das Gericht durch Beschluss, soweit sie nicht vom Anerkenntnis umfasst sind (§ 193).[48]

2.8.4 Rücknahme

79 Ergeben sich während des Rechtsstreites Gesichtspunkte, die eine Beendigung des Verfahrens ohne gerichtliche Entscheidung sinnvoll erscheinen lassen, kann die Klage bis zum Schluss der mündlichen Verhandlung I. oder II. Instanz zurückgenommen werden (§ 102). Die Klagerücknahme auch noch nach Urteilsverkündung bis zur Rechtskraft des Urteils ist zulässig, solange noch mündliche Verhandlung möglich ist.[49]

80 Als einseitige Prozesshandlung kann die Klagerücknahme nicht an Bedingungen geknüpft werden; sie kann auch nicht mit einem Widerrufsvorbehalt ausgesprochen werden.

81 Für die Klagerücknahme gibt es kein besonderes Formerfordernis, sie kann schriftlich, zur Niederschrift, zu Protokoll oder mündlich erklärt werden.

82 Die Klagerücknahme erledigt die Hauptsache (§ 102 Satz 2), über die Kosten entscheidet das Gericht durch Beschluss (§ 102 Abs. 3).

83 Diese Grundsätze gelten im Wesentlichen für die Rücknahme von Berufung (§ 156) und Revision (§ 165 i. V. m. § 156). Nach Schluss der mündlichen Verhandlung bedarf die Rücknahme allerdings der Zustimmung der Gegenseite (§ 156 Abs. 1 Satz 2).

3. Rechtsmittel

3.1 Berufung

84 Die Berufung gegen Urteile oder diesen gleichgestellte Gerichtsbescheide (§ 105 Abs. 3 Halbs. 1) an das LSG ist grundsätzlich statthaft (§ 143), wenn der Beschwerdewert oder

48 Insgesamt Leitherer in Meyer-Ladewig, § 101 Rn. 19 ff.
49 Leitherer in Meyer-Ladewig, § 102 Rn. 6.

besser Rechtsmittelstreitwert einen Betrag von mehr als 750 € erreicht (§ 144 Abs. 1 Nr. 1). Sie bedarf dann keiner Zulassung durch das SG im Urteil.

Die Berufung ist innerhalb eines Monats nach Zustellung einzulegen (§ 151 Abs. 1) und hemmt die Rechtskraft des Urteils bzw. Gerichtsbescheides I. Instanz. **85**

Unabhängig vom Beschwerdewert ist die Berufung statthaft, wenn es sich um wiederkehrende oder laufende Leistungen für mehr als ein Jahr handelt (§ 144 Abs. 1 Nr. 1). Dies können Renten (SGB VI), ALG I (SGB III), Krankengeld (SGB V), Verletztengeld (SGB VII) oder Pflegegeld (SGB XI) bei entsprechender Bezugsdauer von mehr als einem Jahr sein. Leistungen nach SGB II und SGB XII sind von der Ausnahmevorschrift nicht erfasst, da diese nach den §§ 41 SGB II bzw. 44 SGB XII regelmäßig nicht länger als zwölf Monate bewilligt werden. Eine unbefriedigende gesetzliche Konstellation, da Folgebescheide bei gleicher Rechtsfrage nicht nach § 96 einbezogen werden können.[50] **86**

Zuzulassen ist die Berufung, wenn die Klärung der Rechtssache grundsätzliche Bedeutung hat (§ 144 Abs. 2 Nr. 1). Zuzulassen ist die Berufung, wenn das SG von einer Entscheidung des angerufenen LSG, des BSG, des Gemeinsamen Sentas der obersten Gerichtshöfe des Bundes oder dem BVerfG abweicht und seine Entscheidung auf dieser Abweichung beruht (§ 144 Abs. 2 Nr. 2). Ferner ist die Berufung zuzulassen, wenn ein Verfahrensmangel geltend gemacht wird und vorliegt, auf dem die Entscheidung beruhen kann (§ 144 Abs. 2 Nr. 3). **87**

An eine Zulassung der Berufung durch das SG ist das LSG gebunden. Die Berufung ist allerdings nicht deshalb zugelassen, weil die Rechtsmittelbelehrung auf das Rechtsmittel der Berufung hinweist. Die Rechtsmittelbelehrung ist dann mit den Folgen aus § 66 Abs. 2 fehlerhaft und die NZB muss innerhalb Jahresfrist eingelegt werden. **88**

Die Berufung ist nach dem eindeutigen Wortlaut des SGG wie das Klageverfahren eine Tatsacheninstanz und hat neu vorgebrachte Tatsachen und Beweismittel zu berücksichtigen (§ 157). **89**

Für das Berufungsverfahren gelten die für das Klageverfahren geltenden Regelungen (§ 153 Abs. 1). **90**

Über die Berufung gegen einen Gerichtsbescheid wird grundsätzlich durch Urteil entschieden. Das LSG kann nach seinem Ermessen bei einer Entscheidung des SG durch Gerichtsbescheid das Berufungsverfahren nach § 153 Abs. 5 durch Beschluss einem Berichterstatter zur Entscheidung als Einzelrichter übertragen. Es wird dann unter Mitwirkung der ehrenamtlichen Richter entschieden. **91**

3.2 Revision

Gegen Urteile des LSG steht den Beteiligten die Revision an das BSG nur zu, wenn **92**

- das LSG sie zugelassen hat,
- das Sozialgericht die Sprungrevision zugelassen hat und die Gegenseite der Einlegung der Sprungrevision schriftlich zugestimmt hat
- oder sie mit Beschluss des BSG aufgrund einer NZB zugelassen wurde (§ 160 Abs. 1).

---

50 Leitherer a. a. O., § 144 Rn. 21 a ff.

Über die Zulassung zur Revision ist vom LSG von Amts wegen zu entscheiden. Schweigt das LSG zur Revisionszulassung, ist die Revision nicht zugelassen.[51] Das LSG kann die Revision nur zulassen, wenn einer der in § 160 Abs. 2 abschließend aufgezählten Zulassungsgründe vorliegt.

93 Verfahrensmängel, die zur Zulassung führen, sind grundsätzlich die absoluten Revisionsgründe nach § 547 ZPO i. V. m. 202: fehlerhafte Besetzung des Gerichts, Mitwirkung eines ausgeschlossenen oder wegen begründeter Befangenheit abgelehnten Richters, nicht ordnungsgemäße Vertretung, Verstoß gegen die Öffentlichkeit der Verhandlung, Fehlen von Entscheidungsgründen im Urteil. In diesen Fällen wird unwiderlegbar vermutet, dass ein Beruhen auf dem Verstoß vorliegt.

94 Die Revision ist innerhalb Monatsfrist (siehe Rn. 32 f.; Rn. 36) nach Urteilszustellung bzw. des Beschlusses über die Zulassung nach NZB beim BSG einzulegen und innerhalb von zwei Monaten nach Zustellung zu begründen (Begründungszwang) (§ 164 Abs. 1). Die Revision hemmt die Rechtskraft des Urteils II. Instanz.

95 Anders als in 1. und 2. Instanz können sich die Beteiligten vor dem BSG nicht selbst vertreten (§ 73 Abs. 4). Es besteht Vertretungszwang. Vertretungsbefugt sind z. B. Juristen der Gewerkschaften, der DGB Rechtsschutz GmbH und Rechtsanwälte. Die Revision ist nur zulässig, wenn sie durch einen zulässigen Bevollmächtigten eingelegt und begründet wurde.

96 Nur im Sozial- und Arbeitsrecht wirken ehrenamtliche Richter in der Revision an den Entscheidungen mit. Dies ist Ausdruck der besonderen Bedeutung und der in diesen Gerichtszweigen geforderten besonderen Sachkunde der ehrenamtlichen Richter. In der SGb wird diese Bedeutung noch unterstrichen durch die in § 170 a getroffene Regelung, nach der die ehrenamtlichen Richter, die an der Entscheidung mitgewirkt haben, eine Abschrift des Urteils zur Äußerung über die Entscheidungsgründe erhalten.

3.3 Nichtzulassungsbeschwerde

3.3.1 Nichtzulassung der Berufung

97 Die NZB kann innerhalb Monatsfrist eingelegt werden, wenn es der Zulassung der Berufung bedarf und diese vom SG abgelehnt wurde oder das SG nicht über die Zulassung entschieden hat (§ 145). Das gilt auch dann, wenn das SG fälschlich davon ausging, die Berufung bedurfte keiner Zulassung.[52] Eine eingelegte Berufung ist in diesem Fall unzulässig und zurückzunehmen. Die fehlerhafte Rechtsmittelbelehrung, welche auf das Rechtsmittel der Berufung hinweist, führt dazu, dass die NZB innerhalb eines Jahres (seit Zustellung) eingelegt werden kann (vgl. § 66 Abs. 2). Das LSG hat im Rahmen der Amtsermittlung (siehe Rn. 47) auf die unzulässige Berufung und die Möglichkeit der NZB innerhalb der Jahresfrist des § 66 hinzuweisen.

98 Das LSG entscheidet über die NZB durch Beschluss (§ 145 Abs. 4 Satz 1). Der Beschluss ist endgültig und kann nicht mit der Beschwerde (§ 177) angefochten werden. Bei

51 Leitherer in Meyer-Ladewig, § 160 Rn. 24 ff. m. w. N.
52 Keller in Meyer-Ladewig, § 145 Rn. 2 a.

Ablehnung der NZB wird das Urteil rechtskräftig (§ 145 Abs. 4 Satz 4); bei Stattgabe wird das Beschwerdeverfahren als Berufung fortgesetzt (§ 145 Abs. 5), der Einlegung einer Berufung bedarf es nicht.

3.3.2 Nichtzulassung der Revision

Die Nichtzulassung der Revision im Urteil des LSG kann selbständig mit der Beschwerde angefochten werden (§ 160 a). Sie ist innerhalb eines Monats nach Zustellung des Urteils beim BSG einzulegen und innerhalb von zwei Monaten nach Zustellung zu begründen (Begründungszwang). **99**

Es besteht Vertretungszwang nach § 73 Abs. 4 (siehe Rn. 108). Zur Begründung der NZB muss mindestens einer der in § 160 Abs. 2 genannten Gründe für die Zulassung der Revision benannt werden(§ 160 a Abs. 2 Satz 3). **100**

Liegen die Voraussetzungen für eine zulässige NZB nicht vor, wird sie ohne Hinzuziehung der ehrenamtlichen Richter als unzulässig verworfen (§ 160 a Satz 1 Halbs. 2 i. V. m. § 169). Ist die NZB zulässig, entscheidet der Senat mit den ehrenamtlichen Richtern durch Beschluss und weist sie als unbegründet zurück oder lässt die Revision zu. **101**

Bei Stattgabe der NZB beginnt mit Zustellung die Frist zur Einlegung und Begründung der Revision (§ 160 a Abs. 4 Satz 4). **102**

Das BSG kann bei Vorliegen von Verfahrensmängeln nach § 160 Abs. 2 Nr. 3 auch mit der Stattgabe das Urteil des LSG aufheben und das Verfahren an das LSG zur erneuten Verhandlung und Entscheidung zurückverweisen (nach § 160 a Abs. 5). **103**

Festzustellen ist, dass die NZB eine geringe Erfolgsquote hat. Grund dafür sind zum einen die hohen Darlegungs- und Bezeichnungsanforderungen, zum anderen, dass in der mündlichen Verhandlung vor dem LSG Verfahrensmängel nicht gerügt und Beweisanträge nicht oder unzureichend gestellt werden. **104**

3.4 Beschwerde

Gegen Beschlüsse der SGe ist grundsätzlich die Beschwerde an das LSG möglich (§ 172). Ausgeschlossen ist die Beschwerde gegen Beschlüsse, die den Gang des Verfahrens betreffende und Anordnungen und Verfügungen, um Verzögerungen zu vermeiden (§ 172 Abs. 2). Dies sind: prozessleitende Verfügungen, Aufklärungsanordnungen, Vertagungsbeschlüsse, Fristbestimmungen, Beweisbeschlüsse, Beschlüsse über Ablehnung von Beweisanträgen, über Verbindung und Trennung von Verfahren und Ansprüchen und über die Ablehnung von Gerichtspersonen (Befangenheitsanträge).[53] **105**

Angefochten werden mit der Beschwerde können demnach z. B.: **106**

- Anordnungen im einstweiligen Rechtsschutz nach § 86 b, soweit in der Hauptsache die Berufung zulässig ist;
- Festsetzungen von Ordnungsgeldern gegen nicht erschienene Beteiligte bei Anordnung des persönlichen Erscheinens zum Termin, geladene Zeugen und Sachverständige;

53 Dazu Leitherer in Meyer-Ladewig, § 172 Rn. 6–6 e m. w. N.

- Beschlüsse über die Rechtmäßigkeit des Zeugnisverweigerungsrechts;
- Ablehnungen der Wiedereinsetzung in den vorigen Stand;
- Ablehnungen von PKH, soweit diese nicht ausschließlich auf den persönlichen und wirtschaftlichen Verhältnissen beruhen;
- Ablehnungen oder Aufhebungen von Beiladungen;
- Zurückweisungen von Beweissicherungsgesuchen;
- Ablehnungen von Aussetzen wegen Vorfragen (§ 114);
- Beschlüsse, die das Ablehnungsgesuch gegen einen Sachverständigen für unbegründet erklären;
- Ablehnungen von Vollstreckungsanträgen und Androhungen und Festsetzung von Zwangsgeldern;
- Kostenbeschlüsse.

107 Die Frist zur Einlegung der Beschwerde beträgt einen Monat nach Bekanntgabe (§ 173).

108 Die Beschwerde soll beim SG, welches die Entscheidung erlassen hat, eingelegt werden (§ 172 Satz 1). Die Frist ist jedoch auch gewahrt, wenn die Beschwerde dennoch beim LSG eingelegt wird (§ 172 Satz 2).

109 Das LSG entscheidet über die Beschwerde durch Beschluss (§ 176), der nicht anfechtbar ist (§ 177).

4. Einstweiliger Rechtsschutz

4.1 Allgemeines

110 Der einstweilige Rechtsschutz im sozialgerichtlichen Verfahren in seiner heutigen Form wurde mit den eng miteinander im Zusammenhang stehenden Vorschriften der §§ 86 a, b zum 02. 01. 2001 eingeführt.[54] Beide Vorschriften regeln die vorläufige Beibehaltung bzw. Herbeiführung eines noch abschließend zu klärenden Sachverhalts.[55] Die Regelungen sind Ausprägung der Garantie auf effektiven Rechtsschutz (Art. 19 Abs. 4 GG) und sollen den Bürger vor irreparablen Verwaltungsentscheidungen schützen.

111 Die Beibehaltung des bisherigen Rechtszustandes durch die Erhebung von Widerspruch und Klage (Anfechtungssachen) gegenüber dem sofortigen Vollzug einer durch VA in diesen Zustand eingreifenden Verwaltung ist ein Ziel der Regelungen (§ 86 a Abs. 1). Das Gericht kann die aufschiebende Wirkung von Widerspruch und Klage bzw. den Vollzug des VA (§ 86 b Abs. 1 Satz 1 Nr. 2) bzw. die Aufhebung der Vollziehung (§ 86 b Abs. 1 Satz 2) anordnen.

112 Davon zu unterscheiden ist die einstweilige Anordnung, mit der das Gericht die Verwaltung zur vorläufigen Regelung einer Maßnahme veranlasst (Vornahmesachen) (§ 86 b Abs. 29). Eine vorläufige Regelung durch einstweilige Anordnung ist zu erlassen, wenn die Regelung zur Abwendung wesentlicher Nachteile nötig erscheint.

---

54 6. SGGÄndG vom 17. 08. 2001, BGBl. I S. 2144.

55 Krodel NZS 02, 180 ff.

4.2 Aufschiebende Wirkung, Vollziehung (Anfechtungssachen)

Voraussetzung für den Eintritt der aufschiebenden Wirkung (§ 86 a Abs. 1) bzw. dafür, dass diese entfallen ist (§ 86 a Abs. 2 und 4), ist ein VA, der nicht bestandskräftig ist, gegen den also Widerspruch und Klage erhoben wurde. Für die Klärung, ob aufschiebende Wirkung besteht bzw. die Wiederherstellung derselben ist ein entsprechender Antrag zu stellen (§ 86 b Abs. 1). Der Antrag kann kein solcher auf Erlass einer einstweiligen Anordnung sein, dieser wäre unzulässig. Die einstweilige Anordnung ist ausschließlich Vornahmesachen nach § 86 b Abs. 2 vorbehalten (siehe Rn. 136 ff.). Das Gericht stellt die aufschiebende Wirkung entweder deklaratorisch fest[56], weil sie bereits besteht, oder wieder her. **113**

Der Antrag ist dann mit einem Antrag auf Aussetzung der Vollziehung zu kombinieren, wenn die Verwaltung den Bescheid bereits faktisch vollzieht (§ 86 Abs. 1 Satz 2). **114**

Antragsbeispiel: **115**
Der Antragsteller beantragt, festzustellen, dass der Widerspruch/die Klage gegen den Bescheid des Antragsgegners vom »*DATUM des Bescheides*« aufschiebende Wirkung hat und die sofortige Vollziehung des Bescheides aufgehoben wird.

Der Ausschluss der aufschiebenden Wirkung von Widerspruch und/oder Klage gilt für Versicherte z. B. bei folgenden Konstellationen (§ 86 a Abs. 2; auf § 86 a Abs. 4 wird nicht eingegangen): **116**

- Nach Nr. 1:
  Entscheidungen über die Versicherungspflicht (z. B. die Aufhebung der Befreiung von der Versicherungspflicht). Nicht darunter fallen allerdings Streitigkeiten über Statusfeststellungen zur Versicherungspflicht. Hier gilt nach § 7 a Abs. 7 Satz 1 SGB IV die aufschiebende Wirkung.
- Nach Nr. 2:
  Entziehung und Herabsetzung einer durch VA bewilligten laufenden Leistung wie ALG I (§ 336 a Satz 2 SGB III). Die Regelung ist gegenwarts- (Herabsetzung) und zukunftsbezogen (Entziehung), deshalb gilt der Ausschluss der aufschiebenden Wirkung nicht für VA, die Leistungen für die Vergangenheit aufheben und Erstattung fordern.[57, 58]
- Nach Nr. 3: **117**
  Die Vorschrift unterscheidet sich dadurch, dass die aufschiebende Wirkung für die Sozialversicherungsträger (RV, UV, KV, PV) erst mit Klageerhebung entfällt. Wegen der existenzsichernden Bedeutung soll sie während des Widerspruchverfahrens aufrecht erhalten bleiben, um vor Vollzug des VA einer anderen Stelle der Verwaltung die Gelegenheit zur Prüfung zu geben.[59] Diese Begründung ist wenig überzeugend, da einerseits Leistungen nach dem SGB III nicht minder existenziell sind und andererseits

---

56 A. a. O., § 86 a Rn. 8, § 86 b Rn. 15.

57 LSG Berlin-Brandenburg – 25. 05. 2009 – L 1 KR 126/09 B ER; a. A. LSG Baden-Württemberg – 09. 01. 2003 – L 13 Al 4260/02 ER B.

58 Binder in Hk-SGG § 86 a Rn. 15.

59 BT-Drs. 14/5943, S. 25.

die Besserstellung gegenüber Leistungen nach SGB II (siehe Nr. 4) als dem existenziellen Minimum überhaupt nicht tragen kann.

118 • Nach Nr. 4:
Der Bundesgesetzgeber hat sich die Öffnungsklausel für andere Regelungen vorbehalten, ohne jeweils die Vorschrift ändern zu müssen. Gebrauch gemacht wurde von einer spezialgesetzlichen Regelung mit § 39 SGB II. Die Regelung ist relativ umfassend und betrifft Aufhebung, Rücknahme, Widerruf, Minderung der Leistung, die Feststellung einer Pflichtverletzung, Eingliederungsleistungen oder die Pflichten aus Eingliederungsvereinbarungen bzw. diese ersetzende VA (§ 39 Nr. 1 SGB II), VA, die den Anspruchsübergang zum Inhalt haben (§ 39 Nr. 2 SGB II), Aufforderungen zur Beantragung vorrangiger Leistungen (§ 39 Nr. 3 SGB II) und Aufforderungen zur persönlichen Meldung (§ 39 Nr. 4 SGB II). Nicht darunter fallen Erstattungsforderungen.

119 Bestehen Zweifel an der Rechtmäßigkeit von VA, die keine aufschiebende Wirkung entfalten (§ 86 a Abs. 2), kann diese nur durch einen Antrag an das Gericht angeordnet oder wiederhergestellt werden (§ 86 b Abs. 1 Satz 1 Nr. 2). Voraussetzung ist auch hier, dass der VA nicht bestandskräftig ist, also Widerspruch und Klage erhoben wurde.

120 **Antragsbeispiel:**
Der Antragsteller beantragt, die aufschiebende Wirkung des Widerspruchs/der Klage gegen den Bescheid des Antragsgegners vom »*DATUM des Bescheides*« anzuordnen (wiederherzustellen).

121 Nicht unter die Regelung zur aufschiebenden Wirkung fallen die vorläufigen Zahlungseinstellungen nach § 331 SGB III und § 40 Abs. 2 Nr. 4 SGB II, da diese ohne VA ergeht und damit die Voraussetzung der aufschiebenden Wirkung fehlt.[60] In diesen Fällen ist einstweiliger Rechtsschutz nur durch Antrag auf Erlass einer einstweiligen Anordnung nach § 86 b Abs. 2 Satz 2 zu erreichen (siehe Rn. 136 ff.).

4.3 Einstweilige Anordnung (Vornahmesachen)

122 Lehnt die Verwaltung z. B. einen Leistungsantrag ab oder bescheidet über diesen nicht bis zum beantragten Zeitpunkt, kann einstweiliger Rechtsschutz durch einen Antrag auf Erlass einer einstweiligen Anordnung erreicht werden (§ 86 b Abs. 2 Satz 2).

123 Der gestellte Leistungsantrag ist Voraussetzung für einen zulässigen Antrag. Bei ablehnendem Bescheid ist Zulässigkeitsvoraussetzung, dass dessen Bestandskraft noch nicht eingetreten ist.

124 Der Hauptanwendungsbereich sind Regelungsanordnungen im Bereich des SGB II.

125 Voraussetzungen für den Erlass einer einstweiligen Anordnung sind das Vorliegen von Anordnungsgrund und Anordnungsanspruch. Der Anordnungsanspruch ergibt sich aus dem materiellen Leistungsrecht. Er besteht dann, wenn die im gesetzlichen Tatbestand geregelten Anspruchsvoraussetzungen erfüllt sind. Anordnungsgrund ist die Vermeidung wesentlicher Nachteile bei bestehender Eilbedürftigkeit. Wesentlich ist der Nachteil, wenn

---

60 Keller in Meyer-Ladewig, § 86 a Rn. 14 m. w. N.

es dem Antragsteller nicht zuzumuten ist, die Entscheidung in der Hauptsache abzuwarten. Ein Anordnungsanspruch besteht dann nicht, wenn die Klage offensichtlich unzulässig oder offensichtlich unbegründet ist. Andererseits sind an den Anordnungsgrund nur geringe Anforderungen zu stellen, wenn die Klage offensichtlich Erfolg haben wird.

Bei noch offenem Ausgang des Hauptsacheverfahrens hat das Gericht über die Voraussetzungen im Rahmen einer umfassenden Interessenabwägung orientiert am konkreten Einzelfall zu entscheiden. Maßstab ist die Folgenabwägung zwischen den Fallkonstellationen, dass die einstweilige Anordnung nicht erlassen wird, das Hauptsacheverfahren den Anspruch jedoch zuspricht und die Umkehrung, dass bei Erlass der Anspruch im Hauptsachverfahren abgelehnt wird.[61] Im Rahmen gerichtlicher Folgenabwägung sind Grundrechte zu berücksichtigen, dies gilt ganz besonders, wenn es um die Wahrung der Würde des Menschen geht. **126**

Der Zweck einer einstweiligen Anordnung, schnellen Rechtsschutz zu gewähren, erfordert für die richterliche Wahrheits- und Rechtsprüfung einen geringeren Maßstab als im Hauptsacheverfahren. Das Gericht nimmt deshalb im Regelfall nur eine summarische Prüfung vor, die sich an der zur Verfügung stehenden Zeit und der Schwere der Folgen orientiert.[62] Besonderheiten gelten im Recht der Grundsicherung. Hier darf unter Beachtung der Grundrechte, insbesondere der Menschenwürde die Sicherung des Existenzminimums nicht aufgrund einer lediglich summarischen Prüfung verneint werden, die Erfolgsaussichten müssen abschließend geprüft werden.[63] **127**

Der durch eine einstweilige Anordnung gewährleistete vorläufige Rechtsschutz erstreckt sich in der Regel nur auf die Zukunft und ist regelmäßig erst ab Eingang des Antrags bei Gericht zuzusprechen.[64] Gerade im Bereich der Leistungsgewährung des SGB II ist dies zu beachten, auch wenn die Neufassung von § 37 SGB II Abs. 2 Satz 2 zum 01.04.2011 auch für den einstweiligen Rechtsschutz die Möglichkeit der Rückwirkung auf den Monatsersten eröffnet. **128**

Die Leistungen können vom Gericht längstens bis zum Abschluss des Hauptsacheverfahrens zugesprochen werden. Für Leistungen mit befristeter Bewilligung werden diese längstens bis zu diesem Zeitpunkt zugesprochen. Dies betrifft insbesondere Leistungen nach dem SGB II, die in der Regel für sechs, längstens für zwölf Monate bewilligt werden.[65] **129**

Ergibt sich im Hauptsacheverfahren, dass kein Anspruch gegeben ist, so sind die vorläufig gewährten Leistungen zurückzuerstatten. **130**

Für die Vollziehung einer einstweiligen Anordnung ist die Monatsfrist des § 929 Abs. 2 ZPO zu beachten. Nach Verstreichen der Frist ist die Vollziehung nicht mehr möglich. Zur Einhaltung der Frist genügt der Eingang des Vollstreckungsantrags bei Gericht.[66] Die Geltung der Frist im sozialgerichtlichen Verfahren wird gerade mit Bezug auf Leistungen nach dem SGB II kritisiert.[67] Die kurze Frist führt dazu, dass ein Abwarten auf die Aus- **131**

---

61 Keller a. a. O., § 86 b Rn. 27 ff.
62 Binder in Hk-SGG, § 86 b Rn. 41.
63 BVerfG – 12. 5. 2005 – 1 BvR 569/05.
64 Keller in Meyer-Ladewig, § 86 b Rn. 35 a.
65 A. a. O., § 86 b Rn. 35 a.
66 A. a. O., § 86 b Rn. 46.
67 A. a. O.

führung der gerichtlichen Entscheidungen durch die Verwaltung nach Fristverstreichen einen erneuten Antrag notwendig macht.

132 Für Versicherte und Leistungsempfänger können u. a. folgende Sachverhalte einstweilige Anordnungen erforderlich machen:

- Krankenversicherung (SGB V): Kostenübernahme, wenn eine abschließende Beurteilung im Hauptsacheverfahren in angemessener Zeit nicht möglich ist und ansonsten mit schweren und unzumutbaren gesundheitlichen Nachteilen zu rechnen ist und der Betroffene die Kosten auch nicht vorläufig selbst tragen kann.[68]
- Arbeitslosenversicherung (SGB III): Einstweiliger Rechtsschutz kommt für die Teilnahme an beruflichen Bildungsmaßnahmen in Betracht.[69]
- Grundsicherung für Erwerbsfähige (SGB II): Im Bereich des SGB II kommt ein Antrag auf Erlass einer einstweiligen Anordnung fast immer in Betracht, da es sich um Leistungen zur Sicherung des Existenzminimums handelt und dieses durch den Staat sicherzustellen ist.[70] Hier kann es in Einzelfällen am Anordnungsgrund fehlen, wenn die Eilbedürftigkeit nicht gegeben ist, weil der Antragsteller seinen Bedarf vorläufig aus dem Schonvermögen[71] oder Freibeträgen[72] aus Einkommen decken kann. Zur Existenzsicherung gehört ein etwaiger Anspruch auf Mehrbedarf, der ebenfalls im Eilverfahren durchgesetzt werden kann.[73]
- Rentenrecht/Rehabilitation (SGB VI): Im Bereich der Rehabilitation kann die Gewährung, wenn bei einer psychiatrischen Erkrankung eine Chronifizierung droht, einstweiligen Rechtsschutz erforderlich machen.[74]
- Schwerbehindertenrecht (SGB IX): Zu den sich aus Art. 19 Abs. 4 GG ergebenden besonderen Anforderungen an effektiven Rechtschutz gehört auch die Zeitdauer bis zur abschließenden Entscheidung. Es kann daher bei einem Streit über die Zuerkennung der Merkzeichen »aG« und »T« einstweiliger Rechtsschutz nötig sein, um eine Rechtsposition zu erreichen, mit der erst ein menschenwürdiges Leben möglich ist, das sicherzustellen der Staat verfassungsrechtlich verpflichtet ist.[75]

5. Verfahrenskosten

5.1 Gerichtskostenfreiheit

133 Das Verfahren vor den Gerichten der SGb ist für Versicherte, Leistungsempfänger einschließlich derer von Hinterbliebenenleistungen, behinderte Menschen und Antragstel-

---

68 BVerfG – 29.11.2007 – 1 BvR 2496/07; SG Berlin – 15.05.2012 – S 72 KR 500/12 ER; LSG Schleswig-Holstein – 18.06.2010 – L 5 KR 95/10 B ER, L 5 KR 95/10 KR ER PKH.

69 LSG Niedersachsen-Bremen – 16.10.2006 – L 12 AL 2002/06 ER.

70 BVerfG – 09.02.2010 – 1 BvL 1/09, 1 BvL 3/09, 1 BvL 4/09.

71 LSG Sachsen-Anhalt – 21.12.2010 – L 2 AS 49/10 B ER; LSG Berlin-Brandenburg – 16.07.2009 – L 25 AS 769/09 B ER.

72 LSG Nordrhein-Westfalen – 04.04.2007 – L 19 B 7/07 AS ER.

73 LSG Berlin-Brandenburg – 16.01.2012 – L 26 AS 2360/11 B ER.

74 LSG Sachsen-Anhalt – 15.09.2010 – L 1 R 163/10 B ER.

75 LSG Berlin-Brandenburg – 28.01.2011 – L 11 288/10 B ER.

ler auf Überprüfung von Satzungen der Kommunen für die KdU (§ 55 a) kostenfrei (§ 183).

Die in den einzelnen Zweigen der Sozialversicherung versicherten Personen werden von der Vorschrift umfasst. Dies sind die Arbeitslosenversicherung (§§ 24 ff. SGB III), Krankenversicherung (§§ 5 ff. SGB V), Rentenversicherung (§ 1 ff. SGB VI), Unfallversicherung (§ 2 SGB VII), soziale (§ 1 SGB XI) und private Pflegeversicherung (§ 23 SGB XI)[76] und die Alterssicherung für Landwirte (§§ 1 ff. ALG). **134**

Leistungsempfänger im Sinne der Vorschrift sind Personen, die Sozialleistungen als Dienst-, Sach- und Geldleistungen (§ 11 SGB I; §§ 18–29 SGB I) auch zur Kostenerstattung beziehen oder beanspruchen. Hierzu gehören auch die Leistungen aus anderen sozialrechtlichen Gesetzen (§ 68 SGB I).[77] **135**

Die Voraussetzungen der Kostenfreiheit liegen vor, wenn um den Status als Versicherter oder Behinderter, die Leistungsberechtigung aus der Sozialversicherung oder für Behinderte gestritten wird (§ 183 S. 3).[78] **136**

Die Kostenfreiheit besteht weiter, wenn der ursprünglich Beteiligte des Verfahrens verstirbt und einer der in § 56 SGB I benannten Sonderrechtsnachfolger (Ehe- oder Lebenspartner, Kinder, Eltern etc.) in das Verfahren eintritt (§ 183 S. 1 letzt. Alt.). **137**

Führen Erben in dieser Funktion ein Verfahren gegen eine geltend gemachte Kostenersatzpflicht des Sozialhilfeträgers, gehören sie nicht zum Personenkreis des § 183.[79] **138**

Streitet ein vormaliger Arbeitnehmer um die Berichtigung einer Arbeitsbescheinigung nach § 312 SGB III, ist er in diesem Verfahren weder Versicherter noch Leistungsempfänger und damit nicht von den Kosten befreit. Auch der Arbeitgeber gehört nicht zu den in § 183 genannten privilegierten Personen,[80] unabhängig davon, dass die SGb zuständig ist und das Rechtsschutzinteresse fehlt (s. o.). **139**

Über die Gerichtskostenfreiheit wird eine teilweise heftige Diskussion geführt[81]. Die Sozialverbände und DGB Gewerkschaften lehnen die Einführung von Gerichtskosten ab, weil Versicherte dadurch zu Unrecht von einer Überprüfung der Verwaltungsentscheidung abgehalten werden. Gerade die hohe Erfolgsquote für Klägerinnen und Kläger macht deutlich, dass eine Vielzahl von Verwaltungsentscheidungen der Korrektur bedürfen.[82] **140**

---

76 BSG – 28.09.2006 – B 3 P 3/05 R; BSG – 12.02.2004 – B 12 P 2/03 R.

77 Leitherer in Meyer-Ladewig, § 183 Rn. 6.

78 BSG – 05.10.2006 – B 10 LW 5/05 R.

79 BSG – 23.03.2010 – B 8 SO 2/09 R, Rn. 30.

80 BSG – 21.07.2010 – B 7 AL 60/10 B, Rn. 13.

81 Siehe u. a. auch das zur Gerichtskostenfreiheit vom BMAS eingeholte Gutachten, das vor allem die vernachlässigten Erkenntnisse über die Ursachen des Anstiegs der Klagen und die nicht genutzten Möglichkeiten der Gegensteuerung kritisierte, SoSi 2008, 308 ff.

82 Http://www.dgb.de/service/stellungnahmen, DGB Stellungnahme vom 25.06.2012 zur Justizministerkonferenz.

5.2 Prozesskostenhilfe

141 Die Beteiligten können sich vor dem SG und LSG selbst vertreten oder sich vertreten lassen. Letzteres ist bei der komplexen Materie im Sozialrecht zu empfehlen, die Verfahren sind nur in seltenen Fällen als einfach zu qualifizieren.

142 Beteiligte, die sich aufgrund ihrer Mitgliedschaft von Sozialverbänden oder Gewerkschaften vertreten lassen oder lassen können, wird Prozesskostenhilfe nicht bewilligt, wenn vollständiger kostenloser Rechtsschutz in deren Satzungen gewährt wird (§ 73a Abs. 2).

143 In allen anderen Fällen der Vertretung, z. B. durch einen Rechtsanwalt, gelten für die Bewilligung von PKH die Regelungen der §§ 114 – 127 ZPO (§ 73a Abs. 1). Danach erfolgt die Bewilligung von PKH auf Antrag, wenn der Beteiligte nachweisen kann, dass er unter Berücksichtigung seines Einkommens und Vermögens bedürftig ist, das Verfahren hinreichende Aussichten auf Erfolg hat und keine mutwillige Rechtsverfolgung vorliegt.

144 Bedürftigkeit bedeutet, dass nach den persönlichen und wirtschaftlichen Verhältnissen die Kosten der Prozessführung nicht, nur zum Teil oder nur in Raten aufgebracht werden können. Die Voraussetzungen werden vom Gericht aufgrund entsprechender Formularerklärungen des Antragstellers geprüft.

145 Das Verfahren muss eine gewisse Wahrscheinlichkeit auf Erfolg haben.

146 Mutwilligkeit wird unterstellt, wenn ein verständiger und vernünftiger anderer Beteiligter, der für die Kosten selbst aufkommt, den Prozess trotz Erfolgsaussichten nicht führen würde.[83]

147 Das Gericht entscheidet durch Beschluss, der bei Ablehnung zu begründen ist und gegen den die Beschwerde möglich ist.

5.3 Sonstige Kosten

148 Beteiligte können Einsicht in die Gerichts- u. Verwaltungsakten nehmen und sich vom Gericht Ausfertigungen, Auszüge, Ausdrucke und Abschriften erteilen lassen (§ 120 Abs. 1 und Abs. 2 Satz 1). Die Kosten dafür trägt der Beteiligte. Die Kosten richten sich nach dem GKG Kostenverzeichnis Nr. 9000 bzw. der darauf bezogenen weiten Auslegung des § 202. Erhoben werden danach für die ersten 50 Seiten 0,50 €, für jede weitere Seite 0,25 €. Eine Erstattung der Kosten (§ 193) kommt nicht in Betracht. Über die Kosten erteilt der Kostenbeamte einen Bescheid mit Rechtsbehelfsbelehrung. Über den Rechtsbehelf entscheidet das Gericht endgültig durch Beschluss.[84]

149 Ordnet das Gericht zum Termin das persönliche Erscheinen an, werden die Fahrtkosten und etwaiger Verdienstausfall auf Antrag und entsprechenden Nachweis erstattet (§ 191). Gleiches gilt für die Begutachtung durch einen medizinischen Sachverständigen. Es gelten die Entschädigungsregelungen für Zeugen des JVEG und die Ausschlussfrist von drei Monaten für die Antragstellung.

---

83 BVerfG – 26. 11. 2008 – 1 BvR 1813/08.
84 Leitherer in Meyer-Ladewig, § 120 Rn. 6 i. V. m. § 93 Rn. 3a.

Verschuldenskosten (früher als Mutwillenskosten bezeichnet) können einem Beteiligten auferlegt werden, wenn durch eigenes Verhalten ein Termin vertagt oder ein neuer Termin zur mündlichen Verhandlung anberaumt werden muss (§ 192 Abs. 1 Nr. 1) oder das Verfahren nach richterlichem Hinweis (Warnfunktion) auf die Missbräuchlichkeit und Kostenfolge wider besseren Wissens weiter betrieben wird (§ 192 Abs. 1 Nr. 2). Die verursachten Mindestkosten orientieren sich nach Abs. 1 Satz 3 an den Pauschalen des § 184 Abs. 2 und betragen am SG 150 €, am LSG 225 € und am BSG 300 €. Während das Verschulden nach Nr. 1 im Einzelfall noch relativ einfach festzustellen sein wird, ist dies im Fall der Missbräuchlichkeit des Betreibens des Verfahrens schwierig und im konkreten Einzelfall zu beurteilen. **150**

Beispiele: **151**
Nach Nr. 1 unentschuldigtes Nichterscheinen im Termin, vor allem bei angeordnetem persönlichen Erscheinen.
Nach Nr. 2 die Fortführung des Verfahrens, obwohl der Gegner durch Vergleichsangebot das geltend Gemachte erfüllen würde oder vorsätzliche Täuschung des Gerichts, vor allem bei wahrheitswidrigem Vortrag.[85]

Über die Verschuldenskosten wird nach Abschluss des Verfahrens entschieden, bei Entscheidung des Gerichts durch Urteil, Gerichtsbescheid oder Beschluss im Tenor und bei Abschluss auf andere Weise (Rücknahme, Vergleich, Anerkenntnis etc.) durch Beschluss. Die Kostenentscheidung im Urteil ist für sich allein weder mit Berufung oder Beschwerde anfechtbar (§ 144 Abs. 4). Wird die Klage zurückgenommen, und dies gilt auch bei eingelegter Berufung oder Revision, ist die Kostenentscheidung nach § 144 Abs. 3 Satz 1 weiter wirksam. Das Gericht kann dann nur auf Antrag gemäß § 144 Abs. 3 Satz 2 die Kostenentscheidung mit begründetem Beschluss aufheben.[86] Sofern die Kosten durch Beschluss auferlegt wurden, ist dagegen Beschwerde (§ 172) möglich. **152**

Das Gericht entscheidet im Urteil oder auf Antrag bei anderer Beendigung des Verfahrens über die Möglichkeit der Kostenerstattung unter den Beteiligten (§ 193). Wegen der Gerichtskostenfreiheit (siehe oben zu § 183) sind – im Falle des Erfolgs – die den Beteiligten entstandenen notwendigen außergerichtlichen Kosten zu erstatten. Darunter fallen insbesondere die Kosten eines Prozessvertreters, die von den Gewerkschaften nicht geltend gemacht werden, da sie ihren Mitgliedern nach den Satzungen den Rechtsschutz kostenlos zur Verfügung stellen. **153**

Nicht darunter fallen die Kosten eines Gutachtens nach § 109, über die im Rahmen dieser Vorschrift entschieden wird. **154**

85 LSG BW – 31.01.2009 – L 13 AL 2229/03; Leitherer in Meyer-Ladewig, § 192 Rn. 8 ff.
86 Leitherer in Meyer-Ladewig, § 192 Rn. 20 a m. w. N.

Literaturverzeichnis

Arbeitslosenprojekt TuWas (Hrsg.), Leitfaden für Arbeitslose, Der Rechtsratgeber zum SGB III, 28. Auflage 2012

Becker, Die Nichtzulassungsbeschwerde zum BSG Teil I und II, SGb 2007, 261, 328

Becker, Gesetzliche Unfallversicherung: Arbeits- und Wegeunfälle, Berufskrankheiten, 2004

Becker/Franke/Molkentin (Hrsg.), Sozialgesetzbuch VII – Gesetzliche Unfallversicherung, 3. Auflage 2010 (zit.: LPK-SGB V)

Becker/Kingreen (Hrsg.), SGB V Gesetzliche Krankenversicherung, 2. Auflage 2010

Bell, Der Insolvenzsozialplan – Katastrophe mit Chancen, AiB 2008, 665

Bell, Ein Plädoyer für den Transfersozialplan, AiB 2008, 537

Bereiter-Hahn/Mehrtens (Hrsg.), Gesetzliche Unfallversicherung – Siebtes Buch Sozialgesetzbuch, 5. Auflage 1997, Stand 2012

Bieritz-Harder/Conradis/Thie (Hrsg.), Sozialgesetzbuch XII – Sozialhilfe, 9. Auflage 2012 (zit.: LPK-SGB XII)

Bohle, Versteckte Leistungskürzung durch geändertes Berechnungsverfahren, info also 1998, 62

Böttcher, Bundeselterngeld- und Elternzeitgesetz, 3. Auflage 2009

Brand (Hrsg.), Praxis des Sozialrechts, 2. Auflage 2011

Brand (Hrsg.), SGB III Sozialgesetzbuch – Arbeitsförderung. Kommentar, 5. Auflage 2010

Brandenburg/Schlegel/Voelzke (Hrsg.), juris PraxisKommentar SGB VII – Gesetzliche Unfallversicherung, 2009 (zit.: jurisPK-SGB VII)

Britschgi, Betriebliches Eingliederungsmanagement, AiB 2005, 284, 287

Buchner/Becker (Hrsg.), Mutterschutzgesetz und Bundeselterngeld- und Elternzeitgesetz, Kommentar, 8. Auflage 2008

Bundesagentur für Arbeit (Hrsg.), Insolvenzgeld-DA, 13. Ergänzung 2010

Bundessozialgericht (Hrsg.), Die Tätigkeit des Bundessozialgerichts im Jahr 2011. Eine Übersicht

Bundesverwaltungsamt (Hrsg.), Leitfaden zur Bürgerarbeit, 2012

Dalichau (Hrsg.), SGB V Kommentar mit Online-Datenbank, Stand 2011

Dau/Düwell/Joussen (Hrsg.), Sozialgesetzbuch IX – Rehabilitation und Teilhabe behinderter Menschen, 3. Auflage 2011 (zit.: LPK-SGB IX)

Däubler/Hjort/Schubert/Wolmerath (Hrsg.), Arbeitsrecht Handkommentar, 2. Auflage 2010 (zit.: HK-ArbR)

Deinert, Gibt es Neues zum »Streikparagraphen«?, AuR 2010, 290

Literaturverzeichnis

Deinert, Kündigungsprävention und betriebliches Eingliederungsmanagement, NZA 2010, 969

Diering/Timme/Waschull (Hrsg.), Sozialgesetzbuch X – Sozialverwaltungsverfahren und Sozialdatenschutz, 3. Auflage 2011 (zit.: LPK-SGB X)

Düwell (Hrsg.), Betriebsverfassungsgesetz: Handkommentar, 3. Auflage 2010

Ebener, Mutterschutz-Elterngeld-Elternzeit, Broschüre der Arbeitnehmerkammer Bremen, 8. Auflage 2011

Eichenhofer/Wenner (Hrsg.), SGB VII. Kommentar zum SGB VII, Gesetzliche Unfallversicherung, 2010

Eicher/Schlegel (Hrsg.), SGB III – Arbeitsförderungsrecht, Loseblatt Stand 2010

Eicher/Schlegel (Hrsg.), SGB III – Arbeitsförderungsrecht. Kommentar mit Nebenrecht, 97. Ergänzungslieferung 2010

Eicher/Spellbrink (Hrsg.), SGB II – Grundsicherung für Arbeitssuchende, 2. Auflage 2008

Engelmann/Schlegel/Voelzke (Hrsg.), SGB V – juris PraxisKommentar. Gesetzliche Krankenversicherung, 2008 (zit.: jurisPK-SGB V)

Feldes, Eingliedern statt Kündigen, AiB 2005, 546

Feldes/Fraunhoffer/Rehwald/von Seggern/Westermann/Witt, Schwerbehindertenrecht – Basiskommentar zum SGB IX mit Wahlordnung, 11. Auflage 2012

Feldes/Kohte/Stevens-Bartol (Hrsg.), SGB IX – Sozialgesetzbuch Neuntes Buch, 2. Auflage 2011 (zit.: FKS-SGB IX)

Fitting/Engels/Schmidt/Trebinger/Linsenmaier, Betriebsverfassungsgesetz, 25. Auflage 2010

Gagel/Bieback/Knickrehm (Hrsg.), SGB II/SGB III, Grundsicherung und Arbeitsförderung, Loseblatt-Kommentar, 46. Auflage 2012

Gaul/Niklas, Neue Grundsätze zur Sperrzeit bei Aufhebungsvertrag, Abwicklungsvereinbarung und gerichtlichem Vergleich, NZA 2008, 137–143

Hassel/Gurgel/Otto, Handbuch des Fachanwalts Sozialrecht, 3. Auflage 2012

Hauck/Noftz/Voelzke (Hrsg.), Sozialgesetzbuch SGB II: Grundsicherung für Arbeitsuchende, Loseblatt Stand 2012

Hauck/Noftz/Voelzke (Hrsg.), Sozialgesetzbuch SGB III: Arbeitsförderung, Loseblatt Stand 2010

Hinrichs, Wohngeldrechtliche Einordnung von Bau- und Campingwagen sowie leer stehenden gewerblichen und öffentlichen Gebäuden, NZM 2010, 649

Hoehl, Zur Arbeitsbescheinigung nach § 312 SGB III, insbesondere zum Rechtsweg, NZS 2005, 631

Homburg, Änderungen beim TransferKuG, AiB 2011, 11

Horst/Katzenstein, Die Bindung der Gerichte nach § 108 SGB VII, VersR 2009, 165

Jahn/Figge/Wältermann/Wiegand/Menard (Hrsg.), Sozialgesetzbuch für die Praxis – SGB-Kommentar, Loseblattkommentar, 222. Ergänzungslieferung 2011

Jung (Hrsg.), SGB VIII – Kinder- und Jugendhilfe, 2. Auflage 2005

Kerschbaumer, Das Recht der gesetzlichen Rentenversicherung und die Deutsche Einheit, 2011

Klie/Krahmer (Hrsg.), Sozialgesetzbuch XI – Soziale Pflegeversicherung, 3. Auflage 2009 (zit.: LPK-SGB XI)

Knuth, Die Gesetzesänderungen bei den Transferleistungen, SozSich 2010, 300
Kohte, Alternde Arbeitswelt – Folgen für das Arbeits- und Sozialrecht, AnwBl. 2008, 575
Kossens, Pflegezeitgesetz und Familienpflegezeitgesetz, Basiskommentar, 2. Auflage 2012
Krahmer (Hrsg.), Sozialgesetzbuch – Allgemeiner Teil, 2. Auflage 2007 (zit.: LPK-SGB I)
Krasney, Betriebsrat, Betriebsversammlung, Mitarbeit in Berufsorganisationen – Versicherungsschutz in der gesetzlichen Unfallversicherung, SGb 2012, 130
Krasney/Udsching, Handbuch des sozialgerichtlichen Verfahrens, 5. Auflage 2008 (zit.: HB SGG)
Krauskopf, Soziale Krankenversicherung, Pflegeversicherung, Loseblattkommentar, 77. Auflage 2012
Kreikebohm/Spellbrink/Waltermann (Hrsg.), Kommentar zum Sozialrecht, 2. Auflage 2011
Kreitner/Luthe, SGB IX – juris PraxisKommentar. Rehabilitation und Teilhabe behinderter Menschen, 2010 (zit.: jurisPK-SGB IX)
Kruse/Lüdtke/Reinhard/Winkler/Zamponi (Hrsg.), Sozialgesetzbuch III – Arbeitsförderung, 2008 (zit.: LPK-SGB III)
Leitherer (Hrsg.), Kasseler Kommentar Sozialversicherungsrecht, Loseblattkommentar, 73. Ergänzungslieferung 2012
Linhart/Adolph/Gröschel-Gundermann, SGB II SGB XII Asylbewerberleistungsgesetz. Kommentar, Loseblattausgabe, 79. Auflage 2012
Lüdtke (Hrsg.), Sozialgerichtsgesetz – Handkommentar, 4. Auflage 2012 (zit.: HK-SGG)
Luthe/Timm, Die Leistungsvereinbarung des SGB II, SGb 2005, 261
Maschmann, Grundzüge des Leistungsrechts der gesetzlichen Pflegeversicherung nach dem SGB XI, NZS 1995, 109
Mayer, Geplante Verkürzung ist verfassungsrechtlich bedenklich – Arbeitslosengeld-Bezug – Übergangsfrist von zwei Jahren »nicht hinnehmbar«, SozSich 2003, 239
Mehrhoff/Meindl/Muhr, Unfallbegutachtung, 12. Auflage 2010
Mehrtens/Brandenburg, Die Berufskrankheitenverordnung (BKV). Loseblattkommentar Stand 2012
Mengel/Ullrich, Erste praktische Erfahrungen mit dem neuen Recht der Beschäftigungs- und Qualifizierungsgesellschaften, BB 2005, 1109 ff.
Meyer-Ladewig/Keller/Leitherer (Hrsg.), Sozialgerichtsgesetz – Kommentar. 10. Auflage 2012
Minninger/Hinterholz/Westermann, Rechte behinderter Menschen, 2. Auflage 2007
Mrozynski (Hrsg.), SGB I Sozialgesetzbuch I – Allgemeiner Teil, 4. Auflage 2010
Muckel/Ogorek, Sozialrecht, 4. Auflage 2011
Müller, Das Pflegezeitgesetz (PflegeZG) und seine Folgen für die arbeitsrechtliche Praxis, BB 2008, 1058
Müller-Glöge/Preis/Schmidt (Hrsg), Erfurter Kommentar zum Arbeitsrecht, 12. Auflage 2012 (zit.: ErfK)
Münder (Hrsg.), Sozialgesetzbuch II – Grundsicherung für Arbeitssuchende, 4. Auflage 2011 (zit.: LPK-SGB II)
Mutschler/Bartz/Schmidt-De Caluwe (Hrsg.), SGB III Arbeitsförderung, 3. Auflage 2008

Mutschler/Schmidt-De Caluwe/Coseriu (Hrsg.), Sozialgesetzbuch III – Arbeitsförderung. 5. Auflage 2012
Myßen/Finckh, Besteuerung von Alterseinkünften, NWB Fach 3, 14159–14182 (35/2006)
Neumann/Pahlen/Majerski-Pahlen(Hrsg.), Sozialgesetzbuch IX – Rehabilitation und Teilhabe behinderter Menschen, 12. Auflage 2010
Nollert-Borasio/Perreng, Allgemeines Gleichbehandlungsgesetz (AGG), Basiskommentar zu den arbeitsrechtlichen Regelungen, 3. Auflage 2010
Oppolzer, Zum Management-Charakter des BEM, AiB 2007, 37, 43
Ost/Mohr/Estelmann, Grundzüge des Sozialrechts, 2. Auflage 1998
Paulsen, Mehr Staat wagen?, AuA 2010, 640
Plagemann/Radtke-Schwenzer, Gesetzliche Unfallversicherung, 2. Auflage 2007
Preis/Nehring, Das Pflegezeitgesetz, NZA 2008, 729
Rancke (Hrsg.), Mutterschutz/Elterngeld/Elternzeit – Handkommentar, 2. Auflage 2010
Richter/Schmidt/Klatt/Doering-Striening/Köhler/Schafhausen, Die sozialen Rechte der jungen Familie, 2007
Rixen, Erwerbsfähigkeit als Schlüsselbegriff der Arbeitsmarktreform, insbesondere im SGB II, info also 2006, 153, 156
Rolfs, Arbeitsrechtliche Aspekte des neuen Arbeitsförderungsrechts, NZA 1998, 17
Rolfs/Giesen/Kreikebohm/Udsching (Hrsg.), Beck'scher Onlinekommentar SGB III
Ruhm, Die neuartige Berechnung von Anwartschaftszeit, Anspruchsdauer und Auszahlungsbetrag des Arbeitslosengeldes sowie des Freibetrages bei der Anrechnung von Nebeneinkommen nach dem SGB III, NZS 1999, 81
Schaub, Arbeitsrechts-Handbuch, 13. Auflage 2009
Schlegel/Voelzke (Hrsg.), SGB I – juris Praxiskommentar, 2. Auflage 2012 (zit.: jurisPK-SGB I)
Schmidt, Aus der frühen Behörden- und Personalgeschichte der deutschen Sozialversicherung: Das ständige Mitglied des Reichsversicherungsamtes Immanuel Hoffmann (1850–1924), SGb 1988, 438
Schmidt, Sozialrecht in der arbeitsrechtlichen Praxis, 2011
Schönberger/Mehrtens/Valentin, Arbeitsunfall und Berufskrankheit, 8. Auflage 2010
Schulin, Die soziale Pflegeversicherung des SGB XI – Grundstrukturen und Probleme, NZS 1994, 435
Schulin, Einführung in Sozialgesetzbuch: SGB, 40. Auflage 2011
Sommer, SGB V in SGB Office Professional
Stammler (Hrsg.), Handwörterbuch zur deutschen Rechtsgeschichte (in 5 Bänden) – *Stolleis*, Reichsversicherungsamt. (Band 4, S. 801 f.), 1964–1998
Statistisches Bundesamt (Hrsg.), Rechtspflege – Sozialgerichte. Fachserie 10 Reihe 2.7, 2011
Steinau-Steinrück/Hagemeister, Das neue betriebliche Eingliederungsmanagement, NJW-Spezial 2005, 129
Thannheißer, Ein Gegner mehr bei Sozialplanverhandlungen, AiB 2011, 222
Thannheißer, Neue Bedingungen für Transferleistungen und Transfersozialpläne, AiB 2011, 86

Udsching, SGB XI. Soziale Pflegeversicherung, 3. Auflage 2010

von Maydell (Hrsg.), Gemeinschaftskommentar zum Sozialgesetzbuch. GK-SGB V. Gesetzliche Krankenversicherung, 2001 (zit.: GK-SGB V)

von Maydell/Ruland/Becker (Hrsg.), Sozialrechtshandbuch (SRH), 5. Auflage 2012

von Wulffen (Hrsg.), SGB X – Sozialverwaltungsverfahren und Sozialdatenschutz, 7. Auflage 2010

Waltermann, Aktuelle Fragen der Haftungsbeschränkung bei Personenschäden, NJW 2002, 1225

Waltermann, Alternde Arbeitswelt – Welche arbeits- und sozialrechtlichen Regelungen empfehlen sich?, NJW 2008, 2529

Waltermann, Sozialrecht, 9. Auflage 2011

Welkoborsky, Transferleistungen für betriebliche Restrukturierungen – veränderte Bedingungen durch Hartz III, NZS 2004, 509 ff.

Winkler, Krankheit bei Arbeitslosigkeit, info also 2000

Winkler, Neues zum SGB III – Das Beschäftigungschancengesetz, info also 2011, 14

Stichwortverzeichnis

Stichwortverzeichnis

Stichwortverzeichnis

Stichwortverzeichnis

Stichwortverzeichnis

Stichwortverzeichnis

Stichwortverzeichnis

Stichwortverzeichnis

Stichwortverzeichnis

Stichwortverzeichnis

Stichwortverzeichnis

Stichwortverzeichnis